ジュニアクラウン

中学英和辞典
第15版
オールカラー
田島伸悟＋三省堂編修所 編

JUNIOR
English-Japanese Dictionary
CROWN

JN245026

三省堂

© Sanseido Co., Ltd. 2025

First Edition 1959	Ninth Edition 1996
Second Edition 1962	Tenth Edition 2002
Third Edition 1967	Eleventh Edition 2006
Fourth Edition 1971	Twelfth Edition 2012
Fifth Edition 1978	Thirteenth Edition 2017
Sixth Edition 1980	Fourteenth Edition 2022
Seventh Edition 1988	Fifteenth Edition 2025
Eighth Edition 1992	

Printed in Japan

編　者　　田島伸悟　三省堂編修所

執筆・校閲　三省堂編修所　石井康毅（教科書エッセンスページ（前置詞））
　　　　　　　佐古孝義（巻頭ページ Speak out!）　田上芳彦（オンライン辞書追加語）

英文校閲　Jesse Davis

デザイン　　九鬼浩子（STUDIO PRESS Inc.）
巻頭ページイラスト　有田ようこ　磯村仁穂
本文イラスト　ナイトウカズミ　土田菜摘　堀江篤史　ホンマヨウヘイ
　　　　　　　向井勝明（SUNNY.FORMMART）
写　真　　Aflo　imagemart　Shutterstock
見返しイラスト　ナイトウカズミ
見返し地図　ジェイ・マップ

装　丁　　吉野愛
ケース装画　ナイトウカズミ

13版までの執筆・校閲　平野幸治　瀧澤恵美子

Let's speak in English!

Greetings (あいさつ)

いろいろなあいさつ表現

Good afternoon. (こんにちは。) / Good evening. (こんばんは。) /
Good night. (おやすみなさい。) / How's everything? (調子はどう?) /
I'm doing well. (いい感じだよ。) / Not so good. (あまり調子がよくないんだ。) /
Nothing's new. (特に変わりはないよ。)

Self-introduction （自己紹介）

● 英語で自己紹介をしてみよう。

Hello! I'm Sato Rikako.
Please call me Riko.
Nice to meet you.

（こんにちは！ 佐藤梨佳子です。
リコと呼んでください。
はじめまして。）

Hello, Riko!
My name is James.
Nice to meet you, too.

（こんにちは、リコ！
ぼくの名前はジェームズです。
こちらこそ、はじめまして。）

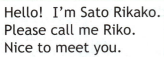

I'm from Kyoto.
Where are you from, James?

（私は京都出身です。
あなたはどこの出身ですか、
ジェームズ？）

I was born in the US.
Now I live in Tokyo.

（ぼくはアメリカで生まれました。
現在は東京に住んでいます。）

I see.
（そうですか。）

いろいろな会話表現

How do you spell your name? — R-I-K-U, Riku. （あなたの名前はどうつづりますか？ — R-I-K-U, リクです。） / Where do you live? （どこに住んでいますか？） / How old are you? — I'm thirteen years old. （何歳ですか？ — 13歳です。） / I'm a junior high school student. （私は中学生です。） /

Let's speak in English!

● 友だちの誕生日を聞いてみよう。

● 家族や友だちのことを紹介してみよう。

Which school do you go to?（どこの学校に行っていますか？）/ I am a student at Crown Junior High School.（私はクラウン中学校の生徒です。）/ What do you want for your birthday?（誕生日に何がほしいですか？）

● 好きなものや得意なことを英語で言ってみよう。

"Tell us about your hobbies, or your favorite things."
(趣味や好きなことについて教えてください。)

I like to play the piano.
(ぼくはピアノを弾くことが好きです。)

I'm good at basketball!
(私はバスケットボールが得意です！)

いろいろな趣味

I like to ... （…することが好きです）
play the guitar（ギターを弾く）/ read books（読書をする）/ play video games（ゲームをする）/ draw manga（マンガを描く）/ take pictures（写真を撮る）/ post videos（動画を投稿する）/ talk with friends（友だちとおしゃべりする）

because it ... （なぜならそれは…からです）
is interesting（面白い）/ is fun（楽しい）/ is exciting（わくわくする）/ makes me happy（私を幸せにしてくれる）

Let's speak in English!

● 将来の夢を英語で言ってみよう。

"What do you want to be in the future?"
（将来、何になりたいですか？）

I want to be a scientist because I like to study.
（ぼくは科学者になりたいです。なぜなら、研究することが好きだからです。）

いろいろな職業

I want to be a [an] ... （私は…になりたいです）
police officer（警察官）/ firefighter（消防士）/ pilot（パイロット）/ artist（アーティスト）/ designer（デザイナー）/ hairdresser（美容師）/ doctor（医師）/ nurse（看護師）/ vet（獣医師）/ actor（俳優）/ singer（歌手）/ pianist（ピアニスト）/ writer（作家）/ translator（翻訳家）/ teacher（教師）/ nursery school teacher（保育士）/ soccer player（サッカー選手）/ astronaut（宇宙飛行士）/ cook（料理人）

because I want to ... （なぜなら…したいからです）
because I like to ... （なぜなら…することが好きだからです）
help people with difficulties（困っている人を助ける）/ take care of people（人の世話をする）/ make people happy（人々を幸せにする）/ compose stories（物語を作る）/ paint pictures（絵を描く）/ sing songs（歌を歌う）/ cook（料理をする）

In the classroom (教室で)

●教室にあるものを英語で言ってみよう！

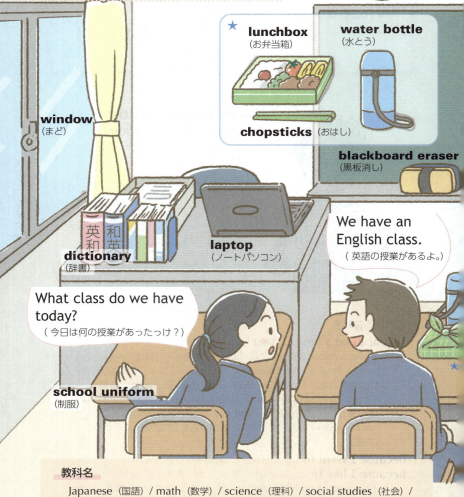

clock (時計)
lunchbox (お弁当箱)
water bottle (水とう)
chopsticks (おはし)
window (まど)
blackboard eraser (黒板消し)
dictionary (辞書)
laptop (ノートパソコン)
school uniform (制服)

What class do we have today?
（今日は何の授業があったっけ？）

We have an English class.
（英語の授業があるよ。）

教科名

Japanese（国語）／ math（数学）／ science（理科）／ social studies（社会）／ English（英語）／ moral education（道徳）／ calligraphy（書写）／ music（音楽）／ art（美術）／ health（保健）／ P.E. (physical education)（体育）／ technology and home economics（技術・家庭）

After school (放課後)

● 放課後に英語で会話をしてみよう！

Are you free tomorrow? How about going to the movies?
（明日はあいてる？ 映画を観に行かない？）

I'm sorry, but I have plans tomorrow. I'm free on Sunday, though.
（ごめん、明日は予定があるんだ。でも日曜はあいてるよ。）

Sunday would be nice. Let's meet at the south exit of the station.
（日曜日いいね。駅の南口で待ち合わせしよう。）

OK. I'll go there at 1:30.
（オッケー。1時半に行くね。）

Well then, see you on Sunday.
（じゃあ、また日曜日に。）

約束をするときの表現

提案する・誘う

When shall we meet?（いつ会おうか？）/ How about five o'clock?（5時はどうかな？）/ Where should we meet?（どこで会おうか？）/ Do you want to come with us?（私たちと一緒に来る？）/ Do you want to

go out for coffee?（コーヒーでもどう？）

承諾する／断る

OK.（わかった。）/ That's fine with me.（いいよ。）/ That sounds good.（いいね。）/ Let's do that.（そうしよう。）/ Sorry, I'm busy now.（ごめんなさい、今忙しいんです。）

In the town (町で)

● 英語で買い物をしてみよう。

May I help you? (いらっしゃいませ。)

I'm looking for a cardigan. May I see that blue one, please? (カーディガンを探しているんです。その青いのを見せてもらえますか？)

 Sure. What's your size? (はい。サイズはいくつですか？)

Medium. May I try it on? (Mサイズです。試着してもいいですか？)

 Yes, of course. This one fits you perfectly! (もちろんです。ぴったりですね！)

I'll take it. (これを買います。)

買い物で使える表現

What can I do for you?（いらっしゃいませ。）/ Do you have this in a bigger size?（これのもっと大きいサイズはありますか？）/ Can you show me a smaller one?（もっと小さいのを見せてください。）/ I'm just looking, thank you.（見ているだけです。）/ How much is it?（いくらですか？）/ It's too expensive.（値段が高すぎます。）/ Please give me a discount.（少し割引してください。）/ That'll be 3,000 yen.（3,000円になります。）/ Here's your change.（おつりです。）

オンラインショッピングの表現

special offer（特別価格）/ recommendations（おすすめ）/ *required field（*入力必須項目）/ in stock（在庫あり）/ out of stock（品切れ）/ add to cart（買い物かごに入れる）/ total price（合計金額）/ cancel（キャンセル）/ payment method（支払い方法）/ credit card（クレジットカード）/ cash（現金）/ order confirmation email（注文確認メール）/ delivery（配達）

●英語で道案内をしてみよう。

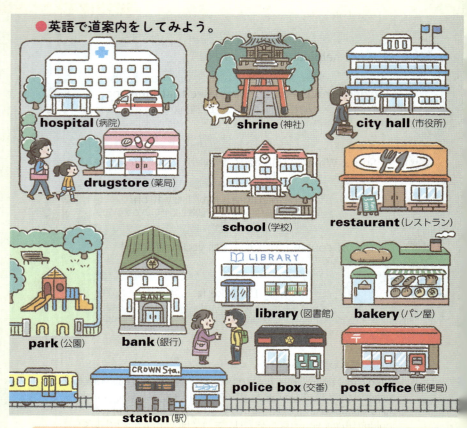

Excuse me, but could you tell me the way to the city hall? (すみませんが、市役所への行き方を教えてくれませんか？)

Sure. Go straight for two blocks, and turn right at the school. Go down the street, and it will be on your left.
（はい。2ブロックまっすぐ行って、学校のところで右に曲がってください。通りをまっすぐ進むと、左側にあります。）

Thank you very much. (どうもありがとうございます。)

You're welcome. (どういたしまして。)

いろいろなコミュニケーション

●英語で電話をかけてみよう。

Thank you for calling Yamada Dental Care.
（お電話ありがとうございます。山田歯科です。）

This is Priyanka Sharma speaking. I have a toothache. I'd like to see a dentist.（プリヤンカ・シャルマです。歯が痛くて、先生に診てもらいたいのですが。）

Please hold the line... how about Friday at three in the afternoon?（お待ちください…金曜日の午後3時はいかがでしょうか？）

That's fine with me.（それで大丈夫です。）

OK, we will see you on Friday.（では、金曜日に。）

電話での会話

I'll call you later.（またあとでお電話します。）/ May I speak to ...?（…さんと話せますか？）/ Who's calling, please?（どちら様ですか？）

●外国の友だちにメールを送ってみよう。

```
Dear Daniel,
Hello.
How are you doing?
It's very hot in Tokyo and I don't want to do anything.
I am so glad to tell you that I will be in Shanghai next month. How about meeting in Shanghai then?
Are you free from August 11th to 21st?
Looking forward to hearing from you.

Your friend,
Haruto
```

ダニエルへ
やあ。
元気にしてる？
東京は暑くて何もする気がおきないよ。
うれしいことに、来月上海に行くことになったよ。そのとき上海で会うのはどうかな。
8月11日から21日の間は空いてる？
お返事を楽しみに待っているよ。
それじゃあ。
悠人

手紙やメールの結びの表現

Cheers,（カジュアルな表現）/ Thanks,（親しい人へのお礼を言うメールに）/ Love,（家族、友人、恋人など親しい相手に）/ Regards,（やや丁寧な表現）/ Best regards,（丁寧な表現）/ Yours,（丁寧な表現）

Around the World

世界中の地域の有名なものを集めてみたよ。
このほかにも知っているものはあるかな？

Buildings
（建物）

世界にはいろいろな建物があるよ。
国や地域の文化や暮らしが表れているね。

1 アンコール・ワット
（カンボジア）

12世紀頃に建設されたクメール文化の代表的な寺院で、世界遺産にも登録されているアンコール遺跡群の一部。壮大な建築と神話や物語を表す精巧なレリーフで知られる。もとはヒンドゥー教の寺院だったが、現在は仏教寺院である。

2 ノイシュバンシュタイン城
（ドイツ）

19世紀にバイエルン王国の国王ルートヴィヒ2世によって建設された、ドイツ南部の美しい城。「白鳥の城」とも呼ばれるロマンチックな外観は中世風だが、城の建築や内部施設には近代技術が用いられた。

3 シドニー・オペラハウス
（オーストラリア）

1973年に竣工と新しい建物だが、貝がらや帆船を思わせる独特の形状が「人類の創造的才能を表現する傑作」と認められ、2007年に世界文化遺産に登録された。シドニーにおける文化・芸術の中心地であり、街のシンボルとして愛される。

Around the World

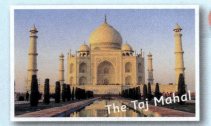

タージ・マハル（インド）

ムガル帝国の皇帝シャー・ジャハーンが、亡くなった妃であるムムターズ・マハルのために建てた白大理石の霊廟。左右対称の造形美で知られ、インド・イスラム文化の代表的な建築物である。

エンパイア・ステイト・ビル（アメリカ合衆国）

ニューヨークのマンハッタンにある地上102階建ての超高層ビル。1931年の完成から約40年間、世界で最も高い建物であり続けた。その壮大さでマンハッタンの高層ビル群を象徴し、さまざまな映画のシーンに登場した。

（中央やや左 長い尖塔のある建物がエンパイア・ステイト・ビル）

Houses around the world （いろいろな世界の家）

イグルー（イヌイット）
雪のブロックを切り出して積み上げた家。狩りに出ている間に住む。

高床式の家（パプア・ニューギニア）
地面から床が高いので、風通しがよく、洪水にも強い。

日干しレンガの家（モロッコ）
泥を乾かして作った家。西アジアや北アフリカなどに見られる。

ゲル（モンゴル）
組み立てたり折りたたむのが簡単なので、遊牧して暮らすのに便利な家。

Dishes
(料理)

それぞれの国や地域の食材をいかして、さまざまな料理が作られているよ。

couscous

クスクス（モロッコ他）
小麦粉の粒状のパスタ。蒸して、肉や野菜のシチューをかけて食べる。

pho

フォー（ベトナム）
米粉を水で練った麺を、牛肉や鶏肉、ネギなどの香味野菜を添えたスープに入れて食べる。

curry

カリー（インド）
肉や野菜、豆などを、さまざまな種類のスパイスと一緒に煮込んだもの。

borscht

ボルシチ（ロシア）
牛肉や野菜類を煮込んで、ビート（赤カブ）を加えた、赤い色のスープ。

taco

タコス（メキシコ）
トウモロコシで作った薄い皮に肉や野菜をのせ、サルサ（ソース）をつける。

shish kebab

シシカバブ（トルコ他）
羊の肉を、野菜と一緒に金ぐしに刺し、あぶり焼きにしたもの。

fish and chips

フィッシュ＆チップス（イギリス）
白身魚とポテトのフライ。塩、レモン汁、酢をかけて食べる。

Traditional Clothes
（民族衣装）

Around the World

世界の民族衣装を見てみよう。
どれも素敵で着てみたくなるね。

chima jeogori

ディアンドル（ドイツ他）

南ドイツやオーストリア等の伝統衣装。形はドレスに似ているが、エプロンを着用するのが特徴。

dirndl

チマ・チョゴリ（韓国）

韓国の女性が着る伝統衣装。「チマ」はスカート、「チョゴリ」は上着を表す。

キルト（イギリス スコットランド）

スコットランドで着用される、スカートのかたちをした男性用民族衣装。生地の格子柄はタータンチェックと呼ばれる。

kilt

ao dai

アオザイ（ベトナム）

正装として着用するベトナムの民族衣装。「アオザイ」とは「長い上衣」という意味。

サリー（インド）

インドの色鮮やかな民族衣装。5メートル程の長さの布で身体を包み込むようにまとう。

sari

21

Festivals
（祭り）

いろいろな国のお祭りを紹介するよ。

バラ祭り（5〜6月）
（ブルガリア）

ブルガリア中部の「バラの谷」と呼ばれる地域で行われる。バラの女王を選んだり、民族衣装を着てパレードやダンスを披露して華やかにバラの収穫を祝う。

ソンクラーン（4月）
（タイ）

タイ暦では4月半ばがお正月。水を仏像にかけてお清めをしたり、人々が敬意を払ってお互いに水をかけ合い祝う。

リオのカーニバル
（2月〜3月）（ブラジル）

キリスト教のカーニバル（謝肉祭）に由来する。あでやかな衣装を着た人々がサンバチームを作り、この日のために練習を重ねた踊りなどを競い合う。

Around the World

インティ・ライミ（6月）
（ペルー）

ペルー南東部のクスコで行われ、太陽を神としてあがめていたインカ帝国の儀式を再現する。ケチュア語で「太陽の祭り」という意味。

ベネチアのカーニバル（2月）（イタリア）

仮面や衣装で中世ヨーロッパの貴族やピエロに仮装し、街中を練り歩く。ゴンドラやボートを使った水上パレードも行われる。

I want to visit all of the countries!
(全部の国に行ってみたい！)

They are so gorgeous!
(とってもすてき！)

Speak out!

Getting Information from a Poster
イベントを知らせる掲示を見てみよう。

Environmental Club Field Trip

Care about the environment?

- **Activity** : Nature walks and environmental cleanup.
  Enjoy nature and learn about the environment!
- **Date** : June 9
- **Location** : Green Harmony Hills
- **How to Join** : Register with the club leader by June 1.
- **Fee** : Free
- **What to Bring** : Hiking shoes, water bottle.

Words & Expressions

(p.24)
- Environmental Club (環境クラブ)
- care about ~ (〜に関心がある)
- cleanup (清掃活動)
- fee (料金)
- what to bring (持ち物)
- field trip (校外学習, 社会見学)
- nature walks (自然散策)
- location (場所)
- register with ~ (〜に登録する)

(p.25)
- be held (開かれる)
- sign up (申し込む)

Speak out!

●左ページのポスターを見て、YuriとMaiが会話しています。

Quiz ポスターと2人の会話を読んで、空欄に何が入るか考えてみましょう。
わからない語は、辞書を引いて調べてみましょう。

Yuri: Hey, what's this poster about?

Mai: It's for the Environmental Club's trip to Green Harmony Hills.

Yuri: **Oh, cool!** When is it held?

Mai: It's on (1)_____. Pretty exciting, right?

Yuri: **Yeah, definitely!** And what are we going to do there?

Mai: We'll walk around nature and do a cleanup. It's important, **you know.**

Yuri: **That's great!** Do we need money to join?

Mai: No, it's (2)_____. ✿**A good deal**, huh?

Yuri: ✿ **Awesome!** What should we bring with us?

Mai: Just bring (3)_____ and a water bottle. ✿ **Simple stuff**.

Yuri: **Sounds good! Shall we** sign up right now?

Mai: **Yes, let's** do it! It'll be more fun together.

会話に使えるあいづち表現・フレーズ

❏ Oh, cool! (わあ，すごい！)　　❏ Yeah, definitely! (うん，絶対！)

❏ ~, you know. (〜だよね)　　❏ That's great! (いいね！)

❏ ✿A good deal (お得な話（このdealは名詞で「取り引き」の意味))

❏ ✿Awesome! (素晴らしい！)

❏ ✿Simple stuff. (簡単だよ)

❏ Sounds good [nice]! (良さそうだね！)

❏ Shall we ~? (〜しない？)　　❏ Yes, let's ~! (うん，〜しよう！)

✿のついた語句は、少し難しい表現ですが、自然な口語表現のためマークをつけて紹介しています。

Quizの答え：(1) June 9　　(2) free　　(3) hiking shoes

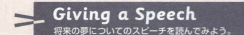

Giving a Speech

将来の夢についてのスピーチを読んでみよう。

Hello everyone. My name is Ryo.

Today, **I want to talk about** my dream. My dream is to work with technology, because it makes our lives easier and more convenient. There are three areas I am most interested in.

First, I am interested in Artificial Intelligence (AI). AI can be your personal *assistant that never gets tired. It must be really convenient!

Second, I am excited about Virtual Reality (VR). VR can change how we learn about history and science. We can see and feel things in VR. This is a great idea.

Third, I think cybersecurity is important. We must keep our information safe. I want to work on making our digital life *secure.

In short, I want to use new technology to make good changes in the world.

Thank you.

注 *assistant アシスタント　*secure 安全な

和訳　みなさん、こんにちは。私の名前はリョウです。
　今日は、私の夢について話したいと思います。私の夢は、科学技術の分野で働くことです。なぜなら、科学技術は私たちの生活をより簡単で便利にしてくれるからです。私が特に興味を持っている分野が3つあります。
　まず、私は人工知能（AI）に興味があります。AI は疲れることなくあなたの個人的なアシスタントになることができます。それは本当に便利に違いありません！
　次に、私はバーチャルリアリティ（VR）についてワクワクしています。VR は、私たちが歴史や科学について学ぶ方法を変えることができます。私たちは VR で物を見たり感じたりすることができます。これは素晴らしいアイデアです。
　第三に、サイバーセキュリティが重要だと思います。私たちは自分たちの情報を守る必要があります。私は私たちのデジタルな生活を安全にするために働きたいと思います。
　要するに、私は新しい技術を使って世界に良い変化をもたらしたいと思っています。
　ありがとうございました。

Speak out!

テーマ別用語集

いろいろなテーマごとの用語集です。スピーチで発表してみたいテーマを探してみましょう。

環境問題 ◆**climate change**（気候変動）◆**global warming**（地球温暖化）
◆**the food chain**（食物連鎖）◆**renewable energy**（再生可能エネルギー）
◆**solar energy**（太陽エネルギー）◆**wind energy**（風力エネルギー）
◆**recycling bin**（リサイクル用回収箱）◆**air pollution**（大気汚染）
◆**natural resources**（天然資源）
◆**sustainable development**（持続可能な開発）

科学技術 ◆**artificial intelligence**（人工知能）◆**virtual reality**（仮想現実）
◆**cybersecurity**（サイバーセキュリティ）◆**space exploration**（宇宙開発）
◆**digital technology**（デジタル技術）◆**social media**（ソーシャルメディア）

人権・社会問題 ◆**human rights**（人権）◆**social justice**（社会正義）
◆**gender equality**（ジェンダー平等）◆**fair trade**（フェアトレード）
◆**public health**（公衆衛生）◆**cultural diversity**（文化的多様性）
◆**racial discrimination**（人種差別）

発表に使える表現・フレーズ

　スピーチに役立つ言葉やフレーズを集めたものです。スピーチは、導入・本体・まとめという順で話を進めると、聞き手にとって理解しやすくなります。

導入部に使える表現

❏ I want to talk about ~.（〜について話したいと思います）

❏ Today's topic is ~.（今日の話題は〜です）

本体部に使える表現

◆列挙

❏ First(ly), / To begin with,（まず第一に，初めに）

❏ Second(ly), / Next,（第二に，次に）　　　　　❏ Third(ly),（第三に）

❏ Also, / Moreover,（また，さらに）

❏ Lastly, / Finally,（最後に）

◆話題を変える時

❏ By the way,（ところで）

❏ (Now), let's talk about ~.（さて，〜について話しましょう）

まとめ部に使える表現

❏ In conclusion, / To sum up, / In short,（結論として，要するに）

❏ Therefore, / That's why ~（したがって〜）

Making a Presentation

環境問題についてのプレゼンテーションを見てみよう。

Introduction

Hello everyone. Today **I want to show you** how we can save our beautiful planet.

（こんにちは、みなさん。今日は私たちの美しい地球をどう守るかについて話したいと思います。）

Clean Water

Why Clean Water is Important

First, let's think about clean water. **This slide shows** the importance of clean water. We need to keep rivers and oceans clean for the fish and animals living under the water.

（まず、きれいな水について考えましょう。このスライドはきれいな水の重要性を示しています。水中に住む魚や動物のために、私たちは川や海をきれいに保つ必要があります。）

Solar Energy

The Power of the Sun

Next, I'll talk about solar energy.

Look at this picture of solar panels. They use sunlight to make electricity. This is good for our planet and *helps stop global warming.

注 *help + 動詞の原形 〜するのを助ける，役立つ

（次に、太陽エネルギーについて話します。太陽光パネルの絵を見てください。これらは太陽の光を使って電気を作ります。このことは私たちの地球のためになり、地球温暖化を防ぐのに役立ちます。）

Speak out!

Eco-Friendly Habits

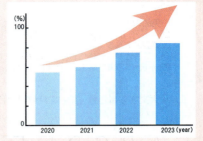

*Annual Plastic Bottle Recycling Rate

Finally, I'd like to talk about being good to our Earth. Doing easy things like taking the bus or walking instead of using a car is a good idea. Recycling is important, too. **This figure *indicates that** plastic bottle recycling in our town is increasing.

注 *indicate 示す   *annual 年度別

（最後に、地球に優しくすることについて話したいと思います。車を使わずにバスに乗るか歩くなど、簡単なことをするのは良いアイデアです。リサイクルも重要です。この図は、私たちの町ではプラスチックボトルのリサイクルが増加していることを示しています。）

Conclusion

To sum up, remember our planet is our home. We must take care of it. Let's all work together for a better future. Thank you.

（まとめると、私たちの地球は私たちの家だということを忘れてはいけません。私たちは地球を大切にしなければなりません。より良い未来のためにみな一緒に努力しましょう。ありがとうございました。）

プレゼンテーションに使える表現・フレーズ

- I want to show you ~.（～を示したいと思います）
- This slide shows [indicates] (that) ~.（このスライドは～を示しています）
- (Please) look at this picture of ~.（この～の絵［写真］をご覧ください）
- a figure（図表）

アルファベットの書き方

　英語のアルファベットの起源は，古代エジプトの象形文字です．例えば A は牛の頭，D はドア，E は両手をあげた人，H はハスの花を形どったものです．
　英語のアルファベットには，漢字を書く場合の筆順にあたるものはありません．したがって書きやすい順に書けばよいのですが，下に一応の目安としてもっとも一般的な楷書(かいしょ)体の書き順を示しておきます．

▶ **大文字の書き順**…文字はすべて上2段に書きます．

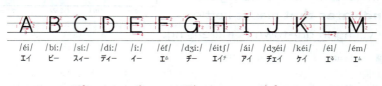

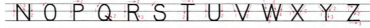

▶ **小文字の書き順**…大文字と違い，文字の高さ・位置がさまざまです．

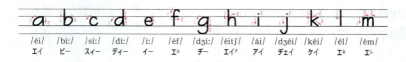

[注意] 特に形が似ている b と d，p と q，r と n と h の違いに注意しましょう．

第15版　はしがき

第14版でオールカラーになり，書名も新しくなった『ジュニアクラウン中学英和辞典』が3年ぶりに新しくなりました．今まで通りすべての小学校・中学校の英語教科書を調べて，その結果を反映しています．

『ジュニアクラウン中学英和辞典』の特徴は下記の通りです．

1. 今の小・中学生の学習にぴったりな掲載項目
- 総項目数 17,000
  教科書の内容に合った見出し語・成句を掲載しています．
- 重要語ロゴマーク1　小学校・中学校ロゴ
  小学校教科書に多く出ている語には 小，中学校教科書に多く出ている語には 中 をつけています．
- 重要語ロゴマーク2　CEFR-J ロゴ
  外国語能力の世界基準 CEFR（ヨーロッパ言語共通参照枠）の日本版，CEFR-J の語彙リストに準じて，初級ランクの重要語に A1 A2 をつけています．
  ※ CEFR-J について，詳しくは「この辞書のしくみ」ページ下を見てください．

2. 教科書エッセンスページ
教科書の重要なポイントを身につけるページです．このページをマスターすれば，文法と発信力の基礎が身につきます．

3. 意味マップ
最重要語のうち，品詞や語義が多くあるものには，囲みで品詞と語義の一覧を示しました．探している意味が見つけやすく，また語のイメージをひとめでつかむことができます．

4. 豊富な用例
約 17,500 の豊富な用例で語の使い方がしっかりわかります．また，「チャンクでおぼえよう」コラムでは，特によく使われる言い回しをおぼえることができ，発信力をつけるのに役立ちます．

このほかにも，活用形の表示や，黙字（発音しない文字）を薄い文字で示すなど，学習のための工夫がいっぱいです．また，第14版から始まったサービスであるオンライン辞書「ことまな＋（プラス）」では，冊子の辞書に掲載されていない内容も収録されています．

初版編者である河村重治郎先生（1887-1972）と，後継者である田島伸悟先生（1932-2010）は，「ひざをつき合わせて生徒に英語を教えたい」という気持ちでこの辞書を執筆されました．両先生の心は，この辞書のすみずみに生きています．

2024年　秋

三省堂編修所

◎ この辞典のしくみ

総収録項目
主見出し 約 9,300 語
成句や変化形を含めた総数 約 17,000 項目
用例(句例・文例)数 約 17,500 例

見出し語 ─────
太い活字でアルファベット順に並んでいます.
重要な見出し語は赤い文字で示しています.
  最重要語 赤大活字(約 770 語)
  重要語 赤中活字(約 800 語)
上記の 2 種類の見出し語をマスターすれば, 初級の学習には十分といえるでしょう.

重要度ロゴマーク ─────
特に重要な見出し語には, 以下のマークが付いています. 優先して身につけましょう.
 小 多くの小学校教科書で学習する語
 中 多くの中学校教科書で学習する語
 A1 A2 CEFR-J の語彙リストに示された語
※ CEFR-J についてはページ下に解説しました.

発音 ─────
発音記号とそれに近いカナ文字を / / 内に示しています. アメリカとイギリスで発音が違う場合, | の左に米音, 右に英音を示しました(重要語以外は原則米音のみ).「**カナ発音の読み方**」も参照してください.

意味 map(語義一覧) ─────
多品詞・多義の最重要語には, 囲みで品詞と語義の一覧を示しています.

黙字(発音しない文字) ─────
見出し語に含まれる発音しない文字(子音字)を薄い文字で示しました.

※ CEFR-J について
CEFR は Common European Framework of Reference for Languages(ヨーロッパ言語共通参照枠)の略称で, 外国語の学習や評価に役立つ基準として, 多くの国で使われています. この辞典では, CEFR を日本の英語教育に適用した CEFR-J の語彙リストに示されたもののうち, 初級の学習に重要な A1・A2 ランクの見出し語にロゴマークを付けています. A1 は小学校~中学校 1 年, A2 は中学校 2 年~高校 1 年に相当します.
   参考資料『CEFR-J Wordlist Version 1.6』
     東京外国語大学投野由紀夫研究室

---

close

collection A1 /kəlékʃən コレクション/ 名
収集; 採集; 収集物. コレクション
•He has a large CD **collection**. 彼は CD をたくさん集めている.
collector /kəléktər コレクタ/ 名 ❶収集家 ❷集金人

college 中 A1 /kálidʒ カれヂ|kɔ́lidʒ コれヂ/ 名 (⑧ **colleges** /kálidʒəz カれヂズ/)
❶ 大学 →university
💬POINT ふつうは学部がひとつだけの単科大学をいうが, しばしば総合大学にも使い, 区別は厳密ではない.
•a **college** student 大学生
•**go to college** 大学に通う, 大学に進む
•a junior **college** 短期大学
•a women's **college** 女子大学
•My sister studies French **at college**. 姉は大学でフランス語を勉強しています.
Coke A1 /kóuk コウク/ 名 ＝Coca-Cola (コカコーラ)
cola A2 /kóulə コウら/ 名 コーラ → 黒色の炭酸飲料で, 元はコーラの木の実を主材料としていた. コカコーラなど.

cold 小 A1 /kóuld コウるド/
 形 ❶ 寒い; 冷たい 意味 map
  ❷ 冷淡(れいたん)な
 名 ❶ 寒さ
  ❷ 風邪(かぜ)
── 形 (比較級 **colder** /kóuldər コウるダ/; 最上級 **coldest** /kóuldist コウるデスト/)
❶ 寒い; 冷たい 反対語 hot (暑い, 熱い)
comb 中 /kóum コウム/ 名 くし
── 動 くしですく, とかす

	チャンクでおぼえよう
□ 犬を呼ぶ	
□ 彼をビルと呼ぶ	
□ 彼女に電話をかける	
□ その試合は中止になった.	

品詞と略記号

名 名詞	⑧ 複数形
代 代名詞	固名 固有名詞
冠 冠詞	形 形容詞
助動 助動詞	動 動詞
前 前置詞	副 副詞
間 間投詞	接 接続詞
略 略語	《話》話しことば

変化形
最重要語と，語形変化に注意が必要な語については，変化形を発音付きで示しています．動詞には三単現・過去形・過去分詞・現在分詞を，形容詞・副詞には比較級・最上級を，名詞には複数形を示しています．

語義
重要語義は赤活字・太字で示しています．多義語では，❶，❷で意味を分けて表示しました．

──(棒見出し)
品詞が2つ以上ある語の場合，2つ目以降の品詞は棒見出しで示しています．

用例
語の使い方の実例を，句と文で表しました．

成句(イディオム)
2語以上が集まってある意味を表すもので，太斜体活字で示しています．赤活字は重要成句です．

かっこ類
[ ]は中の語句が前の語句と交換できることを，( )は中の語句が省略できることを示します．

チャンクでおぼえよう
特によく使われる言い回し(チャンク)をまとめました．
これをそのまま覚えることで，発信力をつけることができます．

コラム
学習に役立つさまざまなコラムが満載です．

実践的な会話用例

《米》米国用法　　　　　《英》英国用法

→ 文法・語法・百科解説　　×よくある間違い

最も基本的な用例　　会話用例

関連語 類似語 反対語 関連する語をまとめて紹介

→ 参照

= 言いかえ

POINT 文法や意味についてのポイント

文化的な背景の解説など

文法 ちょっとくわしく

注意すべき文法の解説

◎ カナ発音の読み方

＊この辞典では, 発音記号になれていない人のことを考えて, カナ文字発音をつけました. 大きな
カナ文字は主に母音(ぼいん)をふくむ音を表し, 上つきの小さなカナ文字は子音(しいん)を表します.
母音とは, 日本語の「ア・イ・ウ・エ・オ」のように, 口の中で舌・くちびる・歯などにじゃまされ
ないで出てくる, 声をともなった音(おん), 子音とは, のどから出る息や声が, 口内のどこかでじゃ
まされて出てくる音のことです.

＊/ す・ず・ふ・る・ぐ / などのひらがなは, 子音の書き分けを表しています.

＊太い文字はその音を強く発音する, すなわちアクセントがあることを表しています.

＊カナ文字/ア/では /æ/ /ʌ/ /ɑ/ /ə/ のちがいを表すことができません. ですからあくまでもカナは
参考にして, 実際のつづりと音の関係を覚えるようにしてください.

＊下の表はカナ発音とそれに対応する発音記号とを示したものです.

母音		例
/ア/	/æ/	add /アド/ carry /キャリ/
	/ʌ/	uncle /アンクる/ rough /ラふ/
	/ɑ/	watch /ワチ/ knock /ナク/
	/ə/	across /アクロース/ career /カリア/
/アー/	/ɑ:/	father /ふァーざ/ calm /カーム/
	/ɑ:r/	sharp /シャープ/ heart /ハート/
/ア～/	/ə:r/	early /ア～リ/ girl /ガ～る/
		person /パ～スン/
/アイ/	/ai/	ice /アイス/ eye /アイ/ buy /バイ/
/アウ/	/au/	loud /らウド/ down /ダウン/
/イ/	/i/	image /イメチ/ busy /ビズィ/
/イア/	/iər/	ear /イア/ here /ヒア/
/イー/	/i:/	eat /イート/ see /スィー/
/ウ/	/u/	pull /プる/ look /るク/
/ウア/	/uər/	poor /プア/ tour /トゥア/
		sure /シュア/
/ウー/	/u:/	moon /ムーン/ lose /るーズ/
		true /トるー/
/エ/	/e/	egg /エグ/ bread /ブレド/
		friend /ふレンド/
/エア/	/eər/	air /エア/ care /ケア/
		there /ぜア/
/エイ/	/ei/	age /エイヂ/ break /ブレイク/
		pay /ペイ/
/オイ/	/ɔi/	joy /ヂョイ/ boil /ボイる/
/オウ/	/ou/	old /オウるド/ know /ノウ/
/オー/	/ɔ:/	call /コーる/ abroad /アブロード/
	/ɔ:r/	order /オーダ/ warm /ウォーム/
子音		例
/ク/	/k/	cook /クク/ count /カウント/
		keep /キープ/ quick /クウィク/
/グ/	/g/	egg /エグ/ gate /ゲイト/
		guide /ガイド/
/ヂ/	/dʒ/	page /ペイヂ/ judge /ヂャヂ/
/シュ/	/ʃ/	dish /ディシュ/ machine /マシーン/
		show /ショウ/
/ジュ/	/ʒ/	rouge /るージュ/ measure /メジャ/

/す/	/θ/	bath /バす/ thank /さンク/
		thin /すィン/
/ス/	/s/	loss /ろース/ peace /ピース/
		soon /スーン/ city /スィティ/
/ず/	/ð/	smooth /スムーず/ there /ぜア/
/ズ/	/z/	rise /ライズ/ music /ミューズィク/
		zoo /ズー/
/チ/	/tʃ/	much /マチ/ choose /チューズ/
		chin /チン/ nature /ネイチャ/
/ツ/	/ts/	statesman /ステイツマン/
/ヅ/	/dz/	goods /グツ/
/ト/	/t/	eat /イート/ tea /ティー/
		potato /ポテイトウ/
/ド/	/d/	read /リード/ dinner /ディナ/
		date /デイト/
/ヌ, ン/	/n/	channel /チャヌる/ noon /ヌーン/
		need /ニード/
/ふ/	/f/	half /ハふ/ food /ふード/
		photo /ふォウトウ/ few /ふュー/
/ブ/	/b/	tub /タブ/ book /ブク/
		build /ビるド/
/プ/	/p/	keep /キープ/ pull /プる/
		paper /ペイパ/
/ヴ/	/v/	live /リヴ/ visit /ヴィズィト/
		voice /ヴォイス/
/ホ/	/h/	when /(ホ)ウェン/ house /ハウス/
		hair /ヘア/
/ム, ン/	/m/	calm /カーム/ moon /ムーン/
		mother /マざ/ number /ナンバ/
/る/	/l/	mail /メイる/ look /るク/
		low /ろウ/ sleep /スリープ/
/ル/	/r/	rule /るーる/ row /ロウ/
		reach /リーチ/
/ン(ぐ)/	/ŋ/	bring /ブリンぐ/ drink /ドリンク/
		finger /ふィンガ/
/イ/	/j/	year /イア/ yard /ヤード/
/ウ/	/w/	wood /ウド/ way /ウェイ/
		want /ワント/ quiz /クウィズ/

◎ コラム インデックス

● 意味マップ

a
about
across
after
all
am
and
another
answer
any
anyone
anything
are
around
as
ask
at
away
back
bad
be
before
book
both
break
busy
but
by
call
can[1]
care
case[1]
catch
change
class
clean
clear
close[1]
cold
come
cook
cool
cry
dark
day
dear
do
down[1]
draw

drive
early
earth
either
end
English
ever
every
face
fall
far
fast[1]
find
fine[1]
follow
for
free
from
get
give
go
good
great
grow
hand
hard
have
hold
home
hot
how
if
in
is
keep
last[1]
late
leave
letter
life
light[1]
line[1]
little
live[1]
lose
make
may
mind
more
most

much
must
near
no
of
off
old
on
once
one
open
or
other
out
over
paper
pass
play
point
poor
pretty
put
remember
right
rise
round
run
save
see
set
show
sign
since
so
some
spring
stand
step
still
stop
subject
take
tell
that
then
these
this
through
time
to (2か所)

too
turn
up
want
watch
way
welcome
well[1]
what
when
which
will[1]
with
word
work
would
wrong
year

● POINT

a (2か所)
able
adjective
adverb
advice
after
afternoon
also (2か所)
am (2か所)
an
and (2か所)
another
any (2か所)
anyone
anything
are
as (3か所)
asleep
at
aunt
baby
be
bear[2]
become
been (2か所)
belong
better
between
big
bird

black tea
both
boy
bread
breakfast
brother
build
building
busy
by
cake
can[1] (2か所)
cannot
captain
certain
cheese
child
claim
cold
college
come (3か所)
cost
could
cup (2か所)
dark
deep
dice
did
die[1]
dinner
dislike
do (2か所)
downstairs
during
each (2か所)
earth
elder
else
English
enough
enter
evening
every
everyone
everything
experience
family
far (2か所)
farm
father

few	live¹ (2か所)	should	●文法ちょっと	apple
field	long¹ (2か所)	show	くわしく	apple pie
find	look	sir	a	Arthur
finish	make	sky	afraid	association
first	me	small	agree	football
fish	mean¹	so (2か所)	all	atlas
floor	means	some	alone	avenue
flower	milk	sorry	arrive	bank holiday
food	million	speak	clause	Bible
football	mind	sport	complement	Big Ben
forget	mine¹	stand	enough	Boxing Day
free	Miss	stop (2か所)	get	carnival
friend	money	story¹	give	centigrade
fruit	moon	student	half	doggy [doggie]
fun	most	such	have	bag
furniture	mother	take	how	Downing Street
game	movie	talk (2か所)	is	downtown
girl	must	tea	many (2か所)	driving
give	need	teacher	might¹	Dutch
glass	neither (2か所)	tell	most	egg
go (4か所)	never	that (2か所)	much (2か所)	England
gone	nice	the	neither	English
hair (2か所)	no (3か所)	there	none	excuse
half	not	think (2か所)	nor	Fahrenheit
have (7か所)	notebook	till (2か所)	object	garage sale
he (2か所)	now	toilet	of	Gettysburg
hear	number	too	one	Address
her	o'clock (2か所)	toward	person	grace
here (3か所)	of	understand	remember	Great Britain
hers	on	until (2か所)	some	Guy Fawkes
hire	one	usually	tell	Day
his (2か所)	only	very (3か所)	that (2か所)	Halloween
house	other	wait	think	high school
how (3か所)	ours	waiter	this	however
hundred	own	water	to	Humpty
hurt	pardon (3か所)	way	way	Dumpty
I² (2か所)	pen¹	weapon	what	Jesus Christ
if	penny	wear	when (2か所)	Jew
in	picture	what (6か所)	where (2か所)	King
-ing	plane¹	when (2か所)	which (2か所)	Lincoln
interesting	pleasant	where (2か所)	who (2か所)	London
it (3か所)	please	which	whom (2か所)	May Day
Japan	poor	who (3か所)	whose (2か所)	melt
keep	present²	whose (3か所)	why	middle name
kill	read	why (2か所)		mouse
kind²	reason	will¹	●参考	name
know (2か所)	remember	would	Achilles(') heel	New Year
large	say	yours	African-Ameri-	Noah
lay¹	school¹		can	one
let	sell		Aladdin	oneself
lie²	several		Ali Baba	or
life	shall		Anglo-Saxon	Palestine
little	she (2か所)		ape	pencil

Pied Piper
P.R., PR
preparatory
　school
Prince of Wales
pudding
rainbow
right
Rip Van Winkle
river
Romany
SDGs
seal²
shrug
sign
sister
Sphinx
supper
talent
tea
teddy bear
Thanksgiving
　(Day)
toast
United
　Kingdom
United States
valentine
V-sign
Wales
Wall Street
Washington
WC
Westminster
　Abbey
wink
witch
wolf
zero
zodiac

●イメージ
beaver
bee
bird
blue
bulldog
carp
cow
crab
dog
donkey
dove¹

dragon
eagle
fish
fox
goat
hawk
horse
lark
lemon
lily
lion
moon
mouse
mule
octopus
olive
owl
rabbit
rat
red
rice
robin
rose²
sheep
snake
stork
violet
yellow

●関連語
bark
basement
cow
doctor
dog
drink
flock
marry
planet
say
temple
through
wedding

●語源
April
August
breakfast
December
February
Friday
hat trick
holiday

January
July
June
March
May
Monday
music
November
October
Rugby, rugby
sandwich
Saturday
September
Sunday
sweater
Thursday
Tuesday
Wednesday
X-ray

●文化
bar
bathroom
beckon
bedroom

●類似語
borrow
country
cow
discuss
dish
forest
game
gathering
glass
kayak
learn
liberty
little
look
on
perhaps
port
road
see
shade
shrub
similar
travel
upon
whole
wit

yard²

●チャンクで
　おぼえよう
ask
call
come
do
draw
feel
find
get
give
go
have
help
know
leave
like¹
look
make
play
put
run
say
see
set
show
take
tell
think
try
turn
want
work

●教科書
　エッセンス
　ページ
about
across
after
among
around
ask
at
before
between
by
come
do
down
during

find
for
from
get
give
go
have
in
into
know
look
make
of
off
on
out
over
put
say
see
since
take
think
through
to
under
up
want
with
without

◎「辞書に出ていない」とあきらめる前に

　この辞書には重要語の変化形がかなりていねいに示されています. しかし, 次のようなつづりで終わっている単語は, 規則的な変化形ですから, ふつう辞書に出ていません. このような時は, それらのつづりをもとの形にもどして辞書を引きます. そのもどし方に注意しなければならないこともあります.

つづり	例	意　　　　味
-ed	looked → look lived → live stopped → stop studied → study	❶ (動詞の過去形で)〜した. ❷ (be＋過去分詞で)(受け身形)〜される. →**am, are, is** 助動 ❸ (have＋過去分詞で)(現在完了形)〜してしまった; 〜したことがある; 〜している. →**have** 助動 ❹ (名詞を修飾して)〜された〜.
-er	longer → long larger → large bigger → big happier → happy	(形容詞・副詞の比較級で)もっと〜.
-est	longest → long largest → large biggest → big happiest → happy	(形容詞・副詞の最上級で)最も〜.
-ing	playing → play coming → come getting → get	❶ (be＋*do*ingで)(進行形)〜している. →**am, are, is** 助動 ❷ (名詞を修飾して)〜している〜. ❸ (動名詞)〜すること.
-(e)s	books → book boxes → box babies → baby plays → play washes → wash studies → study	❶ 名詞の複数形. ❷ 主語が3人称単数の時の動詞の現在形.
-'s	boy's → boy Tom's → Tom	(名詞の所有格で)〜の.

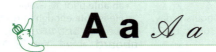

A¹, a /éi エイ/ 名 (複 **A's, a's** /éiz エイズ/)
❶ エー → 英語アルファベットの1番目の文字.
❷ (A で)(成績の)優. A → 最高の評価.
• I got an **A** in the test today. 私はきょうテストでAを取った.

A² /éi エイ/ 略 =**a**nswer (答え)

a 小 A1 /ə ア/

冠 ❶ 1つの, 1人の　　　　　　意味 map
　　❷《その種類全体を示して》～というもの
　　❸ 1～につき

—— 冠 ❶ 1つの, 1人の
🏠基本 **a** ball 1つのボール, ボール1個 → a＋数えられる名詞の単数形.
• **a** boy 1人の男の子, 男の子(が)1人
• **a** cat 1匹(ぴき)のネコ, ネコ1匹
• **a** book 1冊の本, 本1冊
• **a** lemon and **an** apple レモン1個とリンゴ1個

🔸POINT apple /アぷル/ のように「アイウエオ」の母音(ぼいん)で始まる語には, 発音のつながりをよくするため a は an になる. → **an**

• **a** knife and fork ナイフとフォーク → 一体と考えられる物の場合はふつう初めの語にだけ a をつける.
🏠基本 **a** big ball 1つの大きなボール, 大きなボール1個 → 形容詞がある時は a＋形容詞＋名詞の語順になる. ×big a ball といわない.
• **a** very small boy 1人のとても小さな少年
🏠基本 **a** glass of water コップ1杯(ぱい)の水
🔸POINT water (水)は形がなくて数えられないから ×a water とせず, water を入れる容器 (glass) を使って「コップ1杯の水」のようにいう.

• **a** pound of sugar 砂糖1ポンド → sugar も数えられないから ×a sugar とせず, 数えられる量の単位 (pound) を使って「1ポンドの砂糖, 砂糖1ポンド」のようにいう.

• I have **a** ball. 私はボールを(1個)持っています.
• Alan is **a** small boy. アランは小さな男の子です. → このように「1つの, 1人の」は日本語では特に訳さないことが多い.
🏠基本 I have **a** dog. The dog is white. His name is Shiro. 私は犬を(1匹)飼っています. その犬は白い(犬)です. 彼の名前はシロです.

> **文法　ちょっとくわしく**
> 話の中に初めて出てきた時 **a** dog, 二度目からは **the** dog となる. 人名・地名のようにもともと1つしかないと考えられる名詞(=固有名詞)には a をつけない. したがって ×a Shiro としない. → ❹

• Don't say **a** word. 一言もしゃべるなよ.
• Lend me **a** hundred [thousand] yen, please. 私に100円[1,000円]貸してください. → one hundred などと one を使うと堅苦(かたくる)しい感じになる.

❷《その種類全体を示して》～というもの → 日本語に訳さないほうがよい場合が多い.
• **A** cat can see well in the dark. ネコ(という動物)は暗がりの中でもよく目が見える. → Cats can see ～. というほうがふつう.
• **A** dog is a clever animal. 犬は利口な動物である.

❸ 1～につき
• once **a** week 1週に(つき)1回
• one hour **a** day 1日に1時間

abacus

- I have four English lessons **a** week. 私は1週間に4時間英語の授業がある.
- The stores are open 24 hours **a** day, 365 days **a** year. 店は1年365日, 1日24時間開いている.

❹(a+固有名詞で)～とかいう人; ～家の人; (a+有名人の名前で)～のような人, ～の作品[製品]
- **a** Mr. Smith スミスさんという人
- **a** Smith スミス家の人(1人) ➡「スミス家の人々(みんな)」は the Smiths.
- **a** Picasso ピカソのような(偉大(いだい)な)画家; ピカソの作品

abacus /ǽbəkəs アバカス/ 名 (複 **abacuses** /-iz/, **abaci** /ǽbəsai アバサイ/) そろばん

abandon /əbǽndən アバンドン/ 動 (沈(しず)む船・家族などを)見捨てる, 捨てる; (計画などを)諦(あきら)める, やめる (give up)
- **Abandon** ship! 船から脱出せよ!

abbey /ǽbi アビ/ 名 大修道院; 寺院, (the Abbey で)ウエストミンスター寺院 (Westminster Abbey)

ABC /éibi:sí: エイビースィー/ 名 (複 **ABC(')s** /éibi:sí:z エイビースィーズ/)
❶ アルファベット (the alphabet)
❷(物事の「初歩」という意味で) ABC, いろは
- learn the **ABC**s of baseball 野球のいろはを学ぶ, 野球の手ほどきを受ける.

ability A2 /əbíləti アビリティ/ 名 (複 **abilities** /əbílətiz アビリティズ/) (～できる)能力, 力; 才能
- a woman of many **abilities** いろいろな才能のある女性, 多才な女性
- Only humans have the **ability to** speak. 人間だけが話す能力を持っている. ➡ ×ability of speaking としない.

able 中 /éibl エイブる/ 形
❶(be able to do で)～することができる (can do) ➡ 主語になるのは「人・動物」. ➔ **unable**
- Cats **are able to** see in the dark. ネコは暗い所でも見ることができる[目が見える].
- Ken **was able to** read at the age of three. ケンは3歳(さい)の時から文字を読むことができた.
- The baby will **be able to** walk soon. 赤ちゃんはすぐ歩けるようになるでしょう.

✅POINT will など助動詞の後にさらに助動詞の can をつけて ×will can とすることはできないので, be able to を使う.

❷ 能力のある, 有能な, 優(すぐ)れた
- an **able** pilot 腕(うで)のいいパイロット
- He is **able** enough to do this job. 彼はこの仕事をするだけの能力がある.

aboard /əbɔ́:rd アボード/ 副 船[飛行機・列車・バス]に乗って, 船内[機内・車内]に
- go **aboard** (船などに)乗り込(こ)む
- All **aboard**! (出発です)皆(みな)さんお乗りください; 全員乗船[乗車], 発車オーライ.
- **Welcome aboard**. ようこそお乗りくださいました, ご乗船[ご搭乗(とうじょう), ご乗車]ありがとうございます.
―― 前 (船・飛行機・列車など)に乗って
- Welcome **aboard** Japan Airlines. 日本航空をご利用いただきありがとうございます.
- The passengers are all **aboard** the ship. 乗客は全員乗船しています.

A-bomb /éi bɑm エイ バム/ 名 原子爆弾(ばくだん) (atom(ic) bomb) ➔ **H-bomb**

aboriginal /æbərídʒinəl アボリヂナる/ 形 太古からの; 土着の
―― 名 先住民 (aborigine)

aborigine /æbərídʒini アボリヂニー/ 名 先住民; (Aborigine で)オーストラリア先住民, アボリジニ ➡ ab (=from)+origine (=origin (初め)).

about 小 A1 /əbáut アバウト/

前 ❶ ～について(の), ～に関して(の)　意味map
❷ ～の辺りを[の]
副 ❶ 約, だいたい
❷ (英)辺りを[に]

―― 前 ❶ ～について(の), ～に関して(の)
🏠基本 talk **about** fishing 釣(つ)りについて話す ➡ 動詞+about+名詞.
🏠基本 a book **about** fishing 釣りについての本, 釣りの本 ➡ 名詞+about+名詞.
- Do you know anything **about** him? あなたは彼について何か知っていますか. ➡ ×about he としない.
- What is the story **about**? それは何についての話ですか. ➡ 意味のつながりの上では about what (何について)だが, what は疑問詞なので文頭に出る.
- After their long vacation the students had a lot of things to talk **about**. 長い休みの後で生徒たちは話すことがいっぱいあった. ➡

about 小 A1 /アバウト/

〜の周辺，周り

基本の意味

何かの「周辺，周り」が基本の意味（前❷・副❷）．場所の意味に限らず，時や数の周辺なら副❶「約，だいたい」，ある話題から離れないで話すなら前❶「〜について」の意味になる．

教科書によく出る 使い方

- 前 ❶ I read a book **about** a basketball player.
  私はあるバスケ選手についての本を読んだ．
- 前 ❷ He was walking **about** the park. 彼はあてどなく公園を歩いていた．
- 副 ❶ She is **about** 160 cm tall. 彼女の身長は 160 センチくらいだ．

教科書によく出る 連語

How about you? （あなたについてはどうですか⇨）あなたはどうですか．
- I'll have coffee. **How about you?** ぼくはコーヒーにするけど，きみは？

talk about 〜 〜について話す
- Today I'm going to **talk about** the new recycling rules.
  今日は新しいリサイクルの規則について話します．

hear about 〜 〜のことを（よく）聞いている
- We don't **hear about** him these days. 最近彼についての話を聞かない．

above 4 four

意味のつながりの上では talk about a lot of things (たくさんのことについて話す). →to ❾ ②

❷ ~の辺りを[の], ~の周りを[に]; ~のあちこちを[に] ← この意味ではふつう around を使う.

•He looked **about** him. 彼は自分の周りを見回した.

•Is there a post office somewhere **about** here? どこかこの辺りに郵便局はありますか.

How [What] about ~? ~はどうですか, ~についてどう思いますか ← 誘(さそ)ったり, 意見を求めたりするときに使う. →**how** 成句, **what** 成句

—— 副 (← 比較変化なし)

❶ 約, だいたい, ほぼ

🏠基本 **about** fifty people 約50人の人々

•**about** six o'clock 6時頃(ごろ)(に), 6時前後(に)

•a man **about** sixty (years old) 60歳(さい)ぐらいの男

•He is **about** my age. 彼はだいたい私と同い年です.

•Ken is **about** as tall as Roy. ケンはロイと同じくらいの背の高さだ.

•Well, that's **about** it [all]. えーと, (言いたいことなどは)それで全部です.

❷《英》辺りを[に], 周りを[に], あちこち ←《米》ではふつう around を使う.

•walk [run, fly] **about** 辺りを歩く[走る, 飛ぶ], 歩き[走り, 飛び]回る

•He looked **about**, but there was no one **about**. 彼は辺りを見回したが周りには誰(だれ)もいなかった.

be about to do （ちょうど）~しようとしている ← be going to do よりもっと近い未来を表す.

•The sun **is about to** sink. 太陽が今まさに沈(しず)もうとしている.

above 中 A1 /əbʌ́v アバヴ/ 前

❶ ~の上の方に[の], ~よりも高く →**on** 前 ❶

類似語
•fly **above** the clouds 雲の上(の方)を飛ぶ

•the mountaintop **above** the clouds 雲の上の(方の)山頂

•There is a picture **above** the fireplace. 暖炉(だんろ)の上の方に絵が掛(か)かっている.

反対語 The airplane was flying **below** the clouds a minute ago. It is flying **above** the clouds now. 1分前まであの飛行機は雲の下を飛んでいた. 今は雲の上を飛んでいる.

関連語 Shall I write my address **above** or **on** or **below** the line? 住所は線の上に離(はな)して書くのですか, 線上にくっつけてですか, それとも線の下に書くのですか.

•The mountain is 2,000 meters **above** sea level. その山は海抜(かいばつ)2,000メートルだ.

❷ ~の上流に[の]

•a waterfall **above** the bridge and a mill below it その橋の上流の滝(たき)と下流の水車小屋

❸《数・地位などが》~より上で[の], ~より以上で[の]

•a man **above** fifty 50過ぎの男

•He is (a little) **above** fifty. 彼は50歳(さい)を(少し)越(こ)えています.

•My grades are **above** average. 私の成績は平均より上です.

—— 副 上(の方)に[の]; 上流に[の]

•the sky **above** 上の方の空, 上空

•in the room **above** 上の部屋に

•Birds are flying **above**. 鳥が上を飛んでいる.

—— 形 前に述べた, 上記の

•the **above** facts 以上の事実

above all 何よりも, とりわけ

•He is strong, brave, and **above all**, honest. 彼は強くて, 勇敢(ゆうかん)で, そして何よりも正直です.

Abraham /éibrəhæm エイブラハム/ 固名 アブラハム ← 旧約聖書に出てくるイスラエル民族の先祖.

abroad 中 A2 /əbrɔ́ːd アブロード/ 副

外国へ[に], 海外へ[に] →**overseas**

•go **abroad** 外国へ行く ←×go to abroad としない.

•live **abroad** 外国で暮らす, 外国に住む

•my friends **abroad** 外国[海外]の私の友達たち ← 名詞+abroad.

反対語 at **home** and **abroad** 国内でも国外でも

•from **abroad** 外国[海外]から(の) ← 前置詞+abroad.

•Is your uncle still **abroad**? 君のおじさんはまだ外国においでですか.

five 5 **accompany**

•We are going **abroad** in France on vacation. 私たちは休暇(きゅうか)にはフランスへ海外旅行に行きます.

abrupt /əbrʌ́pt アブラプト/ 形 突然(とつぜん)の, だし抜(ぬ)けの (sudden); ぶっきらぼうな

absence /ǽbsəns アブセンス/ 名 欠席; 不在, 留守, いないこと 反対語 **presence** (出席)

absent /ǽbsənt アブセント/ 形 欠席して(いる), 休んで, 不在で[の]
反対語 **present** (出席して(いる))
•**absent** pupils 欠席している生徒たち
•Who is **absent** this morning? 今朝は誰(だれ)が欠席ですか.
•Bob is **absent from** school with a cold. ボブは風邪(かぜ)で学校を休んでいます.

absolute /ǽbsəlu:t アブソルート/ 形 絶対的な, 絶対の, 完全な, 全くの

absolutely 副
❶ /ǽbsəlu:tli アブソルートリ/ 絶対に, 全く
❷ /ǽbsəlú:tli アブソルートリ/ 《話》(返答で)全くそのとおりです (certainly), もちろん
会話 Are you going to the ball game tonight?—**Absolutely**! 今夜野球の試合を見に行くの?—もちろん!

absorb /əbsɔ́:rb アブソーブ/ 動 ❶ 吸収する ❷(注意などを)奪(うば)う, 夢中にさせる

abstract /ǽbstrækt アブストラクト/ 形 抽象(ちゅうしょう)的な

ábstract nóun 名 《文法》抽象(ちゅうしょう)名詞

absurd /əbsə́:rd アブサード/ 形 ばかげた, ばかばかしい (silly)

abundant /əbʌ́ndənt アバンダント/ 形 豊富な, (あり余るほど)たくさんの

acacia /əkéiʃə アケイシャ/ 名 《植物》❶ アカシア, ミモザ →春に黄色い花をつけるオーストラリア原産の高木. ❷ ニセアカシア, ハリエンジュ →初夏に白い花をつけるアメリカ原産の高木. 英・米・日本で acacia と言えばこちらを指す.

academic /ækədémik アカデミク/ 形 学問の, 学問的な; 大学の

academy /əkǽdəmi アキャデミ/ 名 (複 **academies** /əkǽdəmiz アキャデミズ/) ❶ 学院, 学園 →主に専門学科を教える学校名に使われる.
•a police **academy** 警察学校
❷ 学士院, 芸術院 →学芸の進歩のため優れた学者や芸術家が選ばれて設立されたもの.

accent /ǽksent アクセント/ 名 ❶(発音の)強

勢, アクセント; アクセント記号 (´, `)
❷ 口調, なまり

accept A2 /əksépt アクセプト/ 動 受け入れる; (喜んで)受け取る, 応じる 反対語 **decline** (丁寧(ていねい)に断る), **refuse** (拒否(きょひ)する)
•**accept** a gift 贈(おく)り物を受け取る
•**accept** an invitation 招待に応じる
•**accept** him (仲間として)彼を受け入れる
関連語 I **received** this by mail yesterday, but I can't **accept** such an expensive gift from you. 昨日郵便でこれを受け取りましたが, こんな高価な贈り物をあなたからいただくわけにはいきません.

acceptable A2 /əkséptəbl アクセプタブル/ 形 受け入れられる, 受け入れるのにふさわしい

access /ǽkses アクセス/ 名 (人・場所への)接近; (コンピュータープログラムへの)アクセス
—— 動 (コンピュータープログラムに)アクセスする

accessible /æksésəbl アクセスィブル/ 形 近づける, 近づきやすい

accessory /əksésəri アクセサリ/ 名 (複 **accessories** /əksésəriz アクセサリズ/) アクセサリー, 付属品 →女性の服ならバッグ, 手袋(ぶくろ), 帽子(ぼうし), スカーフなど, 車ならカーステレオ, カーエアコンなど.

accident A2 /ǽksədənt アクスィデント/ 名
❶ 事故
•a car [train, plane] **accident** 自動車[列車, 飛行機]事故
•Jimmy had a traffic **accident** and broke his leg. ジミーは交通事故にあって足を折った.
•James was killed **in** a car **accident**. ジェームズは車の事故で死んだ.
❷ 偶然(ぐうぜん), 偶然の出来事, 思いがけないこと
•Our meeting at the bus stop was a happy **accident**. 私たちがバス停で会ったのはうれしい偶然だった.

by accident 偶然に, ふと

accompany /əkʌ́mpəni アカンパニ/ 動 (三単現 **accompanies** /əkʌ́mpəniz アカンパニズ/; 過去・過分 **accompanied** /əkʌ́mpənid アカンパニド/; ing形 **accompanying** /əkʌ́mpəniiŋ アカンパニイング/)
❶(人が)〜といっしょに行く, 〜について行く, 〜に付き添(そ)う →堅苦(かたくる)しい感じの語で, ふつうは go with を使う.

accomplish 6 six

❷《歌・歌手などの》**伴奏**(ばんそう)**をする**

accomplish /əkámpliʃ アカンプリシュ/ 動
(うまく)**やり終える, やり遂**(と)**げる, 成し遂げる**
•If you put your mind to it, you can **accomplish** anything. (やろうという気持ちを持てば何だって成し遂げられる ⇨)何事もなせばなる.

accomplishment /əkámpliʃmənt アカンプリシュメント/ 名 ❶ **完成, 達成** ❷ **業績, 功績**(こうせき)

according /əkɔ́ːrdiŋ アコーディング/ 副 **(according to 〜で) 〜によれば; 〜にしたがって**

accordion /əkɔ́ːrdiən アコーディオン/ 名 《楽器》**アコーディオン**

account A2 /əkáunt アカウント/ 名
❶ **勘定**(かんじょう)**書き,** (収入・支出の)**計算, 会計**
•keep **accounts** 会計帳簿(ちょうぼ)をつける
❷ **預金口座, 預金残高**
•open an **account** with [at] a bank 銀行に口座を開く
❸《コンピューター》**アカウント** → コンピューターを利用するための権利・資格.
•an email **account** メールアカウント
❹(事件などの)**報告(書), 記事, 話; 説明**
•There is a full **account** of the accident in the newspaper. 新聞にその事故の詳(くわ)しい記事が出ているよ.
on account of 〜 **〜のために, 〜の理由で** (because of 〜)
•The baseball game was put off **on account of** rain. 野球の試合は雨のために延期された.
—— 動 **(account for 〜で) 〜の説明をする, 〜の理由を言う**
•Can you **account for** the success of your business? あなたの仕事での成功の理由を説明してください.

accountant /əkáuntənt アカウンタント/ 名 **会計士, 税理士; 会計係**

accurate /ǽkjurət アキュレト/ 形 **正確な**

accuse /əkjúːz アキューズ/ 動 **告訴**(こくそ)**する, 訴**(うった)**える; 非難する, 責める** (blame)

accustom /əkʌ́stəm アカスタム/ 動 **(accustom A to Bで)AをBに慣らす**

ace /éis エイス/ 名 ❶(トランプ・さいころの)**1, エース** ❷《話》**ぴかいち, ナンバーワン, エース** ❸(テニスなどの)**サービスエース**

ache /éik エイク/ 名 **痛み** → head**ache** (頭痛), tooth**ache** (歯痛), stomach**ache** (腹痛)などのように, 絶え間なく続く鈍(にぶ)い痛みをいう.
類似語 急にくる鋭(するど)い「痛み」は **pain**.
—— 動 **痛む**

achieve A2 /ətʃíːv アチーヴ/ 動 (努力して)**成し遂**(と)**げる,** (目的・目標を)**達成する;** (名声などを)**手に入れる**
•**achieve** one's goal in life 人生の目標を達成する
•She **achieved** fame as an opera singer. 彼女はオペラ歌手として名声を博した.

achievement /ətʃíːvmənt アチーヴメント/ 名
❶(目的の)**達成, 成功** ❷ **やり遂**(と)**げた事,** (優(すぐ)れた)**業績, 偉業**(いぎょう); (学校での)**成績**

achíevement tèst 名 **学力検査[テスト]**

Achilles /əkíliːz アキリーズ/ 固名 **アキレス** → ギリシャの詩人ホメロスがトロイ戦争をうたった叙事(じょじ)詩に登場するギリシャ軍の英雄(えいゆう).

Achilles(') héel 名 (アキレスのかかとのような)**唯一**(ゆいいつ)**の弱点, 泣きどころ**

> 参考 アキレスの母は息子(むすこ)を不死身にするため魔力(まりょく)を持つ川にアキレスを浸(ひた)したが, その時彼の足首を握(にぎ)っていたので, そこが川の水に触(ふ)れず全身不死身のアキレスのただ1つの弱点となり, トロイ戦争の時ここを射られて死んだといわれる.

Achilles(') tendon /əkíliːz téndən アキリーズ テンドン/ 名 **アキレス腱**(けん)

acid /ǽsid アスィド/ 名 **酸**
—— 形 **酸(性)の; すっぱい, 酸味のある**

ácid ràin 名 **酸性雨** → 工場や自動車から排出(はいしゅつ)される二酸化硫黄(いおう)や窒素(ちっそ)酸化物を含(ふく)んだ雨で, 森林を枯(か)らす原因になると言われている.

acorn /éikɔːrn エイコーン/ 名 **ドングリ** → オーク (oak) の実.

acquaintance /əkwéintəns アクウェインタンス/ 名 ❶ **知人, 知り合い**
関連語 He is not a **friend**, only an ac**quaintance**. 彼は友人ではなくて, ただの知り合いです.
❷ **知っていること, 面識, 知識**

acquire /əkwáiər アクワイア/ 動 (努力をして)**自分のものにする; 習い覚える, 身につける**

acre /éikər エイカ/ 名 **エーカー** → 面積の単位で, 約4,047平方メートル.

acrobat /ǽkrəbæt アクロバト/ 名 (綱渡(つなわた)り・空中ブランコなどをする)軽業(かるわざ)師, 曲芸師

across 中 A2 /əkrɔ́:s アクロース|əkrɔ́s アクロス/

[前] ❶《動きを示して》〜を横切って, (こちら側から)〜の向こう側へ 意味map
❷《位置を示して》〜の向こう側に

[副] ❶横切って

── [前] ❶《動きを示して》〜を横切って, (こちら側から)〜の向こう側へ, (あちら側から)〜のこちら側へ 「横切る」という動詞は cross.

基本 go **across** the street 通りを横断する, 通りを渡(わた)る → 動詞+across+名詞.

• swim **across** the river 川を横切って泳ぐ, 川を泳いで渡る
• sail **across** the sea (船が[船で])海を渡る
• take a trip **across** Canada カナダ横断旅行をする
• She walked **across** the street to the supermarket. 彼女は通りを渡ってスーパーマーケットへ行った.
• A tall man came **across** the street. 長身の男が通りを横切ってやって来た.
• Clouds sail **across** the sky. 雲が空を流れて行く.
• She helped the blind man **across** the street. 彼女は目の見えない男性が通りを渡るのを助けてあげた.
• We can communicate **across** cultures with gestures. 私たちは文化の違(ちが)いを越(こ)えてジェスチャーで意思を伝達することができる.

❷《位置を示して》〜の向こう側に, 〜の向こう側の

• the house **across** the street 通りの向こう側の家
• His house is **across** the street. 彼の家は通りの向こう側にあります.
• Ken lives **across** the street from Ben. ケンはベンの(家から見て)通りの向こう側に住んでいます.

❸ 〜と(十字に)交差して, 〜とクロスして

基本 a bridge **across** the river その川に架(か)かっている橋 → 名詞+across+名詞.
• The pen is lying **across** the pencil. ペンは鉛筆(えんぴつ)の上に斜(なな)めに(重ねて)置いてある.

❹ 〜の至る所に, 〜じゅうに; 〜を覆(おお)うように

• **across** the country 国の至る所に
• Lay the napkin **across** your lap. 膝(ひざ)

across 中 A2 /アクロース | アクロス/

基本の意味

十字形 (cross) を作るように何かを横切る・越える動きや, 十字のように交差している状態が基本の意味(前 ❶ ❸・副 ❶). 横切った結果に注目すると 前 ❷「〜の向こう側に」の意味になる.

イメージ
〜を横切って反対側に

教科書によく出る使い方・連語

[前] ❶ John walked **across** the street to the hospital.
ジョンは通りを渡(わた)って病院に行った.

[前] ❷ The bus stop is right **across** the street. バス停は通りの真向かいにあります.

come across 〜 〜にたまたま出会う

I **came across** Mr. Suzuki at the station. 私は鈴木先生に駅でばったり会った.

act

の上にナプキンを広げなさい.

across from ～ ～の向かい側に
• The museum is **across from** the park.
博物館は公園の向かい側にあります.

come across ～ ① ～を横切(って来)る (→ ❶) ② ～にたまたま出会う, ～をふと見かける
• I **came across** an old friend today. 私はきょう昔からの友達にばったり出会った.

—— 副 (→比較変化なし)

❶ 横切って, 向こう側に
• swim **across** 横切って泳ぐ, 泳いで渡る
• run **across** 走って渡る, (道などが)交差する
• The bridge is safe; you can drive **across**. 橋は安全です. 車で渡れます.
• I looked **across** at him. 私は(テーブルの)向かい側の彼を見た.

❷ 幅(はば)が, 直径が
• The river is a mile **across**. その川は幅が1マイルある.
• We dug a hole 5 meters **across**. 私たちは直径5メートルの穴を掘(ほ)った.

act 中 A2 /ǽkt アクト/ 動

❶ 行動する, 振(ふ)る舞(ま)う
• Think well before you **act**. 行動する前によく考えよ[よく考えてから行動せよ].
• Coral reefs **act** as natural breakwaters. サンゴ礁(しょう)は自然の防波堤(てい)の役目をする.
• **act** as chairperson (議長として行動する⇨)議長を務める
• Carol sometimes **acts** as her father's secretary. キャロルは時々お父さんの秘書の役をする.

❷ (劇などで役を)演じる, (映画などに)出演する; 「お芝居(しばい)」をする, ふりをする
• Who's **acting** (the part of) Cinderella? 誰(だれ)がシンデレラの役をするのですか.
• She doesn't really hate him. She is only **acting**. 彼女は本当に彼が大嫌(きら)いなわけではないのです. そんなふりをしているだけです.

❸ (機械・薬などが)働く, 作用する, 効く
• The brake doesn't **act** well. ブレーキがよくきかない.
• This medicine **acts** very quickly. この薬はとても速く効きます[効き目が速い].

—— 名 ❶ (一時的な)行為(こうい), 行い
• a kind **act** = an **act** of kindness 親切な行

為

❷ (演劇の)第～幕 (→scene ❷); (1つの番組の中の個々の)出し物, 演芸
• *Hamlet*, **Act** I /ワン/, Scene ii /トゥー/ 『ハムレット』第1幕第2場
• This comedy has three **acts**. この喜劇は3幕あります[3幕ものです].

❸ お芝居, 見せかけ
• She doesn't really hate you. It's only an **act**. 彼女は本当に君が嫌いなわけじゃないよ. あれはほんのお芝居さ.

❹ 法令

action 中 A1 /ǽkʃən アクション/ 名

❶ 行動; (一時的な)行為(こうい) (act), 行い; (日常の)振(ふ)る舞(ま)い
• Stop talking. Now is the time for **action**. 議論はやめろ. 今や行動する時だ.

❷ (俳優などの)動き, 演技
• **Action!** 《映画監督(かんとく)の指示》演技始め!

❸ 働き, 動き(方), 作用
• Let's study the **action** of sunlight on plants. 植物に対する日光の働きについて勉強しよう.

❹ 戦闘(せんとう), 交戦; 訴訟(そしょう)

in action 動いて, 活動中で, 戦闘中で
out of action 活動していない, 故障して
take action 行動を起こす

active 中 /ǽktiv アクティヴ/ 形

❶ 活発な, 行動[活動]的な, 活気のある, 活動している
• an **active** volcano 活火山
• My grandfather is still very **active** at 80. 僕(ぼく)のおじいさんは80歳(さい)でまだまだ動き回って元気いっぱいです.

❷ 積極的な; 《文法》能動態の
反対語 **passive** (消極的な; 受動態の)

áctive vóice 名 《文法》能動態 →is 助動 ❷

activity 小 A1 /æktívəti アクティヴィティ/ 名 (複 **activities** /æktívətiz アクティヴィティズ/)

❶ (しばしば **activities** で)活動, クラブ活動 →勉強や仕事以外に楽しみとしてする事.
• club **activities** クラブ活動
• school **activities** (音楽・演劇・運動・文芸などの)校内課外活動

❷ 活動していること, 活発さ, 活気があってにぎや

かな状態

• the level of **economic** activity 経済活動のレベル

• There is a lot of **activity** on our playground after classes. 放課後は僕(ぼく)たちの校庭は(生徒が動き回って)とても活気があります.

actor 小 A1 /ǽktər アクタ/ 名
(性別に関係なく)**俳優**; (特に男性の)**男優**; **役者**; (ラジオ・テレビの)**声優** →**actress**

actress /ǽktris アクトレス/ 名 (女性の)俳優, 女優; (ラジオ・テレビの女性の)**声優** →**actor**

actual /ǽktʃuəl アクチュアる/ 形 現実の, 実際の

actually 中 A2 /ǽktʃuəli アクチュアリ/ 副
実際に(は), **実は**, (まさかと思うかもしれないが)**本当に**

• It was not a dream; it **actually** happened. それは夢ではなかった. 実際に起こった事でした.

• She looks quiet, but **actually** she is very active. 彼女はおとなしそうに見えるが実はとても活発だ.

acute /əkjúːt アキュート/ 形 ❶ 厳しい, 深刻な; (痛みなどが)**鋭**(するど)**い** ❷ (感覚・知力などが)**鋭い**

A.D. /éidíː エイディー/ 略 西暦(せいれき)[**キリスト紀元**]で →ラテン語 Anno Domini /ǽnou ドミニ/ (わが主(イエス・キリスト)の年)から. 年代が紀元前 (B.C.)と紀元後にまたがる時, また紀元後のごく初期の年につける.

ad /ǽd アド/ 名 **広告** →もとは advertisement の略.

ad. 略 =**ad**verb (副詞)

Adam /ǽdəm アダム/ 固名 《聖書》**アダム** →神が土から造ったという最初の人間[男性]. そのあばら骨の1つから造ったのが最初の女性イブ (Eve).

adapt /ədǽpt アダプト/ 動 ❶ (新しい環境(かんきょう)などに)**合わせる**, **〜に合うように変える[変える], 慣れさせる[慣れる]** ❷ **〜向きに変える, 改造[改作]する**, (小説などを)**脚色**(きゃくしょく)**する**

adaptation /ædæptéiʃən アダプテイション/ 名
❶ 適応, 順応 ❷ 改作, 脚色; 脚色作品

add 中 A1 /ǽd アド/ 動
❶ **加える**, **足す**; **足し算をする**
• **add** 6 and 4 [6 to 4] 6と4[4に6]を足す
❷ **言い足す**, **書き足す**, **付け加える**
• She **added** a few words at the end of

the letter. 彼女は手紙の終わりに二言三言書き足した.

add to 〜 **〜を増す**
• Books **add to** the pleasures of life. 書物は人生の楽しみを増す.

add up **合計する**

addition 中 A2 /ədíʃən アディション/ 名 ❶ (付け)**加えること, 追加**; **加わったもの** ❷ **足し算**
• do a quick **addition** すばやく足し算をする

in addition **それに加えて, そのほかに** →形式張った言い方. ふつうは also, too, as well を使う.

in addition to 〜 **〜に加えて, 〜のほかに**
• He speaks French well, **in addition to** English. 彼は英語のほかに, フランス語も上手にしゃべる.

additional A2 /ədíʃənəl アディショナる/ 形
追加の
• **additional** time (サッカーの)アディショナルタイム, 追加時間 →試合中に競技以外のことで使われた時間を補うためのもの.

additionally /ədíʃənəli アディショナリ/ 副
《ふつう文頭で》**それに加えて, さらに** →かたい言い方.

address A1 /ədrés アドレス, ǽdres アドレス| ədrés アドレス/ 名 (複 **addresses** /ədrésiz アドレスィズ, ǽdresiz アドレスィズ/)
❶ **住所**, (会社などの)**所在地**; (手紙の)**宛先**(あてさき); (Eメールの)**アドレス** →相手の名前は含(ふく)まない. この意味では《米》ではしばしば /ǽdres アドレス/ と発音する.
• What's your **address**? ご住所はどちらですか. →×Where is your address? といわない.
• Write the name and **address** clearly on the envelope. 封筒(ふうとう)に相手の名前と住所(宛名(あてな))をはっきりと書きなさい.
❷ (公式の)**演説** →一般(いっぱん)には speech を使う.
• an opening [a closing] **address** 開会[閉会]の挨拶(あいさつ)
• the Gettysburg **Address** (リンカンの)ゲティスバーグ演説
• The president gave an **address** to the nation by [on] television. 大統領はテレビで全国民へ向けて演説をした.
—— /ədrés アドレス/ 動 (三単現 **addresses** /ədrésiz アドレスィズ/; 過去・過分 **addressed**

adequate 10 ten

/ədrést アドレスト/; **-ing形 addressing**
/ədrésiŋ アドレスィング/)

❶ (手紙に)**宛名**(相手の名前と住所)**を書く**; (手紙を~に)**宛**(ぁ)**てて出す**

• **Address** the envelope clearly. 封筒にははっきり宛名を書きなさい.

• I **addressed** the letter **to** my aunt. 私はおば宛(ぁて)に手紙を出しました.

❷ (~に向かって)**話をする, 演説する**

❸ (問題などに)**目を向ける, 取り組む**

adequate /ædikwit アデクウェト/ 形 **適当な, ふさわしい**

adios /ædióus アディオウス/ 間 《スペイン語》**さようなら**

adj. 略 =**adjective** (形容詞)

adjective A2 /ædʒiktiv アヂェクティヴ/ 名 《文法》**形容詞**

⊘POINT 人・物・事の姿勢や性質を表す語: a *blue* sky (青い空), The sky is *blue*. (空は青い) の *blue* など.

adjust A2 /ədʒʌ́st アヂャスト/ 動

❶ **調節**[**調整**]**する**

• Please **adjust** the television picture. テレビの画像を調節してください.

• You can **adjust** this desk to three heights. この机は3段階の高さに合わせられます.

❷ (新しい環境(かんきょう)などに)**合わせる** (adapt)

• The children **adjusted** quickly to the new school. 子供たちは新しい学校にすぐに慣れました.

adjustment /ədʒʌ́stmənt アヂャストメント/ 名 (復 **adjustments** /ədʒʌ́stmənts アヂャストメンツ/) **調整, 調節**

administration /ədminəstréiʃən アドミニストレイション/ 名 ❶ (学校など組織の)**管理, 運営,** (会社の)**経営,** (国などの)**行政** ❷ **管理**[**経営, 行政**]**スタッフ**; (**the Administration** で)《米》**政権**

admirable /ædmərəbl アドミラブる/ 形 **称賛**(しょうさん)**に値**(ぁたい)**する; すばらしい, 見事な, 立派な**

admiral /ædmərəl アドミラる/ 名 **海軍大将; 海軍将官**(中将と少将) **→general** 名

admiration /ædməréiʃən アドミレイション/ 名 **称賛**(しょうさん)[**感嘆**(かんたん)]**の気持ち, うっとりした**[**憧**(ぁこが)**れの**]**気持ち; 称賛**[**憧れ**]**の的**

admire A2 /ədmáiər アドマイア/ 動 **感心する, 称賛**(しょうさん)**する;** (感心して)**眺**(なが)**める**[**聞く**], と

てもすばらしいと思う[**言う**], **ほめる**

• I **admire** you. あなたは本当にすばらしい.

• We **admired** him for his courage. 我々は彼の勇気に対して彼を称賛した[彼の勇気をすばらしいと思った].

admirer /ədmái(ə)rər アドマイ(ア)ラ/ 名 **賛美者, 崇拝**(すうはい)**者**

admission /ədmíʃən アドミション/ 名 **入場, 入会, 入学; 入場料, 入会金**

掲示 No **admission** (without ticket). (チケットのない方は)入場禁止.

掲示 **Admission** free. 入場無料.

admit A2 /ədmít アドミト/ 動 (三単現 **admits** /ədmíts アドミツ/; 過去・過分 **admitted** /ədmítid アドミテド/; **-ing形 admitting** /ədmítiŋ アドミティング/)

❶ (会場・会・学校などに)**入れる, 入ることを許す**

• The boy was **admitted to** the school. その少年は入学を許可された.

❷ **認める**

• I **admit** that I was wrong and I am sorry. 私は自分が間違(まちが)っていたことを認めます. どうもすみません.

adopt /ədápt アダプト/ 動 ❶ **養子にする** ❷ **採用する,** (他人のやり方を)**取り入れる**

adore /ədɔ́:r アドー/ 動 (~を)**心から愛する, 慕**(した)**う;** (~ が)**大好きである** (like very much)

Adriatic Sea /eidriǽtik sí: エイドリアティク スィー/ 名 (**the** をつけて)**アドリア海 →**イタリアとバルカン半島の間にある海.

adult A2 /ədʌ́lt アダるト/ 形 (**→**比較変化なし) **大人の, 成人**(用)**の**

• an **adult** person [dog] 大人の人[犬], 成人[成犬]

• an **adult** ticket 大人用チケット

— 名 **大人, 成人** (grown-up)

反対語 This movie is for **adults** only; **children** cannot go in. この映画は成人向きです. 子供は入れません.

adv. 略 =**adverb** (副詞)

advance A2 /ədvǽns アドヴァンス/ 動 **前進する, 進んで行く**[**来る**]**; 前進させる**

— 名 **前進, 進行; 進歩**

in advance **前もって; 前金で**

advanced A2 /ədvǽnst アドヴァンスト/ 形 **先に進んだ,** (思想などが)**先進的な;** (程度が)**上級の**

• take an **advanced** English course 上級

eleven　11　**aerial**

英語講座をとる

advantage A2 /ədvǽntidʒ アドヴァンテヂ/ 名
❶ 有利な点, 強み; 利益
• the **advantages** of movies **over** television 映画がテレビより優(すぐ)れている点
• The long arms of the boxer are a great **advantage** for [to] him. そのボクサーの長い腕(うで)は彼にとって大きな強みである.
❷ 《テニス》アドバンテージ → ジュースの後の最初の得点.

take advantage of ~　~を利用する; ~につけ込(こ)む
• He **takes advantage of** her kindness and borrows her CDs too often. 彼は(彼女の親切さにつけ込んで ⇨ 彼女が親切なのをいいことに彼女の CD をしょっちゅう借りる.

adventure 中 A2 /ədvéntʃər アドヴェンチャ/ 名 ❶ 冒険(ぼうけん); 冒険談
• go [set out] on an **adventure** 冒険に出かける
❷ わくわく[はらはら]するような体験, 楽しい[珍(めずら)しい]経験
• Going to the zoo [a circus] was an **adventure** for us. 動物園[サーカス]へ行くのは私たちにはわくわくするような(楽しい)体験でした.

adventurer /ədvéntʃərər アドヴェンチャラ/ 名 冒険(ぼうけん)家

adverb /ǽdvə:rb アドヴァ〜ブ/ 名 《文法》副詞
Ⓟ POINT 動詞・形容詞・他の副詞を修飾(しゅうしょく)する語. run *fast* (速く走る) の *fast*, *very big* (とても大きい) の *very* など.

advertise /ǽdvərtaiz アドヴァタイズ/ 動 広告する, 宣伝する; (advertise for ~ で) ~を求める広告を出す, 広告で~を求める

advertisement A2 /ǽdvərtáizmənt アドヴァタイズメント| ədvə́:tismənt アドヴァ〜ティスメント/ 名
(新聞・ポスター・テレビ・インターネットなどによる)広告, 宣伝 =《話》では **ad** と短縮されることがある. 類似語 ラジオ・テレビなど音声を伴(ともな)う「宣伝」は **commercial** ともいう.
• put an **advertisement** in the paper 新聞に広告を出す
• Have you seen the **advertisement** for that new camera in today's paper? きょうの新聞に出ていたあの新しいカメラの広告を見ましたか.

advertising A2 /ǽdvərtaiziŋ アドヴァタイズィ

ング/ 形 広告の, 宣伝の

advice 中 A2 /ədváis アドヴァイス/ 名
忠告, 助言, アドバイス
• give [ask] **advice** アドバイスをする[求める]
• ask (him) for **advice** (彼に)アドバイスを求める
• go to ~ for **advice** ~に助言を求めに行く
• Let me give you **some** [**a piece of**, **a bit of**] **advice**. 君にいくつか[1 つ]忠告させてくれ.
Ⓟ POINT advice は数えられない名詞なので, ×some advices, ×an advice などとしない.
• Take [Follow] the doctor's **advice** and go to bed. 医者の言うことを聞いて(もう)寝(ね)なさい.
• My **advice** to you is to go and see a doctor [that you should go and see a doctor]. 医者に診(み)てもらいに行くこと, これが君への僕(ぼく)の忠告です.

advise A2 /ədváiz アドヴァイズ/ 動 忠告する, 助言する, 勧(すす)める → advice とのスペリング, 発音の違(ちが)いに注意.
• **advise** him on his future 彼の将来のことで彼にアドバイスをする
• **advise** (to have) a good sleep = **advise** having a good sleep 十分な睡眠(すいみん)(をとること)を勧める
• **advise** him against smoking = **advise** him not to smoke 彼にタバコを吸わないほうがよいと忠告する
• The teacher **advised** us to read these books. 先生は私たちにこれらの本を読むように勧めた.
• Please **advise** me which I should buy [which to buy]. どっちを買うべきか私にアドバイスしてください.

adviser, advisor /ədváizər アドヴァイザ/ 名 忠告者, 助言者; 顧問(こもん), アドバイザー

advisory /ədváizəri アドヴァイザリ/ 形 助言を与える; 顧問(こもん)の

AED 略 自動体外式除細動器 → Automated External Defibrillator. 心臓に電気ショックを与える医療(いりょう)器具.

aerial /éəriəl エアリアル/ 名 《英》(ラジオ・テレビの)アンテナ (《米》antenna)
—— 形 ❶ 空気の, 気体の ❷ 空中の, 空中からの, 飛行機による

aerobics
12 twelve

aerobics /e(ə)róubiks エ(ア)ロウビクス/ 名
エアロビクス → ふつう単数扱い(あつか)い.

aerogram(me) /éərəgræm エアログラム/ 名
航空書簡, エアログラム (air letter) → 航空郵便用の1枚の紙で, 折り畳(たた)むと書いた文字が隠(かく)れて封筒(ふうとう)の形になる.

aeronautics /èərənɔ́:tiks エアロノーティクス/
名 航空学; 航空術 → 単数扱(あつか)い.

aeroplane A1 /éərəplein エアロプレイン/ 名
《英》飛行機 (《米》airplane)

Aesop /í:səp イ−ソプ/ 固名 イソップ →『イソップ物語』(*Aesop's Fables*) を作ったといわれる紀元前6世紀頃(ごろ)のギリシャ人.

AET 略 英語指導助手 → **A**ssistant **E**nglish **T**eacher.

afar /əfɑ́:r アファー/ 副 =far (遠くに)

affair A2 /əféər アフェア/ 名
❶ (しばしば **affairs** で) やるべき事, (〜に)関係ある事(がら), 仕事, 事務
• my (own) **affair** 私がやるべき事, 私だけに関係ある事
• business **affairs** 仕事上やるべき事, 業務
• Go away. This is my **affair**, not yours. あっちへ行ってくれ. これは僕(ぼく)の問題で, 君の知った事じゃない.
❷ 出来事, (漠然(ばくぜん)と)事, もの
• The birthday party was a happy **affair** for Mary. 誕生日のパーティーはメアリーにとって楽しいものだった.

affect 中 /əfékt アフェクト/ 動 ❶ 〜に(悪い)影響(えいきょう)を与(あた)える, (健康を)おかす ❷ 〜の心を動かす, 〜に悲しみ[同情]の気持ちを起こさせる, 〜の心を痛める

affection /əfékʃən アフェクション/ 名 愛情, (動物などへの)親愛感, (物に対する)愛着 → 家族・友人などに対する愛情を表すことが多く, **love** に比べて静かで永続的.

affectionate /əfékʃənit アフェクショネト/ 形
愛情のこもった; 愛情深い, 優(やさ)しい

affectionately /əfékʃənitli アフェクショネトリ/
副 愛情を込(こ)めて, 優(やさ)しく

Affectionately yours = Yours affectionately さようなら → 親子・兄弟などの間で使う手紙の結びの文句.

affirmative /əfə́:rmətiv アファ〜マティヴ/ 形
肯定の, 肯定的な; 賛成の 反対語 **negative** (否定の)

afford /əfɔ́:rd アフォード/ 動 (can afford 〜

で) 〜の(ための金[時間]の)余裕(よゆう)がある, (金・時間などを)都合つけられる; (**can afford to do** で) 〜する余裕がある → 否定文・疑問文で使われることが多い.

🔵会話 Why don't you take a trip abroad; **can't** you **afford** the money? —Yes, I have enough money, but I **can't afford** the time. 外国旅行でもしたらどうですか. お金が都合できないのですか.—いや, お金はあるのですが, 時間的な余裕がないのです.

Afghanistan /æfgǽnəstæn アフギャニスタン/
固名 アフガニスタン → アジア南西部の高原にある共和国. 公用語はパシュト語, ダリ語. 首都はカブール.

afraid 中 A1 /əfréid アフレイド/ 形
恐(おそ)れて, 怖(こわ)がって; (**be afraid of 〜**, **be afraid that 〜** で) 〜を[〜するのを]恐れる; 残念ですが 〜

🔵会話 I'm **afraid**. There is a snake over there. —Don't **be afraid**. That is just a stick. ぼく怖い. 向こうにヘビがいるんだもの.—怖がらないで. あれはただの棒切れだよ.

🔵会話 **Were** you **afraid** in the airplane? —Yes, very (much). 飛行機に乗って怖かった?—うん, とっても.

• Frogs **are afraid of** snakes. カエルはヘビが怖い.

• Don't **be afraid of** making mistakes. ミスをすることを[ミスをするのではないかと]恐れるな.

• She **is afraid that** he doesn't like her. 彼女は彼が自分のことを嫌(きら)いじゃないかと恐れて[心配して]いる.

• The wall is very high and I **am afraid** to jump [of falling]. その壁(かべ)はとても高いから, 僕(ぼく)は怖くて飛び降りられません[落ちるのではないかと心配です].

文法 ちょっとくわしく

jump (飛ぶ)のように, 「自分の意志でする行為(こうい)を怖がる」場合は **afraid to** jump とも **afraid of** jumping ともいう.

fall (落ちる)のように「自分の意志でなく思いがけなく起こる行為を心配する」場合は **afraid of** falling しか使わない.

***I'm afraid* (to say) 〜** 残念ですが[すみま

せんが]~と思います →相手または自分にとって望ましくないことをていねいに述べる言い方.
- **I'm afraid** (**to say**) I can't help you. 申し訳ありませんがあなたをお助けできません.
- **I'm afraid** it's going to rain. ＝It's going to rain, **I'm afraid**. 雨が降ってくるんじゃないかしら.
- **I'm afraid** I must go now. (残念ですが)もうそろそろおいとまたしなくては.

Can you come to the party?—No, **I'm afraid** not. (＝**I'm afraid** I can't come.)
パーティーに来られますか.—いや, だめでしょう.
Are we late?—**I'm afraid** so. (＝**I'm afraid** we are late.)
僕たち遅刻(ちこく)かな.—そうかもね.

Africa 小 /ǽfrikə アふリカ/ 固名 アフリカ
African /ǽfrikən アふリカン/ 形 アフリカの, アフリカ人の
── 名 アフリカ人
- the **Africans** アフリカ人(全体)

African-American /ǽfrikən əmérikən アふリカン アメリカン/ 形 アフリカ系アメリカ人の
── 名 アフリカ系のアメリカ人

> 参考 以前は **Afro-American** /ǽfrou əmérikən アふロウ アメリカン/ とも言った. アメリカの「黒人」を指す言葉としては **black** が一般(いっぱん)的だが, 最近は African-American という人が増えている.

after 小 A1 /ǽftər アふタ|ɑ́ːftə アーふタ/

前 ❶ ～の後に, ～の後の
❷ ～の後を追って, ～を求めて
接 (～が～した)あとで[に]

意味map

副 あとで, のちに
── 前 ❶ ～の後に, ～の後の, ～後に[の]

<small>中 基本</small> play **after** school 授業の後に[放課後]遊ぶ →動詞+after+名詞.

<small>中 基本</small> club activities **after** school 放課後のクラブ活動 →名詞+after+名詞.

<small>中 基本</small> long **after** sunset 日が暮れてからずいぶん後に →副詞+after+名詞.

- soon **after** the war 戦後まもなく
- (**the**) **day after tomorrow** (あしたの後の日 ⇨)明後日, あさって
- **the week** [**month**, **year**] **after next** (次の週[月, 年]の後の週[月, 年] ⇨)再来週[月, 年]
- Please read **after** me. 私のあとについて読みなさい. →×after Iとしない.
- Close the door **after** you. 入った[出た]後はドアを閉めなさい.
- It's ten minutes **after** six. 6時10分過ぎです. →《英》では past six という.
- We were tired **after** our long journey. 私たちは(長い旅行の後で ⇨)長い旅をしたので疲(つか)れた.
- **After** thinking for a while, he finally said yes. しばらく考えた後でとうとう彼は承諾(しょうだく)した. →after+動名詞 thinking (考えること).

❷ ～の後を追って, ～を求めて
- A dog was running **after** a cat. 犬がネコを追いかけていた.
- He is **after** a job. 彼は職を求めている. (この意味では He is looking for a job. がふつう)
- What is he **after**? 彼は何を求めて[狙(ねら)って]いるのですか. →意味のつながりの上では after what (何を求めて)であるが, what は疑問詞なので文頭に出る.

❸ ～にならって, ～にちなんで
- name a boy **after** his uncle おじの名をもらって男の子に名前をつける
- He was called [named] Robert **after** his uncle. 彼はおじの名をとってロバートと名づけられた.

── 接 (～が～した)あとで[に]
- He came **after** you left. 彼は君が去ったあとにやって来た. →文+after+文.
- **After** I came home last night, it began to rain. 昨晩私が帰宅してから雨が降り出した.

after 小 A1 /アふタ|アーふタ/

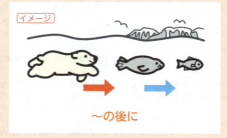

～の後に

基本の意味

順序や時間が後であるということが基本の意味（前❶・接）．先に進んだものについていく場合には「〜の後を追って」の意味になり，先に進んだものを目標とみなすと「〜を求めて」の意味になる（前❷）．

教科書によく出る**使い方**

- 前 ❶ Can you come to my house **after** school? 放課後にうちに来られる？
- 前 ❶ Let's read together. Repeat **after** me.
  いっしょに読みましょう．私の後に続けて言ってください．

教科書によく出る**連 語**

look after 〜 〜の世話をする
- I have to **look after** my brother today. 今日は弟の面倒をみなくてはいけない．

after all 結局（〜なのだから）
- We lost in the first round. **After all**, we were not prepared enough.
  私たちは1回戦で負けた．結局のところ，準備が十分ではなかったのだ．

- I received a letter from him two weeks **after** he left Japan. 彼が(日本をたったあと2週間 ⇨)日本をたって2週間後に私は彼から手紙をもらった.
- We will have dinner **after** you come home. 私たちはあなたが帰ってから夕食にします.

POINT after 〜が未来のことをいう場合でも現在形を使う. ×after you *will come* home としない.

── 副 (→比較変化なし)
あとで, のちに →after は修飾(しゅうしょく)する語(句)の後ろにつく.
- See you tomorrow, or the day **after**. 明日か明後日に会おう.
- soon [long] **after** すぐ[ずっと]あとで

after all 結局, やはり
- I waited, but he didn't come **after all**. 私は待った, しかし結局彼は来なかった.

After you! (私はあなたの後に ⇨)どうぞお先に →順番を譲(ゆず)る時の言葉.

day after day; night after night; year after year; *etc.* 毎日毎日; 毎夜毎夜; 毎年毎年(など) →「繰(く)り返し・継続(けいぞく)」を表す.

one after another 次々に, あいついで
one after the other 1つずつ, あいついで →2つしかないものについていう時に使う.

afternoon 小 A1 /ǽftərnúːn アふタヌーン|ɑːftənúːn アーふタヌーン/ 名 (複 **afternoons** /ǽftərnúːnz アふタヌーンズ/)

午後 →evening

POINT 正午から夕方までの間をいう. 暗くなりはじめたら evening だが, あまり厳密ではない.

基本 **in** the **afternoon** 午後(に)
- early **in** the **afternoon** 午後早いうちに
- late **in** the **afternoon** 午後遅(おそ)くなって, 夕方近く

基本 **on** Sunday **afternoon** 日曜日の午後に
- **on** a cold winter **afternoon** ある寒い冬の日の午後に →日曜, クリスマス, 寒い日など特定の日の「午後に」の前置詞は on.

基本 this **afternoon** きょうの午後(に)
- tomorrow **afternoon** 明日の午後(に)
- all (the) **afternoon** 午後の間ずっと →the をつけないほうがふつう.

- I met her one Sunday **afternoon**. 私はある日曜日の午後, 彼女に会った. →this, that, tomorrow, yesterday, one, next などが前につく時はその前には前置詞は不要.
- He came at three **in** the **afternoon**. 彼は午後3時にやって来た.
- He is always busy **on** Sunday **afternoons**. 日曜日の午後はいつも忙(いそが)しい. →afternoon はふつう複数形にしないが, 「いつも午後には」のように習慣的なことをいう時は afternoons.

Good afternoon. A1 こんにちは →午後の挨拶(あいさつ).

áfternoon téa 名 (英) **午後のお茶** →昼食と夕食の間午後4時から5時頃(ごろ)に紅茶やコーヒーを飲みながらとる軽食のこと. 単に **tea** ともいう.

afterward /ǽftərwərd アふタワド/ 副 **あとで; その後で**
- long **afterward** (それから)ずっとあとで
- We studied during the morning and went fishing **afterward**. 私たちは午前中勉強してそのあと釣(つ)りに行った.

afterwards /ǽftərwərdz アふタワヅ/ 副 《主に英》=afterward

again 小 A1 /əgén アゲン/ 副 (→比較変化なし)

❶ **もう一度, また;**《否定文で》**二度と**
- Try **again**. もう一度やってごらん.

 会話

See you **again** on Monday, Bob.
—Yes, see you then.
ボブ, また月曜日に会おう.—うん, じゃあその時また.

- He never said it **again**. 彼は二度とそれを言わなかった.

❷ **元の所へ, もとの状態に, また**

against 16 sixteen

• I walked to town and back **again**. 私は町へ歩いて行ってまた帰って来た[町まで歩いて往復した].

• He went abroad last July, but he is home **again**. 彼はこの7月に外国へ行ったけど, また家に帰って来ている.

again and again 何度も何度も, 再三
now and again 時々
once again もう一度
over and over again 何度も繰(く)り返して

against 中 A2 /əgénst アゲンスト/ 前
❶《敵対》~に逆らって, ~に対して, ~に(ぶつかって)

• swim **against** the current 流れに逆らって泳ぐ

• She married **against** her will. 彼女は自分の意志に反して[いやいや]結婚(けっこん)した.

• We played **against** the strongest team and won. 私たちは最強のチームと試合して勝った.

• The rain is beating **against** the windows. 雨が窓に打ちつけている.

• Differences in languages often work **against** understanding between nations. 言葉における違(ちが)いはしばしば国家間の(理解に逆らって作用する ⇨)理解を妨(さまた)げる.

❷《反対・禁止》~に反対して;《違反(いはん)》~に反して

反対語 I want to have a dog. Are you **for** it or **against** it? ぼく犬を飼いたいんだけど, (それに)賛成? それとも反対?

• Smoking here is **against** the rules. ここでの喫煙(きつえん)は規則違反だ.

❸《防衛・準備》~を防ぐように; ~に備えて

• This drug acts **against** headaches. この薬は頭痛に効く.

• Ants store up food **against** the winter. アリは冬に備えて食物をたくわえる.

❹《強い接触(せっしょく)》~に(もたれて・寄せかけて), ~に(当てて)

• Watch out, Ken! Don't lean **against** the wall! I've just painted it. ケン, 気をつけて! 塀(へい)にもたれちゃだめ! ペンキ塗(ぬ)ったばかりなんだ.

• He pressed his ear **against** the wall. 彼は壁(かべ)に耳を押(お)し当てた.

❺《対照》~を背景として, ~と対照して

• The earth looks really beautiful **against** dark space. (宇宙から見ると)地球は暗い宇宙を背景に[宇宙の中で]実に美しく見える.

age 中 A1 /éidʒ エイヂ/ 名
❶(人間・動物・物の)年齢(ねんれい), 年(とし)

• old **age** 老齢(ろうれい), 老年

• the **age** of this tree この木の樹齢(じゅれい)

• at the **age** of fifteen 15歳(さい)で[の時に]

• children of all **ages** いろいろな年齢の子供たち

• Turtles live to a great **age**. ウミガメは高齢(こうれい)まで生きる[とても長生きする].

• She is just my **age**. 彼女は僕(ぼく)とちょうど同い年だ.

• We are the same **age**. 私たちは同い年です.

• He has a son your **age**. 彼には君と同じ(ぐらいの)年の息子(むすこ)がいる.

• He looks young for his **age**. 彼は年のわりには若く見える.

• He is fifteen years of **age**. 彼は15歳です. →He is fifteen years old. のほうがふつう.

❷時代

• the Ice [Stone] **Age** 氷河[石器]時代

• in the Internet **age** インターネット時代に

❸(**an age** または **ages** で)《話》長い間

• I haven't seen you for **ages**. ずいぶん長い間お目にかかりませんでした[お久しぶりです].

be [come] of age 成年に達している[達する] →米国では州によって成人年齢が異なる.

aged A2 /éidʒid エイヂド/ 形
❶年を取った (old)

• an **aged** man お年寄り

• the **aged** (=old people) お年寄りたち

❷ /éidʒd エイヂド/ ~歳(さい)の

• a boy **aged** twelve 12歳の少年

• people **aged** 65 or older 65才以上の人たち

agency A2 /éidʒənsi エイヂェンスィ/ 名 (複)
agencies /éidʒənsiz エイヂェンスィズ/) 代理店, 取次店; あっせん所; (政府)機関

agent A2 /éidʒənt エイヂェント/ 名 代理人; 代理店

ago 中 A1 /əgóu アゴウ/ 副 (→比較変化なし) (今から)~前に →今からみて時間的にどれくらい前なのかを表す.

関連語 「(過去のある時から)〜前に」または漠然(ばくぜん)と「以前に」という時は **before**.

基本 three years **ago** (今から)3年前に → 時間の長さを表す語(句)+ago.

- a few days **ago** 2〜3日前に
- years **ago** 何年も前に
- long **ago** ずっと前に，昔
- not long **ago** 少し前に，つい先頃(ごろ)
- Long, long **ago** an old man lived near the woods. 昔々1人のおじいさんが森の近くに住んでいました.

agony /ǽgəni アゴニ/ 名 (複 **agonies** /ǽgəniz アゴニズ/) **非常な苦しみ，苦悩; 激しい苦痛**

agree 中 A1 /əgríː アグリー/ 動

❶ (意見が)**一致(いっち)する，同意する，賛成する**
- I **agree with** you [your opinion]. 私は君に賛成だ[君と同じ意見だ].
- I **agree to** this plan. 私はこの計画に賛成だ.
- I cannot **agree with** you on this point. この点については私は君に賛成できない.
- We all **agreed** to keep the dog. =We all **agreed** on keeping the dog. =We all **agreed** that we would keep the dog. 私たちは皆(みな)その犬を飼うことで意見が一致した.

文法 ちょっとくわしく

「agree+前置詞+名詞」の場合，名詞の内容によって前置詞は次のようになる:
agree with (人・意見・行為(こうい))
agree to (提案)
agree on (決定すべき事項(じこう))

---

❷ (気候・食物などが)**体質に合う; 気が合う**
- The food in that country didn't **agree** with me. その国の食べ物は私に合わなかった.
- Brothers and sisters don't always **agree**. 兄弟姉妹(しまい)がいつも気が合うとは限らない. → not always は「いつも〜とは限らない」.

agreeable /əgríːəbl アグリーアブル/ 形
❶ **ここちよい，(感じ・気持ちの)よい，楽しい**
❷ (〜に)**適する，合う; (人が)賛成で，乗り気で**

agreement /əgríːmənt アグリーメント/ 名
(意見などの)**一致(いっち)，同意，合意; 協定(書)**

agricultural /æɡrikʌ́ltʃərəl アグリ**カ**ルチュラル/

形 **農業の**

agriculture /ǽɡrikʌltʃər アグリカルチャ/ 名
農業

ah /áː アー/ 間 ❶ **ああ!, まあ!** → 驚(おどろ)き・喜び・悲しみ・哀(あわ)れみなどを表す. ❷ **えーと** → ためらいを表す.

aha /ɑːháː アーハー/ 間 **ははっ!, へーっ!** → 驚(おどろ)き・喜び・満足などを表す.

ahead A2 /əhéd アヘド/ 副 **前へ，前方に**
- look **ahead** 前方を見る; 先を見通す
- go **ahead** 先へ進む → 成句
- go **ahead** with one's work 仕事をどんどん続ける
- Go straight **ahead** along this road. この道をまっすぐに行きなさい.
- There is danger **ahead**. 前方に危険がある.
- He shouted, "Iceberg **ahead**!" 「前方に氷山が!」と彼は叫(さけ)んだ.

ahead of 〜 **〜の前方に; 〜より先に**
- I could see traffic lights **ahead of** my car. 車の前方に交通信号が見えた.
- He is **ahead of** us in English. 彼は英語では私たちより進んでいる.

go ahead (相手に行為(こうい)・話を先に進めるように促(うなが)して)**さあ，どうぞ，それから?**

AI 中 略 **人工知能** → **A**rtificial **I**ntelligence.

aid /éid エイド/ 動 **助ける，援助(えんじょ)する** → help を使うほうがふつう.
—— 名 **助け，援助; (補助)器具**

aide /éid エイド/ 名 **補佐(ほさ)官，側近; 助手**

AIDS /éidz エイヅ/ 名 **エイズ，後天性免疫(めんえき)不全症候(しょうこう)群**

aim /éim エイム/ 名 **狙(ねら)い; 目的**
—— 動 ❶ (aim at 〜 で) **〜を狙う; (aim A at B で) A を B に向ける，A で B を狙う**
❷ (aim for 〜 で) **〜を得ようとする，〜を狙っている** ❸ (aim to do で) **〜しようとする，〜するつもりだ**

Ainu /áinu アイヌー/ 名 (複 **Ainu, Ainus** /áinuːz アイヌーズ/) ❶ **アイヌ人; (the Ainu [Ainus] で) アイヌの人々(全体)，アイヌ民族**
❷ **アイヌ語**
—— 形 **アイヌ人の; アイヌ語の**

air 中 A2 /éər エア/ 名
❶ **空気**
- fresh **air** 新鮮(しんせん)な空気 →×a fresh air,

air ball 18 eighteen

×fresh air*s* などとしない.
- mountain **air** 山の空気

❷ (ふつう the air で) 大気, 空 (sky) → 自分の周りの「空気」, 頭上の「空」の意味.
- in **the** open **air** 野外で
- high up in **the air** 空高く
- fly up into **the air** 空に舞(ま)い上がる
- It could be seen only from **the air**. それは空からしか見えなかった.

❸ 様子, ふう, 態度; (airs で) 気取り
- put on **airs** 気取る
- The town has a European **air**. その町はヨーロッパ風のところがある.

by air 飛行機で[の], 空路を
- travel **by air** 飛行機で旅行する

on the air (テレビ・ラジオで)放送されて
- An interesting program will be on the **air** at eight this evening. おもしろい番組が今晩8時に放送されます.

── 動 空気に当てる, 干す, 乾(かわ)かす

áir bàll 名 風船

air-conditioned /éər kəndíʃənd エア コンディションド/ 形 エアコンの利いている, 冷暖房(れいだんぼう)装置を付けた

áir condítioner 中 名 エアコン, 空調; クーラー → この意味での「クーラー」は和製英語. →**cooler**

aircraft /éərkræft エアクラふト/ 名 (復 **aircraft**) 航空機 → 複数形も **aircraft**. 飛行機・ヘリコプター・飛行船などの総称.

áircraft càrrier 名 航空母艦(ぼかん)

áir fàre 名 航空運賃

airfield /éərfiːld エアふィールド/ 名 《米》(軍用などの小さな)飛行場

áir fòrce 名 空軍

áir gùn 名 空気銃(じゅう)

airline /éərlain エアらイン/ 名 ❶ 航空路
❷ (しばしば **airlines** で) 航空会社

airliner /éərlainər エアらイナ/ 名 (大型の)定期旅客(りょかく)機

airmail /éərmeil エアメイる/ 名 航空郵便, エアメール

airplane 小 A1 /éərplein エアプれイン/ 名 《米》飛行機 (《英》aeroplane) → 話し言葉では **plane** という.
- travel **by airplane** 飛行機で旅行する → ×by **an** [the] airplane としない.

áir pollùtion 名 大気汚染(おせん)

airport 中 A1 /éərpɔːrt エアポート/ 名 空港
- at Heathrow **Airport** ヒースロー空港で
- in an **airport** lounge 空港ロビーで

airship /éərʃip エアシプ/ 名 飛行船

airsick /éərsik エアスィク/ 形 飛行機に酔(よ)った

airway /éərwei エアウェイ/ 名 (復 **airways** /éərweiz エアウェイズ/) 航空路線; (**airways** で) 航空会社; (**Airways** で社名として) …航空

airy /éəri エアリ/ 形 (比較級 **airier** /éəriər エアリア/; 最上級 **airiest** /éəriist エアリエスト/) 風通しのよい → air+-y.

aisle A2 /áil アイる/ 名 (教室・劇場・客車・教会などの座席間の)通路

AK 略 =Alaska

AL 略 =Alabama

Alabama /æləbámə アらバマ/ 固名 アラバマ → 米国南東部の州. **Ala.**, (郵便で) **AL** と略す.

Aladdin /əlædin アらディン/ 固名 アラジン

> 参考 民話集『アラビアン・ナイト』の中の1つ「アラジンと魔法(まほう)のランプ」の主人公. 中国の貧しい仕立屋の少年であったが, なんでも願いをかなえてくれる魔法のランプ (**Aladdin's lamp**) のおかげで大金持ちになり, 中国皇帝(こうてい)のお姫(ひめ)さまと結婚(けっこん)する.

alarm A2 /əláːrm アらーム/ 名
❶ (言葉・ベル・ブザーなどによる)警報, 警報機; 目覚まし時計 (alarm clock)
- a fire **alarm** 火災警報[報知器]
- give [raise, sound] the **alarm** 警報を発する
❷ (突然(とつぜん)の)驚(おどろ)き, 恐怖(きょうふ)
- The bird flew away in **alarm** when it saw a cat. 鳥はネコを見るとびっくりして飛び去った.

── 動 不安におののかせる; (be alarmed で) 不安におののく
- Don't **be** so **alarmed**. そう慌(あわ)てるな.

alárm clòck A2 名 目覚まし時計

alas /əlæs アらス/ 間 ああ!, ああ悲しい! → 悲しみ・後悔(こうかい)などの気持ちを表す.

Alaska /əlæskə アらスカ/ 固名 アラスカ → 北アメリカ北西端(たん)の大半島で米国最大の州(日本の約4倍), **Alas.**, (郵便で) **AK** と略す.

Alaskan /əlæskən アらスカン/ 形 アラスカの,

アラスカ人の
── 名 アラスカ人

albatross /ǽlbətrɔːs ア**る**バトロース/ 名 《鳥》
アホウドリ

album A1 /ǽlbəm ア**る**バム/ 名
❶ **アルバム** →写真帳・切手帳・サイン帳・レコード
を入れておくレコードアルバムなど.
•a photo **album** 写真帳
•an autograph **album** サイン帳
❷ (何曲か収録された) CD, レコード, カセット

alcohol /ǽlkəhɔːl ア**る**コホール/ 名 ❶ アルコール ❷ アルコール性飲料, 酒

alcoholic /æ̀lkəhɔ́ːlik ア**る**コホーリク/ 形 アルコールの, アルコール性の

ale /éil エイる/ 名 **エール** →ふつうのビールより
苦味があって濃(こ)い.

alert /ələ́ːrt ア**ら**～ト/ 形 油断のない (watch-
ful), 抜(ぬ)けめのない, 機敏(きびん)な, すばしこい
── 名 警戒(けいかい); 警戒態勢

Alexander /æ̀ligzǽndər アれグ**ザ**ンダ/ 固名
アレクサンドロス, アレキサンダー →紀元前4世
紀のマケドニアの王. **Alexander the Great**
(アレクサンドロス大王)と呼ばれる.

Alfred /ǽlfrid ア**る**ふレド/ 固名 **アルフレッド** →
英国王 (849–899). **Alfred the Great** (アル
フレッド大王)と呼ばれる.

Ali Baba /ǽli báːbə ア**リ** バーバ/ 固名 **アリ・
ババ**

参考 民話集『アラビアン・ナイト』の中
の1つ「アリ・ババと40人の盗賊(とうぞく)」の
主人公. ペルシアに住む貧しいきこりだった
が, ある日盗賊たちが「開けゴマ! (Open
sesame!)」と唱えて岩を開くのを見て, 自分
もその呪文(じゅもん)を唱えて中に入り, 盗賊の
隠(かく)した宝を見つけて大金持ちになった.

alien /éiljən エイりャン/ 形 **外国の** (foreign);
異質の (different)
── 名 ❶ (在留)外国人 ❷ 宇宙人, 異星人

alike /əláik ア**ら**イク/ 形 よく似て, 同様で
── 副 同じように, 同様に

alive A2 /əláiv ア**ら**イヴ/ 形
❶ **生きて** →live²
•The snake is still **alive**. そのヘビはまだ生
きている.
•They caught a bear **alive**. 彼らはクマを
いけどりにした.

反対語 Is the bird **alive** or **dead**? その鳥は
生きていますか死んでいますか.
•We are trying hard to keep our folk
culture **alive**. 私たちは自分たちの民俗(みんぞく)
文化を絶やさないようにとても努力しています. →
keep A (名詞) alive は「Aを生かしておく」.
❷ 生き生きして, にぎわって
•The streets are **alive** with shoppers.
通りは買い物客でにぎわっている.

all 小 A1 /ɔːl オーる/

形 ❶ すべての, 全部の	意味 map
❷ (not のある文で) 全部の～が…では ない	
代 すべてのもの, すべての人々	
副 全く	

── 形 (→比較変化なし)

❶ **すべての, 全部の**
基本 **all** boys すべての少年たち, 少年たち(は)
みんな →all+数えられる名詞の複数形.
類似語 一つ一つを個別的に考えて, 「すべての」と
いう時は **every** を使う.
•**all** my friends 私のすべての友人たち →
×my all friends としない.
•**all** the boys of our school 私たちの学校
のすべての少年たち →×the all boys としない.
基本 **all** my money 私のすべてのお金 →all
+数えられない名詞.
基本 **all** (the) morning 午前中ずっと →the
をつけないほうがふつう.
•**all** day (long) 一日中
•**all**-Japan team 全日本チーム
•He was silent **all** the time. 彼はその間中
黙(だま)っていた.
•We spent happy days with our grand-
dad **all** summer. 私たちはおじいさんとその
夏中楽しい日々を送った.
❷ (not のある文で) 全部の～が…ではない, す
べての～が…というわけではない
•**All** books are **not** good books. すべて
の本が良書だというわけではない(中には悪い本も
ある). →一部を否定する言い方.
•I did **not** buy **all** the books. 私は全部の
本を買ったわけではない.
── 代 すべてのもの, すべての人々, 万事(ばんじ),
全部
基本 **all** of the pupils (= **all** the pupils)
生徒たちのすべて, すべての生徒たち

alleluia

- **all** of us 我々のすべて[全員] →×*all us* とはいわない.

> **文法 ちょっとくわしく**
> **all of** の次には限定された複数名詞が続く；従ってその名詞には the, these, my, his などがつく:
> ○ all of **the** pupils
> × all of *pupils*
> 人称(にんしょう)代名詞 (us, you, them) はそれ自体が限定された人や物を示しているから **all of** us [you, them] でよい.

- **all** (that) I have 私の持っているすべてのもの →関係代名詞 that は目的格だから省略できる.
- **All** I have is this small bag. (私の持っているすべてのものはこの小さなバッグです⇨)私が持っているのはこの小さなバッグだけです.
- **All** are silent. みんな[全員]黙っています. → all を all people (すべての人々)の意味に使う時は複数扱(あつか)い.
- **All** is silent around. 辺りはすべてが静かです. → all を all things (すべての物)の意味に使う時は単数扱い.
- We **all** [**All** of us] like him. 私たちはみんな彼が好きです. → We と all は同格. ×*all we* としない.

ことわざ **All** that glitters is not gold. きらきら光る物が皆(みな)金とは限らない. →一部を否定する言い方. →形 ❷

—— 副 全く, すっかり
- **all** around 周りじゅう →**around** 成句
- **all** together みんないっしょに
- **all** alone 全くひとりぼっちで
- **all** through the night 夜通し
- The sky was **all** dark. 空は真っ暗だった.

above all 何よりも →**above** 成句
after all 結局, やはり →**after** 成句
all at once ① 全く突然(とつぜん) (suddenly) ② みんな一度に
all over ① 一面に, すっかり
- I feel itchy **all over**. 私は体じゅうがかゆい.
② すべて終わって
- The party is **all over**. パーティーは全部終わった.

all over ~ ~じゅうに[で]
- **all over** the country 国中に[で]
- Players from **all over** the world are talking to one another. 世界中から来た選手たちが互(たが)いに話をしている.

all over again 繰(く)り返して, 何度も
all right A1 よろしい; 元気で →**right** 成句
all the way はるばる, ずっと
at all 少しでも (even a little)
- Do you know him **at all**? 君は彼を少しは知っているのか.
- I'll come in the afternoon if I come **at all**. (たぶん伺(うかが)えないでしょうが)もし伺うとすれば午後になります.

in all 全部で, みんなで
- There were ten questions **in all**. 質問は全部で10あった.

Not at all. 《英》(お礼に対する答えに用いて)どういたしまして (《米》You are welcome.)

Thank you very much.—**Not at all.**
どうもありがとう.—どういたしまして.

not ~ at all 少しも~ない
- I did **not** sleep **at all** last night. 私はゆうべは少しも眠(ねむ)れなかった.
- It doesn't matter **at all**. そんなことは全く関係ない[どっちでもいい].

That's all. それで[これで]おしまい; それだけのことだ

alleluia /æləlúːjə アれるーヤ/ 間 = hallelujah

allergic /ələ́ːrdʒik アら~ヂク/ 形 アレルギー(性)の

allergy /ǽlərdʒi アらヂ/ 名 (複 **allergies** /ǽlərdʒiz アらヂズ/) アレルギー → ある物質に対し, 不必要な免疫(めんえき)反応を示すことで引き起こされる病.
- a pollen **allergy** 花粉アレルギー

alley /ǽli アリ/ 名 ❶ 狭(せま)い裏通り, 路地, 小道 ❷ (ボウリングの)レーン

All Fools' Day /ɔ́ːl fúːlz dèi オーる ふーるズ デ

イ）〔名〕**万愚節**(ばんぐせつ) → **April Fools' Day**

alligator /ǽləgeitər アリゲイタ/ 〔名〕 **アリゲータ**
ー → アメリカや中国産のワニの一種.
類似語 **crocodile** ほど鼻先がとがっていない.

allow A2 /əláu アラウ/ 〔動〕
❶ **許す**; **(allow A to do で) A に〜すること
を許す**, **〜させておく**
• **allow** him to enter 彼が中へ入ることを許
す, 彼が中へ入るままにする[入るのを止めない]
• You must not **allow** the children **to**
play here. 子供たちをここで遊ばせておいては
いけない.
• No one is **allowed to** smoke in the
car. 車内では誰(だれ)もタバコを吸うことを許され
ない[吸ってはいけない].
• Dad doesn't **allow** smoking in this
room. 父はこの部屋でタバコを吸うことを許さ
ない.
• Smoking **is** not **allowed** in this room.
この部屋ではタバコを吸うことは許されない. →
is 〔助動〕 ❷

❷ (小遣(こづか)いなどを)**与**(あた)**える** (give); (時間
を)**割り当てる**
• **allow** him two thousand yen a month
for pocket money 小遣いとして彼に月
2,000円与える

allowance /əláuəns アラウアンス/ 〔名〕 (定期的
な)**手当**, **小遣**(こづか)**い**, **〜費**

All Saints' Day /ɔ́:l séints dèi オールセイン
ツデイ/ 〔名〕 **万聖節**(ばんせいせつ), **諸聖徒日** → カトリッ
クの祭日の1つで11月1日. 聖人の霊(れい)を祭る
日だが一般(いっぱん)家庭では特別な行事はしない. →
Halloween

almanac /ɔ́:lmənæk オールマナク/ 〔名〕
❶ **暦**(こよみ) → カレンダーのほかに気候・日の出, 日
の入りの時刻・潮・年中行事などの記事がある.
❷ **年鑑**(ねんかん)

almighty /ɔ:lmáiti オールマイティ/ 〔形〕 **全能の,
万能**(ばんのう)**の**
ー 〔名〕 **(the Almighty で) 全能者, 神** (God)

almond /áːmənd アーモンド/ 〔名〕 《植物》**アーモ
ンド(の木・実)**

almost 中 A1 /ɔ́:lmoust オールモウスト/
〔副〕 **ほとんど, おおかた; もう少しで** → **all**, ev-
ery などの前につくことが多い.
• **almost** all (the books) ほとんどすべて(の
本) → ×almost the books とはいわない.

• I've spent **almost** all my money. 私は
自分のお金をほとんど全部使ってしまった. →
×almost my money とはいわない.
• **almost** every book ほとんどあらゆる本
• **almost** always ほとんどいつも
• **almost** the same ほとんど同じ
• It is **almost** ten o'clock. もうそろそろ10
時だ.
• Bob is **almost** as big as his father. ボブ
はほとんど父親と同じくらい大きい.
• I **almost** caught the fish. 私はもう少しで
その魚を捕(つか)まえるところだった.
• We are **almost** there. (私たちはもう少し
でそこにいる ⇨)もうそろそろそこに着く.
• Are we **almost** there? もうそろそろそこに
着きますか.

aloha /əlóuhə アロウハ/ 〔間〕 **こんにちは, ようこ
そ** (hello); **さようなら** (goodbye) → ハワイ語
で「愛」の意味.

alóha shìrt 〔名〕 **アロハシャツ** → ハワイ由来の
シャツ. 華(はな)やかな柄(がら)のものが多い.

alone 中 A1 /əlóun アロウン/ 〔形〕
❶ **ひとりで, 単独で**
• Cinderella was (all) **alone** in the
house all day. シンデレラは一日中家に(たっ
た)ひとりでいた.
• I am **alone** with nature in the moun-
tains. 私は山の中で(自然とふたりっきりでいる
⇨)自然に囲まれてひとりでいる.
• We were **alone** in that hall. そのホール
には私たちだけでした.

> 文法　ちょっとくわしく
> **alone** は名詞の前では使わない. 「ひとり
> ぼっちの(さみしい)子供」は ×an alone
> child ではなく, a **lonely** child という.

❷ **((代)名詞＋alone で) 〜だけ**
• Aunt Margaret **alone** can make this
cake. マーガレットおばさんだけがこのお菓子(か
し)を作れます.

ー 〔副〕 **ひとりで, 単独で**
• She lives **alone** in the house. 彼女はひ
とりでその家に住んでいる.
• The old man and his wife worked
alone. その老人と妻は彼らだけで働いた.

let [**leave**] **〜 alone** **〜を構わずにおく, 〜
をそのままほっておく**

along

- **Leave** me **alone**. 私のことはほっといてくれ.
- **Leave** that **alone**. It's mine. それに触(さわ)らないでくれ. それは僕(ぼく)のだ(から).

let alone ～ ～は言うまでもなく, ～はもちろん
- I don't have a computer, **let alone** a tablet PC. 私はタブレットコンピューターはもちろん, (ふつうの)コンピューターだって持っていない.

along 中 A1
/əlɔ́ːŋ アローング|əlɔ́ŋ アロング/ 前
(道・川など)**に沿って**, (道)を
関連語 **across** (～を横切って)
- walk **along** the river 川に沿って歩く
- walk **along** the street 通りを歩く
- trees **along** the road 沿道の並木
- Cherry trees are planted **along** the street. 通りに沿って桜が植えられている.

—— 副 ❶(先へずっと)**進んで** →道(など)に沿った「動きの方向」を示す. 日本語には訳さないことが多い.
- walk **along** 歩いて行く
- come **along** やって来る, 通り掛(か)かる
- ride **along** (馬・自転車などに)乗って行く
- Come **along**, children. さあいらっしゃい, みんな.
- "Move **along**, please!" said the police officer. 「(止まらないで)先へ進んでください!」と警官が言った.

❷(人と)**いっしょに**, (物を)**持って**
- sing **along** (楽器・歌手などに合わせて)いっしょに歌う
- Can I bring my friend **along**? 友達をいっしょに連れて来ていいですか.
- Take your umbrella **along**. 傘(かさ)を持って行きなさい.

get along (生活・勉強・仕事・他人との関係を)やっていく →**get** 成句
go along 進む, (うまく)やっていく
go along with ～ ①～といっしょに行く ②～に同調する, に賛成する →**go** 成句

aloud /əláud アラウド/ 副 声を出して
- read **aloud** 声を出して読む, 音読する

alpha /ǽlfə アるふァ/ 名 アルファ →ギリシャ語のアルファベットの最初の文字 (α, A).

alphabet 小 /ǽlfəbet アるふァベット/ 名 アルフ

アベット →英語の場合は ABC 26文字のこと. 一つ一つの文字ではなく26文字全部をいう.

alphabetical /ælfəbétikəl あるふァベティカる/ 形 アルファベットの

Alpine /ǽlpain アるパイン/ 形 ❶アルプス山脈の ❷(alpine で)高山性の

Alps /ǽlps アるプス/ 固名 (the Alps で) アルプス山脈 →フランス・イタリア・スイス・オーストリアなどにまたがった山脈. →**Mont Blanc**

already 中 A1
/ɔːlrédi オーるレディ/ 副
(→比較変化なし) **既(すで)に, もう**
基本 It's **already** dark. もう暗い[暗くなった]. →already はふつう肯定(こうてい)文で使い, 否定文では **yet** を使う.
- I have **already** finished my homework. 私はもう宿題を済ませてしまった. →**have** 助動 ❶
- The bus has **already** gone. バスはもう既に行ってしまった.
- Are you leaving **already**? 君はもう行ってしまうの. →already を疑問文で使うと, 予想以上に早いことに対する驚(おどろ)きの気持ちを表す. ふつうの疑問文では **yet** を使う.

alright A2 /ɔːlráit オーるライト/ 形 副 《話》= all right

also 小 A1
/ɔ́ːlsou オーるソウ/ 副 (→比較変化なし) **～もまた, また**
POINT 《話》では too, as well などを使うことが多い.
- You must **also** read this book. 君はこの本も読まなければならない.
- I **also** think so. (=I think so, too.) 私もそう思います.
POINT 「～も～しない」の否定文には either を使って, I don't think so, **either**. (私もそうは思わない)となる.
- French is **also** used in Canada. カナダではフランス語も使われています.

not only A but (also) B A だけでなく B もまた →**only** 成句

ALT /éielti: エイえるティー/ 略 外国人語学指導助手 →**A**ssistant **L**anguage **T**eacher.

although A2 /ɔːlðóu オーるぞウ/ (→gh は発音しない) 接 (～は～する)**けれども** (though)
- **Although** it is snowing, I must go. 雪が降っているけれど私は行かなければならない.

altimeter /ǽltímətər アるティメタ/ 名 (飛行機の)高度計 → alti (=high)+meter (計量器).

altogether /ɔːltəɡéðər オーるトゲざ/ 副 ❶ 全く, 全然, すっかり ❷ 全体で, 全部で (in all)

aluminium /ǽljəmíniəm アりュミニアム/ 名 《英》=aluminum

aluminum /əlúːminəm アるーミナム/ 名 アルミニウム
- **aluminum** foil アルミホイル

always 小 A1 /ɔːlweiz オーるウェイズ/
副 (→比較変化なし)

❶ いつも, 常に

- She is **always** cheerful. 彼女はいつも明るい. → always の位置は be 動詞+always.
- **Always** be cheerful. いつも明るく振(ふ)る舞(ま)いなさい. → 命令文などで be 動詞を強める時は always+be 動詞.
- Ken **always** wears a red cap. ケンはいつも赤い帽子(ぼうし)をかぶっている. → always+一般(いっぱん)動詞.
- **Yours always** (「私はいつもあなたのもの」という意味から親友間の手紙の結びに使って)じゃあまたね, お元気で.

[関連語] Bob **always** sleeps during class; Sue **often** sleeps; Ken **sometimes** sleeps; Kay **seldom** sleeps; Ben **never** sleeps. ボブは授業中いつも居眠(いねむ)りする. スーはちょいちょい居眠りする. ケンは時々居眠りする. ケイはめったに居眠りしない. ベンは決して居眠りしない.

❷ (not のある文で) いつも~とは限らない, 常に~するわけではない

- It is **not always** cold in Hokkaido. 北海道がいつも寒いわけではない. → 一部を否定する言い方. It は漠然(ばくぜん)と「気温」を示す.
- I do **not always** go to the sea in summer. 私は夏にはいつも海へ行くとは限らない.

am 小 A1 /弱形 (ə)m (ア)ム, 強形 ǽm アム/
動 ❶ ~である
　　❷ (~に)いる 意味 map
助動 ❶ (am *doing* で) ~している
　　❷ (am+過去分詞で) ~される

—— 動
過去 **was** /弱形 wəz ワズ, 強形 wɑ́z ワズ/
過分 **been** /弱形 bin ビン, 強形 bíːn ビ(ー)ン/

■ -ing形 **being** /bíːiŋ ビーインぐ/

❶ ~である → am は主語が I (私は[が])の時の be の現在形.

[基本] I **am** a student. 私は学生です. → I am+名詞.
- I **am** Bob. **I'm** Tom's brother. 僕(ぼく)はボブです. トムの兄[弟]です.

[POINT] 自己紹介(しょうかい)ではふつう **My** name is Bob. という. I am は話し言葉ではふつう **I'm** /アイム/ と短くしていう.

[基本] I **am** fine. 私は元気です. → I am+形容詞.
- I **am** thirteen. 私は 13 歳(さい)です.

[会話] Are you really Tom's brother? —Yes, I **am** /アム/. 君は本当にトムの兄[弟]ですか.—ええ, そうですよ. → I am の後ろを省略した時は am を強く発音し, ×I'm という短縮形は使わない.

[基本] **Am** I wrong? 私は間違(まちが)っていますか. → 疑問文では Am I ~?

[基本] I **am** not a teacher. 私は教師ではない. → 否定文では I am not ~.

Are you happy?—No, **I'm** not! **I'm** very sad.
君はうれしいですか.—とんでもない! 私はとても悲しいのです.

- **I'm** right, **aren't** I? 私の言うとおりでしょ? → ~, aren't I は「~ですね」と念を押(お)す言い方. ×amn't という形がないので are not を短くした形 **aren't** を使う.

❷ (~に)いる

[基本] I **am** at home. 私は家にいます. → I am+場所を示す副詞(句).

- I am red. I **am** in the garden. I **am** in a sandwich. What am I? 私は赤いです. 私は野菜畑にいます. 私はサンドイッチの中にいます. 私は何でしょう. → なぞなぞ(答え: tomato).

Where are you, Bob? —**I'm** here, Mother.
あなたはどこにいるの, ボブ.—僕はここにいます, お母さん.

—— 助動 ❶ (am *doing* で) ~している; (これ

a.m. 24 twenty-four

から)〜しようとしている →現在進行形.

• I **am playing** the piano now. 私は今ピアノを弾(ひ)いている.

• I **am leaving** next week. 私は来週出発します.

> **②POINT** go (行く), come (来る), leave (出発する), arrive (着く)など「行く・来る」の意味を表す動詞の現在進行形は「近い未来」を表すことがある.

会話 Are you going out?—Yes, I **am**. 出かけるの?—ええ, そうです.

❷ **(am+過去分詞で)〜される** →受け身.

• I **am loved** by my parents. 私は私の両親に愛されています.

❸ **(am to do で)〜すべきである, 〜することになっている**

• What **am** I **to** do? 私は何をすればよいのか.

• I **am to** meet him at the station. 私は駅で彼と会う予定です.

a.m., A.M. 中 A1 /éiém エイエム/

略 午前 →ラテン語 ante meridiem (＝before noon) から. →**p.m., P.M.** (午後)

• 6:30 **a.m.** (読み方: six-thirty a.m.) 午前6時30分

• the 6:30 **a.m.** train 午前6時30分発の列車

amateur /ǽmətər アマタ/ 名形 **しろうと(の), アマチュア(の)**

関連語 **professional** (プロ(の))

amaze 中 /əméiz アメイズ/ 動
びっくり仰天(ぎょうてん)させる, 驚嘆(きょうたん)させる; (be amazed で) びっくり仰天する, 驚嘆する

• The whole world **was amazed** by the news. 全世界がそのニュースにびっくりした.

amazement /əméizmənt アメイズメント/ 名
びっくり仰天(ぎょうてん), 驚嘆(きょうたん)

amazing 中 /əméiziŋ アメイズィング/ 形
驚(おどろ)くべき, 目を見張らせる

• an **amazing** sight 驚くべき光景

• It is **amazing** that so many young people are doing volunteer work nowadays. 近頃(ちかごろ)こんなにもたくさんの若者たちがボランティア活動をしているのは驚くべきことだ.

amazingly /əméiziŋli アメイズィングリ/ 副
びっくりするほど, 驚(おどろ)くほど

Amazon /ǽməzan アマザン/ 固名 **(the Amazon で) アマゾン川** →南米第一の大河(約6,500km).

ambassador /æmbǽsədər アンバサダ/ 名
大使 関連語 **embassy** (大使館)

ambition A2 /æmbíʃən アンビション/ 名 (何かを成し遂(と)げたいという)**盛(さか)んな意欲, 大望(たいもう)**

ambitious /æmbíʃəs アンビシャス/ 形 **意欲的な, 大望(たいもう)[大志]を抱(いだ)いた**

ambulance /ǽmbjuləns アンビュランス/ 名
救急車

amen /eimén エイメン, a:mén アーメン/ 間
アーメン →キリスト教徒やユダヤ教徒が祈(いの)りの最後に言う言葉で, 「(今祈ったことが)そうありますように」という意味.

amend /əménd アメンド/ 動 (法律などを一部)**修正する, 改正する**

America 小 /əmérikə アメリカ/ 固名

❶ **アメリカ(合衆国), 米国** →米国人はふつう自分の国を the States /スティツ/ と呼ぶ.

❷ **(南北)アメリカ大陸**

American 小 /əmérikən アメリカン/ 形
アメリカの; アメリカ人の, アメリカ人で

• an **American** boy アメリカの少年

• He is **American**. 彼はアメリカ人です. → He is an American. よりふつうの言い方.

—— 名 **アメリカ人, 米国人**

• an **American** アメリカ人(1人)

• the **Americans** アメリカ人(全体)

Américan dréam 名 **(the をつけて) アメリカン・ドリーム** →自由と平等の国・アメリカで, 努力と運次第(しだい)では誰(だれ)でも獲得(かくとく)できると信じられている社会的成功のこと.

Américan Énglish 名 **アメリカ英語, 米語** →**British English**

Américan fóotball 名 **アメリカンフットボール, アメフト** →米国で最も人気のあるスポーツで9月から1月がシーズン. 単に **football** ともいう.

Américan Índian 名 **アメリカインディアン** →北米先住民. 現在ではふつう **Native American** という. →**Indian**

Américan Léague 固名 **(the をつけて) アメリカン・リーグ** →アメリカのプロ野球連盟で大リーグの1つ. このリーグの優勝チームがナショナル・リーグ (National League) の優勝チームと全米一を賭(か)けて争う.

Américan Revolútion 固名 (**the** をつけて) アメリカ独立革命 → アメリカの13の植民地がイギリス本国と戦った独立戦争 (1775–1783). この戦争で植民地軍は勝利し, アメリカ合衆国を建設した.

amiable /éimiəbl エイミアブる/ 形 気立ての優(やさ)しい, あいそのよい

among 中 A2 /əmʌ́ŋ アマング/ 前
~の間に[の], ~の中に[の] → 3つ[3人]以上の間についていう.
類似語 「2つの間に」は **between**.
基本 sit **among** the five boys その5人の少年たちに囲まれて座(すわ)る → 動詞＋among＋3つ以上のものを表す名詞.
基本 a tent **among** the trees 木々の間(林の中)のテント → 名詞＋among＋名詞.
●Divide the cake **among** you three. 君たち3人でそのケーキを分けなさい.
●He is **among** the greatest poets in Japan. (＝He is one of the greatest poets in Japan.) 彼は日本における最高の詩人の中にいる[最高の詩人の1人です].
●Choose one from **among** them. それらの中からどれでもいいから1つ選びなさい. →
×among *they* としない.
among others [*other* ~] 他にもいろいろ(な～が)あるが(特に)

amount 中 /əmáunt アマウント/ 名
総計, (金)額; 量
●a large [small] **amount** of money 多額[少額]の金
── 動 (総計)~になる, ~に上る
●**amount to** a million dollars 総額100万ドルに上る

ample /ǽmpl アンプる/ 形 広い, 大きい; 豊富な, 十分な

Amsterdam /ǽmstərdæm アムスタダム/ 固名 アムステルダム → オランダの首都. → **Netherlands**

amuse /əmjúːz アミューズ/ 動 楽しませる, おもしろがらせる, 笑わせる; **(be amused** で) 楽しむ

amused A2 /əmjúːzd アミューズド/ 形 楽しんでいる, おもしろがっている

amusement 小 A2 /əmjúːzmənt アミューズメント/ 名 楽しみ, 娯楽(ごらく)
●for **amusement** 楽しみのために, 娯楽として

amúsement pàrk 中 名 遊園地

among 中 A2 /アマング/

基本の意味

(3つ以上のもの)の間に囲まれている状態が基本の意味. 「同種の多数のもの・人に囲まれて」という状態だと, 「～の中の(1つ[1人])」という「範囲」の意味になる. between は「(2つのもの)の間に」が基本の意味.

イメージ

(3つ[3人]以上)の間に

 教科書によく出る **使い方・連語**

- There is a bear **among** five seals. 5匹のアザラシの間にクマが1頭いる.
- Choose the one you want from **among** these five books.
  これら5冊の本の中から好きなのを1冊選びなさい.

among others 他にもいろいろあるが特に

amusing /əmjúːziŋ アミューズィング/ 形 おもしろい, おかしい (funny)

an 小 A1 /ən アン/ 冠 1つの, 1人の

POINT an は発音が母音(ぼいん)で始まる語の前につける. an の n と次の母音を続けて発音する. 用法は a と同じなので, 例文は →a

基本 **an** apple /アナプる/ (1つの)リンゴ
- **an** elephant /アネれふァント/ (1頭)の象
- **an** Indian /アニンディアン/ (1人の)インド人; (1人の)北米先住民[アメリカンインディアン]
- **an** old /アノウるド/ man (1人の)おじいさん
- **an** orange /アノーレンヂ/ (1つの)オレンジ
- **an** umbrella /アナンブれら/ (1本の)雨傘(あまがさ)
- **an** X-ray /アネクスレイ/ (1枚の)X線写真
- 500 yen **an** hour /アナウア/ 1時間につき 500円 →この h は発音せず /アウア/ だから an がつく.

analyze /ǽnəlaiz アナライズ/ 動 三単現 **analyzes** /ǽnəlaizəz アナらイゼズ/; 過去・過分 **analyzed** /ǽnəlaizd アナらイズド/; -ing形 **analyzing** /ǽnəlaiziŋ アナらイズィング/)
分析(ぶんせき)する, 分解する 関連語 **analysis** (分析)
- **analyze** information 情報を分析する

ancestor A2 /ǽnsestər アンセスタ/ 名 祖先

ancestral /ænséstrəl アンセストラる/ 形 祖先の; 先祖代々の

anchor /ǽŋkər アンカ/ 名
❶ (船の)いかり
- A tanker is at **anchor** in the harbor. タンカーが港にいかりを降ろして停泊(ていはく)中だ.
❷ (リレーの)最終走者[泳者], アンカー
❸ 《米》=anchorperson
— 動 (船を)停泊させる; (船が)停泊する

anchorman /ǽŋkərmæn アンカマン/ 名 (複 **anchormen** /ǽŋkərmen アンカメン/) (男性の)ニュースキャスター →anchorperson

anchorperson /ǽŋkərpəːrsn アンカパ~スン/ 名 ニュースキャスター →報道番組でいろいろなニュースを整理し, 解説などを加えながら報道する人. 男性は **anchorman**, 女性は **anchorwoman** ともいう.

anchorwoman /ǽŋkərwumən アンカウマン/ 名 (複 **anchorwomen** /ǽŋkərwimin アンカウィメン/) (女性の)ニュースキャスター →anchorperson

ancient A2 /éinʃənt エインシェント/ 形 古代の; 古くからある, 昔からの
- an **ancient** city 古代都市

and 小 A1 /強 ænd アンド, ən アン, n ン, 強 ǽnd アンド/

接 ❶ ～と～   意味map
❷ そして(それから)
❸ (結果を示して) それで, だから
❹ (命令文などの後で) そうすれば

— 接

❶ ～と～, ～そして～

基本 Bob **and** Susan ボブとスーザン →名詞+and+名詞.
- you **and** I 君と僕(ぼく)
- the sun, the moon(,) **and** the stars 太陽, 月そして星

POINT 3つ以上のものを並べる時はふつう A, B, and C あるいは A, B and C.
- two **and** a half 2 ½
- three hundred **and** ten 310 →100の位と10の位の間に and を入れていうのは《英》.《米》では three hundred ten というのがふつう.
- One **and** one is [are] two. 1と1で2になる[1+1=2].
- husband **and** wife 夫婦(ふうふ)

POINT 「対(つい)」になる語を and で結ぶ時は ×a, ×the をつけない.
- day **and** night 昼も夜も
- a cup **and** saucer 茶わんとその受け皿 →2つで一体と考えられる時は, 初めの語だけに a をつける.
- a knife **and** fork ナイフとフォーク
- bread **and** butter バターを塗(ぬ)ったパン →この場合はパンとバターを別々でなく, 1つの物として単数扱(あつか)いとなる. and は弱く発音し, /brédnbʌtər ブレドンバタ/ という発音になる.
- bacon **and** eggs ベーコンエッグ

基本 a black **and** white cat 黒と白の混ざったネコ、黒白ぶちのネコ →形容詞＋and＋形容詞. a black and a white cat は「黒いネコと白いネコ」.

- It was dark **and** cold in the room. 部屋の中は暗くて寒かった．
- Dinner is ready, boys **and** girls. みんな，食事の用意ができたよ．

基本 sing **and** dance 歌いそして踊る，歌ったり踊ったりする →動詞＋and＋動詞.

基本 I am twelve, **and** my brother is ten. 私は12歳です．そして弟は10歳です．→文＋and＋文．

How are you, Bob? —Fine, thank you. **And** you?
ご機嫌いかがですか，ボブ．—ええ，元気です．あなたは？

❷ そして(それから) →**and then** ともいう．→成句

- I said "Good night" to my parents **and** went to my bedroom. 私は両親に「おやすみなさい」と言って寝室へ行った．

❸《結果を示して》それで，だから →**and so** ともいう．→成句

- He fell down on the ice **and** broke his arm. 彼は氷の上で転んで，それで腕を折った．
- It's cold, **and** we can't swim. 寒いので，私たちは泳げない．

❹《命令文などの後で》そうすれば →/アンド/と強く発音する．→**or** ❷

- Come here, **and** you will see better. ここへいらっしゃい，そうすればもっとよく見えます．
- One more step, **and** you are a dead man. もう1歩でも動くと(死人になっている⇨)殺すぞ．

❺《話》(**come** [**go**, **try**] **and** *do* で) ～しに(行く，来る)，～して(みる)

- **Come** (**and**) **see** our new house. (= Come to see our new house.) 私たちの新居を見にきてください．→《米》では and を省略することがある．

~ and ~ ～も～も; どんどん～; 大いに～する →「反復または強意」を表す．

- again **and** again 何度も，再三再四
- for days **and** days 何日も何日も
- He cried **and** cried. 彼はわんわん泣いた．
- It grew warmer **and** warmer. だんだん暖かくなってきた．

and Co. /ən kóu アン コウ, ən kʌ́mpəni アン カンパニ/ ～商会，～会社 →ふつう **& Co.** と略す．& は and を意味するラテン語を図案化したもの．
- Jones **& Co.** ジョーンズ商会

and so それで，だから
- He is old, **and so** he can't work so hard. 彼は年を取っています．だからそんなに重労働はできません．

and so on [forth] ～など
- He asked me my name, my age, my address, **and so on**. 彼は私に名前，年齢，住所などを聞いた．

and then そしてそれから，すると
- She usually watches TV for two hours **and then** does her homework. 彼女はたいてい2時間テレビを見て，それから宿題をする．

and yet それでも，それなのに
- It was raining hard, **and yet** he went out. 雨がひどく降っていたが，それでも彼は出て行った．

Andersen /ǽndərsn アンダスン/ 固名 (**Hans**) **Christian Andersen**) アンデルセン →デンマークの童話作家・詩人 (1805–75)．『人魚姫』『みにくいアヒルの子』などの名作を書いた．

Andes /ǽndiːz アンディーズ/ 固名 (**the Andes** で) アンデス山脈 →南米西部を南北に貫く大山脈．

android /ǽndrɔid アンドロイド/ 名 ❶ アンドロイド，人造人間 ❷ (**Android** で)《商標》アンドロイド →スマートフォンやタブレット用の基本ソフトのひとつ．

angel A2 /éindʒəl エインヂェる/ 名 天使，神の使い，エンゼル；天使のような人

anger /ǽŋɡər アンガ/ 名 怒り，立腹
関連語 形 **angry** (怒った)

Angkor Wat /ǽŋkɔːr wάːt アンコー ワット/ 固名 アンコールワット →カンボジアにある石造寺院遺跡．12世紀前半の建造物でクメール美術を代表する．

angle /ǽŋɡl アングる/ 名 (2つの線・2つの面が作る)角，角度 →「(物を見る)角度・視点」の意味でも使われる．

Anglo-Saxon /ǽŋglou sǽksən アングロウ サクソン/ 名 アングロサクソン人

> 参考　5世紀に現在のドイツ北部にあたる地域からイギリスに移住したアングロサクソン族 (**the Anglo-Saxons**) の人で，今日(こんにち)の英国人の祖先．**Anglo-** は現在では「英国」の意味で使われる: **Anglo-French** (英仏の)．

angrily A2 /ǽŋgrili アングリリ/ 副 怒(おこ)って，腹を立てて

angry 中 A1 /ǽŋgri アングリ/ 形
(比較級 **angrier** /ǽŋgriər アングリア/, **more angry**; 最上級 **angriest** /ǽŋgriist アングリエスト/, **most angry**) 怒(おこ)った，怒って，腹を立てて; 荒(あ)れ模様の ➡**anger**
- an **angry** look 怒った顔つき
- an **angry** sea 荒れ狂(くる)う海
- **angry** words 荒々(あらあら)しい言葉
- be **angry** 怒っている
- get **angry** 腹を立てる，怒る
- look **angry** 怒った顔をしている
- She is **angry with** [**at**] me for breaking her doll. 彼女は私が彼女の人形を壊(こわ)したので私のことを怒っている. ➡angry with [at]+人.
- Ben often gets **angry about** foolish things [**at** my words]. ベンはばかばかしいことで[私の言葉に]よく腹を立てる. ➡angry about+物事 [at+言動].
- When (you get) **angry**, count to ten. 腹が立つ時は10まで数えなさい.

animal 小 A1 /ǽnəməl アニマる/ 名
(複 **animals** /ǽnəməlz アニマるズ/)
❶ (人間以外の)動物, (特に四つ足の)獣(けもの), けだもの (beast) ➡一般(いっぱん)的には人間以外の動物を指すことが多い.
- wild **animals** 野生の動物, 野獣(やじゅう)
- domestic **animals** 家畜(かちく)
- Be kind to **animals**. 動物に優(やさ)しくしよう.
❷ (植物・鉱物に対して)動物 ➡人間・馬・昆虫(こんちゅう)・鳥・魚・ヘビなど.
- Humans are social **animals**. 人間は社会的動物である[社会を作る動物だ].

ánimal dòctor 名 獣医(じゅうい)

animate /ǽnəmeit アニメイト/ 動 生気を与える; アニメ化する
—— /ǽnəmət アニメト/ (➡動詞との発音の違(ちが)いに注意) 形 生きた; 活気のある

animated /ǽnəmeitid アニメイテド/ 形
❶ 生き生きした; 生きているような
❷ 動画の, アニメの
- an **animated** movie 動画, アニメ映画
- an **animated** cartoon 漫画(まんが)映画, アニメ漫画

animation /ænəméiʃən アニメイション/ 名 動画(の製作); アニメ映画, アニメーション

animator /ǽnəmeitər アニメイタ/ 名 アニメーター, アニメ[動画]製作者

anime 小 /ǽnimei アニメイ/ 名
(特に日本の)アニメ ➡animation からつくった言葉. 類似語 英米などのものは **cartoon** と呼ばれることが多い.

Ankara /ǽŋkərə アンカラ/ 固名 アンカラ ➡トルコ (Turkey) の首都.

ankle A2 /ǽŋkl アンクる/ 名 (くるぶしを含(ふく)む)足首
- sprain *one's* **ankle** 足首をくじく

anniversary A2 /ænəvə́:rsəri アニヴァ～サリ/ 名 (複 **anniversaries** /ænəvə́:rsəriz アニヴァ～サリズ/) (年ごとの)記念日, 記念祭
- our tenth wedding **anniversary** 私たちの10回目の結婚(けっこん)記念日
- This year marks the twentieth **anniversary** of the foundation of our school. 今年は私たちの学校が創立されて20年目です.

announce /ənáuns アナウンス/ 動 (正式に)発表する, 知らせる

announcement /ənáunsmənt アナウンスメント/ 名 発表, 公表, 通知, お知らせ
- a boarding **announcement** (飛行機・船の)搭乗(とうじょう)案内

announcer /ənáunsər アナウンサ/ 名 (ラジオ・テレビの)アナウンサー; 発表する人

annoy A2 /ənɔ́i アノイ/ 動 (一時的に)いらいらさせる, いやがらせる, 困らせる; (**be annoyed** で)いらいらする, 困る
- The noise from the street **annoys** me. 通りの騒音(そうおん)が私をいらいらさせる.
- I **was annoyed** with him for keeping me waiting. 私は私を待たせたことで彼にいら

いらした.
- **I am annoyed** at his carelessness. 私は彼の不注意に困っている.

annoying A2 /ənɔ́iiŋ アノイイング/ 形 いらいらさせる, うるさい, 迷惑(めいわく)な
- **annoying** ads うっとうしい広告

annual /ǽnjuəl アニュアる/ 形 1年の, 年間の; 毎年の, 年1回の, 例年の

another 中 A1 /ənʌ́ðər アナざ/

形 もう1つの, もう1人の, 別の　意味map
代 もう1つの物, もう1人の人, 別の物[人]

── 形 (→比較変化なし)
もう1つの, もう1人の, 別の

基本 **another** pen (別の)もう1本のペン → another+数えられる名詞の単数形.

POINT another は an (1つの)＋other (別のもの)で an (1つの)が含(ふく)まれているから, 前に a, the, my などをつけて ×*an* another pen, ×*the* another pen, ×*my* another pen としない. →**other** 形 ❶ POINT

- **another** boy (別の)もう1人の少年
- I want **another** cup of tea. 僕(ぼく)はお茶がもう1杯(はい)欲(ほ)しい.
- **Another** day passed. (別の1日⇒)また1日が過ぎた.
- The next day was **another** fine day. その次の日もまた晴れた日だった.
- Let's do it **another** time. またほかの時にそれをしましょう.
- 会話 You will have a test tomorrow. —**Another** one? 明日テストをします.—またですか.

── 代 もう1つの物, もう1人の人, 別の物[人]

- I don't like this hat. Please show me **another**. この帽子(ぼうし)は気に入らない. 別のを見せてください. → Show me **the other**. は「(2つの帽子のうち)もう1つのほうを見せてください」.

the other　　　　another

- from one person to **another** (1人の人か

ら他の人へ⇒)人々の間を次々と
- from one place to **another** (1つの場所から別の場所へ⇒)場所を次々と
- in one way or **another** (1つのあるいは別の方法で⇒)なんらかの方法で
- A week went by and then **another** (went by). 1週間が過ぎた, そしてさらにまた1週間が(過ぎた).
- Soon they had a child and then **another** the next year. 彼らはすぐ子供ができその次の年また1人できた.
- Saying is one thing and doing (is) **another**. (言うことは1つの事, そして行うことは1つの別の事⇒)言うことと行うことは別の事だ.

one after another 次々に
one another お互(たが)い (each other)
- All countries must help **one another** to maintain world peace. 世界中の国々は世界平和を維持(いじ)するためにお互いに助け合わなければならない.

answer 小 A1 /ǽnsər アンサ|ɑ́ːnsə アーンサ/ (─w は発音しない)

動 (言葉・手紙・動作などで〜に)答える, 返事をする　意味map
名 (言葉・手紙・行動による)答え

── 動 三単現 **answers** /ǽnsərz アンサズ/; 過去・過分 **answered** /ǽnsərd アンサド/; -ing形 **answering** /ǽnsəriŋ アンサリング/
(言葉・手紙・動作などで〜に)答える, 返事をする
→**reply**

answer the question　　ask a question

基本 **answer** the question その質問に答える → answer+名詞.
- **answer** him 彼に答える
- **answer** a letter 手紙に返事を出す
- **answer** the telephone 電話に出る
- **answer** the door (ベルやノックを聞いて)玄関(げんかん)に出る
- Please **answer** in English. 英語で答えて

answering machine — 30 — thirty

ください.

- She always **answers** the teacher's questions in a small voice. 彼女はいつも先生の質問に小さな声で答える.
- She **answered** yes. 彼女はイエス[そうです]と答えた.
- I knocked and knocked on the door, but no one **answered**. 私は何度も繰り返しドアをノックしたけれど誰(だれ)も出て来なかった.
- The man **answered to** the police that he had nothing to do with the case. その男は警察に対して自分は事件とは何の関わりもないと答えた.
- He is always slow in **answering** my letters. 彼はいつも私の手紙にすぐ返事をくれない. ➡前置詞 in＋動名詞 answering (返事をすること).

answer back 口答えをする

―― 名 (複 **answers** /ǽnsərz アンサズ/)
(言葉・手紙・行動による)**答え**, 返事; 回答

- give him an **answer** ＝give an **answer** to him 彼に返事を出す[答える]
- I don't know the **answer** to your question. 私は君の質問に対する答えがわからない.
- He gave no **answer** to my letter. 彼は私の手紙に何の返事もくれなかった.
- I knocked on the door, but there was no **answer**. 私はドアをノックしたが何の答えもなかった.
- A wink was his only **answer**. ウインクが彼のただ1つの返事だった.
- He answers the teacher's questions first, but his **answers** are always wrong. 彼は先生の質問に最初に答えるが, 彼の答えはいつも間違(まちが)っている. ➡最初の answers は 動.

ánswering machìne 名 《主に米》留守番電話

answerphone /ǽnsərfoun アンサふォウン/ 名 《主に英》＝answering machine

ant 小 /ǽnt アント/ 名 《虫》 アリ

antarctic /æntάːrktik アンタークティク/ 形 南極の; 南極地方の 関連語 arctic (北極の)
―― 名 (the Antarctic で) 南極地方
関連語 the South Pole (南極)

Antárctic Cóntinent 固名 (the をつけて) 南極大陸

Antárctic Ócean 固名 (the をつけて) 南極海, 南氷洋

antelope /ǽntiloup アンテロウプ/ 名 《動物》 レイヨウ ➡アフリカ・アジアの草原地方にいるシカに似た足の速い動物.

antenna /ænténə アンテナ/ 名
❶ (複 **antennas** /ænténəz アンテナズ/) 《米》(ラジオ・テレビの)**アンテナ** (《英》aerial)
❷ (複 **antennae** /ænténiː アンテニー/) (昆虫(こんちゅう)などの)**触角**(しょっかく) (feeler)

anthem /ǽθəm アンサム/ 名 祝い歌, 賛歌

anti- /ǽnti アンティ/ 接頭辞 「反対」「敵対」の意味を表す.
- **anti**nuclear 核(かく)兵器反対の

antique /æntíːk アンティーク/ 名 形 骨董(こっとう)品(の), アンティーク(の)

antler /ǽntlər アントら/ 名 (枝のようになった)シカの角 類似語 「牛・ヤギ」などの「角」は horn.

anxiety /æŋzáiəti アンザイエティ/ (➡発音に注意) 名 (複 **anxieties** /æŋzáiətiz アンザイエティズ/) ❶ 心配, 不安; 心配事 ❷ (～(すること)に対する)念願, 切望

anxious A2 /ǽŋkʃəs アンクシャス/ 形
❶ 心配な
- an **anxious** look 心配そうな顔つき
- Our grandmother will be **anxious** about us. おばあちゃんは私たちのことを心配するでしょう.
❷ (be anxious for ～ で) ～を心から願っている; (be anxious to do で) とても～したがっている
- We **are anxious for** your success. 私たちは君の成功を心から願っている.
- He **is anxious to** go with you. 彼は君といっしょに行きたがっている.

any 小 A1 /éni エニ/
代 形 ❶ 《疑問文・条件文で》 いくつか(の), 何人か(の), いくらか(の)   意味 map
❷ 《否定文で》 1つ(の～)も, 少しの(～)も
❸ 《肯定(こうてい)文で》 どんな～も, どれでも, 誰(だれ)でも
副 《疑問文で》 少しは
―― 代 形 (➡比較変化なし)
❶ 《疑問文・条件文で》 いくつか(の), 何人か(の), いくらか(の)

thirty-one　31　**anyone**

関連語 Do you have **any** caps? —Yes, I have **some** caps. 君は帽子(ぼうし)を(何個か)持っていますか.―はい, 私は帽子を(何個か)持っています. →any＋数えられる名詞の複数形.
POINT この時の any は日本語には訳さないことが多い. 肯定文では **some** になる.
関連語 Is there **any** water in that bottle? —Yes, there is **some** water in this bottle. その瓶(びん)の中に(いくらかの)水が入っていますか.―はい, この瓶には(いくらか)入っています. →any＋数えられない名詞. 次に名詞が続く時の any は形容詞, 単独なら代名詞.
•If you want **any** money, here's some. お金が(いくらか)いるならここにいくらかあります.

❷《否定文で》**1つ(の〜)も, 1人(の〜)も, 少し(の〜)も**
会話 Do you have any sisters? —No, I don't have **any** (sisters). あなたにはお姉さんか妹さんがいますか.―いいえ, 姉も妹も(1人も)いません. →any＋数えられる名詞の複数形. any の次に名詞が続くときの any は形容詞で, 続かないときの any は代名詞.
会話 Is there any milk in that bottle? —No, there isn't **any** (milk) in it. その瓶に(いくらかの)ミルクが入っていますか.―いいえ, その中には(ミルクが)入っていません. →any＋数えられない名詞.

Are there **any** apples on the table? —No, there aren't **any**.
テーブルにリンゴがある?―いや, ない.
Is there **any** bread in the kitchen? —No, there isn't **any**.
台所にパンがある?―いや, ない.

❸《肯定文で》**どんな〜も, どれでも, 誰でも**
基本 **Any** child can do this game. どんな子供でもこのゲームはできる. →any＋単数名詞. この文の否定は ×Any child cannot do 〜. としないで No child can do 〜. とする.
•Choose **any** apple from this tree. この木からどれでも好きなリンゴをとりなさい.
•**Any** (one) of you can come to the party. 君たちのうちの誰でも(1人が)パーティーに来てよい.
•You may come (at) **any** time on Friday. 君は金曜日ならいつ来てもよい.
•Mt. Fuji is higher than **any** other mountain in Japan. (= Mt. Fuji is the highest mountain in Japan.) 富士山は日本にある他のどの山よりも高い[日本で最も高い].
POINT 同じ日本の山同士の比較(ひかく)では, other (他の)をつけないと比較する山の中に富士山自身も入ってしまうから **any other 〜** とする. 他国の山との比較では other をつけない.
•Mont Blanc is higher than **any** mountain in Japan. モンブランは日本のどんな山よりも高い.

―― 副 (→比較変化なし)
《疑問文で》**少しは, いくらか;**《否定文で》**少しも**
•Are you **any** better today? 君はきょうはいくらか具合がいいですか. →any＋比較級.
•She could not work **any** longer. 彼女はもうそれ以上長くは働けなかった.
会話 Do you want **any** more? —No, I don't want **any** more. 君はもう少し欲(ほ)しいですか.―いや, (これ以上)もういりません.

any one (〜) どれでも1つ(の〜), 誰でも1人
any time いつでも;(答えで)どういたしまして
会話 Thanks a lot. —**Any time**. どうもありがとう.―どういたしまして.
at any rate とにかく, どちらにしても
if any もしあれば; もしあるにしても
•Correct the errors, **if any**. 誤りがあれば訂正(ていせい)しなさい.
•There are few, **if any**. もしあるにしても, ほんのわずかだ.
in any case どんな場合でも, どちらにしても

anybody A1 /énibɑdi エニバディ/énibədi エニボディ/ 代 →意味・用法とも **anyone** と同じ. → **anyone, somebody**
❶《疑問文・条件文で》**誰(だれ)か**
❷《否定文で》**誰も, 誰にも**
❸《肯定(こうてい)文で》**誰でも**

anyhow /énihau エニハウ/ 副 ＝anyway
anymore 中 A2 /enimɔ́ːr エニモー/ 副
《疑問文で》**もっと;**《否定文で》**もう(〜ない)** →ふつうは any more と2語に書く.

anyone 中 A1 /éniwʌn エニワン/
代 ❶《疑問文・条件文で》**誰(だれ)か**　意味map
❷《否定文で》**誰も**
❸《肯定(こうてい)文で》**誰でも**

anything

— 代 ❶《疑問文・条件文で》誰か → **any one** と2語につづることもあるが，その時は状況(じょうきょう)によって「人」を指すことも「物」を指すこともある．

基本 Can **anyone** answer this question? 誰かこの質問に答えられますか．

• Is **anyone** else coming? ほかに誰か来るのですか．

• Is **anyone** going to the movies tonight? 今晩映画を見に行く人いる?

• If **anyone** comes, ask him [《話》them] to wait. もし誰か来たら待っていてくださいと言いなさい．

❷《否定文で》誰も，誰にも

基本 There wasn't **anyone** in the room. 部屋には誰もいなかった．

会話
I heard someone shouting at the gate. Did you see **anyone** there? —No, I didn't see **anyone**.
門の所で誰かが叫(さけ)んでいるのが聞こえたけど．そこで誰かに会った?—いや，誰にも会わなかった．
関連語 肯定文では **someone** になる．

❸《肯定文で》誰でも

基本 **Anyone** can answer such an easy question. 誰でもそんな易(やさ)しい質問には答えられます．

POINT この文の否定は ×*Anyone cannot answer ~.* ではなく，*Nobody can answer ~.* → **any** 代 形 ❸

• **Anyone** who lives in this town can swim in the town pool. この町に住む人は誰でも町のプールで泳いでよい．

anything /éniθiŋ エニすィング/

代 ❶《疑問文・条件文で》何か　意味map
　　❷《否定文で》何も(~しない)
　　❸《肯定(こうてい)文で》何でも

— 代 ❶《疑問文・条件文で》何か

基本 Do you want [Would you like] **anything** (else)? (ほかに)何か欲(ほ)しいですか[いかがでしょうか]．

• **Anything** else? ほかに何かご用は?

• Can I do **anything** for you? (あなたのために私は何かすることができますか ⇨)何かして差し上げましょうか．

関連語 I want **something** to eat. Is there **anything** to eat? 私は何か食べるものが欲しい．何か食べるものがありますか．→ 肯定文では **something** になる．

• Is there **anything** like *go* or *shogi* in America? アメリカには「碁(ご)」とか「将棋(しょうぎ)」のようなものがありますか．

• If **anything** happens, let me know. もし何か起こったら知らせてください．

❷《否定文で》何も(~しない)

基本 I don't want **anything** else. 私はほかに何も欲しくない．

• I've never seen **anything** longer than it. 私はそれ以上長い物を見たことがない．→ anything + 形容詞に注意 (→❸ POINT). → **have** 助動 ❷

会話
I'm hungry. Is there any bread or fruit?—Sorry, there isn't **anything** to eat (=there's nothing to eat).
私はおなかがすいている．パンかフルーツかありますか．—すみません．食べる物は何もありません．

❸《肯定文で》何でも

基本 I will do **anything** for you. 君のためなら私は何でもやります．

• He likes **anything** sweet. 彼は甘(あま)いものなら何でも好きです．

POINT 「甘いもの」を ×*sweet anything* としない．anything, something, nothing などに形容詞がつく時は，いつも後ろにつく．

anything but ~ ~のほかは何でも; 決して~ではない → この場合の but は「~を除いて」の意味．

• I will give you **anything but** this ring. 私はあなたにこの指輪のほかは何でもあげます(指輪だけはあげられない)．

• The picture is **anything but** beautiful. その絵はきれいだとはとても言えない．

anytime /énitaim エニタイム/ 副 《米話》いつでも; (返事で)いつでもどうぞ，どういたしまして → **any time** と2語にもつづる．

anyway 中 A2 /éniwei エニウェイ/ 副

❶ とにかく，どちらにしても (anyhow)

• Thanks **anyway**. (ご好意も役に立ちません

でしたが)でもとにかくありがとう.

●It may rain, but I will go **anyway**. 雨が降るかもしれないけれど，とにかく私は行きます.

❷《否定文で》どうしても，なんとしても

●I can't do it **anyway**. 私はどうしてもそれができない.

anywhere 中 A2 /éni(h)weər エニ(ホ)ウェア/
副 ❶《疑問文・条件文で》どこかに[へ]

●Did you go **anywhere** yesterday? 君は昨日どこかへ行きましたか.

●If you go **anywhere** today, take your umbrella with you. きょうどこかへ出かけるなら，傘(かさ)を持って行きなさい.

❷《否定文で》どこにも

●I didn't go **anywhere** yesterday. 私は昨日はどこにも行かなかった.

関連語 I left my umbrella **somewhere** in the library yesterday. And I went there today, but I couldn't find it **anywhere**. 私は昨日図書館のどこかに傘を忘れた. そこできょうそこへ(図書館へ)行ったのだが，傘をどこにも見つけることができなかった. → 肯定(こうてい)文では **somewhere** になる.

❸《肯定文で》どこにでも

●You may go **anywhere**. 君はどこにでも行ってよい.

apart A2 /əpɑ́ːrt アパート/ 副 離(はな)れて，分かれて；(分離(ぶんり)して)ばらばらに

●The two houses are more than a mile **apart**. 両家は1マイル以上離れている.

●He lives **apart** from his family. 彼は家族と離れて暮らしている[別居している].

●John took the watch **apart**. ジョンは時計を分解した.

apart from ~ ～は別にして，～はともかくとして

●**Apart from** the cost, it will take a lot of time. 費用はともかくとして，それはとても時間がかかるだろう.

apartheid /əpɑ́ːrtheit アパートヘイト/ 名 アパルトヘイト → 南アフリカ共和国がかつて黒人に対してとっていた人種隔離(かくり)政策.

apartment A2 /əpɑ́ːrtmənt アパートメント/ 名
❶《米》アパート (apartment house) 内で1世帯が住む部分 (《英》flat)

●a building with 15 **apartments** 15世帯用のアパート[マンション]

●He lives in an **apartment**. 彼はアパートに住んでいます.

❷《米》アパート，マンション，集合住宅 (《英》a block of flats) → **apartment house** [**building**] ともいう. → **mansion**

ape /éip エイプ/ 名 類人猿(るいじんえん)

参考 ゴリラ (gorilla)，チンパンジー (chimpanzee)，オランウータン (orangutan) のように尾(お)のない高等のサルのこと. 小型で尾の長いものは **monkey**. → **monkey**

Aphrodite /æfrədáiti アフロダイティ/ 固名
《ギリシャ神話》アフロディテ → 愛と美の女神(めがみ)で，ローマ神話のビーナス (Venus) にあたる.

Apollo /əpɑ́lou アパロウ/ 固名 アポロ(ン) → ギリシャ・ローマ神話における太陽の神で音楽・詩歌・予言などをつかさどる美男の神.

apologise A2 /əpɑ́lədʒaiz アポロチャイズ/ 《英》=apologize

apologize A2 /əpɑ́lədʒaiz アパロチャイズ/ 動 謝(あやま)る，おわびする

●George Washington **apologized** to his father **for** cutting down a cherry tree. ジョージ・ワシントンは桜の木を切り倒(たお)したことをお父さんに謝った.

apology /əpɑ́lədʒi アパロヂ/ 名 (複 apologies /əpɑ́lədʒiz アパロヂズ/) おわび，謝罪

app /ǽp アプ/ 名 アプリ → **application** ❷ のくだけた言い方.

apparent /əpǽrənt アパレント/ 形 ❶ 明らかな，明白な ❷ 外見上の，上辺の，見せかけの

apparently A2 /əpǽrəntli アパレントリ/ 副 ❶ 外見上は，見たところでは；どうやら ❷ 実は (in fact)

appeal /əpíːl アピール/ 動 ❶ 懇願(こんがん)する；求める；(理性・世論などに)訴(うった)える ❷ (人の心に)訴える，興味をひく
── 名 ❶ 哀願(あいがん)，訴え ❷ 魅力(みりょく)，(心に)訴える力

appear 中 A2 /əpíər アピア/ 動
❶ 現れる，(テレビ・記事などに)出る
反対語 **disappear** (消える)

●The stars **appear** at night. 星は夜に現れる.

●He often **appears** on television. 彼はよくテレビに出る.

appearance

- He did not **appear** until about noon.
彼は昼頃(ひるごろ)まで姿を見せなかった.

❷ **〜に見える**, **〜らしい**

- He **appears** (to be) rich. = It **appears that** he is rich. 彼は(見たところ)金持ちらしい. →It は漠然(ばくぜん)と「状況(じょうきょう)」を表す.

関連語 She **seems** to be sick, because she **appears** pale. 彼女は病気のようだ, 見たところ顔色が悪いもの.

類似語 **seem** は心に感じた印象から判断して「〜に見える」. **appear** は目に映った外観が「〜に見える」.

appearance A2 /əpíərəns アピアランス/ 名
❶ 現れ出ること, 出現 ❷ 外見, 格好

appendix /əpéndiks アペンディクス/ 名 (複 **appendixes** /əpéndiksiz アペンディクセズ/, **appendices** /əpéndisi:z アペンディスィーズ/)
❶ (本の終わりなどに付ける)付録 ❷ 盲腸(もうちょう)

appetite /ǽpətait アペタイト/ 名 食欲 →一般(いっぱん)に「欲求」の意味でも使われる.

ことわざ The **appetite** grows with eating. 食欲は食べるほど増す. →「持てば持つほど欲(ほ)しくなるものだ」の意味.

applaud /əplɔ́:d アプロード/ 動 拍手(はくしゅ)喝采(かっさい)する; 称賛(しょうさん)する

applause /əplɔ́:z アプローズ/ 名 拍手(はくしゅ)喝采(かっさい); 称賛(しょうさん)

apple 小 A1 /ǽpl アプる/ 名

リンゴ; (**apple tree** とも) リンゴの木
- eat an **apple** リンゴを食べる
- pare [peel] an **apple** リンゴの皮をむく

参考 リンゴはアメリカ人の大好物で最もアメリカ的なものと考えられている. 生で食べるほか, アップルパイ (apple pie), リンゴ酒 (cider), キャンディーアップル (candy apple) などとして食べる. アメリカ人はリンゴというと, ジョニー・アップルシード (Johnny Appleseed) という伝説的な人物を思い浮(う)かべる. 彼は開拓(かいたく)時代のアメリカの原野をはだしで放浪(ほうろう)し, リンゴの種 (**apple seed**) をまきながら神のお告げを説いて回ったという.

the apple of *one's* ***eye*** (人)の瞳(ひとみ), (人)の命 →「(〜にとって)この上なく大事な人」の意味で使う. この apple は pupil (瞳)の意味.

apple bobbing /ǽpl bɑ́biŋ アプる バビンぐ/ 名 リンゴくわえゲーム →たらいに浮(う)かべたリンゴを手を使わずに口でくわえて取るゲーム. もとはハロウィーン (Halloween) の遊び. bob は「口でくわえる」の意味. **bobbing for apples** ともいう.

ápple píe 名 アップルパイ

参考 最もアメリカ的な食べ物の1つで, (as) American as **apple pie** (アップルパイと同じくらいアメリカ的な) は「とてもアメリカ的な」の意味.

appliance /əpláiəns アプらイアンス/ 名 器具, 装置, 設備品

applicant /ǽplikənt アプリカント/ 名 志望者, 志願者; 申込(もうしこみ)者, 応募(おうぼ)者

application /ǽpləkéiʃən アプリケイション/ 名
❶ 申し込(こ)み, 志願; 申込(もうしこみ)書, 申込用紙
❷《コンピューター》アプリケーション(ソフト) →**app** と略す.

apply A2 /əplái アプらイ/ 動 (三単現 **applies** /əpláiz アプらイズ/; 過去・過分 **applied** /əpláid アプらイド/; -ing形 **applying** /əpláiiŋ アプらイイング/)

❶ 申し込(こ)む, 応募(おうぼ)する
- **apply for** a job as a salesman セールスマンの勤め口に応募する
- **apply to** college 大学を志望する

❷ 当てはまる; 当てはめる, 応用する
- The law **applies to** everyone. 法律はすべての人に適用される.
- You cannot **apply** this rule **to** every case. 君はこの法則をあらゆる場合に当てはめることはできない (当てはまらない場合もある). → **every** ❸

❸ (薬などを)つける; (物を)当てる (put)
- Mom **applied** a plaster **to** the cut. 母は傷口にばんそうこうを貼(は)ってくれた.

appoint /əpɔ́int アポイント/ 動

❶ (人をある職・仕事に)**任命する**
❷ (日時・場所などを)**指定する，決める**

appointed /əpɔ́intid アポインテド/ 形 指定された，約束の

appointment A2 /əpɔ́intmənt アポイントメント/ 名 ❶ (人と会う)**約束**
- keep [break] an **appointment** 約束(の時間)を守る[破る]
- make an **appointment** to meet him at six 6時に彼と会う約束をする
- I have an **appointment** with [to see] the dentist at three. (私は歯医者と3時に会う約束がある⇨)歯医者に3時の予約を取ってある．

❷ 任命，指名

appreciate A2 /əprí:ʃieit アプリーシエイト/ 動
❶ (真価などを)**十分に理解する**; (芸術などを)**鑑賞(かんしょう)する，味わう**
- Many foreigners can **appreciate** *Kabuki*. 多くの外国人が歌舞伎(かぶき)の良さがわかります．

❷ 感謝する
- I deeply **appreciate** your kindness. (= Thank you very much for your kindness.) 君の親切には深く感謝します．

類似語 **appreciate** は「親切・好意など」を目的語とし，**thank** は「人」を目的語とする．

approach /əpróutʃ アプロウチ/ 動 近づく (come nearer (to))
—— 名 近づくこと，接近; (問題への)接近法，アプローチの仕方

appropriate A2 /əpróupriət アプロウプリエト/ 形 適切な，ふさわしい
- Her dress was not **appropriate to** the occasion. 彼女のドレスはその場にふさわしいものではなかった．

approval /əprú:vəl アプルーヴァる/ 名 承認(しょうにん)，賛成 関連語「賛成する」は **approve**.

approve /əprú:v アプルーヴ/ 動 (**approve of ~** とも) **～に賛成する**; ～が気に入る; ～を承認(しょうにん)する 関連語「賛成」は **approval**.

Apr. 略 =April (4月)

apricot /éiprikɑt エイプリカト/ 名 アンズ; アンズの木

April 小 A1 /éiprəl エイプリる/ 名

4月 → **Apr.** と略す．詳(くわ)しい使い方は → **June**

- in **April** 4月に
- on **April** 8 (読み方: (the) eighth) 4月8日に
- He entered high school last **April**. 彼はこの4月[去年の4月]に高校に入学した．

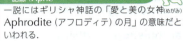

語源 (April)
一説にはギリシャ神話の「愛と美の女神(めがみ) Aphrodite (アフロディテ) の月」の意味だといわれる．

April Fools' Day /éiprəl fú:lz dèi エイプリるふーるズ デイ/ 名 エイプリルフール → 罪のないうそやいたずらにだまされた人 (**April Fool**) も怒(おこ)らないことになっている4月1日．**All Fools' Day** (万愚節(ばんぐせつ))ともいう．

apron A1 /éiprən エイプロン/ 名
❶ エプロン，前かけ
- put on [take off] an **apron** エプロンをつける[取る]
❷ (飛行場の)駐機(ちゅうき)場

apt /æpt アプト/ 形 ❶ (**be apt to** *do* で) **~しやすい**; ～しそうである → 好ましくないことに使う． ❷ (場合・目的などに)ふさわしい，適切な

aquarium 小 /əkwéəriəm アクウェアリアム/ 名
❶ 水族館
- visit an **aquarium** 水族館に行く
❷ (水生動植物を観察する)**水槽(すいそう)，(ガラス製の)養魚鉢(ばち)**

Arab /ǽrəb アラブ/ 名 アラブ人; (**the Arabs** で) アラブ民族 → アラビア語を話し，イスラム教を信仰(しんこう)する民族で，モロッコ，リビア，エジプト，レバノン，シリア，イラク，サウジアラビアなどアフリカ北部から中東の国々に広く住んでいる．

Arabia /əréibiə アレイビア/ 固名 アラビア → 紅海とペルシャ湾(わん)にはさまれた大半島．

Arabian /əréibiən アレイビアン/ 形 アラビアの; アラビア人の，アラブ人の
—— 名 アラビア人; アラブ人

Arábian Níghts 固名 (**the** をつけて)『アラビアン・ナイト』→ 有名なアラビア民話集． *The Thousand and One Nights* (『千夜一夜物語』) ともいう．

Arabic /ǽrəbik アラビク/ 名 アラビア語

Árabic númerals 名 アラビア数字 → 1, 2, 3 などの算用数字．

Arbor Day /ɑ́:rbər dèi アーバ デイ/ 名 植樹日 → 米国・カナダの各州で春の1日を決めて木を

arcade

植える日. 主に小・中学生やボーイ[ガール]スカウトが行う. arbor はラテン語で「木」の意味.

arcade /ɑːrkéid アーケイド/ 名 **アーケード** → (両側に商店の並んだ)屋根付き商店街.

arch /ɑːrtʃ アーチ/ 名 ❶ (建物などを支える弓形の)**アーチ**; アーチ状の門 ❷ アーチ形のもの; (足の)**土踏(ふ)まず**

archaeology /ɑːrkiɑ́lədʒi アーキアロヂ/ 名 考古学

archbishop /ɑːrtʃbíʃəp アーチビショプ/ 名 (カトリック教会の)**大司教**, (英国国教会の)**大主教**, (仏教の)**大僧正(だいそうじょう)**

archer /ɑːrtʃər アーチャ/ 名 ❶ 弓を射る人, 弓術(きゅうじゅつ)家 ❷ (the Archer で)《星座》いて座

archery /ɑːrtʃəri アーチェリ/ 名 弓術(きゅうじゅつ), 弓道(きゅうどう), アーチェリー

Archimedes /ɑːrkəmíːdiːz アーキミーディーズ/ 固名 **アルキメデス** → 古代ギリシャの物理学者・数学者 (287? -212 B.C.).

architect /ɑ́ːrkətekt アーキテクト/ 名 (建物の)**設計者, 建築家** 関連語 **carpenter** (大工)

architecture A2 /ɑ́ːrkətektʃər アーキテクチャ/ 名 **建築; 建築物**

arctic /ɑ́ːrktik アークティク/ 形 **北極の; 北極地方の** 関連語 **antarctic** (南極の)
- the **Arctic** regions 北極地方
- the **Arctic** Ocean 北極海
—— 名 (the Arctic で)**北極地方**
関連語 **the North Pole** (北極)

are 小 A1 /弱 ər ア, 強 ɑːr アー/

動 ❶ (私たち[あなた(たち), 彼ら]は)~である 意味 map
❷ (~に)ある, (~に)いる
助動 ❶ (are doing で) ~している
❷ (are+過去分詞で) ~される

—— 動
過去 **were** /弱 wər ワー, 強 wə́ːr ワー/
過分 **been** /弱 bin ビン, 強 bíːn ビ(ー)ン/
-ing形 **being** /bíːiŋ ビーインヅ/

❶ (私たち[あなた(たち), 彼ら]は)**~である** → are は主語が we, you, they または複数名詞の時の be の現在形.

基本 We **are** Japanese. 私たちは日本人です. →We are+形容詞.
- You **are** beautiful. 君(たち)は美しい(です).
- These flowers **are** very beautiful. これ

らの花はとても美しい(です).

基本 They **are** [They'**re**] brothers. 彼らは兄弟です. →They are+名詞. we are, you are, they are などは話し言葉ではしばしば **we're, you're, they're** のように縮めていう.
- Tom and Huck **are** good friends. トムとハックは仲良しの友達です.

基本 **Are** you happy? 君は幸せですか. → 疑問文では Are you [we, they] ~? となる.

基本 You **are** not a child. 君は子供ではない. →否定文では You [We, They] are not ~. となる.

会話 **Are** you students at this school? —Yes, we **are** /ɑːr/. 君たちはこの学校の生徒ですか. —はい, そうです. →we are の後ろを省略した形の時は are を強く発音し, ✕ we're という短縮形は使わない.

Are they American? —No, they **aren't**. They **are** British.
彼らはアメリカ人ですか. —いいえ, そうではありません. 彼らはイギリス人です.
→aren't=are not.

- You **are** lucky, **aren't** you? 君(たち)はついてますね. →~, aren't you? は「~ですね」と念を押(お)す用法. 次の ~, are you? も同じ.
- You **aren't** a spy, **are** you? 君はスパイじゃないでしょうね.

会話 I'm sick. —Oh, **are** you? 私は具合が悪いのです. —おや, そうですか.

❷ (~に)**ある**, (~に)**いる** → **there** ❷

基本 Your comic books **are** on the shelf. 君の漫画(まんが)本は棚(たな)にあるよ. →特定の複数主語+are+場所を表す副詞(句).
- There **are** 50 comic books on the shelf. その棚には 50 冊の漫画本があります.

Where **are** they? —They **are** in London now. They **are** not in Paris any more.
彼らはどこにいますか. —彼らは今ロンドンにいます. もうパリにはいません.

—— 助動 ❶ (are doing で) ~している; 《近い未来》~しようとしている →現在進行形.

会話
What **are** you **doing** here? —I'm waiting for Bob.
君はここで何をしているのですか.—ボブを待っているところです.

- They [We] **are leaving** next week. 彼ら[私たち]は来週出発します.

POINT go (行く), come (来る), leave (出発する), arrive (着く)など「行く・来る」の意味を表す動詞の現在進行形はしばしば「近い未来」を表す.

会話 Are you **going** out?—Yes, we **are**.
君たち出かけるのかい.—はい, そうです.

❷(**are**+過去分詞で)**~される** →受け身.
- We **are loved** by our parents. 私たちは両親に愛されています.

❸(**are to** *do* で)**~する[なる]ことである; ~すべきである; ~することになっている**
- You **are** not **to** do that. 君はそんな事をしてはいけない.
- We **are to** go on a picnic tomorrow. 私たちは明日ピクニックに行くことになっています.

area 中 A2 /é(ə)riə エ(ア)リア/ 名
❶ (大小さまざまな)**地域**, **地方**; (~用の)**場所**; **領域**
- a mountain **area** 山岳(さんがく)地帯
- a picnic **area** ピクニック用の場所
- a free parking **area** 無料駐車(ちゅうしゃ)区域
❷ 面積

área còde 名 《米》(電話の)**市外局番** →《英》では dialing code, あるいは単に code.

arena /ərí:nə アリーナ/ 名 (円形)闘技(とうぎ)場; 競技場, アリーナ

aren't /á:rnt アーント/ **are not** を短くした形
会話 **Aren't** you Bob's brothers?—No, we **aren't**. 君たちはボブの兄弟ではないですか.—はい, そうじゃありません.
会話 You are Bob's brothers, **aren't** you?—No, we **aren't**. 君たちはボブの兄弟ですね.—いいえ, そうじゃありません.
- I'm late, **aren't** I? 遅(おく)れたかな? → ×*amn't* という語はないので, 代わりに aren't を使う.

Argentina /ɑ:rdʒəntí:nə アーチェンティーナ/ 固名 **アルゼンチン** →南米南東部の共和国. 首都はブエノスアイレス (Buenos Aires). 公用語はスペイン語.

Argentine /ɑ́:rdʒənti:n アーゼンティーン/ 形 **アルゼンチンの** →**Argentina**
—— 名 **アルゼンチン人**

argue A2 /ɑ́:rgju: アーギュー/ 動 (いろいろ理由を挙げて)**主張する**; **議論する**
- **argue** with him about [《英》over] ~ ~ について彼と議論する[言い争う]
- **argue** for [against] ~ ~に賛成[反対]論を述べる
- He **argues** that the plan is not practical. 彼はその計画が実際的ではないと主張する.

argument A2 /ɑ́:rgjumənt アーギュメント/ 名 **主張**; **議論**

arise /əráiz アライズ/ 動 三単現 **arises** /əráiziz アライゼズ/; 過去 **arose** /əróuz アロウズ/; 過分 **arisen** /ərízn アリズン/; -ing形 **arising** /əráiziŋ アライズィング/) **起こる, 生じる**

Aristotle /ǽristɑtl アリストタル/ 固名 **アリストテレス** →ギリシャの哲学(てつがく)者 (384-322 B.C.). 師はプラトン (Plato).

arithmetic /əríθmətik アリスメティク/ 名 **算数**

Arizona /ærizóunə アリゾウナ/ 固名 **アリゾナ** →米国南西部の州. 有名な the Grand Canyon (→その項(こう))がある. **Ariz.**, (郵便で) **AZ** と略す.

ark /ɑ́:rk アーク/ 名 **箱舟**(はこぶね) →**Noah**

Arkansas /ɑ́:rkənsɔ: アーカンソー/ 固名 **アーカンソー** →米国中南部の州. **Ark.**, (郵便で) **AR** と略す.

arm 中 A1 /ɑ́:rm アーム/ 名
❶ **腕**(うで) →肩(かた)先から手首または指先まで.

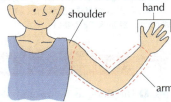

- open [fold] *one's* **arms** 両腕(りょううで)を広げる[腕を組む]
- hang a basket on *one's* **arm** 腕にかごを提(さ)げる
- take him by the **arm** 彼の腕をとる →**the** ❻

- a woman with a baby in her **arms** 赤ん坊(ぼう)を抱(だ)いている女の人
- He was carrying a book under his **arm**. 彼は本を脇(わき)に抱(かか)えていた.
- She threw herself into my **arms**. 彼女は私の腕の中に飛び込(こ)んできた.
- She threw her **arms** around her mother's neck. (彼女は母の首の周りに腕を投げた⇒)彼女は母の首に抱きついた.

❷ (洋服の)袖(そで); (椅子(いす)の)肘掛(ひじか)け →形・働きが「腕」に似ている物.
- the **arm** of a chair 椅子の肘掛け
- The **arms** of this shirt are too long for me. このシャツの袖は私には長過ぎる.

❸ (主に **arms** で) 武器, 兵器 →銃(じゅう)・刀・こん棒など「腕で使う物」.
- carry [take up] **arms** 武器を携帯(けいたい)する[取る]

arm in arm (互(たが)いに)腕を組んで
- He was walking **arm in arm** with Ann. 彼はアンと腕を組んで歩いていた.

armband /ɑ́:rmbænd アームバンド/ 名 腕章(わんしょう)

armchair A2 /ɑ́:rmtʃeər アームチェア/ 名 肘掛(ひじか)け椅子(いす)

armed A2 /ɑ́:rmd アームド/ 形 武装した; 凶器(きょうき)を持った
- the **armed** forces of a nation 1国の軍隊
- **armed** groups 武装集団

armor /ɑ́:rmər アーマ/ 名 ❶ よろいかぶと; 防護服 ❷ 装甲(そうこう) →軍艦(ぐんかん)・戦車などの外側を包む鋼鉄板. ❸ (集合的に)装甲部隊 →戦車隊など.

armour /ɑ́:rmər アーマ/ 名 《英》=armor

army /ɑ́:rmi アーミ/ 名 (複 **armies** /ɑ́:rmiz アーミズ/) 軍隊; (ふつう **the army** で) 陸軍
関連語 **navy** (海軍)

arose /əróuz アロウズ/ 動 **arise** の過去形

around 小 A1 /əráund アラウンド/

前	❶ 〜の周りを[に]	意味 map
	❷ 〜のあちらこちらを	
	❸ 〜の辺りに	
副	❶ 周りを	
	❷ あちらこちらを	
	❸ 辺りに	

— 前 →《英》では **round** を使うことが多いが, 最近では around も使われるようになった.

around 小 A1 /アラウンド/

基本の意味

「(円で囲むように)〜の周りに」が基本の意味(前 ❶・副 ❶)で, 囲まれたような一定の範囲内を移動することを表す 前 ❷・副 ❷「(〜の)あちらこちらを」, ある場所の周りから離れないことを表す 前 ❸・副 ❸「(〜の)辺りに」の意味に広がった. 《英》では round を用いることが多い.

イメージ 〜の周りに

教科書によく出る 使い方

前 ❶ The students sat **around** Ms. Osugi. 生徒たちは大杉先生の周りに座った.

前 ❷ Ken traveled **around** Hokkaido during summer vacation. 健は夏休みの間に北海道を旅して回った.

前 ❸ There are two restaurants **around** my house. うちの近所にはレストランが2軒ある.

❶ ~の周りを[に], ~の周囲を[に], ~をぐるっと
- **around** the world 世界中の; 世界中で[に]
- from **around** the world 世界中から(の)
- sit **around** the fire 火の周りに座(すわ)る
- go **around** the corner 角を曲がって行く →360°回らない時にも使う.
- put a rope **around** a tree 木にロープを巻きつける
- The moon moves **around** the earth. 月は地球の周りを回る.
- The toy train went **around** the room. おもちゃの汽車は部屋の中をぐるぐる回った.
- She put her arms **around** her daughter. (彼女は娘(むすめ)の周りに両腕(りょううで)を回した ⇒)彼女は娘を抱(だ)き締(し)めた.

❷ ~のあちらこちらを
- travel **around** the world 世界1周旅行をする, 世界中を旅して回る
- a trip **around** the world 世界1周旅行
- I'll show you **around** the city. 市内をぐるっとご案内しましょう.

❸ ~の辺りに, ~の近くに[で]
- play **around** the house 家の中か近くで遊ぶ
- Is there a post office **around** here? この辺りに郵便局はありますか.

── 副 (→比較変化なし)
❶ 周りを, 周囲を, ぐるりと; 反対側を向くように
- look **around** 辺りを見回す; 振(ふ)り返って見る
- turn **around** くるりと向きを変える
- The merry-go-round went **around**. メリーゴーラウンドが回った.
- 会話 How big **around** is this tree? (= How big is this tree **around**?)—It is seven meters **around**. この木は周囲がどのくらいですか.—それは周囲が7メートルあります.

❷ あちらこちらを
- walk **around** 歩き回る, 散歩する
- travel **around** 旅をして回る

❸ 辺りに, 周りに
- gather **around** 周りに集まる
- Be careful. There are big sharks **around**. 気をつけろ. 大きなサメが周りにいるぞ.
- I saw nobody **around**. 辺りには誰(だれ)も見えなかった.

❹ 《話》~頃(ごろ); ~くらい (about)
- **around** noon 昼頃(ひるごろ)
- It will cost **around** 10,000(読み方: ten thousand) yen. それは1万円ぐらいするだろう.

all around 周りじゅう(に)
around and around ぐるぐると
around the corner 角を回ったところに →「すぐ近くに」の意味でも使われる.
- Christmas is just **around the corner**. クリスマスは(すぐそこの角まで来ている ⇒)もうすぐだ.

come around 回って来る, 巡(めぐ)って来る
- Christmas soon **comes around** again. クリスマスがまたすぐやって来る.

get around (困難などを)避(さ)ける, 解決する
go around 回って行く, 回る; 行き渡る
- There was not enough candy to **go around**. みんなに回るだけのキャンディーがなかった.

the other way around 逆向きに, あべこべに
this time around 近頃(ちかごろ)は; 今度は

arouse /əráuz アラウズ/ 動 ❶(興味などを)呼び起こす ❷起こす; 目を覚まさせる →ふつう awake を使う.

arrange /əréindʒ アレインヂ/ 動
❶並べる, そろえる, 整える
❷取り決める, 打ち合わせる, 準備する

arrangement /əréindʒmənt アレインヂメント/ 名 ❶(きちんと)並べること, 整頓(せいとん); 配列
❷(**arrangements** で)準備

arrest /ərést アレスト/ 動 逮捕(たいほ)する
- He was **arrested** for murder. 彼は殺人の容疑で逮捕された.

── 名 逮捕
- Don't move. You are **under arrest**! 動くな. お前を逮捕する.

arrival /əráivəl アライヴァル/ 名 到着(とうちゃく); 到着した人[物] 関連語 「到着する」は **arrive**. 反対語 **departure** (出発)

arrive 40 forty

- on (my) **arrival** (私が)到着した時, 着いたら すぐ
- the **arrival** time of the plane その飛行機 の到着時間 **→departure**
- an **arrival** lounge 到着ロビー
- The **arrival** of Flight No. 745 was de-layed due to a storm. 第745便の到着は 嵐(あらし)のために遅(おく)れた. →745の読み方: seven four five.
- The books on this shelf are all new **arrivals** from the U.S.A. この棚(たな)の本は すべてアメリカから届いた新着品です.

arrive 中 A1 /əráiv アライヴ/ 動 (三単現
arrives /əráivz アライヴズ/; 過去・過分 **ar-rived** /əráivd アライヴド/; -ing形 **arriving** /əráiviŋ アライヴィング/

❶ (場所に)**到着(とうちゃく)する, 着く**
関連語「到着」は **arrival**.

基本 **arrive** here [home] ここに[家に]到着 する →arrive＋場所を表す副詞. ×arrive *at* home としない.

基本 **arrive** at school [in New York] 学 校[ニューヨーク]に到着する

> **文法 ちょっとくわしく**
> 到着する所が駅・家などの狭(せま)い場所や地 点の場合は at, 国や大都市など広い地域に は in を使うのが原則. ただし小さな村でも 自分が住んでいる所には in を使う. このよ うに, in, at は必ずしも場所の客観的な大 小に関係なく, 話し手がそこをどのように 感じているかによる場合が多い.

- The train will soon **arrive at** the Osa-ka terminal. この列車はまもなく終点大阪に到 着します.
- He will **arrive in** Paris tomorrow. 彼は 明日パリに着くでしょう.
- The circus will **arrive in** our village next week. サーカスが来週私たちの村に来ま す.
- The spaceship will **arrive** on Mars in a week. 宇宙船は1週間のうちに火星に到着す るでしょう.
- She usually **arrives at** school before eight. 彼女はたいてい8時前に学校に着く.
- Your letter **arrived** yesterday. 君の手紙 は昨日着きました.

- Summer **has arrived** at last. ついに夏が やって来た. →現在完了(かんりょう)の文.
- The guests **will be arriving** here any minute. お客たちは今にもここにやって来るだ ろう. →未来進行形の文. 未来のある時点での進行 しているであろう動作を表す.
- He is late in **arriving**. 彼は到着が遅(おく)れ ている. →前置詞 in+arriving (動名詞).
❷(arrive at 〜 で)(結論・合意など)**に達する**
- **arrive at** a conclusion ある結論に達する

arrow /ǽrou アロウ/ 名 ❶ 矢 関連語 **bow** /ボウ/ (弓) ❷ 矢印(のマーク) (→)

art 小 A1 /áːrt アート/ 名

❶ 芸術, 美術
- an **art** museum 美術館
- an **art** gallery 画廊(がろう), 美術館
- an **art** school [teacher] 美術学校[美術の先 生]
- a work of **art** 芸術作品, 美術品
- study **art** at school 学校で美術を勉強する →×an art, ×arts としない.
ことわざ **Art** is long, life is short. 芸術は長 く, 人生は短し.
❷ 技術; こつ, 腕前(うでまえ)
- the **art** of conversation 話術

Arthur /áːrθər アーサ/ 固名 (**King Arthur** で)アーサー王

> 参考 5〜6世紀頃(ころ)活躍(かつやく)したと されるイギリスの伝説的な王. その宮殿(きゅうで ん)では部下の騎士(きし)たちが座(すわ)る席順で地 位の上下がつかないように円いテーブル (円 卓(えんたく) ＝round table) を使ったので, 彼 らは円卓の騎士団 (Knights of the Round Table) と呼ばれた.

article 中 A1 /áːrtikl アーティクる/ 名
❶ 品物; (同類の品物の)1点
- **an article of** clothing [furniture] 衣服 [家具]の1点 →clothing (衣類)や furniture (家具類)は, その種類全部を指す言葉だから, ×a clothing とか ×a furniture としないで, 上の ようにいう.
❷ (新聞・雑誌などの)記事, 論文
❸ 《文法》冠詞(かんし) →the, a, an のこと.
artificial A2 /àːrtəfíʃəl アーティふィシャる/ 形
人工的な, 人造の, 模造の; 不自然な

- an **artificial** flower 造花
- **artificial** intelligence 人工知能
- an **artificial** leg 義足
- an **artificial** smile 作り笑い

反対語 These flowers are **artificial**, not real. これらの花は造花で,本物ではない.

artist 小 /ɑ́ːrtist アーティスト/ 名
芸術家;(特に)画家

artistic /ɑːrtístik アーティスティク/ 形 芸術的な,芸術(家)の,美術(家)の

artistic swimming 名 アーティスティックスイミング → 水中で音楽に合わせて踊(おど)る競技.以前は **synchronized swimming** /síŋkrənaizd swímiŋ スィンクロナイズド スウィミング/ と言った.

arts and crafts 小 名 図画工作,図工 → 日本の小学校での科目名.

artwork /ɑ́ːrtwəːrk アートワ~ク/ 名 さし絵,図版;《米》(絵画などの)芸術品

as 小 A1 /弱形 əz アズ, 強形 ǽz アズ/

副 (**as** *A* **as** *B* で) B と同じくらい A　意味map

接 ❶ (〜が〜する)ように
❷ (〜が〜する)時に, (〜が〜する)につれて, (〜が〜し)ながら
❸ 〜なので
前 ❶ 〜として

—— 副 (→ 比較変化なし)

(**as** *A* **as** *B* で) **B と同じくらい A**

POINT 前の as が「それと同じだけ(A)」の意味で副詞,あとの as は「(Bが)〜である[する]ように」の意味で接続詞.

基本 I am **as** tall **as** he is. (私は彼(が背が高い)と同じだけ背が高い ⇨ 私は彼と同じ身長です[私は彼と同じようにのっぽです]. → as+形容詞+as.《話》では I am **as** tall **as** him. という.

- I have **as** many books **as** he has [《話》 **as** him]. 私は彼と同数の本を持っている[私は彼と同じくらいたくさんの本を持っている].

- The country is twice [four times] **as** large **as** Japan. (その国は日本と同じ大きさの2 [4]倍だ ⇨)その国は日本の2 [4]倍の大きさがある.

- I am not **as** tall **as** he is [《話》 **as** him]. 私は彼ほどの身長はない[私は彼のようにのっぽではない].

基本 He ran **as** fast **as** he could. = He ran **as** fast **as** possible. 彼はできるだけ速く走った. → as+副詞+as.

- These roses smell just **as** sweet (**as** those). これらのバラも(あれらと)ちょうど同じくらいよい香(かお)りがします.

—— 接 ❶ (〜が〜する)ように, (〜する)とおりに

- **as** you know 君(たち)が知っているように
- Do **as** I say! 私の言うとおりにしなさい!
- Do **as** you like. 君の好きなようにしなさい.
- **As** I said in my last letter, I am taking the exam in March. この前の手紙で言ったように,私は3月にその試験を受けます.

ことわざ When in Rome, do **as** the Romans do. ローマにいる時はローマの人がするようにしなさい. →「人は住む土地の風習に従うのがよい」の意味.「郷(ごう)に入っては郷に従え」にあたる.

- Leave it **as** it is. (それをそれがあるままにしておけ ⇨)それをそのままにしておきなさい.

❷ (〜が〜する)時に, (〜が〜する)につれて, (〜が〜し)ながら

- They were leaving **as** I arrived. 私が着いた時彼らは出発しようとしていた.
- I forgot about it **as** time went by. 時がたつにつれて私はそれを忘れてしまった.

POINT **as** は **when** よりも,2つの出来事や動作が接近して起こる時あるいはほとんど同時に起こる時に使われる.その同時性がさらに強まると,「〜するにつれて」「〜しながら」と訳すことになる.

- **As** we climbed higher, it got colder. 高く登るにつれてだんだん寒くなった.
- We sang **as** we walked. 私たちは歩きながら歌を歌った.

❸ 〜なので, 〜だから (because, since)

- **As** I was sick, I did not go to school. 私は病気だったので学校へ行かなかった.

❹ 〜だけれども (though) → as の位置に注意.《米》では **as** 〜 **as** の形でも用いる.

- Old **as** he is (= Though he is old), he

can still work. 彼は年を取ってはいるけれど，まだまだ働ける．
- **As** interesting **as** the idea seems, there is no way to prove it. その考えはおもしろそうだが，それを証明する方法がない．

── 前 ❶ ~として
- His father is famous **as** an artist. 彼の父は画家として有名です．
- Please wrap this **as** a gift. これを贈(おく)り物として包んでください．

❷ ~の時に，~の頃(ころ)に
- I came here **as** a young girl. 私は少女の頃ここへ来ました．

❸ (しばしば **such**(~) **as** ~ で) ~のような~
- **such** fruits **as** pears and apples＝fruits **such as** pears and apples ナシやリンゴのような果物 → **such** A **as** B (**such** 成句)

── 代 (**such** A **as** ~ で)(~する)ような A, (**the same** A **as** ~ で)(~する)のと同じ A

POINT 関係代名詞として，as 以下の文を，as の前の名詞(=先行詞)A に関係づけて説明する働きをする．

- I want **such** a brooch **as** you are wearing. 私はあなたがつけているようなブローチが欲(ほ)しい．
- I have **the same** dictionary **as** you have. 私はあなたが持っているのと同じ辞書を持っている．

as ~ as** A **can A ができるだけ~
- I moved **as** quickly **as** I could. 私はできるだけすばやく動いた．

as far as ~ ~と同じくらい遠く，~まで；(~が~する)限り → **far** 成句

as for ~ 《ふつう文頭で》~はどうかというと
- **as for** me 私はどうかというと

as if まるで(~が~する)かのように
- He talks **as if** he knew everything. 彼は何でも知っているみたいに話す．
- I feel **as if** I were [《話》was, am] dreaming. 私はまるで夢を見ているような感じです．

as it is 《文の最後で》その(あるが)ままに(→ 接 ❶ 最後の例)；《文頭で》今のところでは，実のところ
- **As it is**, I cannot pay you. (金があれば払(はら)うのだが)今のところ君に払えない．

as it were いわば，あたかも (so to speak)
as long as ~ ~と同じほど長い；(~が~す

る)限り(長く) → **long** 成句
as soon as (~が~する)とすぐ → **soon** 成句
as though ＝as if
as to ~ ~については
as usual いつものように → **usual** 成句
~ as well 《話》~もまた (too) → **well**¹ 成句
as well as ~ ~と同じようにうまく；~と同様に，~だけでなく
- He can speak French **as well as** English. 彼は英語と同じように[英語はもちろん]フランス語も話すことができる．

***not as ~ as** A* A ほど~でない
- I don't study **as** hard **as** he does. 私は彼ほど熱心に勉強しない．

ascend /əsénd アセンド/ 動 登る；上がる，上昇する 反対語 **descend** (降りる)
ascent /əsént アセント/ 名 登る[上がる]こと，上昇 反対語 **descent** (下降)
ash /ǽʃ アシュ/ 名 (しばしば **ashes** で) 灰；燃えがら
ashamed /əʃéimd アシェイムド/ 形 恥(は)じて，気が引けて
ashore /əʃɔ́ːr アショー/ 副 岸に；浅瀬(あさせ)に
ashtray /ǽʃtrei アシュトレイ/ 名 灰皿
Asia 中 /éiʒə エイジャ/éiʃə エイシャ/ 固名 アジア(大陸)
- Japan is in East **Asia**. 日本は東アジアにあります．

Asian /éiʒən エイジャン/ 形 アジアの，アジア人の
── 名 アジア人
aside /əsáid アサイド/ 副 横に，脇(わき)へ，脇に
aside from ~ 《米》~は別として；~はさておき(《英》apart from ~)

ask 小 A1 /ǽsk アスク｜ɑ́ːsk アースク/

動 ❶ 尋(たず)ねる　　　　　　　意味 map
❷ 頼(たの)む，求める

ask

小 A1 /アスク | アースク/

三単現 **asks** /アスクス/　　過去・過分 **asked** /アスクト/
-ing形 **asking** /アスキング/

教科書によく出る意味

[動] ❶ たずねる
- May I **ask** you something? あなたにちょっとおたずねしてもよろしいですか？

❷ たのむ，求める；(人に)〜してくれとたのむ
- She **asked** me to call back. 折り返し電話するようにと彼女は私にたのんだ．

教科書によく出る連語

ask (〜) a favor　(人に)お願いする
- May I **ask** you **a favor**? あなたにお願いしてもよろしいですか？

ask (A) for B　(Aに)Bを求める
- He **asked** me **for** some advice. 彼は私にアドバイスを求めてきた．
- They **asked for** help. 彼らは助けを求めた．

— [動] (三単現 **asks** /æsks アスクス/; 過去・過分 **asked** /æskt アスクト/; -ing形 **asking** /æskiŋ アスキング/)

❶ 尋ねる，問う

基本 **ask** about his new school 彼の新しい学校について尋ねる →ask＋前置詞＋名詞．

基本 **ask** the time 時間を尋ねる →ask＋名詞．

基本 **ask** him the time 彼に時間を尋ねる →ask A B は「AにBを尋ねる」．

- **ask** him a question＝**ask** a question **of** him 彼に質問する
- May I **ask** (you) some questions? いくつか質問をしていいですか．
- May I **ask** who's calling? (誰が電話をしているのか尋ねてもいいですか ⇨)(電話で)どちら様ですか．
- If you don't know the way, **ask** a police officer. もし道がわからなかったら警官に聞きなさい．
- **Ask** if we may go with them. 私たちが彼らといっしょに行っていいかどうか聞いてくれ．
- He **asked** me about my mother. 彼は私に母について(元気かと)尋ねた．
- "Do I really believe it?" Bob **asked** himself. 「僕は本当にそれを信じているのかしら」とボブは自分に尋ねた[自問した]．
- "Where does he live?" she **asked**. ＝ She **asked** where he lived. 「彼はどこに住んでいるのですか」と彼女は尋ねた． →where 以下の語順の違いに注意．
- She **asked** me where to sit [when to come again]. 彼女は私に自分はどこへ座ったらよいか[いつまた来たらよいか]と尋ねた．
- You can easily find it by **asking**. そこは聞けばすぐわかります． →前置詞 by＋asking (動名詞)．

❷ 頼む，求める；(ask A to do で) Aに〜してくれと言う

- **ask** his advice＝**ask** him **for** advice 彼の助言を求める →ask A for B
- **Ask** Ken. He will help you. ケンに頼ん

asleep 44 forty-four

でごらん. 彼なら助けてくれるよ.
- May I **ask** you a favor? あなたにお願いしたいことがあるのですが. →favor=お願い.
- **ask** him **to** help 彼に手伝ってくれるように頼む
- The children **asked** their mother **to** read the book. 子供たちは母親にその本を読んでとねだった.
- I **was asked to** wait there. 私はそこで待つように言われた. →受け身の文.
❸ 招く (invite)
- They **asked** me to tea [for dinner]. 彼らは私をお茶[ディナー]に招いてくれた.

ask ～ a favor ～にお願いする

ask after ～ ～が無事[元気]であるかどうか尋ねる

ask for ～ ～を求める; ～に面会を求める
- **ask for** help 助けを求める
- I **asked for** Mr. Stone at the office. 私は事務所にストーン氏を訪ねて行った.

ask A ***for*** B A に B を求める
- The girl **asked** him **for** a date. その女の子は彼にデートを申し込(こ)んだ.

ask for it (自分から)災(わざわ)いを招く
- You're **asking for it**! また痛い目に遭(あ)いたいの! →いくら注意してもいたずらをやめない子供に対して.

if I may ask (もしお尋ねしてもよいとすれば ⇨)失礼ですが

asleep A2 /əslíːp アスリープ/ 形 眠(ねむ)って
- be **asleep** 眠っている →名詞の前にはつけない.

 ✓POINT 「眠っている赤ん坊(ぼう)」は a **sleeping** baby といい, ×an *asleep* baby としない.
- lie **asleep** 眠って横たわる, 横になって眠っている
- fall **asleep** 寝入(ねい)る, 眠る →fall は「(～の状態に)なる」.
- The baby was fast [sound] **asleep**. 赤ん坊はぐっすり眠っていた.

 反対語 Is she **awake** or **asleep**? 彼女は目を覚ましてる, それとも眠ってる?

---

asparagus /əspǽrəgəs アスパラガス/ 名 《植物》アスパラガス
- a piece of **asparagus** アスパラガス1本 →数えられない名詞なので ×an asparagus としない.

aspect /ǽspekt アスペクト/ 名 (事件などの)様相, 局面

ass /ǽs アス/ 名 ❶ ばか者 →「やることや言うことがまぬけに見える人」の意味. ❷ ロバ →日常語では **donkey** という.

assemble /əsémbl アセンブる/ 動 ❶ 集める; 集まる ❷ (部品を集めて)組み立てる

assembly /əsémbli アセンブり/ 名 (複 **assemblies** /əsémbliz アセンブりズ/) ❶ (公式の)会合, 集会 ❷ (機械の)組立て

assessment /əsésmənt アセスメント/ 名 査定, 評価

assign /əsáin アサイン/ 動 (仕事などを)割り当てる

assignment /əsáinmənt アサインメント/ 名 ❶ (仕事などの)割り当て ❷ 割り当てられた仕事, 任務; 《米》(学校の)宿題 (homework), 課題

assist /əsíst アスィスト/ 動 助ける, 手伝う (help)

assistance /əsístəns アスィスタンス/ 名 助け (help), 助力, 援助(えんじょ)

assístance dòg 名 補助犬 →盲導(もうどう)犬 (guide dog), 聴導(ちょうどう)犬 (hearing dog), 介助(かいじょ)犬 (service dog) など.

assistant A2 /əsístənt アスィスタント/ 名 ❶ 助手, アシスタント
- He worked as an **assistant** to his father [as his father's **assistant**]. 彼は父の助手として働いた.
❷ (**shop assistant** とも) 店員
—— 形 補助の, 副～, 助～
- an **assistant** principal [《英》headmaster] 副校長, 教頭

associate /əsóuʃieit アソウシエイト/ 動 ❶ (**associate** A **with** B で) (AとBを)結び付けて考える, (Aと言えばBを)連想する ❷ (友人・同僚(どうりょう)として)つき合う

チャンクでおぼえよう ask	
□ その本について聞く	**ask** about the book
□ 時間を聞く	**ask** the time
□ 彼に質問をする	**ask** him a question
□ 彼女にアドバイスを求める	**ask** her advice
□ 助けを求める	**ask** for help

— /əsóuʃiit アソウシエト/ 图 (仕事上の)**仲間**, 同僚

association A2 /əsouʃiéiʃən アソウシエイション/ 图

❶ **会, 協会**
• the Young Men's Christian **Association** キリスト教青年会 → 頭文字(かしらもじ)をとって Y.M.C.A. と略す.
❷ **付き合い, 交際; 連合, 提携**(ていけい)
• in **association** with ～ ～と提携して

assóciation fóotball 图 **サッカー** →
《米》ではふつう soccer (サッカー)と略称する.

> **参考** 19世紀の半ばにイングランドのサッカー協会 (the Football Association)が, それまでまちまちであったルールを統一して1チーム11人の現在のような形のサッカーにしたのでア式[協会式]フットボールと呼ばれるようになった. 《米》ではふつう association の soc をとって soccer という. → **football**

assorted /əsɔ́ːrtid アソーテド/ 形 **詰**(つ)**め合わせの**

assume /əsjúːm アスューム/ 動 **～と思い込**(こ)**む, ～と考える** (think)

assure /əʃúər アシュア/ 動 **保証する, 確信させる**

asterisk /ǽstərisk アスタリスク/ 图 **星印** (*) →
参照・省略・疑義などを示すのに使う.

astonish /əstániʃ アスタニシュ/ 動 **ひどく驚**(おど)**かせる, たまげさせる; (be astonished で)とても驚く**

astonishing /əstániʃiŋ アスタニシング/ 形 **驚**(おど)**くべき, びっくりするような**

astonishment /əstániʃmənt アスタニシュメント/ 图 **驚**(おど)**き, びっくり仰天**(ぎょうてん)

astro- /ǽstrə アストロ/ 接頭辞 **「星の, 天体の」**「宇宙の」という意味の語をつくる:
• **astro**naut 宇宙飛行士
• **Astro** Boy アストロボーイ →『鉄腕(てつわん)アトム』の英語名.

astronaut 小 A2 /ǽstrənɔːt アストロノート/ 图 **宇宙飛行士**

astronomer /əstránəmər アストラノマ/ 图 **天文学者**

astronomy /əstránəmi アストラノミ/ 图 **天文学**

---

at 小 A1 /弱形 ət アト, 強形 ǽt アト/

前 ❶《場所・時間の一点》～**に**, ～**で** | 意味 map
❷《方向・狙(ねら)いの一点》～**に(向かって), ～を(目がけて)**
❸ ～**の点で**
❹《値段・程度・割合・速度など》～**で**
❺《ある場所にいて》～**していて**
❻《所属》～**に所属する, ～の**
❼ ～**を聞いて, ～を見て**

— 前 ❶《場所・時間の1点》～**に, ～で**
共基本 **at** the door そのドアの所に[で] →at+名詞.
• **at** six (o'clock) 6時に
• wait **at** the station 駅で待つ →動詞＋at＋名詞.
• the store **at** the corner 角の店 →名詞＋at＋名詞.
• There is someone **at** the door. 玄関(げんかん)にどなたかおいでです.
• Were you **at** school yesterday? 君昨日学校にいた?
• We arrived **at** the station **at** five. 私たちは5時に駅に着いた.
• **At** night I like to stay **at** home. 私は夜はうちにいたい.
• Express trains don't stop **at** my station. 急行電車は私の駅には止まらない.
• The thief entered **at** this back door. どろぼうはこの裏口から入ったのだ. →この at は《主に英》.《米》では by または through を使う.
• He died **at** (the age of) 80. 彼は80歳(さい)で死んだ.
❷《方向・狙いの1点》～**に(向かって), ～を(目がけて)**
• shoot an arrow **at** the target 的に(向かって)矢を射る
• aim **at** a tiger トラを狙う
• look **at** the moon 月を見る
• laugh **at** him 彼をあざ笑う
• smile **at** a child 子供にほほえみかける
❸ ～**の点で, ～に関して(は)**
• Ken is good [bad] **at** tennis. ケンはテニスがうまい[下手だ].
• She is a genius **at** mathematics. 彼女は数学にかけては天才です.

at

小 A1 /弱形 アト, 強形 アト/

イメージ：(ある一点)で

基本の意味

場所の一点をさして「(ある地点)で」というのが基本の意味(❶)で，❶時間，❷方向・狙い，❹値段・割合などの一点をさすのにも用いられる．さらに，上手・下手などの判断の視点を表したり(❸)，「ある場所にいる」と言うことでその組織に所属することを表したりする(❻)．

教科書によく出る**使い方**

❶ I'll see you **at** the station. 駅でお会いしましょう．
❶ Our school gate opens **at** 7 AM. わが校の校門は午前 7 時に開きます．
❷ Look **at** the screen. 画面を見てください．
❸ Yui is good **at** football. 唯はサッカーが上手だ．
❹ I bought this smartphone **at** a discounted price.
　私はこのスマホを割引価格で買った．
❻ Ms. Kono is a music teacher **at** Dai-ichi Junior High School.
　河野先生は第一中学の音楽教師です．

教科書によく出る**連語**

at home　家に，在宅して；くつろいで，気楽で
　Please make yourself **at home**. ゆっくりとおくつろぎください．

at first　最初は，初めのうちは
　At first, I could not trust my homeroom teacher.
　最初は，私は担任の先生を信用できなかった．

not (〜) at all　全然〜でない
　Am I bothering you? – No, **not at all**. 「ご迷惑かしら」「いいえ，全然」

❹《値段・程度・割合・速度など》〜で
• at a low price 安い値段で
• She bought two books **at** a dollar each. 彼女は2冊の本をそれぞれ1ドルで買った.

> **POINT** 「1つにつき〜で」のような時は at を使い, 単に金額だけの時は for を使う: buy a book **for** a dollar (1ドルで本を買う).

• The car took off **at** full speed. その車はフルスピードで立ち去った.
❺《ある場所にいて》〜していて, 〜(に従事)して, 〜中で
• be **at** (the) table 食卓(しょくたく)についている, 食事中である
• He is **at** his desk [books]. 彼は机に向かって[勉強して]いる.
• The children were **at** play [school] then. その時子供たちは遊んでいた[授業中だった].
• My father is not **at** home; he is **at** work. 父はうちにはいません. 仕事に行っています. → 最初の at は ❶
❻《所属》〜に所属する, 〜の
• a teacher **at** M Junior High School M中学の先生
• I am a student **at** this school. 私はこの学校の生徒です.
❼〜を聞いて, 〜を見て, 〜に(接して)
• We were surprised **at** the news [the sight]. 私たちはその知らせを聞いて[光景を見て]驚(おどろ)いた.
• The birds flew away **at** the sound. その音で鳥たちは飛び去った.
• **At** that he stood up. それを見て[聞いて]彼は立ち上がった.
• He did not stop his car **at** the red light. 彼は赤信号にも車を止めなかった.
❽《Eメールのアドレスの@ (at sign) を at と読んで》(@ に続くドメイン)の[に所属する]

at all 少しでも → **all** 成句
at first 最初は, 初めのうちは → **first** 成句
at last 最後には, ついに → **last¹** 成句
at least 少なくとも → **least** 成句
at once すぐに, 直ちに; 一度に → **once** 成句
at one time 一度に, いっぺんに; 一時は, かつて(は) → **time** 成句
at (the) most 多くとも, せいぜい

Not at all. 《英》(お礼に対する答えに用いて) どういたしまして (《米》You are welcome.)
not 〜 at all 少しも〜ない → **all** 成句

atchoo /ətʃúː アチュー/ 間 《米》はくしょん → くしゃみ (sneeze) の音.

ate 中 /éit エイト/ 動 **eat** の過去形

Athens /ǽθinz アセンズ/ 固名 アテネ → ギリシャの首都.

athlete 中 A2 /ǽθliːt アすりート/ 名 運動選手, スポーツマン (sportsman); 《英》陸上選手

athletic /æθlétik アすれティク/ 形 運動競技の

athletics /æθlétiks アすれティクス/ 名 運動競技, スポーツ (sports); 《英》陸上競技 → ふつう複数扱(あつか)い.

atishoo /ətíʃuː アティシュー/ 間 《英》= atchoo

Atlanta /ətlǽntə アトランタ/ 固名 アトランタ → 米国ジョージア州 (Georgia) の州都.

Atlantic /ətlǽntik アトらンティク/ 形 大西洋の
Atlántic (Ócean) 固名 (the をつけて) 大西洋 関連語 the Pacific (Ocean) (太平洋)

Atlas /ǽtləs アトらス/ 固名 アトラス → ギリシャ神話で怪力の巨人(きょじん). ゼウスを中心とするオリンポスの神々に背(そむ)いた罰(ばつ)として, 地球の西の果てで天球を肩(かた)で支えているように命じられたという.

atlas /ǽtləs アトらス/ 名 地図帳

> **参考** 1枚1枚の地図 (**map**) を集めて1冊にした本. 世界最初の地図帳の巻頭には天球をかついだアトラス (**Atlas**) の絵が飾(かざ)られ書名もアトラスであったことから.

atmosphere /ǽtməsfiər アトモスふィア/ 名 ❶ (the atmosphere で) 大気 → 地球を取り巻く空気層. ❷ (ある場所の)空気; 雰囲気(ふんいき)

atom A2 /ǽtəm アトム/ 名 原子
átom bómb 名 = atomic bomb

atomic 中 /ətámik アタミク/ 形 原子(力)の → 一般(いっぱん)的には nuclear (原子核(かく)の, 核の)を使う.

atómic bómb 名 原子爆弾(ばくだん) → atom bomb, A-bomb ともいう. 投下された原子爆弾は地上数百メートルの空中で爆発(ばくはつ)し, ものすごい爆風(ばくふう)と光熱を放出する.

attach /ətǽtʃ アタチ/ 動 ❶ 付ける, 取り付ける, 張り付ける, 結び付ける

attack

attach a chain to a dog's collar 犬の首輪に鎖(くさり)を付ける

• an **attached** file 添付(てんぷ)ファイル

❷ (**be attached to ～** で) **～に愛着を持つ, ～を愛する, 慕(した)う**

• The captain **is** very [deeply] **attached to** his ship. 船長は自分の船にとても強い愛着を持っている.

attack 中 A2 /ətǽk アタク/ 動

❶ **襲撃(しゅうげき)する, 攻撃(こうげき)する; 非難する**

• **attack** a village 村を襲撃する

❷ (仕事・問題などに)**挑(いど)む, 取りかかる, アタックする**

—— 名 ❶ **襲撃, 攻撃; 非難**

❷ (仕事・問題などへの)**アタック, チャレンジ, 着手**

❸ (病気の)**発作(ほっさ), 発病**

attain /ətéin アテイン/ 動 (努力して)**成し遂(と)げる, 達成する; (年齢(ねんれい)などに)達する**

attempt A2 /ətémpt アテンプト/ 動 **試みる** (try); (**attempt to** do で) **～しようとする** → 結果的に失敗する意味を含(ふく)むことが多い.

• The last question was very difficult and I didn't even **attempt** it. 最後の問題はとても難しくて私はやってみようともしなかった.

• The baby bird **attempted to** fly, but it failed. ひな鳥は飛ぼうとしたが失敗した.

—— 名 (～しようとする)**試み, 努力**

• make an **attempt** to fly 飛ぼうと試みる

attend /əténd アテンド/ 動 ❶ **出席する, (会合などに)出る, (～に)行く** (go to)

• **attend** school 学校に通う, 通学する →×attend to school としない.

• **attend** a meeting 集会[会議]に出る

❷ (医者などが)**付き添(そ)う, 看護をする**

• The doctor **attended** (on) her sick child all night. 医者が一晩中彼女の病気の子供に付き添った.

❸ (**attend to ～** で) **～の世話をする, (仕事など)をする; ～に注意を払(はら)う**

• She **attended to** her sick mother for years. 彼女は何年も病気の母親の世話をした.

• Is someone **attending to** you, Madam? ＝Are you being **attended to**, Madam? (店員の)誰(だれ)かがご用を伺(うかが)っていますか, 奥(おく)様.

attendance /əténdəns アテンダンス/ 名 **出席**

(すること); 付き添(そ)い

attendant 小 /əténdənt アテンダント/ 名 **係員; 付き添(そ)い人, お供** → **flight attendant**

attention 中 A2 /əténʃən アテンション/ 名

❶ **注意(力), 注目; 世話**

• get **attention** 注目を集める, 注目される

• listen with **attention** 注意して聞く

• **Attention**, please. [May I have your **attention**, please?] 皆(みな)さまに申し上げます. → 空港・駅・デパート・レストランなどの場内アナウンスの言葉.

❷ **気をつけの姿勢**

• **Attention!** 気をつけ! (号令) → この場合は後ろを強く発音する.

pay attention (**to ～**) (～に)**注意を払(はら)う**

• All the students **paid attention to** their teacher. すべての生徒たちは先生の言うことに注意を払った.

attic /ǽtik アティク/ 名 **屋根裏部屋** → 屋根裏がそのまま天井(てんじょう)になっている部屋. 光は屋根の小窓から取り, 子供部屋・貸間・物置きなどに使う.

attitude A2 /ǽtitju:d アティテュード/ 名 **態度, 考え方, 見方, 見解**

• an **attitude** toward [to] life 人生に対する態度[人生観]

attorney /ətə́:rni アタ～ニ/ 名 《米》**弁護士** (lawyer)

Attòrney Géneral 名 《米》**司法長官** → 日本の法務大臣にあたる.

attract /ətrǽkt アトラクト/ 動 **引き寄せる, ひきつける, ひく**

attraction /ətrǽkʃən アトラクション/ 名 **引力; 魅力(みりょく); (人をひきつける)呼び物, アトラクション**

attractive A2 /ətrǽktiv アトラクティヴ/ 形 **人をひきつける, 魅力(みりょく)的な**

Auckland /ɔ́:klənd オークランド/ 固名 **オークランド** → New Zealand (ニュージーランド)の都市.

auction /ɔ́:kʃən オークション/ 名 **せり売り, 競売, オークション**

audience 中 A2 /ɔ́:diəns オーディエンス/ 名 《集合的に》**聴衆(ちょうしゅう), 観客; (ラジオ・テレビの)視聴(しちょう)者**

• There was a large [small] **audience** in the theater. 劇場には大勢[少数]の観客がいた.

forty-nine　49　**autumn**

→観客をひとかたまりと考えて単数扱(あつか)い.

• The **audience** was clapping its hands and shouting. 聴衆は手をたたき歓声(かんせい)を上げていた.

• The **audience** were [was] mostly foreigners. 聴衆はほとんど外国人だった. →聴衆の個々人を考えて《英》では複数扱い.《米》ではこういう場合でも単数扱い.

audio A2 /ɔ́ːdiou オーディオウ/ 形 **音声の →video**

audiovisual /ɔ̀ːdiouvíʒuəl オーディオウヴィジュアる/ 形 視聴覚(しちょうかく)の

audition /ɔːdíʃən オーディション/ 名 オーディション →歌手・モデル・俳優などの実技採用試験.

auditorium /ɔ̀ːdətɔ́ːriəm オーディトーリアム/ 名（複 **auditoriums** /ɔ̀ːdətɔ́ːriəmz オーディトーリアムズ/, **auditoria** /ɔ̀ːdətɔ́ːriə オーディトーリア/）講堂, 大ホール; (劇場などの)観客席

Aug. 略 ＝**Aug**ust (8月)

August 小 A1 /ɔ́ːgəst オーガスト/ 名

8月 →**Aug.** と略す. 詳(くわ)しい使い方は →**June**

• I was born **in August**, 2009 (読み方: two thousand nine) [in **August** of 2009]. 私は2009年8月に生まれました.

• I was born **on August** 10. 私は8月10日に生まれました.

• We went to Hokkaido last **August**. 私たちはこの8月に[去年の8月に]北海道へ行った.

語源 (August)
古代ローマ人が, 8月生まれの初代ローマ皇帝(こうてい) Augustus (アウグストゥス) を記念するために付けた名称から.

aunt 中 A1 /ǽnt アント|ɑ́ːnt アーント/ 名

（複 **aunts** /ǽnts アンツ/）おば

POINT 父または母の姉[妹], あるいはおじ (uncle) の妻. 「～おばさん」のように名前の前に付けたり, 「おばさん!」という呼びかけにも使う.

関連語 My **uncle** and **aunt** live in Kobe. 私のおじとおばは神戸に住んでいる.

• **Aunt** Polly is my mother's sister. ポリーおばさんは母の姉[妹]です.

• My sister had a baby yesterday, so I'm now an **aunt**. 姉が昨日赤ちゃんを産んだので, 私は今やおばさんです.

aural /ɔ́ːrəl オーラる/ (→**oral** (口の)と同音) 形 耳の; 聴覚(ちょうかく)の

aurora /ɔːrɔ́ːrə オーローラ/ 名 **オーロラ, 極光**

Aussie /ɔ́ːsi オースィ|ɔ́zi オズィ/ 名 形 《話》オーストラリア人(の); オーストラリア(の)

Australia 小 /ɔːstréiljə オーストレイリャ/ 固名 **オーストラリア, 豪州(ごうしゅう)** →南半球にあるイギリス連邦(れんぽう)に属する国. 首都はキャンベラ (Canberra), 公用語は英語. 南半球にあるので四季が日本とは逆.

Australian /ɔːstréiljən オーストレイリャン/ 形 オーストラリアの; オーストラリア人の
── 名 オーストラリア人

Austria /ɔ́ːstriə オーストリア/ 固名 **オーストリア** →ヨーロッパ中部の共和国. 首都はウィーン (Vienna), 公用語はドイツ語.

Austrian /ɔ́ːstriən オーストリアン/ 形 オーストリアの; オーストリア人の
── 名 オーストリア人

author A2 /ɔ́ːθər オーさ/ 名 著者, 作家

authority /əθɔ́ːrəti オさリティ|ɔːθɔ́rəti オーそリティ/ 名（複 **authorities** /əθɔ́ːrətiz オさリティズ/）❶ 権限, 権威(けんい) ❷ 権威のある人[物], 権威者, 大家; (知識などの)よりどころ ❸ (the **authorities** で) 当局(者) →事を処理する権限を持っている人[所].

auto /ɔ́ːtou オートウ/ 名（複 **autos** /ɔ́ːtouz オートウズ/）《米話》自動車 →**automobile** を短くした語.

autobiography /ɔ̀ːtəbaiágrəfi オートバイアグラふィ/ 名（複 **autobiographies** /ɔ̀ːtəbaiágrəfiz オートバイアグラふィズ/）自叙伝(じじょでん), 自伝

autograph /ɔ́ːtəgræf オートグラふ/ 名 (有名人の)サイン →×sign といわない. →**sign**
── 動 サインする

automatic A2 /ɔ̀ːtəmǽtik オートマティク/ 形 自動(式)の
• an **automatic** door 自動ドア

automatically A2 /ɔ̀ːtəmǽtikəli オートマティカり/ 副 自動的に

automation /ɔ̀ːtəméiʃən オートメイション/ 名 自動操作, オートメーション

automobile /ɔ́ːtəmoubiːl オートモウビーる, ɔ̀ːtəmoubíːl オートモウビーる/ 名 《米》自動車 (《英》 motorcar) →一般(いっぱん)には英米ともに **car** という.

autumn 小 A1 /ɔ́ːtəm オータム/ (→n は発音しない) 名（複 **autumns** /ɔ́ːtəmz オータムズ/）

秋 → 米国ではふつう **fall** という. 詳(くわ)しい使い方は → **spring**

- In (the) **autumn** leaves turn red and yellow. 秋には木の葉が赤や黄に色づきます.
- I went to Sendai **last autumn** and **this autumn** I will go to Kyoto. 去年の秋私は仙台へ行きました. 今年の秋は京都へ行く予定です.
- It was a lovely **autumn** evening. それはすばらしい秋の晩でした.

autumnal /ɔːtʌmnəl オータムナる/ [形] 秋の

available /əvéiləbl アヴェイらブる/ [形] 利用できる, 使える, 手に入る; (人が)手が空いている

avalanche /ǽvəlæntʃ アヴァランチ|ǽvəlɑːnʃ アヴァラーンシュ/ [名] 雪崩(なだれ)

avatar /ǽvətɑːr アヴァタ〜/ [名] 《コンピューター》アバター → 仮想現実の世界でユーザーを表す分身・アイコン.

Ave. [略] = **Ave**nue (大通り)

avenue /ǽvənjuː アヴェニュー/ [名] **大通り; 並木道**

参考 アメリカの大都市では道路の通じる方角で **Avenue** と **Street** を使い分けている. ニューヨークでは南北に通じる道を Avenue, 東西に走る道を Street と呼ぶ.

average A2 /ǽvəridʒ アヴェレヂ/ [名] **平均**
- **above** [**below**] **average** 平均以上[以下]で
- **on** (**the**) **average** 平均して
- a good batting **average** (野球選手の)好打率
- take [find, strike] the **average** (of ~) (〜の)平均を出す

── [形] 平均の, ふつうの
- I'm of **average** height and weight. 私は標準体型[中肉中背]です.
- He is not outstanding. He is **average**. 彼は飛び抜(ぬ)けて優秀(ゆうしゅう)というわけではない. ふつうです.

avocado /ævəkɑ́ːdou アヴォカードウ/ [名] (複 **avocados**, **avocadoes** /ævəkɑ́ːdouz アヴォカードウズ/)《植物》アボカド(の実・木)

avoid A2 /əvɔ́id アヴォイド/ [動] 避(さ)ける
- **avoid** the rush hour(s) ラッシュアワーを避ける
- **Avoid** taking sides in a lovers' quarrel. 恋人(こいびと)同士のけんかにはどちらの味方をすることも避けなさい. → ×Avoid *to take* sides ~. としない.

awake A1 /əwéik アウェイク/ [動]
- 三単現 **awakes** /əwéiks アウェイクス/
- 過去 **awoke** /əwóuk アウォウク/, **awaked** /əwéikt アウェイクト/
- 過分 **awoken** /əwóukn アウォウクン/, **awoke, awaked**
- -ing形 **awaking** /əwéikiŋ アウェイキング/

起こす, 目を覚まさせる; 目を覚ます

── [形] 目を覚まして, 眠(ねむ)らずに

反対語 Is he **asleep** or **awake**? 彼は眠っているのかそれとも起きているのか.

- He lay **awake** all (the) night. 彼は一晩中目を覚まして横になっていた.

award 中 A2 /əwɔ́ːrd アウォード/ [動] (賞などを)与(あた)える
- **award** him a prize 彼に賞を与える
- He was **awarded** the 2016 (読み方: twenty sixteen) Nobel Prize for Literature. 彼は2016年度ノーベル文学賞を授与(じゅよ)された.

── [名] 賞, 賞品 (prize)
- He was given the People's Honor **Award**. 彼は国民栄誉(えいよ)賞を与えられた.

aware /əwéər アウェア/ [形] 気づいて, 知って (conscious)

away 中 A1 /əwéi アウェイ/

[副]
❶ 離(はな)れて
❷《遠くに離れていて》(ここに)いない, 留守で
❸《そこから離れて》別の場所へ; (遠くへ)去って
❹《脇(わき)に離れて》別の方向へ

意味 map

── [副] (→比較変化なし)

❶ 離れて, 遠くに
- **far away** 遠く離れて, ずっと向こうに
- The lake is two miles **away** from here. その湖はここから2マイル離れた所にあ

る.

• Stay **away** from the fire. 火から離れていなさい.

• How far **away** is your school from here? 君の学校はここからどれくらい遠く離れていますか.

• The summer vacation is only a week **away**. 夏休みまであとほんの1週間だ.

❷《遠くに離れていて》（ここに）いない，留守で，不在で

• My father is **away** from home today but he will be back tomorrow. 父はきょうはおりませんが，明日は帰ってきます.

• She is **away** on vacation for a few days. 彼女は休暇(きゅうか)で2〜3日留守です. →「ちょっと留守にする」は out を使って She's out for lunch. (お昼を食べにちょっと出ています)のように言う.

• How long are you going to be **away**? どれくらい留守をする[そちらに行ってらっしゃる]つもりですか.

ことわざ When the cat's **away**, the mice will play. ネコがいない時にネズミが遊ぶ. →「怖(こわ)い人のいない間に手足を伸(の)ばしてゆっくりする」の意味.「鬼(おに)のいぬ間に洗濯(せんたく)に」にあたる.

❸《そこから離れて》別の場所へ; (遠くへ)去って，消え(去っ)て

• go **away** 去る，よそへ行く

• run **away** 走り去る，逃(に)げる

• fly **away** 飛び去る，飛んで行く

• blow **away** 吹(ふ)き飛ばす

• put [take] **away** 片付ける

• throw **away** 投げ捨てる

• The family went **away** for the summer. その家族は夏の間よその土地へ行った.

• The cat ran **away** from the dog. ネコはその犬から逃げた.

• The echoes died **away**. こだまは消えていった.

❹《脇に離れて》別の方向へ，脇へ

• look **away** 目をそらす，よそ見をする

• She turned her face **away** from the sight. 彼女はその光景から顔を背(そむ)けた.

―― 形 (試合が)相手チームの競技場で行われる，アウェーの 反対語 **home** (地元での)

• an **away** game アウェーの試合

right away すぐに (at once)

• He answered my question **right away**. 彼は私の質問にすぐ答えた.

会話 Come down for breakfast.—**Right away**. 降りてきて朝ご飯を食べなさい.—すぐ行くよ.

awe /ɔ́ː オー/ 名 (偉大(いだい)なものの前で感じる)恐(おそ)れ，畏敬(いけい)

awesome /ɔ́ːsəm オーサム/ 形 ❶《主に米》とてもよい，すごい ❷荘厳(そうごん)な; 恐(おそ)ろしいほどの →**awe**

awful A2 /ɔ́ːfəl オーふる/ 形 《話》ひどい，すごい →悪い意味でも，また単に程度が大きい意味でも使う

• an **awful** pain ひどい痛み

• The wind is **awful**, isn't it? すごい風ですね.

awfully /ɔ́ːfəli オーふり/ 副 ひどく，すごく

awkward /ɔ́ːkwərd オークワド/ 形 無器用な，ぎこちない; 間が悪い; やっかいな; (文などが)不自然な

• an **awkward** sentence 不自然な文

awkwardly /ɔ́ːkwərdli オークワドリ/ 副 無器用に，ぎこちなく; きまり悪そうに，もじもじして

awning /ɔ́ːniŋ オーニング/ 名 (入口・窓などの)日よけ，雨よけ

awoke /əwóuk アウォウク/ 動 **awake** の過去形

awoken /əwóukn アウォウクン/ 動 **awake** の過去分詞

ax, axe /ǽks アクス/ 名 おの，まさかり →**hatchet**

• chop down a tree with an **axe** おので木を切り倒(たお)す

axes /ǽksi:z アクスィーズ/ 名 **ax(e)**, **axis** の複数形

axis /ǽksis アクスィス/ 名 (複 **axes** /ǽksi:z アクスィーズ/) 軸(じく)

Ayers Rock /éərz rɑ̀k エアズ ラク/ 固名 エアーズ・ロック →オーストラリア北部にある露出(ろしゅつ)巨岩(きょがん)(高さ約350メートル). 今は先住民の言葉で Uluru (ウルル)と呼ぶ.

AZ 略 ＝Arizona

azalea /əzéiljə アゼイリャ/ 名 《植物》ツツジ

Aztec /ǽztek アズテク/ 固名 アステカ族の人; (the Aztec で) アステカ族 →15〜16世紀にかけて，現在のメキシコ中部に強大な帝国(ていこく)を築き高度の文明を持っていた. 16世紀の初めスペイン人によって滅(ほろ)ぼされた.

B b ℬ ♭

B, b /bíː ビー/ 名 (複 **B's, b's** /bíːz ビーズ/)
❶ ビー → 英語アルファベットの２番目の文字.
❷ **(B で) (**成績の) B → A の次の評価. →**A**

baa /báː バー/ 名 (ヤギ・羊などの)**メー(という鳴き声)**

—— 動 メーと鳴く (bleat)

Babel /béibəl ベイベル/ 固名 バベル →「バベルの塔(とう)」(**the Tower of Babel**) の伝説で有名な古代バビロニアの都市.

Babe Ruth /béib rúːθ ベイブ ルース/ 固名
ベーブ・ルース → 米国の偉大(いだい)なホームラン打者 **George Herman** /チョージ ハ〜マン/ **Ruth** (1895–1948)のこと. Babe (＝Baby) とは彼の顔が赤ん坊(ぼう)のようだったことからつけられた愛称(あいしょう).

baby 中 A1 /béibi ベイビ/ 名 (複 **babies** /béibiz ベイビズ/)

❶ **赤ん坊**(ぼう), **赤ちゃん**
• a **baby** boy [girl] 男の[女の]赤ちゃん
• my **baby** sister 私の赤ん坊の妹
• a **baby** bird ひな鳥
• She is expecting a **baby**. 彼女に赤ちゃんが産まれます[お産が近い].
• Don't be such a **baby**. そんな赤ちゃんみたいなことを言っては[しては]だめ.
• The **baby** is crying because it is sick. 病気なのでその赤ちゃんは泣いている.
POINT 性別がわからない時, あるいはそれを問題にしない時の baby の代名詞は it.
❷ (米話) **君, あなた** → 恋人(こいびと)・妻・夫などに対する愛情を込(こ)めた呼びかけに使う.

báby bùggy, báby càrriage 名
《米》(寝かせるタイプの)**ベビーカー**(《英》pram)

babysit /béibisit ベイビスィト/ 動 (三単現 **babysits** /béibisits ベイビスィッ/; 過去・過分 **babysat** /béibisæt ベイビサト/; -ing形 **babysitting** /béibisitiŋ ベイビスィティング/)
(親などから雇(やと)われて)**子守**(こもり)**をする, ベビーシッターをする** → 英米の若者にとって芝刈(しばか)りと並んで最も一般(いっぱん)的なアルバイトの１つ. babysitter という名詞から逆に作られた動詞.

babysitter /béibisitər ベイビスィタ/ 名
ベビーシッター, (親などから雇(やと)われて)**子守**(こもり)**をする人**

back 小 A1 /bæk バク/

副 ❶ 後ろへ; 元の所に | 意味map
❷ 昔に(さかのぼって), 以前に
名 ❶ (ふつう **the back** で) 後ろ, 裏
❷ (人間・動物の)**背中**
形 後ろの

—— 副 (→ 比較変化なし)
❶ **後ろへ, あとへ; 元の所に, 帰って, 返して**
基本 go **back** 帰って行く → 動詞+back.
• come **back** 帰って来る
• get **back** 帰る; 取り返す
• look **back** 振(ふ)り向く
• give the book **back** その本を返す
• bring him **back** 彼を連れ帰る
• throw **back** 投げ返す
• write **back** to him 彼に返事を書く
• on my way **back** 私が帰る途中(とちゅう)に[で]
• Stand **back**, please! どうぞ後ろへ下がってください.
• Go **back** to your seat. 君の席に戻(もど)りなさい.
• I'm **back**. (私は帰っている ⇒)ただいま.
• She is **back** in the United States. 彼女は米国に帰っている.
• I'll be right **back**. すぐに戻ります, ちょっと外します.
• He'll be **back** by five. 彼は５時までには帰るでしょう.
• Put the book **back** on the shelf. その本を棚(たな)に戻しておきなさい.
• She smiled at me and I smiled **back**. 彼女が私にほほえみかけたので私もほほえみ返した.
• She could not find her way **back**. 彼女は帰り道がわからなかった.
• The trip **back** was very comfortable. 帰りの旅はとても快適だった.
❷ **昔に(さかのぼって), 以前に**

fifty-three 53 **bad**

- several years **back** 数年前に
- **back** in the 1870s 1870年代の昔に
- **back** then その頃(ころ)は
—— 名 (徳 **backs** /bǽks バクス/)
❶ (ふつう **the back** で) 後ろ, 後部, 裏;《守備位置》バック
反対語 **front** (正面), **forward** (フォワード)
- **the back** of the head 後頭部
- **the back** of a card カードの裏
- **the back** of a book 本の背
- **at the back of** a house 家の後ろ[裏]に
- **in the back of** a car 車の後部(座席)に
- Move to **the back**. 後ろへ行け.
- I know the town like **the back** of my hand. 私はその街を自分の手の甲のように知っている. →「とてもよく(すみからすみまで)知っている」の意味.
❷ (人間・動物の)背中, 背 →日本語の「背」より広く, 首の後ろから尻までを指す.
- He carries a bag on his **back**. 彼は袋(ふくろ)をしょっている.
- He lay on his **back**. 彼は仰向(あおむ)けに寝(ね)た.
- He can swim on his **back**. 彼は背泳ぎができる.
- I have a bad pain in my **back**. 私は背中[腰(こし)]がひどく痛い.
- pat him on the **back** (抱(だ)きかかえるような格好で)彼の背中をたたく →お祝い事などを言う時にするしぐさ.
- Don't speak ill of others **behind** their **backs**. (他人の後ろで ⇨)陰(かげ)で他人の悪口を言うな. →speak ill of ~ は「~の悪口を言う」.
—— 形 (→比較変化なし) 後ろの, 裏の
- a **back** seat 後ろの席, 後部座席
- a **back** door [garden, street] 裏口[庭, 通り]
back and forth 前後に, 行ったり来たり
back to front (シャツなどが[を])後ろ前に
- You're wearing your sweater **back to front**. 君はセーターを後ろ前に着ているよ.
—— 動 (三単現 **backs** /bǽks バクス/; 過去・過分 **backed** /bǽkt バクト/; -ing形 **backing** /bǽkiŋ バキング/)
❶ 後退させる[する], バックさせる[する]
- He **backed** the car into the garage. 彼は車をバックさせて車庫に入れた. →「~に」という特定の場所を付けないときは **back** the car

up ともいう.
❷ 後援(こうえん)する, 支持する, バックアップする
- Everyone **backed** (up) his plan. みんな彼の計画を支持した.

backbone /bǽkboun バクボウン/ 名 ❶ 背骨 ❷ 主力, 大黒柱 ❸ 気骨, バックボーン

background A2 /bǽkgraund バクグラウンド/ 名 ❶ (舞台(ぶたい)・絵などの)背景, バック ❷ (事件・人などの)背景, 背後関係, 経歴

backhand /bǽkhænd バクハンド/ 名 (テニスなどの)バックハンド →ラケットを持つ手の反対側のボールを打つ時の打ち方. 手の甲 (the back of the hand) が相手側を向く.

báck númber 名 (雑誌の)既刊(きかん)号, バックナンバー

backpack /bǽkpæk バクパク/ 名 リュックサック

backrest /bǽkrest バクレスト/ 名 (いすなどの)背もたれ

backstop /bǽkstap バクスタプ/ 名 (野球などの)バックネット, ボール止めの柵(さく) →「バックネット」は和製英語.

backstroke /bǽkstrouk バクストロウク/ 名 背泳, 背泳ぎ

backup /bǽkʌp バクアプ/ 名 ❶ 支援(しえん), 応援(おうえん) ❷《コンピューター》バックアップ →コンピューター内の情報を保存用にコピーすること.

backward /bǽkwərd バクワド/ 形 後ろへの, 後ろ向きの; 尻込(しりご)みする
—— 副 後方へ, 後ろ向きに, 逆に
backward and forward 前後に, 行ったり来たり

backwards /bǽkwərdz バクワツ/ 副 《主に英》=backward

backyard /bækjá:rd バクヤード/ 名 家の後ろの空き地, 裏庭 →yard² ❶

bacon /béikən ベイコン/ 名 ベーコン

bacteria /bæktí(ə)riə バクティ(ア)リア/ 名 徳 細菌(さいきん), ばい菌(きん), バクテリア

bad 中 A1 /bǽd バド/

形 ❶ (質・程度が)悪い 意味 map
❷ (病気・事故などが)ひどい, 重い
❸ 下手な
—— 形
比較級 **worse** /wə́:rs ワ〜ス/
最上級 **worst** /wə́:rst ワ〜スト/

badge

❶ **(質・程度が)悪い, いやな, 腐(く)った, 有害な**
🔰基本 **bad** news 悪い知らせ, 凶報(きょうほう) → bad+名詞.
- a **bad** dream いやな夢
- **bad** marks (試験などの)悪い点

🔰基本 The weather was **bad**. 天気は悪かった. →be 動詞+bad.
- Smoking is **bad for** the health. タバコを吸うことは健康に悪い(です).
- This fish smells [tastes] **bad**. この魚は腐ったにおい[味]がする.

❷ **(病気・事故などが)ひどい, 重い, 悪い**
- Bob has a **bad** cold. ボブはひどい風邪(かぜ)をひいている.
- There was a **bad** accident there yesterday. 昨日あそこでひどい事故があった.
- Is the pain very **bad**? 痛みはひどいの?

❸ **下手な** (poor) 反対語 **good** (上手な)
- a **bad** driver 下手な運転手
- I am **bad at** singing. 私は歌が下手です.

feel bad 後悔(こうかい)する, くよくよする; 気分が悪くなる
- I **feel bad about** making such a careless mistake. そんな不注意な間違(まちが)いをしてしまって残念だ.

not (so) bad それほど悪くない; 《英》かなりいい, 非常にいい →イギリス人特有の控(ひか)え目な表現.
- That's **not (so) bad**. それは悪くない, なかなかいい.

That's too bad. それはお気の毒[残念]ですね, それは困りましたね

会話
I've had a **bad** cold. —**That's too bad.**
ひどい風邪をひいてしまいました. —それはお気の毒ですね.

badge /bǽdʒ バヂ/ 名 記章, バッジ

- wear a **badge** on the breast pocket 胸のポケットにバッジをつけている

badger /bǽdʒər バヂャ/ 名 《動物》アナグマ, ムジナ

badly A2 /bǽdli バドリ/ 副 (比較級 **worse** /wə́ːrs ワ〜ス/; 最上級 **worst** /wə́ːrst ワ〜スト/)
❶ **悪く; 下手に**
- He did **badly** in the English test. 彼は英語の試験で悪い点を取った.
❷ 《話》**とても, 非常に, ひどく**
- His leg was **badly** injured. 彼の足はひどく傷ついた.

be badly off 暮らし向きが悪い →off 副 ❻
feel badly ①気分が悪くなる
②**(feel badly about [for] 〜 で) 〜を残念に思う; 〜を気の毒に思う**

badminton 小 A2 /bǽdmintən バドミントン/ 名 バドミントン →イギリスの公爵(こうしゃく)が自分の領地 Badminton で最初の競技を行ったので, こう呼ばれるようになった.

bag 小 A1 /bǽg バグ/ 名

❶ **袋(ふくろ), カバン, バッグ**
- a paper **bag** 紙袋(ふくろ)
- a school **bag** 学校(通学用)カバン
- a traveling **bag** 旅行カバン

plastic bag
backpack

tote bag
purse, handbag

❷ **袋1杯(はい)分**
- a **bag** of wheat 小麦1袋

baggage /bǽgidʒ バゲヂ/ 名 《主に米》**手荷物類** →旅行の時のスーツケース・トランク・カバンなどを集合的にいう. →luggage

bággage cláim área 名 (空港の)手荷物受け取り所

Baghdad /bǽgdæd バグダド|bægdǽd バグダド/ 固名 バグダッド →イラク (Iraq) の首都.

bagpipe /bǽgpaip バグパイプ/ 名 (ふつう **the bagpipes** で) 《楽器》バグパイプ →スコットランド高地地方などで使われる.
- play the **bagpipes** バグパイプを演奏する

bait /béit ベイト/ 名 （魚釣(つ)りなどの)餌(えさ)

bake 中 A2 /béik ベイク/ 動
(オーブンで)**焼く; 焼ける**
•**bake** bread and cookies パンとクッキーを焼く
•The cake is **baking** in the oven. ケーキがオーブンで焼けている.

baker /béikər ベイカ/ 名 パン屋さん(人)
関連語 「店」は **bakery**, **baker's** (**shop**).
•buy some bread at a **baker's** (**shop**) パン屋(店)でパンを買う

bakery /béikəri ベイカリ/ 名 （榎） **bakeries** /béikəriz ベイカリズ/） **パン屋さん(店)**, ベーカリー, パン製造所

balance /bǽləns バランス/ 名
❶ (体・心の)**安定, 釣(つ)り合い, バランス**
•**keep** [**lose**] one's **balance** (体の)バランスを保つ[失う] ❷ てんびん; はかり

balcony A2 /bǽlkəni バ（コ)ニ/ 名 （榎） **balconies** /bǽlkəniz バ（コ)ニズ/） ❶ **バルコニー**
→ 2階以上の窓などの外に張り出した手すりを巡(めぐ)らした縁(えん). ❷ (劇場・映画館の)**2階席**

bald /bɔ́:ld ボード/ 形 ❶ (頭の)**はげた** ❷ (山・木などが)**はげた, 木[葉]のない** → **bold** /bóuld ボウルド/ (大胆(だいたん)な)と混同しないこと.

Bali /bá:li バーリ/ 固名 **バリ島** → ジャワ島の東にあるインドネシア領の島.

ball¹ 小 A1 /bɔ́:l ボード/ 名
❶ **玉, 球, ボール; 球形の物**
•a tennis **ball** テニスのボール
•a **ball** of wool 毛糸の玉
•a rice **ball** おにぎり
❷ **球技**, (特に)**野球** (baseball)
•a **ball** game 野球(の試合), 球技
❸ (野球で, ストライクに対して)**ボール**
•three **balls** and two strikes 3ボール2ストライク
play ball **ボール投げをする, 野球をする, 球技を始める; ボール遊びをする**

ball² /bɔ́:l ボード/ 名 （正装して行う)**大舞踏(ぶとう)会** → 略式のものは dance.

ballad /bǽləd バラド/ 名 ❶ (音楽)**バラード** → スローでロマンチックなポピュラーソング.
❷ **バラッド** → 物語ふうの詩.

ballerina /bæləríːnə バれリーナ/ 名 **バレリーナ, 女性バレエダンサー**

ballet /bǽlei バれイ, bæléi バれイ/ 名 **バレエ;** バレエ団

balloon A2 /bəlúːn バるーン/ 名 ❶ **気球**
❷ **(ゴム)風船**
•blow up a **balloon** 風船をふくらませる
❸ (漫画(まんが)の)**吹き出し**

ballot /bǽlət バろト/ 名 ❶ (無記名の)**投票用紙**
❷ **投票**

ballpark /bɔ́:lpɑ:rk ボールパーク/ 名 （米)**野球場**

ballplayer /bɔ́:lpleiər ボールプれイア/ 名 （米) **野球選手**

ballpoint (**pen**) /bɔ́:lpɔint (pén) ボールポイント (ペン)/ 名 **ボールペン** →×ball pen とはいわない.

balm /bà:m バーム/ 名 (保湿用の)**軟膏(なんこう)**, バーム
•lip **balm** リップクリーム

bamboo /bæmbúː バンブー/ 名 （榎） **bamboos** /bæmbúːz バンブーズ/） （植物)**竹**
•a **bamboo** chair 竹でできたいす
•a **bamboo** grove 竹林
•a **bamboo** shoot たけのこ → shoot ＝若芽.

ban /bǽn バン/ 名 （特に法律による)**禁止**
── 動 （三単現 **bans** /bǽnz バンズ/ 過去・過分 **banned** /bǽnd バンド/; -ing形 **banning** /bǽniŋ バニング/） **禁止する** (forbid)

banana 小 A1 /bənǽnə バナナ|
bəná:nə バナーナ/ 名 **バナナ(の果実); (植物としての)バナナ**
•a bunch of **bananas** バナナ1房(ふさ)
•peel a **banana** バナナ(の皮)をむく

band¹ 小 /bǽnd バンド/ 名
❶ **バンド, 楽団** → 管楽器・打楽器を主体にした楽団. → **orchestra**
•a brass **band** 吹奏(すいそう)楽団, ブラスバンド
•a rock [jazz] **band** ロック[ジャズ]バンド
❷ **一団, 一隊**

band² A1 /bǽnd バンド/ 名
(物をくくる)**ひも, 帯, 縄(なわ), たが**
関連語 **belt** ((ズボンの)ベルト)
•a rubber **band** 輪ゴム

bandage /bǽndidʒ バンデチ/ 名 **包帯**
── 動 **包帯をする, 包帯を巻く**

bandan(n)a /bændǽnə バンダナ/ 名 **バンダナ** → 頭や首に巻く派手な柄(がら)のスカーフ.
•wear a **bandanna** バンダナを巻いている

B & B, b & b /bí:ənbí: ビーアンビー/ 名

bang 56 fifty-six

=bed and breakfast

bang /bǽŋ バング/ 動 ❶ (ドアなどを)バタンと閉める; (ドアなどが)バタンと閉まる ❷ バンバン[ドンドン]たたく; バタン[ガチャン]と～する
── 名 ドン, ドカン, バタン(という音); 強打

Bangkok /bǽŋkɑk バンカク/ 固名 バンコク
→ タイ国の首都.

Bangladesh /bæ̀ŋɡlədéʃ バングらデシュ/ 固名 バングラデシュ → インドの東側にある共和国. 公用語はベンガル語.

bangle /bǽŋɡl バングる/ 名 バングル → 留め金がなく, 金属などの固い素材でできた腕輪(うでわ).

banjo /bǽndʒou バンヂョウ/ 名 (複 **banjo(e)s** /bǽndʒouz バンヂョウズ/) 《楽器》バンジョー → 5弦(げん)の楽器.

bank¹ A1 /bǽŋk バンク/ 名
❶ 銀行
•a **bank** clerk 銀行の事務員, 行員
•a **bank** account 銀行口座
•He put all the money in the **bank**. 彼はその金をすべて銀行に預けた.
❷ (「保管・供給する所」という意味で)～銀行
•a blood **bank** 血液銀行
── 動 銀行に預ける; 銀行と取引する

bank² /bǽŋk バンク/ 名 土手, 堤防(ていぼう); (川・湖の)岸
•The hotel stood on the right **bank** of the river. ホテルは川の右岸に立っていた. → 右岸, 左岸は川下に向かっていう.

banker /bǽŋkər バンカ/ 名 銀行経営者, 銀行家

bánk hóliday 名 《英》(土・日曜日以外の)銀行休日, 公休日

> 参考 イギリスでは New Year's Day (元日), Easter Monday (復活祭の翌日の月曜日)など年に8日は **bank holiday** として銀行・会社・商店・学校が休みになる(スコットランドと北アイルランドでは bank holiday の日数はもう少し多い). アメリカでは「法定休日」を **legal holiday** という.

banking A2 /bǽŋkiŋ バンキング/ 名 ❶ 銀行との取引 ❷ 銀行業

bankrupt /bǽŋkrʌpt バンクラプト/ 形 破産した

banner /bǽnər バナ/ 名 旗; (スローガンなどを書いた)横断幕

bar A1 /bɑ́ːr バー/ 名
❶ 棒, 延べ棒; 棒状の物
•a **bar** graph 棒グラフ
•a **bar** of gold 金の延べ棒
•a **bar** of chocolate チョコレート1枚
❷ (カウンターのある)軽食堂; 酒場, バー

文化 (bar)
昔はカウンターが今のように広くなく, 横木 (bar) を渡(わた)しただけのもので, 馬をつないでおくためのものであったが, やがてこの bar が場所全体を表すようになった.

•a coffee **bar** コーヒースタンド
•a snack **bar** (酒類を出さない)軽食堂
•a sushi **bar** すし店
•at a sandwich **bar** サンドイッチ食堂で

barbecue A2 /bɑ́ːrbikjuː バーベキュー/ 名
❶ バーベキュー ❷ バーベキューパーティー

barbeque /bɑ́ːrbikjuː バーベキュー/ 名 = barbecue

barber A2 /bɑ́ːrbər バーバ/ 名 理髪師(りはつし), 床屋(とこや)さん(人) → **hairdresser**
•I had my hair cut at the **barber's** (shop). 私は理髪店(りはつてん)で髪(かみ)を切ってもらった.

barbershop /bɑ́ːrbərʃɑp バーバシャプ/ 名 《米》理髪店(りはつてん)(《英》 barber's (shop))

bare /béər ベア/ 形 (覆(おお)うものがなく)裸(はだか)の, むき出しの

barefoot(ed) /béərfút ベアふト, béərfútid ベアふテド/ 形 はだしの
── 副 はだしで

barely /béərli ベアリ/ 副 やっと, かろうじて (just)

bargain A2 /bɑ́ːrgin バーゲン/ 名
❶ 取り引き; 契約(けいやく)
•make a **bargain** with ～ ～と取り引きする
❷ お買い得品, 特売品
•make a good [bad] **bargain** 得[損]な買い物をする
•My new bike was a great **bargain**. 僕(ぼく)の新しい自転車は掘(ほ)り出し物だった.

bark /bɑ́ːrk バーク/ 名 (犬などの)ほえ声
•give a **bark** ほえる
── 動 (犬などが)ほえる
•The dog **barked at** the mail carrier. 犬が郵便屋さんにほえた.
•You're **barking** up the wrong tree. 君

fifty-seven　57　**basis**

は間違(まちが)えて別の木の根元でほえている. →「見当違(ちが)いのことを主張している」の意味. 猟犬(りょうけん)が追い詰(つ)めた獲物(えもの)の逃(に)げ登った木を間違えて, 別の木の根元でほえたてていることから.

関連語（犬が鳴く）
bowwow (ワンワン鳴く), **growl** (怒(おこ)ってウーとうなる), **howl** (遠ぼえする), **whine** (クンクン鳴く), **woof** (脅(おど)すようにウーとうなる)

barley /bάːrli バーリ/ 名 **大麦** →食用にするほかビール・ウイスキーをつくる原料. **wheat** (小麦)はパンやケーキなどをつくる原料.

barn /bάːrn バーン/ (→**burn** /バーン/ (燃やす)と発音を混同しないこと) 名 ❶(農家の)**納屋**(なや), **物置** ❷《米》**家畜**(かちく)**小屋**

barnyard /bάːrnjɑːrd バーンヤード/ 名 **納屋**(なや) (**barn**) **の前の空地**[庭], **農家の庭**

barometer /bərάmətər バラメタ/ 名 **晴雨計**, **気圧計**, **バロメーター**; (物事を判断する)**基準**

baron /bǽrən バロン/ 名 **男爵**(だんしゃく) →英国で最下位の世襲(せしゅう)貴族. 敬称としては外国の男爵に対して使い, イギリス人の男爵には Lord を使う.

barrel /bǽrəl バレル/ 名 ❶**たる**; **1たる分** ❷(容積の単位)**バレル** →石油1バレルは約160リットル.

barren /bǽrən バレン/ 形 (土地がやせて)**作物のできない**, **不毛の**

barricade /bǽrəkéid バリケイド/ 名 **バリケード**, **障害物**

barrier /bǽriər バリア/ 名 **柵**(さく), **障壁**(しょうへき), **障害** (obstacle)
•a **barrier**-free road (体の不自由な人にとって障害の無い)バリアフリーの道路

barrow /bǽrou バロウ/ 名 (1輪の)**手押**(お)**し車** (wheelbarrow)

base A2 /béis ベイス/ 名
❶**土台**, **基部**; **ふもと**, **根元**
•The boys camped at the **base** of the mountain. 少年たちは山のふもとでキャンプをした.
❷**根拠**(こんきょ)**地**, **基地**
•the **base** camp (登山の)前進基地, ベースキャンプ
❸(野球の)**塁**(るい), **ベース**
•play first [second] **base** 1[2]塁を守る →×play the first [second] base としない.

•a **base** on balls フォアボールによる出塁(しゅつるい) →「フォアボール」は和製英語.
•The **bases** are full [loaded]. 満塁(まんるい)だ.

—— 動 **基礎**(きそ)[**根拠**]**を置く**
•The story is **based on** facts. その物語は事実に基(もと)づいている.

baseball 小 A1 /béisbɔːl ベイスボール/ 名 ❶**野球** →**ball**[1], **American League**, **National League**
•play **baseball** 野球をする →×play a [the] baseball としない.
•a **baseball** game 野球の試合
•a **baseball** team 野球のチーム
•a **baseball** park 野球場
•He is a good **baseball** player. 彼は野球がうまい.
❷**野球のボール**

basement /béismənt ベイスメント/ 名 **地下室**, **地階**

関連語（basement）
basement は遊び部屋・洗濯(せんたく)室・ボイラー室・物置などに利用される. エレベーターの表示の B は basement の頭文字(かしらもじ).
cellar は食べ物や燃料を貯蔵するためだけに作られた「地下室」で, basement の中に作られることもある.

bases[1] /béisiz ベイセズ/ 名 **base** の複数形
bases[2] /béisiːz ベイスィーズ/ 名 **basis** の複数形

basic A2 /béisik ベイスィク/ 形 **基礎**(きそ)**の**, **基本の**
•**basic** human rights 基本的人権 →思想・信仰(しんこう)の自由など, 人間が生まれながらにして持っている権利.

basically A2 /béisikəli ベイスィカリ/ 副 **基本的に**, **根本的に**
•I believe humans are **basically** good. 人間は基本的に善良だと私は信じている
•**Basically**, it's a good idea. 基本的にはそれはいい考えだ →文全体を修飾している.

basilisk /bǽzəlisk バジリスク/ 名 **バシリスク** →ギリシャ神話に登場する伝説上の怪獣.

basin /béisn ベイスン/ 名 ❶**洗面器**, **たらい**; **洗面台**, **流し台** ❷**洗面器**[たらい]**1杯**(はい)**分** ❸**盆地**(ぼんち), **川の流域**

basis /béisis ベイスィス/ 名 (複 **bases**

basket 58 fifty-eight

/béisi:z ベイスィーズ/） **基礎**(きそ), **根拠**(こんきょ)

basket A2 /bǽskit バスケット/ 名

❶ かご, バスケット
• a shopping **basket** 買い物かご
• a wastepaper **basket** 《英》紙くずかご
(《米》a wastebasket)
❷ かご1杯(はい)分
• a **basket** of apples リンゴ1かご
❸ (バスケットボールの)1ゴール

basketball 小 A1 /bǽskitbɔːl

バスケトボール|báːskitbɔːl バースケトボール/ 名

❶ バスケットボール
• We often **play basketball** after
school. 私たちは放課後よくバスケットボールを
する. ✗play a [the] basketball としない.
❷ バスケットボール用のボール

bass /béis ベイス/ 名 ❶ 低音, バス → 男声の最
低音域. ❷ 低音[バス]歌手 ❸ 《楽器》ベース

bat¹ 小 A1 /bǽt バト/ 名
(野球などの)**バット**, (卓球(たっきゅう)の)**ラケット**
関連語 **racket** はテニスやバドミントンのラケッ
トのようにネットが張ってあるもの.
• hit a ball with a **bat** バットでボールを打つ
at bat (野球で)**打席について**
• Our side is **at bat**. 我々のチームが打つ番だ
[攻撃(こうげき)中だ].
• Ken is up **at bat**. ケンがバッターボックス
に立っています.

── 動 (三単現 **bats** /bǽts バツ/; 過去・過分
batted /bǽtid バテド/; -ing形 **batting**
/bǽtiŋ バティング/) (バットで)**打つ**
• Jim **bats** better than me. ジムは私よりう
まく(ボールを)打つ[バッティングがうまい].
• He **batted** .345 last season. 彼は昨シー
ズンは3割4分5厘(りん)打った. → .345 の読み
方: three forty-five.
• Which team is **batting** now? 今打って
いるのはどっちのチームですか.

bat² /bǽt バト/ 名 《動物》**コウモリ**

batch A2 /bǽtʃ バチ/ 名
❶ 《話》1束, 1組; 1回分
• a **batch of** bread (オーブン・かまどで)1度
に焼けるパン
❷ 《コンピューター》**バッチ**(処理)

bath 小 A1 /bǽθ バす|báːθ バーす/ 名
(⊛ **baths** /bǽðz バずズ/) → 複数形の場合 th

を /ð ず/ と発音することに注意.

❶ **入浴**; (ふろの)湯 関連語 「入浴する」は
bathe.

画基本 **take** [**have**] **a bath** 入浴する, 湯に入
る
• take a cold [sun] **bath** 冷水浴[日光浴]をす
る
• give a baby a **bath** 赤ん坊(ぼう)を湯に入れる
• Your **bath** is ready. おふろの用意ができま
した.
❷ 浴槽(よくそう) (bathtub); 浴室 (bathroom);
(公衆)浴場
• a Japanese public **bath** 日本の公衆浴場

bathe /béið ベイず/ 動 ❶ 水浴びをする, 水泳を
する (swim); (日光などを)浴びる
❷ 入浴する; (幼児などを)入浴させる; (手足・痛む
箇所(かしょ)などを)水で洗う

bathhouse /bǽθhaus バすハウス/ 名
(⊛ **bathhouses** /bǽθhauziz バすハウゼズ/)
公衆浴場

bathing /béiðiŋ ベイずィング/ 名 水浴び, 水泳
go bathing 水浴びに行く

bathrobe /bǽθroub バすロウブ/ 名 (湯あがり
に着る)**バスローブ**

bathroom 中 A1 /bǽθruːm バすルーム|
báːθruːm バーすルーム/ 名

❶ 浴室

文化 (bathroom)
欧米(おうべい)では2階にあることが多い. アメリカ
ではほとんどの場合洗面所とトイレを備えてい
るが, イギリスやヨーロッパでは浴室と洗面所・
トイレが別々の場合も多い.

❷ 《米》(家庭などで遠回しに)**トイレ, 手洗い →
toilet, rest room**
画基本 go to the **bathroom** トイレに行く
• He is in the **bathroom**. 彼はトイレに入っ
ています. → 「彼はふろに入っている」は He is
taking a bath.
会話 Where is the **bathroom**?─It's up-
stairs. お手洗いはどこでしょうか.─2階にあり
ます. → 初めて来た客とその家の人の会話.

bathtub /bǽθtʌb バすタブ/ 名 湯ぶね, 浴槽(よく
そう)

baton /bətán バタン|bǽtən バトン/ 名
❶ (バトントワリング・リレー用の)**バトン**
❷ (音楽の)**指揮棒** ❸ (警官の)**警棒**

báton twírler 名 バトントワラー, バトンガ
ール → **twirler**

batter /bǽtər バタ/ 名 (野球の)**打者**, バッター

battery A2 /bǽtəri バテリ/ 名 (複 **batteries** /bǽtəriz バテリズ/) ❶ **電池** ➔ 2つ以上の **cell** (電池)を組み合わせたもの.
❷ (野球の)**バッテリー** ➔ 投手と捕手(ほしゅ)の1組.

batting /bǽtiŋ バティング/ 名 (野球の)**バッティング, 打撃**(だげき)

battle /bǽtl バトル/ 名 (個々の大きな)**戦闘**(せんとう), **戦い** → **war** 関連語

battlefield /bǽtlfi:ld バトるふぃーるド/ 名 **戦場**; **闘争**(とうそう)**の場**

báttle róyal 名 バトルロイヤル ➔「総力戦, 死闘(しとう)」の意味.

bay A2 /béi ベイ/ 名 (小さい)**湾**(わん), **入り江**(え) → **gulf**
・Tokyo **Bay**＝the **Bay** of Tokyo 東京湾

bazaar /bəzá:r バザー/ 名 **慈善市**(じぜんいち), **バザー**

BBC, B.B.C. /bí:bi:sí: ビービースィー/ 略 (**the BBC** [**B.B.C.**] で) **英国放送協会** ➔ the British Broadcasting Corporation. 半官半民のラジオ・テレビ放送会社で組織的には NHK に似ている.

BBC Énglish 名 ＝ standard English (標準英語)

BBQ 略 ＝barbecue (バーベキュー) ➔

B.C. /bí:sí: ビースィー/ 略 **紀元前** ＝**Before Christ**. 「紀元後」は **A.D.**

be 小 A1 /弱 bi ビ, 強 bí: ビー/
動 ❶ (～で)**ある**; (～に)**なる** 意味map
❷ (～に)**いる**, (～に)**ある**
助動 ❶ (**be** *doing* で) **～している**
❷ (**be**＋過去分詞で) **～される**

―― 動 ❶ (～で)**ある**; (～に)**なる**

⚠POINT be は時・人・人称などによって次の表のように形を変える. それらの変化形についてはそれぞれの見出し語を参照.

	人称	単数	複数
現在形	1人称	am	
	2人称	are	are
	3人称	is	
過去形	1人称	was	
	2人称	were	were
	3人称	was	
過去分詞		been	
-ing 形		being	

① (**不定詞 to be** で)

基本 I want to **be** a doctor. 私は医者になりたい. ➔ 不定詞 to be ～ (～になること)は want (望む)の目的語.

・What do you want to **be** in the future? あなたは将来何になりたいですか.
・Her wish is to **be** a movie star. 彼女の

bathroom

①shower curtain (シャワーカーテン) ②shower (シャワー) ③mirror (鏡) ④dryer (ドライヤー) ⑤bathtub (湯ぶね) ⑥bathrobe (バスローブ) ⑦bath mat (バスマット) ⑧faucet (蛇口) ⑨sink / washbasin (洗面台) ⑩toilet (便器) ⑪towel (タオル)

beach 60 sixty

望みは映画スターになることです. ➔不定詞 to be ～ (～になること)は is の補語.

●He grew up to **be** an engineer. 彼は成長して技師になった. ➔不定詞 to be ～ は「結果」を示す用法で,「～して(その結果)～になる」.

②**(助動詞+be+形容詞(句) [名詞(句)] で)**

🔒基本 I will **be** fifteen years old next month. 私は来月15歳になる.

●It may **be** true. それは本当(である)かもしれない.

●He must **be** Bob's brother. あの人はボブの兄弟(である)に違(ちが)いない.

●They can't **be** happy without money. 彼らは金がなければ幸福であることができない[幸福になれない].

③**《命令文で》(～で)ありなさい, (～に)なりなさい**

●**Be** careful. (注意深くなりなさい ⇨)気をつけて.

●**Be** kind to others. 他人には親切にしなさい.

●**Be** a good boy. (よい子になれ ⇨)おとなしくしなさい.

●Don't **be** a bad boy. (悪い子であるな ⇨)悪いことをしてはだめですよ.

●You **be** "Romeo", Bob. And you **be** "Juliet", Mary. ボブ, あなたは「ロミオ」になりなさい[の役をやりなさい]. そしてメアリー, あなたは「ジュリエット」になりなさい[の役をやりなさい]. ➔You, you は命令する際に特に名指して注意をひくため.

❷**(～に)いる, (～に)ある**

●I'll **be** at your house at eight. 私は8時に君のうちに(いるだろう ⇨)行きます.

●You cannot **be** in two places at the same time. 君は2つの場所に同時にいることはできない.

●There will **be** a storm in the afternoon. 午後には嵐(あらし)になるでしょう.

●Don't touch it. Let it **be**. それに触(さわ)るな. それをあるがままにしておけ[放っておけ].

●**Be** here by six. 6時までにここにいろ[来なさい].

―― 助動 ❶**(be doing で) ～している** ➔進行形.

●They may **be** playing in the park. 彼らは公園で遊んでいるかもしれない.

●I'll **be** seeing you. それではまた, さような

ら. ➔be seeing は see を強調する言い方. I'll see you. ともいう.

●Now we must **be** going. さてそろそろおいとましなければ. ➔be going は go を強調する言い方.

❷**(be+過去分詞で) ～される** ➔受け身.

●That song will **be loved** by everyone. その歌はみんなに愛されるでしょう.

●Don't **be worried**. 心配するな. ➔受け身形 be worried (心配させられる)は「心配する」と訳す.

❸**(be to do で) ～する[になる]ことである; ～すべきである, ～することになっている, ～できる** ➔am [are, is] to do

beach 小 A1 /bíːtʃ ビーチ/ 名

浜(はま), 浜辺(はまべ), なぎさ

●swim at the **beach** 浜で泳ぐ

●play on [at] the **beach** 浜で遊ぶ

béach umbrèlla 名 (海岸で使う)ビーチパラソル ➔「ビーチパラソル」は和製英語.

béach vòlleyball 名 ビーチバレー; ビーチバレーのボール ➔砂浜(すなはま)で行う2対2のバレーボール(のボール).

beacon /bíːkən ビーコン/ 名 ❶(合図・標識としての)かがり火, 信号灯 ❷(濃霧(のうむ)・暴風雨の時に船・飛行機を誘導(ゆうどう)する)標識, 無線標識

bead /bíːd ビード/ 名 ビーズ, じゅず玉(汗(あせ)などの)玉

beak /bíːk ビーク/ 名 (ワシなどの先の曲がった)くちばし ➔bill²

beaker /bíːkər ビーカ/ 名 (化学実験用の)ビーカー

beam /bíːm ビーム/ 名 (太陽・月・電灯・レーザーなどの)光線, 輝(かがや)き

bean 小 A1 /bíːn ビーン/ 名 ❶豆 ➔インゲン・ソラマメ・大豆など平たくて長めの豆.

類似語 エンドウマメのように丸い豆は **pea**.

❷(豆のような)玉

●coffee **beans** コーヒー豆

beanstalk /bíːnstɔːk ビーンストーク/ 名 豆の茎(くき)[つる]

bear¹ 小 A1 /béər ベア/ 名

《動物》クマ

●a black **bear** クロクマ

●a brown **bear** ヒグマ

●a polar **bear** シロクマ, ホッキョクグマ

- a teddy **bear** テディ・ベア → 見出し語
- He is like a **bear** (with a sore head) this morning. 今朝の彼は(頭痛のする)クマのようだ. →「とても機嫌(きげん)が悪い」の意味.

bear[2] A2 /béər ベア/ 動 (三単現 **bears** /béərz ベアズ/; 過去 **bore** /bɔ́:r ボー/; 過分 **born(e)** /bɔ́:rn ボーン/; -ing形 **bearing** /béəriŋ ベアリング/)
❶ 産む; (木が実を)結ぶ
- **bear** a child 子供を産む
- These trees **bear** fine apples. これらの木には立派なリンゴがなる.
- Our cat **bore** five kittens. うちのネコは子ネコを5匹(ひき)産んだ.
- She **has borne** three sons. 彼女は3人の男の子を産んだ. → She has had three sons. のほうがふつう.
- She **was born** in Canada. 彼女はカナダで生まれた. → be born は「生まれる」と訳す. → **born**

POINT born とつづるのは be born という形の時だけで, 他の場合はすべて borne が使われる.

❷ (ふつう否定文で) 耐(た)える, 我慢(がまん)する; (重さを)支える
- I cannot **bear** this toothache. 私はこの歯痛を我慢できない.
- She can't **bear** liv**ing** [**to** live] alone. 彼女はひとり暮らしに耐えられない.
- The ice is thin. It will not **bear** your weight. 氷は薄(うす)い. 君の体重を支えきれないだろう.

beard /bíərd ビアド/ 名 あごひげ
関連語 **mustache** (口ひげ), **whiskers** (ほおひげ)

mustache　　whiskers　　beard

beast /bí:st ビースト/ 名 (大きな四つ足の)獣(けもの), けだもの → **animal**

beat 中 /bí:t ビート/ 動
三単現 **beats** /bí:ts ビーツ/
過去 **beat** → 原形と同じ形であることに注意.
過分 **beaten** /bí:tn ビートン/, **beat**
-ing形 **beating** /bí:tiŋ ビーティング/
❶ (連続的に)打つ, たたく; (泡(あわ)立てるために卵を)かき混ぜる
❷ (敵を)打ち破る, 負かす (defeat)
— 名 ❶ 打つこと[音]; 拍子(ひょうし)
❷ (警官・番人などの)巡回(じゅんかい)区域
— 形 (話) へとへとに疲(つか)れて (tired out)

beaten /bí:tn ビートン/ 動 **beat** の過去分詞

Beatles /bí:tlz ビートるズ/ 固名 (**the Beatles** で) ビートルズ → 英国出身のロックバンド.

beautician /bju:tíʃən ビューティシャン/ 名 美容師

beautiful 小 A1 /bjú:təfəl ビューティふる/ 形 (比較級 **more beautiful**; 最上級 **most beautiful**)

❶ 美しい, きれいな 反対語 **ugly** (醜(みに)くい)
基本 a **beautiful** face [voice, picture] 美しい顔[声, 絵] → beautiful + 名詞.
- Ann is a **beautiful** young lady. アンは若く美しい女性です.
基本 Mt. Fuji is very **beautiful** against the blue sky. 青い空を背景にして富士山がとてもきれいだ. → be 動詞 + beautiful.
- What a **beautiful** flower! なんてきれいな花なんでしょう.
- Her dress is **more beautiful** than mine. 彼女のドレスは私のよりきれいだ.
- This is **the most beautiful** flower in the garden. これは庭で一番美しい花です.

❷ すばらしい, 見事な
- a **beautiful** dinner [friendship] すばらしい食事[友情]
- **beautiful** weather すばらしい天気
- The basketball player made a **beautiful** middle shot. そのバスケットボールの選手はすばらしいミドルシュートをした.

beautifully /bjú:təfəli ビューティふり/ 副 美しく; 見事に

beauty 中 A2 /bjú:ti ビューティ/ 名 (複 **beauties** /bjú:tiz ビューティズ/) 美, 美しさ
- the **beauty** of the evening sky 夕空の美しさ
- the **beauties** of nature 自然の(いろいろな)美しさ

béauty pàrlo(u)r 名 美容院

beauty shop

関連語 **beautician** (美容師)

béauty shòp 名 =beauty parlo(u)r

beaver /bíːvər ビーヴァ/ 名 《動物》ビーバー
→主に北米の川・湖にすむ動物. 鋭(するど)い歯でかじり取った樹木片(へん)などで水をせき止めてダムを作り, その中に巣を作る.

イメージ (beaver)
いつも忙(いそが)しく働く働き者というイメージがあり, work like a beaver (ビーバーのように働く)は「せっせと働く」の意味.

became 中 /bikéim ビケイム/ 動 become の過去形

because 中 A1 /bikɔ́ːz ビコーズ/ 接

❶ (なぜなら) (〜が) 〜だから, (〜が) 〜なので
基本 He is absent **because** he is ill. 彼は病気なので欠席しています. →文+because+文.

• She married him **because** she loved him. 彼女は彼と結婚(けっこん)した. (なぜなら)彼女は彼を愛していたから(です).

• **Because** I was very busy, I didn't go there. 私はとても忙(いそが)しかったのでそこへ行かなかった.

会話
Why are you so happy?—**Because** I passed the exam.
君はなぜそんなにうれしいのですか.―試験に受かったからです.

❷《否定文の後で》(〜が) 〜だからといって (〜ではない)

• You should not be proud **because** you are rich. 君は金持ちだからといってうぬぼれてはいけない.

• She didn't marry Jim **because** she loved him. She married him for his money. 彼女はジムを愛するがゆえに彼と結婚したのではない. 彼女は彼の金目当てに結婚したのだ. →初めの文の didn't は marry を否定するのではなく, She married Jim because 〜 (彼女はジムを愛していたからジムと結婚した)という文全体を否定する.

❸ **(only, simply, just** などを伴(ともな)って**)** (ただ) (〜が) 〜という理由(だけ)で

• I work **only because** I like to work. 私はただ働くのが好きだから働くのです.

because of 〜 〜の理由で, 〜のために

• He was late for school **because of** a railroad accident. 電車事故のため彼は遅刻(ちこく)した.

beckon /békən ベコン/ 動 **手招きする**

文化 (beckon)
英米人は手のひらを上にして手招きをする. 日本人のように手のひらを下に向けると「あちらへ行け」という意味のジェスチャーになるので注意.

become 中 A1 /bikʌ́m ビカム/ 動

三単現 **becomes** /bikʌ́mz ビカムズ/
過去 **became** /bikéim ビケイム/
過分 **become** →原形と同じ形であることに注意.
-ing形 **becoming** /bikʌ́miŋ ビカミング/

❶ 〜になる

POINT A が成長して・時間がたって・ある理由で B になること.

基本 **become** a cook コックになる →become+名詞.

• **become** a man [a woman] 大人になる

• Tadpoles **become** frogs. オタマジャクシはカエルになる.

基本 **become** rich 金持ちになる →become+形容詞.

• **become** angry 怒(おこ)り出す

• **become** tired 疲(つか)れる

• The days **become** shorter in winter. 冬になると日が短くなる.

• When he **becomes** a college student, he will look for a part-time job. 大学生になったら, 彼はバイトを探すでしょう.

• He **became** a doctor. 彼は医者になった.

• It **has become** much warmer. ずっと暖かくなった. →It は漠然(ばくぜん)と「気温」を表す. 現在完了(かんりょう)の文. →**have** [助動] ❶

• It **is becoming** warmer and warmer. だんだん暖かくなってきている. →現在進行形の文. →**is** [助動] ❶

❷《文》〜に似合う, 〜にふさわしい →ふつう suit を使う.

become of 〜 〜は(どう)なる (happen to 〜)

• What **became of** her? 彼女はどうなりましたか. →過去の出来事として尋(たず)ねているので過去形を用いる.

sixty-three　63　**bedroom**

- What **has become of** your dog? 君の犬はどうなりましたか. ➡現在完了の文. 現在どうなっているかを尋ねている.

becoming /bikʌ́miŋ ビカミング/ 動 **become** の -ing 形 (現在分詞・動名詞)

bed 小 A1 /béd ベド/ 名 (複 **beds** /bédz ベツ/)

❶ **ベッド**, 寝床(ねどこ), 寝台(しんだい)
基本 **go to bed** 寝(ね)る ➡bed が本来の目的 (寝ること)で使われる時は ×a bed, ×the bed としない. church, school なども同様.

- **get into bed** ベッドに入る
- **get [jump] out of bed** ベッドから出る[飛び出る], 起きる[飛び起きる]
- **put** a child **to bed** 子供を寝かせる
- **make** a [*one's*, the] **bed** ベッドを整える; ふとんを敷(し)く ➡寝る前・起きた後にベッドの寝具(しんぐ)をきちんと整えること.
- listen to the radio **in bed** ベッドの中で[寝ながら]ラジオを聴(き)く
- She is **in bed** with a cold. 彼女は風邪(かぜ)をひいて寝ている.
- You made your **bed** and you must lie on it. あなたは自分でベッドを整えたのだから, そのベッドに寝なければならない. ➡「自分のした事は自分で責任をとらなければならない」の意味.
- She has been **ill in bed** for a week. 彼女は1週間病気で寝ている.
- I lay on my **bed**. 私は自分のベッドの上に横になった.
- Don't jump on the **bed**! ベッドの上で飛んだり跳(は)ねたりしてはいけません.
- The deer slept on a **bed** of leaves. シカは木の葉のねぐらで眠(ねむ)った.

❷ 苗床(なえどこ), 花壇(かだん)
- Mom planted tulips in the flower **bed**. 母は花壇にチューリップを植えた.

❸ (平らな)土台; 川床(かわどこ)
- a river **bed** 川底, 川床

béd and bréakfast 名 朝食つきの宿泊(しゅくはく) ➡イギリスなどで宿泊 (bed) と翌日の朝食 (breakfast) を提供する民宿. 安くて家庭的ふんい気が味わえるので外国人旅行者に人気がある. **B & B, b & b** /ビーアンドビー/ と略称する.

bedmaking /bédmeikiŋ ベドメイキング/ 名 ベッドを整えること ➡bed ❶ の用例 (**make a bed**)

bedroom A1 /bédru:m ベドルーム/ 名 寝室(しんしつ)

文化 (bedroom)

英米では2階に寝室があることが多いから come down to breakfast は「(2階の寝室から)朝食に下りて来る」の意味. ワンルーム以上の住宅では bedroom の数で間取りを言うのがふつう. My house has three bedrooms. は「私の家は3LDKです」といった

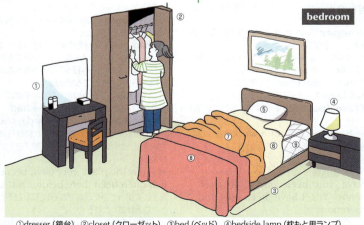

bedroom

①dresser (鏡台)　②closet (クローゼット)　③bed (ベッド)　④bedside lamp (枕もと用ランプ)
⑤pillow (枕)　⑥sheet (シーツ)　⑦blanket (毛布)　⑧bedspread (ベッドカバー)
⑨mattress (マットレス)

bedside /bédsaid ベドサイド/ 名 **ベッドのそば**; (病人などの)**枕(まくら)もと**

bedtime /bédtaim ベドタイム/ 名 **寝(ね)る時刻**
- It's your **bedtime**. 寝る時間ですよ.

bee A1 /bí: ビー/ 名 ミツバチ (honeybee)
- a worker [working] **bee** 働きバチ
- a queen **bee** 女王バチ

ミツバチは休むことなく蜜(みつ)を集め, 巣作りに励(はげ)むことから, 勤勉・秩序(ちつじょ)といったイメージがあり, as busy as a bee (ミツバチのように忙(いそが)しい)は「とても忙しい」. work like a bee (ミツバチのように働く)は「せっせと働く」の意味.

beech /bí:tʃ ビーチ/ 名 《植物》ブナ(の木)

beef 小 A1 /bí:f ビーふ/ 名 牛肉
関連語 **chicken** (鶏肉(とりにく)), **mutton** (羊肉), **pork** (豚肉(ぶたにく))

beefeater /bí:fi:tər ビーふイータ/ 名 《英》(しばしば **Beefeater** で)**ロンドン塔の守衛**, (英国王の)**護衛兵**

beefsteak /bí:fsteik ビーふステイク/ 名 **牛肉のステーキ, ビフテキ** → 日常的には **steak** という.

beef stroganoff /bí:f stróugənɔf ビーふ ストロウガノふ/ ビーフ・ストロガノフ → ロシア発祥(はっしょう)の肉料理の一種.

beehive /bí:haiv ビーハイヴ/ 名 ミツバチの巣箱

beekeeper /bí:ki:pər ビーキーパ/ 名 ミツバチを飼う人, 養蜂家(ようほうか)

been 中 A2 /弱 bin ビン, 強 bí:n ビ(ー)ン/ 動
⊘POINT **be** (〜である, 〜にいる[ある])の過去分詞. **have** [**has**] **been** で「現在完了(かんりょう)」, **had been** で「過去完了」.

❶(**have** [**has**] **been**＋形容詞または名詞で) 今までずっと〜である
- He **has been** sick for a week. 彼はこの1週間ずっと病気です.

Have you **been** busy this afternoon?—Yes, I **have** (**been** busy this afternoon).
きょうの午後は忙(いそが)しかったですか.—はい(, 忙しかったです).

- I **have been** an English teacher since 2004 (読み方: two thousand four). 私は2004年からずっと英語の教師をしています.
- For centuries this city **has been** the center of learning in Europe. この都市は数世紀の間ヨーロッパにおける学問の中心地であった.

❷(**have** [**has**] **been**＋場所を示す副詞(句)で) 今までずっと〜にいた; 〜にいたことがある; (今までに)〜へ行ったことがある; 〜へ行って来たところだ

- He **has been** here all morning, but I think he is now in the library. 彼は午前中ずっとここにいましたが, 今は図書室だと思います.

会話
Where **have** you **been**?—I've **been** in the library.
君は今までずっとどこにいたのですか[どこへ行ってきたのか].—ずっと図書室にいました.
Have you ever **been** to Paris?—No, I've never **been** there.
今までにパリへ行ったことがありますか.—いいえ, そこへ[パリへ]は一度も行ったことがありません.

- I **have** never **been in** Britain. 私はイギリスにいた[住んだ]ことがありません.
- I **have been to** the post office. 私は郵便局へ行ってきたところです.

❸(**had been** で) (その時まで)ずっと〜であった; (その時まで)ずっと〜にいた, いたことがあった; (その時までに)〜へ行ったことがあった; (その時)〜へ行って来たところだった

⊘POINT ❶ ❷ が「過去のある時」を基準にした時の意味に変わると考えればよい. →**had**

- He **had been** ill (for) two days when the doctor came. (医者が来た時は彼は2日も病気だった ⇨)彼が病気になって2日して医者が来た.
- I knew the place very well, because I **had** often **been** there before. 私はその場所をよく知っていた. (なぜなら)たびたびそこに行ったことがあったから.

── 助動 ❶(**have** [**has**] **been** *doing* で) (今まで)〜し続けている, 〜していた → 現在完了進行形.

- I **have been reading** this book since three o'clock. 私は3時からずっとこの本を読んでいる.
- It **has been raining** for a week. 1週間雨が降り続いています.
- What **have** you **been doing**? 君はずっと何をしていたのですか.

❷(**have**[**has**] **been**+過去分詞で)～されてしまった, ～され(続け)ている, ～されたことがある →現在完了の受け身.
- The house **has been sold**. その家は売られてしまった.
- He **has been loved** by all. 彼はみんなにずっと愛されています.
- I **have** often **been spoken** to by foreigners on the street. 私は通りで外国人からよく話しかけられることがある.

beep /bí:p ビープ/ 图 (警笛・コンピューターの発する)ビーッ(という音)
—— 動 ビーッと鳴る[鳴る]

beer A2 /bíər ビア/ 图 ビール
- drink **beer** ビールを飲む
- a glass [two glasses] of **beer** ビール1杯(ぱい)[2杯(はい)] →《話》では単に a beer, two beers のようにもいう.
- a bottle [a can] of **beer** 瓶(びん)[かん]ビール1本
- Let's have a **beer**. ビールでも飲もう.

beet /bí:t ビート/ (→**beat**(打つ)と同音) 图 《植物》ビート, ビーツ →アカブに似た食用の植物で **red beet** ともいう.
- sugar **beet** 《植物》サトウダイコン

Beethoven /béitouvən ベイトウヴェン/ 固名 (**Ludwig van Beethoven**) ベートーベン →ドイツの作曲家(1770–1827).

beetle /bí:tl ビートる/ 图 甲虫(こうちゅう) →コガネムシ・カナブン・カブトムシなどの総称.

before 中 A1 /bifɔ́:r ビふォー/

前 《時間・順位》～の前に[の]	意味 map
接 (～が～する)前に	
副 以前に	

—— 前 ❶《時間・順位》～の前に[の], ～より先に
反対語 **after, behind** (～の後に)
基本 **before** six o'clock 6時前に →before+名詞.
- **before** dark 暗くなる前に, 暗くならないうちに

before 中 A1 /ビふォー/

基本の意味

位置的な「前に」が元の意味で, そこから転じた「(時間・順序的に)～の前に」が基本の意味. before が位置関係の「前」を表すこともあるが, 人の目から見た「前」・何かの「手前」など人の視点や判断を伴う場合に限られ, それ以外の単なる位置関係には in front of を用いる.

イメージ
～の前に

教科書によく出る 使い方・連語

前 I'll be at the station **before** six. 6時前には駅に行きます.
前 The seal finished **before** the bear. アザラシはクマより先にゴールした.

before long まもなく, やがて, 近いうちに
- Mom will be back **before long**. 母はそろそろ帰ってくる.

beforehand 66 sixty-six

• **before** sunrise 日の出前に，夜の明けないうちに

• a few days **before** Christmas クリスマスの2〜3日前に

• shortly [some years] **before** the war 戦争の少し[数年]前に

• It's ten minutes **before** six. 6時10分前です．

• A new teacher stood **before** the class. 新しい先生がクラスのみんなの目の前に立った．→建物や物などの「前に」はふつう **in front of 〜** を使う．

• It happened just **before** my eyes. それは私のすぐ目の前で起こった．

• There was a long winter **before** them. (彼らの前には長い冬があった ⇨)これから長い冬が始まろうとしていた．

before long まもなく，やがて (soon)

• He will come **before long**. 彼はまもなく来るだろう．

the day before yesterday (昨日の前の日 ⇨)おととい，一昨日

the night before last おとといの晩，一昨夜 →last は「昨夜」(last night) の意味．

—— 接 (〜が〜する)前に，(〜が〜)しないうちに

反対語 **after** ((〜が〜した)後で)

• I must go home **before** it gets dark. 暗くなる前に[暗くならないうちに]私は家に帰らなければならない．→文+before+文．

• Do it right now, **before** you forget. すぐそれをしなさい，忘れないうちに．

• Bob went out **before** I knew it. (私がそれを知る前に ⇨)いつのまにかボブは外へ出て行った．

• It was a long time **before** he knew it. (彼がそれを知る前は長かった ⇨)長い間たってから彼はそれを知った．

• It was not long **before** he knew it. (彼がそれを知る前は長くなかった ⇨)まもなく彼はそれを知った．

—— 副 以前に；(過去のある時より)その(〜)前に

関連語 **ago** (今から〜前に)

• the day **before** その前の日(に)

• two years **before** その2年前に →two years ago は「今から2年前に」．

• I saw that movie **before**. 私は前にその映画を見た．

beforehand /bifɔ́ːrhǽnd ビふォーハンド/ 副

前もって，あらかじめ

beg A2 /bég ベグ/ 動 (三単現 **begs** /bégz ベグズ/; 過去・過分 **begged** /bégd ベグド/; -ing形 **begging** /bégiŋ ベギング/)

❶ (しばしば **beg for 〜** で) 〜をめぐんでくださいと言う，〜を欲(ほっ)しいという

類似語 **ask** よりもへりくだって頼(たの)むという感じが強い．

• The boy **begged** (his mother) **for** a new bicycle. 男の子は(母親に)新しい自転車が欲しいとねだった．

❷ (**beg** A **to** do で) (Aに)〜してくれるようお願いする

• I **beg** you **to** forgive me. どうか私のことをお許しください．

I beg your pardon. (失礼をおわびする時)すみません；(聞き返す時)すみません，もう一度おっしゃってください →**pardon**

began 中 /bigæn ビギャン/ 動 **begin** の過去形

beggar /bégər ベガ/ 名 ものごい(人)

begin 中 A1 /bigín ビギン/ 動

三単現 **begins** /bigínz ビギンズ/
過去 **began** /bigæn ビギャン/
過分 **begun** /bigʌ́n ビガン/
-ing形 **beginning** /bigíniŋ ビギニング/

始まる；始める

反対語 **end, finish** (終わる，終わらせる)

画基本 **begin** at eight o'clock 8時に[から]始まる →begin+副詞(句)．

画基本 **begin** the lesson 授業を始める →begin+名詞．

画基本 **begin** to cry [crying] 泣き始める →begin to do [doing].

• We'll **begin** the lesson **at** page 10. 10ページから授業を始めます．→×from page 10としない．

• **Begin** each sentence **with** a capital letter. それぞれの文を大文字で(書き)始めなさい．

• School **begins at** eight [**in** September]. 学校は8時[9月]から始まる．→×from eight [×from September] としない．

• Our club **began** five years ago. Only three people **began** this club. 私たちのクラブは5年前に始まった[発足(ほっそく/はっそく)した]．たった3人でこのクラブを始めたのだ．

sixty-seven　　　　　**67**　　　　　**Beijing**

- It **began** to rain [raining]. 雨が降り始めた.
- The snow **has begun** to melt. 雪が溶(と)け始めた. →現在完了(かんりょう)の文. →**have** 助動 ❶
- Well **begun**, well finished. うまく始められれば, うまく終わるだろう[初めよければすべてよし]. →If it is well begun, it will be well finished. を短くした表現. is begun (始められる), will be finished (終えられるだろう)は受け身形. →**is** [**be**] 助動 ❷
- She **is beginning** to play the piano. 彼女はピアノをひき始めるところだ. →現在進行形の文.
- It **is beginning** to rain. 雨がぽつぽつと降り始めた.

begin with ～ ～で始まる
to begin with まず第一に

beginner 中 A2 /bigínər ビギナ/ 名
初めてする[学ぶ]人, 初心者

beginning 中 A2 /bigíniŋ ビギニング/ 動
begin の -ing 形 (現在分詞・動名詞)
── 名 初め, 始まり 反対語 **end** (終わり)
- at [in] the **beginning** 初めは (at first)
- at the **beginning** of June 6月の初めに
- 反対語 Good **beginnings** lead to good **endings**. よい始まりはよい終わりに至る.

from beginning to end 初めから終わりまで

begun /bigʌ́n ビガン/ 動 **begin** の過去分詞

behalf /bihǽf ビハフ/ 名 ため →次の句で使う.
on* [*in*] *behalf of ～ ～のために, ～を代表して

behave /bihéiv ビヘイヴ/ 動 振(ふ)る舞(ま)う; 行儀(ぎょうぎ)よくする
- **behave** well [badly] 行儀がよい[悪い]
- Did you **behave** today, Bob? ボブ, きょうはお行儀よくしましたか.
- He does not know how to **behave** at the table. 食卓(しょくたく)ではどんな風に振る舞うべきか[食事のマナーを]彼は知らない.

***behave* oneself** 行儀よくする; 振る舞う
- **Behave yourself!** (子供に)お行儀よくしなさい.

behavior A2 /bihéiviər ビヘイヴィァ/ 名
振(ふ)る舞(ま)い, 態度, 行儀(ぎょうぎ)

behaviour /bihéiviər ビヘイヴィァ/ 名
《英》=behavior

behind 中 A1 /biháind ビハインド/ 前
❶ ～の後ろに[の], ～の陰(かげ)に[の]
反対語 **in front of ～** (～の前に)
- hide **behind** the curtain カーテンの陰に隠(かく)れる
- the boy **behind** you 君の後ろの少年
- from **behind** the door ドアの後ろ[陰]から
- The moon is **behind** the clouds. 月は(雲の後ろにある ⇨)雲に隠れている.
- His eyes were smiling **behind** his glasses. 彼の目は眼鏡の後ろで[眼鏡の奥(おく)で]笑っていた.
- Don't speak ill of others **behind** their **backs**. 後ろで[陰で]他人の悪口を言うな.

❷ ～に遅(おく)れて, ～に劣(おと)って
反対語 **ahead of ～** (～より進んで)
- **behind** the times 時勢に遅れて
- We are already **behind** time by five minutes. 私たちは既(すで)に5分遅れている. → by five minutes は「5分の差で」.
- The work is much **behind** schedule. 仕事は予定よりずいぶん遅れている.
- The time here is three hours **behind** New York time. 当地の時間はニューヨーク時間より3時間遅れている.
- I am far **behind** him in English. 私は英語が彼よりずいぶん遅れている.

── 副 ❶ 後ろに[を], あとに[を]
反対語 **ahead** (前に[を])
- from **behind** 後ろから
- look **behind** 後ろを振(ふ)り返って見る
- stay **behind** あとに残る
- He has left his camera **behind**. 彼はカメラを置き忘れて行った.
- She was left **behind**. 彼女は置き去りにされた.

❷ 遅れて, 劣って
- The train is ten minutes **behind**. 列車は10分遅れている.
- I am far **behind** in English. 私は英語がずいぶん遅れている.
- Tom holds the lead, and the other runners are following close **behind**. トムがトップを走っていてほかのランナーたちがすぐその後に続いている.

Beijing /beidʒíŋ ベイヂング/ 固名 ペキン, 北京
→中華(ちゅうか)人民共和国の首都.

being 68 sixty-eight

being A2 /bíːɪŋ ビーインヶ/ [動] **be** の -ing 形
(現在分詞・動名詞)
•The house is **being** built. 家は(今建てら
れつつある ⇨)建築中です. →being は現在分詞.
受け身の進行形.
•Don't be ashamed of **being** poor. 貧
乏(びんぼう)であることを恥(は)じるな. →前置詞 of＋
動名詞 being (〜であること).
―― [名] ❶ **存在** (existence)
•**come into being** 生まれる, 出現する
❷ **人間, 生き物** (creature)
•a human **being** 人間

belch /béltʃ ベるチ/ [動] **げっぷをする** →人前で
のげっぷは下品な行為(こうい).
―― [名] **げっぷ**

Belfast /bélfæst べるふァスト|belfáːst べるふァース
ト/ [固名] **ベルファスト** →北アイルランド
(Northern Ireland) の首都.

Belgian /béldʒən べるヂャン/ [形] **ベルギーの；**
ベルギー人の
―― [名] **ベルギー人**

Belgium /béldʒəm べるヂャム/ [固名] **ベルギー**
→ヨーロッパ北西部の王国. 首都はブリュッセル
(Brussels). 公用語はオランダ語, フランス語, ド
イツ語など.

belief /bilíːf ビリーふ/ [名] ❶ **信じること, 信念,**
確信 関連語「信じる」は **believe**.
•have **belief** in God 神を信じている
❷ (しばしば **beliefs** で) **信仰**(しんこう)

believe 中 A1 /bilíːv ビリーヴ/ [動]

信じる, 本当と思う；〜だと考える, 〜と思う
関連語「信じること」は **belief**.
•**believe** the news その報道を信じる
•**believe** him 彼の言うことを信じる →「彼を
信じる」と訳さない. →**believe in 〜**
•He could not **believe** his eyes [ears].
(あまり不思議なので)彼は自分の目[耳]を信じるこ
とができなかった.
•会話 Bill has got full marks in the math
test.—I don't **believe** it! ビルが数学のテス
トで満点取ったぞ.—信じられない (まさか).
•She **believes** (that) her son is still
alive. 彼女は息子(むすこ)がまだ生きていると信じ
ている.
•I **believe** he is honest. ＝I **believe** him
(to be) honest. 私は彼は正直だと思う.
•I [I don't] **believe** so. そうだと[そうではな

いと]思います.
ことわざ Seeing is **believing**. 見ることは信じ
ることである. →「(人の話を何度聞くよりも)自分
の目で見れば納得(なっとく)する」の意味.「百聞は一
見にしかず」にあたる.

believe in 〜 ① **〜がよい[正しい]ことを信じ**
る；〜を信頼(しんらい)**する**
•**believe in** oneself 自分の力を信じる
•**believe in** him 彼(の人柄(ひとがら)[力])を信頼
する
•**believe in** democracy 民主制(がよいこと)
を信じる
② **〜の存在を信じる, 〜を信仰**(しんこう)**する**
•**believe in** God 神(の存在)を信じる
believe it or not こんなことを言っても信じ
てくれるかどうかわからないが(実は)
believe me 本当に

believer /bilíːvər ビリーヴァ/ [名] **信じる人, 信**
者

Bell /bél べる/ [固名] (**Alexander Graham**
/グレイアム/ **Bell**) **グレアム・ベル** →電話機を発明し
た米国の科学者 (1847–1922).

bell 中 A1 /bél べる/ [名]

鐘(かね)**, 鈴**(すず)**；ベル**
•answer the **bell** (ベルの音を聞いて)玄関(げん
かん)に出る
•ring a **bell** 鐘を鳴らす
•There goes the **bell**. ベルが鳴っている. →
go ❼
•The (church) **bells** are ringing. (教会の)
鐘が鳴っている.

bellboy /bélbɔi べるボイ/ [名] 《米》(ホテルなど
の)**ボーイ** →《英》では **page** という.

bellhop /bélhɑp べるハプ/ [名] 《米》＝ bell-
boy

belly A2 /béli ベり/ [名] (複 **bellies** /béliz ベり
ズ/) 《話》(胃腸を含(ふく)む部分の)**腹, おなか；胃**
(stomach)
•I have a pain in my **belly**. 私はおなかが
痛い.

belong 中 A2 /bilɔ́ːŋ ビローンヶ/ [動] (しばしば
belong to 〜 で) **〜のものである, 〜に所属し**
ている
•This racket **belongs to** me. (= This
racket is mine.) このラケットは私のもので
す.
•I **belong to** the tennis club. 私はテニス

部の部員です[に所属している].
@POINT I am a member of ~ (~の一員である)のほうがふつう. ×I am belonging と進行形にしない.
- These books **belong** on the top shelf [in the library]. これらの本は一番上の棚(たな)[図書館]のものです.

belongings /bilɔ́:ŋiŋz ビろーンギンぐズ/ 名 複
持ち物, 身の回り品

beloved /bilʌ́vid びらヴぇド/ 形 最愛の

below A1 /bilóu びろウ/ 前
❶ ~より下の方に, ~より下の
反対語 **above** (~より上の方に[の])
- From the airplane we saw the sea **below** us. 飛行機から私たちは下の方に海を見た.
- The sun is sinking **below** the horizon. 太陽が地平線[水平線]の下に沈(しず)もうとしている.
関連語 Bob's house is **below** Ken's house. There is a mole **under** Bob's house. ボブの家はケンの家の下の方にある. ボブの家の真下にはモグラが1匹(ぴき)いる.

❷ ~の下流に[の] → 川に造られた「ダム」とか「橋」とかを基準にして, それよりも「下に」の意味. 「川の下流に[の]」は down the river.
- a mill **below** the bridge 橋の下流の水車小屋

❸ (年齢(ねんれい)・能力など)~より下[未満]で[の]
- 10 degrees **below** zero 零(れい)下10度
- He is (a little) **below** fifty. 彼は50(ちょっと)前です.

―― 副 下の方に[の]; 以下に[の]
反対語 **above** (上の方に[の])
- look down **below** 下の方を見下ろす
- the room **below** 階下の部屋
- from **below** 下の方から
- From the airplane we saw the sea **below**. 飛行機から下の方に海が見えた.
- See the note **below**. 下の注を見よ.

belt A2 /bélt べると/ 名
❶ ベルト, (ズボンの)バンド, 帯 関連語 **band** ((物をくくる)ひも)
- loosen [tighten] one's **belt** ベルトを緩(ゆる)める[締(し)める]
- Fasten your seat **belts**, please. シートベルトをお締めください.
❷ ~(産出)地帯 → ある共通の特色を持った広大な地域をいう.
- the corn [wheat] **belt** トウモロコシ[小麦]産出地帯

bench 中 A2 /béntʃ べンチ/ 名
❶ (木製・石製などの)長椅子(いす), ベンチ → **chair** → 2人以上が座(すわ)れるもので, 背のあるものもないものもある.
- sit on a **bench** ベンチに座る
❷ (大工仕事などの)仕事台

bend A2 /bénd べンド/ 動 (三単現 **bends** /béndz べンヅ/; 過去・過分 **bent** /bént べント/; -ing形 **bending** /béndiŋ べンディンぐ/)
❶ 曲げる; 曲がる
- **bend** over 前かがみに腰(こし)を曲げる
- **bend** one's arm [knee] 腕(うで)[膝(ひざ)]を曲げる
- **bend** it into an S shape それをS字に曲げる
- The road **bends** sharply **to** the right at this point. 道路はこの地点で右に急カーブしている.
❷ かがむ, (木などが)たわむ
- He **bent** over the girl and kissed her. 彼は少女の上に身をかがめてキスした.
- He **bent** down and picked up the ball. 彼はかがんでそのボールを拾った.
- The tree **bent** under the weight of the fruit. 木の実の重みで木がたわんでいた.
―― 名 曲げる[曲がる]こと; 曲がり; (道の)カーブ
- a sharp **bend** in the road 道の急カーブ

beneath /biní:θ ビニーす/ 前 ❶ ~の下に[の]
- We passed **beneath** the cherry trees. 私たちは桜の木の下を通り過ぎた.
❷ ~より劣(おと)って, ~に値(あたい)しないで
―― 副 《文章》下に, 下の方に

benefit /bénəfit べネふぃト/ 名 利益, もうけ, ため
―― 動 利益を与(あた)える; 利益を得る

bent /bént べント/ 動 **bend** の過去形・過去分詞

Berlin /bə:rlín バ〜リン/ 固名 ベルリン → ドイツの首都.

berry /béri べリ/ 名 (複 **berries** /bériz べリ

ズ/) ベリー, イチゴ →イチゴ・スグリ・サクランボなどのような食用になるやわらかい小果実. → **nut**

beside A1 /bisáid ビサイド/ 前 **〜のそばに, 〜のそばの**
- **beside** the river 川のそばに
- Sit **beside** me. 私のそばに座(すわ)りなさい.

beside* one*self (自分自身の外へ出て ⇨)われを忘れて, 夢中で
- He was **beside** himself with joy [grief]. 彼は喜びでわれを忘れていた[悲しみで取り乱していた].

besides A2 /bisáidz ビサイヅ/ 前 **〜のほかに**
- We learn French **besides** English. 私たちは英語のほかにフランス語を習う.

── 副 **さらに, その上**
- This dress is too small; **besides**, it's old-fashioned. このドレスは小さ過ぎる. その上, 型が古い.

best 小 A1 /bést ベスト/ 形
最もよい, 最上の, 最良の
→**good** (よい), **well** (健康である)の最上級.
反対語 **worst** (最も悪い)
- **the best** book 最良の本
- **my best** friend 私の一番の親友 →×my the best 〜, ×the my best 〜 などとしない.
- This is **the best** camera **in** the store. これが店で一番いいカメラです.
- He is **the best** swimmer **of** us all. 彼は私たちみんなの中で泳ぎが一番うまい.

the best swimmer
a better swimmer
a good swimmer

- What is **the best** way to learn English? 英語を学ぶ一番よい方法は何ですか.
関連語 His work is **good**. Her work is **better**. But your work is **best**. 彼の作品はいい. 彼女の作品はもっといい. しかし君の作品が一番いい. →best の後ろに名詞が来ない時はふつう×the をつけない.
- I feel **best** in the morning. 私は朝のうちが一番気分がいい. →この best は well の最上

級.
── 名 **最上(のもの), 最善(のもの), 最優秀(ゆうしゅう)(のもの)** 反対語 **worst** (最悪のもの)
- We serve only the **best** in this restaurant. 私どものレストランでは最上のものだけをお出ししております.
- The girl was dressed in her Sunday **best**. その女の子はよそ行きの服を着ていた. → Sunday best は「よそ行きの服」.
── 副 **最もよく, 一番** →**well** (よく, 上手に)の最上級. 反対語 **worst** (最も悪く)

会話
Which subject do you like **best**?—I like English **best** (of all subjects).
君はどの教科が一番好きですか.—私は(全教科の中で)英語が一番好きです.

- John swims the **best** of us all. ジョンは私たちみんなの中で泳ぎが一番うまい. →《米》では the best のように the をつける傾向(けいこう)がある.
- I like summer the **best** of all seasons, and I like fall the second **best**. 私はすべての季節の中で夏が一番好きです. そして秋が二番目に好きです.

at* one's *best 最高の状態で
- Our roses are **at** their **best** now. うちのバラは今が最高の状態[真っ盛(さか)り]だ.

at (**the**) ***best*** どんなによくても, せいぜい
best of all なによりも(よいことには)
do [***try***] ***one's best*** 全力[ベスト]を尽(つ)くす
- I'll **do** my **best**. 私は全力をつくそう.
- I **did** my **best** for him. 私は彼のために全力を尽くした.

make the best of 〜 (不利な条件の下(もと)で)〜をできるだけうまく使う

best-known /bést nóun ベスト ノウン/ 形 **最もよく知られている, 最も有名な** →**well-known** の最上級.

bestseller /bestsélər ベストセら/ 名 (本・CDなどで)非常によく売れるもの, ベストセラー → **best-seller**, **best seller** ともつづる.

bet /bét ベト/ 動 (三単現 **bets** /béts ベツ/; 過去・過分 **bet**, **betted** /bétid ベテド/; -ing形 **betting** /bétiŋ ベティング/) **賭(か)ける**
I [***I'll***] ***bet*** 《話》(私は賭けてもいい ⇨)きっと
you bet (君は賭けてもいい ⇨)本当に, そうだ

とも

Are you coming to her birthday party?—**You bet!**
君は彼女の誕生パーティーに来ますか.―行きますとも.

betray /bitréi ビトレイ/ 動 裏切る

better 中 A1 /bétər ベタ/ 形

❶ (品質・技量などが)**もっとよい**, もっと上手な
→**good** (よい)の比較(ひかく)級.
反対語 **worse** (もっと悪い)

- a **better** swimmer もっと泳ぎのうまい人
- This is **better** than that. これはそれよりもよい.
- He is much **better** than me at the high jump. 高跳(と)びでは彼は私よりずっと上だ.
- This is **better than any other** camera in the store. (=This is the best camera in the store.) これは店にあるほかのどのカメラよりもいい(店で一番いいカメラだ).
- Let's try to make our world **better**. 私たちの世界をもっとよいものにするように努めよう. →make *A B* (形容詞)は「*A*を*B*にする」.

❷ (健康状態が)**もっとよい** →**well** (健康である)の比較級. 名詞の前にはつけない.

- feel **better** 気分がもっといい
- get **better** (気分が)もっとよくなる, (病気から)回復する; (事態が)好転する
- I feel much **better** today. きょうは(昨日より)ずっと気分がいい.
- Do you feel any **better** today? きょうはいくらか気分がよいですか.

── 副 **もっとよく, もっとうまく, もっと** →**well** (よく, うまく)の比較級.
反対語 **worse** (もっと悪く)

- You speak English much **better** than we do [《話》than us]. 君は私たちよりもずっと上手に英語を話す.

Which do you like **better**, coffee or tea?—I like coffee **better** (than tea).
君はコーヒーと紅茶とどちらが好きですか.―私は(紅茶より)コーヒーのほうが好きだ.

→**better than tea** を **more than tea** とすることもある.

had better *do* ～したほうがよい, ～しなさいよ

POINT You had [You'd] better *do* は「～しなければだめだよ」という「忠告・命令」の意味になるので, 目上の人などには使わないほうがよい. 否定は **had better not** *do* (～しないほうがよい).

- We **had better** call the doctor. 私たちは医者を呼んだほうがいい.
- I'd (=I had) **better** drive you home. 私は君を車でお宅まで(お送りしたほうがよい ⇨)お送りしましょう.
- You'd **better** stay at home than go out on such a day. 君はこんな日には出かけないで家にいたほうがいい.
- You **had better not** go there again. もう二度とそこへ行かないほうがいい.
- **Hadn't** we **better** go now? 私たちはもう行ったほうがよくはないですか. →**had better not go** のような否定形を疑問文にする時は **not** が **better** の前に出ることに注意.

The sooner, the better. 早ければ早いほどよい →**the** 副 ❶

between 中 A1 /bitwí:n ビトウィーン/ 前 ～**の間に, ～の間の, ～の間で(の)** →2つのもの[2人]の間についていう.
関連語 **among** ((3つ以上のもの)の間に)

基本 The train runs **between** Tokyo and Hakata. その列車は東京・博多間を走っている. →**between**＋名詞＋**and**＋名詞.

- Would you come **between** two and three (o'clock)? 2時から3時の間[2時か3時頃(ごろ)]においでくださいませんか.

基本 Grandma is standing **between** her two grandchildren. おばあちゃんは2人の孫の間に立っている. →**between**＋複数名詞.

- Don't eat **between** meals. 食事の間には物を食べるな[間食をするな].
- They divided the money **between** themselves. 彼らはその金を彼らの間で[2人で]分けた.
- Buses run **between** the three cities. 3つの町の間をバスが走っている.

between 中 A1 /ビトウィーン/

基本の意味
(2つのものの)間にある状態が基本の意味で，場所だけでなく「〜時から〜時までの間」と時間についても使う．3つ以上のものの間に囲まれている場合は，between ではなく among を用いる．

イメージ
(2つのもの[2人])の間に

教科書によく出る**使い方・連語**

- Please have a seat **between** Ken and Suzy. 健とスージーの間におかけください．
- Yoko, come to the teachers' room **between** the second and third periods. 洋子さん，2時間目と3時間目の間に職員室に来てください．

between ourselves (私たち自身の間で⇒)内緒で，ここだけの話ですが
- Let's keep this just **between ourselves**. これは私たちだけの秘密にしておこう．

POINT 3つ以上のものでも，上の例のようにどの2つをとっても同じ関係が成り立つ時には between を使う．

between ourselves [you and me] 私たち[君と私]の間だけで[の]，内緒(ないしょ)で[だが]

beverage /bévəridʒ ベヴァリヂ/ 名 飲み物 → ふつう水以外のものをさす．

beware /biwéər ビウェア/ 動 (**beware of** 〜で) 〜に注意する；〜に用心する (be careful of 〜)
掲示 **Beware of** the dog! 犬にご用心．

beyond A2 /bijánd ビヤンド|bijónd ビヨンド/ 前 ❶(場所)の向こうに，の向こうの
- live **beyond** the river 川の向こうに住む
- Look at the castle **beyond** the lake. 湖の向こうの城を見てごらんなさい．

❷(時間・時期)を越(こ)えて，を過ぎて
- Don't stay up **beyond** midnight. 真夜中過ぎまで起きていてはいけない．

❸(程度が)〜をかなり越えて，〜以上に
- **beyond** (a) doubt 疑いもなく，きっと．
- **beyond** repair 修理ができないほど(壊(こわ)れて)
- **beyond** comparison 比較(ひかく)できないほ

ど(優(すぐ)れて)
- The problem is **beyond** me. その問題は私(の理解力)をかなり越えている．

Bhutan /bu:tá:n ブーターン/ 固名 ブータン → インドの北東，ヒマラヤ山脈中にある王国．首都はティンプー．

Bhutanese /bu:təní:z ブータニーズ/ 名 (複 **Bhutanese**) ブータン人[語] →**Bhutan**
—— 形 ブータン(人)の；ブータン語の

biathlon /baiǽθlən バイアスロン/ 名 バイアスロン → クロスカントリースキーとライフル射撃(しゃげき)の2種競技．

Bible /báibl バイブる/ 名 (**the Bible** で) 聖書

参考 キリスト教の聖典．天地創造に始まるユダヤ民族の歴史と信仰(しんこう)を扱(あつか)った旧約聖書と，イエス・キリスト (Jesus Christ) の生涯(しょうがい)とその教え，彼の弟子(でし)たちの手紙とその活動をしるした新約聖書から成る．**the Holy Bible** とも呼ばれる．

bicycle 小 A1 /báisikl バイスィクる/ 名

seventy-three 73 **bill**

自転車 →《話》では **bike** ともいう.
- go **by bicycle** 自転車で行く →×by a [the] bicycle としない. → **by** 前 ❶
- go **on** a **bicycle** 自転車に乗って行く
- ride a **bicycle** 自転車に乗る
- He comes to school **by** [**on** a] **bicycle**. 彼は自転車通学をしています.

関連語 **monocycle** (一輪車), **tricycle** (三輪車), **motorcycle** (オートバイ)

big 小 A1 /bíg ビグ/ 形 (比較級 **bigger** /bígər ビガ/, 最上級 **biggest** /bígist ビゲスト/)

❶ (大きさが)**大きな**, **大きい**; (程度が)**たいへんな**
POINT どっしりと大きい感じを与えるものについていい, また時には「大した, 偉い, 堂々とした」などの感情が含まれる.
関連語 **large** ((客観的に)大きい)

large / big / small / little

基本 a **big** house 大きな家 → big+名詞.
- a **big** man (太って重そうな)大男
- a **big** hole (深くて)大きな穴
- a **big** fire (盛んに燃えて火力の強い)大火
- a **big** business 大企業
- a **big** fan 大ファン

基本 The elephant is **big**. 象は大きい. → be 動詞+big.
反対語 Their house is very **big**; ours (= our house) is **small**. 彼らの家はとても大きいが私たちのは小さい.
- Canada is about 27 times **bigger** than Japan. カナダは日本の約27倍の大きさです.
- The balloon grew **bigger and bigger**. 風船はますます大きくなった. → 比較級+and+比較級は「ますます〜」.
関連語 A horse is a **big** animal, but a camel is **bigger** than a horse, and an elephant is **the biggest** of the three. 馬は大きな動物だ. しかしラクダは馬より大きい. そして象は3つの中で一番大きい.

❷ (年齢が)**大きい**, **年長の**
- Don't cry, Mike, you're a **big** boy now. マイク, 泣かないで, あなたはもう大きいのよ.
- I have one **big** brother and two little sisters. 僕には兄さんが1人と妹が2人いる. → big brother は主に子供が使う言い方で, ふつうは older [《英》elder] brother と言う.

❸ **偉い**; **重要な** (important) → 名詞の前にだけつける.
- a **big** movie star 映画の大スター
- Today is a **big** day for our school. きょうは私たちの学校にとって大事な日です. → 大きな行事のある日をいう.

Big Apple /bíg ǽpl ビグ アプる/ 固名 (**the Big Apple** で) ビッグアップル → ニューヨーク市の愛称.

Big Ben /bíg bén ビグ ベン/ 固名 ビッグベン

参考 英国国会議事堂の塔の上の大時計の鐘, またはその塔全体を指す. この鐘の製作•設置責任者であったベンジャミン•ホール卿 (Sir Benjamin Hall) が大男で, **Big Ben** (大男のベン)という愛称で呼ばれていたことから.

Big Dipper /bíg dípər ビグ ディパ/ 固名 《米》(**the** をつけて) 北斗七星

bigger /bígər ビガ/ 形 **big** の比較級
biggest /bígist ビゲスト/ 形 **big** の最上級

bike 小 A1 /báik バイク/ 名

❶《話》自転車 (bicycle)
- go **by bike** 自転車で行く
- ride a **bike** 自転車に乗る
❷ オートバイ (motorcycle)

biking /báikiŋ バイキング/ 名 =cycling
bilingual /bailíŋgwəl バイリングワる/ 形 2か国語を話せる; 2か国語で書かれた
bill¹ A2 /bíl ビる/ 名 ❶《米》紙幣
- a five-dollar **bill** 5ドル札
❷ 請求書, 勘定書き ❸ 法案

bill 74 seventy-four

――**動** ❶（be billed で）宣伝される，発表される ❷請求書を送る

bill[2] /bíl ビる/ 图 （平たい）**くちばし** →主に小鳥やアヒルなどのもの．肉食鳥の先の曲がった「くちばし」は **beak**.

billboard /bílbɔːrd ビるボード/ 图 **広告板**

billiards /bíljərdz ビリャヅ/ 图 **玉突(っ)き，ビリヤード** →ふつう単数扱(あつか)い．

billion /bíljən ビリョン/ 图 **10億**
•ten **billion** 100億
•for **billions** of years 何十億年もの間

bin /bín ビン/ 图 《英》ごみ入れ; 貯蔵容器[場所]
•a recycling **bin** リサイクル用回収箱

bind /báind バインド/ 動 （三単現 **binds** /báindz バインヅ/; 過去・過分 **bound** /báund バウンド/; -ing形 **binding** /báindiŋ バインディング/）**縛(しば)る，くくる**

binder /báindər バインダ/ 图 （書類をとじ込(こ)む）**バインダー; 製本機[業者]; （縛(しば)る[とじる])ひも，(刈(か)り取り機についている)結束機**

bingo /bíŋgou ビンゴウ/ 图 **ビンゴ**

binoculars /binάkjulərz ビナキュらヅ/ 图 徶 **双眼鏡(そうがんきょう)**

biography /baiάgrəfi バイアグラふィ/ 图 （徶 **biographies** /baiάgrəfiz バイアグラふィヅ/）**伝記**

biology /baiάlədʒi バイアろヂ/ 图 **生物学**

biomimetics /baioumimétiks バイオウミメティクス/ 图 **バイオミメティクス** →自然のものをまねて開発される科学技術．

biotechnology /baiouteknάlədʒi バイオウテクナろヂ/ 图 **バイオテクノロジー，生物工学**

bird 小 A1 /bɔ́ːrd バ〜ド/ 图 （徶 **birds** /bɔ́ːrdz バ〜ヅ/）**鳥**

🟢POINT 鳥に対する一般(いっぱん)語であるが，ふつうは「小鳥」を指す．
•a little **bird** 小鳥
•a **bird** cage 鳥かご
•a baby [parent] **bird** ひな鳥[親鳥]
•The **birds** are singing in the trees. 鳥が木立の中でさえずっている．

ことわざ The early **bird** catches the worm. 早起きの鳥は虫を捕(つか)まえる. →「早起きは三文(さんもん)の徳」にあたる．

ことわざ kill two **birds** with one stone 1つの石で2羽の鳥を殺す →「一石二鳥，一挙両得」にあたる．

ことわざ **Birds** of a feather flock together. 同じ羽の鳥はいっしょに集まる. →「類は友を呼ぶ」にあたる．

イメージ (bird)
「小さくてかわいい」が基本的なイメージだが，そのほかに「自由」というイメージもあって，free as a bird (鳥のように自由な)などという. また鳥は少しずつ食べるので eat like a bird (鳥のように食べる)は「ちょっぴり食べる」の意味．

bird-watching /bɔ́ːrd watʃiŋ バ〜ド ワチング/ 图 （趣味(しゅみ)としての）**野鳥観察**

birth A1 /bɔ́ːrθ バ〜す/ 图
❶ **誕生，出産**
•the date of *one's* **birth** 生年月日
•the place of *one's* **birth** 出生地
•Her hair has been brown **from birth**. 彼女の髪は生まれつき茶色だ．
❷ **生まれ，家柄(いえがら)**
•a person of good **birth** 家柄のよい人
by birth **生まれは; 生まれながらの**
•She has blonde hair but she is Japanese **by birth**. 彼女は金髪(きんぱつ)ですが生まれは日本人です．
give birth to ~ **~を出産する，~を産む**
•She **gave birth to** a baby girl yesterday. 彼女は昨日女の赤ちゃんを出産した．

birthday 小 A1 /bɔ́ːrθdei バ〜すデイ/ 图 **誕生日**

•a **birthday** card [cake, party] バースデーカード[ケーキ, パーティー]
•**on** my fifteenth **birthday** 私の15回目の誕生日に
•give a **birthday** party 誕生日パーティーを開く

基本 My **birthday** is (on) May 5th. 私の誕生日は5月5日です. →on をつけるのは《英》．
•She gave me something very nice **for** my **birthday**. 彼女は私の誕生日にとてもすばらしいものをくれた．
•She gave me a watch **for** [**as**] a **birthday** present. 彼女は私に誕生日の贈(おく)り物として時計をくれた．

会話 **Happy birthday (to you)**, Jane! ―Thank you, Bob. お誕生日おめでとう，ジェーン.―ありがとう, ボブ.

biscuit A1 /bískit ビスケト/ 名
ビスケット →英国では日本と同様のビスケットのこと. 米国ではやわらかい小形のパンのことで, いわゆる「ビスケット」は **cracker** または **cookie** という.
- bake **biscuits** ビスケットを焼く

英国の biscuit　　　米国の biscuit

bishop /bíʃəp ビショプ/ 名 (英国国教会の)**主教**; (カトリック教の)**司教**; (仏教の)**僧正**(そうじょう)

bison, **bisons** /báisn バイスン/ (複 **bison**, **bisons** /báisnz バイスンズ/) 名 (動物) **バイソン**, (北米産の)**野牛**(やぎゅう) →米国・カナダにすむウシ科の動物.

bit¹ 中 A2 /bít ビト/ 名 **小片**(しょうへん); **少し, 少量**
- a **bit** of bread ひとかけらのパン
- Let me give you a **bit** of advice. 一言忠告させてください.

a bit (英)少し; しばらく, ちょっと
bit by bit 少しずつ, 次第(しだい)に
not a bit 少しも~ない (not at all)

bit² /bít ビト/ 動 **bite** の過去形

bite 中 A2 /báit バイト/ 動
三単現 **bites** /báits バイツ/
過去 **bit** /bít ビト/
過分 **bitten** /bítn ビトン/, **bit**
-ing形 **biting** /báitiŋ バイティング/

❶ **かむ, かじる**; **かみつく, 食いつく**
- **bite** (into) an apple リンゴをかじる
- Don't **bite** your nails. 爪(つめ)をかむんじゃない.
- A dog **bit** her on the leg. 犬が彼女の足をかんだ.
- He **bit** off more than he could chew. 彼は自分がかむことのできる以上のものをかみ取った. →「自分の手には余る事をしようとした」の意味.
- She **was bitten** by a snake. 彼女はヘビにかまれた.

❷ (蚊(か)などが)**刺**(さ)**す, 食う** 類義語 ハチが「刺す」は **sting**.

── 名 **ひとかじり, ひと口**; (魚の)**くいつき**; かまれた傷あと
- have [take] a **bite** ひと口食べる
- mosquito **bites** 蚊に刺されたあと
- Can I have a **bite** of your sandwich? あなたのサンドイッチをひと口食べさせてくれる?

bitten /bítn ビトン/ 動 **bite** の過去分詞

bitter 中 /bítər ビタ/ 形
❶ **苦い** 反対語 **sweet** (甘(あま)い)
- a **bitter** taste 苦い味
- This medicine is **bitter**. この薬は苦い.
❷ **つらい, ひどい**; **厳しい**
- **bitter** experience つらい経験
- **bitter** cold 身を切るような寒さ

bitterly /bítərli ビタリ/ 副 **ひどく, 激しく**

bitterness /bítərnis ビタネス/ 名 **苦さ**; **つらさ, 苦しみ**

black 小 A1 /blǽk ブラク/ 形
(比較級 **blacker** /blǽkər ブラカ/; 最上級 **blackest** /blǽkist ブラケスト/)
❶ **黒い**; **黒人の** 関連語 **white** (白い), **dark** ((肌(はだ)や目が)黒い)
基本 a **black** cat 黒ネコ →black+名詞.
- a **black** belt 黒いベルト; (柔道(じゅうどう)・空手などの)黒帯
- a **black** and white photograph 白黒写真
- for all Americans, **black** and white 黒人であろうと白人であろうとすべてのアメリカ人にとって
- He has a **black** eye. 彼は(殴(なぐ)られて)目の周りに青あざができている. →「両方の目に青あざができている」は He has a pair of black eyes. という.「彼は黒い目をしている」は He has dark eyes.

基本 The cat is **black**. そのネコは黒い. → be 動詞+black.
- His arm was **black** and blue from hitting the edge of a table. 彼の腕(うで)はテーブルの角にぶつけて青あざになった.

blackberry

❷ (光が差さず)**真っ暗な** (very dark)
- a **black** night 闇夜(やみよ)
- In the cave it was (as) **black** as night. 洞穴(ほらあな)の中は夜のように暗かった. → it は漠然(ばくぜん)と「明暗」を表す.

❸ (コーヒーが)**ブラックの, ミルクやクリームを入れない**
- **black** coffee ブラックコーヒー
- I drink my coffee **black**. 私はコーヒーはブラックで飲みます.

── 名 (複 **blacks** /blǽks ブラクス/)

❶ **黒, 黒色; 黒い服**
- The man was dressed in **black**. その男は黒い服を着ていた. →×in a [the] black, ×in blacks としない.

❷ **黒人** → 単数形の a black は軽蔑(けいべつ)的になることもあるので **a black man [woman]**, 《米》では **African-American** が好まれる.
- About 13 percent of the population in the U.S. are **blacks**. 米国の人口の約13パーセントは黒人だ.

blackberry /blǽkberi ブラクベリ/ 名 (複 **blackberries** /blǽkberiz ブラクベリズ/) **クロイチゴ** → 夏の初め頃(ごろ)甘(あま)ずっぱい黒い実がなる. ジャムやゼリーにしたり, パイを作る時に使う.

blackbird /blǽkbɚːrd ブラクバ〜ド/ 名 《鳥》
❶ **ブラックバード** → 米国産のムクドリモドキの総称. 特に雄(おす)はくちばしまで全身が黒い.
❷ **クロウタドリ** → ヨーロッパ産でツグミの一種. 黄色いくちばし以外は全身が黒い. 庭などで美しい声で鳴き, ロビン, ナイチンゲールとともにヨーロッパの三大鳴鳥.

blackboard A2 /blǽkbɔːrd ブラクボード/ 名 **黒板** → 緑色のものも一般(いっぱん)的には green blackboard (緑の黒板)といわれている. 単に **board** ともいう.
- **on** the **blackboard** 黒板に
- clean off the **blackboard** (with an eraser) (黒板消しで)黒板を消す

bláck bóx 名 ❶ **ブラックボックス** → 内部の複雑な仕組みを知らなくても使えるようになっている電子機器装置. ❷ (飛行機の)**フライトレコーダー**

blackout /blǽkaut ブラカウト/ 名 ❶ **失神** ❷ **停電**

blacksmith /blǽksmiθ ブラクスミス/ 名 **かじ屋さん, てい鉄工**

bláck téa 名 **紅茶**
POINT green tea (緑茶)などと区別する必要の無い時は単に **tea** ということが多い. ×red tea とはいわない.

blade /bléid ブレイド/ 名 ❶ (刀・ナイフなどの)**刃**(は) ❷ **葉** → 主に麦・稲(いね)・芝(しば)などイネ科植物の平べったく細長い葉.

blame A2 /bléim ブレイム/ 動 (事故などを)**~の責任にする, ~のせいだと考える; (人を)非難する**
- The police officer **blamed** the driver **for** the accident. = The police officer **blamed** the accident **on** the driver. 警官はその事故の責任はその運転手にあると言った.
- I don't **blame** you **for** coming late. 遅刻(ちこく)について私は君を責めない.
ことわざ A bad workman **blames** his tools. 下手な職人は自分の道具が悪いのだと言う. →「自分の失敗をほかのせいにする人」についていう.

be to blame ~が責められるべきだ, ~が悪い
- I **am to blame** for this accident. この事故については私が悪いのだ.

── 名 (事故などに対する)**責任, 非難**

blank A1 /blǽŋk ブランク/ 形
❶ **何も書いてない, 白紙の; (CDなどが)空(から)の**
- a **blank** page 白紙のページ
- a **blank** disc 録音してない[空の]ディスク
- turn in a **blank** paper 白紙の答案を出す
❷ **うつろな**
- a **blank** look ぽかんとした顔つき
- My mind became **blank**. 私の心は空っぽ[うつろ]になってしまった.

── 名 **空白, 余白; 空所, 空欄**(くうらん); **書き込**(こ)み**用紙**
- fill in the **blanks** (試験問題などで)空所を埋(う)める
- Please complete the **blanks** on the form. 用紙の記入箇所を埋めてください.

blanket A2 /blǽŋkit ブランケト/ 名 **毛布**

blast /blǽst ブラスト/ 名 ❶ **突風**(とっぷう)

❷ (らっぱ・警笛などの)響(ひび)き
blaze /bléiz ブレイズ/ 图 (燃え上がる)炎(ほのお), 火炎(かえん); 燃えるような光[色]
— 動 燃え上がる; あかあかと輝(かがや)く
blazer /bléizər ブレイザ/ 图 ブレザーコート → ×blazer *coat* としない.
bleat /blí:t ブリート/ 動 (羊・ヤギなどが)メーと鳴く
— 图 羊・ヤギなどの鳴き声
bled /bléd ブレド/ 動 **bleed** の過去形・過去分詞
bleed /blí:d ブリード/ 動 (三単現 **bleeds** /blí:dz ブリーヅ/; 過去・過分 **bled** /bléd ブレド/; -ing形 **bleeding** /blí:diŋ ブリーディング/) 出血する, 血が出る
blend /blénd ブレンド/ 動 混ぜ合わせる; 混ざる, 混合する, (色が互(たがい)に)溶(と)け込(こ)む
— 图 混合, 混合物, ブレンド
blender /bléndər ブレンダ/ 图 (料理用の)ミキサー
bless /blés ブレス/ 動 ❶ (神が)恵(めぐ)みを与(あた)える ❷ 神の恵みがあるように祈(いの)る, 祝福する
(*God*) *bless me!* おやおや → 驚(おどろ)き・とまどい・喜びなどを表す.
(*God*) *bless you!* (くしゃみをした人に対して)お大事に → それに対しては Thank you. と答える. → **sneeze**

Bless you !

blessing /blésiŋ ブレスィング/ 图 ❶(神から与(あた)えられる)恵(めぐ)み, 幸せ; (それを願う)祈(いの)り ❷(食前・食後の)お祈り
blew /blú: ブルー/ 動 **blow**¹ の過去形
blind /bláind ブラインド/ 形 ❶ 目の見えない, 盲目(もうもく)の; 盲人(もうじん)のための
• a **blind** man 目の見えない人, 視覚障害者
• the **blind** = blind people 目の見えない人たち, 視覚障害者
• a **blind** school = a school for the **blind** 盲(もう)学校
• She is **blind** in the left eye. 彼女は左目が見えない.
❷ 見る目がない, 盲目的な

• a **blind** faith やみくもな信仰(しんこう)[盲信(もうしん)]
• Most people are **blind to** their own faults. たいていの人は自分の欠点が見えない(わからない).
❸ (部屋の壁(かべ)など)窓のない, 戸口のない; (通りなど)行き止まりの → 名詞の前にだけつける.
• a **blind** alley 行き止まりの路地, 袋小路(ふくろこうじ)
— 图 (ふつう **blinds** で) 《英》 日よけ, ブラインド → 《米》 では (**window**) **shade** という.
• pull up [down] the **blinds** ブラインドを上げる[下ろす]
blindfold /bláin(d)fould ブライン(ド)ふォウるド/ 動 ～に目隠(めかく)しをする
— 图 目隠しの布など
blink /blíŋk ブリンク/ 動 またたきする; (星などが)きらきら光る, 明滅(めいめつ)する
blister /blístər ブリスタ/ 图 火ぶくれ, 水ぶくれ
blizzard /blízərd ブリザド/ 图 大吹雪(ふぶき), ブリザード
block 小 **A1** /blák ブラク/ 图
❶ (四角い)かたまり, ブロック; 積み木, (厚い木の)台
• a **block** of ice 氷のかたまり
• Children play with **blocks**. 子供は積み木で遊ぶ.

❷《米》(都市で四方を街路に囲まれた)1区画, ブロック; (その街角から街角までの)1辺
• They live on our **block**. 彼らは私たちと同じブロックに住んでいます.
• He is a new kid on the **block**. 彼は今度このブロックに来た子です.
• The bank is three **blocks** away. 銀行は3ブロック先にあります.
• Go three **blocks** along this street and turn left. この通りを3ブロック行って左へ曲がりなさい.
— 動 ふさぐ, 妨害(ぼうがい)する
• After the storm, the road was **blocked** with fallen trees. 嵐(あらし)の後道路は倒(たお)れた木でふさがれた.
blóck lètters 图 ブロック体 → たとえば次の例のように1字1字離(はな)して活字体の大文字で

blog 78 seventy-eight

書く書き方. **block capitals** ともいう: LOVE.

blog 中 /blɔ́:g ブろーグ/ 名 《コンピューター》 ブログ → インターネット上にある日記形式の個人サイト. web log から.

blond /blánd ブらンド/ 形 金髪(きんぱつ)の → 金髪で, 皮膚(ひふ)の色が白く, 瞳(ひとみ)の色が薄(うす)い. 性別に関係なく使えるが, ふつうは男性に使う. → **blonde**

── 名 金髪の人**[男性]**

blonde A2 /blánd ブらンド|blónd ブろンド/ 形 金髪(きんぱつ)の → 女性に対して使う. → **blond**

── 名 金髪の女性

blood A2 /blʌ́d ブらッド/ 名 ❶ 血, 血液

❷ 血統, 血縁(けつえん)

• a man of noble **blood** 高貴な家柄(いえがら)の男

blóod bànk 名 血液銀行

blóod tỳpe [gròup] 名 血液型

bloody /blʌ́di ブらディ/ 形 (比較級 **bloodier** /blʌ́diər ブらディア/; 最上級 **bloodiest** /blʌ́diist ブらディエスト/) ❶ 血まみれの; 血のような色の ❷ 血なまぐさい, 残忍(ざんにん)な

bloom A2 /blú:m ブるーム/ 名 ❶ 花 → 特に観賞用の花. 一般(いっぱん)には **flower** という.

❷ 花が開いている状態[時期], 花盛(はなざか)り

• come into **bloom** (花が)咲(さ)き出す

• The roses are in full **bloom**. バラが満開だ.

── 動 花が咲く

blossom 小 /blɑ́səm ブらサム/ 名

❶ (特に果樹の)花

• apple [cherry] **blossoms** リンゴ[サクラ]の花

❷ 花が開いている状態[時期], 花盛(はなざか)り

• come into **blossom** (花が)咲(さ)き出す

• The apple trees are in **blossom**. リンゴの木は花が咲いている.

── 動 花が咲く, 開花する

blouse /bláuz ブらウズ/ 名 ブラウス

blow¹ A1 /blóu ブろウ/ 動

三単現 **blows** /blóuz ブろウズ/

過去 **blew** /blú: ブるー/

過分 **blown** /blóun ブろウン/

-ing形 **blowing** /blóuiŋ ブろウイング/

❶ (風が)吹(ふ)く

• It [The wind] is **blowing** hard. 風が強く吹いている. → It は漠然(ばくぜん)と「天候」を表す.

• There was a strong wind **blowing**. 強い風が吹いていた. → **blowing** (吹いている〜)は現在分詞で前の a strong wind を修飾(しゅうしょく)する.

• A strong wind **blew** yesterday. 昨日は強い風が吹いた.

❷ (汽笛・らっぱなどを)吹く, 鳴らす; 鳴る

• **blow** a trumpet らっぱを吹き鳴らす → 進軍の合図など.

• When the whistle **blows**, the race will start. 笛が鳴るとレースが始まります.

• A whistle is **blown** at the start of a game. ゲームの開始には笛が吹かれる. → **is** 助動 ❷

❸ (息を)吹きかける; (鼻を)かむ

• **blow** one's nose 鼻をかむ

• He **blew** on his fingers. 彼は(暖めようと)指に息を吹きかけた.

blow away 吹き飛(と)ばす

blow down 吹き倒(たお)す, 吹き落とす

blow off 吹き飛ぶ; 吹き飛ばす

• The wind has **blown** all the leaves **off**. 風が木の葉をすっかり吹き飛ばしてしまった.

blow out ① 吹き消す, 消える

• **blow out** a candle ろうそくの火を吹き消す

② パンクさせる[する]

blow up 爆破(ばくは)する; 爆発(ばくはつ)する; (空気で)ふくらませる

• **blow up** a bridge 橋を爆破する

• **blow up** a balloon 風船をふくらませる

blow² A2 /blóu ブろウ/ 名 殴(なぐ)(られ)ること, 打つこと, 打撃(だげき)

• strike a **blow** 一撃(いちげき)を加える

• Her mother's death was a **blow to** the little girl. 母親の死は少女にとって打撃であった.

blowfish /blóufiʃ ブろウふィシュ/ 名 (複 **blowfish**) 《魚》フグ

blown /blóun ブろウン/ 動 **blow¹** の過去分詞

BLT /bí:eltí: ビーエるティー/ 略 ベーコン・レタス・トマトのサンドイッチ → **b**acon, **l**ettuce and **t**omato sandwich.

blue 小 A1 /blú: ブるー/ 形 (比較級 **bluer** /blú:ər ブるーア/; 最上級 **bluest** /blú:ist ブるーエスト/)

❶ 青い

seventy-nine   **79**   **boat**

🅐基本 a **blue** sky 青い空 ➡blue+名詞.
- **blue** eyes 青い瞳(ひとみ)

🅐基本 The sky is **blue**. 空は青い. ➡be 動詞+blue.

❷ 青ざめた; 陰気(いんき)な, 憂鬱(ゆううつ)な
- look **blue** 憂鬱な顔をしている, しょげている
- feel **blue** 憂鬱な気分だ

—— 名 (複 **blues** /blú:z ブルーズ/)

❶ 青, 青色; 青い服
- dark [light] **blue** 濃(こ)い[薄(うす)い]青色
- The girl was dressed in **blue**. その少女は青い服を着ていた. ➡in a [the] blue, ×in blues としない.

❷ (the blues で) 《音楽》ブルース ➡アメリカ南部の黒人音楽から生まれた. 複数または単数として扱(あつか)う.

> **イメージ (blue)**
> 「憂鬱な, 陰気な」という悪い意味もあるが, 色としては「天国」「永遠の生命」「真実」「誠実」「忠実」などを象徴(しょうちょう)すると考えられている.

blueberry /blú:beri ブルーベリ/ 名 (複 **blueberries** /blú:beriz ブルーベリズ/) ブルーベリー, コケモモ; ブルーベリーの実

bluebird /blú:bə:rd ブルーバ〜ド/ 名 《鳥》ブルーバード ➡美しい青色と鳴き声で米国の人々に最も愛されている鳥の1つ. 人家の近くの庭や果樹園に巣を作り, 害虫を食べる.

blueblack /blú:blæk ブルーブラク/ 名形 濃(こ)いあい色(の)

blue-collar /blú: kálər ブルー カラ/ 形 肉体労働の, ブルーカラーの ➡名詞の前にだけつける. えり (collar) の青い作業服を着ているイメージから. 関連語 **white-collar** (事務仕事の)

blue whale 名 《動物》シロナガスクジラ

blunt /blʌnt ブラント/ 形 刃先(はさき)のとがっていない; 鈍(にぶ)い

blush /blʌʃ ブラシュ/ 動 (恥(は)ずかしさ・きまり悪さで)顔を赤くする
- **blush** with [for] shame 恥ずかしさで顔を赤らめる

boa /bóuə ボウア/ 名 ❶ 《動物》ボア ➡南米に住む大きなヘビの一種. ❷ (毛皮または羽毛の)女性用えり巻き

boar /bɔ́:r ボー/ 名 《動物》イノシシ

board 中 Ⓐ /bɔ́:rd ボード/ 名
❶ 板, ～盤(ばん), ～台; 黒板 (blackboard)
- a bulletin [《英》notice] **board** 掲示(けいじ)板
- a *shogi* **board** 将棋(しょうぎ)盤

❷ (下宿などでの)**食事** ➡「食卓(しょくたく)」の意味から.

❸ 会議, 委員会; ～局 ➡会議の「テーブル」の意味から.
- a **board** of education 教育委員会

on board (～) (～に)乗って ➡aboard
- the passengers **on board** (船・列車・飛行機などの)乗客たち
- go **on board** (a ship, a train, a plane) (船, 列車, 飛行機に)乗る
- The ship had fifty passengers **on board**. その船には50人の乗客がいた.

—— 動 (船・列車・飛行機などに)乗り込(こ)む
- He **boarded** Flight 152 (読み方: one five two). 彼は152便に乗った.

board game Ⓐ2 名 ボードゲーム ➡チェスなど盤(ばん)を使うゲーム.

boarding /bɔ́:rdiŋ ボーディング/ 名 (飛行機への)搭乗(とうじょう), (船への)乗船
- **boarding** time 搭乗[乗船]時刻

boarding pass /bɔ́:rdiŋ pæs ボーディング パス/ 名 (飛行機の)搭乗(とうじょう)券

boarding school /bɔ́:rdiŋ skù:l ボーディングスクール/ 名 全寮(りょう)制学校 ➡イギリスのイートン校, ラグビー校をはじめとして英米の歴史の古い私立学校は全寮制のものが多い.

boast /bóust ボウスト/ 動 (**boast about [of]** ～ で) ～を自慢(じまん)する, ～を鼻にかける

boat 小 Ⓐ1 /bóut ボウト/ 名 (複 **boats** /bóuts ボウツ/)

❶ ボート, 小舟(こぶね) ➡エンジンで走るものにも, オールを使うものにもいうが, ふつう覆(おお)いの無い小型の舟(ふね)を指す.
- a fishing **boat** 漁船
- a rowing **boat** 《英》(オールでこぐ)ボート (《米》a rowboat)
- We went down the river in a small **boat**. 私たちは小舟に乗ってその川を下った.
- We crossed the river by **boat**. 私たちはその川を小舟で渡(わた)った. ➡×by a [the] boat としない. ➡**by** 前 ❶
- We're all in the same **boat**. 私たちはみんな同じボートに乗っている. ➡「同じ困難に直面している」の意味.

❷ (一般(いっぱん)に)船, 客船 (ship)

boat people 80 eighty

- a passenger **boat** 客船
- Here we took the **boat** for Alaska. ここで私たちはアラスカ行きの船に乗った.

bóat pèople 图 ボートピープル → 戦禍(せんか)・飢餓(きが)などを逃(のが)れてボートで安全な他国へ脱出(だっしゅつ)する難民.

bobcat /bɑ́ːbkæt バブキャト/ 图 《動物》ボブキャット → 北米産のヤマネコ.

bobsled /bɑ́bsled バブスレド/ 图 《米》ボブスレー, 2連ぞり

bobsleigh /bɑ́bslei バブスレイ/ 图 《英》= bobsled

boccia /bɑ́tʃə バチャ/ 图 ボッチャ → 投げたボールの的からの近さを競うスポーツで, パラリンピックの種目のひとつ.

body 中 A1 /bɑ́di バディ|bɔ́di ボディ/ 图
(個 **bodies** /bɑ́diz バディズ/)

❶ 体, 肉体

- a strong and healthy **body** 強くて健康な体
- We exercise to keep our **bodies** strong and healthy. 私たちは肉体を強く健康にしておくために運動する.

❷ (人体の頭・脚(あし)・腕(うで)を除いた)胴体(どうたい); (物の)中心部, 本体, ボディー

- the **body** of a car 自動車の車体
- the **body** of a letter 手紙の本文
- The boxer received a blow to the **body**. そのボクサーはボディーに一撃(いちげき)をくらった.

❸ 死体, 遺体

- His **body** was buried at the cemetery. 彼の遺体はその墓地に埋葬(まいそう)された.

❹ 団体, 集団

- **in a body** 一団となって

❺ 物体

- a heavenly **body** 天体

bódy lànguage 图 ボディー・ランゲージ, 身体言語 → 音声や文字を用いないコミュニケーション手段. 身振り・表情など.

boil A2 /bɔ́il ボイル/ 動 沸(わ)かす, 煮(に)る, ゆでる; 沸く, 煮える

- **boil** water 湯を沸かす
- **boil** an egg 卵をゆでる
- Alcohol **boils** at 78.3℃ (読み方: seventy-eight point three degrees centigrade). アルコールはセ氏78.3度で沸騰(ふっと

ぅ)する.

- The kettle is **boiling**. やかんが沸いている.
- The potatoes are **boiling**. ジャガイモが煮えている.

boil down 煮詰(につ)める; 煮詰まる
boil over 煮こぼれる

boiled A2 /bɔ́ild ボイルド/ 形 ゆでた, 煮(に)た, 沸(わ)かした

- a **boiled** egg ゆで卵
- **boiled** water 湯

boiler /bɔ́ilər ボイら/ 图 ボイラー, かま, 湯沸(ゆ)かし

boiling /bɔ́iliŋ ボイリング/ 形 煮(に)え立っている, 沸(わ)き立っている

bóiling pòint 图 (時に **the** をつけて) 沸点(ふってん) 関連語 **freezing point** (氷点)

bold /bóuld ボウルド/ 形 大胆(だいたん)な

boldly /bóuldli ボウるドリ/ 副 大胆(だいたん)に

Bolivia /bəlíviə ボリヴィア/ 固名 ボリビア → 南米中央西部の共和国. 首都はラパス. 公用語はスペイン語など.

bolt /bóult ボウるト/ 图 ❶ (ナット (nut) でしめる)ボルト ❷ (戸・窓などの)さし錠(じょう), かんぬき

bomb 中 /bɑ́m バム/ 图 爆弾(ばくだん)

── 動 爆撃(ばくげき)する, 爆弾を投下する

bomber /bɑ́mər バマ/ 图 爆撃(ばくげき)機[手]; 爆破(ばくは)犯

bombing /bɑ́ːmiŋ バーミング/ 图 爆撃(ばくげき), 爆破(ばくは)

bond /bɑ́nd バンド/ 图 ❶ (しばしば **bonds** で) 結び付けるもの, きずな, 束縛(そくばく)

- the **bonds** of friendship 友情のきずな

❷ 接着剤(ざい), ボンド ❸ 契約(けいやく)(書)

bone A1 /bóun ボウン/ 图 骨

- He is **all skin and bone(s)**. 彼は骨と皮ばかりだ[がりがりにやせている].
- Soil was as dry as **bone**. 土は骨のようにからからに乾(かわ)いていた.

bonfire /bɑ́nfaiər バンふァイア/ 图 (祝祭日などにたく)大かがり火; (戸外の)たき火

bonito /bəníːtou ボニートウ/ 图 (個 **bonito**, **bonito(e)s** /bəníːtouz ボニートウズ/) 《魚》カツオ

bonnet /bɑ́nit バネト/ 图 ❶ ボンネット → あごの下でひもをむすぶ女性や子供の帽子(ぼうし). ❷ 《英》(自動車の前部のエンジン部分を覆(おお)う)ボンネット (《米》 hood)

bonobo /bənóubou ボノウボウ/ 图

eighty-one　81　**bore**

(《動物》ボノボ →アフリカのコンゴの密林にすむ小型のチンパンジー. 顔も体も黒色.

bonus A2 /bóunəs ボウナス/ 名 (⑧ **bonuses** /bóunəsiz ボウナセズ/) ボーナス, 特別手当
→日本の「ボーナス」は夏や冬の定期賞与(しょうよ)の意味だが, 英語の bonus は選ばれた者に対して特別に与えられる手当.

book 小 A1 /búk ブク/

名	❶ 本
	❷ 帳簿(ちょうぼ)
動	❶ (座席・ホテルの部屋などを)予約する
	❷ (帳簿に〜を)記入する

意味 map

── 名 (⑧ **books** /búks ブクス/)
❶ **本**, 書物 関連語 **magazine** (雑誌)
• read [write] a **book** 本を読む[書く]
• a school **book** 教科書 (textbook)
• a picture **book** 絵本
• a comic **book** 漫画(まんが)の本
• a **book** on animals 動物の本
• a **book** of poems 詩集
• This is an interesting **book**. これはおもしろい本です.
• There are five copies of this **book** in the library. 図書館にはこの本が5冊あります.
→「(同じ本の)1冊」は a **copy** という.
関連語 **Books** are sold at a **bookstore** by a **bookseller**. 本は書籍(しょせき)商によって書店で売られます.
❷ **帳簿**; (切手・小切手などの)**ひとつづり**, 〜帳
• keep **books** 帳簿をつける
• an address **book** 住所録
• a **book** of tickets 回数券ひとつづり
❸ (書物の中の内容的区切りとしての)巻, 編
• **Book** One 第1巻
── 動 (三単現 **books** /búks ブクス/; 過去・過分 **booked** /búkt ブクト/; -ing形 **booking** /búkiŋ ブキング/)
❶ (座席・ホテルの部屋などを)予約する (reserve)
• **book** a room at a hotel ホテルの部屋を予約する
• **book** a ticket for the show そのショーの切符(きっぷ)を1枚予約する
❷ (帳簿に〜を)記入する

bookcase A2 /búkkeis ブクケイス/ 名 本箱
bookend /búkend ブクエンド/ 名 (ふつう **bookends** で) 本立て, ブックエンド

booklet /búklit ブクれト/ 名 小冊子, パンフレット

bookseller /búkselər ブクセら/ 名 本屋さん(人), 書籍(しょせき)商

bookshelf A2 /búkʃelf ブクシェるふ/ 名 (⑧ **bookshelves** /búkʃelvz ブクシェるヴズ/) 本棚(ほんだな)

bookshop A2 /búkʃap ブクシャプ|búkʃɔp ブクショプ/ 名 《英》書店, 本屋さん; 《米》小さな本屋さん

bookstore 小 A1 /búkstɔːr ブクストー/ 名 《米》書店, 本屋さん (《英》bookshop)

boom /búːm ブーム/ 名 ❶ にわか景気 ❷ 急激な流行, ブーム

boomerang /búːməræŋ ブーメラング/ 名 ブーメラン →オーストラリア先住民が狩猟(しゅりょう)に使う中央部が曲がった道具. 投げて獲物(えもの)に当たらないと, 投げた人のところへ戻(もど)るものもある.

boot /búːt ブート/ 名 (ふつう **boots** で) ブーツ →《米》ではふくらはぎまでの「長靴(ながぐつ)」, 《英》ではくるぶしまでの「深靴(ふかぐつ)」を意味することが多い. →**shoe**
• a pair of **boots** 長靴[深靴]1足
• pull on [off] *one's* **boots** ブーツを(引っ張るようにして)はく[脱(ぬ)ぐ]

booth /búːθ ブーす/ 名 (⑧ **booths** /búːðz ブーズ/) →-ths が /-ðz/ の発音になることに注意. ❶ (市場などの)売店, 屋台 ❷ 小さく仕切った室; 電話ボックス; (投票場などの)ブース; (喫茶(きっさ)店などの)ボックス席

border /bɔ́ːrdər ボーダ/ 名 ❶ 縁(ふち), へり; 縁飾(ふちかざ)り ❷ 境, 境界; 国境(地方)
• the **border** between Mexico and the U.S. メキシコと米国との国境
── 動 ❶ 〜の縁取りをする
❷ 〜に境を接する; (**border on** [**upon**] 〜 で) 〜と隣接(りんせつ)する
• The United States **borders** (**on**) Canada. アメリカはカナダの隣(となり)です.

borderless /bɔ́ːrdərləs ボーダれス/ 形 境界[国境]のない

borderline /bɔ́ːrdərlain ボーダライン/ 名形 境界線(上の)

bore¹ /bɔ́ːr ボー/ 動 退屈(たいくつ)させる, うんざりさせる; (**be bored** で) 退屈する, 飽(あ)きる
• He **bored** the listeners with his long speech. 彼は長い話で聞いている人を退屈させ

bore

た.

• I **was bored** with watching TV. 私はテレビを見るのに飽きた.

—— 名 退屈な人[事]

bore² /bɔ́:r ボー/ 動 (ドリルなどで, またモグラなどが)穴をあける

bore³ /bɔ́:r ボー/ 動 **bear**² の過去形

bored 中 A2 /bɔ́:rd ボード/ 形 退屈(たいくつ)した, うんざりした →**bore**¹

boring A1 /bɔ́:riŋ ボーリング/ 形 退屈な, 退屈(たいくつ)させる, おもしろくない

• The drama was very **boring**. そのお芝居(しばい)はとても退屈だった.

born 中 /bɔ́:rn ボーン/ 動 **bear**²(産む)の過去分詞

be born 生まれる →受け身形.

• He **was born** in Scotland in 1940 (読み方: nineteen forty). 彼は1940年にスコットランドで生まれた.

• She **was born** to a poor family. 彼女は貧しい家庭に生まれた.

—— 形 生まれた; 生まれながらの

• a new-**born** baby 今度生まれた赤ん坊(ぼう)

• a **born** poet 生まれながらの詩人

borne /bɔ́:rn ボーン/ 動 **bear**² の過去分詞

Borneo /bɔ́:rniou ボーネオウ/ 固名 ボルネオ →マレー諸島にある世界第3の大島.

borrow 中 A1 /bárou バロウ|bɔ́rou ボロウ/ 動 借りる 反対語 **lend** (貸す)

類似語 (借りる)

borrow は持ち運びできる物を無料で借りる. **rent** は使用料を払(はら)ってある期間(家・部屋などを)借りる.

use はその場で使わせてもらうために無料で借りる.

• **borrow** his pen 彼のペンを借りる

• **borrow** money **from** the bank 銀行からお金を借りる

会話 May I **borrow** this CD?—Sure, if you can return it in a day or two. このCDを借りてもいいですか.—いいとも, 1日2日のうちに返してくれればね.

• The word "canoe" **was borrowed from** the native Americans. canoe という語はアメリカ先住民からの借用語だ. →**was** 助動 ❷

borrower /bárouər バロウア/ 名 借り手 反対語 **lender** (貸し主)

---

boss A2 /bɔ́:s ボース|bɔ́s ボス/ 名 (話)(職場の)長, 上司 →社長・部長・課長・係長・親方など. 日本語の「ボス」のように悪い意味はない.

Boston /bɔ́:stən ボーストン/ 固名 ボストン → 米国最古の歴史を持つ米国北東部の都市.

botanical /bətǽnikəl ボタニカる/ 形 植物の; 植物学の

botánical gárden(s) 名 植物園

botany /bátəni バタニ/ 名 植物学

both 中 A1 /bóuθ ボウす/

形 両方の

代 ❶ 両方(とも)

❷ (否定文で) 両方とも～というわけではない

意味 map

—— 形 (→比較変化なし)

両方の, ～両方とも

関連語 **either** (どちらかの)

高 基本 **both** eyes 両目 →both+数えられる名詞の複数形.

高 基本 **both** his sons 彼の息子(むすこ)たち2人とも →both の位置に注意: ×his both sons としない.

• **both** (the) houses 両方の家 →both の後の定冠詞(かんし) the は省略することがある.

• **Both** my parents are still living. 私の両親は2人ともまだ健在です. →この文は My parents are both living. とも書き換(か)えられるが, この時の both は My parents と同格の代名詞.

• **Both** (the) brothers are musicians. その兄弟は2人とも音楽家です.

• He seized the chance with **both** hands. 彼は両手でその機会を捕(と)らえた. → 「喜んで, 待ってましたとばかりに」の意味.

—— 代 ❶ 両方(とも) →複数扱(あつか)い.

関連語 **either** (どちらか)

高 基本 **both** of the boys その少年たち2人とも →both of the+名詞の複数形.

高 基本 **both** of us 私たち2人とも →of を省略して ×both us としない. つづく2例を参照.

• I like **both** of them [I like them **both**] very much. 私はその両方とも大好きだ. → them both の both は them と同格.

• **Both** of us [We **both**] are fine. 私たちは2人とも元気だ. →We both の both は We と同格.

• I have two dogs. **Both** are poodles. 私

は犬を2匹(ひき)飼っている. 両方ともプードルだ.

I have two kittens. You may have either of them. —I want **both** (of them).
うちに子ネコが2匹いるの. どっちかあなたにあげるわ.—両方欲(ほ)しいなあ.

❷《否定文で》両方とも～というわけではない
- I don't like **both** of them. 私はそれらの両方が好きなのではない. →一部を否定する言い方.

—— 副 (**both** A **and** B で)AとBの両方, AもBも両方とも

《POINT》A, B のところには文法的に同じ働きをする語句が来る.

《関連語》**either** A **or** B (AとBのどちらか)
- **Both** his father **and** mother are dead. 彼の父も母も2人とも死んでしまった.
- My little sister can **both** read **and** write. 私のおさない妹は読むことも書くこともできる.

bother A2 /bάðər バざ|bɔ́ðə ボざ/ 動
❶ 悩(なや)ます, 困らせる, 邪魔(じゃま)をする, 迷惑(めいわく)をかける
- The students **bothered** the teacher **with** silly questions. 生徒たちはくだらない質問で先生を困らせた.

❷ 気に掛(か)ける, くよくよする
- Please don't **bother about** lunch. I'm not hungry. 昼食の心配はしないでください. おなかもすいていませんから.

❸《しばしば否定文で》わざわざ～する
- Don't **bother to** call me. わざわざ電話をかけてくださらなくてけっこうです.

—— 名 悩みの種, やっかい, 面倒(めんどう)

bottle 中 A1 /bάtl バトる|bɔ́tl ボトる/ 名
瓶(びん); 1瓶の量 → ふつう口が狭(せま)く, 取っ手の無いもの. 《関連語》**jar** (広口瓶)

bottle

jar

- a glass [plastic] **bottle** ガラス[プラスチック]の瓶
- a **bottle** [two **bottles**] of milk 牛乳1本[2本]
- open a **bottle** of wine ワインの瓶を開ける
- drink from a **bottle** 瓶から直接飲む, ラッパ飲みする

—— 動 瓶に詰(つ)める; (果物などを)瓶詰(つ)めにする

bóttle òpener 名 (瓶(びん)の)せんぬき

bottom A1 /bάtəm バトム|bɔ́təm ボトム/ 名
❶ 底, 底部
- the **bottom** of a bottle 瓶(びん)の底
- the **bottom** of the lake 湖の底
- **from the bottom of** my heart 心の底から
- go (down) to the **bottom** of the sea 海底に沈(しず)む

《反対語》 She fell from the **top** of the stairs to the **bottom**. 彼女は階段のてっぺんから下まで転がり落ちた.
- The strawberries at the **bottom** of the basket are crushed. かごの底のイチゴはつぶれている.

❷ 一番下の所, 下部; ふもと, 根元;《話》お尻(しり)
- at the **bottom** of a hill [a tree] 丘(おか)のふもと[木の根元]に
- the **bottom** drawer 一番下の引き出し
- fall on *one's* **bottom** しりもちをつく
- Please write your name at the **bottom** of this paper. この用紙の下の方にあなたの名前を書いてください.
- If you do that again, I'll smack your **bottom**. 今度そんなことをしたらお尻をたたきますよ.

❸ (野球の回の)裏

《関連語》「表」は **top**.

at (the) bottom 心の底は, 本当は
- He looks rough, but he is very kind **at bottom**. 彼は乱暴そうに見えるが, 本当は非常に優(やさ)しい.

Bottoms up! (グラスの底を上げて ⇒)《話》乾杯(かんぱい) (Cheers!)

bough /báu バウ/ 名 (木の)大枝
《関連語》 **branch** (枝), **twig** (小枝), **trunk** (幹)

bought 中 /bɔ́ːt ボート/ (→gh は発音しない)
動 **buy** の過去形・過去分詞

bounce /báuns バウンス/ 動 （ボールなど）はずませる; はずむ, 飛び上がる, 跳(は)ねる

bound[1] /báund バウンド/ 形 ～行きの, ～へ行くところで
- a train **bound for** Boston ボストン行きの列車

bound[2] /báund バウンド/ 名 （ふつう **bounds** で）境界, 境界線; 限界
out of bounds 領域外で; 立入禁止区域で; 禁じられて

bound[3] /báund バウンド/ 動 ❶ （ウサギ・シカなどが）とびはねる ❷ （ボールが）跳(は)ね返る, はずむ, バウンドする
—— 名 （高く）とぶこと; はずみ, 跳ね返り, バウンド

bound[4] /báund バウンド/ 動 **bind** の過去形・過去分詞
—— 形 縛(しば)られた; (本などが)製本された

boundary /báundəri バウンダリ/ 名 （複 **boundaries** /báundəriz バウンダリズ/）
❶ 境界(線), 境
❷ （しばしば **boundaries** で）限界, 範囲(はんい)

bouquet /bu:kéi ブーケイ/ 名 花束, ブーケ

boutique /bu:tí:k ブーティーク/ 名 ブティック ⤳ 流行の女性用服飾(ふくしょく)店.

bow[1] /bóu ボウ/ 名
❶ （弓矢の）弓; （バイオリンの）弓
関連語 **arrow** （矢）
❷ （リボン・ネクタイなどの）ちょう結び
❸ 虹(にじ) （rainbow）

bow[2] /báu バウ/ （⤳ **bow**[1] との発音の違(ちが)いに注意）動 おじぎをする; （頭を）下げる
- The students **bowed** to the teacher. 生徒たちは先生におじぎをした.
—— 名 おじぎ
- make a **bow** おじぎをする

bow[3] /báu バウ/ 名 船首, へさき → **stern**[2]

bowl[1] 中 A1 /bóul ボウる/ 名
❶ 深皿, 鉢(はち); （ご飯をよそう）茶わん, どんぶり
- a salad **bowl** サラダボール
❷ どんぶり[茶わん]1杯(はい)分
- a **bowl** of rice 茶わんに1杯のご飯, ご飯1膳
- a **bowl** of soup スープ1皿

bowl[2] /bóul ボウる/ 動 ボウリングをする

bowling /bóuliŋ ボウリング/ 名 （球技の）ボウリング

bów tíe 名 蝶(ちょう)ネクタイ

bowwow /bauwáu バウワウ/ 名 わんわん → 犬のほえ声. → **bark**

box[1] 小 A1 /báks バクス|bóks ボクス/ 名
（複 **boxes** /báksiz バクセズ/）
❶ （ふつうふたのある）箱
- a cardboard **box** ダンボール箱
- a wooden **box** 木製の箱
- These **boxes** are made of plastic. これらの箱はプラスチック製だ.
❷ 1箱分
- a **box** of apples リンゴ1箱
- eat a whole **box** of popcorn ポップコーンを1箱全部食べる
❸ （仕切りをした）ボックス席, 特別席
- a jury **box** 陪審(ばいしん)員席
❹ （野球の）バッター・キャッチャー・コーチなどの位置を示す）ボックス
- the batter's [coach's] **box** バッター[コーチズ]ボックス

box[2] /báks バクス/ 動 殴(なぐ)る; ボクシングをする

boxed /bákst バクスト/ 形 箱入りの
- a **boxed** lunch （弁当箱に入った）弁当.

boxer /báksər バクサ/ 名 ボクシングをする人, ボクサー

boxing /báksiŋ バクスィング/ 名 ボクシング

Boxing Day /báksiŋ dèi バクスィング デイ/ 名 《英》ボクシングデー ⤳ クリスマスの翌日（12月26日）, 翌日が日曜日の場合は12月27日. イギリスおよびカナダのいくつかの州で公休日.

参考 以前はこの日(の前後)に使用人や郵便屋さんにクリスマスの贈(おく)り物を箱に入れて渡(わた)していた. この贈り物を **Christmas box** という.
現在では現金を渡すことが多いが, この現金も Christmas box と呼ばれている.

boy 小 A1 /bɔ́i ボイ/ 名
（複 **boys** /bɔ́iz ボイズ/）
❶ 男の子, 少年
POINT 生まれたばかりの男の赤ん坊(ぼう)から17, 18歳(さい)ぐらいの男子までに使われる.
関連語 Taro is a **boy**. Hanako is a **girl**. 太郎は男の子です. 花子は女の子です.
- Taro is twelve years old. He is still a

boy. 太郎は12歳です. 彼はまだ少年です.

会話
Congratulations on the birth of a new baby! Is it a **boy** or a girl?—It's a **boy**!
赤ちゃんが生まれたそうでおめでとう. 男の子, それとも女の子?—男の子だよ.

- Ours is a **boys'** school. 我々の学校は男子校です.

ことわざ **Boys** will be **boys**. 男の子はやっぱり男の子さ. →「男の子だからしかたがない」の意味.

❷ (年齢(ねんれい)に関係なく)息子(むすこ) (son)
- He is my **boy**. 彼が私の息子です.
- She has two **boys** and one girl. 彼女には息子が2人と娘(むすめ)が1人います.

there's [*that's*] *a good boy* (男の子に対して)いい子だから
- Go to bed now—**there's a good boy**. もうおやすみなさい—いい子だから.

── 間 うわぁ, おー → 驚(おどろ)き・喜びなどの叫(さけ)び.
- Oh, **boy**! That's fine. まあ, すてき.

boycott /bɔ́ikɑt ボイカト/ 名 ボイコット, 集団排斥(はいせき), 不買同盟
── 動 ボイコットする

boyfriend A1 /bɔ́ifrend ボイふレンド/ 名 ボーイフレンド, 彼氏, 恋人(こいびと) →「単なる男友達」という意味で使うこともあるが, ふつうは「恋人」というニュアンスが強い. →**girlfriend**

boyhood /bɔ́ihud ボイフド/ 名 少年時代
boyish /bɔ́iiʃ ボイイシュ/ 形 少年らしい
boy scout /bɔ́i skàut ボイ スカウト/ 名
❶(the Boy Scouts で) ボーイスカウト団 → 野外活動で心身をきたえ, 自然を愛し行動力を養って社会に役だつ人となることを目的とする団体. 女子のための団体は **the Girl Scouts, the Girl Guides**.
❷ ボーイスカウト → the Boy Scouts の団員. 単に **scout** ともいう.

bra A2 /brɑ́ː ブラー/ 名 ブラジャー
bracelet /bréislit ブレイスレト/ 名 腕輪(うでわ), ブレスレット
braille /bréil ブレイる/ 名 ブライユ式点字(法) → フランスの盲人(もうじん)教育家 Louis Braille (1809–1852) が考案した6点式のもの.

brain A1 /bréin ブレイン/ 名 ❶ 脳, 脳みそ ❷ (ふつう **brains** で) (優(すぐ)れた)頭脳, 知能
- Use your **brain(s)**. 頭を使え.
- He's got **brains**. あいつは頭がいい.
❸《話》とても頭のいい人, 秀才(しゅうさい)
- She is a **brain**. 彼女は秀才だ.

brainstorm A2 /bréinstɔːrm ブレインストーム/ 名 《米話》(ふつう **a brainstorm** で) (とっさに浮かんだ)名案, ひらめき

brake A2 /bréik ブレイク/ 名 ブレーキ, 制動機
- step on the **brake** ブレーキを踏(ふ)む
- put on [apply] the **brake(s)** ブレーキをかける

bran /brǽn ブラン/ 名 (穀物の)ブラン, ふすま → 穀物を粉にするときにできる皮のくず.

branch A2 /brǽntʃ brɑ́ːntʃ ブランチ/ 名 ❶ (木の)枝 →**tree** (挿(さ)し絵)
- You can see a bird on a **branch** of that tree. あの木の枝に鳥が1羽いるでしょ.
❷ 支流, 支線
- a **branch** of a river 川の支流
- a **branch** line (鉄道の)支線
❸ 支店, 支局, 支部, 出張所
- a **branch** office 支店, 支社

brand A2 /brǽnd ブランド/ 名 ❶ 商標, 銘柄(めいがら), ブランド (trademark) ❷ (家畜(かちく)に押(お)す所有者の)焼き印

brand-new /brǽnd njuː ブランド ニュー/ 形 真新しい

brandy /brǽndi ブランディ/ 名 (複 **brandies** /brǽndiz ブランディズ/) ブランデー → 果実酒(特にワイン)を蒸留して造る強い酒.

Brasilia /brəzíliə ブラズィリア/ 固名 ブラジリア → ブラジル連邦(れんぽう)共和国の首都.

brass /brǽs ブラス/ 名 ❶ 真ちゅう → 銅と亜鉛(あえん)の合金. ❷ 真ちゅう製品 → 金管楽器・装飾(そうしょく)品・食器など.
── 形 真ちゅう製の

bráss bánd 中 名 ブラスバンド, 吹奏(すいそう)楽団

brave

brave 小 A2 /bréiv ブレイヴ/ 形
勇敢(ゆうかん)な, 勇ましい
- a **brave** firefighter 勇敢な消防士
- He is very **brave**. 彼は実に勇敢だ.

bravely /bréivli ブレイヴリ/ 副 勇ましく, 勇敢(ゆうかん)に, おおしく

bravery /bréivəri ブレイヴァリ/ 名 勇敢(ゆうかん)さ, 勇気, おおしさ

Brazil 小 /brəzíl ブラズィる/ 固名 ブラジル
南米東海岸の連邦(れんぽう)共和国. 首都はブラジリア (Brasilia). 公用語はポルトガル語.

Brazilian /brəzíljən ブラズィリャン/ 形 ブラジルの
── 名 ブラジル人
- a Japanese-**Brazilian** 日系ブラジル人

bread

bread 小 A1 /bréd ブレド/ 名
パン, 食パン 類似語 bun (丸パン, 菓子(かし)パン)
→bread は「日々の食物」「日々の暮らし」の意味でも使われる.
- a slice [two slices] of **bread** パンひと切れ[ふた切れ]

POINT bread は1つ, 2つと数えられない名詞なので, ×a bread, ×two breads としない.

- a loaf of **bread** 食パン1個[ひと山, 1斤(きん)]

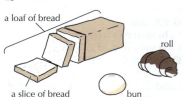

a loaf of bread
a slice of bread
roll
bun

- bake [toast] **bread** パンを焼く[トーストにする]

会話 What do you put on your **bread**? ―(I put) Jam (on it). あなたはパンに何をつけて食べますか. ―ジャムです.

- I always have **bread**, eggs, and coffee for breakfast. 私は朝食はいつもパンと卵とコーヒーです.
- earn one's **bread** パン代[食費]を稼(かせ)ぐ

bread and butter /brédnbʌ́tər ブレドンバタ/ 名 バターを塗(ぬ)ったパン →「日々の暮らし」の意味でも使う. この意味では単数扱(あつか)い.「パンとバター」の場合は /bréd ənd bʌ́tər ブレド アンド バタ/ と区切って発音し, 複数扱い.

breadth /brédθ ブレドす, brétθ ブレトす/ 名 (複) **breadths** /brédθs ブレドすス/) 幅(はば) (width)
関連語「幅の広い」は **broad**.
関連語 The table is six feet **in breadth** and twelve feet **in length**. そのテーブルは幅が6フィート長さが12フィートある.

break

break 中 A1 /bréik ブレイク/

意味 map
動 ❶ 壊(こわ)す, 破る
❷ 壊れる, 破れる
名 ❶ 割れ目, 切れ目
❷ 休憩(きゅうけい)

── 動
三単現 **breaks** /bréiks ブレイクス/
過去 **broke** /bróuk ブロウク/
過分 **broken** /bróukn ブロウクン/
-ing形 **breaking** /bréikiŋ ブレイキング/

❶ 壊す, 破る, 割る, 折る

基本 **break** a glass コップを割る →break +名詞.
- **break** a vase to pieces 花瓶(かびん)を粉々に割る
- **break** one's arm 腕(うで)(の骨)を折る
- He often **breaks** our windows with his ball. 彼はボールをぶつけてよくうちの窓を壊す.
- Who **broke** the cup? 誰(だれ)がその茶わん[カップ]を割ったのか.
- The cup **was broken** in two. 茶わん[カップ]は2つに割(ら)れた. →受け身の文. →**was** 助動)

❷ 壊れる, 破れる, 割れる, 折れる

基本 Glass **breaks** easily. ガラスは壊れやすい. →break+副詞(句).
- The glass **broke** into pieces when it fell to the floor. コップは床(ゆか)に落ちて粉々に割れた.
- The waves **broke** against the rocks. 波が岩に当たって砕(くだ)け散った.

❸ 中断する; (規則・記録・静けさなどを)破る; (心

をくじく
- **break** a rule 規則を破る
- **break** a record （競技で)記録を破る
- He never **breaks** his promise. 彼は決して約束を破らない.
- Her scream **broke** the silence. 彼女の叫び声が静けさを破った.
- She **broke** my heart when she said goodbye to me. 彼女は私にもうお別れしましょうと言って(私の心を粉々に壊した ⇨)私を悲しませた.

❹ （夜が)**明ける**
- The day **is breaking**. 夜が明けてくる. → 現在進行形の文. 主語に注意.

❺ （お金を)**崩す, 両替する**
- Can you **break** a ten-dollar bill? 10ドル紙幣を崩していただけますか.

break down 壊す; 壊れる, 故障する
- My car [His health] **broke down**. 私の車は故障した[彼は健康を害した].

break in ① 侵入する ② 口をはさむ
break into ～ ① ～に押し入る
- A burglar **broke into** the house. どろぼうがその家に押し入った.

② 急に～し出す
- She **broke into** tears [laughter]. 彼女は急に泣き[笑い]だした.

break off ① ちぎれる, 折れて取れる; ちぎる ② 急にやめる

break out （戦争・火事・伝染病などが)発生する
- A fire **broke out** in my neighborhood last night. ゆうべうちの近所で火事があった.

break through ～ ～を破って出る[通る]
break up ① ばらばらにする[なる]; 解散する
② （学校の学期が)終わる, 休みになる
- School will soon **break up** for the summer vacation. 学校は終わってもうすぐ夏休みになる.

―― 名 (複 **breaks** /bréiks ブレイクス/)
❶ **割れ目, 切れ目**
❷ **中断; 休憩, 休み時間, (短期間の)休暇**
- a lunch [coffee] **break** 昼休み[コーヒー休憩]
- the winter **break** 冬休み
- take a **break** ひと休みする, ひと息入れる
- We have ten-minute **breaks** between classes. 授業と授業の間に10分の休みがある.

give me a break (困らせられること・きつい冗談に対して)もうそのくらいにしてよ, ちょっと待ってよ

breakfast 小 A1 /brékfəst ブレクファスト/ (→×/ブレイクファスト/ ではない) 名
(複 **breakfasts** /brékfəsts ブレクファスツ/)
朝食, 朝ご飯 → English breakfast
関連語 **meal** (食事), **brunch** (昼食を兼ねた遅い朝食, ブランチ), **lunch** (昼食), **supper** (夕食), **dinner** (ディナー, 夕食)
- before **breakfast** 朝食前に →×a breakfast, ×the breakfast としない.

会話
What did you have for **breakfast**? —I had scrambled eggs, bacon, toast, coffee, and orange juice (for **breakfast**).
君は朝食に何を食べましたか.—(朝ご飯は)スクランブルエッグ, ベーコン, トースト, コーヒー, それにオレンジジュースをとりました.
→ ごく一般的なアメリカ人の朝食メニュー.

- have (a good) **breakfast** 朝食を(たっぷり)食べる

✓POINT **breakfast** の前後に形容詞(句)がついて, 朝食の種類などを言う時は a をつける.
- I had a **breakfast** of rice and *miso* soup. 私はご飯とみそ汁の朝食を食べた.
- **Breakfast** is ready. 朝ご飯の用意ができた.

語源 (breakfast)
break (破る)+fast (断食). 夜寝てから朝起きるまで何も食べていないので, まるで断食 (fast) のような状態になっているのを, 朝食をとることによって破る (break) から breakfast となった.

breakwater /bréikwɔːtər ブレイクウォータ/ 名 **防波堤**
breast /brést ブレスト/ 名
❶ (女性の)**乳房** ❷ (人・動物などの)**胸, 胸部**
→ **chest**
bréast pòcket 名 **胸のポケット**
breath /bréθ ブレす/ 名 **息; 呼吸**
- **take [draw]** a deep **breath** 深呼吸をする
- **Hold** your **breath** a moment. ちょっと

breathe 88 eighty-eight

呼吸を止めなさい.

catch *one's* ***breath*** 息をのむ, はっとする

out of breath 息切れして, 息を切らして

breathe A1 /bríːð ブリーず/ 動
呼吸する

• **breathe** in [out] 息を吸い込む[吐き出す]

• We **breathed** the fresh mountain air.
私たちは新鮮な山の空気を吸った.

breathtaking /bréθteikiŋ ブレすテイキング/ 形
息の止まるような, 息をのむような, はらはらさせる

bred /bréd ブレド/ 動 **breed** の過去形・過去分詞

breed /bríːd ブリード/ 動 (三単現 **breeds**
/bríːdz ブリーヅ/; 過去・過分 **bred** /bréd ブレド/; -ing形 **breeding** /bríːdiŋ ブリーディング/)
❶ (動物が子を)産む ❷ (家畜を)飼育する, 飼う; (人が子供を)育てる
── 名 (動物の)品種, 種類, 血統

breeze A2 /bríːz ブリーズ/ 名 そよ風, 微風

bribe /bráib ブライブ/ 名 わいろ
── 動 (人に)わいろを使う, 買収する

brick /brík ブリク/ 名 形 れんが(の)

bride A2 /bráid ブライド/ 名 花嫁, 新婦
• the **bride** and (bride)groom 新郎新婦 ➡ 日本語と男女の順序が逆であることに注意.

bridegroom /bráidgruːm ブライドグルーム/ 名
花婿, 新郎 ➡ 単に groom とも言う.

bridge 小 A1 /brídʒ ブリヂ/ 名

❶ 橋
• cross a wooden **bridge** 木の橋を渡る
• They built a big iron **bridge over**
[**across**] the river. 彼らはその川に大きな鉄橋を架けた.
❷ (トランプゲームの)ブリッジ
• play **bridge** ブリッジをする
── 動 ❶ ～に橋を架ける, (橋として)～の上に架かっている
• A log **bridged** the brook. その小川には1本の丸太が架かっていた.
❷ ～の橋わたしをする
• **bridge** the gap between (the) East and (the) West 東洋と西洋の橋わたしをする

brief /bríːf ブリーふ/ 形
❶ 短い, 短時間の; 短命な
❷ 簡潔な, 簡単な

in brief 手短に, 簡単に
── 名 ❶ (**briefs** で) ブリーフ, パンツ ➡ 男性用だけでなく女性用にも使う.
❷ 簡潔な説明文

briefcase /bríːfkeis ブリーふケイス/ 名 書類カバン, ブリーフケース

briefly /bríːfli ブリーふり/ 副 手短に, 簡単に

bright 中 A1 /bráit ブライト/ (➡ gh は発音しない) 形

❶ (光が)明るい, きらきら光る, 輝く
• a **bright** star 明るい[輝く]星
• **bright** sunshine 明るい日光
• The moon was **bright** last night. ゆうべは月が輝いて明るかった.
• Venus is **brighter** than Mars. 金星は火星よりも明るい.
• The sun is the **brightest** star in the sky. 太陽は空で一番明るい星だ.
❷ (性格が)明るい, 快活な (cheerful)
• look on [at] the **bright** side of things
物事の明るい面を見る
• She is always **bright** and smiling. 彼女はいつも快活でにこにこしている.
• In spring everything looks **bright**. 春にはすべてのものが明るく見える.
❸ (色が)明るい, 鮮やかな
• **bright** red 鮮やかな[目の覚めるような]赤
• The garden is **bright** with flowers. 庭は花で色鮮やかである.
❹ 利口な, 頭のいい (clever); すばらしい
反対語 **dull** (頭の悪い)
• He is a **bright** boy. 彼は頭のいい少年だ.
── 副 明るく, きらきらと (brightly) ➡ ふつう shine とともに使う.
• The sun was shining **bright**. 太陽はきらきらと輝いていた.

brighten /bráitn ブライトン/ 動 明るくする, 輝かせる; 明るくなる, 輝く

brightly /bráitli ブライトリ/ 副 明るく, きらきらと

brightness /bráitnis ブライトネス/ 名 明るさ, 輝き; 明敏さ

brilliant A2 /bríljənt ブリリャント/ 形
❶ 光り輝く, 輝かしい
❷ すばらしい; とても頭のいい

brim /brím ブリム/ 名 (帽子の)つば; (茶わんなどの容器の内側の)縁

bring

中 A1 /bríŋ ブリング/ 動

|三単現| **brings** /bríŋz ブリングズ/
|過去・過分| **brought** /bró:t ブロート/
|-ing形| **bringing** /bríŋiŋ ブリンギング/

❶ (物を)**持って来る**, (人を)**連れて来る**

|基本| **bring** a lunch to school 学校に弁当を持って来る →bring A to B は「AをBに持って来る」.

|基本| **bring** me a glass of water 私に水を1杯(はい)持って来る →bring B A は「BにAを持って来る」.

|反対語| **Bring** that chair here and **take** this chair there. あの椅子(いす)をここに持って来て, この椅子をむこうに持って行きなさい.

A: Where is today's paper?
B: Here.
A: Please **bring** it to me.
A: きょうの新聞はどこ?
B: ここよ.
A: それ私に持って来てよ.
→×bring *me it* としない.

• **Bring** your sister (with you) next time. 今度は妹さんを(いっしょに)連れていらっしゃい.

• I hope it **brings** you luck. (それがあなたに幸運をもたらすことを望んでいる ⇨)うまくいくといいですね.

• He **brought** his dog to school. 彼は自分の犬を学校に連れて来た.

• This program **was brought** to you by the following sponsors. この番組は次のスポンサーの提供でお送りしました. →受け身の文. →**was** 助動 ❷

• What **has brought** you here? (何が君をここへ連れて来たのか ⇨)どうして君はここへ来たのか. →現在完了(かんりょう)の文. →**have** 助動 ❶

❷ (知らせ・ある状態・出来事などを)**もたらす**

• **bring** peace to the world 世界に平和をもたらす

• He **brought** us sad news. 彼は私たちに悲しい知らせをもたらした.

bring about 引き起こす, もたらす
• **bring about** a change 変化をもたらす

bring back 連れて帰る; 持ち帰る, 戻(もど)す; 呼び戻す, 思い出させる

• Can I borrow your camera? I'll **bring** it **back** next Monday. 君のカメラを貸してもらえますか. 来週の月曜日に持って来ますから.

• This photo **brings back** memories of my happy childhood. この写真は私の楽しかった子供時代の思い出をよみがえらせる[思い出させる].

bring in 持ち込(こ)む, 中に入れる
• **Bring** him **in**. 彼を中へ連れて来なさい.

bring out 持ち出す, 連れ出す

bring up 育てる
• I **was brought up** in the country. 私は田舎(いなか)で育てられた[育った].

brisk /brísk ブリスク/ 形 (動作が)活発な, 元気な; (空気などが)爽(さわ)やかな

Britain /brítn ブリトン/ 固名
❶ 英国, イギリス →Great Britain の略. England より公式的で正確な語. →**England**
❷ グレートブリテン島 →イングランド・ウェールズ・スコットランドを含(ふく)むイギリスの主島.

British /brítiʃ ブリティシュ/ 形 英国の, イギリス(人)の

|類似語| **English** は厳密には「イングランド(人)の」という意味. →**English** ❸

—— 名 (the British で)英国民(全体), イギリス人 →複数扱(あつか)い.

• **The British** like gardening. イギリス人は庭いじりが好きだ.

Brítish Bróadcasting Corporàtion 固名 (the をつけて)英国放送協会 → the BBC と略す. →**BBC**

(Brítish) Cómmonwealth of Nátions 固名 (the をつけて)イギリス連邦(れんぽう), 英連邦 →イギリスとカナダ, オーストラリア, ニュージーランド, インド, マレーシア, シンガポールなどかつてイギリスの支配下にあった国々がお互(たが)いに結んでいる緩(ゆる)やかな政治的・経済的協力体制.

Brítish Énglish 名 イギリス英語 |関連語|
「アメリカ英語」は **American English**.

British Isles 90 ninety

アメリカ英語とイギリス英語

	アメリカ英語	イギリス英語
アパート	apartment	flat
キャンディー	candy	sweets
クッキー	cookie	biscuit
エレベーター	elevator	lift
秋	fall	autumn
1階	the first floor	the ground floor
郵便	mail	post
映画	movie	film
ズボン	pants	trousers
店	store	shop
地下鉄	subway	under-ground, tube
トラック	truck	lorry

Brítish Ísles 固名 (the をつけて) イギリス諸島 →Great Britain (大ブリテン島), Ireland (アイルランド), Isle of Man (マン島)とその付近の島々.

Brítish Muséum 固名 (the をつけて) 大英博物館 →ロンドンにある世界有数の国立博物館.

broad /brɔ́:d ブロード/ 形 幅(はば)の広い, 幅が〜の 関連語 「幅」は **breadth**.
反対語 **narrow** (狭(せま)い)
関連語 The table is six feet **broad** and twelve feet **long**. そのテーブルは幅が6フィート長さが12フィートある.

in broad daylight まっ昼間に, 白昼に

broadcast /brɔ́:dkæst ブロードキャスト/ 動 (三単現 **broadcasts** /brɔ́:dkæsts ブロードキャスツ/; 過去・過分 **broadcast**, **broadcast-ed** /brɔ́:dkæstid ブロードキャステド/; -ing形 **broadcasting** /brɔ́:dkæstiŋ ブロードキャスティング/)
(ラジオで)放送する; (テレビで)放映する
── 名 (テレビ・ラジオの)放送, 放映; 放送[放映]番組

broadcasting /brɔ́:dkæstiŋ ブロードキャスティング/ 名 放送すること, 放送
•a **broadcasting** station 放送局

broaden /brɔ́:dn ブロードン/ 動 広げる; 広がる

broad-minded /brɔ́:d máindid ブロード マ

ンデド/ 形 心の広い, 寛大(かんだい)な

Broadway /brɔ́:dwei ブロードウェイ/ 固名 ブロードウェー →ニューヨーク市を南北に走る大通りで劇場街として名高い.「ニューヨーク演劇界[産業]」の意味でも使われる.

broccoli /brákəli ブラコリ/ 名 《植物》ブロッコリー

brochure /brouʃúər ブロウシュア/ 名 パンフレット →pamphlet よりもふつうに使われる.

broil /brɔ́il ブロイる/ 動 《主に米》(肉・魚などを)直火(じかび)で焼く, あぶる; (肉・魚などが)焼ける (《英》grill)

broke /bróuk ブロウク/ 動 **break** の過去形

broken 中 A1 /bróukn ブロウクン/ 動
break の過去分詞
── 形 ❶ 破れた, 壊(こわ)れた, 割れた, 折れた, さけた; (心などが)傷ついた
•a **broken** window 壊れた窓
•a **broken** promise 破られた約束
•a **broken** heart 打ちひしがれた心, 失意
•a **broken** family [home] (両親の離婚(りこん)・子供の家出などで)崩壊(ほうかい)した家庭
•The lock is **broken**. 錠(じょう)が壊れている.
❷ 文法的におかしい
•**broken** English 文法的に正しくない英語

bronze /bránz ブランズ/ 名 青銅, ブロンズ →銅とスズの合金.
── 形 青銅製の; ブロンズ色の

brooch /bróutʃ ブロウチ/ 名 ブローチ

brook /brúk ブルク/ 名 小川

broom /brú:m ブルーム/ 名 ほうき
ことわざ A new **broom** sweeps well. 新しいほうきはよくはける. →「人が変われば改革も進む」の意味.

broomstick /brú:mstik ブルームスティク/ 名 ほうきの柄(え)

brother 小 A1 /bráðər ブラざ/ 名
(複 **brothers** /bráðərz ブラざズ/)
❶ 兄, 弟, (男の)兄弟 →sister
POINT 英語では特に必要がなければ, 兄・弟の区別をせず単に brother という.
•my older [《英》elder] **brother** 私の兄
•my big [little] **brother** 《話》私の兄さん[弟] →主に子供がよく使う言葉.
•my younger **brother** 私の弟
•my oldest [《英》eldest] **brother** 私の一

番上の兄
- my youngest **brother** 私の一番下の弟
- the Wright **brothers** ライト兄弟
- Bob is my **brother**. ボブは私の兄[弟]だ.

How many **brothers** do you have?
—I have two **brothers**.
君は兄弟は何人ですか.—私には2人兄弟がいます[私たちは3人兄弟です].

- Jack and Ben are **brothers**. ジャックとベンは兄弟だ.

関連語 Jack and Jill are **brother** and **sister**. ジャックとジルは兄妹です.

❷ (~)兄弟 カトリック教会の修道士 (monk) に対する敬称として名前の前に付けたり, 呼びかけに用いたりする.

brotherhood /brʌ́ðərhud ブラザフド/ 名
兄弟の間柄(あいだがら), 兄弟のよしみ, 兄弟愛

brother-in-law /brʌ́ðərin lɔː ブラザリン ロー/ 名 (復 **brothers-in-law** /brʌ́ðərzin lɔː ブラザズィン ロー/) 義理の兄[弟] → 姉[妹]の夫など.

brought 中 /brɔ́ːt ブロート/ (-gh は発音しない) 動 **bring** の過去形・過去分詞

brow /bráu ブラウ/ 名 ❶ 額 → **forehead**
❷ まゆ(毛) (eyebrow)

brown 小 A1 /bráun ブラウン/ 形
茶色の, とび色の, 褐色(かっしょく)の
- **brown** bread 黒パン → 小麦などの全粒粉で作ったパン.
- **brown** sugar 赤砂糖
- **brown** paper (茶色の)包装紙
- **brown** eyes 茶色の目
- The color of chocolate is dark **brown**. チョコレートの色は濃(こ)い茶色だ.
—— 名 茶色, 褐色; 茶色の服

brownie /bráuni ブラウニ/ 名 《米》ブラウニー → ナッツ入りのチョコレートケーキ.

browse /bráuz ブラウズ/ 動 (本・雑誌などを)拾い読みする; (インターネットで情報を)見て回る

brunch /brʌ́ntʃ ブランチ/ 名 (昼食を兼(か)ねた)遅(おそ)い朝食, ブランチ → **br**eakfast (朝食)と l**unch** (昼食)の合成語.

brush 小 A1 /brʌ́ʃ ブラシュ/ 名

❶ ブラシ, はけ; ブラシをかけること
関連語 **hairbrush** (ヘアブラシ), **toothbrush** (歯ブラシ)
- give ~ a **brush** ~にブラシをかける
❷ 絵筆, 毛筆
—— 動 ブラシをかける[で磨(みが)く]
- **brush** *one's* hair 髪(かみ)にブラシをかける
- **brush** *one's* teeth [shoes] 歯[靴(くつ)]を磨く

brush up (*on*) 磨きをかける; 改めてやり直す
- I must **brush up** (**on**) my English. 私は(忘れかけた)英語をやり直さなければならない.

Brussels /brʌ́səlz ブラセるズ/ 固名 ブリュッセル → ベルギー (Belgium) の首都. EU (ヨーロッパ連合)の本部がある.

bubble /bʌ́bl バブる/ 名 泡(あわ), あぶく; シャボン玉 → **foam**
- The children are blowing **bubbles**. 子供たちがシャボン玉を吹(ふ)いている.
—— 動 泡立つ, (風船ガムなどが)ふくれる

bubble gum 名 風船ガム, バブルガム

buck /bʌ́k バク/ 名 (シカ・カモシカ・ヤギ・ウサギなどの)雄(おす), (特に)雄のシカ 関連語 **doe** (雌(めす), 雌のシカ)

bucket A1 /bʌ́kit バケト/ 名
❶ バケツ, 手おけ
❷ バケツ[手おけ]1杯(はい)分
- a **bucket** of water バケツ1杯の水

Buckingham Palace /bʌ́kiŋəm pǽlis バキンガム パれス/ 固名 バッキンガム宮殿(きゅうでん) → ロンドンにあるイギリス王室の宮殿で, もとバッキンガム公爵(こうしゃく)の邸宅(ていたく). 毎日, 宮殿前で衛兵の交代があり, 観光の名所ともなっている.

buckle /bʌ́kl バクる/ 名 (ベルトの)バックル, しめ金
—— 動 バックルでしめる

bud /bʌ́d バド/ 名 芽, つぼみ
—— 動 三単現 **buds** /bʌ́dz バヅ/; 過去・過分 **budded** /bʌ́did バディド/; -ing形 **budding** /bʌ́diŋ バディング/) 芽が出る, つぼみがつく

Buddha

Buddha /búdə ブダ/ 名 ❶ 固名 釈迦(しゃか), 仏陀(ぶっだ) →仏教の開祖(紀元前5世紀頃(ごろ)).
❷ 仏像, 大仏
・the Great **Buddha** of Nara 奈良の大仏

Buddhism /búdizm ブディズム/ 名 仏教

Buddhist /búdist ブディスト/ 名 仏教徒
—— 形 仏教の, 仏教徒の

buddy /bʌ́di バディ/ 名 (複 **buddies** /bʌ́diz バディズ/) ❶ 仲間, 相棒 ❷ 君, 若いの →呼びかけに用いる.

budge /bʌ́dʒ バヂ/ 動 《話》ちょっと動く[動かす]; 意見を変える[変えさせる]

budget A2 /bʌ́dʒit バヂェト/ 名 予算, 予算案
・a family **budget** 家計

Buenos Aires /bwéinəs áiriz ブウェイノス アイレズ/ 固名 ブエノスアイレス →アルゼンチン共和国 (Argentina) の首都.

buffalo /bʌ́fəlou バふァロウ/ 名 (複 **buffalo**, **buffalo(e)s** /bʌ́fəlouz バふァロウズ/)
❶ (北米の)野牛(やぎゅう) (bison)
❷ (アジア産の)水牛 (water buffalo)

buffet /bəféi ブふェイ|búfei ブふェイ/ 名 カウンター式の食堂, (パーティーなどの)立食場; 立食, バイキング
・Breakfast is **buffet** style. 朝食はバイキング形式です. →この意味での「バイキング」は和製英語.

bug A2 /bʌ́g バグ/ 名 ❶ 《米》虫, 昆虫(こんちゅう) (insect); 《英》ナンキン虫
❷ (機械の)故障, (コンピューターソフトの)トラブル

buggy /bʌ́gi バギ/ 名 (複 **buggies** /bʌ́giz バギズ/) ❶ 小型ベビーカー →baby buggy
❷ (車輪の大きい砂浜用などの)小型自動車, バギー

build

小 A1 /bíld ビるド/ 動

三単現	**builds** /bíldz ビるヅ/
過去・過分	**built** /bílt ビるト/
-ing形	**building** /bíldiŋ ビるディング/

建てる, 造る →ふつう家・橋・空港など大きな建造物を造る時にいう. 関連語 比較(ひかく)的簡単で小さなものを「作る」は **make**.
喻基本 **build** a house 家を建てる →build＋名詞.

⊘POINT 「自分の手で建てる」ことも建築業者に注文して「建ててもらう」ことも意味する. 「建ててもらう」ことを強調したい時には have a house built という.

・**build** a house **of** wood 木で[木造の]家を建てる →of は「材料」を示す前置詞.

・**build** a bridge [a dam, a ship, an airport] 橋[ダム, 船, 空港]を造る

・That architect **builds** very modern houses. あの建築家は非常にモダンな家を建てる.

・He **built** a mansion for her. =He **built** her a mansion. 彼は彼女のために大邸宅(ていたく)を建てた. →後ろの文は build A B で「AにBを建ててやる」.

・The birds **built** their nests among the rocks. その鳥たちは岩の間に巣を造った.

・Our house **is built** of wood. 私たちの家は木造です. →受け身の文. →is 助動 ❷

ことわざ Rome was not **built** in a day. (ローマは1日で建設されなかった ⇒)ローマは1日にしてならず. →「大きな事業は完成するのに長い年月の努力が必要だ」の意味.

・My big brother **is building** a doghouse. 私の兄は犬小屋を造っている. →現在進行形の文. →is 助動 ❶

build up (健康・知識などを)増進させる, 増す; (富・名声などを)築き上げる; (兵力を)増強する
・Reading helps you **build up** your vocabulary. 読書は語彙(いい)増強に役だつ.

—— 名 体格, 体つき
・a man of a good **build** 体格のいい男性

builder /bíldər ビるダ/ 名 建てる人, 大工; 建築業者

building

中 A1 /bíldiŋ ビるディング/
動 **build** の -ing 形 (現在分詞・動名詞)
—— 名 (複 **buildings** /bíldiŋz ビるディングズ/) 建物, ビル(ディング)

⊘POINT 高さに関係なくあらゆる建築物を意味する.

・a school **building** 校舎

・There are a lot of office **buildings** around here. このへんにはオフィスビルがたくさんある.

built 中 /bílt ビるト/ 動 **build** の過去形・過去分詞

bulb A2 /bʌ́lb バるブ/ 名 ❶ 球根 ❷ 電球 → light bulb, electric bulb ともいう.

Bulgaria /bʌlgé(ə)riə バるゲ(ア)リア/ 固名 ブルガリア →バルカン半島東部の共和国. 首都はソフィア.

ninety-three 93 **burn**

Bulgarian /bʌlgé(ə)riən バるゲ(ア)リアン/ 名
ブルガリア人[語] →**Bulgaria**
—— 形 ブルガリア(人)の; ブルガリア語の

bull /búl ブる/ 名 《動物》(去勢されていない)雄
牛(おうし) 関連語 **cow** (雌牛(めうし)), **ox** (去勢された
雄牛)

bulldog /búldɔːg ブるドーグ/ 名 《動物》ブルドッ
グ

イメージ (bulldog)
勇気・決断を表し, イギリス人の象徴(しょうちょう)と
されることがある. イギリス海軍のマスコット.

bulldozer /búldouzər ブるドウザ/ 名 ブルド
ーザー

bullet /búlit ブれト/ 名 弾丸(だんがん) →もとは
ball (球)の意味から.

bulletin /búlitin ブれティン/ 名 (最新ニュース
の)短い公式発表, (テレビ・ラジオ・新聞の)ニュー
ス速報; 会報

búlletin bòard 名 ❶《米》掲示(けいじ)板, 速
報板(《英》 notice board) ❷《コンピュータ
ー》掲示板

bullfight /búlfait ブるふァイト/ 名 闘牛(とうぎゅう)
→牛 (bull) と闘牛士 (bullfighter) との闘技(とう
ぎ).

bully /búli ブり/ 名 (複 **bullies** /búliz ブり
ズ/) 弱い者いじめをする子, いじめっ子, がき大将
—— 三単現 **bullies** /búliz ブりズ/;
過去・過分 **bullied** /búlid ブりド/; -ing形
bullying /búliiŋ ブりインぐ/)
(弱い者を)いじめる, 脅(おど)す

bump /bʌ́mp バンプ/ 動 ぶつかる, 衝突(しょうとつ)
する; ぶつける
•**bump** *one's* head **against** the door 頭
をドアにぶつける
bump into ～ ～にどかんとぶつかる; ～にば
ったり会う
•His car **bumped into** a truck. 彼の車は
トラックにどかんとぶつかった.
—— 名 ❶ 衝突, ぶつかること; ばたん, どすん
•with a **bump** どすんと音を立てて
❷ (ぶつかってできた)こぶ; (地面などの)でこぼこ

bumper /bʌ́mpər バンパ/ 名 (自動車の)バン
パー →衝突(しょうとつ)時のショックを軽くするもの.

bun /bʌ́n バン/ 名 《米》(ハンバーガーなどに使
われる)丸パン;《英》(干しブドウなどの入った甘(あ
まい)丸パン, 菓子(かし)パン

bunch /bʌ́ntʃ バンチ/ 名 ❶ (果物などの)房(ふ
さ); (同じものを束ねた)束 ❷《話》(人・動物など同

類の)一団, 一群れ

bundle /bʌ́ndl バンドる/ 名 包み, 束
—— 動 包み[束]にする, くくる

bunny /bʌ́ni バニ/ 名 (複 **bunnies** /bʌ́niz
バニズ/) ウサちゃん, バニー →rabbit の小児(しょう
に)語.

bunt /bʌ́nt バント/ 動 ❶ (野球で)バントする
❷ (ヤギなどが頭・角で)突(つ)く
—— 名 (野球の)バント

buoy /bɔ́i ボイ/ (→boy (少年)と同音) 名
❶ 浮標(ふひょう), ブイ ❷ 救命浮(う)き袋(ぶくろ)

bur /bə́ːr バ～/ 名 (植物の)イガ

burden /bə́ːrdn バ～ドン/ 名 (重い)荷物 →「(心
の)重荷, 悩(なや)みの種」の意味でも使う.

bureau /bjúː(ə)rou ビュ(ア)ロウ/ 名 (複 **bu-
reaus** /bjúː(ə)rouz ビュ(ア)ロウズ/, **bureaux**
/bjúː(ə)rouz ビュ(ア)ロウズ/) (官庁の)局, 庁; 事業
所

burger A1 /bə́ːrgər バ～ガ/ 名
《話》ハンバーガー (hamburger)

burglar /bə́ːrglər バ～グら/ 名 (夜間窓から忍(し
の)び込(こ)む)どろぼう

burial /bériəl ベリアる/ (→u を /e エ/ と発音す
ることに注意) 名 埋葬(まいそう); 葬式(そうしき)
関連語「埋葬する」は **bury**.

Burmese /bəːrmíːz バ～ミーズ/ 名 形 (複
Burmese) ビルマ人(の); ビルマ語(の) →
Myanmar (ミャンマー)の旧称 Burma (ビル
マ)から.

burn 中 A2 /bə́ːrn バ～ン/ 動
三単現 **burns** /bə́ːrnz バ～ンズ/
過去・過分 **burned** /bə́ːrnd バ～ンド/,
burnt /bə́ːrnt バ～ント/
-ing形 **burning** /bə́ːrniŋ バ～ニンぐ/

❶ 燃やす, 焼く, 焦(こ)がす; やけどをする; 燃える,
焼ける, 焦げる
•**burn** rubbish ごみを燃やす
•Dry wood **burns** easily. 乾(かわ)いた木はす
ぐ燃える.
•Her skin **burns** easily. 彼女の肌(はだ)は(日
に当たると)すぐ日焼けする.
•I smell something **burning**. 何かが焦げ
てるにおいがする.
•I **burned** my fingers on a hot iron. 私
は熱いアイロンで指をやけどした.
•He **burned** a hole in his coat. 彼は上着
に焼け穴をつくった.
❷ ほてる, (体が)熱くなる

burned-out 94 ninety-four

• Her cheeks **burned with** shame. 彼女のほおは恥(は)ずかしさでほてった.

be burnt to ashes 燃えて灰になる, 全焼(ぜんしょう)**する**

• The schoolhouse **was burnt to ashes**. 校舎は全焼した.

be burnt to death 焼け死ぬ

burn down 全焼する[させる]

burn out 燃え尽(つ)きる[尽くす], だめになる[する], 疲(つか)れ切る[切らせる]

—— 名 (ふつう熱・火による)やけど →**scald**

• He had **burns** all over. 彼は全身にやけどをした.

burned-out /bə:rndáut バ〜ンダウト/ 形
❶ 丸焼けの, 焼け野原の ❷ (人が)疲(つか)れ切った

burning /bə́:rniŋ バ〜ニング/ 形 燃えている; 燃えるように暑い[熱い]; (喉(のど)が)渇(かわ)いた

burnt /bə́:rnt バ〜ント/ 動 **burn** の過去形・過去分詞

—— 形 焼けた, 焦(こ)げた; やけどをした

ことわざ A **burnt** child dreads the fire. やけどをした子供は火を恐(おそ)れる. →「あつものに懲(こ)りてなますを吹(ふ)く」にあたる.「あつもの」は「熱いもの」の意味で「お吸い物」などを指す.

burnt-out /bə:rntáut バ〜ンタウト/ 形 = burned-out

burst /bə́:rst バ〜スト/ 動 (三単現 **bursts** /bə́:rsts バ〜スツ/; 過去・過分 **burst**; -ing形 **bursting** /bə́:rstiŋ バ〜スティング/) →原形・過去形・過去分詞がどれも同じ形であることに注意.
❶ 破裂(はれつ)**する**, 爆発(ばくはつ)**する**, 破る[れる]; 破裂させる ❷ (戸・花など)ぱっと開く, (つぼみが)ほころびる; 急に現れる; 突然(とつぜん)〜する →成句 ❸ (いっぱいで)はち切れる

burst into ～ ～に飛び込(こ)む; 急に～し出す
• **burst into** tears わっと泣き出す

burst out doing 急に～し出す (burst into ～)

—— 名 破裂(箇所(かしょ)), 爆発; 急に起こる[現れる]こと

bury ⓐ2 /béri ベリ/ (→u を /e エ/ と発音することに注意) 動 (三単現 **buries** /bériz ベリズ/; 過去・過分 **buried** /bérid ベリド/; -ing形 **burying** /bériiŋ ベリイング/)
埋葬(まいそう)**する**, 葬(ほうむ)**る**; 埋(う)**める**
関連語 「埋葬」は **burial**.

• The snake **buries** its eggs in a hole. ヘビは卵を穴に埋める.

• We **buried** the pot under the tree. 私たちはそのつぼを木の下に埋めた.

• He was **buried** beside his mother. 彼は母親のかたわらに埋葬された.

bus 小 A1 /bás バス/ 名 (複 **buses** /básiz バセズ/) バス

• a school **bus** 通学バス, スクールバス
• a sightseeing **bus** 観光バス
• a **bus** stop バス停留所 →見出し語
• a **bus** station バス発着所, バスターミナル →見出し語
• a **bus** trip バス旅行
• go by **bus** バスで行く →×by a [the] bus としない. →**by** ❶
• **get on** [**off**] the **bus** バスに乗る[を降りる] →「タクシー」など小型の乗り物に「乗る[から降りる]」は get into [out of] ～.
• We go to school **by bus**. 私たちはバスで学校へ行く[バスで通学する].
• I **take** the **bus** to school when it rains. 雨が降る時には私は学校へバスに乗って行きます.
• I met him **on the bus** this morning. 私は今朝バスで彼に会った.
• Is this the right **bus for** Ueno? これは上野行きのバスで合ってますか.

bush A2 /búʃ ブシュ/ 名 ❶ 低木, かん木 →tree (高い木)に対して, 背が低く根元からたくさんの小枝・葉が生える植物. →**shrub** 類似語 ❷ (かん木が集まって生えている)茂(しげ)み ❸ (アフリカ・オーストラリアなどの未開の)かん木地帯

búsh pìlot 名 ブッシュパイロット →未開のかん木地帯を飛ぶ小型飛行機のパイロット.

busier /bíziər ビズィア/ 形 **busy** の比較(ひかく)級

busiest /bíziist ビズィエスト/ 形 **busy** の最上級

busily /bízili ビズィリ/ 副 忙(いそが)しく, せっせと

business A1 /bíznis ビズネス/ 名
❶ 仕事, 任務; 職業; 用事
• a **business** trip 出張
• His father is a carpenter, and his **business** is building houses. 彼のお父さんは大工で仕事は家を建てることです.
• What **business** is your uncle in? 君のおじさんの職業は何ですか. →意味の上でのつながりは in what business (どんな職業の中に(い

ninety-five 95 **busy**

る))であるが，what は疑問詞なので what business が文頭に出る．

- What's your **business** here? (ここで君の用事は何か ⇨)何の用で来たのですか．
- **Mind your own business**. (他人のことはいいから)自分の仕事をやりなさい[余計なことは聞くな]．
- **That's not [none of] your business**. (それは君の仕事ではない ⇨)大きなお世話だ．

ことわざ Everybody's **business** is nobody's **business**. みんなの仕事は誰(だれ)の仕事でもない．→「共同責任は無責任になりがちだ」の意味．

❷ 事業，商売；(商売をする)店，工場，会社；業務 →お金をもうけるための活動・業務のこと．

- **business** English 商業英語
- **business** hours 営業時間
- do good **business** 商売が繁盛(はんじょう)している
- go out of **business** 営業をやめる，廃業(はいぎょう)する，店じまいする
- She opened a dressmaking **business** in New York. 彼女はニューヨークに洋裁店を開いた．
- Education is not a **business**. 教育は営利事業ではない．

on business 仕事で

反対語 I'm here **on business**, not **for pleasure**. 私は仕事でこちらに来ているので，遊びに来ているのではない．

búsiness còllege 名《米》専門学校
businessman A2 /bíznismæn ビズネスマン/ 名 (複 **businessmen** /bíznismen ビズネスメン/) (男性の)実業家 →日本語の「ビジネスマン」のように会社員一般(いっぱん)を意味しない．

businessperson /bíznispə:rsn ビズネスパ～スン/ 名 (複 **businesspeople** /bíznispi:pl ビズネスピープル/) 実業家 →社長・重役・管理職など．男性は **businessman**，女性は **businesswoman** ともいう．

businesswoman A2 /bízniswumən ビズネスウマン/ 名 (複 **businesswomen** /bízniswimin ビズネスウィメン/) (女性の)実業家

bús stàtion A2 名 バスターミナル
bús stòp A2 名 バス停
bust¹ /bʌ́st バスト/ 名 ❶ 胸像 →体の上部だけの彫刻(ちょうこく)．
❷ (女性の)胸部，胸囲，バスト

bust² /bʌ́st バスト/ 動 (三単現 **busts** /bʌ́sts バスツ/; 過去・過分 **busted** /bʌ́stid バステド/, **bust**; -ing形 **busting** /bʌ́stiŋ バスティング/) 《話》❶ 壊(こわ)す，壊れる ❷ (警察が)逮捕する；がさ入れする

busy 中 A1 /bízi ビズィ/ (→u を /i イ/ と発音することに注意)

形 ❶ 忙(いそが)しい　　　　　　意味 map
❷ (場所が人・車などで)にぎやかな[で]
❸《米》(電話が)話し中で

── 形 (比較級 **busier** /bíziər ビズィア/; 最上級 **busiest** /bíziist ビズィエスト/)

❶ 忙しい 反対語 **free** (暇(ひま)な)
基本 a **busy** person 忙しい人 →busy+名詞．
- a **busy** day 忙しい1日
基本 I am **busy** just now. 私は今は忙しい． →be 動詞+busy．
- She is **busy** with her homework. 彼女は宿題で忙しい．
- They are as **busy** as bees and have no time to rest. 彼らはミツバチのように忙しくて休む暇もない．
- I'm **busy** doing my homework now. 今私は宿題で忙しい．

POINT be busy *doing* ～は「～をするのに忙しい，せっせと～をしている」．

- Today we are **busier** than usual. きょうはいつもより忙しい．
- The summer is **the busiest** season for their business. 彼らの商売にとって夏が一番忙しい季節だ．

❷ (場所が人・車などで)にぎやかな[で]
- a **busy** street (車の行き来や人通りの)にぎやかな通り
- The street is very **busy**. 通りはとてもにぎやかです．

❸《米》(電話が)話し中で (《英》engaged)

but 96 ninety-six

• The line is **busy**. お話し中です.

but 小 A1 /弱形 bət バト, 強形 bʌ́t バト/

接 ❶ しかし, だが 意味map
❷ (not A but B で) A でなくて B

—— 接 ❶ しかし, だが, けれども

🏠基本 small **but** powerful engines 小さいが強力なエンジン →語+but+語.

• She had a small **but** beautiful shop. 彼女は小さいがきれいな店を持っていた.

🏠基本 You are young, **but** I am old. 君は若いが, 私は年を取っている. →文+but+文. ふつう but の前にコンマ(,)をつける.

• I love her, **but** she doesn't love me. 私は彼女を愛しているが, 彼女は私を愛していない.

• The story is strange, **but** (it is) true. その話は変だが本当だ.

🗨会話 Stay home and study. —**But** you said you would let me go! 家にいて勉強しなさい. —でも行かせてくれるって言ったじゃないか!

• **Excuse me**, **but** what time is it now? すみませんが今何時ですか. →Excuse me の後の but はほとんど意味が無い.

• **I'm sorry**, **but** I can't help you. 申し訳ありませんが, お手伝いできません.

❷ (not A but B で) A でなくて B

• He is **not** a police officer **but** a fire-fighter. 彼は警官ではなくて消防士です.

• I did**n't** go, **but** stayed at home. 私は行かないで家にいました.

—— 副 ほんの, たった, ただ (only)

• He is **but** a child. 彼はほんの子供だ.

• Life is **but** a dream. 人生は単なる夢にすぎない.

—— 前 ～以外の, ～以外は, ～を除いては (except)

• every day **but** Sunday 日曜以外は毎日

• All **but** John were there. ジョン以外の人はみんなそこにいた.

• She lives next door **but** one [two]. 彼女は1軒(けん)[2軒]おいて隣(となり)に住んでいる.

nothing but ～ ～以外は何も(～しない), ただ～だけ (only); ～にすぎない

• I saw **nothing but** snow all around. 周囲には雪以外には何も見えなかった.

not only A but (also) B AだけでなくB

もまた →**only** 成句

butcher /bútʃər ブチャ/ 名 肉屋さん(の主人)

butter A1 /bʌ́tər バタ/ 名 バター

• a pound [a pack] of **butter** バター1ポンド[1箱] →数えられない名詞なので ×a butter, ×butters などとしない.

• spread **butter** on the bread パンにバターを塗(ぬ)る

• **Butter** is made from milk. バターは牛乳から作られる.

—— 動 バターをつける

buttercup /bʌ́tərkʌp バタカプ/ 名 《植物》キンポウゲ →春に黄色の花を咲(さ)かせるがその形が cup に, 色が butter の色に似ているのでこの名がある.

butterfly 小 A1 /bʌ́tərflai バタふらイ/ 名 (複 **butterflies** /bʌ́tərflaiz バタふらイズ/)
《虫》チョウ

• Hundreds of **butterflies** are flying from flower to flower. 何百というチョウが花から花へ飛んでいる.

button A1 /bʌ́tn バトン/

名 ❶ (洋服の)ボタン

• fasten a **button** ボタンを掛(か)ける

❷ (ベルなどの)押(お)しボタン

• push a **button** ボタンを押す

—— 動 (しばしば **button up** とも) ボタンを掛ける

buy 小 A1 /bái バイ/ 動

三単現 **buys** /báiz バイズ/
過去・過分 **bought** /bɔ́ːt ボート/
-ing形 **buying** /báiiŋ バイイング/

買う 反対語 sell (売る)

🏠基本 **buy** a CD CD を買う →buy+名詞.

🏠基本 **buy** her a present 彼女にプレゼントを買ってやる →buy A B で「AにBを買ってやる」.

🏠基本 **buy** a present for her 彼女にプレゼントを買ってやる →buy B for A で「AにBを買ってやる」.

• **buy** the book for two dollars 2ドルでその本を買う

• We cannot **buy** health with money. 金で健康は買えない.

• How much did you **buy** that bike for? その自転車を君はいくらで買ったの? →意味の上でのつながりは for how much (いくらで)であ

るが how が疑問詞なので how much が文頭
に出る.

- That antique shop **buys** anything. あの
骨董(こっとう)店は何でも買う.
- I **bought** this book at that store. 私はこ
の本をあの店で買った.
- She **has bought** a beautiful coat. 彼女
はすてきなコートを買った. ➡現在完了(かんりょう)の
文. ➡**have** 助動 ❶
- The American hotel **was bought** by a
Japanese company. そのアメリカのホテル
はある日本の会社に買い取られた. ➡受け身の文.
➡**was** 助動 ❷

―― 名 (㌽ **buys** /báiz バイズ/)
《話》買い物; お買い得品 (bargain)
- This shirt was a good **buy**. このシャツはいい買い物だった. 10
ドル払(はら)っただけだから.

buyer /báiər バイア/ 名 買う人, 仕入れ係, バイ
ヤー 反対語 **seller** (売る人)

buzz /bʌz バズ/ 名 (ハチの)ブンブンいう音; (人
声などの)ざわめき, がやがや

―― 動 (ハチなどが)ブンブンいう

buzzer /bʌzər バザ/ 名 ブザー; ブザーの音
- There's the **buzzer**. ブザーが鳴った.

by 小 A1 /bái バイ/

前 ❶ ～(という手段・方法)によっ
て, ～で 意味map
❷ ～によって, ～による
❸ ～の(すぐ)そばに, ～の(すぐ)そばの
❹ 《差異》～だけ; 《単位》～ぎめで
❺ 《時間》～までに(は)
❻ ～(の基準, 単位)によって
副 そばに, そばを

―― 前 ❶ ～(という手段・方法)によって, ～で
関連語 **with** (～という道具)で)
基本 **by** car 車で ➡by＋名詞. ×by a [the]
car としない.
- **by** train [subway, bicycle, bus, plane]
列車[地下鉄, 自転車, バス, 飛行機]で
- **by** letter [telephone, e-mail, telegram]
手紙[電話, Eメール, 電報]で
- leave **by** the 2:30 p.m. train 午後2時
30分発の列車で出発する ➡この場合「午後2時
30分発の」と限定されるので the がつく.
- send a message **by** fax ファックスでメッ
セージを送る

- travel **by** sea [land] 海上[陸上]を旅する
- What time is it **by** your watch? 君の時
計で何時ですか.
- She earns her living **by** working part-
time. 彼女はパートで働くことによって[働いて]
生計を立てている. ➡前置詞 by＋動名詞 work-
ing (働くこと).
- I caught him **by** the arm. 私は彼の腕(うで)
をつかんだ. ➡catch A (人) by the B (体の部
分)は「AのBをつかむ」.
❷ ～によって, ～による ➡受け身の文で行為(こう
い)をする人[物]を表す.
- a book (written) **by** Soseki 漱石によって
書かれた本 ➡この過去分詞 written (書かれた)
は book を修飾(しゅうしょく)する.
- This picture was painted **by** her. この
絵は彼女によって描(えが)かれた. ➡×by she とし
ない.
- This play was written **by** Shake-
speare. この劇はシェークスピアによって書かれ
た.
- The king was killed **by** his brother
with poison. 王はその弟に毒殺された.
- The house was destroyed **by** fire. その
家は火事で焼失(しょうしつ)した.
❸ ～の(すぐ)そばに, ～の(すぐ)そばの ➡near
よりももっと近くにあることを表す.
- **by** a road 道のそばに, 道端(みちばた)に
- sit **by** the fire 暖炉(だんろ)のそばに座(すわ)る
- sit in the chair **by** the fire 暖炉のそばの
椅子(いす)に座る
- Sit close **by** me. 私のすぐそばに座りなさ
い.
- The hotel stands **by** the lake. そのホテ
ルは湖のそばに立っている.
❹ 《差異》～だけ; 《単位》～ぎめで
- He is taller than me **by** an inch [a
head]. 彼は私より1インチ[頭一つ]だけ背が高
い.
- The Giants won the game **by** 10 to 1.
ジャイアンツが10対1で試合に勝った.
- We are already late **by** 5 minutes. 私
たちは既(すで)に5分遅(おく)れている.
- You can hire a boat **by** the hour. 君は
ボートを時間ぎめで[1時間いくらで]借りられま
す.
❺ 《時間》～までに(は), ～ころには
- **by** now 今頃(いまごろ)までには

by /バイ/

イメージ: 〜のそば

基本の意味

すぐそばの場所という基本の意味（前❸・副）から様々な意味に広がる．ある手段を「経る」ことはある場所のすぐそばを通り過ぎていくイメージに似ていることから，前❶手段・方法の意味が生じる．行為が行われる時には，行為の結果はすぐそばにいる人に引き起こされることが多いことから，前❷行為者・原因の意味が生じる．そばにあるものを基準とみなすと，前❹差異や前❻基準の意味になる．ある時点の前後のうち，「今」に近い方，つまり「今」とその時点の間の時間に何かを行うということから前❺期限の意味が生じる．

教科書によく出る使い方

- 前 ❶ John goes to school **by** bus. ジョンはバスで通学している．
- 前 ❷ That book was written **by** my grandfather.
  その本は私の祖父によって書かれた．
- 前 ❸ We were talking **by** the window when we heard thunder.
  雷鳴が聞こえたとき私たちは窓際で話していた．
- 前 ❹ I missed the last train **by** ten minutes. 10分遅れで終電に間に合わなかった．
- 前 ❺ Be sure to be back **by** seven. 7時までには必ず帰ってきなさい．

教科書によく出る連語

little by little 少しずつ，徐々に
 👑 **Little by little**, my English skills have improved.
  私の英語力は少しずつ上達してきた．

go by （時が）過ぎ去る；（人が）通り過ぎる
 👑 Time **goes by** so fast. 時の流れるのは何と早いことか．

- **by** this time もうこの時間までには
- **by** tomorrow 明日までには
- You must return the book **by** Friday. 君はその本を金曜までに返さねばならない.
- **By** this time tomorrow he will be in London. 明日の今頃までには彼はロンドンに(着いて)いるでしょう.
- There will probably be 10 billion people in the world **by** 2050 (読み方: twenty fifty). 2050年までには世界の人口はおそらく100億に達しているだろう.
- 関連語 I will be here **by** 5 o'clock, so please wait for me **till** then. 私は5時までにはここに来ますからどうかその時までお待ちください.

POINT **by** は「〜までにある動作・状態が起こる・終わる」こと. **till** は「〜までずっとある動作・状態が続く」こと.

❻ 〜(の基準, 単位)によって, 〜に基(もと)づいて
- judge people **by** first impressions 第一印象で人を判断する

—— 副 そばに, そばを, 通り過ぎて
- near **by** すぐそばに[の]
- go **by** 行き過ぎる, 過ぎて行く
- pass [fly] **by** 通り[飛び]過ぎる
- We went into the woods near **by**. 私たちは近くの森へ入って行った.
- Ten years went **by**. 10年が過ぎ去った.

by accident 偶然(ぐうぜん)に, ふと
by all means ① もちろん, どうぞ
② 必ず, きっと →**means** 成句
by birth 生まれは; 生まれながらの →**birth** 成句
by chance 偶然に, たまたま
by day [***night***] 昼[夜]は, 昼[夜]に
- The sun shines **by day**, and the moon (shines) **by night**. 太陽は昼輝(かがや)き, 月は夜輝く.

by mistake 誤って, うっかり
by name 名前が →**name** 成句
by nature 生まれつき →**nature** 成句
by one*self ひとり(ぼっち)で; (人の助けを借りずに)独力で, 自分で
- He lived in the hut all **by himself**. 彼はたったひとりでその小屋に住んでいた. →all は「全く」という意味で, by himself を強める.
- You must clean your room **by yourselves**. 君たちは君たち自身で自分たちの部屋を掃除(そうじ)しなければいけない.

by the way ついでながら, ところで; 途中(とちゅう)で
by way of 〜 〜を通って, 〜を経由して →**way** 成句
day by day 毎日毎日
little by little 少しずつ, 徐々(じょじょ)に
one by one 1つずつ, 1人ずつ, 順々に

bye /bái バイ/ 間
《話》さよなら (goodbye)
Bye (***for***) ***now.*** 《米》じゃさよなら

bye-bye /bai bái バイ バイ/ 間 《話》さよなら (goodbye), バイバイ

bypass /báipæs バイパス/ 名 バイパス →主要道路の交通量を緩和(かんわ)するために, その道路に沿って造った別の自動車道路.

C c 𝒞 𝒸

C¹, c /síː スィー/ 名 (複 **C's**, **c's** /síːz スィーズ/)

❶ シー → 英語アルファベットの3番目の文字.
❷ **(C で)**(成績の) C → A, B の次の評価.
❸ **(C で)**(ローマ数字の) 100
• **CC** =200

C² 略 =**C**elsius, **c**entigrade (セ氏の)

CA 略 =**Ca**lifornia

cab A2 /kǽb キャブ/ 名 **タクシー** (taxi) → taxicab ともいう.
• Let's **take** a **cab**. タクシーに乗ろうよ.

cabbage /kǽbidʒ キャベヂ/ 名 **キャベツ**

cabin /kǽbin キャビン/ 名 ❶(簡素な造りの)**小屋** ❷船室; (飛行機の)**客室, 乗務室**

cabinet /kǽbinit キャビネト/ 名 ❶(ガラス戸入りの)飾(かざ)り棚, 食器棚 ❷(ふつう the Cabinet で)内閣

cable /kéibl ケイブる/ 名 ❶(鉄線をより合わせた)太綱(ふとづな), ケーブル ❷(海底)ケーブル → 電報・電話・送電用のもの. ❸有線テレビ, ケーブルテレビ → **cable television** ともいう.

cáble càr 名 ケーブルカー

cacao /kəkáu カカウ/ 名 (複 **cacaos** /kəkáuz カカウズ/)《植物》**カカオ(の実[木])** → 実からはココアやチョコレートなどが作られる.

cacáo bèan 名 **カカオ豆**

cacti /kǽktai キャクタイ/ 名 **cactus** の複数形

cactus /kǽktəs キャクタス/ 名 (複 **cactuses** /kǽktəsiz キャクタセズ/, **cacti** /kǽktai キャクタイ/)《植物》**サボテン**

Cadillac /kǽdəlæk キャディらク/ 名《商標》**キャデラック** → アメリカの大型高級乗用車. この車を所有することは社会的成功者の1つのシンボルとみなされる.

Caesar /síːzər スィーザ/ 固名 (**Julius Caesar**) **ユリウス・カエサル** → 古代ローマの偉大(いだい)な将軍・政治家 (100-44 B.C.). ブルータスを中心とする友人たちに暗殺された.

cafe, café 中 A1 /kæféi キャふェイ|kǽfei キャふェイ/ 名 **カフェ, 喫茶(きっさ)店; (大衆向けの)軽食堂**

cafeteria 中 A2 /kæfətí(ə)riə キャふェティ(ア)リア/ 名 **カフェテリア** → セルフサービス式食堂.
• Does your school have a **cafeteria**? あなたの学校にはカフェテリアがありますか.

cage 中 /kéidʒ ケイヂ/ 名 **鳥かご, (動物の)おり**

Cairo /kái(ə)rou カイ(ア)ロウ/ 固名 **カイロ** → エジプト・アラブ共和国の首都.

cake 小 A1 /kéik ケイク/ 名

❶ **ケーキ**
• a Christmas **cake** クリスマスケーキ → このように1つの形を持ったものは a cake, cakes のように数えられる名詞として扱(あつか)う.
• a chocolate [fruit] **cake** チョコレート[フルーツ]ケーキ
• a lot of **cakes** たくさんのケーキ
• **a piece** [**two pieces**] **of cake** ケーキひと切れ[ふた切れ] → ナイフで切り分けたものについていう時の言い方.

a Christmas cake / a piece of cake

• Children like **cake** very much. 子供たちはケーキがとても好きだ.

POINT 食べ物としてのケーキを一般(いっぱん)的にいう時は cake という形のままで使う.

• You cannot eat your **cake** and have it. あなたはあなたのケーキを食べて, その上それを持っていることはできない. →「両方よい思いはできない」の意味.

❷ (せっけんなどの)**1個**, (平たい)**かたまり**
• a **cake** of soap せっけん1個
cal. 略 = **cal**orie, **cal**ory
calculate /kǽlkjuleit キャるキュれイト/ 動
計算する
calculation /kælkjəléiʃən キャるキュれイション/
名 計算; 予想; 見積もり
• make a **calculation** 計算する
calculator /kǽlkjuleitər キャるキュれイタ/ 名
計算器
calendar 小 A2 /kǽləndər キャれンダ/ 名
❶ カレンダー, 暦(こよみ) → **almanac**
❷ 行事予定表
calf¹ /kǽf キャふ/ 名 (複 **calves** /kǽvz キャヴズ/) 子牛; (ゾウ・クジラなど大型の哺乳(ほにゅう)動物の)子
calf² /kǽf キャふ/ 名 (複 **calves** /kǽvz キャヴズ/) ふくらはぎ
California /kæləfɔ́ːrnjə キャりふォーニャ/ 固名
カリフォルニア ■米国太平洋岸の州. 日本とほぼ同じ広さがあり, 人口は全米第一. **Calif., Cal.**, (郵便で) **CA** と略す.

call 小 A1 /kɔ́ːl コーる/

動 ❶ (大声で)呼ぶ   意味 map
  ❷ (〜を〜と)呼ぶ [言う]
  ❸ 訪問する
  ❹ (**call up** とも) 電話をかける
名 ❶ 呼ぶ声, 叫(さけ)び
  ❷ 電話(をすること・受けること)

── 動 (三単現 **calls** /kɔ́ːlz コーるズ/; 過去・過分
called /kɔ́ːld コーるド/; -ing形 **calling**
/kɔ́ːliŋ コーりング/)

❶ (大声で)**呼ぶ**, 声を掛(か)**ける**; (来るように)**呼ぶ**
🔑基本 **call** his name 彼の名前を呼ぶ → **call** + 名詞.

• **call** a dog 犬を(来るように)呼ぶ
• **call** the roll (名簿(めいぼ)の名前を呼んで)出席をとる
• Did you **call** me? お呼びでしたか.
• **Call** a taxi **for** me. = **Call** me a taxi. 私にタクシーを呼んでくれ. → 後ろの文は call *A B* で「AのためにBを呼ぶ」という意味だが, この使い方は, ほかに Call me a doctor. (医者を呼んでくれ)という表現があるくらいで, 非常に限られている. → ❷
• The homeroom teacher **calls** the roll every morning. クラス担任の先生が毎朝出席をとります.
• Someone **called to** me. 誰(だれ)かが私に呼びかけた.
• I **called** and **called**, but no one answered. 私は何度も何度も呼んだが誰も答えなかった.
• Mr. Jones **called** her **in**. ジョーンズさんは彼女を呼び入れた.
• Mom **is calling** you, Ken. ケン, お母さんが呼んでるよ. → 現在進行形の文. → **is** 助動 ❶

❷ (〜を〜と)**呼ぶ**[**言う**], 名づける
🔑基本 **call** him Big Jim 彼をビッグ・ジムと呼ぶ → call *A B* で「AをBと呼ぶ」.
• They **call** him "the King of Pop." 彼らは彼を「キング・オブ・ポップ」(ポピュラー音楽の王様)と呼ぶ.

 会話
What do you **call** this flower in English?—We **call** it a "sunflower." この花を英語で何と言いますか.—私たちはそれを sunflower (ヒマワリ)と言います.

• He **is called** "the King of Pop." 彼は「キング・オブ・ポップ」と呼ばれる. → 受け身の文. → **is** 助動 ❷
• We went to a place **called** Speakers' Corner. 私たちはスピーカーズコーナーと呼ばれる所へ行った. → 過去分詞 called (〜と呼ばれる)は place を修飾(しゅうしょく)する.

❸ 訪問する, 立ち寄る
• **call on** him 彼を訪問する → call on + 「人」.
• **call at** his house 彼の家に立ち寄る → call at + 「場所」.
• Please **call on** me **at** my office this af-

call box 102 one hundred and two

ternoon. どうぞきょうの午後私の事務所に私を訪ねて来てください.

• This ship does not **call at** Kobe. この船は神戸には寄港しません.

❹ (**call up** とも) 電話をかける

• **call** home 家に電話する →home は副詞で「家に」.

• **Call** me at my house. 私の家に電話をください.

• I'll **call** you **up** tomorrow. 明日君に電話するよ.

• Thank you for **calling**. 電話してくれてありがとう. → 前置詞 for＋動名詞 calling.

• Who's **calling**, please? (誰が電話をかけているのですか ⇨)どちら様ですか.

❺ 呼び集める; (呼んで)起こす

• **call** a meeting 会を招集する

• The teacher **called** her pupils **together**. 先生は生徒たちを呼び集めた.

• Please **call** me at 6 tomorrow morning. あしたの朝6時に私を起こしてください.

❻ (日没(にちぼつ)・降雨などのためにゲームを途中(とちゅう)で)中止する

• The game was **called** because of rain. その試合は雨のために中止された[コールドゲーム (**called game**) になった].

call at ～ →call 動 ❸

call back ① (電話を受けたほうが後で)電話をかけ返す

• I'll **call** you **back** later on. のちほどこちらからお電話します.

② 呼び戻(もど)す

call for ～ ① 大声で～を求める; ～を必要とする

• **call for** help 大声で助けを求める

② ～を誘(さそ)い[迎(むか)え]に行く

• I'll **call for** you at seven. 私は7時に君を迎えに行く.

call off (予定・計画などを)取りやめる, 中止する

call on ～ →call 動 ❸

call out 大声で叫ぶ

call to ～ ～に呼びかける

call up →call 動 ❹

Please call me ～. 私を～と呼んでください →call 動 ❷

── 名 (復) **calls** /kɔ́:lz コーるズ/)

❶ 呼ぶ声, 叫び

• a **call** for help 助けを求める声

❷ 電話(をすること・受けること)

• give her a **call** 彼女に電話する

• **make** a phone **call to** Osaka [**to** my uncle in Osaka] 大阪に[大阪のおじに]電話をする

• Jim, you **had** a phone **call from** Mr. White. ジム, ホワイトさんから電話があったよ.

• There's a **call for** you, Jim. ジム, 君に電話だよ.

❸ (短い)訪問

• make [pay] a **call** 訪問する

• I made a **call on** him **at** his office. 私は彼を彼の事務所に訪ねて行った.

cáll bòx 名 《英》公衆電話ボックス (telephone booth)

caller /kɔ́:lər コーら/ 名 来訪者; 電話をかけてきた人

calligraphy 小 /kəlígrəfi カリグラフィ/ 名 書道, 書法; 書 →ペンや筆で芸術的に文字を書くこと[技術].

• New Year's **calligraphy** (日本の)書き初(ぞ)め

calm /kɑ́:m カーム/ 形 穏(おだ)やかな, 静かな, 落ち着いた →天候や海の状態についても人の様子や心の状態などについてもいう.

• a **calm** day [sea] 穏やかな日[海]

• Mr. Smith is always **calm**. スミスさんはいつも落ち着いている.

• Do be **calm**! まあ落ち着きなさい. →Do は意味を強める助動詞.

── 動 (**calm down** とも) 静まる; なだめる, 落ち着かせる

• **calm** a baby 赤ん坊(ぼう)をなだめる

• The sea will soon **calm down**. 海はまもなく静まるでしょう.

calmly /kɑ́:mli カームリ/ 副 静かに, 落ち着いて

calorie, calory /kǽləri キャろり/ 名 (復)

チャンクでおぼえよう call	
□ 犬を呼ぶ	**call** a dog
□ 彼をビルと呼ぶ	**call** him Bill
□ 彼女に電話をかける	**call** her
□ その試合は中止になった.	The game was **called**.

calories /kǽləriz キャロリズ/ カロリー → 熱量の単位. 食物の栄養価の単位. **cal.** と略す.

calves /kǽvz キャヴズ/ 名 **calf¹**, **calf²** の複数形

Cambodia /kæmbóudiə キャンボウディア/ 固名 カンボジア → インドシナ半島にある王国. 首都はプノンペン. 公用語はカンボジア語.

Cambodian /kæmbóudiən キャンボウディアン/ 形 カンボジアの, カンボジア人の
—— 名 カンボジア人; カンボジア語

Cambridge /kéimbridʒ ケインブリヂ/ 固名
❶ (英国の)ケンブリッジ → 英国南東部の都市でケンブリッジ大学の所在地. そばをカム川 (the River of the Cam) が流れている.
❷ (米国の)ケンブリッジ → 米国マサチューセッツ州の都市でハーバード大学やマサチューセッツ工科大学などがある.

Cámbridge Univérsity 固名 ケンブリッジ大学 → 英国でオックスフォード大学と並んで古い大学.

came 中 /kéim ケイム/ 動 **come** の過去形

camel 小 /kǽməl キャメる/ 名 ラクダ
• a **camel** driver ラクダ引き[の御者(ぎょしゃ)]

camellia /kəmí:liə カミーリア/ 名 《植物》ツバキ

camera 中 A1 /kǽmərə キャメラ/ 名
カメラ → 写真を撮(と)るものだけでなく, ビデオカメラなど動画を撮るものも含(ふく)む.
• Mr. Sato took our picture **with** his **camera**. 佐藤さんは自分のカメラで私たちの写真を撮った.

cameraman /kǽmərəmæn キャメラマン/ 名 (圏 **cameramen** /kǽmərəmen キャメラメン/) (主に男性の)カメラマン

cámera óperator 名 (映画・テレビなどの)カメラマン, 撮影(さつえい)技師 類似語 芸術写真などをとる「写真家」は **photographer**.

camerawoman /kǽmərəwumən キャメラウマン/ 名 (圏 **camerawomen** /kǽmərəwimin キャメラウィメン/) (女性の)カメラマン

camp 小 A1 /kǽmp キャンプ/ 名
❶ (海・山の)キャンプ場, 合宿地; キャンプ
• go to a summer **camp** サマーキャンプに行く
❷ (軍隊・登山隊・遠征(えんせい)隊などの)野営地
• a base **camp** (登山隊の)前進基地, ベースキャンプ

❸ (捕虜(ほりょ)・難民などの)収容所, キャンプ
break camp (テントを畳(たた)んで)キャンプを引き払(はら)う
make camp (テントを張って)キャンプする
—— 動 キャンプをする, 野営する
camp out キャンプ生活をする
go camping キャンプに行く

campaign /kæmpéin キャンペイン/ 名 (ある目的のための組織的な)運動, キャンペーン

camper /kǽmpər キャンパ/ 名 ❶ キャンプする人, キャンパー → **camp** ❷ (米) キャンピングカー → ×*camping car* とはいわない. → **caravan, trailer**

campfire /kǽmpfaiər キャンプふァイア/ 名 キャンプファイヤー

campground /kǽmpgraund キャンプグラウンド/ 名 (米) キャンプ場

camping A2 /kǽmpiŋ キャンピング/ 名 キャンプすること; キャンプ生活 → **camp**

campus A2 /kǽmpəs キャンパス/ 名 (大学の)構内, キャンパス → 敷地(しきち)・建物などを含(ふく)めていう.
• **on campus** キャンパスで[に] → ×a [the] campus としない.

can¹ 小 A1 /弱 kən カン, 強 kǽn キャン/
助動 ❶ 〜することができる 意味map
❷ 《話》〜してもよい
❸ 〜でありうる
—— 助動
│ 過去 **could** /弱 kud クド, 強 kúd クド/
❶ 〜することができる → 「能力」を表す.
中基本 She **can** play the violin. 彼女はバイオリンを弾(ひ)くことができる. → can+動詞の原形.
POINT She (3人称(しょう)単数)が主語でも ×She can plays 〜. としない.
• The big bear **can** reach the shelf. The baby bear **cannot** reach it. 大きなクマは棚(たな)に手が届きますが, 赤ちゃんグマは届きません. → can に not をつけるときは cannot と1語に書くほうがふつう.

 会話
Can you swim?—Yes, I **can**.
君は泳げますか.—ええ, 泳げます.

• **Can** you tell me the way to the post

can

office? 郵便局へ行く道を教えてくれませんか.
- This **can** be done in a different way. この事は別のやり方でも(なされることが)できる. →受け身の文. →**be** 助動 ❷
- Get up as early as you **can**. できるだけ早く起きなさい.

❷《話》～してもよい (may) →「許可」を表す.
⚠POINT 「～してはいけない」は cannot, またはより強い意味の must not.

Can I go to the movies with John? —Yes, you **can**.
ジョンと映画へ行ってもいいですか. —ええ, いいですよ.
Can I tell it to Tom?—No, you **cannot** [must not].
それをトムに言ってもいいですか. —いいえ, いけません[絶対だめ].

❸ ～でありうる, よく～である
- Both girls and boys **can** be good cooks. 女の子だって男の子だって(上手な料理人になれる ⇨)上手に料理が作れる.
- The winds in March **can** be as cold as in February. 3月の風は2月(の風)と同じくらい冷たいこともある.

❹《疑問文で》～かしら, ～だろうか →強い疑いを示す.
- **Can** it be true? それは本当かしら.

❺《否定文で》～である[する]はずがない
- It **cannot** be true. それは本当のはずがない. →肯定(こうてい)(本当に違(ちが)いない)は It must be true.

Can I ～? 《話》～してもよいですか →**can**¹ ❷

Can you ～? 《話》～してくれない? →友人などにものを頼(たの)むときの言い方. →**can**¹ ❶

cannot help doing ～しないではいられない →**help** 動 成句

cannot do [be] too ～ どんなに～しても[～であっても]～過ぎることはない →**too** 成句

can² A2 /kǽn キャン/ 名

❶ (金属製の)缶(かん); 缶1杯(ぱい)分
- a milk **can** (牛乳を運ぶ大きな)牛乳缶
- an empty **can** 空き缶
- a **can** of paint ペンキ1缶, ペンキ入りの缶

❷ 缶詰(かんづめ)

- a **can** opener (缶詰の)缶切り
- a **can** of peaches モモの缶詰

— 動 (三単現 **cans** /kǽnz キャンズ/; 過去・過分 **canned** /kǽnd キャンド/; -ing形 **canning** /kǽniŋ キャニング/)
缶詰にする →**canned**

Canada 小 /kǽnədə キャナダ/ 固名
カナダ →北米大陸にあるイギリス連邦(れんぽう)に属する国. 世界で2番目に広い国土を持つ. 首都はオタワ (Ottawa). 公用語は英語とフランス語.

Canadian /kənéidiən カネイディアン/ 形 カナダの, カナダ人の
— 名 カナダ人

canal /kənǽl カナる/ 名 運河

canary /kəné(ə)ri カネ(ア)リ/ 名 (複 **canaries** /kəné(ə)riz カネ(ア)リズ/) 《鳥》カナリア

Canberra /kǽnbərə キャンベラ/ 固名 キャンベラ →オーストラリアの首都.

cancel /kǽnsəl キャンセる/ 動 (三単現 **cancels** /kǽnsəlz キャンセるズ/; 過去・過分 **cancel(l)ed** /kǽnsəld キャンセるド/; -ing形 **cancel(l)ing** /kǽnsəliŋ キャンセリング/) 取り消す, 取りやめにする, 中止する, キャンセルする

cancellation /kæ̀nsəléiʃən キャンセれイション/ 名 取り消し, 中止, キャンセル

cancer /kǽnsər キャンサ/ 名 《医学》がん
- treatment for **cancer** がんの治療

candid /kǽndid キャンディド/ 形 率直(そっちょく)な

candidate /kǽndədeit キャンディデイト/ 名 候補者, 志願者

candle /kǽndl キャンドる/ 名 ろうそく
- light [blow out] a **candle** ろうそくに火をつける[の火を吹(ふ)き消す]

candlestick /kǽndlstik キャンドるスティク/ 名 ろうそく立て, 燭台(しょくだい)

candy 中 A1 /kǽndi キャンディ/ 名 (複 **candies** /kǽndiz キャンディズ/)
《米》キャンディー, あめ (《英》sweets) →あめ玉・チョコレート・キャラメル・ヌガーなどをいう.
- a piece of **candy** キャンディー1個 →ふつう ×a candy, ×candies としない. ただし種類をいう時は five candies (5種類のキャンディー)のように複数形にする.
- Bob bought some **candy** at the **candy** store. ボブはお菓子(かし)屋さんでキャンディーを買った.

cándy bàr 名 棒キャンディー

candyfloss /kǽndiflɔːs キャンディふろース/ 名

《英》綿菓子(わたがし), 綿あめ (《米》cotton candy)

candy striper /kǽndi stràipər キャンディストライパ/ 图 **キャンディーストライパー** →病院でボランティアとして働く看護助手. キャンディーの包み紙のように白とピンク(または赤など)のしま(stripe)模様の制服を着ている.

cane /kéin ケイン/ 图 ❶ **ステッキ; むち** ❷ (椅子(いす)などを作る)**トウ**, (さとうきびなどの)**茎**(くき)

canned /kǽnd キャンド/ 形 **缶詰**(かんづめ)**の** → **can²**

cannon /kǽnən キャノン/ 图 **大砲**(たいほう) → 昔, 城攻(せ)めなどに使った旧式のもの. 現代のものは gun.

cannonball /kǽnənbɔːl キャノンボール/ 图 **砲丸**(ほうがん), **弾丸**(だんがん)

cannot 中 /kǽnɑt キャナト/ 助動
❶ **～できない** →**can¹** ❶
❷ **～してはいけない** →**can¹** ❷
❸ **～である[する]はずがない** →**can¹** ❺
POINT can の否定形. can not と 2 語に書くよりもこのように 1 語で書くほうがふつう. 《話》では **can't** という短縮形を使う. →**can't**

canoe /kənúː カヌー/ 图 **カヌー**

can't /kǽnt キャント/ 《話》**cannot** を短くした形
• I **can't** speak French. 私はフランス語は話せない.
• **Can't** you hear that strange noise? 君はあの変な音が聞こえないのかい. →× *Cannot* you hear ～? としない.
• You can play the piano, **can't** you? あなたはピアノが弾(ひ)けますね. →～, can't you? は「～ですね」と念を押(お)す用法. ×～, cannot you? としない.

Canterbury /kǽntərberi キャンタベリ/ 固名 **カンタベリー** →英国南東部にある都市. そこにある壮麗(そうれい)なゴシック建築のカンタベリー大聖堂には英国国教会を管轄(かんかつ)する大主教 (archbishop) がいる.

canvas /kǽnvəs キャンヴァス/ 图 ❶ (布地の)**キャンバス, ズック** →テント・靴(くつ)などに使う厚手で丈夫な布. ❷ (油絵を描(か)く)**カンバス, 画布**

canyon /kǽnjən キャニョン/ 图 (切り立った崖(がけ)にはさまれた)**深い谷, 峡谷**(きょうこく)

cap 小 A1 /kǽp キャプ/ 图

❶ (縁(ふち)のない)**帽子**(ぼうし) →野球帽(ぼう)や水泳帽のようなもの. 縁のあるものは **hat**.
• put on [take off] a **cap** 帽子をかぶる[脱(ぬ)ぐ]

❷ (瓶(びん)の)**ふた**, (万年筆などの)**キャップ**
• put the **cap** on the bottle その瓶にふたをする

cap　　　　hat

capable /kéipəbl ケイパブる/ 形
❶ (**be capable of ～** で) **～する能力がある, ～ができる** →「生物」でも「無生物」でも主語になることができる. →**able** ❶ ❷ **有能な**

capacity /kəpǽsəti カパスィティ/ 图 (複 **capacities** /kəpǽsətiz カパスィティズ/)
❶ **容積, 収容能力** ❷ **能力, 才能**

cape¹ /kéip ケイプ/ 图 **岬**(みさき)

cape² /kéip ケイプ/ 图 **ケープ** →短い袖(そで)なしのマント.

Cápe of Gòod Hópe 固名 (**the** をつけて) **喜望峰**(ほう) →アフリカ南端(たん)の岬(みさき).

Cape Town /kéip tàun ケイプ タウン/ 固名 **ケープタウン** →南アフリカ共和国 (South Africa) の立法府所在地.

capital A2 /kǽpətl キャピトる/ 图
❶ **首都**
• Tokyo is **the capital** of Japan. 東京は日本の首都だ.
• What is **the capital** of Spain? スペインの首都はどこですか. →首都名をきく時は ×*Where* is ～? としない.

❷ **大文字** (capital letter)
• Write your name in **capitals**. 君の名前を大文字で書きなさい.

❸ **資本(金); 元金**

capital letter

—形 ❶ 大文字の ❷ 死刑(しけい)に値(あたい)する
• **capital** punishment 死刑
❸ 主要な; 重要な

cápital létter A2 名 大文字 関連語 small letter (小文字)

Capitol /kǽpətl キャピトる/ 名 (**the Capitol** で) (米国の)**国会議事堂** → この国会議事堂の建っている小さな丘(おか)は米国の首都ワシントンの中心部にあって、**Capitol Hill** と呼ばれる.

Cápitol Híll 固名 キャピトルヒル → 米国の国会議事堂所在地. hill はこのようによく地名に使われる.

capsule /kǽpsəl キャプスる|kǽpsju:l キャプスュ-る/ 名 ❶ (薬の)カプセル ❷ (宇宙ロケットの)カプセル → 宇宙飛行士たちが乗っている所で, ロケットの本体から切り離(はな)される部分.

captain 中 A2 /kǽptin キャプテン/ 名
❶ (チームの)**キャプテン**, 主将
• the **captain** of a baseball team 野球のチームのキャプテン
• Susie is **captain** of the volleyball team. スージーはバレーボールチームのキャプテンです.
⚠POINT captain のように役職名を表す語が補語になる時はふつう ×a, ×the をつけない.
• They made me **captain**. 彼らは私をキャプテンにした.
❷ 船長, 艦長(かんちょう); (飛行機の)**機長**
❸ 陸軍大尉(たいい), 海軍大佐(たいさ) (ふつう艦長)

captive /kǽptiv キャプティヴ/ 形 捕(と)**らわれた**, 捕虜(ほりょ)の
—名 捕虜

capture /kǽptʃər キャプチャ/ 動 捕(と)**らえる**
—名 捕らえること, 捕獲(ほかく); 捕らえた物, 獲物(えもの)

capybara /kæpibáːrə カピバラ/ 名 《動物》 カピバラ → 南アメリカ原産のネズミの仲間.

car 小 A1 /káːr カー/ 名 (微 **cars** /káːrz カーズ/)

❶ **車, 乗用車** (automobile)
• **by car** 車で, 自動車で → ×by a [the] car としない. → **by** ❶
• get in [into] a **car** 車に乗る
• get out of a **car** 車から降りる
• Will you go **by car** or by train? 君は車で行きますか, 電車で行きますか.
• Let's go **in** my **car**. 私の車で行きましょう.
❷ (1両編成の)電車 関連語 2両以上連結している「列車」は **train**.
❸ (列車の)車両
• a dining [sleeping] **car** 食堂[寝台(しんだい)]車

caravan /kǽrəvæn キャラヴァン/ 名
❶ **キャラバン, 隊商** → ラクダに荷物を運ばせながら砂漠(さばく)を旅する商人や巡礼(じゅんれい)者の一団.
❷ (サーカス団などの)**ほろ馬車**
❸ (英) (車に引かれる)**移動住宅, トレーラーハウス** ((米)) trailer) → 簡易生活ができる設備のあるキャラバン用駐車(ちゅうしゃ)場を **caravan site, caravan park** という.

carbon /káːrbən カーボン/ 名 《化学》 炭素 → 元素記号 C.

cárbon dióxide 名 《化学》二酸化炭素

card 小 A1 /káːrd カード/ 名 (微 **cards** /káːrdz カーヅ/)

❶ **トランプの札; (cards で) トランプ遊び** → 英語の trump は「切り札」のこと.
• a pack of **cards** トランプ1組 → 52枚 + joker.
基本 play **cards** トランプをする
• shuffle [deal] the **cards** トランプの札を切る[配る]
• How about **playing cards**? トランプしない?
❷ **カード**
• a credit **card** クレジットカード
• a birthday **card** 誕生祝いのカード
❸ はがき (postcard)
• a Christmas **card** クリスマスカード
• a New Year's **card** 年賀状
• Thank you for your **card**. おはがきありがとうございました.

cardboard /káːrdbɔːrd カードボード/ 名 **ボール紙, 段ボール**
• a **cardboard** box 段ボール箱

cardigan /káːrdigən カーディガン/ 名 **カーディガン** → 前開きのセーター.

care 中 A1 /kéər ケア/

名	❶注意	意味map
	❷世話	
	❸心配	
動	❶《主に否定文・疑問文で》気にする; 気	
	に掛(か)ける	
	❷(care for ～ で)～の世話をする;	
	《主に疑問文・否定文で》～が好きである	
	❸(care to do で)《主に疑問文・否定	
	文で》～したい	

—— 名 (覆 cares /kéərz ケアズ/)

❶ 注意, 用心
• Carry the box **with care**. 気をつけてその箱を運びなさい.
• **Take care not to** drop the vase. 花瓶(かびん)を落とさないよう気をつけなさい.
掲示 Glass. Handle with **care**. ガラス器具. 取り扱(あつか)い注意.

❷ 世話, 保護
• Bob has the **care** of the birds. ボブが小鳥の世話をします.
• The children are under the **care** of their aunt. 子供たちはおばさんの世話になっている.
• The baby was left in her **care**. 赤ちゃんは彼女に任せられた.

❸ 心配, 苦労; 心配事
ことわざ **Care** will kill a cat. 心配は(9つの命を持つといわれる)ネコをも殺す. →「心配は身の毒」にあたる.

care of ～ (宛名(あてな)に使って)～(様)方, ～気付(きづけ) →**c/o** と略す. →**c/o**

Take care. 気をつけて;《米》さよなら (goodbye)

take care of ～ ～の世話をする; ～に気をつける
• **take** (**good**) **care of** the rabbit ウサギの世話を(しっかり)する
• **Take care of** yourself. 体に気をつけて.
• Are you (being) **taken care of**? (あなたは世話をされていますか ⇨)誰(だれ)かご対応してますか. →店員が客に言う言葉. →**are** 助動 ❶❷

—— 動 (三単現 cares /kéərz ケアズ/;
過去・過分 cared /kéərd ケアド/; -ing形 caring /kéəriŋ ケアリング/)

❶《主に否定文・疑問文で》気にする, 構う; 気に掛ける, 心配する

• I don't **care about** money. 僕(ぼく)はお金なんてどうでもいい.
• I don't **care if** it rains. (もし)雨が降っても構わない[平気だ].
• I don't **care what** he says. 彼が何と言おうと私は平気だ.
• Do you **care if** I go? 私が行ってもいいですか.
会話 I was dumped by my girlfriend. —**Who cares?** 僕, 恋人(こいびと)にふられちゃったよ.—そんなこと(誰が気に掛けるものか ⇨)僕の知ったことじゃないよ.

❷(care for ～ で)～の世話をする;《主に疑問文・否定文で》～が好きである, 欲(ほ)しい
• Will you **care for** my dog while I'm gone? 私の留守の間うちの犬の世話をしてくれますか.
• Do you **care for** some coffee? コーヒーを召(め)し上がりますか.
• I don't **care for** grapes. 私はブドウは好きじゃない[欲しくない].

❸(care to do で)《主に疑問文・否定文で》～したい
• Do you **care to** see the movie? 君はその映画が見たいですか.
• I don't **care to** go there. 私はそこへ行きたくない.

career /kəríər カリア/ (→アクセントの位置に注意) 名 ❶ 経歴; 生涯(しょうがい)
• Benjamin Franklin had an interesting **career**. ベンジャミン・フランクリンは興味深い生涯を送った.

❷ 職業
• He chose education as his **career**. 彼は教育を職業として選んだ.

❸《形容詞的に》(そのために特に教育を受けた)専門の
• a **career** diplomat [woman] 職業外交官[キャリアウーマン]

carefree /kéərfri: ケアフリー/ 形 のんきな, のんびりした

careful 中 A1 /kéərfəl ケアふる/ 形

注意深い, 慎重(しんちょう)な 反対語 **careless** (不注意な)
• a **careful** driver 慎重に運転する人
• You should be more **careful** of [about] your health. 君は健康にもっと注意

carefully

すべきです．
- Be **careful** (**with** the fire). (火の取り扱(あつか)いに気をつけて[注意しなさい]．
- Be **careful not to** drop the vase. =Be **careful that** you don't drop the vase. 花瓶(かびん)を落とさないように気をつけなさい．

Be careful!

carefully 中 A1 /kéərfəli ケアふリ/
副 **注意深く，注意して，慎重(しんちょう)に；念入りに**
- Listen to me **carefully**. 私の言うことを注意して聞きなさい．

caregiver /kéərgivər ケアギヴァ/ 名 (子どもや病人の)世話をする人；《米》介護者 関連語 **caretaker** (管理人)

careless /kéərlis ケアれス/ 形 不注意な，ぼんやりした；構わない
反対語 **careful** (注意深い)
- a **careless** mistake 不注意な間違(まちが)い → 「ケアレスミス」は和製英語．
- He is **careless about** his clothes. 彼は服装を気にしない[にむとんちゃくだ]．

carelessly /kéərlisli ケアれスリ/ 副 不注意に，うっかり，いい加減に

carelessness /kéərlisnis ケアれスネス/ 名 不注意，うかつ

caretaker /kéərteikər ケアテイカ/ 名 (建物などの)管理人，守衛；世話人 関連語 **caregiver** (世話をする人)，**care worker** (《英》介護する人)

cargo /káːrgou カーゴウ/ 名 (複 **cargo(e)s** /káːrgouz カーゴウズ/) (船・飛行機などの)積み荷

Caribbean /kæribíːən キャリビーアン/ 形 カリブ海の

Caribbèan (**Séa**) 固名 (**the** をつけて) カリブ海 → 中米と西インド諸島の間の海．

caribou /kǽribuː キャリブー/ 名 (複 **caribous** /kǽribuːz キャリブーズ/, **caribou**) 《動物》カリブー → 北米産のトナカイ．

carnation /kɑːrnéiʃən カーネイション/ 名 《植物》カーネーション

carnival /káːrnəvəl カーニヴァる/ 名 **謝肉祭，カーニバル** → 一般(いっぱん)に「お祭り騒(さわ)ぎ，〜祭，〜大会」の意味でも使われる．

参考　カトリック教国では復活祭(→**Easter**) の前40日間はキリストの苦しみをしのび肉食を断(た)つので，その前に肉を食べたりして楽しく過ごすお祭り．3日から1週間くらい続く．

carol /kǽrəl キャロる/ 名 喜びの歌，クリスマスの祝い歌
- a Christmas **carol** クリスマスキャロル

carp /káːrp カープ/ 名 (複 **carp**, **carps** /káːrps カープス/) 《魚》コイ → 複数の種類をいう時は **carps** となるが，ふつうは単数も複数も同じ形．

イメージ (**carp**)
欧米(おうべい)人はコイについてあまりよい印象を持っていない．大食いで漁場を荒(あ)らす貪欲(どんよく)な魚というイメージがある．

cár pàrk A2 名 《英》駐車場 → 《米》ではふつう **parking lot** という．

carpenter 小 /káːrpəntər カーペンタ/ 名 大工 関連語 **architect** ((建物の)設計者)

carpet /káːrpit カーペト/ 名 じゅうたん，カーペット → 床(ゆか)を広く覆(おお)うもの．小型のものは **rug**．

carport /káːrpɔːrt カーポート/ 名 簡易車庫，カーポート

carp streamer /káːrp stríːmər カープ ストリーマ/ 名 (日本の)こいのぼり

carriage /kǽridʒ キャリヂ/ 名 ❶馬車 → 自家用の4輪馬車．❷《英》(列車の)車両 (**car**) ❸ (ベビーカーなどの)車

carrier /kǽriər キャリア/ 名 ❶運ぶ人；運送業者 ❷ (病原菌(きん)などの)媒介(ばいかい)物，保菌(ほきん)者

cárrier bàg 名 《英》= shopping bag 《米》(店で買った品物を入れてくれる袋(ふくろ))

Carroll /kǽrəl キャロる/ 固名 (**Lewis Carroll**) ルイス・キャロル → 英国の数学者で童話作家 (1832-98)．*Alice's Adventures in Wonderland*(『不思議の国のアリス』)の作者．

carrot 小 A2 /kǽrət キャロト/ 名 《植物》ニンジン

carry 中 A1 /kǽri キャリ/ 動

one hundred and nine | **109** | **case**

三単現	**carries** /kǽriz キャリズ/
過去・過分	**carried** /kǽrid キャリド/
-ing形	**carrying** /kǽriiŋ キャリイング/

運ぶ, 持って行く, 伝える; 持っている, 持ち歩く

動基本 **carry** the desk upstairs 机を2階へ運ぶ → carry＋名詞.

• This airplane can **carry** 500 passengers. この飛行機は500人の乗客を運べる.

• I'll **carry** that bag for you, Mother. お母さん, 僕(ぼく)が(あなたのために)その袋(ふくろ)を持って行きます ⇨) その袋持ってあげるよ.

• In England, the police officers don't usually **carry** guns. 英国ではふつう警官はピストルを持っていない.

• The air **carries** sounds. 空気は音を運ぶ[伝える].

• The wind **carries** leaves **through** the air. (風が空中を通して木の葉を運ぶ ⇨) 風に吹(ふ)かれて木の葉が飛んでいく.

• The elevator **carried** me **up** the tower. エレベーターが私を塔(とう)の上へ運んでくれた.

• I **was carried off** the field. 私は(負傷して)フィールドの外へ運び出された. → 受け身の文. → was 助動 ②

• She **is carrying** her baby on her back. 彼女は赤ちゃんをおんぶしている. → 現在進行形の文. → is 助動 ①

carry around [about] 持ち歩く

carry away 運び去る

carry on 続ける; 行う, 営む

• **Carry on** working [**with** your work]. 仕事を続けなさい.

• **Carry on** down this street and turn left at the next corner. この道をずっと行って次の角を左に曲がりなさい. → down this street は「この道に沿って」.

carry out 実行する, 成し遂(と)げる

cart /kάːrt カート/ 名 (2輪の)荷車, 荷馬車; 手押(お)し車 → **shopping cart**

carton /kάːtən カートン/ 名 (厚紙製の)容器, カートン; カートン1個分

• a milk **carton** 牛乳パック

cartoon A1 /kɑːrtúːn カートゥーン/ 名

❶ 漫画(まんが) → 新聞などの風刺(ふうし)漫画・続き漫画 (comic strip) のこと.

類似語 「漫画本・雑誌」は **comic book**, 日本のものは **manga** ということも多い.

• a **cartoon** strip (数コマからなる)漫画

❷ 漫画映画

cartoonist /kɑːrtúːnist カートゥーニスト/ 名 漫画(まんが)家

carve /kάːrv カーヴ/ 動 ❶ 彫(ほ)る, 刻む, 彫刻(ちょうこく)する ❷ (食卓(しょくたく)で肉を)切り分ける

case¹ 小 A1 /kéis ケイス/

名 ❶ 場合

❷ (ふつう **the case** で) 事情

❸ (捜査(そうさ)の対象としての)事件

意味 map

— 名 (複 **cases** /kéisiz ケイセズ/)

❶ 場合, 実例, ケース

• **in** this **case** この場合には

• His accident was a **case** of careless driving. 彼の事故は不注意運転(の1ケース)だった.

❷ (ふつう **the case** で) 事情, 事実 (fact)

• **The case** is different [the same] in Japan. 日本では事情が違(ちが)う[事情は日本でも同じだ].

• That is not **the case**, and you know it. それは事実ではない[それは違う], 君だって知ってるくせに.

会話 He is often late for school.—The same is **the case with** his brother. 彼はよく学校に遅(おく)れて来る.—(同じ事が彼の兄[弟]についても事実だ ⇨) 彼の兄[弟]もそうだ.

❸ (捜査の対象としての)事件; (治療(ちりょう)の対象としての)病気; 患者(かんじゃ)

• a murder **case** 殺人事件

• a hopeless **case** of cancer 絶望的ながん患者

in any case とにかく, いずれにしても

in case ～ もし(～が～)である場合には; (～が～)するといけないから

• **In case** you want anything, ring this bell. もし何か欲(ほ)しい場合にはこのベルを鳴らしてください.

• Take an umbrella with you **in case** it rains. 雨が降るといけないから傘(かさ)を持って行きなさい.

in case of ～ ～の場合には

• **In case of** rain, there will be no picnic. 雨の場合はピクニックはないだろう.

just in case もしものことを考えて, 念のため

• I put a sweater in the bag **just in case**. 私はもしものことを考えてセーターをカバ

case² 中 A1 /kéis ケイス/ 名
ケース, 箱, ～入れ; 1箱の分量
- a pencil **case** 鉛筆(えんぴつ)入れ, 筆箱
- a **case** of orange juice オレンジジュース1箱

casework /kéiswə:rk ケイスワ～ク/ 名 ケースワーク →それぞれの事情に応じて適切な援助(えんじょ)や助言を行う社会事業活動.

caseworker /kéiswə:rkər ケイスワ～カ/ 名 ケースワーカー →casework に従事する人.

cash A2 /kǽʃ キャシュ/ 名 現金
- pay (in) **cash** 現金で払(しはら)う →pay cash の cash は「現金で」という意味で in cash と同じ.

会話 Will you pay in **cash** or by credit card?—I'll pay in **cash**. 現金でお支払(しはら)いになりますかそれともクレジットカードになさいますか.—現金で払います.

—— 動 現金に換(か)える
- **cash** a check 小切手を現金に換える

cashier /kæʃíər キャシア/ 名 (店の)レジ係 →日本語の「レジ」は register を短くしたものだが, register は「金銭登録器」の意味.

cassette A2 /kəsét カセト/ 名 (フィルム・テープの)カセット

cassétte (tàpe) recòrder 名 カセットテープレコーダー

cast /kǽst キャスト/ 動 (三単現 **casts** /kǽsts キャスツ/; 過去・過分 **cast**; -ing形 **casting** /kǽstiŋ キャスティング/) →原形・過去形・過去分詞がどれも同じ形であることに注意.
❶ 投げる →次の句以外ではふつう throw を使う.
- **cast** dice さいころを投げる[振る]

ことわざ The die is **cast**. さいは投げられた. →「それは決定されたのだ(からやるしかない)」の意味.
❷ (票を)投じる
❸ ～に(劇の)役を振(ふ)り当てる, 配役する
cast aside [off] 脱(ぬ)ぎ捨てる
—— 名 (劇の)配役, キャスト

castanet /kæstənét キャスタネト/ 名 (**castanets** で)カスタネット

castle 小 A2 /kǽsl キャスル|kɑ́:sl カースル/ (→t は発音しない) 名 城
- Edinburgh **Castle** エジンバラ城

ことわざ An Englishman's house is his **castle**. イギリス人の家は城である. →「(イギリス人は家庭の団らんやプライバシーを大事にして)他人の侵入(しんにゅう)を許さない」という意味.

casual /kǽʒuəl カジュアル/ 形 ❶ 偶然(ぐうぜん)の, 思いがけない ❷ 思いつきの, 気まぐれな ❸ ふだん着の, カジュアルな

cat 小 A1 /kǽt キャト/ 名 ネコ
- I live with my **cat**. (私はネコと暮らしている ⇨)私はネコを飼っています.

ことわざ A **cat** has nine lives. ネコは9つの命を持っている. →「ネコは執念(しゅうねん)深くなかなか死なない」の意味.

ことわざ When the **cat**'s away, the mice will play. ネコがいない時にはネズミが遊ぶ. →「鬼(おに)のいぬ間に洗濯(せんたく)」にあたる.
関連語 **kitten** (子ネコ), **pussy** (子ネコちゃん, にゃあにゃあ), **meow** (/ミアウ/ ニャー(と鳴く))

catalog(ue) /kǽtəlɔ:g キャタローグ/ 名 カタログ, 目録

catch 小 A1 /kǽtʃ キャチ/
動 ❶ 捕(つか)まえる, 捕(と)る　意味map
❷ (バス・電車などに)間に合う
❸ わかる

—— 動
三単現	**catches** /kǽtʃiz キャチェズ/
過去・過分	**caught** /kɔ́:t コート/
-ing形	**catching** /kǽtʃiŋ キャチング/

❶ 捕まえる, 捕る, 捕らえる; ～に追いつく
基本 **catch** a ball ボールを捕る →catch＋名詞.
- **catch** him **by** the hand ＝ **catch** his hand 彼の手を捕まえる →catch A (人) by the B (体の部分)は「AのBを捕まえる」.
- Cats often **catch** mice. ネコはよくネズミを捕る.
- I ran after Ken, but I couldn't **catch**

him. 私はケンを追ったが追いつけなかった.
- Gasoline **catches** fire easily. ガソリンはすぐ火がつく[引火しやすい].
- A strange sight **caught** my eye. 珍(めずら)しい光景が私の目を捕らえた[目をひいた].
- The fox **was caught in** a trap. そのキツネはわなで捕らえられた[わなに掛(か)かった]. ➡受け身の文. ➡ **was** [助動] ❷
- I **was caught in** a shower. 私はにわか雨に遭(あ)った.

❷(バス・電車などに)**間に合う**
- **catch** the last bus 最終バスに間に合う
反対語 I couldn't **catch** the 3 o'clock train. I **missed** it by just a minute. 私は3時の列車に乗り損(そこ)ねた. ほんの1分でその列車に間に合わなかった.

❸**わかる, 聞き取る**
- I don't **catch** his meaning. 私は彼の言う意味がわからない.
- I couldn't **catch** a single word of their talk. 私は彼らの話が一言も聞き取れなかった.

❹**ひっかかる; 引っ掛ける**
- Her skirt **caught on** a nail [in the door]. 彼女のスカートがくぎにひっかかった[ドアにはさまった].

catch at ~ **~をつかもうとする**
ことわざ A drowning man will **catch at** a straw. 溺(おぼ)れる者はわらをもつかむ.
catch (a) cold **風邪(かぜ)をひく**
catch one's breath **→breath** (成句)
catch hold of ~ **~を捕まえる**
catch on **人気を博する; 理解する**
catch sight of ~ **~を見つける**
catch up (with ~) **(~に)追いつく**
- I'll soon **catch up with** you. すぐ君に追いつくよ.

—— [名] (働 **catches** /kǽtʃiz キャチェズ/)
❶(ボールなどを)**捕らえること, 捕球**(ほきゅう); **キャッチボール**
- **play catch** キャッチボールをして遊ぶ ➡ ×play catch *ball* としない.
- **make a good catch** うまい捕球をする
❷(魚の)**とれた量, 釣(つ)れた量**
- **have a good [big] catch of fish** 魚をたくさんとる, 大漁である

catcher /kǽtʃər キャチャ/ [名] (野球の)**キャッチャー, 捕手**(ほしゅ) **→pitcher¹**

catchy /kǽtʃi キャチ/ [形] (比較級 **catchier**

/kǽtʃiər キャチア/; 最上級 **catchiest**
/kǽtʃiist キャチエスト/) **人の心をひき寄せる, (曲が)覚えやすい**

caterpillar /kǽtərpilər キャタピら/ [名] 《虫》**毛虫, イモムシ, 青虫** ➡**チョウ** (butterfly) やガ (moth) の幼虫.

cathedral /kəθíːdrəl カすィードラる/ [名] (キリスト教の)**大聖堂** ➡1つの地区の中心的教会堂で, ここには司教(主教) (bishop) がいる.

Catholic /kǽθəlik キャそりク/ [形] **カトリックの** 関連語 **Protestant** (プロテスタントの)
—— [名] **カトリック教徒**

Cátholic Chúrch [固名] **(the をつけて)** **カトリック教会** (= the Roman Catholic Church) ➡ローマ教皇 (Pope) を首長とするキリスト教の一派. イタリア・フランス・スペインなどのヨーロッパ諸国や南米の多くの国はカトリック教国である.

cat's cradle /kǽts kréidl キャツ クレイドる/ [名] **あや取り(遊び); あや取りでできた形**

catsup /kétʃəp ケチャプ/ [名] 《米》=ketchup

cattle /kǽtl キャトる/ [名] **牛** ➡群れ全体を指し複数扱(あつか)い. ×a cattle, ×cattles としない.
- **raise cattle** 牛を飼育する
- **thirty head of cattle** 牛30頭
- All the **cattle** are eating grass. 牛は皆(みな)草を食べている.
関連語 **cattle** は牛を「乳牛」あるいは「肉牛」としてみた時の総称で, **cow** (雌牛(めうし))も **bull** (雄牛(おうし))も **ox** (労働用の去勢雄牛)もこの中に含(ふく)まれる.

caught 中 /kɔ́ːt コート/ (➡gh は発音しない) [動] **catch** の過去形・過去分詞

cause 中 A2 /kɔ́ːz コーズ/ [名]
❶**原因, ~のもと**
関連語 **cause and effect** 原因と結果
- His carelessness was the **cause** of the fire. 彼の不注意がその火事の原因だった.
❷**主義, 目標; (目標を達成するための)運動**
- He works for the **cause** of world peace. 彼は世界平和のため努力している.
—— [動] ❶**~を引き起こす, ~の原因となる**
- The flood **caused** them a great deal of damage. 洪水(こうずい)は彼らに大損害を引き起こした.
❷**(cause A to do で) Aに~させる**
- A loud noise **caused** Mary **to** jump. 大きな物音がメアリーをとび上がらせた.

'cause /kɔ́ːz コーズ/ 接 《話》＝because（なぜなら～だから）

caution /kɔ́ːʃən コーション/ 名 用心；警告
——動 警告する →**warn** ほどは強くない.

cautious /kɔ́ːʃəs コーシャス/ 形 用心深い, 注意深い（careful）

cave /kéiv ケイヴ/ 名 洞穴(ほらあな), 洞窟(どうくつ)

caw /kɔ́ː コー/ 動 （カラスが）カーカーと鳴く
——名 カーカー（という鳴き声）

CD 中 A1 /síːdíː スィーディー/ 名 **CD** →compact **d**isc（コンパクトディスク）の略.
・listen to a new **CD** 新しい CD を聞く
・listen to music on the **CD** CD で音楽を聞く
・How many **CD**s do you have? あなたは CD を何枚持っていますか.
・A **CD** was made of his music. (1枚の CD が彼の音楽で作られた ⇨)彼の音楽が1枚の CD になった.

CD plàyer A1 名 CD プレーヤー

cease /síːs スィース/ 動 やめる；やむ →ふつう stop を使う.

cedar /síːdər スィーダ/ 名 《植物》ヒマラヤスギ →「スギ」という名がついているが，マツ科の針葉樹で, 高さが 30～60 メートルに達する高木.

ceiling /síːliŋ スィーリング/ 名 天井(てんじょう)

celebrate 中 A1 /séləbreit セレブレイト/ 動
祝う，(祝いの式を)行う →**congratulate**
・**celebrate** Christmas [Independence Day] クリスマス[独立記念日]を祝う
・**celebrate** a marriage 結婚(けっこん)式を挙げる

celebration A1 /seləbréiʃən セレブレイション/ 名 祝賀, お祝い, 祝典

celebrity /səlébrəti セレブリティ/ 名 （複 **celebrities** /səlébrətiz セレブリティズ/）有名人, セレブ

celery /séləri セロリ/ 名 《野菜》セロリ

cell /sél セる/ 名 ❶ 細胞(さいぼう) ❷（ミツバチの巣の)穴 ❸電池 →cell を組み合わせたものが **battery**.

cellar /sélər セら/ 名 （ワイン・食料・燃料貯蔵用の)地下室, 穴蔵(あなぐら) →**basement**

cello /tʃélou チェろウ/ 名 （複 **cellos** /tʃélouz チェろウズ/）《楽器》チェロ →弦(げん)楽器の一種.

cellphone /sélfoun セるフォウン/ 名 携帯(けいたい)電話
・talk on *one's* **cellphone** 携帯電話で話をする

cellular /séljulər セりュら/ 形 ❶ 細胞(さいぼう)質の ❷携帯(けいたい)電話の

cèllular phóne 名 携帯(けいたい)電話 →**cellphone** ともいう.

Celsius /sélsiəs セるスィアス/ 形 （温度が）セ氏の, 摂氏(せっし)の →**centigrade**

cement /simént セメント/ 名 セメント

cemetery /séməteri セメテリ/ 名 （複 **cemeteries** /séməteriz セメテリズ/）（教会に付属していない)(共同)墓地 →**churchyard**

censor /sénsər センサ/ 名 （出版物・映画などの)検閲(けんえつ)官

cent A2 /sént セント/ 名 セント；1 セント銅貨 →米国・カナダなどの貨幣(かへい)(＝ 1/100 ドル). 略記号は ¢. 「1 セント銅貨」は **penny** ともいう.

center 中 A2 /séntər センタ/ 名
❶ 中心, 中央
・the **center** of a circle 円の中心
・There is a very tall tower **in the center of** the city. 町の中央にとても高い塔(とう)がある.

❷ 中心地, (ある目的のための)中心施設(しせつ), ～センター
・a **center** of commerce 商業の中心地
・a shopping **center** ショッピングセンター

❸（野球・フットボール・バスケットボールなどの)センタープレーヤー
——動 中心に置く, 中心に集める[集まる], 集中する; (ボールを)センターに打つ[向かって蹴(け)る]

cénter fíeld 名 （野球の外野の)センター

cénter fíelder 名 （野球の外野手の)センター

cénter fórward 名 （サッカーの)センターフォワード

centigrade /séntəgreid センティグレイド/ 形 （温度が）セ氏の, 摂氏(せっし)の →℃ と略す.

one hundred and thirteen　113　**chain**

・10℃(読み方: ten degrees centigrade)
セ氏10度

> 参考　「摂氏」の「摂」はこの温度計の考案者であるスウェーデンの天文学者 A.Celsius (1701–44) の中国語表記から. 英米では日常は力氏 (Fahrenheit) も使う.

centimeter A2 /séntəmi:tər センティミータ/
图 センチメートル →**cm** または **cm.** と略す.

centimetre /séntəmi:tər センティミータ/ 图
《英》=**centimeter**

central /séntrəl セントラる/ 形 中央の, 中心の, 主な
・play a **central** role 中心的な役割を果たす
・Wheat is grown in **central** Canada. カナダ中央部では小麦が栽培(さいばい)されます.
・The office is very **central**. その事務所は市のど真ん中にある.

Céntral América 固名 中央アメリカ, 中米 →メキシコに続く北米大陸最南端(たん)の部分で, グアテマラ, エルサルバドル, パナマなどの7か国が含(ふく)まれる.

Céntral Párk 固名 セントラルパーク →ニューヨーク市のマンハッタンの中心部にある大公園.

centre /séntər センタ/ 图 動 《英》=**center**

century 中 A2 /séntʃəri センチュリ/ 图
(㊵ **centuries** /séntʃəriz センチュリズ/)
世紀, 100年
・the twenty-first **century** 21世紀 →21世紀は2001年1月1日から2100年12月31日まで.
・in the third **century** B.C. 紀元前3世紀に
・for over a **century** 1世紀[100年]以上の間
・many **centuries** ago 何百年も昔に

ceramic /səræmik セラミク/ 形 陶磁(とうじ)器の
—— 图 (**ceramics** で) 製陶(せいとう)術, 陶芸(とうげい)
→単数扱(あつか)い.

ceramist /sérəmist セラミスト/ 图 陶芸(とうげい)家, 陶工(とうこう)

cereal A2 /sí(ə)riəl スィ(ア)リアる/ 图
❶ (ふつう **cereals** で) 穀物 →麦・トウモロコシ・米など.
❷ (朝食用の)穀物食品, シリアル →コーンフレーク, オートミールなど.

ceremony 小 /sérəmouni セレモウニ/ 图

(㊵ **ceremonies** /sérəmouniz セレモウニズ/)
式, 儀式(ぎしき)
・a graduation **ceremony** 卒業式

certain A2 /sə́:rtn サ~トン/ 形 ❶ ある～
・in a **certain** town ある町に
> ⚠POINT **certain** town は, 話し手にとってどこの町であるかはわかっているが, 言う必要がない, あるいは言いたくなくてぼかして言う言い方. 話し手にとってどこの町かはっきりしない時は **some** town と言う.

・on a **certain** day in April 4月のある日に
❷ ある一定の, 決まっている
・at a **certain** place ある決まった場所で
❸ (人が)確信して, 疑わない; (物事が)確かで (sure) →名詞の前にはつけない. →**possible** 関連語

・I think I'm right, but I'm not **certain**. 私は自分が正しいと思いますが, 確信はありません.
・I'm **certain** of his success. =I'm **certain that** he will succeed. 私は彼の成功を確信する[彼は必ず成功すると思う].
・It is **certain that** the earth is round. 地球が丸いのは確かだ. →It=that 以下.
❹ (be certain to do で) 必ず～する, ～するに決まっている
・He is **certain to** come. 彼は必ず来る.

for certain 確実に, 確かに
make certain (of ～) (～を)確かめる

certainly 中 A2 /sə́:rtnli サ~トンリ/ 副
❶ 確かに, きっと →**perhaps** 類似語
・He'll **certainly** get well in a week or so. 彼はあと1週間くらいできっとよくなりますよ.
❷ (答えで) もちろん, いいとも, ええどうぞ
⚡会話 May I go home?—**Certainly** [**Certainly** not]. 帰ってもよろしいですか.—ええどうぞ[もちろんだめです]. →Yes, you may. という答えは目上の人には失礼な感じになる.

certificate /sərtífəkit サティフィケト/ 图 証明書, 免許(めんきょ)状

cf. 略 ～を参照せよ →ラテン語の **confer** (=compare) から. /コンペア/ または /スィーエふ/ と読む.

Chad /tʃǽd チャド/ 固名 チャド →アフリカ中央部の共和国. 国語はアラビア語, 公用語はフランス語. 首都はンジャメナ.

chain A2 /tʃéin チェイン/ 图 ❶ 鎖(くさり)

- a gold chain 金の鎖
- keep a dog **on a chain** 犬を鎖でつないでおく

❷ 連なり, 連続
- a **chain** of mountains = a mountain **chain** 連山, 山脈
- a **chain** of events 一連の事件

── 動 鎖でつなぐ, ～に鎖を付ける

cháin stòre 名 チェーンストアー → 同じ資本により直接経営管理されている小売店.

chair 小 A1 /tʃéər チェア/ 名
(複 **chairs** /tʃéərz チェアズ/)

❶ 椅子(いす) → 1人用で背のあるもの.
類似語 背のないものは **stool**.

stool sofa chair bench

- sit **on** a chair 椅子に座(すわ)る
- sit **in** a chair (肘掛(ひじか)け椅子のような深い)椅子に座る

❷ =chairperson

chairman A2 /tʃéərmən チェアマン/ 名 (複 **chairmen** /tʃéərmən チェアマン/)

❶ 議長, 司会者 → 性別に関係なく使う(→ **chairperson**). 議長に呼びかける時には, 男性には **Mr. Chairman**, 女性には **Madam Chairman** という.

❷ (委員会・政党の)**委員長**; (会社の)**会長**

chairperson /tʃéərpə:rsn チェアパ〜スン/ 名 議長, 司会者 → 「議長」を表す chairman には -man (男)がついていて性差別になりうるので, 性別を限定しない -person を用いたもの.

chalk /tʃɔ́:k チョーク/ 名 チョーク
- a piece [two pieces] of **chalk** チョーク1本[2本] → ふつう ×a chalk, ×chalks としない.

challenge 中 A2 /tʃǽlindʒ チャレンヂ/ 動 挑戦(ちょうせん)する, ～に(試合を)申し込(こ)む
- They **challenged** us **to** a game of baseball. 彼らは私たちに野球の試合を申し込んだ.
- The mystery **challenged** our imagination. その謎(なぞ)は我々の想像力に挑戦した[我々に向かって「どうだ想像力を働かせてこの謎が解けるか」と言っているようだった].

── 名 挑戦

challenged /tʃǽlindʒd チャレンヂド/ 形 (心身に)障がいのある
- physically [visually] **challenged** 身体[視覚]障がいのある

challenger /tʃǽlindʒər チャレンヂャ/ 名 挑戦(ちょうせん)者

chamber /tʃéimbər チェインバ/ 名 部屋 (room)

chameleon /kəmí:liən カミーリオン/ 名 《動物》カメレオン → 周囲の色に合わせ体色を変える.

chamomile /kǽməmail キャモマイル/ 名 《植物》カモミール → **camomile** ともつづる.
- **chamomile** tea カモミール茶

champ /tʃǽmp チャンプ/ 名 《話》= champion

champagne A2 /ʃæmpéin シャンペイン/ 名 シャンパン → フランスのシャンパーニュ地方産の発泡(はっぽう)性白ワイン.

champion /tʃǽmpiən チャンピオン/ 名 優勝者, 選手権保持者, チャンピオン(チーム)

championship A2 /tʃǽmpiənʃip チャンピオンシプ/ 名 選手権(大会[試合]); 優勝(者の地位)
- **win** a championship 選手権を獲得(かくとく)する, 優勝する

chance 中 A2 /tʃǽns チャンス/ 名

❶ 機会, チャンス
- I **had** a **chance to** talk with him. 私は彼と話をする機会があった.

❷ 見込(こ)み, (～する)望み, 可能性
- He **has** no [little] **chance of** winning the game. 彼が試合に勝つ見込みはない[ほとんどない].

❸ 偶然, 運 (luck)
- Don't leave it to **chance**. その事を運に任せてはいけない.

by chance 偶然(ぐうぜん)に, たまたま

take a chance いちかばちか[思いきって]やってみる
- I'll **take a chance** on it. いちかばちかそれをやってみよう.

change 中 A1 /tʃéindʒ チェインヂ/

動 ❶ 変える; 変わる
❷ 取り替(か)える; 着替(きが)える

意味 map

one hundred and fifteen　115　**change**

❸ 乗り換(か)える
❹ 両替(りょうがえ)する
[名] ❶ 変化; 変更(へんこう)
❷ つり銭

── [動] (三単現) **changes** /tʃéindʒiz チェインヂェズ/; (過去・過分) **changed** /tʃéindʒd チェインヂド/; (-ing形) **changing** /tʃéindʒiŋ チェインヂング/)

❶ 変える; 変わる, 変化する
[両][基本] **change** the shape　形を変える　→change+名詞.
[両][基本] **change** water into steam　水を蒸気に変える　→change A into B は「AをBに変える」.
[両][基本] Rain often **changes** into snow in the evening.　雨は夕方になるとよく雪に変わる.　→change into ~ は「~に変わる」.
• He **changed** his mind.　彼は考えを変えた[気が変わった].
• The village **has** quite **changed**.　村はすっかり変わってしまった.　→現在完了(かんりょう)の文. →**have** [助動] ❶
• The stick **was changed** into a snake by the magician.　その棒は魔術(まじゅつ)師によってヘビに変えられた.　→受け身の文. →**was** [助動] ❷
• Their lives on the island **are changing** fast.　彼らの島の生活はどんどん変わりつつある.　→現在進行形の文. →**are** [助動] ❶
• We saw the **changing** of the Guard at Buckingham Palace.　私たちはバッキンガム宮殿(きゅうでん)で衛兵の交代を見た.　→changing は change の動名詞形.

❷ 取り替える; 着替える
• **change** one's clothes　服を着替える
• Will you **change** seats with me?　私と席を取り替えてくれますか.
• Jim **changed** the sweater **for** a shirt. ジムはセーターをシャツに着替えた.
• We all **changed into** our swimming things.　私たちはみんな水着に着替えた.

❸ 乗り換える
• **Change** trains at the next station.　次の駅で電車を乗り換えなさい.
• **Change to** the Chuo Line at Shinjuku Station.　新宿駅で中央線に乗り換えなさい.
• Passengers must **change** here **for** Chicago.　シカゴへ行く乗客はここで乗り換えなければなりません.

❹ 両替する; 崩(くず)す
• I **changed** yen **into** dollars at the bank.　私は銀行で円をドルに両替した.
• Can you **change** this dollar bill for ten dimes (for me)?　この1ドル札を10セント硬貨(こうか)10枚に崩してくれませんか.

会話

A: Hello! Can you **change** Japanese yen into U.S. dollars?
B: Sure. What kinds of bills would you like?
A: Ten-dollar bills, please.
A: こんにちは. 日本円をアメリカドルに替えてもらえませんか.
B: はい. 何ドル札がよろしいですか.
A: 10ドル札にしてください.

── [名] (複) **changes** /tʃéindʒiz チェインヂェズ/)
❶ 変化; 変更
• make a **change** in the program　プログラムを変更する
• go for a walk **for a change**　気分転換(てんかん)のために散歩に出かける
• There was a sudden **change** in the weather.　天気が急に変わった.

❷ つり銭
• **Here's** your **change**.　はい, おつりです.
• You may **keep** the **change**.　おつりはとっておいてください.
• Can you give me **change** for a 10,000-yen bill?　1万円札でおつりをくれますか. →×a change, ×changes としない. 10,000 は ten thousand と読む.

❸ 小銭(こぜに) →**small change** ともいう. 札でなく, 小額の硬貨を指す. ×a change, ×changes としない.

changeable /tʃéindʒəbl チェインヂャブル/ 形
変わりやすい

channel /tʃǽnl チャヌル/ 名 ❶(ラジオ・テレビの)チャンネル ❷水路 ❸海峡(かいきょう) [類似語]
strait より大きい.

chant 小 /tʃǽnt チャント/ 名 チャント, チャンツ, 聖歌 ➜チャンツは詩やお祈(いの)りの言葉など, リズムをつけて繰り返す言葉.
── 動 (短い文などを)リズムをつけて繰り返す

chapa(t)ti /tʃəpáːti チャパーティ/ 名 チャパティ ➜インドなどで食べられる薄(うす)い丸パン.

chapel /tʃǽpəl チャペル/ 名 (教会・学校・病院に付属した)礼拝堂, チャペル; (英国国教会以外の)教会堂 (church)

Chaplin /tʃǽplin チャプリン/ 固名 (**Sir Charles Spencer Chaplin**) チャップリン ➜イギリスの喜劇俳優・映画監督(かんとく)(1889-1977). 通称 **Charlie** /チャーリ/ **Chaplin**.

chapter A2 /tʃǽptər チャプタ/ 名 (本の)章
•the first **chapter** = **Chapter** 1 (読み方: one) 第1章

character 中 A1 /kǽriktər キャラクタ/ 名

❶(人の)性格, 人格; (物の)特性, 特色
•national **character** 国民性
•He was a man of gentle **character**. 彼は温和な人物でした.
❷(小説・劇・歴史上の)人物, 登場人物
•a great historical **character** 歴史上の偉大(いだい)な人物
•There are three **characters** in this play. この劇には登場人物が3人いる.
❸記号, 文字
•Chinese **characters** 漢字

characteristic /kæriktərístik キャラクタリスティク/ 形 特有の, 独特の
── 名 特徴(とくちょう), 特色

charade /ʃəréid シャレイド/ 名 (**charades** で) ジェスチャーゲーム ➜単数扱(あつか)い.

charge /tʃáːrdʒ チャーヂ/
❶(使用)料金 [類似語] **charge** は使用料・サービス料としての「料金」. **price** は品物の「値段」.
•hotel **charges** ホテル代
•The movie is free of **charge**. その映画は無料だ.
•What is the **charge for** this room? この部屋の(使用)料金はいくらですか.

❷受け持ち, 管理, 世話, 責任
•Mr. Ito is **in charge of** our class. 伊東先生は私たちのクラスを受け持っている.
•She is taking **charge of** the boy. 彼女がその子を預かっている. ❸充電(じゅうでん)
── 動 ❶(料金・代金を)請求(せいきゅう)する
•How much do you **charge for** this room? この部屋代はいくらですか.
•He only **charged** me $10 **for** the room. 彼はその部屋の使用料として私に10ドルしか請求しなかった.
❷責める, 非難する; 告発する
•He was **charged with** carelessness. 彼は不注意を[不注意だと]責められた.
❸詰(つ)める, 満たす; 充電する

charger /tʃáːrdʒər チャーヂャ/ 名 (バッテリーの)充電器
•a battery **charger** 充電器

charity /tʃǽrəti チャリティ/ 名 (複 **charities** /tʃǽrətiz チャリティズ/)
❶慈善(じぜん), 施(ほどこ)し; 思いやり
•a **charity** concert チャリティーコンサート
[ことわざ] **Charity** begins at home. 慈善は家庭から始まる. ➜「外部の人にだけ優(やさ)しくして身内の者を顧(かえり)みないようではいけない」の意味.
❷(ふつう **charities** で) 慈善事業[施設(しせつ)]

charm /tʃáːrm チャーム/ 名 ❶魅力(みりょく)
❷魔力(まりょく); まじない; お守り
── 動 魅惑(みわく)する, うっとりさせる, 心を奪(うば)う

charming /tʃáːrmiŋ チャーミング/ 形 魅力(みりょく)的な, チャーミングな, (とても)美しい

chart A2 /tʃáːrt チャート/ 名 図, グラフ; 海図
•a pie [bar] **chart** 円[棒]グラフ ➜折れ線グラフは a line graph
•a flow **chart** フローチャート
•The **chart** shows that the price increased. グラフからは価格が上がったことがわかる.

charter /tʃáːrtər チャータ/ 名 (しばしば **Charter** で) 憲章 ➜組織・団体の目的などを述べた宣言(文書).
── 動 (乗り物を)借り切る, チャーターする

chase /tʃéis チェイス/ 動 ❶追いかける
❷(**chase away** [**off**] で) 追い払(はら)う
── 名 追跡(ついせき)

chat A2 /tʃǽt チャト/ 動 三単現 **chats**

/tʃǽts チャツ/; 過去・過分 **chatted** /tʃǽtid チャテド/; -ing形 **chatting** /tʃǽtiŋ チャティング/)
❶ 雑談する, おしゃべりする
• **chat about** the weather お天気について雑談する ❷《コンピューター》(インターネットなどで)**チャットする**
── 名 ❶ 雑談, おしゃべり
• **have** a **chat with** ～ ～と雑談[おしゃべり]する
❷《コンピューター》チャット

chatter /tʃǽtər チャタ/ 動 (ぺちゃくちゃ)おしゃべりする

chatterbox /tʃǽtərbɑks チャタバクス/ 名 おしゃべりな子 →「がらがら音を出す赤ちゃんのおもちゃ」から.

cheap 中 A2 /tʃíːp チープ/ 形 安い; 安っぽい
• at a **cheap** store 安売りの店で
• Cabbage is **cheap** this week. 今週はキャベツが安い.
反対語 This is too **expensive** [《英》**dear**]. Show me a **cheap**er one. これは高過ぎる. もっと安いのを見せてくれ.
• Which airline is **the cheapest** in Japan? 日本ではどの航空会社が一番安いですか.
── 副《話》安く
• buy [sell] bananas **cheap** バナナを安く買う[売る]

cheat /tʃíːt チート/ 動 だます, ごまかす, カンニングする
• No **cheating**. カンニング禁止.
── 名 ごまかす人; ずる

check 小 A1 /tʃék チェク/ 動

❶ (項目(こうもく)などを)照合する, 確認(かくにん)する, チェックする, 調べる; (**check off** で) 照合済みの印(✓)をつける(《英》tick off)
❷ おさえる, 食い止める
❸ (持ち物を)預ける; (荷物を)託送(たくそう)する
check in (ホテルに着いて)宿泊(しゅくはく)用紙に記入する, ホテルに入る, (旅客(りょかく)機の)搭乗(とうじょう)手続きをする
check out ① (支払(しはら)いを済ませてホテルなどを)チェックアウトする
② (～を)調べる, 検査する
③ (図書館で手続きをして本を)借り出す
check (**up**) **on** ～ ～を(ちょっと)調べる
── 名 ❶ 照合; 照合済みの印(✓)
❷ (手荷物の)預かり証[札]; 《米》(食堂などの)伝票, 勘定(かんじょう)書き (bill)
• Can I have my **check**? = **Check**, please. (飲食店で)お勘定してください.
❸ 《米》小切手 → 《英》では cheque とつづる.
• pay by **check** 小切手で支払う

checklist /tʃéklist チェクリスト/ 名 一覧表, チェックリスト

checkout /tʃékaut チェカウト/ 名 ❶ チェックアウト → ホテル・スーパーなどで会計を済ませて出ること. ❷ (スーパーなどの出口にある)会計場, レジ → **checkout counter** ともいう.

checkpoint /tʃékpɔint チェクポイント/ 名 (道路・国境などの)検問所

checkup /tʃékʌp チェカプ/ 名《話》(総合)健康診断(しんだん); (機械などの)点検

cheek A2 /tʃíːk チーク/ 名 ほお
• I kissed her **on** the **cheek**. 私は彼女のほおにキスした.

cheer 中 A2 /tʃíər チア/ 動 声援(せいえん)する, 喝采(かっさい)する, 元気づける[づく] →「いいぞ」「頑張(がんば)れ」と大きな声を掛(か)けてほめたり励(はげ)ましたりすること.
• We all **cheered** our team. 私たちはみんな私たちのチームを声援した.
• Please come and **cheer for** us. 応援(おうえん)しに来てください.
cheer up 元気が出る; 元気づける
• **Cheer up!** 頑張れ, 元気を出せ.
── 名 ❶ (**cheers** で間投詞のように使って) 乾杯(かんぱい)! (Bottoms up!)
• We lifted our drinks and said "**Cheers!**" to each other. 我々はグラスを上げてお互(たが)いに「乾杯!」と言った.
❷ 喝采, 万歳(ばんざい); 声援, 激励(げきれい)
• give a **cheer** いいぞ[頑張れ]と声を掛ける
• give three **cheers for** ～ ～のために万歳三唱する → 発声をする人の "Hip hip!" の後にみんなが "Hurray! /フレイ/" と言い, これを3度繰(く)り返す.

cheerful 中 /tʃíərfəl チアふる/ 形 元気のいい,

cheerfully 118 one hundred and eighteen

明るい, 楽しそうな
- a **cheerful** boy 明るい少年
- May is always smiling and **cheerful**.
メイはいつもにこにこして明るい.

cheerfully /tʃíərfəli チアふり/ 副 元気よく,
楽しそうに

cheerfulness /tʃíərfəlnis チアふるネス/ 名
元気のいいこと, 陽気さ, 快活さ

cheerleader /tʃíərliːdər チアリーダ/ 名 (フ
ットボール試合などの)応援(おうえん)指揮者, チアリー
ダー →cheer girls とは言わない. →**cheer**

cheerleading /tʃíərliːdiŋ チアリーディング/ 名
チアリーディング競技; チアリーダーの活動

cheese 小 A1 /tʃíːz チーズ/ 名
チーズ
- a slice of cheese チーズひと切れ

POINT cheese は数えられない名詞なので, ふつ
う ×a cheese, ×cheeses のようにしない
が, 種類の違(ちが)うチーズをいう時は five natu-
ral [imported] cheeses (5種類のナチュ
ラル[輸入]チーズ)のように複数形になる.

Say cheese! (写真撮影(さつえい)で)チーズと言
って, さあ笑って →「チーズ」と言うと口が笑った
時の形になるから.

cheeseburger /tʃíːzbəːrgər チーズバーガ/
名 チーズバーガー

cheesecake /tʃíːzkeik チーズケイク/ 名 チー
ズケーキ

cheetah /tʃíːtə チータ/ 名 (動物)チータ →
ヒョウに似たネコ科の動物. 陸上動物の中で最速
(時速110km)の能力を持つ.

chef 中 A2 /ʃéf シェふ/ 名 《フランス語》(ホテ
ル・レストランなどの)料理長, シェフ

chemical A2 /kémikəl ケミカる/ 形 化学の,
化学上の, 化学的な
―― 名 (ふつう chemicals で)化学薬品

chemist /kémist ケミスト/ 名 ❶化学者
❷(英)薬剤(やくざい)師, 薬屋さん (pharmacist)

chemistry /kémistri ケミストり/ 名 化学

cheque A2 /tʃék チェク/ 名 《英》小切手 →
《米》では check とつづる.

cherish /tʃériʃ チェリシュ/ 動 大事にする, 大事
に育てる; (希望・記憶(きおく)などを)胸に抱(いだ)く

cherry 小 /tʃéri チェリ/ 名 (複 **cherries**
/tʃériz チェリズ/) ❶サクランボ
- a **cherry** stone サクランボの種
- I ate some **cherries**. 私は(いくつか)サクラ

ンボを食べた.
❷サクラの木 →cherry tree ともいう.
- **cherry** blossoms サクラの花

chess A2 /tʃés チェス/ 名 チェス
- Let's play **chess**. チェスをしよう.

chest A2 /tʃést チェスト/ 名 ❶胸
- I have a pain in my **chest**. 胸のところが
痛い.
❷(ふた付きの)大箱
- a tool **chest** 道具箱
❸財源 (funds) →「(お金の入っている)箱」の意
味から箱の中の「お金」を指すようになった. →
community chest

chestnut /tʃésnʌt チェスナト/ 名 ❶クリの実
❷クリの木 →chestnut tree ともいう.

chést of dráwers 名 たんす

chew /tʃúː チュー/ 動 (食べ物を)かむ

chewing gum /tʃúːiŋ gÀm チューインぐ ガム/
名 チューインガム

Chicago /ʃikáːgou シカーゴウ/ 固名 シカゴ
→イリノイ州にある米国第3の大都市. 冬の寒風
が名物の1つで, the Windy City (風の町)のニ
ックネームがある.

chick /tʃík チク/ 名 ひよこ, ひな

chicken 小 A1 /tʃíkin チキン/ 名
❶(鳥)ニワトリ →おんどり (rooster) にもめ
んどり (hen) にもいう.
- It's a **chicken** and egg problem. それは
ニワトリと卵の問題だ. →「どちらが原因でどちら
が結果だかわからない」の意味.
❷鶏肉(とりにく), チキン
- fried **chicken** フライドチキン
❸臆病(おくびょう)者 (coward)

chief /tʃíːf チーふ/ 名 (ある団体の)長, チーフ
- the **chief** of the police station 警察署長
in chief 最高位の
- the editor **in chief** 編集長
- the commander **in chief** 最高指揮官
―― 形 主要な, 第一の; ~長 →名詞の前にだけつ
ける. →**main**
- the **chief** justice 裁判長

chiefly /tʃíːfli チーふり/ 副 主として, 主に

child 小 A1 /tʃáild チャイるド/ 名
(複 **children** /tʃíldrən チるドレン/)
❶(大人に対して)子供

POINT 男の子にも女の子にも使い, baby と呼ば

れる時期を過ぎた幼児から，12～13歳(さい)頃(ころ)までの子供を指す．
- when I was a **child** 私が子供の頃(ころ)
- You are no longer a **child**. 君はもう子供ではない．→**no longer** は「もう～ない」．
- **Children** like sweets. 子供というのは甘(あま)い物が好きだ．

❷(親に対して)**子，子供** →息子(むすこ)(son)，または娘(むすめ)(daughter)のこと．
- He is **an only child**. 彼は一人っ子だ．
- They have no **children**. 彼らには子供がない．

childhood A2 /tʃáildhud チャイルドフド/ 名 子供の頃(ころ)，幼年時代
- **in** my **childhood** 私の子供の頃に

childish /tʃáildiʃ チャイルディシュ/ 形 子供の，子供らしい；子供じみた，幼稚(ようち)な，おとなげない →**childlike**

childlike /tʃáildlaik チャイルドライク/ 形 子供のような，純真な，無邪気(むじゃき)な
類似語 **childlike** はよい意味で，**childish** は軽蔑(けいべつ)的に使う．

children 中 /tʃíldrən チるドレン/ 名 **child** の複数形

Chíldren's Dày 名 (日本の)子供の日 →5月5日．

children's dòctor 名 小児(しょうに)科医

Chile /tʃíli チリ/ 固名 チリ →南米の共和国．首都はサンティアゴ．公用語はスペイン語．

Chilean /tʃílian チリアン/ 形 チリ(人)の
── 名 チリ人

chili A2 /tʃíli チリ/ 名 (複 **chilies** /tʃíliz チリズ/) チリ →トウガラシの一種．

chill /tʃíl チる/ 名 冷気，冷たさ；寒け，底冷え
── 動 冷やす

chilly /tʃíli チリ/ 形 (比較級 **chillier** /tʃíliər チリア/；最上級 **chilliest** /tʃíliist チリエスト/) 冷え冷えする，寒い，底冷えのする

chime /tʃáim チャイム/ 名
❶(しばしば **chimes** で)(教会の塔(とう)などの)調律した一組の)鐘(かね)；(その)鐘の音
❷(時計・玄関(げんかん)の)**チャイム**
── 動 (鐘が)鳴る；(鐘を)鳴らす

chimney /tʃímni チムニ/ 名 煙突(えんとつ)

chímney swèep(er) 名 煙突(えんとつ)掃除(そうじ)人 →昔イギリスでは貧しい家庭の少年たちがこの仕事に雇(やと)われた．

chimp /tʃímp チンプ/ 名 《話》= chimpanzee

chimpanzee A2 /tʃìmpænzí: チンパンズィー/ 名 《動物》**チンパンジー** →**ape**

chin A2 /tʃín チン/ 名 あご先，下あご →**jaw**

China 小 /tʃáinə チャイナ/ 固名 中国 →正式名は **the People's Republic of China** (中華(ちゅうか)人民共和国)．首都はペキン (Beijing)．公用語は中国語．

china /tʃáinə チャイナ/ 名 磁器；瀬戸物(せともの) (porcelain) →磁器は元は中国 (China) から伝来したのでこう呼ばれる．

Chinatown /tʃáinətaun チャイナタウン/ 名 (中国国外にある)中国人町，中華街(ちゅうかがい)

Chinese 小 /tʃàiní:z チャイニーズ/ 形 中国の，中国人の；中国語の
- **Chinese** food 中国料理 →**Chinese** は単独ではアクセントが後ろにあるが，名詞の前につくとふつうアクセントが前に来る．
- He is **Chinese**. 彼は中国人です．
── 名 (複 **Chinese**) ❶中国人 ❷中国語

chip /tʃíp チプ/ 名 ❶(**chips** で)(野菜などの)薄(うす)切り；《米》ポテトチップス；《英》フライドポテト 関連語「フライドポテト」は米国では **French fries**，「ポテトチップス」は英国では (potato) **crisps** という．

《米》 (potato) chips　　French fries
《英》 crisps　　　　　　chips

❷(木・ガラスなどの)かけら，切れ端(はし)；欠けたところ ❸(コンピューターの)(マイクロ)チップ，小型集積回路

chipmunk /tʃípmʌŋk チプマンク/ 名 《動物》シマリス →背に縦じまがある小形のリス．

chirp A2 /tʃə́:rp チャープ/ 動 (小鳥・虫が)鳴く
── 名 (小鳥・虫の)チュンチュン[チーチー]鳴く声

chocolate 小 A1 /tʃɔ́:klət チョークれト|tʃɔ́klət チョクれト/ 名
❶ チョコレート
- **a bar of chocolate** チョコレート1枚
- **a box of chocolates** チョコレート1箱
- Don't eat too much **chocolate**. チョコレートを食べ過ぎてはいけません．

❷ (**hot chocolate** とも) ココア
- We had some (**hot**) **chocolate**. 私たちはココアを飲んだ.

choice A2 /tʃɔ́is チョイス/ 名 ❶ 選ぶこと, 選択(せんたく); 選ぶ自由 関連語「選ぶ」は **choose**.
- I can give you only one of these two boxes. Make your **choice**. 私は君にこの2つの箱のうち1つだけあげてもよい. 選びなさい.
- You made a good **choice**. 君はよい選択をした.
- Be careful in your **choice of** books. 本を選ぶ時には注意しなさい.
- You have no **choice**—you must do it. 君には選ぶ自由はない[好き嫌(きら)いなど言えない]—君はそれをしなければならないのだ.

❷ 選んだ物[人], えりぬき
- This cap is my **choice**. これが僕(ぼく)の選んだ帽子(ぼうし)だ.
- Take your **choice**. 君の好きなのを取れよ.
—— 形 特選の, えりぬきの, 最上の
- the **choicest** fruit 飛び切り上等の果物

choir /kwáiər クワイア/ 名 (教会の)聖歌隊; 聖歌隊席; (一般(いっぱん)の)合唱団

choke /tʃóuk チョウク/ 動 窒息(ちっそく)させる; 息が詰(つ)まる

choose 中 A1 /tʃúːz チューズ/ 動
三単現 **chooses** /tʃúːziz チューゼズ/
過去 **chose** /tʃóuz チョウズ/
過分 **chosen** /tʃóuzn チョウズン/
-ing形 **choosing** /tʃúːziŋ チューズィング/

❶ 選ぶ 関連語「選択(せんたく)」は **choice**.
- We **choose** our lunch from a menu. 私たちはメニューを見て昼食を選びます.
- Let's **choose** teams. チーム分けをしよう.
- **Choose** me a good one, please. 私にいいのを選んでください.
- We **chose** Betty (as) chairperson. 私たちはベティを議長に選んだ.
- Betty **was chosen** (as) chairperson. ベティは議長に選ばれた. →**was** 助動 ❷

❷ (~することに)決める (decide)
- We **chose to** go by bus. 私たちはバスで行くことに決めた.

chop /tʃɑ́p チャプ/ 動 (三単現 **chops** /tʃɑ́ps チャプス/; 過去・過分 **chopped** /tʃɑ́pt チャプト/; -ing形 **chopping** /tʃɑ́piŋ チャピング/)
❶ (おの・なたなどで)たたき切る ❷ (肉・野菜などを)細かく刻む, みじん切りにする

chopsticks /tʃɑ́pstiks チャプスティクス/ 名 複 箸(はし)
- **a pair of chopsticks** 箸1膳(ぜん)

chore /tʃɔ́ːr チョー/ 名 (家の内外の)小仕事; (**chores** で)(日々の)家事

chorus 小 /kɔ́ːrəs コーラス/ 名 合唱, コーラス; 合唱教; 合唱曲; 合唱団
- sing **in chorus** 合唱する
- read **in chorus** 声をそろえて読む

chose /tʃóuz チョウズ/ 動 **choose** の過去形

chosen /tʃóuzn チョウズン/ 動 **choose** の過去分詞

chowder /tʃáudər チャウダ/ 名 チャウダー →ハマグリ (clam) などの魚介(ぎょかい)類と野菜などを煮込(にこ)んだクリームシチュー.

Christ /kráist クライスト/ 固名 キリスト →「救世主」の意. ふつう Jesus Christ (イエス・キリスト)を指す.

Christian /krístʃən クリスチャン/ 名 キリスト教徒, クリスチャン
—— 形 キリスト教の, キリスト教徒の

Christianity /kristʃiǽnəti クリスチアニティ, kristiǽnəti クリスティアニティ/ 名 キリスト教

Chrístian náme 名 《主に英》洗礼名 →キリスト教でふつう洗礼の時に与(あた)えられる名. **first** [**given**] **name** ともいう.

Christmas 小 /krísməs クリスマス/ (→t は発音しない) 名
❶ クリスマス, キリスト降誕祭 →**Xmas** と略す. キリストの誕生を祝う日で12月25日.
- a green [white] **Christmas** 雪の降らない[積もった]クリスマス

会話
Merry [**Happy**] **Christmas!** — (**The**) **Same to you!**
クリスマスおめでとう.—おめでとう.

❷ クリスマスの季節 →12月25日を含(ふく)めて

その前後数日間.
- **at Christmas** クリスマス(の頃(ころ))に

Chrístmas càrol 名 クリスマスキャロル, クリスマスの祝い歌

Chrístmas Dày 名 クリスマスの日, キリスト降誕日 →12月25日.

Chrístmas Éve 名 クリスマスイブ →クリスマスの前夜, または前日.

Chrístmas hólidays 名 《英》クリスマス休暇(きゅうか), 冬休み

Chrístmas trèe 名 クリスマスツリー →ふつうモミの木 (fir tree) を使う.

Chrístmas vacátion 名 《米》=Christmas holidays

chuckle /tʃʌkl チャクる/ 動 くすくす笑う → laugh

church A1 /tʃə:rtʃ チャ〜チ/ 名
❶ 教会, 教会堂 →church が本来の目的(礼拝)で使われる時は ×a church, ×the church としない.
[類似語] 英国では英国国教会以外の宗派の教会堂は **chapel** という.
- The Browns **go to church** on Sundays. ブラウン家の人々は毎日曜日教会へ[礼拝に]行く.
- What time does **church** begin? 教会[礼拝]は何時に始まりますか.
❷ (**Church** で) (「教派」の意味で)〜教会
- the Catholic **Church** カトリック教会
- the **Church** of England 英国国教会

churchyard /tʃə:rtʃjɑ:rd チャ〜チヤード/ 名 (教会の境内(けいだい)にある)教会の墓地 →**cemetery**

cicada /siká:də スィカーダ/ 名 《虫》セミ →北アメリカにはたくさんの種類のセミがいるがイギリスではセミを見かけることはほとんどない.

cider /sáidər サイダ/ 名 《米》リンゴジュース; 《英》リンゴ酒 →日本でいう「サイダー」は **soda pop** という.

cigar /sigá:r スィガー/ 名 葉巻き

cigaret(te) A2 /sigərét スィガレト/ 名 (紙巻き)タバコ →**tobacco**

Cinderella /sìndərélə スィンデレら/ 固名 シンデレラ →童話の主人公の名.

cinema A1 /sínəmə スィネマ/ 名 《英》
❶ 映画館 (《米》movie theater)
❷ (**the cinema** で) (集合的に) 映画 (《米》the movies)

- go to **the cinema** 映画に行く

cinnamon /sínəmən スィナモン/ 名 (植物) シナモン, ニッケイ →熱帯地方に産する常緑高木, またその皮を加工して作る香味(こうみ)料.

circle 小 A1 /sə́:rkl サ〜クる/ 名
❶ 円; 輪
- **draw** a **circle** 円を描(えが)く
- We danced **in** a **circle**. 私たちは輪になって踊(おど)った.
❷ 仲間, サークル
- a reading **circle** 読書会[サークル]
—— 動 囲む; 回る, 旋回(せんかい)する
- **circle** the number of the right answer 正しい答えの番号を丸で囲む
- The moon **circles** the earth. 月は地球の周りを回る.

circular /sə́:rkjulər サ〜キュら/ 形 円形の

circulation /sə:rkjəléiʃən サ〜キュれイション/ 名 ❶ 循環(じゅんかん); 血行 ❷ 伝達; 流通

circulàtion désk 名 (図書館の)貸し出しカウンター

circumstance /sə́:rkəmstæns サ〜カムスタンス/ 名 (ふつう **circumstances** で) (周囲の)事情, 状況(じょうきょう); 経済状態, 暮らし向き

circus /sə́:rkəs サ〜カス/ 名 ❶ サーカス; サーカス団 ❷ 《英》(放射状の道路が集まる)円形の広場 →しばしば地名に使われる.

cities /sítiz スィティズ/ 名 **city** の複数形

citizen A2 /sítəzn スィティズン/ 名
❶ 市民, (都会の)住民
- a **citizen** of New York City ニューヨーク市民
- a **citizen** of Tokyo 東京都民
❷ 国民
- an American **citizen** アメリカ国民

city 小 A1 /síti スィティ/ 名
(複 **cities** /sítiz スィティズ/)
❶ 市, 都会, 町; (**the city** で) 全市民 →**town**
- **city** life 都会生活
- New York **City** = the **City of** New York ニューヨーク市
- show him **around** the **city** 彼を連れて町を案内する
- Kobe is a sister **city to** Seattle. 神戸はシアトルの姉妹(しまい)都市です.
- The whole **city** was alarmed by the big earthquake. 全市民がその大地震(じしん)で

city hall 122 one hundred and twenty-two

不安に襲(おそ)われた.

❷ (**the City** で) シティー ←ロンドン市 (Greater London) の中心部を占(し)める旧ロンドン市部で, 英国の金融(きんゆう)・商業の中心. 正式には **the City of London** という.

cíty háll 中 名 《米》市役所, 市庁(《英》 town hall)

civics /síviks スィヴィクス/ 名 《米》(教科の)公民科 ←単数扱(あつか)い.

civil /sívl スィヴる/ 形 ❶ 公民の, 市民の ❷ (軍事用でない)民間用の, 平和的な (peaceful) ❸ 国内の

civilian /sivíljən スィヴィりャン/ 形 一般(いっぱん)市民の, 民間の, 文民の; (軍事用でない)民間用の, 平和的な (civil)

civilization /sìvəlizéiʃən スィヴィりゼイション/ 名 文明 類似語 **civilization** は主に物質的な面から, **culture** (文化)は精神的な面から見ていう.

civilized /sívəlaizd スィヴィらイズド/ 形 文明化した, 開化した

cívil sérvice 名 (**the** をつけて) (司法・立法・軍事を除く)国家の)行政事務; 《集合的に》国家公務員

Cívil Wár 固名 (アメリカの)南北戦争 (1861–65)

claim A2 /kléim クれイム/ 動 (本当だと)言い張る; 自分の物[権利]だと言う, (権利として)要求する

> ☑POINT 日本語では「クレーム」を「苦情」の意味で使うが, その意味の英語は complaint.「クレームをつける(苦情を言う)」は make a complaint.

• Jane **claims that** she is right. ジェーンは自分が正しいと主張している.

• He **claimed to** be a Scot but had a strong Liverpool accent. 彼はスコットランド人だと主張したが言葉には強いリバプールなまりがあった.

• Volunteer workers can **claim** traveling expenses. ボランティアの人たちは旅費を請求(せいきゅう)できる.

―― 名 ❶ 要求, 主張

• He made a **claim for** the land. その土地は自分のものだと彼は主張した.

❷ 権利, 資格

• He has no **claim to** the land. 彼にはその土地に対する権利はない.

clam /klǽm クらム/ 名 《貝》ハマグリ

clap /klǽp クらプ/ 動 (三単現 **claps** /klǽps クらプス/; 過去・過分 **clapped** /klǽpt クらプト/; -ing形 **clapping** /klǽpiŋ クらピング/)

(手を)たたく, 拍手(はくしゅ)する; (親しみを込(こ)めて)ぽんとたたく

• **clap** him **on** the back 彼の背中をぽんとたたく

clarify /klǽrəfai クらりふァイ/ 動 (三単現 **clarifies** /klǽrəfaiz クらりふァイズ/; 過去・過分 **clarified** /klǽrəfaid クらりふァイド/; -ing形 **clarifying** /klǽrəfaiiŋ クらりふァイイング/) 明らかにする, 解明する

clarinet /klærənét クらりネト/ 名 クラリネット ←木管楽器.

clash /klǽʃ クらシュ/ 名 ❶ (金属がぶつかり合う)ガチャンという音 ❷ (意見などの)衝突(しょうとつ) ―― 動 ❶ 衝突する; ガチャンとぶつかる[音を立てる]; (日取りなどが)かち合う ❷ (色・型などが)調和しない

class 小 A1 /klǽs クらス|klá:s クら−ス/

名 ❶ クラス, 学級, 組 意味map
❷ クラスの生徒(みんな)
❸ 授業
❹ (しばしば **classes** で) (社会の)階級
❺ 等級

―― 名 (復 **classes** /klǽsiz クらセズ/)

❶ クラス, 学級, 組

• a **class** committee 学級委員会

• He is the tallest boy in our **class**. 彼はクラスで一番背の高い少年です.

• I am in the third year **class**. 私は3年のクラスにいます[3年生です].

• I'm in **class** 2A (読み方: /トゥーエイ/). 私は2Aのクラスです.

• There are fifteen **classes** in all in our school. 私たちの学校は全部で15学級あります.

❷ クラスの生徒(みんな)

• Our **class** enjoyed a picnic yesterday. 昨日私たちのクラスの生徒はピクニックを楽しんだ.

• The whole **class** laughed. クラスのみんなが笑った.

• Half the **class** are absent with colds. クラスの半数が風邪(かぜ)で休んでいます.

• Good morning, **class**. 皆(みな)さん, おはよ

う.
❸ 授業
- before **class** 始業前に
- Miss Green's music **class** グリーン先生の音楽の授業
- We **have** five **classes** on Friday. 私たちは金曜日は5時間授業です.
- How many English **classes** do you **have** (in) a week? 君たちは週に何時間英語の授業がありますか.
- They are **in class**. 彼らは授業中です.

❹ (しばしば **classes** で)(社会の)**階級, 階層**
- the working **class**(**es**) 勤労者階級
- the upper [middle, lower] **class**(**es**) 上流[中流, 下層]階級

❺ **等級, ランク, 部類**
- He usually flies first **class**. 彼は飛行機に乗る時はふつうファーストクラスです.

classic A2 /klǽsik クらスィク/ 名
❶ 古典, 名作
❷ (スポーツの伝統的)大行事, 大試合

classical /klǽsikəl クらスィカる/ 形 (文学・芸術など)古典主義の; 古典的な
- **classical** music クラシック音楽

classmate 小 A1 /klǽsmeit クらスメイト|klɑ́:smeit クらースメイト/ 名
クラスメート, 級友, 同級生

classroom 小 A1 /klǽsru:m クらスルーム|klɑ́:sru:m クらースルーム/ 名
教室
- a music **classroom** 音楽教室
- There is no one **in** the **classroom**. 教室には誰(だれ)もいない.

clause /klɔ́:z クろーズ/ 名 《文法》**節** → **phrase** (句), **sentence** (文)

> 文法 ちょっとくわしく
> 「節」というのは文の一部を成す語の集まりで, その中に主語と述語を持っているもの. 次の文例の下線部:
> I know that you know it.
>   (主語)(述語)
> (私は君がそれを知っていることを知っている.)

claw /klɔ́: クろー/ 名 ❶ (獣(けもの)・ワシなどの)**爪**(つめ) ❷ (カニ・エビなどの)**はさみ**

clay /kléi クれイ/ 名 粘土(ねんど)

clean 小 A1 /klí:n クリーン/
形 ❶ きれいな, 清潔な 意味 map
    ❷ 見事な
動 きれいにする, 掃除(そうじ)する

— 形 (比較級 **cleaner** /klí:nər クリーナ/; 最上級 **cleanest** /klí:nist クリーネスト/)

❶ **きれいな, 清潔な** 反対語 **dirty** (汚(きたな)い)

dirty　　　clean

基本 a **clean** towel きれいなタオル → clean+名詞.
- **clean** dishes きれいなお皿
- 基本 This towel is **clean**. このタオルはきれいだ. → be 動詞+clean.
- Cats are **clean** animals. ネコは清潔な[きれい好きな]動物だ.
- He always keeps his room **clean**. 彼はいつも部屋を清潔にしている. → keep *A B* (形容詞)「A を B (の状態)にしておく」.
- She sweeps her room **clean** every day. 彼女は毎日自分の部屋をきれいに掃除する.

❷ **見事な, 鮮**(あざ)**やかな**
- a **clean** hit (野球の)クリーンヒット

— 副 (→ 比較変化なし) **すっかり, 見事に**
- The horse jumped **clean** over the hedge. 馬は見事に生け垣(がき)をとび越(こ)えた.

— 動 (三単現 **cleans** /klí:nz クリーンズ/; 過去・過分 **cleaned** /klí:nd クリーンド/; -ing形 **cleaning** /klí:niŋ クリーニング/)
きれいにする, 掃除する
- **clean** the blackboard 黒板を拭(ふ)く
- She **cleans** her room every day. 彼女は

clean energy

毎日自分の部屋を掃除する.
- We **cleaned** the whole house yesterday. 私たちは昨日家の大掃除をした.
- The room is **cleaned** every day. 部屋は毎日掃除される. →受け身の文. →is [助動] ❷

clean up きれいに掃除する[片付ける] → cleanup

clèan énergy [名] クリーンエネルギー →太陽光や風力など, 公害を起こしにくいエネルギーのこと.

cleaner [A2] /klí:nər クリーナ/ [形] **clean** の比較(ひかく)級
—— [名] ❶ 洗剤(せんざい) ❷ 掃除(そうじ)人; 掃除機
❸ (**the cleaners** または **the cleaner's** で) クリーニング店

cleaning /klí:niŋ クリーニング/ [動] **clean** の -ing 形 (現在分詞・動名詞)
—— [名] 掃除(そうじ); クリーニング
- general **cleaning** 大掃除

cleanup /klí:nʌp クリーナプ/ [名] 大掃除(そうじ); (悪・犯罪などの)一掃(いっそう)

clear [中] [A2] /klíər クリア/

[形] ❶ 澄(す)んだ; 晴れた	意味 map
❷ (音・形などが)はっきりした; (話の内容・事実などが)明らかな	
[動] ❶ (**clear up** ともいう) 晴れる	
❷ 片付ける	

—— [形] (比較級) **clearer** /klíərər クリアラ/; (最上級) **clearest** /klíərist クリアレスト/)
❶ 澄んだ; 晴れた
- **clear** water 澄んだ水
- **clear** glass 透明(とうめい)なガラス
- a **clear** sky [day] 晴れた空[日]
- The sky was **clear**. 空は晴れていた.
❷ (音・形などが)はっきりした; (話の内容・事実などが)明らかな, はっきりした
- a **clear** voice はっきりした[よく通る]声
- The picture is very **clear**. その写真はとてもはっきり写っている.
- He is not **clear** on this point. この点について彼(の言う事)ははっきりしていない.
- The meaning became **clear** to me. その意味が私にははっきりしてきた.
- **It is clear that** he has done it. 彼がそれをしたことは明らかだ. →It=that 以下.
❸ (道・見晴らしなど)途中(とちゅう)に遮(さえぎ)るもののない
- a **clear** road 何も邪魔(じゃま)になるもののない

道路
- The road is **clear of** traffic. 道には人も車も通っていない.

—— [動] (三単現) **clears** /klíərz クリアズ; (過去・過分) **cleared** /klíərd クリアド/; -ing形 **clearing** /klíəriŋ クリアリング/)
❶ (**clear up** ともいう) 晴れる
- It [The sky] began to **clear** (**up**). 空が晴れてきた. →It は漠然(ばくぜん)と「天候」を表す.
❷ 片付ける, 取り除く
- **clear** the table (食後に)テーブルの上を片付ける
- **clear** one's throat せき払(ばら)いをする
- **clear** the sidewalk **of** snow=**clear** the snow **from** the sidewalk 歩道から雪を取り除く →clear A of B は「AからBを取り除く」.
❸ とび越(こ)える; 触(ふ)れずに通る
- **clear** a fence 柵(さく)をとび越す

clear away (霧(きり)などが)晴れる; 片付ける
clear up 晴れ上がる; 明らかにする, 解決する

clearance /klíərəns クリアランス/ [名] 掃除(そうじ); 整理

clearly [A2] /klíərli クリアリ/ [副] はっきり(と); 明らかに
- Please speak more **clearly**. もっとはっきり話してください.

clergyman /klə́:rdʒimən クラ〜ヂマン/ [名] (複) **clergymen** /klə́:rdʒimen クラ〜ヂメン/) (男性の)牧師 →英国では英国国教会の牧師を指すことが多い.

clergywoman /klə́:rdʒiwumən クラ〜ヂウマン/ [名] (複) **clergywomen** /klə́:rdʒiwimin クラ〜ヂウィメン/) (女性の)牧師

clerk [A2] /klə́:rk クラ〜ク/ [名]
❶ 事務員
- work as an office [a bank] **clerk** 事務員[銀行員]として働く
❷ (米) 店員 →salesclerk ともいう.

clever [A1] /klévər クレヴァ/ [形]
❶ 利口な, 頭のいい; 抜(ぬ)け目のない
- a **clever** plan 利口な計画
- Jack is very **clever**; he always makes some good excuse. ジャックはとても利口だ. いつも何かうまい言いわけをする.
❷ 上手な, 器用な
- Watchmakers are **clever with** their hands. 時計屋は手が器用だ.

• He is **clever at** drawing cartoons. 彼は漫画(まんが)を描(か)くのがうまい.

cleverly /klévərli クれヴァリ/ 副 利口に; うまく, 抜け目なく

cleverness /klévərnis クれヴァネス/ 名
❶ 利口さ ❷ 器用さ

click A2 /klík クリク/ 名 カチッという音
── 動 ❶ カチッと音がする; カチッと鳴らす
• The door **clicked** shut. ドアがカチッと閉まった. →shut は過去分詞で, 状態を表す形容詞(閉まっている)として使われている.
❷ (コンピューターのマウスボタンを)カチッと押(お)す, クリックする

cliff /klíf クリふ/ 名 (特に海に面した)崖(がけ), 絶壁(ぜっぺき)

climate /kláimit クらイメト/ 名 ❶ 気候 類似語
climate はある地域特有の気象状態をいう. 一時的な気象状態, すなわち「天候」は **weather**.
• The **climate** of Japan is generally mild. 日本の気候は一般(いっぱん)に温暖です.
❷ (気候の点から見た)風土, 土地
• live in a hot **climate** 暑い(気候の)土地に住む

clímate chànge 名 気候変動
• global **climate change** 地球規模の気候変動

climax /kláimæks クらイマクス/ 名 絶頂, 最高潮, クライマックス

climb 小 A1 /kláim クらイム/ (→b は発音しない) 動
❶ 登る, (手足を使って)よじ登る; (はうようにして)〜する
• **climb** Mt. Fuji 富士山に登る
• **climb** a ladder はしごを登る
• **climb** (up) a tree 木によじ登る
• **climb** down a tree 木から降りる
• **climb into** bed ベッドに潜(もぐ)り込(こ)む
• We **climbed over** the fence. 私たちは塀(へい)を乗り越(こ)えた.
• He **climbed out** through the window. 彼は窓からはい出た.
❷ 上がる, 上昇(じょうしょう)する
• The rocket **climbed** steadily. そのロケットは着実に上昇した.
• His fever began to **climb**. 彼の熱は上がり始めた.
── 名 登ること, 登り(道); 登山

climber /kláimər クらイマ/ 名 登山者 →本格的な山登りをする人を指し, 山歩きを楽しむような一般(いっぱん)の人は **mountain hiker** という.

climbing A2 /kláimiŋ クらイミング/ 名 登ること, 登山

cling /klíŋ クリング/ 動 (三単現 **clings** /klíŋz クリングズ/; 過去・過分 **clung** /klʌ́ŋ クらング/; -ing形 **clinging** /klíŋiŋ クリンギング/)
しがみつく, すがりつく; くっつく

clinic /klínik クリニク/ 名 診療(しんりょう)所 → **hospital**

clip¹ /klíp クリプ/ 動 (三単現 **clips** /klíps クリプス/; 過去・過分 **clipped** /klípt クリプト/; -ing形 **clipping** /klípiŋ クリピング/)
(羊毛・髪(かみ)・植木などを)刈(か)る, 刈り込(こ)む; 切り取る, (新聞の記事を)切り抜(ぬ)く
── 名 (新聞・雑誌などの)切り抜き; (映画などの)一場面, ビデオクリップ

clip² /klíp クリプ/ 名 クリップ, 紙ばさみ; 留め金具
── 動 (三単現 **clips** /klíps クリプス/; 過去・過分 **clipped** /klípt クリプト/; -ing形 **clipping** /klípiŋ クリピング/) クリップでとめる

clipper /klípər クリパ/ 名 ❶ (羊毛などを)刈(か)る人 ❷ (**clippers** で)はさみ

cloak /klóuk クろウク/ 名 (袖(そで)なしの)オーバーコート, マント

cloakroom /klóukruːm クろウクルーム/ 名 (ホテル・レストラン・劇場などの)携帯(けいたい)品預かり所, クローク

clock 小 A1 /klák クらク|klɔ́k クろク/ 名
時計 →置き時計・掛(か)け時計・柱時計をいう. 携帯(けいたい)用は **watch**. → **o'clock**
• an alarm **clock** 目覚まし時計
• The **clock** struck seven. 時計が7時を打った.

clock

watch

clockwise /klákwaiz クらクワイズ/ 副 形 (時計の針のように)左から右へ[の], 右回りに[の]

clone A2 /klóun クろウン/ 名 ❶ クローン →無

close

性生殖(せいしょく)で人工的に作られた個体.
❷ まったく同じような人[もの]
── 動 クローンを作り出す

close¹ 中 A1 /klóuz クロウズ/

動 ❶（本・ドアなどを）閉じる，閉める；（本・ドアなどが）閉まる　意味map
❷（会合・店などを）終える，閉める；（会合・店などが）終わる，閉まる
名 終わり (end)

── 動 (三単現) **closes** /klóuziz クロウゼズ/
(過去・過分) **closed** /klóuzd クロウズド/；(-ing形)
closing /klóuziŋ クロウズィング/

❶（本・ドアなどを）閉じる，閉める；（本・ドアなどが）閉まる
反対語 **open**（開ける，開く）

open　　close

(中)基本 **close** a book 本を閉じる →close+名詞.
• **close** a hole 穴をふさぐ
• Some flowers **close** in the evening. ある花は夕方しぼむ[夕方しぼむ花もある].
• The door **closed** quietly. ドアは静かに閉まった.
• a **closed** door 閉(と)ざされたドア，閉まっているドア →closed は過去分詞が形容詞のように使われたもの. behind **closed** doors は（閉ざされたドアの後ろで ⇨)「部外者を入れないで，非公開で」の意味.
• Japan **was** [Japan's doors **were**] **closed** to many European countries in those days. 当時日本[日本の門戸]は多くの西欧(せいおう)諸国に対して閉じていた. →受け身の文. →was [助動] ❷

❷（会合・店などを）終える，閉める，閉じる，（道路などを）閉鎖(へいさ)する；（会合・店などが）終わる，閉まる
• The store **closes** at seven o'clock. その店は７時に閉まります.
• The store **is closed** for the day. 店はきょうはもう閉まった. →受け身の文. →**is** [助動]

❷, **closed** 形
close down（店・工場などが）閉鎖する
── 名 終わり (end)
• at the **close** of the day １日の終わりに，日暮れに
• **come to a close** 終わる

close² 中 A1 /klóus クロウス/ (→close¹ との発音の違(ちが)いに注意) 形

❶（とても）近い，接近した；親密な，親しい
• a **close** game（競技の）接戦，クロスゲーム
• a **close** friend 親友
• My house is very **close to** the station. 私の家は駅のすぐそばにある.
• It was **close to** midnight when I left his house. 私が彼の家を出たときは真夜中に近かった.

❷ 綿密な，注意深い
• pay **close** attention to ～ ～に綿密な注意を払(はら)う

── 副 すぐ近くに，接近して，ぴったりと
• hold a child **close** 子供を抱(だ)き寄せる
• I sat **close to** him. 私は彼のすぐそばに座(すわ)った.
• Come **closer**. もっとそばへ来なさい.
• Christmas is **close at hand**. クリスマスは間近だ.

close by A1 すぐそばに

closed A1 /klóuzd クロウズド/ 動 **close¹** の過去形・過去分詞
── 形 閉じた；閉鎖(へいさ)された
反対語 **open**（開かれた）
• a **closed** door 閉ざされたドア，しまっているドア
掲示 **Closed** today. 本日休業[閉店]. →We are closed today. の意味.
掲示 Street **closed**. 通行止め. →The street is closed. の意味.

closely /klóusli クロウスリ/ 副 ❶ ぴったり，ぎっしり；密接に
• Her dress fits **closely**. 彼女の洋服は体にぴったりだ.

❷ 綿密に，注意して
• read **closely** 綿密に読む

closet /klázit クラゼト/ 名《米》押(お)し入れ，収納庫，洋服だんす (《英》wardrobe)

close-up /klóusʌp クロウサプ/ (→× /klóuzʌp クロウザプ/ ではない) 名（映画・テレビなどの）クローズアップ，大写し

closing /klóuziŋ クロウズィング/ **close¹** の -ing 形 (現在分詞・動名詞)
―― 形 終わりの, 閉会の

cloth A1 /klɔ́:θ クロース|klɔ́θ クロす/ 名
(複 **cloths** /klɔ́:θs クロースず/)
❶ 布, 布地
•**a piece of cloth** 1枚の布 →cloth は物質そのものを指しているので ×a cloth, ×cloths としない.
•**three meters of cloth** 布3メートル
❷ (布巾(ふきん)・雑巾(ぞうきん)などの)布切れ, テーブルクロス (tablecloth) →普通(ふつう)名詞として扱(あつか)うので a cloth, cloths という形も使われる.
•**wipe a window with a damp cloth** ぬれた布[ぬれ雑巾]で窓を拭(ふ)く
•**She is putting the cloth on the table.** 彼女は食卓(しょくたく)にテーブルクロスをかけている[食卓の用意をしている].

clothe /klóuð クロウず/ 動 服を着せる (dress); 覆(おお)う, 包む

clothes 中 A1
/klóuz クロウズ, klóuðz クロウずズ/ 名 複
衣服, 服 →シャツなどについてもいう.
•**a suit of clothes** 服1着 →×a clothes としない.
•**a man in dirty clothes** 汚(きたな)い服を着た男
•**put on** [**take off**] *one's* **clothes** 服を着る[脱(ぬ)ぐ]

clothing /klóuðiŋ クロウずィング/ 名 《集合的に》衣類 →clothes よりも意味が広く衣料品すべてを含(ふく)む.

cloud A1 /kláud クラウド/ 名 (複 **clouds** /kláudz クラウヅ/) ❶ 雲
•**a white cloud** (1片(ぺん)の)白い雲
•**dark** [**black**] **clouds** 黒雲
•**There is not a cloud in the sky.** 空には雲ひとつない.
•**The top of Mt. Fuji was hidden in cloud.** 富士山の頂は雲に隠(かく)れていた.
❷ 雲のようなもの[大群], もうもうとしたもの
•**a cloud of birds** (雲のような)鳥の大群
•**a cloud of dust** [**steam**] もうもうたるほこり[湯気]
―― 動 (三単現 **clouds** /kláudz クラウヅ/; 過去・過分 **clouded** /kláudid クラウデド/; -ing形 **clouding** /kláudiŋ クラウディング/)

曇(くも)る; 曇らせる
•**The sky clouded over.** 空が一面に曇った.
•**Grief clouded his mind.** 悲しみで彼の心は曇った.

cloudless /kláudlis クラウドレス/ 形 雲のない, 晴れ渡(わた)った

cloudy 小 A1 /kláudi クラウディ/ 形 (比較級 **cloudier** /kláudiər クラウディア/, **more cloudy**; 最上級 **cloudiest** /kláudiist クラウディエスト/, **most cloudy**) 曇(くも)りの, 曇った
•**a cloudy sky** 曇り空
•**It is cloudy today.** きょうは曇りです. →It は漠然(ばくぜん)と「天候」を表す.
•**Wed., Feb. 26, Cloudy** (日記で)2月26日, 水曜日, 曇り

clove /klóuv クロウヴ/ 名 《植物》クローブ, チョウジ →熱帯地方に産する常緑高木で, そのつぼみを干して香味(こうみ)料・香油(こうゆ)・薬剤(やくざい)の原料になる.

clover /klóuvər クロウヴァ/ 名 《植物》クローバー →家畜(かちく)の飼料として栽培(さいばい)される.

clown A2 /kláun クラウン/ 名 (サーカス・劇などの)道化(どうけ), 道化師, ピエロ

club 小 A1 /kláb クラブ/ 名
(複 **clubs** /klábz クラブズ/)
❶ (スポーツ・社交などの)クラブ, 部
•**a dance club** ダンス部
•**club activities** クラブ活動
•**join a club** クラブに入る
•**He belongs to** [**He is a member of**] **the computer club.** 彼はコンピューター部に入っている.
❷ クラブ, ディスコ (night club)
❸ (武器としての)こん棒; (ゴルフ・ホッケーの)クラブ
❹ (トランプの札の)クラブ

clue A2 /klú: クルー/ 名 手がかり, 糸口

clung /kláŋ クラング/ 動 **cling** の過去形・過去分詞

cm., cm 略 =**c**enti**m**eter(s) (センチメートル)

CO 略 =Colorado

Co. 略 =**Co**mpany (会社, 仲間) →/kóu コウ/ または /kámpəni カンパニ/ と読み, 会社名に使う.

c/o 略 ～ (様) 方, ～ 気付(きづけ) →**c**are **o**f /kéərəv ケアロヴ/ と読み, 宛名(あてな)に使う.

coach A1 /kóutʃ コウチ/ 名 ❶(競技の)**コー
チ**; 家庭教師 ❷(鉄道の)**客車**;《英》(長距離(きょり)
バス ❸4輪馬車 →**stagecoach**
── 動 コーチする; ～の家庭教師をする
• Mr. White **coaches** us **in** tennis. ホワ
イト先生が私たちにテニスをコーチする.

coal /kóul コウル/ 名 石炭
• a **coal** mine 炭鉱

coast A2 /kóust コウスト/ 名 **海岸, 沿岸** →
shore
• on the Pacific **coast** 太平洋岸に

coaster /kóustər コウスタ/ 名 《米》=roller
coaster (ジェットコースター) →**roller
coaster**

coat 中 A1 /kóut コウト/ 名

❶ **コート, オーバー** (overcoat)
• a fur **coat** 毛皮のコート
• **put on** a **coat** コートを着る
• **take off** a coat コートを脱(ぬ)ぐ
• They don't **have coats on**. 彼らはコート
を身に着けて[着て]いない. →on は「身に着け
て」.
❷(ペンキの)**塗(ぬ)り, 層**
• two **coats** of paint ペンキの2回塗り
── 動 (表面を)**覆(おお)う** (cover); (ペンキなどを)
塗る
• The furniture was **coated with** dust.
家具はほこりをかぶっていた. →**was** 助動 ❷

cobra /kóubrə コウブラ/ 名 《動物》**コブラ** →
アフリカやインドにいる毒ヘビ.

cobweb /kábweb カブウェブ/ 名 **クモの巣**

Coca-Cola /kòukə kóulə コウカ コウら/ 名
《商標》**コカコーラ** →**Coke, cola** ともいう. →
cola

cock /kák カク/ 名 ❶**おんどり** →《米》では
rooster ともいう. 関連語「めんどり」は **hen**,
雄 雌(おすめす)の別なく「ニワトリ」という時は
chicken. ❷(水道の)**コック, 栓(せん)**

cock-a-doodle-doo /kákədu:dldú: カ
カドゥードゥるドゥー/ 名 (**復 cock-a-doodle-
doos** /kákədu:dldú:z カカドゥードゥるドゥーズ/)
コケコッコー

cockney, Cockney /kákni カクニ/ 名
❶ **ロンドンっ子** →ロンドンなまり(→❷)で話す
ロンドン東部の住民をいう.
❷ **ロンドンなまり** →ロンドンの下町っ子の話す
英語で, /éi エイ/ を /ái アイ/ (たとえば eight は

/áit アイト/) と発音したりする.

cockpit /kákpit カクピト/ 名 (飛行機・ヘリコプ
ター・宇宙船などの)操縦室, 操縦席, **コックピット**

cockroach /kákroutʃ カクロウチ/ 名
《虫》**ゴキブリ**

coco /kóukou コウコウ/ 名 =coconut

cocoa /kóukou コウコウ/ 名 **ココア**

coconut /kóukənʌt コウコナト/ 名 **ココナッ
ツ** →**ココヤシの木** (**coconut tree**) の実.

cod /kád カド/ 名 (**復 cod, cods** /kádz カ
ツ/) (魚)**タラ** →**codfish** ともいう.

code A1 /kóud コウド/ 名
❶ **符号(ふごう), 信号; 暗号**
• the Morse /モース/ **code** モールス符号
❷《英》(電話の)**市外局番** →《米》では **area
code** という.

codfish /kádfiʃ カドふィシュ/ 名 =cod

coed /kouéd コウエド/ 形 **男女共学の**

coeducation /kouedʒukéiʃən コウエヂュケイ
ション/ 名 **男女共学**

coexistence /kouigzístəns コウイグズィステン
ス/ 名 **共存**

coffee 小 A1 /kɔ́:fi コーふィ|kɔ́fi コふィ/
名 **コーヒー**
• a cup [two cups] of coffee コーヒー1
杯(はい)[2杯(はい)] →《話》では単に a coffee,
two coffees のようにも言う.
• **make coffee** コーヒーをいれる
• black **coffee** (ミルクなしの)ブラックコーヒ
ー
• white **coffee** ミルク入りコーヒー
• Won't you **have** some **coffee**? コーヒー
はいかがですか.
会話 How do you like **coffee**?─Black,
please. コーヒーはどうしますか.─ブラックで
お願いします.
• I'd like my **coffee** strong [weak]. コー
ヒーを濃(こ)く[薄(うす)く]してください.
• Three **coffees**, please. (店で)コーヒー3
つください.

cóffee brèak 名 《米》**コーヒーの時間, コー
ヒーブレーク** →仕事の合間の短い休憩(きゅうけい)時
間.

coffeemaker /kɔ́:fimeikər コーふィメイカ/
名 **コーヒーメーカー** →コーヒーをいれる機械.

coffeepot /kɔ́:fipat コーふィパト/ 名 **コーヒー
沸(わ)かし, コーヒーポット**

cóffee shòp 名 《米》コーヒーショップ → 軽い食事なども出す.

coil /kɔ́il コイる/ 動 ぐるぐる巻く; ぐるぐる巻きつく
── 名 ぐるぐる巻いたもの; (電気部品の)**コイル**

coin 中 A2 /kɔ́in コイン/ 名 **硬貨**(こうか)
- a gold [silver] **coin** 金[銀]貨
- pay **in** [**with**] **coins** 硬貨で支払(しはら)う

Coke A1 /kóuk コウク/ 名 =Coca-Cola (コカコーラ)

cola A2 /kóulə コウら/ 名 **コーラ**・黒色の炭酸飲料で, 元はコーラの木の実を主原料としていた.

cold 小 A1 /kóuld コウるド/

形 ❶ 寒い; 冷たい　　　　　　　　意味 map
　　❷ 冷淡(れいたん)な
名 ❶ 寒さ
　　❷ 風邪(かぜ)

── 形 (比較級 **colder** /kóuldər コウるダ/; 最上級 **coldest** /kóuldist コウるデスト/)
❶ 寒い; 冷たい　反対語 **hot** (暑い, 熱い)

cold　　　　　　hot

会話基本 a **cold** morning 寒い朝 →cold＋名詞.
- **cold** water 冷たい水

会話基本 It is very **cold** this morning. 今朝はとても寒い. →be 動詞＋cold. It は漠然(ばくぜん)と「気温」を表す.
- It's getting **cold**. だんだん寒くなってきた.
- If you feel **cold**, put on your sweater. 寒ければセーターを着なさい.
- Your dinner is **cold** because you are late. 君が遅(おそ)かったからご飯が冷たくなったよ.
- It is **colder** in January **than** in December. 1月は12月より寒い. →It は漠然と「気温」を表す.
- It is getting **colder** and **colder**. だんだん寒くなってきた.

❷POINT 比較(ひかく)級＋and＋比較級は「だんだん | ~, ますます~」.
- February is **the coldest** month of the year. 2月が一年中で最も寒い月だ.

❷ 冷淡な, 冷たい　反対語 **warm** (心のあたたかい)
- his **cold** words 彼の冷たい言葉
- He was very **cold to** me at our first meeting. 彼は初対面の時私にとても冷淡だった.

── 名 (複 **colds** /kóuldz コウるヅ/)
❶ 寒さ
反対語 the **cold** of winter and the **heat** of summer 冬の寒さと夏の暑さ
- shiver with **cold** 寒さで[寒くて]震(ふる)える
- stand in the **cold** 寒い所に立っている
- He's been left out in the **cold**. 彼は外の寒い所に取り残されている. →「仲間外れにされている」の意味.

❷ 風邪
- **have** a (bad) **cold** (ひどい)風邪をひいている
- **catch** (a) **cold** 風邪をひく
- a **cold** in the head ＝a head **cold** 鼻風邪
- He is in bed **with** a **cold**. 彼は風邪をひいて寝(ね)ている.

coldly /kóuldli コウるドリ/ 副 冷たく, 冷淡(れいたん)に

collaborative /kəlǽbəreitiv かラぼレイティヴ/ 形 (計画・研究・作業などが)**共同の, 合作の; 協力的な** →かたい言い方.

collapse /kəlǽps コらプス/ 動 (三単現 **collapses** /kəlǽpsəz コらプセズ/; 過去・過分 **collapsed** /kəlǽpst コらプスト/; -ing形 **collapsing** /kəlǽpsiŋ コらプスィング/) ❶ (建物などが)**崩壊**(ほうかい)**する[させる], 崩**(くず)**れる[崩す]**
❷ (人が病気などで)**倒れる, へたり込む**; (健康などが)**急に衰**(おとろ)**える**
── 名 (複 **collapses** /kəlǽpsəz/) ❶ 崩壊, 倒壊(とうかい), 陥没(かんぼつ) ❷ (健康・気力などの)衰え

collar /kálər カら/ 名 **えり, カラー, えり元**; (犬などの)**首輪**

collect 中 A1 /kəlékt コれクト/ 動
集める, 収集する; 集まる

類似語 **collect** は選んで[きちんと]集めて整理する, **gather** は散らばっている物・人を一か所(かしょ)に集める.

collection 130 one hundred and thirty

- **collect** stamps 切手を集める
- **collect** a lot of information たくさんの情報を集める
- My brother **collects** butterflies as [for] a hobby. 私の兄は趣味(しゅみ)でチョウを集めています.
- Bees are busy **collecting** honey. ミツバチが忙(いそが)しく蜜(みつ)を集めている. →be busy *doing* 〜は「〜するのに忙しい, せっせと〜している」.

── 形 《米》(料金が)**受け取り人払(ばら)いの**
- a **collect** call 受信人払いの通話, コレクトコール

── 副 《米》(料金が)**受け取り人払いで**
- I called my parents **collect**. 私はコレクトコールで両親に電話した.

collection A1 /kəlékʃən コれクション/ 名
収集; 採集; 収集物, コレクション
- He has a stamp **collection**. 彼は切手をたくさん集めている.

collector /kəléktər コれクタ/ 名 ❶ 収 集 家 ❷ 集金人

college 中 A1 /kálidʒ カれヂ|kɔ́lidʒ
コれヂ/ 名 (複 **colleges** /kálidʒz カれヂズ/)
❶ **大学** →university

POINT ふつうは学部がひとつだけの単科大学をいうが, しばしば総合大学にも使い, 区別は厳密ではない.

- a **college** student 大学生
- **go to college** 大学に通う, 大学に進む
- a junior **college** 短期大学
- a women's **college** 女子大学
- My sister studies French **at college**. 姉は大学でフランス語を勉強しています.

❷ **専門学校, 訓練校**
- a nursing **college** 看護専門学校

collide /kəláid コらイド/ 動 **衝突(しょうとつ)する**

collision /kəlíʒən コリジョン/ 名 **衝突(しょうとつ)**

colloquial /kəlóukwiəl コろウクウィアる/ 形
口語の, 話し言葉(の) 関連語 **literary** (文語の, 書き言葉の)

colon /kóulən コウろン/ 名 **コロン(:)** →説明・引用・時と分の区分などを示すのに使う.

colony /káləni カろニ/ 名 (複 **colonies** /káləniz カろニズ/) ❶ 植民地 (settlement); 移民団 ❷ 集団居住地, コロニー →同じような生活背景や同一の職業を持つ人たちが住んでいる地区.

color 小 A1 /kálər カら/ 名
(複 **colors** /kálərz カらズ/)
❶ **色; 皮膚(ひふ)の色**
- bright **color** 鮮(あざ)やかな色 →赤, 青, 黄色など.
- light **color** 明るい色 →パステルカラー, クリーム色など.
- What **color** is your bicycle? 君の自転車は何色ですか.
- Most photographs are printed **in color**. ほとんどの写真はカラーで印刷されている.
- the **colors** of the rainbow 虹(にじ)の7色
- people of all **colors** あらゆる肌(はだ)の色の人たち
- people of **color** 有色人種

❷ **顔色, 血色**
- She has a healthy **color**. 彼女は健康な顔色をしている[血色がいい].

❸ (**colors** で) 絵の具
❹ (**colors** で) 国旗, 軍旗, 船旗

── 動 (三単現 **colors** /kálərz カらズ/;
過去・過分 **colored** /kálərd カらド/; -ing形
coloring /káləriŋ カらリング/)
〜に色を塗(ぬ)る; (果実・葉などが)色づく
- **Color** this red. これを赤く塗りなさい. →color A B (形容詞)は「A を B に塗る」.

Colorado /kàlərædou コろラドウ/ 固名
❶ コロラド →米国西部の州. **Colo.**, (郵便で) **CO** と略す. ❷ (**the Colorado** で) コロラド川 →コロラド州北部に源を発し, 米国西部を流れてカリフォルニア湾(わん)に注ぐ. 途中(とちゅう)のアリゾナ州にグランドキャニオン (the Grand Canyon) がある.

colored /kálərd カらド/ 形 色のついた; (複合語で)〜色の; 有色人種の, 黒人の →非常に差別的な表現で今日では使われない.
- **colored** pencils 色鉛筆

colorful 小 A2 /kálərfəl カらふる/ 形
色彩(しきさい)に富んだ, カラフルな, 華(はな)やかな; 多彩(たさい)な

colour /kálər カら/ 名 動 《英》=color

coloured /kálərd カらド/ 形 《英》= colored

colourful /kálərfəl カらふる/ 形 《英》=colorful

colt /kóult コウるト/ 名 子馬 →pony

Columbus /kəlámbəs コらンバス/ 固名

(**Christopher Columbus**) クリストファー・コロンブス → アメリカ大陸へ航海したイタリア人 (1451? –1506).

Colúmbus Dày 名 《米》コロンブス記念日 → 10月の第2月曜日. 特にイタリア移民の多い地域で盛大(せいだい)に行われる.

column A2 /kάləm カラム/kɔ́ləm コラム/ 名
❶円柱 → ギリシャ・ローマの建築物にある丸い大きな柱. ❷(英字新聞などの)欄(らん), コラム → 柱のように細長い形をしていることから.
• sports **columns** スポーツ欄
• This dictionary has two **columns**. この辞典は2段組みです.

coma /kóumə コウマ/ 名 昏睡(こんすい), 昏睡状態

comb A2 /kóum コウム/ 名 くし
── 動 くしですく, とかす

combat /kάmbæt カンバト/ 名 戦闘(せんとう) → 武器を使って行うものについていう.

combination /kɑmbənéiʃən カンビネイション/ 名 結合, 組み合わせ

combine /kəmbáin コンバイン/ 動 結合する, いっしょにする[なる]

combustible /kəmbʌ́stəbl コンバスティブる/ 形 可燃性の
── 名 (**combustibles** で) 可燃物

come 小 A1 /kʌ́m カム/

動 ❶来る
❷(相手[目的地]の方へ・相手の行く方へ)行く
❸(**come**+形容詞で) 〜になる

意味 map

── 動
三単現 **comes** /kʌ́mz カムズ/
過去 **came** /kéim ケイム/
過分 **come**
-ing形 **coming** /kʌ́miŋ カミング/
→ 過去分詞が原形と同じ形であることに注意.

❶ 来る 反対語 **go** (行く)
◯POINT 話し手に向かって, あるいは話し手が視点を置いている場所に向かって近づくこと.

高基本 **come** home 家に帰って来る, 帰宅する → come+副詞(句). home は「家へ」という意

味だから ×come **to** home としない.
• **come** to school 学校に来る
• **Come** here, Ken. ケン, ここへ来なさい.
• **Come** this way, please. どうぞこちらへ.
• Please **come and** see (＝**come to** see) me tomorrow. どうぞあした私に会いに来てください. → 不定詞 to see は「会うために」.
• for many years **to come** 来(きた)るべき何年もの間, これから何年も
• Spring **comes** after winter. 春は冬の後に来る.
ことわざ After rain **comes** the sun. 雨の後に日の光が来る. →「悲しい事の後にはうれしい事が続く」の意味.「雨降って地固まる」に通じる. 強調のため語順を変えた倒置表現で, ふつうの語順にすれば The sun comes after rain.
• **Here comes** a bus. あっ, バスが来た.
• Whatever **comes**, I am ready for it. 何が来よう[起ころう]とも私は覚悟(かくご)ができている.
• When I called my dog, he **came** to me. 私が呼ぶと犬は私の所に来た.
• We **came** to a conclusion. 私たちはある結論に達した.
• A little girl **came running** toward us. 小さい女の子が私たちの方へ走って来た. → come *doing* は「〜しながら来る」.
• Spring **has come**. 春が来た[いよいよ春だ]. → 現在完了(かんりょう)の文. →**have** 助動 ❶
• Mr. Brown **hasn't come** yet. ブラウンさんがまだ見えておりません.
• Ken **is coming** toward me. ケンは私の方に向かっている. → 現在進行形の文. →**is** 助動 ❶
• John **is coming** here tomorrow. ジョンがあしたここへ来ます.
◯POINT go, come, leave (出発する), arrive (到着(とうちゃく)する)など「行く・来る」を表す動詞の現在進行形はしばしば「近い未来」を表す.
• Thank you for **coming**. おいでいただいてありがとうございます. → coming は動名詞で for の目的語.

チャンクでおぼえよう come	
□ 学校に来る	**come** to school
□ 家に帰る	**come** home
□ 今行くよ.	I'm **coming**.
□ 願いは叶(かな)うでしょう.	Your wishes will **come** true.
□ 終了する	**come** to an end

come 小 A1 /カム/

三単現 **comes** /カムズ/
過去 **came** /ケイム/
過分 **come** /カム/
-ing形 **coming** /カミング/

イメージ
中心・視点に向かって移動する

教科書によく出る意味

動 ❶ 来る
- I **came** to school early this morning. 私は今朝早く学校に来ました．

❷ (相手の方へ・相手の行く方へ)行く
- Can I **come** and visit you? あなたを訪ねて行ってもいいですか？
- Dinner is ready! – I'm **coming**, Mom.
  夕ご飯できてるよ！－今行くよ，母さん．

❸ (**come**+形容詞で)～になる
- Your dream will **come** true. あなたの夢はかなうでしょう．

教科書によく出る連語

come from ～　～の出身である；～に由来する
- Mr. White **comes from** Australia. ホワイト先生はオーストラリアのご出身です．
- The colors **come from** vegetables. それらの色は植物由来です．

come back　帰る，もどって来る
- The turtles will **come back** to the beach. ウミガメは海岸にもどって来るでしょう．

come up with ～　(答え・意見などを)出す，考えつく
- She **came up with** a new idea. 彼女は新しいアイデアを思いついた．

come home　家に帰る，帰宅する
- When I **came home**, our cat was sleeping. 私が帰宅したときネコは眠っていた．

come

❷ **(相手[目的地]の方へ・相手の行く方へ)行く**

POINT この come は話し手の視点を相手側[向こう側]に移して言う言い方.

• **I'm coming**, Mother. (呼ばれた時の返事で)今行きます, お母さん.

• I will **come** to your house tomorrow. あしたお宅に行きます.

• May I **come** with you? ごいっしょに行ってよろしいでしょうか.

❸ **(come+形容詞で)〜になる →go ❺**

• **come** true 本当になる, 実現する

• **come** untied ほどける

• **come** into use 使われるようになる

❹ **(come to do で)〜するようになる**

• We have **come to** like him. 私たちは彼が好きになりました.

• How did you **come to** know him? どうして君は彼を知るようになったの?

❺ **(come to 〜 で)(結果が)〜になる; (合計が)〜になる; 〜(の状態)になる**

• **come to** nothing 何にもならない

• **come to** an end 終わりになる, 終わる

• **come to** oneself [one's senses] 正気づく

❻ **《間投詞のように使って》さあ, まあまあ**

• **Come**, come, don't be so cross. まあまあ, そう怒(おこ)らないで.

come about 起こる

• How did that **come about**? どうしてそんな事が起きたの?

come across 〜 ① 〜を横切(って来)る ② 〜にたまたま出会う, 〜をふと見つける

come along やって来る; (事が)進む, 向上する

• **Come along**, children! みんな, いらっしゃい.

• They are **coming along** fine. 彼らは立派にやっている.

come and go 行ったり来たりする

come around やって[巡(めぐ)って]来る

• Christmas will **come around** very soon. もうすぐクリスマスがまたやって来る.

come back 帰る, 戻(もど)って来る

come by そばを通る; 《米話》(人の家に)立ち寄る

come down 降りて来る, (その場に)やって来る; 落ちる; (雨などが)降る; (昔から)伝わる

• **come down** to breakfast 朝食を食べに

(2階の寝室(しんしつ)から)降りて来る

come for 〜 〜を取りに来る; 〜を迎(むか)えに来る

come from 〜 〜の出身である; 〜に由来する

会話

Where does he **come from**? —He **comes from** Aomori.
彼はどこの出身ですか. —青森の出身です.
→Where did he come from? は「彼はどこから来ましたか」の意味.

come in 入る, 入って来る

会話

May I **come in**? —Certainly.
入ってもいいですか. —どうぞ.

| May I come in? | Certainly. |

• He **came in** first. 彼は(最初に入って来た⇨)1位になった[優勝した].

• When poverty **comes in** at the door, love flies out of the window. 貧乏(びんぼう)が戸口から入って来ると, 愛は窓から逃(に)げていく. →「金の切れ目が縁(えん)の切れ目」にあたる.

come into 〜 〜に入って来る

come of 〜 〜から生じる; 〜の生まれである

• Nothing **comes of** nothing. 無からは何も生じない.

• He **comes of** a good family. 彼は名門の出だ.

come of age 成年に達する

come off 取れる, 外れる, 抜(ぬ)ける, (ペンキなどが)はげる

come on ① やって来る

• Winter is **coming on**. 冬が近づいている.

② **《命令文で》さあ来い, さあやろう, さあさあ, 早く早く, 頑張(がんば)れ**

• **Come on**, everybody! さあ, みんなおいで.

• Okay. **Come on**. よし. さあやろう.

comedian 134 one hundred and thirty-four

③ まさか
- Oh, **come on**! あら, まさか.

Come on in! さあお入りなさい

come out 出る, 出て来る, (歯が)**抜ける**; (花が)**咲(さ)く**

come out of ~ ～から出て来る

come over (こちらへ)やって来る
- **Come over** here [to my house]. こっちへ[うちへ]いらっしゃい.

come round ＝come around

come to 正気づく, 意識を取り戻す

come to (*do*) ~ →❹❺

come up 上がる, 昇(のぼ)る, 登る; やって来る

come up to ~ ～に近づく, ～の所までやって来る
- An old gentleman **came up to** her. 1人の老紳士(しんし)が彼女に近づいて来た.

come upon ~ ～を突然(とつぜん)襲(おそ)う; ～に偶然(ぐうぜん)出会う, ～を偶然見つける

come up with ~ (答え・意見などを)**出す**, **考えつく**

How come (~)**?** 《話》(~は)なぜですか; どうして(~)ですか →**how** 成句

comedian 小 /kəmíːdiən コミーディアン/ 名
喜劇役者, コメディアン

comedy /kámədi カメディ/ 名 (複 **come-dies** /kámədiz カメディズ/) 喜劇 関連語 **trag-edy** (悲劇)

comer /kámər カマー/ 名 (ふつう複合語で)(ある場所に)**やってくる[きた]人**, 来場者
- new-**comer** 新参(しんざん)者

comet /kámit カメト/ 名 彗星(すいせい), ほうき星

comfort /kámfərt カンふォト/ 名 ❶ 慰(なぐさ)め; 慰めになる物[人] ❷ ここちよさ, 快適さ
- live **in comfort** 快適に[不自由なく]暮らす
—— 動 慰める

comfortable A2 /kámfərtəbl カンふォタブる/ 形 ここちよい, 楽な, 快適な
- a **comfortable** room 快適な部屋
- feel **comfortable** 気持ちがよい, くつろいだ気分になる
- We are **comfortable** in our new house. 私たちは新居で快適に暮らしています.
- Please make yourself **comfortable**. どうぞお楽にしてください. →make *A B* (形容詞)は「*A*を*B*にする」.
- I'm **comfortable** with him. 私は彼といると気分がくつろぐ.

comfortably /kámfərtəbli カンふォタブリ/ 副
楽に, 不自由なく; 気持ちよく

comfy /kámfi カンふィ/ 形 比較級 **comfier** /kámfiər カンふィア/; 最上級 **comfiest** /kámfiist カンふィエスト/ 《話》心地よい (comfortable)

comic 中 A2 /kámik カミク|kɔ́mik コミク/ 形 ❶ 滑稽(こっけい)**な**; 漫画(まんが)**の**
- a **comic** strip (新聞・雑誌の数コマの)漫画
- a **comic** writer ユーモア作家 →「漫画家」は cartoonist.
❷ 喜劇の 関連語「喜劇」は comedy.
—— 名 ❶ (**comics** で)(新聞・雑誌などの数コマの)漫画 (comic strip) →**cartoon**
❷ 喜劇俳優, コメディアン (comedian)

comical /kámikəl カミカる/ 形 滑稽(こっけい)な (funny)

cómic bòok 名 漫画(まんが)の本[雑誌]

coming /kámiŋ カミング/ 動 **come** の -ing 形 (現在分詞・動名詞)
—— 形 来(きた)るべき, 今度の
- the **coming** examination 今度の試験
—— 名 来ること, 到来(とうらい)
- the **coming** of spring 春の到来
- **Coming**-of-Age Day 成人の日 →**come of age** (**come** 成句)

comma /kámə カマ/ 名 コンマ(,)

command /kəmǽnd コマンド/ 動 ❶ 命令する, 指揮する ❷ (景色などを)見晴らす
—— 名 ❶ 命令, 指揮 ❷ 自由に使う力

commander /kəmǽndər コマンダ/ 名 指揮者, 司令官

commencement /kəménsmənt コメンスメント/ 名 ❶ 始まり, 開始 ❷ (米) 卒業式 (grad-uation)

comment /káment カメント/ 名 (短い)**論評**, **批評, 意見, 解説, コメント**
- **make** a **comment** 意見を述べる, コメントする
- write a **comment** on ~ ～について短い論評を書く
- **No comment**. 何も言うことはない, ノーコメント.
—— 動 (**comment on ~** で) **～について論評する**, 批評する, 解説する

commerce /kámərs カマ～ス/ 名 商業; 貿易

commercial /kəmə́ːrʃəl コマ～シャる/ 形 商

業(上)の; 営利的な; (ラジオ・テレビなど)民間放送の

―― 名 (ラジオ・テレビの)コマーシャル →**advertisement**

commit /kəmít コミト/ 動 (三単現 **commits** /kəmíts コミッ; 過去・過分 **committed** /kəmítid コミテド/; -ing形 **committing** /kəmítiŋ コミティング/)
(罪・あやまちなどを)犯(おか)す

commitment A2 /kəmítmənt カミトメント/
名 ❶ 約束 ❷ かかわり, 取り組み, 参加

committee A2 /kəmíti コミティ/ 名 委員会;
委員たち →1つの団体とみる時は単数扱(あつか)い, 委員の一人一人を考える時は複数扱い.
• a **committee** meeting 委員会の会合
• He is a member of the **committee**. =
He is on the **committee**. 彼はその委員会のメンバー[委員]です.
• The **committee** meets every Friday.
委員会は毎週金曜日に開かれる.
• All the **committee** are present today.
きょうは委員は全員出席だ.

commodity /kəmádəti コマディティ/ 名 (複
commodities /kəmádətiz/) (しばしば
commodities で)商品, 必需(ひつじゅ)品, 日用品

commodore /kámədɔːr カモドー/ 名
❶ 海軍准将(じゅんしょう) →少将と大佐(たいさ)の中間の位で戦時中にだけ設けられる. ❷ 提督(ていとく) →特殊(とくしゅ)な艦隊(かんたい)の指揮官につけられる称号で, ふつう大佐が任ぜられる.

common 中 A2 /kámən カモン/ 形
❶ 共通の, 共有の, 共同の
• **common** interests 共通の利害
• They came from different countries, but their **common** language was English. 彼らはそれぞれ違(ちが)う国の出身でしたが, 彼らの共通の言語は英語でした.
• The wish for peace is **common** to us all. 平和への願いは私たちみんなに共通です.
❷ ふつうの, よくある; ありふれた, 平凡(へいぼん)な
• the **common** people 一般(いっぱん)大衆, 庶民(しょみん)
• a **common** mistake よくある間違(まちが)い
• This flower is very **common** in Japan.
この花は日本ではごくふつう(に見かける花)です.
• "E" is the most **common** letter in the English language. 英語では E が一番よく使われる文字です.

―― 名 共有地, 公有地; 中央広場, 公園

in common 共通に, 共同で
• They have nothing **in common**. 彼らには全く共通点がない.
• This has much **in common with** that.
これはそれと共通する点が多い.

commonly /kámənli カモンリ/ 副 ふつうに, 一般(いっぱん)に

cómmon sénse 名 常識(的判断力), 良識

commonwealth /kámənwelθ カモンウェるす/ 名 ❶ (大衆の福祉(ふくし)のための)国家, 共和国; 共同体, 連邦(れんぽう)
❷ (the **Commonwealth** (of Nations) で) イギリス連邦 →the British Commonwealth of Nations ともいう. →見出し語

communicate 中 A2 /kəmjúːnəkeit コミューニケイト/ 動 意思を伝達する, 連絡(れんらく)する, 文通する; (考え・情報・熱などを)伝える
• **communicate with** one another by telephone 電話でお互(たが)いに連絡し合う

communication 中 A2 /kəmjuːnəkéiʃən コミューニケイション/ 名
❶ 情報の伝達, 意思の疎通(そつう), 通信
• a means of **communication** コミュニケーションの手段
• mass **communication** マスコミ →新聞・放送などによる大衆への情報の伝達. →**mass communication**
❷ (しばしば **communications** で)交通機関, 連絡(れんらく)手段, 通信手段 →電話・ラジオ・テレビ・道路・鉄道など. →**mass media**

communism /kámjunizm カミュニズム/ 名 共産主義

communist /kámjunist カミュニスト/ 名 共産主義者

community 中 /kəmjúːnəti コミューニティ/ 名 (複 **communities** /kəmjúːnətiz コミューニティズ/) ❶ (地域)社会, 地元 ❷ (生活)共同体 →ある目的のためにいっしょに生活している人々.

commúnity cènter 名 公民館

commúnity chèst 名 共同募金(ぼきん) → **chest** ❸

commúnity cóllege 名 《米》(市町村から財政的援助(えんじょ)を受けている)短期大学 (junior college)

commute /kəmjúːt コミュート/ 動 (交通機関を利用して)通勤する

commuter /kəmjúːtər コミュータ/ 名 (交通

compact 136

機関を利用して通勤する)**通勤者**
• **commuter** train 通勤電車
• **commuter** plane (近距離)旅客(りょかく)機

compact /kəmpǽkt コンパクト/ 形 ぎっしり詰(つ)まった; かさばらない, (車などが)小型の

compáct dísc 名 コンパクトディスク, CD

companion /kəmpǽnjən コンパニョン/ 名 仲間, 友達; 連れ, 話し相手

company 中 A2 /kʌ́mpəni カンパニ/ 名
(**徴 companies** /kʌ́mpəniz カンパニズ/)
❶ **会社** →Co.
• a publishing **company** 出版社
❷ **付き合い, 仲間; いっしょにいること, 同席**
• have **company** 仲間[友達]ができる
• You know a man **by** his **company**. 人はその仲間でわかる.
• Don't **keep** bad **company**. 悪い友達と付き合うな. ➡×*a* company, ×compan*ies* としない.
• Bob is fun and I **enjoy** his **company**. He is good **company**. ボブはおもしろいので私は彼といっしょにいるのが好きです. 彼はいい仲間です.
ことわざ Two's **company**, three's a crowd. 2人なら仲良し, 3人になるとただの群れ. ➡「3人になると仲間割れする」の意味.

comparative A2 /kəmpǽrətiv コンパラティヴ/ 形 ❶ 比較(ひかく)の; 比較的な, かなりの
❷ 《文法》比較級の

comparatively /kəmpǽrətivli コンパラティヴリ/ 副 比較(ひかく)的, 割合に

compare A2 /kəmpéər コンペア/ 動
❶ 比較(ひかく)する, 比べる
• **compare** the two dictionaries 2冊の辞書を比べる
• I **compared** my new bike **with** [**to**] the old one. 私は新しい自転車を古いのと比べてみた.
❷ たとえる
• **compare** sleep **to** death 眠(ねむ)りを死にたとえる
• Life **is** often **compared to** a voyage. 人生はよく航海にたとえられる. ➡受け身の文.
❸ 比べられる, かなう ➡ふつう否定文か疑問文で使う.
• My painting cannot **compare with** his. 私の絵は彼のとは比べものにならない(ほど下手だ).

(**as**) **compared with** [**to**] ~ ~と比較すると

compare A **with** B A を B と比べる. → **compare** ❶

comparison /kəmpǽrəsn コンパリスン/ 名
❶ 比較(ひかく); 比較できること, 類似(るいじ)点
❷ 《文法》(形容詞・副詞の)比較変化

compartment /kəmpɑ́ːrtmənt コンパートメント/ 名 ❶ 仕切り, 区画; (仕切られた)棚(たな)
• a baggage **compartment** 手荷物入れ
❷ (客車の)コンパートメント ➡ヨーロッパでは客車は10ほどの個室に仕切られ, 4～6人が向かい合って座(すわ)れる. アメリカでは洗面設備などもある寝台(しんだい)車の個室を指す.

compass /kʌ́mpəs カンパス/ 名 ❶ 羅針盤(らしんばん) ❷ (**compasses** で) コンパス

compete /kəmpíːt コンピート/ 動 競争する, 争う
• **compete** in a race 競走に出る
• **compete with** him **for** a prize 賞を得ようと彼と争う

competition A2 /kɑmpətíʃən カンペティション/ 名 競争; 試合, 競技会, コンペ

complain A2 /kəmpléin コンプれイン/ 動 不平を言う, こぼす; (痛みなどを)訴(うった)える
• **complain about** the food 食べ物について不平を言う
• **complain of** a headache 頭痛を訴える, 頭が痛いと言う

complaint A2 /kəmpléint コンプれイント/ 名 不平, 苦情, クレーム → **claim**
• make [have] a **complaint about** ~ ~について苦情を言う, クレームをつける[苦情がある, 困っていることがある]

complement /kɑ́mpləmənt カンプれメント/ 名 《文法》補語

> **文法 ちょっとくわしく**
> 「補語」というのは「欠けているところを補う語」という意味. たとえば is という語を「～です」という意味で使う時は「～」のところにある語を補わないと文が不完全になる. He is a student. (彼は生徒です)という文で, a student (生徒)という語は「～です」の「～」のところを補っているから補語という.

complete A2 /kəmplíːt コンプリート/ 形 (全部そろっていて)完全な; 全くの; でき上がった →

perfect
• the **complete** works of Soseki 漱石全集
── 動 完成する, 仕上げる, 終える
• **complete** a marathon マラソンを完走する
• This picture is not **completed** yet. この絵はまだでき上がっていない.

completely /kəmplíːtli コンプリートリ/ 副
完全に, 全く, すっかり

complex /kəmpléks コンプれクス|kɔ́mpleks コンプれクス/ 形 複雑な, 込(こ)み入った; 複合の
── /kámpleks カンプれクス/ (→形容詞とのアクセントの位置の違(ちが)いに注意) 名 ❶ 複合施設; コンビナート ❷ 《心理》 コンプレックス

complicated /kámpləkeitid カンプリケイテド/ 形 複雑な, やっかいな

compliment /kámpləmənt カンプリメント/ 名 ほめ言葉, お世辞
── /kámpləment カンプリメント/ 動 お世辞を言う, ほめる

compose /kəmpóuz コンポウズ/ 動
❶ (詩・文などを)作る, 作曲する; (絵を)構図する
❷ 組み立てる, 構成する

composer A2 /kəmpóuzər コンポウザ/ 名
作曲家

composition /kampəzíʃən カンポズィション/ 名 (詩・文などを)作ること, 作文, 作詩, 作曲; 構図; (文学・絵・音楽などの)作品

compost /kámpoust カンポウスト/ 名 堆肥(たいひ)

compound /kámpaund カンパウンド/ 形
合成の, 複合の
── 名 ❶ 混合物, 合成物; 化合物
❷ (塀(へい)で囲まれている)敷地(しきち), 構内 →いくつかの建物群を含(ふく)めていう.

comprehend /kamprihénd カンプリヘンド/ 動 ❶ 理解する (understand)
❷ 包含(ほうがん)する

comprehensive /kamprihénsiv カンプリヘンスィヴ/ 形 総合的な, 包括(ほうかつ)的な

compulsory /kəmpálsəri コンパるソリ/ 形
強制的な, 義務づけられている; 必修の

compute /kəmpjúːt コンピュート/ 動 計算する; コンピューターを使う

computer 小 A1 /kəmpjúːtər コンピュータ/ 名 コンピューター
• The data is kept on **computer**. そのデータはコンピューターに保存されている.

compùter prógrammer 名 コンピューター・プログラマー → コンピューターのプログラム作成を担当する技術者.

con[1] /kán カン/ 名 反対投票, 反対論
反対語 pro (賛成)

con[2] /kán カン/ 動 (三単現 cons /kánz カンズ/; 過去・過分 conned /kánd カンド/; -ing形 conning /kániŋ カニング/) 《話》だます, ぺてんにかける

conceal /kənsíːl コンスィーる/ 動 隠(かく)す (hide)

conceit /kənsíːt コンスィート/ 名 うぬぼれ

conceited /kənsíːtid コンスィーテド/ 形 うぬぼれた, 思い上がった

concentrate A2 /kánsəntreit カンセントレイト/ 動 (注意・努力などを)集中する; 専念する, (1点に)集中する
• **concentrate** one's attention **on** [**upon**] ~ ~に注意を集中する
• Population tends to **concentrate** in cities. 人口は都市に集中する傾向(けいこう)がある.

concentration /kansəntréiʃən カンセントレイション/ 名 集中, 専念

concern A2 /kənsə́ːrn コンサ～ン/ 動
❶ ~に関係する, 関わる →concerned
• The problem of world peace **concerns** all of us. 世界平和の問題は私たちすべてに関係がある.
❷ 心配させる →concerned
• His poor health **concerns** his parents. 彼の病弱な体は彼の両親を心配させる.
concern one*self about* ~ ~を心配する
concern one*self with* [*in*] ~ ~に関係する
── 名 関係(のある事), 関心(事); 心配

concerned /kənsə́ːrnd コンサ～ンド/ 形
❶ 関係している; (名詞の後につけて)関係~
❷ 心配している
as far as ~ *be concerned* ~に関する限りは

concert 中 A1 /kánsərt カンサト|kɔ́nsət コンサト/ 名 演奏会, 音楽会, コンサート
→recital
• a **concert** hall 演奏会場, コンサートホール
• **at** a **concert** 演奏会で

concise 138 one hundred and thirty-eight

•**give** a **concert** 演奏会を開く

concise /kənsáis コンサイス/ (→アクセントの位置に注意) 形 簡潔な

conclude /kənklú:d コンクるード/ 動
❶ (話・論説などを)締(し)めくくる, 終える; 終わる
❷ 結論する, 断定する, 決める

Concluded. (連載(れんさい)物などの)終わり, 完結

To be concluded. 次回完結 →To be continued. は「次回に続く」.

conclusion /kənklú:ʒən コンクるージョン/ 名
結論; 結末
•**in conclusion** 終わりに, 結論として
•**come to** the **conclusion that** ~ ~という結論に達する

concrete /kɑnkrí:t カンクリート/ 形 ❶ 具体的な ❷ (建築に使う)コンクリートの
── /kánkri:t カンクリート/ 名 コンクリート

condition 中 A2 /kəndíʃən コンディション/ 名
❶ 状態; 健康状態; (しばしば **conditions** で) (周囲の)状況(じょうきょう), 事情
•weather **conditions** 天候状態
•living **conditions** 生活状況
•I am **in** good **condition** today. 私はきょうはいい状態にある[体調がいい].
•The old house is **in** poor **condition**. その古い家はひどい状態だ[傷(いた)みがひどい].
❷ 条件
•**on** this **condition** この条件で

on condition that ~ ~するという条件で, もし~するなら (if)
•I'll go **on condition that** you'll go [you go], too. もし君も行くなら私も行く.

conditioner /kəndíʃənər コンディショナ/ 名
(髪(かみ)をシャンプーしたあとに使う)リンス →英語の rinse をこの意味で使うのは和製英語. rinse ＝すすぎ(洗い).

condominium /kɑndəmíniəm カンドミニアム/ 名 分譲(ぶんじょう)マンション[アパート]

condor /kándər カンダ/ 名 《鳥》コンドル →南米産大ハゲワシで, vulture の一種.

conduct /kándəkt カンダクト/ 名 行い, 振(ふ)る舞(ま)い
── /kəndʌ́kt コンダクト/ (→名詞との発音の違(ちが)いに注意) 動 ❶ 案内する (guide), 導く; (熱・電気などを)伝導する ❷ (音楽の)指揮をする

conductor /kəndʌ́ktər コンダクタ/ 名
❶ 案内人; (電車・バスの)車掌(しゃしょう); 《米》列車

の)車掌 ((英) guard) ❷ (オーケストラ・合唱団などの)指揮者

cone /kóun コウン/ 名 円すい(形の物)

confectioner /kənfékʃənər コンフェクショナ/ 名 菓子(かし)製造業者[販売(はんばい)店主], お菓子屋さん

confectionery /kənfékʃəneri コンフェクショネリ/ 名 ❶ 菓子(かし) →集合的にケーキ・砂糖菓子類をいう. ❷ 菓子店 (candy store)

conference /kánfərəns カンふァレンス/ 名
会議, 会談, 協議
•**hold** a **conference** 会議を開く, 協議する
•**at** a press **conference** 記者会見で

confess /kənfés コンフェス/ 動 白状する, (罪などを)認める, 告白する

confidence /kánfədəns カンふィデンス/ 名
❶ 信頼(しんらい), 信用 (trust)
❷ (「自分への信頼」という意味で)自信

confident A2 /kánfədənt カンふィデント/ 形
確信して, 自信のある
•be **confident of** success 成功を確信している

confine /kənfáin コンふァイン/ 動 ❶ 制限する (limit) ❷ 閉じ込(こ)める, 監禁(かんきん)する

confirm /kənfə́:rm コンふァ～ム/ 動 (三単現 **confirms** /kənfə́:rmz コンふァ～ムズ/; 過去・過分 **confirmed** /kənfə́:rmd コンふァ～ムド/; -ing形 **confirming** /kənfə́:rmiŋ コンふァ～ミング/) 確認する; (正しいと)認める
•I called the front desk to **confirm** my reservation. 私は予約の確認をするためフロントに電話をかけた.

confirmation /kɑːnfərméiʃən カーンふァメイション/ 名 確認

conflict /kánflikt カンふリクト/ 名 ❶ 争い, 闘争(とうそう) ❷ (意見・利害などの)衝突(しょうとつ), 対立

confuse A2 /kənfjú:z コンふューズ/ 動 ❶ 混乱させる, まごつかせる ❷ 混同する
•I **confused** your twin brother **with** you. 私は君の双子(ふたご)の兄[弟]と君を間違(まちが)えた.

confused A2 /kənfjú:zd コンふューズド/ 形
混乱した, ごちゃごちゃした; まごついた

confusing /kənfjú:ziŋ コンふューズィング/ 形
(頭などを)混乱させる, ごちゃごちゃさせる

confusion /kənfjú:ʒən コンふュージョン/ 名
混乱; 混同; まごつき

congratulate /kəngrǽtʃuleit コングラチュれ

イト/ 動 ～におめでとうと言う

congratulation /kəngrætʃuléiʃən コングラチュレイション/ 名 お祝い; (congratulationsで)おめでとう(という言葉)

- The children **gave** the teacher their **congratulations on** her birthday. 子供たちは先生に「お誕生日おめでとう」と言った.

congress /káŋgrəs カングレス/ 名 ❶(代表者)会議, 大会 ❷(Congressで)(米国の)議会, 国会 →上院(the Senate)と下院(the House of Representatives)から成る. →**Capitol**
類似語 英国の「国会」は **Parliament**, 日本の「国会」は **the Diet**.

conj. 略 =**conj**unction (接続詞)

conjunction /kəndʒʌ́ŋkʃən コンチャンクション/ 名 《文法》接続詞 →and, or, when, if など.

connect 中 /kənékt コネクト/ 動 結び付ける, つなぐ; つながる, (列車などが)接続[連結]している

- This road **connects with** route 16 about 300 meters from here. この道はここから300メートルぐらい先で16号線とつながっている.
- They **connected** the trailer **to** the car. 彼らはトレーラーを車に接続した.
- This computer is **connected to** a color printer. このコンピューターはカラープリンターとつながっている.

Connecticut /kənétikət コネティカト/ 固名 コネティカット →アメリカ東北部の州. **Conn.**, (郵便で)**CT** と略す.

connection /kənékʃən コネクション/ 名
❶ 接続(すること); つながり, 関係
- His absence has no **connection** with that accident. 彼の欠席はあの事故とは何の関係もない.
❷ (商売上の)縁故(えんこ), コネ
- He has a lot of **connections in** journalism. 彼はジャーナリズム関係に多くのコネを持っている.
❸ (乗り物などの)接続, 連結(する物)
- The bus runs **in connection with** the ferry. バスはフェリーに連絡(れんらく)している.

conquer /káŋkər カンカ/ 動 征服(せいふく)する; 克服(こくふく)する (overcome)

conqueror /káŋkərər カンカラ/ 名 征服(せいふく)者

conquest /káŋkwest カンクウェスト/ 名 征服(せいふく); 克服(こくふく)

conscience /kánʃəns カンシェンス/ 名 良心, 善悪を判断する心

conscious /kánʃəs カンシャス/ 形 気づいて[意識して]いる; 意識のある; 意識的な

consent /kənsént コンセント/ 動 同意する, 承諾(しょうだく)する
── 名 同意, 承諾

consequence A2 /kánsikwəns カンセクウェンス/ 名 結果 (result)
- **as a consequence** = **in consequence** その結果, そのために (consequently)

consequently /kánsikwəntli カンセクウェントリ/ 副 その結果, したがって

conservative /kənsə́ːrvətiv コンサ～ヴァティヴ/ 形 保守的な; 保守主義の
── 名 保守的な人, 保守主義者; (Conservativeで)(英)保守党員

consider A2 /kənsídər コンスィダ/ 動
❶ よく考える, 熟慮(じゅくりょ)する, 考慮(こうりょ)する (think over)
- **Consider** it before you decide. 決める前にそれをよく考えなさい.
❷ ～と思う, ～と考える (think)
- I **consider** him honest. = I **consider that** he is honest. 私は彼は正直であると思う.

considerable /kənsídərəbl コンスィダラブる/ 形 (考えてみる (consider) 価値があるほど)重要な, 無視できない; 相当な, かなりの

considerably /kənsídərəbli コンスィダラブリ/ 副 ずいぶん, かなり

considerate /kənsídərət コンスィダレト/ 形 思いやりのある, 思慮(しりょ)深い

consideration /kənsidəréiʃən コンスィダレイション/ 图 熟慮(じゅくりょ), 考慮(こうりょ); 思いやり

considering /kənsídəriŋ コンスィダリング/ 前 〜を考えると, 〜を考慮(こうりょ)すれば, 〜のわりには

consist A2 /kənsíst コンスィスト/ 動 **(consist of 〜 で)〜から成る**
•Japan **consists** of four main islands. 日本は4つの主な島から成っている.

constant /kánstənt カンスタント/ 形 ❶ 絶え間ない ❷ 変わらない, 一定の

constantly /kánstəntli カンスタントリ/ 副 絶えず, いつも

constellation /kɑnstəléiʃən カンステ**れ**イション/ 图 星座

constitution /kɑnstətjúːʃən カンスティテューション/ 图 ❶ 憲法 ❷ 体格, 体質

Constitution Day 图 (日本の)憲法記念日 →5月3日.

construct /kənstrʌkt コンストラクト/ 動 建設する, 建造する

construction /kənstrʌkʃən コンストラクション/ 图 建設, 建造, 工事; 建物

consult /kənsʌlt コンサると/ 動 ❶ (専門家に)意見を聞く; (医者に)診察(しんさつ)してもらう ❷ (辞書・参考書・地図などを)調べる

consultant /kənsʌltənt コンサるタント/ 图 (専門分野についての)助言者, コンサルタント

consume /kəns(j)úːm コンス(ュ)ーム/ 動 消費する (use up); 使い果たす, 費(つい)やす (spend)

consumer /kəns(j)úːmər コンス(ュ)ーマ/ 图 消費者

consumption /kənsʌmpʃən コンサンプション/ 图 消費; 消費高

contact 中 A2 /kántækt カンタクト/ 图 接触(せっしょく); 連絡(れんらく); 近づき, 付き合い
•**be [get] in contact with 〜** 〜と接触している[する], 〜と連絡している[する]
•**come in contact with 〜** 〜と接触[交際]する
—— 動 (人と)連絡をとる, 接触する
•Please **contact** me. 私と連絡をとってください[(いつも)消息を私に知らせるようにしてください].

cóntact lèns 图 コンタクトレンズ

contain /kəntéin コンテイン/ 動 ❶ 含(ふく)む, 入れている ❷ (感情などを)おさえる; 制御(せいぎょ)する, 規制する (control)

container A2 /kəntéinər コンテイナ/ 图 入れ物, 容器, 箱; (貨物を輸送する)コンテナ

contemporary /kəntémpəreri コンテンポラリ/ 形 ❶ (人・作品が)同時代の, その当時の ❷ 現代の (modern)
—— 图 (徴 **contemporaries** /kəntémpəreriz コンテンポラリズ/) 同時代の人

content[1] /kántent カンテント/ 图 (ふつう **contents** で)内容, 中身; (本の)目次
•the **contents** of a bag 袋(ふくろ)の中身
•the **content** of his speech 彼のスピーチの内容 →このように抽象(ちゅうしょう)的な「内容」は単数形.
•a table of **contents** (本の)目次

content[2] /kəntént コンテント/ (→content[1]との発音の違(ちが)いに注意) 形 満足して →名詞の前にはつけない. →**contented**
—— 图 満足

contented /kənténtid コンテンテド/ 形 満足した

contentment /kənténtmənt コンテントメント/ 图 満足(すること)

contest 小 A1 /kántest カンテスト| kɔ́ntest コンテスト/ 图
競技, コンテスト, コンクール, 大会
•a speech **contest** 弁論大会, スピーチコンテスト
•a chorus **contest** 合唱コンクール
•a swimming **contest** 水泳競技(大会)
•**enter** a **contest** 競技に参加する

context A2 /kántekst カンテクスト/ 图 (徴 **contexts** /kánteksts カンテクスツ/) ❶ (文章・発言の)文脈, 前後関係 ❷ (事件などの)背景
in this context この文脈では; これに関連して

continent A2 /kántənənt カンティネント/ 图 ❶ 大陸
•There are seven **continents** on the earth. 地球上には7つの大陸がある.
❷ (the Continent で) (英国からみた)ヨーロッパ大陸

continental /kɑntənéntl カンティネントる/ 形 ❶ 大陸の, 大陸的 ❷ (ふつう **Continental** で) (英国からみて)ヨーロッパ風の

continéntal bréakfast 图 ヨーロッパ風朝食 →ロールパンにコーヒー程度の簡素なもの. →**English breakfast**

continual /kəntínjuəl コンティニュアる/ 形
(時々間をおいて)長く続く, 頻繁(ひんぱん)な, たびたびの →**continuous**

continually /kəntínjuəli コンティニュアリ/ 副
絶えず, 頻繁(ひんぱん)に, しょっちゅう

continue 中 A2 /kəntínju: コンティニュー/ 動
続ける; 続く
•This path **continues** for miles along the river. この小道は川に沿って何マイルも続いている.
•Tom **continued** his work. トムは仕事を続けた.
•The ship **continued to** sink slowly. 船はゆっくりと沈(しず)み続けた.
•The old lady **continued talking** for ten minutes. 老婦人は10分間にわたって話し続けた.
•"Well," he **continued**. 「さて」と彼は言葉を続けた.
•The discussion will be **continued** next week. 討論は来週続けられるだろう. →**be** 助動 ❷

To be continued. (連載(れんさい)物が)次回に続く →**conclude** 成句

continuous 中 /kəntínjuəs コンティニュアス/ 形
絶え間ない, 切れ目のない →**continual**

contrabass /ká:ntrəbeis カーントラベイス/ 名
《楽器》**コントラバス** → 弦(げん)楽器の一種で, 音程(おんてい)が一番低い.

contract /kəntrǽkt コントラクト/ 動 契約(けいやく)する, 請(う)け負う
—— /kɑ́ntrækt カントラクト/ (→動詞との発音の違(ちが)いに注意) 名 契約(書)

contrary /kɑ́ntreri カントレリ/ 形 逆の, 反対の (opposite)
—— 名 逆, 反対

contrary to ~ ~に反して
on the contrary 逆に, それどころか
to the contrary それと反対に[の]

contrast A2 /kɑ́ntræst カントラスト/ 名
対照, コントラスト; (著(いちじる)しい)違(ちが)い
•the **contrast between** black and white 黒と白のコントラスト
•There is a great **contrast between** life now and life 100 years ago. 今の生活と100年前の生活では大きな違いがある.
—— /kəntrǽst コントラスト/ (→名詞との発音の違いに注意) 動 比較(ひかく)対照する; 対照を成す

•**contrast** cats **with** [**and**] dogs ネコと犬を比較対照する
•His words **contrast with** his actions. 彼の言葉と行動は対照を成す[正反対だ].

contribute /kəntríbju:t コントリビュート/ 動
寄付する; 貢献(こうけん)する

contribution /kɑ̀ntrəbjú:ʃən カントリビューション/ 名 寄付, 寄付金; 貢献(こうけん)

control 中 A2 /kəntróul コントロウる/ 動
(三単現 **controls** /kəntróulz コントロウるズ/; 過去・過分 **controlled** /kəntróuld コントロウるド/; -ing形 **controlling** /kəntróuliŋ コントロウリング/) 統制する; 制御(せいぎょ)する, コントロールする; (感情を)おさえる
•**control** one's anger 怒(いか)りをおさえる
•This computer **controls** all the machines. このコンピューターがすべての機械を制御している.
•Mary **controlled** her emotions. メアリーは自分の感情をおさえた.
•Trains on the Tokaido Shinkansen **are controlled** from the office in Tokyo. 東海道新幹線の列車は東京の指令所によって制御されている.
•The government is **controlling** the price of rice. 政府が米価を統制している.
—— 名 統制; 制御; 抑制(よくせい); (**controls** で)制御装置, 操縦装置
•traffic **control** 交通整理
•The driver **lost control of** his car, and it went into the ditch. 運転手が車を制御しきれなくなり車は溝(みぞ)にはまり込(こ)んだ.

out of control 制御できない, コントロール不能な
under control 制御[コントロール]された

contról tòwer 名 (空港の)管制塔(とう)

convenience 小 A2 /kənví:njəns コンヴィーニェンス/ 名 便利, 都合; 便利な物
•if it suits your **convenience** もし都合がよければ
•Please answer **at** your earliest **convenience**. (あなたの最も早い都合のよい時に⇨)ご都合のつき次第(しだい)ご返事ください.
•Shopping by the Internet is a great **convenience**. インターネットで買い物ができるのはとても便利だ.

convénience stòre 中 名 コンビニ(エンスストア)

convenient

convenient 中 A2 /kənvíːnjənt コンヴィーニェント/ 形 **便利な, 都合のいい**
反対語 **inconvenient** (不便な)
- When is a **convenient** time for you to meet? 会うのに都合のいい時間は何時ですか[会うとすると何時がいいですか].
- **It is** very **convenient to** live near the station. 駅の近くに住むのはとても便利だ.
- Let's meet at the station if it is **convenient for** you. もしご都合がよければ駅で会いましょう. →「君が都合がよい」を ×*you are* convenient としない.

convention /kənvénʃən コンヴェンション/ 名 ❶ **慣例, しきたり, 慣習** ❷ (政治・学術などの)**大会** ❸ **協定, 条約**

conversation A1 /kɑnvərséiʃən カンヴァセイション| kɔnvəséiʃən コンヴァセイション/ 名 **会話, (人との)話, 対話, 座談**
- learn English **conversation** 英会話を習う
- **have** a **conversation with** 〜 〜と話をする

convey /kənvéi コンヴェイ/ 動 ❶ (感情などを)**伝える** ❷ **運ぶ, 運搬**(うんぱん)**する**

conveyor /kənvéiər コンヴェイア/ 名 **運搬**(うんぱん)**する人[物]; ベルトコンベア**

convéyor bèlt 名 **ベルトコンベア**

convince /kənvíns コンヴィンス/ 動 **納得**(なっとく)**させる, 確信させる**

convinced /kənvínst コンヴィンスト/ 形 **確信して**

coo /kúː クー/ 動 (ハトが)**クークーと鳴く**
── 名 (複 **coos** /kúːz クーズ/) **クークー**(というハトの鳴き声)

cook 小 A1 /kúk ク/

動 ❶ (熱を使って)**料理する**
❷ (物が)**料理される**
名 **料理する人, コック**   意味 map

── 動 (三単現 **cooks** /kúks クス/;
過去・過分 **cooked** /kúkt クト/; -ing形
cooking /kúkiŋ クキング/)

❶ (熱を使って)**料理する**
🔑基本 **cook** dinner 食事を料理する → cook+名詞.
🔑基本 She **cooks** very well. 彼女はとても料理がうまい. → cook+副詞句.
- 関連語 He **cooked** fish and I **made** [**prepared**] salad. 彼は魚を料理し, 私はサラダをつくった. →サラダなどの熱を使わない「料理」には cook は使えない.

cook   make

- She **cooked** me dinner. ＝She **cooked** dinner **for** me. 彼女は私に夕食をつくってくれた.
- There is some **cooked** meat on the table. 食卓(しょくたく)には料理された肉が置いてある. → cooked (料理された)は過去分詞が形容詞のように使われたもの.
- Mom **is cooking** in the kitchen. 母は台所で料理をしている. →現在進行形の文. → is [助動] ❶

❷ (物が)**料理される, 煮**(に)**える, 焼ける**
- Potatoes **cook** slowly. ジャガイモはなかなか煮えない[焼けない].

── 名 (複 **cooks** /kúks クス/)
料理する人, コック →性別に関係なく使う.
- She is a very good [poor] **cook**. 彼女はとても料理が上手[下手]です.

cookbook /kúkbuk ククブク/ 名 《米》**料理の本** (《英》cookery-book)

cooker A2 /kúkər クカ/ 名 《英》**料理用レンジ** (《米》range, stove)

cookery /kúkəri クカリ/ 名 **料理法**

cookery-book /kúkəri buk クカリ ブク/ 名 《英》= cookbook

cookie A1 /kúki クキ/ 名 《米》**クッキー** (《英》biscuit)

cooking 小 A2 /kúkiŋ クキング/ 動

cook の -ing 形 (現在分詞・動名詞)
── 名 **料理; 料理法**

cóoking schòol 名 **料理学校**

cool 小 A1 /kúːl クール/

形 ❶ **涼**(すず)**しい**   意味 map
❷ (気持ちよく)**冷たい**
❸ **冷静な**

── 形 (比較級 **cooler** /kúːlər クーら/; 最上級

coolest /kúːlist クーれスト/
❶ 涼しい →**warm** ❶
基本 a **cool** breeze 涼しいそよ風 →cool+名詞.
基本 It's **cool** today. きょうは涼しい. →be動詞+cool. It は漠然(ばくぜん)と「気温」を示す.
• Let's rest in the **cool** shade of a tree. 涼しい木陰(こかげ)で休みましょう.
• It gets **cooler** toward evening. 夕方には(だんだん)涼しくなる.
• Karuizawa is **the coolest** place near Tokyo in summer. 軽井沢は東京の近くでは夏一番涼しい所です.
❷ (気持ちよく)冷たい, (ほどよく)冷めた
• a **cool** drink 冷たい飲み物
• The soup isn't **cool** enough for the baby to drink yet. スープはまだ赤ちゃんが飲めるほどに冷めてない.
❸ 冷静な, 落ち着いた(calm); 冷淡(れいたん)な
• look **cool** 冷静な顔をしている
反対語 We need a **cool** head and a **warm** heart. 私たちには冷静な頭と温かい心が必要だ.
❹《話》かっこいい, すごい, 最高の
• a **cool** guy かっこいい男
会話 How was the picnic? —It was **cool**! ピクニックはどうだった? —最高!
——動 三単現 **cools** /kúːlz クーるズ/; 過去・過分 **cooled** /kúːld クーるド/; -ing形 **cooling** /kúːliŋ クーりンぐ/
冷やす, 涼しくする; 冷える

cooler A2 /kúːlər クーら/ 形 **cool** の比較(ひかく)級
——名 (食物を冷やしておくアイスボックスなどの)冷却(れいきゃく)容器, 冷却装置 →部屋の「クーラー」は **air conditioner**.

co-op /kóu ɑp コウ アプ/ 名 生活協同組合(の売店), 生協(の店)

cooperate /kouɑ́pəreit コウアペレイト/ 動 協力する, 連携(れんけい)する

cooperation /kouɑpəréiʃən コウアペレイション/ 名 協力, 連携(れんけい)
• work **in cooperation with** 〜 〜と協力して働く, 〜と連携する

cop A1 /kɑ́p カプ|kɔ́p コプ/ 名《話》おまわりさん, 警官(police officer)

copier /kɑ́piər カピア/ 名 コピー機, 複写機(photocopier)

copper /kɑ́pər カパ/ 名 銅; 銅貨

copy A1 /kɑ́pi カピ|kɔ́pi コピ/ 名
(複 **copies** /kɑ́piz カピズ/)
❶ 写し, 複写, コピー, 模写, 複製; まね
• a **copy** of his letter 彼の手紙の写し
• This is not the original picture, but just a **copy** of it. これは原画ではなくて, それの複製にすぎない.
• Will you **make** two **copies** of the letter? その手紙のコピーを2通とってくれますか.
❷ (同じ本・新聞などの)1冊, 1部
• Please get three **copies** of today's paper. きょうの新聞を3部買ってきて.
❸ 広告文, 宣伝文
• **write copy** for 〜 〜のために広告文を書く
——動 三単現 **copies** /kɑ́piz カピズ/; 過去・過分 **copied** /kɑ́pid カピド/; -ing形 **copying** /kɑ́piiŋ カピイング/
写す, コピーをとる, 複写する, 模写する; まねる
• Ken never **copies** his neighbor's answers. ケンは決して隣(となり)の(席の)人の答えを見て写したりはしない.
• She **copied** her teacher's speech. 彼女は先生の話し方をまねした.

coral /kɔ́ːrəl コーラる/ 名 サンゴ
córal rèef 名 サンゴ礁(しょう)

cord /kɔ́ːrd コード/ 名 ひも; (電気の)コード →**string** より太く **rope** より細いもの.

core /kɔ́ːr コー/ 名 ❶ (ナシ・リンゴなどの)芯(しん) ❷ (**the core** で)(物事の)核心(かくしん)

cork /kɔ́ːrk コーク/ 名 コルク; コルクの栓(せん)

corkscrew /kɔ́ːrkskruː コークスクルー/ 名 コルクの栓抜(せんぬ)き
関連語 **bottle opener** (瓶(びん)の栓抜き)

cormorant /kɔ́ːrmərənt コーマラント/ 名《鳥》ウ

corn 小 A1 /kɔ́ːrn コーン/ 名
❶《米》トウモロコシ(《英》maize)
❷《英》穀物; 小麦(wheat), オートムギ(oat)
→その地域における最重要穀物をいう. したがって

イングランドでは「小麦」, スコットランドなどでは「オートムギ」のこと.

Córn Bèlt 固名 (the をつけて)《米》**トウモロコシ地帯** → 米国五大湖の南部と西部にわたる広大な耕地.

córn dòg 名 **コーンドッグ, アメリカンドッグ** → ソーセージに衣をつけて揚(あ)げたもの.「アメリカンドッグ」は和製英語.

corned /kɔ́:rnd コーンド/ 形 **塩づけの** → corn は元来「小さな堅(かた)い粒(つぶ)」のことで,「塩の粒」⇨「塩の粒をふりかけた」⇨「**塩づけにした**」の意味.
• **corned** beef 牛肉の塩づけ, コンビーフ

corner 小 A1 /kɔ́:rnər コーナ/ 名

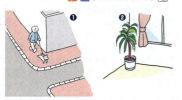

❶ **かど, 曲がりかど**
• a **corner** store [shop] かどの店 → スーパーに対して「町の店」を指すこともある.
• at [on] the **corner** of the street 町かどに[で]
• Turn left at the next **corner**. 次のかどを左に曲がりなさい.

❷ **すみ**
• in the **corner** of the room 部屋のすみに[で]

(**just**) **around the corner** すぐそこのかどを曲がった所に[で] →「すぐ近くに[で]」の意味でも使う.
• Christmas is **just around the corner**. クリスマスがもうそこのかどまで[すぐそこまで]来ている.

cornfield /kɔ́:rnfi:ld コーンふぃーるド/ 名 《米》トウモロコシ畑, 《英》麦畑 → **corn**

cornflakes /kɔ́:rnfleiks コーンふれイクス/ 名 複 **コーンフレーク**

corona /kəróunə カロウナ/ 名 ❶ =coronavirus ❷ **コロナ** → 皆既(かいき)日食のとき太陽のまわりに見える白い光.

coronavirus /kəróunəvaiərəs カロウナヴァイアラス/ 名 **コロナウイルス** → 人や動物に肺炎などの病気を引き起こすウイルスの一種.

corporation /kɔ̀:rpəréiʃən コーポレイション/ 名 ❶ **法人** → 一個人と同じように法律により権利・義務を認められた団体・組織体.
❷ 《米》**株式会社**

correct A1 /kərékt コレクト/ 形
正しい, 正確な
• the **correct** answer 正しい答え
• Your answer is **correct**. 君の答えは正しい.
── 動 **訂正(ていせい)する, 直す**
• **correct** mistakes 誤りを訂正する
• **correct** a bad habit 悪い習慣を直す

correction /kərékʃən コレクション/ 名 **直すこと, 訂正(ていせい)**; **訂正の書き込(こ)み**

corréction flùid 名 **修正液**
corréction pén 名 **修正ペン**

correctly A2 /kəréktli コレクトリ/ 副 **正しく, 正確に, 間違(まちが)いなく**

correspond /kɔ̀:rəspánd コーレスパンド/ 動 ❶ **一致(いっち)する**; **相当する** ❷ **文通する**

correspondence /kɔ̀:rəspándəns コーレスパンデンス/ 名 ❶ **一致(いっち)** ❷ **文通, 通信**; 《集合的に》**手紙** (letters)

correspondent /kɔ̀:rəspándənt コーレスパンデント/ 名 (新聞社などの)**通信員, 特派員**

corridor /kɔ́:rədər コーリダ/ 名 (ビル・学校などの)**廊下(ろうか)**

corrupt /kərʌ́pt コラプト/ 形 **堕落(だらく)した; 腐敗(ふはい)した; 汚(よご)れた, 汚染(おせん)した**
── 動 **堕落させる, 買収する; 腐敗する**

cosmos /kázməs カズモス/ 名 ❶ (the **cosmos** で) (秩序(ちつじょ)のある統一体として考えられた)**宇宙** → universe のほうがふつう.
❷ 《植物》**コスモス**

cost A2 /kɔ́:st コースト/ 動 (三単現 **costs** /kɔ́:sts コースツ/; 過去・過分 **cost**; -ing形 **costing** /kɔ́:stiŋ コースティング/) → 原形・過去形・過去分詞が同じ形であることに注意.

❶ **(金が)かかる, (いくら)する**

⚠POINT cost は受け身にしない. 物事が主語となり, 人は主語にならない.

• This dictionary **costs** 1,800 yen. この辞書は1,800円だ.
• The trip will **cost** you 10,000 (読み方: ten thousand) yen. その旅行は(君にとって)1万円かかるでしょう.
• How much does it **cost** to fly to Ha-

waii? 飛行機でハワイへ行くのに費用はどれくらいかかりますか. →it=to fly.
- This book **cost** me a thousand yen. この本は1,000円した. →現在形の文なら, This book cost*s* ~.

❷ (時間・労力・犠牲(ぎせい)などを)要求する
- His success **cost** him his health. (彼の成功は彼に健康を要求した ⇨)彼は成功したがそのため健康を害した.

—— 名 費用, 値段, 価格; 原価
- the **cost** of living 生活費
- **at cost** 原価で
- Can you repair this table **at little cost**? このテーブルを(安い値段で ⇨)安く直すことができますか.

at any cost=*at all costs* どんな犠牲を払(はら)っても, ぜひとも

at the cost of ~ ~の費用で; ~を犠牲にして

Costa Rica /kástə ríːkə カスタ リーカ/ 固名 コスタリカ →中米の共和国. 首都はサンホセ.

costly /kɔ́ːstli コースㇳリ/ 形 (比較級 **costlier** /kɔ́ːstliər コースㇳリア/, **more costly**; 最上級 **costliest** /kɔ́ːstliist コースㇳリエスㇳ/, **most costly**) 高価な, ぜいたくな; 大きな犠牲(ぎせい)を伴(ともな)う, 高くつく

costume /kástjuːm カステューㇺ/ 名 (ある時代・民族などに特有の)服装; (舞台(ぶたい)用などの)衣装(いしょう), コスチューム
- a Halloween **costume** ハロウィーン用の衣装
- a **costume** drama [play] 時代劇

cosy /kóuzi コウズィ/ 形 =cozy

cottage /kátidʒ カテヂ/ 名 ❶ 田舎(いなか)家, 小さな農家 ❷ (米)(避暑(ひしょ)地などの)別荘(べっそう), 山荘(さんそう)

cotton 中 /kátn カトン/ 名
❶ (植物) 綿, 綿花, 綿の木 →**cotton plant** ともいう.
- grow **cotton** 綿を栽培(さいばい)する
❷ 木綿(もめん)(糸); 脱脂綿(だっしめん)
- a **cotton** shirt 木綿のシャツ
- This is made of **cotton**. これは木綿製だ.

cótton cándy 名 《米》綿菓子(わたがし), 綿あめ (《英》candyfloss)

couch A1 /káutʃ カウチ/ 名 寝椅子(いす), 長椅子

cougar /kúːɡər クーガ/ 名 (動物) アメリカラ

イオン, ピューマ (puma) →**mountain lion** ともいう.

cough /kɔ́ːf コーふ/ 名 せき; せき払(ばら)い; せきの出る病気[状態]
- She **has** a bad **cough**. 彼女はひどいせきをしている.

—— 動 せきをする; せき払いをする

could 中 A1 /弱形 kəd クド, 強形 kúd クド/
(→l は発音しない) 助動

❶ ~することができた →**can** (できる)の過去形.
- No one **could** answer this question. 誰(だれ)もこの問いに答えられなかった.
- Bob ran as fast as he **could**. ボブはできるだけ速く走った.

POINT 主節の動詞 (ran=run の過去)と同じ過去の「時」を示すために can の過去である could を用いたもの. 訳す時は主節の動詞のほうだけを過去(走った)にすればよい. 次の例も同じ.

- John said (that) he **could** swim across the river. = John said, "I can swim across the river." ジョンはその川を泳いで渡(わた)れると言った.
- I wish I **could** speak English well. (今は話せないが)英語を上手に話せたらなあ. →仮定法, 現在の事実とは異なることをいう.

❷ (**Could I** *do* ~? で) ~してよろしいでしょうか →Can I *do* ~? の丁寧(ていねい)な言い方.

Could I use your dictionary?—Yes, of course you can.
あなたの辞書を使ってよろしいでしょうか.—ええ, もちろん, どうぞお使いください.
→答えは ×you *could* としない.

❸ (**Could you** *do* ~? で) ~してくださいませんか →Can you *do* ~? の丁寧な言い方.

Could you tell me the way to the station? —Sure. Go two blocks along this street and you'll find it on your right.
駅へ行く道を教えていただけませんか.—はい. この道を2ブロック行くと右手にあります.

couldn't /kúdnt クドント/ (→lは発音しない) **could not** を短くした形 →**can't**

council /káunsəl カウンスィる/ 名 **会議, 協議会**; (地方自治体の)**議会**

counsellor /káunsələr カウンセら/ 名《英》=counselor

counselor /káunsələr カウンセら/ 名
❶ **顧問**(こもん) ❷ **カウンセラー** →学校その他で悩(なや)み事の相談を受けて指導や助言をする人.

count¹ 中 A2 /káunt カウント/ 動
❶ **数える**
・**count** (**up**) **to** sixty 60まで数える
ことわざ Don't **count** your chickens before they are hatched. かえらないうちからひよこを数えるな. →「まだ手に入らぬうちからそれを当てにして計画を立てるな」の意味.「とらぬタヌキの皮算用(かわざんよう)」にあたる.
・Pencils **are counted** by the dozen. 鉛筆(えんぴつ)はダース(単位)で数えられる. →**are** 助動 ❷

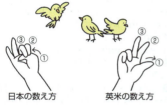

日本の数え方　　英米の数え方

❷ **数に入れる; 数に入る, 重要である**
・There are thirty people in the classroom, **counting** the teacher. 教室には先生も入れて30人います.
・Every vote **counts** in an election. 選挙では1票1票が重要である.
count down 秒読みする, カウントダウンする →10秒, 9秒, 8秒~と逆読みすること.
count in 勘定(かんじょう)に入れる
count on [upon] ~ ~を当てにする, ~を頼(たよ)りにする
count out 数から省く, 除外する
— 名 **数えること, 計算; 総数**

count² /káunt カウント/ 名 (英国以外の西欧(せいおう)の)**伯爵**(はくしゃく) 類似語 **earl** (英国の伯爵)

counter¹ /káuntər カウンタ/ 名
❶ (銀行・商店などの)**カウンター, 売り台**
❷ **計算する人, 計算器, カウンター**

counter² /káuntər カウンタ/ 動 **逆らう; 打ち返す**

countless /káuntlis カウントれス/ 形 **数えきれない, 無数の**

countries /kántriz カントリズ/ 名 **country** の複数形

country 小 A2 /kántri カントリ/ 名
(複 **countries** /kántriz カントリズ/)
❶ **国, 国土**
・a rich **country** 富める国
・foreign **countries** 外国
・**all over the country** 国中に[で], 全国に[で]
・Japan is my native [home] **country**. 日本が私の母国です.
・Gestures are different **from country to country**. 身振(みぶ)りは国によって違(ちが)う.

類似語(国)
country, state, nation の3語はすべて「国」という意味で使われるが, **country** は「国土」, **state** は「1つの政府のもとに統一された国」, **nation** は「共通の歴史・文化・言語を共有する人々の集まりとしての国」というニュアンスを持っている.

❷ (**the country** で) **国民** →単数扱(あつか)い.
・**The** whole **country** doesn't want war. 国民はみんな戦争を望んでいない.
❸ (**the country** で) **田舎**(いなか) (countryside); (名詞の前につけて) **田舎の**
・go out into **the country** 田舎へ行く
・live in **the country** 田舎に住んでいる
・a **country** road 田舎道
・**country** life 田園生活
❹ (地形・気候などで独自の特徴(とくちょう)を持っている)**地域, 地帯** →ふつう×a, ×the をつけない.
・snowy **country** 雪国

cóuntry and wéstern mùsic 名 =country music

cóuntry mùsic 名《米》**カントリーミュージック** →米国南部の白人移民の間に伝わる伝統音楽で, **country and western** ともいう. ギター・バンジョーなどで演奏される.

countryside A2 /kántrisaid カントリサイド/ 名 **田舎**(いなか), **田園地方**
・live in the **countryside** 田舎で暮らす

county /káunti カウンティ/ 名 (複 **counties** /káuntiz カウンティズ/) ❶ (英国・アイルランドの)**州** →日本の「県」にあたる. ❷ (米国の)**郡** →こ

れが集まり state (州)になる.

cóunty fáir 名 《米》カウンティーフェア →
郡内で毎年秋に行われる農産物・家畜(かちく)の品評会.

couple A2 /kʌ́pl カプる/ 名
❶ (2つのものから成る)**一組**, **一対**(いっつい); **二人組**
❷ (恋人同士の)**カップル**; **夫婦**(ふうふ)
• an old **couple** 老夫婦
• You can see many young **couples** in this park on Sundays. 日曜にはこの公園に多くの若いカップルが見られる.

a couple of ~ 2つの, 2人の; 2〜3の, いくつかの (a few)
• **a couple of** boys 男の子2人
• in **a couple of** days 2〜3日のうちに

coupon /kúːpɑn クーパン/ 名 クーポン券

courage /kə́ːridʒ カ〜レヂ/ 名 勇気
• a woman **of courage** 勇気のある女性 →
× a courage, × courage*s* としない.
• show great **courage** すばらしい勇気を示す
• I don't think he has the **courage to** tell the truth. 彼は本当のことを言う勇気がないと私は思う.

courageous /kəréidʒəs カレイヂャス/ 形 勇敢(ゆうかん)な

course 小 A1 /kɔ́ːrs コース/ 名

❶ **進路**, **針路**, **コース**; **方針**
• a ship's **course** 船の針路
• Rivers change their **courses** little by little. 川は少しずつ進路を変える.
• The spaceship was **on course to** the moon. その宇宙船は月へ向かっての進路上にあった[月に向かって進んでいた].

❷ **進行**, **成り行き**, **経過**
• during the **course** of the journey 旅をしている間に[旅の途中(とちゅう)で]
• **in** (**the**) **course of time** 時がたつうちに[やがて]

❸ (学校などの)**課程**, **講座**
• a TV **course in** English テレビ英語講座
• **take** a summer **course** 夏期講座に出る
• She finished her **courses in** high school this year. 彼女は今年高等学校の課程を終えた.

❹ (ディナーで順々に出る料理の)**品**, **コース**
• a five-**course** dinner 5品料理
• Our main **course** was steak. メインコース[主となる料理]はステーキだった.
❺ (競走・水泳・ゴルフなどの)**コース**

of course もちろん

Do you want to come with us?—**Of course** I do.
君も僕(ぼく)らといっしょに行くかい?—もちろん行くよ.

You don't know him, do you?—**Of course** not.
君は彼を知らないだろうね.—もちろん知らないよ.
Would you mail this letter for me? —Yes, **of course**.
この手紙を出してくれませんか.—ええ, いいですとも.

court A2 /kɔ́ːrt コート/ 名
❶ **法廷**(ほうてい), **裁判所**
• the Supreme **Court** 最高裁判所
• They **brought** the case **into court**. 彼らはその事件を法廷に持ち込(こ)んだ.
❷ 宮廷(きゅうてい) ❸ (テニス・バスケットなどの)コート ❹ 中庭

cousin 中 A1 /kʌ́zn カズン/ 名

いとこ → ふつうには「またいとこ」なども cousin という. より正確には **first cousin** (いとこ), **second cousin** (またいとこ. いとこの子)などという.

cover 中 A1 /kʌ́vər カヴァ/ 動

❶ **覆**(おお)う, (覆い・カバーなどを)**かける**, **かぶせる**
• **cover** a table **with** a white cloth テーブルに白布をかける
• In January thick ice **covers** the lake. 1月には厚い氷がこの湖を覆う.
• The mountain will soon **be covered**

with snow. 山はうすく雪で覆われるだろう. → **be** [助動] ❷

- His shoes **were covered with** [**in**] mud. 彼の靴(くつ)は泥(どろ)だらけだった. → **were** [助動] ❷

❷(しばしば **cover up** で)(覆い)隠(かく)す
- He tried to **cover** (**up**) his mistake. 彼はミスを隠そうとした.

❸まかなう; カバーする
- **cover** the expenses 費用をまかなう
- The pitcher **covered** first base. ピッチャーが1塁(るい)をカバーした.

❹(範囲(はんい)が)〜にわたる; (ある距離(きょり)を)行く
- His farm **covers** three square miles. 彼の農場は3平方マイルにわたっている[の広さがある].
- The camel **covered** 10 miles that day. ラクダはその日10マイル進んだ.

❺(記者が)取材する, 報道する
- **cover** an airplane crash 航空機墜落(ついらく)事故を取材する[報道する]

── [名] 覆い, カバー, ふた; 表紙; (身を)隠す物
[関連語] 「本のカバー」は **jacket**.

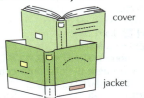
cover / jacket

take cover (風雨などから)避難(ひなん)する
under separate cover (郵便物を)別封(べっぷう)で, 別便で

cow 小 A1 /káu カウ/ [名]
雌牛(めうし), 乳牛; 牛 → ふつう子を産んだ3歳(さい)以上の雌牛をいうが, 雌雄(しゆう)の別なく「牛」全般(ぜんぱん)を指すのにも使う.
- **keep** [**have**] **cows** 牛を飼う
- She is milking a **cow**. 彼女は牛の乳しぼりをしている.

イメージ・類似語・関連語 (**cow**)
bull や **ox** が「力の強い, 乱暴な」というイメージがあるのに対して, **cow** には「のんびりした」のイメージがある.
[関連語] **bull** (雄牛(おうし)), **ox** (去勢された雄牛で農耕・運搬(うんぱん)用), **cattle** (飼牛全体をいう言葉); **beef** (牛肉), **moo** (鳴き声)

coward /káuərd カウアド/ [名] 臆病(おくびょう)者; ひきょう者

cowboy /káubɔi カウボイ/ [名] カウボーイ

cozy /kóuzi コウズィ/ [形] [比較級] **cozier** /kóuziər コウズィア/ [最上級] **coziest** /kóuziist コウズィエスト/) (部屋など暖かくて)気持ちのよい, いごこちのよい (warm and comfortable)

crab /kræb クラブ/ [名] カニ; カニの肉

イメージ (**crab**)
はさみを振(ふ)りかざして横に歩き, 不平を言っているようにいつも泡(あわ)を吹(ふ)いているので「気難しいひねくれ者」の意味で使う.

crack /kræk クラク/ [名] ❶ ひび, 割れ目
❷ パチッ, ピシッ, パーン → むち・花火・銃(じゅう)などの音.
── [動] ❶ ひびが入る, 割れる; 割る
❷ (むちなどが)パチッ[ピシッ]と鳴る; 鳴らす

cracker /krǽkər クラカ/ [名]
❶ (パーティーなどで使う)クラッカー → 円すい形の紙筒(かみづつ)の先についているひもを引くとぱーんと爆発(ばくはつ)して中からテープなどが飛び出す.
❷ クラッカー → 薄(うす)焼きのビスケットで, チーズといっしょに食べることが多い.

cradle /kréidl クレイドル/ [名] 揺(ゆ)りかご → 「(文明などの)発祥(はっしょう)地」などの意味でも使われる.

craft 小 /kræft クラフト/ [名] (優 **craft**, **crafts** /krǽfts クラフツ/)
❶ (特別な)技術, 工芸; (熟練のいる)職業
❷ 船; 飛行機 (aircraft) → **spacecraft**

craftsman /krǽftsmən クラフツマン/ [名] (優 **craftsmen** /krǽftsmən クラフツマン/)
職人, 熟練工; 工芸家, 名工 → **craftsperson**

craftsperson /krǽftspə̀ːrsn クラフツパースン/ [名] 職人 → 性別を限定しないように, -man (男)の代わりに -person を用いたもの.

cram /krǽm クラム/ [動] ([三単現] **crams** /krǽmz クラムズ/; [過去・過分] **crammed** /krǽmd クラムド/; [-ing形] **cramming** /krǽmiŋ クラミング/)
無理に詰(つ)め込(こ)む, (教科の)詰め込み勉強をする
── [名] 押(お)し合いへし合い, 混雑; 詰め込み勉強

cranberry /krǽnberi クランベリ/ [名] (優 **cranberries** /krǽnberiz クランベリズ/) 《植物》 クランベリー, ツルコケモモ → 赤いすっぱい小粒(こつぶ)の実はソース (**cranberry sauce**) や

ゼリーを作るのに用いる.

crane 🀄 /kréin クレイン/ 名 ❶ 《鳥》ツル
❷ 起重機, クレーン

crash /krǽʃ クラシュ/ 名 ❶ (堅(かた)い物の上に堅い物が落ちる時の)ガチャン[ドシン]という音
•with a **crash** ガチャンと(音を立てて)
❷ 衝突(しょうとつ); 墜落(ついらく)
•a car **crash** 車の衝突
•an airplane **crash** 飛行機の墜落(事故)
❸ (コンピューターの)突然(とつぜん)の故障, クラッシュ
── 動 ❶ ガチャンと音を立てて倒(たお)れる[崩(くず)れる], ガチャンと落ちて壊(こわ)れる
❷ 衝突する; 墜落する
•His car **crashed into** a truck. 彼の車はトラックに衝突した.
❸ (コンピューターが)急に動かなくなる, クラッシュする

crater /kréitər クレイタ/ 名 噴火(ふんか)口; (爆弾(ばくだん)・隕石(いんせき)などでできた)穴, (月面の)クレーター

crawl /krɔ́ːl クロ─る/ 動 ❶ はう; (はうように)のろのろ進む ❷ クロールで泳ぐ
── 名 ❶ はうこと, のろのろした動き
❷ (the crawl で) クロール(泳法)

crayon 🔡 /kréiən クレイオン/ 名 クレヨン

crazy 🅰2 /kréizi クレイズィ/ 形 (比較級 **crazier** /kréiziər クレイズィア/; 最上級 **craziest** /kréiziist クレイズィエスト/)
❶ 気の狂(くる)った, 頭の変な (mad); ばかげた
❷ 熱狂(ねっきょう)した, 夢中の
•He is **crazy about** jazz music. 彼はジャズに夢中だ.

creak /kríːk クリ─ク/ 動 きーきー鳴る, きしる
── 名 きーきーいう音

cream 🔡 🅰1 /kríːm クリ─ム/ 名
❶ クリーム →牛乳の中の黄白(こうはく)色の脂肪(しぼう)分.
•whipped **cream** ホイップ(泡立ち)クリーム
•Butter and cheese are made from **cream**. バターやチーズはクリームからつくられる.
❷ クリーム菓子(がし)
•ice **cream** アイスクリーム
❸ (化粧(けしょう)用などの)クリーム
── 形 クリーム色の

créam pùff 名 シュークリーム →「シューク

リーム」は和製のカタカナ語.

creamy /kríːmi クリ─ミ/ 形 (比較級 **creamier** /kríːmiər クリ─ミア/; 最上級 **creamiest** /kríːmist クリ─ミスト/) クリームのような; クリームを多く含んだ → **cream** 名

create 🀄 🅰2 /kriéit クリエイト/ 動
(新しく)つくり出す, 生み出す, 創作する
•God **created** the heaven and the earth. 神は天と地を創造した.
•All men are **created** equal. すべての人は平等につくられている.
•There we can see the wonders **created** by nature. そこで私たちは自然によってつくられた不思議な物を見ることができます. →created は過去分詞(つくられた〜)で前の名詞 (the wonders) を修飾(しゅうしょく)する.

creation /kriéiʃən クリエイション/ 名 創造, 創作, 創設; 創造物, 創作品

creative 🅰2 /kriéitiv クリエイティヴ/ 形 創造の, 創造的な; 独創的な
•**creative** power 創造力

creativity 🅰2 /kriːeitívəti クリーエイティヴィティ/ 名 創造性[力]; 独創性[力]

creator /kriéitər クリエイタ/ 名 創造者; 創作者

creature 🅰2 /kríːtʃər クリ─チャ/ 名
❶ 生きもの, 動物
❷ (愛情・軽蔑(けいべつ)などの意を込(こ)めて)人
•a poor **creature** かわいそうな人[やつ]

credit 🅰2 /krédit クレディト/ 名 ❶ 信用, 信頼(しんらい) (trust) ❷ 名声, 名誉(めいよ), (〜にとって)名誉となるもの[人]
•He is a **credit to** our school. 彼はわが校の名誉です.
❸ 信用貸し, クレジット
•buy 〜 **on credit** 〜をクレジットで買う
❹ (米)(科目の)履修(りしゅう)単位

crédit càrd 🅰1 名 クレジットカード
•buy a camera **by credit card** [with a credit card] カメラをクレジットカードで買う

creek /kríːk クリ─ク/ 名 ❶ (米)小川 → **brook** よりは大きいもの. ❷ (英)入り江(え)

creep /kríːp クリ─プ/ 動 (三単現 **creeps** /kríːps クリ─プス/; 過去・過分 **crept** /krépt クレプト/; -ing形 **creeping** /kríːpiŋ クリ─ピング/) はう; そっと入る[出る]

crept /krépt クレプト/ 動 **creep** の過去形・過去分詞

crescent /krésnt クレスント/ 名 三日月, 新月

crested ibis 150 one hundred and fifty

→「新月」はイスラム教を表す紋章(もんしょう)に使われる (→**Red Crescent**). 関連語 a **full moon** (満月), a **half moon** (半月)

crested ibis /krèstid áibis クレステド アイビス/ 名 《鳥》**トキ** →crested は「とさかのある」の意味. →**ibis**

crew /krú: クルー/ 名 (船の)乗組員; (列車・飛行機などの)乗務員; (大学などの)ボートチーム, クルー; (いっしょに仕事をしている)グループ →一人一人でなく全員のこと.

crib /kríb クリブ/ 名 《米》ベビーベッド →「ベビーベッド」は和製英語.

cricket[1] /kríkit クリケト/ 名 **コオロギ**

cricket[2] A2 /kríkit クリケト/ 名 **クリケット** → 11人ずつの2組で行う野球に似た球技. 英国の伝統ある戸外スポーツでフェアプレーの精神を代表すると考えられた.
• It's not **cricket**. それはクリケットではない. →「それはフェアではない」の意味.

cried /kráid クライド/ 動 **cry** の過去形・過去分詞

cries /kráiz クライズ/ 動 **cry** 動 の3人称(しょう)単数現在形; **cry** 名 の複数形

crime A2 /kráim クライム/ 名 **犯罪; 罪悪** 類似語 crime は法律上の罪で, sin は道徳・宗教上の罪.
• **commit** a **crime** 罪を犯(おか)す

criminal /krímənl クリミヌル/ 形 犯罪の
── 名 犯罪者, 罪人 →**sinner**

cripple /krípl クリプル/ 名 身体障(がい)者; 足[体]の悪い人 →差別的な表現なので使わないこと.
── 動 足を不自由にする; だめにする, 破損する

crisis /kráisis クライスィス/ 名 (複 **crises** /kráisi:z クライスィーズ/) 危機, (運命・生死の)分かれ目 →**critical ❸**

crisp A2 /krísp クリスプ/ 形
❶ (菓子(かし)・野菜など)ぱりぱり[かりかり]する
❷ (空気が冷たく乾燥(かんそう)して)爽(さわ)やかな, 身を引き締(し)めるような
── 名 (**crisps** で)《英》ポテトチップス (《米》chips)

crispy /kríspi クリスピ/ 形 (比較級 **crispier** /kríspiər クリスピア/; 最上級 **crispiest** /kríspist クリスピスト/) (食べ物が)ぱりぱりする, かりかりする

criteria /kraitíəriə クライティアリア/ 名 **criterion** の複数形

criterion /kraitíəriən クライティアリオン/ 名

(複 **criteria** /kraitíəriə クライティアリア/, **criterions** /kraitíəriənz クライティアリオンズ/)
基準, 規範(きはん); 尺度

critic /krítik クリティク/ 名 批評家, 評論家

critical /krítikəl クリティカル/ 形 ❶ 批評の
❷ 批判的な ❸ 極(きわ)めて重要な, 危機の; 危篤(きとく)の 関連語「危機」は **crisis**.

criticism /krítəsizm クリティスィズム/ 名
❶ 批評, 評論 ❷ 批判, 非難

criticize A2 /krítəsaiz クリティサイズ/ 動
❶ 批判する, 非難する ❷ 批評する

croak /króuk クロウク/ 動 (カエル・カラスなどがしわがれた声で)ゲロゲロ[ガーガー]鳴く →**caw**
── 名 (カエル・カラスなどの)ゲロゲロ[ガーガー]という鳴き声

crocodile /krákədail クラコダイル/ 名 《動物》ワニ →特にアフリカ産のもの. →**alligator**

crocus /króukəs クロウカス/ 名 《植物》クロッカス →早春に咲(さ)く花.

crop /kráp クラプ/ 名 ❶ 農作物, 作物
• this year's rice **crop** 今年の米作
• Cotton is the main **crop** in this region. 綿花はこの地域の主要作物です.
❷ (作物の)収穫(しゅうかく), 収穫高
• We **had** a fine [rich, good] **crop** of grapes this year. 今年はブドウの収穫がよかった.
• The apple **crop** was very **small** [**large**] this year. 今年はリンゴの収穫がとても少なかった[多かった].

croquet /kroukéi クロウケイ|króukei クロウケイ/ 名 **クロッケー** →芝生(しばふ)の上に鉄製の小門を立ててその間を木製の球を木づちで打って通す遊戯(ゆうぎ).

cross 小 A2 /kró:s クロース|krós クロス/ 名 十字架(か); 十字形, ×印 →イエス・キリストは人類を救うために十字架上の死を遂(と)げたと伝えられていることから,「十字架」はしばしば「(栄光に至る前の)苦難」の意味でも使われる.
• Jesus died **on** the **Cross**. キリストは十字架の上で[にかけられて]死んだ.
ことわざ No **cross**, no crown. 十字架なければ冠(かんむり)なし. →「苦難を乗り越(こ)えなければ栄冠(えいかん)は得られない」という意味.
── 動 ❶ 横切る, 横断する, 渡(わた)る
• **cross** a street 道路を横切る
• **cross** a river 川を渡る

one hundred and fifty-one　151　crutch

- How can I **cross to** that island? あの島へはどうやったら渡れますか.

❷ 交わる; 交差させる; 〜とすれ違(ちが)う

- **cross** *one's* legs 脚(あし)を組む
- The two roads **cross** each other. その2本の道路は交差している.
- Our letters **crossed** in the mail [the post]. 私たちの手紙は行き違いになった.

❸ 十字を切る; (しばしば **cross out** で) 線を引いて消す

- **cross** *one*self (胸などに)十字を切る
- **cross out** wrong words 線を引いて間違(まちが)えた言葉を消す

── 形 不機嫌(ふきげん)な, 怒(おこ)りっぽい, 意地悪な

- Don't be so **cross with** your sister. 妹にそんなに意地悪するな.

crossing /krɔ́ːsiŋ クローシング/ 名 ❶ 横切ること, 横断 ❷ 交差点; 横断歩道; 踏切(ふみきり)
掲示 No **crossing**. 横断禁止.

crossroad /krɔ́ːsroud クロースロウド/ 名 (**crossroads** で) 交差点, 十字路 → 単数扱(あつか)い.

crosswalk /krɔ́ːswɔːk クロースウォーク/ 名 《米》(道路に白線で示した)横断歩道 →**zebra crossing**

crossword (puzzle) /krɔ́ːswəːrd (pʌ́zl) クロースワード (パズる)/ 名 **クロスワードパズル** → 与(あた)えられた横 (across) と縦 (down) のヒントを手がかりにして, 四角のますの中に文字を埋(う)めていくゲーム.

crouch /kráutʃ クラウチ/ 動 うずくまる, しゃがむ

crow[1] /króu クロウ/ 名 《鳥》カラス → 鳴き声は caw, croak.

crow[2] /króu クロウ/ 動 (おんどりが)鳴く → **cock-a-doodle-doo**

── 名 (おんどり (cock) の)鳴き声

crowd A2 /kráud クラウド/ 名 群衆, 人混み; 大勢, たくさん

- **in** the **crowd** 人混みの中で

- **a crowd of** people = **crowds of** people 大勢の人々
- There was a large **crowd** at the station. 駅には大勢の群衆がいた. → 群衆を1つの集まりと見る場合は単数扱(あつか)い.
- **Crowds of** students were waiting. 大勢の学生が待っていた.

── 動 群がる, 押(お)し寄せる; 詰(つ)め込(こ)む → **crowded**

- **crowd into** a bus 押し合ってバスに乗る
- People **crowded** the streets. 人々が通りに群がっていた [通りは人で混雑していた].

crowded 中 A2 /kráudid クラウデド/ 形 混んでいる

- a **crowded** bus 混んでいる [満員の] バス
- The streets were **crowded with** shoppers. 通りは買い物客で混雑していた.

crowdfunding /kráudfʌndiŋ クラウドふァンディング/ 名 **クラウドファンディング** → 何か企画を実現するために, インターネットなどで不特定多数の人に資金提供を募(つの)るやり方.

crown A2 /kráun クラウン/ 名 王冠(おうかん)

crude /krúːd クルード/ 形 精製していない

cruel /krúːəl クルーエる/ 形 残酷(ざんこく)な; 悲惨(ひさん)な; ひどい

cruelty /krúːəlti クルーエるティ/ 名 (複 **cruelties** /krúːəltiz クルーエるティズ/) 残酷(ざんこく)さ; 残酷な行為(こうい), 虐待(ぎゃくたい)

cruise A2 /krúːz クルーズ/ 動 (船が)巡航(じゅんこう)する, 遊覧航海をする; (タクシー・パトカーなどが)ゆっくり走る

── 名 遊覧航海, クルーズ

crumb /krʌ́m クラム/ 名 (ふつう **crumbs** で) パンくず, (ケーキなどの)かけら

crumble /krʌ́mbl クランブる/ 動 粉々に崩(くず)れる [崩す]

crumple /krʌ́mpl クランプる/ 動 しわくちゃにする [なる]

crumpled /krʌ́mpld クランプるド/ 形 しわくちゃの

crush /krʌ́ʃ クラシュ/ 動
❶ 押(お)しつぶす; つぶれる
❷ しわくちゃにする [なる]

crust /krʌ́st クラスト/ 名
❶ パンの皮, パイの皮
❷ (物の)堅(かた)い表面; 地殻(ちかく)

crutch /krʌ́tʃ クラチ/ 名 (ふつう **crutches** で) 松葉づえ

cry 中 A1 /krái クライ/

動 ❶ (しばしば **cry out** とも) 意味map
叫ぶ
❷ (声を上げて)泣く
名 叫び声

── 動 (三単現 **cries** /kráiz クライズ/; 過去・過分 **cried** /kráid クライド/; -ing形 **crying** /kráiiŋ クライイング/)

❶ (ふつう声を上げて)泣く 類似語 **sob** (泣きじゃくる), **weep** (涙を流して泣く)
- She **cries** easily. 彼女はすぐ泣く[泣き虫だ].
- The baby **cried** all night. 赤ん坊は一晩中泣いた.

sob

cry

weep

❷ (しばしば **cry out** とも) 叫ぶ, 大声で言う
- **cry** (**out**) with pain 痛くて大声を上げる
- The umpire **cries** "strike" or "ball." 球審が「ストライク」とか「ボール」とか叫ぶ.
- He **cried** (**out**), "Help! Help!" 「助けて! 助けて!」と彼は叫んだ.
- Someone **was crying** "Fire! Fire!" in the street. 通りで誰かが「火事だ! 火事だ!」と叫んでいた. → 過去進行形の文. → **was** 助動 ❶

cry for ~ ~をくれと叫ぶ; ~を欲しがって泣く
cry for joy うれし泣きする
cry out 大声で叫ぶ → ❷
cry over spilt milk こぼれたミルクを惜しんで泣く[過ぎたことをくよくよする]
ことわざ It is no use **crying over spilt milk**. = There is no use **crying over spilt milk**. 済んでしまったことを嘆いてもしかたがない. →「覆水盆に返らず」にあたる.

── 名 (複 **cries** /kráiz クライズ/) 叫び声, 泣き声; (声を上げて)泣くこと; (動物の)鳴き声
- give a **cry** of joy 喜びの叫び声を上げる

crystal /krístl クリスタる/ 名 ❶ 水晶; 結晶(けっしょう)(体) ❷ クリスタルガラス

CT 略 ❶ 《医学》コンピューター断層撮影 → **c**omputed **t**omography. ❷ =Connecticut

cub /káb カブ/ 名 ❶ (ライオン・クマ・キツネなどの)子 ❷ (**the Boy Scouts** の)年少隊員 → 8—11歳. **cub scout** ともいう.

Cuba /kjú:bə キューバ/ 固名 キューバ → カリブ海の社会主義共和国. 首都はハバナ (Havana). 公用語はスペイン語.

cube /kjú:b キューブ/ 名 ❶ 立方体(の物) ❷ (数の)3乗

cuckoo /kúku: ククー/ 名 (複 **cuckoos** /kúku:z ククーズ/) (鳥)カッコウ → その鳴き声をまねてつくった語.

cúckoo clòck 名 カッコウ時計, はと時計

cucumber 小 /kjú:kʌmbər キューカンバ/ 名 キュウリ

cuff /káf カふ/ 名 (ワイシャツの)カフス, 袖口(そでぐち)

cúff lìnks 名 カフスボタン

cuisine /kwizí:n クウィズィーン/ 名 料理(法)

cultivate /káltəveit カるティヴェイト/ 動 (作物を育てるために土地を)耕す; (植物・野菜などを)栽培(さいばい)する

cultural /káltʃərəl カるチュラる/ 形 文化の, 文化的な; 教養の

culturally /káltʃərəli カるチュラリ/ 副 文化的に(は)

culture 小 A1 /káltʃər カるチャ/ 名

❶ (ある民族・国家・集団などが時間をかけて育てた)習慣, 風習; (そこから生み出された学問・芸術などの)知的産物, 文化
類似語 **civilization** (文明)
- foreign **culture** 外国の文化
- popular **culture** 大衆文化
- traditional **culture** 伝統文化
- We should respect their **culture**. 私たちは彼らの文化を尊重すべきだ.

❷ 教養; (心・体の)修練
- a woman of **culture** 教養のある女性

❸ 培養(ばいよう); 栽培(さいばい), 養殖(ようしょく)

cultured /káltʃərd カるチャド/ 形 教養のある

Cúlture Dày 名 (日本の)文化の日 → 11月3日.

cunning /kániŋ カニング/ 形 ずるい, 悪賢(わるがし)い

── 名 ずるさ, 悪知恵(わるぢえ) → 試験で「カンニングをする」は cheat という.

cup 小 A1 /kʌ́p カプ/ 名 (複 cups /kʌ́ps カプス/) ❶ 茶わん, カップ

POINT cup は熱いものを飲むためのもので, ふつう持ち手 (handle) がついている. 類似語 日本語でいう「コップ」は **glass**. ご飯をよそう「茶わん」は **bowl**.

bowl　　glass　　cup

• a coffee **cup** コーヒーカップ
• **a cup and saucer** /kʌ́pənsɔ́ːsər カパンソーサ/ 受け皿にのせた茶わん → **and** ❶

❷ 茶わん1杯(はい), カップ1杯 (cupful)
• **a cup** [**two cups**] **of** tea お茶1杯[2杯]
POINT tea や coffee などの液体はそのままでは1つ2つと数えられないので, ふつう容器で数をいう.

• Will you have **a cup of** coffee? コーヒーを1杯召(め)し上がりますか.
• How about **another cup of** coffee? コーヒーをもう1杯いかがですか.

❸ 優勝カップ, 賞杯(しょうはい)
• win the **cup** 優勝カップを獲得(かくとく)する

cupboard A2 /kʌ́bərd カボド/ 名 食器棚(だな); (一般(いっぱん)に)戸棚 → ふつうは食器・食品などを入れる扉(とびら)つきのものをいうが, 衣類などを入れるもの (closet) にもいう.

cupcake /kʌ́pkeik カプケイク/ 名 カップケーキ

Cupid /kjúːpid キューピド/ 固名 キューピッド → ローマ神話に出て来る恋愛(れんあい)の神. キューピッドの射た矢にあたると恋(こい)に悩(なや)むという.

cure /kjúər キュア/ 動 (病人・病気を)治す
• **cure** a child **of** a fever 子供の熱を下げる
── 名 治療(ちりょう)薬, 治療法

curfew /kə́ːrfjuː カ〜ふユー/ 名 ❶(家庭が子供に対して決めている)帰宅時間, 門限 ❷(戦時の戒厳令(かいげんれい)のもとでの)夜間外出禁止令

Curie /kjú(ə)ri キュ(ア)リ/ 固名 (**Marie Curie**) マリー・キュリー → ポーランド生まれのフランスの化学者・物理学者 (1867-1934). 夫である物理学者ピエール・キュリー (**Pierre Curie** (1859-1906)) とともにラジウムを発見した.

curiosity /kjù(ə)riásəti キュ(ア)リアスィティ/ 名 (複 **curiosities** /kjù(ə)riásətiz キュ(ア)リアスィティズ/) ❶ 好奇心(こうきしん) ❷ 珍(めずら)しい物; 骨董(こっとう)品

curious /kjú(ə)riəs キュ(ア)リアス/ 形 ❶ 好奇心(こうきしん)の強い, 知りたがる ❷ 奇妙(きみょう)な, 変わった

curl /kə́ːrl カ〜る/ 名 巻き毛, カール
── 動 ❶(髪(かみ)が)カールする; (髪を)カールさせる; (物を)くるくる巻く ❷(しばしば **curl up** で)(くるくる)丸くなる; (煙(けむり)が)渦(うず)を巻く

currency /kə́ːrənsi カ〜レンシ/ 名 通貨, 貨幣
current /kə́ːrənt カ〜レント/ 名 (水・空気などの)流れ, 海流, 気流, 電流
── 形 現在の, 今の, 最新の → ふつう名詞の前で.

curry 小 A2 /kə́ːri カ〜リ/ 名 (複 **curries** /kə́ːriz カ〜リズ/)
❶ カレー料理 ❷ カレー粉
cúrry and ríce 名 カレーライス

curse A2 /kə́ːrs カ〜ス/ 名 呪(のろ)い, 罵(ののし)りの言葉
── 動 呪う; 罵る

curtain /kə́ːrtn カ〜トン/ 名 カーテン; (舞台(ぶたい)の)幕
• **draw** the **curtains** カーテンを引く → 開ける場合にも閉める場合にもいう.
• The **curtain rises** [**falls**] **at** 7 p.m. 午後7時に幕が開く[下りる].

curve /kə́ːrv カ〜ヴ/ 名 ❶ 曲線; (道路の)カーブ ❷(野球の)カーブ
── 動 曲がる, カーブする; 曲げる

cushion /kúʃən クション/ 名 クッション, 座ぶとん

custodian /kʌstóudiən カストウディアン/ 名 (公共建物の)管理人 (janitor)

custom 中 A2 /kʌ́stəm カストム/ 名
❶ 風習, 習慣
• an old **custom** 昔からの風習
❷(**customs** で)関税; (空港などの)税関
• go [get, pass] through **customs** 税関を通過する

customer 中 A2 /kʌ́stəmər カスタマ/ 名 (店の)お客, 顧客(こきゃく), 得意先

custom-made /kʌ̀stəm méid カスタム メイド/ 形 注文して作らせた, カスタムメードの 反対語 **ready-made** (出来合いの)

cut

cut 中 A1 /kʌ́t カト/ 動
- 三単現 **cuts** /kʌ́ts カツ/
- 過去・過分 **cut** ←原形・過去形・過去分詞がどれも同じ形であることに注意.
- -ing形 **cutting** /kʌ́tiŋ カティング/

❶ **切る**, 刈(か)る; **切れる**

🏠基本 **cut** an apple in two　リンゴを2つに切る →cut＋名詞.

• **cut** *one's* nails [hair]　爪(つめ)[髪(かみ)]を切る

• **cut** the grass　草を刈る

• **cut** paper **with** scissors　はさみで紙を切る

• Be careful, or you will **cut yourself**. 気をつけて, さもないと(その刃物(はもの)で)けがをするよ.

🏠基本 This knife **cuts** well.　このナイフはよく切れる. →cut＋副詞(句).

• He **cut** his finger on a broken piece of glass.　彼はガラスの破片(はへん)で指を切った. → 現在形の文なら He cuts ～.

• Electric power **was cut** for an hour. (電力が1時間切られた ⇨)1時間停電した. → 受け身の文. →**was** 助動 ❷

• I **had** my hair **cut**.　私は髪を刈ってもらった. → この cut は過去分詞. have A B (過去分詞)は「AをBしてもらう」.

• He **is cutting** branches off trees in the garden.　彼は庭の木の枝を切っている. → 現在進行形の文. →**is** 助動 ❶

❷ (道を)**切り開く**; (穴を)**あける**

• **cut** a road **through** a hill　山に道路を切り開く

❸ (記事などを)**短くする, カットする**; (費用を)**切り詰(つ)める**; (値段・賃金などを)**引き下げる**

• He **cut** his speech because it was too long.　長過ぎたので彼は話を短くした.

❹ (無断で)**欠席する, さぼる**

• **cut** a class　授業をさぼる

cut across (近道をして)**通り抜(ぬ)ける, 横切る**

• He **cut across** the meadow to get home.　彼は家に帰るために牧場を横切った.

cut down **切り倒(たお)す**; (費用・消費量などを)**切り詰める**

• **cut down** on sugar to lose weight　体重を減らすために糖分を控(ひか)える

cut in (列などに)**割り込(こ)む**; (人の話に)**口をはさむ, 話を遮(さえぎ)る**

cut off 切り取る; 切り離(はな)す

cut open 切り開く

cut out 切り抜く

cut up 切り刻む, 切り裂(さ)く

―― 名 (複 **cuts** /kʌ́ts カツ/)

❶ 切り傷, 切り口　❷ (肉の)切り身

❸ (テニス・卓球(たっきゅう)などでのボールの)**カット**

❹ 切り詰め, 引き下げ; (記事, 文章, 音楽, 動画などを)**カットすること**

• **make** a **cut** in prices　値引きする

cute

cute 小 A1 /kjúːt キュート/ 形　**かわいらしい, かわいい; 魅力(みりょく)的な; 抜(ぬ)け目のない**

• Koalas are very **cute**.　コアラはとてもかわいらしい.

cutlet /kʌ́tlit カトリト/ 名　(羊肉・子牛肉などの)切り身; (それを揚(あ)げた)**カツレツ**

cutout /kʌ́taut カタウト/ 名　(紙・木などの)**切り抜き(絵)**

cutter /kʌ́tər カタ/ 名　切る人; 切る道具, **カッター**

cutting /kʌ́tiŋ カティング/ 動　cut の -ing 形 (現在分詞・動名詞)

―― 名 ❶ 切ること; 裁断　❷ (さし木用の)**切り枝**

❸ (新聞などの)**切り抜(ぬ)き**

―― 形　鋭(するど)い; (風が)身を切るような

cutting board /kʌ́tiŋ bɔ́ːrd カティング ボード/ 名　まな板 (《英》chopping board)

cyber- /sáibər サイバ/ 接頭辞 「**コンピューターの, インターネットの**」という意味を表す.

• **cyber**security　サイバーセキュリティ → コンピューター上, ネットワークでの防御(ぼうぎょ)

• **cyber**space　サイバースペース → ネットワーク上の仮想空間

cycle /sáikl サイクル/ 名 ❶ 周期, 循環(じゅんかん); (機械の)一行程(こうてい); 一群の詩や歌曲など

• the **cycle** of the seasons　季節の循環

❷ 《主に英》**自転車** (bicycle); **オートバイ** (motorcycle)

―― 動 ❶ 循環する　❷ 自転車[オートバイ]に乗る, 自転車で行く

• go **cycling**　サイクリングに行く

cycling A2 /sáikliŋ サイクリング/ 名　**サイクリング**

cyclist /sáiklist サイクリスト/ 名　**自転車に乗る人**

cylinder /sílindər スィリンダ/ 名　円柱, 円筒(えんとう)(形の物); (エンジンの)**シリンダー**

cymbal /símbəl スィンバル/ 名　《楽器》(ふつう **cymbals** で) **シンバル**

D, d /díː ディー/ 名 (複 **D's, d's** /díːz ディーズ/) ❶ ディー，デー → 英語アルファベットの4番目の文字． ❷ (D で)(成績評価の) D → 5段階評価の合格最低段階． → **A, a** ❸ (D で)(ローマ数字の) 500

'd /d ド/ **had**, **would**, **should** を短くした形

dad 小 A1 /dǽd ダド/ 名 《話》**パパ**, **お父さん** → 家庭で子供が「父親」を呼ぶのに使う一番ふつうの語．家族の間では固有名詞のように使い，しばしば大文字で始めて **Dad** とする．「ママ，お母さん」は 《米》mom, 《英》mum．

daddy A1 /dǽdi ダディ/ 名 (複 **daddies** /dǽdiz ダディズ/) **パパ, お父ちゃん** (**dad**) → しばしば大文字で始めて **Daddy** とする．「ママ，お母ちゃん」は **mommy** 《米》, **mummy** 《英》．

daffodil /dǽfədil ダフォディル/ 名 《植物》**ラッパズイセン** → ウェールズの国花． → **narcissus**

dagger /dǽɡər ダガ/ 名 **短剣**

dahlia /dǽljə ダリャ/déiljə デイリャ/ 名 《植物》**ダリア**

daily 中 A2 /déili デイリ/ 形 **毎日の; 日々の, 日常の**
- a **daily** newspaper 日刊新聞
- in our **daily** life 私たちの日常生活において

── 副 **毎日, 日々** (every day)

── 名 (複 **dailies** /déiliz デイリズ/) **日刊新聞**

dairy /déəri デアリ/ 名 (複 **dairies** /déəriz デアリズ/) (バター・チーズなどの)**乳製品製造所[販売所]** → **diary** (ダイアリ)(日記)と混同しないこと．

dáiry càttle 名 **乳牛** → 複数として扱う．

dáiry fàrm 名 **酪農場**

daisy /déizi デイズィ/ 名 (複 **daisies** /déiziz デイズィズ/) 《植物》**デイジー, ヒナギク**

dam A2 /dǽm ダム/ 名 **ダム**
- build [construct] a **dam** ダムを建設する

damage /dǽmidʒ ダメヂ/ 名 **損害, 被害, 傷害, ダメージ**
- **cause** [**do**] **damage to** ~ ~に損害[被害]を与える → ×a damage, ×damages としない．

- **suffer** [**receive**] **damage** 被害を受ける

── 動 **損害[被害]を与える, 傷つける**

damp /dǽmp ダンプ/ 形 **湿った, 湿気のある, 湿っぽい**

── 名 **湿気**

dance 小 A1 /dǽns ダンス|dáːns ダーンス/ 名 ❶ **踊り, ダンス**
- a square [folk] **dance** スクエア[フォーク]ダンス
- May I **have** this **dance** (**with** you)? この曲を私と踊っていただけますか．
❷ **ダンスパーティー** → 英語ではふつう ×dance party といわない．
- go to a **dance** ダンスパーティーへ行く
- **give** a **dance** for Jane ジェーンのためにダンスパーティーを開く

── 動 ❶ **踊る, ダンスをする**
- **dance with** ~ ~とダンスをする
- **dance to** music 音楽に合わせて踊る
- **dance** a waltz ワルツを踊る
❷ **跳ね回る, とび回る;** (木の葉などが)**舞う**
- **dance for** [**with**] **joy** 喜んで小躍りする, 小躍りして喜ぶ

dancer 中 A2 /dǽnsər ダンサ|dáːnsə ダーンサ/ 名 ❶ **踊る人**
- She is a good **dancer**. 彼女はダンスがうまい．
❷ **舞踊家, ダンサー, 踊り子**
- a ballet **dancer** バレエダンサー

dancing 小 A1 /dǽnsiŋ ダンスィング|dáːnsiŋ ダーンスィング/ 名 **舞踊, 舞踏, ダンス**

dandelion /dǽndilaiən ダンデらイオン/ 名 《植物》**タンポポ**

Dane /déin デイン/ 名 **デンマーク人** → **Danish**

danger 中 A2 /déindʒər デインヂャ/ 名 ❶ **危険(な状態)** 関連語 「危険な」は **dangerous**. 反対語 **safety** (安全)
掲示 **Danger!** Thin ice. 危険！ 薄氷．
- Test pilots **face danger** every day. テストパイロットは毎日危険に直面している． → ×a

dangerous 156 one hundred and fifty-six

danger, dangers としない.

•There's no **danger** of a big earth-quake in the near future. 近い将来大きな地震(じしん)の起こる危険はない.

❷ **(a danger で)危険な物[事, 人物]**

•Hidden rocks are **a danger** to ships. 暗礁(あんしょう)は船にとっての危険物だ.

be in danger 危険な状態にある, 危ない → **dangerous** 関連語

•The ship **was in danger** (**of** sinking). その船は沈(しず)みそうな状態だった.

be out of danger 危険を脱(だっ)している

•We will **be out of danger** soon because the rescue party is coming. 救援(きゅうえん)隊がこちらに向かっているから, 我々はもうすぐ危険を脱する.

dangerous 中 A2 /déindʒərəs ディンチャラス/ 形 **危険を与(あた)える恐(おそ)れのある, 危険な, 危ない** 関連語 「危険」は **danger**.
反対語 **safe** (安全な)

•A cobra is a **dangerous** snake. コブラは危険なヘビである.

関連語 A **dangerous** killer is after Linda; her life is **in danger**. 危険な殺し屋がリンダを狙(ねら)っている. 彼女の命が危ない.

•Playing in the street is **dangerous**. =It is **dangerous** to play in the street. 街路で遊びことは危険である. → It=to play.

dangerously /déindʒərəsli ディンチャラスリ/ 副 **危険なほど, 危なく**

Danish /déiniʃ ディニシュ/ 形 **デンマークの; デンマーク人[語]の** → **Dane**
—— 名 **デンマーク語**

dare /déər デア/ 動 ❶ **(dare to do で)~する勇気がある, 思い切って~する**

•The boys did not **dare** to skate on the thin ice. 少年たちは薄(うす)い氷の上でスケートをする勇気はなかった. → The boys were afraid to skate ~. または The boys didn't have the courage to skate ~. などと言いかえられる.

❷ **できるなら~してみろという** (challenge)

•I **dare** you **to** jump from the diving board. その飛び込(こ)み台から飛び込めるかい? (やれるならやってみろよ.)

—— 助動 《ふつう否定文・疑問文で》 **~する勇気がある**

•He **dare** not tell you the truth. 彼は本当

のことをあなたに言う勇気がない.

•How **dare** you say such a thing to me! 君は僕(ぼく)にどうしてそんなことが言えるのが[よくそんなことが言えるね].

Don't you dare do ~. 《話》 **~をしてはいけないよ** → 怒(おこ)って戒(いまし)める時にいう.

•**Don't you dare** do that again! そんな事を二度としちゃだめだよ.

I dare say **たぶん, おそらく** (perhaps)

•You are right, **I dare say**. たぶん君の言うこと[考え]が正しいだろう.

dark 中 A1 /dá:rk ダーク/

形 ❶ **(光が無くて)暗い**
❷ **(色が)濃(こ)い; (毛髪(もうはつ)・目・皮膚(ひふ)などが)黒(っぽ)い**

名 ❶ **(the dark で)暗闇(くらやみ)**
❷ **夕暮れ**

意味 map

—— 形 (比較級 **darker** /dá:rkər ダーカ/; 最上級 **darkest** /dá:rkist ダーケスト/)

❶ **(光が無くて)暗い** 反対語 **light** (明るい)

🏠基本 a **dark** room 暗い部屋 → dark+名詞.

•He always looks on the **dark** side of things. 彼はいつも物事の暗い面ばかり見る.

🏠基本 It is **dark** outside. 外は暗い. → be 動詞+dark. It は漠然(ばくぜん)と「明暗」を表す.

•**get** [**grow**] **dark** 暗くなる

•It got **darker** and **darker**. (辺りは)だんだん暗くなった.

✅POINT 比較(ひかく)級+and+比較級は「ますます~, だんだん~」.

❷ **(色が)濃(こ)い; (毛髪・目・皮膚などが)黒(っぽ)い** 反対語 **light** (薄(うす)い), **fair** (色白の, 金髪(きんぱつ)の)

•**dark** blue 濃い青色, 暗い青色

•a **dark** suit 黒っぽい服, ダークスーツ

•**dark** hair [eyes] 黒っぽい髪(かみ) [黒い目]

•Ann's boyfriend is a tall, **dark**, and handsome man. アンのボーイフレンドは背が高くて, 色が浅黒くて, ハンサムな人よ.

—— 名 ❶ **(the dark で)暗闇**

•Cats can see well **in the dark**. ネコは暗闇でもよく目が見える.

•My little sister is afraid of **the dark**. 私の小さな妹は暗い所を怖(こわ)がる.

❷ **夕暮れ**

•**at dark** 夕暮れに → ×a [the] dark としない.

- **after dark** 日が暮れてから
- **before dark** 日が暮れる前に, 日の暮れないうちに

darken /dáːrkn ダークン/ 動 暗く[黒っぽく]する; 暗く[黒っぽく]なる

darkness /dáːrknis ダークネス/ 名 暗闇(くらやみ), 暗黒

darling /dáːrliŋ ダーリング/ 形 かわいい, すてきな; 最愛の →名詞の前にだけつける.
—— 名 最愛の人, かわいいもの, お気に入り →夫婦(ふうふ)・恋人(こいびと)などが呼びかけとして使う. → **dear**

dart /dáːrt ダート/ 名 投げ矢; (**darts** で) ダーツゲーム →単数扱(あつか)い. イギリスの家庭やパブでよく行われる.

Darwin /dáːrwin ダーウィン/ 固名 (**Charles Darwin**) チャールズ・ダーウィン →進化論を確立した英国の生物学者 (1809-1882).

dash /dǽʃ ダッシ/ 動 ❶ 突進(とっしん)する, 突(つ)っ走る (rush) ❷ 打ちつける; 打ち砕(くだ)く
—— 名 ❶ 突進 ❷ 短距離(きょり)競走 ❸《記号》ダッシュ (—) →1つの文の中で, 言葉を差しはさんだり, 付け足したりする時に使う.

data /déitə デイタ/ 名 複 資料, データ →しばしば単数扱(あつか)い.
- He collected [gathered] **data** on rainfall. 彼は降雨のデータを集めた.
- The **data** in your report **is** [**are**] incorrect. あなたのレポートのデータは不正確です.

date 小 A1 /déit デイト/ 名

❶ 日付, (年)月日 →場合によって「年月日」,「月日」,「日」のいずれか.「月」だけを意味することはない.
- the wedding **date** 結婚(けっこん)式の日取り
- the **date** of his birth [death] 彼の生まれた[死んだ]年月日
- Let's **fix** a **date** for the next meeting. 次の会合の日を決めましょう
- 会話 What's the **date** today? [What **date** is this?]—It is May 5. (読み方: (the) fifth). きょうは何日ですか.—きょうは5月5日です. →What day (of the week) is it today? は「曜日」を尋(たず)ねる言い方. → **today**

❷ デート, 会う約束
- He **has** a **date with** her on Sunday. 彼は日曜日に彼女とデートの約束がある.
- She went out **on** a **date with** her boyfriend. 彼女は恋人(こいびと)とデートに出かけた.

❸《米》デートの相手

out of date 時代遅(おく)れで, 旧式で → **out-of-date**

up to date 現代的に, 最新式で → **up-to-date**

—— 動 ❶ (手紙・書類などに)日付を書く
- **date** a letter 手紙に日付を書く[入れる]
- I received your letter (which was) **dated** May 5. 5月5日付のあなたのお手紙受け取りました.

❷ (〜から)始まる, (〜に)さかのぼる
- This custom **dates from** about the 15th century. この慣習は15世紀頃(ごろ)から始まったものです.
- This church **dates back to** the Roman period. この教会はローマ時代に建てられたものだ.

❸ デートする

daughter 中 A1 /dɔ́ːtər ドータ/
(→gh は発音しない) 名 (複 **daughters** /dɔ́ːtərz ドータズ/) 娘(むすめ)
- my oldest [《英》eldest] **daughter** 私の長女
- my only **daughter** 私の1人娘
- This is my **daughter** Ann. これが娘のアンです.

関連語 Mr. Green has two **daughters** and a **son**. グリーン氏には2人の娘と1人の息子(むすこ)がいます.

David /déivid デイヴィド/ 固名 《聖書》ダビデ →紀元前1000年頃(ごろ)のイスラエルの王. ソロモン (Solomon) の父.

da Vinci /dəvíntʃi ダヴィンチ/ 固名 (**Leonardo** /ríənáːrdou リアナードウ/ **da Vinci**) レオナルド・ダ・ヴィンチ →ルネサンス期イタリアの画家・建築家・彫刻(ちょうこく)家・科学者 (1452-1519).『モナ・リザ』『最後の晩餐(ばんさん)』などの傑作を残した.

dawn /dɔ́ːn ドーン/ 名 夜明け →**dusk**
── 動 (夜が明けて)**空が明るくなる**, (夜が)**明ける**

day 小 A1 /déi デイ/

名 ❶ 日, 1日　　　　　　　　　意味 map
❷ 昼間
❸ (ある特定の)日
❹ (ふつう **days** で) 時代

── 名 (複) **days** /déiz デイズ/

❶ **日, 1日** → 24時間を単位とする1日.
- a cold **day** 寒い日
- **on** a rainy **day** 雨の日に
- (on) that **day** その日に
- one spring **day** ある春の日に →×*on* one spring day としない.
- three times a **day** 1日に3回

(句)基本 What **day** is it (today)? きょうは何曜日ですか. →「何日ですか」の意味ではないことに注意 (→**date** (会話)). What **day of the week** is it (today)? ともいう.
- **What day** of the month is it (today)? きょうは何日ですか. →What is the date (today)? と同じ.

ことわざ Rome was not built **in** a **day**. ローマは1日で建設されなかった[ローマは1日にして成らず]. →「大事業を完成するには長い年月の努力が必要だ」の意味.
- **for** three **days** 3日間
- **On** school **days** I study and on weekends I play. 私は学校のある日は勉強し, 週末は遊ぶ.

❷ **昼間, 日中** → 日の出から日没(にちぼつ)までの明るい間.

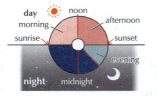

- as clear as **day** (言葉の内容など) (昼間のように)はっきりと, 明快に

反対語 He slept during **the day** and worked during **the night**. 彼は日中寝(ね)て夜働いた.
- **Day breaks**. 夜が明ける. →**dawn** 動
- When we woke, it was **day**. 私たちが目を覚ました時には(もう)夜が明けていた.
- The **days** grow longer in spring. 春には日が長くなる.

❸ (ある特定の)**日, 記念日, 祝祭日**
- New Year's **Day** 元日

❹ (ふつう **days** で) **時代**
- **in** early [old] **days** 昔
- **in** my junior high school **days** 私の中学時代に
- **In** our grandfather's **days** there was no computer. 私たちのおじいさんの時代にはコンピューターはなかった.

all day (***long***) 一日中
by day 昼間は, 昼に
day after day 毎日毎日, 来る日も来る日も
day and night 昼も夜も, 日夜
day by day 一日一日, 日ごとに
- It is getting warmer **day by day**. 日ごとに暖かくなってきています.

every day 毎日
(***from***) ***day to day*** 一日一日と, 日ごとに
in those days 当時は, その頃(ころ)は
one day (過去の)ある日, (未来の)いつか
one of these days 近いうちに, そのうち
some day (未来の)いつか
(***the***) ***day after tomorrow*** あさって, 明後日
the day before その前の日(に)
(***the***) ***day before yesterday*** おととい, 一昨日
the other day 先日
- I talked with him **the other day**. 私は先日彼と話しました.

these days 最近, この頃(ころ)は →×*in* these days としない.
to this day 今日(こんにち)に至るまで, 現在まで

dáy àfter tomórrow 名 (**the** をつけて) (あしたの次の日 ⇨) あさって, 明後日

dáy befòre yésterday 名 (**the** をつけて) (昨日の前の日 ⇨) おととい

daybreak /déibreik デイブレイク/ 名 **夜明け** (dawn)

day-care center /déi keər sèntər デイケア センタ/ 名 ❶ (米) (昼間だけ預かる)**保育所** ❷ (英) 介護[デイケア]センター

daydream /déidriːm デイドリーム/ 名 (夢のように)**楽しい空想, 白昼夢**

daylight A2 /déilait デイライト/ 名

❶ 日光; 日中, 昼間
- in broad **daylight** 真っ昼間に

❷ 夜明け (dawn)
- **at** [before] **daylight** 夜明けに[前に]

daytime /déitaim デイタイム/ 名 日中, 昼間
反対語 He works in the **daytime** and goes to school at **night**. 彼は昼間働き夜は学校へ行く.

dazzle /dǽzl ダズる/ 動 (まぶしさで)目をくらませる; (be dazzled で)目がくらむ

D.C. 略 コロンビア特別区 →the District of Columbia. →見出し語

DE 略 =Delaware

dead 中 A2 /déd デド/ 形
❶ 死んでいる, 死んだ
- a **dead** body 死体
- **dead** leaves [trees] 枯(か)れ葉[木]

関連語 反対語 Our cat is **dead**. It **died** last month. But our dog is still **alive**. うちのネコは死にました. 先月死んだのです. でも犬はまだ生きています.

- I found him **dead**. 見ると彼は死んでいた. →find A B (形容詞)は「AがBであることがわかる」.
- He has been **dead** for ten years. (彼は10年間死んでいる ⇨)彼が死んでから10年たつ.
❷ 死んだ(ような), 生きていない; 生命[感覚, 生気]のない
- a **dead** battery 寿命(じゅみょう)の切れた電池
- Latin is a **dead** language. ラテン語は死語である[日常は使われていない].
- My fingers are **dead** with cold. 私の指は寒さで感覚がない[かじかんでいる].
- The microphone is **dead**; your voice isn't coming through. マイクが通じていません. 君の声が入っていません.

── 名 (the dead で)死者, 死んだ人々, 故人 →1人にも2人以上にも使う.

── 副 死んだように; 全く
- I'm **dead** tired. 僕(ぼく)は死ぬほど[へとへとに]疲(つか)れている.

déad énd 名 (道路などで先に行けない)行き止まり; (仕事などで先の見えない)行き詰(づ)まり, 苦境

deadline /dédlain デドライン/ 名 締切(しめきり)時間[日]; 最終期限
- miss the **deadline** 締切に間に合わない.

deadlock /dédlɑk デドロク/ 名 行き詰(づ)まり

deadly /dédli デドリ/ 形 (比較級 **deadlier** /dédliər デドリア/, **more deadly**; 最上級 **deadliest** /dédliist デドリエスト/, **most deadly**) 致命(ちめい)的な, 命に関わる

Dead Sea /déd sí: デドスィー/ 固名 (the Dead Sea で) 死海 →イスラエルとヨルダンの国境にある塩水湖. 湖面は海面下約400メートル.

deaf /déf デフ/ 形 耳の聞こえない; 耳が遠い

deal¹ A2 /dí:l ディーる/ 名 量, 分量; たくさん →次のような句に使われる.

a good [great] deal 《話》たくさん
- He reads **a good [great] deal**. 彼はたくさん本を読む[読書家だ]. →a good [great] deal は名詞句で, reads の目的語.
- The baby cried **a good [great] deal**. 赤ん坊(ぼう)はひどく泣いた. →a good [great] deal は副詞句で cried を修飾(しゅうしょく)する.

a good [great] deal of ～ 《話》たくさんの～ →of の後には数えられない名詞が来る.
- **A good [great] deal of** money was in the safe, but it's all gone. 大金が金庫に入っていたが, それが全部無くなっている.

deal² /dí:l ディーる/ 動 (三単現 **deals** /dí:lz ディーるズ/; 過去・過分 **dealt** /délt デるト/; -ing形 **dealing** /dí:liŋ ディーリンぐ/)
❶ (deal in ～ で) (商品)を扱(あつか)う, を売る, ～の商売をしている
❷ (deal with ～ で) (～を)取り扱う; (問題を)論じる; (～を)取り引きする
❸ 分け(与(あた)え)る, 配る (deal out ともいう)

── 名 **❶** (トランプの)札を配ること[配る番]
❷ 取り引き **❸** (新しい特別な)政策
It's a deal. それで決まりだ, それで手を打とう

dealer /dí:lər ディーら/ 名 **❶** 商人, (～)商, (～)業者 **❷** トランプの札を配る人, 「親」

dealt /délt デるト/ 動 **deal²** の過去形・過去分詞

dear 中 A1 /díər ディア/

形	**❶** かわいい, 愛する～	意味 map
	❷ 親愛なる ～	
名	愛する者	
間	おや, まあ	

── 形 (比較級 **dearer** /díərər ディアラ/; 最上級 **dearest** /díərist ディアレスト/)
❶ かわいい, いとしい, 愛する～; 大切な
- my **dear** friend [mother] 私の愛する友[お母さん]

death 160 one hundred and sixty

• **dear** little birds かわいい小鳥たち
• Her memory is always **dear to** me. 彼女の思い出は私にはいつも大切なのだ.
❷ 親愛なる ～ →手紙の書き出しに使う.
• **Dear** Sir 拝啓(はいけい) →事務的な手紙に使う.
• **Dear** Mr. Smith スミス様
• My **Dear** Mary メアリー様 →《米》では **Dear** Mary よりも形式張った言い方.《英》ではこのほうが親しみを込(こ)めた言い方.
❸《主に英》高価な, 高い (expensive)
反対語 **cheap** (安い)
── 名 (愈 **dears** /díərz ディアズ/) 愛する者, かわいい人 (darling) →「ねー」「あなた」「ぼうや」「おまえ」などと親しい人を呼ぶ時に使う.
• "Let's go home, (my) **dear**," he said to his wife. 「さあ, うちへ帰ろうよ」と彼は妻に言った.
── 間 おや, まあ →ちょっと驚(おどろ)いたり困ったりしたときの表現.
• Oh, **dear**! My head aches. ああ, 頭が痛い.
• **Dear** me! I've got a run in my stocking. あら, ストッキングが伝線してるわ.

death A2 /déθ デス/ 名 死; 死亡 関連語 「死ぬ」は **die**, 「死んでいる」は **dead**.
• my father's **death** = **the death of** my father 私の父の死
• The train accident caused many **deaths**. その列車事故は多数の死者を出した.
to death 死に至るまで, ～して死ぬ[殺す]; 死ぬほど
• bleed **to death** 出血多量で死ぬ
• be burnt [starved, frozen] **to death** 焼け[飢(う)えて, 凍(こご)えて]死ぬ

debate A2 /dibéit ディベイト/ 動
❶ 討論する, 討議する →聴衆(ちょうしゅう)の前で個人, またはグループが互(たが)いに賛成・反対の立場をはっきりさせて行う. →**discuss**
• **debate** (**about**, **on**, **over**) the problem その問題を討論する
❷ よく考える, 検討する
── 名 ディベート, 討論(会)
• have a **debate** in English 英語でディベートを行う
• hold a TV **debate on** ～ ～に関してテレビ討論会を行う
debt /dét デト/ 名 借金, 負債; 借金状態
debut /déibju: デイビュー/ 名《フランス語》(俳優・音楽家などの)初舞台(ぶたい), 初出演, デビュー

Dec. 略 =**Dec**ember (12月)
decade /dékeid デケイド/ 名 10年間
• in the last **decade** この10年のうちに
• two **decades** ago 20年前に
decay /dikéi ディケイ/ 動 腐(くさ)る (rot); 衰(おとろ)える
── 名 腐敗(ふはい), 衰え
decayed /dikéid ディケイド/ 形 腐(くさ)った; 衰弱(すいじゃく)した
deceive /disí:v ディスィーヴ/ 動 だます

December 小 A1 /disémbər

ディセンバ/ 名 12月 →**Dec.** と略す. 詳(くわ)しい使い方は →**June**
• in **December** 12月に
• on **December** 25 (読み方: (the) twenty-fifth) 12月25日に
• early [late] in **December** 12月の初めに[終りに]
• next [last] **December** 来年[去年]の12月に →×in next [last] December としない.

┌─────────────────────────
│ 語源 (December)
└─────────────────────────
ラテン語で「10番目の月」の意味. 古代ローマの暦(こよみ)では1年が10か月で, 3月から始まった.

decent /dí:snt ディースント/ 形 ❶ 見苦しくない, ちゃんとした; まあまあの ❷《英話》親切な (kind)
decide 中 A2 /disáid ディサイド/ 動
❶ 決心する, (心に)決める 関連語 「決心」は **decision**.
• Think well before you **decide**. 決心する前によく考えなさい.
• She **decides** by herself **what to** wear to school. 彼女は何を学校に着て行くかを自分で決める.
• He **decided to** [**not to**] go to college. 彼は大学へ行く[行かない]決心をした.
• He **decided that** he would go to college. 彼は大学へ行くことに決めた.
❷ (物事を)決定する, 決める; (問題に)結論を下す, 解決する
• **decide** the date for the next meeting 次の会合の日取りを決定する
• The game was **decided** on penalties. 試合はペナルティーキックで決着がつけられた.

decide on ～ ～に[～することに]決める
• She **decided on** (buying) the red dress after all. 彼女は結局赤いドレス(を買うこと)に決めた.

decision /disíʒən ディスィジョン/ 名 決定, 結論, 決心; 決断力 関連語「決める」は **decide**.
• **make** a **decision** 決定する, 決める
• After a long discussion, we **came to** [**reached**] a **decision**. 長い討議ののち私たちはある結論に達した.
• He is a man of **decision**. 彼は決断力のある人だ.

deck /dék デク/ 名 ❶ 甲板(かんぱん), デッキ; (電車・バスの)床(ゆか) →家屋・ビルなどの「床」は floor. ❷《米》デッキ →家屋の外側に張り出すように造った高床(たかゆか)のバルコニー. ❸《米》(トランプ札の)一組(52枚+joker)

declaration /dekləréiʃən デクラレイション/ 名 宣言, 布告; 公式発表 関連語「宣言する」は **declare**.

Declarátion of Indepéndence
固名 (**the** をつけて)(米国の)独立宣言 →**independence**

declare /dikléər ディクレア/ 動 ❶ 宣言する, 公表する 関連語「宣言」は **declaration**.
❷ ～と断言する, ～ときっぱり言う
❸ (税関で課税品の)申告(しんこく)をする
会話 Do you have anything to **declare**?—No, nothing. 申告すべきもの(課税品)をお持ちですか.—いいえ, 何もないです.

decline /dikláin ディクライン/ 動 ❶ (申し出などを丁寧(ていねい)に)断る, 辞退する 反対語 **accept** (受け入れる) ❷ 衰(おとろ)える, 低下する, 下落する
── 名 衰え, 衰退(すいたい); 下落

decorate 中 /dékəreit デコレイト/ 動 飾(かざ)る, 装飾(そうしょく)する
関連語「飾ること」は **decoration**.
• **decorate** a Christmas tree クリスマスツリーに飾りをつける
• We **decorated** our rooms **with** flowers. 私たちは部屋を花で飾った.

decoration /dekəréiʃən デコレイション/ 名 ❶ 飾(かざ)ること, 装飾(そうしょく) 関連語「飾る」は **decorate**. ❷ (**decorations** で) 飾りつけられた物, 飾り(つけ), デコレーション

decrease 中 /dikrí:s ディクリース/ 動 減る; 減らす 反対語 **increase** (増す; 増加)
── /dí:kri:s ディークリース/ (→動詞とのアクセント

の位置の違(ちが)いに注意) 名 減少

dedicate /dédikeit デディケイト/ 動 ささげる, 献呈(けんてい)する

dedication /dedikéiʃən デディケイション/ 名 献身(けんしん); 献呈

deed /dí:d ディード/ 名 《文》行い, 行動

deep 中 A2 /dí:p ディープ/ 形
❶ 深い 反対語 **shallow** (浅い)

• a **deep** hole 深い穴
• **deep** snow 深い雪
• a **deep** forest 深い森
• a **deep** breath [sigh] 深呼吸[深いため息]
会話 How **deep** is the snow?—It is two meters **deep**. 雪の深さはどれくらいですか.—深さは2メートルです. →two meters は副詞句のように deep を修飾(しゅうしょく)する.
• Lake Tazawa is **the deepest** lake in Japan. 田沢湖は日本で一番深い湖だ.
• The lake is **deepest** about here. 湖はこの辺が一番深い.
POINT 1つの物の中で比較(ひかく)した場合の最上級にはふつう the をつけない.

❷ 心の底からの, 深い; 深遠な
• **deep** sorrow 深い悲しみ
• **deep** love [thanks] 深い愛[感謝]
• His thought is too **deep** for me. I can't understand it. 彼の思想は私には深過ぎて理解できない.

❸ (色が)深みのある, 濃(こ)い; (声が)太い
• **deep** blue 濃い青色, 紺碧(こんぺき)
• in a **deep** voice 太い声で

❹ (**be deep in ～** で) (物思い)にふけっている; (借金)にはまり込(こ)んでいる
• He **is deep in** thought. 彼は深く考え込んでいる.

── 副 深く, 奥(おく)深く →**deeply**
• dig **deep** 深く掘(ほ)る
• go **deep** into the jungle ジャングルの奥深く入って行く

deep down 心の底では; (～の中に)深く

deep-fry

deep-fry /díːpfrái ディープふライ/ 動 (三単現 **deep-fries** /díːpfráiz ディープふライズ/; 過去・過分 **deep-fried** /díːpfráid ディープふライド/; ing形 **deep-frying** /díːpfráiiŋ ディープふライング/) 油で揚(あ)げる

deeply A2 /díːpli ディープリ/ 副 深く, とても (very, much) →deep 副 との違(ちが)いに注意.
•Her speech moved us **deeply**. 彼女の話は私たちを深く感動させた.

deer /díər ディア/ 名 (復 **deer**)
《動物》シカ →複数形も **deer**.
•a herd of deer シカの群れ
•We saw many **deer** in the National Park. 私たちは国立公園で多くのシカを見た.

defeat /difíːt ディふィート/ 動 (戦い・競争などで)破る (beat), 負かす, 〜に勝つ
—— 名 ❶ 負けること, 敗北 ❷ 負かすこと, 勝利

defect /díːfekt ディーふェクト/ 名 欠陥(けっかん), 欠点, 短所

defence /diféns ディふェンス/ 名 《英》= defense

defend /difénd ディふェンド/ 動 ❶ 守る, 防ぐ 反対語 The soldiers **defended** the fort from the **attacking** enemy. 兵士たちは襲(おそ)ってくる敵兵たちからとりでを守った.
❷ 弁護する

defense /diféns ディふェンス/ 名 ❶ 守ること, 防衛; (スポーツの)守備側(の選手), 守備陣(じん) 反対語 attack, offense ❷ 弁護

defensive /difénsiv ディふェンスィヴ/ 形 防御(ぼうぎょ)の, 防備の; (非難などへの)自己防衛の
—— 名 防御, 防備

define /difáin ディふァイン/ 動 定義する 関連語 「定義」は **definition**.

definite /défənit デふィニト/ 形 ❶ (物事が)はっきりした, 明確な; 一定の ❷ (人がある事柄(ことがら)に)自信のある, 確信した

definitely /défənitli デふィニトリ/ 副 ❶ はっきりと, 明確に (clearly) ❷ (答えに用いて)確かに, もちろん (certainly) →perhaps 類似語

definition /defəníʃən デふィニション/ 名 定義; (辞書の与(あた)える)語義 関連語 「定義する」は **define**.

deflation /diːfléiʃən ディーふレイション/ 名 縮むこと; 《経済》デフレ

deforest /diːfɔ́ːrist ディーふォーレスト/ 動 森林を切り払(はら)う

degree 中 A2 /digríː ディグリー/ (→アクセントの位置に注意) 名

❶ 程度
•in some **degree** ある程度, 幾分(いくぶん)
•to some [a certain] **degree** ある程度まで
•You can trust him **to** some **degree** but not wholly. 彼はある程度までは信用できるが, 全面的には信用できない.

❷ (温度・角度などの)度
•A right angle is an angle of 90 **degrees**. 直角とは90度の角度です.
•The boiling point of water is 212 **degrees** Fahrenheit [212°F] or 100 **degrees** Centigrade [100℃]. 水の沸点(ふってん)は力氏212度, あるいはセ氏100度です.

❸ 学位 →一定の学術を修めた者に大学が与(あた)える称号.
•a bachelor's [master's, doctor's] **degree** 学士[修士, 博士]号

by degrees だんだんと, 次第(しだい)に (gradually)

Delaware /déləweər デらウェア/ 固名 デラウェア →米国東部の州. **Del.**, (郵便で) **DE** と略す.

delay A2 /diléi ディれイ/ 動 遅(おく)らせる; 延ばす, 延期する (put off)
•**delay** the trip for a week 旅行を1週間延期する
•The train was **delayed** two hours by an accident. 列車は事故で2時間遅れた.
—— 名 遅れ, 遅延(ちえん)
•It's just a **delay** of one or two minutes. =It's just one or two minutes' **delay**. ほんの1〜2分の遅れだ.

without delay すぐに, 早速(さっそく); ぐずぐずせずに

delegate /déligit デリゲト/ 名 (会議に出席する)代表委員

Delhi /déli デリ/ 固名 デリー →インド北部の大都市. その領内に首都 (New Delhi) を含(ふく)み, 政府直轄(ちょっかつ)首都領と呼ばれる.

delicate /délikit デリケト/ 形
❶ (物が)壊(こわ)れやすい; (体が)弱い
•a **delicate** wine glass 壊れやすいワイングラス
•He is in **delicate** health. 彼は体が弱い.
❷ 微妙(びみょう)な, 扱(あつか)いにくい, 難しい
•a **delicate** international problem 微妙な国際問題

❸ 細やかで美しい, 精巧(せいこう)な; やわらかい

• a **delicate** work of lace 精巧なレース編み
• a baby's **delicate** skin 赤ちゃんのやわらかい肌(はだ)

delicious 小 A1 /dilíʃəs ディリシャス/ 形 おいしい

• a **delicious** meal [smell] おいしい食事[おいしそうなにおい]

delight /diláit ディらイト/ 動 とても喜ばせる (please greatly); **(be delighted で)** とてもうれしい, 大喜びする

—— 名 喜び; (大きな)楽しみ

delightful /diláitfəl ディらイトふる/ 形 とても楽しい, 気持ちのよい

deliver 中 /dilívər ディリヴァ/ 動
❶ 配達する; 引き渡(わた)す
• **deliver** newspapers 新聞を配達する
❷ (演説などを)する (give)
• **deliver** a speech 演説する

delivery /dilívəri ディリヴァリ/ 名 (複 **deliveries** /dilívəriz ディリヴァリズ/)
❶ 配達; 配達物[品] **❷** (演説の)仕方, 話し方

delta /déltə デるタ/ 名 (河口の)三角州, デルタ

demand /dimǽnd ディマンド/ 動 (権利・権限として)要求する

—— 名 要求; 需要(じゅよう)

関連語 supply and demand 需要と供給 →
日本語と語順が逆になる.

demo /démou デモウ/ 名 (複 **demos** /démouz デモウズ/) (話) **❶** (テープ・コンピューターソフトなどの)試聴[試用]見本品 **❷** =demonstration **❷**

democracy /dimάkrəsi ディマクラスィ/ 名 (複 **democracies** /dimάkrəsiz ディマクラスィズ/) **❶** 民主制; 民主政治 **❷** 民主制の国, 民主国家

Democrat /déməkræt デモクラト/ 名 (米国の)民主党員 → **republican** 名

democratic /dèməkrǽtik デモクラティク/ 形 民主的な; 民主制の

Democrátic Párty 固名 (the をつけて)(米国の)民主党 → 米国の2大政党の1つ. → **Republican Party**

demon /díːmən ディーモン/ 名 悪魔(あくま), 鬼

demonstrate /démənstreit デモンストレイト/ 動 **❶** (実物・実演などで)説明する; 示す **❷** デモをする, 示威(じい)運動をする

demonstration /dèmənstréiʃən デモンストレイション/ 名 **❶** 実物宣伝, 実演
• **give** a **demonstration** of the new machine 新しい機械の実演をする.
❷ デモ, 示威(じい)運動 → 話し言葉では demo と短くすることがある.
• **hold** a **demonstration against** a nuclear test [**for** peace] 核(かく)実験反対の[平和運動の]デモをする

denim /dénəm デニム/ 名 **❶** デニム(の生地)
❷ (denims で)デニムの服, ジーンズ

Denmark /dénmɑːrk デンマーク/ 固名 デンマーク → ヨーロッパ北部にある王国. 首都はコペンハーゲン (Copenhagen). 公用語はデンマーク語 (Danish).

dense /déns デンス/ 形 茂(しげ)った (thick); 濃(こ)い; 密集した, 込(こ)んだ

dental /déntəl デンタる/ 形 歯の, 歯科の

dentist 小 A2 /déntist デンティスト/ 名 歯医者, 歯科医師
• a **dentist**'s office 歯科医院
• **go to the dentist**('s) 歯医者へ行く → dentist's は dentist's office の略.

deny /dinái ディナイ/ 動 (三単現 **denies** /dináiz ディナイズ/; 過去・過分 **denied** /dináid ディナイド/; -ing形 **denying** /dináiiŋ ディナイイング/) 否定する, 打ち消す, 〜でないと言う

depart /dipάːrt ディパート/ 動 《文》出発する (start) 関連語 「出発」は **departure**.

department 小 /dipάːrtmənt ディパートメント/ 名 **❶** (官庁などの)〜部(門), 〜省
• the **Department** of State (米国の)国務省 → 日本の「外務省」にあたる.
• the New York City Fire [Police] **Department** ニューヨーク市消防局[警察]
❷ (大学の)学部, 科
• the history **department** of the college 大学の史学科[学部]
❸ (デパートなどの)売り場 → 「デパート, 百貨店」の意味ではない. → **department store**

depártment stòre 中 A2 名 デパート, 百貨店
• the Mitsukoshi **Department Store** 三越(みつこし)百貨店 → ×Mitsukoshi *Depart* といわない.
• I usually buy my clothes **at the department store**. 私は服はたいていそのデパートで買います.

departure 164

departure /dipá:rtʃər ディパーチャ/ 名
出発 **関連語**「出発する」は **depart**.
反対語 arrival (到着(とうちゃく))

depend A2 /dipénd ディペンド/ 動
(depend on [upon] 〜 で)
❶ 〜に頼(たよ)る, 〜を当てにする, 〜を信頼(しんらい)する
•You can **depend on** him **for** help. 君は彼の助けを当てにしていい.
•You cannot **depend upon** his words. 彼の言葉は信頼できないよ.
❷ 〜による, 〜次第(しだい)である
•Success **depends on** your own efforts. 成功は君自身の努力次第だ.
it (all) depends＝that (all) depends
それは時と場合による
会話 Do you always come to school by bus?—Oh, **it depends**. あなたはいつもバスで学校へ来るのですか.—いや, 時と場合によりますね.

dependable /dipéndəbl ディペンダブる/ 形
あてになる, 頼りになる
•a **dependable** person 信頼できる人
類似語 reliable (信頼できる)

dependent /dipéndənt ディペンデント/ 形
❶ (経済的に)〜に頼(たよ)って ❷ (物事が)〜次第(しだい)で

deposit /dipázit ディパズィト/ 動 預金する, (お金を)預ける
── 名 ❶ 預金(すること・したお金) ❷ 手付金, 頭金

depress /diprés ディプレス/ 動 元気をなくさせる, 気落ちさせる; 弱める; 押(お)し下げる

depressed /diprést ディプレスト/ 形 元気をなくした, 気落ちした; 不景気の

depression /dipréʃən ディプレション/ 名
❶ 不景気, 不況(ふきょう) ❷ 憂鬱(ゆううつ), 意気消沈(しょうちん)

depth /dépθ デプす/ 名
❶ 深さ; 奥行(おくゆ)き **関連語**「深い」は **deep**.
❷ (**depths** とも) 深い所, 底, 奥(おく)

derive /diráiv ディライヴ/ 動 (言葉・慣習などが) 〜から由来[派生]する

descend /disénd ディセンド/ 動 降りる, 下降する **反対語 ascend** (登る)

descendant /diséndənt ディセンダント/ 名
子孫 **反対語 ancestor** (祖先)

descent /disént ディセント/ 名 降りること, 下

降 **反対語 ascent** (上昇)

describe A1 /diskráib ディスクライブ/ 動 (人・物事がどんな風かを)述べる, 描写(びょうしゃ)する, 言い表す →**description**
会話 Can you **describe** your father's appearance? —Yes, he is tall with glasses and a beard. あなたのお父さんの外見を言うことができますか[説明できますか].—はい, 背が高くて, 眼鏡をかけていて, あごひげを生やしています.

description A2 /diskrípʃən ディスクリプション/ 名 描写(びょうしゃ), 記述 →**describe**
•The teacher gave the class a good **description** of the sights of London. 先生はクラスの生徒にロンドンの名所を生き生きと語って聞かせた.

desert[1] A2 /dézərt デザト/ 名 砂漠(さばく)
•the Sahara **Desert** サハラ砂漠
── 形 砂漠の; 人の住んでいない

desert[2] /dizá:rt ディザ〜ト/ (→**desert**[1] との発音の違(ちが)いに注意) 動 (家族・友人などを)見捨てる; 去る

deserted /dizá:rtid ディザ〜テド/ 形 寂(さび)れ果てた, 人影(かげ)のない

deserve /dizá:rv ディザ〜ヴ/ 動 〜に値(あたい)する, 〜する値打ちがある

design 中 A1 /dizáin ディザイン/ (→g は発音しない) 名

❶ デザイン, 図案, 模様
•study **design** デザインを勉強する
•a carpet with a **design** of flowers 花模様のついたカーペット
•The new theater is very modern **in design**. その新しい劇場はデザインがすごくモダンだ.
❷ 設計, 設計図
•a **design** for a new car 新しい車の設計図
── 動 設計する; (服などを)デザインする
•Architects **design** houses. 建築家は家を設計する.

designer 小 /dizáinər ディザイナ/ 名
デザイナー, 図案家, 設計家

desirable /dizái(ə)rəbl ディザイ(ア)ラブる/ 形
望ましい, 好ましい →**desire**

desire /dizáiər ディザイア/ 名 (強い)願望, 願い, 望み(の物)
── 動 《文》(強く)望む, 欲(ほっ)する

desk

desk 小 A1 /désk デスク/ 名 (複 **desks** /désks デスクス/)

❶ (勉強・事務用の)机　類似語 食事や会議用のものは **table**.
- Your pen is **on** [**in**] the **desk**. 君のペンはその机の上[引出しの中]にあるよ.
- He is studying [working] **at** his **desk**. 彼は机に向かって勉強[仕事]している.

❷ (ホテル・会社などの)受付, フロント
- **at** the information **desk** 受付[案内所]で
- Check in **at** the **desk**. フロントでチェックインしてください.

desktop /désktɑp デスクタプ/ 名 卓上(たくじょう)コンピューター (desktop computer) →据(す)え置き型で, ふつう本体, モニター, キーボードが分かれている. 関連語 一体型の携帯(けいたい)用コンピューターは **laptop**.

despair /dispéər ディスペア/ 名 絶望
- **in despair** 絶望して
—— 動 絶望する

desperate /déspərit デスパレト/ 形
❶ 死にもの狂(ぐる)いの, 必死の　❷ 望みのない, 絶望的な

desperately /déspəritli デスパレトリ/ 副 必死に(なって); やけになって; 《話》ひどく

despise /dispáiz ディスパイズ/ 動 軽蔑(けいべつ)する

despite /dispáit ディスパイト/ 前 ～にもかかわらず (in spite of)

dessert 小 A2 /dizə́ːrt ディザ～ト/ 名 デザート
- We had strawberries **for dessert**. 我々はデザートにイチゴを食べた.

destination /dèstənéiʃən デスティネイション/ 名 (旅行などの)行き先, 目的地; (荷物などの)届け先

destiny /déstəni デスティニ/ 名 (複 **destinies** /déstəniz デスティニズ/) 運命, 宿命

destroy 中 A2 /distrɔ́i ディストロイ/ 動 破壊(はかい)する, 壊(こわ)す →**destruction**
- The workers **destroyed** the old building. 作業員たちは古いビルを取り壊した.
- Many houses were **destroyed** by the earthquake. 多くの家屋がその地震(じしん)で破壊された.

destruction /distrʌ́kʃən ディストラクション/ 名 破壊(はかい), 絶滅(ぜつめつ), 破壊された状態, 滅亡(めつぼう)

destructive /distrʌ́ktiv ディストラクティヴ/ 形 破壊(はかい)的な; 有害な (harmful)

detail A2 /díːteil ディーテイる, diːtéil ディーテイる/ 名 詳細(しょうさい), 細かい点, 細目
- He told the police all the **details** of the accident. 彼は警察にその事故の詳細をすべて話した.

in detail 詳細に, 詳(くわ)しく
- Please explain **in detail**. 詳しく説明してください

detailed /ditéild ディテイるド, díːteild ディーテイるド/ 形 くわしい, 詳細な

detection /ditékʃən ディテクション/ 名 発見, 探知

detective /ditéktiv ディテクティヴ/ 名 形 探偵(たんてい)(の); 刑事(けいじ)(の)
- a **detective** story 探偵小説, 推理小説

detergent /ditə́ːrdʒənt ディタ～チェント/ 名 洗剤(せんざい)

determination /ditəːrminéiʃən ディタ～ミネイション/ 名 決心, 決意, 決断(力) →**determine**

determine /ditə́ːrmin ディタ～ミン/ 動 《文》決定する (decide); (**determine to** *do* で)～しようと決心する

determined /ditə́ːrmind ディタ～ミンド/ 形 決心した, 断固とした

deuce /d(j)úːs デュース, ドゥース/ 名 (テニスなどの)ジュース →このあと2点続けて取れば勝ち.

develop 中 A2 /divéləp ディヴェラプ/ 動
❶ 発達[発展]させる; 発達[発展]する
- The village **developed into** a large town. その村は発展して大きな町になった.

❷ (土地・資源などを)開発する
- The town is going to **develop** the land near the river. その町は川の近くの土地を開発しようとしている.

❸ (写真のフィルムを)現像する

❹ 展開する

developed A2 /dívéləpt ディヴェろプト/ 形 (経済・技術などが)発達した, 発展した →**developing**
- a **developed** country 先進国

developing /dívéləpiŋ ディヴェろピング/ 形 発展途上(とじょう)の, 開発途上の →**developed**
- a **developing** country 開発途上国

development /dívéləpmənt ディヴェろプメント/ 名 ❶ 発達, 発展 ❷ 開発; (開発された)団地 ❸ (写真の)現像 ❹ 展開

device /diváis ディヴァイス/ 名 (考案された)道具, 装置
- a useful **device** 便利な道具.

devil /dévl デヴる/ 名 ❶ 悪魔(あくま)
ことわざ Speak [Talk] of the **devil** and he will appear. 悪魔のうわさをすれば, 悪魔が現れるものだ. →「人のうわさをしていると, その人がやって来るものだ」の意味.「うわさをすれば影(かげ)がさす」にあたる.
❷ (the Devil で) =Satan

devise /diváiz ディヴァイズ/ 動 工夫(くふう)する, 考案する

devote /divóut ディヴォウト/ 動 (身・心・努力・時間などを)ささげる

devotion /divóuʃən ディヴォウション/ 名 ❶ 熱烈(ねつれつ)な愛情 ❷ 献身(けんしん), 没頭(ぼっとう)

dew /djú: デュー/ 名 露(つゆ)

dewdrop /djú:drɑp デュードラプ/ 名 露(つゆ)の玉, 露の滴(しずく)

diagram /dáiəgræm ダイアグラム/ 名 図解, 図表, グラフ, チャート

dial /dáiəl ダイアる/ 名
❶ (時計・羅針盤(らしんばん)などの)文字盤(ばん)
❷ (電話・ラジオなどの)ダイヤル
―― 動 (三単現 **dials** /dáiəlz ダイアるズ/; 過去・過分 **dial(l)ed** /dáiəld ダイアるド/; -ing形 **dial(l)ing** /dáiəliŋ ダイアリング/) (電話・ラジオなどの)ダイヤルを回す; (番号ボタンの番号を)押(お)す

dialect /dáiəlekt ダイアれクト/ 名 方言

dialog(ue) /dáiəlɔ:g ダイアろーグ/ 名 (小説・劇・映画などの中の)会話, 対話 →会話であることを示すのに日本語ではかぎかっこ (「 」) を使うが, 英語では引用符 (" ") を使う.

diameter /daiǽmətər ダイアメタ/ 名 直径
関連語 **radius** (半径)

diamond A2 /dáiəmənd ダイアモンド/ 名 ❶ ダイヤモンド ❷ ひし形; (トランプ札の)ダイヤ ❸ (the diamond で)(野球の)内野, ダイヤモンド

Diana /daiǽnə ダイアナ/ 固名 ダイアナ →ローマ神話で月と狩(か)りの女神(めがみ). ギリシャ神話のアルテミス (Artemis) にあたる.

diary A2 /dáiəri ダイアリ/ 名 (複 **diaries** /dáiəriz ダイアリズ/) ❶ 日記
- write (in) one's **diary** 日記をつける[書く]
- keep a **diary** (毎日)日記をつける
- keep a **diary** of the journey その旅の日記をつける
❷ 日記帳

dice /dáis ダイス/ 名 (複 **dice**) さいころ; さいころを使うゲーム, ダイス
POINT 元来は die² の複数形で,「2個一組のさいころ」を意味したが, 現在は, 特に《英》では,「1個のさいころ」を意味する単数名詞として使われるようになっている. その場合複数形も **dice**.

dictate /diktéit ディクテイト/ 動 (口で言って人に)書き取らせる, 口述する

dictation /diktéiʃən ディクテイション/ 名 (書き取らせるための)口述, ディクテーション

dictionary 中 A1 /díkʃəneri ディクショネリ| díkʃənəri ディクショナリ/ 名 (複 **dictionaries** /díkʃəneriz ディクショネリズ/) 辞書, 辞典 →**encyclopedia**
- an English-Japanese **dictionary** 英和辞典
- an electronic **dictionary** 電子辞書
- a **dictionary** of place names 地名辞典
- use a **dictionary** 辞書を使う
- consult a **dictionary** 辞書を引く
- Look up this word in the **dictionary**. この語を辞書を引いて調べなさい.

did
中 A1 /弱 did ディド, 強 díd ディド/ 動 **do** (する)の過去形 →**do**
- I **did** my homework this morning. 私はきょうの午前中に宿題をした.
- Our team **did** very well. 私たちのチームはとてもよくやった.

Who painted this picture?—I **did** (= painted it).
誰(だれ)がこの絵を描(か)いたのですか.—私です.

167 one hundred and sixty-seven

difference

—— 助動 **do** の過去形

🔵POINT 助動詞 did は過去の疑問文や否定文をつくり, また意味を強めるのにも使う.

会話 **Did you** watch the soccer game on TV yesterday?—Yes, I did. 昨日テレビでサッカーの試合を見た?—うん, 見た. →後ろの did は 動.

• I **did not** go to school yesterday. 私は昨日学校へ行きませんでした.

• You didn't come yesterday, **did you?** 君は昨日来なかったね. →~, did you? は「~ですね」と念を押(ぉ)す用法.

会話 I saw him there.—**Did** you? 私はそこで彼に会いました.—そうでしたか.

• I **did** finish my homework, but I forgot to bring it to school. 本当に宿題をしたのですが学校へ持って来るのを忘れたのです. → did finish は finished で意味を強める言い方.

didn't /dídnt ディドゥント/ **did not** (~しなかった)を短くした形 →話し言葉では did not より didn't のほうがふつう.

• I **didn't** do my homework. 私は宿題をしなかった.

• **Didn't** you say so? 君はそう言わなかったか.

会話 Did you see Jack yesterday?—No, I **didn't** (see him). 君は昨日ジャックに会ったか.—いや, 会わなかった.

• You said so, **didn't you?** 君はそう言ったじゃないか. →~, didn't you? は「~ですね」と念を押(ぉ)す用法. ×~, did not you? としない.

die¹ 中 A2 /dái ダイ/ 動

三単現 **dies** /dáiz ダイズ/
過去・過分 **died** /dáid ダイド/
-ing形 **dying** /dáiiŋ ダイインヶ/

(人・動物などが)死ぬ; (植物が)枯(か)れる

関連語 die suddenly = die a sudden death 突然(とつぜん)死ぬ

• **die** at (the age of) eighty 80歳(さい)で死ぬ

• **die** young [rich, poor] 若くして[金持ちの身分で, 貧困(ひんこん)のうちに]死ぬ →die+形容詞.

• Old habits **die** hard. 昔からの習慣はなかなか(死なない ⇨)なおらない.

関連語 He is **dead**. He **died** ten minutes ago. 彼は死んだ. 10分前に息を引き取った.

• He is **dying**. Please come quickly. 彼は死にそうです. すぐ来てください.

be dying to do [**for ~**] 《話》死ぬほど~したい, ~したくて[~が欲(ほ)しくて]たまらない

• I **am dying to** see him. 死ぬほどあの人に会いたい.

• I'm **dying for** a drink of water. お水が欲しくてしょうがない.

die away (だんだん)消える; (風などが)おさまる

• The noise **died away**. 騒音(そうおん)が次第(しだい)に消えていった.

die of [**from**] **~** ~で死ぬ

🔵POINT 「直接的な死因」を表す場合には **of** を, 「間接的な死因」を表す場合には **from** を使うとされるが, 実際には from の時にも of が使われることが多い.

• **die of** cancer [old age, hunger] がん[老齢(ろうれい), 飢(う)え]で死ぬ

• **die from** overwork [a wound] 過労[けが]がもとで死ぬ

die out 完全に消える, 死に絶える; (習慣などが)廃(すた)れる

• Many of the old Japanese traditions have **died out**. 日本の古い伝統の多くは廃れてしまった.

Never say die! もうだめだなんて言うな, 弱音を吐(は)くな

die² /dái ダイ/ 名 (複 **dice** /dáis ダイス/) (主に米)さい, さいころ →ふつう2個一組で使うので, 複数形 (**dice** /ダイス/) で使うことが多い.

diet¹ A2 /dáiət ダイエト/ 名 ❶ 日常の食物

• a well-balanced **diet** バランスの取れた食事

❷ (病人・減量などのための)規定食, ダイエット →ふつう食べる量を減らすことをいう. やせるために運動することは diet とはいわない.

• **be** [**go**] **on** a **diet** 食事療法(りょうほう)をしている[する], 減食している[する]

diet² /dáiət ダイエト/ 名 (**the Diet** で)(日本・スイス・デンマークなどの)議会, 国会 →古い英語で「会議」の意味. 米国のは **Congress**, 英国のは **Parliament**.

Díet Búilding 名 (the をつけて)(日本の)国会議事堂 →米国のは **the Capitol**, 英国のは **the Houses of Parliament**.

differ /dífər ディふァ/ 動 違(ちが)う, 異なる (be different)

difference 中 A1 /dífərəns ディ

different

/dífərənt ディファレンス/ **名** 違(ちが)い; 相違(そうい)(点), 差

- There is a big **difference in** size between them. それらの間には大きさに大きな違いがある.
- What is the **difference between** a cap and a hat? キャップとハットの違いは何ですか[どこが違うのですか].

make a difference 違いを生む, 話[事情]が違ってくる; 重要である

- It **makes a** great [some, no] **difference** to me whether you do it today or tomorrow. 君がそれをきょうするか明日するかは私にとってたいへんな違いがある[少しは違う, どっちでもいい].

different 中 A1 /dífərənt ディファレント/ **形** (比較級 **more different**; 最上級 **most different**)

違(ちが)った, 別の; いろいろな, 別々の

関連語 「違う」は **differ**, 「違い」は **difference**.

反対語 **same** (同じ)

- People have **different** faces. 人は違う顔を持っている[それぞれ顔が違う].
- The two overcoats are very [much] **different in** color. その2着のコートは色が非常に違っている.

- Gestures are **different** in **different** cultures. 異なる文化の中では身振(みぶ)りもさまざまだ.
- They came from many **different** countries. 彼らはたくさんのいろいろな国からやって来た.

be different from ~ ~とは違っている

- Your ideas are **different from** mine. 君の考えは僕(ぼく)の考えと違っている.

differently A2 /dífərəntli ディファレントリ/ **副** 異なって; 違(ちが)うように; 別々に

difficult 中 A1 /dífikəlt ディフィカルト/

形 難しい, 困難な 反対語 **easy** (易(やさ)しい)

- This is a **difficult** math problem. これは難しい数学の問題だ.
- This question is too **difficult** (for me) to answer. この問題は(私には)あまりに難しくて答えられない.
- **It is difficult** for us **to** master English. 私たちが英語をマスターするのは難しい. →**It** to master (マスターすること)以下. ×We are difficult to do ~ としない.

会話

How did today's tests go? —The math test was more **difficult** than the English test.
きょうの試験はどうだった?—数学の試験が英語の試験よりも難しかった.

difficulty A2 /dífikəlti ディフィカるティ/ **名** (複 **difficulties** /dífikəltiz ディフィカるティズ/)

❶ 難しさ, 困難, 苦労

- a job **of** great **difficulty** 非常に困難な仕事 →×a great difficulty, ×great difficult*ies* としない.
- The roads were crowded and I **had** a lot of **difficulty** (**in**) coming here. 道路が混んでいて私はここへ来るのにとても苦労した.

❷ (しばしば **difficulties** で)困った状況(じょうきょう)[立場], 難局; 財政困難

- **overcome difficulties** 難局を乗り越(こ)える
- His firm is **in difficulties**. 彼の会社は財政困難に陥(おちい)っている.

with difficulty 苦労して, やっと
without (***any***) ***difficulty*** = ***with no difficulty*** 何の苦労もなく, 難なく, 楽々と

- That was a very difficult case, but Sherlock Holmes solved it **without any difficulty**. それは非常に難事件だったが, シャーロック・ホームズは難なく解決した.

dig A1 /díg ディグ/ **動**

三単現	**digs** /dígz ディグズ/
過去・過分	**dug** /dʌ́g ダグ/
-ing形	**digging** /dígiŋ ディギング/

掘(ほ)る

- **dig** a deep hole 深い穴を掘る
- **dig** a well 井戸(いど)を掘る
- **dig** out mines 地雷(じらい)を掘り出す

169   one hundred and sixty-nine   **direct**

- We **dug** (**up**) clams at the seashore. 私たちは浜(はま)でハマグリを掘り出した.
- The children are **digging** a tunnel in the sand. 子供たちは砂の中にトンネルを掘っている.

digest /daidʒést ダイヂェスト, didʒést ディヂェスト/ 動 (食べ物を)**消化する**
── /dáidʒest ダイヂェスト/ (→動詞とのアクセントの位置の違(ちが)いに注意) 名 (重要なところだけを集めた)**要約, ダイジェスト**

digestion /daidʒéstʃən ダイヂェスチョン, didʒéstʃən ディヂェスチョン/ 名 **消化, 消化作用: 消化力**

digital /dídʒətl ディヂトる/ 形 **数字で計算[表示]する; デジタル式の**

dígital cámera A2 名 **デジタルカメラ**

dignity /dígnəti ディグニティ/ 名 (複 **dignities** /dígnətiz ディグニティズ/) **威厳(いげん), 品位**

diligence /dílədʒəns ディリヂェンス/ 名 **勤勉, (たゆまぬ)努力**

diligent /dílədʒənt ディリヂェント/ 形 **勤勉な, 熱心な**

dim /dím ディム/ 形 **薄(うす)暗い, かすかな, はっきり見えない**

dime /dáim ダイム/ 名 (米国・カナダの)**10セント硬貨(こうか)**

dimly /dímli ディムリ/ 副 **薄(うす)暗く, かすかに, ぼんやりと**

dimple /dímpl ディンプる/ 名 **えくぼ**

dine /dáin ダイン/ 動 **食事をする** → ふつうは have [eat] dinner という.

dining /dáiniŋ ダイニング/ 名 **食事(をすること)**

dining car /dáiniŋ kà:r ダイニング カー/ 名 (列車の)**食堂車**

dining hall /dáiniŋ hò:l ダイニング ホーる/ (大学などの)**大食堂**

dining room A1 /dáiniŋ rù:m ダイニング ルーム/ 名 (家庭・ホテルなどの)**食堂, ダイニングルーム**

dinner 小 A1 /dínər ディナ/ 名
(複 **dinners** /dínərz ディナズ/)

❶ (その日の主な)**食事, ディナー; 夕食**
✓POINT 1日の食事の中で一番ごちそうの出る食事で, ふつうは夕食.
- **have** [**eat**] **dinner** 食事をとる → ×a [the] dinner としない.
- **cook** [**make**] **dinner** 食事を作る

- invite [ask] him **to dinner** 彼を食事に招く
- We usually **have dinner** at 7, but on Sundays we **have dinner** at noon. 私たち[うちで]はたいてい7時にディナーを食べますが, 日曜日は昼にディナーを食べます.
  関連語 昼にディナーを食べた日の夕食は **supper** という.
- We were **at dinner** in the dining room when the phone rang. 電話が鳴った時私たちは食堂で食事中だった.
- What's **for dinner** tonight? 今夜の食事は何ですか.

❷ (**a dinner** で)(正式に人を招いて行う)**夕食会, 晩さん会, ディナーパーティー** → **dinner party** ともいう.
- give **a dinner** for him 彼のために晩さん会を開く

dinosaur A2 /dáinəsɔːr ダイノソー/ 名 **恐竜(きょうりゅう)**

dip /díp ディプ/ 動 (三単現 **dips** /díps ディプス/; 過去・過分 **dipped** /dípt ディプト/; -ing形 **dipping** /dípiŋ ディピング/)
(水などに)**ちょっとつける; (水に)ちょっと潜(もぐ)る**

diploma /diplóumə ディプろウマ/ 名 **卒業証書, 修了(しゅうりょう)証書**

diplomat /dípləmæt ディプろマト/ 名 **外交官**

diplomatic /dìpləmǽtik ディプろマティク/ 形 **外交(上)の, 外交官の**

dipper /dípər ディパ/ 名 **ひしゃく**

direct A2 /dirékt ディレクト, dairékt ダイレクト/ 形 ❶ **まっすぐな, 直行の** (straight)
- a **direct** line 直線
- take a **direct** flight to New York ニューヨークへ直行便で(まっすぐ)飛ぶ

❷ **直接的な** 反対語 **indirect** (間接的な)
- **direct** election 直接選挙

❸ **率直(そっちょく)な, 遠回しでない** (frank)
── 副 **まっすぐに, 直行で, 直接に**
- go **direct** to London ロンドンへ直行する

── 動 ❶ **指導[指揮]する, (映画などを)監督(かんとく)する, 演出する**
- **direct** a play 劇を演出する
- A police officer was **directing** (the) traffic. 警官が交通整理をしていた.

❷ **道を教える** (show the way)
- Please **direct** me to the post office. 郵便局へ行く道を教えてください.

direction 170 one hundred and seventy

direction A2 /dirékʃən ディレクション, dairékʃən ダイレクション/ 图 ❶ 方向, 方角
• **in** this **direction** この方向に →×*to* this direction としない.
• **in** one **direction** 1つの方向に
• **in** the **direction of** the station 駅の方向に
• **in** all **directions** = **in** every **direction** 四方八方に
• **In** which **direction** is the station? 駅はどっちの方向ですか.
❷ (**directions** で) 指示, 説明(書), 使用法
• Follow the **directions** on the package. パッケージの説明書きに従ってください.

directly /diréktli ディレクトリ, dairéktli ダイレクトリ/ 副 ❶ 直接に; まっすぐに ❷ 率直(そっちょく)に

director A2 /diréktər ディレクタ, dairéktər ダイレクタ/ 图 ❶ 指揮者, (映画)監督(かんとく), (劇の)演出家 ❷ (会社の)重役, 取締(とりしまり)役; 理事

directory /diréktəri ディレクトリ, dairéktəri ダイレクトリ/ 图 (働 **directories** /diréktəriz ディレクトリズ, dairéktəriz ダイレクトリズ/) 名簿(めいぼ)
→ 学生名簿, 会員名簿, 居住者名簿などで, ふつう住所付き.

dirt /dəːrt ダ〜ト/ 图 ❶ 汚(よご)れ, ごみ, ちり (dust), 泥(どろ) (mud)
関連語 Don't play in the **dirt**. You'll get your clothes **dirty**. 泥んこの中で遊んじゃだめ. 服が汚れるわよ.
❷ 土 (soil)

dirty 中 A1 /dəːrti ダ〜ティ/ 形 (比較級 **dirtier** /dəːrtiər ダ〜ティア/; 最上級 **dirtiest** /dəːrtiist ダ〜ティエスト/)
❶ 汚(きたな)い, 汚(よご)れた 反対語 **clean** (きれいな)
• a **dirty** face 汚れた顔
• a **dirty** job 汚い仕事 →「道義的に汚い仕事」の意味にもなる. → ❷
• Your pants are **dirty with** paint. 君のズボンはペンキで汚れている.
❷ (道義的に)けがらわしい, 卑劣(ひれつ)な, 汚い
• a **dirty** trick 卑劣なたくらみ, 汚い手

dis- /dis ディス/ 接頭辞 **no, not** など打ち消しの意味を表す:
• **dis**cover 発見する →**cover** (覆(おお)う)を否定するので.
• **dis**courage がっかりさせる →**courage** (勇気)を否定するので.

disability /disəbíləti ディサビリティ/ 图 (働 **disabilities** /disəbílətiz ディサビリティズ/) 無力, できないこと; 障害
• people with **disabilities** 身体障害者
反対語 **ability** (能力, できること)

disabled /diséibld ディスエイブるド/ 形 身体に障がいのある 関連語 **deaf** (耳の聞こえない), **blind** (目の見えない), **mute** (耳が聞こえないために話すことができない)
• a **disabled** man 身体障がい者
• the **disabled**=**disabled** people 身体に障がいのある人々, 身体障がい者
• He was physically [mentally] **disabled**. 彼は身体的に[精神的に]障がいがあった.

disadvantage A2 /disædvǽntidʒ ディサドヴァンテヂ|disædvάːntidʒ ディサドヴァーンテヂ/ 图 不利(なこと), 不便 →**advantage**

disagree 中 A2 /disəgríː ディサグリー/ 動 ❶ 意見が合わない, 不賛成である →**agree**
• I **disagree with** you **on** this matter. この件に関しては私は君と意見が違(ちが)う.
❷ (食物などが)体質に合わない

disagreeable /disəgríːəbl ディサグリーアブる/ 形 気に食わない, いやな, 不愉快(ゆかい)な (unpleasant) →**agreeable**

disappear 中 A2 /disəpíər ディサピア/ 動 見えなくなる, 消えうせる →**appear**
• He suddenly **disappeared**. 彼は突然(とつぜん)姿をくらました.
• Dinosaurs **disappeared** from the earth a long time ago. 恐竜(きょうりゅう)はずっと昔に地上から姿を消した.

disappoint /disəpɔ́int ディサポイント/ 動 失望させる, がっかりさせる; (be **disappointed** で) 失望する, がっかりする

disappointed A2 /disəpɔ́intid ディサポインテド/ 形 がっかりした, 失望した →**disappoint**

disappointing A2 /disəpɔ́intiŋ ディサポインティング/ 形 期待はずれの, つまらない

disappointment /disəpɔ́intmənt ディサポイントメント/ 图 失望, 落胆(らくたん); 期待外れ

disaster 中 /dizǽstər ディザスタ/ 图 大災害, 惨事(さんじ)

disc /dísk ディスク/ 图 =disk

discard /diskάːrd ディスカード/ 動 捨てる

discipline /dísəplin ディスィプリン/ 图
❶ 訓練, しつけ ❷ 規律 ❸ 学問分野

disclose /disklóuz ディスクろウズ/ 動 (隠(かく)れ

one hundred and seventy-one　171　**dish**

ているものを)**明らかにする**, **あばく** →**close**[1]

disco A2 /dískou ディスコウ/ 名 (複 **discos** /dískouz ディスコウズ/) **ディスコ**; **ディスコ音楽**

discotheque /dískətek ディスコテク/ 名 《主に英》=disco

discount /dískaunt ディスカウント/ 名 **割引**
- a **discount** store 割引店
- I bought a watch **at** a 15 percent **discount**. 私は時計を15パーセント引きで買った.
- The store **gave** me a **discount of** 15%. その店は15パーセント引いてくれた.

discourage /diskə́ːridʒ ディスカ〜レヂ/ 動
❶ **勇気をくじく, がっかりさせる**; (**be discouraged** で) **がっかりする**
❷ (**discourage** *A* **from** *do*ing で) Aに〜するのを思いとどまらせる

discover 中 A2 /diskʌ́vər ディスカヴァ/ 動 **発見する**, (初めて)**見つける**
類似語 「発明する」は **invent**.
- Madame Curie **discovered** radium. キュリー夫人はラジウムを発見した.
- The law of gravitation was **discovered** by Newton. 万有(ばんゆう)引力の法則はニュートンによって発見された. →**was** 助動 ❷
- He **discovered** that he was an adopted child. 彼は自分が養子だと初めて知った.

discoverer /diskʌ́vərər ディスカヴァラ/ 名 **発見者**

discovery /diskʌ́vəri ディスカヴァリ/ 名 (複 **discoveries** /diskʌ́vəriz ディスカヴァリズ/) **発見(すること)**; **発見した事, 発見物**

discriminate /diskrímineit ディスクリミネイト/ 動 ❶ **見分ける, 区別する** ❷ **分け隔**(へだ)**てする, 差別扱**(あつか)**いする**

discrimination /diskriminéiʃən ディスクリミネイション/ 名 **差別, 差別待遇**(たいぐう); **区別**

discus /dískəs ディスカス/ 名 (競技用の)**円盤**(えんばん)

discuss A1 /diskʌ́s ディスカス/ 動 **話し合う, 〜について意見を出し合う, 討議する**
関連語 「討議」は **discussion**.
類似語 (議論する)
discuss はある事柄(ことがら)についてよりよい結論を出すために互(たが)いの意見を述べ合うこと. **debate** は論理的に自分の意見を主張したり相手の意見に反論したりして, 相手を説き伏(ふ)せようとすること.
- **discuss** the problem その問題を話し合う

✕ **discuss** *about* 〜 としない.
- I will **discuss** your poor grades with your teacher. 私はおまえの成績が悪いことを先生と話し合うつもりだ.
- They **discussed** how to select a new captain for the team. 彼らはチームの新キャプテンの選び方について討論した.

discussion 中 A2 /diskʌ́ʃən ディスカション/ 名 **話し合い, 討議** 関連語 「話し合う」は **discuss**.
- **have** [**hold**] a **discussion about** the problem その問題について話し合いを持つ
- There was a lot of [much] **discussion about** the new school regulations. 新しい校則について討議が重ねられた.
- The question is now **under discussion**. その問題は現在討議[審議(しんぎ)]中だ.

disease /dizíːz ディズィーズ/ 名 (長期にわたる重い)**病気** →dis- (=no)+ease (楽なこと).
- a heart **disease** 心臓病

disguise /disgáiz ディスガイズ/ 名 **変装, 見せかけ**

disgust /disgʌ́st ディスガスト/ 動 (人を)**不愉快**(ゆかい)**な気持ちにする, うんざりさせる**; (**be disgusted** で) **うんざりする, むかつく**
―― 名 (非常に)**不愉快な気持ち, 嫌悪**(けんお)

disgusting /disgʌ́stiŋ ディスガスティング/ 形 **とてもいやな, いまいましい, むかむかする**

dish 小 A1 /díʃ ディシュ/ 名

❶ (料理を盛って出す大きな)**皿, 鉢**(はち); (**the dishes** で) **食器類**
- a large deep [shallow] **dish** (1枚の)大きな深皿[浅い皿]
- **wash** [**do**] **the dishes** (食事の後の)食器を洗う

類似語 (皿)
plate は **dish** から料理を取り分ける浅く平らな皿. **bowl** はサラダなどを入れる深い入れ物. **saucer** は受け皿.

dishcloth

❷ (料理の)**1皿**; **料理**
- **a dish** of boiled potatoes ゆでたジャガイモ1皿
- a meat **dish** 肉料理
- Chinese **dishes** 中国料理
- Pasta is my favorite **dish**. パスタは私の好きな料理です.
- He can cook a lot of **dishes**. 彼はいろいろな料理を作ることができる.

dishcloth /díʃklɔːθ ディシュクろーす/ 图 (皿を洗う時に使う)布巾(ふきん) →**dish towel**

dishonest A2 /disánist ディスアネスト/ 形 不正直な →**honest**

dísh tòwel 图 《米》(洗った皿を拭(ふ)く)布巾(ふきん) (《英》tea towel)

dishwasher /díʃwɑʃər ディシュワシャ/ 图 (自動)食器洗い機

disk /dísk ディスク/ 图 ❶ レコード (record), CD (compact disc) ❷ 円盤(えんばん) ❸ (データ記録用の)ディスク
- a hard **disk** drive ハードディスク(ドライブ)

dísk jóckey 图 ディスクジョッキー →**disc jockey** ともつづり, **DJ**, **D.J.** と略す. ラジオの音楽番組などで曲と曲の間をおしゃべりでつなぐ人, また **club** などでかける曲を選ぶ人.

dislike A2 /disláik ディスらイク/ 動 嫌(きら)う, いやがる →dis- (=not)+like (好きである).

> **Ⓟ POINT** dislike は「非常に嫌う, 毛嫌(けぎら)いする」という強い意味なので, 「～が嫌いだ」はふつう don't like という.

- I **dislike** thunder. 私は雷(かみなり)が大嫌いだ.
- She **dislikes** taking exercise early in the morning. 彼女は朝早く体操をするのをとてもいやがっている.

—— 图 嫌い

反対語 likes and dislikes 好き嫌い

dismiss /dismís ディスミス/ 動
❶ (クラスなどを)解散させる, 帰らせる
❷ (人を)解雇(かいこ)する, 首にする

Disneyland /díznilænd ディズニらンド/ 固名 ディズニーランド → もともとはアメリカのアニメーション映画制作者のウォルト・ディズニー (**Walt Disney**) が1955年にロサンゼルス市の近くに造った大遊園地.

displace /displéis ディスプれイス/ 動 置き換(か)える, 取って代わる; 追い出す, 移住させる

displaced /displéist ディスプれイスト/ 形 追放された, 難民の

---

display A2 /displéi ディスプれイ/ 動 陳列(ちんれつ)する, 展示する
- The children's drawings are **displayed** on the second floor. 子供たちの絵は2階に展示されている.

—— 图 陳列, 展示

disposal /dispóuzəl ディスポウざる/ 图
❶ 処分, 処理 ❷ (台所の)ごみ処理装置

dispose /dispóuz ディスポウズ/ 動 **(dispose of ～ で)** ～を処分する, 取り除く (get rid of ～); (問題などを)整理する, 処理する

dispute /dispjúːt ディスピュート/ 图 言い争い, 議論

dissolve /dizálv ディザるヴ/ 動 (水で)溶(と)かす; (水に)溶ける →**melt**

distance /dístəns ディスタンス/ 图
❶ 距離(きょり), (時間・人間関係の)隔(へだ)たり
- a long [short] **distance** 長い[短い]距離
- a long-**distance** bus 長距離バス
- a **distance of** ten miles [ten years] 10マイル[10年]の隔たり
- a **distance between** father and son 父と息子(むすこ)の間の隔たり
- The **distance from** here **to** the station is about a mile. ここから駅までの距離は約1マイルです.
- We're living within a walking **distance** of our grandparents. 私たちは祖父母の所から歩いていける距離に住んでいる.

❷ 遠い距離; 遠く離(はな)れた所, 遠方
関連語 「遠い」は **distant**.
- We are some [good] **distance away from** the shore. ここから岸までは少し[かなり]距離がある.
- The station is quite a **distance from** here. 駅はここからかなり遠い所にある. → quite は「かなり」.

at a distance (やや)離れた所で
- They look like twins **at a distance**. 少し離れて見ると彼らは双子(ふたご)みたいだ.

from a distance 遠くから
- The tower can be seen **from a distance**. その塔(とう)は遠くからでも見える.

in the distance 遠くに, 遠くの
- The sailors saw an island **in the distance**. 船乗りたちは遠方に島を発見した.

distant /dístənt ディスタント/ 形 (距離(きょり)・時間・関係など)遠い, (～だけ)離(はな)れて

関連語「距離, 遠方」は **distance**.
- a **distant** country [relative] 遠い国[親類]
- the **distant** sound of a bell 鐘(かね)のかすかな音
- The star is 100 light years **distant from** the earth. その星は地球から100光年離れている. → 100 light years は副詞句として distant を修飾(しゅうしょく)する.

distil /distíl ディスティる/ 動 《英》=distill

distill /distíl ディスティる/ 動 《米》蒸留する, 蒸留して造る

distinct /distíŋkt ディスティンクト/ 形 はっきり区別できる, 別の; 明瞭(めいりょう)な

distinction /distíŋkʃən ディスティンクション/ 名 区別(すること), 違(ちが)い

distinctly /distíŋktli ディスティンクトり/ 副 はっきりと, 明確に

distinguish /distíŋgwiʃ ディスティングウィシュ/ 動 区別する, 見分ける

distress /distrés ディストレス/ 名 ❶ 苦しみ; 悲しみ; 悩(なや)み[心配・悲しみ]の種 ❷ 困っている状態, 助けのいる状態, 苦境
── 動 悲しませる, 苦悩(くのう)させる, 困らせる

distribute /distríbjuːt ディストリビュート/ 動 分配する, 配る

district /dístrikt ディストリクト/ 名 地方; 地区

Dístrict of Colúmbia 固名 (**the** をつけて) コロンビア特別区 → 米国の首都ワシントン市の行政名. **D.C.** と略す. Columbia は「米国」を指す詩的な呼び名. → **Washington**

disturb A2 /distə́ːrb ディスターブ/ 動 ❶ (休息・睡眠(すいみん)・仕事などの)邪魔(じゃま)をする, 妨(さまた)げる
- The noise **disturbed** his sleep. 騒音(そうおん)が彼の睡眠を妨げた.
- I'm afraid I'm **disturbing** you. お邪魔じゃないでしょうか.

掲示 Do Not **Disturb**. ノックしないでください. → 睡眠中など邪魔されたくない時にホテルのドアにかける札の文句.

❷ 心配させる, 不安にする
- He is **disturbed** about the exam result. 彼は試験の結果を心配している.

ditch /dítʃ ディチ/ 名 ❶ (道路脇(わき)の)排水(はいすい用の)溝(みぞ), どぶ ❷ (農業用水のための)水路

dive 中 /dáiv ダイヴ/ 動
三単現 **dives** /dáivz ダイヴズ/
過去 **dived** /dáivd ダイヴド/, **dove** /dóuv ドウヴ/
過分 **dived**
-ing形 **diving** /dáiviŋ ダイヴィング/

❶ (頭から水の中へ)飛び込む, 潜(もぐ)る
❷ (飛行機・鳥などが)急降下する
── 名 飛び込み, 潜水(せんすい)

diver /dáivər ダイヴァ/ 名 潜水(せんすい)士, ダイバー; ダイビングの選手

diversity /dəvə́ːrsəti ディヴァ〜スィティ, daivə́ːrsəti ダイヴァ〜スィティ/ 名 (複 **diversities** /dəvə́ːrsətiz ディヴァ〜スィティズ/) 多様性; 相違(そうい)
- a **diversity** of opinions 多種多様な意見

divide A2 /diváid ディヴァイド/ 動 分ける, 割る; 分かれる
関連語「分割(ぶんかつ)」は **division**; **add** (足す), **subtract** (引く), **multiply** (かける)
- **divide** 9 **by** 3 9を3で割る
- **divide** the cake **into** three pieces ケーキを3つに分ける
- He **divided** the money **among** his five sons. 彼は5人の息子(むすこ)に金を分けた.
- The Tama River **divides** Tokyo **from** Kanagawa. 多摩川は東京と神奈川の境になっている.
- Six **divided** by three is [makes] two. (3で割られた6 ⇨) 6割る3は2. → divided は過去分詞(割られた)で前の名詞 six を修飾(しゅうしょく)する. Divide six by three, and you get two./If you divide six by three, you get two. ともいえる.
- Let's **divide into** two groups. 2つのグループに分かれよう.

divine /diváin ディヴァイン/ 形 神の, 神聖な

diving /dáiviŋ ダイヴィング/ 名 飛び込み, ダイビング; 潜水(せんすい) → **skin diving**

division /divíʒən ディヴィジョン/ 名
❶ 分けること, 分割(ぶんかつ); 割り算
関連語「分ける, 割る」は **divide**.
❷ (会社などの)部門, 部, 課

divorce 174 one hundred and seventy-four

divorce /divɔ́:rs ディヴォース/ 名 **離婚**(りこん)
——動 **離婚する**

DIY /díːaiwái ディーアイワイ/ 《英 略》= do-it-yourself

dizzy A2 /dízi ディズィ/ 形 (比較級 **dizzier**
/díziər ディズィア/; 最上級 **dizziest** /díziist ディズィエスト/) **めまいがする(ような), くらくらする**
•feel **dizzy** めまいがする

DJ, D.J. 略 =**d**isk **j**ockey

DNA 略 **デオキシリボ核**(かく)**酸 →d**eoxyribo-**n**ucleic **a**cid. 遺伝子の本体で, すべての生体細胞(さいぼう)の中に含(ふく)まれている.

do 小 A1 /弱形 du ドゥ, də ドゥ, 強形 dúː ドゥー/

動 ❶ **する, 行う; 行動する**　　　意味 map
❷ (前に出た動詞を繰(く)り返す代わりに使って)

助動 ❶ (**Do**+主語+動詞(の原形)で疑問文をつくり)(~は)~**しますか**
❷ (主語+**do not**+動詞(の原形)で否定文をつくり)(~は)~**しない**
❸ (**Don't**+動詞(の原形)で否定の命令文をつくり)~**するな**

——動

三単現	**does** /dʌ́z ダズ/
過去	**did** /díd ディド/
過分	**done** /dʌ́n ダン/
-ing形	**doing** /dúːiŋ ドゥーイング/

❶ **する, 行う; 行動する**

基本 **do** *one's* work 仕事をする →do+名詞

•**do** bad [foolish] things 悪い[ばかな]事をする

•**do** the shopping [the washing, the cooking] 買い物[洗濯(せんたく), 料理]をする

•**do** a math problem 数学の問題を解く

•I **do** my homework every day. 私は毎日宿題をします.

•**Do** your best. できる限りのことをやれ, ベストを尽(つ)くせ.

会話
What does your father **do**?—He's a doctor.
お父さんは何をなさっているのですか.—父は医者です.
→does は助動詞.

ことわざ When in Rome, **do** as the Romans **do**. ローマではローマ人がするようにしなさい.
→「人は住む土地の風習に従うのがよい」の意味. 「郷(ごう)に入っては郷に従え」にあたる.

•What can I **do** for you? (私はあなたのために何ができますか ⇨)ご用件は何でしょうか. →店員などが客に対して使う表現.

•I have something **to do** this afternoon. 私はきょうの午後(するべき事を持っている ⇨)用事がある. →to ❾ の ②

•John always **does** the wrong thing. ジョンはいつもへまばかりする.

•I **did** my homework this morning, so I'll **do** the shopping this afternoon. 私はきょう午前中に宿題をしたので午後は買い物をします.

•I **have** already **done** my homework. 私はもう宿題を済ませた. →現在完了(かんりょう)の文. →have 助動 ❶

•My work **is done**. 私の仕事は(された ⇨)終わった. →受け身の文. →is 助動 ❷

会話
What are you **doing**?—I'm **doing** a crossword.
君は何をしているの.—クロスワードをしています.
→現在進行形の文. →am 助動 ❶

•John is **doing** very well in his new school. ジョンは新しい学校で立派にやっています.

❷ (前に出た動詞を繰(く)り返す代わりに使って)

会話 Do you love me?—Yes, I **do** (= love you). あなた私のこと愛してる?—ああ, 愛してるさ.

会話 Does he play the guitar?—Yes, he **does** (=plays the guitar). 彼はギターを弾(ひ)きますか.—はい, 弾きます.

会話 Did you go to the park last Sunday?—Yes, we **did** (= went to the park last Sunday). 君たちこの前の日曜日に公園へ行ったの?—はい, 行きました.

•He swims as well as I **do** (=swim). 彼は私(が泳ぐの)と同じくらいうまく泳ぐ.

•I know you better than you **do** (= know) yourself. 君が君自身のことを知ってい

do 小 A1 /弱形 ドゥ, 強形 ドゥー/

[三単現] **does** /ダズ/
[過去] **did** /ディド/
[過分] **done** /ダン/
[-ing形] **doing** /ドゥーインぐ/

イメージ

する

教科書によく出る意味

[動] ❶ **する, 行う；〜をきれいにする**
- Have you **done** your homework? 宿題はしましたか？
- Can you **do** the dishes? お皿を洗ってくれる？

❷ (他の動詞をくり返す代わりに使う) **代動詞用法**
- He plays soccer better than I **do** (=play soccer).
  彼は私よりもサッカーがうまい.

[助動] ❶ (疑問文をつくり) **〜しますか**
- **Do** you agree with her? あなたは彼女に賛成ですか？
- **Does** your father speak English? あなたのお父さんは英語を話しますか？

❷ (否定文をつくり) **〜しません**
- She **doesn't** play any sports. 彼女はスポーツをしません.
- I **didn't** know that man. 私はあの人を知りませんでした.

❸ (否定の命令文をつくり) **〜するな**
- **Don't** open your textbook. 教科書を開いてはいけません.
- **Don't** be afraid. 怖がらないで.

教科書によく出る連語

do *one's* [**the**] **best** 全力 [ベスト] をつくす
- I'll **do my best**. 私は全力をつくします.
- We are **doing the best** (we can). 私たちはベストをつくしています.

do 176

るよりも，僕(ぼく)は君を知っている．

❸ **～をきれいにする，の手入れをする** →次に続く語(目的語)について，いつもの世話・手入れをすること．

- **do** the dishes （食後）皿を洗う
- **do** the room [the garden] 部屋の整頓(せいとん)[庭の手入れ]をする，部屋[庭]を掃除(そうじ)する
- **do** one's hair 髪(かみ)をきれいにする

❹ **(will do で)(～で)大丈夫(だいじょうぶ)だ，間に合う**

- This jacket **will** [**won't**] **do** for skiing. スキーにはこのジャケットでいいだろう[このジャケットではだめだろう]．

I don't have a pen. **Will** this pencil **do**?—It **will do**.
私はペンを持っていません．この鉛筆(えんぴつ)でいいですか．—それでよろしい．
→don't (=do not) の do は助動詞．

― [助動] ❶ **(Do＋主語＋動詞(の原形)で疑問文をつくり)(～は)～しますか**

⦿POINT Do は動詞を疑問の意味に変える働きをするだけで，それ自身に特別な意味はない．

🏠基本 **Do** you love me? 君僕のこと愛してる?

- Who **does** he like best? 彼は誰(だれ)が一番好きなのですか．→×Who does he likes ～? としない．
- **Did** you play tennis yesterday? 君は昨日テニスをしましたか．→×Did you play*ed* ～? としない．

❷ **(主語＋do not＋動詞(の原形)で否定文をつくり)(～は)～しない**

🏠基本 I **do** not [《話》**do**n't] love her. 僕は彼女を愛していない．

- My brother **does** not [《話》**doesn't**] work on Sundays. 兄は日曜は働かない．→×does not work*s* としない．
- I **did** not [《話》**didn't**] go to school yesterday. 私は昨日学校へ行かなかった．→×did not *went* としない．

❸ **(Don't＋動詞(の原形)で否定の命令文をつくり)～するな**

- **Don't** do that! そんなことをするな．→後ろの do は [動] ❶. Do not do ～ はかたい言い方．
- **Don't** be cruel to animals. 動物に残酷(ざんこく)なことをしてはいけない．

❹ **(do＋動詞(の原形)で)本当に(～する)，ぜひ(～する)**

⦿POINT 次に来る動詞の意味を強める．do を強く発音する．

- I **do** love you. 私は本当に君を愛しているのだ．
- I **did** see a ghost. 私は本当に幽霊(ゆうれい)を見たんです．→did see は saw を強める言い方．
- **Do** come in! どうかお入りください．
- **Do** be quiet! 静かにしろったら!

❺ **(Oh, do＋主語? で) ああ，そうですか** →相手の話にあいづちを打つ．

I have to go to the dentist this afternoon.—**Oh, do** you?
きょう午後歯医者に行かなきゃ．—あ，そう．

❻ **(～は～する)ね; (～は～しない)ね** →念を押(お)したり，相手の同意を求める言い方．

- You know his real name, **don't** you? 君は彼の本名を知っているね．→肯定(こうてい)文，+don't+主語?
- You don't smoke, **do** you? あなたはタバコを吸いませんね．→否定文，+do+主語?

do away with ～ ～を廃止(はいし)する，(いらない物など)を片付ける

do it うまくやる，成功する →it は漠然(ばくぜん)と「状況(じょうきょう)・対象」を表す．

- I **did it**! やった! →I made it! ともいう．

do with ～ ～を(どう)する

- What are you going to **do with** the bird? 君の小鳥をどうするつもりだ．
- What did you **do with** the key? 鍵(かぎ)をどうした[どこへ置いた]?

do without ～ ～なしで済ます

チャンクでおぼえよう do	
□ 宿題をする	**do** my homework
□ 数学の問題を解く	**do** a math problem
□ 皿を洗う	**do** the dishes
□ 髪をとかす	**do** my hair

- In his business he cannot **do without** his car. 彼の仕事は車なしではできない.

***have** A **to do with** B* BとA程度に関係がある

- I **had** nothing **to do with** the murder; I was home that night. 私はその殺人事件には何の関係もありません. その晩はうちにいました.

How are you doing? やあ, 元気かい → 親しい友人同士の挨拶. How are you? よりくだけた言い方.

How do you do? はじめまして → 初めて紹介された人同士の挨拶の言葉.

会話
A: May, this is Ken.
B: **How do you do**, Ken?
C: **How do you do**, May?
A: メイ, こちらがケンだよ.
B: はじめまして, ケン.
C: よろしく, メイ.

dock /dák ダク/ 名
❶ ドック → 船の修理・建造のためにつくられた海岸や河岸の掘り割り.
❷ (荷の揚げ降ろしをするための)**波止場**, **船着き場**, **埠頭**
── 動 ❶ (船を)ドックに入れる
❷ (宇宙船が)ドッキングする; (宇宙船を)ドッキングさせる

doctor 小 A1 /dáktər ダクタ|dóktə ドクタ/ 名

❶ 医者, 医師
- a family **doctor** かかりつけの医者; 《英語》開業医
- a school **doctor** 校医
- a **doctor's** office 医院
- **see** [**go to**, **consult**] a **doctor** 医者にかかる → consult a doctor は形式張った言い方.
- I have a cold. I'll go and **see** the **doctor** today. 私は風邪をひいています. きょう医者に診てもらいに行きます.
- How is he, **doctor**? 彼はどんな具合ですか, 先生.

関連語 (doctor)
physician (内科医), **surgeon** (外科医), **eye doctor** (眼科医), **ENT** (ear, nose and throat) **doctor** (耳鼻咽喉科医), **dentist** (歯医者), **animal doctor**, **veterinarian**, **vet** (獣医), **plastic surgeon** (整形外科医).

❷ 博士 → 名前につける時は **Dr.** あるいは **Dr** と略す.
- **Dr**. White ホワイト博士
- a **doctor's** degree 博士号
- a **Doctor** of Medicine [Literature, Law, Philosophy] 医学[文学, 法学, 哲学]博士

document /dákjumənt ダキュメント/ 名
文書, 書類, 証書; 記録

documentary /dɑkjuméntəri ダキュメンタリ/ 形 文書の, 書類(上)の, 記録の
── 名 (複 **documentaries** /dɑkjuméntəriz ダキュメンタリズ/) 記録映画 (documentary film); (ラジオ・テレビの)ドキュメンタリー番組

dodge /dádʒ ダヂ/ 動 さっと身をかわす; うまく避ける
── 名 言い逃れ, ごまかし; 身をかわすこと

dodgeball 小 /dádʒbɔːl ダヂボール/ 名 《米》(技技の)ドッジボール → **dodge ball** と2語にもつづる.

dodo /dóudou ドウドウ/ 名 (複 **dodo(e)s** /dóudouz ドウドウズ/) 《鳥》ドードー → 今は絶滅したが, 昔インド洋の島に生息していた大きな鳥.

doe /dóu ドウ/ 名 (シカ・トナカイ・ヤギ・ウサギなどの)雌; (特に)雌のシカ → **buck**

does 中 A1 /弱 dəz ダズ, 強 dʌ́z ダズ/
動 **do** (する)の3人称単数現在形 → **do**
- Bob **does** the dishes after every meal. ボブは毎食後お皿を洗う.
── 助動 (**Does**+主語+動詞(の原形)で疑問文, 主語+**does not**+動詞(の原形)で否定文をつくる) → **do**
会話 **Does** your big brother go to college?—Yes, he **does**. あなたのお兄さんは大学生ですか.—はい, そうです.
- Sam **does not** [**doesn't**] love Susie. サムはスージーを愛していない.

doesn't /dʌ́znt ダズント/ **does not** を短くした形
- She **doesn't** like cats. 彼女はネコが好きじゃない.

dog 178 one hundred and seventy-eight

会話 Does she speak French?—No, she **doesn't**. 彼女はフランス語を話しますか.—いや, 話しません.
- **Doesn't** he smoke? 彼はタバコを吸わないのですか. →×*Does not* he ~? としない.
- He goes to church, **doesn't** he? 彼は教会へ行ってますね. →~, doesn't he? は「~ですね」と念を押(お)す用法. ×~, *does not* he? としない.

dog 小 A1 /dɔ́:g ドーグ|dɔ́g ドグ/ 名
犬
- a police [sheep] **dog** 警察犬[牧羊犬]
- **Dogs** are faithful animals. 犬は忠実な動物だ.

イメージ・関連語 (dog)
飼い主に忠実で, man's best friend (人間の最良の友)と呼ばれる. 一方, ペットとして鎖(くさり)につながれた生活を送ることから lead a dog's life は「みじめな生活を送る」, die a dog's death は「みじめな死に方をする」の意味.

関連語 **puppy** ((1才以下の)子犬), **doggy** (ワンワン(小児(しょうに)語)) ⇨「鳴き声」については →**bark** 関連語.

doggy /dɔ́:gi ドーギ/ 名 (複 **doggies** /dɔ́:giz ドーギズ/) (小児(しょうに)語) ワンワン, ワンちゃん

dóggy [dóggie] bàg 名 (米)(レストランなどで食べ残したものを入れる)持ち帰り袋(ぶくろ)
- Will you make a **doggy bag**? これを持ち帰り袋に入れてもらえますか.

参考 犬の餌(えさ)にするという口実で袋(ふくろ)に入れてもらうことから **doggy [dóggie] bag** と呼ばれる. 多くのアメリカのレストランで用意されている. 食べ残しを客が持ち帰ることは恥(は)ずかしいことではない.

doghouse /dɔ́:ghaus ドーグハウス/ 名 犬小屋 (kennel)

dogwood /dɔ́:gwud ドーグウド/ 名 (植物) ハナミズキ, アメリカヤマボウシ →米国の代表的な庭木の1つ. 春に花を咲かせ, 秋に紅葉して落葉する. 日本のサクラに相当する人気がある.

doing A1 /dú:iŋ ドゥーインヂ/ 動 **do** の -ing 形 (現在分詞・動名詞)
—— 名 ❶ する[した]こと

❷ (**doings** で) 行為(こうい), 行動

do-it-yourself /du: it juərsélf ドゥーイトユアセるふ/ 形 日曜大工(用)の, しろうとにもできる
→ (英) では DIY と略す.

doll A1 /dál ダる|dɔ́l ドる/ 名 人形
- a "Dress-Up" **doll** 着せ替(か)え人形
- play with a **doll** 人形で遊ぶ

dollar 中 B1 /dálər ダら|dɔ́lə ドら/ 名
ドル → 米国・カナダ・オーストラリア・ニュージーランド・シンガポールなどの貨幣(かへい)単位. 記号は $または $. 1 ドル=100 セント (cent).
- a **dollar** and a half [thirty cents] 1 ドル半[30 セント] → $1.50 [$1.30] とも書く.
- a **dollar** bill 1 ドル紙幣(しへい)
- He bought the car for ten thousand **dollars**. 彼はその車を1万ドルで買った.

米国のドル紙幣

dollhouse /dálhaus ダるハウス/ 名 (子供がお人形ごっこで使う)人形の家

dóll's hòuse 名 (英) =dollhouse

dolphin 小 /dálfin ダるふィン/ 名 イルカ

dome /dóum ドウム/ 名 丸屋根, ドーム
- Atomic Bomb **Dome** 原爆(げんばく)ドーム

domestic /dəméstik ドメスティク/ 形
❶ 家庭内の, 家事の
❷ 自国の, 国内の, 国産の
❸ 飼いならされた 反対語 **wild** (野生の)

domèstic scíence 名 (教科としての)家庭科

domino /dáminou ダミノウ/ 名 (複 **domino(e)s** /dáminouz ダミノウズ/) ドミノ札; (**domino(e)s** で) ドミノゲーム

Donald Duck /dánld dák ダヌるド ダク/ 固名 ドナルドダック → ディズニーのアニメーション映画にセーラー服と水夫帽(ぼう)の格好で登場する短気なアヒル. ミッキーマウスと並ぶ人気者.

donate /dóuneit ドウネイト/ 動 寄付[寄贈(きぞう)]する; (臓器・血液などを)提供する

donation /dounéiʃən ドウネイション/ 名 寄付, 寄付金

done 中 A2 /dʌn ダン/ 動 **do** の過去分詞 →
do

•I **have** already **done** my homework.
私はもう宿題を済ませた. → 現在完了(かんりょう)の文.
→**have** 助動 ❶

•You've **done** it! よくやった! →**do it** (**do**
成句)

•It will **be done** within a week. それは
1週間以内にできるだろう. → 受け身の文. →**be**
助動 ❷

•What's **done** cannot be **undone**. して
しまった事は元には戻(もど)せない[今更(いまさら)悔(く)い
てもしょうがない].

•Well **done**! よくやったぞ[でかした]!

•Don't leave things half **done**. 物事を中
途(ちゅうと)はんぱにしておく. → leave A B (形
容詞または過去分詞)は「AをBのままにしてお
く」.

── 形 (食べ物が)煮(に)えた, 焼けた

•half-**done** 半煮(に)えの, 半焼けの

•over-**done** 煮え過ぎの, 焼き過ぎの

•well-**done** (ステーキなどが)よく焼けた

•This spaghetti isn't **done** yet. このスパ
ゲッティはまだゆで方が足りない.

donkey /dáŋki ダンキ/ 名

❶ ロバ → ass ともいう.

❷ とんま; 石頭 →「まぬけ者」「融通(ゆうずう)のきか
ない人」の意味.

> **イメージ (donkey)**
> 忍耐(にんたい)強いが愚(おろ)かで頑固(がんこ)な動物だと
> 考えられている. 長い耳が愚かさの象徴(しょうちょう)
> とされる. アメリカの民主党のシンボル. →**el-
> ephant**

don't /dóunt ドウント/ **do not** を短くした形

•I **don't** know him. 私は彼を知らない.

会話 Do you have a piano? —No, I
don't. 君はピアノを持ってるの.—いいえ, 持っ
てません.

•**Don't** you love her? 君は彼女を愛している
のか. →×*Do not* you love ~? としない.

•**Don't** be nasty to your sister. 妹に意地
悪してはだめ.

•You know Mr. Green, **don't** you? 君は
グリーンさんを知っていますね. → ~, don't
you? は「~ですね」と念を押(お)す用法. ×~, *do
not* you? としない.

donut 小 /dóunʌt ドウナト/ 名 ドーナッツ →
doughnut ともつづる.

door 小 A1 /dɔ́:r ドー/ 名
(複 **doors** /dɔ́:rz ドーズ/)

❶ 戸, ドア; 扉(とびら)

•**knock on** [**at**] the **door** ドアをノックする

•open [shut] the **door** ドアをあける[閉め
る]

•lock the **door** ドアに鍵(かぎ)をかける

•answer the **door** (ブザーやノックにこたえ
て)玄関(げんかん)に出る

•the **door** to the next room 次の部屋へ通
じるドア

•There is someone **at** the **door**. 誰(だれ)か
玄関にお見えだ.

•I heard a knock **on** [**at**] the **door**. 私は
ドアをノックする音を聞いた.

•This **door** opens **into** the basement
[**onto** the garden]. このドアは地下室に通じ
ている[このドアから庭に出られる].

•Japan was asked to open the **door to**
American goods. 日本は米国製品に門戸を開
くことを求められた.

❷ 戸口, 出入り口 (doorway) →「~へ至る道」
の意味でも使われる.

•come **in** [**through**] the **door** 戸口から入
って来る

•I **showed** the rude salesperson **the
door**. 私はその無礼なセールスマンに(戸口)を示
した ⇨ 出て行けと言った.

•Please **show** Mr. Smith **to the door**.
スミスさんを戸口までお送りしなさい.

•Hard work is a **door to** success. 勤勉
は成功への入口である.

❸ 1軒(けん), 1戸

•They live four **doors** from us. 彼らは私
たちの家から4軒目の家に住んでいる.

(*from*) *door to door* (次々と)一軒一軒

next door 隣(となり)に[の] →**next** 成句

out of doors 戸外は[で・の], 家の外で

•In summer we often eat dinner **out of
doors**. 夏には私たちはしばしば戸外で[庭で]食
事をします.

doorbell /dɔ́:rbel ドーベル/ 名 玄関(げんかん)のベ
ル, 呼び鈴(りん), 玄関のブザー

doorknob /dɔ́:rnab ドーナブ/ 名 ドアの取っ
手, 握(にぎ)り, ドアノブ

doorman /dɔ́:rmæn ドーマン/ 名 (複 **door-
men** /dɔ́:rmen ドーメン/) ドアマン → アパー

doormat

ト・ホテル・ナイトクラブなどで出入りする人や客の世話をする係. 性別を限定しないように door-keeper と言いかえることがある.

doormat /dɔ́ːrmæt ドーマト/ 名 ドアマット, 靴(くつ)ぬぐい →マットに Welcome (いらっしゃい)という文字がデザインしてあることが多いので, **welcome mat** ともいう.

doorstep /dɔ́ːrstep ドーステプ/ 名 (玄関(げんかん)のドアに通じる)**上がり階段**

doorway /dɔ́ːrwei ドーウェイ/ 名 戸口, 出入り口

dorm /dɔ́ːrm ドーム/ 名 《話》=dormitory

dormitory /dɔ́ːrmətɔːri ドーミトーリ| dɔ́ːmətri ドーミトリ/ 名 (複 **dormitories** /dɔ́ːrmətɔːriz ドーミトーリズ/) **寄宿舎, 寮**(りょう) →話し言葉では **dorm** と省略されることが多い.

dormouse /dɔ́ːrmaus ドーマウス/ 名 (複 **dormice** /ドーマイス/) 《動物》**ヤマネ** →リスやネズミに似た小動物の一種.

dot /dɑ́t ダト/ 名 点, ぽつ → i や j の点や, インターネット上のアドレス表記に用いる点. ~.com と書いて「ドットコム」と読む.

— 動 (三単現 **dots** /dɑ́ts ダツ/; 過去・過分 **dotted** /dɑ́tid ダテド/; -ing形 **dotting** /dɑ́tiŋ ダティング/)

〜に点を打つ; 〜に点在する

double A2 /dʌ́bl ダブル/ 形

❶ **2倍の; 2人の, 2個分の**

関連語 **single** (1つの), **triple** (3倍の)

• a **double** bed ダブルベッド
• a **double** play ダブルプレー
• I am **double** your age. 私の年はあなたの2倍だ.
• My telephone number is 03-7007 (読み方: zero three seven zero zero [**double** O] seven). うちの電話番号は03-7007です. →電話番号などで数字の0が2つ続く時には double O [オウ] と読むことがある.

❷ **二重の; (性格など)表裏**(ひょうり)**のある**

• a **double** personality 二重人格
• People stood in a **double** line to buy lottery tickets. 人々は宝くじの券を買うために2列に並んだ.

— 名 ❶ **2倍; (ホテルの)2人用の部屋**

• Four is the **double** of two. 4は2の2倍である.

❷ **2塁打**(るいだ) (two-base hit) 関連語 **single** (シングルヒット), **triple** (3塁打)

❸ (**doubles** で) (テニスなどの) **ダブルス** →シングルスは **singles**.

— 副 **2倍に; 二重に; 2人で**

• pay **double** 倍額払(はら)う

— 動 **2倍にする; 2倍になる**

• He **doubled** his income in a year. 彼は1年のうちに自分の収入を2倍にした.
• The number of club members **doubled** from 10 to 20. クラブの会員数は10人から20人へ2倍になった.

double-decker /dʌ́bl dékər ダブル デカ/ 名
❶ **2階つきバス** →**double-decker bus** ともいう. ❷ **2段重ねのサンドイッチ** →**double-decker sandwich** ともいう.

doubt A2 /dáut ダウト/ 名
疑い(の気持ち)

• There is no [little] **doubt** about his honesty. 彼の正直さには全然[ほとんど]疑いがない.
• There is no **doubt** that he is guilty. 彼が有罪であることに疑いはない.
• I have many **doubts** about the plan. 私はその計画についてはいろいろと疑問がある.

no doubt **きっと, たしかに;** 《話》**たぶん**

• **No doubt** he will come here. きっと彼はここに来る.

without (a) doubt **疑いもなく, 必ず**

• **Without doubt** he will take first place. 必ず彼は優勝するでしょう.

— 動 **疑う; 〜ではないだろうと思う** (→**suspect**)

• I **doubted** my eyes. (これが本当かと)私は自分の目を疑った.
• I **doubt** if [**whether**] he will keep his word. 私は彼が約束を守るかどうか疑問に思う.
• I **doubt** (that) he will come. 彼が来ることなんかありえないと思う[きっと来ないと思う]. →非常に強い疑いの気持ちを表す.
• I don't **doubt** (that) he will keep his word. 私は彼が約束を守ることを疑わない.

doubtful /dáutfəl ダウトふる/ 形 ❶(人が)確信のない，疑って ❷(事柄(ことがら)が)疑わしい，曖昧(あいまい)な，怪しい

dough /dóu ドウ/ 名 生の練り粉，パン生地(きじ)

doughnut /dóunʌt ドウナット/ 名 =donut

dove¹ /dʌ́v ダヴ/ 名 《鳥》ハト

> **イメージ (dove)**
> 旧約聖書の大洪水(こうずい)の話の中で，ノアが水が引いたかどうかを調べるためにハトを放ち，そのハトがオリーブの枝をくわえて帰ってきたので洪水が引いて草木が生え始めたのを知ったことから平和の象徴(しょうちょう)となった．オリーブの枝をくわえたハトの図案はこの話に由来する．

dove² /dóuv ドウヴ/ **dive** の過去形

Dover /dóuvər ドウヴァ/ 固名 ドーバー →英国南東の港市．対岸はフランスのカレー(Calais)．白い断崖(だんがい)が切り立っていることで有名．

down¹ 小 A1 /dáun ダウン/

副 ❶《動きを表して》下へ[に]　意味map
　❷《位置を表して》下に
　❸(勢いが)落ちて
前 ～の下に[へ]

── 副 (→比較変化なし)

❶《上から下への動きを表して》下へ[に]，下の方へ[に]

基本 **go down** 下へ行く，降りる，落ちる，下がる，沈(しず)む →動詞+down．

• **jump down** from the tree 木から飛び降りる

• **sit down** 腰(こし)を下ろす，座(すわ)る

基本 Put the box **down**. その箱を下に置きなさい．→動詞+名詞+down．

> **会話**
> Is this elevator going **down**? —No, it's going up.
> このエレベーターは下へ行くのですか．—いいえ，上です．

• The sun **goes down** at about five o'clock in winter. 太陽は冬は5時頃(ごろ)沈む．

• He **came down** late this morning. 彼は今朝遅(おそ)く降りて来た．→come down (降りて来る)はしばしば「朝食に(2階の寝室(しんしつ)から)降りて来る」を意味する．

• **Down** came the shower. ざぁーっと夕立

down 小 A1 /ダウン/

基本の意味

副 ❶「(高い位置から)下へ」が基本の意味．上から下に移動した結果に注目すると 副 ❷「(位置が)下に」の意味になる．元気がない時には横になったり座り込んだりして体の高さが下がることから，副 ❸「(健康が)衰えて；(気持ちが)沈んで」の意味が生じる．ものがたくさんあって積み重なると高くなり，少ないと低くなることから，副 ❸「(数量などが)下がって」の意味が生じる．

イメージ

下へ

教科書によく出る 使い方

副 ❶ I put my bag **down** on the floor. かばんを床に置いた．
副 ❷ My father is **down** in the basement. 父は階下の地下室にいます．
副 ❸ Oil prices went **down** last month. 先月は石油の価格が下がった．

down 182 one hundred and eighty-two

が降って来た. →主語は shower.

❷《位置を表して》**下に, 沈んで**

• The old oak was **down** after the storm. 嵐(あらし)の後そのカシワの老木は倒(たお)れていた.

• The sun is **down**. 太陽は沈んだ.

• **Down** in the valley chapel bells are ringing. 下の方の谷間にチャペルの鐘(かね)が鳴っている. →はじめに大体の位置 (down) を示し, 次にはっきり具体的な場所 (in the valley) を述べる言い方.

❸(勢いが)**落ちて**; (健康が)**衰(おとろ)えて**; (数量・程度・質などが)**下がって**; (気持ちが)**沈んで**

• feel **down** 気が沈む, 落ち込む

• count **down** to 0 ゼロまで逆に数える

• Turn **down** the TV. テレビの音を小さくしなさい.

• All my family are **down** with the flu. うちの家族はみんなインフルエンザで寝込(ねこ)んでいます.

• Prices have gone **down**. 物価が下がった.

• His weight went **down** from 100 kg to 80 kg. 彼の体重は100キロから80キロに減った.

❹(順序・時代が)**下って**

• This custom has been handed **down** since the Edo period. この習慣は江戸(えど)時代から続いている. →hand down＝(次の世代へ)伝える.

❺(中心から)**離(はな)れて**; **田舎(いなか)に**; (地図の)**下へ**

• go **down** to the country 田舎へ行く

• go **down** south (地図の下の方の)南へ行く

down and out **すっかり落ちぶれて** →ボクシングで knock **down** されて, count **out** されることから.

down under (英国から見て「地図の下の方」であることから, かつての英国の植民地だった)**オーストラリアに[へ], ニュージーランドに[へ]**

up and down **上下に, 上がったり下がったり; 行ったり来たり, あちこちと** →中心に向かったり (up), 中心から離れたり (down) することから.

• go **up and down** in the elevator エレベーターで昇(のぼ)ったり降りたりする

• walk **up and down** in the room 部屋の中をあちこち歩き回る

—— 前 **～の下に[へ], ～を降りて; ～に沿って**, (道

など)**を** (along)

 基 go **down a hill** 丘(おか)を下って行く →動詞＋down＋名詞.

• run **down** the stairs 階段を駆(か)け降りる

• walk **down** the street 通りを歩いて行く

• Santa Claus comes **down** the chimney. サンタクロースは煙突(えんとつ)を降りて来る.

• Tears ran **down** her cheeks. 涙(なみだ)が彼女のほおを伝って流れた.

—— 形 (→比較変化なし)

❶**下への, 下りの** →名詞の前にだけつける. 反対語 **up** (上りの)

• a **down** slope 下り坂

• the **down** elevator [escalator] 下りのエレベーター[エスカレーター]

• a **down** train 下り列車[電車]

❷**元気のない, 落ち込(こ)んで** →名詞の前にはつけない.

• What's the matter, Tom? You look **down**. どうかしたの, トム. 元気がないじゃないか.

down² /dáun ダウン/ 名 (水鳥の)**綿毛** →軽くて保温性に富んでいる.

• a **down** jacket ダウンジャケット

downhill /dáunhil ダウンヒる/ 形 副 **下り坂の; 坂を下って** 反対語 **uphill** (上り坂の; 坂の上へ)

Downing Street /dáuniŋ strì:t ダウニングストリート/ 固名 **ダウニング街**

> 参考 ロンドンにある官庁街. この通りの10番地にイギリス首相(しゅしょう)の官邸(かんてい)があることから, しばしば「英国政府」「英国首相」の意味でも使われる.

download A2 /dáunloud ダウンろウド/ 動 《コンピューター》(プログラム・データなどを)**ダウンロードする** →自分のコンピューターに転送・コピーすること.

—— 名 **ダウンロード; ダウンロードしたファイル[プログラム]** 反対語 **upload** (アップロード)

downstairs A2 /dáunstéərz ダウンステアズ/ 副 **階下に[で]; 下の部屋に[で]**

> POINT 2階建ての建物では1階が downstairs で, 2階が upstairs.
> 3階建て以上の建物では話し手がいる階より下が downstairs, 上が upstairs.

• go [come] **downstairs** (階段を降りて)下へ

行く[来る]

●He is reading **downstairs**. 彼は下の部屋で本を読んでいる.

── 形 下の階の→**downstair** ともいう.

●the **downstair(s)** rooms 下の階の部屋

downtown A2 /dauntáun ダウンタウン/ 名形 商店街(の), 繁華(はんか)街(の), 町の中心地区(の)

> 参考 都市の中心部で, デパート・銀行・商店などが集まっている商業地区をいう. 海や川に面している低い土地が早くから開け商店街となり, 高い土地が後から開け住宅街となったことから. マンハッタンのように地図上の下(南)を **downtown**, 上(北)を **uptown** と呼ぶこともある. 日本のいわゆる「下町」とは違(ちが)う.

●His office is in **downtown** New York. 彼の事務所はニューヨークの中心街にある.

── 副 商店街に, 繁華街へ[で], 町の中心地区へ[で]

●go **downtown** (買い物・遊びに)繁華街へ行く

●at a store **downtown** 繁華街の商店で

●work **downtown** 町(の中心地区)で働く

downward /dáunwərd ダウンワド/ 副形 下の方へ[の]

downwards /dáunwərdz ダウンワヅ/ 副 《主に英》=downward

doz. 略 =dozen(s)

doze /dóuz ドウズ/ 動 (しばしば **doze off** で)居眠(いねむ)りする

dozen /dʌ́zn ダズン/ 名形

❶ ダース(の), 12(の) →**doz.** または **dz.** と略す.

●a **dozen** 1ダース, 1ダースにつき

●half a **dozen**=a half **dozen** 半ダース

●four **dozen** 4ダース →数量の次では単数も複数も同じ形. ×four dozens としない.

●a **dozen** pencils 鉛筆(えんぴつ)1ダース

●three **dozen** pencils 3ダースの鉛筆

●Pencils are sold **by the dozen**. 鉛筆はダースで売られる.

❷ (**dozens of ~** で) 数十の~, 多数の~

●I saw **dozens of** penguins in the zoo. 私は動物園でたくさんのペンギンを見た.

Dr., Dr 中 A1 /dɑ́ktər ダクタ/dɔ́ktə ドクタ/ 略 (博士号を持っている人の名の前につけて)~博士; (医者の名の前につけて)~先生 →Doctor の短縮形.

●**Dr**. White ホワイト博士[先生]

draft /drǽft ドラフト/ 名

❶ (文・絵などの)下書き; (下書き)原稿(げんこう); 図案

❷ 隙間(すきま)風 →《英》では **draught** とつづる.

❸ (the draft で)《米》徴兵(ちょうへい); (野球の)ドラフト制度

drag /drǽg ドラグ/ 動 (三単現 **drags** /drǽgz ドラグズ/; 過去・過分 **dragged** /drǽgd ドラグド/; -ing形 **dragging** /drǽgiŋ ドラギング/) (重いものを)引いて行く, (重そうに)引きずる

── 名 《話》退屈(たいくつ)な事; 退屈な人

dragon /drǽgən ドラゴン/ 名

竜(りゅう)。翼(つばさ)・爪(つめ)・大蛇(じゃ)のような尾(お)を持ち口から火を吐(は)くという伝説上の動物.

> イメージ (dragon) 東洋では神聖なものと考えられているが, 欧米(おうべい)では, 新約聖書で神の意志に背(そむ)くものとして描(えが)かれ, サタンと同類とされていることから, 悪の化身(けしん)とみなされる.

dragonfly /drǽgənflai ドラゴンふライ/ 名 (複 **dragonflies** /drǽgənflaiz ドラゴンふライズ/) トンボ

drain /dréin ドレイン/ 動 (溝(みぞ)・パイプを通して)~の排水(はいすい)をする, ~から水気を取る; (水が)流れ出る, はける

── 名 ❶ 排水管[路], 下水溝, どぶ ❷ (drains で)(建物の)下水設備

drama 小 A1 /drɑ́:mə ドラーマ/ 名

劇, 戯曲(ぎきょく); 演劇 →**play** よりも改まった語.

dramatic /drəmǽtik ドラマティク/ 形 ❶ 劇の ❷ 劇的な, ドラマチックな

dramatist /drǽmətist ドラマティスト/ 名 劇作家

drank /drǽŋk ドランク/ 動 **drink** の過去形

draught /drǽft ドラふト/ 名 《主に英》=draft ❷

draw 小 A1 /drɔ́: ドロー/

動 ❶ (線を)引く; (鉛筆(えんぴつ)・ペン・クレヨンなどで絵などを)描(か)く

意味 map

❷ 引っ張る (pull)

❸ (人などを)引き寄せる

❹ 近づく

── 動

三単現 **draws** /drɔ́:z ドローズ/

過去 **drew** /drú: ドルー/

drawer

過分 **drawn** /drɔ́:n ドローン/
-ing形 **drawing** /drɔ́:iŋ ドローイング/

❶ (線を)**引く**; (鉛筆・ペン・クレヨンなどで絵などを)**描く** 類似語 **paint** は「(絵の具で絵を)描く」.

draw

paint

中基本 **draw** a line 線を引く →draw+名詞.
- **draw** a map 地図を描く
- **draw** a picture of a cat ネコの絵を描く
- He **draws** very well for a five-year-old boy. 彼は5歳(さい)の少年にしてはとても絵がうまい. →draw+副詞.
- Who **drew** this picture? この絵は誰(だれ)が描いたのですか.
- This picture **was drawn** by Bob. この絵はボブによって描かれた[ボブが描いた]. →受け身の文. →**was** 助動 ❷
- The children **are drawing** the apples on the table. 子供たちはテーブルの上のリンゴを描いています. →現在進行形の文. →**are** 助動 ❶
- Bob likes **drawing** pictures. ボブは絵を描くのが好きだ. →動名詞 drawing (描くこと)は like の目的語.

❷ **引っ張る**(pull); **引き出す**[抜(ぬ)く]
- **draw** a bow 弓を引く
- **draw** a cork コルクの栓(せん)を抜く
- **draw** one's sword [gun] 剣(けん)[ピストル]を抜く
- **draw** money from a bank 銀行からお金を引き出す
- **draw** up a chair (テーブルのそばに)椅子(いす)を引き寄せる
- **Draw** the curtains, please. 窓にカーテンを引いてください. →開ける場合にも閉める場合にもいう.

- Two horses **drew** the wagon. 2頭の馬がその荷車を引いた.
- She **drew** her child to her side. 彼女は子供をそばへ引き寄せた.

❸ (人などを)**引き寄せる**; (注意などを)**ひく**
- **draw** his attention 彼の注意をひく
- The ball game **drew** a very large crowd of people. その野球の試合は大入りの観客を集めた.
- My attention was **drawn** to her strange hat. 私の注意は彼女の奇妙(きみょう)な帽子(ぼうし)にひきつけられた.

❹ **近づく**
- **draw** near 近寄る
- The boat **drew toward** us. 船が私たちの方へ近づいてきた.
- Spring is **drawing** near. 春が近づいている.

❺ (試合を)**引き分けにする**; **引き分ける**
- The game was **drawn at** 5—5 (読み方: five to five). 試合は5対5で引き分けた.
- The two teams **drew**. 両チームは試合を引き分けた.

── 名 (複 **draws** /drɔ́:z ドローズ/)
❶ 引っ張ること
❷ 引き分け(試合), ドロー
- The game ended **in** a **draw**. その試合は引き分けに終わった.

drawer A2 /drɔ́:r ドロー/ 名 **引き出し**
- the top **drawer** 一番上の引き出し
- a **chest** of **drawers** たんす →chest=大箱.
- **open** [**close**, **shut**] a **drawer** 引き出しを開ける[閉める]

drawing A2 /drɔ́:iŋ ドローイング/ 動 **draw** の -ing 形 (現在分詞・動名詞)
── 名 ❶ (鉛筆(えんぴつ)・ペン・クレヨンなどで描(か)いた)絵, 図画, 線画 →**painting**
❷ 製図, 図面

dráwing pìn 名 《英》 画びょう (《米》 thumbtack; tack)

drawn /drɔ́:n ドローン/ 動 **draw** の過去分詞

チャンクでおぼえよう draw	
□ 線を引く	**draw** a line
□ 猫の絵を描く	**draw** a picture of a cat
□ トランプを引く	**draw** a card
□ カーテンを引く	**draw** the curtains
□ 1対1の引き分け	a one-to-one **draw**

―― 形 引き分けの

• a **drawn** game 引き分け試合，ドローゲーム

dread /dréd ドレド/ 動 恐(おそ)**れる**，怖(こわ)**がる**

―― 名 恐れ，恐怖(きょうふ)

dreadful /drédfəl ドレドふる/ 形

❶ 恐(おそ)**ろしい，怖(こわ)い**

❷《話》**ひどい，いやな** (very bad)

dream 小 A1 /dríːm ドリーム/ 名

❶ (眠(ねむ)っている時に見る)夢

• awake from a **dream** 夢から覚める

• I **had** a **dream about** you last night. 昨日の夜君の夢を見たよ.

• I often see my dead brother **in** my **dreams**. (私は夢でよく死んだ兄を見る ⇨)死んだ兄がよく夢に出てくる.

• Sweet **dreams**, my dear. 楽しい夢を見なさいね. →「おやすみなさい」の意味でいう.

❷ (実現したいと思っている)夢，希望，理想

• I have a **dream**. 私には夢がある.

• I had a **dream** of being a singer, but it never came true. 私は歌手になりたいという夢を持っていましたが，それはついにかないませんでした.

―― 動 三単現 dreams /dríːmz ドリームズ/;
過去・過分 dreamed /dríːmd ドリームド/,
dreamt /drémt ドレムト/ **-ing形 dreaming**
/dríːmiŋ ドリーミング/

夢を見る，夢みる；夢に見る → 眠っている時に見る場合にも，空想する場合にも使う.

• **dream** a sweet dream 楽しい夢を見る → 単に「夢を見る」の場合は ×*dream* a dream としないで have a dream とするのがふつう.

• He often **dreams**. 彼はよく夢を見る.

• I **dreamed about** my hometown. 私は故郷のことを夢に見た.

• I **dreamt** (**that**) I kept a whale in the bathroom. 私はふろ場でクジラを飼っている夢を見た.

• I must be **dreaming**. (あまり不思議で)私は夢を見ているに違(ちが)いない.

dream of ~ **~を夢みる；~を夢として持つ；**
《否定文で》**~を夢にも思わない，考えてもいない**

• I **dreamed of** you last night. 私は昨夜あなたの夢を見た.

• She **dreamed of** becoming a pianist. 彼女はピアニストになることが夢だった.

• I never **dreamed of** seeing him again.

再び彼に会うとは夢にも思わなかった.

dreamcatcher /dríːmkætʃər ドリームキャチャ/ 名 **ドリームキャッチャー** → 小さな輪に馬の毛で作った網(あみ)を張ったもの. 持っているとよい夢を見るという伝説がある.

dreamer /dríːmər ドリーマ/ 名 **夢みる人；夢想家，ロマンチスト**

dreamland /dríːmlænd ドリームランド/ 名 **夢の国，理想郷**

dreamt /drémt ドレムト/ 動 **dream** の過去形・過去分詞 →《米》では dreamed のほうがふつう.

dréam tèam [plàyer] 名 **ドリームチーム[プレーヤー]** → 夢に見たくなるような憧(あこが)れのチーム[選手].

dress 小 A1 /drés ドレス/ 名

❶ (婦人・子供の)**ワンピース** → ふつう ×*one-piece* dress とはいわない.

類似語 **dress** は「(婦人・子供用の)ワンピース」, **suit** は「(上下そろいの)服」.

• wear a green **dress** グリーンのワンピースを着る

• Shall I wear a **dress** or a blouse and skirt? ワンピースを着ようかしら，それともブラウスとスカートにしようかな.

❷ **服装；正装**

• Men usually don't pay much attention to **dress**. 男性はふつう服装にあまり注意を払(はら)わない. →×*a [the]* dress, ×dress*es* としない.

• He was **in** formal **dress** for the ceremony. 彼は式に出席するため正装していた.

―― 動 服を着せる；服を着る → 性別・年齢(ねんれい)に関係なく使う.

• **dress** a child 子供に服を着せる

• Please wait while I **dress**. 服を着(替(が)え)る間待ってください.

• She always **dresses** neatly. 彼女はいつもこざっぱりとした身なりをしている.

• Don't open the door; I'm **dressing**. ドアを開けないで. いま服を着ているところなの[着替え中なの].

be dressed (***in ~***) (~を着せられている ⇨)(~を)着ている

• The bride **is dressed in** white. 花嫁(はなよめ)は白いドレスを着ている.

dress oneself (***in ~***) (自分自身に~を着せる ⇨)(~を)着る，身じたくをする

•She **dressed herself in** a beautiful kimono. 彼女は美しい和服を着た.

dress up 着飾(かざ)る, 正装する, ドレスアップする

dress up as ～ (子供などが)～の仮装をする, ～の格好をする

get dressed 服を着る

dresser /drésər ドレサ/ 名 ❶(米)鏡台, ドレッサー ❷(英)(台所の)**食器棚**(だな)

dressing /drésiŋ ドレスィング/ 名 ❶(サラダにかける)**ドレッシング** ❷(包帯などの)**手当て用品**

dressmaker /drésmeikər ドレスメイカ/ 名 (婦人服・子供服の)**洋裁師, ドレスメーカー**
関連語 **tailor** ((紳士(しんし)服の)洋服屋さん)

dressmaking /drésmeikiŋ ドレスメイキング/ 名 洋裁

drew /drúː ドルー/ 動 **draw** の過去形

dribble /dríbl ドリブる/ 動
❶(水が)**したたる**; (赤ん坊(ぼう)が)**よだれを垂らす**
❷(球技で)**ドリブルする**

dried /dráid ドライド/ 動 **dry** の過去形・過去分詞
—— 形 干した
•**dried** fish [persimmons] 干し魚[柿(がき)]

drier /dráiər ドライア/ 形 **dry** の比較(ひかく)級
—— 名 ＝dryer (乾燥(かんそう)機)

drift /dríft ドリふト/ 動 **流れる, 漂**(ただよ)**う; 吹**(ふ)**き寄せる; 押**(お)**し流す**
—— 名 漂流(ひょうりゅう)(物); (雪・枯(か)れ葉などの)吹きだまり

driftwood /dríftwùd ドリふトウド/ 名 流木

drill 中 A2 /dríl ドリる/ 名
❶**訓練, 反復練習, ドリル**
•a fire **drill** 防火訓練
•do a lot of spelling **drills** たくさんのつづり字練習をする
❷(穴をあける)**ドリル, きり**
—— 動 ❶**反復練習をさせる, 訓練する**
•The teacher **drilled** the students **in** spelling. 先生は生徒につづりの練習をさせた.
❷(ドリルで)(穴を)**あける**
•**drill** a hole ドリルで穴をあける

drink 小 A1 /dríŋk ドリンク/ 動
三単現 **drinks** /dríŋks ドリンクス/
過去 **drank** /dræŋk ドランク/
過分 **drunk** /drʌ́ŋk ドランク/
-ing形 **drinking** /dríŋkiŋ ドリンキング/

❶(水・酒などを)**飲む**
基本 **drink** water 水を飲む →drink＋名詞.
•**drink** a cup of coffee コーヒーを1杯(ぱい)飲む
•**drink** cola from the bottle [with a straw] コーラを瓶(びん)から[ストローで]飲む
•I want something **to drink**. 私は飲み物が欲(ほ)しい. →不定詞 to drink (飲むための～) は something を修飾(しゅうしょく)する. →**to** ❾ の ②
•Is there anything **to drink**? 何か飲む物がありますか.
•He **drinks** too much coffee. 彼はコーヒーを飲み過ぎる.
•I **drank** a cup of hot coffee. 私は熱いコーヒーを1杯飲んだ.
•A great deal of coffee **is drunk** in this country. この国では大量のコーヒーが飲まれる. → 受け身の文. →**is** 助動 ❷
•The baby **is drinking** milk now. 赤ん坊(ぼう)は今ミルクを飲んでいる. → 現在進行形の文. →**is** 助動 ❶

関連語 (飲む)
「(スプーンで)スープを飲む」は **eat** soup, 「薬を飲む」は **take** medicine.
gulp は「ごくごく飲む」, **sip** は「すする」, **swallow** は「かまずに飲み込(こ)む」.

drink　　eat　　take

❷ **酒を飲む**
•He **drinks like a fish**. 魚のように酒を飲む. → 「彼は大酒飲みだ」の意味.
•My father does not **drink** much. 私の父はあまりお酒を飲みません.
•There is orange juice for those who don't **drink**. お酒を飲まない人たちのためにオレンジジュースがあります.

❸ **乾杯**(かんぱい)**する**
•Let's **drink to** your health. 君の健康を祈(いの)って乾杯しよう.
—— 名 (徴 **drinks** /dríŋks ドリンクス/)
❶**飲み物; 酒**

- hot [cold] **drinks** 温かい[冷たい]飲み物
- food and **drinks** 飲食物 →日本語と順序が逆なことに注意.
- soft **drinks** 清涼(せいりょう)飲料 →アルコールの入った hard **drinks** に対してアルコールの入っていない飲み物を意味するが, ふつうはコーラなどの炭酸飲料を指すことが多い. 瓶のキャップを開けるとポンと音がするので **soda pop** とも呼ばれる.
- A lot of **drinks** were served at the party. いろいろな飲み物がパーティーで出された.

❷ (水・酒などの)ひと飲み, 1杯
- have a **drink** of water 水を1杯飲む
- have [get] a **drink** 1杯(酒・水などを)飲む
- Let's go out for a **drink**. 1杯飲みに行きましょう.

drinking /drínkiŋ ドリンキング/ 動 **drink** の -ing形 (現在分詞・動名詞)
—— 名 飲むこと; 飲酒

drínking fòuntain 名 (公園・駅・学校などに備えつけられている)噴水(ふんすい)式の水飲み器

drínking wàter 名 飲料水, 飲み水

drip /dríp ドリプ/ 動 (三単現 **drips** /drípsドリプス/; 過去・過分 **dripped** /drípt ドリプト/; -ing形 **dripping** /drípiŋ ドリピング/)
ぽたぽた落ちる, 滴(しずく)が落ちる, したたる; (滴を)垂らす
—— 名 ぽたぽた落ちること[音], したたり, 滴

drive 中 A1 /dráiv ドライヴ/

動 ❶ (車を)運転する　　　　　意味map
　❷ (人を)車に乗せて行く
　❸ 追い立てる; (機械などを)動かす
名 ❶ ドライブ
　❷ (車・馬車で行く)距離(きょり)

—— 動

| 三単現 **drives** /dráivz ドライヴズ/
| 過去 **drove** /dróuv ドロウヴ/
| 過分 **driven** /drívn ドリヴン/
| -ing形 **driving** /dráiviŋ ドライヴィング/

❶ (車を)運転する, ドライブする 類似語 「(オートバイなどにまたがって)運転する」は **ride**.

drive
ride

基本 **drive** a car 車を運転する →drive+名詞.

基本 **drive** slowly ゆっくり運転する → drive+副詞(句).
- **drive** through town 町を車で通り抜(ぬ)ける
- Can you **drive**? 君は車を運転できますか.
- Let's **drive to** the lake. 湖までドライブしよう.
- Shall we walk or **drive**? 歩いて行こうかそれとも車で行こうか.
- My father **drives** a very old car. 私の父はとても古い自動車に乗っている.
- He **drove** slowly up the hill. 彼は車でゆっくりと丘(おか)を登って行った.
- The car **was driven** by my uncle. 車は私のおじによって運転された. →受け身の文. → **was** 助動 ❷
- My father **has been driving** a taxi in this town for twenty years. 私の父はこの町で20年間タクシーを運転している. →現在完了(かんりょう)進行形の文. → **have** 助動 ❸ の最後の用例

❷ (人を)車に乗せて行く
- **drive** you home 君を車で家まで送る → home は副詞で「家へ」.
- My father **drove** me **to** school this morning. 今朝父は私を学校まで車に乗せて行って[来て]くれた.

❸ 追い立てる, 追う; (動力が機械などを)動かす
- The clouds were **driven away** by the wind. 雲は風に吹(ふ)き払(はら)われた.
- This ship is **driven** by steam. この船は蒸気で動かされている.

—— 名 (複 **drives** /dráivz ドライヴズ/)
❶ (車・馬車に)乗って行くこと, ドライブ
- **go for** a **drive** ドライブに出かける
- He often takes me for a **drive**. 彼はよくドライブに連れて行ってくれる.
- The **drive to** the lake was very exciting. 湖までのドライブはとても楽しかった.

❷ (車・馬車で行く)距離
- It is a short [ten minutes'] **drive** to the park. 公園までは車ですぐ[10分]です. → It は漠然(ばくぜん)と「距離」を表す.

❸ 《英》(道路から家・ガレージまで車を乗り入れる)私設車道 (《米》driveway); (公園・森林内の)車道; (景色のよい所を走る)ドライブ道路

drive-in /dráiv in ドライヴ イン/ 名 形 ドライ

driven 188 one hundred and eighty-eight

ブイン(式の) → 車で乗り入れて，乗ったまま利用できる映画館など．

driven /drívn ドリヴン/ 動 **drive** の過去分詞

driver 小 A1 /dráivər ドライヴァ/ 名
(車を)運転する人，運転手
●a taxi [bus] **driver** タクシー[バス]の運転手
●He is a bad [careful] **driver**. 彼は運転が下手だ[慎重(しんちょう)な運転をする]．

dríver's license A2 名 《米》運転免許証 (《英》driving licence)

drive-through /dráiv θru: ドライヴ スルー/ 形 車に乗ったまま利用できる，ドライブスルーの

driveway /dráivwei ドライヴウェイ/ 名 《米》(道路から家・ガレージまで車を乗り入れる)私設車道 (《英》drive)

driving /dráiviŋ ドライヴィング/ 動 **drive** の -ing 形 (現在分詞・動名詞)
── 名 (車の)運転
●a **driving** school 自動車教習所

参考 アメリカでは日本のように教習所の中で練習するのではなく，時間を予約してオフィスに行くと先生が同乗して公園などの指定された場所で運転を指導してくれる．

dríving lícence A2 名 《英》運転免許証 (《米》driver's license)

drone 中 /dróun ドロウン/ 名 ドローン → 無線で操縦(そうじゅう)する小型の(無人)航空機．

drop 中 A1 /dráp ドラプ|drɔ́p ドロプ/
動 (三単現 **drops** /dráps ドラプス/; 過去・過分 **dropped** /drápt ドラプト/; -ing形 **dropping** /drápiŋ ドラピング/)
❶ 落とす; (〜が)落ちる
[名基本] **drop** a cup 茶わんを落とす → drop＋名詞．
[名基本] **drop** to the floor 床(ゆか)に落ちる → drop＋前置詞＋名詞．
●The temperature often **drops** below zero in winter. 冬には気温がしばしば 0 度以下に落ちる．
●Planes **dropped** bombs on the city. 飛行機がこの都市に爆弾(ばくだん)を落とした．
●An atomic bomb **was dropped** over Hiroshima. 1 発の原爆(げんばく)が広島に落とされた．→受け身の文 (→**was** [助動] ❷). 投下された原子爆弾は地上数百メートルの空中で爆発(ばく

はっ)するので over を使う．
●Your name was **dropped** from the list. あなたの名前はリストから外された．
●Tears were **dropping** from her eyes. 彼女の目から涙(なみだ)がこぼれ落ちていた． →過去進行形の文． →**were** [助動] ❶
❷(車などから人を)降ろす 反対語「乗せる」は **pick up**.
●Please **drop** me (off) at the station. 駅で私を降ろしてください．
❸(短い便りを)出す
●Please **drop** me a line when you get there. あちらに着いたら手紙をください． → drop A B は「A に B を出す」．

drop by (〜) (〜に)ちょっと立ち寄る
●Please **drop by** (my house) whenever you come to town. この町においでの時はいつでも(私の家に)お立ち寄りください．

drop in ちょっと立ち寄る
●He **drops in** on me very often. 彼はしょっちゅう私の所に立ち寄る．
●Bob **dropped in** at his uncle's house. ボブはおじさんの家に立ち寄った．

drop out (*of* 〜) (〜から)脱落(だつらく)する，(〜を)中退する →dropout
●He **dropped out of** school in his third year. 彼は 3 年生の時学校を中退した．
── 名 (複 **drops** /dráps ドラプス/)
❶ 滴(しずく)，したたり
●a **drop** of water 1 滴(てき)の水，水滴(すいてき)
❷(急激な)落下，下落，低下
●a **drop in** temperature 気温の低下
❸ あめ玉，ドロップ

dropout /drápaut ドラパウト/ 名 (学校の)中途(ちゅうと)退学者; 落後者

drought /dráut ドラウト/ 名 日照り，かんばつ

drove /dróuv ドロウヴ/ 動 **drive** の過去形

drown /dráun ドラウン/ 動
❶ 溺(おぼ)れる，溺れ死ぬ，溺死(できし)する
[ことわざ] A **drowning** man will catch at a straw. 溺れる者はわらをもつかむ． →「人は苦しい立場に置かれるとどんなに頼(たよ)りにならないものにもすがりつこうとする」の意味．
❷ 溺れさせる，溺れ死にさせる，溺死させる

drug A2 /drág ドラグ/ 名 薬; 麻薬(まやく) →話し言葉では「麻薬」の意味で使われることが多い．

druggist /drágist ドラギスト/ 名 《米》
❶ 薬剤(やくざい)師; 薬局の主人 (《英》chemist)

❷ ドラッグストアー (drugstore) の経営者

drugstore A2 /drʌ́gstɔːr ドラグストー/ 名
《米》**ドラッグストアー** → 薬局とスーパーマーケットを兼(か)ねたような店.

drum 小 A1 /drʌ́m ドラム/ 名
太鼓(たいこ), ドラム; **(the drums で)** (ジャズ・ロックバンドなどの)ドラムス
• **beat** a **drum** 太鼓をたたく
• **play** a [the] **drum** ドラムを演奏する
• play **the drums** in the band バンドでドラムスを受け持つ

drummer /drʌ́mər ドラマ/ 名 (バンドの)ドラマー; ドラムをたたく人

drunk /drʌ́ŋk ドランク/ 動 **drink** の過去分詞
—— 形 酒に酔(よ)った
• **drunk** driving 飲酒運転
• get **drunk** 酒に酔う
• He was **drunk** on beer. 彼はビールで酔っていた.
—— 名 酔っ払(ぱら)い

drunken /drʌ́ŋkn ドランクン/ 形 酒に酔(よ)った
→ 名詞の前にだけつける.

dry A1 /drái ドライ/ 形 (比較級 **drier** /dráiər ドライア/; 最上級 **driest** /dráiist ドライエスト/)
❶ 乾(かわ)いた, 乾燥(かんそう)した 反対語 **wet** (ぬれた), **damp** (湿(しめ)った)
• **dry** air 乾燥した空気
• The ground is **dry**. 地面が乾いている.
• Watch out! The paint is not **dry** yet. 気をつけて! ペンキがまだ乾いていませんよ.
❷ 雨の降らない, 日照り続きの
• **dry** weather 日照り続きの天候
反対語 the **dry** season and the **rainy** season 乾季(かんき)と雨季
❸ 無味乾燥な, おもしろくない (boring)
❹ (ワインなど)辛口(からくち)の
—— 動 (三単現 **dries** /dráiz ドライズ/; 過去・過分 **dried** /dráid ドライド/; -ing形 **drying** /dráiiŋ ドライイング/)
乾く; 乾かす; (ぬれた物を)拭(ふ)く
• **dry** a dish with a cloth 布巾(ふきん)で皿を拭く
• The washing **dries** quickly on a sunny day like this. こんな晴天の日には洗濯(せんたく)物は早く乾く.
• They **dried** themselves in the sun. 彼らはひなたで体を乾かした.

dry up すっかり乾く, 干上(ひあ)がる; すっかり乾かす, 干上がらせる

dryer /dráiər ドライア/ 名 乾燥(かんそう)機; ヘアドライヤー → **drier** ともつづる.

dub /dʌ́b ダブ/ 動 (三単現 **dubs** /dʌ́bz ダブズ/; 過去・過分 **dubbed** /dʌ́bd ダブド/; -ing形 **dubbing** /dʌ́biŋ ダビング/)
❶ (映画・テレビの会話を別の言語に)吹き替える
❷ ダビングする, 再録音[複製]する

Dubai /duːbái ドゥーバイ/ 固名 ドバイ → アラブ首長国連邦(れんぽう) (the United Arab Emirates) の首長国のひとつ. またその首都.

Dublin /dʌ́blin ダブリン/ 固名 ダブリン → アイルランド共和国の首都.

duck A2 /dʌ́k ダク/ 名 アヒル
関連語 **quack** (アヒルがガーガー鳴く)

duckling /dʌ́kliŋ ダクリング/ 名 アヒルの子

due A1 /djúː デュー/ 形
❶ **(due to ～ で)** ～による, ～のためで
• The accident was **due to** his carelessness. 事故は彼の不注意のせいだった.
• The game was put off **due to** (= because of) the rain. 試合は雨で延期された.
❷ 到着(とうちゃく)のはずで, 提出期限で; ～する予定で
• The train was **due** at six. 列車は6時到着のはずだった.
• The homework is **due** next Monday. 宿題の提出期限は来週の月曜日です.
• Bob is **due to** come at noon. ボブは正午に来るはずだ.
❸ 当然支払(しはら)われるべき; 正当な, 当然の
• a **due** reward 当然の報酬(ほうしゅう)
• (The payment of) This bill is **due** today. この請求(せいきゅう)書の支払いはきょうになっています.

duet /djuːét デューエト/ 名 二重唱(曲), 二重奏(曲)

dug /dʌ́g ダグ/ 動 **dig** の過去形・過去分詞

dugout /dʌ́gaut ダガウト/ 名 **❶** (大木の幹をくりぬいて作った)丸木舟(まるきぶね) **❷** (野球の)ダッグアウト **❸** 防空壕(ごう)

duke /djúːk デューク/ 名 公爵(こうしゃく) → 英国で最高位の貴族.

dull /dʌ́l ダル/ 形 **❶** 鈍(にぶ)い, 鈍感(どんかん)な; 頭の悪い
ことわざ All work and no play makes Jack a **dull** boy. 勉強ばかりして遊ばなければジャ

dumb 190

ックはばかな子供になる. →「よく学びよく遊べ」にあたる. make A B は「AをBにする」.

❷ おもしろくない, 退屈な; 活気のない, 不景気な (boring)

dumb /dʌ́m ダム/ 形 ❶《米話》まぬけの, ばかな (stupid) ❷ 口のきけない

dump /dʌ́mp ダンプ/ 動 ❶ どさっと落とす; (ごみなどを)捨てる ❷《話》(人を)やっかい払いする, 捨てる
── 名 ごみ捨て場; (捨てられた)ごみの山

dumper truck /dʌ́mpər trʌ̀k ダンパトラク/ 名《英》ダンプカー (《米》dump truck)

dumpling /dʌ́mpliŋ ダンプリング/ 名 (スープなどに入れる)だんご; ギョウザ →小麦粉を練って丸めてゆでた[蒸した]もの, またその中に具を包んだもの.

dump truck /dʌ́mp trʌ̀k ダンプ トラク/ 名《米》ダンプカー (《英》dumper truck) →「ダンプカー」は和製英語.

dune /djúːn デューン/ 名 砂丘

dungeon /dʌ́ndʒən ダンヂョン/ 名 (大昔の城内の)地下牢, 土を掘って作った牢

dunk /dʌ́ŋk ダンク/ 動《話》❶ (パンなどを)飲物に浸して食べる ❷《バスケットボール》(ボ

ールを)バスケットの真上から押し込む, ダンクシュートする

dúnk shòt 名《バスケットボール》ダンクシュート

durable /djúːrəbl デューラブる/ 形 永続する, 長持ちする, 丈夫な

durian /dúəriən デュアリアン/ 名《植物》ドリアン(の実・木) →東南アジア産のキワタ科の高木.

during 中 A2 /djú(ə)riŋ デュ(ア)リング/ 前

❶ 〜じゅう(ずっと), 〜の間じゅう (throughout)

[基本] **during** the summer その夏じゅうずっと →during+時間的要素を含む名詞.
・**during** all that time その間じゅう
・There is no school **during** August. 8月中は授業がない.

《POINT》この場合は during の代わりに in を使っても意味はほぼ同じだが, during のほうが in に比べて「〜の間じゅうずっと」という継続の意味が強い.

・Ice covers the lake **during** (the) winter. 冬じゅうずっと氷がその湖を覆う.

❷ 〜の間(のいつか)に
・**during** my stay (= while I am [was]

during 中 A2 /デュ(ア)リング/

基本の意味

一定の期間を表して, ❶ 「期間中ずっと」という継続の意味と, ❷ 「期間中のいつかに」という時点の意味で用いられる.

イメージ
Zzz...
一定の期間

教科書によく出る使い方

❶ We're going to be away from home **during** the summer.
夏の間私たちはずっと留守にします.

❷ I will give you a call **during** the weekend. 週末の間にお電話しますよ.

staying) 私の滞在(たいざい)中に

•**during** the day [the night]　日中[夜間]に
➡**during** の代わりに **in** を使っても意味はほぼ同じ.

•I went to sleep **during** the lesson.　私は授業中に寝(ね)てしまった.

•I would like to see you **sometime during** this week.　今週のいつかあなたにお会いしたいのですが.➡「～じゅうずっと」と区別するためにこのように sometime during ～ とすることもある.

•**During** the ball game it started to rain.　その野球の試合の間に[途中(とちゅう)で]雨が降り出した.

dusk /dʌ́sk ダスク/ 名 薄(うす)暗がり; 夕闇(ゆうやみ), 夕暮れ →**dawn**

dust A2 /dʌ́st ダスト/ 名 ごみ, ほこり

•The table is covered with **dust**.　テーブルにはほこりがいっぱいたまっている.➡×a dust, ×dusts としない.

―― 動 (～の)ほこりを取る, (～に)はたきをかける

•**dust** a table　テーブルのほこりを払(はら)う

dustbin /dʌ́stbin ダストビン/ 名 《英》ごみ入れ, くず物入れ (《米》garbage can) ➡台所から出る生ごみなどを入れる, ふた付きの大型のもので, 戸外に置く. →**dustcart**

dustcart /dʌ́stkɑːrt ダストカート/ 名 《英》ごみ収集車 (《米》garbage truck) ➡《英》では dustbin lorry ともいう.

duster /dʌ́stər ダスタ/ 名 はたき; 雑巾(ぞうきん), から拭(ぶ)き用の布

dustpan /dʌ́stpæn ダストパン/ 名 ちり取り, ごみ取り

dusty /dʌ́sti ダスティ/ 形 (比較級 **dustier** /dʌ́stiər ダスティア/; 最上級 **dustiest** /dʌ́stiist ダスティエスト/) ほこりだらけの

Dutch /dʌ́tʃ ダチ/ 形 オランダの; オランダ人[語]の　関連語 **the Netherlands** (オランダ)

go Dutch (食事の費用を)割り勘(かん)にする ➡ふつうは split the cost [the bill] という.

参考　**Dutch** という単語の使われた表現のなかに悪い意味のものが多いのは, オラン

ダがアメリカ新大陸の領土権を巡(めぐ)ってイギリスと対立していて, アメリカに渡(わた)ったイギリス人開拓(かいたく)者がオランダに悪感情を抱(いだ)いていたから.

―― 名 ❶オランダ語　❷(the Dutch で) オランダ人(全体)

dutiful /djúːtəfəl デューティふる/ 形 義務 (duty) を守る; 忠実な, 孝行な

duty /djúːti デューティ/ 名 (複 **duties** /djúːtiz デューティズ/) ❶(法律上・道義上の)義務

•do *one's* **duty**　自分の義務を果たす, 本分を尽(つ)くす

•It's our **duty** to obey the laws.　法律に従うのは我々の義務だ.➡It=to obey (従うこと) 以下.

❷(ふつう **duties** で) (なすべき)仕事, 務め

•the **duties** of a police officer　警官の仕事

❸関税

•(a) **duty** on liquors　酒類に対する関税

off duty 勤務時間外で[の], 非番で[の]

on duty 勤務中で[の]

duty-free /djuːti fríː デューティ ふリー/ 形 副 免税(めんぜい)の[で]

DVD A1 /díː viː díː ディーヴィーディー/ 名 DVD ➡**d**igital **v**ideo [**v**ersatile] **d**isc (デジタルビデオ[万能(ばんのう)]ディスク). →**digital**

dwarf /dwɔ́ːrf ドウォーふ/ 名 (おとぎ話に出てくる)小人

dye /dái ダイ/ 動 (髪(かみ)・布などを)染める
―― 名 染料(せんりょう)

dying /dáiiŋ ダイイング/ 動 **die** の -ing 形 (現在分詞・動名詞)

―― 形 死にかかっている

•a **dying** man　死にかかっている人, 瀕死(ひんし)の男

•the **dying**=**dying** people　死にかけている人々, 瀕死の人々

dynamic /dainǽmik ダイナミク/ 形 活動的な, 精力的な, エネルギッシュな

dynamite /dáinəmait ダイナマイト/ 名 ダイナマイト

dz. 略 =dozen(s) (ダース)

E e ℰ e

E¹, e /íː イー/ 名 (複 **E's, e's** /íːz イーズ/)
イー →英語アルファベットの5番目の文字.

E., E² 略 ＝**e**ast(東)

e- /íː イー/ 接頭辞 「電子の」「インターネットによる」という意味の語をつくる →**electronic** の頭文字(かしらもじ)から.
• **e**-mail Eメール(で送信する)
• **e**-commerce 電子商取引

each 中 A1 /íːtʃ イーチ/ 形
(→比較変化なし)

それぞれの, 各～

POINT あるグループの中の一つ一つを個別に指していう言葉.

基本 **each** pupil それぞれの生徒
→**each**＋数えられる名詞の単数形.

• **each** member of the team チームの各メンバー
• **Each** boy has his guitar. それぞれの男の子は自分のギターを持っている.
• I asked **each** boy three questions. 私はそれぞれの少年に3つずつ質問した.

—— 代 **それぞれ**

基本 **Each** of the boys has his guitar. 少年たちのそれぞれは自分のギターを持っている.
→**each** of the＋名詞の複数形.

• I gave **each** of them [them **each**] two apples. 私は彼らそれぞれに2つずつリンゴを与(あた)えた.
→them each の each は them と同格で, 「彼らに, それぞれに」.
• We **each** have [**Each** of us has] our own opinion. 私たちはそれぞれ自分の意見を持っている.
→We each の each は We と同格. We が主語なので動詞は複数形.

関連語 A mother loves **every** one of her children, but she loves **each** in a different way. 母親は子供たちはどの子も皆(みな)愛しているが, 一人一人をそれぞれの愛し方で愛している.

→ **each** は一人一人別々, **every** は別々に考え

ながら同時に全部を示す.

—— 副 (→比較変化なし)

1個につき, 1人につき, それぞれ

• These books are 600 yen **each**. これらの本は1冊600円です.

each other A1 お互(たが)い(を, に) (one another)

• He loves her and she loves him. They love **each other**. 彼は彼女を愛し彼女は彼を愛している. 彼らはお互いを愛している[お互いに愛し合っている].

POINT この each other は副詞句(お互いに)ではなく, 代名詞(お互い)で love の目的語. each other は文の主語にならない.

• Please shake hands with **each other**. どうぞお互いに握手(あくしゅ)してください.
→with (～と)を抜(ぬ)かして ×shake hands *each other* としない.
• They wrote poems and read **each other's** poems. 彼らは詩を書いた. そしてお互いの詩を読んだ.

each time そのたびに; 《接続詞のように使って》(**each time ～** で) (～する)たびに

• I tried three times, but **each time** I failed. 私は3回やってみたがそのたびに失敗した.
• **Each time** I tried, I failed. 私はやるたびに失敗した.

eager /íːgər イーガァ/ 形
❶ (**be eager for ～** で) ～を心から願っている, ～が欲(ほ)しくてたまらない; (**be eager to** *do* で) ～したくてたまらない
❷ 熱心な, 熱い, 真剣(しんけん)な

eagerly /íːgərli イーガリ/ 副 熱心に, しきりに

eagle /íːgl イーグル/ 名 (鳥)ワシ

イメージ (eagle)
ワシは翼(つばさ)を広げて空を舞(ま)うその堂々たる姿から「鳥の王」(the king of birds) と呼ばれ,「王者の権威(けんい), 権力, 誇(ほこ)り, 高貴」などを表し, 米国の国章やヨーロッパの紋章(もんしょう)に描(えが)かれてきた.

ear¹

小 A1 /íər イア/ 名 (複 **ears** /íərz イアズ/) ❶ 耳

• He said something **in her ear**. 彼は何か彼女の耳にささやいた.
• Rabbits **have long ears**. ウサギの耳は長い.

ことわざ (The) Walls have **ears**. 壁(かべ)に耳あり. →「壁の向こうに人がいて聞こえるかもしれないから注意しろ」の意味.

❷ (敏感(びんかん)に聞き分ける)耳, 音を聞き分ける能力
• She has a good [poor] **ear for** music. 彼女は音楽を聞く耳が肥えている[いない].

be all ears (話)全身を耳にして(じっと)聞く
• Tell me, I'**m all ears**. さあ言ってよ, 全身を耳にして聞いているから.

from ear to ear (耳から耳まで ⇒)口を横いっぱいに引いて
• He was smiling **from ear to ear**. 彼は満面にえみをたたえていた.

ear² /íər イア/ 名 (麦などの)穂(ほ)
earache /íəreik イアレイク/ 名 耳痛(じつう)
eardrum /íərdrʌm イアドラム/ 名 鼓膜(こまく)
earl /ə́ːrl ア〜ル/ 名 (英国の)伯爵(はくしゃく) → count²
earlier /ə́ːrliər ア〜リア/ 副 形 **early** の比較(ひかく)級
earliest /ə́ːrliist ア〜リエスト/ 副 形 **early** の最上級
earlobe /íərloub イアロウブ/ 名 耳たぶ

early

中 A1 /ə́ːrli ア〜リ/

副 (時間的・時期的に)早く
形 (時間・時期が)早い 意味 map

── 副 (比較級 **earlier** /ə́ːrliər ア〜リア/; 最上級 **earliest** /ə́ːrliist ア〜リエスト/)
(時間的・時期的に)早く, 早めに
関連語 「(速度が)速く」は **fast**.
基本 get up **early** 早く起きる →動詞+early.

• **early** in the morning 朝早く
• **early** tomorrow morning 明日の朝早く
→ tomorrow morning も「明日の朝(に)」という意味の副詞句.
• **early** on Sunday 日曜日の朝早く
• **early** in the spring 春早く, 早春に
反対語 Some children come to school **early**; others come **late**. 学校に早く来る子供たちもいれば, 遅(おそ)く来るものもいる.
• **Early** to bed and **early** to rise makes a man healthy, wealthy, and wise. 早寝(はやね)早起きは人を健康に, 金持ちに, そして賢明(けんめい)にする.
→ make A B (形容詞)は「AをBにする」. 米国の政治家ベンジャミン・フランクリンの言葉.
• I came **earlier** than Ken. 私はケンよりも早く来た.
• I went to bed a little **earlier** than usual. 私はいつもより少し早く寝(ね)た.
• She usually comes to school **earliest** of all. たいてい彼女はみんなの中で一番早く登校する.

── 形 (比較級 **earlier** /ə́ːrliər ア〜リア/; 最上級 **earliest** /ə́ːrliist ア〜リエスト/)
(時間・時期が)早い, 初期の
関連語 「(速度が)速い」は **fast**.
基本 an **early** train 朝早い電車 → early+名詞. a **fast** train は「快速電車」.

early train   fast train

• an **early** riser 早起きの人 反対語 a **late** riser (朝寝坊(ねぼう)の人)
• an **early** bird 早起きの鳥 (→ ことわざ); 早起きの人, 早く来た人
• in the **early** morning 朝早く
• in (the) **early** spring 早春(に)
基本 You are **early**. 君は早い[早く来た]ね. → be 動詞+early.
• The eight o'clock bus was **early** today. きょうは8時のバスが(定刻より)早かった.
ことわざ The **early** bird catches the worm. 早起きの鳥は虫を捕(と)らえる.

earn 194 one hundred and ninety-four

→「早起きすればなにかしら良いことがあるから朝寝坊はいけない」の意味.「早起きは三文(さんもん)の徳」にあたる.

• **the earliest** train 朝の一番電車

at the earliest 早くても
in early times 昔は
keep early hours 早寝早起きをする

earn A2 /ə́ːrn ア～ン/ [動] (働いて金を)稼(かせ)ぐ

• **earn** $10 an hour 1時間に10ドル稼ぐ

• He **earns** money (by) delivering newspapers. 彼は新聞配達をして金を稼ぐ.

earn** one's **living 暮らしを立てる

earnest /ə́ːrnist ア～ネスト/ [形] 真面目な, 真剣(しんけん)な

in earnest 本気で, 真面目に[な]; 本格的に

earphone /íərfoun イアフォウン/ [名] イヤフォン

earring A2 /íəriŋ イアリング/ [名] イヤリング

• wear silver **earrings** 銀のイヤリングをしている →ふつう両耳につけるので複数形.

earth 中 A2 /ə́ːrθ ア～す/

[名] ❶(the earth で)地球　　意味 map
❷大地, 地面 (ground)
❸土 (soil)

—— [名]

❶(the earth で)地球

• **The earth** is round. 地球は丸い.

[POINT] earth, moon (月), sun (太陽)のように1つしかない天体には the をつける.

• We live **on the earth**. 私たちは地球上に住んでいる.

• **The Earth** is closer to the Sun than Mars is. 地球は火星よりも太陽に近い. →他の天体と対比して大文字で始めることもある.

❷大地, 地面 (ground)

• fall **to** (the) **earth** 地面に落ちる

❸土 (soil)

• cover the seeds with **earth** (まいた)種に土をかぶせる →×an [the] earth, ×earths としない.

on earth 《最上級の語を強めて》この世で; 《疑問詞を強めて》一体全体

• He is the happiest man **on earth**. 彼は世界中で一番幸せな男だ.

• What **on earth** is this? 一体全体これは何だ.

Éarth Dày [名] 地球の日 →地球の環境(かんきょう)保護についてみんなで考える日. 4月22日. 1970年米国で制定され世界的に広がった.

earthquake 中 A2 /ə́ːrθkweik ア～すクウェイク/ [名] 地震(じしん) →単に quake ともいう.

• a strong [weak] **earthquake** 強い[弱い]地震

• **We had [There was]** an **earthquake** last night. = An **earthquake** happened last night. ゆうべ地震があった.

Éarth Sùmmit [固名] (the をつけて) 地球サミット →1992年に行われた環境(かんきょう)と開発に関する国際会議.

earthworm /ə́ːrθwəːrm ア～すワ～ム/ [名] ミミズ

ease /íːz イーズ/ [名] ❶(心配・苦痛がなくて)楽なこと, くつろぎ, 安心 ❷(難しくなく)楽なこと, たやすさ, 容易 [反対語] **difficulty** (困難)

at ease 楽にして, くつろいで, のんびりして; 安心して

—— [動] 和(やわ)らげる, 緩和(かんわ)する; 和らぐ

easel /íːzl イーズる/ [名] 画架(がか), イーゼル

easier /íːziər イーズィア/ [形] **easy** の比較(ひかく)級

easiest /íːziist イーズィエスト/ [形] **easy** の最上級

easily 中 A2 /íːzəli イーズィり/ [副] 楽々, わけなく, やすやすと (with ease) [関連語]「楽な」は **easy**.

• We won the game **easily**. 私たちは(楽々とその試合に勝った ⇒)楽勝した.

east 中 A2 /íːst イースト/ [名]

❶(the east で)東, 東方; 東部 [反対語] **west** (西)

• **in the east** of Tokyo 東京の東部に

• The sun rises in **the east**. 太陽は東に[東から]上る.

• Nagoya is **to the east of** Kyoto. 名古屋は京都の東の方にある.

❷(the East で)東洋; (米国の)東部

—— [形] 東の, 東部の; 東向きの; (風が)東からの

• an **east** wind 東風

- the **east** coast of the United States アメリカの東海岸
── 副 東へ[に], 東方へ[に]
- go **east** 東(の方)へ行く
- The village is (seven miles) **east of** the lake. 村は湖の東方(7マイル)にある.

Easter /íːstər イースタ/ 固名 復活祭, イースター →キリストの復活を記念する祭で, 3月21日(春分)以降の満月の次の日曜日(**Easter Day** または **Easter Sunday**). したがって年によって祭日が移動し, 早ければ3月下旬(げじゅん), 遅(おそ)ければ4月下旬になる.
- **Happy Easter!** イースターおめでとう.

Éaster ègg 名 イースターエッグ →復活祭のプレゼントにする色を塗(ぬ)ったゆで卵やチョコレートでつくった卵(**chocolate Easter egg**), または中におもちゃやおかしを入れた卵に似せた物.

Éaster hólidays 名 復活祭の休暇(きゅうか), 春休み →復活祭前後1〜2週間の休み. **Easter break**, 《米》**Easter vacation** ともいう.

Easter Island /íːstər áilənd イースタ アイランド/ 固名 イースター島 →南太平洋のチリ(Chile)領の島. たくさんの石の巨人(きょじん)像があるので有名.

eastern /íːstərn イースタン/ 形
❶ 東方の, 東の, 東向きの 反対語 **western**(西方の)
- the **eastern** sky 東の空
❷ (**Eastern** で)東洋の; (米国の)東部の

Èastern Éurope 固名 東ヨーロッパ

Éastern Hémisphere 固名 (**the** をつけて)東半球 反対語 **Western Hemisphere**(西半球)

Éaster vacátion 名 《米》= Easter holidays

eastward /íːstwərd イーストワド/ 副形 東の方へ[の], 東へ向かって[向かう]

eastwards /íːstwərdz イーストワヅ/ 副 《主に英》= eastward

easy 中 A1 /íːzi イーズィ/ 形 比較級 **easier** /íːziər イーズィア/; 最上級 **easiest** /íːziist イーズィエスト/
❶ 易(やさ)しい, 簡単な(simple)
基本 an **easy** test 易しいテスト → easy+名詞.
基本 The test was **easy** for me. そのテストは僕(ぼく)には易しかった. → be 動詞+easy.
- This book is **easy** to read. = **It is easy to read this book.** この本は読むのが易しい[簡単に読める]. → be easy to *do* は「〜するのが易しい」. It=to read (読むこと)以下. → **to** ❾ の①, ④
反対語 It is **easy** for the cat to climb the tree. It's **difficult** for me. ネコが木に登るのはわけない. 僕には難しい. →「ネコが〜するのはわけない」を ×*The cat* is easy to 〜 としない.

- This problem is **easier** than that. この問題はそれより易しい.
- What is **the easiest** way to learn English? 英語を学ぶ一番易しい[簡単な]方法は何ですか.
❷ (心配・苦痛などがなくて)楽な, 気楽な, のんびりした, ゆったりした
- lead [live] an **easy** life 楽な生活をする[のんびり暮らす]
- **feel easy** 気が楽になる, 安心する; (苦痛などから)楽になる (feel at ease)
── 副 (比較級 **easier** /íːziər イーズィア/; 最上級 **easiest** /íːziist イーズィエスト/)
《話》楽に, のんびり
ことわざ **Easy come, easy go.** (楽に来ると楽に去って行く ⇒)得やすい物は失いやすい. →「悪銭(あくせん)身につかず」にあたる.

take it easy 気楽にやる, あせらずのんびりやる, リラックスする →ふつう命令文で使う.
- **Take it easy**. See you tomorrow. まあ気楽にね. またあした.

easy chair 196 one hundred and ninety-six

éasy chàir 名 安楽椅子(いす) →**armchair**

easygoing /íːzigóuiŋ イーズィゴウイング/ 形
あくせくしない, のんびりした

eat 小 A1 /íːt イート/ 動

| 三単現 **eats** /íːts イーツ/
| 過去 **ate** /éit エイト/
| 過分 **eaten** /íːtn イートン/
| -ing形 **eating** /íːtiŋ イーティング/

食べる, 食事をする (have a meal)

基本 **eat** an apple リンゴを食べる →eat＋名詞.

●**eat** lunch 昼食を食べる[とる] →eat の代わりに have も使う.

●something **to eat** (食べるための何か ⇨)何か食べる物, 食べ物 (some food) →不定詞 to eat (食べるための～)は something を修飾(しゅうしょく)する. →**to** ❾ の ②

●go out **to eat** 食事をしに外出する →不定詞 to eat は「食事をするために」. →**to** ❾ の ③

●I **eat** sandwiches **for** lunch. 私は昼食にサンドイッチを食べる.

会話

Where shall we **eat**? —Let's **eat** at the restaurant on the corner.
どこで食事しようか.—角のレストランで食べよう.

●We **eat** soup with a spoon. 私たちはスプーンでスープを飲む. →**soup**

●He **eats** a lot. 彼はたくさん食べる.

関連語 We **ate** steak and **drank** wine. 私たちはステーキを食べてワインを飲んだ.

●**Have** you **eaten** your lunch yet? もう昼食は済みましたか. →現在完了(かんりょう)の文. →**have** 助動 ❶

●Cows **are eating** grass in the meadow. 牛が牧場で草を食べている. →現在進行形の文. →**are** 助動 ❶

eat out よそで食事をする, 外食する
eat up 全部食べ(終え)る, たいらげる

eaten 中 /íːtn イートン/ 動 eat の過去分詞

eater /íːtər イータ/ 名 食べる人

eating /íːtiŋ イーティング/ 動 eat の -ing 形
(現在分詞・動名詞)
—— 名 食べること, 食事

ebb /éb エブ/ 名 引き潮 反対語 **flow** (満ち潮)

—— 動 (潮が)引く

ebony /ébəni エボニ/ 名 《植物》黒檀(こくたん)
インド・マレー地方に産する常緑高木. その黒く堅(かた)い心材は家具などに使われる.

echo /ékou エコウ/ 名 (複 **echoes** /ékouz エコウズ/) こだま, 山びこ, 反響(はんきょう)
—— 動 (場所が音で)反響する, (音が)こだまする; 反響させる

eclipse /iklíps イクリプス/ 名 (太陽・月の)食 →ある天体がほかの天体に遮(さえぎ)られて見えなくなる現象.

ECO /ékou エコウ/ 略 環境(かんきょう)子供機構 → **E**nvironmental **C**hildren's **O**rganization.

eco- /íːkou イーコウ/ 接頭辞 「生態の」「環境(かんきょう)の」という意味の語をつくる → **ecology** の略.

eco-friendly 中 /íːkou frendli イーコウ ふレンドリ/ 形 環境(かんきょう)に優しい → eco (＝ecology 環境)＋friendly (優しい).

ecological /ekəládʒikəl エコらヂカる/ 形 生態学の; 生態上の, 環境(かんきょう)の

ecologist /ikálədʒist イカろヂスト/ 名 ❶生態学者 ❷環境(かんきょう)保全論者

ecology /ikálədʒi イカろヂ/ 名 ❶生態学 →生物とその環境(かんきょう)との関係を研究する学問. ❷生態; 環境

e-commerce /íː kámərs イー カマ～ス/ 名 電子商取引 →インターネットを使った商取引. → **e-**

economic /iːkənámik イーコナミク/ 形 経済(学)の, 経済上の → **economy** ❶

economical /iːkənámikəl イーコナミカる/ 形 経済的な, 徳用な; 無駄(むだ)遣(づか)いをしない → **economy** ❷

economics 小 /iːkənámiks イーコナミクス/ 名 経済学 →単数扱(あつか)い.

economist /ikánəmist イカノミスト/ 名 経済学者

economy /ikánəmi イカノミ/ 名 (複 **economies** /ikánəmiz イカノミズ/)
❶経済 → **economic**
❷節約; (経済的で)得なこと → **economical**

ecónomy clàss 名 (旅客(りょかく)機の)エコノミークラス(で) →一番安いクラス. **tourist class** ともいう.

ecosystem /íːkousistəm イーコウスィステム/ 名 生態系

eco-tourism /íːkou túərizm イーコウ トゥアリズム/ [名] エコツーリズム →環境(かんきょう)保護志向の観光ツアー.

Eden /íːdn イードン/ [固名] エデンの園(その), 楽園 →神が Adam と Eve を造った時に住ませた楽園. **the Garden of Eden** ともいう.

edge /édʒ エヂ/ [名] ❶ 端(はし), 縁(ふち), へり
❷ (刃物(はもの)の)刃(は)

edible /édəbl エディブル/ [形] 食べられる, 食用の

Edinburgh /édnbəːrə エドンバーラ/édinbərə エディンバラ/ [固名] エジンバラ →スコットランドの首都.

Edison /édəsn エディスン/ [固名] (**Thomas Edison**) トマス・エジソン →米国の発明家(1847-1931). 白熱電球・蓄音機(ちくおんき)・映写機など1,000以上の発明特許を得た.

edit /édit エディト/ [動] (本・動画などを)編集する
・**edit** a video 動画を編集する

edition /idíʃən イディション/ [名] 版 →印刷された本・新聞などの形・サイズ・形式など. また同一の組版で印刷された本・新聞など.

editor A2 /éditər エディタ/ [名] 編集者
・the chief **editor** = the **editor** in chief 編集長

editorial /èditɔ́ːriəl エディトーリアる/ [名] (新聞の)社説

educate /édʒukeit エヂュケイト/ [動] (人を)教育する, (特に学校で)教える

educated /édʒukeitid エヂュケイテド/ [形] 教育を受けた, 教養のある

education 小 A2 /èdʒukéiʃən エヂュケイション/ [名] 教育
・school **education** 学校教育
・physical **education** 体育 →略して **PE** /ピーイー/ ともいう.
・He **received** his **education** at Harvard. 彼はハーバード大学で教育を受けた.

educational A2 /èdʒukéiʃənl エヂュケイショヌる/ [形] 教育の; 教育的な

eel /íːl イーる/ [名] ウナギ

effect A2 /ifékt イふェクト/ [名] 影響(えいきょう)(力), 効果; (影響を受けて生じた)結果
反対語 **cause** and **effect** 原因と結果
・the **effect** of advertising 広告の効果
・Storms had a bad **effect on** the crops. 嵐(あらし)は作物に悪影響を与(あた)えた.
・The sound **effects** of [in] the movie were very good. その映画の音響(おんきょう)効果はとてもよかった.

come* [*go*] *into effect (法律などが)効力を発する, 発効する, 実施(じっし)される

take effect 効果をあらわす, 効き始める

effective 中 /iféktiv イふェクティヴ/ [形] 効果的[有効]な, (法律などが)実施(じっし)されて

effectively /iféktivli イふェクティヴり/ [副]
❶ 有効に, 効果的に ❷ 事実上

efficient /ifíʃənt イふィシェント/ [形] (人・機械など無駄(むだ)がなく)能率的な, 効率のよい, 有能な

effort 中 A2 /éfərt エふォト/ [名] 努力; 骨折り; 努力の成果
・**with** (an) **effort** 努力して, 苦労して
・**without effort** 努力しないで, 楽に

in an effort to *do* 〜しようとして
・He worked hard **in an effort to** finish it on time. 彼は時間どおりにそれを終わらせようとして一生懸命(けんめい)頑張(がんば)った.

make an effort 努力する
・He **made a** big [great] **effort** to move the rock. 彼はその岩を動かそうと大奮闘(ふんとう)した.

egg 小 A1 /ég エグ/ [名] 卵

・a boiled [soft boiled] **egg** ゆで卵[半熟卵]
・fried **eggs** 目玉焼き
・scrambled **eggs** いり卵
・lay an **egg** 卵を生む

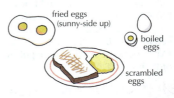

fried eggs (sunny-side up)
boiled eggs
scrambled eggs

 How do you like your **eggs**? —Sunny-side up, please. 卵はどのように料理しましょうか.—片面焼きの目玉焼きにしてください.

・It's dangerous to put all your **eggs** in one basket. 1つのかごに君の持っている卵を全部入れるのは危険だ. →「1つの事にすべてを賭(か)けるのは危険だ」の意味. It=to put.

参考 鳥類・爬虫類(はちゅうるい)の「卵」はすべて **egg** であるが, ふつう **egg** といえばニ

eggplant

ワトリの「卵」を指す. 卵料理は朝食につきもの. 英米人はふつう生卵は食べない.

eggplant /égplænt エグプラント/ 名 **ナス**

eggshell /égʃel エグシェる/ 名 **卵の殻**(から) →
「薄手のもの」や「つや消しのもの」のたとえにも使われる.

Egypt 小 /íːdʒipt イーヂプト/ 固名 **エジプト** →
アフリカ北東部の共和国. 首都はカイロ (Cairo). 公用語はアラビア語.

Egyptian /idʒípʃən イヂプシャン/ 形 **エジプト**の, エジプト人の
—— 名 **エジプト人**

eh /éi エイ/ 間 **えーっ; えっ** → 驚(おどろ)き・疑い・聞き返しなどを表す.

Eiffel Tower /àifəl táuər アイふぇる タウア/ 固名 **(the をつけて) エッフェル塔**(とう) →
1889年にパリに建設された塔.

eight 小 A1 /éit エイト/ (→gh は発音しない) 名 (複 **eights** /éits エイツ/)

8; 8時, 8分; 8人[個]; **8歳**(さい) → 使い方については →**three**

関連語 Lesson **Eight** (= The **eighth** Lesson) 第8課

• Open your books **to** page **eight**. 教科書の8ページを開けなさい.

• School begins **at eight**. 学校は8時に始まる.

• It's eight minutes past **eight** now. 今8時8分過ぎです. → 前の eight は形容詞.

—— 形 **8の, 8人**[個]**の; 8歳で**

• **eight** boys 8人の男の子たち

• My youngest brother is **eight** (years old). 私の一番下の弟は8歳です.

eighteen 小 A1 /eitíːn エイティーン/ (→gh は発音しない) 名 形 (複 **eighteens** /eitíːnz エイティーンズ/)

18(の); **18歳**(さい)(で)

• **eighteen** girls 18人の女の子たち

• a girl of **eighteen** 18歳の女の子

• My sister May is **eighteen** (years old). 私の姉[妹]のメイは18歳だ.

eighteenth /eitíːnθ エイティーンす/ 名 形 **18番目(の)**; **(月の)18日** →**18th** と略す.

• the **18th** century 18世紀

• on the **18th** of May 5月18日に

---

eighth 中 /éitθ エイトす/ (→gh は発音しない) 名 形 (複 **eighths** /éitθs エイトすス/)

❶ **8番目(の)**; **(月の)8日** →**8th** と略す. 使い方については →**third**

• on **the 8th** of June=on June **8**(**th**) 6月8日に

❷ **8分の1(の)**

• one **eighth**=an **eighth** part 8分の1

• five **eighths** 8分の5

eightieth /éitiiθ エイティイす/ 名 形 **80番目(の)**

eighty 中 A1 /éiti エイティ/ (→gh は発音しない) 名 (複 **eighties** /éitiz エイティズ/)

❶ **80; 80歳**(さい)

❷ **(eighties で) (世紀の)80年代; (年齢**(ねんれい)**の)80歳代** → eighty から eighty-nine まで.

• in the **1880s** 1880年代に →in the eighteen eighties と読む.

• He created these masterpieces in his **eighties**. 彼は80歳代でこれらの傑作(けっさく)を生み出した.

—— 形 **80の; 80歳で**

• **eighty** cars 80台の車

• He is **eighty** (years old). 彼は80歳です.

Einstein /áinstain アインスタイン/ 固名 (**Albert Einstein**) **アインシュタイン** → ドイツ生まれの米国の理論物理学者 (1879–1955).「相対性理論」を発表してニュートン以来の物理学の基礎(きそ)を変えた.

either 中 A1 /íːðər イーざ/|áiðə アイざ/

形 ❶ **(2つのうち)どちらか(一方)の**　意味 map

　❷ **(否定文で) どちらの〜も〜ない**

代 ❶ **(2つのうち)どちらか**

　❷ **(否定文で) どちらも〜ない**

副 **(否定文で) 〜もまた〜ない**

接 ❶ **(either A or B で) A か B かどちらか**

　❷ **(否定文で) どちらも〜ない**

—— 形 (→比較変化なし)

❶ **(2つのうち)どちらか(一方)の, どちらの〜でも**

会話 基本 Here are two apples. You may have **either** one (= apple), but not both. ここにリンゴが2つある. 君は2つのうちどちらか1つを取っていい. でも両方はだめだよ. →either+単数形の名詞.

❷ **(否定文で) どちらの〜も〜ない**

- I don't know **either** twin. 私はその双子(ふたご)のどちらも知らない. →not ~ either は両方とも否定する言い方. →**both**

—— 代 ❶《2つのうち》**どちらか, どちらでも**
- I have two kittens. You may have **either** of them. うちに子ネコが2匹(ひき)いるの. どちらか1匹(ぴき)あげてもいいわ.
- Bring me a pen or a pencil; **either** will do. ペンか鉛筆(えんぴつ)を持ってきてくれ. どっちでもいい. →will do は「大丈夫(だいじょうぶ)だ, 間に合う」.

❷《否定文で》**どちらも~ない** →**neither**
- I looked at two cars, but I didn't like **either** (of them). 私は2台の車を見たが(その)どちらも気に入らなかった.

—— 副《比較変化なし》
《否定文で》**~もまた~ない** →肯定(こうてい)文では too または also を使う.

I don't like coffee. —I don't(,) **either**.
僕(ぼく)はコーヒーは嫌(きら)いだ. —私も.
→either の前にはコンマ(,) があってもなくてもよい.

—— 接《**either** A **or** B で》
❶ **A か B かどちらか**
- **Either** you are right **or** he is. = **Either** you **or** he is right. 君の言うのが正しいか彼の言うのが正しいかどちらかだ. →either+文+or+文.
- **Either** come in **or** go out. 入って来るか出て行くかどちらかにしなさい.
- He is **either** drunk **or** mad. 彼は酔(よ)っているか気が狂(くる)っているかどちらかだ. →either+形容詞+or+形容詞.

❷《否定文で》**どちらも~ない**
- He can't speak **either** French **or** German. 彼はフランス語もドイツ語もどちらも話せない. →両方とも否定する言い方. →**both**

elbow /élbou エるボウ/ 名 肘(ひじ)

elder /éldər エるダ/ 形 年上の
POINT old の比較(ひかく)級の1つだが, 主に兄弟・姉妹(しまい)の関係での年上を示す.「年下の」は **younger**. ただし英語ではいちいち兄・姉などとことわらず, 単に my brother [sister] ということが多い.

- my **elder** brother [sister] 私の兄[姉] →《米》ではふつう my **older** brother という.

elderly A2 /éldərli エるダリ/ 形 年配の, お年寄りの →old の丁寧(ていねい)な言い方.
- an **elderly** lady 年配の婦人
- a home for **the elderly** 老人ホーム →the elderly=people who are old.

eldest /éldist エるデスト/ 形 一番年上の
反対語 **youngest** (一番年下の)
- my **eldest** sister 私の一番上の姉 →《米》ではふつう my **oldest** sister という.

elect /ilékt イれクト/ 動 選挙する, 選ぶ
- We **elected** her chairperson. 私たちは彼女を議長に選んだ. →役職を表す語 (chairperson) には ×a, ×the をつけない.
- He was **elected** mayor. 彼は市長に選出された.

election /ilékʃən イれクション/ 名 選挙

elective /iléktiv イれクティヴ/ 形 ❶ 選挙によって決められる ❷《米》(科目が)選択(せんたく)の

electric A2 /iléktrik イれクトリク/ 形 電気の, 電動の
- an **electric** light 電灯
- an **electric** car 電気自動車
- This car is **electric**. この自動車は電気で動く[これは電気自動車です].

electrical /iléktrikəl イれクトリカる/ 形 電気に関する, 電気を扱(あつか)う; 電気を用いる

eléctric cháir 名 (死刑(しけい)用の)電気椅子(いす)

eléctric cúrrent 名 電流

eléctric guitár 名 エレキギター

electrician /ilektríʃən イれクトリシャン/ 名 電気(修理)工

electricity 中 /ilektrísəti イれクトリスィティ/ 名 電気
- generate **electricity** 発電する
- the **electricity** supply 電気の供給

eléctric pówer 名 電力

electron /iléktran イれクトラン/ 名 電子, エレクトロン

electronic /ilektránik イれクトラニク/ 形 電子の, 電子の働きによる

electronics /ilektrániks イれクトラニクス/ 名 電子工学, エレクトロニクス →単数扱(あつか)い.

elegant /éləgənt エれガント/ 形 優雅(ゆうが)な, 上品な, エレガントな

element /éləmənt エれメント/ 名 ❶ 要素; (学

elementary　200　two hundred

問の)**基礎**(きそ), **基本** ❷ (化学の)**元素**

elementary 小 A1
/eləméntəri エれメンタリ/ 形
基本の, 基礎(きそ)**的な, 初歩の**

eleméntary schòol 中 名
《米》**小学校**(《英》primary school)

elephant 小 A2 /éləfənt エれふァント/ 名
象 →象はアメリカの共和党のシンボル. →**don-key** 関連語 **calf** (子象), **trunk** (象の鼻), **ivo-ry** (象牙(ぞうげ)), **tusk** (牙(きば))

elevator A2 /éləveitər エれヴェイタ/ (→アクセントの位置に注意) 名 《米》**エレベーター**(《英》lift)
•**get into** [**out of**] **an elevator** エレベーターに乗る[から降りる]
•**take an elevator to the tenth floor** 10階までエレベーターで行く
•**I went up to the tenth floor by** [**in the**] **elevator.** 私はエレベーターで10階へ上がった.

eleven 小 A1 /ilévn イれヴン/ 名
(複 **elevens** /ilévnz イれヴンズ/)
❶ **11; 11時, 11歳**(さい)**; 11人**[個] →使い方については →**three**
•**eleven apples** 11個のリンゴ
•**I went to bed at eleven last night.** 私はゆうべ11時に寝(ね)た.
❷ (サッカー・クリケット・ホッケーなど)**11人のチーム, イレブン**
――― 形 **11の; 11人の; 11歳で**
•**I was only eleven then.** 私は当時ほんの11歳でした.

eleventh 中 /ilévnθ イれヴンす/ 名 形 (複 **elevenths** /ilévnθs イれヴンすス/)
11番目(の); (月の)11日 →11th と略す. 使い方については →**third**
•**on the 11th of May**＝**on May 11(th)** 5月11日に

elf /élf エるふ/ 名 (複 **elves** /élvz エるヴズ/) (童話などの)**小妖精**(ようせい) →**fairy**

eliminate /ilímineit イリミネイト/ 動 (三単現 **eliminates** /ilímineits イリミネイツ/; 過去・過分 **eliminated** /ilímineitid イリミネイテド/; ing形 **eliminating** /ilímineitiŋ イリミネイティング/) **削除する, 取り除く**

Elizabeth I /ilízəbəθ ðə fə́:rst イリザべす ざ ふ

ァ〜スト/ 固名 **エリザベス1世** (1533–1603) →英国女王 (在位 1558–1603). この女王の時代に英国は大発展を遂(と)げた.

Elizabeth II /ilízəbəθ ðə sékənd イリザべす ざ セカンド/ 固名 **エリザベス2世** (1926–2022) →英国の女王 (在位1952–2022).

Ellis Island /élis áilænd エリス アイらンド/ 固名 **エリス島 →**ニューヨーク湾(わん)内にある小島. かつて移民はここで米国への入国審査(しんさ)を受けた.

elm /élm エるム/ 名 《植物》**ニレ →**ケヤキやエノキに似た落葉高木.

else 中 A1 /éls エるス/ 副
ほかに, その他
⚪POINT else は what, who などの疑問詞や anyone, something, nobody のように any-, some-, no- などのついた語の後について形容詞のように使う. 複数名詞とは結びつかない.
•**what else** ほかに何か
•**who else** ほかに誰(だれ)か
•**something else** 何かほかのもの
会話 **Did you buy anything else?** —I **bought nothing else.** 君はほかに何か買ったか.—いや何も買わなかった.
•**This is not my book; it is someone else's** (book). これは私の本ではない. 誰かほかの人のだ.
or else そうしないと
•**Hurry up, or else you'll miss the bus.** 急げ, そうしないとバスに遅(おく)れるよ.

elsewhere A2 /éls(h)weər エるス(ホ)ウェア/ 副 **どこかほかのところに[へ]**

elves /élvz エるヴズ/ 名 **elf** の複数形

e-mail, email 中 A1 /í:meil イーメイる/ 名 (パソコンなどによる)**電子メール, Eメール →**「(携帯(けいたい)電話による)メール. メールを送る」は text message [text-message] という.
•**my e-mail friend** 私のメール友達
•**write an e-mail message** メールを書く
•**contact each other by e-mail** 互(たが)いにEメールで連絡(れんらく)する
――― 動 (パソコンで)**Eメールを送る**
•**Would you ask her to e-mail me?** 彼女から私にEメールをくれるように頼(たの)んでくれませんか.

embarrass /imbǽrəs インバラス/ 動 きまり

悪い[恥(はじ)ずかしい]思いをさせる; 当惑(とうわく)させる

embarrassed /imbærəst インバラスト/ 形 きまりが悪い, まごついた; 当惑(とうわく)した

embarrassing A2 /imbærəsiŋ インバラスィング/ 形 まごつかせるような; やっかいな

embassy /émbəsi エンバスィ/ 名 (複 **embassies** /émbəsiz エンバスィズ/) 大使館
関連語 **ambassador** (大使)

ember /émbər エンバ/ 名 (**embers** で)(まき・石炭などの)燃え残り, おき火

embrace /imbréis インブレイス/ 動 抱擁(ほうよう)する
—— 名 抱擁

embroidery /imbrɔ́idəri インブロイダリ/ 名 (複 **embroideries** /imbrɔ́idəriz インブロイダリズ/) ししゅう

emerald /émərəld エメラルド/ 名形 エメラルド(の); エメラルド色(の) →エメラルドは鮮(あざ)やかな緑色をした宝石.

emergency 中 A2 /imə́:rdʒənsi イマ~チェンスィ/ 名 (複 **emergencies** /imə́:rdʒənsiz イマ~チェンスィズ/) 非常時, 緊急(きんきゅう)事態
• **in** an **emergency** = in case of **emergency** 非常の場合には
• an **emergency** exit 非常口

emigrant /émigrənt エミグラント/ 名 (他国への)移民, 移住者 → **immigrant**

emigrate /émigreit エミグレイト/ 動 (他国へ)移住する → **immigrate**

emigration /emigréiʃən エミグレイション/ 名 (他国への)移住, 移民 → **immigration**

eminent /éminənt エミネント/ 形 名の通った, 高名な[で], 著名な

emotion /imóuʃən イモウション/ 名 (愛・憎(にく)しみ・怒(いか)りなどの強い)感情, 感動

emotional /imóuʃənəl イモウショナル/ 形
❶ (演説など)感動的な, 胸に迫(せま)る[を打つ]
❷ 感情を表に出す, 感情的な

emperor /émpərər エンペラ/ 名 皇帝(こうてい), 天皇

Émperor's Bìrthday 名 (the をつけて)(日本の)天皇誕生日 →2月23日.

emphasis /émfəsis エンファスィス/ 名 (複 **emphases** /émfəsi:z エンファスィーズ/) 強調, 重点

emphasize /émfəsaiz エンファサイズ/ 動 強調する

empire /émpaiər エンパイア/ 名 帝国(ていこく) →皇帝(こうてい) (**emperor**) によって統治されている国.

Émpire Státe Bùilding 固名 (**the** をつけて) エンパイアステートビルディング →ニューヨーク市にある102階のビル. Empire State はニューヨーク州の別名.

employ /implɔ́i インプロイ/ 動 雇(やと)う

employee /implɔii: インプロイイー/ (→アクセントの位置に注意) 名 雇(やと)われている人, 従業員, 社員, 使用人

employer /implɔ́iər インプロイア/ 名 雇(やと)い主, 使用者 → **employee**

employment /implɔ́imənt インプロイメント/ 名 雇(やと)う[雇われる]こと, 雇用(こよう); 職

empress /émpris エンプレス/ 名 女帝(じょてい); 皇后(こうごう) 関連語 **emperor** (皇帝(こうてい))

emptiness /émptinis エンプティネス/ 名 からっぽ, 空虚(くうきょ) → **empty**

empty 中 A2 /émpti エンプティ/ 形 からの; 誰(だれ)もいない 反対語 **full** (いっぱいの)
• an **empty** box からの箱, 空き箱
• an **empty** taxi 空車のタクシー
• The bird's nest was **empty**. 鳥の巣はからっぽだった[鳥がいなかった].
• I found the refrigerator **empty**. 見ると冷蔵庫の中には何も入っていなかった. →find A B (形容詞)は「見るとAはBである」.

車の燃料計. E は empty, F は full の略.

—— 名 (複 **empties** /émptiz エンプティズ/) からの容器

—— 動 (三単現 **empties** /émptiz エンプティズ/; 過去・過分 **emptied** /émptid エンプティド/; -ing形 **emptying** /émptiiŋ エンプティイング/) からにする, (中身を)あける; からになる
反対語 **fill** (いっぱいにする)
• He picks up an ashtray and **empties** it into an wastebasket. 彼は灰皿を取り上げてその中身をくずかごにあける.
• They said, "Cheers!" and **emptied** their glasses. 彼らは「乾杯(かんぱい)!」と言って

emu 202 two hundred and two

グラスをあけた.

emu /íːmjuː イーミュー/ 图 (複 **emus** /íːmjuːz イーミューズ/, **emu**) 《鳥》エミュー → オーストラリア産の大型の鳥.

enable /inéibl イネイブる/ 動 (**enable** A **to** do で) A が〜できるようにする

enclose /inklóuz インクろウズ/ 動 同封(どうふう)する

encourage 中 A2 /inkə́ːridʒ インカ〜レヂ| inkʌ́ridʒ インカレヂ/ 動
勇気づける, 励(はげ)ます, 激励(げきれい)する
• **encourage** him **to** study harder もっと勉強するように彼を励ます

encouragement /inkə́ːridʒmənt インカ〜レヂメント/ 图 勇気づけ(られ)ること, 激励(げきれい); 元気づけるもの, 励(はげ)み(になるもの)

encouraging /inkə́ːridʒiŋ インカ〜レヂング/ 形 元気づける, 励(はげ)ましてくれる
• **encouraging** news 元気の出る知らせ

encyclop(a)edia /insaikləpíːdiə インサイクろピーディア/ 图 百科事典

end 中 A1 /énd エンド/

图 ❶ 端(はし)
　❷ 終わり
　❸ (最終的な)目的
動 終わる, 終える

意味 map

—— 图 (複 **ends** /éndz エンツ/)
❶ 端
• the **end** of a rope ロープの端
• stand at the **end** of the line 列の端に立って並ぶ
• the **ends** of a stick 棒の両端(りょうたん)
❷ 終わり, 最後 反対語 **beginning** (初め)
• at the **end** of this week 今週末に
• near the **end** of June 6月の末頃(ごろ)
• Don't tell me the **end** of the mystery. そのミステリーの結末を私に教えないで.
• He signed his name at the **end** of his letter. 彼は手紙の終わりに署名した.
❸ (最終的な)目的
• a means to an **end** 目的達成のための手段

be at an end 終わっている
• My summer vacation **is at an end**. 私の夏休みが終わりました.

bring ～ to an end ～を終わらせる
• They tried to **bring** the war **to an end**. 彼らは戦争を終わらせようとした.

come to an end おしまいになる, 終わる
• The long war **came to an end** at last. 長かった戦争もやっと終わった.

in the end 最後には, ついに

on end まっすぐ立てて; 立て続けに
• The cat's fur stood **on end**. ネコの毛が逆立った.
• It snowed for days **on end**. 雪が何日も降り続いた.

put an end to ～ ～を終わらせる, ～をやめる

to [till] the end 最後まで

—— 動 (三単現 **ends** /éndz エンツ/; 過去・過分 **ended** /éndid エンデド/; -ing形 **ending** /éndiŋ エンディング/)
終わる, 終える; 終わりにする
• The story **ends** happily. その物語はハッピーエンドだ.

end in ～ ～に終わる
• **end in** failure 失敗に終わる
• The ball game **ended in** a draw. その野球の試合は引き分けに終わった.

end up 最後は(～で)終わる
• The criminal **ended up** in prison. その犯人は最後は刑務(けいむ)所行きとなった.

end with ～ ～で終わる
• The meeting **ended with** his speech. 会は彼のスピーチで終わった.

endanger /indéindʒər インデインヂャ/ 動 危険にさらす, 危(あや)うくする

endangered A2 /indéindʒərd インデインヂャド/ 形 危険にさらされた

endángered ánimal 图 絶滅(ぜつめつ)の危機にひんしている動物

endeavo(u)r /endévər エンデヴァ/ 图 努力
—— 動 努める, 努力する

ending A2 /éndiŋ エンディング/ 動 **end** の -ing 形 (現在分詞・動名詞)
—— 图 (物語・映画などの)終わり, 結末
• a story with a happy **ending** めでたい結末[ハッピーエンド]の物語 → ×「ハッピーエンド」は和製英語.

endless /éndlis エンドれス/ 形 果てしない, 無限の; (テープなど)エンドレスの

endurance /indjú(ə)rəns インデュ(ア)ランス/ 图 忍耐(にんたい)(力), 我慢(がまん); 耐久(たいきゅう)力

endure /indjúər インデュア/ 動 耐(た)える, 我慢(がまん)する, 辛抱(しんぼう)する

enemy /énəmi エネミ/ 名 (複 **enemies** /énəmiz エネミズ/) 敵; (**the enemy** で) 敵兵 (たち), 敵軍
[反対語] He has many **enemies** and few **friends**. 彼の敵は多いが味方はほとんどない.

energetic A2 /enərdʒétik エナヂェティク/ 形 精力的な, 元気な, エネルギッシュな

energy 中 /énərdʒi エナヂ/ 名 (複 **energies** /énərdʒiz エナヂズ/) 元気, (心身の) 力, 精力; 活動力; エネルギー(資源)
• work **with energy** 精力的に働く
• They put all their **energies** into helping orphans. 彼らは孤児(こじ)たちの救済に全エネルギーを注ぎ込(こ)んだ.
• save **energy** エネルギーを節約する

engaged /ingéidʒd インゲイヂド/ 形
❶ 婚約(こんやく)して
❷ 忙(いそが)しい, 手が離(はな)せない; (英) (電話などが)話し中で ((米) busy)

engagement /ingéidʒmənt インゲイヂメント/ 名 婚約(こんやく)

engágement rìng 名 婚約(こんやく)指輪, エンゲージリング →「エンゲージリング」は和製英語.

engine /éndʒin エンヂン/ 名
❶ エンジン, 機関
• start an **engine** エンジンをかける
❷ 機関車 (locomotive)
❸ 消防自動車 → **fire engine** ともいう.

éngine drìver 名 (英) (機関車の)機関士 ((米) engineer)

engineer A1 /èndʒiníər エンヂニア/ (→アクセントの位置に注意) 名
❶ 技師, エンジニア
• a computer **engineer** コンピューター技師
❷ (米) (機関車の)機関士 ((英) engine driver)

engineering /èndʒiníə(ə)riŋ エンヂニ(ア)リング/ 名 工学
• civil **engineering** 土木工学

England /íŋglənd イングらンド/ 固名
❶ イングランド → グレートブリテン島 (Great Britain) の南部地方の名. イギリスの一地方名であって, イギリス全体を指すのではないことに注意.
❷ イギリス, 英国 → 首都はロンドン (London).

参考 **England** は元来グレートブリテ

ン島の南部地方を指す言葉だったが, この地方がイギリスの政治・経済の中心なので, この語でイギリス全体を表すようになった. しかし, スコットランド・ウェールズ・北アイルランドの人々はこの使い方を好まず, 曖昧(あいまい)でもあるので避(さ)けたほうがよい.「イギリス」の意味ではふつう **Britain** を使う.

English 小 /íŋgliʃ イングリシュ/

名 ❶ 英語　意味 map
　❷ (**the English** で) イングランド人 (全体)
形 ❶ 英語の
　❷ イングランド(人)の[で]
　❸ イギリスの; イギリス人の[で]

——名 ❶ 英語
• speak **English** 英語を話す →×*an* English としない.
• write a letter **in English** 英語で手紙を書く
• He is a teacher of **English**. 彼は英語の先生です.

会話
What is the **English** for "Kareraisu?"
—It's "curry and rice."
「カレーライス」に対する英語は何ですか.
—curry and rice です.

❷ (**the English** で) イングランド人(全体); 英国人(全体)
POINT 「(1人の)イングランド人[英国人]」は an Englishman, an Englishwoman という.「英国人(全体)」を指す時は the English よりも **the British** というほうがよい. → **England**

——形 ❶ 英語の
• an **English** textbook 英語の教科書
• He is our **Énglish** tèacher. その人は私たちの英語の先生です. → Énglish téacher と発音すると「イギリス人の先生」.

❷ イングランドの; イングランド人の[で] →「イギリスの南部イングランド地方[人]の」の意味. → **England** ❶

関連語 My father is **English**, but my mother is Scottish; they are both **British**. 父はイングランド出身ですが, 母はスコットランド出身です. 2人とも英国人です.

English breakfast

❸ **イギリスの**, 英国の; **イギリス人の[で]**

> 参考 **English** には「イングランド人の」の意味があるので, これをイギリス人全体に使うことを, 特にスコットランド人・ウェールズ人・北アイルランド人は好まない.「イギリス人の[で]」という時は **British** を使うほうがよい.

• an **English** gentleman 英国紳士(しんし)
• **English** people イギリス人たち, 英国民 → **British** people を使うほうがよい.
• His mother is **English**, and his father is Japanese. 彼の母はイギリス人で, 父は日本人です.

Énglish bréakfast 图 **イギリス風の朝食**
→他のヨーロッパの国に比べると量が多く, 紅茶[コーヒー]やトーストのほかにベーコンエッグ, ソーセージ, コーンフレーク, それにキノコやトマトのいため料理などが付く.

Énglish Chánnel 固名 **(the** をつけて**)**
イギリス海峡(かいきょう), 英仏海峡

Englishman /íŋgliʃmən イングリシュマン/ 图
(⑱ **Englishmen** /íŋgliʃmən イングリシュマン/)
❶ **イングランド人**
❷ **イギリス人(男性), 英国人** → **English** 图 ❷

English-speaking /íŋgliʃ spíːkiŋ イングリシュ スピーキング/ 形 **英語を話す**

Englishwoman /íŋgliʃwumən イングリシュウマン/ 图 (⑱ **Englishwomen** /íŋgliʃwimin イングリシュウィメン/) ❶ **イングランド人女性**
❷ **イギリス人女性** → **English** 图 ❷

enjoy 小 A1 /indʒɔ́i インチョイ/ 動
(三単現 **enjoys** /indʒɔ́iz インチョイズ/;
過去・過分 **enjoyed** /indʒɔ́id インチョイド/;
-ing形 **enjoying** /indʒɔ́iiŋ インチョイング/)

❶ **楽しむ, (〜は)楽しい(と思う), 〜するのが好きだ**
• **enjoy** a game ゲームをして遊ぶ
• **enjoy** dinner ごちそうをおいしく食べる
• He **enjoys** (playing) tennis after school. 彼は放課後テニスを楽しみます. →
×enjoys *to play* tennis としない.

> 会話
> Did you **enjoy** your trip? —Yes, I **enjoyed** it very much.

> ご旅行は楽しかったですか.—ええ, とても楽しかったです. → it を抜(ぬ)かさないこと. enjoy には必ず目的語が必要.

• Ben **is enjoying** his stay in Japan. ベンは日本滞在(たいざい)を楽しんでいます. →現在進行形の文. → **is** 助動 ❶
❷ (「〜の良さを楽しむ」という意味から)(よいものに)恵(めぐ)**まれている**, (よい状態)**である**
• The old lady still **enjoys** good health. その老婦人はまだ健康だ.

enjoy *oneself* (自分自身を楽しむ ⇨)**楽しく過ごす, 楽しむ** (have a good time)

> 会話
> How did you **enjoy yourself** at the party? —I **enjoyed myself** very much.
> パーティーは楽しかったですか.—とても楽しかった.

enjoyable /indʒɔ́iəbl インチョイアブる/ 形 (パーティーなど物事が)**楽しい, 愉快(ゆかい)な**

enjoyment /indʒɔ́imənt インチョイメント/ 图 **楽しみ, 楽しいこと**

enlarge /inláːrdʒ インらーヂ/ 動 (写真を)**引き伸(の)ばす**

enlighten /inláitən インらイタン/ 動 ❶ (より詳しく)**説明する, 教える** →かたい言い方.
❷ **教え導く, 啓発する**

enormous A2 /inɔ́ːrməs イノーマス/ 形 **巨大(きょだい)な** (huge), **ばくだいな**

enough 中 A2 /ináf イナふ/ (→gh は /f ふ/ と発音する) 形 (→比較変化なし)
(必要を満たすのに)**十分な, ちょうどいい数[量]の**

> POINT 必要を満たすのに「十分な[に]」という意味で,「たくさん(の)」という意味ではない.

基本 **enough** chairs for ten people 10人に必要なだけの椅子(いす) →すなわち10脚(きゃく)の椅子. enough+数えられる名詞の複数形.

基本 **enough** food for ten people 10人分の食べ物 →enough+数えられない名詞.

• The book costs 1,000 yen, but I have only 800 yen. I don't have **enough** money **for** [**to** buy] the book. その本は1,000円だが私は800円しか持っていない. 私はその本を買うだけの金を持っていない. →
enough *A* to *do* は「〜するのに必要なだけの

A」.
- There is room **enough for** five of us. 我々5人分の広さがある. →There is ~. の文では名詞+enough の順序でもよい.

基本 Ten dollars will be **enough**. 10ドルあれば十分でしょう. →be 動詞+enough.
- That's **enough**. それでもう十分だ[そのくらいにしておきなさい].

—— 副 (→比較変化なし)
(必要なだけ)**十分に, ちょうどよく**

基本 This cap is big **enough** for me. この帽子は私に(必要なだけ大きい ⇨)ちょうどいい大きさだ. →形容詞+enough.
- He was kind **enough to** give me a ride in his car. 彼は私を(彼の車に乗せてくれるほど親切だった ⇨)親切にも車に乗せてくれた.

基本 Ken didn't work hard **enough** and he failed the exam. ケンは(必要なだけ熱心に勉強しなかった ⇨)勉強が足りなかったので試験に失敗した. →副詞+enough
- I can't thank you **enough**. (どんなにお礼を言っても十分ではない ⇨)お礼の申しようもありません.

文法 ちょっとくわしく
〈**enough** の位置〉
形容詞として名詞を修飾するときは「**enough**+**名詞**」. ただし, There is ~. の文では「**名詞**+**enough**」でもよい.
副詞として形容詞や副詞を修飾するときは「**形容詞**+**enough**」「**副詞**+**enough**」となる.

—— 代 (必要なだけ)**十分, ちょうどいい数[量]**

Won't you have some more?—I've had **enough**, thank you.
もっといかがですか.—ありがとう, 私はもう十分いただきました.

I've had enough, thank you.

- There are ten people. Count the chairs. Are there **enough**? 10人いるんだよ. 椅子を数えてごらん. 必要なだけあるかな[足りるかな].

enter 中 A2 /éntər エンタ/ 動
❶ (部屋などに)**入る** (go into)
関連語 「入ること」は **entrance**.
- **enter** a room 部屋に入る →×enter *into* a room としない. →成句
- Please **enter** the house **through** [**by**] the back door. 裏口から家へ入ってください.
- "Come in," he said and I **entered**. 「お入り」と彼が言ったので私は入った.

❷ (学校などに)**入る, 入れる**; (競技などに)**参加する, 参加させる** 関連語 「参加」は **entry**.
類似語 club などに「参加する」は **join**.
- **enter** (a) school 入学する
- **enter** the hospital 入院する
- **enter** a contest 競技に参加する.
- He **entered for** the marathon. 彼はそのマラソンに参加を申し込んだ[エントリーした].

❸ (帳簿・コンピューターなどへ)**書き入れる, 記入する**
関連語 「記入」は **entry**.
- Please **enter** your name in this visitors' book. この宿泊者[訪問者]名簿にお名前をご記入ください.

enter into ~ ~を始める
POINT この形は「会話」「議論」のような抽象名詞の前にしか使わない. 具体的な物・場所を示す名詞の前では単に enter だけを使う. →❶
- He **entered into** conversation with Mr. Wood. 彼はウッド氏と話を始めた.

enterprise /éntərpraiz エンタプライズ/ 名
❶ (大胆な)**企て, 事業; 企業**
❷ **進んで新しいことに取り組む精神, 冒険心**

entertain /entərtéin エンタテイン/ 動 **楽しませる**; (招待して)**もてなす**

entertainer /entərtéinər エンタテイナ/ 名 (プロの)**芸人, エンタテイナー, タレント** →talent ❷

entertainment A2 /entərtéinmənt エンタテインメント/ 名 **楽しみ, 娯楽; 演芸, 余興**

enthusiasm /inθjú:ziæzm インすューズィアズム/ 名 **熱中, 熱狂**

enthusiastic /inθju:ziǽstik インすューズィアス

entire 206 two hundred and six

ティr/ 形 **熱心な, 熱狂**(ねっきょう)**的な, 夢中になった**

entire /intáiər インタイア/ 形

❶ **全体の, 全部の** (whole)

❷ **全部そろっている, 完全な** (complete)

entirely /intáiərli インタイアリ/ 副 **全く, すっかり, 完全に** (completely)

entrance 小 A2 /éntrəns エントランス/ 名

❶ **入ること, 入場; 入学**

関連語 「入る」は **enter**.

•an **entrance** examination 入学試験

•the **entrance** ceremony 入学式

掲示 No **entrance**. 入場[進入]禁止.

❷ **入り口** (way in) 反対語 **exit** (出口)

•at the **entrance to** [**of**] the zoo 動物園の入り口で

éntrance fèe 名 **入会[入学]金; 入場料**

entrust /intrÁst イントラスト/ 動 **委任する, 任せる**

entry /éntri エントリ/ 名 (複 **entries** /éntriz エントリズ/) ❶ **入ること; 入場; 入会; 入国**

❷ **(競技などへの)参加(者)**

❸ **(帳簿**(ちょうぼ)**・コンピューターなどへの)記入(事項**(じこう)**) →entry word** ともいう.

envelope A2 /énvəloup エンヴェロウプ/ 名 **封筒**(ふうとう)

•put a stamp **on** an **envelope** 封筒に切手を貼(は)る

envious /énviəs エンヴィアス/ 形 **妬**(ねた)**ましげな, 妬み深い**

environment 中 /invái(ə)rənmənt インヴァイ(ア)ロンメント/ 名 **環境**(かんきょう) →家庭や社会の「環境」も自然の「環境」もいう.

environmental /invai(ə)rənméntl インヴァイ(ア)ロンメントる/ 形 **環境**(かんきょう)**の**

envy A2 /énvi エンヴィ/ 動 (三単現 **envies** /énviz エンヴィズ/; 過去・過分 **envied** /énvid エンヴィド/; -ing形 **envying** /énviiŋ エンヴィイング/) **羨**(うらや)**む, 妬**(ねた)**む**

•I **envy** you. 私は君が羨ましい.

•He **envies** his friend's success. 彼は友達の成功を羨ましがっている. →×is envying (進行形)としない.

•He **envied** (me) my new camera. 彼は私の新しいカメラを羨ましがった.

── 名 **羨ましがられる人[もの], 羨望**(せんぼう)**の的**

e-pal /í:pæl イーパる/ 名 **メール友達**

episode A2 /épisoud エピソウド/ 名 **エピソード, 逸話**(いつわ)**, 挿話**(そうわ)**; (連載**(れんさい)**小説・連続ド**

ラマなどの)**1回分の話**

•the second **episode** of the television series そのテレビシリーズの第2話

equal /í:kwəl イークワる/ 形

❶ **等しい; 平等の**

•work for **equal** rights 平等の権利の[を獲得(かくとく)する]ために活動する

•She divided the cake into six **equal** parts. 彼女はそのケーキを6等分した.

•They are **equal** in height. 彼らは背の高さが同じです.

•One mile is **equal to** 1.6 km. (読み方: one point six kilometers) 1マイルは1.6キロメートルだ.

•All men are created **equal**. 人は皆(みな)平等につくられている.

❷ **(be equal to ~ で) ~するだけの力がある, ~に耐**(た)**えられる; ~に匹敵**(ひってき)**する**

•He **is** not **equal to** this work. 彼の能力ではこの仕事は無理だ.

── 動 **~に等しい; ~に匹敵する, かなう**

•Two and two **equal**(**s**) four. 2たす2は4に等しい[4だ] (2+2=4).

•Nobody **equal**(**l**)**ed** him in ability. 誰(だれ)も能力において彼にかなわなかった. →《英》では equalled とつづる.

── 名 **同等の人, 匹敵する人**

•He has no **equal** in cooking. 料理で彼にかなう人はいない.

equality /ikwáləti イクワリティ/ 名 **平等, 同等**

equally /í:kwəli イークワリ/ 副 **等しく, 平等に, 同じように**

equator /ikwéitər イクウェイタ/ 名 **(the equator で) 赤道**

equestrian /ikwéstriən イクウェストリアン/ 形 **馬術の, 乗馬(用)の**

── 名 **騎手**

equinox /í:kwənɑks イークウィナクス/ 名 **昼夜平分時** →昼と夜の長さがほぼ同じになる時. 春分と秋分がある.

equip /ikwíp イクウィプ/ 動 (三単現 **equips** /ikwíps イクウィプス/; 過去・過分 **equipped** /ikwípt イクウィプト/; -ing形 **equipping** /ikwípiŋ イクウィピング/)

備え付ける, 装備する, 支度(したく)**を整える**

equipment /ikwípmənt イクウィプメント/ 名

❶ **(集合的に)備品, 用品** ❷ **装備, 設備**

er /ə: ア~/ 間 **えー, あのー** →言葉につかえた時

などにいう.

era /íərə イアラ/ 图 (歴史的・文明的区切りとしての)**時代, 年代**
• the Meiji **era** 明治時代

erase /iréis イレイス|iréiz イレイズ/ 動
消す →ぬぐったりこすったりして文字や絵を消す, あるいは録音を消去する.
類似語「線を引いて消す」は **cross out**.
• **erase** misspelt words つづり違(ちが)えた語を消す

eraser 小 /iréisər イレイサ|iréizə イレイザ/ 图
❶ 《米》消しゴム (《英》rubber)
❷ 黒板拭(ふ)き

erect /irékt イレクト/ 形 **直立した, まっすぐな**

Erie /í(ə)ri イ(ア)リ/ 固名 (**Lake Erie**) エリー湖 →北米五大湖の1つ. →**Great Lakes**

err /ə́:r ア~/ 動 **誤る, 間違(まちが)いをする** (make a mistake) 関連語「誤り」は **error**.

errand /érənd エランド/ 图 **お使い; (お使いの)用事**

error A2 /érər エラ/ 图
❶ 誤り, 間違(まちが)い (mistake)
関連語「誤る」は **err**.
• a spelling **error** = an **error** in [of] spelling つづりの間違い
• **make** an **error** 誤り[エラー]をする
❷ (野球の)**エラー, 失策**

erupt /irʌ́pt イラプト/ 動 (火山が)**爆発(ばくはつ)する, 噴火(ふんか)する**

escalator A2 /éskəleitər エスカれイタ/ (→アクセントの位置に注意) 图 **エスカレーター**
• go up to the fifth floor **on** an **escalator** [**by escalator**] エスカレーターで5階に上がる
会話 Where can I find the book section? —**Take** the **escalator** to the fifth floor. 本売場はどこですか. —エスカレーターで5階へいらしてください.

escape 中 A2 /iskéip イスケイプ/ 動
❶ 逃(に)げる, 脱出(だっしゅつ)する; まぬかれる
• The bird **escaped from** the cage. その鳥はかごから逃げた.
• No one can **escape** death. 誰(だれ)も死をまぬかれられない.
❷ (ガスなどが)漏(も)れる; (ため息などが思わず)〜から漏れて出る
• A cry **escaped** her lips. 叫(さけ)び声が(思わず)彼女の唇(くちびる)から漏れた.

— 图 ❶ 逃げること, 逃亡(とうぼう), 脱出(手段), 非常口
• **make** one's **escape** 逃げる
• a fire **escape** 非常階段, 避難(ひなん)ばしご
❷ (ガスなどの)漏れ

Eskimo /éskimou エスキモウ/ 图 (優 **Eskimo, Eskimos** /éskimouz エスキモウズ/)
❶ エスキモー人 →今は **Inuit** /ínuit イヌイト/ というほうがふつう. ❷ エスキモー語

especially 中 A2 /ispéʃəli イスペシャリ/ 副
特に
• This dictionary is made **especially** for junior high school students. この辞書は特に中学生のためにつくられている.

Esperanto /espərǽntou エスペラントウ/ 图
エスペラント語 →ヨーロッパの諸言語をもとにした人工の国際語. Esperanto という語それ自体は「希望を持つ人」(one who hopes) の意味.

essay A2 /ései エセイ/ 图 **随筆(ずいひつ), エッセイ; 小論文, (学校での)作文, 感想文**
• Write an **essay** about friendship. 友情についてエッセイ[作文]を書きなさい.

essayist /éseiist エセイイスト/ 图 **随筆(ずいひつ)家, エッセイスト**

essence /ésəns エセンス/ 图 **本質, 根本**

essential /isénʃəl イセンシャる/ 形 **本質的な; 欠くことができない, 絶対必要な**
— 图 ❶ 本質的なもの; 要点
❷ (ふつう **essentials** で) 必要不可欠な物

establish A2 /istǽbliʃ イスタブリシュ/ 動
❶ 設立する, 創立する; (法律などを)制定する
❷ (名声・習慣・制度などを)確立する

establishment /istǽbliʃmənt イスタブリシュメント/ 图 **設立, 創立; 確立**

estate /istéit イステイト/ 图 ❶ 財産
❷ (田舎(いなか)にある個人の広大な)屋敷(やしき), 地所

estimate /éstəmeit エスティメイト/ 動 **見積もる, (〜ぐらいだと数を)推定する** (guess)
— /éstəmit エスティメト/ (→動詞との発音の違(ちが)いに注意) 图 **見積もり; 評価**

ET 略 =extraterrestrial (地球外生命体)

etc. 略 **など, その他** →ラテン語 **et cetera** /エトセトラ/ の略で, 英文の中ではふつう and so forth [on] と読む.

eternal /itə́:rnl イタ〜ヌる/ 形 **永遠の, 永久の**

Ethiopia /i:θióupiə イーすィオウピア/ 固名
エチオピア →アフリカ北東部の共和国. 首都はアディスアベバ. 公用語はアムハラ語, 英語.

ethnic /éθnik エ*ス*ニク/ 形 民族の; (風習・衣装(いしょう)・食べ物などの)民族特有の

etiquette /étiket エティケト/ 名 エチケット, 作法, 礼儀(れいぎ) (manners)

EU /íːjúː イーユー/ 略 (the EU で) ヨーロッパ連合 → the European Union.

eucalyptus /juːkəlíptəs ユーカリ*プ*タス/ 名 《植物》ユーカリ → オーストラリア原産の常緑高木. 葉は koala (コアラ)の食物.

euro A2 /júːrou ユロウ/ 名 (複 **euros** /júːrouz ユロウズ/) ユーロ → the EU の統一通貨単位. 記号は€.

Europe /júː(ə)rəp ユ(ア)ロプ/ 固名 ヨーロッパ, 欧州(おうしゅう)

European 中 /juː(ə)rəpíːən ユ(ア)ロピーアン/ 形 ヨーロッパの, ヨーロッパ人の
• **European** countries ヨーロッパ諸国
── 名 ヨーロッパ人
• I think she is **a European**, but I don't know what country she is from. 彼女はヨーロッパ人だと思うけど、どこの国の人か知りません.

Europèan Únion 固名 (**the** をつけて) ヨーロッパ連合 → **the EU** と略す. 本部はベルギーの首都ブリュッセル (Brussels).

evacuate /ivǽkjueit イヴァキュエイト/ 動 (場所から)避難(ひなん)する, 撤退(てったい)する; (人を)避難させる, 疎開(そかい)させる

evacuation /ivækjuéiʃən イヴァキュエイション/ 名 避難(ひなん), 疎開(そかい); 撤退(てったい)
• **evacuation** drill 避難訓練.

eve, Eve[1] /íːv イーヴ/ 名 (祭祭日・大行事などの)前夜; 前日
• on the **eve** of the election 選挙の前日[前夜]に

Eve[2] /íːv イーヴ/ 固名 《聖書》イブ, エバ → 神が楽園に初めて造った女性. → **Adam, Eden**

even 小 A2 /íːvn イーヴン/ 副
❶ (**even** ~ で) ~でさえ, ~でも
• **even** now 今でさえ, 今でも
• **even** in March 3月になっても
• It is very easy. **Even** a child can do it. それはとても易(やさ)しい. 子供でさえそれをすることができる. → even は名詞・代名詞も修飾(しゅうしょく)する.
• I never **even** heard his name. 私は彼の名を聞いたことさえない.
❷ さらに, なお (still) → 比較(ひかく)級の言葉を強める.
• This tree is tall, but that one is **even** taller. この木は高いがあの木はさらに高い.

even if ~ たとえ~でも
• **Even if** he is busy, he will come. 彼はたとえ忙(いそが)しくても来るよ.

even so たとえそうでも, それにしても

even though ~ ① ~であるのに, ~するのに → **even** は **though** の意味を強める. ② = even if ~

── 形 ❶ 平らな; むらのない; 同じ高さで
❷ 同じの, 等しい; 対等な
❸ 偶数(ぐうすう)の 反対語 **odd** (奇数(きすう)の)
• an **even** number 偶数

evening 中 A1 /íːvniŋ イーヴニング/
名 (複 **evenings** /íːvniŋz イーヴニングズ/)

夕方, 晩

⚡POINT 日の入り前後から寝(ね)る時間までをいい, 日本語の「夕方」よりも遅(おそ)い時間までを含(ふく)む.

関連語 **morning** (朝, 午前), **afternoon** (午後); → 使い方については → **afternoon**

• this **evening** 今晩
• tomorrow [last] **evening** あしたの晩[昨日の晩]
• **in** the **evening** 晩に
• **on** Sunday **evening** 日曜の夕方に
• **on** the **evening** of July 9 (読み方: (the) ninth) 7月9日の晩に
• I've had a pleasant **evening**. 今晩はおかげで楽しい晩でした.
• One rainy **evening** he was driving a car. ある雨の夜彼は車を運転していた.

Good evening. こんばんは; さようなら

évening drèss 名 夜会服 → 女性用のイブニングドレスだけでなく, 男性用タキシード, えんび服も含(ふく)む.

évening pàper 名 夕刊紙 → 英米では夕刊を朝刊紙と異なる新聞社が発行していることが多

évening stár 名 (**the** をつけて) 宵(よい)の明星(みょうじょう) →日没(にちぼつ)後西の空に見える金星(Venus).

event 小 A1 /ivént イヴェント/ 名
❶ (重要な)出来事, 事件; 行事
・a school **event** 学校の行事
・at special **events** 特別な行事の時に
・Birth, marriage, and death are the most important **events** in our life. 誕生と結婚(けっこん)と死は我々の生涯(しょうがい)で最も重要な出来事です.
❷ (競技の)種目
・field **events** (陸上の)フィールド競技種目

eventually /ivéntʃuəli イヴェンチュアリ/ 副
最後には, 結局は; そのうちには; ついに

ever 中 A2 /évər エヴァ/
　副 ❶《疑問文・否定文で》今までに, かつて　意味map
　　❷《疑問文・条件文で》(これから先)いつか

── 副 (→比較変化なし)
❶《疑問文・否定文で》今までに, かつて
・**Have you ever seen** a falling star? 君は今までに(たとえ1回でも)流れ星を見たことがありますか. →現在完了(かんりょう)の文. →**have** 助動 ❷

Have you **ever** been to Britain?
—Yes, I have./No, never.
君はイギリスに行ったことがありますか.—ええ, あります./いや, 一度もありません.
→×Yes, I have *ever*. とはいわない. 行ったことがある場合は once (かつて)を使ってYes, (I have) once. といってもよい.

・No one **ever** saw such a thing. 誰(だれ)一人こんなものを見たことがなかった.
・Nothing **ever** happens in this old village. この古い村では今までに何事も起こらない.
❷《疑問文・条件文で》(これから先)いつか
・Will he **ever** come back? 彼はいつかは帰って来るだろうか.
・If you are **ever** in Japan, come and see me. もし(いつか)日本へ来るようなことがあれば会いに来てください.

❸《比較(ひかく)級・最上級の言葉とともに》今までに
・No one has **ever** done it better. 誰も今までにもっとうまくそれをやった人はいない.
・This is the nicest present (that) I've **ever** had. これは私が今までにもらった最もすてきなプレゼントです.
・The temperature fell to the lowest level **ever**. 温度は今までで最低に下がった.
❹ いつまでも, ずっと
・**ever** since [after] その後ずっと
・I have known the boy **ever** since he was a baby. その少年が赤ん坊(ぼう)の頃(ころ)からずっと私は彼を知っている. →現在完了の文. →**have** 助動 ❸
❺《疑問詞に添(そ)えて意味を強めて》一体
・How **ever** did they escape? 一体どうやって彼らは逃(に)げたのだろう.

as ~ as ever いつものように~, あいかわらず~
・She is **as** beautiful **as ever**. 彼女はあいかわらず美しい.

Ever yours, = ***Yours ever,*** 《英》さようなら →「常にあなたのもの」の意味で親しい人への手紙の終わりに書き, その下に自分の名前を書く.

for ever 永久に, いつまでも →米国ではふつう forever と1語につづる.

~ than ever いつもより~
・He worked harder **than ever**. 彼はいつもより[いつにもなく]熱心に働いた.

Everest /évərist エヴェレスト/ 固名 (**Mt. Everest**) エベレスト山 →ヒマラヤ山脈にある世界の最高峰(ほう) (8,848 m).

every 小 A1 /évri エヴリ/
　形 ❶ すべての　意味map
　　❷ 毎~, ~ごとに
　　❸《否定文で》すべての~が~とは限らない

── 形 (→比較変化なし)
❶ すべての, あらゆる
POINT 一つ一つを念頭に置きながらもそれらを全部ひっくるめていう時の言葉. →**each** 代 関連語

基本 **Every** pupil in the class is present. クラスのどの生徒も皆(みな)出席している. → every+数えられる名詞の単数形. ×Every pupil*s* in the class *are* ~. としない.

everybody 210 two hundred and ten

- I know **every** word on this page. 私はこのページのすべての単語を知っている.
- **Every** pupil was asked one question. どの生徒もみんな1つずつ質問をされた.
- 関連語 **Every** girl has to stay in bed; **all** the girls have colds. どの女の子もみんなベッドに寝(ね)ていなければいけません. 女の子たちはみんな風邪(かぜ)をひいているのです.

❷ 毎〜，〜ごとに
- **every** day 毎日 →everyday と1語につづると形容詞で「毎日の」.
- **every** morning [night] 毎朝[夜]
- **every** Sunday 毎日曜日, 日曜ごとに
- **every** week [year] 毎週[年]
- almost **every** day ほとんど毎日 →×almost *each* day といわない.
- **every** ten days=**every** tenth day 10日ごとに →ten days を1単位と考える.
- once **every** few years 数年ごとに1度
- one in **every** ten people 10人ごとに1人, 10人に1人
- The Olympic Games are held **every** four years. オリンピックは4年ごとに開催(かいさい)される.

❸ 《否定文で》すべての〜が〜とは限らない →一部を否定する.
- **Not every** bird can sing. すべての鳥が歌えるとは限らない[歌えない鳥もいる].
- He does **not** come here **every** day. 彼は毎日ここへ来るとは限らない.

every now and then 時々(sometimes)

every other [***second***] 〜 1つおきの〜
- **every other** day 1日おきに

every time 〜 《接続詞のように使って》〜するたびに
- **Every time** I went to his house, he was not at home. 彼の家へ行くたびに[いつ行っても]彼はうちにいなかった.

everybody 中 A1 /évribɑdi エヴリバディ|évribɔdi エヴリボディ/ 代
誰(だれ)でも, みんな (everyone) →単数扱(あつか)い. 意味・用法とも everyone と同じ.
- **Everybody** loves music. 誰でもみんな音楽を愛する.
- Good morning, **everybody**. おはよう, 皆(みな)さん.
- ことわざ **Everybody's** business is no-

body's business. みんなの仕事は誰の仕事でもない. →「共同責任は無責任になる」の意味.
- I don't know **everybody** in this school. 私はこの学校の人をみんな知っているわけではない[この学校には私の知らない人もいる]. →一部を否定する言い方. → **every** ❸

everyday A1 /évridei エヴリデイ/ 形
毎日の, 日常の →every day のように2語に書くと副詞句で「毎日」.
- **everyday** life 日常生活
- *one's* **everyday** clothes ふだん着

everyone 小 A1 /évriwʌn エヴリワン/ 代 誰(だれ)でも, みんな (everybody) →単数扱(あつか)い.
POINT every を強調する時は **every one** と2語に書く.
- Hello, **everyone**. 皆(みな)さん, こんにちは.
- **Everyone** is ready. 誰もみんな用意ができている. →×Everyone *are* 〜. としない.
- I don't know **everyone** in this school. 私はこの学校の人を誰でも知っているわけではない. →一部を否定する言い方. → **every** ❸

everything 中 A1 /évriθiŋ エヴリすィング/ 代 すべての事[物], 何もかも, 万事(ばんじ) →単数扱(あつか)い.
POINT 一つ一つを念頭に置きながらもそれらを全部ひっくるめていう時の言葉.
- **Everything** is ready. 何もかも[万事]準備ができた. →×Everything *are* 〜. としない.
- Jimmy knows **everything** about cars. ジミーは車については何でも知っている.
- Thanks for **everything**. いろいろとありがとう.
- How is **everything**? 万事いかがですか.
- You cannot buy **everything** with money; money isn't **everything**. 君は金ですべての物を買えるわけではない[買えない物もある]. 金がすべてではない. → **every** ❸
- You are **everything** to me. 私には君がすべてだ.

everywhere 中 A1 /évri(h)weər エヴリ(ホ)ウェア/ 副 どこでも, どこにも, 至る所に[で・を]
- **everywhere** in the world 世界中どこでも
- I looked **everywhere** for the key, but couldn't find it **anywhere**. 私は鍵(かぎ)を見つけるためあらゆる所を探したがどこにも見つか

らなかった.

•You cannot find this **everywhere**. これはどこにでもあるようなものではない. →**every ❸**

evidence A2 /évidəns エヴィデンス/ 图 **証拠**(しょうこ)

evident /évidənt エヴィデント/ 形 **明らかな**

evil /íːvl イーヴる/ 形 ❶ **邪悪**(じゃあく)**な**; **人に害を与**(あた)**える(ような)** ❷ **運の悪い, 不吉**(ふきつ)**な**
—— 图 **悪, 悪い事; 害悪, 災**(わざわ)**い**
[反対語] **good** and **evil** 善悪

•social **evils** 社会(の)悪 →戦争・犯罪・貧困(ひんこん)など.

evolution /èvəlúːʃən エヴォるーション/ 图 **(生物の)進化; 発展, 発達**

evolve /iválv イヴァるヴ/ 動 (三単現 **evolves** /iválvz イヴァるヴズ/; 過去・過分 **evolved** /iválvd イヴァるヴド/; -ing形 **evolving** /iválviŋ イヴァるヴィング/)
発展する[させる]; 進化する[させる]
[関連語] **evolution** (進化)

ex. 略 ＝**ex**ample (例)

exact /igzǽkt イグザクト/ 形 **正確な**
•the **exact** time 正確な時刻
•the **exact** meaning of a word 言葉の正確な意味

exactly 中 A2 /igzǽktli イグザクトり/ 副 ❶ **正確に, ちょうど** (just); **全く** ❷ **(答えに使って)そのとおりです**

exaggerate /igzǽdʒəreit イグザヂャレイト/ 動 **誇張**(こちょう)**する, おおげさに言う[考える]**

exam 中 A2 /igzǽm イグザム/ 图 《話》**試験** →
examination を短くした語.

examination /igzæmənéiʃən イグザミネイション/ 图 ❶ **試験, テスト**
•an entrance **examination** 入学試験
•an **examination** in English 英語の試験
•**take** [《英》**sit** (**for**)] an **examination** 試験を受ける
•**pass** [**fail**] an **examination** 試験に合格する[落ちる]
•How did you do **on** [《英》**in**] the **examination**? テストはどうだった?
❷ **検査, 診察**(しんさつ)
•a medical **examination** 診察, 健康診断(しんだん)

examine /igzǽmin イグザミン/ 動 **調べる, 検査する; 診察**(しんさつ)**する**

example 小 A1 /igzǽmpl イグザンプる|igzáːmpl イグザーンプる/ 图

❶ **例, 実例; 例題**
•**give** an **example** 例を挙げる
•Do the first **example** in your workbook. 君のワークブックの最初の例題をやりなさい.
❷ **手本, 模範**(もはん)
•**set** a good **example** よい手本を示す
•You should **follow** John's **example** and work harder. 君はジョンを手本にして[見習って]もっと勉強しなくてはいけない.

***for example* たとえば**
•There are many big cities in Japan—Tokyo, Osaka, and Nagoya, **for example**. 日本には多くの大都市がある. たとえば東京や大阪や名古屋など.

excellent A1 /éksələnt エクセれント/ 形 **優**(すぐ)**れた, 優秀**(ゆうしゅう)**な, たいへんよい**

except A2 /iksépt イクセプト/ 前 **～以外は(すべて), ～を除いて(みんな)**
•He works every day **except** Sunday. 彼は日曜日以外は毎日働きます.
***except for ～* ～(の点)を除けば, ～は別として, ～がある[いる]だけで**
•They look alike **except for** the color of their hair. 髪(かみ)の毛の色を除けば彼らはよく似ている.

exception /iksépʃən イクセプション/ 图 **例外**

excess /iksés イクセス/ 图 **(二者を比べた上での)超過**(ちょうか)**(量), 余分; 過度**

exchange A2 /ikstʃéindʒ イクスチェインヂ/ 動 **交換**(こうかん)**する, 取り替**(か)**える; (挨拶**(あいさつ)**などを)取り交**(か)**わす**
•**exchange** e-mail Eメールを交換する
•**exchange** stamps **with** *one's* pen friend ペンフレンドと切手を交換する
•The store **exchanged** the sweater **for** a larger one. お店ではそのセーターをもっと大きなセーターと取り替えてくれた.
—— 图 **交換**
•an **exchange** of information 情報交換
***in exchange* (*for ～*) (～の)代わりに**

exchánge ràte 图 **為替**(かわせ)**レート**

exchánge stùdent 图 **(国家間の)交換**(こうかん)**留学生**

excite /iksáit イクサイト/ 動

興奮させる; 刺激(しげき)する, (刺激して)〜を引き起こす
- The news **excited** everybody. そのニュースはすべての人を興奮させた.

excited 中 A1 /iksáitid イクサイテド/
形 **興奮した**
- an **excited** crowd 興奮した群衆
- get [become, grow] **excited** 興奮する
- Don't be so **excited**. そう興奮するな[もっと落ち着け].

excitement /iksáitmənt イクサイトメント/ 名
興奮; 騒(さわ)ぎ; 刺激(しげき)

exciting 小 A1 /iksáitiŋ イクサイティング/ 形 興奮させる, 手に汗(あせ)を握(にぎ)らせるような; わくわくする, とてもおもしろい
- an **exciting** game (手に汗を握らせる)とてもおもしろい試合
- How **exciting**! なんておもしろいんだ; (これから見物や観戦などに出かける人に対して)それはそれはお楽しみですね.

an exciting game
an excited fan

exclaim /ikskléim イクスクれイム/ 動 (喜び・怒(いか)り・驚(おどろ)きなどの感情を込(こ)めて)叫(さけ)ぶ, (強く)言う

exclamation /ekskləméiʃən エクスクらメイション/ 名 (喜び・怒(いか)り・驚(おどろ)きなどの)叫(さけ)び(声); 感嘆(かんたん)(の言葉)

exclamátion màrk 名 《文法》感嘆符(かんたんふ)(!)

exclude /iksklú:d イクスクるード/ 動 除外する, 入れない 反対語 **include** (含(ふく)む)

excursion /ikskə́:rʒən イクスカージョン | ikskə́:rʃən イクスカーション/ 名 遠足, 行楽, 遊覧; (団体の)小旅行

excuse 小 A1 /ikskjú:z イクスキューズ/
動 三単現 **excuses** /ikskjú:ziz イクスキューゼズ/; 過去・過分 **excused** /ikskjú:zd イクスキューズド/; -ing形 **excusing** /ikskjú:ziŋ イクスキュー

ズィング/)
❶ **許す** → あやまちなど(に対して人)を許すこと.
- She **excused** me **for** my behavior. = She **excused** my behavior. 彼女は私のふるまいを許してくれた.
- May never **excuses** Ben for being so rude. メイはベンがとても失礼なことを言った[した]ので, ベンを決して許さない.

❷ (人が)**弁解する**; (事情が)〜の言いわけ[理由]となる
- His pain **excuses** his short temper. (彼の痛みは彼の短気の言いわけになる ⇨)彼は体が痛いのだからかんしゃくを起こすのも無理はない.

❸ (義務などを)**免除(めんじょ)する**
- Bob was **excused from** the swimming lesson because he had a cold. ボブは風邪(かぜ)だったので水泳の練習から免除された[練習しなくていいと言われた]. → 受け身の文. → **was** 助動 ❷

Excuse me. **失礼します; すみません**

参考 人と話している時に席を立ったり, 人の前を通ったり, 知らない人に話しかけたりする時に言う言葉. また失礼なことをして謝(あやま)る時にも使う. 英国では謝る時には Excuse me. は使わず (**I'm**) **Sorry.** と言う.

Excuse me.

- **Excuse me**. Are you Mr.Smith? 失礼ですがスミスさんでいらっしゃいますか.

 会話
Excuse me, (but) can you tell me the time, please?—Oh, sure. It's just ten by my watch.
すみませんが時間を教えていただけませんか. —いいですとも. 私の時計ではちょうど10時です.
Excuse me. I stepped on your foot. —That's all right [Never mind].
すみません. 足を踏(ふ)んでしまって.—いいえ,

いいえ.

Excuse me? 《米》(聞き返して)えっ, 何とおっしゃいました?

May [Can, Could] I be excused? ちょっと座を離(はな)れてもいいですか, ちょっと失礼させていただきます →中座(ちゅうざ)する時に使う表現.

—— /ikskjú:s イスキュース/ (→動詞の発音の違(ちがい)に注意) 名 (複 **excuses** /ikskjú:siz イスキュースィズ/) 言いわけ; 口実

• He **made** an **excuse for** being late. 彼は遅くなった言いわけをした.

executive /igzékjutiv イグゼキュティヴ/ 名 管理職, 重役, 役員

exercise A1 /éksərsaiz エクササイズ/ 名
❶ 練習; 練習問題
• **exercises** for the piano ピアノの練習(曲)
• **exercises** in English composition 英作文の練習問題
• Do the **exercises** at the end of the lesson. レッスン末の練習問題をやりなさい.

❷ (体の)運動
• take [do] **exercise** 運動をする →特定の運動でなく, 一般(いっぱん)的に「運動」と言う時は ×an exercise, ×exercises としない.
• I do push-ups, sit-ups, and other **exercises** every day. 私は毎日腕(うで)立て伏(ふ)せや腹筋運動やその他の運動をする.

—— 動 練習する, 運動する; (犬などを)運動させる
掲示 Do not **exercise** pets in picnic areas. ピクニック地域でのペットの運動はご遠慮(えんりょ)ください.

exhaust /igzó:st イグゾースト/ 動 (くたくたに)疲(つか)れさせる
—— 名 排気(はいき)ガス →**exhaust gas** ともいう.

exhausted /igzó:stid イグゾーステド/ 形 疲れはてた, 疲れ切った 類似語 **tired** よりも度合いが強い.
• I'm really **exhausted**. 私はすごくくたびれた.

exhibit /igzíbit イグズィビト/ 動 陳列(ちんれつ)する, 展示する
—— 名 展示; 展示物, 出品物

exhibition A2 /èksəbíʃən エクスィビション/ 名 展覧会, 展示会, 発表会

exist A2 /igzíst イグズィスト/ 動 存在する, ある; 生存する

• Some say ghosts **exist**. 幽霊(ゆうれい)が存在するという人もいる.
• Can we **exist** under water? 私たちは水の中で生きられるか.

existence /igzístəns イグズィステンス/ 名 存在, 生存

exit /égzit エグズィト, éksit エクスィト/ 名 出口 (way out) 反対語 **entrance** (入り口)

expand /ikspǽnd イクスパンド/ 動 広げる; 広がる, ふくらむ

expect A2 /ikspékt イクスペクト/ 動
❶ (何か・誰(だれ)かが来ると)予期する, 待つ; (よいことを)期待する
• **expect** a letter from her 彼女からの手紙を心待ちにする
• The farmers are **expecting** rain. 農場主たちは雨を待ち望んでいる. →**are** 助動 ❶
• I **expected** you yesterday. 私は昨日(来るかと思って)君を待っていた.
• I will be **expecting** you. お待ちしていますよ. →**be** 助動 ❶
• He **expects** too much from [of] me. 彼は私にあまりにも多くの事を期待し過ぎる.

❷ 予想する; 〜と思う (think)
• I **expect** (**that**) she will come here tomorrow. = I **expect** her **to** come here tomorrow. 彼女は明日ここへ来ると思います. →**to** ❾ の①
• I didn't **expect to** see him there. 私はあそこで彼に会うとは思わなかった.

expectancy /ikspéktənsi イクスペクタンスィ/ 名 (複 **expectancies** /ikspéktənsiz イクスペクタンスィズ/) 期待; 見込み

expectation /èkspektéiʃən エクスペクテイション/ 名 期待, 予期, 見込(こ)み, 予想

expedition /èkspədíʃən エクスペディション/ 名
❶ 探検, 遠征(えんせい)
❷ 探検隊, 遠征隊

expense /ikspéns イクスペンス/ 名 費用; (**expenses** で) 〜費

expensive

expensive 中 A1 /ikspénsiv イクスペンスィヴ/ 形 (値段が)高い, 高価な
[反対語] **cheap**, **reasonable** (安い)
• **expensive** clothes 高価な服
• Her ring is **more expensive** than mine. 彼女の指輪は私のより高い.

experience 中 A2 /ikspí(ə)riəns イクスピ(ア)リエンス/ 名 経験, 体験
• learn **by** [**from**] **experience** 経験から学ぶ

> POINT 一般(いっぱん)的に「経験」という時は ×an experience, ×experiences としない.

• He has a lot of **experience in** teaching English. 彼は英語を教えた経験がたくさんある.
• The trip was a new **experience to** Jim. その旅行はジムには初めての経験だった.
• I had many pleasant **experiences** in Ireland. 私はアイルランドでいろいろ楽しい体験をしました.
── 動 経験する, 体験する
• I've never **experienced** such an insult. 私はあんな侮辱(ぶじょく)を体験した[味わった]ことがない. → **have** [助動] ❷

experienced /ikspí(ə)riənst イクスピ(ア)リエンスト/ 形 経験のある; 老練な, ベテランの

experiment /ikspérəmənt イクスペリメント/ 名 実験
── /ikspérəment イクスペリメント/ 動 実験する

expert A2 /ékspəːrt エクスパ~ト/ (→アクセントの位置に注意) 名 専門家, エキスパート; 達人
• an **expert in** chemistry 化学の専門家
• an **expert on** chess=a chess **expert** チェスの専門家
• an **expert at** skiing スキーの達人
── 形 専門(家)の; 熟達した

explain 中 A2 /ikspléin イクスプれイン/ 動 説明する
• Please **explain** the rules of cricket **to** me. クリケットのルールを私に説明してください.
• That **explains** why he was absent yesterday. (その事がなぜ昨日彼が欠席したかを説明する ⇒)それで彼が昨日欠席した理由がわかった.
• He **explained to** us why he was absent yesterday. 彼はなぜ昨日欠席したかを私

たちに説明した. →×He explained *us* why 〜. としない.

explanation A2 /eksplənéiʃən エクスプらネイション/ 名 説明

explode /iksplóud イクスプろウド/ 動 爆発(ばくはっ)する; 爆発させる

exploration /ekspləréiʃən エクスプろレイション/ 名 探検, 実地調査

explore A2 /iksplɔ́ːr イクスプろー/ 動 探検する, 実地調査する

explorer /iksplɔ́ːrər イクスプろーラ/ 名 探検家

explosion /iksplóuʒən イクスプろウジョン/ 名 爆発(ばくはつ)

expo /ékspou エクスポウ/ 名 《話》= exposition

export /ikspɔ́ːrt イクスポート/ 動 輸出する
[反対語] **import** (輸入(する))
• Brazil **exports** coffee **to** many countries. ブラジルはいろいろな国へコーヒーを輸出している.
── /ékspɔːrt エクスポート/ (→動詞との発音の違(ちが)いに注意) 名 輸出; 輸出品

expose /ikspóuz イクスポウズ/ 動 (風雨・危険などに)さらす

exposition /ekspəzíʃən エクスポズィション/ 名 博覧会 →《話》では **expo** /エクスポウ/ と短くすることもある.

express 中 A2 /iksprés イクスプレス/ 動 表現する, 言い表す
• He couldn't **express himself** correctly in English. 彼は英語で正しく自分の考えを言い表すことができなかった.
── 形 急行の; 速達便の →名詞の前にだけつける.
• an **express** train 急行列車[電車]
── 名 急行列車[電車, バス]; 速達便
• He took the 8:30 a.m. **express**. 彼は午前8時30分発の急行に乗った.
 by express 急行で; 速達便で

expression 中 A2 /ikspréʃən イクスプレション/ 名 ❶ 表現; 言い回し, 言葉
• The sunset was beautiful **beyond expression**. 日没(にちぼつ)は表現できないほど美しかった.
• "Shut up" is not a polite **expression**. 「黙(だま)れ」というのは丁寧(ていねい)な言い方ではない.
❷ 表情

・a sad **expression** 悲しげな表情

expressway /ikspréswei イクスプレスウェイ/
名 《米》高速自動車道路 (freeway) (《英》motorway)

extend /iksténd イクステンド/ 動 広げる, のばす; 広がる, のびる

extension /iksténʃən イクステンション/ 名
❶ のばすこと, 拡張, 延長 ❷ 延長部分, 建て増し
❸ (電話の)内線

extensive /iksténsiv イクステンスィヴ/ 形
広大な; 広範囲(こうはんい)にわたる; 大規模な
反対語 **intensive** (集中的な)

extent /ikstént イクステント/ 名 ❶ 広さ, 広がり
❷ 範囲(はんい), 程度

external /ikstə́:rnl エクスタ～ヌル/ 形 外部の,
外面の; 対外的な 反対語 **internal** (内部の)

extinct /ikstíŋkt イクスティンクト/ 形 絶滅(ぜつめつ)
した, 消えた

extinction /ikstíŋkʃən イクスティンクション/ 名
絶滅(ぜつめつ), 死滅(しめつ)

extinguisher /ikstíŋgwiʃər イクスティンギシャ/ 名 消火器 →**fire extinguisher** ともいう.

extra A2 /ékstrə エクストラ/ 形 余分の; 臨時の
── 名 ❶ 余分の物; 別料金; (新聞の)号外
❷ 臨時雇(やと)い, (映画などの)エキストラ
── 副 余分に, 追加で; 特別に

extra- /ékstrə エクストラ/ 接頭辞 「～の外の」
「～の範囲(はんい)外の」の意味を表す:
・**extra**ordinary 異常な →**ordinary** (ふつうの)の範囲外.
・**extra**terrestrial 地球外生命体 →**ET** と略される. terrestrial は「地球の」.

extraordinary /ikstrɔ́:rdəneri イクストローディネリ/ 形 異常な, 並外れた →extra + ordinary (ふつうの).

extraterrestrial /ekstrətəréstriəl イクストラテレストリアル/ 形 地球外の, 宇宙の
── 名 地球外生物, 宇宙人 →**ET** と略す.

extreme /ikstrí:m イクストリーム/ 形 極端(きょくたん)な, 極度の; 過激な
── 名 極端

extremely A2 /ikstrí:mli イクストリームリ/ 副
非常に; 極端(きょくたん)に

eye 小 A1 /ái アイ/ 名 (複 **eyes** /áiz アイズ/) ❶ 目; 視力, 視線
・blue **eyes** 青い目
・dark **eyes** 黒い目 →a black eye は「(殴(なぐ)られて)青黒くあざになった目の周り」.
・Close [Shut] your **eyes**. 目を閉じなさい.
・He has very good [weak] **eyes**. 彼は視力がとてもいい[弱い].
・I am blind in the right **eye**. 私は右の目が見えない.

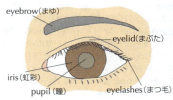

eyebrow(まゆ)
eyelid(まぶた)
iris(虹彩)
pupil(瞳)
eyelashes(まつ毛)

❷ (物を見て判断する)目, 眼力
・Where are your **eyes**? おまえの目はいったいどこについているんだ[よく見ろ].
・An artist must have an **eye** for color. 芸術家は色彩(しきさい)に対する目を持っていなければならない. →「鑑賞(かんしょう)眼」のように抽象(ちゅうしょう)的な意味で eye を使う時は単数形がふつう.
❸ (形・働きが「目」に似ている)針の目, カメラの目, 台風の目(など)

keep an eye on ～ ～から目を離(はな)さない
・**Keep an eye on** this suitcase. このスーツケースから目を離さないでいなさい.

eyebrow /áibrau アイブラウ/ 名 まゆ, まゆ毛
raise one's ***eyebrows*** 目を丸くする, まゆをひそめる →驚(おどろ)き・非難の表情.

éye còntact 名 アイコンタクト →お互(たが)いの視線を合わせること.

eyelash /áilæʃ アイラシュ/ 名 まつ毛

eyelid /áilid アイリド/ 名 まぶた

eyesight /áisait アイサイト/ 名 視力
・He has poor **eyesight**. 彼は視力が弱い.

eyewitness /áiwitnis アイウィトネス/ 名
目撃(もくげき)者, (目撃した)証人 →単に **witness** ともいう.

F f

F¹, f /éf エフ/ 图 (圈 **F's, f's** /éfs エフス/)
❶ エフ →英語アルファベットの6番目の文字.
❷ (**F**で) (成績評価の)不可 →**failure** (失敗)の頭文字(かしらもじ).

F² 略 ＝**Fahrenheit** (カ氏の)

fable /féibl ふェイブる/ 图 寓話(ぐうわ) →動物などを登場させて教訓を伝えようとする物語.

Fabre /fɑ́:br ふァーブル/ 固名 (**Jean Henri** /ジャーン アーンリー/ **Fabre**) ファーブル →フランスの昆虫(こんちゅう)学者 (1823-1915). 10巻の『昆虫記』を完成した.

fabric /fǽbrik ふァブリク/ 图 (織ったり編んだりして作られた)布, 生地(きじ)

fabulous /fǽbjələs ふァビュラス/ 形 信じられないような; すばらしい, すごい

face 小 A1 /féis ふェイス/

图	❶ 顔, 表情	意味 map
	❷ (裏に対して)表, 表面	
動	〜に面する; (危険・困難などに)立ち向かう	

—— 图 (圈 **faces** /féisiz ふェイセズ/)
❶ 顔, 表情
• a sad **face** 悲しそうな顔
• with a smile on *one's* **face** 顔にほほえみを浮(う)かべて
• lie [fall] on *one's* **face** うつぶせに横たわる[倒(たお)れる]
• The clown made a funny **face**. ピエロは滑稽(こっけい)な顔をした. →**make a face**
• When he saw me, he turned his **face** away. 彼は私を見ると顔を背(そむ)けた.

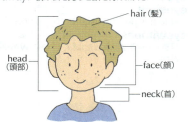

hair(髪)
head(頭部)
face(顔)
neck(首)

❷ (裏に対して)表, 表面; (建物などの)正面
• the **face** of a card トランプ札の表
• the **face** of the moon 月の表面, 月面
• the **face** of a clock 時計の文字盤(ばん)

face down [***up***] 下向きに[上向きに]
• Put your exam papers **face down**. 答案用紙を裏返しにしなさい.

face to face (***with*** 〜) (〜と)面と向かって, 差し向かいで
• sit **face to face with** her 彼女と差し向かいで座(すわ)る

in the face of 〜 〜の面前で, 〜をものともせず
• He was brave **in the face of** great danger. 彼は大きな危険に対して勇敢(ゆうかん)であった[を物ともしなかった].

make a face [***faces***] (不快で, ふざけて)しかめっつらをする

—— 動 (三単現 **faces** /féisiz ふェイセズ/; 過去・過分 **faced** /féist ふェイスト/; -ing形 **facing** /féisiŋ ふェイシング/)
〜に面する; 向く; (危険・困難などに)立ち向かう, 直視する
• Picasso's figures sometimes **face** two ways. ピカソの人物像は時々2つの方向を向いている. →「向いている, 面している」という時は単に face でも are [is] facing (現在進行形)でもよい.
• Our team lost. We must **face** the fact. 私たちのチームは負けた. 私たちはその事実を直視しなければいけない.
• Our house **faces** the street. 私たちの家は通りに面している.
[会話] How does your house **face**? —It **faces** (to the) east. お宅はどっちを向いていますか. —東向きです.
• The two gunmen **faced** each other. 2人のガンマンは互(たが)いに向き合った.
• That country **is faced with** serious inflation. その国は深刻なインフレに直面している. →受け身の文. →**is** [助動] ❷
• Look at the map which **is facing** page

ten. 10ページの対向ページにある地図を見なさい. →which 以下は現在進行形の文 (→is 動動 ❶). which faces page ten としても同じ意味.

Facebook /féisbuk フェイスブク/ 名 《商標》
フェイスブック →知人同士の情報発信・交換を行えるソーシャルネットワーキングサービス.

facial /féiʃəl フェイシャる/ 形 顔の, 顔面の

facility /fəsíləti ふァスィリティ/ 名 (しばしば **facilities** で) 便宜(べんぎ), 設備, 施設(しせつ)

fact 中 A2 /fǽkt ふァクト/ 名 事実
反対語 This is a **fact**, not a **fiction**. これは事実であって作り話ではありません.
•It is a **fact** that he ran away from home. 彼が家出したのは事実だ. →It=that 以下.
•The **fact** is that he ran away from home. (事実は~ということだ ⇨)実は彼は家出したのだ.
•I didn't know the **fact** that he ran away from home. 私は彼が家出したという事実を知らなかった. →the fact と that 以下は同格.

as a matter of fact 事実は, 実のところ, 実は (in fact)

in fact 実は, 事実上, 要するに, 実際

factor /fǽktər ふァクタ/ 名 要因, 要素

factory A1 /fǽktəri ふァクトリ/ 名
(榎 **factories** /fǽktəriz ふァクトリズ/)
(大きな) 工場 →work 名 ❸
•a **factory** worker 工場労働者, 工員
•He works in [at] an automobile **factory**. 彼は自動車工場で働いている.
•There are a lot of **factories** in this area. この辺りにはたくさん工場がある.

fade /féid ふェイド/ 動 (色が)あせる; (花が)しおれる; (しばしば **fade away** で) 次第(したい)に消えていく, 衰(おとろ)えていく
•The music **faded away**. その音楽の音は次第に消えていった.

Fahrenheit /fǽrənhait ふァレンハイト/ 形 (温度が)力氏の, 華氏(かし)の →**F** と略す.
•Today's temperature is 80℉. (読み方: eighty degrees Fahrenheit) きょうの気温は力氏80度です.

参考 「華氏」の「華」はこの温度計の考案者であるドイツの物理学者 G.D. Fahr-

enheit (1686–1736) の中国語表記から. C=⁵/₉ (F−32). F=⁹/₅ C+32.

fail 中 A2 /féil ふェイる/ 動 失敗する
反対語 **succeed** (成功する)
•He **fails** every time he tries. 彼はやるたびに失敗する. →every time は接続詞のような働きをして「~するたびに」.
•She **failed** as a singer. 彼女は歌手としては失敗した.
•He **failed** (**in**) the entrance exam. 彼は入試に失敗した. →in がないほうがふつう.
•The father **failed to** persuade his daughter. 父は娘(むすめ)を説得できなかった.

never [**not**] **fail to** do (~するのに決して失敗しない ⇨)きっと~する
•He **never fails to** attend the meetings. 彼はその会合には必ず出席する.
•**Don't fail to** come. 必ず来なさい.

── 名 失敗 →次の句で使う.
•**without fail** 間違(まちが)いなく, 必ず

failure /féiljər ふェイりャ/ 名
❶ 失敗; 失敗した人[事] 反対語 **success** (成功した人[事])
❷ 欠乏(けつぼう), 衰(おとろ)え; 故障

faint /féint ふェイント/ 形
❶ かすかな; 薄(うす)い; 弱々しい
•a **faint** light [hope] かすかな光[望み]
•I do**n't** have the **faintest** idea (of) where she is. 私は彼女がどこにいるか(最もかすかな考えさえ持っていない ⇨)見当もつかない.
❷ 気が遠くなって
•feel **faint** くらくらする, 失神しそうになる
•He was **faint** with hunger. 彼は腹がすいてよろよろしていた.

── 動 気が遠くなる, 失神する

fair¹ A1 /féər ふェア/ 形
❶ 公正な, 公平な, 公明正大な; (スポーツで)ルールにかなった, フェアな
•**fair** play 正々堂々のプレー
•a **fair** ball フェアボール
•A teacher must be **fair to** all his students. 先生は全生徒に公平でなければならない.
❷ かなりの, 相当の
•She spends a **fair** amount of money on clothes. 彼女は洋服に相当のお金を使う.
❸ ふつうの, まあまあの
•Her English is just **fair**—not good but

fair

not bad either. 彼女の英語はまあまあだ―上手ではないが,下手でもない.

❹ **色白の,金髪**(きんぱつ)**の** → 西欧(せいおう)人種は fair と dark に大別され,fair の人は金髪色白で目が青く,dark の人は皮膚(ひふ)が浅黒く,毛髪(もうはつ)や目も黒い.

❺ (天気が)**晴れた** (fine)
- **fair** weather 晴天
- Mon., May 8, **Fair**. (日記で)5月8日,月曜日,晴れ.

―― 副 **公明正大に**
- play **fair** 正々堂々とプレーする

fair² /féər フェア/ 名
❶ 《米》**品評会** → 農産物・家畜(かちく)を展示して優劣(ゆうれつ)を競(きそ)うもので,サーカスやショーも開かれ,お祭りに近い催(もよお)し.

❷ 《英》(巡回(じゅんかい)する)**移動遊園地;定期市**(いち);**縁日**(えんにち) → 祭日などに定期的に開かれ,農産物の売買のほかに娯楽(ごらく)的な要素もある.

❸ **博覧会** (exposition), **見本市**

fairly A2 /féərli フェアリ/ 副
❶ **かなり,なかなか** → fairly はいい意味の形容詞や副詞を修飾(しゅうしょく)する.したがって×fairly *bad* などとはいわない.
- get **fairly** good marks in English 英語でかなりいい点を取る
- He can swim **fairly** well. 彼はけっこううまく泳げる.

❷ **公明正大に,公平に**

fàir tráde 名 **フェアトレード** → 適正な価格を支払(しはら)うことで生産者の収入を保証し,生活の向上をはかろうとする運動.

fairy A1 /féəri フェアリ/ 名 (複 **fairies** /féəriz フェアリズ/) **妖精**(ようせい) → 童話に出てくる水や木の精で,ふつう背中に翼(つばさ)のある美しい乙女(おとめ)の姿をしている.手に魔法(まほう)のつえ (wand) を持っていて子供の願いをかなえてくれるという. → **elf, goblin, nymph**

fáiry tàle 名 **おとぎ話,童話** → 西洋の童話には fairy (妖精(ようせい))が出てくることが多いのでこういう.

faith /féiθ フェイす/ 名 ❶ **信頼**(しんらい),**信用;信念**
❷ **信仰**(しんこう); **宗教** (religion)

faithful /féiθfəl フェイすふる/ 形 **忠実な;誠実な;正確な**
- You must be **faithful to** your friends. 君は友人に対して誠実でなければいけない.

faithfully /féiθfəli フェイすふり/ 副 **忠実に**

fake /féik フェイク/ 名 形 **にせもの(の),模造品(の)**

fall 小 A2 /fɔ́:l フォール/

動 ❶ **落ちる,降る;倒**(たお)**れる** 意味map
　❷ 《**ある状態に落ちる**》**～になる**
名 ❶ **落下**
　❷ (**falls** で) **滝**(たき)
　❸ 《米》**秋** (《英》autumn)

―― 動

三単現	**falls** /fɔ́:lz フォールズ/
過去	**fell** /fél フェる/
過分	**fallen** /fɔ́:ln フォールン/
-ing形	**falling** /fɔ́:liŋ フォーリング/

❶ **落ちる,降る;倒れる;下がる**

基本 **fall** from the roof 屋根から落ちる → fall+前置詞+名詞.
- **fall** into a hole 穴に落ちる
- **fall** to the ground 地面に落ちる[倒れる]
- **fall** off the bike バイクから落ちる
- Leaves **fall** from the branches. 木の葉が枝から落ちる.
- The temperature **falls** at night. 夜になると気温が下がる.
- He **fell** off his bicycle yesterday. 彼は昨日自転車から落ちた.
- A lot of trees **have fallen** in the storm. 嵐(あらし)で多くの木が倒れた. → 現在完了(かんりょう)の文. → **have** 助動 ❶
- Snow **is falling**. 雪が降っている. → 現在進行形の文. → **is** 助動 ❶

❷ 《**ある状態に落ちる**》**～になる**

基本 **fall** ill 病気になる → fall+形容詞.
- **fall** asleep 眠(ねむ)り込(こ)む
- **fall** apart ばらばらになる (fall to pieces)

fall behind (～) (～に)遅(おく)れる

•Study hard, or you'll **fall behind** (the others). 一生懸命(けんめい)勉強しなさい, さもないと(ほかの人に)遅れるよ.

fall down 落ちる, 倒れる, 転ぶ

fall in love with ～ ～と恋(こい)に落ちる, ～が好きになる

•They **fell in love with** each other at first sight. 2人は一目会った時から恋に落ちた.

fall on [***upon***] ～ (休日などが)～にあたる

•Christmas **falls on** Sunday this year. 今年はクリスマスが日曜にあたる.

fall out (髪(かみ)の毛・歯などが)抜(ぬ)ける

fall over (～) (～につまずいて)転ぶ, (～の上に)倒れる

── 图 (遝 **falls** /fɔ́:lz ふォーるズ/)

❶ 落下, 転ぶこと; 下落

•a **fall** from a tree 木から落ちること
•have a great **fall** 派手に落っこちる
•a heavy **fall** of snow 大量の降雪
•a **fall** in prices 物価の下落

❷ (**falls** で) 滝 固有名詞とともに使う時はしばしば単数扱(あつか)い.

•Kegon **Falls** is [are] the highest **falls** in Japan. 華厳の滝は日本最長の滝です.

❸ 《米》秋 (《英》autumn)

•**in** (the) **fall** 秋に
•this **fall** 今年の秋(に) →×in this fall としない.
•Snow begins to fall here late **in fall**. ここでは秋遅(おそ)くに雪が降り始める. →前の fall は 動 ❶.
•In Australia March, April, and May are **fall** months. オーストラリアでは3月, 4月, 5月が秋の月です.

fallen /fɔ́:ln ふォーるン/ 動 **fall** の過去分詞

── 形 落ちた, 倒(たお)れた

•**fallen** leaves 落ち葉 →**falling**

falling /fɔ́:liŋ ふォーりンぐ/ 動 **fall** の -ing 形 (現在分詞・動名詞)

── 形 落ちる, 降る

•**falling** leaves 舞(ま)い落ちる葉 →**fallen**

false A1 /fɔ́:ls ふォーるス/ 形

うその, にせの; 不誠実な, 不正直な

•**false** teeth 入れ歯
•a **false** friend 不誠実な[上辺(うわべ)だけの]友

fame /féim ふェイム/ 图 有名であること, 名声

関連語 「有名な」は **famous**.

familiar A2 /fəmíliər ふァミリア/ 形 よく知っ

ている, なじみのある; 親しい

•a **familiar** face [song] 見慣れた顔[聞き慣れた歌]
•He is **familiar with** the rules of football. 彼はフットボールのルールに詳(くわ)しい.
•Her voice is **familiar to** me. 彼女の声は私には聞き覚えがある.

families /fǽməliz ふァミリズ/ 图 **family** の複数形

family 小 A1 /fǽməli ふァミリ/ 图

(遝 **families** /fǽməliz ふァミリズ/)

❶ 家族, 一家, 家族の者たち

POINT family を1つの集団とみなす時は単数扱(あつか)いだが, 家族の一人一人を考える時は複数扱い.

•a large **family** 大家族
•our **family** life 私たちの家庭生活
•There are five people in my **family**. = We are a **family** of five. うちは5人家族です.
•She was an old woman with no **family**. 彼女は家族(夫や子供)のいない年寄りだった.
•The Smith **family** lives next door to us. スミス家はうちの隣(となり)に住んでいる.
•There are ten **families** in this apartment building. このアパートには10家族[世帯]住んでいます.
•Our **family** are all early risers. 私のうちはみんな早起きです.

❷ (一家の)子供たち (children)

•have a **family** (結婚(けっこん)して)子供がいる
•Mr. and Mrs. White have a large **family**. ホワイト夫妻はお子さんが多い.

❸ 一族, 親族; 家柄(いえがら)

•The whole **family** will get together for the New Year holidays. 正月休みには一族の者みんなが集まるでしょう.
•He comes from a good **family**. 彼は名門の出です.

❹ (生物の)科; (言語の)語族

•Tigers belong to the cat **family**. トラはネコ科に属している.

fámily nàme 图 名字, 姓(せい) →家の名. たとえば John Smith の Smith のほうで, あとにくるから last name ともいう. →**name**

fàmily trée 图 家系図 →樹木が枝を伸(の)ばしていくような形になるのでこう呼ぶ.

famine

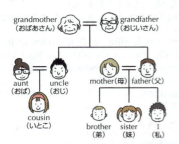

grandmother (おばあさん) — grandfather (おじいさん)
aunt (おば) — uncle (おじ) — mother (母) — father (父)
cousin (いとこ) — brother (弟) — sister (妹) — I (私)

famine /fǽmin ファミン/ 名 **ききん**, (食べ物の)**不足**; **欠乏**

famous 小 A1 /féiməs フェイマス/ 形
(比較級 **more famous**; 最上級 **most famous**) (よい意味で)**有名な**

基本 a **famous** singer 有名な歌手 →famous＋名詞.

基本 The Potomac River is **famous for** its cherry blossoms. ポトマック川はサクラの花で有名です. →be 動詞＋famous.

- This town is **famous for** its temples. この町はお寺で有名だ.
- He became **famous as** an honest man. 彼は正直な男として有名になった.
- He is **more famous than** his father. 彼は父親よりも有名です.
- He is one of the **most famous** writers in Japan. 彼は日本で最も有名な作家の1人です.

fan[1] A1 /fǽn ファン/ 名
扇風(せんぷう)機; **扇(おうぎ)**, **扇子(せんす)**; **うちわ**
- an electric **fan** 扇風機
- a paper **fan** 扇子[うちわ]
- a kitchen **fan** (台所の)換気扇(かんきせん)

―― 動 (三単現 **fans** /fǽnz ファンズ/; 過去・過分 **fanned** /fǽnd ファンド/; -ing形 **fanning** /fǽniŋ ファニング/)
(扇などで)**あおぐ**; **扇動(せんどう)する**

fan[2] 中 /fǽn ファン/ 名
(スポーツなどの)**ファン**
- a **fan** letter ファンからの手紙, ファンレター
- a **fan** club ファンクラブ, 後援(こうえん)会
- a baseball **fan** 野球のファン
- a big **fan** of the Tigers タイガースの大ファン

fancy A2 /fǽnsi ファンスィ/ 形 (比較級 **fancier** /fǽnsiər ファンスィア/; 最上級 **fanciest** /fǽnsiist ファンスィエスト/)

❶ **装飾(そうしょく)的な**, **(装飾的に)凝(こ)った**, **派手な**
- a **fancy** cake デコレーションケーキ →「デコレーションケーキ」は和製英語.

❷ **高級な** (expensive)
- a **fancy** hotel 高級なホテル

―― 名 (複 **fancies** /fǽnsiz ファンスィズ/) **好み**
- **have a fancy for** ～ ～が好きである
- **take a fancy to** ～ ～が好きになる

―― 動 (三単現 **fancies** /fǽnsiz ファンスィズ/; 過去・過分 **fancied** /fǽnsid ファンスィド/; -ing形 **fancying** /fǽnsiiŋ ファンスィイング/)

❶ **好む** (like)
- Do you **fancy** a drink, Lisa? 何か飲む, リサ?

❷ **想像する** (imagine)
- He **fancies** himself as a poet. 彼は自分を詩人だと思っている.

fang /fǽŋ ファング/ 名 (オオカミ・毒ヘビなどの)**牙(きば)** 類似語 象・イノシシなどの口外に突(つ)き出た「牙」は **tusk**.

fantastic 小 A2 /fæntǽstik ファンタスティク/ 形 ❶ **空想的な**, **奇妙(きみょう)な**, **奇抜(きばつ)な**
❷ 《話》 **とてもすばらしい**, **すてきな**

fantasy /fǽntəsi ファンタスィ/ 名 (複 **fantasies** /fǽntəsiz ファンタスィズ/) **空想**, **夢想**; **空想の産物**

far 中 A2 /fá:r ファー/
副 ❶ (距離(きょり)が)**遠くに**　　意味 map
❷ (程度・時間が)**はるかに**
形 **遠い**

―― 副
比較級 **farther** /fá:rðər ファーザ/, **further** /fá:rðər ファ～ザ/
最上級 **farthest** /fá:rðist ファーゼスト/, **furthest** /fá:rðist ファ～ゼスト/
→距離に関しては **farther**, **farthest** を, 程度・時間に関しては **further**, **furthest** を使うのが原則だが, 話し言葉ではどちらの場合も **further**, **furthest** を使うことが多い.

❶ (距離が)**遠くに**, **遠く**

基本 **far away** 遠く離(はな)れて, ずっと向こうに →far＋副詞.

- **far** ahead [behind] はるか前方に[後方に]

基本 Don't go **far**, because it will get dark soon. すぐ暗くなるから遠くへ行ってはい

けません. →動詞+far.

• Are you going to go that **far**? そんなに遠くまで行くつもりですか. →that は副詞(そんなに).

🔘POINT far はふつう否定文・疑問文に使う. 肯定(こうてい)の平叙(へいじょ)文では **a long way** を使う.

• My house is not **far from** here. 私の家はここから遠くない.

• How **far** is it from here to the house? ここからその家まではどのくらい遠いですか. →it は漠然(ばくぜん)と「距離」を表す.

❷ (程度・時間が)**はるかに**, **ずっと**

• **far into** the night 夜遅(おそ)くまで

• Your camera is **far** better than mine. 君のカメラは私のよりずっといい.

🔘POINT far は **much** と同じように比較(ひかく)級 (better) を強めるのに使う. 原級 (good) を強める時は **very**.

—— 形 (比較級) **farther** /fá:rðər ふァ〜ざ/, **further** /fá:rðər ふァ〜ざ/; 最上級 **farthest** /fá:rðist ふァ〜ゼスト/, **furthest** /fá:rðist ふァ〜ゼスト/) **遠い**; 向こうの, **遠いほうの**

• a **far** country 遠い国

• turn left the **far** side of a building (建物の遠いほうの側を ⇨)建物を通り過ぎてすぐ左に曲がる

as far as 〜 (距離が)〜と同じくらい**遠く**, 〜まで; (範囲(はんい)が)〜**する限り**

• I went with him **as far as** the station. 私は彼と駅までいっしょに行った.

📢会話 How far did we get last week? —We got **as far as** Lesson 5. 先週はどこまで進みましたか.—第5課まで進みました.

• **As far as** I know, he is not a bad boy. 私の知る限り, 彼は悪い子ではない.

• There were no trees **as far as** I could see. (私に見える限りでは ⇨)見渡(わた)す限り木は1本もなかった.

by far はるかに, 断然 →比較級や最上級を強める.

• This is **by far** the best of all. これは全部の中で断然最上です.

far and wide 広く方々を, あらゆる所を[に]

far from 〜 〜どころか, まったく〜でない

• He is **far from** honest. 彼は正直どころの話ではない[うそつきだ].

so far 今までのところでは, そこまで(は)

so far as 〜 =as far as 〜

faraway /fá:rəwei ふァーラウェイ/ 形 遠い

fare A2 /féər ふェア/ 名 (乗り物の)料金, 運賃

• a bus [taxi] **fare** バス[タクシー]料金

Fár Éast 固名 (the をつけて) 極東 →日本・朝鮮(ちょうせん)半島・中国などを指す.

farewell /feərwél ふェアウェる/ 間 ご機嫌(きげん)よう!, さようなら! →goodbye よりも改まったやや古い言い方.

—— 名 別れの挨拶(あいさつ)(の言葉) →しばしば **farewells** という形でも使われる.

—— 形 送別の

• a **farewell** party 送別会

farm A1 /fá:rm ふァーム/ 名 (複 **farms** /fá:rmz ふァームズ/)

❶ 農場; 飼育場

🔘POINT 市場に出すために植物や動物を育てる場所.

• live [work] **on** a **farm** 農場に住む[で働く]

• **farm** products 農産物

• a chicken [sheep] **farm** 養鶏(ようけい)場[牧羊場]

• a dairy **farm** 酪農(らくのう)場

❷ (アメリカの大リーグに属している)二軍チーム, ファーム →**farm team** [**club**] ともいう. 若い選手を一人前にして大リーグに送るところ.

farmer 小 A1 /fá:rmər ふァーマ/ 名

農場主, 農場経営者; 農民 →英国ではふつう農場経営者を指し, 米国では自作農・小作農をも含(ふく)む.

fàrmers' márket 名 農作物直売市

farmhouse /fá:rmhaus ふァームハウス/ 名 農場主の住宅, 農家

farming /fá:rmiŋ ふァーミンぐ/ 名 農業, 農作業; 農場経営

farmyard /fá:rmja:rd ふァームヤード/ 名 農家の庭 →住宅・納屋(なや)などに囲まれた空き地. →**yard²** ❶

farther /fá:rðər ふァーざ/ 副 もっと遠くに →**far** の比較級.

• This year I can swim **farther** than last year. 今年私は去年より遠くまで泳げる.

—— 形 もっと遠い

farthest /fá:rðist ふァーゼスト/ 副 最も遠くに, 一番遠くに →**far** の最上級.

• Who can throw a ball **farthest**? 誰(だれ)がボールを一番遠くまで投げられるか.

—— 形 最も遠い, 一番遠い

fascinate /fǽsəneit ファスィネイト/ 動 魅了(みりょう)する, うっとりさせる
・He was **fascinated** by the beauty of Alaska. 彼はアラスカの(自然の)美しさに魅了された.

fascinating A2 /fǽsəneitiŋ ファスィネイティング/ 形 魅惑(みわく)的な, うっとりさせるような, とても美しい[おもしろい]

fashion A2 /fǽʃən ファション/ 名 ❶ 流行, はやり ❷ しかた, 〜風(ふう)
・after [in] *one's* own **fashion** 自己流で
come into fashion はやり出す
go out of fashion 廃(すた)れる, 流行遅(おく)れになる
in [out of] fashion はやって[廃れて]
・Miniskirts are **in** [**out of**] **fashion**. ミニスカートがはやっている[はやらなくなっている].

fashionable /fǽʃənəbl ファショナブる/ 形 流行の

fast¹ 小 A1 /fǽst ファスト | fɑ́ːst ファースト/

副 ❶ (速度が)**速く**   意味map
　 ❷ ぐっすりと
形 **速い**; (時計が)**進んで**

── 副 (比較級 **faster** /fǽstər ファスタ/; 最上級 **fastest** /fǽstist ファステスト/)

❶ (速度が)**速く** 類似語 **early** ((時間的・時期的に)早く, 早い)
基本 run **fast** 速く走る → 動詞+fast.
・walk **fast** 速く歩く
反対語 Don't speak too **fast**. Please speak **slowly** and clearly. あまり速くしゃべらないで. ゆっくりはっきり話して.
・Bill can run **faster** than I can [(話) than me]. ビルは僕(ぼく)よりも速く走れる.
・The train went **faster** and **faster**. 列車はだんだん速度を速めた. →「比較(ひかく)級+and+比較級」は「ますます〜, だんだん〜」.
・He can skate (**the**) **fastest** in our class. 彼はクラスで一番速くスケートですべれる.

❷ しっかりと; ぐっすりと
・hold **fast** しっかりつかまる
・be **fast** asleep ぐっすり眠(ねむ)っている

── 形 (比較級 **faster** /fǽstər ファスタ/; 最上級 **fastest** /fǽstist ファステスト/)

速い; (時計が)進んで
基本 a **fast** runner 走るのが速い人 → fast+名詞.
・a **fast** train 快速電車
基本 The hare is **fast**. The tortoise is slow. ウサギは速い. カメはのろい. → be 動詞+fast.

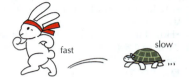
fast　　slow

・My watch is a little [five minutes] **fast**. 私の時計は少し[5分]進んでいる.
・He is **the fastest** runner in our class. 彼はうちのクラスで一番速いランナーです[走るのが一番速い].

fast² /fǽst ファスト/ 名 動 断食(だんじき)(する) → 特に宗教上の慣習として行うもの.

fastball /fǽstbɔːl ファストボール/ 名 速球, 直球

fasten /fǽsn ファスン/ 動 結ぶ, 縛(しば)る, 留める, 締(し)める, 固定する
・**fasten** a shelf to the wall 壁(かべ)に棚(たな)を取り付ける
・**Fasten** your seat belts, please. 座席ベルトをお締めください.

fastener /fǽsnər ファスナ/ 名 留めるもの, 留め金; クリップ → 日本語でいう「ファスナー」以外にも, 固定用の留め具全般(ぜんぱん)を指す.

fást fóod A2 名 ファストフード → **fast-food**

fast-food /fǽst fuːd ファスト ふード/ 形 ファストフード(専門)の

fasting /fǽstiŋ ファスティング/ 名 断食(だんじき) → **fast²**

fat A1 /fǽt ファト/ 形 (比較級 **fatter** /fǽtər ファタ/; 最上級 **fattest** /fǽtist ファテスト/)
まるまる太った, でぶの → しばしば軽蔑(けいべつ)的に使うので注意. 遠回しには **stout**, **overweight** という. → **lean¹**, **thin**
・a **fat** man 太った男
・a **fat** wallet (札で)ふくれた財布(さいふ)
・get [grow] **fat** まるまる太る

── 名 脂肪(しぼう), (肉の)脂身(あぶらみ)
・cooking **fat** 料理用油脂(ゆし)
関連語 200g of **lean** and 400g of **fat** 赤身200グラムと脂身400グラム

fatal /féitl フェイトる/ 形 命に関わる, 致命(ちめい)的な; 取り返しのつかない, 重大な

fate /féit フェイト/ 名 運命

father 小 A1 /fάːðər ふァーざ/ 名

(複 **fathers** /fάːðərz ふァーざズ/)

❶ 父, 父親

POINT 家庭内では固有名詞のように使い, a, the, my, our をつけず, しばしば大文字で書き始める. **dad**, **daddy** に比べて少し改まった言い方.

•my [John's] **father** 私の[ジョンの]父

•He is the **father** of six children. 彼は6人の子供の父親だ.

•Do you remember this watch, **Father**? お父さん, この時計のこと覚えてる?

❷ 創始者, 生みの親, (〜の)父

•the **Father** of Medicine 医学の父 →ヒポクラテス(古代ギリシャの医師)のこと.

❸(**Father** で)(特にカトリック教の)神父

•**Father** Brown ブラウン神父

❹(**Father** で)(キリスト教で)天の父なる神

Fàther Chrístmas 固名 《英》= Santa Claus (サンタクロース)

father-in-law /fάːðərin lɔː ふァーざリン ろー/ 名 (複 **fathers-in-law** /fάːðərzin lɔː ふァーざズイン ろー/) 義理の父, 義父, しゅうと

Fáther's Dày 名 父の日 →6月の第3日曜日.

faucet /fɔ́ːsit ふォーセト/ 名 《米》(水道などの)コック, 蛇口(じゃぐち)(《英》tap)

fault A2 /fɔ́ːlt ふォーるト/ 名

❶ 欠点, 短所, 欠陥(けっかん)

❷ あやまち, (あやまちの)責任

•It's not my **fault** if you fail. 君が失敗しても僕(ぼく)の責任じゃない.

❸ (地殻(ちかく)の)割れ目, 断層

find fault (with 〜) (〜について)あら探しをする, (〜に)けちをつける

•He **finds fault with** everything. 彼は何にでもけちをつける.

favor A2 /féivər ふェイヴァ/ 名

❶ 好意, 親切; お願い

•do her a **favor** 彼女に親切にしてあげる

•I need a **favor**. お願いがあります.

基本 May I ask you a **favor** [a **favor** of you]? あなたにお願いしたいことがあるのですが.

❷ 支持, 賛成

in favor of 〜 〜に賛成して

•I'm **in favor of** the plan. 私はその計画に賛成だ.

反対語 Fifty votes were **in favor of** Jack and three were **against** him. 50票はジャックに賛成で, 3票が反対でした.

—— 動 好意を示す, 賛成する; えこひいきする

favorable /féivərəbl ふェイヴァラブる/ 形 都合のよい, 好意的な

favorite 小 A1 /féivərit ふェイヴァリト/
名 お気に入り, 人気者

—— 形 お気に入りの, 大好きな →名詞の前にだけつける.

•my **favorite** subject [dish] 私の大好きな教科[料理]

•Who is your **favorite** ball player? あなたの好きな野球選手は誰(だれ)ですか.

favour /féivər ふェイヴァ/ 名 動 《英》=favor

favourable /féivərəbl ふェイヴァラブる/ 形 《英》=favorable

favourite /féivərit ふェイヴァリト/ 名 形 《英》=favorite

fax /fǽks ふァクス/ 名 ファックス

—— 動 ファックスで送る

FBI /éfbiːái エふビーアイ/ 略 (the FBI で)米国連邦(れんぽう)捜査(そうさ)局 = the Federal Bureau of Investigation. 司法省に属する捜査機関で, 各州にまたがる犯罪やスパイなど国内治安事件を扱(あつか)う.

FC 略 サッカークラブ →football club.

fear A2 /fíər ふィア/ 名 恐(おそ)れ, 恐怖(きょうふ); 心配

•cry from **fear** 怖(こわ)くて泣く

•He had a **fear** of high places. 彼は高い所が怖かった[高所恐怖症(きょうふしょう)だった].

•The child could not enter for fear of the dog. その子は犬が怖くて入れなかった.

—— 動 恐れる; 心配する, 気遣(きづか)う

→「恐れる」の意味ではふつう be afraid (of 〜, that 〜) を使う.

•Our dog **fears** cats. うちの犬はネコを怖がります.

fearful /fíərfəl ふィアふる/ 形 恐(おそ)ろしい; 心配して

feast /fíːst ふィースト/ 名 ごちそう; 祝宴(しゅくえん)

feat /fíːt ふィート/ 名 偉大(いだい)な[目覚ましい]行

feather 224 two hundred and twenty-four

い, 偉業(いぎょう); 妙技(みょうぎ), 離(はな)れ技(わざ)

feather A2 /féðər フェざ/ 图 (1枚の)羽

ことわざ Birds of a **feather** flock together. 一つ羽[同じ羽]の鳥はいっしょに集まる. →「似た者同士はいっしょに集まる」の意味.「類は友を呼ぶ」にあたる.

ことわざ Fine **feathers** make fine birds. 立派な羽は立派な鳥を作る. →「服装だけでもちゃんとしていればどんな人でもよく見える」の意味.

feather　　　　　　　wing

feature A2 /fíːtʃər フィーチャ/ 图

❶ 顔のつくりの1つとしての目, 鼻, 口, あごなど; (**features** で)目鼻だち, 顔だち

❷ 特徴(とくちょう), 特色

❸ (新聞・雑誌などの)特集[特別]記事; (ラジオ・テレビ・ショーなどの)呼び物; (映画館のプログラムのうちで中心となる)長編映画

• A **feature** of the circus is the tightrope act. そのサーカスの呼び物は綱渡(つなわた)りです.

Feb. 略 =**Feb**ruary (2月)

February 小 A1 /fébjueri フェブユエリ, fébrueri フェブルエリ|fébruəri フェブルアリ/ 图

2月 →**Feb.** と略す. 詳(くわ)しい使い方は → **June**

• in **February** 2月に

• on **February** 11 (読み方: (the) eleventh) 2月11日に

• I went to Sapporo last **February**. 私はこの前の2月札幌へ行った.

語源 (February)
ラテン語で「清めの月」の意味. 昔この月には「清めの祭り」が行われた.

fed /féd フェド/ 動 **feed** の過去形・過去分詞

federal /fédərəl フェデラる/ 形 連邦(れんぽう)の; (**Federal** で)米国政府の

fee A2 /fíː フィー/ 图

❶ (弁護士・医者などの)報酬(ほうしゅう), 謝礼(金)

❷ 料金, 入場料; (しばしば **fees** で)授業料

feeble /fíːbl フィーブる/ 形 弱い, かよわい

(very weak)

feed 中 A1 /fíːd フィード/ 動

三単現 **feeds** /fíːdz フィーヅ/
過去・過分 **fed** /féd フェド/
-ing形 **feeding** /fíːdiŋ フィーディング/

❶ 餌(えさ)をやる, 食物を与(あた)える; 養う; 餌を食う, 草を食う

• **feed** a baby 赤ちゃんにお乳[食べ物]をやる

• She **feeds** the birds from her hand. 彼女は小鳥たちに手渡(わた)しで餌をやる.

• We **feed** our cat on canned food. = We **feed** canned food to our cat. うちはネコに缶詰(かんづめ)の餌を与えています.

• I **fed** carrots to the rabbits. 私はウサギにニンジンをやった.

• These dogs are **fed** twice a day. ここの犬には1日2回エサを与えている.

• **Feeding** the goldfish is my job. 金魚に餌をやるのは私の仕事です. →Feeding (餌をやること)は動名詞で文の主語.

❷ (機械にデータ・信号などを)送り込(こ)む

• **feed** the data into a computer コンピューターにそのデータを入れる

be fed up 《話》うんざりする, あきあきする

• I **am fed up** with his jokes. 私は彼の冗談(じょうだん)にはうんざりだ.

feed on [**upon**] 〜 〜を食う, 〜を食って生きる

── 图 (家畜(かちく)に与える)餌, 飼料

feedback /fíːdbæk フィードバク/ 图 (情報・サービスなどに対する受け手の)反応, 意見; フィードバック

• get positive [negative] **feedback** from the readers 読者からの好意的[否定的]な反応を得る

feel 中 A1 /fíːl フィーる/ 動

三単現 **feels** /fíːlz フィーるズ/
過去・過分 **felt** /félt フェるト/
-ing形 **feeling** /fíːliŋ フィーりング/

❶ (体・心に)感じる; (触(さわ)ると)〜の感じがする, 気分が〜である

基本 **feel** (a) pain 痛みを感じる, 痛い →feel＋名詞.

• **feel** the warmth of the sun 太陽の暖かさを感じる

• **feel** the house shake 家が揺(ゆ)れるのを感じる →feel A do は「Aが〜するのを感じる」.

- I **feel** (that) he loves me. なんだか彼私のことを愛しているような気がするわ.
- 基本 **feel** cold 寒く感じる, 寒い →feel＋形容詞.
- **feel** happy うれしい(と感じる), 幸せだ
- **feel** sorry かわいそうな気がする, 残念に思う, すまなく思う
- **feel** sad 悲しくなる
- **feel** down 気持ちが沈(しず)む, 落ち込(こ)む
- **feel** bad 気まずい思いをする
- **feel** proud 誇(ほこ)らしく思う
- **feel** sleepy 眠(ねむ)くなる
- Don't **feel** alone. (ひとりぼっちだと思って)寂(さび)しがらないで.
- I did not **feel** well yesterday. 私は昨日気分が悪かった.

 会話

How do you **feel** today?—I **feel** better today.
きょうは気分はどうですか.—きょうは(昨日より)気分がいいです.

- Velvet **feels** smooth. ビロードは(手触(てざわ)りが)すべすべしている.
- He **felt** the need of a common language. 彼は共通語の必要を感じた.
- My head **felt** clear. 私の頭はさえていた.
- How **are** you **feeling** today? きょうは気分はどうですか. →How do you feel? より feel の意味を強調する形の現在進行形.

❷ 触る, 触(ふ)れる, 触ってみる; 手で探(さぐ)る
- **feel** his pulse 彼の脈に触れる[脈をみる]
- Mother **feels** the baby's bottle and checks if the milk is warm. 母は哺乳瓶(ほにゅうびん)に触ってミルクが温かいかどうか確かめます.

feel for ~ ① ~を手探(てさぐ)りで捜(さが)す
- He **was feeling** in the bag **for** the key. 彼は手探りでかばんの中のカギを捜していた.

② ~に同情する
- I **felt for** her. 私は彼女に同情した.

feel like ~ ① 手触りが~のようである
- It **feels like** silk. それは手触りが絹のようだ.

② ~したい気がする; ~しそうである
- I don't **feel like** (taking) a walk. 私は散歩をする気にならない.
- It **feels like** snow today. きょうはどうやら雪になりそうだ. →It は漠然(ばくぜん)と「天候」を表す.

feel one's way 手探りで進む
- In the dark I **felt my way** to the kitchen. 暗闇(くらやみ)の中を私は手探りで台所まで行った.

feeler /fíːlər フィーら/ 名 《ふつう **feelers** で》(動物の)触角(しょっかく), 触毛(しょくもう)

feeling 中 A1 /fíːliŋ フィーりンぐ/ 動
feel の -ing 形 (現在分詞・動名詞)
— 名 ❶ 感覚, 感じ
- I have a **feeling** that something good is going to happen. 何かいい事が起こりそうな気がする.

❷ 《しばしば **feelings** で》感情; 気持ち; 思いやり

❸ 感想, 意見

feet 中 /fíːt フィート/ 名 foot の複数形

fell 中 /fél ふェる/ 動 fall の過去形

fellow /félou ふェろウ/ 名 《話》やつ, 男 →下の例のように前に形容詞がつくのがふつう.
- a good **fellow** いいやつ
- Poor **fellow**! かわいそうなやつ!
— 形 仲間の, 同僚(どうりょう)の
- a **fellow** traveler 旅の道連れ

fellowship /félouʃip ふェろウシプ/ 名 連帯意識, 友情, 付き合い

felt¹ 中 /félt ふェるト/ 動 feel の過去形・過去分詞

felt² /félt ふェるト/ 名 形 フェルト(製の)

felt-tip(ped) /félt tip(t) ふェるト ティプ(ト)/ 形 先端(せんたん)がフェルト製の

female A2 /fíːmeil ふィーメイる/ 名 形 女(の), 女性(の); 雌(めす)(の) 反対語 **male** (男性(の))
- a **female** cat 雌ネコ

fence A2 /féns ふェンス/ 名
囲い, 柵(さく), 塀(へい)

チャンクでおぼえよう feel	
□ 痛みを感じる	**feel** a pain
□ 幸せを感じる	**feel** happy
□ 赤ちゃんの手に触れる	**feel** the baby's hand
□ シルクのような手触りだ	**feel** like silk

- a wire **fence** 金網のフェンス
- a pasture **fence** 牧場の囲い
- put up a board **fence** 板塀(いたべい)を作る

—— 動 柵[塀]で囲む

fencing /fénsiŋ フェンスィング/ 名 フェンシング, 剣術(けんじゅつ)

fern /fə́ːrn ファ〜ン/ 名 《植物》シダ

ferret /férət フェレト/ 名 《動物》フェレット → イタチの一種. 以前はネズミ・ウサギを狩り出すのに使われた.

Ferris wheel /féris (h)wìːl フェリス (ホ)ウィ〜ル/ 名 (遊園地などの回転式の)観覧車 → Ferris はこれを作った米国人技師の名.

ferry /féri フェリ/ 名 (複 **ferries** /fériz フェリズ/) ❶ フェリーボート → **ferryboat** ともいう.
❷ 渡(わた)し場, 渡船場(とせんば)

ferryboat /féribout フェリボウト/ 名 渡(わた)し船, 連絡(れんらく)船, フェリーボート → 単に **ferry** ともいう.

fertile /fə́ːrtl ファ〜トル|fə́ːtail ファ〜タイル/ 形 土地が肥えた, 肥沃(ひよく)な

fertilizer /fə́ːrtəlaizər ファ〜ティライザ/ 名 肥料

festival 小 A1 /féstəvəl フェスティヴァル/ 名 お祭り, 祭日; 〜祭, 祭典
- a music **festival** 音楽祭
- a school **festival** 学園祭, 文化祭

fetch /fétʃ フェチ/ 動 取って来る, 連れて来る (go and bring back)

fever 中 A1 /fíːvər フィーヴァ/ 名
❶ 熱; 熱病
- have a **fever** 熱がある
❷ 興奮, 熱狂(ねっきょう)

few 中 A2 /fjúː フュー/ 形 代 (比較級 **fewer** /fjúːər フューア/; 最上級 **fewest** /fjúːist フューエスト/)

❶ (**a few** (〜)で) 2〜3(の〜), 少数(の〜) → 次に名詞を伴(ともな)えば形容詞, 単独なら代名詞.
🔵基本 There are **a few** books on the shelf. 棚(たな)の上に2〜3冊の本がある. → a few+数えられる名詞の複数形.
- **a few** days ago [later] 2〜3日前[後]
- for **a few** days 2〜3日の間
- in **a few** minutes 2〜3分で
- say **a few** words ちょっとしゃべる, ひと言しゃべる
- There are **a few** stars in the sky. 空に星が少しある.

💬会話 What is a dragon like?—Well, it's difficult to answer in **a few** words. 竜(りゅう)はどんなものですか.—そうねえ, ひと口で言うのは難しいなあ.

❷ (**a** をつけないで) 2〜3 (の〜しかない), 少数 (の〜しかない)

🔵基本 There are **few** books on the shelf. 棚(たな)の上には2〜3冊の本しかない. → few+数えられる名詞の複数形.

⚠POINT **a few** は「少しはある」と「ある」に重点をおき, a が付かない few は「少ししかない」と「ない」に重きを置く.

類似語 **few** は数(数えられるもの)に使い, 量(数えられないもの)には **little** を使う.

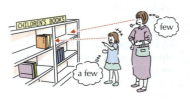

- these **few** days ここ数日 → these (これら)などがついていれば a がなくても「少数の」の意味.
- a man of **few** words 口数の少ない男, 無口な男
- There are (very) **few** stars in the sky. 空に星がほとんどない. → few はしばしば **very few** という形で使う.
- I made **fewer** mistakes than Jim. 私はジムより間違(まちが)いが少なかった.

not a few =quite a few

only a few 〜 (=(very) few) ほんのわずか [少数]の〜(しか〜ない) → only がつくと否定的な意味になる. →**only a little** (〜) (**little** 成句)
- **Only a few** could answer the question. ほんの数人しかその質問に答えられなかった.

quite a few かなりたくさん(の)
- **Quite a few** people are against the plan. かなり多くの人たちがその計画に反対だ.

fiber /fáibər ファイバ/ 名 繊維(せんい); (布の)生地(きじ)

fibre /fáibər ファイバ/ 名 《英》=fiber

fickle /fíkl フィクる/ 形 (人・天候などが)気まぐれな, 移り気な, 変わりやすい

fiction A2 /fíkʃən フィクション/ 名
❶ 小説, 創作
❷ 作り話, うそ →**fact**

fiddle /fídl フィドゥる/ 名《楽器》バイオリン (violin)

fiddler /fídlər フィドゥら/ 名 バイオリン弾(ひ)き

field 小 A1 /fíːld フィーるド/ 名
❶ 畑, 田; 牧草地
・a rice **field** たんぼ
・an oil **field** 油田
・A lot of people are working in the **fields**. たくさんの人たちが畑で働いている。

POINT 「畑」はふつうあぜ道や石垣(いしがき)などで仕切られているのでいくつもの畑を念頭に置いていう時は複数形を使う.

・There are beautiful green **fields** of rice before us. 私たちの前には青々と美しい水田が広がっている.

❷ 野原
・They walked through forests and **fields**. 彼らは森や野原を歩いた.

❸ 競技場, 〜場; (陸上競技場で走路 (track) の内側の)フィールド
・a baseball [playing] **field** 野球[運動]場

❹ (研究・活動などの)分野
・a new **field** of science 科学の新分野

fíeld dày 名《米》(学校の)運動会(の日)(《英》sports day); 屋外活動(日), 遠足(日)

fielder /fíːldər フィーるダ/ 名 (野球・クリケットなどで)野手 ▶主に外野手を指す.

fíeld trìp 名 遠足, 校外社会見学

fierce /fíərs フィアス/ 形 激しい, 猛烈(もうれつ)な; どう猛(もう)な

fifteen 小 A1 /fiftíːn フィふティーン/ 名
(複 **fifteens** /fiftíːnz フィふティーンズ/)
❶ 15; 15歳(さい)
❷ 15人[個]一組のもの, ラグビーチーム
── 形 15の; 15人[個]の; 15歳で
・**fifteen** students 15人の学生
・It's **fifteen** minutes past ten. 10時15分過ぎだ. ➡ It は漠然(ばくぜん)と「時間」を表す.
・I will be **fifteen** next week. 来週私は15歳になる.

fifteenth /fiftíːnθ フィふティーンす/ 名 形 15番目(の); (月の)15日 →**15th** と略す.
・on the **15th** of May＝on May **15** 5月15日に

fifth 中 /fífθ フィふす/ 名 形 (複 **fifths** /fífθs フィふすス/)
❶ 5番目(の); (月の)5日 →**5th** と略す. 使い方については →**third**
・on the **fifth** of May＝on May **5** 5月5日に
・The office is on the **fifth** floor of the building. 事務所はそのビルの5階 [《英》6階] にある.
❷ 5分の1(の)
・one **fifth**＝a **fifth** part 5分の1
・two **fifths** 5分の2

Fífth Ávenue 固名 五番街 →ニューヨーク市のにぎやかな大通りで, エンパイアステートビル, マディソン広場, 美術館などがある.

fiftieth /fíftiiθ フィふティエす/ 名 形 50番目(の)

fifty 小 A1 /fífti フィふティ/ 名 (複 **fifties** /fíftiz フィふティズ/)
❶ 50; 50歳(さい)
・He is a little under **fifty**. 彼は50歳の少し下です[50少し前です].
❷ (**fifties** で) (年齢(ねんれい)の)50代; (世紀の)50年代 → fifty から fifty-nine まで.
── 形 50の; 50歳で
・**fifty** cars 50台の車
・He is **fifty** (years old). 彼は50歳です.

fig /fíg フィグ/ 名《植物》イチジクの実; イチジクの木 →**fig tree** ともいう.

fight 中 A1 /fáit ファイト/ (→gh は発音しない) 動
三単現	**fights** /fáits ファイツ/
過去・過分	**fought** /fɔ́ːt ふォート/
-ing形	**fighting** /fáitiŋ ふァイティング/

戦う; 殴(なぐ)り合いをする, 格闘(かくとう)する, (殴り合いの)けんかをする
類似語 **quarrel** (口げんかする)

fight

quarrel

・**fight back** 反撃(はんげき)する, 抵抗(ていこう)する

fighter

228

two hundred and twenty-eight

- **fight** (**against** [**with**]) the enemy 敵と戦う
- **fight** a battle 戦い[戦争]をする, 戦う
- **fight for** peace 平和のために戦う
- Britain **fought** with France **against** Germany. 英国はフランスと同盟してドイツと戦った.

―― 图 ❶ 戦闘(せんとう); 格闘, (殴り合いの)けんか

- have a fist **fight** with ～ ～と殴り合いのけんかをする →fist は「げんこつ」.
- win [lose] a **fight** 戦いに勝つ[負ける]

❷ 闘志(とうし), ファイト

fighter A2 /fáitər ふァイタ/ 图
❶ 戦う人, 戦士, 闘士(とうし)
❷ ボクサー
❸ 戦闘(せんとう)機

fighting /fáitiŋ ふァイティング/ 图 戦い, 戦闘(せんとう); 格闘(かくとう), けんか

fighting spírit 图 闘志(とうし), ファイト

figure 中 A2 /fígjər ふィギャ/fígə ふィガ/ 图
❶ 姿, 形; (絵・彫刻(ちょうこく)に表された)像, 肖像(しょうぞう)

- She has a good **figure**. 彼女はスタイルがいい.

❷ 人物 →いい意味で社会的に目立っている人について使う.

- Mr. Bond is a well-known **figure** in our town. ボンド氏は私たちの町ではよく知られた人物[名士]です.

❸ 数字, 数; (**figures** で) 計算, 算数

- the **figure** 8 数字の8, 8の字
- a six-**figure** telephone number 6桁(けた)の電話番号
- be good at **figures** 計算が得意である

❹ 図形, 模様

- See **Fig**. 2 図2を見よ. →Fig. は figure の省略形.

―― 動 《米話》～だと思う (think)

- I **figured** that he would arrive before noon. 彼は正午前に到着(とうちゃく)すると思いました.

figure out (計算して(答えなど)を)**出す**; (よく考えて)**解決する**

fígure skàter 图 フィギュアスケート選手

fígure skàting 图 フィギュアスケート → 元は氷上にいろいろな模様 (figure) を描(えが)きながら滑(すべ)ったことからこう呼(よ)んだ.

file¹ A1 /fáil ふァイる/ 图

❶ ファイル, 書類整理用具 →整理箱・ケース・とじ込(こ)み帳など.
❷ 整理された書類[情報], とじ込み, ファイル
❸ 《コンピューター》 ファイル

on file ファイルに整理されて

―― 動 ファイルする, とじ込みで整理する; 提出する

file² /fáil ふァイる/ 图 やすり

file³ /fáil ふァイる/ 图 縦列

Filipino /filipí:nou ふィリピーノゥ/ 图 (⑱ **Filipinos** /filipí:nouz ふィリピーノゥズ/)
❶ フィリピン人 →**Philippines**
❷ フィリピノ語 →フィリピンの土着言語タガログ語 (Tagalog) を標準化したもので, フィリピン共和国の公用語の1つ.

―― 形 フィリピンの; フィリピン人の

fill 中 A1 /fíl ふィる/ 動
満たす, いっぱいにする; 満ちる, いっぱいになる

- **fill** a glass with water コップを水で満たす
- The glass **is filled with** water. コップは水で満たされている. →**is** 助動
- My heart was **filled with** joy. 私の心は喜びにあふれた.
- The bath **filled** slowly. 浴槽(よくそう)はだんだんいっぱいになった.
- The room **filled with** fresh air. 部屋いっぱいに新鮮(しんせん)な空気が入ってきた.

fill in (空所などを)埋(う)める; (用紙に)書き込(こ)む

- **Fill in** the blanks with suitable words. 適切な言葉で空所を埋めよ.

fill out (用紙などに)書き込む

fill up いっぱいに満たす[満ちる]

filling station /fíliŋ stèiʃən ふィリング ステイションョン/ 图 《米》 ガソリンスタンド (gas station) (《英》petrol station)

film A2 /fílm ふィるム/ 图
❶ 映画 (motion picture)

- a **film** star 映画スター

❷ (プラスチックなどの)薄い膜, (写真などの)フィルム

- a roll of **film** 1本のフィルム, フィルム1本

filter /fíltər ふィるタ/ 图 ろ過器; (カメラの)フィルター

―― 動 ろ過する

fin /fín ふィン/ 图 (魚の)ひれ

final 中 A2 /fáinl ふァイヌる/ 形 最後の (last); 最終的な, 決定的な

- the **final** contest 決勝(戦)

——名 ❶(ときに **finals** で)決勝試合, 決勝戦 ❷期末試験;《英》卒業試験

finale /fináːli ふィナーリ, fináːli ふィナーリ/ 名 《音楽》終楽章, 終曲, フィナーレ;《演劇》最後の幕, 大詰め

finalist /fáinəlist ふァイナリスト/ 名 決勝戦出場者

finally 中 A2 /fáinəli ふァイナリ/ 副 最後に, ついに (in the end)
・**Finally** her dream has come true. ついに彼女の夢はかなった.

finance /fáinæns ふァイナンス, finǽns ふィナンス/ 名 ❶ 財政; 金融 ❷(**finances** で)資金; 財政状態

financial /finǽnʃəl ふィナンシャる, fainǽnʃəl ふァイナンシャる/ 形 財政上の, 金銭上の

find 小 A1 /fáind ふァインド/
動 ❶ 見つける　　　　　　　意味 map
　❷ ～とわかる; ～であることがわかる

——動
三単現 **finds** /fáindz ふァインヅ/
過去・過分 **found** /fáund ふァウンド/
-ing形 **finding** /fáindiŋ ふァインディング/

❶ 見つける, 見いだす

基本 **find** a key 鍵(かぎ)を見つける →find + 名詞.
・**find** a dime on the floor 床(ゆか)の上に10セントが落ちているのを見つける
・He **finds** a part-time job every summer. 毎年夏に彼はアルバイトを見つける.
・He **found** me a good seat. = He **found** a good seat for me. 彼は私によい座席を見つけてくれた. →前の文は find *A B* で「AにBを見つけてやる」.
・Gold **was found** in California in 1848. 1848年にカリフォルニアで金が発見された. →受け身の文. → **was** 助動 ❷

❷(～してみて)～とわかる; (**find that** ～ で) ～であることがわかる

基本 **find** the book interesting その本を(読んでみて)おもしろいとわかる

POINT find *A B* (形容詞)で「AがBであるとわかる」. find an interesting book は「おもしろい本を見つける」.

・I **found** him asleep [dead]. (見ると)彼が

find 小 A1 /ふァインド/

三単現 **finds** /ふァインヅ/
過去・過分 **found** /ふァウンド/
-ing形 **finding** /ふァインディング/

教科書によく出る **意味**

動 ❶ 見つける
　　 I **found** a good recipe on the Internet. ネットでいいレシピを見つけた.

❷(～してみて)～とわかる
　　 He **found** that she was crying. 彼は彼女が泣いているとわかった.
　　 You'll **find** the book interesting.
　　 (読んでみれば) その本がおもしろいとわかるよ.

教科書によく出る **連語**

find out 見つけ出す, 知る, わかる
　 Let's **find out** more information. もっと多くの情報を見つけ出そう.

finder

眠(ねむ)って[死(し)んで]いるのがわかった[彼は眠って[死んで]いた].
- He was **found** dead. 彼は死んでい(るのが発見され)た.
- I **found** him honest [friendly]. (どうかと思ったら)彼は正直[好意的]だった.
- I **found** it difficult [easy] to climb the tree. その木に登ることは(困難[簡単]だとわかった ⇒)困難[簡単]だった. →it=不定詞 to climb (登ること)以下. → **to** ❾ の ①
- If you talk to him, you'll **find that** he is a good man. 彼と話してみれば，彼がいい人だということがわかるでしょう.

find oneself (気がつくと)～にいる[～になっている，～である]
- I **found myself** in a strange room. (気がつくと)私は見たこともない部屋にいた.
- I awoke one morning and **found myself** famous. ある朝目覚めると私は有名になっていた.

find out 見つけ[さがし]出す，見破る，わかる

finder /fáindər ファインダ/ 名
❶ 発見者
❷ (カメラの)ファインダー

fine¹ 小 A1 /fáin ファイン/

形 ❶ すばらしい 意味map
❷ (天気が)晴れの
❸ 元気な[で]，健康な[で]

副 うまく

── 形 (比較級) **finer** /fáinər ファイナ/; (最上級) **finest** /fáinist ファイネスト/)

❶ すばらしい，すてきな，立派な，よい

基本 a **fine** picture すばらしい絵 →fine＋名詞.
- a **fine** play ファインプレー，美技
- a **fine** new dress 新しいすてきな服
- a **fine** musician すばらしい音楽家

Will that be too early?—No, that'll be **fine**.
それでは早過ぎますか．—いや，それでけっこう. →be 動詞＋fine.

How about a cup of tea?—**Fine**!
お茶を1杯(ぱい)いかがですか．—いいですね!

❷ (天気が)晴れの，晴れて
- a **fine** day 晴れた日
- It was **fine** yesterday. 昨日はよい天気でした. →It は漠然(ばくぜん)と「天候」を表す.

❸ 元気な[で]，健康な[で] (well) →この意味では名詞の前にはつけない.
- You're looking **fine**. 元気そうですね.

How are you?—I'm **fine**, thank you.
いかがですか．—ありがとう，元気です.

❹ 細かい，細い，鋭(するど)い，繊細(せんさい)な
- **fine** rain [snow] 霧雨(きりさめ)[粉雪]
- a **fine** ear for music 音楽に対する鋭い耳
- The baby has very **fine** hair. この赤ちゃんはとても細い髪(かみ)の毛をしている.

── 副 (比較級) **finer** /fáinər ファイナ/; (最上級) **finest** /fáinist ファイネスト/)

(話) うまく，立派に，元気に，細かく

fine² /fáin ファイン/ 名 罰金(ばっきん)

── 動 罰金を科する

fíne árt 名 (絵画・彫刻(ちょうこく)・建築などの)美術，美術[芸術]作品; (**the fine arts** で) (美術に音楽・文学なども含(ふく)めて)芸術; (教科の)美術

finger 中 /fíŋgər フィンガ/ 名
手の指 →ふつうは親指 (thumb) 以外をいう.
関連語 **toe** (足の指)
- the index **finger** 人差し指 →the first finger, the forefinger ともいう.
- the middle [ring, little] **finger** 中[薬, 小]指
- count on *one's* **fingers** 指で数える

チャンクでおぼえよう find	
□ 鍵(かぎ)を見つける	**find** a key
□ その本が面白いとわかる	**find** the book interesting
□ 何が起きたのかわかる	**find** out what happened

fingernail /fíŋɡərneil フィンガネイる/ 名 指の爪(つめ)

fingerprint /fíŋɡərprint フィンガプリント/ 名 指紋(しもん)

finish 中 A1 /fíniʃ フィニッシュ/ 動 (三単現 **finishes** /fíniʃiz フィニッシェズ/; 過去・過分 **finished** /fíniʃt フィニッシュト/; -ing形 **finishing** /fíniʃiŋ フィニッシング/)

終わらせる, 終える; 終わる, 済む; ゴールインする

(中)基本 **finish** *one's* breakfast 朝食を終える → finish＋名詞.

- **finish** *one's* school 学校を終える[卒業する]
- Can you **finish** in time? 期限までに終えることができますか.
- He usually **finishes** his homework before supper. 彼はたいてい夕食前に宿題を終わらせる.
- The movie **finished** at 9:30. 映画は9時半に終わった.
- She **finished** first in the race. 彼女はそのレースで1位でゴールインした. →「ゴールイン」は和製英語.
- He **finished** writing a letter. 彼は手紙を書き終わった.

②POINT 動名詞 writing (書くこと)は finished の目的語.「〜をし終わる」を ×finish *to do* としない.

- I've (＝I have) just **finished** dinner. 私はちょうど食事を終えたところです. →現在完了(かんりょう)の文. → **have** 助動 ❶
- **Have** you already **finished** your homework? 君はもう宿題はしてしまったの？ →現在完了の文.
- Please wait until this song **is finished**. この歌が終えられる[終わる]まで待ってください. →受け身の文. → **is** 助動 ❷
- I'm **finished**. 私はもうおしまいだ. →この finished は過去分詞が形容詞(終わりになった, 力尽(つ)きた)として使われたもの.

—— 名 (複 **finishes** /fíniʃiz フィニッシェズ/)

❶ **終了**(しゅうりょう), **最後**

❷ **決勝線, ゴール** → **finish line** ともいう.

❸ (表面の)**仕上げ, 磨(みが)き**

Finland /fínlənd フィンらンド/ 固名 フィンランド →北欧(ほくおう)の共和国. 首都はヘルシンキ. 公用語はフィンランド語・スウェーデン語.

Finn /fín フィン/ 名 フィンランド人

Finnish /fíniʃ フィニッシュ/ 形 フィンランドの; フィンランド人[語]の

—— 名 フィンランド語

fir /fə́ːr ファ〜/ 名 (植物)モミの木 → クリスマスツリーとして使われる.

fire 小 A1 /fáiər ふァイア/ 名 (複 **fires** /fáiərz ふァイアズ/)

❶ **火** →この意味では ×a fire, ×fires などとしない.

- catch [take] **fire** 火がつく
- set **fire** to 〜 〜に火をつける[放火する]

ことわざ No smoke [There is no smoke] without **fire**. 火のない所に煙(けむり)は立たない. →「うわさが立つにはそれなりの事実があるはずだ」の意味.

❷ (暖炉(だんろ)・料理の)**火, たき火** → 普通(ふつう)名詞として扱(あつか)うので a fire, fires などの形をとる.「暖炉や料理用の火」の時は **the fire** という.

類似語 マッチ・ライター・タバコの「火」は **light**.

- make [build] a **fire** たき火をする, 火をおこす
- light a **fire** 火をつける
- sit by **the fire** 暖炉の火のそばに[炉端(ろばた)に]座(すわ)る
- Put a pan on **the fire**. 鍋(なべ)を火にかけなさい.

❸ **火事**

- A big **fire** broke out in my neighborhood last winter. 去年の冬うちの近所で大火事が起きた.
- "**Fire!**" he cried. 「火事だ！」と彼は叫(さけ)んだ.

on fire 燃えて, 火事で

- The tall building is **on fire**. 高い建物が燃えている.

—— 動 ❶ **発射する, 発砲(はっぽう)する**

- **fire** off 発射する; (質問・非難などを)浴びせる.
- **fire** a gun 拳銃(けんじゅう)を発射する
- **fire** at 〜 〜に向かって発砲する

❷ **火をつける; 火がつく**; (陶器(とうき)などを)**焼く**

❸ (話)**解雇(かいこ)する, 首にする (dismiss)**

fíre alàrm 名 火災報知機; 火災警報

fireboat /fáiərbout ふァイアボウト/ 名 (米)消防艇(てい)

firecracker /fáiərkrækər ふァイアクラカ/ 名

かんしゃく玉
fíre drìll 名 防火訓練
fíre èngine 名 消防自動車
fíre escàpe 名 非常階段, 避難(ひなん)ばしご
fíre extìnguisher 名 消火器
firefighter /fáiərfaitər ふァイアふァイタ/ 名 消防士 →**fire fighter** と2語にもつづる.
firefly /fáiərflai ふァイアふらイ/ 名 (複 **fireflies** /fáiərflaiz ふァイアふらイズ/) (虫) ホタル
firehouse /fáiərhaus ふァイアハウス/ 名 《米》消防署 (fire station)
fíre hỳdrant 名 消火栓(せん) →単に **hydrant** とも.
fireman /fáiərmən ふァイアマン/ 名 (複 **firemen** /fáiərmən ふァイアマン/) (特に男性の)消防士 →**firefighter**
fireplace /fáiərpleis ふァイアプれイス/ 名 暖炉(だんろ) →部屋の壁(かべ)の中に設けた炉(ろ)で, 冬は家庭生活の中心となる.
fireproof /fáiərpruːf ふァイアプルーふ/ 形 耐火(たいか)性の, 防火の →**-proof**
fireside /fáiərsaid ふァイアサイド/ 名 炉端(ろばた)
fíre stàtion 名 消防署
firewood /fáiərwud ふァイアウッド/ 名 薪(たきぎ), まき
• gather [chop] **firewood** まきを集める[割る] →×a firewood, ×firewoods としない.
firework 小 /fáiərwəːrk ふァイアワ〜ク/ 名 (しばしば **fireworks** で) 花火
• do **fireworks** 花火をする[して遊ぶ]
• **fireworks** maker 花火師; 花火製造者
• **fireworks** artist 花火師 →花火を作るだけでなく, デザインやショーのプログラムなどを含(ふく)めて演出する仕事を意識した言い方.

firm[1] /fə́ːrm ふァ〜ム/ 名 会社, 商店 →内容や規模の大小に関係なく2人以上で経営されるもの.
firm[2] /fə́ːrm ふァ〜ム/ 形 堅(かた)い; しっかりした; 断固とした
firmly /fə́ːrmli ふァ〜ムリ/ 副 堅(かた)く, しっかりと; 断固として

first 小 A1 /fə́ːrst ふァ〜スト/ 形 (→比較変化なし)
第一の, 一番目の, 最初の 反対語 **last** (最後の)
口基本 the **first** week 第一週 →the first+名詞.
• the **first** train 一番電車[列車], 始発
• my **first** love 私の初恋(はつこい)(の人)
• the **first** day of the month 月の最初の日, ついたち
• the **first** snow of the season 初雪
• win **first** prize 1等賞をとる

first　　　　last

• the **first** five pages of the book その本の初めの5ページ
• the **first** guest to arrive 最初にやって来たお客 →不定詞 to arrive (到着(とうちゃく)した〜)は guest を修飾(しゅうしょく)する.
POINT first, second, last のように順番を表す語に不定詞が続く時は, その不定詞を「〜した」と過去のように訳すとよい.
• I'm in the **first** year of junior high school. 私は中学校の1年です.
• This is my **first** visit to Paris. (これはパリへの私の最初の訪問です ⇨)私がパリへ来たのはこれが初めてです.
— 副 (→比較変化なし)
第一に, まず, 最初に, 初めて
• Will you speak **first**? 君が最初に話してくれますか.
• May finished the test **first**, and I finished second. メイが最初にテストを終え, 私が次に終えた.
• I **first** met her in Paris ten years ago. 私は10年前にパリで初めて彼女に会った.
— 名 (複 **firsts** /fə́ːrsts ふァ〜スツ/)
第一; 最初の人[物]; (月の)ついたち →日の場合は **1st** と略す.
• on the **1st** of April = on April 1 (読み方: (the) first) 4月1日に
• Elizabeth the **First** = Elizabeth I エリザベス1世
• He was the **first** to come here. 彼はここへ来た最初の人だった[彼が最初にここへ来た]. →不定詞 to come (来る〜)は the first を修飾する. →**first** 形 POINT

at first 最初は, 初めのうちは
• **At first** he wasn't friendly to me. 最初は彼は私に友好的でなかった.

first of all 何よりもまず, まず第一に
for the first time 初めて
from the first 最初から
in the first place まず第一に
the first time 最初(は); (the first time ～ で)《接続詞のように使って》最初に～した時は
- Is this **the first time** (that) you have been here? あなたがここに来たのはこれが初めてですか.
- **The first time** I met you, you were only ten. 私が君に最初に会った時, 君はまだ10歳(さい)だった.

first áid 名 応急手当, 応急処置
first-aid /fə́ːrst eid ファ～スト エイド/ 形 救急の, 応急の
- a **first-aid** kit 救急箱

first-class /fə́ːrst klǽs ファ～スト クラス/ 形
第一級の, 一流の; (乗り物の等級が)ファーストクラスの
── 副 ファーストクラスで

fírst fínger 名 (the をつけて) 人差し指 (forefinger)

fírst flóor 名 (the をつけて) 《米》1階; 《英》2階 →**floor**

fírst lády 名 (ふつう the First Lady で) (米国)大統領(州知事)夫人

firstly /fə́ːrstli ファ～ストリ/ 副 まず, 第一に → firstly …, secondly …, thirdly …, のように列挙(れっきょ)する.

fírst nàme A2 名 (姓名(せいめい)の)名, ファーストネーム → given [Christian] name ともいう. 親しい間では first name を呼び捨てにする. 姓(せい)(家の名)は last name. →**name**
- Please call me by **first name**. (他人行儀(ぎょうぎ)でなく)私をファーストネームで呼んでください.

fish 小 A1 /fíʃ フィシュ/ 名 (複 **fish**, **fishes** /fíʃiz フィシェズ/)

❶ 魚
POINT 単数も複数も同じ形. ただし, 異なった種類の魚をいう時の複数形は **fishes** /fíʃiz フィシェズ/ とすることがある.
- a **fish** 1匹(ひき)の魚
- ten **fish** 10匹の魚
- catch a lot of **fish** たくさん魚をとる

❷ 魚肉 → ×a fish, ×fishes としない.
- I like meat, but I don't like **fish**. 私は肉

は好きだが, 魚(肉)は嫌(きら)いです.

イメージ (fish)
日常生活では「生ぐささ」や「どんよりした目」を連想させることが多い. 釣り人の話にはほら話が多いことから fish story (魚の話)というと「ほら話」という意味になる. 水中で口をぱくぱくさせいつも水を飲んでいるように見えることから drink like a fish (魚のように酒を飲む)は「大酒を飲む」の意味.

── 動 魚をとる, 釣りをする, 釣る →**fishing**
- **fish** in the river for salmon 川でサケの漁をする

go fishing 魚釣りに行く
- I **went fishing** in the river yesterday. 私は昨日川へ魚釣りに行った. →「川へ」を ×to the river としない.

fish and chíps 名 フィッシュアンドチップス → タラなど白身の魚のフライにフライドポテト (chips) を添(そ)えた, 英国で最も大衆的な食べ物.

fishbowl /fíʃboul フィシュボウル/ 名 金魚鉢(ばち)
físh dèaler 名 《米》魚屋さん(人) (《英》 fishmonger)
fisher /fíʃər フィシャ/ 名 漁師
fisherman A2 /fíʃərmən フィシャマン/ 名 (複 **fishermen** /fíʃərmən フィシャマン/) 漁師, 釣(つ)り人

fishing 小 A1 /fíʃiŋ フィシング/ 名
魚釣(つ)り; 漁業 → レクリエーション・スポーツとしてのものにも職業としてのものにもいう.
── 形 釣りの; 漁業の
- a **fishing** boat [village] 漁船[漁村]

fishmonger 234 two hundred and thirty-four

• a **fishing** line [rod] 釣り糸[ざお]

fishmonger /fíʃmʌ̀ŋgər ふィシュマンガ/ 名
《英》魚屋さん(人)(《米》fish dealer)

fish store 名 《米》鮮魚店 (《英》fishmonger's)

fist /físt ふィスト/ 名 げんこつ, 拳(こぶし)

fit¹ A2 /fít ふィト/ 形 (比較級 **fitter** /fítər ふィタ/; 最上級 **fittest** /fítist ふィテスト/)

❶ 適した, 適当な

• She is not **fit for** this job. 彼女はこの仕事には向いていない.

• This water is not **fit to** drink. この水は飲むのに適していない.

❷ 健康な, 丈夫(じょうぶ)な →名詞の前にはつけない.

• I jog every morning to keep (myself) **fit**. 私は健康を保つために毎朝ジョギングする.

—— 動 (三単現 **fits** /fíts ふィッ/; 過去・過分 **fitted** /fítid ふィテド/, **fit**; ing形 **fitting** /fítiŋ ふィティング/)

合う, 適する; (~に)合わせる; 取り付ける, はめる

• The suit **fits** (you) very well. そのスーツは(あなたに)とてもよく合う.

• Those shoes are too small. They don't **fit** me. あの靴(くつ)は小さ過ぎて私には合わない.

• Mom **fitted** the dress on me. 母はそのドレスを私に合わせてみた.

—— 名 (衣服などの)合い具合, フィット

fit² /fít ふィト/ 名 (病気・感情の)発作(ほっさ), ひきつけ

fitting ròom 名 試着室

five 小 A1 /fáiv ふァイヴ/ 名 (複 **fives** /fáivz ふァイヴズ/)

5; 5時; 5分; 5人[個]; 5歳(さい) →使い方については →**three**

関連語 Lesson **Five** (= The **Fifth** Lesson) 第5課

• It is **five** minutes past **five**. 5時5分過ぎです. →It は漠然(ばくぜん)と「時間」を表す.

—— 形 5の; 5人[個]の; 5歳で

• **five** apples 5つのリンゴ

• He is only **five** (years old). 彼はまだ5歳です.

fix A2 /fíks ふィクス/ 動 ❶ 固定する, 取り付ける; (目・心などを)じっと注ぐ

• **fix** a mirror to the wall 壁(かべ)に鏡を取り付ける

• She **fixed** her eyes on the screen. 彼女

はスクリーンをじっと見つめた.

❷ 定める, 決める

• **fix** a day for the party パーティーの日を決める

❸ 直す, 修理する (repair) →**mend**

• **fix** a radio ラジオを修理する

❹ 《米》調理する, 作る

fixed /fíkst ふィクスト/ 形 固定した; 据(す)え付けられた; 定められた; 揺(ゆ)るがない

FL 略 =Florida

flag A1 /flǽg ふらグ/ 名 旗

• the national **flag** 国旗

flake /fléik ふれイク/ 名 薄(うす)いかけら, 薄片(はくへん); (ひらひら舞(ま)い落ちる雪の)ひとひら

flame /fléim ふれイム/ 名 炎(ほのお), 火炎(かえん)

• a candle **flame** ろうそくの炎

• The building was **in flames**. そのビルは炎に包まれていた.

flamenco /fləménkou ふらメンコウ/ 名 (複 **flamencos** /fləménkouz ふらメンコウズ/)

フラメンコ →スペイン南部の伝統的な踊り[曲].

flamingo /fləmíŋgou ふらミンゴウ/ 名 (複 **flamingo(e)s** /fləmíŋgouz ふらミンゴウズ/) フラミンゴ, ベニヅル

flap /flǽp ふらプ/ 名 ❶ 軽く打つこと[音]

❷ (垂れ下がって動く部分) (ポケットの)たれぶた, (封筒(ふうとう)の)折り返しぶた

—— 動 (三単現 **flaps** /flǽps ふらプス/; 過去・過分 **flapped** /flǽpt ふらプト/; ing形 **flapping** /flǽpiŋ ふらピング/) ぱたぱた動かす; ぱたぱた動く, (鳥が)羽ばたきする

flash /flǽʃ ふらシュ/ 動 ❶ ぱっと光る, ひらめく; ひらめかせる, ぱっと照らす

• The lightning **flashed** across the sky. 稲妻(いなずま)がぱっと空にひらめいた.

• The ship **flashed** its signal lights. 船は光の信号を発した.

❷ (さっと)通り過ぎる

• A sports car **flashed** by. スポーツカーがそばをさっと走り過ぎた.

—— 名 ❶ (ぱっと発する)光, きらめき; ひらめき; 瞬間

• a **flash** of lightning 電光, 稲光(いなびかり)

• **in a flash** 一瞬(いっしゅん)のうちに, たちまち

❷ (撮影(さつえい)用の)フラッシュ (flashlight)

flashlight /flǽʃlait ふらシュらイト/ 名 ❶ 《米》懐中(かいちゅう)電灯 (《英》torch) ❷ (写真撮影(さつえい)用の)フラッシュ

flask /flǽsk ふらスク/ 图 ❶ (実験用)フラスコ
❷ (水筒(すいとう)などの)瓶(びん)

flat¹ /flǽt ふらト/ 形 (比較級 **flatter** /flǽtər ふらタ/; 最上級 **flattest** /flǽtist ふらテスト/)
❶ 平たい
❷ 平板で単調な, 味のない; 味もそっけもない
❸ 空気の抜(ぬ)けた, 平べったくなった
—— 副 (→比較変化なし)
❶ そっけなく, きっぱりと; はっきり
❷ ちょうど, きっかり
—— 图 《音楽》 フラット, 変音記号 (♭) → **sharp** 图

flat out ① 全速力で, 一生懸命(けんめい)に
② (言葉を)はっきりと, きっぱり

flat² A1 /flǽt ふらト/ 图 (英)(マンション, アパートの)部屋, フラット (《米》apartment) → マンションのワンフロアのうち1世帯が使う部分.
●a **block of flats** マンション1棟(とう) (《米》apartment building)

flavor /fléivər ふれイヴァ/ 图 味, 風味
—— 動 味をつける, 風味を添(そ)える

flavour /fléivər ふれイヴァ/ 图 動 (英) ＝flavor

flavo(u)ring /fléivəriŋ ふれイヴァリンぐ/ 图 調味料; 味付け, 風味

flaw /flɔ́ː ふろー/ 图 ❶ (宝石・陶磁器(とうじき)などの)傷, ひび (crack) ❷ 欠点, 弱点, 欠陥(けっかん)

flea A2 /flíː ふりー/ 图 《虫》ノミ

fléa màrket 图 (古物や不用品を売る)ノミの市, フリーマーケット → free market は「自由市場(しじょう)」.

fled /fléd ふれド/ 動 flee の過去形・過去分詞

flee /flíː ふりー/ 動 (三単現 **flees** /flíːz ふりーズ/; 過去・過分 **fled** /fléd ふれド/; -ing形 **fleeing** /flíːiŋ ふりーインぐ/)
逃(に)げる (run away (from))

fleece /flíːs ふりース/ 图 羊の毛皮 → **wool**

fleet /flíːt ふりート/ 图 艦隊(かんたい); (同一行動をとる)車[飛行機・船舶(せんぱく)など]の一隊

flesh /fléʃ ふれシュ/ 图
❶ (動物・果実などの)肉
類似語 **meat** (食用の動物の肉)
❷ (**the flesh** で)(精神・魂(たましい)などに対して)肉体 (body)

flew /flúː ふるー/ 動 **fly¹** の過去形

flexible /fléksəbl ふれクシィブる/ 形 よく曲がる, しなやかな, 柔軟(じゅうなん)な; 融通(ゆうずう)のきく

flier /fláiər ふらイア/ 图 ❶ 旅客機の利用者, 飛行士, パイロット ❷ (広告の)ちらし

flies /fláiz ふらイズ/ 動 图 **fly¹** 動 の3人称(しょう)単数現在形; **fly¹, fly²** 图 の複数形

flight 小 A2 /fláit ふらイト/ (→gh は発音しない)
图 ❶ 飛ぶこと, 飛行; 飛行機の旅, 飛行便
●Have a nice **flight**. すてきな空の旅を.
●John took **Flight 102 to Paris**. ジョンは102便の飛行機でパリへ行った. →102 の読み方: one o /オウ/ two.
❷ (階と階をつなぐひと続きの)階段
●a **flight** of stairs (ひと続きの)階段
●a landing between the **flights** of stairs 階段と階段の間の踊(おど)り場

flíght attèndant 图 (旅客(りょかく)機の)客室乗務員 → 今は stewardess, steward よりも好まれる言い方.

flíght tìme 图 飛行時間

fling /flíŋ ふりンぐ/ 動 (三単現 **flings** /flíŋz ふりンぐズ/; 過去・過分 **flung** /flʌ́ŋ ふらンぐ/; -ing形 **flinging** /flíŋiŋ ふりンギンぐ/)
投げつける, 放り出す

flip /flíp ふりプ/ 動 (三単現 **flips** /flíps ふりプス/; 過去・過分 **flipped** /flípt ふりプト/; -ing形 **flipping** /flípiŋ ふりピンぐ/) (指先などで)はじく, はじき上げる[落とす]; ぽんとほうる
●**flip** a coin (あることを決めるために)コインをはじき上げる

flip bòok 图 パラパラマンガ → この辞典の右上・左上のシロクマをよく見ると…

flipper /flípər ふりパ/ 图 (クジラ・アザラシなどの)水かき, (ダイバーが足に付ける)フィン, 足ひれ

float A2 /flóut ふろウト/ 動 浮(う)く, (浮いて)流れる; 浮かべる
●**float** on water 水に浮く
●**float** down a river 川を流れ下る
●**float** a toy boat in the water おもちゃの舟(ふね)を水に浮かべる
—— 图 ❶ (祭り・パレードなどの)山車(だし)
❷ 《米》(アイスを浮かべた飲み物の)フロート
❸ 浮かぶもの; (釣(つ)りの)浮き; 浮き袋, 救命具; いかだ

flock /flák ふらク/ 图 (羊・ヤギ・鳥・人などの)群れ
—— 動 群がる
ことわざ Birds of a feather **flock** together. 同じ羽の鳥はいっしょに集まる. →「同じ傾向(けいこう)を持った者同士は自然にいっしょになる」の意味. 「類は友を呼ぶ」にあたる.

flood

関連語（群れ）
crowd（密集した人の集まり）
herd（牛などのように大きな家畜(かちく)の群れ）
pack（猟犬(りょうけん)・オオカミなどの群れ）
swarm（ミツバチ・虫などの群れ）
school（魚の群れ）

flood A2 /flʌ́d ふらド/ 名 **大水, 洪水**(こうずい)
—— 動 （川などが）**氾濫**(はんらん)**する**;（川の氾濫・大雨などが）**〜を水浸**(みずびた)**しにする; 水浸しになる**
- The river **flooded** the village. 川が(氾濫して)村を水浸しにした.
- The basement **flooded**. 地下室が水浸しになった.

floor 中 A1 /flɔ́ːr ふろー/ 名

❶（家屋・ビルなどの）**床**(ゆか) → 船・電車・バスなどの「床」は deck.
- the kitchen **floor** 台所の床

❷（1階・2階の）**階** →「〜階建ての家」などの「階」のように高さをいう時は story を使う. → **story**²
- This elevator stops at every **floor**. このエレベーターは各階に止まる.
- How many **floors** does the building have? そのビルは何階ありますか.

POINT アメリカでは地面と同じ高さの階を the first floor というが, イギリスなどヨーロッパの国では the ground floor はいわば「0階」として数に入れず, 日本でいう2階が the first floor となる.

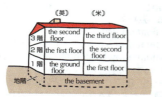

floppy disk /flápi dísk ふロピディスク/ 名 フロッピーディスク → コンピューターのデータ記録用磁気円盤(えんばん). 単に **floppy**（複 **floppies** /flápiz ふロピズ/）ともいう.

Florida /flɔ́ːrədə ふろーリダ/ 固名 フロリダ → 米国東海岸南端(たん)の州. 避寒(ひかん)地として有名. **Fla.**,（郵便で）**FL** と略す.

florist 小 /flɔ́ːrist ふろーリスト/ 名 **花屋さん**（人）
- at a **florist**'s (shop) 生花店で

flour A2 /fláuər ふらウア/ (→flower（花）と同音) 名 **小麦粉**
- Bread is made from **flour**. パンは小麦粉で作る.

flow /flóu ふろウ/ 動 ❶ **流れる**;（川が）**注ぐ**
- **flow** in 流れ込(こ)む, 殺到(さっとう)する
- **flow** away [out] 流れ去る[出る]
- **flow** through the town （川が）町の中を流れる
- This river **flows** into the Sea of Japan. この川は日本海に注ぐ.
- Tears were **flowing** down her cheeks. 涙(なみだ)が彼女のほおをつたわって流れていた.

❷（潮が）**上がる, 満ちる** 反対語 **ebb**（潮が引く）
—— 名 ❶ **流れ** ❷（the flow で）**上げ潮**
反対語 **the ebb**（引き潮）

flów chàrt 名 **フローチャート** → 作業の流れを矢印で示して図式化したもの.

flower 小 A1 /fláuər ふらウア/ 名

（複 **flowers** /fláuərz ふらウアズ/）
花, 草花
POINT ふつう「草花」, 特に観賞用の「花」をいう.
類似語 **blossom**（(果樹の)花）
- a beautiful **flower** 美しい花
- What a beautiful **flower** (this is)! （これは）なんて美しい花でしょう.
- pick [arrange] **flowers** 花を摘(つ)む[生ける]
- We planted tulips, pansies, and other **flowers**. 私たちはチューリップやパンジーやそのほかの花を植えました.
—— 動 **花が咲**(さ)**く, 開花する**

flówer arràngement 名 **生け花, 華道**(かどう)

flówer bèd 名 **花壇**(かだん) → **flowerbed** と1語にもつづる.

flówer gàrden 名 **花園**(はなぞの), **花畑**

flówer gìrl 名 ❶《米》**フラワーガール** → 結婚(けっこん)式で, 花を持ったり花びらをまいたりして花嫁(はなよめ)に付き添(そ)う少女.
❷《英》**花売り娘**(むすめ)

flowering /fláuəriŋ ふらウアリング/ 形 **花の咲いている; 花の咲く**
- **flowering** tea 花茶 → 花の香りをつけた中国茶.

flowerpot /fláuərpɑt ふらウアパト/ 名 **植木鉢**(ばち)

flówer shòp 图 花屋さん(店)

flown /flóun ふロウン/ 動 **fly¹** の過去分詞

flu /flú: ふるー/ 图 **インフルエンザ** →influenza の略.

fluent /flú:ənt ふるーエント/ 形 (言葉が)**流れるような, 流ちょうな**

fluently /flú:əntli ふるーエントり/ 副 **流ちょうに, すらすらと**

fluff /fláf ふらふ/ 图 **綿毛, 綿ぼこり; うぶ毛**

fluffy /fláfi ふらふィ/ 形 (比較級 **fluffier** /fláfiər ふらふィア/; 最上級 **fluffiest** /fláfiist ふらふィエスト/) **ふわふわした; 綿毛の**

fluid /flú:id ふるーイド/ 图 **流体** →「液体」(liquid) または「気体」(gas) をいう. →**solid** 图
—— 形 **流動する, 流動性の**

flung /fláŋ ふらンぐ/ 動 **fling** の過去形・過去分詞

flunk /fláŋk ふらンク/ 動 《米話》**落第点を取る; 落第点をつける**

flush /fláʃ ふらシュ/ 動
❶ (恥(は)ずかしさ・怒(いか)りなどで)**顔が赤くなる, ほてる; ～の顔を赤くさせる, ほてらせる**
❷ (水が)**どっと流れる; (トイレ・下水溝(こう)などを)水で洗い流す**
—— 图 ❶ **顔が赤くなること, 紅潮**
❷ (水の)**ほとばしり**

flúsh tòilet 图 **水洗トイレ**

flute 中 /flú:t ふるート/ 图 **フルート, 横笛**
• play (on) the **flute** フルートを吹(ふ)く
• a **flute** player フルート奏者

fly¹ 小 A1 /flái ふらイ/ 動
三単現 **flies** /fláiz ふらイズ/
過去 **flew** /flú: ふるー/
過分 **flown** /flóun ふろウン/
-ing形 **flying** /fláiiŋ ふらインぐ/
❶ **飛ぶ; (飛行機で)行く[旅行する]**
基本 **fly** high 高く飛ぶ →fly+副詞.
• **fly** away 飛び去る
• **fly** south 南へ飛んで行く →south は副詞で「南へ」.
• **fly** from New York to Paris ニューヨークからパリへ飛ぶ[飛行機で行く]
• Butterflies **fly** among flowers. チョウは花の間を飛び回る.
• He **flies** to New York once a year. 彼は年に1度ニューヨークへ (飛行機で)行く.
• The spaceship **flew** on around the

moon. 宇宙船は月の周りを飛び続けた. →fly on＝飛び続ける.
• The swallows **have flown** away. ツバメは飛んで行ってしまった. →現在完了(かんりょう)の文. →**have** 助動 ❶
• Birds **are flying**. 鳥が飛んでいる. →現在進行形の文. →**are** 助動 ❶
❷ (旗などが)**空中にひるがえる, なびく**
• The flag is **flying** in the breeze. 旗がそよ風にひるがえっている.
❸ **急に～になる, 飛ぶように行く; (時間などが)飛ぶように過ぎる**
• **fly** into a rage 急に怒(おこ)り出す
• The door **flew** open and Bob rushed into the room. ドアがぱっと開いてボブが部屋に飛び込(こ)んできた. →open は形容詞.
• Time **flies**. 時間が飛ぶように過ぎて行く.
❹ **飛ばす; (飛行機を)操縦する**
• **fly** a kite たこをあげる
—— 图 (複 **flies** /fláiz ふらイズ/)
❶ (ズボンの)**ボタン[ジッパー]隠(かく)し**
❷ (野球の)**フライ**

fly² /flái ふらイ/ 图 (複 **flies** /fláiz ふらイズ/)
❶ 《虫》**ハエ** ❷ (魚釣(つ)り用の)**毛ばり**

flyer /fláiər ふらイア/ 图 ＝flier

flying /fláiiŋ ふらインぐ/ 動 **fly¹** の -ing 形 (現在分詞・動名詞)
—— 图 **飛ぶこと, 飛行**
—— 形 **飛ぶ, 飛んでいる**
• a **flying** bird 飛んでいる鳥, 飛ぶ鳥
• a **flying** doctor 飛行機で往診(おうしん)する医師. →他の交通手段が少ない地域で働く.

flýing fish 图 《魚》**トビウオ**

flỳing sáucer 图 **空飛ぶ円盤(えんばん)**

foam /fóum ふォウム/ 图 《集合的に》**あぶく, 泡(あわ)** →bubble (1つの泡)の集まったもの.

focus 中 A1 /fóukəs ふォウカス/ 图 (複 **focuses** /fóukəsiz ふォウカセズ/, **foci** /fóusai ふォウサイ/) (レンズの)**焦点(しょうてん), ピント; (興味・注意などの)中心**
• The picture is **in [out of] focus**. この写真はピントが合っている[合っていない].
—— 動 **焦点を合わせる; (注意を)集中する**
• **focus** one's camera [attention] **on** ～ ～にカメラの焦点を合わせる[注意を集中する]

fog A2 /fág ふァグ/ 图 **霧(きり), 濃霧(のうむ)**
類似語 **mist** (もや)よりも濃(こ)い.

foggy 238

•(a) thick **fog** 濃霧

foggy A1 /fɑ́gi ふァギ/ 形 (比較級 **foggier** /fɑ́giər ふァギア/; 最上級 **foggiest** /fɑ́giist ふァギエスト/) 霧(きり)の濃(こ)い, 霧のたち込(こ)めた

foil /fɔ́il ふォイる/ 名 (包装用・料理用の)(アルミ)ホイル; (金属の)箔(はく)(薄(うす)いかけら)

fold 中 /fóuld ふォウるド/ 動
❶ 折り畳(たた)む, 折り重ねる; 折り曲げる
反対語 **unfold** (広げる)
•**fold** a letter in half 手紙を2つに折る
•**fold** (up) an umbrella 傘(かさ)を畳む
•**fold** a paper plane 紙飛行機を作る
❷ (腕(うで)などを)組む
•**fold** one's arms 腕を組む
•with one's arms **folded** 腕組(うでぐ)みして
→folded は過去分詞. 腕が組まれている状態で
⇨腕組みして.
── 名 折り目, ひだ

folder A2 /fóuldər ふォウるダ/ 名
❶ フォルダー, 紙ばさみ
❷ 《コンピューター》フォルダー → ファイルをまとめて入れておく場所.

folding /fóuldiŋ ふォウるディング/ 形 折り畳(たた)み式の

folk /fóuk ふォウク/ 名
❶ (しばしば **folks** で) 一般(いっぱん)の人々, 世間の人たち → 今はふつう **people** という.
❷ (folks で) 《話》家族(の人々) (family); 両親

fólk cùlture 名 民俗(みんぞく)文化

fólk dànce 名 民俗(みんぞく)舞踊(ぶよう), フォークダンス

fólk mùsic 名 民俗(みんぞく)[郷土]音楽

fólk sòng 名 民謡(みんよう), フォークソング

fólk tàle 名 民話 → **folktale** と1語にもつづる.

follow 中 A2 /fɑ́lou ふァろウ|fɔ́lou ふォろウ/
動 ❶ (〜の)あとについて行く[来る]
　意味map
❷ (道を)たどる, 行く
❸ (〜に)従う
❹ (人の話などに)ついていく, 理解する
── 動 (三単現 **follows** /fɑ́louz ふァろウズ/; 過去・過分 **followed** /fɑ́loud ふァろウド/; -ing形 **following** /fɑ́louiŋ ふァろウイング/)
❶ (〜の)あとについて行く[来る], 〜に続く
関連語 Will you please **lead**? We'll **follow** you. 先頭に立ってくれませんか. 私たちはあなたについて行きます.

•We arrived at an inn and I **followed** him in. 私たちはある宿屋に到着(とうちゃく)した. そして私は彼に続いて中に入った.
•Dinner **was followed** by dancing. (食事はダンスによって続けられた ⇨)食事の後にダンスがあった. →**was** 助動 ❷
•Someone **is following** him at a distance. 誰(だれ)かが少し離(はな)れて彼をつけている. →**is** 助動 ❶
❷ (道を)たどる, 行く
•**follow** a path 小道をたどる
•If you **follow** this street, you'll see the post office on this side. この通りを行くとこちら側に郵便局があります.
❸ (〜に)従う, 〜のとおりにする
•**follow** her advice 彼女の忠告に従う
•**follow** his example 彼の例に従う, 彼のするとおりにする
❹ (人の話などに)ついていく, 理解する, わかる (understand)
•Can you **follow** me? 私の言うことがわかりますか.
•I'm sorry I cannot **follow** you. すみませんがおっしゃることがわかりません.
❺ (it follows that 〜 で) (当然の結果として)〜になる
•If you don't study, **it follows that** you'll fail the test. もし君が勉強しなければ, 当然試験で落第点を取ることになる.

as follows 次のとおり
•Their names are **as follows**: Sam Brown, Charlie Smith, ... 彼らの名前は次のとおりです―サム・ブラウン, チャーリー・スミス, ….

follower /fɑ́louər ふァろウア/ 名
❶ 従う者; 弟子(でし), 部下, 手下; 信奉(しんぽう)者
❷ (SNS などでの)フォロワー

following A1 /fɑ́louiŋ ふァろウイング|fɔ́louiŋ ふォろウイング/ 動 **follow** の -ing 形 (現在分詞・動名詞)
── 形 次の
•the **following** questions 次の質問
•on the **following** day=on the day **following** その翌日に
── 名 (ふつう the following で) 次のもの(事)
•The **following** are my favorite TV programs. 次にあげるのが私の好きなテレビ番

two hundred and thirty-nine　239　**footstep**

組だ.

fond /fɑ́nd ふァンド/ 形

❶ (**be fond of** 〜 で) 〜を好む, 〜が大好きである →**like** よりも意味が強い.

•I'm **fond of** music. (= I like music very much.) 私は音楽が大好きだ.

•He **is fond of** drawing pictures. 彼は絵を描(か)くのが大好きだ. →前置詞 of +動名詞 drawing (描くこと).

•You **are** too **fond of** sweet things. 君は甘(あま)い物が好き過ぎる.

❷ 愛情の深い; 愛情過多の, 甘い →名詞の前にだけつける.

•a **fond** mother 子供に甘い母親

•I have **fond** memories of last summer in Hokkaido. 私には北海道での去年の夏の甘い思い出がある.

food 小 A1 /fúːd ふード/ 名 (複 **foods** /fúːdz ふーヅ/)

食物, 食料; (「飲み物」(drink) に対して)食べ物

🟢POINT ふつう飲み物 (drink) を除く食物一般(いっぱん)を指す言葉.

•some **food** いくらかの食べ物 →×a food, ×foods などとしない. →**food** 最後の用例

•**food** and drink 食べ物と飲み物, 飲食物

•**food**, clothing and shelter 衣食住 →日本語の場合と順序が違(ちが)う.

•There is no **food** in the house. 家の中には食べ物が無い.

•Do you like Chinese **food**? 君は中国料理は好きですか.

•Beef stew is one of my favorite **foods**. ビーフシチューは私の好きな食べ物の 1 つだ. →種類を念頭に置いていう時は, 普通(ふつう)名詞として扱(あつか)うので複数形.

fóod mìle 名 フードマイル →食物を産地から消費者に届けるまでの距離・エネルギー.

fool A2 /fúːl ふール/ 名 ばか者, 愚(おろ)か者

•Don't be a **fool**. (ばか者になるな ⇨)ばかなまねはよせ, ばかなことを言うな.

make a fool of 〜 〜をばかにする; 〜をだます

make a fool of one**self** ばかなまねをする, 笑い者になる

── 動 ❶ ばかにする; だます (deceive)

❷ 冗談(じょうだん)を言う, ふざける

fool around [**about**] ① ぶらぶら[のらく

ら]する ② おどける, ふざける

fool around with 〜 〜をいじくり回す

foolish /fúːliʃ ふーリシュ/ 形 ばかな, ばかばかしい

•Don't be **foolish**. ばかなことをするな[言うな].

foot 中 /fút ふト/ 名 (複 **feet** /fíːt ふィート/)

❶ 足 →foot は足首から下の部分をいう 関連語 **leg** (足首からももの付け根まで), **toe** (足の指)

•He has big **feet**. 彼は大きな足をしている.

•Apes can walk on their **feet**. 類人猿(るいじんえん)は (2 本の)足で歩くことができる.

❷ フィート →男性の平均的な足 (foot) の大きさをもとにして決めた長さの単位. 1 foot = 12 inches (= 30.48cm). 単数も複数も **ft.** と略す.

❸ 足もと; (山の)ふもと; 下の方

•the **foot** of a bed [a ladder] ベッド[はしご]の裾(すそ)

•the **foot** of a page ページ下の(空白)部分

•at the **foot** of the mountain 山のふもとに

•We sat down at his **feet**. 私たちは彼の足もとに座(すわ)った.

on foot 徒歩で[の], 歩いて

•go **on foot** 歩いて行く

•The cars sometimes move more slowly than people **on foot**. 自動車は歩行者よりものろのろ走ることがある.

to one's **feet** (座って[寝(ね)ている状態から)立つ状態に →jump, rise, start などとともに使われる.

•He jumped **to his feet**. 彼はぴょんと立ち上がった.

football 中 A1 /fútbɔːl ふトボール/ 名

❶ フットボール

🟢POINT football といえばアメリカではふつう **American football** を指し, イギリスでは **association football** (= **soccer**) を指す.

•play **football** フットボールをする →×play a [the] football としない.

❷ フットボール用のボール

footlights /fútlaits ふトライツ/ 名 (複) (舞台(ぶたい)照明用の)脚光(きゃっこう), フットライト

footprint /fútprint ふトプリント/ 名 足跡(あしあと) 関連語 **fingerprint** (指紋(しもん))

footstep /fútstep ふトステプ/ 名 足音; 足取り;

足跡(あしあと)

for 小 A1 /fər ふォ/

前 ❶《利益・対象》~のために[の]；《視点・関連》~にとって 意味 map
❷《目的》~を得るために，~のために
❸《目的地》~に向かって
❹《交換(こうかん)》~と引き換(か)えに，~に対して(の)；《代金》~で；~の代わりに
❺~として
❻《期間・距離(きょり)》~の間
❼《原因・理由》~のために
❽~に賛成して

接 《文》(というのは)~だから

── 前 ❶《利益・対象》~のために[の]；《視点・関連》~にとって，に対して

基本 fight **for** one's team チームのために戦う →動詞＋for＋名詞．
• jog **for** one's health 健康のためにジョギングする
基本 books **for** children 子供のための本 →名詞＋for＋名詞．
• a school **for** the blind 盲(もう)学校
• He bought a necklace **for** his wife. 彼は妻(のため)にネックレスを買った．
• This is a present **for** you. これはあなたへのプレゼントです．
• What are your plans **for** the summer vacation? 夏休みに(対して)はどんなプランを立てていますか．
• This is too difficult **for** me. これは私には難し過ぎる．
• That's all **for** today. きょうはここまで．
• Thank you **for** your letter. お手紙どうもありがとう．

 会話
A: Two hamburgers, please.
B: **For** here or to go?
A: **For** here.
A: ハンバーガー2つください．
B: ここで召(め)し上がりますか，お持ち帰りですか．
A: ここで食べます．

❷《目的》~を得るために，~を(求めて)，~のために
• go **for** a walk 散歩(をするため)に行く
• fight **for** freedom 自由のために戦う
• cry **for** help 助けを求めて叫(さけ)ぶ
• look **for** a key 鍵(かぎ)を(求めて)さがす
• wait **for** her 彼女を待つ

 会話
What do they keep bees **for**?―They keep them for honey.
何のために[なぜ]彼らはミツバチを飼うの?―彼らは蜂蜜(はちみつ)を取るためにそれらを飼います．→意味のつながりの上では for what (何のために)であるが，what は疑問詞なので文頭に出る．
We are going downtown this afternoon.―What **for**?
私たちはきょうの午後町へ行くの．―何のために[なぜ]?

❸《目的地》~に向かって，~へ行くため(の)；(手紙・電話などが)~宛(あて)の
• a train **for** Osaka 大阪行きの列車
• When are you leaving **for** Boston? 君はいつボストンへたちますか．
• Here is a letter **for** you. ここに君宛の手紙があります[ほら手紙が来てるよ]．
• It's **for** you, Mom. (電話を取り次いで)お母さん，電話ですよ．

❹《交換》~と引き換えに，~に対して(の)；《代金》~で；~の代わりに
• pay 1,000 yen **for** the book＝buy the book **for** 1,000 yen (その本に(対して)1,000円払(はら)う ⇨)その本を1,000円で買う
• an eye **for** an eye and a tooth **for** a tooth 目には目を歯には歯を →「やられたとおりの仕返し」の意味．『聖書』の中の言葉．
• use a box **for** a table 箱をテーブルの代わりに使う
• I wrote a letter **for** him. 私は彼に代わって手紙を書いてやった．→write a letter **to** him は「彼に手紙を書く」．
• I'll give you this bat **for** your ball. 君のボールをくれたらこのバットをやるよ．
• What is the Chinese word **for** 'library'? library にあたる中国語は何ですか．

❺~として；~としては，~のわりに
• We ate sandwiches **for** lunch. 私たちは昼食にサンドイッチを食べた．
• This is good **for** the price. これは値段の

for 小 A1 /fɔː/

行動・意識が向かう先

基本の意味

意識や行動が「向かって行く先」という基本の意味から様々な意味に広がる．空間的に向かって行く場所であれば 前 ❸ 目的地の意味になる．行動の目的は目的地のイメージでとらえられることから，前 ❶ 利益・前 ❷ 目的の意味になる．ある目的のために行動する期間や移動する距離に注目すると 前 ❻ 期間・距離の意味になる．目的のものを得るのに必要な対価に注目すると 前 ❹ 交換・代金の意味になり，特に同等性に注目すると 前 ❺「〜として」の意味になる．行為やできごとの結果ではなく原因に意識を向けると 前 ❼・接 の原因・理由の意味になる．

教科書によく出る使い方

- 前 ❶ This is a dictionary **for** school children. これは生徒向けの辞書です．
- 前 ❷ Let's go out **for** a walk. 散歩(をし)に出かけよう．
- 前 ❸ I took the bus **for** the airport. 私は空港行きのバスに乗った．
- 前 ❹ Maki bought the hat **for** 2,000 yen. 真紀はその帽子を2千円で買った．
- 前 ❻ We walked **for** half an hour to the station. 私たちは駅まで30分歩いた．
- 前 ❼ Okinawa is famous **for** its beautiful beaches. 沖縄は美しいビーチで有名だ．

教科書によく出る連語

look for 〜 〜をさがす
 I'm **looking for** something for my mother.
(店で店員に)母へ贈る物をさがしているんです．

for now しばらくの間，今のところ
 Goodbye **for now**. ではまた，さようなら．

forbade 242

わりによい.

●He is very tall **for** his age. 彼は年のわりにたいへん背が高い.

❻《期間・距離》〜の間

●**for** a week 1週間の間

●**for** a long time 長い間

●I waited for her (**for**) six hours. 私は彼女を6時間待った. →最初の for は❷.「期間・距離」を表す for はしばしば省略される.

●I walked (**for**) three miles. 私は3マイル歩いた.

❼《原因・理由》〜のために, 〜の理由で

●**for** this reason この理由のために

●dance **for** joy うれしくて小躍(こおど)りする

●She covered her face **for** shame. 彼女は恥(は)ずかしくて顔を覆(おお)った.

●You can't see the forest **for** the tree. あなたは個々の木のために森が見えない. →「細部にこだわって全体が見えていない」の意味.

❽〜に賛成して, 〜に味方して

反対語 Some people are **for** the war, but many are **against** it. その戦争に賛成している人もいるが多くの人は反対している.

●Which team are you **for**? 君どっちのチームを応援(おうえん)してるの.

→意味のつながりの上では for which team (どっちのチームに味方して)であるが, which は疑問詞なので文頭に出る.

●I voted **for** Ken in the class election. 私はクラスの選挙でケンに投票した.

── 接 《文》(というのは)〜 だから →because

●A fish cannot fly, **for** it has no wings. 魚は飛べない.(なぜなら)翼(つばさ)が無いから. → for it has 〜 を文頭に出してはいけない.

for all 〜 〜にもかかわらず

●**for all** that それにもかかわらず

●**For all** his riches, he is not happy. あんなにお金がありながら彼は幸せでない.

for ever 永久に, いつまでも →forever と1語にもつづる.

for example たとえば →example 成句

for my part 私としては

for now しばらくの間, 今のところ

●Bye **for now**. じゃあまた[さようなら].

for oneself 独力で, ひとりで; 自分のために

for the first time 初めて

for A **to do** Aが〜することは[するために・す

るための] →Aが to *do* の意味上の主語.

●Greek is too difficult **for** us **to** learn. ギリシャ語は私たちが学ぶには難し過ぎる.

●It is difficult **for** a Japanese **to** master Greek. 日本人がギリシャ語をマスターするのは難しい. →to ❾ の①

●This is not a book **for** children **to** read. これは子供の読むような本ではない. →to ❾ の②

forbad(e) /fərbǽd ふォバド/ 動 **forbid** の過去形

forbid A2 /fərbíd ふォビド/ 動 (三単現 **forbids** /fərbídz ふォビヅ/; 過去 **forbad(e)** /fərbǽd ふォバド/; 過分 **forbidden** /fərbídn ふォビドン/, **forbid**; -ing形 **forbidding** /fərbídiŋ ふォビディング/) 禁じる, 許さない

●**forbid** the use of this medicine この薬の使用を禁止する

force A2 /fɔ́rs ふォース/ 名

❶ 力; 腕力(わんりょく), 暴力

●the **force** of the wind 風の力

●by **force** 力ずくで, 暴力で

❷《武力を持った》組織, 軍隊(など)

●the air [police] **force** 空軍[警察]

── 動 強制する, 無理に〜させる[する]

●**force** him **to** agree (= make him agree) 彼に無理やり同意させる

●He was **forced to** agree. 彼は無理やり同意させられた[同意せざるをえなかった]. →was 助動 ❷

●I **forced** my way through the crowd. 私は人ごみを強引(ごういん)に通り抜(ぬ)けた.

forced /fɔ́rst ふォースト/ 形 ❶緊急(きんきゅう)の

●a **forced** landing 不時着, 緊急着陸

❷強制的な ❸強いて作った, こじつけた

Ford /fɔ́rd ふォード/ 固名 (**Henry Ford**) フォード →アメリカの自動車技師(1863-1947). 流れ作業などの大量生産方式で安い大衆車を提供し, 広い土地で交通手段に困っていたアメリカ人の生活を一変させた.

forecast /fɔ́rkæst ふォーキャスト/ 動 (三単現 **forecasts** /fɔ́rkæsts ふォーキャスツ/; 過去・過分 **forecast**, **forecasted** /fɔ́rkæstid ふォーキャステド/; -ing形 **forecasting** /fɔ́rkæstiŋ ふォーキャスティング/) (天気などを)予報する, 予測する

●**forecast** the weather 天気予報をする

── 名 予報, 予測

- the weather **forecast** 天気予報

forecaster /fɔ́ːrkæstər ふォーキャスタ/ 名
気象予報士

forefinger /fɔ́ːrfiŋgər ふォーふィンガ/ 名
人差し指 (index finger)

forehead /fɔ́ːrhed ふォーヘド/ 名 額, おでこ
→ しばしば /fɔ́ːrid ふォーレド/ とも発音する.

foreign 中 A1 /fɔ́ːrin ふォーリン | fɔ́rin ふォリン/ (→g は発音しない) 形
外国の
- a **foreign** country 外国
- a **foreign** language 外国語

foreigner A1 /fɔ́ːrinər ふォーリナ | fɔ́rinə ふォリナ/ 名 外国人

forename /fɔ́ːrneim ふォーネイム/ 名 (姓(せい)に対して)名前 (first name)

foresight /fɔ́ːrsait ふォーサイト/ 名 将来のことを見通す目, 先見の明

forest 中 A2 /fɔ́ːrist ふォーレスト | fɔ́rist ふォレスト/ 名 森林, 山林
- a thick **forest** 深い森林
- a **forest** fire 山火事

類似語(森)

forest は wood よりも大きな地域を占(し)め, 人の住んでいる所から離(はな)れていて, 野生動物などがいる森. **wood** は forest よりも小さく, 人がその中を通ったり, 薪(たきぎ)を集めに入ったりするような森.

forever 中 A2 /fərévər ふォレヴァ/ 副
永久に, 永遠に; いつも → **for ever** と2語にもつづる.

forgave /fərgéiv ふォゲイヴ/ 動 **forgive** の過去形

forge /fɔ́ːrdʒ ふォーヂ/ 動 偽造(ぎぞう)する

forget 中 A1 /fərgét ふォゲト/ 動

三単現 **forgets** /fərgéts ふォゲツ/
過去 **forgot** /fərgát ふォガト/
過分 **forgotten** /fərgátn ふォガトン/, forgot
-ing形 **forgetting** /fərgétiŋ ふォゲティング/

❶ 忘れる, 思い出せない

基本 **forget** one's promise 約束を忘れる
→forget+名詞.

- I know him by sight, but I **forget** his name. 彼の顔は知っているんだけれども, 名前は忘れてしまった. →「今思い出せない」の意味の

「忘れた」は英語では現在形の forget を使うことが多い.

会話

What's his name?—I **forget**.
彼の名前は何というの.—忘れちゃった.

- I **forget** where I put my camera. 私はカメラをどこに置いたか思い出せない.
- Don't **forget** to mail the letter. (= Remember to mail the letter.) 手紙を出すことを忘れるな. →to mail (手紙を出すこと)は forget の目的語. →**to** ❾ の ①
- I'll never **forget** hear**ing** his song. (= I'll remember hearing ~.) 彼の歌を聞いたことを私は決して忘れないでしょう.

POINT **forget to do** は「(これから)~するのを忘れる」. **forget doing** は「(過去に)~したことを忘れる」. ふつう疑問文・否定文で使う.

- Bob often **forgets** to do his homework. ボブは宿題をするのをよく忘れる.
- I **forgot** that it's your birthday today. きょうが君の誕生日なのを忘れてた.
- I've **forgotten** his name. 私は彼の名前を忘れてしまった. →現在完了(かんりょう)の文 (→ **have** 助動 ❶). forget (現在形)は have forgotten と同じ意味にも使うので, I forget his name. といっても同じ.
- **Are**n't you **forgetting** something? Today is my birthday. あなた何か忘れていない? きょうは私の誕生日よ. →最初の文は現在進行形の文 (→**are** 助動 ❶). forget は「状態」を表す動詞だから, このように一時的状況(じょうきょう)を強調する時, または習慣的な動作を表す時以外は進行形にしない.

❷ 置き忘れる, 持って来るのを忘れる

- I **forget** my camera. 私はカメラを忘れて来た. →at home (家(に))などの場所を示す語句が続くと, forget を使わずに leave を使って I left my camera at home. とする.

関連語 I **left** my umbrella in the taxi. —Oh! You always **forget** something. タクシーに傘(かさ)を忘れてきちゃったよ.—おやおや, 君はしょっちゅう忘れ物をしてるね.

forgetful /fərgétfəl ふォゲトふる/ 形 忘れっぽい, 忘れやすい; なおざりにする

forgetting /fərgétiŋ ふォゲティング/ 動 **forget** の -ing 形 (現在分詞・動名詞)

forgive

forgive /fərgív ふォギヴ/ 動 (三単現 **forgives** /fərgívz ふォギヴズ/; 過去 **forgave** /fərgéiv ふォゲイヴ/; 過分 **forgiven** /fərgívn ふォギヴン/; -ing形 **forgiving** /fərgíviŋ ふォギヴィンゲ/)

(心から)**許す**, 勘弁(かんべん)**してやる**

・**forgive** him [his mistake] 彼[彼のミス]を許す

・**Forgive** and forget. 許して忘れてしまえ[過去の事はさらりと水に流してしまえ].

・The teacher didn't **forgive** me **for** cutting his class. 先生は私が授業をさぼったのを許してくれなかった.

forgiven /fərgívn ふォギヴン/ 動 **forgive** の過去分詞

forgot 🀄 /fərgát ふォガト/ 動 **forget** の過去形

forgotten /fərgátn ふォガトン/ 動 **forget** の過去分詞

fork A2 /fɔ́:rk ふォーク/ 名

❶ (食事用の)**フォーク**

・eat with (a) knife and **fork** ナイフとフォークで食べる

❷ (農具の)**フォーク**, **くまで**

❸ (川・道路などの)**分岐(点)**, **二股**(ふたまた)**に分かれる所**; **二股に分かれているもの**

・a **fork** in the road 道が分かれている所

── 動 (川・道路などが)**二股に分かれる**, **分岐**(ぶんき)**する**

・Here the road **forks**. ここで道が分かれる.

form A1 /fɔ́:rm ふォーム/ 名

❶ **形**, **格好**, **姿**

・The cloud has the **form** of an elephant. あの雲は象の形をしている.

❷ **形式**, **型**

・There are different **forms** of music. いろいろな形式の音楽がある.

❸ (形式の整った書き込(こ)み)**用紙**

・an application **form** 申込(もうしこみ)用紙

・an entry **form** for Australia オーストラリアへの入国手続き用紙

・Please fill in [out] this **form**. この用紙に記入してください.

❹ (英) (中等学校の)**学年** (《米》grade)

── 動 **形造る**, **作り上げる**; **形ができる**, **現れる**

・**form** a cup out of clay 粘土(ねんど)で茶わんを作る

・**form** a habit 習慣を身に着ける

・Ice **forms** on the lake in winter. 冬になると湖に氷が張る.

formal /fɔ́:rməl ふォーマる/ 形 **形式的な**, **堅**(かた)**苦しい**; **儀礼**(ぎれい)**的な**; **正式の** 反対語 **informal** (形式張らない, 非公式の)

format /fɔ́:rmæt ふォーマト/ 名

❶ (本などの)**体裁**(ていさい), **判型**

❷ 《コンピューター》**フォーマット**, **書式** → コンピューターに打ち込まれるデータの配列形式.

── 動 (三単現 **formats** /fɔ́:rmæts フォーマツ/; 過去・過分 **formatted** /fɔ́:rmætəd フォーマテド/; -ing形 **formatting** /fɔ́:rmætiŋ フォーマティンゲ/) ❶ 《コンピューター》**フォーマット化する**; (記録メディアを)**初期化する** ❷ (本などの)**体裁を整える**

former /fɔ́:rmər ふォーマ/ 形 **以前の**, **前の** → 名詞の前にだけつける.

・in **former** days 昔は

・the **former** principal of our school 私たちの学校の前の校長

── 名 **(the former で)** (the latter (後者)に対して)**前者**

・Lilies and violets are both pretty flowers, but I like the latter better than the **former**. ユリとスミレはともにきれいな花だ. しかし私は前者(ユリ)より後者(スミレ)のほうが好きだ.

formula /fɔ́:rmjulə ふォーミュら/ 名

❶ **化学式**; (数学の)**公式**; (薬などの)**調合法**

❷ **慣習的やり方**; **決まり文句**

fort /fɔ́:rt ふォート/ 名 **とりで**, **要塞**(ようさい)

forth /fɔ́:rθ ふォーす/ 副 **前へ**; **外へ**

and so forth など, その他 → etc.

back and forth 前後に, 行ったり来たり

fortieth /fɔ́:rtiiθ ふォーティエす/ 名 形 **40番目(の)** → **40th** と略す.

fortunate /fɔ́:rtʃənit ふォーチュネト/ 形 **運のよい**, **幸運な**

fortunately A2 /fɔ́:rtʃənitli ふォーチュネトリ/ 副 **運よく**, **幸運にも**

fortune A2 /fɔ́:rtʃən ふォーチュン/ 名

❶ **運命**, **運**, **運勢**; **幸運**

・good **fortune** 幸運

・by good [bad] **fortune** 幸運[不運]にも

・Can you tell my **fortune**? あなたは私の運勢を占(うらな)うことができますか.

・a **fortune** cookie (中華(ちゅうか)料理店などで出される)おみくじ入りクッキー → 中に占いの書か

れた紙が入っている.
❷ 富, 財産
•make a **fortune** 財産を作る

forty 小 A1 /fɔ́ːrti ふォーティ/ 名 (複 for-
ties /fɔ́ːrtiz ふォーティズ/)
❶ 40; 40人[個]; 40歳(さい) →つづり字に注意:
×fourty としないこと.
❷ (forties で) (年齢(ねんれい) の)40代; (世紀の)
40年代 →forty から forty-nine まで.
── 形 40の; 40人[個]の; 40歳で
•**forty** books 40冊の本
•He is not **forty** yet. 彼はまだ40にはなり
ません.

forward /fɔ́ːrwərd ふォーワド/ 副
前へ, 前方へ
•go [step] **forward** 前進する[一歩前へ出る]
反対語 swing **forward** and **backward** 前
後に揺(ゆ)れる
•We are moving the plan **forward**. 私
たちはその計画を進めております.
look forward to ~ 中 A2 首を長くして~
を待つ →look 動 成句
── 形 前部の, 前方(へ)の
── 名 (球技の)フォワード

forwards /fɔ́ːrwərdz ふォーワツ/ 副 《主に英》
=forward

fossil /fásl ふァスる/ 名 化石

fóssil fúel 名 (石炭・石油などの)化石燃料

foster /fɔ́ːstər ふォースタ/ 動 (実子以外を)育て
る; 伸(の)ばす, 育む
── 形 育ての

fought /fɔ́ːt ふォート/ 動 **fight** の過去形・過去
分詞

foul /fául ふァウる/ 形 ❶ 不潔な, 不快な, 汚(きた
な)い; (天気が)悪い →fair¹ ❺
❷ (競技で)反則の; (野球で)ファウルの
── 名 (競技の)反則; (野球の)ファウル (foul
ball)

fóul pláy 名 反則プレー; 卑劣(ひれつ)[不正]な行
為(こうい)

found¹ 中 /fáund ふァウンド/ 動 **find** の過去
形・過去分詞

found² /fáund ふァウンド/ 動 設立する

foundation /faundéiʃən ふァウンデイション/ 名
❶ 土台, 基礎(きそ); 根拠(こんきょ) ❷ 創立, 設立

Fóundation Dày 名 創立記念日 →
Founder's Day

founder /fáundər ふァウンダ/ 名 設立者, 創立
者

Fóunder's Dày 名 創立記念日 →創立者を
たたえることを主眼とした場合の表現. →**Foun-
dation Day**

founding father /fàundiŋ fáːðər ふァウン
ディング ふァーズ゛/ 名 ❶ 創始者, 創立者
❷ (the Founding Fathers (of America)
で) (アメリカ)建国の父

fountain /fáuntin ふァウンテン/ 名 泉, 噴水(ふん
すい)

fóuntain pèn 名 万年筆

four 小 A1 /fɔ́ːr ふォー/ 名
(複 fours /fɔ́ːrz ふォーズ/)
4; 4歳(さい); 4時; 4人[個] →使い方については
→three
関連語 Lesson **Four** (= The **Fourth** Les-
son) 第4課
•It is just **four**. ちょうど4時です. →It は漠
然(ばくぜん)と「時間」を表す.
on all fours 四つんばいになって
── 形 4の; 4人[個]の; 4歳で
•**four** pencils 4本の鉛筆(えんぴつ)
•He is just **four**. 彼はちょうど4歳だ.

fourteen 小 A1 /fɔːrtíːn ふォーティー
ン/ 名 (複 fourteens /fɔːrtíːnz ふォーティーン
ズ/) 14; 14歳(さい); 14人[個]
関連語 Lesson **Fourteen** (= The **Four-
teenth** Lesson) 第14課
── 形 14の; 14歳で
•**fourteen** girls 14人の少女
•I will be **fourteen** next Wednesday.
今度の水曜日で私は14歳になります.

fourteenth /fɔːrtíːnθ ふォーティーンす/ 名形
14番目(の); (月の)14日 →14th と略す.
•on the **14th** of May = on May **14** 5月
14日に

fourth 中 /fɔ́ːrθ ふォーす/ 名形 (複 fourths
/fɔ́ːrθs ふォーすズ/)
❶ 4番目(の); (月の)4日 →4th と略す. 使い方
については →third
•on the **4th** of June = on June **4** 6月4日
に
❷ 4分の1(の) →quarter
•one **fourth** = a **fourth** part 4分の1
•three **fourths** 4分の3

Fourth of July 246

Fóurth of Julỳ 名 (**the** をつけて) **7月4日** → 米国の独立記念日 (Independence Day).

fowl /fául ふァウる/ 名 (七面鳥・アヒルなど食用になる大形の)鳥; (特に)ニワトリ

fox 小 /fáks ふァクス/fɔ́ks ふォクス/ 名 《動物》**キツネ**

イメージ (fox)

人家に近づき, ニワトリなどをえじきにするので「ずる賢(がしこ)い」というイメージが強い. 『イソップ物語』の中でもいつも悪者として登場する. He is a smart fox. (利口なキツネだ) は「彼はなかなかずる賢い[抜(ぬ)け目がない]」の意味.

Fr. 略 ＝**Fri**day (金曜日)

fraction /frǽkʃən ふラクション/ 名
❶ 断片(だんぺん), 小片(しょうへん), わずか ❷ 分数

fragment /frǽɡmənt ふラグメント/ 名 破片(はへん), 断片(だんぺん), かけら

fragrant /fréiɡrənt ふレイグラント/ 形 香(かお)りのよい, かんばしい

frail /fréil ふレイる/ 形 もろい; はかない

frame A2 /fréim ふレイム/ 名 (建築などの)骨組み; 体格; 額縁(がくぶち); (窓などの)枠(わく)
•the **frame** of a house 家の骨組み
•a picture **frame** 額縁
•glasses with metal **frames** メタルフレームの眼鏡
―― 動 枠をつける
•**frame** a picture 絵[写真]を額に入れる
•**frame** the photograph with flowers その写真の周りを花で飾(かざ)る

framework /fréimwəːrk ふレイムワ～ク/ 名
❶ 骨組み ❷ 構造, 組織

franc /frǽŋk ふランク/ 名 **フラン** → フランスの旧貨幣(かへい)単位, またその貨幣. 2002年以降はEUの共通貨(ユーロ (euro)) を使用.

France 小 /frǽns ふランス/ 固名 **フランス** → 西ヨーロッパの共和国. 首都はパリ (Paris). → **French**

frank A2 /frǽŋk ふランク/ 形 率直(そっちょく)な, 隠(かく)し立てのない
•Please give me your **frank** opinion. どうか君の率直な意見を聞かせてください.
•He is **frank with** his teacher. 彼は先生には隠し立てをしない.

to be frank with you 率直に言えば

frankfurter /frǽŋkfərtər ふランクふァタ/ 名 フランクフルトソーセージ

Franklin /frǽŋklin ふランクリン/ 固名 (**Benjamin Franklin**) ベンジャミン・フランクリン → 米国の政治家 (1706–1790). アメリカ独立運動に尽(つ)くし, また避雷針(ひらいしん)を発明した.

frankly /frǽŋkli ふランクリ/ 副 素直(すなお)に, 率直(そっちょく)に

frankly speaking 率直に言えば

freckle /frékl ふレクる/ 名 (**freckles** で)(顔にできる)そばかす

free 中 A1 /fríː ふリー/

形 ❶ 自由な
　❷ 暇(ひま)な
　❸ 無料の
動 解放する

意味 map

―― 形 (比較級 **freer** /fríːər ふリーア/; 最上級 **freest** /fríːist ふリーエスト/)

❶ 自由な

POINT 制約するものがない状態をいう.

基本 a **free** country 自由な国, 独立国 → free+名詞.
•a **free** market 自由市場(しじょう)

基本 You are **free** to go or stay. 君は行こうととどまろうと自由だ. → be 動詞＋free. be free to *do* は「～するのが自由だ, 自由に～してよい」. → to ❾ の④

❷ 暇な, 手が空いている
•I am **free** this afternoon. 私はきょうの午後は暇だ.
•What do you do in your **free** time? 暇な[手が空いた]時は何をしているのですか.

❸ 無料の
•a **free** ticket 無料切符(きっぷ)
•**for free** 無料で
•Come to the show. It's **free**. ショーにおいでよ. ただだよ.
掲示 Admission **free**. 入場無料.

feel free to do 自由に～してもよいと思う → ふつう命令形で使う.
•Please **feel free to** ask me any questions. どんな質問でも自由にしてください.

free from [*of*] ～ ～がない, ～をまぬかれて[た]
•**free from** fear 不安がない
•air **free of** dust ほこりのない空気
•I'm now quite **free from** pain. 私はもう全く痛みがなくなりました.

get free of ～ ～から自由になる, ～を逃(のが)

れる; 〜を離(はな)れる

set 〜 free 〜を自由にする, 〜を解放する
- **set** a bird **free** 小鳥を自由にして[放して]やる
- The prisoner was **set free**. 囚人(しゅうじん)は釈放(しゃくほう)された[自由の身になった].

—— **動** (三単現 **frees** /fríːz ふリーズ/; 過去・過分 **freed** /fríːd ふリード/; -ing形 **freeing** /fríːiŋ ふリーインぐ/) 解放する, 自由にする

-free 接尾辞 名詞の後につけて, 「〜のない」という意味の語をつくる:
- duty-**free** 免税(めんぜい)の
- barrier-**free** 障害物のない, バリアフリーの
- a nuclear weapon-**free** world 核(かく)兵器のない世界

freedom 中 A2 /fríːdəm ふリーダム/ 名
自由 →**liberty** 類似語
- **freedom** of speech 言論の自由

Fréedom Tráil 固名 (the をつけて) フリーダムトレイル →米国 Boston の中心街から北へ約2.4キロメートルにわたってのびる「歴史の道」で, 道に赤い線の目印があり, 途中(とちゅう)アメリカ独立戦争にちなむ名所旧跡(きゅうせき)がある.

freely /fríːli ふリーリ/ 副 ❶自由に ❷おしげなく

freestyle /fríːstail ふリースタイる/ 名 (水泳の)自由型; (レスリング・スキーの)フリースタイル; 《音楽》(ラップの)フリースタイル(即興(そっきょう))
—— 形 自由型の, フリースタイルの

freeway /fríːwei ふリーウェイ/ 名 (無料の)高速道路 (expressway)

freeze A2 /fríːz ふリーズ/ 動 (三単現 **freezes** /fríːziz ふリーゼズ/; 過去 **froze** /fróuz ふロウズ/; 過分 **frozen** /fróuzn ふロウズン/; -ing形 **freezing** /fríːziŋ ふリーズィンぐ/)
❶ 凍(こお)る, 氷が張る; 凍(こご)える; 凍らせる
関連語 **freeze** fish in a **freezer** 冷凍(れいとう)庫で魚を冷凍する
- Water **freezes** at 0℃ (読み方: zero degrees centigrade). 水はセ氏0度で凍る.
- I'm **freezing**. (私は凍えつつある ⇨)とても寒くて凍えそうだ.
- The lake **froze** during the night. 湖は夜の間に氷が張った.
- The lake **is frozen** over. 湖は一面に凍っている. →受け身形 (凍らされている)であるが「凍っている」と訳す.
- The climber was **frozen** to death. その

登山者は凍死(とうし)した.
❷ (恐怖(きょうふ)などで)こわばる, 動かなくなる; こわばらせる, 動けなくする
- **Freeze!** 動くな.

freezer /fríːzər ふリーザ/ 名 冷凍(れいとう)庫, フリーザー →**food freezer** ともいう.

freezing point /fríːziŋ pɔ́int ふリーズィンぐ ポイント/ 名 氷点 関連語 **boiling point** (沸点(ふってん)), **melting point** (融点(ゆうてん))

freight /fréit ふレイト/ 名 貨物; 貨物輸送; 貨物運送料

French 小 /frénʃ ふレンチ/ 形
❶ フランスの ❷ フランス人の; フランス語の
- She is **French**. 彼女はフランス人です.
—— 名 ❶ フランス語
❷ (the French で) フランス国民(全体)

Frénch fríes 名 《米》フレンチフライ, フライドポテト (《英》chips)

Frénch hórn 名 フレンチホルン →金管楽器の一種.

Frenchman /frénʃmən ふレンチマン/ 名 (複 **Frenchmen** /frénʃmən ふレンチマン/) (男性の)フランス人

Frénch Revolútion 固名 (the をつけて) フランス革命 →1789年に王政を倒(たお)した大革命.

Frenchwoman /frénʃwumən ふレンチウマン/ 名 (複 **Frenchwomen** /frénʃwimin ふレンチウィメン/) (女性の)フランス人

frequent /fríːkwənt ふリークウェント/ 形 たびたびの, よく起こる, 頻繁(ひんぱん)な

frequently /fríːkwəntli ふリークウェントリ/ 副 たびたび, しばしば, 頻繁(ひんぱん)に

fresh 小 A2 /fréʃ ふレシュ/ 形
❶ 新しい, 新鮮(しんせん)な, 爽(さわ)やかな
- **fresh** air 新鮮な[爽やかな] 空気
- **fresh** leaves 若葉
- feel **fresh** 爽やかに感じる[で気持ちがよい]
- The grass was **fresh** with dew. 草は露(つゆ)を帯びて生き生きとしていた.
❷ 生みたての, できたての; 加工してない
- a **fresh** egg 生みたての卵
- **fresh** cream 生クリーム
- These rolls are **fresh** from the oven. これらのロールパンは(オーブンから出たばかり⇨)焼きたてです.
掲示 **Fresh** paint. 《英》ペンキ塗(ぬ)り立て(《米》Wet paint).

freshly 248 two hundred and forty-eight

❸ 塩気のない, 塩分のない →肉などが新鮮で塩づけにされていないことから.
•**fresh** water 真水, 淡水(たんすい)

freshly /fréʃli ⓓレシュリ/ 圖 **新しく; 新鮮(しんせん)に, 爽(さわ)やかに**

freshman /fréʃmən ⓓレシュマン/ 图 (復 **freshmen** /fréʃmen ⓓレシュメン/) 《米》(大学・高校の)**1年生** →性別に関係なく使う. first-year student ともいう. → **senior** 图 ❷

Freud /frɔ́id ⓓロイド/ 固名 (**Sigmund** /スィグマンド/ **Freud**) **フロイト** →オーストリアの医学者(1856–1939). 精神分析(ぶんせき)学の基礎(きそ)をつくった.

Fri. 略 ＝**Friday**(金曜日)

friction /fríkʃən ⓓフリクション/ 图 **摩擦(まさつ)**

Friday 小 A1 /fráidei ⓓフライデイ/ 图
(復 **Fridays** /fráideiz ⓓフライデイズ/)
金曜日 →週の第6日. 詳(くわ)しい使い方は → **Tuesday**
•on **Friday** 金曜日に
•on **Friday** morning 金曜日の朝に
•next [last] **Friday** この次の[この前の]金曜日(に) →×on next [last] Friday としない.
•on **Fridays** 毎週金曜日に[金曜日にはよく] →「〜曜日にはいつも[よく]」という意味の時には複数形にする.

語源 (Friday)
北欧(ほくおう)神話の大神オーディンの妻 Frigg (フリッグ) にちなむ.

fridge A2 /frídʒ ⓓフリヂ/ 图 **冷蔵庫** → refrigerator を短くした語.

fried A2 /fráid ⓓフライド/ 形 **油でいためた; 油で揚(あ)げた, 揚げものの** → **fry**
•**fried** eggs 目玉焼き
•**fried** chicken チキンのから揚げ, フライドチキン
•**fried** rice チャーハン

friend 小 A1 /frénd ⓓフレンド/ (→ie を /e ɪ/ と発音することに注意) 图
(復 **friends** /fréndz ⓓフレンヅ/)
❶ **友人, 友達**
•my **friend** 私の友人
•a **friend** of mine 私の友人(の1人)
POINT 最初の例は「特定の友人」を指す時の言い方. 2番目の例はただ「自分の友人の中の1人の友人」という時の言い方.

•a **friend** of Mr. Wood's ウッド氏の友人
•Ken is a **friend** of mine. ケンは私の友人です.
•My **friend** Ken called yesterday. 私の友人のケンが昨日訪ねて[電話をして]来た.
•He met an old **friend** on the bus. 彼はバスで昔の友人に出会った.
•I have a lot of **friends** at school. 私は学校にたくさん友人がいる.

❷ **味方, 同情者**
反対語 They are not our **enemies** but our **friends**. 彼らは私たちの敵ではなく味方だ. → not A but B は「A でなくて B」.

be friends (**with 〜**) (〜と)友達である
•I am **friends** with Ken. 私はケンと友達です.
•Let's **be friends**. 友達になろう.

make [**become**] **friends** (**with 〜**) (〜と)仲良しになる
•You'll **make friends with** people from many countries. あなたはいろいろな国から来た人たちと仲良くなるだろう.

friendly 小 /fréndli ⓓフレンドリ/ 形 (比較級 **friendlier** /fréndliər ⓓフレンドリア/; 最上級 **friendliest** /fréndliist ⓓフレンドリエスト/)
友好的な, 好意的な, 親切な, 人なつっこい
•a **friendly** nation 友好国
•She is **friendly** to [**toward**] everybody. 彼女はすべての人に親切です.
•Our dog is **friendly** with everyone. うちの犬はどんな人にもなつきます.

friendship 中 A2 /fréndʃip ⓓフレンドシプ/ 图
友情, 友愛; 親しい交わり, 親交
•a close **friendship** ごく親しい友情

fright /fráit ⓓフライト/ 图 **突然(とつぜん)の驚(おどろ)き, 恐怖(きょうふ)**

frighten A2 /fráitn ⓓフライトン/ 動 **ひどくびっくりさせる, 怖(こわ)がらせる, おびえさせる**
•**frighten** birds away 小鳥たちをびっくりさせて飛び去らせる
•Our baby **was** very **frightened** by the thunder. うちの赤ちゃんは雷(かみなり)にとてもおびえた. → was frightened は受け身(おびえさせられた)だが「おびえた」と訳す.

frightening A2 /fráitəniŋ ⓓフライタニング/ 形 (出来事・経験などが)**恐ろしい, ぞっとさせる**
•It was a most **frightening** experience for me. それは私にとって一番恐ろしい体験だっ

た.
frigid /frídʒid フリヂド/ 形 **非常に寒い, 極寒(ごっかん)の**

Frisbee /frízbi: フリズビー/ 名 《商標》**フリスビー** → プラスチック製の円盤(えんばん)で, これを空中に投げ合って遊ぶ.

frog 小 A1 /frág フラグ/ 名
《動物》**カエル**
• **Frogs** are croaking. カエルが鳴いている.
• I've caught a cold and have a **frog** in my throat. 私は風邪(かぜ)をひいて喉(のど)にカエルがいる. →「喉ががらがらだ」の意味.
関連語 **tadpole** (オタマジャクシ), **tree frog** (アマガエル), **toad** (ヒキガエル)

from 小 A1 /弱形 frəm フロム, 強形 frám フラム|frɔ́m フロム/

| 前 ❶《場所》~から(の) 意味 map
| ❷《時間》~から(の)
| ❸《原料・材料》~から, ~で
| ❹《原因・理由》~から, ~のために
| ❺《分離(ぶんり)》~から(取り去る, 守る, 解放する)
| ❻《区別》~から(区別して), ~と

── 前 ❶《場所》**~から(の); ~から離(はな)れて; ~出身の, ~産の**
• I am [I'm] **from** Australia. 私はオーストラリア出身だ
基本 **start from Narita** 成田から出発する → 動詞+from+名詞.
• come **from** India **to** Japan インドから日本に来る
基本 **a letter from her** 彼女からの手紙 → 名詞+from+(代)名詞. ×from *she* としない.
• take an express **from** Nagoya Station 名古屋駅から急行に乗る
• I got [received] a letter **from** her. 私は彼女から手紙をもらった.
• Who was the letter **from**? その手紙は誰(だれ)から来たのですか.
→ 意味のつながりの上では from who (誰から)であるが, who は疑問詞なので文頭に出る.
• Ken is absent **from** school today. ケンはきょう(学校から離れて不在だ ⇨)学校をお休みです.

Where are you **from**? —I am **from** Yamagata.
君は(どこからですか ⇨)ご出身はどこですか. —私は山形出身です. → 意味のつながりの上では from where (どこから)であるが, where は疑問詞なので文頭に出る.

❷《時間》**~から(の)**
• work **from** morning **to** [**until, till**] night 朝から晩まで働く
• go to school **from** Monday **to** [《米》**through**] Friday 月曜から金曜まで学校に行く
• I've been waiting here **from** ten o'clock. 私はここで10時からずっと待っているのです.
• **From** that day (on) they lived happily. その日から彼らは幸福に暮らしました.

❸《原料・材料》**~から, ~で**
• make wine **from** grapes ブドウからワインを造る
• Wine is made **from** grapes. ワインはブドウから造られる.
• We made hats **from** newspapers. 私たちは新聞紙で帽子(ぼうし)をつくった.

❹《原因・理由》**~から, ~のために**
• She trembled **from** fear. 彼女は恐怖(きょうふ)から[のために]震(ふる)えた.
• His father died **from** overwork. 彼のお父さんは過労から[過労で]亡(な)くなった. →**die of** [**from**] ~ (**die**¹ 成句)
• He is suffering **from** a cold. 彼は風邪(かぜ)のために苦しんでいる[風邪をひいている].
• I am tired **from** a long walk. 私は長く歩いて疲(つか)れている.

❺《分離》**~から(取り去る, 守る, 解放する)**
• Two **from** six is [leaves] four. 6から2を引くと4です[残る].
• He saved the child **from** the fire. 彼はその子供を火事から救った.
• I'm free **from** pain now. 私はもう痛みから解放されました[痛みはなくなりました].
• Vitamin A keeps us **from** catching colds. ビタミンAは私たちを風邪ひきから守ってくれる[ビタミンAをとっていれば風邪をひかない].

❻《区別》**~から(区別して), ~と**
• Anyone can tell lions **from** tigers. 誰だって(ライオンをトラから区別して言える ⇨)ライオンとトラの違(ちが)いはわかる.

from /弱形 ふロム, 強形 ふラム | ふロム/

イメージ ～から

基本の意味

出発点を表す基本の意味から様々な意味に広がる．空間的な移動の場合には ❶「（空間的に）～から」の意味になり，時間の推移の場合には ❷「（時間的に）～から」の意味になり，場所・状態から離れることに注目すると ❺ 分離の意味になる．原料を変化の出発点とみなすと ❸ 原料・材料の意味になり，原因を動作やできごとの出発点とみなすと ❹ 原因・理由の意味になる．❶ 場所と ❷ 時間の意味では到着点を表す to といっしょに用いられることも多い．

教科書によく出る 使い方

❶ The fastest Shinkansen travels **from** Tokyo to Osaka in two and a half hours. 最速の新幹線は東京から大阪まで2時間半で行く．
❷ He works **from** nine to five. 彼は9時から5時まで働く．
❸ This plate is made **from** recycled paper. このお皿は再生紙でできている．
❹ I suffer **from** pollen allergies every spring. 毎年春になると花粉症で苦しむ．
❺ The English Channel separates Great Britain **from** the rest of Europe.
イギリス海峡によってグレートブリテン島はヨーロッパの他の部分から隔てられている．

教科書によく出る 連語

come from ～ ～の出身である；～に由来する
♛ The word "ski" **comes from** Norwegian.
ski という単語はノルウェー語に由来します．

from now on 今後は，これからは

- His opinion is quite different **from** mine. 彼の意見は私の意見と全く違う.

***from** A **to** A* AからAへ(次々と); Aごとに
- **from** door **to** door （家から家へ）1軒(けん)1軒
- be different **from** country **to** country （国ごとに違う ⇨）国によって違う

***from** A **to** B* AからBまで, AからBへ
- **from** head **to** foot 頭から足まで
→ AとBが対(つい)になっている場合や, A=B の場合は冠詞(かんし) (a, the) が省略される.
- travel America **from** coast **to** coast アメリカを(沿岸から沿岸まで ⇨)横縦旅行する

***from** A **to** B **to** C (**to** ~)* A から B や C (や~)に至るまで
- **from** food **to** clothes **to** furniture 食料から衣類や家具に至るまで

front 中 A1 /fránt フラント/ 名

❶ **前面, 前部**
- **the front** of a house 家の正面
- The pilot sits in [at] **the front** of an airplane. 操縦士は飛行機の前部に座(すわ)る. → イディオム in front of と混同しないこと.

❷ (戦場・気象の)**前線**
- the cold **front** 寒冷前線

—— 形 **前の, 前方の, 正面の**
- the **front** door （家の）表ドア, 正面玄関(げんかん)
- the **front** yard （家の）前庭
- the **front** seat 前の座席
- the **front** desk 《米》（ホテルなどの）フロント, 受付 （《英》reception (desk)）
- the **front** page 新聞の第1面

in front 前に, 前の
- sit **in front** 前の席に座る
- the man **in front** 前にいる男

in front of ~ ~の前に, ~の前の
[類似語] 道路や川などをはさんで「前に」「向かいに」は **opposite**.
[反対語] **at the back of** ~ （~の後ろに）

- a bus stop **in front of** the bank 銀行の前のバス停
- A car stopped **in front of** the hotel. 1台の車がそのホテルの前で止まった.

frontier /frʌntíər フランティア/ 名 ❶ **国境, 国境地方** ❷《米》**辺境, フロンティア** →アメリカ西部への開拓(かいたく)時代の開拓地と未開拓(みかいたく)地の境界地方.

frost /frɔ́ːst フロースト/ 名 霜(しも)

frosty /frɔ́ːsti フロースティ/ 形 （比較級 **frostier** /frɔ́ːstiər フロースティア/; 最上級 **frostiest** /frɔ́ːstiist フロースティエスト/) 霜(しも)**の降りる, 凍(こお)りつくような**

frown /fráun フラウン/ 動 **顔をしかめる, 眉(まゆ)をひそめる**
—— 名 しかめっつら

froze /fróuz フロウズ/ 動 **freeze** の過去形

frozen /fróuzn フロウズン/ 動 **freeze** の過去分詞
—— 形 凍(こお)った, 氷の張った
- a **frozen** lake 氷の張った湖
- **frozen** food [fish] 冷凍(れいとう)食品[魚]

fruit 小 A1 /frúːt フルート/ (→ui を /uː ウー/ と発音することに注意) 名
(複 **fruits** /frúːts フルーツ/)
❶ **果物, 果実**(かじつ); (木の)実
- **fruit** juice フルーツジュース, 果汁(かじゅう)
- a **fruit** store 果物店
- a **fruit** tree 果樹
- **Fruit** is good for the health. 果物は健康にいい. → 一般(いっぱん)的に「果物」という時は ×a fruit, ×fruits としないが, 次の例のように特定の果物や種類の違(ちが)う果物をいう時は数えられる名詞として扱(あつか)うこともある.
- Is tomato a **fruit** or a vegetable? トマトは果物ですか野菜ですか.
- I went to the supermarket and bought several different **fruits**. 私はスーパーへ行って何種類かの果物を買った.

POINT 複数形は特に各種の果物をいう時にだけ使う.

❷ **成果, 結果**
- This success is the **fruit** of his hard work. この成功は彼の努力の成果である.

fruitcake /frúːtkeik フルートケイク/ 名 **フルーツケーキ** → ドライフルーツやクルミなどの木の実を入れて作ったケーキ.

frustrate 252 two hundred and fifty-two

frustrate /frʌ́streit ふラストレイト/ 動 欲求不満にさせる, いらいらさせる, 失望させる

frustrated /frʌ́streitid ふラストレイテド/ 形 不満のたまった, いらいらした, 失望した

frustrating /frʌ́streitiŋ ふラストレイティング/ 形 いらいらさせるような, 失望させるような

frustration /frʌstréiʃən ふラストレイション/ 名 欲求不満; 挫折(ざせつ), 失敗

fry 小 A2 /frái ふライ/ 動 (三単現 **fries** /fráiz ふライズ/; 過去・過分 **fried** /fráid ふライド/; -ing形 **frying** /fráiiŋ ふライイング/)
(フライパンで)**いためる, 焼く**; 油で揚(ぁ)げる, フライにする →「油で揚げる」はふつう **deep-fry** という. →**fried** (見出し語)
●Mary **fries** bacon and eggs for her breakfast. メアリーは朝食にベーコンエッグを焼く.

―― 名 (**復 fries** /fráiz ふライズ/) **揚げ物, フライ**

frying pan /fráiiŋ pæn ふライイング パン/ 名 フライパン →単に **pan** ともいう.

ft., ft 略 =foot または feet

fuel /fjúːəl ふューエる/ 名 **燃料**
―― 動 燃料を供給[補給]する

fúel cèll 名 **燃料電池** →水素と酸素の化学反応によって電流を起こす電池.

fulfil(l) /fulfíl ふるふィる/ 動 (約束・望みなどを)**果たす, 遂(と)げる** →-ed, -ing をつける時は **fulfilled, fulfilling**.

fulfil(l)ment /fulfílmənt ふるふィるメント/ 名 (約束・望みなどの)**実現, 実行**

full 中 A1 /fúl ふる/ 形

❶ **満ちた, いっぱいの** 関連語 「満たす, 満ちる」 は **fill**.
●eyes **full** of tears 涙(なみだ)でいっぱいの目
●The theater was **full**. 劇場は満員だった.
反対語 This box is **empty**. That box is **full** of toys. この箱はからっぽだ. あの箱はおもちゃでいっぱいだ.
●Don't speak with your mouth **full**. 口に物をいっぱい入れてしゃべるな. →with A B (形容詞)は「AをBの状態にして」.
会話 How about another bowl of soup?―No, thank you. I'm **full**. もうひと皿スープをいかがですか.―もうけっこうです. おなかがいっぱいです.

❷ **十分な, 完全な, 最大限の**
●**full** marks 満点

●a **full** week まる1週間
●a **full** moon 満月
●one's **full** name 氏名, フルネーム
●(at) **full** speed 全速力で

―― 名 **十分; 絶頂**

in full (省略しないで)**全部**
●Write your name **in full**. あなたの名前を省略しないで書いてください.

to the full **十分に, 完全に**
●We enjoyed fishing **to the full**. 私たちは釣(つ)りを心ゆくまで楽しんだ.

full stop /fúl stáp ふる スタプ/ 名 《主に英》**終止符(ふ), ピリオド** (《主に米》 period)

fully A2 /fúli ふり/ 副 **十分に**

fun 小 A1 /fʌ́n ふァン/ 名

おもしろい事[人]; 楽しさ, 愉快(ゆかい)さ, 楽しい思い

POINT 「おもしろさ」そのものに重点があるので, 日本語では「おもしろい事, おもしろい人」と訳す場合でも数えられない名詞として扱(あつか)う. ×a fun, ×the fun, ×funs などとしない.

●have **fun** 楽しむ
●Is it **fun**? それはおもしろいですか.
●Camping is a lot of **fun**. キャンプはとても愉快だ.
●It's great **fun** to play baseball. 野球をするのはとてもおもしろい. →It=不定詞 to play 以下.
●Let's have **fun** with music and games. 音楽やゲームで楽しく遊ぼうよ.
●He is full of **fun**. 彼は愉快なやつだ. →is full of ~ は「~でいっぱいである」.

for [in] fun **おもしろ半分に, 冗談(じょうだん)に; 楽しみのために**

make fun of ~ **~をからかう, ~を冷やかす**

function A2 /fʌ́ŋkʃən ふァンクション/ 名 **機能, 働き; 役目**
―― 動 **機能する, 働く**

functional /fʌ́ŋkʃənəl ふァンクショナる/ 形 ❶ **機能的な, 実用的な** ❷ 《数学》**関数の**

fund /fʌ́nd ふァンド/ 名 (しばしば **funds** で) **資金, 基金**

fundamental /fʌndəméntl ふァンダメントる/ 形 **根本的な, 重要な**

fund-raising /fʌ́nd reiziŋ ふァンド レイズィング/ 名 **資金集め, 募金(ぼきん)**

funeral /fjúːnərəl ふューネラる/ 名 形 **葬式(そうしき)**

fúneral hòme [pàrlor] 名 葬儀(そうぎ)場

funny 小 A1 /fʌ́ni ふァニ/ 形
(比較級 **funnier** /fʌ́niər ふァニア/; 最上級 **funniest** /fʌ́niist ふァニエスト/)

❶ 滑稽(こっけい)な, おかしい →「笑い」を引き起こすものをいう.
• a **funny** story 滑稽な話
• That clown is very **funny**. あのピエロはとても笑わせる.
• Don't be **funny**. 笑わせるなよ.

❷ 妙(みょう)な, 変な (strange)
• You look very **funny** in that coat. その上着を着ると君はとても変に見える.
• It's **funny** that May didn't come. メイが来なかったのは変だ. →It=that 以下.

fur /fə́r ふァ〜/ 名 毛皮

furious /fjú(ə)riəs ふュ(ア)リアス/ 形 猛烈(もうれつ)な; すごく怒(おこ)った[て] (very angry)

furnace /fə́rnis ふァ〜ネス/ 名 炉(ろ), かまど; 溶鉱炉(ようこうろ); (地下室にある暖房(だんぼう)用)ボイラー

furnish /fə́rniʃ ふァ〜ニシュ/ 動 (家・部屋に)家具を備え付ける →**furnished**

furnished /fə́rniʃt ふァ〜ニシュト/ 形 家具を備え付けた, 家具付きの →「家具付き」とは「食器棚(だな)・テーブル・椅子(いす)・冷蔵庫・ガスオーブン・ベッド・電気器具など」が付いていること(ラジオ・テレビは含(ふく)まない).

furniture A2 /fə́rnitʃər ふァ〜ニチャ/ 名 家具, (事務室などの)室内備品
• a piece of **furniture** 家具1点 →×a furniture としない.
• We don't have much **furniture**. うちには家具があまりない. →×many furnitures としない.

✓POINT 机・椅子(いす)・ソファー・たんす・テーブル・食器棚(だな)・ロッカー・本箱・ベッドなどを総称する言葉で, 単数扱(あつか)い.

furry /fə́ri ふァ〜リ/ 形 (比較級 **furrier** /fə́riər ふァ〜リア/; 最上級 **furriest** /fə́riist ふァ〜リエスト/) 柔らかい毛の

further A2 /fə́rðər ふァ〜ざ/ 副 形 (**far** の比較級) (程度が)それ以上に[の]; (距離(きょり)が)もっと遠くに[遠い]
• make a **further** effort さらに努力する
• walk **further** さらに遠くまで歩いて行く
• Please call 123-456-7890 for **further** information. それ以上の情報は[詳細(しょうさい)については]123-456-7890へお電話ください.

furthest /fə́rðist ふァ〜ぜスト/ 副 形 (**far** の最上級) (程度が)一番(の); (距離(きょり)が)最も遠くに[遠い], 一番遠くに[遠い]

fury /fjú(ə)ri ふュ(ア)リ/ 名 (複 **furies** /fjú(ə)riz ふュ(ア)リズ/) 激しい怒(いか)り, 激怒(げきど); 猛威(もうい)

fuse /fjúːz ふューズ/ 名 (電気の)ヒューズ; (火薬の)導火線

fuss /fʌ́s ふァス/ 名 (余計な)大騒(さわ)ぎ

futon /fúːtɑːn ふ〜ターン/ 名 (日本の)布団(ふとん)

future 小 A1 /fjúːtʃər ふューチャ/ 名
未来, 将来
関連語 **past** (過去(の)), **present** (現在(の))
• in (the) **future** 今後, これから先, 将来
• think of the **future** 将来のことを考える
• I'll be more careful in **future**. これからはもっと注意するようにいたします.
• She has a great **future** as a pianist. 彼女はピアニストとして大きな未来を持っている[成功の可能性がある].
• What are your plans for the **future**? 君の将来の計画は何ですか.

—— 形 (→比較変化なし)
未来の, 将来の →名詞の前にだけつける.
• the **future** generation 未来の世代

G g *G g*

G, g[1] /dʒíː チー/ 名 (複 **G's, g's** /dʒíːz チーズ/) ❶ ジー→英語アルファベットの7番目の文字. ❷ (**G** で)《米》(映画の)**一般**(いっぱん)**向き** → general の略.

g., g[2] 略 = gram(s), 《英》gramme(s) (グラム)

GA 略 = Georgia

gadget /gǽdʒit ギャチェト/ 名 (家庭で使う小さな)**器具, 装置**

gain /géin ゲイン/ 動
❶ **得る, 獲得**(かくとく)**する** (get); **〜に達する**
❷ **もうける; 利益を得る, 得する**
❸ (重さ・速度などが)**増す, 増える**
❹ (時計が)**進む**
反対語 This clock is old but never **gains** or **loses**. この時計は古いが, 絶対に進んだり遅(おく)れたりしない.
——名 ❶ **増加, 増進**
❷ (しばしば **gains** で)**もうけ高, 利益**
ことわざ No **gains** without pains. 労なくして益(えき)なし.

gala /géilə ゲイラ/gáːlə ガーラ/ 名 ❶ (有名人などを招いての)**華**(はな)**やかな行事** ❷ **スポーツ大会**

galaxy /gǽləksi ギャラクスィ/ 名 (複 **galaxies** /gǽləksiz ギャラクスィズ/) (**the galaxy, the Galaxy** で) **銀河, 天の川** (the Milky Way)

gale /géil ゲイル/ 名 **大風, 強風**

Galileo /gæləlíːou ギャリリーオウ/ 固名 (**Galileo Galilei** /gæləréii ギャリレイ/) **ガリレオ** → イタリアの物理・天文学者 (1564-1642). コペルニクスの地動説が正しいことを証明した.

gallery A2 /gǽləri ギャラリ/ 名 (複 **galleries** /gǽləriz ギャラリズ/)
❶ **画廊**(がろう); **美術館, ギャラリー** → 《米》では「美術館」はふつう **museum** という.
• an art [a picture] **gallery** 画廊→gallery だけでも「画廊」という意味だが, より明確にするためにこのようにいうことが多い.
• the National **Gallery** (ロンドンの)国立美術館
❷ (劇場の最上階にある最低料金の)**天井**(てんじょう)**さじき**; (会議場の)**傍聴**(ぼうちょう)**席**
❸ **天井さじきの人々; 傍聴席の人々;** (ゴルフ・テニスなどの試合の)**見物人, ギャラリー** → 1人の人ではなく, 複数の人を指すのでふつうは複数扱(あつか)い.

gallon /gǽlən ギャロン/ 名 **ガロン**→液体の容積の単位. 米国では 3.785 リットル. 英国・カナダ・オーストラリアなどでは 4.546 リットル.

gallop /gǽləp ギャロブ/ 名 **ギャロップ**→馬など四つ足の動物の最も速い走り方.
—— 動 **ギャロップで走る; ギャロップで走らせる**

gamble /gǽmbl ギャンブる/ 動 **賭**(か)**け事をする;** (〜にお金などを)**賭ける**
—— 名 **賭け事, ばくち**

gambler /gǽmblər ギャンブら/ 名 **賭**(か)**け事師, ばくち打ち; 賭け事の好きな人**

game 小 A1 /géim ゲイム/ 名
(複 **games** /géimz ゲイムズ/)
❶ (一定のルールを持った) **ゲーム, 遊び**
POINT 比較(ひかく)的ルールの少ない「遊び」から, 複雑なルールの「スポーツ競技」までをいう.
• a card **game** カードゲーム
• a video **game** ビデオゲーム
• a **game** show (テレビの)賞金クイズ番組
• **play** a **game** ゲームをする
• **win** [**lose**] a **game** ゲームに勝つ[負ける]
• All children like to **play games**. 子供たちはみんなゲームをするのが好きだ.
❷ **試合, 競技;** (**games** で) **競技大会**
• play a basketball **game** バスケットボールの試合をする
• We'll play [have] a **game** of baseball with Bob's team. 私たちはボブのチームと野球をする.
• **Game**, set and match. 試合終了(しゅうりょう)[ゲームセット].
• The Tokyo Olympic **Games** were held in 2021. オリンピックの東京大会は 2021年に開かれた.

類似語 (試合)
《米》では baseball, football, basketball

などと -ball のつくスポーツの試合に **game** を使い, golf, tennis, boxing, cricket などには **match** を使うが, 《英》ではどちらにも **match** を使うことが多い.

❸ (猟(りょう)・釣(つ)りの)**獲物**(えもの) ➡猟・釣りで捕(つか)まえる野獣(やじゅう)・野鳥・魚の総称. game には昔「楽しみ・娯楽(ごらく)」という意味があり, 中世では貴族の最高の娯楽が狩猟(しゅりょう)だったことから.
● Lions and elephants are big **game**. ライオンやゾウは大猟獣(りょうじゅう)だ. ➡×a big game, ×big game*s* としない.

Gandhi /gá:ndi ガーンディ, gǽndi ギャンディ/ 固名 (通称 **Mahatma** /マハートマ/ **Gandhi**) ガンジー ➡インドの政治家 (1869–1948). 英国に対して非暴力による不服従運動を展開し独立運動を指導, "Mahatma" (偉大(いだい)な魂(たましい)) と呼ばれた.

gang /gǽŋ ギャング/ 名
❶ (話) (いつもいっしょに行動する)(遊び)**仲間**
● Charlie Brown and his **gang** チャーリー・ブラウンと彼の仲間たち
❷ (いっしょに仕事する労働者などの)**群れ, 一団**
❸ (悪党の)**一味, ギャング団** ➡「1人のギャング」は **gangster**.

Ganges /gǽndʒi:z ギャンチーズ/ 固名 (the **Ganges** で) **ガンジス川** ➡インド北部の大河で, ヒンズー教徒にとって聖なる川.

gangster /gǽŋstər ギャングスタ/ 名 (**gang** の 1人である)**悪漢, ギャング**

gap /gǽp ギャプ/ 名
❶ **破れ目, 隙間**(すきま); (会話の)**途切**(とぎ)**れ**
❷ (考えなどの)**相違**(そうい), **ずれ, ギャップ**

garage A2 /gərá:ʒ ガラージュ/ gǽra:ʒ ギャラージュ/ 名 ❶ (自動車の)**車庫, ガレージ**
❷ **自動車修理工場** ➡ふつうガソリンスタンドも兼業(けんぎょう)する.

garáge sàle 名 《米》**ガレージセール**

> 参考 不要になった中古品を自宅のガレージに並べて安い値段で売ること. ガレージだけでなく庭や地下室を利用することもあり, その場合にはそれぞれ **yard sale, basement sale** と呼ばれることもある.

garbage 小 A1 /gá:rbidʒ ガーベヂ/ 名 《主に米》(台所の)**生ごみ** 《英》rubbish)
● **collect** [**throw away**] **garbage** ごみを収集する[捨てる] ➡×a garbage, ×garbage*s* と

しない.

gárbage càn 名 《米》(台所の)**ごみ入れ** (《英》dustbin)

gárbage trùck 名 《米》**ごみ収集車** (《英》dustcart)

garden 中 A1 /gá:rdn ガードン/ 名
(複 **gardens** /gá:rdnz ガードンズ/)
❶ **庭, 庭園** ➡《米》では特に木や花の植えられた立派な庭以外はふつう **yard** という.
● They live in a house with a large **garden**. 彼らは大きな庭のある家に住んでいる.
❷ (花・野菜・薬草などの)**畑; 野菜園; 花園**(はなぞの)
● a vegetable **garden** 野菜畑[園]
● a kitchen **garden** 家庭菜園
● **plant** a rose **garden** in the yard 庭にバラ園を作る
❸ (しばしば **gardens** で) **公園, 遊園地**

gardener /gá:rdnər ガードナ/ 名 ❶ **植木屋さん, 庭師** ❷ (趣味(しゅみ)で)**園芸をする人**

gardening /gá:rdniŋ ガードニング/ 名 **園芸(を すること), 庭仕事**

gárden pàrty 名 **園遊会; ガーデンパーティー** ➡庭園で催(もよお)される(ふつう公式の)大パーティー.

gargle /gá:rgl ガーグる/ 動 **うがいをする**

garlic A2 /gá:rlik ガーリク/ 名 **ニンニク**

gas A2 /gǽs ギャス/ 名
❶ **気体, ガス**
● natural **gas** 天然ガス ➡×a gas, ×gas*es* としない.
● Oxygen is a **gas**. 酸素は気体である. ➡気体の種類をいう時は数えられる名詞として扱(あつか)う.
関連語 **solid** (固体), **liquid** (液体)
❷ (燃料用の)**ガス; ガスの火**
● **turn on** [**off**] the **gas** ガスをつける[消す]
● put a kettle on the **gas** やかんをガスの火にかける
● Do you cook by **gas** or electricity? あなたはガスで料理するのですか, それとも電気を使いますか.
❸ 《米話》**ガソリン** (gasoline)
● run out of **gas** ガソリンが切れる

gasolene, gasoline /gǽsəli:n ギャソリーン/ 名 《米》**ガソリン** (《英》petrol) ➡話し言葉では **gas** という.

gasp /gǽsp ギャスプ/ 動 ❶ (息が苦しくて)**はあはあいう, あえぐ; あえぎながら言う** ❷ (驚(おどろ)

gas station 256 two hundred and fifty-six

いて)はっと息をのむ, 息を止める

gás stàtion 名 《米話》ガソリンスタンド (《英》 petrol station) →《米》では **filling station** ともいう.

gás stòve 名 (料理用)ガスレンジ →《米》 **gas range**, 《英》 **gas cooker** ともいう.

gate 中 A2 /géit ゲイト/
❶ 門; 門の扉(とびら) →1つの門でも両開きで扉が2枚あれば **gates** ということが多い.
•go through the **gate** 門をくぐる, 門を通り抜(ぬ)ける
•He entered through [by] the **gate**. 彼は門から入った.
•Bob waited for me at the school **gate**. ボブは校門の所で私を待っていた.
❷ 出入り口; (空港の)搭乗(とうじょう)口, ゲート
•a boarding **gate** 搭乗口
•The passengers from Flight No. 123 (読み方: number one two three) will soon be coming out of **Gate** 2. 123便の乗客はまもなく2番ゲートから出て来ます.

gateway /géitwei ゲイトウェイ/ 名 (門のある)出入り口 →「～に至る道」という意味でも使われる.

gather 中 A2 /gǽðər ギャざ/ 動
❶ 集める; 摘(つ)み取る, 採集する (collect); 集まる
•The bird **gathers** twigs for its nest. その鳥は小枝を集めて巣を作る.
ことわざ A rolling stone **gathers** no moss. 転がる石はこけがつかない. →《英》では「たびたび職を変える人は成功しない」の意味だが, 《米》では「いつも動き回っている人は新鮮(しんせん)でいられる」の意味で使われることが多い.
•I **gathered** more information about it. 私はそれについてより多くの情報を集めた.
•The crops have been **gathered**. 作物は(もう)取り入れられた. →**been** 助動 ❷
•Many people **gathered** around him. 多くの人々が彼の周りに集まった.
❷ (力・速力などを)次第(しだい)に増す
•The roller coaster **gathered** speed. ジェットコースターは次第に速力を増した.

gathering /gǽðəriŋ ギャざリング/ 名 集まり, 集会, 会合

類似語 (集まり)
gathering は3人以上の非公式で, 主として社交的な集まり. **meeting** は公式・非公式・規模

に関係なく「会合」を意味する最も一般(いっぱん)的な語.

Gaudi /gaudí: ガウディー/ 固名 (**Antoni** /アントニ/ **Gaudi**) ガウディ →スペインの建築家 (1852–1926). サグラダ・ファミリア(聖家族教会)などが代表作.

gave 中 /géiv ゲイヴ/ 動 **give** の過去形

gay /géi ゲイ/ 形 ❶《話》同性愛の, 同性愛者の, ゲイの ❷ 陽気な; 派手な

gaze /géiz ゲイズ/ 動 (じっと)見つめる
── 名 見つめること, 凝視(ぎょうし)

GDP 略 国内総生産 →**gross domestic product**.

gear /gíər ギア/ 名 ❶ 歯車, ギヤ; (歯車をかみ合わせた)伝動装置 ❷ 《集合的に》用具一式, 装具

gee /dʒí: ヂー/ 間 わー, すごーい →驚(おどろ)き・感心などを表す.

geese /gí:s ギース/ 名 **goose** の複数形

gem /dʒém ヂェム/ 名 宝石, 宝玉

gender A2 /dʒéndər ヂェンダ/ 名
❶ 性, 性別, 男女の差異 →特に社会的役割の違いに重点がある. →**sex**
•**gender** equality ジェンダーの平等
❷《文法》性 →文法上の性. 言語によっては名詞や代名詞に男性・中性・女性の区別がある.

general /dʒénərəl ヂェネラる/ 形
❶ 一般(いっぱん)の, 全般(ぜんぱん)の, 全体の, 全体に共通する
•a **general** election 総選挙
•a **general** plan 全体計画
反対語 This is not a **special** rule for the boy students only. This rule is **general**. これは男子生徒だけに対する特別な規則ではない. この規則は全体にあてはまるものだ.
❷ だいたいの, 概略(がいりゃく)の
•a **general** idea だいたいの考え, 概念
•I have a **general** idea of her background. 私は彼女の経歴についてだいたいのことを知っている.
── 名 (全軍を統括(とうかつ)する)陸軍大将; 将軍
•**General** MacArthur マッカーサー将軍

in general 一般に; 一般の
•people **in general** 一般の人々

generally /dʒénərəli ヂェネラリ/ 副 ふつう, たいてい; 一般(いっぱん)に, 広く; 概(がい)して

generally speaking 一般的に言えば, 概して

géneral mánager 名 総支配人

géneral stóre 名 雑貨屋
generation A2 /dʒènəréiʃən チェネレイション/
名 ❶ 世代 → 人間では約30年.
• for many **generations** 何代も何代もの間
• from **generation** to **generation** 何代も何代も, 代々
❷ (家系の中の)一世代(の人々)
• a second-**generation** Japanese-American 日系アメリカ人2世
• Three **generations** live in this house—Grandma, my parents and we children. この家には祖母, 両親それに私たち子供の3世代が住んでいる.
❸《集合的に》同時代[同世代]の人々 → 単数扱い.
• the present [young] **generation** 現代[若い世代]の人々
• the rising **generation** 青年層

generous /dʒénərəs チェネラス/ 形 ❶ 心の広い, 寛大(かんだい)な; 物惜(お)しみしない, 気前のよい
❷ (ふつうよりも)大きな, 豊富な, たっぷりの

genius /dʒíːniəs チーニアス/ 名
❶ 天分, 天才, 素質
❷ 天分のある人, 天才 (person of genius)

genre /ʒáːnrə ジャーンル/ 名 種類, 類型, ジャンル

gentle A2 /dʒéntl チェントる/ 形
❶ (人について)穏(おだ)やかな, おとなしい, 優(やさ)しい
• a **gentle** heart 優しい心
• a **gentle** manner 上品な態度
• Please be **gentle with** the doll; it breaks easily. その人形はそっと取り扱(あつか)ってください. すぐ壊(こわ)れますから.
• He was always **gentle to** the sick and the poor. 彼は常に病人と貧しい人々に優しかった.
❷ (風・音・勾配(こうばい)などが)穏やかな, 静かな
• a **gentle** breeze そよ風
• a **gentle** slope なだらかな傾斜(けいしゃ)
• I heard a **gentle** knock on the door. ドアをそっとたたく音が聞こえた.

gentleman /dʒéntlmən チェントるマン/ 名
(複 **gentlemen** /dʒéntlmən チェントるマン/)
❶ 男の人 → man よりも丁寧(ていねい)な言い方.
• There's a **gentleman** at the door to see you. 男のかたがあなたに会うために玄関(げんかん)にお見えです.

• **gentlemen**'s shoes 紳士靴(しんしぐつ)
❷ (態度・身だしなみの)立派な男性, 紳士(しんし)
• He is a real **gentleman**. あの人は本当の紳士だ.
❸《**Gentlemen** で》《英》男子用 → 公衆トイレのドアの表示. → **Gents**
Gentlemen! (男性だけの聴衆(ちょうしゅう)に呼びかけて)皆(みな)さん, 諸君
Ladies and Gentlemen! (男女の聴衆に呼びかけて)皆さん

gentlemen /dʒéntlmən チェントるマン/ 名
gentleman の複数形

gently /dʒéntli チェントり/ 副 穏(おだ)やかに, 優(やさ)しく, 静かに, そっと; 緩(ゆる)やかに

Gents /dʒénts チェンツ/ 名
《英話》《しばしば **the Gents** で》(ホテル・ビルなどの)男性用トイレ (《米》men's room) → 単数扱(あつか)い.

genuine /dʒénjuin チェニュイン/ 形 本物の, つくり物でない

geographer /dʒiːáːɡrəfər チアーグラふァ/ 名 地理学者

geography /dʒiːáɡrəfi チアグラふィ/ 名 地理, 地理学

geometry /dʒiːámətri チーアメトリ/ 名 幾何(きか)学

Georgia /dʒɔ́ːrdʒə チョーチャ/ 固名
❶ (州の)ジョージア → 米国南東部の州. **Ga.**, (郵便で) **GA** と略す.
❷ (国の)ジョージア → 東ヨーロッパと西アジアの境に位置する共和国(旧称グルジア). 首都はトビリシ (Tbilisi). 公用語はグルジア語.

ger /ɡéər ゲア/ 名 ゲル → モンゴル人の天幕住居.

germ /dʒə́ːrm チャ～ム/ 名 細菌(さいきん)

German /dʒə́ːrmən チャ～マン/ 形
ドイツの; ドイツ語の; ドイツ人の
関連語「ドイツ」は **Germany**.
• a **German** car ドイツ製の自動車
• Is she **German** or Dutch? 彼女はドイツ人ですか, オランダ人ですか?
── 名 ❶ ドイツ語
❷ ドイツ人 → 複数形は **Germans**.
• the **Germans** ドイツ人(全体)

Germany 小 /dʒə́ːrməni チャ～マニ/ 固名

gerund

ドイツ → ヨーロッパ中部の共和国. 第2次世界大戦後長い間 **East Germany**（東ドイツ）と **West Germany**（西ドイツ）とに分割されていたが, 1990年に再統一された. 首都はベルリン (Berlin).

gerund /dʒérənd チェランド/ 图《文法》動名詞
→ **-ing**

gesture /dʒéstʃər チェスチャ/ 图
身振り, 手振り, しぐさ, ジェスチャー
- **make** an angry **gesture** 怒ったしぐさをする
- speak **with** big **gestures** おおげさな身振りを交えて話す
- speak **by gesture** 身振りで話す

—— 動 (〜に〜するよう)身振りで示す[話す]
- The police officer **gestured** the driver to stop. その警官はドライバーに身振りで止まるように指示した.

get 小 A1 /gét ゲト/

| 動 | ❶ 手に入れる, 得る | 意味map |
| ❷ 買う, 〜に〜を買ってやる |
| ❸ (物を)持ってくる, (人を)連れて来る |
| ❹《話》理解する |
| ❺ (〜に)着く, 達する |
| ❻ (〜に)なる |
| ❼ 〜を〜にする |
| ❽ (**get to** do で) 〜するようになる |
| ❾ (**get** A **to** do で) Aに〜させる |
| ❿ (**get** A+過去分詞で) Aを〜させる |

—— 動

三単現 **gets** /géts ゲツ/
過去 **got** /gát ガト/
過分 **got**,《米》**gotten** /gátn ガトン/
-ing形 **getting** /gétiŋ ゲティング/

❶ 手に入れる, 得る, 受け取る; もらう
基本 **get** a letter 手紙を受け取る → get+名詞.
- **get** a prize 賞をもらう
- **get** a job 就職する
- Did you **get** my e-mail? 私のEメールは届きましたか.
- The movie star **gets** a lot of fan letters every month. その映画俳優は毎月たくさんのファンレターをもらう.
- I **got** a call from Jane last night. 私は昨夜ジェーンから電話をもらった.
- The pianist **has gotten** many prizes. そのピアニストはこれまでに多くの賞をもらっている. → 現在完了の文. → **have** 助動 ❷
- Bill **has been getting** good grades in school. ビルは学校でいい成績を取っている. → 現在完了進行形の文. → **been** 助動 ❶

❷ 買う, 〜に〜を買ってやる (buy)
基本 **get** him a new bicycle = **get** a new bicycle for him 彼に新しい自転車を買ってやる → get A B (名詞)で「AにBを買ってやる」.

会話

Where did you **get** it?—At a bookstore.
それどこで買ったの?—本屋さんでだよ.

❸ (物を)持ってくる, (人を)連れて来る
- Will you **get** me my hat? = Will you **get** my hat for me? 私の帽子を取って来てくれませんか.
- I'm hurt! **Get** the doctor! けがをした. 医者を呼んでくれ.

❹《話》理解する, 聞き取る
- She didn't **get** my jokes. 彼女は私の冗談がわからなかった.
- I'm sorry, but I didn't **get** what you said. すみませんがおっしゃったことが聞き取れませんでした. → what は関係代名詞(〜する[した]こと).
- Oh, I **get** it. = Oh, I've **got** it. = Oh, I **got** it. ああ, わかった.

❺ (〜に)着く, 達する
基本 **get** to London ロンドンに着く → get to+名詞.
基本 **get** home 家に着く → get+場所を示す副詞.
- **get** there at six 6時にそこに着く
- How can I **get to** your house? (どのようにして君の家に到着できるのか ⇨)お宅への行き方を教えてください.

❻ (〜に)なる
基本 **get** well (病気が)よくなる → get+形容詞.
基本 **get** hurt けがをする → get+過去分詞. この場合の過去分詞は「〜された[て]」という意味の形容詞に近い.
- **get** dark 暗くなる
- **get** old 年を取る

get /ゲト/

三単現 **gets** /ゲツ/
過去 **got** /ガト/
過分 **got,**
　　《米》**gotten** /ガトン/
-ing形 **getting** /ゲティング/

イメージ
手に入れて変化する →

教科書によく出る意味

動 ❶ 手に入れる
　I **got** a lot of information on the Internet.
　インターネットで多くの情報を手に入れた.

❺ (場所に)**着く**
　She usually **gets** home around seven. 彼女はたいてい7時頃に家に着く.

❻ (〜の状態に)**なる**
　He often **gets** angry. 彼はよく怒る.

教科書によく出る連語

get to 〜 〜に着く
　What time will we **get to** the station? 私たちは何時に駅に着きますか？

get up 起きる
　I **got up** at six this morning. 私は今朝6時に起きた.

get off (乗り物などから)**降りる**
　Let's **get off** at Shinjuku. 新宿で降りましょう.

get on (乗り物などに)**乗る**
　They **got on** a boat. 彼らはボートに乗った.

get well (病気が)**よくなる**
　Please **get well** soon. 早くよくなってください.

get 260 two hundred and sixty

- **get** angry 腹を立てる，怒(おこ)る
- **get** tired 疲(つか)れる; 飽(あ)きる
- **get** lost 道に迷う
- It's **getting** dark. だんだん暗くなってきた.
→現在進行形の文 (→**is** 助動 ❶). It は漠然(ばくぜん)と「明暗」を表す.
- Don't **get** so excited. そう興奮するな.
- I **got** caught in the rain yesterday. 私は昨日雨に降られた. →caught /コート/ は catch (捕(つか)まえる)の過去分詞.
- **Get** dressed quickly. 急いで服を着なさい.
❼ ～を～にする
- 会話基本 **get** supper ready 夕食の準備をする →get A B (形容詞)は「A を B (の状態)にする」.
- Don't **get** your clothes dirty. 服を汚(よご)してはいけませんよ.
- His funny story **got** them laughing. 彼の滑稽(こっけい)な話が彼らを笑わせた.
❽ (get to do で) ～するようになる
- 会話基本 **get** to know her 彼女を知るようになる
- They soon **got to** be friends. 彼らはすぐに仲良くなった.
- Soon you will **get to** like your new school. 君はすぐにこんどの学校が好きになるだろう.
❾ (get A to do で) (努力・説得などにより)A に～させる，A に～してもらう →「～させる」と訳すか「～してもらう」と訳すかは文の前後関係から判断する.
- 会話基本 **get** him to come 彼に来てもらう[彼を来させる]
- I can't **get** this old radio **to** work. この古いラジオを鳴らすことができない.

> **文法　ちょっとくわしく**
>
> **get** は他の「～させる」という意味の動詞 (使役(しえき)動詞) (make, have, let) と違(ちが)って，目的語の後に to のつく不定詞がくることに注意:
> 「私は彼を君といっしょに行かせよう.」
> I'll **get** him **to go** with you.
> I'll **make** him **go** with you.
> I'll **have** him **go** with you.
> I'll **let** him **go** with you.

❿ (get A+過去分詞で) A を～させる，A を～してもらう，A を～される →「～させる」と訳すか

「～してもらう」または「～される」と訳すかは文の前後関係から判断する.
- 会話基本 **get** a letter mailed 手紙を出してもらう[出させる] →get の代わりに have を使うこともできる. get は have より口語的.
- I **got** my picture **taken**. 私は写真を撮(と)ってもらった[撮られた].
- I **got** my eyes **tested**. 私は目を検査してもらった.

get across ① 横切る，(向こうへ)渡(わた)る
- **get across** (a river) by boat ボートで(川を)渡る
② (話などが)通じる，理解される
- The message will **get across** (to the audience). メッセージは(聞いている人たちに)通じるでしょう.

get along (人と)(仲良く)やっていく; (仕事などが)進む，はかどる
- She isn't **getting along** very well **with** her neighbors. 彼女は近所の人たちとあまりうまくいっていない.
- How are you **getting along with** your homework? 宿題の進み具合はどうですか.

get away 去る，逃(に)げる，逃(のが)れる
get back (**from ～**) (～から)戻(もど)って来る; 取り返す; 《米》電話をかけ返す
- She **got back from** school. 彼女は学校から戻って来た.
- We'll **get back** to you. こちらからお電話をおかけします.

get down (高い所から)降りる; 降ろす
get down to ～ ～に取りかかる[取り組む]
- Let's **get down to** work. さあ仕事に取りかかろう. →work は名詞.

get going 出かける，出発する; 始める
get in 入る，(乗用車など小型の車に)乗り込(こ)む (→**get on**); 取り[刈(か)り]入れる
get into ～ ～(の中)に入る; (乗用車など小型の車に)乗り込む →**get on**
- **get into** bed ベッドに入る
- **get into** a taxi タクシーに乗り込む
- **get into** trouble 面倒(めんどう)なことになる
get off ① (電車・バス・馬などから)降りる
- **get off** the bus [the plane, the horse, the bicycle] バス[飛行機，馬，自転車]から降りる →**get out of ～**
- I'm **getting off** at the next station. 私は次の駅で降ります.

② (身に着けているものを)**脱**(ぬ)**ぐ, とる**
- **get** *one's* **shoes off** 靴(くつ)を脱ぐ

get on ①(電車・バス・自転車・馬などに)**乗る**
- **get on** a horse [a bus] 馬[バス]に乗る → **get into ~**

② **暮らす; やっていく** (get along)
- How are you **getting on**? いかがお過ごしですか.

③ **身に着ける, 着る, 履**(は)**く**
- **get** *one's* **shoes on** 靴を履く

get out **出る, 立ち去る; 取り出す**
- **get** a thorn **out** とげを抜(ぬ)く
- **Get out**! 出て行け.
- The teacher told the class to **get out** their textbooks. 先生はクラスの生徒に教科書を出しなさいと言った.

get out of ~ **~から出る,** (乗用車など小型の車)**から降りる** → **get off**
- **get out of** bed ベッドから出る, 起きる
- **get out of** the taxi タクシーから降りる
- **Get out of** here! ここから出てうせろ!
- How could you **get out of** the difficulty? どうやって君はその困難から抜け出せたのですか.

get over **乗り越**(こ)**える;** (困難などに)**打ち勝つ;** (病気などから)**治る**
- He soon **got over** his fear [cold]. すぐ彼は怖(こわ)くなくなった[風邪(かぜ)が治った].

get through **通り抜ける, 通過する; し終わる**
- **get through** the woods 森を通り抜ける
- **get through** the exam 試験にパスする
- **get through** the work その仕事を終える

get together **集める; 集まる**
- **get** all the students **together** 全生徒を集める
- Let's **get together** on Sunday. 日曜日に集まろうよ.

get up (ベッドから)**起き上がる, 起きる; 立ち上がる**
- **get up** at six 6時に起きる
- Everyone **got up** from his chair. みんな椅子(いす)から立ち上がった.

have got 《話》= have (持っている) → **have** 成句

have got to *do* 《話》= have to *do* (~しなければならない) → **have** 成句

getting /gétiŋ ゲティング/ **動** **get** の -ing 形 (現在分詞・動名詞)

Gettysburg /gétizbəːrg ゲティスバーグ/ 固名 **ゲティスバーグ** → 米国ペンシルバニア州南部の都市で南北戦争の古戦場.

Géttysburg Addréss 固名 **ゲティスバーグの演説**

米国第16代大統領リンカンがゲティスバーグの戦いで戦死した兵士を埋葬(まいそう)する共同墓地の建設に際して行った演説. その中の "government of the people, by the people, for the people" (人民の, 人民による, 人民のための政治)という言葉は民主制の本質を表現したものとして有名.

geyser /gáizər ガイザ/ **名** ❶ **間欠**(かんけつ)**泉** ❷《英》**給湯器**

Ghana /gáːnə ガーナ/ 固名 **ガーナ** → アフリカ西部の共和国. 首都はアクラ.

ghost A1 /góust ゴウスト/ **名** **幽霊**(ゆうれい)
- see a **ghost** 幽霊を見る
- He was as pale as a **ghost**. 彼は幽霊のように青ざめていた.

ghóst stòry **名** **怪談**(かいだん)

ghóst tòwn **名** **ゴーストタウン** → 昔は栄えていたが今は住む人もない町.

giant /dʒáiənt チャイアント/ **名**
❶ (神話・童話などに出てくる)**巨人**(きょじん); **大男**
❷ **大物, 偉人**(いじん); **巨大**(きょだい)**なもの**
- China is now an economic **giant**. 中国は今や経済大国である.
── **形 巨大な**

gíant pánda **名**《動物》**ジャイアントパンダ**

gift 中 A1 /gíft ギフト/ **名**
❶ **贈**(おく)**り物** → **present** より改まった言葉.

チャンクでおぼえよう get	
□ メールを受け取る	**get** an e-mail
□ 彼にノートを買う	**get** him a notebook
□ わかりました.	I **got** it.
□ 疲れる	**get** tired
□ バスに乗る	**get** on a bus
□ 6時に起きる	**get** up at six

- a birthday **gift** 誕生日の贈り物
- Would you wrap it as a **gift**? それを贈り物用に包装してくださいませんか.

❷ (神からさずかった)**才能**
- He has a **gift** for painting. 彼には絵の才能がある.

gifted /ɡíftid ギフテド/ 形 (生まれつき)**才能のある**

gíft shòp 名 みやげ物店; ギフトショップ

gíft-wràp 動 プレゼント用に包装する
- Please **gift-wrap** it. プレゼント用に包んでください.

gigantic /dʒaiɡǽntik チャイギャンティク/ 形 **巨大(きょだい)な, 途方(とほう)もなく大きい**

giggle /ɡíɡl ギグル/ 動 **くすくす笑う**
── 名 **くすくす笑い**

gill /ɡíl ギル/ 名 (ふつう **gills** で) (魚の)**えら**

ginger /dʒíndʒər チンチャ/ 名 **ショウガ**

gínger ále 名 ジンジャーエール

gingerbread /dʒíndʒərbred チンチャブレド/ 名 **ショウガ入りクッキー[ケーキ]**
→ショウガ, 小麦粉, 糖みつ, バターなどで作るクッキー[ケーキ].

ginkgo, gingko /ɡíŋkou ギンコウ/ 名 (複 **ginkgoes, gingkoes** /ɡíŋkouz ギンコウズ/) (植物)**イチョウの木** →日本語の「銀杏」から.

Gipsy /dʒípsi チプスィ/ 名 ＝Gypsy

giraffe 小 /dʒərǽf チラフ/ 名 (動物)**キリン**

girl 小 A1 /ɡə́ːrl ガ～ル/ 名
(複 **girls** /ɡə́ːrlz ガ～ルズ/)

❶ **女の子, 少女**; (若い)**女性**

POINT 女の赤ちゃんから, 17, 18歳(さい)ぐらいの若い女性まで幅(はば)広く使う.

関連語 Is your baby a **girl** or a **boy**? 赤ちゃんは女の子, 男の子?
- a **girls'** high school 女子高校
- There are more boys than **girls** in our class. うちのクラスは女子よりも男子のほうが多い.

❷ **娘(むすめ)** (daughter)

- She has two boys and one **girl**. 彼女には息子(むすこ)が2人と娘が1人います.
- How old are your **girls**? お嬢(じょう)さんたちはおいくつですか.

girlfriend A1 /ɡə́ːrlfrend ガ～ルフレンド/ 名 **ガールフレンド, 彼女, 恋人(こいびと)**

Girl Guides /ɡə́ːrl ɡáidz ガ～ル ガイヅ/ 名 (英) (**the** をつけて) ガールガイド団 ((米) the Girl Scouts)

girlhood /ɡə́ːrlhud ガ～ルフド/ 名 **少女時代**

Girl Scouts /ɡə́ːrl skáuts ガ～ル スカウツ/ 名 (米) (**the** をつけて) ガールスカウト ((英) the Girl Guides)

give 小 A1 /ɡív ギヴ/

動 ❶ **与(あた)える, あげる; 渡(わた)す**　意味 map
❷ (会などを)**開く**
❸ (ある動作を)**する**; (声を)**発する**

── 動

三単現	**gives** /ɡívz ギヴズ/
過去	**gave** /ɡéiv ゲイヴ/
過分	**given** /ɡívn ギヴン/
-ing形	**giving** /ɡíviŋ ギヴィング/

❶ **与える, あげる, くれる; 渡す**

基本 **give** her a flower 彼女に花を与える[あげる]

基本 **give** a flower to her 彼女に花を与える[あげる]

文法　ちょっとくわしく
give は2つの目的語をとることができる:
give A (人) B (物) (A に B を与える)
言う必要がない時は A を省略して, **give** B とすることもあるが, B を省略して ×**give** A とすることはない.
A と B の位置を逆にする時は
give B to A とする.
to を省略して **give** B A とすると「B に A を与える」という意味になってしまうので注意.

- **give** her advice 彼女に忠告を与える
- **give** it to him それを彼にやる →×**give** *him it* としない.
- Cows **give** us milk. 雌牛(めうし)は私たちに牛乳を与えてくれる.
- **Give** me your hand and I'll pull you up. 手をこっちに出してくれ, 引っ張り上げてや

- The man did not **give** his name. その男は自分の名前を言わなかった. ➔ 文字や言葉などで「名前を明かさなかった」の意味. say his name は「名前を口に出して言う」.
- **Give** me two tickets for the concert. コンサートの切符(きっぷ)を2枚ください.
- **Give** me your frank opinion. 私に君の率直(そっちょく)な意見を聞かせてください.
- Rock music **gives** me pleasure, but it **gives** my mother a headache. ロック音楽は僕(ぼく)に楽しみを与えるが, 母親には頭痛を与える.
- The sun **gives** (us) light and heat. 太陽は(私たちに)光と熱を与えてくれる.
- The boy **gave** his parents a lot of trouble. 少年は両親にとても面倒(めんどう)をかけた.
- He **has given** all his books to the school library. 彼は自分の本を全部学校図書館へ与えた[寄付した]. ➔ 現在完了(かんりょう)の文. ➔ **have** [助動] ❶
- This watch **was given** (to) me by my uncle. この時計は私のおじによって私に与えられた.

POINT 上の例は My uncle gave me this watch. (私のおじが私にこの時計をくれた)の文の this watch を主語にした受け身の文 (➔ **was** [助動] ❷). 次の例は me を主語にした受け身の文.

- I **was given** this watch by my uncle. 私はおじからこの時計をもらった.
- The baby **has been giving** his mother a lot of trouble. その赤ん坊(ぼう)は母親をてこずらせている. ➔ 現在完了進行形の文. ➔ **been** [助動] ❶
- The cow stopped **giving** milk. その牛は乳が出なくなった. ➔ giving (与えること)は動名詞で stopped の目的語.

❷ (会などを)開く, 催(もよお)す; (大勢の前で)演ずる, 行う

- **give** a party [a concert] パーティー[コンサート]を開く
- The teacher was **giving** a lesson in math. 先生は数学の授業をしていた. ➔ 過去進行形の文. ➔ **was** [助動] ❶

❸ (ある動作を)する; (声を)発する

- **give** a push ひと押(お)しする

give 小 A1 /ギヴ/

三単現 gives /ギヴズ/	過去 gave /ゲイヴ/
過分 given /ギヴン/	-ing形 giving /ギヴィング/

教科書によく出る 意味

[動] ❶ あげる, あたえる; くれる
　I'll **give** her some flowers. 彼女に花をあげよう.

❷ (会などを)開く
　I want to **give** a party. 私はパーティーを開きたい.

教科書によく出る 連語

give up やめる; あきらめる
　Never **give up**. 決してあきらめるな.
　My father **gave up** smoking. 父はタバコをやめた.

given

- **give** a sigh [a cry] ため息をつく[叫ぶ]
- **give** him a kick 彼を蹴る →×give *a kick to him* としない.

give and take 公平なやりとり, 譲り合い

give away (ただで)あげてしまう, 譲る
- He **gave away** all the money [**gave** all the money **away**]. 彼はそのお金を全部やってしまった.

give back 返す, 戻す
- **Give** the book **back to** me. =**Give** me **back** the book. その本を私に返せ.

give in (書類などを)提出する; 負ける, 降参する
- **Give in** your papers when you leave the room. 教室を出る時に答案を提出しなさい.
- He finally **gave in** to my opinion. 彼はついに私の意見に従った.

give off (におい・熱などを)発散する, 放つ

give out 分配する; 発表する; (音などを)出す
- The teacher **gave out** the tests to her students. 先生はテストの問題用紙を生徒に配った.
- He **gave out** a cry. 彼は叫び声を上げた.

give up やめる; 諦める; 捨てる
- **give up** smoking タバコを吸うことをやめる →×give up *to smoke* としない.
- We finally **gave** him **up for** lost. 我々はついに彼を死んだものと諦めた.

give up on ～ ～に見切りをつける
- **give up on** life 人生に見切りをつける

give way (to ～) (～に)道を譲る; 崩れる, 壊れる, 切れる; 負ける
- The ice **gave way** and I fell into the water. 氷が割れて私は水に落ちた.
- Coal **gave way to** oil. 石炭が石油に(道を譲った⇨)取って代わられた.

given A2 /gívn ギヴン/ 動 **give** の過去分詞

given name /gívn néim ギヴン ネイム/ 名 (姓に対して生まれた子に与えられる)名, 洗礼名 (Christian name) ⇒《米》ではふつう **first name** という. →name

giving /gívin ギヴィング/ 動 **give** の -ing 形 (現在分詞・動名詞)

glacier /gléiʃər グレイシャ|glǽsjə グラスィア/ 名 氷河

glad 中 A1 /glǽd グラド/ 形 (比較級)
gladder /glǽdər グラダ/; 最上級 **gladdest** /glǽdist グラデスト/)
(人が) **うれしい**, 喜んで →名詞の前にはつけない.
基本 I am **glad** about the result. 私はその結果をうれしく思う. →be 動詞+glad+前置詞+名詞.
- They were very **glad at** the news. 彼らはその知らせを聞いてとても喜んだ.
- My father was **glad of** my success. 父は私の成功を喜んだ.

基本 I am **glad to see** [**meet**] **you**. 私は君に会えてうれしい. →be 動詞+glad to *do*
初対面の挨拶の時 How do you do? の後に続けて言う. I am を略して, **Glad to see** [**meet**] **you**. と言うこともある.

Glad to meet you.

- I'll be **glad to** help you. (君を助けられれば私はうれしいでしょう ⇨)喜んでお手伝いいたします.

会話
Would you like to come to our party?—I'd be **glad to**.
私たちのパーティーにいらっしゃいませんか. —喜んで. →glad to の後に come が省略されている.

- I am **glad** (**that**) you have come. 君が来てうれしい(よく来てくれた).

gladness /glǽdnəs グラドネス/ 名 喜び, うれしさ 反対語 **sadness** (悲しみ)

glance /glǽns グランス/ 動 ちらっと(一目)見る
—— 名 ちらっと見ること, 一見

チャンクでおぼえよう give	
□ 彼に花をあげる	**give** him a flower
□ 彼女にプレゼントをあげる	**give** a present to her
□ コンサートを開催する	**give** a concert
□ タバコをやめる	**give up** smoking

at a glance 一目で, 一見して

Glasgow /glǽsgou グラスゴウ/ 固名 グラスゴー →スコットランドの大都市.

glass 中 A1 /glǽs グラス|glɑ́:s グラース/ 名
(複 **glasses** /glǽsiz グラセズ/)

❶ ガラス

POINT 物質としてのガラスそのものを指す場合と,「コップ」「眼鏡」などのようにガラスでできているものを指す場合がある. →❷, ❹

- a **glass** window [box] ガラス窓[の箱]
- **Glass** is easily broken. ガラスは壊(こわ)れやすい. →×*A glass*, ×*Glasses* としない.

❷ (ガラスの)**コップ**, グラス

類似語 (コップ)

ガラス製のコップは **glass** で, 陶器(とうき)製・金属製・紙製のコップは **cup**. 冷たい飲み物は **glass** で, 温かい飲み物は **cup** で飲む.

- A **glass** fell off the table and broke into pieces. コップがテーブルから落ちて粉々に割れた.
- I bought three **glasses**. 私はコップを3つ買った.

❸ コップ1杯(はい)分

- a **glass** of water コップ1杯の水
- drink two **glasses** of milk 牛乳をコップ2杯飲む

❹ (**glasses** で)眼鏡

- **a pair of glasses** 眼鏡1つ
- He wears **glasses**. 彼は眼鏡をかけている.

glee /glí: グリー/ 名
❶ (あふれるような)喜び, 歓喜(かんき)
❷ グリー合唱曲 →男声三部または四部の合唱曲.

glide /gláid グライド/ 動 滑(すべ)る, 滑るように走る[飛ぶ]

glider /gláidər グライダ/ 名 グライダー →エンジンがなく滑空(かっくう)して飛ぶ飛行機.

glimpse /glímps グリンプス/ 名 ちらりと見る[見える]こと, 一目

glitter /glítər グリタ/ 動 きらきら光る[輝(かがや)く]

ことわざ All that **glitters** is not gold. きらきら光る物が皆(みな)金とは限らない. →「表面はとてもよさそうに見えても中身はだめなものもある」の意味. that は関係代名詞.

── 名 輝き, きらめき

global /glóubəl グロウバル/ 形 地球の; 地球規模の, 世界規模の
- on a **global** scale 世界的規模で[の]

glòbal cítizen 名 地球市民

globally /glóubəli グロウバリ/ 副 世界的に, 地球規模で

global warming /glòubəl wɔ́:rmiŋ グロウバル ウォーミング/ 名 地球温暖化

globe A2 /glóub グロウブ/
❶ 球, 球体; 地球儀(ぎ) →**glove** /glʌ́v グラヴ/ (手袋(ぶくろ), グローブ)と混同しないこと.
❷ (**the globe** で) 地球 (the earth)

gloomy /glú:mi グルーミ/ 形 (比較級 **gloomier** /glú:miər グルーミア/; 最上級 **gloomiest** /glú:miist グルーミエスト/)
❶ かなり暗い
❷ 陰気(いんき)な; 憂鬱(ゆううつ)な; (前途(ぜんと)など)暗い

glorious /glɔ́:riəs グローリアス/ 形 輝(かがや)かしい; 壮麗(そうれい)な

glory /glɔ́:ri グローリ/ 名 (複 **glories** /glɔ́:riz グローリズ/) ❶ 栄光; 栄誉(えいよ), 名誉(めいよ) (fame)
❷ 栄華(えいが), 全盛(ぜんせい); 壮麗(そうれい)さ

glove 小 A2 /glʌ́v グラヴ/ (→発音は g + love /lʌ́v ラヴ/ と覚えておけばよい) 名
❶ 手袋(ぶくろ) →5本の指に分かれているもの.
関連語 親指だけ分かれているものは **mitten**.

gloves

mittens

- **a pair of gloves** 手袋1組
- **put on** [**take off**] *one's* **gloves** 手袋をはめる[外す]
- We **wear gloves** when we ski. スキーをする時は手袋をする.
- The dress fits you like a **glove**. そのドレスは(手にはめた)手袋のように(ぴったり)あなた

glow

に合う.
❷ (野球の)**グローブ**, (ボクシングの)**グラブ**
関連語 **mitt** (野球のミット)
・a baseball [boxing] **glove** 野球のグローブ[ボクシングのグラブ]

glow /glóu グロウ/ 動
❶ (炎(ほのお)を出さないで)**あかあかと燃える**; (灯火・ホタルなどが)**光る** →**flame**
❷ (ほお・体が)**ほてる**; (顔などが)**輝(かがや)く**
── 名 ❶ 真っ赤な光, (燃えるような)**輝き**
❷ (身体の)**ほてり**

glue /glú: グルー/ 名 動 接着剤(さい)(でつける), のり(でつける)

gm., gm 略 =gram(s), 《英》gramme(s) (グラム)

G.M.T., GMT 略 グリニッジ標準時 → Greenwich Mean Time.

GNI 略 国民総所得 →Gross National Income.

gnu /nú: ヌー/ 名 《動物》**ヌー** →アフリカ大陸にすむレイヨウ (antelope) の一種.

go 小 A1 /góu ゴウ/

動 ❶ **行く**　　　　　　　　　　　　意味 map
❷ (**go** *doing* で) **〜しに行く**
❸ **過ぎ去る**; **消える**
❹ (**go**+副詞で)(物事が)**なっていく**
❺ (**go**+形容詞で) **〜になる**
❻ **いつも〜である**
❼ (機械などが)**動く**; (鐘(かね)・銃声(じゅうせい)などが)**鳴る**
❽ (**be going to** *do* で) **〜しようとしている**; **〜するつもりである**

── 動
三単現 **goes** /góuz ゴウズ/
過去 **went** /wént ウェント/
過分 **gone** /gɔ́:n ゴーン/
-ing形 **going** /góuiŋ ゴウインヴ/

❶ 行く
POINT 話し手, あるいは話し手が視点を置いている場所から遠ざかること.
反対語 **come** (来る)
基本 **go** to London ロンドンへ行く →go to+名詞.
基本 **go** home 家に行く[うちへ帰る] →go+副詞. home は副詞だから ×go *to* home としない.
・**go** to school [church] 学校[教会]へ行く

・**go** from Tokyo to Osaka 東京から大阪へ行く
・**go** by train [**on foot**] 電車で[歩いて]行く
・**go** to bed 寝(ね)る →**bed**
・come and **go** 行ったり来たりする, 現れては消え去る
・Let's **go**. さあ行こう.
・Please **go and see** if there are any letters. 手紙が来てるかどうか見に行ってください. →go and *do* は「〜しに行く」. 《話》では go to *do* よりもふつう. go and *do* の and を省いて go *do* ともいう.
・Where did you **go** last Sunday? 先週の日曜日君はどこへ行きましたか.
・This bus **goes** to Nikko. このバスは日光へ行く.
・This book **goes** on the top shelf. この本は一番上の棚(たな)に(行く ⇨)置くのだ.
・The first prize **goes** to John Smith. 1等賞はジョン・スミスに(行く ⇨)与(あた)えられる.
・Bob **went** there yesterday. ボブは昨日そこに行った.
・They **went** running to meet their father. 彼らは父親を迎(むか)えに走って行った. → go running は「走って行く」.
・He **has gone** to London. 彼はロンドンへ行ってしまった(のでここにいない).
POINT 上の例は現在完了(かんりょう)の文 (→**gone** ❶). have been to 〜 は「〜へ行ったことがある」. 《米》では have been to 〜 の意味で have gone to 〜 を使うことがある.
・He **has gone** home. 彼はもう家に帰ってしまった.
・Now I must **be going**. もう私は帰らなければなりません. →must be going は進行形 (→**be** 助動 ❶). 帰際の決まり文句.

Where **are** you **going**, Mary? ―To the department store.
どこへ行くの, メアリー. ―デパートまで. →質問文は現在進行形. →**are** 助動 ❶

❷ (go *doing* **で) 〜しに行く**
・**go fishing** 魚釣(つ)りに行く
・**go swimming** in the pool プールへ泳ぎに行く →×go swimming *to* the pool としない.

go 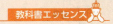 /ゴウ/

三単現 **goes** /ゴウズ/
過去 **went** /ウェント/
過分 **gone** /ゴーン/
-ing形 **going** /ゴウイング/

イメージ
中心・視点のあるところから離れて移動する

教科書によく出る**意味**

動 ❶ 行く
　He **went** to Hiroshima by bus. 彼は広島にバスで行った．

❷ (**go** *do*ing で) 〜しに行く
　Let's **go camping**. キャンプをしに行きましょう．

❸ (**be going to** *do* で) 〜するつもりである
　What **are** you **going to** do this summer? この夏は何か予定はありますか？

教科書によく出る**連語**

go down 降りる，下がる；(道など)に沿って[を通って]行く
　Go down this street and turn right. この通りを行って右に曲がってください．

go through 〜 〜を通り抜ける；〜を経験する
　This expressway **goes through** six prefectures.
　この高速道路は6つの県を通過する．
　We all **go through** hard times in our lives.
　生きていれば誰しもつらい時を経験する．

go to bed 寝る
　What time did you **go to bed** last night? 昨晩は何時に寝ましたか？

go home 家に帰る
　I want to **go home** right now. 私は今すぐ家に帰りたい．

go

POINT この形は楽しみ・気晴らしのためにどこかに出かけて行って何かをする時に使う。「教えに行く」,「仕事をしに行く」などの場合は go to *do* や go and *do* という。

❸ **過ぎ去る**; **消える**; **死ぬ** (die)
- Winter has **gone**, and spring has come. 冬が過ぎ春が来た.
- Time **goes** quickly when you're busy. 忙(いそが)しい時は時間が速く過ぎて行く.
- Your pain will soon **go**. 君の痛みはすぐ消えていく[なくなる]だろう.

❹ (**go**＋副詞で) (物事が) **なっていく**; (文句・話など)〜となっている
- **go** well [wrong] うまくいく[いかない]
- **go** well with 〜 〜とうまくいく, 〜と調和する, 〜に似合う →**go with** 〜
- Everything **went** badly for them. 彼らには何もかもうまくいかなかった.
- How did the game **go**? ゲームはどうなりましたか.
- The story **goes** like this. その物語は次のような話です.

❺ (**go**＋形容詞で) **〜になる**
- **go** mad 気が狂(くる)う; 怒(いか)り狂う

POINT このように go はふつう悪い状態になることを示す. →**come** ❸
- **go** blind 目が見えなくなる
- **go** bad (食べ物が)腐(くさ)る
- **go** red with anger 怒(おこ)って赤くなる

❻ **いつも〜である**; **〜で通る**
- **go** barefoot [in rags] いつもはだしでいる[ぼろを着ている]
- She **goes by the name of** Jackie. 彼女はジャッキーという名で通っている.

❼ (物事が)**進行する**, (機械などが)**動く**; (鐘・銃声などが)**鳴る**
- School **goes** from 8:30 a.m. until 2:30 p.m. 学校[授業]は午前8時30分から午後2時30分までです.
- The car **goes** by [on] electricity. その車は電気で動く.
- There **goes** the bell. ベルが鳴っている. → The bell is ringing. よりふつうの言い方.

❽ (**be going to** *do* で) **〜しようとしている**; **〜するつもりである** →be going to は近い未来や意志を表す.
- I **am going** (**to** go) to the park. 私は公園に行くところです.

- It **is going to** rain. 雨が降りそうだ. →It は漠然(ばくぜん)と「天候」を表す.

 会話

How long **are** you **going to** stay here?—I **am going to** stay here for a week.
君はいつまでここに滞在(たいざい)するつもりですか.—1週間ここに滞在するつもりです.

go against 〜 〜に逆らう, 〜に反する; 〜に不利になる
- It **goes against** the rule. それは規則に反する.

go ahead 進める, 続ける; 《命令文で》お先にどうぞ; さあおやりなさい; どうぞお話しください, それで?

go along 進んで行く; (うまく)やっていく
- **Go along** the street to a drugstore, and turn right at the corner. この通りを薬局まで進んで行って, そこの角を右に曲がりなさい.

go a long way 長持ちする; とても役に立つ

go along with 〜 ①〜といっしょに行く ②〜と協力する; 〜に賛成する
- I can't **go along with** you [your plan]. 私は君[君の案]に賛成できない.

go around (〜) ①(〜の周りを)回る; あちこち歩き回る ② 全員に行き渡(わた)る
- There are not enough cookies to **go around**. 全員に行き渡るだけのクッキーが無い. →enough *A* to *do* は「〜するのに必要なだけの*A*」.

go away 行ってしまう; (旅行などで)家をあける; 逃(に)げる

go back 戻(もど)る, 帰る; (〜に)さかのぼる
- **Go back** to your seat. 席に戻りなさい.

go by (時が)過ぎ去る; (人が)通り過ぎる

go down
① 降りる, 沈(しず)む; 静まる
- The sun was **going down** behind the mountain. 太陽は山のかなたに沈むところだった.
- The wind has **gone down** a little. 風が少しおさまった.

② (道を)行く
- **Go down** this street and turn right at

the first corner. この道を行って最初の角を右に曲がりなさい.

go for ～ ① (散歩など)**に出かける**; ～を取りに行く, ～を呼びに行く
- **go for** a walk in the park 公園を散歩に行く
- **go for** a drive ドライブに出かける
- I'll **go for** ice cream. 私がアイスクリームを買いに行こう.
- Shall I **go for** a doctor? 医者を呼びに行こうか.

② ～を選ぶ, ～に決める

go for it 《話》全力を尽くす;《命令文で》頑張(がんば)れ

go off 立ち去る, 逃げる; (銃(じゅう)などが)発射する

go on ① (旅行など)へ出かける; 先へ進む; 続ける, 続く; (時が)たつ
- **go on** a trip 旅行に出かける
- **go on** to college 大学に進む[進学する]
- **go on** working 働き続ける
- The party **went on** until midnight. パーティーは深夜まで続いた.
- Please **go on** with the story. どうぞお話を続けてください.

② 起こる
- What's **going on** here? (ここで何が起こりつつあるか ⇨)いったいどうしたんだ.

go out 出て行く, 外出する
- **go out** for a walk 散歩に出かける

② 消える
- The light **went out**. 明かりが消えた.

go out of ～ ～から(外へ)出る

go over ① 越(こ)える, 渡る, (向こうへ)行く
② よく調べる; 復習する, 繰(く)り返す
- Let's **go over** this lesson again. この課をもう一度復習しよう.

go round (～) =go around (～)

go through ～ ～を通り抜(ぬ)ける; ～を経験する; ～をよく調べる; ～をやり終える

go up 上がる, 登る
- He **went up** to his room. 彼は(2階の)自分の部屋に上がっていった.
- Prices are **going up**. 物価が上がっている.

go up to ～ ～のところまで行く, ～に近寄る
→up to ～=～まで.

go with ～ ～といっしょに行く; ～と調和する
- That hat doesn't **go** well **with** your coat. その帽子(ぼうし)は君のコートと合わない.

go without ～ ～なしで済ます →**do without** (**without** 成句)

to go 《話》(ハンバーガー店などで)**持ち帰り用の** →**take out** (**take** 成句)
- Two sandwiches **to go**, please. サンドイッチ2つを持ち帰りでお願いします.

For here or **to go**?—To go.
ここで召(め)し上がりますか, お持ち帰りですか.—持ち帰ります.

―― 名 (複 **goes** /góuz ゴウズ/)
《話》試み (attempt)
- have a **go** (at ～) (～を)試みる, やってみる

goal 小 A1 /góul ゴウる/ 名
❶ (競走の)**ゴール**, 決勝点
- reach [enter] the **goal** first 1着でゴールインする →「ゴールイン」は和製英語.

❷ **目標, 目的; 目的地**
- Her **goal** in life is to be a lawyer. 彼女の人生の目標は弁護士になることです.

❸ (サッカーなどの)**ゴール**; (ゴールに入れて得た)**得点**
- get [score] a **goal** ゴールを決める, 得点する
- get [score] the winning **goal** 決勝ゴールを決める
- The ball missed the **goal**. ボールはゴールを外れた.

goalball /góulbɔːl ゴウるボーる/ 名
ゴールボール →目隠(めかく)しをしたプレーヤーが鈴(すず)の入ったボールを転がしてゴールに入れたり守ったりする球技. 目の不自由な人々のスポーツとして始められた.

チャンクでおぼえよう go	
□ ロンドンに行く	**go** to London
□ 電車で行く	**go** by train
□ 家に帰る	**go** home
□ 魚釣りをしに行く	**go** fishing
□ 旅行に行く	**go** on a trip

goalkeeper /góulki:pər ゴウるキーパ/ 名
(サッカーなどの)**ゴールキーパー**

goat /góut ゴウト/ 名 《動物》**ヤギ**

> **イメージ (goat)**
> 羊 (sheep) が「善良」という良いイメージがあるのに対して、ヤギは頑固(がんこ)・好色などの悪いイメージを持っている。
>
> 関連語 **kid** (= young goat (子ヤギ)); **bleat** (メーと鳴く), **baa** (メーメー)

gobble /gábl ガブる/ 名 (七面鳥の立てる)ごろごろという声

goblin /gáblin ガブリン/ 名 (童話などに出てくるいたずら者の)**小鬼**(おに)

god /gád ガド/ 名
❶ (**God** で) (一神教(特にキリスト教)の)**神** → **lord** ❸
• pray to **God** 神に祈(いの)る
• believe in **God** 神(の存在)を信じる
❷ (多神教の)**神**
関連語「女神(めがみ)」は **goddess**.

ギリシャ・ローマ神話の主な神々

	ギリシャ神話	ローマ神話
天の神	Zeus (ゼウス)	Jupiter (ジュピター)
音楽・詩の神	Apollo (アポロ)	Apollo (アポロ)
愛の神	Eros (エロス)	Cupid (キューピッド)
戦争の神	Ares (アレス)	Mars (マルス)
海の神	Poseidon (ポセイドン)	Neptune (ネプチューン)
冥府(めいふ)の神	Hades (ハデス)	Pluto (プルートー)
商業の神	Hermes (ヘルメス)	Mercury (マーキュリー)

God knows 神さまだけがご存知だ →「人間には誰(だれ)にもわからない」の意味.
• **God knows** why he did not come. 彼がなぜ来なかったのか誰にもわからない.

God bless you! → **bless**

Good God! = ***Oh (my) God!*** (思いがけないことが起きた時などに)**なんてことだ**

goddess /gádis ガデス/ 名 **女神**(めがみ)

ギリシャ・ローマ神話の主な女神たち

	ギリシャ神話	ローマ神話
結婚・女性の神	Hera (ヘラ)	Juno (ジュノー)
愛・美の神	Aphrodite (アフロディテ)	Venus (ビーナス)
月・狩猟の神	Artemis (アルテミス)	Diana (ダイアナ)

godfather /gádfɑ:ðər ガドふァーざ/ 名 (男の)**名付け親**, **教父**(きょうふ) → キリスト教で幼児などの洗礼に立ち会い、その保証者となる男性のこと。女性は godmother. → **godmother**

godmother /gádmʌðər ガドマざ/ 名 (女の)**名付け親**, **教母**(きょうぼ) → 説明は → **godfather**

goes /góuz ゴウズ/ 動 名 **go** 動 の3人称(しょう)単数現在形; **go** 名 の複数形

gold 中 A1 /góuld ゴウるド/ 名 **金**, **黄金**(こがね)
• pure **gold** 純金
• a pot of **gold** 金の入っているつぼ →「金のつぼ」は a gold pot.
—— 形 **金の**, **金製の**
• a **gold** coin [medal] 金貨[金メダル]

golden A2 /góuldn ゴウるドン/ 形
❶ **金色の**; **金の**
• **golden** hair 金色の髪(かみ), 金髪(きんぱつ)
• The leaves are **golden**. 木の葉は金色に輝(かがや)いている.
ことわざ Speech is silver, silence is **golden**. 雄弁(ゆうべん)は銀, 沈黙(ちんもく)は金. →「巧(たく)みな弁舌(べんぜつ)にも価値はあるが, 沈黙しているほうがもっと価値がある時がある」の意味.
❷ **貴重な**, **すばらしい**
• **golden** memories of high school ハイスクールのとても楽しい思い出
• the **golden** age of Greek civilization ギリシャ文明の黄金時代

Gólden Gàte Brídge 固名 (**the** をつけて)**金門橋**

→サンフランシスコ湾(わん)の入口 (**the Golden Gate**) にかけた大つり橋.

gólden rúle 图 (**the** をつけて) **黄金律** →
「人からしてほしいと望むことを人にもせよ」という聖書の教えをいう.

goldfish /góuldfiʃ ゴウるドフィッシュ/ 图 **金魚** →
単数形・複数形については →**fish**

góldfish scóoping 图 **金魚すくい**

góld rùsh 图 **ゴールドラッシュ** →発見された金鉱地に向かって人々が殺到(さっとう)すること. 米国では1849年に California 州で有名な gold rush が起こった.

golf A2 /gálf ガるふ|gɔ́lf ゴるふ/ 图 **ゴルフ**
•play **golf** ゴルフをする

gólf clùb 图 (ボールを打つ道具の)**ゴルフクラブ**; (愛好者団体の)**ゴルフクラブ**

gólf còurse [lìnks] 图 **ゴルフ場**

golfer /gálfər ガるふァ/ 图 **ゴルフをする人, ゴルファー**

gondola /gándələ ガンドら/ 图
❶ **ゴンドラ** →ベネチア (Venice) の水路に特有の平底の遊覧ボート.
❷ (気球などの)**つりかご**; (ロープウェーの)**ゴンドラ**

gone /gɔ́ːn ゴーン/ 動 **go** の過去分詞
❶ (**have** [**has**] **gone** で) (《完了(かんりょう)・結果を表して》(〜へ)**行ってしまった**(のでここにはいない); 《経験を表して》《米》(〜へ)**行ったことがある** (have been to) →**have** 助動 ❶❷
•He **has gone** to America. 彼はアメリカへ行ってしまった.
•I **have gone** to the post office. 私は郵便局に行っています. →書き置きなどの言葉.
•I **have gone** to Kyoto twice by Shinkansen and once by car. 私は京都へ新幹線で2度, 車で1度行ったことがある.
❷ (**be gone** で) **行ってしまった, 去った, なくなった**
⦿POINT gone は「状態」を示す形容詞のようになっている. be gone は受け身形ではない.
•Winter **is gone**. =Winter has gone. 冬は去った.
•The guests **are** all **gone**. 客はみんな帰ってしまった.
•Our food **is** almost **gone**. 私たちの食糧(しょくりょう)はほぼなくなった.

gonna /gánə ガナ/ 《米話》= going to (→ **go** 動 ❽)

---

good 小 A1 /gúd グド/

形 ❶ よい
　 ❷ おいしい
　 ❸ 適している
　 ❹ 親切な (kind)
　 ❺ 上手な
　 ❻ 楽しい
　 ❼ 十分な
图 ❶ 善; 利益
　 ❷ よさ

意味 map

— 形

比較級 **better** /bétər ベタ/
最上級 **best** /bést ベスト/

❶ **よい**
市基本 a **good** book よい本 →good+名詞.
•**good** news よい知らせ, 吉報(きっぽう)
•(That's a) **Good** idea. それはいい考えだ.
•We are **good** friends. 私たちは仲良し[親友]だ.
•Every boy has something **good** in him. どの少年にも何かよい所がある. →good は something を修飾(しゅうしょく)する. → **something** 代
市基本 This book is very **good**. この本はとてもよい[ためになる]. →be 動詞+good.
•Smoking is not **good for** your health. 喫煙(きつえん)は健康によくない.
•Be a **good** boy while I'm gone. 私が留守の間いい子にしていなさい.
関連語 Your idea is **good** but Bob's idea is **better**, and John's is the **best**. 君のアイデアはいいがボブのアイデアはもっといい, そしてジョンのは一番いい.

❷ **おいしい**, (味の)**いい**
•**good** sandwiches おいしいサンドイッチ
•taste **good** 味がよい, おいしい
•This meat is not [no] **good**. この肉はおいしくない.
反対語 It looks **good** but tastes **bad**. それは見たところおいしそうだが味はよくない.

❸ **適している**; **有効な**
•This book is not **good for** children to read. この本は子供が読むのにふさわしくない. →to read は不定詞で good を修飾する (→**to** ❾ の ④).
•Is this water **good** to drink? この水は飲むのに適していますか[飲めますか].

goodby

- This ticket is **good** for one year. このチケットは1年間有効です.

❹ **親切な** (kind), 優(やさ)しい
- Be **good to** your little sisters. 妹たちには優しくしなさい.
- It's very **good of** you **to** help me. = You are very **good to** help me. 私を助けてくださるとはどうもご親切に.

❺ **上手な, うまい** 反対語 **poor** (下手な)
- a **good** swimmer 水泳のうまい人
- a **good** doctor 腕(うで)のいい医者, いい医者
- He is a **good** driver. 彼は運転がうまい.
- He is **good at** (playing) tennis. 彼はテニスが上手だ.

❻ **楽しい, 愉快(ゆかい)な, おもしろい**
- I had a **good** time at the picnic. (ピクニックで楽しい時間を過ごした ⇨) ピクニックはとても楽しかった.
- Have a **good** time. 楽しく過ごしてらっしゃい[行ってらっしゃい].
- His teammates didn't feel **good**. 彼のチームメートたちは不愉快だった.

❼ **十分な, 相当な, かなりな**
- a **good** night's rest 十分な一晩の休息
- a **good** half hour たっぷり半時間
- a **good many** books たくさんの本
- a **good deal** (**of** money) たくさん(の金)
- at a **good** speed かなりの速力で

as good as ~ ~も同然で, ほとんど~
- The man was shot and he is **as good as** dead. 男は銃(じゅう)で撃(う)たれて死んだも同然だ[死にかけている].
- The job is **as good as** done. その仕事は終わったも同然だ[ほとんど終わった].

Good afternoon. A1 こんにちは
Good evening. こんばんは
Good for ~! よくやったぞ, ~!
- You got 100 on the test? **Good for** you! テストで100点取ったって? よくやったぞ, 君!

Good God! → **God** 成句
Good luck! ご成功を! → **luck**
Good morning. A1 おはよう
Good night. A1 おやすみなさい

—— 名 ❶ **善; 利益, ため**
反対語 **good and evil** 善悪
- **do good** 善を行う
- for the public **good** 公共の利益のために

- for your **good** 君のために
- This medicine will **do** you **good**. この薬は君に効くだろう.
- That kind of training will **do** you no **good**. そんなトレーニングをしても何の役にもたたない.
- **It is no good talking** to him. 彼に話しても無駄(むだ)だ. → It=動名詞 talking (話すこと)以下.

❷ **よさ, 長所, とりえ**
- There is some **good** in everybody. 誰(だれ)にも何かしらいい所[とりえ]がある.

for good 永久に (for ever)
- He left Paris **for good**. 彼はパリを永久に去った(もう二度と帰って来ない).

goodby, good-by /gudbái グドバイ/ 間 名 さようなら(今日では goodbye がふつう)

goodbye, good-bye 小 /gudbái グドバイ/ 間 さようなら
→ 《話》では **bye, so long** などともいう.
- **Goodbye**. Take care. さようなら, 気をつけて.

—— 名 (複 **goodbyes** /gudbáiz グドバイズ/) 別れの挨拶(あいさつ), さようなら
- **say goodbye** 別れを告げる, さようならを言う
- I must say **goodbye** now. もう失礼しなければならない.
- We said our **goodbyes** at the station. 私たちは駅で別れの挨拶を交(か)わした.

Góod Fríday 名 聖金曜日 → 復活祭の前の金曜日で, 十字架にかけられたキリストの受難を記念する祭日.

good-looking A2 /gùd lúkiŋ グド ルキング/ 形 顔立ちのいい, 美人の, ハンサムな
- a **good-looking** boy [girl] ハンサムな少年[美人の少女]
- He is very **good-looking**. 彼はとてもハンサムだ.

good-natured /gùd néitʃərd グド ネイチャ

ド/ 形 人のよい, 気立てのよい, 親切な (kind)

goodness /gúdnis グドネス/ 名 よさ, 美点; 親切 (kindness) →God (神)という言葉の代わりにも使う. →成句

for goodness' sake お願いだから, 頼(たの)むから →怒(いか)り, いらいら, 驚(おどろ)きなどを表して, 命令文や疑問文を強める. 失礼に聞こえることもあるので注意.
Goodness!=My goodness! おやまあ!

goods 中 /gúdz グヅ/ 名 複
《集合的に》商品, 製品; 《英》貨物 (freight)
- canned **goods** 缶詰(かんづめ)類
- woolen **goods** 羊毛製品, 毛織物類
- a **goods** train 《英》貨物列車 →**freight**
- They put all their **goods** into a truck and left the house. 彼らは家財道具を全部トラックに載(の)せて家を後にした.

goodwill /gudwíl グドウィル/ 名 好意, 親切心; 友好, 親善

goose /gú:s グース/ 名 (複 **geese** /gí:s ギース/) 《鳥》ガチョウ, ガチョウの雌(めす)

gorgeous /gɔ́:rdʒəs ゴーヂャス/ 形 豪華(ごうか)な, 見事な, すばらしい

gorilla 小 /gərílə ゴリラ/ 名 《動物》ゴリラ

gosh /gáʃ ガシュ/ 間 《話》ああ, ええっ, おや, まあ →驚(おどろ)いた時などに使う語.

gospel /gáspəl ガスペる/ 名 ❶ 福音(ふくいん) →キリストの教え. ❷ (**Gospel** で) 福音書 →キリストの生涯(しょうがい)と教えを記した書で「マタイ」,「マルコ」,「ルカ」,「ヨハネ」の四書がある.

góspel sòng 名 ゴスペルソング →アメリカの黒人たちによって歌われ始めた独特な歌詞とリズムを持つ伝道用の聖歌.

gossip /gásip ガスィプ/ 名 うわさ話, ゴシップ, 世間話
—— 動 (他人の)うわさ話をする

got 中 /gát ガト|gɔ́t ゴト/ 動 **get** の過去形・過去分詞

Gothic /gáθik ガスィク/ 形 ゴシック式の →12〜16世紀の寺院建築に使われた様式.

ゴシック様式の Westminster Abbey

gotta /gátə ガタ/ 《米話》=have [has] got to *do* (〜しなければならない) →**have** 成句

gotten /gátn ガトン/ 動 **get** の過去分詞

govern /gávərn ガヴァン/ 動 (国・人民を)治める, 統治する (rule)

government 中 A2 /gávərnmənt ガヴァンメント/ 名
❶ (しばしば **Government** で) 政府; 内閣
- the Japanese **Government** 日本政府
- a **government** worker 公務員
❷ 政治, 政体
- **government** of the people, by the people, for the people 人民の, 人民による, 人民のための政治 →× a [the] government としない. →**Gettysburg Address**
- Democracy is one form of **government**. 民主制は1つの政治形態だ.

governmental /gávərnméntl ガヴァンメントる/ 形 政府の; 政治の; 国営の

governor /gávərnər ガヴァナ/ 名 (州)知事; 長官; (植民地の)総督(そうとく)

gown /gáun ガウン/ 名 ガウン →女性がパーティーなどに着たり, 裁判官・神父などが羽織る.

gr. 略 =gram(s), 《英》gramme(s) (グラム)

grab /grǽb グラブ/ 動 (三単現 **grabs** /grǽbz グラブズ/; 過去・過分 **grabbed** /grǽbd グラブド/; -ing形 **grabbing** /grǽbiŋ グラビング/)
ひっつかむ, ひったくる

grace A2 /gréis グレイス/ 名
❶ 優美, 上品さ, 気品
- dance with **grace** 優雅(ゆうが)に踊(おど)る
❷ 神の恵(めぐ)み, 恩寵(おんちょう); (食前・食後の)祈(いの)り
- say **grace** 食事の祈りをする

 参考
欧米(おうべい)では日本語の「いただきます」「ごちそうさま」に相当する表現はないが, 家庭によっては食前・食後にお祈りをする. お祈りの言葉を言うのは父親であることもあるし, 家族が交代で言うこともある.

graceful /gréisfəl グレイスふる/ 形 優美な, 上品な, しとやかな

grade 中 A1 /gréid グレイド/ 名
❶ 等級; 階級; 程度
- the best **grade** of meat 最高級の肉
❷ 《米》学年 →小・中・高等学校の学年. ふつう

grader

274 two hundred and seventy-four

6—3—3 制か 8—4 制で 12 grades を通して数える. **→form** ❹

🔲会話 What **grade** are you **in**?—I am **in** the eighth **grade**. あなたは何年生ですか.—私は 8 学年にいる[中学 2 年です].

❸(成績の)**評定**;《米》**点数** **→**「評定」はふつう A, B, C, D, F の 5 段階. A, B, C, D が合格で, F が不合格 (failure). P (合格—pass) と F の 2 段階評価も増えてきている.

• **get** a good **grade in** English 英語でよい点を取る

• My **grade on** [**for**] my English composition was A. 英語の作文の点数は A だった.

—— 動 《米》点数をつける, 採点する (《英》mark)

grader /gréidər グレイダ/ 名 《米》(小学校からハイスクールまでの)〜年生

gráde schòol 名 《米》小学校 (elementary school) **→**6 年制または 8 年制.

gradual /grǽdʒuəl グラヂュアる/ 形 徐々(じょじょ)の; 緩(ゆる)やかな

gradually A2 /grǽdʒuəli グラヂュアリ/ 副 だんだんと, 徐々(じょじょ)に, 次第(しだい)に

graduate A2 /grǽdʒueit グラヂュエイト/ 動 卒業する **→**英国では大学だけに使い, 米国では大学以外の学校の場合にもいう.

• **graduate from** college [high school] 大学[高校]を卒業する

• He **graduated from** Yale. 彼はエール大学卒だ.

—— /grǽdʒuit グラヂュイト/ 名

❶卒業生, オービー **→**「卒業生」を指すのに OB という英語は使わない.

• a college [high school] **graduate** 大学[高校]卒業生 **→**《英》では大学の卒業生のみ.

❷《米》大学院生 **→graduate student** ともいう.

gráduate schòol 名 大学院

graduation 小 /grǽdʒuéiʃən グラヂュエイション/ 名 卒業; 卒業式 **→**《英》では大学だけに使い, 《米》では大学以外の学校にもいう.

類似語 「卒業式」は **graduation ceremony** ともいい, 《米》では **commencement** ともいう.

graffiti /grəfíːti グラふィーティ/ 名 (壁(かべ)などへの)落書き **→**もとは複数形だが現在では単数としても複数としても扱(あつか)われる.

grain /gréin グレイン/ 名

❶《米》《集合的に》穀物 **→corn** ❷

❷(穀物・砂などの)粒(つぶ)

gram A2 /grǽm グラム/ 名 グラム **→g., g, gm., gm** と略す.

grammar A1 /grǽmər グラマ/ 名 **文法**

• English **grammar** 英文法

grámmar schòol 名 《英》グラマースクール **→**大学進学のための 5 年制公立中学校. 昔はラテン語・ギリシャ語を主に教えていたのでこう呼ばれた.

gramme /grǽm グラム/ 名 《英》=gram

grand /grǽnd グランド/ 形 ❶雄大(ゆうだい)な, 壮大(そうだい)な; 立派な, 堂々とした ❷(位など)最高の, 大きな

Grand Canyon /grǽnd kǽnjən グランド キャニョン/ 固名 (the をつけて)グランドキャニオン **→**米国アリゾナ州北部にあるコロラド川の大峡谷(きょうこく).

grandchild A2 /grǽn(d)tʃaild グラン(ド)チャイるド/ 名 (働 **grandchildren** /grǽn(d)tʃildrən グラン(ド)チるドレン/) 孫

granddad A2 /grǽndæd グランダド/ 名 《話》おじいちゃん (grandpa)

granddaughter A2 /grǽndɔːtər グランドータ/ 名 孫娘(まごむすめ)

grandfather 小 A1
/grǽn(d)fɑːðər グラン(ド)ふァーざ/ 名
祖父, おじいさん

grándfather('s) clóck 名 (ふつう床(ゆか)に置く)大型の置き時計 **→**振(ふ)り子式で背が高く箱型.

grandma 小 A1 /grǽnmɑː グランマー/ (**→**d は発音しない) 名 《話》おばあちゃん

grandmother 小 A1
/grǽn(d)mʌðər グラン(ド)マざ/ 名
祖母, おばあさん

grandpa 小 A1 /grǽnpɑː グランパー/ (**→**d は発音しない) 名 《話》おじいちゃん

grandparent 小 A1 /grǽn(d)pe(ə)rənt グラン(ド)ペ(ア)レント/ 名 祖父, 祖母

gránd piáno 名 グランドピアノ **→**upright piano

grandson A2 /grǽn(d)sʌn グラン(ド)サン/ 名 孫息子(むすこ)

granny A2 /grǽni グラニ/ 名 (働 **grannies** /grǽniz グラニズ/) 《話》おばあちゃん (grandmother)

grant /grǽnt グラント/ 動 認める

take ～ for granted ～を当然のことと思う; (慣れっこになって人・物など)を軽視する, ～をぞんざいに扱(あつか)う

grape 小 A1 /gréip グレイプ/ 名 **ブドウ**
• **a bunch of grapes** 1房(ふさ)のブドウ
• "These **grapes** are sour," said the fox. 「これらのブドウはすっぱい」とキツネが言った.
→ **sour grapes**
関連語 grape(**vine**) (ブドウの木), **vineyard** (ブドウ畑), **wine** (ぶどう酒)

grapefruit /gréipfru:t グレイプふルート/ 名 グレープフルーツ → 果実がブドウのように房(ふさ)状になることから.

grapevine /gréipvain グレイプヴァイン/ 名 ブドウの木[つる] → 単に **vine** ともいう.

graph /grǽf グラふ/ 名 グラフ, 図表
• a line [bar, circle] **graph** 折れ線[棒, 円]グラフ
• **graph** paper 方眼紙
• draw [make] a **graph** of the temperature in August 8月の気温をグラフに描(か)く

graphic /grǽfik グラふィク/ 形 図表で表した

graphics /grǽfiks グラふィクス/ 名
❶ グラフィックス → コンピューターによる作画, 画像処理. この意味では単数扱(あつか)い.
❷ (コンピューターで描(えが)かれる)画像, 絵; (雑誌などの)図版 → この意味では複数扱い.

grasp /grǽsp グラスプ/ 動 ❶ (手・腕(うで)・歯・爪(つめ)などで)しっかりつかむ; つかもうとする
❷ (意味などを)理解する, 把握(はあく)する
── 名 ❶ つかむこと ❷ 理解, 理解力

grass A1 /grǽs グラス|grá:s グラース/ 名
❶ (野原・牧場・芝生(しばふ)などに生えている)草, 牧草, 芝草(しばくさ)
• Cows and sheep eat **grass**. 牛や羊は牧草を食べる. → ×a grass, ×grasses としない.
❷ 草地, 芝生, 牧草地
掲示 Keep off the **grass**. 芝生に入るな.

grasshopper /grǽshɑpər グラスハパ/ 名 (虫)キリギリス; バッタ

grassland /grǽslænd グラスらンド/ 名 牧草地; (しばしば **grasslands** で)草原(地帯)

gráss-roots /grǽs rú:ts グラス ルーツ/ 形 民衆の, 草の根の

grassy /grǽsi グラスィ/ 形 草の生えた

grate /gréit グレイト/ 名 (下水口などの)格子(こう

い)のついたふた; 格子窓; (暖炉(だんろ)などの)火格子(ひごうし) → 火格子は, その上にまきや石炭を載(の)せて燃やすもの.

grateful A2 /gréitfəl グレイトふる/ 形 感謝する, ありがたく思う (thankful)
• I am **grateful** (**to** you) **for** your kindness. 私はご親切に感謝しております.

grave[1] /gréiv グレイヴ/ 名 墓; 墓穴 関連語 **tomb** (墓石); **cemetery**, **graveyard** (墓地)

grave[2] /gréiv グレイヴ/ 形 ❶ 厳(げんしゅく)な, 厳(おごそ)かな, 真面目な ❷ 重大な (important)

gravel /grǽvəl グラヴェる/ 名 砂利(じゃり)

graveyard /gréivja:rd グレイヴヤード/ 名 墓地 (cemetery)

gravitation /grævitéiʃən グラヴィテイション/ 名 引力

gravity /grǽvəti グラヴィティ/ 名 ❶ 重力; 引力 ❷ 重大さ; 真剣(しんけん)さ

gravy /gréivi グレイヴィ/ 名 肉汁(にくじゅう), グレービー → 肉に火を通した時に出る汁(しる). 味やとろみをつけて料理にかける.

gray A1 /gréi グレイ/ 形 (比較級 **grayer** /gréiər グレイア/; 最上級 **grayest** /gréiist グレイエスト/)
❶ 灰色の, ねずみ色の, グレーの
• **gray** eyes 灰色の目
• His necktie was dark **gray**. 彼のネクタイは濃(こ)い灰色だった.
❷ (空模様などに)どんよりした, 陰気(いんき)な
❸ (髪(かみ)が)しらがまじりの, 白髪(はくはつ)の
── 名 灰色, ねずみ色; グレーの服
• She was dressed in **gray**. 彼女はグレーの服を着ていた. → ×a [the] gray としない.

great 小 A1 /gréit グレイト/

形 ❶ 偉大(いだい)な, 重要な　　意味 map
❷ (びっくりするほど)大きい; (程度が)非常な
❸ 《話》すてきな
── 形 (比較級 **greater** /gréitər グレイタ/; 最上級 **greatest** /gréitist グレイテスト/)
❶ 偉大な, 極(きわ)めて優(すぐ)れた; 重要な → ふつう名詞の前にだけつける.
基本 a **great** man 偉人(いじん), 大人物 → great+名詞.
• a **great** scientist 偉大な科学者
• a **great** invention 偉大な発明, 大発明
• Einstein is one of **the greatest** scien-

tists of the 20th century. アインシュタインは20世紀最大の科学者の1人です.

❷ (びっくりするほど)**大きい**; (程度が)**非常な**, 大の～

- a **great** house 大邸宅(ていたく)
- **great** joy [sorrow] 大きな喜び[悲しみ]
- a **great** success 大成功
- a **great** reader 大の読書家
- a **great** many books とても多くの本
- a **great** deal of money たくさんのお金
- a **great** number of books 大量の本
- He is a **great** fan of the Giants. 彼は巨人(きょじん)軍の大ファンだ.

❸《話》**すてきな**, すばらしい

- have a **great** time すてきな時を過ごす
- taste **great** すばらしい味がする, とてもおいしい
- feel **great** 気分爽快(そうかい)である
- It's [It has] been **great**. (すばらしい時を過ごしました ⇨)今まで楽しかった. → くだけた別れの挨拶(あいさつ).

 会話

Daddy will take us to the zoo tomorrow.—That's **great**!
お父さんがあした私たちを動物園に連れて行ってくれるよ.—わあ, いいな.

 That's great!
 Daddy will take us to the zoo tomorrow.

How are you this morning? —Just **great**.
今朝はいかがですか.—上々です.

❹《～(固有名詞) the Great で》**～大王, ～大帝**(たいてい)

- Alexander **the Great** アレキサンダー大王

—— 名 (複 **greats** /gréits グレイツ/)
重要な[有名な]人物, 巨人

Great Bear /gréit béər グレイト ベア/ 固名
(**the** をつけて)《星座》**おおぐま座** → こぐま座は **the Little Bear**.

Great Britain /grèit brítn グレイト ブリトン/ 固名 **大ブリテン島**

参考 England, Scotland, Wales を含(ふく)む英国の主島. 昔, 対岸にあるフランス北部の Brittany /ブリタニ/ 地方が Little Britain (小ブリテン)と呼ばれていたのに対して, このように名づけられた. → **United Kingdom**

great-grandparent /gréit græn(d)-pe(ə)rənt グレイト グラン(ド)ペ(ア)レント/ 名 **ひいおじいさん, 曽祖父**(そうそふ) (great-grandfather); **ひいおばあさん, 曽祖母**(そうそぼ) (great-grandmother)

関連語 Every person has two **parents**, four **grandparents** and eight **great-grandparents**. 誰(だれ)でも2人の親と4人の祖父母と8人の曽祖父母(そうそふぼ)がいる.

Gréat Lákes 固名 (**the** をつけて) (米国の)**五大湖** → カナダと米国の国境にある Superior, Michigan, Huron, Erie, Ontario の五湖.

greatly A2 /gréitli グレイトリ/ 副 **大いに, 非常に**

greatness /gréitnis グレイトネス/ 名 ❶ **偉大**(いだい)**さ; 重要さ** ❷ **大きいこと, 巨大**(きょだい)**さ**

Gréat Pláins 固名 (**the** をつけて) **大平原** → アメリカのロッキー山脈の東, ミシシッピ川に至る広大な草原.

Gréat Wáll (of Chína) 固名 (**the** をつけて) **万里**(ばんり)**の長城**

Greece /gríːs グリース/ 固名 **ギリシャ** → バルカン半島の南部の共和国. 首都はアテネ (Athens). 公用語はギリシャ語 (Greek).

greed /gríːd グリード/ 名 **貪欲**(どんよく), **欲張り**

greedy A2 /gríːdi グリーディ/ 形
(比較級 **greedier** /gríːdiər グリーディア/;
最上級 **greediest** /gríːdiist グリーディエスト/)
(お金・名誉(めいよ)などに対して)**貪欲**(どんよく)**な; 食いしんぼうな, がつがつした**

- He is **greedy** for fame [success]. 彼は名声[成功]に貪欲だ.

Greek /gríːk グリーク/ 形 **ギリシャの, ギリシャ人の, ギリシャ語の**
—— 名 ❶ **ギリシャ語** ❷ **ギリシャ人**

green 小 A1 /gríːn グリーン/ 形
(比較級 **greener** /gríːnər グリーナ/; 最上級

greenest /grí:nist グリーネスト/）

❶ 緑の; 青々とした

🈁基本 **green fields** 緑の野原 ➡green＋名詞.

• **green** tea 緑茶

• a **green** roof 緑色の屋根; (木や草花を植えて)緑化した屋上

• (a) **green** pepper ピーマン

🈁基本 **His car is green.** 彼の車は緑色です. ➡be 動詞＋green.

• Go! The traffic light is **green**. 進め! 交通信号が青だ. ➡実際には緑色なのに日本語ではしばしば「青」という表現を用いる. →❷

• The grass is **greener** on the other side of the fence. フェンスの反対側の芝生(しばふ)は(自分の庭の芝生より)青く見える. ➡「他人の物はよく見えるものだ」の意味.

❷ (果物が)まだ青い; 青野菜の; (人が)未熟な

• Those tomatoes are not good to eat. They are still **green**. それらのトマトは食べるのに適していない. まだ青い. ➡to eat は不定詞で good を修飾(しゅうしょく)する (→**to** ❾ の④).

❸ 環境(かんきょう)に関する, 環境保護の

• **green** issues 環境問題

• **green** activities 環境保護活動

—— 名(複 **greens** /grí:nz グリーンズ/)

❶ 緑, 緑色; 緑色の服

• She was (dressed) in **green**. 彼女は緑色の服を着ていた. ➡×a [the] green としない.

❷ 芝生; 草地; (ゴルフの)グリーン

❸ (greens で) (葉の青い)野菜, 青物

❹ (the Greens で)環境保護団体

greenery /grí:nəri グリーナリ/ 名 《集合的に》青葉

Gréenery Dày 名 (日本の)みどりの日 ➡5月4日.

greengrocer /grí:ngrousər グリーングロウサ/ 名 《主に英》八百屋さん, 青果商

greenhouse /grí:nhaus グリーンハウス/ 名 温室

gréenhouse effèct 名 (the をつけて)温室効果 ➡大気中に放出された二酸化炭素などの気体が, 地球の放射する熱エネルギーを吸収して温室のように地球を暖めること.

gréenhouse gàs 名 温室効果ガス ➡温室効果 (→greenhouse effect) の原因となる二酸化炭素など.

gréen péa 名 グリンピース, 青エンドウ

grèen sálad 名 (レタスなどの)青野菜サラダ

Greenwich /grínidʒ グリニチ/ 固名 グリニッジ ➡ロンドンの自治区. そこを通る子午線が経度０度.

Gréenwich (Méan) Tìme 名 グリニッジ標準時 ➡太陽がグリニッジ子午線を通る時を正午とする世界的標準時. **G.M.T.**, **GMT** と略す.

Greenwich Village /grénitʃ vílidʒ グレニチ ヴィれチ/ (➡ロンドンの Greenwich /グリニチ/ との発音の違(ちが)いに注意) 固名 グリニッチ・ビレッジ ➡ニューヨークのマンハッタンにある一画で, かつて若い芸術家たちが住んでいた.

greet A1 /grí:t グリート/ 動 挨拶(あいさつ)する; (挨拶・握手(あくしゅ)・笑顔(えがお)などで)迎(むか)える

• **greet** him **with** a smile にこにこして彼に挨拶する

• **greet** him at the gate 門のところで彼を迎える

• I was **greeted with** cheers. 私は声援で迎えられた.

greeting /grí:tiŋ グリーティング/ 名

❶ 挨拶(あいさつ)

• "Good morning," she said and I returned her **greeting**. 「おはよう」と彼女が言ったので僕(ぼく)も「おはよう」と挨拶を返した.

❷ (greetings で) 挨拶の言葉, お祝い状

• Christmas [New Year's] **greetings** クリスマス[新年]の挨拶

gréeting càrd 名 (誕生日・クリスマス・記念日などに送る)挨拶(あいさつ)状, グリーティングカード

grew 中 /grú: グルー/ 動 **grow** の過去形

grey /gréi グレイ/ 形 名 《英》＝gray

greyhound /gréihaund グレイハウンド/ 名 グレーハウンド ➡猟犬(りょうけん)の一種.

grief /grí:f グリーふ/ 名 (深い)悲しみ, 悲嘆(ひたん)

grieve /grí:v グリーヴ/ 動 (深く)悲しむ; (人を)悲しませる

grill 小 /gríl グリる/ 名 ❶ 焼き網(あみ)

❷ 焼き肉; 焼き肉食堂, グリル

—— 動 (肉などを)あぶる, 直火(じかび)で焼く

Grimm /grím グリム/ 固名 (**Jakob** /ヤーコブ/ **Grimm**) グリム ➡ドイツの言語学者 (1785–1863). 弟と『グリム童話集』を書いた.

grin /grín グリン/ 動 (三単現 **grins** /grínz グリンズ/; 過去・過分 **grinned** /grínd グリンド/; -ing形 **grinning** /gríniŋ グリニング/)

(歯を見せて)にこっと笑う (give a big smile)

grind 278 two hundred and seventy-eight

→laugh 類似語

—— 名 にこっと笑うこと (big smile)

grind /gráind グラインド/ 動 (三単現 **grinds**
/gráindz グラインヅ/; 過去・過分 **ground**
/gráund グラウンド/; -ing形 **grinding** /gráin-
diŋ グラインディング/) ❶(粉に)ひく, すりつぶす
❷研(と)ぐ, 磨(みが)く; (歯を)きしらせる

grip /gríp グリプ/ 動 (三単現 **grips** /gríps グリ
プス/; 過去・過分 **gripped** /grípt グリプト/;
-ing形 **gripping** /grípiŋ グリピング/)
ぎゅっと握(にぎ)る, しっかりつかむ
—— 名 ❶つかむこと; 握る力
❷柄(え), 取っ手, グリップ

grizzly /grízli グリズリ/ 名 (複 **grizzlies**
/grízliz グリズリズ/) (動物)ハイイログマ, グリズ
リー →北米に住む巨大で凶暴(きょうぼう)なクマの一
種. grizzly bear ともいう.

groan /gróun グロウン/ 動 うなる, うめく
—— 名 うなり声, うめき声

grocer /gróusər グロウサ/ 名 食料雑貨商

grocery /gróusəri グロウサリ/ 名
(複 **groceries** /gróusəriz グロウサリズ/)
❶食料品店, 食料雑貨店 →grocery store と
もいう. 今はスーパーマーケットやコンビニエンス
ストア以外の個人営業の店を指す.
❷(groceries で)食料品, 食料雑貨類

groove /grú:v グルーヴ/ 名 ❶(音楽)グループ
→リズムから生まれる高揚(こうよう)感. ❷(敷居・タ
イヤ・レコードなどの)溝; わだち ❸決まりきった
やり方;(行動・考え方の)慣習, 慣例

grope /gróup グロウプ/ 動 手探(てさぐ)りする

gross /gróus グロウス/ 名 総体, 全体
—— 形 総体の, 総計の

ground¹ 中 A1 /gráund グラウンド/
名 (複 **grounds** /gráundz グラウンヅ/)

❶(ふつう the ground で)地面, 地上, 土地
•dig a hole in **the ground** 地面に穴を掘(ほ)
る
•Snow covered **the ground**. 雪が地面を
覆(おお)った.
•An apple fell to **the ground**. リンゴが地
面に落ちた.
•I saw my shadow on **the ground**. 私は
地面に自分の影(かげ)が映ってるのを見た.

❷運動場, グランド, 〜場
•a baseball [picnic] **ground** 野球場[ピク
ニック場] →このように使用目的を表す語といっし

ょに使われる.

❸(**grounds** で)(家・建物の周りの)大きな庭;
広い敷地(しきち), 構内
•the school **grounds** 校庭, 学校構内

❹(しばしば **grounds** で)根拠(こんきょ), 理由
•I have good **grounds for** believing it.
私にはそれを信じる十分な根拠がある.
•He quit the baseball club **on the
ground(s)** of poor health. 彼は健康がすぐ
れないという理由で[口実で]野球部をやめた.

ground² /gráund グラウンド/ 動 **grind** の過去
形・過去分詞

gróund báll 名 =grounder

grounder /gráundər グラウンダ/ 名 (野球など
の)ゴロ (ground ball)

gróund flóor 名 (the をつけて)(英)1階
((米) the first floor) →floor

groundhog /gráundhɔ:g グラウンドホーグ/ 名
《動物》ウッドチャック (woodchuck) →米国
北東部やカナダにいるリス科の動物. 冬眠(とうみん)の
地中から出て, 春の到来(とうらい)を知らせると信じら
れていた.

groundwater /gráundwɔ:tər グラウンドウォー
タ/ 名 地下水

gròund zéro 名 爆心(ばくしん)地, ゼロ地点 →
「爆撃(ばくげき)地点」「核(かく)爆発(ばくはつ)直下地点」を
いう.

group 中 A1 /grú:p グループ/ 名
(人・動植物・物などの)集団, グループ, 群れ
•a **group** of girls 少女たちのグループ
•Make a **group** of four. 4人のグループを
つくりなさい.
•A **group** of people were waiting for a
bus. 一群の人々がバスを待っていた.
•Wheat and oats belong to the grain
group. 小麦とオートムギは穀物のグループに属
する.

in a group グループになって, ひとかたまりに
なって

in groups いくつかのグループになって, 三々
五々

—— 動 ❶集まる; 集める ❷グループに分ける
•The coach **grouped** the players ac-
cording to skill. コーチは選手をうまさでグル
ープ分けした.

grove /gróuv グロウヴ/ 名 林, 木立, (神社など
の)森 →「手袋(ぶくろ), (野球の)グローブ」は glove

/グろウ/. 類似語 grove より大きな「森」は wood, さらに大きな「森, 森林」は forest.

grow 小 A1 /gróu グロウ/

動	❶ 成長する	意味 map
	❷ 栽培(さいばい)する	
	❸ ～になる	

—— 動

三単現	grows /gróuz グロウズ/
過去	grew /grú: グルー/
過分	grown /gróun グロウン/
-ing形	growing /gróuiŋ グロウインぐ/

❶ 成長する, 伸(の)びる; 増加する; (植物が)育つ, 生えている 関連語「成長」は growth.

基本 **Plants grow from seeds**. 植物は種から成長する. →grow＋副詞(句).
- The world population will **grow** quickly in the future. 将来世界の人口は急速に増加するだろう.
- Cotton **grows** in hot countries. 綿は暑い国で育つ.
- He **grew into** a fine young man. 彼は立派な青年に成長した.
- My hair **has grown**. 私は髪(かみ)が伸びた. →現在完了(かんりょう)の文. → **have** 助動 ❶
- The tourist industry **is growing** fast. 観光産業は急速に発展している. →現在進行形の文. → **is** 助動 ❶
- There are bamboo shoots **growing** in the garden. 庭に(生えているたけのこがある⇨)たけのこが生えてきた. →現在分詞 growing (生えている)～は bamboo shoots を修飾(しゅうしょく)する.

❷ 栽培する; 伸ばす
基本 **grow rice** お米を栽培する →grow＋名詞.
- **grow** potatoes ジャガイモを栽培する
- **grow** a beard ひげを生やす
- They **grow** cotton in Texas. テキサスでは綿を栽培している.

- Cotton **is** not **grown** in Japan. 綿は日本では栽培されない. →受け身. → **is** 助動 ❷

❸ ～になる (become)
基本 **grow dark** 暗くなる →grow＋形容詞.
- **grow** old 年を取る
- **grow** long 長くなる
- The eastern sky **grew** brighter. 東の空が(だんだん)明るくなってきた. →brighter は bright (明るい)の比較(ひかく)級.
- The players **grew** tired at the end of the game. 選手たちは試合の終わりには疲(つか)れてきた.

grow out of ～ 成長して～しなくなる; 成長して(衣服などが)着られなくなる
- The baby will soon **grow out of** sucking her thumb. 赤ちゃんはもうすぐ親指をしゃぶらなくなりますよ.
- She has **grown out of** all her dresses. 彼女は大きくなって服がみんな着られなくなった.

grow up 成長する, 大人になる
- I want to be a skier when I **grow up**. 大人になったらスキーヤーになりたい.
- Don't be a baby. **Grow up**! 赤ちゃんみたいなことを言っていちゃだめ. おにいちゃん[おねえちゃん]になりなさい.
- She **grew up** to be a beautiful woman. 彼女は成長して美しい女性になった. →to be は結果を表す不定詞. → **to** ❾ の ❸

growing /gróuiŋ グロウインぐ/ 動 **grow** の -ing 形 (現在分詞・動名詞)

growl /grául グラウる/ 動 (動物が怒(おこ)って)ウーとうなる
—— 名 うなり声

grown /gróun グロウン/ 動 **grow** の過去分詞
—— 形 成長した, 大人の

grown-up /gróunʌp グロウナプ/ 形 大人になった, 成長した
—— 名 大人, 成人 (adult)

growth /gróuθ グロウす/ 名
❶ 成長, 発育 関連語「成長する」は grow.
❷ 発展; 増加, 伸(の)び
- the **growth of** [**in**] population 人口増加

grumble /grʌ́mbl グランブる/ 動 ぶつぶつ言う, 不平を言う (complain)

grumpy /grʌ́mpi グランピ/ 形 《話》気難しい, 不機嫌(ふきげん)な

grunt /grʌ́nt グラント/ 動 (ブタが)ブーブーいう; (人が)ぶつぶつ言う

GU

— 名 ブーブー[ぶつぶつ]いう声

GU 略 =Guam

Guam /gwá:m グワーム/ 固名 **グアム島** →太平洋マリアナ諸島の中で最大の島. 米国の自治領. **GU** と略す.

guarantee /gærəntí: ギャランティー/ 名 (製品などに対する)**保証, 保証書**

— 動 保証する

guard A2 /gá:rd ガード/ 名

❶ **見張り, 警戒**(けいかい); **警備員, 守衛, 護衛(隊)**

• a security **guard** (ビルなどの)警備員, 保安要員, ガードマン →「ガードマン」は和製英語.

• the United States Coast **Guards** 米国沿岸警備隊

• the Changing of the **Guard** 衛兵交代 → 英国バッキンガム宮殿(きゅうでん)およびホワイトホールの王立近衛兵(このえへい)騎兵(きへい)団本部前で毎日行われる. ロンドンの名物の1つ.

❷ 《英》(列車の)**車掌**(しゃしょう) (《米》conductor)

❸ (バスケットボールの)**ガード**; (ボクシング・フェンシングの)**防御**(ぼうぎょ)**(の構え), ガード**

keep guard 見張りをする, 警戒をする
off guard 油断して
on guard 用心して

— 動 **守る, 用心する**

• **guard** *oneself* 身を守る, 用心する
• **guard against** fires 火の用心をする

guerrilla /gərílə ゲリら/ 名 **ゲリラ兵** →正規の軍隊組織に入っていない奇襲(きしゅう)戦隊員.

guess 小 A1 /gés ゲス/ 動

❶ **言い当てる, 推測する**

• **guess** a riddle 謎(なぞ)の答えを言い当てる
• **guess** right [wrong] 推測が当たる[外れる]
• **Guess what** I have in my hand. 私が手に何を持っているか当ててごらん.
• **Guess what!** ねえ, なんだと思う? →びっくりするような話を切り出す時に言う.

❷ 《米話》(〜と)**思う** (think)

• I **guess** you are right. =You are right, I **guess**. 君が正しいと思う. →《英話》では I suppose を使う.

会話 Is he at home now?—I **guess so** [I **guess not**]. 彼は今家にいますか.—いると[いないと]思います. → I guess not. =I guess he is not at home now.

— 名 **推測, 推量, 当てずっぽう**

• a lucky **guess** まぐれ当たり
• **by** [**at a**] **guess** 当てずっぽうで
• **make** [**take, have**] a **guess** 推測する, 当てる
• Your **guess** was right. 君の推測は当たっていた.
• My **guess** is that she won't come. 私の推測では彼女は来ないでしょう.
• Guess how old I am. You have three **guesses**. 私の年齢(ねんれい)を当てて. 3回で.

guest 中 A1 /gést ゲスト/ 名

❶ (招かれた)**客**

関連語 **caller** (来訪者), **customer** (店のお客)

• We have three **guests** this evening. 今晩はお客が3人ある.

guest　customer

❷ (ホテルの)**泊**(と)**まり客; 下宿人**; (テレビ番組などの)**ゲスト**

Be my guest. 《話》どうぞご遠慮(えんりょ)なく

会話 May I borrow your car?—**Be my guest**. あなたの車をお借りしてもいいですか.—ええ, どうぞご遠慮なく.

guést wòrker 名 外国人労働者

guidance /gáidəns ガイダンス/ 名 **案内; 指導**

guide 中 /gáid ガイド/ 動

❶ (人などを)**案内する, 導く**

• **guide** the campers **through** the woods 林を通ってキャンパーたちを案内する
• The lighthouse **guided** the ship safely **to** the harbor. 灯台はその船を安全に港へと導いた.
• The blind man was **guided** by a dog. その目の見えない男性は犬に導かれていた. → **was** 助動 ❷

❷ (人を)**指導する**

• Our teacher **guides** us **in** our work. 先生は私たちの勉強を指導してくれます.

— 名 ❶ **案内人, ガイド; 指導者**

• a tour **guide** (現地の)観光ガイド →団体旅行のガイドは a **tour conductor**.

❷ **旅行[観光]案内書** (guidebook); (一般(いっぱん)に)**案内書, 手引き**

- a **guide to** gardening 園芸の手引き

guidebook A2 /gáidbuk ガイドブク/ 图 旅行[観光]案内書, ガイドブック

gúide dòg 图 盲導(もうどう)犬

guideline /gáidlain ガイドライン/ 图 **(guidelines** で) 指針, ガイドライン

guilt /gílt ギルト/ 图 罪, 有罪

guilty /gílti ギルティ/ 形 (比較級 **guiltier** /gíltiər ギルティア/; 最上級 **guiltiest** /gíltiist ギルティエスト/) ❶ 有罪の, 罪を犯(おか)した ❷ 罪の意識のある, やましい

guitar 小 A1 /gitá:r ギター/ 图
ギター

- **play the guitar** ギターを弾(ひ)く →×a guitar としない.
- He played folk songs **on his guitar**. 彼は自分のギターでフォークソングを弾いた.
- an electric **guitar** エレキギター

関連語 アンプを用いないギターは **an acoustic** /əkústik アクスティク/ **guitar** という. acoustic は「聴覚の, 音響の」の意味.

guitarist /gitá:rist ギターリスト/ 图 ギター奏者

gulf /gʌ́lf ガルフ/ 图 湾(わん) →**bay** より大きく, 陸地に深く食い込(こ)んでいるもの.

Gúlf Strèam 固名 **(the** をつけて**)** メキシコ湾流(わんりゅう)

gull /gʌ́l ガル/ 图 《鳥》カモメ →**sea gull** ともいう.

Gulliver /gʌ́livər ガリヴァ/ 固名 ガリバー → 英国の風刺(ふうし)作家スウィフトの *Gulliver's Travels* (『ガリバー旅行記』) の主人公.

gulp /gʌ́lp ガルプ/ 動 (飲食物を)急いでがつがつ[ごくごく]飲み込(こ)む
—— 图 急いでがつがつ[ごくごく]飲み込むこと

gum¹ /gʌ́m ガム/ 图 ❶ ゴム(樹脂(じゅし)); ゴムのり ❷ チューインガム (chewing gum)

gum² /gʌ́m ガム/ 图 (ふつう **gums** で) 歯茎(はぐき)

gun A2 /gʌ́n ガン/ 图
❶ 銃(じゅう), ライフル (rifle); 大砲(たいほう)
- **fire a gun** 発砲(はっぽう)する
- a machine **gun** 機関銃, マシンガン
❷ ピストル, 拳銃(けんじゅう) →**handgun** ともいう.
- The police carry **guns** here. ここでは警官はピストルを携帯(けいたい)している.

gunman /gʌ́nmən ガンマン/ 图 (働 **gun-**

men /gʌ́nmən ガンマン/) ❶ ピストルを持った悪者, 殺し屋 ❷ 拳銃(けんじゅう)の使い手, ガンマン

gunpowder /gʌ́npaudər ガンパウダ/ 图 火薬

gush /gʌ́ʃ ガシュ/ 動 どっと流れ出る, ほとばしり出る
—— 图 ほとばしり, 噴出(ふんしゅつ)

gust /gʌ́st ガスト/ 图 突風(とっぷう)

gutter /gʌ́tər ガタ/ 图 ❶ (軒(のき)の)とい ❷ (歩道と車道の境の)溝(みぞ); (ボウリングの)ガター

guy A1 /gái ガイ/ 图 《話》
❶ やつ, 男 (fellow)
- a nice **guy** いいやつ, ナイスガイ
❷ **(guys** で**)** (呼びかけに用いて)みんな!, あなたがた! → 女性に対しても使う.

Guy Fawkes Day /gái fɔ́:ks dèi ガイ ふォークス デイ/ 图 《英》ガイ・フォークス祭

参考 1605年, 国王暗殺を狙(ねら)った英国国会議事堂爆破(ばくは)計画が発覚し, 犯人の1人の Guy Fawkes が捕(と)らえられたことを記念する日 (11月5日). ガイ・フォークスという奇怪(きかい)な人形をつくり, たき火にくべて花火を打ち上げたりする.

gym 小 /dʒím ヂム/ 图 《話》
❶ 体育館, ジム →gymnasium を短くしたもの.
- play basketball in the **gym** 体育館でバスケットボールをする
❷ (体育館での)体操; (教科の)体育 →gymnastics を短くしたもの.
- a **gym** class 体育の授業

gymnasium /dʒimnéiziəm ヂムネイズィアム/ 图 =gym ❶

gymnast /dʒímnæst ヂムナスト/ 图 体操[体育]教師; 体操専門家; 体操選手

gymnastic /dʒimnǽstik ヂムナスティク/ 形 体操の, 体育の

gymnastics /dʒimnǽstiks ヂムナスティクス/ 图 働 (体育館での)体操; (教科の)体育 →「教科」の意味では単数扱(あつか)い. →**gym** ❷
- rhythmic **gymnastics** 新体操

gỳm shòes 图 運動靴(ぐつ), スニーカー

Gypsy /dʒípsi ヂプスィ/ 图 (働 **Gypsies** /dʒípsiz ヂプスィズ/) ロマ, ジプシー →**Romany**

H h

H, h /éitʃ エイチ/ 名 (複 **H's, h's** /éitʃiz エイチェズ/) ❶ エイチ, エッチ →英語アルファベットの8番目の文字. ❷(H で) 水素 →**hydrogen** の元素記号.

ha /há: ハー/ 間 はあ!, やあ!, まあ!, ほう!, へー! →喜び・驚(おどろ)き・疑い・笑い声などを表す. 笑い声の場合はふつう **ha-ha** と書く.

habit A1 /hǽbit ハビト/ 名 (個人の)習慣, 癖(くせ); (生物の)習性
• **form** a **habit** of ~ ~の習慣を身に着ける
• **fall** [**get**] **into** a bad **habit** 悪い癖がつく
• **break** a bad **habit** 悪い癖を直す
• He **has** a **habit** [He is **in the habit**] **of** biting his fingernails. 彼には爪(つめ)をかむ癖がある.

habitat /hǽbətæt ハビタト/ 名 生息地; 自生地

had 中 A1 /弱形 həd ハド, 強形 hǽd ハド/ 動 **have** の過去形・過去分詞
—— 助動 (**had**＋過去分詞で) →過去完了(かんりょう). I had, you had, he had などは話し言葉ではしばしば **I'd, you'd, he'd** と略す. →**have** 助動

❶(その時までに)もう~してしまっていた →「その時までに動作が完了したこと・その結果としての状態」を表す.
• When I got home, everybody **had** already gone to bed. 私が帰宅した時にはみんなもう寝(ね)てしまっていた.

❷(その時までに)~したことがあった →「経験」を表す.
• I recognized him because I **had** met him before. 私は彼が誰(だれ)だかわかった. というのは以前彼に会ったことがあったから.

❸(その時まで)ずっと~していた →「状態の継続(けいぞく)」を表す.
• I **had** lived in Kyoto for ten years before I came here. 私はこちらへ来る前は10年間京都に住んでいました.

had better *do* ~したほうがよい; ~しなさいよ →**better** 成句
had to *do* ~しなければならなかった →**had**

to は /hǽtə ハトゥ/ と発音する. →**have to** *do* (**have** 成句)

hadn't /hǽdnt ハドント/ **had not** を短くした形

hah /há: ハー/ 間 ＝ha

ha-ha /há: há: ハー ハー/ 間 あはは, うへへ →笑い声. →**ha**

hail /héil ヘイる/ 名 あられ, ひょう
—— 動 (it が主語で) あられ[ひょう]が降る
• It is **hailing**. あられが降っている. →It は漠然(ばくぜん)と「天候」を表す.

hair 中 A1 /héər ヘア/ 名
(複 **hairs** /héərz ヘアズ/)
(人の)髪(かみ)の毛; (人・動物の)体毛, 毛
POINT 人・動物の体に生える「毛」をいうが, ふつうは人間の「髪の毛」を指す.
• grow *one's* **hair** long 髪の毛を長く伸(の)ばす
• He has gray **hair**. 彼は白髪(はくはつ)だ.
• I had my **hair** cut. 私は髪を切ってもらった. →have *A B* (過去分詞)は「AをBしてもらう」.
POINT 集合的に髪の毛全体を指している場合 ×**hairs** としない. →以下の2例
• He has gray **hairs**. 彼はしらが混じりだ. →1本1本の毛を念頭に置いていう時にだけ複数形が使われる.
• There are cat's **hairs** on your sleeve. 袖(そで)にネコの毛がついているよ.

hairbrush /héərbrʌʃ ヘアブラシュ/ 名 頭髪(とうはつ)用ブラシ, ヘアブラシ

haircut A1 /héərkʌt ヘアカト/ 名 散髪(さんぱつ); 髪(かみ)の刈(か)り方, ヘアスタイル
• have a **haircut** 散髪してもらう
• You need a **haircut**. 君は散髪をしたほうがいい.
• He gave me a **haircut**. 彼は私を散髪してくれた.

hairdo /héərdu: ヘアドゥー/ 名 (複 **hairdos** /héərdu:z ヘアドゥーズ/) (話) (女性の)髪型(かみがた), ヘアスタイル

hairdresser /héədresər ヘアドレサ/ 名 美容師 → **barber**

Haiti /héiti ヘイティ/ 固名 ハイチ → カリブ海にある共和国. 首都はポルトープランス.

halal, hallal /həláːl ハラーる/ 形 (食品が)ハラルの → イスラムのおきてに従って処理されていること.
• a **halal** food restaurant ハラル食品を提供する食堂

half 中 A1 /hæf ハぶ|háːf ハーふ/ (→l は発音しない) 名 (複 **halves** /hævz ハヴズ/)
半分, 2分の1; (時刻の)半, 30分; (スポーツの)前[後]半

• a year and a **half** 1年半
• **half** of us 我々の半分[半数]
基本 **half** (of) the students 生徒たちの半数

文法 ちょっとくわしく
half of の次に名詞が続く時は **of** はしばしば省略される. こういう時の half は形容詞に近い. **half of us** のように of の次に代名詞が続く時は of は省略できない (×half us としない).

• **half** a cup カップに2分の1
• the smaller **half** of the pie パイの小さなほうの半分
• **half** an hour (a half hour はまれ) 半時間, 30分
• It is **half** past three. 3時30分過ぎだ[3時半だ]. → It は漠然(ばくぜん)と「時間」を表す. ×a half としない.
• the first [second] **half** (サッカーなどの)前[後]半
• **Half** (of) the apple was bad. そのリンゴの半分は腐(くさ)っていた.
POINT 「half of+名詞」が主語の時は動詞はその「名詞」に合わせて使う. → 次例
• **Half** (of) the apples were bad. それらのリンゴの半分は腐っていた.

• Please divide the cake into **halves** [in **half**]. ケーキを半分に分けてください.
ことわざ Two **halves** make a whole. 半分が2つで1つになる. → 「1人では不完全だが2人で力を合わせればきちんとできる」の意味.

by halves 中途(ちゅうと)はんぱに, いい加減に
── 形 (→ 比較変化なし) 半分の
• a **half** moon [circle] 半月[半円]
• a **half** hour (=half an hour) 半時間, 30分

── 副 (→ 比較変化なし) 半分だけ, なかば
• The cup is **half** full of water. カップには水が半分入っている.
• The work is only **half** done. 仕事は(半分だけ)なされている ⇨ 半分しかできていない.
• Mars is about **half** as large as the earth. 火星は(地球と同じ大きさの)ほぼ半分だ ⇨ 地球のほぼ半分の大きさだ.

hálf tíme 名 (サッカー・バスケットボールなどの)ハーフタイム → 前半と後半の間の中休み.

halfway /hǽfwéi ハぶウェイ/ 副 中途(ちゅうと)まで, 中途で[に]
── 形 中途の, 途中(とちゅう)の, 中間の

hall 中 A1 /hɔ́ːl ホーる/ 名
❶ 会館, ホール
• a city [town] **hall** 市役所; (その中の)市民ホール
• a public **hall** 公会堂
• a concert **hall** 演奏会場, コンサートホール
• a dining **hall** (大学などの)食堂ホール
❷ 玄関(げんかん)(ホール) → 表の door を開けた所のスペースで, ここから家やビルの各部屋に通じる. **hallway** ともいう.

hallal /həláːl ハらーる/ 形 =halal
halleluiah /hæləlúːjə ハれるーヤ/ 間 ハレルヤ → ヘブライ語で「神をたたえよ」の意味.
hallo /həlóu ハろウ/ 間 名 《英》=hello
Halloween /hæləuíːn ハろウイーン/ 名 ハロウィーン → 万聖節(ばんせいせつ) (All Saints' Day)の前夜, つまり10月31日の夜.

参考 ハロウィーンには子供はカボチャちょうちん (**jack-o'-lantern**) を作って遊んだり, 悪魔(あくま)や動物などの仮面 (**Halloween mask**) で変装して近所の家々を訪ね "**Trick or treat.**" (いたずらしようか, それともいいものくれるか)と言ってお菓子(かし)をもらったりする. 最近は10代の若者から

大人までがパーティーを楽しむお祭りになっている. →**All Saints' Day**

hallway /hɔ́:lwei ホーるウェイ/ 名 =hall ❷

halves /hǽvz ハヴズ/ (**l** は発音しない) 名 **half** の複数形

ham A2 /hǽm ハム/ 名 ❶ ハム
• a slice of **ham** ハムひと切れ
• **ham** and eggs ハムエッグ
❷《話》アマチュア無線家, ハム
❸《話》演技のおおげさな俳優, 大根役者

hamburger 小 A1 /hǽmbə:rgər ハンバ~ガ/ 名 ❶ ハンバーガー →《話》では単に **burger** ともいう.
❷ ハンバーグステーキ, ハンバーグ →19世紀にドイツの Hamburg (ハンブルク)からアメリカへ移民した人々が伝えたのでこの名がついた.

Hamelin /hǽməlin ハメリン/ 固名 ハーメルン →ドイツのウェーゼル川に臨(のぞ)む小都市.「ハーメルンの笛吹(ふ)き男」の伝説で有名. →**Pied Piper**

Hamlet /hǽmlət ハムれト/ 固名 ハムレット →シェークスピア (Shakespeare) の書いた有名な悲劇. またその主人公の名.

hammer /hǽmər ハマ/ 名 金づち, ハンマー
—— 動 ハンマーで打つ; (ハンマーで, あるいはハンマーでたたくように)とんとんたたく
• **hammer** nails into a board 板にハンマーでくぎを打ち込(こ)む

hámmer thròw 名 (**the** をつけて)《競技》ハンマー投げ

hamster /hǽmstər ハムスタ/ 名 《動物》ハムスター

hand 小 A1 /hǽnd ハンド/

名 ❶ 手   意味 map
  ❷ (時計の)針
  ❸ 手助け
動 手渡(わた)す

—— 名 (複 **hands** /hǽndz ハンヅ/)
❶ **手** →手首から先の部分. →**arm**
• the key in my **hand** 私の手の中にある鍵(かぎ)
• with his **hands** in his pockets (彼の)両手をポケットに入れて
• Please raise your **hand** if you know the answer. 答えがわかったら手を上げてください.

• You hold a knife in your right **hand** and a fork in your left **hand**. 右手にナイフ, 左手にフォークを持ちます.

掲示 **Hands** off! 手を触(ふ)れるな.

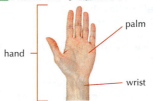

❷ (時計の)**針**
• the hour [minute] **hand** 時針[分針]

❸ **手助け**
• **give** [**lend**] them **a hand** 彼らに手を貸す[彼らを手伝う]
• **Give** me **a hand with** this heavy box. この重い箱を運ぶのにちょっと手を貸してくれ.

❹ (人・通りなどの)~側, ~手
• If you turn left at the corner, you'll see a tall building **on** the right **hand** of the street. 角を左に曲がると, 通りの右手に高いビルが見えます.
• **At** my left **hand** stood two men. 私の左側には2人の男が立っていた. →two men が主語.

❺ (ひとしきりの)**拍手**(はくしゅ)
• Give her a big **hand**. 彼女に絶大な拍手をどうぞ. →ふつう hand の前に big, good などの形容詞がつく.

at first hand 直接に, じかに
by hand (機械でなく)手で
hand in hand 手をつないで
• They were walking **hand in hand**. 彼らは手をつないで歩いていた.

join hands (*with* ~) (~と)手と手を取り合う, 手をつなぐ

(*near*) *at hand* 手近に, 手の届く所に
• Christmas was **near at hand**. クリスマスが手の届く所まで来ていた.

on hand 手元に, 持ち合わせて

on (*the*) *one hand* ~, *on the other* (*hand*) ~ 一方では~, また一方では~
• **On the one hand** I have a lot of homework to do, but **on the other** (**hand**) I want to go to the movies. 一方ではやらなければならない宿題がいっぱいあるの

shake hands (*with ～*) (～と)握手(あくしゅ)する
- I **shook hands with** him. 私は彼と握手した.

―― 動 (三単現 **hands** /hǽndz ハンヅ/; 過去・過分 **handed** /hǽndid ハンデド/; -ing形 **handing** /hǽndiŋ ハンディング/)
手渡す, 渡す; 手を貸す
- **Hand** this letter to him, please. = **Hand** him this letter, please. この手紙を彼に渡してくれ. →あとの文は hand *A B* で「A に B を手渡す」.
- Every morning his secretary **hands** him the schedule for the day. 毎朝秘書がその日のスケジュールを彼に手渡す.
- She **handed** it back to him. 彼女はそれを彼に手渡して返した.

hand down (次の世代に)伝える
hand in 差し出す; 提出する
- **hand in** a paper レポートを提出する

hand out (～)(～を)配る →**handout**
hand over 手渡す

handbag A2 /hǽndbæg ハンドバグ/ 名 ハンドバッグ →《米》ではしばしば **purse** を使う.

handball /hǽndbɔːl ハンドボール/ 名
❶ ハンドボール →① ゴム製の小球を手で壁(かべ)に投げつけて返る球を相手に取らせる米国の競技. ② ボールを手でパスしながらゴールに入れる屋内スポーツ. ❷ ハンドボール用のボール

handbook /hǽndbuk ハンドブク/ 名 入門書, 案内書, ハンドブック

handful /hǽndful ハンドふる/ 名 片手に1杯(ぱい)分, ひとつかみ, 一握(にぎ)り

handgun /hǽndgʌn ハンドガン/ 名 拳銃(けんじゅう), ピストル (pistol)

handicap /hǽndikæp ハンディキャプ/ 名
❶ ハンディキャップ →競技・競走などで参加者の力が対等になるように強い者につける不利な条件, また弱い者に与(あた)える有利な条件.
❷ (一般(いっぱん)に)不利な条件, ハンデ

handicapped A2 /hǽndikæpt ハンディキャプト/ 形 ハンディキャップをつけられている, 心身に障がいのある →現在は **disabled** や **challenged** のほうが適切.
- physically **handicapped** children 身体障がい児
- a **handicapped-accessible** bus 障がい者用バス →**accessible** は「近づける(乗れる)」
- give assistance to the **handicapped** (=**handicapped** people) 障がい者に援助(えんじょ)を与(あた)える

handicraft /hǽndikræft ハンディクラふト/ 名 手芸; 手芸品

handkerchief /hǽŋkərtʃif ハンカチふ/ (→**chief** の部分が ×/チーふ/ でなく, /チふ/ であることに注意) 名 (複 **handkerchiefs** /hǽŋkərtʃifs ハンカチふス/) ハンカチ

handle A2 /hǽndl ハンドる/ 名 柄(え), 取っ手; (コーヒーカップなどの)持っ手 →フライパン・スプーン・ほうき・バケツ・スーツケース・カップなどの手でつかむ部分.

類似語 自転車の「ハンドル」は **handlebars**, 自動車の「ハンドル」は (**steering**) **wheel**.

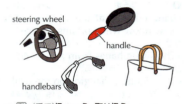

steering wheel / handle / handlebars

―― 動 (手で)扱(あつか)う, 取り扱う

handlebar /hǽndlbɑːr ハンドるバー/ 名 (ふつう handlebars で)(自転車などの)ハンドル

handmade /hǽndméid ハンドメイド/ 形 手作りの →「家具」などについていう.「食べ物」については homemade という.

handout /hǽndaut ハンダウト/ 名 配布印刷物, ビラ; (教室などで配る)プリント →**hand out** (**hand** 成句)

hánd pùppet 名 指人形

handrail /hǽndreil ハンドレイる/ 名 手すり, 欄干(らんかん)

handsaw /hǽndsɔː ハンドソー/ 名 のこぎり →片手で使い, 日本のものと違(ちが)って押(お)して切る.

handshake /hǽndʃeik ハンドシェイク/ 名 握手(あくしゅ)

handsome A1 /hǽnsəm ハンサム/ 形
❶ (ふつう男性について)顔立ちのいい, ハンサムな
- a **handsome** boy ハンサムな少年
❷ (金額などが)思っていたよりはるかに多い, かなりの
- a **handsome** tip 気前のいいチップ

handstand　286　two hundred and eighty-six

handstand /hǽndstænd ハンドスタンド/ 名
逆立ち

handwriting /hǽndraitiŋ ハンドライティング/
名 筆跡(ひっせき); 手書き, 手で書くこと

handy /hǽndi ハンディ/ 形 (比較級 **handier**
/hǽndiər ハンディア/; 最上級 **handiest**
/hǽndiist ハンディエスト/)
❶ 手近で, すぐに使える; 手頃(てごろ)な, 便利な
❷ 手先が器用で, 上手で
come in handy 《話》役に立つ (be use-
ful)

hang 中 /hǽŋ ハング/ 動
三単現	**hangs** /hǽŋz ハングズ/
過去・過分	**hung** /hʌ́ŋ ハング/,
	hanged /hǽŋd ハングド/
-ing形	**hanging** /hǽŋiŋ ハンギング/

❶ かける, つるす; かかっている, つるしてある
• **hang** curtains **at** the window = **hang**
the window **with** curtains 窓にカーテンを
かける
• The swing **hangs from** a tree. ぶらんこ
が木からぶらさがっている.
• The picture is **hanging** on the wall. そ
の絵は壁(かべ)に掛(か)かっている. →**is** 助動 ❶
• He **hung** his coat **on** the hanger. 彼は
ハンガーに上着をかけた.
• The room **was hung with** beautiful
pictures. その部屋には美しい絵が何枚か掛けて
あった. →**was** 助動 ❷
❷ 絞首刑(こうしゅけい)**にする** → この意味での過去形・
過去分詞は **hanged**.
• He **was hanged** for murder. 彼は殺人罪
で絞首刑にされた. →**was** 助動 ❷
hang around [**about**] 《話》(1箇所(かしょ)
に何もしないで)ぶらぶらしている; (ある場所を)ぶ
らつく
hang on ① しがみつく, しっかり捕(つか)まえ
る; 頑張(がんば)る
• **Hang on to** this rope. このロープにしっか
りつかまれ.
② 電話を切らずに待つ
• **Hang on**, please. (電話を)切らずにそのま
まお待ちください.
hang up ① かける, つるす　② 電話を切る

hanger /hǽŋər ハンガ/ 名 ハンガー, 洋服かけ

háng glìder 名 ハンググライダー → 三角形
の翼(つばさ)の下につかまって滑空(かっくう)するスポー
ツ.

Hangul /hǽŋgul ハングる/ 名 ＝Hankul

Hankul /hǽŋkul ハンクる/ 名 **ハングル, 朝鮮**
(ちょうせん)**文字**

happen 中 A1 /hǽpn ハプン/ 動
❶ 起こる, 生じる
• Accidents often **happen** here. ここでは
よく事故が起こる.
• What **happened** (to her)? (彼女に)何が起
こったんだ[(彼女は)どうしたんだ].
• Has anything **happened**? 何か起こったの
ですか. →**have** 助動 ❶
❷ (**happen to** do で) 偶然(ぐうぜん)**~する**, たま
たま~する
• I **happened to** meet him. 私は偶然彼に
会った.
• My parents **happened to** be away. 私
の両親はたまたま留守だった.
It (*so*) *happens that ~.* 偶然~である
→ It は漠然(ばくぜん)と「状況(じょうきょう)」を表す.
• **It** (**so**) **happened that** my parents
were away. 私の両親はたまたま留守だった.

happening /hǽpniŋ ハプニング/ 名 (ふつう
happenings で)(思いがけない)**事件, 出来事**

happier /hǽpiər ハピア/ 形 **happy** の比較(ひ
かく)級

happiest /hǽpiist ハピエスト/ 形 **happy** の
最上級

happily A2 /hǽpili ハピリ/ 副
❶ 幸福に, 楽しく, 愉快(ゆかい)に
• They lived **happily** together. 彼らはいっ
しょに幸福に暮らした.
❷ 《文を修飾(しゅうしょく)して》幸いにも
• **Happily** he did not die. 幸いにも彼は死
ななかった. → 文を修飾する場合はこのように文頭
に置くのがふつう. He did not die happily.
とすると happily は die だけを修飾して「幸せ
な死に方はしなかった」の意味になる.

happiness A2 /hǽpinəs ハピネス/ 名 **幸福**
• **in happiness** 幸福に

happy 小 A1 /hǽpi ハピ/ 形
(比較級 **happier** /hǽpiər ハピア/; 最上級
happiest /hǽpiist ハピエスト/)
幸せな, うれしい, 楽しい
[共]基本 a **happy** couple 幸せな夫婦(ふうふ) →
happy＋名詞.
• a **happy** home 幸福な家庭

•a **happy** ending（物語など）めでたしめでたしの結末，ハッピーエンド

•(A) **Happy** New Year! 新年おめでとう．→これに対しては同じように"(A) Happy New Year!"というか，"(The) Same to you."という．《話》では A をつけない．

•**Happy** birthday, Ellen. エレン，お誕生日おめでとう．

•**Happy** Holidays! 楽しい休日を(お過ごしください)．→キリスト教以外のいろいろな宗教を信じる人々のいる公(おおやけ)の場で Merry Christmas! の代わりに用いることもある．

[動][基本] They are very **happy**. 彼らはとても幸せです．→be 動詞＋happy．

•My mother was **happy with** that present. 母はそのプレゼントを喜んだ．

•He looked **happy**. 彼はうれしそうな顔をしていた．→look A (形容詞)は「Aのように見える」．

•What are you so **happy about**? 君は何がそんなにうれしいんだ．→意味のつながりの上では happy about what (何についてうれしい)だが，what は疑問詞なので文頭に出る．

•I am **happy** to meet you. 私は君に会えてうれしい．→初対面のあいさつ．

•I'll be **happy** to come. (私は行くとうれしいだろう ⇨)私は喜んで伺(うかが)います．→**to** ❾ の ④

•I am really **happy** that you could come. あなたが来られて私は本当にうれしい．→**that**[接] ❷

•She is **happier** than she was. 彼女は以前(幸せであった)よりも今のほうが幸せです．

•I am **the happiest** man in the world. 私は世界で最も幸せな男です．

harbor /háːrbər ハーバ/ [名] 港 →**port**
harbour /háːrbər ハーバ/ [名]《英》=harbor

hard [小][A1] /háːrd ハード/

[形]	❶ 堅(かた)い	意味 map
	❷ 難しい	
	❸ 激しい，厳しい	
	❹ 一生懸命(けんめい)な	
[副]	❶ 一生懸命に，熱心に	
	❷ 激しく	

—— [形] （比較級 **harder** /háːrdər ハーダ/；
最上級 **hardest** /háːrdist ハーデスト/）

❶ 堅い

[動][基本] the **hard** ground 堅い地面 →hard＋名詞．

[動][基本] The ground is **hard**. 地面は堅い．→be 動詞＋hard．

•It is as **hard** as rock. それは石のように堅い．

[反対語] My chair is **hard**. Yours is **soft**. 私の椅子(いす)は堅い．君の(椅子)はやわらかい．

hard　　soft

•Iron is **harder than** gold. 鉄は金よりも堅い．

•Diamond is **the hardest** of all gems. ダイヤモンドはすべての宝石の中で一番堅い．

❷ 難しい，困難な →**difficult**

hard　　easy

•a **hard** problem 難しい問題

•a **hard** job 骨の折れる仕事

•My grandmother is **hard of** hearing. うちの祖母は耳が遠い．

•That question is **hard to** answer. その質問は答えるのが難しい．→不定詞 to answer は hard を修飾(しゅうしょく)する．→**to** ❾ の ④

•It is **hard to** ride a bike up the hill. 自転車に乗ってあの丘(おか)を登るのは難しい．→It＝to ride 以下．

❸ 激しい，厳しい，つらい；強烈(きょうれつ)な

•a **hard** winter 厳しい冬

•**hard** rock ハードロック

•have a **hard** time つらい目に遭(あ)う，苦労する

•He is **hard on** his children. 彼は子供に厳しい．

❹ 一生懸命な，よく働く，よく勉強する

•a **hard** worker 勉強家，努力家，働き者

harden 288 two hundred and eighty-eight

—— 副 (比較級 **harder** /háːrdər ハーダ/; 最上級 **hardest** /háːrdist ハーデスト/)

❶ 一生懸命に, 熱心に
- work **hard** 一生懸命働く[勉強する]
- think **hard** 一生懸命考える
- He studied **hard** for the test. 彼はテストのために一生懸命勉強した.

❷ 激しく, 強く, ひどく
- It is raining very **hard**. 非常に激しく雨が降っている.

❸ 堅く, こちこちに

harden /háːrdn ハードン/ 動 堅(かた)くする; 堅くなる

hardly A2 /háːrdli ハードリ/ 副 ほとんど～ない
- I could **hardly** sleep last night. 私は昨晩ほとんど眠(ねむ)れなかった.
- She has eaten **hardly** anything from morning. 彼女は朝からほとんど何も食べていない.

hardness /háːrdnəs ハードネス/ 名
❶ 堅いこと; 固さ, 硬度(こうど)
❷ 困難さ

hardship /háːrdʃip ハードシプ/ 名 苦難, 生活苦, 苦しみ

hardware /háːrdweər ハードウェア/ 名
❶ ハードウェア → コンピューターの機械部分. → **software**
❷ 金物(かなもの)類

hardworking /háːrdwəːrkiŋ ハードワ～キング/ 形 勤勉な, 熱心に勉強する, よく働く
- He is a **hardworking** student. 彼は勤勉な学生です.

hare /héər ヘア/ 名 《動物》野ウサギ → **rabbit** (アナウサギ)よりも大きく, 耳や足も長い.

harm A2 /háːrm ハーム/ 名
❶ 害, 損害
- do **harm** to the crops 作物に害を与(あた)える
- The dog will do you no **harm**. その犬は君に何の害も与えないでしょう.
- There is no **harm** in doing so. そうしても少しも悪いことはない.
❷ 悪意, 悪気
- I'm sorry I frightened you; I meant no **harm**. 驚(おどろ)かせてすみませんでした. 悪気はなかったのです.
—— 動 害する, 傷つける

harmful A2 /háːrmfəl ハームふる/ 形 有害な

- Tobacco is **harmful to** the health. タバコは健康に有害です.

harmless /háːrmləs ハームれス/ 形 無害な

harmonica /haːrmánikə ハーマニカ/ 名 《楽器》ハーモニカ

harmony A2 /háːrməni ハーモニ/ 名 (複 **harmonies** /háːrməniz ハーモニズ/)
❶ 調和
- In Kyoto things old and modern are in **harmony** with each other. 京都では古いものと新しいものが互(たが)いに調和している.
❷ 《音楽》和音, ハーモニー

harness /háːrnis ハーネス/ 名
❶ (馬を馬車などにつなぐ)引き具(一式); (犬をつなぐ)首輪[胴輪(どうわ)], ハーネス
❷ (登山用・パラシュートなどの)安全ベルト

harp /háːrp ハープ/ 名 《楽器》たて琴(こと), ハープ

harpist /háːrpist ハーピスト/ 名 ハープ奏者

Hárry Pótter 名 ハリー・ポッター → イギリスの作家ローリングによる小説の主人公で, 魔法使いの少年.

harsh /háːrʃ ハーシュ/ 形
❶ 厳しい (severe)
❷ 耳[目]ざわりな
❸ 手触(てざわ)りの粗(あら)い, ざらざらの

Harvard University /háːrvərd juːnəvəːrsəti ハーヴァド ユーニヴァ～スィティ/ 固名 ハーバード大学 → 米国で最古の大学 (1636年創立).

harvest A2 /háːrvist ハーヴェスト/
❶ 収穫(しゅうかく), 刈(か)り入れ; 収穫期; 取り入れ時
- at **harvest** time 取り入れ時に
❷ 収穫物, 収穫高
- We had a good **harvest** of rice this year. 今年は米が豊作だった.
—— 動 (作物を)刈り入れる, 収穫する

hàrvest móon 名 (秋分前後の)中秋(ちゅうしゅう)の満[名]月

has 中 A1 /弱形 həz ハズ, 強形 hǽz ハズ/ 動 **have** (する)の3人称(しょう)単数現在形 → **have**
—— 助動 (**has**＋過去分詞で) ～してしまった; ～したことがある; ずっと～している → 現在完了(かんりょう). → **have** 助動

hasn't /hǽznt ハズント/ 《話》 **has not** を短くした形

会話 Has she come home yet? —No, she **hasn't** (come home yet). 彼女はもう

帰宅しましたか．—いいえ，まだです[まだ帰っていません]． → 現在完了(かんりょう)の文．

haste /héist ヘイスト/ 名 急ぎ, 慌(あわ)てること → hurry よりも改まった語．
ことわざ Make **haste** slowly. ゆっくり急げ． →「急がば回れ」にあたる．
ことわざ More **haste**, less speed. 急げばよけい遅(おく)れる． →「急がば回れ」にあたる．
in haste 急いで (in a hurry)

hastily /héistili ヘイスティリ/ 副 急いで, 慌(あわ)てて

hasty /héisti ヘイスティ/ 形 (比較級 **hastier** /héistiər ヘイスティア/; 最上級 **hastiest** /héistiist ヘイスティエスト/)
❶ 急ぎの, 慌(あわ)ただしい
❷ 早まった, 軽率(けいそつ)な

hat 小 A1 /hæt ハト/ 名
(縁(ふち)のある)帽子(ぼうし) → cap
• wear a **hat** 帽子をかぶっている
• put on [take off] a **hat** 帽子をかぶる[脱(ぬ)ぐ]

hatch¹ /hætʃ ハチ/ 名
❶ ハッチ, (飛行機などの)出入り口, (船の甲板(かんぱん)の)昇降(しょうこう)口
❷ (台所と食堂の間の壁(かべ)をあけて作った)料理の受け渡(わた)し口

hatch² /hætʃ ハチ/ 動 (卵からひなを)かえす; (卵からひなが)かえる
ことわざ Don't count your chickens before they are **hatched**. かえらぬうちにひよこを数えるな． →「まだ手に入らないうちからそれを当てにするな」の意味．「取らぬタヌキの皮算用(かわざんよう)」にあたる．

hatchet /hætʃit ハチェト/ 名 手おの, 小型のおの, まさかり (small ax) → 北米先住民が戦いに用いた．

hate A2 /héit ヘイト/ 動 憎(にく)む; ひどく嫌(きら)う
• I **hate** crowded trains. 満員電車は本当にいやだ．
—— 名 憎しみ

hatred /héitrid ヘイトレド/ 名 憎(にく)しみ
類似語 hate よりも改まった語．

hát tríck 名 ハットトリック → サッカーなどで, 1人の選手が1試合に3得点すること. また, クリケットで1人の投手 (bowler /ボウら/) が続けて3打者をアウトにすること．

語源 (hat trick)
昔, そのような **bowler** (投手)に賞として **bowler hat** (山高帽子(ぼうし))が贈(おく)られたことから．

haunt /hɔ́ːnt ホーント/ 動
❶ (人・場所へ)よく行く
❷ (幽霊(ゆうれい)などが～に)出る; (いやな考えなどが人に)つきまとう

haunted /hɔ́ːntid ホーンテド/ 形 幽霊(ゆうれい)の出る
• a **haunted** house お化け屋敷(やしき)

Havana /həvǽnə ハヴァナ/ 固名 ハバナ → キューバ共和国の首都．

have 小 A1 /弱 həv ハヴ, 強 hæv ハヴ/

動 ❶ 持っている   意味 map
   ❷ (経験として)持つ; 食べる, 飲む; (病気に)かかる
助動 ❶ (今までに)もう〜してしまった
   ❷ (今までに)〜したことがある
   ❸ (今まで)ずっと〜している, 〜である

—— 動
三単現 **has** /hæz ハズ/
過去・過分 **had** /hæd ハド/
-ing形 **having** /hǽviŋ ハヴィング/

❶ 持っている, 所有している, 〜がある
基本 I **have** a book in my hand. 私は手に1冊の本を持っている． → have+名詞．
POINT 「持っている」の意味では進行形 (be having) にしない． → ❷ の最後の用例
• I **have** two brothers. 私には兄弟が2人いる[私は3人兄弟です].

 会話
How many brothers does he **have**? —He **has** two brothers.
彼は何人の兄弟がいますか．—2人の兄弟がいます．
Does your father **have** a car?—Yes, he does. / No, he doesn't (**have** a car).
あなたのお父さんは車をお持ちですか．—はい, 持っています．/ いいえ, 持っていません．

• You **have** a good memory. 君は記憶(きおく)力がいい．
• Do you **have** a car? 車はお持ちですか．

have 小 A1 /弱形 ハヴ, 強形 ハヴ/

三単現 **has** /ハズ/ 過去・過分 **had** /ハド/
-ing形 **having** /ハヴィンぐ/

イメージ

自分のところに
持っている(状態)

教科書によく出る 意味

動 ❶ **持っている, 〜がある**
- I **have** two sisters. 私には姉[妹]が2人いる.
- Our school **has** a large gym. うちの学校には大きな体育館がある.
- In Japan, we **have** four seasons in a year.
  日本には(一年の間に)四季があります.

❶ **飼っている**
- Do you **have** a pet? ペットは飼っていますか?

❷ (経験として)**持つ**
- **Have** a nice vacation. よい休暇をお過ごしください.
- She **had** a very hard time. 彼女はとてもつらい思いをした.

❷ **食べる, 飲む**
- What did you **have** for breakfast? 朝食は何を食べましたか?
- I'd like to **have** a cup of tea. お茶を一杯いただきたいです.

❷ (病気に)**かかっている**
- I **had** a bad cold then. その時私はひどい風邪をひいていた.

[助動] ❶ もう〜した
- I **have** already done my homework. 私はもう宿題をやってしまった.
- **Have** you finished lunch yet? もうランチは終わった？
- He **hasn't** read the letter yet. 彼はまだその手紙を読んでいない.

❷ 〜したことがある
- I **have** climbed Mt. Fuji twice. 富士山には2回登ったことがあります.
- **Have** you ever been to Hokkaido? 北海道に行ったことはありますか？
- She **has** never visited Kyoto. 彼女は京都を訪れたことがない.

❸ ずっと〜である
- I **have** been busy since last week. 私は先週からずっと忙しい.
- **Has** he been sick for a long time? 彼は長い間ずっと病気ですか？
- I **haven't** seen her for a long time. 彼女には長いこと会っていない.

教科書によく出る 連語

have to 〜 〜しなければならない
- We **have to** leave now. 私たちはそろそろ出発しなければならない.
- He **had to** run. 彼は走らなければならなかった.

don't have to 〜 〜する必要はない
- You **don't have to** wash the dishes. 皿洗いをする必要はないですよ.

have (a lot of) fun （大いに）楽しむ
- Please **have fun**. お楽しみください.

have a good [great] time 楽しい時間を過ごす
- Did you **have a good time** at the party? パーティーは楽しかった？

have a nice 〜 よい〜を（お過ごしください）
- **Have a nice** day [weekend]! よい一日[週末]をお過ごしください.

have

- Do you **have** any money with you? 君はお金を持ち合わせていますか. ➔with you は「君といっしょに,身に着けて」.
- I don't **have** any money with me. 私はお金を1銭も持ち合わせていません.
- Do you **have** Bob's telephone number? ボブの電話番号を知ってる?
- I **have** a dog and two cats. 私は犬を1匹と猫を2匹飼っている.
- She **has** blue eyes. 彼女は目が青い.
- This dictionary **has** a red cover. この辞書の表紙は赤い.
- He **had** a camera, but I didn't have one. 彼はカメラを持っていたが私は持っていなかった. ➔one=a camera.

Did you **have** your camera at that time?—Yes, I did. I **had** my camera then.
君はその時自分のカメラを持っていた?—ええ,持っていました.その時私は自分のカメラを持っていました.

- He **has had** a lot of experience in teaching English. 彼は英語を教えた経験がたくさんある. ➔現在完了(かんりょう)の文. had は過去分詞. ➔**have** [助動] ❷
- Happiness lies in **having** many good friends. 幸せはたくさんのよい友達を持っていることにある. ➔前置詞 in+動名詞 having (持つこと).

❷ (経験として)**持つ, ～する; 食べる, 飲む**; (病気に)**かかる**

⚡POINT 次にくる目的語によって日本語の訳語を適当に変える.

- **have** a good time 楽しい時間を過ごす
- **have** breakfast 朝食を食べる
- **have** a bad cold ひどい風邪(かぜ)をひいている
- **have** a bath [a walk] おふろに入る[散歩する]
- **have** a talk with him 彼と話す
- We **have** no school on Sundays. 日曜日には学校がありません.
- 会話 How many classes do you **have** on Friday?—We **have** five classes. 金曜日には授業が何時間ありますか.—5時間です.

- We **had** a pleasant evening. 私たちには楽しい晩でした.
- We **had** a rain shower this afternoon. きょうの午後にわか雨が降った.
- We **had** a swim in the river. 私たちは川でひと泳ぎした.

Won't you **have** some more fruit? —No, thank you. I've **had** enough.
もう少しフルーツを召(め)し上がりませんか.—いいえ,けっこうです.もう十分いただきました.
➔I've (=I have) had enough. は現在完了の文 (➔**have** [助動] ❶). have は助動詞で had が本動詞(の過去分詞).

- We **are** just **having** dinner. 私たちはちょうど夕食を食べているところです. ➔現在進行形の文. ➔**are** [助動] ❶

❸ (**have** A do で) **A に～させる, A に～してもらう**

- She **has** her mother cut her hair. 彼女は母親に髪(かみ)の毛を切ってもらう. ➔「彼女のほうから母親にお願いして」という感じ. ➔❹ の用例
- I should like to **have** you come to the party. 君にパーティーに来てほしい.

❹ (**have** A+過去分詞で) **A を～させる, A を～してもらう, A を～される**

- She **has** her hair cut by her mother. 彼女は母親に髪の毛を切ってもらう. ➔「母親のほうから切ってあげると言って」という感じ. ➔❸ の用例
- I want to **have** this watch repaired by Friday. 金曜日までにこの時計を直してもらいたい.
- I **had** my watch stolen. 私は時計を盗(ぬす)まれた.

❺ (人を)**もてなす**, (食事などに)**招待する**

- **have** him **over to** dinner 彼を食事に招待する

—— [助動] (**have** [**has**]+過去分詞で) ➔現在完了. have [has] been については ➔**been**.

❶ (今までに)**もう～してしまった, もう～した**

⚡POINT 「動作が完了したこと・その結果としての今の状態」を表す. この意味では **already** (既(すで)に), **yet** ((否定文で)まだ, (疑問文で)もう),

- I **have** already done my homework. 私はもう宿題をやってしまった.
- He **has** not finished his work yet. 彼はまだ仕事を終えていない.
- The bus **has** just left. バスはちょうど出てしまったところだ.
- Spring **has** come. 春が来た[もう春だ].
- **I've** had my supper. 私はもう夕食を食べてしまった.
- I **have** been to the station. 私は駅へ行ってきたところだ.

❷ (今までに)〜したことがある

⦿POINT 「現在までの経験」を表す. この意味では **once** (一度, かつて), **ever** (今までに), **never** (まだ一度も〜ない), **before** (以前に)などの副詞がつきもの.

- I **have** seen a panda once. 私はパンダを一度見たことがある.
- **Have** you ever seen him before? 君は以前彼に会ったことがありますか.

Have you ever been to Paris? —No, I **have** never been there.
君はパリに行ったことがありますか.—いいえ, 一度も行ったことがありません.

- This is the nicest present (that) **I've** ever had. これは私が(かつて)もらった最もすてきなプレゼントです. →関係代名詞 that 以下は present を修飾する. that は目的格だから省略してもよい.
- He **has** never had an accident since he began driving. 運転を始めて以来彼は一度も事故を起こしたことがない.

❸ (今まで)ずっと〜している, 〜である

⦿POINT 「現在まで状態・動作が継続していること」を表す. この意味では **for 〜** (〜の間), **since 〜** (〜以来)のような副詞句や副詞節を伴うのがふつう.

- I **have** lived here for ten years. 私はここに10年間住んでいる.
- Bob **has** been sick since last Sunday. ボブは先週の日曜日から病気だ.
- 会話 Where **have** you been? —**I've** been in the library. 今までずっとどこにいたのですか.—図書室にいました. → I've been to the library. は「図書室に行ってきたところだ」.
- It **has** been raining for three days [since I came here]. 3日間[私がここに来てからずっと]雨が降り続いている. →現在完了進行形の文で「動作の継続」を表す.

do not [***don't***] ***have to*** *do* 〜しなくてよい, 〜する必要はない (need not *do*) →「〜してはいけない」は must not *do*.

- The rod **doesn't have to** be very long. 釣(っ)りざおはそう長くなくてもよい.
- 会話 Do I **have** to go? —No, you **don't** (**have to**). 私は行かなければならないか.—いや, 行く必要はない. →×No, you *don't have*. としない.

have got =have (持っている)

- **I've got** a book in my hand. 私は手に本を持っている.
- 会話 **Have** you **got** a pen? —No, I haven't. 君, 今ペン持ってる?—いや, ない.

have got to *do* =have to *do*

- **I've got to** go at once. 私は今すぐ行かなければならない.

have 〜 on 身に着けている

- She **has** her glasses **on**. 彼女は眼鏡をかけている.

have only [***only have***] ***to*** *do* ただ〜しさえすればよい

- You **have only to** push the button. ただそのボタンを押(お)しさえすればよい.

have to *do* A1 〜しなければならない (must *do*)

⦿POINT have to は /hǽftə ハフトゥ/, **has to** は /hǽstə ハストゥ/, **had to** は /hǽtə ハトゥ/ と発音する. →**must** ❶

- I **have** [He **has**] **to** go out. 私[彼]は外出しなければならない.
- You will **have to** do it over again. 君はそれをやり直さなければならないでしょう.

⦿POINT will, may などの助動詞の次に must を使って ×*will must* do it とはいわない.

文法 ちょっとくわしく
I'll give you all the money I have to help you. この英文の中には have to *do* の形があるように見えるが, そうではない. 全体の意味は「私はあなたを助けるために私の持っているお金を全部あなたにあげよう」, つまり

haven't

all the money I have は「私の持っているすべてのお金」, to help you は「あなたを助けるために」で, それぞれ別の意味のかたまり. だから have to help を1つの意味のかたまりのように×/ハフタヘるプ/と続けて読んではいけない.

- I **had to** start early. 私は早く出発しなければならなかった.

Do I **have to** practice every day? —Yes, you do.
私は毎日練習しなければなりませんか. —はい, そうです.
→Yes, you have to. あるいは Yes, you have to practice. と答えてもよい. ×Yes, *you have*. としない.

have A **to do with** B BとA程度に関係がある →**do** 成句

haven't /hǽvnt ハヴント/《話》**have not** を短くした形

Have you been to New York? —No, I **haven't** (been to New York). 君はニューヨークに行ったことがありますか. —いいえ, (私は行ったことが)ありません.

having /hǽviŋ ハヴィング/ 動 **have** の -ing 形 (現在分詞・動名詞)

Hawaii 中 /həwáii: ハワイイー/ 固名
❶ ハワイ →8つの大きな島などからなる米国の州. 州都はホノルル (Honolulu). **Hi.**, (郵便で) **HI** と略す.
❷ ハワイ島 →ハワイ諸島中最大の島.

Hawaiian /həwáiən ハワイアン/ 形 ハワイの, ハワイ人の, ハワイ語の
—— 名 ❶ ハワイ人
❷ ハワイ語

hawk /hɔ́:k ホーク/ 名《鳥》タカ

イメージ (hawk)
遠くからでも獲物(えもの)を見つける鋭(するど)い目を持っているので have eyes like a hawk (タカのような目を持っている)という表現がある. またタカには「好戦的」というイメージがあるので国際問題などについて強硬(きょうこう)な意見を持っている人のことを **hawkish** (/ホーキシュ/ タカ派的)という. →**dove**¹

hawthorn /hɔ́:θɔ:rn ホーソーン/ 名《植物》サンザシ →英国の田園に多い低木.

hay /héi ヘイ/ 名 干し草
ことわざ Make **hay** while the sun shines. 日の照るうちに干し草を作れ.→「機会を逃(のが)すな」の意味. ×a hay, ×hays としない.

háy fèver 名 花粉症(しょう)

hazard /hǽzərd ハザド/ 名 危険; 危険を引き起こす要因

haze /héiz ヘイズ/ 名 かすみ, もや →**mist**

hazel /héizl ヘイズル/ 名
❶《植物》ハシバミ; ハシバミの実 →カバノキ科の低木. 丸い薄(うす)茶色の実は食用. **hazelnut** /ヘイズるナト/ ともいう.

❷ ハシバミ色, 薄茶色

hazy /héizi ヘイズィ/ 形 (比較級) **hazier** /héiziər ヘイズィア/; (最上級) **haziest** /héiziist ヘイズィエスト/) もやのかかった

H-bomb /éitʃ bam エイチ バム/ 名 水素爆弾(ばくだん) (hydrogen bomb) →**A-bomb**

he 小 A1 /hi: ヒー/ 代 (徴 **they** /ðei ぜイ/) 彼は, 彼が
POINT 自分 (I) と自分が話をしている相手 (you) 以外のひとりの男性を指す言葉.
関連語 **his** (彼の, 彼のもの), **him** (彼を[に]), **they** (彼らは[が])

チャンクでおぼえよう have	
□ 本を手に持っている	**have** a book in the hand
□ 車を所有している	**have** a car
□ 青い目をしている	**have** blue eyes
□ 兄弟が2人いる	**have** two brothers
□ 楽しい時間を過ごす	**have** a good time
□ 朝食を食べる	**have** breakfast

two hundred and ninety-five 295 **headlong**

he の変化

	単　数　形	複　数　形
主　　　格	**he** (彼は[が])	they (彼らは[が])
所　有　格	**his** (彼の)	their (彼らの)
目　的　格	**him** (彼を[に])	them (彼らを[に])
所有代名詞	**his** (彼のもの)	theirs (彼らのもの)

●This is Sam. **He** is a singer. こちらがサムです. 彼[サム]は歌手です.
●My father has a friend in New York. **He** is a famous painter. 父はニューヨークに友人がおります. その人は有名な画家です.
🟢POINT 「彼は[が]」と訳語を与(あた)えておくが, 実際に英文を訳す時はできるだけ「彼」という言葉を使わず,「その人は」「その少年は」「先生は」「ボブは」のように he が指している人物をもう一度はっきりと言うようにしたほうがよい.

head 小 A1 /héd ヘド/ 名
(褪 **heads** /hédz ヘヅ/)
❶ **頭, 首, 顔**
●hit him on the **head** 彼の頭を打つ →hit
A (人) on the *B* (部分) は「AのBを打つ」.
●stand on *one's* **head** (頭をつけて逆立ちをする ⇨)三点倒立をする →handstand
●He had a black cap on his **head**. 彼は(頭に)黒い帽子(ぼうし)をかぶっていた.
●He is taller than me by a **head**. 彼は私より首から上だけ背が高い[私は彼の肩(かた)までしかない]. →by は「〜だけ」.
●Don't put your **head** out of the window. 窓から顔を出しちゃだめよ. →こういう場合の「顔」を×face としないこと.
❷ **頭脳, 知力** (brains), (そういう意味で)**頭**
●Use your **head**. 頭を使いなさい.
●She has a good [bad] **head**. 彼女は頭がいい[悪い].
ことわざ Two **heads** are better than one. 2つの頭脳は1つの頭脳に勝(まさ)る. →「三人寄れば文殊(もんじゅ)の知恵(ちえ)」にあたる.
❸ 《形・位置が「頭」に似たもの》 **頭**(かしら), **長; 最上部, 首位, トップ; (名詞の前につけて)首位の, 先頭の**

●the **head** of a nail くぎの頭
●the **head** of the page このページの一番上
●the **head** of a parade パレードの先頭
●the **head** of the table テーブルの上座
●the **head** of a school 校長
●the **head** of the police 警察署長
●Bob is **at the head of** the class. ボブはクラスのトップにいる[クラスで成績がトップだ].
●the **head** cook 料理[コック]長, シェフ (chef)
●the **head** office 本店, 本社
●the **head** teacher 《英》校長 →単に the **head** ともいう.
❹ (家畜(かちく)・人数を数える時の)〜**頭, 頭数**
●forty **head** of cattle 牛40頭 →×forty head**s** としない.
❺ (しばしば **heads** で) (硬貨(こうか)の)**表** →人物の頭像のある側.
反対語 Let's play **heads** or **tails**. コインの表か裏かをやろうよ. →コインを指ではじき上げ, 落ちた時に表が出るか裏が出るかを当てて勝負・順番などを決める. →toss 動 ❷
from head to foot [**toe**] 頭のてっぺんから爪先(つまさき)まで
head over heels 真っ逆さまに, もんどりうって
keep *one's* **head** 自制心を保つ, 落ち着いている
lose *one's* **head** 自制心を失う, 慌(あわ)てる
—— 動 ❶ 〜の先頭に立つ, 〜を率いる
●Taro's name **headed** the list. 太郎の名前が表の一番上にあった[席次が一番だった].
❷ (機首などを)**向ける**; (〜の方向に)**向かう**
●It's getting late. Let's **head for** home. 遅(おそ)くなった. 家に帰ろうよ.
❸ (サッカーでボールを)**頭で打つ, ヘディングする**
関連語「ヘディング」は **header** /ヘダ/.

headache 中 A1 /hédeik ヘデイク/ 名 頭痛
●I have a bad **headache**. 私はひどい頭痛がする.
headlight /hédlait ヘドライト/ 名 (自動車などの)**前灯, ヘッドライト**
headline /hédlain ヘドライン/ 名 (新聞・雑誌などの)**見出し**
headlong /hédlɔːŋ ヘドローング/ 副
❶ **真っ逆さまに**

❷ 向こう見ずに; 性急に

headmaster /hédmæstər ヘドマスタ/ 名 (英国で小・中学校の, 米国で私立男子校の)**校長** → **principal**

headphone A2 /hédfoun ヘドフォウン/ 名 (**headphones** で) ヘッドフォン
- put on [wear] a pair of **headphones** ヘッドフォンをつける[つけている]

headquarters /hédkwɔ:rtərz ヘドクウォータズ/ 名 (軍隊・警察などの)**本部, 司令部**; (会社の) **本社** → 単数としても複数としても扱（あつか）われる.

heal /hí:l ヒール/ 動 (傷・悩（なや）みなどを)**治す, 癒(い)やす; 治る**
- The cut on my finger **healed** in two days. 私の指の切り傷は2日で治った.

health 中 A1 /hélθ ヘるす/ 名

健康, 健康状態
- be in good **health** 健康である
- be in poor [ill] **health** 体の具合が悪い
- Swimming is good for the **health**. 水泳は健康によい.

ことわざ **Health** is better than wealth. 健康は富に勝(まさ)る.

héalth càre 名 医療(いりょう)

healthy 中 A1 /hélθi ヘるすィ/ 形

(比較級 **healthier** /hélθiər ヘるすィア/; 最上級 **healthiest** /hélθiist ヘるすィエスト/)
健康(そう)な; 健康によい
- He looks very **healthy**. 彼はとても健康そうに見える.

heap /hí:p ヒープ/ 動 積む, 積み重ねる
── 名 (物を積み上げた)山

hear 中 A1 /híər ヒア/ 動

三単現 **hears** /híərz ヒアズ/
過去・過分 **heard** /hɔ́:rd ハード/
-ing形 **hearing** /híəriŋ ヒアリング/

聞こえる, 聞く

POINT hear は「聞こえる」という状態を表す語なので, ふつう進行形 (be hearing) にしない.

基本 **hear** the sound その音を聞く, その音が聞こえる → hear+名詞.

基本 I can't **hear** well. 私はよく聞こえない [耳が悪い]. → hear+副詞.

- A dog **hears** well. (= A dog has a good ear.) 犬は耳がいい.

関連語 We **listened** but could **hear** nothing. 私たちは耳を澄(す)ましましたが何も聞こえなかった.

- I can't **hear** you. あなたの言うことが聞えません[もっと大きな声で言ってください].
- Can you **hear** me? (私の言っていることが)聞こえていますか.
- Everyone **heard** that strange sound. みんなその奇妙(きみょう)な音を聞いた.
- Through the wall I **heard** the music he was listening to in the next room. 隣(となり)の部屋で彼の聞いている音楽が壁越(かべご)しに聞こえてきた. → the music he was listening to は「彼が聞いていた音楽」.

hear   listen

- I've **heard** that story before. その話は前に聞いたことがある. → 現在完了(かんりょう)の文. → **have** 助動 ❷
- I **heard** a bird singing. 私は小鳥が歌っているのを聞いた. → hear A doing は「Aが〜しているのを聞く[のが聞こえる]」.
- I **heard** the car start. 車の発車するのが聞こえた. → hear A do は「Aが〜するのを聞く[〜するのが聞こえる]」.
- Have you ever **heard** him sing? 彼が歌うのを聞いたことがありますか.
- I **heard** my name called. 私は自分の名前が呼ばれるのを聞いた. → hear A B (過去分詞) は「Aが〜されるのを聞く」.

hear about ~ (よく)~のことを聞いている
- I've often **heard about** you from Ken. あなたのことはケンからよく聞いています.

hear from ~ ~から便りがある → 近況(きんきょう)などを伝える手紙や電話やEメールなどをもらうこと.

- Do you often **hear from** him? 彼からよく便りがありますか.
- I hope to **hear** more **from** you. 君からもっとたくさん便りをもらいたい.

hear of ~ ~のこと[うわさ]を聞く, ~の存在することを知る

heather

297

• We have **heard** nothing **of** him lately. 私たちはこの頃(ごろ)全く彼のうわさを聞かない.

🗨会話 Do you know Humpty Dumpty? —No, I've never **heard of** him. ハンプティ・ダンプティをご存じですか.―いいえ, そんな人のことは聞いたことがありません.

I hear ～. **～といううわさです, ～とのことです**

• **I hear** (that) he is sick. ＝He is sick, **I hear**. 彼は病気だそうです.

heard 🀄 /hə́ːrd ハ〜ド/ **動 hear** の過去形・過去分詞

hearing /híəriŋ ヒアリング/ **動 hear** の -ing 形 (現在分詞・動名詞)
―― **名 ❶ 聞くこと; 聴力**(ちょうりょく)

• a **hearing** test 聴力検査 →「リスニングテスト」(聞き取り試験)はふつう listening comprehension test という (comprehension ＝理解).

• **hearing** problem 聴覚(ちょうかく)障がい

• lose *one's* **hearing** 耳が聞こえなくなる

• the sense of **hearing** 聴覚

❷ 聞こえる範囲(はんい)

• within [out of] **hearing** 聞こえる[聞こえない]所で[に]

héaring àid 名 **補聴器**(ほちょうき)

héaring dòg 名 **聴導**(ちょうどう)**犬** →耳の不自由な人の助けをする犬.

Hearn /hə́ːrn ハ〜ン/ **固名** (**Lafcadio** / らふキャディオウ/ **Hearn**) ラフカディオ・ハーン →ギリシャ系英国人で, 日本に帰化して「小泉八雲(やくも)」と名乗った作家 (1850–1904).『怪談(かいだん)』などの著作によって日本を西洋に紹介(しょうかい)した.

heart 小 A1 /hə́ːrt ハート/ 名
(⠀複 **hearts** /hə́ːrts ハーツ/)
❶ 心臓; 胸

• a **heart** attack 心臓発作(ほっさ)

• **heart** failure 心不全, 心臓まひ

• My **heart** is beating very fast. 私の心臓はとても速く鼓動(こどう)している.

• His father is a **heart** specialist. 彼の父は心臓の専門医だ.

❷ 心; 愛情 →mind

• with all my **heart** 心から, 喜んで

• He has a warm [kind] **heart**. 彼はあたたかい[親切な]心の持ち主だ.

• You have no **heart**. 君には思いやりが全く

ない.

❸ 勇気, 気力

• take **heart** 勇気を出す, 気を取り直す

• lose **heart** がっかりする

❹ 中心, 真ん中 (center)

• in the **heart** of the city 都市の真ん中に

• the **heart** of the question 問題の核心(かくしん)

❺ (トランプの)**ハートの札**

• the queen of **hearts** ハートのクイーン札

at heart **心底は, 腹の中は, 実際は**

• He is not a bad man **at heart**. 彼は実際は悪い人ではない.

by heart **暗記して**

• learn a poem **by heart** 詩を暗記する

with all *one's* ***heart*** **心を込(こ)めて, 心から**

heartbeat /hə́ːrtbiːt ハートビート/ 名 **心臓の鼓動**(こどう)

-hearted /hə́ːrtid ハーテド/ 《他の語と結びついて》**～の心を持った**

hearth /hə́ːrθ ハース/ 名 **❶ 炉**(ろ)**の床**(ゆか) →炉の中の火をたく床, またその前の石やれんがを敷(し)いた所. **❷** (一家だんらんのシンボルとしての)**炉端**(ろばた), **家庭**

heartily /hə́ːrtili ハーティリ/ 副 **❶ 心から ❷ 心ゆくまで, とことん**

heartwarming /hə́ːrtwɔːrmiŋ ハートウォーミング/ 形 **心温まる, ほのぼのとした** →人についていう時は使わない. →**warm-hearted**

hearty /hə́ːrti ハーティ/ 形 (比較級 **heartier** /hə́ːrtiər ハーティア/; 最上級 **heartiest** /hə́ːrtiist ハーティエスト/) **❶ 心からの, 温かい** →名詞の前にだけつける. **❷** (食べ物が)**たっぷりの** →名詞の前にだけつける.

heat 🀄 A2 /híːt ヒート/ 名
❶ 熱

• the **heat** of the sun 太陽の熱

❷ 暑さ

• during the summer **heat** 夏の暑さの間

―― **動 熱する, 暖める; 熱くなる, 暖まる**

• **heat** the room 部屋を暖める

heater /híːtər ヒータ/ 名 **暖房**(だんぼう)**装置, ヒーター, ストーブ →stove ❶**

• an oil **heater** 石油ストーブ

heath /híːθ ヒース/ 名 **ヒース** (heather) **の茂**(しげ)**った荒野**(こうや)

heather /héðər ヘざ/ 名 《植物》**ヒース** →荒野(こうや)の植物でつり鐘(がね)形の小さい花をつける.

heating

heating /híːtiŋ ヒーティング/ 名 暖房(だんぼう); 暖房装置

héat ìsland 名 ヒートアイランド →自動車の排気(はいき)ガスやエアコンの放出熱で周辺地帯よりも高温になっている都市部.

heaven /hévn ヘヴン/ 名
❶ (ふつう **the heavens** で) 天, 空 (sky)
• Stars are shining in **the heavens**. 星が空に輝(かがや)いている.
❷ 天国, 極楽(ごくらく) 関連語 **hell** (地獄(じごく))
• go to **heaven** 昇天(しょうてん)する, 他界する
❸ (**Heaven** で) 神 (God)
ことわざ **Heaven** helps those who help themselves. 天[神]は自ら助くる者を助く. → those who ~ は「~する人々」.「自分で努力する人をこそ神は助けてくれる」の意味.
Good Heavens! えー, おや; とんでもない →驚(おどろ)き・反対の感情を表す.

heavenly /hévnli ヘヴンリ/ 形
❶ 天国の; 天国のような, こうごうしい
❷ 天の, 空の ❸ 《話》 すばらしい (splendid)

heavily A2 /hévili ヘヴィリ/ 副 激しく, ひどく
• rain **heavily** 雨がひどく降る

heavy 中 A1 /hévi ヘヴィ/ 形
(比較級 **heavier** /héviər ヘヴィア/; 最上級 **heaviest** /héviist ヘヴィエスト/)
❶ 重い; 重苦しい → 「上からのしかかる重さが大きい」こと.
• a **heavy** suitcase 重いスーツケース
反対語 Your bag is **heavy**, but mine is **light**. 君のバッグは重いが僕(ぼく)のは軽い.

heavy

light

• The apple trees were **heavy with** fruit. リンゴの木は(果実で重かった ⇨)枝もたわわに実がなっていた.
• **heavy** responsibility 重い責任
• His heart was **heavy**. 彼の心は重かった[憂鬱(ゆううつ)であった].
❷ (分量の)多い, (程度の)激しい, 非常な
• **heavy** taxes 重い税金, 重税
• **heavy** snow [rain] 大雪[大雨]
• Traffic is **heavy** on that road. その道路は交通が激しい.
❸ (食べ物が)消化しにくい, もたれる

Hebrew /híːbruː ヒーブルー/ 形 ヘブライ人[語]の →「ヘブライ人」は古代のイスラエル人.「ヘブライ語」は現在のイスラエル共和国の公用語.『旧約聖書』は古代ヘブライ語で書かれた.
── 名 ❶ ヘブライ人[語] ❷ (近代の)ユダヤ人 →ふつうは **Jew** という. → **Jew**

hectare /héktear ヘクテア｜héktɑː ヘクター/ 名 ヘクタール →面積の単位. 100アール (1万平方メートル). hecto=100.

he'd /hiːd ヒード/ **he would**, **he had** を短くした形

hedge /hédʒ ヘヂ/ 名 生け垣(がき), 垣根

hedgehog /hédʒhɔːɡ ヘヂホーグ/ 名 《動物》 ハリネズミ

heed /híːd ヒード/ 動 (忠告・警告などに)耳を傾(かたむ)ける, 注意を向ける

heel /híːl ヒール/ 名 (足・靴(くつ)の)かかと
at [on] A's heels Aのすぐあとについて

height /háit ハイト/ 名
❶ 高さ; 身長
• Tokyo Tower is 333 (読み方: three hundred thirty-three) meters **in height**. 東京タワーは高さ333メートルです.
❷ 最高時, 絶頂, 真っ最中(さいちゅう)
❸ (しばしば **heights** で) 高い所, 高地, 丘(おか)

heir /éər エア/ 名 相続人, 後継(こうけい)者

held 中 /héld ヘルド/ 動 **hold** の過去形・過去分詞

helicopter /hélikɑptər ヘリカプタ/ 名 ヘリコプター

heliport /héləpɔːrt ヘリポート/ 名 ヘリコプター発着場, ヘリポート

hell /hél ヘル/ 名 ❶ 地獄(じごく) 関連語 **heaven** (天国) ❷ この世の地獄, 生き地獄
── 間 ちくしょう; 一体全体 →怒(いか)り・いらだち・強意を表す用法. → **on earth** (**earth** 成句)

he'll /hí:l ヒール/ **he will** を短くした形

hello 小 A1 /helóu ヘろウ/ 間

❶ やあ、こんにちは; (呼びかけて)おーい →いろいろな場合に使う簡単な挨拶(あいさつ)。
• "**Hello**, Bill!" said Roy with a big smile.「やあ、ビル」とロイはにこにこして言った。

❷ (電話で)もしもし
• **Hello**, this is Bill White (speaking). もしもし、こちらはビル・ホワイトです。

── 名 (複 **hellos** /helóuz ヘろウズ/)
(「やあ」「こんにちは」などの)挨拶
• Say **hello** to Helen. ヘレンによろしく言ってください。

helmet /hélmit ヘるメト/ 名 ❶ (消防士・スポーツ選手などのかぶる)ヘルメット ❷ (兵士などの)かぶと、ヘルメット

help 小 A1 /hélp ヘるプ/ 動 (三単現 **helps** /hélps ヘるプス/; 過去・過分 **helped** /hélpt ヘるプト/; -ing形 **helping** /hélpiŋ ヘるピング/)

❶ 手伝う、助ける
基本 I **help** my father. 私は父を手伝います。 →help+(人を表す)名詞。
• **help** him up 彼を助け起こす
• **Help** (me)! 助けてくれ。
• We should **help** one another. 私たちはお互(たが)いに助け合わなければいけない。
基本 I **help** my father with the farming. 私は父の農作業を手伝う。 →help A with B は「AのBを手伝う」。
• My father often **helps** me **with** my homework. 父はよく私の宿題を助けてくれる。
基本 We **help** him (to) do it. 私たちは彼がそれをするのを手伝う。 →help A (to) do は「Aが~するのを手伝う」。《米》ではふつう to をつけない。
• Please **help** me (to) clean the room. 部屋を掃除(そうじ)するのを手伝ってください。
• A boy kindly **helped** me (get) off the bus. 1人の少年が親切にも私がバスを降りるのに手を貸してくれた。
• I **was helped** a lot by your advice. 私はあなたの忠告で大いに助けられた。 →受け身の文。 → **was** [助動]
• She **is** now **helping** her mother in the kitchen. 彼女は今、台所でお母さんの手伝いをしています。 →現在進行形の文。 → **is** [助動] ❶

❷ (食べ物などを)配る、取ってやる、よそう
• She **helped** me to some potatoes. 彼女は私にジャガイモをよそってくれた。

❸ (**can help** で)避(さ)けられる、抑(おさ)える
• if you **can help** it もしそれを避けることができるなら[できることなら、なるべく]
• I **can't help** it. 私はそれを避けることができない[それはしかたがない]。
• It **can't be helped**. それは避けられない[しかたがない]。

❹ (薬が病気を)治す
• This medicine will **help** (your cold). この薬を飲めば(風邪(かぜ)が)よくなりますよ。

cannot help doing ~しないではいられない (→❸)
• I **could not help laughing**. 私は笑わないではいられなかった。

***help oneself* (*to* ~)** (~を)自分で取って食べる[飲む]
• **Help yourself**, please. どうぞご自由におあがりください。
• **Help yourself to** the cakes, please. どうぞご自由にお菓子(かし)をお取りください。

May* [*Can*] *I help you? 何を差し上げましょうか、何のご用でしょうか、何かお困りですか →店員や役所の窓口の人が客に、あるいは通行人が道に迷っているような人に対していう。

── 名 (複 **helps** /hélps ヘるプス/)
❶ 手伝い、助け、援助(えんじょ)
• cry for **help** 助けを叫(さけ)び求める

helper 300 three hundred

- I need your **help**. 私は君の助力が必要だ.
- I need some **help with** my work. 私の仕事には手助けが必要だ.
- I read that English story **with the help of** the dictionary. 私は辞書の助けを借りてその英語の物語を読んだ.
- She was **of** great **help** to her mother. 彼女はとてもお母さんの助けになった. →of help=helpful (助けになる).

❷ 助けてくれる人[物], お手伝い
- He [This dictionary] is a great **help** to me. 彼[この辞書]は私にはたいへんな助けだ.
- That's a big **help**. とても助かります.

helper /hélpər ヘるパ/ 名 手伝ってくれる人, 手伝い, 助手

helpful 中 A2 /hélpfəl ヘるプふる/ 形 役に立つ, 助けになる (useful, of help)
- **helpful** comments 役に立つコメント
- The information is **helpful** to students. その情報は生徒たちの役に立つ

helping /hélpiŋ ヘるピング/ 動 help の -ing 形 (現在分詞・動名詞)

—— 名 ひと盛り分[1 皿分]の食物
- a large **helping** of rice ごはん大盛り1 杯

—— 形 救いの, 助けの
- He lent me a **helping** hand. 彼は私に助けの手を貸してくれた[私を助けてくれた].

helpless /hélplis ヘるプれス/ 形
❶ 無力な, 自分の力ではどうすることもできない
❷ 頼(たよ)る者のいない

Helsinki /helsíŋki ヘるスィンキ, hélsiŋki ヘるスィンキ/ 固名 ヘルシンキ →フィンランドの首都.

hemisphere /héməsfiər ヘミスふィア/ 名 (地球の)半球 →hemi- (=half)+sphere (=球体).

hen /hén ヘン/ 名 めんどり
- a **hen** and her chicks めんどりとそのひなたち

関連語 cock, 《米》rooster (おんどり)

her 小 A1 /弱形 hər ハ, 強形 hə́:r ハ~/ 代
❶ 彼女の →she の所有格. →she
関連語 their (彼女たちの)

（基本） **her** house 彼女の家 →her+名詞.
- **her** brother(s) 彼女の兄弟(たち)
- that hat of **her** father's 彼女の父のその帽子(ぼうし)
- She is studying in **her** room. 彼女は自分の部屋で勉強をしています.

（POINT） her が主語と同じ人を指している時は「自分の」と訳すと意味がはっきりする.
- Miss Brown teaches us music and we really like **her** class. ブラウン先生が私たちに音楽を教えてくれます, そして私たちは先生の授業がとても好きです. →her の訳し方に注意.

❷ 彼女を, 彼女に; 彼女 →she の目的格.
関連語 them (彼女たちを[に])
（基本） I love **her**. 私は彼女を愛している. →動詞+her (目的語).
- I didn't understand **her**. 私は彼女の言うことがわからなかった. →この her は「彼女を」でなく「彼女の言うことを」.
（基本） I gave **her** the watch. =I gave the watch to **her**. 私は彼女にその時計をあげた. →前の文の her は動詞 (gave) の間接目的語. 後の文の her は前置詞 (to) の目的語.
- I'll go with **her**. 私は彼女といっしょに行きます.
- I saw **her** smile. 私は彼女が笑うのを見た. →see A do は「Aが～するのを見る」.

herald /hérəld ヘらるド/ 名 前触(まえぶ)れ, 先駆者(せんくしゃ)
—— 動 前触れをする; 布告する

herb /hə́:rb ハ~ブ/ 名 薬草; (料理の香味(こうみ)料に用いる)香草(こうそう)

Hercules /hə́:rkjuli:z ハ~キュリーズ/ 固名 ヘラクレス →ギリシャ神話の中の大力無双(むそう)の英雄(えいゆう)で, 神々の王ゼウスの子. 12 の難題を与(あた)えられ, それらを成し遂(と)げた.

herd /hə́:rd ハ~ド/ 名 (牛・馬などの)群れ → flock 関連語

here 小 A1 /híər ヒア/ 副 (→比較変化なし)
❶ ここに, ここで, ここへ
（基本） **live** here ここに住んでいる →動詞+

チャンクでおぼえよう help	
□ 彼女を助ける	**help** her
□ 彼の宿題を手伝う	**help** him with his homework
□ 彼女が部屋を掃除(そうじ)するのを手伝う	**help** her (to) clean the room
□ 思わず笑ってしまう	cannot **help** laughing

here.
- come **here** ここへ来る
- this man **here** ここにいるこの男
- **here** in Tokyo ここ東京では, この東京に

関連語 I looked for the key **here, there and everywhere**. 私はその鍵(かぎ)をここも, あそこも, あらゆるところを捜(さが)した[ほうぼう捜した].

会話 Where's your book?—It's **here**. 君の本はどこにありますか.—ここにあります.
- Winter is over and spring is **here**. 冬が去って春が(ここにある ⇨)来た.
- They'll be **here** about noon. 彼らはお昼頃(ひるごろ)ここへ来るでしょう.

会話 Kawamura?—**Here!** (出席をとる時)河村君?—はい.
- Look **here!** (こっちを見よ ⇨)おい, いいかい. →相手の注意を促(うなが)す時の言い方.

基本 **Here** is a book. ここに1冊の本がある.

POINT Here is [are]+名詞. be動詞の後ろに主語が来ることに注意.
- **Here** are some famous pictures. ここに何枚かの有名な絵があります[次に何枚かの有名な絵を見せます].

❷《間投詞のように使って》さあ, そら, ほら; さあどうぞ
- **Here** we go! さあ, 行くぞ.
- **Here** you go. さあ, どうぞ. →成句
- **Here** we are (in London). さあ, (ロンドンへ)着きましたよ.
- **Here** he comes! ほら彼が来るよ.
- **Here** comes the bus! さあ, バスが来た.

POINT 主語が代名詞(we, you, he など)でなく, 名詞(上の例文では the bus)の時は, 動詞が主語の前に出る.
- **Here's** your change. はい, おつりです.

POINT Here's ~. は物を渡(わた)す時の言い方で, その場合×Here is ~. としない.

── 名 ここ
- from **here** ここから
- Is there a post office near **here**? この辺に郵便局はありますか.

For **here** or to go?—For **here**.
(ここのためのものですか ⇨)ここで召(め)し上がりますか, お持ち帰りになりますか.—ここ

で食べます. →ファストフード店などでの店員と客の会話.

here and there あちらこちらに, ここかしこに
- There were some flowers **here and there** in the garden. 庭のあちこちに花が咲(さ)いていた.

Here is [***are***] ~. ここに~があります → **here** 副 ❶
Here it is. はい, どうぞ →人に物を渡す時などの言葉. 次も同じ.
Here you are. =***Here you go.*** (人に物を渡す時)はい, どうぞ

Please show me your new camera.—All right. **Here you are.**
君の新しいカメラを見せてください.—いいですよ. はい, どうぞ.

here's /híərz ヒアズ/ **here is** を短くした形
- **Here's** something for you. ここにあなたにあげるものがある[これをあげます].
- **Here's** your key. はい, あなたの鍵(かぎ)です. → **here** ❷ (最後の用例)

heritage /héritidʒ ヘリテヂ/ 名 (祖先から伝わる精神的・文化的)遺産
- the World **Heritage** Sites 世界遺産

Hermes /hə́ːrmiːz ハ~ミーズ/ 固名 ヘルメス →ギリシャ神話で商業・交通などの神. ローマ神話の Mercury (マーキュリー, メルクリウス)にあ

hero

たる.

hero 小 A2 /híːrou ヒーロウ|híərou ヒアロウ/ 名
(複 **heroes** /híːrouz ヒーロウズ/)
❶ 英雄(えいゆう), ヒーロー
❷ (小説・劇などで男性の)主人公

heroic /hiróuik ヒロウイク/ 形 英雄(えいゆう)的な

heroine /hérouin ヘロウイン/ 名
❶ (小説・劇などの)女主人公, ヒロイン
❷ 女性の英雄(えいゆう), 女傑(じょけつ)

herring /hériŋ ヘリング/ 名 《魚》ニシン

hers 中 A1 /həːrz ハ~ズ/ 代

彼女のもの →**she** 関連語 **theirs** (彼女たちのもの)

POINT 彼女の所有物について, 1つのものにも2つ以上のものにもいう.

基本 a friend of **hers** 彼女の友人(の1人)
基本 This racket is **hers**. (=This is her racket.) このラケットは彼女の(もの)です.

• My racket is old; **hers** (=her racket) is new. 私のラケットは古いが彼女の(ラケット)は新しい.

• His answers are wrong and **hers** (=her answers) **are** right. 彼の答えは間違(まちが)いで, 彼女の(答え)は正しい.

• I like that ribbon of **hers**. 私は彼女のあのリボンが好きだ.

herself 中 A2 /həːrsélf ハ~セるふ/ 代
(複 **themselves** /ðəmsélvz ぜムセるヴズ/)
❶ 彼女自身を[に]; 自分 関連語 **themselves** (彼女たち自身を[に, で]) →**oneself**

• She hid **herself**. 彼女は(彼女自身を隠(かく)した ⇨)身を隠した[隠れた].

• She hurt **herself**. 彼女は(自分自身を傷つけた ⇨)けがをした.

• She said to **herself**, "I'll go, too." 「私も行こう」と彼女は自分(の心)に言いかせた.

❷ 《主語の意味を強めて》彼女自身で, 自分で

• She **herself** said so. =She said so **herself**. 彼女は自分でそう言った. → **herself** を文末に置くほうが口語的.

• She did it **herself**. 彼女は自分でそれをした.

❸ 《話》いつもの彼女, 本来の彼女

• She is not **herself** today. きょうはいつもの彼女じゃない[彼女はどこか変だ].

by herself ひとり(ぼっち)で; 独力で
for herself 独力で, ひとりで; 自分のために

• My grandma lives alone, shops and cooks **for herself**. うちのおばあちゃんは一人で暮らしていて, 買い物も料理も自分でする.

he's /hiːz ヒーズ/ **he is**, **he has** を短くした形
• **He's** (=He is) my uncle. 彼は私のおじです.
• **He's** (=He has) done it. 彼はそれをしてしまった. → 現在完了(かんりょう)の文.

hesitate /hézəteit ヘズィテイト/ 動 ためらう, ちゅうちょする

hesitation /hezətéiʃən ヘズィテイション/ 名 ためらい, ちゅうちょ

hey 中 A2 /héi ヘイ/ 間 やあ!, おい! →呼びかけ・喜び・驚(おどろ)きなどを表す.

HI 略 =Hawaii

hi 小 A1 /hái ハイ/ 間

《話》やあ, こんにちは →hello よりもくだけた言い方.

• **Hi**, Bob. Where are you going? やあ, ボブ. どこへ行くの.

• Say **hi** to your brother Tom. 君の兄弟のトムによろしく.

Hi, Bob.

hiccup /híkəp ヒカプ/ 名 しゃっくり
── 動 しゃっくりをする

hid /híd ヒド/ 動 **hide** の過去形・過去分詞

hidden /hídn ヒドン/ 動 **hide** の過去分詞
── 形 隠(かく)された, 秘密の

hide 中 A1 /háid ハイド/ 動

三単現 **hides** /háidz ハイヅ/
過去 **hid** /híd ヒド/
過分 **hidden** /hídn ヒドン/, **hid**
-ing形 **hiding** /háidiŋ ハイディング/

隠(かく)れる; 隠す

• **hide** the candy under the table キャンディーをテーブルの下に隠す

• I'll **hide**, and you find me. 僕(ぼく)が隠れるから君は僕を見つけるんだよ.

• I have nothing to **hide from** you. 私は

君に何も隠すこと[秘密]がない. →不定詞 to hide (隠すべき〜)は nothing を修飾する (→**to** ❾ の ②).
- The clouds **hid** the sun. 雲が太陽を隠した.
- I **have hidden** the fact even **from** my parents. 私は両親にさえその事を隠してきた. →**have** [助動] ❸
- Where **is** it **hidden**? それはどこに隠されているのか. →**is** [助動] ❷

hide oneself 身を隠す, 隠れる
- She **hid herself** behind the curtain. 彼女はカーテンの陰に隠れた.
- Someone is **hiding** behind the tree. 誰かがあの木の後ろに隠れている. →**is** [助動] ❶

hide-and-seek /háidənsíːk ハイダンスィーク/ [名] かくれんぼ

híding plàce [名] 隠れ[隠し]場所

high 小 A1 /hái ハイ/ (→gh は発音しない) [形] (比較級 **higher** /háiər ハイア/; 最上級 **highest** /háiist ハイエスト/)

❶ (高さが)高い, 高さが〜で 反対語 **low** (低い)
関連語「(木や建物などが)高い」は **tall**.
- 使基本 a **high** mountain 高い山 →high+名詞.
- 使基本 That mountain is **high**. その山は高い. →be 動詞+high.
- How **high** is the mountain? その山はどれくらい高いですか.
- The mountain is about 6,000 (読み方: six thousand) meters **high**. その山は約 6,000 メートルの高さです. →about 6,000 meters は high を修飾する副詞句.
- Mt. Fuji is **higher** than any other mountain in Japan. 富士山は日本における他のどの山よりも高い[日本で一番高い].
- Mt. Fuji is **the highest** mountain in Japan. 富士山は日本で一番高い山だ.

❷ (値段・程度・地位などが) 高い
- **high** prices 高い物価
- a **high** fever 高熱
- at a **high** speed 高速で, すごいスピードで
- a **high** government official 政府高官
- He is in **high** spirits. 彼は上機嫌だ.
- She has a **high** opinion of your work. 彼女はあなたの作品を高く評価している.

—— [副] (比較級 **higher** /háiər ハイア/; 最上級 **highest** /háiist ハイエスト/)
高く 反対語 **low** (低く)
類似語 **high** は具体的なものの位置についていう.「高く評価する」のような「高く」は **highly**.
- jump **high** 高くとぶ
- The bird flew **high** up into the air. その鳥は空中高く舞い上がった.
- The bird flew up **higher** and **higher**. その鳥はますます高く舞い上がった. →「比較級+and+比較級」は「ますます〜, だんだん〜」.
- He can jump (**the**) **highest of** us all. 彼は私たちみんなの中で一番高くとべる.

—— [名] (複 **highs** /háiz ハイズ/)
最高, 最高値, 最高気温

hígh jùmp [名] (**the** をつけて)(競技)(走り)高とび

highland /háilənd ハイランド/ [名]
❶ (しばしば **highlands** とも) 高地, 高原
❷ (**the Highlands** で)(スコットランド北西部の)高原地方

highlight /háilait ハイライト/ [名] 呼び物, 見所, ハイライト; 明るい部分

highlighter /háilaitər ハイライタ/ [名] 蛍光ペン, マーカー

highly /háili ハイリ/ [副] 大いに, 非常に; 高く評価して →**high** [副]

high-rise /hái raiz ハイライズ/ [形] (建物が)高層の

high school 中 A2 /hái skùːl ハイスクール/ [名] 《米》ハイスクール

> 参考 小学校と大学の中間の学校で, **junior high school** (7, 8, 9学年)と **senior high school** (10, 11, 12学年)に分かれる. 前者は日本の中学校にあたり後者は高等学校にあたるが, 単に **high school** といえばふつう **senior high school** を指す.

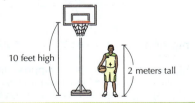

10 feet high　　2 meters tall

- go to **high school** ハイスクールに通う
- a **high school** student ハイスクールの学生

highway A2 /háiwei ハイウェイ/ 名 幹線道路, 主要道路 → 日本の「国道・県道」にあたる.「高速道路」は《米》expressway,《英》motorway.

hijack /háidʒæk ハイヂャク/ 動 ❶（輸送中の品物を）襲（おそ）う, 盗（ぬす）む, 強奪（ごうだつ）する ❷（飛行機・バスなどを）乗っ取る, ハイジャックする

hijacker /háidʒækər ハイヂャカ/ 名 乗っ取り犯人, ハイジャッカー

hike A2 /háik ハイク/ 名
ハイキング (hiking)
- go on a **hike** (to the lake) (湖へ)ハイキングに行く

── 動 ハイキングをする, ハイキングに行く
- go **hiking** ハイキングに行く

hiker /háikər ハイカ/ 名 ハイキングする人, ハイカー

hiking 中 A2 /háikiŋ ハイキング/ 名 ハイキング

hill A1 /híl ヒる/ 名 (複 **hills** /hílz ヒるズ/)
❶ 丘（おか）, 小山, 山
- go for a walk in the **hills** 丘の散策に出かける
❷ 坂道
- go up a **hill** 坂を登る

hillside /hílsaid ヒるサイド/ 名 丘（おか）の斜面（しゃめん）[中腹]

hilltop /híltɑp ヒるタプ/ 名 丘（おか）の頂上, 山の上

him 小 A1 /him ヒム/ 代
彼を, 彼に; 彼 → he の目的格. → he
関連語 **them** (彼らを[に])
会話基本 Mr. Smith lives near my house. I know **him**. スミスさんはうちの近所に住んでいます. 私は彼を[スミスさんを]知っています. → 動詞＋him (目的語).
- I didn't understand **him**. 私は彼の言うことがわからなかった. → この him は「彼を」ではなく「彼の言うことを」の意味.
会話基本 I gave **him** the watch. ＝ I gave the watch to **him**. 私は彼にその時計をあげた. → 前の文の him は動詞 (gave) の間接目的語. 後の文の him は前置詞 (to) の目的語.
- I'll go with **him**. 私は彼といっしょに行きます. → him は前置詞 (with) の目的語.
- I saw **him** standing there. 私は彼がそこ

に立っているのを見た. → see A doing は「A が〜しているのを見る」.

Himalaya /himəléiə ヒマれイア/ 固名 (**the Himalayas** または **the Himalaya Mountains** で) ヒマラヤ山脈

himself 中 A2 /himsélf ヒムセるふ/ 代
(複 **themselves** /ðəmsélvz ぜムセるヴズ/)
❶ 彼自身を[に]; 自分 関連語 **themselves** (彼ら自身を[に, で]) → **oneself**
- He hid **himself**. 彼は(彼自身を隠（かく）した ⇨)身を隠した[隠れた].
- He hurt **himself**. 彼は(自分自身を傷つけた ⇨)けがをした.
- He said to **himself**, "I'll do it." 「私はそれをしよう」と彼は自分（の心）に言いきかせた.
❷《主語の意味を強めて》彼自身で, 自分で
- He **himself** said so. ＝ He said so **himself**. 彼自身がそう言った. → himself を文末に置くほうが口語的.
- He did it **himself**. 彼は自分でそれをした.
❸《話》いつもの彼, 本来の彼
- He is not **himself** today. きょうはいつもの彼じゃない[彼はどこか変だ].

by himself ひとり（ぼっち）で; 独力で
for himself 独力で, ひとりで; 自分のために

Hindi /híndi: ヒンディー/ 名 ヒンディー語 → インド北部地方の言語で, インド共和国の公用語.

Hindu /híndu: ヒンドゥー/ 名 ヒンドゥー教徒 → ヒンドゥー教 (**Hinduism** /ヒンドゥーイズム/) はインドの民族宗教.

hint 小 /hínt ヒント/ 名 暗示, ヒント
── 動 遠回しに言う, それとなく言う, ほのめかす

hip /híp ヒプ/ 名 腰（こし）, ヒップ → 体の左右に出っ張った腰骨（こしぼね）の辺り.「お尻（しり）」ではない.

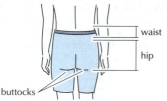

waist
hip
buttocks

híp hòp A2 名 ヒップホップ → 音楽やダンスの一種.

hippo /hípou ヒポウ/ 名 (複 **hippos** /hípouz ヒポウズ/)《話》＝hippopotamus (カバ)

hippopotamus /hipəpátəməs ヒポパタマス/

名 《動物》カバ

hire /háiər ハイア/ 動 (短期間)雇(やと)う; (料金を払(はら)って)借りる →**employ, rent**

POINT 「貸し切りタクシー」を「ハイヤー」というのは和製英語. 英語では **limousine** という.

his 小 A1 /hiz ヒズ/ 代

❶ 彼の →he の所有格. →**he**
関連語 **their** (彼らの)
基本 **his** glove 彼のグローブ →his+名詞.
•**his** sister(s) 彼の姉妹(しまい)(たち)
•that hat of **his** father's 彼の父のその帽子(ぼうし)
•Tom took me to the lake in **his** car. トムは自分の車で私を湖へ連れていってくれた.

POINT his が主語と同じ人を指している時は「自分の」と訳すと意味がはっきりする.

•Mr. Ogawa is our English teacher. We like **his** class very much. 小川先生は私たちの英語の先生です. 私たちは先生の授業が大好きです. →his の訳し方に注意.

❷ /híz ヒズ/ 彼のもの
関連語 **theirs** (彼らのもの)

POINT 彼の所有物について１つのものにも２つ以上のものにもいう.

基本 a friend of **his** 彼の友人(の１人)
基本 This racket is **his**. (= This is his racket.) このラケットは彼の(もの)です.
•My racket is old; **his** (= his racket) is new. 私のラケットは古いが彼の(ラケット)は新しい.
•Her hands are clean, but **his** (= his hands) **are** dirty. 彼女の手はきれいだが彼のは汚(よご)れている.
•I like that bicycle of **his**. 私は彼のあの自転車が好きだ.
•Ken has a very good camera. I want one like **his**. ケンはとてもいいカメラを持っている. 僕(ぼく)もケンのようなカメラが欲(ほ)しい. →one=a camera.

Hispanic /hispǽnik ヒスパニク/ 名 ヒスパニック →主に中南米 (Latin America) からアメリカに移住した人々で, スペイン語を母語とする.

hiss /hís ヒス/ 動 しゅーと音を発する;「しーっ」といって～を制止する[やじる]

historian /histɔ́:riən ヒストーリアン/ 名 歴史家

historic /histɔ́rik ヒストーリク/ 形 歴史上有名な, 歴史的な →ふつう名詞の前につける.

historical /histɔ́:rikəl ヒストーリカル/ 形 歴史の, 歴史上の, 歴史に関する →ふつう名詞の前につける.

historically /histɔ́:rikəli ヒストーリカリ/ 副 歴史的に; 歴史的に見ると

history 中 A1 /hístəri ヒストリ/ 名
(複 **histories** /hístəriz ヒストリズ/)

❶ 歴史, (歴)史学; 歴史書
•European **history** ヨーロッパ史, 西洋史
•This is a place (which is) famous in **history**. ここは歴史上有名な所です.
ことわざ **History** repeats itself. 歴史は繰(く)り返す. →「歴史上の出来事は同じような経過をたどって何回も繰り返されるものだ」の意味.

❷ (個人の)経歴, (物の)由来

hit 中 A2 /hít ヒト/ 動

三単現	**hits** /híts ヒツ/
過去・過分	**hit**
-ing形	**hitting** /hítiŋ ヒティング/

→原形・過去形・過去分詞がどれも同じ形であることに注意.

❶ 打つ, たたく, 当たる, ぶつかる
•**hit** a ball ボールを打つ
•**hit** a home run ホームランを打つ
•**hit** him on the head [in the face] 彼の頭[顔]を殴(なぐ)る →hit A (人) on [in] the B (体の部分)は「AのBを打つ」.
•The ship **hit** a rock and went down. 船は岩にぶつかって沈(しず)んだ. →現在形ならhits.
•I **hit** my head on the door. 私はドアに頭をぶつけた.
•A ball **hit** him on the head. ボールが彼の頭に当たった.
•His car **was hit** from behind. 彼の車は追突(ついとつ)された. →受け身の文. →**was** 助動 ❷

❷ (天災・不幸などが)襲(おそ)う, 打撃(だげき)を与(あた)える
•If such a big typhoon **hits** our town, what will you do? そんな大きな台風が私たちの町を襲ったらどうしますか.
•He was hard **hit** by the failure. 彼はその失敗によってひどい打撃を受けた.

hit on [*upon*] ～ ～を思いつく
•At last he **hit on** a good idea. ついに彼はうまい考えを思いついた.

hitchhike 306 three hundred and six

—名 ❶ 当たること, 命中; (野球で)ヒット
❷ (劇・小説・歌などの)大当たり, ヒット; ヒット曲
• make a big **hit** 大当たりする
• have **hit after hit** 次々とヒットを生み出す

hitchhike /hítʃhaik ヒチハイク/ **動 ヒッチハイ**
クする → 通り掛(か)かる自動車に次々と無料で乗せ
てもらいながら旅行すること. 道路の端(はし)に立っ
て親指を立てて合図する. 犯罪の危険があるので禁
止している州が多い.

hitchhiker /hítʃhaikər ヒチハイカ/ **名 ヒッチ**
ハイクする人

Hitler /hítlər ヒトら/ **固名 (Adolf /アード–るぶ/**
Hitler) ヒトラー → ドイツの独裁者 (1889–
1945). 隣国(りんごく)ポーランドに侵攻(しんこう)して第
2次世界大戦を引き起こし, 多数のユダヤ人を虐
殺(ぎゃくさつ)した.

hitter /hítər ヒタ/ **名 打つ人; 打者**

HIV 略 ヒト免疫(めんえき)不全(ふぜん)ウイルス → エイ
ズ (AIDS) の原因となるウイルス.

hive /háiv ハイヴ/ **名 ＝beehive (ミツバチの**
巣箱)

hmm /hmm フンン/ **間 うむ →** ためらい・不賛成
などを表す発声.

ho /hóu ホウ/ **間 ほー!, おーい! →** 喜び・驚(おどろ)
き・嘲(あざけ)りなどを表す叫(さけ)び声, あるいは注意
をひくためのかけ声.

hobby 中 A1 /hábi ハビ|hɔ́bi ホビ/ 名
(複 hobbies) /hábiz ハビズ/

趣味(しゅみ), 道楽 → 専門的な知識や経験を必要とす
るもの. 映画[音楽]鑑賞(かんしょう)や読書などは入らな
い.

会話

What are your **hobbies**? —Taking
pictures is my only **hobby**. [My
hobbies are taking pictures and
building model boats.]
あなたの趣味は何ですか．—写真を撮(と)るのが
私のただ1つの趣味です．[私の趣味は写真と
船のプラモデルづくりです．]
→ 趣味を聞く時は複数形 (hobbies) を使う
のがふつう．

hockey A2 /háki ハキ|hɔ́ki ホキ/ **名**
ホッケー → 室内の氷上で行うアイスホッケー
(**ice hockey**—1チーム6人)と, 芝生(しばふ)で行
うフィールドホッケー (**field hockey**—1チー

ム11人)とがある. カナダ・アメリカで hockey
といえばアイスホッケーのこと.

hoe /hóu ホウ/ **名 くわ →** 草をかき取ったり, 土
の表面をほぐしたりするのに使う.

hog /hɔ́ːg ホーグ/ **名 《米》＝pig (ブタ) →** 特に
食肉用に育てたもの.

hold 中 A1 /hóuld ホウるド/

動 ❶ (手などでしっかり)持つ, 意味 map
握(にぎ)る
❷ 保つ, 支える
❸ (天気などが)続く
❹ (人を集めて会などを)開く, 催(もよお)す
❺ 入れる

—動

三単現	**holds** /hóuldz ホウるヅ/
過去・過分	**held** /héld へるド/
-ing形	**holding** /hóuldiŋ ホウるディング/

❶ (手などでしっかり)持つ, 握る, 抱(だ)く; 押さえ
る; 所有する
• **hold** her hand 彼女の手を握る
• **hold** a rope in *one's* hand 手にロープを
握る
• She **holds** a driving license. 彼女は運転
免許(めんきょ)証を所有している. **→**「手に持っている」
は She is **holding** ~. という.
• He **held** his baby in his arms. 彼は赤ん
坊(ぼう)をしっかり抱いた.
• Dad was **holding** his coffee cup in his
hand. 父は手にコーヒーカップを持っていた. **→**
was 助動 ❶
❷ 保つ, 支える; 押さえて(~の状態に)保つ
• **hold** *one's* breath 息を殺す
• **Hold** that pose while I take your pic-
ture. 君の写真を撮(と)る間そのポーズのままでい
てくれ.
• The shelf won't **hold** the weight of
those dictionaries. この棚(たな)はそれらの辞
書の重みを支えられないだろう.
• Please **hold** this door open. この戸を押
さえてあけておいてください. **→** open は形容詞
で「開いて」. hold *A B* (形容詞)は「AをBの
状態に)保つ」.
• Maeda **held** the Giants scoreless over
eight innings. 前田投手はジャイアンツを8回
まで0点に押さえた.
❸ (天気などが)続く; ~のままでいる
• I hope this fine weather will **hold**

(for) two days more. このいい天気があと2日続いてくれればいいのだが.
- **Hold** still. じっとしていなさい.

❹ (人を集めて会などを)**開く, 催す, 行う**
- **hold** a party パーティーを開く
- The football game will be **held** next week. フットボールの試合は来週行われるでしょう. → **be** [助動] ❷

❺ **入れる, 収容する**
- This elevator **holds** 20 people. このエレベーターは20人乗りです.
- This bottle won't **hold** a liter. この瓶(びん)には1リットルは入らないだろう.

hold back 押しとどめる, (行動を)尻込(しりご)みする, 差し控(ひか)える, 隠(かく)しておく

hold down 下げておく; 押さえつける

hold on ① つかまる
- **hold on** to a strap つり皮につかまる
② 続ける; 《命令文で》待て
- **Hold on**, please. (電話で)切らないでそのままお待ちください.

Hold on, please.

hold out ① 持ちこたえる, もつ
② (手などを)差し出す

hold to ~ ~につかまっている, ~から離(はな)れない

hold up ① (持ち)上げる; 止める, 遅(おく)らせる
② (ピストルなどを突(つ)きつけて)強奪(ごうだつ)する

── 名 (複 **holds** /hóuldz ホウルヅ/)
つかむこと, 握ること
- Someone **took** [**caught**] **hold of** my arm. 誰(だれ)かが私の腕(うで)をつかんだ.

on hold 延期されて; (電話を)保留にして
- put a decision **on hold** 決定を延期する

holder /hóuldər ホウルダ/ 名
❶ 所有者, 持ち主, (~を)持っている人
- a record **holder** (競技の)記録保持者
❷ (物を入れる[支える])物, ~入れ

hole 中 A1 /hóul ホウル/ 名
穴

- a **hole** in a sock 靴下(くつした)の穴
- dig a **hole** 穴を掘(ほ)る

holiday 中 A1 /hálədei ハリデイ | hɔ́lədei ホリデイ/ 名
(複 **holidays** /hálədeiz ハリデイズ/)
❶ (国などによって決められた1日だけの)祝日, 休日
- a public **holiday** (国民の)祝日, 公休日
- a bank **holiday** 《英》銀行休日, 公休日. → **bank holiday**
- On **holidays** we sometimes go to the movies. 休日には私たちは時々映画に行く.

❷ (時に **holidays** で)《主に英》(学校の, あるいは個人でとる)休暇(きゅうか), 休み (《米》vacation)
- have [take] a week's **holiday** in summer 夏に1週間の休暇をとる

会話
Have a good **holiday**!─Thanks.
(休暇で出かける人に)楽しい休暇を!─ありがとう.

- My brother is home from college for the spring **holidays**. 兄は春休みで大学から家に帰って来ています.

on holiday 《主に英》休暇で, 休暇をとって (《米》on vacation)
- I'll be **on holiday** next week. 来週は休みます.

語源 (holiday)
holy (神聖な)+day (日), すなわちもとはキリスト教の重要な出来事や聖人を記念するための日であった.

Holland /hálənd ハランド/ 固名 オランダ → ヨーロッパ北西部の王国. 正式には **the Netherlands** という. 首都はアムステルダム (Amsterdam). → **Netherlands, Dutch**

Hollander /háləndər ハランダ/ 名 オランダ人 → **Dutch**

hollow /hálou ハロウ/ 形 (中が)からっぽの, 空洞(くうどう)の; へこんだ, くぼんだ
── 名 くぼみ, へこんだ所; 穴

holly /háli ハリ/ 名
(複 **hollies** /háliz ハリズ/)
《植物》セイヨウヒイラギ → 冬, 花のないころ実が真っ赤に熟しクリスマスの飾(かざ)りに使う.

Hollywood

Hollywood /háliwud ハリウッド/ 固名 ハリウッド →米国カリフォルニア州ロサンゼルスの一地区で映画製作の中心地.

holy /hóuli ホウリ/ 形 (比較級 **holier** /hóuliər ホウリア/; 最上級 **holiest** /hóuliist ホウリエスト/) ❶ 神聖な, 聖なる
❷ 清らかな, 信仰(しんこう)の厚い

Hóly Bíble 固名 (the をつけて) 聖書 →キリスト教の教典. 単に the Bible ともいう. → **Bible**

home 小 A1 /hóum ホウム/

名	❶ 家庭, うち
	❷ 故郷
形	❶ 家庭の
	❷ 国内の
副	家へ, うちへ

意味map

—— 名 (複 **homes** /hóumz ホウムズ/)

❶ 家庭, うち;《米》家
類似語 house は家の建物を指すが, **home** は家庭生活の場としての意味をふくむ.
- a letter from **home** うちからの手紙
- There is no place like **home**. わが家のような(楽しい)所はない.

関連語 My **home** is that house up the road. 私のうちはこの道を行ったあの家です.
- They are used in most **homes**. それらはたいていの家で使われている.
- The forest was the **home** to many birds. その森はたくさんの鳥たち(にとって)のすみかだった.

❷ 故郷, ふるさと; 本国
- leave Boston for **home** 本国に向けてボストンをたつ
- Rugby School is known as the **home** of Rugby football. (イギリスの)ラグビー校はラグビーのふるさと[発祥(はっしょう)地]として知られている.

❸ (子供・老人・病人などの)収容施設(しせつ), ホーム
- a **home** for the elderly 老人ホーム
- put him in a **home** 彼を施設に入れる

❹ (野球の)本塁(ほんるい) (home plate)

at home 家に, 在宅して; くつろいで, 気楽で
- stay **at home** 家にいる
- He was **at home**. 彼は家にいました.
- feel **at home** (家にいる時のように)くつろいだ気持ちになる
- Make yourself **at home**. どうぞ楽にしてください. → make A B (形容詞(句))は「A を B (の状態)にする」.

—— 形 (→比較変化なし)

❶ 家庭の; 故郷の
- **home** life 家庭生活
- my **home** town 私の故郷の町

❷ 国内の; 国産の
- **home** news 国内ニュース
- **home** products 国産品

❸ (試合が)地元での, ホームでの 反対語 **away** (アウェーの)

—— 副 (→比較変化なし)

家へ, うちへ; 故郷へ, 本国へ; うちへ戻(もど)って
- go **home** うち[故郷・本国]へ帰って行く → ×go *to* home としない.
- come **home** うち[故郷・本国]に帰ってくる
- get **home** うちに着く, 帰宅する
- walk **home** 歩いて家に帰る
- hurry **home** うちへ急ぐ
- write **home** うち[ふるさと]へ手紙を書く
- take a bus **home** バスに乗って帰る
- I stayed [was] **home** all yesterday. 私は昨日は一日中家にいました.

会話

Hello, darling. I'm **home**! —Hello, John.
おーい, ただいま!—お帰りなさい, ジョン.

- My father is not **home** yet. 父はまだ帰宅しておりません.
- We're **home** at last! とうとううちへ着きましたよ.
- Why are you back **home** so early? どうしてこんなに早く家に帰って来たの.
- **On his [the] way home** he met Bob. 彼は家に帰る途中(とちゅう)ボブに会った.
- **Welcome home!** (旅行などから帰った人を迎(むか)えて「うちへ歓迎(かんげい)します」⇒)お帰りなさい!

hóme báse 名 =home plate

homecoming /hóumkʌmiŋ ホウムカミング/
名 ❶帰省, 帰郷
❷《米》(大学・高校卒業生の)**ホームカミング** →毎年秋のフットボールシーズン中のある週末に, 卒業生たちが母校に帰ってフットボール観戦を楽しんだり, ダンスパーティーを開いたりして過ごす同窓会.

hóme económics 名 (教科の)**家庭科** →単数扱(あっか)い.

homegrown /houmgróun ホウムグロウン/ 形
自分の家で育てた, 自家栽培(さいばい)の; 国産の

homeland /hóumlænd ホウムらンド/ 名 祖国

homeless /hóumlis ホウムれス/ 形 住む家のない, ホームレスの
•the **homeless** = **homeless people** ホームレスの人たち

homemade /houmméid ホウムメイド/ 形
自分のうちで作った, 自家製の →「食べ物」についていう.「家具」などについては handmade という.

homemaking /hóummeikiŋ ホウムメイキング/
名 (教科の)**家庭科** (home economics) →
home 形 ❶

homepage, home page /hóumpeidʒ ホウムペイヂ/ 名 《コンピューター》**ホームページ** →インターネットで公開される会社や個人の情報ページ. ふつうは情報を載(の)せているトップページを指す. 情報欄(らん)そのものは web page, web pages という.

hóme pláte 名 《野球》**ホームプレート, 本塁**(ほんるい)**, ホームベース**

Homer /hóumər ホウマ/ 固名 **ホメロス** →紀元前8世紀頃(ごろ)のギリシャの大詩人.

homer /hóumər ホウマ/ 名 《野球》**ホームラン, 本塁打**(ほんるいだ) (home run)

homeroom /hóumru:m ホウムルーム/ 名
《米》(各クラスの)**本教室, ホームルーム; ホームルームの生徒たち**

hóme rún 名 《野球》**ホームラン, 本塁打**(ほんるいだ) (homer)

homesick /hóumsik ホウムスィク/ 形 うちを恋(こい)しがる, 故郷を慕(した)う, ホームシックの
•get [feel] **homesick** ホームシックにかかる
•I was very **homesick** during my stay in London. 私はロンドンにいる間, ひどいホームシックにかかっていた.

homestay /hóumstei ホウムステイ/ 名 **ホーム**

ステイ →留学生が家庭的雰囲気(ふんいき)の中で勉強するために現地の一般(いっぱん)家庭に滞在(たいざい)すること.
•I'll be **on** a **homestay** in Boston next year. 私は来年ボストンでホームステイする予定です.

hometown 中 A1 /houmtáun
ホウムタウン/ 名 **ふるさと, 故郷;** (現在住んでいる)**町, 市**

homework 小 A1
/hóumwə:rk ホウムワ～ク/ 名
(学校の)**宿題;** (うちでする)**予習, 復習**
•do *one's* **homework** in English 英語の宿題をする
•have a lot of **homework** to do やらなければならない宿題がたくさんある →×a homework, ×homeworks としない. to do (やらなければならない)は前の名詞 (homework) を修飾(しゅうしょく)する (→to ❾ の②).

honest /ɑ́nist アネスト/ (→h は発音しない) 形
正直な, 誠実な
•an **honest** boy 正直な少年
•an **honest** opinion 率直(そっちょく)な意見
•He is very **honest**. 彼はとても正直です.
•He was **honest about** it **with** me. 彼はそのことを正直に私に話した.
to be honest (*with you*) 正直に言うと

honestly /ɑ́nistli アネストリ/ 副 正直に; 《文を修飾(しゅうしょく)して》正直に言えば, 正直なところ

honesty /ɑ́nisti アネスティ/ 名 《⊕ **honesties** /ɑ́nistiz アネスティズ/》正直(であること), 誠実さ
ことわざ **Honesty** is the best policy. 正直は最上の策である.

honey A2 /hʌ́ni ハニ/ 名 ❶蜂蜜(はちみつ)
❷ ハニー, ねえ →恋人(こいびと)・夫婦(ふうふ)の間で呼びかけに使う.

honeybee /hʌ́nibi: ハニビー/ 名 《虫》**ミツバチ**

honeycomb /hʌ́nikoum ハニコウム/ 名
ミツバチの巣 →cell

honeymoon /hʌ́nimu:n ハニムーン/ 名
新婚(しんこん)**旅行, ハネムーン**

Hong Kong /hɑ̀ŋ kɑ́ŋ ハング カング/ 固名
ホンコン, 香港 →中国南東部の島で, かつての英国植民地.

Honolulu

Honolulu /hɑnəlúːluː ハノるーるー/ 固名
ホノルル ➞ 米国ハワイ州の州都.

honor A2 /ɑ́nər アナ/ɔ́nə オナ/ 名
❶ 真実・正直を尊ぶこと, 信義
- a man of **honor** 信義を重んじる男

❷ 名誉(めいよ), 光栄
- He is an **honor** to our school. 彼は私たちの学校の名誉[誉(ほま)れ]です.

❸ 尊敬, 敬意
- People **paid** [**did**] **honor to** the hero. 人々はその英雄(えいゆう)に敬意を表した.

❹ (**honors** で) (学校の)優等
- graduate with **honors** 優等で卒業する

in honor of ~ ~に敬意を表して, ~のために
- A party was given **in honor of** Mr. Brown. ブラウン氏のためにパーティーが開かれた.

── 動 尊敬する (respect), 敬意を表する

honorable /ɑ́nərəbl アナラブる/ 形 名誉(めいよ)ある, 尊敬すべき, 立派な

honour /ɑ́nər アナ/ 名動 《英》=honor

honourable /ɑ́nərəbl アナラブる/ 形 《英》= honorable

hood /húd フド/ 名 ❶ (コートなどに付ける)フード ❷ 《米》(車の)ボンネット (《英》bonnet) ➞ エンジン部分のカバー.

hoof /húːf フーふ/ 名 (複 **hoofs** /húːfs フーふス/, **hooves** /húːvz フーヴズ/) (馬・牛などの)ひづめ

hook /húk フク/ 名 (物をつり下げる)かぎ; 釣(つ)り針; (服を留める)ホック
── 動 かぎで引っ掛(か)ける, (釣り針で魚を)釣る; (服の)ホックをかける

hook up つなぐ, 接続する (connect)

hòok-and-lóop fástener 名 面ファスナー, 《商標》マジックテープ ➞**Velcro**

hoop /húːp フープ/ 名 (輪回し遊びなどの)輪; (たるなどの)たが

hooray /huréi フレイ/ 間 =hurrah

hoot /húːt フート/ 動 (フクロウが)鳴く
── 名 フクロウの鳴き声

hop /hɑ́p ハプ/ 動 (三単現 **hops** /hɑ́ps ハプス/; 過去・過分 **hopped** /hɑ́pt ハプト/; -ing形 **hopping** /hɑ́piŋ ハピング/)
❶ (人が片足で)ぴょんととぶ; とび越(こ)える, (乗り物に)飛び乗る
❷ (小鳥・動物が)ぴょんぴょん跳(は)ねる
── 名 ぴょんととぶこと, 跳躍(ちょうやく)

hope 小 A1 /hóup ホウプ/ 動 (三単現 **hopes** /hóups ホウプス/; 過去・過分 **hoped** /hóupt ホウプト/; -ing形 **hoping** /hóupiŋ ホウピング/)

希望する, 望む

基本 I **hope** to see you soon again. またじきお会いすることを望みます. ➞hope+不定詞 (to *do*). 不定詞 to see は hope の目的語. **→to** ❾ の①

基本 I **hope** (that) you will succeed. 私は君が成功することを望む. ➞hope+(that) 文.
- I **hope** it will be fine tomorrow. あしたがお天気だといいと思います.
- He **hopes** his son will become a doctor. 彼は自分の息子(むすこ)が医者になることを望んでいる.

 会話

Will he succeed? ─I **hope** so. (=I **hope** he will succeed.)
彼はうまくいくでしょうか. ─いくといいですね.

Will he fail? ─I **hope** not. (=I **hope** he will not fail.)
彼は失敗するでしょうか. ─そんなことはないでしょう.

基本 I **hope** for your quick recovery. 一日も早いご回復を祈(いの)ります. ➞hope for+名詞.
- We **hope** for some help from you. 我々は君からの援助(えんじょ)を希望します.
- She **hoped** she would study abroad some day. 彼女はいつか留学したいと望んでいた.
- We **are hoping** that you will come to our party. あなたが私たちのパーティーに来てくださることを私たちは望んでおります. ➞hope の意味を強める形の現在進行形の文. **→are** 助動 ❶

── 名 (複 **hopes** /hóups ホウプス/)
❶ 希望, 望み
- **lose** [**give up**] **hope** 失望[絶望]する
- There is little **hope** of his success. 彼の成功の見込(こ)みはほとんどない.

❷ 希望を与(あた)えるもの, ホープ; 頼(たの)みの綱(つな)
- He is the **hope** of the family. 彼は一家

のホープです.
- You are my last **hope**. 君が僕(ぼく)の最後の頼みの綱だ.

in the hope of ~ [***that*** ~] ~することを望んで, 期待して

hopeful /hóupfəl ホウプふる/ 形 希望に満ちた; 有望な; (天気などが)よくなりそうな

hopefully /hóupfəli ホウプふり/ 副
❶ 希望に満ちて, そう願いながら
❷ 望むらくは, うまくいけば

hopeless /hóuplɪs ホウプれス/ 形 望みのない, 見込(こ)みのない, どうにもしようのない

hoping /hóupiŋ ホウピング/ 動 **hope** の -ing 形 (現在分詞・動名詞)

hóp, stèp and júmp 名 (**the** をつけて) (陸上競技の)三段跳(と)び (triple jump)

horizon /həráɪzn ホライズン/ 名 地平線; 水平線
- below [above] the **horizon** 地平線[水平線]の下に[上に]
- over the **horizon** 地平線[水平線]のかなたに

horizontal /hɔːrəzɑ́ntl ホーリゾントる| hɔrəzɔ́ntl ホリゾントる/ (→× /ホーライズントル/ ではない) 形 水平な 反対語 **vertical** (垂直な)

horn /hɔ́ːrn ホーン/ 名 ❶ (牛・羊などの) 角
類似語 「(枝のようになった)シカの角」は **antler**.
❷ 角笛 → 昔, 牛や羊などの角で作ったらっぱで, 狩(か)りの時などに使った.
❸ 《楽器》ホルン ❹ 警笛, クラクション

horrible /hɔ́ːrəbl ホーリブる/ 形 ❶ 恐(おそ)ろしい ❷ (話) とても不愉快(ゆかい)な, 実にひどい

horror A2 /hɔ́ːrər ホーラ|hɔ́rə ホラ/ 名 恐怖(きょうふ); 恐怖を感じさせるもの
- a **horror** movie [film] ホラー映画

horse 小 A1 /hɔ́ːrs ホース/ 名

《動物》馬
- ride a **horse** 馬に乗る

イメージ (horse)
力が強く, 大食であるところから次のような表現が生まれた: (as) strong as a horse (馬のように強い), work like a horse (馬のように(一生懸命(けんめい))働く), eat like a horse (馬みたいに(たくさん)食べる).

horseback /hɔ́ːrsbæk ホースバク/ 名 馬の背
—— 副 馬に(乗って), 馬で

hórseback rìding 名 《米》乗馬 (《英》horse-riding)

hórse ràce [**ràcing**] 名 競馬 → **race**

horse-riding /hɔ́ːrs raɪdɪŋ ホース ライディング/ 名 《英》乗馬 (《米》horseback riding)

horseshoe /hɔ́ːrsʃuː ホースシュー/ 名 てい鉄
→ 馬のひづめを守るために打ち付ける金属のこと. 魔よけや幸運の印とされ, 玄関や壁(かべ)などにかけることがある.

hose /hóuz ホウズ/ (→× /ホウス/ ではない) 名
❶ (消防・水まきなどに使う)ホース
❷ 《集合的に》(長)靴下(くつした) (stockings)
—— 動 ホースで水をかける

hospitable /háspɪtəbl ハスピタブる/ 形 もてなしのよい, 親切な

hospital 小 A1 /háspɪtl ハスピトる| hɔ́spɪtl ホスピトる/ 名

病院 関連語 **doctor's office** (医院), **clinic** (診療(しんりょう)所)
- go to the **hospital** 病院に行く; 入院する →「入院する」の時は《英》ではふつう go to hospital.
- enter (the) **hospital** 入院する →《英》ではふつう ×*the* をつけない.
- leave (the) **hospital** 退院する
- She is working at a **hospital**. 彼女は病院で働いている.
- He is now **in** (the) **hospital**. 彼は今入院している.
- I went to the **hospital** to see him. 私は彼を見舞(みま)いに病院へ行った. →治療(ちりょう)のためでなく病院に行く時は the が必要.

hospitality /hɑspətǽləti ハスピタリティ/ 名 親切なもてなし; 歓待(かんたい) 関連語 **hospitable** (もてなしのよい)

host[1] 中 A2 /hóust ホウスト/ 名 (客をもてなす)主人(役); (会などの)主催者 → **hostess**
—— 動 (会などを)主催する

host[2] /hóust ホウスト/ 名 群れ, 大勢; 軍勢

hostage /hɑ́stɪdʒ ハステヂ/ 名 人質(ひとじち)(状態)

hostel /hástl ハストル/ 名 (非営利的な)宿泊所, ユースホステル (youth hostel)

hostess /hóustis ホウステス/ 名 ❶ (客をもてなす)女主人役 ❷ スチュワーデス (stewardess) →女性の **flight attendant** の古い呼び方.

hóst fàmily 名 ホストファミリー →ホームステイ (homestay) を引き受けてくれる家族. その家の主人と女主人はそれぞれ **host father**, **host mother** という.

hostile /hástl ハストル|hóstail ホスタイル/ 形 敵意のある 反対語 **friendly** (友好的な)

hot 小 A1 /hát ハト|hót ホト/

形 ❶ 熱い; 暑い 意味 map
❷ 激しい
❸ (味がぴりぴり)辛(から)い

―― 形 (比較級 **hotter** /hátər ハタ/; 最上級 **hottest** /hátist ハテスト/)

❶ 熱い; 暑い 反対語 **cold** (寒い)
基本 a **hot** bath 熱いふろ →hot+名詞.
• **hot** water 湯, 熱湯
• **hot** weather 暑い天気
基本 The bath is **hot**. ふろは熱い. →be 動詞+hot.
• Today is very **hot**. = It is very **hot** today. きょうはとても暑い. →It は漠然(ばくぜん)と「気温」を表す.
• I am **hot** after running for an hour. 私は1時間走ったので体が熱い.
ことわざ Strike while the iron is **hot**. 鉄は熱いうちに打て. →「何事をするにも時機を失してはいけない」の意味.
• The water in this kettle is **hotter** than that in the thermos. このやかんの湯のほうがポットの湯よりも熱い.

• August is **the hottest** month of the year in Japan. 日本では8月が1年で最も暑い月です.

❷ 激しい, 熱烈(ねつれつ)な; 怒(おこ)った (angry), 短気な
• a **hot** argument 激しい議論
• He has a very **hot** temper. 彼はとても短気だ[すぐかっとなる].
• He was **hot** with anger. 彼はかんかんに怒った.

❸ (味がぴりぴり) 辛い, (刺激(しげき)の)強烈(きょうれつ)な 類似語 「塩辛い」は **salty**.
• This curry is too **hot** for me. このカレーは私には辛すぎる.

❹ ほやほやの, 最新の
• **hot** news 最新のニュース, ホットニュース

hot cake /hát kèik ハト ケイク/ 名 ホットケーキ →**pancake** ともいう.
sell [go] like hot cakes 《話》ホットケーキみたいな売れ行きだ →「じゃんじゃん売れる, 引っ張りだこである」の意味.

hót dòg 名 ホットドッグ

hotel 中 A1 /houtél ホウテル/ (→アクセントの位置に注意) 名 ホテル, 旅館
• stay at a **hotel** ホテルに泊(と)まる

hothouse /háthaus ハトハウス/ 名 温室 (greenhouse)

hot line /hát làin ハト ライン/ 名 ホットライン →非常連絡(れんらく)用の直通電話. 特に2か国政府首脳間の直通回線.

hót spring 中 名 温泉
hotter /hátər ハタ/ 形 **hot** の比較(ひかく)級
hottest /hátist ハテスト/ 形 **hot** の最上級
hound /háund ハウンド/ 名 猟犬(りょうけん)

hour 中 A1 /áuər アウア/ (→h は発音しない) 名 (複 **hours** /áuərz アウアズ/)

❶ 1時間, 60分 (sixty minutes) →(単数) **hr**, (複数) **hrs** と略す.
関連語 **minute** (分), **second** (秒)
• in an **hour** 1時間で, 1時間もすれば
• by the **hour** 1時間いくらで, 時間ぎめで
• an **hour's** work 1時間の仕事
• half an **hour** = a half **hour** 半時間, 30分
• an **hour** and a half 1時間半
• for six **hours** 6時間
• for **hours** 何時間も

three hundred and thirteen　313　how

❷ 時刻 (time); (何かをするための) 時間
• at an early **hour** 早い時刻に
• at this late **hour** こんな遅(おそ)い時刻に
• Business **hours** are from 9 to 5. 営業時間は9時から5時までです.

keep early [late] hours 早寝(はやね)早起きをする[朝寝(あさね)夜ふかしをする]

keep regular hours (決められた時間に従って) 規則正しく生活する

on the hour (1時, 2時といった) 正時に
• A bus for Boston leaves every hour **on the hour**. ボストン行きのバスは1時間おきに正時に出発します.

hóur hànd 名 (時計の) 時針, 短針 関連語
minute hand (分針), **second hand** (秒針)

house 小 A1 /háus ハウス/ 名
(復 **houses** /háuziz ハウゼズ/) →×/ハウセズ/ と発音しないこと.

❶ (建物としての) 家, 住宅 →home
POINT ふつう一家族によって住まわれる一戸建ての家屋.
関連語 **cabin**, **hut** (小屋), **lodge** (山荘(さんそう))
• a large **house** 大きな家
• a wooden **house** 木造の家
• Do you live in a **house** or a flat? 君は一戸建ての家に住んでいますか, それともアパートに住んでいますか.
• Most Japanese **houses** were built of wood. 日本の家はたいてい木で造られていた.

❷ (いろいろな目的に使われる) 建物, 小屋
• The town has a new movie **house**. 町に新しい映画館ができた.

keep house 家事をする
play house ままごと遊びをする

household /háushould ハウスホウルド/ 名
家中の者, 一家 →家族や使用人も含(ふく)めた全部をいう.
—— 形 一家の, 家の, 家庭用の

househusband /háushʌzbənd ハウスハズバンド/ 名 (専業) 主夫

housekeeper /háuski:pər ハウスキーパ/ 名
家政婦[夫], 家事代行(をするひと)

housekeeping /háuski:piŋ ハウスキーピング/
名 =housework

House of Represéntatives 名
(the をつけて) (米国の) 下院; (日本の) 衆議院 →
congress

Hóuses of Párliament 名 (the をつけて) (英国の) 国会議事堂

housewarming /háuswɔːrmiŋ ハウスウォーミング/ 名 新築披露(ひろう)[新居移転]パーティー →
housewarming party ともいう.

housewife /háuswaif ハウスワイフ/ 名 (復 **housewives** /háuswaivz ハウスワイヴズ/)
(専業) 主婦

housework /háuswəːrk ハウスワ〜ク/ 名
家事 → 掃除(そうじ)・洗濯(せんたく)・料理など.

housing /háuziŋ ハウズィング/ 名 住宅の供給; 《集合的に》 住宅

Houston /hjúːstən ヒューストン/ 固名 ヒューストン → 米国テキサス州南東部の都市. NASA (米国航空宇宙局) の所在地.

hovercraft /hʌ́vərkræft ハヴァクラフト/ 名
ホバークラフト → 高圧の空気を水面や地面に吹(ふ)きつけてその力で機体をわずかに浮(う)き上がらせて走行する乗り物の商標名.

how 小 A1 /háu ハウ/

副 ❶ 《程度》 どれくらい　　意味 map
❷ 《方法・手段》 どうやって
❸ 《健康・天候・状態など》 どんな具合で
❹ 《人の感じ》 どんな風に
❺ 《感嘆(かんたん)文で》 なんと

—— 副 ❶ 《程度を尋(たず)ねて》 どれくらい
会話 基本 How old is he? (⤵) 彼は何歳(さい)ですか.
POINT He is *how old.* (彼は「何歳」です) が疑問文になって ⇨ **Is he** *how old*? さらに how old が文頭に出て ⇨ **How old is he?** となる.
• **How** tall is he? 彼の背はどのくらいですか.
• **How** long are the classes? 授業はどのくらいの長さですか.
• **How** far is it from here to the lake? ここから湖まではどのくらい遠いですか. → it は漠然(ばくぜん)と「距離(きょり)」を表す.

会話 基本 How many books do you have? (⤵) 君は本を何冊持っていますか.
POINT You have *how many books.* (君は「何冊の本」を持っている) が疑問文になって ⇨ **Do you have** *how many books*? さらに how many books が文頭に出て ⇨ **How many books do you have?** となる.
• **How** much money do you want? 君は

how

どのくらいお金がいるのですか.

- **How** often have you been here? 君はここへ何回来たことがありますか. →現在完了(かんりょう)の文. → been [助動] ❷

- I don't know **how** old he is. 彼が何歳だか私は知らない.

　⦿POINT 疑問文 (How old is he?) が文の一部に繰(く)り込(こ)まれると「主語＋動詞」(he is) の順になることに注意.

- You never know **how** much I love you. 僕(ぼく)がどんなに君を愛しているか君はわからない.

❷《方法・手段を尋ねて》**どうやって，どんな方法で，どんな風に** → how to *do*

How do you go to school?—I go by bus. 君はどうやって学校へ行きますか.—私はバスで行きます.

- **How** did you escape? 君はどのようにして脱出(だっしゅつ)したのか. →次例との語順の違(ちが)いに注意.

- I want to know **how** you escaped. 私は君がどうやって脱出したのか知りたい.

- **How** do you say "jisho" in English? 「辞書」は英語でどう言うのですか.

- This is **how** she did it. 彼女はこんな風にやった. →how はここでは関係副詞.

❸《健康・天候・状態など》**どんな具合で，いかがで**

A: **How** are you?
B: Fine, thank you. And (**how** are) you?
A: Very well, thank you.
A: ご機嫌(きげん)いかがですか.
B: ありがとう，元気です. あなたはいかが.
A: とても元気です.

- **How**'s (=**How** is) everything? (すべての事はいかがですか ⇨) 調子はどう？

　会話 How's Bob?—He's happy. ボブはどんな様子ですか.—うれしそうです.

- **How**'s the weather in New York now? (= What's the weather like in New York now?) 今のニューヨークのお天気はいかがですか.

❹《人の感じを尋ねて》**どんな風に**

- **How** do you like Japan? (日本をどんな風に好きですか ⇨) 日本はいかがですか.

- **How** do you feel about it? それについてどんな風に感じますか.

❺《感嘆文で》**なんと，どんなに〜** → what [形] ❷

　基本 **How** beautiful the sky is! 空はなんて美しいのでしょう. →この形はおおげさに聞こえるからあまり使わないほうがよい. ふつうは The sky is very beautiful. という.

　文法　ちょっとくわしく
　The sky is beautiful. (空は美しい)の文の beautiful を強めるために how (very より強い)をつけて ⇨The sky is *how beautiful*. さらに how beautiful を文頭に出して ⇨**How beautiful the sky is!** となる.
　疑問文ではないから×How beautiful *is the sky!* としない.

- **How** fast he runs! (= He runs very fast.) 彼はなんて速く走るのだろう.

- **How** big (it is)! (それは)なんて大きいんだろう.

- **How** kind **of** you! なんてご親切なんでしょう[本当にありがとう].

- **How** I wish to see you! 私はあなたに会うことをどんなに望むことか[ああ, あなたに会いたい].

How about 〜? 〜はどうですか，〜についてどう思いますか →誘(さそ)ったり，意見を求めたりする時に使う.

- **How about** you? あなたはどうですか.

- **How about** playing tennis? テニスをしませんか. →前置詞 about＋動名詞 playing (すること).

- **How about** next Saturday afternoon? 今度の土曜日の午後はいかがですか.

How are you? = *How are you do-*

ing? こんにちは → 知っている人に会った時の挨拶(あいさつ). → ❸

***How come** (〜)?* 《話》(〜は)なぜですか; どうして(〜)ですか

• You are wearing your best clothes today. **How come?** 君はきょうはおめかししていますね. どうしてですか.

• **How come** you are late? (= Why are you late?) なぜ君は遅(おく)れたの?

How do you do? はじめまして, こんにちは → 初対面の人に対して言う挨拶の言葉. 言われたほうも同じ言葉を返す. → **do** 成句

How do [would] you like 〜?
① 〜はどのように調理[処理]するのがいいですか

• **How do you like** your eggs? 卵はどのように調理しましょうか.

② 〜はいかがですか, 〜をどう思いますか → **how** ❹

How much is [are] 〜? 〜はいくらですか

• **How much is** this cap? この帽子(ぼうし)はいくらですか.

***how to** do* どのように〜したらよいか, 〜する方法

• **how to** swim どのように泳いだらよいか[泳ぎ方]

• I don't know **how to** cheer her up. 私は彼女をどう慰(なぐさ)めてよいかわからない.

however 中 A2 /hauévər ハウエヴァ/ 副

❶ しかしながら, だが → 接続詞的な働きがあるので「接続(副)詞」とする分類もある.
類似語 **but** よりも形式張った語. **but** は文頭に置くが **however** は文中・文頭・文末のいずれでもよい.

• This, **however**, is not his fault. しかしこれは彼のあやまちではない.

• They say he is honest. **However**, I do not believe him. 人は彼が正直だと言う. しかし私は彼の言うことを信じない.

❷ たとえどんなに〜でも

• **However** hard you (may) try, you cannot catch me. たとえどんなにやってみても君は私を捕(つか)まえることはできない.

参考 -ever がつく語は, -ever の最初の e にアクセントがある: whoéver, whatéver, whenéver, foréver.

howl /hául ハウる/ 動 (犬・オオカミなど)声を長く引いてほえる, 遠ぼえする; うなる, うめく

—— 名 長く引いてほえる声, 遠ぼえ; うめき声

how's /háuz ハウズ/ **how is** を短くした形

hr(s) 略 =hour(s) (時間)

Hudson /hʌ́dsn ハドスン/ 固名 **(the Hudson** で) ハドソン川 → 大西洋に注ぐ米国の川. ニューヨーク市はその河口にある.

hug A2 /hʌ́g ハグ/ 動 (三単現 **hugs** /hʌ́gz ハグズ/; 過去・過分 **hugged** /hʌ́gd ハグド/; -ing形 **hugging** /hʌ́giŋ ハギング/)
(愛情を込(こ)めて)抱(だ)き締(し)める

—— 名 抱き締めること, 抱擁(ほうよう)

• **give** her **a hug** 彼女を抱き締める

huge 中 /hjú:dʒ ヒューヂ/ 形
巨大(きょだい)な, ばく大な (very large)

• a **huge** sum of money ばく大な金額

• His house is **huge**. 彼の家は巨大だ.

huh 中 /hʌ́ ハ/ 間
❶ (聞き返したり同意を求めて)え?; 〜でしょ
❷ (驚(おどろ)き・軽蔑(けいべつ)を表して)えっ, ふーん

hula /húːlə フーら/ 名 フラダンス → ハワイの民族的な舞踊(ぶよう)や歌唱.

hullo /hʌlóu ハろウ/ 間 名 (複 **hullos** /hʌlóuz ハろウズ/) =hello (やあ, もしもし)

hum /hʌ́m ハム/ 動 (三単現 **hums** /hʌ́mz ハムズ/; 過去・過分 **hummed** /hʌ́md ハムド/; -ing形 **humming** /hʌ́miŋ ハミング/)
(ハチなどが)ぶんぶんいう; ハミングで歌う

—— 名 ぶんぶんいう音

human 中 A2 /hjú:mən ヒューマン/ 形
❶ 人間の
• the **human** race 人類
• **human** nature 人間性
❷ 人間的な, 人間らしい
• a **human** weakness 人間的な弱さ, 人間によくある弱点

—— 名 人間 (human being)

húman béing 名 人, 人間 → 単に **human** ともいう.

humanism /hjú:mənizm ヒューマニズム/ 名
人間中心主義, 人本主義 → 神や自然でなく人間そのものを中心に置く考え方・行動様式.

humanity /hju:mǽnəti ヒューマニティ/ 名 (複 **humanities** /hju:mǽnətiz ヒューマニティズ/)
❶ 人類 (mankind)
❷ 人間性; 人道, 博愛, 思いやり

humankind /hju:mənkáind ヒューマンカイン

human rights 316 three hundred and sixteen

ド/ 名 人類

hùman ríghts 名 人権 →複数扱(あつか)い. 人間にとって当然与(あた)えられていると考えられている権利.

humble /hámbl ハンブる/ 形
❶ 謙遜(けんそん)な, へりくだった, 謙虚(けんきょ)な
❷ みすぼらしい, 粗末(そまつ)な; (身分など)低い

humid /hjú:mid ヒューミド/ 形 (大気が)湿気(しっけ)の多い, じめじめした →damp
• It's **humid** today. きょうは湿度(しつど)が高い.
→ It は漠然(ばくぜん)と大気の「湿度」を指す.

humidity /hju:mídəti ヒューミディティ/ 名 湿気(しっけ), 湿度(しつど)

hummingbird /hámiŋbə:rd ハミングバード/ 名 《鳥》ハチドリ →鳥の中で一番小さい. 細長いくちばしで花の蜜(みつ)を吸い, 飛ぶと羽がぶーんと鳴る.

humor /hjú:mər ヒューマ/ 名
❶ ユーモア, おかしさ, 滑稽(こっけい)さ
関連語 **Wit** causes sudden laughter, but **humor** produces a smile. 機知は爆笑(ばくしょう)を引き起こすが, ユーモアはほほえみを引き出す.
❷ 気分, 機嫌(きげん); 気質

humorous /hjú:mərəs ヒューマラス/ 形 ユーモラスな, おかしい, 滑稽(こっけい)な

humour /hjú:mər ヒューマ/ 名 《英》= humor

hump /hámp ハンプ/ 名 (ラクダなどの背の)こぶ

Humpty Dumpty /hámpti dámpti ハンプティ ダンプティ/ 固名 ハンプティ・ダンプティ

参考 英国に古くから伝わる童謡(どうよう)『マザーグース』などに出て来る卵の形をした人物で, 塀(へい)から落ちて粉々になり起き上がれなかった. 「ずんぐりむっくりの人」のたとえに使われる.

hundred 小 A2 /hándrəd ハンドレド/ 名 (複 hundreds /hándrədz ハンドレヅ/)
100
• a **hundred**=one **hundred** 100
• two **hundred** 200
⚠POINT ×two hundred*s* としない. hundreds とするのは hundreds of ~ などだけ.
• two **hundred** (and) thirty-one 231 → 《米》ではふつう百の位の次に and を入れない.
• a **hundred** thousand (1,000×100で) 10万
• two or three **hundred** 200~300
—— 形 100の
• for a **hundred** years 100年間
• three **hundred** boys 300人の少年
hundreds of ~ 何百という~
• for **hundreds of** years 数百年もの間, 何紀もの間 (for centuries)
• **hundreds of** thousands of locusts 何十万というイナゴ

hundredth /hándrədθ ハンドレドす/ 名形
❶ 100番目(の) ❷ 100分の1(の)

hung /háŋ ハング/ 動 **hang** ❶の過去形・過去分詞

Hungarian /hʌŋgéəriən ハンゲアリアン/ 形 ハンガリーの; ハンガリー人[語]の
—— 名 ハンガリー人[語]

Hungary /háŋgəri ハンガリ/ 固名 ハンガリー →ヨーロッパ中部の共和国. 首都はブダペスト (Budapest).

hunger /háŋgər ハンガ/ 名 飢(う)え, 空腹
• die of **hunger** 餓死(がし)する

hungrily /háŋgrili ハングリリ/ 副 おなかをすかせて; ひもじそうに, がつがつと →hungry+-ly.

hungry 小 A1 /háŋgri ハングリ/ 形
(比較級 **hungrier** /háŋgriər ハングリア/; 最上級 **hungriest** /háŋgriist ハングリエスト/)
❶ 空腹の, 飢(う)えた; 空腹そうな; (仕事などが)お

なかをすかせる
関連語 hunger (空腹), **starve** (飢える)
- be **hungry** おなかがすいている
- feel **hungry** おなかがすく
関連語 I was very **hungry** and **thirsty** after a long walk. 私は長いこと歩いてとてもおなかがすいて喉(のど)が渇(かわ)いた.
- Farming is **hungry** work. 農作業は腹の減る仕事[重労働]だ.

❷(be hungry for ~ で) ~に飢えている
- The orphans **were hungry for** love. みなし子たちは愛に飢えていた.

go hungry 飢える, おなかをすかしている
- Mother said to her child, "Either eat this or **go hungry**." 母親は子供に「これを食べなさい, いやならおなかをすかしていなさい」と言った.

hunt 中 /hʌ́nt ハント/ 動
❶ 狩(か)る, 狩りをする
- **hunt** foxes [deer] キツネ[シカ]狩りをする
- go **hunting** 狩りに出かける
❷ 捜(さが)す, 探し求める
- **hunt** for a job 仕事を探す
── 名 **❶** 狩り
- a fox **hunt** キツネ狩り
- go on a **hunt** 狩りに行く
❷ 捜すこと, 捜索(そうさく)
- the **hunt** for the missing child 行方(ゆくえ)不明の子供の捜索

hunter A2 /hʌ́ntər ハンタ/ 名 猟師(りょうし), 狩猟(しゅりょう)家

hunting /hʌ́ntiŋ ハンティング/ 名 狩(か)り, 狩猟(しゅりょう); 探求
- a **hunting** dog 猟犬(りょうけん) (hound)
- job **hunting** 職探し

hurdle /hə́ːrdl ハ〜ドル/ 名 (競技用の)ハードル; (**hurdles** で) =hurdle race 「(乗り越(こ)えなければならない)困難」の意味でも使われる.

húrdle ràce 名 ハードル競走, 障害物競走

hurl /hə́ːrl ハ〜ル/ 動 強く投げつける

Huron /hjúː(ə)rən ヒュ(ア)ロン/ 固名 (**Lake Huron** で) ヒューロン湖 北米五大湖の1つ. →Great Lakes

hurrah /hurɑ́ː フラー/ 間 万歳(ばんざい)!, フレー!
hurray /huréi フレイ/ 間 =hurrah
hurricane /hə́ːrəkein ハ〜リケイン|hʌ́rikən ハリケン/ 名 ハリケーン メキシコ湾(わん)などで発生し, 米国諸州を襲(おそ)う大旋風(せんぷう).

hurt

類似語 フィリピン周辺の太平洋上に発生し, 中国沿岸・日本を襲うものは **typhoon** と呼ばれる.

hurried /hə́ːrid ハ〜リド/ 形 大急ぎの, 慌(あわ)てた, 慌ただしい →hurry
hurriedly /hə́ːridli ハ〜リドリ/ 副 大急ぎで, 慌(あわ)てて, 慌ただしく

hurry 中 A1 /hə́ːri ハ〜リ|hʌ́ri ハリ/ 動
(三単現 **hurries** /hə́ːriz ハ〜リズ/; 過去・過分 **hurried** /hə́ːrid ハ〜リド/; -ing形 **hurrying** /hə́ːriiŋ ハ〜リイング/)

❶ 急ぐ, 急いで行く
- **hurry** home 急いでうちへ帰る →home は「家へ」という意味の副詞.
- **hurry** back 急いで帰る
- **hurry** into [out of] the house 急いでうちへ入る[うちから出る]
- He always **hurries** home when school is over. 学校が終わると彼はいつも急いでうちへ帰る.
- He **hurried** to the station. 彼は駅へ急いだ.
❷ 急がせる, せかす; 急いで行かせる[送る]
- **hurry** the work 仕事を急がせる
- He is eating, so don't **hurry** him. 彼は食事中だからせかしてはいけない.
- The injured man was **hurried** to the hospital. そのけが人はすぐ病院に運ばれた. →was 助動

hurry along 急いで行く
hurry up 急ぐ; 急がせる
- **Hurry up** or you'll be late for school. 急ぎなさい, そうしないと学校に遅(おく)れるよ. →「命令文+or」の or は「そうしないと」と訳す.

── 名 急ぐこと, 急ぎ
- There is no (need for) **hurry**. 急ぐことはない.

in a hurry 急いで, 慌(あわ)てて; あせって
- He left **in a** great **hurry**. 彼はとても急いで[あたふたと]立ち去った.
- The children were **in a hurry** to go outside and play. 子供たちは早く外へ遊びに行こうと急いでいた.

hurt 中 A1 /hə́ːrt ハ〜ト/ (→ /əːr ア〜/ は口をあまり開けずに発音する. 口を大きく開けて発音する heart /hɑ́ːrt ハート/ (心)と混同しないこと) 動
三単現 **hurts** /hə́ːrts ハ〜ツ/
過去・過分 **hurt** →原形と同じ形であることに

husband

318 three hundred and eighteen

注意.

-ing形 **hurting** /hə́:rtiŋ ハ～ティンヶ/
(肉体・感情などを)**傷つける**, **痛くする**, **害する**;
(傷などが)**痛む**

• My knees **hurt**. 私の膝(ひざ)は痛む[私は膝が痛い].

• These new shoes **hurt** (my feet). この新しい靴(くつ)は(足が)痛い.

• Sticks and stones may break my bones, but words can never **hurt** me. 棒や石なら骨が折れるかもしれないけど, 言葉でけがをすることはないよ[悪口なんていくら言われたって平気さ].

• His heart **hurts** when he thinks of his sick old mother. 年老いた病気の母のことを思うと彼の心は痛む.

• He fell and **hurt** his ankle. 彼は転んで足首を痛めた. ➡この hurt は過去形. 現在形なら hurts.

• When I was little, I often **hurt** myself. 小さいころ私はよく(自分自身を傷つけた ⇨)けがをした.

• I am afraid I **have hurt** her feelings. 私は彼女の感情を害したようだ. ➡この hurt は過去分詞. have hurt は現在完了(かんりょう)形. → **have** 助動 ❶

• Aren't you **hurt**? おけがはないですか.

🔵POINT この hurt は過去分詞で, 文字どおりには「けがをさせられていないか」だが, こういう場合の hurt は「けがをしている」という意味の形容詞に近い. 次の例も同じ.

• He got **hurt** in jumping down. 飛び降りた時に彼はけがをした.

— 名 **けが; 傷;** (精神的)**苦痛**

husband A1 /hʌ́zbənd ハズバンド/ 名 **夫**

• **husband** and wife 夫婦(ふうふ) ➡対句(ついく)で使われる時は ×a, ×the をつけない.

hush /hʌ́ʃ ハシュ/ 動 **黙**(だま)**らせる, 静かにさせ**

る; 黙る, 静かにする

— 名 **静けさ, 静粛**(せいしゅく)

husk /hʌ́sk ハスク/ 名 (穀類などのかさかさしている)**外皮, 殻**(から); 《米》**トウモロコシの皮**

— 動 **〜の殻を取る[むく]**

husky /hʌ́ski ハスキ/ 形 (比較級 **huskier** /hʌ́skiər ハスキア/; 最上級 **huskiest** /hʌ́skiist ハスキエスト/) (声が)**かれた, ハスキーな** ➡ husk+-y.

hut /hʌ́t ハト/ 名 (粗末(そまつ)な)**小屋, ほったて小屋**

hyacinth /háiəsinθ ハイアスィンす/ 名 **ヒヤシンス** ➡春に咲(さ)くユリ科の花.

Hyde Park /háid pɑ́:rk ハイド パーク/ 固名 **ハイドパーク** ➡ロンドン市内の広大な公園. ロンドンでは単に **the Park** ともいう. →**Speakers' Corner**

hydrant /háidrənt ハイドラント/ 名 **消火栓**(せん) ➡**fire hydrant** ともいう.

hydrogen /háidrədʒən ハイドロヂェン/ 名 《化学》**水素** ➡元素記号 H.

hyena /haií:na ハイイーナ/ 名 《動物》**ハイエナ**

hymn /hím ヒム/ 名 (キリスト教の教会で使う)**賛美歌**

hyper- /háipər ハイパ/ 接頭辞 「**超越した**」, 「**過度の**」, 「**リンクのある**」という意味の語をつくる.

• **hyper**inflation 異常に高いインフレ

• **hyper**link ハイパーリンク ➡ウェブページにある他のウェブページなどへ簡単に移るための設定がしてある文字列.

• **hyper**text ハイパーテキスト ➡ウェブページなどに使う, ハイパーリンクを埋(う)め込んである文書.

• **hyper**ventilation 《医学》過呼吸

hyphen /háifən ハイフェン/ 名 **ハイフン,**「**-**」**符号**(ふごう) ➡2語を結び付けて1語にする時や, 1つの語を2行にまたがって書く時などに使う.

I i ℐi

I¹, i /ái アイ/ 名 (複 **I's, i's** /áiz アイズ/)
❶ アイ → 英語アルファベットの9番目の文字.
❷ (ローマ数字の) 1
• **II, ii** =2
• **VI, vi** (V+Iで) =6
• **IX, ix** (X−Iで) =9

I² 小 A1 /ái アイ/ 代 (複 **we** /wi ウィ/)
私は, 私が

POINT 話し手が自分のことを指す言葉. 性別・年齢(ねんれい)に関係なく, 英語ではすべて I.

関連語 **my** (私の), **me** (私を[に]), **mine** (私のもの)

I の変化

	単 数 形	複 数 形
主 格	**I** (私は[が])	we (私たちは[が])
所 有 格	**my** (私の)	our (私たちの)
目 的 格	**me** (私を[に])	us (私たちを[に])
所有代名詞	**mine** (私のもの)	ours (私たちのもの)

基本 **I am** Japanese. 私は日本人です. → I は文の主語.

How are you, Ken? — **I'm** (= **I am**) fine, thank you.
元気かい, ケン.— (私は) 元気です, ありがとうございます.

• **I** love you. 私はあなたを愛しています.
関連語 **You** and **I** are friends. 君と僕(ぼく)は友達だ.

POINT I は文中のどこにあっても常に大文字. ふつう ×*I and you* とせず, ほかの人を指す名詞・代名詞と並べる時は I は最後に来る.

関連語 **My** purse was stolen and **I** have no money with **me**. 私は財布(さいふ)を盗(ぬす)まれてお金の持ち合わせがありません.

IA 略 =Iowa
ibis /áibis アイビス/ 名 《鳥》トキ

ice 小 A1 /áis アイス/ 名

❶ 氷
• The lake is covered with **ice**. 湖は氷で覆(おお)われている. →×*an* ice, ×ice*s* としない.
• She put some **ice** in her drink. 彼女は飲み物に氷を入れた. →×some ice*s* としない.
• I slipped on the **ice**. 私は氷の上で滑(すべ)った. → 張っている氷はふつう the をつける.
❷ アイス → 《英》 では **ice cream** のこと. 《米》ではシャーベットのように果汁(かじゅう)などを凍(こお)らせたもの.

break the ice 堅(かた)苦しい雰囲気(ふんいき)を和(やわ)らげる
• His joke **broke the ice**. 彼の冗談(じょうだん)が(張り詰めた)雰囲気を和らげた.
—— 動 凍らせる; 氷で冷やす; 凍る (freeze) → **iced**

iceberg /áisbə:rg アイスバ〜グ/ 名 氷山
icebox /áisbɑks アイスバクス/ 名 (氷を使う)冷蔵庫; (電気)冷蔵庫 (refrigerator)

ice cream 中 A1 名
アイスクリーム

iced /áist アイスト/ 形 氷で冷やした
• **iced** coffee [tea] アイスコーヒー[ティー] → ×*ice* coffee [tea] とはいわない.

ice hockey 小 名 アイスホッケー → **hockey**

Iceland /áisland アイスランド/ 固名 アイスランド → 北極圏(けん)に接する世界最北の共和国. 首都はレイキャビク (Reykjavik).

ice lolly /áis lɑ̀li アイス らり/ 名 《英》アイスキャンディー (《米》 Popsicle) → **lollipop**

ice-skate /áis skeit アイス スケイト/ 動 アイススケートをする

ice skates 名 アイススケート靴(ぐつ)

ice-skating /áis skeitiŋ アイス スケイティング/

名 アイススケート

icicle /áisikl アイスィクる/ 名 つらら

icy /áisi アイスィ/ 形 (比較級 **icier** /áisiər アイスィア/; 最上級 **iciest** /áisiist アイスィエスト/) (→ ice+-y)
❶ 氷の, 氷の張った
❷ 身を切るように寒い

ID[1] A2 /áidí: アイディー/ 略 ❶ (**ID card** とも) 身分証明書 →**identity** [**identification**] **card**. ❷ (インターネット (Internet) の)個人識別番号

ID[2] 略 =Idaho

I'd /áid アイド/ **I would**, **I should**, **I had** を短くした形
- **I'd** (=I would [should]) like to see it. それを見たいものです.
- **I'd** (=I had) better drive you home. 私は君を車でお宅まで(お送りしたほうがよい⇨)お送りしましょう.

Idaho /áidəhou アイダホウ/ 固名 アイダホ → 米国北西部のロッキー山脈にかかる州. **Ida.**, **Id.**, (郵便で) **ID** などと略す.

idea
小 A1 /aidí:ə アイディーア | aidíə アイディア/ 名 (複 **ideas** /aidí:əz アイディーアズ/)
❶ (ふとした)思いつき, 考え, アイデア
- hit upon a good [bright] **idea** すばらしい考えを思いつく
- I have an **idea**. 私に(いい)考えがある.
- That's a good **idea**. それはいい考え[アイデア]だ.

❷ 見当, 想像 → 疑問文・否定文で使うことが多い.
- Do you have any **idea** what it is about? それが何についてのことだかわかりますか.
- I **have no idea** who did this. 誰(だれ)がこんなことをしたか私はさっぱりわからない.

会話
Will he come to the party?—**I've no idea**.
彼はパーティーに来るかしら.—さあ, わかりません.

❸ (はっきりした)思想, 考え
- Eastern [Western] **ideas** 東洋[西洋]思想
- This is my **idea** of education. これが私の教育についての考え[私の教育観]です.

ideal A1 /aidí:əl アイディーアる/ 形
理想的な, 申し分ない
—— 名 理想; 理想の人[物]

identification /aidentəfikéiʃən アイデンティふィケイション/ 名 ❶ ~が誰(だれ)[何, どれ]であるかを確認(かくにん)すること, (身元)確認
❷ 身元を証明するもの, 身分証明書 (**identification card**) →**ID**[1]

identify /aidéntəfai アイデンティふァイ/ 動 (三単現 **identifies** /aidéntəfaiz アイデンティふァイズ/; 過去・過分 **identified** /aidéntəfaid アイデンティふァイド/; -ing形 **identifying** /aidéntəfaiiŋ アイデンティふァイイング/)
見分ける, (~が誰(だれ)[何, どれ]であるかを)確認(かくにん)する

identify oneself 身元を明らかにする, (~と)名乗る

identify with ~ ~と同じだと感じる, ~に共感する

identity /aidéntəti アイデンティティ/ 名 (複 **identities** /aidéntətiz アイデンティティズ/)
❶ ~が誰(だれ)[何, 誰の物]であるかということ, (人の)正体, 身元
❷ 自分が何者であるかということ(の確認(かくにん)), 自分の主体性, 本当の自分

idéntity càrd 名 身分証明書 →**ID** (**card**), **identification card** ともいう.

idiom /ídiəm イディオム/ 名 熟語, 成句, イディオム → たとえば at once (直ちに)のようにその個々の単語の意味を単に組み合わせたのとは別の意味を持つ句.

idle /áidl アイドる/ 形
❶ 仕事をしていない, 暇(ひま)な
❷ 怠(なま)け者の (lazy)
❸ 何にもならない, 無駄(むだ)な

idleness /áidlnis アイドるネス/ 名 何もせずにいること, 怠(なま)けること, 怠惰(たいだ)

idol /áidl アイドる/ 名 偶像(ぐうぞう); アイドル

if
中 A1 /if イふ/

[接] ❶ もし(〜する)ならば　　　　意味 map
　　❷ たとえ〜でも
　　❸ 〜かどうか

—— [接] ❶ もし(〜する)ならば

[基本] **If** you are busy, I will come again. お忙(いそが)しければまた来ます. → If＋文, ＋文.

●**If** it rains tomorrow, I'll stay home. もしあした雨が降れば, 私は家にいます.

[POINT] 未来のことを仮定する時でも現在形を使い, ×If it *will rain* tomorrow としない.

[基本] I will help you **if** you are busy. 君が忙しいなら私は手伝います. → 文＋if＋文.

●**If** I had a bike, I would go cycling. もし私が自転車を持っていたら, サイクリングに行くのに. → 仮定法の文.

❷ たとえ〜でも → **even if** ともいう.

●I don't care (even) **if** he is fat. 彼が太っていても私は気にしない.

●Even **if** I say so, he will not believe it. たとえ私がそう言っても彼はそれを信じないだろう. → 文頭ではふつう even は省略しない.

❸ 〜かどうか

●Do you know **if** he will come? 彼が来るかどうか君は知っていますか.

●I will ask him **if** he can come. 彼が来られるかどうか聞いてみよう.

as if まるで〜かのように → **as** 成句
even if 〜 たとえ〜でも → ❷ の意味の強調形.
if any もしあるなら → **any** 成句
if anything どちらかと言えば
if not もしそうでなかったら; 〜でないとしても

●Are you free today? **If not**, I will call on you tomorrow. きょうはお暇(ひま)ですか. お暇でなければ明日参ります. → If not＝**If** you are **not** free today.

if possible もしできれば → **possible** 成句
if you like もしあなたがよければ
if you please よろしければ; どうぞ

ignition /igníʃən イグニション/ [名] 点火, 発火

ignore /ignɔ́ːr イグノー/ [動] (わざと)知らないふりをする, 見て見ぬふりをする, 無視する

iguana /igwáːnə イグワーナ/ [名] 《動物》イグアナ

IL [略] ＝Illinois

ill [A2] /íl イル/ [形] (比較級 **worse** /wə́ːrs ワ〜ス/; 最上級 **worst** /wə́ːrst ワ〜スト/)

❶ 病気で, 気分が悪くて → この意味では名詞の前

にはつけない. → ❷

●Bob is **ill**. ボブは病気だ. → 《米》ではふつう Bob is **sick**. という.

●He feels **ill**. 彼は気分が悪い.

●He looks **ill**. 彼は顔色が悪い[病気じゃないか].

[反対語] Are you **ill**, too? —No, I'm **well**. 君も具合が悪いのですか. —いいえ, 私は元気です.

●He became [got] **ill** from eating too much. 彼は食べ過ぎて具合が悪くなった.

❷ 悪い (bad); 不吉(ふきつ)な → 名詞の前にだけつける.

●**ill** will [luck] 悪意[不運]

—— [副] (比較級 **worse** /wə́ːrs ワ〜ス/; 最上級 **worst** /wə́ːrst ワ〜スト/) 悪く

●Science must not be **ill** used. 科学は悪用されてはならない.

●Don't **speak ill of** others behind their backs. いないところで他人の悪口を言うな[陰口(かげぐち)をきくな].

I'll [áil アイル] **I will, I shall** を短くした形

●**I'll** come again tomorrow. 私はあしたまた来ます.

illegal [A2] /ilíːgəl イリーガル/ [形] 違法(いほう)の, 不法の, 法律[規則]違反の → **legal**

Illinois /ilənɔ́i イリノイ, ilənɔ́iz イリノイズ/ [固名] イリノイ → 米国中部の州. **Ill.**, (郵便で) **IL** と略す.

illiteracy /ilítərəsi イリテラスィ/ [名] 読み書きができないこと, 文盲(もんもう); 無学, 無教養

illiterate /ilítərət イリテレト/ [形] 読み書きができない, 文盲(もんもう)の; 無学な, 無教養な

illness /ílnis イルネス/ [名] 病気

illuminate /ilúːmineit イルーミネイト/ [動] ❶ 照明をつける, 明るくする (light up) ❷ 明らかにする, 解明する

illumination /iluːmənéiʃən イルーミネイション/ [名] 照明; (**illuminations** で) (建物などの)イルミネーション

illustrate /íləstreit イラストレイト/ [動] ❶ (実例・図などで)説明する ❷ (本などに)絵や図を入れる

illustration /iləstréiʃən イラストレイション/ [名] ❶ 挿(さ)し絵, イラスト, 図解 ❷ (実例・図などによる)説明

illustrator /íləstreitər イラストレイタ/ [名] イラストレーター, 挿(さ)し絵画家

I'm [小] /áim アイム/ **I am** を短くした形

image [A2] /ímidʒ イメヂ/ (→×/イメーヂ/ ではな

imaginary 322 three hundred and twenty-two

い) 名 ❶ 像
•an **image** of Buddha 仏の像
❷ 心に浮(う)かぶ像, イメージ
•I still have a clear **image** of her. 私には今でも彼女の姿がはっきりと思い出せる.

imaginary /imǽdʒəneri イマヂネリ/ 形 想像上の, 想像による

imagination A2 /imædʒənéiʃən イマヂネイション/ 名 想像; 想像力

imagine 中 A1 /imǽdʒin イマヂン/ 動
❶ 想像する, 心に思い描(えが)く
•Try to **imagine** life on the moon. 月世界での生活を想像してごらんなさい.
❷ 〜と考える, 〜と思う (think)
•I **imagine** he will come. 私は彼が来るような気がします.

imitate /ímiteit イミテイト/ 動 ❶ まねる, 見習う ❷ 〜に似せて作る, 模造する

imitation /imətéiʃən イミテイション/ 名 まね, 模倣(もほう); 模造(品)
—— 形 模造の, 人造の

immediate /imí:diit イミーディエト/ 形 すぐの, 即刻(そっこく)の

immediately /imí:diitli イミーディエトリ/ 副 すぐに, 直ちに (at once)

immense /iméns イメンス/ 形 広大な, 巨大(きょだい)な, ばく大な

immigrant /ímigrənt イミグラント/ 名 (他国から来た)移住者, 移民 →emigrant

immigrate /ímigreit イミグレイト/ 動 (他国から)移住して来る →emigrate

immigration /imigréiʃən イミグレイション/ 名 (他国からの)移住, 移民; 入国管理(事務所) →emigration

immortal /imɔ́:rtl イモートる/ 形 不死の, 不滅(ふめつ)の

impact A2 /ímpækt インパクト/ 名 衝撃(しょうげき); 影響(えいきょう), 効果

impairment /impéərmənt インペアメント/ 名 損(そこ)なう[損なわれる]こと, 損傷

impala /impɑ́:lə インパーら/ 名 《動物》インパラ →アフリカ産の中型のウシ科の動物.

impatient A2 /impéiʃənt インペイシェント/ 形
❶ 我慢(がまん)のできない, せっかちな; いらいらして →patient
•grow **impatient** いらいらしてくる
•Don't be so **impatient** at [**with**] him. He's doing his best. 彼にそういらいらするな. 彼は精いっぱいやっているんだ.
•I was **impatient** for him to arrive. 私はじりじりしながら彼の到着(とうちゃく)を待った.
❷ (be impatient to do で) とても〜したがる
•He **was impatient to** see her. 彼は彼女に会いたくてたまらなかった.

imperial /impí(ə)riəl インピ(ア)リアる/ 形 帝国(ていこく)の; 皇帝(こうてい)の

impolite /impəláit インポらイト/ 形 無作法な, 失礼な →polite

import /impɔ́:rt インポート/ 動 輸入する
•**import** coffee **from** Brazil ブラジルからコーヒーを輸入する
反対語 Our country **imports** oil and **exports** products made from oil. わが国は石油を輸入し, 石油製品を輸出する.
—— /ímpɔ:rt インポート/ (→動詞とのアクセントの位置の違(ちが)いに注意) 名 輸入; 輸入品

importance 中 A2 /impɔ́:rtəns インポータンス/ 名 重要性, 重大さ, 大切さ
•the **importance** of good health 健康の重要さ, 健康が大切なこと
•a matter **of importance** (= an important matter) 重大な事
•It is **of** little [no] **importance**. それはあまり[全く]重要でない.

important 中 A1 /impɔ́:rtənt インポータント/ 形 (比較級 **more important**; 最上級 **most important**)
❶ 重要な, 重大な; 大切な
基本 an **important** letter 重要な手紙 →important+名詞.
基本 Health is very **important** to our happiness. 健康は私たちの幸福にとってたいへん重要です. →be 動詞+important.
•**It is** very **important** to be punctual [**that** we should be punctual]. 時間を守るということはとても大切なことだ. →It=不定詞 to be [that] 以下.
•Health is **more important** than wealth. 健康は富よりも重要だ.
•Health is one of **the most important** things in our life. 健康は私たちの生活の中で最も重要なものの1つだ.
❷ 偉(えら)い, 有力な; 偉そうな
•an **important** person 偉い人, 有力者

importantly A2 /impɔ́ːrtəntli インポータントり/ 副 《ふつう **more [most] importantly** で，文全体を修飾(しゅうしょく)して》さらに[最も]重要なことには

impossible A2 /impásəbl インパスィブる/ 形
不可能な; ありえない 反意語 **possible** (可能な)
• an **impossible** task 実行不可能な仕事
• It is **impossible for** her **to** do this work in a day or two. 彼女がこの仕事を1日か2日ですることは不可能である. →It=不定詞 to do (すること)以下.「彼女が～することは不可能だ」を×*She is* impossible to do ～ としない.

impress A2 /imprés インプレス/ 動
❶ 感動させる，感銘(かんめい)を与(あた)える
• This book did not **impress** me at all. この本は私に全然感銘を与えなかった.
• I was deeply **impressed by [with]** his words. 私は彼の言葉に深く感動した. →受け身形(感動させられた)であるが「感動した」と訳す.
❷ 印象を与える，印象づける
• He **impressed** me **as** frank [a frank person]. 彼は率直(そっちょく)(な人)だという印象を私に与えた.

impression /impréʃən インプレション/ 名
❶ 印象
• my first **impressions** of London ロンドンに対する私の第一印象
• make a good [poor] **impression** (on ～) (～に)よい[よくない]印象を与(あた)える
❷ 感銘(かんめい)，感動
• This book made a deep **impression** on me. この本は私に深い感銘を与えた.

impressive /imprésiv インプレスィヴ/ 形 印象的な，感銘(かんめい)を与(あた)える

imprint /imprínt インプリント/ 動 (印などを)押(お)す; (心などに)刻み込(こ)む，刻印する

imprinting /impríntiŋ インプリンティング/ 名
《生物・心理》刷り込(こ)み，刻印づけ →生後まもなくの鳥類や哺乳(ほにゅう)類に起こる学習現象で，この時期に見た動く物や，聞いた鳴き声などを母親のものとして生涯(しょうがい)記憶(きおく)に残すこと.

improbable /imprábəbl インプラバブる/ 形
起こりそうもない; 本当らしくない

improve 中 A2 /imprúːv インプルーヴ/ 動
よりよくする，改良する，改善する; よくなる，進歩する
• **improve** *one's* life [health] 生活を改善す

る[健康を増進する]
• His health is **improving**. 彼の健康はよくなってきています.

improvement /imprúːvmənt インプルーヴメント/ 名 改善(点)，改良; 進歩，上達

impulse /ímpʌls インパるス/ 名 (心の)衝動(しょうどう)

IN 略 =Indiana

in 小 A1 /in イン/

前 ❶《(場所)》～の中に，～(の中)で[の];《(乗り物)》～に乗って，～で ❷《(方向)》～(のほう)に ❸《(時間)》～に ❹《(時の経過)》～のうちに，～で ❺《(状態・方法)》～で;《(材料)》～で(作った);《(服装)》～を着て ❻《(範囲(はんい)・観点)》～の点で(は)，～について(の)	意味map
副 ❶ 中に ❷ 到着(とうちゃく)して	

―― 前 ❶《(場所)》～(の中)に，～(の中)で[の];《(乗り物)》～に乗って，～で

成句基本 a lion **in** the cage おりの中のライオン →名詞+in+名詞.

成句基本 play **in** the house 家の中で遊ぶ →動詞+in+名詞.

• live **in** Kyoto [Japan] 京都[日本]に住む
• go out **in** the rain 雨の中を出て行く

会話 What do you have **in** your hand? —I have a pen **in** my hand. 君は手に何を持っているの.―私は手にペンを持っている.

• I read the news **in** the newspaper yesterday. 私は昨日新聞でそのニュースを読んだ.

• They talk to each other in English **in** and out of their classes. 彼らは授業でも授業以外でも互(たが)いに英語で話す. →in English の in については →❺

• What club are you **in** at school? 君は学校で何クラブに入っているの. →意味のつながりの上では in what club であるが，what は疑問詞なので what club は文頭に出る.

❷《(方向)》～(のほう)に
• go **in** that direction そっちの方向へ行く →×*to* that direction としない.
• The sun rises **in** the east. 太陽は東に[東から]昇(のぼ)る. →×*from* the east としない.

in 小 A1 /イン/

〜の中で

基本の意味

「(境界のある空間)の中で」が基本の意味(前❶・副❶). 何かの中にいる[ある]という意味から,「〜の中に」向かって行く移動の意味(前❶・副❶)が生じ, 移動の方向に注目すると 前❷「〜のほうに」の意味になる. 時間の流れの中のある範囲に注目すると 前❸「(年・月・季節など)に」の意味になり, ある時点からの一定の時間幅に注目すると 前❹「〜のうちに」の意味になる. 前❺状態・方法・材料や 前❻範囲などの意味は「抽象的な範囲の中で」という限定を表す.

教科書によく出る 使い方

- 前 ❶ There are five students **in** the classroom. 教室には生徒が 5 人いる.
- 前 ❷ Kyoto is **in** the east of Osaka. 京都は大阪の東にある.
- 前 ❸ I was born **in** 2007. 私は 2007 年に生まれた.
- 前 ❹ I'll finish my paper **in** a few days. あと数日でレポートを仕上げます.
- 前 ❺ Please write your name **in** katakana. お名前をカタカナで書いてください.
- 前 ❻ My sister is taking a course **in** French history.
  姉はフランス史の授業をとっている.

教科書によく出る 連語

come in 入る, 入って来る
  May I **come in**? 入ってもいいですか.

take part in 〜 〜に参加する, 〜に加わる
  I'd like to **take part in** the volunteer activity.
  私はそのボランティア活動に参加したい.

●**In** what direction did they go? どっちの方向へ彼らは行きましたか.

❸《時間》〜に

•**in** 2026（読み方: twenty twenty-six, two thousand (and) twenty-six）2026年に

•**in** April 4月に

•**in** summer 夏に

関連語 **at** three **on** the third of March **in** 2026 2026年3月3日の3時に

⚠POINT 「時刻」の前には **at**,「日」の前には **on** を使う.

•**in** the morning 朝(に), 午前中に

•**in** my younger days 私の若いころに → days＝時代.

❹《時の経過》〜のうちに, 〜で

•**in** a week 1週間たてば, 1週間で

•**in** a few days 2〜3日のうちに

•**in** a short time しばらくすれば

❺《状態・方法》〜で, 〜になって;《材料》〜で(作った);《服装》〜を着て

•**in** good health 健康で

•**in** surprise びっくりして

•dance **in** a circle 輪になって踊(おど)る

•**in** this way この方法で, こういう風に

•speak **in** English 英語で話す

•talk **in** a loud voice 大声でしゃべる

•a statue **in** bronze 青銅の像, 銅像

•a man **in** black 黒い服の男

•The roses are **in** full bloom now. バラは今満開です.

•This book is written **in** easy English. この本は易(やさ)しい英語で書かれている.

•You look great **in** that sweater. そのセーターを着るとすてきに見えるわ.

•What language was the letter written **in**? その手紙は何語で書かれていたのですか. → 意味のつながりの上では in what language (何語で)であるが, what は疑問詞なので文頭に出る.

ことわざ A friend **in** need is a friend indeed. 困っている時の[時に助けてくれる]友人が本当の友人.

❻《範囲・観点》〜において

•**in** one way ある点で

•**in** my opinion 私の意見では

•succeed **in** an examination 試験に合格する

•an examination **in** English 英語の試験

•He is blind **in** one eye. 彼は片方の目が見えない.

•It is ten feet **in** length [depth, height, width]. それは長さ[深さ, 高さ, 幅(はば)]が10フィートです.

•The flowers are all different **in** color. それらの花は皆(みな)色が違(ちが)います.

── /in イン/ 副

❶ 中に, 中へ, 内に[へ]

•jump **in** 飛び込(こ)む

•run **in** 駆(か)け込む

•Come **in**. お入りなさい.

•Is Bob **in**? ボブはうちにいますか.

•Let me **in**. (私を中に)入れてください.

反対語 Bob goes **in**, and Ann comes **out**. ボブは中に入り, アンが中から出てくる.

❷ 到着して, 来て

•By then all the reports from them were **in**. その時までには彼らからの報告がすべて届いていた.

in. 略 ＝**in**ch(es) (インチ)

Inca /íŋkə インカ/ 名 インカ人; (the Incas で) インカ民族 → 12世紀頃(ごろ)から南米ペルーを中心に広大な帝国(ていこく)を築いた. 16世紀にスペイン人の侵略(しんりゃく)によって滅(ほろ)ぼされた.

inch A2 /íntʃ インチ/ 名 インチ → 長さの単位. 1 inch＝$^1/_{12}$ foot (＝2.54 cm). **in.** と略す.

•She could not move an **inch**. 彼女は1インチも[一歩も]動けなかった.

•I am five feet ten **inches** (tall). 私は5フィート10インチの高さです[身長5フィート10インチです].

every inch どこからどこまで, すっかり

inch by inch ＝***by inches*** 1インチ1インチと, 少しずつ, 次第(しだい)に (slowly, gradually)

incident /ínsidənt インスィデント/ 名 出来事 (event, happening)

incline /inkláin インクらイン/ 動 傾(かたむ)く; (心などを)傾ける, (頭・体などを)曲げる

include 中 A2 /inklú:d インクるード/ 動 含(ふく)む, 入れる

反対語 **exclude** (除外する)

•The price does not **include** shipping (costs). 価格は送料を含んでいません.

•Is my name **included in** the list? 名簿(めいぼ)には私の名前が含まれていますか.

including /inklú:diŋ インク**る**ーディンヶ/ 前
～を含(ふく)めて

• There were thirty people on the bus, **including** the guide. バスにはガイドも含めて30人乗っていた.

income /ínkʌm インカム/ 名 定収入, 所得

incomplete /inkəmplí:t インコンプリート/ 形 不完全な, 未完成の 反対語 **complete** (完全な)

inconvenience /inkənví:njəns インコンヴィーニェンス/ 名 不便; 迷惑(めいわく); 面倒(めんどう)な事 反対語 **convenience** (便利)

inconvenient /inkənví:njənt インコンヴィーニェント/ 形 不便な, 都合の悪い, 面倒(めんどう)な 反対語 **convenient** (便利な)

incorrect /inkərékt インコレクト/ 形 正しくない, 間違(まちが)っている 反対語 **correct** (正しい)

increase 中 A2 /inkrí:s インクリース/ 動 増やす; 増える, 増加する 反対語 **decrease** (減る; 減少)

• **increase in** number 数が増す

• **increase** speed スピードを増す[上げる]

• This city is **increasing in** population. この町は人口が増加している.

—— /ínkri:s インクリース/ (→動詞とのアクセントの位置の違(ちが)いに注意) 名 増加

• an **increase in** population 人口の増加

• The population of this city is **on the increase** (＝is increasing). この町の人口は増加の傾向(けいこう)にある.

increasingly /inkrí:siŋli インクリースィンヶリ/ 副 ますます (more and more)

incredible /inkrédəbl インクレディブる/ 形
❶ 信じられない(ほどの), 途方(とほう)もない (unbelievable)
❷ 《話》 とてもすばらしい (wonderful)

incredibly /inkrédəbli インクレディブリ/ 副 非常に; 信じられないほど

indeed A2 /indí:d インディード/ 副 実に, 全く, 本当に, 実際

• He is **indeed** a clever boy. 彼は実に利口な少年です.

• It's very cold **indeed**. ひどく寒いね.

• Thank you very much **indeed**. 本当にありがとうございます.

会話 How lovely the baby is!—Yes, **indeed**. 赤ちゃんは何てかわいいんでしょう.—ええ, 本当に.

ことわざ A friend in need is a friend in-

deed. 困っている時の[時に助けてくれる]友人が本当の友人.

～ indeed, but … ＝Indeed ～, but …
確かに～ではあるが… →相手の言うことを一応認めた上で, 別の視点から自分の意見を加える時に使う.

• He is young **indeed** [**Indeed** he is young], **but** he is reliable. 確かに彼は年は若いが信頼(しんらい)はできる.

independence A2 /indipéndəns インディペンデンス/ 名 独立

• **win** [**gain**] **independence** from ～ ～から独立を勝ち取る

Indepéndence Dày 名 (米国の)独立記念日 →米国で7月4日の独立宣言発布を記念する日. **the Fourth** (**of July**) ともいう.

independent /indipéndənt インディペンデント/ 形 独立した, 自主的な; 無党派の

independently /indipéndəntli インディペンデントリ/ 副 独立して; 他と無関係に, 自由に

index /índeks インデクス/ 名 索引(さくいん), インデックス

índex finger 名 人差し指 (forefinger)

India 小 /índiə インディア/ 固名 インド →南アジアにあるイギリス連邦(れんぽう)に属する共和国. 首都はニューデリー (New Delhi). 700以上の方言があるが, 公用語としてはヒンディー語などが使われ, 日常では英語も広く使われている.

Indian /índiən インディアン/ 形
❶ インドの; インド人の
❷ 北米先住民の, (アメリカ)インディアンの
—— 名 ❶ インド人
❷ 北米先住民, (アメリカ)インディアン (American Indian) →今は Native American という言い方が好まれる.

Indiana /indiǽnə インディアナ/ 固名 インディアナ →アメリカ中部の小さな州. **Ind.**, (郵便で) **IN** と略す.

Indianapolis /indiənǽpəlis インディアナポリス/ 固名 インディアナポリス →米国インディアナ州の州都. →**Indiana**

Índian Ócean 固名 (**the** をつけて) インド洋

Índian súmmer 名 インディアンサマー →アメリカ北部・カナダで, 晩秋から初冬にかけて起こる, 穏(おだ)やかで暖かい日. 風もなく空気がすむ日々が1週間以上も続く.

indicate A2 /índəkeit インディケイト/ 動 指し

示す, 表す

indication /ìndəkéiʃən インディケイション/ 名
指示, 印

indifference /indífərəns インディふァレンス/ 名 無関心, 冷淡(れいたん)さ

indifferent /indífərənt インディふァレント/ 形 無関心な, 冷淡(れいたん)な

indigo /índigou インディゴウ/ 名 藍(あい), 藍色

indirect /ìndirékt インディレクト, ìndairékt インダイレクト/ 形 直接的でない, 間接的な; (道が)遠回りの 反対語 direct (直接的な)

individual /indivídʒuəl インディヴィデュアる/ 形 → 名詞の前にだけつける. ❶ 個々の, それぞれの ❷ 個人(用)の, 個人的な
—— 名 個人

Indonesia /ìndəníːʒə インドニージャ/ 固名 インドネシア → アジア南東部の共和国. 首都はジャカルタ (Jakarta). 公用語はインドネシア語.

Indonesian /ìndəníːʒən インドニージャン/ 形 インドネシアの; インドネシア人[語]の
—— 名 インドネシア人[語]

indoor A2 /índɔːr インドー/ 形 家の中の, 屋内の 反対語 outdoor (屋外の)
• **indoor** games 屋内競技
• an **indoor** swimming pool 屋内プール

indoors /índɔːrz インドーズ/ 副 家の中に, 屋内で 反対語 outdoors (屋外で)
• stay [keep] **indoors** 家の中にとどまる

industrial /indʌ́striəl インダストリアる/ 形 産業の, 工業の → industry ❶
• an **industrial** country 工業国
• **industrial** waste 産業廃棄(はいき)物

indùstrial árts 名 (教科の)技術科 → 単数扱(あつか)い.

indùstrial árts and hóme ecnómics 名 (教科の)技術・家庭 → technology and home economics

Indústrial Revolútion 名 (the をつけて) 産業革命 → 18世紀末から19世紀初頭にかけて, 英国を中心に起こった産業・社会の大変革.

industrious /indʌ́striəs インダストリアス/ 形 勤勉な, よく働く → industry ❷

industry /índəstri インダストリ/ 名 (複 **industries** /índəstriz インダストリズ/)
❶ 産業, 工業, ~業 → industrial
• the automobile **industry** 自動車産業
❷ 勤勉, よく働く[勉強する]こと → industrious

inexpensive A2 /ìnikspénsiv イネクスペンスィヴ/ 形 費用のかからない, 安い 反対語 expensive (高価な)

infancy /ínfənsi インふァンスィ/ 名 幼年時代; (物事の発展などの)初期

infant /ínfənt インふァント/ 名 幼児

infect /infékt インふェクト/ 動 (病気を)感染(かんせん)させる; (病菌(びょうきん)などで)汚染(おせん)する

infection /infékʃən インふェクション/ 名
❶ (病気への)感染(かんせん) ❷ 感染症, 伝染病
• novel coronavirus **infection** 新型コロナウイルス感染症 → 正式な病名は **COVID-19** /kóuvid naintíːn コウヴィド ナインティーン/.

inferior /infí(ə)riər インふィ(ア)リア/ 形 劣(おと)った, 質の悪い 反対語 superior (上等の)

infield /ínfiːld インふィーるド/ 名 (野球の)内野 (diamond)

infielder /ínfiːldər インふィーるダ/ 名 (野球の)内野手 → fielder

infinite /ínfənit インふィニト/ 形 無限の

infinitive /infínətiv インふィニティヴ/ 名 《文法》不定詞 → to ❾

inflation /infléiʃən インふれイション/ 名 ふくらむこと; 《経済》インフレーション

influence A2 /influəns インふるエンス/ 名
❶ 影響(えいきょう), 効果; 影響力
• the **influence** of the moon **on** the tides 潮の流れに対する月の影響
• The teacher **had** a great **influence on** his students. その先生は生徒たちに大きな影響力を持っていた.
❷ 影響力のある人[物], 有力者
—— 動 影響する, 左右する, 動かす
• The moon **influences** the tides. 月は潮の干満を左右する.

influential /ìnflu:énʃəl インふるーエンシャる/ 形 影響(えいきょう)力のある, 有力な

influenza /ìnfluénzə インふるエンザ/ 名 流行性感冒(かんぼう), 流感, インフルエンザ → 話し言葉では **flu** という.

inform /infɔ́ːrm インふォーム/ 動 ~に知らせる, ~に通知する → tell より改まった語.

informal /infɔ́ːrməl インふォーマる/ 形
❶ 略式の, 非公式の 反対語 formal (正式の)
❷ 形式張らない, 気楽な

information 中 A1
/ìnfərméiʃən インふォメイション/ 名

information desk 328 three hundred and twenty-eight

❶ 情報, (断片(だんぺん)的な)知識
• a piece [a bit] of **information** 1つの情報 →×an information, ×informations としない.
• An encyclopedia gives a lot of **information about** many things. 百科事典は多くの事柄(ことがら)に関するたくさんの知識を提供してくれる. →×many informations としない.
❷ (デパート・駅・電話局などの)案内(係)
• dial **Information** 番号案内係をダイヤルで呼び出す

informátion dèsk 名 案内所, 受付

informátion technòlogy 名 情報工学, 情報技術 →**IT** と略す.

-ing /-iŋ -イング/ 接尾辞 (→動詞の後につける)
❶《現在分詞をつくって》~している →進行形をつくったり, 名詞を修飾する.
❷《動名詞をつくって》~すること
• **Seeing** is believ**ing**. 見ることは信じることである(見れば信じるようになる).
→ Seeing は文の主語, believing は is の補語で, ともに名詞として働いている.
POINT 動名詞の -ing は動詞に着せる「名詞」という上着だと考えればよい. つまり中身(意味)は動詞で外見(働き)は名詞.

ingredient 中 /iŋgríːdiənt イングリーディエント/ 名 成分, 原料, 材料

inhabitant /inhǽbitənt インハビタント/ 名
❶ 住んでいる人, 住民
❷ (ある地域に)生息している動物

inherit /inhérit インヘリト/ 動 相続する, ~のあとを継(つ)ぐ; (性質などを)受け継ぐ

inheritance /inhéritəns インヘリタンス/ 名 相続財産, 遺産

initial /iníʃəl イニシャル/ 形 最初の (first)
── 名 (**initials** で)(姓名(せいめい)などの)頭文字, イニシャル

injection /indʒékʃən インヂェクション/ 名 注射

injure 中 A2 /índʒər インヂャ/ 動 (肉体・感情などを)傷つける, 害する, けがをさせる (hurt)
• **injure** his pride 彼のプライドを傷つける
• His left leg was badly **injured**. (彼の左足はひどく傷つけられた ⇨)彼は左足にひどいけがをした.

injured /índʒərd インヂャド/ 形 けがをした, 負傷した

injury /índʒəri インヂャリ/ 名 (複 **injuries** /índʒəriz インヂャリズ/) ❶ (事故などによる)けが,

負傷 類似語 刃物(はもの)や弾丸(だんがん)などによる「けが」は **wound**. ❷ (感情などを)傷つけること, 侮辱(ぶじょく)

injustice /indʒʌ́stis インヂャスティス/ 名 不公平さ, 不当(な扱(あつか)い) →**justice**

ink 小 /íŋk インク/ 名 インク
• stain the paper with **ink** 用紙をインクで汚(よご)す →×an ink, ×inks としない.
• Write **in** blue or black **ink**. 青または黒のインクで書きなさい.

inkstone /íŋkstoun インクストウン/ 名 (墨(すみ)をする)硯(すずり)

inland /ínlənd インランド/ 形 海から遠い, 内陸[奥地(おくち)]の →名詞の前にだけつける.
── 副 奥地に(向かって)

inn /ín イン/ 名 宿屋, (田舎(いなか)の小さな)ホテル →現代では居酒屋 (pub) の名前(たとえば The Riverside Inn など)にも使われる.

inner A2 /ínər イナ/ 形 内部の, 内側の, 奥(おく)の; 心の(奥の) 反対語 **outer** (外部の)

inning /íniŋ イニング/ 名 ❶ (野球の)回, イニング ❷ (**innings** で)(クリケットで個人またはチームの)打ち番

innkeeper /ínkiːpər インキーパ/ 名 宿屋の主人

innocence /ínəsəns イノセンス/ 名 ❶ 無邪気(むじゃき)さ, あどけなさ, 純真 ❷ 潔白, 無罪

innocent /ínəsənt イノセント/ 形 ❶ 無邪気(むじゃき)な, あどけない, 純真な ❷ 罪のない, 無罪の 反対語 He is **guilty**, but his brother is **innocent of** the crime. 彼は有罪だが彼の兄[弟]はその犯罪について無罪だ.

innovative /ínəveitiv イノヴェイティヴ/ 形 革新的な, 斬新(ざんしん)な

input /ínput インプト/ 名 インプット →コンピューターに入力されるデータ. 反対語 **output** (アウトプット)
── 動 (三単現 **inputs** /ínputs インプツ/; 過去・過分 **input**, **inputted** /ínputid インプテド/; ing形 **inputting** /ínputiŋ インプティング/) (コンピューターに)インプット[入力]する

inquire /inkwáiər インクワイア/ 動 尋(たず)ねる; 問い合わせる →**ask** より改まった語.
inquire after ~ ~の健康[が無事に暮らしているかどうか]を尋ねる
inquire into ~ ~を調査する

inquiry /inkwái(ə)ri インクワイ(ア)リ/ 名 (複 **inquiries** /inkwái(ə)riz インクワイ(ア)リズ/)

問い合わせ, 質問

insect A2 /ínsekt インセクト/ 名 昆虫(こんちゅう), 虫

• **Insects** have six legs, but spiders have eight legs. 昆虫は足が6本だが, クモには8本ある.

inside 中 A1 /insáid インサイド/ 名

内側, 内部 反対語 **outside** (外側(の, に))

• the **inside** of a car 車の内部

inside out 裏返しに

• He had his socks on **inside out**. 彼は靴下(くつした)を裏返しに履(は)いていた. → have ～ on は「身に着けている, はいている」.

—— 形 内側の, 内部の; 屋内の

• an **inside** pocket of my jacket 私の上着の内ポケット

—— 副 内側に, 内部へ[を]; 屋内で

• go [come] **inside** 中に入って行く[来る]

• play **inside** 家の中で遊ぶ

• There's nothing **inside**. 中には何もない.

• Let's look **inside**. 内部をのぞいてみよう.

inside of ～ 《話》～以内に; ～の中に

• **inside of** a week 1週間以内に

—— 前 ～の内側に, ～の内部に

• **inside** the house 家の中に

insight /ínsait インサイト/ 名 (事の真相などを見抜(ぬ)く)眼識, 洞察(どうさつ)力

insist /insíst インスィスト/ 動 言い張る, 主張する; 強く要求する

• He **insists that** he will go there alone. = He **insists on** [**upon**] go**ing** there alone. 彼はそこへひとりで行くと言い張る.

• I **insisted that** he (should) come with us. 彼が私たちといっしょに来ることを私は強く要求した. → 《米》では should なしで使う. その場合でも動詞は原型のまま.

• You must come with us! I **insist**! 君も私たちといっしょにいらっしゃいよ, ぜひとも!

inspect /inspékt インスペクト/ 動 検査する, 点検する; 視察する

inspection /inspékʃən インスペクション/ 名 検査, 点検; 視察

inspector /inspéktər インスペクタ/ 名

❶ 検査する人, 検査官, 監督(かんとく)官

❷ 《米》警視, 《英》警部

inspiration A2 /inspəréiʃən インスピレイション/ 名 ❶ 霊感(れいかん), インスピレーション, ひらめき

❷ インスピレーションを与(あた)えてくれる人[物]

inspire /inspáiər インスパイア/ 動

❶ 感動[感激]させる, (～するように)励(はげ)ます

❷ 霊感(れいかん)[インスピレーション]を与(あた)える

install /instɔ́:l インストール/ 動 (設備などを)取り付ける; (コンピューターにソフトウェアを)インストールする

instance /ínstəns インスタンス/ 名 事例, 実例, 例; 場合, ケース (case)

for instance たとえば (for example)

instant A2 /ínstənt インスタント/ 形 すぐの, 早速(さっそく)の; (食品など)即席(そくせき)の → 名詞の前にだけつける.

• **instant** death 即死(そくし)

• **instant** coffee インスタントコーヒー

—— 名 瞬間(しゅんかん)

• **for an instant** ちょっとの間, 一瞬(いっしゅん)の間

• **in an instant** 直ちに, たちまち

• **this instant** 今すぐに, 今この場で

instantly /ínstəntli インスタントリ/ 副 直ちに, すぐに (at once)

instead 中 A2 /instéd インステド/ 副

❶ (その)代わりに

• If your father cannot go, you may go **instead**. もしお父さんが行けなければ君が代わりに行ってもよい.

❷ (**instead of ～** で) ～の代わりに, ～ではなく, ～はせずに

• You can use a pencil **instead of** a pen. ペンでなく鉛筆(えんぴつ)で書いてもよい.

• I usually listen to the radio, **instead of** watching television. 私はふつうテレビを見ないでラジオを聞きます. → 前置詞 of+動名詞 watching (見ること).

instinct /ínstiŋkt インスティンクト/ 名 本能; 天性

instinctive /instíŋktiv インスティンクティヴ/ 形 本能的な, 直感的な

institute /ínstətju:t インスティテュート/ 名 (専門科目を教えたり研究したりする)学校, 研究所, 協会; (理科系の)大学

institution /instətjú:ʃən インスティテューション/ 名 (学校・病院などの)公共社会施設(しせつ)

instruct /instrʌ́kt インストラクト/ 動 ❶ 教える (teach) ❷ (人に)指図する, ～しろと言う

instruction /instrʌ́kʃən インストラクション/ 名 ❶ 教える[られる]こと, 教育, 授業 ❷ (in-

instructive

structions で)命令, 指図; (機械などの)使用法 [説明書]

instructive /instrʌ́ktiv インストラクティヴ/ 形 ためになる, 有益な, 教育的な

instructor /instrʌ́ktər インストラクタ/ 名
❶ 教師, 先生; 教官, 指導員
❷ 《米》(大学の)講師

instrument 中 A2 /ínstrəmənt インストルメント/ 名 ❶ (精密な)器具, 道具, 器械
❷ 楽器 → **musical instrument** ともいう.

insult /insʌ́lt インサルト/ 動 侮辱(ぶじょく)する
── /ínsʌlt インサルト/ (→動詞とのアクセントの位置の違い(ちがい)に注意) 名 侮辱

insulting /insʌ́ltiŋ インサるティング/ 形 侮辱(ぶじょく)的な, 無礼な

insurance /inʃú(ə)rəns インシュ(ア)ランス/ 名 保険; 保険金

insure /inʃúər インシュア/ 動 ～に保険をかける

integrate /íntəgreit インテグレイト/ 動 (個々を)1つに統合する, 総合する

intellect /íntəlekt インテれクト/ 名 理解力, 知力, 優(すぐ)れた知性

intellectual /intəléktʃuəl インテれクチュアる/ 形 知的な, 知性的な, 理知的な
── 名 知識人, インテリ

intelligence A2 /intélədʒəns インテリチェンス/ 名 ❶ 知性, 知能, 頭の良さ, 理解力
• an **intelligence** test 知能テスト
❷ (秘密)情報; 諜報(ちょうほう)機関

intelligent A2 /intélədʒənt インテリチェント/ 形 知能の高い, 利口な, 頭がよい

intend /inténd インテンド/ 動 ～するつもりである; 意図する

intense /inténs インテンス/ 形 激しい, 厳しい, 強烈(きょうれつ)な; 熱烈(ねつれつ)な
• **intense** pain 激しい痛み
• **intense** cold 厳しい寒さ
• The cold was **intense**. 寒さは厳しかった.

intensely /inténsli インテンスり/ 副 強烈(きょうれつ)っに, 激しく; 熱心に

intensive /inténsiv インテンスィヴ/ 形 集中的な, 強度の 反対語 **extensive** (広範囲(こうはんい)にわたる)

intention /inténʃən インテンション/ 名 意志, 意図, つもり, 目的

interact /intərǽkt インタラクト/ 動
❶ 相互(そうご)に作用する, 影響(えいきょう)し合う
❷ ふれ合う, 心を通わせる

---

interactive /intərǽktiv インタラクティヴ/ 形 相互(そうご)に作用し合う; コンピューターと使用者が互(たが)いに情報交換(こうかん)できる, 双方向(そうほうこう)の

interchange /íntərtʃeindʒ インタチェインヂ/ 名 インターチェンジ → 高速道路の立体式交差点.

interdependent /intərdipéndənt インタデ ィペンデント/ 形 相互(そうご)に依存(いぞん)し合った

interest A2 /íntərist インタレスト/ (→アクセントの位置に注意) 名
❶ 興味, 関心, 関心事; (興味を起こさせる)おもしろさ
• with great **interest** 非常に興味を持って
• take (an) **interest** in ～ ～に興味を持つ
• I have no **interest** in politics. 私は政治には何の興味も持っていない.
• Baseball is his chief **interest**. 野球が彼の一番の関心事です.
❷ (**interests** で) 利益, 利害(関係)
• the **interests** of humankind 人類の利益
❸ 利子, 利息
── 動 (人の)興味をかきたてる, (人に)興味を起こさせる, 興味[関心]を持たせる → **interested**
• His story **interested** her. 彼の話は彼女の興味をかきたてた.
• She was **interested** by his story. 彼女は彼の話に興味をかきたてられた.

interested 中 A1 /íntəristid インタレスティド/ (→アクセントの位置に注意) 形
❶ (be interested in ～ で) ～に興味を持っている, ～に関心を持っている; ～に参加する[～を買う]気にさせられている
• He **is** (very) **interested in** Japanese history. 彼は日本の歴史に(たいへん)興味がある.
• **Are** you **interested in** the book? 君はその本がおもしろいですか.
• I **am interested in** study**ing** foreign languages. 私は外国語の勉強に興味がある[勉強をしたいと思っている]. → 前置詞 in＋動名詞 studying (勉強すること).
• I'm more **interested in** literature than in mathematics. 私は数学よりも文学に興味がある.
• He **became** more and more **interested in** gardening. 彼は園芸にだんだん興味を持つようになった.

three hundred and thirty-one　331　intervention

- I'm most **interested in** Japanese literature. 私は日本文学に最も興味がある。
❷ 興味を持った, 関心のある
- an **interested** audience 興味を持って聞いている聴衆(ちょうしゅう)

interesting 小 A1 /íntəristiŋ インタレスティング/ 形 (比較級 **more interesting**; 最上級 **most interesting**)
おもしろい, 興味深い

POINT あるものが人の興味を呼び起こす内容を持っていることをいう.

類似語 **amusing** (おもしろくて笑いを誘(さそ)う), **funny** (滑稽(こっけい)で笑いを誘う)

基本 an **interesting** book おもしろい本 → interesting＋名詞.
- an **interesting** idea おもしろい考え
- an **interesting** person おもしろい[興味をひく]人

基本 This book is very **interesting**. この本はとてもおもしろい。→be 動詞＋interesting.
- That movie was very **interesting to** me. あの映画は私にはとてもおもしろかった。
- Radio is **interesting**, but television is **more interesting**. ラジオはおもしろい, しかしテレビはもっとおもしろい。
- This is **the most interesting** book (that) I have ever read. これは私が今まで読んだうちで一番おもしろい本だ。

interesting　　amusing
funny

interestingly /íntəristiŋli インタレスティングリ/ 副 おもしろく; 興味深いことに
interfere /ìntərfíər インタフィア/ 動
❶ 邪魔(じゃま)をする, 邪魔になる
❷ 干渉(かんしょう)する, 口出しする
interior /intí(ə)riər インティ(ア)リア/ 形
❶ 内部の, 内側の, 室内の
❷ 海から遠い, 奥地(おくち)の
── 名 ❶ 内部, 内側; 室内 ❷ 内地, 奥地
interjection /ìntərdʒékʃən インタヂェクション/

名 《文法》間投詞 → ah, oh, alas など.
internal /íntə:rnl インタ〜ヌる/ 形 内の, 内部の
反対語 **external** (外部の)

international 中 A2 /ìntərnǽʃənl インタナショヌる/ 形 国際的な, 万国(ばんこく)共通の; 国家間の
- an **international** airport 国際空港
- an **international** call 国際電話
- **international** cooperation 国際協力
- an **international** language 国際語 →多くの国の人々がそれを使って共通に理解し合える 1 つの言語.
- the **International** Date Line 国際日付変更(へんこう)線

internátional schòol 名 インターナショナルスクール → いろいろな国からの生徒を受け入れて教育する学校. ふつうすべての授業を英語で行う.

Internet, internet 中 A1 /íntərnet インタネット/ 名
(ふつう **the Internet** で) インターネット → 国際的コンピューターネットワーク.
- on **the Internet** インターネットに, インターネット上で
- They are on **the Internet** together. 彼らはいっしょにインターネットを使っている。
interpret /intə́:rprit インタープレト/ (→アクセントの位置に注意) 動 ❶ 通訳する
❷ (〜の意味を)解釈(かいしゃく)する, 説明する
interpreter /intə́:rpritər インタープレタ/ 名
❶ 通訳者　❷ 解釈(かいしゃく)する人, 説明する人
interrupt /ìntərʌ́pt インタラプト/ 動
❶ (人の話・仕事などを)邪魔(じゃま)する, 妨害(ぼうがい)する; (〜に)口をはさむ　❷ (仕事などを)中断する
interruption /ìntərʌ́pʃən インタラプション/ 名
❶ 邪魔(じゃま)(するもの), 妨害(ぼうがい)(すること)
❷ 中断(状態)
interschool /ìntərskú:l インタスクーる/ 形 学校間の, 対校の
intersection /ìntərsékʃən インタセクション/ 名 交差点; 交わる点, 交点
interval /íntərvəl インタヴァる/ (→アクセントの位置に注意) 名 (時間的・空間的)間隔(かんかく), 合間; (2 物間の)空間
　at intervals 時々 (now and then); ところどころに (here and there)
intervention /ìntərvénʃən インタヴェンション/ 名 間に入る[入られる]こと, 介在(かいざい); 介入(かいにゅう), 干渉(かんしょう)

interview

interview 中 A1 /íntərvjuː インタヴュー/ 名 インタビュー, 会見, 面接
- have an **interview** with ~ ~と面接[会談, 会見]する
── 動 インタビューをする, 面接をする
- I was **interviewed** for a job yesterday. 私は昨日就職のための面接を受けた.

interviewer 中 A1 /íntərvjuːər インタヴューア/ 名 面接する人, インタビュアー; 訪問記者

intimate /íntəmit インティメト/ 形 ❶ 親しい, 親密な, 仲の良い ❷ (知識などが)詳(くわ)しい, 深い

into 中 A1 /íntu イントゥ/ 前

❶《内部への動き》~の中へ →in
基本 He came **into** the room. 彼は部屋に入って来た. →into+名詞
- jump **into** the water 水の中へ飛び込(こ)む
- 反対語 The cat goes **into** the box and the rat comes **out of** it. ネコが箱に入るとネズミはその箱から飛び出る.

❷《変化》(~の状態)に
- cut an apple **into** four (parts) リンゴを4つに切る
- The rain changed **into** snow. 雨は雪になった.
- The vase broke **into** pieces. 花瓶(かびん)は割れて粉々になった.
- Heat turns [changes] water **into** steam. 熱は水を蒸気に変える.
- Grapes are made **into** wine. ブドウは加工されてワインになる.
- Put these sentences **into** Japanese. これらの文を日本語にせよ[和訳せよ].

be [get] into ~ 《話》~に夢中である[夢中になる]
- I'm really **into** surfing. 私はサーフィンに夢中です.

intonation /ìntənéiʃən イントネイション/ 名 (声の)抑揚(よくよう), 音調, イントネーション

introduce 中 A1 /ìntrədjúːs イントロデュース/ 動

(三単現 **introduces** /ìntrədjúːsiz イントロデューセズ/; 過去・過分 **introduced** /ìntrədjúːst イントロデュースト/; -ing形 **introducing** /ìntrədjúːsiŋ イントロデュースィング/)

into 中 A1 /イントゥ/

基本の意味

「~の中で」を表す in と「~へ」を表す to が合わさり, 境界のある空間の中に向かっていくことが基本の意味(❶). 比ゆ的に, ある状態に向かって変化することも表す(❷).

イメージ
~の中へ

教科書によく出る使い方

❶ The boy jumped **into** the pool. その少年がプールに飛び込んだ.
❷ This machine turns sea water **into** pure water. この機械は海水を真水に変えてくれます.

❶ 紹介(しょうかい)する, 引き合わせる

🔵基本 **introduce** him 彼を紹介する →introduce＋(代)名詞.

🔵基本 **introduce** him to her 彼を彼女に紹介する →introduce A to B は「AをBに紹介する」.

●May I **introduce myself**? (私は自分自身を紹介してもいいですか ⇨)自己紹介をさせていただきます.

●Miss Smith, **may I introduce** my friend Sam Brown? スミスさん, 私の友人のサム・ブラウンをご紹介したいのですが[こちらが友人のサム・ブラウンです].

●This book **introduces** you **to** Islam. (この本は君をイスラムに引き合わせる ⇨)この本は君にイスラムがどんなものか教えてくれる.

●He **introduced** me **to** tennis. (彼は私をテニスに紹介した ⇨)彼は私にテニスの手ほどきをしてくれた.

●He **is introducing** the guests **to** each other. 彼はお客たちを互(たが)いに引き合わせている. →現在進行形の文. →**is** 助動 ❶

❷ 初めて伝える, 導入する

●Coffee was **introduced into** Japan in the 18th century. コーヒーは18世紀に日本に入ってきた. →受け身. →**was** 助動 ❷

introduction /ìntrədʌ́kʃən イントロダクション/ 名 ❶ 紹介(すること・されること); 導入 ❷ (本・論文などの)序文, 前置き; 入門書

Inuit /ínuit イヌイト/ 名 ❶ イヌイット人 →北米大陸の最北端(たん)に住む種族の人. かつては **Eskimo** と呼ばれていた. →**Eskimo**
❷ イヌイット語
―― 形 イヌイットの; イヌイット語の

invade A2 /invéid インヴェイド/ 動 侵略(しんりゃく)する, 侵入(しんにゅう)する

invasion /invéiʒən インヴェイジョン/ 名 侵略(しんりゃく)(すること・されること), 侵入(しんにゅう); 侵害(しんがい)

invent 中 A2 /invént インヴェント/ 動 発明する, 考え出す 関連語「発見する」は **discover**.

●**invent** a new machine 新しい機械を発明する

●Who **invented** the telephone? 誰(だれ)が電話を発明したのですか.

●The telephone **was invented** by Alexander Graham Bell. 電話はアレクサン

ダー・グレアム・ベルによって発明されました. →**was** 助動 ❷

invention A2 /invénʃən インヴェンション/ 名 発明; 発明品 関連語「発見」は **discovery**.

●the **invention** of television テレビの発明 ことわざ Necessity is the mother of **invention**. 必要は発明の母である. →「発明は必要から生まれる」の意味.

inventor /invéntər インヴェンタ/ 名 発明者

invest /invést インヴェスト/ 動 (お金・時間など を)つぎ込(こ)む, 投資する

investigate /invéstəgeit インヴェスティゲイト/ 動 (徹底(てってい)的に)調べる, 調査する

investigation /investəgéiʃən インヴェスティゲイション/ 名 (徹底(てってい)的な)調査, 取り調べ

invisible /invízəbl インヴィズィブる/ 形 目に見えない 反対語 visible (目に見える)

invitation /invətéiʃən インヴィテイション/ 名 招待; 招待状 関連語「招待する」は **invite**.

●Thank you very much for your kind **invitation**. ご親切なご招待[お招きくださいまして]どうもありがとうございます.

●I've received an **invitation to** the wedding. 結婚(けっこん)式への招待状をいただきました.

invitátion càrd 名 招待状

invite 中 A2 /inváit インヴァイト/ (invites /inváits インヴァイツ/; 過去・過分 invited /inváitid インヴァイテド/; -ing形 inviting /inváitiŋ インヴァイティング/)

❶ 招待する, 招く

関連語「招待」は **invitation**.

🔵基本 **invite** a friend to dinner 友人を食事に招待する →invite A to B は「AをBに招待する」.

●She always **invites** me **to** dinner on her birthday. 彼女は誕生日にはいつも私を食事に招待してくれる.

●They **invited** me **to** the party. 彼らは私をパーティーに招待してくれた.

●I **was invited to** a party at Jim's (home). 私はジムのうちのパーティーに招かれた. →受け身の文. →**was** 助動 ❷

●He is one of the **invited** guests. 彼も招待客の1人です. →invited (招待された～)は過去分詞が形容詞的に使われたもの.

●Thank you very much for **inviting** me. ご招待いただき本当にありがとうございま

involve 334 three hundred and thirty-four

す. ➡前置詞 for＋動名詞 inviting (招待すること).

❷ 誘(さそ)う, (丁寧(ていねい)に人に)頼(たの)む; (危険などを)招く

• We **invited** her **to** join our club. 私たちは彼女に私たちのクラブに入るように誘った.

• Driving (when you are) drunk [Drunk driving] is **inviting** disaster. 酔(よ)っている時車を運転することは惨事(さんじ)を招くことになる. ➡inviting (招くこと)は動名詞.

involve /inválv インヴァるヴ/ 動 ❶ (陰謀(いんぼう)・不幸などに)(人を)巻き込(こ)む, 関わらせる

❷ 含(ふく)む (include); (必然的に)伴(ともな)う

inward /ínwərd インワド/ 形 内部の, 内側(へ)の 反対語 **outward** (外側の, 外側へ)

── 副 内側へ, 内部へ

inwards /ínwərdz インワヅ/ 副 《主に英》= inward

Iowa /áiəwə アイオワ/ 固名 アイオワ ➡米国中部の州. **Ia.**, (郵便で) **IA** と略す.

Iran /irǽn イラン/ 固名 イラン ➡西アジアの共和国. 首都はテヘラン (Teheran). 公用語はペルシャ語.

Iraq /irá:k イラーク/ 固名 イラク ➡西アジアの共和国. 首都はバグダッド (Baghdad). 公用語はアラビア語.

Iraqi /irá:ki イラーキ/ 形 イラクの; イラク人[語]の →**Iraq**

── 名 イラク人

Ireland /áiərlənd アイアらンド/ 固名

❶ アイルランド島 ➡Great Britain 西方の島で, 北部は英国の一部, 南部は「アイルランド共和国」. the Emerald Isle /アイる/ (エメラルド島) の別名がある.

❷ アイルランド共和国 ➡正式名 **the Republic of Ireland**. アイルランド島の約6分の5を占(し)める共和国(島の北部約6分の1は英国に属する「北アイルランド」). 首都はダブリン (Dublin). 公用語は英語とアイルランド語.

iris /áiris アイ(ア)リス/ 名 ❶ 《植物》アイリス ➡アヤメの類の植物. ❷ (眼球の)虹彩(こうさい) ➡目に入る光の量を調節する.

Irish /áiə(ə)riʃ アイ(ア)リシュ/ 形 アイルランドの; アイルランド人[語]の

── 名 ❶ アイルランド語 ❷ (the Irish で) アイルランド人(全体)

Irishman /áiə(ə)riʃmən アイ(ア)リシュマン/ 名 (㊉ **Irishmen** /áiə(ə)riʃmən アイ(ア)リシュマン/)

アイルランド人 ➡ふつう男性を指す.

Irishwoman /áiə(ə)riʃwumən アイ(ア)リシュウマン/ 名 (㊉ **Irishwomen** /áiə(ə)riʃwimin アイ(ア)リシュウィメン/) (女性の)アイルランド人

iron /áiərn アイアン/ 名 ❶ 鉄

• Steel is made from **iron**. はがねは鉄から造られる. ➡×an iron, ×irons としない. ことわざ Strike while the **iron** is hot. 鉄は熱いうちに打て. ➡「何事をするにも時機を失ってはいけない」の意味.

❷ アイロン, こて

── 形 鉄の(ような), 鉄製の

• an **iron** gate 鉄の扉(とびら)

• an **iron** will 鉄のように堅(かた)い意志

── 動 アイロンをかける ➡一般(いっぱん)的には **press** という.

• **iron** a shirt シャツにアイロンをかける

irony /ái(ə)rəni アイ(ア)ロニ/ 名 (㊉ **ironies** /ái(ə)rəniz アイ(ア)ロニズ/) 皮肉

irregular /irégjulər イレギュら/ 形 不規則な, でこぼこの 反対語 **regular** (規則的な)

irreplaceable /iripléisəbl イリプれイサブる/ 形 取り替えられない; かけがえのない

irrigation /irigéiʃən イリゲイション/ 名

❶ (土地の)かんがい ❷ (傷口などの)洗浄(せんじょう)

irritate /írəteit イリテイト/ 動 いらいらさせる, 怒(おこ)らせる (make ~ angry); ひりひりさせる

is 小 A1 /弱形 iz イズ, 強形 íz イズ/

動 ❶ ～である
❷ (～に)いる, ある
助動 ❶ (is doing で) ～している; ～しようとしている
❷ (is＋過去分詞で) ～される

── 動

過去 **was** /弱形 wəz ワズ, 強形 wáz ワズ/
過分 **been** /弱形 bin ビン, 強形 bí:n ビ(ー)ン/
-ing形 **being** /bí:iŋ ビーインヶ/

❶ ～である ➡is は主語が3人称(しょう)単数の時の be の現在形.

基本 This **is** my sister. Her name **is** Mary. She **is** ten. これが私の妹です. 妹の名前はメアリーです. メアリーは10歳(さい)です. ➡3人称単数の(代)名詞＋is＋名詞[形容詞].

• Today **is** Sunday. きょうは日曜です.

• The sky **is** blue. 空は青い(です).

• When he **is** sick, he will see a doctor. 彼は病気になったら医者に行くでしょう. ➡

three hundred and thirty-five 335 isolate

When he is sick は未来のことを言っているが，このような副詞節では現在形を使う．×When he *will be* sick としない．

基本 Is that your bicycle? あれは君の自転車ですか．→Is＋3人称単数の(代)名詞＋名詞[形容詞]?. That is your bicycle. (あれは君の自転車です)の疑問文.

基本 This is not my bicycle. これは私の自転車ではない．→3人称単数の(代)名詞＋is not＋名詞[形容詞]. This is my bicycle. (これは私の自転車です)の否定文. is not は話し言葉ではしばしば **isn't** と縮められる.

会話 What's (= What is) this? Is it a rope?—No! It **isn't** a rope. It's a snake! これは何だ．ロープかな．─違(ちが)う！ロープじゃない．それはヘビだよ！

• It's (＝It is) a lovely day, **isn't** it? いいお天気ですね．→It は漠然(ばくぜん)と「天候」を表す． isn't it? は「ね」と念を押(お)す言い方．この場合 ×*is not* it? としない．

❷ (〜に)いる, ある →there ❷

基本 He is in his room. 彼は自分の部屋にいる．→3人称単数の(代)名詞＋is＋場所を示す副詞(句).

• The cat **is** on the roof. そのネコは屋根の上にいる．
• The bag **is** under the table. そのかばんはテーブルの下にあります．

 会話

Is your father at home?—No, he **is** not (at home). He's (＝He is) at his office.
お父さんはご在宅ですか．─いいえ，(うちに)いません．父は会社にいます．

• 会話 Tom Hanks **is** in town.—Oh, **is** he? トム・ハンクスが町に来てるよ．─へえ，そうなんだ．→あいづちを打つ用法．

── [助動] ❶ (**is** *do*ing で) 〜している; (近い未来)〜しようとしている →現在進行形.

会話 What **is** Bob do**ing**?—He **is** writ**ing** a letter. ボブは何をしていますか．─(彼は)手紙を書いています．

• Mary **is** leav**ing** Japan next week. メアリーは来週日本をたちます．→go (行く), come (来る), leave (出発する), arrive (着く)など「行く・来る」の意味を表す動詞の現在進行形はしばしば「近い未来」を表す．

❷ (**is**＋過去分詞で) 〜される

文法 ちょっとくわしく

Ken **loves** Mary. (ケンはメアリーを愛している)のように，主語(＝ケン)がある働きかけをする(＝愛する)時の動詞の形を**能動態**(のうどうたい)という(「能動」とは「働きかける」の意味)．
これに対して，Mary **is loved** by Ken. (メアリーはケンに愛されている)のように，主語が他の人の働きかけを受ける(＝愛される)時の動詞の形を**受動態**(じゅどうたい)または**受け身**という．

• He **is** loved by everybody. 彼はみんなに愛されている．
• Wine **is** made from grapes. ワインはブドウから造られる．

❸ (**is to** *do* で) 〜する[になる]ことである; 〜すべきである, 〜することになっている

• My wish **is to** be an actress. 私の望みは女優になることです．
• He **is to** arrive tomorrow. 彼は明日着くことになっている．

Islam /islάːm イスラーム, ízlɑːm イズラーム/ 名
❶ イスラム(教) →回教などとも呼ばれる. キリスト教，仏教と並ぶ世界最大の宗教の1つ. →**Muhammad**
❷ 《集合的に》イスラム教徒

Islamic /islǽmik イスラミク, izlǽmik イズラミク/ 形 イスラム(教)の

island 小 A1 /áilənd アイランド/ (→s は発音しない) 名 島

• a desert **island** 無人島
• an **island** country 島国

isle /áil アイる/ 名 島 (island)
• the British **Isles** イギリス諸島 →このようにふつう固有名詞に使う．

isn't /íznt イズント/ 《話》**is not** を短くした形

会話 **Isn't** she a student here?—No, she **isn't**. 彼女はここの生徒ではありませんか．─ええ，違(ちが)います．

• This is your book, **isn't** it? これは君の本だね．→isn't it? は「ね」と念を押(お)す言い方．この場合は ×*is not* it? としない．

isolate /áisəleit アイソれイト/ 動 離(はな)す, 孤立(こりつ)させる

Israel

Israel /ízriəl イズリエる|ízreiəl イズレイəる/ 固名
イスラエル共和国 →地中海東海岸沿いの国. 首都はエルサレム (Jerusalem). 公用語はヘブライ語とアラビア語. →**Palestine**

Israeli /izréili イズレイリ/ 形 イスラエルの; イスラエル人の
── 名 イスラエル人

issue 中 A2 /íʃu: イシュー/ 動 (出版物・切手などを)発行する; (命令などを)出す, 発表する
── 名 ❶ 発行; (発行された)号, 版
・the May **issue** of the magazine その雑誌の5月号
❷ 問題(点), 争点, 論点

Istanbul /istænbúːl イスタンブーる/ 固名 イスタンブール →アジアとヨーロッパの接点ボスポラス海峡(かいきょう)をまたぐトルコ最大の都市. もとはコンスタンティノープル, さらにその前はビザンティウムと呼ばれた.

isthmus /ísməs イスマス/ 名 地峡(ちきょう)

IT /àití: アイティー/ 略 情報工学, 情報技術 →information **t**echnology.

it 小 A1 /it イト/ 代 (複 **they** /ðei ゼイ/ (主格), **them** /ðəm ゼム/ (目的格))
❶ それは, それが →3人称(しょう)単数の主格.
関連語 **its** (その), **they** (それらは[が])

it の変化

	単　数　形	複　数　形
主　　　格	**it** (それは[が])	they (それらは[が])
所　有　格	**its** (その)	their (それらの)
目　的　格	**it** (それを[に])	them (それらを[に])
所有代名詞	―	theirs (それらのもの)

基本 I have a bicycle. **It** (= The bicycle) is a new bicycle. 私は自転車を持っています. それは新しい自転車です. →It は文の主語.

会話 What is that? Is **it** (=that) a rope? ―No, **it** isn't. **It**'s (=**It** is) a snake. あれは何ですか. (それは)ロープですか. ―いいえ, 違(ちが)います. ヘビです.

POINT it は非常に軽い言葉で, 何を指しているかが明らかな時は日本語に訳さないほうがよい.

It's a snake.

・Who is **it**?―**It**'s me. 誰(だれ)ですか. ―私です.

POINT「人間」であっても, それが誰であるかわからない時は it を使う.

❷ それを, それに, それ →3人称単数の目的格.

基本 I have a bicycle. I like **it** (=the bicycle) very much. 私は自転車を持っています. 私はそれがとても気に入っています.

・I opened the box and found a pretty doll in **it** (=the box). 箱を開けたらその中にかわいい人形が入っていた[入っていることに気づいた].

So this is Nara. **It**'s more peaceful than Kyoto, isn't **it**?―Yes. I love **it** here.
じゃ, ここが奈良ですね. 奈良のほうが京都よりのんびりしていますね. ―ええ, 私はここが大好きです.
→here は it (=Nara) を補足する形で添(そ)えられたもの.

❸《漠然(ばくぜん)と「**天候・気温**」「**時間**」「**距離**(きょり)」などを表して》→日本語には訳さない.
・**It** is very cold today. きょうはひどく寒い. →It は漠然と「気温」を表す.
・**It** rained very hard. ひどく雨が降った. →It は漠然と「天候」を表す.

What time is **it** now?―**It** is just five o'clock.
今何時?―ちょうど5時です.
→it, It は漠然と「時間」を表す.
How far is **it** from here to the sea? ―**It** is about ten miles.
ここから海までどのくらい(遠い)ですか. ―約10マイルです.

→it, It は漠然と「距離」を表す.

❹(あとに来る **to** *do*, *do***ing**, または **that ~** を受けて)

POINT この it は形式的な主語(最初の3例)または目的語(最後の例)で, 本当の主語や目的語はあとに続く to *do*, *do***ing**, that ~ など.

•**It** is good to get up early in the morning. 朝早く起きることはよい. →It=不定詞 to get up (起きること)以下.

•**It** was nice of her to take care of my baby. 彼女は親切にも私の赤ちゃんの面倒をみてくれた. →前の her は不定詞 to take care (面倒をみること)の意味上の主語(=彼女が面倒をみる).「彼女は親切にも~した」を ×*She was nice* to take care ~ としない.

•**It** is important that we study science. 私たちが理科を勉強することは重要です. →It=that 以下.

•I think **it** easy for you to solve this problem. 君がこの問題を解くのは簡単だと思うよ. →it=to solve 以下.

── 名 (鬼(おに)ごっこなどの)おに

•Let's play hide-and-seek. I'll be "**it**." かくれんぼをしよう. 私が「おに」になるよ.

Italian /itǽljən イタリャン/ 形 **イタリアの**; イタリア人の, イタリア語の

── 名 ❶ **イタリア語** ❷ **イタリア人**

Italy 小 /ítəli イタリ/ (→アクセントの位置に注意) 固名 **イタリア** →地中海に面したヨーロッパ南部の共和国. 首都はローマ (Rome). 公用語はイタリア語.

itch /ítʃ イチ/ 名 **かゆみ**

── 動 **かゆい**

itchy /ítʃi イチ/ 形 [比較級] **itchier** /ítʃiər イチア/ [最上級] **itchiest** /ítʃiist イチエスト/) **かゆい, むずむずする** →itch+-y.

•I feel **itchy** all over. 私は体じゅうがかゆい.

item A1 /áitəm アイテム/ 名

❶ **項目**(こうもく), **品目** ❷ (新聞の中の1つの)**記事**

it'll /ítl イトる/ **it will** を短くした形

•**It'll** be very cold tomorrow. 明日はとても寒いでしょう. →It は漠然(ばくぜん)と「気温」を表す.

す.

its 小 A1 /its イツ/ 代

その, それの →it の所有格. →it

[関連語] **their** (それらの)

•This is my dog. **Its** (=My dog's) name is Kuro. これは私の犬です. その名前はクロです.

•The bird is in **its** nest. 鳥は自分の巣の中にいる.

•The river overflowed **its** banks. 川があふれてその両岸の堤(つつみ)を越(こ)えた.

it's /its イツ/ **it is, it has** を短くした形

•**It's** (=It is) mine. それは私のです.

•**It's** (=It has) **been done** already. それはもうなされた[できた]. →現在完了(かんりょう)の受け身の文.

itself A2 /itsélf イトセるふ/ 代 (複 **themselves** /ðəmsélvz ゼムセるヴズ/)

❶ **それ自身を**[に], **それ自身**

[関連語] **themselves** (それら自身を[に, で]) → oneself

•The baby hurt **itself**. その赤ん坊(ぼう)は(それ自身を傷つけた ⇨)けがをした.

❷《直前の語を強めて》**それ自身**

•The story **itself** is not so interesting. 話そのものは大しておもしろくない.

***by itself* それだけ別に離(はな)れて, それだけで**; ひとりでに

•The house stands **by itself**. その家は一軒(けん)だけぽつんと建っています.

•The door locks **by itself**. そのドアはひとりでに鍵(かぎ)がかかります[オートロックです].

***in itself* 本来**; それだけで

***of itself* ひとりでに, 自然に** →by itself のほうがふつう.

I've /áiv アイヴ/ **I have** を短くした形 →

•**I've** done it. 私はそれをしました. →現在完了(かんりょう)の文.

ivory /áivəri アイヴォリ/ 名 (複 **ivories** /áivəriz アイヴォリズ/) **象牙**(ぞうげ); **象牙色**

── 形 **象牙の(ような)**; 象牙色の

ivy /áivi アイヴィ/ 名 (複 **ivies** /áiviz アイヴィズ/)《植物》**ツタ**

J j

J, j /dʒéi チェイ/ 名 (複 **J's, j's** /dʒéiz チェイズ/) ジェイ → 英語アルファベットの10番目の文字.

jack /dʒǽk チャク/ 名 ❶ ジャッキ → 家屋の一部や自動車などを持ち上げる手動の万力. ❷ (トランプの)ジャック ❸ (jacks で) ジャックストーンズ → お手玉に似た女の子の遊び.

jacket 中 A1 /dʒǽkit チャケト/ 名
❶ ジャケット, ジャンパー; (腰こしまでの)上着 → 長い上着は **coat**.
❷ (本・レコードの)カバー, ジャケット → 英語の **cover** は本そのものの「表紙」, **jacket** はその上にかぶせるもの.

jacket

jack-in-the-box /dʒǽkinðəbɑks チャキンザバクス/ 名 びっくり箱
jack-o'-lantern /dʒǽkəlæntərn チャコランタン/ 名 カボチャちょうちん → カボチャの中をくり抜ぬいて目・鼻・口の穴をあけ, 中にろうそくをともした滑稽こっけいなちょうちん. 米国でハロウィーンに子供が作って遊ぶ. →**Halloween**

jaguar /dʒǽgwɑːr チャグワー/ 名 (動物)ジャガー, アメリカヒョウ
jail /dʒéil チェイル/ 名 刑務けいむ所, 留置場
Jakarta /dʒəkɑ́ːrtə チャカータ/ 固名 ジャカルタ → インドネシア共和国の首都.
jam¹ 小 A2 /dʒǽm チャム/ 名 ジャム
• strawberry **jam** イチゴジャム
jam² /dʒǽm チャム/ 動 (三単現 **jams** /dʒǽmz チャムズ/; 過去・過分 **jammed** /dʒǽmd チャムド/; -ing形 **jamming** /dʒǽmiŋ チャミング/)

❶ (狭せまい所に)押おし込こむ, 突つっ込む; いっぱいにする; 押し寄せる
• **jam** books **into** a bag かばんに本をぎゅうぎゅう詰つめ込む
• **jam** the stadium (人々が)スタジアムを埋うめる
❷ (機械などが詰まって)動かなくなる; 動かなくする
• Every time I use this printer, it **jams** (up). 私がこのプリンターを使うたびに, 毎回紙詰まりで動かなくなる.
—— 名 詰まって動かない状態, 渋滞(じゅうたい)
• My car was caught in a traffic **jam**. 私の車は交通渋滞に巻き込まれてしまった.
Jan. 略 =**January** (1月)
janitor /dʒǽnitər チャニタ/ 名 (ビル・学校などの)管理人 (custodian) → 建物の見回り・保全・掃除(そうじ)などをする.

January 小 A1 /dʒǽnjueri チャニュエリ|dʒǽnjuəri チャニュアリ/ 名

1月 → **Jan.** と略す. 詳くわしい使い方は →**June**
• in **January** 1月に
• on **January** 15 (読み方: (the) fifteenth) 1月15日に

語源 (January)
ラテン語で「ヤヌス (Janus) の月」の意味. ヤヌスはローマ神話に登場する「門の守護神」で前と後ろに顔を持っている.

Japan 小 /dʒəpǽn チャパン/ 固名
日本
POINT 中国読みの Jih (日) -pun (本)から. 小文字で **japan** は「漆(うるし), 漆器(しっき)」の意味.
• **Japan's** reputation 日本の評判 → Japan's (日本の)は Japan を擬人化(ぎじんか)している時の言い方.
• **Japan**-U.S. trade 日米貿易
Japán Cúrrent 固名 (**the** をつけて) 日本海流, 黒潮

Japanese 小 /dʒæpəníːz チャパニーズ/ 形 日本の; 日本人の, 日本語の

- I'm **Japanese**. 私は日本人です。→「日本人」という名詞形を使って I'm a Japanese. というよりもふつうの言い方。
- They are **Japanese** tourists. 彼らは日本人観光客です。

── 名 (圏 **Japanese**)

❶ 日本語; (教科の)国語

- a **Japanese**-English dictionary 和英辞典
- Tom speaks **Japanese** very well. トムは日本語をとても上手に話す。
- **Japanese** is my favorite subject. 国語は私の大好きな教科です。

❷ 日本人 →複数も **Japanese**.

- a **Japanese** 1人の日本人
- two **Japanese** 2人の日本人
- the **Japanese** 日本人(全体)

Japanese-American /dʒæpəníːz əmérikən チャパニーズ アメリカン/ 形 日米間の (Japan-U.S.)

── 名 日系アメリカ人

jar /dʒάːr チャー/ 名 (食物を入れる広口の)つぼ, かめ, 瓶(びん) 類似語 液体を入れる細長い口の「瓶」は **bottle**.

jasmine /dʒǽzmin チャズミン/ 名 《植物》ジャスミン, ソケイ

Java /dʒάːvə チャーヴァ/ 固名 ジャワ →インドネシア共和国の主島。この島に首都ジャカルタ (Jakarta) がある。

jaw /dʒɔ́ː チョー/ 名 あご 関連語 **chin** (あご先)

jazz /dʒǽz チャズ/ 名 《音楽》ジャズ

jealous /dʒéləs チェらス/ (→ea というつづり字はしばしば /e エ/ と発音する) 形 妬(ねた)んだ; 嫉妬(しっと)深い

jealousy /dʒéləsi チェらスィ/ 名 妬(ねた)み; 嫉妬(しっと)

jeans A1 /dʒíːnz チーンズ/ 名 圏

❶ ジーンズ(のズボン), ジーパン

- a pair of **jeans** ジーンズ1本

❷ (jean で) デニム生地, ジーンズ →ジーパンなどに使われる丈夫な木綿(もめん)生地(きじ). この意味では単数扱(あつか)い。

jelly A2 /dʒéli チェり/ 名 (圏 **jellies** /dʒéliz チェりズ/) 寒天, ゼリー; ゼリー菓子(がし)

jellyfish /dʒélifiʃ チェりフィッシュ/ 名 クラゲ → 複数形については → **fish**

Jenner /dʒénər チェナー/ 固名 (**Edward Jenner**) エドワード・ジェンナー →英国の医師 (1749−1823). 種痘(しゅとう)法を発明して天然痘(とぅ)の予防に成功した。

jerk /dʒə́ːrk チャーク/ 動 急に動かす[引っ張る]; ぐいと動く, がたごと動く

── 名 急に動かす[引っ張る・動く]こと

jerky /dʒə́ːrki チャ〜キ/ 名 《米》ジャーキー →牛などの肉を乾燥させたもの。

jersey /dʒə́ːrzi チャ〜ズィ/ 名 (運動選手・船員などが着る)セーター, ジャージー

Jerusalem /dʒərúːsələm チェルーサれム/ 固名 エルサレム →ユダヤ教徒, キリスト教徒, イスラム教徒などの聖地。イスラエル共和国の首都。

Jesus /dʒíːzəs チーザス/ 固名 イエス, イエズス →プロテスタントでは「イエス」, カトリックでは「イエズス」という。キリスト教の開祖。**Christ** (救世主)をつけて **Jesus Christ** (イエス・キリスト)とも呼ばれる。

Jésus Chríst 固名 イエス・キリスト

> 参考 キリスト教の開祖。西暦(せいれき)紀元はイエスの誕生を基点としている (→**B.C.**). ユダヤの国(現在のイスラエル共和国)に生まれ, 30歳(さい)頃(ごろ)から神の国の教えを述べ始め, 3年後に十字架(か)にかかって死に, 3日目によみがえったと伝えられている。

jet 小 A1 /dʒét チェト/ 名

❶ (ガス・液体などの)噴射(ふんしゃ)

❷ ジェット機 → **jet plane** ともいう。

- a private **jet** 自家用ジェット機

jét làg 名 時差ぼけ

Jew /dʒúː チュー/ 名 ユダヤ人, ユダヤ教徒

> 参考 紀元前10世紀頃(ごろ)イスラエルが南北に分裂(ぶんれつ)した時の南の王国がユダ国で, その国の人を「ユダヤ人」と呼んだのが始まり。古くからヨーロッパ各地で迫害(はくがい)を受け, 金貸しなど限られた仕事しか許されなかったが, そのせいで **Jew** という言葉には「強欲(ごうよく)な人, けちんぼう」という差別的なイメージがつくことになった。

jewel /dʒúːəl チューエる/ 名 宝石

jeweler /dʒúːələr チューエら/ 名 宝石商, 貴金属商

jeweller /dʒúːələr チューエら/ 名 《英》 =

jeweler

jewellery /dʒúːəlri チューエるリ/ 名 《英》= jewelry

jewelry A1 /dʒúːəlri チューエるリ/ 名
《集合的に》宝石類, 貴金属の装身具
関連語 個々の「宝石」は a **jewel**, a **gem**.

Jewish /dʒúːiʃ チューイッシュ/ 形 ユダヤ人 (Jew) の, ユダヤ教の

jigsaw /dʒígsɔː ヂグソー/ 名 ジグソーパズル
→ **jigsaw puzzle** ともいう.

jingle 小 /dʒíŋɡl ヂングる/ 動 (鈴(すず)・コインなどが)チリンチリンと鳴る
• **Jingle**, bells. 鈴よ, 鳴れ.
—— 名 チリンチリンと鳴る音

Joan of Arc /dʒóun əv ɑ́ːrk ヂョウン オヴ アーク/ 固名 ジャンヌ・ダルク → フランスの農夫の娘(むすめ)(1412-31)で, 百年戦争の時陣頭(じんとう)に立ってイギリス軍を破り, 国難を救ったが, 後に捕(と)らえられて火あぶりの刑に処せられた.

job 小 A1 /dʒɑ́b ヂャブ|dʒɔ́b ヂョブ/ 名

❶ 職, 勤め口, 仕事
• **get** a **job** 職を得る, 就職する
• **lose** a **job** 職を失う, 失業する
• He is **out of a job** and goes out to look for one (=a job) every day. 彼は失業中で, 毎日仕事を探しに出かける.

❷ (なすべき)務め, 作業, 仕事
• Uncle Sam's job is painting signs and he always does a good **job**. サムおじさんの仕事は看板を描(か)くことで, いつも上手にやります. → 最初の job は ❶ の意味.
• (You did a) Good **job**! (いい仕事をしたぞ)よくやった[でかした].

jockey /dʒɑ́ki ヂャキ/ 名 (競馬の)騎手(きしゅ)

jog /dʒɑ́g ヂャグ/ 動 (三単現 **jogs** /dʒɑ́gz ヂャグズ/; 過去・過分 **jogged** /dʒɑ́gd ヂャグド/; -ing形 **jogging** /dʒɑ́giŋ ヂャギング/)
ゆっくり走る, ジョギングする
• He **is jogging** around the park. 彼は公園の周りをジョギングしている.

John Bull /dʒɑ́n búl ヂャン ブる/ 固名 ジョン・ブル → 英国人または英国民の愛称. → **Uncle Sam**

join 小 A1 /dʒɔ́in ヂョイン/ 動

❶ 参加する, (仲間に)入る, 〜といっしょになる
• **join** a party パーティーに参加する
• We are going on a picnic tomorrow. Won't you **join** us? 私たちはあしたピクニックに行きます. 君も(私たちといっしょに)参加しませんか.
• John **joined** our tennis club. ジョンは私たちのテニス部に入った.
• Girl students are **joining** the judo club. 女子生徒たちが柔道(じゅうどう)部に入りだしている.

❷ つなぐ, 〜と結合する, 〜と合わせる; つながる
• **Join** this **to** [**on**] that. これをそれにつなぎなさい.
• We are **joined in** firm friendship. 我々は堅(かた)い友情でつながれている. → **are** 助動 ❷
• We all **joined** hands in a circle. 私たちはみんな丸くなって手をつないだ.
• The two roads **join** here. その2本の道路はここでつながる.

join in 仲間に加わる, 参加する

joint /dʒɔ́int ヂョイント/ 名
❶ つぎ目
❷ (体の)関節
—— 形 共同の; 共有の

joke A2 /dʒóuk ヂョウク/ 名 冗談(じょうだん), しゃれ
• tell [make] a **joke** 冗談を言う
• as a **joke** 冗談(のつもり)で
• It's no **joke**. それは冗談事ではない.

play a joke on 〜 〜をからかう
—— 動 冗談を言う

joker /dʒóukər ヂョウカ/ 名
❶ (トランプの)ジョーカー
❷ 冗談(じょうだん)を言う人

jolly /dʒɑ́li ヂャリ/ 形 (比較級 **jollier** /dʒɑ́liər ヂャリア/; 最上級 **jolliest** /dʒɑ́liist ヂャリエスト/)
楽しい, 愉快(ゆかい)な, すてきな

journal /dʒə́ːrnl ヂャ〜ヌる/ 名 ❶ 新聞; 雑誌
❷ 日記, 日誌

journalism /dʒə́ːrnəlizm ヂャ〜ナリズム/ 名 ジャーナリズム → 新聞・雑誌・テレビ・ラジオなどの報道業.

journalist /dʒə́ːrnəlist ヂャ〜ナリスト/ 名 新聞[雑誌・報道]記者, ジャーナリスト

journey A2 /dʒə́ːrni ヂャ〜ニ/ 名 旅行 = **travel** 類似語

- go on a **journey** 旅行に行く
- set out on [start on] a **journey** 旅行に出発する
- They are now on a car **journey** from Paris to Rome. 彼らは今パリからローマへ車で旅行中です.
- He is going to **make a journey** to Africa. 彼はアフリカへ旅行するつもりです.

joy 中 A2 /dʒɔ́i チョイ/ 名 喜び, うれしさ; 喜びを与(あた)えるもの, 喜びの種
- We were filled with **joy** when we heard the news. その知らせを聞いた時, 私たちは喜びに満たされた.
- His visit was a **joy** to us. 彼の訪問は私たちにとってうれしい事でした.

for [with] joy うれしさのあまり, うれしくて
- jump **for joy** うれしくて小躍(こおど)りする

to A's joy (Aが)喜んだことには, (Aが)うれしいことには
- **To** my great **joy**, he succeeded at last. (私が)とてもうれしいことに, ついに彼は成功した.

joyful /dʒɔ́ifəl チョイふる/ 形 うれしい, 喜ばしい, 楽しい →**happy** よりも少し改まった語.

Jr., jr. 略 = junior (息子(むすこ)のほうの) 関連語 **Sr(.), sr(.)** (父親のほうの)

judge A1 /dʒʌ́dʒ チャヂ/ 名
❶ 裁判官, 判事
❷ (競技会などの)審判(しんぱん)員, 審査(しんさ)員 → **referee, umpire**
❸ (物の)よしあしのわかる人
- My aunt is a good **judge** of wine. おばはワインのよしあしがよくわかる人です.
—— 動 ❶ (～の)裁判をする, 判決を下す
❷ (競技会などで)(～の)審判を務める, 審査する
❸ (物のよしあしを)判断する
- You can't **judge** a person from his or her appearance. 人をその外見で判断することはできない.
- We must not be **judged** by the color of our skin. 私たちは皮膚(ひふ)の色で[人種によって]判断されてはならない.

judging from [by] ～ ～から判断すると

judgement /dʒʌ́dʒmənt チャヂメント/ 名 《英》=judgment

judgment /dʒʌ́dʒmənt チャヂメント/ 名
❶ 裁判; 判決 ❷ 判断(力), 分別

judo 小 /dʒúːdou ヂュードウ/ 名 柔道(じゅうどう) →日本語から.

jug /dʒʌ́g チャグ/ 名 ❶ 《米》(細口・取っ手付きの)つぼ, かめ, 瓶(びん) ❷ 《英》(広口・取っ手付きの)水差し (pitcher), ジョッキ

juggle /dʒʌ́gl チャグる/ 動 ❶ (2個以上のボール・ナイフなどで)ジャグリングをする
❷ (複数の仕事・活動などを)てぎわよくこなす, 両立させる

juggler /dʒʌ́glər チャグら/ 名 曲芸師

juice 小 A1 /dʒúːs ヂュース/ 名
(肉・果物などの)汁(しる), 果汁, 液, ジュース →薄(うす)めないままのものをいう. 日本では「炭酸飲料」のことも一般(いっぱん)に「ジュース」といっているが, 英語では **soda** あるいは **soda pop** という.
- fruit **juice** 果汁(かじゅう), フルーツジュース
- He had a glass of tomato **juice**. 彼はトマトジュースを1杯(はい)飲んだ.

juicy /dʒúːsi ヂュースィ/ 形 (比較級 **juicier** /dʒúːsiər ヂュースィア/; 最上級 **juiciest** /dʒúːsiist ヂュースィエスト/) 水分[汁(しる)]の多い →juice+-y.

Jul. 略 =**Jul**y (7月)

July 小 A1 /dʒulái ヂュらイ/ 名
7月 →**Jul.** と略す. 詳(くわ)しい使い方は →**June**
- **in July** 7月に
- **on July** 7 (読み方: (the) seventh) 7月7日に

> 語源 (July)
> 古代ローマ人が, 7月生まれの英雄(えいゆう) Julius Caesar (ユリウス・カエサル) を記念するために付けた名称から.

jumbo /dʒʌ́mbou チャンボウ/ 名 (複 **jumbos** /dʒʌ́mbouz チャンボウズ/) ❶ とてつもなく大きい人[動物]; (特に)象の愛称(あいしょう) ❷ ジャンボジェット機 (jumbo jet)
—— 形 巨大(きょだい)な, ジャンボ～ →名詞の前にだけつける.

jump 小 A1 /dʒʌ́mp チャンプ/ 動
とぶ, とび越(こ)える; 跳(は)ねる
- **jump** about とび回る, 跳ね回る
- **jump** over the fence 塀(へい)をとび越える
- **jump** up [down] とび上がる[降りる]
- **jump** in 飛び込(こ)む
- **jump** into the water 水の中へ飛び込む
- **jump** at ～ ～に飛びかかる, ～に飛びつく
- **jump** to conclusions 一足とびに結論を出

jumper

す, 早合点する

- **jump** (across) a puddle 水たまりをとび越える

- He **jumped** six feet in the high jump.
彼は高とびで6フィートとんだ.

- The skydivers are now **jumping** from the airplane one after another. スカイダイバーたちは今次々と飛行機から飛び下りている.
→are 〖助動〗❶

jump the queue (列をとび越す ⇨)列の前に割り込む

jump (*the*) ***rope*** 縄跳(なわと)びをする

jump to one's ***feet*** ぴょんと立ち上がる

—— 〖名〗 跳躍(ちょうやく), ジャンプ

- The horse **made a** fine **jump over** the fence. その馬は見事に塀を越えた.

jumper /dʒʌ́mpər チャンパ/ 〖名〗

❶ とぶ人, 跳躍(ちょうやく)の選手

❷ 作業服, ジャンパー

❸《米》ジャンパースカート (《英》pinafore);《英》(頭からかぶって着る)セーター

júmp(ing) ròpe 〖名〗 縄跳(なわと)び; 縄跳びの縄

Jun. 〖略〗 ＝**June** (6月)

junction /dʒʌ́ŋkʃən チャンクション/ 〖名〗 連結点, 接合点; 接続駅, (道路の)接続地点

June 〖小〗〖A1〗 /dʒúːn チューン/ 〖名〗

6月 **→Jun.** と略す.

- **in June** 6月に(は) **→**月の名前はいつも大文字で始める. ×a [the] June としない.

- **early** [**late**] **in June** 6月上旬(じょうじゅん)[下旬(げじゅん)]に(は)

- **every** [**next**] **June** 毎年[来年の]6月に(は) **→**×in every ～, ×in next ～ としない.

- **last June** 《6月より前に言えば》去年の6月に(は) (in June last year); 《6月より後に言えば》今年の6月に(は)

- **on June** 3 6月3日に **→**June 3は《米》では June (the) third, 《英》では June the third, the third of June と読む.

- We are **in June**. (私たちは6月にいる ⇨) 今は6月です.

- Today is **June** 3. ＝**It's June** 3 today.
きょうは6月3日です. **→**It は漠然(ばくぜん)と「時」を表す.

- My birthday is **in June** [(**on**) **June** 3].
私の誕生日は6月[6月3日]です. **→**on をつけ

るのは《英》.

- It happened **on June** 3, 1990. それは1990年6月3日に起こった.

〖語源〗(June)

ローマ神話の結婚(けっこん)の女神(めがみ)ジュノー (Juno) にちなむ. この月に結婚する花嫁(はなよめ)はジュノーの祝福を受けて最も幸福になるといわれ, **June bride** (6月の花嫁)と呼ばれる.

jungle /dʒʌ́ŋgl チャングる/ 〖名〗 (ふ つ う **the jungle** で)(熱帯地方の)密林, ジャングル

junior 〖小〗〖A2〗 /dʒúːniər チューニア/ 〖形〗

❶ 年下の, 後輩(こうはい)の; 下位の, 下級の

- He is ten years **junior to** me. 彼は私より10歳(さい)年下だ. **→**ten years は junior を修飾(しゅうしょく)する.

❷(同名の父親に対して)息子(むすこ)のほうの, 2世の **→**Jr. または jr. と略す. **→senior**

- John Brown, **Junior** 息子のほうのジョン・ブラウン, ジョン・ブラウン2世 **→**同名の父親は John Brown, **Senior** という.

—— 〖名〗 ❶ 年少者; 後輩

- He is ten years my **junior**. 彼は私より10歳年下だ.

❷《米》ジュニア **→**高校・大学で最上級生 (senior) の1年下の生徒[学生].

júnior cóllege 〖名〗《米》短期大学

júnior hígh schòol 〖中〗〖名〗

《米》中学校 **→**単に **junior high** ともいう. **→high school**

junk 〖A2〗 /dʒʌ́ŋk チャンク/ 〖名〗《話》がらくた, くだらない物

júnk fòod 〖名〗 ジャンクフード **→**ポップコーン, ポテトチップスなどのスナック類.

júnk màil 〖名〗 ジャンクメール **→**すぐくずかご行きになるダイレクトメールなど.

Juno /dʒúːnou チューノウ/ 〖固名〗 ジュノー **→**ローマ神話で神々の王 Jupiter の妻. **→June**

Jupiter /dʒúːpətər チュービタ/ 〖固名〗

❶ ジュピター **→**ローマ神話で神々の王. ギリシャ神話の Zeus (ゼウス)にあたる. ❷《天文》木星

juror /dʒú(ə)rər チュ(ア)ラ/ 〖名〗 陪審(ばいしん)員 **→jury**

jury /dʒú(ə)ri チュ(ア)リ/ 〖名〗 (**⑧ juries** /dʒú(ə)riz チュ(ア)リズ/) 陪審(ばいしん)員団 〖団名〗 **→**ふつう一般(いっぱん)に市民12人の陪審員 (jurors) から成り, 被告(ひこく)が有罪か無罪か (guilty or not guilty) を評決し, 裁判長に伝える. 代名詞は it で受ける.

just

just 小 A1 /dʒʌ́st チャスト/ 副
(比較級 **more just**; 最上級 **most just**)

❶ **ちょうど, ちょうど今(〜したばかり); やっと**
- **just** now ちょうど今, たった今しがた
- **just** then ちょうどその時
- **just** like you ちょうど君たちのように
- It's **just** ten o'clock. 10時になったばかりです. →「ちょうど10時です」の意味では **exactly** を使うほうがよい.
- The party is **just** beginning. パーティーはちょうど始まるところです.
- He arrived **just now**. = He **just** arrived. 彼はついいましがた着きました.
- The train **has just left**. 列車はちょうど今出てしまった. →現在完了(かんりょう)の文(→**have** 助動 ❶). 現在完了の文では ×*just now* としない.
- I **just** caught the bus. 私はやっとバスに間に合った.
- The shoes fit **just** right. その靴(くつ)はちょうどぴったりのサイズです.
- The phone rang **just** as I was going to bed. 私がちょうど寝(ね)ようとしている時に電話が鳴った.

❷ **ほんの, ちょっと, ただ(の), 単なる; ただ〜だけ; ほんの(少しで), わずかに**
- **just** a little ほんのちょっと
- **Just** a minute [second]. ちょっと待って.
- **Just** come here and look at this! ちょっとここへ来てこれをごらんなさい.
- It's **just** a shower. ほんのにわか雨だ.
- I **just** missed the bus. 私はほんの少しのところでバスに乗り遅(おく)れた.

会話

Can I help you?—(I'm) **Just** looking, thank you.
(店で)何かお探しですか.—いや, ちょっと見て

いるだけです.

Can I help you? / Just looking, thank you.

❸ 《強調的に》**本当に, 全く**
- He looks **just** fine. 彼は全く元気そうに見える.
- This information is **just** for Bob. この情報は特にボブに聞かせたい.

just about 〜 だいたい〜, ほとんど〜(almost) → just は about の意味を強めているだけ.

—— 形 (比較級 **more just**; 最上級 **most just**) 正しい, 公平な; 正当な
- **just** anger もっともな怒(いか)り
- I don't think his claim is **just**. 彼の要求は正当でないと思う.

justice /dʒʌ́stis チャスティス/ 名
❶ **正義, 正しさ, 公平**
- treat him **with justice** 彼を公平に扱(あつか)う
❷ **裁判**
- a court of **justice** 裁判所
❸ **裁判官, 判事**(judge)
- the chief **justice** 裁判長

do A justice = ***do justice to A*** Aに対して正当な扱いをする, Aを正当に評価する

justify /dʒʌ́stəfai チャスティふァイ/ 動
(三単現 **justifies** /dʒʌ́stəfaiz チャスティふァイズ/; 過去・過分 **justified** /dʒʌ́stəfaid チャスティふァイド/; -ing形 **justifying** /dʒʌ́stəfaiiŋ チャスティふァイイング/)

〜の正しいことを示す; 正当化する

K k 𝒦𝓀

K, k /kéi ケイ/ 名 (複 **K's, k's** /kéiz ケイズ/) ケー → 英語アルファベットの11番目の文字.

kabaddi /kəbʌ́di カバディ/ 名 カバディー → インド起源のチームスポーツ.

kaleidoscope /kəláidəskoup カライドスコウプ/ 名 万華鏡(まんげきょう)

Kamchatka /kæmtʃǽtkə キャムチャトカ/ 固名 カムチャツカ(半島)

kangaroo 小 /kæŋgərúː キャンガルー/ 名 《動物》カンガルー

Kansas /kǽnzəs キャンザス/ 固名 カンザス → 米国の中央に位置する州. **Kans., Kan.,** (郵便で) **KS** と略す.

karaoke /kɑːrióuki カーリオウキ/ 名 カラオケ(の機械); カラオケで歌うこと → 日本語から.

Katmandu /kɑːtmɑːndúː カートマーンドゥー/ 固名 カトマンズ → ネパール(Nepal)の首都.

kayak /káiæk カイアク/ 名 カヤック → 元はイヌイット(Inuit)などが使う小舟(こぶね).

類似語 (canoe, kayak)
kayak は座席以外の甲板(かんぱん)が閉じたものが多く, 水かきが両端についたパドルで漕(こ)ぐ. **canoe** はふつう甲板が覆(おお)われておらず, 水かきが片方だけのパドルで漕ぐ.

kayak　　　　canoe

keen /kíːn キーン/ 形 ❶ 鋭(するど)い, 鋭敏(えいびん)な ❷ 熱心な (eager); **(be keen to** *do* **で)** 熱心に〜したがる

keep 中 A1 /kíːp キープ/

動 ❶ 保存する, 保つ　　　　意味 map
❷ 飼う, 養う; (店などを)経営する
❸ (規則などを)守る; (日記を)つける
❹ 〜を〜させておく
❺ (ずっと)〜している

—動
三単現	**keeps** /kíːps キープス/
過去・過分	**kept** /képt ケプト/
-ing形	**keeping** /kíːpiŋ キーピング/

❶ 保存する, 保つ
基本 **keep old letters** 古い手紙をとっておく → keep＋名詞.

• **Keep** the change. おつりは(いらないから)取っておいてください.

• I don't need that book. You may **keep** it. 私はその本が必要でない. 君はそれを(返さずに)持っていていい[君にあげる].

• How long can I **keep** this book? この本はいつまで借りられますか.

• Do you **keep** candles in your store? お宅の店にはろうそくが置いてありますか[売っていますか].

• I won't **keep** you any longer. 私は君をもうこれ以上お引き止めしません.

• This watch **keeps** (good) time. この時計は正確な時間を保つ[狂(くる)わない].

• That tape **is kept** in the red box. そのテープは赤い箱に保管されています. → 受け身の文. → **is** 助動 ❷

• Come on, Ken! What's (= What **is**) **keeping** you? 早く来いよ, ケン. (何が君を引き止めているんだ ⇨) 何をぐずぐずしてるんだ. → 強調の現在進行形. → **is** 助動 ❶

 POINT keep そのものに継続(けいぞく)の意味がある

ので，意味を強調する時以外はふつう進行形 (be keeping) にしない．

- It's no use **keeping** such old magazines. そんな古雑誌をとっておいても何にもならない． → It =keeping 以下．

❷ 飼う，養う；(店などを)経営する
- **keep** rabbits ウサギを飼う
- They **keep** animals on the farm. 彼らは農場に動物を飼っている．
- She once **kept** a little toy store in the village. 彼女はかつて村で小さなおもちゃ屋さんをやっていた．

❸ (規則・約束などを)守る；(祭日を)祝う；(日記を)つける
- **keep** the rules 規則を守る
- **keep** goal (サッカーなどで)ゴールを守る，ゴールキーパーを務める
- **keep** a diary (毎日)日記をつける
- He always **keeps** his promises. 彼はいつも約束を守る．
- Can you **keep** a secret? 君は秘密を守ることができるか．

❹ ～を～させておく，～を～にいさせる
基本 **keep him awake** 彼の目を覚まさせておく → keep A B (形容詞・現在分詞)は「AをBにさせておく」．
- **keep** a dog quiet 犬を静かにさせておく
- **keep** him waiting 彼を待たせておく
- **keep** the windows open [closed] 窓を開けて[閉めて]おく → open は形容詞．
- The noise **kept** me awake all night. (騒音が私を一晩中目を覚まさせておいた⇨)騒音で私は一晩中眠れなかった．
- I **was kept** awake all night by the noise. その騒音で私は一晩中目を覚まさせられていた ⇨)眠れなかった．→ 受け身の文．
- Rain **kept** us indoors. (雨が私たちをずっと家の中にいさせた ⇨)雨だったので私たちはずっと家の中にいた．

I'm sorry I've **kept** you waiting so long.—No, not at all.
君をこんなに長く待たせておいてすみません．―どういたしまして．
→ I've kept は現在完了(かんりょう)の形．→ **have** [助動] ❸

❺ (ずっと)～している，～にいる；(食べ物が)もつ
基本 **keep awake** 目を覚ましている → keep+形容詞[現在分詞]．
- **keep** quiet 静かにしている
- **keep** indoors じっと家の中にいる → indoors は副詞(家の中に)．
- **keep** in good condition ずっとよい(健康)状態でいる
- The baby **kept** crying all night. 赤ん坊は夜通し泣き続けた．
- It **kept** raining for a week. 1週間雨が降り続いた．→ It は「天候」を表す．
- Will this fish **keep** till tomorrow? この魚は明日までもつでしょうか．

keep at ～ ～を辛抱(しんぼう)強く[諦(あきら)めないで]続ける

keep ～ away ～を寄せつけない，近づけない
ことわざ An apple a day **keeps** the doctor **away**. 1日に1個のリンゴは医者を寄せつけない． → 「1日にリンゴを1個食べていれば健康で医者にかかることはない」の意味．

keep away from ～ ～から離(はな)れている，～に近づかない，～に触(ふ)れない
- The doctor told me to **keep away from** all sweets. 医者は私に甘(あま)い物をいっさい近づけない[食べない]ようにと言った．

keep back 押(お)さえる，隠(かく)す；後ろにいさせる；後ろに引っ込(こ)んでいる

keep from ～ ～に近寄らない，～しないようにする
- I went under a tree to **keep from** getting wet. ぬれないように私は木の下に入った．→ to keep は不定詞．→ **to** ❾ の③

keep A from B AをBから守る[隠す]；AにBをさせない
- Vitamin A **keeps** us **from** colds. ビタミンAは私たちを風邪(かぜ)から守ってくれる．
- I **keep** nothing (back) **from** you. 私はあなたには何も隠していません．
- We wear raincoats to **keep** our clothes **from** getting wet. 服をぬらさないように私たちはレインコートを着る．

keep in 外に出さない；閉じ込める；(学校で)居残らせる；閉じこもる

keep off ～ ～に近づかない，～を近づけない
掲示 **Keep off** the grass! 芝生(しばふ)に入ってはいけません．
掲示 **Keep** your hands **off**! 手を触れない

keeper 346 three hundred and forty-six

でください.

keep on 着たままでいる

• **keep on** *one's* overcoat コートを着たままでいる

keep (on) doing （ある動作を）〜し続ける; （同じ動作を）繰り返す →**keep ❺**

• It **kept (on) raining** for three days. 3日も雨が降り続いた. →It は「天候」を表す.

• You **keep (on) making** the same mistake. 君は同じミスを繰り返している.

keep out 閉め出す; 外にいる

• Glass **keeps out** the cold wind. ガラス（窓）は寒い風を(閉め出す ⇒)防ぐ.

掲示 **Keep out!** 立ち入り禁止.

keep A out of B AをBから閉め出しておく, AをBの中へ入れない

keep to 〜 〜から離れない; 〜を守る

掲示 **Keep to** the left. 左側を通ってください[左側通行].

keep 〜 to *oneself* 〜を自分だけのもの[秘密]にしておく

keep together （物を）くっつけておく, （人を）団結させる; くっつく, 団結する

keep up 支える, 維持(いじ)する, 続ける; 続く

• **Keep up** the good work! (そのよい作業を続けよ ⇒)その調子で頑張(がんば)れ!

keep up with 〜 （遅(おく)れないで）〜について行く

keeper 小 /kíːpər キーパ/ 名 番人; 世話する人; 持ち主

• a lighthouse **keeper** 灯台管理人

• a lion **keeper** ライオンの飼育係

Keller /kélər ケら/ 固名 (**Helen Keller**) ヘレン・ケラー →米国の女性著述家・社会福祉(ふくし)活動家 (1880–1968). 目が見えず, 耳が聞こえず, 言葉が話せないという三重苦を克服(こくふく)して, 人々に勇気と希望を与えた.

Kennedy /kénədi ケネディ/ 固名 (**John F. Kennedy**) ジョン F. ケネディ →米国の政治家 (1917–63). 米国第35代大統領. 1963年任期中に暗殺された.

kennel /kénl ケヌる/ 名 犬小屋 (doghouse)

Kentucky /kentʌki ケンタキ/ 固名 ケンタッキー →米国では, ほぼこの州から南が南部と呼ばれる. **Ken., Ky.**, (郵便で) **KY** と略す.

Kenya 小 /kénjə ケニャ/ 固名 ケニヤ →アフリカ東部の共和国. 首都はナイロビ (Nairobi). 公用語はスワヒリ語と英語.

Kenyan /kénjən ケニャン/ 名 ケニヤ人
—— 形 ケニヤの; ケニヤ人の

kept 中 /képt ケプト/ 動 **keep** の過去形・過去分詞

ketchup /kétʃəp ケチャプ/ 名 ケチャップ →《米》では **catsup** ともつづる.

kettle /kétl ケトる/ 名 やかん

key 中 A1 /kíː キー/ 名
❶ 鍵(かぎ) →「(問題を解く・目的を達成する)方法」の意味でも使う.
関連語 turn a **key** in the **lock** 錠(じょう)に鍵を差して回す, 鍵をかける[開ける]

• She had no **key** to the door. 彼女はドアの鍵を持っていなかった.

• the **key to** a riddle なぞなぞを解く鍵

• the **key to** success 成功への鍵

❷ （ピアノ・コンピューターなどの)鍵(けん), キー
—— 形 基本的な, 重要な

keyboard /kíːbɔːrd キーボード/ 名
❶ （ピアノの)鍵盤(けんばん); (コンピューターなどの)キーボード
❷ 鍵盤楽器, キーボード

kéy chàin 名 キーホルダー →**key ring** (鍵(かぎ)を通して輪)を束ねたもの. 「キーホルダー」は和製英語.

keyhole /kíːhoul キーホウる/ 名 （ドアの)鍵(かぎ)穴

kg., kg 略 ＝**kilogram(s)** (キログラム)

kick A1 /kík キク/ 動
（ボール・人などを）蹴(け)る

• **kick** a ball ボールを蹴る

• **kick** off （フットボールなどで)キックオフする →**kickoff**

• He **kicked** the ball into the goal. 彼はゴールにボールを蹴り込(こ)んだ.
—— 名 ❶ 蹴ること, 蹴り, キック

• a good **kick** うまい[強い]キック

• **give** [**receive**] a **kick** 蹴る[蹴られる]

❷ 《話》＝fun (楽しみ)

• for **kicks** 楽しみのために, 遊びで

• **get a kick out of** swimming in the river 川で泳いで楽しむ[遊ぶ]

kickoff /kíkɔːf キクオーふ/ 名 （フットボールなどの試合開始の)キックオフ

kid 中 A1 /kíd キド/ 名
❶《話》子供 (child)
❷ 子ヤギ (young goat); 子ヤギの皮
── 動 (三単現 kids /kídz キヅ/; 過去・過分 kidded /kídid キデド/; -ing形 kidding /kídiŋ キディング/)
《話》冗談(じょうだん)を言う, からかう
・No kidding! 冗談はよせよ[まさか].
・You are [must be] kidding. 冗談でしょう[まさか].
・(I'm) Just kidding. 冗談ですよ.

kiddie /kídi キディ/ 名《話》=kid ❷

kidnap /kídnæp キドナプ/ 動 (三単現 kidnaps /kídnæps キドナプス/; 過去・過分 kidnap(p)ed /kídnæpt キドナプト/; -ing形 kidnap(p)ing /kídnæpiŋ キドナピング/)
(身代金(みのしろきん)目当てに人を)誘拐(ゆうかい)する
── 名 誘拐

kidney /kídni キドニ/ 名 腎臓(じんぞう)

Kilimanjaro /kìləməndʒárou キリマンチャーロウ/ 固名 キリマンジャロ → タンザニア北東部にあるアフリカの最高峰(ほう).

kill 中 A1 /kíl キル/ 動
❶ 殺す, 枯(か)らす; (希望などを)打ち砕(くだ)く
類似語 **murder** (人を不法に)殺す.
・kill a rat ネズミを殺す
・kill *oneself* (自分自身を殺す ⇒)自殺する
ことわざ **kill two birds with one stone** 1個の石で2羽の鳥を殺す[一石二鳥] →「1つの事をして2つの利益[効果]を得る」の意味.
・The sudden frost **killed** the crops. 突然(とつぜん)の霜(しも)で作物が枯れた.
・He **was killed** in an accident. 彼は事故で死んだ. → 受け身の文 (→**was** [助動]❷).
POINT 「殺された」であるが「死んだ」と訳す. 事故・戦争などで「死ぬ」時はふつう **be killed** の形を使う. 老衰(ろうすい)・病気で「死ぬ」は **die**.
・No animals **kill** for the sake of **killing**. 殺すためにだけ殺す動物はいない. → for the sake of ~ は「~のために」.
・Nuclear tests **kill** our hope for peace. 核(かく)実験は平和への希望を打ち砕く.
❷《話》ひどい痛みを与(あた)える →「体の部分」が主語になる.
・My leg is **killing** me. 脚(あし)がひどく痛む.
❸ (時間を)つぶす
・We **killed** an hour at a coffee shop. 私たちは喫茶(きっさ)店で1時間つぶした.

killer A2 /kílər キラ/ 名 殺す人[物], 殺人鬼(き), 殺し屋

kilo A2 /kí:lou キーロウ/ 名 (複 **kilos** /kí:louz キーロウズ/) ❶ キロメートル (kilometer, kilometre) ❷ キログラム (kilogram(me))

kilogram 中 A2 /kíləgræm キログラム/ 名 キログラム (=1,000g) → **kg.**, **kg** と略す.

kilogramme /kíləgræm キログラム/ 名《英》=kilogram

kilometer 中 A2 /kilámətər キラメタ/ 名 キロメートル (=1,000m) → **km.**, **km** と略す.

kilometre /kilámətər キラメタ/ 名《英》=kilometer

kilt /kílt キルト/ 名 キルト — スコットランド高地地方の男性が着る縦ひだの短いスカート.

kind¹ 中 A1 /káind カインド/ 名
種類
・a **kind** of fish 魚の一種; 魚のようなもの → ×a kind of *a* fish としない.
・a new **kind** of rose バラの新種
・a certain **kind** of plant ある種の植物
・another **kind** of paper 別の種類の紙
・this **kind** of bird この種の鳥
・these **kinds** of birds = birds of these **kinds** これら数種類の鳥
・many **kinds** of dogs いろいろな種類の犬
・all **kinds** of roses あらゆる種類のバラ
・What **kind** of flower do you like? 君はどういう種類の花が好きですか.

kind of《話》少し, やや (a little)

kind² 小 A2 /káind カインド/ 形 (比較級 **kinder** /káindər カインダ/; 最上級 **kindest** /káindist カインデスト/)
親切な, 優(やさ)しい
POINT 人についても行為(こうい)についてもいう.
中基本 **a kind girl** 親切な少女 →kind+名詞.
・a **kind** act 親切な行い
中基本 **She is kind**. 彼女は親切です. →be 動詞+kind.
・He was very **kind to** me. 彼は私にとても親切にしてくれた.
・Be **kind to** animals. 動物に優しくしなさい.

kindergarten

基本 It is [That's] (very) kind of you (to do so). ((そうしてくださるとは)あなたは(とても)親切です ⇨) ご親切にどうもありがとう. →to do so は「そうするとは」. →to ❾ の④
- How **kind** of you! まあなんとご親切に.
- He was **kind** enough to help me. 彼は(手伝ってくれるほど親切だった ⇨)親切にも私を手伝ってくれた. →to ❾ の④

kindergarten /kíndərɡɑːrtn キンダガートン/ 名 幼稚(ようち)園 →ドイツ語で Kinder (=children)+Garten (=garden).

kindhearted /kaɪndhɑ́ːrtid カインドハーテド/ 形 親切な, 心の優(やさ)しい, 思いやりのある

kindly A2 /káindli カインドリ/ 副 (比較級 more kindly; 最上級 most kindly)
親切に, 優(やさ)しく; 《文を修飾(しゅうしょく)して》親切にも, どうぞ (please)
- She teaches us very **kindly**. 彼女は私たちにとても親切に教えてくれる.
- She **kindly** bought this for me. 彼女は親切にも私にこれを買ってくれた.
- Will you **kindly** close the door? どうぞドアを閉めてくださいませんか.
—— 形 (比較級 **kindlier** /káindliər カインドリア/; 最上級 **kindliest** /káindliist カインドリエスト/) (心の)優しい, 親切な →ふつう名詞の前にだけつける.
- a **kindly** act 親切な行い

kindness 中 /káindnis カインドネス/ 名 親切, 優(やさ)しさ; 親切な行為(こうい)

King /kíŋ キング/ 固名 (**Martin Luther King, Jr.**) マーティン・ルーサー・キング・ジュニア

> 参考 米国の牧師で黒人の公民権運動の指導者 (1929–68). 人種差別の撤廃(てっぱい)に大きな指導力を発揮したが暗殺された. キング牧師の功績を記念して1月の第3月曜日は「国民の祝日」に指定された (1985年制定).

king

小 A1 /kíŋ キング/ 名
❶ (しばしば **King** で) 王, 国王 →「(ある分野での)最高位者」の意味でも使う.
関連語 **queen** (女王), **prince** (王子), **princess** (王女)
- the **King** of Denmark デンマーク国王
- **King** Henry IV (読み方: the fourth) ヘン

リー4世
- the home run **king** ホームラン王
- the **king** of birds [the forest] 鳥の王 (= eagle (ワシ)) [森の王 (=oak (オーク))]
❷ (トランプの)キング

kingdom A2 /kíŋdəm キングダム/ 名 ❶ 王国 ❷ 領域; ～界

kingfisher /kíŋfiʃər キングふィシャ/ 名 《鳥》カワセミ

King Lear /kìŋ líər キング リア/ 固名 リア王 →シェークスピア (Shakespeare) の書いた有名な悲劇. またその主人公の名.

kiosk /kíːɑsk キーアスク/ 名 キオスク

kiss A1 /kís キス/ 名 キス, 口づけ
- **give** her a **kiss** (**on the** cheek) 彼女の(ほお)にキスする
—— 動 キスする, 口づけする
- **kiss** her **on the** cheek 彼女のほおにキスする
- The lovers **kissed**. 恋人(こいびと)たちはキスをした.
- The girl **kissed** her mother **goodbye**. その女の子は母親にお別れのキスをした.

kit A2 /kít キト/ 名 (ある目的に使う一式の)用具, 用品
- carry *one's* tennis **kit** in a bag テニス用具を全部バッグに入れて持って行く

kitchen

中 A1 /kítʃin キチン/ 名 (複 **kitchens** /kítʃinz キチンズ/)
台所, 調理場
- a **kitchen** knife 包丁
- a **kitchen** table キッチンテーブル
- have breakfast in the **kitchen** キッチンで朝食を食べる

kitchen garden 名 (家庭で食べるものを栽培(さいばい)する)家庭菜園

kite A1 /káit カイト/ 名
❶ (あげる)たこ
- fly a **kite** たこをあげる
❷ 《鳥》トビ

kite-flying /káit flaiiŋ カイト ふらイインぐ/ 名 たこあげ

kitten /kítn キトン/ 名 子ネコ

kitty /kíti キティ/ 名 (複 **kitties** /kítiz キティズ/) 子ネコ (kitten) →しばしば子供が子ネコを呼ぶ時などに使う.

kiwi /kíːwi キーウィー/ 名

❶《鳥》**キウイ** →ニュージーランドだけにいる鳥．翼(つばさ)がなくて飛べない．

❷(果物の)**キウイ** (=**kiwi fruit**)

km., km 略 =**kilo**meter(s) (キロメートル)

knack /nǽk ナク/ (→kn- で始まる語は k を発音しない) 名 (～をする)**こつ, 要領**, (～の)**才能**

knapsack /nǽpsæk ナプサク/ (→kn- で始まる語は k を発音しない) 名 **リュックサック**

knee A1 /níː ニー/ (→kn- で始まる語は k を発音しない) 名 **膝**(ひざ)

• **fall [go down] on** *one's* **knees** ひざまずく

• **on** *one's* **hands and knees** (両手両膝をついて ⇨)**四つんばいになって**

kneel /níːl ニール/ (→kn- で始まる語は k を発音しない) 動 (三単現 **kneels** /níːlz ニールズ/; 過去・過分 **knelt** /nélt ネルト/, **kneeled** /níːld ニールド/; -ing形 **kneeling** /níːliŋ ニーリング/) **膝(ひざ)をつく**

knelt /nélt ネルト/ (→kn- で始まる語は k を発音しない) 動 **kneel** の過去形・過去分詞

knew 中 /njúː ニュー/ (→kn- で始まる語は k を発音しない) 動 **know** の過去形

knife 中 A1 /náif ナイフ/ (→kn- で始まる語は k を発音しない) 名 (複 **knives** /náivz ナイヴズ/) **ナイフ, 小刀, 包丁**; (食事用)**ナイフ**

• eat with (a) **knife** and fork ナイフとフォークで食べる

knight /náit ナイト/ (→kn- で始まる語は k を発音しない) 名

❶(中世の)**騎士**(きし)

❷《英》**ナイト爵**(しゃく) →国家への功労者に与(あた)えられる一代限りの位． ➔ **sir** ❷

knit /nít ニト/ (→kn- で始まる語は k を発音しない) 動 (三単現 **knits** /níts ニツ/; 過去・過分 **knit**, **knitted** /nítid ニテド/; -ing形 **knitting** /nítiŋ ニティング/)

編む; 編み物をする

• My mother **knitted** me a sweater [a sweater for me]. 母が私にセーターを編んでくれた．

knitting /nítiŋ ニティング/ (→kn- で始まる語は k を発音しない) 名 **編み物**

knives /náivz ナイヴズ/ (→kn- で始まる語は k を発音しない) 名 **knife** の複数形

knob /náb ナブ/ (→kn- で始まる語は k を発音しない) 名 ❶(ドア・引き出しなどの)**丸い取っ手**
➔ **doorknob**

①stove / cooker (こんろ)　②oven (オーブン)　③sink (流し)　④dishwasher (食器洗い機)
⑤cupboard (食器棚)　⑥microwave (oven) (電子レンジ)　⑦rice cooker (炊飯器(すいはんき))
⑧refrigerator (冷蔵庫)

❷ (ラジオ・テレビなどの)**つまみ**

❸ (木などの)**こぶ**

knock A2 /nák ナク/ (→kn- で始まる語は k を発音しない) 名

ドアをたたく音, ノック

- give a **knock** on ~ ~をたたく[打つ]

—— 動 **たたく, ノックする; ぶつかる; 打つ; ぶつける**

- **knock on** [**at**] **the door** ドアをたたく[ノックする]
- **knock** him **on the** head 彼の頭をぶん殴(なぐ)る

knock down 打ち倒(たお)す; (家屋などを)取り壊(こわ)す, 解体する

knock off たたき[払(はら)い]落とす; 《話》(作業などを)やめる

knock A ***off*** B BからAをたたき[払い]落とす

- He **knocked** the snow **off** his coat. 彼はコートから雪を払い落とした.

knock out たたき出す; (ボクシング・野球で)ノックアウトする; 参らせる → **KO**

knock over ぶつかってひっくり返す; たたいて倒す

knocker /nákər ナカ/ (→kn- で始まる語は k を発音しない) 名 **ノッカー** → ドアに取り付けた金具で, 来訪者が鳴らす.

knockout /nákaut ナカウト/ (→kn- で始まる語は k を発音しない) 名 《ボクシング・野球》**ノックアウトする[される]こと** → **KO**

knot /nát ナト/ (→kn- で始まる語は k を発音しない) 名 ❶ (糸・ひもなどの)**結び目**; (木などの)**こぶ, 節** ❷ **ノット** →速さの単位で時速1海里.

—— 動 (三単現 **knots** /náts ナツ/; 過去・過分 **knotted** /nátid ナテド/; -ing形 **knotting** /nátiŋ ナティング/) (ひもなどを)**結ぶ**

know 小 A1 /nóu ノウ/ (→kn- で始まる語は k を発音しない) 動

| 三単現 **knows** /nóuz ノウズ/
| 過去 **knew** /njú: ニュー/
| 過分 **known** /nóun ノウン/
| -ing形 **knowing** /nóuiŋ ノウイング/

知っている; 知る, ~とわかる

know A1 /ノウ/

| 三単現 **knows** /ノウズ/ | 過去 **knew** /ニュー/ |
| 過分 **known** /ノウン/ | -ing形 **knowing** /ノウイング/ |

教科書によく出る**意味**

動 **知っている, わかる**

👑 Do you **know** any French words? 何かフランス語の単語を知っていますか？

(人と)知り合いである

👑 How long have you **known** her? 彼女とはどれくらい前から知り合いですか？

教科書によく出る**連語**

you know ~ね；えーと；あなたも知っているように

👑 **You know**, he's a little shy. 彼はちょっと恥ずかしがりなんですよね.

👑 She loves soccer, **you know**. 彼女はご存じのとおりサッカーが大好きです.

know-how

- 基本 **I know him very well.** 私は彼をとてもよく知っている。→know＋(代)名詞。

  POINT know は「知っている」という状態を表す語なのでふつう進行形 (be knowing) にしない。

- **I know** him by name. (会ったことはないが)彼の名前だけは知っている。
- 基本 **I know about him.** 私は彼について知っている。→know＋前置詞＋(代)名詞。
- **I know of** Mr. Green, but I have never met him. グリーン氏のことは聞いて知ってはいますが会ったことはありません。→know of ～ は「うわさなどで知っている」。

He is ill in bed.—Yes, **I know**.
彼は病気で寝(ね)ています。—はい、知っています[ええ、そうですってね]。

Will you join the party? —I don't **know**.
あなたはパーティーに参加しますか。—まだわかりません。
→「私は知らない」と訳さないこと。

- There are many things I don't **know**. 私の知らないことがたくさんある。→I don't know は many things を説明している。
- **I know (that) he is honest.** 私は彼が正直なのを知っている。→know＋文。
- 会話 Who is he?—I'm sorry, but I don't **know** (who he is). 彼は誰(だれ)ですか。—あいにくですが(彼が誰だか)知りません。

  POINT Who is he? は文の一部に入れられると who he is の語順になる。

- **I know** him to be honest. 私は彼が正直なのを知っている。→上の know＋文の例文と意味は同じだがややかたい言い方。
- He was surprised to **know** the fact. 彼はその事実を知って驚(おどろ)いた。→to know (知って)は「理由」を示す不定詞。
- I don't **know** what to do. 私は何をしたらよいかわからない。→**to** ❾ の ⑤
- Mary **knows** how to make an apple pie. メアリーはアップルパイの作り方を知っています[アップルパイを作れます]。
- I **knew** from TV that a big earthquake hit your town. 大地震(じしん)があなたの町を襲(おそ)ったとテレビで知りました。
- I **have known** him for a long time. 私は長い間[ずっと前から]彼とは知り合いです。→現在完了(かんりょう)の文。→**have** 〔助動〕❸
- His name **is known to** everyone. 彼の名前はみんなに知られている。→×by everyone としない。受け身の文。→**is** 〔助動〕❷
- **Knowing** your own faults is very important. 自分の欠点を知ることはとても大事なことだ。→Knowing (知ること)は動名詞。

as far as I know 私の知っている限りでは
as you know 君も知っているように、ご存じのように

become known 知られるようになる、知られてくる

- He **became known** as a writer. 彼は作家として知られてきた。

***know better* (*than to do*)** (～するより)もっと思慮(しりょ)分別がある、(～するほど)ばかではない

- You should **know better** at your age. 君の年ならもっと分別があるべきだ。
- He said he didn't cheat, but I **know better** (**than to** believe him). インチキはしていませんと彼は言ったが私は(それを信じるほど)ばかじゃない。

you know

① (念を押(お)して)～ね、～ですよね →表現を和(やわ)らげたり軽く相手に念を押す用法。

- **You know**, I can't go today. 私はきょうは行けないんですよね。

② (言葉を探して)えーと、あのー

- I was, **you know**, kind of embarrassed. あのー、ちょっと、きまり悪くて。

③ **あなたも知っているように**

- I like music very much, **you know**. (知っての通り)私はとても音楽が好きでねえ。

know-how /nóu hau ノウ ハウ/ (→kn- で始まる語は k を発音しない) 〔名〕《話》**実際的知識**、

チャンクでおぼえよう know	
□ 彼をよく知っている	**know** him very well
□ パイの作り方を知っている	**know** how to make a pie
□ 何をするべきか知っている	**know** what to do
□ わたしの知る限り	as far as I **know**

knowledge 352 three hundred and fifty-two

専門技能, ノウハウ

knowledge A2 /nάlidʒ ナれヂ/ (→kn- で始まる語は k を発音しない) 名 知ること, 知っていること, 知識; 学問

• We gain a lot of **knowledge** by travel. 私たちは旅によって多くの知識を得る. →×*many knowledges* としない.

known 🔀 /nóun ノウン/ (→kn- で始まる語は k を発音しない) 動 **know** の過去分詞

—— 形 みんなに知られている, 周知の

• a **known** fact 誰(だれ)もが知っている事実

• one of the best **known** novelists in Japan 日本で最も著名な小説家のひとり

KO /kèióu ケイオウ/ 名 (穣 **KO's** /kèióuz ケイオウズ/) 《ボクシング・野球》**ノックアウトする[される]こと** →**k**nockout の略から.

—— 動 (三単現 **KO's** /kèióuz ケイオウズ/; 過去・過分 **KO'd** /kèióud ケイオウド/; -ing形 **KO'ing** /kèióuiŋ ケイオウインぐ/)

ノックアウトする

koala 小 /kouá:lə コウアーら/ 名 《動物》**コアラ**

Koran /kərǽn コラン/ 固名 (**the Koran** で) コーラン →イスラム (Islam) の聖典.

Korea 小 /kərí:ə コリーア/ 固名

韓国(かんこく), 朝鮮(ちょうせん) →南の「大韓民国」(韓国. 首都ソウル (Seoul)) と北の「朝鮮民主主義人民共和国」(北朝鮮. 首都ピョンヤン (Pyongyang)) に分かれている.

Korean /kərí:ən コリーアン/ 形 韓国(かんこく)[朝鮮(ちょうせん)]の; 韓国[朝鮮]人の, 韓国[朝鮮]語の

—— 名 ❶ 韓国[朝鮮]語 ❷ 韓国[朝鮮]人

• the **Koreans** 韓国[朝鮮]人(全体)

krona /króunə クロウナ/ 名 **クローナ** →スウェーデン・アイスランドの通貨単位.

KS 略 =Kansas

Kuwait /kuwéit クウェイト/ 固名 **クウェート** →ペルシャ湾岸の首長国. またその首都. 公用語はアラビア語.

KY 略 =Kentucky

Ll

L, l[1] /él エる/ 名 (複 **L's, l's** /élz エるズ/)
❶ エル → 英語アルファベットの12番目の文字.
❷ (**L** で) (ローマ数字の) 50
• **LX** (L+Xで) =60
• **XL** (L−Xで) =40

L, l[2] 略 =liter(s) (リットル)

£ =pound(s) (ポンド) → 英国の貨幣(かへい)単位. 数字の前につける. →**pound**[1] ❷

LA 略 =Louisiana

L.A. 略 =Los Angeles

lab /lǽb らブ/ 略 =**lab**oratory (実験室, 実習室, 演習室)
• a language **lab** LL 教室, 語学演習室

label /léibl れイブる/ 名 レッテル, ラベル; 荷札
—— 動 (三単現 **labels** /léiblz れイブるズ/; 過去・過分 **label(l)ed** /léibld れイブるド/; -ing形 **label(l)ing** /léibliŋ れイブリング/)
札[レッテル]をはる, ラベルを付ける

labor A2 /léibər れイバ/ 名 ❶ 労働, 労力, 苦労; (つらい)仕事 ❷ 《集合的に》労働者
—— 動 労働する, 骨を折る, 努力する

laboratory /lǽbrətɔ̀:ri らボラトリ| ləbɔ́rətəri ろボラトリ/ 名 (複 **laboratories** /lǽbrətɔ̀:riz らボラトリーズ/) 実験室; 実習室, 演習室 → **lab** と略す.

Lábor Dày 名 《米》労働祝日[祭] → 労働者をたたえる法定休日で9月の第1月曜日. ヨーロッパ諸国の May Day にあたる.

laborer /léibərər れイバラ/ 名 労働者

Lábor Thànksgiving Dày 名 (日本の)勤労感謝の日 → 11月23日.

lábor únion 名 《米》労働組合 (《英》trade union) → 単に union ともいう.

labour /léibər れイバ/ 名 動 《英》=labor

labourer /léibərər れイバラ/ 名 《英》=laborer

lace /léis れイス/ 名 ❶ レース(編み) ❷ (靴(くつ)などの)ひも → **shoelace**

lack A2 /lǽk らク/ 名 欠乏(けつぼう), 不足
• I gave up the plan **for lack of** time and money. 時間とお金が不足しているので私はその計画を諦(あきら)めた.

—— 動 ❶ 欠く, ~がない → **lacking**
• He **lacks** experience. 彼は経験を欠く[経験が浅い].
❷ (**lack for ~** で) ~がなくて困る
• His family **lacks for** nothing. 彼の家族には何の不自由もない.

lacking /lǽkiŋ らキング/ 形 欠けて, 不足して

lacrosse /ləkrɔ́:s らクロース/ 名 ラクロス → 2チーム対抗(たいこう)で, 先端(せんたん)にネットのついたスティックを用い, 相手のゴールにボールを入れる球技.

lad /lǽd らド/ 名 若者, 少年 → **lass**

ladder /lǽdər らダ/ 名 ❶ はしご ❷ 《英》(靴下(くつした)の)伝線 (《米》run)

ládies' ròom 名 (**the** をつけて)(ホテルなどの)女性用トイレ

ladle /léidl れイドる/ 名 (水などをすくう)おたま, ひしゃく

lady 中 A1 /léidi れイディ/ 名
(複 **ladies** /léidiz れイディズ/)
❶ 女性, ご婦人 → **woman** に対する丁寧(ていねい)な言い方.
• an old **lady** 老婦人, おばあさん
• "There is a **lady** at the door," said Mark to his mother. 「玄関(げんかん)に女のかたがお見えです」とマークは母親に言った.
• "**Ladies** first," said John with a smile. 「女のかたからどうぞお先に」とジョンはほほえみながら言った.
❷ (洗練された)淑女(しゅくじょ), レディー; (身分の高い)貴婦人
• Lucy acted like a perfect **lady** at the party. ルーシーはパーティーの席で申し分のな

ladybird 354 three hundred and fifty-four

いレディーぶりを見せた.

❸《英》**(Lady ～ で) ～夫人** ➡貴族の夫人に対する敬称.

•**Lady** Macbeth マクベス夫人

Ladies and Gentlemen! (会場の)皆(みな)さん ➡多様な性のあり方に配慮(はいりょ)して, 最近は Everyone! (皆さん)や All passengers! (乗客の皆さん)など性別に関係ない呼びかけを使うのがふつう.

ladybird /léidibə:rd れイディバ〜ド/ 名《英》= ladybug

ladybug /léidibʌg れイディバグ/ 名《米》テントウムシ

lag /lǽg らグ/ 動 〔三単現 **lags** /lǽgz らグズ/; 過去・過分 **lagged** /lǽgd らグド/; -ing形 **lagging** /lǽgiŋ らギング/〕 のろのろする, ぐずぐずする

—— 名 遅(おく)れ; (時間的の)ずれ

laid /léid れイド/ 動 **lay¹** の過去形・過去分詞

lain /léin れイン/ 動 **lie²** の過去分詞

lake 小 A2 /léik れイク/ 名 〔複 **lakes** /léiks れイクス/〕 湖, 湖水

•a large **lake** 大きな湖

•**Lake** Biwa=the **Lake** of Biwa 琵琶湖

•have lunch at the **lake** 湖(の岸辺)で昼食をとる

Láke Dìstrict [Còuntry] 固名 (the をつけて) (英国の)湖水地方 ➡イングランド北西部の山岳(さんがく)地帯で, 美しい湖が多い. この一帯は国立公園.

lamb /lǽm らム/ 名 ❶子羊 ❷子羊の肉 → mutton

lame /léim れイム/ 形 (主に動物について)足の不自由な, 足が不自由で

lamp A2 /lǽmp らンプ/ 名 ランプ; 明かり

lampshade /lǽmpʃeid らンプシェイド/ 名 ランプ[電灯]のかさ

land 中 A2 /lǽnd らンド/ 名

❶ (海に対して)陸地

関連語 After weeks at **sea**, the voyagers saw **land**. 海上での数週間ののちに航海者たちは陸地を見た. ➡×a land, ×lands などとしない.

❷ (畑・敷地(しきち)としての)土地

•good **land** for crops 作物に適した土地

❸ 国, 国土 (country)

•my native **land** 私の母国

by land 陸上を, 陸路を 関連語 **by sea** (海路

を), **by air** (空路を)

•travel **by land** 陸路を旅する

—— 動 上陸する; 入港する; 着陸する; 着く

•**land at** an airport 空港に着陸する

•**land at** Kobe 神戸に入港する

•The American astronauts succeeded in **landing on** the moon. 米国の宇宙飛行士たちが月に着陸することに成功した.

landfill /lǽndfil らンドふィる/ 名 (ごみの)埋(う)め立て(地)

landing /lǽndiŋ らンディング/ 名 ❶着陸, 上陸 ❷ (階段の)おどり場 ➡階段と階段の中間または頂上の足場.

lánding càrd 名 入国カード, 入国証明書

landlady /lǽndleidi らンドれイディ/ 名 〔複 **landladies** /lǽndleidiz らンドれイディズ/〕 (アパートなどの)女性家主; (下宿・旅館の)女主人 ➡landlord の女性.

landlord /lǽndlɔ:rd らンドろード/ 名 (アパートなどの)家主; 地主; (下宿・旅館の)主人 → **landlady**

landmark /lǽndmɑ:rk らンドマーク/ 名 ❶ (航海者・旅行者などの)道しるべ, 目印, ランドマーク ❷画期的な事件; 歴史的建造物

landmine /lǽndmain らンドマイン/ 名 地雷(じらい) ➡単に **mine** ともいう.

landowner /lǽndounər らンドウナ/ 名 土地所有者, 地主

landscape A2 /lǽndskeip らンドスケイプ/ 名 (一目で見渡(わた)せる)風景, 景色; 風景画

•a **landscape** painter 風景画家

landslide /lǽndslaid らンドスらイド/ 名 地滑(すべ)り, 山崩(くず)れ

lane A2 /léin れイン/ 名 ❶小道, 細道; 路地 ❷ (道路上に白線で区切った)車線; (船・水泳・陸上競技などの)コース; (ボウリングの)レーン

language 中 A1 /lǽŋgwidʒ らングウェヂ/ 名 〔複 **languages** /lǽŋgwidʒiz らングウェヂズ/〕

❶ (一般(いっぱん)的に)言語, 言葉

•the origins of **language** 言葉の起源

•spoken [written] **language** 話し[書き]言葉

•body **language** ボディー・ランゲージ → **body**

❷ (ある国・民族の)言葉, 国語

•the English **language** 英語 ➡単に **Eng**-

lish (英語)というよりも改まった言い方.
- a foreign **language** 外国語
- an official **language** 公用語
- my native **language** 私の母語 → **tongue** ❷
- English can be called an international **language**. 英語は国際語とも呼べる.
- English is spoken as a first [second] **language** in that country. その国では英語が第1[2]言語として話されている.
- He is very good at **languages**. 彼は語学が得意だ.

❸ 言葉遣(づか)い, 用語
- use strong **language** 過激な言葉遣いをする[を使う]

lánguage àrt 名 (**language arts** で) 言語技術 →教科のひとつ. 日本の国語にあたる.

lánguage làboratory 名 語学演習室, LL (エルエル)教室 → **language lab** ともいう.

lantern /læntərn ランタン/ 名 手提(さ)げランプ; カンテラ; ちょうちん
- a paper [Chinese, Japanese] **lantern** 紙製[中国, 日本]のちょうちん
- a stone **lantern** 石灯籠(いしどうろう)

Laos /láus ラウス/ 固名 ラオス →東南アジアの共和国. ラオス語(公用語)のほかフランス語も使用. 首都はビエンチャン.

lap[1] /læp ラプ/ 名 膝(ひざ)(の上) →座(すわ)った時の腰(こし)から両膝までの両ももの上の部分.
- She was holding her baby **on** her **lap**. 彼女は膝の上に赤ちゃんを載(の)せていた. → 1人の人の「膝」は ×lap*s* としない.

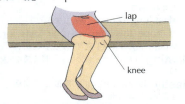

lap
knee

lap[2] /læp ラプ/ 動 (三単現 **laps** /læps ラプス/; 過去・過分 **lapped** /læpt ラプト/; -ing形 **lapping** /læpiŋ ラピング/)
(犬・ネコが水などを)ぴちゃぴちゃなめる[飲む]

lap[3] /læp ラプ/ 名 (競技トラックの)1周, (競泳プールの)1往復

laptop /læptɑp ラプタプ/ 名 (膝(ひざ)の上に載(の)せて使える)携帯(けいたい)用コンピューター → **lap-**

top computer ともいう. → **desktop**

large 中 A1 /lɑːrdʒ ラーヂ/ 形
(比較級 **larger** /lɑːrdʒər ラーヂャ/; 最上級 **largest** /lɑːrdʒist ラーヂェスト/)
(広くて)大きい

POINT 客観的に見て, 広さや数量が大きいこと. → **big**

large　　small

基本 a **large** house 大きな家 → large + 名詞.
- a **large** family 大家族
- the **large** size Lサイズ, L判
- a **large** audience 大観衆, 大勢の観客
- a **large** sum of money 多額の金, 大金

基本 His house is **large**, but mine is small. 彼の家は大きいが, 僕(ぼく)の家は小さい. → be 動詞+large.
- The sun is **larger** than the moon. 太陽は月よりも大きい.
- Tokyo is **the largest** city in Japan. (= Tokyo is larger than any other city in Japan.) 東京は日本で一番大きい都市です.
- Tokyo is the **largest** of all the cities in Japan. 東京は日本のすべての都市のうちで最大です.

―― 名 (**at large** で) 自由で; 捕(つか)まらないで
- The robber is still **at large**. 強盗(ごうとう)はまだ捕まっていない.

largely /lɑːrdʒli ラーヂリ/ 副 大いに, 大部分, 主として

large-scale /lɑːrdʒ skeil ラーヂ スケイる/ 形
❶ 広い範囲(はんい)の, 大規模な　❷ (地図が)大縮尺の

lark /lɑːrk ラーク/ 名 《鳥》ヒバリ →ふつうは **skylark** と同じ意味で使われる.

イメージ (lark)
空に舞(ま)い上がりながらさえずる陽気な春の鳥. 「自由・快活」などのイメージがあり, happy as a lark (ヒバリのように楽しい)は「とても楽しい」の意味. また夜明けとともに鳴き始めるの

larva

で, rise [get up] with the lark (ヒバリといっしょに起きる)は「早起きする」の意味.

larva /lάːrvə ラーヴァ/ 名 (複 **larvae** /lάːrviː ラーヴィー/) (昆虫(こんちゅう)の)幼虫

laser /léizər レイザ/ 名 レーザー光線; レーザー光線発生装置 →医療(いりょう)・通信などに利用される.

lass /lǽs ラス/ 名 少女, 小娘(こむすめ) →**lad**

last¹ 小 A2 /lǽst ラスト|lάːst ラースト/

形 ❶ 最後の　　　　　　　　　　意味 map
　❷ (時間的に)この前の
名 最後
副 最後に

── 形 ❶ **最後の** 反対語 **first** (最初の)

[中基本] the **last** bus 最終バス →the last+名詞.

- the **last** Thursday in November 11月の最後の木曜日 →**Thanksgiving Day**
- the **last** five pages of the book その本の最後の5ページ
- His **last** hope was lost. 彼の最後の望みは失われた.

[中基本] He was **last** in the race. 彼は競走でビリだった. →be 動詞+last.

❷ (時間的に)**この前の**; **最近の** →名詞の前にだけつける.

[中基本] **last** week 先週 →last+週・月・年・曜日・季節などを表す名詞.

- **last** month 先月
- **last** night [year] 昨夜[昨年]
- **last** Monday この前の月曜日(に) →「この前の月曜日に」を ×on last Monday としない. **the** last Monday は「(ある月の)最後の月曜日」.
- on Monday **last** 《主に英》この前の月曜日に
- on Monday **last** week 先週の月曜日に
- **last** summer [August] 去年の夏[8月]; この夏[8月] →年が明けた時点で言えば「去年の

〜」, その年の秋や冬に言えば「この〜」.

- for the **last** six years 最近の[この]6年間

❸ **最もありそうにない**

- He is the **last** person to do it. 彼はそんな事を最もしそうにない人だ[彼に限ってそんな事をするはずがない].

── 名 **最後, 最後の人[物], 終わり; この前**

- the day before **last** (この前の前の日 ⇨)一昨日, おととい
- the night before **last** おとといの夜
- the week [the month, the year] before **last** 先々週[先々月, おととし]

反対語 Jack was the **first** and Ken was the **last**. ジャックが1着でケンがビリだった.

- He was the **last** to come here. 彼がここへ来た最後の人だった[彼が一番あとにここへ来た]. →**to** ❾ の②

── 副 **最後に, 一番あとに; この前**

- I arrived **last**. 私は最後に着いた.
- When did you see him **last**? あなたが最後に[最近]彼に会ったのはいつですか.
- It is three years since I saw you **last**. この前お会いしてから3年になります.

at last 最後には, ついに 反対語 **at first** (初めのうちは)

- **At last** the war ended. やっと戦争が終わった.

for the last time これを最後として, (これで)最後に 反対語 **for the first time** (初めて)

one last time 最後にもう一度

to the last 最後まで

last² /lǽst ラスト|lάːst ラースト/ 動 **続く; 持ちこたえる, もつ**

- **last** long 長く続く, 長もちする
- I hope this fine weather **lasts** for a week. この好天が1週間も続けばよいが.

lasting /lǽstiŋ ラスティング/ 形 長く続く, 永久の

lastly /lǽstli ラストリ/ 副 最後に →事柄(ことがら)を列挙していく時に使う.

lást náme A1 名 =family name (姓(せい))

lat. 略 =**latitude** (緯度(いど))

late 小 A1 /léit レイト/

形 ❶ (時間・時期が)遅(おそ)い; (時　意味 map
　間に)遅(おく)れた
　❷ (近頃(ちかごろ))なくなった, 故〜
副 (時間・時期が)遅く, 遅れて; 遅くまで

— 形 (比較級 **later** /léitər レイタ/, **latter** /lǽtər ラタ/; 最上級 **latest** /léitist レイテスト/, **last** /lǽst ラスト/)

❶ (時間・時期が) 遅い; (時間に) 遅れた
関連語 「(速度が)遅い」は **slow**.
反対語 **early** (早い)

基本 a **late** breakfast 遅い朝食 →late＋名詞.
・a **late** riser [comer] 朝寝坊(ねぼう)の人[遅れて来た人]
・in the **late** afternoon 午後遅く
・at this **late** hour こんな遅い時間に
・基本 She is often **late** (for school). 彼女はよく(学校に)遅刻(ちこく)する. →be 動詞＋late.
・Don't be **late**. 遅れてはいけません.
・I'm sorry I'm **late**. 遅れてすみません.
・I was five minutes **late** for school this morning. 私は今朝学校に5分遅刻した.
・It was very **late** when we left his home. 私たちが彼の家を出た時は(時刻が)とても遅かった. →It は漠然(ばくぜん)と「時間」を表す.
ことわざ It is never too **late** to learn. 学ぶのに決して遅過ぎることはない. →It＝to learn(学ぶこと).「六十の手習い」にあたる.

❷ (近頃)なくなった, 故〜; 最近の, この前の
・the **late** Dr. Sato 故佐藤博士
・the **late** news 最近のニュース

— 副 (比較級 **later** /léitər レイタ/; 最上級 **last** /lǽst ラスト/)
(時間・時期が) 遅く, 遅れて; 遅くまで
反対語 **early** (早く)
・**late** at night 夜遅く, 夜遅くまで
・**late** in the afternoon 午後遅く
・get up **late** (朝)遅く起きる
・sit up **late** (at night) 夜遅くまで起きている, 夜ふかしをする
・Spring comes **late** in this part of the country. この地方では春の来るのが遅い.

・Mr. Jones came (ten minutes) **late**. ジョーンズ氏は(10分)遅れて来た.
ことわざ Better **late** than never. しないより遅くてもするほうがいい.
— 名 (次のイディオムで使われる)
of late 近頃 (lately, recently)
till [until] late 遅くまで →単に **late** (副詞)だけでもこの意味になる.

lately /léitli レイトリ/ 副 近頃(ちかごろ), 最近
・Have you seen Paul **lately**? 最近ポールに会いましたか.

later 小 A1 /léitər レイタ/ 形
(時間・時期が) もっと遅(おそ)い, もっと近頃(ちかごろ)の, その後の →**late** の比較(ひかく)級.
・**later** news その後のニュース
— 副 ❶ あとで, のちほど; 〜後に
・a little **later** その少しあとで, その少したって
・three weeks **later** それから3週間後に
・Fine, cloudy **later**. 《日記》晴れ, のち曇(くも)り.
・I will come again **later** in the afternoon. またのちほど午後にまいります. →**late** in the afternoon なら「午後遅く」.
・**Later**, the girl became a great scientist. 後年その少女は偉大(いだい)な科学者になった.

 会話
I'll see you **later**.—OK, sure.
じゃ, またあとで.—うん, じゃまた.
→ふつうは近いうちにまた会う予定のある時の別れの挨拶(あいさつ). I'll (＝I will) を省略して **See you later.** ともいう.

❷ もっと遅く
・get up **later** than usual いつもより遅く起きる
later on のちに, あとで

sooner or later 遅かれ早かれ, いつかは

latest A2 /léitist レイテスト/ 形 (時間・時期が)最も遅(おそ)い, 最新の →**late** の最上級.
- the **latest** news 最新のニュース
- his **latest** work 彼の最新の作品

at (the) latest 遅くとも

Latin /lǽtin ラティン/ 名 ❶ ラテン語 →古代ローマの言語. ❷ ラテンアメリカ人; ラテン系の人 →ラテン系の言語 (イタリア語・フランス語・スペイン語・ポルトガル語など)を話す人.
—— 形 ラテン語の; ラテン系の

Latin America /lǽtin əmérikə ラティン アメリカ/ 固名 ラテンアメリカ, 中南米 →ラテン系の言語(スペイン語・ポルトガル語)を国語とする国々. → **Hispanic**

Latino /lætí:nou ラティーノウ/ 名 (複 **Latinos** /lætí:nouz ラティーノウズ/) ラテンアメリカ系米国人 → **Latin America**
—— 形 ラテンアメリカ系米国人の

latitude /lǽtətju:d ラティテュード/ 名 緯度(いど) → lat. と略す. 関連語 **longitude** (経度)

latter A2 /lǽtər ラタ/ 形 (「前半の」に対して)後半の; あとのほうの → 名詞の前にだけつける.
- the **latter** half of the year その年の後半 →「前半」は the **first** half of the year.
—— 名 (the latter で)(「前者」に対して)後者 反対語 Spring and fall are pleasant seasons, but I like the **latter** better than the **former**. 春も秋も快適な季節ですが, 私は前者(春)より後者(秋)のほうが好きです.

laugh 中 A1 /lǽf ラふ|lá:f ラーふ/ (→gh は /f ふ/ と発音する) 動
(声を出して)笑う 類似語 **smile** (ほほえむ), **giggle** (くすくす笑う), **grin** (にこっと笑う)

smile / laugh / giggle / grin

- **laugh** loudly 大声で笑う
- I **laughed** all through the funny movie. 私はそのおかしな映画の間じゅう笑いどおしだった.
- "Oh, I'm mistaken," he said **laugh**ing. 「おっと, 私の間違(まちが)いだ」と彼は笑いながら言った.

ことわざ He who **laughs** last **laughs** longest. 最後まで笑わない者が一番長く笑う. →「早まって喜ぶな」の意味.

laugh at ～ ～を見て[聞いて]笑う; ～を嘲(あざけ)り笑う
- We all **laughed at** his joke. 私たちはみんな彼のジョークを聞いて笑った.
- They **laughed at** him. 彼らは彼を嘲り笑った.
- He was **laughed at** by his friends. 彼は友人たちに笑われた. → **was** 助動 ❷
—— 名 笑い; 笑い声
- a good **laugh** 大笑い

laughter /lǽftər ラふタ/ 名 笑い; 笑い声
- **burst into laughter** どっと笑う

launch /lɔ́:ntʃ ローンチ/ 動
❶ (新造船を)初めて水上に浮(う)かべる, 進水させる; (ロケットを)打ち上げる
❷ (事業などを)おこす, 立ち上げる; (新製品を)市場(しじょう)に出す
—— 名 (新造船の)進水, (ロケット・宇宙船などの)発射; (新製品の)発売

laundry /lɔ́:ndri ローンドリ/ 名 (複 **laundries** /lɔ́:ndriz ローンドリズ/)
❶ クリーニング店; 洗濯(せんたく)室
❷ (the laundry で)(集合的に)洗濯物

laurel /lɔ́:rəl ローレる/ 名 〔植物〕ゲッケイジュ → 南ヨーロッパ産の常緑低木で葉に香(か)りがある. 古代ギリシャでは戦争の勇士や競技の優勝者などにこの枝で作った冠(かんむり)(月桂冠(げっけいかん))を与(あた)えた.

lava /lá:və ラーヴァ/ 名 溶岩(ようがん)

lavatory /lǽvətɔ:ri ラヴァトーリ/ 名 (複 **lavatories** /lǽvətɔ:riz ラヴァトーリズ/) 洗面所, お手洗い, トイレ (toilet)

lavender /lǽvəndər ラヴェンダ/ 名
❶ 〔植物〕ラベンダー → 香りのよいシソ科の植物.
❷ ラベンダー[薄紫]色

three hundred and fifty-nine　359　**lead**

law 中 A2 /lɔ́ː ろー/ 名
❶ 法律; 法学
• under [according to] the **law** 法律の下で[法律によれば]
❷ 法則; 規則

láw còurt 名 法廷(ほうてい)

lawful /lɔ́ːfəl ろーふる/ 形 法律にかなった, 合法的な

lawn /lɔ́ːn ろーン/ 名 芝地(しばち), 芝生

láwn mòwer 名 芝刈(しばか)り機

láw schòol 名 法科大学院, ロースクール

lawyer A2 /lɔ́ːjər ろーヤ/ 名 弁護士, 法律家
• consult a **lawyer** 弁護士に相談する

lay¹ /léi れイ/ 動 (三単現 **lays** /léiz れイズ/; 過去・過分 **laid** /léid れイド/; -ing形 **laying** /léiiŋ れイイング/)
❶ 置く, 横たえる
Ⓟ**POINT** lie²(横たわる)の過去形 lay と間違(まちが)えないように.
• **lay** a book on the desk 机の上に本を置く
• **lay** bricks れんがを積む
• He **laid** his hand on my shoulder. 彼は私の肩(かた)に手を置いた.
• He **laid himself** on the bed. 彼はベッドに身を横たえた.
❷ (じゅうたんなどを)敷(し)く, 並べる; (食卓(しょくた)くなどを)用意する
• **lay** a carpet on the floor 床(ゆか)の上にじゅうたんを敷く
• He is now **laying** the table. 彼は今食卓の用意をしている. → フォーク・ナイフ・お皿などをテーブルに並べること. → **is** 助動 ❶
❸ (卵を)産む
• **lay** an egg 卵を産む
• Every day the hen **laid** an egg. そのめんどりは毎日卵を産んだ.

lay aside 脇(わき)へ置く; 捨てる; たくわえる

lay down 下に置く; (武器などを)捨てる

lay off (一時的に)解雇(かいこ)する, 休職させる

lay out (品物を)広げる, 並べる; (都市・庭園などを)設計する; (雑誌などのページの)割り付けをする

lay up たくわえる; (病気が人を)寝(ね)かせておく
• I was **laid up** with a cold. 私は風邪(かぜ)で寝ていました. → **was** 助動 ❷

lay² /léi れイ/ 動 **lie²** の過去形

layer /léiər れイア/ 名 ❶ 層, (ペンキなどの)ひと塗(ぬ)り ❷ 置く人; 卵を産むニワトリ

layoff /léiɔːf れイオーふ/ 名 (一時的)解雇(かいこ), 休職

layout /léiaut れイアウト/ 名 (都市・庭園などの)設計; (雑誌などのページの)割り付け

laziness A2 /léizinəs れイズィネス/ 名 怠(なま)け者であること, 怠惰(たいだ), 無精(ぶしょう)

lazy A1 /léizi れイズィ/ 形 (比較級 **lazier** /léiziər れイズィア/; 最上級 **laziest** /léiziist れイズィエスト/) 怠(なま)け者の, 怠惰(たいだ)な, 無精(ぶしょう)な
• a **lazy** fellow 怠け者
• His father got angry with him because he was so **lazy**. 彼の父は彼がとても怠け者なので彼をしかった.

lb., lb 略 ＝pound(s)(ポンド) → 重量の単位. 数字の後につけて使う. → **pound¹** ❶

lead¹ 中 A2 /líːd リード/ 動
三単現 **leads** /líːdz リーヅ/
過去・過分 **led** /léd れド/
-ing形 **leading** /líːdiŋ リーディング/
❶ (先に立って人などを)案内する, 導く
• **lead** him **to** his seat 彼を彼の座席へ案内する
• **lead** an old man by the hand 老人の手をとって案内する
• This road will **lead** you **to** the ferry. (この道があなたを船着場へ導く ⇨)この道を行けば船着場へ出ます.
• The leader **leads** us **through** the wood. リーダーが私たちの先頭に立って森の中を導いてくれる.
関連語 The guide **led**, and we **followed**. ガイドが先に立って案内し, 我々はその後からついて行った.
• Bob is the captain of our team and he is **leading** it very well. ボブは僕(ぼく)たちのチームのキャプテンでチームをよく引っ張っている. → **is** 助動 ❶
❷ 先頭に立つ, リードする; 指揮をとる
• **lead in** the parade パレードの先頭に立つ
• **lead** an orchestra オーケストラを指揮する
• **lead** a discussion 討論で主導的役割を果たす
• He **leads** his class in English. 彼は英語でクラスのトップに立っている.
• The flag carriers **led** the parade. 旗手たちがパレードの先頭に立った.
• The Giants were **leading** at the top of the seventh inning. 7回の表まではジャイア

lead

ンツがリードしていた.
❸ (道などが~に)通じる
- This road **leads to** the station. この道は駅へ通じる[この道を行くと駅へ出る].
- Hard work **leads to** success. 努力は成功へ通じる[努力すれば成功する].

ことわざ All roads **lead to** Rome. すべての道はローマに通ず. →「方法はいろいろあるが,どの方法によってもその目的を達することができる」の意味.

❹ **(lead A to do で) Aを~する気にさせる**
- This **led** him **to** believe so. (これが彼にそう信じさせた⇨)このために彼はそう信じた.

❺ (生活を)送る
- **lead** a busy life 忙(いそが)しい生活を送る

—— 名 ❶ 先頭; リード
- **take the lead** in the race 競走で先頭に立つ

❷ 手本, 模範(もはん); 指示
- follow his **lead** 彼の指示[手本]に従う

❸《英》(犬などにつける)リード, 引き綱(づな) (leash)

lead² /léd レド/ (→lead¹ との発音の違(ちが)いに注意) 名 鉛(なまり); 鉛筆(えんぴつ)の芯(しん)

leader 中 A1 /líːdər リーダ/ 名
指導者, リーダー; 指揮者

leadership /líːdərʃip リーダシプ/ 名 指導者の地位; 指導; 指導力, リーダーシップ

leading /líːdiŋ リーディング/ 形 先頭に立つ; 一流の; 主な, 主要な

leaf 中 A1 /líːf リーフ/ 名 (複 **leaves** /líːvz リーヴズ/) ❶ (木・草の)葉
- dead [fallen] **leaves** 枯(か)れ葉[落ち葉]

❷ (本の紙)1枚 →表と裏で2ページ分.

leaflet /líːflət リーフレト/ 名 ❶ 小さい葉, 小さな若葉 ❷ (広告の)ちらし, ビラ; 小冊子(さっし)

league /líːɡ リーグ/ 名 同盟, 連盟; (野球などの)競技連盟

leaguer /líːɡər リーガ/ 名 連盟の加入者[団体,国家]; (野球)連盟の選手

leak /líːk リーク/ 名 (水・ガス・空気・秘密などの)漏(も)れ; 漏れる穴
—— 動 漏れる; 漏らす

lean¹ /líːn リーン/ 形 やせた
反対語 He is tall and **lean**, and his wife is small and **fat**. 彼は背が高くてやせており,彼の妻は小さくて太っている.

—— 名 (脂肪(しぼう)のない)赤身 関連語 「脂身(あぶらみ)」は **fat**.

lean² /líːn リーン/ 動 傾(かたむ)く, もたれる, よりかかる; 傾ける, もたせかける

leaning /líːniŋ リーニング/ 形 傾(かたむ)いている

Léaning Tówer of Písa 固名 (theをつけて) ピサの斜塔(しゃとう) →イタリア中部の都市ピサにある有名な鐘楼(しょうろう)(1372年完成).

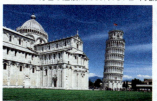

leap /líːp リープ/ 動 (三単現 **leaps** /líːps リープス/; 過去・過分 **leaped** /líːpt リープト/, **lept** /lépt レプト/, **leapt** /lépt レプト/, /líːpt リープト/; -ing形 **leaping** /líːpiŋ リーピング/)
とぶ, 跳(は)ねる →話し言葉ではふつう **jump** を使う.

ことわざ Look before you **leap**. とぶ前に見よ[よく見てからとべ]. →「物事はよく考えてから行え」の意味.「転ばぬ先のつえ」にあたる.

—— 名 とぶこと, ひととび

leapfrog /líːpfrɑɡ リープふラグ/ 名 馬とび

leapt /lépt レプト/, /líːpt リープト/ 動 **leap** の過去形・過去分詞

leap year /líːp jìər リープ イア/ 名 うるう年

learn 小 A1 /ləˊːrn らーン/ 動

三単現	**learns** /ləˊːrnz らーンズ/
過去・過分	**learned** /ləˊːrnd らーンド/, **learnt** /ləˊːrnt らーント/
-ing形	**learning** /ləˊːrniŋ らーニング/

❶ 学ぶ, 習う; 覚える
使い方 基本 **learn** English 英語を学ぶ →learn+名詞.
- **learn** ten words a day 1日に10単語覚える
- **learn how to** swim どういう風に泳ぐか[泳ぎ方]を習う →how to do は「~する方法」. → **to** ❾ の ⑤

類似語 (学ぶ)

learn は勉強したり教わったりして「知識を身につける, 覚える」こと. **study** はある知識を得るために「勉強する, 研究する」こと.

three hundred and sixty-one

361

leave

•He **learns** very slowly. 彼は覚えるのがとても遅(おそ)い.

関連語 He **studies** many hours every day, but he doesn't **learn** anything. 彼は毎日何時間も勉強するが, 何も覚えない.

•I **learned** a lot from you. 私はあなたからたくさんのことを学びました.

•I've already **learned** how the country was born. 私はその国がどのようにして生まれたかを既(すで)に学んだ. →現在完了(かんりょう)の文. → **have** 助動 ❶

•English grammar **is** not **learned** easily. (英文法はたやすく学ばれない ⇨)英文法を学ぶのは簡単ではない. →受け身の文. → **is** 助動 ❷

•We **are learning** English at school. 私たちは学校で英語を学んでいる. →現在進行形の文. → **are** 助動 ❶

•The best way **of learning** (= The best way **to learn**) a foreign language is to live in the country where it is spoken. 外国語を学ぶ一番よい方法はそれが話されている国に住むことだ. →前置詞 of＋動名詞 learning (学ぶこと). 不定詞 to learn (学ぶための〜)は way を修飾(しゅうしょく)する (→ **to** ❾ の ②).

❷ **(learn to** *do* で) 〜するようになる, 〜できるようになる

基本 **learn** to swim 泳げるようになる

•**learn to** communicate in English 英語で意思を通じ合えるようになる

•You'll **learn to** ski in a week or so if you practice every day. 毎日練習すれば1週間かそこらでスキーができるようになるでしょう.

❸ 知る, 聞く

•**learn from** experience 経験から知る

•**learn of** the accident from the radio newscast ラジオのニュース放送でその事故のことを知る

•I **learnt** from his letter that he was in New York. 私は彼の手紙で彼がニューヨークにいることを知った.

learn ～ by heart 〜を暗記する

learned /lə́ːrnid ら〜ネド/ (→発音に注意. learn の過去形・過去分詞 learned は /ら～ンド/)

形 学識のある, 博学な

•a **learned** person 学識のある人, 学者

learner A2 /lə́ːrnər ら〜ナ/ 名 学ぶ人, 学習者;

初心者

learning /lə́ːrniŋ ら〜ニング/ 動 **learn** の -ing 形 (現在分詞・動名詞)

── 名 学問

•His father is a man of great **learning**. 彼の父はたいへんな学者だ.

learnt /lə́ːrnt ら〜ント/ 動 **learn** の過去形・過去分詞

leash /líːʃ リーシュ/ 名 (犬などにつける)リード, 引き綱(づな)

least A2 /líːst リースト/ 形 (量・程度が)一番少ない, 最少の →**little** の最上級.

•Who did **the least** work? (誰(だれ)が最少の仕事をしたか ⇨)一番仕事をしなかったのは誰だ.

•There isn't **the least** wind today. きょうはほんの少しの風もない.

── 代 一番少ないもの, 最少

関連語 I had very **little** money, but John had **less** and Bob had the **least**. 僕(ぼく)はほとんどお金を持っていなかったが, ジョンは僕より少ししか持っておらず, ボブにいたっては一番少ししか持っていなかった.

反対語 He did **least** of the work and got **most** of the money. 彼は一番少ししか仕事をしないで一番たくさんお金をもらった.

at least 少なくとも 反対語 **at most** (多くとも)

•You must sleep **at least** eight hours. 少なくとも8時間は眠(ねむ)らなければいけない.

not in the least 少しも〜ない

•I am **not in the least** tired. 私は少しも疲(つか)れていない.

── 副 最も少なく, 一番〜でない

•I like mathematics **least**. (数学を最も少なく好む ⇨)私は数学が一番嫌(きら)いだ.

•It is the **least** important thing. それは一番重要でない事だ.

ことわざ **Least** said, soonest mended. 口数が少なければ, (間違(まちが)えても)すぐ言い直せる. →「口は災(わざわ)いの元」にあたる.

leather A2 /léðər れざ/ 名 形 革(かわ)(製の)

leave 小 A1 /líːv リーヴ/

動	❶ 去る	意味 map
	❷ (仕事・学校などを)やめる (quit)	
	❸ 残す, 置いて行く; 置き忘れる	
	❹ 任せる	
	❺ 〜を〜のままにしておく	

leaves

三単現	**leaves** /líːvz リーヴズ/
過去・過分	**left** /léft れフト/
-ing形	**leaving** /líːviŋ リーヴィング/

❶ 去る，たつ
- 基本 **leave** Japan　日本を去る　→leave＋名詞．
- 基本 **leave for** New York　ニューヨークへ(向かって)たつ　→leave for＋名詞．
- **leave** Japan **for** New York　ニューヨークへ向かって日本を去る[日本をたってニューヨークへ向かう]
- **leave** (home) **for** school　(家を出て)学校へ向かう
- The train **leaves** in five minutes. 電車はあと5分で発車します．
- They **left** Japan **from** Narita yesterday. 彼らは昨日成田から日本をたちました．→「左」の意味の left¹ と混同しないこと．
- We **are leaving for** Paris tomorrow. 私たちはあしたパリに向けてたちます．→「近い未来」を表す現在進行形の文．→**are** [助動] ❶

❷ (仕事・学校などを)やめる (quit) →**graduate** (卒業する)
- She'll **leave** the softball team. 彼女はソフトボール部をやめるでしょう．
- After **leaving** college he worked in his father's office. 彼は大学をやめて父の事務所で働いた．→前置詞 after＋動名詞 leaving (やめること)．

❸ 残す，置いて行く；置き忘れる
- 関連語 I **forgot** my dictionary; I **left** it in my room. 辞書を持って来るのを忘れた．自分の部屋に置いて来てしまった．
- Three from ten **leaves** seven. 10から3を引くと7が残る．
- He **left** a letter for Mother. 彼は母に置き手紙をして行った．
- Mozart **left** us a lot of beautiful music. モーツァルトは私たちに美しい音楽をたくさん残してくれた．→leave *A B* は「*A* に *B* を残す」．
- Sam **left** his money **behind** when he went shopping. サムは買い物に出かける時お金を置いていってしまった．
- I **have left** my umbrella (**behind**) on the train. 私は傘(かさ)を電車に置き忘れて来た．→現在完了(かんりょう)の文．→**have** [助動] ❶
- There is no wine **left** in the bottle. 瓶(びん)の中にワインは全然残っていない．→過去分詞 left (残された)は wine を修飾(しゅうしょく)する．

❹ 任せる；預ける
- She **left** her baby **with** [**to**] her mother and went to the movies. 彼女は赤ちゃんを母親に預けて[任せっぱなしにして]映画に行った．
- I **left** the cooking **to** my brothers. 料理は兄たちに任せました．

❺ 〜を〜のままにしておく
- 基本 **leave** the window open　窓を開けっぱなしにしておく　→open は「開いている」という意味の形容詞．leave *A B* (形容詞・現在分詞)は「*A* を *B* にしておく」．
- **leave** the kettle boiling　やかんを沸(わ)かしっぱなしにする
- Please **leave** me **alone**. 私をひとりにしておいて[私を放っておいて]ください．

── [名] (複) **leaves** /líːvz リーヴズ/)
(許可された)休暇(きゅうか) (holiday)
- go home **on leave**　休暇をもらい帰省する

leaves /líːvz リーヴズ/ [名] **leaf**, **leave** [名] の複数形　→leave [動] (去る)の3人称(しょう)単数現在形

チャンクでおぼえよう leave	
□ 日本を離れる	**leave** Japan
□ 5分以内に出発する	**leave** in five minutes
□ ソフトボールチームをやめる	**leave** the softball team
□ 彼女に手紙を残す	**leave** a letter for her
□ 窓を開けておく	**leave** the window open

と混同しないこと.

lecture /lékt∫ər レクチャ/ 名 ❶ 講義, 講演 ❷ (子供などへの)お説教, 小言
── 動 ❶ 講義[講演]をする ❷ (子供などに)お説教する, 小言を言う (scold)

lecturer /lékt∫ərər レクチャラ/ 名 講演者; (大学などの)講師

led /léd レド/ 動 **lead**¹ の過去形・過去分詞

leek /líːk リーク/ 名 〔植物〕リーキ, ニラネギ タマネギの一種で, 茎(くき)の太い長ネギのような形をしている.

left¹ 小 A1 /léft レフト/ 形 (→比較変化なし)
左の, 左側の

基本 the **left** hand 左手, 左側 → left+名詞. このように名詞の前にだけつける.
• the **left** bank (下流に向かって)左岸
反対語 In Japan traffic keeps to the **left**, not the **right**, side of the road. 日本では車は右側通行でなく, 左側通行です. → the left, the right はそれぞれ side of the road につながる.

── 副 (→比較変化なし) 左へ, 左の方に
基本 turn **left** 左に曲がる, 左折する → 動詞+left.

── 名 (複 **lefts** /léfts レフツ/)
左, 左側
• **to the left** 左の方へ
• **on** [**at**] **the left** 左方に, 左側に
• sit **on** [**at**] his **left** 彼の左側に座(すわ)る
• In Britain people drive **on the left**. 英国では車は左側を走ります[左側通行です].
• Forks are placed on [at] the **left** of the plate. フォークは皿の左側に置かれる.
掲示 Keep to the **left**. 左側通行. → Keep left. ともいうが, ただしこの時の left は副詞.

left² 中 /léft レフト/ 動 **leave** の過去形・過去分詞

left-handed /léft hændid レフト ハンデド/ 形 左きき(用)の, 左手でする; 左回りの

反対語 Are you **right-handed** or **left-handed**? 君は右ききですか, 左ききですか.

leftover /léftouvər レフトウヴァ/ 名 (**leftovers** で)(特に食事の)残り物, 食べ残し
── 形 食べ残しの

leg 小 A1 /lég レグ/ 名
❶ (人・動物などの)脚(あし), すね → leg は, ももの付け根から下全部あるいは足首までを指す. → **foot**
• I was hurt **in** my left **leg**. 私は左脚をけがした.
• He sat down in the chair and crossed his **legs**. 彼は椅子(いす)に腰(こし)を下ろして脚を組んだ.

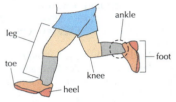

❷ (テーブルなどの)脚

legacy /légəsi レガスィ/ 名 (複 **legacies** /légəsiz レガスィズ/) 遺産; 受け継(つ)いだもの

legal /líːgəl リーガル/ 形 法律上の; 法律にかなった, 合法の 反対語 **illegal** (違法(いほう)の)

legend /lédʒənd レヂェンド/ 名 伝説, 言い伝え

lei /léi レイ/ 名 レイ → ハワイの人が歓迎(かんげい)の意味を込(こ)めて観光客の首にかける花輪.

leisure A2 /líːʒər リージャ/léʒə レジャ/ 名 暇(ひま), 余暇(よか), レジャー
• lead a life of **leisure** 余暇のある生活を送る[自由に使える時間がある忙しすぎない暮らしをする] → ×a leisure, ×leisures としない.
• I want some **leisure** for reading [to read]. 私は少し読書の暇が欲(ほ)しい.
at one's **leisure** 暇な時に, 都合のよい時に

lemon 小 A2 /lémən レモン/ 名
❶ レモン(の木)

lemonade

- a slice of **lemon** レモンひと切れ

❷ レモン汁(じる), レモンジュース
- a glass of **lemon** レモンジュース1杯(ぱい)

❸ レモン色

イメージ (lemon)
その味が「すっぱい (sour)」ことから英米では好ましくないイメージのほうが強く,「不良品」「だめな人」などを指すのに使う.

lemonade A2 /ləmənéid レモネイド/ 名 レモネード →レモンジュースに砂糖・シロップなどを加えた飲み物.

lend A2 /lénd レンド/ 動

三単現	**lends** /léndz レンヅ/
過去・過分	**lent** /lént レント/
-ing形	**lending** /léndiŋ レンディング/

貸す →ふつう「本, お金」などのように持ち運びできるものを貸すこと. 類似語 **let**, **rent** ((家などを)貸す)

基本 **lend** a book 本を貸す →lend+名詞.
基本 **lend** him a book = **lend** a book to him 彼に本を貸す →lend A B = lend B to A は「AにBを貸す」.

- Please **lend** me this book for a few days. この本を2, 3日私に貸してください.
- Can you **lend** me a hand with the cooking? 料理を手伝ってくれませんか.

反対語 He never **lends** his books, but often **borrows** books from his friends. 彼は決して自分の本は貸さないが, 友達からはしばしば本を借りる.

- The library **lends out** four books at a time. その図書館は1回に4冊貸し出す.

lend / borrow

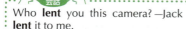

会話
Who **lent** you this camera? —Jack **lent** it to me.
誰(だれ)が君にこのカメラを貸してくれたの.—ジャックがそれを私に貸してくれました.

- I **have lent** him 1,000 yen, but he'll give it back next week. 私は彼に1,000円貸してある. でも来週返してくれるでしょう. → have lent は現在完了(かんりょう)形. →**have** [助動] ❶

lender /léndər レンダ/ 名 貸す人, 貸し主
反対語 **borrower** (借り手)

length /léŋθ レングす/ 名
❶ (物の)長さ; 縦
関連語 It is 20 meters **in width** and 30 meters **in length**. それは幅(はば)[横]20メートル, 長さ[縦]30メートルです.
❷ (時間の)長さ, 期間

lengthen /léŋθən レングすン/ 動 長くする, 伸(の)ばす; 長くなる, 伸びる

lens /lénz レンズ/ 名 レンズ

lent /lént レント/ 動 **lend** の過去形・過去分詞

Leonardo da Vinci /lépərd レパド/ → **da Vinci**

leopard /lépərd レパド/
〈動物〉ヒョウ →**panther** /パンサ/ ともいうが, panther はふつうクロヒョウ (**black leopard**) を指す.
ことわざ A **leopard** can't change its spots. ヒョウはその斑点(はんてん)を変えることができない. →「持って生まれた性格は直らないものだ」の意味.

less 中 A2 /lés れス/ 形
(量・程度が)もっと少ない → **little** の比較(ひかく)級.
- Five is **less** than eight. 5は8より少ない.
- **Less** noise, please! どうかもう少し静かにしてください.

反対語 You should eat **less** meat and **more** vegetables. (君はもっと少ない肉ともっと多くの野菜を食べるべきだ ⇒)君は肉をもう少し減らして野菜をもっと食べなさい.

—— 代 もっと少ないもの
- I finished the work in **less** than an hour. 私はその仕事を1時間足らずで終えた.
- John paid 500 dollars for a used computer, but I bought a new one for **less**. ジョンは中古のコンピューターに500ドル払(はら)ったが, 僕(ぼく)はもっと安い値段で新品を買った.

—— 副 もっと少なく
反対語 Watch TV **less** and sleep **more**. (もっと少なくテレビを見て, もっと多く眠(ねむ)れ ⇒)テレビを見るのを控(ひか)えて, もっと睡眠(すいみん)をとりなさい.

- You must be **less** impatient. 君はもうしせかせかするのをやめなければいけない.

● I became **less and less** worried about it. その事について私はだんだん心配しなくなった. →less and less ~ =だんだん少なく~.

more or less 多かれ少なかれ, いくらか

much [still] less ましてや～でない →**much [still] more** (**more** 成句)

● He cannot read English, **much less** German. 彼は英語が読めない, ましてやドイツ語はなおさら読めない.

no less than ~ (それほどとは思わないだろうが実は)～ほども; ～も同然

● He is **no less than** a genius. 彼は天才も同然だ[まさに天才だ].

-less 接尾辞 「～のない」の意味を表す:
● care**less** 不注意な
● rest**less** 不安な

lessen /lésn れスン/ 動 少なくする, 減らす; 少なくなる, 減る

lesson 小 A1 /lésn れスン/ 名
❶ (学校の)授業, 勉強; 稽古(けいこ), レッスン
● an English **lesson** 英語の授業
● a piano [dancing] **lesson** ピアノ[ダンス]のレッスン
● Our first **lesson** today is English. 私たちのきょうの最初の授業は英語です.
● We have four **lessons** in the morning. 私たちは午前中に4時間授業がある.
● I take [have] piano **lessons** from Miss Mori every week. 私は毎週森先生にピアノのレッスンを受けています.
● She **gives** them **lessons in** flower arrangement every Sunday. 彼女は毎週日曜日彼らに生け花を教えています.
❷ (教科書の)～課
● **Lesson** 5 (読み方: five) 第5課
● Our English book is divided into 10 **lessons**. 私たちの英語の教科書は10の課に分けられている.
❸ (ある事柄(ことがら)・体験などを通して学ぶ)教訓
● learn a good **lesson** よい教訓を学ぶ[得る]
● draw a **lesson** from the disaster その災害から1つの教訓を引き出す[学び取る]

let 小 A1 /lét れト/ 動

三単現	**lets** /léts れツ/
過去・過分	**let**
-ing形	**letting** /létiŋ れティング/

→原形・過去形・過去分詞がどれも同じ形である

ことに注意.
❶ (**let** *A do* で) (したいように)**A を～させる**
POINT 相手がしたいと望んでいることをさせること.
基本 **let** him go (行きたければ)彼を行かせる →let+(代)名詞+原形不定詞.
● **let** a bird fly away 鳥を放してやる
● **Let** me help you with your work. お仕事を手伝わせてください.
● Don't **let** the fire go out. 火を消えさせるな.
● Dad didn't **let** me go to the movies. 父は私を映画に行かせてくれなかった.
● He **lets** nobody see it. 彼は誰(だれ)にもそれを見せない.
● He **let** nobody see it. 彼はそれを誰にも見せなかった. →現在形なら **lets**.
● I'm not **letting** you (go) out of this room until you tell me the truth. 本当のことを言うまではこの部屋から出さないぞ. →意味を強めるための現在進行形の文で, I will not let you ~. とほとんど同じ意味.
❷ (お金を取ってある期間家・部屋などを)**使わせる, 貸す** (rent) →**lend**
● **let** a house 家を貸す
● To Let 《主に英》(広告で)貸家[貸間, 空室など]あり. →**for rent** (**rent** 成句)

let alone ~ ～は言うまでもなく, ～はもちろん →**alone** 成句

let ~ alone ～を(構わないで)放っておく (leave alone) →**alone** 成句

let ~ be ～をそのままにしておく, ～を放っておく
● **Let** it [him] **be**. それはそのままに[彼をそっと]しておきなさい.

let down 下げる, 降ろす; 見捨てる, 失望させる

let fall [drop] (うっかり)落とす; (うっかり秘密などを)漏(も)らす

let go (of ~) (～を)放す, 釈放(しゃくほう)する

let in 入れる
● Please **let** me **in**. 中に入れてください.

Let me see. えーと, そうですね →間をとるために言うつなぎの言葉.
会話 How much was it? —**Let me see.** Four hundred fifty yen. それはいくらでしたか. —えーと, 450円でした.

let off (銃(じゅう)などを)**発射する**, (花火などを)**打**

let's

ち上げる; 放出する; (仕事・罰(ばつ)などから人を)解放してやる

let out (外に)出す
- **Let** the cat **out**. ネコを外に出してやりなさい.

let's do ～しましょう, ～しようじゃないか →
let's は let us を短くした形.

会話 **Let's** help him.—All right. 彼を助けてやろうよ.—よしきた.

会話 **Let's** not go there again. = Don't **let's** go there again.—No, **let's** not. 二度とそこへ行くのはよそう.—うん, よそう.

会話
Let's play baseball, shall we?—Yes, **let's**.
野球をしようか.—うん, そうしよう.
→ ～, shall we? は「～しませんか」と相手の同意を求める言い方.

Let's see. ① えーと, そうですね (= Let me see.) → Let us see. を短くした形. 会話中に少し考える時など, 間をとるために言うつなぎの言葉.

会話 When do you feel happy?—**Let's see**. That's a good question. どんな時に幸せを感じる?—そうだなあ. いい質問だね.

② 見てみましょう

会話 Where is the station on this map?—**Let's see**. It's here. 駅はこの地図ではどこですか.—見てみましょう. ここです.

let's 中 /léts れッ/ **let us** を短くした形 → **let's do** (let 成句)

letter 小 A1 /létər れタ/

名 ❶ 文字
❷ (ふつう封筒(ふうとう)に入った)手紙

意味 map

—— 名 (複 **letters** /létərz れタズ/)

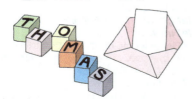

❶ 文字
- T is the first **letter** of the name "Thomas." T は「トマス」という名の最初の文字です.
- There are twenty-six **letters** in the English alphabet. 英語のアルファベットには26文字ある.

❷ (ふつう封筒に入った)手紙
- a fan **letter** ファンレター
- a **letter** of thanks お礼の手紙, 礼状
- get a **letter** from him 彼から手紙をもらう
- write a **letter** to him 彼に手紙を書く
- 関連語 Send me a **letter** or a **card** from Paris, please. パリから手紙かはがきをください.
- What did the **letter** say? 手紙には何と書いてありましたか.

letterbox /létərbɑks れタバクス/ 名 (英) 郵便受け; 郵便ポスト → **mailbox**

lettuce 小 /létəs れタス/ 名 レタス, サラダ菜

leukaemia /luːkíːmiə るーキーミア/ 名 (英) = leukemia

leukemia /luːkíːmiə るーキーミア/ 名 (医学) 白血病 → 血液中の白血球にできるがん.

level A2 /lévl れヴる/ 名 ❶ 水平(面); 水位, 高さ
- The flood rose to a **level** of 50 feet. 洪水(こうずい)は50フィートの水位に上った.

❷ (能力・文化・地位などの)水準, レベル

—— 形 ❶ 平らな, 水平な ❷ (～と)同じ高さの, 同程度の

—— 動 (三単現 **levels** /lévlz れヴるズ/ 過去・過分 **level(l)ed** /lévld れヴるド/; -ing形 **level(l)ing** /lévliŋ れヴりング/)
平らにする, ならす

lever /lévər れヴァ, líːvə リーヴァ/ 名 てこ, レバー

liable /láiəbl らイアブる/ 形 (**be liable to** *do* で) ～しやすい, ～しがちである → 主に好ましくない事に使う.

liar /láiər らイア/ 名 うそつき → 相手に向かって "You're a liar!" と言うのはたいへんな侮辱(ぶじょく)になる.

liberal /líbərəl リベラる/ 形 ❶ 寛大(かんだい)な, (偏見(へんけん)などに)捕(と)らわれない; 自由(主義)の
❷ 気前のよい (generous); 豊富な

—— 名 自由主義者

liberty A2 /líbərti リバティ/ 名 (複 **liberties** /líbərtiz リバティズ/) 自由

類似語(自由)
liberty と **freedom** はほとんど同じ意味で

three hundred and sixty-seven 367 **lie**

あるが, liberty が「解放された自由」の意味を含(ふく)んでいるのに対して, freedom は「全く抑圧(よくあつ)のない状態」をいう.

Líberty Bèll 固名 **(the** をつけて) **自由の鐘**(かね) → 1776年, アメリカの独立が宣言された時に鳴らしたという鐘で, フィラデルフィアの独立記念堂にある.

Libra /líːbrə リーブラ/ 固名 《星座》**てんびん座**
librarian /laibré(ə)riən ライブレ(ア)リアン/ 名 図書館員, 図書係, 司書
libraries /láibreriz ライブラリズ/ 名 **library** の複数形

library 小 A1 /láibreri ライブラリ/ 名
(徳 **libraries** /láibreriz ライブラリズ/)
❶ **図書館, 図書室**; (個人の)**書庫, 書斎**(しょさい)
• the school **library** 学校の図書室[図書館]
• the public **library** 公共図書館 → 一般(いっぱん)の人が自由に利用できる図書館.
• go to the **library** 図書館に行く → school などとは違(ちが)って ×go to *library* としない.
• This is not my book. It's a **library** book. これは私の本ではありません. 図書館の本です.
• He is in his **library**. 彼は書斎にいます.
❷ **蔵書**, (レコード・CD・フィルム・資料などの)**コレクション, ライブラリー**
• a music **library** 音楽ライブラリー
• He has a good **library** of old books. 彼は古書をたくさん持っている.
licence /láisəns ライセンス/ 名 《英》= license
license A2 /láisəns ライセンス/ 名 《米》**免許**(めんきょ), **認可**(にんか); **免許証, 免許状**
• a driver's **license** (自動車の)運転免許証 →《英》ではふつう **a driving licence** という.
lícense plàte 名 (自動車の)**ナンバープレート** (《英》 number plate)
lick /lík リク/ 動 (舌で)**なめる**
── 名 **なめること, ひとなめ**

lid /líd リド/ 名 ❶ **ふた**
❷ **まぶた** (eyelid)
lie¹ /lái ライ/ 動 (三単現 **lies** /láiz ライズ/; 過去・過分 **lied** /láid ライド/; -ing形 **lying** /láiiŋ ライインぐ/)
うそを言う →**liar**
• Don't **lie** to me. 私にうそを言うなよ.
• He never tells the truth; he **lies** about everything. 彼は決して本当のことを言わない. 彼は何についてもうそをつく.
• She **lied** about her age. 彼女は自分の年についてうそをついた.
• You're **lying**! 君はうそをついている.
── 名 **うそ**
• **tell** a **lie** うそを言う
• It is not good to **tell lies**. うそを言うことはよくない. → It=to tell (言うこと)以下.
lie² A2 /lái ライ/ 動
　三単現 **lies** /láiz ライズ/
　過去 **lay** /léi れイ/
　過分 **lain** /léin れイン/
　-ing形 **lying** /láiiŋ ライインぐ/
❶ (人・動物が)**横たわる, 横になる, 寝**(ね)**る, 寝ている**
• **lie** in bed ベッドで寝ている
• **lie** on the grass 草原に横になる
• **lie** on *one's* back 仰向(あおむ)けに寝る
• He **lies** on the bed and watches TV. 彼はベッドに横になってテレビを見る.
ことわざ Let sleeping dogs **lie**. 眠(ねむ)っている犬はそのままにしておけ → 「そっとしておけば, 災(わざわ)いを受けることもない」の意味. 「触(さわ)らぬ神にたたりなし」にあたる.
• She was very weak and always **lay** in bed. 彼女はとても体が弱くていつも床(とこ)についていた.
⚠POINT 過去形の lay を,「置く, 横たえる」の意味の lay (現在形)と混同しないこと.
• I must get up—I **have lain** in bed for a long time. 起きなきゃー長いこと寝たから. → **have** 助動 ❸
• The dog **was lying** in front of the fire. 犬は暖炉(だんろ)の前に横になっていた. → **was** 助動 ❶
• I found him **lying** on the sofa. 私は彼がソファーに横になっているのを発見した[見ると彼はソファーに横になっていた]. → find *A B* (形容詞・現在分詞)は「AがB(している)とわかる」.

life

同じ語形に注意！

	過去形	過去分詞	現在分詞
lie (うそをつく)	lied	lied	**lying**
lie (横たわる)	**lay**	lain	**lying**
lay (置く)	laid	laid	laying

❷ (人・動物が)**横になって**(〜の状態で)**いる[している]**
- **lie** awake 横になって目を覚ましている → lie+形容詞[現在分詞].
- **lie** sleeping (横になって)眠っている
- We **lay** watching television. 私たちは寝転(ねころ)んでテレビを見ていた.

❸ (物・場所が〜に)**横たわる, ある**
- Snow **lay** thick on the ground. 雪は地面に深く積もっていた.

❹ (麦芽(ばくが)などが)**寝かされている** → 発酵(はっこう)させるために暖かい所に置いておかれること.

lie down 横になる
- **lie down** on a bed ベッドに横になる
- He **lay down** to sleep. 彼は眠ろうとして横になった.

life 小 A1 /láif ライふ/

意味 map
|名| ❶ 生命; 活気
| ❷ 一生; 人生
| ❸ 生活
| ❹ 《集合的に》生き物

—— 名 (覆 **lives** /láivz ライヴズ/)

🔵POINT 複数形の lives を, live (生きる, 住む)の3人称(しょう)単数現在形 (lives /リヴズ/) と混同しないこと.

❶ **生命, 命; 活気, 生気**
反対語 a matter of **life** and [or] **death** 生死に関わる問題, 死活問題
- He **saved** her **life**. 彼は彼女の命を救った.
- If you are careless, you will **lose** your **life**. 不注意だと君は命を失うだろう.
- The **life** of a people is in its language. 民族の生命はその言語の中にある[言語は民族にとって生命に等しい].
- The town was full of **life**. その町は活気に満ちていた. → be full of 〜 は「〜でいっぱいである」.

ことわざ A cat has nine **lives**. ネコは9つの命を持っている. → **cat**
- Ten **lives** were lost in the accident. その事故で10人の命が失われた.

❷ **一生, 生涯**(しょうがい), **寿命**(じゅみょう); **人生**
- **through life** 生涯を通じて
- **success in life** 人生における成功, 出世
- the **life** of a battery 電池の寿命
- It was the happiest day of my **life**. それは私の生涯で最も幸福な日であった.
- My grandfather lived in this house **all his life**. 祖父は生涯[生まれてからずっと]この家で暮らしました.

❸ **生活, 暮らし**
- town [country] **life** 都会[田舎(いなか)]の生活
- school **life** 学校生活
- **in** our daily **life** 私たちの日常生活において
関連語 On this island he **lived** a very happy **life**. この島で彼はとても幸福な生活を送った.

❹ 《集合的に》**生き物, 生物**
- animal [plant] **life** 動物[植物] → ×a life, ×lives としない.
- marine **life** 海の生き物たち
- There is little **life** in the Arctic. 北極地方には生物はほとんどいない.

❺ **伝記**
- I am reading a **life** of Abraham Lincoln. 私はエイブラハム・リンカンの伝記を読んでいます.

bring 〜 to life 〜を生き返らせる; 〜を活気づける, 〜をおもしろくする

come to life 意識を回復する; 活気づく, おもしろくなる

for life 生きている間ずっと, 生涯

lifeboat /láifbout ライふボウト/ 名 **救命艇**(てい); (船に備え付けてある)避難(ひなん)ボート

life jàcket 名 救命胴衣(どうい)

life-size(d) /láif saiz(d) ライふ サイズ(ド)/ 形 実物大の, 等身大の

lifestyle A2 /láifstail ライふスタイる/ 名 生活様式, 生き方

lifetime /láiftaim ライふタイム/ 名 (人の)**一生, 生涯**(しょうがい); (物の)**寿命**(じゅみょう)

lift /líft リふト/ 動
❶ **持ち上げる, 上げる**
- **lift** (**up**) a heavy box 重い箱を持ち上げる
- **lift** a box **down** from the shelf (高い

light

- 棚(たな)から)箱を持ち上げて降ろす
- She **lifted** her eyes **from** the book. 彼女は本から目を上げた.

❷ (雲・霧(きり)などが)**上がる, 晴れる**
- The fog **lifted**, and we could see the mountain. 霧が晴れたのでその山が見えた.

──名 ❶《英》車などに乗せてやる[もらう]こと(ride)
- Can I **give** you a **lift** to the station? 駅まで乗せて行ってあげましょうか.

❷《英》エレベーター(《米》elevator); (スキー場などの)リフト

lifting /líftiŋ リフティング/ 名 持ち上げること; (サッカーボールなどの)リフティング

light¹

小 A1 /láit ライト/ (→gh は発音しない)

名	❶ 光
	❷ 明かり
動	(ランプなどに)明かりをつける
形	❶ 明るい
	❷ (色が)薄(うす)い

意味map

──名 (複 **lights** /láits ライツ/)

❶ **光, 明るさ**

関連語 The sun gives us **light** and **heat**. 太陽は私たちに光と熱を与(あた)える. →×a light, ×lights としない.

- Reading **in** poor **light** is bad for the eyes. 乏(とぼ)しい光の中で[薄暗い所で]本を読むのは目に悪い.
- Helen Keller gave **light** to all hearts. ヘレン・ケラーはすべての人の心に光を与えた.

❷ **明かり, 電灯, 信号灯; (タバコの)火**
- **turn on** [**off**] the **light** 電灯をつける[消す]
- a traffic **light** 交通信号(機)
- Please **give** me a **light**. (タバコの)火を貸してください.

❸ (物を見る)**観点, 視点, 立場**
- look at the problem **in** a different **light** 違(ちが)った視点からその問題を見る

bring ～ to light (隠(かく)れていたもの)**を明るみに出す, 暴露(ばくろ)する**
- **bring** new facts **to light** 新事実を公表する

come to light (隠れていたものが)**明るみに出る, 暴露される**
- Several new facts **came to light**. いくつかの新事実が明るみに出た.

──動

三単現	**lights** /láits ライツ/
過去・過分	**lighted** /láitid ライテド/, **lit** /lít リト/
-ing形	**lighting** /láitiŋ ライティング/

(ランプなどに)**明かりをつける, 火をつける, ともす; (部屋などを)明るくする, 照らす**
- **light** the lamp ランプに明かりをつける[ともす]
- She **lights** the gas and puts a pot of soup on the cooker. 彼女はガスに火をつけてレンジの上にスープ鍋(なべ)を載(の)せる.
- a **lighted** candle 火のともされたろうそく
→ lighted は過去分詞で形容詞のように使われたもの.
- A smile **lit** [**lighted**] her face. (ほほえみが彼女の顔を明るくした ⇒)ほほえみで彼女の顔が明るく輝(かがや)いた.
- A full moon **was lighting** the garden. 満月が庭を照らしていた. →過去進行形の文. → **was** 助動 ❶

light up (ぱっと)**明るくなる, 輝く; 明るくする, 照らす; 火をつける**
- The children's faces **lit up** when they saw the presents. そのプレゼントを見た時子供たちの顔が輝いた.

──形 (比較級 **lighter** /láitər ライタ/; 最上級 **lightest** /láitist ライテスト/)

❶ **明るい**

基本 a **light** room 明るい部屋 → light+名詞.

基本 It is still **light** outside. 外はまだ明るい. → be 動詞+light. It は漠然(ばくぜん)と「明暗」を表す. この形ではふつう「部屋, 家」などは主語にしない.

反対語 On winter mornings it is still **dark** even at seven, but it gets **light** about five in summer. 冬の朝は7時でもまだ暗いが, 夏は5時頃(ごろ)には明るくなる.

light　　　　　　　　dark

light

370 · three hundred and seventy

• Gradually it became **lighter**. だんだん明るくなってきた.

❷ (色が) 薄い

反対語 **dark** (濃い)

• **light** blue 薄い青色

• Her hair was **light** brown, almost golden. 彼女の髪(かみ)は薄茶色で, ほとんど金色に近かった.

light² A1 /láit らイト/ (→gh は発音しない) 形 軽い, (量が)少ない, (程度が)軽い

• a **light** meal 軽い食事

• a **light** rain [wind] 小雨(こさめ)[そよ風]

• **light** work 軽作業

• a **light** sleeper 眠(ねむ)りの浅い人

反対語 This suitcase is **light**, and that one is **heavy**. このスーツケースは軽いがそっちのは重い.

反対語 The traffic is **light** early in the morning, but **heavy** in the evening. 早朝は道路がすいているが夕方は混みます.

• He always travels **light**. 彼はいつも軽装で旅行する.

ことわざ Many hands make **light** work. (たくさんの人手は軽い仕事をつくる ⇨)手が多ければ仕事は楽だ.

• Please make my work **lighter**. どうか私の仕事をもっと軽くしてください. →make *A B* (形容詞)は「AをBにする」.

• Aluminum is one of **the lightest** metals. アルミニウムは最も軽い金属の1つです.

make light of ～ ～を軽く考える, ～を軽視する

• He **made light of** his father's warning. 彼は父の警告を深く心にとめなかった.

líght bùlb 名 電球 →**bulb**

lighten¹ /láitn らイトン/ 動 明るくする, 照らす; 明るくなる, さっと光る →**light¹**

lighten² /láitn らイトン/ 動 軽くする; 軽くなる, 楽になる →**light²**

lighter /láitər らイタ/ 名 (タバコなどに火をつける)ライター →**light¹** 動

lighthouse /láithaus らイトハウス/ 名 灯台

lightly /láitli らイトり/ 副 (→**light²**)

❶ 軽く, 軽快に

❷ 軽々しく, 軽率(けいそつ)に

lightning /láitniŋ らイトニング/ 名 稲妻(いなずま), 電光

関連語 **Lightning** is usually followed by **thunder**. (稲妻はふつう雷鳴によって続かれる ⇨)ふつう稲妻の後に雷(かみなり)が鳴る.

líghtning ròd 名 避雷針(ひらいしん) →「怒(いか)り・暴動などを誘発(ゆうはつ)するもの」の意味でも使う.

light-year /láit jiər らイト イア/ 名 光年 →光が1年間に空間を通過する距離(きょり)(約9兆5,000億キロ). 地球からの天体の距離を示すのに用いる.

like¹

小 A1 /láik らイク/ 動 三単現 **likes** /láiks らイクス/; 過去・過分 **liked** /láikt らイクト/; -ing形 **liking** /láikiŋ らイキング/

❶ ～を好む, ～が好きである; ～したい →**like**は状態を示す動詞なのでふつう進行形 (be liking) にしない.

中学基本 I **like** ice cream. 私はアイスクリームが好きだ. →like+名詞.

会話

Do you **like** jazz music?—Yes, I do. I **like** it very much.
あなたはジャズ音楽が好きですか.—はい好きです. 私はジャズが大好きです.

Which do you **like** better, coffee or tea?—I **like** tea better (than coffee).
君はコーヒーと紅茶ではどちらが好きですか.—私は(コーヒーよりも)紅茶のほうが好きです.

What subject do you **like** best?—I **like** math best (of all subjects).
あなたはどの教科が一番好きですか.—(すべての教科の中で)数学が一番好きです.

• How do you **like** this color? (この色をどのようにあなたは好みますか ⇨)この色はどうですか.

• How did you **like** New York? ニューヨークはいかがでしたか.

中学基本 I **like** to swim. 私は泳ぐことが好きだ. →like+to 不定詞. →**to** ❾ の ①

• I **like** to travel alone. 私はひとりで旅をするのが好きだ.

中学基本 He **likes** going to the movies. 彼は映画を見に行くのが好きです. →like+動名詞.

• Bob ate some *sashimi*, and he **liked** it. ボブは刺身(さしみ)を食べてみてそれが気に入った.

❷ **(like** *A* **to** *do* **で) Aに~してほしい**
- I **like** you **to** be tall and strong. 私は君に大きく丈夫(じょうぶ)になってほしい.
- I don't **like** you **to** go there. 私は君にそこへ行ってほしくない.

as you like あなたが好むように, 好きなように
- Do **as you like**. 君の好きなようにしなさい.

How do you like ~? **~(食材などを)はどう調理しますか, ~(髪型などを)はどうしますか; ~をどう思いますか, 気に入っていますか.**
- **How do you like** your steak? ステーキの焼き加減はどうしますか.

if you like もしあなたが好むなら, もしよければ
would*[*should*] *like ~ **~が欲(ほ)しいのですが** → 単に like というよりも丁寧(ていねい)な言い方. I would [should] like ~ は話し言葉ではしばしば **I'd like** ~ と略す.
- **I'd like** a cup of tea. 私はお茶を1杯(ぱい)いただきたいのですが.

would*[*should*] *like to do **~したいと思う** → I would [should] like to *do* は話し言葉ではふつう **I'd like to** *do* と略す.
- **I'd like to** go with you, but I can't. ごいっしょしたいのですが, できません.
- **I wouldn't like to** go alone. 私はひとりで行きたくないのですが.

Would you like ~? **あなたは~が欲しいですか, ~はいかがですか** → Would you like ~? は, 相手の気持ちを聞いたり, 物を勧(すす)めたりする時の丁寧な言い方. Do you like ~? は単に相手の好き嫌(きら)いを聞く.

Would you like a hot drink?
—Thank you [Yes, please].
あたたかい飲み物はいかがですか.—いただきます.
→ 「いいえ, 結構です」は **No, thank you.**

Would you like to *do*? **~することをお好みですか, ~したいですか**
- **Would you like to** see the sights of the city? 市内見物をなさいますか.

like² 小 A1 /láik ライク/ 前

❶ **~のように, ~のような; ~に似ている, ~に似た**
基本 cry **like** a baby 赤ん坊(ぼう)みたいに泣く → like+名詞.
- He plays tennis **like** a professional. 彼はプロ選手みたいにテニスをする.
- He is **more like** his mother than his father. 彼は父親よりも母親似だ.
- There is no place **like** home. 我(わ)が家のような(よい)所はどこにもない.

What is it **like**?—It's something **like** a fish.
それはどのようなものですか.—ちょっと魚のようなものです.
→ 意味のつながりの上では like what (どのような)であるが, what は疑問詞なので文頭に出る.

What was the weather **like** in Paris?—Beautiful! パリのお天気はどんなでしたか.—とてもすばらしかった!
What will the weather be **like** tomorrow?—It'll be fine, I hope. あしたのお天気はどうだろう.—晴れだと思いますがね.
- You shouldn't talk **like that** to your teacher. 先生に向かってそんな口のきき方をしてはいけません.
- I've never seen a pearl **like this**. 私はこんな真珠(しんじゅ)を見たことがありません.

❷ **~にふさわしい, ~らしい**
- It's just **like** Dave to be late. He is not punctual. 遅刻(ちこく)するなんていかにもデイブらしい. 彼は時間にルーズだから.
- It's not **like** him to make a mistake like that. そんな間違(まちが)いをするなんて彼らしくない.

feel like ~ **~のように感じる** → **feel** 成句
Like what? **たとえばどんな?**
look like ~ **~のように見える** → **look** 成句

チャンクでおぼえよう like	
□ アイスクリームが好きだ	**like** ice cream
□ 泳ぐのが好きだ	**like** to swim
□ 映画を観に行くのが好きだ	**like** going to the movies
□ 部屋を替えてもらいたいんです.	I'd **like** to change the room.

-like

372　three hundred and seventy-two

――形 (比較級 **more like**; 最上級 **most like**) 似ている, 同じような

ことわざ **Like** father, **like** son. 似た父親に似た息子(むすこ). →「この親にしてこの子あり」にあたる.

•They are **as like as two peas**. (1つのさやの中の)2つのエンドウのようだ →「彼らはそっくりな顔をしている」の意味で使う.

――接 《話》~のように, ~と同様に

•I don't speak Japanese **like** you do. 私はあなたのようには日本語を話さない.

-like /láik ライク/ 接尾辞 「~のような」という意味の語をつくる:

•child**like** 子供のような

•human-**like** 人間のような

likely A2 /láikli ライクリ/ 形 (比較級 **more likely**; 最上級 **most likely**)

❶ (**be likely to** *do* または **It is likely that ~ で**) ~しそうだ, (~ということは)ありそうだ

•It **is likely to** rain. 雨が降りそうだ. →It は漠然(ばくぜん)と「天候」を表す.

•We **are** not **likely to** win. =**It is** not **likely that** we will win. 私たちは勝ちそうもない. →It=that 以下.

•She **is likelier** [**more likely**] **to** agree with us than he is. 彼よりも彼女のほうが私たちに賛成しそうだ.

•It's **the likeliest** [**the most likely**] place for him to go to. そこは彼が最も行きそうな所だ.

❷ ありそうな, 起こりそうな; もっともらしい

•a **likely** result 起こりそうな結果

•a **likely** story いかにももっともらしい(が疑わしい)話, 眉唾(まゆつば)物

•Rain showers are **likely** this afternoon. きょうの午後は夕立がありそうだ.

――副 (比較級 **more likely**; 最上級 **most likely**) おそらく, たぶん (probably) →**perhaps** 類似語

•She will very **likely** be home tomorrow. たぶん彼女はあした家にいるだろう.

likeness /láiknis ライクネス/ 名 似ていること, 類似(るいじ)(点)

lilac /láilak ライラク/ 名 《植物》 **ライラック** → 春先から夏にかけて多数のフジ様または白色の香(かお)りの高い小花をつける. フランス語風に「リラ」ともいう.

――形 **ライラック色の, フジ色の**

lily A1 /líli リリ/ 名 (複 **lilies** /líliz リリズ/) 《植物》 **ユリ; ユリの花**

> **イメージ** (lily)
>
> ユリといえば「白」というイメージがあって, white as a lily (ユリのように白い)は決まり文句.
>
> またその色や姿から「清純」の象徴(しょうちょう)とされ, 復活祭 (Easter) にはつきもの.

líly of the válley 名 《植物》 スズラン → 直訳すれば「谷間のユリ」. 複数形は **lilies** of the valley.

Lima /líːmə リーマ/ 固名 リ マ →ペルー (Peru) の首都.

limb /lím リム/ 名 (人間・動物の)**腕**(うで) (arm), 足 (leg), (鳥の)**翼**(つばさ) (wing); (木の)**大枝** (bough)

limit /límit リミト/ 名

❶ 限度, 限界

❷ (**limits** で)境界, (限られた)**範囲**(はんい), 区域

掲示 Off **limits**. 立入禁止区域.

――動 **制限する, 限定する**

limited /límitid リミテド/ 形

❶ 限られた, 有限の; (会社が)有限責任の →**Ltd.**

•**limited** edition 限定版

•within the **limited** time 限られた時間内で

❷ 《米》(列車・バスなどが)**急行の** →停車駅が限られているという意味.

•a **limited** bus [**express**] 急行バス[特急電車]

limousine /líməziːn リムズィーン/ 名 **リムジン** →運転手つきの大型高級車.

limp /límp リンプ/ 動 (けがのために)**足をひきずって歩く**

――名 **足をひきずって歩くこと**

Lincoln /líŋkən リンカン/ 固名 (**Abraham Lincoln**) **エイブラハム・リンカン**

> **参考**
>
> 米国の第16代大統領 (1809–1865). 南北戦争を終結させ, 奴隷(どれい)解放を行った. 南北戦争中のゲティスバーグで行った「人民の, 人民による, 人民のための政治」 (government of the people, by the people, for the people) という演説は有名. ワシントンで観劇中に暗殺された.

Líncoln Memórial 固名 (**the** をつけて) **リンカン記念堂** →リンカンをしのぶワシントン D.C. の国定記念建築物.

link

Lindbergh /lín(d)bəːrg リン(ド)バ~グ/ [固名]
(**Charles Lindbergh**) リンドバーグ ➡米国の飛行家(1902-74). 1927年, ニューヨーク・パリ間の大西洋横断単独無着陸飛行に初めて成功した.

line¹ 中 A1 /láin ライン/

[名] ❶線
❷(文字の)行
❸《米》(人・車・家並みなどの)列
❹ひも; 釣⁽っ⁾り糸
❺線路

意味 map

── [名] ❶ 線, 筋; (顔などの)しわ
• a straight **line** 直線
• a curved **line** 曲線
• draw a **line** from *A* to *B* AからBへ線を引く
• draw a picture in bold **lines** 太い線で絵を描⁽か⁾く
• an old man with many **lines** on his face 顔にたくさんのしわのあるおじいさん
❷ (文字の)行; (短い)手紙, 一筆; (劇などの)せりふ
• the first **line** of a poem 詩の最初の行
• the third **line** from the top [the bottom] 上[下]から3行目
• begin at [with] page ten, **line** one 10ページの1行目から始める
• write **on** every other **line** 1行おきに書く
• **read between the lines** (行間を読む ⇨ 言外の意味を読み取る
• learn [speak] *one's* **lines** せりふを覚える[言う]
• **Drop** me a **line** from New York. ニューヨークからちょっと手紙をください.
❸《米》(人・車・家並みなどの)列, **行列** (《英》queue)
• a long **line** of cars 自動車の長い列
• a **line** of fine houses すてきな家並み
• stand [walk] **in a line** 1列に並ぶ[1列に

なって歩く]
❹ ひも, 綱⁽つな⁾; 釣り糸; 電話回線
• a telephone **line** 電話線
• a fishing **line** 釣り糸
• a clothes **line** 物干しロープ
• hang washing on a **line** 洗濯⁽せんたく⁾物をひもにかける
• I called Bob on the phone, but his **line** was busy. 私はボブに電話をかけたが話し中だった.
• **Hold the line**, please. (電話で)切らずにお待ちください.
❺ 線路; 路線, 航(空)路; (鉄道・船・航空)会社
• the Japan Air **Lines** 日本航空
• take the Chuo **Line** 中央線に乗る

── [動] ❶ 線を引く; (顔に)しわを寄せる
• a face **lined** with age 年を取ってしわの寄った顔
❷ ~に並ぶ
• Elms **line** the streets. ニレの木が通りに並んでいる.

line up 整列させる; 結集させる; 整列する
• **line up** the books on the shelf 本を棚⁽た⁾なに並べる
• **line up** according to height 背の順に並ぶ

line² /láin ライン/ [動] ~に裏地を付ける, 裏打ちする, (箱などの内側に)張る ➡**lining**

linear /líniər リニア/ [形] (直)線の[的な]; 長さの; リニアの
• a **linear** motor リニアモーター.

linen /línin リネン/ [名] リネン;《集合的に》(家庭の)リネン製品 ➡ シーツ・テーブルクロス・シャツなど.

liner /láinər ライナ/ [名] ❶ (大型)定期船; 定期旅客⁽りょかく⁾機 ❷《野球》ライナー ➡ **line drive** (ラインドライブ)ともいう.

linger /líŋgər リンガ/ [動] ぐずぐずする, なかなか立ち去らない, ぶらぶらする; 長引く

lining /láiniŋ ライニング/ [名] (洋服・箱などの)裏(地), 裏張り
ことわざ Every cloud has a silver **lining**. どの雲にも銀色の裏地が付いている. ➡ 下から見ればまっ黒な雲もその裏は太陽の光を受けて銀色に輝⁽かがや⁾いているように,「災⁽わざわ⁾いの裏には幸いがあるものだ」の意味.

link /líŋk リンク/ [名] ❶ 結び付ける人[物], きずな; つながり, 結び付き ❷ (鎖⁽くさり⁾の)輪

links 374 three hundred and seventy-four

関連語 A **chain** is only as strong as its weakest **link**. 鎖はその最も弱い輪と同じだけの強さしかない(どれか1つの輪が壊(こわ)れたら鎖はおしまいだ).

❸《コンピューター》リンク
── 動 つなぐ, 結び付ける; つながる, 結び付く

links /líŋks リンクス/ 图 (復 **links**) (特に海岸近くの)ゴルフ場 ➡単数としても複数としても扱(あつ)かわれる. **golf links** ともいう.

lion 小 A1 /láiən ライオン/ 图
《動物》(雄(おす)の)ライオン, シシ ➡特に雌(めす)のライオンを指す時は **lioness** という. 子は **cub**.
→**cub**

イメージ (lion)
ライオンは king of beasts (百獣(ひゃくじゅう)の王)といわれ「権威(けんい)」と「勇気」の象徴(しょうちょう). 英国王室の紋章(もんしょう)にはライオンと一角獣(いっかくじゅう)が描(えが)かれている.

lip A2 /líp リプ/ 图 唇(くちびる); 唇の周辺
•the upper **lip** 上唇, 鼻の下
•the lower **lip** 下唇
•He kissed her **on** the **lips**. 彼は彼女の唇にキスした.

liquid /líkwid リクウィド/ 图 形 液体(の)
関連語 **gas** (気体), **solid** (固体), **fluid** (流体)

liquor /líkər リカ/ 图 酒, アルコール飲料, (特にウイスキー・ブランデーなどの)蒸留酒

list 中 A1 /líst リスト/ 图
リスト, (一覧)表, 名簿(めいぼ)
•a price [word] **list** 価格表[単語リスト]
•Did you put bread **on** the shopping **list**? 買い物のリストにパンを入れた?
•Please **make** a **list of** things I have to buy. 買うべき物のリストを作ってください.
── 動 表にする; (名簿などに)記入する
•His name [He] is not **listed** in the telephone book. 電話帳には彼の名前は載(の)っていない.

listen 小 A1 /lísn リスン/ (➡t は発音しない) 動 (三単現 **listens** /lísnz リスンズ/; 過去・過分 **listened** /lísnd リスンド/; -ing形 **listening** /lísniŋ リスニング/)
(じっと)聞く, 耳を傾(かたむ)ける
最重要 **listen** to music 音楽に耳を傾ける ➡ listen to+名詞.
•**listen to** the radio (じっと)ラジオを聞く

•Now **listen to** me. さあ, 私の言うことをよく聞きなさい[さあ, いいですか].
•If you **listen**, you'll **hear** the cuckoo. 耳を澄(す)ませばカッコウ(の鳴き声)が聞こえるでしょう. 類似語 **hear** は「自然に聞こえてくる, 耳に入る」.
•He never **listens to** my advice. 彼は私の忠告に決して耳を貸さない.
•We **listened**, but heard nothing. 私たちは耳を澄ましたが何も聞こえなかった.
•We **listened to** her play**ing** the piano. 私たちは彼女がピアノを弾(ひ)いているのを聞いた. ➡listen to A doing は「Aが〜しているのを聞く」.
•He **is listening to** the news on the radio. 彼はラジオでニュースを聞いている. ➡現在進行形の文. →**is** 助動 ❶

listen for 〜 〜を聞こうと耳を澄ます, 〜が聞こえるかと注意する
•Will you **listen for** the telephone while I'm in the yard? 私が庭にいる間, 電話に注意していてくれますか.

listen in (**on 〜**) (〜を)こっそり聞く, 盗聴(とうちょう)する

listen in to 〜＝listen to 〜 〜をじっと聞く

listener /lísnər リスナ/ 图 じっと聞く人, 聞き手; (ラジオの)リスナー
関連語 He is a good **talker** and also a good **listener**. 彼は話し上手でもあるし聞き上手でもある.

lit /lít リト/ 動 **light**[1] の過去形・過去分詞

liter A2 /lí:tər リータ/ 图 リットル ➡L と略す.

literacy /lítərəsi リテラスィ/ 图 読み書きの能力; 教養[教育]があること

literal /lítərəl リテラる/ 形 ❶ 文字の ❷ 文字通りの, ありのままの

literally /lítərəli リテラリ/ 副 文字通り(に); 全く, まるで

literary /lítərəri リテラリ/ 形
❶ 文学の, 文学的な
❷ 文語の, 書き言葉の
関連語 「口語の, 話し言葉の」は **colloquial**.

literate /lítərət リテレト/ 形 読み書きができる; 教養[教育]がある

literature /lítərətʃər リテラチャ/ 图 文学

Lithuania /liθ(j)uéiniə リす(ュ)エイニア/ 固名 リトアニア ➡バルト海沿岸の共和国. 首都はビリ

ニュス (Vilnius).
litre /líːtər リータ/ 名 《英》=liter
litter /lítər リタ/ 名 (散らかした)**ごみくず**
　掲示 No **Litter**. ごみを捨てないでください.
　── 動 (ごみで場所を)**散らかす**
　掲示 No **littering**. ごみを捨てないでください.
litter bin /lítər bìn リタ ビン/ 名 《英》(公園などにある大きな)**くず入れ**

little 小 A1 /lítl リトル/

形 ❶ 小さい	意味 map
❷ (**a little** で) 少しの	
❸ (**a** をつけないで) ほとんど〜ない	
副 ❶ (**a little** で) 少し(は〜する)	
❷ (**a** をつけないで) ほとんど〜ない	

── 形 ──
比較級 **less** /lés レス/, **lesser** /lésər レサ/
最上級 **least** /líːst リースト/

❶ 小さい; 年少の, 幼い

類似語 〈小さい〉
little は「小さい」という意味の中に「かわいらしい」とか「ちっぽけな」といった感情を含(ふく)んでいるが, **small** にはそういう感情はなく, 客観的に見て大きさが「小さい」ことを表す.

　基本 a **little** kitten 小ネコ →**little**+名詞.
• the **little** finger (手の)小指
• a **little** girl (幼い)少女
• my **little** sister [brother] 私の妹[弟] →年を取った妹[弟]に対しては使わない.
• a pretty **little** baby かわいい赤ちゃん →「かわいい」という意味の pretty は **little** とは結びつくが **small** とは結びつかない. pretty small は「かなり小さな」の意味.
• **little** things 小さい[ささいな]事
• Big oaks grow from **little** acorns. 大きなカシの木も小さなドングリから育つ.
　基本 Our dog is very **little**. うちの犬はとても小さい. →be 動詞+**little**.
• She was very pretty when she was lit-

tle. 彼女は小さいころとてもかわいかった.
❷ (**a little** で) 少しの
　基本 (a) **little** milk 少しのミルク →**little**+数えられない名詞.
• There is **a little** milk in the glass. コップにはミルクが少しある.
• I have **a little** money. 私は(ほんの)少しお金を持っている.
• I speak **a little** English. (=I speak English a little.) 私は少し英語がしゃべれる. →( )内の **little** は副詞.
❸ (**a** をつけないで) ほとんど〜ない, 少ししかない
• There is **little** milk in the glass. コップにはほとんどミルクがない.
　POINT a **little** は「少しはある」と「ある」に重きを置き, a がなければ「少ししかない」と「ない」に重きを置く.
　類似語 **little** は数でなく量(数えられないもの)に使い, 数(数えられるもの)には **few** を使う.

little / a little

• I have (very) **little** money. 私はほとんどお金を持っていない. →**little** に a がつかない時は very little という形で使うことが多い.
　ことわざ **Little** money, few friends. 金がないと友達も少ない.
• I know **little** French and **less** German. 私はフランス語をほとんど知らないし, ドイツ語はもっと知らない.

── 副 ── (比較級 **less** /lés レス/; 最上級 **least** /líːst リースト/)

❶ (**a little** で) 少し(は〜する)
• I know him **a little**. 私は彼を少し知っています.
• I slept **a little** last night. 私は昨夜は少し眠(ねむ)りました.
• He speaks English **a little**. 彼は少し英語がしゃべれます.
• Please speak **a little** more slowly. どうぞもう少しゆっくり話してください.
• He talks **a little** too much. 彼は少々しゃ

Little Bear

べり過ぎる.

Would you like some more coffee? —Just **a little**, please.
もっとコーヒーを召(め)し上がりますか.—ほんの少しだけいただきます.

❷ (a をつけないで) **ほとんど~ない** → a little と little との違(ちが)いは 形 の場合と同じ.
- I know him **little**. 私は彼をほとんど知りません.
- I slept (very) **little** last night. 私は昨夜はほとんど眠りませんでした.

―― 代 **少し** → a little と little との違いは 形 副 の場合と同じ.
- Have **a little** of this cake. このケーキを少し召し上がってください.
- I did **little** to help him. 私は彼を助けるための事をほとんど何もしなかった.

a little bit ほんの少し, ちょっぴり
little by little 少しずつ, 徐々(じょじょ)に
make [think] little of ~ ~を軽く考える, ~を大したことと思わない
not a little (~) 少なからず[少なからぬ~], 大いに[多くの~]
- He was **not a little** angry. 彼はだいぶ怒(おこ)っていた.
- He spent **not a little** money on books. 彼は本にだいぶお金を使った.
only a little (~) ほんのわずか(の~)(しか~ない) → only がつくと否定的な意味になる. → **only a few ~** (few 成句)
- He is very sick and can eat **only a little** food. 彼はとても具合が悪くてほんのわずかな食べ物しか食べられない.

Líttle Béar 固名 (the をつけて)《星座》こぐま座 → おおぐま座は **the Great Bear**.

Líttle Dípper /lítl dípər リトる ディパァ/ 固名 (the をつけて)《米》小北斗(しょうほくと) → こぐま座の七つ星.

live¹ 小 A1 /lív リヴ/

動 ❶ 住む, 住んでいる 　意味map
　❷ 暮らす
　❸ 生きる, 生きている

―― 動 (三単現 **lives** /lívz リヴズ/; 過去・過分 **lived** /lívd リヴド/; -ing形 **living** /líviŋ リヴィング/)

❶ **住む, 住んでいる**

基本 **live** in town 都会に住む → live in + 名詞.
- **live** in the country [the suburbs] 田舎(いなか)[郊外(こうがい)]に住む
- I **live** in an apartment. 私はアパートに住んでいます. → ふつうは進行形 (×am living) にしない. → **living** (現在分詞)の用例
- They have no house to **live** in. 彼らは住む家がない. → 意味のつながりの上では live in no house. → **to** ❾ の ②

Where do you **live**? —I **live** in Tokyo.
君はどこに住んでいますか.—私は東京に住んでいます.

- My uncle **lives** on a farm. 私のおじは農場に住んでいます.

POINT 3人称(しょう)単数現在形の lives を, life /láif/ (生命)の複数形 **lives** /láivz/ と混同しないこと.

- This is the house in which he **lived**. これが彼の住んでいた家です. → **which** 代 ❸
- We **have lived** here for ten years. 私たちはここに10年間住んでいます. → 現在完了(かんりょう)の文. → **have** 助動 ❸
- Sam **is living** with his uncle now. サムは今おじさんの所に住んでいる[同居している].

POINT 上の例は現在進行形の文 (→**is** 助動 ❶)「一時的に住んでいる」こと, または住んでいる事実を強調する時に使う.

- Many people **living** in the desert moved from one place to another. 砂漠(さばく)に住んでいる多くの人たちは次々と場所を移動した. → 現在分詞 living (住んでいる~)は people を修飾(しゅうしょく)する.

❷ **暮らす, 生活する; (~の生活を)送る**
- **live** a happy life = **live** happily 幸せに暮らす
- He likes **living** alone. 彼はひとり暮らしが好きだ. → living は動名詞(暮らすこと).

ことわざ **Live and let live**. 自分は自分の生活をし, 人には人の生活をさせておけ. → 「お互(たが)いに干渉(かんしょう)せずに暮らせ」の意味.

❸ **生きる, 生きている**

lobster 377

- **live** long 長く生きる, 長生きする
- as long as I **live** 私が生きている間(は).
- We **live** in the twenty-first century. 我々は21世紀に生きている.
- My grandfather **lived to be** ninety (years old). 私の祖父は90歳(さい)になるまで生きた[90歳まで長生きした]. →不定詞 to be は (生きた結果)「〜になる」ことを示す. **→to ⑨** の③
- Once upon a time there **lived** an old man and his old wife. 昔々ある所におじいさんとおばあさんがいました. →there lived 〜 は there were 〜 (〜がいた)の変形.

live on 生き続ける[続けている]
- She still **lives on** in my memory. 彼女は私の思い出の中に今も生き続けている.

live on 〜 〜を食べて生きる, 〜で暮らす
- Cows **live on** grass. 牛は草を食べて生きている.
- She **lives on** a small pension. 彼女はわずかな年金で暮らしている.

live up to 〜 〜の期待にそう[応える]
- The baseball player **lived up to** the manager's hopes. その野球選手は監督(かんとく)の期待に応えた.

live² /láiv ライヴ/ (→live¹ との発音の違(ちが)いに注意) 形
❶ **生きている**; (火などが)燃えている, 電流の流れている →名詞の前にだけつける. →**alive**
❷ (ラジオ・テレビ番組が録音・録画でなく)**生放送の, ライブの**

livelihood /láivlihud ライヴリフド/ 名 **暮らし(の道), 生計(費)**

lively A2 /láivli ライヴリ/ 形 (比較級 **livelier** /láivliər ライヴリア/ 最上級 **liveliest** /láivliist ライヴリエスト/) **活発な, 元気な, にぎやかな, 軽快な**

liver /lívər リヴァ/ 名 **肝臓(かんぞう)**

Liverpool /lívərpu:l リヴァプーる/ 固名 **リバプール** →英国北西部の海港都市.

lives¹ 中 /lívz リヴズ/ 動 **live¹** の3人称(しょう)単数現在形

lives² 中 /láivz ライヴズ/ 名 **life** の複数形

living 中 A1 /líviŋ リヴィング/ 動 **live¹** の -ing 形 (現在分詞・動名詞)
—— 形 **生きている, 現存の; 生活の →alive**
- all **living** things すべての生き物
- **living** artists 現存の芸術家たち

反対語 English is a **living** language, but Latin is a **dead** one (=language). 英語は生きている[現在生活用語として使われている]言語であるが, ラテン語は死んだ[現在生活用語として使われていない]言語である.
- My grandmother is still **living**, but grandfather is dead. 私の祖母はまだおりますが祖父は死にました.
—— 名 **生計, 暮らし(の道); 生活**
- **earn** [**get, make**] a **living** 生計を得る, 暮らしを立てる
- the cost of **living** 生活費
- sing **for a living** 歌を歌って生計を立てる
- In different countries there are different ways of **living**. 違(ちが)った国には違った暮らし方がある.

líving ròom A1 名 **居間** →ふだん家族の者がいっしょにいる部屋. またふつうの家ではここが客間としても使われる. 《英》では **sitting room** ともいう.

Livingstone /líviŋstən リヴィングストン/ 固名 (**David Livingstone**) **リビングストン** →英国の宣教師・医師・探検家 (1813–73).

lizard /lízərd リザド/ 名 《動物》**トカゲ**

load A2 /lóud ろウド/ 名 **積み荷, 荷**
- a heavy [light] **load** 重い[軽い]荷
- a **load** of hay 干し草の荷
—— 動 (荷を)**積む**, (荷を船・車などに)**積む**
- **load** cotton **into** a ship = **load** a ship **with** cotton 船に綿を積みこむ

loaded /lóudid ろウデド/ 形 **荷を積んだ; 弾(たま)を込(こ)めた; (乗り物などが)満員の**

loaf /lóuf ろウふ/ 名 (複 **loaves** /lóuvz ろウヴズ/) (四角・丸・細長などいろいろな形に焼いた)**パンのかたまり**

loan /lóun ろウン/ 名 ❶ **貸すこと, 借りること** ❷ **貸付金, 借金**
—— 動 **貸す** (lend)

loanword /lóunwə:rd ろウンワ〜ド/ 名 **借用語, 外来語** →外国語から借りて既(すで)に国語化した言葉. 英語では pizza (ピザ＜イタリア語). menu (メニュー＜フランス語)など.

loaves /lóuvz ろウヴズ/ 名 **loaf** の複数形

lobby /lábi らビ/ 名 (複 **lobbies** /lábiz らビズ/) **ロビー** →ホテル・劇場・議院などの玄関(げんかん)ホール, 廊下(ろうか), 控(ひか)え室.

lobster /lábstər らブスタ/ 名 《動物》**ロブスター, オマールエビ** →はさみのある大きなエビ.

local 378 three hundred and seventy-eight

類似語 **shrimp** (小エビ), **prawn** (クルマエビ)

local 中 A2 /lóukəl ろウカる/ 形
地域の, その地方(特有)の →ふつう名詞の前だけ
につける.
•**local** people その土地の[地元の]人たち
•**local** news その土地のニュース
•a **local** newspaper (全国紙に対して)地方新
聞
•I go to town for clothes but I buy
food in **local** shops. 服を買う時は町へ出ま
すが食料品は地元の店で買います.
── 名 ❶ (外来者から見た)土地の人
❷ 《米》各駅停車の電車[バス]

locally /lóukəli ろウカり/ 副 ❶ 特定の場所[地
方]で, 局地的に ❷ 近所で

locate /lóukeit ろウケイト|loukéit ろウケイト/ 動
❶ ~の場所を突き止める; ~の位置を見つけ出
す
•The taxi driver **located** the address
easily. タクシーの運転手はその住所をすぐ突き
止めた.
❷ (店・事務所などをある場所に)置く; (**be lo-
cated in ~** で) ~に位置する, ~にある
•His office **is located in** the center of
the town. 彼の事務所は町の中央にある.

location /loukéiʃən ろウケイション/ 名
❶ (定められた)位置, 場所
❷ (映画の)野外撮影(さつえい)(地), ロケーション

loch /lák ろク/ 名 《スコットランド語》=lake
(湖)

Lòch Néss 固名 ネス湖 →スコットランド
北部の湖で怪獣(かいじゅう)がすんでいるという伝説が
ある.

lock A2 /lák ろク|lɔ́k ろク/ 名 ❶ 錠(じょう), 錠前
関連語 The **lock** is very stiff—I can't turn
the **key**. この錠はすごく堅(かた)くて鍵(かぎ)が回せ
ない.
❷ (運河の)水門
── 動 ❶ ~に鍵をかける; 鍵がかかる
•We **lock** our doors at night. 私たちは夜
にはドアに鍵をかけます.
•The door **locks** automatically. そのドア
は自動的に鍵がかかる.
•The room was **locked**. 部屋には鍵がかか
っていた.
❷ (鍵をかけて)閉じこめる, しまい込(こ)む; (鍵を
かけて)締(し)め出す
•**lock** (up) jewels in the safe 宝石を金庫

にしまっておく
•**lock** *one's* child outside the house for
discipline しつけのために子供を家の外へ締め
出す
•The ship was **locked** in ice. 船は氷に閉
じこめられてしまった.

locker /lákər らカ/ 名 ロッカー

locomotive /loukəmóutiv ろウコモウティヴ/
名 機関車

locust /lóukəst ろウカスト/ 名 ❶ 《虫》イナゴ,
バッタ ❷ 《虫》《米》セミ ❸ 《植物》ニセアカシ
ア, ハリエンジュ →**locust tree** ともいう. 香(か
お)りのよい房状(ふさじょう)の白い花をつける.

lodge /ládʒ らヂ/ 名 山の家, 山荘(さんそう), 海の
家, ロッジ
── 動 泊(と)まる; 下宿する; 泊める

lodging /ládʒiŋ らヂング/ 名 ❶ 泊(と)まる所,
宿 ❷ 《英》(**lodgings** で) 下宿, 貸間

log /lɔ́:g ろ―グ/ 名 丸太

logic /ládʒik らヂク/ 名 ❶ 論理学 ❷ 論理, 理
屈(りくつ)

logical A2 /ládʒikəl らヂカる|lɔ́dʒikəl ろヂカる/
形 ❶ 論理的な, もっともな, 当然の ❷ 論理学
の

logo /lóugou ろウゴウ/ 名 (複 **logos** /lóu-
gouz ろウゴウズ/) ロゴ, シンボルマーク →商標・
社名などを表す. **logotype** ともいう.

lollipop, lollypop /lálipɑp らリパプ/ 名
棒つきキャンディー, ロリポップ, ペロペロキャン
ディー; 《英》棒つきアイスキャンディー

London 小 /lʌ́ndən らンドン/ 固名 ロンドン

参考 イギリスの首都. テムズ河畔(かはん)
にある大都市で, 行政上は「大ロンドン」
(**Greater London**) と呼ばれる. 大ロンド
ンは「シティー」(**the City**) と呼ばれる旧ロ
ンドン市と32の自治区から成っている. シテ
ィーはわずか1平方マイルの広さだが独自の
市長を置いていて行政的に特別区扱(あつか)い.
またここにはイングランド銀行をはじめ世界
各国の銀行が集まっており, 金融(きんゆう)・商業
が盛(さか)ん.

Londoner /lʌ́ndənər らンドナ/ 名 ロンドン
生まれの人, ロンドン市民, ロンドンっ子 →
cockney

Lóndon Èye 固名 ロンドンアイ →Big
Ben の対岸のテムズ川沿いにある大観覧車.

long

↪ a hundred miles (100マイル) は long を修飾(しゅうしょく)する副詞句.

- I waited for two **long** hours. (2時間もの長い時間 ⇨)なんと私は延々2時間も待った.
- I won't be **long**. 私は長くはかからない(すぐ帰って来る).
- It's been **long since** I saw you (last). (私が君に最後に会ってからずいぶんたつ ⇨)久しぶりですね. ↪ It は漠然と「時間」を表す.
- **It was a long time before** he came. (彼が来る前が長かった ⇨)彼はなかなか来なかった.
- **It was not long before** he came. (彼が来る前は長くなかった ⇨)まもなく彼は来た.
- This rope is **longer** than that (one). このロープのほうがそれより長い.
- The days are getting **longer** and **longer**. 日がだんだん長くなっている.

[POINT] 比較(ひかく)級＋and＋比較級は「だんだん〜, ますます〜」.

- The Nile is **the longest** river in the world. ナイルは世界最長の川である.

── 副 (比較級 **longer** /lɔ́ːŋɡər ろーンガ/; 最上級 **longest** /lɔ́ːŋɡist ろーンゲスト/)
(時間が)長く, 長い間 (for a long time)

[POINT] 形容詞(「長い」の意味)では時間についても距離(きょり)についてもいうが, 副詞(「長く」の意味)では時間についてだけいう.

- stay **long** 長く滞在(たいざい)する[とどまる]
- live **long** 長く生きる, 長生きする
- **long** ago (今から)ずっと以前に
- **long**, **long** ago 昔々
- **long** before I was born 私が生まれるずっと前に
- **long** after (this) (この)ずっとあとに
- How **long** will you stay here? どのくらい長く[いつまで]ここに滞在しますか.
- Wait a little **longer**, please. もう少しお待ちください.
- He can stay under water (the) **longest** of us all. 彼は私たちのうちで一番長く水に潜(もぐ)っていられる.

all 〜 long 〜中(じゅう)
- **all** day [night] **long** 一日[一晩]中

as long as 〜 〜と同じほど長い[長く]; 〜する限り, 〜の間 →**so long as 〜**
- **as long as** I live 私が生きている限り

---

loneliness /lóunlinis ろウンリネス/ 图 寂(さび)しさ, 孤独(こどく)

lonely 中 A1 /lóunli ろウンリ/ 形
(比較級 **lonelier** /lóunliər ろウンリア/; 最上級 **loneliest** /lóunliist ろウンリエスト/)

❶ 孤独(こどく)な, ひとりぼっちの; 寂(さび)しい, 心細い

[関連語] I don't feel **lonely** when I'm **alone**. 私はひとりの時でも寂しくない.

❷ 人の少ない, ぽつんと離(はな)れた, 寂しい
- a **lonely** island 離れ小島

long¹ 小 A1 /lɔ́ːŋ ろーング|lɔ́ŋ ろング/ 形
(比較級 **longer** /lɔ́ːŋɡər ろーンガ/; 最上級 **longest** /lɔ́ːŋɡist ろーンゲスト/) (↪比較級・最上級は /ɡ グ/ の音が入るので注意)
(時間・距離が)長い; 〜の長さがある

[基本] a **long** tunnel 長いトンネル ↪long＋名詞.
- **long** hair [legs] 長い髪(かみ)[足]
- the **long** jump (走り)幅(はば)とび
- a **long** vacation 長い休暇(きゅうか)
- (for) a **long** time 長い間

[基本] This tunnel is very **long**. このトンネルはとても長い. ↪be 動詞＋long.

[反対語] The days are **long** in summer, but are **short** in winter. 夏は日が長いが冬は短い.

- My house is a **long** way **from** here. 私の家はここから遠い. →**far** 副 ❶ [POINT]
- Take a bus—it's a **long** way **to** town. バスに乗りなさい—町までは遠いですよ. ↪it は漠然(ばくぜん)と「距離」を表す.

How **long** is the river?—It is a hundred miles **long**.
その川はどのくらい長いですか—その川は長さ100マイルです.

long 380

before long まもなく, やがて, 近いうちに
for long 長い間, 長らく
• I won't be away **for long**. 長く留守にするつもりはありません.

Long time no see. 久しぶりですね →中国語の好久不見(ハオジュウ ブージェン)に英語を当てはめて作ったピジン英語(→**pidgin English**). 好久 =long time, 不見 =no see.

not any longer もう(これ以上)～ない → **no longer** (**no** 成句)
• I **cannot** dance **any longer**. 私はもうこれ以上踊(おど)れない.

So long! 《話》さようなら

so long as ～ ～する限り, ～さえすれば → as long as ～ とほとんど同じ意味に使われる.
• You may eat anything, **so long as** you don't eat too much. 食べ過ぎなければ何を食べてもよい.

take long 手間どる, 長くかかる
• It won't **take long**. 長くはかからないでしょう. → It は漠然と「時間」を表す.

long² /lɔ́ːŋ ローンぐ/ 動 心から望む

long. 略 =**longitude**(経度)

longing /lɔ́ːŋiŋ ローンぎンぐ/ 名 憧(あこが)れ, (～したいという強い)願い

longitude /lándʒətjuːd ランヂェテュード/ 名 経度 → **long.** と略す. 関連語 **latitude**(緯度(いど))

lóng jùmp 名 (**the** をつけて)(走り)幅(はば)とび

look 小 A1 /lúk るク/ 動 (三単現 **looks** /lúks るクス/; 過去・過分 **looked** /lúkt るクト/; -ing形 **looking** /lúkiŋ るキンぐ/)

❶ (注意してよく)見る

基本 **look** at the blackboard 黒板を見る → look at+名詞.
• **look** (up) at the ceiling 天井(てんじょう)を見(上げ)る
• **look** (down) at the floor 床(ゆか)を見る[見下ろす]
• **look to** the right 右の方を見る
• **look** back 振(ふ)り返る
• **look** around 見回す
• **look** in at the window 窓から中をのぞく
• **look** out (of) the window 窓の外を見る
• The hotel **looks** toward the lake. そのホテルは(湖の方を見ている ⇨)湖に面している.
• **Look** both ways before you cross the street. 通りを横断する前に左右をよく見なさい.
→ both ways は「両方の側を」の意味の副詞句.
• **Look**! The sun is rising. ほら, 太陽が昇(のぼ)って来る. → この Look は間投詞のように使って相手の注意を促(うなが)す. → **Look here!**

関連語 I **looked** outside and **saw** Ann with her dog. 私が外を見たら, アンと彼女の犬が見えた.

類似語(見る)

look は注意してよく見ること. **see** は見ようという気持ちがなくても目に入ってくること. **watch** は look よりも長い間, 動くものや変化するものを目で追うこと, あるいは用心して見張ること.

会話
What are you **looking** at? — (I'm **looking** at) that picture on the wall. 君は何を見ているの.—壁(かべ)のあの絵(を見ているんだ).
→ 現在進行形の文(→**are** 助動 ❶). 質問文は, 意味のつながりの上では looking at what (何を見ている)であるが, what は疑問詞なので文頭に出る.
Are you being served? —No, thank you. I'm just **looking**.
(店員が)ご用を承(うけたまわ)っておりますでしょうか.—いいえ, いいんです. 見ているだけですから.

• He stood **looking** out (of) the window. 彼は窓から外を見ながら立っていた. → looking は現在分詞で「見ながら」.
• He ran and ran without **looking** back. 彼は振り返らずに走りに走った. → 前置詞 without+動名詞 looking (見ること).

❷ (外見が)～に見える, ～の顔[様子]をしている

基本 **look** happy 幸せそうに[うれしそうに]見える → look+形容詞.
• **look** real 実物[本物]のように見える
• **look** pale 青い顔をしている, 顔色が悪い
• **look** tired [surprised, worried] 疲(つか)れた[びっくりした, 心配そうな]顔をしている
• She **looks** young for her age [for sixty]. 彼女は年のわりには[60にしては]若く見える.
• They **look** just the same. それらは全く同じに見える.

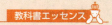

look 小 A1 /ルク/

三単現 **looks** /ルクス/
過去・過分 **looked** /ルクト/
-ing形 **looking** /ルキング/

イメージ 視線・注意を向けて見る

教科書によく出る 意味

動 ❶ (注意してよく)見る
　Look at the blackboard. 黒板を見なさい．

❶ (間投詞のように使って)ほら，見て
　Look! That's Mt. Fuji, isn't it? ほら，あれが富士山ですよね？

❷ (外見が)〜に見える
　You **look** happy. What's up? うれしそうだね，何かあったの？

教科書によく出る 連語

look for 〜　〜を探す
　What are you **looking for**? 何を探しているんですか？

look forward to (〜ing)　〜(すること)を楽しみに待つ
　I'm **looking forward to seeing** you again.
　再会することを楽しみに待っています．

look like 〜　〜のように見える
　Her house **looks like** a castle. 彼女の家はお城のように見える．

look up　上を見る，(辞書などで)調べる
　I'll **look** it **up** in my dictionary. 辞書でそれを調べてみます．

look after 〜　〜の世話をする
　I have to **look after** my little brother. 私は弟の世話をしなければならない．

look

382 three hundred and eighty-two

• The hat **looks** really good on you. その帽子(ぼうし)はあなたに本当によく似合う.

look after ～ ～の世話をする
• Who **looks after** the rabbits? ウサギの世話は誰(だれ)がするのですか.

look as if ～ まるで～のように見える
• It **looks as if** it's going to rain. まるで雨でも降り出しそうだ. →It, it はともに漠然(ばくぜん)と「天候」を表す.

look away from ～ ～から目をそらす

look down on ～ ～を見下す, ～を軽蔑(けいべつ)する

look for ～ ～をさがす; ～を期待する
• **look for** a job 職をさがす
• I **looked** everywhere **for** the key. 私はあちこちその鍵(かぎ)をさがした.
• What are you **looking for**? 君は何をさがしているのですか.

look forward to ～ 🈁 A2 首を長くして～を待つ, ～を期待する
• I am **looking forward to** seeing you. お会いするのを楽しみに待っています.
> ✅POINT 前置詞 to＋動名詞 seeing (会うこと).
> ×look forward to *see* としない.

Look here! さあいいかい, ほら, あのね →相手の注意をひいたり, 自分が言おうとすることを強調したり, 相手に抗議(こうぎ)したりする時の表現. 単に **Look!** ともいう.

look in 中をのぞく; ちょっと立ち寄る
• I'll **look in** (on you) when I'm in town tomorrow. あした町へ出た時(お宅に)ちょっと寄ります.

look *a person* **in the face** [**in the eye**] (人の)顔をまともに見る

look into ～ ～の中を見る; ～を(よく)調べる

look like ～ ～のように見える, ～に似ている; ～しそうである
• He **looks** just **like** his father. 彼は父親にそっくりだ.
• What does it **look like**? それはどんなものですか.

• It **looks like** rain. 雨になりそうだ.

look on 傍観(ぼうかん)する
• He only **looked on** and did nothing. 彼はただ見ているだけで何もしなかった.

look on [**upon**] **～** ～に面する
• My house **looks on** (to) the street. 私の家は通りに面しています.

look on [**upon**] *A* **as** *B* AをBとみなす
• We **look on** her **as** the leader. 私たちは彼女をリーダーと思っている.

look out 外を見る; 気をつける
• **Look out!** A car is coming. 気をつけて! 車が来るよ.
• **Look out** for the wet paint. 塗(ぬ)りたてのペンキに気をつけなさい.

look over ～ ～越(こ)しに見る; ～を点検する, ～に目を通す
• Will you please **look over** my composition? 私の作文に目を通してみてくださいませんか.

look up ① 上を見る; (状況(じょうきょう)などが)上向きになる, よくなる
② (辞書などで)調べる; (住所を調べて)訪問する
• **look up** the word in a dictionary 辞書でその単語を引く
• **Look** me **up** when you come this way. こちらへおいでの時はお訪ねください.

look up on ～ ～を見上げる
• **look up on** the sky 空を見上げる

look up to ～ ～を仰(あお)ぎ見る, ～を尊敬する
—— 名 (籥 **looks** /lúks ルクス/)
❶ 見ること, 一目, 一見
• My baby's sick. Will you **have** [**take**] **a look at** him, doctor? 子供が病気なんです. 先生, ちょっと診(み)ていただけませんか.
• He **took a** quick **look at** the magazine. 彼はその雑誌にさっと目を通した.

❷ 目つき, 顔つき, 様子
• a **look** of surprise 驚(おどろ)いた顔つき[様子]

チャンクでおぼえよう look	
□ 黒板を見る	**look** at the blackboard
□ 辺りを見まわす	**look** around
□ 幸せそうに見える	**look** happy
□ うさぎの世話をする	**look** after the rabbits
□ 鍵(かぎ)を探す	**look** for the key
□ 気をつけて!	**Look** out!
□ 単語を辞書で引く	**look** up the word in a dictionary

・judging from the **look** of the sky 空模様からすると

❸ **(looks** で**)** 容貌(ようぼう), 美貌(びぼう); 外観
・She has both talent and (good) **looks**. 彼女は才能と美貌の両方を持っている[才色兼備(さいしょくけんび)です].

lookout /lúkaut ルカウト/ 名 見張り, 警戒(けいかい)

loom /lúːm ルーム/ 名 (織物を織る)機(はた), 織機(しょっき)

loop /lúːp ループ/ 名 (ひも・線などで作った)輪

loose A2 /lúːs ルース/ (→✕/ルーズ/ ではない) 形
❶ 緩(ゆる)い; 縛(しば)ってない
・a **loose** knot 緩い結び目
・a **loose** coat だぶだぶの上着
・a **loose** tooth (抜(ぬ)けかけて)ぐらぐらの歯
・**loose** hair 束ねてない髪(かみ), 後(おく)れ毛
・My tooth is **loose**. 歯がぐらぐらしている.
・Don't leave the dog **loose**. 犬を放しておくな.

❷ だらしのない, ルーズな → 名詞の前にだけつける.
・lead a **loose** life だらしのない生活をする

loose-leaf /lúːs líːf ルース リーフ/ 形 (ノートが)ルーズリーフ式の

loosen /lúːsn ルースン/ 動 緩(ゆる)める; 緩む

loquat /lóukwaːt ロウクワート/ 名 《植物》ビワ(の実)

lord /lɔ́ːrd ロード/ 名
❶ 君主; 領主
❷ 《英》貴族; **(Lord** で貴族の尊称として**)** 卿(きょう), 閣下; **(the Lords** で**)** 英国の上院議員
❸ **(the** [**our**] **Lord** で**)** 主(しゅ) → 神 (God) またはキリスト (Christ) のこと.

lorry /lɔ́ːri ロリ/ 名 (複 **lorries** /lɔ́ːriz ロリズ/) 《英》トラック (《米》truck)

Los Angeles /lɔːs ǽndʒələs ロース アンヂェレス | lɔs ǽndʒəliːz ロス アンヂェリーズ/ 固名 ロサンゼルス → 米国カリフォルニア州にある全米第2の大都市. 市内に映画製作で有名なハリウッド (Hollywood) がある. L.A. と略す.

lose 中 A2 /lúːz ルーズ/
| 動 | ❶ (物・命などを)失う | 意味 map |
| | ❷ (道に)迷う; (勝負に)負ける | |

—動
三単現	**loses** /lúːziz ルーズィズ/
過去・過分	**lost** /lɔ́ːst ロースト/
-ing形	**losing** /lúːziŋ ルーズィング/

❶ (物・命などを) 失う, なくす
[基本] **lose** the key 鍵(かぎ)を無くす → lose + 名詞.
・**lose** one's life 命を失う(死ぬ)
・**lose** one's eyesight 視力を失う
・**lose** weight 体重が減る
・**lose** one's head 自制心を失う, 慌(あわ)てる, かっとなる.
・**lose** heart 元気をなくす, がっかりする
・He **loses** his temper easily. 彼はすぐかっとなる.
・He never **lost** hope. 彼は決して希望を失わなかった.
・She **lost** her only son in a traffic accident. 彼女は一人息子(むすこ)を交通事故で亡(な)くした.

関連語 I can't **find** my key—I think I **lost** it on the bus. 鍵が見つからない—バスの中でなくしたみたいだ.

・I **have lost** my watch. 私は時計をなくしてしまった. → 現在完了(かんりょう)の文. → **have** [助動] ❶
・Many lives **were lost** in the accident. 多くの人命がその事故で失われた. → 受け身の文. → **were** [助動] ❷

❷ (道などを)見失う, (道に)迷う
・We **lost** our way in the wood. 私たちは森の中で道に迷った.

❸ (勝負に)負ける
・**lose** a game 試合に負ける

Did you win? —No, we **lost**! We **lost** the game [**lost** to the Tokyo Kickers] 5—0 (読み方: five (to) zero). 勝ったかい. —いや, 負けちゃった. 5対0で試合に[東京キッカーズに]負けたよ.

loser 384 three hundred and eighty-four

❹ 損する, 無駄(むだ)にする
●**lose** hours in waiting 待って何時間も無駄にする
●There is no time to **lose**. 失うべき時間がない[ぐずぐずしていられない] →不定詞 to lose (失う〜)は time を修飾(しゅうしょく)する. **→to** ❾ の ②

❺ (時計が)遅(おく)れる; 見[聞き]落とす
反対語 Does your watch **gain** or **lose**? 君の時計は進みますか, 遅れますか.
●My watch **loses** a few seconds a day. 私の時計は1日に数秒遅れる.

lose sight of 〜 〜が見えなくなる, 〜を見失う

loser /lú:zər ルーザ/ 名 損をする[した]人; 敗者, 失敗者

loss /lɔ́:s ロース/ 名 失うこと, 損失, 損害, 敗北
●the **loss** of a child 子供を失うこと
●His death was a great **loss to** our team. 彼の死はわがチームにとって大損失であった.

at a loss 途方(とほう)に暮れて, 困って
●I am **at a loss** (as to) what to do. どうしてよいか私は途方に暮れている.
●We were **at a loss** for an answer. 私たちは答えに困った.

lost 中 A2 /lɔ́:st ロースト|lɔ́st ロスト/ 動 lose の過去形・過去分詞
── 形 ❶ 道に迷った; なくなった
●the **lost** watch なくした時計
●a **lost** child 迷子
●I **got lost** on the way to his home. 私は彼の家へ行く途中(とちゅう)で道に迷った. **→get** ❻
●The ship was **lost** at sea. その船は海上で行方(ゆくえ)不明になった[遭難(そうなん)した].

❷ 負けた

lóst-and-fóund òffice 名 《米》遺失物取扱所((英) lost-property office)

lot¹

小 A1 /lát ラト|lɔ́t ロト/ 名

❶ (**a lot of 〜** または **lots of 〜** で) 《話》たくさんの〜
●**a lot of** people たくさんの人々
●**a lot of** snow [work] たくさんの雪[仕事]
●He knows **a lot of** English songs. 彼はたくさんの英語の歌を知っています. →「たくさんの数の」の時は否定文・疑問文では a lot of, lots

of の代わりに **many** を使う.
●She ate **lots of** candy and got sick. 彼女はキャンディーをたくさん食べて具合が悪くなった. →「たくさんの量の」の時は否定文・疑問文では a lot of, lots of の代わりに **much** を使う.
●We have **a lot of** rain in June. 6月には雨が多い.
●It was **lots of** fun. それはとてもおもしろかった.

❷ 《話》(**a lot** で) たくさん; とても →名詞ではあるが副詞の意味でも使う.
●There's **a lot** to see in Kyoto. 京都には見るものがたくさんある. **→to** ❾ の ②
●Thanks **a lot**. (= Thank you very much). どうもありがとう.
●It rains **a lot** in spring. 春にはたくさん雨が降る.
●You'll get there **a lot** faster if you go by subway. 地下鉄で行けばずっと速くそこに着けます.

❸ (商品などの)ひと山
●ten dollars a **lot** ひと山10ドル →a lot は「ひと山につき」. **→a** ❸

lot² /lát ラト|lɔ́t ロト/ 名
❶ くじ(引き); 運(命)
●**draw lots** くじを引く
●He was chosen by **lot**. くじで彼が選ばれた.

❷ (1区画の)地面, 土地
●a parking **lot** 駐車(ちゅうしゃ)区域
●an empty **lot** 空き地

lottery /látəri ラタリ/ 名 (複 **lotteries** /látəriz ラタリズ/) 宝くじ, 福引き

lotus /lóutəs ロウタス/ 名 《植物》ハス

loud 中 /láud ラウド/ 形
(声・音が)大きい; そうぞうしい
●in a **loud** voice 大きな声で
●I can't hear you—the music is too **loud**. あなたのおっしゃることが聞こえません. —音楽の音が大き過ぎるものですから.

── 副 大声で
●laugh **loud** 大声で笑う
●Could you speak a little **louder**? もう少し大きな声で話していただけませんか.

loudly A2 /láudli ラウドリ/ 副 声高に, そうぞうしく

loudspeaker /laudspí:kər ラウドスピーカ/

three hundred and eighty-five　　　　385　　　　**lovely**

拡声器, (ラウド)スピーカー →単に **speaker** ともいう.

Louisiana /luːiziǽnə ルーイズィアナ/ [固名] ルイジアナ →メキシコ湾(わん)に臨(のぞ)む米国南部の州. **La.**, (郵便で) **LA** と略す.

lounge /láundʒ ラウンヂ/ [名] ❶(ホテル・劇場・船などの)**休憩**(きゅうけい)**室, 娯楽**(ごらく)**社交室**
❷《英》居間 (sitting room)

Louvre /lúːvr ルーヴル/ [固名] **(the Louvre で) ルーブル美術館** →パリにある有名な美術館, もとは王宮.

love 小 A1 /lÁv ラヴ/ [動] 三単現 **loves** /lÁvz ラヴズ/; 過去・過分 **loved** /lÁvd ラヴド/; -ing形 **loving** /lÁviŋ ラヴィング/)

❶ **愛する, 恋**(こい)**している**
☆基本 I **love** you. 私はあなたを愛している. → love＋名詞.「愛している」をふつうは ×I *am loving* you. と進行形にしない.
・Jack **loves** Susie and they are going to get married. ジャックはスージーを愛していて2人は結婚(けっこん)する予定です.
・Andersen **loved** his hometown. アンデルセンは自分の生まれた町を愛した.
・Mary **is** deeply **loved** by her parents. メアリーは両親にとても愛されている. →受け身の文. → **is** [助動] ❷
・**Loving** each other is forgiving each other. 互(たが)いに愛し合うということは互いに許し合うことである. → Loving は動名詞(愛すること)で文の主語.

❷ **～が大好きである**
・**love** music 音楽がとても好きだ
・**love** playing [to play] the guitar ギターを弾(ひ)くのが大好きだ → love＋動名詞(playing), love＋不定詞 (to play). → **to** ❾ の①
・She **loves** vanilla ice cream. 彼女はバニラアイスクリームが大好きです.

I would [*should*] *love* [《話》*I'd love*] *to do.* ~したい →女性が多く使う言い方. 男性は love の代わりに like を使うことが多い.
・**I'd love to** go to Kyoto. 私は京都に行ってみたいわ.

How about going to an open-air concert next Sunday?—Wonderful! **I'd love to**.
こんどの日曜日野外コンサートに行きませんか.—すてき! ぜひ行きたいわ.

── [名] (複 **loves** /lÁvz ラヴズ/)

❶ **愛, 愛情; 恋愛**(れんあい)
・a mother's **love for** her children 子供に対する母の愛, 母が子供を愛すること
・the **love** of Romeo and Juliet ロミオとジュリエットの恋
・my first **love** 私の初恋
・He **is in love with** Jane. 彼はジェーンに恋している.
・He **fell in love with** Susan. 彼はスーザンに恋をした.

❷ **(～を)愛すること[気持ち], 愛好**
・**a love of** [**for**] money 金銭欲
・She has a great **love of** [**for**] music. 彼女は音楽が大好きです.

❸ **愛する者** (darling), **(男性から見た女性の)恋人** →「女性からみた男性の恋人」は **lover**.
・Come here, my **love**. ねえ, ここへおいでよ. →恋人・夫婦(ふうふ)間や親が子供に向かっての呼びかけ.

❹《テニス》**0, 零点**(れいてん)
・The score is now 40-**love**. 得点は今40対0だ.

Give [*Send*] *my love to ～.* ~によろしくお伝えください
・Please **give my love to** your family. ご家族の皆(みな)さまによろしくお伝えください.

Love [*All my love, Lots of love*], *~.* ~より →近親者・女性同士の間で使われる手紙の結び.
・**Love**, Mary Brown. メアリー・ブラウンより

With (*my*) *love.* さようなら →親しい人に送る手紙の結びの言葉.

lovely A1 /lÁvli ラヴリ/ [形] (比較級 **lovelier** /lÁvliər ラヴリア/; 最上級 **loveliest** /lÁvliist ラヴリエスト/) ❶ **愛らしい, 美しい**
・a **lovely** flower garden 美しい花園(はなぞの)
・She looks **lovely** in that dress. その服を着ると彼女はかわいらしく見える.

❷《話》**すばらしい; とても楽しい[愉快**(ゆかい)**な]**
・have a **lovely** time とても楽しい時を過ごす
・What a **lovely** morning! なんてすばらし

lover A2 /lÁvər ラヴァ/ 名
❶ (〜を)愛する人, 愛好者[家]
・a **lover** of music = a music **lover** 音楽愛好者
❷ (女性から見た男性の)恋人(こいびと); (**lovers** で)恋人同士
・Romeo was Juliet's **lover**. ロミオはジュリエットの恋人であった.

loving /lÁviŋ ラヴィング/ 動 love の -ing 形 (現在分詞・動名詞)
── 形 (人を)愛している; 愛情深い
・Your **loving** son, Bob. (あなたを)愛する息子(むすこ)ボブより. → 手紙の結びの句.

low 中 A2 /lóu ロウ/ 形 低い 反対語 **high** (高い)

high

low

・at a **low** price [speed] 低価格[低スピード]で
・Speak in a **low** voice in the library. 図書館の中では小声で話しなさい.
・This chair is too **low** for the table. この椅子(いす)はテーブルに対して低過ぎる.
・The temperature will be **low** tomorrow. 明日は気温が低いでしょう.
・The moon is **low** in the sky. 月が空に低くかかっている.
・He had **the lowest** batting average on the team. 彼はチームで打率が一番低かった.
── 副 低く 反対語 **high** (高く)
・Speak **low**. 小声で話しなさい.
・An airplane flies **low** as it comes near the airport. 飛行機は空港の近くに来ると低く飛ぶ.

lower /lóuər ロウア/ 動 低くする, 降ろす, 下げる; 低くなる, 降りる, 下がる
── 形 もっと低い; 下のほうの → low の比較(ひかく)級.

Lówer Hóuse 名 (**the** をつけて) (二院制議会の)下院 → 日本の衆議院 (the House of Representatives /ざ ハウス オヴ レプリゼンタティヴズ/)

もこう呼ばれることがある. 関連語 **the Upper House** (上院)

loyal /lɔ́iəl ロイアる/ 形 忠誠な; 誠実な, 忠実な (faithful)

loyalty /lɔ́iəlti ロイアるティ/ 名 (複 **loyalties** /lɔ́iəltiz ロイアるティズ/) 忠誠; 誠実, 忠実

Ltd. 略 = limited ((会社名で)有限責任の) → 社名の後につける. 「有限会社」とは有限責任のある社員だけで組織されている会社で, 多くは中小企業(きぎょう).

luck 小 A1 /lÁk らク/ 名
運, 幸運
・good [bad, ill] **luck** 幸運[不運]
・by (good) **luck** 運よく, 幸運にも
・You are **in** [**out of**] **luck**. 君は運がよい[ついていない].
・**Good luck** (**to you**)! ご機嫌(きげん)よう; 頑張(がんば)れよ; 幸運を祈(いの)る. → 別れ・乾杯(かんぱい)などの挨拶(あいさつ).

Good luck!

・**Good luck with** your exams today. きょうの君の試験がうまくいきますように.
・**Bad** [**Hard, Tough**] **luck**! ついてなくて残念でしたね.
・**Best of luck** (**to you**). あなたがうまく行きますように; あなたの幸運を祈ります.

luckily A2 /lÁkili らキリ/ 副 運よく, 幸運にも

lucky 小 A1 /lÁki らキ/ 形
(比較級 **luckier** /lÁkiər らキア/; 最上級 **luckiest** /lÁkiist らキエスト/)
運のよい, 幸運な; 幸運をもたらす
・a **lucky** break 成功のきっかけ
・a **lucky** number 幸運をもたらす[縁起(えんぎ)のいい]数字
・**Lucky** you. あなたは運がいい[君はついてるよ].
・How **lucky** I am! 私はなんて運がいいんだろう.

luggage /lÁgidʒ らゲヂ/ 名 《主に英》手荷物

three hundred and eighty-seven　387　**lyric**

→旅行の時のカバン・トランク・スーツケースなど
を集合的にいう. →**baggage**

lull /lʌ́l らる/ 動 (赤ん坊(ぼう)などを)**あやす, なだ
める, 寝(ね)かしつける**
—— 名 (嵐(あらし)・騒音(そうおん)・活動などの)**一時的な
休止, 一時的な静けさ**; (病気・苦痛などの)**小康(しょう
こう)状態**

lullaby /lʌ́ləbai ららバイ/ 名 (複 **lullabies**
/lʌ́ləbaiz ららバイズ/) **子守(こもり)歌**

lumber /lʌ́mbər らンバ/ 名 《米》**材木, 木材**
→**timber**

lump /lʌ́mp らンプ/ 名 ❶ **かたまり; 角砂糖**
❷ **こぶ, 腫(は)れ物**

lunar /lúːnər るーナ/ 形 **月の**
関連語 **solar** (太陽の)

lunch 小 A1 /lʌ́ntʃ らンチ/ 名
(複 **lunches** /lʌ́ntʃiz らンチェズ/)
昼食; (お昼の)弁当
•have [eat] **lunch** 昼食を食べる →×a [the]
lunch としない.
•**lunch** hour 昼食時間, 昼休み
•a **lunch** box 弁当箱 →**lunchbox**
•school **lunch** 学校給食
•Let's have **lunch**. 昼食を食べましょう.
•They are **at lunch** now. 彼らは今昼の食
事中です.
•He is out **for lunch**. 彼は昼食のために外出
しています.

•Do you take your **lunch** with you? 君
は弁当を持って行きますか.
•What will you have for **lunch** today?
きょうはお昼に何を食べますか.

lunchbox /lʌ́ntʃbɑks らンチバクス/ 名 **弁当箱**
→**lunch box** と2語にもつづる. ふつう金属あ
るいはプラスチック製で持ち手がついているもの
をいう.

luncheon /lʌ́ntʃən らンチョン/ 名 **昼食**
(lunch); (特に客を招待する正式の)**昼食会**

lunchtime A2 /lʌ́ntʃtaim らンチタイム/ 名
昼食時間, 昼休み (lunch hour)

lung /lʌ́ŋ らング/ 名 **肺** →肺は左右にあるからふ
つう複数形 **lungs** /らングズ/ で使う.

luster /lʌ́stər らスタ/ 名 **光沢(こうたく), つや**

lustre /lʌ́stər らスタ/ 名 《英》=luster

Luther /lúːθər るーさ/ 固名 (**Martin Lu-
ther**) **マルティン・ルター** →ドイツの宗教改革者
(1483-1546). キリスト教プロテスタントの創
始者.

luxury /lʌ́kʃəri らクシャリ/ 名 (複 **luxuries**
/lʌ́kʃəriz らクシャリズ/) ❶ **ぜいたく** ❷ **ぜいたく
品**

lying¹ /láiiŋ らイイング/ 動 **lie¹** (うそをつく) の
-ing 形 (現在分詞・動名詞)

lying² /láiiŋ らイイング/ 動 **lie²** (横たわる) の
-ing 形 (現在分詞・動名詞)

lyric A2 /lírik リリク/ 名 ❶ (ふつう **lyrics** で)
(歌の)**歌詞** ❷ **叙情詩**

M m

M, m¹ /ém エム/ 名 (徴 **M's, m's** /émz エムズ/) ❶ エム →英語アルファベットの13番目の文字.
❷ (M で) (ローマ数字の) 1000

m., m² 略 ❶ =**meter(s)** (メートル)
❷ =**mile(s)** (マイル) ❸ =**minute(s)** (分)

'm A1 略 (話) **am** の短縮形
• **I'm** a student. 私は生徒です.

MA 略 =**Massachusetts**

ma /mɑ́: マー/ 名 (小児(しょうに)語) お母ちゃん, ママ

ma'am /弱 məm マム, 強 mǽm マム/ 名 (米話) 奥(おく)さま, お嬢(じょう)さま, 先生 →madam の略. 女性に対する丁寧(ていねい)な呼びかけで, たとえば店員が女性客に, 生徒が女の先生に, 使用人が女主人に対して使う. 男性には **sir**.

macaroni /mækəróuni マカロウニ/ 名 マカロニ

Macbeth /məkbéθ マクベす/ 固名 マクベス →シェークスピア (Shakespeare) の書いた四大悲劇の1つ. またその主人公の名.

machine A1 /məʃíːn マシーン/ 名 機械
• a sewing **machine** ミシン
• a washing **machine** 洗濯(せんたく)機

machíne gùn 名 機関銃(じゅう)

machinery /məʃíːnəri マシーナリ/ 名 (集合的に) 機械類 (machines)

mackerel /mǽkərəl マカれる/ 名 (徴 **mackerel, mackerels** /mǽkərəlz マカレるズ/) (魚) サバ

mad A2 /mǽd マド/ 形 ❶ (話) 怒(いか)り狂って, 腹を立てて (very angry) →名詞の前にはつけない.
• She is **mad**. 彼女は怒っている.
• What are you so **mad about**? あなた何をそんなに怒(おこ)っているの. →意味のつながりの上では about what (何について) であるが, what は疑問詞なので文頭に出る.
• He went **mad at** me **for** calling him "a liar." 僕(ぼく)に「うそつき」と言われてあいつはすごく頭にきた. →go mad は「気が狂う, 怒り狂う.」→go ❺

❷ 気の狂(くる)った, 狂気(きょうき)の (crazy)
• You are **mad** to go out in the snow without a coat. この雪の中をコートも着ないで出て行くなんて, 君はどうかしている.
❸ (話) 熱狂(ねっきょう)して, 夢中になって (crazy) →名詞の前にはつけない.
• He is **mad about** (play**ing**) tennis. 彼はテニスに夢中になって[はまって]いる.

like mad (話) (狂ったように ⇨) 猛烈(もうれつ)に, 猛スピードで

Madagascar /mædəgǽskər マダギャスカ/ 固名 マダガスカル →アフリカ南東岸にある島国 (共和国). 公用語はマダガスカル語, フランス語, 英語. 首都はアンタナナリボ.

madam /mǽdəm マダム/ 名 奥(おく)さま, お嬢(じょう)さま →(特に面識のない)女性に対する丁寧(ていねい)な呼びかけの言葉で, 店員が女性客に対して使うことが多い. 男性には **sir**.

madame /mǽdəm マダム/ 名 (フランス語) 奥(おく)さま, 夫人 →英語の Mrs. にあたる.

made 中 /méid メイド/ 動 **make** の過去形・過去分詞
── 形 (〜-**made** で) 〜で作られた
• a Swiss-**made** watch スイス製の時計

madness /mǽdnis マドネス/ 名 狂気(きょうき), 熱狂(ねっきょう)

Madrid /mədríd マドリド/ 固名 マドリッド →スペイン (Spain) の首都.

magazine 中 A1 /mǽgəzíːn マガズィーン/ (→アクセントの位置に注意) 名 雑誌
• a weekly [monthly] **magazine** 週[月]刊誌

Magellan /mədʒélən マチェらン/ 固名 (**Ferdinand** /ふァーディナンド/ **Magellan**) マゼラン, (ポルトガル名)マガリャンイス →ポルトガルの航海者 (1480? –1521). 初めて世界一周航海を成し遂(と)げ, マゼラン海峡(かいきょう)・フィリピン諸島に到達. the Pacific Ocean (太平洋)は彼の命名による.

magic A2 /mǽdʒik マヂク/ 名 魔術(まじゅつ), 魔

法(ほう); 奇術(きじゅつ), 手品

•use **magic** 魔法[手品]を使う ➙×a magic, ×magics としない.

—— 形 ❶ 魔術の; 奇術の ➙ 名詞の前にだけつける.

•a **magic** carpet 魔法のじゅうたん

❷《話》心をわくわくさせる, すばらしい

magical /mǽdʒikəl マヂカる/ 形 魔法(まほう)の(ような), 不思議な

magician /mədʒíʃən マヂシャン/ 名

❶ 魔法(まほう)使い ❷ 奇術(きじゅつ)師, 手品師

màgic tr* ́ck 名 手品, 奇術 ➙ 単に **magic** や **trick** ともいう.

magnet /mǽgnit マグネト/ 名 磁石

magnetic /mægnétik マグネティク/ 形 磁石の; 磁気を帯びた

magnificent /mægnífəsnt マグニふィスント/ 形 (建物・景色などが)壮大(そうだい)な, 豪壮(ごうそう)な, 雄大(ゆうだい)な;《話》すばらしい

magnify /mǽgnəfai マグニふァイ/ 動 (三単現 **magnifies** /mǽgnəfaiz マグニふァイズ/; 過去・過分 **magnified** /mǽgnəfaid マグニふァイド/; -ing形 **magnifying** /mǽgnəfaiiŋ マグニふァイング/) (レンズなどで)拡大する; 誇張(こちょう)する

magnifying glass /mǽgnəfaiiŋ glǽs マグニふァイング グらス/ 名 虫眼鏡, 拡大鏡, ルーペ

maid /méid メイド/ 名 お手伝い, メイド

maiden /méidn メイドン/ ➙ 名詞の前にだけつける. ❶ 未婚(みこん)の, 処女の ❷ 初めての ➙ **virgin**

mail 中 A1 /méil メイる/ 名

《主に米》郵便; 郵便物(全体)(《英》post) ➙ 手紙・はがき・小包などを総称していう.

•direct **mail** ダイレクトメール

•receive [get, have] a lot of **mail** たくさんの手紙を受け取る ➙×mails としない.

•Is there any **mail** for me this morning? 今朝は私に何か郵便が来ていませんか.

関連語 Are there any **letters** for me in today's **mail**? きょうの郵便物の中に私宛(あて)の手紙がありませんか.

by mail《米》郵便で(《英》by post)

—— 動 (郵便物を)出す, 郵送する(《英》post)

•**mail** a letter [a package] to Ben ベンに手紙[小包]を出す

•Please **mail** this letter for me at once.

この手紙をすぐ出してください.

mailbox /méilbɑks メイルバクス/ 名

❶《米》郵便ポスト(《英》postbox, letterbox) ❷《米》郵便受け(《英》post, letterbox)

máil càrrier 名 郵便集配人

mailman /méilmæn メイるマン/ 名 (複 **mailmen** /méilmen メイるメン/)《米》郵便集配人(《英》postman) ➙ 性差別を避(さ)けて **mail carrier** ともいう.

máil òrder 名 通信販売(はんばい)

main 中 /méin メイン/ 形 主な, 主要な ➙ 名詞の前にだけつける.

•the **main** street 大通り

•a **main** event メインイベント, 主要試合

—— 名 (ふつう **mains** で)(水道・ガスの)本管

Maine /méin メイン/ 固有名 メイン ➙ 大西洋に面し, カナダと国境を接する米国北東端(たん)の州. **Me.**, (郵便で) **ME** と略す.

mainland /méinlænd メインらンド/ 名 (付近の島・半島から区別した)本土

mainly A2 /méinli メインり/ 副 主に

maintain /meintéin メインテイン/ 動

❶ 持続する, 維持(いじ)する

•**maintain** world peace 世界平和を維持する

❷ (車・道路・家などに手を入れて)よい状態にしておく, 保全する; (家族などを)養う

•He **maintains** his car well. 彼は自分の車をよく整備している.

❸ 主張する

maintenance /méintənəns メインテナンス/ 名 保つ[維持(いじ)する]こと; 保全

maize /méiz メイズ/ 名《英》トウモロコシ(《米》corn) ➙ **corn**

majestic /mədʒéstik マヂェスティク/ 形 威厳(いげん)のある, 堂々とした, 雄大(ゆうだい)な

majesty /mǽdʒəsti マヂェスティ/ 名 (複 **majesties** /mǽdʒəstiz マヂェスティズ/)

❶ 威厳(いげん), 堂々とした姿, 雄大(ゆうだい)さ

❷ (**Majesty** で)陛下 ➙ 元首に対する敬称.

major A2 /méidʒər メイヂャ/ 形

❶ (他と比べて)大きな, (より)重要な, 一流の

•a **major** poet 一流詩人

•a **major** part of 〜 〜の大半[大部分]

❷《音楽》長調の ➙ **minor** 形 ❷

—— 名 ❶《米》(大学の)専攻(せんこう)(科目); 専攻生

•History is my **major**. 私の専攻は歴史です.

majority

❷《音楽》長調, 長音階 →**minor** 图 **❷**

❸ 陸軍少佐(しょうさ); 《米》空軍少佐

—— 動 《米》(**major in ～** で) (大学で)~を専攻する

majority /mədʒɔ́:rəti マヂョーリティ/ 图 (儚
majorities /mədʒɔ́:rətiz マヂョーリティズ/)

過半数, 大多数, 大部分 反対語 **minority** (少数)

májor léague 图 メジャーリーグ, 大リーグ
→米国プロ野球連盟の **American League**, あるいは **National League** を指す. 大リーグ全体は the Major Leagues. →**leaguer**

májor léaguer 图 メジャーリーグの選手, 大リーガー

make 小 A1 /méik メイク/

動 ❶ 作る
❷ (必然的に)~になる
❸ ~を~にする
❹ (主語の意思で)~に~させる

意味 map

—— 動

三単現	**makes** /méiks メイクス/
過去・過分	**made** /méid メイド/
-ing形	**making** /méikiŋ メイキング/

❶ **作る**, こしらえる →目的語によって訳語を適当に変えること.

基本 **make** a box 箱を作る →make+名詞.

• **make** a dress 洋服を作る

• **make** a plan 計画を立てる

• My mother **makes** good jam. 私の母はおいしいジャムを作る.

• The birds **made** their nest in the tree. 鳥たちは木に巣を造った.

基本 Mother **made** me a fine dress. = Mother **made** a fine dress for me. 母は私にすてきなドレスを作ってくれた. →make A B =make B for A は「AのためにBを作る」.

• I have never **made** a dress myself. 私は自分で洋服を作ったことがありません. →現在完了(かんりょう)の文. →**have** [助動] ❷

• This camera **was made** in Germany. このカメラはドイツで作られた. →受け身の文. →**was** [助動] ❷

• The wine **made** here is very famous. ここで造られた[当地産の]ワインはとても有名です. →made は過去分詞(造られた)で wine を修飾(しゅうしょく)する.

会話 Who's **making** all that noise? —Bob is. He **is making** a doghouse. あ

のそうぞうしい音は誰(だれ)が立てているの?—ボブです. 彼は犬小屋を作っています. →現在進行形の文. →**is** [助動] ❶

❷ (必然的に)**~になる**, ~を構成する

• Two and two **make(s)** four. 2と2で4になる[2+2=4].

• Books will **make** a nice present. 本はすてきな贈(おく)り物になるでしょう.

❸ **~を~にする**

基本 **make** him happy 彼を幸福にする →make A B (形容詞)は「AをBにする」.

• What **made** her angry like that? (何が彼女をそんなに怒(おこ)らせたのか ⇨)なぜ彼女はそんなに怒ったのか. →like that は「そのように」.

基本 **make** him king 彼を王様にする →make A B (名詞)は「AをBにする」. B が役職名だと ×a や ×the がつかないことが多い.

• We **made** Bob captain of the team. 私たちはボブをチームのキャプテンにした.

• He **was made** captain of the team. 彼はチームのキャプテンにされた. →受け身.

基本 **make** it known それを知られるようにする, それを知らせる →make A B (過去分詞)は「A が B されるようにする」.

• I can **make** myself understood in English. (私は英語で自分の言うことを理解されるようにすることができる ⇨)私は英語で自分の言うことを伝えることができる.

❹ (主語の意思で)**~に~させる**

基本 **make** him go 彼を行かせる →make A+動詞の原形. ×make him to go としない. let him go は「(彼の望みどおりに)彼を行かせる」の意味.

• I don't like milk, but Mother **made** me drink it. 僕(ぼく)は牛乳が好きじゃないのに母は僕にそれを飲ませた.

• I **was made to drink** milk. 僕は牛乳を飲まされた. →受け身の文.

POINT 受け身形では to drink のように to がつくことに注意.

• What **makes** you cry like that? (何が君をそんなに泣かせるのか ⇨)なぜ君はそんなに泣くのか.

❺ **作り出す**, 生み出す →次に来る名詞(目的語)によって訳語を変えること.

• **make** a fire 火をたく

• **make** money お金をもうける

• **make** a sound 音を立てる

make 小 A1 /メイク/

三単現 **makes** /メイクス/
過去・過分 **made** /メイド/
-ing形 **making** /メイキング/

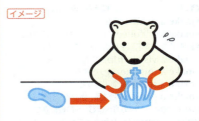

手を加えて作り出す

教科書によく出る意味

動 ❶ 作る
　Do you know how to **make** sushi? すしのつくり方を知っていますか?

❸ (人・物)を〜にする
　This song always **makes** me happy.
　この歌を聞くと私はいつも幸せな気持ちになる.

❺ 作り出す
　Don't be afraid of **making** mistakes. 間違えることをおそれるな.

❼ 〜する
　She **made** a wonderful speech. 彼女はすばらしいスピーチをした.

教科書によく出る連語

make *A* (**out**) **of** *B*　BでAを作る(材料をあらわす)
　Japanese houses are **made of** wood. 日本式の家は木でできている.

make *A* **from** *B*　BからAを作る(原料をあらわす)
　Tofu is **made from** soybeans. とうふは大豆から作られる.

make *A* **into** *B*　Aを(加工して)Bにする, AでBを作る
　Soybeans are **made into** tofu. 大豆は加工されてとうふになる.

make up *one's* **mind** (**to** 〜)　〜(する)決心をする
　I **made up my mind to** study abroad. 私は海外留学する決心をした.

maker

392   three hundred and ninety-two

- **make** friends 友達になる. **→friend** 成句
- **make** good grades よい成績を取る
- ❻ (使えるような状態に)整える, 用意する
- **make** a meal 食事を作る
- **make** tea [coffee] お茶[コーヒー]をいれる
- ❼ 《動作を表す名詞を目的語として》〜する
- **make** a visit [a trip] 訪問[旅行]する
- **make** a mistake 誤りをする
- **make** a speech 演説をする
- **make** a guess 推測する, 当てる

make for 〜 〜の方へ進む; 〜の役に立つ

make A from B BからAを作る **→** ふつう材料 B が変化してもとの原料がすぐわからない場合. **→make A** (**out**) **of B**
- **make** butter **from** milk 牛乳でバターを作る
- Butter **is made from** milk. バターは牛乳で作られる. **→**受け身の文.

make A into B Aを(加工して)Bにする, AでBを作る
- We **make** wood **into** paper. 私たちは木を紙にする[木材で紙を作る].
- Wood **is made into** paper. 木材は紙に加工される. **→**受け身の文.

make it うまくいく, 成功する
- I **made it!** やった!

make out ① (書類などを)作成する
② 理解する, 〜がわかる
- I can't **make** him **out**. 私には彼(の言うこと)がわからない.
- Look! You can just **make out** the castle through the mist. 見てごらん. 霧(きり)の中にかすかにその城が見えるでしょう.

make A (**out**) ***of B*** BでAを作る **→** 材料が変化せず, 見た目にもとの材料がすぐわかる場合. **→make A from B**
- We **make** a desk **of** wood. 私たちは木で机を作る.
- A desk **is made of** wood. 机は木で作られる. **→**受け身の文.
- She **made** a crane **out of** paper. 彼女は

紙でツルを作った[折った].

make over 作り直す

make up ① 作り上げる
- **make up** a story 話をでっち上げる
- A watch **is made up** of a lot of parts. 時計はたくさんの部品からできている. **→**受け身の文.
② 化粧(けしょう)する, メーク(アップ)をする
③ 埋(う)め合わせをする; 仲直りする

make up for 〜 (不足など)を埋め合わせる
- **make up for** lost time 失った時間を取り戻(もど)す

—— 名 (働 **makes** /méiks メイクス/) 型; 〜製
- a car of Japanese **make** = a Japanese **make** of car 日本製の車

🔊会話 What **make of** car is that? —I'm not sure, but I think it's a Japanese **make**. あの車はどこ製ですか. —よくわかりませんが日本製だと思います.

maker A2 /méikər メイカ/ 名 製作者; 製造会社 (manufacturer)

makeup A2 /méikʌp メイカプ/ 名 ❶ 組立て, 構造; 性質 ❷ (俳優の)メーキャップ, 化粧(けしょう)

Malawi /məlάːwi マラーウィ/ 固名 マラウイ
→ アフリカ南東部の国. 首都はリロングウェ.

Malay /məléi マレイ/ 固名 ❶ (マレー諸島に住む)マレー人 ❷ マレー語
—— 形 マレーの; マレー人[語]の

Malaysia /məléiʒə マレイジャ/ 固名
❶ マレーシア **→** 東南アジアの立憲君主国. マレー半島南部とボルネオ島北部から成る. 首都はクアラルンプール (Kuala Lumpur). 公用語・国語はマレー語. ❷ マレー諸島

Malaysian /məléiʒən マレイジャン/ 形 マレーシア(人)の, マレー諸島の
—— 名 マレーシア人, マレー諸島の住民

Maldives /mɔ́ːldiːvz モールディーヴズ/ 固名
モルディブ **→** インド洋上, インドの南西方向にある約2,000の島々からなる共和国. 首都はマレ.

male A2 /méil メイル/ 名形 男性(の), 雄(おす)(の) 反対語 **female** (女性(の), 雌(めす)(の))

チャンクでおぼえよう make	
□ 友達をつくる	**make** friends
□ 間違える	**make** a mistake
□ 彼女にドレスを作る	**make** her a dress
□ 彼を幸せにする	**make** him happy
□ 彼を行かせる	**make** him go
□ 牛乳からできている	be **made** from milk

Mali /mάːli マーリ/ 固名 **マリ** →アフリカ北西部の共和国. フランス語(公用語)のほかバンバラ語などを使用. 首都はバマコ.

mall A2 /mɔ́ːl モール/ 名 (屋内または屋外につくられた)商店街 →**shopping mall** ともいう.

malt /mɔ́ːlt モールト/ 名
❶ 麦芽(ばくが), 麦もやし →大麦を水に浸(ひた)し発芽させたもので, ビールやウイスキーなどをつくるのに用いる.
❷ 麦芽酒 →ビール, ウイスキーなど.

mama /mάːmə マーマ|məmάː ママー/ 名 《小児(しょうに)語》ママ, お母ちゃん →**papa**

mamma /mάːmə マーマ|məmάː ママー/ 名 =mama

mammal /mǽməl マムる/ 名 哺乳(ほにゅう)動物

mammoth /mǽməθ マモす/ 名 マンモス
── 形 巨大(きょだい)な

mammy /mǽmi マミ/ 名 (複 **mammies** /mǽmiz マミズ/) =ma(m)ma

man 小 A1 /mǽn マン/ 名
(複 **men** /mén メン/)
❶ (大人の)男性, 男の人, 男; 大人(の男性)
• a tall **man** 背の高い男
• a young [an old] **man** 若い[年老いた]男性, 若者[老人]
• When you are a **man** like Daddy, what do you want to be, Bob? ボブ, お父さんみたいに大人になったら何になりたい?
関連語 Are **men** stronger than **women**? 男性は女性より強いだろうか.
❷ (神・獣(けもの)に対して)人間, 人類 →単数形で使い, ×*the*, ×*a* をつけない.
• the history of **man** 人間の歴史
❸ (個々の一般(いっぱん)の)人, 人間 (*person*) →性別に関係なく使う. この意味では people (人々) を使うほうがよい.
• Any **man** can do it. どんな人にもそれはできる.
• All **men** are created equal. すべての人は平等に造られている. →受け身の文.
❹ (男性の)部下, 家来; 兵士, 労働者

manage A2 /mǽnidʒ マネヂ/ 動
❶ (事業・店などを)経営する; (団体などを)管理監督(かんとく)する; (人・動物を)操(あやつ)る, うまくあしらう
• **manage** a hotel ホテルを経営する
• **manage** a football team フットボールチームの監督をする
❷ どうにかやっていく; (**manage to** *do* で)(やっかいなことを)何とかうまく〜する
• **manage to** be in time 何とか時間に間に合う

management /mǽnidʒmənt マネヂメント/ 名 経営; 取り扱(あつか)い(方)

manager A2 /mǽnidʒər マネヂャ/ 名 (〜を)管理する人; (会社の)経営者, (ホテルなどの)支配人, (野球などの)監督(かんとく)
• a store **manager** 店長

mandolin /mǽndəlin マンドリン/ 名 《楽器》マンドリン →セルロイド製の爪(つめ)ではじいて演奏する弦(げん)楽器.

mane /méin メイン/ 名 (馬・ライオンなどの)たてがみ

manga 小 /mάːŋgə マンガ/ 名 漫画(まんが), コミック →日本語からの外来語として定着している. 類似語 英米などのものは **cartoon**, **comics** ということが多い.

manger /méindʒər メインヂャ/ 名 飼い葉おけ
a dog in the manger 飼い葉おけの中の犬 →犬が自分が飼い葉を食えないので牛にも食わせまいとして, 飼い葉おけの中で頑張(がんば)ったというイソップ物語から出た言葉. 「ひねくれた意地悪者」の意味で使われる.

mango /mǽŋgou マンゴウ/ 名 (複 **mango(e)s** /mǽŋgouz マンゴウズ/) マンゴー →その木または実.

mangrove /mǽŋgrouv マングロウヴ/ 名 《植物》マングローブ →熱帯・亜熱帯(あねったい)地方の大河河口付近や海岸の浅瀬(あさせ)に生える常緑樹またはその森林.

Manhattan /mænhǽtən マンハタン/ 固名 マンハッタン島 →米国ハドソン河口にある島でニューヨーク市5区の1つ. ニューヨーク市で最もにぎわっている地区. →**New York City**

manhole /mǽnhoul マンホウる/ 名 (下水道などの)マンホール

manhood /mǽnhud マンフド/ 名

mania

❶ 大人の男であること，成年
❷ 男らしさ；勇気 (courage)

mania /méiniə メイニア/ 名 (趣味(しゅみ)などへの)**熱狂**(ねっきょう)；〜熱

Manila /mənílə マニラ/ 固名 **マニラ** →フィリピンの首都．ルソン島にある．

mankind /mænkáind マンカインド/ 名 **人類** →今はふつう humankind, humanity などを使う．

manly /mǽnli マンリ/ 形 (比較級 **manlier** /mǽnliər マンリア/; 最上級 **manliest** /mǽnliist マンリエスト/) **男らしい，勇ましい**

manner A2 /mǽnər マナ/ 名
❶ やり方，ふう (way)；態度，動作，物腰(ものごし)
• speak **in** a strange **manner** 変な風に話す，変なしゃべり方をする
• I don't like his **manner** of speaking. 私は彼の物の言い方が嫌(きら)いだ．
❷ (**manners** で) (個人の)作法，行儀(ぎょうぎ)，エチケット；(集団の)風習
• table **manners** 食事の作法，テーブルマナー
• He has good [no] **manners**. 彼は礼儀(れいぎ)をわきまえている[いない]．
• It's bad **manners** to blow on your soup. スープを吹(ふ)いて冷ますのは無作法だ．

mansion /mǽnʃən マンション/ 名
❶ (部屋が数十もあるような)**大邸宅**(ていたく) →日本でいう「賃貸(ちんたい)マンション」は《米》**apartment**，《英》**flat** という．

mansion
apartment, flat

❷《英》(〜 **Mansions** でアパート名の後につけて)〜マンション

manta /mǽntə マンタ/ 名《魚》**マンタ，オニイトマキエイ** →エイ類の中で最も大きく幅(はば)が 7 メートルにも及(およ)ぶ．**manta ray** ともいう．

mantelpiece /mǽntlpi:s マントるピース/ 名
❶ 炉棚(ろだな) →暖炉(だんろ)上部の棚(たな)．上に時計・花瓶(かびん)・トロフィーなどを飾(かざ)る．
❷ 暖炉の前飾り →クリスマスイブには子供たちが靴下(くつした)をぶら下げたりする．

manual /mǽnjuəl マニュアる/ 形 **手の，手です**る，手動(式)の
—— 名 手引き，入門書，案内書

manufacture /mænjufǽktʃər マニュふァクチャ/ 名 (機械による大規模な)**製造；製品**
—— 動 (大工場などで)**製造する**

manufacturer /mænjufǽktʃərər マニュふァクチャラ/ 名 (大規模な)**製造業者，メーカー**

many 小 A1 /méni メニ/ 形

比較級 **more** /mɔ́:r モー/
最上級 **most** /móust モウスト/

多数の，多くの，たくさんの

類似語 数えられないものの量が「たくさんの」は **much**.

基本 **many** books たくさんの本 →many + 数えられる名詞の複数形．
• **many** people 大勢の人々
• **many** times 何度も
• **many** years ago 何年も前に，昔
• He has **many, many** sheep. 彼はとてもたくさんの羊を飼っている．
関連語 There are **many** glasses, but not **much** wine. グラスはたくさんあるけどワインはあまりない．

• Are there **many** bookstores in your town? あなたの町にはたくさんの書店がありますか．

文法 ちょっとくわしく
特に話し言葉では **many** はふつう疑問文・否定文で使われる．肯定(こうてい)文で使うと形式張った感じになるので，many の代わりに **a lot of**, **lots of**, **plenty of**, **a great many** などを使うことが多い．

• Not **many** people went to the game because it was raining. 雨が降っていたのであまりたくさんの人はその試合に行かなかった．
• He doesn't have **many** books. 彼は本をたくさんは持っていない．
• She has as **many** books as I have [《話》

as me]. 彼女は私と同じ数の本を持っている. → as ~ as A は「Aと同じくらい〜」.
- He has three times as **many** books as I have [《話》as me]. (彼は私と同じ数の本の3倍持っている ⇨)彼は私の3倍の(数の)本を持っている.
- Ann has **more** apples than Bob. アンはボブよりたくさんのリンゴを持っている.
- Ken has **the most** apples of all. ケンはみんなの中で一番多くのリンゴを持っている.

── 代 多数, 多く, たくさん(の人[もの])
- **many of** them 彼らの(うちの)多くの者; たくさんの彼ら → この場合の of は同格を示す. → **of** 前 ❻
- **Many of** the apples are bad. それらのリンゴの多くが腐(くさ)っている.

> 文法 ちょっとくわしく
>
> **many of** の次には限定された複数名詞が続く. 従って the, these, my などがつく.
> ○ many of **the** apples
> × many of *apples*
> 人称(にんしょう)代名詞 (us, you, them) はそれ自体が限定された人[物]を示しているからそのままでよい.
> ○ many of **them** [**us, you**]

- There are not **many** who know the fact. その事実を知っている人は多くない.

a good [great] many (〜) かなり[とても]たくさん(の〜) → × *very many* 〜 とはあまりいわない.
- **A great many** (of the) cattle in the village died because of the flood. その洪水(こうずい)で村のかなり多くの牛が死んだ.

how many (〜) どれほど多く(の〜), いくつ(の〜)
- **How many** comic books do you have? 君は漫画(まんが)本を何冊持っていますか.

Maori /máuri マウリ/ 名 (複 **Maoris** /máuriz マウリズ/) ❶ マオリ人 → ニュージーランドの先住民. ❷ マオリ語

map 小 A1 /mǽp マプ/ 名
(1枚の)地図
類似語 多くの地図を集めた「地図帳」は **atlas**.
- a **map** of Japan 日本地図
- a road **map** 道路地図
- a weather **map** (=a weather chart) 天気図
- **draw** a **map** 地図を描(えが)く
- The road is not **on** the **map**. その道路は地図に出ていない.

atlas / map

maple /méipl メイプる/ 名 《植物》カエデ, モミジ → カエデの葉 (**maple leaf**) はカナダの象徴(しょうちょう)で国旗に採用されている. メープルシロップ (**maple syrup**) はカエデの一種からとれるシロップ.

Mar. 略 =**Mar**ch (3月)
Marathi /mərɑ́ːti マラーティ/ 名 マラーティー語
marathon 小 /mǽrəθən マラゾン/ 名 マラソン競走 → 42.195km を走る.
marble /mɑ́ːrbl マーブる/ 名 ❶ 大理石 ❷ マーブル玉; (**marbles** で) マーブル遊び → ビー玉のような球とそれを使った遊び.

March 小 A1 /mɑ́ːrtʃ マーチ/ 名
3月 → **Mar.** と略す. 詳(くわ)しい使い方は → **June**
- **in March** 3月に(は)
- **on March** 3 (読み方: (the) third) 3月3日に
- next **March** この3月[来年の3月](に)

> 語源 (March)
> ローマ神話の戦(いくさ)の神「**Mars** (マルス)の月」から.

march /mɑ́ːrtʃ マーチ/ 名 ❶ 行進, 行軍 ❷ 行進曲, マーチ
── 動 行進する; 行進させる, 追い立てる
Marco Polo /mɑ́ːrkou póulou マーコウ ポウろ/ 固名 マルコ・ポーロ → イタリアの旅行家 (1254-1324).『東方見聞録』を通じてアジアをヨーロッパに紹介(しょうかい)した.
mare /méər メア/ 名 雌(めす)馬; 雌ロバ
margarine /mɑ́ːrdʒəríːn マーチャリン| mɑːdʒǽríːn マーチャリーン/ 名 マーガリン → 植物性油を原料としてバター風につくった食品.

margin

margin /máːrdʒin マーヂン/ 名
❶ 縁(ふち), へり
❷ (本などの)欄外(らんがい), 余白
❸ (時間などの)余裕(よゆう); (売買で得る)利益金, 利ざや

marine /məríːn マリーン/ 形 ❶ 海の
❷ 船舶(せんぱく)の; 海運の
—— 名 海兵隊員

Maríne Dày 名 (日本の)海の日 →7月の第3月曜日.

mariner /mǽrinər マリナ/ 名 水夫 (sailor)

marionette /mæriənét マリオネト/ 名 操(あやつ)り人形, マリオネット →puppet

mark A2 /máːrk マーク/ 名
❶ 印, 跡(あと), 符号(ふごう), 記号, マーク
• put a **mark** on ～ ～に印をつける
• as a **mark** of friendship 友情の印に
• a question **mark** 疑問符(ふ)(?)
• **Make** a **mark** next to the names of those present. 出席者の名前の横に印をつけてください. →those present ＝出席している人々.
• On your **mark**(**s**), get set, go! 位置について, 用意, どん! →《英》では "Ready, steady, go!" ともいう.

On your mark, set, go!

❷ 目印, 目標, 的
• **hit** the **mark** 的に当てる; 目標を達する
❸ (テスト・成績評価の)点数 →単数も複数もしばしば同じ意味で使う.
• high [low] **marks** ＝a high [low] **mark** 高い[低い]点数 →mark(s) の前にはふつう数字はつかない. たとえば「90点」は ×90 mark(s) といわないで 90 points あるいは 90% /パセント/ という.
• full **marks** 《英》満点
• get good **marks** [a good **mark**] in an exam テストでいい点を取る
🗨会話 What **mark** did you get for your essay?—I got an A [90%]. 作文は何点だった?—Aだった[90点だった].

—— 動 ❶ ～に印をつける
• **Mark** your bags **with** your initials. かばんに自分の名前の頭文字(かしらもじ)を書いておきなさい.
• The leopard is **marked with** spots. ヒョウには斑点(はんてん)がついている. →is 助動 ❷
❷ 示す, 表す; 特色づける, 記念する
• This line **marks** your height. (この線は君の身長を示す ⇨)この線のところが君の背の高さだ.
❸ 点数をつける, 採点する
• The teacher is **marking** our papers. 先生は私たちの答案の採点をしている. →is 助動 ❶

marker /máːrkər マーカ/ 名 印をつける人[もの]; 目印; マーカー(ペン)

market 中 A2 /máːrkit マーケト/ 名
❶ 市(いち); 市場(いちば), マーケット →fair²
• go to (the) **market** 市場へ行く
• **Markets** are held every Friday. 毎週金曜日に市が立つ.
❷ 市場(しじょう), 販路(はんろ), 需要(じゅよう)
• **put** a new product **on** the **market** 新製品を市場に出す
• China is a good **market for** Japanese cars. 中国は日本車にとってよい市場です.

Mark Twain /máːrk twéin マーク トウェイン/ 固名 マーク・トウェイン →米国の小説家 (1835-1910). 本名 Samuel Clemens.『トム・ソーヤーの冒険(ぼうけん)』『ハックルベリー・フィンの冒険』などで有名.

marmalade /máːrməleid マーマれイド/ 名 マーマレード →オレンジなどで作ったジャム.

marriage /mǽridʒ マリヂ/ 名 ❶ 結婚(けっこん), 結婚生活 関連語 「結婚させる[する]」は **marry**.
❷ 結婚式 (wedding)

married A2 /mǽrid マリド/ 形 結婚(けっこん)した →marry
• **married** life 結婚生活
• a **married** couple 夫婦(ふうふ)

marry 中 A2 /mǽri マリ/ 動 (三単現 **marries** /mǽriz マリズ/; 過去・過分 **married** /mǽrid マリド/; -ing形 **marrying** /mǽriiŋ マリイング/)
❶ ～と結婚(けっこん)する; 結婚する (get married) 関連語 「結婚」は **marriage**.
• Jean will **marry** John in June. ジーンは6月にジョンと結婚します.

- They say Mary **marries** for money. メアリーは金目当てに結婚するといううわさだ.
- My aunt **married** late in life. 私のおばは遅(おそ)く結婚した[晩婚(ばんこん)だ].

関連語〈結婚〉
bride(新婦), **bridegroom**(新郎(しんろう)), **honeymoon**(新婚旅行), **wedding reception**(結婚披露宴(ひろうえん)), **divorce**(離婚(りこん))

❷《牧師が結婚式を行って，または親が子を》**結婚させる**
- He **married** his only daughter **to** a jockey. 彼は一人娘(むすめ)を騎手(きしゅ)に嫁(とつ)がせた.

be married 結婚する，結婚している
- She **was married to** a doctor, but is now divorced. 彼女は医者と結婚していたが，今は離婚(りこん)している.
- **Is** she **married** or single? 彼女は結婚しているのですか，それとも独身ですか.

get married 結婚する
- John and Jean **got married** last month. ジョンとジーンは先月結婚した.
- He **got married to** his old friend. 彼は古くからの友人と結婚した.

Mars /máːrz マーズ/ 固名 ❶ マルス →ローマ神話で戦(いくさ)の神. → **March** ❷《天文》火星

marsh /máːrʃ マーシュ/ 名 湿地(しっち), 沼地(ぬまち)

marshmallow /máːrʃmelou マーシュマロウ/ 名 マシュマロ →丸くふわふわした菓子(かし).

martial arts /máːrʃəl áːrts マーシャル アーツ/ 名《柔道(じゅうどう)・空手などの》**武術, 格闘技** →東洋発祥(はっしょう)のものをいう.

Martin Luther King, Jr. /máːtn lúːθər kíŋ dʒúːniər マートン ルーサ キング チューニア/ =King

marvellous /máːrvələs マーヴェらス/ 形《英》=marvelous

marvelous A2 /máːrvələs マーヴェらス/ 形 驚(おどろ)くべき, 不思議な;《話》すばらしい

Mary /méəri メアリ/ 固名《Saint Mary とも》聖母マリア (the Virgin Mary) →キリスト (Christ) の母.

Maryland /mérələnd メリらンド/ 固名 メリーランド →アメリカ東部の州. **Md.**, (郵便で) **MD** と略す.

mascot /máskət マスコト/ 名 お守り, マスコット, 幸運を呼ぶ物[人・動物]

mash /máʃ マシュ/ 動《イモなどを》すりつぶす
- **mashed** potatoes つぶしたジャガイモ, マッシュポテト

mask /másk マスク/ 名 仮面, お面, マスク; 覆面(ふくめん)
- put on [wear] a Halloween **mask** ハロウィーンのお面をかぶる[かぶっている] → **Halloween**
- a catcher's **mask**《野球の》キャッチャーマスク

mason /méisn メイスン/ 名 石工, れんが職人

Mass, mass[1] /más マス/ 名 ミサ; ミサ曲 →カトリック教会の聖さん式. その時歌われる賛美歌.

mass[2] /más マス/ 名
❶《一定の形を持っていない》かたまり
❷ 多数, 多量;《形容詞的に》多数の, 多量の

Massachusetts /másətʃúːsits マサチューセツ/ 固名 マサチューセッツ →米国北東部大西洋岸の州. 州都ボストンには多くの史跡(せき)とハーバード大学などの有名大学がある. **Mass.**, (郵便で) **MA** と略す.

máss communicátion 名 大衆伝達 →新聞・テレビ・ラジオ・雑誌・映画などにより大勢の人たちに情報を伝達すること. 日本語の「マスコミ」は大衆伝達の手段である mass media の意味.

máss média 名《the をつけて》マスメディア, マスコミ →新聞・テレビ・ラジオ・雑誌・映画など大衆伝達の手段, 媒体(ばいたい).

máss prodúction 名 大量生産, マスプロ

mast /mást マスト/ 名 マスト, 帆柱(ほばしら)

master /mástər マスタ/ 名
❶《~を支配する》主人, 長;《動物の》飼い主
❷《~の》名人, 達人; 大家, 巨匠(きょしょう)
❸《英》《小・中学校の男性の》先生 (schoolmaster) → **headmaster**
—— 動《学問・技術などを完全に》修得する, マスターする; 征服(せいふく)する, おさえる
- **master** a foreign language 外国語をマス

ターする

masterpiece /mǽstərpi:s マスタピース/ 名
傑作(けっさく), 名作

mat /mǽt マト/ 名 敷(し)き物, マット; ドアマット (doormat), バスマット (bath mat); (体操用の)マット
- a table **mat** テーブルマット → 上にお皿やナイフ・フォークなどを置く.
- Wipe your shoes on the **mat**. マットで靴(くつ)をふきなさい.

match¹ 中 A1 /mǽtʃ マチ/ 名

❶ 試合 (game)
- a tennis **match** テニス試合
- a football **match** 《英》 サッカーの試合 → 《米》では a soccer game という. → game
- **have a match with ~** 〜と試合をする

❷ 競争相手, 好敵手
- He is more than a **match for** me. (彼は私にはいい相手以上だ ⇨) 私は彼にはかなわない.
- Jack is a good swimmer, but he is no **match for** Bob. ジャックは水泳が上手だが, ボブにはかなわない.

❸ 似合いのもの[人]
- John and Jean are a perfect **match**. ジョンとジーンは似合いのカップルだ.

—— 動 ❶ 調和する, 似合う, マッチする
- Her blouse does not **match** her skirt. 彼女のブラウスはスカートと合っていない.

❷ 対等である, 匹敵(ひってき)する
- No one can **match** him **in** chess. チェスで彼にかなう者はいない.

match² /mǽtʃ マチ/ 名 マッチ (1本)
- light [strike] a **match** マッチをする, マッチをつける

matchbox /mǽtʃbɑks マチバクス/ 名 マッチ箱

mate /méit メイト/ 名 仲間, 友達 → classmate, schoolmate

material 中 A2 /mətí(ə)riəl マティ(ア)リアる/ 名
❶ 材料, 原料
- building **materials** 建築材料

❷ (服などの)生地(きじ)
- a dress made of fine **material** 立派な生地で作った服 →×a material, ×materials としない.

❸ 資料
- collect (the) **material for** a novel 小説を書くための資料を集める →×a material, ×materials としない.

❹ (**materials** で) 〜用具
- writing **materials** 筆記用具

—— 形 物質の, 物質的な
- **material** civilization 物質文明

math 小 A1 /mǽθ マす/ 名

《米話》数学 → mathematics を短くした形. 《英話》では **maths**.

mathematician /mæθəmətíʃən マせマティシャン/ 名 数学者

mathematics /mæθəmǽtiks マせマティクス/ 名 数学 → ふつう単数扱(あつかい)い.

maths A1 /mǽθs マすス/ 名 《英話》= math

matter 中 A1 /mǽtər マタ/ 名

❶ 物質, 物体
- solid [liquid] **matter** 固[液]体 →×a matter, ×matters としない.
- printed **matter** 印刷物

❷ (漠然(ばくぜん)と)事, 事柄(ことがら), 問題; (**matters** で) 事情, 事態
- a personal **matter** 個人的な事[私事]
- make **matters** worse 事態をより悪くする
- I know nothing about the **matter**. その件については私は何も知らない.
- This is no laughing **matter**. これは冗談(じょうだん)事ではない.

❸ (**the matter** で) 困った事; 故障, 具合の悪い所 → 意味と働きはほぼ形容詞の wrong (具合の悪い)に近い.

中基本 **What's the matter (with** you)? (君は)どうかしたのか.

What's the matter?

- Is (there) anything **the matter with** him? 彼はどうかしたのか.
- Something [Nothing] is **the matter with** the motor. モーターにどこか故障がある[どこも悪い所はない].

may

(*as a*) *matter of fact* 実際は, 実を言うと
- **As a matter of fact**, I do know her. 実は私は彼女を(知らないどころか)知っています. → do は know を強める助動詞.

no matter what [*who, how, when, where, which*] ～ たとえ何[誰(だれ), どう, いつ, どこ, どれ]でも
- **No matter what** you do, do it well. たとえ何をするにしても, 立派にやりなさい.

── 動 《主に否定文・疑問文で》重要である, 大いに関係がある
- It doesn't **matter** if it rains. 雨が降っても構わない →It は漠然と「状況(じょうきょう)」を, it は「天候」を表す.
- What does it **matter**? それが何の関係があるのか[何でもないではないか].
- Just paint it. The color does not **matter**. それにちょっとペンキを塗(ぬ)ってくれ. 色は何でもいいから.

mattress /mǽtris マトレス/ 名 (ベッドの)マットレス; 敷(し)きぶとん

mature /mətʃúər マチュア/ 形 熟した, 成熟した; (人間が)円熟した
── 動 熟させる; 完成する, 成熟する

maximum /mǽksəməm マクスィマム/ 名 最高点, 最大限, 極限
反対語 **minimum** (最小量)
── 形 最高の, 最大の, 極限の

May 小 A1 /méi メイ/ 名

5月 →詳(くわ)しい使い方は →**June**
- **in May** 5月に
- **on May** 5 (読み方: (the) fifth) 5月5日に
- They moved to Osaka last **May**. 彼らはこの5月[去年の5月]大阪へ引っ越(こ)した.

語源 (May)
ローマ神話の豊穣(ほうじょう)の女神(めがみ)マイア(Maia)に由来するといわれる.

may 小 A1 /弱 mei メイ, 強 méi メイ/

|助動| ❶～してもよい 意味map
❷～かもしれない

── |助動|
|過去| **might** /弱 mait マイト, 強 máit マイト/

❶ ～してもよい →話し言葉では can のほうが好まれる. →**can**¹ ❷

基本 You **may** go. 君は行ってもよい. → may+動詞の原形.

会話
May I come in? —Sure. / No, I'm busy now.
入ってもいいですか.—どうぞ./いや, 私は今手が離(はな)せませんので.
→Yes, you may./No, you may not. はふつう目下の者に対して言い, 一般(いっぱん)には威張(いば)った感じになるので, 上記のような表現, あるいは Yes, do./Come on in./I'm sorry, you can't. などを使う. また特に強く禁止する時は No, you mustn't (=must not). という.

- You **may** watch television after dinner. 君は夕食後にテレビを見てもよい.
- **May** I ask your name? お名前を伺(うかが)ってもよろしいですか.

基本 **May** I help you? (あなたをお助けしていいですか ⇨)(店員が客に)何を差し上げましょうか; (役所などで係が)どんなご用ですか.

❷ ～かもしれない, たぶん～だろう →この意味での may は疑問文には使わない. 疑問文では can, be likely to などを使う.
- He **may** come. 彼は来るかもしれない.
- He **may** not come. 彼は来ないかもしれない. →not は may でなく come のほうを否定する.
- He **may** be a doctor. 彼は医者かもしれない.
- It **may** rain in the afternoon. 午後には雨が降るかもしれない.

❸ (後ろに **but** を伴(ともな)って) ～かもしれないが; (**whatever, however** などとともに使って) たとえ～であっても →「譲歩(じょうほ)」を示す.
- He **may** be honest, **but** he is not hardworking. 彼は正直かもしれないが勤勉ではない.
- **However** hard you (**may**) work, you cannot finish it in a day or two. 君がどんなに一生懸命(けんめい)働いても, それを1日や2日では仕上げられない.

❹ (**May** ～! で) 《文》願わくは～ならんことを
- **May** God bless you! 願わくは神が君(たち)を祝福したまわんことを.
- **May** the Force be with you! (フォース

maybe

がぁなたとともにありますように ⇨)フォースとともにあれ. →映画『スター・ウォーズ』シリーズの有名なせりふ.

if I may ask (もし私がお尋ねしてよいならば ⇨)もし差し支えなければ,失礼ですが
- How much did it cost **if I may ask**? 失礼ですが,それはいくらしましたか.

may [***might***] ***as well*** *do* (*as do*) (〜するくらいなら)〜するほうがいいだろう
- I'm tired. I **may as well** go to bed. 疲れたので,私は寝るほうがいいだろう[寝るとでもするか].

may well *do* 〜するのももっともだ
- You **may well** say so. 君がそう言うのももっともだ.

(***so***) ***that*** *A* ***may*** *do* Aが〜するように,Aが〜できるように →話し言葉では may の代わりに will, can が使われる.
- I work hard (**so**) **that** I **may** pass the examination. 私は試験に受かるように一生懸命勉強します.

maybe 小 A1 /méibi メイビー/ 副
たぶん (perhaps) → **perhaps** 類似語

- **Maybe** I'll go to France next year. 私はたぶん来年フランスに行くだろう.

会話 Will he come to the party? —**Maybe**. 彼はパーティーに来るでしょうか.—たぶんね.

Máy Dày 名 ❶ 五月祭

参考 昔英国では5月1日に村の広場に,先端からいくつもの細長い布を垂らした柱 (**maypole**) を建て,村人はそのテープの端を持って柱の周りを踊ったり,五月女王 (**May queen**) を選んだりして楽しんだ.今は主に子供の遊びとして行われる.

❷ メーデー →5月1日に労働者の団結を示すため行われる集会.→ **Labor Day**

mayflower /méiflauər メイふらウア/ 名
❶ 5月に咲く花 →米国ではふつうイワナシ,アネモネのこと.英国ではサンザシ (hawthorn) を指す.

❷ (**the Mayflower** で) メイフラワー号 → 1620年に英国から102人の清教徒たちを米国に運んだ船. → **Puritan, Pilgrim Fathers**

mayonnaise /meiənéiz メイオネイズ/ 名
マヨネーズ →×a をつけず,複数形にしない.

mayor /méiər メイア|méə メア/ 名 市長; 町長; 村長

Maypole, maypole /méipoul メイポウる/
名 メイポール → **May Day** (五月祭)で,広場に建てる柱.柱の先端からいくつもの細長い布のテープが垂れていて,人々はそれを持って柱の周りを踊る.

maze /méiz メイズ/ 名 迷路; 混乱

McKinley /məkínli マキンリ/ 固名 (**Mount** [**Mt.**] **McKinley** で) マッキンリー山 →アラスカ中央部にある山で,北米大陸で一番高い (約6,200 m).

MD 略 =Maryland
ME 略 =Maine

me 小 A1 /mi ミー/ 代
私を[に]; 私 → I の目的格. → **I**²
関連語 **us** (私たちを[に])

基本 Help **me**. (私を)助けてくれ. →動詞+me.

基本 Look at **me**. 私を見なさい. →動詞+前置詞+me.

- I love her and she loves **me**. 私は彼女を愛しているし,彼女も私を愛している.
- He gave **me** this book [this book to **me**]. 彼は私にこの本をくれた.
- Give it to **me**. 僕にそれをください. → ×Give *me it*. とはいわない.
- Can you hear **me**? あなたは私[私の言うこと]が聞こえますか.

POINT me を「私の言うこと」と訳すこともあるから注意.

- He is taller than **me**. 彼は私より背が高い. → **than** ❶

会話
Who is it?—It's **me**.
誰ですか.—私です.

→この me の代わりに I を使うのは文語的で形式張った言い方.
I'm sleepy.—**Me** too.
僕は眠(ねむ)い.—私も.

meadow /médou メドウ/ 名 牧草地, 草地; 牧場

meal 中 A1 /míːl ミール/ 名
食事 →**breakfast** 関連語
- a light **meal** 軽い食事
- a big **meal** たくさんのごちそう
- **fix** [**prepare**] a **meal** 食事の準備をする
- **have** [**eat**, **take**] a **meal** 食事をする
- at **meals** 食事の時に
- eat between **meals** 間食をする

mean¹ 中 A1 /míːn ミーン/ 動

三単現	**means** /míːnz ミーンズ/
過去・過分	**meant** /mént メント/
-ing形	**meaning** /míːniŋ ミーニング/

❶ **意味する, ～の意味である**

POINT mean は動作ではなく「意味する」という状態を表す語なので, ふつう進行形 (be meaning) にはしない.
-ing 形 (現在分詞・動名詞) と同じ形で「意味」という名詞 (→**meaning**) になるから注意.

基本 I **mean** Mr. Sato. 私は佐藤先生(を意味する⇨)のことを言っているのです. →mean＋名詞.

- I don't **mean** you. 私は君のことを言っているのではない.
- 会話 Which dictionary do you **mean**? —I **mean** that dictionary with the white cover. どの辞書のことを言っているのですか.—あの白い表紙の辞書のことです.

会話 What does "hana" **mean**? —It **means** "flower" or "nose". 「ハナ」というのはどういう意味ですか.—それ

は flower (花)あるいは nose (鼻)の意味です.

基本 **mean** A by B (BによってAを意味する⇨)BはAの意味です.
- What do you **mean** by that? それはどういう意味ですか.
- By him I **mean** our teacher. 「彼」というのは我々の先生のことです.

基本 A red light **means** (that) you have to stop. 赤信号は止まらなければならないことを意味する. →mean＋(that) 文.
- His silence **meant** he didn't agree to the plan. 彼の沈黙(ちんもく)は彼がその案に賛成でないことを意味した.
- What **is meant** by this word? この言葉はどういう意味ですか. →受け身の文. →**is** 助動

❷

❷ **意図する**; **本気で言う**; (**mean to** *do* で)～**するつもりである**
- I **meant** no harm. 私は悪気はなかったのです.
- I **mean** what I say. = I say what I **mean**. =I **mean** it. (私は私の言うことを本気で言う⇨)冗談(じょうだん)でなく本気で言っているのです. →what は関係代名詞で「～するもの[事]」.
- He **meant** to go, but he changed his mind. 彼は行くつもりだったが気が変わった.

I mean いやその, つまり →言葉を強めたり, 補ったりするために挿入(そうにゅう)する.

mean² A2 /míːn ミーン/ 形 **ひきょうな, 意地の悪い**; **けちな, いやしい**
- Don't be so **mean**! そんな意地悪[いじめ]はやめろ!
- The boy was **mean** to his little sister. その男の子は妹に意地悪だった.
- Don't be **mean** with the tip. チップをけちるな.

mean³ /míːn ミーン/ 形 **中間の; 平均の**
―― 名 **中間, 中庸**(ちゅうよう); (数学の)**平均(値)** → means (方法)と混同しないこと.

meaning 中 A2 /míːniŋ ミーニング/ 動
mean¹ の -ing 形 (現在分詞・動名詞)
―― 名 **意味**
- What is the **meaning** of this word? (= What does this word mean?) この語の意味は何ですか[この語は何という意味か].

meaningful /míːniŋfəl ミーニングふる/ 形

means 402 four hundred and two

意味のある; 意味深長な; 有意義な
- a **meaningful** discussion 有意義な議論

means /míːnz ミーンズ/ 名 (**means**)
❶ **方法，手段**

POINT この意味では単数としても複数としても扱（あつか）われる. mean (意味する) の3人称（しょう）単数現在形と混同しないこと.

❷ **資力，財産，富** (wealth) →この意味では複数扱い.

by all means ①（返事に使って）**もちろん，どうぞどうぞ**

会話 Can I borrow your dictionary? —Yes, yes, **by all means**. 辞書をお借りしてもよいですか.—ええ，どうぞどうぞ.
②**必ず，きっと** (without fail)

by means of ～ **～によって，～で**

by no means **決して～ない**

meant 中 /mént メント/ 動 **mean¹** の過去形・過去分詞

meantime /míːntaim ミーンタイム/ 名 **その間（の時間），合い間**

meanwhile /míːn(h)wail ミーン(ホ)ワイル/ 副 **その間に，そうするうちに** (in the meantime)

measles /míːzlz ミーズルズ/ 名 《医学》**はしか** → ふつう単数扱（あつか）い.

measure /méʒər メジャ/ 名
❶ **寸法，大きさ，量** →長さ・面積・体積・重さに使う.
❷ **計量器具** →ものさし・はかり・計量カップなど.
❸ （ふつう **measures** で）**対策，手段，処置**
── 動 （長さ・量などを）**測る; 寸法[大きさ]が～ある**

measurement /méʒərmənt メジャメント/ 名 ❶（長さ・量などの）**測定** ❷（ふつう **measurements** で）**寸法，大きさ，量**

meat 小 A1 /míːt ミート/ 名
食用肉; （動物・果物などの）肉 → ふつう fish (魚肉), poultry (とり肉) を含（ふく）まない.
- some **meat** いくらかの肉 →×meats としない.
- **a lot [a piece] of meat** たくさん[ひと切れ]の肉 →「ひと切れの肉」を ×a meat としない.
- coconut **meat** ココヤシの実の果肉

関連語 **beef** (牛肉), **pork** (豚肉), **mutton** (羊の肉), **lamb** (子羊の肉)

meatball /míːtbɔːl ミートボール/ 名 （ひき肉を丸めた）**肉団子，ミートボール**

meatloaf /míːtlouf ミートろウふ/ 名 （**meatloaves** /míːtlouvz ミートろウヴズ/）**ミートローフ** → **meat loaf** と2語にもつづる.

Mecca /mékə メカ/ 名 固名 **メッカ** → サウジアラビアの都市でムハンマド (Muhammad) の生誕地. イスラム教の大本山があって巡礼（じゅんれい）者が訪れる. (**mecca** で)「多くの人の訪れる所」，「憧（あこが）れの土地」の意味でも使う.

mechanic /mikénik メキャニク/ 名 **機械工，機械修理工**

mechanical /mikénikəl メキャニカる/ 形 **機械の，機械で動く; 機械的な**

mechànical péncil 名 《米》**シャープペンシル** (《英》propelling pencil) →「シャープペンシル」は和製英語.

mechanism /mékənizm メカニズム/ 名 **機械装置; 構造，仕組み，メカニズム**

medal A2 /médl メドる/ 名 **メダル，記章，勲章（くんしょう）**
- get [win] a gold **medal** 金メダルを獲得（かくとく）する

medalist /médəlist メダリスト/ 名 **メダルを獲得した人，メダリスト**
- a gold **medalist** ゴールドメダリスト

meddle /médl メドる/ 動
❶ （ふつう **meddle with ～** で）**～をいじる**
❷ （**meddle in ～** で）**～におせっかいをする，干渉（かんしょう）する**

media /míːdiə ミーディア/ 名 **medium** の複数形

medical 中 A2 /médikəl メディカる/ 形 **医学の，医療（いりょう）の，医薬の**
- a **medical** school 医科大学; 医学部
- a **medical** checkup 健康診断（しんだん）
- **medical** care 医療

medicine 中 A1 /médəsn メディスン/ 名
❶ **薬，医薬** → 内科で用いる「内服薬」をいう. → **pill**
- take **medicine** 薬を飲む
- Sleep is the best **medicine for** a cold. 睡眠（すいみん）は何よりの風邪（かぜ）薬だ.
❷ **医学**
- study **medicine** 医学を勉強する

Mediterranean /meditəréiniən メディテレイニアン/ 形 **地中海の**

melt

—— 固名 **(the Mediterranean** で**)** = the Mediterranean Sea

Méditerranean Séa 固名 **(the** をつけて**)** 地中海 →アクセントの位置に注意. →**Chinese** 形

medium /míːdiəm ミーディアム/ 名
(復 **mediums** /míːdiəmz ミーディアムズ/, **media** /míːdiə ミーディア/)
❶ 媒体(ばいたい), 媒介(ばいかい) (物); 手段, 方法 (means)
•Air is a **medium** for sound. 空気は音の媒体である(音を伝える).
❷ **(the media** で**)** マスメディア, マスコミ媒体 →ラジオ・テレビ・新聞など.
•Radio, television and newspapers are **the** (mass) **media**. ラジオ, テレビ, 新聞はマスコミ媒体[マスメディア]である.
—— 形 中ぐらいの, 並みの, ふつうの
•a **medium**-sized shirt Mサイズのシャツ →英語では ×*M-sized* としない.
会話 How would you like your steak?
—**Medium**, please. ステーキはどのように焼きましょうか.—ミディアム[中くらいの焼き加減]でお願いします.

medley /médli メドリ/ 名 寄せ集め;《音楽》混成曲, メドレー

meek /míːk ミーク/ 形 おとなしい, 柔和(にゅうわ)な

meet 小 A1 /míːt ミート/ 動

三単現	**meets** /míːts ミーツ/
過去・過分	**met** /mét メト/
-ing形	**meeting** /míːtiŋ ミーティング/

❶ 会う, 出会う; (人と)知り合う; 会合する, 集まる
基本 **meet her** 彼女に会う →meet+名詞.
•I am glad [happy] to **meet** you. =(It's) Nice to **meet** you. 私はあなたにお会いしてうれしい. →初対面の挨拶(あいさつ). 不定詞 to meet は「会えて」(→**to** ❾ の ④).
•Let's **meet** at the station at 3 o'clock. 駅で3時に会いましょう.
•The two rivers **meet** here. その2つの川はここで出会う[合流する].
•The committee **meets** every week after school. 委員会は毎週放課後会合する[開かれる].
•I **met** him at the station yesterday. 私

は昨日駅で彼に会った.
•Our eyes **met**. 私たち2人の目が合った.
関連語 I **have** often **seen** her at parties but I **haven't met** her yet. 私はパーティーで彼女をよく見かけるが, まだ知り合ってはいない. →現在完了の文. →**have** 助動 ❷
•I'm **meeting** him tonight. 私は彼に今晩会う予定です. →「近い未来」を表す現在進行形の文. →**am** 助動 ❶
❷ 出迎(でむか)える 反対語 see off (見送る)
•I am going to **meet** Mr. Green at the airport. 私は空港でグリーン氏を出迎えるつもりです. →be going to *do* は「〜するつもりである」.
•We **were met** by Mr. Smith at the airport. 私たちは空港でスミス氏の出迎えを受けた. →受け身の文. →**were** 助動 ❷
❸ (要求・希望などに)応じる, 応える, 満たす
•I'm sorry we cannot **meet** your demands. 残念ながら私たちはあなたの要求に応えることができません.

meet with 〜 (困難など)に出会う, に出くわす;《米》(約束して人)と会う

Nice to meet you. あなたにお会いできてうれしいです; はじめまして →初対面の挨拶. →**meet** 動 ❶

—— 名 (復 **meets** /míːts ミーツ/) (競技などの)大会
•an athletic **meet** 運動会, 競技会

meeting A1 /míːtiŋ ミーティング/ 動 **meet** の -ing 形 (現在分詞・動名詞)
—— 名 集まり, 集会, 会
•hold [have] a **meeting** 会を開く
•a farewell **meeting** 送別会

melancholy /mélənkɑli メランカリ/ 名 憂鬱(ゆううつ)(症(しょう)), ふさぎ込(こ)み
—— 形 憂鬱な, 陰気(いんき)な, (物)悲しい

Melbourne /mélbərn メルバン/ 固名 メルボルン →オーストラリア南東部の港市.

melody /mélədi メロディ/ 名 (復 **melodies** /mélədiz メロディズ/)《音楽》旋律(せんりつ), メロディー; 美しい調べ

melon 小 A2 /mélən メロン/ 名《果物》メロン

melt /mélt メルト/ 動 溶(と)ける, (心が)和(やわ)らぐ; 溶かす, (心を)和らげる
•**melt** away 溶けてなくなる, 消え去る
•The candy **melted** in my mouth. キャンディーは私の口の中で溶けた.

member 404 four hundred and four

- Her tears **melted** my anger. 彼女の涙が私の怒りを和らげた.
- The snow is **melting**. 雪が溶け始めた.
- America was once called a **melting pot** of peoples and cultures. アメリカはかつて人種と文化のるつぼと呼ばれた.

参考 アメリカはかつて, いろいろな国からの移民が(持ち込(こ)む文化が)互(たが)いに溶け合って1つの社会をつくり出していたので「人種(と文化)のるつぼ」と呼ばれたが, 近年は移民がそれぞれ独自の文化を保ちながら1つの社会をつくるようになったので「かき混ぜられたサラダ (**tossed salad**) 社会」とか「モザイク (**mosaic**) 社会」とかいわれるようになった.

member 小 A2 /mémbər メンバ/ 名
(団体・クラブなどの)**一員**, **会員**, **メンバー**
- a **member** of a family = a family **member** 家族の1人
- the **member** nations of the United Nations 国連加盟国
- a **Member** of Parliament (英国の)国会議員

membership /mémbərʃip メンバシプ/ 名
❶ グループのメンバーであること; 会員資格
❷《集合的に》全会員(数)

memo /mémou メモウ/ 名 (徳 **memos** /mémouz メモウズ/)《話》メモ

mémo pàd 名 (はぎ取り式の)メモ用紙

memorial /mimɔ́:riəl メモーリアる/ 名
記念碑(ひ), 記念堂; 記念日, 記念式典
—— 形 記念の

Memórial Dày 名《米》戦没者追悼(ついとう)記念日 →多くの州で5月の最後の月曜日. この日は法定休日で, 南北戦争 (Civil War) 以来の戦死者を追悼する行事が行われる.

memorize /méməraiz メモライズ/ 動 記憶(きお く)する, 暗記する (learn by heart)

memory 小 A1 /méməri メモリ/ 名
(徳 **memories** /méməriz メモリズ/)
❶ 記憶(きおく), 記憶力; 思い出
- have a good [poor, bad] **memory** 記憶力がいい[悪い]
- tell a story **from memory** 記憶を頼(たよ)りにいきさつを話す

- happy **memories** of one's childhood 子供の頃(ころ)の楽しい思い出(の数々)
- He has a good **memory for** telephone numbers. 彼は電話番号をよく覚えている.
❷ (コンピューターの)メモリー, 記憶装置

in memory of ～ ～の記念に, ～をしのんで
- We planted a tree **in memory of** our dead friend. 私たちは亡(な)き友をしのんで木を植えた.

men 中 /mén メン/ 名 **man** の複数形

mend /ménd メンド/ 動 (簡単な物を)**直す**, **修繕**(しゅうぜん)**する** (fix); (行いなどを)**改める** →repair
- **mend** a broken chair 壊(こわ)れた椅子(いす)を修繕する

ことわざ It is never too late to **mend**. 改めるのに遅(おそ)すぎることはない.
- I had my watch **mended**. 私は時計を直してもらった. →have A+過去分詞は「Aを～してもらう」.

mén's ròom 名《米》(ホテル・ビルなどの)男性用トイレ (《英語》Gents)

mental /méntl メンタる/ 形 →名詞の前にだけつける. ❶ 精神の, 心の; 知能の ❷ 精神病の

mention A2 /ménʃən メンション/ 動 ～のことを言う, ～のことをちょっと話に出す, (名前などを)挙げる, 列挙する
- Don't **mention** it to anyone else. ほかの人にはそれを言わないでくれ.
- She **mentioned** the accident, but she didn't go into detail. 彼女は事故のことに触(ふ)れたが, 詳(くわ)しくは話さなかった.
- His name was **mentioned** in the article. 彼の名前が記事の中に出ていた.

Don't mention it. どういたしまして; そんなことは(気にしなくても)いいですよ →You are welcome. That's OK. Not at all. などともいう.

menu 小 A2 /ménju: メニュー/ 名
メニュー, 献立(こんだて)表; (メニューにある)料理
- order lunch **from** the **menu** メニューから[を見て]昼食を注文する
- What's **on** the **menu** today? きょうのメニューは何ですか.

meow /miáu ミアウ/ 名 ニャー →ネコの鳴き声. **miaow** ともつづる. →bowwow
—— 動 (ネコが)ニャーと鳴く

merchant /mə́:rtʃənt マ～チャント/ 名 商人,

商店主 → 《英》ではふつう貿易商, 卸(おろし)商を意味する.

• *The* **Merchant** *of Venice* 『ベニスの商人』 → シェークスピア作の喜劇.

• a **merchant** ship 商船

Mercury /mə́ːrkjuri マ〜キュリ/ 固名
❶ メルクリウス, マーキュリー → ローマ神話で商業・交通などの神. ギリシャ神話の Hermes (ヘルメス)にあたる. ❷《天文》水星

mercury /mə́ːrkjuri マ〜キュリ/ 名 水銀

mercy /mə́ːrsi マ〜スィ/ 名 (複 **mercies** /mə́ːrsiz マ〜スィズ/) 情け, 慈悲(じひ), 寛大(かんだい)さ; ありがたいこと, 幸い

at the mercy of 〜 〜のなすがままになって

mércy kìlling 名 安楽死

mere /míər ミア/ 形 単なる, 全くの, ただの → 名詞の前にだけつける.

merely /míərli ミアリ/ 副 ただ単に (only)

merit /mérit メリト/ 名 優(すぐ)れた点, 真価; 長所 類似語「利点」という意味での「メリット」はふつう **advantage**.
—— 動 値(あたい)する, 受ける価値がある

mermaid /mə́ːrmeid マ〜メイド/ 名 (女性の)人魚 → 童話に出てくる腰(こし)から下は魚の形をした美女. 美貌(びぼう)と美しい歌声で人間の男を引き寄せ, 水中に連れ去るといわれる.

merrily /mérili メリリ/ 副 楽しく, 愉快(ゆかい)に

merry A1 /méri メリ/ 形 (比較級 **merrier** /mériər メリア/; 最上級 **merriest** /mériist メリエスト/) 楽しい, 愉快(ゆかい)な, 陽気な

• a **merry** song 陽気な歌

会話 I wish you a **merry** Christmas! = **Merry** Christmas!—(The) Same to you! クリスマスおめでとう.—おめでとう. → **Happy Holidays!** (**happy** 用例)

make merry 陽気に遊ぶ, (食べたり飲んだりして)浮(う)かれ騒(さわ)ぐ

merry-go-round /méri gou ràund メリ ゴウ ラウンド/ 名 回転木馬, メリーゴーラウンド

mess /més メス/ 名 取り散らかった状態, 混乱(状態)

• be **in** a **mess** 散らかっている, 混乱している

message 中 A1 /mésidʒ メセヂ/
名 (他人に)伝えたいこと, メッセージ; 伝言

• There's a **message** for you from your office. 会社からメッセージが届いていますよ.

• I left a **message** on his answering machine. 私は彼の留守電にメッセージを入れておいた.

• The movie's **message** was that crime doesn't pay. その映画の言わんとするところは犯罪は割に合わないということだった.

• May I leave a **message**? 伝言をお願いできますか.

• My mother is not at home. May I take a **message**? [Do you have a **message** for her?] 母は留守です. ご伝言があればお聞きしておきましょうか[母に何かご伝言でもございますか].

messenger /mésəndʒər メセンチャ/ 名 使者; 使い走り(人)

messy /mési メスィ/ 形 (比較級 **messier** /mésiər メスィア/; 最上級 **messiest** /mésiist メスィエスト/) 取り散らかした; だらしのない → mess+-y.

met 中 /mét メト/ 動 **meet** の過去形・過去分詞

metal A2 /métl メトる/ 名 金属

metalwork /métlwəːrk メタるワ〜ク/ 名 金属加工; 金属加工品

meteor /míːtiər ミーティア/ 名 流星

meteorite /míːtiərait ミーティアライト/ 名 隕石(いんせき)

meter 中 A2 /míːtər ミータ/ 名
❶ (ガス・電気・タクシーなどの)メーター, 計量器
❷ メートル → メートル法の長さの単位. **m.**, **m** と略す.

method A2 /méθəd メそド/ 名 (体系的・科学的)方法, 方式; (考え・行動などの)筋道

• a new **method** of teaching English 新しい英語教育法

metre /míːtər ミータ/ 名 《英》=meter ❷

metropolis /mətrápəlis メトラポリス/ 名 (一国・一地方の)中心都市, 大都市; 首都 (capital)

metropolitan /metrəpálitən メトロパリタン/ 形 首都の, 大都会の

mew /mjúː ミュー/ 名 動 =meow

Mexican /méksikən メクスィカン/ 形 メキシコの, メキシコ人の
—— 名 メキシコ人

Mexico 小 /méksikou メクスィコウ/ 固名
メキシコ → 正式名 The United Mexican States (メキシコ合衆国). 北アメリカ南端の国. 首都はメキシコシティー (**Mexico City**). 公用

MI
406 four hundred and six

語はスペイン語.

MI 略 =Michigan

Miami /maiǽmi マイアミ/ 固名 **マイアミ** → 米国フロリダ州南端に近い保養地. 大西洋に臨(のぞ)む美しい **Miami Beach** をかかえ, 年間を通じて多くの観光客でにぎわう.

miaow /miáu ミアウ/ 名 動 =meow

mice /máis マイス/ 名 **mouse** (ハツカネズミ) の複数形

ことわざ When the cat is away, the **mice will play.** ネコがいないとネズミが遊ぶ. → 「鬼(おに)のいぬ間に洗濯(せんたく)」.

Michelangelo /maikələ́ndʒilou マイケランヂェロウ/ 固名 **ミケランジェロ** → イタリアの画家・彫刻家・建築家(1475–1564).『ダビデ像』『最後の審判(しんぱん)』などが代表作.

Michigan /míʃigən ミシガン/ 固名
❶ **ミシガン** → 五大湖のうちの4つの湖に接している米国中西部の州. **Mich.**, (郵便で) **MI** と略す.
❷ **(Lake Michigan で) ミシガン湖** → 北米五大湖の1つ. → **Great Lakes**

Mickey Mouse 固名 **ミッキーマウス** → ディズニーのキャラクター. → **Donald Duck**

microphone /máikrəfoun マイクロふォウン/ 名 **マイクロフォン, マイク** → 話し言葉では **mike** ともいう.

microscope /máikrəskoup マイクロスコウプ/ 名 **顕微鏡(けんびきょう)**

microwave /máikrouweiv マイクロウウェイヴ/ 名 ❶ **極超(ごくちょう)短波, マイクロ波**
❷ =microwave oven

microwave óven 名 **電子レンジ** → 英語でいうレンジ (range) は火口がオープンの上についた料理器具のこと.

mid- /míd ミド/ 接頭辞 「**中央**」「**中頃(ごろ)**」「**半ば**」などの意味を表す:
•**mid-**19th century 19世紀半ば
•**mid-**thirties 30代半ば

midday A2 /míddei ミドデイ/ 名 **正午** (noon), **真昼**
•at **midday** 正午に

middle 中 A1 /mídl ミドる/ 形
真ん中の, 中間の
•the **middle** finger 中指
—— 名 **真ん中, 中間**
•**in the middle of** the room 部屋の真ん中に

•**in the middle of** the night 真夜中に (at midnight)

•**In the middle of** the song her voice turned into a whisper. 歌っている最中(さいちゅう)に彼女の声はかすれ声に変わった.

•He parts his hair in the **middle**. 彼は髪の毛を真ん中から分けている.

middle-aged /mídl éidʒd ミドる エイヂド/ 形 **中年の, 初老の** → 40歳(さい)から60歳ぐらいまで.

Míddle Áges 固名 **(the をつけて) 中世** → 西洋史で5世紀から15世紀までの約1,000年間.

míddle cláss(es) 名 **(the をつけて) 中産階級, 中流階級**

Míddle Éast 固名 **(the をつけて) 中東** → 一般的にはエジプトからイランまでの地域を指すが, 東はインド, 西はリビアまでを含(ふく)めることもある.

míddle fínger 名 **中指**

míddle náme 名 **ミドルネーム**

参考 たとえば John Fitzgerald Kennedy で, Fitzgerald が **middle name**. John は **given name** あるいは **first name**, Kennedy は **family name** あるいは **last name** という. middle name はふつう頭文字だけで示し, John F. Kennedy と書く.

míddle schòol 名 **ミドルスクール** → 小学校とハイスクールの中間の学校. 英米で年齢の区切りが異なる.

Míddle Wést 固名 **(the をつけて)** =the Midwest → **Midwest**

midnight A2 /mídnait ミドナイト/ 名 **真夜中**
•**at midnight** 真夜中に (in the middle of the night)

midterm /mídtə:rm ミドタ~ム/ 名 形 **(学期などの) 中間(の)**

midway /mídwei ミドウェイ/ 形 副 **中途(ちゅうと)の[に], 中程(なかほど)の[に]**

Midwest /mídwest ミドウェスト/ 固名 **(the Midwest で) 米国の中西部** → 米国中央北部の大平原地方.

might¹ 中 A2 /弱形 mait マイト, 強形 máit マイト/ (→ gh は発音しない) 助動
❶ **〜かもしれない** → 「可能性」を表す.

- You **might** know the answer. あなたは答えを知っているかもしれませんよ.
- He **might** come later, but I don't think he will. 彼はもしかするとあとで来るかもしれないが, でも僕(ぼく)は来ないと思うよ. → may come よりも可能性が低(うす)い.

❷ may (〜してもよい, 〜かもしれない)の過去形
- My father said that I **might** use his camera. 父は私が父のカメラを使ってもよいと言いました.

> **文法 ちょっとくわしく**
> 上の例文は, 直接話法 My father said, "You may use my camera."(父は「私のカメラを使っていいよ」と言った)の間接話法. 主節の動詞(said)が過去だから, **may** もそれに合わせて **might** になる. might は「〜してよかった」と過去に訳さないで, may と同じように訳すこと. → **could, would**

might as well do (**as** do) (〜するくらいなら)〜したほうがいいだろう
- You **might as well** try to stop a moving car **as** try to stop him. 彼を止めようとするくらいなら走っている車を止めようとするほうがましだ[彼を止めるなんて無理だ].

might[2] /máit マイト/ 图 力, 能力

mighty /máiti マイティ/ 形 (比較級) **mightier** /máitiər マイティア/; (最上級) **mightiest** /máitiist マイティエスト/) 力強い, 強大な; 巨大(きょだい)な → might[2] +-y.

ことわざ The pen is **mightier** than the sword. ペンは剣(けん)よりも強い. →「文の力は武力に勝(まさ)る」の意味.

migrate /máigreit マイグレイト/ 動 移住する; (鳥・魚が季節的に)移動する, 回遊する

mike /máik マイク/ 图 《話》マイク(ロフォン) (microphone)

mild /máild マイルド/ 形 温和な, 温暖な, 穏(おだ)やかな, 厳しくない; (味が)まろやかな

mile /máil マイル/ 图 マイル (=約1.6キロメートル)
- It's about a **mile** to the school. 学校まで約1マイルある. → It は漠然(ばくぜん)と「距離(きょり)」を表す.
- It's a three-**mile** walk from here. ここからだと歩いて3マイルだ. → a は walk にかかる.
- **for miles** 何マイルも
- The car was traveling at 60 **miles** per hour. その車は時速60マイルで走っていた.
- There are **miles** and **miles** of cornfields. 何マイルも何マイルもトウモロコシ畑が続いている.

military A2 /míləteri ミリテリ/ 形 軍隊の, 軍人の, 陸軍の

milk 小 A1 /mílk ミルク/ 图
乳; 牛乳, ミルク; (ココヤシなどの実の中の)乳状の液

⊘POINT 人間や哺乳(ほにゅう)動物の乳, 特に「牛乳」を指す. また植物の実の「乳状液」についてもいう.

- mother's **milk** 母乳
- drink **milk** 牛乳を飲む →×ふつう a milk, ×milks としない.
- **a glass of milk** コップ1杯の牛乳
- tea with **milk** ミルクティー
—— 動 (牛などの)乳をしぼる
- **milk** a cow 牛の乳をしぼる

mílk jùg 图 ミルク差し →紅茶道具 (tea set) の1つ.

mílk shàke 图 ミルクセーキ[シェイク] →ミルクとアイスクリームやフルーツなどを泡(あわ)立つほどかき混ぜた飲み物. 単に **shake** ともいう.

milky /mílki ミルキ/ 形 (比較級) **milkier** /mílkiər ミルキア/; (最上級) **milkiest** /mílkiist ミルキエスト/) 牛乳のような, 乳白色の → milk+-y.

Mílky Wáy 固名 (**the** をつけて)天の川, 銀河(系) (the galaxy)

mill /míl ミル/ 图 ❶ 製粉所; (製紙・紡績(ぼうせき))工場, 水車小屋 ❷ 製粉機, ひき割り器

miller /mílər ミラ/ 图 (特に水車・風車を使って粉をひく)粉屋さん, 製粉業者

milli- /míli ミリ/「〜の1000分の1」という意味の合成語をつくる:
- **milli**gram $1/1000$ グラム
- **milli**meter $1/1000$ メートル

million

million 中 A2 /míljən ミリョン/ 名 形
100万(の)
- three **million** people 300万の人々
- The population of our country is about 130 **million** (読み方: one hundred (and) thirty million). わが国の人口は約1億3千万だ.

POINT **million** は名詞でも形容詞でも数詞とともに使われる時は ×million*s* としない. millions とするのは millions of ~ の場合だけ. →**hundred, thousand**

millions of ~ 何百万という~; ものすごくたくさんの~
- **millions of** years ago 何百万年も前に

millionaire /miljənéər ミリョネア/ 名 百万長者, 大富豪(ふごう)

mimic /mímik ミミク/ 動 (三単現 **mimics** /mímiks ミミクス/; 過去・過分 **mimicked** /mímikt ミミクト/; -ing形 **mimicking** /mímikiŋ ミミキンヶ/) まねをする

mince /míns ミンス/ 動 細かく刻む
— 名 《英》細かく刻んだ肉, ひき肉 →日本語の「メンチ」「ミンチ」は mince からきているが, 発音は ×/ミンチ/ ではないので注意.

mincemeat /mínsmi:t ミンスミート/ 名 ミンスミート →ドライフルーツ, ナッツなどを細かく刻み, 砂糖やスパイス, ブランデーを加えて熟成させたもの. かつては牛のひき肉などを入れた.

mind 中 A1 /máind マインド/

名 ❶ 心, 精神　　　　　　　意味 map
　❷ 考え, 意向, 意見
動 ❶ 《疑問文や否定文で》気にする
　❷ ~に気をつける

— 名 (複 **minds** /máindz マインヅ/)

❶ 心, 精神; 理性

関連語 **mind** and body 精神と肉体, 心身
- A good idea came into his **mind**. いい考えが彼の心に入って来た[浮(う)かんだ].

　会話
Ken, can I ask you about something?—Sure. What's on your **mind**? ケン, ちょっと聞きたいことがあるんだけど. —いいとも. (何が君の心の上にあるのか ⇒) 何のことだい.

関連語 He has a cool **mind** and a warm heart. 彼は冷静な頭脳と温かい心の持ち主だ.
→ **mind** は理性に, **heart** は感情・情緒(じょうちょ)に重点がある.

ことわざ A sound **mind** in a sound body. 健全な精神は健全な身体に(宿ることが理想である).
- She **lost** her **mind**. 彼女は理性[正気]を失った.

❷ 考え, 意向, 意見; (~したい)気持ち
- I can read her **mind**. 私には彼女の考えが読める[わかる].
- He was going to buy a computer, but **changed** his **mind**. 彼はコンピューターを買おうとしていたが, 気が変わった.

ことわざ So many men, so many **minds**. ある数の人がいると, それだけの数の心がある. →「十人十色(といろ)」にあたる. so many ~ は「それだけの数の~」.

keep ~ in mind ~を覚えておく
- We are not millionaires. You must **keep** that **in mind**. 私たちは大金持ちじゃないのよ. そのことを忘れてはだめよ.

make up one's ***mind*** 決心する
- He **made up** his **mind** to do it [not to do it]. 彼はそれをしよう[するのをよそう]と決心した.

— 動 (三単現 **minds** /máindz マインヅ/; 過去・過分 **minded** /máindid マインデド/; -ing形 **minding** /máindiŋ マインディンヶ/)

❶ 《疑問文や否定文で》気にする, いやがる
- I don't **mind** hard work, but I do **mind** low pay. 私は仕事がつらいのは構わないが安い給料はいやだ. → do mind の do は「強調」を表す助動詞. このような対比の場合は肯定(こうてい)文でも使う.
- **Never mind** (**about that**). (その事は)心配するな.

POINT 「心配するな, 気にするな」という意味の「ドンマイ」は和製英語で, Don't mind. にはそのような意味はない.

- I'll wait here **if you don't mind**. 君が構わなければ私はここで待ちます.

　会話
Do you **mind** if I turn on the radio? (= Do you **mind** my turning on the radio?) —No, I don't **mind** at all. [Not at all.]

ラジオをつけてもいいですか.—ええ, どうぞ.
→×*Don't* you mind ~? としない. ラジオをつけてほしくない時には, **Yes, I do mind.** でもよいが, 非常に断定的に響(ひび)くので, 遠回しに **I'd rather you don't.** ということが多い.
Would you **mind** opening the window?—Certainly not.
(窓を開けることを君はいやがりますか ⇨)窓を開けてくださいませんか.—(もちろんいやではありません ⇨)はい, わかりました.
→Would you ~? は Do you ~? よりも丁寧(ていねい)な表現. 動名詞 opening (開けること)は mind の目的語. 窓を開けたくない時には, **I'd rather not** (**open it**). が丁寧な返事.

❷ **~に気をつける**; **~の言うことをよく聞く**; **~の世話をする** →「気をつける」の意味はふつう命令文で使う.
• **Mind** the step. 段差に[があるから]気をつけなさい.
• **Mind** your head when you go through that low doorway. あの低い戸口を通る時は頭に気をつけて.
• **Mind** your own business. (自分自身の仕事に気をつけろ ⇨)人の事に口を出すな, 大きなお世話だ.
• I **mind** my little sister at home while Mother is away. 母が留守の間, 私は家で妹を世話する.

mine¹ 中 A1 /máin マイン/ 代
❶ **私のもの** →**I**²
POINT 自分の所有物について1つのものにも2つ以上のものにもいう.
関連語 **ours** (私たちのもの)
基本 That is your umbrella, and this is **mine** (=my umbrella). あれが君の傘(かさ)で, これは僕(ぼく)のだ.

• Your eyes are brown; **mine** (= my eyes) are blue. 君の目は茶色で, 僕のはブルーだ.
❷ (**~ of mine** で) **私の~**
• He is a friend **of mine**. 彼は私の友人(の1人)だ.
• You can use this camera **of mine**. 僕のこのカメラを使っていいよ.

mine² /máin マイン/ 名 ❶ 鉱山; 坑 坑(こう) ❷ 地雷(じらい) (landmine); 機雷(きらい)
―― 動 採掘(さいくつ)する; 地雷を埋める

miner /máinər マイナ/ 名 坑夫(こうふ), 炭坑(たんこう)労働者

mineral /mínərəl ミネラる/ 名 鉱物
―― 形 鉱物の, 鉱物性の

míneral wàter A2 名 ミネラルウォーター, 鉱泉水 →鉱物塩を含(ふく)んだ水.

mini /míni ミニ/ 名 《話》 ❶ 小型のもの ❷ ミニスカート →**miniskirt** ともいう.

miniature /míni(ə)tʃər ミニ(ア)チャ/ 名 ミニチュア, 小模型
―― 形 ごく小型の, 小規模の

minimum /mínəməm ミニマム/ 名 最小量, 最小額, 最小限 反対語 **maximum** (最大限)
―― 形 最小の, 最低の

mining /máiniŋ マイニング/ 名 採鉱, 採掘(さいくつ); 鉱業

miniskirt /mínəskə:rt ミニスカート/ 名 ミニスカート

minister /mínistər ミニスタ/ 名
❶ (英国・日本などの)**大臣** →**secretary** ❷
• the Prime **Minister** 総理大臣, 首相(しゅしょう)
• the Foreign **Minister** 外務大臣
❷ **公使** →国の代表として外国に派遣(はけん)される外交官で階級は大使 (ambassador) の次.
❸ (英国国教会以外の新教の)**牧師**

ministry /mínistri ミニストリ/ 名 (複 **ministries** /mínistriz ミニストリズ/)
❶ 大臣・牧師の職 ❷ (英国・日本などの)**~省** →米国の department にあたる.

Minnesota /minisóutə ミネソウタ/ 固名 ミネソタ →カナダに接する米国中西部の州. **Minn.**, (郵便で) **MN** と略す.

minor /máinər マイナ/ 形
❶ 小さなほうの, さほど重要でない, 二流の
❷《音楽》短調の →**major** 形 ❷
―― 名 ❶ 未成年者
❷《音楽》短調, 短音階 →**major** 名 ❷

minority /mainɔ́:rəti マイノーリティ/ 名 (複 **minorities** /mainɔ́:rətiz マイノーリティズ/)
少数, 少数派 反対語 **majority** (大多数)

mínor léague 名 マイナーリーグ, 小リーグ → 大リーグ (→**major league**) の下位の米国プロ野球連盟.

mint /mínt ミント/ 名 《植物》ミント, ハッカ → シソ科の植物で, メントールの原料.

minus /máinəs マイナス/ 前 ～を引いた
反対語 **plus** (～を加えた)
- Ten **minus** six is four. (6を引いた10 ⇒) 10引く6は4 (10−6=4).
—— 形 マイナスの, 負の; 不十分な
- get a C **minus** [C⁻] in history 歴史でCマイナス[Cの下]を取る
- The temperature was **minus** 30℃ at night. 気温は夜になると氏マイナス30度になった. → 30℃の読み方: thirty degrees centigrade [Celsius].
—— 名 負号; 負数; 不利, マイナス

minute 中 A1 /mínit ミニト/ 名
(複 **minutes** /mínits ミニツ/)
❶ (時間の)分
基本 ten **minutes** to [before] ten 10時10分前
- ten **minutes** past [after] ten 10時10分過ぎ
- in ten **minutes** 10分で
- in **minutes** 2～3分して[のうちに]
- Sixty **minutes** make an hour. 60分で1時間になる.
❷ (a minute で) ちょっとの間
- in a **minute** すぐ, 直ちに (very soon)
- (for) a **minute** ちょっとの間
- Just [Wait] a **minute**. ちょっと待ってて.

- Do you have a **minute**? ちょっとお時間ありますか.

mínute hànd 名 (時計の)分針, 長針
関連語 **second hand** (秒針), **hour hand** (時針)

miracle /mírəkl ミラクる/ 名 奇跡(きせき); 奇跡的な事, 驚異(きょうい)

miraculously /mərǽkjələsli ミラキュらスリ/ 副 奇跡(きせき)的に(も)

mirror 中 A2 /mírər ミラ/ 名
鏡; (車などの)ミラー
- look in [into] a **mirror** 鏡をのぞき込(こ)む
- She looked at herself in the **mirror**. 彼女は鏡で自分の姿を見た.

mis- /mís ミス/ 接頭辞 「誤り」「非」「不」などの意味を表し, ふつう動詞や名詞に付ける:
- **mis**spell つづりを間違(まちが)える
- **mis**fortune 不運

mischief /místʃif ミスチふ/ (→× /ミスチーふ/ ではない) 名 いたずら, 悪さ

mischievous /místʃivəs ミスチヴァス/ 形 いたずらな, いたずら好きの, わんぱくな

miser /máizər マイザ/ 名 けち(んぼう), 守銭奴(しゅせんど)

miserable /mízərəbl ミゼラブる/ 形 みじめな, 不幸な, 哀(あわ)れな, 悲惨(ひさん)な; ひどい

misfortune /misfɔ́:rtʃən ミスふォーチュン/ 名 不運, 災難 関連語 「不運な」は **unfortunate**.
反対語 One man's **misfortune** is often another man's **fortune**. ある人の不幸はしばしば別の人の幸運になる.

misprint /mísprint ミスプリント/ 名 印刷ミス, 誤植, ミスプリント

Miss A1 /mís ミス/ 名
❶ ～さん; ～先生 → 未婚(みこん)の女性への敬称.
- **Miss** (Mary) Smith (メアリー)スミスさん → 未婚女性の名字または名前＋名字の前につける. 名前だけにはつけないので ×*Miss Mary* としない.
関連語 When **Miss** Green got married, she became **Mrs.** White. ミス・グリーンは結婚(けっこん)してミセス・ホワイトになった.
POINT 未婚既婚(きこん)を区別しない **Ms.** /míz/ あるいは **Ms** も多く使われる.
- Good morning, **Miss** Brown! ブラウン先生, おはようございます. → 未婚の女性の先生に対して. ×*Teacher* Brown とはいわない.
❷ (Miss＋地名などで) ミス～ → ミスコンテストなどの優勝者の称号.
- **Miss** Japan ミス日本

miss 中 A1 /mís ミス/ 動

❶ ~がいなくてさびしく思う, ~をなつかしく[恋しく]思う；~がないのに気づく
• I **miss** you (very much). あなたがいなくて私は(とても)寂しい.
• She **missed** her purse when she got on the bus. 彼女はバスに乗った時財布の無いことに気がついた.
• You never **miss** the water till the well goes dry. 井戸の水がかれるまでは水のありがたさがわからない. →「人のありがたさはその人がいなくなって初めてわかる」の意味.
[会話] When did you **miss** the key? —I didn't **miss** it until I got home. 鍵が無いのにいつ気がついたの？—家に着くまで気がつかなかった.

❷ 打ち損なう, 乗り損なう, 取り[聞き]損なう, 見逃す
• **miss** a train 電車に乗り遅れる
• **miss** a ball ボールを打ち[取り]損なう
• **miss** the deadline 締切に間に合わない
• The restaurant has a big sign on the roof; you can't **miss** it. そのレストランは屋上に大きな看板があるので, 絶対に見過ごしませんよ.
• I **missed** (seeing) the movie. 私はその映画を見逃した. →動名詞 seeing (見ること)は missed の目的語.
• I **missed** the chance to go there. 私はそこへ行くチャンスを逃がした. →不定詞 to go (行く~)は chance を修飾する. → **to** ❾ の ②
• He **missed** class yesterday. 彼は昨日授業に出てこなかった[欠席した].
• You're still **missing** the point of my argument. 君はまだ僕の主張の要点がわかっていない. → miss の意味を強める現在進行形の文. → **are** 〔助動〕❶

missile /mísəl ミスィる | mísail ミサイる/ 〔名〕ミサイル, 誘導弾

missing 〔A2〕 /mísiŋ ミスィング/ 〔形〕見当たらない, 行方不明の, 欠けている
• a **missing** boat 行方不明のボート
• Mary is still **missing**. メアリーはいまだに行方不明です.

mission 〔中〕 /míʃən ミション/ 〔名〕
❶ (外交)使節団；(宗教)伝道団, 伝道
• a **mission** school ミッションスクール →キリスト教伝道団が設立母体になっている学校.
❷ (派遣された人の特別)任務；天職
• the US space **mission** 米国の宇宙飛行任務

missionary /míʃəneri ミショネリ/ 〔形〕(主に外国での)伝道(者)の, 布教の
—〔名〕(複 **missionaries** /míʃəneriz ミショネリズ/) (海外派遣)宣教師

Mississippi /misəsípi ミスィスィピ/ 〔固名〕
❶ (the Mississippi で) ミシシッピ川 →米国の中央部を南流してメキシコ湾に注ぐ米国第一の大河.
❷ ミシシッピ →米国南部の州. 西側をミシシッピ川が流れる. **Miss.**, (郵便で) **MS** と略す.

Missouri /mizú(ə)ri ミズ(ア)リ/ 〔固名〕
❶ (the Missouri で) ミズーリ川 →米国北西部のモンタナ州から南東に流れてミシシッピ川に合流する米国第二の大河.
❷ ミズーリ →米国中西部の州. ミズーリ川が州を横断している. **Mo.**, (郵便で) **MO** と略す.

mist /míst ミスト/ 〔名〕霧, もや, かすみ → **fog**

mistake 〔中〕〔A2〕 /mistéik ミステイク/ 〔動〕(三単現 **mistakes** /mistéiks ミステイクス/; 過去 **mistook** /mistúk ミストゥク/, 過分 **mistaken** /mistéikən ミステイクン/; -ing形 **mistaking** /mistéikiŋ ミステイキング/)
思い違いをする, 誤解する
• **mistake** the address 住所を間違える
• **mistake** him **for** his brother 彼を彼の兄[弟]と間違える
• I **mistook** this stick **for** a snake. 私はこの棒をヘビと間違えた.
• Ann **was mistaken for** her sister. アンは姉[妹]と間違えられた. → **was** 〔助動〕❷
—〔名〕誤り, 間違い, 誤解
• **make** a **mistake** 間違いをする, 間違う
• a **mistake in** judgment 判断の誤り
• There's no **mistake about** it. それについては間違いがない[全く確かなことだ].
• I **made** several **mistakes in** my Eng-

mistaken

412 four hundred and twelve

lish composition. 私は英作文でいくつかの間違いをした.

by mistake 間違って, うっかり

mistaken /mistéikn ミステイクン/ 動 **mistake** の過去分詞
—— 形 間違(まちが)った, 思い違(ちが)いをした

mistletoe /mísltou ミスるトウ/ 名 《植物》ヤドリギ →小枝をクリスマスの飾(かざ)りに使う.

mistook /mistúk ミストゥク/ 動 **mistake** の過去形

misty /místi ミスティ/ 形 霧(きり) (mist) の立ち込(こ)めた, 霧深い →mist+-y.

misunderstand /misʌndərstǽnd ミスアンダスタンド/ 動 （三単現 **misunderstands** /misʌndərstǽndz ミスアンダスタンヅ/; 過去・過分 **misunderstood** /misʌndərstúd ミスアンダストゥド/; -ing形 **misunderstanding** /misʌndərstǽndiŋ ミスアンダスタンディング/） 誤解する

misunderstanding /misʌndərstǽndiŋ ミスアンダスタンディング/ 名 誤解

misunderstood /misʌndərstúd ミスアンダストゥド/ 動 **misunderstand** の過去形・過去分詞

mitt /mít ミト/ 名 ❶ (野球の)ミット ❷ (親指だけ分かれた耐熱(たいねつ)用)手袋

mitten /mítn ミトン/ 名 (防寒用の親指だけ分かれた)手袋, ミトン →glove

mix A2 /míks ミクス/ 動
❶ 混合する, 混ぜる; 混ざる
•Don't **mix** work and [with] play. 仕事と遊びをごっちゃにするな.
•Oil and water will not **mix**. = Oil won't **mix with** water. 油と水は混ざらない.
❷ (複数の人と)交わる, 付き合う
•He doesn't **mix** well. 彼は付き合いがうまくない.
•Do the boys **mix** well **with** the girls in your class? あなたのクラスでは男子と女子がうまく打ち解け合っていますか.

mix up よく混ぜる, ごっちゃにする

mixed /míkst ミクスト/ 形 混ざった; 《英》男女共学の (co-ed)

mixture /míkstʃər ミクスチャ/ 名 混合; 混合物

mm(m) /əm アム, m: ンー/ 間 うーん →感心・同意, あるいは曖昧(あいまい)な返事・ちゅうちょなどを表す.

MN 略 =Minnesota

MO 略 =Missouri

moan /móun モウン/ 名 うめき声, うなり声
—— 動 うめく, うなる

mob /máb マブ/ 名 (暴徒的)群衆

mobile A1 /móubəl モウビる|móubail モウバイる/ 形 動かすことができる, よく動く
—— 名 《英》=mobile phone

móbile hóme 名 《米》移動住宅 →一戸建て住宅の下に車輪がついていて, そのまま設置場所まで車で引いていく.

mòbile phóne A1 名
《英》携帯電話 (《米》cellphone); スマートフォン

mock /mák マク/ 動 嘲(あざけ)り笑う, からかう
—— 形 模擬(もぎ)の →名詞の前にだけつける.

mode /móud モウド/ 名 方式, やり方; 流行(型), モード

model 中 A2 /mádl マドる/ 名
❶ 模型; (車などの)型
•This car is the latest **model**. この車は最新型です.
❷ 手本, 模範
•Gandhi was the **model** of a leader. ガンジーは指導者の手本であった.
❸ (画・写真・ファッションなどの)モデル
•a fashion **model** ファッションモデル
—— 形 模型の; 模範の →名詞の前にだけつける.
•a **model** plane 模型飛行機
•a **model** answer 模範解答

moderate /mádərət マデレト/ 形 適度の, 穏(おだ)やかな, ほどほどの; 中くらいの

moderator /mádəreitər マダレイタ/ 名 調停者; (討論会などの)司会者, 議長

modern 中 A2 /mádərn マダン/ 形
現代の, 近代の; 現代風の, モダンな
•**modern** science 現代の科学
•**modern** times 現代
関連語 Do you like **modern** or **classical** music? あなたは現代音楽が好きですか, クラシック音楽が好きですか.
•This office building is very **modern**. このオフィスビルはとてもモダンです.

modest /mádist マデスト/ 形 謙虚(けんきょ)な, 控(ひか)えめな, 地味な; しとやかな

modesty /mádisti マデスティ/ 名 謙遜(けんそん), 遠慮(えんりょ); 内気, しとやかさ, 慎(つつし)み

mogul /móugəl モウガる/ 名 ❶ モーグル →スキーのフリースタイル競技の一種. ❷ 雪のこぶ

Mohammed /mouhǽmid モウハメド/ 固名
=Muhammad

moist /mɔ́ist モイスト/ 形 湿(しめ)った; 涙に潤(うる)んだ

moisture /mɔ́istʃər モイスチャ/ 名 湿気(しっけ), 水分

mold /móuld モウルド/ 名 《米》かび

moldy /móuldi モウルディ/ 形 (比較級 **moldier** /móuldiər モウルディア/; 最上級 **moldiest** /móuldiist モウルディエスト/) 《米》かびた, かび臭(くさ)い →mold+-y.

mole[1] /móul モウル/ 名 《動物》モグラ

mole[2] /móul モウル/ 名 ほくろ, あざ

mom 小 A1 /mám マム/ 名
《米話》ママ, お母さん (mamma) (《英話》mum) →母親に呼びかける時に使う. 子供だけでなく, 大人も使うことがある. しばしば大文字で始めて **Mom** と書く.

moment 中 A1 /móumənt モウメント/ 名 ❶ ちょっとの時間, 瞬間(しゅんかん)
•**for a moment** ちょっとの間
•**in a moment** 直ちに, すぐに
•Wait **a moment**. ＝Just **a moment**. ちょっと待ってください.
•He was here **a moment** ago. ちょっと前まで彼はここにいました.
❷ (ある決まった)時
•this **moment** 今すぐ
•**at the moment** 今, 今は (now)
•**for the moment** 今のところは
•Please wait a moment. He's busy at **the moment**. ちょっと待ってください. 彼は今手が離せません.
at any moment いつなん時, いつ, 今にも
•War may occur **at any moment**. 戦争がいつ起こるかもしれない.
every moment 刻々と, 今か今かと, 絶え間なく
the moment ～ 《接続詞的に使って》(～する瞬間, (～する)とすぐ (as soon as ～)
•**The moment** he saw me, he went out. 彼は私を見るとすぐ出て行った.

mommy A1 /mámi マミ/ 名 (複 **mommies** /mámiz マミズ/) 《米小児(しょうに)語》ママ, お母ちゃん (《英》mummy) →mom

Mon. 略 ＝**Mon**day (月曜日)

Mona Lisa /móunə líːzə モウナ リーザ/ 固名
(the Mona Lisa で) モナリザ →レオナルド・ダ・ヴィンチ (Leonardo da Vinci) の描(えが)いた婦人の肖像(しょうぞう)画で謎(なぞ)めいた微笑(びしょう)をたたえている.

monarch /mánərk マナク/ 名 君主 →king, queen, emperor など.

monarchy /mánərki マナキ/ 名 (複 **monarchies** /mánərkiz マナキズ/) 君主国 → monarch を国家元首とする国. →republic

Monday 小 A1 /mándei マンデイ/ 名 (複 **Mondays** /mándeiz マンデイズ/)
月曜日 →週の第2日. 詳(くわ)しい使い方は → **Tuesday**
•**on Monday** 月曜日に
•**on Monday** morning 月曜日の朝に
•**last [next] Monday** この前の[次の]月曜日(に) →×*on* last [next] Monday としない.
•Today is **Monday**. きょうは月曜日です.
•on **Mondays** 毎週月曜日に[月曜日にはよく]

語源 (Monday)
「月の日 (moon day)」の意味.

money 中 A1 /máni マニ/ 名
お金, 金銭; 財産
⭕POINT 硬貨(こうか)や紙幣(しへい)を含(ふく)めた金銭一般に対する言い方.
関連語 **coin** (硬貨), **bill** (《米》紙幣), **note** (《英》紙幣)
•**a lot of [much] money** たくさんのお金 →×ふつう money*s* としない.
•paper **money** 紙幣, 札(さつ)
•She gave me some **money**. 彼女は私に(いくらか)お金をくれた.
•We can't buy happiness with **money**. 幸福はお金では買えない.
ことわざ Time is **money**. 時は金なり. →「時間はお金と同じように大事なものだから無駄(むだ)に使ってはいけない」の意味.
make money お金を稼(かせ)ぐ[もうける]

Mongolia /maŋgóuliə マンゴウリア/ 固名
モンゴル →中国の北方に位置する国. 首都はウランバートル. 公用語はモンゴル語.

Mongolian /maŋgóuliən マンゴウリアン/ 名 形 モンゴル人(の); モンゴル語(の); モンゴルの

monitor /mánətər マニタ/ 名 ❶ 忠告者; 監

monk

視(かん)者; (学校の)**クラス委員**
❷(ラジオ・テレビなどの)**モニター** ➡放送状態をチェックする係, また装置・放送内容について意見を言う視聴者. 依頼(いらい)されて商品についての意見を報告する人は **test user**, **tester** という.
❸《コンピューター》**モニター(装置)**
── 動 監視(かんし)する

monk /máŋk マンク/ 名 (カトリック教会の)**修道士**, (仏教の)**僧** ➡**brother** ❷

monkey 小 A1 /máŋki マンキ/ 名
(動物)**サル** ➡尾(お)のある種類をいう.
類似語 尾のない種類のサルは **ape**.

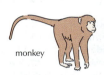

monkey / ape

monocycle /mánəsaikl マノサイクる/ 名
一輪車

monorail /mánəreil マノレイる/ 名 **モノレール**

monotonous /mənátənəs モナトナス/ 形
単調な; **退屈(たいくつ)な**

monster /mánstər マンスタ/ 名 **化け物, 怪物(かいぶつ)**, (想像上の)**怪獣(かいじゅう)**

Montana /mantǽnə マンタナ/ 固名 **モンタナ** ➡アメリカ北西部の州. **Mont.**, (郵便で) **MT** と略す.

Mont Blanc /mɔ̀:n blá:n モーン ブらーン/ 固名 **モンブラン** ➡フランス・イタリア国境にあるアルプス山脈最高峰(ほう) (4,807m). フランス語で Mont =山, Blanc =白い.

month 小 A1 /mánθ マンす/ 名
(複 **months** /mánθs マンすス/)
(暦(こよみ)の)**月**; **ひと月(間)**
• **this month** 今月(に) ➡×*in* this month としない.
• **next month** 来月(に)
• **the next month** その次の月(に), その翌月(に)
• **last month** 先月(に)
• **the month before last** (先月の前の月 ⇨)先々月(に)
• **the month after next** (来月のあとの月

⇨)再来月(に)
• **every month** 毎月
• **at the beginning [the end] of this month** 今月の初め[終わり]に
• **a six-month-old baby** 生後6か月の赤ちゃん
• **What day of the month is it today?** きょうは何日ですか. ➡it は漠然(ばくぜん)と「時」を表す. ふつうは What date is this? あるいは What's the date today? という.
• **In which month is your birthday?** あなたのお誕生日は何月ですか.
• **many months ago** 何か月も前に
• **some months later** 数か月後に
• **He stayed with us (for) two months.** 彼はうちに2か月滞在(たいざい)しました.
• **The baby is eighteen months old.** 赤ちゃんは生後1年半です. ➡2年未満の場合はふつうこのように月数で言い, ×*one and a half years* などとしない.

a month ago today 先月のきょう
a month from today 来月のきょう
this day month = ***today month*** 《英》 先月[来月]のきょう

monthly /mánθli マンすり/ 形 **月々の, 毎月の**
── 副 **月々, 毎月, 月1回**
── 名 (複 **monthlies** /mánθliz マンすリズ/) **月刊誌** 関連語 **daily** (毎日(の)), **weekly** (毎週(の)); 週刊誌

Montreal /mantriɔ́:l マントリオーる/ 固名 **モントリオール** ➡カナダ東部の大都市. 英語よりもフランス語が多く使われている.

Montserrat /mɑ:ntsərǽt マーントサラト/ 固名 **モントセラト島** ➡西インド諸島の中のリーワード諸島の1つ(英国領).

monument /mánjumənt マニュメント/ 名
記念碑(ひ), 記念像[館], 記念物

moo /mú: ムー/ 動 (牛が)**モーと鳴く**
── 名 (複 **moos** /mú:z ムーズ/) **モー** ➡牛の鳴き声.

mood A2 /mú:d ムード/ 名 **気分, 機嫌(きげん)**
• **He is in a bad [good] mood.** 彼は機嫌が悪い[良い].
• **I'm in no mood to dance [for joking].** 私はダンスをする[冗談(じょうだん)を言う]気分じゃない.

moon 小 A1 /mú:n ムーン/ 名
(複 **moons** /mú:nz ムーンズ/)

❶ (天体の)**月** →暦(こよみ)の「月」は **month** /マンす/.
- the sun and the **moon** 太陽と月
- a full [half, new] **moon** 満月[半月, 新月]

⚠POINT **moon** は単独で使う時は the moon とするが, full, half, new などがつくと, 月が満ち欠けする姿を指すことになるので **a** をつける.

- There was no **moon** [a **moon**] last night. 昨夜は月が出ていなかった[出ていた].

a full moon　　a half moon　　a new moon
　　　　　　　　　　　　　　a crescent

❷ (惑星(わくせい)の)**衛星** (satellite); **人工衛星** **artificial satellite** ともいう.

イメージ (moon)
月の表面の模様を, 日本では古くから「ウサギが餅(もち)をついている」と言うが, 英米では「人の顔(あるいは姿)」, また「薪(たきぎ)を集めて, 熊手(くまで)に寄りかかっている人(と犬)」に見立てる. 昔, 月は魔力(まりょく)を持っていると信じられていたので moonstruck (/ムーンストラク/ 気の触(ふ)れた), moony (/ムーニ/ ぼんやりした)などの言葉が生まれた.

mooncake /múːnkeik ムーンケイク/ 名
月餅(げっぺい) →中国のお菓子.

moonlight /múːnlait ムーンライト/ 名 **月光, 月の明かり**

mop /máp マプ/ 名 (床(ゆか)を拭(ふ)く)モップ

moral /mɔ́ːrəl モーラる/ 形 **道徳の; 道徳的な, 正しい**
—— 名 ❶ (寓話(ぐうわ)(fable) などの)**教訓, 寓意**(ぐうい) ❷ (**morals** で)**道徳, モラル**

móral educátion 小 名 **道徳教育**, (教科の)**道徳**

more 小 A1 /mɔ́ːr モー/

形	もっと多くの	意味 map
副	❶ もっと多く	
	❷ 《形容詞・副詞の前について比較(ひかく)級をつくり》 もっと~	
代	もっと多くの物[人・事・量]	

—— 形 もっと多くの →many (多数の), much (多量の)の比較級.

基本 **more friends** もっと多くの友達 → more+数えられる名詞の複数.
- **more** books もっと多くの本
- ten **more** books もう[さらに]10冊の本 →数+more ~. ×more ten ~ としない.
- many **more** books さらにたくさんの本
- **more than** ten boys 10人以上の少年 → 厳密には11人以上. → **more than** ~
- I want one **more** ticket. 私はもう1枚チケットがほしい.
- There are a few **more** tickets. あと2~3枚チケットが残っている.
- Ten is (two) **more** than eight. 10は8より(2)多い.
- You have **more** friends than I have [《話》than me]. 君は私よりも多くの友人を持っている.

基本 **more water** もっとたくさんの水 → more+数えられない名詞.
- **more** money もっと多くのお金
- some **more** butter [money] もう少し多くのバター[お金] →量+more ~. ×more some ~ としない.
- Bob did **more** work than John. ボブはジョンよりもっとたくさん仕事をした.
- This flower needs a little **more** water. この花はもう少し水(をやること)が必要だ.
- Would you like to have some **more** tea? お茶をもう少し召(め)し上がりますか.

—— 副 ❶ もっと多く →much (大いに)の比較級.

基本 **You must sleep more**. 君はもっと眠らなければいけない. →動詞+more.
- I love you **more** than anyone else. 私はほかの誰(だれ)よりも君を愛している.

❷ 《形容詞・副詞の前について比較級をつくり》もっと~

基本 **more beautiful** もっと美しい → more+形容詞.

基本 **more slowly** もっとゆっくり →more+副詞.
- You must be **more** careful. 君はもっと注意深くなければいけない.
- Sue is **more** beautiful than her sister. スーは彼女の姉[妹]よりも美しい.
- Please speak **more** slowly. もっとゆっくり話してください.

—— 代 もっと多くの物[人・事・量]

moreover 416 four hundred and sixteen

• Tell me **more** (about yourself). (君のことについて)もっと私に話してください.

• Mary ate her cake, but she wanted **more**. メアリーは自分のケーキを食べたのにもっと欲(ほ)しがった.

反対語 You must eat **more** and drink **less**. あなたはもっとたくさん食べてお酒を飲むのをもっと減らさなければならない.

• We bought **more** than we needed. 私たちは必要以上の物を買った.

• Give me a little **more** of that cake, please. そのケーキをもう少しください.

all the more それだけますます, なお一層

more and more (~) ますます(多くの~)

• **More and more** people came to live in the suburbs of the city. ますます多くの人々が市の郊外(こうがい)に住むようになった.

• The lessons are becoming **more and more** difficult. 授業はますます難しくなってきた.

more or less 多少, いくらか; だいたい

more than ~ ~より多い, ~以上の[で]; 十二分に →than の次には名詞・形容詞・副詞などが続く.

• There were **more than** 100 people. 100人を超(こ)える人々がいた.

• It's **more than** important. それはこの上なく重要だ.

• You're **more than** welcome! (Thank you. に対して)こちらこそ. →You're welcome. (どういたしまして)を強調する言い方.

• The cost **more than** doubled. 経費は2倍以上になった.

much [***still***] ***more*** まして~はなおさらのことだ

• You have a right to your property, **much more** to your life. 君には財産に対する権利がある, まして生命に対する権利はなおさらのことだ.

not ~ any more = ***no more*** もう~ない

• I **don't** want **any more**. = I want **no more**. 私はもう(これ以上)ほしくない.

• **No more**, thank you. (食べ物などを勧(すす)められて)もうたくさんいただきました.

no more than ~ たった~, ほんの~ (only); ただ~にすぎない →no は more を否定する.

• I have **no more than** a dollar. 私はたった1ドルしか持っていない.

not more than ~ ~より多くはない, 多くて~ (at most) →not は動詞を否定する.

• There were **not more than** twenty people at the party. そのパーティーに出席した人は(20人以上はいなかった ⇨)せいぜい20人だった.

once more もう一度

• Please sing the song **once more**. もう一度その歌を歌ってください.

the more A, ***the more*** B AすればするほどますますB →the 副 ①

moreover /mɔːróuvər モーロウヴァ/ 副 その上に, さらに

morning 小 A1 /mɔ́ːrniŋ モーニング/

名 (複 **mornings** /mɔ́ːrniŋz モーニングズ/)

朝; 午前

→日の出から正午頃(ごろ)までの時間帯を指す (→ **day**). 使い方については →**afternoon**

基本 **in the morning** 朝(に), 午前中(に)

• early in the **morning** = in the early **morning** 朝早く

基本 **this morning** けさ →×in this morning としない.

• tomorrow **morning** あすの朝, 明朝

• one (winter) **morning** ある(冬の)朝に

• all (the) **morning** 午前中ずっと →the をつけないほうがふつう.

• **from morning till** night 朝から晩まで

基本 **on Sunday morning** 日曜日の朝に →特定の日の「朝に」の前置詞は on.

• on a cold **morning** 寒い朝に

• on fall **mornings** 秋の朝に(はよく)

• on Christmas Eve **morning** = on the **morning** of Christmas Eve クリスマスイブ(12月24日)の朝に

関連語 During the summer vacation I study in the **morning** and go out in the **afternoon**. 夏休み中私は午前中に勉強して午後から外出します.

Good morning. A1 おはよう

mórning glòry 名 《植物》アサガオ

mórning stár 名 (**the** をつけて) **明けの明星**(みょうじょう) →日の出前に東の空に見える金星 (Venus).

Morocco /mərákou モラコウ/ 固名 モロッコ →アフリカ北西部の君主国. 公用語はアラビア

語. 首都はラバト.

mortar /mɔ́:rtər モータ/ 名 **モルタル, しっくい**

—— 動 **モルタルで接合する**

mosaic /mouzéiik モウゼイイク/ 名形 **モザイク(の)** → タイルなどの小片を組み合わせて作った模様や絵画.

Moscow /máskou マスコウ/ 固名 **モスクワ** → ロシア連邦(れんぽう)の首都.

Moses /móuziz モウゼズ/ 固名 **モーセ** → 紀元前 13 世紀頃(ごろ)のユダヤ民族の指導者. 奴隷(どれい)になっていたユダヤ人を率いてエジプトを脱出した.

Moslem /mázləm マズレム/ 名形 = Muslim

mosque A2 /másk マスク/ 名 **モスク** → イスラム教の礼拝所. → Islam

mosquito /məskí:tou モスキートウ/ 名
(複 **mosquito(e)s** /məskí:touz モスキートウズ/) 《虫》**蚊**(か)

moss /mɔ́:s モース/ 名 《植物》**コケ**

most 中 A1 /móust モウスト/

形	❶ (the most 〜 で) **最も多くの** 意味 map
	❷ (×*the* をつけないで) **大部分の, たいていの**
副	❶ 《形容詞・副詞の前について最上級をつくり》**最も, 一番**
	❷ (しばしば the most で) **最も多く**
代	❶ (the most で) **最も多くの数[量], 最大限**
	❷ (×*the* をつけないで) **大部分, たいてい**

—— 形 ❶ (the most 〜 で) **最も多くの** → many (多数の), much (多量の)の最上級.

中基本 **the most stamps** 最も多くの切手 → the most+名詞.

• He has the **most** books in our class. 私たちのクラスで彼が一番多く本を持っている.

✓POINT このように, 最上級の表現のあとには原則として「〜(の中)で」という範囲を限定する言葉が続く. ×*He has the most books.* だけでは不完全.

• He has the **most** money **of** the three brothers. 3 人の兄弟のうちで彼が一番たくさんお金を持っている.

❷ (×*the* をつけないで) **大部分の, たいていの**

中基本 **most girls** たいていの女の子 → most+数えられる名詞の複数.

中基本 **most wealth** 大部分の富 → most+数えられない名詞.

• in **most** cases たいてい(の場合)

• **Most** children like ice cream, but a few don't. たいていの子供はアイスクリームが好きだが, きらいな子供も少しはいる.

—— 副 ❶ 《形容詞・副詞の前について最上級をつくり》**最も, 一番** → 形容詞の前では **the most 〜**, 副詞の前では **most 〜**.

中基本 **the most beautiful girl** 最も美しい少女 → the most+形容詞+名詞.

• Susie is **the most** beautiful **of** the three sisters. スージーが 3 姉妹(しまい)のうちでは一番美しい.

中基本 **She sang most beautifully of all.** 彼女はみんなのうちで最も見事に歌った. → most+副詞.

❷ (しばしば the most で) **最も多く, 一番** → most は much (大いに)の最上級.

• I love you (**the**) **most** in this world. 私はこの世で君を一番愛している.

反対語 He worked (the) **most** and yet was paid (the) **least**. 彼は一番多く働いたのにもらったお金は一番少なかった. → least は little (少し)の最上級.

❸ (a most で) **とても, 非常に** (very)

• **a most** kind girl とても親切な少女 → ふつうは a very kind girl という. the kindest girl は「一番親切な少女」.

—— 代 ❶ (the most で) **最も多くの数[量], 最大限**

関連語 John has **a lot of** comic books, but Bob has **more** and Alan has **the most**. ジョンは漫画の本をたくさん持っているけどボブのほうがもっと持っている, そしてアランが一番たくさん持っている.

• This is **the most** I can do. これが私ができる最大限です[精一杯(せいいっぱい)でこれだけです]. → I can do is the most を修飾(しゅうしょく)する.

❷ (×*the* をつけないで) **大部分, たいてい**

• We went there by bus, but **most** came by train. 私たちはそこへバスで行ったが, 大部分の人は電車で来た.

• Spanish is spoken in **most of the** countries in South America. スペイン語は南米の国々の大部分で話されている.

mostly 418 four hundred and eighteen

•**Most of them** are imported goods. それらのほとんどは輸入品です.

•We spent **most of our** money. 私たちは自分たちのお金をほとんど使ってしまった.

文法 ちょっとくわしく

most of の次には限定された名詞が続く. 従ってその名詞の前には the, these, my などがつく. 人称(にんしょう)代名詞 (it, us, you, them など)はそれ自体が限定された人[物]を示しているからそのままでよい.

○ most of **the** children
× most of *children*
○ most of **our** money
× most of *money*

---

at (**the**) **most** 多くとも, せいぜい

for the most part 大部分は, たいてい (mostly)

make the most of ~ ~を最大限に利用する

most of all 中でも一番, とりわけ

mostly A2 /móustli モウストリ/ 副 たいてい, 大部分は

motel /moutél モウテる/ 名 モーテル →自動車道路沿いにあるドライバーのための簡易宿泊(しゅくはく)所. mot**or** と h**otel** の混成語.

moth /mɔ́:θ モーす/ 名 (虫) ガ(蛾); (衣類を食う)イガ

mother 小 A1 /mʌ́ðər マざ/ 名
(覆 **mothers** /mʌ́ðərz マざズ/)

❶ 母 関連語 「父」は **father**.

POINT 家庭内では固有名詞のように使い, 冠詞(かんし)をつけず, 書く時は大文字で始める. 「何かを生み出す源」の意味でも使われる. 年齢(ねんれい)の低い子供は mom, mommy ということが多い. →**mom**

•my [Jack's] **mother** 私の[ジャックの]母

•**Mother** is not at home. 母は留守です.

•Oh, **Mother**, please. Let me go to the party. ねえ, お母さん, お願い. パーティーに行かせて.

•She is the **mother** of five children. 彼女は5人の子供の母親だ.

•Mrs. Smith will become a **mother** next month. スミスさんの奥(おく)さんは来月母親になるでしょう[お子さんがお生まれになるでしょう].

ことわざ Necessity is the **mother** of invention. 必要は発明の母.

•a **mother** bird 母鳥

•**Mother** Earth 母なる大地

❷ (**Mother** で) マザー →母と仰(あお)がれるような女性, また女子修道院長に対する敬称・呼びかけに用いる.

•**Mother** Teresa マザーテレサ

móther còuntry 名 母国, 故国

Mother Goose /mʌ́ðər gú:s マざ グース/ 固名 グースおばあさん →英国に古くから伝わるわらべ歌を集めた童謡(どうよう)集『マザーグース』(**Mother Goose's Tales**) の作者とされる架空(かくう)のおばあさん.

mother-in-law /mʌ́ðərin lɔ: マざリン ろー/ 名 (覆 **mothers-in-law** /mʌ́ðərzin lɔ: マざズイン ろー/) 義理の母, しゅうとめ

Mother's Day /mʌ́ðərz dèi マざズ デイ/ 名 母の日 →5月の第2日曜日.

móther tóngue 名 母語, 母国語

motif /moutí:f モウティーふ/ 名 (覆 **motifs** /moutí:fs モウティーふス/) モチーフ →文学作品や芸術作品を支配する思想. 音楽の曲の中に繰(く)り返し現れる主要な旋律(せんりつ).

motion /móuʃən モウション/ 名 運動, 動き, 動作

—— 動 ~に身ぶりで合図する

mótion pícture 名 (米)映画 (movie)

motive /móutiv モウティヴ/ 名 動機

motor /móutər モウタ/ 名 発動機, モーター, エンジン (engine)

motorbike /móutərbaik モウタバイク/ 名
❶ (米) モーターバイク →軽量のオートバイ. また小型エンジン付き自転車.
❷ (英) オートバイ (motorcycle)

motorboat /móutərbout モウタボウト/ 名 モーターボート

motorcycle /móutərsaikl モウタサイクる/ 名 オートバイ, バイク

•**ride** (**on**) a **motorcycle** バイクに乗る

mótor hòme [(英) càravan] 名 キャンピングカー →(米)では camper, trailer, (英)では単に caravan ともいう.

motorist /móutərist モウタリスト/ 名 自動車[バイク]運転者

motorway A2 /móutərwei モウタウェイ/ 名 (英)高速自動車道路 ((米) expressway)

motto /mátou マトウ/ 名 (覆 **motto**(**e**)**s**

/mátouz マトウズ/ 標語, モットー

mould /móuld モウるド/ 名 《英》=mold

mouldy /móuldi モウるディ/ 形
《英》=moldy

mound /máund マウンド/ 名
❶ (墓・遺跡(いせき)などで土・石などを盛り上げた)塚(つか), 小丘(しょうきゅう); (物を積み上げた)山
❷ (野球場で, 土が少し高く盛られているピッチャーの)マウンド

mount /máunt マウント/ 名 山 →ふつう **Mt.**, **Mt** と略して山名に使う.
• **Mount** Fuji=**Mt.** Fuji 富士山
—— 動 ～に登る; (馬などに)乗る

mountain 小 A1 /máuntin マウンテン/ 名 (複 **mountains** /máuntinz マウンテンズ/)
❶ 山 類似語 「丘, 小山」は **hill**.
• the top of a **mountain** 山の頂上
• **climb** a **mountain** 山に登る
• Mt. Fuji is the highest **mountain** in Japan. 富士山は日本で一番高い山だ. →山名の前につける時はふつう **Mt.**, **Mt** と略す.
• **a chain of mountains** 連山, 山脈
• live in the **mountains** 山に住んでいる → 一般的に「山岳(さんがく)地帯」という意味での「山」は, このように **the mountains** という.
• He likes to go to the **mountains**. 彼は山へ行くことが好きです.
❷ (the ～ Mountains で) ～山脈
• **the** Rocky Mountains ロッキー山脈

móuntain clímbing 名 登山

mountaineering /mauntiníəriŋ マウンテニアリング/ 名 登山

móuntain lìon 名 《動物》アメリカライオン
→クーガー (cougar), ピューマ (puma) とも呼ばれる.

mountainous /máuntənəs マウンテナス/ 形 山地の, 山の多い

mountainside /máuntinsaid マウンテンサイド/ 名 山腹

mourn /mɔ́ːrn モーン/ 動 (人の死を)悲しむ, 嘆(なげ)く; 追悼(ついとう)する, 悼(いた)む

mournful /mɔ́ːrnfəl モーンふる/ 形 悲しい; 哀(あわ)れを誘う

mouse 小 A1 /máus マウス/ 名
❶ (複 **mice** /máis マイス/) 《動物》ハツカネズミ →mice

参考 **mouse** は西洋でふつうのネズミで, 人家にすむイエネズミ (**house mouse**) や野原にいるノネズミ (**field mouse**) などの種類がある. ペットにしたり動物実験用にも使われる. 日本の家に出てくるネズミ (**rat**) よりも小さい.

• The **mouse** squeaked and ran away when it saw the cat. ネズミはネコを見るとチューチュー鳴いて逃(に)げた.

イメージ (mouse)
mouse はチーズが大好物で「かわいらしいおく病者」の感じを持たれているが, **rat** のように「悪者」のイメージはない.

❷ (複 **mice**, **mouses** /máuziz マウズィズ/)《コンピューター》マウス

moustache /mʌ́stæʃ マスタシュ/ 名 《英》=mustache (口ひげ)

mouth 小 A1 /máuθ マウす/ 名
(複 **mouths** /máuðz マウずズ/) →複数形になると th の音が /ð ず/ に変わることに注意.
❶ (人間・動物の)口

• **open** one's **mouth** 口をあける
• He has a pipe in his **mouth**. 彼はパイプをくわえている.
• Don't speak with your **mouth** full. 口にものをほおばったまましゃべってはいけない. → with A full は「A をいっぱいにして」.
• **Shut** your **mouth**. (口を閉じろ ⇨)黙(だま)れ.
• She was surprised and put her hand over her **mouth**. 彼女は驚(おどろ)いて手を口に当てた.
→驚きを表すしぐさ.
❷ (ほら穴などの)出入り口; 河口; (びんの)口; 口状のもの
• the **mouth** of a cave ほら穴の口
• the **mouth** of the Thames テムズ河口

by word of mouth 口頭で, 口伝えで

move

move 中 A1 /múːv ムーヴ/ 動

❶ **動く, 移動する, 引っ越(こ)す; 動かす**

•**move about** 動き回る

•**move along [on]** 進んで行く, 進ませる

•**move away** 離れる, 去って行く

•**move in [out]** 引っ越して来る[行く], 入って来る[出て行く]

•**move in [into]** a new house 新しい家へ移る[引っ越す]

•Let's **move to** another seat. I can't see the screen. ほかの席へ移ろうよ. (映画の)スクリーンが見えないもの.

•The earth **moves around** the sun. 地球は太陽の周りを動いている.

•His family **moved from** Seattle **to** Boston last month. 彼の家族は先月シアトルからボストンへ引っ越した.

•Who has **moved** my book? I left it on the table. 誰(だれ)が僕(ぼく)の本を動かしたの. テーブルの上に置いて行ったのに. →最初の文は現在完了形. →**have** 助動 ❶

•There is no wind. Not a leaf is **moving**. まったく風がない. 1枚の木の葉も動いていない. →**is** 助動 ❶

❷ **心を動かす, 感動させる**

•The movie **moved** us deeply. その映画は私たちを深く感動させた.

•We were deeply **moved** by his speech. 私たちは彼の演説に深く感動させられた[感動した]. →**were** 助動 ❷

move over (席・列などを)**詰(つ)める**

── 名 **動き, 移動; (チェス・将棋(しょうぎ)などの駒(こ)ま)の)動かし方, 動かす番**

•make a **move** 動く, 行動を起こす, 引っ越す

•a good [the first] **move** よい手[先手]

•It's your **move**. (チェス・将棋などで)君の番だ. →「今度は君が行動を起こす[返答する]番だ」の意味にも使う.

Get a move on! (話)急げ, 早くしろ

movement 中 /múːvmənt ムーヴメント/ 名

❶ **動くこと, 動き, 動作**

•with a quick **movement** すばやい動きで

❷ **(社会的・宗教的)運動**

•a civil rights **movement** (人種・性別などによる差別撤廃(てっぱい)を求める)公民権運動

mover /múːvər ムーヴァ/ 名 《米》引っ越(こ)し会社[業者]

---

movie 小 A1 /múːvi ムーヴィ/ 名

《米》**映画** (film)

•a horror [SF] **movie** ホラー [SF] 映画

•a **movie** star [fan] 映画スター[ファン]

•a **movie** director [studio] 映画監督(かんとく)[撮影(さつえい)所]

•see a **movie** about a war in space 宇宙戦争の映画を見る

•I like to see **movies** on TV. 私はテレビで映画を見るのが好きだ.

•go to the **movies** 映画を見に行く

〇POINT the movies は「《集合的に》映画(の上映)」. the movie は「その映画」.

móvie hòuse [thèater] 名 《米》映画館

moving /múːviŋ ムーヴィング/ 動 **move** の -ing 形 (現在分詞・動名詞)

── 形 ❶ **動いている, 動く** ❷ **人の心を動かす, 人を感動させる**

mow /móu モウ/ 動 (三単現 **mows** /móuz/; 過去 **mowed** /móud モウド/; 過分 **mowed, mown** /móun モウン/; -ing形 **mowing** /móuiŋ モウイング/) 刈(か)り取る, 草を刈る

mower /móuər モウア/ 名 草を刈(か)る人; 芝刈(しば)り機 (lawn mower)

mown /móun モウン/ 動 **mow** の過去分詞

Mozart /móutsɑːrt モウツァート/ 固名 **(Wolfgang A. Mozart)** モーツァルト →オーストリアの作曲家 (1756–1791).

Mr., Mr 中 A1 /místər ミスタ/ 略

❶ **~氏, ~さん, ~様, ~先生** →(成人した)男性への敬称. mister (=master). 《英》ではピリオドをつけないことが多い.

•**Mr.** (James) Bond (ジェームズ)ボンド氏 →男性の名字, または名前＋名字の前につける. ×*Mr. James* と名前だけにはつけない.

•Good morning, **Mr.** Bond. ボンドさん[先生], おはようございます. →呼びかけの時は名字だけをいう.

•**Mr.** Smith teaches us English. スミス先生が私たちに英語を教えてくれる. →×*Teacher* Smith とはいわない.

•I have a question, **Mr.** President. 大統領閣下, おたずねしたいことがあるのですが. →このように官職名につけて呼びかけに使う. →**chairman**

❷(**Mr.**＋地名・職業名などで) **ミスター〜** →コンテストの優勝者・その職業などを代表する優(すぐ)れた男性などの称号.

•**Mr.** Universe [Baseball, Giants] ミスターユニバース[ベースボール, ジャイアンツ]

Mr. and Mrs. 〜 →夫妻

•**Mr.** and **Mrs.** Jones will come here today. ジョーンズご夫妻はきょうここへお見えになります.

Mrs., Mrs **A1** /mísiz ミセズ/ **略**

〜夫人, 〜さん; 〜先生 →結婚(けっこん)している女性への敬称. mistress (主婦)の省略形.《英》ではピリオドをつけないことが多い.

•**Mrs.** Smith スミス夫人, スミス氏の奥(おく)さん

•**Mrs.** Michelle Smith ミシェル・スミスさん →ふつうは(女性自身の名前＋)名字の前につける. ×*Mrs. Michelle* とはいわない.

•**Mrs.** Donald Smith ドナルド・スミス夫人 →公式の場または夫との関連でその妻をいう時は, このように夫の名前＋名字の前につける.

•**Mrs.** Sato is our music teacher. 佐藤先生が私たちの音楽の先生です. →×*Teacher Sato* とはいわない.

関連語 When **Miss** Green got married, she became **Mrs.** White. ミス・グリーンは結婚してミセス・ホワイトになった. →未婚(みこん)既婚(きこん)を区別しない **Ms.** (**Ms**) も多く使われる.

MS **略** ＝Mississippi

Ms., Ms **中** **A2** /míz ミズ/ **略**

〜さん, 〜先生 →(成人)女性への敬称. 女性だけ Miss, Mrs. で未婚(みこん)・既婚(きこん)の区別をするのは不当だとする考えから生まれた語.《英》ではピリオドをつけないことが多い.

•**Ms.** (Ann) Smith (アン・)スミスさん

MT **略** ＝Montana

Mt., Mt **小** /máunt マウント/ **略** ＝mount (山) →山の名前の前につける.

much **小** **A1** /mʌ́tʃ マチ/

形	多量の, たくさんの	**意味 map**
副	**❶ たいへん, 大いに, とても**	
	❷《比較(ひかく)級・最上級を強めて》**ずっと**	
代	多量, たくさん	

―― 形

比較級 **more** /mɔ́ːr モー/
最上級 **most** /móust モウスト/

多量の, たくさんの, 多くの

関連語 **many** (多数の)

基本 **much money** たくさんのお金 → much＋数えられない名詞.

•**much** time たくさんの時間

•**much** snow たくさんの雪

•**much** water 多量の水

> **文法 ちょっとくわしく**
>
> 特に話し言葉では **much** はふつう疑問文や否定文で使われる. 肯定(こうてい)文で使われると形式張った感じになるので, **as, how, so, too** とともに使われるほかは, 代わりに **a lot of, lots of, a good deal of, plenty of** などを使うことが多い.

•We don't have **much** snow here in winter. ここでは冬にあまり雪が降らない.

•The noise is too **much**. 騒音(そうおん)がひどすぎる.

•That's too **much** for me. それは私には多すぎる[荷が重すぎる, 手に負えない].

•Ann ate **more** ice cream **than** Bob. アンはボブよりたくさんのアイスクリームを食べた.

•Ken ate **the most** ice cream of all. ケンはみんなの中で一番たくさんのアイスクリームを食べた.

―― 副 (**比較級** **more** /mɔ́ːr モー/; **最上級** **most** /móust モウスト/)

❶ たいへん, 大いに, とても

基本 **I like his pictures very much.** 私は彼の絵が大好きです. →動詞の意味を強める時は very much を使うことが多い.

•Thank you very **much**. たいへんありがとうございます.

•I don't like him very **much**. He talks too **much**. 私は彼があまり好きじゃない. 彼はしゃべりすぎる.

•The shoes are **much** too big for me. その靴(くつ)は私にはとても大きすぎる. →much は too big を修飾(しゅうしょく)する.

❷《比較級・最上級を強めて》**ずっと, はるかに** →最上級を強めるにはふつう by far を使う.

•**much** more ずっとたくさん(のこと) →成句

•You can sing **much** better than I can [《話》than me]. 君は私よりもずっと歌がじょうずだ.

•Your school is **much** larger than ours. 君たちの学校は私たちの(学校)よりずっと大きい. →ours＝our school.

mud

— 代 多量, たくさん, 多く 関連語 many (多数)

- **much** of the money そのお金の多く
- I haven't seen **much** of him lately. 私は最近あまり彼に会わない. →現在完了の文. → **have** 助動 ❷
- Don't eat too **much** of the cake. ケーキを食べすぎちゃだめよ.
- **Much** of the country is desert. その国の大部分は砂漠(さばく)だ.
- I don't eat **much** for breakfast. 私は朝食はたくさん食べません.
- I don't know **much** (about him). 私は(彼については)あまり知りません.

> **文法　ちょっとくわしく**
> **much of** の次には限定された名詞が続く. 従ってその名詞の前には the, my などがつく. 人称(にんしょう)代名詞 (it, him など)はそれ自体が限定された人[物]を示しているからそのままでよい.
> ○ much of **the** money
> × much of *money*

as much as A Aと同じだけ
- You can play **as much as** you like. 君は好きなだけ遊んでもよい.

as much B ***as*** A Aと同じだけのB
- He drinks **as much** coffee **as** tea. 彼はコーヒーもお茶も同じくらい飲む.
- You have twice **as much** money **as** I have [《話》 **as** me]. (君は私が持っているのと同じだけのお金の2倍 ⇒)君は私の2倍のお金を持っている.

how much (〜) どれほどたくさん(の〜); いくら
- **How much** (money) do you need? 君はどれだけ(のお金が)必要なのですか.

会話
A: **How much** is this?
B: Ninety-five dollars.
A: Too expensive! Could you make it a little cheaper?
B: No.
A: これはいくらですか.
B: 95ドルです.
A: 高すぎるなあ. もう少しまけてくれませんか.
B: だめです.

How much is this?

make much of 〜 〜を重んじる, 大事にする; (子供など)をちやほやする
- That school **makes much of** tradition. あの学校は伝統を重んじる.

much less まして〜でない → **less** 成句

much more ① ずっとたくさん(のこと)
② まして〜はなおさらのことである → **more** 成句

So much for 〜 〜はこれでおしまい
- **So much for** the history of Japan. We will now talk about its economy. 日本の歴史のことはこれくらいにして, 今度は日本の経済について話しましょう.

think much of 〜 〜を高く評価する, 〜を重んじる →否定文で使うことが多い.
- Father didn't **think much of** Paul's plan. 父はポールの計画をあまりいいとは思わなかった.

mud /mʌ́d マド/ 名 泥(どろ)

muddy /mʌ́di マディ/ 形 (比較級 **muddier** /mʌ́diər マディア/; 最上級 **muddiest** /mʌ́diist マディエスト/) 泥(どろ)だらけの; 泥でぬかる, (泥で)濁(にご)った

muffin /mʌ́fin マフィン/ 名 マフィン →柔(やわ)らかい菓子(かし)パン. 《米》ではカップ型のもの, 《英》では平たい丸型のもの.

《米》　　《英》

muffler /mʌ́flər マふら/ 名 マフラー →《米》(自動車やバイクの)消音装置.

mug A2 /mʌ́g マグ/ 名 マグ, マグカップ →陶製(とうせい)または金属製の, 取っ手の付いた円筒(えんと

Muhammad /muhǽməd ムハマド/ 固名
ムハンマド, マホメット →アラビアのメッカ (Mecca) に生まれたイスラム教の開祖 (570? − 632).

mulberry /mʌ́lbəri マるベリ/ 名 (複 **mulberries** /mʌ́lbəriz マるベリズ/) 《植物》クワ; クワの実

mule /mjúːl ミューる/ 名 《動物》ラバ →雄(おす)ロバと雌(めす)馬との雑種.

イメージ (mule)
体は頑丈(がんじょう)で知能も高いが, 性質は強情(ごうじょう). as stubborn as a mule (ラバのように強情な)は「ものすごく強情な」の意味.

multi- /mʌ́lti マるティ/ 「多くの」という意味の合成語をつくる:
• **multi**cultural 多文化の
• **multi**national 多国籍の

multilingual /mʌ̀ltilíŋɡwəl マるティりンぐワる/ 形 数か国語を話せる; 多言語の

multiply /mʌ́ltəplai マるティプらイ/ 動 (三単現 **multiplies** /mʌ́ltəplaiz マるティプらイズ/; 過去・過分 **multiplied** /mʌ́ltəplaid マるティプらイド/; -ing形 **multiplying** /mʌ́ltəplaiiŋ マるティプらイイング/)
掛(か)け算をする, 掛ける; 増やす, 増える

multipurpose /mʌ̀ltəpə́ːrpəs マるティパ~パス/ 形 (道具などが)多目的の, 多用途の

mum A1 /mʌ́m マム/ 名 《英話》ママ, お母さん (《米》mom)

Mumbai /mʌmbái マンバイ/ 固名 ムンバイ →インド西部の都市. 旧称ボンベイ.

mummy¹ /mʌ́mi マミ/ 名 (複 **mummies** /mʌ́miz マミズ/) 《英小児(しょうに)語》ママ, お母ちゃん (《米》mommy)

mummy² /mʌ́mi マミ/ 名 (複 **mummies** /mʌ́miz マミズ/) ミイラ

murder A2 /mə́ːrdər マ~ダ/ 動 (人を不法に)殺す
── 名 殺人, 人殺し; 殺人事件
• **commit murder** 殺人を犯(おか)す

murderer /mə́ːrdərər マ~ダラ/ 名 殺人者, 人殺し

murmur /mə́ːrmər マ~マ/ 動 ささやく, 小声で言う
── 名 ささやき, (人声の)ざわめき, つぶやき声

muscle /mʌ́sl マスる/ 名 筋肉

Muse /mjúːz ミューズ/ 固名 ミューズ →ギリシ

ャ神話で文芸・音楽の女神(めがみ)(全部で9人).

museum 小 A2 /mjuːzíːəm ミューズィーアム| mjuːzíəm ミューズィアム/ 名
博物館, 美術館 →ギリシャ語で「Muse の館」の意味.
• a science **museum** 科学博物館
• an art **museum** 美術館

mush /mʌ́ʃ マシュ/ 名 《米》やわらかくどろどろしたもの

mushroom 小 A2 /mʌ́ʃruːm マシュルーム/ 名 キノコ →**toadstool**

music 小 A1 /mjúːzik ミューズィク/ 名

❶ 音楽
• play [perform] **music** (音楽を)演奏する →×ふつう a music, musics としない.
• a piece of **music** (音楽の)1曲
• classical [popular, rock] **music** クラシック[ポピュラー, ロック]音楽
• listen to **music** 音楽を聴(き)く
• a **music** teacher 音楽の先生
• a **music** room 音楽室
❷ 楽譜(がくふ)
• a sheet of **music** 1枚の楽譜
• read **music** 楽譜を読む
• play without **music** 楽譜を見ないで演奏する

語源 (music)
ギリシャ語で「ミューズの神々 (→**Muse**) の技術」の意味から.

musical 中 A2 /mjúːzikəl ミューズィカる/ 形 音楽の, 音楽的な; 音楽好きな; 音楽の才能がある
• a **musical** instrument 楽器
• My family are not **musical** at all. うちの家族はみんな音楽の才能が全くない.
── 名 ミュージカル →歌・音楽・踊(おど)りを中心に構成した演劇・映画.

músical bòx 名 《英》=music box

músical cháirs 名 椅子(いす)取りゲーム →単数扱(あつか)い.

músic bòx 名 《米》オルゴール (《英》musical box)

musician 小 A1 /mjuːzíʃən ミューズィシャン/ 名 音楽家, ミュージシャン

músic stànd 名 楽譜(がくふ)台, 譜面(ふめん)台

Muslim /múzlim ムズリム/ 名 形 イスラム教徒, ムスリム; ムスリムの →**Islam**

must

must 中 A1 /弱形 məs(t) マスト, 強形 mʌ́st マスト/

[助動] ❶ ～しなければならない 意味map
❷ ～に違(ちが)いない
❸ (must not *do* で) ～してはならない

── [助動] ❶《必要・義務・命令を表して》～しなければならない

POINT must には過去形・未来形がないので, 過去のことには **had to** *do* (～しなければならなかった), また未来のことには **will have to** *do* (～しなければならないでしょう)を使う. → **have to** *do* (**have** 成句)

基本 **We must work**. 私たちは働かなければならない. →must＋動詞の原形. must は非常に強い響(ひび)きの語で, 場合によっては相手に失礼になることもあるので, 会話では must *do* の代わりにしばしば have to *do* を使う.

・It is very late; I **must** go now. とても遅(おそ)くなった. 私はもう行かなければならない. →It は漠然(ばくぜん)と「時」を表す. 進行形で I **must be going** now. ともいう.

・We **must** eat to live. 私たちは生きるためには食べなければならない.

・You **must** come to my house. ぜひ私の家に来てください.

 会話

Must I come tomorrow?—Yes, you must. / No, you don't have [need] to.
私はあした来なければなりませんか.—ええ, 来なければなりません./いいえ, その必要はありません.

→you must not. は「来てはいけない」の意味になるから注意 (→ ❸).

Oh, **must** you go?—Yes, I'm sorry I **must**.
おや, (どうしても)行かなければならないのですか.—ええ, すみませんがそうなのです.

❷《断定的推量を表して》～に違いない
・The story **must** be true. その話は本当に違いない. →「本当のはずがない」は cannot be true.
・I **must** be dreaming. 僕(ぼく)は夢をみているに違いない.

・You **must** be tired after such a long trip. こんな長い旅行のあとだから君は疲(つか)れているに違いない[きっとお疲れでしょう].

❸ (must not *do* で)《強い禁止を表して》～してはならない →must not はしばしば略して **mustn't** /マスント/ という.

・You **mustn't** park your car here. ここに車を止めてはいけません.

 会話

May I practice the sax here?— No, you **mustn't**.
ここでサックスの練習をしてもいいですか.—いいえ, いけません.

── 名 (a must で) 絶対に必要なもの, ぜひ見る[聞く]べきもの
・When you climb Mt. Fuji, a sweater is **a must** even in August. 富士山に登るなら, 8月でもセーターは絶対必要だ.

mustache /mʌ́stæʃ マスタシュ/ 名《米》(主に **mustaches** で) 口ひげ; (ネコなどの)ひげ →《英》では moustache とつづる. → **beard**

mustard /mʌ́stərd マスタド/ 名 マスタード, 辛子(からし)

mustn't /mʌ́snt マスント/ (→t は発音しない) **must not** を短くした形

mutter /mʌ́tər マタ/ 動 (不平などを)ぶつぶつ言う, つぶやく

mutton /mʌ́tn マトン/ 名 羊肉, マトン 関連語 **sheep** (羊), **lamb** (子羊の肉)

mutual /mjúːtʃuəl ミューチュアル/ 形 ❶ 相互(そうご)の, 互(たが)いの ❷ 共同の, 共通の

MVP /émviːpíː エムヴィーピー/ 略 最優秀(ゆうしゅう)選手 → **M**ost **V**aluable **P**layer.

my

my 小 A1 /mai マイ/ 代
❶ 私の →I の所有格. →I²
関連語 **our** (私たちの)
基本 **my pen** 私の(所有している)ペン →my＋名詞.
・**my** book 私の持っている本; 私の書いた本 →「所有」のほか,「著者(私が書いた)」も表す.
・**my** brother(s) 私の兄弟(たち)
・that hat of **my** father's 私の父のその帽子(ぼうし) → **mine**¹ ❷
・**I** touched it with **my** hand. 私はそれに自分の手で触(さわ)ってみた. →I (私は)が主語の時

は my を「自分の」と訳したほうがよい.

❷《間投詞として使い》あら!, おや!

•Oh, **my**! あらあら!

•**My**, what a big house! あら, なんて大きなおうち!

Myanmar /mjánmər ミャンマ/ 固名 ミャンマー ➡東南アジアの国(旧称ビルマ). 首都はネーピードー (Nay Pyi Taw). 商業の中心地は旧首都ヤンゴン. 公用語はビルマ語 (Burmese).

myself 中 A2 /maisélf マイセるふ/ 代
(複 **ourselves** /auərsélvz アウアセるヴズ/)

❶ 私自身を[に]; 私, 自分 関連語 **ourselves** (私たち自身を[に], 私たち, 自分たち) ➡ **oneself**

•There are three people in my family—Father, Mother, and **myself**. 私の家族は3人です—父, 母, そして私です.

•I hurt **myself**. (自分自身を傷つけた ⇨)私はけがをした.

•I couldn't stop **myself**. (自分を止めることができなかった ⇨)私はどうしても我慢(がまん)できなかった.

•I said to **myself**, "I'll do it." 「それをしよう」と私は自分(の心)に言いきかせた.

❷《主語の意味を強めて》私自身で, 自分で

•I **myself** said so. =I said so **myself**. 私自身がそう言ったのだ. ➡myself を文末に置くほうが口語的.

❸《話》いつもの私, 本来の私

•I was not **myself** yesterday. 昨日はいつもの僕(ぼく)じゃなかった[どこか変だった].

by myself ひとり(ぼっち)で; 独力で

•I live **by myself**. 私はひとりで暮らしている.

•I can't do it **by myself**. 私は自分だけの力ではそれをすることができない.

for myself 独力で, ひとりで; 自分のために

mysterious A2 /mistí(ə)riəs ミスティ(ア)リアス/ 形 神秘的な, 不可思議な, わけのわからない

mystery A2 /místəri ミステリ/ 名
(複 **mysteries** /místəriz ミステリズ/)

❶ 神秘, 不思議(な事), 謎(なぞ)

•solve a **mystery** 謎を解く

❷ 推理小説, ミステリー

myth /míθ ミす/ 名 神話 ➡「(一般に言われてはいるが)根拠(こんきょ)の無い話[事柄(ことがら)], 作り話[事], デマ」などの意味でも使われる.

N n N n

N¹, n /én エン/ 图 (慶 **N's, n's** /énz エンズ/)
エヌ →英語アルファベットの14番目の文字.

N., N² 略 =**n**orth (北)

n. 略 =**n**oun (名詞)

'n, 'n' /ən アン/ 接 《話》 =and
•rock**'n'**roll ロックンロール

nail /néil ネイル/ 图
  ❶ くぎ
•**drive** a **nail into** the board 板にくぎを打ち込む
•He really hit the **nail** on the head when he said ～. 彼は～と言ったが, それはまさにくぎの頭を打った. →「まさに的を射た表現だ」の意味.
  ❷ (手足の)爪(つめ) →**fingernail, claw**
•cut *one's* **nails** 爪を切る
 —— 動 くぎ付けにする, くぎを打つ
•**nail** a sign **on** [**to**] the door 看板をドアにくぎで打ち付ける

nail down くぎ付けにする; (人を約束などに)縛(しば)りつける; (取り決め・事実などを)確定する

Nairobi /nairóubi ナイロウビ/ 固名 ナイロビ →ケニアの首都.

naked /néikid ネイキド/ (→× /néikt/ ネイクト/ ではない) 形 裸(はだか)の, むき出しの

name 小 A1 /néim ネイム/ 图
(慶 **names** /néimz ネイムズ/)
名前, 名
•His **name** is George Lucas. 彼の名前はジョージ・ルーカスです.

> 参考 George Lucas の George は生まれた時与(あた)えられた名で **given name**, または洗礼の時につけられた名の意味で **Christian name** という. Lucas は一家の名で **family name** (家族名, 姓(せい)). 米国では George の部分を **first name**, Lucas の部分を **last name** ともいう.
> 以前は日本人の名前もこれに合わせて Hayao Miyazaki のように名・姓の順で言うことが多かったが, 最近は日本語での順番を変え

ずに Miyazaki Hayao と言うことも多い. →**middle name**

•Hi! What's your **name**? やあ! 君なんていう名前? →ぶっきらぼうな聞き方.
•May I have [ask] your **name**? お名前を伺(うかが)ってもよいですか(失礼ですがお名前をお聞かせください).
•What **name**, please? (電話・受付などで)お名前は?
•Blackie is my dog's **name**. ブラッキーというのが僕(ぼく)の犬の名前です.
•Do you know the **name** of this flower? この花の名前を知っていますか.
•We call each other by our first **names**. 私たちは互(たが)いにファーストネームで呼び合う. →**first name**

by name 名前で, 名前は
•I know him **by name**. (会ったことはありませんが)その人の名前は知っています.

call ～ names (「ばか・うそつき」などと言って)～の悪口を言う
•You can **call** me **names**, but I won't change my mind. 君がなんと悪口を言おうと僕は考えを変えないよ.

make a name for oneself (努力して)有名になる
 —— 動 (三単現 **names** /néimz ネイムズ/; 過去・過分 **named** /néimd ネイムド/; -ing形 **naming** /néimiŋ ネイミング/)
  ❶ (～を…と)名づける; ～に名前をつける
基本 **name** the baby Linda 赤ん坊(ぼう)をリンダと名づける. →name *A B* は「AをBと名づける」.
•He always **names** his dogs **after** [**for**] famous actors. 彼はいつも有名な俳優にちなんで[の名をもらって]自分の犬たちの名前をつける.
•a king **named** Solomon ソロモンという名の王 →named は過去分詞(～と名づけられた)で a king を修飾(しゅうしょく)する.
•They **named** the baby Thomas. 彼らは

その赤ん坊にトーマスという名前をつけた.
- **He was named** Thomas **after** [**for**] his uncle. 彼はおじの名をもらってトーマスと名づけられた. →受け身. →**was** 助動 ❷
- **Naming** a baby is very difficult. 赤ん坊の名前をつけるのはとても難しい. →Naming（名前をつけること）は動名詞で文の主語.

❷ 名前を挙げる, 名前を言う
- Can you **name** the colors of the rainbow? 君は虹(にじ)の色(の名前)を言えますか.

❸ 任命する, 指名する, 指定する
- They **named** him chairman of the committee. 彼らは彼を委員会の議長に指名した. →name A B（役職名）は「AをBに指名する」. Bの前には ×a, ×the をつけない.

nameless /néimlis ネイムレス/ 形 名前の無い, 名を明かさない; 無名の; 言いようのない

namely /néimli ネイムリ/ 副 すなわち

nameplate /néimpleit ネイムプレイト/ 名 表札, 名札

nan /nɑ́ːn ナーン/ 名 ナン →インド・中近東などで料理に添(そ)えるパンの一種.

nap 中 /nǽp ナプ/ 名 うたた寝(ね), 昼寝(ひるね)
- **take** [**have**] a **nap** in the afternoon 昼寝をする

—— 動 三単現 **naps** /nǽps ナプス/; 過去・過分 **napped** /nǽpt ナプト/; -ing形 **napping** /nǽpiŋ ナピング/) うたた寝する, 昼寝する

napkin A2 /nǽpkin ナプキン/ 名 ナプキン

nápkin rìng 名 ナプキンリング →ナプキンを巻いてはさんでおく輪.

Naples /néiplz ネイプルズ/ 固名 ナポリ →イタリア南部の港市. 美しい景色で有名.
ことわざ See **Naples** and die. ナポリを見てから死ね. →「生きているうちにぜひ一度見ておけ」という, 景色の美しい場所に対するほめ言葉.「日光を見ないうちは結構と言うな」にあたる.

Napoleon /nəpóuliən ナポウリオン/ 固名 (**Napoleon Bonaparte** /bóunəpɑ̀ːrt/) ナポレオン →フランスの英雄(えいゆう)(1769–1821). フランス革命後皇帝(こうてい)になったのち, のちセントヘレナ島に流されてそこで死んだ.

Narcissus /nɑːrsísəs ナースィサス/ 固名 ナルキッソス →ギリシャ神話で, 水に映った自分の美しい姿に恋(こい)するあまり水に落ちて死に, スイセンの花になったといわれる美少年. →**narcissus**

narcissus /nɑːrsísəs ナースィサス/ 名 （植物）

スイセン →各種のスイセンの総称.

narration /næréiʃən ナレイション/ 名
❶ 物語ること, 述べること; (映画・劇などの)語り, ナレーション ❷ 物語 (story) ❸《文法》話法
→**tell**

narrative /nǽrətiv ナラティヴ/ 名 物語, 話
—— 形 物語(風)の, 話の

narrator /nǽreitər ナレイタ|næréitə ナレイタ/ 名 物語る人, 語り手, ナレーター

narrow /nǽrou ナロウ/ 形 （幅(はば)が）狭(せま)い →部屋の広さなどが「狭い」というときは **small** を使う.
- a **narrow** street 狭い道路
- a **narrow** mind 狭い心

反対語 This river is **narrow** here but is very **wide** [**broad**] near its mouth. この川はこの辺りでは狭いが河口付近では広い.

NASA /nǽsə ナサ/ 略 米国航空宇宙局 →National Aeronautics and Space Administration.

nasty /nǽsti ナスティ/ 形 （比較級 **nastier** /nǽstiər ナスティア/; 最上級 **nastiest** /nǽstiist ナスティエスト/) いやな, むかむかするような, 汚(きたな)い; 意地の悪い, ひどい

nation A2 /néiʃən ネイション/ 名 国民; 国家 → **country** 類似語
- the Japanese **nation** 日本国民
- the African **nations** アフリカ諸国

national 中 A2 /nǽʃənl ナショヌる/ 形 国民の; 国家の; 国立の; 全国的な
- a **national** hero 国民的英雄(えいゆう)
- a **national** park 国立公園
- a **national** holiday 国民の祝日
- the **national** diet 国会
- the **national** flag [**anthem**] 国旗[国歌]
- the **national** flower 国花 →日本はサクラ, 英国はバラ. 米国は国花を決めていないがそれぞれの州が州の花を持っている: ニューヨーク州「バラ」, フロリダ州「オレンジ」, カリフォルニア州「ポピー」など.

National Foundation Day 428 four hundred and twenty-eight

• Sumo is our **national** sport. 相撲(すもう)はわが国の国技です.

Nátional Fòundation Dày 图 (日本の)建国記念の日 → 2月11日.

nationality A1 /næ̀ʃənǽləti ナショナリティ/ 图 (鯪 **nationalities** /næ̀ʃənǽlətiz ナショナリティズ/) 国籍(こくせき)

会話 What **nationality** are you？＝What is your **nationality**？—I'm Italian. あなたはどこの国籍ですか[あなたのお国はどこですか].—イタリアです.

Nátional Léague 固名 (**the** をつけて) ナショナルリーグ → アメリカのプロ野球連盟で大リーグの1つ. → **American League**

Nátional Trúst 固名 (**the** をつけて) ナショナルトラスト → 自然環境(かんきょう)や史跡(しせき)を保護する目的で1895年イギリスに設立された民間団体. 主に寄付によって運営されている.

native 中 A2 /néitiv ネイティヴ/ 形

❶ 故郷の, 生まれた

• my **native** country [land] 私の生まれた国, 故国

• French is her **native** language. フランス語が彼女の母語です.

❷ (そこに)生まれ育った, 土着の

• a **Native** American アメリカ先住民, (アメリカ)インディアン → an American Indian というより好まれる言い方.

• a **native** speaker of English 英語を母語としている人

• Kangaroos are **native to** Australia. カンガルーはオーストラリア原産だ.

❸ 生まれながらの, 生まれつきの

• **native** talent 生まれつきの才能

—— 图 その土地のもの, ～生まれの人; 本国人, 先住民

• a **native** of California (＝a native Californian) カリフォルニア生まれの人

• He speaks English like a **native**. 彼はネイティヴのように英語を話す.

NATO /néitou ネイトウ/ 略 ナトー, 北大西洋条約機構 → the North Atlantic Treaty Organization.

natural 中 A2 /nǽtʃərəl ナチュラる/ 形

❶ 天然の, 自然の 関連語「自然」は **nature**. 反対語 **artificial** (人工の)

• **natural** food 自然食

• **natural** gas 天然ガス

• **natural** resources 天然資源

• **natural** science 自然科学

• A river is a **natural** waterway, but a canal is not. 川は自然の水路だが, 運河はそうではない.

❷ 生まれながらの, 生まれつきの

• her **natural** charm 彼女に生まれつき備わっている魅力(みりょく)

• Her hair has **natural** curls. 彼女の髪(かみ)は生まれつきカールしている.

❸ 当然の, 自然の; 気取らない

• It is **natural** for parents **to** love their children. 親が子を愛するのは当然だ.

naturally /nǽtʃərəli ナチュラリ/ 副 ❶ 生まれつき ❷ 自然に, ふつうに ❸ 当然, もちろん (of course)

nature 小 A2 /néitʃər ネイチャ/ 图

❶ 自然, 自然界 関連語 「自然の」は **natural**.

• the forces of **nature** 自然の力 → 風雨・日光・地震(じしん)など. ×a nature, ×natures などとしない.

• the beauties of **nature** 自然の美

• a **nature** park 自然公園

• He saw signs of new life everywhere in **nature**. (春になって)彼は自然の至るところに新しい生命の気配を見た.

❷ 天性, 性質, 特徴(とくちょう)

• human **nature** 人間の本性, 人間性, 人情

• a girl with a good **nature** 気立てのよい少女

• Mary has a happy **nature**. メアリーは陽気な性質だ.

by nature 生まれつき

• He is a hard worker **by nature**. 彼は生まれつき勤勉だ.

naughty /nɔ́:ti ノーティ/ 形 いたずらな, わんぱくな; 行儀(ぎょうぎ)の悪い

naval /néivl ネイヴる/ 形 海軍の

navel /néivl ネイヴる/ 图 へそ

navigation /næ̀vəgéiʃən ナヴィゲイション/ 图 航海(術); 航空(術)

navigator /nǽvəgeitər ナヴィゲイタ/ 图 航海者; 航海長; 航空士

navy /néivi ネイヴィ/ 图 (鯪 **navies** /néiviz ネイヴィズ/) 海軍 関連語 **army** (陸軍), **air force** (空軍)

Nazi /ná:tsi ナーツィ/ 图 ❶ (かつてのドイツの) ナチ党員 ❷ (the **Nazis** で) ナチ党 → ヒトラ

―(→**Hitler**)の指導した党.

NBA 略 全米バスケットボール協会 →**N**ational **B**asketball **A**ssociation.

NE 略 =Nebraska

near 小 A1 /níər ニア/

形 《距離(きょり)・時間・関係が》近い 意味 map
副 近くに
前 ～の近くに, ～の近くの

―― 形 (比較級 **nearer** /níərər ニアラ/; 最上級 **nearest** /níərist ニアレスト/)
《距離・時間・関係が》近い 反対語 **far** (遠い)

near　　　　　far

基本 a **near** relative 近い親戚(しんせき) → near+名詞.
• in the **near** future 近い将来に, 近いうちに
基本 Spring is **near**. 春は近い. → be 動詞+near.
• The bus stop is quite **near**, so let's walk. バス停はすぐ近くだから, 歩こう.
• The bus stop is **nearer** than the railroad station. バス停のほうが駅よりも近い.
• the **nearest** post office 一番近い[最寄(もよ)りの]郵便局

―― 副 (比較級 **nearer** /níərər ニアラ/; 最上級 **nearest** /níərist ニアレスト/) 近くに

基本 come **near** 近くに来る, 近寄る →動詞+near.
• go **near** 近くに行く, 近寄る
• My aunt lives quite **near**. 私のおばはすぐ近くに住んでいます.
• Spring is drawing [getting] **near**. 春が近づいてきた.
• Come **nearer to** the fire. もっと火の近くに寄りなさい.

―― 前 ～の近くに, ～の近くの → 前置詞ではあるが形容詞や副詞と同様に **nearer, nearest** と比較変化する.
• live **near** the river 川の近くに住む
• a house **near** the river 川の近くの家

• Our school is **near** the park. 私たちの学校は公園の近くにあります.
• There is a park **near** our school. 私たちの学校の近くに公園があります.
• I went **nearer** (**to**) the fire to warm myself. 私は暖まろうと, もっと火に近づいた. →不定詞 to warm は「暖めるために」(→**to** ❾ の ③). 比較級, 最上級の場合はあとに to をつける(つまり 副 として使う)ことが多い.
• Who lives **nearest** (**to**) the school? 学校の一番近くに住んでいるのは誰(だれ)ですか.

near at hand 手近に, 間近に
• Christmas is **near at hand**. クリスマスはもうすぐです.

near by 近くに[の] →**nearby**
• There was no house **near by**. 近くには家は1軒(けん)もなかった.

nearby 中 /nìərbái ニアバイ/ 形 近くの
―― 副 近くに →**near by** (**near** 成句)

nearly A2 /níərli ニアリ/ 副
❶ ほとんど, ほぼ →ある数・量・状態などに極(きわ)めて近く, その少し手前であることを表す.
• **nearly** ten dollars (10ドルには満たないが)ほぼ10ドル
• **nearly** every day ほとんど毎日
• He is **nearly** sixty. 彼はもうじき60歳(さい)です. →about sixty は「60歳前後」.
❷ もう少しで, 危(あや)うく
• I **nearly** forgot your birthday. 私はもう少しで君の誕生日を忘れるところだった.

neat /ní:t ニート/ 形 きちんとした, きれいな; 《米話》すばらしい, かっこいい

neatly /ní:tli ニートリ/ 副 きちんと, きれいに

Nebraska /nəbræskə ネブラスカ/ 固名 ネブラスカ →米国中部の州. **Neb**(**r**)., (郵便で) **NE** と略す.

necessarily /nèsəsérəli ネセセリリ|nésisərəli ネセサリリ/ 副 ❶ 必ず, 必然的に, どうしても ❷ (**not necessarily** で) 必ずしも～でない

necessary 中 A2 /nésəseri ネセセリ|nésəsəri ネセサリ/ 形
必要な, 《物・事・人が》なくてはならない
• Food is **necessary for** life. 食物は生きるために必要である.
• **It is necessary for** you **to** work harder. 君はもっと一生懸命(けんめい)に働くことが必要だ. →It＝不定詞 to work (働くこと)以下 (→**to** ❾ の ①). 「君は～が必要だ」を ×**You are**

necessity

necessary to work harder. としない.
- **It is necessary that** you work harder. (意味は上の例と同じ) →It=that 以下.

if necessary もし必要であれば
- I will come again, **if necessary**. もし必要なら私はまた参ります.

necessity /nisésəti ネセスィティ/ 图
(複 **necessities** /nisésətiz ネセスィティズ/)
❶ 必要, 必要性
ことわざ **Necessity** is the mother of invention. 必要は発明の母である. →「発明は必要の中から生まれるものだ」の意味.
❷ (絶対に)必要な物[事], 生活必需(ひつじゅ)品

neck 小 A1 /nék ネク/ 图
❶ 首 →日本語の「窓から首を出す」,「首を回す」の「首」は英語では head.
- a thick **neck** 太い首
- the **neck** of a bottle [a guitar] 瓶(びん)の首[ギターのネック]
- The giraffe has a long **neck**. キリンは首が長い.
- She wears a string of pearls around her **neck**. 彼女は真珠(しんじゅ)のネックレスをしている.
- I have a stiff **neck**. (こわばった首を持っている ⇨)私は肩(かた)が凝(こ)って首が回らない.
❷ (衣服の)えり, ネック
- a V-**neck** sweater Vネックのセーター

necklace /nékləs ネクレス/ 图 **首飾**(かざ)**り**, ネックレス
- wear a **necklace** ネックレスをしている

necktie /néktai ネクタイ/ 图 **ネクタイ** (tie)

nectar /néktər ネクタ/ 图
❶ おいしい飲み物; 果汁
❷ (花の)**蜜**(みつ)

need 小 A1 /níːd ニード/

動 (三単現 **needs** /níːdz ニーヅ/; 過去・過分 **needed** /níːdid ニーデド/; -ing形 **needing** /níːdiŋ ニーディング/)

❶ **〜が必要である, 〜を必要とする**
基本 **need** money お金が必要である, お金がいる →need＋名詞.
- I **need** your love very much. 僕(ぼく)には君の愛がとても必要なんだ.
- This flower **needs** water. この花には水が必要です.
- We badly **needed** his help. 私たちは彼

の助けがどうしても必要だった.

 会話
Do you **need** any help? —No. I don't **need** any, thank you.
あなたは助けがいりますか.—いや, (せっかくですが)必要ありません.

❷ **(need to** *do* **で) 〜する必要がある; (need** *doing* **で) 〜される必要がある**
- You **need to** be more careful. 君はもっと注意深くある必要がある[注意深くなければならない]. →to ❾ の ①
- The house **needs painting**. この家はペンキを塗(ぬ)られる[塗る]必要がある. →painting は paint の動名詞(ペンキを塗ること).

── 助動 《疑問文・否定文で》**〜する必要がある**
会話 **Need** I go now?/You **needn't**./Yes, you must. 私は今行く必要がありますか.—いや, 行かなくていい./ええ, 行かなければなりません.

POINT 形式張った感じの言い方. 《話》ではふつう Do I need to go now? —No, you don't need to. のように, need を本動詞として使う.

- He **need** not hurry like that. 彼はそのように急ぐ必要はない[急がなくてもよい]. →need は 助動 だから ×He need*s* not 〜 としない.

── 图 (複 **needs** /níːdz ニーヅ/)
❶ **必要, 必要性**
- in case [time] of **need** 必要な時には
- There is a **need** for a new hospital in this town. この町には新しい病院が必要だ.
- You have **need** of a long rest. 君は長期の休養が必要だ.
- There is no **need** for him **to** go now. 彼が今行く必要はない. →to ❾ の ②
❷ (ふつう **needs** で) 必要な物
- In the jungle our first **needs** were food and water. ジャングルの中で私たちがまず必要とした物は食べ物と水だった.

in need 必要で, 困って
ことわざ A friend **in need** is a friend indeed. 困っている時の友[困っている時に助けてくれる友]が真の友.

in need of 〜 **〜が必要で**
- He is **in need of** a friend. 彼には友達が必要だ.

needle /níːdl ニードゥ/ 图 **針** →縫(ぬ)い針・編み針・注射針・磁石の針・松の葉など.

•a **needle** and thread 針と糸, 糸のついた針

needless /níːdlis ニードゥレス/ 形 **不必要な**

needless to say 言うまでもなく, もちろん

needn't /níːdnt ニードゥント/ **need not** を短くした形 →need 助動

needy /níːdi ニーディ/ 形 比較級 **needier** /níːdiər ニーディア/; 最上級 **neediest** /níːdiist ニーディエスト/ **貧しい** (poor)

•the **needy**=**needy** people 貧しい人たち

negative A2 /négətiv ネガティヴ/ 形

❶ 否定の; 反対の 反対語 **positive** (肯定(こうてい)の)

•a **negative** sentence 《文法》否定文

•Don't look at things in a **negative** way. 物事を否定的に見てはいけない.

❷ 消極的な

—— 图 ❶ 否定(の言葉), 反対

•She replied in the **negative**. 彼女の答えはノーであった.

❷《写真》ネガ, 陰画(いんが)

neglect /niglékt ニグレクト/ 動 **怠**(おこた)**る**, (忘れて)〜**しない; 放っておく, 粗末**(そまつ)**にする**

negotiate /nigóuʃieit ニゴウシエイト/ 動 **交渉**(こうしょう)**する, 協議する**

negotiation /nigouʃiéiʃən ニゴウシエイシャン/ 图 **交渉**(こうしょう)**, 協議**

negotiator /nigóuʃieitər ニゴウシエイタ/ 图 **交渉**(こうしょう)**者, 協議者**

Negro, negro /níːgrou ニーグロウ/ 图 (複 **Negroes, negroes** /níːgrouz ニーグロウズ/) 黒人 →軽蔑(けいべつ)的な響(ひび)きがあるので, 黒人種 (the Negro race) を指す場合以外はふつう black, African-American などという.

neigh /néi ネイ/ 動 (馬が)**いななく**

—— 图 (馬の)**いななき**

neighbor 中 A1 /néibər ネイバ/

(→gh は発音しない) 图

近所の人, 隣(となり)**の人; 隣の国**

•Mr. Smith is our **neighbor**. スミスさんはうちの近所の方です.

•We are next-door **neighbors**. 私たちは隣同士です.

•The teacher said to Bob, "Stop talking to your **neighbor**." 先生はボブに「隣の(席の)人と話すのをやめなさい」と言った.

•Spain is one of France's **neighbors**. スペインはフランスの隣国(りんごく)の１つです.

neighborhood /néibərhud ネイバフド/ 图 **近所, 付近; 近所の人々**

•in my **neighborhood** うちの近所に[で]

•in the **neighborhood** of London ロンドンの近郊(きんこう)に[で]

•All the **neighborhood** was nice to the new family. 近所の人々はみんな新しい一家に親切だった. →neighborhood (近所の人々)は単数扱(あつか)い.

neighboring /néibəriŋ ネイバリング/ 形 **隣**(となり)**の, 近くの** →名詞の前にだけつける.

neighbour /néibər ネイバ/ 图 《英》= neighbor

neighbourhood /néibərhud ネイバフド/ 图 《英》=neighborhood

neighbouring /néibəriŋ ネイバリング/ 形 《英》=neighboring

neither /níːðər ニーざ|náiðə ナイざ/ 形 代 (２つのうちの)**どちら(の〜)も〜ない** →次に名詞を伴(ともな)えば形容詞, 単独なら代名詞.

•**Neither** book is interesting. どちらの本もおもしろくない. →Neither は形容詞.

•**Neither** of the books is interesting. その本のどちらもおもしろくない. →Neither は代名詞. 動詞は単数形が原則.

> **文法 ちょっとくわしく**
>
> **neither** of の次には限定された複数名詞が続く. 従ってその名詞の前には the, these, my などがつく.
> ○ neither of **the** books
> ✕ neither of *books*
> 人称(にんしょう)代名詞 (us, you, them) はそれ自体が限定された人[物]を示しているからそのままでよい.

•**Neither** of us attended the meeting. 私たちのどちらもその会に出席しなかった.

•I like **neither** picture. =I like **neither** of the pictures. 私はどちらの絵も好きでない. →話し言葉では I don't like either picture. という.

—— 副 《打ち消しの文に続いて》**〜も〜ない**

POINT neither は常に文や節の先頭に置かれ助動詞や be 動詞が主語の前に来る.

•If you won't go, **neither** will I. 君が行かないなら私も行かない.

Nepal

432

four hundred and thirty-two

〖会話〗I'm not hungry.—**Neither** am I. 私はおなかがすいていない.—私も. →「私はおなかがすいている.—私も」は I'm hungry.—So am I.

〖会話〗I don't like winter.—**Neither** do I [Me, **neither**]. 私は冬が好きではない.—私も. →**Me, neither.** はくだけた言い方.

neither *A* **nor** *B*   AでもなくBでもない →
AとBは対等なもの（名詞と名詞, 形容詞と形容詞, 動詞と動詞など）が来る.

• I speak **neither** French **nor** Spanish. 私はフランス語もスペイン語も話しません.

• He is **neither** rich **nor** smart. 彼は金持ちでもないし利口でもない.

• I **neither** smoke **nor** drink. 私はタバコも酒もやりません.

• **Neither** you **nor** she is wrong. = **Neither** you are wrong **nor** is she. 君も彼女も間違ってはいない.

〔❓POINT〕 Neither 〜 が主語になる時は動詞は nor の後の語の人称・数に一致(いっち)するのが原則だが, 話し言葉では Neither you nor she are 〜 のように複数として扱(あつか)うこともある.

Nepal /nəpɔ́ːl ネポール/ 〖固名〗 **ネパール** →ヒマラヤ山脈中にある王国. 首都はカトマンズ.

nephew /néfju: ネフュー|névju: ネヴュー/ 〖名〗おい 〖関連語〗**niece** (めい)

Neptune /néptju:n ネプテューン/ 〖固名〗
❶ **ネプチューン** →ローマ神話で海の神. ギリシャ神話のポセイドンにあたる. ❷〖天文〗**海王星**

nerve /nə́ːrv ナ〜ヴ/ 〖名〗 ❶ **神経** ❷ **勇気, 度胸**

get on *A***'s nerves**   Aの神経にさわる, Aをいらいらさせる

have the nerve to *do*   〜する勇気がある; あつかましくも〜する

nervous 〔中〕〔A2〕 /nə́ːrvəs ナ〜ヴァス/ 〖形〗
❶ **緊張(きんちょう)して, どきどきして; びくびくして; 神経質な, 憶病(おくびょう)な**

• get **nervous** (試験・舞台(ぶたい)などで)あがる

• I was a little **nervous**. 私は少し気が落ち着かなかった.

• I'm **nervous** about the test. 私はテストのことでどきどきしている.

❷ **神経の**

• a **nervous** breakdown   神経衰弱(すいじゃく)

Ness /nés ネス/ 〖固名〗 → **Loch Ness**

Nessie /nési ネスィ/ 〖固名〗 **ネッシー** →ネス湖 (Loch Ness) にすんでいるといわれる怪獣(かいじゅう).

nest /nést ネスト/ 〖名〗 (鳥・虫・カメ・ヘビ・リスなどの)**巣**

• a robin's **nest**   コマドリの巣

• build [make] a **nest**   巣を造る

net 〔小〕〔A2〕 /nét ネト/ 〖名〗
❶ **網(あみ), ネット**

• a fishing **net**   魚網(ぎょもう)

• a tennis **net**   テニスのネット

❷ (**the Net, the net** で) **インターネット**

• on **the Net** (＝on the Internet)   インターネットで

netball /nétbɔːl ネトボール/ 〖名〗 **ネットボール** →
1チーム7人のバスケットボールに似た競技.

Netherlands /néðərləndz ネざらンツ/ 〖固名〗
(**the Netherlands** で) **ネーデルラント** →オランダ (Holland) の正式名称. 首都はアムステルダム (Amsterdam). 公用語はオランダ語.

network /nétwəːrk ネトワ〜ク/ 〖名〗 **ネットワーク, 網の目のような組織**

• a **network** of underground railroads   地下鉄網(もう)

• a radio **network**   ラジオ放送網

• The program was broadcast by a **network** of two hundred stations.   その番組は200局ネットで放映された.

neutral /njúːtrəl ニュートラる/ 〖形〗 **中立の; 曖昧(あいまい)な**

Nevada /nəvǽdə ネヴァダ/ 〖固名〗 **ネバダ** →米国西部の州. ギャンブル施設(しせつ)で有名な観光地ラスベガスはこの州最大の都市. **Nev.**, (郵便で) **NV** と略す.

never 〔小〕〔A1〕 /névər ネヴァ/ 〖副〗

(→比較変化なし)

決して〜ない, まだ一度も〜ない

〔❓POINT〕 not (〜ない)＋ever (今までに, いつまでも) の意味で, 「強い打ち消し」を表す.

〔中基本〕I am **never** late for school. 私は決して学校に遅刻(ちこく)しません. →be 動詞＋never.

〔中基本〕He **never** tells lies. 彼は決してうそを言わない. →never＋一般(いっぱん)動詞.

• He **never** forgot her kindness. 彼は決して彼女の親切を忘れなかった.

• Yes, it is possible—you can **never** say **never**. 確かにそれはありえないことではない.

絶対にないなんて絶対に言えませんから.
●**Never** mind. 心配するな[構うことはない].

Have you ever been to Paris?—No, (I) **never** (have).
あなたはパリへ行ったことがありますか.—いいえ, 一度も.
→助動詞 (have) で終わる時は never はその前に置く.

new 小 A1 /njúː ニュー/
形 比較級 **newer** /njúːər ニューア/; 最上級 **newest** /njúːist ニューエスト/

❶ **新しい** →「時間的に新しい」場合にも「質的に新しい」場合にもいう.
基本 a **new** dictionary 新しい[新刊の, 新品の]辞書 →new＋名詞.
●the **new** year 新しい年
●our **new** teacher 私たちの新しい[新任の]先生
●**new** potatoes 今年とれたばかりのジャガイモ, 新ジャガ
●a **new** type of computer 新型のコンピューター
反対語 Both **old** and **new** members will elect the **new** club president. 新旧部員がいっしょに新部長を選びます.
基本 This dress is **new**. この服は新品です.
→be 動詞＋new.
関連語 Is your car **new** or **secondhand**? 君の車は新車ですか, 中古車ですか.
●the newest fashion 最新のファッション

❷ (物事が)**目新しい, 見慣れない, 初めてで**
●Everything was **new** to him. 彼にとってはすべてのものが目新しかった[珍(めずら)しかった].

Hi, John. What's **new**?—Nothing particular. How about you?
やあ, ジョン. 何か変わった事でもあるかい.—いや別に. 君のほうは.

❸ (人が新しく来たばかりで)**慣れていない, 初めてで**
●I'm **new** here. 私はここは初めてです.
●I'm **new** to [**at**] this job. 私はこの仕事は新しく始めたばかりだ(からまだ慣れていない).

newcomer /njúːkʌmər ニューカマ/ 名 新しく来た人[物・動物], 来たばかりの人, 新入生[社員]

New Delhi /njùː déli ニュー デリ/ 固名 ニューデリー →インド共和国の首都. →**Delhi**

New England /njùː íŋɡlənd ニュー イングランド/ 固名 **ニューイングランド** →米国北東部. メイン, ニューハンプシャー, バーモント, マサチューセッツ, ロードアイランド, コネティカットの6州. 17世紀初頭以来英国人を中心にヨーロッパ人がこの地域に移住し, アメリカ合衆国の母体となった.

New Guinea /njùː gíni ニュー ギニ/ 固名 **ニューギニア** →オーストラリアの北方にある島. →**Papua New Guinea**

New Hampshire /njùː hǽmpʃər ニュー ハンプシャ/ 固名 **ニューハンプシャー** →米国北東部の州. **N.H.**, (郵便で) **NH** と略す.

New Jersey /njùː dʒə́ːrzi ニュー チャーズィ/ 固名 **ニュージャージー** →米国東部大西洋岸の州. ニューヨーク市に隣接(りんせつ)する米国有数の工業州. **N.J.**, (郵便で) **NJ** と略す.

newly /njúːli ニューリ/ 副 新しく; 最近; 新たに

New Mexico /njùː méksikou ニュー メクスィコウ/ 固名 **ニューメキシコ** →米国西部の州. 1848年メキシコ領から米国領になったのでこの名がある. **N.Mex.**, **N.M.**, (郵便で) **NM** と略す.

New Orleans /njùː ɔ́ːrliənz ニュー オーリアンズ/ 固名 **ニューオーリンズ** →米国ルイジアナ州の都市. ミシシッピ川の河口にありフランス植民地時代の面影(おもかげ)が残る.

news 中 A1 /njúːz ニューズ/ (→×/ニュース/ ではない) 名
(新聞・雑誌・放送の)**報道, ニュース**; (個人的な)**ニュース, 便り** →「初めて聞く情報」の意味.
●world **news** 海外ニュース
●sports **news** スポーツニュース
●a piece [an item] of **news** 1つのニュース →×a news, ×newses などとしない.
●the latest **news** about the murder その殺人事件についての最新の報道[ニュース]
●good **news** よい知らせ, 吉報(きっぽう)
●bad **news** 悪い知らせ, 凶報(きょうほう)
●listen to the **news** on the radio ラジオでニュースを聞く
●read the **news** in the newspaper 新聞

news agency

でニュースを読む
- Good evening. Here is the Seven O'clock **News**. こんばんは. 7時のニュースをお伝えします.
- Her marriage was **news to** me. 彼女の結婚(けっこん)は私には初耳だった.

ことわざ No **news** is good news. 便りの無いのはよい便り. →「何か悪い事があれば知らせがあるはず. 知らせの無いのは無事な証拠(しょうこ)」の意味. news は単数扱(あつか)い.

néws àgency 名 通信社

newsboy /njúːzbɔi ニューズボイ/ 名 新聞の売り子, 新聞販売(はんばい)[配達(はいたつ)]の少年

newscast /njúːzkæst ニューズキャスト/ 名 《米》(ラジオ・テレビの)**ニュース放送, ニュース番組**

newscaster /njúːzkæstər ニューズキャスタ/ 名 (ラジオ・テレビの)**ニュース解説者, ニュースを読み上げる人** →ニュース番組の総合司会者は **anchorperson**, または単に **anchor** という.

néws cònference 名 記者会見

newspaper 小 A1 /njúːzpei-pər ニューズペイパ|njúːspeipə ニューズペイパ/ 名
新聞; 新聞紙 →しばしば **paper** ともいう.
- a daily **newspaper** 日刊新聞
- a morning **newspaper** 朝刊新聞 →朝刊専門紙のこと.
- a local **newspaper** (全国紙に対して)地方新聞
- a school **newspaper** 学校新聞
- an English-language **newspaper** 英字新聞
- a **newspaper** office [company] 新聞社
- Today's **newspaper** says that there was a big earthquake in Turkey. きょうの新聞によればトルコで大地震(じしん)があったそうだ.
- I read it in today's **newspaper**. 私はそれをきょうの新聞で読んだ.
- I bought two **newspapers** at the newsstand. 私はその新聞売店で新聞を2紙(2種類)買った. →「同じ新聞を2部」は two copies of the newspaper という.

newsstand /njúːzstænd ニューズスタンド/ 名 (道路脇(わき)・駅構内などの)**新聞(雑誌)売店** →**kiosk** ともいう.

newt /njúːt ニュート/ 名 《動物》イモリ

Newton /njúːtn ニュートン/ 固名 (**Isaac** /アイザク/ **Newton**) ニュートン →英国の物理学者 (1642-1727). 万有(ばんゆう)引力の法則や光学・数学上の発見をした.

Néw Wórld 固名 (**the** をつけて) **新世界** →16世紀にヨーロッパ人が新しく到達(とうたつ)したアメリカ大陸のこと. ヨーロッパ(, アジア, アフリカ)が旧世界 (**the Old World**).

Néw Yéar 名 **新年**(元日を含(ふく)めた数日間); **元日** (New Year's Day)

会話 I wish you a happy **New Year**! = Happy **New Year**!—(The) Same to you. 新年おめでとう.—おめでとう.

参考 英米では日本のように元日 (New Year's Day) を大々的に祝う風習はなく, 顔を合わせた時上のような挨拶(あいさつ)を交(か)わす程度. 元日は休みだが2日から学校も会社も平常に戻(もど)る.

Néw Yèar's 名 《米・カナダ》= New Year's Day

Néw Yèar's Dáy 名 元日

Néw Yèar's Éve 名 大みそか →12月31日(の夜).

New York 中 /njùː jɔ́ːrk ニュー ヨーク/ 固名
❶ **ニューヨーク市** → **New York City**
❷ **ニューヨーク州** →米国東海岸の州. 州都はオルバニー (Albany). the Empire State (帝国(ていこく)州)という愛称(あいしょう)がある. **N.Y.**, (郵便で) **NY** と略す.

New York City /njúː jɔ̀ːrk síti ニュー ヨーク スィティ/ 固名 **ニューヨーク市** →New York 州にある米国最大の都市. 商業・金融(きんゆう)などの世界的中心地. マンハッタンなど5区から成る. 愛称(あいしょう)は the Big Apple. **N.Y.C.** または **NYC** と略す.

New Yorker /njùː jɔ́ːrkər ニュー ヨーカ/ 名 ニューヨーク市[州]民

New Zealand 小 /njùː zíːlənd ニュー ズィーランド/ 固名 **ニュージーランド** →南半球にあるイギリス連邦(れんぽう)に属する国. 首都はウェリントン (Wellington). 公用語は英語. **NZ** と略す.

next 小 A2 /nékst ネクスト/ 形
(→比較変化なし)
次の, 今度の; 隣(となり)の
基本 the **next** bus 次のバス, 今度のバス

the next+名詞.
- the **next** stop 次の停車駅
- the **next** room 隣の部屋
- **next** week [month, year] 来週[月, 年](に) →×*in* next week などとしない.
- the **next** week [month, year] その次の週[月, 年](に)
- **next** Friday 次の[今度の]金曜日(に) →×*on* next Friday としない.
- on Friday **next** 《主に英》次の[今度の]金曜日に
- on Friday **next** week 来週の金曜日に
- the week after **next** (次の週の後の週 ⇨)さ来週(に)
- We stayed there for three days and left the **next** week. 私たちはそこに3日いて, その次の週にたった.
- What is the **next** best way? 次に一番良い方法[次善の策]は何ですか.
- Who's (=Who is) **next**? 次は誰(だれ)?
- **Next**, please! 次の方どうぞ. → Next の次に名詞が省略された形.

── 副 (→比較変化なし) **次に, 今度**

基本 start **next** 次に出発する → 動詞+next.
- I like John best and Paul **next**. 私はジョンが一番好きでポールがその次だ.
- **Next** they visited Rome. 次に彼らはローマを訪ねた.
- When I see him **next**, I'll tell him so. 今度彼に会ったらそう言いましょう.

next door (***to*** ~) (~の)隣に[の] → next-door
- He lives **next** door to us. 彼は私たちの隣に住んでいる.

next to ~ A2 **~の隣に[の], ~の次に**
- Bob sits **next** to me in class. 授業の時ボブは私の隣に座(すわ)ります.
- **Next** to NYC, LA is the largest city in the US. ロサンゼルスはニューヨーク市に次いで米国最大の都市である.

(***the***) ***next time*** **この次, 今度**;《接続詞のように使って》**今度(~)する時**
- Let's discuss this question **next time**. この問題は今度[この次に]話し合いましょう.
- **Next time** I go there, I'll take you with me. 今度そこへ行く時には君を連れて行こう.

next-door /nékst dɔːr ネクスト ドー/ 形 隣(とな)りの家の → **next door** (**next** 成句)

NGO 略 非政府組織 → **n**on-**g**overnmental **o**rganization.

NH 略 =New Hampshire

Niagara /naiǽgərə ナイアガラ/ 固名
❶《the をつけて》**ナイアガラ川** →米国とカナダの国境の一部を成す. ほぼ中間に「ナイアガラの滝(たき)」がある.
❷ =Niagara Falls

Niágara Fálls 固名《the をつけて》**ナイアガラの滝**(たき) → カナダ側に落ちるカナダ滝(the Canadian Falls, the Horseshoe Falls とも)と米国側に落ちるアメリカ滝(the American Falls)とに分かれている.

nibble /níbl ニブる/ 動 かじる

nice 小 A1 /náis ナイス/ 形
(比較級 **nicer** /náisər ナイサ/; 最上級 **nicest** /náisist ナイセスト/)
すてきな, すばらしい, よい; 親切な, 優(やさ)しい
POINT 自分がよいと感じたものについて幅(はば)広く使う.

基本 a **nice** dress すてきなドレス → nice+名詞.
- a **nice** house すてきな家
- a **nice** day すてきな(天気の)日
- a **nice** dinner すてきな(おいしい)ごちそう
- a **nice** time すてきな(楽しい)時間
- say **nice** things as a greeting 挨拶(あいさつ)代わりにほめ言葉を言う(「すてきなネックレスね」など)

基本 She was very **nice** to me. 彼女は私にとても親切でした. → be 動詞+nice.
- Is your fish **nice**, Joe? ジョー, 魚はおいしい?
- **It's** very **nice of** you **to** say so. そう言っていただいてうれしいわ.

→ It is *A* (=nice, kind, good, *etc.*) of *B* (人) to *do* は「~するとは B は A である」. → **to** ❾ の④

nice-looking

《会話》
Have a **nice** day [weekend]! —You too!
よい1日[週末]を!—君もね!
(It's) **Nice** to meet you. —**Nice** to meet you, too.
あなたにお会いできてうれしい.—こちらこそ.
→初対面の挨拶. 別れる時は (It's been) **Nice** talking to you. (お話できてうれしかったです)と言う.

(Nice to meet you.) (Nice to meet you too.)

- Please be **nicer to** your friends. お友達にはもっとよく(親切に)しなさい.
- This is the **nicest** present I've ever had. これは私が今までにもらったうちで一番すばらしいプレゼントです.

nice and *A* （A は形容詞）《話》**とても**(気持ちよく) A →Aを強める言い方. nice and は締めて /ナイスン/ と発音する.

- It's **nice and** warm [cool] today. きょうはとても暖かい[涼(すず)しい].

Nice to meet you. あなたにお会いできてうれしいです; はじめまして →初対面の挨拶. → **nice** 《会話》

nice-looking /nais lúkiŋ ナイス ルキング/ 形 顔立ちのよい, きれいな

nicely /náisli ナイスリ/ 副 すてきに, 気持ちよく, きれいに, うまく

nickel /níkl ニクル/ 名 ❶ ニッケル, 白銅 ❷（米国・カナダで）5セント白銅貨 (five-cent coin)

nickname /níkneim ニクネイム/ 名 あだ名; 愛称(あいしょう)
—— 動 ～にあだ名をつける

niece /ní:s ニース/ 名 めい 関連語 **nephew** (おい)

Nigeria /naidʒíəriə ナイヂアリア/ 固名 ナイジェリア →アフリカ中西部にある共和国. 首都はアブジャ. 公用語は英語.

night 小 A1 /náit ナイト/ (→gh は発音しない) 名 (複 **nights** /náits ナイツ/)
夜, 晩, 夕方 (evening), 夜中 →**evening**
基本 **at night** 夜に
- at ten o'clock **at night** 夜の10時に
- He came late **at night**. 彼は夜遅(おそ)くやって来た.
- go to a dance **on** Saturday **night** 土曜の夜(には)ダンスパーティーに行く →「特定の夜に」という時は前置詞は on.
- She will arrive **on** the **night of** May 5 (読み方: (the) fifth). 彼女は5月5日の夜に到着(とうちゃく)します.

基本 **in the night** 夜中に
- **during the night** 夜の間(ずっと)
- dance **all night** (**long**) 一晩中踊(おど)る, 夜通し踊る

基本 **last night** 昨夜, ゆうべ. →「昨夜～した」という時は ×**on** last night などと前置詞をつける必要はない. 関連語「今夜」は **tonight** または **this evening** (×*this night* としない).

- the **night before last** (ゆうべの前の晩 ⇒) おとといの晩(に)
- one [tomorrow, every] **night** ある[あしたの, 毎]晩
- a **night** game （野球の）ナイトゲーム, ナイター →「ナイター」は和製英語.
- a **night** train 夜行列車
- He stayed two **nights** with us. 彼はうちに2泊(と)まっていった.
- You look tired. You need a good **night's** sleep. 君は疲(つか)れているようだ. 一晩ぐっすり眠(ねむ)る必要がある.

by night 夜には, 夜に[の] →ふつう by day (昼には)と対(つい)で使われる.
- The bat sleeps **by day** and flies **by night**. コウモリは昼間は眠って夜に飛ぶ.
- Tokyo **by day** is very different from Tokyo **by night**. 昼間の東京は夜の東京とはずいぶん違(ちが)います.

Good night. A1 おやすみなさい →「こんばんは」は Good evening.

night after night 毎夜毎夜, 夜な夜な
night and day = ***day and night*** 昼夜, 日夜(絶えず)

nightdress /náitdres ナイトドレス/ 名 《主に英》=nightgown

nightgown /náitgaun ナイトガウン/ 名 (女性・女の子用)寝巻(ねまき) →**pajama**

nightie /náiti ナイティ/ 名 《話》= nightgown

Nightingale /náitiŋgeil ナイティンゲイる/ 固名 (**Florence Nightingale**) フローレンス・ナイチンゲール →イタリアのフィレンツェ生まれの英国人看護師(1820-1910). クリミア戦争に従軍し傷病兵の看護に尽(つ)くした.

nightingale /náitiŋgeil ナイティンゲイる/ 名 《鳥》ナイチンゲール →ツグミ科の鳴鳥で, 春アフリカからヨーロッパに渡(わた)って来て美しい声で鳴く.

nightmare /náitmeər ナイトメア/ 名 (うなされるような)不吉(ふきつ)な夢; 悪夢 →「悪夢のような経験」の意味でも使う.

níght schòol 名 夜間学校, 夜間部 →夜の定時制高校・大学の2部・夜の専門学校など.

Nile /náil ナイる/ 固名 (**the Nile** で) ナイル川 →ビクトリア湖からアフリカの東部を北流する世界第一の長流 (約6,700 km).

nine 小 A1 /náin ナイン/ 名
(複 **nines** /náinz ナインズ/)
❶ 9, 9時, 9分; 9歳(さい); 9人[個], 9ドル[ポンドなど] →使い方については →**three**
関連語 Lesson **Nine** (=The **Ninth** Lesson) 第9課
• a girl of **nine** 9歳の少女
• I go to bed at **nine**. 私は9時に寝(ね)ます.
❷ (野球の)チーム, ナイン →単数扱(あつか)い.
── 形 9の, 9人[個]の; 9歳で
• There are **nine** players on a baseball team. 野球のチームには9人の選手がいる.
• My sister is **nine** (years old). 私の妹は9歳です.

nineteen 小 A1 /naintí:n ナインティーン/ 名 (複 **nineteens** /naintí:nz ナインティーンズ/) 19, 19分; 19歳(さい); 19人[個], 19ドル[ポンドなど]
関連語 Lesson **Nineteen** (= The **Nineteenth** Lesson) 第19課
• a boy of **nineteen** 19歳の少年
• at four **nineteen** 4時19分(過ぎ)に
── 形 19の; 19人[個]の; 19歳で
• **nineteen** balls 19個のボール
• She is **nineteen** (years old). 彼女は19歳だ.

nineteenth /naintí:nθ ナインティーンす/ 名 形 19番目(の); (月の)19日 →**19th** と略す.
• on the **19th** of September = on September **19** (読み方: (the) nineteenth) 9月19日に

ninetieth /náintiiθ ナインティエす/ 名 形 90番目(の) →**90th** と略す.
• Tomorrow is my grandfather's **ninetieth** birthday. 明日はおじいちゃんの90回目の誕生日です.

ninety 小 A1 /náinti ナインティ/ 名
(複 **nineties** /náintiz ナインティズ/)
❶ 90; 90歳(さい); 90人[個], 90ドル[ポンドなど]
❷ (**nineties** で) (年齢(ねんれい)の)90代; (世紀の)90年代 →ninetyからninety-nineまで.
• The old man is probably in his **nineties**. そのおじいさんはたぶん90代だろう.
• My uncle went to France in the nineteen-**nineties**. 僕(ぼく)のおじさんは1990年代にフランスに渡(わた)った.
── 形 90の, 90人[個]の; 90歳で
• **ninety** days 90日
• He is **ninety** (years old). 彼は90歳だ.

ninth 中 /náinθ ナインす/ 名 形
(複 **ninths** /náinθs ナインすス/)
❶ 9番目(の); (月の)9日 →つづり字に注意. ×*nineth* としないこと. **9th** と略す. 使い方については →**third**
• the bottom of the **ninth** inning (野球の)9回の裏
• on the **9th** of February = on February **9** (読み方: (the) ninth) 2月9日に
❷ 9分の1(の)
• one **ninth** = a **ninth** part 9分の1
• two **ninths** 9分の2

nitrogen /náitrədʒən ナイトロヂェン/ 名 《化学》窒素(ちっそ) →気体元素の1つ. 記号 N.

NJ 略 =New Jersey

NM

NM 略 =New Mexico

no 小 A1 /nóu ノウ/

副 ❶ いいえ　　意味 map
❷《比較級の前に使って》少しも～ない

形 無の, 1つも～ない

—— 副 ❶ **いいえ**, いや

⭐POINT 英語では問いがどうであっても,「そうでない」という否定の返答には **no**,「そうだ」という肯定の返答には **yes** を使う. 日本語の「はい」「いいえ」の使い方と逆になる場合があるから注意(下の会話欄の第2例参照). → **yes**

基本 Is this a pen?—**No**, it isn't. これはペンですか.—いいえ, 違います.

会話

Do you like this?—**No**, I don't.
これは好きですか.—いや, 嫌いです.
Don't you like this?— **No**, I don't./Yes, I do.
これは好きじゃないですか.—はい, 好きじゃありません./いいえ, 好きです.
Will you have another cup of tea?—**No**, thank you.
もう1杯お茶はいかがですか.—いや, (せっかくですが)けっこうです.

❷《比較級の前に使って》**少しも～ない**
• Nancy was sick yesterday. She is **no** better today. ナンシーは昨日病気でした. 彼女はきょうも少しもよくなっていない.
• It is **no** bigger than my little finger. それは(私の小指より少しも大きくない ⇨)ほんの小指ぐらいしかない.

❸《強い驚きや信じられない気持ちを表して》**まさか, うそだろう?**

会話 He was going to kill me. —Oh, **no!** I don't believe it. 彼は私を殺そうとしたのだ.—まさか! そんなこと信じないよ.

—— 形 (→比較変化なし)
無の, ゼロの, 1つも～ない, 何も～ない

⭐POINT **no** は名詞を否定するので文字どおりには「無い～」であるが, 日本語では「～がない, ～しない」のように動詞を否定して訳したほうがよい.

基本 **no** wind 無風 → no＋数えられる名詞.

基本 **no** hobbies 無趣味 → no＋数えられる名詞(単数形・複数形).

• **no** use [interest, title] 無益[無関心, 無題] →「no＋名詞」の場合は名詞の前に ×a, ×the, ×my, ×your, ×this, ×that などをつけない.

• **No** more Hiroshimas. ノーモアヒロシマ, 広島の悲劇をもう二度と繰り返すな.

掲示 **No** smoking. 禁煙.

• There was **no** wind. 無風だった[風が無かった]. → no = not any なので There was not any wind. ということもできる.

• I have **no** father. 私には父がいない. →「父」のようにたとえあるとしても1人[1つ]しかない物の時は no＋単数名詞.

• Trees have **no** leaves in winter. 木は冬には葉が無い. →「葉」のように2つ以上あるかもしれない物の時は no＋複数名詞.

• She has **no** sister(s). 彼女は姉妹が無い. →「姉妹」のように単数・複数いずれも考えられる時はどちらでもよいが一般的には複数形が多く使われる.

• I have **no** money with me. (＝I don't have any money with me.) 私はお金を持ち合わせていない.

• **No** friend(s) came to see him. 友達は誰も彼を訪ねて来なかった.

⭐POINT この場合のように「No＋名詞」が主語の時は any ～ not を使って ×Any friends didn't come ～ とすることはできない.

• **No** other lake in Japan is so large as Lake Biwa. 日本の(他の)どの湖も琵琶湖ほど大きくない.

• There was **no** picture [There were **no** pictures] in the room. 部屋には絵が(掛かって)なかった. → There was not a picture ～. とすると「絵が1枚もなかった」と意味が強くなる.

• **No** two fingerprints are just the same. どの2つの指紋も全く同じものはない.

• **No** one helped me. 誰も私を助けてくれなかった. → **no one**

• He is **no** fool. 彼は決してばかではない(どころか利口だ). → He is not a fool. (彼はばかではない)より意味が強い.

—— 名 (複 **no(e)s** /nóuz ノウズ/)
ノーという返事, 拒否, 否定

• She can never say **no**. 彼女はどうしても

ノーと言えない．

in no time すぐ，あっという間に

no less than ~ ～ほども →**less** 成句

no longer =***not ~ any longer*** もう(これ以上)～ない
- You are **no longer** a baby. 君はもう赤ん坊(ぼう)ではない．

no more もう～ない →**more** 成句

no more than ~ たった～，ほんの～; ただ～にすぎない →**more** 成句

There is no doing. ～することはできない[不可能だ]
- **There is no denying** the fact. その事実を否定するわけにはいかない．

No. 略 =number (～番, 第～号, ～番地)
- **No.** 1 (読み方: number one) 第1番, 第1号, 1番地

Noah /nóuə ノウア/ 固名 《聖書》ノア

> 参考　大昔，世にはびこった悪人を滅(ほろ)ぼすために神が大雨を降らせて大洪水(こうずい)を起こした時，ノアは神の命令に従ってあらかじめ巨大(きょだい)な箱舟(はこぶね)(ノアの箱舟(**Noah's ark**))を造り，彼の一族とすべての動物を雌雄(しゆう)1組ずつそれに乗せて難を逃(のが)れたという．

Nobel /noubél ノウべル/ 固名 (**Alfred B. Nobel**) ノーベル →ダイナマイトを発明したスウェーデンの化学者 (1833–96).

Nòbel príze 固名 ノーベル賞 →ノーベルの遺言(ゆいごん)で世界の学芸・平和に貢献(こうけん)した人に対して毎年与(あた)えられる．物理学・化学・医学または生理学・経済学・文学・平和の6部門がある．
- **Nobel** Peace **Prize** ノーベル平和賞
- the 2016 **Nobel** prize for Literature 2016年度ノーベル文学賞

noble /nóubl ノウブる/ 形
❶ 上品な, 気高い, 立派な
- a **noble** act 立派な行為(こうい)

❷ 貴族の, 高貴な

── 名 (ふつう **nobles** で) 貴族

nobody 中 A2 /nóubədi ノウバディ|nóubədi ノウボディ/ 代
誰(だれ)も～ない (no one) →単数扱(あつか)い．
- **Nobody** knows it. 誰もそれを知らない．
- **Nobody** was late today. きょうは誰も遅刻(ちこく)しなかった．

関連語 Did **anyone** fail the examination? — No, **nobody** did. **Everybody** passed. 誰か試験に落ちたか．—いや，誰も落ちなかった．みんな受かった．
- There was **nobody** there. 誰もそこにいなかった．
- I know **nobody** in your class. (= I don't know anybody in your class.) 私は君のクラスの人は誰も知らない．

── 名 (複 **nobodies** /nóubədiz ノウバディズ/) 取るに足りない人, 無名の人

nod /nád ナド/ 動 (三単現 **nods** /nádz ナヅ/; 過去・過分 **nodded** /nádid ナデド/; -ing形 **nodding** /nádiŋ ナディング/)
うなずく, 会釈(えしゃく)する; (居眠(いねむ)りで)こっくりする

関連語 If you understand me, **nod**; if you don't, **shake** your head. 私の言うことがわかったら, うなずきなさい. わからなかったら, 頭を横に振(ふ)りなさい.

→ nod は頭を上下に振る動作で「賛成・同意」などを表し, shake one's head は頭を左右に振る動作で「不賛成・不同意」などを表す.

nod　　　　shake one's head

- He **nodded** to me with a smile. 彼はにっこり笑って私に会釈した．
- He was **nodding** over his book. 彼は(本の上に ⇨)本を読みながらこっくりこっくりしていた．

nod off (座(すわ)ったままでつい)眠(ねむ)り込(こ)む

── 名 うなずき, 会釈; 居眠り
- with a **nod** うなずいて

no-flý zòne 名 飛行禁止空域

noise A1 /nɔ́iz ノイズ/ 名
物音, 騒(さわ)がしい音, 騒音(そうおん) →ふつう不快な音についていうが, 時に sound (音)に近い意味でも使われる．
- a loud [small] **noise** 大きな[小さな]騒音
- **make** a **noise** 騒がしい音を立てる
- street **noises** 街路の騒音

noisily

440

four hundred and forty

- What's that **noise**? あの物音は何ですか.
- Planes make a lot of **noise**. 飛行機はものすごい音を立てる.

noisily /nɔ́izili ノイズィリ/ 副 騒(さわ)がしく, そうぞうしく, うるさく →**noisy**

noisy A2 /nɔ́izi ノイズィ/ 形 (比較級 **noisier** /nɔ́iziər ノイズィア/; 最上級 **noisiest** /nɔ́iziist ノイズィエスト/) 騒(さわ)がしい, そうぞうしい, うるさい →noise+-y. 反対語 **quiet** (静かな)

- **noisy** children 騒いでいる子供たち
- What a **noisy** class you are! 君たちはなんてそうぞうしいクラスだ.
- Don't be so **noisy**. そんなに騒ぐな.
- The street is very **noisy** with traffic. 交通のために通りは非常にそうぞうしい.

non- /nɑːn ナーン/ 接頭辞 「無」「不」「非」など打ち消しの意味を表す:

- a **non**-governmental organization 非政府組織, NGO
- **non**-native 母語(話者)ではない

none /nʌ́n ナン/ (→×/ノン/ ではない) 代 誰(だれ)も～ない; どれも～ない, 少しも～ない →ふつう複数扱(あつか)い.「量」をいう時は単数扱い.

- I know **none of** them. 私は彼らの誰も知らない.
- **None of** them know me. 彼らの誰も私を知らない.
- **None of** the stolen money has been found yet. 盗(ぬす)まれた金はまだ1銭も見つけられていない. →**been** 助動 ❷
- That's **none of** your business. (それは君の仕事じゃない ⇨)大きなお世話だ.

> **文法 ちょっとくわしく**
> **none of** の次には限定された名詞が続く. 従ってその名詞の前には the, my, your などがつく.
> ○ none of **the** stolen money
> × none of *stolen money*
> 人称(にんしょう)代名詞 (us, them など)はそれ自体が限定された人[物]を示しているからそのままでよい.

- I was looking for Russian teachers, but there were **none**. 私はロシア語の先生を探していたが, 誰もいなかった[見つからなかった]. →話し言葉では there was nobody [no one] という.
- I've eaten all the cake and there is

none left. 私はそのケーキを全部食べてしまって少しも残っていない. →left は leave (残す)の過去分詞(文字どおりには「残されている物は何もない」).

nonfiction /nɑnfíkʃən ナンフィクション/ 名 ノンフィクション←小説・詩などの創作 (fiction) に対して, 伝記・歴史書などをいう.

nonsense /nɑ́nsens ナンセンス/ 名 ばかげたこと, ナンセンス; 意味をなさないこと

nonstop /nɑnstɑ́p ナンスタプ/ 形副 途中(とちゅう)で止まらない[止まらないで]

non(-)violence /nɑːnváiələns ナーンヴァイオレンス/ 名 非暴力, 非暴力主義

non(-)violent /nɑːnváiələnt ナーンヴァイオレント/ 形 非暴力の

noodle 小 /núːdl ヌードる/ 名 麺(めん)類, ヌードル

- chicken **noodle** soup 麺入りチキンスープ
- Chinese **noodles** 中華(ちゅうか)そば, ラーメン

noon 中 A2 /núːn ヌーン/ 名 正午, 昼の12時

- at **noon** 正午に
- at twelve o'clock **noon** 昼の12時に
- around **noon** 昼の12時頃(ごろ)
- during the **noon** recess 昼休みの間に
- It's **noon**. Let's eat lunch. お昼だ. 昼食にしよう. →It は漠然(ばくぜん)と「時間」を表す.

nó òne A2 代 誰(だれ)も～ない

- **No one** brought their umbrella. 誰も傘を持って来なかった.

nor /nɔ́ːr ノー/ 接 また～ない

> **文法 ちょっとくわしく**
> ふつう **neither** *A* **nor** *B* の形で, または **not, no, never** の後に使われる. なお nor 以下ではふつう助動詞や be 動詞が主語の前に来る. →**neither**

- I'm not hungry, **nor** am I thirsty. 私は空腹でもなく喉(のど)も渇(かわ)いていない.
- He was not in the classroom, **nor** (was he) in the library. 彼は教室にもいなかったし, また図書室にも(いなかった).
- He has no father **nor** mother. 彼には父も母もいない.
- I have no car, **nor** do I want one. 私は車を持っていないし, 欲(ほ)しくもない.
- 会話 I can't swim.—**Nor** can I. 私は泳げません.—私も泳げません.

neither *A* **nor** *B* AでもなくBでもない →

neither 成句

normal A2 /nɔ́ːrməl ノーマる/ 形 ふつうの; 標準の; (健康・精神が)正常な

north 中 A2 /nɔ́ːrθ ノーす/ 名

❶ (**the north** で) 北, 北方; 北部(地方)
• in the **north** of Tokyo 東京の北部に
• to the **north** of Tokyo 東京の北の方に
• Norway is in the **north** of Europe. ノルウェーはヨーロッパの北部にある.
• Iceland is to **the north** of Britain. アイスランドは英国の北方にある.
• Cold winds blow from **the north**. 冷たい風が北から吹(ふ)く.

❷ (**the North** で) (アメリカの)北部(諸州), (イギリスの)北部地方
• **The North** fought the South in the Civil War. (米国の)南北戦争で北部は南部と戦った.

── 形 北の, 北部の; 北向きの; (風が)北からの
• a **north** wind 北風

── 副 北へ[に], 北方へ[に] →「北」は地図で上の方に (up) あるのでしばしば **up north** とも用いる.
• go (up) **north** 北(の方)へ行く
• Birds fly **north** in the spring. 春になると鳥たちは北へ飛んで行く.
• The lake is (ten miles) **north of** the town. その湖は町の北方 (10マイルの所)にある.

Nórth América 固名 北アメリカ, 北米

North Carolina /nɔ̀ːrθ kǽrəláinə ノーす キャロらイナ/ 固名 ノースカロライナ →アメリカ南東部の州. **N.C.**, (郵便で) **NC** と略す.

northeast /nɔ̀ːrθíːst ノーすイースト/ 名 (**the northeast** で) 北東, 北東部(地方) →**north**
── 形 北東(へ)の; 北東向きの; (風が)北東からの
── 副 北東へ[に]; 北東から

northeastern /nɔ̀ːrθíːstərn ノーすイースタン/ 形 北東の, 東北地方の; 北東からの

northern 中 /nɔ́ːrðərn ノーざン/ 形 北の, 北方の, 北部の; (風が)北からの

Nórthern Hémisphere 固名 (**the** をつけて) 北半球
反対語 **Southern Hemisphere** (南半球)

Nórthern Íreland 固名 北アイルランド →Ireland の北部地方で英本国の一部. →**United Kingdom, Ireland** ❷

nòrthern líghts 名 オーロラ →複数扱(あつ)

かい.

Nòrth Koréa 固名 北朝鮮(ちょうせん) →正式名は朝鮮民主主義人民共和国. →**Korea**

North Macedonia /nɔːrθ mæsədóuniə ノーす マセドウニア/ 固名 北マケドニア →バルカン半島中南部にある共和国(旧称マケドニア). 首都はスコピエ.

Nórth Pacific 固名 (**the** をつけて) 北太平洋

Nórth Póle /nɔ́ːrθ póul ノーす ポウる/ 固名 (**the** をつけて) 北極

Nórth Séa 固名 (**the** をつけて) 北海 →イギリスとスカンジナビア半島の間の海.

Nórth Stár 固名 (**the** をつけて) 北極星 (polestar)

northward /nɔ́ːrθwərd ノーすワド/ 形 北方(へ)の, 北へ向いた
── 副 北方へ[に]

northwards /nɔ́ːrθwərdz ノーすワツ/ 副 《主に英》 =northward

northwest /nɔːrθwést ノーすウェスト/ 名 (**the northwest** で) 北西; 北西部(地方) →**north**
── 形 北西(へ)の; 北西向きの; (風が)北西からの
── 副 北西へ[に]; 北西から

northwestern /nɔːrθwéstərn ノーすウェスタン/ 形 北西の, 北西地方の; 北西からの

Norway /nɔ́ːrwei ノーウェイ/ 固名 ノルウェー →スカンジナビア半島にある立憲君主国. 首都はオスロ (Oslo). 公用語はノルウェー語 (Norwegian).

Norwegian /nɔːrwíːdʒən ノーウィーチャン/ 形 ノルウェーの; ノルウェー人の; ノルウェー語の
── 名 ノルウェー人; ノルウェー語

nose 小 A1 /nóuz ノウズ/ 名 (複 **noses** /nóuziz ノウゼズ/)

❶ 鼻 →「嗅覚(きゅうかく)」の意味でも使う.
• a large [small] **nose** 大きな[小さな]鼻
• a long **nose** 長い[高い]鼻 →基本的には鼻の高さより長さについての表現で, 英語では「高い[低い]鼻」に相当するぴったりした表現が無い. ×a high nose とはいわない.
• a short **nose** 短い[低い]鼻 →英語では ×a low nose とはいわない.
• pick one's **nose** 鼻をほじる
• We breathe and smell **through** our **nose**. 私たちは鼻で息をし, においを嗅(か)ぐ.
• Blow your **nose**; it is running. 鼻をかみ

not 442 four hundred and forty-two

なさい. はなが垂れているよ.
- All dogs have good **noses**, but the **noses** of hunting dogs are best. 犬はすべて鼻がきくが, 猟犬(りょうけん)の鼻が一番優秀(ゆうしゅう)だ.

❷《位置・形が鼻に似たもの》**機首, 船首**(など)
- the **nose** of a plane 機首

not 小 A1 /nάt ナト|nɔ́t ノト/ 副
(→比較変化なし)
(〜で)ない, (〜し)ない

① 動詞を打ち消す場合
会基本 Are you Chinese? —No, I'm **not** Chinese. I'm Japanese. 君は中国人?—いいえ, 僕(ぼく)は中国人じゃありません. 日本人です. →be 動詞+not.
- My bicycle is **not** [**isn't**] new. 私の自転車は新しくない.
会基本 My mother can cook very well, but my father can**not** [**can't**] cook. 母はとても上手に料理をすることができるが, 父は料理ができません. →助動詞+not+動詞. can not はふつう cannot と1語に, あるいは短縮して can't とする.
- You must **not** [**mustn't**] say such a thing. そんなことを言ってはいけません.
- I do **not** [**don't**] think so. 私はそうは思いません.
- **Don't** go there. そこへは行くな.
- **Don't** be late. 遅(おく)れるな.
POINT 否定の命令文では be 動詞の場合も Don't を使う.
- They did **not** [**didn't**] do their homework. 彼らは宿題をしなかった.
会話 Aren't you happy?—No, I'm **not**. あなたは幸せではないのですか.—ええ, 幸せじゃありません. →話し言葉では否定の疑問文の場合は aren't, can't, won't など短くした形が文の最初にくる. Are you not happy? は形式張った感じになる.

② 名詞・形容詞・副詞・不定詞などを打ち消す場合
→打ち消す語(句)のすぐ前に置かれる.
- **Not** many people know this. これを知っている人は多くない.
- I said fourteen, **not** forty. 私は14と言ったので40と言ったのではない.
- He came **not** on Monday but on Tuesday. 彼は月曜日にではなくて火曜日に来まし

た. →**not** A **but** B (**but** 接 ❷)
- Be careful **not** to be late for school. 学校に遅れないように気をつけなさい.

③ 省略文の中で打ち消す場合
- Come tonight if you can. If **not**, come tomorrow. できたら今夜いらっしゃい. だめならあしたいらっしゃい. →If not =If you cannot come tonight.

会話
I don't want to go.—Why **not**?
私は行きたくありません.—なぜなの.
→Why not? = Why don't you want to go?
You didn't go there, did you?—Of course **not**.
君はそこへ行かなかったんでしょ.—もちろんさ.
→Of course not. = Of course I didn't.

not a 〜 〜は1つ[1人]もない
- There is **not a** cloud in the sky. 空には1片(ぺん)の雲もない. →There are no clouds in the sky. よりも強い言い方.

not 〜 any more もう〜ない →**more** 成句
- We can**not** stand it **any more**. もうこれ以上耐(た)えられない.

Not at all. 《英》(答えに用いて)どういたしまして (《米》You are welcome.) →**all** 成句
not 〜 at all 少しも〜ない →**all** 成句
not A **but** B AではなくてB →**but** 接 ❷
not only A **but** (**also**) B AだけでなくBもまた →**only** 成句

note A1 /nóut ノウト/ 名
❶ メモ; 短い手紙
- **make** [**take**] **a note of 〜** 〜をメモする
- **make** [**take**] **notes of 〜** (授業など)のノートをとる, 〜のメモをとる
- make a speech without **notes** メモなしで演説する
- Please make a **note** of my new address. 私の新しい住所をメモしておいてください.
- Will you take **notes** during class for me? 授業中ノートをとってもらえませんか.
- I wrote a **note** to thank her for her

help. 私は彼女にお手伝いのお礼の手紙を書いた.

❷ 注, 注釈(ちゅうしゃく)
- Read the **note** at the bottom of this page. このページの下の注を読みなさい.

❸ 注意, 注目
- take **note** of ~ ~に注意する, ~を注意して聞く[見る] →×a note, ×notes としない. take a note [notes] of と混同しないこと.

❹ 《英》**紙幣**(しへい), **札**(さつ) (《米》bill)
- a five-pound **note** 5ポンド紙幣

❺ (音楽の)音符; (楽器の)音, 音色

── 動

❶ (**note down** とも) 書きつける, メモする
- He **noted down** her telephone number in his address book. 彼は彼女の電話番号を住所録に書き込(こ)んだ.

❷ 注意する, 気をつける

notebook 小 A1 /nóutbuk ノウトブク/ 名 (複 **notebooks** /nóutbuks ノウトブクス/) ❶ ノート, 手帳, メモ帳

POINT 英語では notebook を note と短くしない.

- a loose-leaf **notebook** ルーズリーフ式のノート
- He copies every word on the blackboard in his **notebook**. 彼は黒板の単語を全部ノートに書き写す.

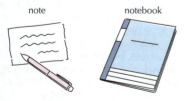
note　　notebook

❷ ノートパソコン → 持ち運べる小型パソコン.

noted /nóutid ノウテド/ 形 有名な, 名高い (famous)

nothing 中 A1 /nΛθiŋ ナスィンヶ/ 代
何も~ない
- I saw no one and heard **nothing**. 私は誰(だれ)も見なかったし, 何の物音も聞こえなかった.
- He said **nothing** about the accident. その事故について彼は何も言わなかった.
- There was **nothing** in the box; it was empty. その箱の中には何もなかった. それは空っぽだった.
- There's **nothing** new in the paper. 新聞には何も新しいことは出ていない. →nothing を修飾(しゅうしょく)する形容詞はあとにつく.
- I have **nothing to** eat. 私には食べるものが何もない. →不定詞 to eat (食べるための~)は nothing を修飾する. → **to** ❾ の②
- **Nothing** is harder than diamond. ダイヤモンドより硬(かた)いものはない.

関連語 I really saw **something** in that bush.—I didn't see **anything**. **Nothing** is (in) there. 本当にあの茂(しげ)みの中に何か見えたのよ.—僕(ぼく)には何も見えなかったな. あそこには何もいないよ.

have nothing to do with ~ ~と何も関係が無い
- I have **nothing to do with** the matter. 私はその件とは何の関わりもない.

nothing but ~ ~以外には何も~ない, ただ~ばかり (only) → **but** 成句

nothing much 特に大事でもないこと[物]

会話 Are you doing anything right now?—**Nothing much**. Just studying math. 今何かしてる?—別に大したことじゃないよ. ちょっと数学の勉強をしているんだ.

── 名 無, ゼロ; 取るに足りない物[人]
- The score was two to **nothing**. スコアは 2 対 0 だった.

ことわざ Something is better than **nothing**. 何かあることは何もないよりましだ.
- He fixed my watch for **nothing**. 彼は私の時計をただで直してくれた.

会話
Thanks a lot.—It was **nothing**.
どうもありがとう.—(それは取るに足りない事だった ⇨)いや別に.

notice 中 A2 /nóutis ノウティス/ 名 ❶ 注意, 注目
- take **notice** (of ~) (~を)気にとめる, (~に)注意する. →ふつう否定文で使う.
- They took no [little] **notice** of the event. 彼らはその出来事を全く[ほとんど]気にとめなかった.

❷ 通知, 警告; 掲示(けいじ)
- put up a **notice** on a bulletin [《英》no-

noticeable 444 four hundred and forty-four

tice] board 掲示板に掲示を出す
- There is a **notice that** there will be no school tomorrow. 明日は学校が休みという掲示が出ている.

without notice 通告なしで; 無断で
- The teacher gave the test **without notice**. 先生は予告しないでいきなりテストをした.

―― **動** 気がつく, 見つける, わかる
- She passed me in the street and didn't **notice** me. 彼女は道で私とすれ違(ちが)ったけど私に気がつかなかった.
- I **noticed** that there was a leak in the gas pipe. 私はガス管に漏(も)れがあることに気づいた.
- I passed my station without **noticing** it. 私は気づかずに[うっかりして]駅を乗り過ごした. →前置詞 without+動名詞 (noticing).

noticeable /nóutisəbl ノウティサブる/ **形** 目立つ, 注目に値(あたい)する

noun A2 /náun ナウン/ **名** 《文法》名詞 →人・動物・物・事などの名を表す語.

nourish /ná:riʃ ナ〜リシュ/ **動** 栄養を与(あた)える, 養う

Nov. 略 =November (11 月)

novel¹ 中 A2 /nάvl ナヴる/ **名** (長編)小説

novel² /nάvl ナヴる/ **形** 目新しい, 斬新(ざんしん)な

novelist /nάvəlist ナヴェリスト/ **名** 小説家

November 小 A1 /nouvémbər ノウヴェンバ/ **名**

11 月 →Nov. と略す. 詳(くわ)しい使い方は → June
- **in November** 11 月に
- **on November** 3 (読み方: (the) third) 11 月 3 日に
- **last [next] November** 去年[来年]の 11 月(に)

語源 (November)
ラテン語で「9 番目の月」の意味. 古代ローマの暦(こよみ)では 1 年が 10 か月で, 3 月から始まった.

now¹ 小 A1 /náu ナウ/ **副**
(→比較変化なし)
❶《ふつう, 文の途中(とちゅう)・終わりで》今, 今は, 現在は
- It is snowing **now**. 今雪が降っている. →It は漠然(ばくぜん)と「天候」を表す. 現在進行形の文.

→is 助動 ❶
- What time is it **now**? 今何時ですか. →it は漠然と「時」を表す.

反対語 He **once** lived in Osaka; he **now** lives in Tokyo. 彼は前は大阪に住んでいたが, 今は東京に住んでいる.
- He arrived just **now**. (= He has just arrived.) 彼はたった今着いたばかりです.

❓POINT just **now** は過去形の文に使い, 現在完了(かんりょう)形の文では使わない.

❷ 今度は; もう, 今すぐ (at once)
- What will you do **now**? 今度は君は何をしますか.
- Don't wait; do it **now**. 待っていないでそれを今すぐやりなさい.

❸《物語の中で過去の動詞とともに使って》その時, 今や
- The ship was **now** slowly sinking. 船は今やゆっくりと沈(しず)んでいった. →過去進行形の文.

❹《文頭で》さあ, はい, ところで →注意を促(うなが)したり, 話題を変える時に使う.
- **Now** listen to me. さあよくお聞き[はい, いいですか].
- **Now** now, baby, don't cry. ほらほら坊(ぼう)や, 泣かないで.

―― **接** (**now that** (〜) とも) (今や)もう(〜)だから, (〜)であるからには, (〜)してみると
- **Now** (**that**) you are eighteen, you can get a driver's license. 君はもう 18 歳(さい)だから車の免許(めんきょ)が取れます.

―― **名** 今, 現在
- **by now** 今までに, 今頃(いまごろ)はもう
- **in a week from now** 今から 1 週間で
- **Now** is the best time for picking apples. 今がリンゴをとるには一番よい時期です.

for now しばらくの間, 今のところ
- Goodbye **for now**. ではまた, さようなら.

from now on 今後は, これからは
- **From now on**, we'll just be friends. これからは私たちはただのお友達よ.

now and again =now and then
now and then 時々 →sometimes よりも少ない感じ.
now for 〜 さあ次は〜, はい次は〜 →新しい話題に移る時に言う.
- So much for the first question. **Now for** the second. 第 1 問はこれくらいにして,

はい次は第2問.

right now すぐに, 直ちに; ちょうど今, ただ今

nowadays A2 /náuədeiz ナウアデイズ/ 副
近頃(ちかごろ)は, 今日(こんにち)では

nowhere /nóu(h)weər ノウ(ホ)ウェア/ 副 どこにも〜ない, どこへも〜ない

関連語 I looked for the key **everywhere** but could find it **nowhere** (= couldn't find it **anywhere**). あらゆる所を探したけど鍵(かぎ)はどこにもなかった.

—— 名 どこにもない場所

nozzle /názl ナズル/ 名 ノズル

NPO 略 非営利組織 →**n**on(-)**p**rofit organization.

nuclear /njú:kliər ニュークリア/ 形 核(かく)の; 原子核の

• **nuclear** energy 核エネルギー, 原子力
• **nuclear** waste 核廃棄(はいき)物
• a **nuclear** test 核実験
• a **nuclear** power plant 原子力発電所
• a **nuclear** family 核家族 →夫婦(ふうふ)とその子供(たち)だけの家族.

nuisance /njú:sns ニュースンス/ 名 迷惑(めいわく)な物[事・人]

numb /nám ナム/ 形 (寒さ・怖(こわ)さ・悲しさなどで)感覚を失った, まひした, しびれた

number 小 A1 /námbər ナンバ/ 名

❶ 数

• an even [odd] **number** 偶(ぐう)[奇(き)]数
• Four is my lucky **number**. 4は私のラッキーナンバーです.
• The **number** of boys in our class is twenty. 私たちのクラスの男子生徒の数は20人です.
• Cars are increasing **in number** in our neighborhood. うちの近所では車の数が増えてきました.
• 5, 7, and 0 are **numbers**. 5, 7, 0は数です.

❷ 番号, 〜番, 〜号 →「第〜番」「第〜号」という時にはふつう **No**. と略す. →**No**.

• a house **number** 住居番号
• a telephone **number** 電話番号
• the May **number** [《米》 issue] of the school paper 学校新聞の5月号
• a back **number** 旧刊号, バックナンバー

• The British Prime Minister lives at **No**. 10 Downing Street. 英国の首相(しゅしょう)はダウニング街10番地に住んでいる.
• His apartment **number** is 301. 彼のアパートの部屋番号は301です. →301は three O /ou オウ/ one と読む.
• What **number** are you calling? I'm afraid you have the wrong **number**. (電話で)何番におかけですか. 番号をお間違(まちが)えじゃありませんか.

a number of ~ いくつかの〜 (some); (かなり)多くの〜 (many)

⚡POINT some から many まで意味の幅(はば)が広いので, はっきり「少数」「多数」をいうためには a の次に **small**, **large** または **great** などをつける.

• **a number of** times 何度も, しばしば
• **A number of** books are missing from this shelf. この棚(たな)から何冊かの本が無くなっている.
• He keeps **a** (large) **number of** bees. 彼は(とても)多くのミツバチを飼っている.

(***great, large***) ***numbers of ~*** 多数の〜
• **Great numbers of** people marched in the parade. 多数の人々が行列をつくって行進した.

in (***great, large***) ***numbers*** 多数で, たくさん
• Tourists visit the shrine **in great numbers**. その神社には観光客が大勢やって来る.

—— 動 ❶ 〜に番号を付ける
• The seats in the public hall are **numbered**. 公会堂の座席には番号が付けられている. →受け身の文. →**are** 助動 ❷

❷ 数える; (数が)〜に達する
• The crowd **numbered** over 1,000. 群衆は1,000人を越(こ)えた.

nùmber óne 名 トップ, 第1位, 重要なもの

númber plàte 名 《英》(自動車の)ナンバープレート (《米》license plate)

numeral /njú:mərəl ニューメラル/ 名 数字

numerous /njú:mərəs ニューメラス/ 形 多数の, たくさんの

nun /nán ナン/ 名 修道女, シスター (sister) → **monk**

nurse 小 A1 /nə́:rs ナ〜ス/ 名

❶ 看護師, 看護人

nursery 446 four hundred and forty-six

- a school **nurse** 保健の先生, 養護教諭(きょうゆ)
- the **nurse**'s office （学校などの)保健室

❷ 保育士, 保母, うば

―― 動 ❶ (病人を)看護する

❷ (赤ちゃんに)乳を与(あた)える

nursery 🀄 /nə́:rsri ナ〜スリ/ 名
(複 **nurseries** /nə́:rsriz ナ〜スリズ/)

❶ 託児(たくじ)所, 保育園; 子供部屋

❷ 苗木(なえぎ)畑

núrsery rhỳme 名 (昔から伝わる)童謡(どうよう), 子守(こもり)歌 →『マザーグース』はイギリス古来の童謡を集成したもの. →**Mother Goose**

núrsery schòol 名 保育園

nursing /nə́:rsiŋ ナ〜スィング/ 名 看護, 介護(かいご); 育児

núrsing hòme 名 （私立の)老人ホーム; 《英》(小規模の)病院, 産院

nut /nʌ́t ナト/ 名

❶ 木の実 →クリ (chestnut)・クルミ (walnut)のような堅(かた)いからをかぶった実. →**berry**

- crack a **nut** 木の実を割る

- go and collect **nuts** 木の実拾いに行く

❷ (ボルトを締(し)め付ける)ナット →**bolt** ❶

nutrient /n(j)ú:triənt ヌートリエント, ニュートリエント/ 名 栄養物

nutrition /n(j)u:tríʃən ヌートリション, ニュートリション/ 名

❶ (栄養の)摂取(せっしゅ)

❷ 栄養物; 食物

nutritionist /n(j)u:tríʃənist ヌートリシャニスト, ニュートリシャニスト/ 名 栄養士

nutritious /n(j)u:tríʃəs ヌートリシャス, ニュートリシャス/ 形 栄養分の多い, 栄養のある

NV 略 ＝Nevada

NY 略 ＝New York

N.Y.C., NYC 略 ＝New York City

nylon /náilɑn ナイラン/ 名 ナイロン; **(nylons**で) ナイロンの靴下(くつした)

nymph /nímf ニンフ/ 名 《神話》ニンフ →山・川・森・泉などに住むとされる美少女の妖精(ようせい).

NZ 略 ＝New Zealand

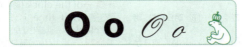

O¹, o /óu オウ/ 名 (複 **O's, o's** /óuz オウズ/)
❶ オー → 英語アルファベットの15番目の文字.
❷ (数字を読み上げて)ゼロ (zero)

O² /óu オウ/ 間 おお!, おや!, ええ; ねえ → 驚ろき・苦痛・願望・喜びなどの感情を表したり, 人名の前につけて呼びかけに使う. → **oh**

oak A2 /óuk オウク/ 名 オーク; オーク材 → カシ・カシワ・ナラ類の樹木の総称. acorn /エイコーン/ と呼ばれる実をつける. 英国産のオークは50メートルにもなり, 「森の王」(the king of the forest) と呼ばれる.

oar /ɔ́:r オー/ 名 かい, オール → **paddle**

oasis /ouéisis オウエイスィス/ 名 (複 **oases** /ouéisi:z オウエイスィーズ/) オアシス → 砂漠(さばく)の中で水があり草木の茂(しげ)っている所. 「憩(いこ)いの場・時」の意味でも使う.

oat /óut オウト/ 名 (ふつう **oats** で) オートムギ, カラスムギ → **oatmeal**

oath /óuθ オウス/ 名 誓(ちか)い, 宣誓(せんせい)

oatmeal /óutmi:l オウトミール/ 名 オートミール → オート (oat) の粒(つぶ)を粗(あら)くひいたもので, 煮(に)てかゆにし, 砂糖・牛乳を入れて朝食に食べる. → **porridge**

Obama /oubá:mə オウバーマ/ 固名 (**Barack H. Obama**) バラク・オバマ → 米国の政治家. 米国第44代大統領. 米国初のアフリカ系大統領.

obedience /əbí:diəns オビーディエンス/ 名 服従; 従順 関連語 「従う」は **obey**.

obedient /əbí:diənt オビーディエント/ 形 従順な, 素直(すなお)な

obey /əbéi オベイ/ 動 (命令・法律などに)従う; (人の)言うことをきく 関連語 「服従, 従順」は **obedience**.
• You must **obey** the rules of the game. 君たちはゲームのルールに従わなければならない.
• A good dog always **obeys** (his master). よい犬はいつも(主人の)命令をきく.

object /ábdʒikt アブヂェクト/ 名
❶ 物, 物体
• I saw a strange **object** in the sky. 空に奇妙(きみょう)な物体が見えた.
❷ 目的; 目当て, 対象

• He has no **object** in life. 彼は人生に目的を持っていない.
❸ 《文法》目的語
• the direct [indirect] **object** 直接[間接]目的語

> **文法 ちょっとくわしく**
> I buy **him a present**.
> (私は彼にプレゼントを買う)
> ここで動詞 buy は him と a present の2つの目的語をとっている. **him** (彼に)を間接目的語といい, **a present** (プレゼントを)を直接目的語という.
> この文は I buy **a present** for **him**. ともいえるが, この場合, a present は buy の目的語, him は前置詞 for の目的語.

── /əbdʒékt オブヂェクト/ (→名詞とのアクセントの位置の違(ちが)いに注意) 動 反対する, いやがる

objection /əbdʒékʃən オブヂェクション/ 名 反対

objective /əbdʒéktiv オブヂェクティヴ/ 形
❶ 客観的な ❷ 《文法》目的格の
── 名 目的, 目標

oblong /áblɔ:ŋ アブローング/ 名 形 長方形(の)

oboe /óubou オウボウ/ 名 《楽器》オーボエ → 高音の木管楽器.

observation /àbzərvéiʃən アブザヴェイション/ 名 観察(力); 観測; 監視(かんし)

observe /əbzə́:rv オブザ〜ヴ/ 動 ❶ 観察する; 気づく ❷ (法律・慣習などを)守る, 従う; (祭り・祝日などを)祝う

observer /əbzə́:rvər オブザ〜ヴァ/ 名
❶ 観察者 ❷ (会議の)オブザーバー → 発言権などを持たずに, 会議を傍聴(ぼうちょう)する人.

obstacle /ábstəkl アブスタクル/ 名 邪魔(じゃま)物, 障害(物)

óbstacle ràce 名 障害物競走

obstruct /əbstrʌ́kt オブストラクト/ 動 ふさぐ, 妨(さまた)げる

obstruction /əbstrʌ́kʃən オブストラクション/ 名 妨害(ぼうがい); 妨害物

obtain

obtain /əbtéin オブテイン/ 動 得る (get); (目的を)達する

obvious /ábviəs アブヴィアス/ 形 明らかな, 明白な (plain)

obviously /ábviəsli アブヴィアスリ/ 副 明らかに

occasion /əkéiʒən オケイジョン/ 名
❶ (何か事柄(ことがら)が行われる)折, 場合, 機会
❷ (特別な)出来事, 行事

occasional /əkéiʒənl オケイジョヌる/ 形 時々の, たまの

occasionally /əkéiʒənəli オケイジョナリ/ 副 時々 (sometimes)

occupation A2 /ɑkjupéiʃən アキュペイション/ 名 ❶ 職業; する事, 携(たずさ)わる事
❷ 占領(せんりょう); (家などに)住むこと

occupy /ákjupai アキュパイ/ 動 (三単現 **occupies** /ákjupaiz アキュパイズ/; 過去・過分 **occupied** /ákjupaid アキュパイド/; -ing形 **occupying** /ákjupaiiŋ アキュパイイング/)
(時・場所・心を)占(し)める; (家などに)住む; (軍隊が)占領(せんりょう)する

会話
Is this seat **occupied**?—No, it's vacant.
この席はふさがっていますか.—いいえ, 空いています.

Is this seat occupied?　No, it's vacant.

occur /əkə́:r オカ〜/ (→アクセントの位置に注意) 動 (三単現 **occurs** /əkə́:rz オカ〜ズ/; 過去・過分 **occurred** /əkə́:rd オカ〜ド/; -ing形 **occurring** /əkə́:riŋ オカ〜リング/)
❶ (事件などが)起こる
❷ 胸に浮(う)かぶ, 思いつく

ocean /óuʃən オウシャン/ 名
大洋, 大海
・the Pacific **Ocean** 太平洋
・the Atlantic **Ocean** 大西洋
・an **ocean** liner 大洋航路客船

448　four hundred and forty-eight

o'clock A1 /əklák オクらク|əklɔ́k オクろク/ 副
〜時 → of the clock (時計で)を短くした形.

会話 What time is it now?—It's five (**o'clock**). 今何時ですか.—5時です.

POINT 「〜時」という時にだけ使い, 「〜時〜分」には使わない. 話し言葉ではしばしば o'clock を省略する.

・It is six **o'clock** in the evening. 午後6時です.

POINT o'clock は1から12の数字について使うので, ×It is *eighteen* o'clock としない.

・The train will arrive at five **o'clock**. 列車は5時に到着(とうちゃく)します.

・I usually watch the nine **o'clock** news. 私はたいてい9時のニュースを見る.

Oct. 略 =**Oct**ober (10月)

October 小 A1 /ɑ(:)któubər ア(−)クトウバ|ɔktóubə オクトウバ/ 名

10月 → **Oct.** と略す. 詳(くわ)しい使い方は → **June**
・in **October** 10月に
・last [next] **October** 去年[来年]の10月(に)
・on **October** 10 (読み方: (the) tenth) 10月10日に

語源 (October)
ラテン語で「8番目の月」の意味. 古代ローマの暦(こよみ)では1年が10か月で, 3月から始まった.

octopus 小 /áktəpəs アクトパス|ɔ́ktəpəs オクトパス/ 名 《動物》タコ

イメージ (octopus)
イギリス人はほとんど食用としないが, アメリカには地中海沿岸からの移民や東洋の人々も多いので特に西海岸では食用として売られている. 語源はギリシャ語で **octo-**(8)+**-pus**(足).

odd /ád アド/ 形 ❶ 変な, 奇妙(きみょう)な
❷ 奇数(きすう)の 反対語 **even** (偶数(ぐうすう)の)
❸ (一対(いっつい)・1組の)片方しかない

odor /óudər オウダ/ 名 におい → 「いやなにおい」を意味することが多い.

odour /óudər オウダ/ 名 《英》=odor

# of 小 A1 /əv オヴ/

前 ❶ 《所有・所属》〜の　　意味 map
❷ 《部分》〜の(中の)
❸ 《意味上の主語》〜の
❹ 《意味上の目的語》〜の

❺《中身・原料・材料》〜の（入った）；〜で（できている），〜(製)の
❻《同格関係》〜という
❼《特徴(とくちょう)》〜の(ある)
❽〜のことを

POINT *A* of *B* が日本語では「*B* の *A*」となって，*A* と *B* のいろいろな関係(所有・部分・材料など)を表す．

── 前 ❶《所有・所属を示して》〜の
基本 the name **of** the town その町の名前
→名詞+of+名詞.
• the leg **of** the table テーブルの脚(あし)

> **文法 ちょっとくわしく**
> *A* of *B* の *B* が「物」の場合には *B*'s *A* とならない．したがって ×*the table's* leg としない．人・動物の時は Ken's leg (ケンの脚), the dog's leg (その犬の脚)といえる.

• the son **of** my friend (＝ my friend's son) 私の友人の息子(むすこ)
• a friend **of** mine 私の友達の1人 →私のある友達
• that camera **of** yours 君のそのカメラ
• (the) artist **of** the year 年間最優秀アーティスト
• The cover **of** the book is red. その本の表紙は赤です．
• She is a member **of** the tennis club. 彼女はテニス部の一員[テニス部員]です．

❷《部分を示して》〜の(中の)
• one **of** the boys その少年たちの(中の)1人
• some **of** us 私たちの(中の)何人か
• at this time **of** year 毎年この時期に
• He is one **of** my best friends. 彼は私の親友の1人だ．
• **Of** all the Beatles' songs I like *Yesterday* best. ビートルズのすべての歌の中で私は「イエスタデイ」が一番好きです．

❸《意味上の主語を示して》〜の →*A* **of** *B* の形で, *B* が *A* の意味上の主語.
• the love **of** a mother for her children 母が子に注ぐ愛, 子に対する母の愛
• the plays **of** Shakespeare シェークスピアが書いた戯曲(ぎきょく), シェークスピアの劇

❹《意味上の目的語を示して》〜の →*A* **of** *B* の形で, *B* が *A* の意味上の目的語.
• love **of** nature 自然を愛すること

of

小 A1 /オヴ/

基本の意味

「全体の中の一部分」が基本の意味で，A of B で「AがBの一部である」ことを表し，そこから広がって様々な関係性を表す．❶所有・所属の意味では「B(サッカーチーム)のA(メンバー)」, ❷部分の意味では「B(まるごとのケーキ)のA(1切れ)」, ❺中身の意味では「B(お茶)のA(1杯分)」, ❼特徴の意味では「B(アイディア)をもつA(女性)」となる．「一部」の意味が薄(うす)れたさまざまな関係性も表す．

イメージ
〜の（一部分）

教科書によく出る**使い方**

❶ Tom is a member **of** the football team. トムはそのサッカーチームに入っています．
❷ Can I have a piece **of** cake? ケーキを1切れいただいてもいいですか？
❺ I had a cup **of** tea at a break. 休憩時間にお茶を1杯飲んだ．
❼ Saki is a woman **of** ideas. 佐紀はアイディアにあふれる女性だ．

off 450 four hundred and fifty

- a teacher **of** English 英語の先生
- the invention **of** computers コンピューターの発明

❺《中身・原料・材料を示して》〜の(入った); 〜で(できている), 〜(製)の

- a pot **of** gold 金の入ったつぼ →a gold pot は「金製のつぼ」.
- a bottle **of** milk 牛乳(の)1瓶(びん)
- two spoonfuls **of** sugar スプーン2杯(はい)の砂糖
- a family **of** five 5人(の)家族
- Our house is made **of** wood. 私たちの家は木造だ.

❻《同格関係を示して》〜という →A of B の形で,「B という A」「B の A」.

- the city **of** London (ロンドンという市 ⇒) ロンドン市
- the story **of** *Cinderella* 『シンデレラ』のお話
- There were six **of** us in the class-room. 教室には(我々である6人 ⇒)我々6人がいました.

❼《特徴を示して》〜の(ある) →A of B の形で,「B のある A」「B の A」.

- a woman **of** ability [courage] 才能[勇気]のある女性
- a look **of** pity 哀(あわ)れみの(こもった)目つき
- a girl **of** ten (years) 10歳(さい)の少女

❽ 〜のことを, 〜について(の) (about)

- I always think **of** you. 私はいつもあなたのことを考える.
- We spoke **of** you last night. 私たちは昨夜あなたのことを話していたのよ.

❾ (It is *A* of *B* to *do* 〜 で) 〜するとは B は A である →A には kind, good, foolish など人の性質を表す形容詞が入る. 不定詞 to do は「〜するとは」. →to ❾④

- It's very kind **of** you (**to** help me). (私を助けてくれて)あなたって親切な方ね[(お助けくださって)ご親切どうもありがとう].
- It was good **of** you **to** remember my birthday. 私の誕生日を覚えていてくれてどうもありがとう.

❿《分離(ぶんり)・起源・原因を示して》〜から

- Canada is north **of** the United States. カナダはアメリカ合衆国の北にある. →north は副詞で「北に」.
- He is **of** royal blood. 彼は王室の血統だ.

- My grandfather died **of** cancer. 祖父はがんで死にました. →die of (**die**¹ 成句)

of course もちろん →**course** 成句

off 中 A1 /ɔːf オーふ|ɔf オふ/

副 ❶(場所を)離(はな)れて, 取り去って; 取って 意味 map
❷(距離(きょり)・時間が)離れて
❸(電気・水道・テレビなどが)切れて, 止まって
前 〜から離れて
形 ❶離れた
❷休みの, 非番の

—— 副 (→比較変化なし)

❶(場所を)離れて, 去って; (物を)離して, 取り去って

基本 go **off** 去って行く, 出発する →動詞＋off.

- run **off** 走り去る, 逃(に)げ去る
- get **off** (バスなどから)降りる 反対語「乗る」は get on.
- fall **off** (離れて)落ちる
- take **off** (飛行機が)離陸(りりく)する

基本 take **off** a hat ＝ take a hat **off** 帽子(ぼうし)を脱(ぬ)ぐ →take off *A*＝take *A* off.

- Take **off** that wet shirt. そのぬれたシャツを脱ぎなさい.

掲示 Hands **off**! 手を触(ふ)れないでください.

- The lid was **off**. ふたがとれていた.

❷(距離・時間が)離れて, 向こうに, 先に

- a mile **off** 1マイル先に
- a long way **off** 遠く離れて
- Christmas is a week **off**. クリスマスまであと1週間だ.

❸(電気・水道・テレビなどが)切れて, 止まって

- turn **off** the light [the radio] (スイッチをひねって)明かり[ラジオ]を消す
- switch **off** the TV [the computer] テレビ[コンピューター]のスイッチを切る
- The car engine is **off**. 車のエンジンは切ってある.

反対語 Was the light **on** or **off**? 明かりはついていたかそれとも消えていたか.

- The party is **off** because of the rain. 雨でパーティーは中止です. →because of 〜「〜のために, 〜のせいで」.

❹(定価を)割り引いて

- at 5% **off** 5パーセント引きで

offense

- You can get it (at) 10 percent **off** for cash. それは現金なら１割引きで買える.

❺ (休暇(きゅうか)または病気で)休んで
- take a day **off** １日休む
- We get ten days **off** at Christmas. 私たちはクリスマスの時期に10日休む.

❻ **(well, badly** などとともに**)** (暮らしが)～で
- be well [**badly**] **off** 暮らしが楽である[苦しい]

—— 前 ～から離れて, ～から
- get **off** a bus バスから降りる
- fall **off** a bed ベッドから落ちる
- The wind is blowing leaves **off** the tree. 風が木から葉を吹(ふ)き落としている.
- A button is **off** your coat. 君のコートのボタンが１つとれていますよ.
- He took the picture **off** the wall. 彼はその絵を壁(かべ)から外した.
- Clean the mud **off** your shoes. 靴(くつ)の泥(どろ)を落としてきれいにしなさい.
- My house is a little way **off** the street. 私の家は通りから少し離れたところにある[通りを少し入ったところにある].
- The ship was sailing **off** Scotland. その船はスコットランド沖(おき)を航海していた.

掲示 Keep **off** the grass. 芝生(しばふ)に入ってはいけません.

—— 形 (→比較変化なし)

❶ 離れた, 向こうの →名詞の前にだけつける.
- on the **off** side of the river 川の向こう側に

❷ 休みの, 非番の →名詞の前にだけつける.
- on my next **off** day 私の次の休みの日に

❸ 季節外れの →名詞の前にだけつける.
- an **off** season シーズンオフ

❹ 《英》(飲食物が)新鮮(しんせん)でない
- I don't feel good. I think I ate something that was **off**. (おなかの)具合が変だ. 何か古くなった物でも食べたのだと思う.

off and on = **on and off** やめたり始めたり, ついたり消えたり, 不規則に, 時々
- It rained **off and on**. 雨は降ったりやんだりした. → It は漠然(ばくぜん)と「天候」を表す.

off duty 非番で[の] → duty

offence /əféns オフェンス/ 名 《英》= offense
offend /əfénd オフェンド/ 動 感情を害する, 怒(おこ)らせる
offense /əféns オフェンス/ 名

中 A1 /オーふ｜オふ/

基本の意味

もとの場所から離れていく動きが基本の意味で(副 ❶・前), 離れていった結果に注目すると離れた場所にある[いる]という状態の意味になり(副 ❶・前), ある場所・時点から「(一定の距離・時間が)離れて」という意味に

離れて

もなる(副 ❷). 線が「つながっていない」イメージから, 副 ❸「(電気などが)切れて, 止まって」の意味が生じる. 他の意味も何かから比ゆ的に離れ(てい)ることを表し, 元の価格から離れていれば 副 ❹「割り引いて」, 仕事や活動状態から離れていれば 副 ❺「休んで」の意味になる.

教科書によく出る **使い方**

副 ❶ We're going to get **off** at the next station. 次の駅で降りますよ.
副 ❷ My house is about 500 meters **off**. 我が家は500メートルくらい先にあります.
副 ❸ Could you turn **off** the radio? ラジオを消してもらえませんか.
前 　He got **off** the bus at the station. 彼は駅でバスを降りた.

offer

❶ 犯罪, 違反(いはん) ❷ 気にさわる事[物], 失礼
❸ 攻撃(こうげき) (attack), 攻撃側 反対語 **defense** (防衛, 守備側)

offer 中 A2 /ɔ́ːfər オーふァ/ 動
提供する, 差し出す, 勧(すす)める; 提案する; 〜しようと申し出る

- **offer** a plan ある計画を出す
- **offer** to help 手伝いましょうと申し出る
- I **offered** her my seat. ＝ I **offered** my seat to her. 私は彼女に私の席を勧めた. → offer A (人) B (物)で「AにBを勧める」.

関連語 He **offered** her a job, but she **refused** it. 彼は彼女に職を提供したが彼女はそれを断った.

—— 名 申し出, 提案

- He accepted [refused] my **offer to** help him. お手伝いいたしましょうという私の申し出を彼は受け入れた[拒否(きょひ)した].

office 小 A1 /ɔ́ːfis オーふィス|ɔ́fis オふィス/

名 ❶ **事務所**, 事務室; 会社, 職場; 《米》診療(しんりょう)所

- an **office** worker (事務職の)会社員 →性別に関係なく使う.
- the main [head] **office** of a company 本社, 本店
- a lawyer's **office** 弁護士事務所
- a ticket **office** 切符(きっぷ)[入場券]売り場
- a school **office** 学校の事務室
- the principal's **office** 校長室
- a doctor's **office** 診療所
- My father works in an **office**. 私の父は会社に勤めています.

❷ 役所, 〜局, 〜省

- a post **office** 郵便局
- the Foreign **Office** (英国の)外務省

officer 小 A1 /ɔ́ːfisər オーふィサ|ɔ́fisə オふィサ/
名 ❶ 将校, 士官; 高級船員
❷ 警察官 (police officer)
❸ 公務員, 役人 →特に部署の責任者.

official 中 A2 /əfíʃəl オふィシャる/ 形 公(おおやけ)の; 公式の; 公用の, 仕事上の

- **official** duties 公務
- This information is **official**. この情報は公式のものです.

—— 名 公務員, 役人; 職員

official language 名 公用語 →公(おおやけ)の場で使用することが正式に認められている言語. 特に国際組織や多言語国家で定められる.

officially /əfíʃəli オふィシャリ/ 副 公式に, 正式に

often 中 A1 /ɔ́ːfn オーふン|ɔ́fn オふン/

(→t を発音して /ɔ́ːftn オーふトン/ ともいう) 副
(比較級 **more often**; 最上級 **most often**)
しばしば, たびたび 関連語 **sometimes** (時々)よりも多く, **usually** (たいてい) よりも少ない頻度(ひんど).

👉基本 She was **often** late. 彼女はよく遅(おく)れた. → be 動詞＋often.

👉基本 I **often** go there. 私はしばしばそこへ行きます. → often ＋一般(いっぱん)動詞.

- He writes to me very **often**. 彼はしょっちゅう私に手紙をくれる. →特に often の意味を強調する時はこのように文末(あるいは文頭)に置くことがある.

How **often** do you go to the movies? —Not **often**, perhaps once every three months.
映画にはよく行きますか. —よく言うほどは行きません. 3か月に1回ぐらいかな.

- Practice as **often** as possible. できる限り何度も練習しなさい. → as A (副詞) as possible は「できるだけA」.
- He comes **more often** than before. 彼は以前よりよく来ます.
- Forest fires break out **most often** in the summer. 山火事は夏に一番多く起こる.

OH 略 ＝Ohio

oh 小 /óu オウ/ 間 **おお!, まあ!, おや!, あら!; えーと** →喜び・怒(いか)り・驚(おどろ)きなどの感情を表す, あるいは返事の前に間を置く時に使う.

- **Oh!** How beautiful! まあ, なんてきれいなんでしょう!
- **Oh**, no. いいえ[まさか, ああどうしよう]. →強い否定や困惑(こんわく)などを表す.

💬会話 Is he busy now? —**Oh**, no. He is watching television. 彼は今忙(いそが)しい? —いいえ, テレビを見ています.

💬会話 When will you meet him? —**Oh**, I haven't decided yet. いつ彼と会うの? —えーと, まだ決めてないんだ.

Ohio /ouháiou オウハイオウ/ 固名 ❶ オハイオ

→米国北東部の州. **O.**, (郵便で) **OH** と略す.
❷ **(the Ohio で)** オハイオ川 →オハイオ州の南境を西に流れてミシシッピ川に合流する. この川の南側がいわゆる「南部」.

OHP 略 オーバーヘッドプロジェクター → **o**ver**h**ead **p**rojector. →見出し語

oil A2 /ɔ́il オイる/ 名
❶ 油, 石油 →種類をいう時以外は ×*an* oil, ×oil*s* としない.
• salad **oil** サラダ油
• put **oil** in the pan フライパンに油を入れる
❷ (ふつう **oils** で) 油絵の具, 油絵
• paint in **oils** 油絵を描(か)く
── 動 油を塗(ぬ)る, 油をさす
• **oil** the wheels 車輪に油をさす

óil field 名 油田
óil pàinting 名 油絵

oily /ɔ́ili オイり/ 形 (比較級 **oilier** /ɔ́iliər オイりア/; 最上級 **oiliest** /ɔ́iliist オイりエスト/) 油の, 油のような; 油だらけの, 油で汚れた

oink /ɔ́iŋk オインク/ 名 ブーブー →ブタの鳴き声.
── 動 (ブタが)ブーブー鳴く

OK¹, O.K. 小 A1 /oukéi オウケイ/
形 副 間 《話》 **よろしい** (all right), **問題ない, オーケーだ; さて**
• Everything is **OK**. 万事(ばんじ)オーケーだ.
会話 I'm sorry I'm so late.—**That's OK.** I was late too. こんなに遅(おく)れてしまってすみません.—いいんですよ, 私も遅れて来たんです.
会話 Is seven o'clock **OK**?—Yes, that's fine. 7時でよろしいですか.—ええ, 大丈夫(だいじょうぶ)です.

Will you come with me?—**OK**, I will.
君もいっしょに来るかい.—いいよ, 行くよ.

── 名 承認(しょうにん), オーケー
• Get your dad's **OK** before you go camping. キャンプに行く前にお父さんのオーケーを取りなさい.

── 動 (三単現 **OK's** /oukéiz オウケイズ/; 過去・過分 **OK'd** /oukéid オウケイド/; -ing形 **OK'ing** /oukéiiŋ オウケイイング/)
オーケーする, 承認する

OK² 略 =Oklahoma

okay A1 /oukéi オウケイ/ 形 副 間 名 動
=OK¹

Oklahoma /oukləhóumə オウクらホウマ/ 固名 オクラホマ →米国南中部の州. **Okla.**, (郵便で) **OK** と略す.

old 小 A1 /óuld オウるド/

形 ❶ 年取った   意味map
❷ (年齢(ねんれい)が)〜歳(さい)で
❸ 古い

── 形
比較級 **older** /óuldər オウるダ/,
     elder /éldər エるダ/
最上級 **oldest** /óuldist オウるデスト/,
     eldest /éldist エるデスト/

❶ **年取った, 年老いた**
両基本 an **old** man 老人, お年寄り, おじいさん →old+名詞.
• the **old**=**old** people 老人[お年寄り]たち
反対語 The **young** must be kind to the **old**. 若い人はお年寄りに親切でなければいけない.

両基本 He is **old**. 彼は年を取っている. →be動詞+old.
• **grow** [**get**] **old** 年を取る
• He looks **old** for his age. 彼は年のわりにふけて見える.

old   young

❷ (年齢が)〜歳で, 〜月で; (物ができてから)〜年[月]で, (時間が)たっている
• a ten-year-**old** boy = a boy ten years **old** 10歳の少年
• a baby six months **old** 生後6か月の赤ん坊(ぼう)
会話 How **old** are you?—I'm fourteen years **old**. 君いくつ?—私は14歳です. →fourteen years は副詞句で **old** を修飾(しゅうしょく)している.
会話 How **old** is this building?—It's nearly a hundred years **old**. この建物は建

old-fashioned

って何年ですか.—約100年です.
- my **older** brother 私の兄 →〈英〉では my elder brother という. →**elder**
- You'll understand when you are **older**. 君も年を取ればわかるだろう.

会話 **How much** [**How many years**] **older** is he **than** his wife?—He is **ten years older**. 彼は奥(おく)さんよりいくつ年上ですか.—10歳年上です.
- my **oldest** brother 私の一番上の兄 →〈英〉では my eldest brother という. →**eldest**
- Mr. Young is **the oldest** of the three. ヤング氏が3人のうちで一番年長です.

❸ 古い, 昔の; 昔からの
- an **old** building 古い建物
- the good **old** days 古きよき時代

反対語 My shoes are getting **old**; I must buy some **new** ones. 私の靴(くつ)は古くなってきた. 新しいのを買わなければならない.

- an **old** friend 古い[昔からの]友達 →「年取った友人」という意味にならないことに注意.
- an **old** joke 言い古された冗談(じょうだん)
- You can find **old** Tokyo in Asakusa. 浅草であなたは古い東京を見つけることができる[浅草には昔の東京が残っている].
- Hello, **old boy**! やあ君! →年輩(ねんぱい)の男性同士の親しみを込(こ)めた呼びかけ.

old-fashioned /oʊld fǽʃənd オウルド ファションド/ 形 **古風な, 時代遅(おく)れの**

Óld Wórld 固名 (**the** をつけて) 旧世界 →ヨーロッパ(, アジア, アフリカ)大陸を「新世界」と呼ぶのに対する呼び方. →**New World**

olive /áliv アリヴ/ 名 〈植物〉オリーブの実; オリーブの木; オリーブ色, 濃(こ)い黄緑色

イメージ (olive)

箱舟(はこぶね) (→**Noah**) から放ったハトがオリーブの枝をくわえて戻(もど)ってきたのでノアは洪水(こうずい)が引いたことを知ったという旧約聖書の物語から「平和と和解」の象徴(しょうちょう)とされ, 国連旗のデザインにも使われている.

ólive òil A2 名 オリーブ油

Olympia /əlímpiə オリンピア/ 固名 **オリンピア** →ギリシャ西部にある平原. ここに祭った神々の王ゼウスの4年ごとの大祭に行われた競技会が近代オリンピックへとつながった.

Olympiad /əlímpiæd オリンピアド/ 名 **オリンピック大会** →かたい言い方.

Olympic 小 A2 /əlímpik オリンピク/ 形 **オリンピックの, オリンピック競技の**
- an **Olympic** medalist オリンピックのメダリスト

Olýmpic Gámes 固名 (**the** をつけて) 国際オリンピック競技会

Olympics A1 /əlímpiks オリンピクス/ 固名 (**the Olympics** で) 国際オリンピック競技会 (the Olympic Games) →単数としても複数としても扱(あつか)われる.

Olympus /əlímpəs オリンパス/ 固名 **オリンポス山** →ギリシャ北部の山で, その山頂には神々が住んでいたと伝えられた.

omelet, omelette 小 A2 /ámlit アムレト| ɔ́mlit オムレト/ 名 **オムレツ**

omit /əmít オミト/ 動 (三単現 **omits** /əmíts オミツ/; 過去・過分 **omitted** /əmítid オミテド/; -ing形 **omitting** /əmítiŋ オミティング/) **省略する; 抜(ぬ)かす**

on 小 A1 /ɑn アン|ɔn オン/
前 ❶ ～の上に, ～の上の　　　意味 map
❷ ～(日)に
❸ ～に(接して・面して), ～(の側)に
❹ ～と同時に, ～するとすぐ
❺ 〈道具・機械など〉～で; (テレビ番組など)で, ～に出演して
❻ ～について(の)
副 ❶ 身に着けて
❷ (継続(けいぞく)・進行) どんどん続けて
❸ (電気・水道・テレビなどが) ついて, 出て; (電話などが) 通じて; (映画などが) 上演中で

— 前 ❶ ～の上に, ～の上の
基本 **on** the desk 机の上に[の] →on+名詞.
基本 sit **on** the floor 床(ゆか)の上に 座(すわ)る →動詞+on+(代)名詞.
- get **on** a horse [a bus] 馬[バス]に乗る
- Your book is **on** the desk. 君の本は机の

上にある.

- The exercise is **on** page 10. その練習問題は10ページにある.

🏠基本 a book **on** the desk 机の上の本 ➡名詞＋on＋(代)名詞.

- a carpet **on** the floor 床の(上に敷(し)いた)じゅうたん
- swans **on** the pond 池に浮(う)かぶ白鳥
- a fly **on** the ceiling 天井(てんじょう)の[に止まっている]ハエ
- a ring **on** her finger 彼女の指につけられた指輪
- There is a picture **on** the wall. 壁(かべ)に絵が掛(か)かっている.
- He cut his foot **on** a piece of glass. (ガラスの破片(はへん)の上で➡)ガラスの破片を踏(ふ)んで彼は足を切った. ➡cut は過去形.
- That dress looks very nice **on** you. そのドレスはあなたにとてもよく似合う.
- King Kong is **on** the top of the Empire State Building. Helicopters are flying **over** him. There is a moon high **above** the helicopters. キングコングがエンパイア・ステート・ビルのてっぺんにいる. ヘリコプターがその上でとどまっている. その上空には月がかかっている.

類似語 (上に)

on は「物の表面に接触(せっしょく)している」こと. **over** は「接触してまたは離(はな)れて(真)上を覆(おお)っている」こと. **above** は「離れて物の上の方にある」ことを表す.

❷ 〜(日)に

関連語 「〜月に」は **in**,「〜時に」は **at**.

- **on** Sunday 日曜日に
- **on** Christmas Day クリスマスの日に
- **on** my birthday 私の誕生日に
- **on** a stormy night ある嵐(あらし)の夜に
- **on** May 10 ＝**on** the 10th of May 5月10日に

POINT「5月に」は in May というが, 前に「日」がつくと, ✕on the 10th *in* May といわない.

- **on** the morning of last Monday 先週の月曜日の朝に ➡単に「朝に」は in the morning.
- The party is **on** March 24. パーティーは3月24日です.

❸ 〜に(接して・面して), 〜(の側)に

- a castle **on** the lake 湖のほとり[湖畔(こはん)]の城
- the boy **on** my left 私の左側の少年
- Please sit **on** my right. 私の右に座ってください.
- London is **on** the Thames. ロンドンはテムズ河畔(かはん)にある.

❹ 〜と同時に, 〜するとすぐ

- **on** arrival 到着(とうちゃく)するとすぐ
- I will pay you the money **on** my return. 帰ったらすぐ君にお金を払(はら)います.
- **On** arriving at the town, I called my mother. その町に着くとすぐ私は母に電話した. ➡on＋動名詞 (arriving (到着すること)).

❺ 《道具・機械など》〜で; (テレビ番組など)で, 〜に出演して

- talk **on** the telephone 電話で話す
- hear the news **on** the radio ラジオでニュースを聞く
- watch a game **on** television テレビで試合をみる
- make a dress **on** a sewing machine ミシンで服を縫(ぬ)う
- do research **on** the Internet インターネットで調べる
- She'll be **on** that TV show next week. 彼女は来週そのテレビショーに出演するでしょう.

❻ 〜について(の), 〜に関する

- a book **on** Japanese history 日本史の本
- speak **on** French movies フランス映画について話す
- We did not agree **on** some points. いくつかの点について私たちは意見が分かれた.

❼ 《用事・目的》〜で, 〜(のため)に; 〜(の途中(とちゅう))で

- go **on** a trip [picnic] 旅行[ピクニック]に行く
- go to Osaka **on** business 仕事[用事]で大阪へ行く
- **on** my way home [to school] 帰る[学校へ行く]途中で
- We went to Austria **on** a concert tour. 私たちはコンサートツアーでオーストリアへ行った.

❽ 〜(の状態)で; 〜に属して, 〜の一員で

- a house **on** fire 燃えている家
- The new CD will be **on** sale from next Friday. 来週の金曜日から新しい CD が

 小 A1 /アン｜オン/

イメージ
接して

基本の意味

離れずに接している状態が基本の意味（前❶），あるものが別のものに接している場合，机「の上に」ある本のように，安定しやすい「上」の位置であることが多いが，（普通はより大きく安定したものに）接していれば，位置が「上」でなくても on が用いられる．副❶「身に着けて」の意味も身体と接している状態を表す．完全に接していなくても，接するような近さを表す 前❸「〜に面して，〜の側に」の意味で用いられる．できごとがある特定の日に行われる場合は，時間上の比ゆ的な接触とみなされ，前❷「〜（日）に」の意味になる．できごとが時間的に接している，つまり連続している場合には，前❹「〜と同時に，〜するとすぐに」・副❷継続・進行の意味になる．行為は道具・手段に支えられているというイメージから，前❺「（通信手段など）で」の意味が生じる．話題から離れないというイメージから，前❻「〜について」の意味が生じる．目的・状態から離れないというイメージから，前❼用事・目的の意味が生じる．線が「つながっている」イメージから，副❸「（電気などが）ついて」の意味が生じる．

 教科書によく出る **使い方**

- 前 ❶ Please put your bag **on** the table. かばんはテーブルの上に置いてください．
- 前 ❷ I was born **on** July 11th. 私は7月11日に生まれた．
- 前 ❸ Go straight, and the convenience store will be **on** your right.
  まっすぐ進むとコンビニは右手にありますよ．
- 前 ❹ **On** arriving at the hotel, I called her.
  ホテルに着いてすぐに私は彼女に電話をした．
- 前 ❺ I ordered a book **on** the Internet last night.
  昨晩，私はインターネットで本を注文した．
- 前 ❻ Keiko read a book **on** environmental problems.
  圭子は環境問題に関する本を読んだ
- 前 ❼ We visited Hiroshima **on** our school trip.
  私たちは修学旅行で広島を訪問した．
- 副 ❶ It's cold outside. Put your coat **on**. 外は寒いよ．上着を着なさい．
- 副 ❷ They kept **on** studying for the exam all night. 彼らは一晩中試験勉強をした．
- 副 ❸ Could you turn **on** the light? 明かりをつけてもらえませんか．

発売になる.
- When will you be **on** vacation? あなたはいつから休暇(きゅうか)ですか.
- He is **on** the basketball team. 彼はバスケットボールチームに属している.

❾《基礎(きそ)・支え》~で, ~に基(もと)づいて
- act **on** his advice 彼の忠告に従って行動する
- stand **on** *one's* hands (手で立つ ⇨)逆立ちする
- He lives **on** a pension. 彼は年金で暮らしている.

❿《話》《勘定(かんじょう)など》~の負担で, ~持ちで
- It's **on** me. それは私のおごりだ.

—— 副 (→比較変化なし)
❶ 身に着けて, かぶって, はいて
- put ~ **on**=put **on** ~ ~を着る[かぶる, はく]
- have ~ **on**=have **on** ~ ~を着て[身に着けて, かぶって, はいて]いる
- with ~ **on** ~を身に着けて[かぶって, はいて]
- a man with a big hat **on** 大きな帽子(ぼうし)をかぶった男
- He had no coat [shoes] **on**. 彼はコートを着て[靴(くつ)をはいて]いなかった.
- I told her to put her hat **on** [put **on** her hat], and she put it **on**. 私は彼女に帽子をかぶるように言うと彼女はそれをかぶった. → 目的語が代名詞 (it) の場合には ×put *on it* としない.

❷《継続・進行》どんどん続けて, 先へ, ずっと
- walk **on** どんどん歩いて行く, 歩き続ける
- live **on** 生き続ける
- go **on** working どんどん働き続ける
- from now **on** 今後ずっと
- later **on** あとで, のちに
- We worked **on** till late at night. 私たちは夜遅(おそ)くまで働き続けた.

❸《電気・水道・テレビなどが》ついて, 出て; 《電話などが》通じて; 《映画などが》上演中で, 上映中で
- The toaster is **on**. トースターにスイッチが入っている.
- 反対語 Is the heating **on** or **off**? 暖房(だんぼう)はついていますかそれとも消えていますか.
- Keep the light **on**. 明かりをつけておけ.
- What films are **on** now? 今どんな映画が上映されていますか.

and so on (~)など →**and** 成句

off and on=*on and off* →**off** 成句
on and on どんどん, 休みなく続けて

once 中 A1 /wʌns ワンス/

副 ❶1度
❷かつて, いつか
意味map

—— 副 ❶1度, 1回
- only **once** ただ1度だけ
関連語 **once** or **twice** 1~2度, たまに → 「3度」以上は **times** /タイムズ/ を使って, three times, four times ~ という.
- **once** a day [a week] 日[週]に1度 → a day [a week] は「1日[1週]につき」.
- more than **once** 1度ならず, たびたび
- **once** more=**once** again もう1度
会話 How often have you been there? —I've been there **once**. 君は何度そこへ行ったことがありますか.—私はそこへ1度行ったことがある. →現在完了(かんりょう)の文. →**have** 助動 ❷

❷ かつて, 昔, いつか
基本 Parents were **once** children. お父さんもお母さんもかつては子供だった. → be 動詞(または助動詞)+once.
基本 I **once** saw a white crow. 私はかつて白いカラスを見たことがある. → once+一般(いっぱん)動詞.

会話
Have you ever been to London? —Yes, I have **once** been there. 君はロンドンへ行ったことがありますか.—ええ, 私は昔そこへ行ったことがあります. →現在完了の文. once は肯定(こうてい)の平叙(へいじょ)文で使い, 疑問文・否定文・条件文では **ever** を使う.

—— 接 一度(~)したら, いったん(~)したからには
- **Once** you learn the rules, the game is easy. 一度ルールを覚えてしまえばそのゲームは簡単です.

all at once 突然(とつぜん) (suddenly)
at once 直ちに, すぐ; 一度に
- Come **at once**. すぐに来なさい.

(*just*) *for once* 今度だけ(は)
- Please take my advice, **just for once**. (まあそう言わずに)今度だけは私の忠告に従ってごらんなさい.

one 458 four hundred and fifty-eight

once in a while 時々, たまに (now and then)

once upon a time 昔々
• **Once upon a time** there lived an old man and his wife. 昔々おじいさんとおばあさんが住んでいました.

one 小 A1 /wʌ́n ワン/

[名] 1, 1つ, 1人; 1時, 1歳(さい)　　意味map
[形] ❶ 1つの, 1人の; 1歳で
　　❷ ある～
[代] ❶ (同じ種類のもののうちの)1つ; (～の)もの
　　❷ (一般(いっぱん)に)人(は誰(だれ)も)

—— [名] (複 **ones** /wʌ́nz ワンズ/)

1, 1つ, 1人; 1時, 1歳 → 使い方については → **three**

関連語 Lesson **One** (= The **First** Lesson) 第1課
• Book **One** 第1巻
• a hundred and **one** 101
• It's **one** minute to **one**. 1時1分前です. → It は漠然(ばくぜん)と「時」を表す.
• **One** of my friends went to China. 私の友達の1人が中国へ行った.
• Tokyo is **one** of the largest cities in the world. 東京は世界最大の都市の1つだ.

—— [形] (→ 比較変化なし)

❶ 1つの, 1個の, 1人の; 1歳で
基本 **one** apple 1個のリンゴ, リンゴ1個 → one＋名詞の単数形. an apple よりはっきりと「1個」を強調する.
• **one** o'clock 1時
• **one** hundred 100
• **one** or two books 1～2冊の本
• **One** man can do this work in one day. この仕事は1人の人が1日でできる.

❷ ある～
• **one** day (過去の)ある日; (未来の)いつの日か (some day)
• **one** morning [night] ある朝[夜] →×**in** one morning [night] などとしない.
• **one** spring day ある春の日に
• **one** Robert Brown (あるロバート・ブラウン ⇒)ロバート・ブラウンという名の人

—— [代] (複 **ones** /wʌ́nz ワンズ/)

❶ (同じ種類のもののうちの)1つ; (～の)もの
POINT 前に出た普通(ふつう)名詞の代わりに使う. 複

数形 ones は前に必ず the, 形容詞などがつき, 単独で ones を使うことはない.

会話 Do you have a camera? —No, I don't, but my brother has **one** (= **a** camera). He will lend **it** (=**the** camera) to you. 君はカメラを持っている?—いや持っていないけど兄(弟)が(1つ)持っている. 彼はそれ[そのカメラ]を君に貸してくれるだろう.

文法 ちょっとくわしく
one は前に出た名詞そのものでなく, それと同種類のものを指す. **it** は前に出た名詞そのものを指す.

会話 Will you bring me that dictionary? —This **one** (=dictionary)? その辞書を私に持ってきてくれますか.—これですか.

会話 Look! Bob and Ben are playing tennis. —Which **one** is Bob? ほら! ボブとベンがテニスをしている.—どっちがボブ?
• I don't like this tie. Please show me **a** better **one** (=tie). このネクタイは気に入りません. もっといいのを見せてください. → 形容詞＋one の時は a, an, the などがつく.
• These hats are nice, but I like the **ones** on the shelf better. これらの帽子(ぼうし)もいいけど, 私は棚(たな)の上にあるもののほうが好きだ.
• I like these old shoes better than the new **ones** (=shoes). 私はこの古い靴(くつ)のほうがその新しいのよりも好きだ.
• Parent birds carry food to their young **ones**. 親鳥たちがひな鳥に食べ物を運んで来る.

❷ (一般に)人(は誰も); 私たち → one は形式張った言い方で, ふつうは we, you, people などを使う (この意味で ×**ones** という複数形はない).
• **One** should do **one's** [his] best. 人はベストを尽(つ)くすべきである.
• No **one** helped me. 誰も私を助けてくれなかった.

参考 **one** は辞書の中でいろいろな人称(にんしょう)代名詞の代表として使われる. たとえば **make up one's mind** の one's は実際には主語が I ならば I make up **my** mind ～, 主語が he ならば He makes up **his** mind ～ などとなることを示す.

one after another 次々に, 次から次へと

one after the other (2 つのものが)交互(こうご)に, 次々に →**other** 成句

one another お互(たが)い
- The lovers looked at **one another**. 恋人(こいびと)たちはお互いを見つめ合った.
- At Christmas we give presents to **one another**. クリスマスには私たちはお互いにプレゼントを贈(おく)り合う.

one by one 一つ一つ, 一人一人

one of these days 近いうちに, そのうちいつか

one ～ the other ～ (2 つのうち)1 つは～もう 1 つは～, (2 人のうち)1 人は～もう 1 人は～
- We have two dogs; **one** is white, and **the other** (is) black. うちには犬が 2 匹(ひき)いて, 1 匹は白でもう 1 匹は黒です.

A is **one thing,** *B (is)* **another.** (A はある 1 つの事, そして B はまた別の事 ⇨)A と B は別だ
- To know is **one thing**, to teach **another**. 知っているということと教えるということは別だ.

one-on-one /wʌn ɑn wʌ́n ワナン ワン/ 形 副 《米》一対一の[で]

one's /wʌ́nz ワンズ/
❶ その人の, 自分の →**one** 代 ❷ の所有格.
❷ **one is** を短くした形

oneself /wʌnsélf ワンセるふ/ 代
❶ 自分自身を[に]; 自分 →「一般(いっぱん)の人」を意味する one が主語の時に使う.

oneself の変化

	単数形	複数形
1 人称	myself	ourselves
2 人称	yourself	yourselves
3 人称	himself herself itself	themselves

参考 **oneself** は辞書の中で myself, themselves などの代表として使われる. たとえば **amuse** *oneself* の *oneself* は主語が I ならば I amuse *myself*., 主語が

they ならば They amuse *themselves*. などとなる.

❷ (主語の意味を強めて)自分(自身)で

by one**self** ひとりぼっちで, ひとりで →**by** 成句

for one**self** 自分だけの力で, 独力で; 自分のために →**for** 成句

one-time /wʌ́n taim ワン タイム/ 形 ❶ 一回限りの ❷ かつての, 以前の

one-to-one /wʌ́n tə wʌ́n ワントゥ ワン/ 形 一対一の (one-on-one)

one-way /wʌ́n wéi ワン ウェイ/ 形 一方通行の, 一方向の

onion 小 A2 /ʌ́njən アニョン/ 名 タマネギ

online 中 A2 /ɑnláin アンらイン/ 形 副 コンピューターネットワークにつながっている, オンラインの[で], ネット(上)の[で] →**on-line** とも書く.
- go **online** オンライン化される
- shop **online** インターネットで買い物をする

only 中 A1 /óunli オウンリ/ 形 (→比較変化なし) ただ 1 つの, ただ 1 人の
基本 an **only** child 一人っ子 →an [the, my] only+名詞.
- Mary is the **only** girl in her family. メアリーは彼女の家でただ 1 人の女の子です.
- He is my **only** son. 彼は私のひとり息子(むすこ)です.
- Her splendid hair is her **only** treasure. 見事な髪(かみ)が彼女のただ 1 つの宝だ.

── 副 (→比較変化なし)
たった, ほんの, つい; ただ～だけ
- **only** yesterday つい昨日 →ふつう修飾(しゅうしょく)する語(句)の直前(時に直後)に置く.
- for **only** a few days ほんの 2～3 日間
- **only** a little ほんの少しだけ
- I have **only** 100 yen. 私はたった 100 円しか持っていない. →only を含(ふく)む文章はこのように「～しか～ない」と否定に訳すとよい場合が多い.
- There was **only** one boy in the classroom. 教室にはたった 1 人の男の子しかいなかった.

掲示 For members **only**. 会員専用.
- At that time I was **only** a child. 当時私はほんの子供だった. →an only child は「一

Ontario

- **Only** I touched it. 私だけがそれに触った。→Only は I を修飾.
- I **only** touched it. 私はそれに触っただけだ. →only は touched を修飾.
- I touched that **only**. 私はそれにだけ触った. →only は that を修飾.

POINT 以上の3つの文で only の位置とその修飾している語に注意.

- I don't want to buy anything; I'm **only** (=just) looking. 買うつもりはありません, ただ見ているだけです.
- I can **only** say that I'm very sorry. 誠にに申し訳ないとしか言いようがございません.
- Tomorrow we'll have lessons **only** in the morning. あしたは午前中しか授業がありません.

—— 接 ただ, だけど (but)

- I want to get it, **only** I have no money. それを買いたいのですが, ただお金が無いのです.

have only to *do* ただ〜しさえすればよい
- You **have only to** do your best. 君はただベストを尽くしさえすればよい.

not only A ***but*** (***also***) B A だけでなく B もまた →B を強調する言い方.
- He is **not only** a doctor **but also** a musician. 彼はただ医者であるだけでなくまた音楽家でもある.
- Bob **not only** wrote the script, **but** (**also**) directed the movie. ボブは脚本を書いたのみならず, その映画を監督した.

Ontario /ɑntéəriou アンテ(ア)リオウ/ 固名
(**Lake Ontario** で) オンタリオ湖 →北米五大湖の1つ. →**Great Lakes**

onto 中 /ɑ́ntə アントゥ/ 前 〜の上に[へ]

onward /ɑ́nwərd アンワド/ 副 前方へ, 前へ

onwards /ɑ́nwərdz アンワヅ/ 副 《主に英》= onward

oops /ú:ps ウープス/ 間 おっと →ちょっとしたミスや言い間違いをした時, あるいはよろけたりした時に発する.

open 小 A1 /óupn オウプン/

動 ❶ あく, 開く; 始まる　　意味map
❷ あける, 開く; 始める
形 あいている, 開いた

—— 動 (三単現 **opens** /óupnz オウプンズ/; 過去・過分 **opened** /óupnd オウプンド/; -ing形 **opening** /óupniŋ オウプニング/)

❶ あく, 開く; 始まる

基本 All the stores **open** at ten. すべての店は10時に開く. →open＋副詞(句).

When does the bank **open**? —At nine.
銀行は何時に開きますか.—9時です. →形 会話 の例文

- These doors **open** outward. これらのドアは外側に開く.
- 反意語 The store **opens** at nine and **closes** at five. 店は9時に開き5時に閉まる.
- The window **opened** and a beautiful lady looked out at me. 窓が開いて美しい女性が私を見た.
- The tulips **are opening** in the sun. チューリップが日の光を受けて花を開いてきた. →現在進行形の文. →**are** 助動 ❶

❷ あける, 開く; 始める

基本 **open** a box 箱を開ける →open＋(代)名詞.
- **open** a door [a window] 戸[窓]を開ける
- **open** a can [a present, an envelope] 缶詰[プレゼント, 封筒]を開ける
- **open** a new store 新しい[新しく]店を開く
- **open** *one's* eyes [heart] 目[心]を開く
- **Open** your books to [at] page 10. 本の10ページを開けなさい.
- He **opened** the map on the table. 彼はテーブルの上に地図を広げた.
- He **opened** his arms and welcomed us. 彼は両手を広げて我々を歓迎した.
- He **opened** his speech **with** a joke. 彼は1つの冗談からスピーチを始めた.

open up あける; 開く, (心の中を)打ち明ける

—— 形 (比較級 **opener** /óupnər オウプナ/, **more open**; 最上級 **openest** /óupnist オウプネスト/, **most open**)

あいている, 開いた; 覆う[囲う]物のない, 広々とした; 開放された; (スポーツ競技で)敵側にマークされていない, フリーで

基本 an **open** door 開いている戸 →open＋名詞.
- the **open** sea [air] 広々とした大海[野外]

- an **open** race 自由参加の競走
- She is a warm, **open**, friendly person. 彼女は心の温かい、隠し立てのない、親切な人だ。

基本 The window is **open**. 窓は開いている。→be 動詞+open.

- The box was **open** and empty. 箱は開いていてからだった。
- The library is not **open** today. 図書館はきょうは開いていない。
- This swimming pool is **open** to the public. このプールは一般に開放されている。
- There's a chance! Number 10 is **open**! Pass him the ball! チャンスだ！10番がフリーだぞ！彼にボールをパスしろ！

When is the bank **open**? —From nine to three.
銀行は何時から何時まで開いていますか。—9時から3時までです。

- Leave the door **open**. ドアを開けっぱなしにしておきなさい。→leave A B (形容詞)は「AをB(の状態)にしておく」。
- In summer I sleep with the windows **open**. 夏には私は窓を開けて眠る。→with A open は「Aを開けたままで」。

òpen áir 名 戸外, 野外

open-air /oupnéər オウプネア/ 形 戸外の, 野外の (outdoor)

ópen dày 名《英》=open house ❷

opener /óupnər オウプナ/ 名 あける道具[人]

òpen hóuse 名 ❶(個人の家の)招待会 →客は好きな時に来て好きな時に帰ってよい。家の各室が開放され、飲食も自由。
❷《米》(学校などの)自由参加日

opening /óupniŋ オウプニング/ 動 open の -ing 形 (現在分詞・動名詞)
—— 形 開始の, 開会の, 最初の
- an **opening** address 開会の言葉
- an **opening** ceremony 開会式
- an **opening** sale 開店セール
—— 名 ❶ 開くこと; 開始, 初め(の部分)
- at the **opening** of the story その物語の初めの部分で
❷ 開いた所; 空き地, 穴, 隙間, 空き

- an **opening** in the fence [the clouds] 塀の隙間[雲の切れ目]

openly /óupnli オウプンリ/ 副 隠さずに, 公然と

opera A1 /άpərə アペラ|ɔ́pərə オペラ/ 名 オペラ, 歌劇

ópera glàsses 名 オペラグラス →観劇用の小型双眼鏡。複数扱い。

ópera hòuse 名 オペラ劇場, 歌劇場

operate A2 /άpəreit アペレイト|ɔ́pəreit オペレイト/ 動
❶(機械など)動かす; 動く
- **operate** an elevator エレベーターを動かす[運転する]
- Can you **operate** a computer? あなたはコンピューターが使えますか。
❷ 手術を行う
- The surgeon will **operate** on his leg tomorrow. 外科医が明日彼の足の手術を行うでしょう。

operation /ɑpəréiʃən アペレイション/ 名
❶ 手術
❷ 働き, 活動; 作戦; 効力
❸ (機械の)運転, 操作

operator /άpəreitər アペレイタ/ 名 (機械を)操作する人; 電話交換手

opinion 中 A2 /əpínjən オピニョン/ 名 意見, 考え; 評価, 判断
- in my **opinion** 私の意見では
- give one's **opinion** 自分の意見を述べる
- ask his **opinion** 彼の意見を求める
- public **opinion** 世論
- have a high [good] **opinion** of ~ ~を高く評価する, ~をよいと思う
- have a low [bad] **opinion** of ~ ~を低く評価する, ~をだめだと思う
- Are you of the same **opinion**? あなたも同じ意見ですか。

会話 What's your **opinion** of that movie? —I have a high **opinion** of it. あの映画をどう思いますか。—すばらしいと思います。

opponent /əpóunənt オポウネント/ 名 (勝負・コンテスト・議論などの)相手, 敵; (法案などに)反対する人

opportunity A2 /ɑpərtjú:nəti アポチューニティ/ 名 (複 **opportunities** /ɑpərtjú:nətiz アポチューニティズ/) 機会, 好機 (good chance)
- I had the **opportunity of** going [to go]

oppose 462 four hundred and sixty-two

to Rome last year. 去年私はローマへ行く機会があった.

oppose A2 /əpóuz オポウズ/ 動
❶ 反対する, 反抗(はんこう)する; 対立させる
❷ (be opposed to ~ で) ~に反対である
• I **am opposed to** his plan. 私は彼のプランに反対です.

opposite A2 /ɑ́pəzit アポズィット, ɔ́pəzit オポズィット/ 形 向こう側の, 反対(側)の; 全く違(ちが)う, 正反対の
• the **opposite** side 反対側, 向こう側
• the **opposite** sex 異性
• in the **opposite** direction 反対の方向に
反対語 Bob and I gave **opposite** answers to the **same** question. ボブと私は同じ質問に対して正反対の答えを述べた.
• Their opinions are **opposite** to ours. 彼らの意見は私たちの意見と正反対だ.

── 前 ~の向こう側に[の], ~に向かい合って
• a building **opposite** the bank 銀行の向かい側の建物
• The candy store is **opposite** the school. お菓子(かし)屋さんは学校の向かいにある.
• In New Zealand the seasons are **opposite** those in Japan. ニュージーランドでは季節は日本(の季節)と逆です. →those＝the seasons.
• They sat **opposite** each other. 彼らは互(たが)いに向かい合って座(すわ)った.

── 名 正反対の物[人]; 反対語
• Love is **the opposite** of hate. 愛は憎(にく)しみの反対語だ.

opposition /ɑ̀pəzíʃən アポズィション/ 名
❶ 反対, 抵抗(ていこう); 反対側(の人たち)
❷ (しばしば **the Opposition** で) 野党

optimistic /ɑ̀ptəmístik アプティミスティク/ 形 楽天的な, 楽観的な, のんきな
反対語 **pessimistic** (悲観的な)

option /ɑ́pʃən アプション/ 名 選択(せんたく)の自由; 自由に選べるもの, オプション

optional /ɑ́pʃənəl アプショナる/ 形 選択(せんたく)可能な, 自由に選べる, オプションの
• an **optional** subject 選択科目
反対語 **compulsory** (義務の)

opus /óupəs オウパス/ 名 (復 **opera** /óupərə オウパラ, ɑ́pərə アパラ/, **opuses** /óupəsiz オウパセズ/) (しばしば **Opus** で) 《音楽》作品 →特に出版順番号付きの作品. **Op., op.** と略す.

OR 略 ＝Oregon

or 小 A1 /ɚ̀r アr ɔ̀:r オーr/
接 ❶ または, あるいは   意味 map
❷ 《命令文などの後で》さもないと
❸ すなわち

── 接 ❶ または, あるいは, それとも →or は語と語, 句と句, 節と節のように対等なものを結ぶ.
基本 English **or** French 英語またはフランス語 →語＋or＋語.
• yes **or** no イエスかノーか
• a day **or** two 1日か2日, 一両日
• Are you American **or** Canadian? あなたはアメリカ人ですかカナダ人ですか.
• He cannot read **or** write. 彼は読むことも書くこともできない.
• You **or** he has to go. 君かそれとも彼が行かなくてはいけない. →A or B が主語の時は動詞は B に合わせる.
基本 She is in the kitchen **or** in the yard. 彼女は台所か庭にいる. →句＋or＋句.
• You can go out **or** stay at home. 君は外に出てもよいし家にいてもよい.
基本 He'll come to you **or** he'll call you. 彼は君のところに来るか君に電話するだろう. →節＋or＋節.
• I don't care if it rains **or** not. 雨が降ろうと降るまいと私は構わない.
会話 Is the baby a boy **or** a girl?—It's a boy. 赤ちゃんは男の子ですか女の子ですか.—男の子です. →「A か B か」の選択(せんたく)疑問文に対しては Yes, No で答えないこと.

会話 Which do you like better, jeans **or** skirt?—I like jeans (better). どちらがお好きですか, ジーンズそれともスカート?—ジーンズのほうが好きです.

会話 Who is the tallest, John, Paul **or** George?—Paul is. 誰(だれ)が一番背が高いですか, ジョンですか, ポールですか, それともジョージですか.—ポールです. →3つ以上のものをつなぐ時は~, John or Paul or George? のようにもいう.

参考 **A or B** (A か B か) のように or はふつう別種のものをつなぐ接続詞だが, 時に

463 four hundred and sixty-three

は **A or A** という表現もある.「Aかそれともか」とは相手に「A」という答えしか期待しない言い方で,「絶対にAだろう?」という意味:
Would you like Coca-Cola or Coca-Cola? (コカコーラでいいね?)

❷《命令文などの後で》さもないと→**or else** とも使う. →**and** ❹
• Hurry, **or** you'll be late for school. 急ぎなさい, さもないと学校に遅(おく)れますよ.
❸ すなわち, 言葉を換(か)えて言えば →ふつう or の前にコンマ (,) をつける.
• The distance is 20 miles, **or** 32 kilometers. その距離(きょり)は20マイル, すなわち32キロです.
either *A* **or** *B* AかBかどちらか →**either** [接]

~ or so ~かそこいら, ~くらい
• in a week **or so** 1週間かそこいら[1週間ぐらい]で

oral /ɔ́ːrəl オーラ⁸/ (→**aural** (耳の)と同音) [形]
口頭の, 口述の; 口先の
[関連語] After the **written** examination, we took the **oral** (exam). 筆記試験が終わってから私たちは口述試験を受けた.

orange 小 A1
/ɔ́ːrɪndʒ オーレンヂ| ɔ́rɪndʒ オレンヂ/ (→アクセントの位置に注意)
[名] [形] **オレンジ(の)**; **オレンジ色(の)** →日本のミカンは orange によく似ているが, 別種のタンジールミカン (tangerine) の一種.
• **orange** juice オレンジジュース →炭酸のない果汁(かじゅう)100パーセントのもの.
• I had an **orange** for dessert. 私はデザートにオレンジを食べた.
• Our school color is **orange**. 私たちのスクールカラーはオレンジ色だ.

orangutan(g) /ɔːrǽŋʊtæn オーランウータン/ [名] 《動物》**オランウータン** →**ape**

orbit /ɔ́ːrbɪt オービト/ [名] 《天体の》**軌道**(きどう)

orca /ɔ́ːrkə オーカ/ [名] 《動物》**シャチ** →クジラ (whale) などを群れで襲(おそ)って食べるので **killer whale** ともいわれる.

orchard /ɔ́ːrtʃərd オーチャド/ [名] **果樹園**

orchestra /ɔ́ːrkɪstrə オーケストラ/ [名] **オーケストラ, 管弦**(かんげん)**楽団**
• a symphony **orchestra** 交響(こうきょう)楽団

orchid /ɔ́ːrkɪd オーキド/ [名] 《植物》**ラン, 洋ラン**

order 中 A1 /ɔ́ːrdər オーダ/ [名]
❶ **命令**; **注文**
• give [obey] **orders** 命令を出す[守る]
• place [put in] an **order** for a computer コンピューターを注文する
• take [have] an **order** 注文を受ける
• May I have your **order**, please? (レストランで係が)ご注文を伺(うかが)います.
❷ **順序**
• our team's batting **order** わがチームの打順
• in alphabetical **order** アルファベット順に
• in **order** of age 年齢(ねんれい)の順に
❸ **秩序**(ちつじょ), **整頓**(せいとん)
• law and **order** 法と秩序
• keep **order** 秩序を維持(いじ)する

in order きちんと整頓されて; (機械・健康などが)調子よく; 順序正しく
• put a room **in order** 部屋を整頓する
• The room was **in** good **order**. 部屋はきちんときれいになっていた.

in order to *do* ~するために, ~しようと (so as to *do*)
• We moved nearer **in order to** hear better. 私たちはもっとよく聞こえるようにもっと近くに移動した.
• I have to leave now **in order not to** miss the last bus. 最終バスに乗り遅(おく)れないようにもう失礼しなければなりません. →不定詞 (to miss) を否定する時は not をその直前に置く.

out of order 順序がでたらめで, 乱れて; (機械・健康などが)調子が悪く, 故障して
• This telephone is **out of order**. この電話機は故障している.

── [動] **命じる, 言いつける**; **注文する**
• **order** from a catalog カタログを見て注文する
• We **ordered** a special cake **from** the baker's. 我々はパン屋さんに特別のケーキを注文した. →「A を B に注文する」を ×order A *to* B としない.
• I was **ordered** to stay in bed by the doctor. 私は医者から寝(ね)ているように言われた. →**was** [助動] ❷

ordinary /ɔ́ːrdəneri オーディネリ/ [形] **ふつうの,**

ore 464 four hundred and sixty-four

通常の; 平凡(へいぼん)な, 並みの
- lead an **ordinary** life 平凡な生活を送る

ore /ɔ́ːr オー/ 名 鉱石, 原鉱

Oregon /ɔ́ːrigən オーレゴン/ 固名 オレゴン →
米国の太平洋岸北部の州. **Oreg.**, **Ore.**, (郵便
で) **OR** と略す.

organ /ɔ́ːrgən オーガン/ 名
❶ 《楽器》オルガン, (特に)パイプオルガン (pipe
organ) ❷ (体の)器官

organic /ɔːrgǽnik オーガニク/ 形 有機農法の,
有機肥料を用いた

organist /ɔ́ːrgənist オーガニスト/ 名 (パイプ)オ
ルガン奏者

organization /ɔ̀ːrgənizéiʃən オーガニゼイショ
ン/ 名 組織, 団体, 機関; 組織化

organize A2 /ɔ́ːrgənaiz オーガナイズ/ 動 組織
する, 作り上げる; 計画して準備する
- We **organized** a music club. 私たちは
音楽クラブを作った.
- Mary **organized** the party. メアリーがパー
ティーの手配をした.

organized A2 /ɔ́ːrgənaizd オーガナイズド/ 形
組織化された; よくまとまった

organizer /ɔ́ːrgənaizər オーガナイザ/ 名 (催(も
よお)し物などの)企画(きかく)者

Orient /ɔ́ːriənt オーリエント/ 名 (the Orient
で) 東洋 (the East)

Oriental /ɔ̀ːriéntl オーリエントる/ 形 東洋の
(Eastern); (美術品などの)東洋風の

orienteering /ɔ̀ːriəntí(ə)riŋ オーリエンティ(ア)
リング/ 名 オリエンテーリング →地図と磁石で指
定地点を見つけながらできるだけ早い時間でコー
スを回る徒歩競技.

origin /ɔ́ːrədʒin オーリヂン/ 名
❶ 起源, 起こり
- the **origin** of civilization 文明の起源
- the **origin** of this word この語の起源[語
源]
- The Italian language has its **origin** in
Latin. イタリア語はラテン語にその起源を持っ
ている[イタリア語の祖先はラテン語だ].
❷ 血筋
- He is of Chinese **origin**. 彼は中国系です.

original 中 A2 /ərídʒənl オリヂヌる/ 形
❶ 最初の, もとの
- the **original** picture (複製に対し)原画
- The **original** Americans were Native
Americans. 最初のアメリカ人はアメリカ先住

民であった.
❷ 独創的な (creative), 独自の; 斬新(ざんしん)な
- **original** ideas 斬新な考え
—— 名 原物, 原文, 原画, 最初のもの, オリジナル
- read a French novel **in** the **original** フ
ランスの小説を原書で(フランス語で)読む
反対語 This is the **original** and those are
copies. これはオリジナルで, あれらは複製で
す.

originality /ərìdʒənǽləti オリヂナリティ/ 名
独創性, 独創力; 新鮮(しんせん)味

originally 中 /ərídʒənəli オリヂナリ/ 副
❶ もとは, 元来; 生まれは ❷ 独創的に

Orion /əráiən オライオン/ 固名 ❶ オリオン →
ギリシャ神話で狩猟(しゅりょう)の巧(たく)みな巨人(きょじ
ん). ❷ 《星座》オリオン座

ornament /ɔ́ːrnəmənt オーナメント/ 名 飾(かざ)
り, 装飾(そうしょく); 装飾品

orphan A2 /ɔ́ːrfən オーふァン/ 名 孤児(こじ), み
なし子 →両親(まれに片親)と死別した子供.

Oslo /ázlou アズろウ/ 固名 オスロ →ノルウェ
ーの首都.

ostrich /ástritʃ アストリチ/ 名 《鳥》ダチョウ

Othello /əθélou オせろウ/ 固名 オセロ →シェ
ークスピア作の四大悲劇の１つ. またその主人公.

other 小 A1 /ʌ́ðər アざ/

形	❶ ほかの	意味 map
	❷ (the other ~ で) (2つの中の)も	
	う一方の~; (3つ以上の中の)残りの~	
代	❶ ほかのもの, ほかの人	
	❷ (the other で) (2つの中で)もう一	
	方; (the others で) (3つ以上の中で)	
	残りのもの(全部)	

—— 形 (→比較変化なし)
❶ ほかの, 他の, 別の →名詞の前にだけつける.
基本 **other** people ほかの人たち →other
＋名詞.
- **in other** words ほかの言葉では, 言い換(か)え
ると
- some **other** day いつかほかの日に
POINT 「other＋単数名詞」の時はふつうその前
に **some**, **any**, **no** などがつく. an がついた
形は **another** と１語になる.
- I have no **other** coat. 私はほかのコートを
持っていません.
関連語 **Some** people like tea, **other** peo-
ple like coffee. ある人たちは紅茶が好きで,

ほかの人たちはコーヒーが好きです[紅茶の好きな人もいれば, コーヒーの好きな人もいます]. → some と other が対応して使われている時は, [ ]内の訳のように「～もいれば～もいる」のように訳すとよい.

関連語 **Some** boys like baseball, **other** boys like soccer and **other** boys like tennis. 野球の好きな少年もいればサッカーの好きな少年もいればテニスの好きな少年もいる.

・I have no **other** friend [no friend **other**] than you. 私には君のほかに友人はいない.

・He is taller than any **other** boy in his class. 彼は彼のクラスの他のどの少年よりも背が高い[クラスで一番背が高い].

❷**(the other ～ で)** (2つの中の)もう一方の～; (3つ以上の中の)残りの～ →**another**

・**the other** side of a coin コインのもう一方の側[裏側]

・**the other** end (ひもなどの)もう一方の端(はし)[反対側]

・I don't want this one. I want **the other** one. 私はこっちは欲(ほ)しくない. もう1つのほうが欲しい.

・Show me **the other** hand. もう一方の手をお見せなさい.

・He lives on **the other** side of the street. 彼は通りの向こう側に住んでいる.

・Susie is here, but **the other** girls are out in the yard. スージーはここにいますがほかの女の子たちは(みんな)庭にいます. → the other＋複数名詞は「残り全部の人[物]」.

—— 代 ❶ほかのもの, ほかの人

・Paul and three **others** ポールと他の3人

・Be kind to **others**. 人には親切にしなさい.

・I want this ball and no **other**. 私はこのボールが欲しいのでほかのは欲しくない.

関連語 **Some** flowers are red, **others** are yellow, and **others** are white. いくつかの花は赤で, ほかのは黄色で, またほかのは白い[赤い花もあるし黄色い花もあるし白い花もある(それ以外の色のものもある)]. → ❷ 最後の用例

・I don't like this pen. Please show me some **others**. このペンは気に入りません. ほかのをいくつか見せてください.

・I don't like these apples. Aren't there any **others**? これらのリンゴは好きじゃない. ほかのはありませんか.

❷**(the other で)** (2つの中で)もう一方; (the

others で) (3つ以上の中で)残りのもの(全部)

・I have two brothers. One lives in Tokyo and **the other** (lives) in Kobe. 私には2人の兄弟がいる. 1人は東京に住み, もう1人は神戸に住んでいる. →**one ～ the other ～** (one 成句)

関連語 **One** was an Italian, **another** was a German, and **the others** were Japanese. 1人はイタリア人でもう1人はドイツ人でその他は(すべて)日本人だった.

関連語 **Some** flowers are red and **the others** are white. いくつかの花は赤で残りは(すべて)白だ.

among others 他にもいろいろあるが特に

each other [A1] お互(たが)い(を, に) →**each** 成句

every other ～ 1つおきの～

・**every other** day 1日おきに

・Write on **every other** line. 1行おきに書きなさい.

one after the other (2つのものが)交互(こうご)に, 次々に

・He lifted **one** foot **after the other**. 彼は足を交互に上げた.

on the other hand 他方では, これに反して

some ～ or other 何か～, 誰(だれ)か～, いつか～ → ある人・物・事柄(ことがら)などをぼかしていう時に使う.

・**some** day **or other** いつの日か, いつか

・worry about **something or other** 何やかやと心配する

the other day 先日 →**day** 成句

the other way around 逆に[で], 反対に[で]

・It's **the other way around** in our country. 我々の国ではそれは逆です.

otherwise /ʌ́ðərwaiz アざワイズ/ 副

❶違(ちが)った風に, 他の方法で

❷その他の点では, それ以外では

❸もしそうでなければ

Ottawa /átəwə アタワ/ 固名 オタワ → カナダの首都.

otter /átər アタ/ 名 《動物》カワウソ; カワウソの毛皮

ouch /áut∫ アウチ/ 間 あ, 痛い!, あっちっち! → 突然(とつぜん)の痛みなどに対して思わず発する叫(さけ)び.

ought

ought /ɔ́ːt オート/ [助動] (**ought to** do で)
～すべきである，～するのが当然である; ～するはずである

ounce /áuns アウンス/ [名] **オンス** ➔重さの単位. 1オンス＝$\frac{1}{16}$ポンド＝28.35g. **oz.** または **oz** と略す. 卵Mサイズ1個の重さが約2オンス.

our

our 小 A1 /áuər アウア/ (➔hour (1時間)と同音) [代] 私たちの，我々の ➔we の所有格. ➔ **we** [関連語] **my** (私の)
🏠基本 **our** class 私たちのクラス ➔our+名詞.
•**our** school 私たちの学校
•**our** teacher(s) 私たちの先生(たち)
•that hat of **our** father's 私たちのお父さんのその帽子(ぼうし)
[関連語] They go **their** way and we go **our** way. 彼らは彼らの道を行き，我々は我々の道を行く.
•We looked up these words in **our** dictionaries. 私たちはこれらの単語を私たちの[自分たちの]辞書で調べた. ➔主語が We の時は our を「自分たちの」と訳すとよい.

ours

ours 中 A1 /áuərz アウアズ/ [代]
❶ 私たちのもの. ➔**we**
[関連語] **mine** (私のもの)
✔POINT 自分たちの所有物について1つのものにも2つ以上のものにもいう.
🏠基本 Your team is strong, but **ours** (＝our team) is weak. あなたたちのチームは強いが私たちのチームは弱い. ➔ours が単数の名詞を表している場合は単数として扱(あつか)う.
•That secret is **ours**. その秘密は私たちの(もの)です[これは私たちだけの秘密にしておこう].
🏠基本 Your bags are light, but **ours** (＝our bags) are heavy. 君たちのかばんは軽いけど僕(ぼく)たちのは重い. ➔ours が複数の名詞を表している時は複数として扱う.
❷ (～ **of ours** で) 私たちの～
•a friend **of ours** 私たちの友人(の1人)

ourselves A2 /auərsélvz アウアセるヴズ/ [代]
❶ 私たち自身を[に]; 私たち，自分たち ➔**myself** の複数形. 詳(くわ)しい使い方は ➔**myself**
•We should take care of **ourselves**. 私たちは自分自身のことは自分で気をつけるべきです.
❷ 《主語の意味を強めて》私たち自身で，自分で

•We don't need help; we can do it **ourselves**. 私たちは助けはいりません. 自分たちでそれができます.
❸ いつもの私たち，本来の私たち

between ourselves (私たち自身の間で)
➪ **内緒**(ないしょ)で，ここだけの話ですが (between you and me)
•This is strictly **between ourselves**. これは絶対に内緒の話だよ.

by ourselves 私たちだけで，私たちの力で
•We did that **by ourselves**. 私たちは自分たちだけでそれをやった.

for ourselves 私たちのために; 私たちだけで
•We did it **for ourselves** and no one else. 私たちはそれを自分たちのためにしたのであってほかの人のためではない.

out

out 小 A1 /áut アウト/
[副] ❶ 外へ
❷ 外で，外に; (外へ)出て
❸ 大声で，はっきりと
❹ 消えて
❺ 最後まで

意味map

—— [副] (➔比較変化なし)

❶ **外へ**，外を
🏠基本 **go out** (外へ)出て行く ➔動詞+out.
•get **out** 外へ出る，出る
•look **out** 外を見る
•The sun came **out** after the rain. 雨がやんだ後で太陽が出てきた.
•He took me **out** into the garden. 彼は私を庭に連れ出した. ➔まず out (外へ)とだいたいの場所を示し，次に into the garden (庭へ)と具体的な場所を示す言い方.
[反対語] The sheriff came **in** after the tall gunman went **out**. 長身のガンマンが出て行った後に保安官が入って来た.
•My father **has gone out** for a walk. 父は散歩に出かけた[出かけて家にいない]. ➔現在完了(かんりょう)の文. ➔**have** [助動] ❶
❷ **外で**，**外に**; (外へ)**出て**，(現れ)**出て**
•eat [dine] **out** (レストランなどで)外食する
•She is **out** shopping. 彼女は買い物に出ています.
•My father is **out** in the garden. 父は庭に(出て)いる.
•It's cooler **out** there. あそこの外のほうが涼(すず)しい. ➔It は漠然(ばくぜん)と「気温」を表す.

- "The book is **out**," the librarian said. 「その本は借り出されています」と図書館の人は言った.
- The stars are **out**. 星が出ている.
- The blossoms will be **out** soon. じき花が咲(さ)くでしょう.

❸ **大声で, はっきりと**
- She called **out** for help. 彼女は大声で助けを求めた.

❹ **消えて, なくなって; (野球で)アウトで**
- go **out** 消える, なくなる, 廃(すた)れる
- die **out** 死滅(しめつ)する, 廃れる
- blow a candle **out** ろうそくを吹(ふ)き消す
- Time ran **out**. 時間がなくなった[時間切れだ].
- The fire is **out**. 火は消えている.
- The batter is **out**. バッターはアウトだ.

❺ **最後まで, すっかり, 徹底(てってい)的に**
- Hear me **out**. 私の言うことを終わりまで聞いてください.
- I am tired **out**. 私はへとへとに疲(つか)れ切っている.

── 前 《米話》〜から外へ[に], 〜から外を out of の of が落ちた形.

- look **out** the window 窓から外を見る

── 名 (複) **outs** /áuts アウツ/ 《野球》アウト

out of 〜 A2 ① (〜の内)から外へ[に], 〜から外を; 〜を外れて
- go **out of** the room 部屋から出て行く
- get **out of** a car 車から出る, 車を降りる
  類似語 「(バスや電車など大きな乗り物)から降りる」は get off.
- look **out of** the window 窓から外を見る
- Get **out of** my way. そこをどけ.
- An Englishman without a garden is like a fish **out of** water. 庭のないイギリス人は水から出た魚のようだ. →「本来の力を奪(うば)われてしまってどうしてよいかわからなくなる」の意味. 日本語表現の「陸(おか)に上がった河童(かっぱ)」にあたる.

② **〜を切らして, 〜がなくなって**
- Many people are now **out of** work. 今多くの人が職を失っている.
- We're **out of** coffee. 私たちは今コーヒーを切らしている.

③ **〜のうちから[で]**
- nine people **out of** ten 10人のうち9人(まで)

out 小 A1 /アウト/

基本の意味

「(境界のある空間の)外へ」が基本の意味(❶). 外に出て行った結果に注目すると❷「外で」の意味になる. 隠れず外に出ているイメージから, ❸「はっきりと」の意味が生じる. 外に出て行って元の場所から見えなくなるイメージから, ❹「消えて」の意味が生じる. 行為を終えてその範囲の外に出るというイメージから, ❺「最後まで」の意味が生じる. ❶「外へ」の意味の場合に「〜から」は of で表し, out of としていっしょに用いられることも多い.

教科書によく出る 使い方

副 ❶ Toshihiko went **out** of the classroom. 俊彦は教室から出て行った.
❷ How about eating **out** tonight? 今晩は外食ではどうかしら？
❹ Hurry! Time is running **out**! 急いで！もう時間がなくなってきているからね.
❺ She carried **out** her promise. 彼女は約束を実行した.

outage

- He was chosen **out of** a hundred. 彼は100人のうちから選ばれた.
④《動機・原因など》〜から
- **out of** kindness [curiosity] 親切[好奇心(こうきしん)]から
- He did that **out of** love for her. 彼は彼女への愛情からそれをしたのだ.
⑤《材料》〜から, 〜で
- This table is made **out of** an old box. このテーブルは古い箱で作られている.

out of doors 戸外で(は) → **door** 成句
out of order 調子が乱れて → **order** 成句

outage /áutidʒ アウティヂ/ 名 ❶（電力・水道などの）供給停止（時間）, 停電（時間） ❷（貯蔵中に生じた商品の）目減り

outdoor /áutdɔːr アウトドー/ 形 屋外の, 野外の 反対語 **indoor**（屋内の）

outdoors /àutdɔ́ːrz アウトドーズ/ 副 家の外で[に], 屋外で[に] 反対語 **indoors**（屋内で）

outer /áutər アウタ/ 形 外側の, 外部の →名詞の前にだけつける.「内部の」は **inner**.

outfield /áutfiːld アウトふィールド/ 名（野球・クリケットの）**外野**

outfielder /áutfiːldər アウトふィールダ/ 名（野球・クリケットの）**外野手**

outfit /áutfit アウトふィト/ 名（ある目的のための）**服装（ひとそろい）; 装備一式, 道具（一式）**

outgoing /àutgóuiŋ アウトゴウインク/ 形
❶（性格が）**社交的な, （人付き合いに）積極的な**
❷**出て行く; 引退する** →名詞の前にだけつける.

outing /áutiŋ アウティンク/ 名（ちょっとした）**遠足, 外出, 遠出**

outlet /áutlət アウトれト/ 名 ❶《米》（電気の）**差し込み, コンセント**（socket）

各国の outlet の形

❷ **直販(ちょくはん)店, 店**
❸ **出口;（感情などの）はけ口**

outline /áutlain アウトライン/ 名 **輪郭(りんかく), 略図; 概要(がいよう), あらすじ, アウトライン**

outlook /áutluk アウトるク/ 名 ❶ **眺(なが)め, 展望**（view） ❷ **前途(ぜんと), 見通し**

out-of-date /àutəv déit アウトヴ デイト/ 形 **時代遅(おく)れの, 旧式の** → **up-to-date**

output /áutput アウトプト/ 名 ❶ **生産; 生産高** ❷（機械の）**出力;（コンピューターの）アウトプット** →コンピューターから取り出されたデータ. 反対語 **input**（インプット）
―― 動（三単現 **outputs** /áutputs アウトプツ/; 過去・過分 **outputted** /áutputid アウトプテド/, **output**; -ing形 **outputting** /áutputiŋ アウトプティンク/）（コンピューターが）**出力する**

outside 小 A1 /àutsáid アウトサイド/
名 **外側, 外部; 表面, 外観, 見かけ**
- paint the **outside** of a house 家の外壁(がいへき)にペンキを塗(ぬ)る
反対語 The **outside** of an orange is bitter, but the **inside** is sweet. オレンジの外側(皮)は苦いが, 内側(中身)は甘(あま)い.
―― 形 **外部の, 外側の, 外の**
- At last Japan opened its doors to the **outside** world. ついに日本は外部の世界にその門戸を開いた.
―― 副 **外に, 外で, 外側は**
- A taxi is waiting **outside**. タクシーが外で待っています.
反対語 It is cold **outside**, but warm **inside**. 外は寒いが家の中は暖かい. → It は漠然(ばくぜん)と「気温」を表す.
―― 前 **〜の外側に[の], 〜の外で**
- **outside** the house 家の外に[で]
- **outside** London ロンドンの郊外(こうがい)に[で]

outskirts /áutskəːrts アウトスカーツ/ 名《複》（町などの）**外れ, 郊外(こうがい)**

outstanding /àutstǽndiŋ アウトスタンディンク/ 形 **目だつ, 飛び抜(ぬ)けて優(すぐ)れた; 有名な**

outward /áutwərd アウトワド/ 形 **外側の, 外面の; 外面的な; 外へ（向かって）の**
―― 副 **外へ, 外（側）へ（向かって）**
反対語 Do your doors open **inward** or **outward**? お宅の戸は内側に開きますか外側に開きますか.

outwards /áutwərdz アウトワツ/ 副《主に英》= outward

oval /óuvl オウヴる/ 名形 **卵形(の), 楕円(だえん)形(の)**

oven A2 /ʌ́vn アヴン/（→×/オーヴン/ ではない）名 **オーブン**

four hundred and sixty-nine　469　**over**

●bake cakes in the **oven** オーブンでケーキを焼く

over 小 A1 /óuvər オウヴァ/

前 ❶(覆(おお)うように)～の上に, ～の上を
❷～を越(こ)えて
❸～以上で[の] (more than)
❹《時間や距離(きょり)が》～にわたって, ～の間
❺～の一面に, ～中(じゅう)を
副 ❶(覆うように)頭上に
❷(越えて)向こうへ
❸一面に
❹終わって

意味 map

―― **前** ❶(覆うように)**～の上に, ～の上を, ～の上の**

基本 **over our heads** 私たちの頭の上に[を]
➔over＋名詞.

基本 **a bridge over the river** 川に架(か)かった橋 ➔名詞＋over＋名詞.

基本 **lean over the desk** 机の上のにしかかる ➔動詞＋over＋名詞.

反対語 The sky is **over** our heads and the ground is **under** our feet. 大空は我々の頭上に, そして大地は我々の足の下にある.

●She put a blanket **over** the sleeping baby. 彼女は眠(ねむ)っている赤ん坊(ぼう)に毛布をかけた.

●She wore a sweater **over** the blouse. 彼女はブラウスの上にセーターを着ていた.

●The atomic bomb was dropped **over** Nagasaki. その原子爆弾(ばくだん)は長崎に落とされた. ➔受け身の文 (➔**was** **助動** ❷). 飛行機から落とされた原子爆弾は地上数百メートルの空中で爆発(ばくはつ)するので over Nagasaki という.

❷**～を越えて, (越えて)向こう側に[の]**

●jump **over** a puddle 水たまりを飛び越える

●fly **over** the sea 海の上を飛んで行く

●His voice was heard **over** the noise. 彼の声がその騒音(そうおん)を上回って[通して]聞こえてきた. ➔受け身の文.

❸**～以上で[の]** (more than)

反対語 **under** (～以下で[の])

●**over** a hundred people 100人以上の人々 ➔厳密に言えば日本語の「100以上」は

100を含(ふく)むが, 英語の over は more than (～より多い)であるから100を含まない.

●people (who are) **over** eighty 80歳(さい)以上の人々

❹《時間や距離が》**～にわたって, ～の間**

●**over** the centuries 数世紀にわたって

●**over** the weekend 週末の間は[に]

●**over** several miles 数マイルにわたって

❺**～の一面に, ～中を** ➔しばしば強めて **all over ～** とする.

●**all over** the world 世界中に[で] ➔**副** ❸

●travel (**all**) **over** Europe ヨーロッパ中を旅行する

●The stars are shining **all over** the sky. 星が空一面に輝(かがや)いている.

❻**～について, ～に関して**

●talk **over** the matter その事について話し合う

●Two dogs were fighting **over** a bone. 2匹(ひき)の犬が1本の骨を取り合ってけんかしていた.

❼**～しながら**

●Let's talk **over** a cup of coffee. コーヒーでも飲みながら話そう.

❽(電話・ラジオなど)で, **～を通じて**

●hear the news **over** the radio ラジオでニュースを聞く

―― **副** (➔比較変化なし)

❶(覆うように)**頭上に**

●hang **over** たれかかる, かぶさる

❷(越えて)**向こうへ, 渡(わた)って** ➔「ある距離を越えてはるばる, わざわざ」といった感じを出すために添(そ)える. ➔**over here** [**there**]

●come **over** やって来る

●walk **over** to ～ ～の方へ歩いて行く

●**over** in France あちらフランスで

●Go **over** to the store for me. その店まで行って来てくれ.

●He ran **over** to Bob's house. 彼はボブの家まで(ひとっ走り)走って行った.

●The soup boiled **over**. スープが煮(に)立ってこぼれた.

❸**一面に, すっかり** ➔しばしば強めて **all over** とする.

●**all** the world **over** (= **all over** the world) 世界中に[で]

●The pond was frozen **over**. 池は一面に凍(こお)っていた.

over

イメージ ～の上を越えて

基本の意味

何かの上を越えて反対側に行く弓なりの動きが基本の意味（前❷・副❷）．その動きの途中にある「上」という位置に注目すると，前❶・副❶の（覆うような）（真）上の位置の意味になる．比ゆ的に数量が一定の値を「超え（てい）る」ことも表す（前❸）．移動していった結果に注目すると，前❷・副❷「（～の）向こう側に」・副❹「終わって」の意味が生じる．越えて行くような動きによって覆われた場所のイメージから，前❺・副❸の一面の意味と，時間軸や線状の動きの中での一定の範囲を表す前❹時間・距離の意味が生じる．

教科書によく出る **使い方**

- 前 ❶ There is a rainbow **over** the mountains. 山の上に虹がかかっている．
- 前 ❷ He jumped **over** the fence. 彼は柵を飛び越えた．
- 前 ❸ **Over** a thousand people came to the concert.
  そのコンサートには千人を超える人が集まった．
- 前 ❹ It has been raining **over** the last five days. この5日間雨が続いている．
- 前 ❺ Ken travelled all **over** Europe. 健はヨーロッパじゅうを旅した．
- 副 ❷ Come **over** here, Sam. サム，こっちにおいでよ．
- 副 ❹ The party was **over** when he arrived.
  彼が到着した時にはパーティーは終わっていた．

教科書によく出る **連語**

get over ～　～を乗り越える
- I still can't **get over** the fact that I lost the final.
  私はまだ決勝戦で負けたという事実を乗り越える（受け入れて立ち直る）ことができない．

over there　向こうに

four hundred and seventy-one 471 **oversleep**

- She was wet **all over**. 彼女は全身ずぶぬれだった.

❹ 終わって, 済んで, 去って; (無線などで)(終わりました)どうぞ

- Winter is **over** and it is spring now. 冬が過ぎて今は春だ. →「冬が過ぎた[終わった]」は現在の状態をいっているので ×Winter *was* over. としない. it は漠然(ばくぜん)と「時」を表す.
- School is **over** at three. 学校[授業]は3時に終わります.
- Hello, Bob. Where is your boat? **Over**. もしもし, ボブ. 君のボートの現在地はどこ? どうぞ.

❺ ひっくり返って; 逆さまに

- turn **over** ひっくり返す, ひっくり返る
- turn a glass **over** コップを伏(ふ)せる
- Turn **over** the page. ページをめくりなさい.

❻ 繰(く)り返して; もう一度

- **over** again 再び, もう一度
- **over** and **over** (again) 繰り返し繰り返し
- read **over** 繰り返して読む, 読み返す
- Think it **over** before you decide. 決定する前にそれをもう一度考えなさい.

ask [*invite*] ~ *over* ～を(食事などに)誘(さそ)う[招く]

- She **asked** us **over** for dinner. 彼女は私たちを食事に誘ってくれた.

over here こちらに, こちらへ, こちらでは

- Large-size shirts are **over here**. (店で)Lサイズのシャツはこちらにあります.

over there 向こうに, あそこに, 向こうでは; 向こうの, あそこの

- Let's have lunch under that big tree **over there**. あそこのあの大きな木の下で弁当を食べよう.

over- /óuvər オウヴァ/ 接頭辞 「上の, 上に」「過度に」「向こうへ」「ひっくり返して」などの意味を表す:

- **over**coat コート
- **over**work 働き過ぎる

overall /óuvərɔːl オウヴァローる/ 名

❶ (**overalls** で) オーバーオール →《米》では「(胸当てのついた長い)作業ズボン」, 《英》では「(上着とズボンがつながっている)作業着」.

❷《英》(女性が着る)上っ張り, 仕事着

overcame /ouvərkéim オウヴァケイム/ 動 **overcome** の過去形

overcoat /óuvərkout オウヴァコウト/ 名 コート, 外とう

overcome /ouvərkám オウヴァカム/ 動 (三単現 **overcomes** /ouvərkámz オウヴァカムズ/; 過去 **overcame** /ouvərkéim オウヴァケイム/; 過分 **overcome**; -ing形 **overcoming** /ouvərkámiŋ オウヴァカミング/) →原形と過去分詞が同じ形であることに注意.

打ち勝つ, 征服(せいふく)する, 克服(こくふく)する; 圧倒(あっとう)する

- **overcome** the enemy 敵を負かす
- He was **overcome** with grief. 彼は悲しみに(圧倒された ⇨)打ちひしがれた.

overflow /ouvərflóu オウヴァふろウ/ 動 あふれる, 氾濫(はんらん)する

overhead /ouvərhéd オウヴァヘド/ 副 頭上に, 真上に; 空高く

—— /óuvərhed オウヴァヘド/ 形 頭上の, 頭上を通る

òverhead projéctor 名 オーバーヘッドプロジェクター →シート上の文字や図をスクリーンに投影(とうえい)する機器. OHP と略す.

overhear /ouvərhíər オウヴァヒア/ 動 (三単現 **overhears** /ouvərhíərz オウヴァヒアズ/; 過去・過分 **overheard** /ouvərhə́ːrd オウヴァハ~ド/; -ing形 **overhearing** /ouvərhíəriŋ オウヴァヒアリング/) (ふと)漏(も)れ聞く, ふと耳にする

overlook /ouvərlúk オウヴァるク/ 動

❶ (人・建物・場所などが)見下ろす, (下に)見渡(わた)す ❷ 見落とす; 見逃(のが)す, 大目に見る

overnight /ouvərnáit オウヴァナイト/ 副 一晩(中), 夜通し; 前の晩に

—— 形 一晩(中)の, 1泊(ぱく)の

overseas 中 A2 /ouvərsíːz オウヴァスィーズ/ 形 海外の, 海外向けの; 海外からの

- an **overseas** country (海を隔(へだ)てた)外国
- **overseas** students 海外からの[海外にいる]学生
- **overseas** volunteers from Japan 日本から海外へのボランティア
- the Japan **Overseas** Cooperation Volunteers 日本青年海外協力隊

—— 副 海外へ, 外国に

- live [travel] **overseas** 海外に住む[を旅行する]

oversleep /ouvərslíːp オウヴァスリープ/ 動 (三単現 **oversleeps** /ouvərslíːps オウヴァスリープス/; 過去・過分 **overslept** /ouvərslépt オ

overtake

ウヴァスれプト/; **-ing形 oversleeping**
/ouvərslí:piŋ オウヴァスリーピング/)
寝(ね)過ごす, 寝坊(ねぼう)する

overtake /ouvərtéik オウヴァテイク/ 動
(三単現 **overtakes** /ouvərtéiks オウヴァテイクス/; 過去 **overtook** /ouvərtúk オウヴァトゥク/; 過分 **overtaken** /ouvərtéikn オウヴァテイクン/; -ing形 **overtaking** /ouvərtéikiŋ オウヴァテイキング/) 追いつく; 追い越(こ)す

overtime /óuvərtaim オウヴァタイム/ 名
❶ 時間外勤務, 残業; 残業手当
❷ 《米》(試合の)延長時間
—— 副 時間外に
•work **overtime** 時間外労働[残業]をする
—— 形 時間外の

overweight A2 /ouvərwéit オウヴァウェイト/ 形 太り過ぎの (too fat)
•I'm a little **overweight**. 私は少し太り過ぎだ.

overwork /óuvərwə:rk オウヴァワ~ク/ 名
働き過ぎ, オーバーワーク
—— /ouvərwə́:rk オウヴァワ~ク/ (→名詞とのアクセントの位置の違(ちが)いに注意) 動
働き過ぎる (work too much); 働かせ過ぎる, 酷使(こくし)する

owe /óu オウ/ 動 ❶ 借金がある, 借りている
❷ 〈～を～に〉負う, ～のおかげである

owing /óuiŋ オウイング/ 形 (**owing to ～**で)
～のために, ～が原因で (because of)

owl /ául アウる/ 名 《鳥》フクロウ; ミミズク → フクロウ科の鳥の総称. 「ミミズク」は **horned owl** ともいう (horned /ホーンド/ 角のある).

> **イメージ (owl)**
> 目つきがいかにも賢(かしこ)そうに見えるところから昔ギリシャでは知恵(ちえ)の女神(めがみ)アテナの使いと考えられ, アテナの肩(かた)にとまっている姿で描(えが)かれる. look as wise as an owl ((中身は別として一見)フクロウのように賢そうに見える)の表現がある.

own 中 A1 /óun オウン/ 形
(所有を強調して)自分自身の, 自分の; 特有の, 独特の
•Jim's **own** bicycle ジム自身の自転車
•his **own** store 彼自身の(所有している)店
•Kate has her **own** room. ケイトは自分自身の部屋を持っている.

•I saw it with my **own** eyes. 私はそれを自分自身の目で[この目で]見た.
•They are my **own** age. 彼らは私と同い年です.
•He cooks his **own** meal. 彼は自分自身の[自分で]食事を作る.

> ✅POINT own はこのように「ほかの人の力を借りないで」の意味で使うので,「自分で」と訳したほうがよいことがある.

—— 名 自分自身のもの, 自分のもの →mine (私のもの), his (彼のもの), hers (彼女のもの)などで言い換(か)えることができる.
•This dictionary is yours; my **own** (= mine) is over there. この辞書は君のです. 僕(ぼく)のはあちらにあります.
•He wanted to have a house of his **own**. 彼は自分の家を持ちたいと望んだ.

on one's own 一人で
—— 動 所有する, (財産として)持っている
•My uncle **owns** a big farm. 私のおじは大きな農場を持っている.
•Who **owns** that house? あの家の持ち主は誰(だれ)ですか.

owner A1 /óunər オウナ/ 名 所有者, 持ち主

ox /áks アクス/ 名 (優 **oxen** /áksn アクスン/)
(去勢した雄(おす)の)牛 → 運搬(うんぱん)・農耕に使う.
類似語 「牛一般(いっぱん)」には **cattle** (畜牛(ちくぎゅう)), **cow** (乳をとるために飼う雌牛(めうし))などを使う. → **bull**

oxcart /ákska:rt アクスカート/ 名 牛車

oxen /áksn アクスン/ 名 **ox** の複数形

Oxford /áksfərd アクスふォド/ 固名
❶ オックスフォード → 英国中南部にある都市で, オックスフォード大学の所在地.
❷ =Oxford University

Óxford Univérsity 固名 オックスフォード大学 → ケンブリッジ大学とともに英国で最も古い大学.

oxygen /áksidʒən アクスィチェン/ 名 《化学》酸素

oyster /óistər オイスタ/ 名 《貝》カキ

oz., oz 略 =ounce(s) (オンス)

ozone /óuzoun オウゾウン/ 名 《化学》オゾン → 殺菌(さっきん)・消毒・漂白(ひょうはく)などに利用される.
•the **ozone** layer オゾン層 → オゾン濃度(のうど)の高い大気の層. 太陽からの紫(し)外線を吸収する.

P, p¹ /píː ピー/ 名 (複 **P's, p's** /píːz ピーズ/)
❶ ピー→英語アルファベットの16番目の文字.
❷ (**P** で)《掲示(けいじ)》駐車(ちゅうしゃ)場 →**p**arking の略.

p² 略 =**p**enny (ペニー), **p**ence (ペンス)

p., p³ 小 /péidʒ ペイヂ/ 略 (複 **pp., pp** /péidʒiz ペイヂェズ/) =**p**age (ページ)
• **p.** 12 (読み方: page twelve) 12 ページ→ ×12p. としない.
• **pp.** 7, 10 (読み方: pages seven and ten) 7ページと10ページ
• **pp.** 10-20 (読み方: from page ten to twenty) 10ページから20ページまで

PA 略 =**P**ennsylvania

pa /páː パー/ 名 《話》パパ, お父さん →**pa**pa を縮めた言い方.

pace /péis ペイス/ 名 ❶ 一歩(の幅(はば))
❷ (歩く・走る・進歩の)速度, 歩調, ペース
keep pace with ~ ~と歩調をそろえる, ~ に遅(おく)れずについて行く
—— 動 (行ったり来たりして)歩き回る

Pacific A2 /pəsífik パスィフィク/ 形 太平洋の
• the **Pacific** coast 太平洋沿岸

Pacific (Ocean) 固名 太平洋
関連語 「大西洋」 は the Atlantic (Ocean).

pack 中 A2 /pǽk パク/ 名
❶ (背負ったり, かついだり, 馬などに積んだりして運ぶひとまとめの)包み, 荷物
❷ (トランプの)ひとそろい, ひと組; (タバコ・ガムなど同種のものの)ひと箱, ひと包み
• a **pack** of cards トランプひと組 →a deck of cards ともいう.
• a **pack** of gum 《米》ガムひとパック →《英》では a packet of gum という.
❸ (悪人・オオカミなどの)群れ; たくさん
• a **pack** of wolves オオカミの群れ
—— 動 詰(つ)める, 詰め込(こ)む; 荷造りする
• **pack** clothes **into** a bag カバンに衣類を詰める
• **pack** a trunk (**with** clothes) トランクに (衣類を)詰める
• Have you **packed**? We're leaving. (バッグに)詰め終わった? 出かけるよ.
• We **were packed** like sardines in the rush-hour train. 私たちはラッシュアワーの電車にイワシみたいに詰め込まれた[すし詰(づ)めにされた]. →受け身の文. →**were** 助動 ❷

package /pǽkidʒ パケヂ/ 名
❶ (郵送用の)包み, 小包
• a postal **package** 郵便小包
• Please mail these **packages** of books. これらの本の小包を郵送してください.
❷ 《米》(商品包装用の)箱, ケース, パッケージ → 《英》ではふつう packet という.
• a **package** of cookies クッキーひと箱

páckage tòur 名 パック旅行 →乗り物・宿・食事などひとまとめにセットして旅行業者が売り出す旅行.

packaging /pǽkidʒiŋ パキヂング/ 名
❶ (商品の)容器, 梱包(こんぽう)材料, 包装紙
❷ 包装, 荷造り

packet /pǽkit パケト/ 名 小さい包み, 束; (小さな)紙箱, 紙封筒(ふうとう)

pad /pǽd パド/ 名 ❶ (器物を傷(いた)めないよう に間にはさんだり, 下に敷(し)く)クッション, 当て物
❷ スタンプ台 ❸ (はぎ取り式)画用紙帳, 便せん, メモ帳(など) →**writing pad, pad of drawing paper** などともいう.

paddle /pǽdl パドル/ 名 (カヌーの)かい
—— 動 ❶ (カヌーなどを)かいでこぐ ❷ 《英》(水の中を)ぼちゃぼちゃ歩く, 水遊びをする

paddy /pǽdi パディ/ 名 (複 **paddies** /pǽdiz パディズ/) 水田, 稲田(いなだ) →**rice paddy** あるいは **paddy field** ともいう.

page¹ A1 /péidʒ ペイヂ/ 名
❶ ページ →page は **p.** あるいは **p** と, pages (複数形)は **pp.** あるいは **pp** と略す.
• **page** three (=**p.** 3) 3ページ
• the third **page** from the last 最後から3ページ目
• Open your books **to** [《英》**at**] **page** 10. 本の10ページを開けなさい.
• Let's begin **at page** 15, line 10. 15ページの10行目から始めましょう.

page

474

four hundred and seventy-four

•The picture is **on page** 10. その絵は 10 ページにある.

•This book has only eighty **pages**. この本は 80 ページしかない.

❷(新聞の)面; (雑誌などの)欄(らん)

•the front **page** of a newspaper 新聞の第 1 面

•the sports **pages** of a magazine 雑誌のスポーツ欄

page² /péidʒ ペイヂ/ 名 《英》(ホテルなどの)ボーイ (《米》bellboy)

―― 動 (放送などを使って人を)呼び出す

pageant /pǽdʒənt パヂェント/ 名 (史実・伝説を題材とした)野外劇, 見せ物, ショー

pagoda /pəgóudə パゴウダ/ 名 塔(とう) ⇒主に中国・インドなどの寺院の塔, また日本の五重塔(ごじゅうのとう)など.

paid /péid ペイド/ 動 **pay** の過去形・過去分詞

―― 形 給料の支払われる, 有給の

•a **paid** holiday [vacation] 有給休暇

pail /péil ペイる/ 名 ❶ バケツ (bucket), 手おけ ❷ バケツ[手おけ]1 杯(ぱい)分

pain /péin ペイン/ 名 ❶ 痛み, 苦痛; 心痛

•feel **pain** 痛みを感じる ⇒漠然(ばくぜん)と「痛み」を意味する時には ×a pain, ×pains としない.

•cry **with pain** 痛くて泣く

•The dog is **in** great **pain**. その犬はとても痛がっている.

•have a bad **pain in** the back 背中がひどく痛い

❷(pains で) 苦心, 骨折り

•**take pains** 苦心する, 骨を折る

•I **took** great **pains** in building the doghouse. 犬小屋を作るのに私はとても骨を折った. ⇒×many pains としない.

painful /péinfəl ペインふる/ 形 痛い, 苦しい, つらい

paint 中 A1 /péint ペイント/ 名

❶ 絵の具

•oil [water] **paints** 油[水彩(すいさい)]絵の具

❷ ペンキ

•a can of red **paint** 赤ペンキ 1 缶(かん)

•There's **paint** on your face. 顔にペンキがついています.

掲示 Wet **paint**! ペンキ塗(ぬ)り立て. ⇒《英》では Fresh paint! ともいう.

―― 動 ❶(絵の具で絵を)描(か)く, いろどる → draw 動 ❶

•**paint** a picture 絵を描く

•**paint** flowers in oils [watercolors] 油絵の具[水彩絵の具]で花の絵を描く

•He **paints** very well. 彼はとても絵がうまい.

•The setting sun **painted** the clouds. 夕日が雲を染めた.

•I have **painted** flowers in oils for about ten years. 私は 10 年くらい油絵の具で花を描いています. →have 助動 ❸

❷ ペンキを塗る; ペンキで(〜を〜に)塗る

•**paint** the fence 塀(へい)にペンキを塗る

•**paint** the fence white 塀をペンキで白く塗る →paint A B (色を示す形容詞)は「A をペンキで B に塗る」.

•It is **painted** red and white. それは赤と白のペンキで塗られている. →is 助動 ❷

paintbox /péintbaks ペイントバクス/ 名 絵の具箱

paintbrush /péintbrʌʃ ペイントブラシ/ 名 ❶ 絵筆 ❷ ペンキ用はけ

painter A2 /péintər ペインタ/ 名 ❶ 絵を描(か)く人, 画家 ❷ ペンキ屋さん

painting A1 /péintiŋ ペインティング/ 名 (絵の具で)絵を描(か)くこと; (絵の具で描いた)絵, 油絵, 水彩(すいさい)画 →drawing 名

•an oil **painting** by Picasso ピカソによる油絵

•He went to Paris to study **painting**. 彼はパリへ絵の勉強に行きました.

pair A1 /péər ペア/ 名

❶ 1 対(つい), 1 組

•a **pair** of shoes 靴(くつ)1 足

•a **pair** of glasses 眼鏡 1 個

•a **pair** of scissors はさみ 1 丁

•a **pair** of white gloves 白い手袋(ぶくろ)1 組

•a **pair** of socks ソックス 1 足

•a new **pair** of trousers 新しいズボン 1 着

•three **pairs** of stockings ストッキング 3 足

•How many **pairs** of shoes do you have? 君は靴を何足持っていますか.

•This **pair** of scissors isn't sharp. このはさみはよく切れない. →a pair of の後に来る名詞が「物」の場合にはこのように単数として扱(あつ)かう. pair を使わないで my scissors とした場

合には My scissors are not sharp. のように複数として扱う.
- These two socks aren't [don't make] a **pair**. この2つのソックスはそろいではない.

❷ (夫婦(ふうふ)・恋人(こいびと)・ダンサーなどの)**カップル, ペア**
- Now make **pairs**. さあペアになって.
- They are a happy **pair**. 彼らは幸せなカップルだ.

in pairs 2人[2つ]ずつ組になって

pajama /pədʒɑ́ːmə パヂャーマ/ 名 (**pajamas** で)《米》**パジャマ**(上下1組) →《英》では pyjama とつづる.

Pakistan /pǽkistæn パキスタン|pɑːkistɑ́ːn パーキスターン/ 固名 **パキスタン** →インドの西隣(となり)にある共和国. 首都はイスラマバード (Islamabad). 公用語は英語, 国語はウルドゥー語.

Pakistani /pækistǽni パキスタニ/ 形 **パキスタン(人)の**
— 名 (複 **Pakistani, Pakistanies** /pækistǽniz パキスタニーズ/) **パキスタン人**

pal A2 /pǽl パる/ 名 《話》(親しい)**友達** →ふつう男性同士で使う.
- a pen **pal** (文通する)ペンフレンド, ペンパル (pen friend)

palace A1 /pǽlis パれス/ 名
❶ **宮殿(きゅうでん)**
- the Imperial **Palace** 皇居
- Buckingham **Palace** バッキンガム宮殿

❷ **豪華(ごうか)な建物, 大邸宅(ていたく)**

pale /péil ペいる/ 形
❶ (顔色が)**青白い, 顔色が悪い**
- a **pale** face 青白い顔
- look **pale** 青ざめた顔をしている

❷ (色・光などが)**薄(うす)い**
- a **pale** blue dress 淡(あわ)いブルーの洋服

Palestine /pǽləstain パれスタイン/ 固名
パレスチナ

 参考 地中海東沿岸地方. 昔ここにユダヤ人の国家(首都はエルサレム)があり, キリストがこの国のベツレヘム (Bethlehem) に生まれて, この地で生涯(しょうがい)を送ったので, ユダヤ教・キリスト教・イスラム教の聖地とされる. 1948年, ユダヤ人国家「イスラエル共和国」がこの地に建設されたことにより, アラブ人との間に争いが起こった.

palette /pǽlit パれト/ 名 (絵を描(か)く時の)**パレット**

palm¹ /pɑ́ːm パーム/ 名 **手のひら** →「手の甲(こう)」は the **back** (of a hand).
- read *one's* **palm** ～の手相を見る
- put *one's* **palm** to *one's* cheek 手のひらをほおに当てる →驚(おどろ)いた時のしぐさ.
- He put out his hand with his **palm** up. 彼は手のひらを上にして手を差し出した.

palm² /pɑ́ːm パーム/ 名 《植物》**ヤシ, シュロ** → **palm tree** ともいう.

pamphlet /pǽmflit パンふれト/ 名 **パンフレット, 小冊子** →紙1枚のものは **leaflet** /リーふれト/. ふつうは **brochure** という.

Pan /pǽn パン/ 固名 **牧神, パン** →ギリシャ神話で, 下半身はヤギ, 頭に角のある森林・牧羊の神. 岩陰(かげ)に隠(かく)れて旅人を驚(おどろ)かしたという. **panic** (突然(とつぜん)の恐怖(きょうふ)感)は Pan が語源.

pan A2 /pǽn パン/ 名 ❶ **平鍋(なべ)**
- a milk **pan** ミルクパン →牛乳などを温める小さな鍋.

❷ =**frying pan** (フライパン)

Panama /pǽnəmə パナマ/ 固名 **パナマ** →中央アメリカの共和国. 首都はパナマシティー (Panama City). 公用語はスペイン語.

Pánama Canál 固名 (**the** をつけて) **パナマ運河** →パナマ地峡(ちきょう)を通って大西洋と太平洋を結ぶ.

pancake 中 /pǽnkeik パンケイク/ 名 **パンケーキ, ホットケーキ** (hot cake)

panda 小 /pǽndə パンダ/ 名 《動物》**パンダ**
- a giant [lesser] **panda** ジャイアント[レッサー]パンダ

pane /péin ペイン/ 名 (1枚の)**窓ガラス**

panel /pǽnl パネる/ 名 ❶ **羽目板, パネル**
❷ (討論会・コンテストなどの)**討論者団, 審査(しんさ)員団, (クイズ番組の)解答者団; (専門)委員会**
- John and Emily are **on** the **panel** in this discussion. ジョンとエミリーはこの公開

panel discussion 　476　four hundred and seventy-six

討論会の参加メンバーです.

pánel discùssion 名 パネルディスカッション →予定された問題について数人の討論者 (panelists) が聴衆(ちょうしゅう)の前で行う討論会.

panel(l)ist /pǽnəlist パネリスト/ 名 パネリスト →panel discussion の討論者.

panic A2 /pǽnik パニク/ 名 突然の恐怖(きょうふ)感, パニック, 動揺(どうよう), 大混乱; 経済恐慌(きょうこう) →Pan
•The passengers on the sinking ship were in a **panic**. 沈没(ちんぼつ)寸前の船の乗客はパニックに陥(おちい)っていた.

panorama /pæ̀nərǽmə パノラマ/ 名 パノラマ; 広々と見渡せる光景, 全景

pansy /pǽnzi パンズィ/ 名 (穆 **pansies** /pǽnziz パンズィズ/) (植物)三色スミレ, パンジー →ふつうの「スミレ」は **violet**.

panther /pǽnθər パンサ/ 名 (動物)ヒョウ; (米)ピューマ, クーガー →leopard

panties /pǽntiz パンティズ/ 名 穆 (女性・子供用の)パンティー

pantomime /pǽntəmaim パントマイム/ 名 ❶ 無言劇, パントマイム; (無言の)身振(みぶ)り手振り ❷ (英)おとぎ芝居(しばい) →クリスマスの時期に上演されるシンデレラやピーター・パンなどの児童劇. 歌・踊(おど)り・せりふがある.

pants 小 A1 /pǽnts パンツ/ 名 穆 ❶ (米話)(衣服の)パンツ, ズボン, スラックス (trousers)
•a pair of **pants** ズボン1着
•These **pants** are too tight for me. このパンツは私にはきつ過ぎる.
❷ (英)(下着の)パンツ (underpants); (女性・子供用の)パンティー (panties)

panty hose /pǽnti hòuz パンティ ホウズ/ 名 (米)パンティーストッキング ((英)tights) → **pantyhose** と1語につづることもある.

papa /pɑ́ːpə パーパ|pəpɑ́ː パパー/ 名 パパ, お父さん

papaya /pəpɑ́ːjə パパーヤ|pəpáiə パパイア/ 名 (植物)パパイヤ →熱帯地方で広く栽培(さいばい)される木, またその果実.

paper 小 A1 /péipər ペイパ/

名 ❶ 紙　　　　　意味map
　❷ 新聞 (newspaper)
　❸ (papers で) 書類
　❹ 答案(用紙)

　❺ レポート
形 紙で作った, 紙製の

—— 名 (穆 **papers** /péipərz ペイパズ/)
❶ 紙
•a piece of **paper** (形・大きさに関係なく)紙切れ1枚 →「紙」という物質を指すので, ✕a paper, ✕papers としない.
•a sheet of **paper** (一定の形をした)1枚の紙
•two sheets of **paper** 紙2枚
•wrapping **paper** 包み紙
•This bag is made of **paper**. この袋(ふくろ)は紙でできている.
❷ 新聞 (newspaper)
•today's **paper** きょうの新聞
•an evening **paper** 夕刊新聞 →edition
•All the **papers** report the same news. すべての新聞が同じニュースを報道している.
❸ (papers で)書類
❹ 答案(用紙), 試験問題(用紙)
❺ レポート, 論文
—— 形 紙の, 紙で作った, 紙製の
•a **paper** cup [bag] 紙コップ[袋]
•a **paper** crane 折り鶴(づる)

paperback /péipərbæk ペイパバク/ 名 ペーパーバック →紙表紙の値段の安い本. 日本の文庫本・新書判の本に相当する.

páper móney 名 紙幣(しへい)

Papua New Guinea /pǽpjuə nju: gíni パピュア ニュー ギニ/ 固名 パプアニューギニア →オーストラリアの北方にあるニューギニア島の東部を占(し)める国(日本の約1.2倍). 首都はポートモレスビー.

parachute /pǽrəʃu:t パラシュート/ 名 パラシュート, 落下傘(らっかさん)

parade 中 /pəréid パレイド/ 名 行列, 行進, パレード
—— 動 行進する, パレードする

paradise /pǽrədais パラダイス/ 名 (ふつう **Paradise** で) 天国 (heaven); エデンの園(その) (the Garden of Eden) →Eden →「天国のような所, 楽園」の意味でも使う.

paragraph A1 /pǽrəgræf パラグラふ| pǽrəgrɑ:f パラグラーふ/ 名 (文章の)段落, パラグラフ →ひとまとまりの内容を表す文の集まり. 段落が変わる時には行を改め, ふつう最初の語を少し引っ込(こ)める.

parallel /pǽrəlel パラれる/ 形 (線が)平行の; 並行(へいこう)の

―名 平行線

Paralỳmpic Gámes 固名 (**the** をつけて) パラリンピック →**Paralympics**

Paralympics /pærəlímpiks パラリンピクス/ 固名 (**the Paralympics** で) パラリンピック →障がい者の国際スポーツ大会.

paralyze /pǽrəlaiz パラライズ/ 動 (人の体の(一部)を)**まひさせる**

parasol /pǽrəsɔːl パラソーる/ 名 **パラソル，日傘**(ひがさ) →「ビーチパラソル」は和製英語で，それに当たるものは英語では **beach umbrella**，または **sunshade** という.
類似語 **umbrella** (雨傘(あまがさ))

parcel /páːrsl パースる/ 名 **包み，小包，小荷物**

pardon 中 A1 /páːrdn パードン/ 名
許し
- **beg [ask for] pardon** 許しを願う
- ***I beg your pardon.*** ①(最後を上げて発音して)**すみませんがもう一度言ってください** → **Beg your pardon?**，**Pardon me?**，**Pardon?** ともいう.

POINT 《米》**Excuse me?**，《英》**Sorry?** よりも改まった表現. **Once more.** (もう一度) は命令調なので，相手の言ったことを聞き返す時は使わない. **What?** (え?) はくだけた表現で，親しい友人の間で使う表現.

②(最後を下げて発音して)**ごめんなさい，失礼しました** →**Pardon me.** ともいう.

POINT 偶然(ぐうぜん)体が相手に触(ふ)れてしまったり，相手に失礼になるようなことをした時に使う. **I'm sorry.** よりも改まった表現.

③(最後を下げて発音して)**失礼ですが〜**

POINT 知らない人に話しかけたり，相手の言ったことに反対する時に使う. **Excuse me, but 〜.** よりも改まった表現.

- **I beg your pardon**, but could I look at your newspaper? (長旅の列車の中などで隣(となり)の人に)すみません, ちょっと新聞を見せていただけますか.

―動 **許す** (forgive)
- He asked for the King's **pardon**, and the King **pardoned** him. 彼は王の許しをこうた. そして王は彼を許した.

pare /péər ペア/ 動 ❶(ナイフで果物の皮などを)**むく，はぐ** →**peel** ❷(爪(つめ)などを)**切(り)そろえ)る**

parent 中 A1 /péərənt ペアレント/ 名
親 →父 (father) または母 (mother).
- my **parent** 私の親(父または母)
- my **parents** 私の両親

Párent-Téacher Associàtion 名
父母と教師の会 →**PTA** と略す.

Párent-Téacher Organizàtion 名
《特に米》= Parent-Teacher Association →**PTO** と略す.

parfait /pɑːrféi パーふェイ/ 名 **パフェ** →フランス語から.

Paris /pǽris パリス/ 固名 **パリ** →フランスの首都でセーヌ河畔(かはん)にある.

park 小 A1 /páːrk パーク/ 名
(複 **parks** /páːrks パークス/)
❶**公園，遊園地; 球技場**
- an amusement **park** 遊園地
- a national **park** 国立公園
- take a walk in the **park** 公園を散歩する
- Hibiya **Park** 日比谷公園 →公園名にはふつう ×*the* をつけない.
- Central **Park** (ニューヨークの)セントラルパーク
- a ball **park** 《米》野球場 →**ballpark** と1語にもつづる.

❷**駐車**(ちゅうしゃ)**場**
- a car **park** 《英》駐車場 (《米》a parking lot)
- a trailer **park** 《米》トレーラー置き場 (《英》a caravan park) →森林公園などにあるトレーラーハウス用駐車場.

―動 (三単現 **parks** /páːrks パークス/; 過去・過分 **parked** /páːrkt パークト/; -ing形 **parking** /páːrkiŋ パーキング/)
駐車する
- Can I **park** my car here? 私は車をここに駐車してもよいですか.
- He **parked** at the back of the bank. 彼は銀行の裏に駐車した.

parking

478　four hundred and seventy-eight

parking /pάːrkiŋ パーキング/ 動 **park** の
-ing 形 (現在分詞・動名詞)

—— 名 ❶ 駐車(ちゅうしゃ)

掲示 No **parking**. 駐車禁止.

•look for a **parking** space 駐車場を探す

❷ 駐車場 →P と略す

párking lòt 名 《米》 駐車場 →《英》 ではふつ
う **car park** という.

parliament /pάːrləmənt パーらメント/ 名 (し
ばしば **Parliament** で) (英国・カナダ・南アフリ
カ・オーストラリアなどの)国会, 議会

類似語 日本の「国会」は **the Diet**, 米国の「議
会」は **Congress**.

parlor /pάːrlər パーら/ 名 (客間風に作った)店

parlour /pάːrlər パーら/ 名 《英》=parlor

parody /pǽrədi パラディ/ 名 (複 **parodies**
/pǽrədiz パラディズ/) パロディー; へたなまねご
と

—— 動 (三単現 **parodies** /pǽrədiz パラディズ/;
過去・過分 **parodied** /pǽrədid パラディド/;
-ing形 **parodying** /pǽrədiiŋ パラディイング/)
もじる, パロディー化する; へたにまねる

parrot /pǽrət パロト/ 名 《鳥》オウム

parsley /pάːrsli パースリ/ 名 パセリ

part 小 A2 /pάːrt パート/ 名

❶ 部分

•**Part** One 第１部

•the last **part** of the movie その映画の最
後の部分

•a third **part** of the land その土地の３分の
１ →third は「３分の１の」の意味.

•cut an apple into four **parts** リンゴを４
つに切る [４等分する]

関連語 A **part** is smaller than the **whole**.
部分は全体より小さい.

❷ ((a) **part of** ～ で) ～の一部(分) →a がつ
かないことが多い.

•We arrived late and missed **part of**
the movie. 私たちは遅(おそ)く着いたので映画の
一部を見損(そこ)なった.

•We went together **part of** the way. 私
たちは(道の)途中(とちゅう)までいっしょに行った.

•We treat our dog as **part of** our fami-
ly. 私たちは飼い犬を家族の一員として扱(あつか)う.

❸ (機械の)部品

•the **parts** of a television テレビの部品

❹ (しばしば **parts** で) 地方, 地域

•that **part** of the town その町のその部分[そ

の辺]

•What **part** of England are you from?
イングランドのどちらの出身ですか.

•Bananas don't grow in these **parts**. バ
ナナはこの地方では育たない.

❺ (劇などの)役(割); 役目, 本分, 義務

•play the **part** of Hamlet ハムレットの役
を演じる

•the piano [soprano] **part** (曲の中の)ピア
ノ[ソプラノ]パート

•Now let's change **parts**. さあ, 役割を交
換(こうかん)しよう.

•You do your **part** and I'll do the rest.
君は君の分をやってくれ, 僕(ぼく)が残りをやるから.

•He played an important **part** in bring-
ing the war to an end. 彼は戦争を終結させ
るのに重要な役割をはたした.

for the most part 大部分は, たいていは

in part 一部分は, ある程度

take part in ～ ～に参加する, ～に加わる
(participate in)

•I **took part in** the game. 私はそのゲーム
に加わった.

—— 動 分かれる, 別れる, 離(はな)れる; 分ける

•They **parted** at the station. 彼らは駅で別
れた.

•He **parted** his hair in the middle. 彼は
髪(かみ)を真ん中で分けていた.

ことわざ A fool and his money are soon
parted. ばかとお金はすぐ別れる.

part from ～ (人)と別れる

•I **parted from** him at the gate. 私は門の
ところで彼と別れた.

part with ～ (物)を手放す

•**part with** the old house 古い家を手放す

partial /pάːrʃəl パーシャる/ 形

❶ (全部でなく)一部の, 部分的な ❷ 不公平な, え
こひいきする ❸ ～が大好きで

participant /pɑːrtísəpənt パーティスィパント/
名 (競技などへの)参加者, 出場者

participate /pɑːrtísəpeit パーティスィペイト/
動 (**participate in** ～ で) ～に参加する, ～
に加わる (take part in ～)

•Students are expected to **participate
in** club activities. 生徒は部活動に参加するこ
とが求められています.

participation /pɑːrtisəpéiʃən パーティスィペ
イション/ 名 参加

particular /pərtíkjulər パティキュら/ 形

❶ 特別の
- for a **particular** reason 特別な理由で
- I have nothing **particular** to say. 私は特に言うことはありません。→something, anything, nothing などを修飾(しゅうしょく)する形容詞はそのころろにつく。

❷ 〜に特有の, 〜だけが持つ, それぞれの
- Each city has its own **particular** problem. 各都市にはそれぞれ特有の問題がある。

❸ (好みが)やかましい, 気難しい
- He is **particular about** his food. 彼は食べ物の好みがやかましい。

in particular 特に
- I like this song **in particular**. 私は特にこの歌が好きだ。

particularly /pərtíkjulərli パティキュらり/ 副
特に, とりわけ →ふつう修飾(しゅうしょく)する語の前に置かれる。

partly A2 /pá:rtli パートり/ 副 一部分, ある程度
- It will be **partly** cloudy tomorrow. 明日は所により曇(くも)りでしょう。

partner A1 /pá:rtnər パートナ/ 名
(何かをいっしょにする)仲間, 相手, 相棒, 組む人, パートナー; (事業の)共同経営者
- a tennis [dancing] **partner** テニス[ダンス]のパートナー
- She wants to be **partners with** Jane in the next match. 彼女は次の試合でジェーンと組みたがっている。

pártner dòg 名 介助(かいじょ)犬 →車椅子(いす)で生活する人をいろいろと助けるように訓練されている犬。

part-time /pá:rt taim パートタイム/ 形
❶ (全日でなく)ある時間だけ出る, 非常勤の, アルバイトの →「アルバイト」はドイツ語 Arbeit (労働, 仕事)から。 ❷ (学校が)定時制の
—— 副 パートタイムで

part-timer /pá:rt taimər パートタイマ/ 名
非常勤の人, パートの人, アルバイトの人

party 小 A1 /pá:rti パーティ/ 名
(複 **parties** /pá:rtiz パーティズ/)

❶ パーティー, (社交の)会
- a birthday **party** 誕生パーティー
- **have [give] a party** パーティーを開く
- **attend a party** パーティーに出席する
- We had a farewell **party for** Jane. 私たちはジェーンのために送別会を開いた。

❷ (事をいっしょにする)人々, 一行, 隊
- a **party** of school children 小学生の一行
- a rescue **party** 救助隊

❸ 党, 政党
- a political **party** 政党
- The Republican **Party** and the Democratic **Party** are the biggest **parties** in the United States. 共和党と民主党はアメリカの二大政党です。

pass 中 A2 /pǽs パス|páːs パース/

動 ❶ 通り過ぎる, 通る 意味map
　　❷ (時などが)過ぎ去る; (時を)過ごす
　　❸ (試験などに)通る, 合格[パス]する
　　❹ 渡(わた)す

—— 動 (三単現 **passes** /pǽsiz パセズ/; 過去・過分 **passed** /pǽst パスト/; -ing形 **passing** /pǽsiŋ パスィング/)

❶ 通り過ぎる, 通る
- **pass** the post office 郵便局を通り過ぎる[の前を通る]
- **pass** a gate 門の前を通り過ぎる
- **pass through** a tunnel トンネルを通り抜(ぬ)ける
- Please let me **pass**. ちょっと(私を)通してください。
- John **passed** Bob just before the finish line. ジョンはゴールの直前でボブを追い越(こ)した。

❷ (時などが)過ぎ去る, たつ; (時を)過ごす
- An hour **passed**. 1時間がたった。
- Many years **have passed** since my mother died. 母が死んでから多くの年月がたった。 →**have** 助動 ❶
- We are going to **pass** this winter in Hawaii. 私たちはこの冬をハワイで過ごす予定

です.

❸ (試験などに)**通る, 合格[パス]する**; (議案などを[が])**通す, 通る, 可決する**
- **pass** the test テストに合格する
- The bill **passed** (the Diet). 法案が(国会を)通った.

❹ **渡す, 回す; 渡る**
- **pass** a ball to 〜 (球技で)ボールを〜にパスする
- **pass** him the note 彼にそのメモを渡す → pass A B は「AにBを渡す」.
- He quickly **passed** the ball to the forward. 彼はボールをフォワードにすばやくパスした.

Pass (me) the soy sauce, please. —OK.
すみませんがおしょうゆをとってください. —いいですよ.
→ 食事中に人の前に手を伸(の)ばすのは失礼になるのでこう言う.

- The father's money will **pass** to his son. 父親の金は彼の息子(むすこ)に渡るだろう.

pass around [《英》***round***] (人々の間を)順に回す

pass away (人が)死ぬ → **die** よりも間接的な表現.

pass by そばを通り過ぎる, そばを素通(すどお)りする; (時が)経過する
- I was just **passing by** and I saw your motorcycle. 通り掛(か)かったら君のバイクがあったものだから(ちょっと立ち寄ってみた).

pass by 〜 〜のそばを通り過ぎる[素通りする]
- She **passed by** me, but didn't say hello. 彼女は(私の)そばを通り過ぎたが, 挨拶(あいさつ)をしなかった[声も掛けなかった].

pass for 〜 (実際にはそうではないが)〜として通用する

pass A on [***on A***] (***to B***) A を(B へ)回す, 伝える; うつす

pass out (〜) ① (〜を)配布する ② 《話》気を失う, 意識が無くなる

—— 名 (複) **passes** /pǽsiz パセズ/

❶ **通行許可証; 定期券; (無料)入場券**
- a bus **pass** バスの定期券

❷ **山道, 山あいの細い道**

❸ **(球技・トランプの)パス**

passage A2 /pǽsidʒ パセヂ/ 名
❶ **通り過ぎること; 通行**
❷ **通路, 廊下(ろうか)**
❸ **(文章などの)一節**

passenger 中 A2 /pǽsəndʒər パセンヂャ/ 名
(列車・船・バス・飛行機などの)**乗客, 旅客(りょかく)**
- a **passenger** boat [plane] 客船[旅客機]
- There were only four **passengers** on the bus. バスには4人の乗客しかいなかった.

passer-by /pǽsər bái パサ バイ/ 名 (複 **passers-by** /pǽsərz bái パサズ バイ/) → 複数の s の位置に注意.
(ある現場・地点を)**通り掛(か)かる人, (そこの)通行人**
→ **pedestrian**

passing /pǽsiŋ パスィング/ 名 ❶ **(時の)経過**
❷ **(遠回しに)(人の)死** (death)
—— 形 **通り過ぎて行く, 過ぎ去る**

passion /pǽʃən パション/ 名 ❶ (愛・憎(にく)しみなどの)**強く激しい感情, 激情, 情熱**
- speak with **passion** 情熱を込(こ)めて語る
❷ **熱中(しているもの)**
- have a **passion** for tennis テニスが大好きである

passive /pǽsiv パスィヴ/ 形 ❶ **消極的な; 自分から進んでしようとしない, 逆らわない**
❷ 《文法》**受動態の, 受け身の** 反対語 **active** (能動態の)

passport /pǽspɔːrt パスポート/ 名 **パスポート, 旅券**
- I have to get a **passport** in a month. 1か月でパスポートを取得しなければならない.

password /pǽswəːrd パスワード/ 名 **パスワード, 合い言葉**

past 中 A1 /pǽst パスト | páːst パースト/ 形
❶ **過ぎ去った, 過去の**
- No one knows about his **past** life. 彼の過去の生活[前歴]について誰(だれ)も知らない.
- The danger is **past**. 危険は去った.
❷ **過ぎたばかりの, ここ〜, この(前の)**
- for the **past** month この1か月の間
- He has been sick for the **past** two weeks. 彼はこの2週間病気です[でした].

—— 名 ❶ **(ふつう the past で) 過去, 昔の事**
関連語 **present** (現在), **future** (未来)
- **in the past** 過去において, 昔(の)
- He never says anything about his

past. 彼は自分の過去[前歴]については何も言わない.

反対語 Grandpa lives in **the past**; I live in **the future**. おじいちゃんは過去の中に生きているが僕(ぼく)は未来の中に生きている[おじいちゃんは思い出の中に生きているが僕は未来を夢みて生きている].

❷ (**the past** で)《文法》**過去形, 過去時制**

── 副 **過ぎて**
• walk **past** 歩いて通り過ぎる
• go [run] **past** 通り[走り]過ぎる

── 前 **〜を過ぎて; 〜の前[そば]を通り過ぎて**
• five minutes **past** ten 10時5分過ぎ
• walk **past** the restaurant レストランの前を歩いて通り過ぎる
• an old woman **past** eighty 80歳(さい)を越(こ)した老婦人
• He is **past** forty. 彼は40歳を過ぎている.
• The patient is **past** hope of recovery. その患者(かんじゃ)は回復の見込(こ)みがない.

pasta A2 /pá:stə パースタ/ 名 **パスタ** → マカロニ・スパゲッティなどの総称. またそれを作る練り粉.

paste /péist ペイスト/ 名 ❶ (でんぷんを煮(に)て作った)**のり** ❷ 練り粉 → 小麦粉にバターを混ぜたもので, 菓子(かし)を作るのに使う. ❸ (魚・肉・果実・野菜などをすりつぶして練った)**ペースト**

── 動 **のりで付ける**

pastime /pǽstaim パスタイム/ 名 **気晴らし, 娯楽**(ごらく), **楽しみ, 趣味**(しゅみ) (hobby)

pastry /péistri ペイストリ/ 名 (優 **pastries** /péistriz ペイストリズ/) ❶ **練り粉菓子**(がし) → paste (練り粉)で作った菓子(かし) (pie (パイ)など). ショートケーキ風の菓子は **cake** という. ❷ (パイの中身をくるむ)**皮**

pasture /pǽstʃər パスチャ/ 名 **牧草地; 牧場**

pat /pǽt パト/ 動 (三単現 **pats** /pǽts パツ/; 過去・過分 **patted** /pǽtid パテド/; -ing形 **patting** /pǽtiŋ パティング/) (愛情・祝福などの意味を込(こ)めて)**軽くたたく**

── 名 **軽くたたくこと[音]**

patch /pǽtʃ パチ/ 名 ❶ (服などに当てる)**継**(つ)**ぎ当て; (傷口に張る)ばんそうこう, 眼帯**
❷ **斑点**(はんてん); (あまり大きくない)**地面, 畑**

── 動 **継ぎを当てる**

patent /pǽtənt パテント|péitənt ペイテント/ 名 **特許, パテント; 特許品**

path A2 /pǽθ パス|pá:θ パース/ 名 (優 **paths**

/pǽðz パズズ/) → 発音に注意.

❶ (野・森の中の自然にできた)**小道; (庭・公園の)歩道, 通路**
• a **path through** the woods 森を抜(ぬ)ける小道
❷ **進路, 通り道**
• the **path** of the typhoon 台風の進路[通り道]

pathway /pǽθwei パスウェイ/ 名 **道, 小道; (成功などへの)道**

patience /péiʃəns ペイシェンス/ 名 **忍耐**(にんたい), **忍耐力, 我慢**(がまん)**(強さ)**

patient A2 /péiʃənt ペイシェント/ 形 **忍耐**(にんたい)**強い, 我慢**(がまん)**強い**
• He is **patient with** others. 彼は他人に対して我慢強い.

── 名 **患者**(かんじゃ), **病人**

patiently /péiʃəntli ペイシェントリ/ 副 **忍耐**(にんたい)**強く, 気長に, じっと我慢**(がまん)**して**

patrol /pətróul パトロウル/ 名
❶ (軍人・警官の)**巡回**(じゅんかい), **パトロール**
❷ **パトロール隊, 偵察**(ていさつ)**隊**

── 動 (三単現 **patrols** /pətróulz パトロウルズ/; 過去・過分 **patrolled** /pətróuld パトロウルド/; -ing形 **patrolling** /pətróuliŋ パトロウリング/) **巡回する, パトロールする**

patter /pǽtər パタ/ 動 (雨などが)**パタパタと軽い音を立てる**

pattern /pǽtərn パタン/ 名 ❶ **型; (服の)型紙**
❷ **模様, 柄**(がら), **デザイン**

pause /pɔ́:z ポーズ/ 名 **小休止, 中断, 中休み, 途切**(とぎ)**れ; 区切り**

── 動 **ちょっと休む, 休止する, 立ちどまる**

pave /péiv ペイヴ/ 動 (道を)**舗装**(ほそう)**する**

pavement /péivmənt ペイヴメント/ 名
❶ (床(ゆか)・道路などの)**舗装**(ほそう)**; 舗装道路**
❷ (英)(道路脇(わき)の)**歩道** ((米) sidewalk)

paw /pɔ́: ポー/ 名 (犬・ネコ・クマなどのかぎづめを持った)**足** **類似語** foot (人間の足), hoof ((馬・牛などの)ひづめ)

pay 中 A1 /péi ペイ/ 動

三単現	**pays** /péiz ペイズ/
過去・過分	**paid** /péid ペイド/
-ing形	**paying** /péiiŋ ペイング/

❶ **支払**(しはら)**う, 払う**
• **pay for** the book その本の代金を支払う
• **pay** ten dollars **for** the book その本に

payday 482 four hundred and eighty-two

10ドル払う
- **pay** a bill 勘定(かんじょう)を払う
- **pay** in cash [by check] 現金で[小切手で]払う
- How much did you **pay for** it? 君はそれにいくら払ったの[それはいくらでした]?
- I **paid** him five dollars for washing the car. 車を洗ってくれたので彼に5ドル払った. →pay *A B* (お金)は「A に B を払う」.
❷ (敬意・注意を)払う; (訪問を)する
- **pay** attention to what the teacher is saying 先生の言っていることに注意を払う
- **pay** him a visit 彼を訪問する
❸ (仕事などが)やりがいがある, 割に合う, もうかる
- The job didn't **pay** (me). その仕事はもうからなかった.

pay back (借金などを)返す
- I'll **pay back** your $10 tomorrow. 君に借りている 10 ドルはあした返します.

pay off (努力などが)実を結ぶ, よい結果につながる, 報われる
- Our hard work **paid off**. 私たちの重労働が報われた.

―― 图 給料, 報酬(ほうしゅう)
- high [low] **pay** 高い[安い]賃金
- He gets his **pay** every Friday. 彼は毎週金曜に賃金を受け取る.
- Her child's happiness is a mother's **pay**. 子供の幸せが母親の報酬である.

payday /péidei ペイデイ/ 图 給料日, 支払(しはら)い日

payment /péimənt ペイメント/ 图 支払(しはら)い(額), 払(はら)い込(こ)み; 報酬(ほうしゅう)

páy phòne 图 公衆電話 (public phone)

páy tòilet 图 有料トイレ

PC 略 =**p**ersonal **c**omputer (パソコン)

P.E., PE 小 略 (教科の)体育 →**physical e**ducation.

pea A2 /pí: ピー/ 图 エンドウ(豆)

peace 中 A1 /pí:s ピース/ 图
❶ 平和
- work **for** world **peace** 世界の平和のために働く
- have **peace** with ～ ～と仲良くする
- sign a **peace** treaty 平和条約に調印する
- **Peace** Memorial Park 平和記念公園

❷ 平穏(へいおん), 平静さ
- **peace** and quiet 平穏無事
- **peace** of mind 心の平静さ, 落ち着き

at peace 平和に, 仲良くして →次例

in peace 平和のうちに, 安心して, 安らかに
- The two countries were **at peace** with one another, and the people lived **in peace**. その2つの国はお互(たが)いに仲良くして国民は平和(のうち)に暮らしていた.

make peace with ～ ～と仲直りする, ～と和解する

peaceful 中 A2 /pí:sfəl ピースふる/ 形 平和(的)な, おとなしい, 穏(おだ)やかな

peacefully /pí:sfəli ピースふり/ 副 平和に, 穏(おだ)やかに, 静かに

peach 小 /pí:tʃ ピーチ/ 图
❶《果物》モモ; モモの木
❷ モモ色 →オレンジがかったピンク.

peacock /pí:kɑk ピーカク/ 图《鳥》クジャク(の雄(おす)) 関連語 「雌(めす)」は **peahen** /pí:hen ピーヘン/.

peak /pí:k ピーク/ 图 峰(みね), 山頂, 頂上; 頂点, ピーク

peanut /pí:nʌt ピーナト/ 图 落花生, ピーナッツ

pear A2 /péər ペア/ 图《果物》洋ナシ, 洋ナシの木

pearl /pə́:rl パ～る/ 图 真珠(しんじゅ)
- a **pearl** necklace 真珠のネックレス
- **pearl** white パールホワイト →真珠のように光沢(こうたく)のある白色.

peasant /pézənt ペザント/ 图 小作人

pebble /pébl ペブる/ 图 (水に洗われて丸くすべすべになった)小石

peck /pék ペク/ 動 (くちばしで)つつく, ついばむ; ついて(穴を)あける
―― 图 つつくこと, ついばむこと

peculiar /pikjú:liər ペキューリア/ 形
❶ 一風変わった, 異様な, 妙(みょう)な, 変な →特に不快感を与(あた)えるものについていう.
❷ 特有の, 固有の, ～だけにある

pedal /pédl ペダる/ 图 (ピアノ・自転車などの)ペダル

peddler /pédlər ペドら/ 图 行商人

pedestrian /pidéstriən ペデストリアン/ 图 歩行者, 通行人
掲示 Pedestrians only. 歩行者専用.
―― 形 歩行(者のため)の, 徒歩の

483 / four hundred and eighty-three — **people**

peel /píːl ピール/ 名 (果物などの)皮
—— 動 (指またはナイフなどで)～の皮をむく; 皮がむける, はげ落ちる →pare

peep[1] /píːp ピープ/ 動 のぞく
—— 名 のぞき見, ちらっと見(え)ること

peep[2] /píːp ピープ/ 動 (ひな鳥などが)ピーピー鳴く
—— 名 (ひな鳥などの)鳴き声, ピーピー, チッチッ

peg /pég ペグ/ 名 ❶ 木くぎ, かけくぎ ❷ (テントの綱(つな)などを留める)くい, くさび, 栓(せん)

pelican /pélikən ペリカン/ 名 《鳥》ペリカン

pen[1] 小 A1 /pén ペン/ 名 (複 **pens** /pénz ペンズ/) ペン

⚫POINT ペン軸(じく)にペン先を付けたものや万年筆・ボールペンなど.
- a ballpoint **pen** ボールペン
- a fountain **pen** 万年筆
- a felt-tip **pen** フェルトペン, マジックペン
- with **pen** and ink ペンとインクで, ペンで
- Fill in [out] this form with a **pen**. この用紙にペンで書き込(こ)んでください.

pen[2] /pén ペン/ 名 ❶ (家畜(かちく)を入れる)囲い ❷ (赤ん坊(ぼう)を入れる)ベビーサークル →play-pen ともいう.

penalty /pénəlti ペナるティ/ 名 (複 **penalties** /pénəltiz ペナるティズ/) ❶ 罰(ばつ); 罰金(ばっきん) ❷ (競技で反則に対する)罰, ペナルティー; (サッカーなどで)ペナルティーキック →penalty kick ともいう.

pence A2 /péns ペンス/ 名 **penny** の複数形

pencil 小 A1 /pénsl ペンスる/ 名 (複 **pencils** /pénslz ペンスるズ/) 鉛筆(えんぴつ)
- write in [with a] **pencil** 鉛筆で書く
- a colored [red] **pencil** 色[赤]鉛筆

> 🐻参考 B (=**b**lack) は鉛筆の「軟度(なんど)」を示し, H (=**h**ard) は「硬度(こうど)」を示す.

péncil càse [bòx] 名 鉛筆(えんぴつ)入れ, 筆箱

関連語 There are a **pen**, a few **pencils** and an **eraser** in my **pencil case**. 私の鉛筆入れにはペンが1本と数本の鉛筆と消しゴムが入っている.

pendant /péndənt ペンダント/ 名 ペンダント

pendulum /péndʒuləm ペンヂュらム/ 名 (時計などの)振(ふ)り子

pén frìend 名 《英》 =pen pal

penguin 小 /péŋgwin ペングウィン/ 名 《鳥》ペンギン

peninsula /pənínsələ ペニンスら|pənínsjulə ペニンスュら/ 名 半島

penmanship /pénmənʃip ペンマンシプ/ 名 ペン習字; 筆跡(ひっせき)

pén nàme 名 ペンネーム, 筆名

pennant /pénənt ペナント/ 名 ❶ (軍艦(ぐんかん)の信号用などの)(細長の)三角旗 ❷ (スポーツの)優勝旗, ペナント

Pennsylvania /pensilvéinjə ペンスィるヴェイニャ/ 固名 ペンシルベニア →米国北東部の州. 1776年の米国独立宣言はこの州の南東部にあるフィラデルフィアで発せられた. **Pa.**, **Penn.**, (郵便で) **PA** と略す.

penny /péni ペニ/ 名 ❶ 《英》 ペニー; ペニー銅貨 →英国で1ポンドの1/100の貨幣(かへい)価値, またその価値の銅貨. **p** と略す.
⚫POINT 複数形は, 「価値」をいう時は **pence** /péns ペンス/, ペニー貨いくつと「貨幣の枚数」をいう時には **pennies** /péniz ペニズ/.
❷ 《米》 1セント銅貨 (cent)

pén pàl 名 《米》 (特に外国の)文通友達, ペンパル (《英》 pen friend)

pension /pénʃən ペンション/ 名 年金
- live **on** a **pension** 年金で暮らす

pentathlon /pentǽθlən ペンタすろン/ 名 5種競技
- modern **pentathlon** 近代5種(競技) →1日でフェンシング・馬術・水泳・レーザーラン(射撃(しゃげき)とランニング)の5種目を行う競技.

people 小 A1 /píːpl ピープる/ 名 (複 **peoples** /píːplz ピープるズ/) ❶ 人々; 世間(の人々)
- five **people** 5人の人 →people はそのままの形で複数として扱(あつか)う. ×five peoples としない.
- a lot of **people** たくさんの人(々)
- those [these] **people** あの[この]人たち
- the village **people** 村の人々
- the **people** in New York ニューヨークの人々
- The **people** there were very kind to me. そこの人々は私にとても親切でした.

pep 484 four hundred and eighty-four

•**People** say (that) it is true. それは本当だと世間(の人たち)は言っている[それは本当だといううわさです].

❷ (⊛ **peoples**) 国民, 人民; 民族

•the English **people** 英国民

•government of the **people**, by the **people**, for the **people** 人民の, 人民による, 人民のための政治 →リンカン大統領のゲティスバーグでの演説の一節.

•the **peoples** of Asia アジアの諸国民

•The life of a **people** is in its language. 民族の生命はその言語の中にある.

pep /pép ペプ/ 名 《話》元気, 気力

pepper 小 A2 /pépər ペパ/ 名 コショウ

•put **pepper** and salt on the meat 肉にコショウと塩をかける →×a pepper, ×peppers としない.

peppermint /pépərmint ペパミント/ 名 《植物》ペパーミント, ハッカ

per /pá:r パー/ 前 (1つの〜)に対して, 〜につき →a ❸

perceive /pərsíːv パスィーヴ/ 動 気づく, わかる

percent 中 /pərsént パセント/ 名
パーセント, 100分の〜 → **per cent** と2語にもつづる. %という符号(ふごう)で表すことがある.

•I got 90% in math. 私は数学で90点取った. →100点満点のテストの点数を英語ではしばしばパーセントで言う.

•Ten **percent** of two hundred is twenty. 200の10パーセントは20だ. → percent of の次の名詞が複数形なら複数に, 単数形なら単数扱(あつか)い.

•Sixty **percent** of the students in our school are girls. うちの学校の生徒の60パーセントは女子です.

percentage /pərséntidʒ パセンテヂ/ 名 百分率, パーセンテージ; 割合

percussion /pərkʌ́ʃən パカション/ 名 (the **percussion** で) (管弦(かんげん)楽団の)打楽器部

perfect 中 A2 /pá:rfikt パ〜ふェクト/ 形
完全な, 申し分ない; 全くの

•a **perfect** crime 完全犯罪

•That's **perfect**. (返答に用いて)それで言うことなし.

•His batting form is **perfect**. 彼の打撃(だげき)フォームは完璧(かんぺき)だ.

•He is a **perfect** stranger to me. 彼は私

の全く知らない人です.

perfection /pərfékʃən パふェクション/ 名 申し分のないこと, 完璧(かんぺき)

perfectly A2 /pá:rfiktli パ〜ふェクトリ/ 副 完全に, 申し分なく, 全く

perform 中 A2 /pərfɔ́:rm パふォーム/ 動
❶ 行う; (義務などを)果たす, やり遂(と)げる

•**perform** one's duties 義務を果たす

❷ 演じる, 演奏する; (動物が芸を)する

•**perform** a play 劇を上演する

•She **performed** beautifully **on** the piano. 彼女はすばらしいピアノ演奏をした.

•This dog can **perform** many tricks. この犬はたくさんの芸ができる.

performance 中 A2 /pərfɔ́:rməns パふォーマンス/ 名

❶ 上演, 演奏, 演技; 芸当; パフォーマンス

•a musical **performance** 音楽の演奏

•The orchestra gave a wonderful **performance**. オーケストラはすばらしい演奏をした.

❷ (〜を)行うこと; 遂行(すいこう)

performer 中 /pərfɔ́:rmər パふォーマ/ 名 演技[演奏]者, 上演者; 実行者

performing art /pərfɔ́:rmiŋ á:rt パふォーミンぐ アート/ 名 (the performing arts で) 舞台(ぶたい)芸術 →演劇, ダンスなど.

perfume A2 /pá:rfju:m パ〜ふューム/ 名
❶ よいにおい, 芳香(ほうこう)

❷ 香水(こうすい), 香料(こうりょう)

•wear **perfume** 香水をつけている

perhaps A2 /pərhǽps パハプス/ 副
たぶん; もしかすると

•**Perhaps** I will come—but **perhaps** I won't. 来るかもしれないし, 来ないかもしれない.

━━━━━━━━━━
類似語 (確率)

次の順番で確率が高くなっていく:
possibly (ひょっとしたら) < **perhaps**, **maybe** (たぶん) < **probably** (おそらく) < **certainly** (きっと) < **definitely** (間違(まちが)いなく).
━━━━━━━━━━

period 中 A1 /pí(ə)riəd ピ(ア)リオド/ 名
❶ 期間, 時期; 時代

•for a short **period** 短い間, ちょっとの間

•the Edo **Period** 江戸(えど)時代

❷ (授業の)時間, 時限

•the second **period** in the morning 午

四 hundred and eighty-five 485 **personal pronoun**

前の第2時限

❸《主に米》**ピリオド**, 終止符(ふ) (《主に英》full stop)

perish /périʃ ペリシュ/ 動 **死ぬ**, **滅**(ほろ)**びる**, 腐(くさ)る

permanent /pə́ːrmənənt パ〜マネント/ 形 **永久の**, **永続的な**

permission A2 /pərmíʃən パミション/ 名 許し, 許可 関連語「許す」は permit.
•**give permission** 許可を与(あた)える, 許す ➡
×*a* permission, ×permission*s* としない.
•**get permission** 許可をもらう
•**ask**(**for**)**permission** 許可を求める
•**with**[**without**]**permission** 許可を得て[許可なく, 無断で]

permit /pərmít パミト/ 動 (三単現 **permits** /pərmíts パミツ/; 過去・過分 **permitted** /pərmítid パミテド/; -ing形 **permitting** /pərmítiŋ パミティング/) 許す, 許可する 関連語「許可」は **permission**.

Perry /péri ペリ/ 固名 (**Matthew Cal-braith** /マシュー キャルブレイす/ **Perry**) ペリー ➡ 1853年(嘉永6年)浦賀(うらが)に来航して日本に開国を求めた米国の海軍提督(ていとく) (1794–1858).

persecute /pə́ːrsikjuːt パ〜スィキュート/ 動 **迫害**(はくがい)**する**, **虐待**(ぎゃくたい)**する**

Persia /pə́ːrʒə パ〜ジャ|pə́ːʃə パ〜シャ/ 固名 **ペルシャ** ➡ 現在のイラン (Iran). 1935年国名をペルシャからイランに変更(へんこう)した.

Persian /pə́ːrʒən パ〜ジャン|pə́ːʃən パ〜シャン/ 形 **ペルシャの**; **ペルシャ人の**, **ペルシャ語の** ── 名 ❶ **ペルシャ人** ❷ **ペルシャ語**

Persian Gulf 固名 (**the** をつけて) **ペルシャ湾**(わん)

persimmon /pərsímən パ〜スィモン/ 名 《果物》**カキ**

person 中 A1 /pə́ːrsn パ〜スン/ 名

❶ **人** ➡ 年齢(ねんれい)・性別に関係なく使う.
•She is a nice **person**. 彼女はいい人だ.
•He is a very important **person**. 彼はとても重要な人物だ.
•The air crash killed 60 **persons**. 飛行機の墜落(ついらく)で60人の死者が出た. ➡person の複数形は persons または people. 前者は堅(かた)い文章に適し, 後者は話し言葉で好まれる.
❷《文法》**人称**(にんしょう)

文法 ちょっとくわしく

the first person 1人称(しょう)
⇨話をする人が自分を指す言葉: I, we
the second person 2人称
⇨話の相手を指す言葉: you
the third person 3人称
⇨話をする人とその相手以外の人や物を指す言葉: he, she, it, Tom, desk など(以上3人称単数), they, brothers, desks など(3人称複数)
「**3人称単数現在形**」(ときに短く「**三単現**(さんたんげん)」)というのは「文章の主語が3人称単数の時の動詞の現在形」という意味で, 動詞の語尾(ごび)に **s** または **es** がつく.

---

in person **自ら**, **自身で**
•He came **in person**. 彼は自らやって来た.

personal A1 /pə́ːrsənl パ〜ソヌる/ 形
❶ **個人的な**, **一身上の**, **自分だけの**
•*one's* **personal** history 履歴(りれき)
•for **personal** reasons 個人的な理由で
•This is my **personal** opinion. これは私の個人的な意見です.
•Can I ask you a **personal** question? プライベートな[立ち入った]質問をしてもよろしいでしょうか.
❷《米》(手紙が)**親展の** (《英》private) ➡他人に開封(かいふう)されたくない手紙の封筒(ふうとう)に上書きする.
❸《文法》**人称**(にんしょう)**の**

pérsonal compúter 名 **パーソナル・コンピューター**, **パソコン** ➡PC と略される.

personality A2 /pə̀ːrsənǽləti パ〜ソナリティ/ 名 (複 **personalities** /pə̀ːrsənǽlətiz パ〜ソナリティズ/)
❶ **個性**, **性格**; (人から好かれる)**人柄**(ひとがら)
•Her **personality**, not her beauty, made her popular. 彼女は美貌(びぼう)ではなくてその人柄のために人気があった.
❷ **すばらしい才能を持った人**; (ある分野での)**有名人**
•a famous TV **personality** 有名なテレビタレント

personally /pə́ːrsənəli パ〜ソナリ/ 副
❶ (他人は知らないが)**私は**, **個人的には**
❷ **自ら**, **直接に** (in person)

pérsonal prónoun 名 《文法》**人称**(にんしょう)**代名詞** ➡I (私は), his (彼の), them (彼らを)

perspective 486 four hundred and eighty-six

など.

perspective /pərspéktiv パスペクティヴ/ 名
❶ 観点
❷ 遠近法, 透視(とうし)画法

perspiration /pə̀ːrspəréiʃən パ〜スピレイション/ 名 発汗(はっかん), 発汗作用; 汗 →sweat より上品な語.
• Genius is one per cent inspiration, ninety-nine per cent **perspiration**. 天才は1パーセントのひらめきと99パーセントの汗からなるものだ →発明王エジソンのことば.

persuade /pərswéid パスウェイド/ 動 (人を)納得(なっとく)させる, (〜するように人を)説得する, (誘(さそ)って人に)〜させる

Peru 小 /pərú: ペルー/ 固名 ペルー →南米北西部の共和国. 首都はリマ (Lima). 公用語はスペイン語.

pessimistic /pèsəmístik ペスィミスティク/ 形 悲観的な, 厭世(えんせい)的な 反対語 optimistic (楽観的な)

pet 小 A1 /pét ペト/ 名
ペット; お気に入り
• Betty has a canary **as** [**for**] a **pet**. ベティーはカナリヤをペットとして飼っている.
—— 形 大好きな, かわいがっている, お気に入りの
• a **pet** dog 愛犬

petal /pétl ペトル/ 名 花弁, 花びら

Peter Pan /píːtər pǽn ピータ パン/ 固名 ピーター・パン →英国の作家 J. M. バリーの児童劇『ピーター・パン』の主人公.

Peter Rabbit /píːtər rǽbit ピータ ラビト/ 固名 ピーター・ラビット →英国の作家 B. ポターの童話に登場するウサギ.

petition /pətíʃən ペティション/ 名 請願(せいがん), 嘆願(たんがん); 請願書

pét náme 名 愛称(あいしょう) →本名とは別に人や動物や乗り物などにつける名前. Robert に対する Bob などのように本名に対応する名前はふつう **nickname** という.

petrol A2 /pétrəl ペトロル/ 名 《英》ガソリン (《米》gasoline)

petroleum /pitróuliəm ペトロウリアム/ 名 石油

pétrol stàtion A2 名 《英》(自動車の)給油所, ガソリンスタンド (《米》filling [gas] station)

pharmacist /fáːrməsist ふァーマスィスト/ 名 薬剤(やくざい)師 (《英》chemist)

pharmacy /fáːrməsi ふァーマスィ/ 名 (複 **pharmacies** /fáːrməsiz ふァーマスィズ/) 薬局 →chemist ❷

pheasant /féʒənt ふェザント/ 名 《鳥》キジ

phenomenon /finámənən ふェナメノン/ 名 (複 **phenomena** /finámənə ふェナメナ/, **phenomenons** /finámənənz ふェナメノンズ/) 現象

phew /fjú: ふュー/ 間 ふ〜っ →疲(つか)れ・暑さ・安心などで思わず出す音.

Philadelphia /fìlədélfiə ふィらデるふィア/ 固名 フィラデルフィア →米国ペンシルベニア州にある大都市. →Pennsylvania

Philippine /fílipi:n ふィリピーン/ 形 フィリピンの; フィリピン人の 関連語「フィリピン人」は **Filipino**.

Philippines /fílipi:nz ふィリピーンズ/ 固名 ❶ (the Philippines で) フィリピン共和国 →首都はマニラ (Manila). フィリピン語・英語(以上公用語)のほかスペイン語も使われている. 単数扱(あつか)い. ❷ フィリピン群島 (the Philippine Islands) →複数扱い.

philosopher /filásəfər ふィらソふァ/ 名 哲学(てつがく)者

philosophy /filásəfi ふィらソふィ/ 名 (複 **philosophies** /filásəfiz ふィらソふィズ/) ❶ 哲学(てつがく) ❷ 人生観, 人生哲学; 原理

Phnom Penh /nám pén ナム ペン/ 固名 プノンペン →カンボジアの首都. →Cambodia

phoenix /fíːniks ふィーニクス/ 名 不死鳥, フェニックス →アラビアの砂漠(さばく)で500年ごとに自ら炎(ほのお)の中で身を焼き, その灰の中から再び生まれ変わると言い伝えられた霊鳥(れいちょう).

phone 中 A1 /fóun ふォウン/ (→ph は /f ふ/ と発音する) 名
《話》電話; 電話機, (特に)受話器 (receiver) → telephone の略.
• a **phone** call 電話をかける[られる]こと →単に a **call** ともいう.
• talk **on** [**over**] the **phone** = talk **by phone** 電話で話す →×by a phone としない.
• **make** a **phone** call to her 彼女に電話をかける

- **give** him a **phone** call 彼に電話をかける
- **get** [**have**] a **phone** call from him 彼から電話をもらう
- **hang up** (the **phone**) 電話を切る
- a **phone** book [number] 電話帳[番号]
- a **phone** booth 《米》公衆電話ボックス(《英》call box, phonebox)
- The **phone** is ringing. Please **answer** it. 電話が鳴っているわ。出てくださいな。

What's your **phone** number? [May I have your **phone** number?] —My **phone** number is 305-2213 (読み方: three, O /オウ/, five, two, two, one, three または three, O /オウ/, five, double two, one, three).
君の電話番号は何番ですか[あなたの電話番号を教えていただけませんか].—私の電話番号は305-2213です.
Can I use your **phone**?—Sure.
電話をお借りできますか.—もちろん.
→×borrow your phone としない.

on the phone 電話で; 電話口に(出て)
- Don't make a noise—Mother's **on the phone**. うるさくしないで, お母さんが電話中よ.
- He is **on the** other **phone**. Will you hold on a moment? 彼はほかの電話に出てます. 少しお待ちくださいますか.
- You are wanted **on the phone**. (君に)電話ですよ.

—— 動 (〜に)電話をかける; 電話で言う[伝える] →改まった言い方で, ふつうは《米》**call** (**up**), 《英》**ring** (**up**) などを使う.
- **phone** home 家に電話する →home は副詞で「家に[へ]」.
- I will **phone** you tomorrow. 明日あなたにお電話をいたします.
- Can I **phone** New York from here? こちらからニューヨークへ電話をかけられますか.

phonebox /fóunbɑks ふォウンバクス/ 名 《英》公衆電話ボックス (call box) (《米》phone booth)

photo 小 A1 /fóutou ふォウトウ/ (→ph は /f ふ/ と発音する) 名 (複 **photos** /fóutouz ふォウトウズ/)

《話》写真 →**photo**graph の略.
- a **photo** studio (撮影(さつえい)をする)写真スタジオ

photocopier /fóutəkɑpiər ふォウトカピア/ 名 コピー機 →単に copier ともいう.

photograph A2 /fóutəgræf ふォウトグラふ|fóutəgrɑːf ふォウトグラーふ/ 名 写真 (photo, picture)
- your **photograph** あなたの持っている写真; あなたの写っている写真
- a **photograph** of my family 私の家族の写真
- **take** a **photograph** of a friend 友達の写真を撮(と)る
- I **had** [**got**] my **photograph taken** in front of Horyuji Temple. 私は法隆寺の前で写真を撮ってもらった. →have [get] A+過去分詞は「Aを〜してもらう」.

—— 動 写真を撮る
- **photograph** wild animals 野生動物の写真を撮る

photographer 中 A2 /fətɑ́grəfər ふォタグラふァ|fətɔ́grəfə ふォトグラふァ/ (→アクセントの位置に注意) 名
写真家, カメラマン; 写真を撮(と)る人
- work as a **photographer** 写真家として働く

photography A2 /fətɑ́grəfi ふォタグラふィ|fətɔ́grəfi ふォトグラふィ/ 名 写真撮影(さつえい)(術)
- a **photography** shop (現像などをする)写真屋さん
- My only hobby is **photography**. 私のただ1つの趣味(しゅみ)は写真です.

phrase /fréiz ふレイズ/ 名 《文法》句 →主語と述語の関係を含(ふく)まないが, あるまとまった意味を持つもの. in the hand (手の中に), all day (一日中)など.

physical A2 /fízikəl ふィズィカる/ 形
❶ 身体の, 肉体の
- **physical** exercise 体操, 運動
- a **physical** checkup 健康診断(しんだん)
❷ 物質(界)の, 自然(界)の; 物理(学)の
- **physical** science 自然科学, 物理学

phýsical educátion 名 体育 →**P.E.** または **PE** と略す.

physically A2 /fízikəli ふィズィカリ/ 副 肉体的に, 身体的に
- **physically** challenged 身体障がいのある

physician /fizíʃən フィズィシャン/ 名
医者 (doctor); (特に)内科医
関連語 **surgeon** (外科(げか)医)

physicist /fízəsist フィズィスィスト/ 名 **物理学者**

physics /fíziks フィズィクス/ 名 **物理学** → 単数扱(あつか)い.

pianist 中 /piǽnist ピアニスト/ 名 **ピアノ演奏者**, ピアニスト; ピアノを弾(ひ)く人

piano 小 A1 /piǽnou ピアノウ/ (→アクセントの位置に注意) 名
(複 **pianos** /piǽnouz ピアノウズ/)
《楽器》 ピアノ
●play the **piano** ピアノを弾(ひ)く
●play a tune **on** the **piano** ピアノで曲を演奏する[弾く]
●accompany her **on** the **piano** ピアノで彼女の歌の伴奏(ばんそう)をする

Picasso /pikɑ́:sou ピカーソウ/ 固名 (**Pablo** /páːброу/ **Picasso**) ピカソ → スペインの画家・彫刻(ちょうこく)家 (1881-1973). 近代絵画の巨匠(きょしょう).

Piccadilly /pikədíli ピカディリ/ 固名 **ピカデリー** → ロンドンの大通りで商店やクラブなどがある.

Píccadilly Círcus 固名 **ピカデリーサーカス** → ピカデリー街東端(たん)の広場で, ここから大通りが放射状にのびている. Piccadilly のアクセントの位置に注意.

piccolo /píkəlou ピコロウ/ 名 (複 **piccolos** /píkəlouz ピコロウズ/) 《楽器》 **ピッコロ** → 小型のフルートでふつうのフルートより高音.

pick¹ 中 A1 /pík ピク/ 動
❶ (花・果実などを)摘(つ)む, もぐ
●**pick** flowers 花を摘む
●**pick** apples リンゴをもぐ
❷ (いくつかの中から)選ぶ (choose, select)
●She **picked** a red one from the blouses on the shelf. 彼女は棚(たな)のブラウスの中から赤いのを選んだ.
❸ つつく, ついて(穴を)あける; (歯・鼻などを)ほじる
●Don't **pick your nose**. 鼻をほじってはいけません.
❹ 抜(ぬ)き取る; 〜の中身をすって取る
●**pick** his pocket 彼のポケットの中身をする

●She **picked** a card from the deck. 彼女はひと組のトランプから1枚抜き取った.
pick at つつく, いじくる
pick on 〜 〜を選ぶ;《話》〜につらく当たる, 〜をいじめる
pick out えり抜く, 選び出す
pick up ① 拾い上げる; (車などに人を)乗せる; (人を)車で迎(むか)えに行く
●**pick up** litter at the beach 海岸でごみを拾う
●I'll **pick** you **up** at nine o'clock. 私は9時に君を車で迎えに行きます.
② (言語などを)自然に覚える
●He **picked up** English while he was staying in London. 彼はロンドンに滞在(たいざい)している間に英語を覚えた.
—— 名 選択(権); えり抜(ぬ)き

pick² /pík ピク/ 名 (ギターなどの)**ピック**; 先のとがった道具
●a *shamisen* pick 三味線(しゃみせん)のばち

picker /píkər ピカ/ 名 (穀物などを)拾い集める人[機械]

pickle /píkl ピクる/ 名 (ふつう **pickles** で) (野菜, 特にきゅうりの)酢(す)づけ, **ピクルス**

pickled /píkld ピクるド/ 形 酢(す)づけにした, 塩づけにした

pickpocket /píkpakit ピクパケト/ 名 **すり**

pickup /píkʌp ピカプ/ 名
❶ (人・荷物を)車に乗せること
❷ 小型トラック → **pickup truck** ともいう.

picnic 中 A1 /píknik ピクニク/ 名
ピクニック → 持参したお弁当を野外で楽しく食べること. またそのお弁当.
●go on a **picnic** on the beach 浜辺(はまべ)へピクニックに行く
●a **picnic** lunch ピクニックのお弁当
●the **picnic** area ピクニック用の場所
●We often had **picnics** in the park. 私たちはしばしば公園でピクニックをした.
—— 動

三単現	**picnics** /píkniks ピクニクス/
過去・過分	**picnicked** /píknikt ピクニクト/
-ing形	**picnicking** /píknikiŋ ピクニキング/

→ 過去形・過去分詞・現在分詞はつづり字に k が入ることに注意.
ピクニックに行く

pictogram /píktəgræm ピクトグラム/ 名 **絵文字**

字, ピクトグラム →**pictograph** ともいう.

picture 小 A1 /píktʃər ピクチャ/ 名
(複 **pictures** /píktʃərz ピクチャズ/)

❶ **絵, 絵画**

POINT 油絵・水彩(すいさい)画・線画の別なく使い, 手描(が)きのものも印刷されたものもいう.

- a **picture** by Picasso ピカソの(描(か)いた)絵
- paint a **picture** in oils 油絵を描く
- draw a **picture** of a castle with colored pencils 色鉛筆(えんぴつ)で城の絵を描く

❷ **写真** (photograph)

- **take** a **picture** of her 彼女の写真を撮(と)る
- Dad took some **pictures** of us. 父は私たちの写真を数枚とった.
- I **had** [**got**] my **picture taken**. 私は私の写真を撮ってもらった. →have [get] A+過去分詞は「Aを~してもらう」.

❸ **映画** (motion picture); **(the pictures で)(英)映画, 映画館** (cinema)

- go to **the pictures** 映画を見に行く

❹ (テレビ・映画・鏡の)**映像, 画面**; (心の)**イメージ**

- The **picture on** this TV set isn't clear. このテレビの映像はぼやけている.

❺ (絵を見るような生き生きした)**描写(びょうしゃ), 記述**

- The book **gives** a clear **picture of** life in Peru. この本にはペルーの生活がよくわかるように書いてある.

── 動 (三単現 **pictures** /píktʃərz ピクチャズ/; 過去・過分 **pictured** /píktʃərd ピクチャド/; -ing形 **picturing** /píktʃəriŋ ピクチャリング/)

❶ (絵・写真が[で])**表す, 描(えが)く**; (生き生きと)**描写する** ❷ **想像する**

pícture bòok 名 **絵本**
pícture càrd 名 ❶ (トランプの)**絵札**
❷ **絵はがき**
pícture gàllery 名 **絵画陳列(ちんれつ)室, 美術館, 画廊(がろう)**
pícture póstcard 名 **絵はがき** (picture card)
pidgin /pídʒin ピヂン/ 名 **ピジン語** →言葉の違(ちが)う国同士の人が仕事の取引をするために生まれた混成語. pidgin は business が変化したものと考えられる.
pidgin Énglish 名 **ピジン英語** →世界各地の海港などで用いられる通商英語で, その土地の言葉と英語が混ざり合ったもの.

pie 小 /pái パイ/ 名
パイ →肉・野菜・果物をパイ皮 (**pie crust**) で包んでオーブンで焼いたもの.
- **a piece of pie** パイ1切れ
- bake a pumpkin **pie** カボチャパイを焼く
- an apple **pie** アップルパイ →**apple**

piece 中 A1 /píːs ピース/ 名

❶ **(a piece of ~ で) 1つの~, 1かけらの~**
- **a piece of** paper (形・大きさに関係なく)1枚の紙切れ →a piece of はそのままでは数えられない物を1つ2つと数えるために使う.
- **a piece of** chalk チョーク1本
- **two pieces of** chalk チョーク2本
- **a piece of** bread パン1かけら[1切れ, 1枚]
- **a piece of** meat 肉1切れ
- **a large piece of** meat 大きな肉切れ1つ
- **a piece of** land 1区画の土地
- **a piece of** furniture 1つの家具, 家具1点
- **a piece of** baggage 手荷物1個
- **a useful piece of** advice 役立つ忠告1つ
- **a piece of** news 1つのニュース

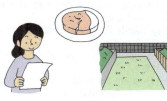

❷ **断片(だんぺん), 破片(はへん)** →成句
- She cut the pie in [into] six **pieces**. 彼女はパイを6つに切った.
- There were **pieces** of a broken plate all over the floor. 床(ゆか)一面に割れた皿の破片が散らばっていた.

❸ (詩・音楽・絵画などの)**作品, 曲, 1点**
- a **piece** of poetry 1編の詩
- a beautiful **piece** of music 美しい1曲の音楽

❹ (セットになっているものの)**1つ**
- This set of china has sixty **pieces**. この瀬戸物(せともの)のセットには60点入っている.

to pieces **ばらばらに, 粉みじんに**
- break a cup **to** [**into**] small **pieces** 茶わんを粉々に割る

Pied Piper　490　four hundred and ninety

• The watchmaker took the watch **to pieces**. 時計屋さんはその時計を分解した.

Pied Piper /páid páipər パイド パイパ/ 固名
まだら服を着た笛吹(ふ)き男 →pied は「まだら服を着た」の意味.

参考　ドイツのハーメルンの町のネズミを笛でおびき出して退治したが約束の報酬(ほうしゅう)がもらえなかったことに腹を立て, 町じゅうの子供を笛で誘(さそ)い出して山の中に隠(かく)してしまったという.

pierce /píərs ピアス/ 動 突(つ)き刺(さ)す, 貫(つらぬ)く

pig 小 A1 /píg ピグ/ 名
ブタ, 子ブタ →《米》では成長した「食用のブタ」を意味する **hog** に対して「子ブタ」を意味することが多い. 関連語 **pork** (豚肉(ぶたにく))
• a roast **pig** ブタの丸焼き
• a herd of **pigs** ブタの一群

pigeon /pídʒən ピヂョン/ 名 《鳥》ハト →**dove** よりも大型で, 市街地にすむ.

piggy /pígi ピギ/ 名 (複 **piggies** /pígiz ピギズ/)《小児(しょうに)語》子ブタ

piggyback /pígibæk ピギバク/ 副 背負って, 肩車(かたぐるま)をして

píggy bànk 名 (子ブタ形の)貯金箱 →今は子ブタの形でなくてもいい.

pigtail /pígteil ピグテイる/ 名 (編んで垂らした)おさげ髪(がみ)

pilaf(f) /pilá:f ぴらーふ/ 名 ピラフ →刻んだ肉や野菜を加えた洋風たき込(こ)みご飯.

pile A2 /páil パイる/ 名 (積み重ねた)山
• a **pile** of books [schoolwork] 本[宿題]の山
• a big **pile** of letters 山のような手紙, たくさんの手紙
—— 動 (しばしば **pile up** で)山のように積む, 積み重ねる; 積み重なる, たまる
• **pile** (**up**) the dishes in the sink お皿を流しに積み重ねる
• Letters **piled up** on his desk. 手紙が彼の机の上に山のように積み重なっていた.

pilgrim A2 /pílgrim ぴるグリム/ 名 巡礼(じゅんれい)者

Pílgrim Fáthers 固名 (the をつけて)ピルグリム・ファーザーズ →1620年信教の自由を求めてメイフラワー号で英国から米国に渡(わた)った102名の清教徒の植民団. プリマス植民地を開いた.

pill A2 /píl ぴる/ 名 丸薬
関連語 **powder** (粉薬), **tablet** (錠剤(じょうざい)), **medicine** ((内服)薬)

pillar /pílər ぴら/ 名 柱

pillow /pílou ぴろウ/ 名 枕(まくら)

pilot 小 A2 /páilət パイろト/ 名
❶ (飛行機の)操縦士, パイロット
❷ 水先案内人 →船の入港・出港の時に安全な水路を案内する人.

pimple /pímpl ピンプる/ 名 にきび, 吹(ふ)き出物

pin /pín ピン/ 名 ❶ ピン, 留め針
• a safety [tie] **pin** 安全[ネクタイ]ピン
• a drawing **pin** 《英》画びょう (《米》thumbtack)
❷ (ピンで留める)ブローチ, バッジ; (ボウリングの)ピン
• Nancy is wearing a pretty **pin**. ナンシーはきれいなブローチをしている.
—— 動 (三単現 **pins** /pínz ピンズ/; 過去・過分 **pinned** /pínd ピンド/; ing形 **pinning** /píniŋ ピニング/)
ピン [《英》びょう]で留める

pinafore /pínəfɔ:r ピナふォー/ 名 《英》
❶ エプロン (apron)
❷ ジャンパースカート (《米》jumper)

pincers /pínsərz ピンサズ/ 名 (複)
❶ ペンチ, やっとこ, くぎ抜(ぬ)き; 毛抜き
❷ (カニ・エビなどの)はさみ

pinch /píntʃ ピンチ/ 動 ❶ つねる, はさむ
• **pinch** a finger **in** the door ドアに指をはさむ
❷ (靴(くつ)・帽子(ぼうし)などが)締(し)め付ける, きつくて痛い
• These shoes are new and **pinch** my feet. この靴は新しいので足が痛い.
—— 名 ❶ つねる[はさむ]こと
• give a **pinch** つねる
❷ ひとつまみ
• a **pinch** of salt ひとつまみの塩
❸ 危機, 急場, ピンチ
• Call me when you are **in** [《英》**at**] a **pinch**. 困った時は私に電話してください.

pínch hítter 名 《野球》ピンチヒッター, 代打

pine /páin パイン/ 名 《植物》マツ; マツの木 →**pine tree** ともいう.

pineapple /páinæpl パイナプる/ 图
《果物》パイナップル

ping-pong /píŋpɑŋ ピンパンヶ/ 图 ピンポン
➡ もとはピンポンボール製造会社の商標名. ふつう
table tennis (卓球(たっきゅう))という.

pink 小 A1 /píŋk ピンク/ 形
ピンクの, もも色の
── 图 ピンク色, もも色

pinky /píŋki ピンキ/ 图 (復 **pinkies** /píŋkiz
ピンキズ/)《話》小指

pioneer /paiəníər パイオニア/ 图 開 拓(かいたく)
者, 草分け; 先駆(せんく)者

pipe /páip パイプ/ 图 ❶管, パイプ
❷(刻みタバコ用)パイプ; (タバコ)一服
❸(フルート・クラリネットなどの)管楽器; (リコー
ダーに似た小さな)笛

pipeline /páiplain パイプらイン/ 图 (石油・水・
ガスなどを運ぶ)パイプライン

pípe òrgan 图《楽器》パイプオルガン →
organ

piper /páipər パイパ/ 图 笛吹き; (特に)スコッ
トランドのバグパイプ奏者

pirate /pái(ə)rit パイ(ア)レト/ 图 海賊(かいぞく)(船)

pistol /pístl ピストる/ 图 ピストル, 拳銃(けんじゅう)
➡**handgun** ともいう.

pit /pít ピト/ 图
❶(地面に掘(ほ)った, または自然の)穴; 炭坑(たんこう)
(coal mine), 落とし穴 (pitfall)
❷(脇(わき)の下など身体の)くぼんだ所, くぼみ

pitch /pítʃ ピチ/ 图 ❶(音の高低の)調子
❷(船・飛行機の)縦揺(ゆ)れ
関連語「横揺れ」は **roll**.
❸投げること, 投球
❹《英》(サッカー・クリケットなどの)競技場
── 動 ❶(テントを)張る ❷(ボールを)投げる
❸(船が)縦揺れする
関連語「横揺れする」は **roll**.

pitcher¹ /pítʃər ピチャ/ 图 (野球の)投手, ピッ
チャー

pitcher² /pítʃər ピチャ/ 图 (取っ手と広いつぎ
口のある)水差し (jug)

pitfall /pítfɔːl ピトふォーる/ 图 落とし穴

pitiful /pítifəl ピティふる/ 形 哀(あわ)れむべき, 哀
れを誘う 関連語 **pity** (哀れみ)

pitter-patter /pítərpætər ピタパタ/ 图 副
パラパラ(と), パタパタ(と), ドキドキ(と) ➡雨音,
子供の足音, 心臓の音など.

pity A2 /píti ピティ/ 图 (復 **pities** /pítiz ピティ
ズ/) ❶哀(あわ)れみ, 同情心
•**feel pity for ~** ～に同情する, ～を気の毒に
思う ➡×a pity としない.
•**have [take] pity** on ~ ～に同情する
❷(a pity で)残念なこと, 気の毒
•**It's a pity that** you cannot come. 君が
来られないのは残念だ. ➡It=that 以下.
•**What a pity!** なんと残念[気の毒]なことだ.

pizza 小 A1 /píːtsə ピーツァ/ 图
ピザ, ピッツァ
•a **pizza** parlor ピザ店
•bake a **pizza** ピザを焼く

pl. 略 =**plural** (複数形)

placard /plǽkɑːrd プらカード/ 图 張り紙, ポス
ター, ビラ ➡日本語の「プラカード」はデモなど
に持ち歩くものを指すが, 英語の placard は標語
などを書いたポスターのことでデモなどで持ち歩
くことも, 単にどこかに張るだけのこともある.

place 小 A1 /pléis プれイス/ 图
❶ 場所, 所
•a **place** name=the name of a **place** 地
名
•There is no **place** like home. わが家の
ような(楽しい)所はない.
•The **place** I want to visit is New York.
There are a lot of **places** to see in it. 私
の行ってみたい所はニューヨークです. そこにはた
くさんの見物する所がある. ➡不定詞 to see (見
るための～)は a lot of places (たくさんの場
所)にかかる. ➡**to** ❾ の ②
•This is the **place** where the treasure is
buried. ここが宝物が埋(う)められている場所で
す. ➡where は関係副詞(～するところの(場所)).
❷ (座)席, (決まった)位置
•You may go back to your **place**. 君は
君の席に戻(もど)ってもよい.
•The children sat **in** their **places at**
(the) table. 子供たちはテーブルの自分の席に
座(すわ)った.
•I **lost** my **place** in the book when I
dropped it. 私はその本を落としてどこまで読
んでいたのかわからなくなった.
❸ 住む所, 家
•Come round to my **place** this eve-
ning. 今晩私の家へいらっしゃい.

plain 492 four hundred and ninety-two

❹ 勤め口; 地位; 立場

・get a **place** in a post office 郵便局に職を得る

・Mr. Smith will teach you in my **place** tomorrow. あしたはスミス先生が私の代わりに君たちを教えます.

・Who will take his **place** while he is away? 彼の留守の間誰(だれ)が彼の代わりをするのでしょうか.

❺ 順位, (競走の)〜番

・**in the first place** まず第一に

・**take** [**win**, **get**] first **place** in the contest コンテストで1位を取る →×the first place としない.

from place to place あちらこちらへ

take place 行われる, (事が)起こる, 生じる

・A parade will **take place** here tomorrow afternoon. 明日の午後ここでパレードが行われる.

―― **動** (正しい位置に)置く, 並べる, 据(す)える

・**Place** the napkin beside the plate. 皿の横にナプキンを置きなさい.

plain /pléin プレイン/ **形** ❶ 明白な (clear), はっきりした; わかりやすい, 易(やさ)しい (easy)

❷ 飾(かざ)り(気)のない, 質素な, 地味な; あっさりした

―― **名** 平原, 平野; (plains で) 大草原

plainly /pléinli プレインリ/ **副** ❶ はっきりと, 率直(そっちょく)に; 明らかに ❷ 質素に, 地味に

plan 中 A1 /plén プラン/ 名

❶ 計画, 案, プラン, 考え, 予定

・a city **plan** 都市計画

・a master **plan** 基本計画

・make a **plan** for a party パーティーのプランを立てる

・Do you have any **plans** for the evening? 今晩は何か予定がありますか.

❷ 設計(図), 図面

・a **plan** for life 人生の設計

・a floor **plan** (建物の)平面図

・**draw** (up) a **plan** for a new house 新しい家の設計図を描(か)く

―― **動** (三単現 **plans** /plénz プランズ/; 過去・過分 **planned** /plénd プランド/; -ing形 **planning** /plénin プラニング/)

❶ 計画する; 〜するつもりである

・**plan** a party パーティーを計画する

・**plan** to go abroad 外国へ行くことを計画する

・We **planned** a picnic but couldn't go because it rained. 私たちはピクニックを計画したが雨で行けなかった.

・He is **planning** to visit Italy next year. 彼は来年イタリアを訪問するつもりだ.

❷ 設計する, 設計図を作る

・**plan** a building ビルを設計する

plane¹ A1 /pléin プレイン/ 名

(複 **planes** /pléinz プレインズ/)

飛行機 (airplane)

⚑POINT airplane ((英)) aeroplane) を短くした言葉.

・a passenger **plane** 旅客(りょかく)機

・a jet **plane** ジェット機

・a model **plane** 模型飛行機

・go **by plane** 飛行機で行く →×by a plane, ×by the plane としない. →**by** ❶

・**take** a **plane** to 〜 〜まで飛行機に乗る[乗って行く]

・**board** a **plane at** Narita 成田で飛行機に乗る

・There were a lot of passengers **on the plane**. その飛行機にはたくさんの乗客がいた.

plane² /pléin プレイン/ 名 面; (水)平面; 程度, 水準

―― **形** 平らな; 平面の

plane³ /pléin プレイン/ 名 かんな →西洋かんなは手前へ引かないで前方へ押(お)して使う.

―― **動** かんなをかける

planet 中 A2 /plénit プラネト/ 名 惑星(わくせい), 遊星 →地球のように, 太陽の周囲を回転している星. 関連語 **star** (恒星(こうせい)), **satellite** (衛星)

関連語 (太陽系の惑星)

Mercury (水星), **Venus** (金星), **Earth** (地球), **Mars** (火星), **Jupiter** (木星), **Saturn** (土星), **Uranus** (天王星), **Neptune** (海王星)

planetarium /plénəté(ə)riəm プラネテ(ア)リアム/ 名 プラネタリウム →ドームの内側に映写機で星座などを本物のように映し, その運行を見せる所.

plank /plénk プランク/ 名 厚板 →**board** より も厚いもの.

plankton /plénktən プランクトン/ 名 ((集合的に)) プランクトン, 浮遊(ふゆう)生物 →水中や水面に

four hundred and ninety-three　493　**play**

どに生息する無数の小さな生き物で，魚などにとっての重要な食物となる．

planner /plǽnər プラナ/ 图 **計画を立てる人，立案者，企画者**

plant 中 A2 /plǽnt プラント|plάːnt プラーント/
图 ❶ 植物，草木
• a tropical **plant** 熱帯植物
• a water **plant** 水生植物
• a pot **plant** 鉢(はち)植え，盆栽(ぼんさい)
❷ 工場，工場施設(しせつ) → 動詞の意味「植える」から「機械を備え付ける ⇨ 備え付けられている所 ⇨ 工場」となった．
• a steel [power] **plant** 製鋼所[発電所]
── 動 植える，植え付けをする；(種を)まく
• **plant** roses バラを植える
• **plant** a field 畑に植え付けをする
• **plant** seeds 種をまく
• He **planted** roses **in** his garden. ＝ He **planted** his garden **with** roses. 彼は庭にバラを植えた．
• The idea was firmly **planted** in his mind. その考えはしっかりと彼の心の中に植え付けられた．

plantation /plæntéiʃən プランテイション/ 图 **大農場，大農園，プランテーション** → ふつうある1種類の作物を栽培(さいばい)する．

plaster /plǽstər プラスタ/ 图 ❶ しっくい
❷ こう薬，ばんそうこう

plastic 中 A2 /plǽstik プラスティク/ 形 **プラスチック(製)の，ビニール(製)の；形が自由に変わる** → 英語では **vinyl** (ビニール)は専門用語なので，日常的には **plastic** を使うことが多い．
• a **plastic** bag ビニール袋(ぶくろ)
• a **plastic** raincoat [greenhouse] ビニール製のレインコート[ビニールハウス]
• a **plastic** bottle ペットボトル → PET bottle ともいうが plastic bottle のほうがふつう．
• make a **plastic** model プラスチックの模型[プラモデル]を組み立てる
── 图 ❶ プラスチック；ビニール
❷ (**plastics** で) プラスチック製品，ビニール製品

plate 中 A2 /pléit プレイト/ 图
❶ (浅くて丸い)皿，取り皿；1皿分の料理 → 料理の盛られている皿 (**dish**) から各自が料理を取り分けて食べるための皿．
• a soup [dessert] **plate** スープ[デザート]皿
• He ate a big **plate** of vegetables. 彼は大皿1杯(はい)の野菜を食べた．
❷ (金属・ガラス製などの)板
• a door [name] **plate** 表札
• a license [(英) number] **plate** (自動車の)ナンバープレート → 単に **plate** ともいう．
❸ (野球の)プレート；(**the plate** で) 本塁(ほんるい)
• the pitcher's **plate** 投手板
• He was out **at the** (home) **plate**. 彼はホームベースでアウトになった．

platform /plǽtfɔːrm プラトふォーム/ 图 (駅の)**プラットホーム**
• We waited **on** the **platform** for the train to arrive. 私たちはホームで列車の到着(とうちゃく)を待った．
• The train for Kyoto will leave from **Platform** 3. 京都行きの列車は3番ホームから出ます．

Plato /pléitou プレイトウ/ 固名 **プラトン** → ギリシャの哲学(てつがく)者 (427? -347? B.C.)．ソクラテス (Socrates) の弟子(でし)で，アリストテレス (Aristotle) の師．

platypus /plǽtipəs プラティパス/ 图 《動物》**カモノハシ** → オーストラリア原産の原始的な哺乳(ほにゅう)動物．卵を産むことで知られる．

play 小 A1 /pléi プレイ/

意味 map
動 ❶ (子供が)遊ぶ
❷ (スポーツ・ゲームなどを)する
❸ (音楽・楽器を)演奏する，弾(ひ)く
❹ (劇を)演じる
图 ❶ 遊び
❷ (ゲームなどの)やり方，プレー
❸ 劇

── 動 (三単現 **plays** /pléiz プレイズ/; 過去・過分 **played** /pléid プレイド/; -ing形 **playing** /pléiiŋ プレイインヶ/)

play 494 four hundred and ninety-four

❶ (子供が) 遊ぶ

🅐🅑基本 **play** in the park 公園で遊ぶ →play ＋場所を示す副詞(句).

•He always **plays** outside on fine days. 彼は晴れた日にはいつも外で遊ぶ.

•We **played** all day in the garage. 私たちは一日中ガレージで遊んだ.

•The children **are playing** in the garden. 子供たちは庭で遊んでいます. →現在進行形の文. →**are** 助動 ❶

❷ (スポーツ・ゲームなどを) する, 〜ごっこをする; (〜の)試合をする; 試合に出る; (相手チームと)試合をする, (〜と)対戦する

🅐🅑基本 **play** baseball 野球をする →play＋名詞. スポーツで play の目的語となるのは主にボールを使うもの. ×play a [the] baseball としない.

•**play** catch キャッチボールをする

•**play** sports 《英》スポーツをする (《米》take part in sports)

•**play** a good [poor] game いい[まずい]試合をする

•**play** cards トランプをする

•**play** go 碁(ご)を打つ

•**play** a video game テレビゲームをする

•**play** tag [hide-and-seek] 鬼(おに)ごっこ[かくれんぼ]をする

•**play** house [cowboy(s)] ままごと[カウボーイごっこ]をする

•**play** first base 1塁(るい)手をやる →×the first base としない.

•**play** for 〜 〜の一員としてプレーする

•**play** against 〜 〜と対戦する

•I'm not going to **play** in the game today. 私はきょうの試合には出ない.

•In basketball Japan **plays against** Germany today. バスケットボールで日本(チーム)はきょうドイツと対戦する.

•Japan **played** China to decide third place in the World Cup. 日本は中国とワールドカップの3位決定戦を行った. →不定詞 to

decide は「〜を決めるために」. →**to** ❾ の ③

❸ (音楽・楽器を) 演奏する, 弾く, 吹(ふ)く; (DVD・CD などを)かける

•**play the** piano ピアノを弾く →「楽器」の前にはふつう the をつける.

•**play** a tune **on the** flute フルートで1曲吹く

•**play** mp3 (files) mp3を再生する

•A guitarist was **playing** on the street. ギタリストが通りで演奏していた.

•Who is the girl **playing the** guitar? ギターを弾いているあの少女は誰(だれ)ですか. →現在分詞 playing (弾いている〜)は girl を修飾(しゅうしょく)する.

❹ (劇を) 演じる, (役を)務める; 上演[上映]される

•**play** *Hamlet* 『ハムレット』を上演する

•**play** (the part of) Hamlet ハムレットの役を演じる

•Reading **plays** an important role in children's mental development. 読書は子供の知的発達に重要な役目を果たす.

•*Robin Hood* is now **playing** at that theater. 『ロビン・フッド』はあの劇場で上映中です.

***play at* 〜** 〜(ごっこ)をして遊ぶ; 〜を遊び半分にする →❷

•**play at** (being) cowboys カウボーイごっこをする

play ball ボール遊びをする; 《米》野球をする; (球技の)試合を始める

•The umpire called, "**Play ball**." アンパイアは「プレーボール」を宣言した.

***play with* 〜** 〜と遊ぶ; 〜で遊ぶ; 〜をもてあそぶ

•**play with** toys おもちゃで遊ぶ

•**play with** a friend 友達と遊ぶ

•He had no friends to **play with**. 彼にはいっしょに遊ぶ友達がなかった. →不定詞 to play with (いっしょに遊ぶ〜)は friends を修飾する (→**to** ❾ の ②). 意味のつながりの上では play with friends だから with を省略しない

チャンクでおぼえよう play	
□ 公園で遊ぶ	**play** in the park
□ 野球をする	**play** baseball
□ テレビゲームをする	**play** a video game
□ ピアノを弾く	**play** the piano
□ CD をかける	**play** a CD
□ ハムレットを演じる	**play** Hamlet

こと.
── 名 (複) **plays** /pléiz プれイズ/

❶ **遊び, 遊戯**(ゆうぎ)
- children **at play** 遊んでいる子供たち →×a play, ×plays としない.
- ことわざ All work and no **play** makes Jack a dull boy. 勉強ばかりしていて遊ばないとジャックはつまらない少年になる. → make *A B* は「AをBにする」.「よく学びよく遊べ」の意味.

❷ (ゲームなどの)**やり方, プレー; 番**
- fair [team] **play** フェア[チーム]プレー
- He made a lot of fine **plays** in the game. 彼はその試合で多くのファインプレーをした.

❸ **劇, 芝居**(しばい)**, ドラマ; 脚本**(きゃくほん)

player 小 A1 /pléiər プれイア/ 名

❶ **(運動)選手**
- a baseball **player** 野球選手
- a good tennis **player** テニスのうまい人

❷ **演奏者, プレーヤー; 俳優**
- That guitar **player** is very good. あのギターを弾(ひ)いている人はとてもうまい.

❸ (CD・レコードなどの)**プレーヤー** → **CD player, record player** ともいう.
- put a CD in [a record on] a **player** CD[レコード]をプレーヤーにかける
- listen to music on a CD **player** CDプレーヤーで音楽を聞く

playful A2 /pléifəl プれイふる/ 形 **ふざけたがる, じゃれる; 冗談**(じょうだん)**の**
- a **playful** little puppy じゃれるのが好きな小犬
- Kittens are **playful**. 子ネコはじゃれるのが好きだ.

playground 小 A2 /pléigraund プれイグラウンド/ 名 (学校の)**運動場**; (公園などの)**遊び場**
- We play soccer **on** the school **playground** on Sundays. 私たちは日曜日には学校の運動場でサッカーをする.

playhouse /pléihaus プれイハウス/ 名 (子供が中で遊ぶ)**おもちゃの家; 人形の家** (dollhouse)

playlist /pléilist プれイリスト/ 名 (ラジオ番組や音楽ストリーミングなどの)**オンエア[選曲]リスト**

playmate /pléimeit プれイメイト/ 名 **遊び友達**

playoff /pléio:f プれイオーふ/ 名 (引き分け・同点の時などの)**決勝試合**

playpen /pléipen プれイペン/ 名 **ベビーサーク**

ル → 単に **pen** ともいう.

playtime /pléitaim プれイタイム/ 名 **遊び時間, 休み時間**

plaza /plá:zə プらーザ/ 名 (都市の)**広場**

pleasant A2 /pléznt プれズント/ 形 **気持ちのよい, 楽しい, 愉快**(ゆかい)**な; 感じのよい**
- a **pleasant** season 気持ちのよい季節
- a **pleasant** walk 楽しい散歩
- have a **pleasant** time 楽しい時を過ごす
- She is a **pleasant** person; **it is** very **pleasant for** me **to** be with her. 彼女は感じのいい人で私は彼女といっしょにいるととても楽しい.

  POINT 上の例では it=不定詞 to be 以下 (→**to** ❾ の ①). pleasant は「人に喜びを与(あた)える, 人を楽しくさせる」という意味だから,「私は〜すると楽しい」を ×*I am pleasant to do* としない.

- It was a **pleasant** surprise to see him again. 彼に再び会うことは楽しい驚(おどろ)きだった[びっくりしたけれど楽しかった].
- She is **the most pleasant** [**the pleasantest**] person in our class. 彼女は私たちのクラスで一番感じのいい人だ.

pleasantly /plézntli プれズントリ/ 副 **気持ちよく, 楽しく, 愉快**(ゆかい)**に; あいそよく**

please 小 A1 /plí:z プリーズ/ 間

どうぞ, すみませんが → 副 とする分類もある.

POINT 人に何かを勧(すす)めたり, 頼(たの)んだりする時に使う.

Shall I open the windows? —Yes, **please**.
窓を開けましょうか.—はい, お願いいたします.

- Two coffees, **please**. コーヒー2つください. → 句だけの時は最後に置く.

Two coffees, please.

pleased 496 four hundred and ninety-six

基本 Please come in. = Come in, **please**. (どうぞ)お入りください. →命令文では文の最初に置いても最後に置いてもよい. 最後に置く時はふつう please の前にコンマ (,) をつける.

- Will [Would] you **please** come in? どうぞお入りくださいませんか. →疑問文では主語の次か文の最後に置く.
- **Please** don't speak so fast. そんなに速くしゃべらないでください.

── 動 (三単現 **pleases** /plí:ziz ブリーゼズ/; 過去・過分 **pleased** /plí:zd ブリーズド/; -ing形 **pleasing** /plí:ziŋ ブリーズィング/)

❶ (人を)喜ばせる, (人を)満足させる, ～の気に入る

- I hope this present will **please** you. この贈(おく)り物が(あなたを)喜ばせることを望みます ⇨お気に召(め)せば幸いです.

❷ (自分が)気に入る, したいと思う

- You may do as you **please**. 君は好きなようにしてよい.

if you please よろしければ, どうぞ

pleased A2 /plí:zd ブリーズド/ 形

❶ 満足した, 喜んだ, 気に入って

- with a **pleased** look うれしそうな顔つきで
- He looks **pleased**. 彼は満足そうな顔をしている.
- He was very **pleased with** the gift. 彼はその贈(おく)り物が非常に気に入った.
- We are all **pleased at** his success. 私たちはみんな彼の成功を喜んでいる.

❷ (be pleased to do で) ～してうれしい, 喜んで～する

- (I am) **Pleased to** meet you. あなたにお会いできてうれしいわ. →不定詞 to meet は「会えて」. 初対面の挨拶(あいさつ)で, How do you do? の代わりに使われることもあるし, How do you do? に続けて使われることもある. (I'm) **Glad to meet you**. や (It's) **Nice to meet you**. よりもやや改まった表現.
- I'll **be pleased to** come. 喜んで参ります.

pleasing A2 /plí:ziŋ ブリーズィング/ 形 心地[感じ]のよい; 楽しい

pleasure 中 A1 /pléʒər ブレジャ/

名 楽しみ, 喜び, 愉快(ゆかい), 快楽

会話 Thank you for helping me. —It was a **pleasure**. 手伝っていただいてありがとうございました.—どういたしまして. →「そのよう

にできて私は喜んでいます」の意味. 単に **My pleasure.** ともいう.

- It is a great **pleasure** to hear from you. お便りをいただくことは非常な楽しみです. →It=不定詞 to 以下.

for pleasure 楽しみに, 遊びで

(**It's**) **My pleasure.** どういたしまして, こちらこそ →感謝の言葉に対するていねいな返答. →**pleasure** 最初の会話用例

with pleasure 喜んで, 愉快に

会話 Will you help me? —Yes, **with pleasure**. 手伝ってくださいませんか.—はい喜んで.

pléasure bòat 名 遊覧船, レジャー用の船

plentiful /pléntifəl ブレンティふる/ 形 たくさんの, 豊富な, 有り余る

plenty A2 /plénti ブレンティ/ 名 たくさん, (有り余るほど)十分

関連語 Do you have **enough** sugar? —Yes, we have **plenty**. 砂糖は十分ありますか.—ええ, たっぷりあります.

plenty of ～ たくさんの～ →数えられるものにも, 数えられないものにも使う.

- **plenty of** books たくさんの本
- **plenty of** food 十分な食物
- There are **plenty of** apples on the tree. 木にはリンゴがたくさんなっている. →ふつうは肯定(こうてい)文だけに使い, 否定文では many, much, 疑問文では enough を使う. あとに続く名詞が単数なら動詞も単数形, 複数なら動詞も複数形.
- There is **plenty of** time before the train arrives. 列車が到着(とうちゃく)するまで時間は十分ある.

pliers /pláiərz ブライアズ/ 名 複 ペンチ, やっとこ

plop /plάp ブラブ/ 名 ポチャン(という音) →小さな物体が水しぶきを立てずに水に落ちる時の短い音.

plot /plάt ブラト/ 名 ❶ 陰謀(いんぼう), たくらみ ❷ (小説・脚本(きゃくほん)などの)筋, プロット

── 動 (三単現 **plots** /plάts ブラツ/; 過去・過分 **plotted** /plάtid ブラテド/; -ing形 **plotting** /plάtiŋ ブラティング/) (悪事を)たくらむ

plough /pláu ブラウ/ 名 動 (英)=plow

plow /pláu ブラウ/ 名 すき, プラウ →馬・牛やトラクターに引かせて田畑を耕す.

── 動 ❶ (土を)すく, 耕す ❷ かき分けて進む

ploy /plɔ́i プロイ/ 名 《話》(巧妙(こうみょう)な)手だて, 駆(か)け引き, 策略(さくりゃく)

pluck /plʌ́k プラク/ 動 (鳥などの)毛をむしる; (花・果物などを)摘(つ)む, もぐ; (雑草などを)引き抜(ぬ)く; 引っ張る

plug /plʌ́g プラグ/ 名 ❶ (穴をふさぐ)栓(せん)
❷ (電気の)プラグ, 差し込(こ)み
── 動 (三単現 **plugs** /plʌ́gz プラグズ/; 過去・過分 **plugged** /plʌ́gd プラグド/; ~ing形 **plugging** /plʌ́giŋ プラギング/)
栓をする; (穴を)ふさぐ
plug in (〜) (〜の)プラグをコンセントに差し込む

plum /plʌ́m プラム/ 名
❶ 西洋スモモ, プラム → 生で食べるほかゼリー, ジャム, あるいは砂糖づけにしたり, 乾燥(かんそう)させて干しスモモ (prune) にしたりする.
❷ (菓子(かし)に入れる)干しブドウ

plump /plʌ́mp プランプ/ 形
❶ (子供などが健康そうに)まるまる太った
❷ でっぷりした → fat の遠回しな言い方.

plunge /plʌ́ndʒ プランヂ/ 動 突(つ)っ込(こ)む; (頭から)飛び込む
── 名 飛び込むこと, 突進(とっしん)
take the plunge 思い切って[失敗を覚悟(かくご)で]やってみようと思う

plural A2 /plú(ə)rəl プる(ア)ラる/ 名 形 《文法》複数(の), 複数形(の) → pl. と略す.「単数(の)」は **singular**.

plus A2 /plʌ́s プラス/ 前 〜を加えた
反対語 **minus** (〜を引いた)
• One **plus** ten is eleven. (10を加えた1⇨)1足す10は11である (1+10=11).
── 形 プラスの, 正[陽]の; (同じ評価の中で)上位の
• a **plus** sign プラス記号, 正符号(ふごう) → 単に **plus** ともいう.
• get an A **plus** [A+] in history 歴史で A プラス[A の上]を取る
── 名 プラス記号, 正符号 (plus sign)

Pluto /plú:tou プるートウ/ 固名 ❶ プルートー → ローマ神話で死者の国[冥府(めいふ)]の王.
❷ 《天文》冥王星(めいおうせい) → 国際天文学連合の定めた惑星(わくせい)の新定義に合わないとして2006年8月, 太陽系の惑星から外された.

p.m., P.M. 中 A1 /pí:ém ピーエム/ 略 午後 → ラテン語 post meridiem (=

afternoon) から. →**a.m., A.M.** (午前)
• 3:30 **p.m.** (読み方: three thirty p.m.) 午後3時30分 → 必ず数字の後に使い, 単独では使わない.
• the 5:15 **p.m.** train 午後5時15分発の列車

pneumonia /njuːmóunjə ニューモウニャ/ 名 《医学》肺炎(はいえん)

P.O., PO 略 郵便局 → **post office**.

poach /póutʃ ポウチ/ 動 (割った卵(など)を)熱湯で軽くゆでる
• a **poached** egg ポーチドエッグ, 落とし卵

poacher /póutʃər ポウチャ/ 名 密猟(みつりょう)[密漁(みつりょう)]者

P.O.B., P.O. Box 略 郵便私書箱 → **post-office box**. それぞれピリオドなしで **POB, PO Box** とも書く.

pocket 中 A1 /pákit パケト|pɔ́kit ポケト/ 名 (洋服・カバンなどの)ポケット
• Don't **put** your hands **in** your **pockets**. 両手をポケットに入れるな.
• He **took** a coin **out of** his **pocket**. 彼はポケットから硬貨(こうか)を取り出した.
── 形 (ポケットに入るほど)小型の
• a **pocket** dictionary 小型辞書
• a **pocket** notebook 《英》手帳

pocketbook /pákitbuk パケトブク/ 名
❶ 《米》小型本, 文庫本
❷ 《米》(女性用の小型の)ハンドバッグ (handbag); 札(さつ)入れ (wallet)
❸ 手帳 (《英》pocket notebook)

pócket mòney 名 ❶ 小遣(こづか)い銭
❷ 《英》(子供の毎週の)お小遣い (《米》weekly allowance)

pod /pád パド/ 名 (エンドウなどの)さや

Poe /póu ポウ/ 固名 (**Edgar Allan Poe**) エドガー・アラン・ポー → 米国の詩人・短編小説家 (1809–49).

poem A1 /póuim ポウエム/ 名 (1編の)詩 → **poetry**

poet /póuit ポウエト/ 名 詩人, 歌人

poetic /pouétik ポウエティク/ 形 詩の, 詩人の; 詩的な

poetry /póuitri ポウエトリ/ 名 《集合的に》詩 (poems) 関連語 **poem** ((1編の)詩), **prose** (散文)

Pòets' Córner 固名 ポエッツコーナー →

point 498 four hundred and ninety-eight

Westminster Abbey

point 中 A1 /pɔ́int ポイント/

名 ❶ (とがった物の)先, 先端(せんたん) 意味map

❷ (小さな)点

❸ (競技・成績の)点数

❹ 特徴(とくちょう)

❺ (the point で)要点

動 指し示す

―― 名 (複) **points** /pɔ́ints ポインツ/)

❶ (とがった物の)先, 先端

•the **point** of a needle 針の先

•I like a pencil **with** a sharp **point**. 私は芯(しん)のとがった鉛筆(えんぴつ)が好きだ.

❷ (小さな)点; (小数)点; (場所・時間・目盛りなどの)1 点 →dot

•three **point** six 3.6

•the starting **point** 出発点

•the boiling [freezing] **point** 沸点(ふってん)[氷点]

•We are now **at** this **point** on the map. 私たちはいま地図上のこの地点にいる.

❸ (競技・成績の)点数, 得点

•get a **point** 1 点を取る

•I got 90 **points** in math. 私は数学で90点を取った.

❹ 特徴, 特質, (いい・悪い)点

•a strong [good] **point** いい点, 長所

•a weak **point** 弱点, ウィークポイント

•Honesty is one of her good **points**. 正直が彼女の長所の 1 つだ.

❺ (the point で)要点; 狙(ねら)ったポイント; 論点

•get to **the point** 要点[肝心(かんじん)な事]を話す

•His speech was brief and **to the point**. 彼の話は簡潔で要領を得ていた.

•I see your **point**. あなたの言わんとすることはわかります.

•Did you **get the point** of my speech? 君は私のスピーチの論点[要点]がわかりましたか.

•**What's the point of doing it?** そんなことをして何になるんだ.

point of view 観点, 考え方, 意見

•from this **point of view** この観点から見ると

―― 動 (三単現 **points** /pɔ́ints ポインツ/; 過去・過分 **pointed** /pɔ́intid ポインテド/;

―ing形 **pointing** /pɔ́intiŋ ポインティング/)

指し示す, 指差す; 向ける

•He **pointed at** [**to**] the door and shouted, "Get out!" 彼は戸口を指差して「出て行け!」と叫(さけ)んだ.

•The police officer **pointed** his gun **at** the robber. 警官は強盗(ごうとう)に拳銃(けんじゅう)を向けた.

point out 指摘(してき)する

•**Point out** the errors in the following sentences. 次の文中の誤りを指摘せよ.

pointed /pɔ́intid ポインテド/ 形 (先の)とがった; 鋭(するど)い

pointy /pɔ́inti ポインティ/ 形 《話》先のとがった, 先細りの

poison /pɔ́izn ポイズン/ 名 毒薬, 毒

•**poison** gas 毒ガス

•take **poison** 毒を飲む

―― 動 ❶ 毒を入れる, 毒殺する

❷ (人の心などを)毒する, だめにする; (大気・水質などを)汚染(おせん)する

poisoned /pɔ́iznd ポイズンド/ 形 毒の入った

poisoning /pɔ́izniŋ ポイズニング/ 名 中毒

poisonous /pɔ́iznəs ポイズナス/ 形 有毒な, 有害な

poke /póuk ポウク/ 動 突(つ)く, つつく, 突き出す, 突っ込(こ)む

―― 名 突くこと

poker[1] /póukər ポウカ/ 名 (暖炉(だんろ)などの)火かき棒

poker[2] /póukər ポウカ/ 名 (トランプの)ポーカー

póker fàce 名 ポーカーフェイス →ポーカーをする時は自分の持ち札のよしあしを相手にわからせないために感情を顔に出さないことから「無表情な顔」の意味.

Poland /póulənd ポウランド/ 固名 ポーランド →中部ヨーロッパの共和国. 首都はワルシャワ(Warsaw). 公用語はポーランド語.

polar /póulər ポウら/ 形 (南・北)極の, 極地の

pólar bèar 名 《動物》ホッキョクグマ, シロクマ

Pole /póul ポウる/ 名 ポーランド人

pole[1] /póul ポウる/ 名 棒, さお, 柱

•a flag [fishing] **pole** 旗[釣(つ)り]ざお

•a tent **pole** テントの柱

•a utility **pole** 電柱 →電話線や電力線など, さまざまな線が架(か)けられているもの.

pole² /póul ポウる/ 名 極; 電極

póle jùmp 名 (the をつけて) 棒高跳(と)び

polestar /póulstɑːr ポウるスター/ 名 (the polestar で) 北極星

póle vàult (the をつけて) 棒高跳(と)び

police 小 A2 /pəlíːs ポリース/ 名
(the police で) 警察; 《集合的に》 警官たち (police officers)
• five police 5人の警官 →×polices としない.
• Call the police! 警察を呼べ[に電話しろ].
• **The police** are looking for the mysterious woman. 警察はその謎(なぞ)の女を探している.
• He has a long **police** record. 彼には前科がたくさんある.

políce bòx 名 交番

políce càr 名 パトロールカー (patrol car)

policeman A2 /pəlíːsmən ポリースマン/ 名 (複 **policemen** /pəlíːsmən ポリースマン/) (男性の)警官 →police officer

políce òfficer 中 A2 名 (1人の)警官, 巡査(じゅんさ) →性別に関係なく使えるので, policeman や policewoman の代わりに使うことが多い.

políce stàtion 中 A2 名 警察署

policewoman A2 /pəlíːswumən ポリースウマン/ 名 (複 **policewomen** /pəlíːswimin ポリースウィメン/) (女性の)警官 →police officer

policy /pɑ́ləsi パリスィ/ 名 (複 **policies** /pɑ́ləsiz パリスィズ/) ❶ 政策, 方針
❷ やり方, 手段
ことわざ Honesty is the best **policy**. 正直は最上の策である.

polio /póuliou ポウリオウ/ 名 《医学》 小児(しょうに)まひ, ポリオ

Polish /póuliʃ ポウリシュ/ 形 ポーランドの; ポーランド人の; ポーランド語の →Poland
── 名 ポーランド語[人]

polish /pɑ́liʃ パリシュ/ 動 磨(みが)く; 磨きをかける, 洗練する, 手を入れる
polish up 磨き上げる, 仕上げる
── 名 ❶ つや出し, 磨き粉 ❷ つや, 光沢(こうたく)

polite A2 /pəláit ポらイト/ 形 丁寧(ていねい)な, 礼儀(れいぎ)正しい, 礼儀をわきまえている →友達同士のようにざっくばらんではないこと.
• a **polite** answer 丁寧な返事

• She is **polite** to everybody. 彼女は誰(だれ)に対しても礼儀正しい.

politely /pəláitli ポらイトり/ 副 丁寧(ていねい)に, 礼儀(れいぎ)正しく

political A2 /pəlítikəl ポリティカる/ 形 政治(上)の, 政治に関する
• a **political** party 政党

politician /pɑlətíʃən パれティシャン/ 名
❶ 政治家
❷ 《米》(党・自分の利益を第一に考える)政治屋 → **statesman**

politics /pɑ́lətiks パりティクス/ 名
❶ 政治; 政治学 →単数扱(あつか)い.
• study **politics** 政治学を勉強する
❷ 政治的意見, 政見

poll /póul ポウる/ 名 ❶ 世論調査 →**opinion poll** ともいう. ❷ (the polls で) 投票場

pollen /pɑ́lən パるン/ 名 花粉
関連語 「花粉症(しょう)」は **hay fever** という.

pollute A2 /pəlúːt ポるート/ 動 汚(よご)す, 汚染(おせん)する

pollution A1 /pəlúːʃən ポるーション/ 名 汚染(おせん)
• air [water] **pollution** 大気[水質]汚染
• environmental **pollution** 環境(かんきょう)汚染

polo /póulou ポウろウ/ 名 ポロ →馬に乗ったプレーヤーが4人一組になり, 柄(え)の長いハンマーで球を打って相手のゴールに入れるスポーツ.

pomegranate /pɑ́mgrænət パムグラネト/ 名 《植物》ザクロ(の木)

poncho /pɑ́ntʃou パンチョウ/ 名 ポンチョ →布の真ん中の穴から頭を出して着る南米のマント.

pond 中 /pɑ́nd パンド/ 名 池

pony /póuni ポウニ/ 名 (複 **ponies** /póuniz ポウニズ/) 小馬, ポニー →高さ1.4メートルほどの小さい種類の馬. 「馬の子, 子馬」 (colt) ではない.

ponytail /póuniteil ポウニテイる/ 名 ポニーテール →後ろで束ねて下げた髪(かみ).

poodle /púːdl プードる/ 名 プードル →イヌの

一種.

pool 小 A1 /pú:l プール/ 图

❶ 水たまり; (自然にできた)小さな池
•There were **pools** of water all over the road after the rain. 雨のあと道路のあちこちに水たまりができていた.

❷ (水泳の)プール → 前後関係からプールであることがわかっている場合以外は **swimming pool** というほうがふつう.

poor 中 A1 /púər プア/

形	❶ 貧乏(びんぼう)な	意味 map
	❷ かわいそうな, 気の毒な	
	❸ 下手な	

── 形 (比較級 **poorer** /púərər プアラ/; 最上級 **poorest** /púərist プアレスト/)

❶ 貧乏な, 貧しい
関連語「貧乏」は **poverty**.
基本 a **poor** man (1人の)貧乏な男 → poor+(人を表す)名詞.
基本 He is **poor**. 彼は貧乏だ. → be 動詞+poor.
•**poor** people 貧しい人々
反対語 Robin Hood stole money from the **rich** and gave it to the **poor**. ロビン・フッドは金持ちからお金を奪(うば)って貧しい人々に与(あた)えた. → the poor=poor people.
•You shouldn't complain; there are **poorer** people than you. 不平を言ってはいけません. あなたより貧しい人たちがいるのですから.
•The rich man was born in **the poorest** family in this neighborhood. その金持ちはこの辺りで一番貧乏な家に生まれた.

❷ かわいそうな, 気の毒な
•**Poor** Jane! She lost her memory. かわいそうなジェーン. 彼女は記憶(きおく)を失ってしまった.
•The **poor** little boy began to cry. かわいそうにその少年は泣き出した.
POINT この意味では名詞の前にだけつける. 「かわいそうに」, 「気の毒に」と副詞的に訳したほうが自然な日本語になる場合が多い.

❸ 下手な → 標準以下であることを示す.
•a **poor** tennis player テニスの下手な人 → 強い響(ひび)きの語なので, 「上手ではない」(**not good**)と遠回しに表現することが多い.
•a **poor** speaker 話下手な人

•a **poor** joke 下手な冗談(じょうだん)
•He painted his house, but he did a very **poor** job. 彼は家にペンキを塗(ぬ)ったが, (とても下手な仕事をした ⇒)ひどい出来映(できば)えだった.
•She is **poor** at ball games. 彼女は球技が下手だ.

❹ 貧弱(ひんじゃく)な, 粗末(そまつ)な; 乏(とぼ)しい; 劣(おと)った, できのよくない
•**poor** grades 悪い成績
•**poor** soil やせた土地
•**poor** health すぐれない健康, 不健康, 病弱
•a **poor** crop of potatoes ジャガイモの不作
•Our country is **poor in** natural resources. わが国は天然資源に乏しい.

poorly /púərli プアリ/ 副 ❶ 貧しく, みすぼらしく ❷ 下手に, まずく, 不十分に

pop¹ /páp パプ/ 動 (三単現 **pops** /páps パプス/; 過去・過分 **popped** /pápt パプト/; -ing形 **popping** /pápiŋ パピング/)
ポンと鳴る, パチンとはじける; ポンと鳴らす, パチンとはじけさせる

── 图 ❶ ポンと鳴る音
❷ (ソーダ水・シャンパンなど)発泡(はっぽう)炭酸飲料 → 瓶(びん)を開けるとポンと音がするから.

pop² 中 A1 /páp パプ|pɔ́p ポプ/ 形

ポピュラー音楽の; 大衆向けの, ポピュラーな → popular を短くした形.
•**pop** music ポップミュージック
•**pop** culture 大衆文化
•a **pop** singer [song] 流行歌手[流行歌]
── 图 《話》ポピュラー音楽

popcorn 小 /pápkɔːrn パプコーン/ 图 ポップコーン
•eat **popcorn** during a movie 映画を見ながらポップコーンを食べる →×a popcorn, ×popcorns としない.

pope /póup ポウプ/ 图 (ふつう **Pope** で)ローマ教皇, ローマ法王 → ローマカトリック教会の最高位の聖職者.

Popeye /pápai パパイ/ 固名 ポパイ → 米国の漫画(まんが)の主人公. けんか早いが, おせっかいやきでお人好しの船乗り. オリーブ・オイル (Olive Oyl) が恋人(こいびと). ホウレンソウを食べると怪力(かいりき)が出る.

poplar /páplər パプラ/ 图 《植物》ポプラの木

poppy /pápi パピ/ 名 (複 **poppies** /pápiz パピズ/) 《植物》ケシ

Popsicle /pápsikl パプスィクる/ 名 《米商標》アイスキャンディー (《英》ice lolly)

popular 小 A2 /pápjulər パピュら|pópjulə ポピュら/ 形 (比較級 **more popular**; 最上級 **most popular**)

❶ **人気のある**, 評判のよい; 流行の

[会話][基本] a **popular** singer 人気のある歌手 →popular+名詞.

[会話][基本] Mr. Sato is very **popular** with [among] the students. 佐藤先生は生徒の間でとても人気がある. →be 動詞+popular.

・Jack is much **more popular** with girls than John. ジャックはジョンよりずっと女の子に人気がある.

・He is probably **the most popular** rock singer in the U.S. 彼はおそらくアメリカで一番人気のあるロック歌手だろう.

❷ **大衆的な**; 一般(いっぱん)民衆の →pop²

・a **popular** novel 大衆小説

・**popular** culture 大衆文化, ポップカルチャー

・**popular** music ポピュラー音楽

・It is a **popular** belief that the fox is a sly animal. キツネはずる賢(がしこ)い動物だと一般に信じられている.

popularity /pɑpjulǽrəti パピュらリティ/ 名 (複 **popularities** /pɑpjulǽrətiz パピュらリティズ/) 人気, 人望; 流行

population 中 A2 /pɑpjuléiʃən パピュれイション/ 名 ❶ **人口**

・a large **population** 多くの人口 →population は「数」ではなくひとかたまりの「量」としてみるので×*many* [*a lot of*] population などとしない.

・What is the **population** of this city? この市の人口はどのくらいですか. →× *How many* is the population ~? としない.

・The **population** of Japan is about 130 million. = Japan has a **population** of about 130 million. 日本の人口は約1億3千万だ.

❷ (ある地域の)**全住民**

・The entire **population** was forced to leave the village after the flood. 洪水(こうずい)のあと村の全住民がやむをえず村を去った. →原則的には単数として扱(あつか)うが, 住民の一人一人を考える場合は複数として扱うこともある.

populous /pápjələs パピュらス/ 形 人口の多い 関連語 **population** (人口)

porcelain /pɔ́ːrsəlin ポーセリン/ 名 磁器; 瀬戸物(せともの)

porch /pɔ́ːrtʃ ポーチ/ 名 ❶ (家の入り口から外に突(つ)き出した)玄関(げんかん)

❷ 《米》ベランダ (veranda)

pork 小 /pɔ́ːrk ポーク/ 名 豚肉(ぶたにく)
関連語 **beef** (牛肉), **mutton** (羊肉), **chicken** (鶏肉(とりにく))

porridge /pɔ́ːridʒ ポーリヂ/ 名 《英》ポリッジ →オートミール (oatmeal) やその他の穀類の粉を水または牛乳で煮(に)て作ったかゆ. 朝食としてよく食べる.

port /pɔ́ːrt ポート/ 名 港; 港町

・come into **port** 入港する

・a **port** town 港町

・the **port** of Yokohama 港町横浜 →この of は同格を示す.「横浜港」は Yokohama Port または Yokohama Harbor.

・The ship is back in **port** after a long voyage. その船は長い航海を終えて帰港している.

類似語 (港)
port は人工の港湾(こうわん)設備を持つ大きな貿易港で, 付近の町・都市も含(ふく)むことが多い. **harbor** は船が停泊(ていはく)できる天然または人工の港.

portable /pɔ́ːrtəbl ポータブる/ 形 持ち運びできる, 携帯(けいたい)用の, ポータブルの

porter /pɔ́ːrtər ポータ/ 名 (駅・ホテルなどの)手荷物を運ぶ人, 赤帽(あかぼう), ボーイ

portion /pɔ́ːrʃən ポーション/ 名 部分 (part), 分け前; (食べ物の)よそった分量

portrait A2 /pɔ́ːrtrit ポートレト/ 名 肖像(しょうぞう)画, 肖像写真, ポートレート

・a self-**portrait** 自画像

Portugal /pɔ́ːrtʃugəl ポーチュガる/ 固名 ポルトガル →ヨーロッパ西端(たん)の共和国. 首都はリス

ボン (Lisbon). 公用語はポルトガル語.

Portuguese /pɔ:rtʃugíːz ポーチュギーズ/ 形
ポルトガルの; ポルトガル人の; ポルトガル語の
—— 名 ❶ ポルトガル人 →複数も **Portu-
guese**. ❷ ポルトガル語 →ブラジルでも使われ
ている.

pose /póuz ポウズ/ 名 （絵のモデル・写真撮影(さつ
えい)などのための)姿勢, ポーズ
—— 動 （モデルとして)姿勢[ポーズ]をとる

Poseidon /pəsáidən ポサイドン/ 固名 ポセイ
ドン →ギリシャ神話で海の神. ローマ神話の
Neptune にあたる. →**God** ❷

position A2 /pəzíʃən ポズィション/ 名
❶ 位置; 姿勢; (ゲーム・競技などの)ポジション
•The runners are **in position**. 走者は位置
についている.
❷ 考え方, 態度; 立場
•What is your **position** on this prob-
lem? この問題についてあなたはどういう考え方
なのですか.
•Just put yourself in my **position**. （あな
た自身を私の立場に置きなさい ⇨)私の身にもなっ
てください.
❸ 働き口, 職; (高い)地位
•He got a **position with** a bank. 彼は銀
行に就職した.
•She has a high **position** in the gov-
ernment. 彼女は政府の高官だ.

positive 中 /pázətiv パズィティヴ/ 形
❶ 積極的な; 肯定(こうてい)的な; 前向きな
•a **positive** answer （はいという)肯定の答え
❷ 明確な, はっきりした; 確信のある
•**positive** proof 確実な証拠(しょうこ), 確証
•I'm **positive about** [**of**] it. 私はそのこと
について確信がある[きっとそうだと思う].

positively /pázətivli パズィティヴリ/ 副 積極的
に; 肯定(こうてい)的に; はっきり, 確かに

possess /pəzés ポゼス/ 動 ❶ 所有する →
have よりも形式張った語. ❷ (感情・考え・悪
魔(あくま)などが人に)とりつく

possession /pəzéʃən ポゼション/ 名 所有;
（ふつう **possessions** で)所有物, 持ち物

possibility /pɑsəbíləti パスィビリティ/ 名 (複
possibilities /pɑsəbílətiz パスィビリティズ/)
可能性, 見込(こ)み; ありそうなこと

possible 中 A2 /pásəbl パスィブる/ 形
❶ 可能な, 実行できる
•a **possible** task 実行可能な仕事

•The plan is **possible**. その計画は実行可能
である.
•**It is possible for** the human race **to**
live in peace. 人類が平和に暮らすことは可能
だ. →It = to live 以下 (→**to** ❾ の ①).
×*The human race is possible* ~. としな
い.
❷ 起こりうる, ありうる, 〜になるかもしれない
•the only **possible** chance あるかもしれ
ないたった１つのチャンス
•Rain is quite **possible** tonight. 今夜雨に
なることは大いにありうる.
関連語 Nuclear war is **possible**, but not
probable. 核(かく)戦争は可能性としては考えら
れるが実際に起こる恐(おそ)れはあまりない.
→**possible** < **likely** < **probable** < **cer-
tain** の順で実現の確率が高くなる.
as ~ as possible できるだけ〜
•I'll come back **as** soon **as possible**. 私
はできるだけ早く帰ります.
if possible もしできれば, できるなら
•Come at once **if possible**. できるならす
ぐ来てください.

possibly A2 /pásəbli パスィブリ|pɔ́səbli ポスィ
ブリ/ 副 ❶ ひょっとしたら, あるいは, たぶん →
perhaps 類似語
•I may **possibly** go to Europe this
summer. 私は今年の夏ひょっとしたらヨーロッ
パへ行くかもしれない.
会話 Will it rain tomorrow?—**Possibly**.
明日は雨が降りますか.—降るかもしれません.
❷ (**can** を強めて)どうにかして(〜できる), なん
とかして(〜できる)
•I'll do everything I **possibly can** to
help you. 私は君を助けるためになんとかして
できるだけの事はする.
•**Can** you **possibly** lend me ten dol-
lars? なんとか 10 ドル貸してくれませんか.
❸ (**cannot** を強めて)とても(〜できない)
•I **cannot possibly** go. 私はとても行けませ
ん.

post¹ 小 A1 /póust ポウスト/ 名
❶《英》郵便(制度); (ふつう **the post** で)郵便
物 (《米》mail)
•Has **the post** come yet? 郵便物はもう来
ましたか.
❷《英》郵便ポスト (《米》mailbox)
by post 《英》郵便で (《米》by mail)

──── 動 《英》(郵便で手紙などを)出す
- **post** a letter 手紙を出す

post² A1 /póust ポウスト/ 動
❶ (**post up** とも)掲示(けいじ)する, 貼(は)る
❷ 《コンピューター》投稿(とうこう)する
post a video **on** YouTube ユーチューブに動画を投稿する
──── 名
❶ (立てた)棒, 柱
- a gate **post** 門柱
❷ 《コンピューター》投稿

post³ /póust ポウスト/ 名 ❶ 地位, 職
- get a **post as** (a) teacher 先生の仕事に就(つ)く
❷ (兵士などがつく)部署, 持ち場
──── 動 部署につかせる, 配置する

postage /póustidʒ ポウステヂ/ 名 郵便料金
póstage stàmp 名 郵便切手 →ふつう単に **stamp** という.
postal /póustl ポウストる/ 形 郵便の
póstal càrd 名 《米》(官製)郵便はがき →英国には料金の印刷されている官製はがきはない. → **postcard**
póstal còde 名 郵便番号 →また《米》zip code, 《英》postcode ともいう.
postbox /póustbɑks ポウストバクス/ 名 《英》
❶ 郵便ポスト (《米》mailbox)
❷ 郵便受け (《米》mailbox)
postcard /póustkɑːrd ポウストカード/ 名 郵便はがき → 官製はがきにも私製はがきや絵はがきにもいう. → **postal card**
postcode /póustkoud ポウストコウド/ 名 《英》郵便番号 → TF10 7PX のように文字と数字を組み合わせたもの. → **zip code**

poster 中 A1 /póustər ポウスタ/ 名
ポスター, びら
- stick [put up] a **poster** on the wall 壁にポスターを貼る

postman /póustmən ポウストマン/ 名
(複 **postmen** /póustmən ポウストマン/)
郵便集配人 (《米》mailman) →性差別を避(さ)けて **mail carrier** ともいう.
postmaster /póustmæstər ポウストマスタ/ 名 郵便局長

post office 小 A2 /póust ɔ́ːfis ポウスト オーふィス|póust ɔ́fis ポウスト オふィス/ 名
郵便局 → **P.O.** または **PO** と略される.

post-office box /póust ɔ́ːfis bɑ̀ks ポウスト オーふィス バクス/ 名 郵便私書箱 →郵便局内に設けた郵便受箱. **P.O.B.**, **POB** または **P.O. Box**, **PO Box** と略す.
postpone /pous(t)póun ポウス(ト)ポウン/ 動 延期する (put off)
postscript /póus(t)skript ポウス(ト)スクリプト/ 名 (手紙の)追伸(ついしん), 追って書き → **P.S.** または **PS** と略す.
pot /pɑ́t パト/ 名
❶ (大小さまざまの丸形の)つぼ, 鉢(はち); (深)鍋(なべ) →日本でいう「(お湯を入れておく)ポット」は《商標》thermos という.
- a cooking **pot** 料理鍋
- a plant **pot** 植木鉢(ばち)

ことわざ A little **pot** is soon hot. 小さなポットはすぐに熱くなる. →「つまらない人間は怒(おこ)りやすい」の意味.
❷ つぼ[ポット]1杯(はい)分
- a small **pot** of beans 小さなつぼ一杯の豆
- We made two **pots** of jam. 私たちはポット2杯分のジャムを作った.

potato 小 A1 /pətéitou ポテイトウ/ 名
(複 **potatoes** /pətéitouz ポテイトウズ/)
ジャガイモ
- a boiled **potato** ゆでたジャガイモ
- a baked **potato** ベークドポテト
- mashed **potato** マッシュポテト
- **potato** salad ポテトサラダ
- We grow **potatoes** in our backyard. 私たちは裏庭でジャガイモを育てている.

potáto chìps, 《英》**potáto crìsps** 名 ポテトチップス → **chip**
potential /pəténʃəl ポテンシャる/ 形 可能性のある; 潜在(せんざい)的な
──── 名 可能性, 潜在能力
- He has the **potential** to be a great athlete. 彼は素晴らしい選手になる可能性を秘めている.

potluck /pátlʌk パトラク/ 名 ❶ あり合わせの[間に合わせの]食事 ❷《主に米》持ち寄りの食事会 →**potluck party** [**dinner**, **supper**] などともいう.

Potomac /pətóumək ポトウマク/ 固名 (**the Potomac** (**River**) で) ポトマック川 →米国の首都ワシントンを流れる川で，河畔(かはん)のサクラは有名.

pottery /pátəri パテリ/ 名 《集合的に》陶器(とうき)類

pouch /páutʃ パウチ/ 名 ❶ 小袋(こぶくろ), ポーチ ❷ 袋(ふくろ)状のもの; (カンガルーなどの)腹袋(はらぶくろ)

poultry /póultri ポウるトリ/ 名 ❶ (ニワトリ・七面鳥・アヒルなどの)**食用鳥類** →複数として扱(あつか)う. ❷ **食用鳥肉** →単数として扱う.

pound¹ /páund パウンド/ 名
❶ ポンド →重量の単位. 1ポンドは16オンス (ounces) で約454g.
• a **pound** of sugar 砂糖1ポンド
• He weighs a hundred **pounds** [100 **lb.**]. 彼は体重が100ポンドある. →数字とともに使われる時には **lb.** と書く(「はかり・てんびん・重さ」という意味のラテン語 Libra から).
❷ ポンド →英国などの貨幣(かへい)単位.
• twenty **pounds** =£20 20ポンド →数字とともに使われる時には £ と書くことが多い(ラテン語 Libra から).
• £7.45 (読み方: seven **pounds** forty-five (pence)) 7ポンド45ペンス

pound² /páund パウンド/ 動 どんどんたたく; 打ち砕(くだ)く; (心臓などが)どきんどきんする

pour A2 /pɔ́:r ポー/ 動 ❶ つぐ, 注ぐ; かける
• **pour** (out) tea お茶をつぐ
• She **poured** me a cup of coffee. 彼女は私にコーヒーを1杯(はい)ついでくれた. →pour A (人) B (飲み物)は「AにBをついであげる」.
❷ どんどん流れる, 注ぐ; ざあざあ降る
• He went out in the **pouring** rain. 彼はざあざあ降りの雨の中を出かけた.

• It is **pouring** (down) outside. 外は土砂降(どしゃぶ)りだ. →It は漠然(ばくぜん)と「天候」を表す.
• The people **poured** out of the theater. 人々が劇場からどっと出て来た.

pout /páut パウト/ 動 口をとがらす, ふくれっ面(つら)をする

poverty /pávərti パヴァティ/ 名 貧乏(びんぼう), 貧しさ 関連語 「貧乏な」は **poor**.

powder /páudər パウダァ/ 名
❶ 粉, 粉末; 粉薬; おしろい
❷ 火薬 (gunpowder)
—— 動 ❶ 粉にする, 粉を振(ふ)りかける
❷ (顔などに)おしろいをつける

power 中 A2 /páuər パウア/ 名
❶ 力, 能力
• human [magic] **power** 人間[魔法(まほう)]の力
• I will do everything in my **power**. 私にできる事は何でもします.
• It is within [beyond] my **power** to help you. あなたを援助(えんじょ)することは私にできることです[とても私にはできません].
• Knowledge is **power**. 知識は力である[知識があればいろいろなことができる].
❷ (しばしば **powers** で) 体力, 知力
• mental [physical] **powers** 知力[体力]
• His **powers** are failing. 彼の体力[知力]は衰(おとろ)えてきた.
❸ 権力; 権限; 権力者; 強(大)国
• come to **power** 権力の座につく
• the Great **Powers** (世界の)強大国, 列強
• Brazil is now one of the big economic **powers**. ブラジルは今や経済大国の1つだ.
❹ (物理的)エネルギー, 力; 電力 (**electric power** ともいう)
• nuclear **power** 核(かく)エネルギー, 原子力
• geothermal **power** 地熱エネルギー
• a **power** failure 停電
• a **power** plant [《英》station] 発電所

powerful 中 A2 /páuərfəl パウアふル/ 形 力の強い, 強力な; 勢力のある, 有力な
• a **powerful** engine 強力なエンジン
• a **powerful** speech 聴衆(ちょうしゅう)の心に強く響(ひび)くスピーチ
• The nation was once very **powerful**. その国はかつて強大であった.

powerless /páuərlis パウアれス/ 形 無力な

five hundred and five　505　pre-

powerlifting /páuərliftiŋ パウアリふティンぐ/
图 パワーリフティング →バーベルを使ったスポーツの一種.

pp., pp 略 =**pages** (**page** (ページ)の複数形)
→p.

P.R., PR 略 宣伝・広報活動 →**p**ublic **r**elations.

参考　日本語では「新製品のPR」というように個々の製品の「宣伝」という意味で使うことが多いが, 英語のPRは会社などが社会一般(いっぱん)と良い関係を保つために行う広い意味の広報活動.

practical /pr&ktikəl プラクティカる/ 形
❶ (観念的・理論的でなく)**実際的な; 現実的な; 実践(じっせん)的な**
•a **practical** person 現実的な[実践的な]人
•His plan is possible, but it is not **practical**. 彼の計画は(実行)可能ではあるが実際的ではない.
•Don't be a dreamer. Be more **practical**. 夢のようなことばかり考えていないでもっと現実的になりなさい.
❷ **実用的な; (実際的で)賢明(けんめい)な**
•**practical** English 実用英語
•a **practical** book on cooking 実用的な料理の本
•It's not very **practical** to study all night. 一晩中勉強するのはあまり賢明なことではない.

práctical jóke 图 (実際に行った冗談(じょうだん) ⇨)**いたずら, 悪ふざけ**

practically /pr&ktikəli プラクティカり/ 副
❶ (名目はともかく)**実質的に(は), 事実上** (really); **ほとんど** (almost)
❷ **実際的に(は); 現実的に(は)**

practice 小 A1 /pr&ktis プラクティス/ 图 ❶ **練習, 稽古(けいこ)**
•a **practice** game 練習試合
•I do my piano **practice** every day. 私は毎日ピアノの練習をする.
•You need more **practice** to be a good tennis player. テニスがうまくなるにはもっと練習する必要がある. →**to** ❾ の③
ことわざ **Practice** makes perfect. 練習すれば完全になる. →「習うより慣れろ」にあたる.

•He was **out of practice** at batting. 彼はバッティングが練習不足だった.
❷ **実行, 実践(じっせん)**
•It's a good idea, but will it work **in practice**? いい考えだが, 実行してみてうまくいくだろうか.
•You'd better **put** the plan **into practice**. 君はその計画を実行に移したほうがよい.
── 動 ❶ **練習する, 稽古をする**
•**practice** batting バッティング練習をする
•**practice** (on) the piano ピアノの練習をする
•He **practices** (speaking) English every day. 彼は英語(を話すこと)を毎日練習している.
•The team **is practicing** for the match on Sunday. チームは日曜の試合に備えて練習をしている. →**is** 助動
❷ (医業・弁護士業を)**営む**
•**practice** law [medicine] 弁護士業[医業]を営む

practise /pr&ktis プラクティス/ 動 《英》 = practice

prairie /pré(ə)ri プレ(ア)リ/ 图 (特に米国中西部地方の)**大草原, プレーリー**

praise /préiz プレイズ/ 图 **称賛(しょうさん), ほめたたえること**
•**give** [**receive**] **praise** 称賛する[を受ける] →×a praise, ×praises としない.
•**give** him a medal **in praise of** his brave deed 彼の勇敢(ゆうかん)な行為(こうい)をたたえて勲章(くんしょう)を与(あた)える
── 動 **称賛する, ほめ(たたえ)る**
•Everyone **praised** the team **for** its fair play. 誰(だれ)もがそのチームのフェアプレーぶりを称賛した.

pram /pr&m プラム/ 图 《英話》**ベビーカー**

prawn /prɔ́:n プローン/ 图 《動物》**クルマエビ, テナガエビ** 類似語 **shrimp** より大きいが, **lobster** より小さくてはさみがない.

pray 中 A1 /préi プレイ/ 動
祈(いの)る 関連語「祈り」は **prayer**.
•**pray to** God 神に祈る
•**pray for** God's help 神の助けを求め祈る

prayer /préər プレア/ (→×[プレイア] ではない)
图 **祈(いの)り; (しばしば prayers で) 祈りの言葉**

pre- /pri: プリー/ 接頭辞 「~以前の」「前もって

preach 506 five hundred and six

〜」の意味を表す:
- **pre**war 戦前の
- **pre**-reading 読む前の

preach /príːtʃ ブリーチ/ 動 (牧師などが)**説教する**; (説教を)**述べる**

preacher /príːtʃər ブリーチャ/ 名 **説教者, 牧師**

precious /préʃəs プレシャス/ 形 **高価な, 貴重な, 尊い, 大切な, かわいい**
- **precious** metal 貴金属 →gold (金)や silver (銀)など.
- a **precious** stone 宝石 (jewel)
- a **precious** jewel 高価な宝石
- Nothing is more **precious** than peace. 平和ほど尊いものはない.

precise A2 /prisáis プリサイス/ 形 **正確な, 明確な**

precisely /prisáisli プリサイスリ/ 副 **正確に, 明確に**; (返事に用いて)**全くそのとおり**

predator /prédətər プレダタ/ 名 **捕食[肉食]動物**

predict A2 /pridíkt プリディクト/ 動 (三単現 **predicts** /pridíkts プリディクツ/; 過去・過分 **predicted** /pridíktid プリディクテド/; -ing形 **predicting** /pridíktiŋ プレディクティング/) **予言する, 予測する**

prediction A2 /pridíkʃən プリディクション/ 名 **予言**

preface /préfis プレフェス/ 名 **序文, はしがき**

prefectural /priféktʃərəl プリフェクチャ ラる/ 形 (日本などの)**県[府]の; 県立[府立]の**

prefecture 中 /príːfektʃər プリーふェクチャ/ 名 (日本などの)**県, 府** →(東京)都, (北海)道を指す場合もある.
- Mie [Osaka] **Prefecture** 三重県[大阪府]

prefer A2 /prifə́ːr プリふァ〜/ (→アクセントの位置に注意) 動 (三単現 **prefers** /prifə́ːrz プリふァ〜ズ/; 過去・過分 **preferred** /prifə́ːrd プリふァ〜ド/; -ing形 **preferring** /prifə́ːriŋ プリふァ〜リング/) (〜のほうを)**好む, 選ぶ**

基本 **prefer** A to B B よりも A を好む

会話 Which do you **prefer**, tea or coffee?—I **prefer** coffee to tea. 紅茶とコーヒーとではどちらが好きですか.—私は紅茶よりコーヒーのほうが好きです.
- I offered to go with her, but she **preferred** to go alone. 私は彼女といっしょに行こうと申し出たが彼女はひとりで行くことを望んでいる.

だ.

preference /préfərəns プレふァレンス/ 名 (〜よりも…に)**好むこと; 好み; 好きなもの**
- My parents have a **preference for** coffee. 私の両親はコーヒーのほうを好む
- Which is your **preference**, jazz or rock? ジャズとロックのどちらが好きですか

preheat /priːhíːt プリーヒート/ 動 (オーブンなどを)**前もって温める, 予熱する**

prejudice /prédʒədis プレデュディス/ 名 **偏見(へんけん), 先入観, 毛嫌(けぎら)い**

premier /primíər プリミア|prémiə プレミア/ 名 **首相(しゅしょう)** (prime minister)

premium /príːmiəm プリーミアム/ 名 **賞金; プレミアム**

at a premium (品物が)**供給不足で, 値上がりして**

prep /prép プレプ/ 形 **予備の** →preparatory を短くした語.

prepaid /priːpéid プリーペイド/ 形 **料金前払いの, プリペイドの**

preparation /prepəréiʃən プレパレイション/ 名 **準備, 用意**; (教科の)**予習**

preparatory /pripǽrətɔːri プリパラトーリ/ 形 **予備の, 準備の**

prepáratory schòol 名 **予備学校**

参考 米国では大学進学のための私立高校, 英国ではパブリックスクール (public school) 進学のための私立小学校を指す. **prep school** ともいう.

prepare 中 A2 /pripéər プリペア/ 動
❶ **用意する, 準備する**
- **prepare** a meal 食事の支度(したく)をする
- **prepare** a room **for** a party パーティーのために部屋の準備をする
- **prepare for** a travel [an examination] 旅行[試験]の準備をする
- She is **preparing to** go on a trip tomorrow. 彼女は明日旅行に行く準備をしている.
❷ **〜に(の)用意[準備]をさせる**
- The teacher **prepared** us **for** our examination. 先生は私たちに試験勉強をさせた.
- Ken **prepared** himself **for** the game by practicing every day. ケンは毎日練習をしてその試合に備えた.

president

❸ **(be prepared** で**)** 心の準備ができている，覚悟(かくご)している
- **Be prepared**. 備えよ常に. →ボーイスカウトのモットー.
- I **am prepared for** the worst [**to do** that task]. 私は最悪の事態に対して心の準備ができている[その仕事をする覚悟でいる].

preposition /prepəzíʃən プレポズィション/ 名《文法》前置詞 → at, in, on など.

prép schòol 名 = preparatory school → 見出し語

prescription /priskrípʃən プリスクリプション/ 名 (薬の)処方箋(しょほうせん); 処方薬

presence /prézns プレズンス/ 名
❶ ある[いる]こと，存在，出席
❷ (〜が)いる所，面前

present¹ 小 A1 /préznt プレズント/
名 贈(おく)り物，プレゼント →**gift**
- a birthday **present** 誕生日の贈り物
- She gave me an album **as** [**for**] a **present**. 彼女は私に贈り物としてアルバムをくれた.
- I wanted to buy a **present for** Jim. 私はジムへのプレゼントを買いたかった.

会話 This is a **present for** you. —Oh, thank you. May I open it? これはあなたへのプレゼントです.—どうもありがとう，開けてもいいですか. →欧米(おうべい)ではプレゼントをもらったらその場で包みを開けるのがふつう.

- Here is your birthday **present**. I hope you like it. 誕生日のプレゼントです. 気に入ってもらえるといいのですが. →欧米ではプレゼントを相手に渡(わた)す時に「つまらないものですが」と言って渡す習慣はない.

— /prizént プリゼント/ (→名詞との分節・アクセントの位置の違(ちが)いに注意) 動
❶ 贈る，贈呈(ぞうてい)する
- **present** a medal **to** him＝**present** him **with** a medal 彼にメダルを贈る →**give** よりも改まった語.
❷ (ラジオ・テレビで番組を)提供する，放送[放映]する
- This program was **presented** by 〜. この番組は〜の提供でお送りしました. →**was** (助動) ❷
❸ (正式に人を)紹介(しょうかい)する →**introduce** よりも改まった語.

present oneself (人が正式に)出頭する，出席する; (物が)現れる
- He **presented himself** at the police station. 彼は警察署に出頭した.

present² /préznt プレズント/ 形
❶ 出席して(いる)，居合わせて(いる)
- He is **present** at the meeting. 彼は会合に出席している.
- There were fifty people **present**. 50人の人が出席していた.

POINT 上の例では present は people を修飾(しゅうしょく)する. 名詞を修飾する場合にはこのように名詞の後に置く. 名詞の前にはつけない.

会話 John.—**Present**, sir [ma'am, Ms.]. ジョン.—はい. →出席点呼の返事. **Here** または **Yes** ともいう.

❷ 現在の，今の →名詞の前にだけつける.
- the **present** captain 現在のキャプテン
- at the **present** time 今(は)，現在(は)
- the **present** tense 《文法》現在時制

— 名 ❶ (ふつう **the present** で) 現在
関連語 **past** (過去)，**future** (未来)
ことわざ (There is) No time like **the present**. 現在のような[に勝(まさ)る]時はない. →「善は急げ」にあたる.
❷ (**the present** で)《文法》現在形，現在時制

at present 現在は，今
- She lives in France **at present**. 彼女は現在フランスに住んでいる.

for the present 今のところは，当分(は)
- You must stay in bed **for the present**. あなたは当分の間寝(ね)ていなければならない.

presentation 中 /prezəntéiʃən プレゼンテイション/ 名 ❶ (意見・提案などの)口頭発表，プレゼン(テーション) ❷ 提出，提示 ❸ 贈呈(ぞうてい); 贈呈品

present-day /préznt dei プレズント デイ/ 形 現代の，今日(こんにち)の →名詞の前にだけつける.

presently /prézntli プレズントリ/ 副
❶ まもなく，やがて (soon)
❷ 《主に米》現在，目下 (now)

preserve /prizə́ːrv プリザ〜ヴ/ 動 守る，保存する，保護する
— 名 ❶ (森林・河川(かせん)などの)禁猟(きんりょう)区，禁漁区 ❷ (**preserves** で) 保存食品，ジャム

president 中 /prézədənt プレズィデント/ 名
❶ (しばしば **President** で) 大統領
- **President** Kennedy ケネディ大統領
- the **President of** the United States of

presidential 508 five hundred and eight

America アメリカ合衆国大統領
❷ 社長, 学長, 会長, 頭取, 座長

presidential /prezədénʃəl プレズィデンシャる/
形 大統領の
• a **presidential** election 大統領選挙
• a **presidential** candidate 大統領候補

press /prés プレス/ 動 ❶ 押(ぉ)す, 押しつける
• **press** the button ボタンを押す
• Don't **press** your opinions **on** [**upon**] me. 君の意見を私に押しつけないでくれ.
• The mother **pressed** her baby close to her. 母親は赤ん坊(ぼう)をひしと抱(だ)き締(し)めた.
→ close to 〜 は「〜の近くに」.
❷ (衣類などを)プレスする, アイロンをかける → iron よりも一般(いっぱん)的.
• **press** a shirt シャツにアイロンをかける
❸ しつこくせがむ, せき立てる
• He **pressed** me **for** an answer. 彼は私に答えを迫(せま)った.
• They **pressed** him **to** agree to their plan. 彼らは自分たちの案に彼が賛成するようにしつこく迫った[プレッシャーをかけた].
── 图 ❶ **(the press で)** 《集合的に》報道機関, マスコミ; 出版物, (特に)新聞, 雑誌; 報道陣(じん), 記者団
• **The** Japanese **press** hasn't mentioned that problem. 日本の報道機関はその問題に触(ふ)れなかった.
• a **press** conference 記者会見
❷ 印刷機 (printing press); 印刷所, 出版社[局]
❸ 圧搾(あっさく)機, 圧縮機; 押すこと; アイロンをかけること

pressure A2 /préʃər プレシャ/ 图
❶ 押(ぉ)すこと, 圧力
• blood **pressure** 血圧
❷ 迫(せま)られること, 圧迫(あっぱく), 強制; 重圧, 重荷
• the **pressure** of necessity [poverty] 必要[貧乏(びんぼう)]に迫られること
• He resigned **under pressure of** work. 彼は仕事の重圧に耐(た)えかねて辞職した.

pretend A2 /priténd プリテンド/ 動 〜のふりをする, 〜だと見せかける
• **pretend** to be asleep 眠(ねむ)っているふりをする
• **Pretend** you are happy when you're blue. 憂鬱(ゆううつ)な時は楽しいふりをしなさい.
• The children **pretended to be** cowboys. = The children **pretended that**

they were cowboys. 子供たちは(カウボーイのふりをした ⇨)カウボーイごっこをした.

prettier /prítiər プリティア/ 形 **pretty** の比較(ひかく)級

prettiest /prítiist プリティエスト/ 形 **pretty** の最上級

pretty 中 A1 /príti プリティ/
形 (小さくて)かわいい　　意味 map
副 かなり

── 形 (比較級 **prettier** /prítiər プリティア/; 最上級 **prettiest** /prítiist プリティエスト/)
(小さくて)かわいい, きれいな
基本 a **pretty** girl かわいい女の子 → pretty ＋名詞.
• a **pretty** little bird かわいらしい小鳥
• a **pretty** dress かわいらしい服
関連語 There are some **beautiful** roses in the garden. 庭に美しいバラがある.
関連語 **beautiful** は「完成された美しさ」を表すのに対して, **pretty** は「愛らしいこと」を表す.
基本 This flower is very **pretty**. この花はとてもきれいだ. → be 動詞＋pretty.
• This doll is **prettier** than mine. このお人形は私のよりもかわいい.
• These flowers are **the prettiest** in the garden. これらの花は庭で一番きれいだ.
── 副 (→比較変化なし)
かなり, 相当に
• a **pretty** big box かなり大きな箱
• It's **pretty** cold this morning. 今朝はかなり寒い. → It は漠然(ばくぜん)と「気温」を表す.
• He can speak English **pretty** well. 彼はかなりうまく英語がしゃべれます.

pretzel /prétsəl プレッツる/ 图 プレッツェル → 結び目形をした塩味のパン.

prevent A2 /privént プリヴェント/ 動
❶ 妨(さまた)げる, 〜を〜できないようにする
• Rain **prevented** the baseball game. (雨が野球の試合を妨げた ⇨)雨で野球の試合ができなかった.
• The heavy rain **prevented** him (**from**) coming. (大雨が彼の来るのを妨げた ⇨)大雨のため彼は来られなかった. →《話》では from が省略されることが多い.
❷ 防ぐ, 予防する
• **prevent** illness 病気を予防する
• **prevent** the disease **from** spreading その病気が広がるのを防ぐ

prevention /privénʃən プリヴェンション/ 图
防止, 予防; 防ぐ物, 防ぐ方法

preview /príːvjuː プリーヴュー/ 图 ❶予習, 下見 ❷(映画の)試写会; 予告編

previous /príːviəs プリーヴィアス/ 形 (時間・順序が)先の, 前の →名詞の前にだけつける.

prey /préi プレイ/ 图 ❶(特に肉食動物の)えじき; 犠牲(ぎせい), (〜の)とりこ, 食いもの ❷他種の生き物を捕(と)らえて食う習性
―― 動 (**prey on** [**upon**] 〜 で) 〜をえじきにする; 〜を悩(なや)ます

price 中 A1 /práis プライス/ 图

値段, 価格: (**prices** で) 物価

• at a high [low] **price** 高い[安い]値段で
• What's the **price** of this camera? このカメラの値段はいくらですか. →×*How much is the price of 〜?* としない.
• He bought the painting **at** the **price of** 200,000,000 (読み方: two hundred million) yen. 彼はその絵を2億円(という値段)で買った.
• **Prices** are going up [down]. 物価が上がって[下がって]いる.

at any price どんな代価[代償(だいしょう)]を払(はら)っても
• I'll buy it **at any price**. 私はどんな代価を払ってもそれを買います.

prick /prík プリク/ 動 (針などで)ちくりと刺(さ)す, つく, 刺して(小さな穴を)あける

prick up *one's* ***ears*** (動物が)耳を立てる; 《話》(人が)耳をそばだてる

pride A2 /práid プライド/ 图
❶誇(ほこ)り, 自尊心; 自慢(じまん)の種
関連語 「誇りのある」は **proud**.
• His sons are his **pride**. 彼の息子(むすこ)たちは彼の自慢の種だ.
❷うぬぼれ, 高慢(こうまん)

have [***take***] ***pride in*** 〜 〜に誇りを持つ; 〜を自慢する
• The old lady **takes** a lot of **pride in** her rose garden. その老婦人は自分のバラ園をとても自慢に思っている.

―― 動 (**pride** *oneself* **on** [**upon**] 〜 で) 〜を誇る, 〜を自慢する
• He **prides himself on** his CD collection. 彼は自分の CD のコレクションを自慢に思っている.

priest /príːst プリースト/ 图 (カトリック教会などの)司祭, (宗教の儀式(ぎしき)をする)祭司, 僧(そう), 神官
• a Catholic **priest** カトリックの司祭
• a Buddhist [Shinto] **priest** 僧[神官]

primary /práimeri プライメリ/ 形 基本の, 初歩の; 第一の, 主要な

primary schòol 图 《英》小学校 →5〜11歳(さい)までの公立初等教育の学校. アメリカでは **elementary school** ともいう.

prime /práim プライム/ 形 第一の, 一番重要な, 主な
―― 图 全盛(ぜんせい)時, 盛(さか)り

príme mínister 图 総理大臣, 首相(しゅしょう)

príme tìme 图 (テレビの視聴(しちょう)率が一番高い)ゴールデンタイム →通常夜の7〜10時頃(ごろ)の時間帯.

primitive /prímətiv プリミティヴ/ 形
❶原始(時代)の ❷原始的な, 素朴(そぼく)な

primrose /prímrouz プリムロウズ/ 图 《植物》サクラソウ →早春に淡黄色(たんおうしょく)の花をつける.

prince A1 /príns プリンス/ 图
(しばしば **Prince** で) 王子
• **Prince** Edward エドワード王子
• the Crown **Prince** 皇太子
• the **Prince** of Wales プリンス・オブ・ウェールズ →見出し語

Prínce of Wáles 图 (the をつけて) プリンス・オブ・ウェールズ →英国の皇太子に与(あた)えられる称号.

参考 14世紀初めにイングランドのエドワード1世が, ウェールズで生まれた長男にこの称号を与え, 以来英国の皇太子はこう呼ばれるようになった. 「皇太子妃(ひ)」は the Princess of Wales.

princess A1 /prínses プリンセス/ 图
(しばしば **Princess** で) 王女; (prince の妻である)妃(きさき), 〜妃(ひ)
• **Princess** Anne アン王女
• the late **Princess** Diana 故ダイアナ妃
• the **Princess** of Wales プリンセス・オブ・ウェールズ →英国皇太子妃の称号.

principal 小 A2 /prínsəpəl プリンスィパる/ 图
(小学校・中学校・高校の)校長, 《英》(特定の大学の)学長

principle 510 five hundred and ten

•the **principal**'s office 校長室
── 形 **主な, 主要な**

principle /prínsəpl プリンスィプる/ 名
❶ (物事の)**原理, 原則**
❷ (しばしば **principles** で) (人の考え方・行動などの)**方針, 主義, 信条**
in principle **原則的には, だいたいにおいて**
on principle **主義として**

print 中 A2 /prínt プリント/ 動 ❶ **印刷する, 出版する**; (写真を)**プリント[焼き付け]する**
•**print** a book in color 本をカラーで印刷する
関連語 He **develops** and **prints** his own photos. 彼は自分の写真は自分で現像・焼き付けをする.
•This book is nicely **printed**. この本は見事に印刷されている. →**is** 助動 ❷
❷ **活字体で書く**
•**Print** your name. Do not write it in script. 名前を活字体で書いてください. 筆記体で書いてはいけません.

print out (コンピューターから結果を)**打ち出す, プリントアウトする**
•I **printed out** the name list and made 30 copies of it. 私は名簿(めいぼ)をプリントアウトしてそれを30部コピーした.
── 名 ❶ (押(お)してつけられた)**跡**(あと)
•Robinson Crusoe saw the **print** of a human foot in the sand. ロビンソン・クルーソーは砂の上に人間の足跡(あしあと)を見つけた.
❷ **印刷**(された文字); **版画**; (ネガを焼き付けた)**写真**
•a book **with** large **print** 活字の大きな本
•**make** color **prints** of a film フィルムのカラープリントを作る
•a Japanese wood block **print** 日本の木版画
•This book has clear **print**. この本は印刷がきれいだ.
in print **印刷されて, 出版されて**
out of print **絶版になって**

prínted màtter 名 **印刷物** →「印刷物在中」の意味で封筒(ふうとう)などに書く.

printer A2 /príntər プリンタ/ 名
❶ **印刷業者, 印刷屋さん, 印刷職工**
❷ **印刷機, (コンピューターなどの)プリンター**

printing /príntiŋ プリンティング/ 名
❶ **印刷**; **印刷術** ❷ (写真の)**焼き付け**

prínting prèss 名 **印刷機** →単に **press** ともいう.

priority /praió:rəti プライオーリティ/ 名 (複 **priorities** /praió:rətiz プライオーリティズ/) **優先, 優先権**

prism /prízm プリズム/ 名 **プリズム**

prison /prízn プリズン/ 名 **刑務**(けいむ)**所, 監獄**(かんごく) →**jail**

prisoner /príznər プリズナ/ 名 **囚人**(しゅうじん); **捕虜**(ほりょ); **とりこ**

privacy /práivəsi プライヴァスィ/ 名 (他人から干渉(かんしょう)されないで)**ひとりで自由にしていること[権利], プライバシー**

private A2 /práivit プライヴェット/ 形
❶ (公(おおやけ)のものでなく)**個人の, 私有の; 個人的な, 私的な; 私立の**
•a **private** opinion 個人的な意見
•for **private** reasons 個人的な理由で
•a **private** detective 私立探偵(たんてい)
反対語 **Private** schools are usually more expensive than **public** schools. 私立学校はふつう公立学校より費用がかかる.
•She never talks about her **private** life. 彼女は自分の私生活のことは絶対にしゃべらない.
•This lake is **private**, and no fishing is allowed. この湖は私有のもので, 釣(つ)りをすることは禁じられている.
❷ **公にしない, 内密の**
•a **private** meeting 非公開の集まり, 仲間うちの会合
❸ 《英》 **親展の** (《米》 personal) →他人に開封(かいふう)されたくない手紙の封筒(ふうとう)に上書きする.
in private **内緒**(ないしょ)**で; 非公式に**

privilege /prívəlidʒ プリヴィれヂ/ 名 **特権, 特別扱**(あつか)**い**

privileged /prívəlidʒd プリヴィれヂド/ 形 **特権を持つ**

prize 中 /práiz プライズ/ 名
賞(品), (くじの)**景品**
•(the) first **prize** 1等賞 →ふつう the をつけない.
•**win** first [second, third] **prize** in a contest コンテストで1[2, 3]等賞を取る

pro¹ A2 /próu プロウ/ 名 形 《話》 **プロ(の), 専門家(の)** →**pro**fessional を短くした形. 名詞の複数形は **pros** /próuz プロウズ/.
•a **pro** golfer プロゴルファー

Prof.

pro² /próu プロウ/ 名 賛成投票, 賛成論
反対語 con (反対)

probable /prábəbl プラバブる/ 形 (十中八九)ありそうな, ~しそうな

probably 中 A2 /prábəbli プラバブリ|próbəbli プロバブリ/ 副 おそらく, 十中八九は →**perhaps** 類似語
• He will **probably** win. (= It is probable that he will win.) おそらく彼が勝つでしょう.
会話 Will he pass the exam?—**Probably** [**Probably not**]. 彼は試験にパスするでしょうか.—おそらくね[おそらくしないでしょう].

problem 中 A1 /prábləm プラブれム|próbləm プロブれム/ 名

❶ (解決を必要とする社会的・個人的)**問題**, **課題**
• a social **problem** 社会問題
• solve [work out] a **problem** 問題を解決する
• The **problem** is **that** he can't swim at all. 問題は彼が全く泳げないということだ.
• There is a **problem** with his carelessness. 彼の不注意さに問題がある.

❷ (数学・理科などの)**問題**
• solve [**do**, **work out**] a math **problem** 数学の問題を解く

類似語 英語・歴史などの「問題」は **question** で, そういう問題に「答える」は **answer**.

no problem 問題ない, 大丈夫だ; (お礼・おわびに対して)どういたしまして; いいですとも

会話
Can I keep this till tomorrow?—**No problem.**
これあしたまで借りていていい?—いいよ.

Can I keep this till tomorrow?
No problem.

proceed /prəsíːd プロスィード/ 動 ❶ 前進する, 進む ❷ 続ける, 続行する ❸ 発する, 生じる

process /práses プラセス/ 名 ❶ 過程, プロセス ❷ (製造)方法, 作業[工程]
—— 動 (化学的に食品などを)加工処理する; (コンピューターで情報などを)処理する

procession /prəséʃən プロセション/ 名 行列

processor /prásesər プラセサ/ 名
❶ 加工[処理]業者
❷ (コンピューターの)処理装置

produce 中 A2 /prədjúːs プロデュース/ 動
❶ 生み出す, 生産する, 製造する
• Only a few countries **produce** oil. 石油を産出する国はごくわずかしかない.
• Eight hundred cars are **produced** a week in this factory. この工場では1週間に800台の自動車が生産されている. →**are** 助動 ❷

❷ 取り出す, 提出する, (出して)見せる
• **produce** *one's* driver's license 運転免許(めんきょ)証を出して見せる
• The magician **produced** a bird from his hat. 手品師は帽子(ぼうし)から1羽の鳥を取り出した.

❸ (劇などを)演出[上演, 製作]する
• Our school **produces** a musical every year. 私たちの学校は毎年ミュージカルを上演する.

—— /prádjuːs プラデュース/ (→動詞とのアクセントの位置の違い(ちがい)に注意) 名
(集合的に)農産物, 産物
• farm **produce** 農産物 →×*a* produce, ×produces としない
• The **produce** from our garden is mainly potatoes and tomatoes. 私たちの菜園からとれるのは主にジャガイモとトマトです.

producer /prədjúːsər プロデューサ/ 名
❶ 生産者, 生産地, 産み出すもの
❷ (劇・映画などの)製作者, プロデューサー

product 中 A2 /prádəkt プラダクト|pródəkt プロダクト/ 名
❶ 生産物, 産物; 製品
• farm [factory] **products** 農産物[工業製品]
❷ (努力などの)成果, 結果
• His success is a **product** of hard work. 彼の成功は努力の成果だ.

production A2 /prədʌ́kʃən プロダクション/ 名
❶ 作り出すこと; 生産, 製造, 製作
❷ 作り出された物; 産物, 製品, 作品; 生産高

Prof. 略 =**Prof**essor (教授)

profession /prəféʃən プロフェション/ 图 (医者・教師・弁護士など知的)職業

professional 中 A2 /prəféʃənl プロフェショヌる/ 厖 職業(上)の, 専門(職)の; プロの →**pro**
•a **professional** baseball player プロ野球選手
—— 图 プロ(選手), くろうと, 専門家
関連語 amateur (しろうと(の))

professor /prəfésər プロフェサ/ 图 (大学の)教授 →**Prof.**
•**Professor** Hill ヒル教授
•He is a **professor** of mathematics at Harvard University. 彼はハーバード大学の数学の教授だ.

profile /próufail プロウふァイる/ 图 横顔, プロフィール; (新聞などの)簡単な人物紹介(しょうかい)

profit /práfit プラふィト/ 图 利益, 得

profitable /práfitəbl プラふィタブる/ 厖 利益のある, もうかる; ためになる

program 中 A1 /próugræm プロウグラム/ 图 ❶ 番組(表), プログラム
•a concert **program** 演奏会のプログラム
•a TV English conversation **program** テレビの英会話番組
•What **programs** are **on** now? 今どんな番組をやっている?
❷ 予定(表), 計画; (コンピューターに入力する)プログラム
•a school **program** 学校行事計画
•make a **program** of a computer game on a personal computer パソコンでコンピューターゲームのプログラムを作る
•What's the **program** for tomorrow? 明日の予定はどうですか.

programme /próugræm プロウグラム/ 图 《英》=program

programmer /próugræmər プロウグラマ/ 图 プログラマー →コンピューターのプログラム作成を担当する技術者.

programming /próugræmiŋ プロウグラミング/ 图 《コンピューター》プログラミング
•**programming** language プログラミング言語 →コンピュータープログラムを作る際に使う一種の言語.

progress /prágres プラグレス/ 图 前進, 進行; 進歩, 発達, 発展
in progress 進行中で[の]

—— /prəgrés プログレス/ (→名詞とのアクセントの位置の違(ちが)いに注意) 動 進む; 進歩する, よくなる

progressive A2 /prəgrésiv プログレスィヴ/ 厖 進歩的な; 進んでいく, 前進する

progréssive fórm 图 (**the** をつけて) 《文法》進行形 →be 動詞+現在分詞 (*doing*) の形.

project 中 /prádʒekt プラヂェクト|prɔ́dʒekt プロヂェクト/ 图
❶ 計画, 企画(きかく); (大規模な)事業
•a **project** for a new airport 新空港計画
❷ (生徒の自主的活動を主とする)研究課題
•for our school **project** 学校の研究課題のために
•do a **project** on ~ ~についての研究をする
—— /prədʒékt プロヂェクト/ (→名詞とのアクセントの位置の違(ちが)いに注意) 動
❶ 計画する
❷ 発射する; (光・影(かげ)・映像などを)投げかける, 映し出す, 映写する
•**project** color slides onto a screen カラースライドをスクリーンに映写する

projector /prədʒéktər プロヂェクタ/ 图 映写機

promise A2 /prámis プラミス/ 图
❶ 約束
•**make** a **promise** 約束する
•**keep** [**break**] *one's* **promise** 約束を守る[破る]
•make a **promise to** do so [not **to** do so] そうする[そうしない]という約束をする
❷ 将来の見込(こ)み, 有望さ
•a country with great **promise** 大きな可能性を秘(ひ)めた国
•She **shows** a lot of **promise** as a singer. 彼女は歌手としての見込みが大いにある. →×*a* promise, ×promise*s* としない.
—— 動 約束する
•He **promised to** do so [not **to** do so]. 彼はそうする[しない]と約束した.
•He **promised** her **to** pick her up at seven. 彼は彼女に7時に車で迎(むか)えに行くと約束した.
•He **promised** his son a pony for Christmas. 彼は息子(むすこ)にクリスマスには小馬を買ってやると約束した. →promise *A B* は「AにBを約束する」.

protect

513

• Dad **promised** (me) **that** he would raise my monthly allowance. 父は(私に)私の毎月のお小遣(こづか)いの額を上げると約束した.

会話 Will you speak for me? —Yes, I **promise**. 私の弁護をしてくれますか.—ええ, 約束します[きっと].

promising /prάmisiŋ プラミスィング/ 形 有望な, 見込(こ)みのある

promote /prəmóut プロモウト/ 動
❶ 昇進(しょうしん)させる, 進級させる
❷ (計画・運動などを)促進(そくしん)する, 増進する, 助長する

promotion /prəmóuʃən プロモウション/ 名
❶ 昇進(しょうしん), 進級 ❷ 促進(そくしん), 増進, 助長

prompt /prάmpt プランプト/ 形 すばやい, 機敏(きびん)な; 即座(そくざ)の

promptly /prάmptli プランプトリ/ 副 すばやく, てきぱきと; 早速(さっそく)

pron. 略 ＝**pron**oun (代名詞)

pronoun /próunaun プロウナウン/ 名 《文法》代名詞

pronounce A2 /prənáuns プロナウンス/ 動 (言葉を)発音する

• How do you **pronounce** this word? この語はどう発音するのですか.

pronunciation A2 /prənʌnsiéiʃən プロナンスィエイション/ 名 発音

proof /prúːf プルーフ/ 名 証拠(しょうこ)(品); 証明
関連語 「証明する」は **prove** /プルーヴ/.
ことわざ The **proof** of the pudding is in the eating. プディングの証明(おいしいかどうか)は食べてみないとわからない. →「何事も実際に試(ため)してみないとわからない」の意味.

── 形 〜に耐(た)えられる, 〜に抵抗(ていこう)できる

-proof 接尾辞「〜に耐(た)えられる」「防〜」という意味の語をつくる:
• fire**proof** 耐火(たいか)の
• water**proof** 防水の

prop /prάp プラプ/ 名 (ふつう **props** で) 小道具 (property)

propel /prəpél プロペる/ 動 (三単現 **propels** /prəpélz プロペるズ/; 過去・過分 **propelled** /prəpéld プロペるド/; -ing形 **propelling** /prəpéliŋ プロペリング/) 推進する, 進ませる

propeller /prəpélər プロペら/ 名 (船の)スクリュー; (飛行機の)プロペラ

propelling pencil /prəpèliŋ pénsl プロペリング ペンスる/ 名 《英》シャープペンシル (《米》

mechanical pencil) →「シャープペンシル」は和製英語.

proper A2 /prάpər プラパ|prɔ́pə プロパ/ 形
❶ ふさわしい, 適切な, 正しい
• Is this dress **proper for** the wedding? このドレスは結婚(けっこん)式にふさわしいかしら.
• That is not the **proper** way to kick a ball. それは正しいボールの蹴(け)り方ではない.
❷ 独特の, 固有の; 本来の
• This attitude is **proper to** a bank clerk. この態度は銀行員特有のものです.
• Return the books to their **proper** places. (図書館などで)本をもとの正しい場所に返しなさい.

properly /prάpərli プラパリ/ 副 正しく, 適切に, きちんと

próper nóun 名 《文法》固有名詞 →Bob, Japan, London など.

property /prάpərti プラパティ/ 名 (複 **properties** /prάpərtiz プラパティズ/) 《集合的に》所有物; (所有する)土地建物, 不動産

prophet /prάfit プラふェト/ 名 (神の)預言者; (一般(いっぱん)に)予言する人

proportion /prəpɔ́ːrʃən プロポーション/ 名 割合, 比率; 分け前

proposal /prəpóuzəl プロポウザる/ 名
❶ 提案; 計画
❷ 結婚(けっこん)の申し込(こ)み, プロポーズ

propose /prəpóuz プロポウズ/ 動 ❶ 提案する ❷ (結婚(けっこん)を)申し込(こ)む

prose /próuz プロウズ/ 名 散文, 散文体
関連語 **verse** (韻文(いんぶん)), **poetry** (詩)

prospect /prάspekt プラスペクト/ 名 (しばしば **prospects** で) (将来の)見通し, (成功の)見込(こ)み

prosper /prάspər プラスパ/ 動 栄える, うまくいく

prosperity /prɑspérəti プラスペリティ/ 名 (複 **prosperities** /prɑspérətiz プラスペリティズ/) 繁栄(はんえい), 成功

prosperous /prάspərəs プラスパラス/ 形 栄えている, うまくいっている, 裕福(ゆうふく)な

protect 中 /prətékt プロテクト/ 動 保護する, 守る
• We **protected** ourselves **from** wild animals. 我々は野獣(やじゅう)から身を守った.
• We must **protect** the crops **against** frost. 我々は作物を霜(しも)から守らなければなら

protection 514 five hundred and fourteen

ない.
- Football players wear helmets to **protect** their heads. フットボール選手は頭を保護するためにヘルメットをかぶる.

protection /prətékʃən プロテクション/ 名
保護; (～から)守ってくれる物[人]

protest /prətést プロテスト/ 動 ❶ (強く)反対する, 異議申し立てをする, 抗議(こうぎ)する ❷ 主張する, ～だとはっきりと言う
—— /próutest プロウテスト/ (→動詞とのアクセントの位置の違(ちが)いに注意) 名 抗議, 異議(申し立て), 反対

Protestant /prátistənt プラテスタント/ 名 (カトリック教徒に対して)新教徒, プロテスタント →
16世紀の宗教改革でカトリックの教義に反対(protest)して分離(ぶんり)した. →**Catholic**

protractor /proutrǽktər プロウトラクタ/ 名
分度器

proud 中 /práud プラウド/ 形 ❶ (いい意味で)誇(ほこ)りを持っている, プライド[自尊心]がある
- a **proud** girl 誇りを持っている女の子
- We are **proud of** our mother. 私たちは母を誇りに思っています.
- I am **proud to** say that you are my son. おまえが私の子だと言えることを私は誇りに思う. →不定詞 to say は「言えて」. →**to** ❾ の④
❷ (悪い意味で)威張(いば)った, 思い上がった, 高慢(こうまん)な; 得意(そう)な
- I don't like **proud** people. 私は高慢な人たちは嫌(きら)いだ.
- He is **proud that** his father is a rich man. 彼は父が金持ちだと威張っている.

proudly /práudli プラウドリ/ 副 ❶ 誇(ほこ)らしげに ❷ 威張(いば)って, おうへいに

prove /prúːv プルーヴ/ (→×/プロウヴ/ ではない)
動 ❶ 証明する, 示す 関連語「証明」は **proof**.
❷ (**prove** (**to be**) ～ で)～であることがわかる, ～となる

proverb /právəːrb プラヴァーブ/ 名 ことわざ

provide 中 A2 /prəváid プロヴァイド/ 動
用意する, 準備する; 供給する, 与(あた)える; (将来・危険などに)備える
関連語「用意」は **provision**.
- **provide** a meal 食事を用意する
- **provide** each guest **with** a car = **provide** a car **for** each guest お客一人一人に車を1台ずつ用意する

- **provide for** old age 老後のために用意する, 老後に備える
- Sheep **provide** (us **with**) wool. 羊は(私たちに)羊毛を供給する.
- This house **is provided with** central heating. この家にはセントラルヒーティングの設備がある.

province /právins プラヴィンス/ 名 ❶ (カナダなどの)州, 県; 「土佐の国」などの)国 ❷ (**the provinces** で)(都会に対して)田舎(いなか), 地方

provision /prəvíʒən プロヴィジョン/ 名 ❶ 用意, 準備; 提供 関連語「用意する」は **provide**.
❷ (**provisions** で)食糧(しょくりょう)

prune /prúːn プルーン/ 名 プルーン, 干しスモモ →**plum**

P.S., PS 略 追伸(ついしん) →**postscript**.

psalm /sáːm サーム/ 名 賛美歌

psychologist A2 /saikálədʒist サイカラヂスト|saikɔ́lədʒist サイコラヂスト/ 名 心理学者

psychology /saikálədʒi サイカラヂ/ 名 心理学; 心理(状態)

PTA 略 ピーティーエー →**P**arent-**T**eacher **A**ssociation (父母と教師の会).

PTO 略 《米》 ピーティーオー →**P**arent-**T**eacher **O**rganization (父母と教師の会).

pub /páb パブ/ 名 《英話》居酒屋, 大衆酒場, パブ →**public house** を短くした語.

public A2 /páblik パブリク/ 形
公(おおやけ)の, 公衆(用)の, 公共の; 公立の
- a **public** hall 公会堂
- a **public** school 《米》公立学校; 《英》寄宿制私立中学・高校
- a **public** library (公立の)公共図書館
- a **public** bath 公衆浴場
—— 名 (**the public** で)(一般(いっぱん)の)人々, 大衆; 国民
- **the** Japanese **public** 日本国民
- **the** reading **public** 本を読む人々, 読者層
- The museum is open to **the public**. その博物館は(一般に)公開されている.

in public 人前で; 公然と
- Don't shout **in public**. 人前で大声を出すな.

make public 公表する, 公刊する →受け身(公表される)で使われることが多い.
- The information hasn't been **made public**. その情報はまだ公開されていない. →**been** 助動 ❷

publication /pʌ̀bləkéiʃən パブリ**ケ**イション/ 图
出版, 発行; 出版物

públic hóuse 图《英》居酒屋, 大衆酒場, パ
ブ →酒を飲みながら世間話をしたりダーツ
(darts) をしたりする. またビールとサンドイッチ
で昼食をとる人や家族連れも多い. 話し言葉では
pub という.

públic opínion 图 世論

públic relátions 图 広報(活動), ピーアー
ル →P.R. または PR と略す. →P.R.

públic schóol 图
❶ (英国の)パブリックスクール →13～18歳(さい)
までの上流階級の子弟(してい)のために設立された寄
宿制の私立中等学校. 現在では女子も受け入れるよ
うになった. イートン, ラグビーなどが有名.
❷《米》(初等・中等)公立学校

públic spírit 图 公共心

publish A2 /pʌ́bliʃ パブリシュ/ 動
❶ 出版する, 発行する
• This dictionary was first **published** in
1959 (読み方: nineteen fifty-nine). この辞
書は1959年に初めて出版された[この辞書の初版
は1959年です].
❷ 発表する, 公表する
• The news of the kidnapping was not
published for three days. その誘拐(ゆうかい)
のニュースは3日間公表されなかった[伏(ふ)せられ
ていた].

publisher /pʌ́bliʃər パブリシャ/ 图 出版社, 出
版業者, 発行する人

pudding 小 /púdiŋ プディング/ 图 プディング

参考 「プディング」には甘(あま)くないも
のもある. 日本でいう「プリン」は **custard**
/カスタド/ **pudding** という (牛乳と卵に砂糖・
香料(こうりょう)を加えた蒸(む)し菓子(がし).

puddle /pʌ́dl パドる/ 图 (雨などで道にできる)
水たまり

puff /pʌ́f パふ/ 動 (激しく体を動かしたあとな
ど)**は**あはあと息をする; (タバコの煙(けむり)など)**ぷ
っと吹(ふ)く**, (ほおを)**ぷっとふくらませる**
── 图 ❶ (風・煙・蒸気が)**ぱっと吹くこと, ひと吹
き** ❷ **ふわっとふくらんだ菓子**(かし)

Pulitzer Prize /pjùːlitsər práiz ピューリツァ
プライズ/ 固名 ピューリッツァー賞 →米国の新聞
業者 J. Pulitzer(1847-1911)の遺志(いし)によ
って設けられた賞で, 毎年米国における新聞報道・

文芸・音楽などの優(すぐ)れた業績に対して与(あた)えら
れる.

pull 中 A2 /púl プる/ 動
❶ 引く, 引っ張る; 引き抜(ぬ)く
• **pull** a sled そりを引く
• **pull** his ear = **pull** him **by** the ear 彼の
耳を引っ張る
• **pull** a chair up to the table テーブルの方
に椅子(いす)を引き寄せる →up to ～ は「～まで」.
• **pull** (**at**) a sleeve 袖(そで)を引っ張る
• **pull** (**on**) a rope ロープをぐいと引く
• **pull** a door open 戸を引いて開ける →
open は形容詞. pull A B (形容詞)は「Aを引
っ張ってB(の状態)にする」.
反対語 Don't **pull**! Push! 引いちゃあだめだ!
押(お)すんだ!
• He **pulled** the wounded soldier to the
nearby bush. 彼は負傷した兵士を近くの茂(しげ)
みまで引っ張って行った.
• The horse was **pulling** the cart along
the road. その馬は道に沿って荷車を引いてい
た. →was 助動 ❶
• Stop **pulling**! You're hurting my arm!
そんなに引っ張らないで! 腕(うで)が痛い! →pull-
ing は動名詞(引っ張ること)で Stop の目的語.
❷ (ボート・列車などが)進む; (自動車など)(ある方
向へ)動く[動かす], 寄る[寄せる] →pull in,
pull out, pull over

pull down 引き降ろす; (家などを)取り壊(こわ)
す
• They **pulled down** the old house. 彼ら
はその古い家を取り壊した.

pull in 引っ込(こ)める; (列車などが)入って来る

pull off 引き抜く; (長靴(ながぐつ)・靴下(くつした)など
を)(さっと引っ張って)脱(ぬ)ぐ

pull on (セーター・靴下などを引っ張って)着る,
はく, はめる

pull out (歯・コルクなどを)抜く; (ポケットなど
から物を)出す; (列車・船が)出て行く
• I had my bad tooth **pulled out**. 私は虫
歯を抜いてもらった. →have A+過去分詞は「A
を～してもらう」.
• The train **pulled out** of the station. 列
車が駅から出て行った.

pull over ①(セーターなどを)頭からかぶって
着る ②(車などを)道路の端(はし)に寄せる

pull together 力を合わせる

pull up ①引き上げる, 引き抜く

pullover 516 five hundred and sixteen

- **pull up** weeds 雑草を引き抜く
② (車などが)**止まる**
- A taxi **pulled up** at the gate. タクシーが門のところで止まった.
—— 图 **引くこと, 引く力, 引力**
- give the rope a **pull** = give a **pull** on [at] the rope ロープを引っ張る

pullover /púlouvər プるオウヴァ/ 图 **プルオーバー** → 頭からかぶって着るセーター[シャツ]

pulp /pʌlp パるプ/ 图 ❶ (モモ・ブドウなどのやわらかい)**果肉** ❷ **パルプ** → 木材をくだいてどろどろにしたもの. 紙の原料.

pulse /pʌls パるス/ 图 **脈, 脈拍**(みゃくはく)

puma /pjúːmə ピューマ/ 图 (動物) **ピューマ, アメリカライオン** (cougar)

pump /pʌmp パンプ/ 图 **ポンプ**
—— 動 (**pump up** とも) **ポンプで～をくむ; ポンプで**(空気などを)**入れる**

pumpkin 中 /pʌmpkin パンプキン/ 图 **カボチャ**
- three **pumpkins** カボチャ3つ
- eat **pumpkin** カボチャを食べる → この意味では ×a pumpkin, ×pumpkins としない.
- a **pumpkin** pie パンプキンパイ → 感謝祭には付き物.

punch¹ /pʌntʃ パンチ/ 图
❶ **穴あけ**(器), **切符**(きっぷ)**切りばさみ, パンチ**
❷ **握**(にぎ)**り拳**(こぶし)**で打つこと, パンチ**
—— 動 ❶ (パンチで)**穴をあける**, (切符を)**切る**
❷ **げんこつで打つ**

punch² /pʌntʃ パンチ/ 图 **パンチ, ポンチ** → 果汁(かじゅう)に砂糖・ソーダ水などを加えた飲み物.

punctual /pʌŋktʃuəl パンクチュアる/ 形 **約束の時間を守る, 時間に遅**(おく)**れない**

punctuation A2 /pʌŋktʃuéiʃən パンクチュエイション/ 图 **句読点をつけること; 句読法**

punctuátion màrk 图 **句読点** → comma (,), colon (:), semicolon (;), period (.), exclamation mark (!), question mark (?), dash (—) など.

puncture /pʌŋktʃər パンクチャ/ 图 (とがった先であけられた)**小さい穴**; (英) (タイヤの)**パンク**(の穴)
—— 動 (とがった先で)**穴をあける; パンクする**

punish /pʌniʃ パニシュ/ 動 **罰**(ばっ)**する**
- **punish** him **for** being late 遅刻(ちこく)したことで彼を罰する

punishment /pʌniʃmənt パニシュメント/ 图

罰(ばっ), **刑罰**(けいばつ); **罰**(ばっ)**すること, 罰されること**

pupil¹ /pjúːpil ピューピる/ 图 (小・中学校の)**生徒**; (個人指導を受ける)**弟子**(でし), **生徒** → 《米》では小学生, 《英》では小・中学生を指す.
類似語 **student** は「(《米》中学校以上, 《英》大学・専門学校の)学生」.
- He [She] is a **pupil** at K elementary school. 彼[彼女]はK小学校の生徒です.
- How many **pupils** are there in your school? あなたの学校には生徒が何人いますか.

pupil² /pjúːpil ピューピる/ 图 **瞳**(ひとみ)

puppet /pʌpit パペト/ 图 (指・ひもで動かす)**人形**

púppet shòw [**plày**] 图 **人形劇**

puppy 中 /pʌpi パピ/ 图 (復 **puppies** /pʌpiz パピズ/) **子犬**

púppy wàlker 图 **パピーウォーカー** → 将来盲導(もうどう)犬になる子犬の初歩訓練を引き受けるボランティア家族の人.

purchase /pə́ːrtʃəs パ～チャス/ 動 **購入**(こうにゅう)**する, 買う** (buy)
—— 图 **購入, 買い物; 買った品物**

pure /pjúər ピュア/ 形 ❶ **まじりけのない, 純粋**(じゅんすい)**な** ❷ **汚**(よご)**れていない, きれいな, 清い**

purely /pjúərli ピュアリ/ 副 **純粋**(じゅんすい)**に; 全く; ただ単に** (only)

Puritan /pjúː(ə)rətn ピュ(ア)リトン/ 图 **清教徒, ピューリタン** → 16～17世紀のイギリスにおこったプロテスタントの一派. → **Pilgrim Fathers**

purple 小 A1 /pə́ːrpl パ～プる/ 形
紫(むらさき)**色の** → **violet** よりも赤みがかった色.
—— 图 **紫色; 紫色の服**

purpose A2 /pə́ːrpəs パ～パス/ 图 **目的, つもり**
- **for** this **purpose** この目的で
- What's the **purpose** of your visit? あなたの訪問の目的は何ですか. → 外国へ入国する手続きの時に聞かれる.

on purpose わざと
- It was an accident—I didn't do it **on purpose**. あれは偶然(ぐうぜん)でわざとやったのではない.

purr /pə́ːr パ～/ 動 图 (ネコがうれしくて喉(のど)を)**ゴロゴロ鳴らす**(音)

purse /pə́ːrs パ～ス/ 图
❶ (硬貨(こうか)を入れるための)**財布**(さいふ), **がま口**
関連語 「札(さつ)入れ」は **wallet**.

purse　　　wallet

❷《米》(女性用)ハンドバッグ (handbag)

purser /pə́:rsər パーサ/ 图 (旅客(りょかく)機・客船などの)**事務長, パーサー** → 会計その他の庶務(しょむ)をつかさどり, 乗客へのサービス・安全にも責任を持つ.

pursue A2 /pərs(j)ú: パス(ュ)ー/ 動 **追いかける**; (知識・快楽などを)**追い求める**

pursuit /pərs(j)ú:t パス(ュ)ート/ 图
❶ **追いかけること, 追跡(ついせき); 追求**
❷ (**pursuits** で) **仕事; 趣味(しゅみ)** (hobby)

push A1 /púʃ プシュ/ 動
❶ **押(お)す**
• **push** a button　ボタンを押す
• **push** a stroller　ベビーカーを押す
• **push** everything into a bag　バッグの中へ何でも押し込(こ)む
• **push** a door open　戸を押して開ける → open は形容詞. push A B (形容詞)は「Aを押してB(の状態)にする」.
反対語 **Push** the door; don't **pull**. ドアを押しなさい. 引いてはだめです.

❷ (押しのけるようにして)**進む**
• The movie star **pushed** (his **way**) **through** his fans. その映画スターはファンの間をかき分けて進んだ.
❸ (計画などを)**押し進める**; (意見・品物などを)**押し付ける**; (**push A to** *do* で) **A にぜひ〜しろと言う**
• My parents **pushed** me **to** quit the baseball club. 私の両親は私にどうしても野球部をやめなさいと言った.

push aside [**away**] 押しのける, 押しやる

push down 下に押す; 押し倒(たお)す
• **Push** the lever **down** in case of emergency. 非常の場合はこのレバーを下に押してください.

push in 押し込む; (列に)割り込む
push off (ボートを岸から)押し出す; 出発する, 立ち去る
push on 押し進む, 押し進める
push out 押し出す
push up 押し上げる

—— 图 押すこと, ひと押し
• give (him) a **push** (彼を)押す →×give a push *to him* とはいわない.

pushchair /púʃtʃeər プシュチェア/ 图 《英》腰(こし)**かけ式ベビーカー** (《米》stroller)

pussy /púsi プスィ/ 图 (覆 **pussies** /púsiz プスィズ/) ネコ (cat), 子ネコちゃん, にゃあにゃあ → cat の小児(しょうに)語. またネコを呼ぶ時やお話の中のネコの名前に使う. **pussycat** /púsikæt プスィキャト/ ともいう.

put 小 A1 /pút プト/

動　❶ **置く; 付ける**　　　　　意味 map
　　❷ **〜を(ある状態に)する**
　　❸ **言い表す; 書き付ける**

—— 動

三単現	**puts** /púts プツ/
過去・過分	**put**
-ing形	**putting** /pútiŋ プティング/

→ 原形・過去形・過去分詞がどれも同じ形であることに注意.

❶ **置く; 付ける**
基本 **put a book on the desk** 本を机の上に置く → put＋名詞＋場所を表す副詞(句).
• **put** water **in** the bottle　瓶(びん)に水を入れる
• **put** a coat **on** a hanger　コートをハンガーにかける
• **put** a stamp **on** the envelope　封筒(ふうとう)に切手を貼(は)る
• Don't **put** your head **out of** the window. 窓から頭[顔]を出すな.
• Let's **put** the DVD in the DVD player. その DVD を DVD プレーヤーにかけてみよう.
• He **puts** his money in the bank every month. 彼は毎月銀行に金を預ける.
• He **put** his ear to the wall. 彼は壁(かべ)に

put

耳を当てた. →現在形なら He put*s* ~.

会話
Where did you **put** the newspaper?
—I **put** it on the side table.
新聞をどこに置きましたか.—サイドテーブルの上に置きました.

- He **was** caught by the police and **put** in prison. 彼は警察に捕(と)らえられて留置場に入れられた. →受け身の文. →**was** [助動] ❷
- I'm **putting** a new lock on the door. 私はドアに新しい鍵(かぎ)を付けているところです. →現在進行形の文. →**am** [助動] ❶

❷ 〜を(ある状態に)する, 〜を(〜)させる
- **put** a room in order (部屋を整頓(せいとん)の状態にする ⇒)部屋を整頓する
- **put** a baby to bed 赤ん坊(ぼう)を寝(ね)かせる

❸ 言い表す, 言う; 書き付ける, 記入する
- **Put** this sentence **into** English. この文を英語に訳しなさい.
- **Put** your name at the top of the sheet. 名前を用紙の一番上に書きなさい.

put away[***aside***] 片付ける; とっておく

- **Put** your things **away**. あなたの物を片付けなさい.

put back (元の所へ)返す, (あとへ)戻(もど)す
- **Put** these books **back**. これらの本を元(の所)に戻しなさい.

put down 下に置く, 降ろす; (力で)押(お)さえ付ける; 書き留める
- Please **put down** your pens and listen to me. ペンを置いて私の話を聞いてください.
- He **put down** all the names of the guests. 彼は客の名前を全部書き留めた.

put forth (芽などを)出す, (力を)出す
- **put forth** buds 芽を出す, 芽をふく

put in 入れる, (言葉を)差しはさむ
- **put in** the plug プラグを差し込(こ)む
- **put in** an order for 〜 〜の注文を入れる[を注文する]
- **Put in** the right words. 正しい言葉を入れなさい.

put off 延ばす, 延期する
ことわざ Don't **put off** till tomorrow what you can do today. きょうできることをあしたに延ばすな. →関係代名詞 what 以下 (〜するもの[事])は put off の目的語.

put 小 A1 /プト/

三単現 **puts** /プツ/　　　　　　　　過去・過分 **put** /プト/
-ing形 **putting** /プティンぐ/

 教科書によく出る **意味**

[動] ❶ (〜を〜に)置く, のせる, 入れる, つける
　　 Would you **put** this pen in the box? このペンを箱に入れていただけますか?
　　 He **put** some honey on the pancake. 彼はパンケーキにはちみつをかけた.

❷ 〜を(ある状態に)する
　　 My sister **put** her room in order. 姉[妹]は自分の部屋を片付けた.

教科書によく出る **連語**

put on 着る, 身に着ける
　 He **put** his hat **on** and smiled. 彼は帽子(ぼうし)をかぶってほほえんだ.

five hundred and nineteen　519　**pyramid**

•The game has been **put off** till next Friday. 試合は次の金曜日まで延期された. → **been** 助動 ❷

put on ① 着る, かぶる, はく →**wear** 動 ❶
•**put on** a sweater ＝ **put** a sweater **on** セーターを着る
②（劇を）**上演する**
•**put on** a musical ミュージカルを上演する
③（電灯などを）**つける**
•**Put** all the lights **on**. 明かりを全部つけなさい.
④（体重などを）**増す**
•I easily **put on** weight if I don't exercise. 私は運動をしないとすぐ太る.
⑤（人に）**電話を代わる**,（人を）**電話に出す**
•**put** Jack **on** （電話で）ジャックと代わる, ジャックを電話に出す

put out 出す;（明かり・火などを）**消す**
•**put out** a *futon* ふとんを敷(し)く
•**put out** the light 明かりを消す
•**Put** this stray cat **out** right now. こののらネコをすぐに外に出しなさい.
•The firefighters soon **put** the fire **out**. 消防士たちが火事をすぐに消した.

put together 合わせる, つぎ合わせる
•**put** the broken pieces **together** 壊(こわ)れた破片(はへん)を継(つ)ぎ合わせる

•He is stronger than all of us **put together**. 彼は私たちみんなを合わせたよりももっと強い[私たちが束になっても彼のほうがまだ強い]. → 過去分詞 put（合わせられた）は all of us を修飾(しゅうしょく)する.

put up 上げる, 掲(かか)げる;（テントを）張る,（傘(かさ)を）さす,（旗を）立てる,（小屋を）**建てる**
•**put up** a notice 掲示(けいじ)を出す
•**put up** a tent テントを張る
•**put up** *one's* umbrella 傘をさす

put up at ～ ～に泊(と)まる
•We **put up at** a small inn in Kyoto. 私たちは京都の小さな旅館に泊まった.

put up with ～ ～を我慢(がまん)する
•I can't **put up with** such nonsense. そんなばかなことには我慢できない.

puzzle /pʌ́zl パズる/ 名 ❶ パズル
❷ 不可解な事[人物]; 謎(なぞ), 難問
── 動 頭を悩(なや)ませる, 困惑(こんわく)させる; 頭をひねる

pyjama /pədʒɑ́ːmə パヂャーマ/ 名 《英》＝pajama（パジャマ）

pyramid 小 /pírəmid ピラミド/ (→アクセントの位置に注意) 名
（しばしば **Pyramid** で）ピラミッド →「ピラミッド状のもの」の意味でも使われる.

チャンクでおぼえよう put	
□ 本を机の上に置く	**put** a book on the desk
□ ボトルに水を入れる	**put** water in the bottle
□ 試合を延期する	**put** off the game
□ セーターを着る	**put** on a sweater

Q q

Q¹, q /kjúː キュー/ 名 (複 **Q's**, **q's** /kjúːz キューズ/) キュー → 英語アルファベットの17番目の文字.

Q² /kjúː キュー/ 略 = question (質問)

quack /kwǽk クワク/ 動 (アヒル (duck) などが)ガーガー鳴く

── 名 ガーガー → アヒルの鳴き声. quack-quack とも表記する.

quack-quack /kwǽkkwǽk クワククワク/ 名
❶ ガーガー → アヒル (duck) の鳴き声.
❷《小児(しょうに)語》アヒルちゃん

quail /kwéil クウェイル/ 名 (複 **quails** /kwéilz クウェイルズ/, **quail**)《鳥》ウズラ

quake /kwéik クウェイク/ 動
❶ (恐怖(きょうふ)などで)震(ふる)える
❷ (地震(じしん)などで地面が)揺(ゆ)れる
── 名 ❶ 震動, 動揺(どうよう)
❷《話》= earthquake (地震)

Quaker /kwéikər クウェイカ/ 固名 クエーカー教徒 → キリスト教新教のフレンド派 (the Religious Society of Friends) の人を外部の人が呼ぶ言葉. 質素な生活, 絶対平和などを主張する.

qualification /kwàləfikéiʃən クワリふィケイション/ 名 (しばしば **qualifications** で)資格, 能力

qualify /kwáləfai クワリふァイ/ 動 (三単現 **qualifies** /kwáləfaiz クワリふァイズ/; 過去・過分 **qualified** /kwáləfaid クワリふァイド/; -ing形 **qualifying** /kwáləfaiiŋ クワリふァイイング/) 資格を与(あた)える; 資格を取る

quality A2 /kwáləti クワリティ/kwɔ́ləti クウォリティ/ 名 (複 **qualities** /kwálətiz クワリティズ/)
質, 品質, 良質; 性質, 特性
関連語 prefer **quality** to **quantity** 量より質を重んじる
・paper of poor **quality** 品質の悪い紙
・He has a lot of good **qualities**. 彼はたくさんの美点を持っている.

quantity /kwántəti クワンティティ/ 名 (複 **quantities** /kwántətiz クワンティティズ/)
❶ 量, 数量
関連語 prefer **quality** to **quantity** 量より質

を重んじる
❷ (ふつう **quantities** で)たくさん
in quantity 大量に, たくさん

quarrel /kwɔ́ːrəl クウォーれル/ 名 口げんか, 口論, 言い争い → fight
── 動 口げんか[口論]する; 文句を言う

quarter A1 /kwɔ́ːrtər クウォータ/ 名
❶ 4分の1 (one fourth, a fourth part); (時間の)15分 関連語 **half** (半分), **whole** (全体)

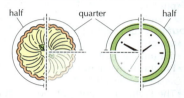

half　　quarter　　half

・a **quarter** of an hour　1時間の4分の1 (= 15分)
・a **quarter** past [**to**] six　6時15分過ぎ[前]
・three **quarters**　4分の3
・Mother divided the pie into **quarters**.
お母さんはパイを4等分した.
❷《米・カナダ》25セント(硬貨(こうか))
❸《米》(1年を4つに分けた)学期
❹ (ある特色を持った, 都市内の)地域, 地区, 〜街

quartet /kwɔːrtét クウォーテト/ 名《音楽》カルテット; 四重奏[唱]団; 四重奏[唱]曲

quay /kíː キー/ 名 (港の)岸壁(がんぺき), 波止場(はとば), 埠頭(ふとう)

Quebec /kwibék クウィベク/ 固名 ケベック → カナダ東部の州, またその州都. 大多数の住民がフランス語を使用している.

queen 小 A2 /kwíːn クウィーン/ 名
❶ 女王, 王妃(おうひ) →「女王のような人・物」に対しても使う.
・**Queen** Elizabeth II (読み方: the second) エリザベス2世
・the **queen** of the cherry blossom festival 桜祭りの女王
❷ 女王バチ, 女王アリ
❸ (トランプ・チェスの)クイーン

five hundred and twenty-one　521　**quiet**

• the **queen** of hearts　ハートのクイーン

queer /kwíər クウィア/ 形　奇妙(きみょう)な, 変な, 変わった

question 小 A1 /kwéstʃən クウェスチョン/ 名

(複 **questions** /kwéstʃənz クウェスチョンズ/)

❶ 質問, 問い, (試験の)問題;《文法》疑問文 → **problem** ❷ 類似語

反対語 **questions** and **answers** 質疑応答

• **answer** a question　質問に答える

• **ask** him a **question** 彼に質問をする → **ask**
a **question of** him ともいえるが, 形式張った感じ.

• That's a good **question**. それはいい質問だ. → しばしば微妙(びみょう)で答えるのが難しい問題に対してもいう.

• I have a **question about** your school. 君の学校について質問があります.

• Can I **ask** you a **question**, Miss Smith? スミス先生, 質問をしてもいいですか.

• I could **answer** only one **question** on the history test. 私は歴史のテストでたった1つの問題しかできなかった.

• There were thirty **questions** in today's English test. きょうの英語のテストは質問[問題]が30あった.

❷ 疑い, 疑問

• There **is no question** about his honesty. = His honesty is **beyond question**. 彼の正直さには疑問の余地がない.

❸ (解決すべき)問題 (problem)

• It's not a **question** of money; it's a **question** of time. それはお金の問題ではなく, 時間の問題だ.

• We talked about the **question** of bullying. 私たちはいじめの問題について話し合った.

• The **question** is how to do it. 問題はどうやってそれをするかだ[そのやり方だ].

• The **question** is whether he will come or not. 問題は彼が来るかどうかということです.

out of the question 問題にならない, とても不可能な

• I have no money, so a new bicycle is **out of the question**. 私はお金がないので, 新しい自転車を買うなんてとてもできない.

—— 動 (三単現 **questions** /kwéstʃənz クウェ

スチョンズ/; 過去・過分 **questioned** /kwéstʃənd クウェスチョンド/; -ing形 **questioning** /kwéstʃəniŋ クウェスチョニング/)

(いろいろと)質問する

• He often **questions** me about my brother studying abroad. 彼はしばしば外国に留学している私の兄について質問する.

• He **was questioned** by a police officer. 彼は警官に尋問(じんもん)された. → 受け身の文. → **was** 助動 ❷

quéstion màrk 名 疑問符(ふ) (?), クエスチョンマーク

queue /kjúː キュー/ 名 《英》(順番を待つ人・車の)列 (《米》line)

—— 動 (三単現 **queues** /kjúːz キューズ/; 過去・過分 **queued** /kjúːd キュード/; -ing形 **queu(e)ing** /kjúːiŋ キューイング/) (英) (**queue up** とも) 列を作る, (一列に)並ぶ (line (up))

quick A2 /kwík クウィク/ 形

❶ すばやい, 速い, 短時間の

反対語 **slow** (遅(おそ)い)

• have a **quick** shower [breakfast] さっとシャワーを浴びる[朝食を済ませる]

• Be **quick about** your work. さっさと仕事をしなさい.

❷ 覚えるのが速い, わかりの速い, 利口な

• a **quick** learner 覚えるのが速い生徒

❸ 気の速い, せっかちな, 短気な

—— 副 《話》すばやく, 速く, 急いで (quickly)

quickly 中 A1 /kwíkli クウィクリ/

副 (比較級 **more quickly**; 最上級 **most quickly**)

すばやく, 速く, 急いで, すぐに

反対語 **slowly** (ゆっくり)

• I walked **quickly**. 私は速く歩いた.

• Doctor, come **quickly**. 先生, すぐ来てください.

• He **quickly** finished his meal. 彼は急いで食事を済ませた.

quiet 中 A1 /kwáiət クワイエト/ 形

❶ 静かな, 音[声]を立てない; 穏(おだ)やかな

反対語 **noisy** (さわがしい)

• a **quiet** night 静かな夜

• keep **quiet** (黙(だま)って, 動かないで)静かにしている

quietly 522 five hundred and twenty-two

- Be **quiet**! (おしゃべりをやめて)静かにして.
- You must be **quiet** in the library. 図書館の中では静かにしなければいけない.
❷ 平穏(へいおん)な, 平和な, 穏やかな; おとなしい, 無口な, 物静かな
- a **quiet** man (物静かな)おとなしい人
- a **quiet** life 静かな[平穏な]生活
- He spent a **quiet** evening at home. 彼は家でくつろいだ夕べを過ごした.
- The sea is **quiet** today. きょうは海が穏やかです.
── 图 静けさ; 平静
- the **quiet** of the night 夜の静寂(せいじゃく)
  関連語 live in **peace** and **quiet** 平穏に暮らす

quietly A2 /kwáiətli クワイエトリ/ 副 静かに

quilt /kwílt クウィルト/ 图 (キルティングの)ベッド用掛(か)けぶとん, 羽ぶとん →羽毛(うもう)・羊毛などを入れキルティングしたもの.

quintet /kwintét クウィンテト/ 图 《音楽》五重奏[唱]曲, 五重奏[唱]団, クインテット

quit A2 /kwít クウィト/ 動 (三単現 **quits** /kwíts クウィッ/; 過去・過分 **quit**, **quitted** /kwítid クウィテド/; -ing形 **quitting** /kwítiŋ クウィティング/) やめる, 中止する; 去る
- **quit** one's job 仕事をやめる
- **quit** reading 本を読むのをやめる
- **quit** school 学校をやめる
- You always **quit** when you are losing; that's not fair. お前は負け出すといつもやめるけど, それはフェアじゃないぞ.

quite 中 A2 /kwáit クワイト/ 副
❶ 全く, 完全に, すっかり (completely) →修飾(しゅうしょく)する語の前に置く.

- It's **quite** impossible. それは全く不可能だ.
- She is **quite** well now. 彼女は(病気が治って)もうすっかり元気です.
- I **quite** agree with you. 私は全く君と同意見です.
❷ 《意味を強めて》本当に, とても; かなり, まあまあ →修飾する語の前に置く. 前後関係によって強さの程度に幅(はば)がある.
- **quite** often しょっちゅう
- **quite** a long time かなり[ずいぶん]長い間 →quite は a, an の前に置かれる.
- It is **quite** cold for spring. 春にしてはかなり寒い. →It は漠然と「気温」を表す.

quite a few かなりたくさん(の)
- There are **quite a few** foreigners in my neighborhood. うちの近所にはかなりたくさんの外国人がいます.

quiz 小 A2 /kwíz クウィズ/ 图
(⊛ **quizzes** /kwíziz クウィゼズ/)
❶ (簡単な)小テスト, 試験 (test)
- Each week the teacher gives us a **quiz** in spelling. 毎週先生はスペリングの試験をする.
❷ クイズ
- a **quiz** show [program] (ラジオ・テレビなどの)クイズ番組

quotation /kwoutéiʃən クウォウテイション/ 图 引用; 引用文, 引用語句

quotátion màrks 图 引用符(ふ) → ' ' または " ". 引用した部分や会話文につける.

quote /kwóut クウォウト/ 動 (他人の言葉・文章をそのまま)引用する

R r *R r*

R, r /ɑ́ːr アール/ 图 (圈 **R's, r's** /ɑ́ːrz アーズ/)
アール → 英語アルファベットの18番目の文字.

rabbit 小 A1 /rǽbit ラビト/ 图
《動物》**ウサギ**, (特に)**アナウサギ** 類似語 rabbit
よりも耳が長く大型の「野ウサギ」を一般(いっぱん)に
hare といい, 小型のウサギを **rabbit** という.
• keep a **rabbit** ウサギを飼う

> **イメージ (rabbit)**
> ウサギは多産で1度に4〜5匹(ひき)の子を年に数
> 回産むので **breed like rabbits** (ウサギのよ
> うに子を産む)は「たくさんの子を産む」の意味.

raccoon /rækúːn ラクーン/ 图 《動物》**アライ
グマ**

raccóon dòg 图 《動物》**タヌキ**

race[1] /réis レイス/ 图 **競走, レース; 競争**
• a horse **race** (1回の)競馬
• a mile **race** 1マイル競走
• **run** [**have**] a **race** 競走する, かけっこする
• **win** [**lose**] a **race** 競走に勝つ[負ける]
ことわざ Slow and steady wins the **race**.
ゆっくりで着実なのが競走に勝つ. → 「せいては事
を仕損じる」にあたる.

—— 動 **競走する; 疾走(しっそう)する, 走る**
• I'll **race** you **to** the bus stop. バス停まで
君と競走しよう.
• The car **raced** down the expressway.
その車は高速道路を疾走して行った.
• Bob and Ken were **racing** (**against**)
each other. ボブとケンは互(たが)いに競走してい
た.

race[2] /réis レイス/ 图 **人種; (動植物の大分類と
しての)類**
• the white **race** 白色人種
• people of different **races** いろいろな人種
の人々
• the human **race** 人類

racial /réiʃəl レイシャル/ 形 **人種の, 人種的な**

rack /rǽk ラク/ 图 **(物を載(の)せる)棚(たな), 網棚(あ
みだな), 〜掛(か)け**

racket 小 A2 /rǽkit ラケト/ 图 (テニス・バド
ミントンなどの)**ラケット** → ふつうはフレームに
ネットを張ってあるものをいう. → **bat**[1]

radar /réidɑːr レイダー/ 图 **電波探知(法); 電波
探知機, レーダー**

radiation /reidiéiʃən レイディエイション/ 图
❶ **放射; 放射すること**
• ultraviolet **radiation** 紫外線の放射
❷ **放射線; 放射エネルギー**
• Nuclear **radiation** is dangerous. 核か
らの放射線は危険だ.

radii /réidiai レイディアイ/ 图 **radius** (半径)の
複数形

radio 中 A1 /réidiou レイディオウ/ (→× /ラディオ/
ではない) 图 (圈 **radios** /réidiouz レイディオウ
ズ/) ❶ **ラジオ(放送); 無線(通信)**
• a **radio** program ラジオ放送番組
• a **radio** station ラジオ放送局
• **radio** English programs ラジオ英語講座
• listen to **the radio** ラジオを聞く
• **turn on** [**off**] the **radio** ラジオをかける[切
る]
• I heard the news **on** [**over**] the **radio**.
私はそのニュースをラジオで聞いた.
• Ships send messages to each other **by
radio**. 船は互(たが)いに無線で交信する.
❷ **ラジオ受信機, ラジオ** → **radio set** ともいう.
• a transistor **radio** トランジスターラジオ
• a **radio** cassette recorder ラジカセ

radioactive /reidiouǽktiv レイディオウアクティ
ヴ/ 形 **放射能のある, 放射性の**

radioactivity /reidiouæktívəti レイディオウ
アクティヴィティ/ 图 **放射能**

radish /rǽdiʃ ラディシュ/ 图 《植物》**ハツカダイ
コン, ラディッシュ**

radium /réidiəm レイディアム/ 图 《化学》**ラジ
ウム** → キュリー夫妻が発見した放射性金属元素.

radius /réidiəs レイディアス/ 图 (圈 **radii** /réi-
diai レイディアイ/, **radiuses** /-iz レイディアセズ/)
半径 関連語 **diameter** (直径)

raft /rǽft ラフト/ 图 **いかだ; ゴムボート**
—— 動 **(川を)いかだで下る; いかだで運ぶ**

rafting /rǽftiŋ ラフティング/ 图 **ラフティング**
→ いかだやゴムボートでの渓流(けいりゅう)下り.

rag

rag /rǽg ラグ/ 图 ぼろ切れ; **(rags で)** ぼろ(服)

rág dòll 图 ぬいぐるみ人形

rage /réidʒ レイヂ/ 图 激怒(げきど); (風・波などの)猛威(もうい), 激しさ

── 動 ❶ かんかんに腹を立てる, 激怒する
❷ (嵐(あらし)・病気などが)荒(あ)れ狂(くる)う

ragged /rǽgid ラギド/ 形 ❶ (布・服などが)ぼろぼろの; ぼろを着た ❷ ぎざぎざの, でこぼこの; (頭髪(とうはつ)・庭草などが)ぼうぼうの

raid /réid レイド/ 图 (急な)襲撃(しゅうげき)
── 動 (ある場所を)急襲する, 襲(おそ)う

rail /réil レイる/ 图 ❶ (柵(さく)の)横に渡(わた)した木, 横棒, (階段の)手すり; **(rails で)** 柵, フェンス ❷ (鉄道の)レール; 鉄道 (railroad)

by rail 鉄道で, 列車で

関連語 It is quicker to travel **by rail** than **by road**. 自動車で行くより電車で行くほうが速い.

railroad /réilroud レイるロウド/ 图
((米)) 鉄道; 鉄道線路
• a **railroad** accident 鉄道事故
• a **railroad** crossing 鉄道踏切(ふみきり)
• a **railroad** station 停車場, 駅

railway /réilwei レイるウェイ/ 图 ((英))= railroad

rain 中 A1 /réin レイン/ 图

雨

• a drop of **rain** 1滴(てき)の雨, 雨粒(あまつぶ) ➜ ×a rain としない.
• heavy **rain** 大雨
• The ground is dry. We need some **rain**. 地面が乾(かわ)いている. 我々は雨が必要だ. ➜ ×rains としない.
• My coat is wet because I was out **in the rain**. 外の雨の中にいたので私の上着はぬれています.
• It looks like **rain**. 雨になりそうだ. ➜場合によっては「(今見たところ)雨が降っているらしい」という意味にもなる. It は漠然(ばくぜん)と「天候」を表す.
• We **have had** a lot of [little] **rain** this summer. 今年の夏は雨が多かった[少なかった]. ➜現在完了(かんりょう)の文.

ことわざ After the **rain** comes the sun. 雨の後には日が照る. ➜主語は the sun. 「悲しい事の後にはよい事がある」の意味. 「雨降って地固まる」にあたる.

rain or shine 雨でも晴れでも, 晴雨にかかわらず

── 動 (三単現 **rains** /réinz レインズ/; 過去・過分 **rained** /réind レインド/; -ing形 **raining** /réiniŋ レイニング/)

雨が降る ➜主語には漠然と「天候」を表す it を使う.
• It began to **rain**. 雨が降り出した.
• In Japan it **rains** a lot in June. 日本では6月にたくさん雨が降る.
• It **rained** hard all night. 一晩中雨がひどく降った.
• It **is raining**. 雨が降っている. ➜現在進行形の文. ➜**is** 動詞 ❶
• It will stop **raining** before evening. 夕方までには雨はやむでしょう. ➜raining は動名詞(降ること)で stop の目的語.

rainbow 小 /réinbou レインボウ/ 图 虹(にじ)
• The **rainbow** has seven colors: red, orange, yellow, green, blue, indigo, and violet. 虹は7つの色を持っている. すなわち赤, オレンジ, 黄色, 緑, 青, 藍(あい), それに紫(むらさき).

参考 「虹の7色」の頭文字(かしらもじ)の覚え方: Richard of York Gained Battles In Vain. (ヨークのリチャードは戦(いくさ)に勝って戦争に負けた.)

raincoat A2 /réinkout レインコウト/ 图 レインコート

raindrop /réindrap レインドラプ/ 图 雨粒(あまつぶ) (a drop of rain)

rainfall /réinfɔːl レインふォーる/ 图 降雨, 雨; (雪・みぞれなども含(ふく)めて)降水量

ráin fòrest 图 熱帯雨林 ➜雨の多い熱帯地方の樹林で, 高い常緑樹がうっそうと茂(しげ)っている.

rainstorm /réinstɔːrm レインストーム/ 图 暴風雨 (a storm with heavy rain)

rainwater /réinwɔːtər レインウォータ/ 图 雨水

rainy 小 A1 /réini レイニ/ 形 (比較級 **rainier** /réiniər レイニア/; 最上級 **rainiest** /réiniist レイニエスト/)

雨降りの, よく雨の降る, 雨の多い
• a **rainy** day 雨(降り)の日 ➜「いざという時, 万一の場合」の意味でも使う.
• the **rainy** season 雨の多い季節, 雨季, つゆ

- We had **rainy** weather last month. 先月は雨の日が多かった.
- On **rainy** Sundays I stay home and watch television. 雨の日曜日には私は家にいてテレビを見ています.
- The day was cold and **rainy**. その日は寒くて雨降りだった[雨の降る寒い日だった]. →英語では cold and rainy の語順がふつう.
- Put money aside **for a rainy day**. 雨の日(いざという時)のためにお金をためておきなさい.

raise 中 A2 /réiz レイズ/ 動
❶ 上げる, 持ち上げる, 起こす, 高くする; (家・碑(ひ)などを)建てる
- **raise** one's hand 手を上げる
- **raise** an allowance 小遣(こづか)いの額を上げる
- **raise** one's voice 声を張り上げる, 声を荒(あ)らげる; 声を立てる
- **Raise** your hand if you have a question. 質問があるなら手を上げてください.
- That railroad company **raises** the fares every year. あの鉄道会社は毎年運賃を上げる.
- The old man **raised** his hat to the lady. その老人はその女性に帽子(ぼうし)を上げて挨拶(あいさつ)した.
❷ (子供・作物・家畜(かちく)を)育てる; 飼育する, 栽培(さいばい)する
- **raise** three children 3人の子供を育てる
- **raise** cattle 牛を飼う
- **raise** roses バラを栽培する
❸ (資金などを)集める
- **raise** money for people starving in Africa 飢(う)えているアフリカ難民のために募金(ぼきん)する

raise one's **eyebrows** (眉(まゆ)を上げる ⇨)目を丸くする, 眉をひそめる →驚(おどろ)き・非難の表情.

── 名 《米》(給料・小遣い・値段などを)上げること(《英》rise)
- I got a **raise in** my allowance. 私はお小遣いを上げてもらった.

raisin /réizn レイズン/ 名 干しブドウ, レーズン (dried grape)

rake /réik レイク/ 名 熊手(くまで)
── 動 (**rake up** とも) 熊手でかき集める

rally /rǽli ラリ/ 名 (複 **rallies** /rǽliz ラリズ/)

❶ 大集会 ❷ 自動車ラリー →公道で運転技術を競(きそ)う長距離(きょり)自動車競走.

Ramadan /rǽmədɑ́:n ラマダーン/ 名 ラマダーン →イスラム暦(れき)の9月. イスラム教徒はこの月の間, 日の出から日没(にちぼつ)まで断食(だんじき)する.

ramp /rǽmp ランプ/ 名 (高さの違(ちが)う2つの路面をつなぐ)傾斜(けいしゃ)路; ランプ

Ramsar Convention /rǽmsɑ:r kənvén∫ən ラムサー コンヴェンション/ 名 ラムサール条約 →1971年イランの Ramsar で採択(さいたく)された国際条約. 湿地およびそこに生息する動植物や水鳥の保全を目的とする.

ran 中 /rǽn ラン/ 動 **run** の過去形

ranch /rǽnt∫ ランチ/ 名 (米国の西部・南部に見られる)大牧場

random /rǽndəm ランダム/ 形 手当たり次第(したい)の, 思いつくままの
at random 手当たり次第に, でたらめに, 思いつくままに

rang /rǽŋ ラング/ 動 **ring** の過去形

range A2 /réindʒ レインヂ/ 名
❶ (人・物の)列, 並び; 山脈
- a mountain **range** =a **range** of mountains 山脈, 連山
❷ 《米》(広大な)放牧地
❸ (変動の)幅(はば), 範囲(はんい); 射程距離(きょり)
- There is a wide **range** in the price(s) of television sets. テレビの値段にはいろいろと幅があります.
❹ 《主に米》(料理用)レンジ (《英》cooker)
── 動 ❶ 並べる, 整列させる; 並ぶ
❷ (範囲が)〜にわたる[及(およ)ぶ]
- Wages **range** from ¥900 to ¥1,200 per hour. 時給は900円から1,200円まである.

rank /rǽŋk ランク/ 名 ❶ 階級, ランク, 地位 ❷ (人・物の)列; (英)タクシー乗り場 →**taxi rank** (《米》taxi stand) ともいう.
── 動 ❶ (順位で)並べる, ランク付けをする ❷ 地位を占(し)める, 位する

ranking /rǽŋkiŋ ランキング/ 名 順位

ransom /rǽnsəm ランサム/ 名 身代金(みのしろきん)

rap A2 /rǽp ラプ/ (→wrap と同音) 名
❶ ラップ音楽 →**rap music** ともいう.
❷ こつんとたたくこと
── 動 (三単現 **raps** /rǽps ラプス/; 過去・過分 **rapped** /rǽpt ラプト/; ing形 **rapping**

rapid 526 five hundred and twenty-six

/rǽpiŋ ラピング/) ❶こつんとたたく →**knock** よりも強い. ❷(新聞などで)批判する, 非難する

rapid /rǽpid ラピド/ 形 速い, 急な
—— 名 (**rapids** で)急流, 早瀬(はやせ)

rapidly /rǽpidli ラピドリ/ 副 速く, 急速に, どんどん, 急いで

rare¹ /réər レア/ 形 まれな, 珍(めずら)しい
関連語 This is a **rare** stamp. It **rarely** appears at auction. これは珍しい切手だ. めったに競売に付されることがない.

rare² /réər レア/ 形 (肉が)生焼けの, レアの

rarely /réərli レアリ/ 副 めったに〜しない; めったにないほど

rascal /rǽskəl ラスカる/ 名 悪漢, ならず者, ごろつき; いたずらっ子

rash¹ /rǽʃ ラシュ/ 形 せっかちな, そそっかしい, 無謀(むぼう)な

rash² /rǽʃ ラシュ/ 名 吹(ふ)き出物, 発疹(はっしん/ほっしん)

raspberry /rǽzberi ラズベリ/ 名 (複 **raspberries** /rǽzberiz ラズベリズ/) (果物) ラズベリー, キイチゴ(の実)

rat A1 /rǽt ラト/ 名 (動物) ネズミ →野ネズミや日本のイエネズミなど大型のもの. 類似語 ハツカネズミは **mouse** で, rat の半分以下の大きさしかない.

イメージ (rat)
穀物を食い荒(あ)らしたり, いろいろな病原菌(きん)を媒介(ばいかい)するので悪者のイメージがある. また沈没(ちんぼつ)しそうな船からは rat がいち早く姿を消すと言い伝えられているところから「裏切者」の意味で使われ, He is a rat. は「彼は裏切者だ」, smell a rat (ネズミのにおいがする)は「何か怪(あや)しいぞ」の意味.

rate A2 /réit レイト/ 名 ❶割合, 率
•the birth [death] **rate** 出生[死亡]率
❷速度
•at a fast **rate** 速い速度で
•**at the rate of** 60 miles an hour 1時間60マイルの速度で →an hour は「1時間につき」.
❸料金
•telephone **rates** 電話料金
•the parking **rate** 駐車(ちゅうしゃ)料金
❹等級 (rank)
•a first-**rate** movie 第一級の映画
at any rate とにかく, どっちにしても

rather A2 /rǽðər ラざ/ 副

❶(主に A **rather than** B で)BよりはむしろA, どちらかと言えばBよりA
•The color is blue **rather than** green. その色は緑というよりむしろ青です.
❷かなり, とても (quite); 幾分(いくぶん), 少々 (a little) →前後関係によって程度に幅(はば)があるが, very まではいかないまでも, 程度の高いことを示すことが多い.
•It is **rather** cold today. きょうはかなり寒い.
•It's **rather** a good idea. =It's a **rather** good idea. それはとてもいい考えだ.
•Our baby can walk **rather** well. うちの赤ちゃんはなかなか上手に歩けます.
❸((or) **rather** で) (話) より正確に言うと

would rather do (**than** do) (〜するより)むしろ〜したい
•I **would rather** go with you **than** stay at home. 家にいるよりはあなたといっしょに行きたい.

rating A2 /réitiŋ レイティング/ 名 ❶評価, 格付け ❷(ふつう **ratings** で) (テレビなどの)視聴(しちょう)率

ratio /réiʃ(i)ou レイショウ/ 名 比, 比率, 割合

rattle /rǽtl ラトる/ 動 ガタガタ鳴る; (馬車などが)ガラガラ通る; ガタガタ鳴らす
—— 名 ❶ガタガタ[ガラガラ]いう音 ❷(おもちゃの)ガラガラ

rattlesnake /rǽtlsneik ラトるスネイク/ 名 (動物) ガラガラヘビ

raven /réivn レイヴン/ 名 (鳥) ワタリガラス →北半球に分布する大型のカラス.

raw A2 /rɔ́ː ロー/ 形 生の, 料理していない; 加工していない
•**raw** meat 生の肉
•a **raw** egg 生卵
•**raw** materials 原料
•eat fish **raw** 魚を生で食べる →raw は「生の状態で」の意味.

ray A2 /réi レイ/ 名 光線; 放射線
•X-**rays** X線
•the direct **rays** of the sun 直射日光

razor /réizər レイザ/ 名 かみそり

Rd., Rd 略 =Road (〜通り)

re- /ri リ/ 接頭辞 「再び」「もとへ」「新たに」などの意味を表す:
•**re**use 再利用する
•**re**take 取り戻(もど)す

're 中 A1 略 《話》**are** の短縮形

reach 中 A2 /ríːtʃ リーチ/ 動

❶ **〜に着く**, **〜に到達**(とうたつ)**する** (arrive at [in], get to); (〜まで)**達する**, (〜に)**届く**
- **reach** the top 頂上に着く
- **reach** the shore 岸に着く
- **reach** home at six 6時に家に着く
- I can **reach** the book on the shelf. 私は棚(たな)の上の本に手が届く.
- This string is too short. It won't **reach**. このひもは短過ぎる. これじゃ届かないでしょう.
- This train **reaches** Nagoya at 6:30 (読み方: six thirty) p.m. この列車は午後6時30分に名古屋に着きます.
- No sound **reached** my ear. 何の物音も私の耳に届かなかった[聞こえなかった].

❷ (**reach out** とも) (手などを)**差し出す**, **伸**(の)**ばす**; **手を伸ばして取る**
- **reach out** (*one's* hand) **for** 〜 〜を取ろうとして手を伸ばす
- I **reached** to pick an apple from the tree. 私は木からリンゴをもぎ取ろうと手を伸ばした.

❸ (電話などで)**連絡**(れんらく)**を取る**

 会話

How can I **reach** you? —You can **reach** me at this (phone) number. どうやったらあなたと連絡が取れますか.—この電話番号で私につながります.

- You**'ve reached** the Ota family. We can't get to the phone right now. Please leave your name and a short message. (留守電の応答メッセージで)(あなたは太田家に連絡されました ⇨)こちらは太田です. ただ今電話に出られません. お名前とメッセージをどうぞ. → **have reached** は現在完了(かんりょう)形. →**have** 助動 ❶

—— 名 (手などを)**伸ばすこと**; **届く範囲**(はんい)
- a boxer with a long **reach** リーチのあるボクサー
- The grapes were **beyond** his **reach**. そのブドウは(高い所になっていて)彼には届かなかった.
- Keep the lighter **out of reach of** the children. ライターは子供たちの手の届かない所に置いておきなさい.
- The apples were **within** my **reach**. リンゴは私の手の届く所にあった.
- Zushi is **within** easy **reach** of Tokyo. 逗子は東京から簡単に行ける所にある.

react /riǽkt リアクト/ 動 (〜に対して)**反応を示す**, **振**(ふ)**る舞**(ま)**う**; **反発する**
- How did he **react to** that news? その知らせに対して彼はどんな反応を示しましたか.

reaction /riǽkʃən リアクション/ 名 **反応**; **反響**(はんきょう)

read 小 A1 /ríːd リード/ 動

三単現	**reads** /ríːdz リーヅ/
過去・過分	**read** /réd レド/ →つづり字は原形と同じだが, 発音が変わることに注意.
-ing形	**reading** /ríːdiŋ リーディング/

❶ **読む**, **読書する**; **読んで聞かせる**
⚡POINT 声を出して読む場合にも出さないで読む場合にもいう.
基本 I **read**. 私は読書する. →主語+read.
- My little brother can't **read** yet. 私の弟はまだ字が読めない.
基本 I **read** a book. 私は本を読む. →主語+read+目的語.
関連語 Mr. Smith can **speak** Japanese but he can't **read** or **write** it. スミスさんは日本語をしゃべることはできるが読んだり書いたりはできない.
- She **reads** poetry very well. 彼女はとても上手に詩を読む[詩の朗読がうまい].
- **Read** this sentence **aloud**. この文を声に出して読みなさい[音読しなさい].
- She **read** the story **to** her children. = She **read** her children the story. 彼女は子供たちにその物語を読んで聞かせた. →現在形なら reads. 後の文は read A B で「AにBを読んで聞かせた」.
- I **read about** his death in the newspaper yesterday. 昨日私は彼の死を新聞で読んで知った.
- **Have** you **read** the book before? 君はその本を(前に)読んだことがありますか. →read は過去分詞. 現在完了(かんりょう)の文. →**have** 助動 ❷
- The Bible **is read** all over the world. 聖書は世界中で読まれている. →read は過去分詞. 受け身の文. →**is** 助動 ❷

reader 528 five hundred and twenty-eight

- Susie **is reading** in her room. スージーは自分の部屋で読書している. → 現在進行形の文.
→ **is** [助動] ❶
- He is very fond of **reading** comics. 彼は漫画(まんが)を読むのが大好きだ. → reading は動名詞 (読むこと)で前置詞 of の目的語.

❷ 読み取る, 読む
- **read** music 楽譜(がくふ)を読む
- **read** the clock 時計の見方がわかる
- **read** her palm 彼女の手相を見る
- Mother can **read** my thoughts. 母は私が何を考えているかわかる.

❸ (計器が)指し示す; 〜と書いてある
- The thermometer **reads** 30℃ (読み方: thirty degrees centigrade). 温度計がセ氏30度を示している.
- Her letter **reads** as follows. 彼女の手紙は次のように書いてある. → as follows は「次のように」.

read out (名簿(めいぼ)・文章などを)**読み上げる**

read through 〜 〜を最後まで読み通す, 通読する

read to oneself 声を出さないで読む, 黙読(もくどく)する (read silently)

reader A1 /ríːdər リーダ/ 名
❶ 読者, 読書家
- a fast **reader** 本を読むのが速い人
- a great **reader** 大の読書家
- a palm **reader** 手相を見る人

❷ リーダー, 読本 → 読解学習用の物語本.
- an English **reader** 英語読本

readily /rédili レディリ/ 副 ❶ 快く; 早速(さっそく), すぐに ❷ 簡単に, わけなく (easily)

reading A1 /ríːdiŋ リーディング/ 動 read の -ing 形 (現在分詞・動名詞)
—— 名 ❶ 読書; 読み方; (詩などの)朗読(会)
関連語 **reading** and **writing** 読み書き
❷ 《集合的に》読み物

réading ròom 名 (図書館などの)**読書室**

ready 小 A1 /rédi レディ/ 形 [比較級]
readier /rédiər レディア/; [最上級] **readiest** /rédiist レディエスト/)

❶ 用意ができて, 準備ができて, いつでも〜できるようになって

[会][基本] Breakfast is **ready**. 朝食の用意ができたよ. → 動詞＋ready. ❸ の場合をのぞき名詞の前にはつけない.

- Your bath is **ready**. おふろの用意ができました.
- Is everything **ready for** the party? パーティーの用意は全部いいですか.
- The fields are **ready for** harvesting. 畑は刈(か)り取られるばかりになっている.
- I'm **ready to** go to school. 私は学校へ出かける用意ができた. → to go は ready を修飾(しゅうしょく)する不定詞. → to ❾ の ④
- We were getting the room **ready for** the party. 私たちはパーティーのために部屋の準備をしていた. → get A B (形容詞)は「A を B (の状態)にする」.

❷ (ふつう be ready to do で) 喜んで〜する, 進んで〜する; 今にも〜しそうである, 〜しがちである
- He **is** always **ready to** help others. 彼はいつでも喜んで人を助けます.
- I'm **ready to** listen to his idea. 私は喜んで彼の考えを聞きます.

❸ 即座(そくざ)の, 手近にある, すぐに使える
- a **ready** answer 即座の返答, 即答(そくとう)
- **ready** cash [money] 手元にある現金
- He always has his dictionary **ready to** hand. 彼はいつも辞書を手に取ってすぐ使えるところに置いている.

Ready, steady [*get set*], *go!* 《英》位置について, 用意, どん! (On your mark(s), get set, go!)

ready-made /redi méid レディ メイド/ 形 既成(きせい)の, 出来合いの
反対語 **custom-made** (注文して作らせた)

real 中 A1 /ríː(ə)l リ(ー)ア ル/ 形
本当の, 本物の; 実際の, 現実の
- a **real** friend 本当の友人
- a **real** pearl 本物の真珠(しんじゅ)
- It is not fiction. It is a **real** story. それは作り話ではない. 本当の話だ.
- Such a thing doesn't happen in **real** life. そういう事は現実の生活では起こらない.
- The picture looks quite **real**. その絵は全く本物のようだ. → look は「〜のように見える」.

realise /ríː(ə)laiz リ(ー)アらイズ/ 動 《英》＝realize

reality /riǽləti リアリティ/ 名 (複 **realities** /riǽlətiz リアリティズ/) 現実(性), 実在(性)

- His dream of having his own house became a **reality**. 自分の家を持ちたいという彼の夢は現実となった.

in reality 実際は, 実は

realize 中 A2 /ríː(ː)əlaiz リ(ー)アライズ/ 動

❶ 理解する, よくわかる; 気づく
- He **realized** the importance of the news. 彼はその知らせの重要性がわかった.

❷ (希望などを)実現する
- At last his dreams were **realized**. (=At last his dream came true.) ついに彼の夢は実現された.

really 小 A1 /ríː(ː)əli リ(ー)アリ/ 副

(→比較変化なし)

❶ **本当に**, 実際に (truly); **本当は**, 実は (in fact)
- John's father was a **really** great man. ジョンのお父さんは本当に偉(えら)い人でした.
- Do you **really** want to go? 君は本当に行きたいの か.
- He looks a little foolish, but is **really** very wise. 彼は少しばかに見えるが本当はとても賢(かしこ)い.

Are you busy?—Not **really**. Why?
忙(いそが)しい?—いや別に. どうして?

❷ 《間投詞のように使って》**本当?**, うそ, へえー
→相手の言葉に対してあいづちを打つ時に使い, 軽い驚(おどろ)き・疑い・興味などを示す.

She doesn't like ice cream.—**Really**?
彼女はアイスクリームが嫌(きら)いなんだ.—へえー[うそ].

reap /ríːp リープ/ 動 刈(か)る, 刈り取る, 収穫(しゅ うかく)する →今は **harvest** のほうがふつう.

関連語 Farmers **sow** seeds in the spring and **reap** in the autumn. 農夫は春に種をまき秋に刈り取る.

rear /ríər リア/ 名 後ろ, 後部; 裏

反対語 Father sat in the **front** of the car and I sat in the **rear**. 父は車の前の座席に座(すわ)って私は後ろの座席に座った.

— 形 後ろの

rearview mirror /ríərvjuː mírər リアヴューミラ/ 名 (自動車・自転車の)**バックミラー** →「バックミラー」は和製英語.

reason 中 A1 /ríːzn リーズン/ 名

❶ **理由**, わけ
- **for** this **reason** こういう理由で
- I want to know the **reason for** his absence. 私は彼の欠席の理由が知りたい.
- What is the **reason for** his absence? (=Why is he absent?) 彼の欠席の理由は何ですか.
- There is no **reason to** doubt his word. 彼の言葉を疑う理由は何もない. → to doubt (疑う〜)は reason を修飾(しゅうしょく)する不定詞. → **to** ❾ の ②
- She had a bad cold. **That is the reason (why)** she was absent from school yesterday. 彼女はひどい風邪(かぜ)をひきました. それが彼女が昨日学校を休んだ理由です.

POINT 上の例の why は reason にかかる関係副詞で, しばしば省略される. the reason のほうを省略して That is why she was 〜. としてもよい.

❷ **理性**, (筋道を立てて)考える力
- Only humans have **reason**; animals do not. 人間だけに理性がある. 動物にはない.
→ ×a reason, ×reasons としない.

❸ **道理**; 分別
- **listen to reason** 道理に耳を傾(かたむ)ける, もっともなことと思う →×a reason, ×reasons としない.
- There is **reason** in what he says. 彼の言うことには道理がある.

reasonable /ríːznəbl リーズナブる/ 形 道理をわきまえた, 分別のある; 道理にかなった; 適当な, (値段が)手頃(てごろ)な

会話 I can't do it, Mike.—Be **reasonable**. マイク, 僕(ぼく)にはそれはできないよ.—(道

rebec 530 five hundred and thirty

理をわきまえなさい ⇨ 落ち着いて考えてごらん.

関連語 The price of strawberries is **reasonable** in June. They are not **expensive**. イチゴの値段は6月は手頃です. (その頃(ころ)の)イチゴは高くありません.

rebec /ríːbek リーベク/ 图 《楽器》レベック → **violin** の元になった古い弦(げん)楽器.
• horsehead **rebec** 馬頭琴(ばとうきん) → モンゴルの弦楽器で, horsehead fiddle ともいう.

rebound /ribáund リバウンド/ 動 跳(は)ね返る

rebuild /riːbíld リービるド/ 動 （三単現 **rebuilds** /riːbíldz リービるヅ/; 過去・過分 **rebuilt** /riːbílt リービるト/; -**ing形** rebuilding /riːbíldiŋ リービるディング/)
再建する; 立て直す; 取り戻す

rebus /ríːbəs リーバス/ 图 判じ物(の絵), 絵まじり文 → 文中の単語や単語中の音節 (syllable) の発音を絵や記号で表して, 人に当てさせるパズル.

recall /rikɔ́ːl リコーる/ 動 ❶ 思い出す (remember) ❷ (大使などを本国へ)呼び戻(もど)す ❸ (注文などを)取り消す, (不良品などを)回収する;《米》(住民投票によって市長など公務員を)解任する, リコールする

receipt A2 /risíːt リスィート/ 图
領収書, レシート, 受け取り
• May I **have** a **receipt**, please? レシートをいただけませんか.
• He gave me a **receipt for** the money. 彼はその代金のレシートを私にくれた.

receive 中 A2 /risíːv リスィーヴ/ 動
受け取る, 受ける, もらう → **accept**
• **receive** a letter **from** him 彼から手紙を受け取る
• I **received** your letter this morning. 今朝あなたのお手紙を受け取りました.
• My plan **was received** with great interest. 私の案は非常な興味をもって受け取られた. → **was** [助動] ❷
• Giving is better than **receiving**. 与(あた)えることは受けることよりもよい. → receiving は動名詞(受け取ること).

receiver /risíːvər リスィーヴァ/ 图
❶ 受取人; (テニスなどで)サーブを受ける側の人 ❷ (電話の)受話器, (ラジオ・テレビの)受信機

recent A2 /ríːsnt リースント/ 形 近頃(ちかごろ)の, 最近の → 名詞の前にだけつける.
• a **recent** film 最近の映画
• in **recent** years 近年, 近頃

recently 中 A2 /ríːsntli リースントリ/ 副
近頃(ちかごろ), 最近 → ふつう完了(かんりょう)形, 過去形とともに使う.
会話 Have you seen John **recently**? —Yes, I saw him yesterday. 最近ジョンに会った?—うん, 昨日会ったよ.

reception /risépʃən リセプション/ 图
❶ 受け取ること, 受け入れる[られる]こと ❷ (英) (ホテル・病院・会社などの)受付 → **reception desk** (《米》front desk) ともいう. ❸ 歓迎(かんげい)会, レセプション

receptionist A2 /risépʃənist リセプショニスト/ 图 (病院・会社などの)受付係

recess /risés リセス/ 图 (授業・会議などの)休み時間, 休憩(きゅうけい)(時間)

recipe /résəpi レスィピ/ 图 (料理などの)作り方, レシピ → 「～に至る道[原因, 秘けつ]」などの意味でも使われる.

recital /risáitl リサイトる/ 图 独奏会, 独唱会, リサイタル

recitation /resətéiʃən レスィテイション/ 图 (聴衆(ちょうしゅう)の前で行う詩などの)暗唱, 朗読;《米》(生徒が予習した事を先生の前で)暗唱すること

recite /risáit リサイト/ 動 (多くの人の前で)暗唱する; 朗読する

reckless /réklis レクれス/ 形 向こう見ずの, むちゃな, 無謀(ぼう)な

reckon /rékən レコン/ 動 ❶ 計算する, 数える (count) ❷ ～とみなす; ～と思う (think)

recognise /rékəgnaiz レコグナイズ/ 動 《英》=recognize

recognition /rekəgníʃən レコグニション/ 图 (前に知っていた人・事を)思い出してわかること, 認知(にんち)

recognize /rékəgnaiz レコグナイズ/ 動
❶ (誰(だれ)だか・何だかが)わかる, 思い出す ❷ 認める, 承認(しょうにん)する

recollect /rekəlékt レコれクト/ 動 思い出す, 回想する

recollection /rekəlékʃən レコれクション/ 图 思い出すこと, 記憶(きおく); 思い出

recommend 中 /rekəménd レコメンド/ 動
推薦(すいせん)する, 勧(すす)める
• **recommend** him **for** the job その仕事に彼を推薦する
• The teacher **recommended** this dictionary to us. = The teacher **recommended** us this dictionary. 先生は私たち

にこの辞書を推薦した. →後の文は recommend A B で「AにBを推薦する」.

recommendation /rèkəmendéiʃən レコメンデイション/ 图 推薦(すいせん), お薦(すす)め; 勧告
•a letter of **recommendation** 推薦状
•What flavor do you like? —Any **recommendations**? 「どの味にしますか.」「何かおすすめはありますか.」

reconstruction /ri:kənstrʌkʃən リーコンストラクション/ 图 再建; 改築; 再現

record 中 A2 /rékərd レコド|rékɔ:d レコード/ (→アクセントの位置に注意) 图
❶ 記録; (学校の)成績; (競技などの)最高記録
•**keep** a **record** of ～ ～の記録をつけておく
•**break** [**hold**] the **record** (競技で)記録を破る[持っている]
•**have** a fine **record** at school 学校の成績が優秀(ゆうしゅう)である
•His **record** at school is excellent. 彼の学校での成績は優秀である.
•Who **holds** the **record for** the high jump? 走り高跳(と)びの記録は誰(だれ)が持っているのですか.
•He **set** a new school **record for** the 100 meters. 彼は100メートル競走の校内新記録を立てた.
❷ (音楽などの)レコード
•an Elvis Presley **record** = a **record** by Elvis Presley エルビス・プレスリーのレコード
•**play** [**put on**] the **record** レコードをかける
── /rikɔ́:rd リコード/ (→名詞とのアクセントの位置の違(ちが)いに注意) 動
❶ 記録する, 書き留める
❷ 録音する, 録画する, 吹(ふ)き込(こ)む
•**record** the music on an IC recorder その音楽を IC レコーダーに録音する

recorder 小 /rikɔ́:rdər リコーダ/ 图
❶ 録音機; (いろいろな)記録装置; 記録係
•a voice **recorder** ボイスレコーダー
❷ (楽器)リコーダー →たて笛の一種.

recording /rikɔ́:rdiŋ リコーディング/ 图 記録; 録音(すること), 録画(すること)

récord plàyer 图 レコードプレーヤー

recover /rikʌ́vər リカヴァ/ 動 (失った物を)取り戻(もど)す; (病気などから)回復する, 治る

recovery /rikʌ́vəri リカヴァリ/ 图 (覆 recoveries /rikʌ́vəriz リカヴァリズ/) 元に戻(もど)る[戻す]こと, 回復, 回収

recreation /rèkriéiʃən レクリエイション/ 图 (仕事の後の趣味(しゅみ)・運動などの)骨休め; 気晴らし, レクリエーション

recruit /rikrú:t リクルート/ 動 (軍隊・会社・チームなどに人を)新しく入れる, 補充(ほじゅう)する
── 图 新兵; 新メンバー, 新会員, 新入社員

rectangle 小 /réktæŋgl レクタングる/ 图 長方形 関連語 square (正方形)

recyclable /ri:sáikləbl リーサイクらブる/ 形 リサイクル可能な, 再利用できる

recycle 中 A2 /ri:sáikl リーサイクる/ 動 (廃品(はいひん)などを)再生(利用)する, リサイクルする
•We can **recycle** cans and bottles. 缶(かん)や瓶(びん)は再生利用できる.

recycling /ri:sáikliŋ リーサイクリング/ 图 (廃品(はいひん)などの)再生(利用), リサイクル

red 小 A1 /réd レド/ 形 (比較級 **redder** /rédər レダ/; 最上級 **reddest** /rédist レデスト/) 赤い

品 基本 a **red** rose 赤いバラ →red+名詞.
品 基本 This rose is **red**. このバラは赤い. →be 動詞+red.
•He turned **red** with anger. 彼は怒(いか)りで真っ赤になった.
── 图 (覆 **reds** /rédz レツ/) 赤, 赤色; 赤い服
•Santa Claus is dressed in **red**. サンタクロースは赤い服を着ています. →この場合は ×a red, ×reds としない.

in the red (会計が)赤字で

> **イメージ (red)**
> 赤は血の色への連想から「情熱的, 活動的」のイメージがある. またフランス革命以来, 赤い旗は「革命」のシンボルとされている. 赤には「高貴」のイメージもあり「赤いじゅうたん (red carpet)」は貴賓(きひん)を迎える時に使われる.

Réd Créscent 固名 (the をつけて)赤新月 →イスラム教国の赤十字団体.

Réd Cróss 固名 (the をつけて)赤十字社

réd fóx 图 (動物)アカギツネ

Réd Séa 固名 (the をつけて)紅海 →アフリカとアラビア半島の間の海で, スエズ運河によって地中海と通じている.

reduce 中 /ridjú:s リデュース/ 動 (サイズ・数量・程度を)小さくする, 下げる, 減らす; 減る
•**reduce** speed [*one's* weight] スピードを落とす[体重を減らす]
•This medicine will **reduce** the pain.

reduction

この薬を飲めばその痛みは弱まるでしょう.

reduction /ridʌ́kʃən リダクション/ 名 (サイズ・数量・程度を)下げること, 減少, 値下げ(額)

redwood /rédwud レドウド/ 名 《植物》アメリカスギ →カリフォルニア州に産するセコイアの一種で, 高さ100 m 以上になる.

reed /ríːd リード/ 名 《植物》アシ, ヨシ

reed organ /ríːd ɔ̀ːrɡən リード オーガン/ 名 《楽器》リードオルガン →日本で一般(いっぱん)に「オルガン」といっているもの.

reef /ríːf リーふ/ 名 (水面下または水面近くの)暗礁(あんしょう)

reel /ríːl リール/ 名 (フィルム・釣(つ)り糸・テープなどを巻く)リール

refer A2 /rifə́ːr リふァ~/ 動 (三単現 **refers** /rifə́ːrz リふァ~ズ/; 過去・過分 **referred** /rifə́ːrd リふァ~ド/; -ing形 **referring** /rifə́ːriŋ リふァ~リンぐ/)

❶ (**refer to ~** で) ~のことを言う, ~に言及(げんきゅう)する, ~を指す

•She **referred to** her private life in the speech. 彼女は講演の中で自分の私生活に触(ふ)れた.

❷ (**refer to ~** で) ~を参考にする, ~を調べる, ~を見る

•Please **refer to** page 15. 15ページを参照のこと[見よ].

•You can't **refer to** your notebook when you are taking the exam. 試験中はノートを見てはいけない.

referee /rèfəríː レふェリー/ 名 (フットボール・ボクシングなどの)審判(しんぱん)員, レフェリー
類似語 野球などの審判員は **umpire**, コンテストなどの審判員は **judge**.

reference /réfərəns レふァレンス/ 名
❶ (~への)言及(げんきゅう), 言及箇所(かしょ)
❷ 調べること, 参照, 参考(図書)

refill /riːfíl リーふィる/ 動 再び満たす, 詰め替える
— /ríːfil リーふィる/ (→動詞とのアクセントの位置の違いに注意) 名 詰め替えるもの

•a **refill** for a ball-point pen ボールペンの替え芯(しん)

refine /rifáin リふァイン/ 動
❶ (不純物を除去して)純化する, 精製する
❷ 洗練する, 磨(みが)きをかける

reflect A2 /riflékt リふれクト/ 動 反射する, 反映する; (鏡・水面などが)映す

•A mirror **reflects** light. 鏡は光を反射する.

•The lake **reflected** the trees along its banks. 湖は岸沿いの木を映していた.

reflection /riflékʃən リふれクション/ 名 反射, 反映, (鏡などに)映った姿

reform /rifɔ́ːrm リふォーム/ 動 改革する, 改良[改善]する; (行いなどを)改める
— 名 改良, 改善, 改革

reformation /rèfərméiʃən レふォメイション/ 名
❶ 改正, 改良, 改革
❷ (the Reformation で) 宗教改革 →16世紀の初めにカトリック教会内に起こった改革運動で, その結果新教徒 (Protestants) が生まれた.

reformer /rifɔ́ːrmər リふォーマ/ 名 改革者

refrain /rifréin リふレイン/ 名 (歌・詩の)繰(く)り返しの部分, リフレイン

refresh /rifréʃ リふレシュ/ 動 気分を爽(さわ)やかにする, 生気を与(あた)える, 元気にする

refreshment /rifréʃmənt リふレシメント/ 名
❶ 気分を爽(さわ)やかにすること[物]; 休養
❷ (ふつう **refreshments** で) 軽い食事, 飲み物; (パーティーなどでの)お茶菓子(がし)

refrigerator A2 /rifrídʒəreitər リふリチェレイタ/ 名 冷蔵庫; 冷凍(れいとう)室 →**fridge** ともいう.

refuge /réfjuːdʒ レふューヂ/ 名 避難(ひなん); 避難所

refugee /rèfjudʒíː レふュヂー/ 名 難民, 避難(ひなん)者, 亡命者

•a war **refugee** 戦争難民

•The **refugees** ran away across the border. 難民たちは国境を越(こ)えて逃(に)げた.

refusal /rifjúːzəl リふューザる/ 名 断ること, 拒絶(きょぜつ)

refuse /rifjúːz リふューズ/ 動 断る, 拒絶(きょぜつ)する, 拒否(きょひ)する

•She **refuses to** eat carrots. 彼女は(ニンジンを食べるのを拒否する ⇨)どうしてもニンジンを食べようとしない.

•Bob **refused** my offer of help. ボブは手伝おうという私の申し出を断った.

•I offered to help him, but he **refused**. 私は彼に手伝うと申し出たが, 彼は断った.

regard /rigáːrd リガード/ 動 ~とみなす, ~と考える (consider)
— 名 ❶ 注意, 配慮(はいりょ), 心配り
❷ 尊敬 (respect); 好意
❸ (**regards** で) よろしくという挨拶(あいさつ)

in [*with*] *regard to ~* ~に関して(は)

regarding /rigá:rdiŋ リガーディング/ 前 《文》
～に関しては)、～について(言えば)

region /rí:dʒən リーヂョン/ 名 (ある特徴(とくちょう)を持った広い)地域, 地方, 地帯

register /rédʒistər レヂスタ/ 名
❶ 記録(簿(ぼ)), 登録(簿), ～(名)簿
❷ レジスター →**cash register** ともいう. スーパーなどの出口にある「レジ」は checkout, あるいは checkout counter といい, 「レジ係」は cashier という.
── 動 ❶ 登録する, 記録する ❷ (感情などを)示す; (目盛りが)示す ❸ (手紙などを)書留にする

regret A2 /rigrét リグレト/ 動 (三単現 **regrets** /rigréts リグレツ/; 過去・過分 **regretted** /rigrétid リグレテド/; -ing形 **regretting** /rigrétiŋ リグレティング/)
後悔(こうかい)する; 残念に思う, 気の毒に思う
•**regret** one's mistake 間違(まちが)いを悔(く)やむ
•I **regret that** I did not study hard at school. 私は学校で一生懸命(けんめい)勉強しなかったことを後悔しています.
•I **regret to** say that I cannot help you. (お助けできないと言うことを残念に思う ⇨)残念ながら君を助けてあげられない. →I'm sorry to say that ～. より改まった言い方.
── 名 後悔; 残念
•I felt **regret** for telling her a lie. 私は彼女にうそをついたことを後悔した.
to A's regret (Aにとって)残念なことに
•Much **to** my **regret**, I didn't watch the game. とても残念なことに私はその試合を見なかった.

regretfully /rigrétfəli リグレトふり/ 副 残念そうに; 後悔して

regular A2 /régjulər レギュラ/ 形
❶ 規則正しい; 整然とした
•a **regular** life 規則正しい生活
•at **regular** intervals 規則的な間隔(かんかく)をあけて
•Your heartbeat is **regular**. 君の脈拍(みゃくはく)は正常です.
❷ 定期的な; いつもの, 決まった, ふつうの; 正規の
•a **regular** customer at that store その店のいつものお客[お得意さん]
•one's **regular** seat in class 授業でのいつ

もの席
•a **regular** player レギュラー選手, 正選手
•a **regular** roof ふつうの屋根
•at **regular** hours 決まった時間に
•There is a **regular** bus service between the station and the museum. 駅と博物館の間には定期バスが走っている.
•You must have **regular** meals. 食事は決まった時間にきちんととらなければいけない.
── 名 正選手, レギュラー

regularly A2 /régjulərli レギュらり/ 副 規則正しく; 定期的に, いつも休まないで

regulation /règjuléiʃən レギュれイション/ 名 規則, 規定

rehearsal /rihə́:rsəl リハ～サる/ 名 (公演前の)稽古(けいこ), 練習, リハーサル

reign /réin レイン/ 名 統治; (王・女王の)在位期間, 治世
── 動 王位にある, 君臨する; 統治する

rein /réin レイン/ (→rain (雨)と同音) 名 (ふつう **reins** で) 手綱(たづな)

reindeer /réindiər レインディア/ 名 《動物》トナカイ →複数も **reindeer**.

reject /ridʒékt リヂェクト/ 動 断る, はねつける (refuse)

rejection /ridʒékʃən リヂェクション/ 名 拒絶(きょぜつ), 拒否(きょひ); 不認可(ふにんか), 不採用

rejoice /ridʒɔ́is リヂョイス/ 動 喜ぶ; 喜ばせる

relate /riléit リれイト/ 動 ❶ 物語る, 話す, 述べる ❷ 結び付ける, 関連させる; 関係がある, 結び付いている

relation /riléiʃən リれイション/ 名 ❶ 関係 ❷ 親戚(しんせき) (relative)

relationship /riléiʃənʃip リれイションシプ/ 名 関係, 関連; 人間[親族(しんせき)]関係

relative /rélətiv レらティヴ/ 名 親類, 親戚(しんせき) →血縁(けつえん)関係, あるいは婚姻(こんいん)関係でつながっている人.
•He has no **relatives** in this town. 彼はこの町には親戚がいない.
── 形 ❶ 関係のある, 関連した
•a discussion **relative to** education 教育に関連した議論
❷ (他の物と関連させて初めて意味がある)相対的な; 比較(ひかく)的な, 比べた時の

relatively /rélətivli レらティヴり/ 副 比較(ひかく)的, 割合(に)

relax 中 A2 /rilǽks リらクス/ 動 (筋肉・規則な

relaxed

どを)**緩**(ゆる)**める**, (気分などを)**ゆったりさせる**, **く つろがせる**; **緩む**, **くつろぐ**, **リラックスする**
- **relax** the regulations 規則を緩める
- Listening to jazz **relaxes** me. ジャズを 聞いているとくつろいだ気分になる.
- I like to **relax** after supper by listen- ing to music. 私は夕食後音楽を聞いてくつろ ぐのが好きだ.

relaxed A2 /rilǽkst リラクスト/ 形 **くつろいだ**, **リラックスした**; 緩(ゆる)**んだ**

relaxing /rilǽksiŋ リラクスィング/ 形 **くつろが せる**, **ゆったりとさせる**

relay 中 /ríːlei リーレイ/ 名
❶ **交替**(こうたい); **交替者**
- work **in relays** 交替で働く
❷ **リレー競走** →**relay race** ともいう.
❸ (ラジオ・テレビの)**中継**(ちゅうけい)**放送**
── 動 (伝言などを)**中継**っ**ぎする**; **中継放送する**
- **relay** a message **to** Joan ジョーンに伝言 を伝える
- The game was **relayed** by satellite **from** Sydney. その試合は通信衛星によってシ ドニーから中継放送された.

release A2 /rilíːs リリース/ 動
❶ **釈放**(しゃくほう)**する**; **放す**
- The hostages were **released**. 人質(ひとじち) は釈放された.
❷ (ニュース・声明などを)**発表する**; (CD などを)**発売する**; (映画を)**封切**(ふうぎ)**りする**, **公開する**
── 名 ❶ **釈放**, **免除**(めんじょ)
❷ (CD などの)**発売**; (映画の)**封切り**

reliable /riláiəbl リライアブル/ 形 **信頼**(しんらい)**で きる**, **当てになる**, **確実な**

relief /rilíːf リリーフ/ 名 ❶ **ほっとした思い**, **安 心**; **痛くなくなること** ❷ **救助**, **救援**(きゅうえん); **救援 物資** ❸ **交替**(こうたい), **休み**; **交替者**

relieve /rilíːv リリーヴ/ 動 ❶ (苦痛・心配など を)**軽くする**, **取り除く**; **安心させる** ❷ **助ける**, **救 援**(きゅうえん)**する** ❸ **交替**(こうたい)**してやる**, **休ませる**

religion /rilídʒən リリヂョン/ 名 **宗教**, **〜 教**; **信仰**(しんこう)

religious /rilídʒəs リリヂャス/ 形 **宗教の**; **宗教 的な**, **信仰**(しんこう)**の**(厚い)

reluctantly /rilΛktəntli リラクタントリ/ 副 **い やいやながら**, **しぶしぶ**

rely /rilái リライ/ 動 (三単現 **relies** /riláiz リら イズ/; 過去・過分 **relied** /riláid リライド/; -ing形 **relying** /riláiiŋ リライインゲ/)

(**rely on** [**upon**] **〜 で**) **〜に頼**(たよ)**る**, **〜を当 てにする**, **〜を信頼**(しんらい)**する**

remain A2 /riméin リメイン/ 動
❶ (行かないで)**残る**, **とどまる**; (後に)**残っている**
- Only one day **remains** before school begins again. また学校が始まるまでにあと1 日しか残っていない.
- Cinderella **remained at** home. シンデ レラは家に残った.
❷ (引き続き)**〜である**, **〜のままでいる** → **〜のと ころには** remain **の補語として形容詞, 現在分 詞, 過去分詞, 名詞などが来る.**
- He **remained** silent. 彼は黙(だま)っていた.
- It will **remain** cold for a few days. お 天気は2〜3日寒いままでしょう[この寒さは 2〜3日続くでしょう].
- The train was very crowded and I had to **remain** standing all the way. 電 車はとても混んでいたので私はずっと立ったまま でいなければならなかった.
- We often quarreled but **remained** friends. 私たちはよくけんかをしたけれどずっ と友達でいた.
── 名 (**remains** で) ❶ **残り**, **残り物**
- the **remains of** a meal 食事の残り物
❷ **遺跡**(いせき) (ruins)
- the **remains** of a Greek temple ギリシ ャ神殿(しんでん)の遺跡

remark /rimáːrk リマーク/ 名 (簡単な)**感想**, **意 見**, **気のついた事**, **一言**
── 動 (感想などを簡単に)**言う**, **述べる**

remarkable /rimáːrkəbl リマーカブル/ 形 **注目すべき**, **目立った**, **並外れた**, **珍**(めずら)**しい**

remarkably /rimáːrkəbli リマーカブリ/ 副 **著**(いちじる)**しく**, **目立って**, **とても**

remedy /rémədi レメディ/ 名 (複 **remedies** /rémədiz レメディズ/) **治療**(ちりょう)**法**; **薬**

remember 中 A1 /rimémbər リメンバ/

| 動 ❶ **覚えている**; **思い出す** 意味 map
❷ (**remember to** *do* で) 忘れずに **〜する**
❸ (**remember** *A* **to** *B* で) AからB へよろしくと伝える

── 動 (三単現 **remembers** /rimémbərz リ メンバズ/; 過去・過分 **remembered** /ri- mémbərd リメンバド/; -ing形 **remembering**

/rimémbəriŋ リメンバリング/)
❶ 覚えている, 忘れていない; 思い出す

if I remember right (もし私が正しく覚えていれば ⇨)私の記憶(きおく)に間違(まちが)いがなければ →remember+副詞.

I remember her phone number. 私は彼女の電話番号を覚えている. →remember+名詞(句).

POINT remember は「覚えている」という「状態」を表す語なので, ふつう進行形 (be remembering)にしない.

- **Remember that** you must go to the dentist today. きょうは歯医者に行くことを覚えておきなさい[忘れてはだめよ].
- **Remember**, at first you must jog slowly. (覚えておきなさい ⇨)いいですか, 初めはゆっくり走らなければいけません.
- I **remember** see**ing** this movie on TV. この映画はテレビで見た覚えがある. →remember *doing* は「(過去に)〜したことを覚えている」. →❷ 第1例
- Now I **remember**. やっと思い出した[ああそうだった].

反対語 I always **remember** faces, but I **forget** names. 私は顔はいつも思い出せるのだが名前が思い出せない. →remember はしばしば can remember (思い出すことができる)のように訳してよい.

- I want something to **remember** her by. 私は(それによって彼女を思い出す ⇨)彼女の思い出になる物が欲(ほ)しい.

文法 ちょっとくわしく
上の例で, 不定詞 to remember (思い出す〜)は something を修飾(しゅうしょく)する (→to ❾ の ②). 意味のつながりの上では to remember her by something だが, something が不定詞の前に出る.

- A cat **remembers** people who are kind to it. ネコは自分に親切な人を覚えている.
- After a while I **remembered** where I was. しばらくして私は自分がどこにいるのか[ここがどこだか]思い出した.
- His name will **be remembered** forever. 彼の名前は永遠に記憶されるでしょう. →受け身の文. →be [助動] ❷

❷ (**remember to** *do* で) 忘れずに〜する, 必ず〜する

- **Remember to** mail the letter. (=Don't forget to mail the letter.) 忘れずにこの手紙を出してください. →remember to *do* は「(これから)〜することを覚えている, 忘れずに(これから)〜する」.
- **Remember to** look both ways before crossing. 道路を横断する前には必ず左右を見なさい.

会話 Did you **remember to** bring your dictionary?—Oh, I forgot. 忘れずに辞書を持って来ましたか.—あ, 忘れた.

❸ (**remember** *A* **to** *B* で) AからBへよろしくと伝える

- **Remember** me **to** all your family. お宅の皆(みな)さまによろしくお伝えください.

remind 中 A2 /rimáind リマインド/ [動]
思い出させる, 気づかせる

- **remind** him **of** 〜 彼に〜のことを思い出させる
- **remind** him **to** *do* 〜するのを忘れないように彼に注意する
- This picture **reminds** me **of** the days I spent with you last summer. (この写真は去年の夏私があなたと過ごした日々のことを思い出させる ⇨)この写真を見ると去年の夏あなたと過ごした日々のことを思い出す.
- **Remind** me **to** call him tomorrow. あした私が彼に電話することを(気づかせてくれ ⇨)忘れていたら注意して.
- Oh, that **reminds** me. I have to call him. あ, それで思い出した. 彼に電話しなきゃ.

reminder /rimáindər リマインダ/ [名] 思い出させる人[もの]

remote A2 /rimóut リモウト/ [形] (距離(きょり)・時間・関係が)遠い, 遠く離(はな)れた; 人里離れた
- a **remote** island 遠く離れた島

remóte contról [名] 遠隔(えんかく)操作, リモコン

removal /rimúːvəl リムーヴァる/ [名] 除去, 撤

remove 536 five hundred and thirty-six

去(てっきょ); 移転

remove /rimúːv リムーヴ/ 動 (ふたなどを)取り外す, (疑い・不安・邪魔(じゃま)物などを)取り除く, (食卓(しょくたく)の皿などを)片付ける; (衣類などを)脱(ぬ)ぐ

• **remove** a landmine 地雷(じらい)を取り除く
• **remove** the plates **from** the table 食卓から(食後の)皿を片付ける
• **remove** all doubts すべての疑惑(ぎわく)を取り除く
• We **removed** his name **from** the list. 私たちは名簿(めいぼ)から彼の名前を外した.
• Landmines are not easily **removed**. 地雷の撤去(てっきょ)は簡単ではない.

renaissance /renəsáːns レネサーンス|rənéisəns レネイサンス/ 名 ❶ 復興, 復活
❷(the Renaissance で) 文芸復興, ルネサンス →14〜16世紀にイタリアから起こりヨーロッパに広がった古典芸術や学問の復興運動.

rend /rénd レンド/ 動 (三単現 **rends** /réndz レンヅ/; 過去・過分 **rent** /rént レント/; -ing形 **rending** /réndiŋ レンディング/) 《文》引き裂く, ちぎる

renew /rinjúː リニュー/ 動 ❶新しくする; (古くなった物を新しい物に)取り替(か)える; (契約(けいやく)などを)更新(こうしん)する ❷(元気などを)取り戻(もど)す, 回復する; 再び始める, 繰(く)り返す

renewable /rinjúːəbl リニューアブる/ 形 更新(こうしん)[回復, 再生]できる
• **renewable** energy 再生可能エネルギー

rent A2 /rént レント/ 名 (家・土地・車・ビデオなどの)使用料 →貸す側からすれば「貸し賃」, 借りる側からすれば「借り賃」.
• How much **rent** do you pay for your apartment? あなたはアパート代をいくら払(はら)っていますか.

For Rent 《米》(広告・掲示などで)貸し家[貸し部屋, 空室]あり →英国では **To Let** という.

— 動 ❶(使用料を払って)借りる
• **rent** an apartment アパートを借りる
• **rent** a car [a video] 車[ビデオ]を借りる
❷(**rent out** とも) (使用料を取って)貸す; 貸される
• **rent** (**out**) an apartment アパートを貸す
• She **rented** me her spare room. =She **rented** her spare room to me. 彼女は空き部屋を私に貸してくれた. →前の文は rent A (人) B (部屋など) で「AにBを貸す」.
• This room **rents for** 50,000 (読み方: fifty thousand) yen a month. この部屋はひと月5万円で貸される[部屋代は月5万円です].

rent-a-car /réntəkɑːr レンタカー/ 名 《米》貸し自動車, レンタカー

rental /réntl レントる/ 名 賃貸(ちんたい)(料)
• a video **rental** store ビデオレンタル店

repair A2 /ripéər リペア/ 動 (大がかりな, あるいは複雑な故障・破損を)修繕(しゅうぜん)する, 修理する, 直す
類似語 **mend** ((簡単な故障・破損を)直す)
• **repair** a TV set テレビを修理する
• have [get] a TV set **repaired** テレビを直してもらう →have [get] A + 過去分詞は「Aを〜してもらう」.
• I want the TV set **repaired**. 私はテレビを直してもらいたい. →want A + 過去分詞は「Aを〜してもらいたい」.
— 名 修繕, 修理, 手入れ

under repair 修理中で, 修復中で
• This road is **under repair**. この道路は修理中です.

repeat 中 A1 /ripíːt リピート/ 動
繰(く)り返す, 繰り返して言う
• **Repeat** (the sentence) **after** me. 私のあとについて(その文を)言いなさい.
• Will you **repeat** the question, please? 質問をもう一度言ってくれませんか.
• History **repeats** itself. 歴史は繰り返す. →「歴史上の出来事は同じような経過をたどって繰り返し起こるものだ」の意味.

repeatedly /ripíːtidli リピーテドリ/ 副 繰(く)り返して, 何度も

repetition /repətíʃən レペティション/ 名 繰(く)り返し, 反復 関連語「繰り返す」は **repeat**.

replace A2 /ripléis リプれイス/ 動
❶ 元の所に置く, 戻(もど)す
• I **replaced** the book on the shelf. 私はその本を棚(たな)の上に戻した.

537 **request**

❷ 取り替(か)える; 〜に取って代わる
- **replace** an old calendar **with** a new one 古いカレンダーを新しいのと取り替える → one=calendar.
- John **replaced** Bob **as** pitcher. 投手としてジョンがボブに取って代わった.

reply A2 /riplái リプ**ラ**イ/ 動 (三単現) **replies** /ripláiz リプ**ラ**イズ/; (過去・過分) **replied** /ripláid リプ**ラ**イド/; -ing形 **replying** /ripláiiŋ リプ**ラ**イインヶ/
(口頭・文章・動作で)答える, 返事をする, 回答する
[類似語] **answer** よりも形式張った語.
- **reply to** him 彼に答える[返事を出す] → ×*reply him* としない.
- He readily **replies** to any question. 彼はどんな質問にも快く答えてくれる.
- "No, thank you," she **replied**. 「いいえ, けっこうです」と彼女は答えた.
- He **replied that** he liked the movie very much. 彼はその映画が大好きだと答えた.
- The audience **replied with** shouts and cheers. 聴衆(ちょうしゅう)は歓声(かんせい)と拍手(はくしゅ)で答えた.
—— 名 (複 **replies** /ripláiz リプ**ラ**イズ/)
(口頭・文章・動作による)答え, 返事, 回答
- **make** a **reply** 返事をする[書く]
- **make** no **reply** 返事をしない[書かない]
in reply 答えて, 返事に
- He said nothing **in reply**. 彼は何も答えなかった.

report 中 A2 /ripɔ́:rt リ**ポ**ート/ 動
報告する; 報道する
- **report** an accident **to** the police 事故を警察に報告する
- **report on** the result of the election 選挙の結果について報告する
- The radio **reports** the news. ラジオはニュースを報道する.
- The accident was **reported** in the newspaper. その事故は新聞で報道された.
—— 名 ❶ 報告, 報告書, レポート; 報道 [関連語]
「論文」という意味での「レポート」は **paper**.
- a book **report** ある本についてのレポート
- a newspaper **report** 新聞記事
- the weather **report** 天気予報
- a sheet of **report** paper レポート用紙1枚
- **write** a **report about** [**on**] 〜 〜について報告書を書く

❷ (学校の)成績, 成績表
- 《米》a **report** card = 《英》a school **report** (学校の)成績通知表
- get a good **report** card 良い成績通知表をもらう

reporter A1 /ripɔ́:rtər リ**ポ**ータ/ 名
報告者; (新聞・雑誌・放送の)報道記者, レポーター

represent A2 /reprizént レプリ**ゼ**ント/ 動
❶ 表す, 意味する, 象徴(しょうちょう)する
- The dove **represents** peace. ハトは平和を象徴している.
- This red line on the map **represents** a bus route. 地図上のこの赤い線はバス路線を表している.
❷ 代表する, 〜の代表者[代理人]である
- An ambassador **represents** his or her country abroad. 大使は外国で自分の国を代表する.

representative /reprizéntətiv レプリ**ゼ**ンタティヴ/ 名 代表者; 代議士, 代理人

reproach /ripróutʃ リプ**ロ**ウチ/ 名 しかること, 非難
—— 動 しかる, 非難する

reproduce /ri:prədjú:s リープロ**デュ**ース/ 動
❶ 再生する, 再現する ❷ 複製する, 複写する

reproduction /ri:prədʌ́kʃən リープロ**ダ**クション/ 名 ❶ 再生, 再現 ❷ 複製, 複写

republic /ripʌ́blik リ**パ**ブリク/ 名 共和国 → 国
の元首が国民によって選ばれる仕組みの国. 世襲(せしゅう)などによる king, queen, emperor (皇帝(こうてい), 天皇)が元首である国は **monarchy** /mánərki マナキ/ という.

republican /ripʌ́blikən リ**パ**ブリカン/ 形
❶ 共和国の
❷ (Republican で) 《米》共和党の
—— 名 (Republican で) (米国の)共和党員 → 「民主党員」は Democrat.

Repúblican Párty 固名 (the をつけて)
共和党 → 米国の2大政党の1つ. → **Democratic Party**

reputation /repjutéiʃən レピュ**テ**イション/ 名
評判

request A2 /rikwést リク**ウェ**スト/ 名 頼(たの)み, 願い, 要請(ようせい); リクエスト(曲)
- **on request** 要請があり次第(しだい)
- **by request** 要請されて, 求めに応じて
- **at** the **request of** *A* = **at** *A's* **request** A の依頼(いらい)で, A に頼まれて

require 538 five hundred and thirty-eight

• He **made** a **request for** more days off. 彼はもっと多くの休暇(きゅうか)が欲(ほ)しいと言った.

—— 動 (丁寧(ていねい)に)頼む, 願う, 要請する

• You are **requested to** be quiet in the library. あなたがたは図書室では静粛(せいしゅく)にするように求められている[図書室ではご静粛に願います].

require /rikwáiər リクワイア/ 動 要求する, 必要である

rescue 中 /réskju レスキュー/ (←アクセントの位置に注意) 動 救い出す, 救助する (save)

• The firefighters **rescued** a baby **from** the burning house. 消防士たちが燃えている家から赤ん坊(ぼう)を救い出した.

—— 名 救助, 救援(きゅうえん)

• **go** [**come**] **to** his **rescue** 彼の救助に行く[来る]

research 中 A2 /ríːsəːrtʃ リーサ~チ, risə́ːrtʃ リサ~チ/ 名 研究, 調査

• cancer **research** がんの研究

• do **research into** 〜 〜の研究をする

researcher 中 /risə́ːrtʃər リサ~チャ/ 名 研究者, 調査員

resemblance /rizémbləns リゼンブランス/ 名 似ていること, 類似(るいじ)(点)

resemble /rizémbl リゼンブる/ 動 似ている → 進行形や受け身形にしない.

reservation /rezərvéiʃən レザヴェイション/ 名 ❶ 取っておくこと, 保留 ❷ (座席などの)予約 → しばしば複数形 (**reservations**) で使われる. ❸ (アメリカ先住民のための)指定保留地 → ふつう広大な山林地帯.

reserve /rizə́ːrv リザ~ヴ/ 動 ❶ 取っておく, たくわえておく ❷ (座席・部屋などを)予約する (book)

—— 名 ❶ たくわえ, 備え ❷ (ある目的のための)保護地, 保護区

reserved /rizə́ːrvd リザ~ヴド/ 形 予約済みの, 貸し切りの; 予備の

residence /rézidəns レズィデンス/ 名 住宅, 邸宅(ていたく); 居住

resident /rézidənt レズィデント/ 名 住民, 居住者

resign /rizáin リザイン/ 動 辞職する, 辞任する

resignation /rezignéiʃən レズィグネイション/ 名 ❶ 辞職; 辞表 ❷ 諦(あきら)め

resist /rizíst リズィスト/ 動 ❶ 抵抗(ていこう)する, 反抗(はんこう)する ❷ 我慢(がまん)する; 耐(た)える, 侵(お

か)されない

resistance /rizístəns リズィスタンス/ 名 抵抗(ていこう), 反抗(はんこう); 抵抗力; (しばしば **the Resistance** で)(占領(せんりょう)軍への)地下抵抗運動, レジスタンス

resolution /rezəlúːʃən レゾるーション/ 名 ❶ 決心, 決意, 決断 ❷ (採決などによる公的な)決議; 決議案 ❸ (問題などの)解決, 決着

resolve /rizálv リザるヴ/ 動 ❶ 決心する; (採決して)決める, 決議する ❷ (問題などを)解決する, 決着をつける; (疑いなどを)解消する

resort /rizɔ́ːrt リゾート/ 名 ❶ 人のよく行く所, 盛(さか)り場, 行楽地

• a holiday **resort** 休日の行楽地

• a seaside **resort** 海浜(かいひん)の行楽地

• a summer [winter] **resort** 夏[冬]の行楽地 (山・海・スキー場・天然スケート場など)

❷ 頼(たの)みの綱(つな), 最後の手段

• as a **last resort** 最後の手段として

—— 動 (手段・方法に)訴(うった)える, 〜を使う, 〜の力を借りる

• **resort to** force 暴力に訴える

resource /rizɔ́ːrs リソース/ 名 (ふつう **resources** で)資源, 資産; 源泉

• natural **resources** 天然資源

respect 中 /rispékt リスペクト/ 動 尊敬する; 尊重する

• I **respect** an honest person. 私は正直な人を尊敬する.

• I **respect** your opinion, but I don't agree with it. 私は君の意見を尊重する[貴重だと思う]が, 賛成はしません.

—— 名 ❶ 尊敬; 尊重

• **have respect for** 〜 〜を尊敬[尊重]する → ×a respect, ×respects としない.

❷ 箇所(かしょ), (〜の)点 (point)

• **in** this **respect** この点において

• I agree with you **in** some **respects**, but on the whole I don't agree. 私はいくつかの点では君に賛成だが, 全体としては賛成しない.

respectable /rispéktəbl リスペクタブる/ 形 尊敬される, 評判のいい, 立派な

Respéct for the Áged Dày 名 (日本の)敬老の日 → 9月の第3月曜日.

respectful /rispéktfəl リスペクトふる/ 形 (人に)敬意を表する, ていねいな, 礼儀(れいぎ)正しい

• He is always **respectful to** older people. 彼は年上の人にはいつも礼儀正しい.

respectfully /rispéktfəli リスペクトふり/ 副
敬意をもって, つつしんで

respond /rispánd リスパンド/ 動 答える (reply); 応じる, 反応を示す (react)
•How did he **respond to** your question? 君の質問に対して彼はどのように答えましたか.

response A2 /rispáns リスパンス/ 名 答え, 返答 (reply); 反応 (reaction)
•He **made** no **response to** my question. 彼は私の質問に何の返答もしなかった.

responsibility /rispɑnsəbíləti リスパンスィビリティ/ 名 (複 **responsibilities** /rispɑnsəbílətiz リスパンスィビリティズ/) 責任, 義務; (責任を持たされている)務め, 仕事

responsible /rispánsəbl リスパンスィブる/ 形
責任のある, 責任を負うべき; (地位・仕事など)責任の重い
•a very **responsible** job とても責任の重い仕事
•A bus driver is **responsible for** the safety of the passengers. バスの運転手は乗客の安全に対して責任がある.
•Who is **responsible for** breaking this window? この窓を壊(こわ)したのは誰(だれ)の責任ですか[誰がこの窓を壊したのか].
•The cold weather is **responsible for** the poor crop. 寒い天候が不作に対して責任がある ⇨ 寒い天候が不作の原因だ.

rest¹ 中 /rést レスト/ 名
休息, 休養, 休憩(きゅうけい)
•**have** [**take**] a **rest** ひと休みする
•We stopped **for** a **rest**. 私たちは休息のために立ち止まった[立ち止まって休んだ].
•I **had** a good night's **rest**. 私は一晩ゆっくり休んだ[ぐっすり眠(ねむ)った].
•We **took** a week's **rest** after our hard work. 私たちはきつい仕事の後1週間(仕事を)休んだ.
—— 動 ❶ 休む, 休息する, 休憩する
•**rest from** work 仕事をやめて休む
•**rest** one's horse [eyes] 馬[目]を休ませる
反対語 We **worked** three hours and **rested** half an hour. 我々は3時間働いて30分休憩した.
❷ 静止する, 止まる; 置く, もたせかける
•His eyes **rested on** [**upon**] a pretty

girl. 彼の視線は美しい少女の上に注がれた.
•He **rested** the ladder **against** the wall. 彼ははしごを壁(かべ)に立てかけておいた.

rest² /rést レスト/ 名 (**the rest** で) 残り; 他の物, 他の人々
•**The rest** of his life was spent in Spain. 彼の生涯(しょうがい)の残りはスペインで過ごされた[彼はスペインで余生を送った]. ➜ この場合の rest は単数扱(あつか)い.
•Only three of the apples were good. **The rest** were rotten. そのリンゴのうちの3つだけがよくて, 残りは腐(くさ)っていた. ➜ この場合の rest は複数扱い.

restaurant 小 A1 /réstərənt レストラント/ (➜最後の t も発音することに注意) 名
レストラン, 料理店, 食堂 ➜ハンバーガー店から高級レストランまでさまざまな規模のものについていう.
•**run** a small **restaurant** 小さな食堂を経営する
•work **in** a **restaurant** 食堂で働く
•have lunch **at** an Italian **restaurant** イタリア料理店で昼食を食べる

restless /réstlis レストれス/ 形 ❶ 不安な; 眠(ねむ)れない ❷ 落ち着かない, じっとしていない

restore /ristɔ́ːr リストー/ 動 (元の位置・持ち主・地位・状態・形に)戻(もど)す, 返す; (健康などを)取り戻す, 回復する; (建物などを)復元する

restorer /ristɔ́ːrər リストーラー/ 名 修復者, 復元者

restrict /ristríkt リストリクト/ 動 制限する (limit)

rest room, restroom 中 /rést ruːm レストルーム/ 名 (米)(デパート・劇場などの)洗面所, トイレ

result 中 A1 /rizʌ́lt リザるト/ 名
結果; (試験・競技の)成績; (計算の)答え
•one's test **result** テストの結果
•**as a result** その結果(として)
•**as a result** of ～ ～の結果(として), ～のために
•What was the **result** of the game? 試合の結果はどうでしたか.
—— 動 ❶ (**result from** ～ で) ～から生じる, ～から起こる
•Sickness often **results from** eating too

resume 540 five hundred and forty

much. 病気はしばしば食べ過ぎから起こる.

❷ **(result in ～ で)** ～になる, ～に終わる

•Eating too much often **results in** sickness. 食べ過ぎるとよく病気になる.

resume /rizjú:m リズューム/ 動 (三単現 **resumes** /rizjú:mz リズュームズ/; 過去・過分 **resumed** /rizjú:md リズュームド/; -ing形 **resuming** /rizjú:miŋ リズューミング/)
《文》(中断したあと)**再び始める[始まる], 続ける[続く]**

résumé /rézumei レズメイ/ 名 ❶ 《米》履歴(りれき)書 ❷ (講演などの)概略(がいりゃく)
類似語 **summary** (要約)

retire A2 /ritáiər リタイア/ 動 退く, 引き下がる; 引退する
•**retire** to one's room 自分の部屋に引き下がる
•He **retired from** the game because he was hurt. 彼は負傷したのでゲームを退いた[退場した].
•My father will **retire** at the age of sixty-five. 私の父は65歳(さい)で退職するでしょう.

retired A2 /ritáiərd リタイアド/ 形 (→比較変化なし) 引退した, 退職した

retreat /ritrí:t リトリート/ 動 退く, 却退(たいきゃく)する
—— 名 ❶ 退却(の合図)
❷ 引きこもる場所, 憩(いこ)いの場所

retriever /ritrí:vər リトリーヴァ/ 名 レトリーバー →訓練された猟犬(りょうけん)の一種.

return 中 A2 /ritə́:rn リターン/ 動
❶ 帰る, 戻(もど)る (go back, come back)
•**return from ～** ～から帰る[戻る]
•**return to ～** ～へ帰る[戻る]
•**return** home 家へ帰る →home は副詞で「家へ」.
•**Return to** your seat. 自分の席に戻りなさい.
•I slept well, but the pain **returned** this morning. 私はよく眠(ねむ)れたのだが, 今朝はまた痛みが戻って来た.
❷ 返す, 戻す
•**return** a book **to** the library 図書館に本を返す
•I **returned** the blow. 私は殴(なぐ)り返した.
—— 名 ❶ 帰り; 戻って来ること; 再び巡(めぐ)って来ること

•his **return from** America 彼が米国から戻ってくること, 彼の米国からの帰国
•He died **on** his **return to** Japan. 彼は日本に帰国するとすぐに死んだ. →on は「～するとすぐ」. →on 前 ❹
•I wish you many happy returns of the day. =Many happy returns! 《英》この(めでたい)日が何回も巡って来ることを祈(いの)ります. →誕生日を祝う決まり文句.
❷ 《英》往復切符(きっぷ) (《米》round-trip ticket) →return ticket ともいう. ❸ (タイプライター・コンピューターの)リターンキー
—— 形 帰りの; 《英》往復の; お返しの
•a **return** ticket 《米》帰りの切符; 《英》往復切符 →米国では「往復切符」は **round-trip ticket** という.
•a **return** match [game] リターンマッチ, 雪辱(せつじょく)戦
by return of mail=《英》**by return of post** 折り返し(郵便で)
in return (**for ～**) (～の)お返しに
•I'd like to give him some present **in return for** his kindness. 彼に親切にしてもらったのでお返しに何かプレゼントをしたい.

reunion A2 /ri:jú:njən リーユーニャン/ 名 同窓会
•a class **reunion** クラス会

reuse /ri:jú:z リーユーズ/ 動 再利用する
—— /ri:jú:s リーユース/ 名 再利用

reveal A2 /rivíːl リヴィール/ 動 (秘密などを)漏(も)らす; (隠(かく)れていた物を)見せる, 明らかにする
•**reveal** a secret 秘密を漏らす
•At last the truth was **revealed to** us. ついにその真実が私たちに明らかにされた.

revenge /rivéndʒ リヴェンヂ/ 名 復讐(ふくしゅう), 仕返し; 恨(うら)み

reverse /rivə́:rs リヴァース/ 形 逆の, 反対の; 裏の
—— 名 (the reverse で) 逆, 反対; 裏側
—— 動 逆にする, ひっくり返す; くつがえす

review A1 /rivjú: リヴュー/ 名
❶ 見直し; 回想; 《米》復習 (《英》revision)
•a **review** of the educational system 教育制度の見直し
•a **review** of past events 過去の出来事の回想
•**review** exercises 復習問題

❷ 批評, 論評
• a book **review** 書評

—— 動 ❶ 見直す; 回想する; 《米》復習する (《英》revise)
• I **reviewed** my notes for the test. 私はテストのためにノートしてある事を復習した.
❷ 批評する, 論評する

revise /riváiz リヴァイズ/ 動
❶ (作品などを)改訂(かいてい)する, 改正する, 修正する; (意見などを)改める, 変更(へんこう)する
❷ 《英》復習する (《米》review)

revision /rivíʒən リヴィジョン/ 名 ❶ 改訂(かいてい), 改正, 修正 ❷ 《英》復習 (《米》review)

revival /riváivəl リヴァイヴァる/ 名 復活, 回復; (劇・映画の)再上演[映]

revive /riváiv リヴァイヴ/ 動 生き返る, 復活する

revolt /rivóult リヴォウると/ 動 反乱を起こす, 反抗(はんこう)する
—— 名 反乱, 反逆

revolution /revəlúːʃən レヴォるーション/ 名
❶ 革命, 大改革 ❷ (天体などの)回転

revolutionary /revəlúːʃəneri レヴォるーショネリ/ 形 革命の, 革命的な

revolve /riválv リヴァるヴ/ 動 回転する, 回る

revolver /riválvər リヴァるヴァ/ 名 (回転式連発)ピストル, リボルバー

reward /riwɔ́ːrd リウォード/ 名 (善行・悪事に対する)報(むく)い, 報酬(ほうしゅう), ほうび; 懸賞(けんしょう)金, 謝礼
—— 動 報いる, ほうびをやる

rewrite /riːráit リーライト/ 動 (三単現 **rewrites** /riːráits リーライツ/; 過去 **rewrote** /riːróut リーロウト/; 過分 **rewritten** /riːrítn リーリトン/; -ing形 **rewriting** /riːráitiŋ リーライティング/) 再び書く; 書き直す

Rhine /ráin ライン/ 固名 (the Rhine で) ライン川 → アルプスに発しドイツの西部を流れ北海に注ぐ.

rhino /ráinou ライノウ/ 名 (複 **rhinos** /ráinouz ライノウズ/) 《話》=rhinoceros

rhinoceros /rainásərəs ライナセロス/ 名 《動物》サイ

Rhode Island /ròud áilənd ロウド アイらンド/ 固名 ロードアイランド → 米国ニューイングランド地方の1州. R.I., (郵便で) RI と略す.

rhyme /ráim ライム/ 名 (複 **rhymes** /raimz ライムズ/) ❶ (韻(いん)を踏んだ)詩, 歌; 韻文

• Mother Goose **rhymes** マザーグースの歌
❷ (〜と)韻を踏む語
• "Pearl" is a **rhyme** for "girl." pearl は girl と韻を踏む.

rhythm A2 /ríðm リずム/ 名 リズム, 律動, 調子
• keep **rhythm** with *one's* foot 足でリズムをとる

rhythm and blúes 名 リズムアンドブルース → アメリカ黒人の音楽でブルースに独特の強いリズムが結び付いたもの. R & B と略す.

rhythmic /ríðmik リずミク/ 形 = rhythmical

rhythmical /ríðmikəl リずミカる/ 形 リズムのある, 律動的, 調子のよい

RI 略 =Rhode Island

rib /ríb リブ/ 名 肋骨(ろっこつ), あばら骨

ribbon A1 /ríbən リボン/ 名 リボン → 「リボン状のもの, 細長い帯状のもの」についてもいう.
• She wore a red **ribbon** in her hair. 彼女は髪(かみ)に赤いリボンを付けていた.

rice 小 A1 /ráis ライス/ 名
米; (炊(た)いた)ご飯; イネ →×a rice, ×rices としない.
• cook [boil] **rice** ご飯を炊く
• grow **rice** イネを育てる, 稲作(いなさく)をする
• a **rice** ball おむすび
• (a) **rice** cake おもち
• **rice** pudding ライスプディング → 米をミルクで煮(に)て砂糖で甘(あま)くしたもの.

イメージ (rice)
米は1粒(つぶ)からたくさんの実がなるので多産のイメージがあり, 欧米(おうべい)では結婚(けっこん)式を終えた新郎(しんろう)新婦にお米を投げかける風習がある.

ríce càke 名 餅(もち)

ríce còoker 名 炊飯(すいはん)器

ríce cràcker 名 せんべい

ríce field [pàddy] 名 稲田(いなだ), 田, たんぼ

rich 中 A1 /rítʃ リチ/ 形 (比較級 **richer** /rítʃər リチャ/; 最上級 **richest** /rítʃist リチェスト/)

❶ 金持ちの, 富んだ, 裕福(ゆうふく)な
基本 a rich man 金持ちの人, 金持ち →rich +名詞.

riches

- **the rich** = **rich** people 金持ちの人々 →「the+形容詞」で「〜の人々」.
- 基本 **He is rich**. 彼は金持ちだ. →be 動詞+rich.
- He became **rich**. 彼は金持ちになった.
- 反対語 Some people are **rich** and some people are **poor**. 金持ちの人もいれば貧乏(びんぼう)な人もいる.
- He is much **richer than** his brother. 彼は兄[弟]よりもずっと金持ちだ.
- He was **the richest** man in the village. 彼は村一番の金持ちであった.

❷ **豊かな, 豊富な; (土地が)肥えた**
- a **rich** harvest 豊かな収穫(しゅうかく), 豊作
- **rich** soil 肥えた土
- Lemons are **rich in** vitamin C. レモンはビタミンCが豊富だ.

❸ **高価な, 豪華(ごうか)な, ぜいたくな**
- **rich** jewels 高価な宝石

❹ **(食べ物が)こってりした, こくのある; (色が)濃(こ)い, 強烈(きょうれつ)な; (声が)豊かな**

riches /rítʃiz リチェズ/ 名 複 **富, 財産** (wealth)

rickshaw /ríkʃɔː リクショー/ 名 **人力車** →日本語の「力車」が英語化したもの.

rid /ríd リド/ 動 (三単現 **rids** /rídz リヅ/; 過去・過分 **rid**, **ridded** /rídid リデド/; -ing形 **ridding** /rídiŋ リディンヶ/)
(いやな物を)**取り除く**

get rid of ~ 〜を取り除く, 追い払(はら)う; 〜から逃(のが)れる →rid は過去分詞.

ridden /rídn リドン/ 動 ride の過去分詞

riddle /rídl リドる/ 名 **謎(なぞ); なぞなぞ(遊び)**

ride
小 A1 /ráid ライド/ 動

三単現 **rides** /ráidz ライヅ/
過去 **rode** /róud ロウド/
過分 **ridden** /rídn リドン/
-ing形 **riding** /ráidiŋ ライディンヶ/

乗る, 乗って行く; 馬に乗る
基本 **ride a horse [a bike, a motorbike]** 馬[自転車, バイク]に乗る →ride+名詞.
- **ride** a bus [a train, a taxi, a boat] バス[電車, タクシー, ボート]に乗る →(英)では「馬・自転車」などまたいで乗る乗り物以外には **take** を使う.
- **ride on [in]** a bus バスに乗る
- **ride** away (馬・車などに乗って)走り去る
- **ride** to work 車で仕事に行く →work は名詞.
- 関連語 Will you **ride** back or **walk** back? 乗って帰りますかそれとも歩いて帰りますか. → ride back はふつう「自転車[バイク]に乗って帰る」の意味.
- 関連語 Usually Mary **drives** the car and Sam **rides** beside her. たいていメアリーが車を運転してサムが隣(となり)に乗る.
- Mother **rides** the bus to work. 母はバスに乗って仕事に行きます.
- The children **rode** their bicycles home. 子供たちは自転車に乗って家へ帰った. →home は副詞で「家へ」.
- **Have** you ever **ridden** a camel? 君はラクダに乗ったことがある? →現在完了(かんりょう)の文. →have 助動 ❷
- Surfers **are riding** the waves toward the shore. サーファーたちは岸に向かって波に乗っている. →現在進行形の文. →are 助動 ❶

—— 名 (複 **rides** /ráidz ライヅ/)
(馬・自転車・車・バスなどに)**乗ること, 乗せてもらう[あげる]こと; (観覧車など遊園地の)乗り物; 乗り物旅行**

- a bus **ride** バスに乗って行くこと, バス旅行
- **go for** a **ride** ドライブ[乗馬]に出かける
- **give ~** a **ride** 〜を車に乗せてやる →(英)では give ~ a **lift** ともいう.
- **take** a boat **ride** ボートに乗って遊覧する
- Thank you for the **ride**. 乗せてくれてありがとう.
- I **took** a **ride on** a sightseeing bus. 私は観光バスに乗って行った.
- Father **gave** me a **ride to** school this morning. 父は今朝私を学校まで車に乗せて行ってくれた.

How far is it? —It's about a two-hour train **ride** from Tokyo.
どのくらい遠いの.—東京から電車で2時間ぐらいだ.

rider /ráidər ライダ/ 名 **乗る人; 騎手(きしゅ)**
ridge /rídʒ リヂ/ 名 **(山の)背, 尾根(おね), (屋根の)棟(むね), (畑などの)うね**
ridiculous /ridíkjələs リディキュラス/ 形 **ばかばかしい, ばかげた, 滑稽(こっけい)な; とんでもない**

riding /ráidiŋ ライディング/ 動 **ride** の -ing 形 (現在分詞・動名詞)
── 名 乗馬 →**horse riding** ともいう.

rifle /ráifl ライふる/ 名 ライフル銃(じゅう)

right 小 A1 /ráit ライト/ (→gh は発音しない)

意味 map
形	❶ 正しい
	❷ 右の
	❸ 健康な
副	❶ 正しく
	❷ まっすぐ, ちょうど
	❸ 右へ
名	❶ 正しい事
	❷ (正当な)権利
	❸ 右

── 形 (比較級 **righter** /ráitər ライタ/; 最上級 **rightest** /ráitist ライテスト/)

❶ **正しい**, 間違(まちが)っていない; 適した

基本 **the right answer** 正しい答え →right ＋名詞.

right   wrong

参考 上の図の採点は日本式. 米国では逆に, 正解に✓(→**tick**)をつけ不正解を丸で囲むことが多い.

• the **right** dress **for** a dance ダンスパーティーに適した[ふさわしい]服
• He is the **right** person **for** the job. 彼はその仕事にもってこいの人だ.
基本 **He is right**. 彼(の言うこと)は正しい. → be 動詞＋right.
• That's **right**. ＝ You're **right**. そのとおりです. →**Right**. だけでもよい.
反対語 You are **right** and I'm **wrong**. 君が正しくて私が間違ってる.
• Can you tell me the **right** time? 正しい[正確な]時間を教えてくれませんか.
• Is this the **right** road to the museum? (これは博物館への正しい道ですか ⇨)博物館へはこの道を行けばよいのですか.
• Learn to say the **right** thing at the **right** time. 適切な時に適切な事が言えるようになりなさい.

❷ **右の, 右側の**
• *one's* **right** hand 右手
• a **right** fielder (野球の)右翼(うよく)手, ライト
• on the **right** side 右側に
反対語 In Japan traffic keeps to the **left**, not the **right**, side of the road. 日本では車は右側通行でなく左側通行です. →**left** も right も side と結び付く.

❸ **健康な, 調子のいい** (well)
• My right leg doesn't feel **right**. 私の右足は調子がおかしい.

❹ **(紙・布の)表**(おもて)**の**
• Which is the **right** side of this paper? この紙はどっちが表ですか.

── 副 (→比較変化なし)

❶ **正しく, 間違いなく; うまく**
• I answered **right**. 私は正しく答えた[私の答えは正しかった].
反対語 Did you guess **right** or **wrong**? 君が言ったことは当たった? 外れた?
• Our baby can't hold his spoon **right** yet. うちの赤ん坊(ぼう)はまだスプーンをちゃんと持てません.

❷ **まっすぐ, 全く, ちょうど, 真**(ま)**～** →次に来る語句を強める.
• **right** here ちょうどここで, この場に
• **right** now 今すぐ, たった今
• **right** in the middle 真ん真ん中に[を]
• **right** over *one's* head 頭の真上に[を]
• go **right** home まっすぐ家に帰る
• Please come **right** in. さあどうぞお入りください.
• Jack stood **right** in front of the goal. ジャックはゴールの真ん前に立った. →**in front of** ～ は「～の前に」.
• We left **right** after dinner. 食事の後すぐ私たちは出かけた. →**left** は leave (出かける)の過去形.

❸ **右へ, 右の方に[を]**
• Turn **right** at the next corner. 次の角を右に曲がりなさい.
反対語 Look **right** and **left** before you cross the road. 道路を横断する前に左右を見なさい.

right angle

── 名 (複 **rights** /ráits ライツ/)

❶ **正しい事**; **正義**

反対語 know **right** from **wrong** よい事と悪い事[善悪]の区別がわかる

❷ (正当な)**権利**

・the **right to** vote 投票する権利[選挙権]
・civil **rights** 公民権 → 特に選挙権・被(ひ)選挙権など.
・You have no **right to** read my letters. 君には僕の手紙を読む権利はない.

❸ **右**, **右側**; (野球の)**ライト**

・to the **right** 右の方へ
・on the **right** 右の方に, 右側に[の]
・sit on his **right** 彼の右側に座(すわ)る
・turn to the **right** 右に曲がる, 右折する

反対語 from **right** to **left** 右から左へ

掲示 Keep to the **right**. 右側通行.

all right A1 ① **よろしい**, **オーケー**

I'm ready.—**All right.** Let's go.
用意できたよ.—よし, 出かけよう.
Can I use your PC?—**All right**, but give it back soon.
君のパソコン借りてもいいかな.—オーケー, でもすぐに返してくれよ.

② **元気で**, **無事で**

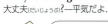

Are you **all right**?—No problem.
大丈夫(だいじょうぶ)?—平気だよ.

会話 I'm sorry.—That's **all right**. すみません.—いいえ, なんでもありません.

③ **申し分ない**, **結構で**

・Everything is **all right** at home. うちでは万事(ばんじ)うまくいっています.

④ **間違いなく**, **きっと**

・He'll come **all right**. 彼はきっと来るよ.

be in the right (〜の言うことは)正しい, (〜は(〜を主張・要求する))権利がある

〜, right? 〜ですよね, 〜でしょ? → 自分が言ったことを確かめたり念を押(お)したりする時の言い方で, Is that right? を短くしたもの.

・You're Bob's sister, **right?** 君はボブの妹[お姉さん]ですよね.

right away すぐに

(That's[You're])Right. そのとおりです

ríght ángle 名 直角, 90°

right-handed /ràit hændid ライト ハンデド/
形 **右ききの**, **右手でする**; **右回りの**

反対語 Are you **right-handed** or **left-handed**? 君は右ききですか左ききですか.

rightly /ráitli ライトリ/ 副 ❶ 正しく, 正確に
❷ 《文全体を修飾(しゅうしょく)して》正当にも, 当然のことながら

rigid /rídʒid リヂド/ 形 堅(かた)い, 曲がらない (stiff); 柔軟(じゅうなん)性のない, 厳しい (very strict)

rim /rím リム/ 名 (丸い)へり, 縁(ふち); (車輪の)枠(わく), リム

ring¹ A2 /ríŋ リング/ 名

❶ **円**, **丸**; **輪**; **指輪**

・a wedding **ring** 結婚(けっこん)指輪
・a key **ring** (鍵(かぎ)をたくさん通しておく)鍵輪
→ key ring をいくつか束ねた, いわゆる日本語でいう「キーホルダー」は key chain という(「キーホルダー」は和製英語).
・the **rings** around Saturn 土星の輪
・the **rings** of a tree 木の年輪
・dance in a **ring** 輪になって踊(おど)る
・She has a gold **ring on** her finger. 彼女は指に金の指輪をしている.
・The circus tiger jumped through a **ring** of fire. サーカスのトラは火の輪をとび抜(ぬ)けた.

❷ (相撲(すもう)・サーカスなどの円形の)**競技場**, **土俵**, **演技場**; (ボクシングの)**リング**

ring² A1 /ríŋ リング/ 動

三単現 **rings** /ríŋz リングズ/
過去 **rang** /ræŋ ラング/

|過分| **rung** /ráŋ ラング/
|-ing形| **ringing** /ríŋiŋ リンギング/

❶ (ベルなどが)**鳴る**, 鳴り響く; (ベルなどを)**鳴らす**

• **ring** the doorbell 玄関のベルを鳴らす
• Begin the exam when the bell **rings**. ベルが鳴ったら試験を始めなさい.
• The telephone is **ringing**. 電話が鳴っている. →**is** |助動| ❶
• My ears are **ringing**. 私は耳鳴りがしている.
• She **rang for** the maid [**for** tea]. 彼女はベルを鳴らしてメイドを呼んだ[お茶を持ってきてと言った].
• The alarm clock **has rung**, and I must get up. 目覚ましが鳴ったから起きなければ. →**have** |助動| ❶

❷ (英) (**ring up** とも) 電話をかける (《米》call (up))

• **ring** home 家に電話をかける →home は副詞で「家へ[に]」.
• **ring back** 《英》電話をかけ返す(《米》call back)
• **ring off** 《英》電話を切る (hang up)
• **Ring** him **up** tomorrow. あした彼に電話してくれ.

—— |名| ❶ (ベルを)鳴らすこと; (ベルの)鳴る音, 響き

❷ (英) 電話(をかけること) (《米》call)

• I'll **give** you a **ring** tonight. 今晩君に電話をします.

rink /ríŋk リンク/ |名| (アイス・ローラー)スケート場

rinse /ríns リンス/ |動| ゆすぐ, すすぐ
—— |名| ゆすぎ, すすぎ(洗い)

Rio de Janeiro /rí:ou dei ʒəníərou リーオウ デイ ジャニアロウ/ |固名| リオデジャネイロ →ブラジル (Brazil) の旧首都. **Rio** と略す.

riot /ráiət ライオト/ |名| 暴動, 騒動
—— |動| 暴動[騒動]を起こす

ripe /ráip ライプ/ |形| ❶ (果物・穀物などが)熟した, 実った, 熟れた, 食べ頃の

• **ripe** grapes 熟したブドウ
• The corn was **ripe** in the fields. トウモロコシは畑で実っていた.

❷ 成熟した, 円熟した, 機の熟した

• a **ripe** mind 円熟した心

ripple /rípl リプる/ |名| さざ波; さざ波の音, さらさら流れる水の音; (人声などの)さざめき
—— |動| さざ波を立てる; さざ波が立つ

Rip Van Winkle /ríp væn wíŋkl リプ ヴァン ウィンクる/ |固名| リップ・ヴァン・ウィンクル

|参考| アメリカ民間伝承の中で最も有名な人物の1人で, W. アーヴィング作『スケッチブック』の中の物語およびその主人公の名. リップは畑仕事の嫌いな怠け者で, ある日狩りに出かけた山の中で酒を飲み, そこで20年間眠り続け, 村へ帰って来た時は社会が一変していたという.

rise 中 /ráiz ライズ/

|動| ❶ 昇る, 上がる   意味map
❷ (程度・地位などが)上がる
❸ 起きる
❹ そびえ立つ
❺ 起こる

|名| ❶ 《英》(値段などの)**上昇**
❷ 上り(坂)

—— |動|

|三単現| **rises** /ráiziz ライゼズ/
|過去| **rose** /róuz ロウズ/
|過分| **risen** /rízn リズン/
|-ing形| **rising** /ráiziŋ ライズィング/

❶ **昇る**, **上がる** (go up, come up)
|基本| **rise high above the earth** 地上高く上がる →rise+副詞(句).
|反対語| The sun **rises** in the east and **sets** in the west. 太陽は東に[東から]昇り西に[西へ]沈む.

• The river **rises** after heavy rain. 大雨の後では川の水かさが増す.
• The sun **rose over** the mountain. 太陽が山の上に昇った.
• The wind is **rising**. 風が強くなってきた.
• The moon **has** not **risen** yet. 月はまだ出ていない. →現在完了の文. →**have**

risen 546 five hundred and forty-six

助動 ❶

•The curtain **is rising** slowly. 幕が静かに
上がっていきます. →現在進行形の文. →**is** 助動
❶

•Smoke is **rising from** the chimney. 煙
突(えんとつ)から煙(けむり)が立ち昇っている.
❷ (程度・地位などが)上がる, 高くなる, 増す
反対語 Prices are **rising** but they will
soon **fall**. 物価が上がってきていますが, まもな
く下がるでしょう.

•The wind **rose** rapidly. 風がどんどん強く
なった.

•The temperature that day **rose** to 35℃
(読み方: thirty-five degrees centigrade).
その日の気温はセ氏35度まで上がった.

•Their voices **rose** in [with] excite-
ment. 興奮のあまり彼らの声は高くなった.

•He **rose** to become a branch manag-
er. =He **rose** to the position of branch
manager. 彼は出世して支店長になった.
❸ 起きる (get up); 立ち上がる (stand up) →
形式張った言い方.

•**rise to** *one's* **feet** 立ち上がる

•He **rises** very early. 彼はとても早起きだ.

•Please **rise from** your seat when you
speak. 発言する時は椅子(いす)から立ってくださ
い.
❹ そびえ立つ, (土地が)高くなる

•The mountain **rises above** the clouds.
その山は雲の上にそびえている.

•The hills **rise** sharply **from** the shore.
海岸から丘(おか)が切り立っている.
❺ 起こる, 生じる

•The Rhine **rises** in the Alps. ライン川は
アルプスに源を発する.

•Tears **rose** to her eyes. 彼女の目に涙(なみだ)
が浮(う)かんだ.

—— 名 (複) **rises** /ráiziz ライゼズ/

❶ (英)(値段・地位・賃金・調子などの)上昇, 増加,
昇進(しょうしん) ((米)raise)

•a **rise in** wages (英)賃金の上昇, ベースア
ップ ((米)a raise in wages)
❷ 上り(坂), 丘
❸ 発生, 起源

give rise to ~ ~を引き起こす (bring
about), ～の原因となる (cause)

on the rise 上昇中で

risen /rízn リズン/ (→×/ライズン/ ではない) 動

rise の過去分詞

riser /ráizər ライザ/ 名 起きる人 →前に形容詞
が付く.

rising /ráiziŋ ライズィング/ 動 **rise** の -ing 形
(現在分詞・動名詞)
—— 形 上がる, 昇(のぼ)る

•the **rising** sun (昇る)朝日
—— 名 上がること, 上昇(じょうしょう)

•the **rising** of the sun 日の出

risk /rísk リスク/ 名 (けがをしたり損をしたりす
る)危険, 危険性, 恐(おそ)れ

•**run** [**take**] a **risk** 危険を冒(おか)す

•If you go out in this cold weather,
there is a **risk of** catching cold. こんな寒
い中の外出は風邪(かぜ)をひく恐れがある.

at any risk どんな危険を冒しても, 何が何で
も

at the risk of ~ ～の危険を冒して

•The boy tried to save the old man **at
the risk of** his own life. 少年は自分の命を
賭(か)けて[命の危険を顧(かえり)みず]その老人を救お
うとした.

—— 動 (生命などを)賭ける, 危険にさらす

ritual /rítʃuəl リチュアる/ 名 (複) **rituals**
/rítʃuəlz リチュアるズ/ ❶ (宗教上の)儀式(ぎしき); し
きたり ❷ (日常の)決まりきった習慣
—— 形 儀式の

rival /ráivəl ライヴァる/ 名 競争相手, ライバル;
匹敵(ひってき)する人[物]

river 小 A1 /rívər リヴァ/ 名 (複) **rivers**
/rívərz リヴァズ/) 川 →ある程度の広さを持った
自然の水の流れ.

•fish **in** a **river** 川で釣(つ)りをする

•go fishing **in** a **river** 川へ釣りに行く →
×*to* a river としない.

•The **River** Thames **flows** [**runs**]
through London. テムズ川はロンドンを流れ
ている.

参考 川の名は米国では **the Hudson
River** (ハドソン川), 英国では **the River
Thames** (テムズ川)のようにいう. 両方とも
River を省略して **the Hudson, the
Thames** としてもよい. 必ず the がつくこ
とに注意.

類似語 **stream** ((river よりも小さな)川, 流れ).

brook ((泉から流れ出る)小川), canal (運河)

riverbank /rívərbæŋk リヴァバンク/ 名 川岸，土手

riverboat /rívərbout リヴァボウト/ 名 川船

riverside /rívərsaid リヴァサイド/ 名 川岸，河畔(かはん)，川べり

── 形 川岸の，河畔の

road 中 A2 /róud ロウド/ 名
道路，道，街道(かいどう) →「〜を達成する方法・手段」の意味でも使われる．

- ride away **along** the **road** (馬・車などに乗って)道を走り去る
- There is heavy traffic **on** the **road**. その道路は交通が激しい．
- The **road to** success is paved with hard work. 成功への道は努力で舗装(ほそう)されている．→「努力を重ねてこそ成功に至る」の意味．

類似語 (道)
road は車が行き来できる程度に広い道で，ある地域とある地域を結ぶもの．**street** は片側あるいは両側に建物の並んだ街中(まちなか)の通り．**path** は森の中の小道や公園の歩道．

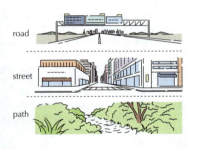

by road 道路を通って →「電車によって」(by rail)でなく「車や徒歩で」の意味．
- send the goods **by road** 品物をトラック便で送る

roadside /róudsaid ロウドサイド/ 名 道端(みちばた)，路傍(ろぼう)
── 形 道端の

róad sìgn 名 道路標識

roar /rɔ́ːr ロー/ 動 (ライオンなどが)ほえる，(風・海などが)とどろく，(エンジンが)うなる；(観衆などが)笑いどよめく

── 名 ほえる声，うなり(声)，とどろき；(笑いの)どよめき

roast A2 /róust ロウスト/ 動 (肉を)焼く，あぶる；(豆などを)煎(い)る
- **roast** a turkey [chestnuts] 七面鳥[クリ]を焼く

── 名 焼き肉；焼き肉用の肉，ロース

── 形 焼いた，あぶった
- **roast** beef ローストビーフ

rob A2 /ráb ラブ/ 動 三単現 **robs** /rábz ラブズ/; 過去・過分 **robbed** /rábd ラブド/; -ing形 **robbing** /rábiŋ ラビング/)
(金品(きんぴん)を奪(うば)うために)襲(おそ)う，(襲って)奪い取る，強奪(ごうだつ)する
- **rob** a bank 銀行を襲う → rob は目的語に「(金品などのある)場所」「人」をとり，「金品」を目的語にしない．× rob *money* としない．
- Two armed men **robbed** the bank. 2人の凶器(きょうき)を持った男が銀行強盗(ごうとう)をした．
- Robin Hood **robbed** the rich to help the poor. ロビン・フッドは貧しい人々を助けるために金持ちから金品を奪った．
- He **robbed** me **of** my watch. 彼は私から時計を奪い取った．→ rob *A* of *B* は「A から B を奪い取る」．
- I **was robbed of** my watch. 私は時計を奪われた．

robber /rábər ラバ/ 名 強盗(ごうとう) → こっそり盗(ぬす)むのは **thief** /スィーフ/．

robbery A2 /rábəri ラバリ/ 名 (複 **robberies** /rábəriz ラバリズ/) (力ずくで)奪(うば)うこと，強奪(ごうだつ)；強盗(ごうとう)[盗難(とうなん)]事件

robe /róub ロウブ/ 名 ❶ 長いゆったりした服，ローブ，化粧(けしょう)着，部屋着 ❷ (ふつう **robes** で) 式服，職服 → 司祭・裁判官などが着る裾(すそ)の長い衣服．

robin A2 /rábin ラビン/ 名 (鳥) コマドリ，ロビン

イメージ (robin)
イギリスでは人家近くにもすみ，ほとんど1年中その鳴き声を聞くことができる．イギリス人に最も親しまれている鳥で，同国の国鳥．北米では早春から美しい声で鳴き始めるので，春を告げる鳥として知られる．

Robin Hood /rábin húd ラビン フド/ 固名 ロビン・フッド → 中世イギリスの伝説上の英雄(えいゆう)．シャーウッドの森に住み，悪代官や金持ちの貴族などから金を奪(うば)って貧しい人々に与(あた)えたという．

Robinson Crusoe

Robinson Crusoe /rábinsn krú:sou ラビンスン クルーソウ/ 固名 **ロビンソン・クルーソー** →
英国の小説家 D. デフォーの小説の主人公. 航海中に難破して流れ着いた無人島で 28 年間自給自足の生活をした.

robot 中 /róubɑt ロウバト|róubɔt ロウボト/ 名 ロボット

robotic /roubá:tik ロウバーティク/ 形 (ロボット操作で)自動的な; (動きなどが)ロボットの(ような)

rock¹ 中 A2 /rák ラク|rɔ́k ロク/ 名
❶ 岩, 岩石
•It is as hard as (a) **rock**. それは岩のように堅(かた)い.
•We climbed up among the **rocks**. 私たちは岩の間を登った.
❷ (ふつう **rocks** で) 岩礁(がんしょう), 暗礁
•The ship went on the **rocks** and sank. その船は暗礁に乗り上げて沈没(ちんぼつ)した.
❸ (米) 石, 小石 (stone)
•I threw a **rock** into the pond. 私は池の中に石を投げた.

rock² /rák ラク/ 動 (左右に, あるいは前後に) 揺(ゆ)り動かす, 揺する, 揺さぶる; 揺れ動く
•**rock** a cradle 揺りかごを揺する
•The boat **rocked** in the waves. ボートは波の中で揺れ動いた.
—— 名 《音楽》 ロック → **rock and roll**, **rock'n'roll** (ロックンロール)とも呼ばれる.

róck cándy 名 (米) 氷砂糖 (《英》 sugar candy)

rock-climbing /rák klaimiŋ ラク クらイミング/ 名 岩登り, ロッククライミング

rocket /rákit ラケト/ 名 ❶ (宇宙船などの推進用)ロケット; (ロケット)ミサイル, 宇宙船(カプセル) ❷ 打ち上げ花火 (firework); 信号弾(だん)

Rockies /rákiz ラキズ/ 固名 (**the Rockies** で) =the Rocky Mountains (ロッキー山脈)

rocking chair /rákiŋ tʃèər ラキング チェア/ 名 揺(ゆ)り椅子(いす), ロッキングチェア

rocking horse /rákiŋ hɔ̀:rs ラキング ホース/ 名 (子供用の)揺(ゆ)り木馬

rock'n'roll /ráknróul ラクンロウる/ 名 ロックンロール → **rock and roll** の省略形. 単に **rock** ともいう.

rocky /ráki ラキ/ 形 (比較級 **rockier** /rákiər ラキア/; 最上級 **rockiest** /rákiist ラキエスト/) 岩の(ような), 岩の多い

Rócky Móuntains 固名 (**the** をつけて)

ロッキー山脈 → 北アメリカ西部を南北に縦走する大山脈.

rod /rád ラド/ 名 (木・竹・金属などの)細い棒, さお; (刑罰(けいばつ)用)むち
ことわざ Spare the **rod** and spoil the child. むちを控(ひか)えれば子供をだめにする. → 「かわいい子には旅をさせよ」にあたる.

rode 中 /róud ロウド/ 動 **ride** の過去形

rodeo /roudéiou ロウデイオウ/ 名 (複 **rodeos** /roudéiouz ロウデイオウズ/) ロデオ → 暴れ馬に乗ったり, 投げ縄(なわ)で牛を捕(と)らえたりするカウボーイの競技会.

role A1 /róul ロウる/ 名 (役者の)役割, 役; 役目
•the leading **role** 主役
•a mother's **role** 母親の役目[仕事]
•**play** an important **role** in a school play 学校劇で重要な役を演じる

róle mòdel 名 (見習うべき)お手本

róle plày 名 ロールプレイ → 現実に似た場面を設定し, それぞれの役割を演じさせることで対応を学ばせる教育方法.

roll 中 A2 /róul ロウる/ 動
❶ 転がる, 転がってくる[いく]; 転がす, 転がしていく[くる]
•The ball **rolled to** my feet. そのボールは私の足元に転がってきた.
•Tears **rolled down** her cheeks. 涙(なみだ)が彼女のほおを伝わって流れ落ちた.
•Several men were **rolling** a big log **along** the road. 数人の男たちが道に沿って大きな丸太を転がしていた. → 助動 ❶
❷ (車輪で)進んで行く; (時間などが)過ぎて行く
•The train **rolled into** Cairo Station. 列車はカイロ駅に滑(すべ)り込(こ)んだ.
❸ 巻く, 丸める; くるむ
•He **rolled** the clay **into** a ball. 彼はその粘土(ねんど)を丸めて玉にした.
❹ (**roll out** とも) (ローラーなどで)平らに伸(の)ばす[ならす]
•**roll** pastry **out** to make a pie パイを作るために生地を(めん棒で)平らに伸ばす
❺ (船が)横揺(ゆ)れする 関連語 「縦揺れする」は **pitch**.
•The ship **rolled** in the waves. 船は波間に揺れた.
❻ (雷(かみなり)・太鼓(たいこ)などが)ゴロゴロ鳴る, とどろく
•In the distance we could hear the

thunder **rolling**. 遠くで雷がゴロゴロ鳴っているのが聞こえた. ➡hear *A doing* は「Aが〜しているのが聞こえる」.

roll by 通り過ぎる

roll over (ころころと)転がる; 転がす

roll up 巻き上げる: (くるくると)丸める, 巻く
- **roll up** *one's* sleeves シャツの袖(そで)をまくり上げる
- He took down the map from the wall and **rolled** it **up**. 彼は壁(かべ)から地図を取り外して丸めた.

—— 名 ❶ 巻き物; 巻いたもの, ひと巻き
- **a roll of** toilet paper トイレットペーパーひと巻き

❷ 名簿(めいぼ), 出席簿(ぼ)
- **call** the roll (名簿を読んで)出席をとる

❸ ロールパン

❹ (船の)横揺れ 関連語「縦揺れ」は **pitch**.

❺ (雷・太鼓などの)とどろき
- **a roll of** thunder 雷のごろごろいう音, 雷鳴(らいめい)

roller /róulər ロウら/ 名 ローラー ➡地ならし・ペンキ塗(ぬ)り・印刷などに使う.

róller còaster 中 名 (遊園地の)ジェットコースター 「ジェットコースター」は和製英語.

róller skàte 名 ローラースケートの靴(くつ)

roller-skate /róulərskeit ロウらスケイト/ 動 ローラースケートをする

roller-skating /róulərskeitiŋ ロウらスケイティング/ 名 (スポーツの)ローラースケート

Roman /róumən ロウマン/ 形 (古代・現代)ローマの; ローマ人の

—— 名 (古代・現代の)ローマ人, ローマ市民
ことわざ When (you are) in Rome, do as the **Romans** do. ローマにいる時はローマ人のするようにしなさい. ➡「新しい環境(かんきょう)に移ったらそこの風習に従うのがよい」の意味. 「郷(ごう)に入っては郷に従え」にあたる.

Róman Cátholic 形 名 (ローマ)カトリック教の; (ローマ)カトリック教徒 →**Catholic Church**

Róman Cátholic Chúrch 固名 (the をつけて) (ローマ)カトリック教会 →**Catholic Church**

romance A2 /roumǽns ロウマンス/ 名 恋愛(れんあい), ロマンス; 恋愛物語

Róman Émpire 固名 (the をつけて) ローマ帝国(ていこく) ➡紀元前27年に起こり, 395年

東西に分離(ぶんり)し, 西ローマ帝国は476年, 東ローマ帝国は1453年に滅(ほろ)びた.

Romania /rouméiniə ロウメイニア/ 固名 ルーマニア ➡ヨーロッパ南東部の国. 首都はブカレスト.

Róman númerals 名 ローマ数字 ➡ローマ字を使って表す数字. I, II, III, IV (=4), V (=5), VI (=6), X (=10), L (=50), C (=100), D (=500), M (=1000)など.

Romansh /roumáːnʃ ロウマーンシュ/ 名 ロマンシュ語 ➡スイスで使われている4つのことばの1つ. →**Switzerland**

romantic A2 /roumǽntik ロウマンティク/ 形 恋愛(れんあい)の; 恋愛小説に出てくるような, ロマンチックな

Romany /ráməni ラマニ/ 名 (複 **Romanies** /ráməniz ラマニズ/) ❶ ロマ, ジプシー

参考 ヨーロッパ各地に散在する漂泊(ひょうはく)民族の人. 昔は馬車 (**gypsy wagon**) を家とし, 占(うらな)い・音楽・馬の売買などを生業とした. **Gypsy** は現在では差別的な呼び方と考えられ, **Romany** を使うほうがよい.

❷ ロマニー語 ➡ロマの言葉.

Rome /róum ロウム/ 固名 ローマ ➡イタリアの首都.

ことわざ **Rome** was not built in a day. ローマは一日で建設されたのではない. ➡「大事業は短期間ではできない」の意味.
- All roads lead to **Rome**. すべての道はローマに通じる. ➡「方法はいろいろあるがどの方法でも目的を達することができる」の意味.

Romeo /róumiou ロウミオウ/ 固名 ロミオ ➡シェークスピア作 *Romeo and Juliet* (『ロミオとジュリエット』) の主人公の青年の名.

roof A2 /rúːf ルーふ/ 名 (複 **roofs** /rúːfs ルーふス, rúːvz ルーヴズ/) 屋根, 屋上
- the **roof** of a car 自動車の屋根[てっぺん]
- Some houses have flat **roofs**. 平たい屋根の家もある.

róof gàrden 名 屋上庭園; 《米》屋上レストラン

rookie /rúki ルキ/ 名 (野球の)新人選手, ルーキー; (一般(いっぱん)に)新参者, 初心者

room 小 A1 /rúːm ルーム/ 名
(複 **rooms** /rúːmz ルームズ/)

roommate 550 five hundred and fifty

❶ **部屋**, 室
- a living **room** 居間
- We eat in the dining **room**. 私たちは食堂で食事をします.
- Our house has five **rooms**. 私たちの家は5部屋あります. →**bedroom**

関連語 There was a sign in the window, "**Room** and **board**." 窓に「まかない付き貸し間」という掲示(けいじ)があった.
- The whole room laughed [was silent]. 部屋じゅうの(人々)が笑った[沈黙(ちんもく)していた]. →単数扱(あつか)い.

❷ (人・物の占(し)める)**スペース**, **余地** →この意味では×a room, ×rooms としない.
- This desk takes up too much **room**. この机はあまりに場所を取り過ぎる.
- Is there **room** for me in the car, or is it full? 車には私の乗れる余地がありますか, それともいっぱい?
- There is **room** for improvement in your work. 君の作品は改善の余地がある.
- No one made **room** for the old man to sit down. 誰(だれ)もその老人が座(すわ)るための席を譲(ゆず)ってあげなかった.

roommate /rúːmmeit ルームメイト/ 名 (下宿・寮(りょう)などの)**同室の友, 同居人, ルームメイト**

Roosevelt /róuzəvelt ロウゼヴェルト/ 固名 (**Franklin Delano** /デらノウ/ **Roosevelt**) フランクリン D. ローズベルト[ルーズベルト] →米国の第32代大統領 (1882–1945). 大不況(ふきょう)時代から第2次大戦にかけて12年以上大統領をつとめた.

rooster /rúːstər ルースタ/ 名 (主に米)**おんどり** ((英)cock)

root¹ A2 /rúːt ルート/ 名 ❶**根**
- the **root** of a plant 植物の根
- the **root** of a tooth 歯の根っこ
- This tree has deep **roots**. この木は根が深い.
- He has **roots** in that town. 彼はその町に根を下ろしている[ほかに移る気はない].

❷ (ふつう **the root** で)**根本, 原因**; (**roots** で)**起源, ルーツ**
- The love of money is **the root** of all evil. 金銭を愛することが諸悪の根源だ.
- This music has its **roots** in the blues. この音楽はブルースにそのルーツを持つ.

❸ (数学の)**根**(こん), **ルート**(√)

- a square [cube] **root** 平方根[立方根]
by the roots 根こそぎに
take [strike] root 根づく
── 動 **根づかせる**; **根づく**
root up [out] 根こそぎにする; 根絶させる

root² /rúːt ルート/ 動 (米)**応援**(おうえん)**する**; **支持する**

rope 小 A2 /róup ロウプ/ 名
(太い)**綱**(つな), **縄**(なわ), **ロープ**
- **jump [skip] rope** 縄跳(なわと)びをする
- tie a boat to a post with a **rope** ボートをロープでくいにつなぐ

類似語 次の順序で太くなる: **thread** (糸), **string** (細ひも), **cord** (ひも), **rope** (綱).

ropeway /róupwei ロウプウェイ/ 名 **ロープウェー, 空中ケーブル**

rose¹ /róuz ロウズ/ 動 **rise** の過去形
rose² 中 A1 /róuz ロウズ/ 名
❶《植物》**バラ**. バラの花
- a wild **rose** 野バラ

ことわざ No **rose** without a thorn. とげのないバラはない. →「よい事にもその反面には悪い事があるものだ」の意味.

❷ **バラ色**

イメージ (rose)
バラはその姿・香(かお)りから「花の女王」(the queen of flowers) と呼ばれ, イギリスの国花. また「愛・快楽」の象徴(しょうちょう)とされ, Life is not all roses. は「人生は楽しい事ばかりではない」, また gather roses (バラを摘(つ)む)は「快楽を追い求める」の意味.

rosebud /róuzbʌd ロウズバド/ 名 **バラのつぼみ**

rosebush /róuzbuʃ ロウズブシュ/ 名 **バラの木**

rosy /róuzi ロウズィ/ 形 (比較級 **rosier** /róuziər ロウズィア/; 最上級 **rosiest** /róuziist ロウズィエスト/) **バラ色の, 希望に満ちた**

rot /rát ラト/ 動 (三単現 **rots** /ráts ラツ/; 過去・過分 **rotted** /rátid ラテド/; -ing形 **rotting** /rátiŋ ラティング/) **腐**(くさ)る, **朽**(く)ちる; **腐らせる, 朽ちさせる**

rotary /róutəri ロウタリ/ 形 **回転する, 回転式の**
── 名 (複 **rotaries** /róutəriz ロウタリズ/) (米)**ロータリー, 円形交差点** ((英)roundabout)

rotate /róuteit ロウテイト/routéit ロウテイト/ 動 **回転する, 交替**(こうたい)**する**; **回転させる, 交替させ**

rotten /rɑ́tn ラトン/ 形 腐(くさ)った

rough /rʌ́f ラふ/ 形

❶ (表面が)粗(あら)い, ざらざらの, でこぼこした
反対語 Silk is **smooth**, but wool is **rough**. 絹織物はすべすべしているが毛織物はざらざらしている.

❷ 荒々(あらあら)しい, 乱暴な; 荒れた

❸ 大雑把(ざっぱ)な, だいたいの; 未完成の

roughly A2 /rʌ́fli ラふり/ 副 ❶ 手荒(てあら)く, 乱暴に ❷ およそ, ざっと (about)

roughly speaking 大雑把(ざっぱ)に言えば, およそ

round 中 A2 /rɑ́und ラウンド/

形	❶ 丸い	意味 map
	❷ 回る, 一周の	
前	～の周りに, ～のあちらこちらを	
副	周りに, 周りを	
名	❶ 丸い物, 円	
	❷ 回転	

── 形 (比較級 **rounder** /rɑ́undər ラウンダ/; 最上級 **roundest** /rɑ́undist ラウンデスト/)

❶ 丸い

• a **round** face 丸顔
• **round** cheeks 丸々としたほお
• **round** shoulders 猫背(ねこぜ)
• The earth is **round**. 地球は丸い.

❷ 回る, 一周の

• a **round** dance 円舞(えんぶ)(曲)
• a **round** trip 《米》往復旅行, 《英》周遊旅行

── 前 ～の周りに, ～のあちらこちらを → 米国では **around** を使うことが多い.

• a trip **round** the world 世界一周旅行
• look **round** the room 部屋を見回す
• The earth goes **round** the sun. 地球は太陽の周りを回る.
• We sat **round** the table. 私たちはテーブルの周りに座(すわ)った.

── 副 (→比較変化なし)

周りに, 周りを, ぐるっと; 周囲が → 米国では **around** を使うことが多い.

• look **round** 辺りを見回す; 振(ふ)り返って見る
• turn **round** 回る, ぐるっと向きを変える
• He looked **round** at his audience. 彼はぐるっと聴衆(ちょうしゅう)を見回した.
• Pass these pictures **round**. これらの写真をみんなに回してください.
• The tree is five feet **round**. その木は周囲

5フィートだ.

── 名 (複 **rounds** /rɑ́undz ラウンヅ/)

❶ 丸い物, 円, 球

• dance **in a round** 丸くなって踊(おど)る

❷ 回転; (同じような事の)繰(く)り返し

• a **round** of parties パーティーの連続

❸ (しばしば **rounds** で) 巡回(じゅんかい), 巡回ルート, 巡回区域

• **make** [**go**] one's **rounds** 見回る, 巡回する

❹ (ボクシング・ゴルフなどの)ラウンド

• fight fifteen **rounds** 15ラウンド戦う

all round 周り中(に)

all (the) year round 一年中

come round 回って来る, 巡(めぐ)って来る

go round 回って行く, 回る; (食べ物などが)行き渡(わた)る

round and round ぐるぐると

• The merry-go-round went **round and round**. メリーゴーラウンドはぐるぐると回った.

round the corner かどを曲がった所に[で・の] → 「すぐ近くに[で・の]」の意味がこめられている.

• a store **round the corner** かどを曲がった所にある店
• I met him just **round the corner**. ちょうどかどを曲がった所で彼に会った.

── 動 (三単現 **rounds** /rɑ́undz ラウンヅ/; 過去・過分 **rounded** /rɑ́undid ラウンデド/; -ing形 **rounding** /rɑ́undiŋ ラウンディング/)

❶ 丸くする

❷ 回る; (かどを)曲がる

• The car **rounded** the corner at high speed. 車がすごいスピードでかどを曲がって行った.

round up (家畜(かちく)・人などを)駆(か)り集める

roundabout A2 /rɑ́undəbaut ラウンダバウト/ 形 遠回りの; (言い方・方法などが)遠回しの

── 名 《英》

❶ 回転木馬 (merry-go-round)

❷ 円形交差点, ロータリー (《米》rotary)

róund táble 名 ❶ 円卓(えんたく)会議; 円卓会議の参加者 → テーブルを囲んで自由に意見を交(か)わす非公式の協議. ❷ (the Round Table で) アーサー王とその円卓の騎士(きし)たち → Arthur

round-trip /rɑ́und trip ラウンド トリプ/ 形 《米》往復(旅行)の; 《英》周遊(旅行)の

route /rúːt ルート/ 名 (旅の)道筋, ルート, コー

routine 552 five hundred and fifty-two

ス，〜路; (高速道路などの)**号線**

routine /ruːtíːn ルーティーン/ 名 (いつも繰(く)り返される)**決まりきった事，いつもの仕事**; (型にはまった)**しきたり，慣例**

row[1] 中 A1 /róu ロウ/ 名

(人・物の)**列，並び**

•a **row** of trees 1列の樹木，並木

•a **row** of teeth 歯並び

•We sat in the front **row** at the theater. 私たちは劇場で最前列に座(すわ)った.

•Corn is planted **in rows**. トウモロコシは1列ずつ並べて植えられる. →**is** 助動 ❷

in a row **1列に並んで; 連続して**

•The boys stood **in a row**. 少年たちは1列に並んだ.

•He won the contest three years **in a row**. 彼はコンテストに3年連続で優勝した.

row[2] /róu ロウ/ 動 ❶ (舟(ふね)をオールで)**こぐ**

•**row** a boat ボートをこぐ

•**row across** the lake 舟をこいで湖を渡(わた)る

❷ (舟を)**こいで運ぶ**

•Get in and I'll **row** you **across** the lake. お乗りなさい，湖の向こうまで舟に乗せてあげますから.

── 名 **舟をこぐこと，ボートこぎ**

•**go for** a **row** 舟をこぎに[ボート遊びに]行く

rowboat /róubout ロウボウト/ 名 (米) (オール (oar) でこぐ)**小舟**(こぶね)，**ボート** →(英) では **rowing boat** という.

rowing /róuiŋ ロウイング/ 名 **ボート漕(こ)ぎ; ボートレース**

rówing bòat 名 (英) =rowboat

royal A2 /rɔ́iəl ロイアる/ 形 **王の，女王の; 王室の**

•a **royal** palace 王宮

•the **royal** family 王家，王室

•a **royal** library 王立図書館

rub /rʌ́b ラブ/ 動 (三単現 **rubs** /rʌ́bz ラブズ/; 過去・過分 **rubbed** /rʌ́bd ラブド/; -ing形 **rubbing** /rʌ́biŋ ラビング/) **こする**

rub out **こすって消す**

rubber /rʌ́bər ラバ/ 名 ❶ **ゴム; 輪ゴム** (rubber band) ❷ (英)**消しゴム** (eraser)

── 形 **ゴム(製)の**

rubbish /rʌ́biʃ ラビシュ/ 名 (主に英)

❶ **ごみ，くず** ((米) trash); (台所の)**生ごみ** ((米) garbage)

❷ **くだらないこと，ばかげたこと** (nonsense)

ruby /rúːbi ルービ/ 名 (複 **rubies** /rúːbiz ルービズ/) (宝石の)**ルビー; ルビー色，真紅**(しんく)

rucksack /rʌ́ksæk ラクサク, rúksæk ルクサク/ 名 (主に英)**リュックサック**

類似語 **backpack**, **knapsack**

rude A1 /rúːd ルード/ 形 **無礼な，無作法な，粗野**(そや)**な，乱暴な**

•a **rude** reply 無作法な返事

•**rude** manners 無作法

•Don't be **rude to** the guests. お客様に失礼な態度をとってはいけない.

•It's **rude** to ask such a question. そんな質問をするのは失礼です.

rug /rʌ́g ラグ/ 名 **じゅうたん，敷**(し)**き物**

関連語 **carpet** (床(ゆか)全体を覆(おお)うじゅうたん)

Rugby, rugby 小 A2 /rʌ́gbi ラグビ/ 名 **ラグビー** →**Rugby football** あるいは **rugger** /rʌ́gər ラガ/ ともいう.

語源 (Rugby)

英国中部の小都市ラグビーにある名門のパブリックスクール **Rugby School** にその起源を持つので，この名がつけられた. →**football** ❶

Rúgby fóotball 名 **ラグビー** →ふつう Rugby (ラグビー)，rugger (ラガー)と略称する. →**Rugby**

rugged /rʌ́gid ラグド/ 形 **ごつごつした，岩だらけの，でこぼこのある**

ruin A2 /rúːin ルーイン/ 名

❶ **破壊**(はかい)**，破滅**(はめつ)**; 廃屋**(はいおく)

•fall into **ruin** 破滅する，荒(あ)れ果てる

•be [lie] in **ruins** 破壊されている，めちゃめちゃになっている

•His life is in **ruins**. 彼の人生はめちゃくちゃになった.

❷ (**ruins** で) **遺跡**(いせき)**，廃墟**(はいきょ)

•the **ruins** of an old castle 古い城の遺跡

── 動 **破壊する; だめにする，台無しにする**

•Rain **ruined** the picnic. 雨でピクニックが台無しになった.

rule 中 A1 /rúːl ルーる/ 名

❶ **規則，ルール，法則**

•follow [obey] the **rules** 規則に従う

•break the **rules** 規則を破る

•the **rules** of the game ゲームのルール

•Our school has a **rule** that students must wear white socks. 私たちの学校には

生徒は白いソックスを履(は)かなければならないという規則がある.

❷ **支配**, 統治; 支配権
- India was once **under** British **rule**. インドはかつてイギリスの支配下にあった.

as a rule 一般(いっぱん)に, ふつうは (usually)

make it a rule to do ～すること(を習慣)にしている
- My father **makes it a rule** not **to** smoke before breakfast. 父は朝食前にはタバコを吸わないことにしています. →不定詞 (to smoke) を否定する時はその前に not を付ける. it＝not to smoke. make *A B* は「A を B にする」.

── 動 ❶ **支配する**, 統治する
- Queen Elizabeth I (読み方: the first) **ruled** (her country) for many years. 女王エリザベス 1 世は何年も(国を)統治した.

❷ (裁判官が)**判決を下す**, 裁決する
❸ (定規で)線[けい線]を引く

ruler 小 A1 /rúːlər ルーら/ 名
❶ 定規, ものさし ❷ 支配者, 統治者, 君主

rum /rám ラム/ 名 ラム酒 →サトウキビの糖蜜(とうみつ)から造る強い酒.

rumble /rámbl ランブる/ 動 ごろごろ鳴る; とどろく
── 名 ごろごろ[がらがら]いう音; 騒音

rumor A2 /rúːmər ルーマ/ 名 (世間の)**うわさ**
- **There is a rumor that** he is going to sell his house. 彼が自分の家を売ろうとしているといううわさがある.
- **Rumor says that** he will come to Japan this fall. この秋彼が来日するといううわさだ.

rumour /rúːmər ルーマ/ 名 《英》＝rumor

run 小 A1 /rán ラン/

動 ❶ (人・動物が)**走る**, 走って行く[来る] 意味map
❷ (電車・バスなどが)**走る**; 運行する
❸ (線路・道などが)**通っている**; (川が)**流れている**
❹ 走らせる; 動かす
❺ 経営する

── 動
三単現	**runs** /ránz ランズ/
過去	**ran** /rǽn ラン/
過分	**run** →原形と同じ形であることに注意.

-ing形 running /rániŋ ラニング/

❶ (人・動物が)**走る**, 走って行く[来る]
🏃 基本 **run fast** 速く走る →run＋副詞(句).
- **run to** school 走って学校へ行く
- **run out** [**in**] 走り出る[駆(か)け込(こ)む]
- **run** home 走って家へ帰る →home は副詞で「家へ」.
- **run** back 走って帰る
- **run around** 走り回る
- **run up** (the steps) (階段を)駆け上がる
- **run down** (the hill) (丘(おか)を)駆け降りる
- **run** a mile 1 マイル走る
- Don't **run** in the corridors. 廊下(ろうか)を走ってはいけない.
- My father **runs** before breakfast. 父は朝食前に走ります.
- 関連語 I **walked** down the hill, but the boys **ran** down. 私は歩いて丘を下ったが男の子たちは駆け降りた.
- The dog **ran about** in the snow. 犬は雪の中を走り回った.
- We **ran and ran** to the bus stop. 私たちはバス停に向かって懸命(けんめい)に走った. →～ and ～ は反復または強意を表す.
- I've just **run** home from school. 私は今学校から走って帰って来たところだ. →現在完了(かんりょう)の文. →**have** 助動 ❶
- go **running** ランニングをしに行く →running は現在分詞. つづり字に注意.
- Bob **is running** with his dog. ボブは彼の犬といっしょに走っている. →現在進行形の文. →**is** 助動 ❶

❷ (電車・バスなどが)**走る**; 運行する, 通っている
- The bus **runs** every hour **from** Nagoya **to** Tokyo. 名古屋から東京までバスが 1 時間おきに運行している.

run

554　five hundred and fifty-four

● Our bus **ran along** the freeway. 私たちのバスは高速道路を走った.

● The trains aren't **running** today because of heavy snow. 大雪のためきょうは電車が走っておりません.

❸ (線路・道などが)**通っている**; (川が)**流れている**; (水などが)**流れる, 出る**; (靴下(くつした)が)**伝線する**

● The main road **runs** north and south. 大通りは南北に通じている. →north も south も副詞で「北へ」「南へ」.

● A big river **runs through** the city. 大きな川が市を流れている. →「川が流れている」はふつう進行形 (is running) にしない.

● Tears were **running** down her face. 涙(なみだ)が彼女の顔を流れ落ちていた.

● Your nose is **running**. はなが出てますよ.

● Her stocking **ran** when she caught it on a chair. 彼女がストッキングを椅子(いす)に引っ掛(か)けた時ストッキングが伝線した.

❹ **走らせる; 動かす**; (機械などが調子よく)**動く**

● **run** a motor モーターを動かす

● **run** *one's* fingers **over** the keys of a piano ピアノのキーに指を走らせる

● He **ran** his eyes **over** the letter. 彼は手紙に目を走らせた[ざっと目を通した].

❺ **経営する, 運営する**

● **run** a bakery パン屋を営む

● My uncle **runs** a drugstore. 私のおじはドラッグストアをやっている.

❻ (競走・走り使いなどを)**する**

● **run** a race 競走する, かけっこする

● **run** an errand お使いをする

❼ (選挙に)**出馬する, 立候補する**

● **run for** the president of the club クラブの部長選挙に立候補する

❽ (時間的に)**続く, わたる**

● The play **ran** for a year. その芝居(しばい)は1年間続いた.

❾ (〜の状態に)**なる**, (〜の状態に)**入り込む** →好ましくない状態について使う.

● **run** short 不足してくる, 切らす

● I'm **running** short of money. 私はだん

だんお金がなくなってきた.

● If you **run into** any trouble, please call me. 何か困ったことになったら私に電話してください.

run across 〜　〜を走って渡(わた)る; 〜とひょっこり出会う (meet by chance)

● **run across** an old friend in Kyoto 京都で昔の友達にひょっこり会う

run after 〜　〜を追いかける; 〜の後から走る

● The cat is **running after** a mouse. ネコがネズミを追いかけている.

run against 〜　〜に突(つ)き当たる

run away 逃(に)げる

● The boy **ran away** from home. 少年は家出をした.

run down ① (車で人・動物を)**ひき倒(たお)す, はねる** ② **駆け降りる, 流れ落ちる**; (機械が)**止まる**, (健康などが)**衰(おとろ)える**

run into 〜　〜に駆け込む, 〜に流れ込む; 〜と偶然(ぐうぜん)に出会う (run across); (車などが)〜に衝突(しょうとつ)する

● We **ran into** each other at Tokyo Station. 私たちは東京駅でばったり会った.

run off 走り去る, 逃げる (run away)

run onto 〜　〜に乗り上げる

run out (*of* 〜)　(〜から)走り出る; (〜が)なくなる, (〜を)使い果たす

● We're **running out of** time. そろそろ時間がなくなってきました.

run over 〜　〜の上を走って越(こ)える; 〜からあふれる; (車などが)〜をひく

● A child **was run over** by a car. 子供が車にひかれた. →run は過去分詞で受け身の文. →was [助動] ❷

run through 〜　〜にざっと目を通す

run up to 〜　〜のところまで走って来る, 〜に走り寄る

—— [名] (復 **runs** /ránz ランズ/)

❶ **走ること**; 競走, かけっこ

● a mile **run** 1マイル競走

● **go for** a **run** ひと走りする

● go to the park for a **run** 走りに[ジョギン

チャンクでおぼえよう run	
□ 速く走る	**run** fast
□ 学校へ走る	**run** to school
□ 走りまわる	**run** around
□ カゴから逃げる	**run** away from the cage
□ 時間がない	be **running** out of time

グしに)公園へ行く
- John took his dog for a **run**. ジョンは犬を走らせに連れて行った.

❷ 連続, 続き; (劇・映画の)**連演**
- The play had a long **run** in New York, but only a short **run** in Tokyo. その芝居はニューヨークではロングランだったが東京での公演は短かった.

❸ (野球・クリケットの)**得点**
- a three-**run** homer 3点本塁打(ほんるいだ), スリーランホーマー

❹ 《米》靴下の伝線(《英》ladder)

in the long run 長い間には, ついには, 結局

rung /rʌ́ŋ ランぐ/ 動 ring の過去分詞

runner 中 A2 /rʌ́nər ラナ/ 名
走る人, (野球・競走などの)**走者**, ランナー
- a good **runner** 走るのが速い人

running A2 /rʌ́niŋ ラニンぐ/ 動 **run** の -ing形 (現在分詞・動名詞)
—— 名 ❶ 走ること, ランニング; (水などが)**出る**こと
- a pair of **running** shoes ランニングシューズ1足

❷ 経営, 運転
—— 形 走(ってい)る, 走りながらの; 流れている
- a **running** dog 走っている犬
- **running** water 流れている水, 栓(せん)をひねると出る水, 水道水
- horses **running** in a race 競走で走っている馬たち → このように句として名詞を修飾(しゅうしょく)する時はその名詞の後ろにつく.

runny /rʌ́ni ラニ/ 形 (比較級 **runnier** /rʌ́niər ラニア/; 最上級 **runniest** /rʌ́niist ラニエスト/) 液体状の; 流れる
- have a **runny** nose はなを垂らしている

runway /rʌ́nwei ランウェイ/ 名 (飛行場の)**滑走路**(かっそうろ)

rupee /rúːpiː ルーピー/ 名 ルピー → インド, パキスタン, スリランカなどの通貨.

rural /rú(ə)rəl ル(ア)うる/ 形 田舎(いなか)(風)の, 田園の, 農村の 反対語 **urban** (都市の, 都会(風)の)

rush A2 /rʌ́ʃ ラシュ/ 動
❶ 勢いよく走る, 突進(とっしん)**する**; 急ぐ
- **rush** in 飛び込(こ)んで来る[行く]
- Fire engines **rushed** to the burning house. 消防車は燃えている家に急行した.
- There is no need to **rush**. 急ぐ必要はない.

❷ 急いでする, 急いで運ぶ; せき立てる
- Don't **rush** me when I'm eating. 食事をしている時にせかさないでくれ.
- He was **rushed** to hospital. 彼は急いで病院に運ばれた. → **was** 助動 ❷
—— 名 ❶ 勢いよく走ること, 突進
❷ (人が)どっと押(お)し寄せること, 殺到(さっとう); 慌(あわ)**ただしさ**, 忙(いそが)しさ
- be in a **rush** 急いでいる
- make a **rush** for ~ ~を求めて[取ろうとして]殺到する
- There was a great **rush to** California when gold was found there. カリフォルニアで金が発見された時, そこに大勢の人が殺到した.
- What is your **rush**? 何をそんなに忙しくしているの.

rúsh hòur 名 (朝夕の)**混雑時間**, ラッシュアワー

Rushmore /rʌ́ʃmɔːr ラシュモー/ 固名
(**Mount Rushmore** で) ラシュモア山 → 米国サウス・ダコタ州にある山. 側面に Washington, Jefferson, Theodore Roosevelt, Lincoln(左から)の4大統領の顔が刻まれている.

Russia 小 /rʌ́ʃə ラシャ/ 固名 ロシア連邦(れんぽう) → 首都はモスクワ (Moscow).

Russian /rʌ́ʃən ラシャン/ 形 ロシア連邦(れんぽう)の; ロシア人の; ロシア語の
—— 名 ❶ ロシア人 ❷ ロシア語

rust /rʌ́st ラスト/ 名 さび
—— 動 さびる

rustle /rʌ́sl ラスる/ 動 (木の葉・紙・布などが)さらさら音を立てる
—— 名 さらさらいう音

rusty /rʌ́sti ラスティ/ 形 (比較級 **rustier** /rʌ́stiər ラスティア/; 最上級 **rustiest** /rʌ́stiist ラスティエスト/) さびた → rust+-y.

rye /rái ライ/ 名 ライ麦 → パンやウイスキーを作るのに使われる.

rỳe bréad 名 (ライ麦の粉で作った)**黒パン**

S s

S¹, s /és エス/ 名 (複 **S's, s's** /ésiz エスィズ/)
エス → 英語アルファベットの19番目の文字.

S., S² 略 ＝south (南)

-'s A1 ❶ (名詞の所有格を作って)〜の ❷ **is, has, us** を短くした形 →**he's, let's** ❸ 文字・数字・略語などの複数形を作る

**$** /dálər(z) ダら(ズ)/ ドル (dollar(s)) →数字の前につける. 縦線が2本の$とも書く.

sack /sæk サク/ 名 (麻布(あさぬの)などの)袋(ふくろ); 1袋分

sacred /séikrid セイクレド/ 形 神聖な
• a **sacred** song 聖歌
• In India, cows are regarded as **sacred**. インドでは牛は神聖なものと考えられている.

sacrifice /sǽkrəfais サクリふァイス/ 名 いけにえ, 犠牲(ぎせい)
── 動 犠牲[いけにえ]にする

sad 小 A1 /sǽd サド/
形 (比較級 **sadder** /sǽdər サダ/; 最上級 **saddest** /sǽdist サデスト/)
悲しい →人を悲しくさせる知らせ・物語などについて, またそれらによって悲しくさせられた人・表情などについていう.
基本 a **sad** story 悲しい物語 →sad＋名詞.
• **sad** news 悲しい知らせ, 悲報
• a **sad** look 悲しそうな表情
基本 I am **sad**. 私は悲しい. →be 動詞＋sad.
• She is still **sad** about her young brother's death. 彼女は今でも弟の死を悲しんでいる.
• She looks **sad**. I'm afraid something **sad** happened to her. 彼女は悲しそうな顔をしている. 何か悲しい事でも起こったのかしら. →something, anything, nothing などには形容詞が後ろにつく.
• Don't be **sad**. 悲しんではいけません.
• I've never seen a **sadder** movie than this. 私はこれよりも悲しい[こんなに悲しい]映画を見たことがない.
• This is the **saddest** story (that) I have ever read. これは私が今まで読んだ一番悲しい物語だ. → I have ever read は現在完了(かんりょう)の文. →**have** 助動 ❷

saddle /sǽdl サドる/ 名 (馬の)くら; (自転車などの)サドル

sadly A2 /sǽdli サドリ/ 副 悲しそうに, 悲しげに, 寂(さび)しそうに; 《文全体を修飾(しゅうしょく)して》悲しいことに

sadness /sǽdnis サドネス/ 名 悲しみ, 悲しさ

safari /səfá:ri サふァーリ/ 名 サファリ →アフリカなどでの狩猟(しゅりょう)・探検旅行. safari はもとアラビア語で「旅に出る」の意味.

safári pàrk 名 自然動物園, サファリパーク

safe 中 A2 /séif セイふ/ 形
❶ 安全な, 安心な
• a **safe** driver 安心[信頼(しんらい)]できる運転手, 慎重(しんちょう)なドライバー
• Have a **safe** trip! 安全なご旅行を.
• We are **safe** here. ここにいれば安全だ.
• The dog is **safe** with children. その犬は子供といっしょにいても大丈夫(だいじょうぶ)です[かんだりする心配はない].
• Is this dog **safe** to touch? この犬は触(さわ)っても大丈夫ですか. →不定詞 to touch (触っても) は safe を修飾(しゅうしょく)する. →**to** ❾ の ④
反対語 We are **safe** from **dangerous** animals here. ここなら危険な動物から安全だ[襲(おそ)われる心配はない].

❷ (be 動詞, **come**, **arrive** などの後につけて) 無事に, 無事で (safely) →**safe and sound** ともいう.
• He came home **safe** (and sound) after the war. 彼は戦争が終わって無事に家に帰って来た.

❸ 《野球》(走者が)セーフで
• He was **safe** at second base. 彼は2塁(るい)セーフになった.

── 名 金庫

safely /séifli セイふリ/ 副 安全に, 無事に

safety /séifti セイふティ/ 名 (複 **safeties** /séiftiz セイふティズ/) 安全, 無事

five hundred and fifty-seven　557　**sale**

- **in safety** 無事に, 安全に (safely)
- **with safety** 安全に, 危険なく
- **Safety First** 安全第一 →事故防止の標語.

sáfety bèlt 名 安全ベルト; (飛行機・自動車の)座席ベルト →**seat belt** ともいう.

sáfety pìn 名 安全ピン

Sahara /səháːrə サハーラ/ 固名 **(the Sahara で)** サハラ砂漠(さばく)

said 中 /séd セド/ 動 **say** の過去形・過去分詞 →発音に注意. ×/séid セイド/ ではない.

sail /séil セイる/ 名 ❶ 帆(ほ)
- **put up [lower] a sail** 帆を張る[降ろす]
❷ (特に帆のある)**船に乗ること, 帆走**(はんそう)**, 船遊び; 航海, 船旅**
- **go for a sail** 航海に出る; 船遊びに行く

set sail 出帆(しゅっぱん)**する, 出航する**
- **They'll set sail for Japan next week.** 彼らは来週日本へ向けて出航する.
―― 動 ❶ (船が)**走る, 帆走する; 船で行く, 航海する; (船を)走らせる, 操縦する**
- **sail (across) the Pacific** 船で太平洋を横断する
- **sail away** (船が)出て行く
- **We sailed up [down] the river for six days.** 私たちは6日間その川を船で上った[下った].
- **He showed us how to sail a yacht.** 彼は私たちにヨットの操縦法を教えてくれた.
❷ **出港する, 航海に出る**
- **sail on a ship** 航海に出る
- **The ship [We] sailed from Kobe for London.** 船[私たち]はロンドンに向けて神戸を出港した.
❸ (雲・飛行船などが帆船(はんせん)のように)**滑**(すべ)**る ように動く**
- **The airship sailed slowly overhead.** 飛行船は頭上をゆっくりと滑るように飛んでいった.

sailboat /séilbout セイるボウト/ 名 《米》 ヨット, 小さな帆船(はんせん) (《英》 sailing boat) → **yacht**

sailing A2 /séiliŋ セイリング/ 名 出帆(しゅっぱん)**, 出航; ヨット遊び, 航海**

sáiling bòat 名 《英》(小型の)**帆船**(はんせん)**, ヨット** (《米》 sailboat)

sailor A1 /séilər セイら/ 名
❶ **船員, 船乗り, 水夫; 水兵**
❷ (good, bad などの形容詞を伴(ともな)って) **船**

に強い[弱い]人
- **a good sailor** 船に強い[酔(よ)わない]人
- **a bad [poor] sailor** 船に弱い[酔う]人

saint /séint セイント/ 名 **聖者, 聖人, 聖徒** →聖者の名につけて「聖~」とする時はふつう **St.** または **St** と略す.

Saint Patrick's Day /sèin(t) pǽtrikz déi セイント パトリクズ デイ/ 固名 **聖パトリックの祝日** (3月17日)

Sàint Válentine's Dày 名 **聖バレンタインの日** (2月14日) → **valentine**

sake A2 /séik セイク/ 名 **ため, 利益, 目的**

for God's [goodness'] sake お願いだから, 頼(たの)むから →怒(いか)り, いらいら, 驚(おどろ)きなどを表して, 命令文や疑問文を強める. 失礼に聞こえることもあるので注意.

for the sake of A **= for** A**'s sake** A の (利益・目的の)**ために**
- **He stopped smoking for the sake of his health.** 彼は健康のため禁煙(きんえん)した.
- **He drove slowly for our sake.** 彼は私たちのためにゆっくり運転してくれた.

salad 小 A1 /sǽləd サらド/ 名

サラダ
- **make [prepare] salad** サラダを作る →×*a salad*, ×*salads* としない. 次例のように種類を言う時は別.
- **make [have] a salad of salmon and eggs for lunch** 昼食にサケと卵のサラダを作る[食べる]

salaried /sǽlərid サらリド/ 形 **給料** (salary) **をもらっている**

salary /sǽləri サらリ/ 名 (複 **salaries** /sǽləriz サらリズ/) **給料, 賃金, サラリー** →ふつう会社員・公務員の月給. → **wage**

sale A1 /séil セイる/ 名
❶ **販売**(はんばい)**, 売ること** 関連語 「売る」は **sell**.
- **the sale of tickets** チケットの販売
❷ (しばしば **sales** で) **売上高, 売れ行き**
- **This dictionary enjoys large sales.** この辞書はとてもよく売れています.
❸ **特売, 安売り, バーゲン(セール)** →「バーゲンセール」は和製英語. → **bargain**
- **I bought this shirt in [at] a sale.** 私はこのシャツをバーゲンで買った.
- **The store is having a sale on [of] jeans.** あの店ではジーンズの特売中だ.

salesclerk

for sale (個人の家屋・品物などが希望者に)**売るために**, 売るための
- House **For Sale** 売り家 →広告.
- This lamp is not **for sale**. このランプは売り物ではありません.

on sale (商店で品物が)**売られて**; 《米》特売中で, 特売で
- New computers are now **on sale**. 新しいコンピューターが今売られている.

salesclerk /séilzklə:rk セイルズクラ〜ク/ 名
《米》(小売り店の)**店員** (《英》shop assistant)

salesman /séilzmən セイルズマン/ 名 (複 **salesmen** /séilzmən セイルズマン/) **店員**; **販売員**, セールスマン

salesperson /séilzpə:rsn セイルズパースン/ 名 (複 **salespeople** /séilzpi:pl セイルズピープル/) **店員**; **販売員** → salesman, saleswoman のような性別を示す語を避けるために用いる.

saleswoman /séilzwumən セイルズウマン/ 名 (複 **saleswomen** /séilzwimin セイルズウィメン/) **女性店員**; **女性販売員**

saliva /səláivə サライヴァ/ 名 **つば**, 唾液

salmon /sǽmən サモン/ 名 ❶《魚》**サケ** → 複数も salmon. 魚も肉も指す. ❷ **薄紅色** → **salmon pink** ともいう.

salon /səlán サロン/ 名 (美容・服飾などの)**店**

saloon /səlú:n サルーン/ 名 ❶(ホテル・客船などの)**大広間** ❷《米》(大きな)**酒場**, バー

salt 中 A2 /sɔ́:lt ソールト/ 名 **塩**, 食塩
- put **salt** on an egg 卵に塩をかける →×*a* salt, ×salts としない.
- Pass me the **salt**, please. (食卓で)すみませんが食塩を回してください.

—— 形 **塩を含んだ**; **塩辛い**; **塩づけの**
- **salt** water 塩水
- a **salt** breeze 潮風
- **salt** cod 塩ダラ

Salt Lake City /sɔ́:lt lèik síti ソールト レイク スィティ/ 固名 **ソルト・レイク・シティー** →米国ユタ州 (Utah) の州都. モルモン教の本部がある.

salty 小 /sɔ́:lti ソールティ/ 形 (比較級 **saltier** /sɔ́:ltiər ソールティア/; 最上級 **saltiest** /sɔ́:ltiist ソールティエスト/) **塩辛い**, 塩気のある

salute /səlú:t サルート/ 名 **敬礼** →ふつう軍人のする挙手の礼.
—— 動 **敬礼する**

samba /sǽmbə サンバ/ 名 《音楽》**サンバ** →ブラジルの民族舞曲(ぶきょく).

same 中 A1 /séim セイム/ 形
(→比較変化なし)
(常に **the same** で)**同じ**, **同一の**; **同じような**
基本 the **same** name 同じ名前 →the same+名詞.
- on **the same** day 同じ日に
- at **the same** time 同じ時間に; 同時に
- in **the same** place 同じ場所で
- in **the same** way 同じ風に, 同じに
- a student at **the same** school 同じ学校の生徒
- Bob and I are in **the same** class. ボブと私は同じクラスにいます.
基本 Our first names are the **same**. 私たちの名前は同じだ. →be 動詞+the same.
- Bob and his cousin are **the same** age. ボブと彼のいとこは同い年だ.
反意語 Ann's hat and my hat are **the same**, but our coats are **different**. アンの帽子と私のは同じですがコートは違います.
- They look **the same** to me. それらは私には同じに見える.

—— 代 (ふつう **the same** で)**同じ物[事]**

会話
Merry Christmas! —(**The**) **Same** to you!
クリスマスおめでとう.—おめでとう.

- He may believe me if you say **the same** to him. 君が彼に同じ事を言えば彼は僕の言う事を信じるかもしれない.

all [just] the same ① **全く同じで[に]**
- We can meet on Sunday or on Monday. It is **just the same** to me. 私たちは日曜でも月曜でも会えます. 私にはどちらでも同じことです[私はどちらでもかまいません].

② それでもやはり

🔵会話 Would you like me to help?—No, I can do it myself. But thank you **all the same**. 手伝いましょうか.—けっこうです. ひとりでやれます. でもそう言ってくださってありがとう.

much [***about, almost***] ***the same*** だいたい同じ

● It's **about the same** as the winter in Tokyo. (そこの冬は)東京の冬とだいたい同じです.

the same A ***as*** ~ ～と同じ A, ～と同じ種類の A

● I am **the same** age **as** she is [《話》 **as** her]. 私は彼女と同い年です.

● No one is **the same** at the end **as** he was at the beginning. 終わりが始めと同じ人は誰(だれ)もいない[人間は変わるものだ].

the same A ***that*** ~と同じ A

● I have **the same** book (**that**) my father gave me ten years ago. 私は父が10年前にくれた本を(今も)持っている. →the same は book を強調して「その同じ本」.

(***The***) ***Same to you!*** あなたもどうぞ, ご同様に → **same** 代 🔵会話

sample 🅰2 /sǽmpl サンプる|sάːmpl サーンプる/ 图 見本, サンプル

● This book is a **sample** copy. この本は見本です.

sanctuary /sǽŋ(k)tʃueri サン(ク)チュエリ/ 图 ❶ 聖域, 避難(ひなん)所 ❷ 保護区, 禁猟(きんりょう)区

sand /sǽnd サンド/ 图 ❶ 砂

● play in the **sand** 砂遊びをする

❷ (**sands** で) 砂浜(すなはま), 砂州(さす); 砂漠(さばく)

sandal /sǽndl サンドる/ 图 サンダル

sandbox /sǽndbɑks サンドバクス/ 图 《米》 砂箱, 砂場 (《主に英》 sandpit) → 子供の砂遊び用.

sandcastle /sǽndkæsl サンドキャスる/ 图 (浜辺で作る)砂の城

● play **sandcastles** 砂の城を作って遊ぶ

sandpaper /sǽn(d)peipər サン(ド)ペイパ/ 图 紙やすり

sandpit /sǽn(d)pit サン(ド)ピト/ 图 《主に英》 砂箱, 砂場 (《米》 sandbox)

sandwich 🔵小 🅰1 /sǽn(d)witʃ サン(ド)ウィチ/ 图 サンドイッチ

● make **sandwiches** for a picnic ピクニックのためのサンドイッチを作る

● I want two BLT **sandwiches** to go. 持ち帰りで BLT サンドイッチを2つお願いします. → BLT は **b**acon, **l**ettuce, **t**omato の略.

● I ate cheese **sandwiches** for lunch. 昼食にチーズサンドを食べた.

語源 (sandwich)

18世紀中頃(ごろ)のイギリスの町サンドイッチの伯爵(はくしゃく) (**Earl of Sandwich**) ジョン・モンタギューは大のギャンブル好きで, 食事のためのゲームの中断を嫌(きら)って, ゲームをやりながらその場で食べられる「サンドイッチ」を考え出したといわれる.

sandy 🅰2 /sǽndi サンディ/ 形 (比較級 **sandier** /sǽndiər サンディア/; 最上級 **sandiest** /sǽndiist サンディエスト/) 砂の, 砂地の; 砂だらけの

sane /séin セイン/ 形 正気の; 理性的な, 分別のある 反対語 **insane** (気のふれた)

San Francisco /sæn frənsískou サン ふランスィスコウ/ 固名 サンフランシスコ → 米国カリフォルニア州にある太平洋岸の港市.

sang 🔵中 /sǽŋ サング/ 動 **sing** の過去形

sank /sǽŋk サンク/ 動 **sink** の過去形

Santa Claus /sǽntə klɔ̀ːz サンタ クろーズ/ 固名 サンタクロース → 《英》では **Father Christmas** ともいう.

Santiago /sæntiάːgou サンティアーゴウ/ 固名 サンティアゴ → 南米にあるチリ (Chile) の首都.

sap /sǽp サプ/ 图 樹液

sapphire /sǽfaiər サふァイア/ 图 サファイア → 透明(とうめい)な深い青色の宝石.

Sarawak /sərάːwɑːk サラーワーク/ 固名 サラワク → マレーシア (Malaysia) の1州で, ボルネオ島の北西部を占(し)める.

sardine /sɑːrdíːn サーディーン/ 图 《魚》 小イワシ

sari /sάːri サーリ/ 图 サリー → インドの女性が着る民族衣装(いしょう)で, 1枚の布を肩(かた)から腰(こし)に巻き付けるようにして着る.

sash /sǽʃ サシュ/ 图 窓枠(わく), サッシ

sat /sǽt サト/ 動 **sit** の過去形・過去分詞

Sat. 略 ＝**Sat**urday (土曜日)

Satan /séitn セイトン/ 图 悪魔(あくま), サタン

satellite /sǽtəlait サテらイト/ 图 ❶ 衛星, 月 → 惑星(わくせい)の周囲を回転している星. 関連語 **planet** (惑星), **star** (恒星(こうせい)) ❷ 人工衛星 → **artificial satellite** ともいう. ❸ (大国の)衛星国

satire

satire /sǽtaiər サタイア/ 名 皮肉, 風刺(ふうし); 風刺文学

satisfaction /sæ̀tisfǽkʃən サティスふァクション/ 名 ❶ 満足

❷ 満足を与(あた)えるもの[事], 喜び

satisfactory /sæ̀tisfǽktəri サティスふァクトリ/ 形 満足な, 申し分ない

satisfy A2 /sǽtisfai サティスふァイ/ 動 (三単現 **satisfies** /sǽtisfaiz サティスふァイズ/; 過去・過分 **satisfied** /sǽtisfaid サティスふァイド/; ‑ing形 **satisfying** /sǽtisfaiiŋ サティスふァイイング/) 満足させる

• Nothing **satisfies** him. He is always complaining. 何物も彼を満足させない. 彼はいつも不平を言っている.

• He **satisfied** his hunger with sandwiches and milk. 彼はサンドイッチとミルクで空腹を満たした.

• He is **satisfied with** the result. 彼はその結果に満足している. ➡受け身形(満足させられている)であるが「満足している」と訳す.

Saturday 小 A1 /sǽtərdei サタデイ/ 名 (複 **Saturdays** /sǽtərdeiz サタデイズ/) 土曜日 ➡週の第7日. 詳(くわ)しい使い方は → **Tuesday**

• **on Saturday** 土曜日に

• **on Saturday** afternoon 土曜日の午後に

• **every Saturday** 毎週土曜日に ➡形容詞が前につくと ×on ～ としない.

• **last [next, this] Saturday** 先週の[来週の, 今週の]土曜日(に)

• **from** Monday **through [to] Saturday** 月曜日から土曜日まで

• **Saturday** is the last day of the week. 土曜日は週の最後の日です.

• We enjoy playing tennis on **Saturdays**. 私たちは毎週土曜日に[土曜日にはよく]テニスをして楽しみます.

語源 (Saturday)
「サトゥルヌス(ローマ神話で農業の神)の日」(Saturn's day) の意味.

Saturn /sǽtərn サタン/ 固名 ❶ サトゥルヌス, サターン ➡ローマ神話で農業の神. → **Saturday** ❷ 《天文》土星

sauce A2 /sɔ́:s ソース/ 名 ソース ➡味や色どりを添(そ)えるための調味料. 日本でいう「ソース」ばかりでなく, トマトソースやしょうゆなども含む.

ことわざ Hunger is the best **sauce**. 空腹は最上のソースである. ➡「空腹にまずいものなし」にあたる.

saucepan /sɔ́:spæn ソースパン/ 名 シチュー鍋(なべ), ソースパン

saucer /sɔ́:sər ソーサ/ 名 台皿, 受け皿 ➡ティーカップなどを載(の)せる小皿. もとは「ソース (sauce) を入れておく皿」の意味.

Saudi Arabia /sáudi əréibiə サウディ アレイビア/ 固名 サウジアラビア ➡アラビア半島の大部分を占(し)める王国. 首都はリヤド (Riyadh). 公用語はアラビア語.

Saudi Arabian /sáudi əréibiən サウディ アレイビアン/ 形 サウジアラビアの, サウジアラビア人の

sauna /sɔ́:nə ソーナ, sáunə サウナ/ 名 サウナ, 蒸しぶろ; サウナ浴場

sausage 小 A2 /sɔ́:sidʒ ソーセヂ/ 名 ソーセージ

savage /sǽvidʒ サヴェヂ/ 形 ❶ 野蛮(やばん)な, 未開の ❷ 野生の (wild); どう猛(もう)な, 残酷(ざんこく)な (cruel)
── 名 野蛮人

savanna(h) /səvǽnə サヴァナ/ 名 サバンナ, 大草原

save 小 A1 /séiv セイヴ/

動 ❶ 救う, 助ける

❷ ためる

❸ 節約する, はぶく

意味 map

── 動 (三単現 **saves** /séivz セイヴズ/; 過去・過分 **saved** /séivd セイヴド/; ‑ing形 **saving** /séiviŋ セイヴィング/)

❶ 救う, 助ける; 守る

• **save** his life 彼の生命を救う

• The firefighters **saved** the child **from** the burning house. 消防士たちはその子供を燃えている家から救った.

• The child was **saved from** the burning house. その子は燃えている家から救出された. → **was** 助動 ❷

❷ ためる, たくわえる, 貯金する; とっておく

• **save** (money) **for** a vacation 休暇(きゅうか)のために貯金する

• He **saved** a dollar a week to buy a bike. 彼は自転車を買うために1週間に1ドルずつためた. ➡a week は「1週に(つき)」. 不定詞 to buy は「買うために」(→ **to** ❾ の ③).

561　　　　**say**

- **Save** some chocolate for me. = **Save** me some chocolate. 僕(ぼく)にチョコレートとっておいてよ. →あとの文は save *A B* で「A(のため)にBをとっておく」.

❸ **節約する, はぶく, 使わないようにする**
- This machine **saves** us a lot of time and trouble. この機械は私たちに多くの時間と手間をはぶいてくれる. →save *A B* は「Aのために Bをはぶく」.
- If you walk to school, you will **save** 5,000 yen a month **on** bus fares. もし君が歩いて学校へ行けば, 月にバス代を 5,000 円かせることになります. →a month は「1 か月に(つき)」.

saving /séiviŋ セイヴィング/ 動 save の -ing 形 (現在分詞・動名詞)
── 名 節約; (**savings** で) 貯金

savio(u)r /séivjər セイヴィア/ 名 救い主 → Christ (キリスト)のこと.

saw¹ 中 /sɔ́ː ソー/ 動 see の過去形
saw² A1 /sɔ́ː ソー/ 名 のこぎり →日本ののこぎりと違(ちが)って, 前方へ押(お)しながら切る. → **plane**³
── 動 (三単現 **saws** /sɔ́ːz ソーズ/; 過去 **sawed** /sɔ́ːd ソード/; 過分 **sawed**, (主に英) **sawn** /sɔ́ːn ソーン/; -ing形 **sawing** /sɔ́ːiŋ ソーイング/)
のこぎりで切る; のこぎりを使う
- **saw** wood のこぎりで木を切る

sawdust /sɔ́ːdʌst ソーダスト/ 名 おがくず
sawmill /sɔ́ːmil ソーミる/ 名 製材所
sax /sǽks サクス/ 名 《話》= saxophone
saxophone /sǽksəfoun サクソふォウン/ 名 サキソフォン, サックス →金属製の木管楽器の一種.

say 小 A1 /séi セイ/ 動

|三単現| **says** /séz セズ/
→発音に注意. ×/セイズ/ ではない.
|過去・過分| **said** /séd セド/
→発音に注意. ×/セイド/ ではない.
|-ing形| **saying** /séiiŋ セイイング/

❶ **言う**
基本 say "good morning" 「おはよう」と言う →say+名詞(句).
- **say** goodbye **to** him 彼に「さようなら」と言う[お別れを言う]
- **Say** it again. それをもう一度言いなさい.

say 小 A1 /セイ/

|三単現| **says** /セズ/　　　　|過去・過分| **said** /セド/
|-ing形| **saying** /セイイング/

教科書によく出る 意味

動 ❶ 言う
　　She **said** goodbye to him. 彼女は彼に別れをつげた.

❷ (本などに)〜と書いてある
　　The book **says** Japan is a beautiful country.
　　日本は美しい国だとその本に書いてある.

教科書によく出る 連語

say hi [hello] to 〜　〜によろしくと伝える
　Please **say hi to** your parents. ご両親によろしくお伝えください.

say

562 | five hundred and sixty-two

●I have something to **say to** you. 私は君に言う事[話]がある. →不定詞 to say (言うべき〜)は something を修飾(しゅうしょく)する. →**to** ❾ の ②

●I did not know what to **say**. 私は何と言ってよいかわからなかった. →what to say は「何を言うべきか」. →**to** ❾ の ⑤

●It is hard to **say** which blouse is nicer. どっちのブラウスがいいか言うのは難しい. →It=不定詞 to say (言うこと)以下. →**to** ❾ の ①

関連語 I cannot hear what you **say**, please **speak** louder. あなたの言うことが聞こえません, どうかもっと大きな声でしゃべってください.

関連語 What did he **say** about me? **Tell** me, please. 彼は私のこと何て言ったの. お願い, 教えて.

関連語 (言う)

say は「自分の考えや気持ちを言葉で表す」こと. **speak** は「言葉を口に出す」ことで, 話す行為(こうい)に重点がある. **tell** は「(話の内容を)伝える, 〜のことを教える, 告げる」.

●I've come to **say** goodbye. 私はお別れを言いに来ました. →不定詞 to say は「言うために」. →**to** ❾ の ③

●I'm sorry to **say** (that) I cannot go with you. (〜と言うのを残念に思う ⇨)残念ながら私は君といっしょに行くことができない →不定詞 to say は sorry を修飾する. →**to** ❾ の ④

●He **says that** he can speak French. = He **says**, "I can speak French." 彼はフランス語がしゃべれると言っている.

●He **said** nothing. 彼は何も言わなかった.

●I **said** to my uncle, "I've never seen such a thing." 「そんな物は見たことがない」と私はおじに言った.

会話 Did you say "books"? —No, I didn't. —What did you say? —I **said** "box." 「ブックス」(本)とおっしゃったんですか.—いいえ, そうは言いませんでした.—何とおっしゃったんですか.—「ボックス」(箱)と言ったんです.

●John **said** in his letter **that** he would visit us next month. ジョンは来月うちに来ると(手紙の中で言った ⇨)手紙で言ってよこした.

●"How wonderful!" **said** Jane. 「なんてすばらしいんでしょう」とジェーンは言った.

POINT 人の言葉をそのまま伝える時の say の位置は文頭, 文末, あるいは伝える内容が長い時には文中のいずれでもよい.

●He **is said** to be very rich. =**It is said that** he is very rich. (=**People say that** he is very rich. →成句) 彼はとても金持ちだと言われている[金持ちだといううわさだ]. →受け身の文. →**is** 助動 ❷

●What is he **saying**? I can't hear him. 彼は何と言っているのですか. 私には彼の言っていることが聞こえません. →現在進行形の文. →**is** 助動 ❶

●She went out without **saying** a word. 彼女は一言も言わずに出て行った. →saying は動名詞で前置詞 (without) の目的語.

●**Saying** is one thing and doing (is) another. 言うことと行うことは別のことだ. →Saying は動名詞 (言うこと)で文の主語. →*A is* **one thing,** *B (is)* **another. (one** 成句) ❷

❷ (本・手紙・掲示(けいじ)などに)〜と書いてある

●The sign **says**, "Danger." 看板には「危険」と書いてある.

●Her letter **says** she'll arrive on Sunday. 彼女の手紙には日曜日に着くと書いてある.

●An old story **says**, "A hare is making rice cakes on the moon." 昔話の本には「ウサギが月で餅(もち)をついている」と書いてある.

●There is a notice **saying**, "Please stand on the right." 「右側にお立ちください」と書いた掲示がある. →saying は現在分詞 (〜と書いてある)で notice を修飾する.

❸ まあ, たとえば (**let's say** ともいう); 《米》《間投詞のように使って》ねえ, ちょっと, おい (《英》I say)

●If we go to, **say** Kyoto, will you come with us? 私たちがもし, たとえば京都に行くとしたら, 君もいっしょに来ますか.

I say! 《英》ねえ, ちょっと, おい

People [*They*] *say* (*that*) 〜. 世間では〜と言っている. —といううわさ[話]です

●**People say that** he is a good singer. (=He is said to be a good singer.) 彼は歌がうまいと言われている.

say to one*self* 自分に言いきかせる, 心に思う; ひとり言を言う

●"I'll do my best," he **said to himself**. 「私は全力を尽(つ)くそう」と彼は心に思った.

scary

that is (**to say**) すなわち
• My grandfather left all his wealth to his youngest son, **that is to say**, to my father. 私の祖父は彼の財産全部を彼の末子すなわち私の父に残した.

to say nothing of ~ ~は言うまでもなく, ~はもちろんのこと
• He can speak Italian, **to say nothing of** English. 彼は英語はもちろんのことイタリア語も話せる.

You don't say! 《話》(驚いて, または驚いたふりをして)まさか, そんな.

You said it! 《話》全く君の言うとおりだ

What do you say to ~? ~はどうですか
• **What do you say to** (taking) a walk in the park? 公園を散歩しようよ.

── 名 (**a** [*one's*] **say** で) 言いたい事, 言い分; 言う機会[権利]
• We all have our **say**. 私たちには皆(みな)それぞれ言い分がある.
• Let me have my **say**. 私にも言わせてくれ.

saying /séiiŋ セイインヶ/ 動 **say** の -ing 形(現在分詞・動名詞)
── 名 ❶ 言う[言った]こと ❷ ことわざ, 格言
• As the **saying** goes, "Time is money." 格言にも言うとおり「時は金なり」だ.

says /séz セズ/ 動 **say** の3人称(しょう)単数現在形・発音に注意. ×/séiz/セイズ/ ではない.

SC 略 ＝South Carolina

scald /skɔ́:ld スコールド/ 名 (熱湯・蒸気などによる)やけど →**burn**
── 動 (熱湯・蒸気などで)やけどさせる; やけどする

scale A2 /skéil スケイる/ 名 ❶ (計器の)目盛り ❷ てんびんの皿; (しばしば **scales** で) てんびん, はかり; 体重計 ❸ (地図などの)縮尺, 比率 ❹ 段階, 規模, スケール
• on a large [small] **scale** 大[小]規模に

scallop /skάləp スカろプ, skǽləp スキャらプ/ 名 《動物》(ふつう **scallops** で) ホタテガイ; (食用になる)ホタテの貝柱; ホタテの殻

scan /skǽn スキャン/ 動 (三単現 **scans** /skǽnz スキャンズ/; 過去・過分 **scanned** /skǽnd スキャンド/; -ing形 **scanning** /skǽniŋ スキャニングヶ/) ❶ 細かく調べる ❷ 《コンピューター》スキャンする 関連語 「スキャンする器具」は **scanner**.

scandal /skǽndl スキャンドる/ 名 (世間を騒(さわ)がす)恥(は)ずべき行為(こうい), 醜聞(しゅうぶん), スキャンダル

Scandinavia /skændənéiviə スキャンディネイヴィア/ 固名 ❶ スカンジナビア, 北欧(ほくおう) → ノルウェー, スウェーデン, デンマーク, また時にフィンランド, アイスランドを含(ふく)めた地域をいう. ❷ スカンジナビア半島 →the **Scandinavian Peninsula** /スキャンディネイヴィアン ペニンスら/ ともいう.

scar /skά:r スカー/ 名 (切り傷・やけどなどの)傷跡(きずあと)

scarce /skéərs スケアス/ 形 乏(とぼ)しい, 不足で, 少ない, 手に入りにくい

scarcely /skéərsli スケアスリ/ 副 ほとんど~ない (hardly)

scare /skéər スケア/ 動 怖(こわ)がらせる, おびえさせる; おびえる, 怖がる
• **scare away** 脅(おど)かして追い払(はら)う
• A strange sound **scared** me. 奇妙(きみょう)な音が私をおびえさせた.
• The children **were scared** and ran away. 子供たちは怖がって逃(に)げた. → were scared は受け身形(怖がらせられる)であるが「怖がった」と訳す.
── 名 おびえ, 恐怖(きょうふ)

scarecrow /skéərkrou スケアクロウ/ 名 かかし →scare (怖(こわ)がらせる)＋crow (カラス).

scared 中 /skéərd スケアド/ 形 おびえた, 怖(こわ)がっている; (be scared of ~ で) ~が怖い →scare 動
• I'm scared of dogs. 私は犬が怖い.

scarf A2 /skά:rf スカーふ/ 名 (複 **scarfs** /skά:rfs スカーふス/, **scarves** /skά:rvz スカーヴズ/) えり巻き, スカーフ, マフラー

scarlet /skά:rlit スカーれト/ 名形 緋色(ひいろ)(の), 鮮(あざ)やかな赤色(の)

scary 中 /skéəri スケアリ/ 形 (比較級 **scarier**

チャンクでおぼえよう say	
□「おはよう」と言う	**say** "good morning"
□ 彼にお別れを言う	**say** good-bye to him
□ 自分に言い聞かせる	**say** to myself
□ その標識には「危ない」と書いてある.	The sign **says**, "Danger."

scatter 564 five hundred and sixty-four

/skéəriər スケアリア/;
最上級 scariest
/skéəriist スケアリエスト/ 《話》(物事が)おっかない, 恐(おそ)ろしい →scare+-y.

scatter /skǽtər スキャタ/ 動 まく, まき散らす, (追い)散らす; 散る

scene 中 A2 /síːn スィーン/ 名
❶(事件などの)現場
•the **scene** of the accident 事故現場
•An ambulance arrived on the **scene**. 救急車が現場に到着(とうちゃく)した.
❷(劇・小説などの)舞台(ぶたい), 場面, 1 シーン
•*Hamlet*, Act I, **Scene** ii ハムレット第1幕第2場→I, ii はそれぞれ one, two と読む.
•This is an interesting book. The **scene** is Paris in the 1850s (読み方: eighteen fifties). これはおもしろい本です. 舞台は1850年代のパリです.
❸(一つ一つの)景色, 光景 →scenery
•I enjoyed the changing **scene** from the window of the train. 列車の窓から変わっていく景色を楽しく眺(なが)めた.

make a scene (人前で泣いたりわめいたり)大騒(さわ)ぎをする

scenery A2 /síːnəri スィーナリ/ 名 (全体の)風景, 景色 関連語 個々の「景色」は **scene**, **view**.

scenic /síːnik スィーニク/ 形 風景の; 景色のよい

scent /sént セント/ 名 ❶におい, 香(かお)り; 《英》香水(こうすい) (perfume) ❷(動物があとに残した)臭跡(しゅうせき) →調査・捜索(そうさく)などの「(そこに残された)手がかり」の意味でも使われる.
❸(猟犬(りょうけん)などの)嗅覚(きゅうかく); (人の)直感

schedule 小 A2 /skédʒuːl スケチュール| ʃédjuːl シェデュール/ 名 (仕事などの)予定(表), スケジュール; 《米》時間表, 時刻表 (timetable)
•a class **schedule** クラスの時間割
•a train **schedule** 列車時刻表
•a television **schedule** テレビ番組表
•I have a full [heavy, tight] **schedule** for next week. 私は来週はスケジュールが詰(つ)まっている[ハードスケジュールだ]. →「ハードスケジュール」は和製英語.

according to schedule スケジュールどおりに

behind schedule 定刻[予定]より遅(おく)れて
•The airplane was an hour **behind**

schedule. 飛行機は予定より1時間遅れた.

on schedule 時刻表どおりに, 定刻に
•The airplane reached Paris **on schedule**. 飛行機は定刻にパリに着いた.
—— 動 (期日などを)決める, 予定表を作る[に入れる], 予定する
•The match is **scheduled** for Sunday afternoon. その試合は日曜午後に予定されている.

scheme /skíːm スキーム/ 名 計画, 案 (plan); たくらみ

scholar /skálər スカら/ 名
❶(ふつう人文科学系の)学者, 学問のある人
❷奨学(しょうがく)生, 特待生

scholarship /skálərʃip スカらシプ/ 名
❶奨学(しょうがく)金, スカラシップ ❷学問, 学識

school[1] 小 A1 /skúːl スクール/ (→ch は /k/ と発音する) 名
(複 **schools** /skúːlz スクールズ/)
❶学校
•an elementary **school** 小学校
•a junior high **school** 中学校
•a senior high **school** 高等学校
•a public [private] **school** 公立[私立]学校
•a night **school** 夜間学校
•a boarding **school** 全寮(りょう)制の学校
•a boys' [girls'] **school** 男子[女子]校
•a driving **school** 自動車教習所
•an English conversation **school** 英会話学校
•go to **school** 学校へ(勉強しに)行く, 入学する
•after **school** 学校が済んでから, 放課後に
•at [in] **school** 学校(の授業)で; 在学中で; 授業中で →in the school は「校内に, 校内で」.
•leave **school** 卒業する; 退学する
•leave for **school** 学校へ出かける
•The principal lives near the **school**. 校長先生は学校の近くに住んでいる.

✅POINT the がつくのは「校舎」の意味のとき. school が本来の目的(教育・勉強)を意味する時は ×a school, ×the school としない.

•He walks to **school**. 彼は歩いて学校へ行く.
•**School** is over. 学校[授業]が終わった.
•We will have no **school** tomorrow. あしたは学校がありません[休みです].

- I am a first-year student **at** junior high **school**. 私は中学1年生です.
- She attends Sunday **school** every week. 彼女は(教会の)日曜学校に毎週通っている.
- We are learning English at [in] **school**. 我々は学校で英語を習っている.
- **School** begins at eight. 学校[授業]は8時に始まります.
- Their **school** and ours are **sister schools**. 彼らの学校と私たちの学校は姉妹(しまい)校です.

Where do you go to **school**?―I go to Tokyo Junior High **School**.
君はどこの学校へ行っていますか.―私は東京中学校に行っています.

How do you go to **school**?―(I go to **school**) By bus.
どうやって学校へ行っていますか.―バスで行っています.

❷ 全校の生徒 → 単数としても複数としても扱(あつか)われる.
- The principal speaks to the whole **school** every Monday. 校長先生は毎週月曜日に全校生徒に話をする.

❸ (大学の)学部; 《米話》大学 →「学部」については「法学」「医学」のような特殊(とくしゅ)な専門学部についていう.
- Does your university have a medical **school**? 君の大学に医学部はありますか.

❹ (芸術や学問の)流派, 学派
- an old painting of the Kano **school** of the fifteenth century 15世紀狩野(かのう)派の古い絵画

school² /skúːl スクーる/ 名 (魚・クジラ・オットセイなどの)群れ

schoolbag /skúːlbæg スクーるバグ/ 名 **学校カバン**

schóol bòok 名 教科書 (textbook)

schoolboy /skúːlbɔi スクーるボイ/ 名 男子生徒

schóol bùs 名 通学バス, スクールバス

schoolchild A2 /skúːltʃaild スクーるチャイるド/ 名 (複 **schoolchildren** /skúːltʃildrən スクーるチるドレン/) 学童, 生徒 → schoolboy, schoolgirl のこと.

schóol dày 名 ❶ 授業[登校]日
❷ (**school days** で) 学校[学生]時代 → schoolday と1語でも書く.

schóol fèstival 名 (学校の)文化祭, 学園祭

schoolgirl /skúːlɡəːrl スクーるガ〜る/ 名 女子生徒

schóol hòur(s) 名 授業時間

schoolhouse /skúːlhaus スクーるハウス/ 名 (複 **schoolhouses** /skúːlhauziz スクーるハウゼズ/) → 発音に注意. (特に村の小学校の)校舎

schooling /skúːliŋ スクーりンぐ/ 名 (正規の)学校教育; (通信教育の)教室授業, スクーリング

schóol lìfe 名 学校生活

schóol lùnch 名 (昼の)学校給食

schoolmate /skúːlmeit スクーるメイト/ 名 学校友達, 学友, 同窓生

schóol nèwspaper 名 学校新聞

schóol òffice 名 (学校の)事務室

schóol repòrt 名 《英》成績表, 通知表 (《米》report card)

schóol sòng 名 校歌

schoolteacher /skúːltiːtʃər スクーるティーチャ/ 名 (小・中・高校の)先生

schóol trìp 名 修学旅行

schóol ùniform 名 (学校の)制服

schoolwork A2 /skúːlwəːrk スクーるワ〜ク/ 名 学校の勉強 → 授業や宿題.

schoolyard /skúːljɑːrd スクーるヤード/ 名 《米》校庭, 運動場 (playground) → yard² ❶

schóol yéar 名 (**the** をつけて) 学年度 → 1年のうち授業・学校行事などのある期間. 英米ではふつう9月から翌年の6月まで.

Schweitzer /ʃwáitsər シュワイツァ/ 固名 (**Albert Schweitzer**) シュバイツァー → フランスの医師・哲学(てつがく)者 (1875–1965). アフリカで住民の医療(いりょう)に生涯(しょうがい)をささげた.

science 小 A1 /sáiəns サイエンス/ 名

❶ 理科, 自然科学 → **natural science** ともいう. 物理学・化学・生物学など.
- a **science** teacher = a teacher of **science** 理科の先生
- a **science** museum 科学博物館

❷ (広い意味で)科学, 学問, 〜学
- social **science** 社会科学 → 社会学・経済学・政治学など.
- computer **science** コンピューター学, コンピューターサイエンス

science fiction 566 five hundred and sixty-six

scíence fíction 名 空想科学小説, エスエフ →**SF**, **sf** と略す.

scientific A2 /saiəntífik サイエンティフィィク/ 形 (自然)科学の, 理科の; 科学的な
•a **scientific** experiment 科学の[理科の]実験
•a **scientific** method 科学的方法

scientist 小 A1 /sáiəntist サイエンティスト/ 名 科学者, (特に)自然科学者

scissors 小 A2 /sízərz スィザズ/ 名 複 はさみ
•a pair of **scissors** はさみ1丁
•cut a ribbon with **scissors** はさみでテープカットをする
•The **scissors** are not sharp. そのはさみはよく切れないよ.

scold /skóuld スコウるド/ 動 しかる, 小言を言う
•Mother **scolded** me **for** coming home late. 家へ帰るのが遅(おそ)かったので母は私をしかった.

scone /skóun スコウン/ 名 スコーン →丸い焼き菓子(がし). クリームやジャムを上につけて食べる.

scoop /skú:p スクープ/ 名 ❶ すくう道具; (長い柄(え)の)大さじ, (小)シャベル, スコップ
❷ (新聞などの)特だね, スクープ
── 動 ❶ すくい上げる, かき集める
❷ 特だね記事を出す, スクープする

scooter /skú:tər スクータ/ 名 ❶ (片足で地面を蹴(け)りながら乗る)スクーター ❷ (原動機付きの)スクーター →**motor scooter** ともいう.

scorch /skɔ́:rtʃ スコーチ/ 動 焦(こ)がす; 焦げる

score /skɔ́:r スコー/ 名
❶ (競技・テストの)得点, 点数, スコア
•keep (the) **score** (試合中)スコアをつける
•What's the **score** now? 今スコアはどうですか.
•The **score** is 5 to 4. スコアは5対4だ.
•Her **score** on the test was 93. 彼女のテストの点数は93点だった.
❷ 20; (**scores** で) たくさん, 多数
•a **score** of people 20人の人
•**scores** of people たくさんの人々
❸ 楽譜(がくふ); (映画などの)背景音楽
── 動 (競技・テストで)得点する; 得点を記録する
•**score** a point 1点取る
•**score** a goal (サッカーなどで)得点する
•**score** two runs in the third inning (野球で)3回に2点入れる

scoreboard /skɔ́:rbɔ:rd スコーボード/ 名 得点掲示(けいじ)板, スコアボード

scorebook /skɔ́:rbuk スコーブク/ 名 得点記入帳, スコアブック

scoreless /skɔ́:rlis スコーれス/ 形 無得点の, 0点の →**score**+**-less**.

scorn /skɔ́:rn スコーン/ 動 軽蔑(けいべつ)する, あざ笑う
── 名 軽蔑, あざ笑い; 軽蔑の対象, 物笑いの種

scorpion /skɔ́:rpiən スコーピオン/ 名 《動物》サソリ

Scot /skát スカト/ 名 スコットランド人 → **Scotsman**

Scotch /skátʃ スカチ/ 形 スコットランドの; スコットランド人の; スコットランド語の →産物の前につける時以外はスコットランドでは **Scotch** よりも **Scots, Scottish** のほうを使う.

Scotland /skátlənd スカトらンド/ 固名 スコットランド →イギリス本土 (Britain 島)の北部地方. 18世紀の初めにイングランド (England) と合併(がっぺい)した. 首都はエジンバラ (Edinburgh).

Scots /skáts スカツ/ 形 スコットランドの; スコットランド人の; スコットランド語の
── 名 スコットランド語

Scotsman /skátsmən スカツマン/ 名 (複 **Scotsmen** /skátsmən スカツマン/) (特に男性の)スコットランド人 →特にスコットランド人が自分たちを指して使う語.

Scotswoman /skátswumən スカツウマン/ 名 (複 **Scotswomen** /skátswimin スカツウィメン/) (女性の)スコットランド人 → **Scot, Scotsman**

Scottish /skátiʃ スカティシュ/ 形 スコットランドの; スコットランド人の; スコットランド語の
── 名 ❶ (**the Scottish** で) スコットランド人 (全体) ❷ 《米》スコットランド語 →スコットランドでは **Scots** という.

scout /skáut スカウト/ 名 ❶ 偵察(ていさつ)する人[物]; 斥候(せっこう), 偵察艦(ていさつかん)[機] ❷ (有望新人を探し出す)スカウト ❸ ボーイ[ガール]スカウトの団員 → **boy scout**

scowl /skául スカウる/ 動 顔をしかめる; にらみつける
── 名 しかめっつら, 仏頂面(ぶっちょうづら)

scramble /skrǽmbl スクランブる/ 動 かき混ぜる
•**scrambled** eggs スクランブルエッグ, いり

卵

scrap /skrǽp スクラプ/ 图 ❶ かけら, 切れ端(はし) ❷ (再製原料の)くず鉄, 廃品(はいひん)

scrapbook /skrǽpbuk スクラプブク/ 图 (新聞などの)切り抜(ぬ)き帳, スクラップブック

scrape /skréip スクレイプ/ 動 こする, こすり取る; すりむく

scratch /skrǽtʃ スクラチ/ 動 ひっかく, かすり傷をつける, (かゆい所を)かく
── 图 ひっかくこと; ひっかき[かすり]傷

scream A2 /skríːm スクリーム/ 動 キャーと叫(さけ)ぶ, 悲鳴をあげる
•**scream with** pain [fear] 痛くて[怖(こわ)くて]キャーと叫ぶ
•She **screamed for** help. 彼女は悲鳴をあげて助けを求めた.
── 图 キャーという叫び声, 悲鳴
•give a little **scream** 小さな悲鳴をあげる

screech /skríːtʃ スクリーチ/ 图 鋭(するど)い音, キーッという音, 金切り声
── 動 かん高い音[声]を出す

screen A2 /skríːn スクリーン/ 图 ❶ (映画・テレビ・コンピューターなどの)スクリーン, 画面 ❷ ついたて, びょうぶ, (見えないように)遮(さえぎ)る物; (虫よけの)網戸(あみど)
•a window **screen** (窓にはめ込(こ)む)網戸 ❸ 映画(界)
•The story was a success on stage and **screen**. その物語は舞台(ぶたい)(演劇)でも映画でも成功をおさめた.
── 動 ❶ 遮る; かばう ❷ (適性・健康状態などをみるために)審査(しんさ)する, 検査する

screw A2 /skrúː スクルー/ 图 ❶ ねじ, ねじくぎ ❷ (船の)スクリュー, (飛行機の)プロペラ (propeller)
── 動 ねじで締(し)める[止める]; ねじる, (電球などを)ねじってはめる

screwdriver /skrúːdraivər スクルードライヴァ/ 图 ねじ回し, ドライバー

script A2 /skrípt スクリプト/ 图 ❶ (印刷に対して)手書き ❷ (劇・映画などの)台本, スクリプト

scroll /skróul スクロウる/ 動 《コンピューター》(画面を)スクロールする, 前後左右に動かす
── 图 (羊皮紙・パピルス紙などの)巻き物

scrub /skrʌ́b スクラブ/ 動 三単現 **scrubs** /skrʌ́bz スクラブズ/; 過去・過分 **scrubbed** /skrʌ́bd スクラブド/; -ing形 **scrubbing** /skrʌ́biŋ スクラビング/) ごしごしこする

scrunchie /skrʌ́ntʃi スクランチィ/ 图 《米》シュシュ 布の輪にゴムを通した髪(かみ)飾り.

scuba /skúːbə スクーバ/ 图 スキューバ 潜水(せんすい)用の呼吸装置.

scúba dìving 图 スキューバダイビング

sculptor /skʌ́lptər スカるプタ/ 图 彫刻(ちょうこく)家

sculpture /skʌ́lptʃər スカるプチャ/ 图 彫刻(ちょうこく); 彫刻品, 彫像(ちょうぞう)
•a fine piece of **sculpture** 1個の見事な彫刻

SD 略 =South Dakota

SDGs /esdíːdʒíːz エスディージーズ/ 略 持続可能な開発目標 Sustainable Development Goals.

> 参考 誰一人取り残さない (leave no one behind) 持続可能な社会を実現するための, 17の国際目標. 2030年までにすべての国が達成することを目指している.

sea 小 A1 /síː スィー/ (see (見る)と同音)
图 (複 **seas** /síːz スィーズ/) 海
•go to the **sea** (海水浴・避暑(ひしょ)などの目的で)海岸へ行く the がつくことに注意. →**go to sea**
•swim in the **sea** 海で泳ぐ
•live **by** the **sea** 海のそばに住む
•a calm [rough] **sea** 穏(おだ)やかな[荒(あ)れた]海 「(ある状態の)海」をいう時はしばしば「a+形容詞+sea」になる.
•the **Sea** of Japan 日本海 このように陸地に囲まれているような海の名前に使う. →**ocean**
•the Seven **Seas** 7つの海 北極海, 南極海, 南北太平洋, 南北大西洋, インド洋.
•The boat was struck by heavy **seas**. ボートは高波に打たれた. 「(ある状態の)波」を意味する時はしばしば複数形を使う.

at sea 海上で[に]; 航海中で at the sea は「海岸で」.
•a ship **at sea** 航海中の船
•a long way out **at sea** はるか海上で
•There was a storm **at sea**. 海には嵐(あらし)があった[海上は嵐だった].

by sea 海路を, 船で
•Do you go there **by sea** or by air? 君は

sea cucumber　568　five hundred and sixty-eight

そこへ船で行くのか飛行機で行くのか.

by sea mail 船便で

go to sea 船乗りになる (become a sailor); 航海に出る →go to **the** sea は「海岸へ行く」.

séa cùcumber 名 《動物》ナマコ

seafood 小 A2 /síːfuːd スィーふード/ 名
(魚介(ぎょかい)類などの)**海産食品**

séa gùll 名 《鳥》カモメ

séa hòrse 名 《動物》タツノオトシゴ

seal¹ /síːl スィール/ 名 《動物》アザラシ, オットセイ, アシカ →「オットセイ」は特に **fur seal** ともいう.

seal² /síːl スィール/ 名 ❶ 印鑑(いんかん), (印鑑で押(お)された)印; (文書に付けられた)印章

> 🐻参考 欧米(おうべい)では重要な公文書以外には印鑑を使わず, 自分のサインで済ませることが多い.

❷ (手紙などの)封(ふう); (封筒(ふうとう)の裏などに張る)シール ❸ (〜の)印
—— 動 ❶ 封をする, ふさぐ ❷ 印鑑を押す, 調印する

séa lèvel 名 (平均)海面

sèa level ríse 名 海面上昇(じょうしょう)

séa lìon 名 《動物》トド, アシカ

seam /síːm スィーム/ 名 ぬい目, つぎ目

seaman /síːmən スィーマン/ 名 (複 **seamen**
/síːmən スィーマン/) 水夫, 船乗り; 水兵 →男性に限定しない場合は **sailor**, **mariner** を用いるほうがよい.

Séa of Jàpan 固名 **(the** をつけて) 日本海

séa òtter 名 《動物》ラッコ

seaport /síːpɔːrt スィーポート/ 名 海港; 港市, 港町 →単に **port** ともいう.

search 中 A2 /sə́ːrtʃ サ〜チ/ 動
さがす, 捜索(そうさく)する, 調べる
• **search** the bag カバンの中をさがす
• **search for** the bag (=look for the bag) カバンをさがす
• I **searched** my pockets for the ticket. 私はポケットをさぐって切符(きっぷ)をさがした.
—— 名 さがすこと, 探索(たんさく)
• make a **search** for 〜 〜をさがす

in search of 〜 〜をさがしに
• We went into the wood **in search of**

acorns. 私たちはドングリをさがしに森へ行った.

séarch èngine 名 《コンピューター》検索エンジン →インターネットで情報を検索するときに使うウェブサイト(のシステム).

searchlight /sə́ːrtʃlait サ〜チらイト/ 名 サーチライト, 探照灯

seashell /síːʃel スィーシェる/ 名 (海産貝類の)貝殻(かいがら)

seashore /síːʃɔːr スィーショー/ 名 海岸, 海辺

seasick /síːsik スィースィク/ 形 船に酔(よ)った

seaside A2 /síːsaid スィーサイド/ 名 海岸, 海辺
→海水浴地・海浜の保養地など.
• a **seaside** hotel 海岸のホテル
• a **seaside** resort 海水浴場
• I go to the **seaside** for my holidays. 私は休暇(きゅうか)には海岸へ行きます.

season 小 /síːzn スィーズン/ 名 (複 **seasons**
/síːznz スィーズンズ/)
❶ 季節
• Autumn is the best **season** for reading. 秋は読書に最適の季節です.
🗨会話 What **season** is it now in Australia?—It's winter there. オーストラリアでは今何の季節ですか.—あちらでは冬です. →it, It は漠然(ばくぜん)と「時」を表す.
🗨会話 How many **seasons** are there in a year?—There are four. 1年にはいくつの季節がありますか.—4つあります.
• The tropics have only a wet **season** and a dry **season**. 熱帯地方には雨季と乾季(かんき)しかない.
❷ (ある事が盛(さか)んに行われる)時季, シーズン, (作物などの)出盛(でざか)り期
• the skiing **season** スキーシーズン
• the strawberry **season** イチゴの出盛り期, イチゴの旬(しゅん)
• Children eagerly wait for the Christmas **season**. 子供たちはクリスマスシーズンを心から待ち望む.

in season 盛りの; 時を得た, 折よい
• Strawberries are now **in season**. イチゴは今が盛りだ.

out of season 時季外れの; 時機を失した
• Oysters are now **out of season**. カキは今は季節外れだ.
—— 動 (三単現 **seasons** /síːznz スィーズンズ/;
過去・過分 **seasoned** /síːznd スィーズンド/

-ing形 seasoning /síːznɪŋ スィーズニング/ (食べ物などに)味をつける
• **season** steak with salt and pepper ステーキに塩とコショウで味をつける

seasonal /síːznəl スィーズナる/ 形 季節の, ある季節に限られている, 季節によって変わる

séason tìcket 名 (劇場・競技場などの)通し切符(きっぷ), 定期入場券; 定期(乗車)券

seat 中 A1 /síːt スィート/
❶ 席, 座(すわ)る 物 所 → 具体的には chair, bench, stool などあらゆるものを含(ふく)む.
• a driver's **seat** 運転手席
• a window **seat** 窓側の席
基本 take [have] a **seat** 座る, 席に着く
• sit in the front **seat** of the car 車の前の座席に座る
• Go back to your **seat**. 自分の席に帰りなさい.
• I couldn't get a **seat** on the bus. 私はバスで座れなかった.
• Bring two more chairs. Then we will have enough **seats** for everyone. あと2つ椅子(いす)を持って来なさい. そうすればすべての人に対して十分な席があるでしょう[みんな座れます].
❷ (椅子の)座る部分, シート; (体・ズボンの)しり
• The **seat** of his jeans is patched. 彼のジーパンのしりの部分には継(つ)ぎが当てられている.
❸ 所在地; 中心地
• Washington, D.C. is the **seat** of the US Government. ワシントン D.C. はアメリカ政府の所在地である.
—— 動 ❶ 着席させる, 座らせる
• be **seated** 座る, 座っている → 受け身形(座らせられる)だが,「座る, 座っている」と訳す.
• **seat** *oneself* (自分を座らせる ⇨)座る
• Please be **seated**. どうぞおかけください. → 改まった言い方. ふつう Please sit down. という.
• They **seated** themselves around the table. 彼らはテーブルの周りの席についた.
❷ 〜人分の座席がある
• This theater **seats** 500 people. この劇場は座席が500ある.

séat bèlt 名 (飛行機・自動車などの)シートベルト, 座席ベルト (safety belt)

Seattle /siǽtl スィアトる/ 固名 シアトル → 米

国の最北西部ワシントン州にある港市.

séa tùrtle 名 ウミガメ → tortoise

seaweed /síːwiːd スィーウィード/ 名 海草; のり

second¹ 小 A1 /sékənd セカンド/ 形
(→ 比較変化なし)
❶ 2番目の
基本 the **second** half (フットボール試合などの)後半 → the second + 名詞.
• the **second** month of the year 一年の第2の月(2月)
• a **second**-year student 2年生
• on the **second** floor 《米》2階に,《英》3階に → floor
• Ken is our **second** son. ケンはうちの次男です.
• He won **second** prize in the contest. 彼はコンテストで2等賞をとった. → ふつう ×*the* second prize としない.
• Canada is the **second** biggest country in the world. カナダは世界で2番目に大きな国です.
❷ (a second 〜 で) もう1つの, 別の (another)
• May I have **a second** cup of coffee, please? コーヒーもう1杯(はい)いただけますか. → 2杯(はい)目についてだけいう.
• I think he is **a second** Ichiro. 私は彼を第2のイチローだと思う.
—— 副 (→ 比較変化なし) 2番目に, 次に; 2等で
関連語 Maria finished the test **first**, and I finished **second**. マリアが最初にテストを終え私が次に終わった.
—— 名 (圏 **seconds** /sékəndz セカンヅ/)
❶ (the second で) 2番目; (月の)2日 → 日の場合は **2nd** と略す. 使い方については → third
• on **the 2nd** of May = on May 2 (読み方: (the) second) 5月2日に
• Elizabeth **the Second** = Elizabeth Ⅱ エリザベス2世
• My house is **second** from the corner. 私の家はかどから2軒(けん)目です. → ふつう ×*the* second としない.
• Paul was **the second** to come to the party. ポールがパーティーに来た2番目の人だった [2番目にポールが来た]. → 不定詞 to come は second を修飾(しゅうしょく)する. こうい

second 570 five hundred and seventy

う時の to come は「来た～」と過去の意味に訳すとよい.

❷ (seconds で)(食事の)お代わり

•Can I have **seconds**? お代わりしてもいいですか.

second² A2 /sékənd セカンド/ 名

❶ (時間の)秒

•There are sixty **seconds** in a minute. 1分には60秒ある.

❷ ちょっとの間 →minute ❷

•in a **second** すぐ, たちまち

•Wait [Just] a **second**. ちょっと待ってくれ.

secondary /sékənderi セカンデリ/ 形 第二(位)の; 二次的な, 副～; (重要さなどが)二の次の

関連語 「第一の」は **primary**.

sécondary schòol 名 中等学校 →小学

校と大学の中間で日本の中学・高校にあたる. 米国の high school, 英国の public school など.

sécond flóor 名 (the をつけて)《米》2階; 《英》3階 →floor

sécond hànd 名 (時計の)秒針 関連語 **hour hand** (時針), **minute hand** (分針)

secondhand /sekəndhǽnd セカンドハンド/ 形 中古の, お古の (used)

sécond lánguage 名 第二言語 →母語の

ほかに学び使用する主要な言語.

secondly /sékəndli セカンドリ/ 副 第2に, 次に →ふつう事柄(ことがら)を順番に言う時に使う.

secret 中 A2 /sí:krit スィークレト/ 形 秘密の

•a **secret** place 人目につかない場所

•a **secret** agent 秘密情報部員, スパイ

•Don't tell this to anybody. Keep it **secret**. これは誰(だれ)にも言うな. 秘密にしておけ.

—— 名 秘密; 秘けつ; (自然界などの)神秘

•the **secret** of his success 彼の成功の秘けつ

•keep a **secret** 秘密を守る

•Keep it a **secret**. それを秘密にしておいて.

in secret 秘密に, こっそり, 内緒(ないしょ)で

secretary A2 /sékrəteri セクレテリ/ 名

(優 **secretaries** /sékrəteriz セクレテリズ/)

❶ 秘書 ❷ (しばしば **Secretary** で)《米》(他国の大臣にあたる各省の)長官; 《英》(国務)大臣

•The foreign minister is called "the **Secretary** of State" in the United States. 外務大臣は米国では「国務長官」と呼ばれる.

secretly /sí:kritli スィークレトリ/ 副 秘密に, こっそり, 内緒(ないしょ)で (in secret)

section A1 /sékʃən セクション/ 名

❶ (切って分けられた)部分, (ある目的のために区分された)場所; (官庁・会社などの)部門, ～課; (デパートなどの)～売場; (都市の)区域

❷ (新聞の)欄(らん); (本の)節

•the sports **section** of a newspaper 新聞のスポーツ欄

❸ 断面図

secure /sikjúər スィキュア/ 形 ❶ 安全な, 安心な, 確実な ❷ (鍵(かぎ)・結び目など)しっかりしまった[結ばれた]

—— 動 ❶ (危険などから)安全にする, 守る

❷ (戸・窓など)しっかり閉める

❸ (苦労して)手に入れる, 確保する

security /sikjúərəti スィキュアリティ/ 名

(優 **securities** /sikjúərətiz スィキュアリティズ/) 安全 (safety); 安心

see 小 A1 /sí: スィー/

動	❶ 見る, 見える	意味 map
	❷ 会う	
	❸ (医者に)診(み)てもらう	
	❹ (人を)見送る	
	❺ 考える	
	❻ わかる	

—— 動

三単現	**sees** /sí:z スィーズ/
過去	**saw** /sɔ́: ソー/
過分	**seen** /sí:n スィーン/
-ing形	**seeing** /sí:iŋ スィーインヶ/

❶ 見る, 見える; 見物する

基本 **see** a movie 映画を見る →see+名詞.

•**See** page 10. 10ページを見なさい.

•You **see** his house over there. (君は彼の家を向こうに見る ⇒)向こうに見えるのが彼の家です. →「見る, 見える」の意味ではふつう進行形にしない.

•We cannot **see** Mt. Fuji from here. ここからでは富士山は見えない.

•There are many places to **see** in Kyoto. 京都には見る場所がたくさんある. →不定詞 to see (見る～)は前の名詞 places を修飾(しゅうしょく)する. →to ❾ の ②

•We went to **see** a movie about Helen Keller. 私たちはヘレン・ケラーの映画を見に行った. →不定詞 to see は「見るために」. →to

see 小 A1 /スィー/

三単現 **sees** /スィーズ/
過去 **saw** /ソー/
過分 **seen** /スィーン/
-ing形 **seeing** /スィーインぐ/

イメージ
自然と目に入る状態

教科書によく出る 意味

[動] ❶ 見える，見る；見物する
- You'll **see** so many stars tonight. 今夜は星がたくさん見えるでしょう．
- There are many places to **see** around here.
  この辺りは見物する場所がたくさんある．

❷ 会う
- I'm glad to **see** you. あなたにお会いできてうれしいです．

❸ (医者に)みてもらう
- Did you go and **see** a doctor? お医者さんにみてもらいましたか？

❻ わかる，理解する
- I **see** your point. あなたが言わんとすることはわかります．

教科書によく出る 連語

I see. わかりました，なるほど
- Oh, **I see**. Thanks a lot for your help.
  ああ，わかりました．助けてくれてありがとう．

See you (〜). じゃあまた，さようなら
- **See you** tomorrow [later, soon].
  またあした［あとで，近いうちに］（会いましょう）．

Let's see. えーと，そうですね
- Well, **let's [let me] see** .... えーと，そうですね…．

see

❾ の ③

基本 Cats can **see** well in the dark. ネコは暗いところでもよく見える. →see＋副詞(句).

関連語 We **hear** with our ears, and **see** with our eyes. 我々は耳で聞き, 目で見る.

• My brother is short-sighted, but he **sees** well with his glasses. 私の兄[弟]は近視ですが, 眼鏡をかければよく見えます.

• I **saw** that movie last week. 私はその映画を先週見ました.

• I **saw** her in a dream last night. 私はゆうべ(夢の中で彼女を見た⇨)彼女の夢を見た.

関連語 We **looked** at the sky and **saw** millions of stars. 私たちは空を見ると無数の星が見えた.

類似語 (見る)

see は特に見ようとしなくても「目に入る, 見える」こと. **look** は見ようと注意して「見る」こと.

• I **saw** him swim across the river. 私は彼が川を泳ぎ渡るのを(初めから終わりまで)見た. →see A do は「Aが～するのを見る」. 受け身形は He was seen to swim across the river (by me). to swim と to がつくことに注意.

• I **saw** him walking down the street. 私は彼が通りを歩いて行くのを見た. →see A doing は「Aが～しているのを見る」.

• Many boats **are seen** on the lake. 湖上にはたくさんのボートが見られる[見える]. →受け身の文. →are 助動 ❷

• He **was seen** running away. 彼は逃げていくところを見られた. →They saw him running away. (彼らは彼が逃げていくのを見た)の受け身形.

• Kawasemi is a bird **seen** near rivers and lakes. カワセミは川や湖の近くで見られる鳥です. →過去分詞 seen (見られる)は前の名詞 a bird を修飾する.

• I **have seen** a panda in China once. 私は中国で一度パンダを見たことがある. →現在完了(かんりょう)の文. →have 助動 ❷

• I have never **seen** such a beautiful flower. こんなに美しい花を私は見たことがない.

• This is the most elegant car that I have ever **seen**. これは私が今までに見たうちで一番エレガントな車だ. →that は関係代名詞.

ことわざ **Seeing** is believing. 見ることは信じることだ. →Seeing (見ること)は動名詞で文の主語. 「実際に自分の目で見れば, なるほどと納得(なっとく)する」の意味.「百聞は一見にしかず」にあたる.

❷ 会う, たずねて行く

• Come and **see** me some day. いつか遊びに来てください.

• Lucy came to **see** me yesterday. ルーシーが昨日私に会いに[遊びに]来た. →不定詞 to see は「会うために」. →to ❾ の ③

• I went to the hospital to **see** my uncle. 私はおじに会うために[おじのお見舞(みま)いに]病院へ行った.

• I'm very glad to **see** you. お目にかかれてとてもうれしいです. →不定詞 to see は「会えて」. →to ❾ の ④

• I **have** not **seen** him for a long time. 私は長い間彼に会っていない. →have 助動 ❸

• I'll **see** you again tomorrow. またあした会おう.

• (I'll) **See** you!＝(I'll be) **Seeing** you! じゃあまた, さよなら.

会話

Goodbye! **See** you later.—OK. Bye! さようなら! またあとで.—わかったわ. じゃあ!

• **See** you then. その時会いましょう.

• She**'s seeing** Tom. 彼女はトムとつきあっている.

❸ (医者に)診てもらう; (医者が)診察(しんさつ)する

• You had better go and **see** a doctor. あなたは医者に診てもらいに行ったほうがいい. →had better do は「～したほうがいい, ～しなさい」.

• The doctor will **see** you soon. 先生がすぐあなたを診察します.

❹ (人を)見送る, 送りとどける →see ～ off

• I will **see** you home. 君を家まで送ろう. →home は副詞で「家へ」.

• Always **see** your guests to the door. いつもお客さんを戸口[玄関(げんかん)]までお送りしなさい.

• The whole family **saw** Grandmother to the station. 家族みんなでおばあちゃんを駅

まで送って行った.

❺ **考える**; **見てみる**, **調べる**; **気をつける**
- Let me **see**, where does he live? (私に考えさせてください ⇨) えーと, 彼はどこに住んでいるんだっけ. → **Let me see.** (**let** 成句)

🐸会話 May Kate come to tea? —Well, **I will see**. ケイトをお茶に呼んでいいですか.—そうだな, 考えてみよう. →「だめ」の遠回しな言い方.

- Someone is knocking at the door. **Go and see** who it is. 誰(だれ)かがドアをノックしている. 誰だか見ておいで.
- **See that** you behave yourself. 行儀(ぎょうぎ)よくするように気をつけなさい.

❻ **わかる**, **理解する** (understand)

Do you **see** what I mean? —Yes, I do.
私の言う意味がおわかりですか.—ええ, わかります.

- **I see** your point. 君の言いたいこと[お話]はわかります.
- **I see**, it's very interesting. なるほど, それはとてもおもしろいですね.

🐸会話 Which horse will win? —We'll **see**. どの馬が勝つかな.—そのうちわかるよ.

I see. わかりました, なるほど → **see** ❻
Let's [***Let me***] ***see.*** えーと, そうですね
→ **let** 成句
see ~ off ~を見送る
- Let's go to the airport to **see** them **off**. 彼らを見送りに空港へ行こう.

see through ~ ~をすかして見る
see ~ through ~を最後まで見る
see to ~ (仕事など)を引き受ける, ~の面倒(めんどう)をみる; ~に気をつける
- You wash the dishes, and I'll **see to** the ironing. あなたはお皿を洗ってちょうだい. アイロンかけは私がします.

you see (君がわかっているように ⇨) あのね, いいね, ね → 文頭・文中・文末につけて, 聞き手の注意を促(うなが)すのに使う.
- **You see**, I'm very hungry. あのね, とてもおなかがすいているんだ.
- You mustn't tell him about it, **you see**. そのことを彼に言ってはだめだよ, いいね.

seed 中 A2 /síːd スィード/ 图 (野菜・花などの小さな)**種**, **種子** → **stone** ❸
- sow [plant] **seeds** 種をまく
── 動 (土地に)種をまく
- **seed** the field with wheat 畑に小麦をまく

seek A2 /síːk スィーク/ 動 (三単現 **seeks** /síːks スィークス/; 過去・過分 **sought** /sɔ́ːt ソート/; -ing形 **seeking** /síːkiŋ スィーキング/)
❶ さがす, 求める
- **seek** advice [help] 忠告[助力]を求める
❷ (**seek to** *do* で) ~しようと努める → try to *do* よりも形式張った表現.

seek out さがし出す

seem A2 /síːm スィーム/ 動 ~のように思える[見える], ~らしい → **appear** ❷
- These books **seem** easy to read. これらの本は読みやすそうだ.
  関連語 She **seems** (to be) sick, because she **looks** pale. 彼女は病気のようだ, 見たところ顔色が悪いから.
- The police officer **seemed** (to be) a strong man. その警察官は強そうに見えた.

it seems that ~ ~のように見える[思える], ~らしい
- **It seems** (to me) **that** he is happy. (私には)彼は幸せそうに見える.

seen 中 /síːn スィーン/ 動 **see** の過去分詞
seesaw /síːsɔː スィーソー/ 图 シーソー
séesaw gáme [**mátch**] 图 シーソーゲーム → 追いつ追われつの接戦のこと.

seize /síːz スィーズ/ 動 (急に強く)**つかむ**; 捕(と)らえる

seldom /séldəm セルダム/ 副 めったに~ない, まれに, たまに → **seldom** の位置は be 動詞や助動詞の次, 一般(いっぱん)動詞の前.

select /silékt セレクト/ 動 **選ぶ**, **選択**(せんたく)**する**
→ **choose**

チャンクでおぼえよう see	
☐ 映画を見る	**see** a movie
☐ また会いましょう.	**See** you again.
☐ 医者に診せる	**see** a doctor
☐ 要点を理解する	**see** the point

selection

- I **selected** the book (that) I wanted to read. 私は自分が読みたい本を選んだ.
- He was **selected** for the team. 彼はチームの一員に選抜(せんばつ)された.

── 形 精選した, よりぬきの, つぶよりの

selection /silékʃən セレクション/ 名
❶ 選ぶこと, 選ばれること, 選択(せんたく)
❷ 選ばれた人[物]; 選び集めた物, 選集

self A1 /sélf セるふ/ 名 (複 **selves** /sélvz セるヴズ/)
自分, 自己; 自分の事
- I know my own **self** best. 私のことは私が一番よく知っています.

self-defense /self diféns セるふ ディフェンス/
名 ❶ 自己防衛, 自衛; (法律の)正当防衛 ❷ 護身術

self-help /self hélp セるふ ヘるプ/ 名 自助, 自立 → 他人の力に頼(たよ)らないで自分の力によって生活し, また向上していくこと.
 ことわざ **Self-help** is the best help. 自助は最上の助けである.

selfish /sélfiʃ セるふィシュ/ 形 わがままな, 自分本位の, 利己的な
- Don't be so **selfish**! Give some to your sister. そんなにわがままにしてはだめ[自分ばかり欲張っちゃだめ]. 妹にもあげなさい.

selfishness /sélfiʃnis セるふィシュネス/ 名
わがまま, 自分本位, 利己主義

self-service /self sə́ːrvis セるふ サ〜ヴィス/ 名
形 セルフサービス(の)

sell

sell 中 A1 /sél セる/ 動
三単現	**sells** /sélz セるズ/
過去・過分	**sold** /sóuld ソウるド/
-ing形	**selling** /sélɪŋ セりング/

❶ 売る, 売っている 反対語 **buy** (買う)

sell　　buy

基本 **sell** a car 車を売る → sell+名詞.
- **sell** an old bicycle **for** 1,000 yen 古い自転車を1,000円で売る
- They **sell** T-shirts **at** 1,000 yen. 彼らはTシャツを1,000円で売る.

POINT ふつう金額には **for** を使うが, 「(1つに)つき」という気持ちが強い時は **at** を使う.

- They **sell** jeans **at** a low price at that store. あの店ではジーンズを安く売っている. → price の前には at を使う.

基本 **sell** her an old piano =**sell** an old piano to her 彼女に古いピアノを売る → sell A B=sell B to A で「AにBを売る」.

- He will **sell** you a ticket. = He will **sell** a ticket **to** you. あの人があなたに切符(きっぷ)を売ってくれるでしょう.
- Our country has a lot of things to **sell** to other countries. わが国は外国に売る物をたくさん持っている. → 不定詞 to sell (売るための〜)は a lot of things を修飾(しゅうしょく)する. → **to** ❾ の ②
- That store **sells** dresses made in Paris. あの店ではパリ仕立てのドレスを売っている. → made は過去分詞(つくられた)で dresses を修飾する.

反対語 We **sold** our old house and **bought** a new one. 我々は古い家を売って新しい家を買った. → bought は buy の過去形.

- Magazines **are sold** at the supermarket. 雑誌はスーパーマーケットで売られている. → sold は過去分詞で受け身の文. → **are** 助動 ❷
- An old man **was selling** balloons at the corner of the street. 1人の老人が町角で風船を売っていた. → 過去進行形の文. → **was** 助動 ❶

❷ 売れる, 売られている → 「品物」が主語になる.
- Cold drinks **sell** well in hot weather. 暑い天候の時は冷たい飲み物がよく売れる.
- These bags **sell** (= are **sold**) at 1,000 yen each. これらのかばんは1つ1,000円で売られている.

sell out (商品などを)売り尽(つ)くす, 売り切る
- The tickets will be **sold out** before Tuesday. 火曜日までに切符は売り切れてしまうでしょう.
- Sorry, we are **sold out**. (切符売場などで)もう売り切れました.

seller /sélər セら/ 名 ❶ 売る人, 売り手, セールスマン 反対語 **buyer** (買い手) ❷ 売れるもの

semester A2 /siméstər セメスタ/ 名 (前期・後期2学期制の)学期 → 米国・ドイツ・日本などの

大学で採用されている. →**term** ❶

semicolon /sémikoulən セミコウクラン/ 名
セミコロン →「；」符号(ふごう)のこと. コンマ「，」より大きくピリオド「．」より小さな文の切れ目を表す.

semifinal /semifáinəl セミふァイナる/ 形 準決勝の
——名 準決勝戦 →準々決勝戦は **quarterfinal**.

senate /sénit セネト/ 名 ❶(the Senate で)(米国・カナダなど二院制議会の)**上院** (the Upper House) →**congress** ❷
❷(古代ローマの)**元老院**

senator /sénətər セネタ/ 名 ❶(米国・カナダなどの)**上院議員** ❷(古代ローマの)**元老院議員**

send 中 A2 /sénd センド/ 動
三単現	**sends** /séndz センヅ/
過去・過分	**sent** /sént セント/
-ing形	**sending** /séndiŋ センディング/

❶ **送る**, (手紙などを)**出す**, (電報を)**打つ**
(句)基本 **send** a message by e-mail E メールでメッセージを送る →send+名詞.
(句)基本 **send** him a Christmas card =**send** a Christmas card to him 彼にクリスマスカードを送る →send A B=send B to A で「A に B を送る」.
• My uncle **sends** me a present for my birthday every year. おじは毎年私の誕生日にプレゼントを送ってくれる.
• I **sent** him a telegram of congratulations. 私は彼に祝電を打った.
• These cherry trees **were sent** from Japan early in the 20th century. これらのサクラの木は 20 世紀の初めに日本から送られたものです. →sent は過去分詞で受け身の文. →**were** 助動 ❷
• **Have** you **sent** a thank-you letter to your uncle? おじさんにお礼状を出しましたか. →現在完了(かんりょう)の文. →**have** 助動 ❶
• Thank you for **sending** me a nice present. すてきなプレゼントをお送りくださってありがとうございます. →前置詞 (for)+動名詞 (sending).

❷ (人を)**使いにやる**, **行かせる**
• **send** the child to school [bed] 子供を学校へやる[寝(ね)かせる]
• **send** him on an errand 彼をお使いに行かせる
• John's mother **sent** him to the store.

ジョンのお母さんは彼をお店へ使いにやった.
• The teacher **sent** him home because he was ill. 彼の具合が悪かったので先生は彼を家に帰した. →home は副詞で「家へ」.

send away 追い払(はら)う; 派遣(はけん)する
send back 送り返す
• The letter was **sent back** to him. その手紙は彼のところへ送り返されてきた.
send for ～ ～を呼びにやる; ～を取り寄せる
• You are sick. I'll **send for** the doctor at once. 君は病気だよ. すぐ医者を呼びにやろう.
send forth (香(かお)りなどを)放つ, 発散する, 出す
send in (郵送で書類・申込(もうしこみ)書などを)提出する; (人を)入れる, 通す
• **send in** an application 願書を郵送で提出する
• Please **send** him **in**. 彼をお通ししなさい.
send off (荷物などを)発送する, 出す; (人を)送り出す, 見送る; (試合で)退場させる →**send-off**
send out 出す, 発散する; 送り出す, 発送する
send up 上げる, 飛ばす
• **send up** a rocket ロケットを打ち上げる

send-off /séndɔːf センドーふ/ 名 ❶見送り, 送別; 送別会 ❷(反則による)退場

Senegal /senigɔ́ːl セニゴーる/ 固名 セネガル →アフリカ大陸最西端(たん)の共和国. フランス語(公用語)のほかウォロフ語が使われている. 首都はダカール.

senior A2 /síːnjər スィーニャ/ 形 ❶年上の →父子同名などの時分の名に添(そ)えて子と区別する. **Sr.**, **Sr** または **sr.**, **sr** と略す.
(関連語) John Brown, **Senior**, is the father of John Brown, **Junior**. ジョン・ブラウン 1 世はジョン・ブラウン 2 世の父です.
• He is ten years **senior to** me. 彼は私より 10 歳(さい)年上だ.
❷ 先輩(せんぱい)の, 上司の
• His wife was **senior to** him in the company. 彼の妻は会社で彼の先輩[上司]だった.
——名 ❶年長者; 先輩, 上司
• He is ten years my **senior**. 彼は私より 10 歳年上だ.
❷《米》シニア →高校・大学で最上級学年の学生. →**junior** 名 ❷

sènior cítizen 图 高齢(こうれい)者 →ふつう年金生活のお年寄りをいう.

sénior hígh schòol 图 (米)高等学校 →単に **senior high** ともいう. →**high school**

sensation /senséiʃən センセイション/ 图
❶ (五感で感じる)**感覚**; (漠然(ばくぜん)とした)**感じ, 気持ち** ❷ (観客・世間の)**大きな興奮, 大騒**(さわ)**ぎ, 大評判, センセーション**

sense A2 /séns センス/ 图
❶ (肉体的)**感覚**
・the five **senses** 五感 →視覚・聴覚(ちょうかく)・嗅覚(きゅうかく)・味覚・触覚(しょっかく).
・A dog has a keen **sense** of smell. 犬の嗅覚は鋭(するど)い.
❷ (五感によって受ける)**感じ, 〜感**
・When you do your job well, you have a **sense** of satisfaction. (君は)自分の仕事を立派にすると満足感を覚えます.
❸ **わかる心, センス**; (精神的)**感覚, 観念**
・a **sense** of beauty 美的センス, 審美眼(しんびがん)
・a **sense** of duty 義務感
・He has a **sense** of humor. 彼はユーモアのセンスがある.
❹ **分別, 思慮**(しりょ)**, 良識**
・common **sense** 常識 →×a sense, ×senses などとしない. common knowledge は「誰(だれ)でも知っている知識」.
・If you have any **sense**, you will not start in this rain. もし君に良識があるならこの雨の中に出ては行かないだろう.
❺ (**senses** で) (正常な)**意識, 正気**
・lose *one's* **senses** 正気を失う, 気絶する
・be out of *one's* **senses** 正気を失っている, 気がふれている
・come to *one's* **senses** 意識を回復する; 迷いから覚める
・His **senses** were clear to the last. 彼の意識は最後まではっきりしていた.
❻ **意味**; (何かをやるだけの)**意義**
・in a **sense** ある意味では, ある程度は
・in this **sense** この意味で
・What is the **sense** of starting while it's raining? 雨が降っているのに出かけるわけは何かね[出かけて何になるのか].

make sense **意味をなす, よくわかる**
・This sentence doesn't **make sense**. この文章は意味をなさない.

make sense of 〜 **〜を理解する, 〜がわかる** →ふつう疑問文・否定文で使う.
・Can you **make sense of** what he says? 彼の言うことが理解できますか.

sensible /sénsəbl センスィブル/ 形 **良識のある, 賢明**(けんめい)**な; 実際的な**

sensitive /sénsətiv センスィティヴ/ 形 **敏感**(びんかん)**な, 感じやすい; 傷つきやすい**

sensitively /sénsətivli センスィティヴリ/ 副 **慎重**(しんちょう)**に; 敏感**(びんかん)**に**

sensor /sénsər センサ/ 图 (光・温度・放射能などの)**感知装置, センサー**

sent 中 /sént セント/ 動 **send** の過去形・過去分詞

sentence A1 /séntəns センテンス/ 图
❶ (文法)**文** →1語 (a word) あるいはそれ以上の語 (words) が集まって1つのまとまった内容を持つ文法上の「文」.
・You put a period at the end of a **sentence**. 文の終わりにはピリオドを打つ.
❷ **判決; 刑**(けい)
・pass **sentence** on [upon] 〜 〜に判決を下す
・The judge gave him a ten-year prison **sentence**. 裁判官は彼に10年の刑を言い渡(わた)した.
—— 動 **判決を下す, 刑を言い渡す**
・He was **sentenced to** death. 彼は死刑(しけい)を宣告された. →**was** 助動

sentiment /séntəmənt センティメント/ 图 (優(やさ)しく知的な)**感情, 気持ち**, (細やかな)**情感**

sentimental /sentəméntl センティメントる/ 形 **感傷**[**感情**]**的な, 涙**(なみだ)**もろい, センチメンタルな**

Seoul /sóul ソウる/ 固名 **ソウル** →大韓民国(だいかんみんこく) (South Korea) の首都. →**Korea**

Sep. 略 =**Sep**tember (9月)

separate A2 /sépəreit セパレイト/ 動 **分ける, 離**(はな)**す; 別れる, 離れる**
・**separate** good apples from bad ones よいリンゴと悪いリンゴを分ける
・The two gardens are **separated** by a wall. 2つの庭は塀(へい)で分けられている.
・We **separated** at the station. 私たちは駅で別れた.
—— /sépərət セパラト/ (→動詞との発音の違(ちが)いに注意) 形 **分かれた, 別々の**
・They sleep in **separate** rooms. 彼らは

別々の部屋で眠(ねむ)ります.
- Keep good and bad apples **separate**. よいリンゴと悪いリンゴを別々にしておきなさい. →keep A B (形容詞)は「AをB(の状態)にしておく」.
- In those days black people's lives were **separate** and unequal. その頃(ころ)黒人の生活は隔離(かくり)されていて平等ではなかった.

separately /sépərətli セパラトリ/ 副 **分かれて, 別々に**
反対語 Did they go **together** or **separately**? 彼らはいっしょに行ったのですかそれとも別々に行ったのですか.

separation /sepəréiʃən セパレイション/ 名 **分けること; 別れていること; 分離**(ぶんり)(点)

Sept. 略 =**Sept**ember (9月)

September 小 A1
/septémbər セプテンバァ/ 名 **9月** →**Sept.** または **Sep.** と略す. 詳(くわ)しい使い方は →**June**
- in **September** 9月に
- on **September** 20 (読み方: (the) twentieth) 9月20日に

語源 (September)
ラテン語で「7番目の月」の意味. 古代ローマの暦(こよみ)では1年が10か月で, 3月から始まった.

Serbia /sə́:rbiə サ〜ビア/ 固名 **セルビア** →ヨーロッパ南東部の国. 首都はベオグラード. 使用言語はセルビア語など.

Serbian /sə́:rbiən サ〜ビアン/ 名 形 **セルビア人(の); セルビア語(の)**

serene /sərí:n セリーン/ 形 (天気が)**晴れ渡**(わた)**った**; (態度・表情などが)**静かな, 落ち着いた**

sergeant /sá:rdʒənt サーヂェント/ 名 **軍曹**(ぐんそう); **巡査**(じゅんさ)**部長**

series /sí(ə)ri:z スィ(ア)リーズ/ 名 (複 **series**) (同じような物の)**連続, 続き**; (出版・放送・試合の)**シリーズ(物)** →ふつう単数扱(あつか)い. 複数も **series**.

serious 中 /sí(ə)riəs スィ(ア)リアス/ 形
❶ **真面目な, 真剣**(しんけん)**な**; (冗談(じょうだん)でなく)**本気の**
- a **serious** person 真面目な人
- look **serious** 真剣[深刻]な顔をしている

Are you **serious** or joking?—I'm serious. 本気で言っているの, それとも冗談なの.—本気さ.

- Are you **serious** about going to Africa? アフリカへ行くってのは本気の話なのか.

❷ (問題などが)**重大な**; (病状などが)**重い**
- a **serious** illness 重病, (命に関わる)危険な病気
- make a **serious** mistake 重大な誤りをする
- I hope his illness is not **serious**. 彼の病気が重くなければよいが.

seriously A2 /sí(ə)riəsli スィ(ア)リアスリ/ 副
❶ **真面目に, 真剣**(しんけん)**に, 本気で**
❷ **重大に, ひどく**
- He is **seriously** injured. 彼は重傷だ.

sermon /sə́:rmən サ〜モン/ 名 (教会で牧師の行う)**説教**; 《話》(親などの)**お説教, 小言**

servant /sə́:rvənt サ〜ヴァント/ 名 ❶ **召使**(めしつか)**い, 使用人; 用務員** →性別に関係なく使う.
❷ (市民・国民への)**奉仕**(ほうし)**者, 公務員** →ふつう public [civil] servant という形で使われる.
- Police officers and firefighters are public **servants**. 警察官や消防士は公務員である.

serve 中 A2 /sə́:rv サ〜ヴ/ 動
❶ (〜のために)**働く, 仕える, 勤める, 奉仕**(ほうし)**する**; (店員が客に)**応対する**
- **serve** one's master 主人に仕える
- **serve** in the army 陸軍に勤務する
- **serve** a customer 客に応対する
- Mr. Smith **serves** as mayor of this city. スミス氏はこの市の市長として勤めている[市長をしている]. →is serving としても意味はほとんど同じ.
- He **served** as a bridge across the Pacific. 彼は太平洋のかけ橋としての役割を果たした[日米の親善に尽(つ)くした].

Are you being **served**?—Yes, I'm being taken care of. / No, thank you. I'm just looking. (店員が)ご用を承(うけたまわ)っておりますでしょうか.—ええ, 大丈夫(だいじょうぶ)です./いいえ, いいんです. 見ているだけですから. →質問の文は受け身の現在進行形の文.

❷ (〜の)**役に立つ, (必要を)満たす, (目的に)かなう, 間に合う**
- This sofa will **serve** as a bed. このソフ

server 578 five hundred and seventy-eight

ーはベッドとして使えるだろう.

•I'll be glad if I can **serve** you. あなたの
お役に立てればうれしいです.

•One pie will **serve** six people. パイ1
枚で6人分はあります.

❸ (食べ物を食卓(しょくたく)に)**出す**, (食事を人に)
振(ふ)る舞(ま)う; 供給する

•**serve** him with tea ＝ **serve** him tea 彼
にお茶を出す → 後ろの文は serve *A* (人) *B* (飲
食物)で「AにBを振る舞う」.

•Mother **served** ice cream to us. ＝
Mother **served** us ice cream. お母さんが
私たちにアイスクリームを出してくれた.

•Soup was **served** first. まずスープが出さ
れた. →**was** 助動 ❷

❹ (テニスなどで)**サーブをする**

•It's my turn to **serve**. 今度は私がサーブを
する番だ. →It＝to serve. →to ❾ の ①

── 名 (テニス・卓球などの)**サーブ, サービス**

server /sə́:rvər サ~ヴァ/ 名 ❶ (テニス・バレー
ボールで)**サーブする人** ❷ (コンピューターの)**サー
バー** → ネットワーク内のコンピューターを管理
するコンピューター. ❸ (レストランの)**サーバー**
→ 性差別を避(さ)けて waiter や waitress をこ
う呼ぶことがある. Sir!, Ma'am! と呼びかける.

service 中 /sə́:rvis サ~ヴィス/ 名

❶ **奉仕**(ほうし), **勤務; 役だつこと, 貢献**(こうけん)

•social **service** 社会奉仕, (政府や公共機関に
よる)社会福祉(ふくし)事業

•We are always at your **service**. 私たち
はいつもあなたのお役に立ちます[用があったら
いつでも申しつけてください].

•George Washington did many ser-
vices for his country. ジョージ・ワシントン
は国家のために多大な貢献をした.

❷ (公共に奉仕する)**業務, 事業; (交通の)便, 運転;
(客への)サービス**

•(a) bus **service** バスの便

•a regular air **service** 定期航空便

•The **service** in the restaurant was
good. そのレストランのサービスはよかった.

❸ **礼拝(式), 式**

•a church **service** 教会の礼拝式

❹ (テニスなどの)**サーブ, サーブの仕方, サーブの
番**

•It's your **service**. (＝ It's your turn to
serve.) あなたのサーブです[あなたがサーブする
番です].

in service (バス・エレベーターなどが)**運行中
で**

out of service (バス・エレベーターなどが)**運
休中で**

sérvice dòg 名 **介助**(かいじょ)**犬**

sérvice stàtion 名 **ガソリンスタンド, サ
ービスステーション** → ガソリンなどの給油ができ
るほか, 車の修理・整備ができるところを特に指す.

serving /sə́:rviŋ サ~ヴィンヶ/ 名 (飲食物の)**1
杯, 1人前**

── 形 (料理の)**取り分け用の; 配膳**(はいぜん)**用の**

sesame /sésəmi セサミ/ 名 **ゴマ(の実)**

Open sesame! 開けゴマ！ → 「アリババと
40人の盗賊(とうぞく)」の話の中に出てくる開門のま
じないの言葉. →**Ali Baba**

session /séʃən セション/ 名 ❶ (特定の活動の)
期間 ❷ (議会・法廷(ほうてい)などが)**開会[開廷]して
いること; 開会[開廷]期間** ❸ 《米》(学校の)**学期**

set 小 A1 /sét セト/

動	❶ (太陽・月が)**沈**(しず)**む**	意味 map
	❷ **置く; 当てる**	
	❸ (正しい位置に)**整える**	
名	❶ **セット**	
	❷ (ラジオ・テレビの)**受信機, 受像機**	

── 動

三単現	**sets** /séts セツ/
過去・過分	**set**
-ing形	**setting** /sétiŋ セティンヶ/

→ 原形・過去形・過去分詞がどれも同じ形である
ことに注意.

❶ (太陽・月が)**沈む** →**sink**

反対語 The sun **rises** in the east and **sets**
in the west. 太陽は東から昇(のぼ)り西に沈む.

•The sun **set** about an hour ago. 太陽は
1時間くらい前に沈んだ. → 現在形なら sets.

•The sun **is setting** below the horizon.
太陽が地平線の下に沈もうとしている. →**is** 助動
❶

❷ **置く, 据(す)える; 当てる, つける** 類似語 **put** よ
りも改まった語で, 適切な位置にきちんと置くこ
と. 目的語により適当に訳語を変えること.

•**set** the television in the corner テレビ
をすみに置く

•**set** a picture in a frame 額縁(がくぶち)に絵を
入れる

•**set** a violin under *one's* chin バイオリ
ンをあごの下に当てる

settlement

• **set** music to a poem 詩に曲をつける

❸ (正しい位置に)整える, セットする; 設定する, 決める, (宿題・テストなどを)課す; (記録を)樹立する

• **set** a table for dinner 食事のために食卓(しょくたく)の用意をする → テーブルクロスを敷(し)いて食器類を並べること.

• **set** one's hair 髪(かみ)をセットする

• **set** the time (ビデオ録画などのために)時間を設定する

• **set** the alarm for five 目覚まし時計を5時にセットする

• **set** a day for the meeting ミーティングの日を決める

• The teacher **set** us a test on English words. 先生は私たちに英単語のテストをした. → set A B は「AにBを課す」. set は過去形.

• Our team **set** a new record. 私たちのチームは新記録を樹立した.

• A day **is set** for the planting of trees. 植樹のために日が定められている. → set は過去分詞で受け身の文. → **is** 助動 ❷

❹ ~を—させる, ~を—にする

• **set** a machine going 機械を動かす → set A doing で「Aを~させる」.

• **set** a slave free 奴隷(どれい)を自由にする[解放する] → set A B (形容詞(句)など)で「AをB(の状態)にする」.

• **set** him to work 彼を働かせる → work は名詞.

• The slaves **were set** free. 奴隷は解放された. → set は過去分詞で受け身の文.

❺ 固まる

• Jelly **sets** as it cools. ゼリーは冷えるにつれて固まる.

set about ~ ~に取りかかる, ~を始める

set aside 脇(わき)に置く, 別に取っておく

set in (梅雨(つゆ)などが)始まる

• The rainy season **sets in** about the middle of June. 梅雨は6月の半ば頃(ころ)に始まる.

set off 出発する; 爆発(ばくはつ)させる, 発射する

set out 出発する

• **set out** on a trip [for London] 旅行に出かける[ロンドンに向かって出発する]

set to ~ ~を始める, ~に取りかかる

set up 立てる, 建てる, 創設する; (テントなどを)張る; (商売などを)始める

—— 名 (複 **sets** /séts セツ/)

❶ セット, 組, そろい; 仲間

• a tea **set** ティーセットひとそろい

• a chess **set** チェスのこまのひとそろい

• a **set** of tools (大工などの)道具一式

❷ (ラジオ・テレビの)受信機, 受像機

• a television **set**=a TV **set** テレビ

❸ (テニスの)セット

• win [lose] the first **set** 第1セットをとる[失う]

❹ (劇などの)舞台(ぶたい)装置

—— 形 (→比較変化なし)

❶ (あらかじめ)決められた

• a **set** phrase 決まり文句, 成句, イディオム (idiom)

❷ 動かない, こわばった; 頑固(がんこ)な

❸ 用意して

• On your mark(s), get **set**, go! (競走のスタートの時)位置について, 用意, どん!

• We are all **set** for our travel. 私たちは旅行の準備がすっかりできています.

setsquare, set square /sét-skwèər セトスクウェア/ 名 《英》三角定規 (《米》triangle)

setting /sétiŋ セティング/ 動 **set** の -ing 形

—— 形 (太陽・月が)沈(しず)んでいく

• the **setting** sun 入り日

—— 名 ❶ (太陽・月が)沈むこと ❷ (小説などの) (舞台(ぶたい)装置, 場面, 背景

settle /sétl セトル/ 動 ❶ 解決する, 決める; 片付ける ❷ 居場所を定める, 住みつく, 落ち着く; 定住させる, 落ち着かせる; (鳥などが)止まる

❸ (心・天気など)落ち着かせる; 落ち着く

settle down 落ち着く

settle in (新しい環境(かんきょう)に)落ち着く, 慣れる

settlement /sétlmənt セトルメント/ 名

❶ (問題などの)解決, 決定, 精算 ❷ 植民; 植民

チャンクでおぼえよう set	
□ 日が沈む	the sun **sets**
□ 隅(すみ)にテレビを置く	**set** the television in the corner
□ 夕食の準備をする	**set** a table for dinner
□ 5時に目覚ましをかける	**set** the alarm for five

地: (辺境の)町, 村

70番目(の) →**70th** と略す.

seven 小 A1 /sévn セヴン/ 名

(複 **sevens** /sévnz セヴンズ/)

7; 7時, 7分; 7歳(さい), 7人[個] →使い方については →**three**

関連語 Lesson **Seven** (=The **Seventh** Lesson) 第7課

・It is **seven** past **seven**. 7時7分過ぎです.
・**Seven** is a lucky number. 7は縁起(えんぎ)のいい数字だ.

── 形 7の; 7人[個]の; 7歳で

・**seven** girls 7人の少女たち
・It is **seven** minutes to seven. 7時7分前です. →後ろの seven は名詞. It は漠然(ばくぜん)と「時間」を表す.
・He is just **seven**. 彼はちょうど7歳です.

seventeen 小 A1 /sèvntí:n セヴンティーン/ 名

(複 **seventeens** /sèvntí:nz セヴンティーンズ/) 17; 17分, 17歳(さい), 17人[個]

関連語 Lesson **Seventeen** (= The **Seventeenth** Lesson) 第17課

・Look at the picture on page **seventeen**. 17ページの絵を見なさい.

── 形 17の; 17人[個]の; 17歳で

・**seventeen** boys 17人の男の子
・He will be **seventeen** next week. 彼は来週17歳になります.

seventeenth /sèvntí:nθ セヴンティーンす/ 名 形 17番目(の); (月の)17日 →**17th** と略す.

・in the **seventeenth** century 17世紀に
・on the **17th** of October = on October 17 (読み方: (the) seventeenth) 10月17日に

seventh 中 /sévnθ セヴンす/ 名 形 (複 **sevenths** /sévnθs セヴンすス/)

❶ 7番目(の); (月の)7日 →**7th** と略す. 使い方については →**third**

・in the **seventh** century 7世紀に
・on the **7th** of January = on January 7 (読み方: (the) seventh) 1月7日に
・The **seventh** day of the week is Saturday. 週の7番目の日は土曜日です.

❷ 7分の1(の)

・a **seventh** part = one **seventh** 7分の1
・two **sevenths** 7分の2

seventieth /sévntiiθ セヴンティエす/ 名 形

seventy 小 A1 /sévnti セヴンティ/ 名

(複 **seventies** /sévntiz セヴンティズ/)

❶ 70; 70歳(さい)

・Open your books to page **seventy**. 本の70ページを開きなさい.
・He died at **seventy**. 彼は70歳で死んだ.

❷ (**seventies** で) (年齢(ねんれい)の)70代; (世紀の)70年代 →seventy から seventy-nine まで.

・Granpa is in his **seventies**. おじいちゃんは70代です.
・He was a rock superstar in the nineteen-**seventies**. 彼は1970年代のロックのスーパー・スターだった.

── 形 70の; 70歳で, 70人[個]の

・**seventy** apples 70個のリンゴ
・She will be **seventy** next year. 彼女は来年70歳になる.

several 中 A2 /sévrəl セヴラる/ 形

いくつかの, いく人かの, 数〜

POINT **few** (少しの)よりは多いが, **many** (たくさんの)とまではいかない数を表す.

・**several** books 数冊の本
・**several** times 数回, 何度か
・**several** children いく人かの子供たち
・**several** years later 数年後に

── 代 数人, 数個

・**several** of them それらのうちの数個[彼らのうちの数人]

severe /sivíər スィヴィア/ 形

❶ (天候・病気などが)厳しい, 激しい, ひどい

・**severe** cold 厳しい寒さ
・a **severe** headache 激しい頭痛
・The cold is very **severe** this winter. この冬は寒さがとても厳しい.

❷ (取り扱(あつか)いなどが)厳しい, 厳格な

・a **severe** punishment 厳しい罰(ばつ), 厳罰(げんばつ)

severely /sivíərli スィヴィアリ/ 副 厳しく; ひどく

sew A2 /sóu ソウ/ 動 (三単現 **sews** /sóuz ソウズ/; 過去 **sewed** /sóud ソウド/; 過分 **sewed**, **sewn** /sóun ソウン/; ing形 **sewing** /sóuiŋ ソウイング/)

縫(ぬ)う, 縫い付ける; 縫い物をする

・**sew** a dress 服を縫う

- **sew** a button on the shirt シャツにボタンを縫い付ける
- She **sews** very well. 彼女は裁縫(さいほう)がとてもうまい.
- A button came off my coat, and she **sewed** it on for me. コートのボタンがとれてしまって,彼女がそれを付けてくれた.

sewing /sóuiŋ ソウインぐ/ 名 裁縫(さいほう)
séwing machìne 名 ミシン
sewn /sóun ソウン/ 動 sew の過去分詞
sex /séks セクス/ 名 ❶ (男女の)性

会話 What **sex** is your kitten? —It's a male. 君の子ネコは雄(おす)ですか雌(めす)ですか.—雄です.

❷ 性行為(こうい), セックス

SF, sf 略 空想科学小説, エスエフ →science fiction.
sh /ʃː シー/ 間 しーっ,静かに →shh ともつづる.
shabby /ʃǽbi シャビ/ 形 (比較級 **shabbier** /ʃǽbiər シャビア/; 最上級 **shabbiest** /ʃǽbiist シャビエスト/) みすぼらしい, 汚(きたな)い, ぼろぼろの
shade A2 /ʃéid シェイド/ 名 ❶ 日陰(かげ), 陰
反対語 **light** and **shade** 光と陰, 明暗
- the **shade** of a tree 木陰(かげ) →shadow
- The children are playing in the **shade**. 子供たちは日陰で遊んでいる.

> 類似語(かげ)
> **shade** は「何かの陰になって光の届かない漠然(ばくぜん)と暗い日陰」. **shadow** は「人影(かげ)のように輪郭(りんかく)のある影」.

shadow / shade

❷ (色の明暗の度合いを示す)色合い
- a deep [light] **shade** of blue 濃(こ)い[薄(うす)い]青色
- What **shade** of red is your dress? あなたのドレスはどんな赤?

❸ (電灯などの)かさ, シェード; 日よけ, ブラインド → しばしば a lampshade (電灯のかさ), a window shade (ブラインド)のように複合語の形で使われる.

―― 動 陰にする,陰を投げかける; 日を遮(さえぎ)る
- The streets are **shaded** by [with] trees. その街路は木で陰になっている.
- May **shaded** her eyes with her hand. メイは(日を避(さ)けて)目の上に手をかざした.

shadow A2 /ʃǽdou シャドウ/ 名 影(かげ), 物影, 影法師(ぼうし) →**shade** 類似語
- the **shadow** of a tree (地面などにくっきり映った)木の影
- The dog barked at his own **shadow** in the water. その犬は水に映った自分の影に向かってほえた.

shady /ʃéidi シェイディ/ 形 (比較級 **shadier** /ʃéidiər シェイディア/; 最上級 **shadiest** /ʃéidiist シェイディエスト/) 陰(かげ)の多い, 木陰(こかげ)の多い, 陰を作る →shade+-y.

shake A1 /ʃéik シェイク/ 動 (三単現 **shakes** /ʃéiks シェイクス/; 過去 **shook** /ʃúk シュク/; 過分 **shaken** /ʃéikn シェイクン/; -ing形 **shaking** /ʃéikiŋ シェイキンぐ/)
振(ふ)る, 揺(ゆ)さぶる; 揺れる, 震(ふる)える
- **shake** one's head 頭を(横に)振る → 否定・不信・戸惑(とまど)い・感嘆(かんたん)などを示す. →**nod**
- **shake** like a leaf [a jelly] 木の葉[ゼリー]のように震える
- **Shake** the bottle before you take the medicine. 薬を飲む前に瓶(びん)を振りなさい.
- My house **shakes** when the trains go by. 電車がそばを通り過ぎる時私の家は揺れます.
- He **was shaking** with fear [cold]. 彼は恐(おそ)ろしくて[寒くて]ぶるぶる震えていた. → **was** 助動 ❶
- He **shook** the dust **from** the rug. 彼はじゅうたんを振ってほこりを落とした.
- During the earthquake the building **shook**. 地震(じしん)の間建物が揺れた.
- He **was** badly **shaken** by the news. 彼はその知らせを聞いてひどく(揺さぶられた ⇨)動揺(どうよう)した[ショックを受けた]. → **was** 助動 ❷

shake hands (with ～**)** (～と)握手(あくしゅ)する
- Let's **shake hands** and be friends. 握手して友達に[仲良く]なろう.
- I **shook hands with** each of them. 私

shaken

は彼らの一人一人と握手した.

shake off 振り放す, 振り払(はら)う, 振り落とす, (病気・悪い習慣などを)追い払う

── [名] ❶ 振ること, 振動(しんどう)

❷ ミルクセーキ[シェイク] → **milk shake**

shaken /ʃéikn シェイクン/ [動] **shake** の過去分詞

Shakespeare /ʃéikspiər シェイクスピア/ [固名] (**William Shakespeare**) ウィリアム・シェークスピア → 英国の大劇作家・詩人(1564-1616).『ベニスの商人』『ロミオとジュリエット』『ハムレット』『リア王』など約40作品の劇を書いた.

shall A2 /弱形 ʃ(ə)l シャる, 強形 ʃǽl シャる/ [助動]
| 過去 **should** /ʃud シュド/

❶ **(I [We] shall *do* で)** (私(たし)は)〜するでしょう, 〜になるだろう → 「単純な未来」を表す.《米》では **will** を使う.《英》でも今では **will** がふつう.

• **I shall** die if I drink this. もしこれを飲めば私は死ぬだろう.

• **I shall** be fifteen years old next week. 私は来週15歳(さい)になります.

• **We shall** overcome some day. 私たちはいつの日にか勝利するだろう.

❷ **(Shall I [we] *do*? で)** (私(たち)は)〜しましょうか; 〜するだろうか → 「単純な未来」の疑問文(《米》ではふつう will), または「相手の気持ち・意見を聞く」疑問文 (この時は /ʃǽl シャる/ と強く発音する).

• **Shall I** die if I drink this? もしこれを飲めば私は死ぬでしょうか.

Shall I open the window? —Yes, please (do)./No, thank you.
窓をあけましょうか.—ええ, そうしてください./いいえ, けっこうです.

Let's play tennis, **shall we**? —Yes, let's./No, let's not.
テニスやろうよ, ね.—うん, そうしよう./いや, よそう.

→ Let's *do*, shall we? は「〜しましょうよ」.

• What **shall I** do next? 私は今度は何をしましょうか.

会話 **Shall we** sing this song?—(we の中に聞き手が含(ふく)まれている場合) Yes, let's./No, let's not. [(we の中に聞き手が含まれていない場合) Yes, please (do)./No, please don't.] この歌を歌いましょうか.—ええ, 歌いましょう./いいえ, よしましょう. [ええ, そうしてください./いいえ, けっこうです.]

❸ **(You [He, She, They] shall *do* で)** (君[彼, 彼女, 彼ら]に)〜してやる, 〜させよう

POINT 話し手の意志を表す. /ʃǽl シャる/ と強く発音する. この言い方はいばって聞こえるので, 大人が子供に言うような時以外は使わない.

• If you are a good boy, **you shall** have a cake (=I will give you a cake). もし君がいい子だったら(私は)君にケーキをあげよう.

shallot /ʃəlát シャらト/ [名] 《植物》エシャロット → タマネギの一種で香味(こうみ)野菜として使われる.

shallow /ʃǽlou シャろウ/ [形] 浅い
反対語 **deep** (深い)

shame /ʃéim シェイム/ [名] ❶ 恥(は)ずかしさ; 恥辱(ちじょく), 不名誉(めいよ)

• feel **shame** 恥ずかしくなる → ×a shame, ×shames としない.

• blush with **shame** 恥ずかしさで顔を赤らめる

• in **shame** 恥じて

❷ **(a shame で)** 恥ずべき事[人]; ひどい事, 残念なこと (a pity)

• What **a shame**! なんてひどい事だ[残念な事だ].

• It is **a shame** that it rained on her wedding day. 彼女の結婚(けっこん)式の日に雨が降ったとはひどい話だ.

Shame on ~ 〜よ, 恥(はじ)を知れ[みっともないことをするな]

• **Shame on** you. 恥を知れ[みっともないことをするな].

shampoo A2 /ʃæmpúː シャンプー/ [動] 頭髪(とうはつ)を洗う, 洗髪(せんぱつ)する

── [名] (洗髪用)シャンプー

Shanghai /ʃæŋhái シャンハイ/ [固名] シャンハイ, 上海 → 中国東部の海港都市.

shan't /ʃǽnt シャント/ 《英》 **shall not** を短くした形

shape 小 A2 /ʃéip シェイプ/ [名]

❶ 形, 姿, 格好

• The **shape** of an orange is round. オレンジの形は丸い.

• The earth is like an orange in **shape**. 地球は形(において)はオレンジに似ている.

❷ 状態, 調子

• I am in good [bad] **shape**. 私は体の調子がいい[悪い].

—— 動 **形づくる**

• **shape** clay **into** a ball 粘土(ねんど)をまるめる

share 中 A1 /ʃéər シェア/ 名

❶ 分け前; 分担

❷ 《主に英》(会社の)株, 株式 →stock ❷

—— 動 **❶ いっしょに使う; (意見などを)ともにする, 互(たが)いに分け合う; (負担などを)分担する**

• **share** the expenses 費用を分担する

• **share** joys and sorrows **with** her 喜びも悲しみも彼女とともにする

• The brothers **share** the same room. その兄弟は同じ部屋をいっしょに使っている.

❷ 分けてやる, 分配する

• Please **share** your lunch **with** your little brother. お弁当を弟に分けてあげてね.

shark /ʃɑ́ːrk シャーク/ 名 《魚》サメ

sharp /ʃɑ́ːrp シャープ/ 形 **❶ 鋭(するど)い**

• a **sharp** knife 鋭い[よく切れる]ナイフ

• a **sharp** pencil とがった鉛筆(えんぴつ) → 日本語でいう「シャープペンシル」は英語では mechanical [《英》propelling] pencil という.

• a **sharp** curve 鋭い[急]カーブ

• a **sharp** rise in prices 物価の急上昇(じょうしょう)

• a **sharp** pain 鋭い[激しい]痛み

• a **sharp** cry 鋭い[かん高い]叫(さけ)び声

• John is very **sharp**. ジョンはとても頭が切れる.

❷ はっきりした; 厳しい; (味など)ぴりっとした

—— 副 **(時間に)きっかり**

• at eight o'clock **sharp** きっかり8時に

—— 名 《音楽》シャープ, 半音高い音; シャープの記号 (♯)

sharpen /ʃɑ́ːrpn シャープン/ 動 **鋭(するど)くする, とがらせる, (鉛筆(えんぴつ)などを)けずる, (刃物(はもの)を)研(と)ぐ; 鋭くなる, とがる**

sharpener /ʃɑ́ːrpnər シャープナ/ 名 研(と)ぐ物[人], けずる物[人], 鉛筆(えんぴつ)けずり

sharply /ʃɑ́ːrpli シャープリ/ 副 鋭(するど)く; 急に; 厳しく, 怒(おこ)って

shatter /ʃǽtər シャタ/ 動 (粉々に)打ち砕(くだ)く, 破壊(はかい)する; 砕ける

shave /ʃéiv シェイヴ/ 動 (三単現 **shaves** /ʃéivz シェイヴズ/; 過去 **shaved** /ʃéivd シェイヴド/; 過分 **shaved, shaven** /ʃéivn シェイヴン/; -ing形 **shaving** /ʃéiviŋ シェイヴィング/) (ひげなどを)そる

—— 名 ひげをそること, ひげそり

shàved íce 中 名 かき氷

shaven /ʃéivn シェイヴン/ 動 **shave** の過去分詞

shawl /ʃɔ́ːl ショール/ 名 ショール, 肩(かた)かけ

she 小 A1 /ʃiː シー/ 代 (複 **they** /ðei ゼイ/) 彼女は, 彼女が

POINT 自分 (I) と自分が話をしている相手 (you) 以外のひとりの女性を指す言葉.

関連語 **her** (彼女の, 彼女を[に]), **hers** (彼女のもの), **they** (彼女たちは[が])

she の変化

	単 数 形	複 数 形
主 格	**she** (彼女は[が])	they (彼女らは[が])
所 有 格	**her** (彼女の)	their (彼女らの)
目 的 格	**her** (彼女を[に])	them (彼女らを[に])
所有代名詞	**hers** (彼女のもの)	theirs (彼女らのもの)

• That is my sister. **She** is a college student. あれはうちの姉です. 彼女は[姉は]大学生です.

• My mother has an older sister. **She** lives in Okayama. 母には姉が1人おります. その姉[おば]は岡山に住んでいます.

会話 How old is this baby? —**She** is three months old. この赤ちゃんは生まれてどれくらいたちますか. —3ヶ月です.

POINT 辞書では一応「彼女は[が]」のような訳語を与(あた)えているが, 実際に英文を訳す時は, できるだけ「彼女」という言葉を使わないで, 「その人は」「その少女は」「母は」「そのおばあさんは」「メアリーは」のように, she が指している

shed 584 five hundred and eighty-four

人物をもう一度はっきり言うようにしたほうがよい.

shed¹ /ʃéd シェド/ 图 小屋, 物置き; (自転車などの)置き場, 車庫

shed² /ʃéd シェド/ 動 (三単現 **sheds** /ʃédz シェヅ/; 過去・過分 **shed**; ing形 **shedding** /ʃédiŋ シェディング/) →原形・過去形・過去分詞がどれも同じ形であることに注意.

❶ (涙(なみだ)などを)流す; (木が葉を)落とす

❷ (光・熱などを)発散する, 放つ

she'd /ʃiːd シード/ **she had**, **she would** を短くした形

sheep 小 A1 /ʃíːp シープ/ 图
羊 →複数形も **sheep**.
関連語 **lamb** (/らム/ 子羊(の肉)), **wool** (/ウる/ 羊毛), **mutton** (/マトン/ 羊肉)
• a flock of **sheep** 羊の群れ
• All the **sheep** are out in the pasture. 羊たちは全部牧場に出ている.

イメージ (sheep)

sheep は羊飼いの言いつけに従うおとなしい動物で, その乳や肉また毛などがすべて人間に役だつことから「無邪気(むじゃき), 純潔, 従順, 善良, 有用」などのイメージがある. またキリスト教では「Christ (キリスト)と人間」あるいは「牧師と信者」の関係は「**shepherd** (羊飼い)と **sheep**」の関係に見立てられる.

sheepdog /ʃíːpdɔːg シープドーグ/ 图 牧羊犬

sheer /ʃíər シア/ 形 (比較級 **sheerer** /ʃíərə シアラ/; 最上級 **sheerest** /ʃíərist シアリスト/)
❶ まったくの; 純粋の ❷ (崖(がけ)など)切り立った

sheet /ʃíːt シート/ 图 ❶ シーツ, 敷布(しきふ)
• a clean **sheet** 清潔なシーツ
❷ (紙・ガラス・金属板などの)1枚; (切手の)シート
• a large **sheet** of report paper 大きなレポート用紙1枚
• two **sheets** of test paper テスト用紙2枚
• a **sheet** of glass 板ガラス
• One more **sheet**, please. もう1枚ください.
• Write your answer on the back of the **sheet**. 答えを用紙の裏に書きなさい.

shelf 中 A1 /ʃélf シェるフ/ 图 (復 **shelves** /ʃélvz シェるヴズ/) 棚(たな)
• the top **shelf** of a bookcase 本箱の一番上の棚

shell A2 /ʃél シェる/ 图 貝殻(かいがら); (カメ・カニ・エビなどの)甲(こう); (クルミ・卵などの)殻(から), (豆

の)さや; (パイなどの)皮

she'll /ʃiːl シーる/ **she will** を短くした形

shellfish /ʃélfiʃ シェるふィシュ/ 图 (shell を持つ)貝; エビ, カニ(類) →複数形も **shellfish**.

shelter /ʃéltər シェるタ/ 图 ❶ (風雨・攻撃(こうげき)などから)守ってくれる物[場所], 避難(ひなん)所 ❷ 保護, 避難
—— 動 保護する, かばう; 避難する

shelves /ʃélvz シェるヴズ/ 图 shelf の複数形

shepherd /ʃépərd シェパド/ 图 羊飼い; 牧羊犬, シェパード →sheep

sheriff /ʃérif シェリふ/ 图 ❶ (米国の郡の)保安官, シェリフ →住民によって選ばれる郡の司法最高責任者.
❷ 《もと英》州長官, 代官

Sherlock Holmes /ʃə́ːrlɑk hóumz シャ～らク ホウムズ/ 固名 シャーロック・ホームズ →英国の作家コナン・ドイルが生み出した名探偵(たんてい).

sherry /ʃéri シェリ/ 图 シェリー酒 →スペイン産の強い白ワイン.

she's /ʃiːz シーズ/ **she is**, **she has** を短くした形
• **She's** (=She is) very kind. 彼女はとても親切だ.
• **She's** (=She has) been to Paris. 彼女はパリへ行ったことがある. →現在完了(かんりょう)の文.

shh /ʃ シー/ 間 =sh

shield /ʃíːld シーるド/ 图 盾(たて); 守ってくれる物[人]

shift /ʃíft シふト/ 動 (位置など)変える, 移す; 変わる, 移る
—— 图 ❶ 変化, 変更(へんこう), 移動 ❷ (交替(こうたい)の)勤務; (交替の)勤務グループ

shilling /ʃíliŋ シリング/ 图 シリング →もと英国の貨幣(かへい)単位, またはその価値の白銅貨. 今の5 pence にあたる.

shin /ʃín シン/ 图 向こうずね

shine A2 /ʃáin シャイン/ 動 (三単現 **shines** /ʃáinz シャインズ/; 過去・過分 **shone** /ʃóun ショウン/, ❷ の意味では **shined** /ʃáind シャインド/; ing形 **shining** /ʃáiniŋ シャイニング/)
❶ 光る, 輝(かがや)く, 照る
• The moon **shines** at night. 月は夜輝く.
• The sun **was shining** bright, but the wind was cold. 太陽は明るく輝いていたが風は冷たかった. →was 助動 ❶
• Her face **shone** with joy. 彼女の顔は喜びで輝いた.

- The sun **hasn't shone** in three days. 太陽は3日も輝いていない[顔を見せない]. → **have** [助動] ❸

❷ 磨(みが)く
- I **shine** my shoes once a week. 私は週1回靴(くつ)を磨きます.

── [名] 光, 輝き, 光沢(こうたく), つや

rain or shine 雨でも晴れでも, 晴雨にかかわらず

shiny /ʃáini シャイニ/ [形] [比較級] **shinier** /ʃáiniər シャイニア/ [最上級] **shiniest** /ʃáiniist シャイニエスト/ ❶ 光っている, ぴかぴかの → shine+-y. ❷ 晴れた

ship 中 A1 /ʃíp シプ/ [名]
船 → 大洋を航海する大型の船をいう. → **boat**
- a cargo **ship** 貨物船
- About one hundred people were on the **ship**. 船には約100人乗っていた.

by ship 船で, 海路で

── [動] ([三単現] **ships** /ʃíps シプス/; [過去・過分] **shipped** /ʃípt シプト/; [-ing形] **shipping** /ʃípiŋ シピング/)
(貨物を)船に積む; 船で送る; (トラック・列車などで)運送する
- **ship** products by rail [by air] 製品を鉄道便で送る[空輸する]
- The cargo **was shipped** from New York. その貨物はニューヨークから船で送られた. → **was** [助動] ❷

shipping /ʃípiŋ シピング/ [動] **ship** の -ing 形 (現在分詞・動名詞)
── [名] 送料

shipyard /ʃípjɑːrd シプヤード/ [名] 造船所 → **yard**² ❷

shirt 小 A1 /ʃə́ːrt シャート/ [名]
ワイシャツ, シャツ; (女性の)ブラウス → 日本語の「ワイシャツ」は white shirt がなまったもの. 「下着のシャツ」はふつう **undershirt** という.
- put on [take off] a **shirt** ワイシャツを着る[脱(ぬ)ぐ]

shiver /ʃívər シヴァ/ [動] 震(ふる)える, 身震(みぶる)いする
── [名] 身震い, 震え

shock A2 /ʃák シャク/ [名] (精神的な)ショック, 打撃(だげき); (爆発(ばくはつ)などの)衝撃(しょうげき); 電気ショック
- be **in shock** ショックを受けた状態にある

- His death was a great **shock** to us. 彼の死は我々にとって大きなショックだった.
- the **shock** of an explosion 爆発の衝撃
- If you touch an electric wire, you will get a **shock**. 電線に触(さわ)ると感電しますよ.

── [動] ショックを与(あた)える, ぎょっとさせる
- His sudden death **shocked** her. 彼の突然(とつぜん)の死は彼女にショックを与えた.
- She was **shocked** to hear the news of his death. 彼女は彼の死の知らせを聞いてショックを受けた.

shocking /ʃákiŋ シャキング/ [形] 衝撃(しょうげき)的な, ぎょっとさせる, ショッキングな; ひどい

shoe 小 A1 /ʃúː シュー/ [名]

靴(くつ), 短靴 → 《米》ではくるぶしまで覆(おお)う「深靴」もいう. 《英》では「深靴」は **boot**.

shoe

《米》 shoe
《英》 boot

boot

- a **shoe** store 靴屋さん, 靴店
- a pair of **shoes** 靴1足
- two pairs of **shoes** 靴2足
- with *one's* **shoes** on 靴をはいて[はいたまま]
- put on [take off] *one's* **shoes** 靴をはく[脱(ぬ)ぐ]
- He wore no **shoes**. 彼は靴を履(は)いていなかった.
- Suppose you were in his **shoe**. 彼の靴をはいてみたらどうだろう. → 「彼の立場[立場が逆]になったらどうだろう」の意味.

shoelace /ʃúːleis シューレイス/ [名] 靴(くつ)ひも
shoemaker /ʃúːmeikər シューメイカ/ [名] 靴(くつ)職人, 靴屋さん
shoeshine /ʃúːʃain シューシャイン/ [名] 《米》靴磨(くつみが)き
shoestring /ʃúːstriŋ シューストリング/ [名] 《米》=shoelace
shone /ʃóun ショウン|ʃón ション/ [動] **shine** ❶ の過去形・過去分詞
shook /ʃúk シュク/ [動] **shake** の過去形
shoot 中 A2 /ʃúːt シュート/ [動]

shooting

三単現 **shoots** /ʃúːts シューツ/
過去・過分 **shot** /ʃát シャト/
‐ing形 **shooting** /ʃúːtiŋ シューティング/

❶ (銃(じゅう)・弓などを)**撃(う)つ**, **射る**; (的・動物など を)**撃つ**

•**shoot** an arrow 矢を射る
•**shoot** a gun 鉄砲(てっぽう)を撃つ
•**shoot** a bear クマを撃つ[射殺する]
•**shoot** *one*self (自分自身を撃つ ⇨)ピストル 自殺する
•He **shoots** well. 彼は射撃(しゃげき)がうまい.
•He **was shooting** arrows at the target. 彼は的を目がけて弓を射ていた. →**was** [助動] ❶
•He **shot** at a deer but missed it. 彼はシカを狙(ねら)って撃ったが外してしまった.
•The deer **was shot** in the leg. そのシカは脚(あし)を撃たれた. →shot は過去分詞で受け身の文. →**was** [助動] ❷
•He was **shot** and killed. 彼は射殺された. →killed も過去分詞で was につながる.

❷ (質問・視線などを)**投げ(かけ)る**; **さっと通り過ぎる**, **矢のように走る**; **勢いよく飛び出る**

•**shoot** questions at ~ ~に矢つぎばやに質問を浴びせる
•The car **shot** past us. その車は私たちをさっと追い抜(ぬ)いて行った.

❸ (サッカー・バスケットボールなどで)**シュートする**

•He **shot** five times and scored twice. 彼は5回シュートして2回ゴールに入れた.

go shooting (銃を用いた)**猟(りょう)に出かける**

━━ [名] ❶ **射撃**; **射撃会, 狩猟(しゅりょう)旅行**
❷ **新芽, 苗(なえ)**; **若枝**
•a bamboo **shoot** たけのこ

shooting /ʃúːtiŋ シューティング/ [名] **射撃(しゃげき)**, **狙撃(そげき)**, **発射**

shóoting stár [名] **流星, 流れ星**

shop 小 A1 /ʃáp シャプ|ʃɔ́p ショプ/ [名]

(🄬 **shops** /ʃáps シャプス/)

❶ (主に英)**小売店, 店** →米国では小さな店, あるいは特定のものを売る店以外は **store** という.
•a flower **shop** 花屋さん
•a pet [jeans, sports] **shop** ペット[ジーンズ, スポーツ]店
•keep a **shop** 店を開いている, 小売業をする
❷ (いろいろな)**仕事場**

•a carpenter's **shop** 大工の作業場
•a repair **shop** 修理工場

━━ [動] (**三単現** **shops** /ʃáps シャプス/; **過去・過分** **shopped** /ʃápt シャプト/; **‐ing形** **shopping** /ʃápiŋ シャピング/)
買い物をする, **ショッピングする**

•**shop** at a grocer's 食料品店で買い物する
•She **shops** every Saturday afternoon. 彼女はいつも土曜日の午後はショッピングする.
•He **shopped** around in Akihabara to buy a computer. 彼はコンピューターを買うために秋葉原の店をあちこち見て回った.
•Mother is out **shopping** for Christmas presents. 母はクリスマスプレゼントの買い物をしに外出しています. →現在分詞 shopping は「買い物をしに」.

go shopping **買い物に行く**

•Mother **has gone shopping** in Ginza. 母は銀座へ買い物に出かけました. →現在完了(かんりょう)の文 (→**have** [助動] ❶). ×*to* Ginza としない.

🈁会話 Let's **go shopping** in Shibuya. —Great! 渋谷に買い物にいこうよ.—いいね!

shóp assìstant A2 [名] (英)(小売り店の)**店員** ((米) salesclerk)

shopkeeper /ʃápkiːpər シャプキーパ/ [名] (主に英)**小売商人[店主]** →**shop** ❶

shopper /ʃápər シャパ/ [名] **買い物客**

shopping 中 A1 /ʃápiŋ シャピング|

ʃɔ́piŋ ショピング/ [名] **買い物**

•a **shopping** center ショッピングセンター
•I often do my **shopping** at the supermarket. 私はそのスーパーマーケットでよく買い物をする.
•I have some **shopping** to do this afternoon. 私はきょうの午後買い物がある. →不定詞 to do (する~)は前の名詞 shopping を修飾(しゅうしょく)する.

━━ [動] **shop** の ‐ing 形 (現在分詞・動名詞)

shópping bàg [名] (米)**ショッピングバッグ** →店で買った品物を入れてくれる紙製やビニール製の袋(ふくろ). 英国では **carrier bag** という.

shópping càrt, (英) **shópping tròlley** [名] **ショッピングカート**

shore A2 /ʃɔ́ːr ショー/ [名] (海・湖・川の)**岸; 海岸**
•swim to (the) **shore** 岸に向かって泳ぐ
•play on the **shore** 海岸で遊ぶ

• come [go] on **shore** 上陸する

short 小 A1 /ʃɔ́ːrt ショート/ 形
(比較級 **shorter** /ʃɔ́ːrtər ショータ/; 最上級 **shortest** /ʃɔ́ːrtist ショーテスト/)

❶ 短い

基本 a **short** pencil 短い鉛筆(えんぴつ) → short+名詞.
• a **short** story 短編小説
• a **short** speech 短い演説
• a **short** visit to London 短期間のロンドン訪問
• a **short** time ago つい先頃(ごろ), しばらく前に

反対語 This skirt is too **long**. I want a **short** one (=skirt). このスカートは長過ぎます. 私は短いスカートが欲(ほ)しいのです.
• Mozart's life was very **short**. モーツァルトの生涯(しょうがい)はとても短かった.
• The days are growing **shorter**. 日はだんだん短くなってきた. → 現在進行形の文.
• This is **the shortest** way to the nearest bus stop. これが最寄りのバス停に行く一番の近道です.

short / long

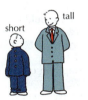
short / tall

❷ 背が低い

反対語 I am **short** but my brother is **tall**. 私は背が低いが兄は背が高い. → be 動詞+short.
• I am (three inches) **shorter** than Bob. 私はボブより(3インチ)背が低い.

❸ (短過ぎて)そっけない; ぶあいそうな; 短気な
• a **short** answer ぶっきらぼうな返事
• She was very **short with** me on the phone. 電話では彼女は私にとてもそっけなかった.

❹ 不足している, 足りない → be short of ~
• He gave me **short** change. (彼は私に足りないおつりを渡(わた)した ⇨)彼のくれたおつりは足りなかった.
• Our team is two players **short**. 私たちのチームは選手が2名足りません. → two players (2名の選手)は short を修飾(しゅうしょく)する副詞句.

── 副 (→比較変化なし)
急に (suddenly), だし抜(ぬ)けに
• stop **short** 急に立ち止まる; 途中(とちゅう)でやめる

── 名 (複 **shorts** /ʃɔ́ːrts ショーツ/)
(**shorts** で)
❶ 半ズボン, (運動用)ショートパンツ
❷ 《米》 パンツ(男性の下着) (《英》 underpants)

be short of ~ ~が足りない, ~が不足である
• I couldn't buy the dictionary because I **was short of** money. お金が足りなくて私はその辞書が買えなかった.

come [fall] short of ~ ~に達しない, ~に及(およ)ばない

cut short 切って短くする, 途中で[早めに]終わらせる; 話を途中で遮(さえぎ)る
• We **cut short** our holiday. 我々は休暇(きゅうか)を短くした[切り詰(つ)めた].

for short 略して
• His name is Benjamin, but we call him Ben **for short**. 彼の名前はベンジャミンだが私たちは短くベンと呼んでいる.

in short 手短に言えば, 要するに

run short (of ~) (~が)不足する, (~を)切らす
• The drinks **ran short** at the picnic. ピクニックでは飲み物が足りなくなった.
• We are **running short of** funds. 私たちは資金がだんだん不足してきた.

shortage /ʃɔ́ːrtidʒ ショーテヂ/ 名 不足, 欠乏(けつぼう)

shortcoming /ʃɔ́ːrtkʌmiŋ ショートカミング/ 名 (ふつう **shortcomings** で)欠点, 短所; 不足

shortcut /ʃɔ́ːrtkʌt ショートカト/ 名 近道

shorten /ʃɔ́ːrtn ショートン/ 動 短くする, 縮める; 短くなる, 縮まる

shortly /ʃɔ́ːrtli ショートリ/ 副 ❶じきに, まもなく (soon) ❷手短に, ぶっきらぼうに

shorts A2 /ʃɔ́ːrts ショーツ/ 名 ❶半ズボン, (運動用)ショートパンツ ⇒複数扱(あつか)い. ❷《米》(男性用下着の)パンツ (《英》 underpants)

shortsighted /ʃɔ́ːrtsáitid ショートサイテド/ 形 近眼の; 近視眼的な

shortstop /ʃɔ́ːrtstap ショートスタプ/ 名 (野球

shot 588 five hundred and eighty-eight

の)**ショート**, **遊撃手**(ゆうげきしゅ)

shot¹ 中 /ʃát シャト/ 動 **shoot** の過去形・過去分詞

shot² A2 /ʃát シャト/ 名
❶ **発射**, **発砲**(はっぽう); **銃声**(じゅうせい)
❷ **砲弾**(ほうだん), **弾丸**; (砲丸投げの)**砲丸**
• the **shot** put 砲丸投げ
❸ **射撃**(しゃげき)**する人**
❹ (バスケットボール・サッカーなどの)**シュート**, (ゴルフなどの)**ショット**
• **make** a good **shot** 見事なシュートをする
❺ 《話》**注射** (injection)
❻ (スナップ)**写真**

shotgun /ʃátgʌn シャトガン/ 名 **散弾銃**(さんだんじゅう), **猟銃**(りょうじゅう), **ショットガン**

should 中 A1 /弱形 ʃud シュド, 強形 ʃúd シュド/ (➡I は発音しない) 助動
❶ **shall** の過去形

⚡POINT 次の2つの例で shall ではなく should が使われているのは, 主節の動詞 (thought, asked) と時制を一致(いっち)させるため. ➡ **could, would**

• I thought I **should** not see him again. 私は彼に二度と会わないだろうと思った. ➡I think I shall not see him again. の過去形. →**shall** ❶

• I asked if I **should** open the window. (=I said, "Shall I open the window?") 窓をあけましょうかと私は尋(たず)ねた. →**shall** ❷

❷ 《義務・当然》**~すべきである**, **~したほうがいい** ➡この意味では /ʃúd シュド/ と強く発音する.
関連語 強制の度合は **should** < **ought to** < **must** の順で強くなる.

• You **should** study harder. 君はもっと勉強すべきだ.

• You **should** be more careful. 君はもっと注意深くなければならない.

• There **should** be no more wars. もう戦争があってはならない.

• You **shouldn't** speak like that to your mother. 君はお母さんにそんな風に言ってはいけない.

📢会話 Can I have beer? ―No. You **should** have Coke. ビール飲んでいい?―だめだよ. コーラにしなさい.

• What **should** we do? 一体どうしたらいい

んだろう. ➡What shall we do? よりも強い当惑(とうわく)・驚(おどろ)きなどを表す.

• Where **should** I get off? (バス・電車で)どこで降りたらよいでしょう.

❸ 《見込(こ)み・推測》**~するはずだ**, **きっと~だろう**

• They **should** be home by now. 彼らは今頃(いまごろ)はもう家に着いているはずだ.

• How **should** I know where he is? 彼がどこにいるかどうして私が知っているはずがありますか. ➡反問することで強い疑問を表す.

❹ (It ~ that A should do で) A が~する[である]とは~だ, A が~する[である]なんて~だ
• It is strange that he **should** say such a thing. 彼がそんな事を言うとは変だ. ➡It = that 以下. should を使うと単に he says ~という場合と違(ちが)って「驚き・意外」などの感情が入る.

I should like to do **~したいと思います** (=I would like to do) ➡丁寧(ていねい)な言い方. 話し言葉では I'd like to do. →**would like to do** (**like¹** 成句)

if ~ should do **万一[ひょっとして]~ならば** ➡可能性が非常に低い未来の事柄(ことがら)を仮定している. should は強く発音する.

• **if** it **should** rain tomorrow 万一あした雨が降ったら

shoulder A1 /ʃóuldər ショウルダ/ 名 **肩**(かた)

• tap him on the **shoulder** (注意を促(うなが)すために)彼の肩をたたく

• carry a pair of skis on one's **shoulder** スキーをかついで行く

• shrug one's **shoulders** 肩をすくめる →**shrug**

• Father is carrying the baby on his **shoulders**. 父親が赤ん坊(ぼう)を肩車(かたぐるま)している.

shouldn't /ʃúdnt シュドント/ **should not** を短くした形

shout 中 A2 /ʃáut シャウト/ 動 (三単現 **shouts** /ʃáuts シャウツ/; 過去・過分 **shout-ed** /ʃáutid シャウテド/; -ing形 **shouting** /ʃáutiŋ シャウティング/)
叫(さけ)**ぶ**, **大声で言う**, **大声を出す**, **どなる**
• **shout** back 叫び返す
• **shout** for help 大声で助けを求める
• **shout** for [with] joy うれしくて大声を上げ

る, 歓声(かんせい)を上げる
- **shout** to him 彼に大声で呼びかける
- He often **shouts** at me for my mistakes. 私がミスをすると彼はよく私をどなる.
- We had to **shout** to talk to each other because it was very windy. 風がとても強かったので, 私たちは話し合うために大声を出さなければならなかった. → had to *do* は have to *do*(〜しなければならない)の過去.
- "Watch your step!" **shouted** the boy. 「足元に気をつけて!」と少年は叫んだ.
- I can hear you very well, so stop **shouting**. 君のしゃべるのはとてもよく聞こえるからがなりたてるのはやめてくれ. → shouting は動名詞(がなりたてること)で stop の目的語.

── 名 (複 **shouts** /ʃáuts シャウツ/)
叫び, 叫び声
- with a **shout** 大声[喚声(かんせい)]を上げて
- give a **shout** of joy 歓声を上げる

shovel /ʃʌ́vl シャヴル/ 名 シャベル
── 動 (三単現 **shovels** /ʃʌ́vlz シャヴルズ/; 過去・過分 **shovel(l)ed** /ʃʌ́ld シャヴルド/; -ing形 **shovel(l)ing** /ʃʌ́vliŋ シャヴリング/)
シャベルですくう[掘(ほ)る]

show 小 A1 /ʃóu ショウ/

動 ❶ 見せる
❷ 見える
❸ 教える
❹ 案内する

意味 map

── 動
三単現 **shows** /ʃóuz ショウズ/
過去 **showed** /ʃóud ショウド/
過分 **shown** /ʃóun ショウン/, **showed**
-ing形 **showing** /ʃóuiŋ ショウイング/

❶ 見せる, 示す; 上映[上演]する, 陳列(ちんれつ)する
基本 **show** a bicycle 自転車を見せる → show+名詞.
基本 **show** her my new necklace = **show** my new necklace to her 彼女に私の新しいネックレスを見せる → show *A B* = show *B* to *A* は「A に B を見せる」.
- **Show** your tickets, please. 切符(きっぷ)をお見せください[拝見いたします].
- She always **shows** kindness **to** animals. 彼女はいつも動物に優(やさ)しさを示す[優しくしてやる].
- His cough **shows** that he smokes too much. (彼のせきは彼がタバコを吸い過ぎることを示す ⇨)彼がせきをするのはタバコを吸い過ぎる証拠(しょうこ)だ.
- He **showed** his friends his new bicycle. = He **showed** his new bicycle **to** his friends. 彼は友達に自分の新しい自転車を見せた.
- **Show** me your marks in math. I **have shown** you mine. 君の数学の点を見せてくれ. 僕(ぼく)の点は見せたのだから. → 後ろの文は現在完了(かんりょう)の文. → have 助動 ❶
- The theater **is showing** *Hamlet* now. その映画館は今「ハムレット」を上映中です. → 現在進行形の文. → is 助動 ❶

❷ 見える, 現れる
- Stars began to **show** in the sky. 空に星が見え始めた. → 不定詞 to show (見えること)は began の目的語. → to ❾ の ①
- Only a part of an iceberg **shows** above the water. 氷山の一部だけしか水面上に出ていない.
- The movie is **showing** now in that theater. その映画は現在あの映画館で上映されている.

❸ 教える, 説明する
- I'll **show** you how to play chess. チェスのやり方を君に教えてあげよう.
- Please **show** me the way to the station. どうぞ駅へ行く道を教えてください.

POINT show 〜 the way to 〜 は道順を地図に書いて教えたり, 目的地まで案内するという意味. 「言葉だけで道順を教える」は tell 〜 the way to 〜.

❹ 案内する
- **show** him into the room 彼を部屋の中へ案内する
- **Show** him in. 彼を中にお通ししなさい.
- **show** him **around** 彼を案内して回る
- **show** him **around** downtown Tokyo 彼を連れて東京の繁華(はんか)街を案内する

showcase 590 five hundred and ninety

show off 見せびらかす, これ見よがしに振(ふ)る舞(ま)う, 目立とうとする

show up 《話》姿を見せる, 現れる; (正体を)あばく
• I waited for an hour, but she didn't **show up**. 私は1時間待ったが彼女は現れなかった.

―― 名 (復 **shows** /ʃóuz ショウズ/)

❶ 見せること, 展示, 表示
• a **show** window (商店の)陳列窓, ショーウインドー.
• vote by a **show of hands** 挙手によって決を採る

❷ 展覧会, 品評会; (芝居(しばい)・映画・サーカスなど)見せ物, ショー, (ラジオ・テレビの)番組
• a dog [flower] **show** 犬[花]の品評会
• a quiz **show** (テレビの)クイズ番組
• watch a TV **show** about ～ ～についてのテレビ番組を見る

❸ 見せかけ, ふり, 見せびらかし, 見え
• She wears her jewels **for show**. 彼女は人に見せびらかすために宝石をつけている. →×a show, ×shows としない.

showcase /ʃóukeis ショウケイス/ 名 (店・博物館などの)陳列(ちんれつ)用ガラスケース

shower 🔁 A1 /ʃáuər シャウア/ 名

❶ にわか雨, 夕立; にわか雪
• be caught in a **shower** にわか雨に遭(あ)う
• April **showers** bring May flowers. 4月の雨は5月の花をもたらす.

❷ シャワー →**shower bath** ともいう.
• take [have] a **shower** シャワーを浴びる
• Many people take a **shower** every morning. 多くの人は毎朝シャワーを浴びる.

❸ 《米》プレゼントパーティー →結婚(けっこん)・出産の近い女性に友人たちがちょっとしたプレゼントを持ち寄ってお祝いをする集まり.

―― 動 ❶ (it を主語にして) にわか雨が降る; 雨のように降り注ぐ; 雨のように浴びせる, 惜(お)しみなく与(あた)える
• It **showered** on and off. にわか雨が降ったりやんだりした.

• The guests **showered** rice on the bride and bridegroom. お客さんたちは新郎(しんろう)新婦にお米を浴びせかけた. →**rice**

❷ シャワーを浴びる

shown /ʃóun ショウン/ 動 **show** の過去分詞

showroom /ʃóuru:m ショウルーム/ 名 (商品などの)陳列(ちんれつ)室, 展示場, ショールーム

shrank /ʃrǽŋk シュランク/ 動 **shrink** の過去形

shrewd /ʃrú:d シュルード/ 形 (利害に敏感(びんかん)で)賢(かしこ)い, 抜(ぬ)け目のない, 鋭(するど)い

shriek /ʃrí:k シュリーク/ 動 キャーと言う, 悲鳴を上げる, 金切り声を出す

―― 名 キャーという声, 悲鳴, 金切り声

shrill /ʃríl シュリる/ 形 かん高い, けたたましい

shrimp /ʃrímp シュリンプ/ 名 《動物》小エビ
類似語 **prawn** よりも小さいものをいう.

shrine 小 /ʃráin シュライン/ 名
(聖者の遺骨・遺品などを祭った)聖堂, 神殿(しんでん); (日本の)神社, 神宮(じんぐう)
• the **shrine** of St. Thomas 聖トマス聖堂
• (the) Yasukuni **Shrine** 靖国神社
関連語 Kyoto has a lot of **shrines** and **temples**. 京都にはたくさんの神社や寺[神社仏閣]がある.

shrink /ʃríŋk シュリンク/ 動 (三単現 **shrinks** /ʃríŋks シュリンクス/; 過去 **shrank** /ʃrǽŋk シュランク/, **shrunk** /ʃrʌ́ŋk シュランク/; 過分 **shrunk**, **shrunken** /ʃrʌ́ŋkn シュランクン/; -ing形 **shrinking** /ʃríŋkiŋ シュリンキング/) (布などが)縮む

shrub /ʃrʌ́b シュラブ/ 名 低木, かん木 →ツツジやバラなどたけの低い植物類で根元から葉や小枝を出す

類似語 (かん木)
shrub と **bush** はともに「かん木」の意味だが, ふつう庭園などに植えられて手入れのされているものを shrub, 野生のものを bush という.

shrug /ʃrʌ́g シュラグ/ 動 (三単現 **shrugs** /ʃrʌ́gz シュラグズ/; 過去・過分 **shrugged** /ʃrʌ́gd シュラグド/; -ing形 **shrugging** /ʃrʌ́giŋ シュラギング/) (肩(かた)を)すくめる

チャンクでおぼえよう show	
□ チケットを見せる	**show** the tickets
□ 彼女に私の新しい靴(くつ)を見せる	**show** her my new shoes
□ 君にチェスのやり方を教える	**show** you how to play chess
□ 彼に東京を案内する	**show** him around Tokyo
□ 彼女はここに現れなかった.	She didn't **show** up here.

•**shrug** *one's* shoulders 肩をすくめる

参考 口を「へ」の字にして, 首を少し曲げ, 両肩(かた)を上げ, てのひらを上にして両腕(うで)を曲げるしぐさ. 以上のしぐさを全部行う場合も, その一部(あるいは1つ)を行う場合もある. 疑い・ためらい・無関心・不賛成・驚(おどろ)き・照れ隠(かく)しなどを表す.

── 名 (肩を)すくめること

shrunk /ʃrʌ́ŋk シュランク/ 動 **shrink** の過去形・過去分詞

shudder /ʃʌ́dər シャダ/ 動 (寒くてまたは怖(こわ)くて)**身震(みぶる)いする, ぞっとする**

── 名 **身震い; ぞっとする思い, 戦慄(せんりつ)**

shut A2 /ʃʌ́t シャト/ 動 (三単現 **shuts** /ʃʌ́ts シャツ/; 過去・過分 **shut**; -ing形 **shutting** /ʃʌ́tiŋ シャティング/) ⇨原形・過去形・過去分詞がどれも同じ形であることに注意.

閉める, 閉じる; 閉まる(close)

基本 **shut** the door 戸を閉める →shut+名詞

•**Shut** your eyes and go to sleep. 目をつぶって眠(ねむ)りなさい.

基本 This window won't **shut**. この窓はなかなか閉まらない. →主語+shut.

•This store **shuts** at six. この店は6時に閉まる[閉店する].

関連語 He **shut** the book and **closed** his eyes. 彼は本を閉じて目をつぶった. →現在形なら He shuts ~.

類似語 **shut** と **close** はほとんど同じ意味で使われるが, **shut** は「ぴしゃりと強く」, **close** は「ゆっくりと静かに」という感じ.

•The gate **was shut** at once. 門は直ちに閉められた. →shut は過去分詞で受け身の文. → **was** 助動 ②

•Keep your mouth **shut**. (おまえの口を閉じられたままにしておけ⇨)お黙(だま)り. →shut は過去分詞で形容詞のように使われたもの. keep

A B (形容詞)は「*A* を *B* (の状態)にしておく」.

•He **was shutting** the windows. 彼は窓を閉めていた. →過去進行形の文. → **was** 助動 ❶

shut down (工場などを)**閉鎖(へいさ)する**; (機械などを)**止める, 止まる**

shut in **閉じ込める; 取り囲む**

shut off (水道・ガス・電気・光・音などを)**止める, 遮(さえぎ)る**

shut out **閉め出す, 遮る**; (野球などで相手を)**完封(かんぷう)する, シャットアウトする**

•Tanaka **shut out** the New York Mets on three hits. 田中はニューヨーク・メッツを3安打で完封した.

shut up **閉じ込める**; (店・家などを)**閉める**; 《話》**黙らせる, 黙る**

•Helen Keller was **shut up** in a dark, silent world. ヘレン・ケラーは暗い沈黙(ちんもく)の世界に閉じこめられた[目も見えず耳も聞こえなくなってしまった].

•Just **shut up**! ちょっと黙ってくれないか.

shutter /ʃʌ́tər シャタ/ 名 ❶ (ふつう **shutters** で) **よろい戸, 雨戸**, (商店などの)**シャッター** ❷ (カメラの)**シャッター**

shuttle /ʃʌ́tl シャトル/ 名 ❶ (短距離間を定期的に往復する)**シャトル便, 折り返し運転** →a **shuttle train** [**bus**] などともいう. ❷ (機(はた)織りの)**杼(ひ)** →横糸を通す道具.

shuttlecock /ʃʌ́tlkak シャトルカク/ 名 (バドミントンの)**羽根**

shy 中 A1 /ʃái シャイ/ 形 (比較級 **shyer, shier** /ʃáiər シャイア/; 最上級 **shyest, shiest** /ʃáiist シャイエスト/)

恥(は)ずかしがり屋の, 内気な, 人見知りの

•a **shy** smile はにかんだ微笑(びしょう)

•At the party she was very **shy** and didn't say a word. パーティーで彼女はとても恥ずかしがって一言も口をきかなかった.

shyness /ʃáinis シャイネス/ 名 **内気さ; はにかみ; 臆病(おくびょう)**

sick 中 A1 /sík スィク/ 形

(比較級 **sicker** /síkər スィカ/; 最上級 **sickest** /síkist スィケスト/)

❶ **病気の; 病気で, 病気に** →動詞の後には英国ではふつう **ill, unwell** を使う.

基本 a **sick** child 病気の子供 →sick+名詞.

•the **sick** =**sick** people (病人たち)

sickle

592

five hundred and ninety-two

基本 She is **sick** in bed. 彼女は病気で寝(ね)ている. →be 動詞+sick.

- He looks **sick**. 彼は具合が悪そうだ.
- I became [got] **sick**. 私は具合が悪くなった. →sick を ❷ の意味にとれば「吐(は)き気がした」.
- She **has been sick** since last Friday. 彼女は先週の金曜日からずっと病気です. →現在完了(かんりょう)の文. →have 助動 ❸

❷ **吐き気がする, 気分が悪い** →名詞の前にはつけない.

- feel [get] **sick** 吐き気がする
- I feel **sick** in buses. 私はバスに乗ると酔(よ)う.
- The sea was rough and I felt **sick** on the boat. 海が荒(あ)れていて私は船酔(ふなよ)いで吐き気がした.

❸ **いやになって, うんざりして**

- I am **sick** of comic books. 私は漫画(まんが)の本にはあきあきした.

sickle /síkl スィクる/ 名 鎌(かま)

sickness /síknis スィクネス/ 名 ❶病気 (illness) ❷吐(は)き気

side

中 A1 /sáid サイド/ 名

❶ **(左右・上下などの)側(がわ), (表裏・内外などの)面**

- the right [left] **side** of the road 道の右[左]側
- the right [wrong] **side** of the cloth 布の表[裏]側
- the west [east] **side** of the city 市の西[東]側
- this [the other] **side** of the river 川のこちら[向こう]側
- From the earth we see only one **side** of the moon. 地球からは月の片側だけしか見えない.
- There is printing on both **sides** of the paper. その紙の両面に印刷してあります.
- There are two **sides** to these matters. こういう事柄(ことがら)には(プラスとマイナスの)2つの面があります.

❷ **(敵・味方の)側, 方**

- the other **side** 相手側
- Our **side** won the football game. 私たちの側がフットボールの試合に勝った.

会話 Which **side** are you on?—I'm on Ken's **side**, because he is always on the **side** of the weak. 君はどっち側に賛成なんだ. —僕(ぼく)はケンの側だ. だってケンはいつも弱い方の味方だからだ. →質問の文は意味のつながりでは on which side (どっちの側に)だが, which は疑問詞なので which side が文頭に出る.

- He is my relative on my mother's **side**. 彼は私の母方の親戚(しんせき)です.

❸ **横, 脇(わき), そば; 側面; 横腹**

- a door at the **side** of the house 家の横[側面]にあるドア
- sit by the **side** of the road 道端(みちばた)に座(すわ)る
- sit by his **side** 彼の横に座る
- I have a pain in my left **side**. 私は左の横腹が痛い.
- I slept on my **side**. 私は横向きになって眠(ねむ)った.

❹ **(人・事・物を見る)面, 側面; (数学の)辺, (側)面**

- consider the question **from all sides** その問題をあらゆる面から考える
- I always try to look on the bright **side** of things. 私は常に物事の明るい側[明るい面]を見ようと努める.
- A box has six **sides**. 箱は6面ある.

── 形 **側面(から)の, 横(から)の; 付け足しの**

- a **side** door 横のドア
- a **side** street 脇道, 横丁
- a **side** dish サイドディッシュ

side by side **並んで**

- They were sitting **side by side** on the bench. 彼らはベンチに並んで座っていた.

take sides **味方をする, 肩(かた)を持つ**

- I didn't **take sides** when Bob and Tom argued. ボブとトムが議論した時私はどちらの肩も持たなかった.

sidewalk /sáidwɔːk サイドウォーク/ 名 《米》(道路の)**歩道** →英国ではふつう **pavement**.

sigh /sái サイ/ 動 **ため息をつく**

- **sigh** with relief ほっとしてため息をつく

── 名 **ため息**

- with a **sigh** ため息をついて

sight A1 /sáit サイト/ (→gh は発音しない) 名

❶ **見ること; 視力; 見える範囲(はんい), 視界**

- **have** good [poor] **sight** 視力がいい[弱い], 目がいい[悪い] →×a sight, ×sights としない.
- catch [lose] **sight of** ~ ~を見つける[見失う]

signal

593　five hundred and ninety-three

- **lose** *one's* **sight** 視力を失う, 失明する
- Birds have better **sight** than dogs. 鳥は犬よりも目がいい.
- I fell in love with her at first **sight**. 私は一目で彼女に恋(こい)をした.

❷ 光景, 眺(なが)め; **(the sights** で**)** 名所
- see [do] **the sights** of Kyoto 京都の名所を見物する, 京都見物をする
- We enjoyed seeing **the sights** of Paris. 我々はパリの名所見物を楽しんだ.
- The Grand Canyon is a wonderful **sight**. グランドキャニオンはすばらしい眺めだ.

at the sight (of ～) (～を)見るとすぐ, 見て
- They ran away **at the sight of** a police officer. (＝They ran away as soon as they saw a police officer.) 彼らは警官を見て逃(に)げ出した.

in sight (of ～) (～が)見える所に
- There is not a ship **in sight**. 1隻(せき)の船も見えない.
- We are [came] **in sight of** the island. 私たちはその島の見える所にいる[来た].

out of sight 見えない所に
- The ship is [went] **out of sight**. 船は見えない[見えなくなった].

ことわざ **Out of sight**, out of mind. 目に見えなくなれば心から消えて行く. ➡「長い間会わないでいるとどんなに親しかった人でも記憶(きおく)から消えていく」の意味.「去る者は日々に疎(うと)し」にあたる.

sightseeing 中 A2 /sáitsi:iŋ サイトスィーイング/ (➡gh は発音しない) 名 形
観光(の), 見物(の), 遊覧(の)
- a **sightseeing** bus 観光バス
- go on a **sightseeing** tour of London by bus バスでロンドンの観光旅行に出かける
- go **sightseeing** (in [at] ～) (～に[を])見物に行く
- do some **sightseeing** (in [at] ～) (～に[を])見物する

sightseer /sáitsi:ər サイトスィーアー/ 名 観光客, 見物人

sign 中 A1 /sáin サイン/ (➡g は発音しない)
名 ❶ 記号; 看板　　意味 map
❷ 合図
❸ 印(しるし)

動 ❶ (手紙・書類などに)署名する
❷ 合図する

—— 名 (複 **signs** /sáinz サインズ/)
❶ 記号, 符号(ふごう), 標識; 看板
- the plus **sign** プラス記号(＋)
- an inn **sign** 宿屋の看板
- The traffic **sign** says, "No right turn." その交通標識には「右折禁止」とある.

❷ 合図, 手まね, 身振(みぶ)り
- make a **sign** 合図をする
- The police officer made a **sign** to stop. 警官は止まれと合図をした.

❸ 印, きざし, けはい
- a **sign** of spring 春の印[きざし, けはい]
- as a **sign** of my love 私の愛の印として
- Shaking hands is a **sign** of friendship. 握手(あくしゅ)は友愛の印である.

—— 動 (三単現 **signs** /sáinz サインズ/; 過去・過分 **signed** /sáind サインド/; ‐ing形 **signing** /sáiniŋ サイニング/)
❶ (手紙・書類などに)署名する, サインする
- **sign** the receipt 領収書にサインする
❷ 合図する, 身振りで示す; 手話を用いる
- **sign** (to) him to come here 彼にここへ来るように合図する
- I can **sign** a little. 私は少し手話ができる.

sign up (署名して)契約(けいやく)を結ぶ; 参加申し込(こ)みをする
- **sign up** for summer camp サマーキャンプの参加申し込みをする

参考 「サインする」という動詞では **sign** を使うが, 名詞として日本語でいう「サイン」には ×*sign* を使わない. 野球の「サイン」は **signal**, 手紙・書類などに記す「サイン」は **signature** /スィグナチャ/, 芸能人などの「サイン」や自著を人に贈(おく)る時にその書物に記す「サイン」は **autograph** /オートグラふ/.

signal /sígnl スィグヌる/ 名 信号, 合図; (野球の)サイン; 信号機
- send a **signal** for help by radio 無線で救助信号を送る
- A red traffic light is a stop **signal**. 赤信号は停止信号である.

—— 動 (三単現 **signals** /sígnlz スィグヌるズ/; 過去・過分 **signal(l)ed** /sígnld スィグヌるド/;

signature
594

-ing形 signal(l)ing /sígnliŋ スィグヌリング/）
信号する，合図する；（野球などで）〜のサインを出す；信号で知らせる
- **signal** for help 信号[合図]で救助を求める
- **signal** (to) the pitcher to throw a curve ピッチャーにカーブのサインを出す
- The police officer **signaled** the driver to stop. 警官は運転手に止まれと合図した.

signature /sígnətʃər スィグナチャ/ 名 （手紙・書類などの）署名，サイン →**sign**

signboard /sáinbɔːrd サインボード/ 名 掲示版，告知版，看板

significance /signífikəns スィグニふィカンス/ 名 意味，意義；重要性

significant A2 /signífikənt スィグニふィカント/ 形 ❶ 重要な，意義のある ❷ 意味ありげな

sígn lànguage 名 手話，手話法
- American **Sign Language** アメリカ手話 →米国やカナダで使われる手話で，ASL と略される.

silence A2 /sáiləns サイレンス/ 名 しゃべらないこと，沈黙（ちんもく），無口；音のしないこと，静けさ
- **Silence**, please! お静かに願います.
- There was a short **silence** between them. 2人の間にはしばし沈黙があった.
- I'm sorry for my long **silence**. 長いことご無沙汰（ぶさた）して申し訳ございません.
- **ことわざ** Speech is silver, **silence** is golden. 雄弁（ゆうべん）は銀，沈黙は金. →**golden** ❶ **ことわざ**

in silence 沈黙のうちに，黙（だま）って，静まりかえって
- They listened to his words **in** complete **silence**. 彼らはしんと静まりかえって彼の言葉に耳を傾（かたむ）けた.

silent /sáilənt サイレント/ 形 沈黙（ちんもく）の，無言の，無口な；静かな，ひっそりとした
- **silent** reading 黙読（もくどく）
- a **silent** night 静かな夜
- sing "**Silent** Night" 「きよしこの夜」を歌う
- a **silent** film [picture] 無声映画，サイレント映画
- remain **silent** 黙（だま）っている
- **Be silent**, please. どうぞ静かにしてください.
- You must be **silent** while others are speaking. ほかの人が話している時は君は黙っていなければいけない.

silently A2 /sáiləntli サイレントリ/ 副 黙（だま）って；静かに

silhouette /siluét シルエット/ 名 影，輪郭（りんかく），シルエット →明るい背景にくっきりと浮かび出るものをいう.
- the **silhouettes** of mountains against the rising sun 朝日に浮かぶ山々のシルエット

silk /sílk スィるク/ 名 絹；絹糸；絹織物

Sílk Ròad [Ròute] 固名 **(the** をつけて）シルクロード，絹の道 →中国からローマに至る昔の交易路. 中国からは絹が，西洋からは羊毛や金や銀などが運ばれた.

silkworm /sílkwəːrm スィるクワーム/ 名 《虫》カイコ

silly A2 /síli スィリ/ 形 （比較級 **sillier** /síliər スィリア/；最上級 **silliest** /síliist スィリエスト/） ばかな，愚（おろ）かな；ばかげた
- If you ask a **silly** question, you'll get a **silly** answer. ばかげた質問をするとばかげた答えが返ってくる.
- Don't be **silly**. You can't drive home in this snowstorm. ばかなことを言うな. こんな吹雪（ふぶき）の中を車で帰れるわけがないじゃないか.
- That's **the silliest** joke I've ever heard. そんなくだらない冗談（じょうだん）は今まで聞いたことがない.

silo /sáilou サイろウ/ 名 （複 **silos** /sáilouz サイろウズ/） サイロ →飼料用の牧草・穀物などを入れておくための円筒（えんとう）形の建物.

silver 中 A2 /sílvər スィるヴァ/ 名 銀；《集合的に》銀貨 (silver coins)；銀食器類；銀色
—— 形 銀の，銀製の；銀色の
- a **silver** spoon [coin] 銀のさじ[銀貨]
- **silver** hair 銀髪（ぎんぱつ）

sílver wédding 名 銀婚（ぎんこん）式 →結婚（けっこん）25周年のお祝い.

similar 中 A2 /símələr スィミら/ 形 同じような，似ている
- **similar** dresses 同じような洋服
- be **similar** to 〜 〜に似ている，〜と同様だ
- **関連語** Your blouse is **similar** to mine, and our scarfs are **alike** too. あなたのブラウスは私のと似ている, そしてスカーフも似ている.

類似語（似ている）
similar と **alike** はほとんど同じ意味で使われるが，similar が名詞の前にも動詞の後にも

since

使われるのに対して，alike は動詞の後にしか使われない．

simmer /símər スィマ/ 動 ❶ (スープなどが，たぎらない程度で)ことこと煮える，(やかんの湯が)沸(わ)く；とろ火でことこと煮る ❷ (怒りなどで)煮えくり返る

simple 中 A2 /símpl スィンプる/ 形
❶ 簡単な，わかりやすい，易(やさ)しい (easy)
• a **simple** question 簡単な問題
• It's a **simple** job—anyone can do it. それは簡単な仕事だから誰(だれ)にだってできる．
• The questions were very **simple**. 問題はとても易しかった．

❷ 質素な，派手でない
• We eat **simple** food, wear **simple** clothes and lead a **simple** life. 私たちは質素な食事をし質素な服を着て質素な生活をしています．

❸ 純真な，素朴(そぼく)な；気取らない，素直(すなお)な
• He is as **simple** as a child. 彼は子供のように純真です．

❹ 単純な，愚(おろ)かな (foolish)
• She was **simple** enough to believe him. 彼女は彼の言うことを信じるほど単純であった[単純にも彼の言うことを信じた]．

simply A2 /símpli スィンプリ/ 副
❶ 簡単に，易(やさ)しく；質素に
• The story is written very **simply**. その物語は非常に易しく書かれている．

❷ 単に，ただ (only, just)
• It is **simply** a question of time. それは単に時間の問題です．
• He **simply** said, "No." 彼はただ「いや」と言った．

simulation /sìmjuléiʃən スィミュれイション/ 名 模擬(もぎ)実験，シミュレーション

sin /sín スィン/ 名 (道徳・宗教上の)罪，罪悪 → crime

since 中 A2 /síns スィンス/
  前 ～から(ずっと)   意味 map
  接 ❶ ～してから(ずっと)
    ❷ ～だから
—— 前 ～から(ずっと)，～以来(ずっと)

基本 **since** yesterday 昨日から → since + 過去の時点を示す名詞(句)．
• **since** 2003 (読み方: two thousand and three) 2003年以来
• **since** then その時から，その時以来

since 中 A2 /スィンス/

基本の意味

「(ある時点)からずっと」が基本の意味(前・接❶)．より以前の時点から継続している行為・状態がいつ始まったのかを表す．この意味では，普通は継続を表す完了形といっしょに用いる．接❷の「～だから」の意味は，きっかけとなるできごとがある時点で発生したことを理由・原因とみなすことで生じる．

イメージ
Zzz...
～からずっと

教科書によく出る 使い方

前　I have been living in Tokyo **since** 2007.
　　私は2007年からずっと東京に暮らしている．

接 ❶ I have been playing basketball **since** I was 11 years old.
　　私は11歳の時からバスケットボールを続けている．

sincere

596

five hundred and ninety-six

●**since** this morning [last summer] 今朝[この前の夏]から

●I have lived here **since** 2019 (読み方: twenty nineteen). 2019年以来私はここに住んでいる. ➡since はふつうこのように現在完了(かんりょう)形とともに使われる. ➡**have** 助動 ❸

●It has been raining **since** yesterday. 昨日からずっと雨が降っている.

●Ten years have passed **since** then. =It is [It has been] ten years **since** then. その時から10年たった. ➡It は漠然(ばくぜん)と「時間」を表す. ➡**have** 助動 ❶

―― 接 ❶ ～してから(ずっと), ～して以来

基本 **since** I came here 私がここに来てから ➡since+文(過去形).

●I have lived here **since** I came to New York. 私はニューヨークに来てからずっとここに住んでいる.

●Ten years have passed **since** he died. = It is [It has been] ten years **since** he died. 彼が死んでから10年たった. ➡It は漠然と「時間」を表す.

●It's [It has been] a long time **since** we first met. 初めてお会いしてからずいぶんたちますね.

❷ ～だから ➡**because** ❶

●**Since** I bought a new radio, I'll give you the old one. 私は新しいラジオを買ったから古いのを君にやろう.

―― 副 (➡比較変化なし) その後

●ever **since** その後ずっと ➡ever (ずっと)は since の意味を強める.

●He caught cold last Sunday and has been in bed ever **since**. 彼は日曜に風邪(かぜ)をひきその後ずっと寝込(ねこ)んでいる.

sincere /sinsíər スィンスィア/ 形 誠実な, 真面目な; 誠意のある, 心からの

sincerely /sinsíərli スィンスィアリ/ 副 誠実に, 心から

Sincerely yours* = *Yours sincerely 敬具 ➡手紙の最後に書く言葉. ➡**yours** ❸

sing 小 A1 /síŋ スィング/ 動

三単現	**sings** /síŋz スィングズ/
過去	**sang** /sǽŋ サング/
過分	**sung** /sʌ́ŋ サング/
-ing形	**singing** /síŋiŋ スィンギング/

歌う; (小鳥などが)さえずる

関連語 「歌」は **song**.

基本 They **sing** very well. 彼らはとても上手に歌う[歌がとてもうまい]. ➡sing+副詞(句).

基本 We **sing** English songs. 我々は英語の歌を歌う. ➡sing+名詞(句).

●Please **sing** us a song. =Please **sing** a song for [to] us. 私たちに歌を1曲歌ってください. ➡sing *A* (人) *B* (歌)=sing *B* for [to] *A* は「*A* に *B* を歌ってあげる」.

●She **sings** in the church choir. 彼女は教会の聖歌隊で歌う.

●We **sang** "Happy Birthday" to Ann. 私たちはアンに「ハッピーバースデー」を歌ってあげた.

●They **sang** "Silent Night" to the organ. 彼らはオルガンに合わせて「きよしこの夜」を歌った.

●This song **is sung** in many countries. この歌は多くの国で歌われている. ➡受け身の文. ➡**is** 助動 ❷

●The birds **are singing** merrily in the trees. 小鳥がこずえで楽しそうにさえずっている. ➡現在進行形の文. ➡**are** 助動 ❶

sing along (楽器・歌手などに合わせて)いっしょに歌う

sing out 大声で歌う

sing. 略 =**sing**ular (単数形)

Singapore 中 /síŋɡəpɔːr スィンガポー/ 固名 シンガポール ➡マレー半島南端(たん)に浮(う)かぶ島国(共和国)で淡路島くらいの広さ. 同国の首都. 公用語はマレー語, 中国語, 英語, タミル語.

singer 小 A1 /síŋər スィンガ/ 名

歌う人, 歌手

●a good **singer** 上手な歌手; 歌のうまい人

singer-songwriter /síŋərsɔ́:ŋraitər スィンガソーングライタ/ 名 シンガーソングライター ➡自分で作詞作曲した歌を歌う歌手.

singing 小 A2 /síŋiŋ スィンギング/ 動 sing の -ing 形 (現在分詞・動名詞)

―― 名 歌うこと, 歌声, 歌

single A2 /síŋɡl スィングる/ 形 ❶ たった1つの

●He did not say a **single** word. 彼はただの一言も言わなかった.

❷ (ホテルの部屋・ベッドなど)ひとり用の; (試合など)1対1の; 《英》(切符(きっぷ)が)片道の (《米》one-way)

・a **single** bed シングルベッド
・a **single** ticket 片道切符 →単に **single** ともいう.

❸ 独身の
・a **single** man [woman] 独身男性[女性]
関連語 Is he **married** or **single**? —He is **single**. 彼は結婚していますかそれとも独身ですか.—彼は独身です.

── 名 ❶ **(singles** で) (テニスの)シングルス
関連語 I like to play **singles** rather than **doubles**. 私はダブルスよりもシングルスをやりたい.

❷ 《英》片道切符 (single ticket; 《米》one-way ticket)
❸ 独身者
❹ (野球の)単打, シングルヒット

singular A2 /síŋgjulər スィンギュラ/ 名 形
《文法》単数(の), 単数形(の) →**sing.** と略す.「複数(の)」は **plural**.

sink A2 /síŋk スィンク/ 動 (三単現 **sinks** /síŋks スィンクス/; 過去 **sank** /sǽŋk サンク/, **sunk** /sʌ́ŋk サンク/; 過分 **sunk**; -ing形 **sinking** /síŋkiŋ スィンキング/)

沈む; 沈める
・a **sinking** ship 沈みかけている船
反対語 Wood **floats** in water, but metal **sinks**. 木は水に浮くが金属は沈む.
・The sun is **sinking** in the west. 太陽が西に沈もうとしている.
・The heavy waves **sank** the little boat. 荒波がその小舟を沈めた.
・Kenichi **sank** into the chair and went to sleep. 健一は椅子に体を沈め眠り込んだ.
・His voice **sank** to a whisper. 彼の声は低くなってささやき声になった.
・The boat **was sunk** by the heavy waves. その舟は荒波によって沈められた.

── 名 (台所・浴室の)流し(台) →英国では浴室のものは **washbasin** という.

sinner /sínər スィナ/ 名
(道徳・宗教上の)罪 (sin) を犯した人, 罪人
類似語 **criminal** ((法を犯した)犯罪者)

sip /síp スィプ/ 動 (三単現 **sips** /síps スィプス/; 過去・過分 **sipped** /sípt スィプト/; -ing形 **sipping** /sípiŋ スィピング/)
すする, ちびちび (少しずつ)飲む

── 名 すすること, ひと口

sir A1 /弱 sər サ~, 強 sə́ːr サ~/ 名
❶ 先生, あなた, おじさん, もしもし
POINT 目上の人・先生・店の客・見知らぬ人など丁寧さが必要な男性に対する呼びかけの敬称. 日本語には無理に訳さなくてもよい. 女性には **ma'am** /マム/ という.
・"Good morning, **sir**," said Bob to his teacher. 「(先生,)おはようございます」とボブは先生に挨拶した.
・Can I help you, **sir**? (店員などが)いらっしゃいませ(何か差し上げましょうか).

❷ **(Sir** で) サー →英国で knight や准男爵の位を持つ人の名につける敬称.
・**Sir** Winston (Churchill) サー・ウインストン(・チャーチル) ×*Sir Churchill* としない.

siren /sái(ə)rən サイ(ア)レン/ 名 サイレン, 警笛

sister 小 A1 /sístər スィスタ/ 名
(複 **sisters** /sístərz スィスタズ/)
❶ 姉, 妹

参考 ふつうは姉妹の区別をせずに単に **sister** という. 特に区別していう時は an **older** [《英》**elder**] **sister** (姉), a **younger sister** (妹)という. また《米》では小さな弟や妹が「姉」を a **big sister**, 兄や姉が小さな「妹」を a **little sister** ともいう. 日本語では「お姉さん」と呼びかけるが, 英語では名前を言う.

関連語 I have one **brother** and one **sister**. 私には兄[弟]が1人と姉[妹]が1人おります.
・This is my little **sister** Betty. こちらは妹のベティーです.
・She was like a **sister** to the boy. 彼女はその少年にとって姉[妹]のような存在だった.
・Your school and ours are **sister** schools. 君たちの学校と僕たちの学校は姉妹校だ.
・Tokyo and New York are **sister** cities. 東京とニューヨークは姉妹都市です.

Do you have any **sisters**? —No, I don't.
君にはお姉さんか妹さんがいますか.—いいえ, いません.

sit 598 five hundred and ninety-eight

❷(**Sister** で)(カトリック教会の)**修道女, シスター** →敬称として名前に付けたり, 呼びかけに使うこともある.

•**Sister** Rosemary シスター・ローズマリー

sit 小 A1 /sít スィト/ 動

三単現	**sits** /síts スィッ/
過去・過分	**sat** /sét サト/
-ing形	**sitting** /sítiŋ スィティング/

❶ **座(すわ)る; 座っている** →「座る」という「動作」に力点をおく時はしばしば **sit down** という.

反対語 **stand** (立つ)

(他 基本) **sit** on a chair 椅子(いす)に座る → sit+場所を示す副詞(句).

•**sit** in an armchair 肘掛(ひじか)け椅子に座る →ふかふかした「椅子」に座る時は in.

•**sit** down on a bench ベンチに腰(こし)を下ろす

•**sit** by the fire 火のそばに座(すわ)っている

•**sit** at a desk 机に向かって座(すわ)っている

•**sit** still じっと座っている

•**Sit** down, please. = Please **sit** down. どうぞおかけください.

•He **sits** beside me in the classroom. 教室では彼は私の脇(わき)に座っている.

•The whole family **sat** at the table. 家族が全員食卓(しょくたく)についた.

•The dog **sat** and looked at me. 犬はおすわりをして私を見た.

•She **sat** reading by the fire. 彼女は炉端(ろばた)に座って本を読んでいた. → sit *doing* は「～しながら座っている, 座って～している」.

•He **is sitting** at the computer. 彼はコンピューターに向かって座っている. →現在進行形の文 (→is 助動 ❶). この進行形は「状態」を強調する.

•I like **sitting** by the window. 私は窓辺に座るのが好きだ. → sitting は動名詞(座ること)で like の目的語.

❷ **座らせる**

•She **sat** her baby on the cushion. 彼女は赤ちゃんをクッションに座らせた.

❸(鳥などが)**止まる;** (巣について)**卵を抱(だ)く**

•I saw a bird **sitting** on a branch. 鳥が枝に止まっているのが見えた. → see *A doing* は「Aが～しているのを見る」.

•The hens are **sitting** on their eggs. めんどりは卵を抱いているところです.

***sit (for)* ~** ①(主に英)(筆記試験)を受ける

•**sit (for)** an examination (=take an examination) 試験を受ける

②(肖像(しょうぞう)画・写真)を描(か)いて[とって]もらう

•The class will **sit for** a photo today. きょうはクラス写真を撮(と)ってもらう.

sit up ①(背筋を伸(の)ばして)**きちんと座る;** (寝(ね)た姿勢から)**上体を起こす** (→sit-up), (犬が)**ちんちんする**

•**sit up** in bed ベッドの上に身を起こす

•**Sit up** straight. 背筋を伸ばして座りなさい.

②(遅(おそ)くまで寝ないで)**起きている**

•We **sat up** talking all night. 私たちは一晩じゅう寝ないで語り明かした.

site 中 A1 /sáit サイト/ 名

❶(~のある[あった])**場所,** (~のための)**用地**

•the **site** for a new airport 新しい空港の(建設)用地

•Gettysburg was the **site** of a Civil War battle. ゲティスバーグは南北戦争の古戦場だ.

❷(インターネットの)**サイト, ウェブサイト** (website)

•find many interesting facts about them on the **site** サイト上でそれらについてのおもしろい情報をたくさん見つける

•For more information, visit our **site** on the Internet. もっと知りたければインターネットのサイトを見てね.

sitting /sítiŋ スィティング/ 名 **座(すわ)っていること, 着席**

── 形 **座っている**

sítting ròom A2 名 **居間** (living room)

sìtting vólleyball 名 **シッティングバレーボール** →座(すわ)った姿勢で行うバレーボールで, パラリンピックの種目のひとつ.

situated /sítʃueitid スィチュエイテド/ 形 **(~に)位置して, (~に)ある**

situation 中 A2 /sìtʃuéiʃən スィチュエイション/ 名 ❶ **立場, 状態**

•be in a difficult **situation** 困難な立場にある

❷ **事態, 状況**

•improve the **situation** 事態を改善する

•the international **situation** 国際情勢

sit-up /sítʌp スィタプ/ 名 (ふつう **sit-ups** で) (寝(ね)ている姿勢から上半身を起こす)**腹筋運動**

six 小 A1 /síks スィクス/ 名 (複 **sixes** /síksiz スィクスィズ/) 6; 6時; 6分; 6歳(さい), 6人[個]
→ 使い方については →**three**
関連語 Lesson **Six** (=The **Sixth** Lesson) 第6課
• at **six** past **six** 6時6分過ぎに
• a child of **six** 6歳の子供
── 形 6の, 6人[個]の, 6歳で
• **six** oranges 6個のオレンジ
• It is **six** minutes past six. 6時6分過ぎです. →It は漠然(ばくぜん)と「時間」を表す.
• He is just **six**. 彼はちょうど6歳だ.

sixteen 小 A1 /sikstíːn スィクスティーン/ 名 (複 **sixteens** /sikstíːnz スィクスティーンズ/) 16; 16分; 16歳(さい), 16人[個]
関連語 Lesson **Sixteen** (= The **Sixteenth** Lesson) 第16課
• It is **sixteen** to four. 4時16分前です.
── 形 16の; 16人[個]の, 16歳で
• **sixteen** girls 16人の女子
• He will be **sixteen** next week. 彼は来週16歳になります.

sixteenth /sikstíːnθ スィクスティーンす/ 名形 16番目(の); (月の)16日 →**16th** と略す.
• on the **16th** of October = October **16**
(読み方: (the) sixteenth) 10月16日に

sixth 中 /síksθ スィクスす/ 名形 (複 **sixths** /síksθs スィクスすス/) ❶ 6番目(の); (月の)6日 →**6th** と略す. 使い方は →**third**
• the **sixth** period 6時間目
• on the **6th** of January = on January **6**
(読み方: (the) sixth) 1月6日に
❷ 6分の1(の)
• a **sixth** part=one **sixth** 6分の1
• five **sixths** 6分の5

sixtieth /síkstiiθ スィクスティエす/ 名形 60番目(の) →**60th** と略す.

sixty 小 A1 /síksti スィクスティ/ 名 (複 **sixties** /síkstiz スィクスティズ/)
❶ 60; 60歳(さい)
❷ (**sixties** で) (年齢(ねんれい)の)60代; (世紀の)60年代 →sixty から sixty-nine まで.
• She is in her early **sixties**. 彼女は60代の初めです.
• in the nineteen-**sixties** 1960年代に

── 形 60の; 60歳で
• **sixty** cars 60台の車
• My grandfather is **sixty**. 私の祖父は60歳です.

size 中 A1 /sáiz サイズ/ 名
大きさ; (帽子(ぼうし)・手袋(ぶくろ)・靴(くつ)などの)**寸法, サイズ**
• the **size** of a living room 居間の大きさ
• It's the **size** of a tennis ball. それはテニスボールぐらいの大きさです.
• This house is the same **size** as that one. この家はその家と同じ大きさです.
会話 Do you have shoes in my **size**?
—What **size** shoes do you take?—I take **size** 9. 私のサイズに合う靴がありますか.—あなたはどれくらいのサイズの靴を履(は)いていますか.—サイズは9です.
• This store has three **sizes** of oranges: small, medium, and large. この店ではオレンジを大中小の3つの大きさに分けてあります.

skate 小 A2 /skéit スケイト/ 名
(ふつう **skates** で) **アイススケート靴**(くつ) (ice skates); **ローラースケート靴** (roller skates)
→ スポーツとしての「スケート」は **skating**.
• a pair of **skates** スケート靴1足
── 動 **スケートで滑**(すべ)**る, スケートをする**
• Jack **skates** very well. ジャックはスケートがとてもうまい.
• Some boys and girls are **skating** on the ice. 何人かの少年少女が氷の上でスケートをしている.
go skating スケートに行く

skateboard /skéitbɔːrd スケイトボード/ 名動
スケートボード(に乗って遊ぶ)

skateboarding A2 /skéitbɔːrdiŋ スケイトボーディング/ 名 スケートボードに乗ること, スケートボーディング

skater /skéitər スケイタ/ 名
スケートをする人, スケーター
• a good [poor] **skater** スケートの上手な[下手な]人

skating A2 /skéitiŋ スケイティング/ 動 **skate** の -ing 形 (現在分詞・動名詞)
── 名 (スポーツとしての)スケート

skáting rìnk 名 アイス[ローラー]スケート場
→ 単に **rink** ともいう.

skeleton /skélətn スケルトン/ 名 骸骨(がいこつ); 骨格; (ビルなどの)骨組み

sketch /skétʃ スケチ/ 图

❶ 写生画，スケッチ；略図

•make [draw] a **sketch** of Mt. Asama 浅間山をスケッチする

❷ (計画・出来事などの)あらまし，概略(がいりゃく) (outline)

❸ (小説・劇・音楽などの)短い作品，小品

—— 動 スケッチ[写生]する

sketchbook /skétʃbuk スケチブク/ 图 スケッチブック，写生帳

ski 小 A2 /skí: スキー/ 图 (複 **skis** /skí:z スキーズ/)

(ふつう **skis** で) (雪・水上で使う)スキー(板) → スポーツとしての「スキー」は **skiing**.

•a pair of **skis** スキー一組

•glide down a slope on **skis** スキーで斜面(しゃめん)を滑(すべ)る

—— 動 スキーで滑る，(水上)スキーをする

•Let's **ski**. スキーをしよう．

•I like to **ski**. =I like **skiing**. 私はスキーが好きだ．→to ski (不定詞. スキーをすること)，skiing (動名詞. スキーをすること)はともに like の目的語．

•Mary **skis** very well. メアリーはスキーがとてもうまい．

•We **skied** down the hill. 私たちはスキーで丘(おか)を滑り下りた．

•Many boys **are skiing** at the foot of the hill. たくさんの少年たちが丘のふもとでスキーをしている．→**are** 助動 ❶

go skiing スキーに行く

•Let's **go skiing** at Shiga Heights. 志賀高原にスキーに行こうよ．

skier /skí:ər スキーア/ 图 スキーをする人，スキーヤー

skiing 小 A2 /skí:iŋ スキーインぐ/ 動 **ski** の -ing 形 (現在分詞・動名詞)

—— 图 (スポーツとしての)スキー

•I like **skiing** very much. 私はスキーがとても好きです．

skilful /skílfəl スキるふる/ 形 (英) =skillful

skí lìft 图 (スキー場の)リフト →単に **lift** とも．

skill 中 A1 /skíl スキる/ 图

熟練した能力，技能，腕前(うでまえ)，スキル；うまさ

•basic computer **skills** コンピューターの基本的技能

•He has great **skill** in teaching English

to children. 彼は子供に英語を教えるのがとてもうまい．

•She plays the piano with **skill**. 彼女は上手にピアノを弾(ひ)く．

skilled /skíld スキるド/ 形 ❶ 熟練した，腕(うで)のいい (skillful)

❷ (仕事など)熟練を必要とする

skillful /skílfəl スキるふる/ 形 《主に米》熟練した，腕(うで)のいい，上手な

skin 中 /skín スキン/ 图

❶ 皮膚(ひふ)，肌(はだ)；(動物の)毛皮

•a bear's **skin** クマの毛皮

•Babies have soft **skin**. 赤ちゃんはやわらかい肌をしている．

•We got wet to the **skin**. 我々は肌までぬれた[ずぶぬれになった]．

❷ (果物の)皮

•a banana **skin** = the **skin** of a banana バナナの皮

•Peaches have thin **skins**. モモは皮が薄(うす)い．

skín dìving 图 スキンダイビング →簡単な装具をつけて水中に潜(もぐ)るスポーツ．

skinny /skíni スキニ/ 形 (比較級 **skinnier** /skíniər スキニア/; 最上級 **skinniest** /skíniist スキニエスト/) (やせて)骨と皮ばかりの →skin +-y.

skip /skíp スキプ/ 動 (三単現 **skips** /skíps スキプス/; 過去・過分 **skipped** /skípt スキプト/; -ing形 **skipping** /skípiŋ スキピンぐ/)

❶ 軽く飛ぶ，跳(は)ねる；(ひょいと)飛び越(こ)す；縄跳(なわと)びをする ❷ (途中(とちゅう)を)抜(ぬ)かす，飛ばす，省く

skipjack tuna /skípdʒæk tjú:nə スキプチャク テューナ/ 图 《魚》カツオ

skirt A1 /skə́:rt スカ〜ト/ 图 スカート

•wear [put on] a **skirt** スカートをはいている[はく]

•a woman in long brown **skirt** 長い茶色のスカートをはいた女性

skit /skít スキト/ 图 寸劇，軽い風刺(ふうし)劇

skunk /skʌ́ŋk スカンク/ 图 《動物》スカンク → 白黒のしまのある北米イタチ (weasel) 科の動物．

sky 小 A1 /skái スカイ/ 图 (複 **skies** /skáiz スカイズ/) 空 →人の視界に入る上空．

•in the **sky** 空に

•a blue **sky** 青空

POINT sky の前に形容詞がない時には必ず the をつける. sky を形容詞とともに使うときには a をつけることがある.

- a cloudy **sky** 曇り空
- White clouds sail across the **sky**. 白い雲が空を(横切って)流れていく.
- Skylarks are singing high up in the **sky**. ヒバリが空高くさえずっている.

skydiving /skáidaiviŋ スカイダイヴィング/ 名 スカイダイビング

skylark /skáila:rk スカイラーク/ 名 《鳥》ヒバリ

skyline /skáilain スカイライン/ 名
❶ 地平線 (horizon)
❷ (山・高層ビルなどが)空に描く輪郭(りんかく)

skyscraper /skáiskreipər スカイスクレイパ/ 名 摩天楼(まてんろう), 高層ビル

slam /slǽm スラム/ 動 (三単現 **slams** /slǽmz スラムズ/; 過去・過分 **slammed** /slǽmd スラムド/; -ing形 **slamming** /slǽmiŋ スラミング/)
❶ ばたんとしめる; ばたんとしまる
- **slam** a door ドアをばたんとしめる
❷ ばたんと置く[投げる], 強く打つ

slam-dunk /slǽm dʌŋk スラム ダンク/ 動 (バスケットボールで)激しくダンクシュートする

slang /slǽŋ スラング/ 名 俗語(ぞくご), スラング

slant /slǽnt スラント/ 動 傾(かたむ)く, 傾斜(けいしゃ)する
— 名 傾斜 (slope)

slap /slǽp スラプ/ 動 (三単現 **slaps** /slǽps スラプス/; 過去・過分 **slapped** /slǽpt スラプト/; -ing形 **slapping** /slǽpiŋ スラピング/) (平手・平たい物で)ぴしゃりと打つ
— 名 (てのひら・平たい物で)ぴしゃりと打つこと, 平手打ち

slash /slǽʃ スラシュ/ 名 斜線(しゃせん)(/)

slave A2 /sléiv スレイヴ/ 名 奴隷(どれい)

slavery /sléivəri スレイヴァリ/ 名 奴隷(どれい)制度; 奴隷の身分

sled /sléd スレド/ 名 (馬・犬などに引かせる)そり; (子供の雪遊び用)小型そり

sledge /slédʒ スレヂ/ 名 =sled

sleep 中 A1 /slí:p スリープ/ 動
三単現 **sleeps** /slí:ps スリープス/
過去・過分 **slept** /slépt スレプト/
-ing形 **sleeping** /slí:piŋ スリーピング/
眠(ねむ)る, 睡眠(すいみん)をとる

基本 **sleep** well よく眠る →sleep＋副詞(句).
- Did you **sleep** well last night? ゆうべはよく眠れましたか.
- Most bears **sleep** through the winter. たいていのクマは冬眠(とうみん)する.
- She **sleeps** (for) eight hours every night. 彼女は毎晩8時間眠る.

関連語 I usually **go to bed** at ten and **wake up** at six in the morning. So I **sleep** for eight hours. 私はたいてい10時に寝(ね)て朝の6時に起きます. ですから8時間睡眠をとっています.

- We **slept** in a log cabin for the night. 私たちはその晩丸太小屋で眠った.
- He **hasn't slept** at all for two days. 彼は2日間一睡(いっすい)もしていない. →現在完了(かんりょう)の文. →have 助動 ❸
- a **sleeping** dog 眠っている犬 →sleeping は現在分詞.
- a dog **sleeping** in a doghouse 犬小屋で眠っている犬
- A lion **was sleeping** in the cage. ライオンがおりの中で眠っていた. →過去進行形の文. →was 助動 ❶
— 名 眠り, 睡眠
- a deep [sound] **sleep** 深い[安らかな]眠り
- winter **sleep** 冬眠
- have a good **sleep** ぐっすり眠る
- get three hours' **sleep** 3時間の睡眠をとる
- My father often talks in his **sleep**. 私の父はよく寝言(ねごと)を言う.

関連語 Get some **sleep** while the baby is **asleep**. 赤ん坊(ぼう)が眠っている間に少し眠りなさい.

get to sleep 眠りにつく, 寝つく
関連語 I **went to bed** early, but I couldn't **get to sleep** till late. 私は早く床(とこ)についたが遅(おそ)くまで寝つけなかった.

go to sleep 眠る; (《話》(手などが)しびれる

sleeper

sleeper 602 six hundred and two

• I **went to sleep** as I was reading. 私は本を読みながら眠ってしまった.

• When I sit on my legs, they soon **go to sleep**. 私は正座すると足がすぐしびれる.

sleeper /slí:pər スリーパ/ 名 ❶ 眠(ねむ)っている人 ❷ 寝台(しんだい)車 (sleeping car)

sléeping bàg 名 (キャンプや登山に使う)寝袋(ねぶくろ) → sleeping は動名詞.

sléeping càr 名 (鉄道の)寝台(しんだい)車 (sleeper) → sleeping は動名詞.

sleepless A2 /slí:pləs スリープれス/ 形 眠(ねむ)れない → sleep+-less.

• spend a **sleepless** night 眠れない夜を過ごす

sleepy 小 A2 /slí:pi スリーピ/ 形 (比較級 **sleepier** /slí:piər スリーピア/ 最上級 **sleepiest** /slí:piist スリーピエスト/)

眠(ねむ)い, 眠そうな → sleep+-y.

• feel **sleepy** 眠く感じる, 眠い

• look **sleepy** 眠そうな顔をしている

• I am very **sleepy**. 私はひどく眠い.

sleepyhead /slí:pihed スリーピヘド/ 名 (子供などに)眠(ねむ)たがり屋, 寝坊(ねぼう)

sleeve /slí:v スリーヴ/ 名 袖(そで)

sleigh /sléi スれイ/ 名 乗用ぞり → 馬に引かせる乗用の軽快なそり.

slender /sléndər スれンダ/ 形 細い, ほっそりした, すらりとした

反対語 My mother is **slender**, but my father is **stout**. 母はほっそりしているけど父は太っている.

slept 中 /slépt スれプト/ 動 sleep の過去形・過去分詞

slice A2 /sláis スらイス/ 名 (薄(うす)い)ひと切れ, 1枚

• a **slice** of bread 薄く切ったパン1枚

— 動 (パン・ハムなどを)薄く切る

slid /slíd スリド/ 動 slide の過去形・過去分詞

slide A2 /sláid スらイド/ 動 (三単現 **slides** /sláidz スらイヅ/; 過去・過分 **slid** /slíd スリド/; -ing形 **sliding** /sláidiŋ スらイディング/)

滑(すべ)る; (野球で)滑り込(こ)む; (滑るように)すーっと動く

• **slide** into second base 2塁(るい)に滑り込む

• The children were **sliding** on the ice. 子供たちは氷の上を滑っていた.

• We **slid** down the hill on a sled. 私たちはそりで丘(おか)を滑り降りた.

— 名 ❶ 滑ること; (野球の)スライディング

• make a hard **slide** into home plate 猛然(もうぜん)と本塁(ほんるい)に滑り込む

❷ (子供の)滑り台

• slide down a **slide** 滑り台を滑り降りる

❸ (プレゼンテーションソフトなどの)スライド, (顕微鏡(けんびきょう)の)スライド板

• create [make] **slides** for a classroom presentation 授業でのプレゼンテーションのためのスライドを作る

slight /sláit スらイト/ 形 わずかな, ささいな

会話 Do you know where he is?—No, I don't have the **slightest** idea. 彼がどこにいるか知っていますか.—いいえ, (最もわずかな見当もつかない ⇨)さっぱりわかりません.

slightly /sláitli スらイトリ/ 副 少しばかり, ちょっと, かすかに

slim A2 /slím スリム/ 形 (比較級 **slimmer** /slímər スリマ/; 最上級 **slimmest** /slímist スリメスト/) (格好よく)ほっそりした, スリムな (slender)

slip /slíp スリプ/ 動 (三単現 **slips** /slíps スリプス/; 過去・過分 **slipped** /slípt スリプト/; -ing形 **slipping** /slípiŋ スリピング/)

❶ (うっかり)滑(すべ)る, 滑って転ぶ; (滑るように)すっと動く

❷ (服, 靴(くつ)などを)するっと身につける[外す]

— 名 ❶ (うっかり)滑ること

❷ (うっかり)間違(まちが)い, あやまり

ことわざ There's many a **slip** between cup and lip. 茶わんと唇(くちびる)の間(のように近い距離(きょり))でもお茶をこぼすことが多い. → 「思わぬミスというものはあるものだ」の意味.

❸ (女性用の)肌(はだ)着, スリップ

❹ (紙などの)細長い1片(ぺん), 付箋(ふせん)

slipper /slípər スリパ/ 名 室内ばき, スリッパ → 日本でいう「スリッパ」から軽い室内靴(くつ)まで広く指す.

• a pair of **slippers** スリッパ1足

• the glass **slipper** ガラスの靴(くつ) → Cinderella のお話に登場する. 片方だけなので単数.

slippery /slípəri スリパリ/ 形 (比較級 **slipperier** /slípəriər スリパリア/; 最上級 **slipperiest** /slípəriist スリパリエスト/) 滑(すべ)りやすい, つるつる滑る; 滑ってつかみにくい

slope /slóup スろウプ/ 名 坂, 斜面(しゃめん), スロープ

• a gentle **slope** 緩(ゆる)い坂道

—— 動 傾斜(けいしゃ)する, 坂になっている

slot /slát スラト/ 名 (公衆電話・自動販売(はんばい)機などの)料金投げ入れ口

sloth /slɔ́:θ スろース/ 名 ❶《動物》ナマケモノ → 中南米産のほ乳動物. 木の枝にぶら下がって生活する. ❷《文》怠惰(たいだ)

slót machine 名 ❶ スロットマシン → ギャンブル用ゲーム機. ❷《英》自動販売(はんばい)機

slow A1 /slóu スろウ/ 形
❶ 遅(おそ)い, のろい 反対語 **fast** (速い)
・a **slow** runner 走るのが遅い人
・a **slow** worker 仕事ののろい人
・He was **slow in** everything. 彼はすべての事にのろかった.
・He is **slow to** learn English. = He is **slow in** learning English. 彼は英語を覚えるのが遅い.
ことわざ **Slow** and steady wins the race. 遅くても着実なのが勝負に勝つ. → slow も steady (着実な) も形容詞だが1つの意味の単位として文の主語になっている. 「急がば回れ」にあたる.

❷ (時計が)遅(おく)れて → ふつう名詞の前にはつけない. 反対語 **fast** (進んで)
・Your watch is **slow**. あなたの時計は遅れている.
・My watch is three minutes **slow**. 私の時計は3分遅(おく)れている. →「3分遅れる」は lose three minutes.

—— 副 ゆっくり (slowly)
・Walk **slow** in the school hall. 講堂の中はゆっくり歩きなさい.

—— 動 (**slow down** [**up**] とも) 速度を落とす; 速度が落ちる; (進行・効果などを)遅らせる
・The driver **slowed down** at a red light. 運転手は赤信号を見て速度を落とした.

slowly 中 A2 /slóuli スろウり/ 副
ゆっくり, のろく, のろのろと
反対語 **fast** (速く), **quickly** (すばやく)
・walk **slowly** ゆっくり歩く
・Read a little more **slowly**. もう少しゆっくり読みなさい.

slum /slʌ́m スらム/ 名 (ふつう **the slums** で) 貧民(ひんみん)街, スラム街

slump /slʌ́mp スらンプ/ 名 ❶ 不振(ふしん), 不調, スランプ ❷ 不景気, (株価・物価などの)暴落

sly /slái スらイ/ 形 (比較級 **slyer**, **slier** /sláiər スらイア/; 最上級 **slyest**, **sliest** /slái-ist スらイエスト/) ずるい, 悪賢(わるがしこ)い; いたずらっぽい

small 小 A1 /smɔ́:l スモーる/
形 (比較級 **smaller** /smɔ́:lər スモーら/; 最上級 **smallest** /smɔ́:list スモーれスト/)

小さい

POINT 広さ・数量・価値などが客観的に見てふつうよりも小さいものについていう. → **little** 形

基本 a **small** room 小さな[狭(せま)い]部屋 → small+名詞.

・a **small** income 少ない[わずかな]収入
・a **small** matter 小さな[つまらない]問題
・a **small** letter 小文字
関連語 a **capital** letter (大文字)
・in a **small** voice 小さな[低い]声で
・This book is for **small** children. この本は小さな子供たちのためのものです.

反対語 The kitten is **small**. The cat is **large**. 子ネコは小さい. 親ネコは大きい. → be動詞+small.

・The boy is very **small for** his age. その少年は年のわりにはとても小さい.
・It grew **smaller** and **smaller**. それはだんだん小さくなった. → 比較(ひかく)級+and+比較級は「だんだん[ますます]〜」.
・Mary is **smaller** than her younger brother, but their mother is the **smallest** in the family. メアリーは弟よりも小さい, しかし彼らのお母さんは家族の中で一番小さい.

large

small

smart A1 /smá:rt スマート/ 形
❶ 利口(りこう)な, 頭の回転が速い (bright)
・a **smart** boy [dog] 利口な少年[犬]
・Ed is **smart** in math. エドは数学がよくできる.

❷ きちんとした (neat); かっこいい, しゃれた, いかした, 流行の (fashionable)
・Ann looked **smart** in her new dress. アンは新しい服を着てすてきだった.

❸ 抜(ぬ)け目のない; 生意気な

smartphone 604 six hundred and four

•make a **smart** remark to 〜 〜に対して生意気なことを言う

smartphone 中 /smάːrtfoun スマートふォウン/ 名 スマートフォン, スマホ

smash /smǽʃ スマシュ/ 動 (三単現 **smashes** /smǽʃəz スマシュズ/; 過去・過分 **smashed** /smǽʃt スマシュト/; -ing形 **smashing** /smǽʃiŋ スマシング/) ❶ 粉々にする[なる]; 激突する ❷ (テニスなどで)スマッシュを打つ
── 名 ❶ (映画・歌などの)大ヒット →**smash hit** ともいう. ❷ (テニスなどの)スマッシュ, 強打 ❸ 粉々になること; 激突

smell 中 A1 /smél スメる/ 動

三単現	**smells** /smélz スメるズ/
過去・過分	**smelled** /sméld スメるド/, **smelt** /smélt スメると/
-ing形	**smelling** /sméliŋ スメリング/

❶ においがする; いやなにおいがする
•**smell** good いい[おいしそうな]においがする
•**smell** of gas ガスのにおいがする
•This rose **smells** sweet. このバラはいい香(かお)りがする.
•This fish **smells**. = This fish **smells** bad. この魚は腐(くさ)ったにおいがする. →**smell** が単独で使われると, ふつう「悪臭(あくしゅう)がする」の意味.
❷ においを嗅(か)ぐ; においに気づく
•**smell** roses バラのにおいを嗅ぐ
•I can **smell** rubber burning. (私は)ゴムが焼ける(においを嗅ぐことができる ⇨)においがするよ.
•The air **smelled** of pine trees. 辺りの空気は松の木のにおいがした.
── 名 ❶ におい; いやなにおい
•a sweet [bad] **smell** よい[いやな]におい
•There is a **smell** of fried chicken in this room. この部屋はフライドチキンのにおいがする.
❷ においを嗅ぐこと; においをかぎ分ける能力
•a keen sense of **smell** 鋭(するど)い嗅覚(きゅうかく)

smelly /sméli スメリ/ 形 (比較級 **smellier** /sméliər スメリア/; 最上級 **smelliest** /sméliist スメリエスト/) いやなにおいの, くさい →**smell** +-y.

smelt /smélt スメると/ 動 **smell** の過去形・過去分詞

smile 小 A1 /smáil スマイる/ 動

(三単現 **smiles** /smáilz スマイるズ/; 過去・過分 **smiled** /smáild スマイるド/; -ing形 **smiling** /smáiliŋ スマイリング/)
ほほえむ, にっこり笑う, 微笑(びしょう)する
•**smile** at a child 子供にほほえみかける, 子供を見てにっこり笑う
•He never **smiles**. 彼はにこりともしない.
•I **smiled** at the girl and she **smiled** back. 私がその少女にほほえみかけるとその少女もほほえみ返した.
•Fortune **smiled** on [upon] him. 幸運の女神(めがみ)が彼にほほえみかけた.
•Jane **is** always **smiling**. ジェーンはいつもにこにこしている. →「繰(く)り返されること」を表す現在進行形の文. →**is** 助動 ❶
── 名 (複 **smiles** /smáilz スマイるズ/)
ほほえみ, 微笑
•with a **smile** 微笑をたたえて, にっこり笑って
•"Good morning," he said with a friendly **smile**. 彼は親しげなほほえみを浮(う)かべて「おはよう」と言った.

smiley /smáili スマイリ/ 名 スマイリー →Eメールなどで使う感情などを表す絵文字.

smog /smάg スマグ/ 名 スモッグ →煙(けむり)を含(ふく)んだ濃霧(のうむ). **smoke** (煙)と **fog** (濃霧)を組み合わせてつくった語.

smoke A1 /smóuk スモウク/ 名
❶ 煙(けむり)
•**Smoke** was rising from the top of Mt. Sakurajima. 桜島のてっぺんから煙が上がっていた. →×a smoke, ×smokes としない.
ことわざ There is no **smoke** without fire. 火の無い所に煙は立たない. →「多少の事実がなければうわさの立つはずがない」の意味.
❷ (a smoke で) (タバコ)一服
•have a **smoke** タバコを一服吸う
── 動 ❶ 煙を出す, 煙(けむ)る, いぶる; いぶす, くん製にする →**smoked**
❷ (タバコを)吸う
•**smoke** a cigarette (紙巻き)タバコを吸う
•My father doesn't **smoke**. 父はタバコを吸いません.

smoked /smóukt スモウクト/ 形 くん製の

smoker /smóukər スモウカ/ 名 タバコを吸う人, 喫煙(きつえん)家

smoking A1 /smóukiŋ スモウキング/ 名 喫煙(きつえん), タバコを吸うこと

• **Smoking** is not good for your health. 喫煙は健康によくない.

掲示 No **smoking**. 禁煙(きんえん).

smooth A2 /smúːð スムーず/ (→×/スムーす/ ではない) 形 ❶ なめらかな, すべすべした

反対語 rough (ざらざらの, でこぼこの)

•a **smooth** road (でこぼこの無い)平らな道路

❷ (海面などが)穏(おだ)やかな; (動きなどが)なめらかな, スムーズな

• The sea was as **smooth** as glass. 海は鏡のように静かであった.

• The airplane made a **smooth** landing. 飛行機は滑(すべ)るように着陸した.

—— 動 なめらかにする, 平らにする

•**smooth** out wrinkles with an iron アイロンでしわを伸(の)ばす

smoothly A2 /smúːðli スムーずり/ 副 なめらかに, するすると; スムーズに

snack 小 A2 /snǽk スナク/ 名 (正規の食事の間の)軽食

•a **snack** bar 軽食堂, スナック

•eat [have] a **snack** before going to bed 寝(ね)る前に軽い食事をとる

snail /snéil スネイる/ 名 《動物》カタツムリ

snake 小 A1 /snéik スネイク/ 名 《動物》ヘビ

• **Snakes** coil up [hiss]. ヘビはとぐろを巻く[シューという].

イメージ (snake)
ヘビはエデン (Eden) の園(その)でエバをそそのかして禁断の木の実を食べさせたという旧約聖書の記述から「誘惑(ゆうわく)者」「悪魔(あくま)」といった悪いイメージがあり,「裏切者」などの意味でも使われる.

snap /snǽp スナプ/ 動 (三単現 **snaps** /snǽps スナプス/; 過去・過分 **snapped** /snǽpt スナプト/; -ing形 **snapping** /snǽpiŋ スナピング/)

❶ パチンと鳴る[鳴らす]; ポキンと折れる[折る], プツンと切れる[切る] ❷ パクッとかみつく; (怒(お)こって)かみつくように言う, がなる ❸ (ドア・ふたなどが)パチンと〜する ❹ スナップ写真を撮(と)る

—— 名 ❶ パチン・ポキンなどという音; ポキンと折る[折れる]こと ❷ スナップ写真 (snapshot) ❸ (服・手袋(ぶくろ)などの)留め金, スナップ

snapshot /snǽpʃɑt スナプシャト/ 名 スナップ写真

snatch /snǽtʃ スナチ/ 動 ひったくる; (**snatch** at 〜 で)〜をひったくろうとする

sneak /sníːk スニーク/ 動 (三単現 **sneaks** /sníːks スニークス/; 過去・過分 **sneaked** /sníːkt スニークト/, 《米》**snuck** /snʌ́k スナク/; -ing形 **sneaking** /sníːkiŋ スニーキング/) こそこそ動く[歩く]; うろうろする

sneaker /sníːkər スニーカ/ 名 (**sneakers** で) 運動靴(ぐつ), スニーカー

sneeze /sníːz スニーズ/ 動 くしゃみをする → **Bless you!** (**bless** 成句)

—— 名 くしゃみ

sniff /sníf スニフ/ 動 ❶ 鼻をすする ❷ くんくんにおいを嗅(か)ぐ

Snoopy /snúːpi スヌーピ/ 固名 スヌーピー → 米国の漫画(まんが)家 C. シュルツ作の『ピーナッツ』に登場する冒険(ぼうけん)好きのビーグル犬

snore /snɔ́ːr スノー/ 名 動 いびき(をかく)

snorkel /snɔ́ːrkəl スノーケる/ 名 シュノーケル → 筒先(つつさき)を水面に出して使う潜水(せんすい)用の呼吸管.

—— 動 シュノーケルを使って泳ぐ

snow 小 A1 /snóu スノウ/ 名

雪, 雪降り

•heavy **snow** 大雪

•walk in the **snow** 雪の降る中を歩く

•We will have **snow** in the afternoon. 午後は雪になるだろう. →×a snow, ×snows としない.

•We have a lot of **snow** in February. 2月にはたくさん雪が降る.

•There is still some **snow** on the ground even in May. 5月になっても地面にはまだいくらか雪が残っている.

•Her wedding dress is as white as **snow**. 彼女のウェディングドレスは雪のように白い.

•When the **snow** falls, we can have a snowball fight. 雪が降ると私たちは雪合戦ができます.

—— 動 (三単現 **snows** /snóuz スノウズ/; 過去・過分 **snowed** /snóud スノウド/; -ing形 **snowing** /snóuiŋ スノウイング/)

雪が降る → 主語には漠然(ばくぜん)と「天候」を表す it を使う. →**rain** 動

- It **snows** in winter. 冬には雪が降る.
- It **snowed** ten inches. 雪が10インチ降った.
- It **is snowing** hard. ひどく雪が降っている. →現在進行形の文. →**is** [助動] ❶

snowball /snóubɔːl スノウボール/ [名] (雪合戦に使う)雪だま, 雪つぶて

snowboard /snóubɔːrd スノウボード/ [名] (道具としての)スノーボード
── [動] スノーボードをする

snowboarding A2 /snóubɔːrdiŋ スノウボーディング/ [名] (スポーツとしての)スノーボード

snowcapped /snóukæpt スノウキャプト/ [形] (山頂が)雪をかぶった

snów còne [名] 《米》(カップに入れてシロップをかけた)かき氷

snowfall /snóufɔːl スノウフォール/ [名] 雪が降ること, 降雪; 降雪量

snowflake /snóufleik スノウふれイク/ [名] 雪のひとひら, 雪片(せっぺん)

snowman /snóumæn スノウマン/ [名] (複 **snowmen** /snóumen スノウメン/) 雪だるま

snowmobile /snóumoubiːl スノウモウビール/ [名] 雪上車, スノーモービル

snowshoe /snóuʃuː スノウシュー/ [名] 雪靴(ゆきぐつ), かんじき

snowstorm /snóustɔːrm スノウストーム/ [名] 吹雪(ふぶき), 大雪降り

Snów White [固名]「白雪姫(ひめ)」→『グリム童話集』の中の1つ. →**Grimm**

snowy 小 A1 /snóui スノウイ/ [形]
(比較級 **snowier** /snóuiər スノウイア/; 最上級 **snowiest** /snóuiist スノウイエスト/)
雪の降る; 雪の多い, 雪深い, 雪の積もった → snow+-y.
- a **snowy** day [season] 雪の降る日[季節]
- It is **snowy** outside. 外は雪が降っている[積もっている]. → It は漠然(ばくぜん)と「天候」を表す.

SNS [略]《コンピューター》ソーシャルネットワーキングサービス →**social networking service**

so 小 A1 /sóu ソウ/
[副] ❶ そんなに
　　　❷ そのように, そう
[接] だから

意味 map

── [副] ❶ **そんなに, こんなに; とても, ずいぶん**

[中基本] Don't be **so** angry. そんなに怒(おこ)るな. →so+形容詞.
- He is not **so** tall. 彼はそんなに背が高くない.

[中基本] Don't walk **so** fast. そんなに速く歩かないでくれよ. →so+副詞.
- Thank you **so** much (=very much). どうもありがとう.
- Do you learn **so** many subjects? あなたはそんなにたくさんの教科を学ぶのですか.
- I've never seen **so** big a cat. 私はこんなに大きなネコを見たことがない. →so big a cat の語順に注意. ×a so big cat としない.
- I'm **so** happy. 私はとても幸せだ.

❷ **そのように, そう** →前述の言葉を指す.
- I told you **so**. そう言ったじゃないか[私の言ったとおりだろう].

会話
Will it rain tomorrow?—I think **so**.
あしたは雨かな.—そうよね.

Are you coming to the party? —I hope **so**.
パーティーにいらっしゃいますか.—そうしたいと思っていますが.

That's my father's car.—Is that **so**?
あれはうちの父の車だよ.—ほんと[そう].
→「驚(おどろ)き・疑問」の気持ちが強い時は上り調子に, 単に「相づち」を打つ時は下り調子に言う.

- I hear you lived in that town once. If **so**, you must know Mr. Smith. 君は昔その町に住んでいたそうだけど, もしそうならスミスさんを知っているはずだ.

会話 She is happy.—**Só** she **ís**. 彼女は幸せだ.—全くだ.

[POINT] 強勢の位置と, So+主語+動詞という語順に注意. 主語 (she) は前の文と同一人物である.

会話 She is happy.—**Só** is **hé**. 彼女は幸せ

だ. —彼もそうだ.

POINT So＋動詞＋主語という語順. 主語 (he) が前の文と別の人物であることに注意.

•My mother loves lilies, and **so** do I. 母はユリが大好きですが私もそうです.

―― 接 **だから, それで** → **and so** とも言う.

•It was raining, (**and**) **so** I didn't go for a walk. 雨が降っていたから私は散歩に出かけなかった.

and so on [***forth***] ～**など** → **and** 成句

not so ～ as *A* A(と比べてそれ)ほど～でない (not as ～ as A がふつう)

•He is **not so** tall **as** you. 彼は君ほど背が高くない.

～ or so ～**かそこいら, ～くらい**

•in a week **or so** 1 週間かそこいらで

so as to *do* ～**するように, ～するために**

•Arrange the words **so as to** make a complete sentence. 完全な文になるようにそれらの単語を並べなさい.

so *A* ***as to*** *do* **とても** A**で～してくれる, ～するほど** A**で**

•He was **so** kind **as to** show me around Kyoto. 彼はとても親切で[親切にも]私を連れて京都を案内してくれた.

•I am not **so** stupid **as to** believe that. 私はそれを信じるほどばかではない.

so far **そこまで(は); 今までのところでは**

•I can agree with you **so far**. 私はそこまでは君に賛成してもよい.

•**So far** we have been quite successful. 今までのところでは我々はとてもうまくいっている.

so far as ～ ～**する限りでは; ～まで(遠く)** (as far as ～)

•**So far as** I know, Ken is an honest boy. 私の知っている限りではケンは正直な少年です.

So long. 《話》**さようなら** → 親しい間柄(あいだがら)で使い, 目上の人に対しては使わない.

so long as ～ ～**する限りは, ～さえすれば** (as long as ～)

•I am happy **so long as** you are with me. あなたがいっしょにいてくれる限り私は幸福です.

so much for ～ ～**のことはそれだけ, ～はそれでおしまい**

•It's raining, and it seems it will con-

tinue all day. So, **so much for** the picnic. 雨が降っていて 1 日中降り続きそうだ. だからピクニックは取りやめだ.

so (***that***) ～ **その結果～, それで～** → ふつう so の前にコンマ (,) がある. 口語ではふつう that をはぶく.

•I took my coat off, **so** (**that**) I could move more freely. 私は上着を脱(ぬ)いだのでずっと動きやすくなった.

so *A* ***that ～*** **とても** A**なので～**

•This book is **so** difficult **that** I can't read it. この本はとても難しくて私には読めない. → This book is **too** difficult **for me to** read. と同様の意味.

•He was **so** rich **that** he could buy a Cadillac. 彼はとても金持ちだったのでキャデラックを買うことができた. → He was rich **enough to** buy a Cadillac. と書き替えられる.

so (***that***) *A* ***will*** [***can, may***] *do* A **が～する[できる]ように** → 口語ではふつう that をはぶく.

•Hurry up **so** (**that**) you **will** be in time. 時間に間に合うように急ぎなさい. → まず so that 以下から訳すことに注意.

•He ran **so** (**that**) he **wouldn't** miss the first train. 始発の列車に乗り遅(おく)れないように彼は走った. → 主節の動詞 (ran) が過去だから, that 以下の動詞もそれに合わせて過去 (would) になる.

so to say [***speak***] **言わば**

So what? **それがどうした[そんなことどうだっていいじゃないか, そんなこと知ったことか]**

soak /sóuk ソウク/ 動 ❶ (水に)ひたす, つける; ぬらす, びしょぬれにする ❷ ひたる, しみ込(こ)む; びしょぬれになる

soak up **吸い取る, 吸収する**

so-and-so /sóuənsou ソウアンソウ/ 名 (複 **so-and-sos** /sóuənsouz ソウアンソウズ/) **誰**(だれ)**それ, 何々** → 名前を忘れたか言いたくない場合に使う代用語.

soap A2 /sóup ソウプ/ 名 **せっけん**

•a cake [bar] of **soap** せっけん 1 個 → ×a soap, ×soaps としない.

•Wash your hands well with **soap** (and water). せっけんでよく手を洗いなさい.

soar /sɔ́ːr ソー/ 動 **高く飛ぶ** (fly high), **舞**(ま)**い上がる** (fly upward); **急上昇**(じょうしょう)**する**

sob /sάb サブ/ 動 三単現 **sobs** /sάbz サブズ/;
過去・過分 **sobbed** /sάbd サブド/; ‑ing形
sobbing /sάbiŋ サビング/)
(声を上げて)泣きじゃくる
── 名 むせび泣き

sober /sóubər ソウバ/ 形 酔(よ)ってない, しら
ふの 反対語 **drunk** (酒に酔った)

so-called /sòu kɔ́:ld ソウ コールド/ 形 いわゆ
る →「そう言われている[そう言っている]が実際に
はそうでない」といったふくみで使われることが多
い. 名詞の前にだけつける.

soccer 小 A1 /sάkər サカ|sɔ́kə ソカ/
名 サッカー →football
●a **soccer** ball サッカーボール
●a **soccer** player サッカー選手
●a **soccer** match [team] サッカーの試合[チ
ーム]
●play **soccer** サッカーをする

sociable /sóuʃəbl ソウシャブる/ 形 ❶社交的
[好き]な ❷打ち解けた

social 小 A1 /sóuʃəl ソウシャる/ 形
❶(人間)社会の, 社会的な
●**social** life [problems] 社会生活[問題]
●a **social** worker 社会福祉(ふくし)事業従業者,
ソーシャルワーカー
●the **social** pages of a newspaper 新聞
の社会面
❷社交のための, 親睦(しんぼく)のための
●**social** activities like dancing and golf
ダンスやゴルフのような社交活動
●Our school has a lot of **social** events.
私たちの学校では親睦のための行事がたくさんあ
ります.

social distancing /sòuʃəl dístənsiŋ ソ
ウシャる ディスタンスィング/ 名 社会的距離の確保 →感
染症が拡大しないよう, 他の人との間に距離を取る
こと. physical distansing ともいう.

sòcial média 名 ソーシャルメディア →
SNS・ブログなど, インターネットで個人の情報発
信・交換を行うメディア.

social networking service /sòuʃəl
nétwə:rkiŋ sə̀:rvis ソウシャる ネトワ〜キング サ〜ヴィ
ス/ 名 《コンピューター》ソーシャルネットワーキ
ングサービス →インターネット上で知人同士の情
報発信・交換を行えるサービス. SNS と略される.

sócial stúdies 中 名 (小・中学校などで学
ぶ)社会科

●our **social studies** teacher 私たちの社会
科の先生

society 中 A2 /səsáiəti ソサイエティ/ 名
(複 **societies** /səsáiətiz ソサイエティズ/)
❶社会
●a member of **society** 社会の一員
●Western **society** 西欧(せいおう)社会
●the progress of human **society** 人間社
会の進歩
❷(ある目的のために結成された)人々の集まり,
会, 協会
●the English Speaking **Society** 英会話研
究会, ESS
●a film **society** 映画同好会
●the Red Cross **Society** 赤十字社

sock A2 /sάk サク/ 名 ソックス, 短い靴下(くつし
た) 類似語 **stocking** (長靴下(ながくつした))
●a pair of **socks** 靴下 1 足
●wear **socks** 靴下を履(は)いている

socket /sάkit サケト/ 名 (物を差し込(こ)む)受け
口, (電球をはめる)ソケット, (プラグを差し込む)
壁(かべ)ソケット →outlet

Socrates /sάkrəti:z サクラティーズ/ 固名 ソク
ラテス →ギリシャの哲学(てつがく)者 (470?-399
B.C.). プラトン (Plato) の師.

soda A2 /sóudə ソウダ/ 名 ❶炭酸水 →**soda**
water ともいう. ❷炭酸飲料, ソーダ →炭酸水
に果物・シロップ・アイスクリームなどを入れた清
涼(せいりょう)飲料. **soda pop** ともいう. →**juice**

sofa A1 /sóufə ソウふァ/ 名
ソファー, 長椅子(いす)

soft 小 A2 /sɔ́:ft ソーふト|sɔ́ft ソふト/ 形
❶やわらかい, なめらかな
●a **soft** pillow やわらかい枕(まくら)
●A baby has very **soft** skin. 赤ちゃんはと
てもやわらかい肌(はだ)をしている.
反対語 Do you like a **soft** bed or a **hard**
one? 君はやわらかいベッドが好きですか, 堅(かた)
いベッドが好きですか.
❷穏(おだ)やかな, 優(やさ)しい, 静かな
●**soft** music 静かな音楽
●in a **soft** voice 優しい声で

softball /sɔ́:ftbɔ:l ソーふトボーる/ 名 (球技の)ソ
フトボール; ソフトボール用のボール

sóft drínk A2 名 (アルコール分を含(ふく)まな
い)清涼(せいりょう)飲料

soften /sɔ́:fn ソーふン/ 動 やわらかくする, やわ
らげる; やわらかくなる, 和(やわ)らぐ

softly A2 /sɔ́ːftli ソーふトり/ 副 やわらかく, 穏(おだ)やかに, 優(やさ)しく, 静かに, そっと

sóft ténnis 名 軟式(なんしき)テニス

software A2 /sɔ́ːftweər ソーふトウェア/ 名 ソフトウェア ➡ コンピューターに入れるプログラムのこと. →**hardware**

soil /sɔ́il ソイる/ 名 ❶ 土, 土壌(どじょう) ➡ 植物を育てる地表部分の土. ❷ 土地, 国 (country)

solar /sóulər ソウら/ 形 太陽の. →**lunar**
• **solar** energy [heat] 太陽エネルギー[熱]
• a **solar** panel 太陽電池板
• a **solar** eclipse 日食

sòlar céll 名 太陽電池 (solar battery)

sòlar pówer 名 太陽エネルギー

sólar sỳstem 名 (**the** をつけて) 太陽系

sold 中 /sóuld ソウるド/ 動 **sell** の過去形・過去分詞

soldier A2 /sóuldʒər ソウるチャ/ 名 (陸軍の)兵士, 兵; 軍人 →**sailor** ❶

sole[1] /sóul ソウる/ 形 たったひとりの, 唯一(ゆいいつ)の (only)

sole[2] /sóul ソウる/ 名 足の裏; (靴(くつ)・スリッパなどの)底

solid /sálid サりド/ 形 固体の; 堅(かた)い, がっしりした; 中身が詰(つ)まっている

関連語 Water is **liquid**, but it turns **solid** when it freezes. 水は液体であるが凍(こお)ると固体になる.

反対語 A tennis ball is **hollow**, but a golf ball is **solid**. テニスのボールは中がからだが, ゴルフボールは中身が詰まっている.

── 名 固体 関連語 **liquid** (液体), **gas** (気体), **fluid** (流体)

solitary /sálətèri サりテリ/ 形 たったひとり[1つ]の, 孤独(こどく)の; 寂(さび)しい, 人里離(はな)れた

solo /sóulou ソウろウ/ 名 (複 **solos** /sóulouz ソウろウズ/) 独唱, 独奏, ソロ

Solomon /sáləmən サろモン/ 固名 ソロモン ➡ 紀元前10世紀頃(ごろ)のイスラエルの王. その知恵(ちえ)と財宝で有名. →**David**

solution 中 A2 /səlúːʃən ソるーション/ 名
❶ (問題などの)解決, 解答, 答え
• The **solutions to** the problems are at the end of the book. 問題の解答は巻末にあります.
❷ (物質の)溶解(ようかい); 溶液(ようえき)

solve 中 A1 /sálv サるヴ|sɔ́lv ソるヴ/ 動 (問題などを)解く, 解決する

• **solve** the problem [the mystery] その問題[その謎(なぞ)]を解く
• How can you **solve** these problems? どうしたらこれらの問題を解決できますか.

Somalia /səmáːliə ソマーリア/ 固名 ソマリア ➡ アフリカ東部の共和国. ソマリ語(公用語)のほか英語, イタリア語, アラビア語が使われている. 首都はモガディシュ.

some 小 A1 /弱形 s(ə)m サム, 強形 sám サム/

形	❶ いくつかの, いくらかの 意味map
	❷ (some＋複数名詞で) ある(一部の)〜
	❸ (some＋単数名詞で) ある〜
代	❶ いくらか
	❷ (全体の中の)ある人たち

── 形 (➡比較変化なし)
❶ いくつかの, いくらかの, 多少の, 数〜 ➡ /səm サム/ と弱く発音する. ふつう肯定(こうてい)の平叙(へいじょ)文で使い, 疑問文・否定文では any が代わりに使われる. →**several**

基本 **some** apples いくつかのリンゴ ➡ some＋数えられる名詞の複数形. すべて(次の ❷ ❸ も)名詞(句)の前にだけつける.
• **some** books 数冊の本
• **some** girls 数人の少女たち
• **some** years ago 数年前に, 何年か前に

基本 **some** money いくらかのお金 ➡ some＋数えられない名詞.
• **some** milk [bread] いくらかの牛乳[パン]
• for **some** time しばらくの間
• There is still **some** snow on the ground. 地面にはまだ少し雪が残っている.
• Go to the supermarket and buy **some** tomatoes and milk. スーパーへ行って(数個の)トマトと(いくらかの)牛乳を買って来てちょうだい. ➡ some は日本語には訳さないほうがよいことが多い.

関連語 There are **some** lions in the zoo, but there aren't **any** koalas. その動物園にはライオンが(何頭か)いるがコアラは(全然)いません.

関連語 There is **some** sugar, but there isn't **any** milk. 砂糖は(いくらか)あるがミルクは(全然)ありません.

 会話
Do you have any relatives in

somebody 610 six hundred and ten

America? —Yes, I have **some** relatives in San Francisco.
君はアメリカに(何人か)親戚(しんせき)がいますか. —はい, (私は)何人かサンフランシスコに親戚がおります.

• Will you have **some** coffee? コーヒーをあげましょうか.

POINT yes (はい)という答えを期待・予想している疑問文では ×*any* ではなく some を使う.

• May I have **some** more cake? ケーキをもう少しいただけませんか.

❷ (some + 複数名詞で) **ある(一部の)〜** → /sʌ́m サム/ と強く発音する. 「ある〜は, またある〜は」のように対比する時は, some 〜, some 〜 とも some 〜, other 〜 とも用いる.

• **Some** birds can't fly. ある鳥たちは飛ぶことができない[飛べない鳥たちもいる].

• In Canada **some** people speak English and **some** people speak French. カナダでは英語を話す人もいるしフランス語を話す人もいる.

• **Some** boys like baseball and **other** boys like soccer. 野球の好きな少年もいればサッカーの好きな少年もいる.

❸ (some + 単数名詞で) **ある〜**, 何かの, どこかの → /sʌ́m サム/ と強く発音する. → **certain**

• He came from **some** small town in Brazil. 彼はブラジルのある小さな町からやって来た.

• Let's have lunch in **some** cool place. どこか涼(すず)しい所で昼飯を食べよう.

—— 副 (→比較変化なし) **約〜, およそ** (about)

• I visited Nara **some** ten years ago. 私は10年ほど前に奈良へ行った.

—— 代 ❶ **いくらか, 多少, 何人か** → /sʌ́m サム/ と強く発音する.

• **some** of the Stevie Wonder's songs スティーヴィー・ワンダーの歌の何曲か

• **some** of that cloth その布のいくらか

• **some** of us 我々のうちのなん人か

文法 ちょっとくわしく

some of の次には限定された名詞が続く. 従ってその名詞には the, that, my などがつく.
○ some of **the** songs
× some of *songs*
○ some of **that** cloth

× some of *cloth*
人称(にんしょう)代名詞 (us, you, them など)は, それ自体が限定された人や物を示しているからそのままでよい.

• Don't eat all the cake. Leave **some** for Mary. ケーキを全部食べちゃわないで. メアリーにも少しとっておきなさい.

会話 Do you want any milk? —Yes, give me **some**. 牛乳いる?—うん, 少しちょうだい.

❷ (全体の中の) **ある人たち, ある物** → /sʌ́m サム/ と強く発音する. しばしば some 〜, others 〜. あるいは some 〜, some 〜. の形で使われる.

• **Some** say "yes," and **others** say "no." ある人々は「賛成」と言い, またほかの人々は「反対」と言う [yes と言う人もいれば no と言う人もいる].

• **Some** study French and **some** study Spanish. フランス語を勉強する人もいるし, スペイン語を勉強する人もいる.

for some time しばらくの間

in some way なんらかの方法で, なんとかして

some day (未来の) **いつか** → someday と1語にもつづる. → **one day** (one 形 ❷)

• He will be a great football player **some day**. 彼はいつの日か偉大(いだい)なサッカー選手になるだろう.

some other time [***day***] いつかそのうち

sóme tìme (未来の) **いつか, そのうち** → sometime

• **some time** in June 6月のいつか, いつか6月中に

sòme tíme しばらくの間

• **some time** later しばらく後で

somebody A2 /sʌ́mbədi サムバディ/ 代 **誰(だれ)か, ある人** → ふつう肯定(こうてい)の平叙(へいじょ)文で使う. someone より口語的な語. 疑問文・否定文では **anybody** が代わりに使われる.

• **Somebody** is at the door. 誰かが玄関(げんかん)に来ているよ.

• **Somebody** loves me. I wonder who he is. 誰かが私に恋(こい)している. 誰かしら.

someday 小 A2 /sʌ́mdei サムデイ/ 副 (未来の) **いつか** → some day と2語にもつづる. → **one day** (one 形 ❷)

somehow /sámhau サムハウ/ 副
❶ 何とかして，どうにかして (in some way)
→**somehow or other** ともいう．
• I passed the math test **somehow** (**or other**). 私は何とか数学のテストに合格した．
❷ どういうものか，何となく (for some reason)
• **Somehow** I don't like him. 私は彼が何となく嫌(きら)いだ．

someone 中 A1 /sámwʌn サムワン/ 代 誰(だれ)か，ある人 (somebody) →ふつう肯定(こうてい)の平叙(へいじょ)文で使う．疑問文・否定文では **anyone** が代わりに使われる．
• **someone** else 誰かほかの人
• **Someone** called you yesterday. I didn't ask who he was. 誰かから昨日君に電話があったよ．どなたか聞かなかったけど．
• Mr.Brown, may I introduce **someone** to you? This is Mr. Kato, my English teacher. ブラウンさん，ある方をご紹介(しょうかい)したいのですが．こちらは加藤先生で，私の英語の先生です．

somersault /sámərsɔːlt サマソールト/ 名
とんぼ返り，(前方[後方])回転，空中回転，宙返り

something 小 A1 /sám θiŋ サムスィング/ 代 (何かある)物，事 →肯定(こうてい)の平叙(へいじょ)文に使う．疑問文・否定文では **anything** が代わりに使われる．
🈂基本 **something** white 何か白い物 →something ＋ 形容詞. something, anything, nothing に形容詞がつく時は常に後ろにつく．
• **something** strange 何か変な物
• **something** important 何か大事な事
• **something** to eat [to drink] (何か)食べ物[飲み物] →上の例の不定詞 to eat [to drink] (食べる[飲む]ための〜)は something を修飾(しゅうしょく)する．→**to** ❾ の②
• I have **something** to tell you. 私は君にちょっと伝えたい事がある．
• He felt **something** warm in his heart. 彼は心の中になにか温かい物を感じた[心の温まる思いがした]．
• Here's **something** for you. (ここに君のためのある物がある ⇨)これを君にあげます．→贈(おく)り物を渡す時の決まり文句．

• The boys are always playing cowboys or **something** like that. 男の子はいつもカウボーイごっこか何かをしている．→or something like that は「またはそのようなもの」．
── 名 大した人物，大した事柄(ことがら)
• Some people want to be **something** and others want to do **something**. 大した人物になりたいと思う人もいるし，大した事をしたいと思う人もいる．→不定詞 to be, to do はそれぞれ want の目的語．→**to** ❾ の①

sometime /sámtaim サムタイム/ 副 (過去・未来の)いつか，ある時，そのうち →**some time** と２語にもつづる. sometimes と混同しないこと．

sometimes 小 /sámtaimz サムタイムズ/ 副 時々，時には →sometimes の位置は文頭，文末，あるいは一般(いっぱん)動詞の前，be 動詞・助動詞の次．
🈁関連語 I go to the movies **sometimes**, but not **often**. 私は時々映画を見に行きますがしょっちゅうではありません．
• **Sometimes** my sister makes cookies for us. 時々姉[妹]は私たちにクッキーを作ってくれる．
• She **sometimes** plays tennis with us. 彼女は時々私たちとテニスをします．
• He is **sometimes** late for school. 彼は時々学校に遅刻(ちこく)する．

somewhat /sám(h)wɑt サム(ホ)ワト/ 副 いくらか，やや，幾分(いくぶん)か，少々

somewhere A2 /sám(h)weər サム(ホ)ウェア/ 副 どこか，どこかに，どこかへ →**anywhere**
• I have left my umbrella **somewhere**. どこかに傘(かさ)を忘れてきた．
• Mr. Uchiyama lives **somewhere** in this neighborhood. 内山先生はどこかこの近所に住んでいる．

son 中 A1 /sán サン/ (→sun (太陽)と同音) 名 (嚩 **sons** /sánz サンズ/)
息子(むすこ)
• a rich man's **son** 金持ちの息子
• my oldest [eldest] **son** 私の長男
• my youngest **son** 私の末の息子
🈁関連語 The farmer had two **sons** and a **daughter**. その農夫には２人の息子と１人の娘(むすめ)がおりました．

song /sɔ́ːŋ ソーンヶ|sɔ́ŋ ソンヶ/ 名

❶ 歌 関連語「歌う」は sing.
- an old English **song** 古いイギリスの[英語の]歌
- a Christmas **song** クリスマスの歌, クリスマスキャロル (Christmas carol)
- sing a folk **song** フォークソングを歌う

❷ 鳥のさえずり

songwriter /sɔ́ːŋraitər ソーンヶライタ/ 名 (ポピュラーソングの)(作詞)作曲家

soon /súːn スーン/

副 (比較級 **sooner** /súːnər スーナ/; 最上級 **soonest** /súːnist スーネスト/)

❶ すぐ, まもなく
- Come back **soon**. すぐ帰って来なさい.
- **Soon** it will be dark. まもなく暗くなるでしょう.
- We'll **soon** be home. もうすぐ家に着く.
- Dinner will be ready very **soon**. 食事はすぐ支度(したく)ができます.
- They started **soon** after sunrise. 彼らは日の出後まもなく出発した.

❷ 早く, 早めに (early)

会話
Well, I must be going now. —So **soon**?
さあ, そろそろ帰らなければなりません.—もうですか.

- He finished his homework **sooner** than I expected. 彼は私が思ったより早く宿題を終えた.
- The **sooner**, the better. 早ければ早いほどよい. → **the** 副 ❶
- I can't finish the homework until eight o'clock at the **soonest**. 宿題はいくら早くても8時までには終わらない.

as soon as ～ ～するとすぐ
- **As soon as** he saw a police officer, he ran away. 彼は警官を見るとすぐ走って逃(に)げた.

as soon as ～ can = ***as soon as possible*** できるだけ早く
- Come **as soon as** you **can**. なるべく早く来い.

- I want to see you **as soon as possible**. 私はできるだけ早くあなたに会いたい.

sooner or later 遅(おそ)かれ早かれ

sooth /súːð スーず/ 動 ❶ (感情などを)なだめる ❷ (痛みなどを)和(やわ)らげる

soprano /səprǽnou ソプラノウ/ 名 (複 **sopranos** /səprǽnouz ソプラノウズ/) ソプラノ; ソプラノ歌手

sore /sɔ́ːr ソー/ 形 (触(さわ)ると)痛い, ひりひりする, ずきずき痛む
- have a **sore** throat 喉(のど)が痛い

sorrow /sárou サロウ/ 名 (長く深い)悲しみ, 悲嘆(ひたん) 反対語 **joy** (喜び)

sorrowful /sároufəl サロウふる/ 形 悲しい; 悲しみに満ちた

sorry /sári サリ|sɔ́ri ソリ/ 形

(比較級 **sorrier** /sáriər サリア/, **more sorry**; 最上級 **sorriest** /sáriist サリエスト/, **most sorry**)

❶ すまなく思って; 残念に思って → 名詞の前にはつけない.

POINT 「おわび・残念」の気持ちを表したり,「他人に対する同情」を表したりする時の言葉.

基本 **I'm sorry.** = **Sorry!** 失礼, すみません, ごめんなさい. → be 動詞＋sorry. 間違(まちが)って人の足を踏(ふ)んだりした時などに言うおわびの言葉. 英米では Thank you (ありがとう) とともに日常生活の中で大切な言葉とされている.

基本 **I'm sorry (that) I cannot help you.** お手伝いできなくて申し訳ありません. → I'm sorry＋(that) 節.

会話
I'm **sorry** (that) I'm late.—That's all right. [Never mind. / Don't worry about it.]
遅刻(ちこく)してすみません.—そんなことかまいませんよ[気にしないでください].

I'm sorry I'm late.
That's all right.

613　six hundred and thirteen

soup

•I couldn't help you very much. I'm **sorry** about that. 君をあまり助けられなかった. そのことについてはすまなく思っています.

🗨会話 Can you lend me 5,000 yen? —**Sorry**, but I can't. 私に5,000円貸してくれませんか.—あいにくだが貸せません.

🏠基本 I'm **sorry** to trouble you. ご面倒(めんどう)をおかけしてすみません. →I'm sorry to do は「〜してすみません」. 不定詞 to trouble は sorry を修飾(しゅうしょく)している (→**to ⑨** の ④).

•I am **sorry to say** (that) I cannot come to your party. (こんなことを言って申し訳ないのですが ⇨)残念ながらあなたのパーティーには出られません.

•You will be **sorry** for this some day. 君はこの事をいつか後悔(こうかい)するだろう.

❷ かわいそうで, 気の毒で, 悲しく →名詞の前にはつけない.

•I am **sorry** about your accident. あなたの事故の件はお気の毒です.

•She was **sorry for** the little lost dog. 彼女はその迷子の子犬をかわいそうに思った.

•I'm **sorry to** hear that you are sick. ご病気と聞いて心を痛めております.

Sorry? (語尾(ごび)を上げて発音して)もう一度おっしゃってください, 何ですか? (Pardon?; Excuse me?)

•**Sorry?** What did you say? はい? なんておっしゃいました?

sort /sɔ́ːrt ソート/ 名 種類 (kind), タイプ

•a new **sort of** computer 新しい型のコンピューター

•this **sort of** apple＝apples **of** this **sort** この種類のリンゴ

•There are all **sorts of** books in the library. 図書館にはあらゆる種類の本がある.

•What **sort of** music do you like? 君はどういう音楽が好きですか?

SOS /ésoués エスオウエス/ 名 遭難(そうなん)信号, エスオーエス

so-so /sóu sou ソウ ソウ/ 形 副 あまりよくはないがあまり悪くもない, まあまあ(の)

sought /sɔ́ːt ソート/ 動 **seek** の過去形・過去分詞

soul /sóul ソウル/ 名 ❶ 魂(たましい), 霊魂(れいこん); 精神, 心 (spirit)

反対語 Only the **body** dies, but the **soul** lives forever. 死ぬのは肉体だけで霊魂は永遠に生きる.

関連語 He put his (**heart** and) **soul** into his work. 彼は自分の仕事に(心と魂 ⇨)精魂(せいこん)を込(こ)めた.

❷ 人間, 人 (person)

sound[1] 小 A2 /sáund サウンド/ 名
音, 響(ひび)き 類似語 **noise** (騒音(そうおん))

•make a **sound** 音を立てる

•**Sound** travels through the air. 音は空中を伝わる.

―― 動 ❶ 響く, 鳴る; 鳴らす

•His voice **sounded** like thunder. 彼の声は雷(かみなり)のように響いた.

•The driver **sounded** the horn. 運転手はクラクションを鳴らした.

❷ (〜と)聞こえる, (〜に)思える (seem)

•**sound** true [nice, strange] 本当に[すてきに, 奇妙(きみょう)に]聞こえる[思える] →sound＋形容詞.

•That **sounds** great! それはすごいじゃないか.

•That **sounds** like fun. それはおもしろそうだ.

•The song **sounded** sweet. その歌は(美しく聞こえた ⇨)美しかった.

🗨会話 How does two-thirty **sound**? —Two-thirty **sounds** fine. 2時半はどう? —2時半ならよさそうだ.

sound[2] /sáund サウンド/ 形
❶ 健全な, 健康な; 妥当(だとう)な, しっかりした

ことわざ A **sound** mind in a **sound** body. 健全な精神は健全な身体に(宿ることが理想である).

❷ (睡眠(すいみん)が)ぐっすりの

―― 副 (睡眠を)ぐっすりと, 十分に

soundproof /sáundpruːf サウンドプルーふ/ 形 防音の →**-proof**

sóund wàve 名 音波

soup 小 A1 /súːp スープ/ 名
スープ

•eat **soup** (スプーンで)スープを飲む

•drink **soup** from a cup カップからスープを飲む

•I **have soup** every day. 私は毎日スープを飲みます.

•Do you want some **soup**? スープを召(め)

sour
し上がりますか.

drink　　　eat

sour 小 /sáuər サウア/ 形 すっぱい
- **sour** fruit すっぱい果物
- **sour** milk (腐(くさ)って)すっぱくなった牛乳
- go [turn] **sour** (腐って)すっぱくなる

反対語 Melons are **sweet**, but lemons are **sour**. メロンは甘(あま)いがレモンはすっぱい.

source A2 /sɔ́ːrs ソース/ 名 ❶ 水源(地), 源; (ニュースなどの)情報源, 出どころ
- the **source** of the river その川の源
- a news **source** ニュースの出どころ, ニュースソース
- a **source** of energy エネルギー源
- Reliable **sources** say the prime minister will visit Washington this fall. 信頼(しんらい)できる筋からの話では首相(しゅしょう)は今秋ワシントンを訪問するとのことだ.

❷ (物事の)原因, 起こり
- Heavy drinking is the **source** of many problems. 過度の飲酒は多くの問題を引き起こす元です.

sóur grápes 名 すっぱいぶどう → 「負け惜(お)しみ」の意味. イソップ物語で, ブドウの房(ふさ)に届かないキツネが「あのブドウはどうせすっぱいだろう」と言ったことから.

south 中 A2 /sáuθ サウス/ 名
❶ (the south で) 南, 南方; 南部(地方)
- in **the south** of the U.S.A. 米国の南部に
- to **the south** of the U.S.A. 米国の南の方に
- Mexico is **in the south of** North America. メキシコは北アメリカの南部にある.

関連語 The **south** of England is warmer than **the north**. イングランドの南部は北部よりも暖かい.

❷ (the South で) (米国の)南部(地方), 南部諸州 → オハイオ川より南にある諸州.
- **The South** fought the North in the Civil War. 南北戦争で南部は北部と戦った.

—— 形 南の, 南部の; 南向きの; (風が)南からの
- a **south** wind 南風
- a **south** window 南向きの窓, 南窓
- on the **south** side 南側に

—— 副 南へ[に], 南方へ[に]
- sail **south** 南へ航海する
- The lake is (ten miles) **south** of the town. その湖は町の南方(10マイルの所)にある.

関連語 The wild geese fly **south** in the winter and **north** in the summer. ガンは冬になると南へ飛んで行き, 夏になると北へ飛んで行く.

South Africa /sàuθ ǽfrikə サウス アフリカ/ 固名 南アフリカ共和国 → アフリカ大陸南端(たん)の共和国. 首都はプレトリア. 公用語は英語, アフリカーンス語.

South America /sáuθ əmérikə サウス アメリカ/ 固名 南アメリカ, 南米

Sòuth Ásia 固名 南アジア

South Carolina /sáuθ kærəláinə サウス キャロらイナ/ 固名 サウスカロライナ → 米国南東部の州. S.C., (郵便で) SC と略す.

South Dakota /sáuθ dəkóutə サウス ダコウタ/ 固名 サウスダコタ → 米国中西部の州. S. Dak., (郵便で) SD と略す.

southeast /sauθíːst サウすイースト/ 名 南東, 南東部, 南東地方
—— 形 南東(へ)の; 南東向きの; (風が)南東からの
—— 副 南東へ[に]; 南東から

Southeast Asia /sáuθíːst éiʒə サウすイースト エイジャ/ 固名 東南アジア

southeastern /sauθíːstərn サウすイースタン/ 形 南東の, 南東地方の; 南東からの

southern /sʌ́ðərn サざン/ (→ou を /ʌ ア/ と発音することに注意. ×/サウザン/ ではない) 形 南の, 南方の; 南部の; 南からの
- in the **southern** part of the country 国の南部に

Sóuthern Cróss 固名 (the をつけて) 南十字星

Sóuthern Hémisphere 固名 (the をつけて) 南半球 反対語 **Northern Hemisphere** (北半球)

Sòuth Koréa 固名 韓国(かんこく) → 正式名は大韓民国(だいかんみんこく). → **Korea**

South Pacific /sauθpəsífik サウスパスィふィク/ 固名 (the をつけて) 南太平洋 (the South Seas)

South Pole /sáuθ póul サウす ポウる/ 固名 **(the をつけて) 南極**

South Seas /sáuθ síːz サウす スィーズ/ 固名 ⑱ **(the をつけて) 南太平洋**

southward /sáuθwərd サウすワド/ 形 **南方 (へ)の, 南へ向いた**
—— 副 **南方へ[に]**

southwards /sáuθwərdz サウすワッ/ 副 **《主に英》=southward**

southwest /sauθwést サウすウェスト/ 名 **南西, 南西部, 南西地方**
—— 形 **南西(へ)の, 南西向きの; (風が)南西からの**
—— 副 **南西へ[に]; 南西から**

southwestern /sauθwéstərn サウすウェスタン/ 形 **南西の, 南西地方の; 南西からの**

souvenir 中 /suːvəníər スーヴェニア/ 名 **記念品, みやげ物**
• a **souvenir** shop みやげ物店
• buy a cowboy hat as a **souvenir** of America アメリカのおみやげにカウボーイハットを買う

Soviet Union /sóuviet júːnjən ソウヴィエト ユーニオン/ 固名 **(the Soviet Union で) ソビエト連邦(れんぽう), ソ連** → 世界最初の社会主義国家. 1991年に崩壊(ほうかい)した.

sow /sóu ソウ/ 動 (三単現 **sows** /sóuz ソウズ/; 過去 **sowed** /sóud ソウド/; 過分 **sown** /sóun ソウン/, **sowed**; -ing形 **sowing** /sóuiŋ ソウインぐ/) **(種などを)まく; 種をまく**

soybean /sɔ́ibiːn ソイビーン/ 名 **大豆**

soy sauce /sɔ́i sɔ̀ːs ソイ ソース/ 名 **(日本の) しょうゆ** → 単に **soy** ともいう.

space 中 A2 /spéis スペイス/ 名
❶ **(一定の) 空間, 場所; 余地 (room); 間隔(かんかく), スペース**
• an open **space** 空き地, 広場
• Park your car in that **space** over there. 車を向こうの空いている所に止めてください.
• This table takes up a lot of **space**. このテーブルは多くの場所を取る. →×spaces としない.
• Is there **space** in the car **for** another person? 車にはもう1人分の空きがありますか[もう1人乗れますか].
• When you write English, you must leave a **space** between the words. 英語を書く時には単語と単語の間はスペースをあけな

ければいけない.
❷ **(大気圏外(けんがい)の)宇宙 (outer space); (無限の)空間**
• **space** flight 宇宙飛行
• **space** travel 宇宙旅行
• a **space** rocket [shuttle] 宇宙ロケット[連絡(れんらく)船]
• travel in **space** 宇宙旅行をする →×*a* space, ×*the* space としない.
• The rocket was launched into **space**. ロケットは大気圏外に打ち上げられた.

Spáce Àge 名 **(the をつけて) 宇宙時代**

spacecraft /spéiskræft スペイスクラふト/ 名 **=spaceship**

spaceship A2 /spéisʃip スペイスシプ/ 名 **宇宙船**

spáce stàtion 名 **宇宙ステーション**

spáce sùit 名 **宇宙服**

spáce wàlk 名 **宇宙遊泳**

spade /spéid スペイド/ 名 ❶ **すき, 踏(ふ)みぐわ** → 平らな刃(は)にまっすぐな柄(え)をつけた土を掘(ほ)り起こす農具. ❷ **(トランプの)スペード札**

spaghetti 小 A2 /spəgéti スパゲティ/ (→h は発音しない) 名 **スパゲッティ**
• I'll have **spaghetti** and salad. (注文で)スパゲッティとサラダにします.

Spain 小 /spéin スペイン/ 固名 **スペイン** → ヨーロッパ南西端(たん)の王国. 首都はマドリッド (Madrid). 公用語はスペイン語.

span /spǽn スパン/ 名 **(短い)期間, 長さ; 距離(きょり)**

Spaniard /spǽnjəd スパニャド/ 名 **スペイン人** → **Hispanic**

Spanish 中 /spǽniʃ スパニシュ/ 形 **スペインの; スペイン人の; スペイン語の**
• **Spanish** people スペインの人々
—— 名 **スペイン語; (the Spanish で) スペイン人(全体)**
• **Spanish** is also spoken in Central and South America. スペイン語は中南米でも話されている.

spank /spǽŋk スパンク/ 動 **(罰(ばつ)として子供のお尻(しり)を)ぴしゃっとぶつ**

spanner /spǽnər スパナ/ 名 **《英》スパナ (《米》wrench)** → ボルトの締(し)め付け・取り外しに使う工具.

spare /spéər スペア/ 動
❶ **なしで済ます; 分けてやる, さく**

❷《出費・労力などを》使い惜(お)しみする, 惜しむ; 節約する →ふつう否定文で使う.

ことわざ **Spare** the rod and spoil the child. むちを控(ひか)えれば子供をだめにする. →「甘(あま)やかして育てると子供はだめになる」の意味.「かわいい子には旅をさせよ」にあたる.

―― 形 予備の, 余分の, 暇な →名詞の前にだけつける.

spark /spáːrk スパーク/ 名 火花, 火の粉

sparkle /spáːrkl スパークる/ 動 (ダイヤモンドのように)きらきら光る

sparrow /spǽrou スパロウ/ 名 《鳥》スズメ
• scatter away like **sparrows** スズメが飛び散るように(ぱっと四方八方に)逃(に)げ散る

spat /spǽt スパト/ 動 **spit** の過去形・過去分詞

speak 小 A1 /spíːk スピーク/ 動

|三単現| **speaks** /spíːks スピークス/
|過去| **spoke** /spóuk スポウク/
|過分| **spoken** /spóukn スポウクン/
|-ing形| **speaking** /spíːkiŋ スピーキング/

❶ しゃべる, 話す

POINT 単に言葉を発することからまとまった内容の事柄(ことがら)をしゃべることまで幅(はば)広く使われる. → **say** 関連語

基本 **speak** to him 彼に[と]話をする, 彼に話しかける → speak+前置詞(+代)名詞.
• **speak** with him 《主に米》彼と話をする; 彼と話し合う, 相談する
• **speak** about ~ ~について話す
• **speak** of ~ ~のことを口にする, ~について話す
• This child cannot **speak** yet. この子はまだしゃべれません.
• Don't **speak** so fast. そんなに速くしゃべらないでください.
• She was so sad that she did not want to **speak to** anyone. 彼女はとても悲しかったので誰(だれ)とも話したくなかった.

基本 **speak** English 英語をしゃべる → speak+名詞.

Do you **speak** English? ―Yes, I do. Can I help you?
英語を話せますか. ―ええ, 話せます. 何かお手伝いしましょうか[何かお困りですか].

• Mrs. Oka often **speaks of** her son. 岡さんはよく自分の息子(むすこ)のことを口にする.

会話 What did he **speak about**? ―He **spoke about** his trip. 彼は何について話しましたか. ―彼は自分の旅行について話しました. →質問の文は speak about what (何について話す)だが, what は疑問詞なので文頭に出る.

• I said nothing to you. I just **spoke to** the parrot. 僕(ぼく)は君には何も言わないよ. オウムに物を言っただけだよ. → **say** 関連語

• I have seen Mr. White, but I've never **spoken** to him. 私はホワイトさんを見たことはあるが話したことはない. →現在完了(かんりょう)の文. → **have** 助動 ❷

• English **is spoken** in Australia. オーストラリアでは英語が話されている. →受け身の文. → **is** 助動 ❷

• I **was spoken to** by a lady on the street. 私は通りである婦人に話しかけられた. → A lady spoke to me ~. の受け身形. was spoken to の to を落とさないこと.

• Speak when you're **spoken** to. 話しかけられたら話しなさい. →(特に親が子に)「人が話をしている最中(さいちゅう)にかってに割り込(こ)んではいけません」という意味でも使う.

• He learned the language **spoken** in that country. 彼はその国で話されている言葉[その国の言葉]を覚えた. → spoken (話されている)は前の名詞 language を修飾(しゅうしょく)する.

• He **is speaking** to Ms. Green in English. 彼はグリーン先生に英語で話している. →現在進行形の文. → **is** 助動 ❶

Hello, (this is) Mr. West **speaking**. May [Can] I speak to Sam, please? ― **Speaking**.
(電話で)もしもしこちらはウエストです. サムと話したいのですが. ―僕です.

six hundred and seventeen　617　**spectator**

- Do you like **speaking** English? あなたは英語をしゃべるのが好きですか. →動名詞 speaking (しゃべること)は like の目的語.
- **Speaking** English is a lot of fun. 英語をしゃべることはとても楽しい. →動名詞 speaking は文の主語.

❷ 演説する, 話をする　関連語 「演説」は speech.

- The President will **speak** tonight on TV. 大統領が今夜テレビで演説する.
- The chair **spoke** for an hour at the meeting. 議長は会議で1時間話をした.

generally [*roughly, strictly*] *speaking* 一般(いっぱん)的に[ざっと, 厳密に]言えば

not to speak of ～ ～は言うまでもなく

so to speak 言わば, 言ってみれば

speak for ～ ～を代弁[代表]する; ～の弁護をする

speak ill [*well*] *of ～* ～のことを悪く[よく]言う

- Don't **speak ill** of others. 人の悪口を言うな.

speaking of ～ ～について話せば, ～と言えば (talking about [of] ～)

- **Speaking of** your paper, next Tuesday is the deadline. レポートについて言えば, 来週の火曜日が締切(しめきり)です.

speak out [*up*] (聞こえるように)**大きな声で言う**; 思い切って言う

- **Speak up!** I can't hear you. もっと大きな声で話してください. 聞こえません.
- You should **speak out** yourself. あなたは思っている事を思い切って言うべきです.

speak to ～ ～に[と]話をする, ～に話しかける

speaker 中 A2 /spí:kər スピーカ/ 名

❶ 話す人, 話している人; 演説者

- a good [poor] **speaker** 話の上手な[下手な]人
- a good **speaker** of English 英語を上手に話す人

❷ (the Speaker で) (英米下院の)議長

❸ (ラウド)スピーカー, 拡声器

Speakers' Corner /spí:kərz kɔ̀:rnər スピーカズ コーナ/ 名 演説広場, スピーカーズコーナー →自由に討論会や演説会が行われるロンドンのハイドパーク (Hyde Park) 内の一角.

spear /spíər スピア/ 名 やり

special 小 A1 /spéʃəl スペシャる/ 形

(ふつうと違(ちが)って)**特別の, 特殊(とくしゅ)な**

- a **special** friend of mine 私の特別の友達, 私の親友
- **special** shoes for jogging ジョギングのための特別な靴(くつ)
- There is nothing **special** in his letter. 彼の手紙にはこれといって特別なことは書いてない. →nothing, something, anything などには形容詞が後ろにつく.
- That case is **special**. Such a thing seldom happens. そのケースは特別です. そんな事はめったに起こりません.

── 名 ❶ 特別な人[物], 特別番組

❷ (奉仕(ほうし)価格の)特別メニュー, 特売品

- today's **special** 本日のおすすめ(料理) →食堂の「日替(ひがわ)り定食」などもこう表現する.

specialist /spéʃəlist スペシャリスト/ 名 専門家; 専門医

speciality /speʃiǽləti スペシアリティ/ 名 《英》 =specialty

specialize /spéʃəlaiz スペシャらイズ/ 動 専門にする, 専攻(せんこう)する

specially /spéʃəli スペシャリ/ 副 特に, 特別に; わざわざ

specialty /spéʃəlti スペシャるティ/ 名

(⑱ **specialties** /spéʃəltiz スペシャるティズ/)

❶ 専門(の研究・仕事), 専攻(せんこう); 得意の分野

❷ (土地の)特産物, 名物; (店などの)自慢(じまん)の品, 売り物

species /spí:ʃiːz スピーシーズ/ 名 (⑱ **species**) (生物学上の)**種**(しゅ) →動植物の分類上の単位で, お互(たが)いの交配が可能なグループ. 複数も **species**.

- the human **species** 人類
- endangered **species** 絶滅(ぜつめつ)危惧(きぐ)種 →人工開発や自然環境(かんきょう)の変化によって絶滅の危機にひんしている動植物.

specific A2 /spisífik スピスィふィク/ 形 特定の, 具体的な

specimen /spésimin スペスィメン/ 名 見本, 標本, サンプル

spectacle /spéktəkl スペクタクる/ 名 (目を見張るような)**光景, 見もの**; (すばらしい)**見せ物**, ショー

spectator /spektéitər スペクテイタ/ 名 見物人; 観客

sped /spéd スペド/ 動 **speed** の過去形・過去分詞

speech 中 A1 /spíːtʃ スピーチ/ 名

❶ **演説, スピーチ, 挨拶(あいさつ)** → つづり字に注意. ×*speach* ではない.「演説する, 話す」は **speak**.
- make [give] a **speech** 演説する
- a **speech** contest 弁論大会
- At Speakers' Corner you can **make a speech** on any subject. (ハイドパークの)演説広場ではどんなテーマについて演説してもよい.

❷ **話すこと, 話す力; 話し方**
- freedom of **speech** 言論の自由 → *a* speech, ×speech*es* としない.
- Children learn **speech** before they learn writing. 子供は書くことより話すことを先に覚える.
- His **speech** shows that he comes from the Kansai district. 彼の話しぶりから彼が関西の人だということがわかる.

ことわざ **Speech** is silver, silence is golden. 雄弁(ゆうべん)は銀, 沈黙(ちんもく)は金. → **golden** ❶ ことわざ

speed 中 A2 /spíːd スピード/ 名

速力, 速さ, スピード
- gather [gain] **speed** スピードを上げる
- at full [top] **speed** 全速力で
- at a **speed** of sixty kilometers an hour 1時間60キロのスピードで, 時速60キロで → an hour は「1時間につき」.
- The **speed** limit on this road is 55 miles an hour. この道路での制限速度は時速55マイルです.

ことわざ More haste, less **speed**. より急げばより遅(おく)れる. →「急がば回れ」にあたる.

── 動 (三単現 **speeds** /spíːdz スピーヅ/; 過去・過分 **sped** /spéd スペド/, **speeded** /spíːdid スピーデド/; -ing形 **speeding** /spíːdiŋ スピーディング/)

❶ **急ぐ, 疾走(しっそう)する; 急がせる**
反対語 Don't **slow down**. **Speed up**. 速度を下げるのではなく, 上げなさい.

❷ **(車が[で])制限速度以上で走る, スピード違反(いはん)をする**
- He got a ticket because he **was speeding**. 彼はスピード違反をしたので(交通違反)チケットをもらった. → **was** 助動 ❶

speedy /spíːdi スピーディ/ 形
(比較級 **speedier** /spíːdiər スピーディア/; 最上級 **speediest** /spíːdiist スピーディエスト/)
急速な, 速い, 早速(さっそく)の, スピーディーな → speed+-y.

spell 小 A2 /spél スペル/ 動
三単現	**spells** /spélz スペルズ/
過去・過分	**spelled** /spéld スペルド/, **spelt** /spélt スペルト/
-ing形	**spelling** /spéliŋ スペリング/

(文字を)つづる, つづりを言う
- Please **spell** your name. お名前のつづりを言ってください.
- That word is difficult to **spell**. その語はつづるのが難しい. → 不定詞 to spell (つづるのが)は difficult を修飾(しゅうしょく)する. → **to** ❾ の ④

会話 How do you **spell** "bird"? —It's **spelt** b-i-r-d. bird という語はどうつづりますか. —それは b-i-r-d (/ビー-アイ-アー-ディー/) とつづられます.
- Some words are not read as they **are spelt**. つづられるようには[つづりどおりには]読まれない語もある. → **are** 助動 ❷

spelling /spéliŋ スペリング/ 名 (単語の)**つづり, スペリング;** (単語を)**つづること**

spelt /spélt スペルト/ 動 **spell** の過去形・過去分詞

spend 中 A1 /spénd スペンド/ 動
三単現	**spends** /spéndz スペンヅ/
過去・過分	**spent** /spént スペント/
-ing形	**spending** /spéndiŋ スペンディング/

❶ **(お金を)使う, 費(つい)やす**
基本 **spend** a lot of money たくさんのお金を使う → spend+名詞.
関連語 Never **spend** more than you **earn**. 稼(かせ)ぐ以上のお金を使うな.
- She **spends** a lot of money on [for]

food. 彼女は食費にたくさんのお金を使う.

•I **spent** $50 to fix my camera. 私のカメラを修理するのに 50 ドル使った.

•A lot of money **was spent** on repairs for this car. この車の修理にはたくさんのお金が費やされた[金がかかった]. →spent は過去分詞で受け身の文. →was [助動] ❷

❷ (時間を)**過ごす**, 費やす, かける

•**spend** a sleepless night 眠(ねむ)れない夜を過ごす

•I'll **spend** this summer in the country. 私はこの夏を田舎(いなか)で過ごします.

•How did you **spend** your Christmas vacation? クリスマス休暇(きゅうか)をどう過ごしましたか.

•He came back to his hometown to **spend** the rest of his life there. 彼は余生を送るために故郷に帰って来た. →不定詞 to spend は「送るために」→to ❾ の ③

•I **spent** an hour reading. 私は本を読んで 1 時間過ごした. →spend A (時間) *do*ing は「～をして A を過ごす」.

•Don't **spend** such a lot of time dressing yourself. 服を着るのにそんなに時間をかけるな.

spent 中 /spént スペント/ [動] **spend** の過去形・過去分詞

Sphinx /sfíŋks スフィンクス/ [名] **(the Sphinx** で) ❶ スフィンクス

> 参考 ギリシャ神話で, 頭部は女でライオンの胴体(どうたい)と翼(つばさ)を持った怪物(かいぶつ). テーベの町外れの岩の上に座(すわ)って, 通る人に「朝は 4 本足, 昼は 2 本足, 夕は 3 本足, しかも足の多い時ほど弱い物は何」という謎(なぞ)をかけて, 解けない者を殺したという(答えは「人間」).

❷ (エジプト・ギザの)**大スフィンクス像**

spice /spáis スパイス/ [名] 薬味, 香辛料(こうしんりょう), スパイス

spicy 小 /spáisi スパイスィ/ [形] (比較級 spicier /spáisiər スパイスィア/; 最上級 spiciest /spáisiist スパイスィエスト/) 香辛料(こうしんりょう)の入った, スパイスのきいた

•I don't like **spicy** food. 私はスパイスのきいた食べ物は苦手だ.

spider /spáidər スパイダ/ [名] 《虫》クモ

spill A2 /spíl スピる/ [動] (三単現 **spills** /spílz スピるズ/; 過去・過分 **spilled** /spíld スピるド/, **spilt** /spílt スピると/; -ing形 **spilling** /spíliŋ スピりンヶ/) (うっかり水などを)**こぼす**; こぼれる

•**spill** tea on the carpet カーペットの上にお茶をこぼす

•cry over **spilt** milk こぼれたミルクを惜(お)しんで泣く, 過ぎたことをくよくよする →spilt は過去分詞(こぼされた)が形容詞のように使われたもの. →cry [動] ことわざ

•She **spilled** salt all over the table. 彼女はテーブルじゅうに食塩をこぼしてしまった.

spilt /spílt スピると/ [動] **spill** の過去形・過去分詞

spin /spín スピン/ [動] (三単現 **spins** /spínz スピンズ/; 過去・過分 **spun** /spʌ́n スパン/; -ing形 **spinning** /spíniŋ スピニンヶ/)

❶ (こまなどを)**回す**; 回る

❷ (繊維(せんい)によりをかけて糸を)**作る**, (糸を)つむぐ; (クモなどが糸を)**出す**; (糸を出して巣などを)作る

—— [名] くるくる回ること, 回転

spinach /spínitʃ スピニチ|spínidʒ スピニヂ/ [名] ホウレンソウ

spine /spáin スパイン/ [名] ❶ 背骨, 脊柱(せきちゅう) ❷ (サボテンなどの)とげ

spirit /spírit スピリト/ [名] ❶ 精神, 心; 霊(れい)

•a **spirit** of adventure 冒険(ぼうけん)精神, 冒険心

•public **spirit** 公共心

•Lafcadio Hearn understood the **spirit** of Japan. ラフカディオ・ハーンは日本精神を理解していた.

❷ 元気, 気力; 勇気; **(spirits** で) 気分

•the fighting **spirit** 闘志(とうし)

•He played the game with **spirit**. 彼は張り切って試合をした.

•The happy girl was in good [high] **spirits**. その楽しそうな少女は上機嫌(きげん)だった.

❸ (しばしば **spirits** で) (ウイスキーなどの)**強い酒**

That's the spirit. その意気だ, その調子だ

—— [動] (しばしば **spirit away** で) ひそかに連れ出す, 隠(かく)す

spiritual /spíritʃuəl スピリチュアる/ [形] ❶ 魂(たましい)の; 精神的な ❷ 宗教上の, 信仰(しんこう)上の

spiritually /spíritʃuəli スピリチュアり/ [副] 精神的に; 気高く; 敬けんに

spit /spít スピト/ 動 (三単現 **spits** /spíts スピッ/; 過去・過分 **spat** /spǽt スパト/, **spit**; -ing形 **spitting** /spítiŋ スピティンぐ/)
唾(つば)を吐(は)く; (唾・果物の種などを)吐く
掲示 No **spitting**. 唾を吐かないでください.

spite /spáit スパイト/ 名 悪意, 恨(うら)み
in spite of ~ ~にもかかわらず, ~なのに

splash 中 A2 /splǽʃ スプらシュ/ 動
(水・泥などを)はねかける; はねかかる
• The passing car **splashed** mud over me [**splashed** me with mud]. 走っていく車が私に泥をはねかけた.
• The children were happily **splashing** in the pool. 子供たちはプールで楽しそうに水をバシャバシャやっていた.
— 名 (水・泥などの)はね, 飛沫(ひまつ), しぶき; はねかける音, バシャン
• make a **splash** 水をはねかける
• with a **splash** バシャンと

splendid /spléndid スプれンディド/ 形 見事な, 立派な, すばらしい

split A2 /splít スプリト/ 動 (三単現 **splits** /splíts スプリッ/; 過去・過分 **split**; -ing形 **splitting** /splítiŋ スプリティンぐ/) →原形・過去形・過去分詞がどれも同じ形であることに注意.
裂(さ)く, 分ける, 分裂(ぶんれつ)させる; 裂ける, 分かれる, 分裂する
• **split** the bill 割り勘(かん)にする
• Here the river **splits into** two. その川はここで2つに分かれる.
— 名 裂け目, 割れ目; 分裂, 仲間割れ

spoil /spɔ́il スポイる/ 動 (三単現 **spoils** /spɔ́ilz スポイるズ/; 過去・過分 **spoiled** /spɔ́ild スポイるド/, **spoilt** /spɔ́ilt スポイるト/; -ing形 **spoiling** /spɔ́iliŋ スポイりンぐ/)
❶ だめにする, 台無しにする; (食べ物が)悪くなる, 腐(くさ)る
• The rain **spoilt** the picnic. 雨のためにピクニックが台無しになってしまった.
• The meat will **spoil** if you leave it in the sun. 肉をひなたに置きっぱなしにしておくと腐ります.
❷ (子供などを)甘(あま)やかしてわがままにする
• They **spoilt** their son by giving him everything he wanted. 彼らは息子(むすこ)が欲(ほ)しがる物を何でも与(あた)えて息子をわがままにしてしまった.

spoilt /spɔ́ilt スポイるト/ 動 **spoil** の過去形・過去分詞

spoke 中 /spóuk スポウク/ 動 **speak** の過去形

spoken 中 /spóukn スポウクン/ 動 **speak** の過去分詞
— 形 話される, 口語の →**colloquial**
• **spoken** language 話し言葉, 口語

sponge /spʌ́ndʒ スパンヂ/ 名 スポンジ, 海綿
spónge càke 名 スポンジケーキ

spoon A2 /spúːn スプーン/ 名
❶ スプーン, さじ
• eat soup with a **spoon** スープをスプーンで飲む
❷ スプーン[さじ]1杯(はい) (spoonful)
• two **spoons** of sugar スプーン2杯の砂糖

spoonful /spúːnful スプーンふる/ 名 スプーン1杯(はい), 1さじ
• a **spoonful** of honey ハチミツ1さじ

sport 小 A1 /spɔ́ːrt スポート/ 名
(複 **sports** /spɔ́ːrts スポーツ/)
❶ スポーツ, 運動, 競技
POINT ルールに従って争う競技だけでなく, ジョギング・乗馬など体を動かして楽しむものすべてをいう.
• a popular **sport** 人気のあるスポーツ
• winter **sports** 冬季スポーツ
• indoor [outdoor] **sports** 屋内[屋外]競技
• Tennis is my favorite **sport**. テニスは私の大好きなスポーツです.
• Mary doesn't do any **sport**. メアリーは何もスポーツをしません.

会話

What **sport** do you play? —I play football.
君はどんなスポーツをしますか.—私はフットボールをやります.

❷ (ふつう **sports** で) スポーツの(ための), スポーツ用の →形容詞のように名詞の前に置く. 米国では **sport** という形も使う.
• a **sports** club [shirt, car] スポーツクラブ[シャツ, カー]

spórt clìmbing 名 スポーツ・クライミング →競技として岩壁(がんぺき)を登るもの.

sportscaster /spɔ́ːrtskæstər スポーツキャスタ/ 名 スポーツキャスター →テレビ・ラジオなどで

six hundred and twenty-one　621　**spring**

スポーツニュースを伝える人.

spórts dày 名 《英》《学校の》**運動会(の日)**, **体育祭(の日)** (《米》field day)

sportsman /spɔ́ːrtsmən スポーツマン/ 名
(複 **sportsmen** /spɔ́ːrtsmən スポーツマン/)
❶ **スポーツマン** → 特にフェアプレーの精神を持ち続けることの勝敗にこだわらない人をいう.
❷ (男性の)**スポーツ愛好家** → 特に狩猟(しゅりょう)・乗馬・釣(つ)りなどのスポーツを楽しむ人. 性差別を避(さ)けて, sportsperson, sports lover ともいう.

sportsmanship /spɔ́ːrtsmənʃip スポーツマンシプ/ 名 (フェアプレーを尊ぶ)**スポーツマン精神**; **スポーツマンらしいいさぎよい態度**

sportsperson /spɔ́ːrtspəːrsn スポーツパ〜スン/ 名 **スポーツマン** → **sportsman**

sportswear /spɔ́ːrtsweər スポーツウェア/ 名 **運動着**, **スポーツウェア**

sportswoman /spɔ́ːrtswumən スポーツウマン/ 名 (複 **sportswomen** /spɔ́ːrtswimin スポーツウィメン/) (女性の)**スポーツ愛好家**, **スポーツウーマン** → **sportsman**

sportswriter /spɔ́ːrtsraitər スポーツライタ/ 名 **スポーツライター**, **スポーツ記者**

sporty /spɔ́ːrti スポーティ/ 形 (比較級 **sportier** /spɔ́ːrtiər スポーティア/; 最上級 **sportiest** /spɔ́ːrtiist スポーティエスト/) ❶ (服装などが)**スポーツに適した** ❷ 《英》**スポーツ好きな, スポーツが得意な**

spot A1 /spát スパト|spɔ́t スポト/ 名
❶ **斑点(はんてん)**, **まだら**, **ぶち**; **しみ, 汚(よご)れ, 汚点(おてん)**; **にきび**; **あざ**
•A tiger has stripes and a leopard has **spots**. トラにはしま, ヒョウには斑点がある.
❷ **場所, 地点**; **所**
•The cat is sitting in a sunny **spot**. ネコがひなたに座(すわ)っている.
on the spot **その場で[で]**, **直ちに**
―― 動 (三単現 **spots** /spáts スパツ/; 過去・過分 **spotted** /spátid スパテド/; ing形 **spotting** /spátiŋ スパティング/)
❶ **斑点[しみ]を付ける, 汚す**; **しみが付く**
❷ **見つける, 見抜(ぬ)く**

spotlight /spátlait スパートライト/ 名
❶ **スポットライト**
•stand in the **spotlight** スポットライトをあびる
❷ **世間の注目**

spout /spáut/ 名 (雨どいの)**排水管の口**; (やかんなどの)**注ぎ口**

sprain /spréin スプレイン/ 動 (手首・足首などを)**くじく, 捻挫(ねんざ)する**

sprang /spræŋ スプラング/ 動 **spring** の過去形

spray /spréi スプレイ/ 名 ❶ **水しぶき**, **水煙(けむり)** ❷ (ペンキ・消毒薬・香水(こうすい)などの)**噴霧(ふんむ)**; **噴霧器**, **スプレー**
―― 動 (ペンキ・消毒薬・香水などを)**吹(ふ)きかける, スプレーする**

spread 中 A2 /spréd スプレド/ 動
三単現　**spreads** /sprédz スプレヅ/
過去・過分　**spread** → 原形と同じ形であることに注意.
-ing形　**spreading** /sprédiŋ スプレディング/

❶ **広げる, 広める**; **広がる, 広まる**
•**spread** (out) the map on the table テーブルの上に地図を広げる
•**spread** butter **on** the bread パンにバターを塗(ぬ)る
•This paint **spreads** easily. このペンキは伸(の)びがいい.
ことわざ Bad news **spreads** fast. 悪い知らせはすぐ広がる. →「悪事千里を走る」にあたる.
•The cherry trees **are spreading** their branches toward the river. サクラの木は川の方に枝を広げている. → **are** 助動 ❶
•The bird **spread** its wings and flew away. 鳥は翼(つばさ)を広げて飛んでいった. → 現在形なら spreads ～.
•His name **spread** all over Europe. 彼の名前はヨーロッパ中に広まった.
•The flu **spread** rapidly in the school. インフルエンザはたちまち全校に広がった.
❷ (テーブルに食べ物を)**並べる**
•The table **was spread with** wonderful dishes. テーブルにはすばらしいごちそうが並べられた. → spread は過去分詞で受け身の文. → **was** 助動 ❷
―― 名 ❶ **広がり, 普及(ふきゅう)**; (病気の)**流行**
❷ **スプレッド** → パンやクラッカーなどに塗って食べるバター・ジャムなど.

spring 小 A1 /spríŋ スプリング/
名 ❶ **春**
❷ **泉**

意味 map

springboard

—— 名 (複 **springs** /sprínz スプリンブズ/)

❶ **春** 関連語 **summer**（夏），**fall**［**autumn**］（秋），**winter**（冬）
- **in** (the) **spring** 春に
- early in **spring** 春早く，早春の頃(ころ)
- late in **spring** 春遅(おそ)く，晩春の頃
- in the **spring** of 2010 2010年の春に
- last **spring** 去年の春(に) →×*in* last spring としない．
- **Spring** is here.（春がここにいる ⇨）春が来た［もう春だ］．
- September, October, and November are the **spring** months in Australia. 9月, 10月, 11月はオーストラリアでは春の月だ．

❷ **泉**, わき水
- a **spring** in the woods 森の中の泉
- a hot **spring** 温泉

❸ **跳**(と)**ぶこと，跳躍**(ちょうやく)
- give a **spring** ピョンと跳ぶ

❹ **ぜんまい，ばね**

—— 動
三単現	**springs** /sprínz スプリンブズ/
過去	**sprang** /sprǽŋ スプラング/, **sprung** /sprʌ́ŋ スプラング/
過分	**sprung**
-ing形	**springing** /spríŋiŋ スプリンギング/

❶ (ピョンと)**跳ぶ，跳**(は)**ねる** → **jump** のほうがふつう．
- **spring** to *one's* feet ぱっと立ち上がる
- Push this button and the lid of the box **springs** open. このボタンを押(お)すと箱のふたがピョンと開く．→ open は形容詞 (開いた)．
- The fox suddenly **sprang** at the rabbit. キツネは突然(とつぜん)ウサギに跳びかかった．

❷ (しばしば **spring up** で) **急に現れる**; (水・涙(なみだ)が)**わき出る**
- Grass **springs up** in April. 4月になると草がもえ出てくる．

springboard /spríŋbɔːrd スプリングボード/ 名 (水泳の)**飛び込**(こ)**み板，**(体操の)**跳躍**(ちょうやく)**板**

spring ròll 名 **春巻**(はるまき) → 《米》では **egg roll** ともいう．

sprinkle /spríŋkl スプリンクる/ 動 (パラパラと)**振**(ふ)**りかける，まき散らす**; (雨・雪が)**ぱらつく**

sprinkler /spríŋklər スプリンクら/ 名 **スプリンクラー** → 芝生(しばふ)の水やりや火災時に水をまく装置．

sprint /sprínt スプリント/ 名 **短距離**(きょり)**競走，スプリント; 全力疾走**(しっそう)

—— 動 **全速力で走る**

sprout /spráut スプラウト/ 名 **芽; 新芽**

—— 動 ❶ **芽が出る; 発芽させる** ❷ **(急)成長する**

sprung /sprʌ́ŋ スプラング/ 動 **spring** の過去形・過去分詞

spun /spʌ́n スパン/ 動 **spin** の過去形・過去分詞

sputnik /spútnik スプートニク/ 名 **スプートニク** → 旧ソ連の人工衛星．世界初のその第1号は1957年に打ち上げられた．「スプートニク」はロシア語で「道連れ」の意味．

spy A1 /spái スパイ/ 名 (複 **spies** /spáiz スパイズ/) **スパイ**

—— 動 (三単現 **spies** /spáiz スパイズ/; 過去・過分 **spied** /spáid スパイド/; -ing形 **spying** /spáiiŋ スパイイング/) **ひそかに見張る，スパイする**
- **spy on** a person 人をひそかに見張る[観察する]

square 小 A2 /skwéər スクウェア/ 名

❶ **正方形，真四角**; (将棋(しょうぎ)盤(ばん)・チェス盤などの)**目**
- Graph paper is divided into **squares**. グラフ用紙は正方形に区切られている．

❷ **広場** → 四方を建物・街路で囲まれた広い場所で，小さな公園としても使われている．
- Trafalgar **Square** (ロンドンの)トラファルガー広場

❸ 《数学》**2乗，平方**
- 3 meters **square** 3メートル平方
- The **square** of five is twenty-five. 5の2乗は25である．

—— 形 ❶ **正方形の，四角な; 直角の**
- a **square** box 四角い箱
- a **square** corner 四角い[直角の]かど
- a **square** jaw 角ばったあご
- **square** shoulders 角ばった肩(かた)，いかり肩
- a **square** piece of paper 四角い紙
- He is a **square** peg (in a round hole)

stair 623

in the class. 彼はクラスの中で, (丸い穴に)四角いくいだ. →「クラスメートと全く性格が合わない」の意味.

❷ 2乗の, 平方の
• 9 **square** meters (＝3 meters square) 9平方メートル
• a **square** root 平方根

squáre dánce 图 スクエアダンス →4組のペアが真ん中に四角い形を作るようにして踊(おど)るダンス.

squash¹ /skwáʃ スクワシュ/ 图 ❶ (英) スカッシュ →果汁をもとにした清涼飲料.
• lemon **squash** レモンスカッシュ
❷《スポーツ》スカッシュ →壁(かべ)に向かってボールを交互(こうご)に打ち合うスポーツ.

squash² /skwáʃ スクワシュ/ 图 (復 **squash-es** /skwáʃəz スクワシズ/, **squash**) 《米》《植物》カボチャ

squeak /skwíːk スクウィーク/ 動 (ドアなどが)きしむ, (人が)キーキー声で言う, (ネズミなどが)チューチューいう
—— 图 きしむ音, キーキー声, チューチューいう鳴き声

squeeze /skwíːz スクウィーズ/ 動 ❶ しぼる, しぼり出す; 握(にぎ)り締(し)める, 抱(だ)き締める
❷ (無理に)詰(つ)め込(こ)む[入り込む], 無理に通る

squid /skwíd スクィド/ 图 《動物》イカ →単数形も複数形も同じ形. ただし異なった種類をいう時は **squids**.

squirrel /skwə́ːrəl スクワ〜レる/ 图 《動物》リス

Sr(.), sr(.) 略 ＝senior (父親のほうの)
関連語 **Jr(.), jr(.)** (息子(むすこ)のほうの)

Sri Lanka /sríː láːŋkə スリー らーンカ/ 固名 スリランカ →インドの南東にある島国(共和国)で北海道の80%くらいの広さ. 公用語はシンハラ語, タミル語.

St., St 略 ❶ ＝Street (〜街, 〜通り)
❷ ＝Saint (聖〜) →キリスト教の聖者 (saint) の名前の前につける. 聖者やそれにちなむ寺院・祝祭日・地名などにも使う.

stab /stǽb スタブ/ 動 (三単現 **stabs** /stǽbz スタブズ/; 過去・過分 **stabbed** /stǽbd スタブド/; -**ing**形 **stabbing** /stǽbiŋ スタビング/) (刃物(はもの)で)突(つ)き刺(さ)す

stable¹ /stéibl ステイブる/ 形 しっかりした, ぐらつかない, 安定した

stable² /stéibl ステイブる/ 图 うまや, 馬小屋; (ボクシングなどの)ジム, 相撲(すもう)部屋

stack /stǽk スタク/ 图 干し草を積み上げた山, 麦わらの山; (物を積み上げた)山 (pile)
—— 動 (しばしば **stack up** で)積み上げる, 積み重ねる

stadium 小 A2 /stéidiəm ステイディアム/ (→×スタディアム ではない) 图 (周囲に観覧席のある)競技場, スタジアム

staff 中 A2 /stǽf スタフ/ 图 《集合的に》職員, 部員, 社員, スタッフ
• the teaching **staff** of a school 学校の教職員(全員)
• He is a member of (the) **staff**. ＝He is a **staff** member. 彼はスタッフの１人です. →×He is a staff. としない.
• I am on the **staff** of the school paper. 私は学校新聞の編集部員です.

stage 中 A1 /stéidʒ ステイヂ/ 图

❶ (劇場などの)舞台(ぶたい), ステージ; (the stage で)演劇
• appear on the **stage** 舞台に登場する
• go on **stage** (演技をするため)舞台に上がる
• go on **the stage** 舞台に登る; 俳優になる
• He chose **the stage** as a career. 彼は職業として演劇を選んだ.
❷ (成長・発達の)段階, 時期
• The work is in its final **stage**. その仕事は今最終段階に来ています.
❸ (多段式ロケットの)段
• a three-**stage** rocket 3段式ロケット

stagecoach /stéidʒkoutʃ ステイヂコウチ/ 图 駅馬車 →駅々で馬を取り替(か)えながら, 旅客(りょかく)を輸送した4〜6頭だての大型馬車.

stagger /stǽgər スタガ/ 動 よろめく, よろめきながら歩く

stain /stéin ステイン/ 图 汚(よご)れ, しみ; 汚点(おてん)
—— 動 汚す; 汚れる

stained glass /stéind glǽs ステインド グらス/ 图 (教会の窓などの)ステンドグラス

stainless /stéinlis ステインれス/ 形 ステンレス(製)の; (金属が)さびない; 汚(よご)れ[しみ]のない

stáinless stéel 图 ステンレス(鋼)

stair 中 A2 /stéər ステア/ 图 (**stairs** で) (屋内の)階段 →upstairs, downstairs →単数としても複数としても扱(あつか)われる.
• go up [down] the **stairs** 階段を上る[下りる]

- take the **stairs** to the third floor 階段で3階へ行く(上る・下りる)

staircase /stéərkeis ステアケイス/ 图 =stairway

stairway /stéərwei ステアウェイ/ 图 **階段** 手すりなども含(ふく)む全構造をいう.

stale /stéil ステイる/ 形 **新鮮(しんせん)さを失った, 古くなった; 古くさい, 使い古した**

stalk /stɔ́ːk ストーク/ 图 (植物の)茎(くき)

stall /stɔ́ːl ストーる/ 图 **(駅・マーケットなどの)売店; 屋台; 売り場, カウンター** 簡単に取り外しや組み立てができるような小さな店.

stammer /stǽmər スタマ/ 動 **どもる; どもりながら言う**

stamp A2 /stǽmp スタンプ/ 图
❶ **切手**
- a postage **stamp** (郵便)切手
- put a **stamp** on a picture postcard 絵はがきに切手を貼(は)る
- collect **stamps** 切手を収集する
- Can I have an 84-yen **stamp**, please? 84円切手をください.

❷ **判, スタンプ; (押(お)された)印, 消印** → **seal**[2]
- a rubber **stamp** ゴム印
- My passport has **stamps** from various countries. 私のパスポートにはいろいろな国のスタンプが押してある.

—— 動 ❶ **切手を貼る**
- **Stamp** the picture postcard and then mail it. その絵はがきに切手を貼ってからポストに入れてね.

❷ **印[判]を押す**
- **stamp** "Urgent" on the letter 手紙に「至急」の判を押す

❸ **足を踏(ふ)み鳴らす, 踏みつける**
- **stamp** out a fire 火を踏み消す
- He **stamped** his foot in anger. 彼は怒(おこ)って足を踏み鳴らした.

stámp àlbum 图 切手アルバム
stámp collècting 图 切手収集
stámp colléctor 图 切手収集家

stand 小 A1 /stǽnd スタンド/

動 ❶ **立つ; 立っている**　　　意味map
❷ **立てる**
❸ **(ある状態で)ある**

图 ❶ **(物を載(の)せる・立てる)台**
❷ **(the stands で) スタンド, 観覧席**

—— 動
三単現 **stands** /stǽndz スタンヅ/
過去・過分 **stood** /stúd ストゥド/
-ing形 **standing** /stǽndiŋ スタンディング/

❶ **立つ; 立っている**

基本 **stand** up 立つ, 立ち上がる → stand+副詞(句).
- **stand** still じっと立っている → still stand は「いまでも立っている」.
- **stand** in line 1列に並んで立つ, 1列に並ぶ
- **stand** on *one's* hands (両手の上に立つ⇨)逆立ちする
- Please **stand** up. どうぞお立ちください.
反対語 Don't **stand**. **Sit down**. 立っていないで座(すわ)りなさい.

stand up　　　sit down

- An old castle **stands** on the cliff. 古い城が崖(がけ)の上に立っている.
- He **stood** up and said, "We are right. You are wrong.". 彼は立ち上がって「私たちは正しい. 君たちが間違(まちが)っている」と言った.
- We **stood** waiting for a bus. 私たちはバスを立って待っていた. → stand *do*ing は「立って〜している」.
- The bird **is standing** on one leg. あの鳥は一本足で立っている.

POINT 上の例は現在進行形の文 (→**is** 助動 ❶). 主語が人・動物の場合の be standing は「状態」を強めて言うのに使う.
「物が立っている」という「状態」を表す時の stand はふつう進行形にしない.

- I know the boy **standing** under the tree. 私はあの木の下に立っている少年を知っている. → 現在分詞 standing (立っている〜)は boy を修飾(しゅうしょく)する.

❷ **立てる, 立たせる**
- **stand** books up on a shelf 本を棚(たな)に立てる
- **stand** a ladder against the wall はしご

を壁(かべ)に立てかける

❸ (ある状態で)**ある** → 意味は be とほぼ同じ.

• The door **stood** open. 戸はあいていた. →
open は形容詞(開いた).

• The thermometer **stands** at 20℃. (読み
方: twenty degrees centigrade) 温度計は
セ氏20度である.

• The basketball player **stands** seven
feet! そのバスケットボール選手は身長が7フィ
ートもある!

❹ 耐(た)える, 我慢(がまん)する → ふつう can,
can't とともに否定文や疑問文で使われる.

• I can't **stand** that noise. 私はあのうるさ
い音にはとても我慢できない.

stand back 後ろにさがる

• "**Stand back!**" called the police offi-
cer to the crowd. 「後ろにさがって!」と警官
が群衆に叫(さけ)んだ.

stand by 何もしないで黙(だま)って見ている, 傍
観(ぼうかん)する; 待機する, スタンバイする

• Why are you all **standing by**? Come
and help me. どうしてみんなぼんやり立って
いるの. 来て手伝ってよ.

stand by 〜 〜のそばに立つ; 〜に味方する,
〜を助ける; 〜を守る

stand for 〜 〜を表す; 〜を支持する

• The sign £ **stands for** pound. £ /リーブ
ラ/ という記号はポンドを表す.

stand out 突(つ)き出る; くっきりと見える, 目
立つ →**outstanding**

• He is very tall and **stands out** in a
crowd. 彼はとても背が高く人中でも目立つ.

── 名 (複 **stands** /stǽndz スタンズ/)

❶ (物を載せる・立てる)台; 売店, 屋台 (stall)

• an umbrella **stand** 傘(かさ)立て

• a popcorn **stand** ポップコーン売り場

• a *soba* **stand** そばの屋台

❷ (the stands で) スタンド, 観覧席

• hit a ball into the **stands** ボールをスタン
ドに打ち込(こ)む

❸ 立つこと, 停止, 抵抗(ていこう)

❹ 立場, 立つ場所, 持ち場; (米) タクシー乗り場
→「タクシー乗り場」の意味では **taxi stand**
((英) taxi rank) ともいう.

standard /stǽndərd スタンダド/ 名 標準, 水
準, レベル

── 形 標準の; 最高水準の, 優(すぐ)れた

stándard Énglish 名 標準英語 → 米国で

は中西部地方の教養のある人々の英語, 英国ではロ
ンドンを中心とした南部地方の教養のある人々の
英語.

stándard tìme 名 標準時 → 各国・各地方で
公式に使う時間.

standing /stǽndiŋ スタンディング/ 動 **stand**
の -ing 形 (現在分詞・動名詞)

── 形 立っている; 立った姿勢で行われる

• a **standing** start (競走で立ったままスタート
する)スタンディングスタート

standpoint /stǽndpɔint スタンドポイント/ 名
(物事を判断する時の)立場, 見地, 観点

staple /stéipl スティプる/ 名 (ある国・地方など
の)主要産物

── 形 主要な

stapler /stéiplər スティプら/ 名 ホッチキス →
「ホッチキス」は考案者の名前で, 製品名としては
和製英語.

star

star 小 A1 /stáːr スター/ 名
(複 **stars** /stáːrz スターズ/)

❶ 星, 恒星(こうせい); (名詞の前につけて) 星の, 星
に関する 関連語 **planet** (惑星(わくせい)), **comet**
(彗星(すいせい))

• a falling [shooting] **star** 流れ星

• the first **star** of the evening (夕方の最初
の星 ⇨)一番星

• a **star** map 星座図

• Our sun is one of the **stars**. 私たちの太
陽も星の1つだ.

• Little **stars** were twinkling over the
woods. 森の上には小さな星たちがぴかぴか光っ
ていた.

❷ 星形のもの, 星印

❸ (映画・スポーツなどの)スター, 花形, 人気者;
(名詞の前につけて) スターの, 花形の; 優(すぐ)れた

• a big **star** 大スター

• a film [movie] **star** 映画スター

• a baseball **star** 野球のスター

• a **star** player 主役俳優, 花形選手

── 動 (三単現 **stars** /stáːrz スターズ;
過去・過分 **starred** /stáːrd スタード/; -ing形
starring /stáːriŋ スターリング/)

❶ 星で飾(かざ)る; 星印をつける

❷ スターとして出演する, 主演する; (映画・劇など
が人・物を)スターとして出演させる, 主役にする

• The film **starred** a rookie actor. (その
映画は新人の俳優を主演させた ⇨)その映画の主演

者は新人の俳優だ.

• an anime movie **starring** a cat-style robot with a strange pocket 不思議なポケットを持ったネコ型のロボットを主役にしているアニメ映画

stare /stéər ステア/ 動 目を丸くして見る, じっと見つめる, じろじろ見る

starfish /stá:rfiʃ スターふィシュ/ 名 《動物》ヒトデ →複数形については →**fish**

starlight /stá:rlait スターらイト/ 名 星の光, 星明かり

starry /stá:ri スターリ/ 形 (比較級 **starrier** /stá:riər スターリア/; 最上級 **starriest** /stá:riist スターリエスト/) 星のいっぱい輝(かがや)いた; 星のように輝いた, きらきらした

Stárs and Strípes 固名 (**the** をつけて) 星条旗 →米国国旗. 横の赤白13条は独立当時の州を表し, 青地中の50の白い星は州の数を示す.

start 小 A1 /stá:rt スタート/ 動 (三単現 **starts** /stá:rts スターツ/; 過去・過分 **started** /stá:rtid スターテド/; -ing形 **starting** /stá:rtiŋ スターティング/)

❶ 出発する, たつ

(句) 基本 **start** from Narita 成田から出発する[成田をたつ] →start+前置詞+名詞.

• **start** for school 学校へ向けて出発する, 学校へ出かける

• **start** from Paris for Rome (= leave Paris for Rome) パリをたってローマに向かう

• **start** on a trip 旅に立つ

• He **starts** for school at eight in the morning. 彼は朝8時に学校へ出かける.

• On July 16, 1969, Apollo 11 **started** for the moon. 1969年7月16日アポロ11号は月を目指して飛び立った.

• The train **has** just **started**. 列車は今出たところです. →現在完了(かんりょう)の文. →**have** 助動 ❶

❷ 始める, 発足(ほっそく/はっそく)させる; 始まる

(句) 基本 **start** a race レースを始める →start+名詞.

• **start** running [to run] (=begin running [to run]) 走り始める, 走り出す →動名詞 running (走ること), 不定詞 to run (走ること)はともに start の目的語 (→**to** ❾ の①).

• **start** a fund 資金集めを始める

• **start** a group to protect nature 自然を保護するために1つの団体を発足させる →不定詞 to protect は「保護するために」(→**to** ❾ の③), あるいは「保護するための(団体)」(→**to** ❾ の②)と考えてもよい.

• It **started** raining [to rain]. 雨が降り始めた. →It は漠然(ばくぜん)と「天候」を表す.

反対語 She **starts** work at nine and **finishes** at five. 彼女は9時に仕事を始めて5時に終わる.

• The game **was started** at 6:30 (読み方: six thirty) in the evening. 試合は夕方の6時半に開始された. →started は過去分詞で受け身の文. →**was** 助動 ❷

• When you press this button, the music **starts**. このボタンを押(お)すと音楽がスタートする.

会話

What time does school **start**? —It **starts** at eight.
学校は何時に始まりますか.—8時に始まります.

❸ (機械・事業などを)スタートさせる; 動き出す

• **start** an engine エンジンをかける

• **start** a car 自動車をスタートさせる

• **start** a school newspaper 学校新聞の発行を始める

• The car won't **start**. 車がどうしても動かない.

start off [*out*] 出発する

start over (*again*) (また)最初からやり直す

start with ~ ~で始まる, ~から始める

• The dictionary **starts with** the letter A. 辞書はAから始まる.

to start with まず第一に, 初めに (=to begin with)

—— 名 (複 **starts** /stá:rts スターツ/)

❶ 出発(点), スタート; 開始

• make a **start** 出発する, 始める

• from the **start** 始めから

反対語 He was ahead **at the start**, but last **at the finish**. 彼は初めは先頭だったが最後はビリだった.

• We **made** an early **start** in the morning. 私たちは朝早く出発した.

❷ びくっ[ぎょっ]とすること, びっくり

• with a **start** びくっとして, はっとして

from start to finish 始めから終わりまで

starter /stάːrtər スターター/ 图 始める人[もの]; 出足[動き]が…な人; 競走参加者; 先発選手; スタート合図係; 発車係; 起動装置, スターター

stárting pìtcher [plàyer, lìneup] 图 先発投手[選手, メンバー]

startle /stάːrtl スタートル/ 動 びっくりさせる, ぎょっとさせる

starvation /staːrvéiʃən スターヴェイション/ 图 飢餓(きが), 餓死(がし)

starve /stάːrv スターヴ/ 動 飢(う)える, 餓死(がし)する; 餓死させる

starving /stάːrviŋ スターヴィング/ 形 餓(う)えた, 餓死(がし)寸前の

state A2 /stéit ステイト/ 图
❶ 国家, 国 →country 類似語
•an independent **state** 独立国
•This TV station is run by the **state**. このテレビ局は国に運営されている[国営だ].
❷(しばしば **State** で)(米国・オーストラリアの)州 →county
•a **state** university [college] 州立大学
•Ohio **State**=the **State** of Ohio オハイオ州
•There are fifty **states** in the United States. 米国には50の州がある.
会話 What **state** are you from? —I'm from New York. どこの州から来られたのですか.—ニューヨーク州からです.
❸(the States で)米国 →ふつう米国人が国外で自分の国を指していう時に使う.
❹状態, ありさま
•My house is very old and is **in a bad state**. 私の家はとても古くて状態が悪い.
── 動 (言葉・文書で正式に)述べる

Státe flówer 图 州花 →米国各州で制定されているその州を象徴(しょうちょう)する花.

statement A2 /stéitmənt ステイトメント/ 图 陳述(ちんじゅつ), 声明(書)

statesman /stéitsmən ステイツマン/ 图
(欄 **statesmen** /stéitsmən ステイツマン/)
政治家 →性差別を避(さ)けて statesperson ともいう. 類似語 statesman はふつう立派で尊敬される政治家. politician は悪い意味で使われることもある.

stateswoman /stéitswumən ステイツウマン/ 图 (欄 **stateswomen** /stéitswimin ステイツウィメン/)(女性の)政治家 →statesman

station 小 A1 /stéiʃən ステイション/ 图
(欄 **stations** /stéiʃənz ステイションズ/)
❶(鉄道の)駅; (バスなどの)発着所
•a railroad [railway] **station** 鉄道の駅 →ふつうは単に **station** という.
•a subway **station** 地下鉄の駅
•Tokyo **Station** 東京駅 →駅名には ×*the* がつかない.
•a bus **station** バス発着所, バスターミナル
•get off [change trains] at the next **station** 次の駅で降りる[乗り換(か)える]
•This train stops at every **station**. この電車は各駅に止まる.
関連語 Is there a **bus stop** or a **bus station** near here? この近くにバス停かバスターミナルがありますか.
❷〜署, 〜局, 〜所, 本部
•a TV [radio] **station** テレビ[ラジオ]局
•a fire [police] **station** 消防[警察]署
•a weather **station** 測候所
•a gas **station** ガソリンスタンド
•a power **station** [plant] 発電所

stationary /stéiʃəneri ステイショネリ/ (→stationery (文房具)と同音) 形 静止した; 据(す)えつけの

stationer /stéiʃənər ステイショナ/ 图 文房具(ぶんぼうぐ)商

stationery /stéiʃəneri ステイショネリ/ 图 文房具(ぶんぼうぐ)類

stationmaster /stéiʃənmæstər ステイションマスタ/ 图 (鉄道の)駅長

statue 小 A2 /stǽtʃuː スタチュー/ 图 像, 彫像(ちょうぞう) →特に等身大かそれ以上のものをいう.
•a marble [bronze] **statue** 大理石像[銅像]

Státue of Líberty 小 固名 (the をつけて)自由の女神(めがみ) →ニューヨーク湾(わん)内の島にある銅像で台座も含(ふく)め高さ約93メートル.

stave /stéiv ステイヴ/ 图 ❶(おけ・たるの)板; (はしごの)段 ❷《音楽》五線譜(ふ)

stay 小 A1 /stéi ステイ/ 動 (三単現 **stays** /stéiz ステイズ/; 過去・過分 **stayed** /stéid ステイド/; -ing形 **staying** /stéiiŋ ステイイング/)
❶とどまる, いる, 滞在(たいざい)する, 泊(と)まる
基本 **stay** (at) home 家にとどまる[いる] →stay＋副詞(句). home だけでも「家に」という

steadily

意味の副詞.

- **stay** in=stay (at) home（家にいる）
- **stay** behind（行かないで）あとに残る, 残留する, 留守番する
- **stay** with *one's* uncle おじの家に泊まる →stay with+人.
- **stay at** a hotel [*one's* uncle's] ホテル[おじの家]に泊まる →stay at+場所.
- 反対語 **Stay** here. Don't **go away**. ここにいなさい. ほかへ行ってはだめ.
- On Sundays he usually **stays** (at) home. 日曜日には彼はたいてい家にいます.
- Please come and **stay with** us for a few days. 2〜3日泊まりにいらっしゃい.
- Who are you going to **stay with**? あなたは誰(だれ)のところに滞在するつもりですか. →意味のつながりの上では stay with who（誰のところに滞在する）だが, who は疑問詞なので文頭に出る.
- Let's **stay** to the end of the movie. 映画の終わりまでいよう.
- **Stay** on this road until you come to the first intersection. 最初の交差点までこの道を進みなさい.
- He had a bad cold and **stayed** in bed for a week. 彼はひどい風邪(かぜ)をひいて1週間寝(ね)たきりだった.
- She **is staying** with her aunt. 彼女はおばの家に滞在しています. →現在進行形の文. →**is** 助動 ❶
- She **has been staying** with her aunt since last Sunday. 彼女はこの前の日曜日からずっとおばのところにいます. →現在完了(かんりょう)進行形の文. →**have** 助動 ❸

❷ 〜のままでいる (remain)
- **stay** young いつまでも（若いままでいる ⇨）若い →stay+形容詞.
- **stay** still じっとしている, 静止している
- **stay** awake 目を覚ましている
- I hope the weather will **stay** fine. このよい天気が続いてくれるといいと思う.
- We **stayed** friends for many years. 私たちは何年もの間友達だった. →stay+名詞.

stay away (from 〜) （〜から）離(はな)れている; (〜を)欠席する[休む]; (〜を)留守にする
- He sometimes **stays away from** school. 彼は時々学校を休む.

stay out 外にいる; 外泊(がいはく)する

stay up （寝ないで）起きている (sit up)
- We **stayed up** very late last night. 私たちはゆうべはとても遅(おそ)くまで起きていた.

―― 名 (複 **stays** /stéiz ステイズ/) 滞在
- during my **stay** in Canada 私のカナダ滞在中
- After a week's **stay** in Italy, I went to France. イタリアに1週間滞在したのち私はフランスへ行った.
- How did you enjoy your **stay** there? （そこの滞在を君はどのように楽しみましたか ⇨）そこにいた間いかがでしたか.

steadily /stédili ステディリ/ 副 着実に, 着々と, 一定のペースで →steady+-ly.

steady /stédi ステディ/ 形 (比較級 **steadier** /stédiɚ ステディア/; 最上級 **steadiest** /stédiist ステディエスト/) ❶ ぐらつかない, しっかりした
❷ いつまでも変わらない, むらのない, 着実な

go steady 《話》いつも特定の相手とデートする, ステディーな関係になる

steak 小 A2 /stéik ステイク/ (→ea を /ei エイ/ と発音することに注意) 名
❶ ステーキ, ビーフステーキ (beefsteak)
会話 How would you like your **steak**? —Rare [Medium, Well-done], please. ステーキはどのように焼きましょうか.—レアに[ふつうに, よく焼いたのに]してください.
❷ (魚の)厚い切り身

steal A2 /stíːl スティール/ 動 (三単現 **steals** /stíːlz スティールズ/; 過去 **stole** /stóul ストウル/; 過分 **stolen** /stóuln ストウルン/; -ing形 **stealing** /stíːliŋ スティーリング/)
❶ (こっそり)盗(ぬす)む →rob
- This cat often **steals** our dog's food. このネコはよくうちの犬の餌(えさ)を盗む.
- He **stole** a camera from the store. 彼はその店からカメラを盗んだ.
- a **stolen** car 盗まれた車, 盗難(とうなん)車 →過去分詞(盗まれた)が形容詞として使われたもの.
- Our bicycle was **stolen** last night. うちの自転車がゆうべ盗まれた. →受け身の文.
- I had my money **stolen**. 私は金を盗まれた. →have A+過去分詞は「Aを〜される」.
❷ こっそり〜する; (野球で)盗塁(とうるい)する
- **steal** into [out of] the room こっそり部屋に入り込(こ)む[部屋から出ていく]
- **steal** a glance at 〜 〜をこっそり見る, を盗み見する

●Yamada **stole** second. 山田は2塁(るい)に盗塁[スチール]した.

steam /stíːm スティーム/ 名 蒸気, 湯気, スチーム
── 動 ❶ 湯気を立てる
❷ (蒸気で)蒸(む)す, ふかす

steamboat /stíːmbout スティームボウト/ 名 小型汽船, 蒸気船

stéam èngine 名 蒸気機関(車)

stéam locomòtive 名 蒸気機関車 →日本語の「SL」はこれの頭文字(かしらもじ).

steel /stíːl スティール/ 名 鋼鉄, はがね

steep /stíːp スティープ/ 形 けわしい, (坂が)急な

steeple /stíːpl スティープる/ 名 (教会などの)尖塔(せんとう) →細くて先がとがった形の屋根を持つ塔.

steer /stíər スティア/ 動 (自動車・船・飛行機などの)かじをとる, 操縦する; (かじを操(あやつ)って)進む

steering wheel /stíəriŋ (h)wìːl スティアリング(ホ)ウィーる/ 名 (自動車・船・飛行機などの)ハンドル →単に **wheel** ともいう. →**handle**

stem /stém ステム/ 名 ❶ (草花の)茎(くき)
❷ 船首, へさき (bow)

step 中 A1 /stép ステプ/

名 ❶ 足の運び, 一歩　　　　　　意味map
❷ 足音 (footstep)
❸ (踏(ふ)み)段; (**steps** で)階段
動 (一歩・少し)歩く

── 名 (複 **steps** /stéps ステプス/)
❶ (歩く時・走る時・踊る時の)足の運び, 一歩, ステップ; 足取り, 歩調
●take a **step** forward 前に一歩出る
●If you move a **step**, I'll shoot! 一歩でも動くと撃(う)つぞ.
●Watch your **step**. 足もとに気をつけて.

●That's one small **step** for a man, one giant leap for mankind. 1人の人間にとってこれは小さな一歩だが, 人類にとっては大きな飛躍(ひゃく)だ. →米国アポロ11号の船長 Neil A. Armstrong が人類として初めて月面に降り立った時の第一声.

●She stood a few **steps** away **from** us. 彼女は私たちから2〜3歩離(はな)れたところに立っていた.
●His **step** was fast and light. 彼の足取りは速くて軽かった.
●He walked with quick **steps**. 彼は速い足取りで歩いた.

❷ 足音 (footstep); 足跡(あしあと) (footprint)
●I heard some **steps** on the stairs. 階段で足音が聞こえた.

❸ (階段・はしごの)(踏み)段; (**steps** で) (ふつう屋外の)階段 →**stair**
●go up the **steps** to the door 戸口への階段を上がって行く
●go down the **steps** into the cellar 地下室への階段を降りて行く
●Mind the **step**. (段があるから)段に気をつけろ. →Mind your step. は「足もとに気をつけろ」.
●She came down the **steps**. 彼女は階段を降りて来た.

keep step with ～ 〜と歩調を合わせる
step by step 一歩一歩, 着実に
take steps 処置をする, 手段をとる

── 動 (三単現 **steps** /stéps ステプス/; 過去・過分 **stepped** /stépt ステプト/; -ing形 **stepping** /stépiŋ ステピング/)
(一歩・少し)歩く; 踏む
●**step** aside 脇(わき)による, 避(さ)ける
●**step** out (建物・乗り物などから)出る[降りる]
●**step** on the brake ブレーキを踏む
●**step** over a puddle 水たまりをまたいで通る
●When your name is called, **step** forward. 名前を呼ばれたら前へ出なさい.
●**Step** in, please. どうぞお入りください.
●Sorry! Did I **step on** your foot? 失礼! 足を踏んだでしょうか.
●They **stepped** into a boat. 彼らはボートに乗り込(こ)んだ.

stepladder /stéplædər ステプらダ/ 名 きゃたつ, 踏(ふ)み台

stereo /stériou ステレオウ/ 名 (複 **stereos** /stériouz ステレオウズ/) ステレオ

stern¹ /stə́ːrn スターン/ 形 厳格な, 厳しい (strict, severe)

stern² /stə́ːrn スターン/ 名 船尾(せんび), とも →

stew 630 six hundred and thirty

bow³

stew /stjú: ステュー/ 图 シチュー
- We had beef **stew** for dinner. 私たちは晩ご飯にビーフシチューを食べた.

steward /stjúərd ステュアド/ 图 (客船・旅客(りょかく)機・列車内の男性の)**客室乗務員, スチュワード**
→**flight attendant**

stewardess /stjúərdis ステュアデス/ 图 (客船・旅客(りょかく)機・列車内の女性の)**客室乗務員, スチュワーデス** →**flight attendant**

stick¹ /stík スティク/ 動 (三単現 **sticks** /stíks スティクス/; 過去・過分 **stuck** /sták スタク/; -ing形 **sticking** /stíkiŋ スティキング/)

❶ **突(つ)き刺(さ)す; 突き刺さる**
- **stick** one's finger with a needle 針で指を刺す
- He **stuck** his fork into a potato. 彼はフォークをジャガイモに突き刺した.
- There is a fish bone **stuck** in my throat. 喉(のど)に魚の骨が刺さっている. → stuck (過去分詞. 突き刺された〜)は a fish bone を修飾(しゅうしょく)する.
- A thorn **stuck** in my foot. とげが足に刺さった.

❷ (のりなどで)**貼(は)る, くっ付ける; くっ付く**
- **Stick** a stamp on the envelope. 封筒(ふうとう)に切手を貼りなさい.

❸ (のりで付けたように)**動かない, 動かなくなる**
- Our car **stuck** in the mud. 私たちの車は泥(どろ)にはまって動かなくなってしまった.

stick out 突き出す; 突き出る
- **stick out** one's tongue 舌を出す

stick to 〜 〜にくっ付いて離(はな)れない; 〜を固く守る
- **stick to** one's promise 約束を固く守る
- **stick to** one's work 仕事をやめない[あくまで続ける]

stick² /stík スティク/ 图
❶ **棒きれ; (落ちたり切り取られたりした)小枝; (キャンディーなどの)棒状の物**
- a **stick** of candy (棒状の)キャンディー1本
- a bundle of **sticks** (薪(たきぎ)にする)小枝の束
- gather **sticks** for a fire 火をたくために小枝を集める

❷ **つえ, ステッキ** →**walking stick** ともいう.
- walk with a **stick** つえをついて歩く

❸ (ホッケーの)**スティック; 指揮棒**

sticker /stíkər スティカ/ 图 **ステッカー, のり付**

きラベル[ポスター] →表面に絵や文字を印刷したのり付きの「シール」のこと. **seal** にはこの意味はない.

sticky /stíki スティキ/ 形 (比較級 **stickier** /stíkiər スティキア/; 最上級 **stickiest** /stíkiist スティキエスト/) **ねばねばする, べたべたする, くっ付く** →stick+-y.

sticky note 图 **のり付きふせん紙, 《商標》ポストイット**

stiff /stíf スティフ/ 形 **固い, こわばった**
- **stiff** cardboard 固いボール紙
- My neck is very **stiff**; I can't turn my head. (私の首はとても固い ⇨)肩(かた)がとてもこっていて首を回せない.

still 小 A1 /stíl スティる/

副 ❶ 今でも, まだ	意味map
❷ なお一層	
形 静かな; じっとして動かない	

—— 副 (→比較変化なし)

❶ **今でも, 今なお, まだ** →**yet** ❶
🏠基本 He is **still** asleep. 彼はまだ眠(ねむ)っている. →still の位置は be 動詞の後, 一般(いっぱん)動詞の前.
🏠基本 I **still** love you. 私は今でも君を愛しています.
- It's **still** dark outside. 外はまだ暗い. →「もう暗い」は It's **already** dark.
- It is **still** raining. まだ雨が降っている.
- Is he **still** angry? 彼はまだ怒(おこ)っていますか.
- The ground is **still** covered with snow. 地面はまだ雪に覆(おお)われている.
- The light of his room was **still** on. 彼の部屋の明かりはまだついていた.

❷ **なお一層, さらに** →形容詞・副詞の比較(ひかく)級を強める.
- Bob is tall, but Lucy is **still** taller. ボブは背が高いがルーシーはさらに高い.

❸ **それでも**
- I knocked harder. **Still** there was no answer. 私はもっと強くノックした. しかしそれでも返事がなかった.

—— 形 (比較級 **stiller** /stílər スティら/; 最上級 **stillest** /stílist スティれスト/)

静かな; じっとして動かない; 静止した
- a **still** night 静かな夜
- keep **still** じっとしている; 黙(だま)っている

- stand **still** じっと動かないで立っている
- sit **still** じっと座(すわ)っている
- The sea was calm and **still**. 海は波もなく静かであった.

stilt /stílt スティルト/ 图 **(stilts** で**)** 竹馬

sting /stíŋ スティング/ 图 ❶(ハチなどの)針; (植物の)とげ ❷刺(さ)すこと, 刺されること; 刺し傷 類似語 **bite** ((蚊(か)などが)刺すこと, (蚊の)刺し傷)
── 動 (三単現 **stings** /stíŋz スティングズ/; 過去・過分 **stung** /stʌ́ŋ スタング/; -ing形 **stinging** /stíŋiŋ スティンギング/) (針で)刺す; 刺すような痛みを感じさせる; 刺すように痛む

stingy /stíndʒi スティンヂ/ 形 (比較級 **stingier** /stíndʒiər スティンヂア/; 最上級 **stingiest** /stíndʒiist スティンヂエスト/) 《話》けちな; 乏(とぼ)しい

stir /stɔ́ːr スタ〜/ 動 (三単現 **stirs** /stɔ́ːrz スタ〜ズ/; 過去・過分 **stirred** /stɔ́ːrd スタ〜ド/; -ing形 **stirring** /stɔ́ːriŋ スタ〜リング/) (かすかに)動かす; かき回す; 動く

stitch /stítʃ スティチ/ 图 一針, 一縫(ぬ)い
ことわざ A **stitch** in time saves nine. よい時期の一針は九針を省く. →「事は手遅(おく)れにになれば労力が多くなる」の意味.

stock /stɑ́k スタク/ 图 ❶たくわえ, 貯蔵; (商品の)在庫, ストック, 在庫品 ❷(米)(会社の)株, 株式 ((主に英) share)
── 動 仕入れる, 備える

stóck exchànge 图 証券取引所

Stockholm /stɑ́khou(l)m スタクホウ(る)ム/ 固名 ストックホルム →スウェーデン (Sweden) の首都.

stocking /stɑ́kiŋ スタキング/ 图 ストッキング, (女性用)長靴下(くつした) 類似語 **sock** (短い靴下)
- a pair of **stockings** 靴下1足

stockroom /stɑ́ːkruːm スタクルーム/ 图 (商品・物資などの)貯蔵室, 倉庫

stole /stóul ストウる/ 動 **steal** の過去形

stolen /stóuln ストウるン/ 動 **steal** の過去分詞

stomach A2 /stʌ́mək スタマク/ 图 胃; (俗(ぞく)に)腹 →belly
- I have a pain in my **stomach**. (= I have a stomachache.) 私は胃[おなか]が痛い.

stomachache A2 /stʌ́məkeik スタマクエイク/ 图 腹痛; 胃痛 →ache
- I have a **stomachache**. 私は胃[おなか]が痛い.

- John is absent from school with a **stomachache**. ジョンはおなかが痛くて学校を休んでいます.

stomp /stɑ́mp スタンプ/ 動 (不機嫌に)どたばた歩く

stone A1 /stóun ストウン/ 图
❶石, 小石; 石材
- as hard as **stone** 石のように硬(かた)い →石の持っている性質をいっているから物質名詞として扱(あつか)い, ×a stone としない.
- a bridge of **stone**＝a **stone** bridge 石橋 →石材を意味する時は ×a stone としない.
- The bridge is built of **stone**. その橋は石で造られている.
- I've got a **stone** in my shoe. 靴(くつ)の中に石ころが入ってしまった.
- Don't **throw stones** at the birds. 小鳥に石を投げるな.
❷宝石 (jewel) →precious (/プレシャス/ (貴重な))をつけて a **precious stone** ともいう.
❸(ウメ・サクランボなどの堅(かた)い)種 →seed

Stóne Àge 图 石器時代

stony /stóuni ストウニ/ 形 (比較級 **stonier** /stóuniər ストウニア/; 最上級 **stoniest** /stóuniist ストウニエスト/) 石の多い, 石ころだらけの; 石のような, 冷たい, 無表情な →stone＋-y.

stood 中 /stúd ストゥド/ 動 **stand** の過去形・過去分詞

stool /stúːl ストゥーる/ 图 (背のない)腰(こし)かけ, スツール

stoop /stúːp ストゥープ/ 動 かがむ, 前かがみになる

stop 小 A1 /stɑ́p スタプ|stɔ́p ストプ/

動	❶止める; 止まる	意味map
	❷(出る物・出入り口などを)止める, ふさぐ	
图	❶止まること, 停止	
	❷(バスなどの)停留所	

── 動 (三単現 **stops** /stɑ́ps スタプス/; 過去・過分 **stopped** /stɑ́pt スタプト/; -ing形 **stopping** /stɑ́piŋ スタピング/)
❶止める, やめる; やめさせる; 止まる
基本 **stop** a car 車を止める →stop＋名詞.
- **stop** a fight けんかを止める
- **stop** talking 話すのをやめる
POINT 上の例の talking は talk (話す)の動名詞で, stop の目的語.

store

- **stop** to talk 話をするために立ち止まる，立ち止まって話をする

  ⚠POINT 上の例の不定詞 to talk は「話をするために」．stop は不定詞を目的語にとらない．

- **stop** him from *do*ing 彼が～するのをやめさせる[彼に～させない]
- **Stop**, thief! 止まれ，どろぼう!
- **Stop** him! He's stolen my bag! その男を止めてくれ[捕(つか)まえてくれ]! その男が私のかばんを盗(ぬす)んだんだ! →He's stolen (= He has stolen) は現在完了(かんりょう)の文．→**have** 助動 ❶
- 基本 The bus **stops** in front of the zoo. バスは動物園前で止まります．→stop+場所を示す副詞(句)．
- It **stopped** raining. = The rain **stopped**. 雨がやんだ．→It は漠然(ばくぜん)と「天候」を表す．
- He **stopped** reading the notice and went away. 彼は掲示(けいじ)を読むのをやめて立ち去った．
- He **stopped** to read the notice. = He **stopped** and read (過去形 /レド/) the notice. 彼は掲示を読むために立ち止まった[立ち止まって掲示を読んだ]．
- The rain **has stopped** and the sun is shining. 雨がやんで日が照っている．→has stopped は現在完了形．→**have** 助動 ❶
- I **was stopped** by a police officer. 私は警官に呼び止められた．→stopped は過去分詞で受け身の文．→**was** 助動 ❷
- The rain **is stopping**. 雨がやみかけている．→現在進行形の文．→**is** 助動 ❶
- Our train ran all night without **stopping** at any station. 我々の乗った列車はどこの駅にも止まらずに一晩じゅう走った．→動名詞 stopping (止まること)は前置詞 without の目的語．

❷ (出る物・出入り口などを)**止める**，**ふさぐ**，**栓(せん)をする**

- **stop** water [gas] 水道[ガス]を止める
- **stop** (up) a hole in the pipe パイプの穴をふさぐ
- **stop** (up) a bottle 瓶(びん)に栓をする
- She **stopped** her ears with her fingers. 彼女は指で耳をふさいだ．

stop by [in] 《米》(途中(とちゅう)で)**ちょっと立ち寄る**

- Won't you **stop by** for a coffee? ちょっとうちに寄ってコーヒーでもいかが?

Stop it! 《話》**やめて!**

stop over [off] (旅行の)**途中で降りる**，**途中下車する**

- We **stopped over** in Boston for the night. 私たちは途中ボストンで1泊(ぱく)した．

—— 名 (複 **stops** /stáps スタプス/)

❶ **止まること**，**やめること**，**停止**，**休止**

- come to a **stop** 止まる
- put a **stop** to ~ ~をやめる[やめさせる]
- The train came to a sudden **stop**. 電車が急停止した．
- We'll have a short **stop** here, and you can get off the bus. ここで少し停車しますからバスから降りてもいいです．

❷ (バスなどの)**停留所**

- a bus **stop** バス停留所
- I get off at the next **stop**. 私は次の停留所で降ります．

store 小 A1 /stɔ́ːr ストー/ 名

(複 **stores** /stɔ́ːrz ストーズ/)

❶ 《米》**店**，**商店** →英国ではふつう **shop** という．

- a fruit **store** 果物屋さん
- keep a **store** 店をやっている →**storekeeper**
- play **store** (子供が)お店屋さんごっこをする
- We buy clothing at this **store**. 私たちはこの店で衣類を買う．

❷ **たくわえ**，**貯蔵**；**たくさん**

- have a good **store** of food たくさんの食糧(しょくりょう)のたくわえがある

in store **たくわえて**，**用意されて**

- We have a lot of food **in store**. 私たちはたくさんの食糧を用意してある．

—— 動 (三単現 **stores** /stɔ́ːrz ストーズ/; 過去・過分 **stored** /stɔ́ːrd ストード/; -ing形 **storing** /stɔ́ːriŋ ストーリング/)

たくわえる, 貯蔵する; しまっておく

storehouse /stɔ́:rhaus ストーハウス/ 图 **倉庫**

storekeeper /stɔ́:rki:pər ストーキーパ/ 图 《米》店の主人, 小売商(人) (《英》shopkeeper)

storeroom /stɔ́:rru:m ストールーム/ 图 **貯蔵室, 物置**

storey /stɔ́:ri ストーリ/ 图 《英》=story²

stork /stɔ́:rk ストーク/ 图 《鳥》**コウノトリ**

> **イメージ (stork)**
> よく人家の煙突(えんとつ)の上に巣を作る. コウノトリが巣をつくった家には幸福が訪(おとず)れるとか, コウノトリは赤ちゃんをくわえて運んで来るという言い伝えがある.

storm A2 /stɔ́:rm ストーム/ 图 **嵐(あらし), 暴風雨**
→「突然(とつぜん)の激しい音・感情」などの意味でも使われる. →**snowstorm**
• Their boat sank in the **storm**. 彼らの(乗った)舟(ふね)は嵐で沈(しず)んだ.
• We're going to have a **storm** tonight. 今夜は嵐がやって来そうだ. →be going to *do* は「～しようとしている」.
• a **storm** of cheers 喝采(かっさい)の嵐, 嵐のような喝采

stormy /stɔ́:rmi ストーミ/ 形 (比較級 **stormier** /stɔ́:rmiər ストーミア/; 最上級 **stormiest** /stɔ́:rmiist ストーミエスト/) 嵐(あらし)の, 暴風雨の; 荒(あ)れ狂(くる)う

story¹ 小 A1 /stɔ́:ri ストーリ/ 图
(複 **stories** /stɔ́:riz ストーリズ/)
❶ **物語, 話**
> ✅**POINT** 本当の話にも架空(かくう)の話にも, また書かれたものにも口で述べられたものにも幅(はば)広く使う.
• a fairy **story** (=a fairy tale) おとぎ話
• a **story** of adventure 冒険(ぼうけん)物語
• a short **story** 短編小説
• a newspaper **story** 新聞記事
• Tell us a **story**, Grandma. おばあちゃん, 私たちにお話してよ.
• There's an old Japanese **story** about the moon. 月についての日本の昔話がある.
• She told them the **story** of her life. 彼女は彼らに自分の身の上話をした.
❷ **作り話, でたらめ** → ふつう子供の間で, あるいは子供に対して使う.
• Don't tell **stories**! でたらめ言わないで.

story² /stɔ́:ri ストーリ/ 图 (複 **stories** /stɔ́:riz ストーリズ/) 《米》(家の)**階** → 英国では **storey** とつづる. 建物の高さに重点を置いてその階層をいう時に使う. →**floor** ❷
• a two-**story** house 2階建ての家
• a house of three **stories** 3階建ての家
• How many **stories** does the building have? そのビルは何階建てですか.
• The Empire State Building is one hundred two **stories** high. エンパイアステートビルは102階の高さがある.

storybook /stɔ́:ribuk ストーリブク/ 图 **物語の本, 童話の本**

storyteller /stɔ́:ritelər ストーリテら/ 图 **物語を語る人; 物語作家**

storytelling /stɔ́:riteliŋ ストーリテリング/ 图 **物語を話す[書く]こと**

stout /stáut スタウト/ 形 ❶ **丈夫(じょうぶ)な, 強い; 勇敢(ゆうかん)な** ❷ **太った** →**fat** の遠回しな言い方.

stove A2 /stóuv ストウヴ/ 图
❶ (暖房(だんぼう)用)**ストーブ, 暖炉(だんろ)** →一般(いっぱん)的には **heater** という.
❷ 《米》料理用こんろ, レンジ (《英》cooker)
• Mother cooks on a gas **stove**. 母はガスレンジで料理をする.

St. Patrick's Day /sein(t) pǽtrikz dèi セイント パトリクズ デイ/ 图 **聖パトリックの祝日(3月17日)** →聖パトリックはアイルランドの守護聖人.

St. Paul's Cathedral /sein(t) pɔ́:lz kəθí:drəl セイン(ト) ポーるズ カすィードラる/ 固名 (ロンドンの)**セントポール大聖堂**

St. Peter's Basilica /sein(t) pí:tərz bəsílikə セイン(ト) ピータズ バシリカ/ 固名 **サンピエトロ大聖堂** →バチカン市国にあるローマカトリック教会の総本山.

straight 小 A1 /stréit ストレイト/ (→gh は発音しない) 形 ❶ **まっすぐな**
• a **straight** road まっすぐな道
• a **straight** line 直線
❷ **正直な, 率直(そっちょく)な**
• I'll give you a **straight** answer. 正直に[率直に]お答えしましょう.
• He is always **straight with** me. 彼は私にはいつも率直にものを言う.
── 副 ❶ **まっすぐに**
• go **straight** on まっすぐに進んで行く

straighten 634 six hundred and thirty-four

・go **straight** home （どこにも寄らずに）まっすぐ家へ帰る

・She looked me **straight** in the eye. 彼女はまっすぐに私の目を見た.

❷ 正直に, 率直に

・Tell me **straight**. 正直に話してくれ.

❸ 続けて, ぶっ続けに

・for three weeks **straight** 3週間連続で

straighten /stréitn ストレイトン/ 動 まっすぐにする; まっすぐになる

strain /stréin ストレイン/ 動 ❶（綱(つな)などが）ぴんと張る;（目・耳を）精いっぱい働かせる ❷（筋肉などを）最大限[無理]に使う;（使い過ぎて）痛める.（筋などを）違(ちが)える, くじく ❸（液体を）こす

strait /stréit ストレイト/ 名 海峡(かいきょう)

Stráits of Dóver 固名 （the をつけて）ドーバー海峡(かいきょう) → 英国のドーバー（Dover）とフランスのカレー（Calais）との間の海峡（最寄幅(はば)約32km）で, 英国からヨーロッパ大陸に最も近い距離(きょり). 遠泳のコースとしても有名.

strange 中 A1 /stréindʒ ストレインヂ/

形 ❶ 見た[聞いた]ことのない, 未知の; 未経験で

・There is a **strange** cat in our garden. うちの庭に見慣れないネコがいるよ.

❷ 変な, 奇妙(きみょう)な, 不思議な

・A **strange** thing happened. 不思議な事が起こった.

・There is something **strange** about him. 彼には何か変なところがある. → something, anything, nothing などには形容詞が後ろにつく.

会話 Tom's ill in bed with a bad cold. —That's **strange**. I saw him in the supermarket this morning. トムはひどい風邪(かぜ)をひいて寝(ね)ているよ.—それは変だな. 今朝スーパーで彼を見かけたよ.

・It is **strange that** John is not here. He always comes at this time. ジョンがここにいないとは変だ. 彼はいつもこの時間に来るのに. → It=that 以下.

ことわざ Fact is **stranger** than fiction. 事実は小説よりも奇(き)なり.

feel strange （目まいなどして）体の調子が変だ;（いつもと）勝手が違(ちが)って変な気がする, 落ち着かない

・I **feel strange** on the first day at school after a long vacation. 長い休暇(きゅ)

うか)の後の学校の第1日めはどうも落ち着かない.

strange to say 不思議な話だが

・**Strange to say**, this bird cannot fly. 不思議なことにこの鳥は飛べないのです.

strangely /stréindʒli ストレインヂリ/ 副 奇妙(きみょう)に; 不思議そうに; 不思議なことには

stranger A2 /stréindʒər ストレインヂャ/ 名 ❶ 見知らぬ人, よその人, 他人

・He is a **stranger** [no **stranger**] to me. 彼は私には見知らぬ人[知っている人]だ.

・We were **strangers to** each other. 私たちはお互(たが)いに知らない同士だった.

❷ よそから（初めて）来た者, 不案内の人

・I am a **stranger** here. 私はここは初めてです（からこの辺については知りません）.

strap /stréep ストラプ/ 名 （革(かわ), 布などの）ひも, バンド, ストラップ;（電車などの）つり革;（服などの）肩(かた)ひも → 時計の革バンド, ショルダーバッグのつりひも, ブックバンドなど.

strategy A2 /strǽtədʒi ストラテヂ/ 名 （複 **strategies** /strǽtədʒiz ストラテヂズ/）（大がかりな）戦略, 作戦

straw /stró: ストロー/ 名 ❶ わら, 麦わら

❷（飲み物用の）ストロー

strawberry 小 /stró:beri ストローベリ/ 名 （複 **strawberries** /stró:beriz ストローベリズ/）《果物》イチゴ

stray /stréi ストレイ/ 動 迷い出る, 道に迷う, さまよう

―― 形 迷い出た, 道に迷った → 名詞の前にだけつける.

stream /strí:m ストリーム/ 名 ❶ 小川,（川・液体などの）流れ

・a small **stream** 小さな小川

・a **stream** of tears 流れ出る涙(なみだ)

・swim against [with] the **stream** 流れに逆らって[乗って]泳ぐ

❷（人・車などの）流れ

・There is a long **stream** of cars on the road. 道路には自動車の長い流れがある[自動車が長く続いて動いている].

―― 動 流れる

・The moonlight **streamed** into the room. 月の光が部屋の中に流れ込(こ)んだ.

・Tears **were streaming** down her cheeks. 涙が彼女のほおを流れ落ちていた.

streamer /strí:mər ストリーマ/ 名 飾りリボン;（船の出航・パレードなどで用いる）紙テープ

streamline /stríːmlain ストリームライン/ 動 流線形にする; 合理化する, 簡素化する
── 名 形 流線形(の)

street 小 A1 /stríːt ストリート/ 名
(複 **streets** /stríːts ストリーツ/)
通り, 街路 →片側あるいは両側に建物が並んでいる道. 宛名(あてな)で書く時はしばしば St. または St と略す. → **avenue**
- walk along [up, down] the **street** 通りを歩く
- cross a **street** 通りを渡(わた)る
- Madison **Street** マディソン街
- a shopping **street** 商店街
- I met Bob on [in] the **street**. 私は通りでボブに出会った. →ふつう米国では on, 英国では in が使われる.
- 使い方 **On [In] what street** do you live? —I live **on [in]** Park Street. あなたは何通りに住んでいるのですか.—私はパーク通りに住んでいます.
- The **streets** are busy now. 通りは(どこも)今混んでいます.

streetcar /stríːtkɑːr ストリートカー/ 名 《米》市街電車, 路面電車 (《英》tram)

stréet chìldren 名 浮浪(ふろう)児, ストリートチルドレン →災害・貧困(ひんこん)などで住む家がなく, 路上で生活している子供たちのこと.

strength A2 /stréŋθ ストレングす/ 名 力, 体力; 強さ, 強度 関連語 「強い」は **strong**.
- the **strength** of a rope ロープの強度
- a man of great **strength** 非常に力の強い男
- I pulled the rope with all my **strength**. 私は力いっぱいロープを引いた.

strengthen /stréŋθən ストレングすン/ 動 強くする; 強くなる

stress /strés ストレス/ 名 ❶ 圧迫(あっぱく), 圧力; (精神的)緊張(きんちょう)感, ストレス ❷ 強調, 重点 ❸ (発音する時の)強勢, アクセント (accent)
── 動 ❶ 強調する, 力説する ❷ 強勢[アクセント]を置く, 強く発音する

stretch /strétʃ ストレチ/ 動 伸(の)ばす, 張る, 広げる (**stretch out** ともいう); 伸びる
── 名 ❶ 伸ばす[広げる]こと; 伸び ❷ 広々とした広がり; (時間・仕事などの)ひと続き

stretcher /strétʃər ストレチャ/ 名 担架(たんか), ストレッチャー

strict A1 /stríkt ストリクト/ 形
❶ 厳格な, 厳しい
- **strict** rules 厳格な規則
- Our teacher is **strict** but fair. 私たちの先生は厳しいけれど公平だ.
❷ 厳密な, 正確な

strictly /stríktli ストリクトリ/ 副 厳しく; 厳密に
strictly speaking 厳密に言えば

stridden /strídn ストリドン/ 動 **stride** の過去分詞

stride /stráid ストライド/ 動 (三単現 **strides** /stráidz ストライツ/; 過去 **strode** /stróud ストロウド/; 過分 **stridden** /strídn ストリドン/; -ing形 **striding** /stráidiŋ ストライディング/)
大または急に歩く; またぐ
── 名 大また(の歩き方); ひとまたぎ
- at a **stride** ひとまたぎに
- walk with rapid **strides** 大または急いで歩く

strike A2 /stráik ストライク/ 動
三単現 **strikes** /stráiks ストライクス/
過去・過分 **struck** /strák ストラク/
-ing形 **striking** /stráikiŋ ストライキング/
❶ 打つ (hit); たたく, 殴(なぐ)る; (時計が時を)打つ →**beat**
- **strike** a ball with a bat バットでボールを打つ
- **strike** him on the head [in the face] 彼の頭[顔]を殴る →**strike** A (人) on [in] the B (体の部分)は「AのBを打つ」
- ことわざ **Strike** while the iron is hot. 鉄は熱いうちに打て. →「機会を逃(のが)すな」の意味.
- The clock is now **striking** twelve. 時計が今12時を打っている. →**is** 助動 ❶
- A stone **struck** me **on** the head. 石が私の頭にあたった.
- His head **struck** the floor when he fell. 彼は倒(たお)れた時頭を床(ゆか)にぶつけた.
- The tree **was struck** by lightning. その木は稲妻(いなずま)に打たれた. →**was** 助動 ❷
❷ (マッチを)する, (マッチをすって火を)つける
- **strike** a match マッチをする
- **strike** a light (マッチをすって)火をつける
❸ 思いつく, 心を打つ, 〜と思わせる
- A good idea just **struck** me. 今ちょうどいい考えが浮(う)かんだ.
❹ ストライキをする
- The workers are **striking** for higher

strikeout 636 six hundred and thirty-six

wages. 労働者は賃上げを求めてスト中だ.

strike out (野球で)三振(さんしん)させる[する]; (文字などを)消す, 削除(さくじょ)する (cross out)

—— 图 ❶ 打つこと, 攻撃(こうげき)

❷ (野球の)ストライク **→ball¹** ❸

• Three **strikes** and you're out. スリーストライクでアウト.

❸ (労働運動の)ストライキ

• go on **strike** ストライキをする

• The workers are on **strike** for a raise. 労働者は賃上げを求めてスト中だ.

strikeout /stráikaut ストライカウト/ 图 《野球》三振(さんしん)

striking /stráikiŋ ストライキング/ 形 目だった, 人目をひく

string A2 /stríŋ ストリング/ 图 ❶ ひも

類似語 **string** は **thread** よりも太く, **cord** よりも細いもの. **→cord**

• a piece of **string** 1本のひも

• He tied the books together with **string**. 彼はひもで本を縛(しば)った.

❷ (ひもに通した)ひとつなぎ, じゅずつなぎ, 一連

• a **string** of pearls (糸に通した)真珠(しんじゅ)のひとつなぎ, (1本の)真珠の首飾(かざ)り

• a **string** of paper crane (ひとつながりの折り鶴(づる)) ⇨千羽鶴

❸ (楽器の)弦(げん), (弓の)弦(つる); **(the strings** で)弦楽器(部), ストリングス

stringed instrument /strìŋd ínstrumənt ストリングド インストルメント/ 图 弦(げん)楽器

strip¹ /stríp ストリプ/ 動 (三単現 **strips** /stríps ストリプス/; 過去・過分 **stripped** /strípt ストリプト/; -ing形 **stripping** /strípiŋ ストリピング/) 脱(ぬ)がせる, 裸(はだか)にする, (皮などを)はぐ; 裸になる

strip² /stríp ストリプ/ 图 細長い1片(ぺん)

stripe /stráip ストライプ/ 图 筋, しま

striped /stráipt ストライプト/ 形 筋のある, しまの **→stripe**

strive /stráiv ストライヴ/ 動 (三単現 **strives** /stráivz ストライヴズ/; 過去 **strove** /stróuv ストロウヴ/, **strived** /stráivd ストライヴド/; 過分 **striven** /strívn ストリヴン/, **strived**; -ing形 **striving** /stráiviŋ ストライヴィング/) 努力する, 懸命(けんめい)になる

striven /strívn ストリヴン/ 動 **strive** の過去分詞

strode /stróud ストロウド/ 動 **stride** の過去形

stroke /stróuk ストロウク/ 图

❶ 打つこと, 一撃(いちげき); (時計・鐘(かね)の)打つ音

❷ (水泳の)ひとかき, (ボートの)ひとこぎ, (テニスなどの)ひと打ち; (ペンの)一筆; (やさしい)ひとなで **→** 規則的に繰(く)り返す動作の1回分の動き・そのやり方.

❸ 思いがけないこと; (病気の)発作(ほっさ), 脳溢血(のういっけつ)

—— 動 なでる, さする

stroll /stróul ストロウル/ 動 ぶらぶら歩く, 散歩する

—— 图 ぶらぶら歩き, 散歩

stroller /stróulər ストロウラ/ 图 ❶ ぶらぶら歩く人 ❷ (米) 腰(こし)かけ式ベビーカー (《英》pushchair) **→**「ベビーカー」は和製英語. **→ baby buggy**

strong 小 A1 /stró:ŋ ストローング|stróŋ ストロング/ 形 (比較級 **stronger** /stró:ŋgər ストローンガ/; 最上級 **strongest** /stró:ŋgist ストローンゲスト/) (**→**比較級・最上級は /g グ/ の音が入るので注意)

❶ (力が)強い, 丈夫(じょうぶ)な, 頑健(がんけん)な

[命基本] a **strong** wind 強い風 **→strong**＋名詞.

• a **strong** man (力の)強い人, 力持ち.

[命基本] He is very **strong**. 彼はとても力が強い. **→**be 動詞＋strong.

[反対語] He has a **weak** body, but his mind is **strong**. 彼は体は弱いが精神は強い.

[会話] Which is **stronger**, a lion or a tiger?—A tiger is (**stronger**) than a lion. ライオンとトラとどちらが強いでしょうか.—トラです.

• I think an elephant is the **strongest** of all the animals. ゾウはすべての動物のうちで一番強いと思います.

❷ (味・においなどが)濃(こ)い, 強い

• **Strong** coffee keeps you awake. (濃いコーヒーは君を目ざめさせておく ⇨濃いコーヒーを飲むと眠(ねむ)れなくなるよ. **→**keep *A B* (形容詞)は「*A* を *B* (の状態)にさせておく」.

• There's a **strong** smell of gas. すごくガスのにおいがする.

❸ 得意な, 優(すぐ)れた

• Speaking English is his **strong** point. 英語をしゃべるのは彼の得意とするところだ.

❹ (数の後につけて)総勢〜の

• an army 10,000 **strong** 総勢1万の軍隊

strongly A2 /strɔ́:ŋli ストローングリ/ 副 強く

strove /stróuv ストロウヴ/ 動 **strive** の過去形

struck /strʌ́k ストラク/ 動 **strike** の過去形・過去分詞

structure A2 /strʌ́ktʃər ストラクチャ/ 名
❶ 構造 ❷ 建物, 建造物 (building)

struggle /strʌ́gl ストラグる/ 動 もがく; 戦う, 奮闘(ふんとう)する
• **struggle** for 〜 〜を得ようとして戦う[苦闘(くとう)する]
• **struggle** to do 〜しようともがく[奮闘する]
• **struggle** with [against] 〜 〜と戦う
―― 名 もがき, 苦闘

stubborn /stʌ́bərn スタボン/ 形 頑固(がんこ)な, 強情(ごうじょう)な; 手に負えない

stuck /stʌ́k スタク/ 動 **stick**[1] の過去形・過去分詞

student 小 A1 /stjú:dənt ステューデント/ 名 (複 **students** /stjú:dənts ステューデンツ/) ❶ 生徒, 学生 → **pupil**[1]

🔵POINT 米国では中学校以上, 英国では大学の学生を指す.

• a high school **student** ハイスクールの生徒
• a college **student** 大学生
• I'm a second year **student**. 私は2年生です.
• There are 300 **students** in our school. 私たちの学校には300人の生徒がいます.
❷ 研究者, 研究家
• a **student** of Shakespeare シェークスピアの研究者

stúdent téacher 名 教育実習生, 教生

studied /stʌ́did スタディド/ 動 **study** の過去形・過去分詞

studies /stʌ́diz スタディズ/ 動名 **study** 動の3人称(しょう)単現在形; **study** 名の複数形

studio /stjú:diou ステューディオウ/ (→× スタディオ ではない) 名 (複 **studios** /stjú:diouz ステューディオウズ/) (芸術家の)仕事場, 制作室, スタジオ, アトリエ; 映画撮影(さつえい)所; 放送スタジオ, (CDなどの)録音室

study 小 A1 /stʌ́di スタディ/ 動 (三単現 **studies** /stʌ́diz スタディズ/; 過去・過分 **studied** /stʌ́did スタディド/; -ing形 **studying** /stʌ́diiŋ スタディイング/)

❶ 勉強する, 研究する → **learn**

🈁基本 **study** for a test テストのために勉強する → study+副詞(句).
• **study** abroad 外国で勉強する, 海外留学をする

🈁基本 We **study** English at school. 私たちは学校で英語を勉強します. → study+名詞.
• She **studies** French on television. 彼女はテレビでフランス語を勉強します.
• She wants to go to France to **study** French. 彼女はフランス語を勉強するためにフランスへ行きたがっている. → 不定詞 to study は「勉強するために」. → **to** ❾ の③

関連語 Pat **studied** Japanese at college and **learned** to read some Chinese characters as well. パットは大学で日本語を勉強して漢字も少し読めるようになった.
• She **has studied** Spanish for two years. 彼女はスペイン語を2年間勉強した. → 現在完了(かんりょう)の文. → **have** 助動 ❸
• English **is studied** all over the world. 英語は世界中で勉強されている. → studied は過去分詞で受け身の文. → **is** 助動 ❷
• He **is studying** at his desk. 彼は自分の机で勉強している. → 現在進行形の文. → **is** 助動 ❶
• My brother **has been studying** English for six years. 私の兄は英語を6年間勉強している. → 現在完了進行形の文. → **have** 助動 ❸
❷ (よく)調べる (examine)
• We **studied** the map before we went driving. 私たちはドライブに出かける前に地図をよく調べた.
―― 名 (複 **studies** /stʌ́diz スタディズ/)
❶ 勉強, 研究; 学問
• the **study** of a foreign language 外国語の勉強
• social **studies** (教科の)社会科
❷ 勉強部屋, 書斎(しょさい)

stúdy hàll 名 《米》(学校の)自習室

stúdy pèriod 名 (時間割に組み込(こ)まれている)自習時間

stuff A2 /stʌ́f スタふ/ 名 物体; (漠然(ばくぜん)と)物; 持ち物
• old **stuff** 古物, 古いがらくた →×a stuff, stuffs としない.
• What is that red **stuff**? その赤い物は何で

stuffed 638 six hundred and thirty-eight

すか.

【会話】Morning, Bob. Anything new? —No, just the same old **stuff**. おはよう, ボブ. なにか変わった事でもあるかい.—いや, 相変わらずさ.

── **動** 詰(つ)め込(こ)む, 詰め物をする

• **stuff** a cushion with feathers クッションに羽毛(うもう)を詰める

stuffed /stʌ́ft スタフト/ **形** 詰(つ)め物をされた; ぬいぐるみの

• a **stuffed** animal ぬいぐるみの動物

stumble /stʌ́mbl スタンブる/ **動** つまずく, よろける

stump /stʌ́mp スタンプ/ **名** (木の)切り株; (一般(いっぱん)に)短い切れ端(はし) ➡鉛筆(えんぴつ)の使い残し・ろうそくの燃えさしなど.

stun /stʌ́n スタン/ **動** (三単現 **stuns** /stʌ́nz スタンズ/; 過去・過分 **stunned** /stʌ́nd スタンド/; -ing形 **stunning** /stʌ́niŋ スタニング/)

打って気絶させる, 肝(きも)をつぶさせる, びっくりさせる

stung /stʌ́ŋ スタング/ **動** **sting** の過去形・過去分詞

stupid /stjú:pid ステューピド/ **形** ばかな (foolish), 頭の悪い; ばかげた, くだらない

St. Valentine's Day /sein(t) vǽləntainz dèi セイン(ト) ヴァれンタインズ デイ/ **名**

聖バレンタインの祭日, バレンタインデー ➡**valentine**

style 中 A2 /stáil スタイる/ **名**

❶ (生活・行動・芸術などの)様式, 型, スタイル

• a painting **style** 画法

• the Japanese **style** 和風, 日本式

• the American **style** of life アメリカ風の生活様式

• a church in Gothic **style** ゴシック様式の教会

❷ (服装などの)スタイル, (流行の)型

• Mary's blouse is the latest **style**. メアリーのブラウスは最新のスタイルです.

• This **style** of skirt is now in [out of] fashion. この型のスカートは今流行している[いない].

stylish /stáiliʃ スタイリシュ/ **形** 流行の; かっこいい

stylist /stáilist スタイリスト/ **名** 美容師; (服飾(ふくしょく)・室内装飾(そうしょく)などの)デザイナー 類似語 **hairdresser** (美容師)

sub /sʌ́b サブ/ **名** 《話》代役, (スポーツで)補欠, サブ

subject 小 A1 /sʌ́bdʒikt サブチェクト/

名 ❶ 教科

❷ (研究・話などの)主題

❸ 《文法》(文の)主語

意味 map

── **名** (複 **subjects** /sʌ́bdʒikts サブチェクツ/)

❶ 教科, 科目

• English is my favorite **subject**. 英語は私の大好きな教科です.

• I like English best of all my **subjects**. 私は全教科の中で英語が一番好きです.

• What **subjects** do you have on Monday? 月曜日にはどういう教科があるの?

❷ (研究・話などの)主題, テーマ, 題目, 話題

• change the **subject** 話題を変える

• The **subject** for our composition is "My Dream." 私たちの作文の題は「私の夢」だ.

❸ 《文法》(文の)主語, 主部

submarine /sʌ́bməri:n サブマリーン/ **名** 潜水艦(せんすいかん)

substance /sʌ́bstəns サブスタンス/ **名** 物質

subtitle /sʌ́btaitl サブタイトる/ **名**

❶ (書物などの)副表題, サブタイトル

❷ (subtitles で) (映画・テレビ・動画の)字幕

subtract /səbtrǽkt サブトラクト/ **動** 引く; 引き算をする 反対語 **add** (足し算をする)

subtraction /səbtrǽkʃən サブトラクション/ **名** 引き算 反対語 **addition** (足し算)

suburb /sʌ́bə:rb サバ〜ブ/ **名** 郊外(こうがい), 郊外住宅地

• a quiet **suburb** of London ロンドンの静かな郊外

• We live in the **suburbs**. 私たちは郊外に住んでいます. ➡一般(いっぱん)的に「郊外」という時はこのように the suburbs とする.

subway 中 A1 /sʌ́bwei サブウェイ/ **名**

❶ 《米》地下鉄 (《英》underground) ➡**tube** ❷

• a **subway** station 地下鉄の駅

• go by **subway** 地下鉄で行く ➡×by a [the] subway としない. ➡**by** 前 ❶

• You can easily get there **by subway**. そこには地下鉄で簡単に行けます.

❷ 《英》地下道 (《米》underpass)

succeed A2 /səksí:d サクスィード/ **動**

such

❶ 成功する, うまく～する　関連語「成功」は **success**. 反対語 **fail**（失敗する）
- **succeed** in an examination 試験に(成功する ⇨)合格する
- **succeed** in winn**ing** the championship 選手権を獲得(かくとく)する(のに成功する)
- I hope you will **succeed in** life. あなたが人生において成功される[出世する]ことを願っております.
- Our efforts **succeeded**. 私たちの努力は成功した[成果をおさめた].

❷ ～に続く; あとを継(つ)ぐ　関連語「連続, 継承(けいしょう)」は **succession**.
- The storm **was succeeded** by calm.（嵐(あらし)は静けさに続かれた ⇨)嵐の後はなぎが来た. →**was** 助動 ❷
- When the king died, his son **succeeded** him [to the throne]. 王が死ぬと王子が彼のあとを[王位を]継いだ. →**succeed**＋人, succeed to＋「称号, 財産, 職業」の形に注意.

success A2 /səksés サクセス/ (→アクセントの位置に注意) 名

❶ 成功, うまくやること　関連語「成功する」は **succeed**.
- have [achieve] **success** 成功する →×a success, ×success**es** としない.
- **success** in life 人生における成功, 出世
- He tried to open the safe without **success**. 彼はその金庫を開けようとしたがうまくいかなかった.
- Her **success** in school comes from hard work. 彼女が学校で成績がいいのは一生懸命(けんめい)勉強するからです.

❷ 成功した事; 成功した人, 成功者
- The party was a **success**. そのパーティーは成功でした[盛会(せいかい)だった].
- She is a great **success** as a singer. 彼女は歌手として大成功者だ.

successful 中 A1 /səksésfəl サクセスふる/ 形
成功した, うまくいった
- the first **successful** moon rocket 初めて成功した月ロケット
- The party was very **successful**. そのパーティーは大成功でした.
- He was **successful in** the examination. 彼は試験に合格した.

successfully A2 /səksésfəli サクセスふり/ 副
うまい具合に, 見事に

succession /səkséʃən サクセション/ 名　連続; あとを継(つ)ぐこと, 相続, 継承(けいしょう)　→**succeed** ❷

successor /səksésər サクセサ/ 名　後継(こうけい)者, 継承(けいしょう)者, 後任, 相続者

such 中 A2 /sʌ́tʃ サチ/ 形 (→比較変化なし)

❶ このような, こういう, そのような, そんな
基本 **such** a thing このような事 →such a＋名詞の単数形. ×a such thing としない.
- **such** a book このような本, そのような本
- I have never read **such** an interesting book. 私はこんなおもしろい本を読んだことがない.
- All **such** books are useful. そういう本はすべて有益です.

POINT all, some, no, any, many などは such の前につく.

- I said no **such** thing. 私はそんな事は一切(いっさい)言いませんでした.
- I don't like tea and coffee and **such** drinks. 私は紅茶とかコーヒーとかそういった飲み物は嫌(きら)いです.

❷ (「形容詞＋名詞」を修飾(しゅうしょく)して) 非常に, とても, すごく;（直接「名詞」の前につけて) 非常な, すごい
- He is **such** a nice person. 彼はとてもいい人だ. →such a＋形容詞＋名詞.
- We've had **such** a fine time.（私たちは)とても楽しかった.
- He left in **such** a hurry. 彼は大急ぎで帰りました.
- The firefighters showed **such** courage! 消防士たちは非常な勇気を示した.

such A as B=A(,) such as B B のような A

- **such** a book **as** this=a book **such as** this このような本
- We study **such** subjects **as** English, mathematics, and science. 私たちは英語, 数学, 理科のような教科を勉強する.
- Autumn gives us fruits, **such as** pears, apples, and grapes. 秋は私たちにナシ, リンゴ, ブドウのような果物を与(あた)えてくれる.

such A that ～ とても A なので～

- He is **such** a good boy **that** everybody likes him.（＝He is so good (a boy) that everybody likes him.）彼はとてもいい子なので誰(だれ)でも彼が好きだ.

suck

suck 640 six hundred and forty

• I was in **such** a hurry **that** I forgot to lock the door. 私はとても急いでいたのでドアに鍵(かぎ)をかけるのを忘れた.

suck /sʌk サク/ 動 ❶ (汁(しる)・蜜(みつ)・空気などを)吸う ❷ (あめ・指などを)しゃぶる

Sudan /suːdǽn スーダン/ 固名 **(the Sudan で) スーダン共和国 →**アフリカ北東部の国. 首都はハルツーム. 公用語はアラビア語, 英語.

Sudanese /suːdəníːz スーダニーズ/ 形 スーダン(人)の **→Sudan**
── 名 スーダン人 →複数も **Sudanese**.

sudden A2 /sʌ́dn サドン/ 形 急の, 突然(とつぜん)の
• There was a **sudden** change in the weather. 天気が急に変わった.
all of a sudden 突然, だし抜(ぬ)けに

suddenly 中 /sʌ́dnli サドンリ/ 副 急に, 突然(とつぜん), ふと

Suez Canal /suːèz kənǽl スーエズ カナる/ 固名 **(the をつけて) スエズ運河**

suffer 中 /sʌ́fər サふァ/ 動
❶ (苦痛・損害などを)受ける, 被(こうむ)る →目的語には pain (苦痛), loss (損失), grief (悲しみ)など「苦痛・不快」を表す語をとる.
• **suffer** pain 苦痛を受ける, 苦しむ
• **suffer** a great loss 大損害を被る
❷ (ふつう **suffer from ～** で) (～で)苦しむ, 悩(なや)む; (病気など)にかかる →from の次には「病気・貧困(ひんこん)・飢(う)え」など「苦痛」の原因を示す語が来る.
• **suffer from** a headache 頭痛がする
• He was **suffering from** hunger and cold. 彼は空腹と寒さに苦しんでいた.

suffering /sʌ́fəriŋ サふァリング/ 名 苦しみ, 苦痛; (しばしば **sufferings** で) 苦難, 苦労

sufficient /səfíʃənt サふィシェント/ 形 十分な, ～に必要なだけの **→enough**

sugar A1 /ʃúɡər シュガ/ 名 砂糖
• a lump [a cube] of **sugar** 角砂糖1個 →×*a* sugar としない.
• two spoonfuls of **sugar** スプーン2杯(はい)の砂糖 →口語ではしばしば two sugars という. →会話の用例
• I put some **sugar** in my coffee. 私はコーヒーに少し砂糖を入れます.
🗨会話 How many **sugars**?—Two, please. お砂糖何杯入れる?—2杯.

súgar cándy 名 《英》氷砂糖 《米》rock

candy)

súgar càne 名 サトウキビ

suggest A2 /səɡdʒést サグチェスト|sədʒést サチェスト/ 動 ❶ (こうしてはどうかと)提案する
• **suggest** a plan 計画を提案する
• **suggest** tak**ing** a walk 散歩をしようと言う
• He **suggested** a swim, and we all agreed. 彼が泳ぐのはどうだと言いだして, 私たちはみんな賛成した.
• He **suggested** that we (should) go on a picnic. (=He said, "Let's go on a picnic.") ピクニックに行こうと彼は提案した.
❷ それとなく言う, ほのめかす; それとなく示す, 思いつかせる
• Her look **suggested** (that) she was happy. 彼女の表情は彼女が幸福であることを示していた.

suggestion A1 /səɡdʒéstʃən サグチェスチョン/ 名 (こうしてはどうかという)提案, サジェスチョン
• make a **suggestion** 提案する
• I have a **suggestion**. 私に提案があります.
• Do you have any **suggestions**? 何か提案がありますか.
• I made a **suggestion** that we (should) go on a picnic next Sunday. こんどの日曜日にピクニックへ行こうと私は提案した.

suicide 中 /súːəsaid スーイサイド/ 名 自殺

suit 中 A2 /súːt スート/ 名
❶ スーツ, 背広, 上下ひとそろいの服
• Mr. Smith is wearing a blue **suit**. スミス氏はブルーのスーツを着ている.
• She had a new **suit** on. 彼女は新しいスーツを着ていた.
❷ ～用の服, ～着
• a bathing **suit** (=a swimsuit) 水着
── 動 ❶ 適する, 好都合である
🗨会話 What time **suits** you best?—Five o'clock (**suits** me best). 何時が君には一番好都合ですか.—5時です.
• The houses are **suited** for the climate here. 家屋はここの気候に合わされている(合うように建てられている.)
❷ 似合う
• Long hair doesn't **suit** him. 長髪(ちょうはつ)は彼には似合わない.

suitable A2 /súːtəbl スータブる/ 形 適当な, 適した, ふさわしい

six hundred and forty-one　641　**sunny**

- This dress is **suitable** for traveling. この服は旅行に着て行くのにいい.

suitcase A2 /súːtkeis スーツケイス/ 图 **小型旅行カバン, スーツケース →trunk ❸**

sum A1 /sʌ́m サム/ 图 ❶ **合計, 総計**
- The **sum** of 7 and 3 is 10. 7と3を足すと10である.
❷ **(お金の)額, 金額**
- a large **sum** (of money) 多額の金
❸ **《英》(しばしば sums で)(算数の)計算**
- do **sums** 計算をする
── 動 (三単現 **sums** /sʌ́mz サムズ/; 過去・過分 **summed** /sʌ́md サムド/; -ing形 **summing** /sʌ́miŋ サミング/)
❶ **(ふつう sum up で)合計する**
❷ **要点を述べる, 要約する**

Sumatra /suːmáːtrə スーマートラ/ 固名 **スマトラ →インドネシア共和国に属する大きな島.**

Sumatran /suːmáːtrən スーマートラン/ 形 **スマトラ(島)の**

summary A2 /sʌ́məri サマリ/ 图 (複 **summaries** /sʌ́məriz サマリズ/) **要約, まとめ**

summer 小 A1 /sʌ́mər サマ/ 图
(複 **summers** /sʌ́mərz サマズ/)
夏; (名詞の前につけて)夏の 関連語 spring (春), **fall [autumn]** (秋), **winter** (冬)
- in (the) **summer** 夏に
- this **summer** 今年の夏(に) →×in this summer としない.
- last **summer** 去年の夏(に)
- next **summer** 来年の夏(に)
- all **summer** 夏中
- the **summer** vacation [holidays] 夏休み
- a **summer** resort 夏の行楽地, 避暑(ひしょ)地
- In Australia, December, January, and February are the **summer** months. オーストラリアでは12月, 1月, 2月が夏の月です.

summit /sʌ́mit サミト/ 图 ❶ **(山などの)頂上** (top) ❷ **(国家間の)首脳会談 →summit meeting, summit conference ともいう.**

sun 小 A1 /sʌ́n サン/ (→son (息子(むすこ))と同音) 图
❶ **太陽 関連語 solar** (太陽の); **moon** (月), **earth** (地球)
- The **sun** is rising. 太陽は昇(のぼ)りつつある [昇ってきた].

- Our **sun** is one of the stars. 私たちの太陽も恒星(こうせい)の1つだ.
❷ **日光, ひなた**
- sit in **the sun** ひなたに座(すわ)る, ひなたぼっこをする
関連語 It's too hot **in the sun**. Let's sit **in the shade**. ひなたは暑過ぎる. 日陰(かげ)にすわろう.
- Don't get too much **sun** at the beach. 海岸で日に当たり過ぎてはだめよ.

Sun. 略 =**Sun**day (日曜日)

sunburnt /sʌ́nbəːrnt サンバ〜ント/ 形 **(肌(はだ)がひりひりするほど)日に焼けて →suntanned**

sundae /sʌ́ndei サンデイ/ 图 **サンデー →ナッツや果物などをのせたりシロップをかけたりしたアイスクリーム.**

Sunday 小 A1 /sʌ́ndei サンデイ/ 图
(複 **Sundays** /sʌ́ndeiz サンデイズ/)
日曜日 →週の第1日. 詳(くわ)しい使い方は → Tuesday
- on **Sunday** 日曜日に
- next **Sunday** 来週の日曜日(に) →×on next Sunday としない.
- last **Sunday** この前の日曜日(に), 先週の日曜日(に)
- every **Sunday** 毎日曜日, 日曜日ごとに
- on **Sundays** 日曜日にはいつも[よく]

語源 (Sunday)
「太陽の日」(the day of the sun) の意味.

Sùnday bést [clóthes] 图 《話》**よそ行きの服**

sunflower A2 /sʌ́nflauər サンふラウア/ 图 **《植物》ヒマワリ**

sung /sʌ́ŋ サング/ 動 **sing の過去分詞**

sunglasses A2 /sʌ́nglæsəz サングラスィズ/ 图 **サングラス**
- wear **sunglasses** サングラスをかけている

sunk /sʌ́ŋk サンク/ 動 **sink の過去分詞**

sunlight A2 /sʌ́nlait サンライト/ 图 **日光**

sunny 小 A1 /sʌ́ni サ二/ 形 (比較級 **sunnier** /sʌ́niər サ二ア/; 最上級 **sunniest** /sʌ́niist サ二エスト/)
❶ **日の照っている, 晴れ渡(わた)った; 日当たりのよい**
- a **sunny** day 晴れた日

sunny-side up 642 six hundred and forty-two

●a **sunny** room 日当たりのいい部屋

●I hope it will be **sunny** tomorrow. あした晴れるといいですね.

❷ 陽気な, 明るい (cheerful)

●a **sunny** smile 明るいほほえみ

sunny-side up /sʌ́ni said ʌ́p サニ サイド アプ/ 形 《米》(卵を)目玉焼きにした

sunrise 中 /sʌ́nraiz サンライズ/ 名 日の出, 日の出の光景; 日の出時

sunscreen /sʌ́nskri:n サンスクリーン/ 名 日焼け止めクリーム[ローション]

sunset /sʌ́nset サンセト/ 名 日没(にちぼつ), 日没の光景; 日暮れ時

●at **sunset** 夕暮れ時に, 夕方に

●after **sunset** 日没後に, 日が暮れてから

sunshine A1 /sʌ́nʃain サンシャイン/ 名 (直射する)日光; ひなた

●enjoy the **sunshine** 日光を楽しむ, ひなたぼっこをする, 太陽の光を浴びる

●in the **sunshine** ひなたで[に]

ことわざ After rain comes **sunshine**. 雨の後には日が射す. → 「悪い事の後にはよい事が来るものだ」の意味. 主語は sunshine. 「雨降って地固まる」にあたる.

●You are my **sunshine**. 君は私の太陽(私に明るさをくれる人)です.

suntanned /sʌ́ntænd サンタンド/ 形 (健康に)日焼けした → sunburnt

super A1 /sú:pər スーパ/ 形 《話》超(ちょう)一流の, 抜群(ばつぐん)の, 飛び抜(ぬ)けた

superhighway /su:pərháiwei スーパハイウェイ/ 名 《米》高速道路 (expressway)

superior /supí(ə)riər スピ(ア)リア/ 形 優(すぐ)れた, 上等の; ランクが上の 反対語 inferior (劣(おと)った)

―― 名 ❶ 上司, 上役 ❷ (Lake Superior で) スペリオル湖 → 北米五大湖の1つ. → Great Lakes

superlative A2 /səpə́:rlətiv サパ〜らティヴ/ 形 最高の; 《文法》(形容詞・副詞が)最上級の

Superman /sú:pərmæn スーパマン/ 固名 スーパーマン

supermarket 小 A1

/sú:pərɑ:rkit スーパマーケト/ 名 スーパー(マーケット)

superstar A2 /sú:pərstɑ:r スーパスター/ 名 (映画・音楽・スポーツ界などの)大スター

superstition /su:pərstíʃən スーパスティション/ 名 迷信(めいしん)

supervise /sú:pərvaiz スーパヴァイズ/ 動 監督する

supper A2 /sʌ́pər サパ/ 名 夕食, 晩ご飯; 夜食

●have [eat] **supper** 夕食を食べる → ×a supper, ×the supper としない.

●at **supper** 夕食の時に, 夕食中に

●after **supper** 夕食後に

●have ~ for **supper** 夕食に~を食べる

参考 1日のうちで最もごちそうの出る食事を **dinner** という. 米国での食事はふつう **breakfast—lunch—dinner**. 英国では breakfast—lunch—dinner の家庭もあるが一般(いっぱん)労働者の家庭では **breakfast—dinner—tea—supper** がふつうで, **supper** は夜の8時〜9時頃(ごろ), 「ミルクとクッキー」のようなごく軽いものになることが多い.

supply /səplái サプらイ/ 動
(三単現 **supplies** /səpláiz サプらイズ/; 過去・過分 **supplied** /səpláid サプらイド/; -ing形 **supplying** /səpláiiŋ サプらイインプ/) (必要な物・不足の物を)供給する, 与(あた)える

―― 名 供給; 供給物, (供給するためにたくわえてある)量, ストック

反対語 **supply** and **demand** 需要(じゅよう)と供給. → 日本語と語順が逆であることに注意.

support 中 A2 /səpɔ́:rt サポート/ 動
❶ (下から)支える; (人・意見などを)支持する, 支援(しえん)する

●This chair won't **support** his weight. この椅子(いす)は彼の体重を支えきれないだろう.

●We **supported** his plan. 私たちは彼の計画を支持した.

❷ (家族など)養う; (生命など)支える, 維持(いじ)する

●**support** a large family 大家族を養う

―― 名 支え; 支持, 支援

●They got **support** from some rich people. 彼らは金持ちたちからの支援を得た.

supporter /səpɔ́:rtər サポータ/ 名 支持者; (特定のスポーツチームの)サポーター, 応援(おうえん)者

suppose /səpóuz サポウズ/ 動
❶ (~ではないかと)思う, 考える, 推定する

- I **suppose** you are right. 君の言うとおりだと私は思う.
- You are Mr. Jones, I **suppose**. あなたはジョーンズさんじゃありませんか.
- I **suppose** (that) he is over eighty. ＝I **suppose** him **to** be over eighty. 彼は80歳(さい)は越(こ)えているでしょう.

会話 Is he right?—I **suppose** so. 彼の言っていることは正しいだろうか.—正しいんじゃないの. →あまり気乗りしない返事の仕方.

❷ 仮定する; (**Suppose**[**Supposing**]〜で) もし〜なら (if)
- **Suppose** our teacher finds us, what shall we do? もし先生が僕(ぼく)たちを見つけたらどうしよう.
- **Supposing** (that) this is true, what would you do? もしこれが本当だとしたら君はどうしますか.

be supposed to *do* 《約束・義務・規則などから》〜することになっている, 〜するはずだ
- He **is supposed to** be here at seven. 彼は7時にここに来ることになっている.
- You **are** not **supposed to** play baseball here. ここでは野球をしてはいけないことになっている.

supreme /suprí:m スプリーム/ 形 最高の, 最大の, この上ない

Súpreme Cóurt 名 (**the** をつけて)《米》(国および各州の)**最高裁判所** →英国では上院の下に置かれている最高法廷(ほうてい)がこれに相当する.

sure 小 A1 /ʃúər シュア/ 形

(比較級 **surer** /ʃúərər シュアラ/, **more sure**; 最上級 **surest** /ʃúərist シュアレスト/, **most sure**)

❶ (動詞の後につけて) 確かで, 確信して

基本 I think it's true, but I'm not **sure**. 私はそれは本当のことだと思うけれど確かではありません. →be 動詞＋sure.

- I'm **sure** of his honesty. 私は彼の正直さを確信している.
- I'm **sure** (that) she will succeed. 私は彼女が成功すると確信している.
- I think she lives on May Street, but I'm not **sure** about the number. 彼女はメイ通りに住んでいると思うが番地は確かではない.
- I'm not **sure** if I can come tomorrow. あした来られるかどうか確かでない.

 会話
Are you **sure** (that) you locked the door?—No, I'm not quite **sure**.
君は確かにドアに鍵(かぎ)をかけたのか.—いや, あまり確かじゃない.

❷ (名詞の前につけて) 確かな, 信頼(しんらい)できる
- He has a **sure** eye for color. 彼は色彩(しきさい)に対する確かな目を持っている.
- Thunder is a **sure** sign of rain. 雷鳴(らいめい)は雨の確かな前兆だ.

— 副 (→比較変化なし)
確かに (surely); (返事で)もちろん (certainly) →目上の人には使わない.
- **Sure** you can! きっと君ならできるさ.

 会話
Do you like it?—**Sure**, I do.
君それ好き?—もちろん好きだよ.

Will you open the window?—**Sure**.
窓を開けてください.—はい.

be sure to *do* きっと〜する
- He **is sure to** come. (＝I am sure he will come.) 彼はきっと来ます.
- **Be sure to** come. きっと来なさいよ.

for sure 確かに; 確実に
- That's **for sure**. それは確かだ.

make sure 確かめる
- **Make sure** (that) you have the key. 鍵を持っていることを確かめなさい.
- Are you sure Bob will come tomorrow? Ask him to **make sure**. 確かにボブはあした来るのかい. (確かめるために ⇒)念のために彼に聞いてごらん.

sure enough 予期したとおり, やっぱり, 果たせるかな

to be sure (なるほど)確かに

surely 644 six hundred and forty-four

・**To be sure**, she is not rich, but she is smart. なるほど彼女は金持ちではないが頭がいい.

surely /ʃúərli シュアリ/ 副 ❶ 確かに, きっと; 確実に ❷《否定文で》まさか, よもや

surf A1 /sə́ːrf サ〜ふ/ 名 (岸に砕(くだ)ける)寄せ波

—— 動 ❶ サーフィンをする →**surfing**
・go **surfing** サーフィンをしに行く
❷ (インターネットで)いろいろなサイトを見て回る
・**surf** the Internet ネットサーフィンする

surface /sə́ːrfis サ〜ふェス/ (→× /サ〜ふェイス/ ではない) 名 表面, 面

surfboard /sə́ːrfbɔːrd サ〜ふボード/ 名 サーフボード

surfer /sə́ːrfər サ〜ふァァ/ 名 サーファー

surfing 中 A2 /sə́ːrfiŋ サ〜ふィング/ 名 波乗り, サーフィン

surgeon /sə́ːrdʒən サ〜ヂョン/ 名 外科(げか)医 →**physician**

surgery /sə́ːrdʒəri サ〜ヂャリ/ 名 (複 **surgeries** /sə́ːrdʒəriz サ〜ヂャリズ/) 外科(げか); 外科手術
・undergo **surgery** 外科手術を受ける

surname A2 /sə́ːrneim サ〜ネイム/ 名 姓(せい) →**family** [**last**] **name** ともいう. →**name**

surprise 中 A1 /sərpráiz サプライズ/
名 ❶ 驚(おどろ)き
・a look of **surprise** 驚きの表情
・show no **surprise** 驚いた様子を見せない
❷ びっくりさせる事[物], 思いがけない事
・Don't tell him about the present. It's a **surprise**. プレゼントのことは彼に黙(だま)っていて. (それはびっくりさせる物だ ⇨)びっくりさせてやるんだから.
・I have a **surprise** for you. 私は君に対して[君を]びっくりさせる物を持っている. →プレゼントをする時またはびっくりさせるニュースがある時などの言葉.
・Your visit is a pleasant **surprise**. (君の訪問はうれしい驚きだ ⇨)君が来てくれてびっくりしたがうれしいよ.
・We'll give Mary a **surprise** party on her birthday. 私たちはメアリーの誕生日にサプライズパーティーを開くつもりだ[急に誕生パーティーを開いてメアリーを驚かしてやるつもりだ].

in surprise びっくりして, 驚いて
・She stared at me **in surprise**. 彼女はびっくりして私を見つめた.

to A's surprise A が驚いたことには
・**To** our **surprise**, the dog danced to the music. 私たちがびっくりしたことにはその犬は音楽に合わせて踊(おど)った.

—— 動 ❶ 驚かせる, びっくりさせる
・Don't tell Kate that I'm here. I'll **surprise** her. 僕(ぼく)がここにいることをケイトに言うなよ. びっくりさせてやるんだから.
・The news **surprised** us. その知らせは私たちを驚かせた.
❷ (be surprised at ～ で)(～に)驚く, びっくりする; (be surprised to do で)(～して)驚く
・We **were surprised at** the news. 私たちはその知らせにびっくりした. →「びっくりさせられた」であるが「びっくりした」と訳す.
・I'm **surprised to** see you here. (私は君にここで会ってびっくりしている ⇨)ここで君に会うとは驚いた. →不定詞 to see は「～に会って」. →**to** ❾ の ④
・I **was** very (much) **surprised to** hear of his sudden death. 彼の突然(とつぜん)の死のことを聞いて私はとてもびっくりした. →surprised を強めるには very, あるいは very much を使う.

surprised 中 A2 /sərpráizd サプライズド/ 形 ❶ 驚(おどろ)いた, びっくりした
・a **surprised** look 驚いた顔[表情]
❷ (be surprised at ～ で)(～に)驚く, びっくりする; (be surprised to do で)(～して)驚く →**surprise** 動 ❷

surprising A2 /sərpráiziŋ サプライズィング/ 形 驚(おどろ)くべき, 意外な, すばらしい
・**surprising** news 驚くべきニュース
・It is **surprising** that she can speak so many languages. 彼女がそんなに多くの言葉を話せるとは驚きだ. →It=that 以下.

surprisingly /sərpráiziŋli サプライズィングリ/ 副 驚(おどろ)くほど; 驚いたことに

surround /səráund サラウンド/ 動 囲む, 取り巻く
・A high wall **surrounds** the prison. 高い塀(へい)が監獄(かんごく)を囲んでいる.
・Our country is **surrounded** by the sea. わが国は海に囲まれている.

●Give up! You're **surrounded**! 諦(あきら)めろ! おまえは包囲されている!

surrounding /səráundiŋ サラウンディングゥ/ 形 周囲の

── 名 (**surroundings** で)周囲の状況(じょうきょう), 環境(かんきょう)

survey A1 /sə:rvéi サ〜ヴェイ/ 動
❶ 見渡(わた)す; 全体的に見る[考える]; 概観(がいかん)する
❷ (実地に)調査する; 測量する

── /sə́:rvei サ〜ヴェイ/ (→動詞とのアクセントの位置の違(ちが)いに注意) 名
❶ 概観, 見渡すこと
❷ 調査; 測量

●conduct [make] a **survey** of 〜 〜の調査を行う

survival /sərváivəl サヴァイヴァる/ 名 生き残ること, 生存; 生存者; 《形容詞的に》生存の, 非常時用の

●a **survival** kit 非常用携行(けいこう)品一式

survive 中 A2 /sərváiv サヴァイヴ/ 動 生き残る; 〜より長生きする 関連語 「生き残ること, 生存」は **survival**.

●Only a few houses **survived** the earthquake. その地震(じしん)で残った家はほんの数軒(すうけん)しかなかった.

survivor 中 /sərváivər サヴァイヴァ/ 名 生き残った人, 生存者

sushi 小 /súːʃi スーシ/ 名 すし →日本語から.

suspect /səspékt サスペクト/ 動 (〜だろうと)思う (think); 疑う 類似語 「〜ではないだろうと思う」は **doubt**.

suspect   doubt

── /sʌ́spekt サスペクト/ (→動詞とのアクセントの位置の違(ちが)いに注意) 名 疑わしい人, 容疑者

suspend /səspénd サスペンド/ 動
❶ つるす, ぶら下げる (hang)
❷ (一時的に)中止する, 停止する; 停学にする

suspender /səspéndər サスペンダ/ 名
❶ (**suspenders** で)《米》(ズボンをつる)サスペンダー, つりスカートのつりひも
❷ (ふつう **suspenders** で)《英》靴下(くつした)止め, ガーター

suspense /səspéns サスペンス/ 名 (結果はどうなるだろうかという)気がかり, 不安, サスペンス

suspicion /səspíʃən サスピション/ 名 疑い → **suspect**

suspicious /səspíʃəs サスピシャス/ 形
❶ 疑い深い, 疑って; 疑うような
❷ 疑いを持たせる, 怪(あや)しい, 疑わしい

sustainability /səsteinəbíləti サステイナビリティ/ 名 持続可能性, サステナビリティ

sustainable /səstéinəbl サステイナブる/ 形 支えうる; 持続できる

●**Sustainable** Development Goals 持続可能な開発目標 → **SDGs**

Swahili /swɑːhíːli スワーヒーリ/ 名 (複 **Swahili(s)** /swɑːhíːli(z) スワーヒーリ(ズ)/)
❶ スワヒリ族の人 →アフリカのタンザニアおよびその近隣(きんりん)に住む種族の人. ❷ スワヒリ語 →中央アフリカ東部で使われる言語.

swallow¹ /swɑ́lou スワろウ/ 名 《鳥》ツバメ ことわざ One **swallow** doesn't make a summer. ツバメが1羽(イギリスへ飛び帰って)来ても(本格的な)夏にはならない(からまだ冬服をしまわないほうがいい). →「早合点してはいけない」の意味.

swallow² A2 /swɑ́lou スワろウ/ 動 飲み込(こ)む

●**swallow** up (すっかり)飲み込む, 飲み尽(つ)くす

●A snake **swallowed** the frog. ヘビがそのカエルを飲み込んだ.

── 名 飲み込むこと, ひと飲み

swam /swǽm スワム/ 動 **swim** の過去形

swamp /swɑ́mp スワンプ/ 名 沼地(ぬまち), 湿地(しっち)

swan /swɑ́n スワン|swɔ́n スウォン/ 名 《鳥》白鳥

swarm /swɔ́ːrm スウォーム/ 名 (ミツバチ・昆虫(こんちゅう)・鳥・人などの)群れ, たくさん

── 動 群がる

sway /swéi スウェイ/ 動 ❶ 揺(ゆ)れる ❷ (意見・計画などを)変えさせる, 左右する, 動かす

swear /swéər スウェア/ 動 (三単現 **swears** /swéərz スウェアズ/; 過去 **swore** /swɔ́ːr スウォー/; 過分 **sworn** /swɔ́ːrn スウォーン/; -ing形 **swearing** /swéəriŋ スウェアリング/)
❶ 宣誓(せんせい)する, 誓(ちか)う ❷ 口ぎたなく罵(のの

いる，毒づく，呪(のろ)う (curse)

sweat A2 /swét スウェット/ 名 汗(あせ)
── 動 汗をかく；汗をかかせる

sweater 小 A2 /swétər スウェタ/ 名
セーター

- put on a **sweater** セーターを着る
- I'm wearing a **sweater** over my shirt. 私はシャツの上にセーターを着ている．

> 語源 (sweater)
> sweat (汗(あせ)をかかせる) + **-er** (「〜する物」の意味の接尾辞(せつびじ)). 北国の船乗りなどが着たものを，スポーツ選手が汗をかいて減量するために着るようになった．

swéat pànts 名 トレーニングパンツ →この意味での「トレーニングパンツ」は和製英語．英語で training pants というとおしめが取れるころの「幼児用パンツ」のこと．

swéat shìrt 名 トレーナー(シャツ) →この意味での「トレーナー」は和製英語．英語で trainer は「コーチ，指導者」．

sweaty /swéti スウェティ/ 形 (比較級)
sweatier /swétiər スウェティア/; (最上級)
sweatiest /swétiist スウェティエスト/) (びっしょり)汗をかいた，汗まみれの；汗くさい；汗をかかせるような

Swede /swí:d スウィード/ 名 スウェーデン人

Sweden /swí:dn スウィードン/ 固名 スウェーデン →北欧(ほくおう)のスカンジナビア半島の東部を占(し)める王国．首都はストックホルム (Stockholm). 公用語はスウェーデン語．

Swedish /swí:diʃ スウィーディシュ/ 形 スウェーデンの；スウェーデン人の；スウェーデン語の
── 名 ❶ スウェーデン語 ❷ (the Swedish で) スウェーデン人(全体)

sweep /swí:p スウィープ/ 動 (三単現 **sweeps** /swí:ps スウィープス/; 過去・過分 **swept** /swépt スウェプト/; -ing形 **sweeping** /swí:piŋ スウィーピング/) ❶ 掃(は)く，掃除(そうじ)する ❷ (掃くように)押(お)し流す，一掃(いっそう)する；さっと通っていく
── 名 掃くこと，掃除；一掃

sweeper /swí:pər スウィーパ/ 名 掃除(そうじ)人；掃除機

sweet 小 A1 /swí:t スウィート/ 形
❶ (味が)甘(あま)い 関連語 **bitter** (苦い), **sour** (すっぱい), **hot** (辛(から)い)
- **sweet** cakes 甘いケーキ

- taste **sweet** 甘い味がする，(味が)甘い
- I like **sweet** things very much. 私は甘い物が大好きです[大の甘党(あまとう)です]．
- This cake is too **sweet**. このケーキは甘過ぎる．

sweet　　sour
bitter　　hot

❷ (香(かお)り・声・音など)快い，美しい；(気立ての)優(やさ)しい；(姿・形など)かわいらしい →人の感覚に快感を与(あた)える場合に使う．
- a **sweet** smell (甘い)いい香り
- a **sweet** voice (女性の)きれいな声
- **sweet** music 美しい[甘美(かんび)な]音楽
- smell **sweet** いい香りがする
- That's very **sweet** of you. それは本当にご親切に．
── 名 ❶ 《英》(ふつう **sweets** で) 甘い菓子(かし) →キャラメル・チョコレート・ドロップなど砂糖を使った菓子．米国では **candy** という．
❷ 《英》(食後のデザートで出す)甘い物 →プディング，ゼリー，タルトパイなど．

sweetheart A2 /swí:tha:rt スウィートハート/ 名 恋人(こいびと)；(呼びかけて)ねえ，きみ，あなた →相手の性別に関係なく使う．

swéet pèa 名 《植物》スイートピー →いい香(かお)りの花をつけるマメ科の植物．

swéet potàto 名 サツマイモ

swell /swél スウェる/ 動 (三単現 **swells** /swélz スウェるズ/; 過去 **swelled** /swéld スウェるド/; 過分 **swelled, swollen** /swóulən スウォウれン/; -ing形 **swelling** /swéliŋ スウェリング/) ふくらむ，腫(は)れる，増える；ふくらませる，増す
── 名 大きくなること，ふくらみ，腫れ；(波の)うねり

swept /swépt スウェプト/ 動 **sweep** の過去形・過去分詞

swift /swíft スウィふト/ 形 とても速い，すばやい

six hundred and forty-seven 647 **swore**

(fast, quick)

swiftly /swíftli スウィフトり/ 副 **速く, すばやく, 速**(すみ)**やかに, 早速**(さっそく)

swim 小 A1 /swím スウィム/ 動

| 三単現 **swims** /swímz スウィムズ/
| 過去 **swam** /swǽm スワム/
| 過分 **swum** /swʌ́m スワム/
| -ing形 **swimming** /swímiŋ スウィミング/

❶ **泳ぐ; 泳いで渡**(わた)**る**

[会話] [基本] **swim** across the river 川を泳いで渡る →swim+前置詞+名詞.

•**swim** to the other side of the river 川の向こう岸へ泳いで行く

•**swim** on *one's* back 背泳ぎをする

•**swim** three miles 3マイル泳ぐ

•Bob **swims** very well. (=Bob is a very good swimmer.) ボブはとても泳ぎがうまい.

•Bob **swam** across the lake. ボブは湖を泳いで渡った.

•Some men and women **have swum** across the English Channel—twenty miles of cold rough water! (今までに)何人かの男女がイギリス海峡(かいきょう)を泳いで渡った—20マイルの冷たい荒海(あらうみ)を! →現在完了(かんりょう)の文. →**have** 助動 ❷

•**go swimming** 泳ぎに行く →swimming は現在分詞. go *doing* は「〜しに行く」.

•The children **are swimming** in the river. 子供たちは川で泳いでいる. →現在進行形の文. →**are** 助動 ❶

•What's that black thing **swimming** in the water? 水の中で泳いでいるあの黒いものは何ですか. →swimming は現在分詞(泳いでいる〜)で thing を修飾(しゅうしょく)する.

•**Swimming** in this river is dangerous. この川で泳ぐことは危険です. →動名詞 Swimming (泳ぐこと)は文の主語.

❷ **めまいがする, ふらふらする**

•My head is **swimming** from the heat. 暑くて私はめまいがする.

—— 名 (複 **swims** /swímz スウィムズ/)

泳ぎ, 水泳

•go for a **swim** 泳ぎに行く

•have [take] a **swim** ひと泳ぎする, 泳ぐ

swimmer /swímər スウィマ/ 名 **泳ぐ人, 泳ぎ手**

•a good [poor] **swimmer** 泳ぎの上手な[下手な]人

•Bob is a very good **swimmer**. (=Bob swims very well.) ボブはとても泳ぎがうまい.

swimming 小 A1 /swímiŋ スウィミング/ 動 **swim** の -ing 形 (現在分詞・動名詞)

—— 名 水泳

•**swimming** trunks 水泳パンツ →**swimsuit**

•a **swimming** club 水泳クラブ

•He is good [poor] at **swimming**. 彼は泳ぎがうまい[下手だ].

swímming pòol A1 名 **水泳プール** →単に **pool** ともいう.

swimsuit A2 /swímsu:t スウィムスート/ 名 **水泳着, 水着** 類似語 「水泳パンツ」は **swimming trunks**.

swimwear /swímweər スウィムウェア/ 名 《集合的に》**水着**(類)

swing /swíŋ スウィング/ 動 三単現 **swings** /swíŋz スウィングズ/; 過去・過分 **swung** /swʌ́ŋ スワング/; -ing形 **swinging** /swíŋiŋ スウィンギング/ ❶ **揺**(ゆ)**り動かす, 振**(ふ)**る, ぶらぶらつるす; 揺れる, ぶらぶらする; ぶらんこに乗る** →固定された一端(いったん)を基点にして「揺り動かす, 揺れる」こと. ❷ **ぐるっと回る, ぐるっと回す**

—— 名 ❶ **振り回すこと, スウィング; 振動**(しんどう), **揺れ** ❷ **ぶらんこ**

Swiss /swís スウィス/ 形 **スイスの; スイス人の** →**Switzerland**

—— 名 ❶ **スイス人** →複数も Swiss.
❷ **(the Swiss で) スイス人**(全体), **スイス国民** (the people of Switzerland)

switch /swítʃ スウィチ/ 名 ❶ **(電気の)スイッチ** ❷ **転換**(てんかん), **切り替**(か)**え**

—— 動 ❶ **スイッチをひねる** ❷ **切り替える; 取り替える**

Switzerland /swítsərlənd スウィツァランド/ 固名 **スイス** →ヨーロッパ中部の共和国. 首都はベルン (Bern). 公用語はフランス語, ドイツ語, イタリア語, ロマンシュ語. →**Swiss**

swollen /swóulən スウォウるン/ 動 **swell** の過去分詞

sword /sɔ́:rd ソード/ →× /スウォード/ と発音しないこと. 名 **刀, 剣**(けん)

•draw a **sword** 剣を抜(ぬ)く

swore /swɔ́:r スウォー/ 動 **swear** の過去形

sworn /swɔ́:rn スウォーン/ 動 **swear** の過去分詞

swum /swʌ́m スワム/ 動 **swim** の過去分詞

swung /swʌ́ŋ スワング/ 動 **swing** の過去形・過去分詞

Sydney 小 /sídni スィドニ/ 固名 シドニー →
オーストラリア東岸にある都市.

syllable /síləbl スィらブる/ 名 音節 →ひとまとまりの音として発音される音の単位. syl·la·ble は3音節.

symbol 中 A2 /símbəl スィンボる/ 名
❶ 象徴(しょうちょう), シンボル
•The dove is a **symbol** of peace. ハトは平和の象徴である.
❷ 符号(ふごう), 記号, 印
•a chemical **symbol** 化学記号

symbolic(al) /simbálik スィンバりク,
simbálikəl スィンバりカる/ 形 象徴(しょうちょう)的な

sympathetic /simpəθétik スィンパせティク/
形 ❶ 同情的な, 思いやりのある ❷ (考え・気持ちが)一致(いっち)して, 賛成で; 気の合った

sympathize /símpəθaiz スィンパさイズ/ 動
❶ 同情する, 気の毒に思う ❷ (意見・行動などに)賛成する

sympathy /símpəθi スィンパすィ/ 名
(徽 **sympathies** /símpəθiz スィンパすィズ/)
❶ 同情, 思いやり

❷ (意見・行動などへの)共鳴, 賛成

symphony A2 /símfəni スィンふォニ/ 名
(徽 **symphonies** /símfəniz スィンふォニズ/)
交響(こうきょう)曲, シンフォニー
•a **symphony** orchestra 交響楽団

symptom /símptəm スィンプトム/ 名
(病気の)徴候(ちょうこう), 症状(しょうじょう); (一般(いっぱん)に)印, きざし

syrup /sírəp スィラプ/ 名 シロップ

system 中 A2 /sístim スィステム/ 名
❶ 組織, 系統, 〜網(もう)
•the solar **system** 太陽系
•Our country has a very good railroad **system**. わが国にはとてもすばらしい鉄道網がある.
❷ 制度, システム
•the postal **system** 郵便制度
•a **system** of education [government] 教育[政治]制度
❸ (体系的な)方式, 〜法; 一貫(いっかん)した手順
•a central heating **system** 集中暖房(だんぼう)方式, セントラルヒーティングシステム
•Mother has a **system** for doing her housework. 母は家事を行うのに一貫した手順を持っている.

systematic /sistimǽtik スィステマティク/ 形
組織的な, 体系的な

T t

T, t[1] /tí: ティー/ 图 (覆 **T's, t's** /tí:z ティーズ/)
❶ ティー→英語アルファベットの20番目の文字. ❷(Tで)T字形のもの

t., t[2] 略 =ton

tab[1] /tǽb タブ/ 图 (服の)えりづり, 掛けひも; (帳簿(ちょうぼ)・カードの見出し用)耳ラベル; (防寒帽(ぼうかんぼう)の)耳覆(おお)い; (缶(かん)などの引っ張って開ける)つまみ, プルタブ

tab[2] /tǽb タブ/ 图 タブ→タイプライターやパソコンで, バーやカーソルをあらかじめ設定した位置まで一気に移動させるキー.

table 小 A1 /téibl テイブる/ 图
(覆 **tables** /téiblz テイブるズ/)
❶ テーブル, 食卓(しょくたく) 類似語 **desk** (机)
• a dining **table** 食事用テーブル, 食卓
• a coffee [card] **table** コーヒー[トランプ用]テーブル
• a **table** lamp 卓上(たくじょう)スタンド
• Put all the plates **on** the **table**. お皿を全部テーブルの上に並べてください.
• We eat supper **at** the kitchen **table**. 私たちは台所のテーブルで夕食を食べます. →**at (the) table**
❷(各種の)表
• a **table** of contents (本の)目次

at (the) table テーブルで (→❶); 食卓について, 食事中で[に]
• They looked happy **at table**. 彼らは食事中うれしそうな顔をしていた.
• We were **at** the supper **table** when the telephone rang. 電話が鳴った時私たちは夕飯の食卓についていた.

clear the table (食後に)食卓のものを片付ける, 食事の後片付けをする

set [lay, spread] the table 食卓の用意をする →set [lay] the table は食事のためテーブルを整えること, または整えて食器や料理を並べること. spread the table は後者の意味だけ.

tablecloth /téiblklɔ:θ テイブるクろース/ 图 テーブルクロス

táble mànners 图 食事の作法, テーブルマナー

tablespoon A2 /téiblspu:n テイブるスプーン/ 图 食卓(しょくたく)用スプーン→大皿から各自の小皿に分けるもの, また計量用の大さじ.

tablet 中 /tǽblit タブれト/ 图
❶《主に英》(平らな)錠剤(じょうざい)
❷《主に米》(はぎ取り式)メモ帳
❸《コンピューター》タブレット

table tennis 中 A2 /téibl tènis テイブる テニス/ 图 卓球(たっきゅう), ピンポン→**ping-pong** よりふつうの語.
• play **table tennis** 卓球をする

tabletop /téibltap テイブるタプ/ 图 テーブルの表面
── 形 卓上(たくじょう)用の

taboo /təbú: タブー/ 图 (覆 **taboos** /təbú:z タブーズ/) 禁制, タブー→風習上, 口に出して言ったり行ったりしてはいけないとされている事.

tackle /tǽkl タクる/ 图 (ラグビー・アメリカンフットボールの)タックル
── 動 タックルする, 組み付く, 組み伏(ふ)せる; (問題・仕事に)取り組む

taco /tá:kou ターコウ/ 图 (覆 **tacos** /tá:kouz ターコウズ/) タコス→トウモロコシの粉で作った皮を焼いてひき肉やチーズやレタスをはさんだメキシコ料理.

tadpole /tǽdpoul タドポウる/ 图 《動物》オタマジャクシ
関連語 A **tadpole** grows into a **frog**. オタマジャクシは大きくなってカエルになる.

tae kwon do /taikwa:ndóu タイクワーンドゥ/ 图 テコンドー→空手に似た韓国の格闘技.

tag[1] /tǽg タグ/ 图 (値段・名前・番号の)札

tag[2] /tǽg タグ/ 图 鬼(おに)ごっこ
関連語 Let's play **tag** in the playground. I'll be **it**. 運動場で鬼ごっこをしよう. 僕(ぼく)が鬼になるよ.

Tagalog /təgá:ləg タガーログ/ 图 ❶ タガログ人→フィリピンのマニラおよびその周辺に昔から住んでいる民族の人. ❷ タガログ語→これを標準化したものがフィリピノ語 (Filipino) で, フィリピン共和国の公用語の1つ.

tail /téil テイる/ 名

❶ (動物の)尾(お), しっぽ ➡「尾に似たもの」を指すのにも使われる.

• The dog has a long [short] **tail**. その犬のしっぽは長い[短い].

• the **tail** of a kite [a comet] (たこあげの)たこ[彗星(すいせい)]のしっぽ

• Tuck in your shirt **tail**(s). シャツのすそを(ズボン[スカート]の)中へ入れなさい.

❷ (**tails** で) 硬貨(こうか)の裏面(りめん)

反語 "**Heads** or **tails**?" he called, tossing a coin. 「表か裏か?」と彼はコインをはじき上げながら叫(さけ)んだ.

taillight /téillait テイるらイト/ 名 (車などの)テールライト, 尾灯(びとう) 関連語 「前灯」は **headlight**.

tailor /téilər テイら/ 名 (紳士(しんし)服の)仕立屋さん ➡注文を受けて主に男性用の服を作る. 関連語 「婦人服・子供服の仕立屋」は **dressmaker**.

Taipei /taipéi タイペイ/ 固名 タイペイ, 台北 ➡台湾(たいわん) (Taiwan) の首都.

Taiwan /tàiwá:n タイワーン/ 固名 台湾

Taiwanese /taiwəní:z タイワニーズ/ 形 台湾(人)の

── 名 (複 **Taiwanese**) 台湾人

Taj Mahal 小 /tà:dʒ məhá:l ターチ マハーる/ 固名 (**the** をつけて) タージマハル ➡インドのアグラ市にある白大理石の建築物.

take 小 A1 /téik テイク/

動 ❶ (手に)取る; (手に取って)持って行く, 連れて行く 意味 map

❷ 受け取る; 勝ち取る

❸ (乗り物に)乗る; (道・コースを)とって行く

❹ (時間・労力などを)とる; (時間が)かかる

❺ (新聞などを定期的に)とる, (部屋などを短期間)借りる

❻ (写真・コピー・記録などを)とる

❼ (授業・試験などを)受ける

❽ (話) (ある行動を)する, とる

❾ (物が場所を)とる

── 動
三単現 **takes** /téiks テイクス/
過去 **took** /túk トゥク/
過分 **taken** /téikn テイクン/
-ing形 **taking** /téikiŋ テイキング/

❶ (手に)取る, つかむ; (手に取って)持って行く, 連れて行く 反語 **bring** (持って[連れて]来る)

両基本 **take** a card トランプの札を1枚取る ➡ take＋名詞.

• **take up** the receiver 受話器を取り上げる

• **Take** my hand. We'll cross the street together. 私の手を取って[手につかまって]. いっしょに道を渡(わた)ろう.

• **take** lunch **to** school 学校へ弁当を持って行く

• Daddy will **take** me **to** the ball game. パパが僕(ぼく)を野球の試合に連れて行ってくれる.

• **Take** an umbrella with you. 傘(かさ)を持って行きなさい.

• He **takes** his dog for a walk every morning. 彼は毎朝犬を散歩に連れて行く.

• The mother **took** the baby **in** her arms. 母親は両腕(りょううで)に赤ん坊(ぼう)を抱(だ)き上げた.

• The teacher **took** the comic book **away from** me. 先生は漫画(まんが)の本を私から取り上げた.

• He **took** me home in his car. 彼は車で私を家まで送ってくれた. ➡home は副詞で「家へ」.

• Who **has taken** my bicycle? 誰(だれ)が私の自転車を持ってったんだ[自転車をとったのは誰だ]. ➡現在完了(かんりょう)の文. ➡**have** 助動 ❶

• When African people **were taken** to America, they **took** their songs and with them. アフリカ人はアメリカへ連れて行かれた時自分たちの歌と踊(おど)りをいっしょに持って行った. ➡were taken は受け身形. ➡**were** 助動 ❷

• We **are taking** some sandwiches and Coke on our picnic. 私たちはピクニックにサンドイッチとコーラを持って行きます. ➡「近い未来」を示す現在進行形の文. ➡**are** 助動 ❶

❷ 受け取る, もらう; 勝ち取る; 捕(と)らえる, 捕(つか)まえる; (力ずくで)奪(うば)い取る ➡いずれも「自分の物にする」ことを表す.

反語 He **gives** me money and **takes** the cloth. 彼は私にお金を与(あた)え, その布を受け取ります.

• He didn't **take** my advice. 彼は私の忠告を取り入れなかった.

• He **took** first prize in the flower show. 彼は花の品評会で1等を取った.

take

反対語 Our team **took** the first game and **lost** the second. わがチームは第1ゲームを取り, 第2ゲームを落とした.

 会話

Hello. Can I **take** your order?—Yes, I'd like two double cheeseburgers and one orange juice, please.
いらっしゃいませ. ご注文は何になさいますか.—ダブルチーズバーガー2つとオレンジジュース1つください.

❸《交通手段としてとる》(乗り物に)**乗る, ~に乗って行く, 使う**;(道・コースを)**とって行く**
- **take** a bus [a taxi, a train] バス[タクシー, 電車]に乗る
- **take** a bus home from work 職場からバスで家に帰る →home は副詞で「家へ」.
- I always **take** a bus to school. 私はいつも学校へバスで行きます.
- He **took** a short cut home. 彼は近道をして家に帰った.

❹(時間・労力などを)**とる, 必要とする** (need); (時間が)**かかる**
- **take** (a long) time (長い)時間がかかる
- The task **took** us two hours. = We **took** two hours to complete the task. (その仕事は私たちにとって2時間とった ⇨)その仕事をするのに私たちは2時間かかった.
- **Take** your time. ゆっくり時間をかけてやりなさい.
- It **takes** five eggs **to** make this cake. このケーキを作るには卵が5個必要です. →It=to make 以下. → **to** ❾ の①
- It **took** four men to carry the stone. その石を運ぶのに4人の男が必要だった.
- It **takes** (me) only five minutes to walk there. そこへ歩いていくのに(私にとって)5分しかかからない. →It は漠然と「時間」を表すと考えてもよいし, It=to walk (歩いていくこと)以下と考えてもよい.
- How long does it **take** to get to school by bus? バスで学校へ行くのにどのくらいかかりますか.

❺(新聞などを定期的に)**とる**,(席などを)**予約して取る**,(部屋などを短期間)**借りる**;(品物を選んで)**買う**;(例として)**取り上げる**
- I'll **take** this one [it]. (店で)これ[それ]を買います.
- We **take** two newspapers. うちは新聞を2紙とっている.
- We **took** a cottage at the beach for the summer. 私たちは夏を過ごすために海辺の別荘(べっそう)を借りた.
- **Take** the population, for example. たとえば人口問題を取り上げてみよう.

❻(写真・コピー・記録などを)**とる, 書き取る**;(寸法・脈などを)**とる**
- **take** a video ビデオをとる
- **take** a picture of ~ ~の写真を撮(と)る
- **take** a copy of ~ ~のコピーをとる
- **Take** my picture with this camera. このカメラで僕の写真を撮ってよ.
- This is a famous picture **taken** in the Meiji era. これは明治時代に撮られた有名な写真です. →過去分詞 taken (撮られた~)は picture を修飾(しゅうしょく)する.
- The police officer **took** (**down**) the number of our car. 警官は私たちの車のナンバーを書き留めた.
- The nurse **took** my temperature. 看護師は私の体温を計った.

❼(授業・試験などを)**受ける**;(クラスを)**受け持つ**;(責任などを)**引き受ける, とる**
- **take** piano lessons ピアノのレッスンを受ける
- I have to **take** a history test today. 私はきょう歴史の試験を受けなければならない.
- Mr. Oka **takes** our class for English. 岡先生が我々のクラスの英語を受け持っています.

❽《話》(**take a**+「行動を表す名詞」で)(ある行動を)**する, とる**

⚠POINT この時の take 自身にはそれほどはっきりした意味がなく, 次の名詞と同じ形の動詞とほぼ同じ意味になる. take の代わりに have を使ってもよい.

- **take** a **walk** 散歩をする
- **take** a **rest** 休息をとる
- **take** a **bath** [a **shower**] ふろに入る[シャワーを浴びる]
- **take** a **drive** [a **trip**] ドライブ[旅行]する
- **take** a **look** (at ~) (~を)見る
- **take** a **step** forward 前に一歩出る

❾(物が場所を)**とる**;(人が席・地位などに)**つく**
- This bed **takes** (**up**) too much room. このベッドは場所をとり過ぎる.

take 小 A1 /テイク/

三単現 takes /テイクス/	過去 took /トゥク/
過分 taken /テイクン/	-ing形 taking /テイキンヶ/

イメージ

いっしょに持っていく

教科書によく出る意味

動 ❶ 取る；持って行く，連れて行く

♛ May I **take** your order?
（レストランで）ご注文をうかがってもよろしいですか？

♛ Please **take** it to your home. それを家に持って行ってください．

❸ （乗り物に）乗る

♛ He **took** a bus home. 彼はバスに乗って家に帰った．

❹ （時間が）かかる

♛ How long does it **take** to get there?
そこに着くのにどのくらい時間がかかりますか？

♛ It **takes** only five minutes by bus. バスでほんの5分しかかかりません．

❺ 買う

♛ I'll **take** it. （買い物で）それをください．

❻ （写真などを）とる

♛ Have you **taken** a lot of pictures? 写真はたくさんとりましたか？

❽ (**take a** ～ で)～する
- He **takes a** bath in the morning. 彼は朝[午前中に]おふろに入る.

❿ (薬を)飲む
- You should **take** this medicine. この薬を飲んだほうがいいですよ.

教科書によく出る 連語

take off 脱ぐ；(飛行機などが)離陸する
- Please **take off** your shoes here. ここで靴を脱いでください.
- He never **took** his hat **off**. 彼は決して帽子を脱がなかった.
- The airplane soon **took off**. 飛行機はまもなく飛び立った.

take away ～ ～を連れ去る, 持ち去る
- Someone **took away** our dog. 誰かが私たちの犬を連れ去った.

take out ～ ～を取り出す, 連れ出す
- He **took out** a pen. 彼はペンを取り出した.

take care (of ～**)** (～の)世話をする, (～に)気をつける
- I **take care of** my sisters every day. 私は毎日妹たちの世話をする.
- **Take care**. 気をつけて.

take part in ～ ～に参加する
- We are going to **take part in** the festival. 私たちはそのお祭りに参加します.

take a class 授業を受ける
- We **take a** computer **class** once a week.
  私たちは週1回コンピュータの授業を受けます.

take a seat 席に着く
- Please **take a seat**. どうぞご着席ください.

take 654 six hundred and fifty-four

・Ben **took** a seat in the front of the bus. ベンはバスの前の方に席を取った[座(すわ)った].

❿ (飲食物を体内に)**とる, 食べる, 飲む, 吸う**

・**take** a deep breath 深く息を吸い込(こ)む, 深呼吸をする

・Don't forget to **take** your medicine. 薬を飲むのを忘れないでね. ➡液体の薬でも ×*drink* 〜 といわない.

・The Japanese **take** too much salt. 日本人は塩分をとり過ぎる.

⓫ **(take** A **from** B で) **B から A を取る**

・If you **take** 4 (**away**) **from** 10, you have [get] 6. 10 から 4 を取れば[引けば]6 が残る.

・The book **takes** its title **from** the Bible. その本は書名を聖書から取っている.

⓬ (人の言葉などを)(悪く[良く])**とる; (〜と)受け取る[考える]**

・**take** his words badly [well, seriously] 彼の言葉を悪く[良く, 真面目に]とる[解釈(かいしゃく)する]

be taken ill **病気にかかる**

・Ben **was taken ill** at school today. ベンはきょう学校で具合が悪くなった.

take after 〜 (特に親)**に似る**

・She **takes after** her mother. 彼女は母親に似ている.

take away ① **持って[連れて]行ってしまう, 取り上げる** ➡❶

② 《英》(ハンバーガー店などで注文した飲食物を)**持って帰る**(《米》take out)

③ (数を)**引く** ➡⓫

take back **取り返す, 連れ戻(もど)す; 連れて[持って]帰る; 取り消す**

take care of 〜 **〜の世話をする; 〜に気をつける** ➡**care** 图 成句

take down ① (手に取って)**降ろす**

② **取り壊(こわ)す**

③ **書き取る[留める]** ➡❻

take A *for* B **A を B と思う, A を B と間違(まちが)う**

・I **took** him **for** his brother. 私は彼を彼の兄[弟]だと思った.

take in ① **取り入れる, 持ち[連れ]込む; 吸収する** ② 《話》**だます, 引っ掛ける**

take it easy ① 《話》**気楽に[ゆっくり, ほどほどに]やる, リラックスする**

・**Take it easy.** The roads are icy. ゆっくりやれ[運転しろ]. 道が凍(こお)ってるぞ.

② 《話》(別れの挨拶(あいさつ)に使って)**じゃあね, 頑張(がんば)れよ**

take off ① **脱(ぬ)ぐ, 外す, 取り[連れ]去る; 立ち去る**

・**take off** *one's* shoes = **take** *one's* shoes **off** 靴(くつ)を脱ぐ

② (飛行機などが[で])**離陸(りりく)する** ➡**takeoff**

・Flight 107 (読み方: one o /オウ/ seven) to Paris will **take off** in five minutes. パリ行き 107 便はあと 5 分で離陸いたします.

take on ① (仕事・責任などを)**引き受ける**

② (〜の様子を)**見せ始める, 帯びる**

take out ① **取り出す, 連れ出す; (歯・しみなどを)抜(ぬ)く, 取り除く**

② 《米》(ハンバーガー店などで注文した飲食物を)**持ち帰る**(《英》take away)

take over (仕事などを)**引き継(つ)ぐ, 取って代わる; 支配する**

take part in 〜 **〜に参加する** ➡**part** 图 成句

take place **起こる, 行われる** ➡**place** 图 成句

take to 〜 ① **〜を好きになる, 〜になつく**

・The children soon **took to** their new teacher. 子供たちは新しい先生がすぐに好きになった.

② **〜するようになる, 〜を始める**

・**take to** flight (鳥が)飛び立つ, 舞(ま)い上がる

take up ① **取り上げる, 持ち上げる, 吸い上げる** ② (時間・場所を)**とる** (➡❾)

チャンクでおぼえよう take	
□ バスで学校に行く	**take** a bus to school
□ 2 時間かかる	**take** two hours
□ これを買います.	I'll **take** this one.
□ 彼女の写真を撮る	**take** a picture of her
□ ピアノのレッスンを受ける	**take** piano lessons
□ 休む	**take** a rest
□ コンテストに参加する	**take** part in a contest

talk

takeaway /téikəwei テイカウェイ/ 名形 《英》
=takeout

taken 中 /téikn テイクン/ 動 **take** の過去分詞

takeoff /téikɔːf テイコーふ/ 名 《飛行機の》**離陸**(りりく), 出発 → **take off** (**take** 成句)

takeout /téikaut テイカウト/ 名形 《米》**持ち帰り用の料理[料理店](の)** 《英》takeaway

tale /téil テイる/ 名 物語, お話 (story)
• a fairy **tale** おとぎ話, 童話

tell tales 人の秘密を言いふらす[漏(も)らす], チクる

talent A2 /tǽlənt タれント/ 名
❶ **(生まれながらの)才能**
• Ann **has** a great **talent for** music [**as a** musician]. アンは優(すぐ)れた音楽[音楽家として]の才能がある.
❷ **才能のある人(たち), 人材** → 集合的にも一個人にも使う.

参考 「テレビによく登場する人」という意味での「テレビタレント」は和製英語で, 英語の talent にはそのような意味はない. 「芸人」「芸能人」を意味する「タレント」は **entertainer** や **personality** という.

talented /tǽləntid タれンテド/ 形 才能のある

talk 小 A1 /tɔ́ːk トーク/ (ℓ は発音しない)
動 (三単現 **talks** /tɔ́ːks トークス/; 過去・過分 **talked** /tɔ́ːkt トークト/; -ing形 **talking** /tɔ́ːkiŋ トーキング/)
❶ **話す, しゃべる, 話をする**
両基本 **talk together** いっしょに話す → talk+副詞(句).
• **talk in** English 英語で話をする
• **talk with** [**to**] him 彼と話す → 《米》では with, 《英》では to が使われることが多い.
• **talk about** one's hobby 自分の趣味(しゅみ)について話す
• **talk with** one's fingers [hands] 指を使って話をする, 手話をする
• He often **talks** in his sleep. 彼はよく寝言(ねごと)を言う.
• Who did you **talk with**? あなたは誰(だれ)と話したのですか.

POINT 意味のつながりの上では talk with who (=whom) (誰と話をする)だから with を省略しないこと.

• They have a lot of things to **talk about**, but they have no one to **talk to**. 彼らは話すことはたくさんあるのだが話をする相手がいないのだ.

POINT 不定詞 to talk about (〜について話すための), to talk to (〜と話をする)はともにその前の a lot of things, no one を修飾(しゅうしょく)する. → to ❾ の ②

関連語 You mustn't **talk** while the principal is **speaking**. 校長先生がお話をしている間はおしゃべりをしてはいけません. → talk は「おしゃべりする」, speak は「まとまった内容を口に出して伝える」.

• Let's **talk over** a cup of coffee. コーヒーを飲みながら話そう.
• Hello, this is Ken. Can I **talk to** Meg, please? もしもし, こちらはケンです. メグさんと話したいのですが.
• We **talked about** our plans for the summer. 私たちは夏を過ごすプランについて話し合った[相談した].
• Ann **is** now **talking with** her boyfriend on the phone. アンは今男友達と電話で話している. → 現在進行形. → is [助動] ❶
• Stop **talking**, please. おしゃべりをやめてください. → talking は動名詞(しゃべること)で stop の目的語.

掲示 No **talking** in the library. 図書館の中で私語はしないこと. → talking は動名詞(しゃべること).

❷ **〜のことを話す**
• The men at the party were **talking** politics [baseball, business, cars] all night. そのパーティーにいた男たちは一晩中政治[野球, 仕事, 車]の話をしていた.

talk back 《話》口答えする (answer back)
• Don't **talk back** to your father! お父さんに口答えするんじゃない!

talk big 《話》大きいことを言う, ほらを吹(ふ)く, 大ぶろしきを広げる

talking about [**of**] 〜 《話》〜と言えば
• **Talking about** movies, have you seen the new "Star Wars" movie yet? 映画と言えば, 君は『スターウォーズ』の新作はもう見たかい.

talk of 〜 〜のことについて話す[うわさする]
ことわざ **Talk of** the devil, and he is sure to appear. 悪魔(あくま)のことを話すときっと悪魔

talkative

が出る. →「人のうわさ話をしていると，そのうわさの当人がそこへやって来る」の意味.「うわさをすれば影(かげ)がさす」にあたる.
- We **talked of** going shopping, but we didn't have much money. 私たちは買い物に行こうかと話していたが，私たちはあまりお金を持っていなかった(ので行かなかった). →「言っていたが実行しなかった」を暗示することが多い.

talk over ～ **～について話し合う，相談する**
- Let's **talk** it **over** this evening. 今晩そのことを相談しよう.
- I have something to **talk over** with you. 君に相談したい事がある.

talk to oneself **ひとり言を言う**
── 名 (複) **talks** /tɔ́ːks トークス/)
❶ **話，おしゃべり；話し合い**
- peace **talks** in Paris パリでの平和会談
- **have** a long **talk with ～** ～と長話をする
❷ **スピーチ，講演**
- The astronaut **gave** an interesting **talk on** space travel. その宇宙飛行士は宇宙旅行のおもしろい話をしてくれた.
❸ **話の種，うわさ，うわさの種**
- Ben's new bicycle is **the talk of** all his friends. ベンの新しい自転車は彼の友達みんなの話の種です.

talkative /tɔ́ːkətiv トーカティヴ/ 形 **話好きな，おしゃべりの**

tall 中 A1 /tɔ́ːl トール/ 形 (比較級 **taller** /tɔ́ːlər トーラ/；最上級 **tallest** /tɔ́ːlist トーレスト/)
❶ **背が高い，(細長く)高い**

tall　short

基本 a **tall** boy 背の高い男の子 →**tall**+名詞.
- a **tall** tree [building] 高い木[ビル]
- 反対語 My sister is very **tall**. My father short. 姉はとても背が高い. 父は背が低い. → be 動詞+tall.
- My brother is **as tall as** Dad. 兄は父と同じくらい背が高い.
- I am **taller** than my little sister, but Dad is much **taller** than I am [《話》than me]. 僕は妹よりは背が高いけれど，父は僕よりもっとずっと背が高い.
- Ken is **the tallest in** the class [**of** us all]. ケンがクラス[僕たち全員]の中では一番背が高い.

❷ **(背の)高さが～で** →背の高い・低いに関係なく使う.

How **tall** are you? ─I am 5 feet 3 (inches) **tall**.
君は身長はどれくらいですか.─(身長は)5フィート3インチです.
→be 動詞+数字+tall. 数字は tall を修飾(しゅうしょく)する.

❸ **おおげさな，信じられない**
- a **tall** tale [story] おおげさなほら話

tambourine /tæmbərí:n タンバリーン/ 名 《楽器》タンバリン

tame /téim テイム/ 形 (動物が)**飼いならされた，人によくなれた，おとなしい** 反対語 **wild** (野生の)
── 動 (動物を)**飼いならす**

Tamil /tǽmil タミる/ 名 ❶ タミル人 →インド南部やセイロン島の民族の1つ. ❷ タミル語

tan /tǽn タン/ 動 (三単現 **tans** /tǽnz タンズ/; 過去・過分 **tanned** /tǽnd タンド/; -ing形 **tanning** /tǽniŋ タニング/)
(日光などが皮膚(ひふ)を)**日焼けさせる；(人が)日焼けする** →**suntanned**
── 名 **日焼け色，黄褐**(おうかっ)**色**

tangerine /tændʒərí:n タンヂェリーン/ 名 タンジールミカン →タンジールはアフリカ北部モロッコの港市でここからヨーロッパに初めてミカンが伝えられた. 日本のミカンとよく似ている.

tangle /tǽŋgl タングる/ 動 **もつれる；もつれさせる**

tank /tǽŋk タンク/ 名 ❶ **(貯蔵用)タンク**
- an oil **tank** 石油タンク
❷ **戦車，タンク**

tanker /tǽŋkər タンカ/ 名 **(石油などを運ぶ)油送船，タンカー；タンクローリー車**

Tanzania /tænzəní:ə タンザニーア/ 固名 **タンザニア** →アフリカ中央東部にある共和国. 首都は

ダルエスサラーム(法律上はドドマ). 公用語は英語とスワヒリ語.

tap[1] /tǽp タプ/ **動** (三単現 **taps** /tǽps タプス/; 過去・過分 **tapped** /tǽpt タプト/; -ing形 **tapping** /tǽpiŋ タピング/) 軽くたたく
—— **名** 軽くたたくこと; コツコツ[トントン]たたく音

tap[2] **A2** /tǽp タプ/ **名** 《英》(水道・ガスなどの)蛇口, コック(《米》faucet); (酒だるなどの)飲み口, 栓(せん)
• **turn on** the **tap**=**turn** the **tap on** 蛇口を開ける
• **turn off** the **tap**=**turn** the **tap off** 蛇口を閉める

tape **A2** /téip テイプ/ **名** テープ → カセットテープやビデオテープなど録音・録画用テープ, また粘着(ねんちゃく)用テープ, 紙[布]テープなど.
• Carl was the first to **reach** the **tape**. カールが1着で決勝のテープを切った.
—— **動** ❶ テープ[リボン]で縛(しば)る, テープで貼(は)る[とめる] ❷ テープに録音[録画]する

tápe mèasure **名** 巻き尺, メジャー
tápe recòrder **名** テープレコーダー

tar /tá:r ター/ **名** タール → 石炭・木を乾留(かんりゅう)する時にできる黒くねばねばした液体.

target **A2** /tá:rgit ターゲト/ **名** 的, 標的
• **aim at** the **target** 的に狙(ねら)いをつける
• **hit** [**miss**] the **target** 的に命中する[を外す]

tart /tá:rt タート/ **名** タルト → フルーツやジャムを上に載(の)せたり, 中にくるんだりした小さなパイケーキ.

tartan /tá:rtən タータン/ **名** タータン → 格子(こうし)じまの毛織物. スコットランド高地地方では各氏族に特有の柄(がら)がありキルト (kilt) などに使う. → **kilt**

task **A2** /tǽsk タスク|tá:sk タースク/ **名** (親・先生・上司などに言われた)仕事, すべきこと, 務め, 任務

taste 中 /téist テイスト/ **名**
❶ 味; 味覚
• a sweet [bitter] **taste** 甘(あま)い[苦い]味
• This cake **has** a sweet **taste**. このケーキは甘い味です.
❷ 好み, 趣味(しゅみ); (〜の良さがわかる)センス
• **have** a **taste for** 〜 〜の味[良さ]がわかる, 〜に趣味を持つ, 〜が好きだ
• Kate has good **taste in** clothes. ケイトは服装のセンスがいい.

ことわざ There is no accounting for **tastes**. 人の好みは説明できない. →There is no 〜 =〜することはできない. account for =説明する.「タデ食う虫も好き好き」にあたる.
❸ (a taste of 〜 で) 〜のひと口, 〜の味見
• **have** a **taste of** a pie パイをひと口食べる
• My sister **gave** me **a taste of** her tart. 姉は私に自分のタルトをひと口くれました.

in good [**bad**] **taste** いい[悪い]趣味で, いい[ひどい]センスで
• The furniture in their house is **in good taste**. 彼らの家の家具はセンスがいい.

to A**'s taste** Aの好み[趣味]に合って[合うように]
• This sweater is not **to** my **taste**. このセーターは私の好みじゃないわ.
—— **動** ❶ 味わう, 味を見る
• **Taste** this soup to see if it is good. このスープおいしいかどうかちょっと味見をしてちょうだい.
❷ (飲食物が〜の)味がする; (人が)味を感じる
• This candy **tastes** good [sweet]. このキャンディーはおいしい[甘い].
• This soup **tastes of** garlic. このスープはニンニクの味がする.
• **What** does it **taste like**? それはどんな味がするの. →意味のつながりの上では like what (どのような)であるが, what は疑問詞なので文頭に出る.
• I can **taste** the pepper in this stew. このシチューはコショウの味がしますね.

taster /téistər テイスタ/ **名** (ワインなどの)鑑定(かんてい)人, 味きき

tasty 中 /téisti テイスティ/ **形** (比較級 **tastier** /téistiər テイスティア/; 最上級 **tastiest** /téisti-ist テイスティエスト/) (飲食物の)味がいい, おいしい →taste+-y.

tattoo /tætú: タトゥー/ **名** (複 **tattoos** /tætú:z タトゥーズ/) 入墨(いれずみ)
—— **動** 入墨をする

taught 中 /tɔ́:t トート/ (→gh は発音しない) **動** **teach** の過去形・過去分詞

tax /tǽks タクス/ **名** 税, 税金
—— **動** (人・収入・品物に)税金をかける

taxi 小 **A1** /tǽksi タクスィ/ **名**
(複 **taxi(e)s** /tǽksiz タクスィズ/)
タクシー

T-bone steak

- go **by taxi** タクシーで行く →×**by** a [the] taxi としない. →**by** ❶
- **take** [**call**] **a taxi** タクシーに乗る[を呼ぶ]
- a **taxi** driver タクシーの運転手
- a **taxi** stand 《米》タクシー乗り場 →英国では a taxi rank という.
- I took a **taxi** from the airport to the hotel. 私は空港からホテルまでタクシーに乗った.

T-bone stèak 图 Tボーンステーキ →T字型の骨のついた牛肉のステーキ. 単に **T-bone** ともいう.

tea 小 A1 /tíː ティー/ 图

❶ 茶, (特に)紅茶; 茶の葉, 茶の木

POINT ふつうは紅茶 (**black tea**) のこと. 日本の緑茶は **green tea**.

- **a cup** [**two cups**] **of tea** お茶1杯(ぱい)[2杯] →《話》では単に a tea, two teas のようにもいう. →❶ の最後の用例
- **tea with** milk [lemon] ミルク[レモン]ティー →×*milk* [*lemon*] *tea* とはいわない.
- **have** [**drink**] **tea** at teatime ティータイムに紅茶を飲む
- **make tea** お茶をいれる
- **serve** him herb **tea** 彼にハーブティーを出す
- Won't you have **a cup of tea**? お茶を1杯いかがですか.
- Let's have a **tea break**. お茶の時間にしようか.

関連語 Put some **tea** into the **teapot** and add boiling water. ティーポットにお茶の葉を入れて熱湯を注いでください.

- Two **teas** and two coffees, please. 紅茶2つとコーヒー2つください.

❷ (午後の)**お茶の会**; 《主に英》**午後のお茶, ティー**

参考 イギリスの多くの家庭で, 夕方の4〜5時頃(ごろ)クッキーやサンドイッチなどを食べながら飲むお茶で, 昼食と夕食の間の一種の食事. **afternoon** [**five-o'clock**] **tea** ともいう.

- Come and **have tea with** us tomorrow. 明日うちのお茶に来ませんか.
- I was invited **to** [**for**] Ms. Smith's **tea**. 私はスミスさんのお茶(会)に呼ばれた.

téa bàg 图 ティーバッグ

téa cèremony 图 (日本の)**茶道**(さどう)

teach 小 A1 /tíːtʃ ティーチ/ 動

三単現	**teaches** /tíːtʃiz ティーチェズ/
過去・過分	**taught** /tɔ́ːt トート/
-ing形	**teaching** /tíːtʃiŋ ティーチング/

(人を・人に知識や技術を)**教える**

類似語 **tell** (情報を言葉で説明して教える), **show** (具体例を示したり, 案内したりして教える)

teach　　tell　　show

基本 **teach** English 英語を教える →teach+(代)名詞.
- **teach** him 彼を教える

基本 **teach** him English =**teach** English **to** him 彼に英語を教える →teach *A B* = teach *B* to *A* は「AにBを教える」.
- I **teach** my dog a new trick every day. 私はうちの犬に毎日新しい芸を教える.

基本 **teach** at a junior high school 中学校で教える →teach+副詞(句).
- My sister wants to **teach** (elementary school). 私の姉は(小学校の)先生になりたがっています.

関連語 Our English **teacher teaches** very well. 私たちの英語の先生はとても上手に教えてくれる.
- Ms. Mori **teaches** us English. = Ms. Mori **teaches** English **to** us. 森先生が私たちに英語を教えます.
- My father **taught** me **how to** swim. 父が私に泳ぎ(方)を教えてくれた. →how to *do* は「〜する方法」.
- We **are taught** French **by** Ms. Green. 私たちはグリーン先生にフランス語を教わります

[習います]. →taught は過去分詞で受け身の文.
→are 助動 ❷
•Is French **taught at** your school? 君の学校ではフランス語が教えられていますか.
•He **is teaching** his dog to shake hands. 彼は自分の犬に「お手」を教えています. →teaching は現在分詞で現在進行形の文. →is 助動 ❶
•She likes **teaching** children. 彼女は子供たちを教えることが好きです. →teaching は動名詞(教えること)で likes の目的語.

teach oneself 自分で勉強する, 独学する
•I **taught myself** English. (＝I learned English for [by] myself.) 私は独学で英語を勉強した.

teacher 小 A1 /tíːtʃər ティーチャ/ 名
(複 **teachers** /tíːtʃərz ティーチャズ/)
先生, 教師 →幼稚(ようち)園から大学の先生まで, 性別に関係なく使う.
•a homeroom **teacher** クラス担任の先生
•the **teachers'** room 職員室
•an English **teacher**＝a **teacher** of English 英語の先生 →an English téacher のように後ろの語を強く言うと「イギリス人の先生」.
会話 Ms. Mori, who is that **teacher**? —He is Mr. Ono. 森先生, あの先生はどなたですか.—あの方は小野先生です.
POINT 「森先生」を ×*Mori teacher* とはいわない. また呼びかける時にも ×*Teacher!* ではなく, 名前に Mr. /ミスタ/, Ms. /ミズ/ などの敬称をつけて呼ぶ.

teaching /tíːtʃiŋ ティーチング/ 動 **teach** の -ing 形 (現在分詞・動名詞)
—— 名 ❶ 教えること; 教職
関連語 Our English **teacher** is very good at **teaching**. 私たちの英語の先生は教え方[授業]がとても上手です.
❷ (しばしば **teachings** で) 教え
•the **teachings** of Christ [in the Bible] キリスト[聖書]の教え

teacup /tíːkʌp ティーカプ/ 名 ティーカップ, 紅茶わん

team 小 A1 /tíːm ティーム/ 名
❶ (野球などの)チーム, (いっしょに活動する)団, 組
•make **the team** チームのレギュラーになる
→**make a team** は「チームを作る」.
•He plays **on** [(英) **in**] our school soccer **team**. 彼はわが校のサッカーチームでプレーしている.
•A **team of** doctors is looking after the sick baby. 医師団が病気の赤ん坊(ぼう)の治療(ちりょう)をしている.
❷ (荷車・そりを引くための牛・犬などの)チーム
•a dog **team** (そりを引く)犬のチーム

teammate 中 /tíːmmeit ティームメイト/ 名 同じチームのメンバー, チームメイト

teamwork /tíːmwəːrk ティームワ〜ク/ 名 チームワーク

teapot /tíːpɑt ティーパト/ 名 ティーポット, 急須, 茶瓶(ちゃびん)

tear¹ 中 A2 /tíər ティア/ 名
(しばしば **tears** で) 涙(なみだ)
•**with tears** in *one's* eyes 目に涙を浮(う)かべて
•**dry** *one's* **tears** 涙を拭(ふ)く
•**shed tears** 涙を流す
•Her eyes were full of **tears**. 彼女の目は涙でいっぱいだった.
•**Tears ran down** her cheeks. 涙が彼女のほおを伝って流れた.

burst into tears わっと泣き出す
in tears 涙を流して, 泣いて
•We were **in tears** when we heard the sad news. その悲しい知らせを聞いた時, 私たちは泣いた.
•She ran out of the room **in tears**. 彼女は泣きながら部屋から走り出た.

tear² /téər テア/ (→tear¹ との発音の違(ちが)いに注意) 動 (三単現 **tears** /téərz テアズ/; 過去 **tore** /tɔ́ːr トー/; 過分 **torn** /tɔ́ːrn トーン/; -ing形 **tearing** /téəriŋ テアリング/)
❶ 裂(さ)く, 破る; 裂ける, 破れる ❷ 引きちぎる, はぎ取る, むしる
—— 名 裂け目, ほころび

teardrop /tíərdrɑp ティアドラプ/ 名 涙(のしずく), 大粒(つぶ)の涙

tearoom /tíːruːm ティールーム/ 名 喫茶(きっさ)店, (ホテルなどの)喫茶室 →英国では **teashop** ともいう.

tease /tíːz ティーズ/ 動 からかう, いじめる

téa sèt [sèrvice] 名 紅茶道具一式

teaspoon /tíːspuːn ティースプーン/ 名 ティースプーン, 茶さじ, 小さじ

teatime /tíːtaim ティータイム/ 名 (午後の)お茶の時間 →**tea** ❷

téa tòwel 名 《英》(食器用の)布巾(ふきん) (《米》dish towel)

tech /ték テク/ 名 《英》《話》実業専修学校 →**technical college** ともいう.

technical /téknikəl テクニカル/ 形 ❶技術(上)の, 技術的な, 工業(技術)の ❷専門的な, 専門の

technique 中 /tekníːk テクニーク/ 名 (科学・芸術・スポーツなどの)技術, 技巧(ぎこう), テクニック

technology A1 /teknάlədʒi テクナロヂ| teknɔ́lədʒi テクノロヂ/ 名
(複 **technologies** /teknάlədʒiz テクナロヂズ/)
科学技術, テクノロジー →**Technology and Home Economics** は教科の「技術家庭科」.

technólogy and hóme económics 名 (教科の)技術家庭科 →単数扱(あつか)い.

teddy bear /tédi bèər テディ ベア/ 名 テディ・ベア →クマのぬいぐるみ.

• Everybody grows up loving a **teddy bear** of his or her own. 誰(だれ)でも自分のテディ・ベアをかわいがりながら大人になっていきます.

参考　米国26代大統領セオドア(愛称(あいしょう) Teddy)・ルーズベルトが狩(か)りで子グマの命を助けたという話からこれが売られるようになった.

teenage A2 /tíːneidʒ ティーネイヂ/ 形 10代の →名詞の前にだけつける. →**teens**

• **teenage** boys and girls 10代の少年少女

teenager A2 /tíːneidʒər ティーネイヂャ/ 名 10代の少年[少女], ティーンエージャー →**teens**

teens /tíːnz ティーンズ/ 名 (複) (年齢(ねんれい)の)10代 →語尾(ごび)に -teen のつく thirteen から nineteen までの年齢.

teeth 中 /tíːθ ティース/ 名 **tooth** の複数形
❶ (人・動物の)歯
• **brush** [**clean**] one's **teeth** 歯を磨(みが)く
• You have **a fine set of teeth**. 君は歯並びがきれいですね.
❷ (くし・のこぎり・歯車などの)歯

teeth
tooth

• the **teeth** of a comb [a saw] くし[のこぎり]の歯

tele- /téla テレ/ 「遠くへ, 遠くの」の意味の合成語をつくる

telegram /téləgræm テレグラム/ 名 電報, 電文 →**telegraph** によって送られる通信文.

telegraph /téləgræf テレグラふ/ 名 電信(機) →**telegram** を送るシステム.

telephone A1 /téləfoun テレふォウン/ 名 電話; 電話機, (特に)受話器 →話し言葉では **phone** ということが多い. →**phone**
• answer the **telephone** 電話に出る
• May I use your **telephone**? 電話をお借りしてもいいですか.

on [over] the telephone 電話で; 電話口に(出て), 電話中で
• talk with him **on the telephone** 彼と電話で話す

—— 動 (～に)電話をかける; 電話で言う[伝える] →改まった言い方で, ふつう話し言葉では《米》**call** (**up**), 《英》**ring** (**up**) という.

télephone bòok 名 電話帳

télephone bòoth, 《英》**télephone bòx** 名 公衆電話ボックス

télephone càrd 名 テレホンカード

télephone diréctory 名 =telephone book

télephone nùmber 名 電話番号

telescope /téləskoup テレスコウプ/ 名 望遠鏡
• I looked at the moon **through a telescope**. 私は望遠鏡で月を見た.

television A1 /téləviʒən テレヴィジョン/ 名 テレビ(放送); (**television set** とも) テレビ(受像機) →**TV** と略す.
• **watch television** テレビを見る →この television は「テレビ放送」の意味なので ×a [the] television としない.
• buy a new **television** 新しいテレビを買う →この television は「テレビ受像機」の意味なので a をつける.
• **turn on** [**off**] the **television** (**set**) テレビをつける[消す]
• watch a baseball game **on television** テレビで野球の試合を見る
• appear **on television** テレビに出る[出演する]
• What's **on television** tonight? 今晩はテレビでどんな番組がありますか.

- a **television** program テレビ番組
- a **television** schedule テレビ番組表

tell 小 A1 /tél テる/

動 ❶言う　意味map
❷知らせる, 教える
❸Aに〜するように言う[命令する]
❹わかる

— 動
三単現 **tells** /télz テるズ/
過去・過分 **told** /tóuld トウるド/
-ing形 **telling** /téliŋ テリンぐ/

❶ 言う, 話す, 話して聞かせる

基本 **tell** a story お話をする ➝tell＋名詞.

- **tell** a lie [the truth] うそ[本当のこと]を言う

基本 **tell** him 彼に言う ➝×tell *to* him としない.

基本 **tell** them a story = **tell** a story to them 彼らに物語を話す[お話をする] ➝tell *A B*=tell *B* to *A* は「AにBを話す」.

- **tell** the children **about** fishing 子供たちに釣(つ)りについて話す
- My uncle often **tells** me about UFOs. おじはよく僕(ぼく)にユーフォーの話をしてくれます.
- He **told** me (that) he was a spy. 彼は私に自分はスパイだと言った. ➝《話》では that を省く. 伝える相手 (me) を省くことはできない. tell の代わりに say を使うと He said **to** me that 〜 となる.

> **文法　ちょっとくわしく**
> **直接話法** ⇨人の言葉を, その人が言ったままの形で伝える言い方:
> He **said to me**, "**I'll invite you** to the party."「君をパーティーに招待するよ」と彼は私に言った.
> **間接話法** ⇨人の言葉を, 伝える人の言葉に直して伝える言い方:
> He **told me** (**that**) **he would invite me** to the party.

- Many stories **are told about** [**of**] his courage. 彼の勇気について多くの話が語られている. ➝told は過去分詞で受け身の文. → **are** 助動 ❷
- **Is** he **telling** the truth? 彼は真実を話していますか. ➝現在進行形の文. → **is** 助動 ❶

❷ (相手が知らない事を)知らせる, 教える → **teach** 類似語

- Can you **tell** me the time, please? 時間を教えてもらえますか.
- **tell** (him) *one's* name (彼に)自分の名前を教える ➝**say** *one's* name は「自分の名前を声に出して言う」.
- Please **tell** me the way to the post office. 郵便局へ行く道を教えてください.

POINT tell は口で教えてもらう場合. 地図を書いたり案内して教えてほしい時は **show** me the way という. ×*teach* me the way 〜 とはいわない.

❸ (**tell** *A* **to** *do* で) Aに〜するように言う[命令する]

- **Tell** him **to** come at once. 彼にすぐ来るように言え.
- Mother **told** me **not to** go there alone. (=Mother said to me, "Don't go there alone.") 母は私にひとりでそこへ行くなと言った.
- I was **told** not **to** go there alone. 私はひとりでそこへ行くなと言われた.
- Do as I **tell** you [Do as you are **told**]. 私が言うようにしなさい[君は言われたとおりにしなさい]. ➝両文とも文末に to do が省略されている.

❹ (**can tell** で) わかる, 見分ける

- **Can** you **tell** the difference between margarine and butter? マーガリンとバターの違(ちが)いがわかりますか.

I tell you. =***I'm telling you.*** 本当に, 確かに, 絶対に

- It's boiling hot outside, **I tell you!** 外はうだるように暑いぜ, 本当に!

I told you so. (私は君にそう言った ⇨)私が言ったとおりでしょ, だから言ったじゃないの

チャンクでおぼえよう tell	
□ 話をする	tell a story
□ 彼らに話をする	tell them a story
□ 子供たちに魚釣りの話をする	tell the children about fishing
□ 彼女に郵便局への行き方を教える	tell her the way to the post office
□ …を教えていただけますか	Could you tell me ...?

A B C D E F G H I J K L M N O P Q R S T U V W X Y Z

temper

662　six hundred and sixty-two

tell *A* **from** *B*　AとBを区別する，AとBの見分けがつく →❹
- I can't **tell** Paul **from** Mike—they're twins. 私はポールとマイクの区別がつかない．彼らは双子(ふたご)なのです．

tell on **～**　～の告げ口をする，～を言いつける
- If you hit me, I'll **tell on** you to Mother. もし僕をぶったらお前のことママに言いつけちゃうからな．

tell tales　→tale 成句

to tell (***you***) ***the truth***　本当のことを言うと，実を言うと，実は

temper /témpər テンパ/ 名
❶気質，気性(きしょう)；（その時の)気分
- **have** a gentle [violent, short] **temper** 優(やさ)しい[荒々(あらあら)しい，気短な]気質である
- **keep** [**lose**] *one's* **temper** 平静を保つ[失う]
- He is **in** a good [bad] **temper**. 彼は機嫌(きげん)がいい[悪い]．
❷短気，かんしゃく，怒(おこ)りっぽさ
- **fly into** a **temper** かんしゃくを起こす

temperate /témpərit テンパレト/ 形　（気候が)温暖な，穏(おだ)やかな

Témperate Zòne 名　(the をつけて)温帯

temperature 中 A2 /témpərətʃər テンペラチャ/ 名
❶温度，気温
- The **temperature** outside is very high today. きょうは外の気温はとても高い．
- 会話 What's the **temperature** today? —It's 30℃ (読み方: thirty degrees centigrade). きょうの気温は何度ですか．—(セ氏)30度です．
❷体温；(平熱以上の)熱 (fever)
- My sister **had** a (high) **temperature**. 妹は熱があった．
- Her **temperature** is 101 degrees. 彼女の熱は(カ氏)101度ある． → 英米の体温計はふつうカ氏式．大人の平熱はふつうカ氏98.6度(=セ氏37度)くらいまで．
- 関連語 Take your **temperature** with this **thermometer** and see if you have a **fever**. この体温計で体温を計って熱があるかどうかみなさい．

tempest /témpist テンペスト/ 名　大暴風雨，大嵐(あらし) (violent storm)

temple

temple 小 A1 /témpl テンプる/ 名
神殿(しんでん)，寺院
　関連語 (temple)
　temple は古代ギリシャ・ローマ，エジプト，現代のヒンズー教，仏教，ユダヤ教などの礼拝所．キリスト教のものは **church**, **chapel**, イスラム教のものは **mosque** という．日本では仏教の寺を **temple**, 神社は **shrine** という．
- the **temple** of Apollo アポロの神殿
- (the) Horyuji **Temple** 法隆寺

temporary /témpəreri テンポレリ/ 形　一時的な，仮の，臨時の

tempt /témpt テンプト/ 動　誘惑(ゆうわく)する，誘(さそ)う

temptation /temptéiʃən テンプテイション/ 名　誘惑(ゆうわく)；誘惑するもの　関連語「誘惑する」は **tempt**.

ten

ten 小 A1 /tén テン/ 名 (複 **tens** /ténz テンズ/) 10, 10人[個]；10歳(さい)；10時[分，ドル，ポンドなど] → 使い方については →**three**
　関連語 Lesson Ten (= The Tenth Lesson) 第10課
- a girl of **ten** 10歳の少女
- It's **ten** past **ten**. 今10時10分です．
- 会話 How many are there? —There are **ten**. 何人いますか[何個ありますか]．—10人います[10個あります]． → 複数扱(あつか)い．
—— 形　10の，10人[個]の；10歳で
- My sister is **ten** (years old). 妹は10歳です．

ten to one 《話》間違(まちが)いなく，きっと → 「(私が負けたら君の)1ドルに対して10ドル(あげる)」の意味．

tend /ténd テンド/ 動　(**tend to** *do* で) ～しがちである，～する傾向(けいこう)がある

tendency /téndənsi テンデンスィ/ 名 (複 **tendencies** /téndənsiz テンデンスィズ/) 傾向(けいこう)

tender /téndər テンダ/ 形
❶(肉などが)やわらかい；か弱い，デリケートな
- This steak is very **tender**. このステーキはとてもやわらかい．
- Babies have **tender** skin. 赤ちゃんは肌(はだ)がやわらかい．
❷(心の)優(やさ)しい，思いやりのある
- Mother Teresa had a **tender** heart. マ

ザー・テレサは優しい心の持ち主だった.

tenderly /téndərli テンダリ/ 副 優(やさ)しく, 親切に

Tennessee /tenəsí: テネスィー/ 固名 テネシー → 米国南東部の州. **Tenn.**, (郵便で) **TN** と略す.

tennis 小 A1 /ténis テニス/ 名

テニス, 庭球
- **play tennis** テニスをする
- →×play *a* [*the*] **tennis** としない.
- a good [poor] **tennis** player テニスのうまい[下手な]人
- a **tennis** ball [racket] テニスボール[ラケット]
- a **tennis** court テニスコート

tenor /ténər テナ/ 名 《音楽》テノール; テノール歌手[楽器]

tense[1] /téns テンス/ 名 《文法》時制 → 現在, 過去, 未来など, 文中の動詞が表す動作・状態がいつ行われるか, その「時の違(ちが)い」を示す動詞の形.

tense[2] /téns テンス/ 形 (神経などが)緊張(きんちょう)した, 張り詰(つ)めて, ぴりぴりして; (ロープなど)ぴんと張った

tension /ténʃən テンション/ 名 (複 **tensions** /ténʃənz テンションズ/)
❶ (精神的な)緊張(きんちょう)
- reduce [ease] **tension** 緊張を緩和(かんわ)する
❷ (**tensions** で)(個人・国家間の)緊張した状態[関係]

tent 中 /tént テント/ 名 テント
- pitch [put up] a **tent** テントを張る
- strike a **tent** テントを畳(たた)む

tenth 中 /ténθ テンす/ 名形 (複 **tenths** /ténθs テンすス/)
❶ 10番目(の), (月の)10日 → **10th** と略す. 使い方については → **third**
- the **tenth** century 10世紀
- on the **tenth** of May 5月10日に → 手紙の日付などで書く時には on May 10 (読み方: May (the) tenth).
❷ 10分の1(の)
- a **tenth** part=one **tenth** 10分の1
- three **tenths** 10分の3

関連語 There were **ten** of us, so each of us was given a **tenth** of the cake. 私たちは10人いたので, それぞれそのケーキの10分の1をもらった.

term /tə́:rm ターム/ 名 ❶ (学校の)学期
❷ (専門)用語, 術語
❸ (**terms** で)(人との)間柄(あいだがら), (人間)関係

terminal /tə́:rmənl ターミヌル/ 名 (鉄道・バスなどの)終点, 終着駅, 始発駅
—— 形 ❶ 終わりの; 終点の ❷ 学期ごとの; 学期末の

terrace /térəs テラス/ 名 ❶ テラス → 家の庭やレストランなどの前に張り出した飲食のできる部分. またはアパートの部屋から外へ張り出したベランダ.

❷ (段々畑のように)ひな壇(だん)式になった土地, (頂上を平たくならした)高台, 台地
❸ 《英》集合住宅棟(とう)

terrible 中 A1 /térəbl テリブる/ 形

❶ 恐(おそ)ろしい, 怖(こわ)い
- We have just heard some **terrible** news. 私たちはたった今, 恐ろしいニュースを聞いたところだ.
- Landmines are **terrible**. 地雷(じらい)というのは恐ろしいものです.
❷ 《話》ひどい, ひどく悪い (very bad), ひどくお粗末(そまつ)な (very poor)
- **terrible** weather ひどい天気
- I had a **terrible** time at the party. そのパーティーではとてもつまらなかった.
- You look **terrible**. 君, 顔色がすごく悪いよ.
- That film was **terrible**. あの映画はひどいものだった.

terribly /térəbli テリブリ/ 副 《話》ひどく (very badly); とても (very)

terrific /tərífik テリふィク/ 形
❶ 恐(おそ)ろしい; 《話》すさまじい, ものすごい
❷ 《話》すごい, すばらしい (very good)

terrify A2 /térəfai テリふァイ/ 動 (三単現 **terrifies** /térəfaiz テリふァイズ/; 過去・過分 **terrified** /térəfaid テリふァイド/; -ing形 **terrifying** /térəfaiiŋ テリふァイインぐ/)
(身がすくむほど)おびえさせる, 怖(こわ)がらせる →

territory 664 six hundred and sixty-four

terror
- Thunder **terrifies** our dog very much. 雷(かみなり)はうちの犬をひどく怖がらせる.
- The hiker **was terrified** by the sight of the bear. ハイカーはクマの姿を見て身がすくんだ. → was terrified は受け身形(おびえさせられた)であるが「身がすくんだ」と訳す.

territory /térətɔːri テリトーリ/ 图 (複 **territories** /térətɔːriz テリトーリズ/) ❶ (広大な)地域; 地方 ❷ 領土; (アメリカなどの)準州 → まだ州 (state) に昇格(しょうかく)していない地域.

terror /térər テラ/ 图 (身がすくむほどの)恐(おそ)ろしさ, 恐怖(きょうふ); 恐ろしい物[人]
- in **terror** おびえて, 恐怖のあまり

terrorist A2 /térərist テラリスト/ 图 テロリスト

test 中 A1 /tést テスト/ 图
試験; 検査, テスト
- a history **test** = a **test** in [on] history 歴史の試験
- do [have, take] a blood **test** 血液検査をする[受ける]
- give [have] a **test** 試験をする[受ける]
- pass [fail] a driving **test** 運転免許(めんきょ)試験に受かる[落ちる]
- He did very well **on** [in] the English **test**. 彼は英語の試験で非常によい成績だった.
- I will **have** an English **test** tomorrow. 私は明日英語のテストがある.
—— 動 試験[検査]をする, 試す
- Our teacher **tested** us **in** history [on English verbs]. 私たちの先生は私たちに歴史の[英語の動詞についての]試験をした.
- I want to **test** the motorbike before I buy it. 私は買う前にそのバイクを試(ため)してみたい.

tést pàper 图 試験問題[答案]; (化学の)試験紙

Texas /téksəs テクサス/ 固名 テキサス → 米国南西部の州. **Tex.**, (郵便で) **TX** と略す.

text A2 /tékst テクスト/ 图 ❶ (本の注・挿(さ)し絵などに対して)本文 → しばしば数えられない名詞として扱(あつか)う. ❷ (翻訳(ほんやく)に対して)原文, 原典, テキスト → しばしば数えられない名詞として扱う. ❸ 教科書 (textbook)
—— 動 = text message

textbook 中 A2 /tékstbuk テクストブク/ 图 教科書

- my English **textbook** 私の英語の教科書

textile /tékstail テクスタイる/ 图 (ふつう **textiles** で) 織物, 布(地) → cloth より改まった感じの語.

text message A2 /tékst mésidʒ テクスト メセヂ/ 图 (携帯(けいたい)電話 (cellphone) による)メール
—— 動 (携帯電話で)メールを送る → 単に **text** ともいう.

texture /tékstʃər テクスチャ/ 图 きめ, 手触り

Thai /tái タイ/ 图形 タイ人(の); タイ語(の); タイの 関連語「タイ国」は Thailand.

Thailand 小 /táilænd タイランド/ 固名 タイ → アジア南東部の王国. 首都はバンコク (Bangkok). 公用語はタイ語 (Thai).

Thames /témz テムズ/ 固名 (the Thames で) テムズ川 → 英国南部を流れロンドンを貫流(かんりゅう)して北海に注ぐ.

than 中 A1 /ðən ざン/ 接

❶ ～よりも

中基本 I am taller **than** he is [《話》 **than** him]. 僕(ぼく)は彼よりも背が高い. → 形容詞の比較(ひかく)級 + than. 《話》では than を前置詞と考え, than him のように目的格の代名詞が続くことが多い.

中基本 Carl runs faster **than** I do [《話》 **than** me]. カールは僕よりも速く走ります. → 副詞の比較級 + than.

- This bird is **more** beautiful **than** that one. この鳥はあの鳥よりも美しい.
- I like coffee **better than** tea. 私は紅茶よりコーヒーのほうが好きです.
- I love you more **than** him (= I love him). 私は彼を(愛している)よりもあなたのほうをもっと愛している.
- It is **less** hot in September **than** in August. 9月は8月ほど暑くない.
- There are **more than** twenty people in the room. その部屋には20人以上の人がいます.

❷ (other than ～ で) ～よりほかの

- I have no **other** friend **than** you. = I have no friend **other than** you. 僕には君よりほかに[君のほかに]友達はいないんだ.

❸ (rather than ～ で) ～よりむしろ

- I would **rather** go today **than** tomorrow. 私はあしたよりむしろきょう行きたい.

thank 小 A1 /θǽŋk サンク/ 動

(三単現) **thanks** /θǽŋks サンクス/; (過去・過分) **thanked** /θǽŋkt サンクト/; -ing形 **thanking** /θǽŋkiŋ サンキング/

~に感謝する, ありがたいと思う, 礼を言う

(会話・基本) **Thank** you. ありがとう, 感謝します. (軽く感謝して)すみません; (物を勧められて)いただきます. →主語 I, We はふつう省略するが, 演説の終わりなど改まった場合には I thank you. と言うこともある.

A: How are you?
B: Very well, **thank you**. And you?
A: Very well, **thank you**.
A: お元気ですか.
B: ありがとう[おかげさまで], 元気です. あなたは?
A: ありがとう, 元気でやってます.
A: I'll help you.
B: Oh, **thank you** very [so] much.
A: You're welcome [《英》 Not at all].
A: お手伝いしましょう.
B: ああ, どうもありがとうございます.
A: どういたしまして.

Would you like a cookie?—**Thank you** [No, **thank you**].
クッキーはいかが.—ありがとう, いただきます[いいえ, けっこうです].

(会話) **Thank** you very much, Mr. Smith.
—**Thank** yóu. スミス先生, 大変ありがとうございました.—こちらこそありがとう. →「こちらこそありがとう」と言う時は you を強く発音する.

(会話) Would you like to stop at a coffee shop? —No, I'm in a hurry, but **thank** you all the same [**Thank** you, but I'm in a hurry]. 喫茶(きっさ)店に寄って行きませんか.—いや, 急いでいるので, でも(誘(さそ)ってくれて)どうもありがとう[ありがとう, でも急いでいるので].

(会話・基本) **Thank** you very much for your nice present. すてきな贈(おく)り物をどうもありがとうございます. →thank A (人) for B (物・行為(こうい))は「B について A に感謝する」.

• **Thank** you for listening. (スピーチなどの終わりに)ご清聴ありがとうございます.

• Susie **thanks** you very much **for** sending her such a pretty doll. スージーはあなたがあんなかわいいお人形を送ってくれたのでとても感謝しています.

• People **thanked** God **for** their harvest. 人々は収穫(しゅうかく)を神に感謝した.

No, thank you. いいえ, けっこうです →相手の申し出を断る表現.

Thank God! ありがたい!
• **Thank God**, my father is safe. ああ, よかった. 父は無事だった.

—— 名 (複 **thanks** /θǽŋks サンクス/)
(**thanks** で) 感謝

Have another cake. —**Thanks** [No, **thanks**].
ケーキをもう1つどうぞ.—ありがとう[いえ, もうけっこう].

• **Thanks very much**. = **Thanks a lot**. = **Many thanks**. 本当にありがとう.

• **Thanks for** your letter. お手紙ありがとう.

• They **gave thanks to** God for their harvest. 彼らは収穫を神に感謝した.

No, thanks. いいえ, けっこうです →No, thank you. のくだけた表現.

thanks to ~ ~のおかげで
• **Thanks to** the doctor, I'm well again.
お医者さんのおかげで私は回復した.

thankful /θǽŋkfəl サンクふる/ 形 感謝して(いる), ありがたく思って

• He was **thankful to** Mary **for** her kindness. 彼は親切にしてもらってメアリーに感謝していた.

Thanksgiving (Day) /θǽŋksɡìviŋ (dèi) サンクスギヴィング(デイ)/ 名 感謝祭

(参考) 米国では11月の第4木曜日, カナダでは10月の第2月曜日に過去1年間の神

thank-you

の恵(めぐ)みに感謝する祭日で，家族は親元に集まり，七面鳥やカボチャパイなどのごちそうを食べて祝う．メイフラワー号でアメリカに渡(わ)って来た清教徒たちが1621年10月最初の収穫(しゅうかく)を神に感謝して祝った祭りが始まり．

thank-you /θǽŋkjuː サンキュー/ 形 **感謝の，お礼の** ▶名詞の前にだけつける．

—— 名 **感謝の言葉[贈(おく)り物，行為(こうい)]**

that 小 A1 /ðǽt ざット/

代 ❶ **それは[が]，あれは[が]** 意味map
❷ **それを，あれを**
❸ **(that of ～ で) ～のそれ**
❹ **～する(ところの)**

形 **その，あの**

接 ❶ **～ということ**
❷ **～なので，～して**
❸ **～という**
❹ **(so [such] ～ that で) とても～なので**

—— 代 (複 **those** /ðóuz ぞウズ/)

❶ **それは[が]，あれは[が]，あの人は[が]**

⚫POINT 少し離(はな)れた所にあるもの，また少し前に見たり聞いたりしたもの，相手が言った事などを指す．

基本 **That** is the morning star. あれが明けの明星(みょうじょう)だ． ➔ That は文の主語．

• Look! **That** is [**That's**] Mt. Fuji. 見て! あれが富士山だよ．

What is **that**? Is **that** a bird or a plane?—It's a bird.
あれは何だ? 鳥か，それとも飛行機か．—(あれは)鳥だ．

➔特に「あれは」と指し示すのでなく，単に前に話題に出たものを受けるだけの時は **it** を使う．

What is that? Is that a bird or a plane?

It's a bird!

Let's play cards. —Yes. **That**'ll (= **That** will) be fun!
トランプをしようよ．—うん，おもしろそうだ．

I'm sorry. I broke your glass. —**That**'s all right.
すみません．あなたのコップを割ってしまいました．—そんなのいいよ．

関連語 **This** is my umbrella and **that** is yours. これは僕(ぼく)の傘(かさ)で，あれが君のだ． ➔近くのものを指すのは **this**.

• **That's all** for today. きょうはこれでおしまいにしよう． ➔×*This* is ～ としない．
• **That's it**. それだ，そのとおり．

❷ **それを，あれを** ➔人を指すことはない．

基本 Give me **that**. それを私にください． ➔ that は動詞 (Give) の(直接)目的語．

• I'm sorry. I don't understand. Please say **that** again. すみません．よくわからないので，もう一度それを言ってください．
• He died last year? I didn't know **that**. 彼が去年死んだ? それは知らなかった．
• We played baseball and **after that** we went home. 僕たちは野球をして，そのあと家に帰った． ➔前置詞+that.

❸ **(that of ～ で) ～のそれ** ➔前にある「the+名詞」を繰(く)り返す代わりに使う．

• The story is like **that** (＝the story) of Robinson Crusoe. その話はロビンソン・クルーソーの話に似ている．
• The population of Tokyo is larger than **that** of New York. 東京の人口はニューヨーク(の人口)より多い．

❹ **～する(ところの)** ➔前にある名詞を修飾(しゅうしょく)する関係代名詞用法．この場合の that は日本語には表現しない．

• This is the boy **that** loves Mary. これはメアリーを愛している男の子だ．

文法 ちょっとくわしく
上の文は This is **the boy**. **He** loves Mary. の2つの文を1つの文で言うために He を that に変えて結び合わせたもの．したがって that は2つの文を**関係**づけており，また He (the boy の**代名詞**)の役目も果たしているので**関係代名詞**と呼ばれる．that は He と同じように loves の主語の働きをしている．こういう場合の the boy を関係代名詞の**先行詞**という．関係代名詞

six hundred and sixty-seven 667 **that**

that は先行詞として「人」「動物」「物」
のどれでも取ることができる. **→who**
❸, which ❸

- This is the dog **that** bit me. これが私に
かみついた犬です.
- This is the boy (**that**) Mary loves. これ
はメアリーが愛している男の子です.

文法 ちょっとくわしく
上の文は This is **the boy**. Mary
loves **him**. の2文を1文にしたもの.
him を that に変えて the boy のすぐ次
に置くと上文のようになる. that は him
と同じものであるから loves の目的語で
ある. このような目的格の関係代名詞は省
略してもよい.

- This is the letter (**that**) she gave me.
これが彼女が私にくれた手紙です.
- This is the cat **that** ate the mice **that**
lived in the house **that** Jack built. これ
がジャックが建てた家にすんでいたネズミを食べ
たネコです.
- This is **the best** movie (**that**) I have
ever seen. これは私が今までに見た最も優(すぐ)
れた映画だ. **→**最上級の形容詞や, **first, only,**
all, every などが先行詞を修飾している時は, 先
行詞が人・物であっても that を使うことが多い.
- This is **all** (**that**) I can do for you. これ
が君のために私がしてやれるすべてだ[私が君にし
てあげられるのはこれだけだ].

that is (**to say**) **すなわち**
- He died the next year, **that is**, in
2010. 彼はその翌年, すなわち2010年に死ん
だ.

—— 形 **その, あの**
🏠基本 **that** star あの[その]星 **→**that＋単数形
の名詞. that は the よりも強く指し示す言い方.
- (**in**) **that** way そのようにして
関連語 **that** cat and **those** kittens あのネコ
とあの子ネコたち **→**複数形の名詞の前では that
は those になる.
- **that** day [**night, year**] あの日[夜, 年](に)
→on などの前置詞をつけないでも「あの日に
(は)」などの意味にもなる.
- **that** bag **of yours** 君のあのカバン
- **That** boy over there is Ken. 向こうにい
るあの少年がケンです.

—— /ðət ざt/ 接
❶ ～ということ
☑POINT that は後ろの節(主語と述語の関係を含(ふ
く)む文の一部. **→clause**)をひとまとめにくく
る役目をする. したがって that 以下の節がひと
まとまりであることがはっきりわかるような場
合には that を省略することが多い.
- **Say** (**that**) you love me. 私を愛していると
(いうことを)言ってください.
- I **think** (**that**) she will come soon. 私は
彼女はすぐ来る(だろう)と思います.
- I **know** (**that**) he lives in Kyoto. 私は彼
が京都に住んでいることを知っている.
- I **knew** (**that**) he lived in Kyoto. 私は彼
が京都に住んでいることを知っていた. **→**主節の動
詞(knew)が過去なのでそれに合わせて that 以
下の動詞も過去(lived)にする. ×「住んで**いた**こ
とを知っている」と訳さない.
- **It is** true **that** he did it. 彼がそれをしたと
いうことは本当だ. **→**It=that 以下. that は省略
しない.
❷ ～なので, ～して →理由や原因を述べる節を導
く.
- I am **glad** (**that**) you came. 君が来て私は
うれしい.
- I am **sorry** (**that**) you can't come. 君が
来られなくて[来られないとは]残念だ.
❸ ～といて →that 以下はその前の名詞の内容を
述べていて, 名詞と that 以下は同格.
- the fact **that** the earth is round 地球が
丸いという事実
- There is a rumor **that** our teacher is
leaving. 私たちの先生が学校をやめるというう
わさがある.
❹ (**so** [**such**] **～ that** で) **とても～なので**
- She is **so** kind **that** everybody likes
her. = She is **such** a kind girl **that** ev-
erybody likes her. 彼女はとても優(やさ)しいの
でみんな彼女が好きだ. **→**so＋形容詞[副詞],
such＋(形容詞＋)名詞.
- He is **so** busy **that** he can't come to
the party. (=He is too busy to come to
the party.) 彼はとても忙(いそが)しいのでパーティ
ーに来られません.
- It rained **so** hard **that** the game was
put off. とても激しく雨が降ったのでゲームは延
期された.
❺ (**so that** *A* **will** [**can, may**] *do* で) **A が**

A
B
C
D
E
F
G
H
I
J
K
L
M
N
O
P
Q
R
S
T
U
V
W
X
Y
Z

thatch

~する[できる]ように →so 成句

❻ **(so that ~ で)** その結果~，それで~ →ふつう so の前にコンマ (,) がある.

• He got up very late, **so that** he missed the train. 彼は寝坊(ねぼう)した．その結果[それで]列車に乗り遅(おく)れた．

―― **副** (→比較変化なし) 《話》**そんなに** (so)，それほど

• I can't eat **that** much. 私はそんなにたくさんは食べられません．

• I didn't know it was **that** big. 私はそれがそんなに大きいとは知りませんでした．

thatch /θǽtʃ サチ/ **名** **わらぶきの屋根; 屋根をふく[作る]ためのわら**

―― **動** **わらで屋根をふく[作る]**

• a **thatched** roof わらぶきの屋根 → thatched は過去分詞(わらで屋根をふかれた)が形容詞のように使われている．

that'll /ðǽtl ザトル/ **that will** を短くした形

that's /ðǽts ザッツ/ **that is** を短くした形

the 小 A1 /弱い ðə ザ, ði ズィ, 強い ðíː ズィー/

(→母音(ぼいん)(アイウエオに似た音)の前では /ði ズィ/, 子音(しいん)の前では /ðə ザ/ と発音する) **冠**

❶ **その，あの**

⭕POINT 話の中で特定のものを指す時に使う．**that** よりも軽い言葉で，前後関係によっては日本語に訳さないこともある．

基本 **the** dog その犬 →the＋数えられる名詞の単数形．聞いて[読んで]いる人が，どの犬か既(すで)に知っている時，またはその人にどの犬かを示したい時に言う．強く「その犬」と指す時は **that** dog という．

基本 **the** cats そのネコたち →the＋数えられる名詞の複数形．特定のネコたち全部をいう．the をつけないで単に cats というと漠然(ばくぜん)とネコ一般(いっぱん)を指す．

基本 **the** old dog その年老いた犬 →the＋形容詞＋名詞．この the は母音の前なので発音は /ði ズィ/.

• I have a dog and three cats. **The** dog is white and **the** cats are black. 私は1匹(びき)の犬と3匹のネコを飼っている．(その)犬は白で(その)ネコたちは黒です．→初めて相手に話す時は a dog. 冠詞(かんし)をつけないで three cats.

• Please shut **the** door. どうぞ(その開いている)ドアを閉めてください．

• **The** school is over there. (その)学校は向こうにある．

❷ **(the＋前後の説明語句によって限定された名詞)** →日本語には訳さないことが多い．

• **the** cat **on the roof** 屋根の上の(あの)ネコ

• **the tallest** boy in our class 私たちのクラスで一番背の高い少年

• **the most** beautiful flower in this garden この庭で一番きれいな花

• **the first** train 1番[始発]列車

• **The** principal **of our school** is Mr. White. わが校の校長はホワイト先生だ.

• **The** January of 2011 (読み方: two thousand eleven) was very cold. 2011年の1月はとても寒かった．→曜日・休日・月にはふつう ×a, ×the をつけないが，特定の時の曜日・月になると the がつく．

❸ **(the＋単数名詞)** **~というもの** →動植物・機械・楽器など，同じ種類のもの全部を代表する．日本語には訳さなくてもよい.

• **The** horse is a beautiful animal. 馬(という動物)は美しい動物である．→形式張った言い方．ふつう話し言葉では Horses are beautiful animals. または A horse is a beautiful animal. という．→a ❷

• I can play **the** piano. 私はピアノが弾(ひ)ける．→「楽器を弾く」という時の楽器名にはふつう the をつける.

• I like to listen to **the** radio. 僕(ぼく)はラジオを聞くのが好きだ．→「テレビを見る」は watch television で，×the をつけない.

❹ **(the＋ただ1つしかないもの・自然現象・方角など)** →日本語には訳さない.

• **the** sun [moon] 太陽[月]

• **the** sky [sea] 空[海]

• **the** earth [world] 地球[世界]

• **the** east [west] 東[西]

• **the** left [right] 左[右]

• in **the** morning [afternoon, evening] 午前中[午後, 夕方]に

• **The** sun rises in **the** east and sets in **the** west. 太陽は東に昇(のぼ)り西に沈(しず)む.

❺ **(the＋固有名詞)** →人名・地名などの固有名詞はふつう ×the をつけないが，次の場合には the をつける．日本語には訳さない．

• **the** Mississippi ミシシッピ川 →the＋川の名前．the がつかないと「ミシシッピ州」の意味.

• **the** Pacific (Ocean) 太平洋 →the＋海の

名前.

- **the** West (東洋に対して)西洋; (アメリカの)西部地方 →the+地域名.
- **the** Alps アルプス山脈 →the+山脈や群島など複数形の固有名詞.
- **the** Sahara サハラ砂漠(さばく) →the+砂漠名.
- **the** White House ホワイトハウス →the+公共の建物, 特に官庁・美術館・博物館・図書館・映画館・ホテル・動物園などの名.
- **the** United States of America アメリカ合衆国 →「アメリカ」は ✕the をつけず, America という.
- **the** Queen Elizabeth クイーンエリザベス号 →the+船の名. the がつかないと「エリザベス女王」の意味.
- **the** New York Times ニューヨークタイムズ →the+新聞名.
- **the** Japanese 日本人(全体) →「1人[2人]の日本人」は a [two] Japanese.
- **the** Americans アメリカ人(全体) →the+複数形の国民名.「1人[2人]のアメリカ人」は an American [two Americans].
- **the** Browns ブラウン家(の人々) →the+複数形の家族名.「1人のブラウン家の人」は a Brown.

❻ (前置詞+**the**+身体の部分を表す語) →日本語には訳さない.

- She hit me **on the** head. 彼女は僕のことぶったんだ, 頭を. →ぶたれた人に重点を置く言い方. She hit my head. (僕の頭をぶった)はぶたれた場所に重点がある.

❼ (**the**+形容詞) ～の人々

- **the** poor (=poor people) 貧しい人々 →「貧しい人」は a poor person.
- **the** rich (=rich people) 金持ちたち

❽ (**by the**+単位を表す語) ～単位で, ～ぎめで

- hire a car **by the** hour 車を1時間いくらで[時間ぎめで]借りる
- In this job, I am paid **by the** day. この仕事では私は1日いくらで[日給で]支払(しはら)われています.

── 副 ❶ (**the**+比較(ひかく)級, **the**+比較級) ～すればするほど, それだけますます～する

- **The more** you eat, **the fatter** you get. 君は食べれば食べるほどますます太る.

📢会話 When do you want this work done?—**The sooner, the better**. この仕事はいつまでにすればよいのですか.—早ければ早い

ほどいいです. →問いの文は want A+過去分詞で「Aが～されることを欲(ほっ)する, Aを～してもらいたい」.

❷ (**all**) **the**+比較級) それだけ(ますます)

- His speech was **the better for** being short. 彼のスピーチは短かったぶんだけよかった.

theater 中 A1 /θíːətər ˈスィアタ/ 名

❶ 劇場; 《米》**映画館** →**movie theater** ともいう.

- go to **the theater** (to see ～) (～を見に)劇場に行く
- We saw a play **at** the new **theater**. 私たちはその新しい劇場で芝居(しばい)を見た.

❷ (**the theater** で) 演劇

- I am interested in **the theater**. 私は演劇に興味を持っています.

theatre /θíːətər ˈスィアタ/ 名 《英》=theater

their 小 A1 /ðeər ˈゼア/ 代

彼らの, 彼女たちの; それらの →they の所有格.
→**they** 関連語 **his** (彼の), **her** (彼女の)

動基本 **their** house 彼ら(みんな)の家 →their+単数名詞.

- **their** houses 彼ら(それぞれ)の家 →their+複数名詞.
- that car of **their** father's 彼らの父のあの車
- We have two dogs. **Their** names are Ella and Fido. 私たちは犬を2匹(ひき)飼っています. それらの名前はエラとファイドです.

theirs 中 A2 /ðéərz ˈゼアズ/ 代

❶ 彼らのもの, 彼女たちのもの; それらのもの →単数のものにも, 複数のものにもいう. →**they**
関連語 **his** (彼のもの), **hers** (彼女のもの)

- This dog is **theirs**. (= This is their dog.) この犬は彼らのものです.
- Our school is older than **theirs** (= their school). 私たちの学校は彼らの(学校)より古い.
- Your hands are big, but **theirs** (=their hands) are small. 君の手は大きいけれど彼らのは小さい.

❷ (～ **of theirs** で) 彼らの～

- a friend **of theirs** (= one of their friends) 彼らの友人(の1人)
- Look at that house **of theirs**! 彼らのあの家を見てごらん!

them 小 A1 /ðəm ゼム/ 代

彼らを[に], 彼女らを[に]; それらを[に] →they
の目的格. →they 関連語 their (彼らの)

•Ken and Naomi love their mother.
She loves **them** (= Ken and Naomi),
too. ケンとナオミは自分たちのお母さんが大好
きです. お母さんも２人を愛しています.

•I gave them two apples. =I gave two
apples **to them**. 私は彼ら[その人たち]にリン
ゴを２個あげた. →最初の them は動詞 (gave)
の間接目的語. 後の them は前置詞 (to) の目的
語.

theme /θíːm **スィーム**/ 名 **❶** (芸術作品・研究・討
論などの)**主題, テーマ** (subject)

•The **theme** of this book is love. この本
のテーマは愛である.

❷ 《米》 (学校で課せられる)**作文**

•We must write one **theme** a week in
school. 私たちは学校で１週間に１つ作文を書
かなければならない.

théme sòng [tùne, mùsic] 名 (映
画・ミュージカルの)**主題歌[曲]**, (ラジオ・テレビ番
組の)**テーマソング**

themselves 中 A2 /ðəmsélvz **ゼムセ**ルヴズ/ 代
→**himself** (彼自身), **herself** (彼女自身), **it-
self** (それ自身)の複数形. →oneself

❶ 彼ら自身(を[に]), 彼女たち自身(を[に]); **それら**
自身(を[に])

•Bob and Becky hid **themselves** in the
cave. ボブとベッキーは洞穴(ほらあな)に身を隠(かく)
した[洞穴に隠れた].

ことわざ Heaven helps those who help
themselves. 天は自ら助くる者を助く(神は人
に頼(たよ)らず自分でやる人を助けてくれる). →
those who ~ は「~する人々」.

関連語 **They** dressed quickly and looked
at **themselves** in the mirror. 彼らは急いで
服を着て, 鏡で自分の姿を見た.

•The children kept all the ice cream
for **themselves**. 子供たちはアイスクリームを
自分たちのために全部とっておいた.

❷ 彼ら自身で[が], 彼女たち自身で[が]

•In the camp the children made a
meal **themselves**. キャンプでは子供たちは自
分たちで食事を作った.

❸ いつもの彼ら[彼女ら], 本来の彼ら[彼女ら]

by themselves 自分たちだけで (alone);

独力で

•The family live in a large castle **all by
themselves**. その一家は大きな城に彼らだけで
住んでいる. →all (全く)は by themselves を
強めるために添(そ)えられたもの.

for themselves 自分たちの力で, 独力で; 自
分たちのために →**❶** (最後の用例)

then 小 A1 /ðén ゼン/

| 副 **❶** その時 | 意味 map |
| **❷** (**and then** とも) それから |
| **❸** 《話》 それでは |

—— 副 **❶** その時 (at that time), (その)**当時**

•I first met Meg in 2000. I was five
then. 僕(ぼく)は2000年に初めてメグと会った.
その時僕は５歳(さい)だった.

関連語 We lived in Kyoto **then**, but **now**
we live in Tokyo. 当時私たちは京都にいた
が, 今は東京に住んでいる.

•He went out of the room. **Just then**
the telephone rang. 彼は部屋から出た. ちょ
うどその時電話が鳴った.

❷ (**and then** とも) **それから**, **その後(で)**, **その**
次に →「すぐあと」の場合と, 「しばらくしてあと」
の場合とがある.

•The seesaw goes up **and then** it goes
down. シーソーは上に上がり, それから下に下
りる.

•I had a bath **and then** went to bed. 私
はふろに入ってそれから寝(ね)ました.

•Standing beside John is Paul, **then**
Ringo, **and then** George. ジョンの横に立
っているのがポール, それからリンゴ, そしてその
次がジョージです. →Paul 以下が文の主語で is
が動詞.

❸ 《話》 **それでは**, **それなら**, **そうすると**

会話 It is not an animal, a plant, or a
mineral.—What is it, **then**? それは動物で
も植物でも鉱物でもありません.—それではそれは
何ですか.

会話 I'm very busy today.—Well, **then**,
come some other day. 私はきょうはとても
忙(いそが)しいのです.—ではいつかほかの日にいらっ
しゃい.

—— 名 その時 →前置詞 (by, from, since,
till, until など)の目的語として使われる.

•by **then** その時までに

•from **then** on=since **then** その時以来

- We'll meet next week. Until **then**, goodbye. 来週会いましょう．じゃその時までさようなら．

(***every***) ***now and then*** 時たま，時折
- I don't jog every day, just **now and then**. 僕は毎日ジョギングをしているわけではなく，ほんの時たまするだけです．

theory /θíəri スィオリ/ 名 (複 **theories** /θíəriz スィオリズ/) 学説，説；(実際に対して)理論

in theory 理論上は

therapy /θérəpi セラピ/ 名 (病気・障害などの)治療(ちりょう)，療法(りょうほう)

there 小 A1 /ðéər ゼア/ 副
(→比較変化なし)

❶ そこに，そこで，そこへ，あそこに[で, へ]
基本 go **there** そこへ行く →動詞＋there. ×go *to* there としない．
- live **there** そこに住んでいる
- **over there** (向こうの)あそこに，向こうに[の]
関連語 Sit **there**, not **here**. ここでなくあそこに座(すわ)りなさい．

Sit there, not here.

- Put the books **over there** on the shelf. それらの本を向こうの棚(たな)の上に置いてくれ．→場所をいう時は，まず漠然(ばくぜん)と (over there＝向こうに), 次に具体的に (on the shelf＝棚の上に)の順でいう．

会話 Where is Bob?—(He is) Up **there**, on the roof. ボブはどこ?—あそこの上，あの屋根の上よ．

- **Are you there**, Paul? (隣(となり)の部屋などに向かって)ポール，あなたそこにいるの; (電話口で)ポール，あなた聞いているの．
- **Is Ken there?** (電話で)ケンはいますか．
- I like Okinawa; the people **there** are very kind. 私沖縄が好き．あそこの人たちってとても親切なんですもの．→名詞＋there で形容詞的な使い方．

❷ (**There is** [**are**] ～ で) ～がある，～がいる
→There は主語の位置にあるが主語ではなく, is [are] の次に来る語が主語．この There には「そこに」の意味はない．口語では there is, there are はそれぞれ **there's, there're** と縮めていう．

基本 **There** is a cat on the roof. 屋根の上に (1匹(ぴき)の)ネコがいます．→There is＋単数の主語＋場所を表す語句．

POINT 「そのネコ[君のネコ]は～にいる」など，特定のものの「ありか，所在」を表す時は The [Your] cat is on the roof. のようにいう．ふつうは ×There is *the* cat on the roof. としない．

- **There is** [《話》 **There's**] someone at the door. 玄関(げんかん)に誰(だれ)か来ています．
- **There's** a hole in the bucket. バケツに穴があいています．
- **There's** a good restaurant there! あそこにいいレストランがあるよ．→文末の there は「あそこに」．

Is there a coffee shop near here? —Yes, **there is** [No, **there isn't**]. この近くにコーヒーショップはありますか．—ええ，あります[いいえ，ありません]．
→疑問文は Is there＋主語? 否定文は There is not＋主語./There isn't＋主語.

- **There is** not a cloud in the sky. 空には雲ひとつありません．

基本 **There** are [《話》 **There're**] two books on the desk. 机の上に2冊の本があります．→There are＋複数の主語＋場所を表す語句．
- **There are not any** books on the desk. ＝**There are no** books on the desk. 机の上には本は(1冊も)ない．
- **Are there any** books on the desk? 机の上に本がありますか．
- **There are** many ways to help people, **aren't there**? 人を助けるたくさんの方法があるのですね．→不定詞 to help (助ける～)は many ways を修飾(しゅうしょく)する (→**to** ❾ の②). aren't there? は「あるのですね」と念を押(お)す用法．

会話 What is in the box? —**There are some** kittens. —**How many** kittens **are there?**—(**There are**) Three. その箱の中には何がいるの．—子ネコが何匹(びき)かいます．—何匹の

therefore

子ネコがいるの.—3 匹います. ➡最初「何が~?」と聞く時は What は単数として使う.

- **There was** a big fire last night. 昨夜大きな火事があった.
- **There were** fourteen candles on my birthday cake. 私のバースデーケーキには14本のろうそくがありました.
- **There will** [《話》**There'll**] **be** a concert by our brass band next month. 来月吹奏楽部のコンサートがあります.
- **There's** a big dog barking in front of the door. ドアの前で大きな犬がほえてる. ➡A big dog is barking ~. と同じ意味.

❸ (there+be 以外の動詞+主語で) ~が~する ➡❷の「There is [are]+主語」の変形で, is [are] のところに live (住んでいる), come (来る) など存在や到着(とうちゃく)を表す動詞が来る.

- Once upon a time **there lived** an old man and his old wife. 昔々おじいさんとおばあさんが住んでいました.
- The witch waved her hand and **there appeared** a frog. 魔女(まじょ)が手を振(ふ)ると1匹のカエルが現れました.
- **There seems** (to be) no hope. 望みが無いように思える.

❹ (相手の注意を促(うなが)して)ほら, そら

- **There** comes the bus. ほら, バスが来た. ➡There+動詞+主語.

《会話》The bus is late.—**There** it comes. バスが遅(おそ)いですね.—あっ, 来ましたよ. ➡主語が代名詞 (he, it, they など) の時は There+主語+動詞.

- **There** goes Ken on his new bicycle. ほら, ケンが新しい自転車に乗って行くよ.

《会話》Mother, I cut my finger.—**There, there,** I'll kiss it and make it better. ママ, 指を切っちゃった.—よしよし, そこにキスして治してあげましょうね.

here and there あちらこちらに →here 成句

Hi [***Hello***] ***there.*** やあこんにちは ➡ごく親しい間柄(あいだがら)で使う.

there is no doing 《話》~することはできない

- **There is no telling** which side will win. どちら側が勝つか言うことができない[わからない].

There's a good boy [***girl***]. いい子だから)ね

There you are! はい, これを(どうぞ) ➡相手が欲(ほ)しがっていたものを出しながら言う言葉.

- **There you are!** A nice cup of coffee. はい, これをどうぞ. おいしいコーヒーよ.

—— 图 そこ, あそこ

- He will go to Sydney first and from **there** to Canberra. 彼はまずシドニーへ行ってそこからキャンベラへ行くだろう.

therefore A2 /ðéərfɔːr ゼアフォー/ 副 それゆえに, したがって ➡(**and**) **so** より堅(かた)い表現.

- He had a bad cold, and **therefore** could not go to school. 彼はひどい風邪(かぜ)をひいて, それで学校に行けなかった.
- I think, **therefore** I am. 私は考える. ゆえに私が存在する. ➡フランスの哲学(てつがく)者デカルトの言葉. この therefore は接続詞的用法.

there'll /ðéərl ゼアる/ **there will** を短くした形

there're /ðéərər ゼアラ/ **there are** を短くした形

there's /ðéərz ゼアズ/ **there is**, **there has** を短くした形

thermometer /θərmάmətər サマメタ/ 图 体温計; 温度計, 寒暖計

thermos /θə́ːrməs サ~モス/ 图 《商標》サーモス ➡「魔法瓶(まほうびん), ポット」のこと. この意味の「ポット」は和製英語. 英語の pot は「つぼ, 鍋(なべ)」.

these 中 A1 /ðíːz ずィーズ/

意味map

|代| ❶ これらは[が]
    ❷ これらを
|形| ❶ これらの
    ❷ この頃(ごろ)の

—— 代 ❶ これらは[が], この人たちは[が] ➡this の複数形. 関連語 those (あれらは[が])

基本 This is my mother and **these** are my sisters. これは私の母で, これらは私の姉妹(しまい)たちです. ➡these は文の主語.

What are **these**?—They are CDs. これらは何?—(それらは) CD よ. ➡特に「これらは」と指し示す以外は they を使う.

関連語 **These** are hens; **those** are crows.

これ(ら)はめんどりです. あれ(ら)はカラスです. → 遠くの2つ以上の物を指し示すのは **those**.

❷ これらを
【基本】Read **these**—they are very interesting. これらを読んでごらん. とてもおもしろいよ. → these は動詞 (Read) の目的語.

• He knows about **these**. 彼はこれらについて知っている. → these は前置詞 (about) の目的語.

── 形 **❶ これらの, この, こういった**
【基本】this dog and **these** puppies この犬とこれらの子犬たち → these+複数形の名詞.
【関連語】I like **these** shoes better than **those**. 私はその靴(くっ)よりこの靴のほうが好きです. → these shoes は「1足の靴」を指す.

• **These** friends of mine are very kind. これら私の友人たちはとても親切です.

❷ この頃の, 近頃(ちかごろ)の, 最近の
• It's cold **these days**. この頃は寒い. → ×*in* these days としない.「その頃(ころ)は」は **in** those days.

• My father is busy **these days**. 父は最近忙(いそが)しい.

one of these days いつか近いうちに

they 小 A1 /ðei ゼイ/ 代

❶ 彼らは[が], 彼女たちは[が]; それらは[が] → それぞれ **he** (彼は), **she** (彼女は), **it** (それは)の複数形. 【関連語】**them** (彼ら[彼女ら]を[に]), **their** (彼ら[彼女ら]の), **theirs** (彼ら[彼女ら]のもの)

they の変化

	単 数 形	複 数 形
主　　　格	he, she, it	**they**
所 有 格	his, her, its	**their**
目 的 格	him, her, it	**them**
所有代名詞	his, hers	**theirs**

【基本】Ken and Naomi are friends. He is Japanese and she is American. **They** (= Ken and Naomi) play together. ケンとナオミは友達です. 彼は日本人, 彼女はアメリカ人です. 彼らはいっしょに遊びます. → They は文の主語.

【会話】I put three books here; where are **they** (= the three books)?—**They're** (= **They are**) on your desk. 僕(ぼく)ここに本を3冊置いたんだけど, (それらは)どこにあるかな.—(それらは)あなたの机の上にあるわよ. → 口語では they are を **they're** と縮めていう.

【関連語】**Their** purses were stolen and **they** have no money with **them**. 彼らの財布(さいふ)は盗(ぬす)まれ彼らは金を持っていません.

❷ (漠然(ばくぜん)と)人々, 世間の人; (ある地域・場所の)人たち → 日本語に訳さないことが多い.

• **They** sell wine at that store. あの店(の人々)はワインを売っている.

• **They say** (**that**) Eri will marry. エリが結婚(けっこん)すると世間の人々は言っている[といううわさだ].

• **They** speak English in Canada. カナダでは(人々は)英語を話す.

【会話】Do **they** have snow in Hawaii?—No, **they** have no snow there. ハワイは雪が降りますか.—いいえ, あそこは雪が降りません.

they'd /ðeid ゼイド/ **they had**, **they would** を短くした形

they'll /ðeil ゼイる/ **they will** を短くした形

they're /ðeiər ゼイア/ **they are** を短くした形

they've /ðeiv ゼイヴ/ **they have** を短くした形

thick 中 A1 /θík すィク/ 形

❶ 厚い; (数を表す語+thick で)厚さが〜で 反対語 **thin** (薄(うす)い)
• a **thick** carpet 厚いカーペット
• a **thick** slice of bread パンの厚切り1枚
【関連語】This board is 30cm **long**, 20cm **wide**, and 2cm **thick**. この板は縦30センチ, 横20センチ, 厚さ2センチです.

【会話】**How thick** is the ice?—It is two inches **thick**. 氷の厚さはどれくらいある?—厚さ2インチだ.

• Snow lay **thick** on the ground. 雪は地面に厚く積もった.

反対語 This paper is too **thin**. I want some **thicker** paper. この紙は薄過ぎる. もっと厚い紙が欲(ほ)しい.

❷ 太い 反対語 **thin** (細い)
• a **thick** rope 太い綱(つな)
• a **thick** neck ずんぐりした首

thief

❸ 隙間(すきま)なく生えた[集まった], (木・毛などが)密生した; (液体などが)濃厚(のうこう)な, 濃(こ)い
反対語 **thin** (まばらな, 薄い)
- a **thick** forest 茂(しげ)った[うっそうとした]森
- **thick** hair 濃い[ふさふさした]髪(かみ)
- (a) **thick** fog 濃い霧(きり), 濃霧(のうむ)
- **thick** pea soup 濃い豆スープ

── 副 厚く
- Slice the cheese **thick**. チーズを厚く切ってください.

thief /θiːf スィーふ/ 名 (複 **thieves** /θiːvz スィーヴズ/) (こっそり盗(ぬす)む)どろぼう, こそどろ, 空き巣, かっぱらい 関連語 **robber** (強盗(ごうとう))
- Stop, **thief**! 待て, どろぼう!
- Who's the **thief**? 盗んだのは誰(だれ)だ.
- Ali Baba and the forty **thieves** アリババと40人の盗賊(とうぞく)

thigh /θái サイ/ 名 太もも

thin A1 /θín スィン/ 形 (比較級 **thinner** /θínər スィナ/; 最上級 **thinnest** /θínist スィネスト/) ❶ 薄(うす)い 反対語 **thick** (厚い)
- **thin** ice 薄い氷
- a **thin** slice of bread パンの薄切り1枚
- The ice on the pond is too **thin** for skating. 池の氷はスケートには薄過ぎる.

❷ 細い, 細長い; (弱々しく)やせた
反対語 **thick** (太い), **fat** (太った)
- a **thin** needle [voice] 細い針[か細い声]
関連語 She's not **slim**; she's **thin**. 彼女はほっそりしてるんじゃない. やせこけてるんだ.
→ふつう **slim** は健康的に「ほっそり」している, **thin** は病弱な感じで「やせている」.

slim

thin

❸ (液体などが)薄い, (毛・聴衆(ちょうしゅう)などが)まばらな 反対語 **thick** (濃(こ)い, 密生した)
- **thin** soup 薄いスープ
- a **thin** mist 薄い霧(きり), もや
- Father is **getting** very **thin** on top. 父は頭のてっぺんがとても薄くなってきました.

── 副 (比較級 **thinner** /θínər スィナ/; 最上級 **thinnest** /θínist スィネスト/) 薄く
- Slice the ham **thin**. ハムを薄く切って.

thing 小 A1 /θíŋ スィング/ 名

❶ 物; 事
- an interesting **thing** おもしろい物[事]
- living **things** 生き物
- that red **thing** on the desk 机の上のあの赤い物
- buy a lot of **things** at the supermarket スーパーマーケットでたくさんの物を買う
- There are books, pencils, crayons, and many other **things** on Ken's desk. ケンの机の上には本, 鉛筆(えんぴつ), クレヨン, そのほかたくさんの物があります.
- She has bad teeth, because she likes sweet **things**. 彼女は甘(あま)い物が好きなので虫歯がある.
- That's a very bad **thing** to do. それはとてもしてはいけない事ですよ.

❷ (one's **things** で)(〜の)持ち物, 身の回りの品, 着る物; (〜 **things** で)〜用品
- Take your **things** with you. Don't leave them in this classroom. あなたがたの持ち物は持っていきなさい. この教室に置いておいてはいけない.
- Don't forget to bring your school **things** with you. 忘れずに勉強道具を持っていらっしゃい.

❸ (**things** で)物事; 事態, 状況(じょうきょう); 様子.
- **Things** are getting bad. 事態はだんだん悪くなってきている.
- How are **things** (going) with you? 調子はどうですか.
- He takes **things** too seriously. 彼は物事を真面目に考え過ぎる.

think 小 A1 /θíŋk スィンク/ 動

三単現	**thinks** /θíŋks スィンクス/
過去・過分	**thought** /θɔ́ːt ソート/
-ing形	**thinking** /θíŋkiŋ スィンキング/

think

❶ (〜と)**考える**,（〜だと）**思う**

基本 I **think** so. 私はそう思います. →think＋副詞.

• I don't **think** so. 私はそうは思いません, 私はそうではないと思います.

基本 I **think** (that) Ken is nice. ＝Ken is nice, I **think**. 私はケンはすてきだと思う. → think＋that 節. that はしばしば省略される.

• He **thinks** he is right. 彼は自分(の言うこと)が正しいと思っている.

• I don't **think** Ken will come today. 私はきょうケンは来ないと思う.

⚠POINT 「〜しないと思う」は英語ではふつう,「〜するとは思わない」のようにいう(英文では先に否定形をいう).

会話 Do you **think** this is a monster? —No, I don't **think** so.—Then, **what** do you **think** this is?—I **think** it's a kind of shark. 君はこれが怪獣(かいじゅう)だと思うか.—いや, そうは思わない.—ではこれは何だと思う?—サメの一種だと思う.

文法 ちょっとくわしく

「これは何だ」は What **is this**? ⇨ What＋動詞＋主語.

「これは何だと思うか」は What do you think **this is**? →What の次に do you think を挿入(そうにゅう)すると, is this は this is (主語＋動詞)になる.

• **Where** do you **think** she lives? 彼女はどこに住んでいると思いますか.

⚠POINT 「彼女はどこに住んでいるか」は Where does she live?. do you think (思うか)を入れると上文のようになる.

• "Ken is nice," she **thought**.「ケンってすてき」と彼女は思った.

• She **thought** (that) Ken was nice. 彼女はケンがすてきだと思った. →主節の動詞(thought) が過去なのでそれに合わせて that 以下の動詞も過去 (was) にする. ×「ケンがすてきだったと思った」と訳さない.

• He **thought** and **thought**, and at last he made up his mind to do it. 彼はいろいろ考えたあげく, ついにそれをしようと決心した. →〜 and 〜 は「反復または強意」を表す.

• I **was thinking** that the plan would go well. その計画はうまくいくと思っていました. →think の意味を強調する形の過去進行形の文.

think 小 A1 /すィンク/

三単現 **thinks** /すィンクス/　　過去・過分 **thought** /そート/
-ing形 **thinking** /すィンキング/

教科書によく出る 意味

動 ❶ （〜と）**考える**,（〜だと）**思う**

　 I **think** soccer is more popular than baseball.
　 野球よりサッカーのほうが人気だと思う.

❷ （いろいろと頭を使って）**考える**

　 Please **think** about it for a while. それについてしばらく考えてください.

教科書によく出る 連語

think of 〜　〜のことを考える；〜を思いつく

　 I **thought of** leaving the club. 私はクラブをやめようかと考えた.

thinker 676 six hundred and seventy-six

→**was** 助動 ❶

❷ (いろいろと頭を使って)**考える**
- **think** carefully [hard] 注意深く[一生懸命(けんめい)に]考える
- **think about** the question その問題について考える

(会話) May Jimmy come to our party? —I'll **think about it**. ジミーも私たちのパーティーに来ても[呼んでも]いい？—(そのことについては)考えておこう. →断る時の遠回しな言い方.
- Ann is **thinking about** Ken all the time. アンはいつもケンのことばかり考えています. →think の意味を強調する現在進行形.
- He did it without **thinking**. 彼は考えないでそれをやった. →前置詞＋動名詞 thinking (考えること).

think ahead 前もって考える, 予測する

think of ～ ① ～のことを(よく)**考える**, ～について考える (think about)
- I **thought of** you all day. 私は一日中あなたのことを考えていた.
- **What do you think of** his plan? 彼の案をどう思う？
- We **are thinking of** going on a picnic. 私たちはピクニックに行こうかと思っている.

② ～を**考えつく**, ～を思いつく
- **think of** a good plan 名案を思いつく
- I remember his face, but I cannot **think of** his name. 私は彼の顔は覚えているのだが, 名前を思い出せない.
- I never **thought of** seeing you again. また君に会おうとは思わなかった.

think ～ of A A のことを～と思う, A を～と評価する
- **think well** [**highly**] **of** him 彼のことをよく思う[彼を高く評価する]
- **think ill** [**badly**] **of** him 彼を悪く思う
- **think little of** his work 彼の作品を低く評価する, 彼の作品を認めない
- My father **thinks nothing of** walking one hour to work. 父は1時間も歩いて会社に通うのを何とも思っていない.

think over ～ ～のことをよく考える

- I must **think** it **over**. そのことをよく考えてみなければなりません.

thinker /θíŋkər すィンカ/ 名 ❶ 思想家
❷ (複合語で) ～な考えの人

thinking /θíŋkiŋ すィンキング/ 動 think の -ing 形 (現在分詞・動名詞)
—— 名 考えること; 思考; 意見
—— 形 考える; 思考力のある

third 小 A2 /θə́ːrd さ〜ド/ 名
(複 **thirds** /θə́ːrdz さ〜ヅ/)

❶ (the third で) 3番目の人[物]; (月の)**3日** →**3rd** と略す.
- **the third** of May 5月3日 →手紙の日付などで書く時は, 《米》May 3 (読み方: May (the) third), 《英》3 May (読み方: the third of May, May the third) とするのがふつう.
- He came **on the third**. 彼は今月の3日に来ました.
- Richard **III** リチャード3世 →Richard the Third と読む.

❷ 3分の1
- a [one] **third** of the money その金の3分の1
- two **thirds** 3分の2
—— 形 ❶ 3番目の

(基本) The **Third** Lesson (= Lesson Three) 第3課 →third＋名詞.
- the **third** floor 《米》3階, 《英》4階
- **third** base (野球の)3塁(るい), サードベース →「3塁打(るいだ)」は a three-base hit.
- Today is my sister's **third** birthday. きょうは妹の3回目の誕生日です.
- I am in (the) **third** grade. 私は3年生です.
- Bob is the **third** boy from the left. ボブは左から3番目の男の子です.

(基本) I am **third** in the class this term. Ken is first and Naomi (is) second. 私は今学期はクラスで3番です. ケンが1番, ナオミが2番です. →be 動詞＋third.

❷ 3分の1の
- a **third** part 3分の1(の部分)

チャンクでおぼえよう think	
□ 彼女は優しいと思う	**think** (that) she is nice
□ 慎重に考える	**think** carefully
□ 質問について考える	**think** about the question
□ あなたのことを考える	**think** of you

―― 副 3番目に[で]
- Bob came in **third** in the race. ボブはそのレースで3着に入った．
- Chicago is the **third** largest city in the United States. シカゴは米国で3番目に大きな都市です．

thirdly /θə́ːrdli さ〜ドリ/ 副 第3に，3番目に
→列挙する時に使う．

thirst /θə́ːrst さ〜スト/ 名 喉(のど)の渇(かわ)き

thirsty 中 A2 /θə́ːrsti さ〜スティ/ 形
(比較級 **thirstier** /θə́ːrstiər さ〜スティア/; 最上級 **thirstiest** /θə́ːrstiist さ〜スティエスト/)

❶ 喉(のど)の渇(かわ)いた，喉が渇いて
- I **am** [**feel**] very **thirsty**. Give me something to drink. 私はとても喉が渇いた．何か飲み物をください．

❷ 喉の渇く，喉を渇かせる
- Digging is **thirsty** work. 穴掘(ほ)り仕事は喉が渇きます．

thirteen 小 A1 /θəːrtíːn さ〜ティーン/
名 形 (複 **thirteens** /θəːrtíːnz さ〜ティーンズ/)
13(の)，13人[個](の); 13歳(さい)(で); 13分[ドル，ポンドなど]
- **thirteen** boys 13人の男の子たち
- He is **thirteen** (years old). 彼は13歳だ．

thirteenth 中 /θəːrtíːnθ さ〜ティーンす/ 名 形
13番目(の)，(月の)13日 →**13th** と略す．
- the **13th** of May 5月13日
- Ken's **thirteenth** birthday ケンの13回目の誕生日
- Friday the **13th** is said to be very unlucky. 13日の金曜日はとても不吉(ふきつ)だと言われている．

thirtieth /θə́ːrtiiθ さ〜ティエす/ 名 形 30番目(の)，第30の(人・物); (月の)30日 →**30th** と略す．
- the **30th** of May 5月30日
- It was his **thirtieth** birthday last week. 先週は彼の30回目の誕生日でした．

thirty 小 A1 /θə́ːrti さ〜ティ/ 名
(複 **thirties** /θə́ːrtiz さ〜ティズ/)

❶ 30, 30人[個]; 30歳(さい); 30分[ドル，ポンドなど]
- It's two **thirty**. 今2時30分です．

❷ (**thirties** で) (年齢(ねんれい)の)30代; (世紀の)30年代 →**thirty** から thirty-nine まで．

- He is in his late **thirties**. 彼は30代後半だ．
- **in** the 1930s (読み方: nineteen thirties) 1930年代に

―― 形 30の，30人[個]の; 30歳で
- **thirty** minutes 30分
- My brother is **thirty** (years old). 私の兄は30歳です．

this 小 A1 /ðís ずィス/

代	❶ これは[が]	意味 map
	❷ これを	
	❸ 今; ここ	
形	❶ この	
	❷ 今の，今(こん)	

―― 代 (複 **these** /ðíːz ずィーズ/)

❶ これは[が]，この人は[が] 関連語 (少し)離(はな)れた物・人などを指すのは **that**.

基本 **This** is my coat and that is yours. これは私のコートであれがあなたのよ．→**This** は文の主語．

that　　this

会話
What is **this**?―It's a CD player.
これは何ですか．―(これは) CD プレーヤーです．
→特に「これは」と指し示すのでなく，単に前に話題に出たものを受けるだけの時は **it** を使う．

- Mother, **this** is Naomi. Naomi, **this** is my mother. お母さん，こちらがナオミさんです．ナオミ，こちらが母です．→人を紹介(しょうかい)する時の言い方．×*she* [*he*] is 〜 としない．

会話
Who is **this** [《英》 that], please?
―Hello. **This** is Ken (speaking). Is **this** [《英》 that] Paul?
(電話で)そちらはどなたですか．―もしもし，

thistle

(こちら)ケンです．(そちらは)ポールかい．

Who is this? / This is Ken.

❷ **これを**

🔰基本 Read **this**—you'll like it. これを読んでごらん．君も気に入るよ．➡this は動詞 (Read) の目的語．

• Now hear **this**! ねえ，これから話すこと聞いてよ．

• **At this**, he left the room. こう言って[これを聞いて]彼は部屋を出ていった．➡this は前置詞 (At) の目的語．

❸ **今，この時，きょう；ここ，この場所**

• **This** is my fifteenth birthday. きょうは私の15回目の誕生日です．

• **This** is a nice place. ここはすてきなところだ．

• **This** is my first visit to London. ロンドンに来たのはこれが初めてです．

── 形 ❶ **この，こちらの**

🔰基本 **this** dog この犬 ➡this ＋単数形の名詞．×*a* this dog としない．

関連語 **this** dog and **these** puppies この犬とこの子犬たち ➡複数形の名詞の前では this は these になる．

関連語 **This** coat is mine and **that** (one) is yours. このコートは私ので，あれが君のだ．

• **This way**, please. こちらへどうぞ．

• **This** bag of mine is too small. 僕(ぼく)のこのカバンは小さ過ぎる．

❷ **今の，今〜(週，月など)**

• **this** morning きょうの朝(は)，今朝(は)

> **文法　ちょっとくわしく**
> 「**this**＋時を表す名詞」は名詞句と同時に副詞句にもなる．たとえば「今朝」「今朝は」はともに **this morning** でよい．「今朝は」を ×*in* this morning としない．「朝に，午前中に」は **in the morning**．

• **this** week [month, year] 今週[今月, 今年](は, に)

• **this** Friday 今週の金曜日(は, に)

• **this** time 今時分(は)，今度(は)

• in June **this** year 今年の6月に ➡×*of* this year としない．

• I'm going to Hawaii **this** summer. 私はこの夏ハワイに行く予定です．

thistle /θísl ティスる/ 名 《植物》アザミ(の花)

thorn /θɔ́ːrn ソーン/ 名 (植物の)とげ, 針

ことわざ Roses have **thorns**. = (There is) No rose without a **thorn**. バラにとげあり(とげのないバラはない)．➡「外見の美しいものは人を傷つけるものを隠(かく)し持っているから用心せよ」の意味．

thorough /θə́ːrou サ〜ロウ|θʌ́rə サラ/ 形 (仕事などが)徹底(てってい)的な, 完全な; (人が)緻密(ちみつ)な, きちょうめんな

thoroughly /θə́ːrouli サ〜ロウリ|θʌ́rəli サラリ/ 副 徹底(てってい)的に, すっかり, 全く

those 中 A1 /ðóuz ゾウズ/ 代

❶ **それらは[が], あれらは[が], その[あの]人たちは[が]** ➡**that** の複数形．関連語 **these** (これらは[が])

🔰基本 **These** are carnations and **those** are roses. これらはカーネーションであれらはバラです．➡those は文の主語．

• **Those** were my happiest days. それら[その頃(ころ)]は私の最も幸福な時代だった．

What are **those**?—They are roses. あれらは何ですか．—(あれらは)バラだ．
➡特に「あれらは」と指し示す以外は they を使う．

❷ **それらを, あれらを**

🔰基本 I like **those** better than these. 私はこれらよりもそれらのほうが好きだ．➡those は動詞 (like) の目的語．

• He knows about **those**. 彼はそれらについて知っている．➡those は前置詞 (about) の目的語．

❸ **(those of 〜 で) (〜の)それら** ➡**that** 代 ❸

• Her eyes are like **those** (=the eyes) **of** a cat. 彼女の目はまるでネコのそれ[目]のようだ．

❹ **(those who 〜 で) (〜する)人々** (people)

•**those** (**who** are) present 居合わせた人々
→present は形容詞.

ことわざ Heaven helps **those who** help themselves. 天は自ら助くる者を助く. →
themselves ❶

—— 形 ❶ それらの, その; あれらの, あの

代基本 **those** stars あれらの星 →those+複数形の名詞.

•**those** shoes of yours あなたのあの靴(くつ)
→×*your those* shoes, ×*those your* shoes とはいわない. those shoes は「1足の靴」を指している.

関連語 **Those** birds over there are crows and **these** birds here are chickens. 向こうにいるあれらの鳥はカラスで, ここにいるこれらの鳥はニワトリです.

•In **those** days there was no television. その頃はテレビはなかった.

though 中 A2 /ðóu ゾウ/ (→gh は発音しない) 接

❶ (〜する)けれども (although) →口語では **although** よりも **though** を使う.

•I'm happy, **though** I'm poor. = **Though** I'm poor, I'm happy. 私はお金はないけれど幸せです. →I'm poor, **but** I'm happy. とほぼ同じ意味.

•I did poorly on the test, **though** I studied very hard. 私は一生懸命(けんめい)勉強したけれどテストはあまりできませんでした.

•**Though** (it is) cold, it's a nice day for playing tennis. きょうは寒いけれどテニスをするには絶好の日だ.

❷ もっとも〜ではあるけれど

•Helen is an interesting girl, **though** I don't like her. ヘレンはおもしろい女の子だ. もっとも私は好きではないがね.

as though 〜 まるで〜のように (as if)

•He talks **as though** he knew everything. 彼はまるで何でも知っているみたいに話す.

even though 〜 ① 〜であるのに, 〜するのに →even は though の意味を強めているだけ. ② たとえ〜でも (even if 〜)

—— 副 《話》でも, もっとも →ふつう文末に置く.

•Helen is an interesting girl. I don't like her, **though**. ヘレンはおもしろい女の子だ. まあ, 僕(ぼく)は好きじゃないけど.

thought 中 A2 /θɔ́ːt ソート/ (→gh は発音しな

い) 動 **think** の過去形・過去分詞

—— 名 ❶ 考えること (thinking), 思考, 物思い

•**at the thought of** 〜 〜のことを考えて, 〜を思うと

•Father can't hear now. He is deep **in thought**. お父さんには今何を言っても聞こえないよ. 物思いにふけっているから.

❷ 考え (idea), 意見; 思想

•A **thought** came into his head. 1つの考えが彼の頭に浮(う)かんだ.

❸ 思いやり, 気遣(づか)い

•He **shows** no **thought for** others. 彼は他人に対して思いやりがない.

on second thought(s) (考え直して)やはり →thoughts は《英》.

thoughtful /θɔ́ːtfəl ソートふる/ 形 ❶ 考え込(こ)んでいる; 考え深い ❷ 思いやりがある

thoughtless /θɔ́ːtlis ソートれス/ 形
❶ 考えのない, 無分別(むふんべつ)な, 軽率(けいそつ)な
❷ 思いやりのない, 自分のことしか考えない

thousand 中 A2 /θáuzənd さウザンド/ 名
(徣 **thousands** /θáuzəndz さウザンツ/)
千, 1,000; 1,000人[個], 1,000ドル[ポンド, 円など]

•a [one] **thousand** 1,000 →one thousand は正確な, または強い言い方で「一千」の感じ.

•two **thousand** 2,000 →×two thousands としない. thousands とするのは thousands of 〜 の場合だけ. →成句

•ten **thousand** (1,000 × 10で) 1万, 10,000 →英語には「万」という単位の語はないので, このような言い方をする.

•a [one] hundred **thousand** (1,000 × 100で) 10万, 100,000

thousands of 〜 数千の〜, 多数の〜

•**thousands of** people 何千という人々

•That island is **thousands of** miles away. その島は数千マイルのかなたにある.

—— 形 ❶ 千の, 1,000の, 1,000人[個]の

•a [one] **thousand** students 1,000人の生徒

•two **thousand** dollars [pounds, yen] 2千ドル[ポンド, 円] →×two thousands 〜 としない. yen は単数も複数も同じ形.

❷ とてもたくさんの, 無数の →日本語の「千万力」のように, 「千」は数の多いことも表す.

•A **thousand** kisses. たくさんのキッスを(あ

Thousand and One Nights 680 six hundred and eighty

なたに送ります). → 手紙の最後などにつける言葉.

Thóusand and Óne Níghts 固名
(the をつけて)**『千夜一夜物語』,『アラビアン・ナイト』** → アラビア民話集. **the Arabian Nights** ともいわれる. thousand and one には「とても多数の」の意味がある.

thread /θréd ｽﾚﾄﾞ/ 名 糸, ぬい糸
── 動 (針に)糸を通す; (ビーズなどを)糸に通す

threat /θrét ｽﾚﾄ/ 名 ❶ 脅(おど)し, 脅迫(きょうはく); おびやかす物[人], 脅威(きょうい) ❷ (悪い事になりそうな)気配, きざし, 恐(おそ)れ

threaten /θrétn ｽﾚﾄﾝ/ 動 脅(おど)す, 脅迫(きょうはく)する; (災(わざわ)いなどが)おびやかす, 危険にさらす, (〜 に)迫(せま)っている 関連語 「脅し」は **threat**.

three 小 A1 /θríː ｽﾘｰ/ 名
(⊛ **threes** /θríːz ｽﾘｰｽﾞ/)
3, 3人[個]; 3歳(さい); 3時[分, ドル, ポンドなど] 関連語 Lesson **Three** (= The **Third** Lesson) 第3課
•a child of **three** 3歳の子供
•It's three minutes past **three** now. 今3時3分です. → 最初の three は形容詞.
•Come to tea **at three** (o'clock). 3時に(うちの)お茶にいらっしゃい.
•The map is on page **three**. 地図は3ページに出ています.
•There were **three of** us in the room. その部屋には私たち3人がいた.
•It cost **three** fifty. それは3ドル50セント[3ポンド50ペンス]でした.
── 形 **3の, 3人[個]の; 3歳で**
他 基本 **three** sisters 3人の姉妹(しまい) → **three** ＋数えられる名詞の複数形.
他 基本 Our baby is **three** (years old). うちの赤ちゃんは3歳です. → **three** years old では three years is old を修飾(しゅうしょく)する. ( )内がない場合は be 動詞＋three.
•Let's give **three** cheers for the champion. チャンピオンのために万歳(ばんざい)を三唱しよう. → Hip, hip, hooray [hurray]! と3度繰(く)り返す.

thrée R's 名 **(the** をつけて)**(**教育の基礎(きそ)としての)**読み書き算数** → 「3つのR」とは reading, writing and arithmetic のこと.

threw /θrúː ｽﾙｰ/ 動 **throw** の過去形

thrill /θríl ｽﾘﾙ/ 動 (喜び・興奮・恐怖(きょうふ)など

で)わくわく[ぞくぞく・ぞっと]させる; わくわく[ぞくぞく・ぞっと]する
── 名 (喜び・興奮・恐怖などで)わくわく[ぞくぞく・ぞっと]する感じ, スリル

thrilling /θríliŋ ｽﾘﾘﾝｸﾞ/ 形 スリル満点の, ぞくぞくさせる

throat /θróut ｽﾛｳﾄ/ 名 喉(のど) → 首 (neck) の前面または内部をいう.
•I **have** a cold and **a sore throat**. 私は風邪(かぜ)をひいて喉が痛いのです.
•A fishbone stuck **in** my **throat**. 魚の骨が喉に刺(さ)さった.
•He **cleared** his **throat** and began to talk. 彼はせき払(ばら)いをしてから話し始めた.

throne /θróun ｽﾛｳﾝ/ 名 王座, 玉座 → 国王・女王などの公式の場での座席.「王位, 王権」の意味でも使われる.

through 中 A1 /θrúː ｽﾙｰ/ (→gh は発音しない)
前 ❶ 〜を通り抜(ぬ)けて, 〜を通って 意味 map
❷ 《期間・場所》〜じゅう
❸ 《終了(しゅうりょう)》〜を終えて
❹ 《手段・原因》〜を通じて
副 ❶ 通り抜けて, 通して
❷ 《始めから》終わりまで, ずっと
── 前 ❶ 〜を通り抜けて, 〜を通って
他 基本 go **through** a tunnel トンネルを通り抜ける → 動詞＋through＋名詞.
•look **through** a hole 穴からのぞく

関連語 (through と across)
through は立体的な空間 (森, 町など) を通って動くことを表す: We walked **through** the tall sunflowers. 私たちは背の高いヒマワリの花の中を歩いて抜けた.
across は平面 (道路, 野原, 砂漠(ばく)など) を動くことを表す: We walked **across** the desert. 私たちは砂漠を歩いて横断した.
•The Thames **flows through** London. テムズ川はロンドンを(通って)流れる.
•The burglar **came in through** the window. 強盗(ごうとう)は窓から入って来た.
•He **was shot through** the heart. 彼は心臓を撃(う)ち抜かれた. → 受け身の文.
❷ 《期間・場所》〜じゅう, 〜を通じて, 〜の至るところを[に]; 《主に米》(A **through** B で)

から B まで(含(ふく)めてずっと)
- The baby cried all **through** the night. 赤ちゃんは夜通し泣いた. →all は意味を強める.
- They traveled **through** Europe. 彼らはヨーロッパじゅうを旅行した.
- The shop is open Monday **through** Saturday. その店は月曜から土曜まで営業している.

❸《終了》～を終えて
- We are **through** school at 3:30 (読み方: three thirty). 学校は3時半に終わる.

❹《手段・原因》～を通じて, ～によって (by), ～のおかげで, ～のために
- I heard the news **through** Ken. 私はケンを通してそのニュースを聞いた.
- We made friends **through** the Internet. 私たちはネットを通じて仲良くなった.

—— 副 (→比較変化なし)

❶ 通り抜けて, 通して; 突(つ)き抜けて
基本 go **through** 通り抜ける →動詞＋through.
- Please let me **through**. 通してください.
- I opened the door, and the cat went **through**. 私が戸を開けてやるとネコは(そこから)出ていった.
- Can I **get through** by this road? この道を行って通り抜けられますか.

❷《始めから》終わりまで, ずっと, ぶっ通しで; すっかり, 全部
- read the book **through** = read **through** the book その本を始めから終わりまで読む
- The baby cried **all night through**. 赤ちゃんは一晩じゅう泣いていた.
- This train goes **through to** Nagasaki. この列車は長崎へ直行します.
- I walked home in the rain and I **was wet through** (**and through**). 私は雨の中を歩いて帰ってすっかりぬれてしまった[びしょぬれになった].

❸《英》(相手に)電話が通じて, つながって

会話
Will you put me **through** to Mr. Smith? —Certainly, …you are **through**.
スミス氏につないでくれませんか.—かしこまりました…先方がお出になりました.

through 中 A1 /すルー/

基本の意味

「(場所を)通り抜けて」が基本の意味(前 ❶・副 ❶). 一定の状態が続く期間に注目すると 前 ❷「(期間)を通じて」・副 ❷「終わりまで, ずっと」の意味が生じ, 途中で通るすべての場所に注目すると 前 ❷「～じゅうを」の意味が生じる. 通り抜けた結果に注目すると, 前 ❸「～を終えて」の意味が生じる. 行為・できごとの手段・原因はどこかに向かう途中で通る場所に似ているというイメージから, 前 ❹「～を通じて」の意味が生じる.

～を通りぬけて

教科書によく出る 使い方

- 前 ❶ The train passed **through** the tunnel. 列車がトンネルを通過した.
- 前 ❷ Thunder rumbled all **through** the night. 雷が夜通し鳴っていた.
- 前 ❹ I made a lot of friends **through** music. 音楽を通じて多くの友人ができた.

throughout 682 six hundred and eighty-two

—— 形 (→比較変化なし)

❶ 直通の; (切符などが)通しの; (道が)通り抜けられる →名詞の前にだけつける.

• a **through** ticket 通し切符

• You don't have to change; this is a **through** train **to** Aomori. 乗り換(か)えの必要はありません. これは青森直通の列車ですから.

❷ 終わって →名詞の前にはつけない.

• Wait a minute. I'll soon be **through**. ちょっと待って. すぐ終わるよ.

• Are you **through with** your homework yet? 君はもう宿題は済んだのかい?

throughout /θru:áut ｽﾙーｱｳﾄ/ 前 ～じゅう, ～を通じて

throw 中 A1 /θróu ｽﾛｳ/ 動

| 三単現 **throws** /θróuz ｽﾛｳｽﾞ/ |
| 過去 **threw** /θrú: ｽﾙー/ |
| 過分 **thrown** /θróun ｽﾛｳﾝ/ |
| -ing形 **throwing** /θróuiŋ ｽﾛｳｲﾝｸﾞ/ |

❶ 投げる, 放る; 投げ出す, 投げ倒(たお)す

関連語 **Throw** a ball to me, and I'll **catch** it. 私にボールを投げてよ, 受けるから.

• Don't **throw** stones **at** the dog. 犬に石を投げちゃだめだよ.

• Ken **throws** with his left hand. ケンは左手で投げます.

• The horse stopped suddenly and **threw** its rider. 馬が突然(とつぜん)止まって乗っていた人を投げ出した.

• I **was thrown from** my bicycle when it hit a fence. 自転車がフェンスにぶつかって僕は自転車から投げ出された. →**was** 助動 ❷

• Ken is **throwing** stones **into** the water. ケンは水の中に石を投げています. →**is** 助動 ❶

❷ (影(かげ)・視線などを)投げかける, 向ける

• **throw** an angry look at him 彼に怒(いか)りの視線を投げかける

• The trees **threw** long shadows on the ground. 木は地面に長い影を投げた.

throw away ① (不用品を)(投げ)捨てる
② (チャンスなどを)ふいにする

throw down 下へ投げる, (投げ)倒す

throw in 投げ込(こ)む, 投げ入れる; (話)おまけとして付け加える; (言葉を)差しはさむ

throw off ① 急いで[さっと]脱(ぬ)ぐ
② (さっと)(やっかいなものを)振(ふ)り捨てる[落と

す], (追っ手などを)振り切る, ～から逃(のが)れる

• I've had a cold for weeks and just can't **throw** it **off**. 私はもう何週間も風邪(かぜ)をひいていて抜(ぬ)け切れないのです.

throw on 急いで着る

throw open (ドア・窓を)ぱっと開ける; (一般(いっぱん)の人に)開放[公開]する →open は形容詞.

throw out ① 投げ出す, 放り出す, (不用品を)捨てる; (外に)出す, 追い出す ② (野球・クリケットで)送球して(走者を)アウトにする

throw up ① ぱっと(投げ)上げる, 放り上げる; (建物などを)急いで建てる
② (話)(食べた物を)吐(は)く

• I was sick at the stomach and felt like **throwing up**. 私は胸がむかむかして吐きそうだった. →throwing は動名詞で throwing up は「吐くこと」.

—— 名 ❶ 投げること, 投球

• a **throw** of dice さいころを振ること

• the discus [hammer] **throw** 円盤(えんばん) [ハンマー]投げ

• Let me **have** a **throw**. 僕にちょっと投げさせてよ.

• Ken **made** a bad **throw** to first base and the runner was safe. ケンは1塁(るい)に悪送球してランナーはセーフだった.

❷ 投げられた距離(きょり)

• My school is only **a stone's throw** from the station. 私の学校は駅から石を投げても届くぐらいの近さです.

thrown /θróun ｽﾛｳﾝ/ 動 **throw** の過去分詞

thrush /θrʌ́ʃ ｽﾗｼｭ/ 名 (鳥)ツグミ(の類) →美しい鳴き声で知られる.

thrust /θrʌ́st ｽﾗｽﾄ/ 動 (三単現 **thrusts** /θrʌ́sts ｽﾗｽﾂ/; 過去・過分 **thrust**; -ing形 **thrusting** /θrʌ́stiŋ ｽﾗｽﾃｨﾝｸﾞ/) →原形・過去形・過去分詞形がどれも同じ形であることに注意. (～を)強く押(お)す, (物を)突(つ)っ込(こ)む, 突き刺(さ)す; 押しのけて進む

—— 名 ❶ ひと突き, ひと押し ❷ (ロケットなどの)推進力

thumb /θʌ́m ｻﾑ/ (→b は発音しない) 名 (手・手袋(ぶくろ)・グローブの)親指

• We have one **thumb** and four **fingers** on each hand. それぞれの手に1本の親指と4本の指がある. →英語ではこのように親指と他の

4本の指とを区別する時と, We have five fingers on each hand. のように区別しない時とがある.

be all thumbs 《話》(指が全部親指であるかのように)**不器用である, 指が思うように動かない**

thumbs down 《話》(親指を下に向けて)**拒絶**(きょぜつ)**[不賛成, 不満足]**(の意思表示)
• give the plan the **thumbs down** その案に反対する

thumbs up 《話》(親指を上に向けて)**承諾**(しょうだく)**[賛成, 満足]**(の意思表示)
• give the plan the **thumbs up** その案に賛成する

thumbtack /θámtæk サムタク/ 名 《米》画びょう (《英》drawing pin)

thump /θámp サンプ/ 動 **強く殴**(なぐ)**る**
—— 名 **強く殴ること; ごつん, どしん** → 音を表す.

thunder /θándər サンダ/ 名 **雷**(かみなり)**, 雷鳴**(らいめい) → 「雷のような音」の意味でも使われる.
関連語 **Thunder** rolls and **lightning** flashes. 雷が鳴り稲妻(いなずま)が光る. → この意味では ×*a* thunder, ×thunders としない.
—— 動 (it が主語で) **雷が鳴る**

thunderstorm A2 /θándərstɔ̀ːrm サンダストーム/ 名 **激しい雷雨**(らいう)

Thurs. 略 =Thursday (木曜日)

Thursday 小 A1 /θə́ːrzdei サーズデイ/ 名 (複 **Thursdays** /θə́ːrzdeiz サーズデイズ/)

木曜日 → 週の第5日. 詳(くわ)しい使い方は → **Tuesday**

• Today is **Thursday**. =It's **Thursday** today. きょうは木曜日です. →×*a* [*the*] Thursday としない. It は漠然(ばくぜん)と「時」を表す.

• I saw Ken **last Thursday** [on **Thursday** last]. 私はこの前の木曜日にケンに会った. → ×*on* last Thursday としない. 次の next Thursday も同じ.

• I will see Ken **next Thursday** [on **Thursday** next]. 私はこの次の木曜日にケンに会う.

• See you (on) **Thursday** morning. 木曜の朝会おう.

語源 (Thursday)
「雷神(らいじん)トール (Thor = thunder) の日」の意味.

thus /ðás ザス/ 副 **こういう風に, こうして; こういうわけで, したがって** → 形式張った語.

tic /tík ティク/ 名 (ふつう **a** をつけて)(特に顔の筋肉の)**けいれん**

tick /tík ティク/ 名 ❶ (時計などの)**カチカチ**(という音) ❷ (照合・点検の)**チェックの印**(✓など) (check)
—— 動 ❶ **カチカチいう** ❷ 《英》(**tick off** で) **チェックの印をつける** (check off)

ticket 中 A1 /tíkit ティケト/ 名

❶ **切符**(きっぷ)**, 乗車券, 入場券, チケット**
• a bus [train] **ticket** バス[電車]の切符
• a concert **ticket** = a **ticket for** a concert コンサートの切符
• a season **ticket** 定期券
関連語 Buy a **ticket** at the **ticket office**. 切符売場で切符を買いなさい.
• Two **round-trip** [《英》**return**] **tickets** to Rome, please. ローマまで往復切符2枚ください.

❷ 《話》**交通違反**(いはん)**カード, チケット**
• a parking **ticket** 駐車(ちゅうしゃ)違反カード
• My brother **got** a **ticket for** speeding. 兄はスピード違反でチケットを切られた.

tickle /tíkl ティクル/ 動 **くすぐる; くすぐったいと感じる**

tide /táid タイド/ 名 **潮**
• at high [low] **tide** 満ち[引き]潮に
ことわざ Time and **tide** wait for no man. 歳月(さいげつ)人を待たず. → この tide は古い英語で「時期, 好機」.「年月のたつのは速いから今という「時」を大切にせよ」の意味.

tidy A2 /táidi タイディ/ 形 (比較級 **tidier** /táidiər タイディア/; 最上級 **tidiest** /táidiist タイディエスト/) **よく整頓**(せいとん)**された, 片付いた, きちんとした**

• a **tidy** room きちんとした部屋
• She is always neat and **tidy**. 彼女はいつもきちんとした身なりをしている. → neat も tidy とほとんど同じ意味で, しばしばこのように

tie 684 six hundred and eighty-four

2つ並べて使う.

tie A2 /tái タイ/ 動 (三単現 **ties** /táiz タイズ/;
過去・過分 **tied** /táid タイド/; -ing形 **tying**
/táiiŋ タイイング/)

❶ 結ぶ, 縛(しば)る, つなぐ, 結び付ける
• **tie** one's necktie ネクタイを結ぶ
• **tie** one's hair **with** a ribbon リボンで
髪(かみ)を結ぶ
• **Tie** your shoes [shoelaces]. 靴(くつ)のひも
を結びなさい.
❷ (相手と)同点になる, (試合・記録・得点を)タイに
する
• The two teams were **tied at** 2 all. 両チ
ームは2対2で同点になった.

tie up しっかり縛る

── 名 ❶ ネクタイ (《米》necktie)
• He is **wearing** a blue **tie** today. 彼はき
ょうはブルーのネクタイをしています.
❷ (競技の)同点, 引き分け, タイ
• **tie** score 同点
• The game was [**ended in**] a **tie**. その試
合は引き分けだった[に終わった].
❸ (ふつう **ties** で) つながり, きずな
• family **ties** 家族のきずな

tiger 小 A1 /táigər タイガ/ 名
《動物》(雄(おす)の) トラ → tigress
• The **tiger** is roaring. トラがほえている.

tight A1 /táit タイト/ 形 (隙間(すきま)がなくて)き
つい, 緩(ゆる)みのない, ゆとりのない
• **tight** jeans ぴったりしたジーンズ
• a **tight** knot 堅(かた)い結び目
• a **tight** rope きつく(ぴんと)張った綱(つな)
• a **tight** schedule (ゆとりがなくて)きついス
ケジュール, 詰(つ)まっている予定
反対語 These shoes are too **tight** for me.
Those shoes are **loose**. この靴(くつ)は私には
きつ過ぎる. その靴は緩い.

── 副 きつく, ぴったり, しっかり, 堅く, ぴんと
• Hold me **tight**. 私をしっかり抱(だ)き締めて.
• Hold (on) **tight** to the railing. 手すりに
しっかりつかまっていなさい.
• Please shut the door **tight**. ドアをぴった
り閉めてください.

tighten /táitn タイトン/ 動 (きつく)締(し)める,
きつくする; きつくなる

tightly /táitli タイトリ/ 副 きつく, しっかりと

tightrope /táitroup タイトロウプ/ 名 (綱渡(つなわ

たりの)綱)

tights A2 /táits タイツ/ 名 復 (体操選手などの
はく)タイツ;《英》パンティーストッキング
(panty hose)

tigress /táigris タイグレス/ 名 《動物》雌(めす)の
トラ

tile /táil タイる/ 名 屋根瓦(がわら); タイル
── 動 タイルを張る; 瓦でふく

till A2 /tíl ティる/ 前 ～まで(ずっと)
⊘POINT ある時点まで動作・状態がずっと続いてい
ることを表す. 同じ意味・用法で使われる語に
until がある. till の方がくだけた語だが, 文頭
では until が多い. → until

面 基本 wait **till** tomorrow あしたまで待つ →
till+名詞(句).

関連語 I will come here **by** four, so
please wait **till** then. 私は4時までにここに
来ますからそれまで待っていてください.

→ **by** は「～までに動作・状態が起こる[完了(かんりょ
う)する]」こと, **till** は「～までずっと動作・状態が
続く」こと.

── 接 ～するまで(ずっと)
面 基本 Let's wait **till** the rain stops. 雨がや
むまで待とう. → till+文.
• He was lonely **till** he met her. 彼は彼女
に会うまでは孤独(こどく)だった. → met は過去形だ
が, 主節の動詞 (was) と同じ時制なので「会う」
と訳す.
• The baby cried and cried, **till** (**at last**)
she went to sleep. 赤ん坊(ぼう)はわんわん泣い
てついに眠(ねむ)ってしまった.
⊘POINT 上の例のように till の前にコンマ (,) があ
る時は, 前の方から訳してきて「そしてついに」
と訳すとよい. 特に till at last の時はそのよう
に訳す.

timber /tímbər ティンバ/ 名 ❶《英》(建築用)
材木, 木材 (《米》lumber) ❷ (木材用)森林地

time 小 A1 /táim タイム/
名 ❶ 時刻, 時間
❷ (過ぎてゆく)時, 時間; (～するための)
時間
❸ (ある長さの)時間, 期間; (楽しい・つら
い)時
❹ (しばしば **times** で) 時代; (世の中
の)情勢
❺ ～度, ～回
❻ ～倍

意味map

── 名 (複 **times** /táimz タイムズ/)

❶ **時刻**, **時間**; (〜の・〜する)**時間**; **時期**, **ころ**

- The **time** of his arrival is eight o'clock in the morning. 彼の到着(とうちゃく)する時間は午前8時です.
- Can you tell me the **time**, please? 時間を教えていただけますか.
- What **time** do you have? =《米話》Do you have the **time** (on you)? 今何時ですか. →次の会話参照.

What **time** is it?—It's four (o'clock). It's tea **time**.
今何時?—4時. お茶の時間だ.
→What **time** is it? は家族や親しい友人間の言い方. it は漠然(ばくぜん)と「時間」を表す.
What **time** do you get up every day?—(I get up) At six.
君は毎日何時に起きるの?—6時に起きます.
→*At* what time 〜 といわなくてよい.

- It is **time** for lunch [bed]. 昼食の[寝(ね)る]時間です.
- It's **time** to go. 行く時間です. →不定詞 to go (行く)は time を修飾(しゅうしょく)する.
- **at** Christmas **time** クリスマスの頃(ころ)に

❷ (過ぎてゆく)**時**, **時間**; (〜するための)**時間**, **暇**(ひま)

- the passing of **time** 時の流れ[経過] →×*a* [*the*] time, ×time*s* などとしない.

ことわざ **Time** is money. 時は金なり. → **money** ことわざ

ことわざ **Time** flies. 時は飛んで行く. →「時の過ぎ去るのは速い」の意味.「光陰(こういん)矢のごとし」にあたる.

- Don't **waste** (your) **time**. 時間を無駄(むだ)にするな.
- Thank you very much for your **time**. お時間を(割(さ)いて)いただきどうもありがとうございました.
- **Time** is up. もう時間です[時間切れです].

関連語 We live in **time** and space. 私たちは時間と空間の中に存在する.

- Do you **have time for** a cup of tea [**to help me**]? お茶を飲む[私の手伝いをする]時間がおありですか. →Do you have **the time**? は「今何時ですか」.

- I have no [little] **time** for reading. 私は読書の時間が全く[ほとんど]ない.
- There is [We have] **no time to lose**. (失うべき時間はない ⇨)ぐずぐずしてはいられない. →不定詞 to lose (失う)は time を修飾する.

❸ (ある長さの)**時間**, **期間**, **間**; (楽しい・つらい)**時**

- **for a time**=for some **time** しばらくの間
- **after** a (short) **time** しばらくして, ちょっとして
- Ten years **is** a long **time**. 10年というのは長い年月だ. →Ten years は形は複数形だが「1つの時間的つながり」と考えて単数扱(あつか)い.
- We waited (**for**) a long **time**. 私たちは長い間待ちました.
- **A long time ago** dinosaurs lived on the earth. 大昔地球上には恐竜(きょうりゅう)がいた.
- **It is a long time since** I saw you last. (最後にお会いしてから長い時間です ⇨)お久しぶりですね.

会話 **How much time** do you need?—That will **take** (a long) **time**. どのぐらいの時間が必要ですか.—それは時間が(長く)かかりますよ. →How many times 〜 は「何回〜」. → ❺

- **have** a good **time** 楽しい時を過ごす, 楽しい思いをする
- **have** a hard **time** つらい時を過ごす, 苦しい思いをする, 苦労する
- It was raining and I had a hard **time** catching a taxi. 雨が降っていたので私はタクシーを捕(つか)まえるのに苦労した.

❹ (しばしば **times** で)**時代**; (世の中の)**情勢**, **時勢**

- in modern [ancient] **times** 現代[古代]には
- *The New York Times*『ニューヨークタイムズ』→しばしば新聞名に使われる.
- **Times** have changed. 時代が変わった.
- Millet /ミれイ/ was the most famous painter of his **time**. ミレーは彼の時代の最も有名な画家だった.

❺ **〜度**, **〜回**

- three **times** 3度, 3回 →回数は「数+times」で表すが,「1回, 2回」はふつう once, twice という.
- many **times** 何度も, たびたび

time capsule

- at a **time** 1度に

【会話】 **How many times** (= How often) have you seen that movie?—Ten **times**. 君は何回その映画を見たの?—10回見た.

- this **time** 今度(は)
- next **time** この次(は)
- last **time** 前回(は)
- **for** the first [third] **time** 初めて[3度目に]
- **for** the last **time** これを最後にして
- one more **time** もう一度

❻ 〜倍

- Cinderella is a hundred **times prettier than** her sisters. シンデレラは姉たちより100倍は美しい.

【会話】 How large is your country?—It is about twenty **times as** large **as** Japan. = It is about twenty **times larger than** Japan. お国はどのくらいの大きさですか. —(日本と同じ大きさの約20倍 ⇨)日本の約20倍の大きさです.

- 3 **times** 4 is [are, make(s)] 12. 4の3倍は12です. →times はふつう記号の × をかく. 3×4=12 は日本式の考え方では「3の4倍は12」だが, 英米では「4の3倍は12」で考え方が逆になる.

all the time (始めから終わりまで)ずっと; いつも

- The baby kept crying **all the time**. 赤ちゃんはずっと泣き通しだった.

at all times いつでも, いつも (always)

(at) any time いつでも; いつ何どき, 今すぐにも

- Come and see me **at any time**. いつでも遊びにいらっしゃい.

at one time ① 一時は, ひところは, かつて(は)

- **At one time** they were friends. かつては彼らは友達同士だった.

② 一度に, いっぺんに

at that time その時(には), (その)当時は

at the same time 同時に

at this time of 〜 〜の今頃(いまごろ)は[になって]

- **At this time of** the year we have a lot of snow. (1年の)今頃はここではたくさん雪が降ります.

at times 時々, 時折 (sometimes)

behind the times 時代に遅(おく)れて

behind (one's) ***time*** (予定の)時間に遅れて, 遅刻(ちこく)して

for a long time 長い間

for the time (***being***) 今のところ, 当分の間, 差し当たり

from time to time 時たま, 時折 (now and then)

have a 〜 time 〜な時間を過ごす

- Did you **have a** good **time**? 楽しく過ごしましたか.

in no time (***at all***) あっという間に, たちまち

in time ① 時間に間に合って

- You're just **in time**. 君はちょうど間に合ったよ.
- I ran fast and got to the station **in time** for the last train. 僕(ぼく)は急いで走って最終列車に間に合う時間に駅に着いた.

② やがて, そのうちに

- You'll understand me **in time**. そのうち僕の言うことがわかるよ.

keep good [***bad***] ***time*** (時計の)時間が正確である[ではない]

- My watch **keeps good time**. 私の時計は時間が正確だ.

once upon a time 昔々 → **once** 成句

on time (決められた)時間どおりに[で]

- The train arrived **on time**. 列車は時間どおりに到着した.
- Our teacher is always **on time**. 私たちの先生はいつも時間にきちょうめんです.

some time いつか; しばらくの間 → **some** 成句

take one's ***time*** ゆっくり[のんびり]やる

Wait a minute. I'll come soon. —OK. **Take** your **time**. ちょっと待ってください. すぐ行きます.—いいですよ. どうぞごゆっくり.

time after time = ***time and time again*** 何度も何度も, たびたび

── 動 (三単現) **times** /táimz タイムズ/; (過去・過分) **timed** /táimd タイムド/; (-ing形) **timing** /táimiŋ タイミング/) ❶ 時間を計る ❷ 時間を見計らう, タイミングを合わせる

tíme càpsule 名 タイムカプセル

time difference 名 時差

timely /táimli タイムリ/ 形 (比較級 **timelier** /táimliər タイムリア/; 最上級 **timeliest** /táimliist タイムリエスト/) ちょうどよい時の, タイムリーな, タイミングのいい

time machine 名 タイムマシン

timeout /taimáut タイマウト/ 名 タイムアウト →スポーツ競技で選手交替(こうたい)や作戦打ち合わせなどのためのプレー中断.

timer /táimər タイマ/ 名 ❶ タイマー; ストップウォッチ ❷ 時間記録係

timetable A2 /táimteibl タイムテイブル/ 名 時間表, 時刻表, 時間割; (仕事などの)計画表
• a bus **timetable** バスの時刻表
• a school **timetable** 学校の時間割
• There are [We have] two English lessons **on the timetable** today. きょうの時間割には英語の授業が2時間ある.

time zone 名 時間帯 →同じ標準時 (standard time) を使う地域.

timid /tímid ティミド/ 形 臆病(おくびょう)な, 気の小さな; 内気な, おずおずした, 自信のない

timing /táimiŋ タイミング/ 名 タイミング, 時間調節

tin /tín ティン/ 名 ❶ すず; (すずめっきをした)ブリキ ❷《英》(ブリキ)缶(かん); 缶詰(づめ)(《米》 can)
── 動 (三単現 **tins** /tínz ティンズ/; 過去・過分 **tinned** /tínd ティンド/; -ing形 **tinning** /tíniŋ ティニング/)《英》缶詰にする

tinkle /tíŋkl ティンクル/ 動 (鈴(すず)などが[を])チリンチリン鳴る[鳴らす]

tiny 中 /táini タイニ/ 形 (比較級 **tinier** /táiniər タイニア/; 最上級 **tiniest** /táiniist タイニエスト/) とても小さい (very small), ちっちゃな, ちっぽけな

tip¹ A2 /típ ティプ/ 名 (とがった・細長い物の)先, 端(はし)
• the **tip** of one's finger [nose, tongue] 指[鼻, 舌]の先
• His name is on the **tip** of my tongue. 彼の名前が私の舌の先にある. →「そこまで出かかっているのに思い出せない」の意味.

tip² A2 /típ ティプ/ 名 ❶ チップ, 心づけ
• Here's a **tip for** you. はい, これはチップです.
❷ アドバイス, (役立つ)情報; 秘けつ, こつ
• He gave me some **tips about** [on] gar-

dening. 彼は私に園芸のことでいくつか役に立つことを教えてくれた.
── 動 (三単現 **tips** /típs ティプス/; 過去・過分 **tipped** /típt ティプト/; -ing形 **tipping** /típiŋ ティピング/) 〜にチップをやる
• I **tipped** the waiter £1. 私はウェーターに1ポンドのチップをあげた.

tiptoe /típtou ティプトウ/ 名 爪先(つまさき)
── 動 爪先で歩く, そっと[忍(しの)び足で]行く

tire¹ /táiər タイア/ 名 タイヤ

tire² /táiər タイア/ 動 ❶ 疲(つか)れさせる; 疲れる →make 〜 tired (〜を疲れさせる), get [be] tired (疲れる)を使うほうがふつう. →**tired**
❷ 飽(あ)きさせる; 飽きる

tired 小 A1 /táiərd タイアド/ 形

❶ 疲(つか)れて[た], くたびれて[た]
• a **tired** and sleepy child くたびれて眠(ねむ)くなった子供
• be [feel] **tired** 疲れる, 疲れている
• get **tired** 疲れる
• look **tired** 疲れているように見える
• I am **tired**. I'll go to bed. 疲れた. もう寝(ね)よう.
• We were very **tired** from [after] a long walking. 私たちはずいぶん歩いたのですごく疲れてしまった.
• Digging in the garden **made** us all **tired out**. (庭の穴掘(ほ)りは私たちみんなを疲れ果てさせた ⇨庭の穴掘りで私たちはみんなくたくたにくたびれた.

❷ (be tired of 〜 で) 〜に飽(あ)きる
• Let's play another game. I'**m tired of** this one. ほかのゲームをしようよ. 僕(ぼく)はこのゲームは飽きちゃった.
• I **am tired of** reading comic books. 私は漫画(まんが)の本を読むのに飽きた.

tissue /tíʃu: ティシュー/ 名
❶ ティッシュペーパー →この意味では英語で ×tissue paper といわない. →❷
❷ 薄葉紙(うすようし) →美術品などを包む薄(うす)くて軽い紙. **tissue paper** ともいう.

title A2 /táitl タイトル/ 名 ❶ タイトル, 題名, 表題, 書名 ❷ 肩書(かたがき), 称号 →Mr. (〜さん, 〜先生), Doctor (〜博士), Professor (〜教授), Captain (〜船長)など, 名前の前につけて地位・身分・資格・職業などを表す.
❸ 選手権 (championship), タイトル

to

to 小 A1 /tu トゥ/

前 ❶《行き先・到着(とうちゃく)点》〜 **意味map**
へ，〜に
❷《相手・対象》〜に；〜にとっては
❸《最終の結果》〜に(なるまで)
❹《所属・付属》〜に(属する)
❺《接触(せっしょく)》〜に
❻《一致(いっち)》〜に合わせて
❼《対比・比較(ひかく)》〜に対して
❽《目的》〜(のため)に
❾《不定詞 (**to** *do*) をつくって》

―― 前 ❶《行き先・到着点》〜へ，〜に，〜の方へ；
〜まで

画基本 go **to** Kyoto 京都へ行く，京都まで行く
➦動詞＋to＋名詞.
・get **to** Kyoto 京都に着く
・go **to** school [church] 学校[教会]へ行く
・run **to** the door 戸口の方へ走って来る[行
く]
・throw a ball **to** him 彼(の方)にボールを投
げる ➦throw a ball **at** him は「彼目がけて
ボールを投げつける」.
・from Monday **to** Friday 月曜日から金曜
日まで
画基本 a trip **to** Kyoto 京都への旅 ➦名詞＋to
＋名詞.
・**the way to** the station 駅への道
・She wrote a fan letter **to** Paul. 彼女はポ
ールにファンレターを書いた.
関連語 Come **to** our house **on** Sunday **at**
3. 日曜日(に)3時に私の家にいらっしゃい. ➦日
本語では同じ「〜に」が英語ではいろいろな前置詞
になることに注意.
・Is this the way **to** Disneyland? ディズ
ニーランドへはこの道でいいのですか.
・My father drives me **to** school on his
way **to** work. 父は仕事へ行く途中(とちゅう)私を
学校まで車で送ってくれる.
・Turn **to** the left. 左(の方)へ曲がれ.
・My room looks **to** the south. 私の部屋
は南の方に向いています[南向きです].
・How far is it from here **to** the station?
ここから駅までどれくらいありますか.
・It is ten (minutes) **to** six. (6時まで10分
⇨)6時10分前です. ➦It は漠然(ばくぜん)と「時間」
を表す. ➦「6時10分過ぎ」は ten (minutes)
past [after] six.

❷《相手・対象》〜に；〜に(対して)；〜にとっては
画基本 listen **to** the music 音楽に耳を傾(かたむ)
ける
・Give it **to** me. それを僕(ぼく)にくれ.
・Ken is kind **to** his dog. ケンは自分の犬に
優(やさ)しい.
・You are everything **to** me. 君は私にとっ
てすべてです[とても大切な人だ].

❸《最終の結果》〜に(なるまで)
・She tore the letter **to pieces**. 彼女はその
手紙をずたずたに破った.
・Mother rocked the baby **to sleep**. 母親
は赤ちゃんを揺(ゆ)すって寝(ね)かしつけた.
・The poor cat was frozen **to death**. か
わいそうにそのネコは凍(こご)え死んだ.
・These trees **grow to** a hundred feet.
これらの木は100フィートの高さにまでなる.
・**To my joy** [**surprise**], he won! (私が)う
れしい[驚(おどろ)いた]ことに，あいつが勝った!

❹《所属・付属》〜に(属する)，〜について(いる)，
〜の
・I **belong to** the tennis club. 私はテニス
部に所属しています.
・Is this the key **to** the door? これがそのド
アの鍵(かぎ)ですか.

❺《接触》〜に；《付加》〜(の上)に
・She **put** her ear **to** the door. 彼女はドア
に耳をくっつけた.
・**Add** 30 **to** 20. 20に30を加えなさい.

❻《一致》〜に合わせて；〜に合って
・sing **to** the piano ピアノに合わせて歌う，
ピアノの伴奏(ばんそう)で歌う
・They skated **to** the music very well.
彼らは音楽に合わせて実にうまく滑(すべ)った.
・His new album is not **to my taste**. 彼
のニューアルバムは僕の好みに合わない.

❼《対比》〜に対して；《比較(ひかく)》〜に比べて
・Our class won the game (by the score
of) 11 **to** 7. 私たちのクラスは11対7(のスコ
ア)でそのゲームに勝った.
・I **prefer** tea **to** coffee. 僕はコーヒーよりも
紅茶のほうがいい.

❽《目的》〜(のため)に
・When the fire started, he **came to** our
rescue. 火事が起こった時彼は私たちを助けに来
てくれた.
・**Here's to** your health! 君の健康に乾杯(かん
ぱい)!

to 小 A1 /トゥ/

イメージ / ～へ

基本の意味

到着点を表す基本の意味から様々な意味に広がる．空間的な移動の場合には ❶行き先・到着点の意味になり，行為の向かう先の場合には ❷相手・対象・❸結果の意味になる．移動した結果くっついた状態を表すのが ❺接触の意味．物理的な移動は伴わないものの，あるものが別のものに達するように向かって行くイメージから ❹所属・付属・❻一致の意味が生じる．❶行き先・到着点の意味では出発点を表す from といっしょに用いられることも多い．不定詞用法ももとは前置詞の意味に基づいていて，行為の目的が行為の向かう先とみなされ，❾不定詞用法②「～するための」・③「～するために」の用法が生じた．

 教科書によく出る **使い方**

❶ I went **to** the mall to do some shopping.
私は買い物のためにショッピングセンターに行った．（to do の to は ❾不定詞用法③）

❷ I gave my old smartphone **to** my brother. 弟に古いスマートフォンをあげた．

❸ The glass was broken **to** pieces. グラスが割れて粉々になった．

❹ Jane belongs **to** the basketball club. ジェーンはバスケットボール部に所属している．

❺ I put my finger **to** my lips and said, "Shh." 私は指を唇に当てて「シー」と言った．

❻ They are dancing **to** the music. 彼らは音楽に合わせて踊っている．

to 690

❾《不定詞 (**to** *do*) をつくって》

文法 ちょっとくわしく

I **go**. の go は主語が he (彼) になると He **goes**. 時制が過去になると I [He] **went**. のように変化する。

これに対して、I can **go**. の go は He can **go**. I [He] could **go**. のように，主語や時制が変わっても変化しない。

また I want **to go** home. (私はうちに帰りたい)の go も，He wants **to go** home. I [He] wanted **to go** home. のように変化しない。

こういう動詞の形を**不定詞**という (to も含めて不定詞と呼ぶことも多いが、to のついた形を特に「to 不定詞」と呼ぶ)。不定詞は、動詞の性質を持ち続けながら、以下のようにいろいろな品詞の働きをする。

①《名詞的に》~すること　意味 map
②《形容詞的に》~するための、~すべき
③《副詞的に》~するために、その結果~する[になる]
④《副詞的に》~して；~するのに(は)

①《名詞的に》**~すること** →文の主語・補語・目的語になる。

• **To** swim is fun. 泳ぐことはおもしろい。→不定詞 To swim は文の主語。

• I like **to** swim. 私は泳ぐことが好きだ[泳ぎたい]。→to swim は like の目的語。

• **To** see is **to** believe. 見ることは信じることである[自分の目で見ればなるほどと信じるようになる]。→To see は文の主語、to believe は is の補語。「百聞は一見にしかず」にあたる。

• **It** is easy **for** me **to** swim across the river. その川を泳いで渡ることは私には簡単だ。→It=to swim 以下。「泳ぐ」のは「私」であることを表すのが for me. だから「私がその川を泳いで渡るのは簡単だ」とも訳せる。

🎤会話 **I want to** be an actress.—**I want** you **to** be a good actress. 私は女優になりたい。—私は君に立派な女優になってもらいたい。→両者の違いに注意。前文では「女優」になるのは主語の I，後文では目的語の you。

• Please **tell** them **to** be quiet. 彼らに静かにするように言ってください。

🎤会話 Do you want **to** go?—No, I don't want **to** /tú: トゥー/. 君は行きたいかい。—いや、行きたくない。→前後関係から明らかな時は同じ動詞の原形 (go) を繰り返さないで省略することもある。

②《形容詞的に》**~するための、~すべき** →すぐ前の名詞を修飾する。

• something **to** eat [**to** drink] 食べるための[飲むための]物、食べ物[飲み物] →to eat, to drink は前の名詞 something を修飾する。

• many things **to** do するべきたくさんの事[たくさんのする事]

• I have something **to** do. 私はしなければならない事がある。

• Ken was the first [the last] **to** come. (ケンが来た最初[最後]の人だった ⇒)ケンが最初[最後]にやって来た。→the first, the last などに不定詞が続く時は、その不定詞を「~した」と過去のように訳すとよい。

• The children have no toys **to** play with. その子供たちは遊ぶおもちゃがない。→意味のつながりの上では play with toys (おもちゃで遊ぶ)だから with を省略しないこと。

③《副詞的に》**~するために、その結果~する[になる]** →前の動詞を修飾する。

• go to Hawaii **to** surf サーフィンをするためにハワイへ行く →不定詞 to surf は「目的」を表し、前の動詞 go を修飾する。

🎤会話 Why are you going to America?—**To** study music. 君はなぜアメリカに行くの。—音楽を勉強するためよ。

• You must be careful not **to** make such a mistake again. 二度とそういう間違いをしないように注意しなければいけない。→不定詞を否定する時は not を to の前につける。×*to not* make としない。

• He grew up **to** be a good pianist. 彼は成長して立派なピアニストになった。→to be は grew の結果「~になる」。

④《副詞的に》**~して；~するのに(は)** →前の形容詞を修飾する。

Hello, Ken. Nice **to** meet you.—Hello, Mary. Nice **to** meet you too.
こんにちは、ケン。お会いできてうれしいわ。—やあ、メアリー。僕も君に会えてうれしいよ。→to meet は「原因・理由」を表す。

My dog is dead.—I'm sorry **to** hear that.

six hundred and ninety-one　691　toe

うちの犬が死んだんです。—(それを聞いて気の毒に思う ⇨)それはお気の毒に.

- He was **surprised to** hear the news. 彼はその知らせを聞いて驚いた.
- Swimming is easy **to** learn. 水泳は習うのが易(やさ)しい[簡単に覚えられる].
- This river is dangerous **to** swim in. この川は泳ぐのには危険です. → 意味のつながりの上では swim in this river (この川で泳ぐ)だから in を省略しないこと.
- Today it is **too** cold **to** swim. きょうは泳ぐには寒過ぎる. → **too** ❷
- Alan is not tall **enough to** ring the doorbell. アランはドアのベルを鳴らせるほど背が高くない. → **enough** 副

⑤ **(疑問詞+to** *do* **で)~すればよいか** → 全体として名詞のはたらきをする.

- **how to** swim どのように泳いだらよいか, 泳ぎ方
- **where** [**when**] **to** go どこへ[いつ]行ったらよいか
- I don't know **what to** do [**to** say]. 私は何をすればよいか[言えばよいか]わからない.

⑥ **(文頭で)~すれば, ~すると** → 次の文全体を修飾する用法で, 独立不定詞といわれる.

- **To tell** (you) **the truth**, I don't like him. 本当のことを言えば, 私は彼のことが好きではない.

toad /tóud トウド/ 名 (動物)ヒキガエル, ガマ
toadstool /tóudstuːl トウドストゥール/ 名 毒キノコ → **mushroom**
toast A2 /tóust トウスト/ 名 ❶ トースト

- **eat** [**have**] **toast** for breakfast 朝食にトーストを食べる → toast は bread (パン)と同じく数えられない物質名詞なので ×a toast, ×toasts としない.

関連語 make **toast** in a **toaster** トースターでトーストを作る

- **a slice** [**a piece**] **of toast** トースト1枚

❷ 祝杯(しゅくはい), 乾杯(かんぱい)

- drink a **toast to** ~ ~のために乾杯する

参考 昔は風味をつけるために焼いて味つけしたパンの小片(しょうへん)をワインの中に入れたことから.

── 動 ❶ (パンを)トーストにする, こんがり焼く

❷ (~のために)乾杯する

toaster /tóustər トウスタ/ 名 トースター
tobacco /təbǽkou タバコウ/ 名 タバコ, (パイプ用)刻みタバコ

関連語 **Cigarettes** and **cigars** are made from [with] **tobacco**. 紙巻きタバコや葉巻きはタバコ(という植物)から作られます.

today 小 A1 /tədéi トゥデイ/ 名

❶ きょう

 会話

What day is **today**? —**Today** is Thursday.
きょうは何曜日ですか.—きょうは木曜日です.
→ 単に what day といえば「曜日」を聞いていることになる. → **date** 会話

- Have you read **today's** paper? きょうの新聞を読みましたか.
- That's all **for today**. きょうはここまで.

❷ 今日(こんにち), 現代

- the teenagers of **today** 今日のティーンエージャーたち

── 副 (→比較変化なし)

❶ きょう(は)

関連語 **tomorrow** (あした(は)), **yesterday** (昨日(は))

 会話

What day is it **today**?—It is Thursday (**today**).
きょうは何曜日ですか.—木曜日です.
→ it, It は漠然(ばくぜん)と「時」を表す.

- I'm busy **today**. 私はきょうは忙(いそが)しい.
- I'll meet [I met] Ken **today**. 私はきょうケンに会うよ[会ったよ].

❷ 今日では, この頃(ごろ)(は)

- Many people use cellphones **today**. 今日では多くの人が携帯電話を使う.
- Children **today** do not play such games. 最近の子はそんな遊びをしない.

toddle /tádl タドる/ 動 (幼児などが)よちよち歩く
toe 小 A2 /tóu トウ/ 名

❶ 足の指 関連語 **finger** (手の指)

- a big [little] **toe** 足の親指[小指]

together 692 six hundred and ninety-two

・Can you stand **on** your **toes**? 爪先(つまさき)立ちできる?

❷ (靴(くつ)・靴下などの)爪先

together 小 A1 /təɡéðər トゥゲざ/
副 (→比較変化なし)

❶ いっしょに; いっしょにして, 合わせて

[動][基本] play **together** いっしょに遊ぶ →動詞＋together.

・**come** [**get**] **together** いっしょに来る[集まる]

・**tie** the ends of the rope **together** ロープの両端(りょうたん)を結び合わせる[結ぶ]

・I love you. We will be **together** forever. あなたを愛しています. 私たちは永遠にいっしょです.

・We have had two sandwiches and two coffees—how much is it all **together**? 私たちはサンドイッチ2人前とコーヒー2杯(はい)もらいました. 全部合わせていくらですか. →all together を altogether (全く)と混同しないこと.

・Ken has more CDs than all of ours **put together**. ケンは私たちのもの全部合わせたより多くの CD を持っている. →put は過去分詞. all of us put together は「いっしょにされた私たち全部」.

❷ 同時に, いっせいに (at the same time)

・Your letter and his arrived **together**. 君の手紙と彼の手紙が同時に届いた.

・**All together**, hip, hip, hurray! みんないっせいに, ヒップ, ヒップ, フレー!

together with ～ ～といっしょに, ～に加えて

・He sent me a letter **together with** a photograph of his family. 彼は家族の写真を添(そ)えて私に手紙を送ってくれた.

toilet A1 /tɔ́ilit トイれト/ 名 (ホテル・劇場などの)化粧(けしょう)室, 洗面所, トイレ; (水洗)便器

⊘POINT 英米の家庭ではトイレは浴室の中にあるので, 家の中の「トイレ」は遠回しに **bathroom** という.

・go to the **toilet** トイレに行く

・Excuse me, where is the men's [ladies'] **toilet**? すみません, 男性[女性]用トイレはどこですか.

tóilet pàper 名 トイレットペーパー

token /tóukn トゥクン/ 名 ❶ 印(しるし); 記念の

品, 形見 ❷ 代用コイン;《英》商品(引き換(か)え)券

→「代用コイン」とは地下鉄・水泳プールなどが料金支払い用に発行するもの.

told 中 /tóuld トゥるド/ 動 **tell** の過去形・過去分詞

toll /tóul トゥる/ 名 (道路・橋・トンネル・港などの)通行料金[税], 使用料

toll-free /tóul frí: トゥる ふりー/ 形 (通行料が)無料の; (電話が)フリーダイヤルの; フリーダイヤルで →「フリーダイヤル」は和製英語.

―― 副 フリーダイヤルで

tollgate /tóulɡeit トゥるゲイト/ 名 (有料道路・橋などにある)通行料金徴収(ちょうしゅう)所

tóll ròad 名 有料道路 →**turnpike**

tomato 小 A1 /təméitou トメイトウ|
təmá:tou トマートウ| (→×/トマト/ ではない)名
(複 **tomatoes** /təméitouz トメイトウズ/)
トマト

・**eat** [**slice**] a **tomato** トマトを食べる[薄(うす)く切る]

・We grow **tomatoes** in our garden. 私たちは庭でトマトを作っています.

tomb /tú:m トゥーム/ 名 墓 →特に墓石のある大きなもの. →**grave**[1]

tomboy /támbɔi タンボイ/ 名 おてんば娘(むすめ)

tomorrow 小 A1 /təmárou トゥマロウ|təmɔ́rou トゥモロウ/ 名
あした, 明日 →時には「近い将来」の意味での「明日」も表す.

[関連語] **Today** is Sunday, so **tomorrow** is Monday. きょうは日曜だからあしたは月曜だ.

・I'll call you **tomorrow** morning. 明日の朝君に電話するよ. →×on tomorrow morning としない.

・**Tomorrow** will be fine. 明日は晴れるだろう.

・The news will be in **tomorrow's** newspaper. そのニュースはあしたの新聞に出るだろう.

・The electric car is called the car of **tomorrow**. 電気自動車は「明日の車」と呼ばれている.

―― 副 あした(は), 明日は

・(I'll) See you **tomorrow**. あしたまた(会おうね).

・It will be fine **tomorrow**. 明日は晴れた

ろう. →It は漠然(ばくぜん)と「天候」を表す.
- **Tomorrow** I will be free. あしたは私は暇(ひま)です.

ton 中 /tʌ́n タン/ 名 トン →重量・船の容積などの単位. t. または t と略す. 1トン=《米・カナダ》約907 kg, 《英》1,016 kg, 《日》1,000 kg.

tone A2 /tóun トウン/ 名 (音・声・色などの)調子, 音色, 口調; 色調 (shade)

tongs /tɔ́:ŋz トーンヅ/ 名 複 物をはさんでつかむ道具, ～ばさみ

tongue /tʌ́ŋ タング/ (→gue は g 1字の場合と同じ発音) 名 ❶ 舌
- **put** [**stick**] *one's* **tongue out** 舌を出す →診察(しんさつ)してもらう時, 人を軽蔑(けいべつ)する時など.
- **hold** *one's* **tongue** (舌を押(お)さえておく ⇨)黙(だま)っている

❷《文》言葉, 言語 (language)
- My **mother** [**native**] **tongue** is Japanese. 私の母語は日本語です.

❸ しゃべる力; しゃべり方, 言葉遣(づか)い
- Ann has a **sharp tongue**. アンは口が悪い[毒舌(どくぜつ)家だ].

tóngue twister 名 (意味よりも舌がもつれて言いにくいのがポイントの)早口言葉 →She sells seashells on the seashore. (彼女は海岸で貝殻(かいがら)を売る)/Peter Piper picked a peck of pickled pepper. (笛吹(ふえふ)きピーターが塩づけペッパーを1ペックすくった).

tonight 中 A1 /tənáit トゥナイト/ (→gh は発音しない) 名

今夜, 今晩
- **Tonight** is Christmas Eve. 今夜はクリスマスイブだ.
- **Tonight's** programs are very boring. 今夜の番組はとてもつまらない.

── 副 今夜(は), 今晩

関連語 **Last night** we went to the theater, **tonight** we're going to the movies and **tomorrow night** we'll go to a concert. 昨日の夜は私たちは芝居(しばい)に行きました. 今夜は映画, そして明日の夜はコンサートに行きます.

too 小 A1 /tú: トゥー/

副 ❶(～も)また   意味map
　　❷ あまりに(も)(～過ぎる)

── 副 (→比較変化なし)

❶ (～も)また, その上, しかも

基本 We have a dog, and (we have) a cat, **too**. うちでは犬を飼っています. それからネコも飼っています. →too はふつう文の終わりに置く. too の前にはコンマ (,) をつけてもつけなくてもよい. 「～もまた」の「～」にあたる語を強く発音する.

- She likes cats, and I do, **too**. 彼女はネコが好きで, 僕(ぼく)も好きです.

POINT too は肯定(こうてい)文・疑問文で使う. 否定文で「～もまた…ない」という時は **either** を使って I don't like cats either. (私もネコは好きじゃない)のようにいう.

Naomi is very nice.—I think so **too**.
ナオミってとてもすてきだね.—僕もそう思うよ.
I'm sleepy.—I am **too** [《話》Me too].
私眠(ねむ)いわ.—私もよ.

- I can speak French **too**. (I を強く発音すると)私もフランス語が話せる; (French を強く発音すると)私はフランス語も話せる. →I can **also** speak French. も同じ意味だが too のほうが口語的.

❷ あまりに(も)(～過ぎる)

基本 **too** big あまりにも大きい →too+形容詞.
基本 drive **too** fast あまりに(も)速く運転する →too+副詞.
基本 **too** hot to drink 飲むには熱過ぎる, 熱過ぎて飲めない →too+形容詞[副詞]+to *do*.

- These shoes are **too** big **for** me. この靴(くつ)は私には大き過ぎる.
- You talk **too** much. 君はしゃべり過ぎる.
- This tea is **too** hot; I can't drink it. = This tea is **too** hot (for me) **to** drink. このお茶はあまりに熱過ぎて私には飲めません. →This tea is **so** hot **that** I can't drink it. と言い換(か)えることもできる.

会話 You're **too** young to be in love.—I'm old enough! 君は恋(こい)をするには若過ぎるよ.—私はもう大人だわ!

- The doctor came at last, but it was **too** late. 医者がやっと来たが, もう遅(おそ)過ぎた.

ことわざ It is never **too** late to learn. 学ぶ

took

694   six hundred and ninety-four

のに遅過ぎるということは決してない.

🔊会話 I have a cold.—**That's too bad.** 私は風邪(かぜ)をひいているのです.—(それはとても悪い ⇨)それはお気の毒ですね.

***cannot* do [*be*] too ~** どんなに～しても[～であっても]～過ぎることはない
- I **cannot** thank you **too** much. 私はあなたにいくら感謝してもしきれない[お礼の言いようもありません].
- You **cannot** be **too** careful of your health. 健康にはいくら注意してもし過ぎることはない.

took 中 /túk トゥク/ 動 **take** の過去形

tool 中 A1 /túːl トゥール/ 名
(手で使う)**道具, 工具**
- a carpenter's **tools** 大工道具
- a set of **tools**=a **tool** kit 工具一式

toot /túːt トゥート/ 名 (警笛・らっぱなどを)**鳴らすこと**
── 動 (警笛・らっぱなどを)**鳴らす**; (警笛・らっぱなどが)**鳴る**

tooth 小 A1 /túːθ トゥース/ 名 (複 **teeth** /tíːθ ティース/)
❶ (人・動物などの)**歯**
- brush [clean] *one's* **teeth** 歯を磨(みが)く
- My **front** [**back**] **tooth** came out. 私の前[奥(おく)]歯が1本抜(ぬ)けました.
❷ (歯車・のこぎり・くしなどの)**歯**
- This comb has lost two of its **teeth**. このくしは歯が2本欠けています.

toothache A2 /túːθeik トゥーセイク/ 名 **歯痛**
- I **have** a bad **toothache**. 私はとても歯が痛い.

toothbrush A2 /túːθbrʌʃ トゥースブラシュ/ 名 **歯ブラシ**

toothpaste /túːθpeist トゥースペイスト/ 名 **練り歯磨(みが)き**

toothpick /túːθpik トゥースピク/ 名 **つまようじ**

top¹ 小 A1 /táp タプ|tɔ́p トプ/ 名
❶ **一番上の部分, 頂上, てっぺん**
- the **top** of a mountain 山の頂上
- She climbed to the **top** of the jungle gym. 彼女はジャングルジムの一番上に登った.
- 反対語 You'll see Hokkaido at the **top** of the map and Okinawa at the **bottom**.

地図の上部には北海道が、下部には沖縄が見えるでしょう.
❷ (テーブルなどの)**表面, 上面**; (瓶(びん)などの)**ふた**
- wipe the **top** of a table テーブルの上を拭(ふ)く
- The cake has a cherry **on top**. そのケーキは上にサクランボが載(の)っている.
- Please **take** the **top off** [**put** the **top on**] the ketchup bottle. ケチャップの瓶のふたを取って[ふたをして]ください.
❸ **最高の席, 上座**; (成績など)**トップ(の人)**
- at the **top** of the table テーブルの上座に
- Ken is (**at**) the **top** of his class. ケンはクラスのトップです.
❹ (セーター、ブラウスなど)**上着**
- She is wearing blue jeans and a matching **top**. 彼女はブルージーンズとそれに合う上着を着ている.
❺ (野球の回の)**表** 反対語 **bottom** (裏)
- the **top** of the ninth inning 9回の表
── 形 **一番上の**; **最高(位)の, トップの**
- the **top** floor 最上階
- the **top** shelf 最上段の棚(たな)
- the **top** girl in the class クラスでトップの女の子
- a **top** soccer player 一流のサッカー選手
- run at **top** speed フルスピードで走る
- It ranks among the **top** 10. それはベストテンの中に[10位以内に]入っている.

at the top of *one's* ***voice*** あらん限りの声で、ありったけの声を張り上げて

from top to toe [***bottom***] 頭のてっぺんから爪先(つまさき)まで[(物の)上から下まで]

on top of ~ ～の上に(重ねて); ～に加えて
- Put your paper **on top of** the others. ほかの答案の上にあなたのを置きなさい.

top² /táp タプ/ 名 **こま**
- spin a **top** こまを回す

topic 中 A1 /tápik タピク|tɔ́pik トピク/ 名 **話題**; (講演、エッセイなどの)**テーマ, 題目** (subject)
- Let's **change** the **topic** (of conversation). 話題を変えよう.

topping /tápiŋ タピング/ 名 (料理の)**トッピング**

tòp sécret 名 **極秘**(ごくひ)**(事項**(じこう)**)**

torch /tɔ́ːrtʃ トーチ/ 名 ❶ たいまつ
❷ (英) 懐中(かいちゅう)電灯 ((米) flashlight)

tore /tɔ́ːr トー/ 動 tear² の過去形

torn /tɔ́ːrn トーン/ 動 tear² の過去分詞

tornado /tɔːrnéidou トーネイドウ/ 名 (複 **tornado(e)s** /tɔːrnéidouz トーネイドウズ/) 大竜巻(たつまき), 大つむじ風, トルネード →**twister** ともいう.

Toronto /tərántou トラントウ/ 固名 トロント →カナダのオンタリオ州 (Ontario) の州都.

torrent /tɔ́ːrənt トーレント/ 名 急流, 激流

tortilla /tɔːrtíːjə トーティーヤ/ 名 トルティーヤ →トウモロコシ粉で作るメキシコのパン, またはスペインの厚焼き卵.

tortoise /tɔ́ːrtəs トータス/ 名 《動物》カメ →陸や川・湖などにすむもの. 類似語 「ウミガメ」は **turtle** /タ〜トル/.

torture /tɔ́ːrtʃər トーチャ/ 名 拷問(ごうもん)
―― 動 拷問にかける

toss /tɔ́ːs トース/ 動 ❶ ぽいと(軽く)投げる; 放り上げる
•Ken **tossed** the ball **to** Ben. ケンはボールをベンにトスした.
❷ (順番などを決めるためにコインを)指ではじき上げる, トスする →Heads or tails? (表が出るか裏が出るか)と聞いてからはじき上げる.
会話 Who will play first? —**Let's toss up.** どっちが先にやる? —トスで決めよう.
―― 名 ❶ 軽く投げ(上げ)ること; コイン投げ, トス ❷ 揺(ゆ)れ(ること); (頭を)つんと反らせること

total /tóutl トウトル/ 名 合計, 総額
•**in total** 合計で
•The **total of** two and three is five. 2と3の合計は5.
•My savings came to a **total** of 20,000 yen. 僕(ぼく)の貯金は全部で2万円になった.
―― 形 合計の, 全体の
•What is the **total** number of students in your school? 君の学校の生徒総数は何人ですか.
―― 動 (三単現 **totals** /tóutlz トウトルズ/; 過去・過分 **total(l)ed** /tóutld トウトルド/; -ing形 **total(l)ing** /tóutliŋ トウトリング/) 合計する; 合計〜となる
会話 Please **total** this bill for me. —Your bill **totals** twenty dollars. この伝票を合計してください. —お勘定(かんじょう)は合計で20ドルになります.

totally /tóutli トウトリ/ 副 完全に, 全く (completely)

tote bag /tóut bæg トウト バグ/ 名 トートバッグ

touch 中 A1 /tʌ́tʃ タチ/ 動

❶ 触(ふ)れる, 触(さわ)る; 届く
•**touch** the wet paint **with** one's finger 塗(ぬ)りたてのペンキに指で触る
•**touch** the keys of a piano ピアノのキーをたたく
•**touch** him **on the** shoulder 彼の肩(かた)に触れる, 彼の肩を軽くたたく →**touch** A (人) **on the** B (体の部分)は「AのBに触れる」.
掲示 Please don't **touch**. 触れないでください. →展覧会, 商店などで.
•Can you **touch** your toes? 君は爪先(つまさき)に手が届きますか?
•Your jeans are **touching** the ground. 君のジーンズ地面に触れて[引きずって]るよ. →**are** 助動 ❶
❷ 〜の胸[心]を打つ, 〜の心に触れる
•Her sad story **touched** us deeply [We **were** deeply **touched** by her sad story]. 彼女の悲しい話は強く私たちの胸を打った[彼女の悲しい話に私たちは強く胸打たれた]. →were touched は受け身形. →**were** 助動 ❷

touch down (ラグビー・アメリカンフットボールなどで)タッチダウンする; (飛行機が)着陸する →**touchdown**
―― 名 ❶ 触る[触られる]こと, 接触(せっしょく); 手触(てざわ)り, 感触(かんしょく)
•I **felt** a **touch on** my shoulder and turned around. 私は肩を軽くたたかれたような気がして振(ふ)り向いた.
•Blind people read **by touch**. 目の見えない人は手で触って字を読む.
•Velvet has a soft **touch**. = Velvet is soft **to the touch**. ビロードは手触りがやわらかい.
❷ (楽器の弾(ひ)き方・筆の使い方などの)タッチ, 指[筆]の使い方
•She plays the piano **with** a light **touch**. 彼女は軽いタッチでピアノを弾く.

in touch (**with** 〜) (〜と)接触を保って, (〜と)連絡(れんらく)をとって
•I'll be [get] **in touch with** you next

touchdown 696 six hundred and ninety-six

week. 来週あなたに(手紙や電話などで)連絡をとります.

keep in touch (*with* 〜) (〜と)連絡をとり続ける, 接触を保つ

• **Keep in touch with** me while you are gone. 向こうに行っても僕(ぼく)に連絡をとっていてくれよ.

lose touch (*with* 〜) (〜と)接触がなくなる, 〜と連絡がとれなくなる

touchdown /tʌ́tʃdaun タチダウン/ 名
❶ (ラグビー・アメリカンフットボールなどで)タッチダウン(による得点)
❷ (飛行機の)着陸

touchline /tʌ́tʃlain タチらイン/ 名 (フットボール・サッカーなどの)タッチライン → ゴールラインと直角に引かれた側線.

tough 中 /tʌ́f タふ/ 形
❶ (肉などが)堅(かた)い 反対語 **tender** (やわらかい)
• **tough** meat 堅い肉
• This steak is **tough**. I can't cut it. このステーキは堅くて私には切れない.
❷ (人が)粘(ねば)り強い, タフな; (物が)丈夫(じょうぶ)な
• You need **tough** shoes for climbing. 山登りには丈夫な靴(くつ)がいる.
❸ (仕事などが)やっかいな, 手に負えない
• a **tough** problem やっかいな問題

tour 小 A2 /túər トゥア/ 名
❶ (観光)旅行, ツアー; (バンド・劇団などの)巡回(じゅんかい)公演旅行, 旅回り → いろいろな所を回って, 出発点に帰ってくるまでの周遊旅行をいう. → **travel**
• a **tour** bus 観光バス
• **go on** a **tour** (観光)旅行に出かける
• My brother is now **making** a cycling **tour of** Canada. 兄は今カナダを自転車旅行しています. → 日本語の「ツアー」は団体旅行を意味することが多いが, 英語の tour は 1 人でもよい.
• They came to Japan on a concert **tour**. 彼らはコンサートツアーで日本に来た.
❷ (短期間の)見物, 見学, 見て回ること
• Our class **made a tour of** the museum. 私たちのクラスは博物館見学をしました.
—— 動 (観光)旅行する
• **tour** (**around** [**in**]) Europe ヨーロッパ旅行をする

tourism /túərizm トゥアリズム/ 名 観光(事業);

(観光)旅行

tourist 中 A2 /túərist トゥアリスト/ 名
観光客, 旅行者

tóurist bùreau 名 = tourist information center

tóurist clàss 名 (飛行機・船などの席で一番安い)ツーリストクラス, エコノミークラス (economy class)

tóurist informàtion cènter 名 旅行案内所

tournament 中 /túərnəmənt トゥアナメント/ 名 (リーグ戦に対して)勝ち抜(ぬ)き戦, トーナメント

tow /tóu トウ/ 動 (車・船などをロープ・チェーンなどで)引く, 引いて行く

toward A2 /tɔ́ːrd トード, təwɔ́ːrd トゥウォード/ 前 ❶ 〜の方へ, 〜に向かって
• **go toward** town 町の方へ行く
🅿 POINT この表現は大雑把(ざっぱ)に方向を示すだけで, 町まで行ったかどうかはわからない. go **to** town は「町まで行く」.
• The house **faces toward** the south. その家は南向きです.
• She stood with her back **toward** me. 彼女は私に背中を向けて立っていた.
❷ 〜頃(ごろ), 〜近く
• The rain stopped **toward** morning. 朝方になって雨はやんだ.
• Can we meet **toward** the end of this month? 今月の末頃お会いできますか.
❸ 〜に対して(の)
• What is your feeling **toward** her? 彼女に対する君の気持ちはどうなんですか.

towards /tɔ́ːrdz トーヅ, təwɔ́ːrdz トゥウォーヅ/ 前 《主に英》=toward

tów-away zòne [àrea] 名 駐車(ちゅうしゃ)違反(いはん)車撤去(てっきょ)地区

towel 中 A1 /táuəl タウエる/ 名
タオル, (タオル地の)手ぬぐい
• a dish [《英》tea] **towel** (皿を拭(ふ)く)布巾(ふきん)
• a roll of paper kitchen **towel** 台所用の紙タオルひと巻き[1 ロール]
• dry *one's* hands on [with] a **towel** タオルで手を拭く
• dry *one's* body **with** a **towel** タオルで体を拭く

tower 小 A1 /táuər タウア/ 名

塔(とう), タワー
- Tokyo **Tower** 東京タワー
- a control **tower** (航空)管制塔, コントロールタワー
- a television [clock] **tower** テレビ塔[時計台]

Tówer (of Lóndon) 固名 **(the** をつけて) ロンドン塔(とう) ➡ロンドン市内テムズ河畔(かはん)にある古い城. 昔は王宮, その後は監獄(かんごく)・処刑(しょけい)場, 現在は博物館.

town 小 A1 /táun タウン/ 名

(復 **towns** /táunz タウンズ/)

❶ (村・市に対して)町
- a small [large] **town** 小さな[大きな]町
- I live **in** a **town** near Nagoya. 私は名古屋の近くの町に住んでいます.

関連語 A **town** is bigger than a **village** and smaller than a **city**. 町は村よりは大きく市よりは小さい.

- New York is a wonderful **town**. ニューヨークはすばらしい町です. ➡実際には市 (city) でも, (特にそこに住む人は)ふだんの会話では town と呼ぶことが多い.

❷ (田舎(いなか)に対して)町, 都会
- **town** life 都会生活

反対語 Do you live in a **town** or in the **country**? 君は都会[町]に住んでるの, 田舎に住んでるの?

❸ (郊外(こうがい)・市外に対してにぎやかな)町, (町や市の)中心地区, 市街, 都心(部)
- go **to town** 町へ行く ➡×go to a [the] town としない. 「市[村]へ行く」は go to the city [the village].
- Let's go to **town** for dinner. 晩ご飯を食べに町へ行こう.

反対語 He works in **town** and lives in the **suburbs**. 彼は町[都心]で仕事をし郊外に住んでいます.

❹ **(the town** で) 町の人々, 町民
- The whole **town** is talking about the news. 町中の人がそのニュースのことでもちきりだ. ➡町の人全部をひとまとまりと考えて単数扱(あつか)い.

tówn háll 名 町役場, 市役所, 市庁; (その中の)町民[市民]ホール

toy 中 A1 /tɔ́i トイ/ 名

おもちゃ
- The baby is **playing with** a **toy** (car). 赤ちゃんはおもちゃ(の車)で遊んでいます.

toyshop /tɔ́iʃɑp トイシャプ/ 名 おもちゃ屋さん

trace /tréis トレイス/ 名 (動物などがいた[通った])跡(あと), 足跡; 形跡(けいせき)

―― 動 ❶ 〜の跡をたどる, 〜を追跡する; (由来などを)さかのぼる ❷ なぞって写し, トレースする

関連語 Put **tracing** paper over the map and **trace** it. 地図の上にトレーシングペーパーを載(の)せてその地図を写してくれ.

track 小 A2 /trǽk トラク/ 名

❶ (動物などの)通った跡(あと), 足跡; (踏(ふ)まれてできた)小道
- rabbit **tracks** on the snow 雪の上に残されたウサギの足跡

❷ (競技場などの)トラック, 走路; トラック競技, (フィールド競技もふくめて)陸上競技
- run **on** a **track** トラックを走る

❸ (鉄道などの)線路, 軌道(きどう); 《米》 プラットホーム
- railroad [《英》 railway] **tracks** 鉄道線路
- **Track** 3 3番線

keep [lose] track of 〜 〜の跡をつける[見失う], 〜の消息を知っている[がわからなくなる]

tráck and field 名 陸上競技

tractor /trǽktər トラクタ/ 名 トラクター, けん引車

trade A2 /tréid トレイド/ 名

❶ 貿易; 商取り引き, 商売
- foreign **trade** 外国貿易
- Japan **does a lot of trade with** foreign countries. 日本は外国とたくさん貿易をしている. ➡×a trade, ×trades などとしない.

❷ 《米》 交換(こうかん) (=exchange)
- Let's **make a trade of** this CD of mine **for** yours. 僕(ぼく)のこのCDと君の(CD)を交換

trademark 698

しようよ.

❸ (特に手先を使う技術的な)**職業, 商売**

〖会話〗What's your father's **trade**? —He is a carpenter [an electrician, a baker]. お父さんのお仕事は何ですか.—父は大工[電気工, パン屋]です.

by trade 商売は, 職業は

• I am a mason **by trade**. 私の職業は石工[れんが職人]です.

—— 動 ❶ 商売をする; 貿易をする

• **trade with** foreign countries 外国と貿易をする

• My father **trades in** coffee. 父はコーヒー豆の商売をしています.

❷ 交換する (exchange)

• **trade** seats **with** him 彼と席を交換する

• Won't you **trade** your soccer ball **for** my rugby ball? 君のサッカーボールと僕のラグビーボールを交換しないか.

trademark /tréidmɑːrk トレイドマーク/ 名 商標, トレードマーク

trader /tréidər トレイダ/ 名 貿易業者, 商人

tráde(s) únion 名 《英》労働組合 (《米》labor union)

tráde wìnd(s) 名 貿易風 →赤道近くでいつも赤道方向に吹く風. 昔貿易船が利用した.

tradition A2 /trədíʃən トラディション/ 名

❶ (語り伝えられた)**伝統, 慣習, しきたり**

• It's a **tradition** to eat turkey on [at] Thanksgiving. 感謝祭に七面鳥を食べるのは昔からのしきたりです.

• Our school has a long **tradition**. 私たちの学校は長い伝統を持っている.

❷ 言い伝え, 伝説

traditional 小 A2 /trədíʃənl トラディショヌる/ 形 ❶ **伝統的な, しきたりの**; (考え方・やり方が)昔風の

• **traditional** Japanese foods for New Year 正月の日本の伝統的な食べ物

❷ 語り伝えられた, 伝説の

traffic 中 A2 /trǽfik トラふィク/ 名 (車・人などの)**交通(量), 行き来, 往来**

• one-way **traffic** 一方通行 →「一方通行の通り」は a one-way street.

• **control** [**direct**] **traffic** 交通整理をする → ×a traffic, ×traffics としない.

• a **traffic** accident 交通事故

• a **traffic** jam 交通渋滞

〖掲示〗No **traffic**. 通行禁止.

• The city streets are full of **traffic**. 町の通りは車や人の往来でいっぱいだ.

• There is heavy **traffic** today. = The **traffic** is heavy today. きょうは交通量[人通り]が多い. → traffic は道路にかかる「重量」と考えて, heavy (重い)という語を使う. → **busy** ❷

• There is very little **traffic** [The **traffic** is light] on this road. この道路は交通量が少ない.

• Air **traffic** is heaviest in the early evening. 夕方近くは飛行機の発着が最も激しい.

tráffic líghts [sígnals] 名 交通信号(灯)

New York の歩行者用信号

tragedy /trǽdʒədi トラヂェディ/ 名 (複 **tragedies** /trǽdʒədiz トラヂェディズ/)

❶ 悲劇 〖関連語〗**comedy** (喜劇)

❷ 悲劇的な事, 悲しい出来事

tragic /trǽdʒik トラヂク/ 形 (→比較変化なし) 悲劇の; 悲惨(ひさん)な 〖反対語〗**comic** (喜劇の) 〖関連語〗**tragedy** (悲劇)

trail /tréil トレイる/ 動 ❶ (~を)引きずる; (つる草などが)はう; (煙けむりなどが)たなびく

❷ ~の跡(あと)を追う; (~の後を)足を引きずるように歩いていく

—— 名 ❶ (動物などの通った)跡, (動物の)においの跡; (走り去る車の)長い土ぼこり, (船・飛行機の)航跡(こうせき) ❷ (荒野(こうや)・山地の)路(みち)みつけられてできた道, 小道

trailer /tréilər トレイら/ 名 ❶ (トラクター・トラックなどに引かれる貨物用)**トレーラー**

❷《米》**トレーラーハウス** (《英》caravan) →車に引かれる移動住宅. 簡易生活ができるような設備のあるトレーラーハウス用の駐車(ちゅうしゃ)場を **trailer park** という.

train 小 A1 /tréin トレイン/ 名

❶ 列車, (連結した)電車, 汽車

〖関連語〗列車の1台1台は《米》**car**,《英》**carriage** または **coach** という.

six hundred and ninety-nine　　699　　**trap**

・go to school **by train** 電車で通学する →
×by a [the] train としない.
・**get on** [**off**] **a train** 電車に乗る[から降りる]
・**take** [**catch, miss**] **the last train** 最終電車に乗る[間に合う, 乗り損(そこ)ねる]
・**change trains** at Shinjuku Station 新宿駅で電車を乗り換(か)える →trains と複数形になることに注意.
・Is this the (right) **train for** Osaka? これは大阪行きの電車ですか.
・I'll get on the 5:30 p.m. (読み方: five thirty p.m.) **train** from Tokyo Station. 私は東京駅で午後5時30分の電車に乗ります.
❷(隊列を組んで進む動物・馬車の)長い列
・Wagon **trains** crossed the plains. 荷馬車隊の長い列が大草原を渡(わた)っていった.
── 動 ❶(動物・人を)訓練する, しつける; 訓練を受ける
・I have **trained** my dog **to** stand up and beg. 私は愛犬にちんちんするように訓練した. →have 助動 ❶
❷(試合に備えて)練習する, トレーニングする; 練習[トレーニング]させる
・I am **training** hard **for** the race. 私はそのレースに備えて一生懸命(けんめい)トレーニングをしています. →am 助動 ❶

trainer /tréinər トレイナ/ 名 (選手などを)訓練する人, コーチ, トレーナー; (動物の)調教師; (**trainers** で) トレーニングシューズ →日本語の「トレーナー(シャツ)」は英語では sweat shirt という.
・a seal **trainer** アザラシ[アシカ, オットセイ]の調教師

training A2 /tréiniŋ トレイニング/ 名 トレーニング, 訓練; (試合に備えての)練習
・a **training** center トレーニングセンター
・go into **training** トレーニングを始める

traitor /tréitər トレイタ/ 名 裏切り者, 反逆者

tram A2 /trǽm トラム/ 名 《英》市街電車, 路面電車 (《米》streetcar)

tramcar /trǽmkɑːr トラムカー/ 名 《英》= tram

tramline /trǽmlain トラムライン/ 名 《英》市街電車路線

tramp /trǽmp トランプ/ 名 ホームレス; 浮浪(ふろう)者

trample /trǽmpl トランプる/ 動 踏(ふ)みつける, 踏みにじる

trampoline /trǽmpəliːn トランポリーン/ 名 トランポリン

transfer /trænsfə́ːr トランスふァ〜/ 動 三単現 **transfers** /trænsfə́ːrz トランスふァ〜ズ/; 過去・過分 **transferred** /trænsfə́ːrd トランスふァ〜ド/; ~ing形 **transferring** /trænsfə́ːriŋ トランスふァ〜リング/
(人・物などが)**移る**; (人・物などを)**移す**
── /trǽnsfər トランスふァ〜/ 名 ❶ 移動, 転任, 転校 ❷ 《米》 乗り換(か)え; 乗り換え切符(きっぷ) →アメリカの市内バスはこの切符をもらうと追加料金なしで乗り換えができる.

transform /trænsfɔ́ːrm トランスふォーム/ 動 (形・様子などをすっかり)変える, 変化させる → change より堅(かた)い感じの語.

translate 中 /trǽnsleit トランスれイト/ 動 訳す, 翻訳(ほんやく)する; 通訳する →書かれたものを訳す場合にも, 話し言葉を通訳する場合にも使う. →interpret
・**translate** a poem **from** English **into** Japanese 詩を英語から日本語に翻訳する
・I can't read this English letter. Will you **translate** it for me? 私このの英文の手紙が読めないの. 訳してくれる?

translation /trænsléiʃən トランスれイション/ 名 ❶ 翻訳(ほんやく)(すること); 通訳 ❷ 翻訳された物, 訳文, 翻訳書

translator /trænsléitər トランスれイタ/ 名 翻訳(ほんやく)者[家]; 通訳(者)

transparent /trænspǽrənt トランスパレント/ 形 透明(とうめい)な; (うそなどが)見えすいた

transport /trænspɔ́ːrt トランスポート/ 動 (乗客・貨物を)輸送する, 運送する, 運ぶ → carry, take より堅(かた)い語.
── /trǽnspɔːrt トランスポート/ (→動詞とのアクセントの位置の違(ちが)いに注意) 名
《主に英》(乗客・貨物の)輸送, 運送; 輸送[交通]機関, 《英話》交通手段 (《米》transportation)

transportation /trænspərtéiʃən トランスポテイション/ 名 《主に米》(乗客・貨物の)輸送, 運送; 輸送[交通]機関, 《米話》交通手段 (《英》transport)

trap A2 /trǽp トラプ/ 名 わな
・**fall into a trap** = **be caught in a trap** わなに掛(か)かる
・**set** [**lay**] **a trap for ~** ~にわなを仕掛(しか)ける
── 動 三単現 **traps** /trǽps トラプス/;

trash 700 seven hundred

過去・過分 **trapped** /trǽpt トラプト/; -ing形
trapping /trǽpiŋ トラピング/ わなに掛ける,
わなで捕(つか)まえる

trash 中 /trǽʃ トラシュ/ 名
《米》ごみ, くず, がらくた (《英》rubbish)

travel 中 A1 /trǽvl トラヴる/ 動 三単現
travels /trǽvlz トラヴるズ/; 過去・過分 **trav-
el(l)ed** /trǽvld トラヴるド/; -ing形 **trav-
el(l)ing** /trǽvliŋ トラヴりング/)

❶ 旅行する, 旅をする; (遠方へ乗り物で)行く
• **travel abroad** 海外旅行をする, 外国を旅す
る
• **travel in** [**to, around, all over**] Europe
ヨーロッパを[へ, を回って, じゅうをあちこち]旅
行する
• **travel by** airplane [**on the train**] 飛行機
で[列車で]旅をする
• My father **travels** to work by car. 父は
車で仕事に行きます.

❷ 進む, 動いていく; (光・音などが)伝わる
• Bad news **travels** fast. 悪い知らせは速く
伝わる. →「悪事千里を走る」にあたる.
• Light **travels** faster than sound. 光は音
より速く進む[伝わる].

── 名 ❶ 旅行(すること), 旅

類似語 (旅行)

travel は「旅行」という意味の一般(いっぱん)的な
語で, 移動することに意味の力点がある. **jour-
ney** はふつう長期の「旅行」で, それに要する
[要した]時間や距離(きょり)を示す語とともに使わ
れることが多い. **trip** は短期間の「旅行」.
tour はぐるっと周遊する「旅行」.

• My grandmother loves **travel**. 私のおば
あちゃんは旅をすることが大好きです. →×a
travel, ×travels としない.
• Did you enjoy your **travels in** Eu-
rope? ヨーロッパ各地の旅行は楽しかった?

❷ (travels で) 旅行記
• *Gulliver's Travels* 『ガリバー旅行記』

trável àgency [**bùreau**] 名 旅行代理
店, 旅行案内所

travel(l)er A2 /trǽvlər トラヴら/ 名
❶ 旅行者, 旅人; 旅の好きな人
❷ ジプシー (Gypsy) → Gypsy は差別用語と
感じられるので traveler を使うようになった.
→ **Romany**

trável(l)er's chèck [《英》**chèque**]

名 トラベラーズチェック, 旅行者小切手

travel(l)ing /trǽvliŋ トラヴりング/ 形 旅行の,
旅行用の; 移動する; (劇団など)旅回りの, 巡業(じゅ
んぎょう)の
• a **traveling** library 《米》移動[巡回(じゅんかい)]
図書館

── 名 旅行, 巡業
• a **traveling** bag 旅行カバン

tray /tréi トレイ/ 名 盆(ぼん), 浅い皿, トレー

tread /tréd トレド/ 動 三単現 **treads** /trédz
トレヅ/; 過去 **trod** /trád トラド/; 過分 **trod,
trodden** /trádn トラドン/; -ing形 **treading**
/trédiŋ トレディング/) 踏(ふ)む, 踏みつぶす

treasure 小 A2 /tréʒər トレジャ/ 名 財宝, 富,
宝物, 貴重な物; 大切な物[人]
• go on a **treasure** hunt 宝探しに行く

── 動 大事にする, 大切に思う; 大事にしている

treat /tríːt トリート/ 動
❶ 取り扱(あつか)う, 待遇(たいぐう)する; もてなす
• Please don't **treat** me like a child. お
願いだから私を子供扱いしないで.
• They are **treated** unfairly. 彼らは不公平
に取り扱われている.
❷ 治療(ちりょう)する, 手当てする
❸ おごる, ごちそうする
• I'll **treat** you **to** dinner [the movie]. 君
に晩ご飯[その映画]をおごるよ.

── 名 (食べ物・映画などを)おごること, おごる番;
とてもうれしい[楽しい]こと
• This is my **treat**. これは私のおごりです.
• A visit to Disneyland is a great **treat**
even for adults. ディズニーランドへ行くのは
大人にもとても楽しいことだ.

treatment /tríːtmənt トリートメント/ 名
❶ 取り扱(あつか)い(方), 待遇(たいぐう)
❷ 治療(ちりょう), 手当て

treaty /tríːti トリーティ/ 名 (複 **treaties**
/tríːtiz トリーティズ/) (国家間の)条約

tree 小 A1 /tríː トリー/ 名
(複 **trees** /tríːz トリーズ/)
(立ち)木, 樹木 → **wood** → 幹や枝を備えた立ち
木をいう.
• **climb** (**up**) a **tree** 木に登る
• There is a big oak **tree** in our garden.
うちの庭に大きなカシの木が1本ある.

関連語 **Trees** have **branches** and **leaves**.
We get **wood** from **tree** trunks. 木には

枝や葉がある.木の幹からは材木がとれる.

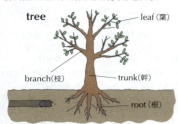

tree / leaf(葉) / branch(枝) / trunk(幹) / root(根)

trée dòctor 名 樹木医 →名木や古木の保護・治療などを行う技術者.

trek /trék トレク/ 動 (三単現 **treks** /tréks トレクス/; 過去・過分 **trekked** /trékt トレクト/; -ing形 **trekking** /trékiŋ トレキング/)(てくてくと苦労しながら)歩いて旅行する

tremble /trémbl トレンブる/ 動 ぶるぶる震える,揺れる

tremendous /triméndəs トレメンダス/ 形 ❶ 巨大な,ものすごい,すさまじい ❷《話》すばらしい(wonderful)

trench /tréntʃ トレンチ/ 名 (複 **trenches** /tréntʃəz トレンチズ/)(深く長い)みぞ,堀;(戦場の)塹壕

trend /trénd トレンド/ 名 傾向,方向,成り行き

trial /tráiəl トライアる/ 名 ❶ 試してみること,試験,テスト 関連語「試す」は **try**. ❷ 裁判,公判

triangle 小 /tráiæŋgl トライアングる/ 名 ❶ 三角形 ❷《米》三角定規(《英》setsquare) ❸《楽器》トライアングル

triathlete /triǽθli:t トライあすりート/ 名 トライアスロン選手

triathlon /triǽθlən トライあすろン/ 名 トライアスロン →水泳・自転車ロードレース・長距離走の3種競技.

tribe /tráib トライブ/ 名 部族, 種族

trick 中 A2 /trík トリク/ 名 ❶ 計略; いたずら
• **play** a **trick on** 〜 〜にいたずらをする
❷ 手品, トリック; (動物の)芸当
Trick or treat! 《米》お菓子をくれないといたずらするぞ. → ハロウィーンで子供たちが家々を回って言う言葉. → **Halloween**
—— 動 だます (cheat)

tricky /tríki トリキ/ 形 (比較級 **trickier** /tríkiər トリキア/; 最上級 **trickiest** /tríkiist トリキイスト/) ❶ 計略 (trick) を用いる, ずるい → **trick** + -y. ❷ 扱いにくい, 難しい

tricycle /tráisikl トライスィクる/ 名 三輪車 → tri- は「3つの」, cycle は「輪」.
関連語 Ken rides a **bicycle** and his younger brother rides a **tricycle**. ケンは自転車に乗り, 弟は三輪車に乗る.

tried /tráid トライド/ 動 **try** の過去形・過去分詞

tries /tráiz トライズ/ 動名 **try** 動 の3人称単数現在形; **try** 名 の複数形

trigger /trígər トリガ/ 名 (銃の)引き金

trillion /tríljən トリリョン/ 名 兆 → million (100万)の2乗.

trim /trím トリム/ 動 (三単現 **trims** /trímz トリムズ/; 過去・過分 **trimmed** /trímd トリムド/; -ing形 **trimming** /trímiŋ トリミング/) (刈ったり切ったりして)きちんと形を整える, きれいにする, (はさみなどで)切り取る

trio /trí:ou トリーオウ/ 名 (複 **trios** /trí:ouz トリーオウズ/) ❶ 三重奏(唱); 三重奏(唱)団, トリオ ❷ 三人組; 三つぞろい

trip 小 A1 /tríp トリプ/ 名

❶ 旅行 →比較的短期間のものについていう. → **travel** 類似語
• a bus **trip** バス旅行
• a class **trip** クラスの遠足
• **go on** a school **trip** 修学旅行に出かける
• He is going to **take** [**make**] a **trip to** Kyoto. 彼は京都へ旅行をしようとしている.
会話 Have a nice **trip**.—Thank you. どうぞよいご旅行を[行ってらっしゃい].—ありがとう.

❷ (近くまでちょっと)行くこと, 出かけること
• **go on** a shopping **trip** to town 町へ買い物に行く
• I'll have to **make** a **trip** to the supermarket. 私はスーパーまで行かなくては.

—— 動 (三単現 **trips** /tríps トリプス/; 過去・過分 **tripped** /trípt トリプト/; -ing形 **tripping** /trípiŋ トリピング/) つまずく; つまずかせる
• **trip over** a stone [**on** the rope] 石に[ロープに引っ掛かって]つまずく

triple /trípl トリプる/ 形 3倍の; 3重の
関連語 **single** (1つの), **double** (2倍の)
—— 名 ❶ 3倍; (ホテルの)3人用の部屋 ❷ 3塁打 (three-base hit) 関連語 **single** (シングルヒット), **double** (2塁打)

triple jump　702　seven hundred and two

—— 動 3倍にする; 3倍になる

tríple jùmp 图 **(the** をつけて**)**《競技》**三段跳(と)び**

triumph /tráiəmf トライアンふ/ 图 **❶大勝利, 大成功 ❷勝利[成功]の喜び, 勝利感, 満足感**

trivia /tríviə トリヴィア/ 图 **ささいなこと** →複数扱(あつか)い.

trod /trád トラド/ 動 **tread** の過去形・過去分詞

trodden /trádn トラドン/ 動 **tread** の過去分詞

trolley /tráli トラリ/ 图 **❶**《米》= streetcar (市街電車) **❷**《主に英》= wagon (ワゴン) → 食器や飲食物を運ぶもの, あるいはスーパーマーケットなどで使う荷物車.

trombone /trɑmbóun トランボウン/ 图 《楽器》**トロンボーン** →大きな金管楽器.

troop /trúːp トループ/ 图 **❶**(人・動物の)**一群, 一隊, 一団 ❷**(**troops** で)**軍隊, 兵士たち**

trophy /tróufi トロウふィ/ 图 (複 **trophies** /tróufiz トロウふィズ/) (競技の)**優勝記念品, トロフィー, 賞品**

tropic /trápik トラピク/ 图 **(the tropics** で)**熱帯(地方)**

—— 形 **熱帯の** (tropical)

tropical /trápikəl トラピカる/ 形 **熱帯の**
　•**tropical** countries 熱帯地方の国々
　•a **tropical** plant [fish] 熱帯植物[魚]

trot /trát トラト/ 图 **❶**(馬の)**速歩** →並み足 (**walk**) と駆(か)け足 (**run, gallop**) との中間の歩調. **❷**(人の)**小走り, 小またの急ぎ足**

—— 動 (三単現 **trots** /tráts トラツ/; 過去・過分 **trotted** /trátid トラテド/; ‑ing形 **trotting** /trátiŋ トラティング/)

速歩で走る; (人が)小走りに行く, 急いで行く

trouble 中 A2 /trʌ́bl トラブる/ 图

❶心配, 苦労; 心配事, 困り事, 悩(なや)み(の種)
　•His life was full of **trouble** [**troubles**]. 彼の人生は苦労だらけでした.
　•His son is a great **trouble** to him. 彼の息子(むすこ)は彼には大きな悩みの種です.
　•**What's the trouble (with** you**)?** 何が心配なの?
　•**The trouble is (that)** I can't understand the math lesson. 困ったことに僕(ぼく)は数学の授業がわからないのです.

❷困った[やっかいな]事態; (しばしば **troubles** で)**もめ事, 紛争(ふんそう), トラブル**
　•family **troubles** 家庭のもめ事

　•get into **trouble** 困ったことになる
　•make [cause] **trouble** もめ事を起こす
　•ask for **trouble** 自分から災難を招く
　•He is **in trouble with** the police. 彼は(悪いことをして)警察沙汰(さた)になっている.

❸余分な手間, 面倒, やっかい, 骨折り
　•**I'm having trouble** moving this heavy box. 僕はこの重い箱を動かすのに苦労しています. →現在進行形の文 (→**am** 助動 ❶). have trouble *doing* は「~するのに苦労する」.
　•Thank you for all your **trouble**. わざわざありがとうございます.
　•会話 I'm sorry to **give** you so much **trouble**.—**No trouble at all**. こんなにご面倒をおかけして申し訳ありません.—ちっとも面倒じゃありません[お安いご用です].
　•Telephoning **saves** the **trouble** of writing. 電話すればわざわざ手紙を書く手間が省ける.

❹~病; (機械の)故障
　•heart **trouble** 心臓病
　•The car had engine **trouble**. その車はエンジントラブルを起こした.
　•She's having **trouble** with her computer. 彼女のコンピューターの調子が悪い.

be in trouble 困っている; トラブルに巻き込(こ)まれている
　•He **is in great trouble**. 彼はとても困っている.

—— 動 **❶悩ます, 心配させる; (病気が)苦しめる**
　•He **troubled** his parents by his poor work in school. 彼は学校の成績が悪くて両親に心配をかけた.
　•The old woman was **troubled** by aches and pains. そのおばあさんはいろいろな痛みに悩まされた.
　•What is **troubling** you? (何が君を悩ませているのか ⇨)君は何が心配なのですか.

❷わずらわす, 迷惑(めいわく)[手間]をかける; わざわざ~する, 心配する
　•I'm sorry to **trouble** you, but can you tell me the way to the station? ご面倒かけてすみませんが駅へ行く道を教えていただけませんか. →丁寧(ていねい)な言い方.
　•May I **trouble you for** [**to pass**] the salt? すみませんがお塩を取っていただけませんか. →食卓(しょくたく)で言う言葉.
　•会話 Shall I make coffee for you?—Oh,

don't trouble (yourself), thanks. コーヒーをいれましょうか。―ありがとう, でもおかまいなく.

• **Don't trouble to** come if you are busy. 君が忙(いそが)しければわざわざ来なくてもいいよ.

ことわざ Never **trouble** trouble till trouble **troubles** you. 心配事が君を心配させるまでは心配事を心配するな. →「取りこし苦労はするな」の意味. 2番目, 3番目の trouble は名詞.

troublemaker /trʌ́blmeikər トラブるメイカ/ 名 面倒(めんどう)なことを引き起こす人, トラブルメーカー

troublesome /trʌ́blsəm トラブるサム/ 形 面倒(めんどう)な, やっかいな

trousers A1 /tráuzərz トラウザズ/ 名 複 ズボン →《米話》では **pants**.

• **a pair of trousers** ズボン1着 →数える時は ×a trousers でなく, この形を使う.

• **put on** [**take off**] one's **trousers** ズボンをはく[脱(ぬ)ぐ]

• These **trousers are** too big [tight] for me. このズボンは私には大き[きつ]過ぎる. →「1着のズボン」でも複数扱(あつか)い.

trout /tráut トラウト/ 名 《魚》マス →複数も **trout**.

Troy /trɔ́i トロイ/ 固名 トロイ, トロイヤ →トルコ北西部の古代都市. 紀元前1200年頃(ごろ)ギリシャとトロイの間でトロイ戦争が行われたといわれる.

truck A1 /trʌ́k トラク/ 名

❶ トラック →《英》では **lorry** ともいう.

• a dump [《英》dumper] **truck** ダンプカー →「ダンプカー」は和製英語.

• a fire **truck** 消防自動車

• a **truck** driver トラック運転手

関連語 His car was hit by a **truck**. 彼の車はトラックにぶつけられた. →英語では truck は car には含めない.

❷《英》《鉄道の》屋根なしの貨車

❸ 手押(お)し車, 台車, トロッコ

true 中 A1 /trú: トルー/ 形

❶ 本当の[で], 真実の[で] 関連語「真実」は **truth**.

• a **true** story 本当の話, 実話

• **true** love 真実の愛

• That's **true**. 本当ですね.

• The starfish is not a **true** fish. ヒトデは本当の魚ではない[魚類ではない].

反対語 Is the news **true** or false? その知らせは本当ですか, うそですか.

• **It is true that** I saw a flying saucer. 私が空飛ぶ円盤(えんばん)を見たのは本当です. →It = that 以下.

❷ 本当の心[真心]を持った, 誠実な; 忠実な

• a **true** friend 真の友達, 誠実な友

• I'll be always **true to** you. 私はいつも君に誠実です[君を裏切らない].

• She is **true to** her promise. 彼女は自分の約束に誠実です.

come true (希望・予言などが)本当になる, 実現する, 的中する

• His dream [wish] **came true**. 彼の夢[望み]はかなった.

truly A2 /trú:li トルーリ/ 副 本当に; 誠実に; 偽(いつわ)りなく

Yours truly = **Truly yours** 敬具 → **yours** ❸

trumpet 中 /trʌ́mpit トランペト/ 名 《楽器》トランペット

• **play** the **trumpet** トランペットを演奏する[吹(ふ)く]

• **blow** a **trumpet** (けたたましく)トランペットを吹き鳴らす →進軍の合図など.

trumpeter /trʌ́mpətər トランペター/ 名 トランペット奏者

trunk /trʌ́ŋk トランク/ 名 ❶ (木の)幹; (人間・動物の)胴(どう), 胴体(どうたい) ❷ (木の幹のような)象の鼻 ❸ (旅行用・保管用の)トランク →日本語ではスーツケースもトランクというが, 英語の trunk は1人では持ち運びできないほど大型のもの.

❹《米》(自動車後部の)トランク ❺ (**trunks** で) (水泳・ボクシングなどの)パンツ, トランクス

• swimming **trunks** 水泳パンツ

trust 中 A2 /trʌ́st トラスト/ 名

❶ 信頼(しんらい), 信用; 信頼する人[物]

• I have [put] complete **trust in** him, so I tell him all my secrets. 私は彼をすっかり信用しているので私の秘密を全部彼にしゃべる.

❷ (信用されて)預かること, 世話(をすること)

• leave it in his **trust** それを彼に預ける

―― 動 ❶ 信頼する, 信用する

• Don't **trust** him. He is a liar. 彼を信用するな. 彼はうそつきだ.

❷ (信用して)預ける, 任せる

truth

- I'll **trust** my money **to** him. =I'll **trust** him **with** my money. 私は金を彼に預けよう。

truth A2 /trúːθ トルーす/ 名
❶ **本当のこと, 真実, 事実; 真実性**
- **speak** [**tell**] the **truth** 本当のことを言う，真実を語る

関連語 Is it **true** that you saw a flying saucer?—Yes, it's the **truth**. 君が空飛ぶ円盤(えんばん)を見たというのは本当か.—ええ, 事実[本当]です.

❷ **真理**
- the scientific **truth that** the earth is round 地球は丸いという科学的真理

to tell (you) the truth 本当のことを言うと, 実は
- **To tell the truth**, I don't like this work. 実を言うと私はこの仕事はいやだ.

truthful /trúːθfəl トルーすふる/ 形 真実の; 真実を言う, 正直な

try

try 小 A1 /trái トライ/ 動 (三単現 **tries** /tráiz トライズ/; 過去・過分 **tried** /tráid トライド/; -ing形 **trying** /tráiiŋ トライイング/)

❶ (いいかどうかを)**試(ため)す, テストしてみる, 試しに食べて[飲んで, 着て, 使って]みる** → 名詞(試してみること)は trial.

基本 **try** the brakes ブレーキ(がきくかどうか)を試す → try+名詞.
- You should **try** something new. 君は何か新しいことをやってみるべきだ.
- Please **try** some *sashimi*, John. ジョン, お刺身(さしみ)を食べてごらんよ.
- You must **try** the rope before you use it. ロープは使う前に(丈夫(じょうぶ)かどうか)試さなければいけない.
- He **tries** the front door before he goes to bed. 彼は寝(ね)る前に玄関(げんかん)の戸締(じ)まりを確かめる.
- John **tried** eating *sashimi* and liked it. ジョンはお刺身を食べてみてそれが気に入った. → eating は動名詞(食べること)で tried の目的語. tried **to** eat は「食べようとした」. → ❷

- She **is trying** washing her hair with a new shampoo. 彼女は新しいシャンプーで髪(かみ)を洗ってみている. → 現在進行形の文. → **is** 助動 ❶

❷ **(try to** *do* **で) ~しようとする, (~しようと)やってみる, 努める, 努力する; (try for ~で) ~を求めて頑張(がんば)る, ~にチャレンジする**

Can you do it?—I'll [Let me] **try**.
君にはそれができますか.—やってみます[やらせてください].

- **Try to** do your best. ベストを尽(つ)くすようにしなさい.
- **Try to** be more careful. もっと気をつけるようにしなさい.
- **try for** medical school 医学部を目指して頑張る
- Please **try not to** be late. 遅(おく)れないようにしなさい. → not is to be late を否定する. 次例は try を否定する.
- Don't **try to** do such a thing again. こういう事を二度としようとしてはいけません.
- Kate **tried to** eat *sashimi*, but couldn't. ケイトはお刺身を食べようと努めたができなかった.
- **Trying** to understand each other is very important for us to become good friends. お互(たが)いを理解しようと努力することは私たちが仲良くなるためにとても大切なことだ. → Trying は動名詞(努力すること)で文の主語.

❸ **(人を)裁判にかける, (事件を)審理(しんり)する**
- The judge **tried** the case. 裁判官はその事件を審理した.
- He **was tried for** murder. 彼は殺人罪で裁判にかけられた. → tried は過去分詞で受け身の文. → **was** 助動 ❷

try and *do* 《話》~するように努める (try to *do*) → ふつう命令文で使う.

try on 試しに着て[はいて, かぶって]みる, 試着(しちゃく)してみる
- Anne is **trying on** a dress. アンは洋服を

チャンクでおぼえよう try	
□ ブレーキを試す	**try** the brakes
□ 刺身を食べてみる	**try** some *sashimi*
□ 刺身を食べてみる	**try** eating *sashimi*
□ 刺身を食べようとする	**try** to eat *sashimi*

seven hundred and five　705　**tune**

try out (機械・計画などを)**実際に試してみる**

try out for ~ (選手・俳優など)の**オーディションを受ける**

—— 名 (複 **tries** /tráiz トライズ/)

❶ **やってみること, 試み, 試し** (trial)

• **have** a **try** 試してみる, トライしてみる

• **give** it a **try** 一度試しにやってみる

• Come on. Just **have** a **try**. You can do it. さあ. ちょっとやってごらんよ. 君はできるから.

• She made a successful jump **on** her third **try**. 彼女は３度目のトライでジャンプに成功した.

❷ (ラグビーの)**トライ**

• Our team **scored** two **tries**. わがチームは２つのトライをあげた.

T-shirt 中 A1 /tíː ʃəːrt ティー シャ～ト/ 名

ティーシャツ

• I'm looking for a black **T-shirt**. (買い物で)黒いティーシャツを探しているんですが.

tsunami /tsunáːmi ツナーミ/ 名 (複 **tsunami, tsunamis** /tsunáːmiz ツナーミズ/) **津波** → 日本語から.

tub /tʌ́b タブ/ 名 ❶ **たらい, おけ** → 台所の洗いおけ・バターやラードを入れておく容器など.

❷ **浴槽**(よくそう) (bathtub)

tuba /tjúːbə テューバ/ 名 《楽器》**チューバ** → 低音の大型金管楽器.

tube A1 /tjúːb テューブ/ 名

❶ (細長い)**管**(くだ), **筒**(つつ), (絵の具・歯磨(みが)きの)**チューブ, 真空管**

• a rubber **tube** ゴムのチューブ, ゴム管

• a **tube** of toothpaste チューブ入り練り歯磨き

• a test **tube** 試験管

❷ (地下鉄などの)**地下トンネル**; (ロンドンの)**地下鉄** → 「地下鉄」は一般(いっぱん)には 《米》**subway**, 《英》**underground** という.

• go by **tube** 地下鉄で行く →×by a [the] tube としない. → **by** ❶

• take [catch] the **tube** 地下鉄に乗る

tuck /tʌ́k タク/ 動 (シャツ・シーツの端(はし)などを)**押**(お)**し込**(こ)**む, はさみ込む**

Tue(s). 略 ＝**Tue**sday (火曜日)

Tuesday 小 A1 /tjúːzdei テューズデイ/ 名 (複 **Tuesdays** /tjúːzdeiz テューズデイ

ズ/) **火曜日** → 週の第３日.

🔜基本 **on Tuesday** 火曜日に

🔜基本 Today is **Tuesday**. ＝It's **Tuesday** today. きょうは火曜日です. →×a [the] Tuesday としない. It は漠然(ばくぜん)と「時」を表す.

• I saw Ken on **Tuesday** [**last Tuesday**]. 私はこの前の火曜日にケンに会った. →×on last Tuesday としない. 次も同じ.

• I will see Ken on **Tuesday** [**next Tuesday**]. 私は次の火曜日にケンに会う.

• We meet every **Tuesday**. 私たちは毎週火曜日に会います.

• See you (**on**) **Tuesday** morning [afternoon, evening]. 火曜の朝[午後, 晩]会おう.

• We meet on **Tuesdays**. 私たちは火曜日ごとに[よく火曜日に]会います.

語源 (Tuesday)

「ティーウ (Tiu) の日」の意味. Tiu は北欧(ほくおう)神話の戦(いくさ)の神でローマ神話のマルス (Mars) にあたる.

tug /tʌ́g タグ/ 動 (三単現 **tugs** /tʌ́gz タグズ/; 過去・過分 **tugged** /tʌ́gd タグド/; -ing形 **tugging** /tʌ́giŋ タギング/)

力を入れて引っ張る (pull hard)

—— 名 ❶ **力いっぱい引くこと, ぐいと引っ張ること** ❷ ＝tugboat

tugboat /tʌ́gbout タグボウト/ 名 (大型船の出入港を助ける)**引き船, タグボート**

túg of wár, túg-of-wár 名 **綱**(つな)**引き**

tulip /tjúːlip テューリプ/ 名 《植物》**チューリップ**

tumble /tʌ́mbl タンブル/ 動 **転ぶ, 倒**(たお)**れる, 転がる, 転げ回る; 倒す**

tumbler /tʌ́mblər タンブラ/ 名 **大型コップ, タンブラー** → 昔は中のものを飲み干すまで置けないように底が丸くなっていてすぐ転がったので tumbler (転がる物)といった.

tummy /tʌ́mi タミ/ 名 (複 **tummies** /tʌ́miz タミズ/) 《小児(しょうに)語》**おなか** (stomach), **ぽんぽん**

tuna /tjúːnə テューナ/ 名 《魚》**マグロ** → 複数も tuna.

• **tuna** fish マグロの肉, ツナ

• a **tuna** sandwich ツナサンド(イッチ)

tundra /tʌ́ndrə タンドラ/ 名 **ツンドラ** → シベリア・カナダ北部にある凍土(とうど)地帯.

tune A2 /tjúːn テューン/ 名

Tunisia

❶ (音楽の)曲, 節(ふし), メロディー
• sing [play] a merry **tune** 楽しい曲を歌う[演奏する]
• I knew the **tune** of the song, but I didn't know the words (to it). 私はその歌の曲は知っていたが歌詞を知らなかった.

❷ (声・楽器の)正しい音の高さ, 調子
• sing in [out of] **tune** 音程(おんてい)正しく[調子外れに]歌う

―― 動 (楽器・声の)調子を合わせる, 調律する; (ラジオ・テレビの)チャンネルを合わせる
• **tune** a piano ピアノを調律する
• **tune** the radio to catch the news ニュースを聞くためラジオのチャンネルを合わせる

tune in (ラジオ・テレビの局・番組に)チャンネルを合わせる
• **tune in** to NHK NHK にチャンネルを合わせる

tune up (オーケストラが)楽器の調子を合わせる; (機械などの)調子を整える

Tunisia /tuníːʒə トゥニージャ/ 固名 チュニジア
→ 北アフリカの共和国. 国民の大多数がイスラム教徒. 首都はチュニス (Tunis).

tunnel /tʌ́nl タヌる/ 名 トンネル, 地下道
―― 動 (三単現 **tunnels** /tʌ́nlz タヌるズ/;
過去・過分 **tunnel(l)ed** /tʌ́nld タヌるド/
-ing形 **tunnel(l)ing** /tʌ́nliŋ タヌりング/)
トンネルを掘(ほ)る

turban /tə́ːrbən ターバン/ 名 (イスラム教徒などの男性が頭に巻く)ターバン

turbine /tə́ːrbin タービン/ 名 タービン → 水・ガス・風などの流体を羽根車に吹(ふ)きつけて軸(じく)を回転させる原動機.

turf /tə́ːrf ターふ/ 名 芝草(しばくさ)の生えた土地, 芝地(しばち); (移植するために芝地から切り取られた土付きの)芝(しば)
関連語 make a **lawn** by laying **turfs** (芝草の種をまいてでなく)土付きの芝を敷(し)いて芝生(しばふ)を作る

Turk /tə́ːrk ターク/ 名 トルコ人

Turkey /tə́ːrki ターキ/ 固名 トルコ → アジア西部の共和国. 国民の大多数がイスラム教徒. 首都はアンカラ (Ankara).

turkey A1 /tə́ːrki ターキ/ 名 (鳥)七面鳥(しちめんちょう)

Turkish /tə́ːrkiʃ ターキシュ/ 形 トルコの; トルコ人の; トルコ語の
―― 名 トルコ語

turn 小 A1 /tə́ːrn ターン/

動 ❶ 回る; 回す
❷ 向きを変える, 曲がる, 振(ふ)り向く; 向ける
❸ (上下に)ひっくり返る; ひっくり返す
❹ 変わる; 変える

名 ❶ 回すこと; 曲がること
❷ 曲がりかど
❸ 番, 順番

意味 map

―― 動 (三単現 **turns** /tə́ːrnz ターンズ/;
過去・過分 **turned** /tə́ːrnd ターンド/; -ing形
turning /tə́ːrniŋ ターニング/)

❶ 回る, 回転する; 回す
基本 **turn** slowly ゆっくり回る →turn+副詞(句).
• **turn around** the sun 太陽の周りをぐるぐる回る
基本 **turn** the wheel (自動車の)ハンドルを回す →turn+名詞.
• **turn** a doorknob ドアのノブを回す
• The earth **turns** around the sun. 地球は太陽の周りを回る.
• I **turned** the key and opened the door. 私は鍵(かぎ)を回し戸を開けた.
• My head **is turning**. 頭がくらくらする. →現在進行形の文. ⇒**is** 助動 ❶

❷ 向きを変える, 曲がる, 振り向く; 向ける
• **turn to** the right = **turn right** 右に向く, 右に曲がる →turn right の right は副詞で「右へ, 右に」の意味.
• **turn around** ぐるりと向きを変える, 振り向く
• **turn back** 引き返す, (元に)戻(もど)る
• **turn** a corner かどを曲がる
• The flower **turns toward** the sun. その

花は太陽の方へ向く.

● **Turn** this **to** the left, and the machine will start. **Turn** it **back**, and the machine will stop. これを左に回すと機械が動く. もとに戻すと止まる.

❸ (上下に)**ひっくり返る; ひっくり返す, 裏返す, (ページを)めくる**

● **turn** a pancake ホットケーキを裏返す
● **turn** a page ページをめくる
● The boat **turned upside down**. そのボートはひっくり返った. →upside down は「逆さまに」.
● Ken **turned** a somersault. ケンは宙返りをした.
● Ken **turned** (**over and over**) in bed. ケンはベッドの中で(何度も)寝返(ねがえ)りを打った.

❹ **変わる, ～になる; 変える**

 |基| **turn** pale 青くなる, 青ざめる →turn＋形容詞.
● The light **turned** green, and we walked across the street. 信号が青になったので私たちは通りを渡(わた)った.

 |基| **turn** into ～ ～になる
● The rain **turned into** snow. 雨が雪に変わった.
● The little girl **turned into** a tall, beautiful woman. その小さかった女の子はすらりとした美しい女性になった.

 |基| **turn** A into B A を B に変える
● We'll **turn** this field **into** a tennis court. 私たちはこの畑をテニスコートに変えます.
● The prince **was turned into** a frog by the witch. その王子は魔女(まじょ)によってカエルに変えられた. →turned は過去分詞で受け身の文. →was |助動| ❷

turn aside 顔を背(そむ)ける, 脇(わき)を向く; よける

turn away 向こうに行く; 追い払(はら)う; (顔などを)背ける

turn down ① (音量・火力などを)小さくする
● Please **turn down** the TV—it's too

loud. テレビの音を小さくして. 大き過ぎるよ.
② (ページの端などを)折り曲げる, (ベッドカバーなどを)折り返す; (申し出などを)断る

turn in ① (答案などを)提出する, (不用物を)返す ② 《話》ベッドに入る, 寝(ね)る

turn off (栓(せん)・スイッチをひねって)止める, 消す
● Please **turn off** the light [the television] before you go out. 外出する前には電灯[テレビ]を消してください.

turn on (栓・スイッチをひねって)つける, 出す
● **Turn on** the heater [the light, the television]. ストーブ[電灯, テレビ]をつけてよ.

turn out ① (電灯などを)消す (turn off) ② 生産する; 出てくる; (結局)～になる, ～である
● The weather **turned out** fine. 天気は(どうかと思ったら)晴れた.
● It **turned out** that Jim was right. 結局ジムが正しいということがわかった.

turn over (ページなどを)めくる (→❸); ひっくり返る[返す]; 引き渡す; よく考える

turn up ① 上に向ける; 掘(ほ)り起こす; (音量・ガスの火などを)大きくする ② 現れる, やって来る

―― |名| (複 **turns** /tə́ːrnz タ～ンズ/)

❶ **回すこと, 回転; 曲がること, ターン**
● make a left **turn** 左に曲がる
● take a **turn** for the better [the worse] (急に)よくなる[悪くなる]

❷ **曲がりかど, カーブ** (turning)
● a sharp **turn** in the road 道の急なカーブ

❸ **番, 順番**
● **Wait** your **turn**. 君の番まで待ちなさい.
● It is your **turn** to sing. 君が歌う番だ. →It は漠然(ばくぜん)と「状況(じょうきょう)」を表す. to sing (歌うべき～) は turn を修飾(しゅうしょく)する. →to ❾ の ②
● I washed the dishes yesterday; it's your **turn** today. 昨日僕(ぼく)が皿を洗ったんだからきょうは君の番だよ.

by turns 代わる代わる, 交替(こうたい)に

in turn 順番に, 順次

チャンクでおぼえよう turn	
□ 太陽の周りをまわる	**turn** around the sun
□ ドアノブをまわす	**turn** a doorknob
□ 右に曲がる	**turn** right
□ ページをめくる	**turn** a page
□ 電気を消す	**turn** off the light

turning 708 seven hundred and eight

take turns doing 交替で〜する
- They **took turns driving** the car. 彼らは交替で車を運転した.

turning /tə́ːrniŋ タ〜ニング/ **動** **turn** の -ing 形 (現在分詞・動名詞)
—— **名** 曲がりかど

túrning pòint 名 転機, 変わり目, 転換点

turnip /tə́ːrnip タ〜ニプ/ 名 《植物》カブ

turnout /tə́ːrnaut タ〜ナウト/ 名 (**a turnout** で) (集会の)出席者(数), (選挙の)投票(者)数

turnpike /tə́ːrnpaik タ〜ンパイク/ 名 《米》有料高速道路

turnstile /tə́ːrnstail タ〜ンスタイる/ 名 回転出入り口, 自動改札口 → 硬貨(こうか)や切符(きっぷ)を入れると回転して1人だけ通過できる. 駅や劇場の入り口にある.

turtle /tə́ːrtl タ〜トる/ 名 《動物》ウミガメ → **sea turtle** ともいう. → **tortoise**

tusk /tʌ́sk タスク/ 名 牙(きば) → 象・イノシシなどのように口の外に突(つ)き出たもの. → **fang**

tutor /tjúːtər テュータ/ 名
❶ 家庭教師 → 住み込(こ)みのこともある.
❷ 《英》チューター → 大学で学生の個別指導を担当する教員.

Tuvalu /túːvəlu トゥーヴァる—/ 固名 ツバル → 太平洋中部の島国. 首都はフナフティ (Funafuti).

tu-whit tu-whoo /tuwít tuwúː トゥウィト トゥウー/ 間 名 ホーホー → フクロウの鳴き声.

TV 小 A1 /tíːvíː ティーヴィー/ 名
テレビ(放送・受像機) → **television** の略. 詳(くわ)しい使い方は → **television**
- **watch TV** テレビを見る
- **turn on** [**off**] **the TV** テレビをつける[消す]
- buy a new **TV** 新しいテレビを買う
- a **TV** station テレビ局
- watch a soccer game **on TV** テレビでサッカーの試合を見る

twelfth 中 /twélfθ トゥエるふす/ 名 形
(複 **twelfths** /twélfθs トゥエるふすス/)
❶ 12番目(の); (月の)12日 → **12th** と略す. 使い方については → **third**
- the **12th** of May 5月12日
- It's Ken's **twelfth** birthday on Sunday. 日曜はケンの12回目の誕生日だ.
❷ 12分の1(の)

twelve 小 A1 /twélv トゥエるヴ/ 名 形
(複 **twelves** /twélvz トゥエるヴズ/)
12(の), 12人[個](の); 12歳(さい)(で), 12時[分, ドル, ポンドなど] → 使い方については → **three**
- **twelve** months 12か月
- I am **twelve** (years old). 私は12歳です.
- It is **twelve** o'clock noon [midnight]. 今昼[夜中]の12時です.

twentieth /twéntiiθ トゥエンティえす/ 名 形
❶ 20番目(の); (月の)20日 → **20th** と略す.
- the **twentieth** century 20世紀
- the **20th** of last month 先月の20日
❷ 20分の1(の)

twenty 小 A1 /twénti トゥエンティ/ 名
(複 **twenties** /twéntiz トゥエンティズ/)
❶ 20, 20人[個]; 20歳(さい); 20分[ドル, ポンドなど]
- It's **twenty** past ten. 今10時20分です.
❷ (**twenties** で) (年齢(ねんれい)の)20代; (世紀の)20年代 → **twenty** から twenty-nine まで.
- She is **in** her early **twenties**. 彼女は20代の前半です.
—— 形 20の, 20人[個]の; 20歳で
- He is **twenty** (years old). 彼は20歳だ.

twenty-first /twénti fə́ːrst トゥエンティ ふァ〜スト/ 名 形 21番目(の)
- the **twenty-first** century 21世紀

twice 中 A2 /twáis トゥワイス/ 副
❶ 2度, 2回 → **two times** よりこの語のほうがふつう. → **time** ❺
関連語 I have been there **once** or **twice**. 私はそこへ1〜2回行ったことがある.
- We have English **twice** a week. 私たちは英語(の授業)が1週間に2回ある.
❷ 2倍 → **time** ❻
- **Twice** two is four. 2の2倍は4 [2×2 = 4].
- The tower is **twice as** high **as** the church. その塔(とう)は(教会と同じ高さの2倍⇨)教会の2倍高い.

twig /twíg トゥイグ/ 名 小枝 → **branch**

twilight /twáilait トゥワイらイト/ 名 (日没(にちぼつ)後, 時には日の出前の)薄(うす)明かり; 夕暮れ, たそがれ

twin /twín トゥウィン/ 名 (人・動物の)双子(ふたご)の

片方; (**twins** で) 双子
── 形 双子の, 一対(いっつい)を成す

twinkle /twíŋkl トゥィンクる/ 動 (星などが)またたく, ぴかぴか光る
── 名 またたき, きらめき

twirl /twə́:rl トワ〜る/ 動 くるくる回す[回る]
── 名 くるくる回る[回す]こと

twirler /twə́:rlər トワ〜ラ/ 名 バトントワラー, バトンガール →バトンを振(ふ)って行進するバンドの先頭に立つ人. ふつう **baton twirler** という. 「バトンガール」は和製英語.

twist /twíst トゥィスト/ 動 ❶ より合わせる, 巻きつける; 巻きつく ❷ (力を入れて)ねじ曲げる, ねじる; 捻挫(ねんざ)する ❸ (道・川などが)曲がりくねる; 身をよじる
── 名 よること, ねじること; ねじれ, 捻挫; (道路の)カーブ

twister /twístər トゥィスタ/ 名 ❶ よじる人[物] →**tongue twister** ❷ (英) 不正直な人, 詐欺師(さぎし) ❸ (米) 竜巻(たつまき) (tornado)

Twitter /twítər トゥィタ/ 名 (商標) ツイッター →短文や写真で情報発信できるソーシャルネットワーキングサービスの旧称. 今は X と呼ばれる.

twitter /twítər トゥィタ/ 動 (小鳥が)さえずる
── 名 さえずり

two 小 A1 /túː トゥー/ (→ w は発音しない)
名 (複 **twos** /túːz トゥーズ/)
2, 2人, 2つ; 2歳(さい); 2時[分, ドル, ポンドなど] →使い方については →**three**
関連語 Lesson Two (= The Second Lesson) 第2課
• It's two minutes to two. 今2時2分前です. →初めの two は形容詞.
• School is over at two (o'clock). 学校は2時に終わります.
• Please cut the apple in two. そのリンゴを2つに切ってください.
── 形 2の, 2人[2つ]の; 2歳で
• two eyes 2つの目
• I have one brother and two sisters. 私には兄弟が1人, 姉妹(しまい)が2人います.
• Our baby is two (years old). うちの赤ちゃんは2歳です.

TX 略 =Texas

tying /táiiŋ タイインヶ/ 動 tie の -ing 形 (現在分詞・動名詞)

type 中 A1 /táip タイプ/ 名

❶ 型, タイプ, 種類; 典型 (model)
• a new **type of** car 新しいタイプの車 →×a new type of a car としない.
• I like Italian-**type** ice cream. 私はイタリアンタイプのアイスクリームが好きです.
• He is not the teacher **type**. 彼は先生タイプではないね.
• He is **my type**. 彼は私の(好みの)タイプよ.
• She is the **type** of person I like—kind and friendly. 彼女は私の好きなタイプの人です. 優(やさ)しくて愛想がいい.
• What is your blood **type**? 君の血液型は何型ですか.
• What **type** of music do you like? 君はどんな種類の音楽が好きですか.

❷ 活字; (印刷された)文字
• Children's books are usually printed in large type. 子供の本はたいてい大きな活字で印刷されている.

── 動 (コンピューター・タイプライターなどを使って文章を)打つ, 書く; タイプする; (**type in** で) (パソコンに)打ち込(こ)む
• type a letter 手紙をタイプで打つ, 手紙をタイプする
• a typed letter タイプで打った手紙
→typed は type の過去分詞(タイプで打たれた)が形容詞のように使われたもの.
• First type in the address. (パソコンで)最初に(先方の)アドレスを打ち込みなさい.

typewriter /táipraitər タイプライタ/ 名 タイプライター, タイプ

typhoon /taifúːn タイふーン/ 名 台風 →**hurricane**
• Many typhoons hit Japan during summer. 多くの台風が夏日本を襲(おそ)う.

typical /típikəl ティピカる/ 形 典型的な, いかにも～らしい; (**be typical of ～** で) ～の典型である, ～に特有のものである

typically /típikəli ティピカリ/ 副 典型的に, いかにも～らしく

typist /táipist タイピスト/ 名 タイプライターを打つ人; タイピスト

tyrannosaurus /tirænəsɔ́:rəs ティラノソーラス/ 名 ティラノサウルス →白亜紀(はくあき)の恐竜(きょうりゅう).

tyrant /tái(ə)rənt タイ(ア)ラント/ 名 暴君; 専制君主

tyre /táiər タイア/ 名 (英) =tire[1]

U u

U, u /júː ユー/ 名 (複 **U's, u's** /júːz ユーズ/)
❶ユー→英語アルファベットの21番目の文字.
❷(Uで)U字形のもの

UCLA 略 カリフォルニア大学ロサンゼルス校 →University of California at Los Angeles.

UFO /juːefóu ユーエふオウ, júːfou ユーふォウ/ 略 未確認(かくにん)飛行物体, ユーフォー →unidentified (未確認の) flying object.

Uganda /juːgǽndə ユーギャンダ/ 固名 ウガンダ →アフリカ中東部の共和国. 首都はカンパラ (Kampala).

ugly A1 /ʌ́gli アグリ/ 形 (比較級 **uglier** /ʌ́gliər アグリア/; 最上級 **ugliest** /ʌ́gliist アグリエスト/) ❶醜(みにく)い, 不格好な
• an ugly toad 醜いヒキガエル
• That building is old and **ugly**. あの建物は古くて不格好だ.
• Our teacher told us the story of *The Ugly Duckling*. 先生は私たちに『みにくいアヒルの子』のお話をしてくれました.
❷不快な, いやな, ひどい
• an ugly scene いやな光景
• **ugly** weather いやな[ひどい]天気, 悪くなりそうな天気

uh 小 /ə: アー/ 間 ❶あー, えー →ためらいを表す発声. ❷え?; ~でしょ (huh) →聞き返したり, 同意を求めたりする時の発声.

uh-huh /əhʌ́ アハ/ 間 うん (yes); うんうん, なるほど →肯定(こうてい)の返事に使ったり, あいづちを打ったりする時の言葉.

U.K., UK /júːkéi ユーケイ/ 略 (**the U.K., the UK** で) 英国, 連合王国 (the United Kingdom)

ukulele /juːkəléili ユークれイリ/ (→日本語との発音の違いに注意) 名 《楽器》ウクレレ

ultra /ʌ́ltrə アるトラ/ 形 極端(きょくたん)な, 超(ちょう) ~, 過激な

ultrasonic /ʌ̀ltrəsɑ́nik アるトラサニク/ 形 超音波の

ultraviolet /ʌ̀ltrəváiəlit アるトラヴァイオれト/ 形 紫外線の

• **ultraviolet** ray 紫外線

Uluru /úːluru: ウールルー/ 固名 ウルル →エアーズ・ロック (Ayers Rock) のオーストラリア先住民の呼び名. →**Ayers Rock**

um, umm 小 /ʌm, əm アム/ 間 うーん →言おうとしてためらったり, 話の途中(とちゅう)で言葉に詰(つ)まったりする時に発する音.

umbrella 小 A1 /ʌmbrélə アンブレら/ 名 傘(かさ); 雨傘(あまがさ)

• **put up [open] an umbrella** 傘をさす, 傘を広げる
• **put down [shut, fold] an umbrella** 傘を畳(たた)む, 傘を閉じる[つぼめる]
• a beach [garden] **umbrella** ビーチパラソル[庭園用日よけ] →**parasol**
• Come **under** my **umbrella**. 私の傘に入りなさい.

umpire /ʌ́mpaiər アンパイア/ (→アクセントの位置に注意) 名 審判(しんぱん)員, アンパイア →野球・テニス・バレーボールなどの審判員をいう.
類似語 バスケットボール・ボクシングなどの「審判員」は **referee**, コンテストなどの「審判員」は **judge**.

U.N., UN /júːén ユーエン/ 略 (ふつう **the U.N., the UN** で) 国際連合 (the United Nations)

un- /ʌn アン/ 接頭辞 「打ち消し」「反対」の意味を表す

unable /ʌnéibl アネイブる/ 形 (**be unable to** *do* で) ~することができない (cannot *do*) →**able**

unbelievable /ʌ̀nbilíːvəbl アンビリーヴァブる/ 形 信じられない(ほどの) →**believe**

uncertain A2 /ʌnsə́ːrtn アンサートン/ 形
❶確信[自信]がない, 確かでない
❷変わりやすい, 不安定な, 当てにならない

unchanged /ʌntʃéindʒd アンチェインヂド/ 形 (元と)変わらない, 元のままの →**change**

uncle 中 A1 /ʌ́ŋkl アンクる/ 名 (複 **uncles** /ʌ́ŋklz アンクるズ/)

おじ →父母の兄弟。おば (aunt /アント/) の夫.
- This is my **uncle** Ichiro. He is my father's [mother's] brother. こちらは私のおじの一郎です。彼は私の父[母]の兄弟です.
- Let's go fishing, **Uncle** (Jim)! (ジム)おじさん, 釣(つ)りに行こうよ.
- I'm going to stay at my **uncle's**. 私はおじさんの所へ泊(と)まりに行くところです. →my uncle's=my uncle's house.

関連語 When **Aunt** Mary got married, we got a new **uncle**. メアリーおばさんが結婚(けっこん)して, 新しいおじさんができた.
- Sam has become an **uncle**. サムは(兄弟に子供が生まれて)おじさんになった.

❷ (よその)おじさん
- **Uncle** Joe is a friend of the neighborhood children. ジョーおじさんは近所の子供たちの友達です.

say [*cry*] *uncle* 《米話》参(まい)った[降参(こうさん)]と言う
- The bully twisted Ben's arm and said, "**Cry uncle**." "**Uncle! Uncle!**" Ben cried. いじめっ子がベンの腕(うで)をねじって,「参ったと言え」と言った。ベンは「降参, 降参」と叫(さけ)んだ.

unclean /ʌnklíːn アンクリーン/ [形] 不潔な; (宗教上)不浄(ふじょう)な

Uncle Sam /ʌ́ŋkl sǽm アンクる サム/ [固名] アンクルサム, サムおじさん →典型的アメリカ人または米国政府の意味で漫画(まんが)などに出てくる.「英国人」の愛称はジョン・ブル (**John Bull**).

uncomfortable A2 /ʌnkʌ́mfərtəbl アンカンふォタブる/ [形] ここちがよくない, 快適でない →**comfortable**

uncommon /ʌnkʌ́mən アンカモン/ [形] めったに(見られ)ない, 珍(めずら)しい (rare) →**common**

unconscious /ʌnkɑ́nʃəs アンカンシャス/ [形]
❶ 意識を失って, 意識不明で[の], 気絶して[た] →**conscious** ❷ 気づかない, 知らない; 無意識の

uncover /ʌnkʌ́vər アンカヴァ/ [動]
❶ 覆(おお)い[ふた]を取る →**cover**
❷ (秘密などを)あばく, 明るみに出す; (遺跡(いせき)を)発掘(はっくつ)する

under 小 A1 /ʌ́ndər アンダ/ [前]
❶《位置が》~の下に[で], ~の下へ[を]; ~の下の →**below**

基本 **under** the table テーブルの下に, テーブルの下の →under+名詞.
- hide **under** the table テーブルの下に隠(かく)れる
- a cat **under** the desk 机の下のネコ
反対語 The cat is **under** the table, and the mouse is **on** it. ネコはテーブルの下に, ネズミはテーブルの上にいます.
反対語 The dog jumped **over** the fence, and the cat crawled **under** it. 犬は柵(さく)を飛び越(こ)えたが, ネコは柵の下をくぐり抜(ぬ)けた.
- He has a book **under** his arm. (彼は本を1冊腕(うで)の下に持っている ⇨)彼は本を1冊抱(かか)えている.
- She is wearing a blue shirt **under** her sweater. 彼女はセーターの下に青いシャツを着ている.
- They went **under** water to catch fish. 彼らは魚を取りに水に潜(もぐ)った.

❷《数量が》~より下で, ~未満で[の]
反対語 **over** (~より上で[の])
- children **under** six (years old) 6歳(さい)未満の子供 →under Aは「Aを含(ふく)まないでそれより下」.
- He is still **under** fifty. 彼はまだ50前です.
- His salary is **under** 200,000 (読み方: two hundred thousand) yen. 彼の月給は20万円までいっていない.

❸《指導・影響(えいきょう)など》~のもとに; 《修理など》~を受けて, ~中で
- The children worked well **under** the kind teacher. 子供たちは優(やさ)しい先生のもとでよく勉強しました.
- My sister is **under** the care of a doctor. 姉[妹]はお医者さんの治療(ちりょう)を受けています[医者にかかっています].
- The school library is **under** construction**. 学校図書館は建築中です.

—— [副] (→比較変化なし)
下へ, 下(の方)に
- go **under** 下の方へ行く, 沈(しず)む

undergo /ʌndərgóu アンダゴウ/ [動] (三単現 **undergoes** /ʌndərgóuz アンダゴウズ/; 過去

underwent /ʌ̀ndərwént アンダウェント/;
過分 **undergone** /ʌ̀ndərgɔ́:n アンダゴーン/;
-ing形 **undergoing** /ʌ̀ndərgóuiŋ アンダゴウイング/) 経験する (experience); (手術・試験などを)受ける

underground /ʌ́ndərgraund アンダグラウンド/ 形 地下の
• an **underground** railroad [《英》railway] 地下鉄
── 名 (**the underground** で)《英》地下鉄 (《米》subway) →**tube**
• go **by underground** 地下鉄で行く ×by an underground, ×by undergrounds としない.

── /ʌ̀ndərgráund アンダグラウンド/ (→形容詞・名詞とのアクセントの位置の違(ちが)いに注意) 副
地下で[に]
• Moles live **underground**. モグラは地中にすんでいる.

underline A1 /ʌ̀ndərláin アンダらイン/ 動
アンダーライン[下線]を引く
• **underline** the word その語に下線を引く
• In writing, we **underline** titles of books. 書く時には, 本のタイトルには下線を引きます. ➡英文ではこのほか, 外来語や特に強調したい語などに下線を引く. 活字になるとその部分は斜体(しゃたい)になる.

undernourished /ʌ̀ndərnə́:riʃt アンダナ〜リシュト/ 形 栄養不良の

underpants /ʌ́ndərpænts アンダパンツ/ 名 (複)(男性用下着の)パンツ

underpass /ʌ́ndərpæs アンダパス/ 名 地下道 (《英》subway)

undershirt /ʌ́ndərʃə:rt アンダシャ〜ト/ 名 (男子用)アンダーシャツ, ランニングシャツ, 肌着(はだぎ) (《英》vest)

understand 中 A2 /ʌ̀ndərstǽnd アンダスタンド/ 動
三単現 **understands** /ʌ̀ndərstǽndz アンダスタンヅ/

under 小 A1 /ʌ́ndər アンダ/

基本の意味

何かの真下にある状態が基本の意味 (前 ❶). 比ゆ的に数量が一定の値より下であることも表す (前 ❷). 比ゆ的に何らかの力の影響「下」にあるというイメージから, 前 ❸「〜のもとに, 〜を受けて」の意味が生じる.

イメージ
〜の下に

教科書によく出る **使い方**

- 前 ❶ A dog is lying **under** the table. テーブルの下で犬が寝そべっている.
- 前 ❷ Children **under** 13 are not allowed on some social media. SNSによっては13歳未満の子どもの使用は認められていない.
- 前 ❸ He was **under** a lot of stress then. 彼はその頃(ころ)大きなストレスを受けていた.

過去・過分	**understood** /ˌʌndərstúd アンダスト**ゥ**ッド/
-ing形	**understanding** /ˌʌndərstǽndiŋ アンダスタンディング/

❶ 理解する, (〜が)わかる, 理解して[わかって]いる

POINT understand は「理解している」という「状態」を表す語なので, ふつう進行形 (be understanding) にしない.

基本 **understand** English 英語を理解する, 英語がわかる →understand+名詞.

・**understand** him 彼を理解する, 彼の言う[する]ことがわかる

・Fred **understands** Japanese very well. フレッドは日本語がとてもよくわかる.

Don't be late so often, Ken.—Yes, sir. I **understand**.
ケン, そんなにいつも遅刻(ちこく)するな.—はい, 先生, わかりました.
→現在形の understand が日本語では「わかります」とならないことに注意.

・My parents don't **understand** me. 両親は私のことをわかってくれない.

・I cannot **understand** why you are angry with me. 私はなぜ君が僕(ぼく)に怒(おこ)っているのかわかりません.

・He spoke quickly, but I **understood** what he said. 彼は早口でしゃべったが, 私は彼が何を言ったのか理解できた.

・**Have** you **understood** the lesson? 習ったことはわかりましたか. →現在完了(かんりょう)の文. →**have** [助動] ❶

・Can you **make** yourself **understood** in English? 君は英語で自分の言いたいことを(理解されるように)できますか ⇒)理解してもらえますか. →understood は過去分詞. make A ＋過去分詞は「Aを〜されるようにする」.

❷ (**I** [**We**] **understand** (**that**) 〜 で) 〜と聞いて(知って)います, 〜だそうですね →丁寧(ていねい)な言い方.

・**I understand** (**that**) you like fishing. 釣(つ)りがお好きだと伺(うかが)いました.

understanding 中 /ˌʌndərstǽndiŋ アンダスタンディング/ [動] understand の -ing 形 (現在分詞・動名詞)

—[名] ❶ 理解, わかること; 理解力

・Ben **has a** good **understanding of** mathematics. ベンは数学をよく理解しています[数学がよくわかっています].

❷ (お互(たが)いに)理解し合うこと, 相互(そうご)理解, 了解(りょうかい)

・We **reached** [**came to**] **an understanding** after our long discussion. 長い議論の後で私たちは意見の一致(いっち)を見た[相互理解に達した].

—[形] 理解のある, 思いやりのある

・an **understanding** parent 理解のある親, よくわかってくれる親

understood 中 /ˌʌndərstúd アンダスト**ゥ**ッド/ [動] **understand** の過去形・過去分詞

underwater A2 /ˌʌndərwɔ́ːtər アンダウォータ/ [形] 水中(で)の, 水中用の, 水面下の

・**underwater** plants 水中植物
・an **underwater** camera 水中カメラ

—[副] 水中を[で, に]

・I can swim **underwater**. 僕(ぼく)は水中に潜(もぐ)って泳げます.

underwear /ˌʌndərwèər アンダウェア/ [名] 《集合的に》下着(類)

undo /ʌndúː アンドゥー/ [動] (三単現 **undoes** /ʌndʌ́z アンダズ/; 過去 **undid** /ʌndíd アンディド/; 過分 **undone** /ʌndʌ́n アンダン/; -ing形 **undoing** /ʌndúːiŋ アンドゥーイング/)

❶ (ボタンなどを)外す, (ひもなどを)ほどく, (包みを)あける ❷ (一度したことを)元の状態に戻(もど)す; 無かったことにする, 帳消しにする

undone /ʌndʌ́n アンダン/ [動] undo の過去分詞

—[形] ❶ しないままで, 未完成で ❷ 外れて; ほどけて

undoubtedly /ʌndáutidli アンダウテドリ/ [副] 疑いなく, 確かに, きっと (certainly)

undress /ʌndrés アンドレス/ [動] 服を脱(ぬ)がせる; 服を脱ぐ →**dress** [動]

undress oneself = ***get undressed*** 服を脱ぐ

uneasy A2 /ʌníːzi アニーズィ/ [形] (比較級 **uneasier** /ʌníːziər アニーズィア/; 最上級 **uneasiest** /ʌníːziist アニーズィエスト/)

不安な, 心配な; 落ち着かない →**easy**

・spend an **uneasy** night 不安な夜を過ごす
・I feel very **uneasy about** the test. テストのことがとても心配だ[気にかかる].

unequal /ʌníːkwəl アニークワる/ 形 等しくない, 不平等な →**equal**

UNESCO /juːnéskou ユーネスコウ/ 名 ユネスコ → 国際連合の1機関. the United Nations Educational, Scientific, and Cultural Organization (国際連合教育科学文化機構)の頭文字(かしらもじ)をつないだもの.

uneven /ʌníːvn アニーヴン/ 形 平らでない, でこぼこの (rough) →**even** 形

unexpected /ʌnikspéktid アニクスペクテド/ 形 予想外の, 思いがけない, 不意の

unexpectedly /ʌnikspéktidli アニクスペクテドり/ 副 思いがけなく, 予想外に

unfair A2 /ʌnféər アンふェア/ 形 不公平な; フェアでない, 不正な →**fair**[1] ❶

unfairly /ʌnféərli アンふェアり/ 副 不正に, 不公平に, 不当に

unfamiliar /ʌnfəmíljər アンふァミリア/ 形 よく知らない; 見覚えのない; 見[聞き]なれない →**familiar**

unfasten /ʌnfǽsn アンふぁスン/ 動 (ベルト・ボタンなどを)外す, (結んだものを)ほどく, (服の)ボタンを外す; 外れる, ほどける →**fasten**

unfold /ʌnfóuld アンふォウるド/ 動
❶ (折り畳(たた)んだ物を)広げる, 開く →**fold**
❷ 広がる, 展開する, 明らかになる

unforgettable A2 /ʌnfərgétəbl アンふォゲタブる/ 形 忘れられない, (いつまでも)記憶に残る
• **unforgettable** days 忘れられない日々

unfortunate /ʌnfɔ́ːrtʃənit アンふォーチュネト/ 形 不運な, 不幸な 関連語 「不運」は **misfortune**. →**fortunate**

unfortunately A2 /ʌnfɔ́ːrtʃənitli アンふォーチュネトり/ 副 不運にも, 運悪く, あいにく

unfriendly /ʌnfréndli アンふレンドり/ 形 好意的でない, 不親切な, よそよそしい →**friendly**

unhappy A2 /ʌnhǽpi アンハピ/ 形 (比較級 **unhappier** /ʌnhǽpiər アンハピア/; 最上級 **unhappiest** /ʌnhǽpiist アンハピエスト/)
不幸な, みじめな, 悲しい (sad), うれしくない →**happy**
• an **unhappy** child 不幸せな子
• feel **unhappy** 悲しい思いをする, 悲しい
• look **unhappy** 悲しそうに見える
• I am very **unhappy**. My dog died. 私とっても悲しい. 犬が死んじゃったの.
• Mother is **unhappy about** my poor grades. 母は私の不成績に機嫌(きげん)が悪い.

unhealthy A2 /ʌnhélθi アンへるすぃ/ 形 (比較級 **unhealthier** /ʌnhélθiər アンへるすぃア/; 最上級 **unhealthiest** /ʌnhélθiist アンへるすぃエスト/) 健康でない; 健康によくない

unheard /ʌnhə́ːrd アンハ〜ド/ 形 聞こえない; 聞いてもらえない

uni- /júːni ユーニ/ 「1つの」「単一の」という意味の合成語をつくる:
• **uni**cycle 一輪車

UNICEF /júːnisef ユーニセふ/ 名 ユニセフ → 国際連合の1機関 The United Nations International Children's Fund (国際連合児童基金)のこと. 以前の名称 The United Nations International Children's Emergency Fund の頭文字(かしらもじ)から.

unicorn /júːnəkɔːrn ユーニコーン/ 名 一角獣(いっかくじゅう) → 額に1本角がある馬に似た空想上の動物で, 英国王家の紋章(もんしょう)に用いられている.

unicycle 小 /júːnisaikl ユーニサイクる/ 名 一輪車

uniform 小 A2 /júːnəfɔːrm ユーニふォーム/ 名 制服, ユニフォーム
• a school **uniform** 学校の制服
• a woman **in** nurse's **uniform** 看護師の制服を着た女性
── 形 同一の, 一様(いちよう)の

unimportant A2 /ʌnimpɔ́ːrtənt アニンポータント/ 形 重要でない →**important**

union /júːnjən ユーニョン/ 名
❶ 結合(すること), 合併(がっぺい); 団結
ことわざ **Union** is strength. 団結は力なり. → 「ひとりひとりの力は弱くてもみんなが1つにまとまれば強い力になる」の意味.
❷ 労働組合 →《米》では **labor union**,《英》では **trade union** ともいう.
❸ 連合国家, 連邦(れんぽう)

Únion Jáck 固名 (the をつけて) ユニオンジャック, 英国国旗 →18世紀にスコットランドが, 19世紀にはアイルランドがイングランドに併合(へいごう)され, 3つの国旗 (jack) が結合してでき

seven hundred and fifteen　715　**university**

unique 🀄 /juːníːk ユーニーク/ 形
たった1つしかない, 唯一(ゆいいつ)の, 類のない
- This is a **unique** fossil. これは世界にたった1つしかない化石です.
- This animal is **unique to** Australia. この動物はオーストラリアにしかいません.

unit 🀄 A2 /júːnit ユーニット/ 名
❶ (全体を構成する)単位; (ひとまとまりの内容を学習する)単元; (機関・団体の)部門, グループ
- Let's study Book 3, **Unit** 5 today. きょうは第3巻の第5単元を勉強しよう.
- The family is a basic social **unit**. 家族は社会を構成する1つの基本単位である.
❷ (長さ・重さなどを測る標準の)単位
- A second is the smallest **unit** of time. 1秒は時間の最小単位である.
❸ (いくつかの単品の組み合わせで1セットになっている家具・機械の)ユニット
- a kitchen **unit** (システムキッチンを構成する1点の)キッチン家具 → 食器棚(だな), 流し台, オーブンなど.

unite /juːnáit ユーナイト/ 動 結合する, 1つにする[なる], 団結させる[する]

united /juːnáitid ユーナイテド/ 形 結ばれた, 団結した; (政治的に)連合した

United Arab Emirates /juːnáitid ǽrəb ímirəts ユーナイテド アラブ イミレツ/ 固名
(**the** をつけて) アラブ首長国連邦(れんぽう) → 7つの首長国からなる連邦. UAE と略す. 首都はアブダビ (Abu Dhabi).

United Kíngdom 固名 (**the** をつけて) 連合王国, 英国, イギリス

> 参考　大ブリテン島のイングランド・ウェールズ・スコットランドと, アイルランド島の北アイルランドとから成る英本国のこと. 正式名は **The United Kingdom of Great Britain and Northern Ireland** (グレートブリテンおよび北アイルランド連合王国). **the U.K.** または **the UK** と略す. またもともとは地名である (**Great**) **Britain** を the U.K., the UK と同じく国名としても使うことが多い. 首都はロンドン (London), 公用語は英語のほか, スコットランドではゲール語, ウェールズではウェールズ語も使われる.

United Nátions 固名 (**the** をつけて) 国際連合 → 世界平和・安全保障・文化交流などを目的として1945年に結成. **the U.N.** または **the UN** と略す.
- **The United Nations is** working for world peace. 国際連合は世界平和のために活動している. → 単数扱(あつか)い.

United Státes 🀄 固名 (**the** をつけて) 合衆国, 米国, アメリカ

> 参考　50の州 (States) と首都ワシントン D.C. (Washington, D.C.) が連合して成る共和国. 正式名は **the United States of America** (アメリカ合衆国). **the U.S.(A.)**, または **the US(A)** と略す. 《話》では単に **America** ともいうが, この語は南北アメリカ大陸全体をも指すので, アメリカ人は **the** (**United**) **States** を多く使う. 英語のほか, 多民族国家なのでスペイン語, イタリア語などが使われている.

- **The United States is** one of the largest countries in the world. 合衆国は世界で最も広い国の1つです. → 単数扱(あつか)い.

unity /júːnəti ユーニティ/ 名 ❶ 単一(性); 一貫(いっかん)性; 統一; まとまり ❷ 調和; 一致(いっち)

universal /juːnəvə́ːrsəl ユーニヴァ~サる/ 形 すべての人々の(ための), 世界的な, 全世界の; どこにでもある[見られる]
- **universal** design ユニバーサル・デザイン → すべての人が使えるよう配慮(はいりょ)された設計.

Univérsal Stúdio 固名 ユニバーサルスタジオ → 映画製作会社 Universal による映画のテーマパーク. 世界の数か所にある.

universe /júːnəvəːrs ユーニヴァ~ス/ 名 (しばしば **the universe** で) 宇宙 (cosmos) → 地球や大気圏(けん)の内外も含(ふく)めた全世界. 「大気圏外の宇宙」は (**outer**) **space**.

university 🀄 A2 /juːnəvə́ːrsəti ユーニヴァ~スィティ/ 名 (⑧ **universities** /juːnəvə́ːrsətiz ユーニヴァ~スィティズ/) 大学 → ふつう, いろいろな学部 (college) を持つ総合大学をいう. → **college**
- Yale **University** イェール大学
- the **University** of California at Berkeley カリフォルニア大学バークレー校
- go to a [the] **university** 大学へ行く[行っている] 《英》では a, the を略すのがふつう.

unkind

- My brother is a **university** student. 私の兄は大学生です.
- He's studying history at the [a] **university**. 彼はその[ある]大学で歴史学を勉強しています.
- 【会話】 Where does he go to college? —He goes to the **University** of Tokyo. 彼はどこの大学に行ってるの?—東京大学に行ってます.

unkind /ʌnkáind アンカインド/ 形 不親切な, 思いやりのない, 優(やさ)しくない → **kind**²
- The ugly sisters were **unkind** to Cinderella. 醜(みにく)い姉たちはシンデレラに優しくしてくれませんでした.

unknown A2 /ʌnnóun アンノウン/ 形 知られていない, 未知の; 無名の
- an **unknown** country 未知の国
- The name and age of the suspect are **unknown** to the police. その容疑者の氏名と年齢は警察にはつかめていない.
- James Dean was almost **unknown** before he played that part. ジェームズ・ディーンはその役を演じる前はほとんど無名だった.

unleash /ʌnlíːʃ アンリーシュ/ 動 (抑(おさ)えられた感情・力などを)爆発(ばくはつ)させる

unless /ʌnlés アンレス/ 接 もし〜でなければ

unlike A2 /ʌnláik アンライク/ 形 前 (〜に)似ていない(で), (〜と)違(ちが)って → **unlike** の次に(代)名詞(つまり目的語)が続けば unlike は前置詞. → **like**² 前 形
- The twins are quite **unlike**. その双子(ふたご)は全く似ていません.
- **Unlike** his brother, he is kind. 兄[弟]に似ず彼は優(やさ)しい.
- It's **unlike** him to be so late. こんなに遅(おく)れるなんて彼らしくないね.

unlikely /ʌnláikli アンライクリ/ 形 (比較級 **more unlikely**, **unlikelier** /ʌnláikliər アンらイクリア/; 最上級 **most unlikely**, **unlikeliest** /ʌnláikliist アンらイクリエスト/) ありそうもない → **likely**

unlock /ʌnlák アンらク/ 動 (鍵(かぎ)で)開ける (open with a key) → **lock** 動

unlucky /ʌnláki アンらキ/ 形 (比較級 **unluckier** /ʌnlákiər アンらキア/, **more unlucky**; 最上級 **unluckiest** /ʌnlákiist アンらキエスト/, **most unlucky**) 不運な, 運の悪い; 縁起(えんぎ)の悪い → **lucky**

---

unnecessary A2 /ʌnnésəseri アンネセセリ/ 形 不必要な, 無用な → **necessary**

unpleasant A2 /ʌnplézznt アンプレズント/ 形 不愉快(ゆかい)な, いやな → **pleasant**

unplug /ʌnplʌ́g アンプらグ/ 動 (器具などの)プラグ[コンセント]を抜(ぬ)く

unpopular /ʌnpápjulər アンパピュら/ 形 人気がない, 評判の悪い → **popular**

unreasonable /ʌnríːznəbl アンリーズナブる/ 形 道理に合わない, 非常識な; (値段が)高過ぎる, 不当な → **reasonable**

untie /ʌntái アンタイ/ 動 (三単現 **unties** /ʌntáiz アンタイズ/; 過去・過分 **untied** /ʌntáid アンタイド/; -ing形 **untying** /ʌntáiiŋ アンタイイング/) ほどく, 解く; (つないである犬などを)放してやる → **tie** 動

until

until 中 A1 /ʌntíl アンティる/ 前

〜まで(ずっと)

❷POINT ある時までずっと動作・状態が続くことを表す. 同じ意味・用法で使われる語に **till** があるが, ふつうは **until** を使う. スペリングでは until は l が 1 つ, till は 2 つあることに注意.

🏠基本 **until** three o'clock 3時まで → until ＋名詞(句).
- **from** morning **until** night 朝から晩までずっと
- Good-bye **until** tomorrow. あしたまでさようなら[じゃあまたあしたね].
- My sister did **not** come back **until** midnight. 妹[姉]は真夜中まで帰って来なかった[真夜中になってやっと帰って来た].
- I will come here **by** four, so please wait **until** then. 私は4時までにここへ来ますから, それまで待っててください. → **by** ❺

—— 接 **〜するまで(ずっと)**

🏠基本 Good-bye **until** I see you next. 今度会う時までさようなら. → until ＋文.
- Let's wait **until** he comes. 彼が来るまで待っていようよ.
- He was lonely **until** he met her. 彼は彼女に会うまでは孤独(こどく)だった. → met は過去形だが, 主節の動詞 (was) と同じ時制なので「会う」と訳す.
- We will **not** start **until** he comes. 彼が来るまでは私たちは出発しません[彼が来たら私たちは出発します].
- The baby cried and cried, **until** (at

last) she went to sleep. 赤ちゃんはわんわん泣いて、そしてついに眠(ねむ)った.

> POINT until の前にコンマ (,) がある時は，前から訳してきて「そしてついに」とする. 特に until at last の時はそのように訳す.

untrue /ʌntrúː アントルー/ 形 真実でない，偽(いつわ)りの，不誠実な → **true**

unused[1] /ʌnjúːst アニュースト/ (→unused[2] との発音の違(ちが)いに注意) 形 (〜に)慣れていない，経験のない → **used**[1]

unused[2] /ʌnjúːzd アニューズド/ 形 使われていない，未使用の，新品の → **used**[2]

unusual A2 /ʌnjúːʒuəl アニュージュアる/ 形 ふつうでない，まれな，珍(めずら)しい → **usual**

unusually /ʌnjúːʒuəli アニュージュアリ/ 副 異常に，いつもと違(ちが)って，珍(めずら)しく; とても

unwilling /ʌnwíliŋ アンウィりング/ 形 気が進まない，いやいやながらの; **(be unwilling to** *do* **で)** 〜する気になれない，〜するのがいやだ → **willing**

unwise /ʌnwáiz アンワイズ/ 形 愚(おろ)かな，無分別(むふんべつ)な → **wise**

up 小 A1 /ʌp アプ/

副 ❶ 上へ、上の方へ[に, で, の]   意味 map
❷ 起き(上がっ)て
❸ (中心地点・話し手など)の方へ
前 ❶ 〜を上がって
❷ (道路など)に沿って，(道)を

—— 副 (→比較変化なし)

❶ 上へ、上の方へ[に, で, の]; (地図で「北」が上の方にあることから)北国で[は]; (量などが)上がって
基本 go **up** 上の方へ行く，上がる，昇(のぼ)る → 動詞＋up.

• **look up** 上の方を見る，見上げる
• **toss** a ball **up** ボールを上にトスする[投げ上げる]

基本 **up** in the sky 上の(方の)空に，上空に[で] → up＋場所を示す副詞句. up でだいたいの方向を示し，in the sky でさらに具体的な場所を示す.

• **up** there 上のあそこに[で]，あの高い所に[で]; 北国のそちらは
• The sun is **up**. 太陽が(地平線から)昇っている[昇った].
• The rocket is going **up** in the sky. ロケットが空に上がって行く.
• He looked **up** at the sky. 彼は空を見上げ

up 小 A1 /アプ/

基本の意味

副 ❶ 「(低い位置から)上へ」が基本の意味. 下から上に移動した結果に注目すると 副 ❶ 「(位置が)上に」の意味になる. 活動する時には立ち上が(ってい)ることから，副 ❷ 「起き(上がっ)て」の意味が生じる. 遠くにあるものが近づいてくると高さが増すように見えることから，副 ❸ 「(中心地点・話し手など)の方へ」の意味が生じる.

イメージ 上へ

 教科書によく出る **使い方**

副 ❶ The kite went **up** in the sky. たこが空高く上がった.
副 ❷ Wake **up**! It's already seven! 起きなさい！もう７時だぞ！
副 ❸ Yoko, come **up** to the teachers' office after class. 洋子，授業が終わったら職員室に来なさい.

up 718 seven hundred and eighteen

た.

反対語 When I go **up**, you go **down**. (シーソーで)僕(ぼく)が上がると君は下がる.

・The balloon went **up** and **up** and **up**. 風船は上へ上へと昇っていった.

・**This Side Up**. こちら側が上. →荷物を入れた段ボール箱などに書いてある文句.

・**Pull** your socks **up**. 靴下(くつした)を上に上げなさい(ずり落ちていますよ). →《英語》「気を引き締(し)めて頑張(がんば)れ」の意味でも言う.

・What is that white thing **up** there? 高い所にあるあの白い物は何ですか.

・**Speak up**! I can't hear you. もっと大きな声で! 聞こえないよ.

❷ **起き(上がっ)て; まっすぐ立てて**

・**get up** 起きる, 起き[立ち]上がる
・**stand up** 立ち上がる, 起立する
・**sit up** (ベッドの上などで)起き上がる, 体を起こす; 背筋を伸(の)ばして座(すわ)る; 寝(ね)ないで起きている

・I get **up** at six in the morning. 私は朝6時に起きます.

Is he **up** yet?—Yes, he's **up** but not down yet.
彼はもう起きましたか.—ええ, 起きていますがまだ下に降りて来ていません.
→「2階の寝室(しんしつ)から降りて来ていない」の意味.

・**Wake up**! It's eight o'clock. 起きなさい. もう8時よ.

・She **was [stayed, sat] up** all night, reading a book. 彼女は一晩中起きて本を読んでいました.

❸ (中心地点・話し手など)**の方へ, 〜へ** →南から北へ, 下町から山の手へ, または話題の中心地へ向かうこと. 実際の位置が上にあるわけではない.

・Come **up**, boys. みんなこっちへおいで.
・He walked **up** to me and said, "Hi." 彼は私の所へ歩いて来て「やあ」と言った.

❹ **すっかり, つきて** →ある状態・動作が一番上の行きつく所までいくことを表す.

・**eat up** すっかり[全部]食べてしまう, 食べ尽(つ)くす
・**Drink up**, Ben. (グラスの中のワインなどを)すっかり飲んでしまえよ[飲み干せよ], ベン.

・He **tore up** her letter. 彼は彼女の手紙をすっかり[ずたずたに]破いた.
・(Your) Time is **up**. もう時間です[時間切れです](やめなさい).

❺ 《米》《野球》打順で, 打席に立って (at bat)
・"You're **up** next," said the coach. 「次の打順だぞ」とコーチが言った.

── 前 ❶ **〜を上がって, 〜の上の方へ[に]**

基本 run **up** the stairs 階段を駆(か)け上がる →up+名詞(句).

・climb **up** a tree 木に登る
・Jack and Jill went **up** the hill. ジャックとジルは丘(おか)を登っていきました.
・Carp swam **up** the waterfall. コイが滝(たき)を泳ぎのぼった.
・He rowed his boat **up** the river. 彼はボートをこいで川をさかのぼっていった.
・An elevator carries you **up** the tower. エレベーターが塔(とう)の上まで君を運ぶ.

❷ (道路など)**に沿って, (道)を** (along)
・Go **up** the street to the bank and turn left. 銀行の所までこの通りをずっと行ってそこで左に曲がりなさい.

── 形 (→比較変化なし) **上りの** →名詞の前にだけつける. 反対語 **down** (下りの)
・an **up** train 上り列車
・The child tried to go down the **up** escalator. その子は上りのエスカレーターを下に降りていこうとした.

be up to 〜 《話》〜の責任[義務]である; 〜次第(しだい)である
・**It's up to** you to get to school on time. 学校に遅(おく)れないで来るのは君(たち)の義務です.

up and down (〜を)上下に, (〜を)上がったり下がったり; (〜を)行ったり来たり, (〜を)あちらこちらと
・walk **up and down** (in) the room 部屋の中をあちこち歩き回る

up to 〜 (最高)〜まで
・**up to** that time その時まで
・run [walk] **up to** him 彼のところまで走って[歩いて]来る
・This car will hold **up to** five people. この車は最高5人まで乗せることができる.

What's up? 《話》何があったのですか?, どうしたの?; (軽く挨拶(あいさつ)代わりに)やあ, どうしてる? →**what** 成句

upstairs 719

update /ʌpdéit アプデイト/ 動 (記事・数字・型などを)最新のものにする, アップデートする

—— 名 最新のものにすること; 最新情報

uphill /ʌphíl アプヒる/ 形副 上り坂の; 坂の上へ

反対語 **downhill** (下り坂の; 坂を下って)

uplifting /ʌplíftiŋ アプりフティング/ 形 気持ちを高揚(こうよう)させる, 上向きにさせる

upload /ʌploud アプろウド/ 動 《コンピューター》(プログラム・データなどを)アップロードする

—— 名 アップロード; アップロードしたファイル[プログラム] 反対語 **download** (ダウンロード)

upon A2 /əpán アパン/ 前 ＝on (〜の上に)

> 類似語 (on と upon)
>
> **upon** は **on** よりも書き言葉で使われることが多いが, 文の中で **on** より音の響(ひび)きがよい時には話し言葉でも使われる. また once upon a time (昔々), come upon 〜 (〜に偶然(ぐうぜん)出会う), **on** Sunday (日曜日に), **on** television (テレビで)などのように, どちらを使うか決まっている場合もある.

once upon a time 昔々 **→once** 成句

upper /ʌpər アパ/ 形 上の方の, 上の; 上位の; 上流の **→**名詞の前にだけつける.

have [***get***] ***the upper hand of*** [***over, with***] 〜 《話》〜の上手(うわて)をいく, 〜に勝(まさ)る

Úpper Hóuse 名 (**the** をつけて) (二院制議会の)上院 **→**日本の参議院 (the House of Councillors /ざ ハウス オヴ カウンスィらズ/) もこう呼ばれることがある. 関連語 **the Lower House** (下院)

upright /ʌprait アプライト/ 形 まっすぐ立った, 直立の; 垂直(すいちょく)の

úpright piáno 名 (家庭用の)アップライト[たて型]ピアノ **→grand piano**

upset A2 /ʌpsét アプセト/ 動 (三単現 **upsets** /ʌpséts アプセッ/; 過去・過分 **upset**; -ing形 **upsetting** /ʌpsétiŋ アプセティング/) **→**原形・過去形・過去分詞がどれも同じ形であることに注意.

❶ ひっくり返す, 倒(たお)す (knock over)

• Don't stand up; you'll **upset** the boat. 立たないで. ボートがひっくり返るよ.

• The cat **upset** the goldfish bowl. ネコが金魚鉢(ばち)をひっくり返した. **→**現在形なら upset*s*.

❷ (決まっていた計画などを)ひっくり返す, くつが

えす, めちゃめちゃにする; (悪い食べ物が胃を)壊(こわ)す, 具合を悪くする

• Rain **upset** our plan for a picnic. 雨が私たちのピクニックの計画を台無しにした.

• Eating all that candy will **upset** your stomach. そのキャンディーを全部食べたらおなかを壊すよ.

❸ 気を動転(どうてん)させる, うろたえさせる, 慌(あわ)てさせる

• The news of his friend's death **upset** him greatly. 友人の死の知らせは彼をひどく動転させた.

• I'm a little **upset**. 私少し困ってるの. **→**受け身形(困らせられている)であるが「困っている」と訳す.

• He **was upset** by the news of his friend's death. 彼は友人の死の知らせで気が動転した.

—— 形 気が動転している, 取り乱した

• get **upset** about 〜 〜のことで取り乱す

• The news made many people **upset**. その知らせに多くの人が動揺(どうよう)した.

upside /ʌpsaid アプサイド/ 名 上側, 上面

upside down 逆さまに, ひっくり返って

upside-down /ʌpsaid dáun アプサイド ダウン/ 形 上下逆さまの, ひっくり返した

upstairs A2 /ʌpstéərz アプステアズ/ 副 階段を上がって, 2階に[へ], 上の階[部屋]に[へ]; 2階で, 上の階[部屋]で

• go **upstairs** 階段を上がっていく, 2階[上の階]へ行く **→**欧米(おうべい)では寝室(しんしつ)や浴室が2階にあることが多く, 「寝室[トイレ]に行く」の意味で使われることもある.

• Go **upstairs** to your bedroom. 2階[上]の君の寝室へ行きなさい. **→**upstairs でだいたいの方向を, 次に to your bedroom で具体的な場所を示す.

反対語 We cook and eat **downstairs** and sleep **upstairs**. うちでは下で食事を作って食べ, 上で寝(ね)ます.

• My room is on the third floor and his is **upstairs** from that. 私の部屋は3階にあり, 彼の部屋はその上の階[4階]にある.

—— 形 2階の, 上の階の **→**名詞の前にだけつける.

• an **upstairs** bedroom 2階の寝室

—— 名 2階, 上の階 **→**ふつうすぐ上の階 (an upper floor) だけを指す(単数扱(あっか)い). いく

つかの上の階 (upper floors) を指す時は複数扱い.

up-to-date /ˌʌp tə déit アプ トゥ デイト/ 形 最新の(情報が入っている); 現代的な, モダンな, 流行の(先端(せんたん)をいく)

uptown /ˌʌptáun アプタウン/ 名形 《米》(繁華(はんか)街から離れた)住宅地区(の)

upward /ʌpwərd アプワド/ 副 上の方へ[を]
—— 形 上の方に向かった, 上向きの
~ and upward ～(およびそれ)以上

upwards /ʌpwərdz アプワツ/ 副 《主に英》= upward

uranium /ju(ə)réiniəm ユ(ア)レイニアム/ 名 《化学》ウラニウム →放射能を持つ元素. ウラニウム発見直前に発見された天王星(てんのうせい) (Uranus) にちなんでつけられた.

Uranus /júrənəs ユ(ア)ラナス/ 固名
❶ ウラノス →ギリシャ神話で, 地上に熱, 光, 雨を与(あた)える天の神. ❷ 《天文》天王星(てんのうせい)

urban /ə́:rbən アーバン/ 形 都市の; (田舎(いなか)に対して)都会(風)の
反対語 Some people like **rural** life. Others prefer **urban** life. 田舎の生活が好きな人もいれば, 都会の生活を好む人もいる.

Urdu /úərdu: ウアドゥー/ 名 ウルドゥー語 →パキスタンやインドで話されている言語のひとつ.

urge /ə́:rdʒ ア～デ/ 動 急がせる, せきたてる, 強く勧(すす)める

urgent /ə́:rdʒənt ア～チェント/ 形 急を要する, 差し迫(せま)った, 緊急(きんきゅう)の

Uruguay /júərəgwai ユアルグワイ/ 固名
ウルグアイ →南米南東部大西洋岸の共和国. 公用語はスペイン語. 首都はモンテビデオ.

U.S., US 中 /jú:és ユーエス/ 略 (**the U.S., the US** で) (アメリカ)合衆国 (the United States)
• My father is going to **the U.S.** on business. 父は仕事で合衆国へ行きます.
• **the U.S.** team 米国チーム

us 小 A1 /əs アス/ 代

私たちを, 私たちに →we の目的格. → **we**
基本 Please help **us**. どうぞ私たちを助けて[手伝って]ください. → us は動詞 (help) の目的語.
関連語 **We** love **our** parents, and they love **us**, too. 私たちは私たちの両親を愛していて, 両親も私たちを愛してくれます.

• Please come and see **us** tomorrow. (明日来て私たちに会ってください ⇒)あしたうちにあそびに来てください.

会話 **Let's** (= Let **us**) sing, shall we? —Yes, let's. さあ, いっしょに歌おう.—そうしよう. →この us は相手も含(ふく)む.

基本 Our aunt gave **us** a present. = Our aunt gave a present to **us**. 私たちのおばが私たちにプレゼントをくれた. →give の A B =give B to A「AにBを与(あた)える」. 前の文では A (us) は give の間接目的語, B (a present) は直接目的語. 後ろの文の A (us) は前置詞 (to) の目的語.

• Will you come with **us**? 君は私たちといっしょに来ますか.

• **All** [**Many**, **Some**] of **us** will go to high school. 私たちのすべて[多く, 何人か]は高校へ行きます.

U.S.A., USA /jú:eséi ユーエスエイ/ 略 (**the U.S.A., the USA** で) アメリカ合衆国 (the United States of America)

use 小 A1 /jú:z ユーズ/ 動

(三単現 **uses** /jú:ziz ユーゼズ/; 過去・過分
used /jú:zd ユーズド/; -ing形 **using** /jú:ziŋ ユーズィング/)

使う, 使用する, 利用する
基本 **use** a bus バスを使う[利用する] →use ＋名詞.
• **use** his dictionary 彼の辞書を(借りて)使う →「人の物をその場でちょっと借りて使う」場合も use.
• Do you **use** the school library often? 君は学校図書館をよく利用しますか.
• **Use** your head. 頭を使い[動かせ]なさい.
• Do you know **how to use** a cash card? 君はキャッシュカードの使い方を知っている?
• He **uses** too much sugar in his tea. 彼は紅茶に砂糖を使い[入れ]過ぎる.
• Ken **used** a carrot for the snowman's nose. ケンは雪だるまの鼻にニンジンを使った. →used¹ /ユースト/ と混同しないこと.
• **Have** we **used** all the writing paper? (私たちは)もう便せんは全部使ってしまったかしら. →現在完了(かんりょう)の文. →**have** 助動 ❶
• English and French **are** both **used** in Canada. カナダでは英語とフランス語の両方が

seven hundred and twenty-one　721　**useful**

使われる．→**used** は過去分詞で受け身の文．→
are 助動 ❷

•**Are** you **using** my dictionary? 君僕(ぼく)
の辞書使っている? →現在進行形の文．→**are**
助動 ❶

use up 使い果たす

•I **used up** all my allowance for this
month. 私は今月のお小遣(こづか)いを全部使って
しまった．

── /júːs ユース/ (→動詞との発音の違(ちが)いに注
意) 名 (働 **uses** /júːsiz ユーセズ/)

❶ 使う[使われる]こと，使用；使用法

•the **use of** a computer コンピューターを
使う[使った]こと，コンピューターの使い方

•**for** the **use of** students ＝for students'
use 生徒が使うために[の]

•This playground is for the **use of** chil-
dren only. この運動場は子供専用だ．

❷ 役に立つこと，使い道，用途(ようと)

•The Internet has many **uses**. インターネ
ットには多くの使い道がある．

•**What's the use of having** a car if you
can't drive? 運転もできないのに車なんか持っ
てて何になるのですか．

be of use 役に立つ (be useful)

•**be (of)** no **use** 役に立たない (be useless)，
無駄(むだ)である →no, any の前の of は省略され
ることが多い．

•Your advice **was of** great **use** to me.
君の忠告は私にはとても役に立った．

come into use 使われるようになる

have no use for ～ ～には用がない，～な
どいらない

•I **have no use for** this old sweater. 私
はこの古いセーターはもういらないわ．

in use 使われて，使用されて

•This bike has been **in** daily **use** for
ten years. この自転車はもう10年間毎日使わ
れています．

It is no use doing [to do]. ～しても無
駄である

•Forget about your stolen money. **It is
no use crying** over spilt milk. 盗(ぬす)まれ
た金のことは忘れろ．「覆水(ふくすい)盆(ぼん)に返らず」
だ．→**cry** ことわざ

make use of ～ ～を利用[使用]する

•You should **make** more **use of** your
dictionary. 君(たち)はもっと辞書を使ったほう

がいいね．

out of use 使われないで，使用されなくなって

•Word processors are **out of use** now.
ワープロはもう使われていない．

put ～ to (good) use ～を有効に使う，～
を利用する

•**Put** your dictionary **to (good) use.** 辞
書を利用しなさい[よく引きなさい]．

used¹ 中 A2 /júːst ユースト/ (→used² との発
音の違いに注意) 形

(be used to /ユーストゥ/ **～ で) ～に慣れている；
(get [become) used to ～ で) ～に慣れ(て
く)る** →この to は前置詞だから後には名詞(句)か
動名詞が続く．

•Penguins **are used to** cold weather.
ペンギンは寒い気候に慣れている．

•The boy from the city **was** not **used
to** life on the farm. 都会から来たその男の子
は農場生活に慣れていなかった．

•Grandfather **is used to** getting up ear-
ly. 祖父は早起きに慣れている．

── 動 **(used to do で) 以前は～だった；以前
はよく～した(ものだ)** →**would** ❹

•Grandfather **used to** drink every day.
Now he doesn't. 祖父は昔は毎日お酒を飲ん
でいましたが，今は飲みません．

•My father didn't **use to** drink, but
now he does. 父は昔はお酒を飲まなかったの
ですが，今は飲みます．

•Did he **use to** go to work on his bike?
彼は以前は自転車で仕事に行っていましたか．

•There **used to** be a green field
here—now there's a supermarket. 以前
はここは草地だった—今はスーパーが建っている．

used² 中 A2 /júːzd ユーズド/ 動 **use** の過去形・
過去分詞

── 形 **使われた，お古の，中古の** (second-
hand)；**使用済みの** →名詞の前にだけつける．

•a **used** car 中古車

•a **used** book 古本

useful 中 A2 /júːsfəl ユースふる/ 形 (比較級
more useful；最上級 **most useful**)

役に立つ，便利な，有益な

基本 a **useful** tool 役に立つ道具 →useful
＋名詞．

•a **useful** dictionary **for** students 学生に
とって役に立つ辞書

基本 A pocket knife is very **useful** on a

useless 722 seven hundred and twenty-two

camping trip. ポケットナイフはキャンプ旅行ではとても役に立ちます. →be 動詞+useful.

● He is very **useful** in the kitchen; he is a good cook. 彼は台所ではとても役に立つ. 料理がうまいのだ.

● She made herself **useful** around the house. 彼女は(家で)自分自身を役立つようにした ⇨家事の手伝いをした. →make A B (形容詞)は「A を B (の状態)にする」.

● A helicopter is sometimes **more useful** than an airplane. ヘリコプターは時には飛行機よりも役に立つ.

● A flashlight is one of **the most useful** things when camping. キャンプでは懐中(かいちゅう)電灯は最も役に立つ物の1つだ.

useless /júːslis ユースレス/ 形 役に立たない, 不用な; 無駄(むだ)な, 無益な

user /júːzər ユーザ/ 名 使用者, 利用者

user-friendly /júːzər fréndli ユーザ ふレンドり/ 形 (コンピューターなどが)使用者にとって使いやすい, 便利な

usher /ʌ́ʃər アシャ/ 名 (劇場・教会などで人を席・部屋へ)案内する人, 案内係
── 動 (人を席・部屋へ)案内する

usual A2 /júːʒuəl ユージュアる/ 形 いつも(どおり)の, ふつうの

● by the **usual** route いつもの道筋をたどって, いつものルートで

● Let's meet at the **usual** place at the **usual** time. いつもの所でいつもの時間に会いましょう.

反対語 What is your **usual** bedtime? —(It is) Ten o'clock, unless something **unusual** happens. 君がいつも寝(ね)る時間は何時ですか. —10時です, 変わったことでもない限りはね.

● It's **usual for** children **to** like sweets. 子供が甘(あま)い物が好きなのはふつうのことだ.

as usual いつものように, 相変わらず

● He went to bed at ten **as usual**. 彼はいつものように10時に寝た.

than usual いつもよりも, ふだんよりも

● He went to bed earlier **than usual**. 彼はいつもより早く寝た.

usually 小 A1 /júːʒuəli ユージュアり/ 副 たいてい, いつも(は), ふつう

POINT **always** (いつも)ではないが, **often** (しばしば)よりは多い.

● I **usually** go to bed at ten. 私はいつも10時に寝(ね)る. →usually の位置は一般(いっぱん)動詞の前, be 動詞の後. ただし意味を強調するために文頭に来ることもある.

● My brother is **usually** at home on Sunday, but today he is out. 兄は日曜はいつもうちにいるのだが, きょうは出ている.

UT 略 =Utah

Utah /júːtɑ ユ-ター/ 固名 ユタ →米国西部の州. 州都 Salt Lake City にはモルモン教の本部がある. **UT.**, (郵便で) **UT** と略す.

utensil /juːténsəl ユーテンスィる/ 名 (特にキッチンで使う小型の)用具, 道具, 器具 →tool

utility /juːtíləti ユーティリティ/ 名 (複 **utilities** /juːtílətiz ユーティリティズ/) ❶ 役に立つこと, 有用性, 効用 ❷ 公益事業, 公共設備 →生活にとって最も有用な電気・ガス・水道など(の施設(しせつ)・設備). **public utility** ともいう.

utílity ròom 名 ユーティリティールーム →洗濯(せんたく)機を置いたり仕事場に使ったり物を保管するのに使う便利な小部屋.

utmost /ʌ́tmoust アトモウスト/ 名 形 最大限(の)

Utopia /juː(ː)tóupiə ユ(-)トウピア/ 名 ユートピア, 理想郷(きょう) →イギリスの政治家トマス・モアが1516年に発表した『ユートピア』に出てくる, すべてが理想的な状態の島の名前.「どこにもない場所」という意味のギリシャ語からつくった語.

utter¹ /ʌ́tər アタ/ 形 全くの, 完全な, 真の →名詞の前にだけつける.

utter² /ʌ́tər アタ/ 動 《文》(言葉などを)発する, 述べる

U-turn /júː təːrn ユ- ターン/ 名 Uターン
掲示 No **U-turn**. Uターン禁止.

V v

V, v[1] /víː ヴィー/ 名 (複 **V's**, **v's** /víːz ヴィーズ/) ❶ ブイ →英語アルファベットの22番目の文字. ❷ (**V** で) V字形のもの ❸ (**V** で)(ローマ数字の)5

v., v[2] 略 =versus (〜対〜)
VA 略 =Virginia

vacancy /véikənsi ヴェイカンスィ/ 名 (複 **vacancies** /véikənsiz ヴェイカンスィズ/) (ホテル・アパートなどの)空室, 空き部屋, 空き地; 空虚(くうきょ)

vacant /véikənt ヴェイカント/ 形 (家・部屋・席・地位・時間などが)空(あ)いている (empty), 人が入ってない; 空席の, 欠員の; (心など)うつろな

vacation 小 A1 /veikéiʃ(ə)n ヴェイケイション | vəkéiʃ(ə)n ヴァケイション/ 名 (複 **vacations** /veikéiʃ(ə)nz ヴェイケイションズ/) 《主に米》休暇(きゅうか), 休み, バカンス (《主に英》 holiday)
- the Christmas [summer] vacation クリスマス休暇[夏休み]
- **take** [**get**] **ten days' vacation** 10日間の休暇をとる →数日の休暇でも ×vacation**s** としない.
- We are going to the beach when my father **has** his **vacation**. 私たちは父が休暇をとる時に海へ行く予定です.

on vacation 休暇で[の], バカンスで[の]
- go to France **on vacation** 休暇で[休暇をとって]フランスに行く
- The school is [We are] **on** summer **vacation**. 学校[私たち]は夏休み中だ.
- The bus was carrying a party **on vacation**. バスは休暇旅行の一行を運んでいた.

vacuum /vǽkjuəm ヴァキュアム/ 名 ❶ 真空 ❷ 《話》 電気掃除(そうじ)機 →**vacuum cleaner** ともいう.
— 動 《話》 電気掃除機で掃除する

vague /véig ヴェイグ/ (→-gue は g が1文字の場合と同じように /g グ/ と発音する) 形 (物の形・考えなどが)ぼんやりした, はっきりしない, 不明確な, 曖昧(あいまい)な

vain /véin ヴェイン/ 形 ❶ うぬぼれた, うぬぼれ[虚栄(きょえい)心]の強い ❷ 無駄(むだ)な (useless)
in vain 無駄に, むなしく, 成果なく

valentine /vǽləntain ヴァレンタイン/ 名
❶ バレンタインカード, バレンタインのプレゼント

> 参考 2月14日の聖バレンタインの日 ((Saint) Valentine's Day) に愛を込(こ)めて, 友人, 家族, 先生, 恋人(にいびと)などに送るカード (**valentine card**) や菓子(かし)・花など. 子供たちは学校でバレンタインカードの作り方を習ったり, 教室をたくさんの赤いハートマークで飾(かざ)ってクラスパーティーをし, 若者たちはダンスパーティーなどでこの日を祝う. 女性からチョコレートを贈(おく)る習慣は無い.

❷ (特にこの日選ばれた)恋人
- Be my **Valentine**. 私のバレンタインになって. →バレンタインカードに書く文句.

valley A2 /vǽli ヴァリ/ 名 谷(間), (ふつう川の流れの周辺に広がる広大な)山あいの平野; (川の)流域
- the Mississippi (River) **Valley** ミシシッピ川の流域

valuable /vǽljuəbl ヴァリュアブル/ 形 高価な, 貴重な, 大切な
— 名 (ふつう **valuables** で) 貴重品

value A2 /vǽljuː ヴァリュー/ 名 価値 (worth), 値打ち; 価格, 値段
- Your old bike has little **value**. 君の古い自転車はほとんど値打ちが無い.
- People have started to realize the **value** of clean air and water. 人々はきれいな空気と水の価値を認識(にんしき)し始めた.

of value 貴重な, 価値がある (valuable)
- a book **of** great **value** 非常に貴重な本
- The library is **of** great **value** to us. 図書館は私たちにとってとても貴重だ.

— 動 ❶ 評価する, 〜の価値を見積もる
- **value** the diamond **at** one million yen そのダイヤを百万円と評価する

valve 724 seven hundred and twenty-four

❷ 尊重する, 大切にする
• Jim **values** Joe's friendship. ジムはジョーの友情を大切にしている.

valve /vælv ヴァるヴ/ 名 (水・ガスの流れる量を調節する)バルブ; (心臓の)弁

vampire /væmpaiər ヴァンパイア/ 名 吸血鬼(き), バンパイア

van /væn ヴァン/ 名 (大型の)箱型の貨物自動車, バン → caravan を短くした語.

Vancouver /vænkúːvər ヴァンクーヴァ/ 固名
❶ バンクーバー → カナダ太平洋岸の港市.
❷ バンクーバー島 → カナダ南西部ブリティッシュコロンビア州南方の島.

van Gogh /vən góu ヴァン ゴウ/ 固名 (Vincent /ヴィンセント/ **van Gogh**) ヴァン・ゴッホ → 後期印象派のオランダの画家 (1853–90).

vanilla /vənílə ヴァニら/ 名 バニラ → ラン科の熱帯つる植物からとった香料(こうりょう).

vanish /væniʃ ヴァニシュ/ 動 (急に)消える (disappear suddenly), 消えて見えなくなる

vanity /vænəti ヴァニティ/ 名 (複 **vanities** /vænətiz ヴァニティズ/) うぬぼれ; 虚栄(きょえい)心 → **vain**

vapo(u)r /véipər ヴェイパ/ 名 蒸気, 水蒸気, 湯気 (steam)

variety 中 /vəráiəti ヴァライエティ/ 名 (複 **varieties** /vəráiətiz ヴァライエティズ/)
❶ 変化に富んでいること, 変化, 多様性
• I don't like my job, because there is not much **variety** in it. 私は私の仕事が好きではない. なぜなら私の仕事にはあまり変化が無いからだ.
ことわざ **Variety** is the spice of life. 変化は生活に味を添(そ)えるもの.
❷ 種類 (kind); (**a variety** [**varieties**] **of ～** で)いろいろな(種類の)～
• **A** new **variety of** butterfly was found on an island in the Pacific. チョウの新種が太平洋上の島で発見された.
• They grow ten different **varieties of** rose here. ここでは10品種のさまざまなバラを栽培(さいばい)しています.
❸ (英)バラエティーショー → 歌・踊(おど)り・コント・手品などいろいろな芸で構成されるショー. **variety show** ともいう.

various 中 /vé(ə)riəs ヴェ(ア)リアス/ 形 いろいろな (different)
• shoes of **various** sizes いろいろなサイズ

の靴(くつ)
• **various** kinds of animals いろいろな種類の動物

vary /vé(ə)ri ヴェ(ア)リ/ 動 (三単現 **varies** /vé(ə)riz ヴェ(ア)リズ/; 過去・過分 **varied** /vé(ə)rid ヴェ(ア)リド/; -ing形 **varying** /vé(ə)riiŋ ヴェ(ア)リイング/) (いろいろに)変わる, 変化する, 異なる; 変える, 変化を与(あた)える

vase A1 /véis ヴェイス | váːz ヴァーズ/ 名 花瓶(かびん), つぼ
• There are some roses in the **vase**. 花瓶にバラが何本か生けてある.

vast /væst ヴァスト/ 形 広大な; 途方(とほう)もなく大きな, ばく大な

Vatican /vætikən ヴァティカン/ 名 (the Vatican で)バチカン宮殿(きゅうでん) → ローマ西のバチカンの丘(おか)にある壮大(そうだい)な建物. 教皇(Pope)はここに定住し, 世界のローマカトリック教会を統括(とうかつ)している.

Vátican Cíty 固名 (the をつけて) バチカン市国 → バチカン宮殿(きゅうでん) (the Vatican)のある全地域で教皇を元首とする世界最小の独立国. 公用語はイタリア語, ラテン語.

vault /vɔ́ːlt ヴォーるト/ 名 地下金庫室; (ワインなどの)地下貯蔵室, (教会の)地下納骨(のうこつ)室

vegan /víːgən ヴィーガン/ 名 ビーガン, 厳格な菜食主義者 → 卵・チーズ・牛乳なども含(ふく)めた動物性食品を一切食べない人.

vegetable 小 A1 /védʒ(ə)təbl ヴェヂタブる/ 名 野菜
• a **vegetable** garden 野菜畑
• **vegetable** soup 野菜スープ
• **vegetable** oil 植物油
• green **vegetables** 青野菜類, 青物類
• We **grow vegetables** in our backyard. 私たちは裏庭で野菜を作っています.
会話 What **vegetables** do you want with your meat? —Peas and carrots, please. 肉に添(そ)える野菜は何がよろしいですか.—豆とニンジンにしてください.

végetable stòre 名 (米)八百屋(やおや)さん ((英)greengrocer's (shop)) → 英米では特に野菜だけを売る店は少ない.

vegetarian /vedʒətéəriən ヴェヂテアリアン/ 名 菜食主義者, ベジタリアン → 肉・野菜を食べない人. 類似語 卵・チーズ・牛乳なども含(ふく)めた動物性食品を一切食べない場合は **vegan** という.

—— 形 菜食主義の; (メニューなどが)野菜だけの
vehicle /ví:ikl ヴィーイクる/ 名 乗り物 →乗用車・バス・トラック・電車など乗り物一般(いっぱん)を指す言葉.
veil /véil ヴェイる/ 名 (女性が顔にかける)ベール
vein /véin ヴェイン/ 名 ❶ 静脈(じょうみゃく), 血管 ❷ (葉の)葉脈(ようみゃく)
Velcro /vélkrou ヴェるクロウ/ 名 面ファスナー, 《商標》マジックテープ (hook-and-loop fastener) →Velcro は《商標》.
velvet /vélvit ヴェるヴェト/ 名 ビロード, ベルベット
vender /véndər ヴェンダ/ 名 ❶ 行商人 ❷ 自動販売(はんばい)機 (vending machine)
vending machine /véndiŋ məʃí:n ヴェンディンヶ マシーン/ 名 自動販売(はんばい)機
• buy a bottle of water **from a vending machine** 自動販売機で水を1本買う
vendor /véndər ヴェンダ/ 名 =vender
Venetian /vəní:ʃən ヴェニーシャン/ 形 ベネチアの, ベニスの
—— 名 ベネチア[ベニス]の人
Venezuela /venəzwéilə ヴェネズウェイら/ 固名 ベネズエラ →南米北部の共和国. 首都はカラカス (Caracas). 公用語はスペイン語.
Venice /vénis ヴェニス/ 固名 ベネチア, ベニス →イタリア北東部の都市.
ventilation /ventəléiʃən ヴェンテれイション/ 名 換気(かんき), 換気装置
venture /véntʃər ヴェンチャ/ 名 冒険(ぼうけん); 冒険的な事業, ベンチャービジネス
Venus /ví:nəs ヴィーナス/ 固名 ❶ ビーナス →ローマ神話で美と愛の女神(めがみ). ギリシャ神話のアフロディテ (Aphrodite) にあたる. ❷《天文》金星
veranda(h) /vərǽndə ヴェランダ/ 名 ベランダ →米国では **porch** ともいう.
verb A2 /və́:rb ヴァ〜ブ/ 名 《文法》動詞
Vermont /və:rmánt ヴァ〜マント/ 固名 バーモント →米国東北端(たん)の州. **Vt.**, (郵便で) **VT** と略す.
Vérnal Équinox Dày 名 春分の日 →3月21日頃(ごろ).
versatile /və́:rsətail ヴァ〜サタイる/ 形 多才な, 何でもできる
verse /və́:rs ヴァ〜ス/ 名 韻文(いんぶん); 詩
関連語 一般(いっぱん)的に「詩」という時は **poetry**. 「散文」は **prose**.

version /və́:rʒən ヴァ〜ジョン/ 名 〜版; 翻訳(ほんやく)
versus /və́:rsəs ヴァ〜サス/ 前 (訴訟(そしょう)・試合などで)〜対〜 → **v.** または **vs.** と略すが, 《英》ではピリオドをつけないことが多い.
vertical /və́:rtikəl ヴァ〜ティカる/ 形 垂直な; 直立の; 縦の
反対語 The walls of a room are **vertical**, the floor (is) **horizontal**. 部屋の壁(かべ)は垂直で床(ゆか)は水平である.

very 小 A1 /véri ヴェリ/ 副
(→比較変化なし)
❶ とても, 非常に, たいへん
基本 **very** good とてもよい → very + 形容詞.
• a **very** nice boy とてもすてきな男の子
会話 Were the movies interesting? —Yes, **very**. 映画はおもしろかった?—はい, とても. → very の次に interesting が省略されている.
基本 run **very** fast とても速く走る →very+副詞.

How are you?—I'm **very** fine, thank you.
お元気ですか.—ありがとう, とても元気です.

• She can play the piano **very** well. 彼女はとてもうまくピアノが弾(ひ)ける.
• I like sports **very much**. 私はスポーツがとても好きです. →「とても〜する」と動詞を修飾(しゅうしょく)する時は much あるいは very much.
• **Thank you very much**. どうもありがとうございます.
• I think this dictionary is **very** good, but he says that one is **much** better. 私はこの辞典がとてもいいと思うのですが, 彼はあっちのほうがずっといいと言うのです.
POINT 比較(ひかく)級を強める時は very ではなく much を使う.
• Ken is a **very** nice boy and I like him **very much**. ケンはとてもすてきな男の子で, 私は彼がとても好きです.
• I'm **very** tired. 私はとても疲(つか)れている.
POINT 過去分詞はふつう much で強めるが,

Vespucci 726 seven hundred and twenty-six

tired (疲れた)のように形容詞化した過去分詞は very で強める.

•I was **very** (much) surprised [interested, excited, pleased]. 私はとても驚(おどろ)いた[興味をもった, 興奮した, 喜んだ].

⚑POINT be＋過去分詞(受け身)で, 気持ちの状態を表す時, その過去分詞は形容詞になったと感じられて, 特に(話)では very で強める.

❷ (否定文で) **あまり**(〜ではない), **たいして**(〜ではない).

🗣会話 Are you **very** busy now?—No, not **very**. 君とても忙(いそが)しい?—いや, そんなでもない.

•It isn't **very** cold this morning. 今朝はあまり寒くない.

•She can't play the piano **very** well. 彼女はピアノを弾くのがあまりうまくない.

—— 形 (→比較変化なし)

❶ **まさにその〜, ちょうどその〜** →次の名詞を強める.

•This is **the very** dictionary (that) I wanted. これは私が欲(ほ)しかったまさにその辞書だ[ちょうどこんな辞書が欲しいと思っていたんだ].

•John was killed on **this very** spot. まさにこの場所でジョンは殺されたのだ.

❷ **〜でさえ; 〜しただけで**

•His **very** son does not understand him. 実の息子(むすこ)でさえ彼を理解しない.

•The **very** thought of his family made him homesick. 家族のことをちょっと思うだけで彼はホームシックになった. →make *A* *B* (形容詞)は「AをBの状態にする」.

Vespucci /vespúːtʃi ヴェスプーチ/ 固名
(**Amerigo** /アーメリーゴウ/ **Vespucci**) ヴェスプッチ →イタリアの商人で探検家(1454–1512). 1497年, 現在のアメリカ本土に到達(とうたつ)した. America は彼の名にちなんだもの.

vessel /vésl ヴェスル/ 名 ❶ 容器, 入れ物, 器(うつわ) ❷ (比較(ひかく)的大きな)船, 船舶(せんぱく) ❸ (生物体内の)管, 導管(どうかん)

vest 小 /vést ヴェスト/ 名
❶ 《米》**ベスト**, **チョッキ**(《英》waistcoat) ❷ 《英》肌着(はだぎ), ランニングシャツ, アンダーシャツ(《米》undershirt)

vet 小 /vét ヴェト/ 名
《話》獣医(じゅうい) →veterinarian
•I want to be a **vet**. 私は獣医になりたい.

veteran /vétərən ヴェテラン/ 名 ❶ (その道の)老練家, 経験豊富な人 →日本語でいう「ベテラン」は expert というほうがよい場合が多い.
❷ 退役(たいえき)軍人
—— 形 老練な, 経験豊かな, ベテランの

Véterans Dày 名 《米・カナダ》退役(たいえき)軍人の日 →退役軍人の功績を称える日で法定休日(11月11日).

veterinarian /vetərinéəriən ヴェテリネアリアン/ 名 《米》獣医(じゅうい) →(話)では vet という.

via /váiə ヴァイア/ 前 〜経由で, 〜回りで (by way of); 〜によって

vibrate /váibreit ヴァイブレイト/ 動 震動(しんどう)する, 震(ふる)える

vice- /váis ヴァイス/ 接頭辞 「副〜」「〜代理」という意味の語をつくる:
•**vice**-captain 副主将
•**vice**-president 副大統領, 副社長

victim 中 /víktim ヴィクティム/ 名 (戦争などで死んだ)犠牲(ぎせい)者, (災害などの)被害(ひがい)者
•**victims of** war 戦争の犠牲者たち
•**victims of** the earthquake 地震(じしん)の被災(ひさい)者たち
•A few years ago, Susan was the **victim** of a car accident. 数年前スーザンは車の事故に遭(あ)った.

victor /víktər ヴィクタ/ 名 勝利者, 優勝者 →大げさな語. ふつう **winner** を使う.

Victoria /viktɔ́ːriə ヴィクトーリア/ 固名
(**Queen Victoria**) ビクトリア女王 →英国の女王(1819–1901).

victory /víktəri ヴィクトリ/ 名 (複 **victories** /víktəriz ヴィクトリズ/) 勝利, 優勝
•**win** [**gain**] a **victory over** 〜 〜に対して勝利を収める, 〜に勝つ
反対語 Napoleon had many **victories** before his **defeat** at Waterloo (/ウォータルー/). ナポレオンはワーテルローで敗北を喫(きっ)する前にいくつもの勝利を収めた.

video 中 A1 /vídiou ヴィデオウ/ 名
(複 **videos** /vídiouz ヴィデオウズ/)
❶ ビデオ, (テレビ番組などの)録画映像
❷ ビデオテープ (videotape)
❸ 動画, ビデオクリップ
—— 形 テレビ(用)の; テレビ映像の
•a **video** camera ビデオカメラ

video cassette /vìdiou kəsét ヴィデオウ カセト/ 名 ビデオカセット

vìdeo cassétte recòrder 名 ビデオデッキ →**VCR** と略す. **videotape recorder** ともいう.

vídeo gàme 中 A2 名 **テレビゲーム** →「テレビゲーム」は和製英語. この意味では ×*TV game* とはいわない.
•play a **video game** テレビゲームをする

vídeo recòrder 名 = videotape recorder

videotape /vídiouteip ヴィデオウテイプ/ 名 ビデオテープ
── 動 (ビデオテープに)**録画する**

vídeotape recòrder 名 ビデオデッキ →**VTR** と略す. **video recorder, video cassette recorder** ともいう.

Vienna /viénə ヴィエナ/ 固名 **ウィーン** →オーストリア (Austria) の首都.

Vietnam /vietná:m ヴィエトナーム/ 固名 **ベトナム** →**Viet Nam** と2語にもつづる. 東南アジアの社会主義共和国. 首都はハノイ (Hanoi).

Vietnamese /vietnəmí:z ヴィエトナミーズ/ 形 ベトナムの, ベトナム人の; ベトナム語の
── 名 ❶ **ベトナム人** →複数形も **Vietnamese**. ❷ **ベトナム語**

view 中 A2 /vjú: ヴュー/ 名
❶ 《見えるもの》**景色, 眺**(ながめ)**め**
•The **view from** the hilltop is beautiful. その丘(おか)からの眺めはすばらしい.
•You can **get** [**have**] a wonderful **view of** the lake from the window. 窓から湖のすばらしい景色が見えますよ.
❷ 《見える範囲(はんい)》**視界, 視野**
•**come into view** 見えてくる
•**go out of view** 見えなくなる
❸ 《物の》**見方, 考え方, 見解** (opinion)
•*one's* **view** of nature (～の)自然についての見方, 自然観
•Tell me your **view**(**s**) **on** [**about**] this matter. この件に関して君の意見を言ってくれ.
•**In** my **view**, smoking is very bad for the health. 私の考えではタバコを吸うのは健康にとって極(きわ)めて悪い.
in view (of ～) (～の)見える所に[で]
•At last we came **in view of** the lake. とうとう私たちはその湖の見える所へやって来た[湖が見えてきた].
on view 展示して, 公開して

viewer /vjú:ər ヴューア/ 名 (テレビの)**視聴**(しちょ

う)**者** 関連語「ラジオの聴取(ちょうしゅ)者」は **listener**.

Viking, viking /váikiŋ ヴァイキング/ 名 **バイキング** →8～10世紀頃(ころ)ヨーロッパの海岸地方を荒(あ)らしたスカンジナビア人の海賊(かいぞく).

villa /vílə ヴィら/ 名 **別邸**(べってい)**, 別荘**(べっそう) →田園や海辺にある広い庭園つきの屋敷(やしき). 休日などに利用する.

village 中 A2 /vílidʒ ヴィれヂ/ 名
(複 **villages** /vílidʒiz ヴィれヂズ/)
❶ **村, 村落** →**town** (町)よりも小さなもの.
•a fishing **village** 漁村
•a **village** church 村の教会
•I lived **in** a little mountain **village**. 私は小さな山村に住んでいました.
関連語 A **town** is bigger than a **village** and smaller than a **city**. 町は村よりは大きく市よりは小さい.
❷ (**the village** で) **村の人みんな, 村民**(たち)
•All **the village** welcomed him. 村人みんなが[村を挙げて]彼を歓迎(かんげい)した.

villager /vílidʒər ヴィれヂャ/ 名 **村の人, 村人**

villain /vílən ヴィらン/ 名 (映画・物語の中の)**悪者, 悪漢**

Vinci /víntʃi ヴィンチ/ 固名 →**da Vinci**

vine /váin ヴァイン/ 名 ❶ **ブドウの木**
関連語 Beautiful bunches of **grapes** are hanging from the **vines**. 見事なブドウの房(ふさ)がブドウの木から垂れ下がっている.
❷ **つる(植物), つる草**

vinegar /vínigər ヴィネガ/ 名 **酢**(す)

vineyard /vínjərd ヴィンヤド/ 名 **ブドウ畑**

viola /vióulə ヴィオウら/ 名 《楽器》**ビオラ** →バイオリンとチェロの中間ほどの大きさの弦(げん)楽器.

violence /váiələns ヴァイオれンス/ 名 **暴力, 乱暴, 暴行; 荒々**(あらあら)**しさ**

violent A2 /váiələnt ヴァイオれント/ 形 **激しい, 猛烈**(もうれつ)**な, 乱暴な, 暴力的な**

violet /váiəlit ヴァイオれト/ 名
❶ 《植物》**スミレ**

イメージ (violet)
石や草の陰(かげ)にひっそりかわいらしく咲(さ)くことから「慎(つつし)み深さ」「誠実な愛」を表す. このようなイメージのために昔から **violet** は多くの詩人たちによってうたわれてきた. 野生の **violet** を改良したものが **pansy** (三色スミレ).

❷ スミレ色，青紫(あおむらさき)色

violin 小 A2 /vaiəlín ヴァイオリン/ (→アクセントの位置に注意) 名 《楽器》 **バイオリン**
• play [practice] the **violin** バイオリンを弾(ひ)く[練習する]
関連語 **violinist** (バイオリニスト), **string** (バイオリンの弦(げん)), **bow** (弓)

violinist /vaiəlínist ヴァイオリニスト/ 名 バイオリンを弾(ひ)く人，バイオリニスト

VIP /víːaipíː ヴィーアイピー/ 略 重要人物 →**very important person** の頭文字(かしらもじ)を組み合わせたもの.

virgin /váːrdʒin ヴァ〜ヂン/ 名 処女，童貞(どうてい) —— 形 まだ誰(だれ)も手をつけていない，人が足を踏(ふ)み入れた[手を触(ふ)れた]ことのない；初めての

Virginia /vərdʒínjə ヴァヂニア/ 固名 バージニア →アメリカ東部の州．**Va.**, (郵便で) **VA** と略す．

Vírgin Máry [Móther] 固名 (the をつけて) 聖母マリア →イエス・キリストの母．→**Christ**

virtual /váːrtʃuəl ヴァ〜チュアる/ 形 仮想の，バーチャルな；事実[実際]上の
• **virtual** reality バーチャルリアリティ[仮想現実]

virtue /váːrtʃuː ヴァ〜チュー/ 名 ❶ 美徳，徳 →正直・親切・公正・勇気・忍耐(にんたい)など．❷ 美点，長所

virus /váiərəs ヴァイアラス/ 名 ウイルス，病原体；(コンピューターの)ウイルス

visa /víːzə ヴィーザ/ 名 ビザ，(入国)査証(さしょう) →旅行先の政府が行うパスポート (passport) などの確認(かくにん).

visible /vízəbl ヴィズィブる/ 形 目に見える
反対語 **invisible** (目に見えない)

vision /víʒən ヴィジョン/ 名
❶ 視力 (eyesight)；先見の明，ビジョン
❷ (未来の)理想像，(将来の)夢；(夢うつつで見る)幻(まぼろし)，幻影(げんえい)

visit 小 A1 /vízit ヴィズィト/ 動
(三単現 **visits** /vízits ヴィズィッ; 過去・過分 **visited** /vízitid ヴィズィテド/; -ing形 **visiting** /vízitiŋ ヴィズィティング/)
❶ (人を)**訪問する**，訪ねる；〜に会いに行く[来る]，〜を見舞(みま)う；〜の所へ泊(と)まりに行く[来る]
典 基本 **visit** a friend 友達を訪ねる，友達に会い

に行く，友達の所へ遊びに行く →**visit**+名詞.
• **visit** a sick friend 病気の友達を見舞う
• **visit** a dentist 歯医者に行く
• **visit** with a friend 友達を訪ねて泊まる
• **visit** in Rome ローマへ行き滞在(たいざい)する
• Aunt Polly usually **visits** us for two weeks in the spring. ポリーおばさんはいつも春になると2週間ほどうちへ泊まりがけで遊びに来ます．
• He **visited** his doctor for a checkup. 彼は健康診断(しんだん)のためにかかりつけの医者の所へ行った．
• We **were visited** by our old friend yesterday. 昨日私たちは(昔の友達に訪問された ⇨)昔の友達の訪問を受けた． →visited は過去分詞で受け身の文．→**were** 助動 ❷
• I **am visiting** my cousin for two weeks. 私はいとこの所へ2週間ほど泊まりがけで遊びに来ています[行くところです]． →現在進行形の文．→**am** 助動 ❶
❷ (場所を)**訪**(おとず)**れる**，見物に行く[来る]，見学に行く[来る]；(ウェブサイトに)**アクセスする**
• **visit** Kyoto 京都を訪れる
• **visit** a museum 博物館見学に行く[来る]
• **visit** a lot of websites いろいろなウェブサイトにアクセスする
• The museum is **visited** by a lot of foreign people every year. その博物館は毎年(多くの外国人に見学される ⇨)多くの外国人が見学に訪れる．
• Where did you **visit** last summer? 昨年の夏はどこへ行きましたか．
• I **have** never **visited** Kyoto. 私はまだ京都に行ったことがない． →現在完了(かんりょう)の文．→**have** 助動 ❷
• There are many famous places **to visit** near this town. この町の付近は見物する名所が多い． →不定詞 to visit (見物するための〜) は places を修飾(しゅうしょく)する． →**to** ❾ の ②
—— 名 (複 **visits** /vízits ヴィズィッ/)
訪問，見舞い，見物，見学
• during my **visit to** Paris 私のパリ訪問中
• **pay** a **visit to** 〜＝**pay** 〜 a **visit** 〜を訪問する
• have a **visit from** 〜 〜の訪問を受ける
• have a **visit with** 〜 訪問して〜に滞在する
• This is my first **visit to** London. (これが私のロンドンへの最初の訪問です ⇨)私がロンドン

seven hundred and twenty-nine　729　**volunteer**

へ来たのはこれが初めてです.

• We **had** a **visit from** your teacher. あなたの先生がうちに訪ねていらしたわ.

• I **had** a long pleasant **visit with** my uncle in Kobe. 私は神戸のおじの所に長く楽しい滞在をした.

visiting /vízitiŋ ヴィズィティング/ 動 visit の -ing 形 (現在分詞・動名詞)
—— 名 形 訪問(の), 視察(の)

• **visiting** hours (病院の)面会時間

visitor 中 A2 /vízitər ヴィズィタ/ 名 訪問者, 訪問客, 来客; 見舞(みま)い客; 観光客, 見学者; (旅館などの)泊(と)まり客

• We'll have two **visitors** from New Zealand tomorrow. あしたニュージーランドからお客が2人うちに来ます.

• The museum is full of student **visitors**. 博物館は見学の学生でいっぱいだ.

会話 Do you live here? —No, we are just **visitors**. 皆(みな)さんはこちらにお住まいですか.—いいえ, 観光に来ている者です.

visual /víʒuəl ヴィジュアる/ 形 視覚(用)の, 物を見るための; 目の, 目に見える

vital /váitl ヴァイトる/ 形
❶ 生命の, 生命に欠くことのできない; 命に関わる, 致命(ちめい)的な, 極(きわ)めて重要[必要]な
❷ 活力に満ちた, 生き生きした (lively)

vitamin /váitəmin ヴァイタミン|vítəmin ヴィタミン/ 名 ビタミン

vivid /vívid ヴィヴィド/ 形 (色彩(しきさい)・印象・描写(びょうしゃ)などが)鮮(あざ)やかな; はっきりした, 生き生きした

vividly /vívidli ヴィヴィドり/ 副 鮮(あざ)やかに, はっきりと; 生き生きと; 生々しく

vocabulary A2 /voukǽbjuləri ヴォウキャビュらリ/ 名 (複 **vocabularies** /voukǽbjuləriz ヴォウキャビュらリズ/)

❶ 語彙(ごい), 用語範囲(はんい) → ある言語・社会・個人などが使用する全単語.

• one's English **vocabulary** その人の英語の語彙

• The writer has a large **vocabulary**. A young child has a small **vocabulary**. その作家は語彙が豊富だ. 小さな子供は語彙が貧弱(ひんじゃく)だ. → ×vocabular*ies* としない.

❷ 単語集, 用語集

• Our English textbook has a **vocabulary** in the back. 私たちの英語の教科書は後

ろに単語集がついている.

vocal /vóukəl ヴォウカる/ 形 声の, 音声の

voice 中 A2 /vɔis ヴォイス/ 名
❶ 声

• **in** a loud [small] **voice** 大声[小声]で

会話 Can you **hear** my **voice**? —No, your voice is too small. Please speak **in** a louder **voice**. 私の声が聞こえますか.—いや, 君の声は小さ過ぎる. もっと大きな声で話してくれ.

• I shouted so much at the football game that I **lost** my **voice**. 私はフットボールの試合でとても大きな声で叫(さけ)んだので(声を失った ⇒)声が出なくなった.

❷ 《文法》態(たい) → **is** 助動

vol. 略 =**volume** (巻) → 複数 **volumes** の略は **vols.**

volcano /vɑlkéinou ヴァるケイノウ/ 名 (複 **volcano(e)s** /vɑlkéinouz ヴァるケイノウズ/) 火山

• The village was destroyed when the **volcano erupted**. 火山が爆発(ばくはつ)してその村は破壊(はかい)された.

volleyball 小 A1 /válibɔːl ヴァリボーる|vɔ́libɔːl ヴォリボーる/ 名

バレーボール; バレーボール用の球 → volley (ボレー)はボールが地面や床(ゆか)につかないうちに打ち[蹴(け)り]返すこと.

• play **volleyball** バレーボールをする → ×play a [the] volleyball としない.

• a **volleyball** court バレーボールコート

volume /váljum ヴァリュム/ 名
❶ 量, 容積, 体積; 音量, ボリューム

• Please **turn down** [**up**] the **volume on** the TV. テレビのボリュームを下げて[上げて]ください.

❷ 《文》書物; (全集物などの中の)巻(かん), 冊 → **vol.** (複数 **vols.**) と略す.

voluntary /vάlənteri ヴァらンテリ/ 形 (強制でなく)自発的な, 自分から進んでする, ボランティアの

volunteer 小 /vɑləntíər ヴァらンティア| vɔləntíə ヴォらンティア/ (→アクセントの位置に注意) 名 自分から進んでやる人, 志願者, ボランティア; 志願兵, 義勇(ぎゆう)兵

• Are there any **volunteers for** cleaning the blackboard? 誰(だれ)か黒板を拭(ふ)いてきれ

vomit

730 seven hundred and thirty

いにするのを進んでやってくれる人はいませんか.

—— 形 自発的な, 志願の, ボランティアの

• do **volunteer** work at a hospital 病院で
ボランティアの仕事をする

• There are many **volunteer** workers in
that old people's home. その老人ホームに
はたくさんのボランティアの人々が働いている

—— 動 (〜すると)自発的に申し出る; (奉仕(ほうし)な
どを)進んでする; 志願する; 志願兵になる

• Bill's father **volunteered to** coach the
boys' baseball team. ビルの父はその少年野
球チームのコーチを進んで申し出た.

vomit /vάmit ヴァミト/ 動 (食べ物を)吐(は)く,
戻(もど)す →《話》では **throw up** という.

vote A1 /vóut ヴォウト/ 動 (〜に)投票する; 投
票[挙手]で決める

• **vote for** [**against**] him 彼に賛成[反対]の投
票をする[挙手をする]

• the right to **vote** 投票する権利[選挙権]

—— 名 ❶ 投票; (投票・発声・挙手・起立などによ
る)票決, 採決

• take a **vote** 採決する, 決をとる

• **give** a **vote** to 〜 〜に1票を投じる

❷ (ふつう **the vote** で) 選挙権

会話 Do you have the right to vote?
—We are too young to **have the vote**.
君たちは選挙権を持っていますか.—私たちはまだ
若過ぎて選挙権がありません.

❸ (投票で入る[入った]票; (**the vote** で) 投票
総数[結果], 得票(とくひょう)数

• He **had** 15 **votes**. 彼は15票を取った.

• The bill was passed by 250 **votes** to
200. 法案は250票対200票で可決された.

• Because of rainy weather, **the vote**
was small. 雨で投票総数は少なかった.

voter /vóutər ヴォウタ/ 名 投票者, 有権者

vow /váu ヴァウ/ 名 誓(ちか)い, 誓約(せいやく)

—— 動 誓う, 誓いを立てる, 誓約する

vowel /vάuəl ヴァウエる/ 名 母音(ぼいん) →日本語
の「ア」「イ」「ウ」「エ」「オ」のように舌・唇(くちび
る)・歯などに邪魔(じゃま)されずに出る音声.

voyage /vɔ́iidʒ ヴォイエヂ/ 名 航海, 船の旅; 宇
宙旅行

• a **voyage around** the world 世界一周航
海

• **go on** a **voyage** 航海に出る

• **make** [**take**] a **voyage across** the Pa-
cific Ocean 太平洋横断の航海をする

• **Have a nice** [**pleasant**] **voyage**. どうぞ
楽しい船旅をしてください.

• Columbus arrived at South America
on his third **voyage** in 1498. コロンブス
は1498年3度目の航海で南アメリカに到着(とうちゃ
く)しました.

vs., vs 略 =versus (〜対〜)

V-sign 名 V サイン

参考 手のひらを相手に向けた V サイン
は「勝利」(victory)を表すが, 同じしぐさで
「平和」(peace)を意味することもある. また
イギリスでは手のひらを自分に向けた V サイ
ンは相手をばかにするジェスチャー.

VTR 略 ビデオデッキ →videotape record-
er.

vulgar /vΛlgər ヴァるガ/ 形 下品な, 俗悪(ぞくあく)
な

vulture /vΛltʃər ヴァるチャ/ 名 《鳥》ハゲワシ,
ハゲタカ

W¹, w /dʌ́blju: ダブリュー/ 名 (複 **W's, w's** /dʌ́blju:z ダブリューズ/) ダブリュー → 英語アルファベットの23番目の文字

W., W² 略 ❶ =**west**(西) ❷ =**watt(s)**(ワット)

WA 略 =**Washington**(州)

wade /wéid ウェイド/ 動 (水の中を)歩く, (雪・泥(どろ)など歩きにくいところを)歩いて進む; (川の中を歩いていくように)苦労して進む

wafer /wéifər ウェイファ/ 名 ウエハース → アイスクリームに添(そ)えたり, 病人や幼児に食べさせたりする薄(うす)い軽焼き菓子(がし).

waffle /wάfl ワふる/ 名 ワッフル → 小麦粉・牛乳・卵などを混ぜ, 特別の焼き型(**waffle iron**)で焼いた菓子(かし). 蜂蜜(はちみつ)やシロップをかけて食べる.

wag /wǽg ワグ/ 動 (三単現 **wags** /wǽgz ワグズ/; 過去・過分 **wagged** /wǽgd ワグド/; -ing形 **wagging** /wǽgiŋ ワギンぐ/)
(尾(お)などを)振(ふ)る, 揺(ゆ)する; 振れる, 揺れる

wage /wéidʒ ウェイヂ/ 名 (ふつう **wages** で)賃金 → 特に肉体労働をする人々への週給・日給を指すことが多い. → **salary**

会話 What is your weekly **wage**? —His **wages** are $300 a week. 彼の週給はいくらですか.—彼の週給は300ドルだ. → 賃金の額を尋(たず)ねる時は単数形(**wage**)を使うのがふつう.

wagon /wǽgən ワゴン/ 名
❶ (4輪で馬に引かれる)荷車
• a covered **wagon** ほろ馬車
❷ (子供の)おもちゃのワゴン
• Ben pulled his brother **in** his **wagon**. ベンは弟をワゴンに乗せて引いた.
❸ (米)小型の運搬(うんぱん)自動車, ワゴン車 (=station wagon)
• a milk **wagon** ミルク運搬車
❹ (英)屋根なし貨車 ((米) freight car)
❺ (米)(食器・飲食物を運ぶ)ワゴン ((英) trolley) → **tea** [**dinner**] **wagon** ともいう.

waist /wéist ウェイスト/ 名 腰(こし)(のくびれた部分), ウエスト → **hip**

waistcoat /wéistkout ウェイストコウト/ 名 ((英)) ベスト, チョッキ ((米) vest)

wait 小 A1 /wéit ウェイト/
動 (三単現 **waits** /wéits ウェイツ/; 過去・過分 **waited** /wéitid ウェイテド/; -ing形 **waiting** /wéitiŋ ウェイティンぐ/)
❶ 待つ, (**wait for 〜** で) 〜を待つ

POINT 誰(だれ)かが来る[何かが起こる]までじっとしていること.

(句)基本 **wait** one hour 1時間待つ → wait +副詞(句). one hour=for one hour (1時間の間).
• **Wait** a minute [a moment]. ちょっと待ってくれ.
• Please **wait** here **till** I come back. 私が帰って来るまでここで待っててね.

(句)基本 **wait** for Ken ケンを待つ → wait for +名詞. ×wait Ken としない.
• I'll **wait for** you **at** the school gate. 私は校門のところで君を待っています.
• I can't **wait for** the summer vacation. 私は夏休みを待てない[夏休みが待ち遠しい].
• I **waited for** her letter for weeks. = I **waited** (for) weeks **for** her letter. 私は彼女の手紙を何週間も待った.
• At the crossing, we **waited for** the train **to** pass. 私たちは踏切(ふみきり)で列車が通り過ぎるのを待った. → wait for A to do は 「Aが〜するのを待つ」.
• She **is** anxiously **waiting for** his return. 彼女は心配しながら彼の帰りを待っている. → 現在進行形の文. → **is** 助動 ❶
• Hurry up, Ken! Breakfast is **waiting for** you. ケン, 急いで. 朝ご飯が待ってるよ. →

「物が待っている」場合はふつう進行形になる.
- I'm sorry I've **kept** you **waiting** so long. 長い間お待たせしてすみません. →keep *A doing* は「Aを~させておく」.

❷ (順番・チャンスなどを)待つ
- **Wait** your turn. 君の番(が来るの)を待ちなさい.
- Don't **wait** supper for me. I will be very late tonight. 私は今晩帰りがとても遅(おそ)くなるので私のために夕食を待たないでください[待たずに始めてください].

wait and see じっくり待って様子を見る. 《命令文で》待ってて[見てて]ごらんなさい

🗨会話 What's for supper, darling?—**Wait and see**. ねえー, 晩ご飯は何.—まあ(楽しみに)待ってなって.

wait on ~ (店で客の)用を聞く, ~に給仕をする; ~に仕(つか)える, ~の世話をする

関連語 We **waited** for the **waiter** to **wait on** us. 私たちはウェーターが注文を取りに来るのを待った. →不定詞 to wait on (~の用を聞く)は形の上では名詞 waiter を修飾(しゅうしょく)する(→**to** ❾の❷)が, waiter は to wait on の意味上の主語なので「ウェーターが注文を取りに来るのを」と訳すのがよい.

── 名 待つこと, 待ち時間
- We **had** a long **wait for** the bus. 私たちはバスを長い間待った.

lie in wait for ~ ~を待ち伏(ぶ)せする
- The cat **lay in wait for** the bird. ネコはその鳥を待ち伏せしていた.

waiter A1 /wéitər ウェイタ/ 名 (男性の)給仕, ウェーター, ボーイ
関連語 **waitress** (ウェートレス)

⚠POINT 近年は性差別を避(さ)けて **server** と言うことが多い. その時の呼びかけには **Sir!** (男性に対して), **Ma'am!** (女性に対して)という.

🗨会話 **Waiter**! What is this fly doing in my soup?—He is doing the backstroke, sir. ウェーター! このハエは私のスープの中で何をしているのかね.—お客様, 彼は背泳ぎをしております(笑い話). →呼びかける時は ×*a*, ×*the* をつけない.

wáiting lìst 名 順番待ちの名簿(めいぼ)
wáiting ròom 名 待合室
waitperson /wéitpə̀rsən ウェイトパーソン/ 名 給仕(をする人) →性差別を避(さ)けて, waiter, waitress をこう呼ぶことがある.

類似語 **server** (サーバー)
waitress A1 /wéitris ウェイトレス/ 名 ウェートレス →**waiter**

wake 中 A1 /wéik ウェイク/ 動
三単現	**wakes** /wéiks ウェイクス/
過去	**woke** /wóuk ウォウク/, **waked** /wéikt ウェイクト/
過分	**woken** /wóukən ウォウクン/, **woke**, **waked**
-ing形	**waking** /wéikiŋ ウェイキング/

(**wake up** とも) 目が覚める, 起きる; 目を覚ませる, 起こす
- **Wake up**, Bob. ボブ, 起きなさい.
- Don't **wake** him (**up**). He is tired. 彼を起こすな. 彼は疲(つか)れている(のだから).
- I **wake** (**up**) at seven every morning. 私は毎朝7時に目が覚める.

関連語 **get up** は「目を覚まして寝床(ねどこ)から離(はな)れる」ことまでいう.

wake / get up

- He **was waked** by the bell of the alarm clock. 彼は目覚まし時計のベルの音で起こされた. →**was** 助動 ❷
waken /wéikən ウェイクン/ 動 目を覚まさせる →**wake** を使うほうがふつう.
Wales /wéilz ウェイルズ/ 固名 ウェールズ

参考 大ブリテン島 (Great Britain) の南西部の地方. 古くからケルト系ブリトン人が住んでいたが, 16世紀にアングロサクソン人のイングランドに併合(へいごう)された. 公用語は英語とウェールズ語 (Welsh).

walk 小 A1 /wɔ́ːk ウォーク/ (→l は発音しない) 動 三単現 **walks** /wɔ́ːks ウォークス/; 過去・過分 **walked** /wɔ́ːkt ウォークト/; -ing形 **walking** /wɔ́ːkiŋ ウォーキング/

❶ 歩く, 歩いて行く; 散歩をする
基本 **walk fast** 速く歩く →walk+副詞.

seven hundred and thirty-three 733 **wander**

- **walk about** 歩き回る, 散歩する
- **walk away** 歩き去る, 歩いて行ってしまう

関連語 Don't **run**. **Walk** slowly. 走ってはいけません. ゆっくり歩きなさい.

基本 **walk** to school 学校へ歩いて行く, 歩いて通学する →walk+前置詞+場所を表す名詞.

- **walk along** the street 通りを歩いて行く
- He **walks** with his dog every day. 彼は毎日犬と散歩をします.
- We **walked** (for) three hours [miles]. 私たちは3時間[マイル]歩いた.
- Mr. Jones and his wife **are walking around** the pond. ジョーンズ夫妻が池の周りを散歩している. →現在進行形の文. →**are**

助動 ❶

- Kay and Bob **came walking** toward us. ケイとボブが私たちの方へ歩いて来た. →walking は現在分詞. come *doing* は「～しながら来る, ～して来る」.

❷ 連れて歩く, 歩いて送る, (犬などを)散歩させる

- I'll **walk** you **home** [**to** the bus stop]. あなたを家まで[バス停まで](歩いて)送って行きましょう. →home は副詞で「家へ」.
- Ken is **walking** his dog Sandy. ケンは犬のサンディーを散歩させています.

❸ 《野球》(打者がフォアボールで1塁(るい)に)歩く; (投手が打者を)歩かせる

── 名 (複) **walks** /wɔ́ːks ウォークス/

❶ 歩くこと, 散歩, ハイキング

基本 go for [take, have] a **walk** 散歩に行く, 散歩する

- take a dog **for** a **walk** 犬を散歩に連れて行く
- I often go to the park for a **walk**. 私はよく公園へ散歩に行く.
- Let's take a **walk in** the park [**on** the beach]. 公園を[浜辺(はまべ)を]散歩しよう.

❷ 歩く道のり, 歩く距離(きょり)

- My house is a ten-minute **walk from** the station. 私の家は駅から歩いて10分(の距離)です.

❸ 歩道; (特に公園などの)散歩道

- There are many beautiful **walks** in the park. その公園には美しい散歩道がたくさんある.

❹ 《野球》フォアボール(で歩くこと) →「フォアボール」は和製英語. **a base on balls** ともいう.

- give ~ a **walk** ～にフォアボールを与(あた)え

る, ～を四球で歩かせる

walker /wɔ́ːkər ウォーカ/ 名 歩く人; ハイキングする人

walkie-talkie /wɔ́ːki tɔ́ːki ウォーキ トーキ/ 名 携帯(けいたい)用トランシーバー

walking A2 /wɔ́ːkiŋ ウォーキング/ (→l は発音しない) 動 **walk** の -ing 形 (現在分詞・動名詞)

── 名 歩くこと, 歩行

wálking stìck 名 ステッキ (cane), つえ

wall 小 A1 /wɔ́ːl ウォーる/ 名 (複) **walls** /wɔ́ːlz ウォーるズ/

❶ 壁(かべ)

- hang a picture **on** the wall 壁に絵をかける

ことわざ **Walls** have ears. 壁に耳(あり), 一人言えば三人聞く. →「秘密は漏(も)れやすいから注意しなさい」という意味.

❷ (石・れんが・板などの)塀(へい)

- a stone [brick] **wall** 石[れんが]の塀
- He **climbed over** the **wall** into the garden. 彼は塀を乗り越(こ)えて庭に入り込(こ)んだ.

wallet A2 /wάlit ワれト/ 名 札(さつ)入れ, 財布(さいふ) →折り畳(たた)み式で仕切りのあるもの. →**purse**

wallpaper /wɔ́ːlpeipər ウォーるペイパ/ 名 壁紙(かべがみ)

Wáll Strèet 固名 ウォール街

参考 ニューヨーク市の南にあり, 株式取引所・銀行・証券会社などが集まって米国経済の中心となっている通り. 17世紀なかばオランダ植民者たちが英国人などの敵が入れないように塀(へい) (wall) を作ったことからこう呼ばれるようになった.

walnut /wɔ́ːlnʌt ウォーるナト/ 名 《植物》クルミ; クルミの木

walrus /wɔ́ːlrəs ウォーるラス/ 名 《動物》セイウチ →北極海にすむ海獣(かいじゅう). アザラシ (seal) より大きく, 2本の長い牙(きば) (tusk) がある.

waltz /wɔ́ːl(t)s ウォーるツ, ウォーるス/ 名 《音楽》ワルツ; ワルツ曲, 円舞(えんぶ)曲

── 動 ワルツを踊(おど)る

wand /wάnd ワンド/ 名 (魔法(まほう)使い・奇術(きじゅつ)師などが使う)細いつえ, 棒 →**fairy**

wander A2 /wάndər ワンダ/ 動 (あてもなく)歩き回る, ぶらぶら歩く; さまよう, 放浪(ほうろう)す

wanna

る
- **wander about** ぶらぶら歩き回る, さまよい歩く
- **wander off** はぐれる, 迷子になる

wanna /wánə ワナ/ ＝want (to) (〜したい; 〜が欲(ほ)しい)

want 小 A1 /wánt ワント | wɔ́nt ウォント/

[動] ❶ (〜が)欲(ほ)しい, (〜を)欲しがる　意味 map
❷ (want to do で)(〜することを)望む, 〜したい
❸ (want A to do で) Aに〜してもらいたい

[名] 不足

── [動] （三単現 **wants** /wánts ワンツ/; 過去・過分 **wanted** /wántid ワンテド/; -ing形 **wanting** /wántiŋ ワンティング/）

❶ (〜が)欲しい, (〜を)欲しがる, 望んでいる

基本 I **want** a friend. 私は友人が欲しい. → want＋(代)名詞.

- Everyone **wants** peace. 誰(だれ)もが平和を望んでいる. → want はふつう進行形にならないから,「望んでいる」を ×is wanting としない.
- I don't **want** any more cake. 私はもうこれ以上ケーキは欲しくない.

 会話

What do you **want** for your birthday?—I **want** a new bicycle.
君は誕生日に何が欲しい?—新しい自転車が欲しい.

- They **wanted** something to eat. 彼らは食べるための何か[食べ物]が欲しかった. → 不定詞 to eat (食べる〜)は something を修飾(しゅうしょく)する. → to ❾ の ②

❷ (want to do で)(〜することを)望む, 〜したい → 不定詞 (to do) は want の目的語. → to ❾ の ①

基本 I **want** to go home. 私は家に帰りたい.

 会話

Where do you **want** to go?—I **want** to go to Disneyland.
君はどこへ行きたいの?—私はディズニーランドへ行きたい.

- You can go there if you **want** to (go). もし行きたければそこへ行ってもいいよ.
- I **wanted** to be a professional skier

want 小 A1 /ワント | ウォント/

三単現 **wants** /ワンツ/　　過去・過分 **wanted** /ワンテド/
-ing形 **wanting** /ワンティング/

 教科書によく出る 意味

[動] ❶ (〜が)ほしい, (〜を)ほしがる
　　What does he **want**? 彼は何をほしがっているの？
　　They **wanted** a better future. 彼らはよりよい未来がほしかった.

❷ (want to do で)〜したい
　　I **want** to be a musician. 私はミュージシャンになりたい.

❸ (want A to do で)Aに〜してもらいたい
　　My father **wants** me **to** be a doctor.
　　父は私に医者になってもらいたいと思っている.

when I was a child. 私は子供の頃(ころ)プロのスキーヤーになりたかった.
- I've **wanted to** buy that guitar for two years. 私はあのギターを2年前から買いたいと思っていた. →現在完了(かんりょう)の文. →**have** 助動 ❸

❸ (**want** A **to** do で) **A に～してもらいたい**, Aに～することを要求する
- I **want** you **to** come and help me. 私は君に助けに来てもらいたい.
- She **wanted** her son **to** be an artist. 彼女は息子(むすこ)に芸術家になってもらいたかった.
- What do you **want** me **to** do? 君は私に何をしてもらいたいのですか[どんなご用をしましょうか].

❹ (～に)用がある, 求める;《主に英》必要とする (need)
- The teacher **wants** you. 先生が君に用があるって.
- The murderer **is wanted** by the police. その殺人犯は指名手配中である. →受け身の文. →**is** 助動 ❷

掲示 **Wanted**: a cook. コックを求む. →求人広告. A cook **wanted**. (= A cook **is wanted**.) とも表記する.
- This plant **wants** water. この植物は水を必要としている[水をやらなければいけない].

❺ 事欠(ことか)く, 不自由する
- As a child he did not **want** for anything. 子供の頃は彼は何不自由なく育った.

── 名 (複 **wants** /wánts ワンツ/)
不足, 欠乏(けつぼう) (lack); 必要 (need)
- I'm sick **for** [**from**] **want of** sleep. 私は睡眠(すいみん)不足で気分が悪い.
- People in Africa are **in want of** food. アフリカの人々は食糧(しょくりょう)を必要としている.

war 中 A1 /wɔ́ːr ウォー/ 名

戦争, 戦い
関連語 **war** and **peace** 戦争と平和
- a nuclear **war** 核(かく)戦争
- a **war** against air pollution 大気汚染(おせん)反対闘争(とうそう)
- A **war broke out** between the two nations. その2国間で戦争が起こった.
- Her son was killed **in the war**. 彼女の息子(むすこ)は(戦争で殺された ⇒)戦死した.

関連語 Soldiers fight many **battles** in a **war**. 兵士は1度の戦争中にたくさんの戦闘(せんとう)をする. →**war** は「戦争全体」を指し, **battle** は「個々の戦闘」をいう.

at war (*with* ～) (～と)交戦中で
- The two countries **were at war** for five years. その2国は5年間も戦争状態にあった.
- They live in countries **at war**. 彼らは戦争中の国に住んでいる.

go to war (国が)戦争を開始する

ward /wɔ́ːrd ウォード/ 名 ❶ (病院の)共同病室; 病棟(びょうとう) ❷ (都市の行政区画である)区

wardrobe /wɔ́ːrdroub ウォードロウブ/ 名 ❶ 洋服だんす ❷ (個人的)衣装(いしょう)全部, 持ち衣装

ware /wéər ウェア/ (→**wear** (着る)と同音) 名 (**wares** で) 商品;《他の語と結びついて》～製品, (陶器(とうき)などの)～焼き

warehouse /wéərhaus ウェアハウス/ 名 (複 **warehouses** /wéərhauziz ウェアハウズィズ/) 倉庫

warm 中 A1 /wɔ́ːrm ウォーム/ 形

(比較級 **warmer** /wɔ́ːrmər ウォーマ/; 最上級 **warmest** /wɔ́ːrmist ウォーメスト/)

❶ (気温が)暖かい
関連語 **cool** (涼(すず)しい), **hot** (暑い)

warm

cool

基本 a **warm** day 暖かい日 →**warm**＋名詞.

基本 Winter is cold. Spring is **warm**. (=It is **warm** in spring.) 冬は寒い. 春は暖かい. →**be** 動詞＋**warm**. It は漠然(ばくぜん)と「気温」を示す. 「冬が暖かい」には **warm** を使わず,

チャンクでおぼえよう want	
□ 何か食べるものが欲しい	**want** something to eat
□ 家に帰りたい	**want** to go home
□ あなたに来て欲しい	**want** you to come

warm-hearted

This winter is **mild** (温暖だ). などという.

●**get warm** 暖かくなる, (体が)温まる

●My cheeks are **warm from** the fever. 私のほおは熱のせいでほてっている.

●Please open the window. I'm too **warm**! その窓を開けてください. 暑いから.

●In winter Florida is much **warmer** than New York. 冬のフロリダ州はニューヨーク州よりずっと暖かい.

❷ (心が)温かい; (色など)温かい感じの

●a **warm** heart 温かい心

●a **warm** welcome 温かい歓迎(かんげい)

●**warm** colors (赤・オレンジ・黄色などの)温かい色, 暖色(だんしょく)

—— 動 [三単現] **warms** /wɔ́ːrmz ウォームズ/; 過去・過分 **warmed** /wɔ́ːrmd ウォームド/; -ing形 **warming** /wɔ́ːrmiŋ ウォーミング/)

暖める, 温める; 暖かくなる, 温かくなる

●**warm** a room 部屋を暖める

●Come near the fire and **warm** yourself. 火の近くへ来て温まりなさい.

●The mother rabbit **warms** her babies **with** her own body. 母ウサギは自分の体でその子たちを温める.

●His kind words **warmed** her heart. 彼の優(やさ)しい言葉が彼女の心を温かくした.

warm up 暖める, 温める, 暖まる, 温まる; (競技などの前に体を暖めるために)軽い準備運動をする, ウォーミングアップする

●The room is **warming up**. 部屋がだんだん暖まってきた.

warm-hearted /wɔ́ːrm hɑ́ːrtid ウォーム ハーテド/ 形 心の温かい, 思いやりのある →**heartwarming**

warming /wɔ́ːrmiŋ ウォーミング/ 名 暖かくなること[すること]

warmly /wɔ́ːrmli ウォームリ/ 副 温かく; 心から

warmth /wɔ́ːrmθ ウォームス/ 名 暖かさ, 温かさ, 思いやり

warm-up /wɔ́ːrmʌp ウォーマプ/ 名 (競技などの前に体を暖めてほぐす)準備運動, ウォーミングアップ

warn /wɔ́ːrn ウォーン/ 動 〜に警告する, 〜に注意する; 〜に前もって知らせておく

warning /wɔ́ːrniŋ ウォーニング/ 名 警告, 警報, 注意

Wár of Indepéndence 固名 (the を

つけて) (米国の)**独立戦争** →英国の植民地であった北米13の州が本国から独立しようとして戦った戦争 (1775–1783).

warrior /wɔ́ːriər ウォーリア/ 名 《文》戦士, 兵士, 武士

was 中 A1

/弱形 wəz ワズ, 強形 wάz ワズ, wɔ́z ウォズ/ 動 →be 動詞 **am**, **is** の過去形

❶ 〜であった, 〜だった

●I [**He**] **was** a little child then; I **am** [He **is**] now twenty. その頃(ころ)私[彼]は小さな子供でした. 今では私[彼]は20歳(さい)です.

→主語+was+名詞[形容詞]. 主語には I, he, she, it や単数の名詞がなる.

> 🔸会話🔸
> **Was** he sick yesterday? —Yes, he **wás**.
> 彼は昨日病気だったの?—ええ, そうです.
> →Was+主語+〜? で疑問文. was が文末に来る時は強く発音する.

●He **was not** [《話》**wasn't**] rich, but he **was** happy. 彼は金持ちではなかったが幸福だった. →主語+was not [wasn't]+〜で否定文.

❷ (〜に)いた, (〜に)あった

●He **was** in New York last month, but he is now in London. 彼は先月はニューヨークにいたが今はロンドンにいる. →主語+was+場所を示す副詞(句).

●He **wasn't** there, **was** he? 彼はそこにいませんでしたね. →〜, was he? は「〜でしたね」と念を押(お)す用法.

🔸会話🔸There **was** an earthquake last night.—**Was** there? I didn't notice it. 昨夜地震(じしん)がありました.—そうですか. 私は気がつきませんでした.

—— 助動 ❶ (**was** *doing* で) 〜していた; 〜しようとしていた →過去進行形.

●I **was studying** in the library when the earthquake occurred. 地震が起きた時私は図書室で勉強していた.

🔸会話🔸**Was** May **playing** the piano? —Yes, she **was**. メイはピアノを弾(ひ)いていましたか.—はい, 弾いていました.

●Where **was** Mr. James **going**? ジェームズさんはどこへ行くところでしたか.

❷ (**was**+過去分詞で) 〜された →過去の受け

身.

• She **was loved** by everyone. 彼女はみんなに愛された.

• His brother **was killed** in the war. 彼の兄[弟]はその戦争で(殺された ⇨)死んだ. ➡事故・戦争などで「死ぬ」は受け身形でいう.

wash 小 A1 /wáʃ ワシュ|wɔ́ʃ ウォシュ/ 動

(三単現 **washes** /wáʃiz ワシェズ/; 過去・過分 **washed** /wáʃt ワシュト/; -ing形 **washing** /wáʃiŋ ワシンぐ/)

❶ 洗う; (〜を)洗濯(せんたく)する; 手[顔][体]を洗う

血基本 **wash** the dishes (食後の)食器類を洗う ➡ wash+名詞.

関連語 **wash** the clothes in a **washing machine** 洗濯機で衣類を洗濯する

• She **washed** and went to bed. 彼女は体を洗って寝た.

• You must **wash** (your hands) before meals. 食事の前には手を洗わないといけません.

• Where can I **wash** my hands? どこで手を洗えますか. ➡他人の家などで「トイレはどちらですか」の意味にもなる.

• He usually **washes** the clothes on Monday. 彼はふつう月曜日に洗濯をします.

• **Have** you **washed** your dirty shirt? 君は自分の汚(よご)れたシャツをもう洗濯しましたか. ➡現在完了(かんりょう)の文. ➡ **have** 助動 ❶

• Mother **is washing** the dishes in the kitchen. 母は台所で食器を洗っています. ➡現在進行形の文. ➡ **is** 助動 ❶

❷ (人が汚れなどを)洗い落とす; (波が岸を)洗う, (〜に)打ち寄せる; (流れが)さらっていく, (洗い)流す

• **wash** the stain **off** [**out of**] the carpet じゅうたんのしみを洗い落とす

• The waves **washed** (**upon**) the shore. 波は岸を洗った[岸に波が寄せた].

• The bridge **was washed away** by the flood. 洪水(こうずい)で橋が流された. ➡ washed は過去分詞で受け身の文. ➡ **was** 助動 ❷

wash away (洪水などが)洗い流す

wash up 《米》(食事前に)手(や顔)を洗う; 《英》(使った食器類を全部)洗う, 皿洗いをする; (波が〜を)打ち上げる

• Who **washes up** after dinner? 食後の洗い物は誰(だれ)がするのですか.

── 名 (複 **washes** /wáʃiz ワシェズ/)

❶ 洗うこと, 洗濯

• **have** a **wash** 顔や手を洗う

• **Give** your car a good **wash**. 君の車をよく洗いなさい.

• Your shirt is in the **wash**. あなたのシャツは洗濯中です.

❷ 《集合的に》洗濯物

• a large [big] **wash** たくさんの洗濯物 ➡ ×**many** washes としない.

• **hang** the **wash** on the line 洗濯物をロープに干す

• We **do** the **wash** on Monday. 私たちは月曜日に洗濯をします.

washbasin /wáʃbeisn ワシュベイスン/ 名 《英》洗面台, 洗面器 ➡ **sink**

washcloth /wáʃklɔːθ ワシュクろーす/ 名 《米》(入浴用の)小さいタオル

washer /wáʃər ワシャ/ 名 《米》洗濯(せんたく)機 (washing machine)

washing /wáʃiŋ ワシンぐ/ 動 **wash** の -ing形 (現在分詞・動名詞)

── 名 ❶ 洗濯(せんたく)

❷ (**the washing** で)《集合的に》洗濯物

• do **the washing** 洗濯をする

• **hang out the washing** on the line 洗濯物をロープに干す

wáshing machìne A2 名 洗濯(せんたく)機

Washington /wáʃiŋtən ワシントン/ 固名

❶ ワシントン

参考 米国の首都. メリーランド州 (Maryland) とバージニア州 (Virginia) の間, ポトマック川 (the Potomac) 沿岸にある. 州に属さない特別区 (the District of Columbia) の略字をつけ **Washington, D.C.** とし, ワシントン州と区別する.

❷ ワシントン州 ➡米国北西端(たん)の州. **Wash.**, (郵便で)**WA** と略す.

❸ (**George Washington**) ジョージ・ワシントン ➡米国独立戦争の総司令官 (1732–1799). 米国初代大統領.

wasn't /wáznt ワズント/ **was not** を短くした形 ➡ **was**

会話 Was she homesick? —No, she **wasn't**. 彼女はホームシックにかかりましたか. —いや, かかりませんでした.

wasp /wásp ワスプ/ 名 《虫》スズメバチ ➡大

waste 738 seven hundred and thirty-eight

型で腰(こし)が細くくびれている。

waste 中 /wéist ウェイスト/ 動 無駄(むだ)に使う，浪費(ろうひ)する

- **waste** money [time] 金[時間]を浪費する
- **waste** *one's* strength 体力を無駄に消耗(しょうもう)する
- My brother **wastes** time and money **on** pachinko. 僕(ぼく)の兄はパチンコに時間とお金を浪費している。

waste away (体力が)衰(おとろ)える，衰弱(すいじゃく)する

── 名 ❶ 無駄(使い)，浪費

- a **waste** of money [time] 金[時間]の浪費

❷ くず，廃物(はいぶつ)

- kitchen **waste** (台所の)生ごみ
- industrial **waste** 産業廃棄(はいき)物
- Factory **waste** pollutes our rivers. 工場廃棄物は私たちの川を汚染(おせん)する。

── 形 くずの，廃物の，不用の；荒(あ)れた，不毛の →名詞の前にだけ使う。

- **waste** water 廃水(はいすい)，汚水(おすい)
- **waste** ground （雑草が生えてごみなどが捨てられている)荒れ地

go to waste 無駄になる，廃物になる

wastebasket /wéistbæskit ウェイストバスケット/ 名 《米》紙くずかご (《英》waste-paper basket)

wasteful /wéistfəl ウェイストふる/ 形 むだに使う，浪費(ろうひ)する

wastepaper /wéistpeipər ウェイストペイパ/ 名 紙くず

wástepaper bàsket 名 《英》 =wastebasket

watch 小 A1 /wátʃ ワチ|wɔ́tʃ ウォチ/

名 ❶ 腕(うで)時計 意味map
　 ❷ 見張り，警戒(けいかい)
動 ❶ じっと見る，気をつけて見る
　 ❷ 見張る

── 名 (複 **watches** /wátʃiz ワチェズ/)

❶ 腕時計，懐中(かいちゅう)時計 →携帯(けいたい)用の時計をいう。 関連語 **clock** (置き時計，掛(か)け時計)

- a digital **watch** デジタル腕時計
- It is two o'clock **by** my **watch**. 私の時計では2時です。
- My **watch** is two minutes **slow** [**fast**]. 私の時計は2分遅(おく)れて[進んで]いる。
- My father **wears** a Swiss **watch**. 私の父

はスイス製の腕時計をしています。

- My **watch keeps good time**. = My **watch** is **correct**. 私の時計は正確だ。
- My **watch gains** [**loses**] a little. 私の時計は少し進む[遅れる]。

❷ 見張り，用心，警戒

be on the watch for ~ ~を見張っている，~を警戒している，~によく気をつける

keep (a) watch on ~ ~の見張りをする，~を注意[警戒]する

- The anxious villagers are **keeping a watch on** the level of the river. 不安な村人たちは[村人たちは不安気に]川の水位を見張っている。

── 動 (三単現 **watches** /wátʃiz ワチェズ/; 過去・過分 **watched** /wátʃt ワチト/; -ing形 **watching** /wátʃiŋ ワチング/)

❶ じっと見る，気をつけて見る →ふつう動いている物を見つめることをいう。 →look ❶ 類似語

基本 **watch** television テレビを見る → watch+名詞。

- **watch** a baseball game (on TV) (テレビで)野球の試合を見る
- **watch** the fireworks 花火を見物する
- He usually **watches** television after supper. 彼はたいてい夕食後テレビを見る。

関連語 If you **watch** carefully, you might **see** a falling star. 注意してじっと見ていれば流れ星が見えるかもしれません。

- **Watch** me do it. 私がそれをするのをよく見ていなさい。 → watch *A do* は「Aが~するのをじっと見る」。
- We **watched** the sun go**ing** down. 私たちは太陽が沈(しず)んでいくのをじっと見詰めていた。 → watch *A doing* は「Aが~しているのをじっと見る」。
- He **was watching** her carefully. 彼は彼女(の動き)を注意深くじっと見ていた。 → 過去進行形の文。 → **was** 助動 ❶
- **Watching** birds is a popular hobby among British people. 野鳥の観察は英国人の間で多く見られる趣味(しゅみ)である。 → 動名詞 Watching (見ること)は文の主語。

❷ 見張る，番をする，気をつける

- **watch** the sheep 羊の群れの番をする
- **watch** a baby 赤ちゃんのお守(も)りをする
- **Watch** your step! 足元に気をつけて！
- Will you **watch** my clothes while I

have a swim? 僕(ぼく)がひと泳ぎする間服の番をしていてくれる?

watch for ～ ～を気をつけて待ち構える
• Could you **watch for** the postman? 郵便屋さんが来るので気をつけてもらえますか.

watch out (***for ～***) (～を)警戒[用心]する

watchdog /wάtʃdɔːɡ ワチドーグ/ 图 監視人; 番犬

watchmaker /wάtʃmeikər ワチメイカ/ 图 時計工; 時計メーカー

watchman /wάtʃmən ワチマン/ 图
(複 **watchmen** /wάtʃmən ワチマン/)
(ビルの)警備員, ガードマン → 男性に限定しない場合は **guard** を用いるほうがよい.

water 小 A1 /wɔ́ːtər ウォータ/ 图
(複 **waters** /wɔ́ːtərz ウォータズ/)

❶ 水
• hot [cold] **water** 湯[冷たい水, 冷水]
• sea [rain] **water** 海水[雨水]
• **a glass of water** コップ1杯(はい)の水

◯POINT water は「水」という意味では1つ2つと数えられないから ×*a* water, ×*two* waters などとしない.「水1杯, 2杯」は水を入れる容器を表す語を使って, a glass of water (コップ1杯の水), two glasses of water (コップ2杯の水)のようにいう.

• **a drink of water** 1杯の水 → a drink は「ひと飲み」の意味.
• **some** [**much**] **water** いくらかの[たくさんの]水 → ×*many* waters としない.
• drinking **water**＝**water** to drink 飲料水 → 不定詞 to drink (飲むための～)は water を修飾(しゅうしょく)する. → to ❾ の ②
• May I **have** a glass [a drink] of **water**? 水を1杯いただけますか.
• a **water** bottle 水筒

❷ (the water で) (川・池・湖・海などの)水中, 水面; ((the) waters で) 川, 湖, 海
• He fell **into the water**. 彼は水の中へ落ちた.
• It's fun to ski **on the water**. 水上スキーをするのはおもしろい.
• The Titanic went down **under the water**. タイタニック号は水中へ沈(しず)んでいった.
• From the plane we saw **the** blue **waters** of the Pacific. 飛行機から太平洋の青い

海原(うなばら)が見えた.

ことわざ Still **waters** run deep. 音を立てないで流れる川は深い. →「考えの深い人は黙(だま)っている」の意味.

── 動 (三単現 **waters** /wɔ́ːtərz ウォータズ/;
過去・過分 **watered** /wɔ́ːtərd ウォータド/;
-ing形 **watering** /wɔ́ːtəriŋ ウォータリング/)

❶ 水をやる, 水をまく; 水で薄(うす)める
• **water** the street 通りに水をまく
• **water down** the juice ジュースを水で薄める
• Mr. White is **watering** the flowers in the garden. ホワイトさんが庭の花に水をやっている.

❷ (目から)涙(なみだ)が出る, (口から)唾(つば)[**よだれ**]が出る
• My mouth **watered** when I saw the cake. 私はそのケーキを見たらよだれが出てきた.

wáter bìrd 图 水鳥 → 白鳥, カモ, アヒル(など).

wáter bùffalo 图 《動物》水牛 → 単に **buffalo** ともいう.

watercolo(u)r /wɔ́ːtərkʌlər ウォータカら/ 图 (**watercolo(u)rs** で) 水彩(すいさい)絵の具; 水彩画

waterfall /wɔ́ːtərfɔːl ウォータふォーる/ 图 滝(たき) → 単に **fall** ともいう.

waterhole /wɔ́ːtərhoul ウォータホウる/ 图 (野生動物たちの)水飲み場 → **water hole** と2語にもつづる.

watering /wɔ́ːtəriŋ ウォータリング/ 图 水まき, 散水

── 形 水を供給する, 水を注ぐ[まく]; 温泉[鉱泉]の; 海水浴場の; 涙ぐんだ

wátering càn 图 (水まきに使う)**じょうろ** → (米) では **watering pot** ともいう.

wátering hòle 图 ＝waterhole

wáter lìly 图 《植物》**スイレン** → ハス (lotus) に似た水生植物.

watermelon 小 /wɔ́ːtərmelən ウォータメロン/ 图 《果物》**スイカ** → 西洋のスイカは日本のものより大きく, ラグビーボール形のものが多い.「水分 (water) の多いメロン (melon)」の意味.

wáter pòlo 图 水球 → 7人ずつの2チームが泳ぎながらボールを敵のゴールに投げ込(こ)むスポーツ.

waterproof /wɔ́ːtərpruːf ウォータブるーふ/ 形

water-ski

水を通さない, 防水の **→ -proof**

water-ski /wɔ́ːtərskiː ウォータスキー/ 動 水上スキーをする

water-skiing /wɔ́ːtərskiːiŋ ウォータスキーイング/ 名 (スポーツとしての)水上スキー **→**「スキー板（2枚1組）」は (**water**) **skis** という.

waterway /wɔ́ːtərwei ウォータウェイ/ 名 (船が通れる河川(かせん)・湖などの自然の)水路, 運河

waterwheel /wɔ́ːtər(h)wiːl ウォータ(ホ)ウィール/ 名 水車 **→** これを原動力として作業を行う所が **mill** (水車小屋, 製粉所).

watt /wάt ワト/ 名 ワット **→** 電力の単位. **W** または **w** と略す. Watt の名前から.

Watt /wάt ワト/ 固名 (**James Watt**) ジェームズ・ワット **→** スコットランドの技師 (1736-1819). 蒸気機関を完成した.

wave 中 A2 /wéiv ウェイヴ/ 名
❶ 波, (髪(かみ)の)ウェーブ
• sound [light, electric] **waves** 音波[光波, 電波]
• The big **waves** were **breaking** against the rocks. 大きな波が岩に当たって砕(くだ)けていた. **→ were** 助動 ❶
• You can't swim here today because the **waves** are too **high**. きょうは波が高過ぎるからここでは泳いじゃだめです.
• His hair has a **natural wave**. 彼の髪は天然パーマだ.
❷ 手を振(ふ)ること, 一振り
• She gave a **wave of** hello from across the street. 彼女は通りの向こうから挨拶(あいさつ)の手を振った.
── 動 振る; (合図に)手を振る, 振り回す; (波のように)揺(ゆ)れる, (旗などが)ひらひらする
• **wave** one's hand [handkerchief] (別れの挨拶に)手[ハンカチ]を振る
• The flag is **waving** in the wind. 旗は風に揺れている.
• He is **waving to** us. 彼は私たちに手を振っている. **→ is** 助動 ❶

wave aside 払(はら)いのける, (提案などを)退(しりぞ)ける

wave away (手を振って)あっちへ行けと合図する, 追い払う

wáve pòwer 名 波力

wax /wǽks ワクス/ 名 ろう; (床(ゆか)・家具などを磨(みが)く)ワックス
関連語 **Candles** are made of **wax**. ろうそ

くはろうでできている.
── 動 ～にワックスをかける

way 小 A1 /wéi ウェイ/

名 ❶ (～へ行く)道　意味 map
❷ 道のり
❸ 方向, 方角
❹ 方法, やり方
❺ 方面, 点

── 名 (複 **ways** /wéiz ウェイズ/)
❶ (～へ行く)道
POINT 必ずしも道路そのものをいうわけではない. 道路そのものの意味では highway (幹線道路)のような合成語として使われる.
• the **way to** the station 駅へ行く道
• the **way home** [**back**] 帰り道 **→** home は副詞で「家へ」の意味.
• Please **tell** me the **way to** your house. お宅へ行く道を教えてください.
• You lead the **way**, and we'll follow. 君が先に立って案内してくれ. そしたら僕(ぼく)たちはあとについて行くから.
• The plane **took** the shortest **way to** London by flying over the North Pole. 飛行機は北極の上を飛ぶことによってロンドンへの最短の航路をとった.
• The children **lost** their **way** in the wood, but soon they **found** a **way through** it. 子供たちは森の中で道に迷ったが, まもなくそこを抜(ぬ)け出す道を見つけた[何とか抜け出すことができた].
❷ 道のり, 距離(きょり) (distance)
• a long **way** 長い道のり, 《副詞的に》遠くに
• **It is** a long [short] **way** from here to our school. ここから私たちの学校までは遠い[近い]. **→** It は漠然(ばくぜん)と「距離」を表す.
• I'll go part of the **way** with you, but I don't have time to go the whole **way**. 途中(とちゅう)までごいっしょしますが最後までごいっしょする時間はありません.
❸ 方向, 方角 (direction)
掲示 One way. 一方通行 **→** 道路標識.
• (**Come**) This **way**, please. どうぞこちらへ. **→ ×To** this way としない.
• The post office isn't **this way**, it's **that way**. 郵便局はこっちの方ではありません, あちらの方です.
• Which **way** (= In what direction) did

seven hundred and forty-one 741 **way**

he run away? 彼はどっちに逃(に)げましたか.

•If you are going our **way**, please get into our car. 私たちの行く方向へ行かれるなら, どうぞこの車にお乗りなさい.

•Bob and Jim said goodbye to each other and **went** their separate **ways** home. ボブとジムはお互(たが)いにさよならを言ってそれぞれの家路を帰って行った.

❹ **方法** (method), **やり方, しかた, 風**

•in some **way** なんらかの方法で, なんとかして

•in strange **ways** 奇妙(きみょう)なやり方で, 見たことのない様子で

•the best **way to** learn [**of** learn**ing**] English 英語を学ぶ最もいい方法 →不定詞 to learn (学ぶ〜)は way を修飾(しゅうしょく)する. → **to** ❾ の ②

•the American **way** of life [living] アメリカ人の生活様式

•Do it (in) **this way**. それをこんな風にしてやってごらん. →in をつけないほうがふつう.

> **文法 ちょっとくわしく**
>
> **this** [**that, the**] **way** は一般(いっぱん)的に言って, 前置詞 **in** をつけてもつけなくても同じ意味だが, 文脈によっては **in** をつけるほうがふつうの場合と, つけないほうがふつうの場合があるから注意. 下の2例参照.

•In that **way** he became very rich in a few years. そういう風にして彼は数年間で大金持ちになった.

•You're putting in the CD the wrong **way**. 君は違(ちが)ったやり方で CD を入れている [CD の入れ方が違うよ].

•**This is the way** I solve the puzzle. これが私がそのパズルを解くやり方です[パズルはこういう風にして解くのです].

•I love the **way** she smiles [walks]. 私は彼女の笑い方[歩き方]が大好きです.

ことわざ Where there's a will, there's a **way**. 意志のあるところには(何らかの)方法[道]がある. →「何よりもやる気が大事」の意味.

❺ **方面, 点**

•This is better than that **in** many **ways**. これはいろいろな点でそれよりよい.

❻ **(**do one's **way** で**) 〜しながら進んで行く**

•I felt my **way to** the door in the dark.

私は暗闇(くらやみ)の中をドアまで手探(てさぐ)りで進んだ.

•He **pushed** his **way through** the crowd. 彼は人混みを押(お)し分けて進んだ.

all the way (その道を)**ずっと; はるばる**

•He ran **all the way** to school. 彼は学校までずっと走った.

•He came **all the way from** Africa. 彼はアフリカからはるばるやって来た.

by the way ついでながら, ところで

by way of 〜 〜を通って, 〜を経由して (via)

•Ben came to Japan **by way of** Hawaii. ベンはハワイ経由で日本に来た.

give way (**to 〜**) ①**(〜に)道を譲(ゆず)る**

•The boy **gave way to** an old lady at the door. その男の子は入口で老婦人に道を譲った.

②**(重みで)崩(くず)れ落ちる, 壊(こわ)れる**

•The old bridge finally **gave way**. その古い橋はついに崩れ落ちた.

go out of one's **way 回り道をする**

go one's (**own**) **way わが道を行く, 自分の思いどおりにする**

have one's (**own**) **way 自分のやり方でやる, 好き(勝手)にする**

in a way ある点[意味]で

in the [A's] **way (A の)邪魔(じゃま)になって, 行く手をふさいで →out of the way**

•Don't leave your bicycle there; it will **get in the way**. 自転車をそこに置いておかないでください. 邪魔になるから.

•A mail carrier tried to get to the mailbox, but a big dog was **in** his **way**. 郵便屋さんは郵便箱の所へ行こうとしたが大きな犬が行く手をふさいでいた.

make one's **way 進む, 行く** (go) → make の代わりにほかの動詞を使って「いろいろな進み方」を表すことがある. → ❻

•He **made** his **way through** the crowd. 彼は群衆をかき分けて進んだ.

make way (**for 〜**) **(〜に)道を譲る[あける]**

•**Make way for** the fire truck! 消防車に道をあけろ!

no way 《話》**決して〜しない; (No way! で)とんでもない, だめだ**

on the [one's] **way 途中で; (〜に)向かって**

•**on the way to** Los Angeles ロサンゼルスへ行く途中で[へ向かって]

A
B
C
D
E
F
G
H
I
J
K
L
M
N
O
P
Q
R
S
T
U
V
W
X
Y
Z

way in

- **on** *one's* **way** to and from school 学校の行き帰りに
- **on the way** home 家へ帰る途中で

Please tell me the **way** to the stadium.—Come with me; I am **on my way** there.
球場への道を教えてください.—いっしょにいらっしゃい. 僕もそこへ行くところですから.

out of the way 邪魔にならない所に
- Get **out of the way**. どいてくれ.

this way and that あちらこちら(といろいろな方向に)

***there's no way** (**that**)* ~ 《話》決して~しない
- **There's no way** we can fall. 僕らが倒れるなんてありっこないさ.

under way (物事が)進行中で
- get **under way** (物事が)始まる, 動き出す

wáy ín 图 入り口 (entrance)
wáy óut 图 出口 (exit)
WC 略 水洗式便所 → water closet. 古い表現.

> 参考 日本では WC は公衆トイレの掲示(けいじ)として使われるが, 英国では家の設計図や広告などで使われ, 掲示用には WC でなく, Gentlemen (男子用), Ladies (女子用)を使う. → **toilet**

we 小 A1 /wi(:) ウィ(ー)/ 代

❶ 私たちは, 私たちが, 我々は[が] → I² の複数形. 関連語 **our** (私たちの), **us** (私たちに[を]), **ours** (私たちのもの)

we の変化

	単 数 形	複 数 形
主　　　格	I (私は[が])	we (私たちは[が])
所 有 格	my (私の)	our (私たちの)
目 的 格	me (私を[に])	us (私たちを[に])
所有代名詞	mine (私のもの)	ours (私たちのもの)

基本 Jack and I are friends. **We** (=Jack and I) are always together. ジャックと私は友達です. 私たち[ジャックと私]はいつもいっしょです. → We は文の主語.

- **We** are [《話》**We're**] brothers. 私たちは兄弟です.
- **We have** five children. 私たち(妻と私)には子供が5人います.

会話 **Do we have** an English test today, Mr. Green?—Yes, you do. グリーン先生, 私たちきょう英語のテストありますか.—ええ, (君たちは)あります. → この we は話し相手のグリーン先生を含(ふく)まないので, 答える時は you となる.

会話 Do **we** have an English test today, Bob?—No, **we** don't. ボブ, 僕(ぼく)たちきょう英語のテストあるの?—いや, ないよ. → この we は話し相手のボブを含んでいるので, 答える時は we となる.

関連語 **Our** purses were stolen and **we** have no money with **us**. 私たちは財布(さいふ)を盗(ぬす)まれてお金の持ち合わせが無い.

❷ 私たちは →「同じ国・地域・会社・店などにいる, 自分を含めた人々」を指す. → **you** ❸

- **We** Japanese are fond of hot baths. 私たち日本人はふろが好きです. → We と Japanese は同格.
- In Japan, **we** have a lot of rain in June. (日本では私たちは6月に多くの雨を持つ ⇒)日本では6月は雨が多い.
- **We** serve only the best in this restaurant. このレストランで手前どもは[手前どものレストランでは]最上のものしかお出ししておりません.

❸ 私たちはみな, 人は →「自分を含めた一般(いっぱん)の人々」を指す. → **one** 代 ❷, **you** ❹

- **We** should know more about Asia. 私たちはアジアについてもっと知るべきだ.

weak 中 A2 /wíːk ウィーク/ 形

❶ 弱い, 力の無い
- a **weak** point 弱点, ウィークポイント
- **weak** eyes [sight] 弱い視力, 弱視
- **get** [**grow**] **weak** 弱くなる, 弱る
- He has a **weak** heart [will]. 彼は心臓[意志]が弱い.
- Science is my **weak** subject. 理科は私の弱い(不得意の)教科です.

反対語 She is **good at** [**strong in**] math

but **weak in** English. 彼女は数学には強いが英語は弱い[苦手だ].
- The strong should protect the **weak**. 強い人々は弱い人々を守るべきだ. →**the strong**＝strong people, the weak＝weak people.
- Mr. Smith was getting [becoming] **weaker** and **weaker** every day. スミス氏は日ましに弱くなっていった. →比較(ひかく)級＋and＋比較級は「ますます～」.

❷ (液体などが)**薄(うす)い**
- **weak** tea 薄いお茶
- This coffee is too **weak**. このコーヒーは薄過ぎる.

weaken /wíːkn ウィークン/ 動 弱くする; 弱くなる

weakly /wíːkli ウィークリ/ 副 弱々しく, 力なく

weakness /wíːknis ウィークネス/ 名 ❶ 弱いこと, 弱さ, (体力の)衰弱(すいじゃく); 弱点, 短所
❷ (抵抗(ていこう)しようとしてもできないほどの)**大好物(だいこうぶつ)**

wealth A2 /wélθ ウェるす/ 名 富, 資産, 財産 (riches)
- a family of (great) **wealth** 大金持ち[資産家]
- ことわざ Health is better than **wealth**. 健康は富に勝(まさ)る.

wealthy /wélθi ウェるすィ/ 形 (比較級 **wealthier** /wélθiər ウェるすィア/; 最上級 **wealthiest** /wélθiist ウェるすィエスト/) 裕福(ゆうふく)な, 金持ちの (rich)

weapon /wépən ウェポン/ 名 武器
- nuclear **weapons** 核(かく)兵器
- Her smile is her best **weapon**. 彼女のほほえみは彼女の最大の武器だ.

POINT ピストル, ナイフ, ミサイルなどふつうの戦闘(せんとう)用武器のほか, 拳(こぶし), 石, ネコの爪(つめ), 労働者のストライキ, 優(やさ)しいほほえみなども weapon になる.

wear 小 A1 /wéər ウェア/ 動
| 三単現 **wears** /wéərz ウェアズ/
| 過去 **wore** /wɔ́ːr ウォー/
| 過分 **worn** /wɔ́ːrn ウォーン/
| -ing形 **wearing** /wéəriŋ ウェアリング/

❶ 身に着けている, 着ている, はいている, かぶっている, (ひげ・髪(かみ)を)生やしている

POINT 服・帽子(ぼうし)・時計・靴(くつ)・眼鏡・指輪・ひげなどを「身に着けている状態」を意味する. 「身に着ける動作」は **put on**.

put on　　　　wear

- **wear** black shoes 黒い靴を履(は)いている
- **wear** a **ring** 指輪をはめている
- **wear** a **necklace** ネックレスをしている
- **wear glasses** 眼鏡をかけている
- **wear** a **beard** あごひげを生やしている
- **wear** a **smile** ほほえみを浮(う)かべている
- **wear** perfume 香水(こうすい)をつけている
- He always **wears** a dark coat and a blue tie. 彼はいつも黒っぽい上着に青いネクタイをしている.
- She **wears** her hair short. 彼女は髪を短くしている. →wear A B (形容詞)は「AをB(の状態)で身に着けている」.
- She **is wearing** beautiful **jewels** today. 彼女はきょうは美しい宝石をつけている. →進行形 (→**is** 助動 ❶)は「一時的に身に着けている」の意味.
- She **wore** a yellow **ribbon** in her hair. 彼女は髪に黄色いリボンを結んでいた.

❷(**wear out [away, down** など]とも)すり減らす, すり減る; (人を)疲(つか)れさせる
- I **wear out** four pairs of shoes each year. 私は毎年4足の靴を履きつぶす.
- My sweater is **wearing** thin at the elbows. 僕(ぼく)のセーターは肘(ひじ)のところがすり減って薄(うす)くなってきている.
- Tony **has worn** his socks **into** holes. トニーは穴があくまでソックスを履いた. →**have** 助動 ❸
- My school uniform is **worn out**. 私の制服はすり切れている. →**is** 助動 ❷
- I'm **worn out from** a long drive. 長いドライブで私は疲れ果てている.

❸ 長くもつ
- This shirt **wore** very well; it lasted for more than ten years. このシャツはとても長もちした. 10年以上ももった.

wearable 744

─ 名 ❶ (集合的に) 衣服 (clothing)
• children's **wear** 子供服 →× *a* wear, ×wear*s* としない.
• one's everyday [casual] **wear** ふだん着
❷ すり切れ, 着古し, 使い古し, いたみ
• My shoes are showing signs of **wear**. 私の靴はあちこちすり切れてきた.

wearable /wé(ə)rəbl ウェ(ア)ラブル/ 形 (コンピューターなどが) 身につけられる, 着用[装着]できる; (服などが) 着やすい

weary /wíəri ウィアリ/ 形 (比較級 **wearier** /wíəriər ウィアリア/; 最上級 **weariest** /wíəriist ウィアリエスト/)
❶ とても疲(つか)れた (very tired)
❷ あきあきして, うんざりして; 退屈(たいくつ)な

weasel /wíːzl ウィーズル/ 名 《動物》イタチ

weather

小 A1 /wéðər ウェざ/ 名
(そのときどきの) 天気, 天候, 空模様
関連語 climate (気候)
• **good** [**bad**] **weather** よい[悪い]天気, 好天 [悪天候] →× *a* weather, ×weather*s* としない.
• **nice** [**fine**] **weather** いい天気, 晴天
• **rainy** [**wet**] **weather** 雨天, 雨降り
• The **weather was** cold yesterday. = We **had** cold **weather** yesterday. 昨日は寒かった.
会話 What was the **weather** like [How was the **weather**] in Chicago?—It was fine, but very windy. シカゴの天気はどうでしたか.—晴れていたがとても風が強かった.
• We cannot go out **in** this stormy **weather**. この嵐(あらし)では外へ出られない.

under the weather ちょっと気分がよくない
• I feel **under the weather** today. きょうはちょっと気分が悪い.

weathercock /wéðərkɑk ウェざカク/ 名 風見鶏(かざみどり), 風向計

wéather fòrecast 名 天気予報
会話 What's the **weather forecast** for today?—It's "Cloudy with occasional rain showers." きょうの天気予報は何ですか. —「曇(くも)り時々にわか雨」です.

wéather fòrecaster 名 (テレビ・ラジオの) 気象予報士

wéather màp [**chàrt**] 名 天気図

wéather repòrt 名 天気予報
weather vane /wéðər vèin ウェざ ヴェイン/ 名 風見(かざみ), 風向計 → **weathercock**

weave /wíːv ウィーヴ/ 動 (三単現 **weaves** /wíːvz ウィーヴズ/; 過去 **wove** /wóuv ウォウヴ/, **weaved** /wíːvd ウィーヴド/; 過分 **woven** /wóuvn ウォウヴン/, **weaved**; -ing形 **weaving** /wíːviŋ ウィーヴィング/)
織る; 編む; (クモが巣を) 張る → **web** ❶

web A2 /wéb ウェブ/ 名
❶ クモの巣 (cobweb)
• A spider is **weaving** [**spinning**] a **web**. クモが巣を張っている.
❷ (the Web で) 《コンピューター》ウェブ → (世界中にクモの巣のように張り巡(めぐ)らされた) インターネット情報提供サービス. **the World Wide Web** (WWW または www と略す) のこと.
• look for information on **the Web** ウェブで情報を探す

wéb pàge(s) A2 名 《コンピューター》ウェブページ → インターネット上の情報ページのこと.

website 中 A2 /wébsait ウェブサイト/ 名
《コンピューター》ウェブサイト → **Web site** あるいは **web site** と2語にもつづる. 情報提供している会社・団体・個人などの情報が載(の)っているインターネット上の場所・所在地. → **home-page, home page**

Wed. 略 =**Wed**nesday (水曜日)

we'd /wi(ː)d ウィ(ー)ド/ **we had**, **we would**, **we should** を短くした形
• **We'd** (= We had) been to Kyoto several times before then. 私たちはそれより前に数回京都に行ったことがあった.
• **We'd** (= We would) like to go to the movie. 私たちはその映画を見に行きたい.

wedding A2 /wédiŋ ウェディング/ 名
❶ 結婚(けっこん)式 → ふつう教会での式の後, 新婦の家で行われる披露(ひろう)パーティーまで含(ふく)めて wedding という. → **marriage**
❷ 結婚記念日
• a silver [golden] **wedding** 銀[金]婚(こん)式 → それぞれ25周年, 50周年の結婚記念日.

┌─── 関連語 (wedding) ───
bride (花嫁(はなよめ)), **bridegroom** (花婿(はなむこ)), **engagement** (婚約(こんやく)), **marriage** (結婚), **honeymoon** (ハネムーン)

wédding càke 名 ウェディングケーキ
wédding drèss 名 ウェディングドレス, 結婚(けっこん)衣装(いしょう)
wédding rìng 名 結婚(けっこん)指輪 → 左の薬指(ring finger)にはめられる.

Wednesday 小 A1 /wénzdei ウェンズデイ/ (→d は発音しない) 名
(複 **Wednesdays** /wénzdeiz ウェンズデイズ/)
水曜日 → 週の第4日. 詳(くわ)しい使い方は → **Tuesday**

- **on Wednesday** 水曜日に
- Today is **Wednesday**. = It's **Wednesday** today. きょうは水曜日です. →×a [the] Wednesday としない. It は漠然(ばくぜん)と「時」を表す.
- I saw Ken **last Wednesday**. 私はこの前の水曜にケンに会った. →×on last Wednesday としない. 次例も同じ.
- I will see Ken **next Wednesday**. 私はこの次の水曜日にケンに会います.
- See you (**on**) **Wednesday** morning. 水曜日の朝会おう.

語源 (Wednesday)
「ウォドン (Woden) の日」の意味. Woden はアングロ・サクソン族の神話の主神で, 北欧(ほくおう)神話の Odin (オーディン) にあたる.

weed /wí:d ウィード/ 名 雑草
── 動 ～の雑草を取る, 草取りをする

week 小 A1 /wí:k ウィーク/ 名
(複 **weeks** /wí:ks ウィークス/)
❶ (日曜から始まる)週; (特定の日からの)1週間, 7日間

- **this week** 今週(に) →「今週に」という意味でも ×in this week としない.
- **next** [**last**] **week** 来[先]週
- **every week** 毎週
- **for a week** 1週間, 7日の間
- **the week before last** (先週の前の週 ⇨) 先々週
- **the week after next** (来週の次の週 ⇨) 再来週
- **day of the week** 曜日
- a **week** from [ago] today 来週[先週]のきょう →(英)では today week または a week today といって, 来週か先週かは文脈で判断する.
- **weeks ago** 数週間も前に
- Sunday is the first day of the **week**. 日曜日は週の最初の日です. →ふつう新しい週は日曜から始まるが, 月曜からという説もある.

会話
What day (of the **week**) is it today? ─It's Monday.
きょうは何曜日ですか. ─月曜です.
→it, It は漠然(ばくぜん)と「時」を表す. what day (何の日)といえば, 日付ではなく曜日を意味する.

❷ (仕事・学校のある)平日, ウィークデー →土曜日と日曜日以外の日々. その中の「1日」が a weekday.
関連語 We go to school during the **week** and play on [(英) at] the **weekend**. 私たちは平日は学校に行き週末は遊ぶ.

- A school **week** is five days. 学校の授業のある日は週5日です.

❸ (～ **Week** で) ～週間

- Bird [Book] **Week** 愛鳥[読書]週間
- Traffic Safety **Week** 交通安全週間

by the week 週単位で, 1週間いくらで, 週ぎめで

week after week = **week in,** (**and**) **week out** 毎週毎週

weekday A2 /wí:kdei ウィークデイ/ 名 平日, ウィークデー →土曜日と日曜日以外の日. → **week** ❷

- My father is busy **on weekdays**. 私の父はウィークデーは忙(いそが)しい.
- **weekday** flights from Tokyo to Paris 東京発パリ行きの平日便

weekend 中 A1 /wí:kend ウィークエンド/ 名 週末, ウィークエンド → 土・日曜日.

- **last weekend** 先週の週末(に)
- a **weekend** trip 週末旅行
- stay at the seaside **over** the **weekend** 週末の間海辺に滞在(たいざい)する
- **spend** a weekend at the seaside 週末を海辺で過ごす

会話 We are going skiing this **weekend**. ─That's great! Have a nice **weekend**! 私たちこの週末スキーに行くの. ─すてきね. いい週末を. →×on this weekend などと

weekly

しない.
- We are going to the country **for** [**on**, 《英》**at**] **the weekend**. 私たちは週末に田舎(いなか)へ出かけます.

weekly A2 /wíːkli ウィークリ/ 形 毎週の; 週1回の, 週刊の
- a **weekly** magazine 週刊誌

── 副 毎週 (every week), 週1回 (once a week)

── 名 (複 **weeklies** /wíːkliz ウィークリズ/) 週刊誌, 週刊新聞

weep A2 /wíːp ウィープ/ 動 (三単現 **weeps** /wíːps ウィープス/; 過去・過分 **wept** /wépt ウェプト/; -ing形 **weeping** /wíːpiŋ ウィーピング/) (涙(なみだ)を流して)泣く 類似語 **cry** (泣く), **sob** (泣きじゃくる)
- **weep** bitterly at the news of his death 彼の死の知らせを聞いておいおい泣く
- **weep with** [**for**] **joy** うれし泣きする

weigh A2 /wéi ウェイ/ 動
❶ ～の重さをはかる 関連語「重さ」は **weight**.
- The grocer **weighed** the potatoes. 食料品店の人がジャガイモの重さをはかった.
- I **weigh** myself on the bathroom scales once a month. 私は月1回浴室の体重計で体重をはかる.

❷ ～の重さがある
- The potatoes **weighed** 10 kilograms. ジャガイモの重さは10キロあった.

会話 How much do you **weigh**? ─I **weigh** 60 kilograms. 君は体重がどれだけありますか. ─私は体重が60キロです. →×How heavy are you? などといわない.

weight A2 /wéit ウェイト/ (→gh は発音しない) 名 ❶ 重さ, 重量, 体重 関連語「重さをはかる[がある]」は **weigh**.
- **lose** [**put on**, **gain**] **weight** 体重が減る[増える], やせる[太る]

会話 What's your **weight**? ─My **weight is** 55 kilograms. I've **gained weight** a little. 君は体重はどれくらいあるかの. ─55キロです. 少し体重が増えました.

❷ 重い物; 分銅(ふんどう), おもり; (重量挙げの)ウエート
- lift **weights** 重量挙げをする

wéight lìfting 名 重量挙げ

weird /wíərd ウィアド/ 形 気味の悪い, 奇妙(きみょう)な (strange)

welcome

welcome 小 A1 /wélkəm ウェるカム/

意味map
間 いらっしゃい!
形 ❶ 歓迎(かんげい)される
名 歓迎
動 歓迎する

── 間 いらっしゃい!, ようこそ!

基本 **Welcome** home [**back**, back home]! お帰りなさい. →**welcome**＋場所を示す副詞(句). 旅行などで長く留守をしていた人などにいう. 毎日帰ってくる人には **hello**, **hi** などという.
- **Welcome to** Japan! ようこそ日本へ.

── 形 (比較級 **more welcome**; 最上級 **most welcome**)
❶ 歓迎される, (もらって)うれしい, ありがたい
基本 a **welcome** letter [**guest**] うれしい手紙[来てくれてうれしい客] →**welcome**＋名詞.
基本 You are always **welcome** in my home. 僕(ぼく)の家では君はいつでも歓迎だ. →be 動詞＋**welcome**.

❷ (**be welcome to** *do* で) 自由に[かってに]～していい
- You **are welcome to** use my car. 君は私の車を自由に使っていいよ.

You are welcome. 《主に米》どういたしまして →単に **Welcome.** ともいう. 《英》では **Not at all.** や **That's all right.** ともいう.

会話
Thank you very much for your kind help. ─You are **welcome**.
手を貸していただいてどうもありがとうございました. ─どういたしまして.

── 名 (複 **welcomes** /wélkəmz ウェるカムズ/) 歓迎
- **give** them a warm **welcome** (彼らに温かい歓迎を与(あた)える ⇨)彼らを温かく迎(むか)える

●**receive** a hearty [cold] **welcome** 心からの歓迎[冷たいもてなし]を受ける

── 動 三単現 **welcomes** /wélkəmz ウェるカムズ/; 過去・過分 **welcomed** /wélkəmd ウェるカムド/; -ing形 **welcoming** /wélkəmiŋ ウェるカミング/) 歓迎する, 迎える

●They **welcomed** me warmly. 彼らは私を温かく迎えてくれた.

wélcome màt 名 (Welcome と書いてある)ドアマット (doormat)

welfare /wélfeər ウェるフェア/ 名 ❶ 福祉(ふくし) →満足すべき生活環境(かんきょう). ❷ 生活保護

well[1] 小 A1 /wél ウェる/

副 ❶ うまく, 上手に, よく
❷ (程度が)よく, 十分に

形 ❶ 健康で, 元気で[に], (元気・気分が)よい, よく
❷ (具合・都合などが)よい

間 さあ; さて

── 副

比較級 **better** /bétər ベタ/
最上級 **best** /bést ベスト/

❶ うまく, 上手に, よく; 立派に

基本 You dance [sing] **well**. 君は上手に踊(おど)る[歌う]ね. (You are a good dancer [singer].) →動詞+well.

●Everything is going **well**. 万事(ばんじ)うまく[順調に]いっている.

●Your work is **well** done. 君の仕事[作品]はよくできている. →受け身の文(よくなされている)であるが「よくできている」と訳す.

●He sings **better** than I do [《話》 than me]. 彼は私よりうまく歌う[歌がうまい].

Can you speak English **well**? —I speak it pretty **well** but I speak Japanese **better**. Akiko speaks English **best** in our class.
君は英語をうまく話せますか. —かなりうまく話せますが, 日本語のほうがもっとうまく話せます. 私たちのクラスでは晶子さんが一番上手に英語を話します.

❷ (程度が)よく, 十分に

●**Mix** the paint **well**. ペンキをよく混ぜなさい.

●Did you **sleep well** last night? ゆうべはよく眠(ねむ)りましたか.

Do you know Mr. Green? —Yes, I know him very **well**.
君はグリーンさんを知ってる? —はい, とてもよく知ってます.

●Everybody **speaks well of** him. 誰(だれ)もが彼のことをよく言う[ほめる].

●They are **well off**. 彼らは裕福(ゆうふく)に暮らしている. →**off** 副 ❻

── 形

比較級 **better** /bétər ベタ/
最上級 **best** /bést ベスト/

❶ 健康で, 元気で[に], (元気・気分が)よい, よく →名詞の前にはつけない.

基本 am [is, are] **well** 健康である →be 動詞+well. well は名詞の前につける用法はないので, 「健康な人」はふつう a healthy man などという.

●**get well** (病気が)治る, よくなる
●**feel well** 気分がよい, 具合がよい
●**look well** 顔色がよい, 元気そうに見える

反対語 Are you still **sick** [《英》**ill**] or are you **well**? 君はまだ具合が悪いですか, それとも元気になりましたか.

How are you? —I am very **well**, thank you.
お元気ですか. —ありがとう, とても元気です.

●He is getting **better**. 彼はだんだんよくなっている.

●I feel **better** than yesterday. 私は昨日より(もっと)気分がよい.

●I feel **best** in the morning. 私は朝のうちが一番気分がいい.

❷ (具合・都合などが)よい

●All is now **well with** me. 私は今万事うまくいっています[すべて順調です].

ことわざ All is **well** that ends **well**. 終わりよければすべてよし. →シェークスピアの喜劇のタイトル. 後の well は副詞. 関係代名詞 that 以下は All を修飾(しゅうしょく)する.

── 間 さあ, えーと; さて, ところで; まあね

well

748

会話

Can I see you again? —**Well**, I'm not sure.
また君に会える?—さあ, わからないわ.
Did you like the concert? —**Well**, yes, not bad.
コンサートはよかったかい.—まあね. 悪くはなかったよ[けっこうよかったよ].
How much was it? —**Well**, let me see, er, ...
それはいくらだったの.—えーと, そうですね, えーと, ….

- **Well**, I must go now. さてと, そろそろ帰らなければ.
- **Well**(, **well**)! What a surprise! あらまあ! これは驚(おどろ)いた!

会話 Dad, may I ask you something? —**Well**? パパ, お願いがあるの.—なんだい?

~ as well 《話》(~も)また, その上~も (too) →文の終わりに来る.
- Cindy can dance and sing **as well**. シンディは踊りもできるし歌も歌える.

A **as well as** *B* ① B 同様に A も; B はもちろん A も
- He can speak German **as well as** English. (= He can speak not only English but (also) German.) 彼は英語はもちろんドイツ語もしゃべれます.
- She is smart **as well as** beautiful. 彼女は美しいだけでなく頭もいい.
- You **as well as** I **are** wrong. (= Not only I but (also) you are wrong.) 私と同様君も間違(まちが)っている. →You が主語だから動詞は are となり, ×am とはならない. ふつうは We are both wrong. という.

② B と同じくらいうまく A も
- I can swim **as well as** my brother. 僕(ぼく)も兄さんと同じくらいうまく泳げるよ.

may [*might*] *as well do* (*as do*) (~するくらいなら)~するほうがいいだろう
- We **may as well** go home. He's over an hour late already. 僕たち(ずっと彼を待ってるより)家へ帰ったほうがいいよ. 彼はもう1時間以上遅(おく)れてるのだから.
- You won't listen to me. I **might as well** talk to a wall (**as** talk to you). 君は私の話を聞こうとしない. (君に話すくらいなら)壁(かべ)に向かって話したほうがまして.

may well do ~するのももっともだ
- He **may well** be proud of his bright daughter. 彼が自分のかしこい娘(むすめ)を自慢(じまん)するのももっともだ.

Well done! よくできた!, よくやった(, おめでとう)!, うまい!
- I hear you passed the exam. **Well done!** 試験に受かったんだってね. よくやったね, おめでとう!

well[2] /wél ウェる/ 名 (水・石油・ガスなどを採掘(さいくつ)するための)井戸(いど), 泉 (spring)
- an oil **well** 油井(ゆせい)

we'll /wi(ː)l ウィ(ー)る/ **we will** を短くした形
- **We'll** have an English test tomorrow. 私たちは明日英語のテストがある.

well-done /wel dʌ́n ウェるダン/ 形
❶ 立派に行われた, よくできた →**Well done!** (**well**[1] 成句)
❷ 十分に煮(に)えた[焼けた] →**rare**[2]
会話 How do you like your steak? —I like it **well-done**. ステーキの焼き加減はどうしますか.—ウェルダンにしてください[よく焼いてください].

Wellington /wéliŋtən ウェリントン/ 固名 ウェリントン →ニュージーランド (New Zealand) の首都.

well-known A2 /wel nóun ウェるノウン/ 形 よく知れ渡(わた)った, 有名な (famous)
- a **well-known** writer 有名な作家
- The Mona Lisa is **well-known** all over the world. モナリザ(の絵)は世界中に知られている.

well-off /wél ɔ́ːf ウェるオーフ/ 形 裕福(ゆうふく)な, 暮らし向きのよい

Welsh /wélʃ ウェるシュ/ 形 ウェールズ (Wales) の; ウェールズ人の; ウェールズ語の
—— 名 ❶ (the Welsh で) ウェールズ人(全体)
❷ ウェールズ語 →**Wales**

went 中 /wént ウェント/ 動 **go** の過去形

wept /wépt ウェプト/ 動 **weep** の過去形・過去分詞

were 中 A1 /弱 wər ワ~, 強 wɚːr ワ~/
動 →**be** 動詞 **are** の過去形.
❶ **~であった, ~だった**
基本 We [They] **were** little children then. We [They] are now over sixty. その頃(ころ)私たち[彼ら]は小さな子供だった. 今では私たち[彼ら]は60歳(さい)を過ぎた. →主語+were+名詞[形容詞]. 主語には you, we, they や複数の名詞がなる.

Were you busy last week? —Yes, we **wére**. 君たちは先週は忙(いそが)しかったの?—ええ, 忙しかったです.
→Were+主語+~? で疑問文. were が文末に来る時は強く発音する.

- We **were not** [(話)**weren't**] rich, but we **were** happy. 私たちは金持ちではなかったが幸福でした. →否定文.

❷ **(~に)いた, あった**
- We **were** at home yesterday. 私たちは昨日は家にいました. →主語+were+場所を示す副詞(句).
- You **weren't** at home, **were** you? 君はうちにいませんでしたね. →~, were you? は「~でしたね」と念を押(お)す用法.
- There **were** two fires in Kanda last night. 昨夜神田で2件の火事があった.

❸ (仮定法過去の文で)**~であったら** →仮定法の文では主語が I や it など単数であっても were になるが, 口語では単数の場合は was もよく使われる. →**wish** 動 ❸

—— 助動 ❶ **(were** *doing* **で) ~していた; ~しようとしていた** →過去進行形.
- We **were studying** in the library when the earthquake occurred. 地震(じしん)が起きた時私たちは図書室で勉強していた.

会話 **Were** Mary and Jane **playing** tennis?—No, they **weren't**. メアリーとジェーンはテニスをしていましたか.—いいえ, していませんでした.
- Where **were** Mr. and Mrs. Smith **going**? スミス夫妻はどこへ行くところでしたか.

❷ **(were** +過去分詞で**) ~された** →過去の受け身.
- The twins **were loved** by everyone. その双子(ふたご)はみんなに愛された.
- Many men **were killed** in the war. たくさんの男たちがその戦争で死んだ. →事故・戦争などで「死ぬ」は受け身形で表現する.

we're /wi(:)ər ウィ(ー)ア/ **we are** の短縮形
- **We're** good friends. 私たちは仲良しだ.

weren't /wɚːrnt ワ~ント/ **were not** の短縮形 →**were**

会話 Were you there then? —No, we **weren't**. 君たちはその時そこにいたの?—いいえ, いませんでした.

west 中 A2 /wést ウェスト/ 名
❶ **(the west** で**) 西, 西方; 西部(地方)**
反対語 **east** (東)
- **in the west** of Tokyo 東京の西部に
- **to the west** of Tokyo 東京の西の方に
- The sun sets in **the west**. 太陽は西に沈(しず)む.
- Our school is in **the west** of the town. 私たちの学校は町の西部にある.
- France is to **the west** of Austria. フランスはオーストリアの西方にある.

❷ **(the West** で**) 西洋, 欧米(おうべい)**
反対語 **The West** has much to learn from **the East**. 西洋は東洋から学ぶべきものが多い.

❸ **(the West** で**) ((米))(米国の)西部** →ミシシッピ川より西の地域.

—— 形 **西の, 西部の; 西向きの; (風が)西から吹(ふ)く**
- a **west** wind 西風
- the **west** coast of the United States アメリカ西海岸

—— 副 **西へ[に], 西方へ[に]**
- **sail west** 西へ航海する
- My room **faces west**. 私の部屋は西に向いている.
- The lake **is** (seven miles) **west** of our town. その湖は私たちの町の西方(7マイルの所)にある.

western /wéstərn ウェスタン/ 形
❶ **西の, 西方の, 西部の** 反対語 **eastern** (東の)
- **western** Europe 西ヨーロッパ
❷ **(Western** で**) 西洋(風)の, 欧米(おうべい)の; (米国の)西部の**
- **Western** countries 欧米諸国

Western Hemisphere 750 seven hundred and fifty

- **Western** civilization 西欧(せいおう)文明
- a **Western** film 西部劇映画
- a **Western**-style building 西洋風の建物, 洋館
── 名 (しばしば **Western** で) (劇・映画・物語などの)**西部劇**, ウエスタン
- **watch** a **Western** on TV テレビで西部劇を見る

Wéstern Hémisphere 固名 (the をつけて)**西半球** 反対語 **Eastern Hemisphere** (東半球)

West Indies /wést índiz ウェスト インディズ/ 固名 ⊛ (the **West Indies** で) **西インド諸島** → キューバ, ジャマイカなど米国フロリダ州と南米の間に散在する諸島.

Westminster Abbey /wéstminstər ǽbi ウェストミンスタ アビ/ 固名 **ウエストミンスター寺院** → **gothic** (写真)

> 参考 英国の首都ロンドンにあるゴシック式教会堂. 11世紀半ばに建てられて以来, 英国を代表する教会となり, **the Abbey** と呼ばれる. 代々の国王の戴冠(たいかん)式はここで行われ, 王家や重要人物が埋葬(まいそう)されている. チョーサー, ディケンズなどの詩人・作家の墓がある一画は「詩人コーナー」(**Poets' Corner**) と呼ばれる.

West Virginia /wést və:rdʒíniə ウェスト ヴァ~ヂニア/ 固名 **ウエストバージニア** → 米国中東部の州. **W.Va.** または(郵便で) **WV** と略す.

westward /wéstwərd ウェストワド/ 形 **西方(へ)の, 西へ向いた** ── 副 **西方へ[に]**

westwards /wéstwərdz ウェストワヅ/ 副 《主に英》=**westward**

wet 中 A2 /wét ウェト/ 形 (比較級 **wetter** /wétər ウェタ/; 最上級 **wettest** /wétist ウェテスト/) **ぬれた, 湿(しめ)った; 雨の(降る)** (rainy) 反対語 **dry** (かわいた)
- a **wet** towel ぬれたタオル
- a **wet** day 雨(降り)の日
- the **wet** season (=the rainy season) 雨季
- **get wet to the skin**=**get wet through** びしょぬれになる
- Her eyes were **wet** with tears. 彼女の目は涙(なみだ)でぬれていた.

- The day was cold and **wet**. その日は雨で寒かった.
- I will not go if it is **wet**. 雨なら私は行かない.
── 動 (三単現 **wets** /wéts ウェツ/; 過去・過分 **wet, wetted** /wétid ウェテド/; -ing形 **wetting** /wétiŋ ウェティング/) **ぬらす; 湿らす** 反対語 **dry** (乾かす)

wetland /wétlænd ウェトランド/ 名 (ふつう **wetlands** で) **湿地(しっち), 湿原(しつげん)**

we've /wi(:)v ウィ(ー)ヴ/ **we have** を短くした形
- **We've** done our work. 私たちは仕事を終えてしまった.

whale 小 /(h)wéil ㊟ウェイル/ 名 《動物》**クジラ**
- a **school** [a **herd**] **of whales** クジラの群れ, 一群のクジラ

whále wàtching 名 **ホエールウォッチング** → 船に乗って海でクジラやイルカを観察すること.

whaling /(h)wéiliŋ ㊟ウェイリング/ 名 **捕鯨(ほげい)**

wharf /(h)wɔ́:rf ㊟ウォーふ/ 名 (⊛ **wharves** /(h)wɔ́:rvz ㊟ウォーヴズ/, **wharfs** /-fs - ふス/) **波止場(はとば), 埠頭(ふとう)**

what 小 A1 /(h)wát ㊟ワト, (h)wʌ́t ㊟ワト|wɔ́t ウォト/

代	❶何	意味 map
	❷何を	
	❸何が	
	❹(〜する)もの[こと]	
形	❶何の	
	❷《感嘆(かんたん)文で》なんと(いう)〜!	

── 代 ❶ **何, どんなもの[こと]**; (値段が)**いくら** (how much)
基本 **What** is this? (↘). これは何ですか.
POINT This is *what*. (これは「何」である)が疑問文になって ⇨**Is this** *what*? さらに what が文頭に出て ⇨**What is this?** となる.
会話 **What** is her name?─It's Sylvia. 彼女の名前は何というのですか.─(彼女の名前は)シルビアです.
- **What** is your address [phone number]? 君の住所はどこ[電話番号は何番]ですか.
会話 **What** is your father? ─He's a teacher. 君のお父さんは何をしている人ですか.

seven hundred and fifty-one　751　**what**

一父は教師です.

POINT 上の会話例は「職業・身分」を聞く時の言い方. ただし, What is your father's job? または What does your father do? というほうがふつう. →**who** ❶

•**What** is the time [the date]? 今何時[きょうは何日]ですか.

•**What** is the price of this dictionary? この辞書の値段はいくらですか.

•**What**'s the weather like in New York? ニューヨークのお天気はどうですか.

> **文法　ちょっとくわしく**
> この what は like (前置詞)の目的語.
> **The weather is like** *what* **in New York.** (お天気はニューヨークでは「どのようで」ある)が疑問文になって ⇨**Is the weather like** *what* **New York?** さらに what が文頭に出て ⇨**What is the weather like in New York?** となる.

会話 What is this? (↘) Do you know **what this is?** (↗)—Yes, I do. It's a panda. これは何だ? 君はこれが何だか知っていますか.—ええ, 知っています. パンダです.

POINT What is this? は文の一部に組み入れられると what this is の語順になる.

会話 **What** do you think **this is?** —I think it's a kind of shark. 君はこれが何だと思いますか.—サメの一種だと思います. →Yes, No の答えを求めない疑問文の場合はこの語順になる. 前例との違(ちが)いに注意.

❷ **何を**

基本 **What** do you have? (↘) 君は何を持っているのですか.

POINT You have *what*. (君は「何」を持っている)が疑問文になって ⇨**Do you have** *what*? さらに what が文頭に出て ⇨**What do you have?** となる.

会話 **What** does your father do? —He works for a bank. 君のお父さんは何をしていらっしゃるのですか.—銀行に勤めています.

•**What can I do for you?** (店員などが「あなたのために私は何ができますか」⇨)何かご用ですか; 何を差し上げましょうか. →Can I help you? ともいう.

•**What** do you think of this movie? この映画をどうお考えですか. →×How do you

think ~? としない.

会話 **What** are you reading, Bob? —Sorry. **What** did you say? ボブ, 何を読んでいるの.—すみません. 今何ておっしゃったのですか. →親しい友人などには単に **What?** (↗)ともいう.

会話 I know **what** you're going to say. —**What?**—That's **what**! ぼく君が何て言おうとしているか知ってるよ.—何だ?—「何だ」だよ. →子供たちの言葉遊びの1つ.

•You are **what** you do, not **what** you say. 君(にとって大事なこと)は何をするかであって, 何を言うかではない[言葉よりも行動が大事だ].

•I didn't know **what to do**. 私は何をすべきか[どうしていいか]わからなかった.

❸ **何が**

基本 **What** happened? 何が起こったんだ.

POINT What が文の主語の時は「主語＋動詞」の語順のままでよい.

•**What**'s (＝**What is**) on the moon? 月には何がいますか.

•**What** makes you so sad? (何が君をそんなに悲しくするのか ⇨)なぜ君はそんなに悲しいの. →make *A B* (形容詞)は「AをB(の状態)にする」.

•**What** made you think so? (何が君にそう考えさせたのか ⇨)なぜ君はそう考えたのか. →make *A do* は「Aに~させる」.

❹ (**関係代名詞として**)(~する)**もの[こと]**, (~である)**もの[こと]**

•**what** I want 私が欲(ほ)しいもの

•**what** happened after that その後で起こった事

•This is **what** I want. これは私が欲しいものです.

•I don't believe **what** he says. 私は彼の言うことを信じない.

•You don't have to be afraid of **what** you are. 君は(自分がそうであるところのもの ⇨)自分というものを不安に思う必要はない.

•**What** I want is freedom. 私が欲しいものは自由だ.

•**What** he said is true. 彼が言ったことは本当だ.

•**What** I like best is fishing. 僕(ぼく)が一番好きなことは魚釣(つ)りです.

•**What** happened after that was very interesting. その後起きた事はとてもおもしろ

whatever

かった.

—— 形 (→比較変化なし)

❶ 何の, 何という, どんな

[中][基本] **what** time 何時 →what＋名詞.

•**what** color [shape] どんな色[形]

•**what** day of the week [the month] 何曜日[何日]

[会話] **What** time is it? (↘)—It's six thirty. 今何時ですか.—6 時半です. →it, It は漠然と〈ぜん〉と「時間」を表す.

[会話] **What** day is today?—Today is Friday. きょうは何曜日?—きょうは金曜日だ. →単に What day といえば「曜日」を聞くことになる.

•**What** color do you like best? 君は何色が一番好きですか. →選ぶものが限定されている時は which (どの~)を使う: Which color do you like, green, red, or white? (どの色が好きですか, 緑, 赤それとも白?)

•**What** TV program do you watch on Sunday? あなたは日曜日にはどんなテレビ番組を見ますか.

[会話] **What** kind of dog has no tail?—A hot dog. どんな種類のドッグ(犬)がしっぽが無いか[しっぽが無いのはどんな犬か].—ホットドッグ. →質問文は What kind of dog が文の主語だから語順はそのままでよい.

❷ (感嘆文で) なんと(いう)~!

[中][基本] **What** a fool you are! なんというばかだおまえは. →同じ意味を How foolish you are! ともいえる. →how ❺

[POINT] You are a fool. (君はばかだ)の文の a fool を強めるために what をつけて ⇨**You are** *what a fool*. さらに what a fool というひとつながりの句を文頭に出して ⇨**What a fool you are!** となる. 疑問文ではないから ×What a fool *are you!* としない.

•**What** a big dog (it is)**!** (それは)なんて大きな犬なんだろう.

•**What** beautiful flowers (they are)**!** (あれらは)なんてきれいな花なんでしょう.

•**What** a (fine) view**!** なんてすばらしい眺〈な〉めだ.

—— 間 《話》 何だって →驚〈おどろ〉きや怒〈いか〉りの気持ちを表す.

•**What!** More snow? (↗) 何だって, また雪?

•**What!** You're late again? 何, 君はまた遅

刻〈ちこく〉したのかい?

So what? 《話》 だからなんだって言うのさ → 相手の言うことに関心がなかったり, 相手に責められて開き直る時の言葉.

What about ~? ~についてあなたはどう思いますか, ~はどうですか →提案したり相手の意見や情報を求める言い方. **How about ~?** ともいう.

•**What about** (going for) a walk with me**?** ごいっしょに散歩(をするの)はいかがですか.

•The movies? **What about** your homework**?** 映画ですって? あなた宿題はどうするの?

What about it? 《話》 それがどうしたのか, それが何だっていうのか →くだけた話し言葉.

What do you say to ~? 《話》 ~はどうですか, ~しませんか

•**What do you say to** (going for) a walk**?** 散歩に行きませんか.

What (~) *for?* 何のために; なぜ (why)

[会話] I want to go home now. —**What for?** すぐに家に帰りたい.—何のために[なぜ]?

[会話] **What** is this box **for?** —It's for holding CDs. この箱は何に使うの.—それは CD を入れるのです.

what is called = *what we* [*you, they*] *call* いわゆる

•He is **what is called** a walking dictionary. 彼はいわゆる生き字引きです.

What is the matter (*with you*)**?** どうしたの, どうかしたの

What's new? 《話》 どう, お変わりない?, (最近)何かおもしろいことがありますか →**Anything new?** ともいう.

[会話] Hi, Ken. **What's new?** —Nothing much. **What's new with** you? やあ, ケン, どうしてる?—相変わらずさ. 君のほうはどうだい.

What's up? 《話》 何があったのですか?, どうしたの?; (軽く挨拶〈あいさつ〉代わりに)やあ, どうしてる?

•I heard a shout—**what's up?** 叫〈さけ〉び声が聞こえたね. どうしたんだろう.

whatever [A2] /(h)wɑtévər (ホ)ワトエヴァ/ 代

❶ (~する)もの[こと]は何でも

•**whatever** you want 君が欲しいものは何でも →what you want (あなたが欲しいもの)を強めた言い方.

●**Whatever** he says is true. 彼の言うことは何でも本当だ.

●Do **whatever** you like. (= Do anything that you like.) 何でも君の好きなことをしなさい.

❷ たとえ何が(〜)しても, たとえ何を(〜)しても

●**Whatever** happens [**Whatever** you do], I'll trust you. (= No matter what happens [No matter what you do], I'll trust you.) たとえ何が起ころうと[たとえあなたが何をなさろうと]私はあなたを信頼(しんらい)します.

→**no matter what 〜** (**matter** 成句)

—— 形 ❶ (〜する)どんな〜でも

●Read **whatever** book you like. (= Read any book you like.) 何でも君が好きな本を読みなさい.

❷ たとえどんな〜が(〜)しても, たとえどんな〜を(〜)しても

●**Whatever** book you read, read it carefully. たとえどんな本を君が読むにしても, それを注意深く読みなさい.

what's /(h)wáts ⁽ホ⁾ワッ/ **what is**, **what has** を短くした形

●**What's** that? (=What is that?) それは何ですか.

●**What's** happened? (=What has happened?) 何が起こったんだ. →現在完了(かんりょう)の文.

wheat /(h)wíːt ⁽ホ⁾ウィート/ 名 小麦 →《英》では **corn** ともいう. 《米》で corn といえば「トウモロコシ」のこと. 関連語 **barley** (大麦), **rye** (ライ麦), **oats** (オート麦), **flour** (小麦粉)

●a **wheat** field=a field of **wheat** 小麦畑

●a good [bad] crop of **wheat** 小麦の豊作[不作] →×a wheat, ×wheats としない.

●**a grain of wheat** 麦の1粒(つぶ), 1粒の麦

wheel A1 /(h)wíːl ⁽ホ⁾ウィール/ 名

❶ 車輪 ❷ (車などの)ハンドル →**steering wheel** ともいう.「ハンドル」は和製英語.

at the wheel (車・船などを)運転して, ハンドルを取って

wheelbarrow /(h)wíːlbærou ⁽ホ⁾ウィールバロウ/ 名 (1輪の)手押(お)し車, カート

wheelchair 小 A2 /(h)wíːltʃeər ⁽ホ⁾ウィールチェア/ 名 車椅子(いす)

when 小 A1 /(h)wén ⁽ホ⁾ウェン/

副 ❶ いつ　　　　　意味 map

❷ (名詞+**when**+文で) 〜する〜

接 ❶ (〜する)時

❷ (〜する)にもかかわらず

—— 副 (→比較変化なし)

❶ いつ →時間だけでなく,「日・曜日・月・季節・年・漠然(ばくぜん)とした時期」などを尋(たず)ねるのに使う.

面 基本 **When** is your birthday? (↘) 君の誕生日はいつですか.

POINT Your birthday is *when*. (君の誕生日は「いつ」である)が疑問文になって ⇨**Is your birthday** *when*? さらに when が文頭に出て ⇨**When is your birthday?** となる.

●**When** was that? それはいつでしたか.

面 基本 **When** do you get up? 君はいつ[何時に]起きますか.

POINT You get up *when*. (君は「何時に」起きる)が疑問文になって ⇨**Do you get up** *when*? さらに when が文頭に出て ⇨**When do you get up?** となる.

会話 **When** does school start in Japan? —(It starts) In April. 日本では学校はいつ始まるの.—4月です.

●**When** did you see him? 君は彼にいつ会いましたか.

●**When** will he come? 彼はいつ来るだろうか.

●Ask him **when he will come**. 彼にいつ来るか聞いてごらん. →when 以下は文の一部に組み入れられるとこの語順になる.

会話 **When** do you think he **will come**?—I think he will come soon. 彼いつ来ると思う?—もうすぐ来ると思う. →Yes, No の答えを求めない疑問文はこの語順になる.

●He didn't tell me **when to come**. 彼は私にいつ来るべきかを[いつ来いとは]言わなかった.

●**Say when**. よい時になったら言ってください. →飲み物をついだり, 写真を撮(と)る時などに使う表現. よい時になったら "When!" "That's enough." (十分です), "Ready." (用意できました)などと言う.

❷ (名詞+**when**+文で) 〜する〜

文法　ちょっとくわしく

前にある「時を表す語(名詞)」を修飾(しゅうしょく)する 関係副詞用法. この場合の when は日本語には訳さない.

whenever 754 seven hundred and fifty-four

- the day **when** Gandhi died ガンジーが死んだ日
- I can't forget the day **when** we first met. 私は私たちが初めて会ったあの日を忘れることができない.
- Autumn is the season **when** school festivals are held. 秋は学園祭が行われる季節です.

❸ (, when +文で) **するとその時**(～する) (and then)

文法 ちょっとくわしく
前の文に付け足しの説明をする**関係副詞用法**. ふつう when の前にコンマをつける.

- He was leaving the room, **when** the telephone rang. 彼が部屋を出ようとしたら,その時電話が鳴った.

— 接 ❶ (～する)**時**, (～する)**と**, (～)**したら**
基本 I am happy **when** I am with you. ＝**When** I am with you, I am happy. 君といっしょにいる時私は楽しい.

- He was not happy **when** he was a little boy. 彼は小さな子供の時は幸福ではなかった.
- **When** (you are) angry, count to ten; **when** (you are) very angry, a hundred. 腹が立ったら10まで数えなさい. とても腹が立ったら100まで数えなさい.
- I'll leave **when** he comes. 彼が来たら私は出かける. →「(未来に)～したら」は現在時制を使う. ×when he *will come* としない.
- Anne wants to be a pianist **when** she grows up. アンは大きくなったらピアニストになりたいと思っている.

❷ (～する)**にもかかわらず**, **なのに**

- He came to help me **when** he was very busy. 彼はとても忙(いそが)しいのに私の手伝いに来てくれた.
- How can you say that **when** you know nothing about it? それについて君は何も知らないのにどうしてそんなことが言えるのか.

whenever /(h)wenévər (ホ)ウェネヴァ/ 接
❶ (～する)**時はいつでも**; **～するたびに** → when を強めたもの. ❷ **たとえいつ** (～して)**も**

where 小 A1 /(h)wéər (ホ)ウェア/ 副
(→比較変化なし)

❶ **どこに, どこへ, どこで, どこを[が]**

基本 **Where** is the bus stop? (＼) バス停はどこにありますか.

POINT The bus stop is *where*. (バス停は「どこに」ある)が疑問文になって ⇨**Is the bus stop** *where***?** さらに where が文頭に出て ⇨**Where is the bus stop?** となる.

会話 **Where** is my cap? —It's on your head! 僕(ぼく)の帽子(ぼうし)はどこだろう.—君の頭の上だよ!

会話 **Where** am I [are we], officer? —You [We] are in Oxford Street. おまわりさん, (私)[私たち]はどこにいるのか. ⇨ここはどこですか.—ここはオックスフォードストリートです. →×*Where is here* [*this*]*?* などといわない.

会話 **Where** is the pain? —In my back. (痛みはどこですか ⇨) どこが痛いのですか.—背中です.

基本 **Where** do you live? 君はどこに住んでいるのですか.

POINT You live *where*. (君は「どこに」住んでいる)が疑問文になって ⇨**Do you live** *where***?** さらに where が文頭に出て ⇨**Where do you live?** となる.

会話 **Where do you come from?** ＝ **Where are you from?** —I come [am] from Okinawa. 君はどこの出身ですか.—沖縄の出身です. →**come from ～** (**come** 成句)

会話 **Where** do you go to school? —I go to Tokyo Junior High School. 君はどこの学校に行ってるの.—東京中学です.

会話 **Where** are you going, Ken? —(I'm going) To the post office. どこへ行くの,ケン.—郵便局へ行くところです. →誰(だれ)にでも気軽に「どこ行くの?」と聞くのはエチケットに反する.

- I didn't know **where to park** my car. 私は車をどこに駐車(ちゅうしゃ)すべきか[駐車したらいいか]わからなかった.

会話 **Where to**? —To Victoria Station, please. どちらまでですか.—ヴィクトリア駅までお願いします. →タクシー運転手との会話.

- **Where** is he? Do you know **where he is**? (↗) 彼はどこにいるの? 君は彼がどこにいるのか知ってるかい? →where 以下は文の一部に組み入れられるとこの語順になる.

seven hundred and fifty-five 755 **which**

• **Where** do you think **he is**? (↘) 彼はどこにいると思いますか. →Yes, No の答えを求めない疑問文ではこの語順になる. 前例との違(ちが)いに注意.

❷ (名詞＋**where**＋文で) 〜する〜

文法 ちょっとくわしく
前にある「場所を表す語(名詞)」を修飾(しゅうしょく)する**関係副詞用法**. この場合の where は日本語には訳さない.

• the house **where** I live 私が住む家
• the company **where** my father works 私の父が勤めている会社
• This is the house **where** Jack was born. これがジャックが生まれた家です.
• That's (the place) **where** I first met her. あそこが私が彼女に初めて会った所です. →《話》では the place を省略することが多い.

❸ (, **where** ＋ 文で) そしてそこで(〜する) (and there)

文法 ちょっとくわしく
前の文につけ足しの説明をする**関係副詞用法**. ふつう where の前にコンマをつける.

• He came to Japan, **where** he stayed for the rest of his life. 彼は日本にやって来た. そして生涯(しょうがい)日本にいた.

── 接 (〜する)所に[へ]
• Stay **where** you are. 君が今いる所にいなさい.
• Go **where** you like. I don't mind. 君は好きな所へ行きなさい. 私は構わない.

whereabouts /(h)wéərəbauts (ホ)ウェアラバウツ/ 名 《話》**いどころ, ありか** →単数としても複数としても扱(あつか)われる.

where're /(h)wéərər (ホ)ウェアラ/ **where are** を短くした形

where's /(h)wéərz (ホ)ウェアズ/ **where is**, **where has** を短くした形
• **Where's** (＝where is) Mother? お母さんはどこ.
• **Where's** (＝where has) Mother gone? お母さんはどこへ行ってしまったのかしら.

wherever /(h)weərévər (ホ)ウェアレヴァ/ 接 ❶ (〜する)**所へはどこ(へ)でも** →where を強めた言い方. ❷ **どこに(へ)(〜して)も**

whether /(h)wéðər (ホ)ウェざ/ 接 ❶ (〜する)**かどうか**

• Ask your mother **whether** you can go. お母さんに君が行ってもいいかどうか聞いてごらん. →この whether の代わりに if を使ってもよい.
• Please let me know **whether** you can come **or not**. ＝ Please let me know **whether or not** you can come. 君が来られるか来られないか知らせてください.
• I wondered **whether** to stay **or** to go home. 私は残るべきか家に帰るべきか迷った.

❷ (**whether** A **or** B で) AであろうとBであろうと
• **Whether** it rains **or** not, I must go to see him. ＝I must go to see him **whether** it rains **or** not. 雨が降っても降らなくても私は彼に会いに行かねばならない.
• It doesn't matter **whether** it rains **or** shines. 雨が降ろうが晴れようが問題ではない. →It＝whether 以下.

which 中 A1 /(h)wítʃ (ホ)ウィチ/

代 ❶ **どちらが, どれが**
　 ❷ **どちらを, どれを**
形 **どちらの, どの**
　　　　　　　　　　　　　意味map

── 代 ❶ **どちらが, どれが**
基本 **Which** is your umbrella? (↘) どれ[どっち]が君の傘(かさ)ですか. →Which は疑問詞で, また文の主語.
• **Which** is stronger (↘), a lion (↗) **or** a tiger? (↘) ライオンとトラではどっちが強い?
• **Which** of you broke my camera? 君たちのうちの誰(だれ)が私のカメラを壊(こわ)したんだい? →×Who of you 〜? としない. of you がなければ, 人を表すには who が使われ, Who broke my camera? となる.
会話 Do you know **which** is yours? (↗)—Yes, I do. This is mine. どちらが君のだかわかる?—うん, わかる. これが私のだ.
• **Which** do you think is yours? (↘)—I think this is mine. どちらが君のだと思う?—これが私のだと思う. →Yes, No の答えを求めない疑問文ではこの語順になる. 前例との違(ちが)いに注意.

❷ **どちらを, どれを**
基本 **Which** do you like better (↘), dogs (↗) or cats? (↘)—I like cats better. 犬とネコとではどちらが好きですか.—ネコのほうが好きです.

whichever

POINT You like *which* better. (あなたは「どちらを」より好みます)が疑問文になると ⇨ **Do you like** *which* **better?** さらに which が文頭に出て ⇨**Which do you like better?** となる.

•**Which** will you buy, this or that? 君はどっちを買うの, こっち, それともあっち?

❸(名詞＋**which**＋文で) ～する～

> **文法 ちょっとくわしく**
> 前にある「人以外のものを表す語(名詞)」を修飾(しゅうしょく)する**関係代名詞用法**. この場合の which は日本語には訳さない. 関係代名詞の詳(くわ)しい説明については → **that** 代 ❹

•the cat **which** is sleeping 眠(ねむ)っているネコ →which は is sleeping の主語の働きをして主格.

•the cat **which** I like best 私が一番好きなネコ →which は like の目的語の働きをして目的格. 目的格の which は省略できる.

•the house (**which**) we built 私たちが建てた家

•the house (**which**) we live in = the house in **which** we live 私たちが住んでいる家 →**where** 副 ❷

•That is the house in **which** we lived ten years ago. あれが私たちが10年前に住んでいた家です.

❹(, **which**＋文で) そしてそれは(～する); そしてそれを(～する)

> **文法 ちょっとくわしく**
> 前の語につけ足しの説明をする**関係代名詞用法**. ふつう which の前にコンマをつける.

•That's Mt. Fuji, **which** is the highest mountain in Japan. あれが富士山だ. そしてそれは日本で一番高い山だ.

•I bought a watch, **which** I lost the next day. 私は時計を買った. そしてそれを翌日なくしてしまった.

—— 形 どちらの, どの

基本 **which** book どちらの[どの]本 → which＋名詞

•**Which** book is yours, this or that? どちらの本が君のか. これか, あれか.

•**Which** girl is your sister? どの女の子が君

の妹さんですか. →形容詞の which は人にも使われる.

•**Which** watch will you buy, this one or that one? 君はどっちの時計を買うの, これ? それともあれ? →one＝watch.

•Please tell me **which** watch **to** buy. どちらの[どの]時計を買うべきか教えてください.

whichever /(h)witʃévər (ホ)ウィチェヴァ/ 代 形 →whichever の次に名詞が来れば 形, 単独なら 代. ❶ どちら (の～)でも (～する)ほう →which を強めた言い方. ❷ たとえどちら (の～)が (～して)も; たとえどちら (の～)を (～して)も

while 中 A2 /(h)wáil (ホ)ワイル/ 接
❶(～する)間に

•Please sit down **while** you wait. お待ちになる間どうぞお座(すわ)りください.

•**While** Mother was cooking in the kitchen, Father was washing the car. 母が台所で料理をしている間, 父は車を洗っていた.

•You don't bow **while** (you are) shaking hands. 握手(あくしゅ)しながらおじぎをしたりはしない.

ことわざ Work **while** you work, play **while** you play. 働く間は働き遊ぶ間は遊べ.

❷(～する)のに, ～だが (although)

•**While** she doesn't love me, I love her very much. 彼女は私を愛していないけれど, 私は彼女をとても愛している.

❸(, **while** ～ で) ところが一方では(～する) (but)

•He is very poor, **while** his brother is the richest man in the village. 彼は貧乏(びんぼう)だが, 彼の兄[弟]は村一番の金持ちだ.

—— 名 間, 時間; しばらく

•**for** a (little) **while** (ほんの)しばらくの間

•for a long **while** 長い間

•**in** a (little) **while** まもなく, すぐに

•**after** a **while** しばらくして

•all the **while** その間じゅうずっと

•a little [long] **while ago** ちょっと[ずっと]前に

•We waited for a bus (for) quite a **while**. 私たちはかなり長い間バスを待った. → for なしで副詞句的に使うことがある.

会話 Where were you? I was looking for you.—I've been here **all this while**. どこにいたの. 探していたんだよ.—私は今までず

っとここにいたよ.
be worth** (A's) **while ((Aが)時間をかけるだけの)価値がある →**worth** 成句

whine /hwáin (ホ)ワイン/ 動 (犬が悲しそうに)くーんと鼻を鳴らす; (子どもが)ぴーぴー泣く, むずかる; (サイレン・エンジンなどが)ぴゅーんと音を立てる; (人が)泣きごとを言う, ぐちをこぼす
── 名 くーんと鳴く声; むずかる声; ぴゅーんと鳴る音

whip /(h)wíp (ホ)ウィプ/ 名 むち
── 動 (三単現 **whips** /(h)wíps (ホ)ウィプス/; 過去・過分 **whipped** /(h)wípt (ホ)ウィプト/; -ing形 **whipping** /(h)wípiŋ (ホ)ウィピング/)
❶ むちで打つ, むちを当てる ❷ (卵・クリームなどをかき回して)泡(あわ)立てる

whirl /(h)wə́ːrl (ホ)ワ〜る/ 動 ぐるぐる回る[回す]

whisker /(h)wískər (ホ)ウィスカ/ 名
❶ (whiskers で) ほおひげ →**beard**
❷ (犬・ネコ・ネズミなどの)ひげ

whisk(e)y /(h)wíski (ホ)ウィスキ/ 名 ウイスキー

whisper /(h)wíspər (ホ)ウィスパ/ 動 ささやく, 小声で話す, ひそひそ話す
• He **whispered** (something) **to** his wife. 彼は妻に(何か)ささやいた.
── 名 ささやき(声); ひそひそ話
• speak **in** a **whisper** ひそひそ声で話す

whistle /(h)wísl (ホ)ウィスる/ 動 口笛を吹(ふ)く, 笛[汽笛(きてき)]を鳴らす; (風が)ピューッと鳴る
• Bob **whistled to** his dog. ボブは自分の犬に向かって口笛を吹いた.
• Can you **whistle** that tune for me? 私にその曲を口笛で吹いてくださいませんか.
── 名 口笛; (合図用の)笛, ホイッスル; 汽笛
• blow a **whistle** ホイッスル[汽笛]を鳴らす

white 小 A1 /(h)wáit (ホ)ワイト/ 形
(比較級 **whiter** /(h)wáitər (ホ)ワイタ/; 最上級 **whitest** /(h)wáitist (ホ)ワイテスト/)
❶ 白い, 白色の; 白人の
基本 **white** snow 白い雪 →white+名詞.
• a **white** bear 白クマ
• **white** people 白人
基本 Snow is **white**. 雪は白い. →be 動詞+white.
• (as) **white** as snow 雪のように真っ白で.
❷ (顔色が)青白い, 青ざめた
• (as) **white** as a sheet (恐怖(きょうふ)や病気で)白いシーツのように真っ青で.
• She **went** [**turned**] **white** with fear. 彼女は恐怖で青ざめた.
── 名 (複 **whites** /(h)wáits (ホ)ワイツ/)
❶ 白, 白色; 白い服, 白衣; 白人
• The nurse was (dressed) **in white**. 看護師は白い服を着ていた. →×a white, ×whites としない.
関連語 There were both **blacks** and **whites** at the meeting. その集会には黒人と白人の両方がいた.
掲示 **Whites** only 白人専用 → 米国などで昔見られた差別的な掲示(けいじ).
❷ 卵の白身; (目の)白目
関連語 A fried egg has its **white** around the **yolk** [《米》**yellow**]. 目玉焼きは黄身の周りが白身だ.

whiteboard /hwáitbɔːrd (ホ)ワイトボード/ 名 ホワイトボード, 白板

white Christmas 名 ホワイトクリスマス → 雪景色の中で迎(むか)えるクリスマス. → **Christmas**

white-collar /(h)wáit kálər (ホ)ワイト カら/ 形 事務職の, ホワイトカラーの → 名詞の前にだけつける. えり (collar) の白いワイシャツを着ているイメージから. 関連語 **blue-collar** (肉体労働の)

Whitehall /(h)wáitho:l (ホ)ワイトホーる/ 名 ホワイトホール → ロンドンの官庁街. この通りにある王室所有の大宴会(えんかい)場の壁(かべ)が白く塗(ぬ)ってあったことから.「英国官庁」「英国政府」の意味でも使う.

White House /(h)wáit háus (ホ)ワイト ハウス/ 固名 (the をつけて) ホワイトハウス → ワシントンにある米国大統領官邸(かんてい). 外側が白く塗(ぬ)られている. a whíte hóuse と発音すると「白い家」の意味になる.

who 小 A1 /húː フー/ 代
❶ 誰(だれ), 誰が

whoever 758

基本 **Who** is he? (↘) 彼は誰ですか. →「名前・関係」を聞く時の言い方.

POINT He is *who*. (彼は「誰」です)が疑問文になると ⇨**Is he *who*?** さらに who が文頭に出て ⇨**Who is he?** となる.
相手に面と向かって Who are you? (お前は誰だ?) と言うのは失礼になるので, What is your name, please? とか May I have [ask] your name, please? などという.

会話 **Who**'s (=**Who** is) Ken?—He is my brother. ケンって誰?—僕(ぼく)の兄弟さ.

会話 Do you know **who** he is? (↗)—Yes, I do. He is Paul. 彼が誰だか君は知っていますか.—ええ, 知っています. 彼はポールです. →who 以下は文の一部に組み入れられるとこの語順になる.

会話 **Who** do you think **he is**? (↘)—I think he is your father. 彼は誰だと思いますか.—私は彼はあなたのお父さんだと思います. → Yes, No の答えを求めない疑問文ではこの語順になる. 前例との違(ちが)いに注意.

基本 **Who** plays the guitar? (↘) 誰がギターを弾(ひ)くのですか.

POINT Who が文の主語の時は「主語+動詞」の語順のままでよい.

会話 **Who** teaches you English? —Mr. Smith does. 誰が君たちに英語を教えますか.—スミス先生です.

●**Who** can skate better (↘), Bob (↗) or Ken? (↘) どちらがスケート上手なの, ボブそれともケン? →×*Which* can ～ としない. ただし, Which **of** you can skate better? (君たちのうちのどちらがスケートは上手なの).

●**Who** is calling, please? (誰が電話をかけているか ⇨)どちら様ですか.

●**Who**'s there? Oh, it's you! そこにいるのは誰? ああ, 君か!

●**Who knows?** 誰にわかるだろう[誰にもわからない].

●**Who cares?** 誰が気にするだろうか[誰も気にしない].

❷《話》誰を, 誰に →**whom** ❶

基本 **Who** do you like best? (↘) 君は誰が一番好きですか.

POINT You like *who* best. (君は「誰を」一番好きです)が疑問文になって ⇨**Do you like** *who* **best?** さらに who が文頭に出て ⇨ **Who do you like best?** となる.

●**Who** did you see yesterday? 君は昨日誰に会ったのですか.

●**Who** were you talking with? 君は誰と話していたのですか. →意味のつながりの上では talk with who (=whom) (誰と話をする)だから with を省略しないこと.

❸（名詞+**who** ～ で）～する～

> **文法 ちょっとくわしく**
> 前にある「人を表す語(名詞)」を修飾(しゅうしょく)する関係代名詞用法. この場合の who は日本語に訳さない. 関係代名詞の詳(くわ)しい説明については →**that** 代 ❹

●the boy **who** is playing the guitar ギターを弾いている少年 →who は is playing の主語の働きをして主格. who is を省略して the boy playing the guitar でも意味は同じ.

●Do you know the boy **who** is playing the guitar over there? あそこでギターを弾いている男の子を知ってる?

●Nobody really knows who did it except the person **who** did it. それをした人以外は誰がそれをしたか実際は誰も知らない. →前の who は疑問詞(誰が).

❹(, **who** ～ で) そしてその人は(～する)

> **文法 ちょっとくわしく**
> 前の語につけ足しの説明をする関係代名詞用法. ふつう who の前にコンマをつける.

●This is Mr. Smith, **who** is the principal of our school. こちらはスミス先生, わが校の校長先生です.

whoever /huːévər フーエヴァ/ 代 ❶(～する人は)誰(だれ)でも →who を強めた言い方.
❷たとえ誰が (～して)も, (～が)たとえ誰で(あろうと)も

whole 中 A2 /hóul ホウる/ 形
❶(the [*one's*] **whole**+単数名詞で) 全部の, 全体の, 全～

> **類似語 [全部]**
> **whole** は全体をひとまとまりとみて「全部の」, **all** はひとまとまりでもばらばらでもとにかく「全部」.

●the **whole** school 学校全体, 全校
●the **whole** world (=all the world) 全世界
●his **whole** life (=all his life) 彼の全生涯(しょうがい)

- **The whole** class **is** (=All the class are) in favor of the plan. クラス全体がその計画に賛成だ.
- Tell me **the whole** story. 私に何もかも[一部始終(しじゅう)]話してよ.

❷ (時間など)まる〜
- the **whole** afternoon 午後じゅう全部, 午後まるまる
- a [the] **whole** day まる1日[その日1日]
- for a **whole** year まる1年間
- It snowed for two **whole** days. まる2日雪が降り続いた.

❸ ((代)名詞＋**whole** で)(〜を)まるごと, ぱくりとひと口で
- He ate the cake **whole**. 彼はそのケーキをぱくりとひと口で食べた. →He ate the whole cake. (そのケーキを全部食べた)との違(ちが)いに注意.

—— 图 **全体, 全部**
- She put the **whole** of her money into the bank. 彼女はお金の全額を銀行に入れた.

as a whole (ばらばらでなく)ひとまとまりのものとして(の), 全体として(の)
反対語 I want to consider these problems **as a whole**, not **one by one**. 私はこの問題を一つ一つではなくて, 一体のものとして考えてみたい.

on the whole 全体として考えると, だいたい
- There are a few mistakes, but **on the whole** your essay is quite good. 間違(まちが)いは2〜3あるけれど, 全体からみて君の作文はなかなかよくできている.

who'll /húːl フール/ **who will** を短くした形

wholly /hóu(l)li ホウ(ル)リ/ 副 **すっかり, 全く, 完全に**

whom A2 /húːm フーム/ 代
❶ 《文》誰(だれ)を, 誰に →who の目的格.
- **Whom** do you like best? (↘) 君は誰が一番好きですか. →とても改まった言い方. 文頭の Whom は話し言葉では Who になる. →who ❷

会話 With **whom** will you go? (=《話》Who will you go with?)—I'll go with Lucy. 君は誰と(いっしょに)行くのですか.—私はルーシーと行きます.

会話 I am going to buy a necklace.—For **whom**?—For my wife. 僕(ぼく)はネックレスを買おう.—誰のために(買うの)?—妻にだよ.

❷ 《文》(名詞＋**whom**＋文で) 〜する〜

文法 ちょっとくわしく
前にある「人を表す語(名詞)」を修飾(しゅうしょく)する関係代名詞用法. who の目的格でふつうは省略されるか, 代わりの関係代名詞 that を使うほうが多い. この場合の whom は日本語には訳さない. 関係代名詞の詳(くわ)しい説明は →that 代 ❹

- the girl (**whom**) he loves 彼が愛している女の子
- That is the girl (**whom**) Bob loves. あれがボブが愛してる女の子だよ.
- The boy with **whom** I went to the movies (=《話》who I went to the movies with) is Jimmy. 私がいっしょに映画に行った男の子はジミーだよ.

❸ (, **whom**＋文で) そしてその人を(〜する), そしてその人に(〜する)

文法 ちょっとくわしく
前の語につけ足しの説明をする関係代名詞用法. ふつう whom の前にコンマがある. この whom は省略できず, that で代用することもできない.

- My brother, **whom** (=《話》who) you met yesterday, is a doctor. 私の兄は, 昨日あなたが会った人ですが, 医者をしています.
- I introduced him to Jane, **whom** (=《話》who) he fell in love with at first sight. 私は彼をジェーンに紹介(しょうかい)した. すると彼は彼女に一目で恋(こい)してしまった.

who's /húːz フーズ/ **who is, who has** を短くした形 →who
- **Who's** (=Who is) that gentleman? あの男の人はどなたですか.
- **Who's** (=Who has) done it? 誰(だれ)がそれをしたのか. →現在完了(かんりょう)の文.

whose 中 A1 /húːz フーズ/ 代
❶ 誰(だれ)の →who, which の所有格.
中 基本 **Whose** book is this? (↘) これは誰の本ですか.

POINT This is *whose* book. (これは「誰の本」です)が疑問文になって ⇨**Is this** *whose* book? さらに whose book が文頭に出て ⇨**Whose book is this?** となる.

会話 **Whose** shoes are those?—They're

why 760 seven hundred and sixty

mine [my shoes]. それは誰の靴〈くつ〉ですか.—それは私のもの[私の靴]です.

🏠基本 **Whose** book is missing? 誰の本がなくなったのですか.

💠POINT Whose ～ が文の主語の時は「主語＋動詞」の語順のままでよい.

🏠基本 **Whose** umbrella did you borrow? 君は誰の傘〈かさ〉を借りたのですか.

💠POINT You borrowed *whose umbrella*. (君は「誰の傘」を借りた)が疑問文になって ⇨ **Did you borrow** *whose umbrella*? さらに whose umbrella が文頭に出て ⇨ **Whose umbrella did you borrow?** となる.

•Do you know **whose book this is**? (↗) これは誰の本だか君は知っていますか. →whose 以下は文の一部に組み入れられるとこの語順になる.

📞会話 **Whose** book do you think **this is**? (↘)—I think it's Bob's. これは誰の本だと思いますか.—ボブの(本)だと思います. →Yes, No の答えを求めない疑問文ではこの語順になる. 前例との違い〈ちがい〉に注意.

❷ **誰のもの**

🏠基本 **Whose** is this? これは誰の(もの)ですか.

📞会話 **Whose** is that car outside? —It's my uncle's. 外にあるあの車は誰のですか.—それは私のおじさんのです.

❸ **(名詞＋whose ～＋文で) その～が～する～; その～を[に]～する～**

> 文法　ちょっとくわしく
> 前にある「人または物を表す語(名詞)」を修飾〈しゅうしょく〉する**関係代名詞用法**. この場合のwhose はふつう日本語には訳さない. 関係代名詞の詳〈くわ〉しい説明については →**that** 代 ❹

•a boy **whose** hair is very long (その)髪〈かみ〉がとても長い男の子 →whose hair は is の主語.

•a book **whose** cover is red 表紙が赤色の本 →a book the cover of which is red ともいえるがぎこちない言い方. a book with a red cover が一番ふつう.

•a friend **whose** sister I like very much その妹[姉]を私がとても気に入っている友人 →whose sister は like の目的語.

•I have a friend **whose** father is a doctor. 私にはお父さんが医者をしている友達がいます.

❹ **(, whose ～ で) そしてその～は～する, そしてその～を[に]～する**

> 文法　ちょっとくわしく
> 前の語につけ足しの説明をする**関係代名詞用法**. ふつう whose の前にコンマをつける.

•That boy, **whose** hair is red, is my brother. あの少年は, 髪の毛の赤い少年ですが, 私の兄[弟]です.

•This is Paul, **whose** brother Mike you met yesterday. こちらポールです. 兄[弟]のマイクには昨日お会いになりましたね.

why 小 A1 /(h)wái (ホ)ワイ/ 副

❶ **なぜ, どうして**

🏠基本 **Why** are you late? (↘) 君はどうして遅〈おく〉れたのですか.

💠POINT You are late *why*. (君は「なぜ」遅れた)が疑問文になって ⇨**Are you late** *why*? さらに why が文頭に出て ⇨**Why are you late?** となる.

📞会話 **Why** is he absent?—Because he is sick. なぜ彼は休みなのか.—病気だからです. →理由を答える時は Because ～.

📞会話 I'm very happy now.—**Why**? 私は今とてもうれしいんだ.—どうして?

🏠基本 **Why** do you want a new camera? 君はなぜ新しいカメラが欲〈ほ〉しいの?

💠POINT You want a new camera *why*. (君は「なぜ」新しいカメラが欲しい)が疑問文になって ⇨**Do you want a new camera** *why*? さらに why が文頭に出て ⇨**Why do you want a new camera?** となる.

📞会話 Excuse me, sir! You mustn't park your car here.—**Why not**? すみません, ここに駐車〈ちゅうしゃ〉してはいけないのですが.—どうしていけないのですか. →**Why not**? (成句)

📞会話 **Why** is he absent this morning? —I don't know **why he is** absent. なぜ彼は今朝休んでいるのですか.—彼がなぜ休みなのか私は知りません. →why 以下は文の一部に組み入れられるとこの語順になる.

📞会話 **Why** do you think **he is** absent? —I think he is sick. なぜ彼が休んでいると思

いますか．―彼は病気なのだと思います．→Yes, Noの答えを求めない疑問文ではこの語順になる．前例との違(ちが)いに注意．

❷**(the reason why**＋文で**)** なぜ～するかという理由

文法　ちょっとくわしく
前にある **reason** (理由)を修飾(しゅうしょく)する**関係副詞用法**. why か the reason のどちらかが省略されることがある．

• This is **the reason why** he is absent. これが彼が欠席している理由です．
• I want to know **the reason (why)** you were absent yesterday. 君が昨日欠席した理由を知りたい．
• That's **(the reason) why** everyone likes him. それがみんなが彼を好きな理由です[そんなわけでみんな彼を好きなんです]．
• I can see **why**. 理由がわかります．→why 以下が省略された形．

――― 間 おや，なに，まあ，でも，ええ →驚(おどろ)き・反対または単に言い始めのきっかけとして使う．
• **Why**, look, it's Takeshi. おや，ねえ見てよ，タケシだわ．
• Going out? **Why**, it's already dark. 出かけるの? でも，もう真っ暗だよ．
会話 Do you want to come, too, Bob? ―**Why**, yes! ボブ，君も来たい?―ええ，もちろん．

Why don't you *do*? ＝ ***Why not*** *do*? ＝ ***Why not*** ～? ～してはどうか，～しませんか
→親しい人に提案したり，申し出たりするくだけた言い方．自分も含(ふく)めて言う時は **Why don't we** *do*?
• **Why don't you [Why not]** come and see us someday? いつかうちに遊びに来ないか．
会話 When shall we go to the movie? ―**Why not** sometime next week? いつその映画を見に行こうか．―来週のいつかはどう?

Why not? なぜだめなのか; いいじゃないの，そうしなさいよ，もちろんさ
会話 May I invite Kay? ―**Why not?** She is a nice girl. ケイを招待してもいい?―もちろんよ．あの子はいい子だもの．

wicked /wíkid ウィキド/ (→×/ウィクト/ ではない) 形 不正な，邪悪(じゃあく)な，意地悪な; いたずらっぽい

wide 中 A2 /wáid ワイド/ 形 (比較級 **wider** /wáidər ワイダ/; 最上級 **widest** /wáidist ワイデスト/) 幅(はば)の広い; 幅が～ある 関連語「幅」は **width**. 反対語 **narrow** (狭(せま)い)

wide　　　　　narrow

• a **wide** river 広い川
• a **wide** knowledge of music 音楽に関する幅広い知識
関連語 a table 2 meters **long** and 1 meter **wide** 長さ2メートル，幅1メートルのテーブル →2 meters, 1 meter はそれぞれ long, wide を修飾(しゅうしょく)する．
• The Mississippi is very **wide**. ミシシッピ川はとても幅が広い．
会話 How **wide** is this street? ―It is twenty meters **wide**. この通りは幅がどれだけありますか．―幅20メートルです．
• The main road is **wider** than this street. 幹線道路はこの通りよりも広い．

――― 副 広く，大きく開いて
• The sleepy boy opened his mouth **wide** and yawned. その眠(ねむ)そうな男の子は口を大きく開けてあくびをした．
• The window was **wide** open because it was very hot. 窓は広く開いていた．とても暑かったので．
• The baby is **wide** awake. 赤ちゃんはぱっちり目を開けて[目覚めて]いる．
• You are **wide** off the mark. 君は的から遠く外れている．→「大間違(まちが)いをしている」の意味にも使う．

far and wide 広くほうぼうを[に]，四方八方を[に]

widely A2 /wáidli ワイドリ/ 副 広く; 大いに
widen /wáidn ワイドン/ 動 (幅(はば)を)広くする; (幅が)広くなる
widow /wídou ウィドウ/ 名 夫を亡(な)くした女性，未亡人，やもめ
関連語 **widower** (妻を亡くした男性)
widower /wídouər ウィドウア/ 名 妻を亡(な)くく

width

した男性, 男やもめ
関連語 **widow** (夫を亡くした女性)

width /wídθ ウィドす, wítθ ウィトす/ 名 幅(はば), 広さ →「幅の広い」は **wide**.

関連語 a table 2 meters **in length** and 1 meter **in width** 長さ2m幅1mのテーブル

関連語 The **width** of this river is 50 meters. = This river is 50 meters in **width**. (=This river is 50 meters **wide**.) この川の幅は50メートルだ.

wife 中 A1 /wáif ワイふ/ 名 (複 **wives** /wáivz ワイヴズ/) 妻, 奥(おく)さん, 夫人
関連語 **husband** (夫)

Wi(-)Fi /wáifai ワイふァイ/ 名 《コンピューター》ワイファイ →無線ネットワーク接続の規格のひとつ.

wig /wíg ウィグ/ 名 かつら, (部分的な)ウィッグ

wild 中 A2 /wáild ワイるド/ 形
❶ (動物・植物が)野生の
• **wild** animals [flowers] 野生の動物[花]
• **wild** birds [roses] 野鳥[野バラ]
❷ (土地・人が)文明化されていない, 未開の, 自然のままの, 荒(あ)れ果てた
• They traveled through the **wild** Amazon jungle. 彼らは未開のアマゾンのジャングルを進んで行った.
❸ (天候・海などが)荒れ狂(くる)う, 乱れた; (人・行動などが)乱暴な
• a **wild** sea [wind] 荒れ狂う海[風]
• a **wild** horse 手に負えないあばれ馬
❹ とんでもない, とてつ(途方(とほう)もない
• a **wild** idea 途方もない考え
❺ 気が狂いそうな, 熱狂(ねっきょう)的な, 夢中の; 《英話》怒(いか)り狂って
• He was **wild** with hunger. 彼は空腹で気がおかしくなりそうだった.

go wild (人が)熱狂する; 怒り狂う
run wild (植物が)はびこる

— 名 ❶ (ふつう **the wilds** で) 荒野(こうや), 荒れ地 ❷ (**the wild** で) 野生(の状態・生活)
• koalas in **the wild** 野生のコアラ

wildcat /wáildkæt ワイるドキャット/ 名 《動物》ヤマネコ

wíld dúck 名 《鳥》カモ

wilderness /wíldərnis ウィるダネス/ 名 荒野(こうや), 原生林地帯

wíld góose 名 《鳥》ガン

wildlife /wáildlaif ワイるドらイふ/ 名 《集合的に》野生動物; 野生植物

will¹

小 A1 /弱形 (w)(ə)l (ウィ)る, 強形 wíl ウィる/

助動 ❶ (自然の成り行きでこの先〜する)でしょう, (〜する)だろう   意味 map
❷ (**I [We] will** *do* で) (私(たち)は)〜するつもりである
❸ (**Will you** *do*? で) (君は)〜しますか, 〜しませんか; 〜してくれませんか

—— 助動
| 過去 **would** /弱形 wud ウド, 強形 wúd ウド/
❶ (自然の成り行きでこの先〜する)でしょう, (〜する)だろう →「単純な未来」を表す.
• I **will** [《話》**I'll**] be fifteen on my next birthday. 私は今度の誕生日で15歳(さい)になります. →will＋動詞の原形.
• You **will** [《話》**You'll**] see a shooting star tonight. 今夜は流れ星が見えるよ.
• He **will** [《話》**He'll**] soon get well. 彼はじき(病気が)よくなるでしょう.
• Perhaps it **will** [《話》**it'll**] snow tomorrow. 明日は多分雪が降るだろう.
• He **will not** [《話》**won't**] come to the party. 彼はパーティーには来ないだろう.
• There **will** be a school play next week. 来週学校劇があります.

会話

Will you be free next Sunday?
—Yes, I **will**.
君は来週の日曜日は暇(ひま)ですか.—はい, 暇です. →Will＋主語＋動詞の原形で疑問文.
A: **Will** Paul come tomorrow?
B: No, he **won't**.
A: Then when **will** he come?
B: He **will** come on Sunday.
A: ポールは明日来るでしょうか.
B: いや, 来ないでしょう.
A: では彼はいつ来るでしょうか.
B: 彼は日曜に来るでしょう.

❷ (**I [We] will** *do* で) (私(たち)は)〜するつ

もりである, ～しようと思う →「自分(たち)の意志」を表す.
- **I will** love you forever. 私は君を永遠に愛するつもりだ[愛します].
- **We will [We'll]** do our best. 私たちは全力を尽(つ)くすつもりだ[尽くします].

会話 Will you play tennis with us? —Yes, I **will**. 私たちとテニスをしませんか.—ええ, やりましょう. →最初の Will は ❸.

❸ **(Will you** *do***)** で) **(君は)～しますか, ～しませんか; ～してくれませんか**
POINT 相手の「意志」を尋ねたり, 相手に頼(たの)んだりするのに使う. もっと丁寧(ていねい)に言う時は **Would you** *do*? を使う.
- **Will you** have some cake? ケーキを召(め)し上がりますか[ケーキはいかがですか].
- **Won't you** come in? お入りになりませんか[どうぞお入りなさいよ]. → won't = will not. Will you come in? よりも強く勧(すす)める言い方.

Will you please lend me the book? —All right.
私にその本を貸してくれませんか.—いいですよ.

- Pass (me) the salt, **will you**? お塩を回して[取って]くださいませんか. →命令文の後につける. ~, will you? (↗) だと相手に頼む言い方になり, ~, will you (↘) だと「～してください」と軽い命令の言い方になる.

❹ **(繰(く)り返して)よく～する; どうしても～しようとする** →現在の習慣や強い主張・拒否(きょひ)を表す. →**would** ❸❹
- She **will** read comics for hours. 彼女は何時間も漫画(まんが)を読んでいることがよくある.
- This door **will** nót open. このドアはどうしても開こうとしない.

will² /wíl ウィる/ 名 ❶ **意志, 決意** →**willing**
- **against** *one's* **will** 意志に反して, いやいや, 心ならずも
- a person **with** a strong **will** 強い意志を持った人, 意志の強い人
- He bought a motorbike against the **will** of his parents. 彼は両親の意志に逆らってバイクを買った.

ことわざ Where there's a **will** there's a way. 意志のあるところには(何らかの)方法[道]がある. →「何よりもやる気が大事」の意味.

❷ **遺言(ゆいごん), 遺言書**
- He left the house to his wife **in** his **will**. 彼はその遺言書の中で妻に家を残した.

at will 意のままに, 自分の思い通りに
of *one's* ***own (free) will*** 自由意志で, 自ら進んで

willing /wíliŋ ウィりング/ 形 ❶ **(be willing to** *do* **で) (必要なら・頼(たの)まれれば)いやがらないで～する, 自発的に[進んで]～する**
- I **am** quite **willing to** help you. お手伝いするのはいっこうにかまいません.
- If you need a volunteer, **I'm willing (to be** a volunteer). ボランティアが必要なら私がやります.

❷ **自発的な, やる気のある** →名詞の前にだけつける.
- He is a **willing** student. 彼はやる気のある学生です.

willingly /wíliŋli ウィりングリ/ 副 いやがらずに, 進んで, 喜んで

willow /wílou ウィろウ/ 名 《植物》ヤナギ

win 小 A1 /wín ウィン/ 動
三単現	**wins** /wínz ウィンズ/
過去・過分	**won** /wán ワン/
-ing形	**winning** /wíniŋ ウィニング/

❶ **(戦争・競技などに)勝つ** 反対語 **lose** (負ける)
- **win** a race [a battle, a bet, an election] 競走[戦い, 賭(か)け, 選挙]に勝つ
ことわざ Slow and steady **wins** the race. (『イソップ物語』の中の「ウサギとカメ」のカメのように)のろくても着実なのが勝負に勝つ.
- Which team **won**? どっちのチームが勝ったの?
- Our team **won** the baseball game (by) 10 to 1. わがチームは野球の試合に10対1で勝った.

❷ **(勝利・名声・権利などを)勝ち取る; (賞・賞金[品]などを)獲得(かくとく)する, 受賞する**
- **win** a victory [a prize] 勝利[賞]を得る
- **win** fame 名声を博する, 有名になる
- **win** the right to vote 選挙権を勝ち取る
- He **won** second prize in the contest. 彼はコンテストで2等賞を獲得した.

win or lose 勝っても負けても
—— 名 勝ち, 勝利

wind

反対語 Our school baseball team had ten **wins** and two **losses** [**defeats**] this season. わが校の野球部は今シーズン10勝2敗だった.

wind¹ 中 A1 /wínd ウィンド/ 名

(複 **winds** /wíndz ウィンヅ/)

❶ 風 **関連語** **breeze** (そよ風), **gale** (大風), **storm** (暴風), **typhoon** (台風)

•a cold **wind** 冷たい風, 寒風

•the **wind** of an electric fan 扇風(せんぷう)機の風

•**The wind** is strong [**A** strong **wind** is blowing] today. きょうは風が強い[強い風が吹(ふ)いている]. ➡単に「風が[は]」という時はふつう the wind,「強い風」のように形容詞がつくと, a [an]+形容詞+wind となる.

•There is **no wind** (blowing) today. きょうは風が全然(ぜんぜん)(吹いてい)ない. ➡blowing (吹いている～)は wind を修飾(しゅうしょく)する.

❷ 息, 呼吸 (breath)

•lose *one's* **wind** 息切れがする

•The boy was out of **wind from** running home. 少年は走って家へ帰って来たので息を切らしていた.

wind² /wáind ワインド/ (➡wind¹ との発音の違いに注意) 動 (三単現 **winds** /wáindz ワインヅ/; 過去・過分 **wound** /wáund ワウンド/; -ing形 **winding** /wáindiŋ ワインディング/)

❶ (包帯などを)巻く, (ぐるぐる)巻きつける; (つる植物など)巻きつく ❷ (道・川が)うねる, 曲がりくねっている

wínd fàrm 名 風力発電基地

wínd instrument 名 管楽器, 吹奏(すいそう)楽器

windmill /wíndmil ウィンドミル/ 名 風車, 風車小屋 ➡製粉所の臼(うす)を回したり, 耕地の水あげなどに使う.

window 中 A1 /wíndou ウィンドウ/

名 (複 **windows** /wíndouz ウィンドウズ/)

❶ 窓

•**open** [**shut**, **close**] the **window** 窓を開ける[閉める]

•**look out** (**of**) the **window** 窓から外を見る ➡《米》では of をいわないことが多い.

•Don't throw cans out of the car **window**. 車[列車]の窓から空き缶(かん)を投げてはいけない.

•Who **broke** the **window**? 窓を壊(こわ)した[窓ガラスを割った]のは誰(だれ)だ.

❷ 窓口; (店の)ショーウインドー (show window)

•a ticket **window** 切符(きっぷ)を売る窓口

•Please ask **at window** No. 3. 3番窓口でお聞きください.

❸ 《コンピューター》ウィンドウ ➡画面上にそれぞれ異なるデータを表示できる四角い窓形の領域.

window bòx 名 ウインドーボックス, プランター ➡窓の下枠(わく)に取り付けた細長い植木箱で, この中で草花などを育てる.

windowpane /wíndoupein ウィンドウペイン/ 名 (1枚の)窓ガラス

wínd pòwer 名 風力

windsurfing /wíndsə:rfiŋ ウィンドサ～ふィング/ 名 ウィンドサーフィン ➡サーフボードに帆(ほ)を張って水上を帆走(はんそう)するスポーツ.

windy A2 /wíndi ウィンディ/ 形 (比較級 **windier** /wíndiər ウィンディア/; 最上級 **windiest** /wíndiist ウィンディエスト/)

風の吹(ふ)く, 風の強い ➡wind (風)+-y.

•It was **windy** all day yesterday. 昨日は一日じゅう風が強かった. ➡It は漠然(ばくぜん)と「天候」を表す.

•Chicago's nickname is the "**Windy City**". シカゴのあだ名は「風の町」です.

wine A2 /wáin ワイン/ 名 ワイン, ぶどう酒

•I like red [white] **wine**. 私は赤[白]ワインが好きだ. ➡wine は1つ, 2つと数えられないから ×a wine, ×wines としない.

•**A glass** [**A bottle**] of wine, please. ワイン1杯(はい)[1本]ください. ➡wine の数量は入れものを使って表す.

•Let's **have some wine** with dinner. ディナーを食べながらワインを飲もう.

wing 中 /wíŋ ウィング/

❶ (鳥・飛行機の)翼(つばさ); (昆虫(こんちゅう)の)羽 **関連語** A bird's **wing** is covered with **feathers**. 鳥の翼は羽毛(うもう)で覆(おお)われている.

•The bird **spread** its **wings** and flew away. 鳥は翼を広げて飛び去った.

❷ (建物などの中心から横に張り出した)翼(よく), 袖(そで); (ふつう **wings** で)(観客からは見えない舞台(ぶたい)の両すみの)袖

•the west **wing** of a hospital 病院の西側

の袖, 西側病棟(びょうとう)

•The actors are waiting **in** the **wings**. 俳優たちは舞台の袖で(出番を)待っている.

❸ (サッカーなどの)**ウイング**

on the wing 飛んで(いる)

•I saw some butterflies **on the wing**. 数ひきのチョウが飛んでいるのが見えた.

wink /wíŋk ウィンク/ 動

❶ **ウインクする, 目くばせする**

> 参考 英米ではさまざまな意味を込めて wink する. たとえば「これはほんの冗談(じょうだん)さ」「これは秘密にしてね」「頑張(がんば)れよ」「よくやった」「わかってるよ」など.

❷ (星・光が)**きらきらする**; (明りが)**点滅**(てんめつ)**する**

── 名 ❶ **ウインク, 目くばせ**

❷ **またたく間, 一瞬**(いっしゅん)

winner 中 A2 /wínər ウィナ/ 名

❶ **勝つ[勝った]人, 勝利者** →win

•Who was the **winner** of the women's singles? 女子シングルスの優勝者は誰(だれ)ですか.

❷ **受賞者; 優勝者**

•She was the **winner** of the Nobel Prize for Peace in 2014. 彼女は2014年度のノーベル平和賞の受賞者です.

winning /wíniŋ ウィニング/ 形 **勝った, 優勝の; 決勝の** →win

── 名 **勝つこと, 勝利**

winter 小 A1 /wíntər ウィンタ/ 名

(複 **winters** /wíntərz ウィンタズ/)

冬; (名詞の前につけて)冬の →南半球のオーストラリア, ニュージーランドなどでは6月から8月くらいまでが冬.

•**Winter** is over. 冬が終わった. →「季節」の語にはふつう ×a, ×the をつけない.

•**It** was a very cold **winter**. とても寒い冬でした. →形容詞がつくと a [an]+形容詞+winter. It は漠然(ばくぜん)と「その時は」ほどの意味で, 日本語には訳さない.

•I go skiing **in** (the) **winter** every year. 私は毎年冬にはスキーに行きます. →in などの前置詞の次では the winter となることもある.

•**this winter** 今年の冬(には) →this, last, next などがつくと ×in なしで「この[この前の,

次の]冬に」の意味を表す.

•It wasn't very cold **last winter**. 去年の冬はあまり寒くなかった.

•**winter** sports [clothes] 冬のスポーツ[冬服]

•on a cold **winter** morning 寒い冬の朝に

•**winter** sleep 冬眠(とうみん)

wipe /wáip ワイプ/ 動 **拭**(ふ)**く, ぬぐう; 拭き取る**

•**wipe** a table テーブルを拭く

•**wipe** one's hands **on** a towel タオルで手を拭く

•**wipe** one's eyes 目をぬぐう[涙(なみだ)を拭く]

•**wipe off** the stains on [from] the glass グラスの[から]汚(よご)れを拭き取る

•**wipe up** the milk on [from] the floor 床(ゆか)に[床から]こぼれたミルクを拭き取る

•**wipe** a floor clean 床をきれいに拭く → clean は形容詞(きれいな)で, 「どのような状態に」床を拭く (wipe a floor) かを表す.

wipe out **完全に破壊**(はかい)**する, 一掃**(いっそう)**する**

wiper /wáipər ワイパ/ 名 **拭**(ふ)**く人; 拭く物; 黒板拭き,** (車の)**ワイパー**

wire /wáiər ワイア/ 名 ❶ **針金, ワイヤー; 電線**

•a **wire** fence [basket] 金網(かなあみ)の柵(さく)[かご]

•a telephone **wire** 電話線

•tie ~ with (a piece of) **wire** 針金で~を縛(しば)る

❷ (米話)**電報** (telegram)

•**by wire** 電報で →×by a wire としない.

•**send** a **wire to** ~ ~に電報を打つ

── 動 ❶ (米話)**電報を打つ, 電報で知らせる**

•He **wired** me congratulations. 彼は私に祝電を打ってくれた.

•He **wired** me **about** her accident. 彼は彼女の事故のことを電報で私に知らせてきた.

❷ (家などに)**電線を引く, 配線する**

Wisconsin /wiskánsin ウィスカンスィン/ 固名 **ウィスコンシン** ★米国中央北部の州. **Wis., Wisc.,** (郵便で) **WI** と略す.

wisdom A2 /wízdəm ウィズダム/ 名 **賢明**(けんめい)**なこと, 賢明さ, 分別, 知恵**(ちえ)

•a man **of wisdom** (=a wise man) 賢(かし)こい男, 賢人(けんじん)

wise A2 /wáiz ワイズ/ 形 **賢**(かしこ)**い, 賢明**(けんめい)**な, 分別のある** →単に「頭がいい」「記憶(きおく)力がいい」の意味ではない. →clever

•a **wise** man 賢い人, 賢人(けんじん)

wisely

- **a wise choice** 賢明な選択(せんたく)
- **You are not wise [It is not wise of you] to** go swimming if the sea is rough. 海が荒(ぁ)れているなら泳ぎに行くなんて賢いことじゃない.

関連語 Older people are **wiser** than younger ones, because **wisdom** comes with age. 年配の人は若者よりもっと賢明である. なぜなら分別は年齢(ねんれい)とともについてくるものだから.

wisely /wáizli ワイズリ/ 副 **賢明**(けんめい)**に(も)**

wish 小 A1 /wíʃ ウィシュ/ 動

❶ **願う, 望む**

- **wish on** a falling star 流れ星に願いをかける
- **wish for** world peace 世界平和を願う
- **I wish** you (the best of) luck [success]. あなたの(最高の)ご幸運[ご成功]を祈(いの)ります. →wish A (人) B は「A のために B がありますようにと願う」.
- **I wish** you a Merry Christmas. (君に楽しいクリスマスを願う ⇨)クリスマスおめでとう. →カードなどに書く文句. 会話では単に **Merry Christmas!** という.
- He **wished** her a happy birthday. 彼は彼女に誕生日おめでとうと言った.
- Anne **wished that** she could get a new doll. アンは新しいお人形がもらえますようにと祈った.
- My sister is **wishing** for a bicycle at Christmas. 妹はクリスマスに自転車が欲(ほ)しいと言っています.

❷ **(wish to** do **で) (〜することを)願う, できれば〜したいと思う**

類似語 **wish** は **want** より改まった丁寧(ていねい)な言い方. 日常的には **want** が多く使われる.

- **I wish to** go abroad some day. 私はいつか外国へ行きたい.
- He **wished to** cross the river, but he had no boat. 彼はその川を渡(わた)りたかったが, ボートがなかった.
- You can come with me, **if you wish**. もし君が来たければいっしょにおいでよ.
- **How I wish to** see my parents! どんなに両親に会いたいことか[両親に会いたいなあ]!

❸ **(wish＋文(過去形)で) (〜)であればいいと願う, (〜)すればいいと思う(が, 実際はそうでないの**

が残念だ) →現在の事実と異なることをいっている仮定法過去の文.

- **I wish** I **were** a bird. I wish to fly to you. 私が鳥だったらいいのに. あなたの所に飛んで行きたい. →be 動詞は主語に関係なく were を使うが, 主語が you 以外の単数の時, 口語では was も多く使われる.
- **I wish** I **had** a brother. 私にお兄さん[弟]がいたらいいのになあ.
- I can't swim. **I wish** I **could**. 私は泳げない. 泳げるといいのになあ.
- How I **wish** I could fly! ああ, 空を飛べればいいのになあ!

── 名 ❶ **願い, 望み; 望みの物[事], 願い事**

- **My wish is to** be an actor. 私の望みは俳優になることです.
- He finally **got** his **wish**—a new camera. 彼はとうとう望みの物—新しいカメラを手に入れた.
- **make a wish** 願い事をする
- If you **make a wish** when you see a falling star, your **wish** will **come true**. 流れ星を見た時願い事をすれば, あなたの願いはかなえられる. →wishbone

❷ **(wishes で) 人の幸せを願う気持ち, 祝福の言葉**

- Aunt Betsy **sends** us **good wishes for** a happy new year. ベッツィおばさんから私たちに新年おめでとうですって.
- Please **give** your mother my **best wishes**. ＝Please **give** my **best wishes to** your mother. お母様によろしくお伝えください.
- **With best wishes**, Ken Nishii. それではご多幸を祈りながら, 西井健より. →手紙の結びやプレゼントに添(そ)えて書く言葉.

wishbone /wíʃboun ウィシュボウン/ 名 **鳥の胸にあるY字形の骨**(叉骨(さこつ))**, 願いの骨** →引っ張り合って長い方 (a lucky break) を取った人の願い事がかなえられるといわれる.

wit /wít ウィト/ 名 **機知, ウイット**

類似語 (ユーモア)

wit はとっさのひらめきで出る知的なユーモアで, 聞いた人が感心しながらどっと笑う (laugh) ようなもの. **humor** (ユーモア) は物事のおかしさを心優(やさ)しく温かい目を通して表現するもので, あとになっても 微笑(びしょう) (smile) が出てくるようなもの.

witch /wítʃ ウィチ/ 名 女の魔法(まほう)使い，魔女(まじょ) 関連語 「男の魔法使い」は **wizard**.

参考 悪魔(あくま)(devil)の力を借りて魔術(まじゅつ)(magic)を行うと信じられた女性. 先のとがった黒い大きな帽子(ぼうし)をかぶった醜(みにく)い老婆(ろうば)の姿で，ほうきの柄(え)(broomstick)にまたがって夜空を飛び回り，黒ネコなどを手先に使って，人にまじない(spell)をかけたり，作物を不作にしたりといった悪さをするといわれた. 中世のヨーロッパでは多くの無実の女性と，さらには男性もが魔女狩(まじょが)り(**witch hunt**)の名のもとに迫害(はくがい)された.

with 小 A1 /wið ウィず/

前 ❶ ～といっしょに，～とともに   意味map
❷《付属するもの》～を持っている，～の付いた
❸《感情・態度》～をもって
❹(with A B (形容詞)で) A が B の状況[状態]で
❺《相手》～と，～に(対して)
❻《時間的に》～とともに
❼《道具・材料》～を使って，～で
❽ ～にとって(は)

—— 前 ❶ ～といっしょに，～とともに

基本 **with** a dog 犬と(いっしょに)，犬を連れて(いる) → with＋名詞.
• **with** him 彼と(いっしょに) → with＋目的格の代名詞. ×with *he* としない.
• go **with** him 彼といっしょに行く
• a boy **with** a dog 犬を連れている少年
• I go to school **with** Ben and Joe. 私はベンやジョーといっしょに学校へ行く.
• Jim was not **with** me yesterday. 昨日はジムは私といっしょではなかった.
• I'm sending you some pictures **with** this letter. 私はこの手紙とともに[に同封(どうふう)して]何枚かの写真をあなたに送ります.
• I will **bring** my brother **with** me. 私は弟を(私といっしょに)連れて行きます.
• **Take** an umbrella **with** you. 傘(かさ)を持って行きなさい.
• I **have** no money **with** me. 私は今お金を全然持ち合わせていない. → with me をつけな

with 小 A1 /ウィず/

基本の意味

同じ時間・場所にいる[ある]ことを表す「～といっしょに」が基本の意味(❶). 何かを持っていることや何かが付属していることに注目すると，❷所有・付属，❸「(感情・態度)をもって」，❼道具・材料の意味になる. 何かが同時に成立していることに注目すると，❹「～の状況で」の意味になる. 行為をいっしょに行う人に注目すると，❺相手の意味になる.

イメージ
～といっしょに

教科書によく出る 使い方

❶ I go to school **with** my friend Yui. 私は友だちの唯といっしょに登校します.
❷ Who is that man **with** a red scarf? 赤いスカーフのあの男性は誰？
❸ Martha greeted us **with** a big smile. マーサは満面の笑みで私たちを出迎えた.
❺ We need to talk **with** her. 私たちは彼女と話をする必要がある.

with

いと「私は(ここにも家にも銀行にもどこにも)全くお金がありません[一文無しです]」の意味.

- Are you **with** me? (説明の途中(とちゅう)で)(あなたは私といっしょにいますか ⇨)ここまではよろしいですか.

❷《付属するものがいっしょに》**～を持っている**, **～の付いた**; **～を持ったままで**

- a girl **with** long hair 長い髪(かみ)の毛の[ロングヘアの]女の子
- a monster **with** a huge mouth 巨大(きょだい)な口をした怪物(かいぶつ)
- Do you know that big boy **with** a camera? 君はカメラを持ったあの大きな少年を知っていますか.
- I'm Tom Brown **with** today's news. (私はきょうのニュースを持っている[伝える]トム・ブラウンです ⇨)皆(みな)さん, トム・ブラウンです. きょうのニュースをお伝えします.
- She said goodbye **with** tears in her eyes. 彼女は目に涙(なみだ)を浮(う)かべて別れを告げた.

❸《ある感情・態度といっしょに》**～をもって**, **～して**

- **with** a smile 微笑(びしょう)をもって, にこにこして
- **with** joy 喜びをもって, 喜んで
- **with** ease 簡単に, やすやすと (easily)
- **with** (great) care (とても)注意して

🗨会話 Will you help me? —Yes, **with pleasure**. 手伝ってくれますか.—はい, 喜んで.

❹ (**with** A B (形容詞)で) **A が B の状況[状態]で**

- sleep **with** the windows open (窓があいている状態で ⇨)窓を開けたまま眠(ねむ)る → open は形容詞(あいている).
- Don't speak **with** your mouth full. 口に食べ物をいっぱい入れてしゃべるな.

❺《相手といっしょに》**～と**, **～に(対して)**, **～を相手に**; **～に賛成して**, **～とよく合って**

- **talk with** one's father 父と話をする, 父に相談する
- connect A **with** B A と B をつなぐ
- mix blue **with** red 青と赤を混ぜる
- I often **fight with** my brother. 私はよく兄[弟]とけんかをする.
- I had a lot of fun **with** him. 私は彼といっしょでとてもおもしろかった[彼はとてもおもしろい人だった].

- I agree **with** you. 私は君に賛成だ.
- Are you **with** me or against me? 君は僕(ぼく)に賛成なのか反対なのか.

❻《時間的にいっしょに》**～とともに**

- rise **with** the lark ヒバリとともに起きる[早起きする]
- **With** those words, he left. 彼はその言葉とともに[そう言って]去って行った.
- **With** the coming of spring, the birds returned. 春の訪(おとず)れとともに鳥たちも帰ってきた.

❼《道具・材料》**～を使って** (using), **～で**;《原因・理由》**～のせいで**

- eat **with** (a) knife and fork ナイフとフォークで食べる
- study **with** a computer コンピューターを使って勉強する
- cut **with** a knife ナイフで切る
- I took these pictures **with** this camera. 私はこのカメラでこれらの写真を撮(と)った.

反対語 He is eating his soup **with** a spoon, but his brother is eating **without** a spoon. 彼はスプーンでスープを飲んでいるが, 彼の弟はスプーンなしで[を使わないで]飲んでいる.

- The streets were crowded **with** people. 通りは人で混み合っていた.
- He was in bed **with** a cold. 彼は風邪(かぜ)で寝(ね)ていた.
- That place became very dirty **with** trash and cans. その場所はごみや缶(かん)でとても汚(きたな)くなった.

❽ **～にとって(は)**, **～について**, **～に関して**

- It's **all right with** me. 私についてはそれでけっこうです.
- Something is **wrong with** this radio. このラジオはどこかが故障している.
- What's **the matter with** you? どうしたの(具合が悪そうだけど, 心配事でもあるの).
- What's **with** you? どうしたの(いつものあなたと違(ちが)うけど). → 前の文との違いに注意.
- Anne **helps** me **with** my English homework. (アンが英語の宿題について私を助ける ⇨)アンが私の英語の宿題を手伝ってくれます.

with all **～** あれほど～がありながら, あんな～にもかかわらず

- **With all** his money, he was not happy at all. あんなに金がありながら,彼はちっとも幸福ではなかった.

withdraw /wiðdrɔ́ː ウィずドロー/ 動 (三単現
withdraws /wiðdrɔ́ːz ウィずドローズ/; 過去
withdrew /wiðdrúː ウィずドルー/; 過分
withdrawn /wiðdrɔ́ːn ウィずドローン/; -ing形
withdrawing /wiðdrɔ́ːiŋ ウィずドローインぐ/)
❶ 引っ込(こ)める; (預金を)引き出す; (軍隊などを)退却(たいきゃく)させる ❷ 引っ込む; 引き下がる, 退く; 撤退(てったい)する

wither /wíðər ウィざ/ 動 (しばしば **wither away** で) しぼむ, しおれる, 枯(か)れる; しぼませる, しおれさせる, 枯らす

within A2 /wiðín ウィずィン/ 前 ～以内に[で]; ～の範囲(はんい)内に[で]
• **within** a week 1週間以内に
• I live **within** ten minutes' walk of the school. 私は学校から歩いて10分以内に住んでいます.

without 中 A2 /wiðáut ウィずアウト/ 前
❶ ～なしで, ～なしに; ～のない
基本 go out **without** one's hat [coat, umbrella] 帽子(ぼうし)をかぶらないで[コートを着ないで, 傘(かさ)を持たないで]出かける → 動詞＋without＋(代)名詞.
• I can't live **without** you. 私は君なしでは生きられない.
基本 marriage **without** love 愛の無い結婚(けっこん) → 名詞＋without＋名詞.
• I drink coffee **without** sugar. 私は砂糖を入れないコーヒーを飲む.
• The cowboy in the movie was a man **without** fear. その映画に出てきたカウボーイは恐(おそ)れを知らない男だった.
❷ (**without** *doing* で) ～しないで, ～せずに
• He went out of the room **without** saying a word. 彼は一言も言わずに部屋から出て行った.
• You can't make an omelette **without** breaking a few eggs. 卵をいくつか割らなければオムレツはつくれない. → 「何かを達成するには犠牲(ぎせい)がつきものだ」の意味.

***do* [*go*] *without* ～** ～なしで済ませる, ～がなくてもなんとかやっていく
• We can't **do without** the phone in our daily life. 私たちは日常生活において電話なしではやっていけない.

not* [*never*] *do without doing ～せず

without 中 A2 /ウィざウト/

基本の意味
「～なしで」が基本の意味. いっしょにあるべき人・物がない, するべきことをしていないというニュアンスであることが多い.

イメージ

～なしで

教科書によく出る使い方

❶ It's cold outside. Don't go out **without** your coat.
外は寒いよ. 上着なしで外に出ないでね.
❷ John left for school **without** eating breakfast.
ジョンは朝食を食べずに学校に出かけて行った.

witness 770 seven hundred and seventy

には～しない, すれば必ず～する

- I can**not** speak English **without making** mistakes. 私は英語をしゃべると必ず間違(まちが)いをする.

without fail 間違いなく, 必ず

witness /wítnis ウィトネス/ 名 (事件などの)目撃(もくげき)者, (法廷(ほうてい)などでの)証人

―― 動 目撃する; 証言する

wives /wáivz ワイヴズ/ 名 **wife** の複数形

wizard /wízərd ウィザド/ 名 男の魔法(まほう)使い

関連語 「魔女(まじょ)」は **witch**.

woke /wóuk ウォウク/ 動 **wake** の過去形

woken /wóukn ウォウクン/ 動 **wake** の過去分詞

wolf /wúlf ウるふ/ 名 (複 **wolves** /wúlvz ウるヴズ/) (動物)オオカミ

- **a pack of wolves** オオカミの群れ
- I am **as hungry as a wolf**. 私はオオカミのように腹ぺこだ.

cry wolf 「**オオカミが来た**」と叫(さけ)ぶ →「うそを言って人を騒(さわ)がせたり, 人騒がせなデマを飛ばす」の意味.

参考 『イソップ物語』で羊飼いの少年が「オオカミが来た!」とうそを言っては人をだましておもしろがったので, 本当にオオカミが来た時には誰(だれ)にも信じてもらえなかったという話から.

woman 小 A1 /wúmən ウマン/ (→o を /u ウ/ と発音することに注意) 名

(複 **women** /wímin ウィメン/)

(大人の)女性, 婦人 関連語 **man** (男性)

- a young **woman** and an old lady 1人の若い女性と1人の老婦人 →old woman より old lady と言ったほうが感じがよい.
- the **women**'s room 女性用トイレ →WOMEN と掲示(けいじ)してある.

wombat /wámbæt ワンバト/ 名 《動物》ウォンバット →オーストラリア原産の有袋類(ゆうたいるい).

women 中 /wímin ウィメン/ (→o を /i イ/ と発音することに注意) 名 **woman** の複数形

won 中 /wán ワン/ 動 **win** の過去形・過去分詞

wonder 中 A2 /wándər ワンダ/ 動

❶ (不思議さ・すばらしさに)驚(おどろ)く, 驚嘆(きょうたん)する; 不思議に思う

- We **wondered at** the beautiful sunset.

私たちは美しい日没(にちぼつ)の光景に驚嘆した.

- I **wonder** (**that**) he was not killed in the airplane accident. 彼がその飛行機事故で死ななかったとは驚いた[よく死ななかったものだ].

❷ (**wonder if** [**who**, **what**, *etc.*] ～ で) (～する)かしら(と思う), ～かどうかを知りたいと思う

- I **wonder if** it is true. それは本当なのだろうか.
- I **wonder who** she is. ＝**Who is she, I wonder**? あの女の人は誰(だれ)だろう.
- I **wonder why** I am so sleepy. どうしてこんなに眠(ねむ)いのかしら.
- I **wonder when** he will come. 彼はいつ来るだろうか.
- She **wondered which** sweater to buy. 彼女はどっちのセーターを買おうかしらと思った.
- I'm just **wondering whether** I should go to the movies. ＝I'm just **wondering about** going to the movies. 映画に行こうかどうしようかと考えているところです.

―― 名 ❶ (すばらしい物・不思議な物への)驚きの気持ち, 驚嘆, 驚異(きょうい)の念

- When I saw Niagara Falls, I was **filled with wonder**. ナイアガラの滝(たき)を見た時私は驚異の念に満たされた. →×a wonder, ×wonders としない.

関連語 Paul looked in **wonder** at the spaceship. It was so **wonderful**. ポールはその宇宙船に驚きの目を見張った. それはとてもすばらしかった.

❷ 不思議なもの[事], 驚くべき事[人], 驚異

- The Pyramids are one of the Seven **Wonders** of the World. ピラミッドは世界の七不思議の1つです.
- **It is a wonder that** such a little boy can play the piano so well. こんなに小さな少年がこんなに上手にピアノを演奏できるとは驚きだ. →It＝that 以下.
- (**It is**) **No wonder** (**that**) the boy is excited. This is the first time he got on board a plane. その男の子がはしゃぐのも不思議じゃないね. 飛行機に乗ったのはこれがはじめてなのだから.

wonderful 小 A1 /wándərfəl ワンダふる/ 形 (比較級 **more wonderful**;

最上級 most wonderful)

❶ (びっくりするほど)**すばらしい, とてもすてきな** (great)

基本 a **wonderful** present [person, dinner] とてもすばらしい贈(おく)り物[人, ごちそう] →wonderful＋名詞.

•Lucy is a **wonderful** cook. ルーシーはすばらしい料理人だ[料理がすばらしく上手だ].

基本 You are **wonderful**. 君はとてもすばらしい. →be 動詞＋wonderful.

会話 Let's go on a picnic tomorrow. —That's **wonderful**. あしたピクニックに行こうよ. —わあ, すてきね.

•It is **wonderful** to hear that she is having a baby. (彼女がおめでただと聞くことはすばらしい⇨)おめでただそうでこんなすてきなことはございません. → It =to hear 以下.

❷ 驚(おどろ)く**べき, 不思議な**

•a **wonderful** invention 驚くべき発明

•"Aladdin and the **Wonderful** Lamp" 「アラジンと不思議なランプ」→『千夜一夜物語』の中の1つ.

wonderland /wʌ́ndərlænd ワンダランド/ 名
(童話の)**不思議の国, おとぎの国; すばらしい所**

•*Alice's Adventures in **Wonderland*** 『不思議の国のアリス』→童話の書名.

•Sapporo is a winter **wonderland** for skiers. 札幌はスキーヤーたちにとってまさに冬のおとぎの国です.

won't /wóunt ウォウント/ **will not** を短くした形

wood **A2** /wúd ウド/ 名

❶ (切った)**木, 木材, 材木** →立ち木 (tree) でなく, 家や家具を作る用材.

•**a chip** [**a piece**] **of wood** 木の切れっ端(はし), 木切れ, 小さな木片(もくへん) →×a wood, ×woods としない.

•**wood** carving 木彫(もくちょう)

関連語 We get **wood** from **trees**, and wood is sawed into **boards**. 私たちは立ち木から材木を得る. そして材木はのこぎりで切られて板材になる.

•My house is made **of wood**. 私の家は木造です.

❷ **まき, 薪**(たきぎ)

•**gather wood** for a fire たき火用の薪を集める

•Put some **wood** on the fire. 火にまきを入れなさい.

❸ (**しばしば複数形 woods でも使う**) **森, 林, 里山**

→**forest** **類似語**

•camp **in** the **wood**(s) 森の中でキャンプをする

•walk **through** the **wood**(s) 森の中を歩いて行く

•The children lost their way in the **wood**. 子供たちは森の中で道に迷った.

woodblock /wúdblɑk ウドブロク/ 名

❶ **木版画; (木版画の)版木** →**wood block** と2語にもつづる.

❷ 〔楽器〕**ウッドブロック** →木魚のような音の打楽器.

woodchuck /wúdtʃʌk ウドチャク/ 名
〔動物〕**ウッドチャック** →米国北東部やカナダにいるリス科の動物. groundhog ともいう (→**groundhog**).

woodcut /wúdkʌt ウドカト/ 名 **木版画; 版木**(はんぎ)

woodcutter /wúdkʌtər ウドカタ/ 名 **木こり**

wooden **A2** /wúdn ウドン/ 形 **木製の, 木造の**

•a **wooden** box 木の箱

•That's not **wooden**—it's plastic. あれは木製じゃありません—プラスチックです.

woodpecker /wúdpekər ウドペカ/ 名 〔鳥〕**キツツキ**

woodwork /wúdwəːrk ウドワ～ク/ 名 〔英〕
=woodworking

woodworking /wúdwəːrkiŋ ウドワ～キング/ 名 〔米〕**木工** →木で家具などを作ること.

woof /wúf ウふ/ 間 **ウー** →犬などのうなり声. →**bark** 動 **関連語**

wool **A2** /wúl ウる/ (→×/ウ～る/ ではない) 名

❶ **羊(またはヤギなど)の毛, 羊毛**

•**shear wool** from a sheep 羊から毛を刈(か)り取る →×a wool, ×wools としない.

❷ **毛糸; ウール(製品)**

•a **wool** blanket ウールの毛布

•This jacket is made of 100% **wool**. この上着はウール100パーセントだ. →100%は one hundred percent と読む.

•**I wear wool** in winter and cotton in summer. 私は冬はウール, 夏は木綿(もめん)の服を着ます.

wool(l)en /wúlən ウれン/ 形 **羊毛(製)の, ウールの**

word

word 小 A1 /wə́:rd ワ~ド/
名 ❶ 単語, 語
　❷ 言葉
　❸ (**words** で) 歌詞
　❹ (*one's* **word** で) 約束

意味 map

—— 名 (複) **words** /wə́:rdz ワ~ヅ/)

❶ **単語, 語**
- an English **word** 英語の単語

関連語 The **word** "pen" has three **letters**. pen という語は 3 つの文字を持っている[3 つの文字からできている].

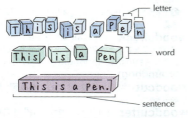

- What is the English **word for** "jisho"? 「辞書」にあたる英語の単語は何ですか.
- Write an essay about your dream in 1,000 **words**. あなたの夢についての作文を 1,000 語で書きなさい.

❷ **言葉; (ちょっと)一言, 手短な話**
- in a **word** 一言で言えば, 要するに
- in other **words** ほかの言葉で言えば, 言い換えれば
- a person [a man, a woman] of few [many] **words** 言葉数の少ない[多い]人
- a **word** of thanks お礼の言葉
- She didn't say a **word** about it. 彼女はそれについては一言も言わなかった.
- May I **have a word with** you? ちょっとお話があるのですが.
- Mr. Smith is now going to **say a few words**. これからスミス先生が一言ご挨拶(あいさつ)をされます.
- This flower is too beautiful **for words**. この花は美し過ぎて言葉では言えない.

❸ (**words** で) **歌詞, (劇の)せりふ**
- Do you remember the **words** of "*Yesterday*"? 君は「イエスタデイ」の歌詞を覚えていますか.

❹ (*one's* **word** で) **約束, 自分の言った事**

- a man [a woman] **of his** [**her**] **word** 約束を守る人 →×word**s** としない.
- **keep** [**break**] *one's* **word** 約束を守る[破る]
- I **give** you my **word that** I will not tell your secret. 君の秘密をしゃべらないことを約束するよ.

❺ **知らせ, 便り**
- Please **send** me **word** as soon as you get there. そこに着いたらすぐに私に知らせてください. →×*a* word, ×words としない.

by word of mouth (書面(しょめん)でなく)口頭で, 口伝えで

wórd gàme 名 言葉遊び
wórd pròcessor 名 ワードプロセッサー, ワープロ

wore /wə́:r ウォ~/ 動 **wear** の過去形

work

work 小 A1 /wə́:rk ワ~ク/
動 ❶ 働く; 勉強する
　❷ (機械などが)調子よく動く (run), (薬などが)効く
名 ❶ 仕事; 勉強
　❷ 作品

意味 map

—— 動 (三単現 **works** /wə́:rks ワ~クス/; 過去・過分 **worked** /wə́:rkt ワ~クト/; -ing形 **working** /wə́:rkiŋ ワ~キンヴ/)

❶ **働く; 勉強する; 努力する**

基本 **work** hard 熱心に働く; 熱心に勉強する, 努力する → work+副詞(句).
- **work** for world peace 世界平和のために働く[努力する].

Where do you **work**? —I **work** in [for, at] a hospital as a nurse.
あなたはどこで働いているのですか.—私は病院に看護師として勤めています.

反対語 **Work** while you work, **play** while you play. 働く時は働き, 遊ぶ時は遊べ.
- My sister **works** very hard **at** school. 妹[姉]は学校でとてもよく勉強している.
- I **worked** in the garden all day long. 私は庭で 1 日中働いた.
- Some farmers **are working on** the farm. 農夫たちが農場で働いている. → 現在進行形の文. → **are** 助動 ❶

- Mother is busy **working** in the kitch-en. 母は台所で忙(いそが)しく働いている. → working は現在分詞. be busy *doing* は「〜で忙しい, 忙しく〜している」.
- **Working** in a restaurant must be a hard job. レストランで働くのは大変な仕事に違(ちが)いない. → working は動名詞(働くこと)で文の主語.

❷(機械などが)**調子よく動く** (run), (計画などが)**うまくいく**, (薬などが)**効く**; (機械を)**動かす, 運転する**, (人を)**働かせる**
- This machine doesn't **work**, but that one is **working** all right. この機械はよく動きません[調子がよくありません]が, あっちの機械はちゃんと動いています.
- A compass does not **work** at the South Pole. 磁石は南極では作動しない.
- This medicine **works** for heart trou-ble. この薬は心臓病に効く.
- Please show me how to **work** this washing machine. この洗濯(せんたく)機の動かし方を教えてください.

work at 〜 〜で働く; 懸命(けんめい)に〜の仕事[勉強]をする, 〜に取り組む
- Bob **worked** very hard **at** [**on**] the dif-ficult math problem. ボブはその数学の難問に懸命に取り組んだ.

work on 〜 〜で働く; 〜の仕事[勉強]をする, 〜に取り組む; 〜に働きかける
- **work on** a model airplane 模型飛行機の製作に取り組む[を作る]
- His music **worked on** the minds of the audience. 彼の音楽は聞く者の心に訴(うった)えた.

work out (問題を)**解く**; **考え出す**; (計画などが)**うまくいく, 結果が〜になる**
- **work out** a crossword puzzle クロスワードパズルを解く
- Everything **worked out** all right in the end. 最後にはすべてがうまくいった.

── 图 (嵫) **works** /wə́:rks ワ〜クス/)

❶ **仕事, 労働; 勉強** → 日本語の「仕事」より意味の幅(はば)が広い.

- **a piece** [**a lot**] **of work** 1つ[たくさん]の仕事 →× a work, × works などとしない.
- **easy** [**hard**] **work** 易(やさ)しい[困難な]仕事
- **go to work** 仕事にいく →成句
- **look for work** 仕事の口を探す → この work は「仕事の口, 職, 勤め先」の意味で **job** と同じ. ただし job は **a job** となる.

🗨会話 What **work** does he do? = What is his **work**?—His **work** is teaching. 彼はどんな仕事をしているのか[彼の職業は何か].—彼の職業は教師です.
- I have a lot of **work** to do today. 私はきょうはしなければならないことがたくさんある. → 不定詞 to do (する〜)は work を修飾(しゅうしょく)する. → **to** ❾ の②

ことわざ All **work** and no play makes Jack a dull boy. 勉強ばかりして遊ばなければジャックはばかな少年になる. → make *A B* は「A を B にする」.「よく学びよく遊べ」にあたる.

❷ **作品, 作ったもの**
- **a work** of art 芸術作品[美術品]
- the **works** of Picasso [Soseki, Mozart] ピカソ[漱石, モーツァルト]の作品

❸ (**works** で) **工場, 製作所**
- an iron **works** 鉄工場, 製鉄所

at work 働いて, 仕事中で
- Father is **at work** in the garden now. 父は今庭で働いています.

掲示 Men **at work**. 工事[作業]中 → Men **working**. ともいう.
- He is hard **at work** on a big picture. 彼は絵の大作に熱心に取り組んでいる.

go to work 仕事に出かける, 出勤する; 仕事に取りかかる (set [get] to work)

out of work 失業して(いる)
- Naomi is **out of work** and she is looking for a job. ナオミは失業していて職を探している.

set [**get**] **to work** 仕事に取りかかる

workbook /wə́:rkbuk ワ〜クブク/ 图 (学習用)**ワークブック, 練習問題帳**

worker 中 A1 /wə́:rkər ワ〜カ/ 图 **働く人, 仕事をする人, 労働者, 従業員; 勉強する人**

チャンクでおぼえよう work	
□ 熱心に働く	**work** hard
□ 一日中作業する	**work** all day long
□ その機械は調子が悪い.	The machine doesn't **work**.
□ しなければならないこと	**work** to do

working 774 seven hundred and seventy-four

- a factory **worker** 工場労働者, 工員
- an office **worker** 事務所で働く人, 事務員, 会社員, サラリーマン
- a slow **worker** 仕事の遅(おそ)い人
- a hard **worker** 勉強家[働き者]

working /wɚːrkiŋ ワ〜キンヶ/ 動 **work** の -ing 形 (現在分詞・動名詞)
—— 形 働いている, 労働[仕事]をしている; 作業 (用)の, 労働の
- **working** hours 労働時間[執務(しつむ)時間]
- the **working** class(es) 労働者階級

workman /wɚːrkmən ワ〜クマン/ 图 (複 **workmen** /wɚːrkmən ワ〜クマン/) 肉体労働者, 工員; (特に)職人

workplace /wɚːrkpleis ワ〜クプれイス/ 图 職場

worksheet /wɚːrkʃiːt ワ〜クシート/ 图
❶ (試験の)問題用紙
❷ 《コンピューター》ワークシート

workshop /wɚːrkʃap ワ〜クシャプ/ 图 ❶ (工作・修理用の)仕事場, 作業室, (小さな)工場, 工房(こうぼう) ❷ (小グループの)研究会, 勉強会, 講習会

world 小 A1 /wɚːrld ワ〜るド/ 图 (複 **worlds** /wɚːrldz ワ〜るヅ/)
❶ (the world で) 世界; 世界じゅうの人々
- **in the world** 世界で[の] → 成句
- **all over the world** 世界じゅう, 世界じゅうで[の]
- **the world**'s greatest singer 世界最高の歌手
- The Nile is the longest river in **the world**. ナイル川は世界で一番長い川だ.
- All the people in **the world** wish for **world** peace. 世界のすべての人々が世界の平和を願っている.
- He traveled around **the world** in 80 days. 彼は80日間で世界一周旅行をした.
- **The whole world** [**All the world**] **is** waiting for an end to the war. 世界じゅうの人々がその戦争の終結を待っている. → 現在進行形の文.「世界じゅうの人々」をひとまとまりに考えて単数扱(あつか)い.
❷ (特定の分野の)世界, 〜界
- **in** the **world of** pop music ポップスの世界で(は)
- He entered the business **world** after college. 彼は大学卒業後ビジネスの世界に入っ

た.
❸ (the world で) 世の中, 世間(の人々)
- He is young and doesn't know **the world**. 彼は若いので世の中を知らない.

a [*the*] *world of* ~ 山ほどの〜
- **a world of** ideas 山ほどのアイディア, アイディアいっぱい

in the world 世界で[の] (→❶); 《疑問文を強めて》一体全体 (on earth)
- **What in the world** are you doing? 一体全体君は何をしているのか.
- **Who in the world** are you? 一体全体お前は何者だ.

Wórld Cúp 图 (the をつけて) ワールドカップ → スポーツなどの世界選手権大会.

Wòrld Héritage Lìst 固名 世界遺産登録名簿(めいぼ)

Wòrld Héritage Sìte 固名 世界遺産

Wórld Séries 固名 (the をつけて) ワールドシリーズ → 米国の2つのメジャーリーグの優勝チーム同士で争う全米プロ野球選手権大会.

Wórld Wár 图 世界大戦

Wórld Wár I [**II**] 固名 第一[二]次世界大戦 → I [II] は /ワン[トゥ〜]/ と読む. **the First** [**Second**] **World War** ともいう.

worldwide A2 /wɚːrldwáid ワ〜るドワイド/ 形 世界じゅうに広がった, 世界的な

Wòrld Wíde Wéb 固名 (the をつけて) 《コンピューター》ワールド・ワイド・ウェブ → インターネット上の情報を結びつけたシステム. → **web** ❷

worm /wɚːrm ワ〜ム/ 图 虫 → ミミズ (earthworm) など足の無い虫や昆虫(こんちゅう)の幼虫など.

worn /wɔːrn ウォーン/ 動 **wear** の過去分詞
—— 形 すり減った, すり切れた, 使い古した

worn-out /wɔːrnáut ウォーナウト/ 形 (もう使えないほど)すり切れた, 使い古した; へとへとに疲(つか)れきった

worried 中 A2 /wɚːrid ワ〜リド/ 動 **worry** の過去形・過去分詞
—— 形 心配そうな, 不安げな → **worry**
- a **worried** look 心配そうな[困った]顔つき
- You look **worried**. Is something wrong? 君は心配そうな顔をしているね. 何か困ったことでもあるの?
- I'm **worried** about my baby. He has a bad cold. 私は赤ん坊(ぼう)のことが心配です. ひどい風邪(かぜ)をひいているのです.

worry /wə́:ri ワ〜リ|wʌ́ri ワリ/
動 (三単現 **worries** /wə́:riz ワ〜リズ/; 過去・過分 **worried** /wə́:rid ワ〜リド/; -ing形 **worrying** /wə́:riiŋ ワ〜リイング/)

心配する, 気をもむ, くよくよする; 心配させる, 気をもませる, 悩(なや)ませる

- Don't **worry**. She'll soon come back. 心配しないで. 彼女はすぐ帰って来るよ.

Don't worry. She'll soon come back.

- Don't **worry** your sister; she is busy. お姉ちゃんにうるさくしちゃだめ. お姉ちゃんは忙(いそが)しいのよ.
- He's **worrying about** his exam. 彼は試験のことをくよくよ気にしている.
- Don't cry. There's nothing **to worry** about. 泣かないで. 何も心配することはないよ. → 意味のつながりの上では worry about nothing だから about を省略しないこと.
- Mother **worries** when we are late from school. 私たちが学校から帰るのが遅(おそ)くなると母は心配します.
- What **worries** you? (何が君を心配させるのか ⇒)君は何を心配しているのか.
- The test **worried** me, but it was very easy. テストが気がかりだったがテストはとても易(やさ)しかった.

―**名** (複 **worries** /wə́:riz ワ〜リズ/)

心配, 苦労; 心配事, 悩みの種

- I couldn't sleep all night with [for] **worry**. 私は心配で一晩じゅう眠(ねむ)れなかった.
- The lazy boy was a constant **worry** to his mother. その怠(なま)け者の少年は母親にとっていつも悩みの種だった.

worse A2 /wə́:rs ワ〜ス/ **形**

❶ もっと悪い[下手な, ひどい] → **bad** の比較(ひかく)級. → **worst**

- Nothing is **worse** than war. 戦争より悪いものはない.

❷ (病気が)もっと悪い → **ill** の比較級.

関連語 He was **ill** yesterday, but today he is much **worse**. 彼は昨日具合が悪かったが, きょうはもっとよくない.

- During the night the sick man became **worse and worse**. 夜の間に病人はますます悪くなった. → 比較級+and+比較級は「ますます〜」.

反対語 She seemed to be getting **better** yesterday, but today she is **worse**. 彼女は昨日はよくなっているように見えたのにきょうは悪化している.

―**副** もっと悪く, もっとまずく; もっとひどく → **badly, ill** の比較級.

- He drives **worse** than his sister. 彼は姉より運転が下手だ.
- It was late at night, and, even **worse**, there was snowstorm outside. 夜も遅(おそ)かった, それにもっと悪いことに外は吹雪(ふぶき)だった.

worship /wə́:rʃip ワ〜シプ/ **動** (三単現 **worships** /wə́:rʃips ワ〜シプス/; 過去・過分 **worship(p)ed** /wə́:rʃipt ワ〜シプト/; -ing形 **worship(p)ing** /wə́:rʃipiŋ ワ〜シピング/)

❶ (神・人・物を)崇拝(すうはい)する, 敬う ❷ (教会で)礼拝する

―**名** ❶ 崇拝, 敬うこと ❷ 礼拝(式)

worst A2 /wə́:rst ワ〜スト/ **形** 最も悪い[下手な], 最悪の; 一番ひどい → **bad, ill** の最上級.

- Ken is the **worst in** the class **at** swimming. = Ken is the **worst** swimmer in the class. ケンはクラスで一番水泳が下手です.

反対語 Bob is the **best** boy in school; Cal is the **worst** (boy). ボブは学校で最もよい子で, キャルは最も悪い.

- This is the **worst** movie (that) I have ever seen. これは私が今まで見た最もひどい映画だ.

―**副** 最も悪く, 一番下手に; 最もひどく

関連語 Jim and Mary played **badly**, but I played **worst** of all! ジムもメアリーも下手なプレーをしたけれど, みんなの中では僕(ぼく)のプレーが一番まずかった.

- **Worst** of all she is a liar. 何よりも悪いことには彼女はうそつきだ.

―**名** (**the worst** で) 最悪の事[物], 最悪の事態[場合]

at (**the**) **worst** 最悪の場合で[でも]

worth /wə́:rθ ワ〜ス/ **形** (**worth**+名詞で) 〜の値打ちがある, 〜に値(あたい)する, 〜の値段であ

る; **(worth** *do***ing** で**) ～する価値がある**
- This old coin is **worth** 10,000 yen today. この古銭は今日(こんにち)では1万円の値打ちがある.

ことわざ A bird in the hand is **worth** two in the bush. 手の中の1羽の鳥はやぶの中の2羽の値打ちがある. →「不確実な2より確実な1のほうが価値がある」の意味.「明日の百よりきょうの五十」にあたる.

- That movie is **worth** see**ing**. その映画は一見の価値がある.
- Paris is a city **worth** visit**ing**. パリは行ってみる値打ちのある都市です.

be worth (*A's*) ***while*** ((A が)時間をかけるだけの)価値がある

── 名 価値, 値打ち
- ten dollars' **worth** of presents 10ドル分のプレゼント

worthless /wə́ːrθlis ワ〜すれス/ 形 価値の無い, 役に立たない, つまらない

worthwhile /wə́ːrθ(h)wáil ワ〜す(ホ)ワイる/ 形 (骨を折る・時間をかけるだけの)価値のある

worthy /wə́ːrði ワ〜ずィ/ 形 (比較級 **worthi-er** /wə́ːrðiər ワ〜ずィア/, **more worthy**; 最上級 **worthiest** /wə́ːrðiist ワ〜ずィエスト/, **most worthy**) (**worthy of ～** で) **～にふさわしい, ～に値(あたい)する**

would 小 A1 /弱 wəd ウド, 強 wúd ウド/ (⌐l は発音しない)

助動 **❶(～する)だろう; (～する) 意味map つもりだ**
❷(Would you *do*? で) ～してくださいませんか
❸どうしても～しようとした

── 助動 **❶(～する)だろう; (～する)つもりだ** →will¹ の過去形として使われる場合.

- I thought (that) it **would** rain. 私は雨が降るだろうと思った.

POINT 主節の動詞 (thought) が過去なのでそれに合わせて that 以下の助動詞も過去の would になる.「雨が降っただろうと思った」と訳さないこと.

- I said I **would** [**I'd**] do my best. (= I said, "I will do my best.") 私はベストを尽(つ)くすつもりだと言った. →《話》では I would は I'd と短くなる.

❷(Would you *do*? で) ～してくださいませ

んか →Will you *do*? より丁寧(ていねい)な言い方.
- **Would you** please help me? = Help me, **would you** (please)? どうか私を助けていただけませんか.

❸どうしても～しようとした →過去の強い意志を表す.
- I warned, but he **would** do it. 私は注意したが彼はどうしてもそれをすると言ってきかなかった.
- Mother **would** not let me go swimming alone. 母はどうしても私をひとりで泳ぎに行かせてくれなかった.
- The door **wouldn't** [**would** not] open. 戸はどうしても開かなかった.

❹よく～したものだ →過去によく繰(く)り返された行為(こうい)を表す. →**used to** *do* (**used**¹ 動)
- He **would** wait for her outside the school gate. 彼は校門の外で彼女を待っていたものだ.

❺(もし～ならば)～するだろうに, ～するのだが →本当はそうでない[できない]ことを頭の中で想像して言う仮定法での用法.
- **If I were** rich [**I had** a lot of money], I **would** travel around the world. もし私がお金持ち[たくさんお金があった]なら, 世界一周旅行をするのだが(, 実際はお金が無いからできない). →「旅行したのだが」と訳さないこと.

***would like* ～ ～を欲(ほ)しいと思う** (want), **～をいただきたい** →丁寧な言い方.
- I **would** [**I'd**] **like** ice cream, please. アイスクリームをいただきたいのですが.

会話
Would you **like** coffee (↗) or something? (↗) ─Yes, coffee, please.
コーヒーか何かいかがですか. ─はい, コーヒーをいただきます.

Would you like coffee or something?
Yes, coffee, please.

would like to *do* **～したいと思う** (want

seven hundred and seventy-seven　777　**write**

to *do*) → 丁寧な言い方.

• **I would 〔I'd〕 like to** have a cup of tea. お茶を1杯(ぱい)いただきたいのですが.

• **Would** you **like to** come in? 中へお入りになりませんか.

would rather *do* (***than*** *do*) どちらかと言えば(〜するより)〜したいと思う → 丁寧な言い方.

🟩会話 Would you like a cup of tea?—I'**d** (＝I **would**) **rather** have coffee, please. お茶を1杯いかがですか.—できれば(お茶より)コーヒーをいただきたいと思います.

• **I'd rather** not do the job at all **than** do it by halves. 私はその仕事を中途(ちゅうと)はんぱにやるくらいなら全然やらないほうがいい.

wouldn't /wúdnt ウドント/ **would not** を短くした形

wound¹ /wáund ワウンド/ 動 **wind**² (巻く)の過去形・過去分詞

wound² /wúːnd ウーンド/ (→**wound**¹ との発音の違いに注意) 名 (刃物(はもの)・弾丸(だんがん)などによる)傷, けが, 負傷

類似語 事故などによる「けが」は **injury**.

── 動 傷つける, 負傷させる

wounded /wúːndid ウーンデド/ 形 (刃物(はもの)・弾丸(だんがん)などによって)負傷した, けがをした; 傷つけられた

wove /wóuv ウォウヴ/ 動 **weave** の過去形

woven /wóuvn ウォウヴン/ 動 **weave** の過去分詞

wow 小 /wáu ワウ/ 間 《話》うわー!, まあ!, あっ! → 驚(おどろ)き・喜びなどを表す.

wrap 中 /ræp ラプ/ (→wr- というつながりでは w は発音しない) 動 (三単現 **wraps** /ræps ラプス/; 過去・過分 **wrapped** /ræpt ラプト/; -ing形 **wrapping** /ræpiŋ ラピング/) 包む, くるむ, 巻く; くるまる

• **wrap** a present **in** pretty paper プレゼントをきれいな紙に包む

• It's very cold outside. **Wrap** (yourself) **up** well when you go out. 外はとても寒い. 出かける時はよくくるまって[暖かくして]行きなさい.

• The town **was wrapped** in fog. 町は霧(きり)に包まれていた.

• **wrapping** paper 包み紙, 包装紙

wreath /ríːθ リース/ (→wr- というつながりでは w は発音しない) 名 (複 **wreaths** /ríːðz リーズ/) (→/θ す/ が /ð ず/ になることに注意) 花輪, 花の冠(かんむり)

• a Christmas **wreath** クリスマスのリース

wreck /rék レク/ 名 難破船; (難破船・墜落(ついらく)機などの)残骸(ざんがい)

── 動 (嵐(あらし)などが船を)難破させる, めちゃめちゃに壊(こわ)す; (**be wrecked** で) (船が)難破する, (船の乗員が)遭難(そうなん)する

wrench /réntʃ レンチ/ 動 ねじる, ひねる, ねじって取る, もぎ取る

── 名 《米》スパナ (《英》spanner) → ボルトの締(し)め付け・取り外しに使う工具.

wrestle /résl レスる/ 動 ❶ レスリングをする, 相撲(すもう)を取る, 取っ組み合いをする

❷ (問題などに)取り組む

wrestler /réslər レスら/ 名 レスリング選手, レスラー; (日本・モンゴル・韓国(かんこく)などの相撲(すもう)の)力士

wrestling /résliŋ レスリング/ (→wr- というつながりでは w は発音しない) 名 レスリング; 相撲(すもう)

• arm **wrestling** 腕相撲(うでずもう)

• a **wrestling** match レスリングの試合

wring /ríŋ リング/ 動 (三単現 **wrings** /ríŋz リングズ/; 過去・過分 **wrung** /ráŋ ラング/; -ing形 **wringing** /ríŋiŋ リンギング/) (タオルなどを)絞(しぼ)る; (水を)絞り出す

wrinkle /ríŋkl リンクる/ 名 (皮膚(ひふ)・布の)しわ

── 動 しわが寄る; しわを寄せる

wrist /ríst リスト/ 名 手首 関連語 ankle (足首)

wristwatch /rístwɑtʃ リストワチ/ 名 腕(うで)時計

write 小 A1 /ráit ライト/ (→wr- というつながりでは w は発音しない) 動

三単現 **writes** /ráits ライツ/
過去 **wrote** /róut ロウト/
過分 **written** /rítn リトン/
-ing形 **writing** /ráitiŋ ライティング/

❶ 書く, 文字[文章]を書く

🔴基本 **write** *one's* name 自分の名前を書く → write＋名詞.

• **write** a story [a poem, a book, a song] お話[詩, 本, 歌詞]を書く

• **write** English well 英語を上手に書く

🔴基本 **write** a letter to him＝**write** him a letter 彼に手紙を書く → 単に **write to him** というほうがふつう (→❷). 後ろの文は write A

writer 778 seven hundred and seventy-eight

(人) *B* (手紙)で「A に B を書く」.
●**Write** me a letter soon. すぐ私に手紙を書いてください.
●My brother is six and he can't **write** very well. 私の弟は 6 歳(さい)で字があまりうまく書けません.
●He always **writes** with his left hand. 彼はいつも左手で字を書きます.
●He **wrote** a story **for** the school newspaper. 彼は学校新聞にお話を書いた.
●a letter **written** in English 英語で書かれた手紙 →written (書かれた)は前の名詞 letter を修飾(しゅうしょく)する.
🗨**会話** **Have** you **written** your paper yet?—No, I haven't (**written** it yet). 君はもうレポートを書いてしまった?—いや, まだ書いていないよ. →現在完了(かんりょう)の文. →**have** [助動] ❶
●This drama **was written** by Shakespeare. この劇はシェークスピアによって書かれた. →受け身の文. →**was** [助動] ❷
●You're telling a lie. It's **written** on [all over] your face. 君はうそをついているね. 顔に書いてあるよ.
🗨**会話** What **is** she **writing**?—She's **writing** a letter to her mother. 彼女は何を書いていますか.—お母さんに手紙を書いています. →現在進行形の文. →**is** [助動] ❶
❷ **手紙を書く, 手紙を出す, 便りをする**
●**write to** him 彼に手紙を書く →《米話》では **write him** ともいう.
●**write** home 家へ手紙を出す →home は副詞で「家へ」.
●She **wrote** me **that** everything was going well. 彼女は万事(ばんじ)順調であると手紙に書いてきた.

write back 返事を書く
●Please **write** me **back** soon. すぐに私に返事をください.

write down 書き留める, 書いておく, 記録する
●**Write down** the answers in your notebook. 答えをノートに書きなさい.

write in ① 書き込(こ)む
●**write in** *one's* diary 日記をつける
② (新聞社などへ)**手紙を書く, 投書する**
●I **wrote in** to the newspaper and complained about that article. 私は新聞

社に投書してその記事について文句を言った.

write in for ～ ～を手紙で申し込む[請求(せいきゅう)する]

write out 詳(くわ)しく(全部)書く, 書き上げる; 清書する

writer 中 A1 /ráitər ライタ/ (→wr- というつながりでは w は発音しない) [名]
書く[書いた]人, 筆者; 作家, 著者
●the **writer** of this letter この手紙を書いた人
●the **writer** of this book この本の著者
●a **writer** of short stories 短編小説作家
●She is the best **writer** in our class. 彼女はクラスで一番文章のうまい人だ.

writing A2 /ráitiŋ ライティング/ (→wr- というつながりでは w は発音しない) [動] **write** の -ing 形 (現在分詞・動名詞)
—— [名] ❶ (文などを)書くこと, 作文, 著述
関連語 **reading** and **writing** 読み書き
●**writing** paper 便せん; 原稿(げんこう)用紙
●a **writing** desk 書き物机
関連語 I like **writing**. I want to be a **writer**. 私は文章を書くことが好きです. 作家になりたいと思ってます.
❷ 書かれた文字, 筆跡(ひっせき) (handwriting); 書かれた物, 文書
●Your **writing** is very bad. I can't read it. 君の字は実にひどいね. とても読めないよ.
●She is studying American women's **writing** in the 20th century. 彼女は 20 世紀のアメリカ女性作家の書いた物を研究している. →×writings としない.
❸ (the [*A's*] **writings** で) (ある作家の書いた全部の)**作品, 著作**
●His **writings** are very popular. 彼の作品はとても人気があります.

written 中 /rítn リトン/ (→wr- というつながりでは w は発音しない) [動] **write** の過去分詞
—— [形] **書かれた, 書かれる; 書面による**
●a **written** examination 筆記試験, ペーパーテスト. →この意味での「ペーパーテスト」は和製英語 (paper test は「紙質検査」の意味).

wrong 中 A1 /rɔ́ːŋ ローング|rɔ́ŋ ロング/
(→wr- というつながりでは w は発音しない)
[形] ❶ 間違(まちが)った
❷ (道徳的に)悪い
❸ 調子が悪い

意味 map

[副] 間違って
[名] 悪い事

──[形] (比較級 **more wrong**; 最上級 **most wrong**)

❶ **間違った**, 誤った; 適当でない; 裏側の, 逆の

[基本] **the wrong answer** 間違った答え → the wrong+名詞.

- take the **wrong** train 間違った電車に乗る, 乗る電車を間違える
- have the **wrong** number 間違い電話をかける

[会話]
Hello, is this Mr. Smith? —Sorry, you have the **wrong** number.
もしもし, スミスさんですか. —いいえ, 番号が違(ちが)いますよ.

- He always says the **wrong** thing at the **wrong** moment. 彼はいつも言ってはいけない時に言ってはいけない事を言う.

[基本] **Your answer is wrong.** 君の答えは間違っている. → be 動詞+wrong.

[反対語] I was **wrong** and you were **right**. 私が間違っていました. あなたが正しかったのです.

❷ (道徳的に)**悪い**, 正しくない

- Telling a lie is **wrong**. = It is **wrong** to tell a lie. うそを言うことは悪い. → It=to tell (言うこと)以下.

❸ **調子が悪い**, 具合が悪い, 故障して

- Something [Nothing] is **wrong** with the TV. そのテレビはどこかがおかしい[どこもおかしい所はない].

[基本] **What's wrong (with you)?** どうかしたの?

What's wrong?

[会話] **What's wrong with** this soup? —There's nothing **wrong with** it; I'm just not hungry. このスープ何か変かしら. —スープがどうこうじゃないんです. ただおなかがすいてないだけです.

──[副] (→比較変化なし)

間違って, 誤って

- I did my homework **wrong** and had to do it again. 私は宿題を間違えてやったので, やりなおさなければならなかった.

[反対語] Naomi spelled nine words **right** and one (word) **wrong**. ナオミは9語は正しくつづり, 1語つづりを間違えた.

- Oh, no, please don't get me **wrong**! いや, とんでもない. 僕(ぼく)の言葉を取り違えないで!

──[名] (複) **wrongs** /rɔ́ːŋz ローングズ/

悪い事, 不正(行為(こうい))

- **do wrong** 悪い事をする, 悪事を働く → 個々の行為ではなく, 一般(いっぱん)に「悪」を指す時は ×a wrong, ×wrongs としない.

[反対語] Small children do not know **right** from **wrong**. 小さな子供たちはいい事と悪い事の区別がつかない.

be in the wrong 間違っている

[反対語] You **are in the wrong**. He **is in the right**. 君の(言う事)は間違っている. 彼が正しいよ.

go wrong ①道を誤る, 悪の道に入る ②(事が)うまくいかない; 調子が悪くなる

- Nothing ever **goes wrong** with my computer. 私のコンピューターはどこも悪いところがありません.

wrong side out 裏側を外にして, 裏返しに (inside out)

- You are wearing your sweater **wrong side out**. 君はセーターを裏返しに着ているよ.

wrote 中 /róut ロウト/ (→wr- というつながりでは w は発音しない) [動] **write** の過去形

wrung /rʌ́ŋ ラング/ [動] **wring** の過去形・過去分詞

WV 略 =West Virginia

WWW, www 略 = the World Wide Web → **web** ❷

WY 略 =Wyoming

Wyoming /waióumiŋ ワイオウミング/ [固名]
ワイオミング → アメリカ北西部の州. **Wyo.**, **Wy.**, (郵便で) **WY** と略す.

X x

X, x /éks エクス/ 名 (複 **X's**, **x's** /éksiz エクセズ/) ❶ エックス →英語アルファベットの24番目の文字.
❷ **(X で)** (ローマ数字の) 10 → X, XII, IX はそれぞれ ten, twelve, nine と読む.
- **XII** (X+II で) =12
- **IX** (X-I で) =9
- Chapter **X** 第10章
❸ (数学などで)未知数 →y ❷
❹ 記号としての X →下の絵のようにいろいろなものを表す.

xenophobia /zenəfóubiə ゼノふォウビア/ 名 外国人嫌(ぎら)い, 外国恐怖症(きょうふしょう)

xenophobic /zenəfóubik ゼノふォウビク/ 形 外国人嫌(ぎら)いの, 外国恐怖症(きょうふしょう)の

Xerox /zí(ə)rɑks ズィ(ア)ラクス/ 名 (しばしば **xerox** で)(商標) ゼロックス; ゼロックスでコピーしたもの
—— 動 (しばしば **xerox** で) ゼロックス(など)でコピーする

Xing /krɔ́:siŋ クロースィング/ 名 横断箇所(かしょ), 横断歩道 (crossing) →主に道路標識で使う. cross を X で表したもの.
- deer **Xing** シカ横断箇所
- school **Xing** 学童横断歩道

Xmas /krísməs クリスマス/ 名 = Christmas (クリスマス) → X は「キリスト」の意味のギリシャ語の頭文字(かしらもじ), mas は古い英語で「祝日」の意味. 特にカードに書く時に使われる. *X'mas* と書くのは間違(まちが)い.
- Merry **Xmas**! メリークリスマス!

X-ray /éks rei エクス レイ/ 名
❶ **(X-rays で)** レントゲン線, X 線
❷ レントゲン写真, X 線写真
- The doctor **took** an **X-ray of** my chest. 医者は私の胸の X 線写真を撮(と)った.

> 語源 (X-ray)
> X 線は19世紀末のドイツの物理学者レントゲンが発見した放射線だが, 当時は正体がよくわからなかったので,「未知のもの」を表す X をつけて X 線と名づけた.

—— 形 レントゲン線の[による], X 線の[による]
—— 動 〜のレントゲン写真を撮る; X 線で治療(ちりょう)する
- The doctor **X-rayed** my chest. 医者は私の胸のレントゲン写真を撮った.

xylophone /záiləfoun ザイろふォウン/ 名 ((楽器)) 木琴(もっきん), シロホン
- play the **xylophone** 木琴を演奏する

寸法 (X は by と読む)

署名の代わり

キスマーク

(投票で)この人を選びます

(地図上の)地点

Y, y /wái ワイ/ 名 (複 **Y's, y's** /wáiz ワイズ/)
❶ ワイ ➜ 英語アルファベットの25番目の文字.
❷ (数学などで)未知数 ➜ x ❸

¥ /jén イェン/ 略 (通貨の)円 (yen) ➜ 数字の前につける.

-y 接尾辞 「～でいっぱいの」「～の性質の」の意味を表す:
- **grassy** 草の生えた
- **sleepy** 眠(ねむ)い

yacht /ját ヤト/ ➜ ch は発音しない 名
ヨット ➜ 帆(ほ)だけで走るレース・レジャー用セーリングヨット, また船室やエンジンの付いた豪華(ごうか)クルーザーまで含(ふく)む. 日本でいう小型の「ヨット」は英語では《米》**sailboat**, 《英》**sailing boat** などという.
- a **yacht** race ヨットレース
- We went for a sail **on** a friend's **yacht**. 私たちは友達のヨットで帆走(はんそう)に出た.
── 動 ヨットに乗る, ヨットで走る
- **go yachting** ヨット乗りに出かける
- We like to **yacht** near Enoshima. 私たちは江ノ島(えのしま)の近くでヨットに乗るのが好きだ.

yak /jǽk ヤク/ 名 (動物)ヤク ➜ チベット山地の野牛の一種. 家畜(かちく)化されたヤクは乳や肉を提供し, 長い毛は布などの原料となる.

Yankee /jǽŋki ヤンキ/ 名 《話》ヤンキー ➜ 外国人が米国人一般(いっぱん)のあだ名として使う.

yard¹ A1 /já:rd ヤード/ 名 ヤード, (主に布を測る時に)ヤール ➜ 長さの単位. 1 yard = 3 feet = 0.9144 m.
- a **yard** of cloth 布1ヤール
- That football field is 120 **yards** long. あのフットボール競技場は長さが120ヤードです.

yard² A1 /já:rd ヤード/ 名 (複 **yards** /já:rdz ヤーヅ/)
❶ (家などの周りの)庭, 中庭, 裏庭; (学校の)校庭, 運動場
- a back [front] **yard** (家の)裏庭[前庭]
- The children are playing **in** the **yard**. 子供たちは庭[校庭]で遊んでいます.
- Mother is hanging out the washing **in** the **yard**. 母は庭で洗濯(せんたく)物を干している.

類似語 (庭)
英国では, 芝(しば)以外は何も植えないで, 時にはコンクリートなどで固めた庭を **yard** といい, 植木や花, 野菜などを植えた庭を **garden** という. 米国ではその両方ともを yard というが, 特に芝生(しばふ)のある裏庭をいうことが多い.

❷ 作業場; (囲いをした)置き場
- a lumber **yard** 材木置き場
- a railroad **yard** (鉄道の)操車場, 駅の構内
- The road was lined with builders' **yards**. 道路沿いには建設業者の資材置き場が並んでいた.

yarn /já:rn ヤーン/ 名 毛糸, 編み糸
yawn /jɔ́:n ヨーン/ 動 あくびをする; あくびしながら言う
── 名 あくび

yea /jéi イェイ/ 間 《米》頑張(がんば)れ!, フレー ➜ 運動選手[チーム]などを応援(おうえん)する時のかけ声.

yeah 中 A2 /jéə イェア/ 副 《話》= yes

year 小 A1 /jíər イア/

名 ❶ 年, 1年(間)　　　意味 map
❷ ～歳(さい)
❸ 学年

── 名 (複 **years** /jíərz イアズ/)
❶ 年, 1年(間)
- **this year** 今年(は) ➜ ×**in** this year としない. 次例の場合も同じ.
- **last [next] year** 去年(は)[来年(は)]
- **every year** 毎年
- **years ago** 何年も前に ➜ years は漠然(ばくぜん)と「数年」を表し, 気持ちの上では「長い年月」という意味. **many years ago** といえばもっとはっきり「長い年月」を表す.
- **years** later 何年もたってから
- **for a year** 1年間
- **for years** 何年もの間
- **the year before last** (去年の前の年 ⇨)おととし, 一昨年

yearbook

- **the year after next**（来年の次の年 ⇨）再来年
- **a good [bad] year** よい[悪い]年, 景気のよい[悪い]年, 豊作[不作]の年
- **A year passed.** 1年がたちました.

Happy New **Year**!—(The) Same to you!
新年おめでとう.—おめでとう. ➔ 文字で書く時は **A Happy New Year!** と A をつける.

- In Japan there are four seasons in a **year**. 日本では1年に4つの季節がある.
- I'm going to Spain **this year**. 今年私はスペインに行きます.
- I was born **in** the **year** 1998(読み方: nineteen ninety-eight). 私は1998年に生まれた. ➔ ふつうは the year をつけずに in 1998 という.
- I'll see you again **a year from today**. 1年後のきょうまたお目にかかりましょう.
- We moved to our new house **a year ago today**. 私たちは1年前のきょう新居に引っ越してきました.
- I have studied English **for** three **years**. 私は英語を3年間勉強しました. ➔ 現在完了(かんりょう)の文. ➔ **have** [助動] ❸
- Our three **years** in junior high school **was** a short time. 中学校での3年間は短かった. ➔ three years をひとまとまりと考えて単数扱(あつか)い.

❷ 〜歳;（**years** で）**年齢**(ねんれい)（age）

[基本] My little brother is three **years old**. 私の弟は3歳です. ➔ three years is old（年取った, 〜(歳)で）を修飾(しゅうしょく)する. したがって three years old はひとつながりの句.
- Jack is two **years** older than I am [《話》than me]. ジャックは私より2歳年上です.
- a three-**year**-old child = a child three **years** old 3歳の子 ➔ ×three-years-old 〜 としない.
- He is a big boy for his **years** (= his age). 彼は年のわりには体の大きい子だ.

❸ **学年, 年度**

- I am in the third **year** of junior high school. 私は中学3年生です.

- The new school **year** begins in September in America. アメリカでは新学年は9月に始まる.

all (the) year around [《英》**round**] = ***all (the) year*** = ***the year around*** [《英》**round**] **一年中**
- The top of the mountain is covered with snow **all (the) year around**. その山の頂上は一年中雪で覆(おお)われている.

from year to year = ***year after year*** = ***year by year*** 来る年も来る年も, 年々

〜 of the year その年最も優(すぐ)れた〜, 年間最優秀(ゆうしゅう)の〜
- Young Musician **of the Year** 年間最優秀若手ミュージシャン

yearbook /jíərbuk イアブク/ [名] ❶ 年鑑(ねんかん), 年報 ❷《米》卒業記念アルバム

yearly /jíərli イアリ/ [形] 年1回の, 毎年の; 一年の
── [副] 年1回 (once a year); 毎年 (every year)

yell /jél イェる/ [動] 大声を上げる (shout loudly), わめく, 金切り声を上げる; 大声で言う
── [名] ❶ 金切り声, 叫(さけ)び声, わめき
❷《米》エール ➔ 応援(おうえん)団がリーダーの指示でいっせいに送る声援(せいえん).

yellow 小 A1 /jélou イェろウ/ [形]
（比較級 **yellower** /jélouər イェろウア/; 最上級 **yellowest** /jélouist イェろウエスト/）

❶ 黄色の, 黄色い
[基本] a **yellow** flower 黄色い花 ➔ yellow ＋名詞.
[基本] Lemons are **yellow**. レモンは黄色だ. ➔ be 動詞＋yellow.

❷（差別的に）**黄色(おうしょく)人種の**

イメージ（yellow）
建設現場の黄色いヘルメットのように, 人に注意を呼びかける色として黄色を使うのは日英同じだが, 英語では「臆病(おくびょう)」の連想もあって, He is yellow. は「彼は臆病だ」の意味.

── [名]（複 **yellows** /jélouz イェろウズ/）
❶ 黄色; 黄色の服[絵の具, ペンキ]
❷《米》（卵の）黄身 (yolk)

Yéllow Cáb [固名] イエローキャブ ➔ 米国最大のタクシー会社, また車体が黄色のそのタクシー.

yéllow páges [名]（**the** をつけて）イエロー

ページ → 黄色いページに印刷されている職業別電話帳[欄(らん)].

Yemen /jémən イェメン/ 固名 **イエメン** → アラビア半島南端(たん)の共和国. 公用語はアラビア語. 首都はサヌア.

yen 小 /jén イェン/ 名 **円** → 日本の貨幣(かへい)単位. ¥という記号を使う.

会話 How much is it?—It's 500 **yen**. おいくらですか. —500円です. → yen は複数形も同じ形で ×500 yens としない.

yes 小 A1 /jés イェス/ 副

❶ **はい, ええ, そうです**

会話
Are you happy?—**Yes**.
君は幸福ですか. —はい.
Would you like a cup of tea?—**Yes**, please.
お茶を1杯(ぱい)いかが. —はい, いただきます.
She is very interesting.—**Yes**, she is.
彼女は実におもしろいね. —ええ, そうですね.
Do you love me?—**Yes**, I do.
あなた私のこと愛してる?—うん, 愛してる.
Don't you love me?—**Yes**, I dó love you.
あなた私のこと愛してないの?—いや, とても愛してるよ.
→ do は love を強める. 英語では問いが「~ですか」でも「~ではないですか」でも, 答えが「そうだ」と肯定(こうてい)する時は yes を使う. 日本語の「はい」「いいえ」の使い方と逆になる場合があるから注意.
I'm not a very good driver.—**Yes**, you are. You drive very well.
私は運転があまりうまくない. —いや, そんなことはない. 君はとても運転がうまい.

❷ (呼びかけられて)**はい**

会話 Bob!—**Yes**, Mother. What do you want? ボブ!—はい, お母さん. 何でしょうか.

❸ (**Yes?** (↗)で) **何でしょう, え?; それで?** → 相手の呼びかけに応えたり, 話の先を促(うなが)したりするのに使う.

── 名 (複) **yes(s)es** /jésiz イェセズ/)
はいという返事, イエス; 賛成投票

反対語 Did you say **yes** or **no**?—I said **yes**. 君はイエスと言ったのノーと言ったの?—イエスと言った.

•How many **yeses** were there? イエスと言った人は何人[賛成票は何票]でしたか.

yesterday 中 A1 /jéstərdei イェスタデイ/ 名 (複 **yesterdays** /jéstərdeiz イェスタデイズ/) **昨日**

中基本 Today is Friday, so **yesterday** was Thursday. きょうは金曜だから, 昨日は木曜だった.

•**Yesterday** was very cold. (= It was very cold yesterday.) 昨日はとても寒かった. → ( )内の文の yesterday は副詞. It は漠然(ばくぜん)と「気温」を表す.

•I called him **yesterday** morning. 私は昨日の朝彼に電話をした. → 「昨日の朝~した」という時, ×on yesterday morning などと前置詞をつけない.

•The news was in **yesterday's** paper. そのニュースは昨日の新聞に出ていた.

•It's already **yesterday's** news. それはもう昨日のニュースだ. →「もう古い話だ」の意味.

── 副 **昨日(は)**

•It was Thursday **yesterday**. (= Yesterday was Thursday.) 昨日は木曜日でした. → It は漠然と「時」を表す. ( )内の文の yesterday は名詞.

•It was very hot **yesterday**. = **Yesterday** it was very hot. 昨日はとても暑かった. → It, it は漠然と「気温」を表す.

yet 中 A1 /jét イェト/ 副 (→比較変化なし)

❶ 《否定文で》**まだ(~しない)**

•He is **not** here **yet**. = He is **not yet** here. 彼はまだここに来ていません. → yet はふつう文末に来る. 後ろの文は文語的.

•Let's climb some more. We're **not** at the top **yet**. もう少し登りましょう. まだ頂上じゃないんです.

•Do**n't** eat your dessert **yet**. まだデザートを食べちゃだめよ.

関連語 Bob is **still** playing baseball. He isn't studying **yet**. ボブはまだ野球をしてます. まだ勉強にかかっていません.

→ 肯定(こうてい)文の「まだ(~だ)」は **still**.

会話
Hasn't he come **yet**?—No, not **yet**.

yield

彼はまだ来ていませんか.—ええ, まだです. → not yet は He has **not** come **yet**. を短くした言い方. ともに現在完了(かんりょう)の文 (→**have** 助動 ❶).

❷《肯定の疑問文で》**もう**(～したか), **既**(すで)**に**
• Are you homesick **yet**? 君はもう家が恋しくなったの?

会話 Is Bob out of bed **yet**?—No, he isn't awake yet. He is still asleep. ボブはもう起きましたか.—いや, まだ起きていない. まだ眠(ねむ)っている. →2番目の yet は ❶.

関連語 Has the postman come **yet**?—Yes, he has **already** come. 郵便屋さんはもう来ましたか.—はい, もう来ました. 関連語 肯定の平叙(へいじょ)文の「もう(～した)」は **already**.

── 接 **ところが**(驚(おどろ)いたことに, 意外なことに) =**and yet** ともいう.
• It is still raining, **yet** the sun is coming out. まだ雨が降っているのに太陽が顔を出し始めた.

and yet それなのに, ところが → 接
as yet 今まで[それまで]のところでは, まだ

yield /jíːld イールド/ 動 ❶ (譲歩(じょうほ)して)**差し出す, 譲**(ゆず)**る, 与**(あた)**える**; (圧力などに)**屈**(くっ)**する** ❷ (土地などが)(作物を)**産み出す** (produce), (利益などを)**もたらす**
── 名 **生産**(高); **収穫**(しゅうかく)(高); **収益**(しゅうえき)(高)

Y.M.C.A., YMCA /wáiemsíːéi ワイエムスィーエイ/ 略 (**the** をつけて) **キリスト教青年会** → the Young Men's Christian Association. →**Y.W.C.A.**

yodel /jóudəl ヨウデる/ 名 《音楽》**ヨーデル** → スイスやチロル地方の民謡(みんよう)などで用いられる歌い方で, 地声(じごえ)と裏声を使う.

yoga /jóugə ヨウガ/ 名 **ヨガ** →古代インド発祥(はっしょう)の修行法のひとつ. 最近は美容や健康のために行う人が増えている.

yog(h)urt 小 A1 /jóugərt ヨウガト | jɔ́gət ヨガト/ 名 **ヨーグルト**

yolk /jóuk ヨウク/ 名 (卵の)**黄身**
関連語 I like only the **yolk** of an egg and my sister likes only the **white**. 私は卵の黄身しか好きじゃありませんが妹は白身しか好きじゃありません.

yon /jɑ́n ヤン/ 形 副 =yonder
yonder /jɑ́ndər ヤンダ/ 形 副 **向こうの**; **向こ**

うに →古めかしい言い方.

you 小 A1 /juː ユー/ 代

❶ **あなたは**[**が**]; **あなたたちは**[**が**] →単数・複数とも同じ形. 関連語 **your** (あなた(たち)の), **yours** (あなた(たち)のもの)

you の変化

	単 数 形, 複 数 形
主　　　格	**you** (あなたは[が], あなたたちは[が])
所　有　格	**your** (あなたの, あなたたちの)
目　的　格	**you** (あなたを[に], あなたたちを[に])
所有代名詞	**yours** (あなたのもの, あなたたちのもの)

基本 **You** are my sunshine, Diana. ダイアナ, あなたは僕(ぼく)の太陽です. →You は文の主語.

関連語 **You** and **I** are good friends. あなたと私は親友です. →×*I and you* とせず, You and ～ の語順がふつう.
• **You** are right. あなた(たち)(の言うこと)は正しい.
• **Are you** Mr. Green? あなたはグリーンさんですか.

How **áre you**, Mr. Smith? —Fine, thank you, and how **are yóu**? スミスさんお元気ですか.—ありがとう, 元気です, あなたは? →thank you の you は目的格. → ❷

• **You** love me and I love **you**. あなたは私を愛しそして私はあなたを愛している. →I love you. の you は ❷.
• **Do you** love me? あなたは私を愛していますか.
• **You** don't love me, do **you**? あなたは私を愛していないんですね. →～, do you? は「～ですね」と念を押(お)す用法.

会話 Hello, Mary. This is John.—Oh, it's **yóu**. (電話で)もしもし, メアリー. ジョンです.—ああ, あなたなの. →この you は is の補語.

seven hundred and eighty-five　785　**your**

- Jim, **yóu** go away！ ジム，(おまえ)とっとと行っちまえ！ →特に you と名指して注意をひく命令文.

関連語 **You yourself** said so. Keep **your** word. 君自身がそう言ったんだよ. 約束は守れよ.

❷ **あなたを[に]; あなたたちを[に]**

基本 I love **you**. 私はあなた(たち)を愛しています. →you は動詞 (love) の目的語.

基本 I'll give **you** this book. ＝I'll give this book to **you**. 私は君にこの本をあげます. →前の文の you は動詞 (give) の間接目的語で, this book が直接目的語. 後ろの文の you は前置詞 (to) の目的語.

会話 Thank **you**. —You are welcome. ありがとう.—どういたしまして. →後ろの文の You は ❶.

- Listen, all of **you**. 皆(みな)さん, お聞きなさい.

❸ **あなた方は** →「同じ国・地域・会社・店などにいる, 相手を含(ふく)めた人々」のことを表す. →**we** ❷

- Do **you** speak English in Canada？ (あなたの国である)カナダでは英語を話しますか.
- Do **you** sell postage stamps？ あなた方の店では郵便切手を売っていますか.

❹ 《一般(いっぱん)的に》**人は, 誰(だれ)でも** →漠然(ばくぜん)と「相手を含めた人々」を指す. 日本語には訳さないほうがよい場合が多い. →**one** 代 ❷, **we** ❸

- **You** don't know what will happen in the future. 未来に何が起こるか誰にもわからない.

you know ～ね; えーと; あなたも知っているように →**know** 成句

you see いいですか, ほら, ね →**see** 成句

you'd /juːd ユード/ **you had**, **you would** を短くした形

you'll /juːl ユール/ **you will** を短くした形

- **You'll** know the truth before long. まもなく君は真相を知るだろう.

young 中 A1 /jʌ́ŋ ヤング/ (→ou を /ʌ ア/ と発音することに注意) 形

(比較級 **younger** /jʌ́ŋɡər ヤンガ/; 最上級 **youngest** /jʌ́ŋɡist ヤンゲスト/) (→比較級・最上級は /ɡ グ/ の音が入るので注意)

❶ (人・動物などが)**若い, 幼い; 若いほうの**

- **基本** a **young** man 若い男の人, 若者, 青年 →young＋名詞.
- a **young** boy [girl] 男の子[女の子]
- a **young** child 幼い子供, 幼児
- a **young** apple tree リンゴの若木
- Are you talking about Dr. Bill Wood or **young** Bill？ 君はビル・ウッド博士のことを言っているのですか, それとも若いほうの(息子(むすこ)さんの)ビルのことを言っているのですか.
- **The young** are often rash. 若者たちはしばしば軽率(けいそつ)である. →The young ＝ Young people. 話し言葉では young people を使うほうがふつう.
- **基本** Her children are **young**. 彼女の子供たちは幼い. →be 動詞＋young.
- You are too **young** to know the meaning of love. 君は愛の意味がわかるには若過ぎる[まだ若いから愛の意味がわからない].
- my **younger** brother 私の弟
- He is two years **younger** than you. 彼は君よりも2歳(さい)若い. →two years は younger を修飾(しゅうしょく)する. したがって two years younger はひとつながりの句. →次例
- How many years **younger** is he than you？ 彼はあなたよりいくつ年下ですか.
- →×How *many years* is he *younger* than you？ としない.
- my **youngest** sister 私の一番下の妹
- Who is **the youngest of** them？ 彼らのうちで誰(だれ)が一番年が若いの？

❷ **若々しい** (youthful)**; 若い人の(ような)**

反対語 My grandmother is **old** in years but **young** at heart. 私のおばあちゃんは年は取っているけど気は若い.

- Picasso always **looked young** for his age. ピカソはいつも年のわりに若くみえた. →look＋形容詞は「～(のよう)に見える」.
- How does she **stay** so **young**？ どうやって彼女はあんなに若々しさを保っているのだろう. →stay＋形容詞は「～のままでいる」.
- That tie is too **young** for you. そのネクタイはあなたには若向き過ぎるわ.

young and old 老いも若きも, みんな

—— 名 《集合的に》(動物・鳥などの)**子供たち**

- The mother tiger guards her **young**. 母トラはその子供たちを守る.

your 小 A1 /juər ユア/ 代

you're 786 seven hundred and eighty-six

あなたの; あなたたちの → you (あなた(たち)は)の所有格. → you

(中)基本 **your** pen あなたの (所有している)ペン → your+名詞.

• **your** book 君の持っている本; 君の書いた本 →「所有」のほかに、「あなたが書いた」も表す.

• **your** brother 君の兄[弟]; 君たちの兄[弟] → どちらの意味かは前後関係で決まる.

• **your** brothers 君の兄弟たち; 君たちの兄弟たち

• that hat of **your** father's 君のお父さんのその帽子(ぼうし)

• Ken, can I use **your** pen? ケン, 君のペンを使ってもいい?

you're /juː*ər* ユア/ **you are** を短くした形

yours (中)A1 /júərz ユアズ/ (代)

❶ あなたのもの; あなたたちのもの → you の所有代名詞. → you

(POINT) 話し相手の所有物について、1つのものにも2つ以上のものにもいう.

(中)基本 This racket is mine and that is **yours** (=your racket). このラケットは私の(もの)であれが君の(もの)です.

• Our school is older than **yours**. 私たちの学校は君たちの(学校)より古い.

• My eyes are blue; **yours** (= your eyes) are brown. 私の目の色は青で、君のは茶色だ.

❷ (〜 of yours で) あなた(たち)の〜

• Is Ken a friend **of yours**? ケンは君の友人(の1人)ですか. →×a your friend としないで、このようにいう.

• May I use that camera **of yours**? 君のそのカメラを使ってもいいですか.

❸ (**Yours** (ever) で) (いつまでも)あなたのもの → 親しい人への手紙の最後で、自分の名前をサインする前に記す言葉. ほかに親しさの程度に応じて次のような言い方がある.

• **Yours** affectionately = Affectionately **yours** ⇨特に親しい家族、親戚(しんせき)など. → affectionately

• **Yours** sincerely = Sincerely **yours** ⇨ふつうの知人に. → sincerely

• **Yours** truly [faithfully] = Truly [Faithfully] **yours** ⇨初めて手紙を出す相手や会社宛(あて)の手紙で.

yourself (中)A1 /juərsélf ユアセるふ/

(代) (複 **yourselves** /juərsélvz ユアセるヴズ/)

❶ あなた自身を[に]; あなた、自分

(関連語) **yourselves** (あなたたち自身を[に]、あなたたち、自分たち) → oneself

• Ken, please introduce **yourself**. ケン、(あなた自身を)紹介(しょうかい)してください ⇨自己紹介をどうぞ.

(関連語) Did **you** hurt **yourself** when you fell? 転んだ時けがをしましたか. → hurt yourself は「(あなたが)あなた自身をけがさせる ⇨けがをする」.

• Dress **yourself** quickly. Breakfast is ready. 急いで服を着なさい. 朝ご飯ができてますよ. → dress yourself は「(あなたが)あなた自身に服を着せる ⇨服を着る」.

• Look at **yourself** in the mirror! 鏡で自分の顔[姿]を見てごらん.

• Take care of **yourself**. お体を大切にしてください.

❷ あなた自身で[が]、自分で

• Do it **yourself**. (人の助けを借りないで)自分でそれをしなさい.

• You said so **yourself**. = You **yourself** said so. (ほかの人ではない)君自身がそう言ったのだ. → yourself を文末に置くほうが口語的.

❸ (話) いつものあなた、本来のあなた

• You are not **yourself** today. きょうのあなたはいつものあなたではない.

by yourself (あなた)ひとり(ぼっち)で (alone); 独力で

• Do you live (all) **by yourself**? 君は(全く)ひとりで暮らしているの? → all は yourself を強める言葉.

for yourself 独力で、ひとりで; 自分のために

help yourself (**to** 〜) (〜をあなたが)自分で取って食べる[飲む] → help oneself (**to** 〜) (**help** 成句)

yourselves /juərsélvz ユアセるヴズ/ (代)

❶ あなたたち自身を[に]; あなたたち、自分たち → yourself の複数形. 詳(くわ)しい使い方は → yourself

• Did you all enjoy **yourselves** at the party yesterday? 君たちはみんな昨日のパーティーは楽しかった?

❷ あなたたち自身で[が]

❸ いつものあなたたち、本来のあなたたち

youth A2 /júːθ ユーす/ 名

(復 **youths** /júːðz ユーずズ/) (→《米》では /júːθs ユーすス/ とも発音する)

❶ 若さ, 若いこと

・You have both **youth** and hope. 君には若さと希望がある. →×a youth, ×youths としない.

❷ 若い時, 青春時代

関連語 In his **youth** (= when he was **young**) he was a good runner. 彼は若いころは名ランナーだった.

❸ 若い男性 (young man), (10代の)**男の子**

・My father was attacked by two **youths** on a back street. 父は裏通りで2人の若者に襲(おそ)われた. →《英》では「若いやつ」と軽蔑(けいべつ)的に使われることが多い.

❹ (the youth で)《集合的に》若い人々 (young people)

・The youth of today like dancing very much. 今日(こんにち)の若者たちは踊(おど)るのがとても好きだ. →複数扱(あつか)い.

youthful /júːθfəl ユーすふる/ 形 若々しい, はつらつとした; 若者の, 若者らしい

yóuth hòstel 名 ユースホステル →旅行する青年たちのための安くて健全な宿泊(しゅくはく)施設(しせつ).

you've /juːv ユーヴ/ **you have** を短くした形

・**You've** done your work very well, haven't you? 君(たち)はとても立派に仕事をやりましたね.

yo-yo /jóu jou ヨウ ヨウ/ 名 (復 **yo-yos** /jóujouz ヨウヨウズ/) (おもちゃの)ヨーヨー

・**spin** a yo-yo ヨーヨーを回す

yum /jʌm ヤム/ 間 《話》おいしい! →**yum-yum** ともいう.

yummy 小 /jʌmi ヤミ/ 形 (比較級 **yummier** /jʌmiər ヤミア/; 最上級 **yummiest** /jʌmiist ヤミエスト/) 《話》とてもおいしい

Y.W.C.A., YWCA /wáidʌbljusiːéi ワイダブリュスィーエイ/ 略 (the をつけて) キリスト教女子青年会 →the Young Women's Christian Association. →**Y.M.C.A.**

Zz

Z, z /zí: |zéd ゼド/ 名 (複) **Z's, z's** /zí:z ズィーズ/) ゼット → 英語アルファベットの26番目の文字.

Zambia /zæmbiə ザンビア/ 固名 ザンビア → アフリカ南部の共和国. 首都はルサカ (Lusaka).

zeal /zí:l ズィーる/ 名 熱意, 熱中, 熱心さ
- **zeal** for education 教育への熱意

zealous /zéləs ゼらス/ 形 熱心な, 熱中した, 熱狂した
- have **zealous** eyes (for 〜) (〜に対して)熱心な目をしている

zebra 小 /zí:brə ズィーブラ/ 名 《動物》 シマウマ, ゼブラ
- A **zebra** has black and white stripes on its body. シマウマは体に白黒のしまがある.

zébra cróssing 名 《英》横断歩道 → シマウマのように白黒のしまに塗(ぬ)ってあることから. ふつう「横断歩道」は (**pedestrian**) **crossing** という. 《米》では **crosswalk**.

zenith /zí:nəθ ズィーニす|zénəθ ゼニす/ 名 (**the zenith** で) 天頂; 頂点, 絶頂

zero 小 /zíərou ズィアロウ/ (発音 /ゼロ/ ではない) 名 (複) **zero(e)s** /zíərouz ズィアロウズ/)

❶ 零(れい), ゼロ, 0
- ten degrees **above** [**below**] **zero** 10度[零下10度]
- Two minus two is **zero**. 2引く2は0[2−2=0].
- I **got** a **zero** on the English test. 私は英語のテストで0点を取った.
- The temperature was **zero** (degrees) last night. 昨夜は気温が零度でした. → **degrees** と複数形になることに注意.
- In the number 1,000, there are three **zeros**. 1,000という数字にはゼロが3つある.

参考 〈数字0の読み方〉
① zero: 数学や理科などで.
0.5 = zero point five
② O /ou オウ/: 電話や部屋などの番号で.
500-3026 = five O O [double O]-three O two six
③ nothing: チームでやる試合のスコアなどで.
The score is still 0 to 0. ⇨《米》zero to zero とも. (スコアは依然(いぜん)0対0だ.)
④ love: テニスの試合のスコアで.
30—0 = thirty love

❷ 《形容詞的に》 ゼロの, 無の
- **zero** tolerance ゼロ容認. → 小さな違反でも厳しく取りしまること.

zero-g /zíərou dʒí: ズィアロウ ヂー/ 名 無重力状態 (zero gravity)

zèro grávity 名 無重力状態

zest /zést ゼスト/ 名 ❶ 熱意, (強い)興味
❷ 風味; おもむき

Zeus /zú:s ズース|zjú:s ズュース/ 固名 ゼウス → ギリシャ神話で神々の王. オリンポス山頂に住み, 稲妻(いなずま)を武器とする. ローマ神話の **Jupiter** にあたる.

zigzag /zígzæg ズィグザグ/ 名 形 ジグザグ(の), ジグザグ線[模様](の), Z字形(の); ジグザグ形の物
- walk **in zigzags** ジグザグに歩く, 千鳥足で歩く
- a **zigzag** path ジグザグの小道, うねうねした道

—— 副 ジグザグに
—— 動 (三単現 **zigzags** /zígzægz ズィグザグズ/; 過去・過分 **zigzagged** /zígzægd ズィグザグド/; -ing形 **zigzagging** /zígzægiŋ ズィグザギング/) ジグザグに進む

- Lightning **zigzagged** across the sky. 稲妻(いなずま)が空をジグザグに走った.

zillion /zíljən ズィリョン/ 名 《話》ばく大な数

Zimbabwe /zimbá:bwi ズィンバーブウィ/ 固名
ジンバブエ →アフリカ南部の共和国. 首都はハラーレ (Harare).

zip /zíp ズィプ/ 名 《英》=zipper
── 動 (三単現 **zips** /zíps ズィプス/; 過去・過分 **zipped** /zípt ズィプト/; -ing形 **zipping** /zípiŋ ズィピング/)
❶ (～の)ジッパー[ファスナー, チャック]を閉める[開ける]
• **zip** (up) *one's* jacket 上着のジッパーを上げる[閉める]
• **zip** a bag open カバンのファスナーを開ける →open は形容詞(開いている(状態)に).
❷ びゅーんと飛ぶ(ように進む)
• The snowball **zipped** past my ear. (雪合戦の)雪だまがびゅーんと僕(ぼく)の耳をかすめて飛んでいった.

zip code /zíp kòud ズィプ コウド/ 名 《米》郵便番号(制度) →米国では10006のように5個の数字で, 州名の後に書く. 英国では postcode (→postcode) という.

zíp fástener 名 《英》=zipper

zipper /zípər ズィパ/ 名 《米》ジッパー, ファスナー (《英》zip (fastener)), チャック
• **pull up** [**down**] a **zipper on** a jacket 上着のジッパーを上げて閉める[下げて開ける]

zodiac /zóudiæk ゾウディアク/ 名 **(the zodiac で)** 黄道帯(こうどうたい); 黄道(こうどう)十二宮図

> 参考 地球から見て太陽が運行すると見られる天球の道が「黄道帯」で, これを12等分したものを「十二宮」(**the signs of the zodiac**) と呼び, それぞれに星座の名 (「さそり」,「しし」など動物名が多い)をつけてある. 地球から見れば, 太陽は1年かかってこの十二宮を一つ一つ通過するように見える. 現在は主に星占(うらな)いに利用される.

zone A2 /zóun ゾウン/ 名

❶ 地域, 地区, 地帯, ゾーン
• a safety [no-parking] **zone** 安全[駐車(ちゅうしゃ)禁止]地帯
• Drive slowly **in** school **zones**. スクールゾーンでは車のスピードを落とせ.
❷ (温帯・熱帯などの)帯
• the Temperate [Frigid] **Zone** 温帯[寒帯]

ZOO 小 A1 /zú: ズー/ 名 (複 **zoos** /zú:z ズーズ/)
❶ 動物園 →zoological garden(s) を短くした語. ❷《話》雑然とした場所[状態]

zookeeper /zú:ki:pər ズーキーパ/ 名 (動物園の)飼育係

zoological /zouəlɑ́dʒikəl ゾウオラヂカル/ 形 動物の; 動物学の

zóological gárden(s) 名 動物園 →英国では複数形を多く使う. 話し言葉では短く **zoo** というほうがふつう.

zoologist /zouálədʒist ゾウアロヂスト/ 名 動物学者

zoology /zouálədʒi ゾウアロヂ/ 名 動物学
• study **zoology** 動物学を研究する →学問の名前には ×a, ×the をつけず, 複数形もない.

zoom /zú:m ズーム/ 動 ❶ (飛行機が)急上昇(じょうしょう)する; (車などが)びゅーんと走る, ぶっ飛ばす
❷ (カメラで)ズームイン[アウト]する
• The TV camera **zoomed in** on the child's face. テレビカメラはその子供の顔をぱっとクローズアップして写した.

zóom lèns 名 ズームレンズ

zucchini /zukíni ズキーニ/ 名 (複 **zucchini**) 《米》《植物》ズッキーニ →形がキュウリに似た野菜でカボチャの一種. 《英》では courgette /kuəʒét クヂェット/ と呼ぶ.

ZZZ, zzz /z: ズー/ 間 グーグー, ガーガー →漫画(まんが)などで眠(ねむ)っていることやいびきの音を表す.

◎ 不規則動詞変化表 (一部助動詞を含む. 赤色の語はこの辞典で指定した基本語)

現在形(原形)	三単現	過去形	過去分詞	現在分詞
am (be) (〜である)	——	**was**	**been**	being
are (be) (〜である)	——	**were**	**been**	being
arise (起こる)	arises	**arose**	**arisen**	arising
awake (起こす)	awakes	**awoke, awaked**	**awoken, awoke, awaked**	awaking
babysit (子守をする)	babysits	**babysat**	**babysat**	babysitting
bear (産む, 耐える)	bears	**bore**	**born(e)**	bearing
beat (打つ)	beats	**beat**	**beat(en)**	beating
become (〜になる)	becomes	**became**	**become**	becoming
begin (始まる)	begins	**began**	**begun**	beginning
bend (曲げる)	bends	**bent**	**bent**	bending
bet (かける)	bets	**bet(ted)**	**bet(ted)**	betting
bind (しばる)	binds	**bound**	**bound**	binding
bite (かむ)	bites	**bit**	**bitten, bit**	biting
bleed (出血する)	bleeds	**bled**	**bled**	bleeding
blow ((風が)吹く)	blows	**blew**	**blown**	blowing
break (壊す)	breaks	**broke**	**broken**	breaking
breed (育てる)	breeds	**bred**	**bred**	breeding
bring (持って来る)	brings	**brought**	**brought**	bringing
broadcast (放送する)	broadcasts	**broadcast(ed)**	**broadcast(ed)**	broadcasting
build (建てる)	builds	**built**	**built**	building
burn (燃やす)	burns	**burned, burnt**	**burned, burnt**	burning
burst (破裂する)	bursts	**burst**	**burst**	bursting
bust (壊す, 壊れる)	busts	**busted, bust**	**busted, bust**	busting
buy (買う)	buys	**bought**	**bought**	buying
can (〜することができる)	——	**could**	——	——
cast (投げる)	casts	**cast**	**cast**	casting
catch (つかまえる)	catches	**caught**	**caught**	catching
choose (選ぶ)	chooses	**chose**	**chosen**	choosing
cling (しがみつく)	clings	**clung**	**clung**	clinging
come (来る)	comes	**came**	**come**	coming
cost ((金が)かかる)	costs	**cost**	**cost**	costing
creep (はう)	creeps	**crept**	**crept**	creeping
cut (切る)	cuts	**cut**	**cut**	cutting
deal (あつかう)	deals	**dealt**	**dealt**	dealing
die (死ぬ)	dies	**died**	**died**	dying
dig (掘る)	digs	**dug**	**dug**	digging
dive (飛び込む)	dives	**dived, dove**	**dived**	diving
do (する)	does	**did**	**done**	doing

現在形(原形)	三単現	過去形	過去分詞	現在分詞
draw ((線を)引く)	draws	**drew**	**drawn**	drawing
dream (夢をみる)	dreams	**dreamed, dreamt**	**dreamed, dreamt**	dreaming
drink (飲む)	drinks	**drank**	**drunk**	drinking
drive ((車を)運転する)	drives	**drove**	**driven**	driving
eat (食べる)	eats	**ate**	**eaten**	eating
fall (落ちる)	falls	**fell**	**fallen**	falling
feed (えさをやる)	feeds	**fed**	**fed**	feeding
feel ((体・心に)感じる)	feels	**felt**	**felt**	feeling
fight (戦う)	fights	**fought**	**fought**	fighting
find (見つける)	finds	**found**	**found**	finding
fit (合う)	fits	**fitted, fit**	**fitted, fit**	fitting
flee (逃げる)	flees	**fled**	**fled**	fleeing
fling (投げつける)	flings	**flung**	**flung**	flinging
fly (飛ぶ)	flies	**flew**	**flown**	flying
forbid (禁じる)	forbids	**forbad(e)**	**forbidden, forbid**	forbidding
forecast ((天気などを)予報する)	forecasts	**forecast(ed)**	**forecast(ed)**	forecasting
forget (忘れる)	forgets	**forgot**	**forgotten, forgot**	forgetting
forgive ((心から)許す)	forgives	**forgave**	**forgiven**	forgiving
freeze (凍る)	freezes	**froze**	**frozen**	freezing
get (手に入れる)	gets	**got**	**got(ten)**	getting
give (あたえる)	gives	**gave**	**given**	giving
go (行く)	goes	**went**	**gone**	going
grind ((粉に)ひく)	grinds	**ground**	**ground**	grinding
grow (成長する)	grows	**grew**	**grown**	growing
hang (かける)	hangs	**hung, hanged**	**hung, hanged**	hanging
have (持っている)	has	**had**	**had**	having
hear (聞こえる)	hears	**heard**	**heard**	hearing
hide (かくれる)	hides	**hid**	**hid(den)**	hiding
hit (打つ)	hits	**hit**	**hit**	hitting
hold (持つ)	holds	**held**	**held**	holding
hurt (傷つける)	hurts	**hurt**	**hurt**	hurting
input (入力する)	inputs	**input, inputted**	**input, inputted**	inputting
is (be) (〜である)	——	**was**	**been**	being
keep (保存する)	keeps	**kept**	**kept**	keeping
kneel (ひざをつく)	kneels	**knelt, kneeled**	**knelt, kneeled**	kneeling
knit (編む)	knits	**knit(ted)**	**knit(ted)**	knitting
know (知っている)	knows	**knew**	**known**	knowing
lay (置く)	lays	**laid**	**laid**	laying
lead (案内する)	leads	**led**	**led**	leading

現在形（原形）	三単現	過去形	過去分詞	現在分詞
leap（跳ぶ）	leaps	**leaped, leapt**	**leaped, leapt**	leaping
learn（学ぶ）	learns	**learned, learnt**	**learned, learnt**	learning
leave（去る）	leaves	**left**	**left**	leaving
lend（貸す）	lends	**lent**	**lent**	lending
let（させる）	lets	**let**	**let**	letting
lie（うそを言う）	lies	**lied**	**lied**	lying
lie（横たわる）	lies	**lay**	**lain**	lying
light（明かりをつける）	lights	**lighted, lit**	**lighted, lit**	lighting
lose（失う）	loses	**lost**	**lost**	losing
make（つくる）	makes	**made**	**made**	making
may（〜してもよい）	——	**might**	——	——
mean（意味する）	means	**meant**	**meant**	meaning
meet（会う）	meets	**met**	**met**	meeting
mistake（思い違いをする）	mistakes	**mistook**	**mistaken**	mistaking
misunderstand（誤解する）	misunderstands	**misunderstood**	**misunderstood**	misunderstanding
mow（刈り取る）	mows	**mowed**	**mowed, mown**	mowing
output（出力する）	outputs	**outputted, output**	**outputted, output**	outputting
overcome（打ち勝つ）	overcomes	**overcame**	**overcome**	overcoming
overhear（もれ聞く）	overhears	**overheard**	**overheard**	overhearing
oversleep（寝過ごす）	oversleeps	**overslept**	**overslept**	oversleeping
overtake（追いつく）	overtakes	**overtook**	**overtaken**	overtaking
pay（支払う）	pays	**paid**	**paid**	paying
picnic（ピクニックに行く）	picnics	**picnicked**	**picnicked**	picnicking
put（置く）	puts	**put**	**put**	putting
quit（やめる）	quits	**quit(ted)**	**quit(ted)**	quitting
read（読む）	reads	**read**	**read**	reading
rebuild（再建する）	rebuilds	**rebuilt**	**rebuilt**	rebuilding
rewrite（再び書く）	rewrites	**rewrote**	**rewritten**	rewriting
rid（取り除く）	rids	**rid(ded)**	**rid(ded)**	ridding
ride（乗る）	rides	**rode**	**ridden**	riding
ring（（ベルなどが）鳴る）	rings	**rang**	**rung**	ringing
rise（昇る）	rises	**rose**	**risen**	rising
run（走る）	runs	**ran**	**run**	running
saw（のこぎりで切る）	saws	**sawed**	**sawed, sawn**	sawing
say（言う）	says	**said**	**said**	saying
see（見る）	sees	**saw**	**seen**	seeing
seek（さがす）	seeks	**sought**	**sought**	seeking
sell（売る）	sells	**sold**	**sold**	selling
send（送る）	sends	**sent**	**sent**	sending
set（置く）	sets	**set**	**set**	setting

現在形(原形)	三単現	過去形	過去分詞	現在分詞
sew (ぬう)	sews	**sewed**	**sewed, sewn**	sewing
shake (振る)	shakes	**shook**	**shaken**	shaking
shall (〜するでしょう)	——	**should**	——	——
shave (そる)	shaves	**shaved**	**shaved, shaven**	shaving
shed ((涙などを)流す)	sheds	**shed**	**shed**	shedding
shine (光る, 磨く)	shines	**shone, shined**	**shone, shined**	shining
shoot (撃つ)	shoots	**shot**	**shot**	shooting
show (見せる)	shows	**showed**	**shown, showed**	showing
shrink (縮む)	shrinks	**shrank, shrunk**	**shrunk, shrunken**	shrinking
shut (閉める)	shuts	**shut**	**shut**	shutting
sing (歌う)	sings	**sang**	**sung**	singing
sink (沈む)	sinks	**sank, sunk**	**sunk**	sinking
sit (座る)	sits	**sat**	**sat**	sitting
sleep (眠る)	sleeps	**slept**	**slept**	sleeping
slide (すべる)	slides	**slid**	**slid**	sliding
smell (においがする)	smells	**smelled, smelt**	**smelled, smelt**	smelling
sow ((種などを)まく)	sows	**sowed**	**sown, sowed**	sowing
speak (話す)	speaks	**spoke**	**spoken**	speaking
speed (急ぐ)	speeds	**sped, speeded**	**sped, speeded**	speeding
spell ((文字を)つづる)	spells	**spelled, spelt**	**spelled, spelt**	spelling
spend ((お金を)使う)	spends	**spent**	**spent**	spending
spill (こぼす)	spills	**spilled, spilt**	**spilled, spilt**	spilling
spin (回す)	spins	**spun**	**spun**	spinning
spit (つばをはく)	spits	**spat, spit**	**spat, spit**	spitting
split (裂く)	splits	**split**	**split**	splitting
spoil (だめにする)	spoils	**spoiled, spoilt**	**spoiled, spoilt**	spoiling
spread (広げる)	spreads	**spread**	**spread**	spreading
spring (跳ぶ)	springs	**sprang, sprung**	**sprung**	springing
stand (立つ)	stands	**stood**	**stood**	standing
steal (盗む)	steals	**stole**	**stolen**	stealing
stick (つきさす)	sticks	**stuck**	**stuck**	sticking
sting ((針で)さす)	stings	**stung**	**stung**	stinging
stride (大またに歩く)	strides	**strode**	**stridden**	striding
strike (打つ)	strikes	**struck**	**struck**	striking
strive (努力する)	strives	**strove, strived**	**striven, strived**	striving
swear (ちかう)	swears	**swore**	**sworn**	swearing
sweep (掃く)	sweeps	**swept**	**swept**	sweeping
swell (ふくらむ)	swells	**swelled**	**swelled, swollen**	swelling
swim (泳ぐ)	swims	**swam**	**swum**	swimming
swing (ゆり動かす)	swings	**swung**	**swung**	swinging

現在形（原形）	三単現	過去形	過去分詞	現在分詞
take（取る）	takes	**took**	**taken**	taking
teach（教える）	teaches	**taught**	**taught**	teaching
tear（裂く）	tears	**tore**	**torn**	tearing
tell（言う）	tells	**told**	**told**	telling
think（考える）	thinks	**thought**	**thought**	thinking
throw（投げる）	throws	**threw**	**thrown**	throwing
thrust（つっこむ）	thrusts	**thrust**	**thrust**	thrusting
tie（結ぶ）	ties	**tied**	**tied**	tying
tread（踏む）	treads	**trod**	**trod(den)**	treading
undergo（経験する）	undergoes	**underwent**	**undergone**	undergoing
understand（理解する）	understands	**understood**	**understood**	understanding
undo（外す）	undoes	**undid**	**undone**	undoing
untie（ほどく，解く）	unties	**untied**	**untied**	untying
upset（ひっくり返す）	upsets	**upset**	**upset**	upsetting
wake（目が覚める）	wakes	**woke, waked**	**woken, woke, waked**	waking
wear（身に着けている）	wears	**wore**	**worn**	wearing
weave（織る）	weaves	**wove, weaved**	**woven, weaved**	weaving
weep（泣く）	weeps	**wept**	**wept**	weeping
wet（ぬらす）	wets	**wet(ted)**	**wet(ted)**	wetting
will（～するでしょう）	――	**would**	――	――
win（勝つ）	wins	**won**	**won**	winning
wind（巻く）	winds	**wound**	**wound**	winding
withdraw（引っこめる）	withdraws	**withdrew**	**withdrawn**	withdrawing
wring（しぼる）	wrings	**wrung**	**wrung**	wringing
write（書く）	writes	**wrote**	**written**	writing

◎ 形容詞・副詞変化表

原級	比較級	最上級
bad（悪い）	**worse**	**worst**
far（遠い；遠くに）	{ **farther** / **further**	{ **farthest** / **furthest**
good（よい）	**better**	**best**
ill（病気で；悪く）	**worse**	**worst**
little（小さい；少し）	**less**	**least**
many（多くの）	**more**	**most**
much（多くの；大いに）	**more**	**most**
old（古い，年とった）	{ **older** / **elder**	{ **oldest** / **eldest**
well（健康で；うまく）	**better**	**best**

ジュニアクラウン

中学和英辞典
第12版
新装版
オールカラー
田島伸悟＋三省堂編修所 編

JUNIOR
Japanese-English Dictionary
CROWN

三省堂

© Sanseido Co., Ltd. 2022

First Edition 1969	Seventh Edition 1996
Second Edition 1972	Eighth Edition 2002
Third Edition 1977	Ninth Edition 2006
Fourth Edition 1981	Tenth Edition 2012
Fifth Edition 1988	Eleventh Edition 2017
Sixth Edition 1992	Twelfth Edition 2022

Printed in Japan

編　者　　　田島伸悟
　　　　　　　三省堂編修所

執筆・校閲　三省堂編修所
　　　　　　　森口稔（巻頭ページ：日本を紹介しよう）
　　　　　　　石井康毅（巻頭ページ：場所や動きを伝える表現）
　　　　　　　田上芳彦（オンライン辞書追加語）

校正・編集協力　浅田花梨　加瀬小夜子　佐々木憲子　永野真希子　Jesse Davis

デザイン　　　　　九鬼浩子（STUDIO PRESS Inc.）
巻頭ページイラスト　有田ようこ　向井勝明（SUNNY.FORMMART）
本文イラスト　　　ナイトウカズミ　宮部珠江
写　真　　　　　　imagemart　amanaimage PLUS
見返しイラスト　　ナイトウカズミ

装　丁　　　　　吉野愛
ケース装画　　　ナイトウカズミ

11版までの執筆・校閲　平野幸治　瀧澤恵美子

JUNIOR CROWN

日本を紹介しよう！

日本ってどんな国？

Japan is in East Asia, and made up of four main islands as well as other islands. The country has a lot of mountains, and is often hit by earthquakes or typhoons. Each local area has its own unique climate and culture.

日本は東アジアにあり、4つの大きな島とそのほかの島々からなる国です。山がちで地震や台風による災害がたびたび起こります。地域ごとに気候や文化などに特徴があります。

I'm from Nagoya. You can enjoy foods with miso there.

私は名古屋出身です。
名古屋ではみそ味の料理が楽しめます。

I'm from Niigata. We have a lot of snow in winter

私は新潟出身です。
冬にはたくさん雪が降ります。

日本の1年

花見

Cherry-blossom viewing is from late March to early April, when the cherry flowers have bloomed. People eat and drink, with family or friends under a cherry tree.

花見は、3月下旬から4月上旬、桜の花が咲くころに行います。家族や友人と桜の木の下で食事をしたりお酒を飲んだりします。

入学式

Entrance ceremonies are held in April at elementary schools, junior and senior high schools, and universities. Along with the students, many parents join the ceremony.

入学式は、4月に小中高等学校や大学で行われます。児童、生徒、学生と一緒に親も式に参加することが多いです。

学期

Many elementary, junior high, and senior high schools use a three-term system in Japan. The new school year starts in April. The second term starts in September, and the third term in January. Some schools use a two-term system.

日本では多くの小中高等学校は3学期制です。4月に新学期を迎えます。2学期は9月、3学期は1月に始まります。一部の学校では2学期制を導入しています

ゴールデンウィーク

Golden Week is a series of holidays from the end of April to the beginning of May. It includes Showa Day on April 29, Constitution Day on May 3, Greenery Day on May 4, and Children's Day on May 5.

ゴールデンウィークは、4月の終わりから5月の初めにかけての休日が連続する期間です。4月29日の昭和の日、5月3日の憲法記念日、5月4日のみどりの日、5月5日のこどもの日を含みます。

> What are you going to do for the next Golden Week?
> ゴールデンウィークは何をするの？

> I'll visit my grandfather and grandmother in Okinawa.
> 沖縄のおじいちゃんおばあちゃんに会いに行くよ。

梅雨

The **rainy season** is from June to July. It is said that Hokkaido has no rainy season.

6月から7月にかけては梅雨です。北海道には梅雨はないと言われています。

夏休み

From late July to the end of August, most schools are on **summer holidays**. Many students take part in special events, or visit their relatives. They have a lot of homework to do, so they need to plan well.

7月下旬から8月の終わりまで、ほとんどの学校は夏休みです。多くの生徒が特別なイベントに参加したり、親戚(しんせき)のところに遊びに行ったりします。宿題がたくさん出るため、計画的にこなす必要があります。

お盆

The *Bon* Festival is held from August 13 to 15, or in July in some areas. The spirits of the dead come home during this period, and relatives get together to welcome them.

お盆は8月13日から15日、一部の地域では7月に行われます。この期間には、亡くなった人たちの霊が家に帰ってくるので、親戚が集まり彼らを迎えます。

< Haruto

I've already finished my summer research project.
夏休みの自由研究はもう終わったよ。

Wow! I haven't even read the book for my book report yet.
すごい！ 私はまだ読書感想文の本すら読んでいないよ。

花火

Fireworks events are held all over Japan during the summer. They are very popular and attract a lot of people. Some people wear casual summer *kimono* called *yukata*, and enjoy looking around food stands.

夏には全国各地で花火大会が開かれます。賑やかで、多くの人が集まります。そこでは、浴衣と呼ばれる夏の略式の和服を着る人がいたり、屋台を見て回るのを楽しんだりします。

文化祭と体育祭

School and sports festivals are usually held in the fall. In the **school festivals**, students show the works they have created in class and club activities, and give choir [choral] or drama performances. At the **sports festivals**, students compete against other classes, take part in cheer contests, and so on.

文化祭と体育祭はたいてい秋に行われます。文化祭では授業やクラブ活動で制作した作品や合唱や演劇などを披露します。体育祭ではクラス対抗で競技を行ったり、応援合戦をしたりします。

台風

Typhoons usually hit Japan from July to October. They bring strong wind and rain. Schools are sometimes closed because of the rough weather.

台風は例年、7月から10月にかけて日本を直撃します。強風と大雨をもたらします。荒天(こうてん)のために学校が休校になることもあります。

冬休み

Most schools have a two-week **winter holiday** between the second and third terms, from the end of December to the beginning of January. Some students are given homework unique to this season, such as New Year's calligraphy.

多くの学校では2学期と3学期の間、12月の終わりから1月の始めにかけて、2週間程度の冬休みがあります。書き初めなど、この季節ならではの宿題が出されることもあります。

クリスマス

At **Christmas** many Japanese people hold Christmas parties just for fun, though only 1% of the population is Christian in Japan. In particular, young people consider Christmas Eve special, and tend to spend it with their romantic partners.

日本では人口の1%しかキリスト教徒がいないにもかかわらず、多くの日本人は楽しみのためだけにクリスマスパーティーをひらきます。特に、若い人たちはクリスマスイブを特別だと思っていて、恋人と過ごす傾向にあります。

大みそか・お正月

At midnight on **New Year's Eve**, Buddhist temples in Japan ring their bells. On **New Year's Day**, people visit Shinto shrines or Buddhist temples. The entrances of houses are decorated, and people enjoy special dishes prepared for the New Year. Children receive New Year's pocket money called *otoshidama* from their parents and relatives.

大みそかの夜にお寺では除夜の鐘が鳴ります。お正月になると人々は神社やお寺に初詣に出かけます。家の入り口を飾り付け、家族でおせち料理を食べます。子どもたちは親や親戚からお年玉というおこづかいをもらいます。

What do you eat on New Year's Day in Japan?
日本ではお正月には何を食べますか？

We eat *soba*, or buckwheat noodles, on New Year's Eve. On New Year's Day, we eat special dishes called *osechi*, and rice cake soup called *zouni*.
大みそかに「そば」というそば粉の麺を食べ、お正月は「おせち」という特別な料理と「雑煮」というお餅のスープを食べます。

バレンタインデー

On **St. Valentine's Day**, February 14, women give chocolate to men in Japan.

日本では、2月14日のバレンタインデーに、女性が男性にチョコレートを贈ります。

卒業式

Students usually complete their courses and graduate from school in late February or early March. The **graduation ceremony** is very formal, and most students wear formal clothes, such as their school uniform, a suit, or a *kimono*.

生徒はふつう2月下旬から3月上旬に課程を終えて卒業します。卒業式は厳かにとり行われ、多くの生徒は、学校の制服、スーツ、着物などのフォーマルな服を着て出席します。

日本の食べ物

In **Japanese cooking**, seasonings such as soy sauce and miso are used very often. Seasonal foods, such as bamboo shoots in spring, and *matsutake* mushrooms in autumn, are also used. Japanese food contains lots of vegetables and little oil, so it is popular as a healthy meal even in foreign countries. Dishes from abroad are often eaten in a Japanese style, such as curry and rice, or pork cutlet.

日本料理では、しょうゆやみそなどの調味料をよく使います。春のタケノコや秋のマツタケのような季節の食材も使われます。野菜を多く使う一方で油をあまり含まない食べ物が多く、外国でもヘルシーな食事として人気があります。カレーライスや豚カツのように、外国からもたらされた料理でも、日本風にして食べることが多いです。

朝食（洋風・和風）

Traditional Japanese **breakfast** consists of rice, grilled fish, boiled vegetables, pickles, miso soup, and so on. Some families have western style breakfast though. For example, toast, eggs, fruit, milk, and so on.

伝統的な和風の朝食はご飯、焼き魚、野菜の煮物、つけもの、みそ汁などからなっています。一方で、トースト、卵、フルーツ、牛乳などの洋風の朝食をとる家庭もあります。

> **What did you take for breakfast?**
> 朝ご飯は何を食べたの？

> **I had a fried egg and a slice of bread.**
> 私は目玉焼きとパンを1枚食べたよ。

カレーライス

Curry and rice in the Japanese style usually contains meat, potatoes, carrots and onions. It was born in India and reached Japan in the Meiji period through Britain.

日本風のカレーライスには、通常、肉・ジャガイモ・ニンジン・タマネギが入っています。インドで生まれ、明治時代にイギリス経由で日本に伝わりました。

ラーメン

Ramen is Chinese-style noodles in soup. You can enjoy different flavors such as soy sauce, salt, and miso. Toppings include sliced roast pork, pickled bamboo shoots, chopped green onions, and more.

ラーメンは中華風のスープに入った麺です。しょうゆ、塩、みそなどさまざまな味があります。トッピングにはチャーシュー、メンマ、刻んだネギなどがあります。

インスタントラーメン

Instant ramen was invented in Japan after World War II, and has now become popular around the world because it is easy to prepare.

インスタントラーメンは第二次世界大戦後の日本で発明され、現在では、その調理の手軽さから、世界中に普及しています。

スパゲッティ

Some pasta dishes were created in Japan. An example is **spaghetti** containing cod roe. The ketchup-flavored spaghetti called *naporitan* (Napolitan) has nothing to do with Naples in Italy.

日本で創作されたパスタ料理もあります。例えば、たらこ入りのスパゲッティです。また、ケチャップで味付けされたナポリタンというスパゲッティは、イタリアのナポリとは関係がありません。

鍋料理

A one-pot dish, or *nabe*, is cooked at the table, not in the kitchen. People sit around the pot while the food is cooking, pick out their favorite ingredients from the pot, and place them in their individual bowls. A special dipping sauce is sometimes used.

鍋料理は台所ではなく食卓で調理します。調理中はみんなで鍋を囲み、それぞれの好きな具材を鍋から取り出して、個別の器に盛り付けます。特製のつけだれを使うこともあります。

そば・うどん

Noodles made from buckwheat are called *soba*, and the white ones made from wheat flour are called *udon*. There are hot ones and cold ones. They are eaten with soup, but the soups taste different between eastern and western Japan.

そばの実から作った麺をそば、小麦粉で作った白いものをうどんと言います。それぞれ冷たいものと温かいものとがあります。出汁と一緒に食べますが、東日本と西日本では出汁の味が異なります。

寿司

There are various styles of **sushi**. Typical sushi is *nigiri-zushi*; hand-formed sushi with a topping of fish. Among others are hand-rolled sushi, and sushi rice in a bowl with various toppings. In recent years, conveyer-belt sushi restaurants are becoming very popular because of their lower prices.

寿司にはさまざまな種類があります。代表的な寿司はにぎり寿司です。ほかにも、手巻き寿司やちらし寿司があります。近年では、価格の手頃さから回転寿司の店が人気になってきました。

和菓子

The main ingredients of **traditional Japanese sweets** are rice and small red beans. There are several kinds of sweets, such as unbaked, dried, and baked.

和菓子の主な材料は米と小豆です。生菓子、干菓子、焼き菓子のようにさまざまな種類があります。

日本の文化

相撲

Sumo has a long history, and also appears in Japanese myth. It is now an international sport, and there are many foreign wrestlers.

相撲には長い歴史があり日本神話にも登場します。現在では国際的なスポーツになり、外国人力士も多くいます。

歌舞伎

Kabuki was started in the early 17th century, and developed in the Edo period. In present-day *kabuki*, all of the performers are men.

歌舞伎は17世紀初期に始まり、江戸時代に発展しました。現代の歌舞伎では、演者は全員男性です。

茶道

Japanese tea ceremony has been greatly influenced by Zen Buddhism. The host serves the tea, and the guests appreciate the hospitality of the host. This interaction is the heart of the ceremony.

茶道は禅仏教の影響を強く受けています。主人が茶を出し、客人はそのもてなしに感謝する。このやりとりが重要です。

着物

The formal *kimono* is now usually worn only on special occasions, such as wedding ceremonies or funerals. However, a simple style of *kimono* called *yukata* is still worn at summer festivals and when staying at traditional-style hotels.

現代では、正式な着物は結婚式や葬式など特別な機会にのみ着るものになりました。しかし、浴衣という簡素な着物は夏祭りや伝統的な旅館に泊まるときなどに使われます。

漫画

Manga covers various topics such as sports, school life, love, history, business, war, and social issues. Its readers range from small children to adults. There are many TV dramas and movies, anime or live-action, based on manga. Manga is a major source of entertainment in Japan.

マンガはスポーツ、学校生活、恋愛、歴史、ビジネス、戦争、社会問題など様々なテーマを扱っています。小さな子どもから大人まで幅広い読者をもちます。マンガを原作としたアニメや実写のドラマや映画も多数あります。マンガは日本のエンターテインメントを担う存在です。

柔道

In **judo**, two people fight each other using techniques of throwing, holding, and attacking weak points. It became an official Olympic event for the first time at the Tokyo Olympic Games in 1964.

柔道では、投げ技や押さえ込みや当て身を使って２人の人間が戦います。1964年の東京オリンピックで初めて正式種目になりました。

カラオケ

Karaoke literally means "empty orchestra." People sing along to a music track played by a machine. It is popular not only in Japan but also in many other countries. Karaoke boxes, or karaoke booths, where anyone can easily enjoy karaoke, are found all over Japan.

カラオケの文字通りの意味は「空のオーケストラ」で、機械から出る音楽に合わせて歌います。日本だけでなく世界中で人気があり、簡単にカラオケができるカラオケボックスは日本中にあります。

参考文献：森口稔 編著、William S. Pfeiffer 英文校閲『英語で案内する　日本の伝統・大衆文化辞典』（2018：三省堂）

場所や動きを伝える表現

動き方　over, along, across, around

over the river
川をわたって

along the river
川に沿って

across the river
川をわたって

around the rock
岩の周りで

※ over は弓のような形で上を超えて行くイメージで、across は平面を横切るイメージです。橋について言う場合は、橋の形ではなく、「上を渡って行く」イメージの場合は over で、「横切って向こう側に行く」イメージの場合は across で表現されます。

くっついている／離れている　on, off

get **on** the train　電車に乗る

get **off** the train　電車を降りる

※ on は電車にくっついている(乗っている)こと、off は電車から離れる(降りる)ことを表します。

行く／帰ってくる　from, to, back

go from London to Paris by plane
飛行機でロンドンからパリへ行く

go back to London by train
電車でロンドンへ帰る

※ back はもといた場所に戻ることを表します。

上下の方向　up, down

a drone flying up
上に上がっていくドローン

a drone flying down
下に下がってくるドローン

～の間　between, among

a path between trees
木々の間の道

a house among trees
木に囲まれた家

※ between は2つのものの間、among は3つ以上のものの間で囲まれたような状態を表します。a path between trees は、両側の2つの並木の間に道があることを表しています。

場所　in, on, at

a desk and a chair **in** the room
部屋の中の机といす

books on the desk
机の上の本

a light **on** the ceiling
天井のライト

a switch **on** the wall
壁についているスイッチ

a boy **at** the door
ドアのところの男の子

※ on は「上」に限らず、接していることを表します。books on the desk のように安定しやすい「上」を表すことが多いのですが、on the ceiling や on the wall のように「上」でない位置で接していることもあります。

内と外　in, inside, out, out of, outside, into

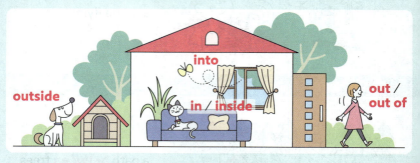

a cat **in** [**inside**] the house　家の中のねこ

a girl going **out** (**of** the house)　（家から）出て行く女の子

a dog **outside** the house　家の外の犬

a butterfly coming **into** the house　家の中に入ってくるちょう

※ 内側の場所は in（または inside）で、外側の場所は outside で表します。inside は「囲まれた場所の内側」ということを強調します。
※ 内側に入る動きは into で、外側に出る動きは out（「〜から」を表す場合は out of）で表します。

近いものと遠いもの　near, by, away

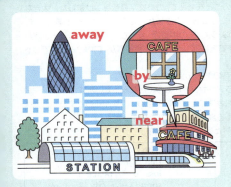

a cafe near the station
駅の近くのカフェ

a table by the window
窓のそばのテーブル

a famous building 10 minutes away from the station
駅から 10 分離れた有名なビル

※ by は near よりも近く「すぐそば」を表します。

上と下　on, over, under, above

a cake on the table
テーブルの上のケーキ

The cat jumped over the table.
ねこがテーブルの上を飛び越えた。

a dog under the table
テーブルの下の犬

a light above [over] the table
テーブルの上のライト

※ on は接していることを表します。above も over も上の位置を表しますが、over は上から覆うイメージが基本にあるため、a light over the table は光がテーブル全体を照らすイメージが感じられます。

※ 上を越えていく動きは over のみが表します。

※ under は over の反対で真下で覆われたような位置を表します。

※ below は above の反対で下の位置を表しますが、普通は高いところからの眼下や水面の下や川下など、もう少し規模が大きい場合に使います。

カナ発音の読み方

＊この辞典では，発音記号になれていない人のことを考えて，カナ文字発音をつけました．大きな
カナ文字は主に母音(ぼいん)をふくむ音を表し，上つきの小さなカナ文字は子音(しいん)を表します．
母音とは，日本語の「ア・イ・ウ・エ・オ」のように，口の中で舌・くちびる・歯などにじゃまされ
ないで出てくる，声をともなった音(おん)，子音とは，のどから出る息や声が，口内のどこかでじゃ
まされて出てくる音のことです．

＊/ す・ず・ふ・る・ぐ/ などのひらがなは，子音の書き分けを表しています．

＊太い文字はその音を強く発音する，すなわちアクセントがあることを表しています．

＊カナ文字 /ア/ では /æ/ /ʌ/ /ɑ/ /ə/ のちがいを表すことができません．ですからあくまでもカナは
参考にして，実際のつづりと音の関係を覚えるようにしてください．

＊下の表はカナ発音とそれに対応する発音記号とを示したものです．

母音		例		/す/	/θ/	bath /バす/ thank /さンク/
/ア/	/æ/	add /アド/ carry /キャリ/				thin /すィン/
	/ʌ/	uncle /アンクる/ rough /ラふ/		/ス/	/s/	loss /ろース/ peace /ピース/
	/ɑ/	watch /ワチ/ knock /ナク/				soon /スーン/ city /スィティ/
	/ə/	across /アクロース/ career /カリア/		/ず/	/ð/	smooth /スムーず/ there /ぜア/
/アー/	/ɑː/	father /ふァーざ/ calm /カーム/		/ズ/	/z/	rise /ライズ/ music /ミューズィク/
	/ɑːr/	sharp /シャープ/ heart /ハート/				zoo /ズー/
/ア～/	/əːr/	early /ア～リ/ girl /ガ～る/		/チ/	/tʃ/	much /マチ/ choose /チューズ/
		person /パ～スン/				chin /チン/ nature /ネイチャ/
/アイ/	/ai/	ice /アイス/ eye /アイ/ buy /バイ/		/ツ/	/ts/	statesman /ステイツマン/
/アウ/	/au/	loud /らウド/ down /ダウン/		/ツ/	/dz/	goods /グツ/
/イ/	/i/	image /イメヂ/ busy /ビズィ/		/ト/	/t/	eat /イート/ tea /ティー/
/イア/	/iər/	ear /イア/ here /ヒア/				potato /ポテイトウ/
/イー/	/iː/	eat /イート/ see /スィー/		/ド/	/d/	read /リード/ dinner /ディナ/
/ウ/	/u/	pull /プる/ look /るク/				date /デイト/
/ウア/	/uər/	poor /プア/ tour /トゥア/		/ヌ, ン/	/n/	channel /チャヌる/ noon /ヌーン/
		sure /シュア/				need /ニード/
/ウー/	/uː/	moon /ムーン/ lose /るーズ/		/ふ/	/f/	half /ハふ/ food /ふード/
		true /トゥルー/				photo /ふォウトウ/ few /ふュー/
/エ/	/e/	egg /エグ/ bread /ブレド/		/ブ/	/b/	tub /タブ/ book /ブク/
		friend /ふレンド/				build /ビるド/
/エア/	/eər/	air /エア/ care /ケア/		/プ/	/p/	keep /キープ/ pull /プる/
		there /ぜア/				paper /ペイパ/
/エイ/	/ei/	age /エイヂ/ break /ブレイク/		/ヴ/	/v/	live /リヴ/ visit /ヴィズィト/
		pay /ペイ/				voice /ヴォイス/
/オイ/	/ɔi/	joy /ヂョイ/ boil /ボイる/		/ホ/	/h/	when /(ホ)ウェン/ house /ハウス/
/オウ/	/ou/	old /オウるド/ know /ノウ/				hair /ヘア/
/オー/	/ɔː/	call /コーる/ abroad /アブロード/		/ム, ン/	/m/	calm /カーム/ moon /ムーン/
	/ɔːr/	order /オーダ/ warm /ウォーム/				mother /マざ/ number /ナンバ/
子音		例		/る/	/l/	mail /メイる/ look /るク/
/ク/	/k/	cook /ククク/ count /カウント/				low /ろウ/ sleep /スリープ/
		keep /キープ/ quick /クウィク/		/ル/	/r/	rule /ルーる/ row /ロウ/
/グ/	/g/	egg /エグ/ gate /ゲイト/				reach /リーチ/
		guide /ガイド/		/ン(ぐ)/	/ŋ/	bring /ブリンぐ/ drink /ドリンク/
/ヂ/	/dʒ/	page /ペイヂ/ judge /ヂャヂ/				finger /ふィンガ/
/ショ/	/ʃ/	dish /ディシュ/ machine /マシーン/		/イ/	/j/	year /イア/ yard /ヤード/
		show /ショウ/		/ウ/	/w/	wood /ウド/ way /ウェイ/
/ジュ/	/ʒ/	rouge /ルージュ/ measure /メジャ/				want /ワント/ quiz /クウィズ/

第12版　はしがき

　『初級クラウン和英辞典』が5年ぶりに新しくなり，『ジュニアクラウン中学和英辞典』として生まれ変わりました．見出し語や用例の中から古いものや難しいと思われるものを削除し，新しい小学校，中学校の英語教科書を詳しく調べて，内容を全面的に見直しました．今回の改訂で紙面をオールカラーに一新し，さらなる見やすさを追求しました．

　『ジュニアクラウン中学和英辞典』の特徴は下記の通りです．

1. 意味マップ

　最重要語は英語の訳語と一緒に囲みで表示することにより，訳語の選択肢を見やすく，選びやすくしています．

2. 基本形

　本文のまえに英語表現の基本となる，よく使われる動詞などの形を特別なコラムで示しました．「基本形まとめ」のページもありますので，すぐに調べたいときはここを確認してください．

3. 多彩なコラム

　表現活動に重要な類語の使い分けを示す「使い分け」，気をつけたい日本語と英語の表現の違いを表す「注意しよう」，気がつきにくい和製英語などを解説する「カタカナ語」のほか，「文法・語法」「日本紹介」など，学習の助けになる情報をコラムにして示しています．

4. 豊富な用例

　11回の改訂を経てブラッシュアップされた用例を豊富に収録しています．ぜひ，声に出しながら読んで英語力を高めてください．

　この辞書は日本語に対応する，より自然でより正確な英語を示す，という「和英辞典」本来の目的はもちろん，中学生が自分から進んで総合的に英語力を高められるよう編集されています．

　初版編者である河村重治郎先生（1887-1972）と，後継者である田島伸悟先生（1932-2010）は，「ひざをつき合わせて生徒に英語を教えたい」という気持ちでこの辞書を執筆されました．両先生の心は，この辞書のすみずみにいつまでも生きています．

　　2021年　秋

三省堂編修所

◎ この辞典のしくみ

総収録項目

この辞典は,以下のように全体で約 23,000 の語句を収録しました.

　主見出し 約 11,000 語
　派生語・慣用表現・基本形などの中見出し
　　約 12,000 語

総収録用例

この辞典は,以下のように全体で約 19,200 の豊富な用例を収録しました.

　本文用例 約 18,000
　付録等の会話例 約 1,200

見出し語

太い活字であいうえお順にならんでいます.長音「ー」については,たとえばアーケードは「ああけえど」と考えてください.また,おつりは「つり」をひいてください.
見出し語のうちでとくに重要な語(約 820 語)については,大きな赤い活字でしめしました.
英語の訳語が➤のあとにくるものと番号付きのものがあります.

カナ発音

訳語のあとにカナ発音を / / でしめしました.
日本語と違い英語は強弱がだいじですので,強く発音するところは太字でしめしました.くわしくは「カナ発音の読みかた」を見てください.

イラスト

とくに似通ったことばのちがいをしめします.

同音異義語

おなじ音の見出しがあるときは,**あう¹, あう²** のように,肩付き数字で区別しました.

あかるい 明るい
➤ **light** /ら**イ**ト/
➤ (きらきら) **bright** /ブ**ラ**イト/
➤ (陽気な) **cheerful** /**チ**アふる/
明るく **brightly**
明るくする,明るくなる **brighten (up), lighten, light up**
・明るい部屋 a light room
・明るい朝 a bright morning
・明るいうちに (→暗くなる前に) before dark
・外はまだ明るい It is still light outside.
・メアリーはいつも明るい
Mary is always cheerful.
・その花があるので部屋が明るくみえる
The room looks cheerful with the flowers.
・その手紙を読むと,彼女の顔は明るくなった
Her face lighted [lit] up when she read the letter.

bright / cheerful

あき¹ 秋
➤ 《米》**fall** /ふォーる/, 《英》**autumn** /**オ**ータム/
・秋には in fall [autumn]
・今年の[去年の,来年の]秋(に) this [last, next] fall
・2017年の秋に in the fall of 2017 (読み方:twenty seventeen)
・秋晴れの日に on a fine fall day
あき² (空間) **space** /ス**ペ**イス/; (余地) **room**
あき… **vacant** /**ヴェ**イカント/; **empty** /**エ**ンプティ/

いってきます
　注意しよう
　英語には日本語の「行って来ます」「行ってらっしゃい」にあたる表現はない.学校や会社に出かける時は "See you later." (またあとで)とか "I'm off to

---

略記号とロゴ

(複) 名詞の複数形
《話》 話しことば
《動物》《虫》…それぞれのジャンルのことば
✗ まちがった表現
ひゆ ひゆを使った表現
参考ことわざ 例文に近い意味をあらわすことわざ

《米》 アメリカ用法
《英》 イギリス用法

➔ 解説・注記
会話 会話例
ことわざ 見出し語を含むことわざ,または
　　ことわざのような表現

訳語

太い活字でしめしました．意味が違うものは，重要語では❶❷❸…のようにしめしてあります．それ以外は；(セミコロン)，または，(カンマ)で区切っています．さらに中見出し（ ）で分類してあります．
日本語と違い，英語ではある名詞が数えられるか数えられないかをきっちり区別します．数えられる名詞には細い活字で，a, an をしめしました．

おもう 思う
❶（考える）think; (信じる) believe
❷（予期する）expect
❶（考える）think /シィンク/; (信じる) believe /ビリーヴ/

基本形
…と思う
think (that) ～
A のことを思う
think of A

・私はそう思います I think so.
・私は雨が降ると思う［雨は降らないと思う］
I think it will rain [I don't think it will rain].

文法・語法
「雨は降らないと思う」を ×I **think** it will **not** rain. といわない．英語ではふつう否定語を前に置く

・私はそれはいい映画だと思った
I thought it was a good movie. → 主節の動詞が過去 (thought) の時は「時制の一致」で，従属節の動詞も過去 (was) になる
・私はいつもあなたのことを思っています
I am always thinking of [about] you.
・私はこの夏オーストラリアへ行こうかと思っている
→ 現在進行形 I am thinking of going to Australia this summer.

おもな chief /チーフ/
おもに chiefly, mainly /メインリ/
・その国のおもな産物 the chief products of the country

おおみそか 大晦日 **O-misoka, New Year's Eve** /イアズ イーヴ/

日本を紹介しよう

古い年を送り新しい年を迎えるために，大晦日にはいろいろな事が行われます．除夜の鐘(かね)もその一つです．除夜の鐘は全国の寺でつかれます．お寺の鐘は私たちの108の煩悩(ぼんのう)を払うために108回つかれます
Various ceremonies are held on *O-misoka*, New Year's Eve, to mark the end of the old year and the beginning of the new. *Joya-no-kane* is one of them. It is held at Buddhist temples all over the country. The temple bell is rung 108 times to drive out

基本形

英語表現の基本となる，よく使われる動詞などのかたちを特別なコラムでしめしました．ABCなどの記号は名詞，代名詞，形容詞などが置きかわります．vii ～ x ページに「基本形まとめ」をのせましたので早見表として活用してください．

カッコ

(　) は省略してもいいことをしめしています．
[　] は前にある語句と置き換えが可能であることを示しています．

例文

例文のはじまりには小さい丸印(・)をつけました．ある例文を英語でいうと何通りかある場合は，/(スラッシュ)で区切ってしめしました．

派生語

見出し語の派生語についてはすこし小さい活字でしめしました．使い分けは中見出し（ ）で区別しています．

コラム

学習に役立つコラムをたくさんのせました．くわしくは下を見てください．

コラム

日常会話

日本文化の紹介

日本語と英語の発想のちがい

英語圏で通じにくい日本でつくられた英語

英語を使うときの注意

英作文のときのことばの使用上の注意

似通ったことばのちがい

◎ コラム インデックス

● 基本形

あげる
あそぶ 遊ぶ
あたる 当たる
ありがとう
ある¹
あんないする 案内する
いう 言う
いる¹
いる³
いれる 入れる
うつ 打つ,撃つ
うまれる 生まれる
うる 売る
えらぶ 選ぶ
おおう 覆う
おくる² 送る
おくれる 遅れる
おこる²
おしえる 教える
おそれる 恐れる
おどろく 驚く
おぼえている 覚えている
おもう 思う
か³ …か
かう² 買う
かえす 返す
かえる² 変える,換える,替える
かかる
かける³ 掛ける
かす 貸す
かんじる 感じる
きく¹ 聞く
きこえる 聞こえる
きたい¹ 期待
きめる 決める
こたえる¹ 答える
さがす 探す,捜す
させる …させる
さんせい¹ 賛成
したい² …したい
しなさい …しなさい
しゅっぱつ 出発
しょうかい¹ 紹介
しる² 知る,知っている
しんじる 信じる

すごす 過ごす
する¹
すわる
せいこう 成功
たのむ 頼む
つく² 着く
つくる 作る,造る
でした …でした
です …です
てつだう 手伝う
とても
とる 取る,採る,捕る,撮る
なあ …なあ
なおす 治す,直す
なげる 投げる
なる⁴ …になる
なんと²,なんて
に³ …に
のこす 残す
はじめる 始める
はなす¹ 話す
まちがう 間違う,間違える
まつ 待つ
みえる 見える
みせる 見せる
みつける 見つける
みる 見る
もし もし…なら
もってくる 持って来る
もらう
やくそく 約束
やめる
ような (…の)ような[に]
よぶ 呼ぶ
よむ 読む
らしい …らしい

● 日本紹介

うどん
おおみそか 大晦日
おぼん お盆
かぶき 歌舞伎
カラオケ
しちごさん 七五三
じゃんけん
じゅうにし 十二支

しょうがつ 正月
すもう 相撲
せつぶん 節分
そば¹ 蕎麦
たなばた 七夕
たんごのせっく 端午の節句
のう³ 能
ひなまつり 雛祭り

● 注意しよう

いただきます
いってきます
うそ
おかず
かく⁵
かまう
こ² …個
こうしき¹ 硬式
ごちそうさま
サービス
ぜんりゃく 前略
はい³
はな² 鼻

● カタカナ語!

アンダースロー
イメージ
エルサイズ Lサイズ
エルディーケー …LDK
オービー OB
ゴールインする
コンセント
ジュース
スーパー
タレント
でんし 電子
トレーナー
バーゲンセール
ブーム
フライドポテト
フリーダイヤル
フロント
ベスト¹
ヘディング
マスコミ
マニア

マンション
リサイクル
リンス
レジ
ワンピース

●文法・語法
あいづち　相づちを打つ
あに　兄
いく　行く
おもう　思う
かぜ¹　風
ぎちょう　議長
くる　来る
すき³　好きである
すこし　少し
せいと　生徒
だいすき　…が大好きだ
たがい　互い
ちかい³　近い
です　…です
と³　…と
ときどき　時々

●使い分け
あいだ　間
あう²　合う
あし　足
あつめる　集める
ある²　ある…
いう　言う
いえ　家
うえ　上
うたがう　疑う
えらぶ　選ぶ
える　得る
おおきい　大きい, 大きな
おく³　置く
おこる¹　起こる
かしこい　賢い
かぶる
がまん　我慢
かりる　借りる
きえる　消える
きく¹　聞く
ぎろん　議論
くに　国
けしき　景色

こうかん¹　交換
こわす　壊す
した¹　下
したい²　…したい
しめる³　締める, 閉める
しゅうかん¹　習慣
すべて
そだつ　育つ
たかい　高い
つく²　着く
つづける　続ける
なおす　治す, 直す
はなす¹　話す
はやい　早い, 速い
へ　…へ
まで　…まで
まなぶ　学ぶ
みつける　見つける
みる　見る
めずらしい　珍しい
もくてき　目的
やくそく　約束
やめる
らしい　…らしい
りょこう　旅行
わかる
わるい　悪い

●参考
おおそうじ　(家の)大掃除
かい⁵　階
しょくじ　食事
だいがく　大学
ちゅうがく　中学
トイレ
はい³
ばん¹　晩
ホームページ

●会話
あう¹　会う
ある¹
いいえ
いかが
いけない
いつ
いる³
いる⁴　…している

おしえる　教える
かぞく　家族
がっこう　学校
かね¹　金
きにいる　気に入る
きぶん　気分
ぐあい　具合
けっこう¹　結構
こと²　事
さい¹　歳
じ　…時
じゅぎょう　授業
しゅみ　趣味
しんちょう¹　身長
しんねん²　新年
すき³　好きである
すみません
せ　背
だれ
ちがう　違う
どう³
どういたしまして
どうぞ
どこ
なるほど
パスポート
まにあう　間に合う
みち¹　道
めんどう
やあ
ようだい　容体
ようび　曜日
りょうがえ　両替

●イラスト
あいだ　間
あう²　合う
あがる　上がる
あかるい　明るい
あげる
あじ　味
あたたかい　暖かい, 温かい
あつめる　集める
あらい　荒い, 粗い
あわせる　合わせる
いう　言う
いえ　家
いく　行く

いっぱい	さら 皿	のる¹ 乗る
うすい 薄い	した¹ 下	はかる 計る, 測る, 量る
うつ 打つ, 撃つ	しめる³ 締める, 閉める	はやい 早い, 速い
うつす¹ 写す, 映す	しょくじ 食事	ひかる 光る
うら 裏	すう¹ 吸う	ひく¹ 引く
えがく 描く	すごい	ひくい 低い
おおきい 大きい, 大きな	すこし 少し	ひらく 開く
おしえる 教える	すすむ 進む	ひろがる, ひろげる 広がる, 広
おそい 遅い	すべる 滑る	げる
おりる 降りる	すみません	ふくそう 服装
かかる	する¹	ふる² 振る
かげ 陰, 影	せまい 狭い	ぼう 棒
かむ²	そと 外	まあまあ
からだ	たくさん たくさん(の)	まえ 前に
かりる 借りる	ちいさい 小さい	まぜる 混ぜる
かわく	つく² 着く	みがく 磨く
き¹ 木	つける¹ 付ける, 着ける	みる 見る
きく¹ 聞く	つれて¹ 連れて…	やく⁴ 焼く
きつい	でる 出る	やすむ 休む
きゅう⁴ 急な	とぶ 飛ぶ, 跳ぶ	やぶる 破る
きょうしつ 教室	とめる¹ 止める, 留める	ゆれる 揺れる
きる¹ 切る	とる 取る, 採る, 捕る, 撮る	よこ 横
けす 消す	なおす 治す, 直す	よぶ 呼ぶ
こちら	なか¹ 中	れつ 列
サイン	ねる¹ 寝る	わらう 笑う
さからう 逆らう	のこす 残す	わる 割る
さがる 下がる	のばす 伸ばす, 延ばす	
さす¹ 刺す	のむ 飲む	

◎ 基本形まとめ

■ あ

あげる
- A(物)をあげる
  give A
- B(人)に A(物)をあげる
  give B A/ A **to** B

あそぶ
- A(競技など)をして遊ぶ
  play A
- B(子供など)と遊ぶ
  play with B

あたる
- A(人・物)に当たる
  hit/ strike A
- A(人)の B(からだの部分)に当たる
  hit/ strike A **on the** B

ありがとう
- A をありがとう.
  Thank you for A.
  Thanks for A.

ある¹《存在》
- A(物)がある
  A(単数) **is/** A(複数) **are** ~
- A(物)がある
  There is A(単数)~
  There are A(複数)~

あんないする
- A(人)を案内する
  guide A
- A(人)を B(場所)へ案内する
  show A **to** B
- A(人)に B(場所)を案内する
  show A **around** [**into**] B

いう
- A(人)に言う
  say/ speak to A
  tell A
- B(物事)を言う
  say/ tell/ speak B
- A(人)に B(物事)を言う
  say/ speak B **to** A
  tell A B
- 「…」と言う
  say, " ~ "/ say that ~
- A(人)に「…」と言う
  say to A, " ~ "/ **tell** A **that** ~
- A(人)に…しなさいと言う
  tell A **to do**

- A(人)に…してくださいと言う　**ask** A **to do**
- A を B と言う
  call A B

いる¹
- 私は A が要る
  I need/ want A
  A **is necessary for me**

いる³《所在》
- 私は…にいる
  I am ~
- A(人・動物)は…にいる
  A(単数) **is** ~
  A(複数) **are** ~
- A(人・動物)が…にいる
  There is A(単数) ~
  There are A(複数) ~

いれる
- A を B に入れる
  put A **in** [**into**] B

うつ
- A を打つ
  hit A
- A(人)の B(からだの部分)を打つ
  hit A **on the** B

うまれる
- A(年・月・日)に B(場所)で生まれる
  be born in B **in** [**on**] A

うる
- A(品物)を売る
  sell A
- A(品物)を B(人)に C(値段)で売る
  sell B A/ A **to** B **for** C

えらぶ
- A を選ぶ
  choose A
- A(人)を B(議長など)に選ぶ
  elect A B
- A(人)のために B(物)を選ぶ
  choose B **for** A

おくる²
- A(品物)を送る
  send A
- B(人)に A(品物)を送る
  send B A/ A **to** B

おくれる
- A に遅れる
  be late for A

おこる²
- A(人)のことをおこる
  get angry with A
- B(人の言動など)のことをおこる
  get angry at B
- A(人)が…したのをおこる
  get angry with A **for doing**

おしえる
- A を教える
  teach/ tell/ show A
- B(人)に A を教える
  teach/ tell/ show B A
  teach/ tell/ show A **to** B
- B(人)に…のしかたを教える
  teach B (**how**) **to do**
  tell/ show B **how to do**

おそれる
- A を恐れる
  be afraid of A
- …を恐れる
  be afraid that ~
  fear doing/ **to do**/ **that** ~

おどろく
- A に驚く
  be surprised at A
- …して驚く
  be surprised to do
- …なので驚く
  be surprised that ~

おぼえている
- A を覚えている
  remember A
- …したのを覚えている
  remember doing
- …ということを覚えている
  remember (**that**) ~

おもう
- …と思う
  think (**that**) ~
- A のことを思う
  think of A
- A を B だと思う
  regard/ consider A **as** B
  consider A **to be** B

■ か

か³《疑問》
- 君は幸せですか.
  Are you happy?
- 彼女は幸せですか.
  Is she happy?
- 彼女は幸せではありません
  か.
  Isn't she happy?
- 君は私を愛しているか.
  Do you love me?
- 彼は私を愛しているか.
  Does he love me?
- 君は私を愛していないのか.
  Don't you love me?
- 君は泳ぐことができるか.
  Can you swim?
- 君は泳ぐことができないの
  か.
  Can't you swim?
- 彼女はだれですか.
  Who is she?
- 君は何を持っているのです
  か.
  What do you have?
- 君はいつ行くか.
  When will you go?
- だれがそれをするのか.
  Who will do that?

かう²
- A(物)を買う
  buy A
- B(人)に A(物)を買ってやる
  buy B A/ A **for** B

かえす
- A(人)に B(物)を返す
  return/ give back B **to** A
  give B **back to** A
- C(場所)に B(物)を返す
  return B **to** C
  put back B/ B **back to** C
- A(人)に借金を返す
  pay A **back**
- A(人)に B(金額)を返す
  pay A **back** B

かえる²
- A を変える
  change A
- A を B に変える
  change/ turn A **into** B
- A を B に替える
  change A **for** B

かかる
- A(費用)がかかる
  cost A
- B(人)に A(費用)がかかる
  cost B A
- S(仕事など)が A(時間)かか
  る
  S **take** A
- (B(人)が) …するのに A(時
  間)かかる
  It takes (B) A **to do**

かす
- A(人)に B(物·金)を貸す
  lend A B/ B **to** A
- A(人)に B(部屋など)を貸す
  rent B **to** A/ **let** B **to** A

かんじる
- A を[と]感じる
  feel A
- A が…するのを感じる
  feel A **do**
- A が…しているのを感じる
  feel A **doing**
- A(物)が B の感じがする
  A **feel** B
- …と感じる
  feel that ~

きく¹
- A を聞く
  hear/ listen to A
- …ということを聞く
  hear that ~
- A が…するのを聞く
  hear/ listen to A **do**
- A が…しているのを聞く
  hear/ listen to A **doing**
- A を聞く
  ask A
- A のことを聞く
  ask about A
- B(人)に A のことを聞く
  ask B **about** A
- B(人)に A を聞く
  ask B A
- B(人)にいつ[どこで, だれ
  が] …かと聞く
  ask B **when** [**where, who**]
  ~
- B(人)に「…か」と聞く
  ask B, " ~ ?"
  ask B **if** ~

きこえる
- A が聞こえる
  hear A

- A が…するのが聞こえる
  hear A **do**
- A が…しているのが聞こえ
  る
  hear A **doing**

きたい¹
- A を期待する
  expect A
- B に A を期待する
  expect A **of** B
- …することを期待する
  expect to do
- A が…することを期待する
  expect A **to do**/ **that** A ~

きめる
- …することに決める
  decide to do/ **that** ~ /
  on doing
  make up one's **mind to do**
- 何を[どこへ, いつ] …する
  かを決める
  decide what [**where,
  when**] ~ / **to do**

こたえる¹
- A(質問·人)に答える
  answer A
- 「…」と答える
  answer, " ~ "/ **that** ~

■ さ

さがす
- A の中を探す
  search A
- A を探す
  look/ search for A
- B(人·物)を求めて A(場所)
  を探す
  search/ look in A **for** B

させる《使役》
- A(人)に[を] …させる
  make A **do**
- A(人)に[を] …させる
  let A **do**
- A(人)に…させる
  have A **do**/ **get** A **to do**
- A(物)を…させる
  get/ have A ＋過去分詞

さんせい¹
- A(提案·計画など)に賛成する
  agree to A
- A(人·意見)に賛成する
  agree with A

- …することに賛成する
  agree to do
- …ということに賛成する
  agree that ~

したい² 《欲求・願望》
- …したい
  want/ would like/ hope/ wish to do
- A に…してもらいたい
  want/ would like/ wish A to do

しゅっぱつ
- A を出発する
  start from/ leave A
- B へ向かって出発する
  start/ leave for B
- A を出発して B へ向かう
  start from/ leave A for B

しょうかい¹
- A を紹介する
  introduce A
- A を B に紹介する
  introduce A to B

しる²
- A を知っている
  know A
- A について知っている
  know about [of] A
- …ということを知っている
  know (that) ~
- いつ…かを知っている
  know when ~
- どこ…かを知っている
  know where ~
- 何…かを知っている
  know what ~
- なぜ…かを知っている
  know why ~

しんじる
- A(人のことばなど)を信じる
  believe A
- B(価値など)を信じる
  believe in B
- …ということを信じる
  believe that ~

すごす
- A(時)を過ごす
  spend/ pass A
- …をして A(時)を過ごす
  spend/ pass A doing

する¹
- A(人・物)を B にする
  make A B

すわる
- A にすわる
  sit on [in] A
- A に向かってすわる
  sit at A
- すわって…している
  sit doing

せいこう
- …に成功する
  succeed in ~
  be successful in ~

■ た

たのむ
- A を[に]頼む
  ask A
- (A に)B をくれと頼む
  ask (A) for B
- A に…してくれと頼む
  ask A to do

つく²
- A に着く
  arrive at [in] A
  reach/ get to A

つくる
- A(物)を作る
  make A
- B(人)に A(物)を作ってあげる
  make B A/ A for B
- C(材料)で[から]A(物)をつくる
  make A from C
  make A (out) of C

でした《過去》
- 彼は先生でした.
  He was a teacher.
- 彼は先生でしたか.
  Was he a teacher?
- 彼は先生ではありませんでした.
  He wasn't a teacher.
- 彼は先生ではなかったのですか.
  Wasn't he a teacher?

です《現在》
- 彼女は幸せです.
  She is happy.

- 彼女は幸せですか.
  Is she happy?
- 彼女は幸せではありません.
  She isn't happy.
- 彼女は幸せではありませんか.
  Isn't she happy?
- 彼女はそれ以来ずっと幸せです.
  She has been happy since then.

てつだう
- A(人・事)を手伝う
  help A
- A(人)の B(事)を手伝う
  help A with B
- A(人)が…するのを手伝う
  help A (to) do

とる
- A(物)を B(人)に取ってやる
  hand B A/ A to B
  pass B A/ A to B
  reach A for B/ B A

■ な

なあ
- (今) …であればいいのになあ
  I wish ＋主語＋過去形
- (あの時) …であったらよかったのになあ
  I wish ＋主語＋had＋過去分詞

なおす
- A(人・病気)を治す
  cure A
- A(人)の B(病気)を治す
  cure A of B

なげる
- A を投げる
  throw A
- B を目がけて A を投げる
  throw A at B
- B に A を投げる
  throw B A/ A to B

なる⁴《変化》
- A になる
  turn A
- B になる
  turn/ change into [to] B

なんと², なんて《驚き》
- **What**（＋形容詞）＋名詞（＋主語＋動詞）!
- **How** ＋形容詞・副詞（＋主語＋動詞）!

のこす
- A を残す
  leave A
- A を B に残す
  leave B A/ A to B

■ は

はじめる
- A を始める
  begin/ start A
- …し始める
  begin/ start to do
  begin/ start doing

はなす¹
- A（人）に話す
  speak/ talk to A
  tell A
- B（事）を話す
  speak/ tell B
- A（人）に B（事）のことを話す
  speak/ talk/ tell A about B
- A（人）に B（事）を話す
  speak B to A
  tell A B/ B to A
- A（人）に…だと話す
  tell A that ～

■ ま

まちがう
- A を間違う
  mistake A
- A を B と間違う
  mistake A for B

まつ
- A を待つ
  wait for A
- A が…するのを待つ
  wait for A to do

みえる
- A が見える
  see A/ A **is seen.**
- A が…するのが見える
  see A do
- A が…しているのが見える
  see A doing

みせる
- A（物）を見せる
  show A
- B（人）に A（物）を見せる
  show B A/ A to B

みつける
- A を見つける
  find A
- B（人）に A（物）を見つけてやる
  find B A/ A for B

みる
- A を見る
  see/ look at/ watch A
- A が…するのを見る
  see/ look at/ watch A do
- A が…しているのを見る
  see/ look at/ watch A doing

もし, もし…なら《仮定》
- もし…すれば…だろう
  If ＋主語＋動詞の現在形, 主語 ＋ **will** do（または動詞の現在形）
- もし万一…すれば…だろう
  If ＋主語＋ **should** do, 主語＋ **will**［**would**］do
- もし…なら［だとすれば］, …するのだが
  If ＋主語＋動詞の過去形, 主語 ＋ **would**［**should, could**］do
- もしも…だったなら…しただろうに
  If ＋主語＋ **had** ＋過去分詞, 主語＋ **would**［**should, could**］**have** ＋過去分詞

もってくる
- A を持って来る
  bring A
- A を B（人）に持って来る
  bring B A/ A to［**for**］B
- A を B（場所）に持って来る
  bring A to B

もらう《使役》
- A（人）に…してもらう
  get A to do/ **have** A do
- A（人）に…してもらいたい
  want/ would like A to do
- A（物・事）を…してもらう
  get/ have A ＋過去分詞
- A（物・事）を…してもらいたい　**want** A ＋過去分詞

■ や

やくそく
- A を（あげると）約束する
  promise A
- B（人）に A を（あげると）約束する
  promise B A/ A to B
- …すると約束する
  promise to do/（**that**）～
- B（人）に…すると約束する
  promise B（**that**）～

やめる
- A をやめる
  stop A
- …するのをやめる
  stop doing

ような, …のような
- A は B のようだ［ようにみえる］
  A **seem/ look/ appear**（**to be**）B
  A **look like** B
- A は…するようだ
  A **seem to** do
  It seems（**that**）A ＋動詞の現在形
- A は…したようだ
  A **seem to have** ＋過去分詞
  It seems（**that**）A ＋動詞の過去形
  A ＋ **have** ＋過去分詞

よぶ
- A を呼ぶ
  call A
- A を B と呼ぶ
  call A B

よむ
- A を読む
  read A
- B（人）に A を読んでやる
  read B A/ A to B

あ ア

あ, あっ Oh; Oh dear! /ディア/, Dear me!, My Goodness! /グドネス/, Oh, no!; (注意をひく場合) Look!
- あ, そうか Oh, I see.
- あっ, 本をうちに置いてきた
Oh dear, I have left my book at home.
- あっ, 戸田がいるよ Look! There's Toda.

ああ (悲しみ・驚き) ah; oh
- ああ, 悲しい Ah, I'm so sad!
- ああ, うれしい Oh, I'm so glad!
- ああ, 痛い Oh, it's so painful! / Oh, it hurts!
- ああ, 君でしたか Oh, is it you?

ああいう →あの (→あのような)

アーケード an arcade /アーケイド/

アーチ an arch

アーチェリー archery

アーティスティックスイミング 《スポーツ》artistic swimming /アーティスティク スウィミンぐ/
→ かつてはシンクロナイズドスイミングと呼ばれていた水泳競技

アーティスト (一般に芸術家) an artist; (音楽家) a musician /ミューズィシャン/, (舞踊家) a dancer, (画家) a painter /ペインタ/

アート →げいじゅつ

アーモンド 《植物》an almond /アーモンド/

アール (面積) an are /アー/

あい 愛, 愛情

➤ love /らヴ/ →あいする

愛(情)のこもった loving /らヴィんぐ/
- 子供たちに対する母の愛 mother's love for her children
- …に愛情を感じる feel love for [toward] ~
- …に愛を告白する confess *one's* love to ~
- 愛情のこもったまなざし a loving glance

あいかぎ 合いかぎ a duplicate key /デュープリケト/, a spare key /スペア/

あいかわらず 相変わらず as usual /ユージュアる/, as ~ as ever /エヴァ/; (いまだに) still
- 彼は相変わらず学校に遅刻した
He was late for school as usual.
- 彼は相変わらず一生懸命働いていた
He was working as hard as ever.

あいきょう あいきょうのある lovable /らヴァブる/; engaging /インゲイヂンぐ/, (friendly and) charming /チャーミンぐ/

あいけん 愛犬 a pet dog

あいこ あいこで (貸し借りなしで) quits /クウィッ/; (仕返しして) even /イーヴン/
- これであいこだ We are quits [even] now.

あいこく 愛国(心) patriotism /ペイトリオティズム/
- 愛国者 a patriot

あいことば 合い言葉 a password /パスワ~ド/; (標語) a slogan
- 合言葉は何だ Give me the password!

アイコン an icon

あいさつ

➤ a greeting /グリーティンぐ/

あいさつする greet
- あいさつのことば greetings
- クリスマスのあいさつ Christmas greetings
- 誕生日のあいさつ birthday greetings
- 「おはよう」とあいさつする say "Good morning!"
- 別れのあいさつをする say good-bye
- 彼女は手を振って私にあいさつした
She greeted me by waving her hand.

アイシーティー ICT → information and communication technology の略

あいしょう[1] 愛称 a pet name; a nickname /ニクネイム/

あいしょう[2] 相性がいい get along well
- 私と彼とは相性がいい I get along well with him. / He and I get along well.

あいじょう 愛情 →あい

あいず 合図 (手まね・身振りなどでする) a sign /サイン/, a motion /モウション/; (信号) a signal /スィグヌる/

合図をする make a sign [a signal]; motion
- スタートの合図をする give a signal to start
- 彼は私に出て行くように合図した
He made [gave] a sign for me to go out. / He motioned me to go out.

アイス(キャンディー) 《米》《商標》a Popsicle /パプスィクる/, 《英》a lollipop /らりポプ/

アイスクリーム (an) ice cream

アイスコーヒー iced coffee /アイスト/

アイススケート ice-skating

アイススケートをする ice-skate
アイスティー iced tea /アイスト/
アイスホッケー ice hockey /ハキ/
アイスランド Iceland /アイスランド/

あいする 愛する，愛している

➤ **love**
・われわれは自然を愛する We love nature.
・私はあなたを愛している I love you. →×I am loving you. と進行形にしない
・彼らはおたがいに愛しあっている
They love each other. / They are in love (with each other). → 後ろの文の love は名詞(愛)
・彼女はとても音楽を愛している
She loves music very much.
・彼女はだれからも愛されている → 受け身形
She is loved by everybody.
・日本人は平和を愛する国民です
The Japanese are a peace-loving people.

あいそ あいそのよい **friendly** /ふレンドリ/, **pleasant** /プれズント/, **sociable** /ソウシャぶル/, **affable** /アふァブル/, **amiable** /エイミアブル/
あいそよく **pleasantly**, **sociably**, **affably**, **amiably**
あいその悪い **unfriendly**, **unpleasant**, **unsociable**; (もてなしが悪い) **inhospitable** /インハスピタブル/
・あいそのよい女の子 an amiable girl
・…にあいそをつかす be disgusted with ~
・彼らはあいそよく私を迎えてくれた
They gave me a friendly welcome.

あいだ 間

❶ (期間) **for**; **during**
❷ (二つの間) **between**; (三つ以上の間) **among**

❶ (…の期間) **for**; (期間中に) **during** /デュアリング/; (…している間に) **while** /(ホ)ワイる/

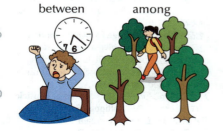
between   among

・長い間 for a long time

・1週間[1 マイル]の間 for a week [a mile]
・夏休みの間に during the summer vacation
・私が名古屋にいる間に during my stay in Nagoya / while I am in Nagoya
❷ (二つの間) **between** /ビトウィーン/; (三つ以上の間) **among** /アマンぐ/
・6時から7時の間に起きる get up between six and seven
・木々の間を歩き回る walk among the trees
・私は食事と食事の間にはなにも食べない
I don't eat between meals.

使い分け

during は休暇など「特定の時期・期間」を表す時に用い, **for** は「期間の長さ」を表す時に, **while** は「何かをしている・何かが起きている間」を表す時に用いる

あいづち 相づちを打つ（うなずく）**nod** (to ~, at ~); (ことばで) **chime in** /チャイム/
・「なるほど」と彼は相づちを打った
"I see," he chimed in [he said].

文法・語法

相づちの表現には次のようなものがある
なるほど **I see.**
ほんと? **Really?** / **Are [Were] you?**
・I'm sick. —Oh, are you?
Do [Did] you?
・I saw him there. —Did you?
うっそ **No kidding.**
かわいそ **That's bad.**
すごーい **Wow!**

あいて 相手

➤ (勝負などの) an **opponent** /オポウネント/
➤ (競争相手) a **rival** /ライヴァる/
➤ (相棒) a **partner** /パートナ/; (仲間としての) a **companion** /コンパニョン/

相手になる (ゲーム・スポーツなどで) **play** /プれイ/; (匹敵(ひってき)する) **match** /マチ/, **rival**
・遊び相手 a playmate
・彼には相談相手がいない
He has no one to consult with.
・彼は話し相手をほしがっている He wants to have someone to talk to [with].
・ぼくがテニスの相手をしてあげよう
I'll play tennis with you.
・相撲で彼の相手になる者はこのクラスにはいない
No one in this class matches him in sumo.
・彼らは相手の気持ちになれない
They are unable to share others' feelings. /

ひゆ They can't put themselves into others' shoes. (相手の靴をはいてみることができない)

アイディア an **idea** /アイディーア/
・アイディアが浮かぶ have an idea
・それはいいアイディアだ That's a good idea.
・彼はアイディアが豊富だ He is full of ideas.

アイティー IT → information technology (情報工学)の略
・私の兄は IT 関係の会社に勤めている
My brother works for an IT business firm.

あいている
❶ (開いて) **open**; (からの) **empty** /エンプティ/, **vacant** /ヴェイカント/; (占有されていない) **unoccupied** /アナキュパイド/ → あく²
・あいている戸 an open door
・あいている部屋 an unoccupied [empty] room / (ホテルなどで予約されていない) a vacant room, a room available
・この座席はあいていますか
Is this seat taken? / Is someone [anyone] sitting here?
🗨会話 この辞書はあいていますか (→辞書を使っていますか). —ええ, あいています
Are you using this dictionary? —No, I am not.
❷ (暇(ひま)で) **free** /ふリー/
・私は金曜日の午後はたいていあいています
I am usually free on Friday afternoons.

あいどく 愛読する **read** (a book) **with interest** /ウィず インタレスト/, **be an admirer of ~** /アドマイアラ/
・愛読書 one's favorite book
・推理小説の愛読者 a lover of detective stories

アイドリングストップ a **stop-start** [**start-stop**] **system**
・アイドリングストップをする stop idling [the engine] (when the car is not running) →「アイドリングストップ」は和製英語. idling stop は「停止中もアイドリングしている」という正反対の意味にとられることもある

アイドル an **idol**

あいにく (運悪く) **unfortunately** /アンふォーチュネトリ/; (申し訳ないが) **I am sorry** /サリ/; (がっかりしたことに) **to** *one's* **disappointment** /ディサポイントメント/
・あいにく雨が降りだした
Unfortunately it began to rain.
・あいにくですが太郎は留守です
I'm sorry, but Taro is not at home.

アイヌ (人) an **Ainu** /アイヌー/

あいま 合間 an **interval** /インタヴァる/
・3時間の合間をおいて at intervals of three hours
・君の勉強の合間に when you are not studying / between your studies

あいまいな **vague** /ヴェイグ/
・あいまいな返事 a vague answer
・彼の返事はとてもあいまいだった
His answer was very vague.

あいよう 愛用の **favorite** /ふェイヴァリト/
・彼の愛用のバット his favorite bat

あいらしい 愛らしい **lovely** /らヴリ/, **pretty** /プリティ/, **charming** /チャーミング/, **attractive** /アトラクティヴ/, **cute** /キュート/

アイルランド **Ireland** /アイアらンド/
・アイルランドの Irish
・アイルランド人 (男性) an Irishman (複 -men); (女性) an Irishwoman (複 -women); (すべての人) the Irish → the は省略不可

アイロン an **iron** /アイアン/
アイロンをかける **press**, **iron**
・ワイシャツにアイロンをかける press [iron] a shirt → press のほうがふつう
・アイロン台 an ironing board
・スチームアイロン a steam iron

あう¹ 会う

❶ (人に) **meet**, **see**
❷ (事故に) **meet with**

❶ (人に) **meet** /ミート/, **see** → であう; (会合する) **get together with** /トゥゲざ/
・彼に会う meet him / see him
・彼によく[時々]会う often [sometimes] see him
・3時に図書館で彼と会う 「図書館で(場所)+3時に(時間)」の順で言う meet him in the library at three
・私は駅のホームで森先生によく会う I often see Mr. Mori on the station platform.
・私はバスで洋子に会った
I met Yoko on the bus.
・30分たらまたここで会おう
Let's meet here again in half an hour.

 会話

君はこのごろ佐藤さんによく会いますか
—いいえ, 全然会いません
Do you often **see** Mr. Sato these days?
—No, I don't **see** him at all.

あう

会話 あそこにいるあの男の人に会ったことがありますか. —いいえ, ありません[ええ, 一度会ったことがあります] → 現在完了
Have you ever seen that man over there?
—No, I've never seen him before. [Yes, I have seen him once.]

・私は長い間[先週の土曜日から]彼に会っていない → 現在完了
I haven't seen him for a long time [since last Saturday].

・私はあなたに会えてうれしい
(初対面のあいさつ) I'm glad to meet you. / (知り合いどうし) I'm glad to see you.

・私はあなたに会えてよかった
(初対面の人と話をしたあとで別れる時に) Nice meeting you. / (久しぶりに知り合いの人と話をしたあとで別れる時に) Nice seeing you.

・この前の日曜日に数人のクラスメートと会った I got together with a few classmates last Sunday.

❷ (事故に) **meet with** /ミート/, **have**; (夕立などに) **be caught** (in 〜) /コート/ (受け身形); (経験する) **have, experience** /イクスピアリエンス/

・彼は職場へ行く途中で交通事故にあった
On his way to work, he had [met with] a traffic accident.

・私たちは学校からの帰りに夕立にあった
We were caught in a shower on our way home from school.

・ぼくたちは山で道に迷ってひどいめにあった
We were lost in the mountains and had an awful [a terrible] experience.

・私たちの祖父母は戦争中はつらいめにあったそうだ
We hear that our grandparents had [experienced] a hard time during the war.

あう² 合う

➤ (寸法など) **fit**
➤ (調和する) **suit** /スート/, **match** /マチ/, **go with** → にあう, つりあう
➤ (意見が) **agree** /アグリー/
➤ (時計・答えが) **be right** /ライト/, **be correct** /コレクト/

・この靴は君の足に合うでしょう
These shoes will fit (your feet).

・この帽子は君には合わない
This hat does not suit you.

・この帽子はこのドレスに合いますか
Does this hat go with [match] this dress?

・私たちはいつも意見が合いますね We always agree with each other, don't we?

・あの時計は合っていますか
Is that the correct time?

・彼はクラスメートとまったく性格が合わない
He does not feel comfortable in class because he is quite different from his classmates in character. / ひゆ He is a square peg (in a round hole) in the class. (丸い穴に四角い杭 ⟨くい⟩)

fit
suit
agree with

使い分け

fit は大きさや型が「合う」時に, **match** と **go with** はものとものが「つり合う・似合う」時に, **suit** は色や柄が人に「似合う」時に使う

アウター (上着) **outerwear** /アウターウェア/
・一着の上着 a piece of outerwear → 数えられない名詞

アウト (球技などで) **out**

アウトドア **outdoor**
・アウトドアスポーツ outdoor sports

アウトプット **output**

アウトレット (店) an **outlet** (store) /(ストー)/, (ショッピングモール) an **outlet mall** /モール/

あえん 亜鉛 **zinc** /ズィンク/
・亜鉛メッキ鋼板 a galvanized steel sheet

あお 青(い)

➤ **blue**; (緑(の)) **green**
➤ (顔色が) **pale** /ペイル/

・青空 the blue sky
・青葉 green leaves
・青信号 a green light
・青い顔 a pale face
・空は見渡す限りの青空だ

The sky is blue all over.
- 彼は青い顔をしている He looks pale.
- その知らせを聞いて彼は青くなった
He turned pale at the news.

あおぐ (うちわで) **fan** → うちわ
- 火をあおぐ fan a fire

あおじろい 青白い **pale** /ペイㇽ/

あおむけに **on** *one's* **back**
- あおむけに寝る lie on *one's* back
- あおむけに倒れる fall on *one's* back

あか¹ 赤(い)

➤ **red**
- 赤くなる turn red; (恥(は)じて) blush /ブらシュ/
- 赤信号 a red light
- モミジの葉は秋に赤くなる
Maple leaves turn red in fall.
- 彼は顔を赤くしておこった
He turned red with anger.
- 彼は恥ずかしくて顔を赤くした
He blushed for [with] shame.

あか² 垢 **dirt** /ダ～ㇳ/
- あかだらけの dirty

あかじ 赤字 (状態) **the red**; (損失) **a loss**; (不足額) **a deficit** /デふィスィㇳ/
- 赤字である be in the red
- 報告書によれば5万円の赤字だった The report showed a loss [a deficit] of ¥50,000.

あかす 明かす (夜を) **spend**; (秘密を) **let out**; (本心を) **reveal** *one's* **mind** /リヴィ―ㇽ マインド/
- 戸外で一夜を明かす spend the night in the open air / stay outdoors all night
- 彼に秘密を明かす let out a secret to him

あかちゃん 赤ちゃん **a baby** /ベイビィ/ (複 babies)
- 男[女]の赤ちゃん a baby boy [girl]

アカデミー アカデミー賞 **an Academy Award** /アウォ―ㇰ/

あかり 明かり **a light** /ライㇳ/
- 明かりをつける[消す] turn on [off] the light
- 部屋に明かりをつける light the room

あがる 上がる

❶ (のぼる) **go up**
❷ (物価などが) **go up**, **rise**
❸ (進歩する) **make progress**, **improve**
❹ (興奮する) **get nervous**
❺ (学校に) **enter**

❶ (のぼる) **go up**
- 丘[階段]を上がる go up the hill [the steps]
- 丘[屋上]へ上がる go up on the hill [to the roof]
- (2階の)自分の部屋へ上がる go up to *one's* room
- 2階へ上がる go upstairs
- 私たちはデパートの屋上に上がった We went up to the roof of the department store.
- たこは強い風にのってぐんぐん上がっていく → 現在進行形 The kite is going up higher and higher on [with, in] the strong wind.
- 空に大きなたこが上がっている
There is a large kite up in the sky.
- うちの2階に上がると (→2階の部屋からは)富士山がよく見えます We can see Mt. Fuji well from our upstairs room.
- どうぞお上がりください
Please come (on) in.

❷ (物価・気温などが) **go up**, **rise**; (料金・給料などが) **be raised** /レイズㇳ/ (受け身形) → 料金・給料・税金など, ある機関で決定されて「上がる」時は受け身形をれいる
- 物価が上がってきている → 現在進行形
Prices are going up [rising].
- きょうは気温が30度まで上がった The temperature today rose to 30℃ (読み方: thirty degrees centigrade).
- 9月から運賃が上がる → 未来の受け身形 Fares will be raised from September.

❸ (進歩する) **make progress** /プラグレス/, **improve** /インプルーヴ/
- 学校の成績が上がる improve *one's* school record / get better grades (at school)
- 私は英語の成績が上がった → 現在完了
I've got a better (school) grade in English. / My grade in English has improved.
- 彼女はテニスの腕前(うでまえ)がずいぶん上がった She has made great progress in tennis.

- 「一生懸命勉強すればきっと成績が上がるよ」と先生がおっしゃった

あかるい　6　six

The teacher said, "If you work hard, your school record [grades] will surely improve."
❹ (興奮する) **get nervous** /ナ〜ヴァス/; (舞台などで) **get stage fright** /ステイヂ ふライト/
・入学試験であがってしまいそうだ ➔「…しそうだ (→ …することを恐れる)」は I am afraid
I'm afraid I'll get nervous during the entrance examination.
・観衆の前に出ると私はあがってしまう
I get stage fright before an audience [when I face an audience].
❺ (学校に) **enter** /エンタ/
・学校に上がる　enter a school
・学校に上がっている　be in school
・私の弟はまだ学校に上がっていない
My little brother is not yet in school.

あかるい　明るい

➤ **light** /らイト/
➤ (きらきら) **bright** /ブライト/
➤ (陽気な) **cheerful** /チアふる/
明るく　**brightly**
明るくする, 明るくなる　**brighten (up), lighten, light up**
・明るい部屋　a light room
・明るい朝　a bright morning
・明るいうちに (→暗くなる前に)　before dark
・外はまだ明るい　It is still light outside.
・メアリーはいつも明るい
Mary is always cheerful.
・その花があるので部屋が明るくみえる
The room looks cheerful with the flowers.
・その手紙を読むと, 彼女の顔は明るくなった
Her face lighted [lit] up when she read the letter.

明るさ　**brightness** /ブライトネス/
・画像の明るさを調整する　adjust the brightness of the image
あかんぼう　赤ん坊 ➔ あかちゃん

あき¹　秋

➤ 《米》**fall** /ふォーる/, 《英》**autumn** /オータム/
・秋には　in fall [autumn]
・今年の[去年の, 来年の]秋(に)　this [last, next] fall
・2017年の秋に　in the fall of 2017 (読み方: twenty seventeen)
・秋晴れの日に　on a fine fall day

あき² (空間) **space** /スペイス/; (余地) **room**
あき…　**vacant** /ヴェイカント/; **empty** /エンプティ/
・空き地　a vacant lot [plot]
・空き缶　an empty can
・空きびん　an empty bottle / an empty (複 empties)
・空き家　an empty [a vacant] house

あきらか　明らかな

➤ **clear** /クリア/, **plain** /プれイン/
明らかに　**clearly, plainly**
・明らかな事実　a plain fact
・彼がそれをしたことは明らかだ
It is clear [plain] that he did it.
あきらめる　**give up**
・その計画をあきらめる　give up the plan
・その問題を(解けないと)あきらめる　give up the problem
・あきらめる (→希望を捨てる)にはまだ早い
It is too early to give up hope.
ことわざ あきらめが肝心　For a lost thing, care not. (なくした物は気にするな)

あきる　飽きる

➤ (飽きてくる) **get tired** (of 〜) /タイアド/, **get fed up** (with 〜) /ふェド/
➤ (飽きている) **be tired** (of 〜), **be fed up** (with 〜)
飽きさせる　**tire, bore** /ボー/
・読書に飽きる　get tired of reading books
・彼の話は長くておもしろくないので私たちは飽きてしまった　As his speech was long and uninteresting, we got tired of it. / (彼の長くおもしろくない話が私たちを飽きさせた) His long uninteresting speech tired [bored] us.
アキレスけん　アキレス腱　**Achilles tendon** /アキリーズ テンドン/; (弱点) **one's Achilles heel**
あきれる (驚く) **be amazed** /アメイズド/; (いやになる) **be disgusted** /ディスガステド/
・彼の不誠実には[彼には]あきれた　I am disgusted

at his dishonesty [with him].

あく¹ 悪 **evil** /イーヴる/; (悪徳) a **vice** /ヴァイス/

あく²

❶ (店・ドアなどが開く) **open**
❷ (ひまである) **be free**

❶ (店・ドアなどが開く) **open**
•たいていの店は9時にあく
Most stores open at nine o'clock.
•そのドアはあきません. かぎがかかっています　The door won't open. It is locked.
❷ (ひまである) **be free** /ふリー/, **be available** /アヴェイらブる/
•こんどの日曜日, あいてますか
Are you free [available] next Sunday?
❸ (場所が) **become empty** /エンプティ/, **become vacant** /ヴェイカント/
•この席はあきますか
Will this seat become vacant?
❹ (使わなくなる) **have done with** /ダン/, **be through with** /すルー/

アクアラング 《商標》 **Aqua-Lung** /アークワ らング/; a **scuba set** /スクーバ セト/

あくい 悪意 **ill will**
•私はそれを悪意からしたのではない
I didn't do it from ill will.

あくじ 悪事 (an) **evil** /イーヴる/, (a) **wrong** /ローング/; (犯罪) a **crime** /クライム/
•悪事を働く　do evil [wrong]

あくしゅ 握手 a **handshake** /ハンドシェイク/
握手する　**shake hands**
•私は彼と握手した　I shook hands with him.
•握手して仲良くしよう
Let's shake hands and be friends.

あくしゅう 悪臭 a **bad smell**
•悪臭を放つ　stink / give out a bad smell

あくじゅんかん 悪循環 a **vicious circle** /ヴィシャス サ〜クる/
•日本経済は悪循環におちいっている　The Japanese economy is caught in a vicious circle.

アクセサリー an **accessory** /アクセソリ/

アクセシビリティ **accessibility** /アクセスィビリティ/

アクセスする **access** /アクセス/, (ウェブサイトに) **visit** /ヴィズィト/
•彼女のサイトにアクセスする　access [visit] her website → サイト, ホームページ

アクセル 《米》a **gas pedal** /ギャス ペdrる/, 《英》an **accelerator pedal** /アクセらレイター/
•アクセルを踏む　step on the gas

アクセント an **accent** /アクセント/
•第1音節にアクセントをおく　put the accent on the first syllable

あくにん 悪人 a **bad** [**wicked**] **person** /ウィキド/

あくび a **yawn** /ヨーン/
あくびをする　**yawn**

あくま 悪魔 a **devil** /デヴる/

あくむ 悪夢 a **nightmare** /ナイトメア/
•悪夢を見る　have a nightmare

あくめい 悪名 a **bad reputation** /レピュテイション/
•…で悪名が高い　be notorious for ～ / have a bad name for ～

あくやく 悪役 a **villain** /ヴィらン/
•悪役を演じる　play the villain

あくゆう 悪友 a **bad companion** /コンパニョン/; (集合的に) **bad company** /カンパニ/
•悪友と付き合うな　Avoid bad company. / Keep away from bad company.

あくよう …を悪用する　**use ～ for** a **bad purpose** /パ〜パス/

あぐら あぐらをかく　**sit cross-legged** /クロースれグド/

アクロバット 《曲芸》 **acrobatics** /アクロバティクス/; (かるわざ師) an **acrobat** /アクロバト/

あげあし 揚げ足をとる　**find fault with** /ふォーる/

あけのみょうじょう 明けの明星 **the Morning Star**

あける¹

❶ (窓などを) **open**
❷ (場所を) **make room**
❸ (時間を) **spare**
❹ (からにする) **empty**

❶ (窓などを) **open**
•窓[箱]をあける　open a window [a box]
•口を大きくあける　open one's mouth wide
•目を大きくあけて　with one's eyes wide open → この open は形容詞(あいている)
•戸をあけておく　keep a door open → この open も形容詞
•本の10ページをあけなさい
Open your book(s) to page 10.
•窓をあけてくれませんか
Will you open the window?
•クラス会のためにその日をあけておかなければならない　I must keep the day open for the class party [reunion].

あける

❷ (場所を) **make room**; (道を) **make way** /ウェイ/; (穴を) → あな

・私は立っておばあさんに席をあけた
I got [stood] up and made room for an old woman.

・もう一人ぶんあけられませんか Can't you make room for one more person?

・パレードが来るから道をあけてください
Make way for the parade.

❸ (時間をさく) **spare** /スペア/

・私のために2, 3分あけられますか
Can you spare me a few minutes? /
Can you spare a few minutes for me?

❹ (からにする) **empty** /エンプティ/

・バケツの水をあける empty the water from [out of] a bucket / empty a bucket of (its) water

・グラスをあける empty a glass

・私はやかんのお湯を洗面器にあけた
I emptied the hot water from the kettle into the basin.

あける² 明ける (夜が) **dawn** /ドーン/, **break** /ブレイク/; (年が) **begin** /ビギン/; (つゆが) → つゆ²

・5時ごろには夜が明ける. → 主語は「夜」でなく「日」または it にする It [(The) Day] dawns around five in the morning.

・夜が明けてきた. → 現在進行形
The day is dawning [breaking]. /
The sun is rising.

・年が明ける The new year begins.

・明けましておめでとうございます
Happy New Year!

あげる

❶ (手・値段などを) **raise**
❷ (与える) **give**
❸ (旗などを) **put up**
❹ (式を) **hold**
❺ (学校へ) **send ~ to school**
❻ (油で揚げる) **deep-fry**
❼ (…してあげる)「…(のため)に…する」のようにいう

❶ (手・値段などを) **raise** /レイズ/; (程度を) **raise**, **improve** /インプルーヴ/ → あがる ❸; (引き上げる) **pull up**

・値段を上げる raise prices

・砂ぼこりを上げる raise a cloud of dust

・ぼくの誕生日に母は小遣(こづかい)いを上げてくれた On my birthday, Mother raised my allowance.

・発言したい時は手を上げてください Please raise your hand when you want to speak.

・彼は大工の腕前(うでまえ)をあげた
He has improved his skills as a carpenter.

・靴下を上にあげなさい(ずり落ちていますよ)
Pull your socks up. → 《英話》「気を引き締めて頑張れ」の意味にもなる

❷ (与える) **give** → あたえる

基本形	A (物)をあげる
	give A
	B (人)に A (物)をあげる
	give B A
	give A **to** B

・私は彼に誕生日のプレゼントをあげた
I gave him a birthday present. /
I gave a birthday present to him.

・その本はとてもおもしろいから君に(それを)あげよう
The book is very interesting, so I'll give it to you. → 目的語が it や them の時は ×give *you it* [*them*] としない

・これを弟さんにあげてください Please give this to your brother. / This is for your brother.

・彼は来るよ、来なかったら1ドルあげる(→私は彼が来ることに君を相手に1ドルかける)
I bet you a dollar (that) he will come.

give / raise

❸ (旗などを) **put up**, **raise**, **hoist** /ホイスト/; (たこを) **fly** /ふライ/

・旗を揚(あ)げる put up [raise, hoist] a flag
・たこを揚げる fly a kite

❹ (式を) **hold** /ホウるド/; (例を) **give**

・例を挙げる give an example

・彼らは今年の秋に結婚式を挙げる予定です
They are going to hold their wedding this fall.

❺ (学校へ) **send ~ to school**

・娘を大学へ上げる send *one's* daughter to college

❻ (油で揚げる) **deep-fry** /ディープふライ/

•魚[ジャガイモ]を揚げる　deep-fry fish［potatoes］

❼（…してあげる）「「…(のため)に…する」のようにいう → くれる² ❷

•私は妹に手袋を編んであげた
I knitted gloves for my little sister.

•君にいい辞書を買ってあげよう
I'll buy you a good dictionary. /
I'll buy a good dictionary for you.

•君に電話するように彼に言ってあげようか
Shall I tell him to call you up?

•妹にはやさしくしてあげなさい
Be kind to your little sister(s).

あご a **jaw** /**ヂョ**ー/; (あご先) a **chin** /**チ**ン/
•上[下]あご　the upper［lower］jaw
•あごひげ　a beard → ひげ

アコーディオン an **accordion** /アコー**ディ**オン/
•アコーディオンをひく　play the accordion

あこがれる long for; (崇拝(すうはい)する) **adore** /ア**ド**ー/; (尊敬する) **admire** /アド**マイ**ア/
あこがれ (崇拝) **adoration** /アドレイ**ション**/; (称賛) **admiration** /アドミ**レイ**ション/
•彼はクラスのみんなのあこがれの的です
He is admired by everybody in our class.

あさ 朝

➤ a **morning**
•朝早く　early in the morning
•朝6時に　at six in the morning
•6月1日の朝に　on the morning of June 1 (読み方: June first)
•月曜日の朝に　on Monday morning
•クリスマスの朝に　on Christmas morning
•きのう[あした]の朝　yesterday［tomorrow］morning
•朝から晩まで働く　work from morning till night

あざ (生まれながらの) a **birthmark** /**バ**～ずマーク/; (打ち傷の) a **bruise** /**ブルー**ズ/

あさい 浅い

➤ (川などが) **shallow** /**シャ**ロウ/
➤ (傷が) **slight** /**ス**ライト/, **not serious** /**スィ**アリアス/
➤ (知識・考えが) **superficial** /スーパ**ふィ**シャる/, **shallow**
•浅い小川　a shallow stream
•それについては私はほんの浅い知識しかありません
I have only a superficial knowledge of it. /
My knowledge of it is quite superficial.

•彼は経験が浅い (→経験を欠く)
He lacks experience.

アサガオ 朝顔 《植物》a **morning glory** /**グ**ローリ/

あさごはん 朝御飯 **breakfast** /**ブレ**クふァスト/
•朝御飯の用意をする[を作る]　prepare breakfast / get breakfast ready
•朝御飯を食べる　have breakfast
•朝御飯ができました　Breakfast is ready.
•散歩から戻ってみるとみんな朝御飯を食べていた
When I returned from my walk, all were at breakfast.

あさせ 浅瀬 **shallows** /**シャ**ろウズ/

あさって the day after tomorrow

あさねぼう 朝寝坊 (人) a **late riser** /**れイ**ト **ライ**ザ/
朝寝坊する get up late in the morning
•彼は朝寝坊だ　He is a late riser. / He always gets up late in the morning.

あさひ 朝日 **the morning sun**

アザミ 薊 《植物》a **thistle** /**すィ**スる/

あさめしまえ 朝飯前 an **easy job** /**イー**ズィ **ヂャ**ブ/
•そんな事は朝飯前だ
That's an easy job. / That's nothing.

あざやか あざやかな (色彩が) **bright** /**ブ**ライト/; (見事な) **splendid** /ス**プレ**ンディド/, **fine** /**ふァイ**ン/; (印象が) **vivid** /**ヴィ**ヴィド/
あざやかに (色彩が明るく) **brightly**; (見事に) **splendidly**; (生き生きと) **vividly**
•その絵はあざやかな色彩で描かれている
The picture is painted in bright colors.
•観客は彼のあざやかなプレーに対して拍手(はくしゅ)を送った　The spectators gave a big hand for his fine play.

アザラシ 海豹 《動物》a **seal** /**スィー**る/

あされん 朝練 **morning club training**

あし 足

➤ a **foot** /**ふ**ト/ (畿 **feet** /**ふィー**ト/); (脚) **leg**; (イヌ・ネコなどの) a **paw** /**ポー**/; (タコ・イカなどの) an **arm** /**アー**ム/
•足の指　a toe
•足の親指　a big toe
•足の裏　a sole
•いすのあし　the legs of a chair
•ベッドのあし　the foot of a bed
•足を組んで座る　sit with *one's* legs crossed
•タコには8本の足がある
An octopus has eight arms.

・彼は足が速い［遅い］ He walks fast［slowly］. / He is a fast［slow］walker.

使い分け
足首から下の部分を **foot**, ももの付け根から下全部を **leg** と言う She often sits with her legs crossed.（彼女はたいてい足を組んで座る）Someone stepped on my foot.（誰かがわたしの足を踏んだ）

アシ 葦 《植物》a **reed** /リード/

あじ 味
➤ a **taste** /テイスト/
味がする **taste**
味をみる **taste**:（試食する）**try** /トライ/
・よい味がする［おいしい］ taste good
・苦い（味がする） taste bitter
・味が甘い［すっぱい］ taste sweet［sour］
・味が悪い［まずい］ taste bad
・このスープはタマネギの味がする
The soup tastes of onion.

アジ 鯵《魚》a **horse mackerel** /ホース マカレる/
アジア Asia /エイジャ/
・アジアの Asian
・アジア人 an Asian
・アジア大陸 the Asian Continent
あしあと 足跡 a **footprint** /ふトプリント/, a **footmark** /ふトマーク/
あしおと 足音 a **footstep** /ふトステプ/

アシカ《動物》(アシカ・トドの総称) a **sea lion**
あしくび 足首 an **ankle** /アンクる/
アジサイ 紫陽花《植物》a **hydrangea** /ハイドレインヂャ/

あした
➤ **tomorrow** /トゥマろウ/
・あしたの朝［晩］ tomorrow morning［evening］
・あしたまで（夜を越して） overnight
・じゃまたあしたね See you tomorrow.
・あしたの午後また来ます
I will come again tomorrow afternoon.
・この魚［魚肉］はあしたまでもつかな
Will this fish keep overnight?

あしどり 足取り a **step**
あしなみ 足並み **pace** /ペイス/, **step**
・…と足並みをそろえる keep pace［step］with ～
あしぶみ 足踏みする **stamp** /スタンプ/;（体操で）**mark time**;（停滞(ていたい)する）**be at a standstill** /スタンドスティる/
あしもと 足元 *one's* **feet** /ふィート/; *one's* **step**
・足元に気をつけなさい Watch your step!
あじわい 味わい (a) **taste** /テイスト/;（風情(ふぜい)）a **flavor** /ふれイヴァ/
味わいのある **tasteful**;（意味深い）**significant** /スィグニふィカント/
あじわう 味わう **taste** /テイスト/;（楽しむ）**enjoy** /インヂョイ/;（鑑賞(かんしょう)する）**appreciate** /アプリーシエイト/;（経験する）**experience** /イクスピアリエンス/
あずかる 預かる（保管する）**keep** /キープ/;（子供などを）**take care of** /テイク ケア/
・あすまでこのかばんを預かってください
Please keep this bag till tomorrow.
・私は隣の人が買い物に出かけている間お子さんを預かりました I took care of my neighbor's child while she was out shopping.
アズキ 小豆《植物》an ***adzuki*** **bean** /ビーン/, a **red bean**
あずける 預ける **leave** /リーヴ/;（金などを）**put**, **deposit** /ディパズィト/;（委託(いたく)する）**entrust** /イントラスト/
・銀行に金を預ける put［deposit］money in a bank
・彼女は赤ちゃんを保育園に預けて仕事に行きます
She leaves her baby in a day nursery［entrusts her baby to a day nursery］and goes to work.
アスパラガス《植物》**asparagus** /アスパラガス/
アスファルト asphalt /アスふォーるト/

あせ 汗 sweat /スウェト/
汗をかく sweat, work up a sweat
・運動をして汗をかく work up a sweat from exercise
・彼は汗をかいている He is in a sweat.

あぜみち あぜ道 a footpath between rice fields /フトパス ビトウィーン ライス フィーるヅ/

あせる¹ (我慢できない) be impatient /インペイシェント/; (…がなくて困っている) be pressed for 〜 /プレスト/; (はずかしくてどぎまぎする) be embarrassed /インバラスト/
・そんなにあせるな Don't be so impatient.
・今，時間がなくてちょっとあせってるんだ
I am rather pressed for time now.
・観客の中に母がいるのを見て私はとてもあせった I was very embarrassed when I found my mother among the audience.

あせる² (色が) fade /フェイド/

あそこ あそこの，あそこに there /ゼア/; over there
・あそこに見える山が阿蘇山です The mountain (that) you see over there is Mt. Aso.

あそび 遊び

➤ **play** /プれイ/; (ゲーム) a **game** → あそぶ
・遊び相手[仲間，友達] (子供同士の) a friend to play with / a playmate
・遊び時間 playtime; (休憩(きゅうけい)) (a) recess
・遊び道具 a plaything / a toy
・遊びに行く (外へ) go out and play / go out to play; (楽しみ・気晴らしに) go and enjoy oneself; (訪問する) visit; (旅行する) go (on a trip) to 〜 / make a trip to 〜
・遊びに来る come and see / come to see
・海岸へ遊びに出かける go on an outing to the beach
・きのう新宿へ遊びに行った Yesterday I went and enjoyed myself in Shinjuku.
・今度の日曜日鎌倉へ遊びに行かないか
How about going (on a trip) to Kamakura next Sunday?
・あした遊びに行ってもいいですか
May I come and see you tomorrow? ➔ 相手の方へ「行く」は go でなく come
・いつかうちへ遊びに来いよ
Come and see me sometime.
・私は田舎のおばのところへ遊びに行くつもりです
I'm going to visit my aunt in the country.
・ぼくたちはその遊びが大好きです
We like the game very much.

あそぶ 遊ぶ

❶ (からだを動かして) **play**
❷ (楽しむ) **enjoy** *oneself*
❶ (からだを動かして) **play** /プれイ/

| 基本形 | A (競技・ままごとなど)をして遊ぶ
play A
B (子供・おもちゃなど)と[で]遊ぶ
play with B |

・庭で遊ぶ play in the garden
・トランプ[ままごと]をして遊ぶ play cards [house]
・イヌと遊ぶ play with a dog
・おもちゃで遊ぶ play with a toy
・子供たちは運動場で遊んでいる The children are playing [at play] in the playground.
・外へ行って遊ぼうよ Let's go out and play.
・鬼ごっこをして遊ぼうよ Let's play tag.
・弟にはいっしょに遊ぶ友達がいる
My brother has some friends to play with.
ことわざ よく学びよく遊べ
All work and no play makes Jack a dull boy.
(勉強ばかりして遊ばなければジャックはばかな少年になる)

❷ (楽しむ) **have fun, have a good time, enjoy** *oneself* /インヂョイ/, **amuse** *oneself* /アミューズ/
・…をして遊ぶ enjoy [amuse] *oneself* (by) *doing*
・子供たちは絵をかいて遊んでいる
The children are amusing themselves (by) drawing pictures. / The children are having fun drawing pictures.
・私たちはキャンプで歌ったり踊ったりして楽しく遊びました We had a good time [We enjoyed ourselves] singing and dancing at (the) camp.

❸ (仕事をしないでいる) **be idle** /アイドる/; (ぶらぶらしてすごす) **fool around** /ふーる アラウンド/
・彼は働かないでいつも遊んでいる
He doesn't work, and is always idle.
・私たちは1日じゅう海岸で遊んでいた
We spent all day fooling around on the beach.

あたえる 与える

➤ **give** /ギヴ/; (特に審査(しんさ)などをして) **award** /アウォード/ ➔ give の「基本形」は「あげる」❷参照.

あたたかい　12　twelve

与えられた… **given** /ギヴン/
- 与えられた時間内で within the given time
- 読書は私たちに楽しみを与えてくれる
Reading gives us pleasure. /
Reading gives pleasure to us.
- 子供におもちゃを与えすぎてはいけません
Don't give children too many toys. /
Don't give too many toys to children.
- 佐藤君は弁論大会で最優秀賞を与えられた →受け身形 Sato was awarded [given] first prize in the speech contest.
- 君たちは与えることを学ばなければいけない →「与えること」は to give
You must learn to give.

あたたかい　暖かい, 温かい

❶ (気温が) **warm**; (飲み物などが) **hot**
❷ (心が) **warmhearted**, (心からの) **hearty**

❶ (気温が) **warm** /ウォーム/, (寒さが厳しくない) **mild** /マイるド/; (飲み物などが) **hot**
- 暖かい日 a warm day
- 温かい飲み物 a hot drink
- 暖かくなる get [grow] warm
- だんだん暖かくなってきた
It is getting warmer and warmer.
- (きょうは)暖かいよね It's warm, isn't it?
- 今年の冬は例年より暖かい
It is milder this winter than usual.

❷ (心が) **warmhearted** /ウォームハーテド/, (心からの) **hearty** /ハーティ/
- 温かいもてなしを受ける receive a hearty welcome
- 彼は心が広くて温かい
He is generous and warmhearted.

あたたまる 暖まる, 温まる　**warm** (**up**) /ウォーム/; (からだが) **warm** *oneself*, **get warm**
- 部屋がだんだん暖まってきた
The room is warming up.
- 火の近くへ来て温まりなさい Come near the fire and warm yourself [get warm].

あたためる 暖める, 温める　**warm** (**up**) /ウォーム/; (熱くする) **heat** /ヒート/
- 部屋を暖める warm [heat] a room
- 火に手をかざして温める warm *one's* hands over a fire
- ピザを電子レンジで温めましょうか
Shall I warm up the pizza in the microwave oven?

あだな あだ名　a **nickname** /ニクネイム/
あだ名をつける nickname

アダプター an **adapter**, an **adaptor**

あたま　頭

➤ a **head**; (頭髪) **hair**; (頭脳) **brains** /ブレインズ/

- 頭のてっぺんからつま先まで from head to foot
- 頭から先に水に飛び込む jump into the water headfirst
- 頭が痛い(頭痛がする) have a headache; (悩んでいる) be worried
- 頭にけがをする injure *one's* head
- 頭を洗う wash *one's* hair
- ベッドの頭のほう the head of a bed
- 頭のよい女性 a bright woman
- 頭を働かせる use *one's* brains [head]
- 頭にくる(神経にさわる) get on *one's* nerves; (立腹する) get angry (with (人), at (事柄)), go mad (at (人), for (理由))
- あいつに「うそつき」と言われてぼくはすごく頭にきた
I went mad at him for calling me "a liar."
- その石が彼の頭に当たった
The stone hit him on the head.

ことわざ 頭隠(かく)してしり隠さず
He [She] has his [her] head buried in the sand like an ostrich. (ダチョウのように頭を砂に埋めている)

あたらしい　新しい

➤ **new**; (新鮮な) **fresh**
新しく newly; **freshly**
- 新しい本 a new book
- 新しい卵 a fresh egg
- 私たちの新しい先生 our new teacher
- 新しく建てた家 a newly built house
- 新しくオープンした店 a newly opened store

あたり¹ 当たり　(命中・成功) a **hit**; (成功) a **success** /サクセス/; (当たりくじ) a **winning ticket** /ウィニング ティケト/

thirteen　13　あちこち

あ

・大当たりをする　make a big hit

あたり² あたりに，あたりを　**about** /アバウト/，**near** /ニア/，**around** /アラウンド/

・あたりを見回す　look about

・このあたりに　near [around] here / in this neighborhood

・彼は注意深くあたりを見回した
He looked carefully around him.

・このあたりに郵便局はありませんか
Is there a post office around here?

あたりちらす 当たり散らす　**be cross with everybody** /エヴリバディ/，**take it out on everybody** → it は怒り・不満の原因になっている「事情」をさす

あたりまえ 当たり前の　(自然な) **natural** /ナチュラる/

・当たり前の事[話]　a matter of course

・子供が遊びたいのは当たり前だ　It is natural that children should like to play.

あたる 当たる

❶ (ぶつかる) **hit, strike**

❷ (予想などが) **be right**

❶ (ぶつかる) **hit, strike** /ストライク/

基本形
A (人・物) に当たる
　hit A / **strike** A
A (人) の B (からだの部分) に当たる
　hit A **on** [**in**] **the** B
　strike A **on** [**in**] **the** B

・ボールが窓に当たった
The ball hit the window.

・ボールが彼の頭[顔]に当たった
A ball hit him on the head [in the face]. →
当たった場所を強調する時は A ball hit his head [face]. のようにいう

❷ (予想などが) **be right** /ライト/，**turn out (to be) right** /タ～ン/，**prove (to be) right** /プルーヴ/

・天気予報が当たった
The weather forecast was right. / The weather forecast turned out (to be) right.

・雨になるだろうと君が言ったけど当たったね
You said it would rain and you were right.

❸ (太陽が) (光を受けるものが主語) **get sun, get sunlight** /サンらイト/；(太陽が主語) **shine upon** /シャイン/，**shine into, be on, be in**

・日の当たる部屋　a sunny room

・この部屋はよく日が当たる[当たらない]
This room is sunny [not sunny]. /

This room gets a lot of [little] sun. / We get a lot of [little] sun in this room.

・ベランダには日がいっぱいに当たっていた → 過去進行形
The sun was shining brightly on the veranda. / There was a lot of sun on the veranda.

・花の鉢(はち)を日の当たる所へ出しなさい
Put the potted flower out in the sun.

・顔に日が当たってまぶしい
The glaring [blinding] sun is in my eyes.

❹ (火に) **warm** *oneself* /ウォーム/

・火にあたる　warm *oneself* by [at] the fire

・火のそばに来てあたりなさい
Come near the fire and warm yourself.

❺ (日にちが) **fall on** /ふォーる/

・今年のクリスマスは日曜日に当たる
Christmas falls on (a) Sunday this year.

❻ (等しい) **be equal to** /イークワる/；(相当する) **correspond to** /コーレスパンド/

・1マイルは1.6キロメートルにあたる
One mile is equal to 1.6 km. (読み方: one point six kilometers)

・カメラのレンズは人間の眼にあたる
The lens of a camera corresponds to the human eye.

・日本語の「心」にあたる英語は何ですか
What is the English for the Japanese 'kokoro'?

❼ (成功する) **be successful** /サクセスふる/，**be a hit**

・彼女の新曲はとても当たった　Her new song was a big [great] hit. / Her new song was very successful [a big success].

❽ (教室でさされる) **be called on** /コーるド/ → 受け身形

・私は英語の時間に3回当たった　I was called on three times in English class.

❾ (お腹をこわす；食べ物が主語) **upset** *one's* **stomach** /アプセト スタマク/，**disagree** /ディサグリー/；(中毒する；人が主語) **be poisoned** /ポイズンド/ (受け身形)

・私はきのうの夜の食べ物にあたった
The food last night upset my stomach. / The food last night disagreed with me.

・彼らはフグにあたった
They were poisoned by globefish.

❿ (人につらく) **be hard on** → あたりちらす

・店長は彼にとてもつらく当たった
The store manager was very hard on him.

あちこち **here and there** /ヒア ゼア/；(あたりを)

か

さ

た

な

は

ま

や

ら

わ

あちら 14 fourteen

around /アラウンド/, **about** /アバウト/; (行ったり来たり) **up and down** /ダウン/
・公園の中をあちこち歩く　walk about in the park
・湖のあちこちに小舟が見える　I see small boats here and there on the lake.
あちら → あそこ

あつい¹　厚い

❶ (厚さが) **thick**
❷ (親切な) **kind**

❶ (厚さが) **thick** /スィク/
厚さ　**thickness**
・厚い本　a thick book
・この板は厚さが2センチある
This board is 2 centimeters thick.
・氷はどれくらい厚いのですか
How thick is the ice?
❷ (親切な, 温かい) **kind** /カインド/; **warm** /ウォーム/, **hearty** /ハーティ/
・厚いもてなし　a hearty welcome

あつい²　暑い, 熱い

❶ (気温・温度などが) **hot**
❷ (熱烈な) **ardent**

❶ (気温・温度などが) **hot**
暑さ　**heat** /ヒート/
・暑い日　a hot day
・熱い湯　very hot water
・夏の暑さ　the heat of summer
・きょうはとても暑い　It is very hot today.
・彼は暑がりだから夏はエアコンなしでは暮らせない
He feels the heat and can't go without air conditioning in summer.
・(ふろの)お湯は私には熱すぎます
The bath is too hot for me.
❷ (熱烈な) **ardent** /アーデント/; (激した) **heated** /ヒーテド/
・熱い視線を送る　give an ardent look
・その件について熱い議論がたたかわされた
There were heated arguments on that matter.
・私は彼女のやさしさに胸が熱くなった
I was very touched by her kindness.

あつかう　扱う

➤ (人を) **treat** /トリート/, **deal with** /ディーる/
➤ (商品を) **deal in**
➤ (機械・品物などを) **handle** /ハンドる/
・彼を友人として扱う　treat him as a friend

・すべての人を公平に扱いなさい
Treat everybody fairly.
・あの男は扱いにくい人だ
He is a difficult man to deal with.
・彼[彼の会社]は中古車を扱っている
He [His company] deals in used cars.
・この品物は丁寧(ていねい)に扱ってください
Please handle this article carefully.
あつかましい 厚かましい　**impudent** /インピュデント/, **shameless** /シェイムれス/, **cheeky** /チーキ/
あつぎ 厚着する　**wear heavy clothes** /ウェア ヘヴィ クろウズ/
あつくるしい 暑苦しい　→ むしあつい
あっけない (短すぎる) **too short, too soon** /スーン/; (物足りない) **not enough** /イナふ/; (簡単すぎる) **too easy** /イーズィ/
・あっけなく終わる　be over too soon
あつさ¹ 厚さ　→ あつい¹
あつさ² 暑さ　→ あつい²
あっさり あっさりした　**simple** /スィンプる/, **plain** /プれイン/; (手短に) **briefly** /ブリーふり/; (簡単に) **easily** /イーズィり/; (いさぎよく) **with good grace** /グレイス/
・あっさりした味　a delicate flavor
・あっさりした食事　a light meal
・彼はあんな難しい問題をあっさり解いてしまった
He solved such a difficult problem quite easily.
あっしゅく 圧縮　**compression** /コンプレション/
　圧縮する　**compress**
あっしょう 圧勝する　**sweep to** (**decisive**) **victory** /スウィープ (ディサイスィヴ) ヴィクトリ/
あっち あっちに, あっちで (**over**) **there** /ゼア/
あっちこっち → あちこち
あっというまに あっという間に　**in an instant** /インスタント/
あっとう 圧倒する　**overwhelm** /オウヴァ(ホ)ウェるム/

　圧倒的な　**overwhelming**
・圧倒的な勝利　an overwhelming victory
・圧倒的多数　an overwhelming majority
アップリケ an **appliqué**
アップルパイ (an) **apple pie**
あつまり 集まり　→ かい³

あつまる　集まる

❶ (集合する) **gather**
❷ (会合する) **meet**
❸ (お金が) **be collected**

❶(集合する) **gather** /ギャざ/, **get together** /トゥゲざ/, **come together**
・先生の周りに集まる gather around the teacher
・大勢の人がすぐ事故現場に集まった
A crowd of people soon gathered at the scene of the accident.
・大勢の人がその試合を見に集まった
Many people got together to watch the game.
❷(会合する) **meet** /ミート/, **get together**
・図書委員会の会議で集まる meet for a library committee meeting
・集まって旅行の計画を立てようよ Let's meet [get together] and make plans for the trip.
❸(お金が) **be collected** /これクテド/, **be raised** /レイズド/ →受け身形
・その事業のために100万円集まった
One million yen was collected [raised] for the project. / (彼らはその事業のために100万円を集めた) They collected [raised] 1,000,000 [one million] yen for the project.
❹(関心が) **focus** /ふォウカス/
・原子力発電所の事故に多くの関心が集まっている
Much attention is focused on the accident at a nuclear power plant.

あつめる 集める

❶(物を) **gather**; **collect**
❷(お金を) **collect**

❶(物を) **gather** /ギャざ/; (収集する) **collect** /これクト/; (呼び集める) **call together** /コーる トゥゲざ/
・たきぎ[情報]を集める gather sticks [information]
・切手を集める collect stamps
・答案を集める collect the (examination) papers
・彼らを(呼び)集める call them together
・彼は趣味(しゅみ)で古銭を集めている
He collects old coins as a hobby. →進行形にしないことに注意
・空きびんを全部集めてこっちへ置いてください
Please gather all the empty bottles and put them over here.
❷(お金を) **collect**, **raise** /レイズ/
・寄付を集める raise [collect] money / (要請する) ask for contributions
・町は新しい記念碑をつくるため500万円を集めた

The town collected [raised] 5 million yen for a new monument.

使い分け

gather は散らばっているものを「集める」, **collect** は「きちんと集めて整理し収集する」という意味合いで使う

gather　　collect

❸(関心を) **draw** /ドロー/, **attract** /アトラクト/
・注目を集める draw attention

あつりょく 圧力 **pressure** /プレシャ/
・それに圧力を加える give [apply] pressure to it

あて¹ 当て (目的) an **aim** /エイム/
　当てにする **rely on** /リらイ/, **depend on** /ディペンド/
　当てになる **reliable** /リらイアブる/, **dependable** /ディペンダブる/
・当てもなく aimlessly
・当てにならない unreliable
・当てがはずれる(失望する) be disappointed
・あまり他人を当てにするな
Don't rely too much upon others.

あて² …あて(の) →あてな
・父あての手紙 a letter addressed to my father
・君あての手紙が来てるよ
There is a letter for you.

あてずっぽう a **guess** /ゲス/
・あてずっぽうで by guess

あてな あて名 an **address** /アドレス/
　あて名を書く **address** → address を名詞として使うと相手の「住所」だけを意味して名前はふくまない; 動詞の場合は相手の「名前と住所を書く」こと
・手紙にあて名を書く address a letter
・山田さんにあてて小包にあて名を書く address a parcel to Mr. Yamada
・この手紙のあて名は私ではない
This letter is not addressed to me.
・封筒にあて名をはっきり書きなさい
Write the name and address clearly on the envelope.

あてはまる apply /アプらイ/, **be applicable** /アプリカブる/

あてはめる apply
・この規則をすべての場合にあてはめるわけにはいかない　You cannot apply this rule to every case. / This rule does not apply [is not applicable] to every case.

あてる　当てる
➤ (ぶつける) **hit**
➤ (推量する) **guess** /ゲス/
➤ (付ける) **put**
➤ (風・日光に) **expose** /イクスポウズ/
➤ (費用に) **set aside** /アサイド/
➤ (先生が生徒を) **call on** /コーる/
・彼は的に当てた　He hit the mark.
・彼は正しく言い当てた　He guessed right.
・彼は壁に耳を当てた
He put his ear to the wall.
・それを日[風]に当てるな
Don't expose it to the sun [the wind].
・このお金は北海道旅行の費用に当てよう
Let's set this money aside for our trip to Hokkaido.
・あすの英語の時間に当てられなければいいのだが　I hope I won't be called on in the English class tomorrow.

あと¹
❶ (残り) **the others, the rest**
❷ (あとへ) **back, behind**
❸ (あとで) **later**
❶ 《残り・追加》 (あとの人たち) **the others** /アざズ/, **the rest** (of them); (あと…) **～more** /モー/
・一人はイタリア人でもう一人はドイツ人であとは日本人でした
One was an Italian, another was a German, and the others were Japanese.
・箱の中のリンゴはいいのは三つだけであとは全部くさっていた
Only three of the apples in the box were good. The rest were rotten.
・この仕事を完成するのにあと1週間かかります　It'll take one more week [It'll take another week] to finish this work.
・参加者はあと二人の予定です
We will have two more entries.
❷ 《場所》 (あとへ, あとに, あとを) **back, behind** /ビハインド/
・あとを振り向く　look back

・あとに残す　leave behind
・彼らはその少年をあとに残した
They left the boy behind.
❸ 《時間》 (あとで, あとから) **later** /れイタ/, **after**
・あとでお目にかかりましょう　I'll see you later.
・あの事件は3日あとに[私たちの会った3日あとに]起きた
The event happened three days later [three days after we met].
・私は君のあとから行きます　I'll come after you.
・トム, その雑誌君のあとで読ませて
After you with the magazine, Tom.

あと² 跡 (しるし) a **mark**; (人・車の通った) a **track**

あとあじ 後味 an **aftertaste** /アふタテイスト/
・後味が悪い[良い]　leave a bad [good] aftertaste

あとかたづけ 後片付けする **put in order** /オーダ/; (食事の) **clear the table** /クリア/
・部屋の後片付けをする　put a room in order

あとのまつり 後の祭り
・そんなことをしても後の祭りだ　It is too late to do such a thing. / ひゆ Doing such a thing is like shutting the stable door after the horse has run away. (馬が逃げてしまったあとで馬小屋の戸を閉めるようなもの)

アドバイス advice /アドヴァイス/
　アドバイスする advise /アドヴァイズ/, **give some advice**

アトピー atopy /アトピ/
・アトピー性皮膚炎　atopic dermatitis /アトピクダ～マタイティス/

あとまわし 後回しにする **put off, do later** /れイタ/
・それは後回しにしてもよい
You can do that later. / That can wait. / ひゆ You can put it on the back burner. (ガスこんろで, 後ろの火台に置く)

アトリエ a **studio** /ステューディオウ/

アドリブ an **ad lib** /アドリブ/

あな 穴 a **hole**
・地面に穴を掘(ほ)る　dig a hole in the ground
・壁に穴をあける　make a hole in the wall
・壁の穴からのぞく　look through a hole in the wall

あなうめ 穴埋めする (損害の) **make up** (for ～)
・穴埋め問題　fill-in-the blanks questions

アナウンサー an **announcer** /アナウンサ/

アナウンス an **announcement** /アナウンスメント/
　アナウンスする announce

あなた → きみ¹
アナログ analog, analogue /アナローグ/
あに 兄 an **older brother**, an **elder brother**, a **big brother**

> 文法・語法
> 通例兄・弟、姉・妹の区別なしに brother, sister という。《米》ではおもに older, 《英》ではおもに elder を使う

• 私の一番上の兄 my oldest [eldest] brother
アニメ(ーション) (動画) an **animated cartoon** /アニメイテド カートゥーン/, an **anime** /アニメイ/
• アニメ映画 an animated movie [film]
• テレビの連続アニメ番組 an animated television series, a cartoon
• アニメ製作ソフト animation software
あね 姉 an **older sister**, an **elder sister**, a **big sister** → あに
• 私の一番上の姉 my oldest [eldest] sister

あの

➤ **that** (複 those /ぞウズ/), **the**
あのような such, like that
あのように like that, in that way
• あの家 that house
• あの人たち those people / they
• あのころ in those days
• 父のあの古い帽子 that old hat of my father's
• あの時以来 since that time / since then
• あのような物 a thing like that / such a thing; (複数) those things / such things
• 君もあのようにするように努めなければなりません
You must try to do like that, too.
• おかあさんにあのような言い方をしてはいけません
You should not speak to your mother in that way.
あのう (おねがいしたり, たずねたりする時) **Excuse me.** /イクスキューズ/; (ことばのつなぎとして) **well** /ウェる/; (ことばにつかえた時) **er** /ア〜/
[会話] あのう, この本を借りたいのですが. —はい, どうぞ
Excuse me. May I borrow this book? —Sure.
[会話] 君も参加できるんでしょ. —あのう, はっきりしないんです You can join us, can't you? —Well, I'm not sure.
アパート 《米》 an **apartment house** /アパートメント ハウス/, an **apartment building** /ビるディンぐ/, 《英》 a **block of flats**; (アパートの一世帯が専用する部分)《米》an **apartment**, 《英》a **flat** → マンション

アパルトヘイト apartheid /アパートヘイト/
あばれる play roughly /らふり/, run wild /ワイるド/; (もがく) struggle /ストラグる/
• 子供たちが部屋の中をあばれ回っている
The children are playing roughly in the room.
アピールする appeal
• 聴衆にアピールする appeal to the audience
• 監督は審判の判定を不服としてアピールした The coach appealed (against) the umpire's decision.
アヒル 家鴨 《鳥》a duck /ダク/
• アヒルの子 a duckling
• アヒルたちががあがあと鳴いた
Ducks said, "Quack, quack."
あびる 浴びる (水を) **bathe** /ベイず/; (日光を) **bask**, **sunbathe** /サンベイず/; (シャワーを) **take** [**have**] **a shower**; (非難を) **come under criticism** /クリティスィズム/
• 水を浴びる bathe in the water
• 日光を浴びる bask in the sun
• 夏は学校から帰って来ると私はシャワーを浴びます
In summer I take a shower when I come back from school.
アブ 虻 《虫》a horsefly /ホースふライ/, a gadfly /ギャドふライ/
[ことわざ] あぶ はち 取らず fall between two stools (二つのいすのどちらにもすわれない)
アフターサービス after-sales service /アふタセイるズ/ ➤「アフターサービス」は和製英語
あぶない 危ない (危険な) **dangerous** /デインヂャラス/ → きけん¹ (→危険な)
• 危ない(→気をつけて)! 車がきますよ
Look out! A car is coming.
あぶなく 危なく (もう少しで) **almost** /オーるモウスト/, **nearly** /ニアリ/; (やっと) **narrowly** /ナロウリ/
• 彼は危なく車にひかれるところだった
He was almost [nearly] run over by a car.
• 彼は危なく2階の窓から落ちるところだった
He nearly fell from the upstairs window.
• 彼は危なくおぼれるところだった He narrowly escaped drowning. / He almost drowned.
あぶら 油, 脂 **oil**; (脂肪(しぼう)) **fat**; (半固体の) **grease** /グリース/
脂っこい fatty /ふアティ/
• 油を差す[塗る] oil / grease
あぶらえ 油絵 an **oil painting** /ペインティンぐ/
• 油絵をかく paint in oils
アブラムシ 油虫 《虫》(木につく) a **plant louse**

アプリ

アプリ an **app** /アプ/, an **application** /アプリケイション/; **a piece of software** /ソーふトウェア/
•アプリを起動する　launch an app /ろーンチ/

アフリカ **Africa** /アふリカ/
•アフリカの　African
•アフリカ人　an African
•アフリカ大陸　the African Continent

あぶる (肉などを) **broil** /ブロイる/, **grill** /グリる/; (温める) **warm** /ウォーム/

あふれる **overflow** /オウヴァふろウ/; (人で) **be overcrowded** (with ～) /オウヴァクラウデド/
•水が堤防からあふれる
The water overflows the banks.
•その場所は行楽(こうらく)客であふれていた
The place was overcrowded with holiday-makers.

あべこべに (上下に) **upside down** /アプサイド ダウン/; (順序が) **the other way around** /アざ ウェイ アラウンド/; (うしろ前に) **back to front** /ふらント/; (裏表に) **inside out** /インサイド/

あま 尼 a **nun** /ナン/, a **sister**
　尼寺 a **nunnery** /ナナリ/, a **convent** /カンヴェント/

あまい 甘い
❶ (味・音楽などが) **sweet**
❷ (寛大な) **generous**; (子供などに) **indulgent** (→ あまやかす)
❸ (考えが) **optimistic**

❶ (味や音楽などが) **sweet** /スウィート/
甘く sweetly
甘くする make sweet
•甘いケーキ　sweet cakes
•私は紅茶は甘いのが好きです
I like my tea sweet.
•このみかんは甘い　This orange tastes sweet.
•彼は甘い物が好きだ　He is fond of sweet things. / He has a sweet tooth.
❷ (寛大な) **generous** /ヂェネラス/; (子供などに) **indulgent** /インダるヂェント/
•甘い母親　an indulgent mother
•太田先生は採点が甘い
Miss Ota is too generous in marking.
•彼女は子供に甘すぎる
She is too indulgent to her children.
❸ (考えが) **optimistic** /アプティミスティク/, **easy** /イーズィ/
•君の考えは甘すぎるよ　You are too optimistic.
•先生を甘くみてはいけない

Never take your teachers for granted.
•人生はそんなに甘いもんじゃない
Life is not so easy (to live). / **ひゆ** Life is not a bed of roses. → rose (バラ)は「安楽」の象徴

あまえる 甘える (赤ん坊のように) **play the baby to ～** /プれイ ベイビ/; (頼る) **depend on ～** /ディペンド/
•彼の好意に甘えすぎてはいけない
Don't depend too much on his kindness.

あまぐつ 雨靴 **rain boots** /レイン ブーツ/; **rubber boots** /ラバ/

あまだれ 雨だれ **raindrops** /レインドラプス/

アマチュア an **amateur** /アマタ/

あまったるい 甘ったるい **too sweet** /スウィート/; (感傷的な) **mushy** /マシ/

あまど 雨戸 a (**sliding**) **shutters** /シャタズ/
•雨戸をあける[しめる]　open [close] the shutters

あまのがわ 天の川 **the Milky Way** /ミるキ ウェイ/

あまみず 雨水 **rain water** /レイン ウォータ/

あまもり 雨漏り a **leak in the roof** /リーク/
•雨漏りがする
The roof leaks. / There is a leak in the roof.

あまやかす 甘やかす **spoil** /スポイる/, **indulge** /インダるヂ/ → あまい ❷
•子供を甘やかす　indulge a child

あまやどり 雨宿りする **take shelter** (**from the rain**) /シェるタ/
•夕立がやむまでここで雨宿りしていよう
Let's take shelter here till the shower is over.

あまり¹ 余り **the remainder** /リメインダ/ → のこり

あまり²
❶ (あまり(に)…すぎる) **too**
❷ (たいして…ない) **not** (**so**) **much ～**, **not very ～**
❸ (めったに…ない) **seldom**
❹ (数があまり…ない) **few**; (量があまり…ない) **little**

❶ (あまり(に)…すぎる) **too**; (あまり…なので…) → とても
•それはあまりに長すぎる　It is too long.
•この靴は私にはあまりに大きすぎる
These shoes are much too big for me.
•この問題はあまりに難しくて私には解けない
This problem is too difficult for me to solve.
•ケーキをあまり食べてはいけない

You must not eat too much cake.

❷ (たいして…ない) **not (so) much ~** /マチ/, **not very ~** → たいして¹

•冬休みはあまり出かけませんでした I didn't go out much during the winter vacation.

•けさはあまり寒くない
It isn't very cold this morning.

❸ (めったに…ない) **seldom** /セるダム/

•彼はあまり病気をしない He is seldom ill.

•こちらは冬でもあまり雪が降りません
It seldom snows here in winter.

❹ (数があまり…ない) **few** /フュー/; (量があまり…ない) **little** /リトる/

•そのことを知っている人はあまりいない
Few people know about it.

•私たちの村には娯楽施設があまりない
There are [We have] few amusement facilities in our village.

•私は彼についてはあまり知らない
I don't know much about him. / I know little about him.

あまる 余る **be left**
　余らせる leave /リーヴ/

•時間[お金]が少し余っている
There is some time [money] left.

あみ 網 **a net**
　網で取る net, catch with nets /キャチ/

•虫取り網 an insect net

•魚を網で取る catch fish in a net / net fish

あみだな 網棚 a **baggage rack** /バゲヂ ラク/, a **luggage rack** /らゲヂ/

あみど 網戸 (窓の) a **window screen** /スクリーン/; (戸口の) a **screen door**

あみばり 編み針 a **crochet hook** /クロウシェイフク/

あみぼう 編み棒 a **knitting needle** /ニティング ニードる/

あみもの 編み物 **knitting** /ニティング/
　編み物をする knit /ニト/

•彼は編み物をしている He is knitting.

あむ 編む **knit** /ニト/; (髪を) **braid** /ブレイド/, **plait** /プれイト/

•毛糸を編んでセーターを作る knit a sweater of wool / knit wool into a sweater

•髪の毛を編む braid one's hair

•祖父は私にセーターを編んでくれた
My grandpa knitted a sweater for me.

•彼女は髪の毛を編んでおさげにしている
She wears her hair in braids.

あめ¹ (米) **candy**, (英) **sweets** /スウィーツ/; (あめ

玉) **taffy**, (英) **toffee, toffy** /タふィ/; (棒についた) a **lollipop** /らりパプ/

•あめをなめる lick a lollipop

あめ² 雨

➤ **rain** /レイン/, **rainfall** /レインふォーる/; (にわか雨) a **shower** /シャウア/

雨の, 雨降りの rainy /レイニ/
雨が降る It rains. → 主語の It はばく然と「天候」を表す

•大雨 heavy [hard] rain

•雨の日に on a rainy day

•雨の中を[に] in the rain

•雨にあう be caught in a rain [a shower]

•6月にはよく雨が降ります It often rains in June. / (私たちは6月にたくさんの雨を持つ) We have a lot of rain in June. / (6月にはたくさんの雨がある) There is a lot of rain in June.

•雨がひどく降っています → 現在進行形
It is raining hard [heavily].

•昨夜は大雨が降った
It rained hard last night. / We had [There was] heavy rain last night.

•それは雨の降る寒い日だった It was a cold and rainy day. → 英語では, 日本語の語順とちがって, cold and rainy というのがふつう

•あしたはどうも雨になりそうだ → 「どうも…しそうだ (→…することを恐れる)」は I'm afraid ~
I'm afraid it will rain tomorrow.

•雨が降りそうです It is going [likely] to rain. / It looks like rain. → 後ろの文の rain は名詞(雨)

•雨がやんだ → 現在完了
It has stopped raining. / The rain is over.

•この3日間[きのうから]雨が降り続いています。→ 現在完了進行形 It has been raining for the past three days [since yesterday].

ことわざ 雨降って地固まる After rain comes fair weather. → 主語は fair weather

アメリカ America; (合衆国) **the United States of America** /ユーナイテド ステイツ/

•アメリカの American

•アメリカ人 an American

•彼はアメリカ人だ He is American. → He is an American. よりもふつうの言い方

あやしい 怪しい (疑わしい) **doubtful** /ダウトふる/; (いかがわしい) **suspicious** /サスピシャス/

•彼が来るかどうか怪しい
I am doubtful of his coming. / It is doubtful whether he will come (or not).

•日曜日の天気は怪しいと思う I am doubtful

あやしむ

about the weather on Sunday.
・怪しい男が家の周りをうろついている
A suspicious-looking man is hanging around the house.

あやしむ 怪しむ (疑う) **doubt** /ダウト/; (…でないかと思う) **suspect** /サスペクト/ → あやしい

あやつりにんぎょう あやつり人形 a **puppet** /パペト/; (芝居) a **puppet show**

あやとり **cat's cradle** /クレイドる/
・あやとりをする play cat's cradle

あやまち (過失) a **fault** /ふォーると/, (おもに知的・道徳的誤り) an **error** /エラ/
・あやまちを犯す make an error

あやまり 誤り (思い違い) a **mistake** /ミステイク/; (おもに知的・道徳的誤り) an **error** → まちがい

誤りをする **err** /ア〜/, **make a mistake**, **make an error**
・次の文に誤りがあったら直しなさい
If there are any errors in the following sentence, correct them.

あやまる 謝る

➤ **ask pardon**, **beg pardon** /バードン/, **apologize** /アポろヂャイズ/

・私は彼に謝った I asked his pardon.
・I told him that I was sorry.
・私は失礼なことをしてすみませんと彼に謝った I asked his pardon for my rudeness. / I apologized to him for my rudeness.
・お気にさわったら謝ります If I have offended you, I beg your pardon [I apologize].

あら (驚き) **Oh** (**dear**)! /(ディア)/, **Dear me!**

あらい 荒い, 粗い **rough** /ラふ/, **coarse** /コース/; (金遣(かねづか)いが) **wasteful** /ウェイストふる/
・ことばが荒い use rough words
・手ざわりが粗い feel rough
・彼は金遣いが荒い He is wasteful in spending money. / He spends money wastefully.

rough　　　wasteful

あらいもの 洗い物 → あらう

・食後の洗い物はだれがするのですか
Who washes up after dinner?

あらう 洗う

➤ **wash** → せんたく¹ (→ 洗たくする)

・からだ[顔や手]を洗う wash *one*self → × wash *one's* body としない
・皿を洗う wash the dishes / do the dishes / (英) wash up
・髪を洗う wash [shampoo] *one's* hair
・せっけんで手を洗う wash *one's* hands with soap (and water)
・シャツのしみを洗い落とす wash the stain out of a shirt
・私は母がお皿を洗うのを手伝います
I help Mother (to) wash the dishes.
・そのしみは洗えばすぐ落ちますよ
The stain will wash out easily.

あらさがし **faultfinding** /ふォーるトふァインディング/, **nitpicking** /ニトピキング/
・…のあらさがしをする find fault with 〜

あらし 嵐 a **storm** /ストーム/
嵐の **stormy** /ストーミ/
・嵐の夜に on a stormy night
・その夜は嵐であった The night was stormy. / It was a stormy night.

あらす 荒らす (作物・建物などを) **do damage** /ダメヂ/; (金品を奪うためにある場所を) **rob** /ラブ/
・その台風が作物を荒らした The typhoon did great damage to the crops. / The crops were greatly damaged by the typhoon.

アラスカ **Alaska** /アらスカ/
・アラスカの Alaskan

あらすじ (小説などの) a **plot** /プらト/

あらそう 争う

➤ (口論する) **quarrel** /クウォーれる/; (競(きそ)う) **compete** /コンピート/

争い (口論) a **quarrel**; (競争) a **competition** /カンペティション/; (戦い) a **fight** /ふァイト/
・そのことで私は兄と言い争った
I had a quarrel [I quarreled] with my brother about that matter.
・10チームが優勝を争うことになるだろう Ten teams will compete for the championship.
・彼は彼女とクラスの首位を争った He competed with her to be top in the class.

あらためて 改めて (再び) **again** /アゲン/; (あとで) **later** /れイタ/; (別の機会に) **some other time**

twenty-one 21 ありがとう

・改めてまたお伺(うかが)いいたします　I'll call again.
・くわしいことは改めてお話しします
I will tell you the details some other time.

あらためる 改める　(変える) **change** /チェインヂ/;
(改革する) **reform** /りふォーム/; (直す) **mend**
・町名を改める　change the town name
・計画を改める　change a plan
・行儀を改める　mend *one's* manners
・社会組織を改める　reform the social system
ことわざ 改めるのに遅すぎることはない
It is never too late to mend.

あらっぽい 荒っぽい　**rough** /ラ^ふ/, **violent** /ヴ
ァイオレント/
荒っぽく **in a rough way. roughly. violently**
・荒っぽいことばを使う　use rough words

アラビア **Arabia** /アレイビア/
・アラビアの　Arabian / Arabic
・アラビア語　Arabic
・アラビア数字　Arabic numerals

アラブ アラブ人 an **Arab** /アラブ/
・アラブの国々　Arab countries

あらゆる →すべて

あられ **hail** /ヘイる/; (あられ粒) a **hailstone** /ヘイ
るストウン/
・あられが降る　It hails. → It はばく然と「天候」を
表す

あらわす 表す

➤ (示す) **show**
➤ (意味する) **stand for. mean** /ミーン/
➤ (表現する) **express** /イクスプレス/

・このことは彼女がいかに親切であるかを表している
This shows how kind she is.
・青い鳥は幸福を表す
The blue bird stands for happiness.
・画家は自分の感情を絵画に表す　An artist ex-
presses his feelings in his pictures.

あらわれる 現れる

➤ **appear** /アピア/, **turn up** /ターンアプ/, **come
out**

現す (姿を) **appear**; (才能を) **show**
・彼女が舞台に現れると大きな拍手が起こった　There
was a great applause when she appeared on
the stage.
・霧(きり)が晴れると山々が雄大な姿を現した
The magnificent mountains appeared as the
mist cleared up.
・彼はセールスマンとしての才能を現しはじめた　He
began to show a talent for business as a

salesperson.

アリ 蟻 《虫》an **ant** /アント/

ありあわせ 有り合わせの　**ready** /レディ/, **on
[to] hand**
・有り合わせのお金　money on hand

ありうる あり得る　(be) **possible** /パスィブる/
・あり得ない　(be) impossible

ありがたい
❶ (親切な) **kind** /カインド/; (幸運な) **fortunate**
/ふォーチュネト/, **lucky** /らキ/; (歓迎すべき) **wel-
come** /ウェるカム/
ありがたいことに **fortunately. luckily**
・ありがたいお手紙　your kind letter
・ありがたい雨　a welcome rain
・ありがたいことに雨はすぐやんだ
Fortunately the rain soon stopped.
❷ (ありがたく思う) **be thankful; be grateful** /グ
レイトふる/

ありがたさ (大切さ) **value** /ヴァリュー/
・人のありがたさはその人がいなくなって初めてわか
るものだ
We don't know a person's value until we
lose him. / ひゆ You never miss the water
till the well goes dry. (井戸の水が涸(か)れるまでは
水のありがたさがわからない)

ありがためいわく ありがた迷惑だ　**be rather
annoying** /ラざアノイイング/
・彼の親切はぼくにとってありがた迷惑だ
His act of kindness is rather annoying to me.
・新空港は地域住民にとってありがた迷惑なものだ
ひゆ The new airport is a white elephant
for the local residents. → white elephant (白
い象)は「金のかかるやっかいもの」の意味

ありがとう

➤ **Thank you.** / (くだけた言い方) **Thanks.**

基本形 A をありがとう
Thank you for A.
Thanks for A.

・お手紙[お手伝い]ありがとうございました
Thank you for your letter [help].
・ご招待してくださってどうもありがとうございまし
た　Thank you very much for your invitation
[for inviting me]. / It is very kind of you to
invite me.
・見送りに来てくれてありがとう
Thanks for coming to see me off.
・ご搭乗(とうじょう)[ご乗車, ご乗船]ありがとうございま
す (→ようこそお乗りくださいました)

ありそうな

Welcome aboard.
ありそうな likely /らイクリ/
・それはありそうな話だ That's a likely story.
・こういうことは時々ありそうだ This kind of thing is likely to happen now and then.
・彼がもどって来るなんてありそうもないことだ It is not likely that he will come back.
ありのままに as it is;(隠(かく)さずに) **frankly** /フランクリ/
・ありのままに言えば frankly speaking / to speak frankly / to be frank (with you)
・そのことについてありのままに話してください Tell me about the matter as it is.
・それについて君の思うことをありのままに言ってくれ Tell me frankly what you think about it.
アリバイ an alibi /アらバイ/
・アリバイを証明する prove an alibi
ありふれた (普通の) **common** /カモン/;(見慣れた,聞き慣れた) **familiar** /ふァミリア/
・ありふれた出来事 a common event
・ありふれた光景 a familiar sight

ある¹

❶(存在する) **is, are; there is, there are**
❷(持っている) **have**
❸(見つける) **find**
❹(行われる) **be held;**(起こる) **happen**

❶(存在する) **is, are; there is** /ゼア/, **there are**
→ いる³

【基本形】
A(物)がある
　A(単数) **is.** / A(複数) **are.** → A は「君の辞書」のように特定の物
A(物)がある
　There is A(単数). / **There are** A(複数). → A はふつう「1冊の辞書」のように不特定の物

・君の辞書は机の上にある Your dictionary is on the desk.
・君たちのかばんはこっちにある Your bags are over here.

会話
この近くに公園がありますか
—いいえ, ありません
Is there a park near here?
—No, **there isn't**.

・机の上に1冊の辞書がある There is a dictionary on the desk.
・向こうに何本かの大きな木がある There are some big trees over there.
・昨夜大きな火事があった There was a big fire last night.
・君のめがねは机の上にあったよ Your glasses were on the desk.
・机の上[箱の中, ランプのそば]にあるペンは私のです
→「A(場所)にある B(物)」は B on A, B in A, B by A などとする The pen on the desk [in the box, by the lamp] is mine.

❷(持っている) **have**
・私の家は部屋が五つある Our house has five rooms. / There are five rooms in our house.

❸(見つける) **find** /ふァインド/
・次のかどを右に曲がると郵便局があります (→君は郵便局を見つけるでしょう) Turn right at the next corner, and you'll find the post office.
・その箱をあけたら中に時計があった I opened the box and found a watch in it.
・その四つ葉のクローバーどこにあったの Where did you find that four-leaf clover?

❹(行われる) **be held** (受け身形);(起こる) **happen** /ハプン/, **occur** /オカ〜/, **take place** /プれイス/;(火事など) **break out** /ブレイク/
・きのう卒業式があった The graduation (ceremony) was held yesterday.
・先週ここで事故があった An accident happened [occurred] here last week. / There was an accident here last week.
・そこで何があったの What happened [took place] there?
・ゆうべうちの近所で火事があった A fire broke out [There was a fire] in my neighborhood last night.

❺(距離が) **is**;(身長が) **be 〜 tall** /トーる/, (長さが) **be 〜 long** /ろーング/, (幅(はば)が) **be 〜 wide** /ワイド/, (長さ・量などが) **measure** /メジャ/; (重さが) **weigh** /ウェイ/
・ここからその村までは約5キロある It is about five kilometers from here to the village.
会話 君はどのくらい身長がありますか —私は1メートル70あります How tall are you? —I'm one meter and seventy centimeters tall.
・これは長さ[高さ, 幅]が3メートルある This is [measures] three meters long [high, across].
会話 君はどれくらい体重がありますか —ぼくは60キロぐらいあります How much do you weigh? —I weigh about 60 kilograms.
ある² ある… one; some; certain /サ〜トン/
・ある日[朝] one day [morning]

twenty-three　23　**あれる**

- ある午後遅く　one late afternoon
- ある人　a certain person / someone
- ある理由で　for some reason
- ある程度まで　to a certain [to some] extent
- ある人たちは賛成と言い, ある人たちは反対と言った　Some said "Yes," and some [others] said "No."

使い分け

one は不特定の一つをぼかして言う時に, **some** は話し手にとってはっきりわからないものを言う時に, **certain** は話し手にはわかっているが特に言う必要のない, あるいは言いたくない時に使う

参考ことわざ 十人十色（じゅうにんといろ） So many men, so many minds.（人数だけの心がある）

あるいは（または）**or**;（もしかすると）**perhaps** /パハプス/

- お茶あるいはコーヒー　tea or coffee
- それは杉田さんかあるいは松田さんかもしれない　It may be Mr. Sugita or Mr. Matsuda.
- そう言ったのはあるいは私の父であったかもしれない　It may have been my father who said so. / It may have been my father who said so.

アルカリ alkali /ア゛カらイ/

- アルカリ性の　alkaline

あるく　歩く, 歩いて行く

➤ **walk** /ウォーク/; **go on foot** /ふト/

- 速く[ゆっくり]歩く　walk fast [slowly]
- 学校へ歩いて行く　walk to school / (バスなどでなくて歩いて) go to school on foot
- 家へ歩いて帰る　walk home → ここでの home は副詞(家へ)なので ×walk *to* home とならない
- 通りを歩いて行く　walk along the street
- 歩き回る[去る]　walk about [away]
- 彼は順調に回復していて, あと2, 3日もすれば歩き回れるでしょう　He's making a good recovery, and will be out and about in a few days.
- 私は学校へ歩いて行く　I walk to school.
- 君は学校へ歩いて行くのですか, バスですか　Do you go to school on foot or by bus?
- 昼ご飯を食べたら浜辺を歩こうよ　Let's walk along [on] the beach after lunch. / Let's go to the beach for a walk after lunch. → 後ろの文の walk は名詞(散歩)
- 歩くことは健康にいい →「歩くこと」は walking　Walking is good for the health.
- 駅までは歩いてずいぶんある[ちょっとです] →主語はばく然と「距離」を表す it　It is a long [short] walk to the station. → この

walk は名詞(歩く距離)

- 私の家は駅から歩いて10分です　It is a ten-minute walk from the station to my house. / My house is ten minutes' walk from the station. / It takes ten minutes to walk from the station to my house.
- 君の家から学校まで歩いてどれくらいかかりますか　How long does it take to walk from your house to the school?

アルコール alcohol /ア゛コホーる/

- アルコールの　alcoholic
- アルコール飲料　alcoholic drinks
- アルコールランプ　an alcohol burner

アルゼンチン Argentina /アーヂェンティーナ/

- アルゼンチンの　Argentine
- アルゼンチン人　an Argentine

アルト alto /ア゛トウ/

- アルト歌手　an alto (singer)

アルバイト a **part-time job** →「アルバイト」はドイツ語の Arbeit (労働)から

- アルバイトをする　work part-time / have a part-time job

アルバム an **album** /ア゛バム/

アルファベット alphabet /ア゛ふァベト/

- アルファベット順に　in alphabetical order / alphabetically
- 次の人名をアルファベット順に並べなさい　Arrange the following names in alphabetical order.
- ギリシャ[キリル]文字アルファベット　the Greek [Cyrillic] alphabet

アルプス the Alps /ア゛プス/

- 日本アルプス　the Japan Alps

アルミ(ニウム) aluminum /ア゛ミーナム/

- アルミかん　an aluminum can

あれ[1]

❶（遠くのものをさして）**that** (複 those)

❷（あの時）**then**

❶（遠くのものをさして）**that** (複 those /ぞウズ/)

- あれは東京タワーです　That is Tokyo Tower.
- あれは何ですか　What is that?

❷（あの時）**then** /ゼン/

- あれからまる1年になる　It is a whole year since then. / A whole year has passed since then.

あれ[2]（驚き）**Oh!** → あら

あれる　荒れる（暴風雨が）**be stormy** /ストーミ/;（波や海が）**be rough** /ラふ/

- お天気は1日じゅう荒れた

It was stormy all day.
・海は荒れていた　The sea was stormy［rough］.
・会議はかなり荒れた
The meeting was rather stormy.
・私は洗たくで手が荒れている
My hands have got rough with washing.
・きょうは彼は荒れている
He is in a bad mood today. / ひゆ He is like a bear (with a sore head) today. ((頭痛のする)クマのようだ)

アレルギー (an) **allergy** /アらヂ/
アレルギー性の **allergic** /アら～ヂク/
・私は卵を食べるとアレルギーを起こす
I'm allergic to eggs.

あわ (あぶくのかたまり) **foam** /ふォウム/; (あぶく) a **bubble** /バブる/; (せっけんの) (a) **lather** /らざ/
あわだつ **foam; bubble; lather**
・水面にはあわがいっぱい浮かんでいた　The surface of the water was covered with foam.
・私たちの希望はあわのように消えた
Our hope vanished like a bubble.

あわせて[1] …に(調子を)合わせて **to** ～
・私たちはみんな音楽に合わせて踊った
We all danced to the music.

あわせて[2] (全部で) **in all** → ぜんぶ

あわせる　合わせる

❶ (結合する) **combine; put together**
❷ (時刻などを) **set**

❶ (結び付ける) **combine** /コンバイン/; (物を合わせる) **put together** /トゥゲざ/
・二人で力を合わせればそれはきっとできると思う　I am sure we can do it if we combine our efforts［we work together］.
・彼女は壊(こわ)れた破片を継ぎ合わせようとした　She tried to put the broken pieces together.
・私は君ら2人を合わせたより重い　I am heavier than both of you put together. → put は過去分詞(合わせられた)

put together

❷ (時刻などを) **set**; (意見を) **go along** (with ～)
・彼は目ざましを5時に合わせておいた
He set the alarm clock for five.
・この件については君(の意見)に合わせましょう　I'll go along with you on this matter.

あわてる (うろたえる) **be flustered** /ふらスタド/; (急ぐ) **hurry** /ハ～リ/; (てんやわんやである) **be in a lather** /らざ/
・あわてて　in a fluster / in a hurry / in haste
・あわてて結論を出すな
Don't draw a hasty conclusion. / Don't jump to a conclusion.
・もう2〜3分しかなかったので彼はあわてていた
He was in a fluster as there were only a few minutes left.
・そうあわてるな　Don't be in such a hurry.
・私はあわてていて時計を忘れてきた
I left my watch behind in my hurry.
・彼女はパーティーの準備であわてている
She is all in a lather over the preparations for the party.

アワビ 鮑　《貝》 an **abalone** /アバろウニ/, an **ear shell** /イア シェる/

あわれ 哀れ　(悲しみ) **sorrow** /サロウ/; (悲惨(ひさん)) **misery** /ミゼリ/
哀れな (悲しい) **sorrowful**; (気の毒な) **pitiful** /ピティふる/; (悲惨な) **miserable** /ミゼラブる/; (心を動かす) **touching** /タチング/
・哀れな物語　a sorrowful story
・彼らは哀れな生活をしている　They are living in misery. / They are leading a miserable life.
・私は彼らを哀れに思った
I felt sorrow［felt sorry］for them.

あわれむ 哀れむ　**feel sorry** (for ～) /ふぃーる サリ/, **pity**; (同情する) **sympathize** /スィンパサイズ/
哀れみ (慈悲(じひ)) **mercy** /マ～スィ/; (哀れ) **pity**; (同情) **sympathy** /スィンパティ/
・…に哀れみをかける　have mercy on ～ / take pity on ～ / sympathize with ～

あん[1] 案　(計画) a **plan**; (提案) a **proposal** /プロポウザる/; (思いつき) an **idea** /アイディーア/; (議案) a **bill**
・それはいい案だ　That's a good idea.
・彼はピクニックに行く案を出した
He made a proposal for a picnic.
・国会はその案を可決[否決]した
The Diet passed［rejected］the bill.

あん[2] 餡　(**sweetened**) **bean paste** /スウィートンド ビーン ペイスト/

アンカー (リレーの) an **anchor** /アンカ/

あんがい 案外 (思っていたよりも) **more than** *one* **expected** /モー ざン イクスペクテド/; **unexpectedly** /アネクスペクテドリ/
・英語の試験は案外やさしかった
The English examination was easier than I had expected.

あんき 暗記する **learn by heart** /ら～ン ハート/, **learn by rote** /ロウト/; (記憶する) **memorize** /メモライズ/
・名文を暗記する learn famous passages by heart
・教科書の中のすべての単語を暗記する
memorize all the words in the textbook

アンケート a **questionnaire** /クウェスチョネア/
→ 「アンケート」はフランス語の enquête から
・アンケートを取る send (out) a questionnaire
・アンケートに答える fill out a questionnaire

あんごう 暗号 a **cipher** /サイふァ/; (特定の) a **code** /コウド/

あんごうしさん 暗号資産 a **crypto asset** /クリプトウ アセト/; **a cryptocurrency** /クリプトウカーランシ/

アンコール an **encore** /アーンコー/
アンコールする **encore**
・歌をアンコールする encore a song
・アンコールを受ける get an encore
・アンコールに応(こた)えて歌う sing an encore
・アンコールとして1曲演奏する play a piece as an encore

あんざん 暗算 **mental arithmetic** /アリすメティク/, **mental calculation** /キャるキュれイション/
暗算する **calculate mentally** /キャるキュれイト/

アンサンブル an **ensemble** /アーンサーンブる/

あんじ 暗示 (手がかり) a **hint**; (ほのめかし) (a) **suggestion** /サヂェスチョン/
暗示する **hint**; **suggest** /サヂェスト/
・暗示を与える give a hint
・彼は暗示にかかりやすい
He is easily influenced by suggestion.

あんしつ 暗室 a **darkroom** /ダークルーム/

あんしょう[1] 暗唱 **recitation** /レスィテイション/
暗唱する **recite** /リサイト/, **give a recitation**
・英語の詩を暗唱する recite [give a recitation of] an English poem

あんしょう[2] 暗礁 a (**sunken**) **rock** /(サンクン)/
・暗礁に乗り上げる strike a rock; (計画などが) come to a deadlock
・その計画は資金難のために暗礁に乗り上げた
That plan came to a deadlock on account of

financial difficulty.

あんしょう[3] 暗証番号 **personal identification number** /アイデンティふィケイション/, **PIN number**

あんしん 安心
➤ (a) **relief** /リリーふ/
安心する **feel relieved** /ふィーる リリーヴド/, **be relieved**, **feel easy** /イーズィ/
安心させる **relieve**, **ease** /イーズ/
・私はそれを聞いてすごく安心した
I am much relieved to hear it.
・その知らせは彼を安心させた
The news eased his mind [his anxiety].
・そのことについてはどうぞご安心ください (→心配しないでください) Please don't worry [concern yourself] about it.

アンズ 杏 《植物》an **apricot** /エイプリカト/

あんせい 安静にする **rest**
・先生は私に1～2日ベッドで安静にしていなさいと言った The doctor told me to rest in bed for a day or two.

あんぜん 安全
➤ **safety** /セイふティ/
安全な **safe**
安全に **safely**, **in safety**
・《標語》安全第一 Safety First.
・安全ベルト a safety belt
・安全運転 safe driving
・もうこれで安全だ
We are safe [out of danger] now.
・ここなら安全に通りを横切ることができる
You can cross the street in safety here.

あんだ 安打 a **hit**
・安打を打つ make a hit

アンダースロー an **underhand throw** /アンダ ハンド すロウ/

┌─ カタカナ語！ アンダースロー ─┐
× *under throw* では通じない. 日本語の「アンダー」の部分を underhand あるいは underarm にする. 同じように「オーバースロー」は an **overhand throw** あるいは an **overarm throw**,「サイドスロー」は a **sidearm throw** あるいは a **sidehand throw** という

アンダーライン an **underline**
・アンダーラインを引く underline

あんてい 安定 **stability** /スタビリティ/; (釣(つ)り合い) **balance** /バランス/
安定する, **安定させる** **stabilize** /スteイビらイズ/

アンテナ　26　twenty-six

安定した stable /スティブる/
- 安定した職業　a stable job
- 物価を安定させる　stabilize prices

アンテナ an **antenna** /アンテナ/
- 屋根の上にアンテナを立てる　set up an antenna on the roof

あんな → あの (→ あのような)

あんない　案内

➤ (指導) **guidance** /ガイダンス/; (通知) a **notice** /ノウティス/; (招待) **invitation** /インヴィテイション/ → あんないする

- 案内係　(ホテルなどの) a receptionist / an information clerk / 《掲示》"Information"; (劇場・映画館などで座席への) an usher
- 電話で案内を呼び出す　call Information [Directory Assistance]
- 案内書　a handbook / a manual; (観光) a guidebook
- 案内人　(観光・登山などの) a guide
- 案内図　a guide map
- 案内状　(招待状) an invitation (card) / a letter of invitation; (通知状) a notice
- 案内所　an information desk / an inquiry office

あんないする　案内する

❶ (連れて行く) **show**; **guide**
❷ (通知する) **inform**

❶ (連れて行く) **show**; (旅行・登山などで) **guide** /ガイド/; (先に立って) **lead** /リード/

基本形
A (人)を案内する
　　guide A
A (人)を B (場所)へ案内する
A (人)に B (場所)を案内する
　　show A to [around, though] B

- 彼を連れて東京の下町を案内する　show him around the old area in East Tokyo
- 旅行者に東京を案内する　guide a tourist through Tokyo
- 彼を座席[部屋]に案内する　show [lead] him to the seat [into the room]
- 私たちは彼の書斎(しょさい)へ案内された　→受け身形
We were shown into his study.
- ロンドンは初めてなのです．この店まで案内していただけませんか
I'm a stranger to London. Would you please show me to this shop?

❷ (通知する) **inform** /インふォーム/; (知らせる) **let ～ know** /ノウ/

- 次の会合についてはのちほどご案内いたします
We'll inform you of the next meeting later. / We'll let you know later about the next meeting.

❸ (招待する) **invite** /インヴァイト/ → しょうたい¹, まねく

あんのじょう 案の定(…だ) **as I expected** /イクスペクテド/; (…だった) **as I had expected**

あんば あん馬 (競技名) **the pommel horse event** /パマる ホース/, (用具) a **pommel horse**, **side horse**

アンパイア an **umpire** /アンパイア/
- 彼はアンパイアをつとめた
He acted as an umpire.

アンバランス **imbalance** /インバランス/ →unbalance はおもに「精神的な不安定」の意味で使う
- 貿易のアンバランス　the trade imbalance

あんパン a **bean-jam bun** /ビーンヂャム バン/
アンプ an **amplifier** /アンプりふァイア/
アンモニア **ammonia** /アモウニア/
あんらく 安楽 **ease** /イーズ/, **comfort** /カンふォト/

安楽な **comfortable** /カンふォタブる/
安楽に **comfortably**, **in comfort**
- 安楽死　mercy killing
- 安楽いす　an easy chair
- 安楽な生活　a comfortable life

い　イ

い¹ 胃　a **stomach** /スタマク/
- 私は胃が痛い　I have a stomachache.
- 私は胃が少し痛い
I have a slight pain in my stomach.
- 私は胃の具合が悪い
My stomach is out of order.
- 私は胃が丈夫だ[弱い]
I have a strong [weak] stomach.

い² …位 (順位) a **place** /プれイス/, a **rank**
- 1位になる　win first place

・ここ数年, がんが死因の第1位を占めている
Cancer has taken first place as the cause of death for the last few years.

いい → よい → よろしい
・いいですか Are you all right?
・それでいい That's all right.

[会話] この本を借りてもいいですか. —いいとも, 1, 2日のうちに返してくれればね
May I borrow this book? —Sure, if you can return it in a day or two.

・スキーにはこのジャケットでいいだろう[このジャケットではだめだろう]
This jacket will [won't] do for skiing.

・おい, いいかい (→こっちを見よ)
Look here! → 相手の注意をうながす時の言い方

・いいですか (→覚えておきなさい), 始めはゆっくり走らなければいけません
Remember, at first you must jog slowly.

・もうおやすみなさい —いい子だから
Go to bed now —there's a good boy [girl].

いいあてる 言い当てる **guess** /ゲス/ → あてる

いいあらそう 言い争う (口論する) **quarrel** (with ~) /クウォーレる/, **have** a **quarrel** (with ~); (論争する) **argue** (with ~) /アーギュー/

いいあらわす 言い表す **express** /イクスプレス/ → あらわす
・感情を音楽で言い表す express *one's* feelings in music
・夕日はことばでは言い表せないほど美しかった The sunset was beautiful beyond expression [words]. / The sunset was too beautiful for words.

いいえ

> no → 「いいえ」の次が肯定の文であれば「いいえ」は yes で表現する

[会話] 君たちは午前中に英語の授業がありますか. —いいえ, ありません
Do you have an English lesson in the morning? —No, we don't.

[会話] 君たちはきょうは英語の授業はないのですか. —いいえ, あります Don't you have an English lesson today? —Yes, we do.

どうもありがとうございました
—いいえ, どういたしまして
Thank you very much.
—You are welcome. / Not at all.

いいかえす 言い返す **talk back** /トーク バぁク/, **answer back** /アンサ バぁク/

いいかえる 言い換える **say in other words** /セイ ア ざ ワ〜ヅ/
・言い換えると in other words / that is (to say) → すなわち

いいかげん いいかげんな (でたらめな) **random** /ランダム/; (根拠のない) **groundless** /グラウンドれス/; (信用のできない) **unreliable** /アンリらイアブる/; (無責任な) **irresponsible** /イリスパンスィブる/; (ぞんざいな) **sloppy** /スらピ/
いいかげんに at random
・いいかげんな男 an unreliable [irresponsible] man
・いいかげんな答えをする give a random answer
・…についていいかげんな話をでっちあげる spin a half-baked story about ~
・彼はいつもいいかげんな仕事をする
He always does a sloppy job.
・もういいかげんにしろ
That's enough. (それで十分だ)

いいき いい気になる (得意になる) **be conceited** /コンスィーテド/, **get conceited**
・彼はいい気になっている He is conceited.

いいこと …をいいことに
・彼は彼女が親切なのをいいことに彼女の本をしょっちゅう借りる He takes advantage of her kindness and borrows her books too often.

イージスかん イージス艦 **an Aegis ship** /イーぢス シプ/

いいすぎる 言いすぎる **say too much** /セイ トゥー マチ/
・それは言いすぎだ It is saying too much.
・彼は現代最大の作家といっても言いすぎではない It is not too much to say that he is the greatest writer of today.

イースター (復活祭) **Easter**
・イースターを祝う celebrate Easter

いいつける 言いつける **order** /オーダ/; **tell**
言いつけ **orders**
・彼の言いつけに従う obey his orders
・言いつけどおりにしなさい Do as you are told.

いいつたえ 言い伝え → でんせつ

イートインコーナー a dine-in area /ダイン イン エリア/
・コンビニエンスストアのイートインコーナー the dine-in area in a convenience store → a dine-in area はレストランでの食事をするスペースについても使われる

いいなり 言いなり

いいのがれ 28 twenty-eight

・彼は彼女の言いなりだ
He does just as she tells him. / ひゆ He
eats out of her hand. (彼女の手から食べる，彼女
が手で与えてくれるものを食べる)

いいのがれ 言い逃れ → いいわけ

いいはる 言い張る **insist** /インスィスト/
・彼はひとりで行くと言い張った
He insisted on going alone. /
He insisted that he would go alone.

いいぶん 言い分 *one's* **say** /セイ/, **what** *one*
has to say
・ぼくの言い分も聞いてくれ Listen to what I
have to say. / Let me have my say.
・彼にも言い分がある
What he says is also reasonable.

いいまわし 言い回し an **expression** /イクスプレシ
ョン/

イーメール (an) **e-mail**, (an) **email** → メール
イーメールを出す e-mail, email
・イーメールアドレス an e-mail [email] address

いいわけ 言い訳 an **excuse** /イクスキュース/
言い訳する excuse *oneself* /イクスキューズ/;
make an **excuse**
・へたな言い訳 a poor excuse
・彼は遅刻の言い訳をした He made an excuse
[excused himself] for being late.
・寝ぼうは遅刻の言い訳にならない
Oversleeping is no excuse for being late.

いいん¹ 委員 a **member of** a **committee** /コミ
ティ/
委員会 (組織) a **committee**; (会議) a **commit-
tee meeting**
・委員長 the chair [the chairperson] of a
committee
・学級委員長 a homeroom president
・委員会は午後3時半に開かれます The commit-
tee meeting will be held at 3:30 p.m. / The
committee will meet at 3:30 p.m.
・彼はその委員会の委員です He is a member of
the committee. / He is on the committee.
・私は何の委員でもありません
I am not on any committee.

いいん² 医院 a **doctor's office** /ダクタズ オーふィ
ス/

いう 言う

❶ **say**; (告げる) **tell**; (話す) **speak, talk**
❷ (…と呼ぶ) **call**

❶ **say** /セイ/; (告げる，命じる) **tell**; (話す，ものを
言う) **speak** /スピーク/, **talk** /トーク/

基本形

A (人)に言う
　say to A / **speak to** A / **tell** A
B (物事)を言う
　say B / **tell** B / **speak** B
A (人)に B (物事)を言う
　say B **to** A / **speak** B **to** A / **tell** A B
「…」と言う
　say, "～" / say that ～
A (人)に「…」と言う
　say to A, **"～" / tell** A **that ～**
A (人)に…しなさいと言う
　tell A **to** *do*
A (人)に…してくださいと言う
　ask A **to** *do*

・本当のことを言う say [tell] the truth
・彼女にさよならと言う say good-bye to her
・彼女にうそを言う tell her a lie
・…と言われている They [People] say (that)
～. / It is said that ～. → 後ろの例は受け身形
・彼に行け[行くな]と言う tell him to go [not to
go]
・彼女に行って[行かないで]くださいと言う
ask her to go [not to go]
・…のことをよく[悪く]言う speak well [ill] of ～
・一般的[率直，個人的]に言えば Generally
[Frankly, Personally] speaking → ふつう文頭に
来る
・彼は何を言っているのですか．彼の言っていることが
聞こえません → 前の文は現在進行形 What is he
saying? I can't hear him. → him は「彼の言うこ
と」

使い分け

say: 自分の考えや気持ちをのべる時に使う He
says what he believes. (彼は自分の思うことを言
う)

mention: ちょっと話に出す，触れる Don't men-
tion it to anyone else. (それはほかの人には言わ
ないで)

speak: say とほぼ同じように使うが，ことばを発す
ることに重点がある He is speaking to the par-
rot. (彼はオウムに何か言っている)

tell: 意思や情報を相手に伝えたり，命令したりする
時に使う Tell him to come at once. (彼にすぐ
来るように言いなさい)

talk: 打ち解けてしゃべること They are talking
over the movie they saw. (彼らは自分たちの見
た映画のことを言っています)

call: ものの名称などを言う時に使う We call this
a 'top'. (われわれはこれを「コマ」と言う)

🗨会話 君は彼女に何と言ったのか．―ぼくは何も言ってないよ　What did you say to her? —I said nothing (to her).

🗨会話 寒くない？―そう言われてみると寒いね　Isn't it cold? —Now that you mention it, it's cold.

・だれがそんなことを言ったの
Who said so? / Who told you so?

・あなたに言われたくないわ　That's a bit rich coming from you. ➔ rich は「適当ではない」

ひゆ Look who's talking? (ねえ，だれが言っているの) / ひゆ You're a fine one to talk. (ご立派ね，そんなこと言うなんて) / ひゆ You can talk. (よく言えるわね)

・彼は言うこととすることがちがう
He says one thing and does another.
・だれにも言うなよ．それを秘密にしておけ
Don't tell anybody. Keep it a secret.
・君は私に本当のことを言わなくてはいけない
You must tell me the truth.
・私が言ったようにやりなさい　Do as I told you.
・もっとゆっくり[はっきり]言ってください
Please speak more slowly [clearly].
・人の悪口を言ってはいけません
You must not speak ill of others.
・彼にすぐ来るように言いなさい
Tell him to come at once.
・私はそこへ行け[行くな]と言われた ➔ 受け身形 I was told to go [not to go] there.
・彼はけちだと言われています
They say [It is said] that he is stingy. /
He is said to be stingy.
・彼は彼女に「私はいそがしい」といつも言う[言った]
He always says [said] to her, "I am busy." / He always tells her that he is busy [told her that he was busy]. ➔ 主節の動詞が過去 (told) の時は，「時制の一致」で that 以下の動詞も過去 (was) になる
・彼女は私に「少し待ってちょうだい」と言った
She said to me, "Please wait a little." / She asked me to wait a little.

ことわざ 言うは易(やす)く行うは難(かた)し
Easier said than done.

❷ (…と称する，…と呼ぶ) **call** /コーる/

基本形　A を B と言う
　　　　call A B ➔ B は名詞

・「サブ」といわれる少年　a boy called Sabu
・山田さんという男性　a Mr. Yamada / a man called Yamada
・われわれは英語ではこの花を forget-me-not (ワスレナグサ) と言います　We call this flower "forget-me-not" in English.
・これは英語で何と言いますか　What do you call this in English? / What is this called in English?
・「カバ」は英語で何と言うのですか
What is the English for "kaba"?

いうまでもなく (もちろん) **needless to say** /ニードれス セイ/, **of course** /コース/

・言うまでもなくタバコは健康によくありません
Needless to say [Of course], smoking is not good for the health. / It is needless to say [It goes without saying] that smoking is harmful to your health.
・彼は英語は言うまでもなく，フランス語，ドイツ語も話せる　He can speak French and German, to say nothing of [not to speak of / not to mention] English.

いえ　家

➤ a **house** /ハウス/, a **home**

・家へ帰る[急ぐ]　go [hurry] home ➔ この home は副詞(家へ)
・家に帰る途中で　on one's way home ➔ この home も副詞
・私は 1 日じゅう家にいた
I stayed [was] at home all day.
・母は買い物に出ていて家におりません　Mother is not at home. She is out shopping.
・彼はうちの隣の家に住んでいます
He lives next door to us.

いえがら

使い分け
house: 建物に重点をおいていう時に使う
home: 建物とそこに住む家族をふくめていう時に使い，特に家庭の温かさを暗示する

いえがら 家柄 （生まれ） **birth** /バ～す/; （系統） **lineage** /リニエヂ/
イエス・キリスト Jesus Christ /ヂーザス クライスト/
いえで 家出する **run away from home** /アウェイ/
イエローカード a yellow card
いおう 硫黄 **sulfur** /サるふァ/

いか …以下
❶（数量が）**less than, under, below**; （程度が）**below**
❷（下記のこと）**the following**; （残り）**the rest**
❶（数量が）**less than, under** /アンダ/, **below** /ビろウ/; （程度が）**below**
・3時間以下で in less than three hours
・10歳以下の子供は入場できない
Children ten and under are not admitted.
・冬には気温が時々零度以下になる In winter the temperature often falls below zero.
・私の英語の点は平均以下だ
My grade in English is below average.
❷（下記のこと）**the following** /ふァろウインぐ/; （残り）**the rest**
・以下の例を参考にせよ
Take the following examples into account.
・以下省略 The rest is omitted.
イカ 烏賊 《動物》（ヤリイカ）**a squid** /スクウィド/ （復 同形）; （コウイカ）**a cuttlefish** /カトるふィシュ/ （復 同形）

いがい¹ 意外な **unexpected** /アネクスペクテド/
意外に unexpectedly
・結果はまったく意外だった
The result was quite unexpected.
・そんな取り扱いは意外だった
I did not expect such treatment.
・船は意外に早く着いた The ship arrived earlier than I had expected.
・意外にもそのアメリカ人は日本語で演説した
Unexpectedly the American made his speech in Japanese.
いがい² …以外 （除いて）**except** /イクセプト/; （その上）**besides** /ビサイヅ/
・彼以外はだれもプールへ行かなかった Nobody went to the swimming pool except him.
・髪の色以外は彼らはよく似ている They look alike except for the color of their hair.
・彼がその朝早く家を出たということ以外は私は何も知らない I know nothing except that he left home early that morning.
・私はこの辞書以外にもう一冊辞書を持っている
I have another dictionary besides this one.
いかいよう 胃かいよう **a stomach ulcer** /スタマク アるサ/

いかが
➤ **how** /ハウ/
・ご家族（のかたがた）はいかがですか
How are your family?
・この色はいかが How do you like this color?
・テニスを1ゲームいかがですか
How about a game of tennis? /
What do you say to a game of tennis?
・きのうのピクニックはいかがでしたか
How did you enjoy your picnic yesterday?

コーヒーはいかがですか
—はい，いただきます
Would you like a cup of coffee?
—Yes, thank you.

いがく 医学 **medicine** /メディスン/; **medical science** /メディカる サイエンス/
・医学部 the medical department (of a university) / a medical school
いかす 生かす （動物などを生かしておく）**keep ~ alive** /アらイヴ/; （活用する）**make use of ~** /ユース/
いかだ a raft

thirty-one　31　いきぬき

・いかだで川を下る　raft / go down a river on a raft
・(遊びで)いかだ下りをしに行く　go rafting

いかだいがく 医科大学 a **medical college** /メディカる カれヂ/, a **medical school**

いかに… however
・いかに一生懸命やってみても君は彼のようにうまくそれをすることはできない　However hard you may try, you cannot do it as well as he.

いかり¹ 怒り **anger** /アンガ/
いかり² 錨 an **anchor** /アンカ/
いかる 怒る → おこる²
いがん 胃がん **stomach cancer** /スタマク キャンサ/

いき¹ 息

> **breath** /ブレす/
息をする **breathe** /ブリーず/
・一息に　in one breath
・息をつく　take breath
・息を吐(は)く　breathe out
・息を切らして　out of breath
・息をのむ　hold *one's* breath
・息をはずませる　gasp
・彼は急いで息を切らしていた
He was breathless from haste.

いき² 行き
❶ going
・行き来　coming and going
・私は行きは電車で帰りは飛行機にします
I will go by train and return by plane.
❷ (…行き) for 〜, bound for 〜 /バウンド/

いき³ 意気 **spirit** /スピリト/
・その意気だ! That's the spirit! → ちょうし **❸**

いき⁴ 粋な **chic** /シーク/
いき⁵ 生きのよい **fresh**
生きの悪い **stale** /ステイる/

いぎ¹ 異議 an **objection** /オブヂェクション/
異議を唱(とな)える **object** /オブヂェクト/, **make an objection**
・その計画に異議を唱える　object to the plan
・私は彼をパーティーに招くことに異議はありません
I have no objection to inviting him to the party.
・(どなたか)異議はありませんか　Does anyone have an objection? / Is there any objection?

いぎ² 意義 (a) **meaning** /ミーニング/, **significance** /スィグニふぃカンス/
・意義のある　significant
・意義のない　meaningless

いきいき 生き生きした (新鮮で) **fresh**; (鮮明で) **vivid** /ヴィヴィド/; (生気ある) **lively** /らイヴリ/
・草は露(つゆ)をおびて生き生きとしていた
The grass was fresh with dew.
・彼女はいかにも生き生きとしている
She looks quite lively.
・彼はそれを生き生きと描写した
He described it vividly.

いきうめ 生き埋めになる **be buried alive** /ベリド アらイヴ/

いきおい 勢い (力) **power** /パウア/; (気力) **spirits** /スピリツ/ → げんき

いきがい 生きがい (生きる目的) **the purpose of** *one's* **life** /パ〜パス らイふ/
・君の生きがいは何ですか
What is the purpose of your life?
・君は生きがいを感じていますか
Do you find your life worth living? → worth living は「生きる価値がある」

いきかえる 生き返る **come to life** /らイふ/, **revive** /リヴァイヴ/
・その魚は水に入れたらまた生き返った
The fish came to life again in water.
・雨が降ってその植物は生き返った
The plant revived after the rain. / The rain revived the plant.

いきかた 生き方 (いかに生きるべきか) **how to live** /ハウ リヴ/; (スタイル) *one's* **way of living** /ウェイ リヴィング/

いきごみ 意気込み **enthusiasm** /インすューズィアズム/

いきさき 行き先 *one's* **destination** /デスティネイション/; **where** *one* **goes** /(ホ)ウェア/ → ゆきさき

いきすぎる 行き過ぎる (極端になる) **go too far**, **go to extremes** /イクストリームズ/; (通り過ぎる) **go past**, **go beyond** /ビヤンド/ → ゆきすぎる

いきちがい 行き違いになる (手紙が) **cross**; (道で) **pass without noticing** /ウィざウト ノウティスィング/ → ゆきちがい

いきづまる¹ 息詰まるような (息苦しい) **choking** /チョウキング/, **stifling** /スタイふりング/; (試合など) **thrilling** /すリリング/

いきづまる² 行き詰まる **come to a standstill** /スタンドスティる/, **be at a standstill**, **be stuck** /スタク/ → ゆきづまる

いきどまり 行き止まり → ゆきどまり
いきなり **suddenly** /サドンリ/ → きゅう⁴ (→ 急に)
いきぬき 息抜き (休息) a **rest**; (気晴らし) **relaxation** /リーらクセイション/
・息抜きをする　take a rest

いきのこる　32　thirty-two

・息抜きに散歩する　take a walk for relaxation
いきのこる 生き残る　**survive** /サヴァイヴ/
・生き残った人　a survivor
・彼は地震にあったが生き残った
He survived the earthquake.
いきもの 生き物　**a creature** /クリーチャ/, **a living thing** /リヴィンぐ すィンぐ/
イギリス（**Great**）**Britain** /(グレイト) ブリテン/, **the United Kingdom** /ユーナイテド キンぐダム/
・イギリスの　British
・イギリス人　a British person; (全体) the British (複数扱い) → an Englishman[Englishwoman] はイングランド人のみをさす
・彼はイギリス人です　He is British. → He is a British person. よりふつうの言い方

いきる　生きる

➤ **live** /リヴ/
生きている… **living** /リヴィンぐ/, **live** /らイヴ/, **alive** /アらイヴ/ → alive は名詞の前にはつけない
・幸せ[正直]に生きる　live happily[honestly]／live a happy[honest] life
・90まで生きる　live to (be) ninety
・生きているもの[生き物]　a living thing
・生きている[生きた]ゾウ　a live elephant
・私たちは21世紀に生きています　We live [are living] in the twenty-first century.
・うちのおじいさんはとても長生きしました
My grandfather lived very long [lived to a great age].
・彼女はまだ私の思い出の中に生きている　She still lives [is still living] in my memory.
・水がなければ地上の生き物は生きることができないだろう → 仮定法過去　Without water no living thing on earth could live.
・だれでも生きる権利がある
Everyone has a right to live.
・人生は生きる価値がある　Life is worth living. → 「…する価値がある」は be worth *doing*
・その伝統はこの土地ではまだ生きている
The tradition is still alive in this region.
いきわたる 行き渡る → ゆきわたる

いく　行く

➤ **go**
・学校に行く　go to school
・散歩に行く　go for a walk
・買い物に行く　go shopping
・いっしょに行きましょう　Let's go together.
・私は彼に会いに行った　I went to see him.

・その時彼らはどこへ行くところでしたか
Where were they going then?
・私のおじはアメリカへ行ってしまった → 現在完了
My uncle has gone to America.
・私は1度ローマへ行ったことがある
I have been to Rome once.
・私は1度も京都へ行ったことがない
I have never been to Kyoto.
・すぐ行きます　I'm coming.

文法・語法
ふつう「行く」には **go**,「来る」には **come** を使うが、人に呼ばれて「すぐ（そちらへ）行きます」のように言う時は相手側に立った物の言い方をするので、「行く」にも **come** を使う

・お宅への行き方（→どのようにして君の家に到着できるのか）を教えてください
How can I get to your house?
・博物館へはこの道を行けばよいのですか（→これは博物館への正しい道ですか）
Is this the right road to the museum?
・逗子は東京から簡単に行けるところにある
Zushi is within easy reach of Tokyo.
いくじ[1] 育児　**childcare** /チャイるドケア/
いくじ[2] 意気地のない（根性のない）**gutless** /ガトれス/;（意志の弱い）**spineless** /スパインれス/, **weak-willed** /ウィークウィるド/;（臆病(おくびょう)な）**timid** /ティミド/, **cowardly** /カウアドリ/
　意気地なし　a **coward**, a **weakling** /ウィークリンぐ/, a **chicken** /チキン/

いくつ

➤ （数）**how many** /ハウ メニ/
➤ （年齢(ねんれい)）**how old**
・あなたの町にはデパートがいくつありますか
How many department stores are there in your town?
[会話] あなたのお父さんはいくつですか。—45歳です　How old is your father? —He is forty-five

(years old).
いくつか(の) some /サム/, several /セヴラる/, a few /ふュー/
いくつでも as many (〜) as you like /らイク/
・いくつでも(リンゴを)持っていっていいよ
You can take as many (apples) as you like.

いくら

❶ (どれくらい) **how much**
❷ (いくら…でも) **however**

❶ (どれくらい) **how much** /ハウ マチ/
・君はお金がいくらほしいのですか
How much money do you want?
🔲会話 この時計はいくらですか. —9千円です
How much is this watch? —It's nine thousand yen.
❷ (いくら…でも) **however** /ハウエヴァ/
・いくらやってみても結果は同じだった
However I did it, the result was the same.
・いくらやってみても君は多田のようにはやれない
However hard you may try, you cannot do as well as Tada.

いくらか somewhat /サム(ホ)ワト/; some, (疑問文では) any; a little
・それらはたがいにいくらか違っている
They are somewhat different from each other.
・私はいくらかお金を持っています
I have some money with me.
🔲会話 きょうはいくらかよろしいですか. —ありがとう,きょうはきのうよりいくらか気分がいいです Do you feel any better today? —Thank you. I feel a little better today.

いくらでも as 〜 as you like /らイク/, as 〜 as you want → いくつでも
・君はここにいくらでもいたいだけいていい
You can stay here as long as you like.
・お金は君のほしいだけいくらでもあげるよ
I'll give you as much money as you want.

いけ 池 **a pond**
いけがき 生け垣 **a hedge** /ヘヂ/
いけどる 生けどる **catch alive** /キャチ アらイヴ/
・動物を生けどりにする catch an animal alive

いけない

❶ (…してはいけない) **must not** do, **don't** do
❷ (…しなくてはいけない) **must** do, **have to** do
❸ (よくない) **bad**

❶ (…してはいけない) **must not** do /マスト/, **don't** do
・この川で泳いではいけない
You must not swim in this river.
・そんなに騒いではいけない
Don't make so much noise.
❷ (…しなくてはいけない) **must** do, **have to** do /ハふトゥ/ → ならない
❸ (よくない) **bad**
・うそをつくなんていけないよ
It is bad to tell a lie.

熱があるみたいだ
—それはいけないね
I feel I have a fever.
—That's too **bad**.

❹ (…すると)いけないから **in case** /ケイス/
・雨が降るといけないからかさを持って行きなさい
Take your umbrella with you in case it rains.
・赤ちゃんが目をさますといけないから静かにしてください Please be quiet, or the baby will wake. → or は「そうしないと」/ Please be quiet. You will wake the baby.

いけばな 生け花 **flower arrangement** /ふらウア アレインヂメント/ → かどう
・私たちは放課後生け花を習う We take lessons in flower arrangement after school.

いける 生ける (花を) **arrange** /アレインヂ/
・花を生ける arrange flowers

いけん 意見

➤ an **opinion** /オピニョン/; (忠告) **advice** /アドヴァイス/

・この問題について彼は意見を述べた He gave [expressed] his opinion on this subject.
・彼の意見では君が正しいとのことだ
In his opinion you are right. /
He says that you are right.
・私はあなたの意見に従います I will follow your advice. / I will do as you tell me.
・彼らはこの点では意見が一致した
They agreed on this point.

いげん 威厳 **dignity** /ディグニティ/
威厳のある **dignified** /ディグニふァイド/
・威厳をもって with dignity

いご 以後 **after**
・私は午後4時以後はたいていうちにいます
I usually stay (at) home after four in the afternoon.

いこい 34 thirty-four

•彼の到着は月曜日以後になるでしょう
His arrival will not be before Monday. /
His arrival will be no earlier than Monday.

いこい 憩い（休息）(a) **rest**
•…にとっての憩いの場 a place [**ひゆ** an oa-sis] of peace and relaxation for ～

いこう 以降 → いご

イコール equal /イークヮる/
•4足す6イコール10 Four and six equals ten.

いごこち 居心地がよい **comfortable** /カンふォタ
ブる/, **cozy** /コウズィ/, **snug** /スナグ/
•居心地が悪い uncomfortable

いざ いざという時のために（最悪の場合にそなえて）
for the worst /ワ～スト/
•いざという時のためにお金をためておきなさい
ひゆ Put money aside for a rainy day. (雨の日のために)

いざこざ a trouble /トラブる/
•家庭のいざこざ family troubles

いさましい 勇ましい **brave** /ブレイヴ/
勇ましく **bravely**

いさん 遺産（物質的財産）an **inheritance** /インヘ
リタンス/; (精神的・文化的財産) a **heritage** /ヘリテ
チ/
•遺産を相続する come into an inheritance
•その建造物は1994年にユネスコの世界遺産に指定された
The building was listed as a UNESCO
World Heritage site in 1994.

いし¹ 石

➤ (a) **stone** /ストウン/
•石ころだらけの stony
•石橋 a stone bridge
•…をねらって石を投げる throw a stone at ～
•その橋は石でできている
The bridge is built of stone.
ことわざ 石橋をたたいて渡る never run a risk (けっして危険をおかさない)

いし² 意志 (a) **will**
•意志の強い[弱い]人 a person with a strong
[weak] will
•彼は意志が強い He has a strong will.

いし³ 医師 → いしゃ

いじ¹ 意地の悪い **ill-natured** /イるネイチャド/ →
いじわる
意地っ張りな **willful** /ウィるふる/; (強情な) **stub-born** /スタボン/
•意地の悪い人[ことば] an ill-natured person
[remark]

•意地っ張りな子 a willful [stubborn] child

いじ² 維持 **maintenance** /メインテナンス/
維持する **maintain** /メインテイン/; **keep**
•健康を維持する最善の方法 the best way to
keep your health

いしき 意識 **consciousness** /カンシャスネス/
意識のある **conscious**; (気づいて) **aware** /アウェア/
意識して **consciously**
•私はその危険を意識していた
I was conscious [aware] of the danger.
•彼は意識を失った[回復した]
He has lost [regained] his consciousness.

いしだたみ 石畳 **stone pavement** /ストウン ペイ
ヴメント/

いしつぶつ 遺失物取扱所 《米》a **lost-and-found** **office** /ろーストアンドふァウンド オーふィ
ス/, 《英》a **lost property office** /プラパティ/

いじめる bully /ブり/; be hard on. do nasty
things to /ナスティ/; (いやがらせをする) harass
/ハラス/

いじめ bullying; (いやがらせ) harassment /ハラ
スメント/
•いじめっ子 a bully
•少年をいじめて泣かせる bully a boy till he
cries
•弟をそんなにいじめてはいけません
Don't be so hard on your brother.
•動物をいじめるな（→動物に残酷にするな）
Don't be cruel to animals.
•残念ながら私たちのクラスにはいじめがある
I'm very sorry to say that there is some bul-
lying [harassment] in our class.
•私たちのクラスからいじめをなくそう
Let's try to get rid of bullying [harassment]
in our class.

いしや 石屋（石工）a **stonemason** /ストウンメイス
ン/; (石商) a **stone dealer** /ディーら/

いしゃ 医者

➤ a **doctor** /ダクタ/
•医者に来てもらう ask a doctor to come
•医者にみてもらう see a doctor
•医者にみてもらいに行く go to see a doctor
•手遅れにならないうちに医者に行ってみたほうがい
いぞ You had better go and see the doctor
before it is too late.
•私は今医者にかかっています
I'm now under a doctor's care.

いじゅう 移住（外国へ）**emigration** /エミグレイシ

thirty-five 35 いそがしい

ヨン/; (外国から) **immigration** /イミグレイション/
移住する (外国へ) **emigrate** /エミグレイト/; (外国から) **immigrate** /イミグレイト/; (引っ越す) **move** /ムーヴ/
•多くの若者が日本からブラジルへ移住した
A lot of young people emigrated from Japan to Brazil.

いしょ 遺書 (自殺者の) a **suicide letter** [**note**] /スーイサイド/ → ゆいごん

いしょう 衣装 **clothes** /クロウズ/; (芝居の) **costume** /カステューム/

いじょう¹ 異状 **something wrong** /サムすィング ローング/, (疑問文では) **anything wrong** /エニすィング/
•このテレビには何も異状がありません[どこか異状がある]
There is nothing [something] wrong with this TV (set). / Nothing [Something] is wrong with this TV (set).

いじょう² 異常 **abnormality** /アブノーマリティ/
異常な abnormal /アブノーマる/, **unusual** /アニュージュアる/
•異常気象 abnormal [unusual] weather
•4月に雪が降るなんて異常です
It's very unusual to have snow in April.

いじょう³ …以上

➤ (数量が) **more than** /モーざン/, **over**, **above** /アバヴ/
➤ (程度が) **beyond** /ビヤンド/

•1週間以上前に more than a week ago / over a week ago
•7歳以上の子供 children seven and over / children of seven years and over
•私の英語の点は平均点以上だ
My grade in English is above average.
•今日の話し合いは以上で終わり
That's all for today's discussion.

いしょく¹ 衣食 **food and clothing** /フード クロウずィング/; (生計) **living** /リヴィング/
•衣食住 food, clothing and shelter
ことわざ 衣食足(た)りて礼節(れいせつ)を知る Well fed, well bred.

いしょく² 移植 **transplant** /トランスプラント/
移植する transplant /トランスプラント/
•心臓移植 a heart transplant

いじる (もてあそぶ) **play with** /プれイ ウィず/; (指でさわる) **finger** /ふィンガ/
•にきびをいじっちゃだめよ
Don't finger your pimples.

いじわる 意地悪な **mean** /ミーン/, **nasty** /ナスティ/; (やさしくない) **unkind** /アンカインド/
…に意地悪をする be mean [nasty] to ～; be unkind to ～
…に意地悪を言う say something mean [nasty] to ～ /セイ サムすィング/, **say something unkind to ～**
•妹にそんなに意地悪をするな
Don't be so mean [nasty] to your sister.

いしん 維新 **restoration** /レストレイション/
•明治維新 the Meiji Restoration

いじん 偉人 a **great person** /グレイト パ～スン/

いす

➤ a **chair** /チェア/; (三脚いす) a **stool** /ストゥーる/

•いすにすわる sit on a chair / take a chair; (安楽いすの場合) sit in a chair
•いすから立ち上がる rise from a chair
•祖父はいすにすわって本を読んでいた
Grandfather was reading in a chair.

いずみ 泉 a **spring**, a **fountain** /ふァウンテン/

イスラエル (国) **Israel** /イズリエる/

イスラム(きょう) イスラム(教) **Islam** /イスらーム/
•イスラム(教)の Islamic
•イスラム教徒 a Muslim; (集合的に) Islam

いせい 異性 **the opposite sex** /アポズィット/
•異性の友達 a friend of the opposite sex

いせき 遺跡 **ruins** /ルーインズ/, **remains** /リメインズ/, **relics** /レリクス/

いぜん¹ 以前の **former** /ふォーマ/
以前に(は) formerly, in former days /デイズ/; (今から…以前) **ago**, (ばく然と, またはある過去の時から…以前) **before** /ビフォー/; (かつて) **once** /ワンス/
•ずっと以前に long [many years] ago / long before
•以前は彼は音楽の先生でした
Formerly he was a teacher of music.
•この家には以前一人の老人が住んでいた
An old man once lived in this house.

いぜん² 依然として **still**

いそがしい 忙しい

➤ **busy** /ビズィ/

忙しく busily
•忙しい人[日] a busy person [day]
•父は朝から晩まで忙しい
My father is busy from morning till night.

いそぐ 36 thirty-six

・彼は会社で忙しく働いている
He is working busily in the office.
・彼女は宿題で忙しかった
She was busy with her homework.
・彼は試験勉強で忙しい
He is busy preparing for the examination.

いそぐ 急ぐ, 急いで行く

➤ **hurry** /ハ〜リ/, **make haste** /ヘイスト/
急ぎ **hurry**, **haste**
急ぎの (短時間の) **hurried** /ハ〜リド/, **hasty** /ヘイスティ/, **quick** /クウィク/; (急を要する) **urgent** /ア〜チェント/
急いで **in a hurry**, **in haste** →a の有無に注意;
→ あわてる (→ あわてて)
急いだので **in** one's **hurry**
大急ぎで **in a great hurry**
・学校へ急ぐ, 急いで学校へ行く hurry to school / go to school in a hurry / be in a hurry to go to school
・急いで部屋に入る[から出て行く] hurry into [out of] the room
・急いで宿題をすませる hurry through one's homework
・急いで帰宅する[帰る, 立ち去る, 2階へ上がる] hurry home [back, away, upstairs]
・急いで朝御飯を食べる have breakfast in a hurry / hurry (through) one's breakfast
・急ぎなさい。さもないと学校に遅れますよ
Hurry up [Make haste, Be quick], or you'll be late for school.
・急いで詰め込んだものだから歯ブラシを忘れてしまった In my hurry to pack, I forgot my toothbrush.
ことわざ 急がば回れ Make haste slowly. (ゆっくり急げ) / (The) More haste, (the) less speed. (急げば急ぐほどそれだけ遅くなる)

イソップ 『イソップ物語』 *Aesop's Fables* /イーソプス ふェイブるズ/
いそん 依存する **depend on** /ディペンド/
いた 板 a **board** /ボード/; (厚板) a **plank** /プらンク/

いたい 痛い

➤ **painful** /ペインふる/; (ひりひりと) **sore** /ソー/
痛み (急にくる鋭い) a **pain**; (ずっと続くにぶい) an **ache** /エイク/
痛む **pain**, **have a pain**, **hurt** /ハ〜ト/
痛める **pain**, **hurt**, **injure** /インチャ/; (ひねって)

pull
・鋭い[激しい]痛み an **acute** [a **sharp**] **pain**
・ちくちくする痛み a **pricking pain**
・痛み止め a **painkiller**
・背中が痛い **have a pain in the back**
・のどが痛い **have a sore throat**
・右[左]足を痛める **hurt** one's **right** [**left**] **leg**
・背中の筋肉を痛める **pull a muscle in** one's **back**
・痛い! **Ouch!**
・私はおなか[歯, 頭]が痛い I have a stomachache [a toothache, a headache].
・歯が痛みますか Does your tooth hurt?
・その子はおなかが痛くて泣いている
The child is crying from a pain in the stomach.
いだい 偉大な **great** /グレイト/
いだく 抱く (心に) **have**, **cherish** /チェリシュ/
・長い間胸に抱いていた望み a **long-cherished desire**
いたずら mischief /ミスチふ/; (悪ふざけ) a **trick**
いたずらな **mischievous** /ミスチヴァス/
いたずらをする **do mischief**; (一杯食わす) **play a trick** (on 〜)
・いたずら電話 **crank** [**prank**] **calls** / (いやがらせ) **harassing calls**
・いたずら半分に **for** [**in**] **fun**

いただきます

> 注意しよう

英語には日本語の「いただきます」「ごちそうさま」にあたる表現はない。みんなが食卓にそろったら, だまっていっしょに食べ始める。あるいは Let's eat. (いただきましょう)などという。それに対して家族なら OK, 招かれた客なら Thank you. などという。「ごちそうさま」も家族だったら特に何も言わないが, お客なら Thank you for a delicious dinner. (おいしいごちそうをありがとうございました)という。信仰のある家庭では食前食後に Let's say grace. (お祈りをしましょう)といって父親あるいは家族のだれかが感謝のお祈りをすることがある

いただく

❶ (もらう) **have**, **get**; (取る) **take**
❷ (食べる, 飲む) **have**

❶ (もらう) **have**, **get**; (受納する) **accept** /アクセプト/; (取る) **take**; (受け取る) **receive** /リスィーヴ/
・1時間休憩(きゅうけい)をいただいてよろしいでしょうか
Can I have an hour's rest?
・私はこのお金をいただくわけにいきません
I can't accept this money.

thirty-seven **37** いちじ

・これをいただいてよろしいですか
May I take this?
・きのう京都の君のお兄さんから手紙をいただいた I received a letter from your brother in Kyoto yesterday.
・2, 3分間をいただけませんか Can you spare me a few minutes〔a few minutes for me〕?
→ spare は「(時間などを)さく」
❷(食べる, 飲む) **have**
・お茶を1杯だけいただきます
I will have just a cup of tea.
・安井さんのお宅でとてもおいしいワインをいただいた I was served with very good wine at Mr. Yasui's.
・(食べ物などをすすめられて)もうたくさんいただきました (→もうけっこうです)
No more, thank you.
❸(…していただけますか) **Would you** *do***?** /ウド/; (…していただきたい) **would like to** *do* /らイク/ → もらう ❷
・少々お待ちいただけますか
Would you wait a minute, please?
・この靴を修理していただきたいのですが
I would like to have these shoes repaired.
イタチ 鼬 (動物) a **weasel** /ウィーズる/
いたちごっこ a **vicious circle** /ヴィシャス サ〜ク る/
いたばさみ 板ばさみ a **dilemma** /ディれマ/
いたみ 痛み → いたい
いたむ¹ 痛む → いたい
いたむ² 傷む (食物が) **go bad**; (物が) **be damaged** /ダメヂド/
・傷んでないかどうかにおいをかいでみて
Smell it to see if it has gone bad or not.
・この前の台風で屋根が傷んだ The roof was damaged by the last typhoon.
いためる¹ 痛める → いたい
いためる² (油で) **fry** /ふライ/; (かりかりに) **frizzle** /ふリズる/
イタリア Italy /イタリ/
・イタリアの Italian
・イタリア語 Italian
・イタリア人 an Italian
・彼女はイタリア人だ She is Italian. → She is an Italian. よりもふつうの言い方
いたるところ 至るところ **everywhere** /エヴリ(ホ)ウェア/; **all over**
・国じゅうの至るところで everywhere in the country / all over the country
いたわる (親切にする) **be kind** (to 〜) /カインド/;

(大事にする) **take good care** (of 〜) /ケア/
・お年寄りをいたわらなければいけません
You must be kind to old people.
いち¹ 1(の) **one**
…一 → 形容詞の最上級で表す; → いちばん
・日本一高い山 the highest mountain in Japan
・第1(の) the first (略 1st)

いち² 位置
➤ a **position** /ポズィション/
・この地図で君の学校の位置を教えてください
Show me the position of your school on this map. / Show me where your school is on this map.
・位置について, 用意, どん!
《米》On your mark(s), get set, go! / 《英》Ready, steady〔get set〕, go!
いち³ 市 a **market**, a **fair** /ふェア/
・ノミの市 a flea market
・見本市 a trade fair
いちいち one by one; **every** /エヴリ/
・いちいち彼らの名前を書く write down their names one by one
・いちいち辞書で単語を調べる look up every word you don't know in the dictionary
・彼はぼくのやる事にいちいちけちをつける
He finds fault with everything I do.
いちいん 一員 a **member**
いちがつ 1月 **January** /ヂャニュアリ/ (略 Jan.) → くがつ
・1月3日に on January 3 (読み方: (the) third)
・ここでは1月でもあまり雪は降りません
We have little snow here even in January.
いちかばちか 一か八か
・一か八かそれをやってみよう
I'll take a chance on it.
・私は一か八かはやめて, いくつかの高校を志願した ひゆ I applied for several high schools, not putting all my eggs in one basket. (一つのかごに自分の卵を全部入れないで)
いちぐん 一軍 (学校のスポーツチームの) a **varsity (team)** /ヴァースィティ (ティーム)/
イチゴ 苺 (植物) a **strawberry** /ストローベリ/
・イチゴジャム strawberry jam
いちじ¹ 一時 (かつて) **once** /ワンス/; (しばらくの間) **for a while** /(ホ)ワイる/, **for a time**
一時的な **temporary** /テンポレリ/
・一時的な人気 a temporary boom
・一時私はそこに住んでいたことがある
I once lived there.

いちじ 38 thirty-eight

•洪水(こうずい)のため, その橋は一時通行止めになった
The flood caused the bridge to be closed to traffic for a while.

いちじ² 一次の **primary** /プライメリ/, **the first** /ふぁ〜スト/; (数学で) **linear** /リニア/
•一次試験　a primary examination
•(競技の)一次予選　the first preliminary game
•一次方程式　a linear equation

イチジク 無花果 《植物》(実) a **fig** /ふィグ/; (木) a **fig tree**

いちたいいち 一対一
•一対一で話し合いをする　have a one-to-one discussion

いちだん 一団 a **group** /グループ/
•一団となって　in a group

いちど 1度

➤ **once** /ワンス/, **one time** → いったん
•1度だけ　only once / just once
•1〜2度　once or twice
•1度に　at one time / at a time / at once
•もう1度　once more
•彼には1度も会ったことがない
I have never seen him.
•私は1度名古屋に行ったことがある
I have been to Nagoya once.
•彼は1度覚えれば決して忘れない　Once he has learned something, he never forgets it.
•オリンピックは4年に1度開かれる
The Olympic Games are held once in four years [every four years].
•1度だけやらせてみてください
Let me try just once.
•もう1度おっしゃってください
I beg your pardon?

いちにち 1日 a **day**
•1日じゅう　all day (long) / the whole day
•1日か2日して　in a day or two
•私たちは1日に3度食事をする
We have three meals a day.
•彼は1日も欠席したことがない
He has not been absent even a day.

いちにん 一任する **leave 〜 to 〜** /リーヴ/
•その問題を委員会に一任する　leave the matter to the committee

いちにんまえ 一人前
❶ (一人分) **one, one portion** /ポーション/
•すし一人前　one portion of *sushi*
•(レストランで)シーフードスパゲティー人前ください
One seafood spaghetti, please.

❷ (成人) a **grown-up** /グロウナプ/, an **adult** /アダるト/

一人前になる (成人する) **come of age** /エイヂ/; (能力・資格の点で) **become full-fledged** /ふるふれヂド/

いちねん 1年 **one year**
•1年じゅう　all the year around
•1〜2年の間　for a year or two
•1年に1度　once a year
•1年生　a first-year pupil [student]

いちば 市場 a **market**
•市場へ買い物に行く　go to market to do some shopping

いちばん 一番

➤ (順位) **the first** → ばん²
一番… その形容詞や副詞の最上級を用いて表す; → いち¹ (→ …一)
•彼は一番先に来た
He came first. / He was the first to come.
•信濃川は日本で一番長い川です
The Shinano is the longest river in Japan.
•秋は旅行に一番よい季節です
Fall is the best season for trips.
•私は四季の中で春が一番好きです
I like spring best of all the seasons.
•湖はこの辺が一番深い
The lake is deepest here. 最上級の形容詞でも, ひとつのものの中での最上を表す時は ✕ *the* をつけない

いちぶ 一部 (a) **part**
•一部は　in part / partly
•アジアの一部　a part of Asia
•それは一部は白く一部は青で
It is partly white and partly blue.
•そんな悪い連中はほんの一部にすぎない
ひゆ Such people are no more than a few bad apples. (2, 3のくさったリンゴがわずかであると同じくらいわずかだ)

いちまい 1枚 a **sheet** /シート/; a **slice** /スライス/

いちみ 一味 (悪者の) a **gang** /ギャング/
•スリの一味　a gang of pickpockets

いちめん 一面に **all over**
•星は空一面にきらきらと輝いている
The stars are twinkling all over the sky.

いちもくさん 一散に **at full speed**

いちもくりょうぜん 一目瞭然の **crystal clear** /クリストる クリア/
•これがただごとでないことは一目瞭然だった

It was crystal clear that this was not an ordinary incident.

いちやづけ (試験勉強の)一夜づけする **cram** /クラム/
・試験のために英語を一夜づけで勉強した
I crammed English for an exam.

イチョウ 銀杏 《植物》 a **ginkgo** /ギンコウ/

いちらんひょう 一覧表 a **list**

いちりゅう 一流の **first-class** /ふァ〜ストクらス/; **foremost** /ふォーモウスト/
・一流のホテル a first-class hotel / a five-star hotel → star はホテルやレストランの等級を示すのに使われる語で「五つ星」は「最高級」
・当代一流の作家たち the foremost writers of today

いちりんしゃ 一輪車 a **unicycle** /ユーニサイクる/, a **monocycle** /マノサイクる/

いちるい 1塁 **first base** /ベイス/
・1塁手 a first-base player
・1塁を守る play first base

いつ

➤ **when** /(ホ)ウェン/

《会話》
君はいつまた来ますか
―あす来ます
When will you come again?
―I'll come tomorrow.

・君はいつそこへ行ったのですか
When did you go there?
・彼はいつ帰って来るか私は知りません I don't know when he will return. → when 以下が文の一部になると ✕when will he return でなく, 上のような語順になることに注意
・彼はいつなんどき帰って来るかしれません
He may come back at any moment.

いつか (未来の) **sometime** /サムタイム/, **some day** /サム/; (かつて) **once** /ワンス/; (ばく然と以前) **before** /ビふォー/
・いつかそこへ連れて行ってあげよう
I will take you there some day.
・私はいつかそのことを読んだことがある
I have once read about it.
・私はいつかどこかで彼に会ったことがある
I have seen him somewhere before.

いっか 一家 (家族) a **family**; (家庭) **home**
・一家を支える support one's family

いっかい 1回 → いちど

いつから how long /ハウ/
・彼はいつから病気をしているのですか
How long has he been sick?
・君はいつから日本に来ているのですか
How long have you been in Japan? / When did you come to Japan?

いっき 一気に (中断しないで) **at a stretch** /ストレチ/, **at a sitting** /スィティンぐ/; (短時間で) **at a dash** /ダシュ/, **at a draft** /ドラふト/
・長編小説を一気に読む
read a long novel at a sitting
・彼は一気に先頭に立つとそのままゴールインした
He took the lead at a dash and held it to the finish.

いっけん 一見して **at a glance** /グらンス/

いっこ 1個 **one**, a **piece**

いっこう 一行 a **party**
・魚釣(っ)りの一行 a fishing party

いっさんかたんそ 一酸化炭素 **carbon monoxide** /カーボン モナクサイド/

いっしき 一式 a **set**; (道具・部品などの) a **kit**

いっしゅ 一種 (一つの種類) **a kind** (**of**) /カインド/; (ある意味での) **in a sense** /センス/
・コウモリは哺乳(ほにゅう)動物の一種だ
Bats are a kind of mammal.
・そんなのは一種の詐欺(さぎ)だよ
In a sense, it is a swindle.

いっしゅう 1周 a **round** /ラウンド/; (競技トラックの) a **lap**
・…を1周する make a round [a lap] of 〜
・私たちはトラックを1周した
We made a lap of the track.
・私は世界1周の旅行がしたい
I'd like to travel around the world.

いっしゅうかん 1週間 a **week**; **for a week**

いっしゅん 一瞬 a **moment** /モウメント/
・一瞬の間[間に] for [in] a moment

いっしょう 一生 (all) one's **life** /らイふ/, one's **lifetime** /らイふタイム/
・一生の間 for life
・一生に1度 once in a lifetime
・彼は一生貧乏だった
He was [remained] poor all his life.
・彼は詩を書いて一生を送った
He spent his life writing poems.

いっしょうけんめい 一生懸命に **hard**

いっしょに

➤ **together** /トゥゲざ/; (…といっしょに) **with**
・彼は田舎で両親といっしょに住んでいる

He lives in the country with his parents.
・君もいっしょに音楽会へ行きませんか
Won't you come with us to the concert?
・みんないっしょにこの歌を歌いましょう
Let's all sing this song together.

いっすい 一睡もしない **do not sleep at all** /スリープ/, **do not sleep a wink**

いっせい 一斉に (いっしょに) **all together** /トゥゲザ/; (声をそろえて) **with one voice** /ヴォイス/, **in chorus** /コーラス/
・彼らは一斉に「そうです」と言った They said "Yes" with one voice [in chorus].

いっせきにちょう 一石二鳥
・それは一石二鳥だ That's killing two birds with one stone. / That serves both ends. (二つの目的を果たす)

いっそく 1足 **a pair** /ペア/ →そく
・靴1足 a pair of shoes

いったい 一体(全体) **on earth** /ア～す/, **in the world** /ワ～るド/
・一体私はどうしたらいいんだろう
What on earth shall I do?
・一体だれにそんな事ができるのか
Who in the world can do that?

いったん **once** /ワンス/
・いったん計画を立てたら途中でやめてはいけない
Once you make a plan, you must stick to it.

いっち 一致 **agreement** /アグリーメント/
一致する **agree** /アグリー/
・この点について彼らは意見が一致した
They agreed on this point.
・理想と現実はめったに一致しない
Ideals and reality rarely go together.

いっちょういったん 一長一短 **merits and demerits** /メリツ ディメリツ/
・それは一長一短だ
It has its merits and demerits.

いっちょくせん 一直線 **a straight line** /ストレイト/
・一直線に straight / in a straight line

いっつい 一対 **a pair** /ペア/
・これとあれで一対になっています
This and that make a pair.

いってい 一定の (安定した) **steady** /ステディ/; (決まった) **fixed** /ふィクスト/; (規則的な) **regular** /レギュらノ/; (不変の) **constant** /カンスタント/
・一定のリズム a steady rhythm
・一定の収入を得る get a regular [fixed] income
・この部屋の温度は一定に保たれている
The temperature is kept constant in this room.

いってきます
注意しよう
英語には日本語の「行って来ます」「行ってらっしゃい」にあたる表現はない. 学校や会社に出かける時は "See you later." (またあとで)とか "I'm off to work." (仕事に出かけます), あるいは単に "Good-bye." と言い, それに対しては同じく "See you later." と言ったり, "OK." "Take care." (気をつけて)などと言う

いつでも **whenever** /(ホ)ウェネヴァ/
・いつでも好きな時にいらっしゃい
Come whenever you like.

いっとう 一等(賞) **(the) first place**[**prize**] /プライズ/

いつのまにか **before** *one* **knows** /ビふォー ノウズ/
・いつのまにか夏は過ぎ去っていた
Summer had gone before I knew it.

いっぱい

❶ (満ちている) **full**; (1杯分) **a glass** (**of** ～), **a cup** (**of** ～)
❷ (ぎりぎり…まで) **until the end** (**of** ～)

❶ (満ちている) **full**; (1杯分) (冷たい飲み物) **a glass** (**of** ～), (温かい飲み物) **a cup** (**of** ～)
いっぱいにする **fill**
・コップ1杯の水 a glass of water →絵 **A**
・水を1杯飲む have a drink of water
・スプーン1杯の砂糖 a spoonful of sugar
・バケツ1杯の水 a bucketful of water
・お茶を1杯ください Give me a cup of tea. →絵 **B**
・このびんに水をいっぱい入れなさい
Fill this bottle with water.
・びんには水がいっぱい入っている
The bottle is full of water.

- 彼は元気いっぱいだ He is full of spirit. → 絵 C
- 食べ物を口にいっぱい入れて物を言うな
Don't talk with your mouth full.
❷ (ぎりぎり…まで) **until the end (of ～)** /アンティる/
- 今月いっぱい待ってください
Please wait until the end of this month.
いっぱん 一般の **common** /カモン/, **general** /チェネラる/
一般に generally, in general
- 一般的に言って generally speaking
- 一般の人々 people in general
- これらのことばは一般に使われている
These words are in common [general] use.
- これが一般の意見です
This is the general opinion.
- 一般に子供は甘い物が好きです Children are generally fond of sweet things.
いっぷく 一服 (タバコを) **a smoke** /スモウク/; (薬を) **a dose** /ドウス/
- 毎回食後に(薬を)一服飲む take a dose after each meal
いっぺん → いちど
いっぽ 一歩 **a step**
- 一歩一歩 step by step
いっぽう 一方 **while** /(ホ)ワイる/; (また一方) **on the one hand**; (また一方) **on the other hand** /アざ/
一方的な one-sided /ワンサイデド/
- 一方通行道路 a one-way street

一方通行の標識 (ニューヨーク)

- 一方的な試合 a one-sided game
- 彼はとても貧乏ですが一方彼の兄は村一番の金持ちです He is very poor, while his brother is the richest man in the village.
いつまで (どれくらい長く) **how long** /ハウ/
- いつまでそこに滞在(たいざい)するつもりですか
How long are you going to stay there?
- この天気はいつまで続くのだろう
I wonder how long this weather will last.
いつまでも (長い間) **for a long time**; (生きている限り) **as long as I live** /リヴ/; (永久に) **forever** /ふォレヴァ/
- 彼はそこにいつまでも立っていた
He stood there for a long time.
- ご親切はいつまでも忘れません
I will never forget your kindness.
- 私はいつまでもここにいたい
I want to stay here as long as I live.
- この平和がいつまでも続きますように
I hope this peace will last forever.

いつも

➤ (常に) **always** /オーるウェイズ/; (通例) **usually** /ユージュアり/

- いつものように as usual
- いつもより than usual
- 彼の答えがいつも正しいとは限らない
His answers are not always correct.
- 日曜日に行くといつも彼はうちにいます
I usually find him at home on Sundays.
いつわ 逸話 **an anecdote** /アネクドウト/
イディオム an idiom /イディオム/
いてざ 射手座 **Sagittarius** /サヂテアリアス/, **the Archer** /アーチャ/
- 射手座生まれの人 a Sagittarius / a Sagittarian
いてん 移転 **removal** /リムーヴァる/, **a change of address** /チェインヂ アドレス/
移転する move /ムーヴ/; **change** one's **address**
いでん 遺伝 **heredity** /ヘレディティ/
遺伝する inherit /インヘリト/
- 遺伝の hereditary
- 遺伝子 a gene /ヂーン/
- 遺伝子工学 gene engineering
- 癖(くせ)はしばしば遺伝する
Habits are often inherited.
いと¹ 糸 (縫(ぬ)い糸) **thread** /すレド/, (織り糸) **yarn** /ヤーン/, (釣(つ)り糸) **a line**; (細ひも) **string**
- 糸1本 a piece of thread [string]
- 針に糸を通す thread a needle
- それを糸で縫う sew it with a needle and thread
いと² 意図 **an intention** /インテンション/
いど¹ 井戸 **a well**
いど² 緯度 **latitude** /らティテュード/ (略 lat.)
- 青森はニューヨーク市とほぼ同じ緯度にあります
Aomori is located at about the same latitude as New York City.
いどう 移動 **(a) movement** /ムーヴメント/
移動する move

いとこ a cousin /カズン/

いどころ 居どころ（住所）an address /アドレス/;（どこにいるか）one's whereabouts /(ホ)ウェアラバウツ/, where one lives /(ホ)ウェア リヴズ/
- 彼の居どころを知っていますか
Do you know his whereabouts? /
Do you know where he lives [his address]?

いない …以内 less than /ザン/; within /ウィずィン/
- 30分以内に in less than half an hour / within half an hour
- そのホテルはバス停から歩いて2分以内の所にある The hotel is within two minutes' walk of the bus stop.

いなか 田舎 the country /カントリ/, the countryside /カントリサイド/;（故郷）one's hometown /ホウムタウン/, home
- 田舎へ行く go to [into] the country
- 田舎に住んでいる live in the country
- 私は都会の生活より田舎の生活のほうが好きだ I like country life better than town life.
- 私の田舎は豪雪(ごうせつ)地帯にあります
My hometown is in an area of heavy snowfall.

イナゴ《虫》a grasshopper /グラスハパ/;（大発生するもの）a locust /ろウカスト/ → バッタ

空を埋め尽くすイナゴの大群

いなずま 稲妻 (a flash of) lightning /らイトニング/

いなびかり lightning /らイトニング/

イニシャル an initial /イニシャる/

イヌ 犬
➤ a dog
- 犬小屋 a doghouse / a kennel
- イヌを飼う keep a dog
- イヌが彼にほえついた A dog barked at him.

ことわざ 犬も歩けば棒に当たる The dog that trots about finds a bone.（走り回るイヌは骨を見つける）

イネ 稲《植物》rice /ライス/
- 稲を栽培(さいばい)する grow rice
- 稲を刈(か)る reap rice / harvest rice

いねむり 居眠り a doze /ドウズ/
居眠りする doze; fall into a doze /ふォーる/

イノシシ 猪《動物》a wild boar /ワイるド ボー/

いのち 命
➤ (a) life /ライふ/（複 lives /ライヴズ/）
- 命を失う[ささげる] lose [lay down] one's life
- 彼の命を救う save his life
- 命知らずの reckless
- 命綱 a lifeline
- 命がけで(一生懸命) for one's life
- その事故で30人の命が失われた
Thirty lives were lost in the accident.

いのる 祈る pray /プレイ/;（食前食後に）say grace /セイ グレイス/;（願う）wish /ウィシュ/
祈り a prayer /プレア/
- 私は彼が無事であるように(神に)祈った
I prayed (to God) that he might be safe. /
I prayed (to God) for his safety.
- みなさまのご多幸をお祈りいたします
I wish you will all be happy.
- 新しいお仕事のご成功をお祈りします
I wish you success in your new job.
- 楽しいご旅行を祈ります
I wish you a pleasant journey.
- 彼らは食事の前にお祈りをします
They say grace before meals.
- 君の健康を祈って乾杯しよう
Let's drink to your health.

いばら（とげのある低木）a bramble /ブランブる/, (a) thorn /そーン/
- （苦難に満ちた）いばらの道 a thorny path

いばる 威張る（自慢(じまん)する）be proud (of ~) /プラウド/
- そう威張るな Don't be so proud. /
Don't behave as if you are better than me.
- 彼は金持ちだと威張っている He is proud that he is rich. / He is proud of being rich.

いはん 違反 (a) violation /ヴァイオれイション/;（スピード違反）speeding (→ スピード)
違反する violate /ヴァイオれイト/
- 交通規則違反 a violation of the traffic regulations / a traffic violation
- 交通規則に違反する violate the traffic regulations

いびき a snore /スノー/
いびきをかく snore

いふく 衣服 **clothes** /ク**ロ**ウズ/; (女性・幼児の) a **dress**; (衣類) **clothing** /ク**ロ**ウずィング/ → きもの

イブニングドレス an **evening dress**

イベント an **event** /イ**ヴェ**ント/

いほう 違法の **illegal** /イ**リー**がル/

いま¹ 今

➤ **now** /**ナ**ウ/; (現代) **today** /トゥ**デ**イ/

今の present /プ**レ**ズント/; (現行の) **current** /**カ**～レント/

今まで till now; (今までずっと) **all this while** /(ホ)**ワ**イる/, **all this time**; (今までに) **ever** /**エ**ヴァ/

・たった今 just now / just
・今すぐに right now / at once
・今までのところ(で) so far
・今ごろ about this time
・今ごろには by this time
・今にも at any time / at any moment
・今のうちに before it is too late
・今の首相 the present prime minister
・今の若者 the young people of today
・今の規則 the current regulations
・今それをしなさい Do it now.
・今何時ですか What time is it now?
・私たちは今京都にいます
We are now in Kyoto.
・彼はたった今出て行きました He went out just now. / He has just gone out. →「現在完了」の時は ✕*just now* は使わない
・彼らは今ごろは香港に着いたでしょう
They may have reached Hong Kong by this time.
・今ごろはたくさん雨が降ります We have a lot of rain about this time of the year.
・私は去年の今ごろは病気で寝ていました
I was ill in bed about this time last year.
・今にも雨が降りそうだ
It will rain (at) any moment.
・君は今までどこにいたの?
Where have you been (all this while)?
・これは私が今まで読んだうちで一番おもしろい漫画です This is the most interesting comic book I have ever read.

いま² 居間 a **living room** /**リ**ヴィング/, a **sitting room** /**ス**ィティング/

いまいち a **little**（**more**）/**リ**トる（**モ**ー）/, a **bit**（**more**）
・彼の話にはいまいち迫力がない
His speech lacks in punch a bit.

いまいましい **annoying** /ア**ノ**イング/, **offensive** /オ**ふェ**ンスィヴ/, **disgusting** /ディス**ガ**スティング/

いまさら いまさら…できない **be too late to** *do* /トゥー **れ**イト/
・私にはいまさらいやとは言えない
It's too late for me to say "No."

いまに **soon** /**スー**ン/, **before long** /ビ**ふォー**/
・いまに雪になるぞ
Snow will begin to fall soon.
・いまに見てろ Just you wait and see.

いみ 意味

➤ (a) **meaning** /**ミー**ニング/, a **sense** /**セ**ンス/

意味する mean; (表す) **stand for**
意味のある meaningful
意味のない meaningless /**ミー**ニンぐれス/
・ある意味では in a sense
・この[あらゆる]意味で in this [every] sense
・広い[狭い]意味で in a wide [narrow] sense
・「さよなら」は 'Good-bye' という意味です
"Sayonara" means "Good-bye." / The meaning of "Sayonara" is "Good-bye."
・この語はどういう意味ですか
What is the meaning of this word? / What does this word mean?
・日本語の「手」にはいろいろな意味があります
The Japanese word "te" has many different meanings.
・"EU" は「欧州連合」の意味です
"EU" stands for "European Union."
・君のいう「自由」はどういう意味ですか
What do you mean by "freedom"?
・彼女は意味ありげに私にほほえんだ
She smiled at me with meaning. / She gave me a meaningful smile.
・試験のために詰め込み勉強をしても何の意味もない
There is no use (in) cramming for exams.
・田島先生は本当の意味の紳士だ
Mr. Tajima is a gentleman in the true sense of the word.

イミテーション (an) **imitation**

いみん 移民 《移民すること》(外国への) **emigration** /エミグ**レ**イション/; (外国からの) **immigration** /イミグ**レ**イション/ (→いじゅう);《人》(外国への) an **emigrant** /**エ**ミグラント/; (外国からの) an **immigrant** /**イ**ミグラント/

いむしつ 医務室 (学校・会社などの) an **infirmary** /イン**ふァ**～マリ/

イメージ an **image** /**イ**メヂ/

イモ 44 forty-four

- イメージアップする improve *one's* image
- イメージダウンする damage *one's* image

カタカナ語！ イメージダウン

日本語ではよく「…ダウン」というが、要注意. ×*image down* では通じない.「それは彼女のイメージダウンになった」は **It damaged her image.** という. 同じように「スピードダウン」も ×*speed down* ではだめ. 英語では **slow down** という

イモ 芋 (ジャガイモ) a **potato** /ポテイトウ/; (サツマイモ) a **sweet potato** /スウィート/

いもうと 妹 a **younger sister** /ヤンガ/ → あに
- 私の一番下の妹 my youngest sister

いや¹ → いいえ

いや² いやな

➤ (不愉快(ゆかい)な) **unpleasant** /アンプ**れ**ズント/, **dirty** /**ダ**〜ティ/; (気にくわない) **disagreeable** /ディサグ**リー**アブる/; (すごくいやな) **disgusting** /ディス**ガ**スティング/; (味・においなどが) **nasty** /**ナ**スティ/, **bad**

いやだ (きらう) **do not like** /らイク/; (気が向かない) **be unwilling** /アン**ウィ**りング/ → いいえ

いやになる be sick of /スィク/
- いやな天気 unpleasant weather
- いやな人たち disagreeable people
- 彼は私にいやな顔をした
He gave me a dirty look.
- これはいやなニュースだ This is bad news.
- これはいやな味だ This tastes nasty.
- 私はひとりでそこへ行くのはいやだ
I don't like to go there alone.
- 彼らは家へ帰るのをいやがった
They were unwilling to return home.
- こんなもめ事はつくづくいやになった
I am thoroughly sick of trouble like this.

いやいや unwillingly /アン**ウィ**りングり/, **against** *one's* **will** /ア**ゲ**ンスト/

いやがらせ harassment /ハ**ラ**スメント/
- いやがらせをする harass / annoy
- いやがらせ電話 harassing calls

イヤホン (耳の中に入れるもの) **earbuds** /イア**バ**ッ/; **earphones** → 通例 2 つで一組なので複数形
- ワイヤレスイヤホン wireless earbuds [earphones]

いやみ いやみな (意地悪な) **nasty** /**ナ**スティ/; (皮肉な) **sarcastic** /サー**キャ**スティク/
- いやみを言う say a nasty thing / make sarcastic remarks

いやらしい filthy /**ふぃ**るすィ/, **dirty** /**ダ**〜ティ/,

lewd /る〜ド/ → いや²

イヤリング earrings /イア**リ**ングズ/
- イヤリングをつける put on earrings

いよいよ (とうとう) **at last** → ますます
- いよいよクリスマスがやって来た
Christmas has come at last.

いよく 意欲 **will, enthusiasm** /イン**スュー**ズィアズム/

意欲的な enthusiastic /インスュー**ズィア**スティク/, **ambitious** /アン**ビ**シャス/

いらい¹ 依頼 a **request** /リク**ウェ**スト/

依頼する request, ask → たのむ ❶
- 彼の依頼で at his request
- 君は依頼心が強すぎる
You depend too much on others.

いらい² …以来 **since** /スィンス/, **from** (**on**)
- それ以来ちょうど 1 週間になります
It is just a week since then.
- 私たちは学校を卒業して以来会っておりません
We have not seen each other since we left school.

いらいら いらいらする **be impatient** /イン**ペイ**シェント/, **be irritated** /**イ**リテイテド/
- 私は彼にいらいらしていた
I was feeling irritated with him.

イラク Iraq /イ**ラー**ク/
- イラクの Iraqi
- イラク人 an Iraqi

イラスト an **illustration** /いらスト**レ**イション/

イラストレーター an **illustrator** /**イ**らストレイタ/

いらっしゃい → 場面によって次のような言い方をする
- こっちへいらっしゃい Come here, please. / Come this way, please.
- いらっしゃい、トム. さあ中に入って
Hi, Tom. Please come on in!
- (店員などが)いらっしゃいませ
May [Can] I help you?

イラン Iran /イ**ラ**ン/
- イランの Iranian /イ**レイ**ニアン/
- イラン人 an Iranian

いりえ 入り江 an **inlet** /**イ**ンれト/

いりぐち 入り口 an **entrance** /**エ**ントランス/; (戸口) a **doorway** /**ド**ーウェイ/, a **door**
- 劇場の入り口に at the entrance of the theater
- 入り口に立たないでください
Don't stand in the doorway.
- 入り口にそれを置いてください
Please put it at the door.

いりょう¹ 衣料 **clothing** /クロウディング/
いりょう² 医療 **medical care** /メディカ⁵ ケア/
・医療施設 medical facilities
・医療費 medical cost
いりょく 威力 **power** /パウア/
・威力のある powerful

いる¹

➤ (必要だ) **need** /ニード/; **be necessary** /ネセセリ/
➤ (ほしい) **want** /ワント/

基本形
私は A がいる
I need A. / **I want** A.
A **is necessary for** me. ➜ ×I am necessary 〜としない

・私はお金がいる　I need some money.
・海外旅行にはパスポートがいる
We need ［You must have］ a passport to travel abroad. / A passport is necessary to travel ［for traveling］ abroad.
・ほかに何かいりますか
Do you want anything else?
・もしいるならこの本をあげるよ
You can have this book if you want it.
・その仕事を完成するにはどれくらいお金がいりますか　How much money do you need ［How much money is necessary］ to complete the work?

いる² 射る **shoot** /シュート/
・矢を射る　shoot an arrow

いる³

❶ (存在する) **am; is; are**
❷ (居合わせる) **be present**
❸ (滞在(たいざい)する) **stay**

❶ (存在する) (I が主語) **am**; (3人称単数が主語) **is**; (You または複数が主語) **are**; (命令文・助動詞と共に) **be**; **there is** /ゼア/, **there are**

基本形
私は…にいる
I am 〜.
A (人・動物)は…にいる
A (単数) **is** 〜. / A (複数) **are** 〜. ➜ A は「父」「彼ら」「その犬」のように特定のもの
A (人・動物)が…にいる
There is A (単数) 〜. / **There are** A (複数) 〜. ➜ A は「だれか」「(一ぴきの)イヌ」のように不特定のもの

・今私はニューヨークにいます
I am in New York now.

 会話
ケン, あなたどこにいるの
―ぼくここにいるよ, ママ
Where **are** you, Ken?
―I**'m** here, Mother.

・そのネコは屋根の上にいる
The cat is on the roof.
・彼は先月はロンドンにいましたが, 今はパリにいます. 来月はローマにいるでしょう
He was in London last month, but now he is in Paris and he will be in Rome next month.
・私たちは昨日家にいませんでした
We weren't (at) home yesterday.
・10時にここにいなさい　Be here at ten.
・私は10時までここにいます ➜未来
I'll be here till ten.
・彼らは庭にいるかもしれない［にちがいない］
They may ［must］ be in the garden.

 会話
君は今までずっとどこにいたの
―ずっと図書館にいました ➜現在完了
Where **have** you **been** (all this while)?
―I**'ve been** in the library.

・あなたは日本にもうどのくらいいるのですか
How long have you been in Japan?
・門のところに大きなイヌがいる
There is a big dog at the gate.
・戸口にだれかいます
There is someone at the door.
・うちのクラスには20人の男子と15人の女子がいます　There are twenty boys and fifteen girls in our class.
・門のところ［車の中, 木の下］にいるイヌはケンのうちのイヌです　The dog at the gate ［in the car, under the tree］ is Ken's.

❷ (居合わせる) **be present** /プレズント/
・A のいるところで　in the presence of A, in A's presence
・A のいないところで　behind A's back
・私は事故が起こった時そこにいました
I was present ［I was there］ when the accident happened.

❸ (しばらくとどまる) **stay** /ステイ/
・私はあしたは家にいる ➜未来のこと
I'll stay (at) home tomorrow.

いる

・私は3日間京都にいた
I stayed in Kyoto for three days.
・映画が終わるまでいようよ
Let's stay to the end of the movie.
・私が帰って来るまでここにいなさい
Stay here till I return.
・迷子にならないようにそのままそこにいなさい →「…しないように」は so that ~ not
Stay where you are so that you don't get lost.
・いつまで日本にいるご予定ですか →「…する予定である」は be going to *do*
How long are you going to stay in Japan?
❹ (持っている) **have**
・ぼくはシカゴにペンフレンドがいる
I have a pen pal in Chicago.

いる[4] …している

❶ (動作を表す場合)「**進行形 (be *do*ing)**」で表す
❶ (動作を表す場合)「**進行形 (be *do*ing)**」で表す.
…**している**…「現在分詞 (*do*ing)」で表す.
・眠っている赤ちゃん a sleeping baby
・飛んでいる鳥 a flying bird
・走っているイヌ a running dog
・ベッドで眠っている赤ちゃん a baby sleeping in the bed
・赤ちゃんはベッドで眠っている
The baby is sleeping in the bed.

君は今何をしているの
―宿題をしています
What **are** you **doing** now?
―I **am doing** my homework.

・彼[彼ら]は野球をしていた
He was [They were] playing baseball.
・私は3年間英語を学んでいる → 現在完了進行形 I have been learning English for three years.
❷ (状態を表す場合)「愛している」「知っている」などに対応する英語 love, know などはそれ自体が「…している」という状態を表す語であるから進行形にしないのがふつう.
・彼は彼女をとても愛している
He loves her very much.
・君は彼を知っているかい Do you know him?
・ケンはからだつきが父親に似ている
Ken resembles his father physically.
❸ (…の状態である) **be**; (…し続ける, …であり続ける) **keep** /キープ/, **remain** /リメイン/ → 特にその

状態を強調する時以外は進行形にしない
・あいて[しまって]いる be open [shut]
・壊れて[疲れて]いる be broken [tired]
・静かにして[だまって]いる keep quiet [silent]
・立ったままでいる keep standing
・独身でいる remain single
・窓はあいて[壊れて]いる
The window is open [broken].
・私たちはその後もずっと友達でいた
We remained friends after then.

いるい 衣類 → いふく
イルカ 海豚 《動物》 a **dolphin** /ダるふィン/
いれかえる 入れ替える **replace** /リプれイス/, **change** /チェインヂ/
入れ替わる **replace**, **change**
・彼女と席を入れ替わる change seats with her
・太郎は次郎と入れ替わって1塁手をやった
Taro replaced Jiro as first-base player.
いれかわりたちかわり 入れ替わり立ち替わり **one after another** /アナざ/
いれば 入れ歯 a **false tooth** /ふォーるス トゥース/; (一つながりの) a **set of false teeth** /ティーす/
いれもの 入れ物 a **container** /コンテイナ/, a **receptacle** /リセプタクる/; (花びん, バケツなど液体を入れるもの) a **vessel** /ヴェスる/

いれる 入れる

❶ (物を) **put**; (液体を) **pour**
❷ (客などを) **let in**
❸ (お茶などを) **make**

❶ (物を) **put**; (液体を) **pour** /ポー/

基本形 A を B に入れる
put A **in** [**into**] B

・両手をポケットに入れる put *one's* hands in *one's* pockets
・車をガレージ[お金を銀行]に入れる put *one's* car in the garage [*one's* money into the bank]
・書類を金庫に入れる[入れておく] put [keep] papers in a safe
・ミルクをパックからグラスに入れる put [pour] milk from a carton into a glass
・額ぶちに絵を入れる set a picture in a frame
・お皿を食器棚へ入れてください
Put the plates in the cupboard.
❷ (客などを) **let in**; (案内する) **show**
・彼を部屋に入れる show him into a room
・私を中に入れてください Please let me in.
・窓をあけていい空気を入れなさい Open the windows and let in some fresh air.

forty-seven 47 **インスタント**

❸（お茶などを）**make**
・お茶[コーヒー]を入れる　make tea［coffee］
・彼女は私にお茶を入れてくれた
She made［served］me tea. / She made tea for me. / She served tea to me.
❹（入学・入会・入場を許す）**admit** /アドミト/
・ぼくはそのクラブに入れてもらった　➡受け身形
I was admitted to the club.
・ぼくも仲間に入れてよ　May I join you?
❺（ふくむ）**include** /インクるード/
・母は買い物のリストに卵を入れた
Mother included eggs on the list of things to buy. ➡不定詞 to buy は things を修飾する
・部屋にはケンを入れて[入れないで]10人いた
There were 10 people in the room, including［not including］Ken.

いろ　色
➤ a **color** /カら/
色を塗る　**color**
・にじの七色　all the colors of the rainbow
・色鉛筆（えんぴつ）a colored pencil
・そのボールペンは何色ですか
What color is that ballpoint pen?
・この T シャツは洗ったら色が落ちた
This T-shirt faded after washing.

いろいろな
❶（多数の）**many kinds of**;（種々の）**various**
❷（たくさんの事）**a lot of things**;（あらゆること）**everything**

❶（多数の）**many kinds of** /カインヅ/;（種々の）**various** /ヴェアリアス/, **different**
・いろいろな花　many kinds of flowers
・われわれは学校でいろいろな教科を勉強する
We study various subjects at school.
❷（たくさんの事）**a lot of things** /すィングズ/;（あらゆること）**everything** /エヴリすィング/
・君といろいろ話したい事があるんだ　I have a lot of things to talk about with you.
・いろいろとありがとう　Thanks for everything.
・ニューヨーク滞在中はいろいろとお世話になりました　Thank you very much for everything you've done for me during my stay in New York.
いろじろ 色白である　**have fair skin** /ふェア/, **be fair-skinned** /ふェアスキンド/ ➔いろ
いろり a **sunken hearth** /サンクン ハーす/
いわ 岩　(a) **rock**
・岩の、岩の多い　rocky

いわう 祝う　**celebrate** /セれブレイト/; **congratulate** /コングラチュれイト/
祝い（催（もよお）し）(a) **celebration** /セれブレイション/;（ことば）**congratulations** /コングラチュれイションズ/
・…を祝って　in celebration of ~
・彼の卒業を祝う　congratulate him on his graduation
イワシ 鰯（魚）a **sardine** /サーディーン/
いわば **so to speak** /スピーク/, **as it were** /ワ~/
いわゆる **what is called** /(ホ)ワト コールド/, **what you call**, **what we call**, **what they call**, **so-called** /ソウコールド/
いん 印（文書の真正を示す印章）a **seal** /スィーる/;（事務に用いる判）a **stamp**
印を押す　**seal**, **put** one's **seal to**; **stamp**
いんき 陰気な　**gloomy** /グるーミ/
インク **ink**
・インクのしみ　an ink stain［spot］
イングランド **England**
・イングランド(人)の　**English**
・イングランド人（全体）the **English**; an **Englishman**［**woman**］（趣 **Englishmen**［**women**]）
いんさつ 印刷　**printing** /プリンティング/
印刷する　**print**
・印刷機　a printing press［machine］
・印刷所　a printing office
・このページははっきり印刷されていない
This page is not clearly printed.
いんしゅうんてん 飲酒運転　《米》**drunk driving** /ドランク ドライヴィング/, 《英》**drinking and driving**

いんしょう　印象
➤ an **impression** /インプレション/
印象的な　**impressive** /インプレスィヴ/
印象を与える　**impress** /インプレス/, **give an impression** (on ~), **make an impression** (on ~)
・このことは私の心に深い印象を残した
This fact left a deep impression on my mind.
・彼女の印象はどうでしたか　What was your impression of her? / How did you find her?
・それは私の子供のころのとても印象的な出来事でした　It was a very impressive occasion in my childhood.
いんしょく 飲食　**eating and drinking** /イーティング ドリンキング/ ➡日本語の順序と逆になる
・飲食物　food and drink
インスタント（即席の）**instant** /インスタント/
・インスタントコーヒー　instant coffee

い

か

さ

た

な

は

ま

や

ら

わ

インストールする install /インストーる/
インストラクター an instructor /インストラクタ/
インスピレーション an inspiration /インスピレイション/
いんせい 陰性の negative /ネガティヴ/
・インフルエンザの検査結果は陰性だった The flu test result was negative. / I tested negative for the flu.
いんせき 隕石 a meteorite /ミーティアライト/
いんそつ 引率する lead /リード/; (同伴する) accompany /アカンパニ/
引率者 a leader, a person in charge of (the party) /パースン チャーヂ/
インターチェンジ (高速道路の) an interchange /インタチェインヂ/
インターネット the Internet［internet］/インタネト/, the Net
・インターネットで on the Internet
インターハイ The All-Japan Championship for high school students /チャンピオンシプス/
インターバル an interval /インタヴァる/
インターホン an intercom /インタカム/ → interphone より一般的
・インターホンで話す talk over the intercom
インターン an intern /インタ〜ン/
いんたい 引退 retirement /リタイアメント/
引退する retire /リタイア/
・…から引退する retire from ～
インタビュー an interview /インタヴュー/
インタビューする interview, have an interview (with ～)
インチ an inch

いんちき → ごまかす (→ ごまかし)
インディアン a native American /ネイティヴ/
インテリア (室内装飾) interior decoration /インティアリア デコレイション/, interior design /ディザイン/
インド India /インディア/
・インドの Indian
・インド人 an Indian
・インド洋 the Indian Ocean
インドネシア Indonesia /インドニージャ/
・インドネシアの Indonesian
・インドネシア人 an Indonesian
インフォメーション (情報) information
インプット input /インプト/
・インプットする input
インフルエンザ influenza /インふるエンザ/, (略形) the flu /ふるー/
・インフルエンザにかかる catch influenza
・彼はインフルで寝込んでいる He is in bed with the flu.
・おからだに気をつけてください. 今インフルエンザがはやっていますから Take good care of yourself. Influenza is prevailing.
インフレ(ーション) inflation /インふれイション/
いんよう 引用 quotation /クウォウテイション/
引用する quote /クウォウト/
・引用文 a quotation
・引用符 quotation marks
いんりょう 飲料 a drink
・飲料水 drinking water
いんりょく 引力 (物体間の) attraction /アトラクション/; (地球・太陽の) gravitation /グラヴィテイション/

ウィーン Vienna /ヴィエナ/
ウィスキー whisk(e)y /(ホ)ウィスキ/
ウイニングショット a serve［a shot］that determines the result of the game /シャト ディタ〜ミンズ リザるト/ → この意味での「ウイニングショット」は和製英語
ウイルス a virus /ヴァイアラス/
・インフルエンザウイルス the flu virus
・コロナウイルス a coronavirus /コロナヴァイアラス/
・コロナウイルス感染症 coronavirus disease →

2019年に確認された感染症は COVID-19 /コウヴィド ナインティーン/ とも呼ばれる
・コンピューターウイルス a (computer) virus; (有害なソフトウェア) malware /マるウェアー/
ウィンク a wink
・…にウィンクする wink at ～
ウィンタースポーツ a winter sport
ウィンドー a window
ウィンドサーフィン windsurfing /ウィンドサ〜ふィンぐ/
ウィンドブレーカー a windbreaker /ウィンドブ

forty-nine　49　うき

レイカ/

ウール wool /ウる/
　ウールの woolen /ウるン/
ウーロンちゃ ウーロン茶 oolong /ウーろーンぐ/

うえ 上

➤ (頂上) **the top**
上の upper /アパ/; (年齢の) older
上に on; up; above /アバヴ/; over
・山の上に　on the top of a mountain
・上の部屋に　in the upper room / in the room upstairs
・地平線の上に　above the horizon
・海の上を飛ぶ　fly over the sea
・あそこの上に何がありますか
What is up there?
・彼は私より年が三つ上です
He is three years older than I am [《話》than me].
・丘の上に家があります
There is a house on the hill.
会話 (エレベーターが)上に行きますか. ―いや, 下です　Is this going up? ―No, this is going down.

使い分け

on: 接触を示すが, 必ずしも「上」だけを表さない
He put the book on the desk. (彼は机の上に本を置いた) I put the poster of my favorite baseball player on the wall. (わたしは大好きな野球選手のポスターを壁に貼った)
above: 真上または上の方を指し, 接触はしていない
The birds were flying above the mountains. (その鳥が山の上を飛んでいた)
over: 上におおいかぶさっている状態や上のほうを超えていく動きを表す　接触の有無は問わない. I put a blanket over my baby. (わたしは赤ちゃんに毛布をかけた)

ウェーター a waitperson /ウェイトパ〜スン/, a server /サ〜ヴァ/
ウェート weight /ウェイト/
ウエートリフティング weightlifting /ウェイトりふティンぐ/
ウェートレス → ウェーター
ウェーブ (髪の) wave /ウェイヴ/
うえき 植木 a garden plant /ガードン/
　・植木屋　a gardener
　・植木鉢　a flowerpot
ウエスト a waist /ウェイスト/
　・ウエストが細い[太い]　have a small [large] waist

ウエットティッシュ a (wet-)wipe /ワイプ/ →
「ウエットティッシュ」は和製英語
ウェディング a wedding
　・ウェディングドレス　a wedding dress
ウェビナー (ウェブ上で行われる学習会) a webinar /ウェビナー/ web+seminar から作られた語
　・ウェビナーに参加する　attend [participate in] a webinar
うえる¹ 植える plant; (栽培(さいばい)する) grow /グロウ/
　・庭にバラを植える　plant [grow] roses in the garden; (バラ園をつくる) plant the garden with roses
　・私は鉢(はち)にキンセンカの種を植えた
I planted marigold seeds in pots.
うえる² 飢える starve /スターヴ/
　飢え hunger /ハンガ/
　・飢え死にする　starve to death / die of hunger
ウォーミングアップ a warm-up /ウォーマプ/
　・ウォーミングアップをする　warm up
うおざ 魚座 Pisces /パイスィーズ/, the Fishes /ふィシズ/
　・魚座生まれの人　a Pisces / a Piscean
うがい gargling /ガーグリンぐ/
　うがいする gargle
うかがう¹ 伺う (訪問する) visit /ヴィズィト/
　・あすご自宅にうかがいます
I will visit you at your house tomorrow.
うかがう² (たずねる) ask
　・すみません. おうかがいしたいことがあるのですが
Excuse me. I have something to ask you.
　・ちょっとうかがいますが, これは上野行きのバスでしょうか
Excuse me, but is this the bus for Ueno?
うかがう³ 窺う (機会を) wait for /ウェイト/, watch for /ワチ/; (観察する) watch

うかぶ 浮かぶ

➤ (水などに) **float** /ふろウト/
➤ (心に) **occur** /オカ〜/
・コルクは水に浮かぶ　Cork floats in water.
・すばらしい考えが彼の頭に浮かんだ
A bright idea occurred to him.
うかべる 浮かべる float /ふろウト/
　・ボートを浮かべる　float a boat
　・微笑を浮かべて　with a smile
　・目に涙を浮かべて　with tears in one's eyes
うかる 受かる → ごうかく
うき¹ 浮き (釣(つ)りの) a float /ふろウト/
うき² 雨季 the rainy season /レイニ スィーズン/

う
か
さ
た
な
は
ま
や
ら
わ

うきうき 50 fifty

・これらの地方では6月から10月までが雨季です In these regions the rainy season lasts from June to［through］October.
・雨季に入った The rainy season has set in.

うきうき うきうきした **cheerful** /チアふる/, **happy** /ハピ/
うきうきと cheerfully, **happily**
・私はうきうきしていた
I was very happy. / ひゆ I was floating on air. (空気の上に浮いていた)
🗨会話 彼女, うきうきしてるみたいだね. —デートなんだって She looks happy, doesn't she? —She's going out on a date.

うきぶくろ 浮き袋 a **swimming ring** /スウィミング/, an **inner tube** /イナ テューブ/; (魚の) an **air bladder** /エア ブらダ/

うく 浮く → うかぶ

ウグイス 鶯 《鳥》a **Japanese nightingale** /ナイティンゲイる/

うけいれる 受け入れる **accept** /アクセプト/
・あの病院はいつでも急患(きゅうかん)を受け入れる準備ができている That hospital is always ready to accept emergency cases.
・私は彼らの申し出をありがたく受け入れた
I accepted their offer with thanks.

うけうり 受け売りの **secondhand** /セカンドハンド/
受け売りで secondhand, **at second hand**

うけざら 受け皿 (容器) a **receptacle** /リセプタクる/; (容器をのせる皿) a **saucer** /ソーサ/

うけつぐ 受け継ぐ **take over**, **succeed to** /サクスィード/; (性質・遺産などを) **inherit** /インヘリト/
・彼は父のあとを受け継いだ
He succeeded his father.
・彼は父の商売を受け継いだ He took over［succeeded to］his father's business.

うけつける 受け付ける **accept** /アクセプト/; (申込書などを) **receive** /リスィーヴ/
受付 (ホテルなどの) an **information desk** /インふォメイション/, **reception** /リセプション/
・受付係 a receptionist
・受付でお名前を記入してください
Would you sign in at reception?

うけとる 受け取る
➤ **receive** /リスィーヴ/; (承認して) **accept** /アクセプト/

受取(領収書) (a) **receipt** /リスィート/
受取人 a **recipient** /リスィピエント/, a **receiver**
・これはその本の受取(領収書)です

This is a receipt for the book.
・あなたのお手紙はけさ受け取りました
I received your letter this morning.
・こんな高価な贈(おく)り物は受け取れません
I cannot accept such an expensive gift.

うけみ 受け身
❶ **passive** /パスィヴ/; 《言語》(受動態) **the passive voice** /パスィヴ ヴォイス/
・受身形の文 a passive sentence
❷ 《スポーツ》(柔道の) **fall breaking** /ふォーる ブレイキング/

うけもつ 受け持つ **take charge of** /チャーヂ/, **be in charge of**; (教科を) **teach** /ティーチ/ → たんにん
受け持ち charge

うける 受ける
❶ (受け取る) **receive**, **get**; (応じる) **accept**; (授業などを) **have**, **take**; (被害などを) **suffer**
❷ (人気を得る) **win popularity**
❶ (受け取る) **receive** /リスィーヴ/, **get**; (応じる) **accept** /アクセプト/; (授業などを) **have**, **take**; (被害などを) **suffer** /サふァ/
・パーティーに招待を受ける receive an invitation to a party
・英語の授業を受ける have an English lesson
・入学試験を受ける take an entrance examination
・手術を受ける have［undergo］an operation
・大きな損害を受ける suffer great losses
・挑戦を受けて立つ accept a challenge
❷ (人気を得る) **win popularity** /パピュらリティ/, **make a hit**
・そのお笑い芸人の古くさいギャグは全然受けなかった The comedian's old gags didn't make a hit at all.

うごかす 動かす **move** /ムーヴ/; (小さくそっと) **stir** /スタ〜/
・君にこの石が動かせますか
Can you move this stone?

うごき 動き (活動) an **activity** /アクティヴィティ/; (傾向(けいこう)) a **trend** /トレンド/
・世界の動き the world trend
・動きがとれない be stuck

うごく 動く
➤ (人・物が) **move** /ムーヴ/
➤ (機械などが) **work** /ワ〜ク/, **run**
・動き回る move about
・彼は動くことも口をきくこともできなかった

He could neither move nor speak.
・あの時計は動いていますか
Is that clock working?
・ぼくのおじいさんは80歳でまだまだ動き回って元気いっぱいです
My grandfather is still very active at 80.
・すべての機械が動いている[稼動(かどう)中だ]
All the machines are in operation.
・私がこのプリンターを使うたびに，(つまって)動かなくなる
Every time I use this printer, it jams (up).

ウサギ 兎 《動物》(特にアナウサギ) a **rabbit** /ラビ^ト/; (ノウサギ) a **hare** /ヘア/

ウシ 牛 《動物》(飼い牛・雌牛(めうし)) a **cow** /カウ/; (雄牛(おうし)) a **bull** /ブる/; (荷車用去勢牛) an **ox** (複 oxen); (集合的に) **cattle** /キャトる/(複数扱い)
・ウシを飼う keep cows[cattle]
・ウシの乳を絞(しぼ)る milk a cow
・牛小屋 a cowshed
・ウシがモーと鳴いた The cow mooed.

うしなう 失う

➤ **lose** /るーズ/, (一時的に) **miss**
・機会を失う lose an opportunity
・命を失う lose one's life
・彼は決して希望を失わなかった
He never lost hope.

うしろ 後ろ

➤ **the back**
・後ろを見る look back
・後ろから from behind
・後ろへ backward
・後ろの席 a back seat
・私の家の後ろに大きなカシの木がある There is a big oak tree at the back of my house.
・(バスの中で)後ろにお詰めください
Move back, please.
・ぼくは遠ざかる彼女の後ろ姿を見つめていた
I watched her walking away from me.

うしろあし 後ろ足 a **hind leg** /ハインド/
うしろまえ 後ろ前 **back to front** /ふラント/
・君はセーターを後ろ前に着ているよ
You're wearing your sweater back to front.

うすい 薄い

➤ (厚さが) **thin** /すィン/
➤ (色が) **light** /らイト/, **pale** /ペイる/
➤ (お茶などが) **weak** /ウィーク/
・薄い氷 thin ice
・薄いスープ thin soup
・薄いコーヒー weak coffee
・薄い青色 light[pale] blue
・パンを薄く切る cut bread into thin slices
・父の髪の毛はてっぺんがとても薄くなってきました
Father is getting very thin on top.

thin　　weak
thick　　strong

うずうず …したくてうずうずする **be itching to** do /イチング/, **be impatient to** do /インペイシェント/
うずくまる crouch /クラウチ/, **squat** /スクワト/
うすぐらい 薄暗い **dim** /ディム/, **dusky** /ダスキ/
・薄暗い所で (→とぼしい光の中で)本を読むのは目に悪い
Reading in poor light is bad for the eyes.
うずまき 渦巻き a **whirlpool** /(ホ)ワ~るプーる/; (小さな) an **eddy** /エディ/
うずまる 埋まる **be buried** /ベリド/; (おおわれる) **be covered** /カヴァド/ → うまる
うすめる 薄める **thin**[**water**] **down** /レン/
うずめる 埋める **bury** /ベリ/; (おおう) **cover** /カヴァ/ → うめる

うそ

➤ a **lie** /らイ/
うそをつく lie, **tell** a **lie**
うそつき a **liar** /らイア/
・うそをつくのは悪いことだ
It is wrong to tell a lie.
・それはうそだ It is a lie.
・君はうそをついている You're lying.
・うそでしょう You're kidding. → 「君は冗談を言っている」の意

注意しよう

You're a liar! (君はうそつきだ)というのは，強い非難のこもったたいへんきついことばなのでめったに使わない．友達との会話で驚いたときなどの「うっそー！」「冗談でしょ」「まじで?」の意味では You're kidding. のほかに，No kidding!, You must be kidding!, Really? などという

うたう 52 fifty-two

うたう 歌う

➤ **sing**

歌 a **song**
- いっしょに歌を歌う sing (a song) together
- 彼女に歌を歌ってやる sing her a song / sing a song for her
- ピアノに合わせて[の伴奏で]歌う sing along with [accompanied by] the piano
- 歌を歌って赤ちゃんを寝かしつける sing a baby to sleep ➡ sleep は名詞(眠り)
- 彼女は歌がうまい
She sings beautifully [very well]. / She is a very good singer.
- 私は歌うのはへたですが歌うことは好きです ➡「歌うこと」は to sing
I like to sing, although I don't sing well.

うたがう 疑う

➤ **doubt** /ダウト/; (怪しむ) **suspect** /サスペクト/; (疑問に思う) **question** /クウェスチョン/

疑い a **doubt**; (怪しさ) (a) **suspicion** /サスピション/

疑わしい doubtful /ダウトふる/; **suspicious** /サスピシャス/
- 疑いもなく without [beyond] doubt
- 私はそれについていろいろ疑いを持っている
I have my doubts about it.
- 彼が来るかどうか疑わしい It is doubtful whether he will come (or not).
- 彼らは彼がそれを盗んだのではないかと疑ったが, 無実であることが証明された
They suspected him of stealing it, but he was proved (to be) innocent.
- 私は彼の正直さを疑う I question his honesty.
- 彼は疑い深い He is a skeptic.

使い分け

doubt:「…ではないだろうと思う」ことを意味する I doubt she is telling the truth. (彼女が本当のことを言っているか疑う(彼女は本当のことを言っていないと思う)

suspect:「…だろうと思う」ことを意味する The detective suspected he was a murderer. (探偵は彼が殺人犯だと思った(彼はどうも殺人犯のようだ))

question:「(あるものの真実性や良さ, 必要性など を)疑問に思う」ことを意味する She questioned whether the drink was good for health. (彼女はその飲み物が健康にいいのか疑問に思った)

うち

❶ (家) a **house**, a **home**
❷ (内側) **the inside**

❶ (家) a **house** /ハウス/, a **home**
うちの (私の) **my**, (私たちの) **our**
うちに (家に) (**at**) **home**, **indoors** /インドーズ/
- うちの学校 our school
- うちに電話する call home ➡ home は副詞(家に)
- 母はうちにいます Mother is in [in the house].
- 私は1日じゅううちにいた
I stayed at home [indoors] all day long.
❷ (内側) **the inside** /インサイド/
うちに (内側に) **inside**; (中に) **in**; (範囲内に) **within** /ウィずィン/; (期間) **during** /デュアリング/, **while** /(ホ)ワイる/
- 私は1週間のうちに帰って来ます
I will be back within a week.
- 休みのうちにそれを終わらせなければいけません
You must finish it during the holidays.
- 若いうちに一生懸命勉強しなさい
Work hard while you are young.
- その少年たちのうちの一人は英語を話すのがとてもうまかった
One of the boys spoke English very well.
- 10人の少年のうち9人までがそれに賛成した
Nine boys out of ten agreed to it.

うちあける 打ち明ける **confide** /コンふァイド/; (告げる) **tell**
- 友人に秘密を打ち明ける confide a secret to a friend
- 打ち明けて言うと to tell the truth / to be frank with you
- 悩みを人に打ち明けてしまえば, 気が楽になるものだ
Tell others about your problem and it won't seem so bad. / A problem shared is a problem halved. (問題が共有されれば問題は半分になる) ➡ 英語のことわざ

うちあげる 打ち上げる (ロケットなどを) **send up**, **launch** /ろーンチ/; (花火を) **set off**
- 衛星を打ち上げて軌道(きどう)に乗せる
launch a satellite into orbit

うちあわせる 打ち合わせる **make arrangements** (with ～) /アレインヂメント/
打ち合わせ (取り決め) an **arrangement**; (会議) a **meeting** /ミーティング/
- 今度の日曜日に夏の合宿について打ち合わせよう
Let's make arrangements about the summer camp next Sunday.

うちかつ 打ち勝つ **get over; overcome** /オウヴァカム/
- あらゆる困難に打ち勝つ get over [overcome] all difficulties

うちがわ 内側 **the inside** /インサイド/
- 内側も外側も inside and outside
- 戸は内側からかぎがかけてある
The door is locked on [from] the inside.

うちき 内気な **shy** /シャイ/

うちきず 打ち傷 **a bruise** /ブルーズ/
打ち傷をつける bruise, get a bruise

うちくだく 打ち砕く **smash** /スマシュ/ → くだく
- 核実験は平和へのわれわれの希望を打ち砕く
Nuclear tests kill our hope for peace.

うちこむ 打ち込む (くぎなどを) **drive** (into 〜); (熱中する) **apply** *one*self to /アプライ/
- 彼はもっぱらテレビゲームに打ち込んでいる
He is applying himself to video games.

うちとける 打ち解ける **be frank; be unreserved** /アンリザーヴド/
打ち解けた frank, unreserved
打ち解けて frankly
打ち解けない reserved, standoffish /スタンドオーふィシュ/

うちゅう 宇宙
- (地球も含めた全世界) **the universe** /ユーニヴァ〜ス/
- (大気圏外(けんがい)) **space** /スペイス/
- 宇宙の起源 the origin of the universe
- 宇宙旅行 space travel
- 宇宙旅行をする travel through space
- 宇宙飛行 a space flight
- 宇宙飛行士 an astronaut
- 宇宙ステーション a space station
- 宇宙服 a space suit
- 宇宙船 a spaceship
- 宇宙人 an alien; an extraterrestrial

うちょうてん 有頂天になる **be beside** *one*self **with joy** /ビサイド チョイ/, **be overjoyed** /オウヴァチョイド/

うちわ **a fan**
うちわであおぐ fan
- 彼はうちわであおいでいた
He was fanning himself.

うつ 打つ，撃つ
❶ (たたく) **hit; strike; beat**
❷ (鉄砲を) **shoot**
❶ (たたく，ぶつける) **hit; strike** /ストライク/ → あたる ❶; (連続して) **beat** /ビート/; (打ち込む) **drive** /ドライヴ/

| 基本形 | A を打つ hit A
A (人)の B (からだの部分)を打つ hit A on [in] the B |

- ホームランを打つ hit a home run
- げんこつ[棒]でその男を打つ hit [strike, beat] the man with *one's* fist [a stick]
- 彼の頭を打つ hit him on the head → 頭を強調する時は hit his head
- 太鼓(たいこ)を打つ beat a drum
- くぎを打つ hit [drive] a nail
- 彼は倒れて床で頭を打った
He fell down and hit his head on [against] the floor.
- 私は窓を打つ雨の音を聞いていた
I was listening to the rain beating against [on] the windows.
- その高い木は雷(かみなり)に打たれた → 過去の受け身形
The tall tree was struck by lightning.

ことわざ 鉄は熱いうちに打て
Strike while the iron is hot.

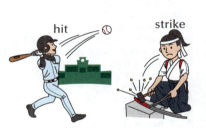

❷ (鉄砲を) **shoot** /シュート/, **fire** /ふァイア/
- 鉄砲を撃つ shoot [fire] a gun
- 的をねらって撃つ shoot at a target
- 会話 手を上げろ．さもないと撃つぞ．—わかった．撃つな Hands up or I'll shoot. —All right.

うっかり

Don't shoot.
・ハンターたちはライフル銃でクマを撃った
Hunters shot the bear with their rifles.
・クマは頭を撃たれた［撃ち抜かれた］→過去の受け身形 The bear was shot in [through] the head.
❸ (心を) **move** /ムーヴ/, **impress** /インプレス/, **touch** /タチ/
・その映画は深く私たちの心を打った
The movie moved [touched] us deeply.
・私たちは彼のことばに強く心を打たれた →過去の受け身形 We were greatly moved [touched, impressed] by his words.
・それは大いに人の胸を打つ話だった
It was a very moving [touching] story.

うっかり (不注意に) **carelessly** /ケアれスリ/; (ぼんやりして) **absent-mindedly** /アブセントマインデドリ/
・うっかり書きあやまって by a slip of the pen
・私はうっかり彼に秘密をもらしてしまった
I carelessly told him the secret. / I gave away the secret by accident when I met him. / ひゆ I let the cat out of the bag when I met him. →「中にブタが入っているとごまかして売りつけようとしたが，うっかり袋を開けて中からネコが飛び出してしまった」という話から
・君はなんてうっかり屋なんだろう
How careless you are!
・私はうっかり降りる駅を乗り越して学校に遅刻した
I absent-mindedly went past my stop and was late for school.

うつくしい 美しい
➤ **beautiful** /ビューティふる/
美しく **beautifully**
美しさ **beauty** /ビューティ/
・彼女は声が美しい
She has a beautiful voice.
・(これは)なんて美しい花でしょう
What a beautiful flower (this is)!

うつし 写し a **copy** /カピ/ →コピー

うつす¹ 写す，映す
❶ (写真を) **take** a **picture**
❷ (文書などを) **copy**
❸ (映写する) **project**

❶ (写真を) **take** a **picture** /ピクチャ/, **take** a **photo** /ふォウトウ/, **take** a **photograph** /ふォウトグラふ/, **photograph**
・彼女の写真を写す take a picture of her / take her picture / photograph her
・写真を写してもらう have *one's* picture taken
・あなたの写真を写してもいいですか May I take your picture? / Can I photograph you?
・彼は自分のカメラで私の写真をたくさん写してくれた He took many pictures [photos] of me with his camera.
・私たちはその丘をバックにして写真を写してもらった We had our picture [photo] taken with the hill as the background.
❷ (文書などを) **copy** /カピ/
・手紙［詩，ページ］を写す copy a letter [a poem, a page]
・われわれはその詩をノートに写した
We copied the poem in our notebooks.
・隣の人の答えを写してはいけない
Don't copy your neighbor's answers.
❸ (反射して映す) **reflect** /リふれクト/; (映写する) **project** /プロヂェクト/
・スライドをスクリーンに映す project a slide on [onto] a screen
・画像をスクリーンに映す show an image on the screen
・静かな池が満月を映していた
The still pond reflected the full moon. / (満月が静かな池に映っていた) The full moon was reflected in the still pond.

うつす² 移す →うつる²

うったえる 訴える
➤ (人・同情などに) **appeal** /アピーる/
➤ (暴力などに) **resort** /リゾート/; (裁判に) **go to law** /ろー/
➤ (痛みなどに) **complain** /コンプれイン/
・武力に訴える appeal to force

fifty-five　　　55　　　うばう

・頭痛を訴える　complain of a headache
・私はみなさんの同情に訴える
I appeal to your sympathy.
・彼らはそのことで彼を訴えた　They went to law
against him over the matter.

うっとうしい depressing /ディプ**れ**スィンぐ/,
gloomy /**ぐ**るーミ/; **unpleasant** /アンプ**れ**ズント/

うっとり うっとりした **fascinated** /ふァ**ス**ィネイ
テド/, **enchanted** /イン**チャ**ンテド/
・観客はそのバレリーナの優雅(ゆうが)な動きにただうっ
とりしていた
The audience were just enchanted with the
graceful movements of the ballerina.

うつぶせに **face down** /ふェイス **ダ**ウン/, **on**
one's **face**, **on** one's **stomach** /ス**タ**マク/
・うつぶせになる　lie on one's stomach / lie
(with one's) face down

うつむく hang one's **head** /**ヘ**ド/
・彼は恥(は)じてうつむいていた
He was hanging his head in shame.

うつりかわり 移り変わり　(変化) a **change** /**チェ**
インヂ/
・季節の移り変わり　the change of seasons

うつる¹ 映る，写る
❶ (反射して見える) **be reflected** /リふ**れ**クテド/
・湖に映った富士山　Mt. Fuji reflected in〔on〕
the lake / the reflection of Mt. Fuji in the
lake
・彼はショーウィンドーに映った自分の顔を見た　He
looked at his face reflected〔at his reflec-
tion〕in the shop window.
❷ (写真に) **look** /る**ク**/
・この写真のあなたよく写っているじゃない
You look pretty in this picture.

うつる² 移る
➤ (移動する) **move** /**ムー**ヴ/
➤ (病気が) **be catching** /**キャ**チンぐ/, **be in-**
fectious /イン**ふェ**クシャス/, **be contagious**
/コン**テ**イヂャス/
移す　**move**; (病気を) **pass**, **give**
・新築の家に移る　move into a new house
・インフルエンザは移る病気です　Influenza is a
catching〔an infectious〕disease.
・あなたのかぜを子供たちに移さないように気をつけ
てください　Please be careful not to give
〔pass〕your cold to the children.

うで 腕
➤ an **arm** /**アー**ム/

・たがいに腕を組んで　arm in arm
・腕組みをする　fold one's arms
・腕まくりをする　pull up one's sleeves
・腕相撲をする　do arm wrestling
・彼女は腕に買い物かごをさげている　She is hang-
ing a shopping basket on her arm.
・私は彼の腕をつかんだ　I took him by the arm.

うでたてふせ 腕立て伏せ **push-up** /**プ**シャプ/
・腕立て伏せをする　do push-ups

うでどけい 腕時計 a **wrist watch** /リスト **ワ**チ/

うでわ 腕輪 (a) **bracelet** /**ブ**レイスれト/

うてん 雨天 **rainy weather** /レイ二 **ウェ**ざ/
・雨天の時は　if it rains
・雨天のために試合は延期された　The game was
put off on account of the rain.

うとうと うとうとする **nod off**, **doze off** /**ド**ウ
ズ/

うどん *udon*, **wheat noodles** /(ホ)**ウィー**ト **ヌー**ド
るズ/

日本を紹介しよう

うどんはスパゲッティに似ていて，そばより太く，そ
してふつう熱いつゆをかけて食べる *Udon*, wheat
noodles, looks like spaghetti, is thicker
than *soba*, and is usually served in hot
soup.

ウナギ 鰻 《動物》an **eel** /**イー**る/
・ウナギのかば焼き　broiled eels

うなされる have a **nightmare** /**ナ**イトメア/

うなずく **nod**
・うなずいて　with a nod

うなる (うめく) **groan** /**グ**ロウン/; (イヌが) **woof**
/**ウ**ふ/
うなり声　a **groan**; (イヌの) a **woof**

ウニ 海胆 《動物》a **sea urchin** /**ア**〜チン/

うぬぼれ **conceit** /コン**ス**ィート/
うぬぼれている　**be conceited**
・彼はうぬぼれが強い　He is full of conceit.
・こんなちっぽけな成功でうぬぼれるんじゃないぞ
Don't be conceited after such small success.

うねる (道などが) **wind** /**ワ**インド/; (波が) **roll** /**ロ**
ウる/
・うねる波　rolling waves
・私たちはうねりくねった小道を歩いて行った
We went along a winding path.

うばう 奪う
➤ (金品を) **rob**; (心・注意を) **absorb** /アブ**ソー**ブ/
・彼らは私の時計とカメラを奪った
They robbed me of my watch and camera.

うばぐるま　56　fifty-six

→ rob は「人・場所」を目的語にとる
・私は金を全部奪われた
I was robbed of all my money.
・彼はその本にすっかり心を奪われて私のことばが聞こえないらしかった
He was so absorbed in the book that he seemed not to hear my words.

うばぐるま 乳母車 《米》a **baby carriage** /ベイビ キャリヂ/, 《英》a **pram** /プラム/; (折りたたみ式) a **stroller** /ストロウら/, a **pushchair** /プシュチェア/

ウマ 馬 《動物》a **horse** /ホース/
・馬に乗る　ride a horse
・馬に乗って行く　go on horseback
・馬の子　a colt
・馬小屋　a stable

うまい

➤ **good** (at ~, in ~) → おいしい, じょうず
うまく **well**
・歌のうまい人　a good singer
・うまくいく(物事が) go well / work out all right; (人と) get along (well) with ~
・彼はテニスがうまい　He is a good tennis player. / He is good at tennis.
・彼は私より車の運転がうまい
He is a better driver than I am [《話》than me]. / He can drive a car better than I can [《話》than me].
・彼はとてもうまく英語をしゃべる
He speaks English very well. / He is a good speaker of English.
・彼はとても字がうまい
He writes a very good hand.
・このスープはうまい　This soup tastes good.
・彼女は近所の人たちとあまりうまくいっていない
She isn't getting along well with her neighbors.
・そういつもうまい話があるはずはない
ひゆ There's no such thing as a free lunch. (ただの昼めしのようなものはない)
・最後はなにもかもうまくいった
Everything worked out in the end.
参考ことわざ 終わりよければすべてよし　All's well that ends well.

うまとび 馬とび(をする) **leapfrog** /リープふラグ/
うまる 埋まる **be buried** /ベリド/; (すきまが) **be filled** /ふィるド/
・たくさんの木の実が枯れ葉の下に埋まっていた　We found a large number of nuts buried under

dead leaves.
・会場は熱心なファンで埋まっていた
The hall was filled with enthusiastic fans.

うまれ 生まれ (生まれること, 誕生) **birth** /バ〜す/; (…生まれの人) a **native of ~** /ネイティヴ/ → うまれる
生まれつき (性質) **by nature** /ネイチャ/; (生まれた時から) **from birth**
・カリフォルニア生まれの人　a native of California / a native Californian → あとの native は形容詞(…に生まれた)
・生まれながらの役者　a born actor / an actor by birth
・私は生まれつき内気だ　I am shy by nature.
・彼女は生まれつき病弱だ
She has been sickly from birth.

うまれる　生まれる

➤ **be born** /ボーン/

基本形 A (年・月・日)に B (場所)で生まれる
be born in B **in** [**on**] A → 英語では「場所＋時」の順になる; 「年月」の前では in, 「日」の前では on

・2005年[4月1日]に生まれる　be born in 2005 [on April 1]
・生まれて初めて　for the first time in *one's* life
・彼らに初めて[今度]生まれた赤ちゃん　their first-[new-]born baby
・私は仙台で生まれた[仙台生まれです]　I was born in Sendai. / Sendai is my birthplace.
・彼は2005年5月1日に東京で生まれた
He was born in Tokyo on May 1 in 2005.
・君はどこでいつ生まれたのですか
Where and when were you born?
・彼らにふたごが生まれた
Twins were born to them.
・これは太宰治の生まれた家です　This is the house where Dazai Osamu was born.
・スミスさんの奥さんは来月お子さんがお生まれになるでしょう(→母親になるでしょう)
Mrs. Smith will become a mother next month.

うみ¹　海

➤ **the sea** /スィー/

海の marine /マリーン/; (海辺の) **seaside** /スィーサイド/
・海の生物(総称的に) marine life
・海の家　a seaside cottage

- 海の日 Marine Day
- 海へ行く go to the sea
- 海で泳ぐ swim in the sea
- 日本は海に囲まれている
Japan is surrounded by the sea.
- 嵐(あらし)のあとで海が荒れている
The sea is rough after the storm.

うみ² (傷などの) **pus** /パス/
うみべ 海辺 **the beach** /ビーチ/, **the seashore** /スィーショー/
- 海辺で遊ぶ play on the beach [the seashore]

うむ¹ 生む **give birth to** /バ〜ス/; (卵を) **lay** /れイ/; (国が偉人などを) **produce** /プロデュース/
- 彼女はふたごの女の子を生んだ
She gave birth to twin girls.
- このめんどりはほとんど毎日卵を生みます
This hen lays an egg almost every day.

うむ² (傷などが) **fester** /フェスタ/

ウメ 梅 《植物》an *ume*, a **Japanese apricot** /エイプリカト/
梅干し an *umeboshi*, **salt plums** /プらムズ/

うめあわせる 埋め合わせる **make up for**
- 健康を失っては何をもってしても埋め合わせることができません
If you lose your health, nothing can make up for it. / Nothing can make up for the loss of your health.

うめく **groan** /グロウン/ → うなる
うめたてる 埋め立てる **reclaim** /リクれイム/
- 埋め立て地 (a) landfill

うめる 埋める **bury** /ベリ/; (空白を) **fill**
- その宝物を地中に埋める bury the treasure in the ground
- 適当なことばで空所を埋めなさい
Fill the blanks with suitable words.

うやまう 敬う → そんけい(→ 尊敬する)

うら 裏

➤ **the back**; (服の) **the lining** /らイニング/; (布などの) **the wrong side** /ローング サイド/
➤ (野球の回の) **the bottom** /バトム/
➤ (コインの) **tails** (→ おもて)

- 裏口 the back door
- 裏庭 the backyard
- 裏通り a back street
- 家の裏に at the back of the house
- 上着の裏 the lining of a coat
- (野球で)9回の裏 the bottom of the ninth inning
- 裏にも書いてあります(裏側もごらんください)

Please turn over. → P.T.O. と略記する

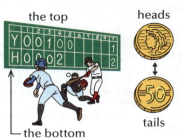

the top / heads / tails / the bottom

うらがえす 裏返す **turn inside out** /ターン インサイド アウト/, **turn wrong side out** /ローング/
裏返しに **inside out**; (書類など) **face down** /フェイス ダウン/
- 靴下を裏返しにはく wear one's socks inside [wrong side] out
- 書類を裏返しに置く put the papers face down

うらぎる 裏切る **betray** /ビトレイ/
裏切り (a) **betrayal** /ビトレイアる/
裏切り者 a **betrayer**, a **traitor** /トレイタ/
- 彼は彼に対する私の信頼を裏切った
He betrayed my trust in him.

うらなう 占う **tell fortunes** /フォーチュンズ/
占い **fortunetelling** /フォーチュンテリング/
占い師 a **fortuneteller**

うらむ 恨む **bear a grudge** /グラヂ/
恨み a **grudge**
- 私は彼になんの恨みも持っていない
I have no grudge against him.

うらやむ **envy** /エンヴィ/, **be envious of** /エンヴィアス/
うらやみ **envy**
- うらやましそうに enviously
- うらやましがって out of envy
- 私は君がうらやましい I envy you.

ウラン **uranium** /ユアレイニアム/

ウリ 瓜 《植物》a **melon**
- 彼らはうりふたつです ひゆ They are as like as two peas. (一つのさやの中の二つの豆のように似ている)

うりきれる 売り切れる **be sold out** /ソウるド/
掲示 本日売り切れ Sold out today.
- そのサイズの靴は売り切れました
Shoes of that size are sold out.
- うちではそのサイズは売り切れです
We are sold out of that size.
- (切符売り場などで)もう売り切れました

うりだし 58 fifty-eight

Sorry, we are sold out.

うりだし 売り出し　a **sale** /セイる/
・現在売り出し中　be now on sale
・特価売り出し　a bargain sale
・歳末(さいまつ)売り出し　the year-end bargain sale

うりば 売り場　（デパートの）a **department** /ディパートメント/; a **section** /セクション/
会話 食料品売り場はどこですか. —地下1階です
Where is the food department? —It's in the first basement.

うりもの 売り物　**goods for sale** /セイる/, **goods on sale**

うる 売る

➤（売る, 売っている, 売れる）**sell**, （商品を置いている）**have**

基本形
A（品物）を売る
　　sell A
A（品物）を B（人）に C（値段）で売る
　　sell B A **for**［**at**］C
　　sell A **to** B **for**［**at**］C

・彼にバイオリンを売る　sell him a violin / sell a violin to him
・それを500円で売る　sell it for［at］500 yen
・あの店はワインを売っている
That store sells wine. / They sell wine at that store. / Wine is sold at that store.
・おたくでは切手を売って［置いて］いますか
Do you have postage stamps?
・この本はよく［一番よく］売れる
This book sells well［best］. / This book is a good［best］seller.
・クーラーがよく［飛ぶように］売れている → 現在進行形　Air conditioners are selling well. / **ひゆ**
Air conditioners are selling like hot cakes. (ホットケーキのように)
・君のバイオリンは少なくとも10万円で売れるだろう
Your violin will sell for at least one hundred thousand yen.

うるうどし うるう年　a **leap year** /リープ イア/
うるおう 潤う　**moisten** /モイスン/
　潤す　**moisten**; （化粧品が肌を）**moisturize** /モイスチャライズ/
　潤い　**moisture** /モイスチャ/

うるさい

❶（騒々(そうぞう)しい）**noisy**
❷（好みが）**particular**
❶（騒々しい）**noisy** /ノイズィ/; （わずらわしい）an-

noying /アノイイング/
・うるさい子供たち　noisy children
・飛行機の騒音が実にうるさい　The noise made by airplanes is very annoying.
・うるさい！（→静かにしろ！）Be quiet!
❷（好みが）**particular** /パティキュら/, **choosy** /チューズィ/, **fussy** /ふァスィ/
・食べ物にうるさい　be particular about food

うるし 漆　（**Japanese**）**lacquer** /らカ/, **japan**

うれしい

➤ **glad** /グらド/, **happy, pleased**
・私はあなたに会えてうれしい
I am glad to see you.
・そこで彼に会えるとはうれしかった
How happy I was to meet him there!
・うれしいことに, 彼女はパーティーに来てくれた
To my delight, she came to the party.
・彼はうれしさのあまり飛び上がった
He jumped for joy.
会話 お若いですね. —ありがとう. うれしいわ
You look young. —Thank you. I'm flattered.
→ be flattered は「（ほめことばを言われて）喜ばされる」

うろうろ うろうろする → うろつく
うろこ a **scale** /スケイる/
うろつく **hang around** /アラウンド/, **wander** (**about**) /ワンダ(アバウト)/
・町をうろつく　wander (about) the streets
うわー **wow** /ワウ/
うわぎ 上着　（コートもふくむ一般語）a **coat** /コウト/; （腰までの）a **jacket** /ヂャケト/
うわさ a **rumor** /ルーマ/
　うわさする　**rumor**
・…といううわさがある
There is a rumor［It is rumored］that 〜.
ことわざ うわさをすれば影とやら
Talk of the devil, and here he comes. (悪魔のうわさをすれば, 悪魔が現れるものだ)

うわばき 上ばき　（1足）（a **pair of**）**slippers** /（ペア）スリパズ/ → slippers は日本語の「スリッパ」と違って靴の形をしている

うん 運

➤（運勢）**fortune** /ふォーチュン/; **luck** /らク/
運のよい **fortunate** /ふォーチュネト/; **lucky**
運よく **fortunately**; **luckily**
運の悪い **unfortunate**; **unlucky**
運悪く **unfortunately**; **unluckily**
・運のよい日　a lucky day

fifty-nine 59 えいが

- •なんと運のよいことだろう What a good luck! / How lucky I am［you are］!
- **うんが** 運河 a **canal** /カナる/
- **うんきゅう** 運休にする **suspend the service** /サスペンド **サ**～ヴィス/
- **うんざり** うんざりする（あいそをつかす）**be disgusted**（**with** ～）/ディス**ガ**ステド/;（いやになる）**get sick**（**of** ～）/ス**ィ**ク/
- •私は彼の不正直にはうんざりした
I was disgusted with his dishonesty. / His dishonesty disgusted me.
- •私はその物語を聞くのはうんざりだ
I am sick of hearing the story. / I have had enough of the story.
- **うんそう** 運送 **transport** /ト**ラ**ンスポート/ →ゆそう
- •運送店 a freight transporter / a forwarding agent
- •運送業 forwarding［freight transport］business
- **うんちん** 運賃（旅客の）a **fare** /ふェア/
- •バスの運賃 a bus fare
- •片道［往復］運賃 a single［return］fare

うんてん 運転

- ➤（車の）**driving** /ド**ラ**イヴィンぐ/
- ➤（機械の）**operation** /アペ**レ**イション/

運転する drive; operate /アペレイト/

運転手 a driver

- •酔(よ)っ払い運転 《米》drunk driving / 《英》

drinking and driving

- •自動車を運転する drive a car
- •彼は運転がうまい He is a good driver.

うんどう 運動

- ➤（体育）**exercise** /**エ**クササイズ/
- ➤（政治的・文化的な）a **movement** /**ムー**ヴメント/, a **campaign** /キャン**ペ**イン/
- ➤（物理）**motion** /**モ**ウション/（運動の）**kinetic** /カ**ネ**ティク/
- •運動をする take［do］exercise ➡一般的に「運動」という時は ×an exercise, ×exercises としない
- •運動会 an athletic meet［meeting］
- •運動競技 athletic sports
- •運動場 a playground
- •運動靴(1足)（a pair of）sneakers［sports shoes］
- •運動部 an athletic club
- •基金集めの運動を始める start a campaign for funds
- •私は毎日腕立て伏せや腹筋運動やその他の運動をします I do push-ups, sit-ups, and other exercises every day.
- •ニュートンの運動の法則 Newton's laws of motion
- **うんめい** 運命（宿命）**destiny** /**デ**スティニ/;（おもに悪い）**fate** /ふェイト/;（一身上の）a **lot**
- •彼は自分の運命に満足している
He is contented with his lot.

え エ

え¹ 絵

- ➤ a **picture** /**ピ**クチャ/;（ペン・鉛筆(えんぴつ)・クレヨンなどでかいた）a **drawing** /ド**ロ**ーインぐ/;（絵の具でかいた）a **painting** /**ペ**インティンぐ/
- •絵手紙 a card with a picture
- •絵日記 a picture diary
- •絵文字 a pictograph
- •絵をかく draw a picture / paint a picture
- •彼は絵をかくことが好きだ
He is fond of painting.
- •この絵はだれがかいたのですか
Who painted this picture?

え² 柄 a **handle**;（握(にぎ)り）a **grip**

- **エアコン**（装置）an **air conditioner** /エア コン ディショナ/
- **エアロビクス aerobics** /エア**ロ**ウビクス/
- **えいえん** 永遠 **eternity** /イ**タ**～ニティ/
- **永遠の eternal** /イ**タ**～ヌる/
- **永遠に eternally; forever** /ふォ**レ**ヴァ/

えいが 映画

- ➤ a **movie** /**ムー**ヴィ/, a **film**;（総称的に）the **movies**
- •映画館 《米》a movie theater / 《英》a cinema
- •映画スター a film star
- •二本立ての映画 a double bill［feature］
- •映画を見に行く go to the movies

えいかいわ　60　sixty

・私はきのうヘレンケラーの映画を見に行った
I went to see a movie about Helen Keller yesterday.

えいかいわ 英会話 **conversation in English** /カンヴァセイション/; **conversational English** /カンヴァセイショヌる/

えいきゅう 永久 → えいえん

えいきょう　影響

➤ **influence** /インふるエンス/ → ため ❷

影響を与える influence, have influence (on ~)

影響を受ける be influenced

・子供に対する母親の影響　a mother's influence on her children

・彼は生徒たちに大きな影響を与えた
He had a great influence on his students.

・台風の影響で羽田発着の便は全部ストップしている
All air services to and from Haneda have stopped because of the typhoon.

えいぎょう 営業している **be open**

・営業時間　opening hours

掲示 営業時間午前9時から午後5時
Open from 9:00 a.m. to 5:00 p.m.

えいご　英語

➤ **English** → えいぶん, えいやく

・英語を話す国民　an English-speaking people
・英語の授業　an English lesson
・英語の先生　a teacher of English / an English teacher → an English teacher は English のほうを teacher よりも強く発音する; 逆の場合は「イングランド人の先生」の意味になる
・英語の試験　an English exam / an examination in English
・君は英語で手紙が書けますか
Can you write a letter in English?
・この話はやさしい英語で書いてある
This story is written in easy English.
・この花は英語で何と言うのですか
What do you call this flower in English? / What is this flower called in English?
・日本語の「おはよう」に対する英語は何ですか
What is the English for the Japanese word "Ohayo"? / How do you say the Japanese word "Ohayo" in English?

えいこう 栄光 **glory** /グろーり/

えいこく 英国 **(Great) Britain** /(グレイト) ブリテン/, **the United Kingdom** /ユーナイテド キンペダム/ → イギリス

えいさくぶん 英作文 **English composition** /カンポズィション/

えいじしんぶん 英字新聞 **an English paper** /ペイパ/

えいしゃ 映写する **project** /プロチェクト/
・映写機　a projector

えいじゅう 永住する **settle down** (**permanently**) /セトる ダウン (パ～マネントり)/

エイズ AIDS → **acquired immune deficiency syndrome** (後天性免疫不全症候群)の略
・エイズ患者　an AIDS patient / a person with AIDS
・エイズにかかっている[かかる]　have [get] AIDS

えいせい¹ 衛生 **hygiene** /ハイヂーン/
衛生的な sanitary /サニテリ/, **hygienic** /ハイヂェニク/

えいせい² 衛星 **a satellite** /サテライト/
・人工衛星　an artificial satellite
・衛星国[都市]　a satellite state [town]
・衛星放送[中継]　satellite broadcasting [telecast]
・人工衛星を軌道(きどう)に打ち上げる　launch an artificial satellite into orbit
・この番組は東京からニューヨークとロンドンへ衛星中継されている　This program is being broadcast live via satellite from Tokyo to New York and London.

えいせいほうそう 衛星放送 **satellite broadcasting** /サテライト ブロードキャスティンぐ/, **satellite TV**

えいぞう 映像 (テレビ・映画の) **a picture** /ピクチャ/; (鏡の) **an image** /イメヂ/

エイプリルフール (4月馬鹿の日) **April Fools' Day** /エイプリる ふールズ/

えいぶん 英文 (英語) **English**
・英文法　English grammar
・英文和訳　the translation of English into Japanese

えいやく 訳 **English translation** /トランスれイション/ → やく², やくす
・日本小説の英訳　the English translation of a Japanese novel
・次の和文を英訳せよ　Translate [Put] the following Japanese into English.

えいゆう 英雄 (男) **a hero** /ヒーロウ/; (女) **heroine** /ヘロウイン/

えいよう 栄養 **nourishment** /ナ～リシュメント/
栄養のある nourishing, nutritious /ニュートリシャス/
栄養を与える nourish /ナ～リシュ/

えいわ 英和辞典 an **English-Japanese dictionary** /ディクショネリ/

ええ (答え・返事で) → はい³; (ことばにつかえた時) **er** /ア〜/

エース an **ace** /エイス/
- 彼はタイガースのエースだ
 He is the Tigers' ace pitcher.

ええと let me see → あのう
 会話 それはいくらでした? —ええと, 2,500円でした How much was it? —Let me see, it was two thousand five hundred yen.

えがお 笑顔 a **smile** /スマイる/, a **smiling face** /フェイス/
- 笑顔で with a smile

えがく 描く (ペン・鉛筆(えんぴつ)・クレヨンなどで) **draw** /ドロー/; (絵の具で) **paint** /ペイント/; (描写する) **describe** /ディスクライブ/

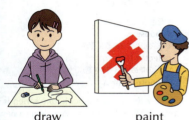

draw paint

えき 駅
➤ a (**railroad**) **station** /(レイるロウド) ステイション/
- 駅長 a stationmaster
- 駅員 a station employee
- 東京駅 Tokyo Station
- 駅へ行く道を教えてください
 Please show me the way to the station.
- 私は次の駅で降ります
 I get off at the next station.

エキサイトする get **excited** /イクサイテド/

えきしょうディスプレー 液晶ディスプレー a **liquid crystal display** /リクウィド クリスタる ディスプれイ/, an **LCD**

エキスパート an **expert** /エクスパ〜ト/

えきたい 液体 (a) **liquid** /リクウィド/

えきでん 駅伝競走 an *ekiden*, a **long-distance relay road race** /ろーんグディスタンス リーれイ ロウド レイス/

えきびょう 疫病 **plague** /プれイグ/, **epidemic** /エピデミク/

えくぼ a **dimple** /ディンプる/

エゴイスト an **egoist** /イーゴウイスト/

エコー (超音波を用いた体の検査) (**ultra**)**sonography** /(アるトラ)ソナグラふィ/

エこひいき partiality /パーシアリティ/
 えこひいきの **partial** /パーシャる/
- えこひいきのない impartial

エコロジー (生態学) **ecology** /イカロヂ/

えさ (飼料) a **feed** /ふィード/; (釣(つ)りの) **bait** /ベイト/

 えさをやる, えさを食べる feed
- ブタにえさをやる feed the pigs / give the pigs a feed
- ニワトリが庭でえさを食べている
 The chickens are feeding in the yard.
- ハトがえさをもらうために舞(ま)い降りて来た
 Pigeons came flying down to be fed.

えじき (a) **prey** /プレイ/
- …のえじきになる fall prey to 〜

エジプト Egypt /イーヂプト/
- エジプトの Egyptian
- エジプト人 an Egyptian

エスエスディー an **SSD**, a **solid state drive** /サりド ステイト ドライヴ/ → フラッシュメモリーなどの半導体メモリを用いた記憶装置

エスエヌエス (an) **SNS** → ソーシャル・ネットワーキング・サービス

エスオーエス SOS
- エスオーエスを発する send out an SOS

エスカレーター an **escalator** /エスカれイタ/
- エスカレーターに乗る (利用する) take an escalator; (動作) get on an escalator

エスキモー an **Eskimo** /エスキモウ/ → 今は an Inuit /イヌイト/ というほうがふつう

エスケープキー the **escape key** /イスケイプ キー/

エスディージーズ SDGs → **sustainable development goals** /サステイナブる ディヴェろプメント ゴウるズ/ (持続可能な開発目標)を略したもの. 国連が定めた

エスペラント Esperanto /エスペラントウ/

えだ 枝 a **branch** /ブランチ/; (大枝) a **bough** /バウ/; (小枝) a **twig** /トウィグ/

えたい 得体の知れない (物) **strange-looking** /ストレインヂンキング/; (人) **mysterious** /ミスティアリアス/
- 得体の知れない物[人] a nondescript / (物) a strange-looking object / (人) a mysterious person

エタノール ethanol /エさノウる/

エチケット 62 sixty-two

エチケット etiquette /エティケト/
- エチケットを守る follow etiquette
- そうすることはエチケットに反する
It is against etiquette to do so.

えっ (聞き返す時) **Sorry?** /サリ/ (↗), **Pardon?** /パードン/ (↗); (軽く驚いて) **huh** /ハ/ (↗), **what** /(ホ)ワト/ (↗)

エックスせん エックス線 **X-rays** /エクスレイズ/
- 胸部のエックス線写真 an X-ray photograph of the lungs

エッセー an **essay** /エセイ/

エッセンシャルワーカー an **essential worker**
/イセンシャる ワ〜カ/ → 医療関係、警官、生活必需品の販売、配達など社会を維持していくのに不可欠な仕事をしている人たちのこと

エッチな lecherous /れチャラス/ → 「エッチ」は日本語の hentai (変態)の頭文字から
- …をエッチな目つきで見る
give 〜 a lecherous look

エネルギー energy /エナヂ/
エネルギーの(ある) energetic /エナヂェティク/
- 原子力エネルギー atomic energy
- 再生可能エネルギー renewable energy /リニューアブる エナヂ/

えのぐ 絵の具 colors /カらズ/, paints /ペインツ/
- 水彩絵の具 watercolors
- 油絵の具 oils
- 絵の具箱 a paintbox
- 彼は油絵の具で絵をかいた
He painted a picture in oils.

えはがき 絵はがき a picture postcard /ピクチャ ポウストカード/

エビ 海老 《動物》(イセエビの類) a lobster /らブスタ/; (クルマエビの類) a prawn /プローン/; (小エビ) a shrimp /シュリンプ/
- エビフライ a fried prawn
ことわざ 海老で鯛(たい)を釣(つ)る throw out a sprat to catch a mackerel (サバをとるためにニシンを投げ与える)

エピソード an episode /エピソウド/

エフエム FM
- エフエム放送 an FM broadcast

えふで 絵筆 a paintbrush /ペイントブラシ/

エプロン an apron /エイプロン/; 《英》(とくに胸当てのあるもの) a pinafore /ピナふォー/

エベレスト Mt. Everest /マウント エヴェレスト/
→ チベット語名は Chomolungma

エポキシじゅし エポキシ樹脂 epoxy resin /エパークシ レズィン/
- エポキシ接着剤 epoxy adhesive [glue]

えほん 絵本 a picture book /ピクチャ/

エムアールアイ MRI → magnetic resonance imaging (核磁気共鳴画像法)の略。医療用の画像技術

えもの 獲物 (鳥・獣) a game; (魚) a catch /キャチ/

えら (魚の) gills /ギるズ/

エラー an error /エラ/
エラーをする make an error

えらい 偉い great /グレイト/ → すごい, ひどい
- 彼は偉い科学者になるだろう
He will become a great scientist.
- 偉そうなことを言うな
ひゆ Who do you think you are? (自分がだれだと思っているのか)

えらぶ 選ぶ

➤ choose /チューズ/; (よりすぐる) select /セれクト/; (選出する) elect /イれクト/

基本形
A を選ぶ
　choose A
A (人)を B (議長など)に選ぶ
　elect A B
A (人)のために B (物)を選ぶ
　choose B for A

- 本[友達]を選ぶ choose a book [one's friends]
- 大統領[新市長]を選ぶ elect a President [a new mayor]
- たくさんの作品から一番すぐれたものを選ぶ
select the best (from) among many works
- 彼女を議長に選ぶ elect her [choose her as] chair → chair のような役職名の時は ×a, ×the をつけない
- 彼女にすてきなプレゼントを選ぶ choose [select] a nice present for her / choose her a nice present
- コーヒーか紅茶かどちらか選ぶ choose between coffee and tea
- 慎重(しんちょう)に友達を選びなさい Choose your friends carefully. / Be careful in your choice of friends [in choosing your friends].
- 私たちは彼女をクラス委員に選んだ
We elected [chose] her class officer.
- だれが大統領に選ばれるだろうか → 受け身形 Who will be elected President?
- ぼくにいいのを選んでください
Choose me a good one, please. / Choose a good one for me, please.
- 私は父のためにすてきなネクタイを選んだ
I selected a nice tie for my father.

使い分け

choose: 「選ぶ」のもっとも広い意味を指す
select: 多くのものの中から一番良いものを慎重に「選ぶ」こと
elect: 選挙などで「選出する」こと

えり 襟 a **collar** /カら/; (返し襟) a **lapel** /らぺる/

エリート an **elite** /エリート/ → 一人でなく集団をさす
- 社会のエリート(たち) the elite of society
- 彼女は自分をエリートだと思っている
She considers herself to be one of the elite.

えりごのみ えり好みする be **choosy** (about ～) /チューズィ/, be **particular** (about ～) /パティキュら/

えりまき 襟巻き a **scarf** /スカーふ/
- 彼女は襟巻きをしている She has [is wearing] a scarf around her neck.

える 得る

> **get**; (望むものを) **obtain** /オブテイン/; (努力して) **gain** /ゲイン/; (報酬として) **earn** /ア～ン/

- 職を得る get a job
- いい給料を得る get [earn] a good salary
- そうやってみても君は何も得るものがないだろう
You'll gain nothing by doing so.
- 君の苦しい経験から得たものを活用しなさい
Make use of what you've learned from your hard experience.

使い分け

get: 何かを与えられたり, 購入することで「得る」こと, 最も広い意味での「得る」
obtain: 何かを望んで「得る」ことの形式ばった言い方
gain: ある能力や性質など価値のあるものを努力して「得る」
earn: 働くことでお金を「得る」

エルイーディー an **LED** → a light emitting diode /らイト イミティンヶ ダイオウド/ の略
- LED 懐中(かいちゅう)電灯 an LED torch / an LED flashlight

エルサイズ L サイズ **large size**
- L サイズのシャツ a large-sized shirt

カタカナ語! L サイズ

「L サイズ, M サイズ」を ×L size, ×M size としないこと. 英語では略さずにそれぞれ **large size**, **medium size** という. 形容詞にする時は **large-sized**, **medium-sized** という.「このシャツは L サイズですか」は Is this shirt large size? あるいは Is this a large-sized shirt?

エルディーケー …LDK → 下のコラムを参照

カタカナ語! LDK

LDK は **living-dining-kitchen** の頭文字をとったもので居間・食堂・台所に仕切りをおかない部屋のつくりをいうが, これはもちろん和製英語.「私の家は 3LDK です」を My house has 3LDK. といっても通じない. 英語では bedroom の数で間取りを表現するのがふつうだから My house has three bedrooms. といったほうが正しいイメージを伝えることができる

エレキ(ギター) an **electric guitar** /イれクトリク/
エレクトーン an **electric organ** /イれクトリク オーガン/ → Electone は商標名
エレベーター 《米》an **elevator** /エれヴェイタ/, 《英》a **lift**
- エレベーターで上がる[下がる] go up [down] in an elevator

えん¹ 円
❶ (丸) a **circle** /サ～クる/ → わ¹
- 円グラフ a circle graph
- 円を描く draw a circle
- 円になって in a circle

❷ (貨幣(かへい)の単位) **yen** /イェン/ → 複数の数字のあとにつけても ×yens としない; ¥ という記号を使うこともある

📣会話 このセーターはいくらですか. —8 千円です
How much is this sweater? —It's 8,000 yen [¥8,000].
- 円高[円安]で困る人も出るでしょう
The strong [weak] yen will get some (people) into trouble.

えん² 園 → どうぶつえん, ゆうえんち, ようちえん
えん³ 縁を切る (夫婦の) **divorce** /ディヴォース/; (親子の) **disown** /ディスオウン/

えんかい 宴会 a **dinner party** /ディナ パーティ/; (豪華(ごうか)な, スピーチなどのふくまれる正式な) a **banquet** /バンクウェト/

えんかナトリウム 塩化ナトリウム **sodium chloride** /ソウディアム クろーライド/

えんがわ 縁側 a **veranda** /ヴェランダ/
えんがん 沿岸 a **coast** /コウスト/
沿岸の **coastal**
- 沿岸を航行する sail along the coast
- 太平洋沿岸に on the Pacific coast

えんき 延期 **postponement** /ポウス(ト)ポウンメント/
延期する **postpone** /ポウス(ト)ポウン/, **put off**

えんぎ 64 sixty-four

・会は来週まで延期されるでしょう
The meeting will be postponed [put off] till next week.

えんぎ¹ 演技 a **performance** /パふォーマンス/
・すばらしい体操の演技 a splendid gymnastic performance

えんぎ² 縁起 an **omen** /オウメン/
・縁起がいい[悪い] be lucky [unlucky]

えんげい¹ 園芸 **gardening** /ガードニング/

えんげい² 演芸 **entertainments** /エンタテインメンツ/; (寄席(ょせ)演芸) a **variety show** /ヴァライエティ/
・演芸場 《米》a variety theater / 《英》a music hall, a variety hall

えんげき 演劇 a **drama** /ドラーマ/; (芝居) a **play**

えんさん 塩酸 **hydrochloric acid** /ハイドロウクろーリク アスィド/

えんし 遠視の **longsighted** /ろーンgサイデド/, **farsighted** /ふァーサイテド/

エンジニア an **engineer** /エンヂニア/

えんしゅう 円周 the **circumference** /サカンふァレンス/
・円周率 pi /パイ/ →記号π

えんしゅつ 演出する **direct** /ディレクト/
・演出家 a director

えんじょ 援助 **help**, **assistance** /アスィスタンス/, **aid** /エイド/
援助する **help, assist, aid**
・援助を求める ask for help [assistance]
・父が亡くなってからおじが経済的援助を与えてくれている
My uncle has been giving us financial help since my father died.

えんじる 演じる **act, play** /プれイ/ →やく¹
・彼はハムレットの役を演じた
He acted [played] the part of Hamlet.

エンジン an **engine** /エンヂン/
・エンジンをかける[止める] start [stop] the engine

えんしんりょく 遠心力 **centrifugal force** /セントリふュグ ふォース/

えんすい 円錐 a **cone** /コウン/

えんせい 遠征(隊) an **expedition** /エクスペディション/
・ヒマラヤへ遠征する make an expedition to the Himalayas
・(スポーツの)遠征チーム a visiting team
・遠征試合 an away game [match]
・私たちは野球の試合で W 中学に遠征した
We visited W Junior High School to have a

baseball game with them.

えんぜつ 演説 a **speech** /スピーチ/
演説をする **make** a **speech**

えんせん 沿線に **along** a **railroad line** /レイるロウド/, **near** a **railroad line**
・私は東武線の沿線に住んでいます
I live near the Tobu line.

えんそう 演奏 a (**musical**) **performance** /(ミューズィカる) パふォーマンス/
演奏する **perform** /パふォーム/, **play** /プれイ/
・演奏会 a concert; (個人の) a recital
・演奏者 a player / a performer
・ピアノを演奏する play the piano
・そのバンドは毎週土曜日午後に公園で野外演奏をする The band plays in the open air [gives an open-air performance] in the park every Saturday afternoon.

えんそく 遠足 (主として学校のもの) a **field trip** /ふィーるド トリプ/, a **school trip**; (小旅行一般) an **excursion** /イクスカージョン/,
遠足に行く **go on an excursion, make an excursion**
・私は学校の遠足で箱根へ行ったことがあります I have been to Hakone on a school excursion.
・私たちは遠足で森に行った We took a field trip to the forest.

えんだん¹ 演壇 a **platform** /プらトふォーム/, a **podium** /ポウディアム/

えんだん² 縁談 (結婚の申し込み) a **proposal of marriage** /プロポウザる マリヂ/

えんちゅう 円柱 a **column** /カらム/

えんちょう¹ 園長 the **head** /ヘド/
・幼稚園の園長 the head of a kindergarten

えんちょう² 延長 **extension** /イクステンション/
延長する **extend** /イクステンド/
・(野球で)延長戦に入る go into extra innings
・彼らは滞在(たいざい)をさらに 1 か月延長した
They extended their stay for another month.

えんとう 円筒 a **cylinder** /スィリンダ/

エンドウ 豌豆 (植物)a **pea** /ピー/

えんとつ 煙突 a **chimney** /チムニ/

えんばん 円盤 (競技用) a **discus** /ディスカス/
・円盤投げ the discus throw
・円盤投げ選手 a discus thrower
・空飛ぶ円盤 a flying saucer

えんぴつ 鉛筆
➤ a **pencil** /ペンスる/
・鉛筆箱 a pencil case

sixty-five　　　　　　　　　　　　　65　　　　　　　　　　　　　おうえん

- 鉛筆削(けずり) a pencil sharpener
- 赤[青]鉛筆 a red [blue] pencil
- HB の鉛筆 an HB pencil
- 鉛筆で印をつける mark with a pencil
- 鉛筆で書く write with a pencil / (鉛筆書きにする) write in pencil
- 鉛筆を削る sharpen a pencil

えんぶん 塩分 **salt** /ソーるト/

えんまん 円満な（平和的な）**peaceful** /ピースふる/; (幸福な) **happy**; (あいそのよい) **affable** /アふァブる/
- 円満な解決 a peaceful settlement
- 円満な家庭 a peaceful [happy] home

えんりょ 遠慮 **reserve** /リザ〜ヴ/
遠慮する **be reserved** /リザ〜ヴド/
- 遠慮なく without reserve
- ことば[態度]が遠慮がちだ be reserved in speech [manners]

掲示 ピクニック区域でのペットの運動はご遠慮ください Do not exercise pets in picnic areas.

お　オ

お 尾 **a tail** /テイる/

オアシス an **oasis** /オウエイスィス/ (複)oases /オウエイスィーズ/)

おあずけ (イヌに向かって) **Stay!** /ステイ/

おい¹ 甥 **a nephew** /ネふュー/

おい² (呼びかける時) **Hi!** /ハイ/; (注意をひく時) **Look!** /るク/
- おい, みんな! Hi, everybody!
- おい, 太郎, どこへ行くんだい
Hi, Taro! Where are you going?
- おい, それおまえのセーターじゃないよ
Look! That's not your sweater.

おいかける 追いかける **run after**; **chase** /チェイス/

おいこす 追い越す **pass**, **overtake** /オウヴァテイク/, **outrun** /アウトラン/; (質・量などで) **excel** /イクセる/, **surpass** /サパス/

掲示 追い越し禁止 《米》No passing. / 《英》No overtaking.
- その車はトラックを追い越そうとした
The car tried to pass the truck.
- テニスの腕前では彼は兄を追い越した He has excelled [has surpassed] his brother at tennis. / He is better than his brother at tennis.

おいしい

➤ **delicious** /ディリシャス/, **nice** /ナイス/, **good**; 《小児語》**yummy** /ヤミ/
- おいしいケーキ a delicious cake
- このスープはとてもおいしい
This soup tastes very nice [good].
- おいしーい! Delicious! / Yummy!
- 両方おいしい思いはできない(どちらかはあきらめなければならない) You cannot have it both ways. / ひゆ You cannot eat your cake and have it. (ケーキを食べて, そのケーキを持っていることはできない)

おいだす 追い出す **drive out** /ドライヴ/
- 庭からネコを追い出す drive a cat out of the garden

おいたち 生い立ち (経歴) one's **personal history** /パ〜ソヌる ヒストリ/; (幼年時代) one's **childhood** /チャイるドフド/

おいつく 追い付く **catch up** (with 〜) /キャチ/
- 先に行ってくれ. すぐ追い付くから
Go on ahead. I'll soon catch you up [catch up with you].

おいはらう 追い払う **drive away** /ドライヴ アウェイ/

オイル oil

おう¹ 王 **a king** → 現在の国王は大文字で the King と書く

おう² 追う

➤ (追い求める) **follow** /ふァろウ/; → おいかける
- 流行を追う follow the fashion
- 時間[仕事]に追われる be pressed for time [with work]

おう³ 負う (になう) **bear** /ベア/; (責任を) **take** /テイク/; → おかげ
- 背中に重荷を負う bear a heavy load on one's back
- その事故に対しては会社が全責任を負います
The company will take full responsibility for the accident.

おうえん 応援 (声援) **cheering** /チアリング/, **rooting** /ルーティング/; (助け) **help**
応援する **cheer** /チア/, **root for** /ルート/; (助け

- 応援団 a cheering [rooting] party
- 応援団長 a cheerleader
- 母校のチームを応援する cheer [root for] one's school team
- 彼はばかに忙(いそが)しそうだ. 応援に行こうよ
He seems to be very busy. Let's go and help him.

おうかん 王冠 a **crown** /クラウン/
おうぎ 扇 (うちわ) a **fan**; (せんす) a **folding fan** /フォゥるディング/ → うちわ
おうきゅう 応急の **first-aid** /ファ～ステイド/ → きゅうきゅう
- (負傷などの)応急手当 first aid / first-aid treatment
- 負傷者に応急手当をする give first aid [apply first-aid treatment] to a wounded person

おうこく 王国 a **kingdom** /キングダム/
おうごん 黄金 **gold**
黄金の **golden** /ゴウるドン/
- 黄金時代 the golden age

おうし 雄牛 (動物)a **bull** /ブる/; (去勢された) an **ox** (複)oxen /アクスン/) → ウシ
おうじ 王子 a **prince**
おうしざ 牡牛座 **Taurus** /トーらス/, **the Bull** /ブる/
- 牡牛座生まれの人 a Taurus / a Taurean
おうじょ 王女 a **princess** /プリンセス/
おうしょくじんしゅ 黄色人種 **the yellow race** /イェろウ れイス/
おうじる 応じる (承諾(しょうだく)する) **accept** /アクセプト/; (需要(じゅよう)などに) **meet** /ミート/
…に応じて **according to** ~ /アコーディング/
- 事情に応じて according to circumstances
- パーティーの招待に応じる accept an invitation to a party
- 時代の要請(ようせい)に応じる
meet the needs of the time
- 素材に応じてデザインを決める make designs according to materials

おうしん 往診 a **doctor's visit** (to a patient) /ダクタズ ヴィジット (ペイシェント)/
- 往診する go and see a patient
- 往診してもらう have the doctor come and see the patient

おうせつま 応接間 a **parlor** /パーら/, a **drawing room** /ドローイング/
おうだん 横断 **crossing** /クロースィング/
横断する **cross, go across**
- 横断歩道 a crosswalk; (白の水平行線で表示してある) a zebra crossing / a street crossing
- 道路を横断する cross a street / go across a street
- アメリカを横断(→沿岸から沿岸まで)旅行する travel America from coast to coast
- 走って道路を横断してはいけません
Don't run across a street.
- 表示された横断歩道のない所で道路を横断してはいけない You shouldn't cross a street where there is no marked crosswalk.

ニューヨークの横断歩道

おうひ 王妃 a **queen** /クウィーン/
おうふく 往復する **go and return** /リタ～ン/
- 往復切符 《米》a round-trip ticket / 《英》a return ticket
- 往復はがき a postcard with a reply-paid postcard attached
- そこへ歩いて行くには往復1時間かかる
It takes an hour to walk there and back.
- 私は学校への往復にその橋を渡る I cross the bridge on my way to and from school.
- その二つの村の間をバスが1日3回往復している
A bus makes three round trips a day between the two villages.

おうべい 欧米 **Europe and America** /ユアロブ/
- 欧米諸国 countries in Europe and America
- 欧米人 Europeans and Americans
おうぼ 応募 (an) **application** /アプりケイション/
応募する **apply** (for ~) /アプらイ/; **enter** (for ~)
- 応募者 an applicant
- その仕事に応募する apply for the job
- 懸賞(けんしょう)論文に応募する
enter for the essay contest
オウム 鸚鵡 (鳥)a **parrot** /パロト/
おうめん 凹面の **concave** /コンケイヴ/
- 凹面鏡 a concave mirror
おうよう 応用 **application** /アプりケイション/
応用する **apply** /アプらイ/
応用できる **applicable** /アプりカブる/

sixty-seven ・67・ おおきい

・この原理はこの場合に応用できますか
Can you apply this theory to this case? /
Is this theory applicable to this case?

おうれんず 凹レンズ a **concave lens** /コンケイヴ れンズ/

おえる 終える

➤ **finish** /ふィニシュ/; **get through** (**with**) /すルー/, **be through with**; (仕上げる) **complete** /コンプリート/

・本を読み終える finish (reading) a book ➔ ✕finish *to read* a book としない

・手紙を書き終える finish (writing) a letter

・彼は夕食の前に宿題を終えた
He finished his homework before supper.

・君はその仕事を2時間で終えることができますか
Can you complete the work in two hours?

・君はもう宿題を終えたかい ➔ 現在完了
Have you finished your homework yet? /
Are you through with your homework yet?

・その新聞読み終えたら私にください
When you are through with the newspaper, give it to me, please.

おおあめ 大雨 **heavy rain** /ヘヴィ レイン/

おおい¹ 覆い a **cover** /カヴァ/

おおい² 多い

➤ (数が) **many** /メニ/, **a lot of**
➤ (量が) **much** /マチ/, **a lot of**
➤ (回数が) **frequent** /ふリークウェント/

・そのように言う人が多い There are many people who say so. / Many people say so.

・彼は家族が多い He has a large family.

・冬になるとこのあたりは雪が多い We have a lot of snow [much snow] here in winter.

・この地域にはサクラの木が多い There are a lot of [many] cherry trees in this area.

・近ごろは交通事故が多い There are frequent traffic accidents these days. / Traffic accidents are frequent these days.

・きょうは交通量[人通り]が多い There is heavy traffic today. / The traffic is heavy today.

おおいに 大いに **very much**, **a great deal** /グレイト ディーる/

・彼はそのことに大いに関係があると私は思う
I think that he has much [a great deal] to do with the matter.

おおう 覆う

➤ **cover** /カヴァ/

基本形	A を覆う
	cover A
	A を B で覆う
	cover A **with** B
	B で覆われている
	be covered with B

・両手で耳[顔]を覆う cover *one's* ears [face] with *one's* hands

・地面は一面雪で覆われている ➔ 受け身形
The ground is covered with snow.

・山の頂上はまもなく雪で覆われるでしょう
The top of the mountain will soon be covered with snow.

・家具はすっかりほこりで覆われていた
All the furniture was covered with dust.

オーエル an **office worker** ➔ ✕OL (= *office lady*) は和製英語; office worker は女性にも男性にも使う

おおがた 大型 a **large size** /らーヂ サイズ/
大型の **large**, **big**, **large-sized**

オオカミ 狼 《動物》a **wolf** /ウるふ/ (復 wolves /ウるヴズ/)

おおかれすくなかれ 多かれ少なかれ **more or less** /モー れス/

おおきい 大きい, 大きな

➤ (どっしりと大きい) **big**; (広さ・容積が) **large** /らーヂ/
➤ (偉大な〈いだいな〉) **great** /グレイト/; (巨大な) **huge** /ヒューヂ/
➤ (背が高い) **tall**; (幅〈はば〉が) **wide** /ワイド/
➤ (声が) **loud** /らウド/

・われわれの学校の前に大きい木があります
There is a big tree in front of our school.

・世界で一番大きい都市はどこですか
What is the largest city in the world?

・彼女はとても背が高くやせている
She is very tall and slim.

使い分け

ものや規模の大きさを表す時は **big**, **large** どちらも同じ意味で使うが, 特に数量が多いことを表す時には **large** を使い, 物事の大きさ(重要性)を表す時には **big** を使う A large number of tourists come to Kyoto every year. (毎年たくさんの観光客が京都を訪れます) The Prime Minister made a big decision for the change. (その政治家は変革のために大きな決断をした)

huge:「とても大きい(巨大な)」ことを表す Your house is huge. (君の家は大きいね)

お か さ た な は ま や ら わ

・われわれは大きい声で歌った We sang in a loud voice. / We sang at the top of our voice.
・そんな事は大きなお世話だ (→それは君の仕事ではない) That's none of your business.

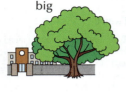

おおきく 大きく

➤ (広さ・容積を) **large** /らーヂ/
➤ (幅(はば)を) **wide**/ワイド/, **widely**

大きくする enlarge /インらーヂ/; (音・ガスの火などを) **turn up** /タ〜ン/
大きくなる get bigger /ビガ/, **get larger** /らーヂャ/; (成長する) **grow (up)** /グロウ/; (広がる) **spread** /スプレド/
・大きく書く write large
・両手を大きく広げる open one's arms wide
・大きく息を吸う take a deep breath
・テレビの音を大きくしてください
Please turn up the volume on the TV.
・その少女は大きくなって母親そっくりになった The girl grew up to be just like her mother.
・風がとても強かったので火事はどんどん大きくなった The fire spread rapidly because the wind was so strong.

おおきさ 大きさ size /サイズ/
・いろいろな大きさの帽子 hats of all sizes
・どういう大きさの靴がお入り用ですか
What size (of) shoes do you want?
・これらは(だいたい)同じ大きさだ
These are (much) the same size.

おおく 多くの a lot of; (多数の) **many** /メニ/, **a large number of** /らーヂ ナンバァ/; (多量の) **much** /マチ/ ➜ a lot of は数についても量についても使う
・私にはまだ多くの仕事が残っている
I still have a lot of work to do.

・彼らの多くは君の言うことがわからない
Many of them do not understand you.
・その金の多くは浪費された
Much of the money was wasted.
・多くの人々がその事故で死んだ
A large number of people were killed in the accident.
・だれが一番多くのまちがいをしましたか
Who made (the) most mistakes?
・これらの本の多くは私には用がない
Most of these books are useless to me.

オークション (an) auction /オークション/
・…をネットオークションで買う[売る] buy [sell] 〜 at online auction

オーケー OK, O.K., okay /オウケイ/, **all right** /ライト/

おおげさ exaggeration /イグザヂャレイション/
おおげさに言う exaggerate /イグザヂャレイト/
・彼を天才と呼んでもおおげさではない
It is no exaggeration to call him a genius.
・彼は仕事の困難なことをおおげさに言う
He exaggerates the difficulty of the work.
・君の言うことはおおげさだ
You exaggerate.
・彼はつまらない事をおおげさに言っているんじゃないか I think he is making something out of nothing. / ひゆ I think he is making a mountain of a molehill. (モグラ塚を山にしている)

オーケストラ an orchestra /オーケストラ/
おおごえ 大声 a loud voice /らウド ヴォイス/
・大声で in a loud voice

おおざっぱ 大ざっぱな broad /ブロード/
・大ざっぱに言うと broadly / in a broad sense

おおさわぎ 大騒ぎ a fuss /ふァス/
・何でもないことに大騒ぎをする make a fuss about nothing
・こうなったからといって大騒ぎすることじゃない
ひゆ This would not be the end of the world. (世の終わりが来るわけじゃない)
・それはつまらない事での大騒ぎにすぎない
ひゆ It's only a tempest in a teapot [《英》a storm in a teacup]. (ティーポット[《英》ティーカップ]の中の嵐)

オーストラリア Australia /オーストレイリャ/
・オーストラリアの Australian
・オーストラリア人 an Australian

オーストリア Austria /オーストリア/
・オーストリアの Austrian
・オーストリア人 an Austrian

おおぜい 大勢の **a lot of, many** /メニ/, **a large number of** /らーヂ ナンバ/, **a crowd of** /クラウド/ → おおい², おおく
・大勢の子供たち a lot of children / many children / a large number of children
・大勢の観光客が日光を訪れる
A large number of tourists visit Nikko.

おおそうじ (家の)大掃除 **(a) housecleaning** /ハウスクリーニング/

参考　日本の「大掃除」は年中行事として年末に行われることが多く，文字どおりには year-end cleaning という．欧米では大掃除はふつう春に行うことが多く，これを spring-cleaning という

・大掃除する clean the whole house

オーダー (食事や品物の注文) **an order** /オーダ/
・ハンバーガーとサラダをオーダーする place an order for a hamburger and salad / order a hamburger and salad
・オーダーストップ（ラストオーダー） last order [end of service] →「オーダーストップ」は和製英語

オーダーメードの made-to-order /メイドトゥオーダ/

オーディオ (装置) **audio equipment** /イクウィプメント/; (システム) **an audio system** /スィステム/

オーディション an audition
・(…の)オーディションを受ける
have [go to] an audition (for ~)

オートチャージ auto refill /オートリふィる/, **automatic refilling of a prepaid card** /リふィリング, プリペイド/ →「オートチャージ」は和製英語

オートバイ a motorcycle /モウタサイクる/
・オートバイに乗る ride a motorcycle
・オートバイに乗って行く go by motorcycle

オートロック (ホテルなどの自動施錠ドア) **a self-locking door** /セるふ らーキング/; (集合住宅の共有玄関開閉システム) **an apartment intercom system with door release** /インタカーム リリース/ →「オートロック」は和製英語

オーナー an owner
オーバー → おおげさ
オーバーな exaggerating /イグザチャレイティング/

オーバースロー an overhand [overarm] throw /オウヴァハンド[オウヴァアーム]/ → アンダースロー

オーバーワーク overwork /オウヴァワ～ク/
オービー OB (卒業生) **a graduate** /グラヂュエト/

カタカナ語！ OB
日本では男の卒業生を OB，女の卒業生を OG ということがあるが，英語では通じない．英語では男女共に **graduate** という
「彼は T 中学の OB だ」は He is a graduate of T Junior High School. という．学校以外の組織の OB, OG は **a former member** という

オーブン an oven /アヴン/
オープンせん オープン戦（プロ野球などの） **a pre-season game** /プリスィーズン/
おおみそか 大晦日 **O-misoka, New Year's Eve** /イアズ イーヴ/

日本を紹介しよう
古い年を送り新しい年を迎えるために，大晦日にはいろいろな事が行われます．除夜の鐘(かね)もその一つです．除夜の鐘は全国の寺でつかれます．お寺の鐘は私たちの108の煩悩(ぼんのう)を払うために 108 回つかれます
Various ceremonies are held on O-misoka, New Year's Eve, to mark the end of the old year and the beginning of the new. Joya-no-kane is one of them. It is held at Buddhist temples all over the country. The temple bell is rung 108 times to drive out our 108 sins.

オオムギ 大麦《植物》**barley** /バーリ/
おおめ 大目に見る **overlook** /オウヴァるク/
おおもじ 大文字 **a capital letter** /キャピトる れタ/
・名を(全部)大文字で書く write one's name in capital letters
・文を大文字で書き始める begin a sentence with a capital letter

おおもの 大物（人間）**a big boss, a big wheel** /(ホ)ウィーる/, **a bigwig** /ビグウィグ/

おおやけ 公の **public** /パブリク/
公に **publicly**
公にする **make public**
・この事件は公にされなかった
This event was not made public.

おおらかな (心の広い) **broad-minded** /ブロードマインデド/, (寛大(かんだい)な，気前のいい) **generous** /ヂェネラス/, (率直な) **unreserved** /アンリザ～ヴド/

オール (かい) **an oar** /オー/
オールスター(の) all-star
・オールスターゲーム all-star games
オーロラ an aurora /オーローラ/
おか 丘 **a hill**

おかあさん 70 seventy

・丘の上に on the hill
・丘を越えて行く go over a hill

おかあさん a **mother** /マざ/; (呼びかけて) **mamma** /マーマ/, **mammy** /マミ/, 《米》 **mom** /マム/, 《英》 **mummy** /マミ/, **mum** /マム/ → はは

おかえり お帰りなさい **Welcome home [back].** ➡ これは長い旅行などから帰って来た場合の表現で, 学校や会社から帰って来た場合は単に "Hello" または "Hi" などという

おかげ おかげをこうむる **owe** /オウ/
…のおかげで thanks to ~ /さンクス/, **owing to ~** /オウインぐ/
・私がこのように健康なのはすべて母のおかげです I owe it all to my mother that I am as healthy as I am now.
・私の今日あるのはあなたのご援助(えんじょ)のおかげです I owe what I am today to your assistance.
・彼の助力のおかげで私たちは成功した Thanks to his help we succeeded.

おかしい

➤ (こっけいな) **funny** /ふァニ/; (おもしろい) **amusing** /アミューズィンぐ/, **comical**
➤ (通常でない) **strange** /ストレインヂ/, **unusual** /アニュージュアる/, **odd** /アド/; (調子が悪い) **wrong** /ローンぐ/

・それには別におかしいところはない There is nothing strange about it.
・君がそのように言うのはおかしい It is strange that you should talk like that.
・彼の行動は少しおかしい His behavior is rather odd.
・10月にこんなに台風が多いなんておかしい It is unusual that we have so many typhoons in October.
・えい, ちくしょう! エンジンがおかしいぞ Oh, hell! Something is wrong with the engine. → × The engine is wrong. としない
・君はその上着を着るととてもおかしくみえる You look very funny in that jacket.

おかす¹ 冒す **risk**
・危険を冒す risk danger / run a risk ➡ a risk は「危険」
・どんな危険を冒しても at any risk
・彼は生命の危険を冒してそれをした He did it at the risk of his life.

おかす² 犯す, 侵す (罪を) **commit** /コミト/; (法律・権利などを) **violate** /ヴァイオれイト/
・罪を犯す commit a crime

おかず (料理) a **dish** /ディシュ/

・日本の朝食はふつうおかずがあまりつきません Commonly there are few dishes for Japanese breakfast.

> **注意しよう**
> 英語では「主食」に対する「おかず」という区別がない. side dish ということばはあるが, これは主料理の肉などと共に食べる別皿のサラダ類などのこと

おかっぱ bobbed hair /バブド ヘア/
・おかっぱ頭の少女 a girl with her hair bobbed short / a bobbed girl

おがむ 拝む (祈る) **pray** /プレイ/; (うやまう) **worship** /ワ〜シプ/
・ひざまずいて神を拝む pray to God on one's knees

おがわ 小川 a **stream** /ストリーム/

おかわり 《話》 **seconds**
・おかわりしていい? Is there any seconds?
・(コーヒーなど)おかわり, いかがですか Would you like another cup?

おき¹ 沖に **off the shore** /ショー/; (沖に向かって) **offshore** /オーふショー/
・沖の方をヨットが走っている There is a yacht sailing off the shore.
・銚子沖で船が難破した A ship was wrecked off Choshi.

おき² …おきに **every ~** /エヴリ/
・1日おきに every other day
・2日おきに every three days [third day]
・次の文章を1行おきに書きなさい Write the following sentences on every other line.

おきあがる 起き上がる (立ち上がる) **rise to** one's **feet** /ライズ ふィート/; (ベッドで) **sit up** (**in** one's **bed**)

おきて 掟 a **rule** /ルーる/, a **law** /ろー/

おぎなう 補う **make up** (for ~); (供給する) **supply** /サプらイ/ → ほそく
・損失を補う make up for a loss
・必要を補う supply a need
・空所に適当な語を補え Supply [Fill in] the blanks with suitable words.

おきにいり お気に入り → きにいる

おきはい 置き配 an **unattended delivery** /アンアテンデド ディりヴァリ/ ➡ 荷物などを人が受け取らず, 玄関前に置いて配達すること

おきる 起きる

➤ (ベッドから出る) **get up**; (目をさます) **wake** (**up**) /ウェイク/
➤ (発生する) **happen** /ハプン/, **occur** /オカ〜/ → おこす¹

seventy-one 71 **おくる**

・彼は毎朝6時に起きる
He gets up at six every morning.
・静かにしなさい. 赤ちゃんが起きますよ
Be quiet. The baby will wake up.
・ゆうべ私は遅くまで起きていた
I stayed up late last night.
・彼はけさ遅く起きてきた
He came down late this morning. → come
down (降りてくる)はしばしば「朝食に(2階の寝室から)降りてくる」を意味する
・その自動車事故はいつ, どこで起きたのですか
Where and when did the car accident occur?

おきわすれる 置き忘れる → おく³
おく¹ 奥 **the depths** /デプۭス/, **the back**
・森の奥に in the depths of the forest / deep
in the forest
・心の奥に at the back of one's mind
・彼の目はめがねの奥で(→後ろで)笑っていた
His eyes were smiling behind his glasses.
おく² 億 **a hundred million** /ハンドレッド ミリョン/
・3億5千万円 three hundred and fifty million
yen
・10億 a billion
・100[1,000]億 ten [a hundred] billion

おく³ 置く

➤ **put**: (適切な所に) **place** /プれイス/, **set**: (注意
深く) **lay**
➤ (置き忘れる) **leave** /リーヴ/

・本を机の上に置く put a book on the desk
・時計をたなの上に置く place a clock on the
shelf
・テレビをすみに置く set the television in the
corner
・彼は玄関に帽子を置いて行った
He left his hat in the hall.

使い分け

put: 一般的な「置く」の意味で用いられる. I put
my glasses on my desk. (わたしは眼鏡を机に置いた)
place: 特定または適切な位置に「置く」ことを言う.
He placed a strawberry in the center of the
cake.
lay: 平たいところに「置く(横たえる)」ことを言う.
She laid her baby on the bed. (彼女は赤ちゃんをベッドに寝かせた)

おく⁴ …させておく, …しておく **keep** /キープ/; (本
人がのぞむままに) **leave** /リーヴ/, **let**

・イヌを静かにさせておく keep a dog quiet
・彼を待たせておく keep him waiting
・窓を開けて[閉めて]おく keep the windows
open [shut]
・君をこんなに待たせておいてすみません
I'm sorry I've kept you waiting so long.
・私のことならほっておいてください
Please leave me alone.
・彼らには好きなように思わせておけ
Let them think what they like.
おくがい 屋外の **outdoor** /アウトドー/ → やがい
屋外で **outdoors** /アウトドーズ/, **in the open
air** /エア/
・屋外の遊び an outdoor game
おくさん 奥さん one's **wife** /ワイふ/
・(あなたの)奥さんはお元気ですか
How is your wife? / How is Mrs. ～?
おくじょう 屋上 **the roof** /ルーふ/
・屋上で[から] on [from] the roof
オクターブ octave /アクティヴ/
おくない 屋内の **indoor** /インドー/
屋内で **indoors** /インドーズ/
・屋内スポーツ indoor sports
おくびょう 臆病 **cowardice** /カウアディス/,
timidity /ティミディティ/
臆病な **cowardly** /カウアドり/, **timid** /ティミ
ド/, **yellow**
臆病者 a **coward**
おくやみ お悔やみ **condolences** /コンドウれンス
ィズ/
・お父さまのご逝去(せいきょ)を心からお悔やみ申し上げます Please accept my sincere condolences
on the death of your father.

おくりもの 贈り物

➤ a **present** /プれズント/, a **gift**

・誕生日の贈り物 a birthday present [gift]
・彼の誕生日に何か贈り物をあげましょう
Let us give him some present on his birthday.
・彼は私にアルバムを贈り物にくれた
He gave me an album as a present. /
He made me a present of an album.
・これはあなたへの誕生日の贈り物です
This is my present for your birthday.
おくる¹ 贈る **present** /プリゼント/
・彼にアルバムを贈りましょう
Let us present an album to him. /
Let us present him with an album. /
Let us make him a present of an album.

おくる² 送る

❶ (品物を) **send**
❷ (人を) **see**; (車で) **drive**
❸ (日々を) **lead**

❶ (品物を) **send**

基本形
A (品物)を送る
　　send A
B (人)に A (品物)を送る
　　send B A / **send** A to B

・小包を送る　send a parcel
・彼女に誕生日のカードを送る　send her a birthday card / send a birthday card to her
・ミカンー箱お送りいたします　I'll send [I'm sending] you a box of tangerines.
・入学案内書を1部送ってくださいませんか
Will you send me a copy of your course brochure?
・本を送っていただいてどうもありがとうございました　Thank you for sending me the book.
・この小包は彼から航空郵便で私のところに送られてきた → 受け身形
This parcel was sent to me from him by airmail.

❷ (人といっしょに行く) **see** /スィー/, **go with**; (車で) **drive** /ドライヴ/; (玄関まで) **see out**; (見送る) **see off**

・彼を家まで送る　see him home; (歩いて) walk him home; (車で) drive him home → home は副詞(家へ)
・彼女を戸口まで送る　see her (out) to the door
・彼は車で彼女を家まで送った　He drove her home. / He took her home in his car.
・そこのかどまで送ります
I'll see [go with] you to the corner.
・家まで送りましょうか
Shall I see you home?
・私たちは彼[おじとおば]を送りに空港へ行きます
We'll go to the airport to see him off [to see off my uncle and aunt].

❸ (日々・生活を) **lead** /リード/ → すごす
・幸せな毎日を送る　lead [live] a happy life

おくれ 遅れ　**delay** /ディレイ/

おくれる 遅れる

❶ (遅刻する) **be late**
❷ (事故などで) **be delayed**
❸ (時計が) **lose**
❹ (進歩などが) **be behind**

❶ (遅刻する) **be late** /れイト/, **come late**

基本形
A に遅れる
　　be late for A

・彼女はいつも約束の時間に遅れる
She is always late for her appointments.
・けさ私は学校に5分遅れた　I was five minutes late for school this morning.
・太郎は遅れて来た. 次郎はもっと遅れて来た. 三郎は一番遅れて来た　Taro came late. Jiro came still later. Saburo came (the) latest.
・遅れてすみません
I'm sorry I'm late. / I'm sorry to be late.
・急ぎなさい. でないと列車に遅れるよ
Hurry up, or you will be late for [will miss] the train.

❷ (事故などで) **be delayed** /ディレイド/ → 受け身形
・何かの事故で電車が遅れた　The train was delayed by some accident. / The train was late [behind time] because of some accident.
・大雨で試合の開始が1時間遅れた
The start of the game was delayed an hour because of the heavy rain. / (大雨が試合の開始を遅らせた) The heavy rain delayed the start of the game an hour.

❸ (時計が) **lose** /ルーズ/; (遅れている) **be slow** /スろウ/
・君の時計は2分遅れている
Your watch is two minutes slow.

❹ (進歩・支払い・仕事などが) **be behind** /ビハインド/, **fall behind** /ふォーる/
・日本は福祉(ふくし)の面で西欧諸国にずっと遅れている
Japan is far behind Western countries in welfare.

おけ (手おけ) a **bucket** /バケト/; (たらい) a **tub** /タブ/
・おけ1杯の水　a bucketful of water
・ふろおけ　a bathtub

おこす¹ 起こす

➤ (目をさまさせる) **wake (up)** /ウェイク/
➤ (立ち上がらせる) **raise** /レイズ/
➤ (発生させる) **cause** /コーズ/, **bring about** /ブリンヂ アバウト/ → おきる

・問題を起こす　cause a trouble
・赤ちゃんを起こさないように静かにしてください　Be quiet so that you won't wake the baby.
・あしたの朝6時に起こしてください

Please call me [wake me up] at six tomorrow morning.
おこす² (火を) **make a fire**
おこたる 怠る **neglect** /ニグれクト/
- 勉強を怠る neglect *one's* studies
- 注意を怠る be careless

おこない 行い (個々の) an **act**; (総合的に) **conduct** /カンダクト/
- 恥(はじ)ずかしい行い a shameful act
- 親切な行い a kind act / an act of kindness
- 君は行いを改めるべきだ
You should mend your conduct.

おこなう 行う

➤ **do**; (実行する) **practice** /プラクティス/
➤ (催(もよお)す) **have, hold** /ホウるド/ → **する**¹
- 言うことはやさしいが行うことは難しい
It is easy to say but hard to do.
- 彼は言っていることを行った
He actually did what he said. /
He practiced what he preached.
- 私たちはその問題について討論を行った
We had a discussion on that question.

おこり 起こり (起源) **the origin** /オーリヂン/; (原因) **the cause** /コーズ/
おごり a **treat** /トリート/ → **おごる**
おこりっぽい (短気な) **short-tempered** /ショートテンパド/ → **おこる**²
- 彼はおこりっぽい
He is short-tempered. / He has a short temper. / He easily gets angry.

おこる¹ 起こる

➤ **take place** /プれイス/; (偶然に) **happen** /ハプン/, **occur** /オカ〜/; (突発的に) **break out** /ブレイク/
- 起こった事を正確に教えてくれ
Tell me exactly what took place.
- こういうことはしばしば起こります
Such a thing often happens.
- 彼に何か起こったのか
Has anything happened to him?
- 昨夜近所で火事が起こった
A fire broke out near my house last night.
- こういうふうに事が進めば戦争が起こるかもしれない If things go on like this, war may break out.
- 今後数十年の間に世界中で多くの自然災害が起こるかもしれない The next few decades would see many natural disasters worldwide. ➤「今

後の数十年」という無生物を主語にした英語らしい表現

使い分け

take place: 事前に計画された行事や式典などが「行われる」時に使う The Olympic games take place every four years. (オリンピックは4年に一度開催される)

happen: 事前に計画や予想がされていなかったことが「起こる」時に使う The car accident happened one week ago. (その自動車事故は一週間前に起こった)

occur: happen とほぼ同じ意味だが,やや形式ばっている In Japan, earthquakes occur frequently. (日本ではしばしば地震が発生する)

break out: 火事やけんか,戦争など好ましくないことが「起こる」こと I wasn't home when the fire broke out. (火事が起きた時,わたしは家にいなかった)

おこる²

➤ **get angry** /アングリ/, 《話》 **get mad**; (おこっている) **be angry**, 《話》 **be mad** → **しかる**

基本形
A (人)のことをおこる **get angry with [at]** A B (人の言動など)のことをおこる **get angry at [about]** B A (人)が…したのをおこる **get angry with** A **for** *doing* **get mad at** A **for** *doing*

おこらせる make ~ angry, offend /オふェンド/
おこって in anger /アンガ/, **angrily** /アングリリ/
- おこった顔つき an angry look
- 彼はすぐおこる He easily gets angry [mad].
参考ことわざ 小さななべはすぐ熱くなる A little pot is soon hot.
- 彼はおこった顔をしている[していた]
He looks [looked] angry.
- 彼女は私のことをおこっている
She is angry with me.
- 彼女はばかにされたことをおこっていた
She was angry at being made a fool of.
- 父は私の帰りが遅くなったのをおこった
My father got angry with [mad at] me for coming home late.
- 彼女は私のことばにおこった
She got angry at my words.
- 彼女は何のことでおこっているのですか
What is she angry about?

おごる (ごちそうする) **treat** /トリート/, **buy** /バイ/

おさえる 74 seventy-four

・今晩夕食をおごるよ I will treat you to dinner［buy you dinner］tonight.
・これはぼくのおごりだ
This is on me. / This is my treat.

おさえる 押さえる，抑える（手で）**hold** /ホウ^るド/；（感情などを）**control** /コン^トロウ^る/；（涙などを）**hold back**
・戸を手で押さえてあけておく hold a door open
・怒りを抑える control *one's* anger
・涙を抑える hold back *one's* tears

おさげ お下げ **braids** /^プレイヅ/ → かみ³

おさない 幼い（年が小さい）**little, very young** /ヤン^グ/；（子供っぽい）**childish** /^チャイ^るディシュ/；（未熟な）**immature** /イマ^チュア/
・彼は幼いころ熱湯でやけどをした
He got scalded with boiling water when he was very young.
・彼は年のわりには幼い
He is childish［immature］for his age.

おさななじみ 幼なじみ
・私たちは幼なじみです We have been friends since we were small children.

おさまる 治まる，収まる（静まる）**calm down** /カーム ダウン/；（終わる）**be over**；（解決する）**be settled** /セ^{トる}ド/, **settle**
・風がおさまった The wind has calmed down.
・嵐がおさまるまで待ちなさい
Wait till the storm is over.
・どうやら天気がおさまったらしい
It seems the weather has settled at last.

おさめる¹ 治める（支配する）**rule** /ルー^る/；（統治する）**govern** /^ガヴァン/

おさめる² 納める **pay** /ペイ/
・授業料を納める pay *one's* school fees

おじ an **uncle** /^アンク^る/

おしあう 押し合う **push one another** /^プシュ ア^ナざ/, **jostle** /^チャス^る/

おしあける 押しあける **push open** /^プシュ/
・ドアを押しあける push a door open

おしあげる 押し上げる **push up** /^プシュ/

おしい 惜しい
❶（残念だ）**it is a pity** /^ピティ/, **be sorry** /^サリ/
・このチャンスを失うのは惜しい
It is a pity to lose this chance.
・あの本をなくして惜しいことをした
I am very sorry to have lost the book.
❷（貴重である，もったいない）**be too good, be too precious** /^プレシャス/
・この机を捨てるのは惜しい
This desk is too good to be thrown away.

・ここでの時間をこんなことに使うのは惜しい
My time here is too precious for me to spend on such a thing.

おじいさん（祖父）a **grandfather** /^グラン（^ド）ふァーざ/；（老人）an **old man**（^複 men）

おしいれ 押し入れ a **closet** /^クらゼト/

おしえ 教え **teachings** /^{ティ}ーチン^グズ/；（さしず）**instructions** /イン^スト^ラクションズ/；（教訓）a **lesson** /^れスン/
・教え子 *one's* former pupil［student］
・…に教えを受ける be taught by ～
・キリストの教え the teachings of Christ
・君たちは両親の教えに従うべきだ You should obey your parents' instructions.
・この物語には一つの教えがある
There is a lesson in this story.

おしえる 教える

➤（勉強などを）**teach** /^{ティ}ーチ/
➤（告げる）**tell**；（示す）**show** → tell: 口で教える；show: 実際にやってみせて教える，あるいは道など案内して教える

基本形	
A を教える	**teach** A / **tell** A / **show** A
B（人）に A を教える	**teach** B A / **tell** B A / **show** B A **teach** A to B / **tell** A to B / **show** A to B
B（人）に…のしかたを教える	**teach** B (**how**) to *do* **tell** B **how** to *do* / **show** B **how** to *do*

・英語を教える teach English
・私たちに英語を教える teach us English / teach English to us
・彼に駅へ行く道を教える tell［show］him the way to the station
・彼らに泳ぎ方を教える teach them (how) to swim / show them how to swim
・何が起こった［彼がどこにいる，今何時，なぜ雪が降る］かを彼女に教える tell her what happened［where he is, what time it is, why the snow falls］
・私の兄は高校で（英語を）教えています
My brother teaches (English) at a senior high school.
・彼女は今子供たちにピアノを教えています → 現在進行形 She is now teaching (the) piano to children.
・森先生が私たちに英語を教えてくれます

Mr. Mori teaches us English [English to us].
- 私たちは森先生に英語を教わっています ➔ 受け身形
We are taught English by Mr. Mori.
- あなたの学校ではフランス語を教えていますか (→フランス語が教えられているか(受け身形)) Is French taught at your school?

会話

私に博物館へ行く道を教えてくれませんか
―いいですよ
Please **tell** me the way to the museum.
―Certainly.

- いつ東京にお着きになるか教えてください
Please tell me [let me know] when you will arrive in Tokyo.

teach

show

おじぎ a **bow** /バウ/
おじぎをする bow, **make a bow**
- おじぎをして with a bow
- 私は彼に丁寧(ていねい)に[軽く]おじぎをした
I made a polite [slight] bow to him.
おじさん (よその) a **man** (複 men), a **gentleman** /ヂェントるマン/ (複 -men); (呼びかけ) **Mister!** /ミスタ/, **Sir!** /サ〜/ ➔ おじ
おしたおす 押し倒す **push down** /プシュ ダウン/
おしだす 押し出す **push out** /プシュ/
おしつける 押し付ける **press** (against 〜); (意見・制度などを) **impose** /インポウズ/
- A を B に押し付ける press A against B

- 自分の意見を他人に押し付ける
impose *one's* opinion on others
おしっこ 《話》 **pee**, 《小児語》 **wee-wee** /ウィーウィー/ ➔ しょうべん
- おしっこをする pee / pass water / 《小児語》 wee-wee
おしつぶす 押しつぶす **crush** (**down**) /クラシュ (ダウン)/; **press**
おしのける 押しのける **push aside** /プシュ アサイド/; (ひじで押しのけて進む) **elbow** *one's* **way** /エるボウ ウェイ/
おしぼり an *oshibori*; a **wet towel**; (温かいもの) a **hot towel**
おしまい ➔ おわり
- 私はもうおしまいだ It's all over with me. / I'm finished.
- これでおしまい? Is this all?
おしむ 惜しむ (残念に思う) **regret** /リグレト/; (金・骨折りを) **spare** /スペア/
- 彼の死を惜しむ regret his death
- 彼は絶対に勝つために努力を惜しまなかった
He spared no effort to ensure he would win.
おしめ ➔ おむつ
おしゃべり (ぺちゃくちゃと) **chatter** /チャタ/; (友達との楽しい) a **chat** /チャト/
おしゃべりする chatter; **chat**, **have a chat**
おしゃべりな人 a **chatterer**, (うわさ話の好きな人) a **gossip** /ガスィプ/; (子供) a **chatterbox**
- お茶を飲みながら彼らは楽しそうにおしゃべりをした They chatted pleasantly [They had a pleasant chat] over a cup of tea.
- 仕事をしながらそんなおしゃべりするんじゃない
Don't chatter like that over your work.
- こんな事, 彼女に言わないで. あの人本当におしゃべりなんだから
Don't tell this to her. She's a real gossip.
おしゃれ おしゃれな **fashion-conscious** /ふァションカンシャス/, **fashionable** /ふァショナブる/
- おしゃれをする dress up
おしんこ お新香 **o-shinko**, **pickled vegetables** /ピクるド ヴェヂタブるズ/
おす¹ 雄 a **male** /メイる/
- 雄の male / he-
- 雄のネコ a male cat / a he-cat / a tomcat

おす² 押す
➤ (前方へ) **push** /プシュ/; (上から下へ力を入れて) **press**
- ボタン[うば車]を押す push a button [a baby carriage]

- 紙にスタンプを押す press a stamp on paper
- もっと強く押してくれませんか
Can you push harder?

おせじ (へつらい) **flattery** /ふらタリ/
おせじを言う flatter
- 彼はすぐおせじに乗る He is easily flattered.

おせち おせち料理 *osechi*, **New Year special dishes** /ニュー イア スペシャる ディシズ/ → しょうがつ

おせっかい (人) **a busybody** /ビズィバディ/
おせっかいな nosy /ノウズィ/
- おせっかいをやく poke *one's* nose (into ~)

おせん 汚染 **pollution** /ポるーション/
汚染する pollute /ポるート/
- 汚染された空気 polluted air
- 汚染物質 a pollutant
- 大気汚染 air pollution
- 環境汚染 environmental pollution
- 大都市の大気は自動車の排気ガスですごく汚染されている
The air of big cities is terribly polluted with the exhaust from vehicles.

おそい 遅い

❶ (時刻が) **late**
❷ (速度が) **slow**

late　　　　　early

fast

slow

❶ (時刻・時期が) **late** /れイト/
遅く late
遅くとも at the latest /れイテスト/

- 遅い朝食 a late breakfast
- 遅く起きる get up late
- 夜遅くまで起きている stay up (till) late at night / sit up (till) late at night
- 午後遅く late in the afternoon
- 彼は帰って来るのがとても遅かった
He returned home very late.
- 遅くとも2時までにレポートを提出しなければならない I must hand in my paper by two o'clock at the latest.

❷ (速度が) **slow**
遅く slowly
- 私は走る[歩く]のが遅い
I am a slow runner [walker].

おそう 襲う (敵が) **attack** /アタク/; (天災などが) **hit**
- 大地震がその地方を襲った
A big earthquake hit the district.

おそかれはやかれ 遅かれ早かれ **sooner or later** /スーナ れイタ/ → 日本語の順と逆

おそらく → たぶん

おそれ 恐れ
❶ (恐怖) **fear** /ふィア/ → おそれる
- …に対して恐れをいだく have a fear of ~ / (…を恐れる) fear ~

❷ (危険) (a) **danger** /デインヂャ/; (可能性) (a) **possibility** /パスィビリティ/; (悪い事のきざし) a **threat** /すレト/
- 彼は失明する恐れがある
He is in danger of losing his sight.
- あしたは雨の降る恐れはない
There is no possibility of rain tomorrow.
- その地域で戦争が起こる恐れがある
There is a threat of war in that area. /
There is a possibility that war may break out in that area.

おそれいりますが 恐れ入りますが **Excuse me, but ~** /イクスキューズ/; **I'm sorry to trouble you, but ~** /サリ トラブる/; **Would you mind *doing*?** /ウド マインド/
- 恐れ入りますがこの辺に郵便局がありますか
Excuse me, (but) is there a post office near here?
- 恐れ入りますがもう少しつめていただけませんか
Would you mind moving back a little further?

おそれる 恐れる

➤ **be afraid** /アふレイド/, **fear** /ふィア/ → おそれ❶

seventy-seven　77　おちる

基本形

Ａを恐れる
be afraid of Ａ
…を恐れる
be afraid that ～
fear *doing* / **fear to** *do*
fear that ～

•私は彼女の感情を傷つけるのを恐れた
I was afraid of hurting her feelings. /
I feared hurting [to hurt] her feelings. /
I was afraid [I feared] that I might hurt her
feelings. **→** 主節の動詞が過去 (was, feared) なの
で「時制の一致」で that 以下も過去 (might)
•誤りを犯すことを恐れるな
Don't be afraid of making mistakes.
•恐れるものは何もない
There is nothing to be afraid of [to fear].
•彼は船酔(ふ☆い)を恐れて船では行かなかった
He did not go by sea for fear of seasickness. / He did not go by sea for fear that he
might get seasick.

おそろしい 恐ろしい（こわい）**fearful** /ふィァふ
る/, (すごくこわい) **dreadful** /ドレドふる/; (ぞっと
する) **terrible** /テリブる/

おそわる 教わる **→ならう**

オゾンそう オゾン層　**the ozone layer** /オウゾウ
ン れイア/
•オゾン層の破壊　destruction of the ozone layer

おたがい お互い **→たがい**

おだてる →おせじ (→おせじを言う)

オタマジャクシ 《動物》a **tadpole** /タドポウる/

おだやか 穏やかな（波・風が）**calm** /カーム/; (おと
なしい) **gentle** /チェントる/; (気候が) **mild** /マイる
ド/

穏やかに（静かに）**calmly, quietly** /クワイエト
り/; (やさしく) **gently, softly** /ソふトり/
•穏やかな海[日] a calm sea [day]
•穏やかな天気　mild weather
•穏やかな性質の人　a person of a gentle nature
•穏やかに話す　speak quietly

おちこぼれ 落ちこぼれ（中途退学者）a **dropout**
/ドラパウト/

おちこむ 落ち込む（元気がなくなる）**be** [**get**] **depressed** /ディプレスト/
•彼は友達とひどい口げんかをして落ち込んでいた
He was rather depressed because he had a
nasty quarrel with his friend.
•雨の日は気分が落ち込む
Rainy days get me down.

おちつく 落ち着く

➤ (静まる) **be calm** /カーム/, **calm down** /ダ
ウン/; (腰をすえる) **settle** /セトる/

落ち着き **calmness** /カームネス/
•落ち着いて　calmly
•落ち着きのある[ない]少年　a calm [restless]
boy
•落ち着きなさい
Be calm. / Calm down. / Take it easy.
•落ち着いて起こったことを話しなさい
Calm down and tell me what happened.
•彼は落ち着いて勉強に取りかかった
He has settled to his study.
•私たちは新居に落ち着きました
We have settled in our new home.
•私は少し気が落ち着かなかった
I was a little nervous.
•そうすれば結果は落ち着くところに落ち着く
ひゆ Then the chips can fall where they
may. **→** chip はなたで木を切る時に飛び散る「木片」

おちば 落ち葉（舞い落ちてくる）**falling leaves** /ふ
ォーリンぐ リーヴズ/; (地面に落ちている) **fallen
leaves** /ふォーるン/

おちゃ お茶　**tea** /ティー/ **→ちゃ**
•お茶を入れる　make tea; (ふるまう) serve tea
•お茶を1杯　a cup of tea
•お茶を飲みながら　over a cup of tea
•お茶を習う　take tea-ceremony lessons
•彼らは居間でお茶を飲んでいる
They are having tea in the living room.
•母は伊藤さんのところへお茶に呼ばれた
My mother was invited to tea at Ms. Ito's.
•彼女は私たちにお茶を入れてくれた
She served us tea.
•お茶をいかがですか　Won't you have some
tea? / Would you like [How about] a cup of
tea?
•お茶をもう1杯いかがですか　Won't you have
[Would you like] another cup of tea?
•私はお茶は薄い(うすい)[濃い]ほうが好きです
I like my tea weak [strong].
•そのことはお茶を飲みながら相談しましょう
Let's talk about that over a cup of tea.

おちる 落ちる

❶ (人・物が) **fall; drop**
❷ (試験に) **fail**
❸ (しみなどが) **come out** [**off**]
❹ (コンピューターなどが) **crash**

か

さ

た

な

は

ま

や

ら

わ

❶ (人・物が) **fall** /ふォーる/; (ぽとりと) **drop**

・地面に落ちる　fall on [to] the ground

・川に落ちる　fall [drop] into the river

・木[ベッド，ポケット，階段，がけ]から落ちる　fall from a tree [off a bed, out of a pocket, down the stairs, over a cliff]

・子供が水に落ちた　A child fell into the water.

・彼はきのう自転車から落ちた

He fell off his bicycle yesterday.

・彼は階段から落ちてひどくけがをした

He fell down the stairs and was badly hurt.

・庭の木の葉はすっかり落ちてしまった →現在完了

The leaves of the trees in the garden have all fallen.

・木から落ちないように注意しなさい

Be careful not to fall from the tree. / (注意しろ，さもないと木から落ちるぞ) Be careful, or you will fall from the tree.

❷ (試験に) **fail** /ふェイる/, 《米》 **flunk** /ふランク/; (成績が) **go down** /ダウン/, **drop**; (人気などが) **decline** /ディクらイン/, **fall off**

・試験に落ちる　fail [flunk] an exam

・ケンは5位に落ちた

Ken went down [dropped] to fifth place.

・今学期は私は英語の成績が落ちてしまった

My grade in English has gone down [has dropped] this term.

・日本映画の人気は以前よりも落ちた

The popularity of Japanese movies has declined. / Japanese movies have less popularity than before.

❸ (しみなどが) **come out** [**off**]

・このしみは簡単に落ちないだろう

This stain won't come out easily.

❹ (コンピューターなどが反応しなくなる) **crash** /クらシュ/

・サーバーが落ちた　The server crashed.

・そのウェブサイトは落ちていた　The website was down. / The website went dark.

・コンピューターが落ちてすべての飛行機が飛べなかった　A computer crash grounded all the airplanes.

おっくう 億劫な　**troublesome** /トラブるサム/

・…するのが億劫だ　think it troublesome [too much trouble] to do

おっと 夫　one's **husband** /ハズバンド/

オットセイ 《動物》 a **fur seal** /ふァ〜 スィーる/

おっとり おっとりした　(のんきな) **easy** /イーズィ/, **easygoing** /イーズィゴウインぐ/, **carefree** /ケアフリー/; (穏やかな) **gentle** /ヂェントる/

おでこ →ひたい

おと 音

➤ a **sound** /サウンド/; (騒音) a **noise** /ノイズ/

・音を出す　make a sound

・音をたてる　make a noise

・何の音も聞こえない　Not a sound is heard.

・彼は大きな音をたてて戸をしめた　He banged the door shut. → bang は「ばたんと…する」

おとうさん a **father** /ふァーざ/; (呼びかけ) **papa, dad, daddy** /ダディ/ →ちち1

おとうと 弟　a **younger brother** /ヤンガ/ →あに

・私の一番下の弟　my youngest brother

おどおど おどおどした　(臆病(おくびょう)な) **timid** /ティミド/; (神経質な) **nervous** /ナ〜ヴァス/; (落ち着きのない) **restless** /レストれス/, **uneasy** /アニーズィ/

おどおど　**timidly; nervously**

おどおどする　**get nervous**; (まごつく) **be embarrassed** /インバラスト/

・私は急に意見を求められておどおどしてしまった　I got nervous [was embarrassed] when I was unexpectedly asked to give my opinion.

おどかす (脅迫(きょうはく)する) **threaten** /すレトン/; (こわがらせる) **scare** /スケア/, **frighten** /ふライトン/

おとぎ おとぎ話　a **nursery tale** /ナ〜スリ テイる/, a **fairy tale** /ふェアリ/

おとぎの国　a **fairyland** /ふェアリらンド/

おどける **clown** /クらウン/

おとこ 男

➤ a **man** (複 men)

男の **male** /メイる/

男らしい **manly**

男の子 a **boy**

・あの男の人　that man / that gentleman / he

・男の先生[店員]　a male teacher [clerk]

・男らしく　like a man / in a manly way

おとしあな 落とし穴　a **pitfall** /ピトふォーる/

・落とし穴にはまる　fall in a pitfall

おとしだま お年玉　a **New Year's gift** /イアズ/

・おじさんは私にお年玉を5千円くれた

My uncle gave me five thousand yen as a New Year's gift.

おとしもの 落とし物　a **lost article** /アーティクる/, a **piece of lost property** /プラパティ/

・落とし物預かり所　《米》 a lost-and-found office / 《英》 a lost property office

seventy-nine 79 おどろく

・すみませんが, こちらに落とし物が届いておりません
か Excuse me, but hasn't there been anything handed in here?

おとす 落とす

➤ **drop**: (失う) **lose** /るーズ/
➤ (速力を) **slow down** /ダウン/
・財布を落とす lose a wallet
・どこへ財布を落として来たのかしら I wonder where I dropped [lost] my wallet.
・1945年に二つの原子爆弾(ばくだん)が広島と長崎に落とされた. ➡受け身形 Two atomic bombs were dropped over Hiroshima and Nagasaki in 1945.
・運転手は赤信号を見てスピードを落とした
The driver slowed down at a red light.

おどす → おどかす
おとずれる 訪れる → ほうもん
おととい the day before yesterday /デイ ビふォー イェスタディ/
・おとといの朝[夜]に on the morning [the night] before last
おととし the year before last /イア ビふォー/, **two years ago**
・おととしの今ごろ about this time the year before last [two years ago]

おとな

➤ an **adult** /アダるト/; a **grown-up** (**person**) /グロウナプ (パースン)/
・おとなになる grow up
・おとな1枚, 子供2枚ください One adult (ticket) and two children, please.
・洋子, 君はおとなになったら何になりたい?
When you grow up, what do you want to be, Yoko?

おとなしい (静かな) **quiet** /クワイエト/; (すなおな) **gentle** /ヂェントる/
・おとなしい子供 a quiet child
・彼女はおとなしくて親切だ
She is gentle and kind.
・おとなしくしなさい (→よい子であれ)
Be a good boy [girl].
・坊やはなんておとなしい子でしょう
What a good boy you are!

おとめざ 乙女座 **Virgo** /ヴァ～ゴウ/, **the Virgin** /ヴァ～ヂン/
・乙女座生まれの人 a Virgo
おどり 踊り → おどる
おどりば 踊り場 (階段の) a **landing** /らンディン

ぐ/

おとる (…に)劣る **be inferior** (to ～) /インふィアリア/
・これはそれより質が劣る
This is inferior to that in quality.

おどる 踊る **dance**;
踊り a **dance**; (動作) **dancing**
・踊りのじょうずな人 a good dancer
・踊りの先生 a dancing instructor
・音楽に合わせて踊る dance to music

おとろえる 衰える **become weak**: (体力など) **fail** /ふェイる/; (嵐(あらし)など) **abate** /アベイト/
・彼はだんだん健康が衰えてきた
He is failing in health.
・最近私は視力が衰えてきた
My sight has been failing recently.

おどろき 驚き (びっくり) **surprise** /サプライズ/; (感服・不思議) **wonder** /ワンダ/

おどろく 驚く

❶ (予期しない事で) be surprised
❷ (驚嘆(きょうたん)する) wonder

❶ (予期しない事で) **be surprised** /サプライズド/
➡受け身形

基本形	A に驚く
	be surprised at A
	…して驚く
	be surprised to do
	…なので驚く
	be surprised that ～

驚かす surprise
驚くべき surprising /サプライズィンぐ/, **jaw-dropping** /ヂョードラピンぐ/
驚いて in surprise, with surprise
驚いたことには to one's **surprise**
・ああ, 驚いた! Oh, I'm surprised! ➡「今驚いている」ので現在時制 / Oh, what a surprise!
・その事が起こっても別に驚かなかった
It came as no surprise.
・私は彼の突然の死を聞いて驚いた
I was surprised at his sudden death. / I was surprised to hear of his sudden death. / (彼の突然の死が私を驚かした) His sudden death surprised me.
・私はロンドンで加藤君に会ってとても驚いた
I was very surprised [It was very surprising] to see Kato in London. / To my great surprise, I saw Kato in London.
・彼は驚いた顔をしたが, 私に対して何も言わなかった

He looked surprised, but he said nothing to me. / ひゆ He raised his eyebrows but he said nothing to me. →raise one's eyebrows は「眉を上げる, 目を丸くする」

・実に驚くべきことに彼らは1日に10時間もテレビを見る　It is very surprising that they watch television ten hours a day.

・彼女は驚いて私を見た
She looked at me in surprise.

❷ (驚嘆する) **wonder** /ワンダ/

・子供たちは奇術師の手品に驚いた　The children wondered at the magician's tricks.

・そんな事は驚くにあたらない　It's no wonder. →この wonder は名詞(驚き)

・彼が全部の質問に正しく答えたのには驚いた[答えたのは驚くにあたらない]
It is a wonder [No wonder] that he answered all the questions correctly.

おなじ　同じ

➤ **the same** /セイム/; (A と同じくらい…) **as 〜 as** A; (等しい) **equal** /イークワる/

同じく →どうよう² (→同様に)

・彼らは同じ家に住んでいる
They live in the same house.

・それらは色がまったく同じです
They are exactly the same in color.

・彼は太郎と同じ年です　He is the same age as Taro. / He is as old as Taro.

・彼は太郎と同じくらいの背の高さです
He is almost as tall as Taro. /
He and Taro are almost equal in height.

・彼は私と同じくらい多くの本を持っています
He has as many books as I have [(話)me].

・彼と同じ心配が別の科学者によっても述べられている　His concerns are echoed by another scientist. →echo は「同じことを言う」

・相手も同じ人間じゃないか　ひゆ One leg at a time. ((人間, だれでもズボンをはく時は)片足ずつ入れてはく) →前に They put their pants on が省略されている; 強い相手と戦う前にコーチが選手に言うことば

おなら **gas** /ギャス/
おならをする　**pass gas**

おに 鬼　a **fiend** /ふィーンド/; (人食い鬼) an **ogre** /オウガ/; (巨人) a **giant** /チャイアント/; (鬼ごっこの) **it**

・鬼のような(残酷(ざんこく)な)　fiendish
・鬼ごっこをする　play tag
・鬼ごっこをしよう. ぼくが鬼になるよ

Let's play tag. I'll be it.

ことわざ 鬼のいない間に洗たく
When the cat's away, the mice will play. (ネコがいない時にはネズミが遊ぶ)

おにぎり an **onigiri**, a **rice ball** /ライス/

おねがい お願いする　**ask** →たのむ

・私は彼女にその手紙をトムに渡してくれるようにお願いした
I asked her to hand the letter to Tom.

会話 そのかばんをお持ちしましょうか. ―ええ, お願いします　Shall I carry that bag for you? ―Yes, please.

・お願いがあるのですが　May I ask you a favor? / May I ask a favor of you? / Will you do me a favor?

・(電話で)太田さんをお願いしたいのですが
May I talk to Ms. Ota, please? /
(I'd like to speak to) Ms. Ota, please.

・伝言をお願いできますか　May I leave a message?

・よろしくお願いします (→前もってお礼を言います)
Thank you in advance for that matter.

おねしょ **bed-wetting** /ベドウェティング/
おねしょをする　**wet** one's **bed**

おの 斧　an **ax** /アクス/; (小型の) a **hatchet** /ハチェト/

おのおの(の) **each** /イーチ/ →それぞれ

・私たちはおのおの自分の意見を持っている
We each have our own opinion.

おば an **aunt** /アント/

・私は京都のおばから手紙をもらいました
I received a letter from my aunt in Kyoto.

おばあさん (祖母) a **grandmother** /グラン(ド)マざ/; (年取った女性) an **old woman** /ウマン/ (復 women /ウィメン/)

おばけ お化け (幽霊(ゆうれい)) a **ghost** /ゴウスト/; (怪物) a **monster** /マンスタ/

・お化けの出そうな　spooky
・お化け屋敷(やしき)　a haunted house
・お化けの話　a ghost story
・あの家にはお化けが出るといううわさだ
They say that house is haunted.

おばさん (よその) a **woman** /ウマン/ (復 women /ウィメン/), a **lady** /れイディ/; (呼びかけ) **ma'am** /マム/ →店で「おばさん, これください」などという時の「おばさん」は Mrs. Smith などと名前を言うのがふつう

おはよう **Good morning!**

・私たちはたがいに「おはよう」と言う
We say "Good morning!" to each other.

eighty-one 81 おみこし

おび 帯 *obi*, a long, broad sash wound around the waist /ブロード サシュ ワウンド アラウンド ウェイスト/
・帯を結ぶ[とく] tie [untie] an *obi*

おびえる be scared (at 〜) /スケアド/, be frightened (at 〜) /ふライトンド/
・おびえた顔つき a frightened look
・何もおびえることはない
There is nothing to be scared at.

おひつじざ 牡羊座 Aries /エアリーズ/, the Ram
・牡羊座生まれの人 an Aries

おひとよし お人好し an good-natured soul /グドネイチャド ソウる/ → おせじ
・soul は「魂, 心」の意味から「人間」を意味するのにも使われる

おひなさま お雛さま a doll (displayed on the Girls' Festival) /(ディスプれイド ふェスティヴァる)/ → ひなまつり

オフィス an office

おぶう → おんぶ

おべっか flattery /ふらタリ/ → おせじ
　おべっかを使う flatter
　おべっか使い (人) a flatterer

オペラ an opera /アペラ/

オペレーター an operator /アペレイタ/

おぼえている　覚えている

➤ **remember** /リメンバ/

基本形
　A を覚えている
　　remember A
　…したのを覚えている
　　remember *doing*
　…ということを覚えている
　　remember (that) 〜

・彼の名前を覚えている remember his name
・彼のことをとてもよく[かすかに]覚えている remember him very well [vaguely]
・私が覚えている限りでは as far as I remember
・手紙を出したのを覚えている remember mailing the letter → remember to mail 〜 は「忘れずに手紙を出す」の意味になる
・私は彼の顔は覚えているが, 名前を覚えていない I remember his face, but I don't remember [I forgot] his name. → 「覚えている」を ×I am remembering 〜 と進行形にしない
・私は彼女がかわいい赤ちゃんのころを覚えている I remember her as a lovely baby.
・私はいつか大阪で彼に会ったのを覚えている
I remember seeing him once in Osaka. /
I remember (that) I saw him once in Osaka.

おぼえる　覚える

➤ (学ぶ) learn /らーン/; (暗記する) learn by heart /ハート/, learn by rote /ロウト/ → おぼえている

・私は1日に英語の単語を10個覚えるようにしている I try to learn ten English words by heart a day.
・彼は覚えるのが速い[遅い]
He is quick [slow] to learn.

おぼれる drown /ドラウン/
・彼は川に落ちておぼれた[おぼれそうになった] He fell into a river and drowned [almost drowned].
・彼らは彼がおぼれるのを救った
They saved him from drowning.

おぼん お盆 *O-bon*, the festival in honor of ancestors /ふェスティヴァる アナ アンセスタズ/

日本を紹介しよう

お盆というのは仏教の一つの儀式(ぎしき)のようなもので, この時期にこの世へ帰ってくる先祖の霊(れい)をお迎えしてまたお送りするためのものです. お盆には田舎のある人たちは帰郷します. お盆のシーズンには日本中で太鼓(たいこ)の音に合わせて人々がやぐらの周りを踊るのが見られます. *O-bon*, the festival in honor of ancestors, is a kind of Buddhist ceremony to welcome and send off the souls of people's ancestors on their visits to this world in this season. In *O-bon*, people with roots in the countryside go back home. In *O-bon* season you see people dancing around the stage to the sound of a drum all over Japan.

おまいり visit /ヴィズィット/ → さんぱい

おまえ → きみ¹

おまけ a premium /プリーミアム/, an extra /エクストラ/

おまけに (更に) on top of it; (更に悪いことには) what is worse /ワ〜ス/

おまちどおさま お待ちどおさま (→あなたを待たせて申し訳ございません) I'm sorry to have kept you waiting. /サリ ウェイティング/; (人に物を渡す時) Here you are. (↗)

おまもり お守り a good luck charm /らク チャーム/, a talisman /タリズマン/

おみくじ a fortune slip /ふォーチュン/
・神社でおみくじをひく pick a fortune slip at a shrine

おみこし *o-mikoshi*, a portable shrine /ポータ

おみや 82 eighty-two

プる シュ**ライ**ン/ → みこし
・おみこしをかつぐ　carry *o-mikoshi*, a portable shrine

おみや お宮　a **shrine** /シュ**ライ**ン/
・お宮参りをする　visit a shrine

おむつ 《米》a **diaper** /**ダイ**パ/, 《英》(**baby's**) **napkin** /(ベイビズ) **ナ**プキン/

オムレツ an **omelet**, an **omelette** /**ア**ムれト/

おめでとう

➤ (あいさつ) **Congratulations!** /コングラチュれ**イ**ションズ/

・彼女におめでとうとお伝えください
Give my congratulations to her.
・新年おめでとう (口で言う時) Happy New Year! / (文字で書く時) A happy New Year!
・クリスマスおめでとう (口で言う時) Merry Christmas! / (文字で書く時) A merry Christmas!
・花子さん，お誕生日おめでとう
Happy birthday, Hanako!

おもい¹ 重い

➤ (物が) **heavy** /**ヘ**ヴィ/; (病気が) **serious** /ス**ィ**アリアス/; (気分が) **depressed** /ディプ**レ**スト/

・重さ → おもさ
・重いかばん　a heavy bag
・重い病気　a serious illness
・この箱はどのくらい重いですか
How heavy is this box? /
How much does this box weigh? /
What is the weight of this box?
・これは君が思うほど重くはない．軽いですよ
This is not so heavy as you think. It is quite light.
・彼の病気が重くなければよいが
I hope his illness is not serious.
・どうしてかわからないけれど，きょうはとても気が重いの　I don't know why, but I feel very depressed today.

おもい² 思い (考え) a **thought** /**そ**ート/; (気持ち) **feelings** /**ふ**ィーりンぐズ/; (願望) a **wish**, a **dream** /**ド**リーム/; (経験) an **experience** /イクス**ピ**アリエンス/; (愛情) **love**

・思いにふける　be deep in thought
・苦しい思いをする　have a painful experience
・事は思いどおりにうまく運んだ
Things went as well as I had expected.
・この思いはだれにもわからない

No one can understand my feelings.
・ついに思いがかなった
At last my dream has come true.

おもいがけない 思いがけない **unexpected** /アネクス**ペ**クテド/

思いがけなく **unexpectedly**

おもいきって 思い切って…する **dare to** *do* /**デ**ア/, **pluck up** (*one's*) **courage to** *do* /プら**ク カ**～レヂ/

・ぼくは思い切って塀のてっぺんから飛び降りた　I dared to jump down from the top of the wall.
・あなたは思っている事を思い切って言うべきです
You should speak out yourself.
・思い切ってやってみなければ何も得られない
Nothing ventured, nothing gained. →「虎穴にけっに入らずんば虎子にゃを得ず」に当たる英語のことわざ
・(逃げていないで)もう思い切ってやる時だよ
Now is the time for you to take action. / **ひゆ** It's about time for you to grasp the nettle. (イラクサをぎゅっとつかむ時) → イラクサは荒地に生えるとげのある草

おもいきり 思い切り… **as ～ as** *one* **can** [**likes**]
・思い切り大きな声で歌いなさい　Sing as loudly as you can. / Sing at the top of your voice.
・きょうは思い切りビーチで遊んでいいよ
Today you can enjoy yourself on the beach as much as you like.

おもいだす 思い出す

➤ **remember** /リ**メ**ンバ/

思い出させる **remind** (of ～) /リ**マ**インド/, **put in mind** /**マ**インド/

・やっと思い出した　Now I remember.
・失礼ですがお名前が思い出せません
I am sorry I cannot remember your name.
・この写真を見ると君といっしょにあの島で過ごした夏のことを思い出す
This picture reminds me [puts me in mind] of the summer (that) I spent with you on the island.
・彼の名前がそこまで出かかっているのに思い出せない　**ひゆ** His name is on the tip of my tongue. (舌の先にある)

おもいちがい 思い違い (a) **misunderstanding** /ミスアンダス**タ**ンディンぐ/

思い違いをする **be mistaken** /ミス**テ**イクン/

・君はそれについてまったく思い違いをしている　You are entirely mistaken about it. /

ひゆ You're barking up the wrong tree. ((獲物(えもの)の逃げ登った木をまちがえて)猟犬が別の木の根元でほえ立てている)

おもいつき 思いつき **an idea** /アイディーア/

おもいつく 思いつく **think of** /**すィンク** オヴ/; (心に浮かぶ) **occur** /オカ〜/

・私はその困難を切り抜ける方法を思いついた
I thought of a way out of the difficulty.
・私はすばらしい考えを思いついた
A bright idea occurred to me.

おもいで 思い出 **memories** /メモリズ/
・子供のころの思い出 memories of *one's* childhood

おもいやり 思いやりのある **considerate** /コンスィダレト/, **thoughtful** /そートふる/
・思いやりのない inconsiderate / thoughtless
・彼は他人に対して思いやりがある
He is considerate [thoughtful] of others.

おもう 思う

❶ (考える) **think**; (信じる) **believe**
❷ (予期する) **expect**

❶ (考える) **think** /**すィンク**/; (信じる) **believe** /ビリーヴ/

基本形
　…と思う
　think (that) ～
　A のことを思う
　think of A

・私はそう思います I think so.
・私は雨が降ると思う[雨は降らないと思う]
I think it will rain [I don't think it will rain].

文法・語法
「雨は降らないと思う」を ×I ***think*** it will ***not*** rain. といわない。英語ではふつう否定語を前に置く

・私はそれはいい映画だと思った
I thought it was a good movie. → 主節の動詞が過去 (thought) の時は「時制の一致」で, 従属節の動詞も過去 (was) になる
・私はいつもあなたのことを思っています
I am always thinking of [about] you.
・私はこの夏オーストラリアへ行こうかと思っている
→ 現在進行形 I am thinking of going to Australia this summer.
・この映画についてどう思いますか
What do you think of this movie?
・君にここで会うとは思わなかった
I never thought that I would see you here. /

I never thought to see you here.
会話 君は彼女がパーティーに来ると思うか．―ああ，来ると思う[いや, 来ないと思う] Do you think she will come to the party? ―Yes, I think so [No, I don't think so].
・これを何だと思いますか
What do you think this is?

文法・語法
「これは何ですか」は 'What is this?' だが,「…と思いますか」を加える時は What など疑問詞のすぐ次に 'do you think' を入れ, is this も this is の語順に返る

・彼はどこに住んでいると思いますか
Where do you think he lives? → 「彼はどこに住んでいますか」(Where does he live?) に「…と思いますか」(do you think) を加えるとこうなる
・君は幽霊(ゆうれい)がいると思うか
Do you believe in ghosts?

❷ (予期する) **expect** /イクスペクト/
・君がきょう来るとは思っていなかった
I didn't expect you (to come) today.
・彼にはシンガポールで会えると思っています
I expect to see him in Singapore.

❸ (するつもりだ) **be going to** *do*, **intend** /インテンド/
・私は京都に１週間滞在(たいざい)しようと思う
I'm going to stay in Kyoto for a week.
・この本は君にあげようと思っています
This book is intended for you.

❹ (…だといいと思う) **hope**
・あしたお天気だといいと思う
I hope it will be fine tomorrow.

❺ (好ましくないことを予測して) **I'm afraid** /アふレイド/
・私は彼女は病気じゃないかと思う
I'm afraid (that) she is sick.
会話 あすは雨だと思いますか．―そうだと思います
Do you think it will rain tomorrow? ―I'm afraid so.

❻ (…かしらと思う) **wonder** /ワンダ/, **suppose** → who, what, which, why, when, where, how, if などと共に用いる
・私は休みにどこへ行こうかと思っているところです
→ 現在進行形 I'm just wondering where I should go [where to go] for my holiday.
・彼は自分が本当に彼女を愛しているのだろうかと思った He wondered if he really loved her.

❼ (みなす) **regard** /リガード/, **consider** /コンスィダ/

おもさ **84** eighty-four

基本形

A を B だと思う
regard A **as** B
consider A **as** B
consider A **to be** B ➘ A は(代)名詞; B は形容詞または名詞

・クラスじゅうが彼女ははにかみ屋だと思っていた
The whole class regarded her as a shy girl.
❽ したいと思う（→ したい²）

おもさ 重さ **weight** /ウェイト/ → おもい¹
重さがある weigh /ウェイ/
・これは重さが10キロある
This weighs ten kilograms.
🗨**会話** その段ボールの重さはどれくらいですか．—約1キロです How much does the corrugated cardboard weigh? / What is the weight of the corrugated cardboard? —It weighs［is］about one kilogram.

おもしろい

➤（興味ある）**interesting** /インタレスティング/
➤（楽しい）**amusing** /アミューズィング/;（はらはらさせる）**exciting** /イクサイティング/
➤（変わった）**strange** /ストレインヂ/ → かわった
・おもしろい本 an interesting book
・おもしろい話 an amusing story
・おもしろい試合 an exciting game
・私にはこの本はとてもおもしろい
This book is very interesting for me.
・（読んでみたら）この本はおもしろくなかった
I found this book uninteresting.
おもちゃ a toy /トイ/
・おもちゃ屋 a toy store / a toyshop

おもて 表

➤（通り）**the street** /ストリート/
➤（布などの）**the right side** /ライト サイド/
➤（野球の回の）**the top**
➤（コインの）**heads**（人物の頭像がある側）
・表でボール投げをしてはいけない
Don't play ball on［in］the street.
・この紙はどっちが表ですか
Which is the right side of this paper?
・（野球で）9回の表 the top of the ninth inning
・表か裏か Heads or tails? ➘ コインを投げてどちらの面が上になって落ちたかで勝負する時の言い方
おもな chief /チーふ/
おもに chiefly, mainly /メインリ/
・その国のおもな産物 the chief products of the country

・これが彼女の失敗のおもな理由です
This is the chief reason for her failure.
・それはおもに彼が貧乏だったからです
It is chiefly［mainly］because he was poor.
おもなが 面長 **an oval face** /オウヴ**る**ふェイス/
おもみ → おもさ
おもらし おもらしする **wet** *oneself*［*one's* **pants**］
おもり a weight /ウェイト/;（釣り糸の）**a sinker** /スィンカ/
おもわず 思わず **in spite of** *oneself* /スパイト/
・私は思わず笑ってしまった
I laughed in spite of myself.
おもんじる 重んじる **value** /ヴァリュー/
・富よりも名誉（めいよ）を重んじる value honor above wealth

おや 親

➤（父または母）*one's* **parent** /ペアレント/;（両親）*one's* **parents**
親孝行の filial /ふィリアる/
・親子 parent and child, father［mother］and son［daughter］
・彼はとても親孝行だ He is very filial.
・ベンは娘のことでは親ばかもいいところだ
Ben dotes on his daughter.
おやすみなさい Good night!
・私は両親に「おやすみなさい」と言って寝ます
I say "Good night!" to my parents and go to bed.
おやつ（軽食）**a snack** /スナク/;（茶菓）**refreshments** /りふレシュメンツ/
おやゆび 親指（手の）**a thumb** /さム/;（足の）**a big toe** /トウ/

およぐ 泳ぐ

➤ **swim**;（一泳ぎする）**have a swim**
泳ぎ swimming /スウィミング/;（一泳ぎ）**a swim**
・泳ぎに行く go swimming / go for a swim
・泳いで川を渡る swim (across) the river
・クロールで泳ぐ do［swim］the crawl
・50メートル泳ぐ swim fifty meters
・泳ぎ回る swim about / swim around
・彼は泳ぎがとてもうまい
He swims very well. / He is a very good swimmer. / He is very good at swimming.
・彼はクラスの中で一番泳ぎがうまい
He is the best swimmer in our class.
・私は泳げない I can't swim. / I don't know how to swim. ➘ how to *do* は「…する方法」

・彼は川の向こう岸まで泳いだ
He swam across the river. /
He swam to the other side of the river.
・海へ泳ぎに行こうよ Let's go swimming in the sea. → ×*to* the sea としない
Let's go for a swim in the sea. / Let's go to the sea for swimming [a swim].
・君は海で泳いだことがありますか。→現在完了
Have you ever swum in the sea?

およそ → やく³

オランウータン 《動物》an **orangutan** /オーランぐウタン/

オランダ **Holland** /ハらンド/, (公式名) **the Netherlands** /ネざらンヅ/
・オランダの Dutch
・オランダ語 Dutch
・オランダ人 a Hollander; (全体) the Dutch

おり (動物を入れる) a **cage** /ケイヂ/

オリーブ 《植物》an **olive** /アリヴ/
・オリーブ油 olive oil

オリエンテーリング **orienteering** /オーリエンティアリンぐ/

おりかえし 折り返し (マラソンの折り返し点) **the halfway point** /ハふウェイ/; (郵便) 《米》**by return of mail** [《英》**post**] /リタ〜ン メイる/
・折り返しご返事ください
Please answer by return of mail.
・折り返しすぐお電話します I'll call you back soon.

おりがみ 折り紙 *origami*, **paper folding** /ペイパ ふォウるディンぐ/; (折り紙の紙) (a **piece of**) **colored paper for folding** /(ピース) カらド/
・折り紙をする fold a piece of colored paper / do *origami*
・折り紙でツルを折る fold a piece of colored paper into a crane

オリジナル **the original**
オリジナルの **original**
・これはオリジナルであれらは複製です
This is the original and those are copies.

おりたたむ 折りたたむ **fold** /ふォウるド/
折りたたみ(式)の **folding** /ふォウるディンぐ/, **foldaway** /ふォウるドアウェイ/
・車いすを折りたたむ[開く] fold [unfold, open] a wheelchair
・折りたたみのイス[傘] a folding chair [umbrella]
・折りたたみ自転車 a fold [folding] bicycle

おりづる 折り鶴 *orizuru*, a **paper crane** /クレイン/

おりまげる 折り曲げる **bend** /ベンド/; (折りたたむ) **fold** /ふォウるド/; (しわくちゃにする) **crush** /クラシュ/
・(郵便物の表などに書いて)折り曲げ厳禁 Do Not Bend / Do Not Crush

おりる 降りる

❶ (乗り物から) **get off**; **get out**
❷ (高い所から) **get down**; **go down**

❶ (乗り物から) **get off**; **get out** (of 〜)
・バス[電車, 飛行機, 自転車]を降りる get off a bus [a train, an airplane, a bicycle]
・車[タクシー, ボート]から降りる get out of a car [a taxi, a boat]
・東京駅で(電車を)降りる get off (the train) at Tokyo Station
・学校の前でタクシーを降りる get out of the taxi in front of the school
・私は次の駅で降ります →(近い未来を表す)現在進行形 I'm getting off at the next stop.
・東京行きの電車に乗って新宿で降りなさい
Take a train for Tokyo and get off at Shinjuku.
・私は駅をまちがえて降りてしまった
I got off (the train) at the wrong station.

❷ (高い所から) **get down** /ダウン/; (降りて行く) **go down**; (降りて来る) **come down**; (手足を使ってはい降りる) **climb down** /クらイム/
・丘を降りて行く[来る] go [come] down a hill
・馬から降りる get down from [get off] a horse
・木[はしご]から降りる get down from a tree [a ladder] / climb down a tree [a ladder]
・2階から降りて来る come downstairs
・坂を走って降りる run down a slope
・階段を急いで降りる hurry down the stairs
・塀から飛び降りる jump down from a wall

get off　　　　get down

❸ (やめる) **quit** /クウィト/, **leave** /リーヴ/, **give up**

オリンピック 86 eighty-six

・ゲームをおりる quit a game

オリンピック オリンピック **the Olympic Games** /オリンピク/, **Olympiad** /オリンピアド/
・夏季［冬季］オリンピック the Summer［Winter］Olympic Games
・(オリンピック)選手村 the Olympic village
・国際数学オリンピック the International Mathematical Olympiad

おる¹ 折る

➤ (切断する) **break** /ブレイク/; (たたむ) **fold** /ふォウ_るド/
・枝を折る break a branch
・足の骨を折る break one's leg
・ページのすみを折る fold down the corner of a page
・紙を二つに折る fold a sheet of paper in two

おる² 織る **weave** /ウィーヴ/
・織機(しょっき)で布を織る weave cloth on a loom
・この布は絹で織ってある
This cloth is woven from silk.

オルガン (パイプオルガン) an **organ** /オーガン/; (足踏(ぶ)みオルガン) a **reed organ** /リード/
・オルガンをひく play the organ
・オルガン奏者 an organist

オルゴール a **music box** /ミューズィク/ ↗「オルゴール」はオランダ語の orgel から

おれい → れい¹

おれる 折れる **break** /ブレイク/ (→ おる¹); (譲歩(じょうほ)する) **give in** (to ～)

オレンジ (植物) an **orange** /オーレンヂ/
・オレンジの, オレンジ色(の) orange
・オレンジジュース orange drink; (果汁100パーセントの) orange juice → ジュース
・オレンジの皮をむく peel an orange

おろか 愚かな **foolish** /ふーりシュ/; (単純な) **simple** /スィンプる/
・私はそんなことを信じるほど愚かじゃない
I am not so foolish［simple］as to believe it.

おろし 卸の, 卸で **wholesale** /ホウ^るセイる/
・卸売り業者 a wholesaler

おろす

➤ (取り降ろす) **take down** /ダウン/; (船・車から荷物を) **unload** /アンろウド/; (乗り物から人を) **let off, drop (off)**
➤ (下げる) **drop, lower** /ろウア/
➤ (預金を) **draw** /ドロー/
➤ (おろしがねで) **grate** /グレイト/
・銀行から2万円おろす

draw 20,000 yen out of the bank
・棚からその箱を降ろしてくれませんか Will you take down the box from the shelf?
・彼らはトラックから荷物を降ろしていた
They were unloading a truck.
・郵便局のところで降ろしてください
Please drop me (off) at the post office.

会話 ブラインドをおろしてもかまいませんか. ―ええ, かまいません Do you mind if I lower the blinds? —No, not at all.

おわらい お笑い (芸能) **comic-chat entertainment** /カミクチャト エンタテインメント/
・お笑い芸人 a comic-chat entertainer
・テレビのお笑い番組 a TV comic-chat show

おわり 終わり

➤ an **end, a close** /クろウズ/ → おわる
(…の)終わりに **at the end** (of ～), **at the close** (of ～); **finally** /ふァイナリ/
・今月［物語］の終わりに at the end of this month［the story］
・終わりになる come to an end［a close］
・終わりに近づく draw to an end［a close］
・終わりまで to the end
・始めから終わりまで from beginning to end; (本を) from cover to cover
・夏もそろそろ終わりだ Summer is near its end. / Summer is coming［drawing］to an end. / Summer will soon be over.
・長い夏休みも終わりになった The long summer vacation has come to an end［is over］.
・一度何かを始めたら終わりまでやりなさい
Once you start something, do it to the end.
・きょうはこれで終わり That's all for today.
・彼はもう終わりだ
It's all over with him. / He's finished.

ことわざ 終わりよければすべてよし
All's well that ends well.

おわる 終わる

❶ (続いていたものが) **end, close**
❷ (仕事などが) **finish**

❶ (続いていたものが) **end, close** /クろウズ/, **be over, come to an end** → おわり
・失敗［引き分け］に終わる end in failure［in a draw］
・学校が終わってから after school (is over)
・その映画は3時に始まって5時に終わる
The film begins at 3 o'clock and ends at 5.
・試合は引き分け［われわれの勝利］に終わった

The game ended in a draw [in our victory].

・食事はコーヒーで終わりました
The dinner ended with coffee.

・この会合はすぐ終わるでしょう
This meeting will soon be over.

・学校は終わってもうすぐ夏休みになる School will soon break up for the summer vacation.

❷ (仕事などが) **finish** /ふィニシュ/; **complete** /コンプリート/ → おえる

おん 恩 (親切) **kindness** /カインドネス/

恩知らずの **ungrateful** /アングレイトふる/

・彼に恩返しをする repay him for his kindness

・ご恩は決して忘れません
I will never forget your kindness.

ことわざ 恩を仇(あだ)で返す render evil for good (善に対して悪を返す) / bite the hand that feeds him (自分にえさを与えてくれる手をかむ)

おんがく 音楽

➤ **music** /ミューズィク/

・音楽の musical
・音楽会 a concert; (個人の) a recital
・音楽家 a musician
・音楽室 a music room
・音楽に合わせて踊る dance to music
・私たちは週に2回音楽の授業がある
We have two music lessons a week.

おんけい 恩恵 a **benefit** /ベネふィト/; (好意) a **favor** /ふェイヴァ/

おんし 恩師 one's **former teacher** /ふォーマ/

おんしつ 温室 a **greenhouse** /グリーンハウス/; (野菜などの) a **hothouse** /ハトハウス/

・温室効果 greenhouse effect

おんじん 恩人 a **benefactor** /ベネふァクタ/

・彼女は私の命の恩人です
I owe my life to her.

おんせいメッセージ 音声メッセージ a **voice-mail** /ヴォイスメイる/

・音声メッセージを残す leave a voicemail

おんせつ 音節 a **syllable** /スィらブる/

おんせん 温泉 a **hot spring**; (温泉地) **hot springs**, a **hot spring resort** /リゾート/

おんたい 温帯 **the temperate zone** /テンパレトゾウン/

おんだん 温暖な **mild** /マイるド/ → おんわ

・地球温暖化 global warming

おんち 音痴の **tone-deaf** /トウンデふ/

・うちの母は方向音痴だ
My mother has no sense of direction.

おんてい 音程 《音楽》(相対音程) **intonation** /イントネイション/, (音と音の間隔) an **interval** /インタヴァる/; (調子) **tune** /テューン/

・音程を良くする improve intonation

・音程正しく[をはずれて]歌う sing in [out of] tune

おんど 温度

➤ **temperature** /テンパラチャ/

・温度は何度ですか
What is the temperature?

・温度は室内で七氏15度です
The temperature is 15℃ (読み方: fifteen degrees centigrade) indoors.

・温度が上がった[下がった]
The temperature has risen [has fallen].

・冬にはしばしば温度が零下(れいか)5度まで下がる In winter the temperature often falls to 5° below zero.

おんどく 音読する **read aloud** /リード アらウド/

おんどけい 温度計 a **thermometer** /さモメタ/

・セ氏温度計 a centigrade thermometer
・カ氏温度計 a Fahrenheit thermometer

おんどり 雄鶏 《米》a **rooster** /ルースタ/, 《英》a **cock** /カク/ → ニワトリ

おんな 女

➤ a **woman** /ウマン/ (愿 women /ウィメン/)

女らしい **womanly**

女の子 a **girl**

・女の子らしい girlish
・女の赤ちゃん a baby girl

おんぶ おんぶする **put** [**carry**] **on** one's **back** /[キャリ]/

・私が赤ちゃんをおんぶしましょうか
Shall I carry your baby on my back?

おんぷ 音符 a **note** /ノウト/

・全音符 a whole note
・半音符 a half note
・4分音符 a quarter note
・8分音符 an eighth note

オンラインの[で] **online**

・これらの品物はオンラインで手に入る
These things are available online.

・オンライン授業 an online class, (講義) an online lecture, (連続講座) an online course

おんわ 温和な (気候が) **mild** /マイるド/; (人が) **gentle** /チェントる/

・温和な人 a gentle person
・ここは東京よりも気候が温和です
The climate here is milder than in Tokyo.

か カ

か¹ 課
❶ (教科書の) a **lesson** /**れ**スン/
・10課から始めよう
Let's begin [start] with Lesson 10.
・試験の範囲は何課までですか How many lessons will be covered in the test?
❷ (官庁・会社などの) a **section** /**セ**クション/

か² 科
❶ (動植物の) a **family**
・ライオンはネコ科に属する
Lions belong to the cat family.
❷ (学校などの) a **course** /**コ**ース/; (病院の) a **department** /ディ**パー**トメント/
・外科 the department of surgery
・私の兄は高校の商業科にいます
My brother is in the commercial course at senior high school.

か³ …か
❶❷❸❹ (疑問)
❺ (誘い)
❻ (選択)

❶ (be 動詞をふくむ文の疑問) 「〈主語〉はAですか」は **"Be** 〈主語〉**A?"**; Be は主語の人称と時制により (現在) **Am**, **Are**, **Is**; (過去) **Was**, **Were** と変化する; A は形容詞または名詞; → でした, です

基本形
君は幸せですか
　Are you happy?
彼女は幸せですか
　Is she happy?
彼女は幸せではありませんか
　Isn't she happy?

・君は[彼は]中学生ですか Are you [Is he] a junior high school student?
・君はきのうは病気だったのですか
Were you sick yesterday?
・それは美しいではありませんか
Isn't it beautiful?
・私は委員会のメンバーではないのか
Aren't I [Am I not] a member of the committee? → am の場合は ×Amn't I ～ ではなく Aren't I または Am I not ～? とする
・カナダではフランス語が話されていますか
Is French spoken in Canada?

・この近くに公園がありますか
Is there a park near here?
❷ (一般動詞をふくむ文の疑問)「〈主語〉は…するか」は **"Do** 〈主語〉 *do***?"**; Do は主語が3人称単数現在の場合は Does に, 過去の場合は主語に関係なく Did にそれぞれ変化する.

基本形
君は私を愛しているか
　Do you love me?
彼は私を愛しているか
　Does he love me?
君は私を愛していないのか
　Don't you love me?

・君は[彼は]お寿司が好きですか
Do you [Does he] like *sushi*?
・彼は[彼らは]きのう学校へ来ましたか
Did he [they] come to school yesterday?
・君はそのことを知らないのか
Don't you know that?
・マスクをしなさいと言ったでしょう
Didn't I tell you to wear a mask?
❸ (助動詞をふくむ文の疑問)「〈主語〉は…できるか[…してよいか, …するだろうか, など]」は **"Can [May, Will,** *etc.*] 〈主語〉 *do***?"**.

基本形
君は泳ぐことができるか
　Can you swim?
君は泳ぐことができないのか
　Can't you swim?

・君は[彼は]英語を話せますか
Can you [he] speak English?
・入ってもいいですか May I come in?
・私といっしょに来ますか
Will you come with me?
・そのかばんを持ちましょうか
Shall I carry that bag?
・少し待っていただけますか
Could you wait a moment?
・あなたにお願いがあるのですが
Would you do me a favor?
・彼女は本当に泳げないのですか
She really can't swim? (↗) → really をふくむ時はふつう主語＋動詞の形のままで文尾を上げる
❹ (疑問詞をふくむ文の疑問) 文の最初に疑問詞 (**who** (だれ), **what** (何), **when** (いつ), **where** (ど

こ), **how** (どのように), **why** (なぜ)などを置き, そのあとは **❶❷❸** と同じになる.

基本形	彼女はだれですか
	Who is she?
	君は何を持っているのですか
	What do you have?
	君はいつ行くのですか
	When will you go?
	だれがそれをするのですか
	Who will do that?

•彼女の名前は何ですか　What is her name?
•彼はどこに住んでいますか
Where does he live?
•彼がどこに住んでいるか知っていますか
Do you know where he lives? → where ～?
が文の一部に組み入れられると主語＋動詞になることに注意
•彼は何本のホームランを打ちましたか
How many home runs did he hit?
•君はいつ日本をたつのですか
When will you leave Japan?
•君はどうしてきのう私に電話をくれなかったのですか　Why didn't you call me yesterday?
•だれがこの花びんを壊(こわ)したのか
Who broke this vase?
❺(誘い) **Let's** *do*, **shall we? / How about ～? / What about ～? / Won't you** *do***? /ウォ ウント/ Would you like ～?** /ウド/
🗨会話 トランプをしませんか. —しましょう
Let's play cards, shall we?—Yes, let's.
•コーヒーもう1杯いかがですか　How［What］about another cup of coffee? / Would you like (to have) another cup of coffee?
❻(あるいは) **or;** (A か B か) **either** A **or** B **/イーざ/**
•イエスかノーか　yes or no
•たぶん彼はいま京都か奈良にいる
Perhaps he is now in Kyoto or (in) Nara.
•君かぼくかどちらかがまちがっている
Either you are wrong or I am. /
(Either) You or I am wrong. → (either) *A* or *B* が主語になる時は動詞は B に一致する
•入って来るか出て行くかどちらかにしなさい
Either come in or go out.
カ 蚊 (虫) a **mosquito** /モスキートウ/
•蚊に食われる　be bitten by a mosquito
が¹ 我 **self** /セるふ/
我の強い　**selfish, obstinate** /アブスティネト/
•我を張る　stick to *one's* own opinion

が² …が

❶(主語の場合)
❷(目的語の場合)
❸(しかし) **but**
❹(そして) **and**
❶(主語の場合)名詞を文頭に置いて次に動詞を続けると, その名詞は文の主語になり, 「…が」の意味になる; 人称代名詞の場合は主格 (I, you, he, she, it, we, they) を用いる.
•私が正男にそのことを言ったのです
I told Masao about it.
•そして正男が太郎にそれを伝えたのです
And Masao told it to Taro.
•「こちらがヒル氏です」とその男性が言った
The man said, "This is Mr. Hill."
❷(目的語の場合)「夏が好きだ (→夏を好む)」「歯が痛い (→歯痛を持つ)」などの「…が」は英語では動詞の目的語として表される; 動詞のすぐあとに名詞を続けると, その名詞は目的語になる; 人称代名詞の場合は目的格 (me, you, him, her, it, us, them) を用いる; また「英語がうまい」「耳が遠い」など, 「A に関して…である」と言い換えられる場合は **be ～ at**［**in, of**］A の形で表す.
•私は夏が好きだ　I like summer.
•私は歯が痛い　I have a toothache.
•彼は英語がうまい　He is good at English.
•その老人は耳が遠かった
The old man was hard of hearing.
❸(しかし) **but**
•私は彼女が好きだが, 彼女は私が好きじゃない　I like her, but she doesn't like me.
❹(そして) **and**
•きのう私たちは動物園へ行ったけど, とても楽しかった　Yesterday we went to the zoo and had a very good time.
ガ 蛾 (虫) a **moth** /モーす/
があがあ があがあ鳴く (アヒルが) **quack** /クワク/
ガーゼ gauze /ゴーズ/; (傷の手当・マスク用の布) a **gauze patch** /パチ/
カーディガン a **cardigan** /カーディガン/
カーテン a **curtain** /カートン/
•レースのカーテン　a lace curtain
•カーテンを引く　draw the curtain → あける場合にも, しめる場合にも用いる; 話しことばでは open the curtain (あける), close the curtain (しめる) も用いられる; なお, 両びらきのカーテンは the curtains と複数形にする
•窓にカーテンをかける　hang a curtain over［at］a window

カード 90 ninety

カード a **card**
- クリスマスカード a Christmas card
- 図書カード a library card
- クレジットカード a (credit) card
- カードを配る[切る] deal [shuffle] cards
- カードをめくる[引く] turn over [draw] a card

ガード
❶ (鉄道の) 《米》 a **railroad overpass** /レイるロウド オウヴァパス/, 《英》 a **railway overpass** /レイるウェイ/
❷ (スポーツの) the **guard** /ガード/

ガードマン a **guard** /ガード/ ➡「ガードマン」は和製英語

ガードレール a **guardrail** /ガードレイる/

カーナビ a **car navigation system** /ナヴィゲイション/

カーニバル a **carnival** /カーニヴァる/

カーネーション a **carnation** /カーネイション/

カーブ a **curve** /カ〜ヴ/; (道路などの) a **bend**
カーブする curve, bend, make a curve, make a bend
- 道の急な[ゆるい]カーブ a sharp [gentle] bend
- カーブを曲がる go around a bend [a curve]
- (野球で)カーブを投げる throw [pitch] a curve

カーペット (床全体のもの) a **carpet** /カーペト/; (一部だけをおおうもの) a **rug** /ラグ/
- 居間にカーペットを敷く carpet a living room

カーリング 《スポーツ》 curling /カ〜りング/

カール a **curl** /カ〜る/
カールする curl
- カールした髪 curled hair; (自然に) curly hair

ガールスカウト a **girl scout** /スカウト/

ガールフレンド a **girlfriend** /ガ〜るふレンド/ ➡
日本語では「恋人はいないが, ガールフレンドはたくさんいます」のように用いることが多いが, 英語では「恋人」の意味

かい¹ 貝 a **shellfish** /シェるふィシュ/ (複 同形)
- 貝殻(がら) a shell

かい² (ボートの) an **oar** /オー/; (カヌーなどの) a **paddle** /パドる/
- かいでこぐ pull an oar / paddle

かい³ 会
➤ (会合) a **meeting** /ミーティング/; (親睦(しんぼく)のための小さな集まり) a **get-together** /ゲトトゥゲざ/; (パーティー) a **party**
➤ (同好者の会) a **club**; (団体) a **society** /ソサイエティ/, an **association** /アソウシエイション/
- 歓迎会 a welcome meeting [party]
- お茶の会 a tea party
- 山岳会 an Alpine club
- 英会話研究会 an English speaking society
- 生徒会 a student council
- 会を開く have a meeting [a get-together, a party]
- 会を始める[終える] start [close] a meeting
- あす学校の食堂でちょっとした会をする予定です
We are going to have a small get-together at the school cafeteria tomorrow.

かい⁴ 回
➤ a **time**; (野球の) an **inning** /イニング/; (ボクシングの) a **round** /ラウンド/ ➡ ど
- 1回, 2回, 3回, 4回 once, twice, three times, four times
- 1[2]回め the first [second] time
- そのテレビシリーズの2回め(の話) the second episode of the television series
- (野球で)9回の表[裏] the top [bottom] of the ninth inning
- (ボクシングで)10回戦 a fight of ten rounds
- 会は月に3回開かれます
The meeting is held three times a month.
- 彼は7回失敗したが8回目に成功した
He failed seven times, but the eighth time he was successful.

かい⁵ 階
➤ (1階, 2階の階) a **floor** /ふろー/; (「…階建て」の階) a **story** /ストーリ/
- 1階 《米》 the first floor / 《英》 the ground floor

> **参考** 2階, 3階, … は, 《米》 the second floor, the third floor, …, 《英》 the first floor, the second floor, …のように 《米》と《英》では1階ずつずれる

- 3階建ての家 a three-storied [three-story] house
- 階上の[に] upstairs
- 階下の[に] downstairs
- 階上[下]の部屋 an upstairs [a downstairs] room
- 君は2階に寝るのですか
Do you sleep upstairs?
- そのレストランはこのビルの7階にある
The restaurant is on the seventh floor of this building.

かいきん

- その高層ビルは36階です
The skyscraper has thirty-six stories.

かい[6] かいがある **be rewarded** /リウォーデド/ → かち[2] (→ …の価値がある)

…のかいもなく in spite of ~ /スパイト/
- 努力のかいもなく in spite of *one's* efforts
- 努力したかいがあった
My efforts were rewarded (with success).

がい 害

➤ **harm** /ハーム/, **injury** /インチャリ/ → そんがい

害する be bad, do harm /ハーム/, **injure** /インチャ/; (感情を) **hurt** /ハ〜ト/, **offend** /オふェンド/
害のある harmful /ハームふる/
- 害のない harmless
- 運動のやりすぎは健康に害になる
Too much exercise is bad for [is harmful to] the health. / Too much exercise does harm to the health.
- 私は彼の感情を害したらしい
I am afraid I have offended him [have hurt his feelings].

かいいん 会員 **a member**
- 会員証 a membership card

かいえん 開演する **raise the curtain** /レイズ カ〜トン/; **start, begin**
- 開演は午後7時です
The curtain rises at 7:00 p.m.

かいおうせい 海王星 **Neptune** /ネプテューン/
かいが 絵画 **pictures** /ピクチャズ/, **paintings** /ペインティングズ/
かいかい 開会 **the opening of a meeting** /オウプニング ミーティング/
開会する open a meeting
- 開会のあいさつをする give an opening address
- 開会式 the opening ceremony
- 開会は何時ですか
What time will the meeting open?

かいがい 海外の **overseas** /オウヴァスィーズ/, **foreign** /ふォーリン/
海外へ overseas /オウヴァスィーズ/, **abroad** /アブロード/
- 海外旅行をする make a trip abroad / travel abroad / make an overseas trip
- 海外へ行く go overseas [abroad]
- 海外ニュース world news
- これは私たち家族にとって初めての海外旅行です
It's our first family trip overseas.

かいかく 改革 (a) **reform** /リふォーム/
改革する reform
- 改革者 a reformer
- 社会改革 social reforms
- 人が変われば改革も進む
A new broom sweeps well. (新しいほうきはよく掃ける) → 英語のことわざ

かいかつ 快活な **cheerful** /チアふる/
- 快活に cheerfully

かいかぶる 買いかぶる **think too much of** /スィンク マチ/, **overrate** /オウヴァレイト/

かいかん 会館 **a hall** /ホーる/

かいがん 海岸

➤ (波打ち際) **the seashore** /スィーショー/; (浜・浜辺) **the beach** /ビーチ/; (遊覧・保養地) **the seaside** /スィーサイド/; (沿岸) **the coast** /コウスト/

- 海岸線 a coastline
- 海岸を散歩する take a walk along the seashore [the beach]
- 海岸で週末を過ごす spend a weekend at the seaside
- アメリカ西海岸の都市 the cities on the West Coast of the United States
- 子供たちが海岸で貝殻(がら)を拾っている
There are [I see] some children gathering seashells on the beach.

がいかん 外観 an **appearance** /アピアランス/, **looks** /るクス/
- 人を外観で判断してはいけない Never judge a person by his appearances [looks].
参考ことわざ 人は見かけによらぬもの Things are seldom what they seem. (物事は見かけと実体が同じことはめったにない)

かいぎ 会議 a **conference** /カンふァレンス/, a **meeting** /ミーティング/
- 会議室 a conference [meeting] room
- 会議を開く hold a conference
- 彼らは会議中であった
They were in conference.

かいきゅう 階級 a **class** → classes と複数形を使うこともある
- 上流[中流, 下層]階級 the upper [middle, lower] class(es)

かいきょう 海峡 a **channel** /チャネる/; (小さい) a **strait** /ストレイト/, (地名につけて) **~ Straits**
- 鳴門海峡 the Naruto Straits

かいきん 皆勤 **perfect attendance** /パ〜ふェクト アテンダンス/

かいぐん 92 ninety-two

・皆勤賞 a prize for perfect attendance
・私は中学校は皆勤でした I had perfect attendance at junior high school.

かいぐん 海軍 **the navy** /ネイヴィ/
・海軍の naval
・海軍基地 a naval base

かいけい 会計 **accounting** /アカウンティンぐ/
・会計係 an accountant; (レジの) a cashier
・会計簿(ぼ) an account book
・会計報告 a financial report
・(飲食店で)お会計お願いします
《米》Check, please. /
《英》Can I have the［my］bill, please?
・お会計はいくらですか How much is my bill?

かいけつ 解決 (事件などの) **settlement** /セトるメント/; (問題などの) **solution** /ソるーション/
解決する **settle** /セトる/; **solve** /サるヴ/
・争いを解決する settle a dispute
・問題を解決する solve a problem
・その事件は解決した The affair is settled.
・それについての簡単な解決策はない
There are no easy solutions for it.

かいけん 会見 an **interview** /インタヴュー/
・記者会見 a press interview［conference］
・…と会見する have an interview with ～ /
meet ～

がいけん 外見 → がいかん

かいこ 解雇 **dismissal** /ディスミさる/
解雇する **fire** /ふァイア/, **dismiss** /ディスミス/
・彼は解雇された He was fired.

カイコ 蚕 (虫) a **silkworm** /スィるクワ～ム/

かいご 介護 **nursing** /ナ～スィンぐ/, **care** /ケア/
・介護保険 elderly care insurance
・介護制度 nursing care scheme
・老人介護 care for the elderly
・老人を介護する provide care for the elderly / nurse the elderly
・介護施設 a nursing home; 《英》(小規模なもの) a care home

かいこう 開校する **open** a **school**
・開校記念日 the anniversary of the foundation of the school / (創立者を記念する日) the founder's day

かいごう 会合 → かい³

がいこう 外交 (国家間の) **diplomacy** /ディプろウマスィ/; (保険の) **canvassing** /キャンヴァスィンぐ/
外交官 a **diplomat** /ディプろマト/
・(保険などの)外交員 a canvasser
・外交の diplomatic
・…と外交関係を樹立する establish diplomatic

relations with ～

がいこうてき 外向的な **outgoing** /アウトゴウインぐ/, **extrovert** /エクストロヴァ～ト/
・彼女は外向的だ She is outgoing. / She is an extrovert. → この extrovert は名詞(外向的な人)

がいこく 外国

➤ a **foreign country** /ふォーリン カントリ/
外国の **foreign**
外国に, 外国へ **abroad** /アブロード/
外国人 a **foreigner** /ふォーリナ/
・外国製の foreign-made
・外国製品 foreign goods
・外国貿易 foreign［international］trade
・外国語 a foreign language
・外国へ行く[に住む] go［live］abroad
・外国から帰る return from abroad
・私は外国へ行ったことがない
I have never been abroad.
・近ごろは日本にも外国人労働者が少なくない Recently there are not a few foreign guest workers in Japan.

がいこつ 骸骨 a **skeleton** /スケれトン/

かいさい 開催する (催す) **hold** /ホウるド/ → ひらく❷
・その展覧会は12月15日まで開催されている
The exhibition runs through December 15.

かいさつ 改札口 a **ticket gate** /ティケト ゲイト/
・目白駅の改札口で待っていてください
Please wait for me at the ticket gate in Mejiro Station.

かいさん 解散する (議会が) **dissolve** /ディザるヴ/; (会合などが) **break up** /ブレイク/

かいさんぶつ 海産物 **marine products** /マリーン プラダクツ/

かいし 開始 **beginning** /ビギニンぐ/, **opening** /オウプニンぐ/, **start** → はじめ
開始する **begin**, **open**, **start**

かいしゃ 会社

➤ a **company** /カンパニ/ (会社名には Co. と略記), a **firm** /ふァ～ム/; (企業) 《米》**corporation** /コーポレイション/ (会社名には Inc. と略記), 《英》a **limited company** /リミテド/ (会社名には Co., Ltd. と略記)
➤ (職場) an **office** /オーふィス/
・会社員 a company employee / an office worker
・株式会社 a corporation
・鉄道会社 a railroad company

ninety-three　93　かいちく

・ホワイトスター会社 the White Star Co.
・会社に勤める be employed in a company / work for a company
・会社に行く go to work［the office］

かいしゃく 解釈 **interpretation** /インタ〜プリテイション/
解釈する **interpret** /インタ〜プレト/

かいしゅう 回収する（集める）**collect** /コれクト/；（取り戻す）**recover** /リカヴァ/
・宇宙ロケットは太平洋上で回収された
The space rocket was recovered from the Pacific.

かいじゅう 怪獣 a **monster** /マンスタ/

がいしゅつ 外出する **go out**
外出している **be out**
・母は買い物に外出しています
Mother is out shopping.
・彼は昼食のために外出しています
He is out for lunch.
・私が外出中にだれか来ましたか
Did anyone call while I was out?

がいしゅつきんしれい 外出禁止令 **lockdown** /らクダウン/, a **stay-at-home order** /オーダ/
・夜間外出禁止令 a curfew /カ〜ふュー/

かいじょ 介助（助け）**help**；（補助）**assistance** /アスィスタンス/
・介助犬 a service dog

かいじょう¹ 海上に［で］**on the sea** /スィー/
・海上保安庁 the Maritime Safety Agency
・海上自衛隊 the Maritime Self-Defense Force

かいじょう² 会場（会合の場所）a **place of meeting** /プれイス ミーティンぐ/；（会館）a **hall** /ホーる/
・音楽会の会場はどこですか
Where is the concert to be held?
・「それではここで会場からのご質問をいただきます」と議長が言った The chair said that he would now take questions from the floor. → floor は「会場の聴衆席」

かいじょう³ 開場 **opening** /オウプニンぐ/

がいしょく 外食する **eat out** /イート/

かいしん 改心する（悔い改める）**repent** /リペント/

かいすい 海水 **sea water** /スィー ウォータ/

かいすいよく 海水浴 **sea bathing** /スィー ベイずィンぐ/
・海水浴場 a bathing beach / a seaside resort
・江の島に海水浴に行く go swimming［bathing］in the sea at Enoshima
・海岸はどこも海水浴客でいっぱいです
All the beaches are crowded with bathers.

かいすう 回数 **the number of times** /ナンバ/

かいすうけん 回数券 a **coupon ticket** /クーポン ティケト/；（一つづり）a **book of tickets**

がいする 害する → がい

かいせい¹ 改正 **revision** /リヴィジョン/
改正する **revise** /リヴァイズ/

かいせい² 快晴 **fine weather** /ふァイン ウェざ/, **fair weather** /ふェア/
・きょうは快晴です It is very fine today.

かいせつ 解説（説明・弁明）(an) **explanation** /エクスプらネイション/；（注釈（ちゅうしゃく）・論評）a **commentary** /カメンテリ/
解説する **explain** /イクスプれイン/；**comment** (on 〜) /カメント/
・解説者 a commentator

かいぜん 改善 **improvement** /インプルーヴメント/
改善する **improve** /インプルーヴ/
・改善の余地が大いにある leave much room for improvement

かいそう¹ 海草 **seaweed** /スィーウィード/

かいそう² 改装（する）→ リフォーム

かいぞう 改造 **reconstruction** /リーコンストラクション/
改造する **reconstruct** /リーコンストラクト/

かいそく 快速 (a) **high speed** /ハイ スピード/
・快速の high-speed / fast / rapid
・快速電車 a rapid train

かいぞく 海賊 a **pirate** /パイアレト/
・海賊船 a pirate ship

かいたく 開拓する（耕作する）**cultivate** /カるティヴェイト/；（切り開く）**open up**
開拓者 a **pioneer** /パイオニア/；（入植者）a **settler** /セトら/
・医学の新分野を開拓する
open up a new field in medicine

かいだん¹ 階段 **steps**；（屋内の）(a flight of) **stairs** /(ふらイト) ステアズ/；（手すりもふくめて）a **staircase** /ステアケイス/
・階段を上る［降りる］ go up［down］the stairs

かいだん² 会談 **talks** /トークス/, an **interview** /インタヴュー/
・パリでの首脳会談 summit talks in Paris
・…と会談する have talks［an interview］with 〜

かいだん³ 怪談 a **ghost story** /ゴウスト/

ガイダンス **guidance** /ガイダンス/
・就職ガイダンス vocational guidance

かいちく 改築 **rebuilding** /リービるディンぐ/
改築する **rebuild**

がいちゅう 害虫 a **harmful insect** /ハームふる インセクト/

かいちゅうでんとう 懐中電灯 《米》a **flashlight** /ふらシュライト/，《英》a **torch** /トーチ/

かいちょう 会長 the **president of** a **society** /プレズィデント ソサイエティ/
•彼は生徒会の会長に選ばれた He was chosen president of the student council.

かいつう 開通する **be opened to traffic** /トラふィク/
•新しい橋がまもなく開通するでしょう
The new bridge will be opened to traffic before long.

かいてい¹ 改訂する **revise** /リヴァイズ/
•改訂版 a revised edition

かいてい² 海底 the **bottom of the sea** /バトム スィー/
•海底の undersea / submarine
•船は500メートルの海底に沈んだ The ship sank 500 meters to the bottom of the sea.

かいてき 快適な（楽な）**comfortable** /カンふォタブる/；（気持ちのよい）**agreeable** /アグリーアブる/
•快適な家[部屋] a comfortable house [room]

かいてん¹ 回転 **turning** /ターニング/，**rotation** /ロウテイション/，**revolution** /レヴォるーション/
回転する，回転させる turn /ターン/，**rotate** /ロウテイト/，**revolve** /リヴァるヴ/
•地球の回転(自転)；(公転) the revolution of the earth
•回転いす a swivel [revolving] chair
•月は地球の周りを回転する
The moon revolves [rotates, turns, goes, moves] around the earth.
•彼は頭の回転が速い[遅い] He has a quick [dull] mind. / He is sharp-witted [slow-witted].
•(スキー競技などの)回転[大回転] slalom [giant slalom] /スらーらム/

かいてん² 開店 the **opening of** a **store** [a **shop**]
•開店する open [start] a store [a shop]

ガイド （案内人）a **guide**；（団体旅行の）a **courier** /カーリアー/，a **tour conductor** /トゥア コンダクタ/
•ガイドブック a guidebook

かいとう¹ 解答 an **answer** /アンサ/
解答する answer，give an **answer** (to ～)，**make** an **answer** (to ～)
•解答用紙 an answer sheet
•問題に対する解答 an answer to the question

•彼の解答は正しい[まちがっている]
His answer is correct [wrong].
•その問題に正しく解答をした人はだれもいない No one gave [made] a correct answer to the question. / No one answered the question correctly.

かいとう² 回答 a **reply** /リプらイ/，an **answer** /アンサ/
回答する reply，answer
•回答者（クイズ番組の）a panelist; (アンケートの) a respondent

がいとう 街灯 a **street lamp** /ストリート らンプ/

かいぬし 飼い主 a **keeper** /キーパ/；(持ち主) an **owner** /オウナ/

がいはく 外泊する **stay away from home** /ステイ アウェイ/

かいはつ 開発 **development** /ディヴェろプメント/
開発する develop /ディヴェろプ/
•天然資源を開発する develop natural resources
•開発途上(とじょう)国 a developing country [nation]

かいばつ 海抜…である **be ～ above sea level** /アバヴ スィー れヴる/
•その山は海抜3千メートルです The mountain is 3,000 meters above sea level.

かいひ 会費 a (**membership**) **fee** /(メンバシプ) ふィー/，**dues** /デューズ/

がいぶ 外部 the **outside** /アウトサイド/
•外部の outer / outside

かいふく 回復 (a) **recovery** /リカヴァリ/
回復する recover /リカヴァ/，**get well**: (だんだん) **improve** /インプルーヴ/；(秩序(ちつじょ)などを) **restore** /リストー/
•健康を回復する recover one's health
•(…から)すっかり回復する completely recover (from ～) / make a complete recovery (from ～)
•平和と秩序を回復する restore peace and order
•彼女はまだ病気が回復していない ➡現在完了 She hasn't recovered from her illness yet. / She hasn't gotten well yet.
•彼の健康[天候]が回復してきた
His health [The weather] is getting better.

かいぶつ 怪物 a **monster** /マンスタ/

かいほう¹ 開放されている **be open** (to ～)
•このプールは一般に開放されていますか Is this (swimming) pool open to the public?

かいほう² 解放する **set free** /ふリー/，**release** /リリース/

ninety-five　95　カウント

かいほう³ 介抱する **look after** /るッ アふタ/, **attend on** /アテンド/

かいぼう 解剖 **dissection** /ディセクション/; (解剖学) **anatomy** /アナトミ/

解剖する **dissect** /ディセクト/

がいむ 外務省[大臣] **the Ministry[Minister] of Foreign Affairs** /ミニストリ[ミニスタ] ふォーリン アふェアズ/

かいもの 買い物

➤ **shopping** /シャピンぐ/

・買い物をする　shop / do *one's* shopping
・うまい[へたな]買い物をする　make a good [bad] bargain
・買い物に行く　go shopping
・買い物かご　a shopping basket
・買い物客　a shopper
・私はあの店でちょっと買い物があります
I have some shopping to do at that store.
・私はきのう姉といっしょに銀座へ買い物に行った　I went shopping in Ginza with my (elder) sister yesterday. ➤×to Ginza としない

がいや 外野 **the outfield** /アウトふィーるド/
・外野手　an outfielder
・外野席　the outfield stands / the bleachers

がいらいご 外来語 **a loanword** /ろウンワ～ド/

かいりゅう 海流 **an ocean current** /オウシャン カ～レント/
・日本海流　the Japan Current

かいりょう 改良 **(an) improvement** /インプルーヴメント/

改良する **improve** /インプルーヴ/
・…に改良を加える　improve on ～

がいろ 街路 **a street** /ストリート/
・街路樹　roadside trees
・街路で遊んでは危険です
It is dangerous to play in the street.

かいわ 会話 **(a) conversation** /カンヴァセイション/, **a talk** /トーク/
・…と会話する　have a conversation[a talk] with ～ / talk with ～

かいん 下院 (一般的な呼び方) **the Lower House** /ろウア ハウス/; (米) **the House (of Representatives)** /(レプリゼンタティヴズ)/, (英) **the (House of) Commons** /カモンズ/ ➜ こっかい

かう¹ 飼う **keep** /キープ/, **have**
・アパートの部屋でペットを飼うことは許されていない　We are not allowed to keep pets in our apartment.

🗨会話 何か動物を飼っていますか. ―うちでは子イヌ

と子ネコを飼っています　Do you have any animals?—We have a puppy and a kitten.

かう² 買う

➤ **buy** /バイ/

基本形
A (物)を買う
　　buy A
B (人)に A (物)を買ってやる
　　buy B A / **buy** A **for** B

・三省堂で本を買う　buy a book at Sanseido
・万年筆を5千円で買う　buy a (fountain) pen for 5,000 yen
・彼女にペンダントを買ってやる　buy her a pendant / buy a pendant for her
・…を現金[クレジット]で買う　buy ～ with cash [on credit]
・彼は弟に時計を買ってやった
He bought his little brother a watch. / He bought a watch for his little brother.
・母がそれ[それら]を私たちに買ってくれました　My mother bought it [them] for us. ➜「A を B に買う」で A が「それ」(it) や「それら」(them) の場合は buy it [them] for B となる
・ぼくは今度の誕生日のお祝いにお父さんからギターを買ってもらうことになっている
Father is going to buy me a guitar [buy a guitar for me] for my next birthday. ➜「B に A を買ってもらう」は英語では「B が A を買ってくれる」と能動態で表現するのがふつう

🗨会話 あなたはこの辞書をいくらで買いましたか (→ この辞書にいくら払ったか). ―私はそれを古本屋でたった400円で買いました　How much did you pay for this dictionary?—I bought it for only 400 yen at a secondhand bookstore.
・君はそのお金で何を買うつもりですか　What are you going to buy with the money?
・何でもお金で買えるわけではない. ➜受け身形 Not everything can be bought with money.

カウボーイ **a cowboy** /カウボイ/

ガウン **a gown** /ガウン/

カウンセラー **a counselor** /カウンセら/
・学校のカウンセラー　a school counselor
・就職カウンセラー　a career counselor

カウンセリング **counseling** /カウンセリンぐ/
・カウンセリングを受ける　receive counseling / see a counselor

カウンター **a counter** /カウンタ/
・カウンター席に座る　sit at the counter

カウント **a count** /カウント/

あ

か

さ

た

な

は

ま

や

ら

わ

カウントダウン　96　ninety-six

カウントダウン a **countdown** /カウントダウン/

かえす　返す

❶ (物を) **return**; **give back**; **put back**
❷ (借金を) **pay back**

❶ (人・場所に) **return** /リタ〜ン/; (人に) **give back**; (場所に) **put back**

> **基本形**
> A (人) に B (物) を返す
> 　**return** B **to** A
> 　**give back** B **to** A
> 　**give** B **back to** A
> C (場所) に B (物) を返す
> 　**return** B **to** C
> 　**put back** B **to** [**on, in**] C
> 　**put** B **back to** [**on, in**] C

・彼にかぎを返す　return the key to him / give the key back [give back the key] to him
・本を棚に返す　return a book to the shelf / put a book back [put back a book] on the shelf
・それ [それら] をぼくに返してくれよ　Give it [them] back to me. → it, them など代名詞が直接目的語の時は ×give back it [them] としない
❷ (借金を) **pay back** /ペイ/

> **基本形**
> A (人) に借金を返す
> 　**pay** A **back**
> A (人) に B (金額) を返す
> 　**pay** A **back** B

・彼に借金を返す　pay him back
・彼に千円返す　pay him back 1,000 yen
・君に借りた金はあとで返すよ
I'll pay you back later.
・君はあの (→ぼくの) 5千円いつぼくに返してくれる?
When are you going to pay me back my 5,000 yen?
かえって (反対に) **on the contrary** /カントレリ/; (むしろ) **rather** (**than**) /ラざ/
カエデ 楓 《植物》 a **maple tree** /メイプる トリー/
かえり 帰り **return** /リタ〜ン/
　帰りに　**on** one's **way home** /ウェイ/, **on** one's **way back**
・私は帰りに彼に会った
I met him on my way home.
・私は学校への行き帰りに郵便局の前を通る
I pass the post office on my way to and from school.
・私は行きは船で帰りは飛行機にした
I went by ship and returned by plane.
・今夜は帰りが遅くなります

I'll come home late tonight.

かえる¹　帰る

➤ **return** /リタ〜ン/; (帰って来る) **come back**; (帰って行く) **go back**; (帰っている) **be back**
→ もどる → return は「帰って来る」,「帰って行く」どちらの意味でも用いられるが, come back, go back に比べてやや堅い表現

・家に帰る　return home / come home / go home → home は副詞 (家へ) なので ×to home としない; come [go] back home とはふつういわない
・キャンプから帰る　come back [return] from the camp
・自分の席に帰る　go back [return] to one's seat
・彼は昨夜家に帰るのが遅かった
He returned [came] home late last night.
・いつフランスからお帰りになったのですか
When did you come back from France?
📞 **会話** お母さんは何時にお帰りですか. —もう帰っています　What time will your mother come back [be back]?—She is already back.
・私はそろそろ帰らなければなりません　I must be going now. / I must say good-bye now.
・お帰りなさい　→ おかえり

かえる²　変える, 換える, 替える

❶ (変える) **change**, **turn**
❷ (換える, 替える) **change**

❶ (変える) **change** /チェインヂ/, **turn** /タ〜ン/
→ かわる², → こうかん¹ (→ 交換する), とりかえる

> **基本形**
> A を変える
> 　**change** A
> A を B に変える
> 　**change** A **into** B / **turn** A **into** B

・住所を変える　change one's address
・話題を変える　change the subject
・女神はカボチャを金の馬車に変えた
The fairy godmother changed [turned] a pumpkin into a golden coach.
・その数値を3変える　change the number by 3
❷ (換える, 替える) **change** → こうかん¹ (→ 交換する), とりかえる, → りょうがえ (→ 両替する)

> **基本形**
> A を B に換える, A を B に替える
> 　**change** A **for** B

・…と席を替える　change seats with 〜
・服を替える　change (one's) clothes

・彼は彼の車を外車に替えた
He changed his car for a foreign make.
・円をドルに換えてくださいませんか
Could you change yen into dollars?
・この1ドル札を10セント硬貨に換えてください
Please change this dollar bill for [into] dimes.

かえる[3] (卵が) **hatch** /ハチ/, **be hatched**
・5羽のひよこがかえった
Five chicks were hatched.

カエル 蛙 《動物》a **frog** /ふラグ/
・ヒキガエル a toad /トウド/

かお 顔
➤ a **face** /ふェイス/; (顔つき) a **look** /るク/
・顔を向き合わせて(すわる) (sit) face to face
・顔を赤らめる blush
・顔をしかめる frown
・うれしそうな[悲しそうな, 怒った, 疲(つか)れた]顔をする look happy [sad, angry, tired]
・顔を見合わせる look at each other
・顔が広い have a lot of acquaintances
・…に顔がきく have influence on ~
・彼はじっと私の顔を見つめた
He looked me in the face.
・彼は顔色が悪い He looks pale.
・私が彼にそのことを話すと彼はびっくりした顔をした When I told him of it, he looked surprised.
・彼はそのことについては何も知らないような顔をしている(実は知っているが)
He looks as if he knew nothing about it.
・窓から顔を出しちゃだめ Don't put your head out of the window. ➔ head は「首から上の部分全部」をさす

かおいろ 顔色 (a) **complexion** /コンプれクション/
・顔色がよい look healthy [well] / have a good complexion
・顔色が悪い look pale
・顔色(表情)を変える change *one's* expression

かおもじ 顔文字 an **emoticon** /イモウティカーン/ ➔「(^_^)」のように文字の組み合わせで顔のように見えるもの

かおり 香り (よいにおい) **fragrance** /ふレイグランス/ ➔ におい
・香りのよい fragrant

がか 画家 a **painter** /ペインタ/, an **artist** /アーティスト/

かがい 課外授業 an **extra lesson** /エクストラ れスン/
・課外活動 extracurricular activities

かかえる **hold** /ホウるド/, **have**; (かかえて行く) **carry** /キャリ/
・両手に本をかかえる hold [have] books in *one's* arms
・彼はイヌをかかえて道路を横切った
He crossed the road, carrying a dog in his arms.

かかく 価格 ➔ ねだん

かがく[1] 化学 **chemistry** /ケミストリ/
化学の **chemical** /ケミカる/
化学者 a **chemist** /ケミスト/
・化学実験室 a chemical laboratory
・化学式 a chemical formula
・化学反応 (a) chemical reaction
・化学薬品 chemicals

かがく[2] 科学
➤ **science** /サイエンス/

科学的な **scientific** /サイエンティふィク/
科学的に **scientifically**
科学者 a **scientist** /サイエンティスト/
科学技術 **technology** /テクナろヂ/
・科学博物館 a science museum

かがくりょうほう 化学療法 **chemotherapy** /キーモウセラピ/

かかげる 掲げる (旗などを) **hoist** /ホイスト/

かかし a **scarecrow** /スケアクロウ/

かかと a **heel** /ヒーる/
・かかとの高い靴 high-heeled shoes

かがみ 鏡 a **mirror** /ミラ/
・鏡を見る look in the mirror
・鏡に映る be reflected in a mirror
・私は鏡で自分の姿を見た
I looked at myself in the mirror.
・彼女はしょっちゅう鏡ばかり見ている
She is always looking in the mirror.

かがむ **stoop** (**down**) /ストゥープ (ダウン)/

かがやく 輝く **shine** /シャイン/; (明滅(めいめつ)して) **twinkle** /トウィンクる/; (顔などが) **brighten** /ブライトン/, **light up** /らイト /
輝いている **shining**, **bright**, **glittering**, **sparkling**, **twinkling**
・輝かしい(明るい) bright
・輝く日光 bright sunshine
・きらきら輝く星 a twinkling star
・太陽が輝いている The sun is shining.
・夜空には星が輝いていた
The stars were twinkling in the night sky.

かかり　98　ninety-eight

・彼らの顔は希望で輝いた
Their faces shone [brightened] with hope.
・そのプレゼントを見た時子供たちの顔が輝いた The children's faces lit up when they saw the presents.
・彼女にはピアニストとしての輝かしい未来がある She has a bright future as a pianist.

かかり 係 (係の人) a **person in charge** /パースンチャーヂ/; (係である) **be in charge** (of ～)
・今週は私たちが花壇に水をやる係です　We are in charge of watering the flowerbed this week.

かかる

❶ (ぶら下がる) **hang**
❷ (費用が) **cost**
❸ (時間が) **take**
❹ (病気に) **become ill**

❶ (ぶら下がる) **hang** /ハング/ → さがる ❷
・壁に絵がかかっている → 現在進行形
A picture is hanging on the wall. /
There is a picture on the wall.

❷ (費用が) **cost**

基本形
A (費用)がかかる
　　cost A
B (人)に A (費用)がかかる
　　cost B A

・それには多額の費用がかかる[かかった]
It costs [cost] a lot of money.
・北海道旅行には10万円かかった
The trip to Hokkaido cost me a hundred thousand yen. / It cost me a hundred thousand yen to make a trip to Hokkaido. → It = to make 以下
・(飛行機でハワイに行くには)いくらかかりますか
How much does it cost (to fly to Hawaii)?

❸ (時間が) **take**

基本形
S (仕事など)が A (時間)かかる
　　S **take** A
B (人)が…するのに A (時間)かかる
　　It **takes** (B) A **to** *do*

・その試合は2時間かかった
The game took two hours.
・このような難しい仕事をするのは時間がかかる　It takes time to do a difficult job like this.
・彼は宿題を終えるのに4時間かかった
It took him four hours to finish his homework.
・君の家から学校まで歩いてどれくらいかかりますか
How long does it take to walk from your house to (your) school?

❹ (病気に) **become ill** /ビカム/, **fall ill** /ふォーる/, **be taken ill**; (病名が目的語の場合) **suffer from** /サふァ/
・彼は病気にかかりやすい　He falls ill easily. / He is easily taken ill.
・彼はひどい流感にかかっている　He is suffering from bad influenza. / He has the flu badly.

❺ (医者に) (**go and**) **see**, **consult** /コンサるト/
・君は医者にかからなければいけない
You must see [consult] a doctor.

❻ (成功などが) **depend** (**on**) /ディペンド/
・成功するかどうかは君自身の努力にかかっている
Success depends on your own efforts.

❼ (かぎが) **lock** /らク/; (エンジンなどが) **start**
・彼の背後でひとりでにドアがしまりかぎがかかった
The door shut and locked itself behind him.

かかわらず …にもかかわらず **in spite of ～** /スパイト/; (**al**)**though** /(オーる)ゾウ/
・彼はお金があるにもかかわらずけちだ
In spite of his wealth, he is stingy. /
Though he is wealthy, he is stingy.

かかわる (関係する) **concern** /コンサ～ン/, **be concerned with** [**in**], **be involved in** [**with**] /インヴァるヴド: インヴォるヴド/; (影響する) **affect** /アふェクト/
・彼はその事件にかかわっていないらしい
It is said that he is not concerned [involved] in the case.
・そんな事をすると君の名誉にかかわるよ
Such conduct will affect your honor.

かき¹ 夏期, 夏季 **summer** /サマ/, **summertime** /サマタイム/

ninety-nine 99 かぎり

- 夏期学校 a summer school
- 夏期講習 a summer course
- 夏期休暇 the summer vacation

かき² 下記の(もの) **the following** /ふァろウインぐ/
- 下記の文を和訳せよ Translate the following sentences into Japanese.
- 彼らの名は下記のとおりです
Their names are as follows.

カキ¹ 柿 (植物) **a persimmon** /パ〜スィモン/
- 干しガキ a dried persimmon

カキ² 牡蠣 《貝》**an oyster** /オイスタ/

かぎ **a key** /キー/
　かぎをかける **lock** /らク/
　かぎっ子 **a latchkey kid** /らチキー/
- かぎをあける unlock
- かぎ穴 a keyhole
- 戸にかぎをかける lock a door
- この戸はかぎがかからない
This door doesn't lock.

かきあつめる かき集める (落ち葉などを) **sweep up** /スウィープ/, **rake up** /レイク/; (お金などを) **scrape up** /スクレイプ/

かきかえる 書き替える (書き直す) **rewrite** /リーライト/; (➡かきなおす); (更新(こうしん)する) **renew** /リニュー/
- 運転免許証を書き替える renew *one's* driver's license

かきかた 書き方 **how to write** /ライト/
- 英語の手紙の書き方 how to write a letter in English

かきこむ 書き込む (余白に) **write in** /ライト/; (書類に) **fill in**; (書き留める) **note** (**down**) /ノウト (ダウン)/
- 彼は彼女の誕生日をノートに書き込んだ
He noted down her birthday in his notebook.

かきぞめ 書き初め(をする) (**practice**) **New Year's calligraphy** /(プラクティス) カリグラふィ/

かぎって …に限って
- 彼に限ってそんな事をするはずがない (→彼はそんな事を最もしそうにない人だ)
He is the last person to do it.

かきとめ 書留の **registered** /レヂスタド/
- 書留郵便 registered mail
- 書留小包 a registered parcel

かきとり 書き取り **dictation** /ディクテイション/
- 私たちの先生は週に1回私たちのクラスに漢字の書き取りをさせる
Our teacher gives a Chinese character quiz

to our class once a week.
- あす書き取りがあります There will be a *kanji* quiz tomorrow. / We'll have a *kanji* quiz tomorrow.

かきなおす 書き直す **rewrite** /リーライト/
- レポートを書き直す rewrite a paper

かきね 垣根 (いけがき) a **hedge** /ヘヂ/; (塀) a **fence** /ふェンス/

かきまぜる かき混ぜる **mix up** /ミクス/; (卵を) **beat** /ビート/

かきまわす かき回す **stir** /スタ〜/; (戸棚などを) **rummage** /ラメヂ/, **turn over** /ターン/
- コーヒーをスプーンでかき回す stir coffee with a spoon
- (消しゴムをさがして)机の中をかき回す turn everything over in the desk (for an eraser)

かきゅうせい 下級生 a **student in a lower class** /ステューデント ろウア/; 《米》(高校までの) a **lower grader** /グレイダ/

かぎょう 家業 *one's* **family business** /ビズネス/

かぎらない …とは限らない 《部分否定》(いつも…とは限らない) **not always** /オーるウェイズ/; (すべてが…とは限らない) **not all. not every** /エヴリ/; (必ずしも…とは限らない) **not necessarily** /ネセセリリ/
- 先生の言うことがいつも正しいとは限らない
Teachers are [The teacher is] not always right.
- すべての漫画がよいとは限らない
Not all comics are good.
- おもしろい本が必ずしもよい本とは限らない
An interesting book is not necessarily a good book.
- チームのメンバーに選ばれたからといって試合に出られるとは限らない
To be chosen as a member of the team does not necessarily mean you will play in a game. / To be chosen as a member of the team is one thing, quite another to play in a game. ➡ *A* is one thing, and *B* (is) another は「A と B は別の事」

かぎり 限り

❶ (限度) a **limit**
❷ (…する限り) **as far as 〜; as long as 〜**
❶ (限度) a **limit** /リミト/
- われわれの欲望には限りがない
There is no limit to our desires.
❷ (…する限り)(程度) **as far as 〜**; (期間) **as long as 〜**; (できる限り…) **as 〜 as possible** /パスィブ

かぎる 100 one hundred

る/, **as ～ as** *one* **can**
•私の知っている限り as far as I know
•見渡す限り as far as the eye can reach
•私の生きている限り as long as I live
•できる限りすぐに as soon as possible / as soon as *one* can
•できる限り早く起きなさい
Get up as early as possible [you can].
❸(…だけ) **only** /オウンリ/, **alone** /アろウン/ → だけ❶

かぎる 限る **limit** /リミト/
•数を限る limit the number

かく¹ 角 an **angle** /アングる/
•直角 a right angle
•三角(形) a triangle
•四角(形)(正方形) a square / (長方形) a rectangle

かく² 核 a **nucleus** /ニュークリアス/ (複) nuclei /ニュークリアイ/)
•核の nuclear
•核兵器 nuclear weapons
•核実験 a nuclear test

かく³ 欠く **lack**
欠くことのできない **indispensable** /インディスペンサブる/
•車は現代の生活には欠くことのできないものだ
Cars are indispensable to modern life.

かく⁴ 書く, 描(か)く
❶(文などを) **write**; (絵などを) **draw**; **paint**
❶(文字・文などを) **write** /ライト/
•きれいに字を書く write neatly
•手紙[作文]を書く write a letter [a composition]
•答えを鉛筆(えんぴつ)[ボールペン]で書く write an answer with a pencil [a ballpoint pen]
•彼は今手紙を書いています → 現在進行形
He is writing a letter now.
•この物語はやさしい英語で書かれている → 受け身形
This story is written in easy English.
•その手紙には何と書いてありますか
What does the letter say?
•だれがこの本を書いたのですか
Who wrote this book? / (この本の著者はだれですか) Who is the author of this book?
•君はもうレポートを書きましたか. → 現在完了
Have you written your paper yet?
•「右側にお立ちください」と書いた掲示がある
There is a notice saying, "Please stand on the right." → saying は現在分詞(…と書いてある)

で notice を修飾する
❷(鉛筆・ペン・クレヨンで絵・図形を) **draw** /ドろー/; (絵の具で) **paint** /ペイント/
•地図を描く draw a map
•クレヨンで飛行機の絵を描く draw (a picture of) an airplane with crayons
•油絵[水彩画]を描く
paint in oils [watercolors]
•赤いバラの絵を描く
paint (a picture of) a red rose

かく⁵
❶(指などで) **scratch** /スクラチ/
•頭をかく scratch *one's* head

注意しよう
日本人は失敗やてれかくしのために頭をかくが, 西洋人は考え事をしたり, 何かが理解できない場合に頭をかく

❷(くまでで) **rake** /レイク/; (シャベルで) **shovel** /シャヴる/
•落ち葉をかく rake fallen leaves
•道路の雪をかく shovel [clear] the snow off the road / clear the road of snow

かく⁶ 各… **each** /イーチ/
•生徒会には各クラスから二人ずつ代表者を送る
Each class sends two representatives to the student council.

かく⁷ 隔… **every other ～** /エヴリ アざ/
•隔日[週]に every other day [week]

かぐ¹ 家具 **furniture** /ふァ〜ニチャ/
•家具一点 a piece [an article] of furniture → furniture はカーテン・じゅうたんなどを除く家具調度品の総称なので, ×a furniture, ×furnitures としない. 数える時は piece などを使う
•家具屋 (製造) a furniture maker; (販売) a furniture store

かぐ² **smell**; (イヌがくんくん) **sniff** /スニふ/
•ちょっとこの花のにおいをかいでごらんなさい Just smell this flower.
•イヌはその見知らぬ人のにおいをくんくんかいだ
The dog sniffed at the stranger.

がく 額 (金額) a **sum** /サム/; (額ぶち) a **frame** /ふレイム/
•多額のお金 a large sum of money

かくう 架空の **unreal** /アンリーアる/, **imaginary** /イマヂネリ/, **fictitious** /ふィクティシャス/

かくえき 各駅停車(の電車) a **local** (**train**) /ろウカる (トレイン)/
•各駅に停車する stop at every station

がくえんさい 学園祭 a **school festival** /ふェスティヴァる/

がくがく (震(ふる)える) **shake** /シェイク/, **shiver** /シヴァ/, **tremble** /トレンブる/
・ひざががくがくしている My knees are shaking.
・私は寒くてがくがく震えた
I shivered with the cold.

がくげいかい 学芸会 a **school talent show** /タレント/

がくげん 格言 a **maxim** /マクスィム/; (ことわざ) a **proverb** /プラヴァ〜ブ/

かくご 覚悟する (心の準備をする) **prepare** one-self /プリペア/, **be prepared**
・私は何事があろうと覚悟している
I am prepared for anything (that may happen). / ひゆ I'll pay any price. (どんな代価でも払う)

かくざとう 角砂糖 **lump sugar** /らンプ シュガ/, **cube sugar** /キューブ/
会話 角砂糖をいくつお入れしましょうか。―二つお願いします How many lumps of sugar (do you want)?—Two lumps, please.

かくじつ 確実な **sure** /シュア/, **certain** /サ〜トン/; (信用できる) **reliable** /リらイアブる/
・確実な方法 a sure method
参考ことわざ あすの百よりきょうの五十 A bird in the hand is worth two in the bush. (手の中の1羽の鳥はやぶの中の2羽の鳥の価値がある)

がくしゃ 学者 a **scholar** /スカら/, a **learned person** /ら〜ネド パ〜スン/, a **person of learning** /ら〜ニング/

がくしゅう 学習 **study** /スタディ/
学習する **learn** /ら〜ン/, **study** → まなぶ
・学習者 a learner
・学習塾 a private tutoring school
・学習参考書 a study aid
・日本語を学習する外国人がふえている
More and more foreigners are studying Japanese.
・彼は授業中の学習態度がいい[悪い]
He is attentive [inattentive] in class.

かくしん¹ 確信 **firm belief** /ふァ〜ム ビリーふ/; (自信) **confidence** /カンふィデンス/
確信する **be sure** /シュア/, **strongly believe** /ストローンぐリ ビリーヴ/
・確信を持って with confidence
・君はそれについて確信がありますか
Are you sure of [about] it?
・ガリレオは地球が丸いことを確信していた
Galileo strongly [firmly] believed that the earth was round.

・彼は息子が帰って来ると確信していた He was sure that his son would come back.

かくしん² 革新 **innovation** /イノヴェイション/
革新的な **innovative** /イノヴェイティヴ/

かくす 隠す
➤ **hide** /ハイド/, **conceal** /コンスィ〜る/
➤ (秘密にする) **keep secret** /キープ スィークレト/
・その本を引き出しの中に隠す hide the book in the drawer
・感情を隠す hide one's feelings
・それはどこに隠されているのか
Where is it hidden?
・彼は何か重要な事実を私に隠しているにちがいない
He must be hiding some important fact [keeping some important fact secret] from me.

がくせい 学生
➤ a **student** /ステューデント/
・学生服 a school uniform
・学生生活 one's student [school] life
・学生時代に in [during] one's school days

かくだい 拡大する **enlarge** /インらーヂ/; (レンズなどで) **magnify** /マグニふァイ/
・写真を拡大する enlarge a photograph

がくだん 楽団 (管楽器・打楽器主体の) a **band**; (管楽器・弦楽器主体の) an **orchestra** /オーケストラ/

かくちょう 拡張する **enlarge** /インらーヂ/; (広げる) **expand** /イクスパンド/
・校舎を拡張する enlarge a schoolhouse
・事業を拡張する expand one's business

がくちょう 学長 **the president** /プレズィデント/

かくど 角度 an **angle** /アングる/
・ちがった角度から from a different angle
・ちがった角度から(→ちがった見方で)その問題を見る look at the problem in a different light

かくとう 格闘する a **fight** /ふァイト/
格闘技 a **combative fight** /カンバティヴ/

かくとく 獲得する **get**, **win**, **acquire** /アクワイア/ → える

かくにん 確認する (身元を確かめる) **identify** /アイデンティふァイ/

がくねん 学年 a **year** /イア/; 《米》 (高校までの) a **grade** /グレイド/ → ねん¹
・中学の第2学年 the second year of junior high school / the eighth grade
・学年末テスト final examinations
・彼は私より1学年下[上]です He is one year be-

がくひ 学費 **school expenses** /イクスペンセズ/
がくふ 楽譜 **music** /ミューズィク/; (1枚の) a **sheet music** /シート/; (総譜) a **score** /スコー/
- 楽譜台 a music stand
- 楽譜を見ないで演奏する play without music

がくぶ 学部 a **department** /ディパートメント/
かくめい 革命 a **revolution** /レヴぉルーション/
- 革命的な revolutionary
- 産業革命 the Industrial Revolution
- フランス革命 the French Revolution
- 革命を起こす start a revolution
- その国に革命が起こった
A revolution broke out in that country.

がくもん 学問 **learning** /ら〜ニンぐ/; (教育) **education** /エヂュケイション/
学問のある learned /ら〜ネド/, **educated** /エヂュケイテド/
- 学問のない uneducated
- 学問のある人 an educated person / a learned person / a person of learning

がくや 楽屋 (着替え・メイクのための) a **dressing room**; (控え室) a **green room**
がくようひん 学用品 **school things** /すィンぐズ/, **school supplies** /サプらイズ/
かくり 隔離 **isolation** /アイソれイション/; **quarantine** /クウォーランティーン/
- (感染症に感染した人に必要な)隔離期間 an isolation period

かくりつ 確率 **probability** /プラバビリティ/; (可能性) (a) **possibility** /パスィビリティ/, (a) **chance** → かのう¹ (→可能性)

がくりょく 学力 **scholastic ability** /スコらスティク アビリティ/, **scholastic aptitude** /アプティテュード/
- 学力テスト an achievement test
- 最近の生徒は学力が著しく低下している
Students nowadays have very low scholastic aptitude.

かくれが 隠れ家 a **den** /デン/; (場所) a **hiding place** /ハイディンぐ プれイス/
がくれき 学歴 one's **educational background** /エヂュケイショヌる バクグラウンド/, one's **academic background** /アカデミク/
- 学歴が高い be highly educated
- 学歴詐称(さしょう) a false statement about one's academic background

かくれる 隠れる
➤ **hide** (oneself) /ハイド/
- 隠れ場所 a hiding place
- 隠れた才能 hidden [potential] talent
- 彼は木の陰(かげ)に隠れた
He hid (himself) behind a tree.
- その家は木に隠れて見えない
The house is hidden from view by trees.

かくれんぼう **hide-and-seek** /ハイダンスィーク/
- かくれんぼうをする play (at) hide-and-seek

がくわり 学割 a **discount for students** /ディスカウント ステューデンツ/
- 学割定期券 a student-discount season ticket

かけ 賭け a **bet** → かける⁴

かげ 陰, 影
❶ (日陰) shade; a shadow
❷ (…の後ろに) behind ～

shade / shadow

❶ (日陰) **shade** /シェイド/; (輪郭(りんかく)のはっきりした) a **shadow** /シャドウ/
陰にする shade
- 木陰で休む rest in the shade of a tree
- 道路は葉の茂った樹木で陰になっている
The road is shaded by leafy trees.
- 彼女の影が窓に映っている
Her shadow is on the window.
❷ (…の後ろに) **behind** ～ /ビハインド/
- 木の陰に隠れる hide (oneself) behind a tree
- 陰で(→人の後ろで)人の悪口を言ってはいけない
Don't speak ill of others behind their backs.

がけ a **cliff** /クリふ/
がけくずれ a **landslide** /らンドスらイド/
かけあし 駆け足 a **run** → かける¹
- 駆け足で at a run, running

かけい 家計 (家計費) **housekeeping expenses** /ハウスキーピンぐ イクスペンセズ/
- 家計が豊かだ[苦しい] be well [badly] off
- 家計をやりくりする make both ends meet

・家計簿(ぼ)をつける keep a record of family expenses

かげえ 影絵 a shadow picture /シャドウ ピクチャ/

かげき 歌劇 → オペラ

かげぐち 陰口をたたく speak ill of *a person* behind *his* back /スピーク ビハインド/
・人の陰口をたたくな Don't speak ill of others behind their backs.

かけごえ 掛け声 a call, a shout /シャウト/

かけざん 掛け算 multiplication /マるティプリケイション/
掛け算をする multiply /マるティプらイ/, do multiplication → かける³ ❽

かけじく 掛け軸 a hanging scroll /ハンぎングぐ スクロウる/

かけつ 可決する pass, carry /キャリ/
・決議案は大多数で可決された The resolution was carried [passed] by a large majority.

かけっこ 駆けっこ a run, a race

かけぶとん 掛け布団 a quilt /クウィるト/

かけら (一片) a piece /ピース/; (破片) a fragment /ふラグメント/

かける¹ 駆ける run → はしる
・駆け込む run in
・駆け上がる[降りる] run up [down]

かける² 欠ける (不足する) lack /らク/, be lacking; (一部が壊(こわ)れる) chip, be chipped /チプト/
・彼は常識が欠けている
He lacks [is lacking in] common sense.
・君に欠けているのはそれをやりとげようとする強い意志だ What is lacking in you is a strong will to accomplish it.
参考ことわざ 意志のあるところには道がある Where there's a will, there's a way.
・私の大好きなカップのふちが欠けた
The rim of my favorite cup is chipped.

かける³ 掛ける

❶ (つるす) hang
❷ (上に置く) put; (おおう) cover
❸ (ふりかける) sprinkle
❹ (時間・費用を) spend
❺ (ラジオ・エンジンなどを) turn on; start
❻ (電話を) call (up)

❶ (つるす) hang /ハンぐ/
・壁に地図を掛ける hang a map on the wall
・コートをハンガーに掛ける hang *one's* coat on a hanger
・彼はその絵を彼の部屋に掛けた
He hung the picture in his room.

❷ (上に置く) put; (おおう) (A に B を) cover A with B, put B on A, put B over A
・やかんをガスの火にかける put a kettle on the gas
・テーブルに布をかける cover the table with a cloth
・赤ん坊に毛布をかける put a blanket on [over] a baby

❸ (ふりかける) sprinkle /スプリンクる/; (水を) water /ウォータ/
・肉に塩とこしょうをかける sprinkle salt and pepper on meat

❹ (時間・費用を) spend /スペンド/

> 基本形
> A (時間・金)を B (物・事)にかける
> **spend** A **on** B
> …することに A (時間)をかける
> **spend** A (**in**) *do*ing

・彼女は洋服にお金をかけすぎる
She spends too much (money) on clothes.
・私たちはこの問題をもう少し時間をかけて討議すべきです We should spend more time discussing [to discuss] this problem.
・ゆっくり時間をかけなさい Take your time.

❺ (ラジオなどを) turn on /ターン/; (エンジンを) start (up)
・ラジオをかける turn on the radio
・ラジオをかけたままで勉強する study with the radio on
・エンジンをかける start (up) an engine

❻ (電話を) call (up) /コーる/; (ことばを) speak to /スピーク/
・5時に電話をかけます I'll call you (up) at five.
・きのう帰り道で知らない人に声をかけられた
A stranger spoke to me on my way home yesterday.

❼ (身につける) put on, wear /ウェア/
・めがねを掛ける[掛けている] put on [wear] glasses

❽ (掛け算をする) multiply /マるティプらイ/; (A × B) A times B
・6に7を掛けなさい Multiply six by seven.
・5掛ける3は15です →「3によって掛けられた5は15である」のようにいう 5 multiplied by 3 is 15. / Five times three is fifteen.

❾ (面倒を) trouble /トラブる/
・ご面倒をおかけしてすみません
I'm sorry I've troubled you so much.

かける 104 one hundred and four

⑩ (腰掛ける) sit (**down**) /(ダウン)/
・どうぞお掛けください　Please take a seat.

かける⁴ 賭ける　bet

かこ　過去

❶ (過去の) the past
❷ (過去形) the past (**tense**)

❶ **the past** /パスト/
・過去の　past
・過去において　in the past
・過去10年間　for the past 10 years
・過去最高の36,000人　a record high of 36,000 people
・過去を振り返らずに前方を見よ
Don't look back at the past, but look forward!
・私たちは確かに意見が食い違うことはあったが，それはもう過去のことだ
We did have our disagreements, but that is over now. / **ひゆ** We did have our disagreements, but that's water under the bridge now. (橋の下の(流れ去る)水(のように過ぎ去ったもの))

❷ 《言語》(動詞などの過去形・過去時制) the past (**tense**) /テンス/

かご a basket /バスケト/; (鳥かご) a cage /ケイヂ/
・かご1杯のリンゴ　a basketful of apples

かこう¹ 河口　the mouth of a river /マウす リヴァ/

かこう² 火口　→ ふんか (→ 噴火口)

かこう³ 加工する　(食品を) process /プラセス/
・加工食品　processed foods

かこう⁴ 囲う　enclose /インクろウズ/
囲い　an enclosure /インクろウジャ/, fence /ふェンス/; (家畜の) a pen

かごう 化合　(**chemical**) combination /(ケミカる) カンビネイション/
化合する　combine /コンバイン/
・化合物　a (chemical) compound
・水は水素と酸素の化合物である　Water is a compound of hydrogen and oxygen.

かこむ 囲む　surround /サラウンド/
…に囲まれている　be surrounded by ～ (人・物), be surrounded with ～ (物)
・…を囲んですわる　sit around ～
・私たちの国は海に囲まれている
Our country is surrounded by (the) sea.
・その有名な野球選手はたくさんのファンに取り囲まれて立っていた
The famous baseball player was standing surrounded by a lot of his fans.

かさ　傘

➤ (雨傘) an umbrella /アンブれら/; (日傘) a parasol /パラソーる/
・傘立て　an umbrella stand
・折りたたみ傘　a folding umbrella
・傘をさす　put up [open] an umbrella
・傘をたたむ　fold up [close] an umbrella
・雨が降るといけないから傘を持って行きなさい
Take your umbrella with you in case it rains.
・私の傘に入りなさい　Come under my umbrella.

かさい 火災　a fire /ふァイア/ → かじ²
・火災報知機　a fire alarm
・火災保険　fire insurance → ほけん¹

かさかさ (かわいた) dry /ドライ/, parched /パーチト/; (音をたてる) rustle /ラスる/, make a rustle
・かさかさしたくちびる　parched lips
・お湯で皿洗いをしたら手がかさかさになった
My hands became dried out after washing the dishes in hot water.

がさがさ (粗(あら)い) rough /ラふ/; (音をたてる) rustle /ラスる/, make a rustle (→ かさかさ)
・手ざわりががさがさする　feel rough

かざぐるま 風車　(米) a pinwheel /ピン(ホ)ウィーる/, 《英》a windmill /ウィンドミる/

かさなる 重なる　be piled up /パイるド/ (受け身形), lie one upon another /らイ アナざ/; (一部のみ) overlap /オウヴァらプ/; (繰り返す) repeat /リピート/; (祭日などが) fall on /ふォーる/; (行事が) coincide (with ～) /コウインサイド/, clash (with ～) /クらシュ/

重ねる pile, put one upon another, lay one upon another /れイ/; overlap; (繰り返す) repeat
・失敗を重ねる　repeat a failure
・机の上にファイルが重なっている
Files are piled up on the desk. /
Files lie one upon another on the desk.
・ここに本を重ねてください
Please pile the books here.
・運悪くこんどの日曜日は彼のリサイタルと私の姉の結婚式が重なっているんだ
Unfortunately, his recital clashes with my sister's wedding next Sunday.

かさばる bulky /バるキ/
・かさばった小包　a bulky parcel

かざむき 風向き　the direction of the wind /ディレクション ウィンド/

・南に風向きが変わった
The wind has changed to the south.
・風向きがよい[悪い]
The wind is favorable [unfavorable].

かざる 飾る **decorate** /デコレイト/; **ornament** /オーナメント/
飾り（はなやかな）**decorations** /デコレイションズ/;（美術的な）**ornaments**
・飾りの decorative / ornamental
・クリスマスの飾りではなやかな商店 a store bright with Christmas decorations
・部屋を花で飾る decorate a room with flowers

かざん 火山 a **volcano** /ヴァルケイノウ/
火山の, 火山性の **volcanic** /ヴァルキャニク/
・活火山 an active volcano
・火山の噴火(ふんか) a volcanic eruption
・火山灰 volcanic ash
・火山帯 a volcanic zone

かし[1] 菓子（菓子類）**confectionery** /コンフェクショネリ/;（あめ）《米》(a) **candy**,《英》a **sweet** /スウィート/;（カステラ・ケーキなどの）(a) **cake** /ケイク/
菓子店 a **confectionery**;（パン・ケーキなどを売る）a **bakery** /ベイカリ/;（あめなどを売る）《米》a **candy store**,《英》a **sweet shop**

かし[2] 力氏の **Fahrenheit** /ふァレンハイト/（略 F）

かし[3] 歌詞 the **words** (**of** a song) /ワ〜ヅ/; **lyrics** /リリクス/

かし[4] 貸し… **rental** /レントる/, **for rent**,《英》**for hire** /ハイア/
・貸し自転車 a rental bike / a bike for rent [hire]

カシ 樫《植物》an **oak** /オウク/
・カシの実 an acorn → ドングリ

かじ[1]（船の）a **rudder** /ラダ/
かじを取る **steer** /スティア/
・かじを取る人 a helmsperson /へるムズパ〜スン/, a helmsman, a helmswoman

かじ[2] 火事 a **fire** /ふァイア/
・山火事 a forest fire
・昨夜うちの近くで火事が起きたがすぐ消し止められた A fire broke out in my neighborhood last night, but it was soon put out.
・彼の家は火事で焼けた
His house was destroyed by fire.
・火事だ！火事だ！ Fire! Fire!
・私たちの学校が火事だ Our school is on fire.

かじ[3] 家事 **housework** /ハウスワ〜ク/, **housekeeping** /ハウスキーピング/
家事をする do housework, keep house

・家事をする人 a housekeeper
・家事で忙(いそが)しい be busy with housework
・家事は夫と妻で分担すべきだ Housework should be shared by husband and wife.

がし 餓死 **starvation** /スターヴェイション/,
餓死する **die of hunger** /ダイ ハンガ/, **be starved to death** /スターヴド デす/

かじかむ かじかんだ **numb** /ナム/
・私の指は寒さでかじかんでいる
My fingers are numb with cold.

かしきり 貸し切りの（乗り物など）**chartered** /チャータド/;（部屋など）**reserved** /リザ〜ヴド/

かしこい 賢い **wise** /ワイズ/, **clever** /クれヴァ/, **smart** /スマート/, **bright** /ブライト/, **intelligent** /インテリチェント/

> 使い分け
>
> **wise** は「正しい判断力のある」こと. **clever**, **smart**, **bright** は「頭の回転が速い, 勉強ができる」こと. **intelligent** は「知能の高い」こと →けんめい[1]

・彼は賢い He is wise.
・イヌは賢い動物である
Dogs are intelligent animals.
・あの少年は賢そうな顔をしている
That boy looks smart [clever, bright].

かじつ 果実 **fruit** /ふルート/

かしや 貸家《米》a **house for rent** /ハウス/,《英》a **house to (be) let**

かしゃ 貨車《米》a **freight car** /ふレイト/,《英》a **goods wagon** /グヅ ワゴン/

かしゅ 歌手 a **singer**
・人気歌手 a popular singer

かじゅ 果樹 a **fruit tree** /ふルート トリー/
・果樹園 an orchard

カジュアルな casual /キャジュアる/

かしゅう 歌集 a **songbook** /ソングブク/;（和歌選集）a ***waka* anthology** /アンさろヂ/

かじゅう 果汁 **fruit juice** /ふルート ヂュース/

かしょ 箇所（場所）a **place** /プれイス/;（一点）a **point** /ポイント/
・テストで2箇所まちがえる
make two mistakes in a test
・警察は市内10箇所で交通規制を行っている
The police are exercising traffic control at ten points in the city.

かじょう 箇条（法律などの）an **article** /アーティクる/;（項目・品目など）an **item** /アイテム/
・箇条書きにする list / itemize

かしら …かしら **I wonder ~** /ワンダ/
・どうしてこう眠いのかしら

かしらもじ

I wonder why I am so sleepy.
・私にそれができるかしら
I wonder if I can do it.
・あの音は何かしら
What's that sound, I wonder?

かしらもじ 頭文字（大文字）a **capital letter** /キャピトる/; (姓名の) **initials** /イニシャるズ/
・私の頭文字は S.T. です My initials are S.T.

かじる bite /バイト/; (ネズミなどが) **gnaw** /ノー/
・リンゴをかじる bite an apple
・一口かじる have a bite

かす 貸す

❶ (物・金を) **lend**
❷ (料金をとって)《米》**rent**,《英》**let**

❶ (物・金を) **lend**

【基本形】A (人)に B (物・金)を貸す
　　　 lend A B / lend B to A

・彼女に本を貸す lend her a book / lend a book to her
・それ[それら]を生徒に貸す lend it [them] to students →「A に B を貸す」で B が it または them の場合は lend it [them] to A となる
・彼は私にカメラを貸してくれた He lent me his camera. / He lent his camera to me.
・この辞書を貸してもらえますか
Will you lend me this dictionary? /
(この辞書を借りてもいいですか) Can I borrow this dictionary?
・この箱を運ぶのにちょっと手を貸してくれ
Give [Lend] me a hand with this box.

❷ (料金をとって)《米》**rent** (**out**),《英》**let** (**out**)

【基本形】A (人)に B (部屋など)を貸す
　　　 rent B to A / let B to A

・ボートを1時間千円で貸す rent a boat at 1,000 yen an hour
・彼は2階の部屋を月5万円で学生に貸している He rents [lets] the rooms upstairs to students at 50,000 yen a month.
・その店は自転車を貸し出している
The store rents out bicycles.

❸ (その他)
・トイレを貸してください (→トイレを使ってもいいですか) Can I use the bathroom [toilet]?

かず 数 **number** /ナンバ/
・数を数える count the number
・一クラスの生徒の数 the number of students in a class

・車の数が年々ふえている The number of cars is increasing year by year.

ガス gas
・天然ガス natural gas
・燃料[排気]ガス fuel [exhaust] gas
・ガスストーブ a gas heater
・ガスレンジ(こんろ) a gas cooking range / a gas stove
・ガス料金 the gas bill [charge]
・ガスをつける[消す] turn on [off] the gas
・なべをガスにかける put a pan on the gas

かすか かすかな **faint** /ふェイント/; (ぼんやり) **dim** /ディム/
かすかに faintly; **dimly**

カスタネット (a **pair of**) **castanets** /(ペア) キャスタネッ/

カステラ (a) **sponge cake** /スパンヂ ケイク/ →「カステラ」はポルトガル語の castella から

かずのこ salted herring roe /ソーるテド ヘリングロウ/

かすむ become hazy /ビカム ヘイズィ/; (目が) **be dim**
かすみ (a) **haze** /ヘイズ/
・かすみのかかっている hazy
・彼女の目は涙でかすんだ
Her eyes were dim with tears.

かすりきず かすり傷 a **scratch** /スクラチ/
・かすり傷を負う get a scratch

かすれる (声が) **get hoarse** /ホース/; (字が) **become blurred** /ビカム ブら～ド/

かぜ¹ 風

➤ **wind** /ウィンド/; (そよ風) a **breeze** /ブリーズ/

【文法・語法】
一般的に「風」という時は the wind で、×a wind とか ×winds としない。ただし「強い」(strong),「冷たい」(cold) のような修飾語がつく時は a strong wind, a cold wind のように a がつく

風のある windy /ウィンディ/
風が吹く blow /ブろウ/
・冷たい風 a cold wind
・風に向かって[の中を]走る run against [in] the wind
・部屋に風を入れる air a room
・きょうは風が強い Today is windy. / It is windy today. →It はばく然と「天候」を表す / The wind is strong today.

| | 107 | かた |

・昨夜は風があまりなかった
There was not much wind last night.
・外は風が強く吹いている →現在進行形
The wind is blowing hard outside. /
It is blowing hard outside.
・風が弱まった［突然やんだ］
The wind died down［stopped suddenly］.
・あすは北風が強いでしょう　There will be a strong north wind tomorrow.

かぜ² 風邪

➤ a **cold** /コウるド/; (流感) **influenza** /インふるエンザ/, **(the) flu** /ふるー/

・風邪薬　a cold medicine / (錠剤) a cold pill
・風邪をひく　catch (a) cold
・風邪をひいている　have a cold
・鼻風邪をひいている　have a cold in the head
・…から風邪をうつされる
catch［get］cold from ～
・私はひどい［少し］風邪をひいている
I have a bad［slight］cold.
・風邪をひかないように気をつけなさい
Be careful not to catch (a) cold.
・彼は風邪をひいて寝ている［学校を休んでいる］He is in bed［is absent from school］with a cold.
・風邪がはやっている　There's a lot of flu about.

かせい 火星　**Mars** /マーズ/
火星人 a **Martian** /マーシャン/
かせき 化石　a **fossil** /ふァスる/
・貝の化石　a fossil shell
かせぐ (もうける) **earn** /ア～ン/, **make**
・1日に8千円かせぐ　earn［make］8,000 yen a day
・生活費をかせぐ　earn［make］one's living / ひゆ earn one's bread (パン代をかせぐ)
かせつ 仮設の　**temporary** /テンポレリ/
・仮設住宅　temporary housing
カセット カセットテープ　a **cassette** (**tape**)
かせん 下線を引く　**underline** /アンダらイン/
かせんじき 河川敷　a **riparian area** /ライペアリアン エアリア/
かそ 過疎の　**underpopulated** /アンダパピュれイテド/; (過疎化) **population decline** /パピュれイション ディクらイン/, **depopulation** /ディパピュれイション/
・過疎化を食い止める　stop the decline of the population
かそう¹ 仮想 (仮想の) **virtual** /ヴァ～チュアる/
・仮想通貨　a virtual currency /カ～レンスィ/,

(a) cryptocurrency /クリプトウカ～レンスィ/; a crypto asset /アセト/
・仮想現実　virtual reality /リアリティ/
かそう² 仮装　a **fancy dress** /ふァンスィ/
・仮装行列　a fancy dress parade
・…に仮装する　dress up as ～ / be disguised as ～
かぞえる 数える　**count** /カウント/
・1から100まで数える　count from one to a hundred
・数えきれない　countless
・数え直す　count again / recount
・小銭を数えると1,650円あります
I have one thousand six hundred fifty yen, counting small change.

かぞく 家族

➤ a **family**

・大［小］家族　a large［small］family
・家族の一員　a member of the family
・彼のうちは大家族です
He has a large family. / His family is large.
・彼の家族はみんな早起きです
All his family are early risers. →family を一つの単位と考える時は単数, 家族のメンバーをさす時には複数として扱う

🟢 **会話** 🦌

ご家族のみなさんはいかがですか
―おかげさまでみんな元気です
How is your **family**?
―They are all fine, thank you. →このように質問する時の「家族」はふつう単数扱い

・私の家は4人家族です　There are four people in my family.
・彼は毎年夏には家族旅行をします
He takes a trip with his family every summer.
・彼女とは家族的な付き合いをしています
She is our family friend.
ガソリン gasoline /ギャソリーン/, (俗に) **gas**, (英) **petrol** /ペトろる/
・ガソリンスタンド　a service station / a filling station / (米) a gas station / (英) a petrol station →「ガソリンスタンド」は和製英語

かた¹ 肩

➤ a **shoulder** /ショウるダ/

・袋を肩にかついで　with a sack on one's

かた 108

shoulder
・肩をすくめる shrug *one's* shoulders →困ったり、驚いたり、無関心であることを示す動作
・肩がこる feel stiff in the neck / have a stiff neck →英語ではふつう neck を使う
・肩幅(はば)が広い[狭(せま)い] have broad [narrow] shoulders
・彼は荷物を肩にかついで行った
He carried the load on his shoulder.
・彼は私の肩をポンとたたいた
He tapped me on the shoulder.

かた² 型 (特性) a **type** /タイプ/; (自動車の) **model** /マdル/; (大きさ) **size** /サイズ/
型にはまった **stereotyped** /ステレオタイプト/, **conventional** /コンヴェンショヌる/
・いろいろ違った型の人々 people of different types / different types of people
・大[中, 小]型の large-[medium-, small-]sized
・最新型のパソコン a personal computer of the latest type
・1990年型の自動車 a 1990-model car

かた³ …方 (気付) care of ~ /ケアロヴ/ (略 c / o); (方法) a **way** /ウェイ/, **how to** *do* /ハウ/ →しかた
・それをする私のやり方 the way I do it
・泳ぎ方を教える teach how to swim
・君はそれを自分のやり方でやってよい
You may do it in your own way.
・鈴木一郎様方 山田太郎様(手紙の表記)
Mr. Yamada Taro c / o Mr. Suzuki Ichiro

かたい 固い, 硬い, 堅い

➤ (石のように) **hard** /ハード/; (曲がらない) **stiff** /スティふ/; (堅固な) **firm** /ふァ〜ム/; (肉が) **tough** /タふ/
固く, 堅く **hard, firmly, tightly** /タイtrリ/
固くする, 固くなる **harden** /ハードン/; (緊張する) **get nervous** /ナ〜ヴァス/
・硬いベッド a hard bed
・固い結び目 a hard knot
・硬いボール紙 a stiff piece of cardboard
・堅い意志[決意, 約束] a firm will [resolution, promise]
・頭の固い hard-headed / (頑固な) obstinate
・卵を固くゆでる hard-boil an egg
・ひもを固く結ぶ tie a rope tightly
・彼は信念が堅い He is firm in his belief.
・彼女は彼と結婚すると堅く心に決めている
She is firmly resolved to marry him.
・彼は決勝戦をひかえて硬くなった

He got nervous before the finals.

かだい 課題 a **subject** /サブヂェクト/; (宿題) **homework** /ホウムワ〜ク/, an **assignment** /アサインメント/
かたおもい 片思い **one-sided love** /ワンサイデッド/, **unrequited love** /アンリクワイテド/
かたがき 肩書 a **title** /タイトる/
かたかた (音をたてる) **rattle** /ラトる/ →がたがた
がたがた (音をたてる) **rattle** /ラトる/; (震(ふる)える) **shudder** /シャダr/, **shiver** /シヴァr/, **tremble** /トレンブる/
・2階の窓ががたがたいっている
The upper windows are rattling.
かたき 敵 an **enemy** /エネミ/; a **rival** /ライヴァる/
かたくるしい 堅苦しい **formal** /ふォーマる/, **stiff** /スティふ/
・堅苦しいあいさつはやめましょう
Let's do away with formal greetings.
かたぐるま …を肩車して歩く **carry ~ on** *one's* **shoulders** /キャリ ショウるダズ/

かたち 形

➤ (輪郭(りんかく)) a **shape** /シェイプ/
➤ (形態) a **form** /ふォーム/
➤ (図形) a **figure** /ふィギャ/
形づくる **shape, form**
・ハート[V の字]の形をしたクッキー a heart-shaped [a V-shaped] cookie
・彼の鼻はどんな形ですか What shape is his nose? / What is the shape of his nose?
・それは卵の形をしています It is [has] the shape of an egg. / It is egg-shaped.
・それらは形は同じではない
They are not the same in shape.
・煙はゾウの形になった The smoke took the shape [the form] of an elephant.

かたづける 片付ける

❶ (整頓する) **put ~ in order**
❷ (終わらせる) **finish**

❶ (整頓する) **put ~ in order** /オーダ/, **clear (up)** /クリア/, **tidy (up)** /タイディ/; (しまう) **put away** /アウェイ/
・片付いている[いない] be in [out of] order
・部屋を片付ける put a room in order / clear up [tidy up] a room
・食卓を片付ける clear the table
・あきびんを片付ける put away empty bottles
❷ (終わらせる) **finish** /ふィニシュ/, **clear up** /ク

リア/
- 宿題を片付ける finish *one's* homework
- 私には片付けなければならない仕事がたくさんある I have a lot of work to finish［clear up］.

カタツムリ 蝸牛 《動物》a **snail** /スネイる/

かたな 刀 a **sword** /ソード/
- 刀を抜く draw a sword

かたほう 片方 (片側) **one side** /サイド/; (片方の物) **the other one** /アざ/; (対(つい)の) **one of the pair** /ペア/, **the mate** /メイト/

かたまり a **mass** /マス/; (小さい) a **lump** /らンプ/

かたまる 固まる **harden** /ハードン/

かたみ 形見 a **keepsake** /キープセイク/
- 形見として物を取っておく preserve a thing as a keepsake

かたみち 片道 **one-way** /ワンウェイ/
- 片道切符 《米》a one-way ticket /《英》a single (ticket)

かたむき 傾き → けいこう, けいしゃ

かたむく 傾く, 傾ける
❶(傾斜(けいしゃ)する) **lean** /リーン/, **bend** /ベンド/, **incline** /インクらイン/
- からだを前に傾ける lean［bend, incline］*one's* body forward
- この柱は少し右に傾いている This pillar leans［inclines］a little to the right.
❷(耳を) **listen** (to ～) /リスン/; (精力を) **devote** *one***self to** /ディヴォウト/
- 私は全精力を傾けてこの計画を実行するつもりです I'll devote myself to carrying out this plan.

かためる 固める **harden** /ハードン/

かたよる 偏る **be biased** /バイアスト/
偏った **biased**
- 偏った意見［判断］a biased view［judgment］
- 彼の態度は偏っている His attitude is biased.

かたりつぐ 語り継ぐ **tell down the generations** /ダウン ヂェネレイションズ/
- その話は語り継がれている → 受け身形
The story is told down the generations.

かたる 語る → はなす¹

カタログ a **catalog** /キャタろーグ/, a **catalogue**

かだん 花壇 a **flowerbed** /ふらウアベッド/

がたんと
- 列車は急にがたんと動き出した［止まった］
The train started［stopped］with a jerk.

かち¹ 勝ち a **victory** /ヴィクトリ/ → かつ
- 君の勝ちだ You win.
ことわざ 負けるが勝ち You had better stoop to conquer. (征服するためには腰をかがめなさい)
ことわざ 早い者勝ち First come, first served. (最

初に来た者が最初に食事を出してもらえる)

かち² 価値
➤(真価) **worth** /ワ～す/
➤(有用性) **value** /ヴァリュー/

価値のある **worthy** /ワ～ヂィ; **valuable** /ヴァリュアブる/
価値のない **worthless**; **valueless**
- …の価値がある be worth ～ / be worthy of ～ / be worth while to *do*［worth while *do*-ing］
- 彼の作品の真の価値を知る人は少ない
Few know the true worth of his works.
- これはほとんど価値のないものだ
This is of little worth［value］.
- これは千円の価値がある
This is worth a thousand yen.
- この本は読む価値がある
This book is worth reading.
- 彼の行為(こうい)は称賛を受ける価値がある
His conduct is worthy of praise.
- それはやってみる価値がある
It is worth while to give it a try［giving it a try］.
- 時は金よりも価値がある Time is more valuable［of more value］than money.
- この時計は確かに高価だがそれだけの価値は十分ある This watch is expensive, to be sure, but it is well worth its price.

がち …しがちである **be apt to** *do* /アプト/, **be liable to** *do* /らイアブる/
- 私たちは誤りをしがちである
We are apt to make mistakes.

かちかち
❶(音を出す) **tick** /ティク/, **ticktock** /ティクタク/
- 時計のかちかちという音 the ticking［the tick, the ticktock］of a clock
❷(固い) **hard**, **stiff** /スティふ/ → がちがち
- 彼は頑固(がんこ)で頭がかちかちだ
He is stubborn and hard-headed.

がちがち (固い) **hard**; (緊張した) **tense** /テンス/
- 彼は彼女の前でがちがちに緊張して言おうと思っていたことが言えなかった
He was so tense before her that he could not say what he intended to.

かちき 勝ち気な (負けん気の強い) **competitive** /コンペティティヴ/; (積極的な) **aggressive** /アグレスィヴ/

かちく 家畜 a **domestic animal** /ドメスティク アニマる/; (集合的に) **livestock** /らイヴスタク/

かちほこる 110 one hundred and ten

かちほこる 勝ち誇る **be triumphant** (over 〜) /トライアンふァント/

　勝ち誇って in triumph /トライアンふ/, **triumphantly**

かちゃかちゃ (音をたてる) **clink** /クリンク/, **click** /クリク/

がちゃがちゃ (音をたてる) **clatter** /くらタ/, **clank** /くらンク/

がちゃん (音をたてる) **clank** /くらンク/; (割れる) **crash** /クラシュ/
・花びんが床にがちゃんと落ちた
A vase crashed to the floor.
・彼女はがちゃんと電話を切った(受話器を置いた)
She slammed down the phone.

かちょう 課長 **the section chief** /セクション チーふ/

ガチョウ 鵞鳥 《鳥》a **goose** /グース/ (徸 geese /ギース/)

かつ 勝つ
➤ **win**
・競走[ゲーム]に勝つ win a race [a game]
・トランプで勝つ win at cards
・どっちが勝ったのか Which side won?
・4対3のスコアで私たちが勝った
We won by a score of 4 to 3.
〔ことわざ〕勝てば官軍負ければ賊軍
Losers are always in the wrong. (負けた者はいつも間違っていた者)

カツ → カツレツ

カツオ 鰹 《魚》a **bonito** /ボニートウ/

かっか かっかと, かっかする → おこる[2]
・彼はすぐかっかする
He has a very hot temper.

がっか 学科 (科目) a **subject** /サブヂェクト/; (科) a **department** /ディパートメント/

がつがつ greedily /グリーディリ/
・がつがつ食う eat greedily / 〔ひゆ〕eat like a pig (ブタみたいに食べる)

がっかつ 学活 (学級活動) **homeroom activities** /ホウムルーム アクティヴィティズ/

がっかり がっかりさせる **disappoint** /ディサポイント/
　がっかりする be disappointed
・その結果は彼をがっかりさせた
The result disappointed him.
・私はそれを聞いて[その結果に]がっかりした
I was disappointed to hear it [at the result].

カツカレー Japanese curry and rice with pork cutlet /ポーク カトレト/

かっき 活気のある **lively** /らイヴリ/
・活気のない dull

がっき[1] 学期 a **term** /ターム/; (2学期制の) a **semester** /セメスタ/
・第1[2, 3]学期 the first [second, third] term
・新学期 a new term
・学期末試験 a final examination / an end-of-term examination
・日本の3学期は1月から始まります
In Japan the third term in school begins [starts] in January.

がっき[2] 楽器 a **musical instrument** /ミューズィカる インストルメント/
・弦[管, 打]楽器 a stringed [wind, percussion] instrument
・楽器をひく play a musical instrument

かっきてき 画期的な **epoch-making** /エポクメイキング/

がっきゅう 学級 → クラス

かつぐ carry 〜 on *one's* **shoulder** /キャリ ショウるダ/, **bear 〜 on** *one's* **shoulder** /ベアリ → かた[1]

かっこ (丸がっこ) a **parenthesis** /パレンセスィス/ (徸 parentheses /パレンセスィーズ/); (角がっこ) a **bracket** /ブラケト/; (中がっこ) a **brace** /ブレイス/
・かっこの中に解答を書き入れなさい
Write your answer in the parentheses. → かっこは前後2つあるので, ふつうはこのように複数形で用いる

かっこいい fashionable /ふァショナブる/; **cool** /クーる/, **sexy** /セクスィ/, **groovy** /グルーヴィ/
・かっこいい男性 a cool guy

かっこう 格好 → かたち
・格好をつける (気取る) put on airs / (目立とうとする) show off

カッコウ 郭公 《鳥》a **cuckoo** /ククー/

がっこう 学校
➤ (a) **school**
・学校図書館 a school library
・学校新聞 a school paper
・学校給食 the school lunch
・小学校 《米》an elementary school / 《英》a primary school
・中[高等]学校 a junior [senior] high school
・私立[公立]学校 a private [public] school
・音楽[料理]学校 a music [cooking] school
・学校時代 *one's* school days
・学校の友達 a school friend / a schoolmate / a schoolfellow

- 学校教育 school education
- 学校へ入る enter school
- 学校へ行く[から帰る] go to [come home from] school
- 学校で at school
- 学校が終わってから after school (is over)
- 学校を休む be absent [stay away] from school
- 学校[授業]をずる休みする 《米》skip school [classes], play hooky / 《英》play truant → skip a year [a grade]は「1年飛び級する」
- 学校を卒業する graduate from school →《英》では大学だけに graduate を用い, それ以外は leave school という
- 学校をやめる drop out of [leave] school
- 子供を学校に上げる put a child in school
- 学校生活を楽しむ enjoy one's school life

君はどこの学校へ行っているの?
―東京中学校です
Where do you go to **school**?
―I go to Tokyo Junior High **School**.

- 学校は8時半に始まります
School begins at 8:30.
- 彼はまだ学校に上がっていない
He is not yet in school.
- あしたは学校がありません
There will be no school tomorrow. / We will have no school tomorrow.
- 私は7時にうちを出て学校へ行きます
I leave home for school at seven.

かっさい 喝采(叫び) **cheers** /チアズ/ → はくしゅ
喝采する **cheer**
- 観客の中から喝采が起こった
Cheers rose from the audience.

がっさく 合作 a **collaboration** /コらボレイション/

かつじ 活字 (a) **type** /タイプ/

がっしゅく 合宿 a **camp**; (運動部の) a **training camp** /トレイニング/
- 夏の合宿はどこにしようか
Where shall we have our summer camp?

がっしょう 合唱 a **chorus** /コーラス/
合唱する **sing in chorus**
- 合唱団の一員 a member of the chorus
- 混声合唱 a mixed chorus
- 合唱コンクール a chorus contest

かっしょく 褐色(の) **brown** /ブラウン/

かっそう 滑走する **glide** /グらイド/
- 滑走路 a runway

がっそう 合奏 an **ensemble** /アーンサーンブる/
合奏する **play in concert** /カンサト/

がっちり がっちりした **solid** /サりド/, **firm** /ふァ〜ム/ → しっかり
がっちりと **solidly, firmly**
- 彼らはがっちりと握手(あくしゅ)を交わした
They firmly shook hands with each other.

ガッツ guts /ガツ/
- ガッツポーズをする raise one's fist(s) in triumph (勝ってこぶしを突き上げる) →「ガッツポーズ」は和製英語
- 寒中水泳だなんてガッツがあるなあ You have guts to swim in this cold weather.

かつて once /ワンス/; (疑問文・否定文または最上級の語に伴う) **ever** /エヴァ/; (かつて…ない) **never** /ネヴァ/
- 私はかつてそのことを読んだことがある
I have once read about it.
- 君はかつてそこへ行ったことがありますか
Have you ever been there?
- 彼はかつて存在した最大の芸術家です
He is the greatest artist that ever lived.

かって 勝手な **selfish** /セるふィシュ/
勝手に (好きなように) **as** one **pleases** /プリーゼズ/, **as** one **likes** /らイクス/, **as** one **wishes** /ウィシズ/; (許可なしに) **without permission** /ウィざウト パミション/, **without leave** /リーヴ/
- 彼はあまりにも勝手だ(勝手すぎる)
He is too selfish.
- そんな勝手なことを言うな[するな]
Don't be so selfish.
- 勝手にしなさい Do as you please [like, wish]. / (議論などで) Have it your own way.
- 夏期講習に出るかどうかは君の勝手だ
It's a matter of your own choice to attend the summer course.
- 勝手にこの部屋を使うな
Don't use this room without permission.

カット (削減) a **cut**; (さし絵) a **cut**, an **illustration** /いらストレイション/

かつどう 活動 (an) **activity** /アクティヴィティ/ → かつやく
活動的な **active** /アクティヴ/
- 校内[クラブ]活動 school [club] activities

かっぱ 河童 **kappa**, a legendary small animal believed to be living in water with a shell on its back and a dish on its head (河童―川にすんでいると思われている伝説上の小動物で, 背中に

かっぱつ 112 one hundred and twelve

甲羅(こうら), 頭のてっぺんにお皿をのせている)

かっぱ巻き *kappa-maki*, a sushi roll containing cucumber

かっぱつ 活発な **active** /アクティヴ/, **lively** /らイヴリ/
　活発に **actively**

カップ a **cup** → コップ
　•優勝カップを獲得する win the cup

カップケーキ a **cupcake** /カプケイク/

カップラーメン cup noodles /ヌードるズ/

カップル a **couple** /カプる/
　•新婚のカップル a newly-married couple

がっぺい 合併する **combine** /コンバイン/ (→ごうどう); (会社などが) **merge** /マ〜ヂ/
　•その二つの会社は合併した[合併して大会社になった] The two companies merged [merged into a larger one].

かつやく 活躍 **activity** /アクティヴィティ/
　活躍する **be active** /アクティヴ/, **play an active part** (in 〜), **take an active part** (in 〜)
　•彼女は女性の権利のための運動でとても活躍している She is very active in the women's rights movement.
　•彼は高校時代バスケットボールの選手として活躍した He was a good basketball player at senior high school.

かつよう 活用する
　❶ **make use of** /ユース/
　•もっと辞書を活用しなさい You should make more use of your dictionary.
　❷ 《言語》 **conjugation** /カンヂュゲイション/
　•動詞の活用 verb conjugation

かつら a **wig** /ウィグ/; (入れ毛) a **hairpiece** /ヘアピース/
　•かつらをつける wear a wig [a hairpiece]

かつりょく 活力 **vitality** /ヴァイタリティ/, **energy** /エナヂ/
　活力にあふれた **energetic** /エナヂェティク/, **full of vitality**

カツレツ a **cutlet** /カトれト/

かてい¹ 仮定 **supposition** /サポズィション/
　仮定する **suppose** /サポウズ/
　•このオレンジを地球だと仮定しよう Let us suppose that this orange is the earth.

かてい² 家庭
➤ a **home**; (家族) a **family**
家庭の **domestic** /ドメスティク/
家庭的な (家庭を愛する) **home-loving** /ホウムらヴィング/; (家事の好きな) **domestic**

　•家庭生活 home [family] life
　•家庭科(教科) home economics / homemaking
　•(先生の)家庭訪問 a home visit by the teacher
　•家庭用品 household goods [articles]
　•楽しい家庭 a happy home
　•家庭内暴力 domestic violence / violence in the family
　•家庭事情 family circumstances
　•家庭の事情で新しい家に引っ越す move to a new house for family reasons
　•彼女は自分の家庭をとても愛している
　She loves her family very much.
　•彼女の夫は家庭的な人です Her husband is a home-loving person [a family man].

かてい³ 過程 a **process** /プラセス/
　•発展の過程で in the process of development

かてい⁴ 課程 a **course** /コース/
　•中学校の課程を終了する finish a junior high school course

かていきょうし 家庭教師 a **tutor** /テュータ/, a **private teacher** /プライヴェト/
　家庭教師をする **tutor**
　•私は数学の家庭教師についている
　I have a tutor in mathematics. /
　I study mathematics with a tutor.
　•彼女はその子供に数学の家庭教師をしてやった
　She tutored the child in mathematics.
　•彼は週2回英語の家庭教師をしている
　He teaches English to private students twice a week.

かていほう 仮定法 **the subjunctive** (**mood**) /サブヂャンクティヴ (ムード)/

かど a **corner** /コーナ/
　•かどの店 a corner store / a store on the corner → スーパーなどに対して「町のお店」の意味合いもある
　•通りのかどに on [at] the corner of a street
　•かどを曲がった所に[で] around the corner
　•2番目のかどを右へ曲がりなさい
　Turn right at the second corner.
　•その家はかどを曲がって2軒目です
　The house is the second around the corner.

かとう 下等な **low** /ろウ/
　•下等動物 lower animals

かどう 華道 *kado*, the art of flower arranging /ふらウア アレインヂングッ/

かどうか …かどうか **if**, **whether** (**or not**) /(ホ)ウェザ/
　•私が来られるかどうかわかりません I don't know

if［whether］I can come (or not). ➡ if のほう
が whether に比べて口語的; whether の場合 or
not は省略されることも多い

•彼女に私の名前を知っているかどうかきいてごらん
Ask her if［whether］she knows my name
(or not).

•われわれのチームが勝つかどうかは問題ではない It
does not matter if［whether］our team wins
(or not). / Whether our team wins (or not)
does not matter. ➡「…かどうか」という節が主語
になる場合は whether を用い if で置きかえること
はできない

かとりせんこう 蚊取り線香 a **mosquito coil**
/モスキートウ コイる/

カトリック Catholicism /カさリスィズム/
•カトリックの Catholic

かな …かな → かしら

かなあみ 金網 **wire netting** /ワイア ネティンぐ/

かなう¹ (匹敵(ひってき)する) **match** /マチ/, **equal** /イ
ークワる/ → かなわない

•チェスで彼にかなう者はいない
No one can match him in chess. /
No one is a match for him in chess.

•料理にかけては彼女にかなう者はいなかった
She had no equal in cooking.

かなう² (望みが) **come true** /トゥルー/, **be real-
ized** /リ(ー)アらイズド/; (道理に) **be reasonable**
/リーズナブる/; (目的に) **be suitable** (for 〜) /スー
タブる/

•ついに彼の夢はかなえられた
His dream came true at last.

かなえる (願いを) **grant** /グラント/
•彼の願いをかなえる grant him his request

かなかんじへんかん かな漢字変換 《IT》an **in-
put method** /インプト メそド/, an **IME**

かなしい　悲しい

➤ **sad**: (不幸な) **unhappy** /アンハピ/

悲しそうに sadly

悲しみ sadness /サ**ド**ネス/, **sorrow** /サ**ロ**ウ/

(…を)**悲しむ be sad** (about 〜) /(アバウト)/,
feel sad (about 〜) /ふィーる/

•悲しい出来事[表情] a sad event［look］
•悲しそうにみえる look sad［unhappy］
•悲しい思いをする feel unhappy
•悲しみにくれる be overcome with sorrow
•私の心は悲しみでいっぱいです
My heart is full of sadness.
•彼女はまだ妹の死をとても悲しんでいる
She is still very sad about her sister's death.

•彼女は悲しそうな顔をしている. 何か悲しい事でも起
こったのかしら She looks sad. I'm afraid
something sad happened to her.

•私とっても悲しい. うちのイヌが死んじゃったの I
am very unhappy. My dog died.

•私たちは彼の死のニュースを聞いて悲しかった We
were sad to hear the news of his death.

•私たちのチームが負けて悲しかった We were sad
［unhappy］when our team lost［because our
team lost］.

•そのニュースは彼を悲しませた
The news made him sad.

カナダ Canada /キャナダ/
•カナダの Canadian
•カナダ人 a Canadian

かなづち 金づち a **hammer** /ハマ/
•金づちで打つ hammer / strike with a ham-
mer

•金づちでくぎを打ち込む drive a nail with a
hammer

かなもの 金物 **hardware** /ハードウェア/
•金物店 a hardware store

かならず　必ず

➤ (きっと…する) **not fail to** *do* /ふェイる/; (ぜ
ひとも) **by all means** /ミーンズ/; (きっと)
sure /シュア/

➤ (いつも) **always** /オーるウェイズ/

•彼は必ず行きます
He is sure to go. / He will not fail to go.

•必ず来なさい Be sure［Don't fail］to come. /
Come by all means.

•彼は必ず５時に起きる
He always gets up at 5:00.

かならずしも…でない → かぎらない

かなり pretty /プリティ/, **rather** /ラざ/; (相当な)
fairly /ふェアリ/; (多い) **considerably** /コンスィ
ダラブり/

かなりの considerable

•かなりたくさん(の) quite a few
•かなり大きな箱 a pretty big box
•かなり大勢の人々 a considerable number of
people

•彼はかなりうまく英語がしゃべれます
He can speak English pretty［fairly］well.

•けさはかなり寒い
It's rather cold this morning.

•うちの近所にはかなりたくさんの外国人がいます
There are quite a few foreigners in my
neighborhood.

カナリア 《鳥》a **canary** /カネアリ/

かなわない → かなう¹
- 私は彼にはかなわない (→彼は私にはいい相手以上だ) He is more than a match for me.

カニ 蟹 《動物》a **crab** /クラブ/

かにざ 蟹座 **Cancer** /キャンサ/, **the Crab**
- 蟹座生まれの人 a Cancer / a Cancerian

かにゅう 加入する **join** /ヂョイン/, **enter**, **become a member** (of ~) /ビカム メンバ/

カヌー a **canoe** /カヌー/

かね¹ 金

➤ **money** /マニ/

金がかかる → かかる❷
- たくさんの金 much [a lot of] money
- いくらかの[わずかの]金 some [a little] money
- 金を使う[もうける] spend [make] money

会話
君はいくらお金を持っていますか
—はい, いくらか持っています. [いや, ちっとも持っていません.]
Have you got any **money** with you?
—Yes, I've got some (**money**) with me.
[No, I've got no **money** with me.]

- 彼はその仕事に対して君に十分お金を払います He will pay you well for the work.
- 君はその仕事に対してお金を払ってもらいましたか Were you paid for the work?
- 彼は自分のお金をほとんど本に費やす He spends nearly all his money on books.
- 彼は金づかいが荒い He spends money freely. / (浪費する) He is wasteful of money.

ことわざ 金の切れ目が縁の切れ目
Love lasts as long as money endures. (恋も金のあるうちだけ)

かね² 鐘 a **bell**
- 鐘を鳴らす ring [sound] a bell

かねもち 金持ちの **rich** /リチ/
- 金持ちの人々 the rich / rich people
- 彼はとても金持ちだということです I hear that he is very rich. / He is said to be very rich.
- 彼は大金持ちになった He became very rich.

かねる 兼ねる (職を) **be ~ at the same time** /セイム タイム/; (用途(ようと)を) **serve both as ~** /サ～ヴ ボウす/
- 彼女は生徒会長とクラスの会長とを兼ねている She is the president of the student council and the class president at the same time.

- この部屋は会議室と教室とを兼ねている
This room serves both as a meeting room and a classroom.

かのう¹ 可能な **possible** /パスィブる/

可能性 **possibility** /パスィビリティ/
- この川を泳いで渡ることは可能ですか
Is it possible to swim across this river?
- そうするのが可能だとは私は思わない
I don't think it possible to do so.
- 彼の勝利の可能性がいくらかありますか
Is there any possibility of his victory?
- 彼が優勝する可能性はまあ[まったく]ない
There is scarcely any [There is no] possibility of his winning the championship.

かのう² かのうする (傷などが) **fester** /ふェスタ/

かのじょ 彼女は, 彼女が **she** (複 they)

彼女の **her** (複 their)

彼女を, 彼女に **her** (複 them)

彼女のもの **hers** (複 theirs)

彼女自身 **herself** /ハ～セるふ/ (複 themselves /ぜムセるヴズ/)
- ぼくの彼女 my girlfriend
- 私は彼女に本をあげた
I gave her a book. / I gave a book to her.
- 彼女に手紙が来ています
Here is a letter for her.
- これは彼女の(もの)です This is hers.
- 私の髪は彼女のよりも黒い
My hair is darker than hers.
- 私は彼女のあの美しい声を覚えている
I remember that sweet voice of hers.

カバ 河馬 《動物》a **hippopotamus** /ヒポパタマス/, 《話》a **hippo** /ヒポウ/

カバー a **cover**; (本などの) a **jacket** /ヂャケト/

カバーする (補う) **cover**, **make up for** → おぎなう

かばう **defend** /ディふェンド/

かばん a **bag**
- 学校かばん (手に持つ) a school bag; (肩に掛ける) a satchel
- 旅行かばん a traveling bag

かはんしん 下半身 **the lower half of** one's **body** /ろウア ハふ バディ/

かはんすう 過半数 a [the] **majority** /マヂョーリティ/
- 過半数を得る gain [win] a majority
- 私たちのクラスの過半数の生徒はその案に賛成だった A [The] majority [More than half] of the students of our class were for the plan.

かび **mold** /モウるド/

- かびの生えた moldy
- かびが生える go moldy

がびょう 画びょう 《米》a **thumbtack** /サムタク/, 《英》a **drawing pin** /ドローインぐ/
- 画びょうでとめる tack

かびん 花びん a **vase** /ヴェイス/
- 花びんに美しい花がさしてあります
There are some beautiful flowers in the vase.

かぶ 株 (木の) a **stump** /スタンプ/; (株式) a **stock** /スタク/, a **share** /シェア/
株主 《米》a **stockholder**, 《英》a **shareholder**

カブ 蕪 《植物》a **turnip** /タ～ニプ/

カフェオレ (フランス語) **café au lait** /カフェイ オウ れイ/

カフェテリア a **cafeteria** /キャふェティリア/

がぶがぶ がぶがぶ飲む **guzzle** /ガずる/, **gulp (down)** /ガるプ (ダウン)/
- 私はとてものどがかわいていたので水をがぶがぶ飲んだ I was so thirsty that I gulped down lots of water.

かぶき 歌舞伎 *kabuki*

日本を紹介しよう

歌舞伎は日本の古典演劇です。きらびやかな衣装や手の込んだ舞台装置やおおぎさな所作(しょさ)が特色です。歌舞伎座(歌舞伎専門の劇場)が東京の銀座にあって、たくさんの観光客や芝居好きの人々が日本の伝統文化を楽しむために訪れます
Kabuki is a kind of Japanese classical theater. Colorful costumes, elaborate sets and exaggerated gestures are its characteristics. *Kabuki-za* (the special theater house of *kabuki*) is in Ginza, Tokyo, and a lot of tourists and theatergoers visit there to enjoy Japanese traditional culture.

かぶせる cover /カヴァ/ → かける³ ❷

カプセル (薬・ロケットなどの) a **capsule** /キャプスる/

かぶと a **helmet** /へるメト/

カブトムシ 甲虫 《虫》a (**rhinoceros**) **beetle** /ライナセロス ビートる/ → beetle は甲虫(こうちゅう)一般をさし、カブトムシとは限らない

かぶる

➤ (帽子などを) **put on**; (かぶっている) **wear** /ウェア/; (ふとんなどを) **pull ~ over** *one's* **head** /ヘド/

➤ (おおわれている) **be covered** (with ~) /カヴァド/

- 帽子をかぶる put on *one's* hat / put *one's* hat on
- それをかぶる put it on → 「かぶるもの」がそれ[それら] (it [them]) の場合は必ず put it [them] on となる
- 彼は帽子をかぶった
He put on his hat. / He put his hat on.
- 彼女はあまり帽子をかぶらない
She doesn't wear a hat very often.

使い分け

put on は「かぶる」という動作を表し、**wear** は「かぶっている」状態、または習慣を表す
- 彼は部屋の中でも帽子をかぶっている
He wears a cap even indoors.
- 彼は大きなカウボーイハットをかぶっていた
He was wearing a big cowboy hat. / He had on a big cowboy hat. → 「一時的に身につけている」の意味では wear は進行形にする
- 彼は帽子をかぶって[かぶらないで]出て行った He went out with [without] a cap on.
- 彼はいつも毛布をかぶって寝る He always sleeps with a blanket over his head.

かぶれる (皮膚(ひふ)が) **be poisoned** (with ~) /ポイズンド/

かふん 花粉 **pollen** /パるン/
- 花粉症 hay fever
- 私は今花粉症にかかっている
I'm suffering from hay fever.

かべ 壁 a **wall** /ウォーる/; (障害) a **barrier** /バリア/
- 壁紙 wallpaper
- 壁に絵がかかっています
There is a picture on the wall.
- 私たちはまずことばの壁を乗り越えなければならなかった First we had to get over the language barrier.
- 話し合いはまた壁にぶつかってしまった
Once again the talks have come to a deadlock. → deadlock は「行き詰まり」

ことわざ 壁に耳あり
Walls have ears. / There is a witness everywhere. (いたるところに目撃者がいる)

かへい 貨幣 **money** /マニ/; (硬貨) a **coin** /コイン/; (通貨) **currency** /カ～レンスィ/

かべん 花弁 a **petal** /ペたる/

カボチャ 南瓜 《植物》a **pumpkin** /パンプキン/

かま¹ 釜 an **iron pot** /アイアン パト/

かま² (農具) a **sickle** /スィクる/

ガマ 蝦蟇 《動物》a **toad** /トウド/

かまう

➤ **care** /ケア/; **mind** /マインド/

かまわない （どうでもよい）**don't care**: （反対しない）**don't mind**

・それが白であろうと黒であろうとかまわない
I don't care whether it is white or black.

・私は雨が降ってもかまわない
I don't care if it rains.

🗨会話 チャンネルを変えてもかまいませんか. —ちっともかまいません Do you mind if I switch to the other channel? —No, I don't mind at all.
➥変えてほしくない時は, 直接的に Yes, I do. またはやわらかい表現で I'd rather you don't. という

・かまわなければ私はここにいます
I'll stay if you don't mind.

・そうしても少しもかまわない （→悪いことはない）
There is no harm in doing so.

・人のことにはかまうな （→自分のことをかまえ）
Mind your own business.

・だれがかまうものか Who cares?

🗨会話 おじゃましました. —いいえ, おかまいもしませんで

注意しよう
文字どおりの表現は英語にはないので, たとえば次のような言い方をする
I must be leaving. Thank you for a pleasant time.—You are welcome.
（そろそろ失礼します. 楽しいひとときをありがとう. —どういたしまして.）

カマキリ 蟷螂 《虫》a （**praying**) **mantis** /（プレインヶ） マンティス/

かまくら a snow house /スノウ ハウス/

かまぼこ 蒲鉾 (a piece of) steamed fish paste /スティームド フィッシュ ペイスト/

・かまぼこ型の屋根 an arched roof

がまん 我慢

➤ （気持ち）**patience** /ペイシェンス/; （おもに肉体的）**endurance** /インデュアランス/

我慢する （忍ぶ）**be patient**: （こらえる）**stand** /スタンド/, **put up with** /プト アプ ウィず/, **bear** /ベア/, **endure** /インデュア/

・我慢強く patiently

・我慢強い人 a person of great patience [endurance]

・痛みを我慢する endure [bear] a pain

・彼は自分の生徒に対して我慢強い
He is patient with his pupils.

・こういう待遇(たいぐう)にはもう我慢ができない

I can't bear [stand, put up with] this treatment any longer.

使い分け
be patient: やっかいな事柄や行動に対して怒らずに我慢すること
endure: 困難な状況を長期間, 文句も言わず我慢すること
bear: 苦痛やつらいことを我慢すること
stand: ひるまずに我慢するの意味, 主に cannot [can't] stand の形で使われる
put up with: 「(不快なことを)我慢する」意味で使われる, 口語表現

かみ¹ 神 （男神）a **god**; （女神）a **goddess** /ガデス/; （キリスト教など一神教の）**God**

・神に祈る pray to God

・神を信じる believe in God

かみ² 紙 **paper** /ペイパ/

・紙切れ （1枚）a piece of paper / （メモ用紙など）a slip of paper

・紙1枚 a sheet of paper

・紙コップ a paper cup

・紙くず wastepaper

・紙くずかご 《米》a wastebasket / 《英》a wastepaper basket

・（牛乳などの）紙パック a carton

・（人に向かって投げる）紙テープ a streamer

・紙ふぶき confetti

かみ³ 髪

➤ **hair** /ヘア/ ➥「髪の毛全体」をさす時には a, the をつけたり, 複数にしたりしないが, 髪の毛の数を問題にする時には a hair, two hairs のようにしてもよい

・髪型 a hairstyle; （とくに女性の）a hairdo

・髪を刈ってもらう have one's hair cut

・髪をおさげに結っている wear one's hair in braids

・髪を長くする grow one's hair long

・髪を長く[短く]している wear one's hair long [short] / have long [short] hair

・父の髪は白くなったし, 母の髪にも少し白いものが見え始めた My father's hair has turned gray, and I found some gray hairs on my mother's head.

かみいれ 紙入れ a **wallet** /ワレト/, a **billfold** /ビるフォウるド/

がみがみ がみがみ言う **nag**. 《話》**go on**

かみしばい 紙芝居 a **sliding paper picture show** /スらイディンヶ ペイパ ピクチャ ショウ/

かみそり a razor /レイザ/
• 電気かみそり an electric razor
かみだな 神棚 a **Shinto altar at home** /シントウ オーるタ/
かみつ 過密（人口） **overpopulation** /オウヴァパピュれイション/
• 過密(列車)ダイヤ a packed (train) schedule
かみつく 嚙み付く → かむ²
かみなり 雷 **thunder** /サンダ/; (いなずま) **lightning** /らイトニング/
• 雷が鳴っている
It is thundering. / Thunder is rolling.
かみやすり 紙やすり **sandpaper** /サン(ド)ペイパ/
かみわざ 神業 **the work of God** /ワ〜ク/; (奇跡(きせき)) a **miracle** /ミラクる/; (離れ業) a **feat** /ふィート/
かむ¹ (鼻を) **blow** *one's* **nose** /ブろウ ノウズ/
かむ² **bite** /バイト/; (食べ物などを) **chew** /チュー/
• 彼はくちびるをかんだ He bit his lip.
• そのイヌが彼の足をかんだ The dog bit his leg.
• 彼はあまり食べ物をかまない He does not chew his food well.

ガム **chewing gum** /チューイング/, (風船ガム) **bubble gum** /バブる/
かめ (容器) a **jar** /ヂャー/
カメ 亀 (動物) (陸ガメ) **tortoise** /トータス/; (海ガメ) a **turtle** /タ〜トる/
かめい 加盟する → かにゅう
カメラ a **camera**
　カメラマン (写真家) a **photographer** /ふォタグラふァ/; (映画・テレビの) a **camera operator** /アペレイタ/; (映像作家) a **videographer** /ヴィディアグラふァ〜/
　• (スマートフォンなどの)前面[背面]カメラ a front [rear] camera
　• ビデオカメラ a video camera; (携帯用録画機能つきの) a camcorder
　• ウェブカメラ a web camera, a webcam
カメレオン (動物) a **chameleon** /カミーリオン/

かめん 仮面 a **mask**
• 仮面をかぶる[脱(ぬ)ぐ] wear [take off] a mask
がめん 画面 a **screen** /スクリーン/; (映像) a **picture** /ピクチャ/
• 50インチのテレビ画面 a 50-inch television screen
カモ 鴨 (鳥) a **wild duck** /ワイるド ダク/
かもく 科目 a **subject** /サブヂェクト/
• 必修科目 a compulsory [required] subject
• 選択科目 an elective (subject)
• 試験科目 the subjects of [for] examination
カモシカ (動物) an **antelope** /アンテろウプ/

かもしれない …かもしれない
➤ **may** /メイ/
• それは本当かもしれない It may be true.
• 午後は雨が降るかもしれない
It may rain in the afternoon.
• 午後は雨が降るかもしれないと私は思った
I thought it might rain in the afternoon. → 主節の動詞 (thought) が過去だから、それに合わせて従属節の時制も過去形にする
• 今ごろは彼はボストンに着いたかもしれない
He may have reached Boston by now.
• 彼はそれを見たかもしれないと私は思った
I thought he might have seen it.
かもつ 貨物 《米》**freight** /ふレイト/, 《英》**goods** /グッ/; (船の) **cargo** /カーゴウ/
• 貨物列車 《米》a freight train / 《英》a goods train
• 貨物船 a freighter / a cargo boat
カモメ 鷗 (鳥) a **gull** /ガる/
がやがや がやがやした **clamorous** /クらマラス/, **noisy** /ノイズィ/
　がやがやと **clamorously**, **noisily**
かやく 火薬 **gunpowder** /ガンパウダ/
かゆい **itchy** /イチ/
• 私は背中がかゆい I feel itchy on my back.
かよう 通う **go**, **attend** /アテンド/; **pass**; (船・バスが) **ply** /プらイ/; (陸上交通機関が) **run**
• 私は自転車[バス]で学校へ通います
I go to school by bicycle [by bus].
かようきょく 歌謡曲 a **popular song**
がようし 画用紙 **drawing paper** /ドローイング ペイパ/
• 画用紙帳 a pad of drawing paper
かようび 火曜日 **Tuesday** /テューズデイ/ (略 Tues.)
• 火曜日に on Tuesday
• 来[先]週の火曜日に next [last] Tuesday / on

Tuesday next [last]
•火曜日の朝に on Tuesday morning
から¹ 殻（クルミ・貝・卵などの）a **shell** /シェる/
から² からの **empty** /エンプティ/
　からにする empty
•からの箱 an empty box
•その箱はからっぽだった The box was empty. /
I found the box empty.

から³ …から

❶（場所・時間・物事）**from, out of, since**
❷（材料・原料）**from, of, out of**
❸（理由）**because**

❶（場所・時間・物事）**from, out of, at, off, with, since** /スィンス/
•朝から晩まで from morning till night
•部屋から出て行く get out of a room
•バスから降りる get off a bus
•タクシーから降りる get out of a taxi
•テーブルから落ちる fall off a table
•私は彼から何の便(たょ)りも受けていない
I have heard nothing from him.
•ここから駅までどのくらいありますか
How far is it from here to the station?
•窓から顔を出してはいけません
Don't put your head out of the window.
•10ページから始めましょう
Let's begin at page 10.
•彼は門から入った
He entered through [by] the gate.
•物語は彼女の父の死んだことから始まる The story
begins with the death of her father.
•それからちょうど1週間です
It is just a week since then.
•私たちは子供のころからの友達だ We have been
friends since we were children.
❷（材料・原料）**from, of, out of**
•それは紙から作られる
It is made (out) of paper.
•酒は米から作られる *Sake* is made from rice.
❸（原因・理由・根拠）**because** /ビコーズ/, **since, as, from**
•彼は過労から病気になった He became sick
from overwork [because he overworked
himself].
•君がそう言うのだからそれは本当に違いない
Since you say so, it must be true.
•彼は正直だから皆彼が好きです
As he is honest, everybody likes him.
•彼は親切心[好奇心]からそれをした

He did it out of kindness [curiosity].
がら 柄 a **pattern** /パタン/, a **design** /ディザイン/
カラー¹（色）(a) **color**
カラー²（えり）a **collar** /から/
からい 辛い（ぴりりと）**hot**;（塩辛い）**salty** /ソーるティ/
•このカレーは私には辛すぎる
This curry is too hot for me.
カラオケ karaoke /キャリオウキ/
•カラオケボックス a private karaoke room
•カラオケで歌う sing [do] karaoke

日本を紹介しよう

カラオケは文字どおりには「空(から)のオーケストラ」
という意味で，伴奏だけで歌詞がついていません．
人々は録音された伴奏に合わせて自分の好きな歌を歌
います．
Karaoke literally means 'an empty orchestra'—just music and no words. People enjoy singing their favorite songs to the prerecorded backings.

からかう make fun of /ふァン/;（からかっていじめる）**tease** /ティーズ/
•からかわないでください Don't make fun of
me. /（まさか）No kidding! / **ひゆ** Don't pull
my leg.（足を引っ張らないで）
からから からからにかわいた **tinder-dry** /ティンダドライ/;（のどが）**parched** /パーチト/
がらがら（音をたてる）**rattle** /ラトる/;（声がしわがれた）**croaky** /クロウキ/;（すいている）**empty** /エンプティ/
•私は風邪をひいて，のどががらがらだ
I've caught a cold and have a croaky
voice. /
ひゆ I've caught a cold and have a frog in
my throat.（のどにカエルがいる）
•劇場はがらがらだった
The theater was almost empty.
がらくた useless things; junk /チャンク/
•その戸棚にはがらくたがいっぱい詰まっている The
cupboard is full of junk.
•これらの物はまったくのがらくただ
These things are all useless. /
ひゆ These things are all for the birds.（すべ
て小鳥たちにあげてしまうもの）
からし mustard /マスタド/
カラス 烏《鳥》a **crow** /クロウ/
ガラス glass
•ガラスのケース a glass case

•窓ガラス a windowpane

からだ
➤ a **body** /バディ/
➤ (健康) **health** /へるす/
•健康なからだ a healthy body
•からだのがっしりしたスポーツ選手 a solidly-built athlete
•からだを洗う wash *oneself*
•からだをこわす become sick [ill] / fall sick [ill]
•それはからだによい[悪い]
It is good [bad] for the health.
•からだを大事にしてください
Take good care of yourself.

からて 空手 **karate** /カラーティ/
からぶり 空振りする（野球で）**swing and miss** /スウィンぐ/
からまる →まきつく、→もつれる
がらん がらんとした **empty** /エンプティ/, **deserted** /ディザ〜テド/
かり¹ 狩り **hunting** /ハンティンぐ/, a **hunt** →りょう³
  狩りをする **hunt**
•狩りをする人 a hunter
•狩りに出かける go hunting / go on a hunt
かり² 借り a **debt** /デト/
•…に借りがある be in debt to ~
かり³ 仮の（臨時の）**temporary** /テンポレリ/, **provisional** /プロヴィジョヌる/;（試験的な）**trial** /トライアる/;（間に合わせの）**makeshift** /メイクシふト/
•仮免許 《米》a learner's license /《英》a provisional licence

カリ 雁《鳥》a **wild goose** /ワイるド グース/（複）**geese** /ギース/
かりいれる 刈り入れる **harvest** /ハーヴェスト/
  刈り入れ **harvesting**
•刈り入れ時に at harvest time
•稲は秋に刈り入れられる
Rice is harvested in fall.
•私たちは今小麦の刈り入れに忙(いそが)しい
We are now busy harvesting wheat.

カリウム potassium /パタシアム/ →「カリウム」はドイツ語に由来する
かりかり かりかりした（歯ざわりが）**crisp** /クリスプ/
•かりかりしたビスケット a crisp biscuit
•かりかりに焼いた肉[ベーコン] crisply grilled meat [bacon]

がりがり（かじる）**gnaw** /ノー/;（やせた）**skinny** /スキニー/, **just skin and bone**（皮と骨だけ）
•彼女はがりがりにやせている
She is just skin and bone.
かりとりき 刈り取り機 a **harvester** /ハーヴェスタ/, a **reaper** /リーパ/;（結束までするもの）a **(reaper-)binder** /バインダ/;（草刈り機）a **grass cutter**
かりゅう 下流に（川の）**downstream** /ダウンストリーム/;（橋などの）**below** /ビろウ/
•橋の下流に below the bridge
かりょく 火力の **thermal** /さ〜マる/
•火力発電所 a thermal power station

かりる 借りる
➤ **borrow** /バロウ/;（借りがある）**owe** /オウ/;（料金を払って）**hire** /ハイア/, **rent** /レント/
➤ (使用する) **use** /ユーズ/

borrow

rent

use

•彼女は図書館から本を借りた
She borrowed books from the library.
•その画家はしばしば弟から(金を)借りた
The painter often borrowed from his brother.
•君は彼にどれだけ借りているのか
How much do you owe him?
•私は彼に200円借りている
I owe him two hundred yen.
•彼女は郊外(こうがい)に家を借りた
She rented a house in the suburbs.

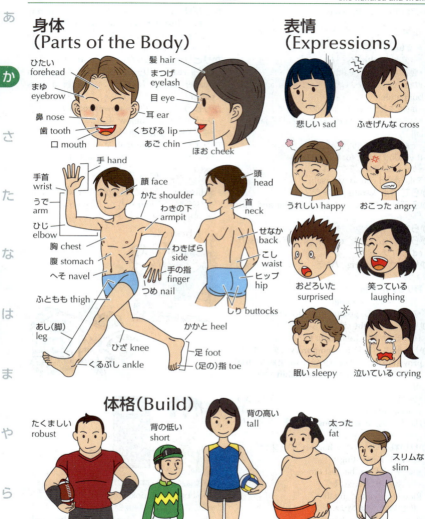

one hundred and twenty-one　121　かわ

・トイレを借りてもいいですか
May I use the bathroom［toilet］?

使い分け

borrow: お金を払う払わないにかかわらず短期間借りる時に使う

owe: お金を借りていたり、誰かに何かをしてもらって借りがある状態の時に使う

hire: お金を払ってものや車を短期間借りる時に使う

rent: 家や乗り物を定期的にお金を払って借りる時に使う

use: その場で少し借りる時に使う

かる 刈る（切る）**cut**; (稲・麦などを) **reap** /リープ/, **harvest** /ハーヴェスト/; (芝生(しばふ)を) **mow** /モウ/
・髪の毛を刈ってもらう　have *one's* hair cut
・稲を刈る　harvest rice

かるい　軽い

➤ **light** /ライト/; (程度が) **slight** /スライト/

軽く lightly; (程度が) **slightly**; (たやすく) **easily** /イーズィリ/

軽くする，軽くなる lighten /ライトン/
・軽い荷物[朝食]　a light load［breakfast］
・軽い足取りで歩く　walk with light steps
・事態を軽く見る　take the situation lightly
・軽く100点をとる　get full marks easily［without difficulty］
・私は軽いかぜをひいている
I have a slight cold.
・その知らせを聞いて彼女の心は軽くなった
Her heart lightened at the news.

カルシウム calcium /キャるスィアム/

かるた cards /カーツ/ ➤「カルタ」はポルトガル語の carta から
・かるたをする　play cards

カルビ (牛バラ肉) (Korean) **short ribs** /(コリーアン) ショート リブス/ ➤韓国語. galbi, kalbi とも表記される

カルボナーラ 《料理》**carbonara** /カーバナーラ/

かれ 彼は，彼が **he** (複 they)

彼の his (複 their)

彼を，彼に him (複 them)

彼のもの his (複 theirs)

彼自身 himself /ヒムセるふ/ (複 themselves /ぜムセるヴズ/)

・私の彼　my boyfriend
・私は彼に本をあげた
I gave him a book. / I gave a book to him.
・これは彼へのプレゼントです
This is a present for him.

・私はこれから彼とテニスをします
I am going to play tennis with him.
・この本は彼の(もの)です
This book is his.
・彼のあのイヌはとても利口です
That dog of his is very clever.

カレイ 鰈 《魚》a **sole** /ソウる/

カレー curry /カ〜リ/
・カレーライス　curry and rice

ガレージ a **garage** /ガラージュ/

がれき 瓦礫 **debris** /デブリー/ ➤最後の s は発音しない
・工事現場からがれきを運び出す　remove the debris from the construction site

かれら 彼らは，彼らが **they** ➤かれ, かのじょ

彼らの their

彼らを，彼らに them

彼らのもの theirs

彼ら自身 themselves /ぜムセるヴズ/

かれる¹ 枯れる　**die** /ダイ/; (しおれる) **wither** (**up**) /ウィザ/

枯れた dead /デド/
・枯れ葉[木]　dead leaves［trees］

かれる² ➤かすれる

カレンダー a **calendar** /キャれンダ/

かろう 過労 **overwork** /オウヴァワ〜ク/
・過労死する　die from overwork

がろう 画廊　a **picture gallery** /ピクチャ ギャらリ/

カロリー calorie /キャろリ/
・低カロリーの食事　a low-calorie diet

かろんじる 軽んじる　(軽くみる) **make light of** /らイト/

かわ¹　川

➤ a **river** /リヴァ/; (小川) a **stream** /ストリーム/
・隅田川 《米》the Sumida River / 《英》the River Sumida ➤英米ともに River を省略して the Sumida としてもよい
・放課後川へ釣(つ)りに行こう
Let's go fishing in the river after school. ➤
✕ go fishing *to* the river としない

かわ²　皮，革

➤ (皮膚(ひふ)) **skin**; (なめし革) **leather** /れざ/
➤ (果物の) (薄い(うすい)) **skin, peel** /ピーる/, (厚い) **rind** /ラインド/; (木の) **bark** /バーク/
➤ (獣の) **hide** /ハイド/, **skin** (➤けがわ)

皮をむく (手・ナイフで) **peel**

・ミカン[リンゴ, ジャガイモ]の皮をむく peel a tangerine [an apple, a potato]
・木の皮をはぐ peel the bark off a tree
・私は石にぶつけてひざの皮をすりむいた
I scraped the skin off my knee against a stone.
・このかばんは革製です
This bag is made of leather.

がわ 側 a **side** /サイド/
・こちら側に on this side
・向こう側に on the other side
・君はこの布地の表側と裏側の区別ができますか Can you tell the right side of this cloth from the wrong side?
・彼は川のこちら側に住んでいる
He lives on this side of the river.
・紙の片側にだけ書きなさい
Write only on one side of the paper.

かわいい

➤ (きれいな) **pretty** /プリティ/; (愛らしい) **lovely** /らヴリ/, **cute** /キュート/, **charming** /チャーミング/, **sweet** /スウィート/
➤ (愛する) **dear** /ディア/
・かわいい小鳥 a pretty little bird
・かわいい服 a lovely dress
・彼女はとてもかわいい
She is very pretty [lovely, cute].
・とも子は彼らのかわいい娘です
Tomoko is their dear daughter.
 ことわざ かわいい子には旅をさせよ Spare the rod and spoil the child. (むちを控(ひか)えれば子供をだめにする)

かわいがる → あいする
かわいそう かわいそうな **poor** /プア/
かわいそうに思う feel sorry (for 〜) /ふィーる サリ/, **feel pity** (for 〜) /ピティ/
・かわいそうに! What a pity! / Poor thing!
・かわいそうにその子供は泣きだした
The poor little child began to cry.
・彼女は泣いている少年をかわいそうに思った
She felt sorry [pity] for the crying boy.
かわいらしい → かわいい
かわかす dry /ドライ/
・火で服をかわかす dry *one's* clothes by the fire
・洗たく物を外に出してかわかす hang out the wash to dry
かわく dry /ドライ/, **get dry**; (のどが) **get thirsty** /さ〜スティ/

かわいた dry; (のどが) **thirsty**
・グランドはもうすっかりかわいた
The playground has now dried out.
・洗たく物はすぐかわくでしょう
The wash will soon get dry.
・のどがかわいた. 水を1杯ください I'm thirsty. Give me a drink of water, please.

get dry

get thirsty

かわった 変わった (変な) **strange** /ストレインヂ/, **odd** /アド/, **queer** /クウィア/; (目新しい) **new**; (奇抜な) **fantastic** /ふァンタスティク/; (めずらしい) **rare** /レア/, **unusual** /アニュージュアる/; (異常な) **unusual**
・変わった味のお茶 tea with a strange flavor
・これ変わったデザインねえ
What a fantastic design this is!
・やあ, ケン. 何か変わったことでもあるかい
Hi, Ken. What's new?
かわら a **tile** /タイる/
かわりやすい 変わりやすい **changeable** /チェインヂャブる/
・近ごろは天気が変わりやすい
Weather is changeable these days.

かわる¹ 代わる

➤ **take the place** (of 〜) /プれイス/; (取って代わる) **replace** /リプれイス/

代わり *one's* **place**
・彼の代わりに in his place
・だれが井田の代わりをするのか Who will take the place of Ida [Ida's place]?
・私が彼の代わりにそこへ行きます
I will go there in his place.
・ジョンがボブに代わってピッチャーをした
John replaced Bob as pitcher.

かわる² 変わる

- (変化する) **change** /チェインヂ/
- (異なる) **differ** /ディふァ/, **be different** /ディふァレント/

・信号は赤から青に変わった　The traffic light changed from red to green.
・彼の容体がよいほうに変わってほしいものだ
I hope his condition will change for the better.
・町並みは昔とはずいぶん変わっている
The streets and houses are quite different from what they used to be.
・それはいつもとまったく変わりがなかった (→まったく同じだった)
It was just like it always had been.

かわるがわる 代わる代わる　**by turns** /ターンズ/
かん¹ 缶　《米》**a can**, 《英》**a tin** /ティン/
・豆1缶, 豆の缶　a can [tin] of beans
・缶ジュース　canned juice
かん² 勘　**a hunch** /ハンチ/　→ よかん
・私の勘が当たった [はずれた]
My hunch was right [wrong].
かん³ 管　**a pipe** /パイプ/, **a tube** /テューブ/
かん⁴ 巻 (書物の) **a volume** /ヴァリュム/
・3巻からなる作品　a work of three volumes
がん (病気) **cancer** /キャンサ/
・胃 [肺, 乳] がん　stomach [lung, breast] cancer
・がんにかかる　have [suffer from] cancer
・彼は胃がんで今入院している　He has stomach cancer and now in hospital.
ガン 雁 (鳥) → カリ
かんおけ 棺おけ　**a coffin** /コーふィン/
かんか 感化　**influence** /インふルエンス/　→ えいきょう
感化する　influence
がんか 眼科医　**an oculist** /アキュリスト/, **an eye doctor** /ダクタ/

かんがえる 考える

- **think** /すィンク/, **consider** /コンスィダ/; (想像する) **imagine** /イマヂン/; (意図する) **intend** /インテンド/　→ おもう

考え　thought /そート/; (意見) **an opinion** /オピニョン/; (思いつき) **an idea** /アイディーア/; (意図・目的) **intention** /インテンション/　→ いけん
・私の考えでは　in my opinion
・よく考えてから　after much thought
・よく考えずに　without much thought
・考えなおして　on second thoughts

・考え込んでいる　be lost [deep] in thought
・一つのいい考えが彼の頭に浮かんだ　A good idea came into his mind [occurred to him].
・それはなんていい考えだろう
What a good idea (it is)!
・決定はよく考えてからしなさい
Think well before you decide. / Look before you leap. (とぶ前によく見よ) / Chew the cud before you decide. → chew the cud は「(ウシなどが)反芻(はんすう)する」
・それが彼の物の考え方です
That is his way of thinking.
・科学的に考えればそんなことはありえないよ
If we consider it scientifically, such a thing cannot happen.
・彼の身になって考えてごらんなさい
Imagine yourself to be in his place. /
 Imagine you were in his shoes. (彼の靴をはいてみたら)
・私は英語を勉強しにアメリカへ行こうかと考えています　I'm thinking of going to America to study English.
・父は私を医者にしようと考えている
Father intends me to be a doctor.

かんかく¹ 間隔 (時間的・空間的) **an interval** /インタヴァル/; (空間的) (a) **space** /スペイス/
・間隔をおいて　at intervals
・2時間 [2メートル] の間隔で　at intervals of two hours [two meters]
・語と語の間にもっと間隔をおきなさい
Leave more space between words.
かんかく² 感覚　**a sense** /センス/
感覚の鋭い　sensitive /センスィティヴ/
・感覚のない　senseless; (まひした) numb
・美 [ユーモア] の感覚　a sense of beauty [humor]
・私の指は寒さで感覚がなくなった
My fingers are numb with cold.
かんがっき 管楽器　**a wind instrument** /ウィンドインストルメント/
カンガルー (動物) **a kangaroo** /キャンガルー/
かんかん
❶ (照る) **blaze** /ブれイズ/, **scorch** /スコーチ/
・かんかん照り　torrid heat
❷ (怒る) **be furious (with anger)** /ふュアリアス (アンガ)/, **fly into a rage** /ふらイ レイヂ/
・彼はかんかんに怒った　He was hot with anger.
がんがん (音をたてる) **clang** /クらンヅ/; (頭が痛む) **throb** /すラブ/, **split** /スプリット/
・頭ががんがんする

My head is throbbing [splitting].

かんき 換気 **ventilation** /ヴェンティれイション/
換気する **ventilate** /ヴェンティれイト/, **air** /エア/
・部屋の換気をする ventilate [air] a room

かんきゃく 観客 （スポーツなどの）a **spectator** /スペクテイタ/; （集合的に演劇などの）an **audience** /オーディエンス/

かんきょう 環境 （an）**environment** /インヴァイアロンメント/; （周囲）**surroundings** /サラウンディングズ/
・環境にやさしい eco-friendly
・よい家庭環境 a good home environment
・美しい自然環境 beautiful natural surroundings
・環境破壊［保護］ environmental disruption [protection]
・環境問題 green issues → green は「環境（保護）に関する」
・環境保護活動 green activities
・環境省［大臣］ the Ministry [Minister] of the Environment

かんきり 缶切り 《米》a **can opener** /オウプナ/, 《英》a **tin opener** /ティン/

かんけい 関係

➤ **relation** /リれイション/

…**と関係している** （つながりがある）**be related to** 〜 /リれイテド/; （かかわりがある）**have to do with** 〜, **concern** /コンサ〜ン/; （…に影響を与える）**have a bearing on** 〜 /ベアリンぐ/
・父と息子の関係 the relation between father and son
・国際関係 international relations
・関係代名詞[副詞] a relative pronoun [adverb]
・関係者 the person [the people] concerned
掲示 関係者以外立入禁止 （店などで）Staff Only. / （官庁などで）No Unauthorized Entrance.
・彼の家は私の家と近い関係にある
His family is closely related to mine.
・これらの二つの事はたがいに関係がある These two things are related with [to] each other.
・彼はその事柄(ことがら)にいくらか[大いに]関係がある He has something [much] to do with the matter.
・私と彼とは少しも[ほとんど]関係がない
I have nothing [little] to do with him.
・世界平和の問題は私たちすべてに関係がある The problem of world peace concerns all of us.

・その問題は世界の平和と安全に関係がある
The issues have a bearing on international peace and security.

かんげい 歓迎 **welcome** /ウェるカム/
歓迎する **welcome**
・歓迎会 a welcome party
・私は彼の家族から心からの歓迎を受けた I received a hearty welcome from his family. / I was heartily welcomed by his family.

かんげき 感激 → かんどう

かんけつ¹ 簡潔な （短い）**short** /ショート/; （ことばが）**brief** /ブリーふ/
簡潔に **briefly**
・簡潔に言えば in short / in brief
・彼の答えは簡潔で要領を得ている
His answer is short [brief] and to the point.

かんけつ² 完結 **completion** /コンプリーション/
・…を完結する complete 〜 / finish 〜
・…が完結する 〜 be completed / 〜 be finished

かんげん 還元 《科学》a **reduction** /リダクション/

かんげんがく 管弦楽 **orchestral music** /オーケストラる ミューズィく/
管弦楽団 an **orchestra** /オーケストラ/

かんご 看護 **nursing** /ナ〜スィンぐ/
看護する **nurse**
・看護師 a nurse

がんこ 頑固 **obstinacy** /アブスティナスィ/, **stubbornness** /スタボンネス/
頑固な **obstinate** /アブスティネト/, **stubborn**
頑固に **obstinately, stubbornly**
・頑固に抵抗する put up an obstinate [a stubborn] resistance

かんこう 観光 **sightseeing** /サイトスィーインぐ/
・観光事業 tourist industry / tourism
・観光案内所 a tourist (information) office
・観光客 a sightseer / a tourist
・団体観光客 a tourist group / a group of tourist
・観光バス a sightseeing bus
・観光地 the sights / a tourist destination
・彼は京都へ観光旅行に行った
He went to Kyoto to do the sights.
・京都は日本における大観光地の一つです
Kyoto is one of the major tourist attractions in Japan. / ひゆ Kyoto is one of the tourist meccas in Japan. → イスラム教の大本山のある Mecca は多くの巡礼者が集まることから, mecca は「多くの人の訪れるあこがれの場所」の意味

かんこく 韓国 **South Korea** /サウす コリーア/

one hundred and twenty-five　125　かんしょく

・韓国の　South Korean
・韓国人　a Korean

かんさつ 観察　(an) **observation** /アブザ**ヴェイ**ション/

観察する　observe /オブ**ザ**〜ヴ/
・星を観察する　observe the stars
・彼は観察の記録をつけている
He keeps record of his observations.

かんさん 換算　(a) **conversion** /コン**ヴァ**〜ジョン/

換算する　convert /コン**ヴァ**〜ト/
・換算表　a conversion table

かんし¹ 冠詞　an **article** /**アー**ティク^る/
・定冠詞　a definite article
・不定冠詞　an indefinite article

かんし² 監視する　**watch** /ワチ/, **keep (a) watch (on)** /**キー**プ/
・なんとなく監視されているような気がする
I have a feeling I am being watched.

かんじ¹ 漢字　a **Chinese character** /**チャイニーズ** **キャ**ラクタ/ → Chinese は単独では /チャイ**ニー**ズ/ とうしろにアクセントがあるが, 名詞の前につくとふつうアクセントは前になる

かんじ² 感じ

➤ a **feeling** /**ふィー**リン^グ/ → かんじる

感じのいい　pleasant /**プ**れズント/, **agreeable** /ア**グ**リーアブる/
・何かいい事が起こりそうな感じがする
I have a feeling that something good is going to happen.
・彼女はとても感じのいい人だ
She is a very pleasant [agreeable] person.

がんじつ 元日　**New Year's Day** → しょうがつ

かんして 関して　**about** /ア**バ**ウト/ → ついて❶
・彼はそれに関しては何でも知っている
He knows everything about it.

かんしゃ 感謝

➤ **thanks** /**サ**ンクス/

感謝する　thank
・感謝に満ちた　thankful / grateful
・感謝して　thankfully / gratefully
・感謝の気持ちを表す　express *one's* thanks
・感謝の手紙　a letter of thanks / a thank-you letter
・感謝状　a testimonial
・(米国の)感謝祭　Thanksgiving Day
・ご親切に対して深く感謝いたします
I thank you deeply for your kindness. /

I am deeply thankful for your kindness.

かんじゃ 患者　a **patient** /**ペ**イシェント/
・入院患者　an inpatient
・外来患者　an outpatient

かんしゅう¹ 観衆 → かんきゃく

かんしゅう² 慣習 → しゅうかん¹

かんじゅせい 感受性　**sensibility** /センスィ**ビ**リティ/
・(…に対して)感受性が強い　be very sensitive (to 〜)

がんしょ 願書　an **application** /アプリ**ケ**イション/
・願書を出す[受け付ける]　send in [accept] an application
・C 高校へ入学願書を提出する　send in the application for admission to C Senior High School

かんしょう¹ 鑑賞　**appreciation** /アプリーシ**エ**イション/

鑑賞する　appreciate /アプ**リー**シエイト/
・音楽の鑑賞　the appreciation of music

かんしょう² 干渉　**interference** /インタ**ふィ**アレンス/

干渉する　interfere /インタ**ふィ**ア/
・他人の事に干渉してはいけない
Don't interfere in other people's affairs.
参考ことわざ 人は人我(われ)は我　Live and let live. (自分は自分の生き方をし, 人には人の生き方をさせておく)

かんじょう¹ 勘定 (計算)　an **account** /ア**カ**ウント/; (請求書) a **bill**, 《米》a **check** /**チェ**ク/

かんじょう² 感情

➤ (気持ち) **feelings** /**ふィー**リンぐズ/
➤ (喜び・怒り・悲しみなどの) **emotion** /イ**モ**ウション/
・感情的な　emotional
・感情の激しい人　a person of strong emotions
・他人の感情を害する　hurt other people's feelings
・彼はめったに感情を表さない
He seldom shows his feelings.
・もっと感情を込めて歌いなさい
Sing with more feeling.

がんじょう 頑丈な　**strong, sturdy** /**ス**タ〜ディ/ → じょうぶ
・頑丈な靴　sturdy shoes

かんしょうてき 感傷的な　**sentimental** /センティ**メ**ント^る/, **mushy** /**マ**シ/

かんしょく 間食する　**eat between meals** /イー

ト ビ トウィーン ミーるズ /

• 間食は悪い習慣ですか
Is eating between meals a bad habit?

かんじる　感じる

➤ **feel** /ふィーる/

基本形
A を[と]感じる
　feel A
A が…するのを感じる
　feel A *do*
A が…しているのを感じる
　feel A *doing*
A （物）が B の感じがする
　A **feel** B ➡ B は形容詞
…と感じる
　feel that ～

• 耳に痛みを感じる　feel a pain in *one's* ear
• 幸福だ[寒い，疲(つか)れた]と感じる　feel happy [cold, tired]
• 私は背中に痛みを感じた
I felt a pain in my back.
• 私は床が揺れる[揺れている]のを感じた
I felt the floor shake [shaking].
• この紙はざらざらした感じがする
This paper feels rough.
• 彼女がそう言った時君はどういうふうに感じたか
How did you feel when she said so?
• どうもあいつは来ない感じがする　I somehow feel (that) he won't come.
• 彼はその時彼女はもう自分を愛していないのだと感じた　He then felt that she no longer loved him.

かんしん[1] 感心　**admiration** /アドミレイション/；(驚嘆(きょうたん)の) **wonder** /ワンダ/

感心する　(ほめる) **admire** /アドマイア/；(驚く) **wonder at**: (感銘(かんめい)する) **be impressed** /インプレスト/

感心な　**admirable** /アドミラブる/；**wonderful**
• 感心して　with admiration / with wonder
• 私たちは彼の立派な作品に感心した
We admired [were deeply impressed by] his fine work.

かんしん[2] 関心　(an) **interest** /インタレスト/
• …に関心がある　be interested in ～
• あなたは環境問題に関心がありますか
Are you interested in green issues?

かんじん　肝心な　➡ じゅうよう (➡ 重要な)

かんすう　関数　《数学》a **function** /ふァンクション/

かんする　関する　**about** /アバウト/，**on**: (…に関連した) **connected with ～** /コネクテド/
• そういうことに関する私の知識　my knowledge about such matters
• 日本史に関する彼の著書　his book on Japanese history
• 都市交通に関する諸問題　problems connected with city traffic

かんせい[1]　完成

➤ **completion** /コンプリーション/

完成する　(完全な形に) **complete** /コンプリート/；(仕事が終了する) **finish** /ふィニシュ/
• 仕事を完成する　complete [finish] a task
• その建築はまだまだ完成どころではない
The building is far from completion.

かんせい[2] 歓声　a **cry of joy** /クライ ヂョイ/，a **cheer** /チア/
• 歓声をあげる　cry for joy

かんぜい　関税　**customs** /カストムズ/，a **tariff** /タリふ/

かんせつ[1] 関節　a **joint** /ヂョイント/
• 関節炎　arthritis /アーすライティス/

かんせつ[2] 間接の　**indirect** /インディレクト/
間接(的)に　**indirectly**
• 間接的な影響　indirect influence

かんせん[1] 幹線　a **trunk line** /トランク らイン/
• 幹線道路　a trunk highway

かんせん[2] 感染　**infection** /インふェクション/；(接触による) **contagion** /コンテイヂョン/
• 感染症　an infectious [a contagious] disease

かんぜん　完全

➤ **perfection** /パふェクション/

完全な　**perfect** /パ～ふェクト/
完全に　**perfectly**
• 彼は自分の仕事を完全に成し遂(と)げた
He did his work perfectly.
• 彼の英作文は完全というにはほど遠い　His English composition is far from perfect.

かんそ　簡素な　**simple** /スィンプる/，**plain** /プれイン/

かんそう[1] 乾燥　**dryness** /ドライネス/
乾燥する　**dry** ➡ かわかす，かわく
乾燥した　**dry**: (土地が不毛に) **arid** /アリド/
• 乾燥剤[機]　a dryer / a drier
• 乾燥室　a drying room

かんそう[2] 感想　(印象) **impressions** /インプレションズ/；(意見) an **opinion** /オピニョン/，**remark** /リマーク/；(論評) a **comment** /カメント/

・…について感想を述べる
make remarks about [on] ～
・その映画についての君の感想はどうですか
What are your impressions of the film?
かんぞう 肝臓 a **liver** /リヴァ/
かんそく 観測 (an) **observation** /アブザヴェイション/ → かんさつ
観測する **observe** /オブザ～ヴ/
・観測所 an observatory
・天体観測 an astronomical observation
かんたい 寒帯 **the frigid zone** /ふリヂド ゾウン/
かんだい 寛大 **generosity** /ヂェネラスィティ/
寛大な **generous** /ヂェネラス/
寛大に **generously**
・山田先生は生徒に寛大です
Mr. Yamada is generous to his pupils.
かんだかい 甲高い **high-pitched** /ハイ ピチト/; (耳ざわりな) **strident** /ストライデント/
・甲高い声で in a high-pitched voice
かんたん[1] 感嘆文 an **exclamatory sentence** /イクスクらマトーり センテンス/, an **exclamation** /エクスクらメイション/ → かんしん[1]
・感嘆符 an exclamation mark

かんたん[2] 簡単

➤ (単純) **simplicity** /スィンプリスィティ/
➤ (やさしいこと) **easiness** /イーズィネス/
簡単な (単純な) **simple** /スィンプる/; (やさしい) **easy** /イーズィ/; (短い) **brief** /ブリーふ/
簡単に **simply**; **easily**; **briefly**
・簡単な問題[仕事] a simple question [task]
・簡単なまとめをする give a brief summary
・この本はとても簡単な英語で書いてある This book is written in very simple English.
・このカメラは使い方が簡単だ
This camera is easy to use.
がんたん 元旦 **New Year's Day** /イアズ/ → しょうがつ
かんだんけい 寒暖計 → おんどけい
かんちがい 勘違い a **mistake** /ミステイク/
・AをBと勘違いする mistake [take] A for B
・私はあの人を君のお父さんと勘違いした
I mistook [took] him for your father.
・君はそのことで勘違いしているよ
You are mistaken about it.
かんちょう[1] 干潮 **the low tide** /ロウ タイド/
かんちょう[2] 官庁 a **government office** /ガヴァンメント オーふィス/
かんづめ 缶詰の (米) **canned** /キャンド/, (英) **tinned** /ティンド/

・缶詰類 canned goods [produce]
・果物の缶詰 canned fruit
かんてん 観点 a **point of view** /ポイント ヴューー/, a **viewpoint** /ヴューポイント/; (角度) an **angle** /アングる/
・この観点からすれば from this point of view / from this viewpoint
・歴史的観点から見れば
from a historical point of view / from a historical viewpoint
・その問題を違った観点から考えましょう
Let us consider the matter from a different angle.
かんでん 感電 an **electric shock** /イれクトリク シャク/
かんでんち 乾電池 a **dry battery** /ドライ バテリ/

かんどう 感動

➤ **emotion** /イモウション/
感動させる **move** /ムーヴ/
感動する **be moved**
感動的な **moving**, **touching** /タチンぐ/
・感動的な話 a moving [touching] story
・感動して泣く be moved to tears
・その物語は私を深く感動させた
The story moved me deeply.
・私は彼のことばに深く感動した
I was deeply moved by his words.
かんとうし 間投詞 《文法》an **interjection** /インタヂェクション/
かんとく 監督(者) a **superintendent** /スーパリンテンデント/; (現場の) an **overseer** /オウヴァスィーア/; (映画・テレビの) a **director** /ディレクタ/; (野球などの) a **manager** /マネヂャ/; (試験の) (米) **proctor** /プラクタ/, (英) an **invigilator** /インヴィヂれイタ/
監督する **superintend**, **supervise** /スーパヴァイズ/; (映画などを) **direct** /ディレクト/; (試験を) (米) **proctor**, (英) **invigilate**; (面倒をみる) **take charge of** /チャーヂ/
・映画監督 a film [movie] director
カントリー(ミュージック) **country music**
かんな a **plane** /プれイン/
かんなをかける plane
カンニング a **cheat** /チート/, **cheating** → 英語で cunning は「ずるい」の意味
カンニングをする **cheat**
・試験でカンニングをする cheat in an examination
かんねん 観念 (考え) an **idea** /アイディーア/; (感

かんぱ

覚) a **sense** /センス/
・誤った自由の観念 a mistaken idea of liberty
・彼には時間の観念がない
He lacks a sense of time.

かんぱ 寒波 a **cold wave** /コウるド ウェイヴ/

カンパ (資金集め) a **fund-raising campaign** /ふァンドレイズィング キャンペイン/ →「カンパ」は campaign（運動）の意味のロシア語から

かんぱい¹ 乾杯 a **toast** /トウスト/
・…に乾杯する drink (a toast) to ～
・乾杯! Toast! / Cheers! / Bottoms up!
・君の健康を祈って乾杯しよう
Let's drink to your health.

かんぱい² 完敗 a **complete defeat** /コンプリートディふィート/
・…に完敗する be completely defeated [beaten] by ～

かんばつ a **drought** /ドラウト/
・かんばつに見舞(みま)われる be hit by a drought

がんばる 頑張る（一生懸命やる）**work hard** /ワーク ハード/; （言い張る）**insist on** /インスィスト/
・もっと頑張りなさい Work harder.
・頑張れ（試合中の選手に）Come on! / Stick to it!; (チームに対して) Go, team, go!; (緊張している人に) Take it easy!; (がっかりしている人に) Cheer up! / Pull yourself together!
・私は最後まで頑張ります
 ひゆ I'll stay the course. → 競技で「最後までコースにとどまる」の意味

かんばん 看板（文字）a **sign** /サイン/; (板) a **signboard** /サインボード/
・店の看板 a store sign [signboard]

かんぱん 甲板 a **deck** /デク/

かんびょう 看病 → かんご

かんぶ 幹部 an **important member** /インポータント メンバ/; (経営陣) **the management** /マネヂメント/, **the executive** /イグゼキュティヴ/

かんぶん 漢文（漢文学）**Chinese classics** /チャイニーズ クらスィクス/; (文章) **old Chinese writing** /ライティング/ → Chinese は単独では /チャイニーズ/ とうしろにアクセントがあるが，名詞の前につくとふつうアクセントは前になる

かんぺき 完璧 **perfection** /パふェクション/
完璧な **perfect** /パ～ふェクト/
完璧に **perfectly**

がんぺき 岸壁 a **quay** /キー/

かんぼく かん木（野生の）a **bush** /ブシュ/; (手入れのされている) a **shrub** /シュラブ/

カンボジア **Cambodia** /キャンボウディア/
・カンボジア(語)の Cambodian
・カンボジア語 Cambodian
・カンボジア人 a Cambodian

かんまつ 巻末 **the end of a book** /ブク/
・問題の解答は巻末にあります
The solutions to the problems are at the end of the book.

かんむり 冠 a **crown** /クラウン/

かんゆう 勧誘（クラブなどへの）(an) **invitation** /インヴィテイション/
勧誘する **invite** /インヴァイト/

かんらんしゃ 観覧車 **Ferris wheel** /ふェリス (ホ)ウィーる/ → 考案者である G.W.G.Ferris の名から

かんらんせき 観覧席 **the stands** /スタンヅ/, **the bleachers** /ブリーチャズ/

かんり 管理 **management** /マネヂメント/
管理する **manage**
・（アパートなどの）管理人《米》a **janitor** /《英》a **caretaker**

かんりゅう 寒流 a **cold current** /コウるド カ～レント/

かんりょう 完了 → かんけつ²

かんれん 関連 (a) **relation** /リれイション/, a **connection** /コネクション/ → かんけい

かんわ 緩和する **relieve** /リリーヴ/, **ease** /イーズ/

かんわ² 漢和辞典 a **dictionary of Chinese characters explained in Japanese** /ディクショネリ チャイニーズ キャラクタズ イクスプれインド ヂャパニーズ/ → Chinese の発音については →「かんぶん」の注

 き　キ

き¹ 木
❶ (樹木) a tree
❷ (木材) wood

❶ (樹木) a **tree** /トリー/; (低木・かん木) (野生の) a **bush** /ブシュ/, (手入れのされている) a **shrub** /シュラブ/
・高い[低い]木 a tall [short] tree

・木に登る climb (up) a tree
・あの木に鳥が6羽とまっている
There are six birds in that tree.
❷ (木材) **wood** /ウド/, **lumber** /ランバ/, **timber** /ティンバ/
木の, 木で出来た wooden /ウドゥン/
・木のいす a wooden chair
・彼は木で箱を作った He made a box of wood.
・それはプラスチックではありません。木で出来ています That's not plastic—it's wooden.
・私の家は木で出来ています
My house is is built of wood.

tree　　　　　wood

き² 気

➤ (気質) a **temper** /テンパ/; (性質) (a) **nature** /ネイチャ/
➤ (心・気持ち) **heart** /ハート/; (意向) a **mind** /マインド/, an **intention** /インテンション/
➤ (注意) **attention** /アテンション/, **care** /ケア/

・気が短い short-[quick-]tempered / impatient
・気が長い patient
・気が荒い violent-tempered
・気(立て)がいい good-natured
・気が大きい big-[large-]hearted
・気が小さい timid
・気が弱い weak-hearted
・気が強い (負けん気の強い) competitive; (押しの強い) aggressive
・気がきいた (表現などが) clever / smart / witty; (贈(ぉく)り物が) well-chosen
・気が抜けた (ビールなどが) flat
・よく気がつく attentive
・気がすすまない unwilling
・気が変わる change one's mind
・気が変になる become [go] mad / lose one's mind
・気の合った like-minded
・(…と)気が合う get along well (with ~)
・気がめいる get depressed
・気が散る be distracted
・気がとがめる feel guilty / have a bad [guilty] conscience
・気がする, 気がつく, 気に入る, 気にする, (…する)気になる, 気をつける ➔ それぞれの項目を参照
・気を失う, 気が遠くなる faint
・気を落ち着ける calm oneself
・気をもむ, 気が気でない ➔ しんぱい
・気にさわる (怒る) be offended; (気を悪くさせる) offend / hurt a person's feelings
・それは君の気のせいだよ
That's just your imagination.
・気を引き締めてかかれ! Brace yourself for it!

ぎ 義… **prosthetic** /プラスセティク/
・義手[足] a prosthetic arm [leg]
ギア a gear
きあい 気合 (熱意) **spirit** /スピリト/ ➔ げんき (➔ 元気づける)
・もっと気合を入れてやれ Put more effort into it. / Do it with more spirit. / ひゆ Roll up your shirt sleeves a bit more and do it. (シャツのそでをもう少しまくり上げて) / ひゆ Pull up your socks and do it. (ずり落ちている靴下を引っ張り上げて)
きあつ 気圧 **atmospheric pressure** /アトモスふェリク プレシャ/
・高[低]気圧 high [low] atmospheric pressure
ぎあん 議案 a **bill**
・議案を提出する introduce [bring in] a bill
・議案を可決[否決]する pass [reject] a bill
キー a **key**
・キーレスエントリー (自動車などの) a keyless entry system
・キー配列 (コンピューターのキーボードの文字の並び方) a keyboard layout
・JIS 配列 the JIS (keyboard) layout
・キーを押す press [hit] a key
キーパー (ゴールキーパー) a **goalkeeper** /ゴウるキーパ/
キーボード (パソコンなどの) a **keyboard** /キーボード/; (楽器) a **keyboard, keyboards**
キーホルダー a **key chain** /チェイン/ ➔ 「キーホルダー」は和製英語
きいろ 黄色(の) **yellow** /イェろウ/
ぎいん 議員 (国会議員) a **member of the Diet** /メンバ ダイエト/ (➔ こっかい); (町会議員) a **member of the town assembly** /タウン アセンブリ/; (市会議員) a **member of the city assembly**

キウイ 《植物》a kiwi /キーウィ/

きえる 消える

❶ (火・明かりなどが) **go out**
❷ (見えなくなる) **disappear**

❶ (火・明かりなどが) **go out**, (明かり・音などがしだいに) **die away** /ダイ アウェイ/, **fade away** /フェイド/; (消火作業で火事が) **be put out** (受け身形)
・明かり[電灯]が消えた
The light [The electric light] went out.
・こだまは消えていった The echoes died away.
・火事はすぐ消えた The fire was soon put out.
❷ (見えなくなる) **disappear** /ディサピア/; (消滅しょうめつする) **vanish** /ヴァニシュ/
・霧(きり)[人込み]の中へ消える disappear into the fog [the crowd]
・すべての希望は消えてしまった
All hopes have vanished.
❸ (雪が) **melt away** /メるト/
・雪が消えた The snow has melted away.

使い分け
disappear と vanish は同じ「消える」を意味するが, 消え方が謎めいていたり突然だったりする場合に vanish を用いる

きおく 記憶(力)

➤ (a) **memory** /メモリ/

記憶する **memorize** /メモライズ/; (思い起こす) **remember** /リメンバ/ → おぼえている
・記憶力がよい[悪い] have a good [poor] memory
・その事件はまだ私の記憶の中にある
The event is still in my memory.
・彼が交通事故で亡くなって10年たつ. 彼の記憶もだんだんうすれてきた
It's ten years since he was killed in a traffic accident. He is fading from our memories.
参考ことわざ 去る者は日々にうとし Out of sight, out of mind. (目に見えなくなれば心からも消えていく)
・私が記憶している限りでは彼はそう言わなかった
As far as I remember, he did not say so.

きおん 気温 → おんど
きか¹ 帰化する **become** a **citizen of** /ビカム スィティズン/, **be naturalized** /ナチュラらイズド/
・彼はアメリカに帰化した
He became a citizen of the United States. / He got American nationality [citizenship]. (アメリカ国籍をとった)

きか² 幾何 《数学》**geometry** /ヂアマトリ/

きかい¹ 機械

➤ a **machine** /マシーン/; (集合的に) **machinery** /マシーナリ/

機械の, 機械的な **mechanical** /メキャニカる/; (自動式の) **automatic** /オートマティク/
機械的に **mechanically**; **automatically**
・機械工 a mechanic
・(学校の)機械科 a mechanics course
・機械化する mechanize
・機械学習 《IT》 machine learning

きかい² 機会

➤ (偶然の) a **chance**; (好機会) an **opportunity** /アポテューニティ/

・機会を捕らえる[のがす] take [miss] an opportunity
・こういうよい機会はめったにあるものではない
Such a good chance rarely comes twice.
・あれ以来私は彼に会う機会がなかった
I have had no opportunity to see [of seeing] him since then.

ぎかい 議会 (府・県・市などの) **assembly** /アセンブリ/; (米国の国会) **Congress** /カングレス/; (英国・カナダなどの国会) **Parliament** /パーらメント/ (→こっかい)
・県[市]議会 the prefectural [city] assembly
・議会政治 parliamentary government
きがえる 着替える **change** one's **clothes** /チェインヂ クろウズ/; (寝巻きなどから服に) **get dressed**
着替え **spare clothes** /スペア/
・上着をぬいでセーターに着替える
change the jacket for a sweater
きかく 企画 → けいかく
きかざる 着飾る **dress up**

きがする 気がする

➤ **feel** /ふぃーる/
➤ (…したい気がする) **feel like** /らイク/

・私はうちの学校がその野球の試合に勝つような気がする I feel [I have a feeling] that our school will win the baseball game.
・こんなひどい雨の中を出て行く気がしない
I don't feel like going out in such heavy rain.
・私は外国にいるような気がする
I feel as if I were [《話》was] in a foreign country. → as if ~ には仮定法の動詞を使うので, ×I am としない

・彼はまるで王様になったような気がした
He felt as if he had become a king.

きかせる 聞かせる （知らせる） **tell**；（読んで） **read** (to ～) /リード/；（演奏して） **play** (for ～) /プれイ/；（歌って） **sing** (for ～)
・私たちに何かおもしろいお話を聞かせてください
Please tell us an interesting story.

きがつく 気がつく

❶（感づく） **be aware**；（見いだす） **find**
❷（意識を取りもどす） **come to**

❶（感づく） **be aware** /アウェア/, **become aware** /ビカム/；（目にとまる） **notice** /ノウティス/；（見いだす） **find** /ふァインド/；（ないことに気がつく） **miss**
・彼はこの問題の重要性に気がついていない
He is not aware of the importance of this problem.
・私はたいへんなまちがいを犯したことに気がついた
I became aware that I had made a big mistake.
・私は彼が部屋から出ていったのに気がつかなかった
I did not notice him leave [leaving] the room.
・あなた私が髪型を変えたのに気がついた?
Have you noticed (that) I've changed my hairstyle?
・気がついたらぼくは公園のベンチで寝ていた
I found myself lying on a bench in the park.
・彼女はバスに乗った時財布のないことに気がついた
She missed her purse when she got on the bus.

会話 かぎがないのにいつ気がついたの? —家に着くまで気がつかなかった When did you miss the key? —I didn't miss it until I got home.

❷（意識を取りもどす） **come to** (*oneself*), **become conscious** /カンシャス/, **regain** *one's* **consciousness** /リゲイン カンシャスネス/, **recover** *one's* **consciousness** /リカヴァ/, → **いしき**

きがる 気軽に（すぐに, 進んで） **readily** /レディリ/, **willingly** /ウィリングリ/
・彼は気軽に私を助けてくれた
He readily helped me.

きかん¹ 気管 a **windpipe** /ウィンドパイプ/
　気管支炎 **bronchitis** /ブランカイティス/

きかん² 器官 an **organ** /オーガン/

きかん³ 季刊の **quarterly** /クウォータリ/
・季刊雑誌 a quarterly (magazine)

きかん⁴ 既刊（既刊号） a **back number** /ナンバ/

きかん⁵ 機関（エンジン） an **engine** /エンヂン/

・機関車 a **locomotive**
・機関士 《米》an **engineer** / 《英》an **engine driver**
・蒸気［ディーゼル］機関 a steam [Diesel] engine

きかん⁶ 期間 a **period** /ピアリオド/
・短い期間 for a short period
・6月から8月までの期間 a period from June to [through] August

きき 危機 a **crisis** /クライスィス/ （複 crises /クライスィーズ/）
危機の critical /クリティカる/
・エネルギー［食糧］危機 an energy [a food] crisis
・この危機に際して in this crisis
・危機一髪で ひゆ by the skin of *one's* teeth （歯の皮一枚で）
・危機一髪という時に at a critical moment
・危機は終わった The crisis is over.
・その動物は絶滅の危機にひんしている
The animal is in danger of extinction.

ききおぼえ 聞き覚えがある
・彼の名前に聞き覚えはあるが, だれだったか思い出せない I've heard his name [ひゆ His name rings a bell], but I can't remember who he is. → ring a bell は「(記憶の)ベルを鳴らす」

ききかえす 聞き返す **ask back**

ききとる 聞き取る **hear** /ヒア/, **catch** /キャチ/, **follow** /ふァろウ/
　聞き取り **listening** /リスニング/
・聞き取りテストを受ける have a listening comprehension test
・議長が何と言ったか聞き取れましたか
Did you follow what the chair said?

ききなおす 聞き直す **ask** a *person* **to say** *something* **again**
・《会話》もう一度言ってください. Excuse me? / Sorry? / Pardon? → I beg your pardon?はかたい表現で, いやみに聞こえる場合もあるので注意

ききめ 効き目 (an) **effect** /イふェクト/
・効き目のある **effective**
・効き目のない **ineffective**
・どんなに注意してみても彼にはまるで効き目がない
Warnings have no effect on him. /
ひゆ Any warnings to him are (like) water off a duck's back. （アヒルの背から水が(中にしみ込まないで外へ)落ちるようなものだ）
・この薬は肝臓に効き目がある This medicine works well on [for] the liver.

ききゅう¹ 危急（an) **emergency** /イマ～ヂェンスィ/

ききゅう 132 one hundred and thirty-two

ききゅう² 気球 a **balloon** /バルーン/

ぎぎょう 企業 a **business** /ビズネス/, a **company** /カンパニ/

・大企業 a big business［company］

・中小企業 small and medium-sized companies

ぎきょうだい 義兄弟 *one's* **brother-in-law** /ブラザリンろー/（֎ brothers-in-law）

ぎきょく 戯曲 → きゃくほん

ききん¹ 飢饉 (a) **famine** /ふァミン/;（欠乏）**shortage** /ショーテヂ/

ききん² 基金 a **fund** /ふァンド/

・われわれのクラブには 5 万円の基金がある
Our club has a fund of fifty thousand yen.

ききんぞく 貴金属（金・銀など）**precious metals** /プレシャス メトるズ/;（装身具類）《米》**jewelry** /ヂューエるリ/,《英》**jewellery** /ヂューエるリ/

・貴金属商 《米》a jeweler /《英》a jeweller

・貴金属品 a piece of jewelry /《英》a piece of jewellery

きく¹ 聞く

❶ **hear**;（注意して）**listen to**
❷（たずねる）**ask**

❶ **hear** /ヒア/;（注意して）**listen** /リスン/;（…のことを耳にする）**hear about ～**, **hear of ～**;（…を知らされる）**be informed of ～** → きこえる

> 基本形
> A を聞く
> 　**hear** A / **listen to** A
> …ということを聞く
> 　**hear that ～**
> A が…するのを聞く
> 　**hear** A *do* / **listen to** A *do*
> A が…しているのを聞く
> 　**hear** A *doing* / **listen to** A *doing*

・歌［叫び声］を聞く hear a song［a cry］

・ラジオ［新しい歌］を聞く listen to the radio［to a new song］

・彼から［ラジオで］その話を聞く hear the story from him［on the radio］

・彼女が歌う［歌っている］のを聞く hear her sing［singing］

・彼女がピアノをひく［ひいている］のをじっと聞く listen to her play［playing］the piano

・私は注意して聞いていたが何も聞こえなかった I listened but couldn't hear anything.

・私は奇妙な物音を聞いた
I heard a strange sound.

・彼は毎朝ラジオのニュースを聞く He listens to

the news on the radio every morning.

・だれも先生の言うことを聞いていなかった → 過去進行形 Nobody was listening to the teacher.

・彼の言いたいことを聞いてやろう
Let's hear what he has to say. → このように hear を listen to の意味で使うこともある

・ぼくはその話は前に聞いた（ことがある）→ 現在完了 I've heard the story before.

・君はジミーが死んだことを聞きましたか
Have you heard that Jimmy is dead?

・君は彼の病気のことを聞きましたか
Have you heard about his illness?

・私は彼が英語を話す［話している］のを聞いたことがない → 現在完了 I have never heard him speak［speaking］English.

・彼女はいつも先生が教科書を読むのを注意して聞く She always listens carefully to the teacher reading the textbook.

・私は彼の成功を聞いた
I was informed of his success.

> **使い分け**
> hear は自然に「聞こえる」という意味で使い，listen (to)は積極的に注意を払って「聞く」という意味で使う

❷（たずねる）**ask**

> 基本形
> A を聞く
> 　**ask** A
> A のことを［について］聞く
> 　**ask about** A
> B (人)に A のことを聞く
> 　**ask** B **about** A
> B (人)に A を聞く
> 　**ask** B A
> B (人)に「いつ［どこで，だれが］…か」と聞く
> 　**ask** B **when**［**where**, **who**］**～**
> B (人)に「…か」と聞く
> 　**ask** B, "**～**?"
> 　**ask** B **if**［**whether**］**～**

・道［時間，値段］を聞く ask the way［the time, the price］

・彼女に学校のことを聞く ask her about her school

・彼に彼女の住所を聞く ask him her address

・彼に「それは何か」と聞く ask［say to］him, "What is it?" / ask him what it is

・彼女に「それはペンか」と聞く ask［say to］her, "Is it a pen?" / ask her if［whether］it is a pen

彼に「私を愛している?」と聞く ask [say to] him, "Do you love me?" / ask him if he loves me

・先生は私に家族のことを聞いた
The teacher asked me about my family.

・私は彼女に彼の電話番号を聞いた
I asked her his phone number.

・ひとりの女性が私に郵便局への道を聞いた An woman asked me the way to the post office.

・彼がだれだか[今何時か]彼女に聞いてごらん
Ask her who he is [what time it is].

・彼女は私に名前は何で, どこから来たかと聞いた
She asked [said to] me, "What is your name? And where do you come from?" / She asked me what my name was and where I came from.

❸ (従う) **obey** /オベイ/, **follow** /ふァろウ/

・君たちは先生の言うことは聞かなければいけない
You must obey your teachers. / You must be obedient to your teachers.

・彼は私の忠告を全然聞かない
He doesn't follow my advice at all.

hear
listen
ask

きく² 効く (作用する) **work** /ワ〜ク/, **act**: (…のためになる) **do 〜 good** → **ききめ**

・この薬は心臓病に効く
This medicine works for heart trouble.

・この薬は頭痛に効く This drug acts against headaches. → against は「…を防ぐように」

・この薬は君に効くだろう
This medicine will do you good.

キク 菊 《植物》 a **chrysanthemum** /クリサンセマム/

きぐ 器具 an **appliance** /アプらイアンス/; (一組の装置) an **apparatus** /アパラタス/

・電気器具 an electrical appliance
・暖房器具 a heating apparatus

ぎくり ぎくりとする **be startled** /スタートるド/

きげき 喜劇 a **comedy** /カメディ/
喜劇の, 喜劇的な comic /カミク/; (こっけいな) **comical**

・喜劇俳優 a comedian

きけん¹ 危険

➤ (状態) (a) **danger** /デインヂャ/; (あるかもしれない) **risk**

危険な dangerous /デインヂャラス/; **risky** /リスキ/

・危険信号 a danger signal
・危険な橋[動物] a dangerous bridge [animal]
・危険にさらされている be in danger of
・…の危険がある be in danger of 〜
・危険を冒す take [run] a risk
・どんな危険を冒しても at any risk
・われわれはもう危険を脱した
We are out of danger now.

・彼は生命の危険を冒してその仕事を完成した
He accomplished the task at the risk of his life.

・凍りついた道路はドライバーにとって危険だ
Icy roads are a danger to [are dangerous for] drivers.

・その橋はくずれ落ちる危険がある
The bridge is in danger of collapsing.

・これらの鳥は絶滅の危険がある
These birds are in danger of extinction.

・横断歩道のない所で道路を横断することは非常に危険です It is very dangerous to cross a street where there is no crosswalk.

きけん² 棄権 (権利などの) **abandonment** /アバンドンメント/; (投票などの) (an) **abstention** /アブステンション/; (競技出場の) (a) **withdrawal** /ウィずドローアる/

棄権する (権利を放棄する) **abandon** /アバンドン/; (採決などを) **abstain** (from 〜) /アブステイン/; (競技の出場を) **withdraw** (from 〜) /ウィずドロー/

・投票を棄権する abstain from voting

きげん¹ 機嫌 **humor** /ヒューマ/ → **ふきげん, おせじ**

・…の機嫌をとる get on the good side of 〜,

きげん

134

one hundred and thirty-four

flatter; (へつらう) fawn on [upon] ～
- 上[不]機嫌で in good [bad] humor
- 機嫌よく cheerfully
- 彼は上機嫌でした He was in good humor. / I found him in good humor.

きげん² 期限 a **time limit** /リミト/, a **deadline** /デドらイン/
- 期限に間に合う make [meet] the deadline
- 宿題の提出期限は来週の月曜日です The homework is due next Monday. → due は「到着のはずで, …する予定で」
- レポートの提出期限はいつまでですか When is the deadline for the paper? / When is the paper due?
- 期限が切れているんですが, レポートを提出してもいいでしょうか May I hand in the paper, even though it is overdue?
- 私の定期券は3月31日で期限が切れる My season ticket expires on March 31.

きげん³ 起源 an **origin** /オーリヂン/
- 文明の起源 the origin of civilization

きげん⁴ 紀元 an **era** /イアラ/
- 紀元前100年 100 B.C.
- 西暦紀元20年 20 A.D. → A.D.は年代が紀元前と紀元後にまたがる時, または紀元後のごく初期の年にだけつける

きこう¹ 気候 a **climate** /クらイメト/ → てんき
気候変動 **climate change** /チェインヂ/
- 日本は温和な気候です Japan has a mild climate.

きこう² 寄港する **call at** /コーる/, **stop at**

きごう 記号 (しるし) a **mark**; (符号) a **symbol** /スィンボる/, a **sign** /サイン/
- 化学記号 a chemical symbol
- 発音記号 a phonetic symbol [sign]

ぎこう 技巧 (a) **technique** /テクニーク/, a **technical skill** /テクニカる/
- 技巧をこらす make full use of *one's* skill

きこえる 聞こえる

❶ **hear**
❷ (聞くことができる) **can hear**
❸ (…のように聞こえる) **sound**

❶ **hear** /ヒア/; (音が主語) **be heard** /ハ～ド/ (受け身形)

> 基本形
> A が聞こえる
> 　**hear** A
> A が…するのが聞こえる
> 　**hear** A *do*

> A が…しているのが聞こえる
> 　**hear** A *doing*

- 銃声が聞こえる hear a gunshot
- イヌがほえる[ほえている]のが聞こえる hear a dog bark [barking]
- 彼の聞こえる[聞こえない]ところで within [out of] his hearing
- 聞こえないふりをする pretend not to hear
- 2階で大きな音が聞こえた
I heard a loud noise upstairs.
- その爆発音は町中に聞こえた
The sound of that explosion was heard everywhere in the town.
- うちのおばあちゃんは耳がよく聞こえない
My grandma doesn't hear well [is hard of hearing].

❷ (聞くことができる) **can hear**; (音が主語) **can be heard** (受け身形)
- 彼は先生の声がよく聞こえなかった
He could not hear the teacher well.
- 私の言っていることが聞こえますか
Can you hear me?
- その爆発音は町のはずれでも聞こえた
The explosion could be heard even at the edge of the town.

❸ (…のように聞こえる) **sound** /サウンド/
- おもしろそうに[変に]聞こえる sound interesting [strange]
- それは本当らしく聞こえる That sounds true. / (もっともらしく) That sounds plausible.
- その考えは外国人には非常に奇妙に聞こえるでしょう That idea will sound very strange to foreigners.

きこく 帰国する **return from abroad** /リタ～ン アブロード/
- 彼は最近帰国したばかりです
He has recently returned from abroad.

きこくしじょ 帰国子女 a **returnee** /リタ～ニー/

ぎこちない awkward /オークワド/

きこり 木こり a **woodcutter** /ウドカタ/, (米) a **lumberjack** /らンバヂャク/

きざ きざな **affected** /アふェクテド/

ぎざぎざ ぎざぎざした **jagged** /ヂャゲド/

きざし a **sign** /サイン/
- …のきざしを見せる show signs of ～

きざむ (細かく) **cut**, **chop** /チャプ/; (彫る) **carve** /カーヴ/; (心に) **remember** /リメンバ/; (時を) **tick away** /ティク アウェイ/
- 肉を細かくきざむ chop (up) meat (into

pieces)
きし¹ 岸 (海・湖・大河の) a **shore** /ショー/; (川の) a **bank**
・(船から)岸に上がる go on shore
きし² 騎士 a **knight** /ナイト/
きじ¹ 記事 an **article** /アーティクる/; (新聞の小記事) an **item** /アイテム/
・園芸に関するよい記事 a good article on gardening
・おもしろい報道記事 an interesting item of news
・記事をのせる run [carry] an article
・その記事は朝刊にのっていた
That article was in the morning paper.
きじ² 生地 (布) **cloth** /クろーす/; (織り具合) **texture** /テクスチャ/; (洋服地) **material** /マティアリある/
キジ 雉 《鳥》a **pheasant** /ふェザント/
ぎし 技師 an **engineer** /エンヂニア/
・土木[電気]技師 a civil [an electrical] engineer
ぎしき 儀式 a **ceremony** /セレモウニ/; (規則的に行われるもの) (a) **ritual** /リチュアる/
・儀式の ceremonial
・儀式を行う hold a ceremony
きしつ 気質 a **disposition** /ディスポズィション/
きじつ 期日 the **fixed date** /ふィクスト デイト/; (期限) a **deadline** /デドらイン/ → きげん²
・…の期日を決める fix the date for ~
きしゃ¹ 汽車 a **train** /トレイン/ → れっしゃ
きしゃ² 記者 (新聞記者) a **newspaper reporter** /ニューズペイパ リポータ/; (新聞・雑誌記者) a **journalist** /ヂャ〜ナリスト/
・記者会見 a press interview [conference]
きしゅ 機種 a **model** /マドる/
きじゅつ 記述 (説明, 描写) a **description** /ディスクリプション/
・その庭園についての描写 a description of the garden
・そのアプリについての説明書 the description of the app
ぎじゅつ 技術 (a) **technique** /テクニーク/; (教科の) **manual training** /マニュある トレイニング/
技術的な technical /テクニカる/
技術者 an **engineer** /エンヂニア/, a **technician** /テクニシャン/
きじゅん 基準 a **standard** /スタンダド/, a **basis** /ベイスィス/ (翻 **bases** /ベイスィーズ/)
・…を基準にして on the basis of ~
きしょう¹ 起床する **get up** → おきる

きしょう² 記章 a **badge** /バヂ/
・(…に)記章をつける wear a badge (on ~)
きしょう³ 気象 **meteorology** /ミーティオラろヂ/
・気象台 a meteorological observatory
・気象庁 the Meteorological Agency / the Weather Bureau
・気象衛星 a weather satellite
・異常気象 unusual weather
きしょう⁴ 気性 a **temper** /テンパ/; (気質) a **disposition** /ディスポズィション/
・かっとしやすい気性 a fiery temper
キス a **kiss**
キスをする kiss

きず 傷
➤ (銃・刀による) a **wound** /ウーンド/; (事故による) an **injury** /インヂャリ/

傷つける wound; **injure** /インヂャ/
傷つく be [get] wounded; **be [get] injured**
・切り傷[打ち傷, ひっかき傷] a cut [a bruise, a scratch]
・傷あと a scar
・傷ついた wounded
・傷ついた人々や死んだ人々 the wounded and the dead
・彼は頭に大きな傷を受けた
He was severely wounded in the head.
・彼のその行為こういが彼の評判を傷つけた
That conduct of his injured his reputation.
きすう 奇数 an **odd number** /アド ナンバ/
きずく 築く **build** /ビるド/
・れんがで壁を築く build a wall of bricks
きずな 絆 **bonds** /バンツ/
・友情の絆 the bonds of friendship
きせい¹ 既製の **ready-made** /レディメイド/
・既製服 a ready-made suit [dress]
きせい² 帰省 **homecoming** /ホウムカミング/
帰省する **go home**, **come home**, **return home** /リタ〜ン/
・(お盆の)帰省ラッシュ (the *Bon* holiday) outbound rush
きせい³ 寄生する **live on** /リヴ/
寄生虫 a **parasite** /パラサイト/
ぎせい 犠牲 (a) **sacrifice** /サクリふァイス/; (代償) **cost**
犠牲にする **sacrifice**
犠牲者 a **victim** /ヴィクティム/
・…を犠牲にして at the cost of ~
・われわれの幸福のために母がどんなに犠牲を払ったか私は時々考える

きせき 136 one hundred and thirty-six

I often think of the great sacrifices that my mother made for our happiness.
•その飛行機事故では500人以上の犠牲者が出た
There were more than 500 victims of the air accident.

きせき 奇跡 a **miracle** /ミラクる/
奇跡的な miraculous /ミラキュらス/
•奇跡を行う work［perform］a miracle
•彼の回復はまったくの奇跡であった
His recovery was a sheer miracle.

きせつ 季節

➤ a **season** /スィーズン/
•季節の seasonal
•季節はずれの unseasonable
•季節風 a seasonal wind
•花の咲(さ)く季節 the season of flowers
•季節にふさわしい天候 seasonable weather
•季節の変わり目に at the turn of the seasons
•カキは今が季節[今は季節はずれ]です
Oysters are now in［out of］season.
•きのうは季節はずれの大雪でした We had an unseasonably heavy snowfall yesterday.
•君はどの季節が一番好きですか
Which season do you like best?
•私はすべての季節のうちで春が一番好きです
I like spring best of all (the) seasons. / I like spring better than all other seasons.

きぜつ 気絶 a **faint** /ふェイント/
気絶する faint
•気絶して倒れる faint / fall down in a faint

きせる 着せる **dress** → きる²

きせん 汽船 a **steamship** /スティームシプ/
•汽船で by steamship

ぎぜん 偽善 **hypocrisy** /ヒパクリスィ/
偽善者 a hypocrite /ヒポクリト/
•偽善的な hypocritical

きそ 基礎 **the foundation** /ふァウンデイション/
基礎的な fundamental /ふァンダメントる/, **basic** /ベイスィク/
•基礎英語 basic English
•基礎を置く［築く］lay the foundation
•現代科学の基礎を築いた人々 those who laid the foundations of modern science
•英語の基礎知識がしっかりしていなければ, 英語は上達しません If your basic knowledge of English is not good enough, your English won't improve.

きぞう 寄贈する **present** /プリゼント/, **donate** /ドウネイト/

ぎぞう 偽造する **forge** /ふォーヂ/, **counterfeit** /カウンタふェト/

きそく 規則

➤ a **rule** /るーる/; (法規) a **regulation** /レギュれイション/
規則的な regular /レギュら/
規則的に regularly
•野球の規則 the rules of baseball
•交通規則 traffic regulations
•規則を守る［破る］observe［break］a rule
•例外のない規則はない
There is no rule without an exception.
•規則正しい生活を送ることは健康の基本である To keep regular hours is basic to good health.

きぞく 貴族 a **noble** /ノウブる/, a **member of the nobility**; an **aristocrat** /アリストクラト/; (貴族階級) **aristocracy** /アリスタクラスィ/; the **nobles**
•貴族的な aristocratic

きた 北

➤ **the north** /ノーす/
•北の north / northern
•北に(方向・位置) north; (方向) to the north; (位置) in the north
•北風 a north wind
•北国 (北部地方) a northern district
•北半球 the Northern Hemisphere
•博多は九州の北にある
Hakata is in the north of Kyushu.
•私たちの町はその山の4キロ北にあります
Our town lies four kilometers north of the mountain.
•この川は北に流れています
This river flows north.
•私の部屋は北に向いている
My room faces north.

ギター a **guitar** /ギター/
•ギターをひく play the guitar
•ギターのうまい人 a good guitarist

きたい¹ 期待

➤ **expectation** /エクスペクテイション/
期待する expect /イクスペクト/

基本形
A を期待する
expect A
B に［から］A を期待する
expect A of［from］B

one hundred and thirty-seven　137　きちんと

```
…することを期待する
expect to do
A が…することを期待する
expect A to do / expect that A ～
```

• 雨を期待する expect rain
• 子供に期待をかけすぎる expect too much of [from] one's child
• 期待して[しないで] in [without] expectation
• 期待に反して against all expectation(s) / contrary to all expectation(s)
• 期待でいっぱいである be full of expectation
• 彼の期待にそう come up to his expectation(s) / meet his expectation(s)
• 彼の期待を裏切る come [fall] short of his expectation(s)
• 私は彼から便りがあることを期待している
I expect [am expecting] a letter from him. / I expect to hear from him.
• 私は他人から何も期待していない
I don't expect anything of [from] others.
• われわれは君がその使命を果たすことを期待する
We expect you to carry out this mission.
• 彼はもっとよい成績をとることを期待されている →
受け身形 He is expected to get better grades.
• 彼女の成績は両親が期待したほどにはよくなかった
Her grades were not as good as her parents (had) expected.
• コンサートは期待どおりでしたか Did the concert come up to your expectations?
• 彼女は期待に反して試験に落ちた She failed her exam, contrary to expectation(s).
• その野球選手は監督の期待に応(こた)えた
The baseball player lived up to the manager's hopes.

きたい² 気体 (a) **gas**
ぎだい 議題 a **subject for discussion** /サブヂェクト ディスカション/; (委員会などの) an **item on the agenda** /アイテム アヂェンダ/
• これがきょうの最後の議題です
This is the last item on today's agenda.
きたえる 鍛える (心身を) **train** /トレイン/
• 体を鍛える train one's body
きたく 帰宅する **go home**, **come home**, **return home** /リターン/
きたちょうせん 北朝鮮 **North Korea** /コリーア/
きだて 気立て (a) **nature** /ネイチャ/
　気立てのよい **good-natured** /グドネイチャド/

きたない 汚い

➤ (よごれている・卑劣な) **dirty** /ダ～ティ/
➤ (金銭に) **stingy** /スティンヂ/, **mean** /ミーン/
• 汚い靴 dirty shoes
• 私の足は汚い My feet are dirty.
• 彼は私に汚い手を使った
He played a dirty trick on me.
• 彼は金に汚い He is stingy with his money.
ギタリスト a **guitarist** /ギターリスト/
きたる 来る… **next**, **coming**
• 来る土曜日に next Saturday / this coming Saturday
• 来るべき選挙 the coming election
• 来る25日に on the 25th (of this month)
きち¹ 機知 **wit** /ウィト/
• 機知に富んだ返答 a witty answer
きち² 基地 a **base** /ベイス/
• 空軍[海軍]基地 an air [a naval] base
きちっと (正しく) **properly** /プラパリ/; (正確に) **exactly** /イグザクトリ/
• きちっとした服装をしている be dressed properly
• きちっとした(信頼できる)人 a reliable person
• 彼はきちっと私の言いつけどおりにした
He did exactly as I had told him.
• 約束はきちっと守りなさい
Don't fail to keep your promise.
きちょう¹ 機長 a **captain** /キャプテン/
きちょう² 貴重な **precious** /プレシャス/; (価値ある) **valuable** /ヴァリュアブる/
• 貴重な時間 precious time
• 貴重品 valuables
ぎちょう 議長 a **chair** /チェア/, a **chairperson** /チェアパ～スン/

文法・語法
通常 chair, chairperson を用いる. chairman, chairwoman が用いられることもある.

• 議長席につく take the chair
• 彼女を議長に選ぶ elect her chairperson
• 彼は議長に選ばれた
He was elected chair.
きちょうめんな (be) **good with details** /ディーテイるズ/, **careful and precise** /ケアふる プリサイス/; (しばしば悪い意味で) **meticulous** /メティキュらス/; (時間に) **punctual** /パンクチュアる/
きちんと きちんと(した)
❶ (清潔な) **neat** /ニート/; (整然とした) **tidy** /タイディ/
• きちんとした部屋 a neat room
• 身なりがきちんとしている be neat in appear-

ance / be neatly dressed
・彼女の部屋はいつも小ぎれいにきちんとしている
Her room is always neat and tidy.
❷ (正確な) **accurate** /アキュレト/, **exact** /イグザクト/; (規則正しい) **regular** /レギュら/; (完全な) **perfect** /パ〜ふェクト/; (正しく) **properly** /プラパり/
・彼女はお金のことはきちんとしている
She is exact with money matters.
・英語の授業にはきちんと出なさい
Attend the English class regularly.
・本を読む時はきちんとすわりなさい
Sit properly when you read a book.

きつい

❶ (きゅうくつな) **tight**
❷ (仕事が) **hard**; (ことばが) **strong, harsh**

❶ (きゅうくつな) **tight** /タイト/ → きゅうくつ
きつく tightly
きつくする, きつくなる tighten /タイトン/
・この靴はつま先が少しきつい
These shoes are a little tight near the toes.
・そのコートは背中がきつすぎる
The coat is too tight across the back.
❷ (その他) (仕事が) **hard** /ハード/; (ことばが) **strong, harsh** /ハーシュ/; (風が) **strong**; (目が) **sharp** /シャープ/; (顔つきが) **hard-faced** /ハードふェイスト/

tight
hard

きつえん 喫煙 **smoking** /スモウキング/
・喫煙室 a smoking room
[掲示] 喫煙を禁ず No Smoking.
きっかけ (機会) a **chance**; (手がかり) a **clue** /クるー/
・彼にこのチョコレートを渡すきっかけがあるといいな I hope I will get a chance to hand him this chocolate.
・一つの歌が彼にそのなぞを解くきっかけを与えてくれた A song gave him a clue for solving the mystery.

きっかり sharp /シャープ/, **exactly** /イグザクトり/
・8時きっかりに at eight o'clock sharp / at exactly eight o'clock
きつく → きつい
きづく 気づく → きがつく
キック a **kick**
キックオフ a **kickoff** /キコーふ/
きっさてん 喫茶店 a **tearoom** /ティールーム/, a **coffee shop** /コーふィ シャプ/, a **teahouse** /ティーハウス/, a **coffeehouse** /コーふィハウス/
ぎっしり (…が詰まっている) **be full of 〜, be filled with 〜**
・スケジュールがぎっしり詰まっている
have a tight schedule
・幹線道路はどこも東京へ向かう車でぎっしりだった
Every highway was full of cars heading for Tokyo.
きっちり (堅(かた)く) **firmly** /ふァ〜ムり/, (正しく) **properly** /プラパり/; (ちょうど) **exactly** /イグザクトり/ → きっかり
・ドアをきっちりしめてください
Please shut the door properly.
キッチン a **kitchen** /キチン/
・キッチンカー（屋台の自動車）a food truck ▶ この意味での「キッチンカー」は和製英語
キッチンペーパー (a) **paper towel** /タウエる/, (英)(a) **kitchen roll**
キツツキ 啄木鳥〔鳥〕a **woodpecker** /ウドペカ/
きって 切手 a (**postage**) **stamp** /(ポウステヂ)/
・切手を集める collect stamps
・切手収集 stamp collecting
・切手収集家 a stamp collector
・私は封筒に切手を張った
I put a stamp on the envelope.

きっと

➤ **surely** /シュアり/, **certainly** /サ〜トンり/; **without fail** /ウィざウト ふェイる/
・きっと…する be sure to do
・きっと参ります I'll come without fail.
・きっと彼がそれをしたのだと思います
I am sure he did it.
・きっと雨が降ります I am sure it will rain.
・彼はきっと成功します He is sure to succeed. / I am sure he will succeed.
・彼はきっと成功すると(自分で)思っています
He is sure of success. / He is sure that he will succeed.
・パーティーにはきっといらっしゃい
Be sure [Don't fail] to come to the party.

キツネ 狐 《動物》a fox; (雌(め)ぎつね) a vixen /ヴィクスン/

きっぱり flat(ly) /ふら(り)/; (断固として) resolutely /レゾるートり/
・きっぱり断わる refuse flatly
・きっぱりした態度で with a resolute attitude

きっぷ 切符
➤ a ticket /ティケト/
・片道切符 《米》a one-way ticket /《英》a single (ticket)
・往復切符 《米》a round-trip ticket /《英》a return ticket
・切符自動販売機 a ticket (vending) machine
・切符売り場 a ticket office
会話 音楽会の切符を買ってくれましたか.―すみません. 売り切れでした
Did you buy me a ticket for the concert?
―I'm sorry. They were sold out.

きてき 汽笛 a (steam) whistle /(スティーム)(ホ)ウィスる/

きてん 機転 wit /ウィト/
・機転がきく be quick-witted / be sharp / be tactful

きどう 軌道 a (railroad) track /(レイるロウド)/; (天体の) an orbit /オービト/
・ロケットを打ち上げて軌道に乗せる launch a rocket into orbit

きどうする 起動する (パソコンなどの電源を入れる) turn on, start; (コンピューターの基本ソフトを開始する) boot /ブート/; (アプリケーションを開始する) launch /ろーンチ/, start
・パソコンを起動する start the PC / boot (up) the PC
・アプリを起動する launch an app

きとく 危篤の critical /クリティカる/, dangerous /デインヂャラス/
・患者(かんじゃ)は危篤状態です The patient is in critical [dangerous] condition.

きどる 気取る put on airs /エアズ/
・気取った affected
・気取って affectedly / in an affected manner

きないモード 機内モード airplane mode /エアプれイン モウド/

きにいる 気に入る
➤ (人が好む) like /らイク/; (満足する) be pleased (with ~) /プリーズド/
➤ (物が満足させる) please /プリーズ/
気に入った… favorite /ふェイヴァリト/

会話 ぼくのプレゼント気に入った?
―ええ, とても気に入ったわ
Do you like my present?
―Yes. I like it very much.
・私の母はあなたを気に入ったようよ
My mother seems to like you.
・おばあちゃんはその贈(おく)り物がたいへん気に入った
Our grandmother was very (much) pleased with the present.
・この贈り物があなたの気に入るといいのですが I hope this present will please you.
・私はこの絵が気に入っています
This is my favorite picture.

きにする 気にする
➤ worry (about ~) /ワ~リ/, care (about ~) /ケア/, (否定文で) mind /マインド/
・(そのことは)気にするな. 万事 OK だ
Don't worry (about that). Everything is fine.
会話 窓ガラスを割ってすみません. 気にしなくていいよ I'm sorry I broke your window.
―Never mind. / Forget it.
・私は間違いをしましたが, 気にはしていません I made a mistake, but I don't care.
・彼は試験のことを気にしすぎている
He is worrying too much about the exam.
・私は寒い[暑い]のは気にしません(平気です)
I don't mind the cold [the heat].
・彼は人が何と言おうと[彼女がどこへ行こうと]まったく気にしない He doesn't care a bit what people say [where she goes].

きになる …する気になる feel like doing /ふィーる らイク/, be in the mood to do /ムード/, be in the mood for ~ →きぶん
・私は勉強する気にならなかった
I didn't feel like studying. / I was not in the mood to study [for study].

きにゅう 記入する fill in, fill out
・申込書に記入する fill in [out] an application
・この用紙にお名前を記入してください
Fill in your name on this form.

きぬ 絹 silk /スィるク/
・絹のリボン a silk ribbon

きねん 記念
➤ commemoration /コメモレイション/
記念する commemorate /コメモレイト/

きのう 140 one hundred and forty

・記念の（記念するための，追悼(ついとう)の）memorial; （記念となる）commemorative
・記念碑(ひ) a monument
・記念日（年ごとの）an anniversary
・記念品 a souvenir; （思い出になるもの）a memento
・記念切手 a commemorative stamp
・記念写真 a souvenir picture ［snap］
・私たちは卒業記念に校庭にイチョウの木を植えた We planted a gingko tree in the school yard in commemoration of our graduation.
・この賞はその偉大な作家を記念するために設けられたものです This prize was established to commemorate the great writer.

きのう¹

➤ **yesterday** /イェ*スタ*デイ/
・きのうの朝[午後] yesterday morning ［afternoon］
・きのうの晩 last evening ［night］
・きのうの新聞 in yesterday's paper
・きのうは私の15歳の誕生日でした
Yesterday was my fifteenth birthday.
・私はきのう学校の食堂で彼女を見かけた
I saw her in the school cafeteria yesterday.
→ 英語ではふつう「場所」+「時間」の順でいう

きのう² 機能 a **function** /ふァンクション/
キノコ （食用）a **mushroom** /マシュルーム/
・毒キノコ a poisonous mushroom / a toadstool
・キノコ狩りに行く go mushrooming →日本でマッシュルームと呼ばれるキノコは英語では common ［white］mushroom などと呼ぶ
きのどく 気の毒な **sorry** /サリ/ → かわいそう
　気の毒に思う feel sorry /ふィーる/
・彼には気の毒だがそれは彼のミスです
I'm sorry for him, but it's his own fault.
きのみきのまま 着の身着のままで **with nothing but the clothes on** *one's* **back**
きば （ゾウ・イノシシなどの）a **tusk** /タスク/; （イヌ・オオカミ・ヘビなどの）a **fang** /ふァング/
きばつ 奇抜な （とっぴな）**fantastic** /ふァンタスティク/; （新しい）**novel** /ナヴる/; （独創的な）**original** /オリヂヌる/; （風変わりな）**eccentric** /イクセントリク/
きばらし 気晴らし （a）**recreation** /レクリエイション/, a **pastime** /パスタイム/
・気晴らしに（息抜きに）for recreation; （気分転換に）for a change
きび 黍 《植物》**millet** /ミリト/ → 粟を含む雑穀一般

をさす

きびしい 厳しい

➤ （厳格(げんかく)な）**severe** /スィ*ヴィ*ア/; （規則などを曲げない）**strict** /スト*リ*クト/
➤ （方針や言動などが厳しい）**tough**（on［with］）/タふ/
➤ （程度が強烈(きょうれつ)な）**intense** /インテンス/
厳しく severely, strictly; intensely
・厳しい寒さ[暑さ] intense cold ［heat］
・彼は生徒にたいへん厳しい
He is very severe ［strict］with his pupils.
・そういうことについては彼はあまり厳しくない He is not very strict about such matters.
・私たちの先生はやさしいが，校則を守らない生徒には厳しい Our teacher is kind but is tough with students who don't observe the school regulations.
きひん 気品のある **graceful** /グレイスふる/, **elegant** /エれガント/, **decent** /ディースント/
きびん 機敏な **quick** /ク*ウィ*ク/
　機敏に quickly
・動作が機敏だ be quick in *one's* movements
・仕事を機敏にやりなさい
Be quick about ［with］your work.
きふ 寄付 a **contribution** /カントリビューション/, a **donation** /ドウネイション/
　寄付をする contribute /コント*リ*ビュート/, **make** a **contribution, donate** /ドウネイト/, **make** a **donation**
・私は共同募金(ぼきん)に少しばかり寄付した
I made a small contribution ［donation］to the community chest.
・この救済基金にご寄付を願います Your contributions are requested for this relief fund.
ぎふ 義父 （妻または夫の父）a **father-in-law** /ふァーざリンろー/; （まま父）a **stepfather** /ステプふァーざ/
きふじん 貴婦人 a **lady** /れイディ/

きぶん 気分

➤ a **mood** /ムード/
…の気分がする **feel** /ふィーる/
…する気分になる **feel like** *do*ing /らイク/, **be in the mood to** *do*, **be in the mood for ～** → きになる
・気分がよい[悪い] feel well ［ill］
・愉快(ゆかい)な気分で in a pleasant mood
・お祭り気分で in a holiday mood
・気分転換に for a change

・気分屋　a person of moods

きょうは気分はいかがですか
—おかげさまできょうはたいへん気分がよくなりました
How do you **feel** today?
—I **feel** much better today. Thank you.

・私はちょっと気分が悪い　I'm feeling a little unwell. / ひゆ I'm feeling a bit under the weather. (お天気の影響を受けている)
・彼女にふられちゃって，ぼくは泣きたい気分だ　I feel like crying because I was dumped by my girlfriend.
・今は遊びたい気分なのです．勉強したくないのです　I'm in the mood to play now; I don't want to study.
・気分転換に散歩しましょうか
Shall we take a walk for a change?

きぼ　規模　a scale /スケイる/
・大規模に　on a large scale

ぎぼ　義母（妻または夫の母）a mother-in-law /マざリンろー/; (まま母) a stepmother /ステプマざ/

きぼう　希望

➤ (望み) (a) hope /ホウプ/; (願望) (a) wish /ウィシュ/ → のぞみ

希望する　hope; wish → のぞむ
希望に満ちた　hopeful, full of hope
希望のない　hopeless
・希望を失う　lose (*one's*) hope
・…の［…する］希望をいだいている　be hopeful of ~ / be hopeful that ~
・希望を達成する　attain *one's* wish
・希望どおり　as *one* wishes
・希望に反して　against *one's* wishes
・彼は希望に満ちている　He is full of hope. / He is filled with hope.
・私の希望はすべて実現した
All my wishes came true.
・彼の希望はオペラ歌手になることです　His hope is that he will become an opera singer.
・その歌手はまだ成功する希望をいだいている
The singer is still hopeful of success [that she will succeed].

きほん　基本　fundamentals /ふァンダメントるズ/, basics /ベイスィクス/; (基礎) a basis /ベイスィス/ (複 bases /ベイスィーズ/)
基本的な　fundamental, basic

基本的に　fundamentally, basically
・基本的な問題　a basic issue / ひゆ a bread-and-butter issue (バター付きのパンのように日常生活に欠かせない)
・基本的人権　the fundamental human rights
・英語の基本語彙(ごい)　basic vocabulary of English
・君はまず英語の基本を身につけなければならない
You should learn the basics of English first.

きまえ　気前のいい　generous /ヂェネラス/

きまぐれ　気まぐれな（変わりやすい）changeable /チェインヂャブる/; (移り気な) fickle /ふィクる/
気まぐれで　on a whim /(ホ)ウィム/
・気まぐれな天気　changeable weather
・彼女はとても気まぐれです　She is very fickle.

きまじめ　生まじめな　serious /スィアリアス/; (誠実な) sincere /スィンスィア/

きまずい　気まずい　embarrassed /インバラスト/, awkward /オークワド/
・気まずい思いをする　feel embarrassed [awkward]

きまつ　期末試験　a term examination /タ〜ム イグザミネイション/

きまま　気ままな（勝手な）selfish /セるふィシュ/; (のんきな) carefree /ケアふリー/

きまり　決まり　a rule /るーる/　→ きそく
・10時前に寝るのが私の決まりです
It is my rule to go to bed before ten.

きまりもんく　決まり文句　a set expression /イクスプレション/, a set phrase /ふレイズ/

きまりわるい　きまり悪い（間が悪い）awkward /オークワド/; (恥(は)ずかしい) embarrassed /インバラスト/

きまり悪そうに　awkwardly
・きまりの悪い思いをする　feel awkward [embarrassed]

きまる　決まる

❶（決定される）be decided

❶（決定される）be decided /ディサイデド/, be fixed /ふィクスト/; (予定されている) be scheduled /スケデュ—るド/
・学園祭は10月末に行われることが決まった
It was decided that the school festival (should) take place at the end of October. → decide など提案・要求・命令などを表す動詞に続く that 節では《米》では should を省略して動詞の原形を用いることが多い
・修学旅行の日程はまだ決まっていません
The schedule for the school trip has not

きみ 142 one hundred and forty-two

been decided [fixed] yet.
・会合の日取りはまだ決まっていない
The day of the meeting is not fixed yet.
❷（よく似合う）**look smart** /るク スマート/
・きょうはきまってるね **You look smart today.**

きみ¹ 君は，君が **you** (複) 同形
　君の **your** (複) 同形
　君を，君に **you** (複) 同形
　君のもの **yours** (複) 同形
　君自身 **yourself** /ユアセるふ/ (複) **yourselves** /ユアセるヴズ/)
・私は君に私のアルバムを見せてあげましょう
I'll show you my album.
・ここに君あての手紙が来ています
Here's a letter for you.
・この本は君の(もの)ですか
Is this book yours?
・君たち男の子は庭へ出なさい
You boys go out into the yard.

きみ² 黄身（卵の）**the yolk** /ヨウク/
きみ³ 気味の悪い **eerie** /イアリ/, **weird** /ウィアド/, **creepy** /クリーピ/
・木々は暗がりの中で気味悪くみえた
The trees looked eerie in the dark.

ぎみ …ぎみ（少し）**little** /リトる/, **slight** /スらイト/
・彼は疲れぎみだ **He is a little too tired.**
・このところかぜぎみなんだ
I've had a slight cold these days.

きみどり 黄緑(の) **yellowish green** /イェろウイシュ グリーン/

きみょう 奇妙な →**へん**²

ぎむ 義務（立場上の）(a) **duty** /デューティ/; （法的・道徳上の）(an) **obligation** /アブりゲイション/
・親に従うのはわれわれの義務です
It is our duty to obey our parents.
・そうすることは私のクラスに対する私の義務です
To do so is my duty to my class.

ぎむきょういく 義務教育 **compulsory education** /コンパるソリ エデュケイション/
・日本では小学校と中学校が義務教育です
Elementary school and junior high school are compulsory in Japan.

きむずかしい 気難しい **particular** /パティキュら/; **hard to please** /ハード プリーズ/
・彼は気難しい人です **He is hard to please.**

ぎめい 偽名 a **false name** /ふォーるス/
・…という偽名で **under the false name of** ～

きめている …することに決めている（習慣にしている）**make it a rule to** do /ルーる/; （注意して心がける）**make a point of** doing /ポイント/

・父は毎朝散歩することに決めている
My father makes it a rule to go for a walk every morning.

きめる 決める
❶（決定する）**decide**, **set**
❷（決心する）**decide**
❸（選ぶ）**choose**

❶（決定する）**decide** /ディサイド/, **settle** /セトる/; **fix** /ふィクス/, **set**
・二つのどちらかに決める **decide between the two**
・次の会合の日と場所を決める **decide on [set, fix] a date and place for the next meeting**
・会合を月曜日に決める **arrange the meeting for Monday**
・来週のホームルームに何をするか決めよう
Let's decide what we should do in the homeroom next week.
・私たちはその問題を投票で決めることに賛成した
We agreed to decide [settle] the question by vote.
・決めるのは君です **It's up to you to decide.**
・これは君が決める事柄(ことがら)です
This is a matter for you to decide.

❷（決心する）**decide** /ディサイド/, **make up** one's **mind** /マインド/

基本形
…することに決める
　decide to do / **decide that** ～
　decide on doing
　make up one's **mind to** do
何を[どこへ，いつ]…するかを決める
　decide what [where, when] **to** do /
　decide what [where, when] ～

・医者になる[ならない]ことに決める **decide to [not to] be a doctor**
・何をするか[どこへ行くか]決める **decide what to do [where to go] / decide what** one **should do [where** one **should go]**
・私は彼と結婚する[しない]ことに決めた. →現在完了
I have decided to [not to] marry him. / I have decided that I will [won't] marry him. / I have made up my mind to [not to] marry him.

❸（選ぶ）**choose** /チューズ/, **select** /セれクト/
・私たちはチームの主将を決めなくてはならない **We must choose the captain of our team.**

きもち 気持ち

➤ feelings /ふぃーりんぐズ/
➤ (気分) a mood /ムード/ → きぶん
気持ちのいい pleasant /プれズント/, comfortable /カンふォタブる/, feel good
気持ちよく pleasantly, comfortably; (喜んで) willingly /ウィりングり/
気持ちの悪い unpleasant /アンプれズント/, uncomfortable /アンカンふォタブる/
…の気持ちになる feel
・気持ちのいいベッド[ホテル] a comfortable bed [hotel]
・気持ちのいい季節[そよ風, 人] a pleasant season [breeze, person]
・うれしい[悲しい, 恥ずかしい]気持ちになる feel happy [sad, ashamed]
・君には私の気持ちがわかりますか
Do you understand my feelings? (君は私がどのように感じているかわかりますか) / Do you understand how I feel?
・湖のそばは涼(すず)しくて気持ちがよかった
It was cool and comfortable by the lake.
きもの 着物 (和服) a *kimono*, a traditional Japanese robe with wide sleeves /キモウノウ トラディショヌる チャパニーズ ロウブ ワイド スリーヴズ/; (衣服) clothes /クろウズ/; (集合的に) clothing /クろウディング/ → ふく¹, きる²
・着物を着る dress (oneself)
・着物を着ている be dressed
・子供に着物を着せる dress a child
・着物を脱(ぬ)ぐ take off *one's* clothes
・着物を着替える change (*one's* clothes)
・着物姿の若い女性 an young woman in *kimono*
・彼女は立派な着物を着ている
She is dressed in a fine *kimono*.
・日本の若い女性は結婚式やお正月などの特別な時以外は着物(和服)を着ません
Japanese young women don't wear *kimonos* except on special occasions such as weddings and New Year's Day.

ぎもん 疑問

❶ (質問) a **question**
❷ (疑い) a **doubt**

❶ (質問) a **question** /クウェスチョン/
・疑問符 a question [an interrogation] mark
・疑問文 a question / an interrogative sentence
❷ (疑い) a **doubt** /ダウト/
・疑問に思う doubt

・疑問のある doubtful
・彼が成功するかどうかは疑問です
I doubt if [whether] he will succeed. /
I am doubtful of his success. /
It is doubtful whether he will succeed. /
I have doubts about his success.
・彼が失敗することには疑問の余地がない
His failure is beyond (all) doubt. /
There is no doubt about his failure.
ぎもんぶん 疑問文 an **interrogative sentence** /インタラガティヴ センテンス/
・疑問符 a question mark
きゃく 客 (訪問客) a **visitor** /ヴィズィタ/; (招待客, 旅館などの客) a **guest** /ゲスト/; (店の) a **customer** /カストマ/
・きょうの午後数人の客がありました
We had some visitors this afternoon.
・あの店は客に対して親切です
At that store they are polite to customers.
ぎゃく 逆 (方向) the **contrary** /カントレリ/, the **reverse** /リヴァ〜ス/; (正反対) the **opposite** /アポズィト/
逆の **contrary**; **opposite**
…を逆にする **reverse**; (上下を) **turn ～ upside down** /ターン アプサイド ダウン/; (裏表を) **turn ～ inside out** /インサイド アウト/; (後ろ前に) **back to front** /ふラント/; (向きを) **turn ～ around** /アラウンド/; (順序を) **do ～ the other way around** /アざ ウェイ/
・逆風 a headwind
・逆効果 a contrary [an opposite] effect
・それは私が期待していたのとは逆です
It is contrary to what I expected.
・彼[彼女, 彼ら]と立場が逆になっていたらどうだろう
Suppose you were in his [her, their] place. /
ひゆ Suppose you were in his [her, their] shoes. (彼[彼女, 彼ら]の靴をはいたらどうなるだろう)

ことわざ 逆は必ずしも真ならず
The reverse is not always true.
ギャグ a **gag** /ギャグ/
・ギャグをとばす tell a gag
きゃくしょく 脚色 **dramatization** /ドラマタイゼイション/
脚色する **dramatize** /ドラマタイズ/
ぎゃくたい 虐待 **cruelty** /クルーエるティ/, **cruel treatment** /トリートメント/, **abuse** /アビュース/
虐待する **treat cruelly**, **be cruel**, **abuse** /アビューズ/
・児童[動物]虐待 child [animal] abuse

ぎゃくてん 144 one hundred and forty-four

・動物を虐待してはいけない Don't treat animals cruelly. / Don't be cruel to animals. / Don't abuse animals.

ぎゃくてん 逆転する （立場・形勢を）**reverse** /リヴァ～ス/
・逆転勝ち a come-from-behind win［victory］
・7回に阪神は巨人を逆転した
ひゆ The Tigers turned the tables on the Giants in the seventh inning. → turn the tables はチェスなど試合で「不利だったテーブルの向きを逆にする」の意味

きゃくほん 脚本 a **script** /スクリプト/, a **scenario** /スィナリオウ/
・脚本家 a dramatist / a playwright / a scenario［script］writer

きゃくま 客間 《米》a **parlor** /パーら/, 《英》a **drawing room** /ドローイング/

キャスター （脚輪）a **caster** /キャスタ/; （ニュースの）a **newscaster** /ニューズキャスタ/, an **anchorperson** /アンカーパ～スン/

きゃっか 却下 **rejection** /リヂェクション/
却下する **reject, turn down** /タ～ン ダウン/

きゃっかんてき 客観的な **objective** /オブヂェクティヴ/
・客観的に objectively

キャッシュ **cash**
・キャッシュカード a cash card
・コンピューターをキャッシュで買う buy a computer in［with］cash

キャッシュバック a **rebate** /リーベイト/ → 日本語の「リベート」と異なり悪い意味はない。「キャッシュバック」は和製英語

キャッチフレーズ a **catch phrase** /キャチ ふレイズ/

キャッチボール **catch** → 「キャッチボール」は和製英語
・キャッチボールをする play catch

キャッチホン a **call waiting** /コーる ウェイティング/ → 「キャッチホン」は和製英語

キャッチャー a **catcher** /キャチャ/

キャップ （鉛筆・ペンの）a **cap**

ギャップ a **gap** /ギャプ/

キャビンアテンダント （航空機の客室乗務員）a **flight attendant** /ふライト アテンダント/; （乗務員）(a) **cabin crew** /キャビン クルー/

キャプテン a **captain** /キャプテン/
・君たちのチームのキャプテンはだれですか Who is the captain of your team?

キャベツ 《植物》(a) **cabbage** /キャベヂ/

キャラメル a **caramel** /キャラメる/

ギャラリー a **gallery** /ギャらり/

キャリア a **career** /カリア/
・教師としてのキャリアがある. have a teaching career

ギャング （集団）a **gang** /ギャング/; （gang の一人）a **gangster** /ギャングスタ/
・ギャング映画 a gangster film

キャンセル **cancellation** /キャンセれイション/ → とりけす (→ 取り消し)
キャンセルする **cancel**

キャンディー 《米》**candy**, 《英》**sweets** /スウィーツ/; （棒の先についた）a **lollipop** /らりパプ/
・キャンディー一箱 a box of candy［sweets］

キャンバス （画布）**canvas** /キャンヴァス/

キャンパス （大学の構内）**the campus** /キャンパス/
・キャンパスで on (the) campus

キャンピングカー a **camper** /キャンパ/, 《米》a **trailer** /トレイら/, 《英》a **caravan** /キャラヴァン/ → 「キャンピングカー」は和製英語

キャンプ a **camp** /キャンプ/
キャンプする **camp (out)**, **go into camp**
キャンプ場 《米》**campground** /キャンプグラウンド/, 《英》**campsite** /キャンプサイト/
・キャンプに行く go camping
・キャンプファイア a campfire

ギャンブル a **gamble** /ギャンブる/
・ギャンブルをする gamble

キャンペーン a **campaign** /キャンペイン/
・交通安全キャンペーンを開始する start a traffic safety campaign

きゅう¹ 級 （クラス）a **class**; （学年）a **year** /イア/, 《米》a **grade** /グレイド/, 《英》a **form** /ふォーム/; （等級）a **class**, a **grade**, a **rank** /ランク/
・…と同級である be in the same class with ～
・彼女は私より2級上［下］です She is two years ［grades, forms］above［below］me.

きゅう² 球 a **globe** /グろウブ/
・球 《数学》a sphere /スふィア/ → 半球は hemisphere

きゅう³ 9(の) **nine** /ナイン/ → く¹

きゅう⁴ 急な

❶（突然の）**sudden**
❷（急ぎの）**urgent**
❸（速い）**rapid**
❹（傾斜が）**steep**; （曲がりが）**sharp**

❶（突然の）**sudden** /サドン/

急に **suddenly**;（予告なしに）**without notice** /ウィざウト ノウティス/,（直前の予告で）**at short notice**
・急に…する　burst out *do*ing / burst into ~
・彼女は急に泣きだした
She burst out crying. / She burst into tears.
・気温が急に変化するかもしれない　There may be a sudden change in temperature.
・そこで道が急に曲がっている
There is a sudden bend in the road there.
・おじが今週末急に私の家に来ることになった
My uncle is coming to my house this weekend at short notice.
❷（急ぎの）**urgent** /ア～ヂェント/
・彼はきのう急な用事で大阪へたった　He left for Osaka on some urgent business yesterday.
❸（速い）**rapid** /ラピド/
・急な流れにかかった橋を渡るのがこわかった
I was afraid of crossing the bridge over a rapid stream.

❹（傾斜が）**steep** /スティープ/;（曲がりが）**sharp** /シャープ/
・急な斜面(しゃめん)をスキーですべりおりる　ski down a steep slope
・急に左へ曲がる　make a sharp turn to the left
・われわれは急な階段を上って行った
We went up the steep steps.
キューアールコード QR コード　a **QR code** /キューアー コウド/　➡ QR コードは商標. QR は quick response（応答が速い）の略
・QR コードを読みこむ　scan a QR code
きゅうえん 救援　**relief** /リリーふ/, **rescue** /レスキュー/
・救援隊　a relief [rescue] party

きゅうか 休暇
➤（休み）《米》a **vacation** /ヴェイケイション/,《英》**holiday(s)** /ハリデイ(ズ)/
➤（休日）a **holiday**
・夏期休暇　the summer vacation [holidays]
・正月の休暇　New Year's vacation [holidays]
・夏の休暇中に　during the summer vacation [holidays]
・休暇をとって…に行く　go to ~ on (*one's*) vacation [holidays]
・4日の休暇をとる　take [have] four days' vacation [holiday] / take [have] a vacation [a holiday] of four days
・有給休暇をとる　take [have] a paid holiday
・私たちは夏には 40 日の休暇があります
We have a 40 days' vacation in summer.
・学校は夏期休暇中です
The school is on summer vacation.
・君は休暇にはどこへ行くつもりですか
Where are you going on your vacation?
・夏の休暇は楽しかったですか　Did you have a nice [pleasant] summer vacation?
きゅうかく 嗅覚　**the sense of smell** /スメる/
きゅうがく 休学する　**stay away from school** /ステイ アウェイ/, **take leave of absence from school** /リーヴ アブセンス/
・彼は高校生の時病気で 1 年間休学した　He stayed away from school for one year during high school because of illness.
きゅうかん 急患　an **emergency case** /イマ～ヂェンスィ ケイス/
きゅうぎ 球技　a **ball game**
・校内球技大会　an interclass ball game tournament
きゅうきゅう 救急の　**first-aid** /ふァ～ストエイド/, **emergency** /イマ～ヂェンスィ/
・救急車　an ambulance
・救急病院　an emergency hospital
・救急箱　a first-aid box
ぎゅうぎゅう（詰める）**pack** /パク/, **stuff** /スタふ/;（すき間なく詰め込む）**jam** /ヂャム/
・かばんに本をぎゅうぎゅう詰め込む　jam books into a bag
・ぎゅうぎゅうの満員電車で仕事に行く　go to work in jam-packed trains
きゅうぎょう 休業する　**close** (a **store**) /クろウズ/;（仕事を一時）**put ~ on hold**
掲示 本日休業　Closed Today.
きゅうくつ 窮屈な（狭い）**small** /スモーる/;（きつ

きゅうけい い) tight /タイト/
•このズボンはちょっと窮屈だ
These trousers are a little too tight.

きゅうけい 休憩 (a) **rest**; (仕事・学校などの) a **break** /ブレイク/; (会議・法廷・《米》学校などの) (a) **recess** /リセス/ → やすむ (→ 休み)
休憩する　rest, have a rest
•休憩室　a resting room; (ホテルなどの) a lounge
•お茶[コーヒー]の休憩時間　a tea [coffee] break
•会議は今休憩中です
The meeting is now in recess.
•私たちの学校は昼食時に40分の休憩時間がある
There is a forty minutes' recess [break] at lunchtime in our school.

きゅうげき 急激な **sudden** /サドン/ → きゅう⁴

きゅうこう¹ 急行 (列車) an **express** (**train**) /イクスプレス (トレイン)/
急行する　hurry /ハ〜リ/, **rush** /ラシュ/
•特別急行列車　a limited express
•急行料金　express charge(s)
•彼はきのう急行列車で神戸へ行った
He went to Kobe by express yesterday.
•私は東京駅午前8時30分発成田行きの特急に乗りました　I took the 8:30 a.m. limited express for Narita from Tokyo Station.
•私たちは駅へ急いだ
We hurried to the station.

きゅうこう² 休校になる **be closed** /クろウズド/
•私たちの学校はインフルエンザの流行のため1週間休校になった
Our school was closed for a week because many students caught influenza.

きゅうこん 球根　a **bulb** /バるブ/

きゅうし 急死　a **sudden death** /サドン デす/
急死する　die suddenly /ダイ/

きゅうしき 旧式の **old-fashioned** /オウるドふァションド/, **outdated** /アウトデイテド/
•この機械は今では旧式です
This machine is now old-fashioned.

きゅうじつ 休日　a **holiday** /ハリデイ/

きゅうしゅう 吸収　**absorption** /アブソープション/
吸収する　absorb /アブソーブ/; (内容を) **take in**
•このタオルはよく水を吸収する
This towel absorbs water well.
•子供は教えられた事を何でも吸収する　Children take in everything they are taught.

きゅうじゅう 90(の) **ninety** /ナインティ/
•第90(の)　the ninetieth (略 90th)

•91(の), 92(の), … ninety-one, ninety-two, …
•第91(の), 第92(の), … the ninety-first, the ninety-second, …

きゅうじゅつ 弓術　**archery** /アーチェリ/

きゅうしょ 急所　a **vital part** /ヴァイトる/; (物事の) **the point** /ポイント/; (弱点) a **weak point** /ウィーク/
•彼の話はいつも急所をついている[はずれている]
His talk is always to [off] the point.

きゅうじょ 救助　**rescue** /レスキュー/
救助する　rescue
•救助隊　a rescue party
•彼らは彼の救助に出かける用意をしている
They are preparing to go to his rescue.
•彼らは彼がおぼれるのを救助した
They rescued him from drowning.

きゅうじょう 球場　a **baseball stadium** /ベイスボーる ステイディアム/, a **ballpark** /ボーるパーク/
•甲子園球場　the Koshien Stadium

きゅうしょく 給食　a **school meal** /ミーる/; (昼食) **school lunch** /ランチ/
•今週はぼくたちの班が給食の当番だ　It's my group's turn to serve school lunch this week.

きゅうしん 球審　**the plate umpire** /プれイト アンパイア/

きゅうじん 求人　a **job offer** /オーふァ/

きゅうしんてき 急進的な **radical** /ラディカる/

きゅうすい 給水　a **water supply** /ウォータ サプらイ/, **water service** /サ〜ヴィス/
•給水車　a water-supply wagon

きゅうせい¹ 旧姓　**one's former name** /ふォーマ/; (女性の結婚前の) **one's maiden name** /メイドン/
旧姓は (女性の) **née** /ネイ/

きゅうせい² 急性の **acute** /アキュート/

きゅうせん 休戦　a **truce** /トルース/; (一時的な) a **ceasefire** /スィースふァイア/

きゅうそく¹ 休息 → きゅうけい

きゅうそく² 急速な **rapid** /ラピド/
急速に　rapidly
•彼は英語が急速に進歩している
He is making rapid progress in English.
•私たちの市の人口は急速に増加した　The population of our city has rapidly increased.

きゅうでん 宮殿　a **palace** /パれス/

きゅうどう 弓道　**Japanese archery** /アーチェリ/

ぎゅうにく 牛肉　**beef** /ビーふ/

ぎゅうにゅう 牛乳　**milk** /ミるク/

147 one hundred and forty-seven／きょうい

・牛乳びん a milk bottle
・牛乳パック a milk carton
・牛乳を配達する deliver milk
・牛乳配達(人) a milk delivery person
・牛乳をしぼる milk a cow
・私は毎朝牛乳をコップ1杯飲む
I drink a glass of milk every morning.

きゅうびょう 急病 **sudden illness** /サ^ドン イ^るネス/, **sudden sickness** /スィ^クネス/
・急病にかかる be suddenly taken ill
・急病患者(かんじゃ) an emergency case

きゅうめい 救命 **life saving** /らイ^ふ セイヴィン^ぐ/
・救命胴衣 a life jacket
・救命ボート a life boat
・救命浮き輪 a life buoy

きゅうやくせいしょ 旧約聖書 **the Old Testament** /テ^スタメント/

きゅうゆ 給油 (燃料の) **refueling** /リーふューエリン^ぐ/
給油する refuel

きゅうゆう¹ 旧友 an **old friend** /^ふレンド/
・私の旧友 an old friend of mine

きゅうゆう² 級友 a **classmate** /^クら^スメイト/
・彼は私の昔の級友の一人です
He is one of my old classmates.

きゅうよう¹ 休養 (a) **rest** → きゅうけい
休養する rest, have a rest
・彼は田舎でゆっくり休養する必要がある
He needs a long rest in the country.

きゅうよう² 急用 **urgent business** /ア〜ヂェント ビズネス/
・急用で on urgent business

きゅうりょう¹ 給料 (月給・年給) a **salary** /サ^らリ/; (時間給・日給・週給) **wages** /ウェイヂ^ズ/; 《話》 **pay**
・1か月の給料(月給) a monthly salary [pay]
・給料日 a payday
・よい給料をもらう get [draw] good salary [wages]
・彼の給料はいくらですか What is his salary?
・給料は銀行振り込みです
I get my salary through the bank.

きゅうりょう² 丘陵 a **hill** /ヒ^る/, **heights** /ハイ^ツ/
・丘陵地帯 hilly areas

ぎゅっと (堅 く) **tight(ly)** /タイ^ト(リ)/; (強 く) **strongly**

・…をぎゅっとにぎる have a firm grip on 〜

きよい 清い (きれいな) **clean** /^クリーン/; (澄(す)んだ) **clear** /^クリア/; (純潔な) **pure** /ピュア/
・清い生活を送る lead a pure [clean] life

きよう 器用な **skillful** /スキ^るふ^る/; (手先が) **handy** /ハンディ/, **ingenious** /インヂーニアス/
器用に skillfully
・彼女は編み物がとても器用だ
She is very skillful in knitting.
・彼は器用にその古いラジオを修理した
He skillfully repaired the old radio set.

きょう¹

➤ today /トゥデイ/
・きょうの朝[午後] this morning [afternoon]
・きょうの新聞 today's paper
・来週のきょう today [this day] week
・きょう中に sometime today / before the day is out
・きょうは彼は欠席です He is absent today.
・きょうは私の15歳の誕生日です
Today [This] is my 15th birthday.
・きょうは何曜日ですか
What day (of the week) is it today?

🗣会話 きょうは何日ですか。—6月1日です
What's the date today?—It's June 1.
・きょうぼくは学校の帰りに本屋に寄った
I dropped in at a bookstore on my way from school today. ➔英語では「場所」+「時間」の順でいう
・きょうから愛鳥週間です
Bird Week begins today.
・彼はきょうから1か月休暇をとる予定です He is going to take a month's vacation from today.

きょう² 経 **the Buddhist texts** /ブディスト テクス^ツ/, **the sutras** /スートラ^ズ/
・法華経(ほけきょう) the Lotus Sutra /^ろウタス/

ぎょう 行 a **line** /^らイン/
・上[下]から3行目 the third line from the top [the bottom]
・1行おきに on every other line
・10ページの下から5行目から始めます
We will begin at the fifth line from the bottom of page ten.

きょうい¹ 胸囲 a **chest measurement** /チェスト メジャメント/; (女性の) one's **bust** /バスト/
・彼は胸囲が80センチ ある
He has a chest measurement of 80 cm. / His chest measurement is 80 cm. /

あ
き
さ
た
な
は
ま
や
ら
わ

きょうい　148　one hundred and forty-eight

He measures 80 cm around the chest.
きょうい² 驚異　**wonder** /ワンダ/ → おどろき
　驚異的な　wonderful
　•驚異の思いで　in wonder
きょうい³ 脅威　a **threat** /すレト/
　•…の脅威にさらされている　be under threat of 〜

きょういく　教育

➤ **education** /エヂュケイション/; (しつけ) **dis-cipline** /ディスィプリン/

教育する　educate /エヂュケイト/
•教育の, 教育的　educational
•教育のある　educated
•学校教育　school education
•家庭教育　home discipline
•義務教育　compulsory education
•教育実習生　a student teacher
•彼女は立派な教育を受けた人です
She is a well-educated man. /
She has had a good education.
•彼は外国で教育を受けた
He was educated abroad.
きょういん 教員　a **teacher** /ティーチャ/
•教員組合　a teachers' union
きょうか¹ 教科　a **subject** /サブヂェクト/
•君はどの教科が一番好きですか
Which subject do you like best?
きょうか² 強化する　**strengthen** /ストレンぐすン/
•強化合宿　camp training
きょうかい¹ 教会　a **church** /チャ〜チ/
きょうかい² 境界　a **border** /ボーダ/
•境界線　a borderline
•富士山は山梨県と静岡県の境界にそびえている　Mt. Fuji rises on the borders of Yamanashi and Shizuoka.
きょうかい³ 協会　an **association** /アソウシエイション/, a **society** /ソサイエティ/
きょうがく 共学　**coeducation** /コウエヂュケイション/, **mixed education** /ミクスト エヂュケイション/
•共学の　coeducational / mixed
きょうかしょ 教科書　a **textbook** /テクストブク/, a **schoolbook** /スクールブク/
•英語の教科書　an English textbook
きょうぎ 競技 (運動競技) **athletics** /アすれティクス/; (試合) a **contest** /カンテスト/; a **game**, a **match** /マチ/
　競技者 (陸上競技の) an **athlete** /アすりート/; (球技の) a **player** /プれイア/
　競技会 an **athlete meet** /ミート/

競技場 (競技をする場所) a **field** /ふィールド/; (観客席をふくむ) a **stadium** /ステイディアム/
•陸上競技　athletic sports
•水泳競技　a swimming contest
•私たちはその競技に参加した
We took part in the game.
ぎょうぎ 行儀 (ふるまい) **behavior** /ビヘイヴィア/; (作法) **manners** /マナズ/
•行儀がよい[悪い]　have good [bad] manners
•行儀よくする　behave oneself / shape up
•子供たちに行儀を教える　teach children good manners
•彼はなんて行儀が悪いんでしょう
What rude manners he has!
きょうきゅう 供給　**supply** /サプらイ/
(B に A を)**供給する　supply** (B **with** A)
•需要(じゅよう)と供給　supply and demand → 英語ではこのように「供給と需要」というのがふつう
•水の供給は十分ですか
Do you get a sufficient supply of water?
•われわれは石油の供給をおもに中東の国々から受けている　We get the supply of oil chiefly from Middle East countries.
きょうぐう 境遇　**circumstances** /サ〜カムスタンセズ/; a **condition** /コンディション/
•幸福な境遇にある　be in favorable circumstances
きょうくん 教訓　a **lesson** /れスン/
　教訓的な　instructive /インストラクティヴ/
•私たちはこの経験からよい教訓を学んだ
We learned a good lesson from this experience.
•この本はおもしろくもあるしまた教訓的でもある
This book is both interesting and instructive.
きょうけん 狂犬　a **mad dog** /マド/
　狂犬病　rabies /レイビーズ/
きょうげん 狂言 (伝統芸能) a **'Kyogen' play** /プれイ/; (仕組んだうそ) a **hoax** /ホウクス/
きょうこう 教皇　the **Pope** /ポウプ/
•教皇庁　the Vatican
きょうさく 凶作　a **bad crop** /クラプ/, a **crop failure** /ふェイリャ/
•今年は農家が米が凶作だった
The farmers had a bad rice crop this year. /
The rice crop was very disappointing to the farmers this year.
きょうさん 共産主義　**communism** /カミュニズム/
•共産主義者　a communist
•共産党　the Communist Party
きょうし 教師　a **teacher** /ティーチャ/

・英語の教師 a teacher of English
・クラスの担任教師 a class teacher
・この学校には英語を教える外国人教師がいます This school has a foreign teacher to teach us English. / There is a foreign teacher in our school who teaches us English.

ぎょうじ 行事 an **event** /イヴェント/; (公式の) a **function** /ふァンクション/
・年中行事 an annual event

きょうしつ 教室 a **classroom** /クらスルーム/

きょうじゅ 教授 (大学の) a **professor** /プロふェサ/ (略 Prof. 〜)
・山田教授 Professor [Prof.] Yamada
・彼はT大学の経済学の教授です He is a professor of economics at T University.

ぎょうしょう 行商する **peddle** /ぺドる/
・行商人 a peddler

きょうせい 強制 **compulsion** /コンパるション/
強制する compel /コンペる/; **force** /ふォース/
強制的な compulsory /コンパるソリ/

ぎょうせい 行政 **administration** /アドミニストレイション/; (三権分立の) **the executive** /イグゼキュティヴ/

きょうせいの, ぎむの 強制の, 義務の **compulsory** /コンパるソリ/, **obligatory** /アブリガトーリ/
・義務教育 compulsory education

きょうそう¹ 競走 a **race** /レイス/
競走する race, run a race
・ハードル競走 a hurdle race
・100メートル競走 a hundred-meter dash
・私は彼と200メートル競走をした I raced him for 200 meters. / I ran a race with him for 200 meters.
・彼は100メートル競走で1着だった He came first in the 100-meter race.

きょうそう² 競争 a **competition** /カンペティション/
競争する compete /コンピート/
・競争の competitive
・競争者[相手] a competitor / (好敵手) a rival
・競争率 the competitive rate
・競争に勝つ[負ける] win [lose] the competition
・彼らはその賞を得ようと互いに競争した They competed with each other for the prize.

きょうぞう 胸像 a **bust** /バスト/

きょうそうきょく 協奏曲 a **concerto** /コンチェアトウ/

きょうそん 共存 **coexistence** /コウイグズィステンス/

共存する **coexist** /コウイグズィスト/

きょうだい¹
➤ (兄弟) a **brother**, (姉妹) a **sister**
会話 君は何人兄弟がいますか. —私には兄弟が二人います
How many brothers do you have? —I have two brothers.
・これは私の兄弟のラケットです This is my brother's racket. / This racket is my brother's.
・彼と彼女はきょうだいです
They are brother and sister.

きょうだい² 鏡台 《米》a **dresser** /ドレサ/, 《英》a **dressing table**

きょうだしゃ 強打者 a **hard hitter** /ハードヒタ/, a **slugger** /スらガ/

きょうだん 教壇 a **platform** /プらットふォーム/
・教壇に上がってクラスの人にあいさつしなさい Go on the platform and address the class.

きょうちょう¹ 強調 **emphasis** /エンふァスィス/
強調する emphasize /エンふァサイズ/, **put emphasis on**
・その研究の必要性を強調する put emphasis on [emphasize] the necessity of the study

きょうちょう² 協調 **cooperation** /コウアペレイション/
・…と協調する cooperate with 〜
・協調的な cooperative

きょうつう 共通の **common** /カモン/
・彼らは共通の利害によって結ばれている They are bound together by common interests.
・この欠点は私たちたいがいの者に共通している This fault is common to most of us.
・彼らには共通したところがある[全然ない]
They have something [nothing] in common.

きょうてい 協定 an **agreement** /アグリーメント/

きょうど 郷土 one's **hometown** /ホウムタウン/, one's **native place** /ネイティヴ プれイス/
郷土色 local color /ろウカる カら/
・彼の作品は郷土色が豊かです
His works are rich in local color.

きょうとう 教頭 《米》a **vice-principal** /ヴァイス プリンスィパる/, 《英》a **deputy headmaster** /デピュティ ヘドマスタ/

きょうどう¹ 協同 **cooperation** /コウアペレイション/
・協同組合 a cooperative society

きょうどう² 共同の **joint** /チョイント/
・…を共同で使う share (the use of) 〜

教室 (In the Classroom)

文房具 (Stationery)

151 きょくせん

•…と共同して jointly with ～ / in cooperation with ～

•この部屋は弟と共同です
I share this room with my brother.

きょうどうぼきん 共同募金 **the community chest** /コミュニティ チェスト/

•共同募金にいくらか寄付する make some contribution to the community chest

きょうはく 脅迫 a **threat** /すレト/; a **menace** /メナス/; (ゆすり) a **blackmail** /ブらクメイる/

脅迫する threaten /すレトン/; **menace**; **blackmail**

脅迫的な threatening

•脅迫状[電話] a threatening letter [call]

きょうふ 恐怖 **fear** /ふィア/, **terror** /テラ/, **horror** /ホーラ/

•死の恐怖 a fear of death

•恐怖映画 a horror movie [film]

•恐怖のあまり泣く cry with [from] fear

きょうほ 競歩 **racewalking** /レイスウォーキンぐ/

きょうみ 興味

➤ **interest** /インタレスト/

興味のある interesting

•(人が)…に興味がある be interested in ～

•私は化学に特に興味がある
I have a special interest in chemistry. / I am specially interested in chemistry.

•そのようなうわさ話には私は興味がない
I have no interest in such a rumor.

•この本が私に歴史に興味を持たせたのです
This book made me interested in history.

•私は興味を持って彼の話に耳を傾けた
I listened to him with interest.

きょうむ 教務主任 a **teacher in charge of the school curriculums** /チャーぢ カリキュらムズ/

きょうゆう 共有する **have ～ in common** /カモン/

•共有財産 common property

きょうよう 教養 **culture** /カるチャ/

教養のある cultured, educated /エぢュケイテド/

•教養のある人 a cultured person / an educated person

きょうり 郷里 one's **birthplace** /バ～すプれイス/, one's **hometown** /ホウムタウン/

きょうりゅう 恐竜 a **dinosaur** /ダイノソー/

きょうりょく¹ 協力 **cooperation** /コウアペレイション/

協力する cooperate /コウアペレイト/

協力的な cooperative /コウアペラティヴ/

•われわれは彼らと協力してその仕事をやり遂(と)げた
We accomplished the work in cooperation with them.

•この仕事を完成するためにたがいに協力しましょう
Let us cooperate with each other to accomplish this work.

きょうりょく² 強力な **strong** /ストローンぐ/, **powerful** /パウアふる/

•強力なライバル a powerful rival

きょうれつ 強烈な **intense** /インテンス/; **strong**

•強烈な光 an intense light

ぎょうれつ 行列 a **procession** /プロセション/; (順番を待つ) 《米》a **line** /らイン/, 《英》a **queue** /キュー/ →れつ

•行列を作る form a line [a queue]

きょうわ 共和国 a **republic** /リパブリク/

•(米国の)共和党 the Republican Party

きょか 許可 **permission** /パミション/, (同意) a **consent** /コンセント/

許可する permit /パミト/

許可証 a permit /パ～ミト/

•許可なく without permission

•通行許可証 a pass

•保護者[両親]の同意(許可) a guardian's [parental] consent /ガーディアンズ [パレンタる]/

•それをするためには君は先生の許可をもらわなければならない You must ask your teacher's permission to do it.

•彼は君がそこへ行くことを許可してくれるだろう
He will permit you [give you permission] to go there.

ぎょぎょう 漁業 (事業) **fishery** /ふィシャリ/; (魚とり) **fishing** /ふィシンぐ/

•遠洋[近海]漁業 deep-sea [inshore] fisheries

•漁業協同組合 a fishery cooperative

•この人たちは沿岸で漁業を営んで生活している
These people earn their livelihood by fishing near the coast.

きょく 曲 a **tune** /テューン/

•楽しい[悲しい]曲 a merry [melancholy] tune

•これが君の好きな曲ですね
This is your favorite tune, isn't it?

きょくげい 曲芸 an **acrobatic performance** /アクロバティク パふォーマンス/

•曲芸の acrobatic

•曲芸師 an acrobat

きょくせん 曲線 a **curve** /カ～ヴ/

曲線を描く (道路などが曲線になる) **curve**

•紙に曲線を描く draw a curve on paper

きょくたん 152 one hundred and fifty-two

きょくたん 極端 **extreme** /イクストリーム/
極端に extremely
•極端な事をする go to extremes
•極端な事は避(さ)けなさい Avoid extremes.
•彼のやった事はかなり極端だった
What he did was rather extreme.

きょくとう 極東 **the Far East** /ふァー イースト/
•極東の一国 one of the countries of the Far East

きょくめん 局面 a **phase** /ふェイズ/
•局面を打開する break the deadlock → deadlock は「行き詰まり」

ぎょこう 漁港 a **fishing port** /ふィシング ポート/

きょじゃく 虚弱な **sickly** /スィクリ/, **weak** /ウィーク/, **delicate** /デリケト/

きょじゅうしゃ 居住者 a **dweller** /ドウェら/; (住民) an **inhabitant** /インハビタント/

きょしょくしょう (神経性)拒食症 **anorexia nervosa** /アノレクスィア ナ〜ヴォウサ/

きょじん 巨人 a **giant** /チャイアント/

きょぜつ 拒絶 (a) **refusal** /リふューザる/
拒絶する refuse /リふューズ/
•きっぱり拒絶する give a flat refusal

ぎょせん 漁船 a **fishing boat** /ふィシング ボウト/

ぎょそん 漁村 a **fishing village** /ふィシング ヴィれヂ/

きょだい 巨大な **huge** /ヒューヂ/, **gigantic** /チャイギャンティク/, **very large** /らーヂ/

ぎょっと ぎょっとする be **shocked** /シャクト/, **start** /スタート/
•彼女はぎょっとしてその場に立ちすくんだ
Shocked, she stood rooted to the spot.

きょとんと blankly /ブらンクリ/
•きょとんとした顔つき a blank look

きょねん 去年 **last year** /イア/
•去年の夏 last summer
•去年の12月に in December last year / last December
•去年の今ごろ about this time last year
•私は去年大阪で初めて彼に会った I met him at Osaka last year for the first time.
•私は去年からピアノを習っています I have been taking piano lessons since last year.

きょひ 拒否 (a) **refusal** /リふューザる/
拒否する refuse /リふューズ/
•登校を拒否する refuse to attend school

ぎょふ 漁夫 → りょうし

きょり 距離 **distance** /ディスタンス/
•東京と大阪の間の距離は約550キロです
The distance between Tokyo and Osaka is

about 550 kilometers.

会話 君の家から学校までのどのくらいの距離がありますか。—600メートルくらいです
How far is it from your house to your school?—It's about 600 meters.
•私の家から学校までは歩いて約15分の距離です It is about fifteen minutes' walk from my house to my school.

きょろきょろ きょろきょろ見回す **look around** /るク アラウンド/

きらい

➤ (強くきらう) **dislike** /ディスらイク/, **hate** /ヘイト/; (好きでない) **do not like**
•彼は働くことがきらいだ He dislikes working.
→ ✕dislikes *to work* としない
•彼女はヘビが大きらいだ She hates snakes.
•私は野球をするのがきらいです
I don't like playing baseball.
•彼はそれがきらいらしい
He doesn't seem to like it.

きらきら きらきら光る (金属など) **glitter** /グリタ/; (星など) **twinkle** /トウィンクる/

きらく 気楽 **ease** /イーズ/, **comfort** /カンふォト/
気楽な free and easy /ふリー イーズィ/, **comfortable** /カンふォタブる/
気楽にする make *one*self **at home**
•彼は気楽な生活を送っています
He leads a free and easy life.

きらす 切らす (なくなっている) **be out of**
•私たちはコーヒーを切らしている
We're out of coffee.

きり¹ (手動の) a **gimlet** /ギムれト/; (電動の) a **drill** /ドリる/

きり² 霧 (a) **fog** /ふァグ/; (fog より薄(うす)い) (a) **mist** /ミスト/
•霧のかかった foggy / misty
•霧が晴れた The mist has cleared (away). / The mist has lifted.

きり³ (終わり) an **end**; (限度) a **limit** /リミト/
•人間の欲望にはきりがない
There's no end [no limit] to human desires.

ぎり 義理 (an) **obligation** /アブりゲイション/
•義理堅い faithful
•義理の父[母] *one's* father-[mother-]in-law → ぎふ, ぎぼ
•義理の兄弟[姉妹] *one's* brother-[sister-]in-law → 複数形は brother [sister] に s がつく; → ぎきょうだい
•そのことで私は彼に義理がある

I am under an obligation to him for it.
きりかえる 切り替える **change** /チェインヂ/, **switch** /スウィチ/
・方針[頭]を切り替える change *one's* course [*one's* way of thinking]
・6チャンネルに切り替えてください
Switch over to Channel 6, please.
きりきず 切り傷 **a cut**
ぎりぎり (限界) a **limit** /リミト/
・(期限)ぎりぎりまで until the last moment
・(時間)ぎりぎりに just in time
・(費用が)ぎりぎりである be barely enough
キリギリス 《虫》a **grasshopper** /グラスハパ/
きりさめ 霧雨 a **drizzle** /ドリズる/
・霧雨が降る It drizzles.
ギリシャ Greece /グリース/
・ギリシャ(人)の Greek
・ギリシャ語(の) Greek
・ギリシャ人 a Greek
キリスト Christ /クライスト/
・イエス・キリスト Jesus Christ
・キリスト教 Christianity / the Christian religion
・キリスト教徒 a Christian
きりたおす 切り倒す **cut down** /ダウン/, **fell** /ふェる/
・斧(おの)で木を切り倒す cut down [fell] a tree with an ax
きりつ¹ 規律 **discipline** /ディスィプリン/
・私たちの学校は規律が非常に厳しい
Discipline is very strict in our school.
きりつ² 起立する **stand (up), rise** /ライズ/
・先生が教室に入って来ると子供たちはみんな起立した When the teacher entered the classroom, all the children rose [stood up].
きりつめる 切り詰める **cut down** /ダウン/
・費用を切り詰める cut down expenses
きりぬく 切り抜く (はさみで) **clip** /クリプ/
切り抜き 《米》a **clipping** /クリピング/, 《英》a **cutting** /カティング/
きりぬける 切り抜ける, 切り抜けさせる **tide over** /タイド/
・困難を切り抜ける tide over a difficulty
・これだけの金があればあと一月は切り抜けられる (→この金があと一月切り抜けさせてくれる) This money will tide me over another month.
きりふき 霧吹き a **spray** /スプレイ/, a **sprayer** /スプレイア/
きりゅう 気流 an **air current** /エア カ～レント/
きりょく 気力 (体力を伴う) **vigor** /ヴィガ/; (精神的) **spirit** /スピリト/
・気力の充実した vigorous / spirited
・気力の欠けている be lacking in vigor [spirit]
キリン 麒麟 《動物》a **giraffe** /ヂらふ/

きる¹ 切る

❶ (刃物で) **cut**
❷ (スイッチを) **turn off**
❸ (電話を) **hang up, end a call**

❶ (刃物で) **cut**; (薄(うす)く) **slice** /スらイス/ →きりぬく
・はさみで紙を切る cut a piece of paper with scissors
・包丁で指を切る cut a finger with a kitchen knife
・点線に沿って切る cut along the dotted line
・雑誌の記事を切り抜く cut an article out of the magazine
・タマネギを薄く切る slice an onion
・布をずたずたに切る cut cloth to [into] pieces
❷ (スイッチを) **turn off** /タ～ン/, **switch off** /スウィチ/
・スイッチが切れている be off
・電源を切る turn [switch] off the power
・テレビがついてますよ。(それを)切ってください
The TV is on. Please turn it off. →「切る対象」が「それ」(it)、「それら」(them) の場合の語順は必ず turn it [them] off となる
❸ (電話を) **hang up** /ハング/, **end a call, ring off**
❹ (トランプのカードを) **shuffle** /シャふる/
・トランプを配る前によく切ってください
Shuffle the cards well before you deal.
❺ (切符を) **punch** /パンチ/

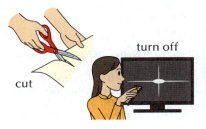

turn off

cut

きる² 着る

➤ (動作) **put on**; (状態) **wear** /ウェア/

着ている be wearing, have ～ on

• セーターを着る put on a sweater / put a sweater on

• それを着る put it on →「着るもの」が「それ」(it),「それら」(them) などの場合の語順は必ず put it [them] on となる

• 赤いドレスを着ている be wearing a red dress / have a red dress on

• 彼はスポーツシャツの上に厚いセーターを着た He put on a heavy sweater over his sports shirt.

• 日本の警官は紺の制服を着ている Japanese police officers wear dark blue uniforms. →「着ている」が習慣を表す時には進行形にしない

• 彼はいつもくたびれたジーンズとシャツを着ているのに、きょうはスーツを着ている He usually wears worn-out jeans and a shirt but today he is wearing a suit [he has a suit on].

• 君はふだん学校に何を着て行きますか What do you usually wear to school?

• 私の父はパジャマを着たままで朝食を食べる My father eats breakfast with his pajamas on [in his pajamas].

• 彼はコートを着ないで雪の中へ出て行った He went out into the snow without an overcoat on.

• 入って来ちゃだめ、いま服を着るところだから Don't come in. I'm getting dressed.

• 彼女は大きくなってドレスがみんな着られなくなった She has grown out of all her dresses.

• 彼女は何を着てもよく似合う Anything looks good [nice] on her.

きれ 切れ (布切れ) **cloth** /クろーす/; (一片) a **piece** /ピース/

• 肉一切れ a piece of meat

• 紙切れ1枚 a piece of paper

きれい きれいな

➤ (かわいい) **pretty** /プリティ/; (美しい) **beautiful** /ビューティふる/

➤ (清潔な) **clean** /クリーン/; (公正な) **fair**

きれいに prettily, beautifully; clean, cleanly

• 彼女はとてもきれいです。しかしお母さんのほうがもっときれいです She is very beautiful, but her mother is more beautiful.

• 手をいつもきれいにしておきなさい Always keep your hands clean.

• 彼女は字がきれいだ She writes a good hand.

• 広間はクリスマスのためにきれいに飾(かざ)りつけられた The hall was beautifully decorated for Christmas.

きれめ 切れ目 (すき間) a **gap** /ギャプ/; (中断) a **break** /ブレイク/; (休止) a **pause** /ポーズ/; (切り口) a **cut end**

ことわざ 金の切れ目が縁の切れ目
Love lasts as long as money endures. (恋も金のあるうちだけ) / ひゆ When poverty comes in at the door, love flies out of the window. (貧乏が戸口から入ってくると，愛は窓から飛び出ていく)

きれる 切れる

❶ (刃物が) **cut**
❷ (切断される) **break**

❶ (刃物が) **cut; be sharp** /シャープ/

• このナイフはよく切れる[切れない] This knife cuts [doesn't cut] well. / This knife is sharp [dull].

• この紙は堅くて小さなはさみでは切れない
This paper is too hard to cut with small scissors.

❷ (切断される) **break** /ブレイク/

• ロープはその重みで切れた
The rope broke under [with] the weight.

❸ (不足する) **run short** /ショート/; (なくなる) **run out**

• だんだん燃料が切れてきた We are running short of fuel. / The fuel is running short.

• ガソリンが切れて車が止まってしまった
The gasoline ran out and the car stopped.

❹ (時間が) **be up, run out**; (期限が) **come to an end, go out of date** /デイト/, **expire** /イクスパイア/

• もう時間切れだ
Time is up. / Time has run out.

• ぼくのバスの定期券はあしたで切れる My bus pass expires [goes out of date] tomorrow.

❺ (その他) (頭が) **be sharp**; (電池が) **go dead** /デド/; (電球が) **burn out** /バ～ン/; (電話が) **be cut off, be disconnected** /ディスコネクテド/; (我慢できなくなる) **get impatient** /インペイシェント/, (かっとなる) **lose** one's **temper** /るーズ テンパ/, **fly into a fury** /ふらイ ふュアリ/

• あんなに切れる女性はめったにいない
We seldom find such a sharp woman.

• この電池は切れている This battery is dead.

• 話し中に突然電話が切れてしまった
While we were talking, the phone was sud-

one hundred and fifty-five　155　ぎんこう

denly cut off［went dead］.
・彼にそれを言う時は気をつけるよ. 彼はすぐ切れるから　Be careful when you tell it to him. He easily loses his temper.

キロ a **kilo** /キーろウ/
・キログラム　a kilogram（略 kg.）
・キロメートル　a kilometer（略 km.）
・キロリットル　a kiloliter（略 kl.）
・キロワット　a kilowatt（略 kw.）

きろく　記録

➤ a **record** /レコド/
記録する　record /リコード/
記録的な　record /レコド/
・記録係（会議などの）a record keeper;（試合などの）a scorer
・記録映画　a documentary film
・記録保持者　a record holder
・記録的な米の大豊作　a record rice crop
・その事件を記録に留めておく　keep the record of the event／keep the event on record
・（競技の）新記録を立てる　make［set up］a new record
・世界記録を保持する　hold the world record
・毎日の気温の変化の記録をつけておきなさい
Keep a record of changes in temperature of each day.
・高跳びの校内記録はだれが持っていますか
Who holds the school record for the high jump?
・われわれは彼がこの記録を破ることを期待している
We expect him to break this record.
・その事件は記録に載⒨っていない　The event is not on record［is not recorded］.

ぎろん 議論（自説を主張し合う）an **argument** /アーギュメント/;（討議）**discussion** /ディスカション/
議論する　argue /アーギュー/; **discuss** /ディスカス/

使い分け

argue: 論拠・証拠などを示しながら自分の意見を主張することで, やり合いのふんい気がある
discuss: いろいろな観点から事のよしあしを論じ合うことで友好のふんい気がある

・その問題について議論する　argue about［on］the question／have an argument about［on］the question／discuss the question／have a discussion about［on］the question ➜ ×discuss *about* ～ としないこと

きわどい（危険な）**dangerous** /デインヂャラス/, **risky** /リスキ/;（微妙な）**delicate** /デリケト/;（接戦

の）**close** /クろウス/

きをつける　気をつける

➤（用心する）be **careful** /ケアふる/, **watch out** /ワチ/, **mind** /マインド/ → ちゅうい

・ケン, 気をつけて! 塀にもたれちゃだめ! ペンキぬったばかりなんだ　Watch out, Ken! Don't lean against the wall! I've just painted it.
・踏み段に［があるから］気をつけなさい
Mind the step.

きん 金(の) **gold** /ゴウるド/
金色の　golden /ゴウるドン/
・金貨　a gold coin
・金メダル　a gold medal

ぎん 銀(の) **silver** /スィるヴァ/
銀色の　silver
・銀貨　a silver coin
・銀メダル　a silver medal

きんえん 禁煙する **give up smoking** /スモウキング/

掲示 禁煙 No Smoking.
・禁煙車　a nonsmoking car／a nonsmoker
・禁煙席をお願いします
I prefer the nonsmoking section.

ぎんが 銀河 **the Milky Way** /ミるキ ウェイ/
きんがく 金額 a **sum**（**of money**）/サム（マニ）/
・少し［多く］の金額　a small［large］sum of money

きんがしんねん 謹賀新年 **A Happy New Year!** /イア/

きんがん 近眼 → きんし¹

きんきゅう 緊急の **urgent** /ア～チェント/
・緊急の事態　an emergency
・緊急の場合は　in an emergency／in case of emergency
・緊急の用件　an urgent affair
・緊急の用事で　on urgent business

キンギョ 金魚 《魚》a **goldfish** /ゴウるドふィシュ/（㉵ 同形）

キング（トランプの）a **king**

きんげん 金言 a **wise saying** /ワイズ セイインぐ/;（格言）a **maxim** /マクスィム/

きんこ 金庫 a **safe** /セイふ/

ぎんこう 銀行 a **bank**
・銀行通帳　a bankbook／a passbook
・銀行口座　a bank account
・銀行員　a bank employee
・銀行にお金を預ける　put［deposit］money in the bank
・銀行からお金を引き出す　draw［withdraw］

あ

き

さ

た

な

は

ま

や

ら

わ

きんし 156 one hundred and fifty-six

money from the bank
•彼は銀行に多額の預金がある He has a large sum of money [a large deposit] in a bank.

きんし¹ 近視の **near-sighted** /ニアサイテド/

きんし² 禁止 **prohibition** /プロウイビション/
禁止する prohibit /プロウヒビト/
•このプールでは午後6時以後の水泳は禁止です Swimming in this pool is prohibited after 6 p.m.
•この通りでは駐車が禁止されています Parking is prohibited [is not allowed] on this street.

きんじょ 近所 **the neighborhood** /ネイバフド/
近所の （近くの）**nearby** /ニアバイ/; （隣の）**neighboring** /ネイバリング/
近所の人 a **neighbor** /ネイバ/
•近所の川で in a nearby river
•この近所に in this neighborhood / near [around] here
•私の家の近所に in my neighborhood / near my house
•彼は昨年この近所に引っ越して来ました He moved into this neighborhood last year.

きんじる 禁じる → きんし² (→ 禁止する)

きんせい¹ 均整 **symmetry** /スィメトリ/
•均整のとれた symmetrical / well-proportioned

きんせい² 金星 **Venus** /ヴィーナス/

きんせん 金銭 → かね¹

きんぞく 金属 a **metal**
•貴[卑]金属 precious [base] metals
•金属バット a metal (baseball) bat

きんだい 近代 **modern times** /マダン/
近代の，近代的な modern
近代化 modernization /マダニゼイション/
近代化する modernize /マダナイズ/

きんだいごしゅ 近代五種 **modern pentathlon**

/マダン ペンタすらん/

きんちょう 緊張 **tension** /テンション/
緊張した tense /テンス/; （神経質な）**nervous** /ナ〜ヴァス/
•その2国間の緊張を緩和(かんわ)する relieve the tension between the two countries
•入試面接では緊張するだろうなあ
I'm afraid I'll be nervous at the entrance exam interview.

ギンナン 銀杏 《植物》a **ginkgo nut** /ギンコウ ナト/ → イチョウ

きんにく 筋肉 a **muscle** /マスる/
筋肉の(たくましい) muscular /マスキュら/

きんねん 近年 **in recent years** /リースント イアズ/, **lately** /れイトリ/

きんべん 勤勉 **diligence** /ディリヂェンス/
勤勉な diligent /ディリヂェント/, **hard-working** /ハードワ〜キング/
勤勉に diligently, with diligence
•彼はとても勤勉です
He is very diligent. / He is a hard worker.

きんむ 勤務 （**official**）**duty** /(オふィシャる) デューティ/
•勤務時間 working hours / office hours
•勤務中である be on duty
•私の兄はこの工場に勤務しています
My brother works in this factory.
•あなたのお父さんの勤務先はどこですか
Where does your father work?

きんゆう 金融 **finance** /ふァイナンス/, **financing** /ふァイナンシング/
•金融政策 monetary policy
•金融緩和(量的緩和) quantitative easing

きんようび 金曜日 **Friday** /ふライデイ/ （略 Fri.） → かようび

きんろう 勤労 **labor** /れイバ/
•勤労感謝の日 Labor Thanksgiving Day

く ク

く¹ 9(の) **nine**
•第9(の) the ninth （略 9th）
•十中八九(の場合) nine cases out of ten

く² 区 a **ward** /ウォード/
•区役所 a ward office
•千代田区 Chiyoda Ward / Chiyoda-ku → 手紙のあて名として書く時は後者がふつう

•学区 a school district

く³ 句 《文法》a **phrase** /ふレイズ/
•名詞[形容詞, 副詞]句 a noun [an adjective, an adverb] phrase

ぐあい 具合 （状態）a **condition** /コンディション/; （方法）a **way** /ウェイ/
•こういう具合に in this way / like this

・私はきょうは具合が悪くて外出できません
I don't feel well, so I can't go out today.
・どうもこのテレビの具合が悪い
Something is wrong with the TV.

きょうは具合はどうですか
―おかげさまできょうはずっと具合がいい
How do you feel today?
―I feel much better today, thank you.

くい 杭 (普通の) a **stake** /ステイク/; (建築土台に打ち込む) a **pile** /パイる/; (目じるしなど) a **post**; (テント用) a **peg**
・杭を打つ[抜く] drive in [pull out] a stake [a pile]

クイーン (トランプの) a **queen** /クウィーン/

くいき 区域 a **district** /ディストリクト/, an **area** /エアリア/, a **zone** /ゾウン/

くいしんぼう 食いしん坊 a **big eater** /イータ/

クイズ a **quiz** /クウィズ/, (複) quizzes)
・(テレビなどの)クイズ番組 a quiz program

くいちがう 食い違う **contradict** /カントラディクト/
食い違い a **contradiction** /カントラディクション/, a **discrepancy** /ディスクレパンスィ/
・君の話はぼくの聞いた話と食い違う
Your story contradicts what I've heard.

くいとめる 食い止める **check** /チェク/, **keep in check** /キープ/, **stem** /ステム/, **put a cap on**
・病気の広がるのを食い止める check the spread of a disease / keep the spread of a disease in check
・地球の温暖化を食い止める stem [put a cap on] the progress of global warming

くいる 悔いる → こうかい¹ (→後悔する)

くうかん 空間 **space** /スペイス/

くうき 空気

➤ **air** /エア/
➤ (雰囲気) an **atmosphere** /アトモスふィア/
・空気汚染(おせん) air pollution
・空気銃 an air gun
・(タイヤの)空気入れ a pump
・タイヤに空気を入れる pump up a tire
・新鮮な空気の中で十分運動をするようにしなさい
Try to take plenty of exercise in the fresh air.
・その新しく来た生徒はクラスの空気になじめなかった The new student couldn't get used to the atmosphere of the class.

ぐうぐう (腹が鳴る) **rumble** /ランブる/; (寝る) **sleep soundly** /スリープ サウンドり/, **be fast asleep** /アスリープ/ (→ぐっすり)
・ぐうぐういびきをかく snore loudly
会話 何の音だろう. ―ぼくのおなかがぐうぐう鳴ってるんだ What is that sound?―My stomach is rumbling.

くうぐん 空軍 an **air force** /エア ふォース/
・空軍基地 an air base

くうこう 空港 an **airport** /エアポート/
・空港に着陸する land at an airport
・空港を離陸する leave an airport
・国際空港 an international airport

くうしゃ 空車 (タクシーの) a **vacant cab** /ヴェイカント キャブ/

くうしゅう 空襲 an **air raid** /レイド/

くうしょ 空所 a **blank** /ブランク/
・空所に記入せよ Fill in the blanks.

ぐうすう 偶数 an **even number** /イーヴン ナンバ/

くうせき 空席 a **vacant seat** /ヴェイカント スィート/

ぐうぜん 偶然

➤ a **chance** /チャンス/
➤ (偶然の出来事) an **accident** /アクスィデント/
➤ (偶然の一致) (a) **coincidence** /コウインスィデンス/

偶然に by chance; by accident; by coincidence
偶然…する happen to do /ハプン/
・偶然の知り合い a chance acquaintance
・私は偶然彼に会った I met him by chance. / I happened to meet him.
・私たちは偶然同じバスに乗り合わせていた
We happened to be on the same bus.
・部屋には偶然だれもいなかった There happened to be nobody in the room.
・そうしようと思ってたんじゃないんです. それは偶然だったんです I didn't do it on purpose. It was an accident.

くうそう 空想 a **fancy** /ふァンスィ/, a **daydream** /デイドリーム/
空想する **fancy**, **(day)dream**
・彼は楽しい空想にふけっていた
He was indulging in a pleasant fancy.
・それは単なる空想にすぎない
It is a mere fancy [nothing but a fancy].

ぐうぞう 偶像 an **idol** /アイドる/

くうちゅう 空中 **the air** /エア/, **the sky** /スカ

くうはく 158 one hundred and fifty-eight

くうはく 空白 a **blank** /ブランク/

くうふく 空腹 **hunger** /ハンガ/

空腹な **hungry** /ハングリ/

・私はとても空腹です

I am very hungry. / I'm starving.

・彼は空腹らしい He looks hungry.

ことわざ 空腹にまずいものなし Hunger is the best sauce. (空腹は最上のソースである)

クーポン a **coupon** /クーパン/

クーラー (エアコン) an **air conditioner** /エア コ ンディショナ/; (冷却容器) a **cooler** →「エアコン」の意味で使う「クーラー」は和製英語

・クーラーのきいている air-conditioned

ぐうわ 寓話 a **fable** /フェイブる/, an **allegory** /あれゴーリ/

くかく 区画 (区切り) a **division** /ディヴィジョン/; (区域) a **section** /セクション/; (街区) a **block** /ブ らク/

くがつ 9月 **September** /セプテンバ/ (略 Sept.)

・9月に in September

・9月20日に on September 20 (読み方: (the) twentieth)

・9月の初めに early in September / at the beginning of September

・9月の中ごろに in [toward] the middle of September

・2学期は9月から始まります

The second term in school begins in September. →「…から」を×from ～ としない

くき 茎 a **stalk** /ストーク/, a **stem** /ステム/

くぎ a **nail** /ネイる/

くぎで留める **nail** (**down**)

・くぎを打つ[抜く] drive (in) [pull out] a nail

・彼は壁に棚をくぎで打ちつけた

He nailed a shelf on [to] the wall.

くぎぬき くぎ抜き (1丁) (a pair of) **pincers** /(ペア) ピンサズ/

くぎる 区切る (文章を) **punctuate** /パンクチュエイト/; (仕切る) **divide** /ディヴァイド/, **separate** /セパレイト/

区切り a **division** /ディヴィジョン/; (終わり) an **end**, a **stop**; (途切れ) a **pause** /ポーズ/ → とぎれる (→途切れ)

・作業に区切りをつける put a stop to work

・部屋を二つに区切る divide the room into two

くぐる (中を) **go through** /するー/, **pass through**; (下を) **go under**, **pass under**; (水中を) **dive into** /ダイヴ/

・トンネルをくぐる go through a tunnel

・ガードをくぐる go under the railway overpass

くさ 草

➤ (牧草になるもの) **grass**; (雑草) a **weed** /ウィード/ → しば

草を取る **weed**

・(家畜が)草を食う graze

・草の生えている (草地の) grassy; (雑草の多い) weedy

・草の生えている野原 a grassy field

・草だらけの庭 a weedy garden / a garden covered [overgrown] with weeds

・近いうちに庭の草取りをしなければならない

I will have to weed the garden one of these days.

・彼らは草刈りで忙(いそが)しかった

They were busy cutting grass.

・ウシが野原で草を食っていた

Cattle were grazing in the field.

くさい

➤ **smell** (**bad**) → におう

・この部屋はペンキ[ガス]くさい

This room smells of paint [of gas].

・この魚はくさくなりかけている

This fish has begun to smell.

・この部屋は何かくさい

Something smells in this room.

・何かこげくさい (→何かが燃えているにおいがする)

I smell something burning.

・ああ, くさい What a smell!

くさばな 草花 a **flower** /ふらウア/

・草花を作る grow flowers

くさやきゅう 草野球 **sandlot baseball** /サンドらト/ → sandlot は「子供の遊び場としての空き地」

くさり 鎖 a **chain** /チェイン/

鎖でつなぐ **chain**, **keep ～ on the chain** /キープ/ → ひも

くさる 腐る **rot** /ラト/; (食物が) **go bad**

・暑い時は食物は腐りやすい

Food easily goes bad in hot weather.

くし¹ 串 (肉焼き用) a **spit** /スピト/, a **skewer** /スキューア/

くし² a **comb** /コウム/

くしでとかす **comb**

・くしで髪をとかす comb one's hair

くじ a **lot**; (宝くじ) a **lottery** /らテリ/ → たから (→宝くじ)

・くじを引く draw a lot

159 くせ

- くじに当たる[はずれる] draw a prize [a blank]
- 当たりくじ a prize ticket
- 外れくじ a blank
- 議長をくじで決める choose a chairperson by lots
- くじを引いてだれから行くか決めよう
Let us draw lots and decide who goes first.
- くじに当たった The lot fell on me.

くじく sprain /スプレイン/
- 彼は歩道ですべって足首をくじいた
He slipped on the sidewalk and sprained his ankle.

くじける (気持ちが) **be disheartened** /ディスハートンド/
- 君はたった1回の失敗でくじけてはいけない
You should not be disheartened by a single failure.

クジャク 孔雀 《鳥》(雄(おす)) a **peacock** /ピーカク/; (雌(めす)) a **peahen** /ピーヘン/

くしゃくしゃ (丸める) **crumple** /クランプる/

くしゃみ a **sneeze** /スニーズ/
　くしゃみをする sneeze →はくしょん
- コショウをかいだらくしゃみが出た
The pepper made me sneeze.

くじょ 駆除する **get rid of** /リド/
- ゴキブリを完全に駆除するのは難しい It's difficult to get rid of cockroaches completely.

くじょう 苦情 a **complaint** /コンプれイント/
　…について苦情を言う complain about [of] ~, make a complaint about ~

クジラ 鯨 《動物》a **whale** /(ホ)ウェイる/ → ほげい

くしん 苦心 **pains** /ペインズ/ → くろう
　苦心する take pains
- 苦心して with great pains

くず waste /ウェイスト/, 《米》**trash** /トラシュ/, 《英》**rubbish** /ラビシュ/ → ごみ
- くずかご 《米》a wastebasket / 《英》wastepaper basket

くすくす くすくす笑う **giggle** /ギグる/, **chuckle** /チャクる/

ぐずぐず (残っている) **linger** /リンガ/; (のろい) **be slow** /スろウ/; (手間取る) **delay** /ディれイ/; (ちゅうちょする) **hesitate** /ヘズィテイト/; (不平を言う) **grumble** /グランブる/, **complain** /コンプれイン/
- ぐずぐずしないで without delay / without hesitation
- 彼は他の人々が立ち去ったあとまでぐずぐずしていた He lingered after other people had left.
- 彼はぐずぐずしないで行動を始めた

He was not slow to take action. / He took action without hesitation.
- ぐずぐずするな! Be quick!
- ぐずぐずしてはいられない
There is no time to lose.
- ぐずぐずしてないでとにかくやってごらん. うまくいくかもしれないぞ
Don't hesitate. Do it anyway. You may succeed.

参考ことわざ 案ずるより生むがやすし You never know what you can do till you try. (やってみるまでは何ができるかわからない)

くすぐる tickle /ティクる/
- 彼の背中をくすぐる tickle his back
- 鼻がくすぐったい My nose tickles.

くずす (金を) **change** /チェインヂ/
- この1万円札をくずしてもらえないでしょうか
Will you change (me) this ten-thousand yen bill?

くすぶる (け む る) **smoke** /スモウク/; (い ぶ る) **smolder** /スモウるダ/

くすり 薬

➤ (一般的に内服薬) (a) **medicine** /メディスン/; (丸薬) a **pill**; (錠剤(じょうざい)) a **tablet** /タブれト/

- 薬屋 《米》a drugstore / 《英》a chemist's shop
- 薬1服 a dose of medicine
- これはかぜにきく薬です
This is a good medicine for a cold.
- 毎食後にこの薬を1服飲みなさい Take a dose of this medicine after each meal.

くすりゆび 薬指 **the third finger** /さ～ド ふィンガ/, **the ring finger** → ふつう親指 (thumb) は finger とはいわないので薬指は3番目

くずれる (つぶれる) **give way** /ウェイ/; (壊れる) **break** /ブレイク/; (形が) **get out of shape** /シェイプ/; (ぼろぼろになる) **go to pieces** /ピーセズ/, **crumble** /クランブる/; (倒れる) **fall down** /ふォーる ダウン/, **collapse** /コらプス/
- 晴天続きの天気がくずれだした The spell of fine weather has begun to break.
- その地震でたくさんの家屋がくずれた A lot of houses collapsed due to the earthquake.

くせ 癖 (習慣) a **habit** /ハビト/; (やり方) a **way** /ウェイ/
- 悪い癖がつく fall [get] into a bad habit
- 癖を直す lose [get rid of] a habit; (他人の癖を) get a person out of a habit

くせに 160 one hundred and sixty

- いつもの癖で　by force of habit
- あの子にはつめをかむ悪い癖がある　The child has a bad habit of biting his nails.
- ほっておきなさい. それが彼の癖です
Leave him alone. That's his way.

くせに …のくせに（…にもかかわらず）**though** /ぞ ウ/, **although** /オーるぞウ/, **in spite of** /スパイ ト/
- 彼はからだが大きいくせにとても意気地なしだ
Though［Although］he is big, he is a (big) sissy.
- 彼は金持ちのくせにけちだ　In spite of being rich［Although he is rich］, he is a miser.
- それは事実ではない, 君だって知ってるくせに　That is not the case, and you know it.

くせん 苦戦（試合）a **tough game** /タふ/; （戦い）a **tough battle** /バトる/［**fight** /ふァイト/］, an up-**hill battle**［**fight**］/アプヒる/ ⇒ uphill は「上り坂の」

くだ 管 a **tube** /テューブ/

ぐたいてき 具体的な（明確な）**concrete** /カンクリート/; （特定の）**specific** /スペスィふィク/

具体的に **concretely**; **specifically**
- 具体的に言うと　to be specific / specifically speaking
- 具体的な証拠　concrete evidence
- もっと具体的におっしゃっていただけませんか
Would you be more specific?

くだく 砕く, 砕ける **break** /ブレイク/

くたくた くたくたになる（疲(つか)れる）**be ex-hausted** /イグゾーステド/
- 私は徹夜仕事でもうくたくただ
I'm totally exhausted from working all night.

ください
❶（いただきたい）
- おかわりをください
Please give me another helping.
- 手紙をください　Please write to me.
- どっちもいいけど, そうね, こちらをください　I like them both. Well, I'll take this one. ⇒ 店で買い物をする時の言い方
❷（…してください）**Please** *do*. /プリーズ/ / **Will you** (**please**) *do*? / **Would you** (**please**) *do*? /ウド/ / **Do you mind** *do*ing? /マインド/ / **Would you mind** *do*ing?
- ドアを閉めてください ⇒ 次の訳文の順で丁寧(ていねい)になる　Please shut the door. / Shut the door, please. / Will you (please) shut the door? / Would you (please) shut the door? / Do ［Would］you mind shutting the door?

くたびれる → つかれる

くだもの　果物

➤ (a) **fruit** /ふルート/
- 果物屋　a fruit store
- 果物の皮をむく　peel a fruit
- 私は果物が好きだ　I like fruit. ⇒ ばく然と「果物全体」をさす時は単数形で冠詞をつけない
- その店ではどんな果物を売っていますか
What fruits do they sell at the store? ⇒ 果物の種類をいう時は複数形にもなる
- トマトは果物ですか　Is a tomato a fruit?
- 君はたくさん果物を食べなければいけません
You should eat a lot of［much］fruit.

くだらない（ばかげた）**ridiculous** /リディキュらス/, **stupid** /ステューピド/, **silly** /スィリ/; （おもしろくない）**uninteresting** /アニンタレスティンぐ/; （取るに足らない）**trivial** /トリヴィアる/

くだり 下りの **down** /ダウン/
- 下り列車　a down train

くだりざか 下り坂 a **downward slope** /ダウンワド スろウプ/
下り坂である（人気などが）**decline** /ディクらイン/, **be on the wane** /ウェイン/; （天気が）**change for the worse** /チェインヂ ワ〜ス/

くだる 下る **go down** /ダウン/, **descend** /ディセンド/
- 坂を下る　go downhill
- 山を下る　go down［descend］a mountain
- ボートで川を下る　go down a river in a boat
- 町はその川をもっと下った所にあります　The town is situated further down the river.
- ここから道は下り始めます（下り坂になります）
Here the road begins to descend［go down］.

くち　口

➤ a **mouth** /マウす/
- びんの口　the mouth of a bottle
- やかんの口　the spout of a kettle
- 口を開ける［閉める］　open［shut］*one's* mouth
- …を口に入れる　put ～ into *one's* mouth
- パイプを口にくわえる　hold a pipe in *one's* mouth
- …に口答えをする　answer ～ back / talk back to ～
- 口をすべらせる　make a slip of the tongue
- 口を出す　cut in / ひゆ put *one's* oar in （自分の櫂(かい)を入れる）/ （おせっかいをやく）stick *one's* nose into ～
- 口のきけない動物　dumb creatures

161 one hundred and sixty-one / くつろぐ

- ・口が悪い　have a sharp tongue
- ・口数の少ない［多い］　quiet［talkative］
- ・口やかましい　nagging
- ・口伝え［口コミ］で　by word of mouth
- ・そのうわさは口から口へと広がった
The rumor spread from mouth to mouth.
- ・食べ物を口にいっぱい入れて物を言うな
Don't talk with your mouth full.
- ことわざ 良薬は口に苦(にが)し　Good medicine is bitter in the mouth. / No rose without a thorn. (とげのないバラはない)
- ・ホワイト夫人はよく自分の息子のことを口にする
Mrs. White often speaks of her son.
- ・彼は腹がたって口もきけなかった　He was so angry that he could say nothing. / He was too angry to say anything. / He was speechless with anger.
- ことわざ 口は災いの元
Least said, soonest mended. (口数が少なければ，(間違っても)すぐ言い直すことができる)
- ・それが彼の口癖(くちぐせ)だ
That's his pet［favorite］phrase.

ぐち 愚痴 → ふへい

くちばし a **bill** /ビる/; (猛鳥類の湾曲(わんきょく)した) a **beak** /ビーク/

くちびる a **lip** /リプ/
- ・上［下］くちびる　the upper［lower］lip
- ・くちびるをとがらせる　pout
- ・彼は(黙れというしるしに)指をくちびるに当てた
He put his finger to his lips.

くちぶえ 口笛　a **whistle** /(ホ)ウィスる/
　口笛を吹く **whistle**, **blow** a **whistle** /ブろウ/
- ・口笛で曲を吹く　whistle a tune
- ・口笛を吹いてイヌを呼ぶ　whistle for a dog

くちべに 口紅　**rouge** /ルージュ/; (棒状) a **lipstick** /リプスティク/
- ・口紅をつける　(動作) put on lipstick

くちょう 口調　a **tone** /トウン/
- ・穏(おだ)やかな［おごそかな］口調で　in a gentle［grave］tone

くつ 靴
➤ (短靴) **shoes** /シューズ/; (長靴) **boots** /ブーツ/
- ・靴1足　a pair of shoes［boots］
- ・靴ひも　(米) a shoestring, a shoelace / (英) a shoelace
- ・靴墨　shoe polish
- ・靴ブラシ　a shoe brush
- ・靴べら　a shoehorn

- ・靴みがき(人)　a shoe-shiner
- ・靴屋　(米) a shoe store / (英) a shoe shop
- ・運動靴　sneakers
- ・革靴　leather shoes
- ・ゴム長靴　rubber boots
- ・靴をはく［脱(ぬ)ぐ］　put on［take off］one's shoes
- ・靴をはいたままで　with one's shoes on
- ・かかとに靴ずれができる　get a blister on one's heel
- ・彼は新しい靴をはいている　He is wearing new shoes. / He has new shoes on.

くつう 苦痛 → いたい (→ 痛み)

クッキー a **cookie** /クキ/, (英) a **biscuit** /ビスキト/

くっきり **clearly** /クリアり/

くつした 靴下 (短い) **socks** /サクス/; (長い) **stockings** /スタキングズ/
- ・靴下1足　a pair of socks［stockings］
- ・靴下をはく［脱(ぬ)ぐ］　pull on［off］one's socks

クッション a **cushion** /クション/

ぐっすり **soundly** /サウンドり/, **fast**
- ・赤ん坊は揺りかごの中でぐっすり眠っている
The baby is sleeping soundly in a cradle.

ぐったり (疲(つか)れた) **tired** /タイアド/, **exhausted** /イグゾーステド/; (しおれた) **limp** /リンプ/
- ・ぐったり疲れる　be dead tired

くっつく **stick** /スティク/
- ・セロテープが本の表紙にくっついてはがれない
(Some) Scotch tape has stuck on the book cover and won't come off.
- ・あの二人はいつもくっついている
They are always together.

くっつける **join** /ヂョイン/, **put together** /トゥゲざ/; (のりで) **paste** /ペイスト/; (ボンドなどで) **glue** /グるー/, **stick** /スティク/
- ・花びんが割れたけどなんとかくっつけた
The vase broke, but I managed to put it together again.

くってかかる 食ってかかる　**fly** /ふらイ/, **let fly**
- ・彼女は私に食ってかかった　She let fly at me.

ぐっと (堅く) **tight(ly)** /タイト(り)/
- ・ぐっと力を込めて　with all one's might［strength］

くつろぐ be at one's **ease** /イーズ/, **be at home**; be **comfortable** /カンふォタブる/, **be relaxed** /リらクスト/
- ・どうぞくつろいでください　Please make yourself comfortable［at home］.
- ・彼はくつろいでひじ掛けいすにすわっていた

あ
く
さ
た
な
は
ま
や
ら
わ

くどい 162

He was sitting at ease in an armchair.

くどい long and repetitious /レペティシャス/

くとうてん 句読点 a **punctuation mark** /パンクチュエイション/

句読点を打つ punctuate /パンクチュエイト/
•この文に適当な句読点を打ちなさい
Punctuate this sentence properly.

くに 国

➤ (国家) a **country** /カントリ/, a **nation** /ネイション/
➤ (地方) a **province** /プラヴィンス/
➤ (故郷) one's **native place** /ネイティヴ プれイス/, one's **hometown** /ホウムタウン/, one's **home village** /ヴィれヂ/

•世界の国々 the countries of the world
•国じゅうで[に] all over the country
•武蔵(むさし)の国 the Province of Musashi
•彼は私たちの国が生んだ最も偉大(いだい)な作家の一人です He is one of the greatest writers that our country has ever produced.
•あなたのお国はどちらですか Where do you come [Where are you] from?

使い分け

country:「国」を指す一般的な語 Japan is an island country. (日本は島国です)
nation: 地理的な「国」のほかにそこに住む人々もふくみ, 国民や文化に重きを置く語 the Japanese nation (日本国民)
state: 政治組織としての「国家」の意味合いが強く, 国際関係など, 政治的な話をする際に用いられる語 an independent state (独立国)

くばる 配る **give out**, **hand out**: (分配する) **distribute** /ディストリビュート/; (配達する) **deliver** /ディリヴァ/; (トランプのカードを) **deal** /ディーる/
•先生はテストの問題用紙を生徒に配った
The teacher gave out the tests to her [his] students.

くび 首

❶ a **neck**; (頭) a **head**
❷ (解雇) **dismissal**

❶ (首) a **neck** /ネク/; (頭) a **head** /へド/
•太い[細い]首 a thick [slender] neck
•首を伸ばす crane one's head [neck] forward
•窓から首を出す poke [put] one's head out of the window
•首をかしげる tilt one's head to one side
•彼女は彼の首に抱きついた

She put [threw] her arms around his neck.
•私は彼より首から上だけ背が高い I am taller than he is [(話) than him] by a head.
•彼らは地球温暖化をおさえる方法について首をひねっている ひゆ They are scratching their heads over [about] how to reduce global warming. →scratch one's head (頭をかく)は一生懸命考える時のしぐさ
•私たちはお会いする日を首を長くして待っています We are looking forward to the day we see you.

❷ (解雇(かいこ)) **dismissal** /ディスミサる/

首にする, 首を切る **dismiss** /ディスミス/, (話) **fire** /ふァイア/, **sack** /サク/

首になる **be dismissed**, **get** [**be**] **fired**, **get** [**be**] **sacked**

くびかざり 首飾り a **necklace** /ネクれス/
くびわ 首輪 a **collar** /カら/
くふう 工夫 a **device** /ディヴァイス/
工夫する **devise** /ディヴァイズ/
•この製品にはたくさんの工夫がこらしてある
Many original ideas have been put into this product.

くぶん 区分 **division** /ディヴィジョン/
区分する **divide** /ディヴァイド/
くべつ 区別 **distinction** /ディスティンクション/
区別する **distinguish** /ディスティングウィシュ/, **tell**
•善悪の区別をする distinguish [tell] good from evil
•君はこの色とその色とを区別できますか
Can you tell this color from that?

くぼみ a **hollow** /ハろウ/; (車などの) a **dent** /デント/
•地面のくぼみ a hollow in the ground
くぼむ くぼんだ **hollow** /ハろウ/, **sunken** /サンクン/

クマ 熊 《動物》a **bear** /ベア/
•シロクマ a polar bear
•ハイイログマ a grizzly bear
•ヒグマ a brown bear
くまで (道具) a **rake** /レイク/
•くまででかく rake

くみ 組

❶ (クラス) a **class**
❷ (集団) a **group**: (団体) a **party**
❸ (対) a **pair**; (一式) a **set**

❶ (クラス) a **class**
•私たちの学校では各学年とも4組あります

There are four classes for each year [grade] at our school.

・私は3年A組です I belong to Class 3A (読み方: three A). / I am in Class 3A.

・毎年組換えがあります
All the classes are reorganized every year.

❷ (集団) a **group** /グループ/; (団体) a **party** /パーティ/

・数組の観光団体 several parties of tourists / several sightseeing parties

・彼らを三つの組に分けなさい
Divide them into three groups.

・四人一組になって分かれてください Please divide yourselves into groups of four.

❸ (対) a **pair** /ペア/; (一式) a **set**

・手袋一組 a pair of gloves

・茶器一組 a tea set

・道具一組 a set of tools

・彼らは二人ずつ組になってその問題を研究した
They studied the problem in pairs.

・隣にすわっている人と組になってください
Please pair up with the person sitting next to you.

❹ (その他)

・このスカートは上着と組になっている
This skirt has a matching jacket.

くみあい 組合 (会) an **association** /アソウシエイション/; a **union** /ユーニョン/

・労働組合 (米) a labor union / (英) a trade union

・生活協同組合 a consumers' cooperative

くみあわせる 組み合わせる **combine** /コンバイン/; **match** /マチ/

組み合わせ **combination** /カンビネイション/; (競技などの) **match**

・仕事と遊びを組み合わせる combine work with pleasure

・紫色は赤と青の組み合わせです The color purple is a combination of red and blue.

・このブルーのシャツはグレーのスカートと組み合わせて着ると映えますよ
This blue shirt will look very attractive if you wear it with a gray skirt.

・この5つの小片を組み合わせて三角形を作りなさい
Make a triangle by putting these five pieces together.

・われわれのチームは彼らのチームと組み合わせされた
Our team was matched against theirs.

くみたてる 組み立てる (部品を集めて) **assemble** /アセンブる/, **put together** /トゥゲざ/

組み立て **assembly** /アセンブリ/

・組み立て工場 an assembly plant

・自動車を組み立てる assemble an automobile

くむ¹ (水を) **draw** /ドロー/; (ポンプで) **pump** /パンプ/

・井戸から水をくむ draw water from a well

・ポンプで水をくみ出す pump out water

くむ² 組む

❶ (腕(うで)を) **fold** /ふォウるド/; (足を) **cross** /クロース/

・足を組む cross *one's* legs

・腕を組んで歩く walk arm in arm

❷ (協力する) **cooperate** /コウアペレイト/, **team up** /ティーム/

・私たちは彼らと組んで環境保護のための新しいキャンペーンを始めた
We teamed up with them to begin a new campaign for environmental protection.

くも 雲

➤ a **cloud** /クらウド/

・雲のない cloudless

・雲が出てきた Clouds are gathering. ➤「状況があやしくなりだした」の意味にもなる

・きょうは晴れて空には雲一つない It is fine today and there is not a cloud in the sky.

・空は雲におおわれて暗い
The sky is dark with clouds.

クモ 蜘蛛 (虫) a **spider** /スパイダ/

・クモの巣(す) a spider's web / a cobweb

・クモの巣の張った cobwebbed

くもり 曇り (天気が) **cloudy weather** /クらウディ ウェざ/; (空が) a **cloudy sky** /スカイ/ → くもる

・きょうの天気予報は「曇り,時々雨」だ
The weather forecast for today is "Cloudy with occasional rain."

・東北地方はあすは曇りでしょう The Tohoku Area will have cloudy skies tomorrow.

くもりガラス 曇りガラス **frosted glass** /ふローステド/

くもる 曇る **cloud** /クらウド/; (目・ガラスなどが) **dim** /ディム/, **fog up** /ふァグ/; (顔が) **cloud over**

曇った (雲の多い) **cloudy**; (どんよりと) **overcast** /オウヴァキャスト/

・涙で曇った目 eyes dimmed with tears

・きょうは曇っている It is cloudy today.

・空は一面に曇ってきた
The sky is beginning to cloud over.

・彼女の顔は不安で曇った Her face clouded

くやしい 164 one hundred and sixty-four

over［was clouded］with anxiety.

くやしい 悔しい
➤ **be［feel］frustrated** /［ふぃーる］ふラストレイテド/, **be［feel］chagrined** /シャグリンド/

・悔しまぎれに out of frustration［chagrin］
・彼は自分の失敗がとても悔しかった He was deeply chagrined at［by］his failure.
・彼女は自分が悪くないのにお母さんにしかられてとても悔しかった She was very (much) frustrated when her mother scolded her for something she didn't do.

くやむ 悔やむ **regret** /リグレト/; (残念に思う) **be sorry** /サリ/

・私たちは皆彼の死を悔やんだ
We all regretted his death.
・彼はそうしたことを悔やんでいる
He regrets having done so.

くよくよ くよくよする **worry** (*one*self) /ワ～リ/, **be worried**

・くよくよするな．何でもないことだ
Don't worry. It's nothing.
・そんなことでくよくよしてはいけない
Don't let such a matter worry you. /
You don't need to worry［worry yourself］about such a matter.
参考ことわざ 心配は身の毒 Care will kill a cat. (心配は〔九つの命を持つといわれる〕ネコでも殺す)

くら 蔵，倉 (倉庫) a **warehouse** /ウェアハウス/

くらい¹ 暗い
➤ **dark** /ダーク/; (陰気(いんき)な) **gloomy** /グるーミ/

・暗い前途(ぜんと) gloomy prospects
・部屋の中は暗い It is dark in the room.
・(だんだん)暗くなってきた It is getting dark.
・暗くなる前に帰って来なければいけませんよ
You must be back before it gets dark.
・彼には人生の暗い面ばかりをながめる傾向(けいこう)がある He has a tendency to look only on the gloomy［dark］side of life.

くらい² 位 a **rank** /ランク/
位が…である **rank**
・位が高い［低い］ rank high［low］/ have a high［low］rank
・位が2番目である rank second

くらい³ …くらい
➤ **about** /アバウト/, **or so**; (A と同じくらい…) **as ～ as** A; (少なくとも) **at least** /リースト/

・そのお寺は200年くらい前に建てられたものです
The temple was built about two hundred years ago. /
The temple is about 200 years old.
・それは佐渡くらいの大きさの島です
It is an island about the size of Sado.
・彼は1週間くらいで退院できるでしょう
He will be able to leave the hospital in a week or so.
・君くらい英語が話せればいいと思うのだが
I wish I could speak English as well as you.
・自分の部屋くらい掃除(そうじ)しなさい
You should at least clean your own room.

グライダー a **glider** /グらイダ/

クライマックス a **climax** /クらイマクス/
・試合はクライマックスに達した
The game reached its climax.

クラウド 《IT》 **the cloud** /クらウド/ ➤ インターネット上のサーバーやデータベース
・クラウドに写真を保存する save photos to the cloud
・クラウド・コンピューティング cloud computing ➤ インターネット上のコンピューターでデータを処理すること

クラウドファンディング crowdfunding /クらウドふぁんディング/ ➤ ✕ cloudfunding ではない
・クラウドファンディングで寄付する make a pledge on a crowdfunding site /プれヂ/

グラウンド a **playground** /プれイグラウンド/
・彼らはグラウンドで野球をしている They are playing baseball in the playground.

クラクション the **horn** /ホーン/ ➤ 「クラクション」は製造会社の名前

ぐらぐら
❶ (煮え立つ) **boil** /ボイる/
・お湯がぐらぐら沸いている
The water is boiling.
❷ (ゆるんだ) **loose** /るース/, **shaky** /シェイキ/; (安定していない) **unsteady** /アンステディ/ ➤ ぐらつく
・私が登っている間はしごがぐらぐらしないように押さえていて
Hold the ladder steady while I climb up.

クラゲ 海月 《動物》 a **jellyfish** /チェりふィシュ/ (複 同形)

クラシック (音楽) **classical music** /クらスィカるミューズィク/

くらす 暮らす **live** /リヴ/
暮らし (a) **life** /らイふ/; (生計) **livelihood** /らイヴりフド/, **living** /リヴィング/

165

one hundred and sixty-five

くりさげる

・幸せに[安楽に]暮らす live a happy [comfortable] life / live happily [comfortably]
・裕福に暮らしている be well off
・彼らは魚を捕(と)って暮らしをたてています
They earn their living by fishing.
・彼女はわずかな年金で暮らしている
She lives on a small pension.

クラス
➤ **a class**
・料理[理科]のクラス a cooking [science] class
・クラス委員長 a class president
・クラス会 a class meeting / (卒業後の) a class reunion
・クラスメート a classmate
・彼はクラスで一番背が高い
He is the tallest boy in the class.
・私たちのクラスは今度の土曜日にハイキングに行く予定です
Our class is going to go hiking [is going on a hike] next Saturday.
・私たちのクラスの3分の1近くがかぜで休んでいる
Nearly a third of our class is absent with colds.

グラス a **glass** → コップ
グラタン (フランス語) **gratin** /グラートン/
クラッカー (食べ物・おもちゃ) a **cracker** /クラカ/
ぐらつく shake /シェイク/ → ぐらぐら ❷
　ぐらついている shaky /シェイキ/
クラブ
❶ (団体) a **club**; (スポーツ) a **team**
・調理クラブ a cooking club
・クラブ員 a member of the club
・クラブ活動 club activities
会話 君は何クラブに入っていますか。 ―私はバスケットボールクラブに入っています
What club do you belong to? / What club are you in? ―I belong to the basketball team. / I'm in the basketball team. / I'm a member of the basketball team.
❷ (ゴルフの) a (**golf**) **club**; (トランプの) **clubs**
・クラブのジャック the jack of clubs
グラフ a **graph** /グラふ/
・グラフをかく draw [make] a graph
・折れ線[棒，円]グラフ a line [bar, circle] graph
くらべる 比べる **compare** /コンペア/
・AとBを比べる compare A with B
・その2冊を比べるとそのちがいがすぐわかるでしょう If you compare the two books, you will find the difference at once.

くらむ (光で目が) **be dazzled** /ダズるド/
・金[欲]に目がくらむ be blinded by money [greed]
グラム a **gram** (略 g.)
くらやみ 暗やみ (**the**) **darkness** /ダークネス/, **the dark**
・ネコは暗やみの中でもよく見える
Cats can see well in the dark.
クラリネット a **clarinet** /クらリネト/
クランクアップ (映画の撮影終了) **wrap-up** /ラプ アプ/, **finish shooting** /シューティング/ ➡「クランクアップ」は和製英語
クランクイン (映画の撮影開始) **start shooting** ➡「クランクイン」は和製英語
グランド → グラウンド
グランドピアノ a **grand piano** /グランド ピアノ ウ/
クリ 栗 《植物》(実) a **chestnut** /チェスナト/; (木) a **chestnut** (**tree**)
くりあげる 繰り上げる **move up** /ムーヴ/, **advance** /アドヴァンス/
・パーティーの日取りを1週間繰り上げる move up [advance] the date of the party by one week
クリーニング (ドライクリーニング) (**dry**) **cleaning** /クリーニング/
・クリーニング屋 (人) a (dry) cleaner; (店) a cleaner's / a laundry
クリーム cream /クリーム/
・クリーム色の cream-colored
クリームコロッケ a **croquette with white sauce in it** /クロウケト，ソース/
グリーンピース 《植物》**green peas** /ピーズ/

くりかえす 繰り返す
➤ **repeat** /リピート/
繰り返し repetition /レペティション/
・繰り返して repeatedly
・繰り返し繰り返し over and over again
・これは君が前に言ったことの繰り返しにすぎない
This is only a repetition of what you said before.
・このような誤りを繰り返さないように注意しなさい
Be careful not to repeat such an error. / Be careful not to make such an error again.
・私の言うことを繰り返して言いなさい
Repeat what I say. / Repeat after me.
・私はその1節を何度も繰り返して読んだ
I read the passage over and over again.
くりさげる 繰り下げる **move back** /ムーヴ/, **move down** /ダウン/, **put off**

クリスチャン 166 one hundred and sixty-six

・文化祭は1週間繰り下げられた　The school festival was moved back by one week.

クリスチャン a **Christian** /クリスチャン/

クリスマス **Christmas** /クリスマス/

・クリスマスイブ　Christmas Eve
・クリスマスカード　a Christmas card
・クリスマスの贈(おく)り物　a Christmas present［gift］
・クリスマスツリー　a Christmas tree
・クリスマスキャロル　a Christmas carol
・クリスマスおめでとう　Merry Christmas!
・私はクリスマスの贈り物に腕(うで)時計をもらった　I was given a watch as a Christmas present.

クリックする **click** /クリク/

・ダブルクリックする　double-click
・OK の文字をクリックする　click on 'OK'

クリップ a **clip** /クリプ/

・クリップで留める　clip (up) / clip together
・書類をクリップで留める　clip papers together

グリル a **grill** /グリる/

くる　来る

❶ **come**

❶ **come**; (訪問する) **visit** /**ヴィ**ズィト/; (着く) **arrive** /ア**ラ**イヴ/

・(…から)帰って来る　come back (from ~) / return (from ~)
・(道を)やって来る　come along
・入って［出て］来る　come in［out］
・あした遊びに来いよ　Come and see me tomorrow. / Come to see me tomorrow. →《話》では前の文のほうがふつう
・ここへ来てください　Come here, please.
・ゴミ収集車は週2回来る
A garbage truck comes twice a week.
・トラックが私たちのほうに向かって来るよ! →現在進行形　A truck is coming toward us!
・来週ここにサーカスが来る
The circus is coming here next week. →この進行形は「近い未来」を表す
・私はあしたまた来ます →未来のこと
I'll come again tomorrow.
・どうして彼女はパーティーに来なかったのでしょう?
Why didn't she come to the party?
・冬が去って春が来た →現在完了
Winter is over, and spring has come.
・彼は学校から帰って来たところだ →現在完了
He has just come back from school.
　会話 彼はもう来ましたか. ―いや, まだ来ていません　Has he come?―No, he has not come yet.

・私は図書館へ行って来たところです
I have been to the library.

文法・語法
「…へ行って(帰って)来たところだ」は **have been to ~** で表現する. **have gone to ~** は「…へ行っていまここにはいない」という意味. ただし《米話》では「行って来たところだ」の意味で have gone to ~ を用いることがある

・ブラウン氏は日本へ来たばかりです
Mr. Brown has just arrived in Japan.
・ほら, バス［彼］が来た　Here comes the bus［Here he comes］. →主語が he, she, it, they の場合は come の前に来る
・少年たちは歌を歌いながらやって来た
The boys came along singing a song.
・日本へ来られた目的は何ですか　What is the purpose of your coming［visit］to Japan?
・彼女は昨日私に会いに来た
She came to see me yesterday.
・水［彼女の髪］は彼女の腰のところまできた
The water came (up)［Her hair came (down)］to her waist.

❷ (…になる) **get**, **begin** /ビギン/

・暗くなってきた　It is getting dark.
・雨が降ってきた　It has begun to rain.
・彼の成績が上がってきた
His grades have begun to improve.

❸ (由来する) **come from**

・地名から来ている姓がたくさんある
There are many surnames that come from place names.

くるう 狂う (気が) **go mad**, **become crazy** /クレイズィ/, **become insane** /インセイン/; (機械などの調子が) **get out of order** /オーダ/, **go wrong** /ローング/; (順序が) **be out of order**; (計画が) **be upset** /アプセト/

・狂っている　be mad; be out of order / be wrong
・時間［あの時計］が狂っています
The time［The clock］is not correct.
・これらのカードは順序が狂っている　These cards are out of order［are not in order］.
・大雨のために私たちの計画は狂った
Our plan was upset by a heavy rainfall.

グループ a **group**

・グループを作る　form (into) a group
・グループになって　in a group / in groups
・グループ活動　group activities
・グループ学習　group work / group study

・ごらんなさい,子供たちがあっちこっちにグループになって遊んでいます Look! The children are playing in groups here and there.

くるくる (回る) **spin** /スピン/, **whirl** /(ホ)ワ~る/, **rotate** /ロウテイト/; (巻く) **roll** /ロウる/
・ポスターをくるくるまるめる roll up a poster
・こまがくるくる回っている
A top is spinning round and round.

ぐるぐる (回る) **rotate** /ロウテイト/; (旋回(せんかい)する) **circle** /サ~クる/; (巡(めぐ)る) **go around** /アラウンド/; (巻く) **roll** /ロウる/, **wind** /ワインド/
・包帯でぐるぐる巻きにされる be wound up with [in] bandages
・いなくなったネコをさがして近所をぐるぐる歩き回った I walked around the neighborhood looking for my missing cat.

くるしい 苦しい

➤ **painful** /ペインふる/; **hard** /ハード/
苦しみ suffering(s) /サふァリング(ズ)/; (痛み) (a) **pain**; (困難) **hardship(s)** /ハードシプ(ス)/
苦しむ pain; suffer
苦しめる pain
・彼は(痛くて)とても苦しんだ
He was in great pain.
・その知らせはきっと君の両親を苦しめるだろう The news will surely pain your parents.
・被災地の人々は寒さと食糧不足に苦しんでいる The people in the stricken district are suffering from cold and lack of food.
・われわれの苦しみは彼らの苦しみに比べれば何でもない Our sufferings are nothing compared with theirs.
・君はこれからいろいろなこういう苦しみにあうことを覚悟(かくごっ)していなければならない
You must be prepared to experience many such hardships.
・彼はその知らない国で苦しい生活をした
He had a hard life in the strange land.
・彼は苦しい言い訳をした
ひゆ He bent over backward to apologize.
→ bend over backward は「(体操選手がからだをそらして床に手をつくように)苦しい姿勢を取る」の意味

くるぶし ankle /アンクる/

くるま 車

➤ (乗り物一般) a **vehicle** /ヴィーイクる/; (自動車) a **car**; (荷車) a **cart** /カート/; (車輪) a **wheel** /(ホ)ウィーる/

・車を引く pull a cart
・車を運転する drive a car
・車に乗る[を降りる] get in [out of] a car
・車に乗せてやる[もらう] 《米》give [get] a ride / 《英》give [get] a lift
・車で行く go by car
・…を車で迎えに行く pick ~ up (in a car)
・彼は車で会社へ行きます
He goes to his office by car.
・彼は自分の車に乗せて私をホテルへ連れて行ってくれた He took me to the hotel in his car.
・彼は車の運転がうまい He is a good driver.

くるまいす 車いす a **wheelchair** /(ホ)ウィーるチェア/

くるまいすラグビー 車いすラグビー **wheelchair rugby** /(ホ)ウィーるチェアー ラグビ/

クルミ 胡桃 《植物》(実・木) a **walnut** /ウォーるナト/

グルメ a **gourmet** /グアメイ/

くれ 暮れ (年の) **the end of the year** /イア/

クレープ (フランス語) a **crepe** /クレイプ/

グレープフルーツ 《植物》(a) **grapefruit** /グレイプふルート/

クレーム (不平・不満) **complaint** /コンプれイント/
→ claim は「(当然の権利としての)要求,主張」
・…にクレームをつける make a complaint about ~

クレーン (建設用などの重機) a **crane** /クレイン/
・クレーンを操縦する operate a crane

クレジット credit /クレディト/
・クレジットカード a credit card

くれませんか …してくれませんか **Will you** do? / **Would you (please)** do? / **Would you mind** doing? → <ください>(→…してください)

クレヨン (a) **crayon** /クレイオン/
・クレヨン画 a drawing in crayon(s)
・クレヨンで絵をかく draw a picture with crayons

くれる¹ 暮れる **get dark** /ダーク/, **grow dark** /グロウ/
・冬には5時前に日が暮れる
In winter it gets dark before five.
・日が暮れてきた It is getting [growing] dark.
・日が暮れる前にうちへ着きたい I want to get home before dark [before it gets dark].

くれる²
❶ (与える) **give** → あげる❷
・これは私のおじが私にくれた本です
This is a book (that) my uncle gave me.
・おじは私の誕生日に時計をくれた

My uncle gave me a watch [gave a watch to me] for my birthday.
•だれが君にこの時計をくれたのですか
Who gave you this watch?
❷（…してくれる）ふつう「…のために…する」のように表す．
•彼は君のためなら何でもしてくれるでしょう
He will do anything for you.
•母は私たちにケーキを作ってくれた
Mother made some cake for us. /
Mother made us some cake.
•彼らは私にとても親切にしてくれた
They were very kind to me.

くろ 黒(い)

➤ **black**; (薄(うす)黒) **dark** /ダーク/
•黒ネコ a black cat
•黒っぽい服 a dark suit
•黒雲 dark clouds
•私は海岸で真っ黒に日やけした
I got well tanned on the beach.
•あら，パンが黒こげだ
Oh, the bread was burned black!
•彼女は黒い服を着ていた
She was dressed in black.

くろう 苦労

➤ （努力）**pains** /ペインズ/
➤ （めんどう）**trouble(s)** /トラブ(ズ)/; （困難）**difficulty** /ディふィカるティ/
苦労する take pains, take trouble, have trouble
•…に苦労をかける cause 〜 trouble
•苦労して[しないで] with [without] difficulty
•いろいろとご苦労さま
Thank you for everything.
•私は彼を説得するのにずいぶん苦労した
I took great pains to persuade him.
•私は自分の言うことを英語で理解してもらうのにずいぶん苦労した
I had great trouble to make myself understood in English. / I found it very hard to make myself understood in English.
•私の苦労はすべてむだになった
All my troubles have come to nothing.
•時間までに来るのに途中でずいぶん苦労した
I've had a lot of difficulty in getting here on [in] time.
•雨が降っていたので私はタクシーをつかまえるのに苦労した It was raining and I had a hard time

catching a taxi.
•彼はとても苦労してそのレポートを完成させた He completed the paper with great difficulty.
くろうと （専門家）an **expert** /エクスパ〜ト/; （プロ）a **professional** /プロふェショヌる/
クローバー 《植物》a **clover** /クろウヴァ/
•四つ葉のクローバー a four-leaf clover
グローバルか グローバル化 **globalization** /グろウバらイゼイション/
•グローバル化の恩恵と弊害 the benefits and drawbacks of globalization
グローバルな global /グろウバる/
グローブ a glove /グらヴ/
クロール （泳法）the **crawl (stroke)** /クロ〜る (ストロウク)/
•クロールで泳ぐ swim with the crawl / do the crawl
クローン a clone /クろウン/
•クローン羊 a cloned sheep
くろじ 黒字 (a) **profit** /プラふィト/, **the black**
•黒字になる go into the black / make a profit
くろしお 黒潮 **the Japan Current** /カ〜レント/, **the Black Current**
クロス （サッカー）**cross (the ball)**
クロスワードパズル a crossword (puzzle) /クロースワ〜ド パズる/
グロテスクな grotesque /グロウテスク/
くわ （農具）a **hoe** /ホウ/
クワ 桑 《植物》(木・実) a **mulberry** /マるベリ/
くわえる¹ 加える （加算する）**add** /アド/; （仲間に）**join** /チョイン/
•A に B を加える add *B* to *A*
•全部加えると in all
•ぼくもチームに加えてください
Please let me join the team.
くわえる² （口に）**have 〜 in** *one's* **mouth** /マウす/
•…をくわえて with 〜 in *one's* mouth
クワガタムシ a stag beetle /スタグ ビートる/
くわしい 詳しい （十分な）**full**; （細かい）**detailed** /ディーテイるド/; （よく知っている）**know 〜 very well** /ノウ/, **be familiar with 〜** /ふァミリア/
•詳しく in full / in detail
•詳しい描写 a full [detailed] description
•詳しい説明 a detailed explanation
•新聞にその事故の詳しい記事が出ているよ
There is a full account of the accident in the newspaper.
•詳しく説明してください
Please explain in detail.

one hundred and sixty-nine　169　けいかい

・彼はアメリカ映画に詳しい
He is familiar with American movies.

くわだてる 企てる　**attempt** /アテンプト/, **make an attempt**
企て　**an attempt**

くわわる 加わる　**join** /ヂョイン/
・君も私たちのゲームに加わりませんか
Won't you join us in the game [join in our game]?
・私はその一行に加わった　I joined the party.

くん …君　**Mr. ～** → 英語では友人や年下の者には名前の前に何もつけないのがふつう

ぐん 郡　《米》**a county** /カウンティ/, 《英》**district** /ディストリクト/
・印旛郡　Imba County / Imba-gun → 手紙のあて名としてはふつう後者を用いる

ぐんかん 軍艦　**a warship** /ウォーシプ/

くんくん くんくんかぐ（イヌが）**sniff** /スニふ/

ぐんぐん （速く）**rapidly** /ラピドリ/; （著しく）**remarkably** /リマーカブリ/

ぐんしゅう 群衆　**a crowd** /クラウド/
・私は群衆の間をかきわけて進んだ
I made my way through the crowd.

・100人ほどの群衆が彼の周りに集まった
A crowd of about a hundred people gathered around him.

くんしょう 勲章　**a decoration** /デコレイション/

ぐんじん 軍人　**a soldier** /ソウルヂャ/

くんせい 燻製の　**smoked** /スモウクト/

ぐんたい 軍隊　**an army** /アーミ/

ぐんとう 群島　**a group of islands** /グループ アイランヅ/
・ハワイ群島　the Hawaiian Islands

ぐんび 軍備　**armaments** /アーマメンツ/
・軍備を縮小[制限]する　reduce [limit] armaments
・軍備縮小　reduction of armaments

くんれん 訓練　**training** /トレイニング/
訓練する　**train** /トレイン/
・私たちは今度の競技に備えて厳しい訓練を受けている　We are now under severe training for the coming contest.
・これらのイヌは盲人(もうじん)を導くように[盲導犬として]訓練中です
These dogs are being trained to guide blind people [as guide dogs].

け　ケ

け¹ 毛

➤ (a) **hair** /ヘア/ → かみ³
➤ （動物のやわらかい毛）**fur** /ふァ～/（→ けがわ）; （かたい毛）**bristle** /ブリスる/; （羊毛）**wool** /ウる/

・毛深い　hairy
・毛のない　hairless; （頭のはげた）bald
・毛が生える[抜ける]　hair grows [falls out]
・3本の髪の毛　three hairs → 「髪の毛全体」をさす時には冠詞をつけたり複数形にしたりしないが，1本，2本と数える時には a をつけたり複数形にしたりする. bristle も同様.
・彼の髪の毛はしらがになった[薄(うす)くなってきている]　His hair has turned gray [is growing thin].

け² …家　**the family** /ふァミリ/
・山田家　the Yamada family / the Yamadas

ケアハウス （軽費老人ホーム）**a nursing home for low-income seniors** /ナ～スィング, シーニアーズ/ → 「ケアハウス」は和製英語

ケアホーム **a nursing home** /ナ～スィング/ → 「ケアホーム」は和製英語

げい 芸　（演技）**a performance** /パふォーマンス/; （手品・動物の）**a trick** /トリク/; （すばらしい）**a feat** /ふィート/

けいい 敬意　**respects** /リスペクツ/
・（…に）敬意を表する　pay one's respects (to ～)

けいえい 経営　（管理）**management** /マネヂメント/
経営する　**run**, **keep** /キープ/, **manage** /マネヂ/
・経営者（所有者）an owner; （支配人）a manager
・商店[ホテル]を経営する　run a store [a hotel]

けいえん 敬遠する　**keep away from ～** /キープ アウェイ/, **keep ～ at a distance** /ディスタンス/; （野球で）**give a walk** /ウォーク/

けいおんがく 軽音楽　**light music** /らイト ミューズィク/

けいか 経過する → たつ³

けいかい¹ 警戒　（警護）**guard** /ガード/; （監視(かんし)）**watch** /ワチ/
警戒する　**guard**; **watch**, **keep watch**, **be on**

けいかい 170 one hundred and seventy

the watch
•彼らは津波を警戒していた
They were on the watch [were keeping watch] for tsunami [tidal waves].

けいかい² 軽快な (服装・足取りなど) **light** /ライト/; (音が) **rhythmical** /リずミカる/

けいかく 計画

➤ a **plan**
計画する plan, make a **plan**
計画的な planned, systematic /スィステマティク/; (意図的な) **intentional** /インテンショヌる/
•計画どおりに according to the plan / as planned
•計画を実行する[立てる] carry out [make] a plan
•君は夏休みの計画をもう立てましたか
Have you made your plans for the summer vacation yet?
•私たちは今年の夏に海外旅行を計画しています We are planning to go abroad this summer.
•今週末の(あなたの)計画は何ですか
What are your plans for this weekend?
•この春休みは何か計画がおありですか
Do you have any plans for this spring vacation?
•私たちの学校では修学旅行は生徒の手によって計画されます
At our school the graduation trip is planned by students.
•新しい団地の建設が今計画中である
The construction of a new housing development is now in the planning stage.
•その計画はうまく行った
That plan worked out well [all right].

けいかん 警官 a **police officer** /ポリース オーふィサ/; (集合的に) **the police** (複数扱い)
•警官がその地区を定期的に巡回(じゅんかい)する
The police regularly patrol that area.

けいき 景気 (商売の) **business** /ビズネス/
•今は景気がいい Business is brisk [good].
•今は景気が悪い Business is bad [poor].
•景気は上向きになって来ている
Business is picking [looking] up.
•景気は下り坂だ Business is slowing down.
🗨会話 お宅は景気はいかがですか．—まあまあというところです How is your business? —It's only so-so.
•彼はいつも景気のいいことばかり言っている
He always talks big.

けいぐ 敬具 **Yours sincerely** /スィンスィアり/, **Sincerely yours**

けいけん 経験

➤ (an) **experience** /イクスピアリエンス/
経験する experience, have experience (in ~)
•経験の豊かな experienced
•経験のない inexperienced
•私の経験では in my experience(s)
•経験を積む gain experience
•経験から学ぶ learn from experience
•サーカスに行くのはケンには初めての経験だった
Going to the circus was a new experience for Ken.
•彼は英語を教えた経験がたくさんある
He has a lot of experience in teaching English. / He has a lot of experience as a teacher of English.
•彼は経験が浅い (→経験を欠く)
He lacks experience.
•あなたはアルバイトをした[このような仕事に]経験がありますか
Do you have any experience in working part-time [in this kind of work]?
•彼は世界中を旅行してめずらしい経験をたくさんしました
He had a lot of unusual experiences traveling around the world. ➔ 個々の経験を意味する時は a をつけたり複数形にしたりする
•それが私がテレビに出た初めての経験でした
It was my first experience appearing [to appear] on TV.
•このことは私自身の経験から言っているのです I say this from my own experience.

けいこ a **lesson** /れスン/; (練習) **practice** /プラクティス/; (劇の) a **rehearsal** /リハ〜サる/
•ピアノのけいこ a piano lesson
•私はピアノを毎日2時間けいこする I practice the piano for two hours every day.

けいご 敬語 a **polite expression** /ポらイト イクスプレション/

けいこう 傾向 a **tendency** /テンデンスィ/
…する傾向がある tend to *do*, **have a tendency to** *do*; (好ましくない傾向が) **be apt to** *do*
•彼は何でも大げさに言う傾向がある He tends [has a tendency] to exaggerate everything.
•君たちは入学試験の傾向を知って，必要な対策を立てなければならない
You must know the general scope and nature of the entrance examination and make

けいこうぎょう 軽工業 **light industries** /らイト インダストリズ/

けいこうとう 蛍光灯 **a fluorescent lamp** /ふろーレセント ランプ/

けいこうペン 蛍光ペン **a highlighter** /ハイらイタ/, **a marker pen** /マーカ/

けいこく 警告 (a) **warning** /ウォーニング/
　警告する **warn**, **give** (a) **warning**; (要求する) **order** /オーダ/
・その川で泳がないように彼は私たちに警告した He gave us (a) warning against swimming [not to swim] in that river.
・医師は私にしばらくは激しい運動をしないように警告した The doctor ordered me to avoid heavy exercise for some time.

けいさい 掲載する **carry** /キャリ/, **publish** /パブりシュ/
・たいていの新聞は連載小説を掲載している Most papers carry a serial story.

けいざい 経済 **economy** /イカノミ/
　経済(上)の **economic** /イーコナミク/
　経済的な **economical** /イーコナミカる/
・経済的に economically
・経済学 economics
・経済学者 an economist
・経済成長(率) (the rate of) economic growth
・経済産業省[大臣] the Ministry [Minister] of Economy, Trade and Industry
・電気ストーブを使うより石油ストーブを使うほうが経済的です It is more economical to use an oil heater than an electric heater.

けいさつ 警察 **the police** /ポりース/ (複数扱い)
・警察署 a police station
・警察官 a police officer → けいかん
・女性警察官 a policewoman (徴 -women)
・警察に届ける report to the police; (持っていく) bring ~ to the police
・警察は私たちの安全を守ります The police look after our safety.

けいさん 計算

➤ **calculation** /キャるキュれイション/
➤ (算数の問題) a **sum** /サム/
　計算する **calculate** /キャるキュれイト/; **do sums**
・計算機 a calculator
・計算がうまい[速い] be good [quick] at sums
・彼は頭の中ですばやく計算した He did a rapid sum in his head [a rapid mental calculation].

・その費用は計算すると 1 千万円になる The cost is calculated at ¥10,000,000(読み方: ten million yen).

けいし 軽視する **make** [**think**] **light of** /[スィンク] らイト/, **make** [**think**] **little of**; (無視する) **neglect** /ニグれクト/
・最近人命を軽視する傾向がある People tend to think little of human life these days.

けいじ¹ 掲示 a **notice** /ノウティス/
　掲示する **put up** a **notice**
・掲示板 (米) a bulletin board / (英) a notice board

けいじ² 刑事 a **detective** /ディテクティヴ/

けいしき 形式 a **form** /ふォーム/
　形式的な, 形式張った **formal** /ふォーマる/; (心のこもっていない) **perfunctory** /パふァンクトリ/
・形式張らない informal
・ちゃんとした形式で in due form
・それは単なる形式の問題です It is a mere matter of form.
・彼らは形式を重んじすぎる They make too much of forms. / They stick to forms too much.

けいしゃ 傾斜 a **slope** /スろウプ/
　傾斜する, 傾斜させる **slope**, **lean** /リーン/
・陸地は海の方へなだらかに傾斜している The land slopes gently down toward the sea.
・この柱は少し右に傾斜している This pillar leans a little to the right.

げいじゅつ 芸術 **art** /アート/
　芸術家 an **artist**
・芸術的な artistic
・芸術作品 a work of art

けいしょく 軽食 a **light meal** /らイト ミーる/, a **snack** /スナク/

けいせい 形勢 **the situation** /スィチュエイション/
・形勢がわれわれに不利[有利]になった The situation has become unfavorable [favorable] to us.

けいぞく 継続 **continuation** /コンティニュエイション/
　継続する **continue** /コンティニュー/
・継続的な (ひんぱんな) continual; (絶え間ない) continuous
・継続的に continually; continuously
・私はこの仕事をもう 1 年継続します I will continue this work for another year.

けいそつ 軽率な (不注意な) **careless** /ケアれス/; (早まった) **hasty** /ヘイスティ/

けいたい 172 one hundred and seventy-two

軽率に carelessly; hastily
・人のことを軽率に判断してはいけない
Don't judge people hastily.

けいたい 携帯する **carry** /キャリ/
携帯用の portable /ポータブる/
・携帯電話 a cellular phone / a cellphone /
《英》a mobile phone / (二つ折りの) a folding
[foldable] phone /ふォウるディングぐ [ふォウるダブ
る] ふォウン/
・必ずパスポートを携帯してください
Be sure to carry your passport with you.

けいてき 警笛 a **horn** /ホーン/, a **siren** /サイア
レン/

けいと 毛糸 **wool** /ウる/; (紡(つむ)いだ糸) **woolen
yarn** /ウるン ヤーン/
・毛糸の woolen
・毛糸でセーターを編む knit a sweater (out) of
wool / knit wool into a sweater

けいど 経度 **longitude** /らンヂテュード/ (略 long.)
・東経30度 Long. 30° E. (読み方: longitude
thirty degrees east)

けいとう 系統 a **system** /スィステム/
・系統的な systematic
・系統的に systematically

げいにん 芸人 an **entertainer** /エンタテイナ/

げいのう 芸能 (娯楽) **entertainment** /エンタテイ
ンメント/
・芸能人 an entertainer / (テレビタレント) a TV
personality
・芸能界 the entertainment world

けいば 競馬 **horse racing** /ホース レイスィングぐ/;
(1回の) a **horse race**
・競馬場 a racetrack / a racecourse

けいはく 軽薄な **frivolous** /ふリヴォらス/

けいひ 経費 → ひよう

けいび 警備 **guard** /ガード/
警備する guard, stand guard
・(夜間)警備員 a (night) guard

けいひん 景品 a **premium** /プリーミアム/, 《米》a
giveaway /ギヴァウェイ/, a **gift**; (賞品) a **prize**
/プライズ/

けいべつ 軽蔑 **contempt** /コンテンプト/
軽蔑する feel contempt for /ふぃ―る/, **look
down upon** /るク ダウン/
・軽蔑すべき contemptible
・軽蔑して with contempt
・彼らはそのような行為(こうい)を軽蔑した
They felt contempt for such conduct.

けいほう 警報 an **alarm** /アらーム/
警報を発する alarm, give an alarm

・警報器 an alarm
・火災警報 a fire alarm

けいむしょ 刑務所 a **prison** /プリズン/
・彼は殺人罪で刑務所に送られた
He was sent to prison for murder.
・彼は刑務所で服役中だ He is in prison.

けいやく 契約 a **contract** /カントラクト/
契約する contract /コントラクト/, **make** a **con-
tract**

けいゆ …経由で **by way of ～** /ウェイ/, **via ～**
/ヴァイア/
・彼はマイアミ経由でハバナへ行きました
He went to Havana by way of [via] Miami.

けいようし 形容詞 《文法》an **adjective** /アヂェク
ティヴ/

けいりゃく 計略 a **trick**
・私は彼の計略にはまってしまった
I fell for his trick.

けいりゅう 渓流 a **mountain stream** /マウンテ
ン ストリーム/

けいりん 競輪 **bicycle racing** /バイスィクる レイ
スィングぐ/; (1回の) a **bicycle race**

けいれい 敬礼 a **salute** /さるート/
敬礼する salute

けいれき 経歴 one's **career** /カリア/, one's
background /バクグラウンド/, one's **personal
history** /パ～ソヌる ヒストリ/
・長い舞台経歴 one's long stage career
・経歴詐称(さしょう) a false statement about one's
career
・彼は外交官として輝かしい経歴を持っている
He has had a brilliant career as a diplomat.
・私は彼の経歴については何も知らない
I know nothing about his background.

けいろうのひ 敬老の日 **Respect-for-the-Aged
Day** /リスペクトふォディエイヂド/

ケーキ (a) **cake** /ケイク/
・ショートケーキ a shortcake
・デコレーションケーキ a party cake / a fancy
cake → 「デコレーションケーキ」は和製英語
・クリスマスケーキ a Christmas cake
・バースデーケーキ a birthday cake
・ホットケーキ a pancake / a hot cake
・子供たちはケーキが大好きです Children like
cake very much. → ばく然と「ケーキ」という時は
a をつけたり複数形にしたりしない
・ケーキをもう一ついかがですか
Won't you have another piece of cake? →
「切ったケーキの一切れ」は a piece of cake
・この箱にはケーキが6個入っている There are six

one hundred and seventy-three　173　　げじゅん

cakes in this box. → 一定の形のケーキを数える時は a cake, two cakes などとなる

ケース a case /ケイス/
• それはケースバイケースだ　It depends.

ケーブルカー a cable car /ケイブる/

ケーブルテレビ cable television /ケイブる テれヴィジョン/
• ケーブルテレビの番組　a cable television program

ゲーム a game /ゲイム/
• ゲームセンター　an (amusement) arcade
• テレビゲーム　a video game
• ゲームをする　play a game
• ゲームに勝つ[負ける]　win [lose] a game

けが

➤ (事故などによる) an injury /インヂャリ/; (銃・刀による) a wound /ウーンド/

けがをする be injured /インヂャド/; be wounded; hurt oneself /ハ〜ト/, be hurt, get hurt
• 軽い[ひどい]けが　a slight [serious] injury [wound]
• けが人　an injured [a wounded] person; (集合的に) the injured / the wounded
• 私は指にけがをした　I hurt my finger.
• おけがはありませんか　Didn't you get hurt?
• 彼は自動車事故で大けがをした
He was badly injured in an auto accident.

げか 外科 surgery /サ〜ヂェリ/
• 外科の　surgical
• 外科医　a surgeon
• 外科手術を受ける　undergo a surgical operation

けがわ 毛皮 (a) fur /ふァ〜/; (毛皮の衣服) furs
• 毛皮のコート[えり巻き]　a fur coat [stole]

げき 劇 a drama /ドゥラーマ/; (芝居) a play /プれイ/
• 劇的な　dramatic
• 劇的に　dramatically
• 劇作家　a dramatist
• 劇場　a theater
• 劇団　a theatrical company
• 3幕6場の劇　a play in three acts and six scenes
• 私たちは学園祭で一幕劇を上演した　We put on a one-act play at the school festival.
• 私は昨夜劇を見に行った
I went to the theater last evening.
• 彼は何の役でその劇に出るのでしょうか

What is his part in the play?

げきが 劇画 a comic book /カミク/

げきせん 激戦 (激しい戦い) a fierce battle /ふィアス バトる/

げきれい 激励 encouragement /インカ〜レヂメント/
激励する encourage /インカ〜レヂ/, give encouragement to ～
• お手紙で私たちは大いに激励されました
We were greatly encouraged by your letter. / Your letter gave us great encouragement.

げこう 下校する go home from school, come home from school
• 下校の途中で　on one's way home from school

けさ this morning /ディス モーニング/
• けさはとても寒いですね
It's very cold this morning, isn't it?

ケシ 芥子 (植物) a poppy /パピ/

げし 夏至 the summer solstice /サるスティス/

けしいん 消印 a postmark /ポウストマーク/

けしき 景色 (全体的な) scenery /スィーナリ/; (ながめ) a view /ヴュー/
• この地方の景色は日本で一番美しいと言われています　The scenery of this area is said to be the most beautiful in Japan.
• 窓からの景色は実に美しい　The view from the window is very beautiful.
• ここからは湖の景色がもっとよく見えます
You can get a better view of the lake from here.

> **使い分け**
> scenery は自然などの風景を表し，view はある地点からのながめを表す

けしゴム 消しゴム an eraser /イレイサ/，《英》a rubber /ラバ/
• …を消しゴムで消す　rub out ～ with an eraser [a rubber] / erase ～

げしゃ 下車する get off
• …で途中下車する　stop over [make a stopover] at ～

げしゅく 下宿屋 (食事つきの) a boarding house /ボーディング ハウス/; (部屋だけの) a rooming house /ルーミング/, a lodging house /らヂング/
下宿する board; room, lodge
• 下宿人　a boarder / a roomer
• 彼は彼のおじの所に1年間下宿した　He lodged with his uncle [at his uncle's] for one year.

げじゅん 下旬に toward the end of a month

/トードマンす/
・私たちは今月の下旬に試験があります
We will have an examination toward the end of this month.

けしょう 化粧 (a) **makeup** /メイカプ/
化粧する **make up** *one's* **face** /ふェイス/, **put on makeup**
・化粧道具 makeup tools
・化粧品 cosmetics
・おかあさんは急いで化粧した
Mom made her face up hurriedly.

けす 消す
❶ (火を) **put out**
❷ (電灯などを) **turn off**
❸ (文字などを) **erase**

❶ (火を) **put out**, **extinguish** /イクスティングウィシュ/ → ふきけす
・火[ろうそく]を消す put out a fire [a candle]
❷ (電灯・テレビ・ラジオなどを) **turn off** /タ~ン/, **switch off** /スウィチ/; (ガスを) **turn off**
・寝る前に電灯[テレビ, ガス]を消してください
Please turn off the light [the TV, the gas] before you go to bed.
❸ (文字などを) **erase** /イレイス/, (英) **rub out** /ラブ/; (線などを引いて) **cross out**
・消しゴムで鉛筆書きのしるしを消す erase pencil marks with a rubber
・黒板を消す erase [clean] the blackboard
・一行全部を線で消す cross out the whole line
❹ (姿を) **disappear** /ディサピア/
・太陽は地平線の下に姿を消した The sun disappeared [sank] below the horizon.

put out erase turn off

げすい 下水 **sewage** /スーエヂ/

・下水管 a sewer
ゲスト a **guest**
けずる 削る (木などを) **shave** /シェイヴ/; (とがらせる) **sharpen** /シャープン/; (かんなで) **plane** /プレイン/; (削減(さくげん)する) **reduce** /リデュース/; (費用を) **cut down** /ダウン/
・鉛筆(えんぴつ)を削る sharpen a pencil
・経費を削る cut down expenses
けた 桁
❶ (数字の) a **digit** /ディヂト/, a **figure** /ふィギャ/
・3桁の数 a number of three digits [figures]
❷ (上部構造を支える横材) a **beam** /ビーム/; a **girder** /ガ~ダ/
げた *geta*, **Japanese wooden clogs** /ウドンクログズ/
・げた箱 a shoe cupboard; (棚) shoe shelves
けだかい 気高い **noble** /ノウブる/
けだもの a **beast** /ビースト/
けち (人) a **miser** /マイザ/
けちな (金銭的に) **stingy** /スティンヂ/; (取るに足りない) **small**, **petty** /ペティ/, **trivial** /トリヴィアる/
けちをつける find fault with /ふァインド ふォーるト/
・金持ちはけちになりがちだ
Rich people are apt to be stingy.
・そんなけちなことにかまうな
Never mind such a small matter.
・君の提案にけちをつけるつもりはないよ
[ひゆ] I don't mean to throw cold water on your suggestions. (冷水を浴びせるつもりはない)
ケチャップ ketchup /ケチャプ/
・…にケチャップをかける put ketchup on ~
けつあつ 血圧 **blood pressure** /ブらド プレシャ/
・血圧が高い[低い] have high [low] blood pressure
けつい 決意 → けっしん
けつえき 血液 **blood** /ブらド/ → ち¹
・血液銀行 a blood bank
・血液型 a blood group [type]
・O型の血液 group [type] O blood
[会話] 君の血液型は何型ですか. —A型です What is your blood type?—It's A.

けっか 結果
➤ a **result** /リザるト/; (an) **effect** /イふェクト/
・結果として…になる result in ~
・その結果(として) as a result
・結果的には (最後には) in the end; (事が起こって

からわかったのだが) being wise after the fact
- 原因と結果　cause and effect
- 結果はどうなろうとも　ひゆ　let the chips fall where they may → chip はなたで木を切る時に飛び散る「木片」
- 結果は予期した以上であった
The result was beyond expectation. / The result was better than I had expected.
- 期末試験の結果はどうだった？
What were your results in the term exams?
- 私の努力からは何の結果も生まれなかった
My efforts resulted in nothing.

けっかく 結核　tuberculosis /テュバ～キュろウスィス/（略 T.B.）
けっかん¹ 血管　a blood vessel /ブらド ヴェスる/
けっかん² 欠陥　a defect /ディふェクト/
　欠陥のある　defective /ディふェクティヴ/
- 欠陥商品　a defective product

げっかん 月刊の　monthly /マンすり/
- 月刊誌　a monthly (magazine)

げっきゅう 月給　a (monthly) salary /(マンすり) サらり/ → きゅうりょう¹

けっきょく 結局　(最後には) in the end, finally /ふァイナリ/
- 結局何事も起こらなかった
Nothing happened after all.
- 結局真実が明らかにされた
The truth was brought to light in the end.

げっけい 月経　menstruation /メンストルエイション/ → せいり²
- 月経周期　a menstrual cycle

ゲッケイジュ 月桂樹（植物）a laurel /ろーレる/

けつごう 結合　combination /カンビネイション/
　結合する　combine /コンバイン/, knit (together) /ニト (トゥゲざ)/

けっこう¹ 結構
❶ (よい) nice /ナイス/, good; (容認) all right /ライト/
- それで結構です　That's all right.
- 安ければ，どんな部屋でも結構です
Any room will do, if it is inexpensive.
❷ (断り) No, thank you.

もう1杯紅茶をいかがですか
—もう結構です
Won't you have [How about] another cup of tea?
—**No, thank you.**

❸ (かなり) fairly /ふェアリ/, rather /らざ/ → かなり
- 彼は結構うまく泳げる
He can swim fairly well.
- 気をつけて．結構重たいよ
Be careful. It's rather heavy.

けっこう² 決行する　(計画を) carry out /キャリ/; (会などを) hold /ホウるド/
- 小雨にもかかわらず，運動会は決行された
The athletic meet was held in spite of drizzly weather.

けっこう³ 欠航する　be canceled /キャンセるド/
げっこう 月光　moonlight /ムーンらイト/

けっこん 結婚　(a) marriage /マリヂ/
　(…と)結婚する　marry (～) /マリ/, get married (to ～)
- (…と)結婚している　be married (to ～)
- 結婚式　a marriage ceremony / a wedding
- 結婚記念日　a wedding anniversary
- 結婚指輪　a wedding ring
- 見合い結婚　an arranged marriage
- 恋愛結婚　a love marriage
- 正夫と昌子は先月結婚しました　Masao and Masako got married last month.
- あそこのお嬢(じょう)さんたちはみんな結婚しています
All their daughters are married.
- 彼女はピアニストと結婚している
She is married to a pianist.

けっさい 決済（支払い）payment /ペイメント/
- QR コード[スマホ]決済　QR code [mobile] payment
- 電子決済　electronic [cashless] payment

けっさく 傑作　a masterpiece /マスタピース/
けっして 決して…ない　never /ネヴァ/, by no means /ミーンズ/, not at all
- 彼は決してうそをつかない　He never tells a lie.

げっしゃ 月謝　a monthly tuition fee /マンすり テューイション ふィー/
げっしゅう 月収　a monthly income /マンすり インカム/

けっしょう¹ 結晶　a crystal /クリストゥる/
　結晶する，結晶させる　crystallize /クリストゥらイズ/
けっしょう² 決勝(戦)　the final(s) /ふァイヌるズ/
- 準決勝　the semifinal(s)
- 準々決勝　the quarterfinal(s)
- 決勝(戦)に出場する　play in the finals

けっしょう³ 血漿　plasma /プらズマ/
けっしょうばん 血小板　a platelet /プれイトれト/
けっしょく 血色
- 彼女は血色がいい（→健康な顔色をしている）

She has a healthy color.

げっしょく 月食 a **lunar eclipse** /るーナ イク**リ**プス/ → にっしょく

けっしん　決心

➤ (強い意志) **determination** /ディタ〜ミ**ネ**イション/

➤ (決意) **resolution** /レゾ**る**ーション/

決心する　make up one's **mind** /マインド/; (決心する, 決心させる) **determine** /ディタ〜ミン/; **resolve** /リザ**る**ヴ/

•彼はそれをもう１度やってみようと決心した
He made up his mind to try it again.

•私はそこへ一人で行こうと決心した
I determined to go [on going] there alone.

•私は君の望むとおりにしようと決心した
I resolved to do as you wish.

•このことがあったので私はそこへ行く決心をした
This determined me to go there.

•私はその計画の実行を堅く決心している　I am fully determined to carry out the plan.

けっせき　欠席

➤ **absence** /**ア**ブセンス/

欠席する　be absent /**ア**ブセント/, **stay away** /ステイ アウェイ/

•欠席者　an absentee

•欠席届　a notice of absence

•きょうはだれが欠席ですか
Who is absent today?

•彼は学校をよく欠席する[めったに欠席しない] He is often [seldom] absent from school.

•彼は先週の水曜日から学校を欠席しています
He has been absent from school since last Wednesday.

•君は少なくとも２週間は学校を欠席しなければならないでしょう
I am afraid you will have to stay away from school for at least two weeks.

けつだん　決断　(a) **decision** /ディ**スィ**ジョン/

決断する　decide /ディ**サ**イド/, **make up** one's **mind** /マインド/

•決断力に欠けている　be lacking in decision / be indecisive

•彼は決断が速い[遅い]
He is quick [slow] to make decisions.

けってい　決定　**decision** /ディ**スィ**ジョン/

決定する　decide /ディ**サ**イド/ → きめる

•決定的な　decisive

けってん　欠点　a **fault** /**ふ**ォーるト/

•欠点のない　faultless

•彼にはこれといって欠点がない
He has no particular fault.

•いろいろ欠点はあるけど私は彼が好きだ
Even with all his faults I like him. / I like him in spite of all his faults.

•自分に欠点のある人は他人の欠点を責めてはいけない(自分に跳ね返ってくる)

ひゆ People who live in glass houses shouldn't throw stones. (ガラスの家に住んでいる人は石を投げてはいけない)

けっとう　決闘　a **duel** /デュー**エ**る/

決闘する　duel. fight a **duel** /ふァイト/

けっぱく　潔白な　**upright** /**ア**プライト/, **pure** /ピュア/; (無実の) **innocent** /**イ**ノセント/

げっぷ　a **belch** /**べ**るチ/

•げっぷをする　belch

けっぺき　潔癖な　(きれいずきな) **particular about cleanliness** /パティキュラ ク**れ**ンリネス/

けつぼう　欠乏　**lack** /ら**ク**/; (不足) **shortage** /ショーテヂ/

欠乏する　lack; be short of → かく³

•彼らは資金が欠乏している
They are short of fund.

けつまつ　結末　an **end**

げつまつ　月末　**the end of the month** /マン**す**/

けつゆうびょう　血友病　**hemophilia** /ヒーモふィリア/

血友病患者　a **hemophiliac** /ヒーモふィリアク/

げつようび　月曜日　**Monday** /**マ**ンデイ/ (略 Mon.) → かようび

けつろん　結論　a **conclusion** /コンク**る**ージョン/

結論を下す　conclude /コンク**る**ード/

•結論として　in conclusion / to conclude

•急いで結論を下す　draw a hasty conclusion

•私たちはその提案に賛成すべきだという結論に達した　We came to a conclusion that we should agree to the proposal.

•私はそれが一番よい案だと結論を下した
I concluded it to be the best plan.

•その問題についてはまだ結論が出ていない
The problem hasn't reached any conclusion yet. / ひゆ The problem is still up in the air. (空中に浮いている) / ひゆ The jury is still out on the problem. (陪審員たちはまだ席にもどっていない(別室で審議中だ))

けとばす → ける

けなす　**abuse** /アビューズ/, **speak ill of** /スピーク/, **put ～ down**

ゲノムへんしゅう　ゲノム編集　**genome editing**

/ジーノウム エディティング/
・ゲノム編集をしたネズミ a gene-edited rat
けはい 気配 a **sign** /サイン/
・至るところに春の気配が感じられた
There were signs of spring everywhere.
けばけばしい showy /ショウイ/, **glitzy** /グリツィ/
げひん 下品な（俗悪な）**vulgar** /ヴァるガ/;（粗野(そやな)な）**coarse** /コース/
・ことばづかいが下品だ use vulgar [coarse] language
けむい smoky /スモウキ/
けむし 毛虫 a **caterpillar** /キャタピら/
けむり 煙 **smoke** /スモウク/;（もやもや）a **cloud** /クらウド/
・火山の煙 the smoke of a volcano
・燃えて煙となる go up in smoke
ことわざ 火のないところに煙は立たない
There is no smoke without fire.
けむる 煙る **smoke** /スモウク/
けもの 獣 a **beast** /ビースト/
げらげら げらげら笑う **roar with laughter** /ローらふタ/, **guffaw** /ガふォー/
げり 下痢 **diarrhea** /ダイアリーア/
・下痢をする have diarrhea
ゲリラ a **guerrilla** /ゲリら/;（隊）**guerrilla troops** /トループス/
ゲリラごうう ゲリラ豪雨 a (**torrential, disastrous**) **downpour** /トーレンシャる, ディザストラス, ダウンポー/
ける kick /キク/
・ボールをける kick (at) a ball
けれど(も)（しかし）**but**;（…けれど(も)）**though** /ぞウ/; **as**
・変に聞こえるかもしれないけれどそれが本当なのだ It may sound strange, but (it is) true. / Strange as it may sound, it is true.
・彼は小さな子供だったけれどもこわがらなかった Though he was a little boy, he was not afraid.
・少し熱があるけれども彼はたいした病気ではないようだ Except for a slight fever he doesn't seem to be very sick.
ゲレンデ a **skiing slope** /スキーインぐ スろウプ/
けろっと けろっとしている（気にしない）**don't care** /ケア/
けわしい（急な）**steep** /スティープ/;（厳しい）**stern** /スターン/, **severe** /スィヴィア/
・けわしい上り a steep ascent
・けわしい顔つき a stern look

けん¹ 軒 a **house** /ハウス/; a **door**
・1軒ごとに from house to house / from door to door
・彼の家はその通りを曲がって3軒目です
His house is the third around the corner.
・彼は私たちの1軒おいて隣に住んでいます
He lives next door but one from us.
けん² 県 a **prefecture** /プリーふェクチャ/
・県(立)の prefectural / prefecture-run
・千葉県 Chiba Prefecture
・県立図書館 a prefectural library
・県庁 the prefectural office
・県知事 a governor
・県会(議員) (a member of) the prefectural assembly
けん³ 件 **the matter** /マタ/
・この件に関しては彼に相談しなさい You should talk with him about this matter.
・新しいソフトに関して電話の問い合わせが10件あった We had ten telephone inquiries for the new software.
けん⁴ 剣 a **sword** /ソード/ → けんどう
けん⁵ 券（切符）a **ticket** /ティケト/;（切り取りの）a **coupon** /クーパン/
げん 弦 a **string**;（弓の）a **bowstring** /ボウストリンぐ/
・弦楽器 a stringed instrument
けんい 権威 **authority** /オさリティ/
・権威のある authoritative
・(…の)権威者 an authority (on ～)
・彼は非常に権威のある歴史家です
He is a historian of great authority.

げんいん 原因

➤ a **cause** /コーズ/
原因となる cause
・原因のない causeless
・原因と結果 cause and effect
・それはどちらが原因でどちらが結果かわからない You can't say which is the cause and which is the effect. / It's a chicken and egg problem. (ニワトリと卵(はどちらが先か)の問題)
・この天気の急激な変化は何が原因ですか
What is the cause of this sudden change of weather? / What caused this sudden change of weather?
・これが原因で彼はたいへん苦労した
This caused him a great deal of trouble.
・寒い天候が不作の原因だ (→不作に対して責任がある) The cold weather is responsible for the

けんえき 178 one hundred and seventy-eight

poor crop.

けんえき 検疫 **quarantine** /クウォーランティーン/
- 検疫中 in［under］quarantine
- 14日の検疫 a 14-day quarantine

げんえき 現役の **active** /アクティヴ/
- 現役選手 a player on the active list
- 彼は現役で大学に入った He entered the college straight［directly］from high school.

けんえつ 検閲 (an) **inspection** /インスペクション/; (出版物・映画などの) **censorship** /センサシプ/
　検閲する inspect; **censor**

けんえんけん 嫌煙権 **nonsmoker's rights** /ナンスモウカズ ライツ/

けんか

➤ (口論) a **quarrel** /クウォーレる/
➤ (格闘) a **fight** /ふァイト/; 《話》(なぐり合い・口論) a **set-to**
　けんかする quarrel; **fight**, **have a set-to**
- けんか好きの quarrelsome
- (…に)けんかをふっかける
pick a quarrel (with ～)
- けんかの仲直りをする make up a quarrel
- 彼はだれとも決してけんかしない
He never quarrels with anyone.
- 君たちは何をけんかしているのか
What are you quarreling about?
- トムとマックはロッカールームでつまらないけんかをした Tom had a little set-to with Mac in the locker room.

げんか 原価 **the cost**

げんがい 圏外 an **out-of-service area** /サ～ヴィス エリア/

げんかい 限界 → げんど

けんがく 見学する **visit** (**for study**) /ヴィズィト (スタディ)/, **make a field trip** (to ～) /ふィ～るド/
- 博物館を見学する visit a museum for study / make a class trip to a museum
- 私たちのクラスはその工場へ見学に行った
Our class made a field trip to the factory.
- きょうはからだの調子が悪かったので，体育の授業を見学した
I just watched the physical education class today, because I wasn't well.

げんかく 厳格な → きびしい

けんがん 検眼 an **eye examination** /アイ イグザミネイション/

げんかん 玄関 **the** (**front**) **door** /(ふ)ラント/, a **porch** /ポーチ/
- 玄関にだれか来ています

There is someone at the door［the porch］.

げんき 元気

➤ (快活) **cheer** /チア/; (気力) **spirit** /スピリト/
元気な cheerful; (元気に跳ね回っている) **frisky** /ふリスキ/
元気に cheerfully
元気づける (励ます) **cheer** (**up**); **encourage** /インカ～レヂ/ → げきれい (→ 激励する)
- 元気な子犬 a frisky puppy
- 病気の友人を元気づける cheer up a sick friend
- ご家族のみなさまはお元気ですか
How is your family?
- 元気を出せ Cheer up!
- 彼はその知らせを聞いて元気づいた
He felt cheered to hear the news.
- お手紙で私は大いに元気づけられました
I am greatly encouraged by your letter.
- 彼は1杯のお茶で元気になった
He refreshed himself with a cup of tea.
- 彼は1週間もすれば元気になって退院するでしょう
He will be well enough to leave the hospital in a week or so.
- 彼は元気者だ He is full of spirit.
- 彼はきょうは元気がいい［ない］ He is in high ［low］ spirits today. 「気分」を意味する時は複数形にする
- どうかしたのかい，トム. 元気がないじゃないか
What's the matter, Tom? You look down.

けんきゅう 研究 a **study** /スタディ/, **research** /リーサ～チ/
研究する study, **do research** (in ～, on ～, into ～)
- (…の)研究者 a student (of ～)
- 研究所 a research institute; (化学の) a laboratory
- (先生の)研究室 a study / an office
- 歴史の研究 a study of history
- 大学で医学を研究する study medicine at a university
- 彼はマヤ文明の研究をするためにメキシコへ行った
He went to Mexico to do some research on the Maya civilization.

けんきょ 謙虚な **modest** /マデスト/
- 彼女は偉大(いだい)な音楽家ですが，自分の才能についてはとても謙虚です
Although she is a great musician, she is very modest about her abilities.

けんきん 献金 a **contribution** /カントリビューション/, a **donation** /ドウネイション/

献金する **contribute** /コントリビュート/, **donate** /ドウネイト/

げんきん 現金 **cash** /キャシュ/
- 現金自動支払機 a cash machine, 《米》an ATM /《英》a cashpoint
- 現金で払う pay cash / pay in [by] cash

げんご 言語 (a) **language** /ラングウェヂ/
- 第二言語(として) (as) a second language
- 言語学 linguistics
- 言語学者 a linguist

けんこう 健康
> **health** /へるす/

健康な **healthy**; (健康によい) **wholesome** /ホウるサム/
- 健康な環境 wholesome surroundings
- 健康診断(しんだん) a (medical) checkup
- 健康診断書 a health certificate
- 健康食品 health food
- 健康である[でない] be in good [poor] health
- 健康診断を受けて医者へ行く go to see a doctor for a checkup
- 健康に十分注意しなさい
Take good care of your health [yourself].
- 歩くことは健康によい
Walking is good for the health.

げんこう 原稿 a **manuscript** /マニュスクリプト/
- (400字詰めの)原稿用紙 a (four-hundred-character) manuscript paper

けんこうしんだん 健康診断 a **checkup** /チェカプ/, a **physical exam** /ふィズィカる イグザム/
- 健康診断でひっかかる fail a physical checkup

げんこうはん 現行犯で **in the act** (of 〜)
- 彼は万引きの現行犯で捕まった
He was caught in the act of shoplifting.

けんこくきねんのひ 建国記念の日 **National Founding Day** /ナショヌる ふァウンディング デイ/

げんこつ a **fist** → こぶし

けんさ 検査 an **examination** /イグザミネイション/, **check** /チェク/
検査する **examine** /イグザミン/, **check**
- 学力検査 an achievement test
- 身体検査 a physical examination
- 私たちは手荷物の検査を受けた
We had our baggage checked [examined].

げんざい 現在
❶ the present /プレズント/
- 現在の present
- 現在は at present / now
- 4月1日現在で as of April 1

❷ 《言語》(現在時制) the present (tense) /テンス/

げんざいかんりょうけい 現在完了形 the **present perfect** /プレズント パ〜ふェクト/

けんさく 検索する (さがす) **search** /サ〜チ/
- 検索エンジン a search engine → インターネット上の情報を検索するウェブサイトのこと

けんさく 原作 the **original work** /オリヂヌる ワ〜ク/
- 原作者 the author

げんさん …原産の **native to 〜** /ネイティヴ/
- 原産地 the (original) home
- ココアの原産地 the home of cocoa
- カンガルーはオーストラリア原産だ
Kangaroos are native to Australia.

けんじ 検事 a (**public**) **prosecutor** /(パブリク) プラセキュータ/

げんし¹ 原子 an **atom** /アトム/
- 原子(力)の atomic
- 原子核 a nucleus
- 原子核の nuclear
- 原子力 nuclear energy
- 原子力発電所 a nuclear power plant
- 原子力潜水艦 an atomic submarine / a nuclear-powered submarine
- 原子爆弾 an atomic bomb
- 原子炉(ろ) a nuclear reactor

げんし² 原始的の, 原始的な **primitive** /プリミティヴ/
- 原始人 primitive people
- 原始時代 the primitive age
- 原始社会 a primitive society

けんじつ 堅実な **steady** /ステディ/
堅実に steadily

げんじつ 現実 **reality** /リアリティ/
- 現実の real
- 現実的な realistic
- 非現実的な unrealistic

けんじゅう 拳銃 a **pistol** /ピストる/, a **gun**, a **handgun** /ハンドガン/

げんじゅう 厳重な **strict** /ストリクト/
厳重に strictly
- 規則を厳重に守る observe rules strictly / be strict in observing rules

げんじゅうしょ 現住所 one's **present address** /プレズント アドレス/

げんしゅく 厳粛 **solemnity** /ソれムニティ/
厳粛な solemn /サれム/
- 厳粛に solemnly / with solemnity

けんしょう 懸賞 a **prize** /プライズ/
- 懸賞に当たる win a prize
- 懸賞論文 a prize essay

げんしょう¹ 現象　a **phenomenon** /ふェナメノン/（●phenomena /ふェナメナ/）
• 自然現象　a natural phenomenon

げんしょう² 減少　**decrease** /ディークリース/
　減少する　decrease /ディクリース/ → へる

げんじょう 現状　**present conditions** /プレズント　コンディションズ/
• 現状ではそれは不可能だと思います　I think it impossible under present conditions.

けんしん 献身　**devotion** /ディヴォウション/
　献身する　devote *oneself* (to ～)
　献身的な　devoted

けんすい 懸垂　《米》a **chin-up** /チナプ/, 《英》a **pull-up** /プラプ/
• 懸垂する　do chin-ups［pull-ups］

けんせつ 建設　**construction** /コンストラクション/
　建設する　construct /コンストラクト/, **build** /ビるド/
• 建設的な　constructive
• 建設中　under construction
• 建設会社　a construction company
• 建設業者　a contractor
• 総合建設会社　a general contractor

けんぜん 健全な　**sound** /サウンド/, **wholesome** /ホウるサム/
• 健全な環境　wholesome surroundings
• 健全な読み物　wholesome reading
　ことわざ 健全な精神は健全な身体に宿る
　A sound mind in a sound body. →もともとはローマの詩人の詩句の一部で, 原意は「健全な身体に健全な精神が宿ることを神に祈るべきだ」

げんそ 元素　an **element** /エれメント/
• 元素記号　an element symbol

げんぞう 現像（写真）**development** /ディヴェろプメント/
　現像する　develop /ディヴェろプ/

げんそく 原則　a **principle** /プリンスィプる/
• 原則として　in principle

けんそん **modesty** /マデスティ/ → けんきょ
　けんそんする, けんそん家である　be modest
• けんそんして　out of modesty / modestly

げんそん 現存の（物）**existing** /イグズィスティング/; (人) **living** /りヴィング/
• 現存する最古の木造建築　the oldest existing wooden building

げんだい 現代　**the present** /プレズント/, **the present time**［**day**］/タイム［デイ］/, **today** /トゥデイ/
• 現代の作家たち　the writers of today / present-day writers

• 現代ではそんなことはだれも信じない
　Nobody believes such a thing today.

けんだま 剣玉　*kendama*, **a game of dexterity using a ball attached by a string to a shallow cup**（剣玉―浅い皿にひもでつながっている玉を使う遊びで, 手先の器用さを必要とする）

げんち 現地　**the spot**
• 現地時間　local time
• 現地報告　a field report
• 現地調査をする　make a field study

けんちく 建築　**architecture** /アーキテクチャ/
　建築する　build /ビるド/
• 建築家　an architect
• 建築物　a building
• 彼の家は今建築中です
　His house is under construction now. /
　His house is being built now.

けんちょう 県庁 → けん²

けんてい 検定する　**approve officially** /アプルーヴ　オふィシャリ/, **authorize** /オーそライズ/
• 検定試験　a license examination

げんど 限度　a **limit** /りミト/; (力の限界) a **limitation** /リミテイション/
• 限度に達する［を越える］　reach［exceed］the limit
• 一定の限度まで　to a limited degree
• そこが限度だ　That's the limit.
• 人の忍耐(にんたい)には限度がある
　There are limits to human patience.

けんとう¹ 見当　a **guess** /ゲス/
　見当をつける　guess
• 君は見当違いをしている　You guess wrong. /
　ひゆ You are barking up the wrong tree. →bark up the wrong tree は「猟犬が(獲物のいない)別の木に向かってほえる」

けんとう² 検討 → こうりょ

けんとう³ 拳闘　**boxing** /バクスィング/ → ボクシング

けんとう⁴ 健闘する　**put up a good fight** /ふァイト/
• ご健闘を祈る　Good luck (to you)!

けんどう 剣道　*kendo*, **Japanese fencing** /ふェンスィング/
• 剣道をする　do *kendo*
• 剣道家　a fencer
• ぼくの兄は剣道 3 段です
　My brother is a third *dan* at *kendo*.
• 剣道をする時は竹刀を用い, 面と胴と小手に防具をつけます　When we do *kendo*, we use bamboo swords, and wear protectors on the face, the

げんば 現場 **the spot, the scene** /スィーン/, **the site** /サイト/
・建設現場 the construction site
・交通事故の現場 the spot of the traffic accident

げんばく 原爆 → げんし¹ (→ 原子爆弾)

けんびきょう 顕微鏡 **a microscope** /マイクロスコウプ/
・顕微鏡の, 顕微鏡的 microscopic
・100 倍の顕微鏡 a microscope of 100 magnifications
・私たちはそれを顕微鏡でよく調べました We examined it carefully [gave it a careful examination] under the microscope.

けんぶつ 見物 **sightseeing** /サイトスィーインぐ/, **a visit** /ヴィズィト/ → かんこう
見物する visit, do the sights /サイツ/
・去年の秋私たちは奈良を見物した We went to see [did the sights of] Nara last fall.

けんぽう 憲法 **a constitution** /カンスティテューション/
・憲法に合った constitutional
・憲法違反の unconstitutional
・憲法に違反する violate [be against] the constitution
・日本国憲法 the Constitution of Japan
・憲法記念日 Constitution Memorial Day

げんみつ 厳密な **strict** /ストリクト/
厳密に strictly
・厳密に言えば strictly speaking

けんめい¹ 賢明な **wise** /ワイズ/
・賢明に wisely
・君がその提供をことわったのは賢明だった It was wise of you to refuse the offer.

けんめい² 懸命に **hard** /ハード/

げんめつ 幻滅 **disillusion(ment)** /ディスィるージョン(メント)/
・…に幻滅する be disillusioned at ～

けんやく 倹約 **thrift** /すリフト/
倹約する save /セイヴ/, **be thrifty**
・倹約家 a thrifty [an economical] person

げんゆ 原油 **crude oil** /クルード/

けんり 権利 (a) **right** /ライト/, (要求する権利) a **claim** /クれイム/
・私たちはすべて生命・自由・幸福に対する権利を持っている We all have the right to life, liberty, and happiness.
・君にはそのようなことをする権利がない You have no right to do such a thing.
・彼にはその土地に対する権利はない He has no claim to the land.

げんり 原理 a **principle** /プリンスィプる/

げんりょう 原料 (a) **material** /マティアリアる/, a **raw material** /ロー/
・これはどんな原料で作られていますか What (materials) is this made from?
・ワインの原料はブドウです Wine is made from grapes.
・原油はプラスチックをつくる原料として使われる Crude oil is used as the raw material for making plastics.

けんりょく 権力 **power** /パウア/; **authority** /オさリティ/
・権力のある powerful; (権限のある) authorized
・権力者 a person of power

げんろん 言論 **speech** /スピーチ/
・言論の自由 freedom of speech

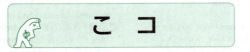

こ¹ 子

❶ a child

❶ (人間の) a **child** /チャイるド/ (複 children /チるドレン/) → こども
・男の子 a boy; (息子) a son
・女の子 a girl; (娘) a daughter
❷ (動物の) (集合的に) one's **young** /ヤンぐ/; (クマ・キツネ・ライオン・オオカミなどの) a **cub** /カブ/
・クマ[ライオン]の子 a bear [lion] cub
・イヌ[ネコ]の子 a puppy [a kitten]

こ² …個

注意しよう

日本語では名詞によって, …個, …人, …冊, …本のように数え方がちがうが, 英語では数えられない名詞以外は, その名詞の前に one [a, an], two, three… を置き, 二つ以上であれば名詞を複数形にするだけでよい. soap (せっけん), sugar (砂糖) など数えられない物質名詞の場合は, それぞれ「一定の形のかたまり」を表す piece, lump などを用いて piece of soap（せっけんのかたまり）が何個あるかのように表す

- 卵[リンゴ]10個 ten eggs [apples]
- せっけん2個 two pieces [cakes] of soap
- 角砂糖1[3]個 a lump [three lumps] of sugar

ご¹ 語 （単語）a **word** /ワ〜ド/; (言語) a **language** /らングウェヂ/
- この物語は200語の語彙(ごい)で書かれている
 This story is written using 200 words.
- あなたは何か国語しゃべれますか
 How many languages can you speak?

ご² 5(の) **five** /ふァイヴ/
- 第5(の) the fifth (略 5th)

ご³ 碁 **go, a Japanese board game** /ボード ゲイム/
- 碁石 a go stone
- 碁盤 a go board
- (…と)碁を打つ play go (with ～)

ご⁴ …後 **after**; (…後ずっと) **since** /スィンス/ → のち
- その後 after that / (ever) since / since then
- 3か月後に after three months
- 40分後にここに来なさい
 Come here in 40 minutes. → 未来の「…後」という場合具体的な数詞がつくと after ではなく in を用いるのがふつう
- 私は彼が上京して3日後に彼に会った I met him three days after he came up to Tokyo.
- その後私は彼から何の便(たよ)りも受けていません I've heard nothing from him since then.
- 私はその後ずっとここにいます
 I have been here ever since.
- 彼女は高校を卒業後ずっとその会社に勤めている She has been working at that company since she graduated from senior high school.

コアラ 《動物》a **koala (bear)** /コウアーら (ベア)/

こい¹ 恋 **love** /らヴ/ → あい
恋する **love, fall in love** (with ～) /ふォーる/
恋している **love, be in love** (with ～)
- 恋人 a sweetheart / a steady; (男性) a boyfriend / a lover; (女性) a girlfriend / a love
- 恋に悩む be lovesick
- 彼はいま同じクラスの女の子に恋をしている
 He is in love with a girl in his class.
- 彼らは恋人同士です They love each other. / They are lovers.

 ことわざ 恋は盲目 Love is blind.

こい² 濃い
➤ (スープなど) **thick** /すィック/; (茶など) **strong**;

(色が) **dark** /ダーク/
- 濃いスープ thick soup
- 濃い霧(きり) a thick fog
- 濃い青 dark [deep] blue
- このコーヒーは私には濃すぎる
 This coffee is too strong for me.

コイ 鯉 《魚》a **carp** /カープ/ (複 同形)

ごい 語彙 a **vocabulary** /ヴォキャビュらリ/
- 語彙が豊富[貧弱]だ have a rich [poor] vocabulary
- 語彙をふやす build up one's vocabulary

こいし 小石 a **pebble** /ペブる/

こいしい 恋しい **miss, be sick for** /スィック/; **long for**

こいぬ 子犬 a **puppy** /パピ/

こいのぼり 鯉のぼり a **windsock carp** /ウィンドサク カープ/ → たんごのせっく

コイン a **coin** /コイン/
- コインランドリー 《米》a laundromat /ろーンドロマト/, 《英》a launderette /ろーンドレト/ →「コインランドリー」は和製英語
- コインロッカー a coin-operated locker / an automated luggage locker →「コインロッカー」は和製英語

こう (こういうふうに) → こういう…

ごう 号 (雑誌などの) **the issue** /イシュー/; (番号) a **number** /ナンバ/
- (…の)今週号 this week's issue (of ～)
- (…の)8月号 the August issue (of ～)
- 台風21号が九州に接近しています
 Typhoon No.21 is approaching Kyushu.

こうい¹ 行為 (一つの) an **act** /アクト/, (a) **deed** /ディード/; (日常の行動全体) **conduct** /カンダクト/
- 勇敢(ゆうかん)[親切]な行為 an act of bravery [kindness]
- 彼はことばにおいても行為においても誠実です He is faithful in word and in deed.

こうい² 好意, 厚意 **goodwill** /グドウィる/; **favor** /ふェイヴァ/; (親切心) **kindness** /カインドネス/
好意的な **favorable** /ふェイヴァラブる/; (友好的な) **friendly**; (思いやりのある) **kind**
- 彼はこの計画に対して好意的です He is in favor of this plan. / He is favorable to this plan.
- 彼は私に非常に好意的です
 He is very friendly to me.
- 彼女は厚意でそうしたのだ
 She did so out of kindness.

こうい³ 校医 a **school doctor** /ダクタ/

ごうい 合意 an **agreement** /アグリーメント/
- 合意に達する reach an agreement

183　こうがい

あ

・合意の上で　by mutual agreement

こういう… such 〜(as this) /サチ/, 〜 like this /らイク/, 〜 of this kind /カインド/ → こんな
・こういうふうに(して) like this / in this way / this is how 〜
・こういう本　such a book (as this) / a book like this / a book of this kind
・こういうばかげたことは2度と繰り返すな
Don't repeat such a foolish thing (as this).
・こういうふうに線を引きなさい
Draw a line like this.
・こういうふうにして彼は成績を伸ばした
This is how he improved his grades.

こういしょう 後遺症　an **aftereffect** /アふタリふェクト/

ごうう 豪雨　**heavy rain** /ヘヴィ レイン/, a **downpour** /ダウンポー/

こううん 幸運 (運命的)(**good**) **fortune** /ふォーチュン/; (偶然(ぐうぜん)) (**good**) **luck** /らク/
幸運な **fortunate** /ふォーチュネト/; **lucky**
幸運にも **fortunately, by good fortune; luckily, by good luck**
・私は幸運にもそこにいた　It was my good luck to be there. / Luckily I happened to be there. / I had the good luck to be there.
・私は幸運にもコンサートの切符が手に入った
I was lucky enough to get a ticket for the concert.
・幸運を祈ります　Good luck (to you)!

こうえい 光栄　an **honor** /アナ/
・これは私にとって非常な光栄です
This is a great honor to me. /
You do me a great honor.

こうえん[1] 公園　a **park**; (市街地の広場) a **square** /スクウェア/
・上野公園　Ueno Park → 公園名には × the をつけない
・国立公園　a national park

こうえん[2] 後援　**support** /サポート/
後援する (支持する) **support, back** (**up**); (資金的に) **sponsor** /スパンサ/
・後援者　a supporter / a backer; a sponsor
・後援会　a supporters' association / a fan club
・候補者を後援する　back up a candidate
・その展覧会はある新聞社の後援で開かれた
The exhibition was sponsored by a newspaper company.

こうえん[3] 講演　a **lecture** /れクチャ/
講演する **lecture, give** a **lecture**

こ

・講演者　a lecturer / a speaker
・講演会　a lecture meeting

こうえん[4] 公演　a **performance** /パふォーマンス/
公演する **perform** /パふォーム/

こうか[1] 効果　an **effect** /イふェクト/
効果的な **effective** /イふェクティヴ/
・効果のない　ineffective
・…に効果がある[ない] have an [no] effect on 〜
・彼は色彩の対照によってすばらしい効果をあげた
He produced wonderful effects by the contrast of colors.
・効果音　sound effects

こうか[2] 校歌　a **school song**

こうか[3] 硬貨　a **coin** /コイン/

こうが 黄河　the **Huang He** /(ホ)ワング ハ〜/, the **Yellow River** /イェロウ リヴァ/

ごうか 豪華な　**gorgeous** /ゴーヂャス/, **deluxe** /デラクス/, **plush** /プらシュ/
・豪華客船　a deluxe liner

こうかい[1] 後悔

➤ **regret** /リグレト/
後悔する **regret; be sorry** /サリ/
・私はそうしたことを後悔している　I regret having done so. / I'm sorry I've done so. / I'm sorry for having done so.
・後悔しないようにそんなことはしないほうがいい
You had better not do such a thing so that you won't be sorry afterwards.
・愛とは決して後悔しないこと
Love is never saying sorry.
ことわざ 後悔先に立たず
It's no use crying over spilt milk. (こぼれたミルクをおしんで泣いても何にもならない)

こうかい[2] 航海　a **voyage** /ヴォイエヂ/
航海する **voyage, make a voyage**
・彼らは世界1周の航海に出た　They started on a voyage around the world.

こうかい[3] 公開の　**open, public** /パブリク/
・公開講演[討論] a public lecture [discussion]
・このプール[図書館]は一般に公開されている
This pool [library] is open to the public.

こうがい[1] 郊外　(近郊の住宅地) the **suburbs** /サバ〜ブズ/; (都市の中央から離れた周辺部) the **outskirts** /アウトスカ〜ツ/
・郊外の　suburban
・郊外住宅地　a residential suburb
・私は東京の郊外に住んでいる
I live in the suburbs of Tokyo.
・ヒースロー空港はロンドンの郊外にある

こうがい 184 one hundred and eighty-four

Heathrow Airport is on the outskirts of London.

こうがい[2] 公害 **environmental pollution** /インヴァイアロンメンﾄる ぽるーション/, a **public nuisance** /パブリク ニュースンス/
•公害を引き起こす cause environmental pollution

ごうがい 号外 an **extra** /エクストラ/

こうかいどう 公会堂 a **public hall** /パブリク ホーる/

こうかがくスモッグ 光化学スモッグ （a) **photochemical smog** /ふォウトウケミカる/

こうがく 工学 **engineering** /エンヂニアリンぐ/
•機械[土木, 遺伝子]工学 mechanical [civil, genetic] engineering

ごうかく 合格する

➤ **pass**
•合格者 a successful candidate
•合格通知 a letter of acceptance
•合格点 a passing mark
•彼は試験に合格した
He passed the examination.
•合格おめでとう! Congratulations on your success with the examination!

こうかん[1] 交換

➤ (an) **exchange** /イクスチェインヂ/
交換する exchange, change, make an exchange: (物々交換する) trade /トレイド/

使い分け

exchange も change もともに「一時的・永続的に取り替える」ことを意味するが, 特定の目的語をのぞいてふつう exchange を用いる. trade は「物と物を永続的に交換する」こと
•A (物)を B (物)と交換する exchange A for B / trade A for B
•A (人)と B (物)を交換する exchange B with A
➡ B は自分のものと相手のものと二つなので必ず複数形になる
•A と交換に B を与える give B in exchange for A
•意見[手紙]を交換する exchange opinions [letters]
•彼女と日記[切手]を交換する exchange diaries [stamps] with her
•席を交換する change seats
•(ダンスなどで)相手を交換する change partners
•きのう母がぼくにこの靴を買ってくれたのですが, ぼ

くにはちょっと大きいので, もっと小さいのと交換してもらえますか
Yesterday my mother bought me these shoes, but they are a little too large. Can I exchange them for a smaller pair?

こうかん[2] 好感 a **good impression** /インプレション/
•…に好感を持つ feel friendly toward ~
•好感の持てる pleasant
•彼女の態度は好感が持てる
Her manner is pleasant.

こうがんざい 抗がん剤 an **anti-cancer drug** /アンティ キャンサ ドラグ/

こうき[1] 好機 a **good chance** /チャンス/
•好機をのがす miss [lose] a good chance

こうき[2] 後期 the **latter half** /らタ ハぶ/; (2学期制の) the **second semester** /セメスタ/

こうき[3] 校旗 the **school flag**

こうぎ[1] 抗議 a **protest** /プロウテスト/
抗議する **protest** (against ~) /プロテスト/, **make a protest** (against ~)
•彼らは人種差別に抗議した They protested [made a protest] against racial discrimination.

こうぎ[2] 講義 a **lecture** /れクチャ/

こうきあつ 高気圧 **high atmospheric pressure** /ハイ アトモスふェリク プレシャ/

こうきしん 好奇心 **curiosity** /キュアリアスィティ/
好奇心の強い **curious** /キュアリアス/
•好奇心を持って with curiosity
•好奇心に富んだ少年 a boy full of curiosity
•君は他人の事に対して少し好奇心が強すぎます You are a little too curious about other people's business.

こうきゅう[1] 硬球 a **hard ball** /ハード/

こうきゅう[2] 高級な (等級が) **high-class** /ハイクらス/; (上質の) **quality** /クワリティ/; (高価な, 料金の高い) **expensive** /イクスペンスィヴ/
•高級レストラン a high-class [an expensive] restaurant
•高級品 quality goods

こうきょ 皇居 the **Imperial Palace** /インピアリアる パれス/
•皇居前広場 the (Imperial) Palace Plaza

こうきょう 公共の **public** /パブリク/
•公共の施設(しせつ) public facilities
•公共料金 public utility charges

こうぎょう[1] 工業 **industry** /インダストリ/
工業の **industrial** /インダストリアる/

185 こうこく

- 工業高等学校 a technical senior high school
- 工業都市 an industrial town
- 京浜工業地帯 the Keihin Industrial District [Belt]
- 日本は世界で最も工業の進んだ国の一つです
Japan is one of the most advanced industrial countries in the world.

こうぎょう² 鉱業 **mining** (**industry**) /マイニンぐ (インダストリ)/

こうきょうがく 交響楽, 交響曲 a **symphony** /スィンふォニ/
- 交響楽団 a symphony orchestra

こうくう 航空 **aviation** /エイヴィエイション/
- 航空機 an aircraft
- 航空郵便で by airmail
- 航空会社 an airline
- 航空券 an airline ticket

こうけい 光景 a **sight** /サイト/, a **scene** /スィーン/

こうげい 工芸 **industrial arts** /インダストリアるアーツ/

ごうけい 合計 a **total** /トウたる/, the **total amount** /アマウント/
合計…になる total, amount to ～, be ～ altogether /オーるトゲざ/
- 合計の total
- 合計はいくらですか What is the total? / How much is it altogether?
- ここへ来る見物人は年間合計3万人に上る
The visitors here total 30,000 a year.

🗨会話 お勘定(かんじょう)は合計いくらになりますか. ─合計1,500円になります What does the bill amount to?—It amounts to 1,500 yen.

こうげき 攻撃 an **attack** /アタク/, **aggression** /アグレション/
攻撃する attack, make an attack (on ～); (野球で) **be at bat**
攻撃的な aggressive
- (スポーツの)攻撃側 the offense
- 彼は演説でわれわれの行動を攻撃した
In his speech he attacked [made an attack on] our action.
- そんなに攻撃的になってはいけない. 彼の立場をもっと考えてあげなさい
Don't be so aggressive. Try to give more consideration to his position.

こうけん 貢献 (a) **contribution** /カントリビューション/
(…に)貢献する contribute (to ～) /コントリビュート/, **make a contribution** (to ～)

- 科学の進歩に貢献する contribute [make a contribution] to the progress of science
- このことは世界の平和に大いに貢献するだろう
This will contribute greatly [will make a great contribution] toward the peace of the world.
- 彼はその国の経済の発展に大いに貢献した
He did a great deal for the economic development of the country.

こうげん¹ 高原 a **plateau** /プらトウ/ (複 plateaux /プらトウズ/), **highlands** /ハイらンツ/, **heights** /ハイツ/

こうげん² 抗原 an **antigen** /アンティジェン/

こうご² 口語 **spoken language** /スポウクン らンぐウェヂ/
口語の spoken, colloquial /コろウクウィアる/
- 口語英語では in spoken [colloquial] English
- 口語体 a colloquial style

こうご² 交互の **alternate** /オーるタネト/
- 交互に alternately / in alternate order

こうこう¹ 孝行 **filial duty** /ふぃりアる デューティ/, **filial obedience** /オビーディエンス/
孝行な filial, dutiful /デューティふる/
- 孝行な息子 a dutiful son
- 彼は孝行心からそれをしたのです
He did it out of filial affection.

こうこう² 高校

➤ a (**senior**) **high school** /(スィーニャ) ハイ スクーる/

- 高校に入る enter senior high school
- 高校に在学中である be in [at] senior high school
- 高校を卒業する graduate from senior high school
- 高校入試 a senior high school entrance examination
- 高校生 a senior high school student
- 高校1[2, 3]年生 a first [second, third] year student in [at] senior high school →「若葉高校の」のように固有名詞の場合は at Wakaba Senior High School となる
- 全国高校野球大会 the National Senior High School Baseball Tournament

こうごう 皇后 an **empress** /エンプレス/
- 皇后陛下 Her Majesty (the Empress)

ごうごう (音をたてる) **roar** /ロー/

こうごうせい 光合成 **photosynthesis** /ふォウトウスィンさスィス/

こうこく 広告 an **advertisement** /アドヴァタイズ

こうさ 186 one hundred and eighty-six

メント/, an **ad** → ラジオ・テレビなどの「広告」は a commercial /コマ〜シャる/ ともいう

広告する advertise /アドヴァタイズ/
- 広告欄(らん) an advertisement column
- テレビ広告 a TV commercial
- 広告代理店 an advertising agency

こうさ 交差 **crossing** /クロースィンぐ/
交差する cross
- (道路上の)交差点 an intersection / a crossing / a crossroads
- ここでその二つの道路が交差している
Here the two roads cross each other.
- 交差点では必ず一時止まりなさい
Be sure to stop for a moment at an intersection [a crossing, a crossroads].

こうざ¹ 講座 a **course** /コース/
- 英語初級講座 the elementary course in English / an English course for beginners
- 英会話のテレビ講座 a television course of conversational English [conversation in English]

こうざ² 口座 an **account** /アカウント/
- 銀行預金口座 a bank account
- 銀行に口座を開く open an account with a bank

こうさい (…と)交際する **keep company** (with 〜) /キープ カンパニ/, **go around** (with 〜) /アラウンド/, **be friends** (with 〜) /ふレンツ/
- 交際仲間 company
- よい[悪い]人と交際する keep good [bad] company
- 彼女は彼と交際している She keeps company [goes around] with him.

こうさく 工作 **handicraft** /ハンディクラふト/

こうさん 降参 (a) **surrender** /サレンダ/
- 私たちはまだまだ降参なんかしない
ひゆ We won't throw in the towel just yet.
→ throw in the towel はボクシングで, 試合中セコンドが自陣の選手の負けを認めてリングにタオルを投げ込むことから「降参する」の意味

こうざん¹ 高山 a **high mountain** /ハイ マウンテン/
- 高山病 mountain sickness

こうざん² 鉱山 a **mine** /マイン/

こうし¹ 子牛 a **calf** /キャふ/ (複) calves /キャヴズ/)

こうし² 講師 a **lecturer** /れクチャラ/, an **instructor** /インストラクタ/

こうし³ 公使 a **minister** /ミニスタ/
公使館 a **legation** /リゲイション/

こうし⁴ 公私 **public and private matters** /パブリク プライヴェット マタズ/

こうし⁵ 格子 (細い角材などで編んだ) a **lattice** /らティス/; (しま模様) (a) **check**

こうじ 工事 **construction** /コンストラクション/
- 工事現場 a construction site
- 工事中 under construction

こうしき¹ 硬式

注意しよう

欧米では硬式がふつうなので, 単に baseball といえば「硬式野球」の意味. それに対して「軟式野球」は rubber-ball baseball /ラバボーる/ のように説明的に表現するしかない. ただし, 「軟式テニス」については「日本ソフトテニス連盟」が設立されていて英語名称を Japan Soft Tennis Association とし, 海外でも soft tennis という表現を使っている

こうしき² 公式 (数学・化学などの) a **formula** /ふォーミュら/
公式の (正式の) **formal** /ふォーまる/; (公務の, 公認の) **official** /オふィシャる/
公式に formally: officially

こうしつ 皇室 **the Imperial Household** /インピアリアる ハウスホウるド/

こうしゃ¹ 校舎 a **school building** /スクーる ビるディンぐ/; (小さい田舎の学校の) a **schoolhouse** /スクーるハウス/

こうしゃ² 後者 **the latter** /らタ/ → ぜんしゃ

こうしゅう¹ 公衆 **the public** /パブリク/
公衆の public
- 公衆トイレ a public lavatory
- 公衆電話 a pay phone /《英》a public telephone

こうしゅう² 講習 a **course** /コース/
- …の講習を受ける take a course in 〜
- 英語の夏期講習に出席する attend a summer course in English

こうしょう 交渉 **negotiations** /ニゴウシエイションズ/
交渉する negotiate /ニゴウシエイト/
- 交渉人 a negotiator
- 交渉に入る enter into negotiations
- この問題について私たちは他のクラブと交渉中です
We are in negotiations with other clubs on this question.

こうじょう¹ 工場 a **factory** /ふァクトリ/, a **plant**, a **works** /ワ〜クス/ (複同形)
- 工場労働者 a factory worker
- 自動車工場 an automobile factory [plant]
- 工場で働く work at [in] a factory

こうじょう² 向上 (改善) **improvement** /インプル

ーヴメント/;（進歩）**progress** /プラグレス/;（地位などの）**rise** /ライズ/
向上する improve; make progress; rise; be raised /レイズド/
向上させる improve, raise, increase /インクリース/
・ここ10年間で彼らの生活水準は非常に向上した Their standard of living has improved greatly in the past decade.
・彼の英語はめざましく向上してきた He is making wonderful progress in English. / His English is showing wonderful progress.
・戦後女性の社会的地位が著しく向上した The social position of woman has risen remarkably since the end of the war.
ごうじょう 強情な → がんこ（→ 頑固な）
こうしん 行進 a **march** /マーチ/;（祝賀・宣伝などの）a **parade** /パレイド/
行進する march; parade
行進曲 a march /マーチ/
・結婚［葬送（そうそう）、軍隊］行進曲 a wedding [funeral, military] march
・行進曲を演奏する play a march
・デモ隊は大通りを行進して行った The demonstrators marched [paraded] along the main street.
こうすい 香水 (a) **perfume** /パ～フューム/
香水をつける perfume /パフューム/;（からだに）**wear perfume** /ウェア パ～フューム/
こうずい 洪水 a **flood** /ふラド/
洪水になる，洪水にする flood
・橋はその洪水で流されてしまった The bridge was carried [washed] away by the flood.
・この地区はよく洪水に見舞(みま)われる This area is frequently flooded. / This area has frequent floods.
こうせい[1] 公正な **fair** /ふェア/, **just** /ヂャスト/
・公正な判断を下す pass a fair judgment
こうせい[2] 構成 **structure** /ストラクチャ/
構成する form /ふォーム/, **constitute** /カンスティテュート/, **organize** /オーガナイズ/
・文章の構成 a sentence construction [structure]
こうせい[3] 恒星 a **fixed star** /ふィクスト/
こうせい[4] 厚生 **public welfare** /パブリク ウェるふェア/
・厚生労働省［大臣］ the Ministry [Minister] of Health, Labor and Welfare
ごうせい 合成 **synthesis** /スィンセスィス/（複 syntheses /スィンセスィーズ/）
・合成の synthetic
こうせいぶっしつ 抗生物質 an **antibiotic** /アンティバイアーティク/ → 通例 antibiotics と複数形で使われる
こうせき[1] 功績 **merits** /メリツ/ → こうけん
・功績に対して賞を受ける be rewarded for *one's* merits
こうせき[2] 鉱石 (an) **ore** /オー/
こうせん[1] 光線 a **ray** /レイ/;（光）**light** /らイト/
・夕日の光線 the rays of the setting sun
こうせん[2] 鉱泉 a **mineral spring** /ミネラる/
こうぜん 公然の **public** /パブリク/, **open**
・公然と publicly / in public / openly
・公然の秘密 an open secret
こうそ 酵素 an **enzyme** /エンザイム/
こうそう 高層建築 a **high-rise** (**building**) /ハイライズ (ビるディンヶ)/;（超高層ビル）a **skyscraper** /スカイスクレイパ/
こうぞう 構造 **structure** /ストラクチャ/
構造上の structural /ストラクチュラる/
・社会構造 social structure
こうそく[1] 校則 **school regulations** /レギュれイションズ/
・校則では生徒はすべてバッジをつけなければならない The school regulations require that every student should wear a badge. / The students are required by the school regulations to wear a badge.
こうそく[2] 高速 (a) **high speed** /ハイ スピード/
高速道路 《米》an **expressway** /イクスプレスウェイ/, a **freeway** /ふリーウェイ/, a **superhighway** /スーパハイウェイ/,《英》a **motorway** /モウタウェイ/ → 日本語では「ハイウェイ」を高速道路の意味で用いるが，英語の highway は byway (わき道)に対する「幹線道路」のことで「高速道路」のことではない
・高速で at (a) high speed
こうたい[1] 交替（仕事の）a **shift** /シふト/
交替する → かわる[1]
・3時間交替制 a three-hour shift
・交替で（かわるがわる）by turns /（順番に）in turn
・交替で…する take turns *doing*
・私たちは交替で車を運転した We took turns driving the car.
こうたい[2] 後退する **retreat** /リトリート/, **move back** /ムーヴ/;（集団から遅れる）**fall behind** /ふォーる ビハインド/
こうたい[3] 抗体 an **antibody** /アンティバディ/ →

こうだい 188 one hundred and eighty-eight

通例 antibodies と複数形で使われる

こうだい 広大な **vast** /ヴァスト/
・広大な草原 a vast stretch of grassland

こうたいし 皇太子 **the Crown Prince** /クラウン プリンス/
・皇太子妃 the Crown Princess

こうたく 光沢 **luster** /らスタ/
　光沢のある **lustrous** /らストラス/

こうだん 公団（公益企業体）a **public corporation** /パブリク コーポレイション/
・公団住宅 a Housing Corporation apartment house

こうちゃ 紅茶 （black）**tea** /ティー/ → ちゃ
・紅茶1杯 a cup of tea
・紅茶茶わん a teacup
・(砂糖を入れないで)紅茶を飲む drink tea (without sugar)
・紅茶をもう1杯いかがですか
Won't you have ［How about］another cup of tea?
　🗨会話 君は紅茶のどういうのが好きですか. —私は紅茶は甘いほうが好きです How do you like your tea?—I like my tea rather sweet.

こうちょう¹ 校長 a **principal** /プリンスィパる/; (男性) a **headmaster** /ヘドマスタ/; (女性) a **headmistress** /ヘドミストレス/
・校長室 the principal's office

こうちょう² 好調 a **good condition** /コンディション/
・好調である be in good condition

こうつう 交通
➤ **traffic** /トラふィク/
➤ (輸送) **transportation** /トランスポティション/
・交通規則 traffic regulations［rules］
・交通安全(指導) traffic safety (instruction)
・交通事故 a traffic accident
・交通信号 a traffic signal
・交通標識 a traffic sign
・交通渋滞(じゅうたい) a traffic jam
・交通費 transportation expenses
・交通機関 a means of transportation
・交通違反 violation of traffic regulations
・交通違反をする violate［break］traffic regulations
・交通整理をする direct the traffic
・この道路は交通が激しい There is heavy［a lot of］traffic on this road.
・交通が渋滞する Traffic is tied up.
・その事故で交通は大混乱になった The accident

caused a great confusion in the traffic.
・新しい空港は交通の便がよい［悪い］
The new airport is conveniently［inconveniently］located.

こうつごう 好都合 **convenience** /コンヴィーニエンス/ → つごう
　好都合な **convenient**

こうてい¹ 校庭 a **schoolyard** /スクーるヤード/

こうてい² 肯定 **affirmation** /アふァメイション/
　肯定する **affirm** /アふァ〜ム/
　肯定的な **affirmative** /アふァ〜マティヴ/
・肯定的に affirmatively / in the affirmative
・肯定的な(そうだという)返事 an affirmative answer
・肯定文 an affirmative sentence
・彼の答えは肯定的(そうです)であった His answer was affirmative［in the affirmative］.

こうてい³ 皇帝 an **emperor** /エンペラ/

こうてき 公的な（公共の）**public** /パブリク/; (公式の) **official** /オふィシャる/

こうてつ 鋼鉄 **steel** /スティーる/

こうど 高度（高さ）(a) **height** /ハイト/; (海面からの) an **altitude** /アるティテュード/
　高度の（程度が）**high** /ハイ/, **great** /グレイト/
　高度に **highly**
・最高度に in the highest degree
・高度の経済成長 high economic growth
・高度1万メートルで飛ぶ fly at an altitude of 10,000 meters

こうとう¹ 高等（程度が）**high** /ハイ/; (先に進んだ) **advanced** /アドヴァンスト/
・高等教育 higher education
・高等動物 the higher animals
・高等専門学校（工業系の）a technical college

こうとう² 口頭の **oral** /オーらる/
・口頭で orally
・口頭試験 an oral examination
・口頭練習 an oral drill

こうどう¹ 行動
➤ **action** /アクション/ → こうい¹
　行動する **act, take action**
　行動的な **active** /アクティヴ/
・…を行動に移す put ～ into action
・(旅行で)団体行動する travel in a group
・(旅行で)自由行動する have free time

こうどう² 講堂 an **auditorium** /オーディトーリアム/

ごうとう 強盗 a **robber** /ラバ/; (夜建物に忍び込む) a **burglar** /バ〜グら/; (昼間建物に忍び込む) a

189 こうへい

house-breaker /ハウスブレイカ/
・銀行強盗をする rob a bank

ごうどう 合同
❶（合同の）**combined** /コンバインド/, **joint** /ヂョイント/
・合同演奏会［公演］ a joint concert［performance］
・山田先生が休みだったので，英語は C 組と合同授業だった As Mr. Yamada was absent, we had English with Class C.
・体育は 3 クラス合同授業です
Physical education is given to three classes combined［jointly］.
❷（数学）**congruence** /カーングルアンス/
・合同の **congruent**

こうとうがっこう 高等学校 a (**senior**) **high school** /(スィーニャ) ハイ スクーる/ → こうこう²
・私は第一志望の高等学校に合格した
I was accepted by the (senior) high school of my first choice.

こうどく 購読 **subscription** /サブスクリプション/
購読する subscribe (to ～) /サブスクライブ/
・購読者 a subscriber
・雑誌を 1 年間購読する subscribe to a magazine for one year

こうない 校内で **in the school**
・校内暴力 school violence
・校内バレーボール大会(クラス対抗の) an interclass volleyball tournament
・校内放送で全校生徒に伝える tell all the students over the school PA (system) → PA = public-address system (拡声装置)

こうにん 後任 a **successor** /サクセサ/
・…の後任 a successor to ～

コウノトリ 鶴 《鳥》a **stork** /ストーク/
こうば 工場 → こうじょう¹
こうはい 後輩 one's **junior** /ヂューニア/
・彼女は私のテニス部の後輩です
She is my junior in the tennis club.
・彼は学校で私の 2 年後輩です
He is two years behind me at school. / He is my junior by two years at school. / He is two years my junior at school.

こうばい¹ 勾配 (傾斜(けいしゃ)) a **slope** /スろウプ/; (道路などの) (米) a **grade** /グレイド/, (英) a **gradient** /グレイディエント/
・上り[下り]勾配 an up [a down] grade

こうばい² 購買部 (学校の) a **school** (**supply**) **store** /(サプライ) ストー/, a **school shop**
・購買力 a buying power

こうはん 後半 **the latter half** /らタ ハふ/, **the second half** → ぜんはん

こうばん 交番 a **police box** /ポリース/
・交番で道をたずねる ask the way at a police box

こうひょう¹ 好評 (人気) **popularity** /パピュらリティ/
好評な popular /パピュら/
・その小説は若い人の間でとても好評です
The novel has great popularity [is very popular] among young people.

こうひょう² 公表する **publish** /パブリシュ/, **make public** /パブリク/
・こういう情報は公表されるべきだ
Such information should be made public.

こうふう 校風 **school customs** /カストムズ/; (伝統) **school traditions** /トラディションズ/

こうふく¹ 幸福
➤ **happiness** /ハピネス/
幸福な happy
幸福に happily
・彼らは二人で幸福に暮らしています
They are living happily together.
・彼女はこの上もなく幸福です
She is as happy as she can be.
・彼は幸福な一生を送りました He lived a happy life. / His life was a happy one.

こうふく² 降服 **surrender** /サレンダ/
降服する surrender (to ～); (力に屈(くっ)する) **yield** (to ～) /イーるド/
・敵に降服する surrender [yield] to the enemy

こうぶつ¹ 鉱物 a **mineral** /ミネラる/
・鉱物の mineral

こうぶつ² 好物 (料理) one's **favorite dish** /ふェイヴァリト/; (食べ物) one's **favorite food**
・チーズはネズミの好物だ
Cheese is a favorite food for mice.

こうふん 興奮
➤ **excitement** /イクサイトメント/
興奮させる excite /イクサイト/
興奮する, 興奮している get [be] excited
・興奮して excitedly / in excitement
・興奮した口調で in an excited tone
・そう興奮してはいけない Don't get so excited.
・君は何のことでそんなに興奮しているのか
What are you so excited about?
・彼はすぐ興奮する He gets too easily excited.

こうへい 公平 **fairness** /ふェアネス/; (正義) **jus-**

tice /ヂャスティス/
公平な fair; **just**
公平に fairly, with fairness; **justly, with justice**
- 彼について公平に言えば to do him justice
- すべての人を公平に扱う treat everyone with fairness

こうほ 候補（候補者）a **candidate** /キャンディデイト/ → りっこうほ
- 大統領候補 a candidate for President
- 選挙の候補者 a candidate for election
- 直木賞候補になる be nominated for the Naoki Prize

こうほう 後方（後ろの位置）the **back, behind** /ビハインド/; (後ろのほうへ) **backward** /バクワド/

ごうほう 合法的な **legal** /リーガる/
- 合法的でない illegal

こうま 小馬, 子馬（小形の馬）a **pony** /ポウニ/; (馬の子) a **colt** /コウるト/

ごうまん 傲慢な **arrogant** /アロガント/

こうみょう 巧妙な **skillful** /スキるふる/
巧妙に skillfully

こうみりょう 香味料 **spices** /スパイセズ/

こうみんかん 公民館 a **community center** /コミューニティ/

こうむ 公務 **official duties** /オふィシャる デューティズ/
- 公務員 a government worker / a public employee [servant]
- 彼は国家[地方]公務員です He works for the government [the local government]. / He is a government [local government] employee.

こうむる 被る **suffer** /サふァ/
- その嵐で作物が大きな損害を被った The crops suffered great damage from the storm.

こうもく 項目 an **item** /アイテム/
コウモリ 蝙蝠 《動物》a **bat** /バト/
こうもん 校門 a **school gate** /ゲイト/
ごうもん 拷問 **torture** /トーチャ/
拷問にかける torture, put to torture

こうやく 公約（選挙の）an **election promise** /イれクション プラミス/, an **election pledge** /プれヂ/
- 公約を守る keep *one's* election promises [pledges]

こうよう¹ 紅葉する, 黄葉する（色とりどりに）**put on autumnal colors** /オータムヌる カらズ/, (赤く) **turn red** /タ〜ン/, (黄色く) **turn yellow** /イェろウ/

こうよう² 公用（役所・会社などの仕事）**official**

business /オふィシャる ビズネス/; (公共 の 使用) **public use** /パブリク ユース/
- 公用語 an official language

こうらく 行楽地 a **holiday resort** /ハリデイ リゾート/
- 行楽客 《米》a vacationer / 《英》a holiday-maker

こうり 小売り **retail** /リーテイる/
小売りする retail
- 小売りで by retail
- 小売り商人 a retailer / a retail dealer
- 小売り店 a retail store / (ある会社の製品を専門に扱う) an outlet
- 小売り価格 a retail price

ごうり 合理的な **rational** /ラショヌる/
- 合理的に rationally
- 合理化する rationalize
- 合理的に考える think rationally [in a rational way]

こうりつ 公立の **public** /パブリク/
- 公立学校 a public school

こうりゅう 交流（交換）(an) **exchange** /イクスチェインヂ/; (接触) **contact** /カンタクト/
- 文化交流 cultural exchange [contact]

ごうりゅう 合流する **join** /ヂョイン/
- 二つの川は町の数キロ下流で合流する
The two rivers join some kilometers below the town.

こうりょ 考慮 **consideration** /コンスィダレイション/
考慮する consider /コンスィダ/, **take ～ into consideration**
- その問題は目下考慮中です
The question is now under consideration.
- 私たちは少数意見も考慮すべきです
We should also consider the opinions of the minority [take the opinions of the minority into consideration].

こうりょく 効力 **effect** /イふェクト/
効力のある effective /イふェクティヴ/
効力のない ineffective /イネふェクティヴ/
- 効力を失う[生じる] lose [come into] effect

こうれい 高齢 an **advanced age** /アドヴァンスト エイヂ/
- 高齢者 the aged / the elderly
- 高齢化社会 an aging society → しょうしか

ごうれい 号令 an **order** /オーダ/, a **command** /コマンド/
- 号令をかける give [shout] an order

こうろん 口論 → けんか

こうわ 講和（平和）**peace** /ピース/
•講和条約　a peace treaty

こえ　声

➤ a **voice** /**ヴォイス**/
•鳥の声　a song / a chirp ➔ さえずる
•(チッチという)虫の声　a chirp
•かん高い[太い，よく通る，しゃがれ]声　a shrill [deep, penetrating, husky] voice
•大きな[低い]声で　in a loud [low] voice
•声をそろえて　in one voice / in chorus
•声を出して　aloud
•声が出なくなる　lose *one's* voice
•声変わりがする　*one's* voice breaks [cracks]
•彼女は声がいい[悪い]
She has a good [bad] voice.
•もう少し大きな声で話してください　Please speak a little louder. / We can't hear you! (しゃべっていることが聞こえません!)
•この文章を声に出して[声を出さないで]読みなさい　Read this sentence aloud [silently].
•われわれは声を限りに叫んだ
We cried at the top of our voice.
•私はフットボールの試合でとても大きな声で叫んだので声が出なくなった　I shouted so much at the football game that I lost my voice.

ごえい 護衛する　**guard** /ガード/
こえた 肥えた　**rich** /リチ/，**fertile** /ふァ〜トる/
•肥えた土　rich [fertile] soil
こえだ 小枝　a **twig** /トウィグ/ ➔ えだ

こえる　越える，超える

❶（歩いて）**go over**；（跳び越す）**clear**
❷（超過する）**be over**

❶（歩いて，跳とぶんで）**go over, get over; climb over** /クらイム/；（跳び越す）**clear** /クりア/
•山を越える　go over a mountain
•塀を越える　get [climb] over a wall
•(高跳びなどの)バーを越える　clear the bar
❷（超過する）**be over, be more than** /モー ざ ン/，**exceed** /イクスィード/
•彼は60歳を超えている
He is over [more than] sixty years old.
•文化祭の参加者の数はわれわれの予想をはるかに超えた　The number of participants in the school festival was far greater than we had expected. / The number of participants in the school festival far exceeded our estimate.
❸（その他）

•私たちは文化の違いを超えてジェスチャーで意思を伝達することができる　We can communicate across cultures with gestures.
ゴーグル （保護めがね）**goggles** /ガーグるズ/
コース a **course** /コース/；（競泳の）a **lane** /れイン/
•ハイキング[ゴルフ]コース　a hiking [golf] course
•英語の初級コース　the elementary course in English
•第4コースを泳ぐ　swim in Lane No.4
コーチ a **coach** /コウチ/
　コーチする **coach**
•水泳のコーチ　a swimming coach
•君たちのサッカーチームのコーチはだれですか
Who coaches your soccer team?
コート¹ （テニスの）a **court** /コート/
コート² （洋服）a **coat** /コウト/，an **overcoat** /オウヴァコウト/
•コートを着る[脱(ぬ)ぐ]　put on [take off] an overcoat
•彼女はコートを着て外出した
She went out in her coat.
コード （電気の）a **cord** /コード/
コードレス **cordless** /コードれス/
コーナー （走路の）a **turn** /タ〜ン/；（売り場）a **department** /ディパートメント/
•第4コーナーを回る　round the fourth turn
•(デパートなどで)化粧品コーナーはどこですか
Where is the cosmetics department? ➜ この意味での「コーナー」は和製英語
コーヒー **coffee** /コーふィ/
•コーヒーカップ　a coffee cup
•コーヒーメーカー　a coffee-maker
•コーヒー豆　coffee beans
•コーヒー店　a coffee shop
•インスタントコーヒー　instant coffee
•アイス[ブラック，ミルク]コーヒー　ice(d) [black, milk] coffee
•コーヒー1杯　a cup of coffee
•コーヒーを入れる　make coffee
•クリームと砂糖を入れてコーヒーを飲む　drink [have] coffee with cream and sugar
•もう1杯コーヒーをいかがですか　Won't you have [How about] another cup of coffee?
•私はコーヒーはブラックが好きです
I like my coffee black.
•コーヒーを4つください　Four coffees, please.
➜ 喫茶店などで注文する時は，four cups of coffee の意味でこのようにいうことが多い

コーラ 《商標》**Coca-Cola** /コウカコウら/, 《話》**Coke** /コウク/, **cola**

コーラス a **chorus** /コーラス/ → がっしょう

コーラン the **Koran** [**Quran**] /カラーン/

こおり 氷

➤ **ice** /アイス/ → こおる

氷が張る **be frozen over** /ふロウズン/, **freeze over** /ふリーズ/
・(四角い)氷1個 a cube of ice
・氷のかたまり a lump of ice; (大きな) a block of ice
・氷まくら an ice pillow
・氷水 iced water
・かき氷 shaved ice
・氷砂糖 《米》rock candy /《英》sugar candy
・氷で…を冷やす cool ~ with ice
・池は厚い氷におおわれている
The pond is covered with thick ice.
・この湖は冬になると一面に氷が張る
This lake is frozen [freezes] over in winter.

こおる 凍る, 凍らせる **freeze** /ふリーズ/
・水はセ氏0度で凍ります
Water freezes at (the temperature of) 0℃ (読み方: zero degrees centigrade).
・水道管が凍っている
The water pipe has frozen (up).
・道路がかちかちに凍っている
The road is frozen hard.
・けさは凍るように寒い
It is freezing cold this morning.

ゴール (サッカーなどの) a **goal** /ゴウる/; (マラソンなどの) a **finish** /ふィニシュ/ → ゴールインする
ゴールする (サッカーなどで) **get** [**make**] **a goal**; (マラソンなどで) **finish**
・ゴールキーパー a goalkeeper
・ゴールポスト a goalpost

ゴールインする (陸上競技で) **finish** /ふィニシュ/, **cross the finish line** /らイン/
・100メートル競走で3位でゴールインする finish third in a hundred meter dash

> **カタカナ語！** ゴールイン
> ✕*goal in* という英語はない. goal はマラソンの「決勝線」, サッカーなどの「得点」, 努力の「目標」など, すべて名詞としての意味しかない. サッカーの得点場面ではレフリーはただ"**Goal!**"とだけ叫ぶ

ゴールデンウィーク '**Golden Week**' **holidays, a succession of national holidays from April 29th to May 5th** /ハリデイズ サクセションナショヌる/

ゴールデンタイム **prime time** /プライム タイム/
→「ゴールデンタイム」は和製英語

コールドゲーム a **called game**

ゴールボール 《スポーツ》**goalball** /ゴウるボーる/
→ パラリンピックの種目名

コオロギ 《虫》a **cricket** /クリケト/

コーン¹ 《植物》(とうもろこし) **corn**
・コーンフレーク cornflakes

コーン² (アイスクリームのコーン) a **cone** /コウン/

ごかい 誤解 **misunderstanding** /ミスアンダスタンディング/
誤解する **misunderstand, mistake** /ミステイク/
・誤解を生む[解く] produce [remove] misunderstandings
・彼女は私のことを誤解している
She misunderstands me.
・君は全く誤解しているよ
You've got it all wrong. / ひゆ You've got hold of the wrong end of the stick. (ステッキのにぎりの反対のほうをにぎっている)
・誤解しないでください Don't get me wrong.
・そういう行動は誤解されやすい
Such conduct is liable to be misunderstood.

ごかくけい 五角形 a **pentagon** /ペンタガン/

こかげ 木陰 → かげ

こがす 焦がす, 焦げる (表面を) **scorch** /スコーチ/; (黒こげに) **burn** /バ〜ン/
・何か焦げるにおいがする
I smell something burning.

こがた 小型の **small** /スモーる/, **small-sized** /スモーる サイズド/, **pocket** /パケト/
・小型辞書 a pocket dictionary
・小型カメラ a pocket camera
・小型自動車 a small car

ごがつ 5月 **May** /メイ/ → くがつ
・五月人形 dolls for the Boys' Festival

こがらし 木枯らし a **cold winter wind** /コウるド ウィンタ ウィンド/

こぎって 小切手 a **check** /チェク/
・小切手で支払う pay by check

ゴキブリ 《虫》a **cockroach** /カクロウチ/

こきゅう 呼吸 **breath** /ブレす/, **respiration** /レスピレイション/ → いき¹
呼吸する **breathe** /ブリーず/
・深呼吸する take a deep breath

こきょう 故郷 (出生地) one's **birthplace** /バ〜すプれイス/, one's **native place** /ネイティヴ プれイス/, one's **home**(**town**) /ホウム(タウン)/ → ここく
・鹿児島が私の故郷です

Kagoshima is my birthplace.
・彼は10年前に故郷を出てアメリカへ行った
He left home for America ten years ago.
・彼は休暇で故郷へ行っています
He has gone home for the holidays.

こぐ **row** /ロウ/
・ボートをこぐ row a boat
・ボートをこいで川を上る[下る] row up [down] a river

ごく 語句 **a phrase** /ふレイズ/; (語と句) **words and phrases** /ワ〜ヅ/

こくおう 国王 **a king**

こくがい 国外の → かいがい

こくぎ 国技 **the national sport** /ナショヌる スポート/, **the national game**

こくご 国語
➤ (言語) **a language** /らングウェヂ/
➤ (母国語) *one's* **mother tongue** /タング/ → ぼご
➤ (日本語) **Japanese, the Japanese language**
・国語辞典 a Japanese dictionary
・彼は国語の先生です
He is a teacher of Japanese.
・彼は何か国語が話せますか
How many languages can he speak?

ごくごく ごくごく飲む **gulp (down)** /ガるプ (ダウン)/

こくさい 国際的な
➤ (文化面での) **international** /インタナショヌる/; (政治・経済面での) **global** /グろウバる/
・国際化 internationalization / globalization
・国際化する internationalize / globalize
・国際会議 an international conference
・国際連合 the United Nations
・国際電話 an international (telephone) call / an overseas call
・国際空港 an international airport
・国際都市 a cosmopolitan city
・国際貢献 (外国への援助) foreign aid; (開発[成長]への関与) a commitment to the development [the growth] of foreign countries

こくさん 国産の **home-produced** /ホウムプロデュースト/, **domestic** /ドメスティク/
・国産品 a home product / domestic goods
・(日本の)国産自動車 a domestic automobile / a car of Japanese make / a Japanese car
・国産品のあるものは外国製品よりもすぐれている
Some home products [domestic goods] are better than foreign ones.

こくじん 黒人 (アフリカ系のアメリカ黒人) **an African-American** /アふリカンアメリカン/; **a black**

こくせいちょうさ 国勢調査 **a census** /センサス/
・国勢調査を行う take a census
・国勢調査で日本の人口は何人でしたか What the population of Japan at the census?

こくせき 国籍 *one's* **nationality** /ナショナリティ/
・いろいろな国籍の人々がこの町に住んでいます People of different nationalities live in this town.
🗨会話 あなたはどこの国籍ですか．—イタリアです
What is your nationality? / What nationality are you?—I'm Italian.

こくたい 国体 (国民体育大会) **the National Athletic Meet** /ナショヌる アすれティク ミート/

こくていこうえん 国定公園 **a quasi-national park** /クウェイザイナショヌる パーク/ ← quasi-は「準…」;「国定公園」は「国立公園」に準じる公園

こくど 国土 (土地) **land**; (国) **a country** /カントリ/
・国土開発 national land development
・国土交通省[大臣] the Ministry [Minister] of Land, Infrastructure and Transport

こくどう 国道 **a national highway [road]** /ナショヌる ハイウェイ[ロウド]/

こくない 国内の **home, domestic** /ドメスティク/
・国内ニュース domestic news
・彼は国内でも国外でも有名です
He is famous both at home and abroad.

こくはく 告白 (a) **confession** /コンふェション/
告白する **confess** /コンふェス/, **make a confession**

こくばん 黒板 **a blackboard** /ブらックボード/, 《米》 **a chalkboard** /チョークボード/
・黒板消し an eraser
・黒板に答えを書く write an answer on the blackboard

こくふく 克服する **overcome** /オウヴァカム/, **get over**

こくほう 国宝 **a national treasure** /ナショヌる トレジャ/
・人間国宝 a living national treasure

こくみん 国民
➤ (集合的に) **a nation** /ネイション/, **a people** /ピープる/
➤ (一人の) **a citizen** /スィティズン/

こくむ 194 one hundred and ninety-four

- 国民の national
- 国民性 national characteristics
- 国民総生産 gross national product ➜GNP
- 日本国民 the Japanese people
- 全世界の国民 the peoples of the whole world ➜一つの国の国民であれば a people, 複数の国の国民であれば peoples となる
- 国民体育大会 the National Athletic Meet
- 日本人は礼儀(れいぎ)正しい国民だと言われている
The Japanese are said to be a polite nation [people].
- 国民主権 the public sovereignty
- 主権は国民にある. Sovereign power lies with the people.

こくむ 国務 **state affairs** /ステイト アふェアズ/
- 国務大臣 the State Minister
- (米国の)国務長官 the Secretary of State ➜日本の外務大臣に当たる

こくもつ 穀物 **cereals** /スィアリアるズ/, 《米》**grain** /グレイン/, 《英》**corn** /コーン/

ごくらく 極楽 a **paradise** /パラダイス/

こくりつ 国立の **national** /ナショヌる/
- 国立公園 a national park
- 国立博物館 a national museum

こくるい 穀類 ➜こくもつ

こくれん 国連 ➜こくさい(➜国際連合)

コケ 苔 《植物》**moss** /モース/
- コケの生えた mossy

こけこっこー (ニワトリの鳴き声) **cock-a-doodle-doo** /カカドゥードるドゥー/

こけし a *kokeshi*, **a wooden doll without limbs** /ウドン ウィずゥト リムズ/

こげる 焦げる ➜こがす

ごげん 語源 a **word origin** /ワ〜ド オーリヂン/; an **etymology** /エタマろヂ/ ➜「語源研究」の意味では数えられない

ここ

❶ (場所) **this place**: (ここに, ここへ, ここで) **here**

❶ (場所) **this place** /プれイス/; (ここに, ここへ, ここで) **here** /ヒア/
- ここいら about [around] here
- ここ東京では here in Tokyo
- ここにカメラがあります Here is a camera.
- 彼はきのうここへ来ました
He came here yesterday.
- ここから駅までどのくらいありますか
How far is it from here to the station?
- 君はここの人ですか Do you belong here? / (こ

の土地の人ですか) Are you a local here?
- 冬はここは東京より暖かい
It is milder here in winter than in Tokyo.
- ここが東京の中心です
This is the center of Tokyo. ➜「ここ」が主語になる時は this, this place, this city などとする; here は副詞なので主語になれない
- きょうはここまで That's all for today.
- これは絶対にここだけの話よ
Be sure to keep this between you and me.

❷ (過去の期間) **the past ～** /パスト/, **the last ～** /らスト: らースト/; (未来の) **the next ～** /ネクスト/
- ここ2, 3日の間 for the past [the next] few days
- 私はここ2, 3週間体の調子が悪い I have been in bad shape for the past few weeks.

ごご 午後

➤ **afternoon** /アふタヌーン/
- 午後に in the afternoon
- きょうの午後(に) this afternoon
- あすの午後(に) tomorrow afternoon
- 土曜日の午後に on Saturday afternoon
- ある寒い冬の日の午後に on a cold winter afternoon
- 5月5日の午後に on the afternoon of May 5 (読み方: May fifth)
- 午後遅く late in the afternoon
- 午後には雨が降りそうです
It is likely to rain in the afternoon.
- 授業は午後3時に終わります
School is over at three in the afternoon.
- 私は東京駅午後11時半の列車に乗ります
I will take the 11:30 p.m. train from Tokyo Station. ➜このように何時何分を数字で表す時の「午後」は p.m. /ピーエム/ を用いる

ココア cocoa /コウコウ/, (**hot**) **chocolate** /チャコレト/
- 熱いココア1杯 a cup of hot cocoa [chocolate]

こごえ 小声 a **low voice** /ろウ ヴォイス/; (ささやき声) a **whisper** /(ホ)ウィスパ/
- 小声で in a low voice

こごえる 凍える (凍(こお)る) **freeze** /ふリーズ/; (感覚を失う) **be numbed** /ナムド/
- 凍え死ぬ be frozen to death
- 私は(寒くて)凍えそうだ I am freezing.

ここく 故国 *one's* **native country** /ネイティヴ カントリ/, *one's* **home country**, *one's* **homeland** /ホウムらンド/

195 こしかける

ここちよい (気持ちよい) **pleasant** /プれズント/, **comfortable** /カンふォタブる/; (さわやかな) **refreshing** /リふレシング/
•私の家は小さいが住みごこちがよい My house is small but comfortable (to live in).

こごと 小言 (a) **scolding** /スコウるディング/
小言を言う scold
•私はかあさんにみっちり小言を言われた
I was given a good scolding by Mom.

こころ 心

➤(知力・理性) *one's* **mind** /マインド/; (感情・情緒(じょうちょ)) *one's* **heart** /ハート/; (意志) *one's* **will**
•心は at heart
•心から heartily / from *one's* heart; (心を込めて) with all *one's* heart
•心からの hearty
•心のこもった cordial
•心の底から from the bottom of *one's* heart
•心の広い[狭い] broad-[narrow-]minded
•心の温かい人 a warm-hearted person
•心の温まる物語 a heart-warming story
•心細い be [feel] lonely
•心ゆくまで to *one's* heart's content
•心ならずも against *one's* will
•…を心にとめる keep [bear] 〜 in mind
•その詩を読んで心の温まる思いがした (→その詩は私の心を温かくした)
The poem warmed my heart.
•私たちは心から君を歓迎するでしょう
We will give you a hearty welcome.
•彼は心は決して悪い人ではない
He is not a bad man at heart.
•旅行は君を心の広い人間にする
Traveling makes you broad-minded.
•私は心ゆくまでその音楽を楽しんだ
I enjoyed the music to my heart's content.

こころあたり 心当たり an **idea** /アイディーア/
•どこに傘を忘れたかまったく心当たりがありません
I have no idea where I have left my umbrella.

こころがける 心がける **try to** *do* /トライ/

こころがまえ 心構え ができている **be prepared** /プリペアド/
•私は最悪の事態に対する心構えができている
I'm prepared for the worst.

こころづかい 心づかい (思いやり) **thoughtfulness** /そートふるネス/; (配慮(はいりょ)) **consideration** /コンスィダレイション/

こころみる 試みる (努力する, ためしてみる) **try** /トライ/; (くわだてる) **attempt** /アテンプト/ →ためす, やってみる
試み an attempt: a **try**, a **trial** /トライアる/
•新しい方法を試みる try a new method

こころよい 快い **pleasant** /プれズント/ →こころちよい
快く (喜んで) **gladly** /グらドり/
•彼は快く私の願いを聞き入れてくれた
He gladly granted me my request.

ごさ 誤差 a **margin of error** /マーヂン エラ/

ござ a **straw mat** /ストロー マト/
•床にござを敷く spread a straw mat on the floor

こさめ 小雨 a **light rain** /らイト レイン/, **drizzle** /ドリズる/
•小雨の降る drizzly / drizzling
•小雨が降っている It is drizzling.
•それは小雨の降る寒い日だった
It was a drizzly cold day.

こし 腰

➤(左右に張り出した部分) **the** [*one's*] **hips**; (腰のくびれた部分) **the** [*one's*] **waist** /ウェイスト/
•腰に手をやって with *one's* hands on *one's* hips
•腰が痛い have (a) backache
•腰を下ろす sit down / take a seat
•腰を曲げる[伸ばす] bend [stretch] *oneself*
•年を取って腰が曲がる get bent with age / stoop from old age

こじ 孤児 an **orphan** /オーふァン/
•彼は5歳の時孤児になった
He was left an orphan at the age of five.

ごし …越しに
•となりの部屋で彼の聞いている音楽が壁越しに聞こえてきた Through the wall I heard the music he was listening to in the next room.

こじあける こじ開ける (力ずくで) **force 〜 open** /ふォース/; (壊(こわ)して) **break 〜 open** /ブレイク/
•ドアをこじ開ける force [break] a door open

こしかけ 腰掛け (いす) a **chair** /チェア/; (三脚) a **stool** /ストゥーる/; (ベンチ) a **bench** /ベンチ/

こしかける 腰掛ける **sit**
•岩に腰掛ける sit on a rock
•背中をまっすぐ伸ばして腰掛けなさい
Sit up straight on a chair.
•いすを引き寄せてもっと食卓に近く腰掛けなさい
Pull up your chair and sit closer to the table.

こじつける　196　one hundred and ninety-six

こじつける strain /ストレイン/
こじつけ (a) **strained interpretation** /インタ〜プリテイション/
・それはこじつけだよ
It's a strained interpretation.

ゴシップ a **gossip** /ガスィプ/
・ゴシップ好きの　gossipy

ごじゅう 50(の) **fifty** /ふぃふティ/
・第50(の), 50番めの　the fiftieth (略 50th)
・51(の), 52(の), 53(の), … fifty-one, fifty-two, fifty-three, …
・第51(の), 第52(の), 第53(の), … the fifty-first, the fifty-second, the fifty-third, …
・59歳の男性　a man aged fifty-nine
・50代の人　a person in his [her] fifties
・50歳以上の人びと　people over fifty (years old)

ごじゅうしょう 五重唱, 五重奏 a **quintet** /クウィンテト/

ごじゅうのとう 五重塔 a **five-storied pagoda** /ふァイヴストーリド パゴウダ/

こしょう¹ 故障

➤ (a) **trouble** /トラブる/, a **breakdown** /ブレイクダウン/

故障する **break down**, **go [get] out of order** /オーダ/
・エンジンの故障　(an) engine trouble / (a) trouble with the engine
・エンジンが故障した　The engine broke down. / We had engine trouble.
・このテレビはどこかが故障している
Something is wrong with this TV set.

こしょう² **pepper** /ペパ/
・…にこしょうをかける　put pepper on 〜 / pepper 〜

こじれる (問題が) **become [get] complicated** /カンプリケイテド/; (病気が) **get worse** /ワ〜ス/

こじん 個人

➤ an **individual** /インディヴィデュアる/

個人的な (個々の) **individual**; (私的な) **personal** /パ〜ソナる/, **private** /プライヴェト/
・個人的に　individually / personally
・個人差　individual variations
・個人面談　a personal interview
・個人主義　individualism
・個人崇拝　personality cult
・ピアノの個人授業を受ける　take a private piano lesson

・私は彼を個人的によく知っています
I know him very well personally.

こす 越す →こえる, ひっこす

こずえ the **top of** a tree /トリー/, a **treetop** /トリータプ/

コスト (the) **cost**

コスモス 《植物》a **cosmos** /カズモス/

こする **rub** /ラブ/
・こすり合わせる　rub together
・こすり落とす　rub off
・こすり込む　rub in
・彼はけむい部屋から目をこすりながら出て来た　He came out of a smoky room rubbing his eyes.

こせい 個性 **individuality** /インディヴィデュアリティ/; (人柄(ひとがら)) **personality** /パ〜ソナリティ/
・個性の強い人　a person of strong individuality [personality]
・個性がある　have a strong individuality [personality]
・個性がない　lack (in) individuality
・個性を伸ばす　develop one's individuality [personality]

こぜに 小銭 (**small**) **change** /(スモーる) チェインヂ/, **small money** /マニ/
・小銭入れ　a coin purse
・私は小銭の持ち合わせがない
I have no small change with me.
・私は小銭も入れて千円持っている　I have one thousand yen, counting small change.

ごぜん 午前

➤ **morning** /モーニンヶ/
・午前中に　in the morning
・きょう[あす]の午前中(に)　this [tomorrow] morning
・午前中ずっと　all morning
・私たちは午前中に4時間授業を受けます
We have four lessons in the morning.
・私たちは11月24日の午前10時に出発します
We start at ten o'clock in the morning of November 24 (読み方: November twenty-fourth).
・私は午前11時30分発青森行きの列車に乗ります
I'm going to take the 11:30 a.m. train for Aomori. ➜ このように何時何分を数字で表す時の「午前」は a.m. /エイエム/ を用いる

こそ …こそ (強調)
・その地位には彼こそ最適任者だ
He is just the right person for the post.
・今度こそ頑張ります　This time I will surely

work hard. ➜ This time を強く発音する
こそこそ （内緒(ないしょ)で）**secretly** /スィークレトリ/; （人に気づかれないようにそっと）**stealthily** /ステるスィリ/
・こそこそ内緒話をする（→ささやき声で話す） talk in whispers
こたい 固体 a **solid** (**body**) /サリド (バディ)/
・固体の solid
こだい 古代 **ancient times** /エインシェント/
・古代の ancient
・日本の古代史 the ancient history of Japan

こたえ 答え
➢ an **answer** /アンサ/
・…に対する答え an answer to ～
・答えを与える give an answer / answer
・彼の答えは正しい[まちがっている]
His answer is correct [wrong].
・この問題に対する君の答えは何ですか What is your answer to this problem?
・答えがわかったら，手を上げなさい Please raise your hand if you know the answer.
・この問題に関して彼からは何の答えもなかった
I couldn't get any answer from him on this problem.

こたえる¹ 答える
➢ **answer** /アンサ/

基本形	A（質問・人）に答える 　answer A 「…」と答える 　answer, "～" / answer that ～

・「はい」と答える answer "yes"
・彼[彼の質問]に答える answer him [his question]
・「ちょうど10時です」と答える answer, "It's just ten." / answer that it's just ten
・私たちが質問すると先生はいつも答えてくれる
When we ask a question, our teacher always answers.
・「いいえ」と彼は小さな声で答えた
"No," he answered in a small voice.
・だれもその質問に答えられなかった
Nobody could answer that question.
・「知りません」と私は答えた
I answered, "I don't know." /
I answered that I didn't know. ➜ 主節の動詞が過去（answered）なので「時制の一致」で that 以下の動詞も過去（didn't）になる

こたえる² 応える （期待に）**meet** /ミート/, **come up to**
・…に応えて in response to ～
・残念ながらあなたの要求に応えることができません
I'm sorry I can't meet your demands.
こたえる³ （胸に）**reach** one's **heart** /リーチ ハート/, **touch** one's **heart** /タチ/; （からだに）**tell on**; （打撃を与える）**hit**
・君のことばはぼくの胸にこたえた
Your words reached [touched] my heart.
こだま an **echo** /エコウ/
こだまする echo
こだわる （好みなど）**be particular about** ～ /パティキュらアバウト/; （執着する）**stick to** ～ /スティク/, **nitpick** /ニトピク/; （気になる）**be concerned about** ～ /コンサ～ンド/
ごちそう （料理）a **dish** /ディシュ/; （食事）a **dinner** /ディナ/
・好きなごちそう one's favorite dish
ごちそうさま

> 注意しよう
> 英語では食事そのものに対してお礼を言わないで，帰り際に I've had a wonderful time. (すてきな時間を過ごさせていただきました)などと言う

ごちゃごちゃ ごちゃごちゃした （乱雑な）**untidy** /アンタイディ/; （混乱した）**confused** /コンフューズド/ （→こんらん）
・頭がごちゃごちゃしている
I am utterly confused.
こちょう 誇張 (an) **exaggeration** /イグザヂャレイション/
誇張する exaggerate /イグザヂャレイト/
・その事実は非常に誇張されている
The fact is much exaggerated.

こちら
➢ （方角）**this way** /ウェイ/
➢ （場所）**here** /ヒア/
➢ （人・物）**this**
・どうぞこちらへ This way, please.
・彼はあちらこちらと見回した
He looked this way and that.
・もしこちらに来るようなことがあったらぜひお寄りください If you happen to come this way, be sure to drop in to see me.
・こちらでは月曜から雨が降り続いています
It has been raining here since Monday.
・（電話で）もしもし，こちらは山田です
Hello, this is Yamada speaking.
・（紹介して）太田さん，こちらは級友の山田君です

こぢんまり 198 one hundred and ninety-eight

Mr. Ota, this is my classmate, Yamada.

Mr. Ota　　　　Yamada

こぢんまり こぢんまりした（居心地のよい）**snug** /スナグ/, **cozy** /コウズィ/；（きちんとした）**neat** /ニート/；（小さくて便利な）**compact** /コンパクト/
・こぢんまりした部屋　a snug little room

こつ a **knack** /ナク/
・…のこつをつかむ　acquire the knack of ～

こっか¹ 国家　a **nation** /ネイション/
国家の　**national** /ナショヌる/
・国家公務員　a government official［employee］
・国家資格　a government-accredited qualification

こっか² 国歌　a **national anthem** /ナショヌる アンさム/
・私たちは国歌を斉唱(せいしょう)した　We all sang［joined in］the national anthem.

こづかい 小遣い　**pocket money** /パケト マニ/；（手当）an **allowance** /アらウアンス/
・私は小遣いを使ってしまった
I am out of pocket money.
・私は小遣いとして月に3千円もらいます
I am allowed three thousand yen a month for pocket money. ∕ I get a monthly allowance of three thousand yen. ∕ My monthly allowance is three thousand yen.

こっかい 国会（日本の）**the**（**National**）**Diet** /(ナショヌる) ダイエト/；（米国の）**Congress** /カングレス/；（英国の）**Parliament** /パーらメント/
・国会議事堂（日本の）the Diet building；（米国の）the Capitol；（英国の）the Houses of Parliament
・国会議員（日本の）a member of the Diet；（米国下院の）a representative；（米国上院の）a senator；（英国下院の）a member of Parliament → じょう

いん（→ 上院議員）

こっき 国旗　a **national flag** /ナショヌる/
・国旗を掲げる［降ろす］　hoist［lower］the national flag

こっきょう 国境　**the border** /ボーダ/
・国境を越えて…に入る　cross the border into ～
・…と国境を接している　be bordered by ～

コック（料理人）a **cook** /クク/

こっくり こっくりする（うなずく，居眠りする）**nod** → いねむり

こっけい こっけいな（おかしい）**funny** /ふァニ/；（漫画的な）**comical** /カミカる/

こつこつ
❶（音をたてる）**click** /クリク/；（たたく）**rap** /ラプ/
・机をこつこつたたく　rap on a desk
❷（着実に）**steadily** /ステディリ/
・こつこつやる人が結局は成功する　Slow but steady people will finally achieve success.
参考ことわざ ローマは1日にしてならず　Rome was not built in a day.

ごつごつ ごつごつした　**rough** /ラふ/

こっせつ 骨折（a）**fracture** /ふラクチャ/
・脚を骨折する　break *one's* leg

こつそしょうしょう 骨粗鬆症　**osteoporosis** /アスティオウポロウスィス/

こっそり（そっと）**stealthily** /ステるすィリ/, **by stealth** /ステるす/；（内緒(ないしょ)で）**secretly** /スィークレトリ/；（個人的に）**privately** /プライヴェトリ/
・こっそり…に入り込む　sneak［steal］into ～
・こっそり…から抜け出す　sneak［steal］out of ～

ごっそり（すっかり）**clean** /クリーン/, **completely** /コンプリートリ/

こっち → こちら

こづつみ 小包　a **parcel** /パースる/, a **package** /パケヂ/
・小包郵便で　by parcel post

こっとう 骨董品　a **curio** /キュアリオウ/
・骨董店　a curio shop ∕ an antique shop

コップ a **glass**, a **tumbler** /タンブら/
・コップ1杯の水　a glass of water

こてい 固定する　**fix**
・固定観念　a fixed idea

こてん¹ 古典　**classics** /クらスィクス/
・古典の　classic ∕ classical
・古典文学　classic literature
・古典音楽　classical music

こてん² 個展　a **solo exhibition** /ソウろウ エクスィビション/, a **solo show** /ショウ/

ごてん 御殿　a **palace** /パれス/

こと¹ 琴　a **Japanese harp** /ハープ/

こと² 事

❶ a **thing**; (事柄(ことがら)) a **matter**
❷ (…すること) **to** do, doing
❸ (…ということ) **that ～**
❹ (…したことがある)「**have**＋**過去分詞**」で表す.
❺ (…することがある) **sometimes**; **often**

❶ a **thing** /**す**ィンヶ/; (事柄(ことがら)) a **matter** /**マ**タ/
•私はする事がたくさんあります
I have a lot of things to do.
•それは残念な事だ It is a matter for regret.
•それは笑い事ではありません
It is no laughing matter.
•一度にたくさんの事をしようとしてはいけない. 一度には一つの事をしなさい
Never try to do many things at a time. Do one thing at a time.

❷ (…すること) **to** do, doing
•泳ぐこと to swim / swimming
•テニスをすること to play tennis / playing tennis
•俳優になること to be an actor
•幸福である[になる]こと to be happy
•泳ぐことはとてもやさしいのです
To swim is very easy. / It's very easy to swim. / Swimming is very easy. ➡不定詞の do が文の主語として文頭にくる形はあまり用いられず, 形式的な主語 It を先に出す後者の文の形にするのがふつう
•私は野球をすることが好きです I like to play baseball. / I like playing baseball.
•彼女の夢は俳優になることです
Her dream is to be an actor.
•彼は英語を話すことがじょうずです
He is good at speaking English.

❸ (…ということ) **that ～**
•君が彼女を愛しているということ that you love her
•君がそれをやったということ that you did it
•私は君がそれをやったことを知っている
I know that you did it.
•君が彼女を愛していることは確かだ
That you love her is certain. /
It is certain that you love her. ➡前の文は形式張った文で, ふつうは形式的な主語 It を文頭に出した後者の形でいう

❹ (…したことがある)「これまでの経験」は「現在完了形(**have**＋**過去分詞**)」または「**once**[**ever**]＋過去形」で表現する.

•私は以前パンダを見たことがある I have seen a panda before. / I once saw a panda.
•彼は何度も彼女の家に行ったことがある
He has visited her house many times.
•私は奈良へ行ったことがある I have been to Nara. / 《米》I have gone to Nara. ➡ have gone to ～ はふつう「…へ行ってしまった, …へ行ってしまって今ここにはいない」の意味であるが, 《米》では「…へ行ったことがある」の意味でも用いる
•君はパンダを見たことがありますか
Have you ever seen a panda? /
Did you ever see a panda?

会話

君は今までに外国へ行ったことがありますか
—いいえ, 私は一度も外国へ行ったことがありません
Have you **ever been** abroad?
—No, I **have** never **been** abroad.

❺ (…することがある) (時々) **sometimes** /**サ**ムタイムズ/; (しばしば) **often** /**オ**ーふン/
•彼女は時々[よく]私たちとテニスをすることがあります She sometimes [often] plays tennis with us.
•彼は時々[よく]学校に遅れることがある
He is sometimes [often] late for school.
•3月の風は2月(の風)と同じくらい寒いこともある
The winds in March can be as cold as in February.

こどう 鼓動 (心臓の) **beating** (**of the heart**) /ビーティンヶ(ハート)/
鼓動する **beat** /ビート/
•私たちの心臓は1分間に約70回鼓動します
Our hearts beat about seventy times a minute.

ことがら 事柄 ➡こと²

こどく 孤独 **solitude** /**サ**リテュード/; (さびしさ) **loneliness** /**ろ**ウンリネス/
孤独な **solitary** /**サ**リテリ/; **lonely** /**ろ**ウンリ/
•孤独な生活を送る live in solitude / live a lonely life

ことし 今年 **this year** /イア/
•今年は例年ほど寒くない It is not so cold this year as in other years. / It is less cold this year than usual.
•今年は豊作が見込まれている
A rich harvest is expected this year.

ことづけ a **message** /メセヂ/

ことなる

・私は彼のお母さんにことづけを頼んで来た
I left a message with his mother.
・君は彼に何かことづけはありませんか
Do you have any message for him?

ことなる 異なる **differ** (from 〜) /ディふァ/, **be different** (from 〜) /ディふァレント/ ➔ ちがう
・人にはそれぞれ異なった習慣がある
People differ in habits. /
Different people have different habits.
・私は彼と意見が異なる
I differ from him in opinion.
・君の意見はこの点で私の意見と異なる　Your opinion is different from mine on this point.

ことに **especially** /イスペシァリ/
ごとに …(する)ごとに **every** /エヴリ/
・3日めごとに　every third day / every three days
・オリンピックは4年ごとに開かれる　The Olympic Games are held every four years.
・彼らはクラスごとに一人の候補者を立てた
They put up a candidate in each class.
・彼は会う人ごとに丁寧(ていねい)におじぎをした
He bowed politely to everyone (that) he met.
・私は彼に会うごとに彼が好きになる
Every time I see him, I like him more.

ことば　言葉

➤ (言語) **language** /らングウェヂ/; (単語) a **word** /ワ〜ド/; (表現) an **expression** /イクスプレシャン/; (ことばづかい) **speech** /スピーチ/

・話し[書き]ことば　spoken [written] language
・ことばづかいが悪い[上品だ]　be rough [refined] in speech
・ことばづかいに注意する　be careful in one's speech
・ことばを換えて言えば　in other words
・その詩人のことばを借りて言えば　in the words of the poet
・夕焼けの美しさはことばでは言い表せないほどでした　The sunset was beautiful beyond expression.

こども　子供

➤ a **child** /チャイるド/ (複 children /チるドレン/)

・子供っぽい　childish
・子供らしい　childlike
・私の子供時代に　in my childhood / when I was a child

・彼はもう子供ではない
He is no longer a child.
・私たちは子供のころからの友達です　We have been friends since we were children.
・4歳ぐらいの子供がもう少しでトラックにひかれそうになった　A little child of about four years old was nearly run over by a truck.

こどものひ 子供の日 **Children's Day** /チるドレンズ デイ/ ➔ たんごのせっく

ことり 小鳥 a **little bird** /リトる バ〜ド/
ことわざ a **proverb** /プラヴァ〜ブ/
・ことわざの　proverbial
・「急がば回れ」ということわざがあります
There is a proverb which says "Make haste slowly." / "Make haste slowly," goes the proverb.

ことわる　断る

➤ (拒絶する) **refuse** /リふューズ/; (許しを求める) **ask permission** /パミション/; (通知する) **give notice**; (辞退する) **decline** /ディクらイン/

断り (a) **refusal** /リふューザる/; (許可) **permission**
・なんの断りもなしに　without permission
・パーティーへの招待を断る　decline an invitation to a party
・願いを断る　refuse a request
・私は願いを断られた　I was refused my request.
・私は彼の申し出をきっぱり断った
I gave a flat refusal to his offer.

こな 粉 **powder** /パウダ/; (小麦粉) **flour** /ふらウア/
・粉状の　powdery
・粉薬　powdered medicine
・粉雪　powdery snow

こなごな
・こなごなに壊れる　be broken to pieces
こにもつ 小荷物 a **parcel** /パースる/
コネ(クション) **connections** /コネクションズ/, (a) **pull** /プる/
・(…と)コネがある　have pull (with 〜)
こねこ 子ネコ a **kitten** /キトン/
こねる **mix up**; (水で) **knead** /ニード/
・だだをこねる　be peevish [unreasonable]
・理屈(りくつ)をこねる　argue pedantically

この

➤ **this** (複 these /ずィーズ/)
➤ (最近の) **the past** 〜

このような, このように like this
•この辞書 this dictionary
•彼［君］のこの辞書 this dictionary of his［yours］
•この1か月の間に during the past month
•この（→ここ）東京に here in Tokyo
•彼女はこの春結婚する
She is going to get married this spring.
•この3日雨が降り続いています
It has been raining for the past three days.
•私はそれを自分のこの目で（→自分自身の目で）見たのだ I saw it with my own eyes.

このあいだ この間 (先日) **the other day** /アざ デイ/

このごろ (最近) **recently** /リースントり/, **lately** /れイトり/
•このごろはこういう事故が非常に多い
Such accidents are very frequent recently.
•このごろ田中君にお会いになりましたか
Have you seen Tanaka lately?

このは 木の葉 → は¹

このへん この辺に → きんじょ (→ この近所に)

このまえ この前 **last time**; (先日) **the other day** /アざ デイ/
•この前の日曜日に last Sunday / on Sunday last
•彼はこの前よりもよくできた
He did better than last time.
•この前彼に会った時には彼はとてもうれしそうな顔をしていた Last time I saw him, he looked very happy.

このましい 好ましい **desirable** /ディざイアラブる/
•好ましくない undesirable

このみ 好み (a) **liking** /らイキング/, (a) **taste** /テイスト/
•好みに合う suit one's taste / be to one's liking［taste］
•この色は私の好みに合いません
This color is not to my liking［taste］.

このむ 好む → すき³

このよ この世 **this world** /ワ～るド/
•この世の (俗世の) **worldly**; (地上の) **earthly** /ア～すり/

こばむ 拒む → ことわる

こはるびより 小春日和 an **Indian summer day** /インディアン サマ デイ/, a **nice and warm autumn day** /ナイス ウォーム オータム/

こはん 湖畔 **the lakeside** /れイクサイド/, (岸一般) **the shore** /ショー/

•湖畔のホテル a lakeside hotel
•そのホテルは湖畔にあります The hotel is by the lake. / The hotel is on the shore of the lake.

ごはん ご (飯) **boiled rice** /ボイるド ライス/; (食事) a **meal** /ミーる/
•ご飯をたく cook rice
•朝［昼］ご飯 breakfast［lunch］
•晩ご飯 dinner / supper
•ご飯ですよ
Breakfast［Lunch, Supper］is ready.

コピー (写し) a **copy** /カピ/; (広告文案) (**advertising**) **copy** /(アドヴァタイズィング)/
•コピーする copy / make a copy; (特にコピー機で) photocopy
•コピー機 a photocopier
•その手紙のコピーを2部とってくれませんか Will you please make two copies of the letter?

こひつじ 子羊 a **lamb** /らム/

こびと 小人 a **dwarf** /ドウォーふ/

こぶ¹ (先天性の) a **lump** /らンプ/; (はれ物) a **bump** /バンプ/; (木の) a **knot** /ナト/

こぶ² 鼓舞する **cheer** /チア/, **stir up** /スタ～/, **encourage** /インカ～レヂ/

ごぶさた
•ごぶさたしております
(手紙で) I'm sorry for my long silence. / I'm sorry for not writing［not having written］for so long.
(訪問の際に) I haven't seen you for a long time. / It's been a long time since I visited you the last time.

こぶし a **fist** /ふィスト/ → げんこつ
•右のこぶしを突き上げる raise one's right fist

こぶり 小降りになる **let up**
•雨［雪］が小降りになってきた
The rain［The snow］is letting up.
🗨会話 雨はどうですか. —ほんの小降りです. すぐやむでしょう How is the rain?—It's just light rain. It'll stop soon.

こふん 古墳 an **old tomb** /トゥーム/

こぶん 古文 (日本の古典) **Japanese classics** /クらスィクス/

ゴボウ 牛蒡 《植物》a **burdock** /バ～ダク/

こぼす, こぼれる spill /スピる/; (あふれて) **brim over** /ブリム/
•私はテーブルにお茶をこぼした
I spilled［spilt］tea on the table.
•バケツから水をこぼさないように気をつけなさい
Be careful not to spill water from the bucket.

こま a **top**

・こまを回す　spin a top
ゴマ　胡麻　(植物) **sesame** /セサミ/
・ゴマをする(おべっかを使う)　flatter
コマーシャル　a **commercial** (**message**) /コマ〜シャる (メセヂ)/

こまかい　細かい

➤ (小さな) **small** /スモーる/; (非常に小さな) **fine** /ふァイン/
➤ (くわしい) **detailed** /ディーテイるド/; (綿密な) **close** /クろウス/
➤ (性格が) **meticulous** /メティキュらス/

細かくする　break 〜 to pieces /ブレイク ピーセズ/; (お金をくずす) change /チェインヂ/
・細かい字　small letters
・細かい砂[ちり]　fine sand [dust]
・細かい説明　a detailed explanation
・5千円札を細かくする　change a 5,000-yen note
・彼はすごくお金に細かい
He is very stingy (with his money).
ごまかす　deceive /ディスィーヴ/; cheat /チート/
ごまかし　(a) deception /ディセプション/; (ずる) a cheat
・巧妙なごまかし　a clever deception
・私は彼の外見にごまかされてしまった
I was deceived by his appearance.
・うまいことばにごまかされないように気をつけなさい　Be alert not to be cheated by fair words.

こまる　困る

➤ (苦労する) **have trouble** /トラブる/; (当惑する) **be at a loss** /ろース/; (苦しむ) **suffer** /サふァ/

・困り事　a trouble
・金に困っている　be hard up for money / be badly off
・食べる物や着る物に困っている人たち　people suffering from lack of food and clothing
・君の困り事は何ですか　What is your trouble?
・彼は困っている少年のことを聞くとすぐその少年を助けに行った　When he heard of a boy in trouble, he went at once to help him.
・何もしないでぶらぶらしているとそのうちに困った事になるよ
Idling your time away will get you into trouble. / ひゆ Idling your time away will get you into hot water. (熱いお湯の中に入れる)
・私は返事に困ってしまった
I was at a loss for an answer. /
I was at a loss what answer to make.
・何もあげる物がなくて困りましたね
I'm sorry I've nothing to give you.
ごみ　(廃物(はいぶつ)) **refuse** /レふュース/; (米) **trash** /トラシュ/, (英) **rubbish** /ラビシュ/; (室内・街頭・公園などにちらかっている) **litter** /リタ/; (台所の) **garbage** /ガーベヂ/
・ごみ箱(公園・道路わきの)《米》a trash can /《英》a dustbin; (台所の)《米》a garbage can /《英》a rubbish bin
・ごみ収集車　《米》a garbage truck /《英》a dustcart
・公園にごみを散らかしていってはいけない
Don't leave litter (about) in the park.
掲示　ごみを捨てないでください　No Littering

・ごみ処理　waste disposal; waste management
こみいる　込み入った　intricate /イントリケト/, complicated /カンプリケイテド/ → ふくざつ
こみち　小道　a path /パす/, trail /トレイる/
・森の小道　a path through a wood
コミュニケーション　communication
・彼らの間にはコミュニケーションが欠けています
There is a lack of communication between them.
こむ　込む　crowd /クラウド/
込んでいる　crowded
・込んでいるバス[街路]　a crowded bus [street]
・車の込み合っている道路　a road jammed with cars
・店は買い物客で込んでいる
The store is crowded with shoppers.
ゴム　rubber /ラバ/
・ゴム製の　rubber
・ゴム長靴[手袋]　rubber boots [gloves]
・ゴム印　a rubber stamp
・輪ゴム　a rubber band
・消しゴム　an eraser /《英》a rubber
・ゴムひも　(a piece of) elastic
コムギ　小麦　《植物》wheat /(ホ)ウィート/

203 two hundred and three ／ こる

- 小麦粉 flour
- 小麦畑 a wheat field
- 小麦色 light brown
- (肌(はだ)が)小麦色の tanned / suntanned

コメ 米 《植物》**rice** /ライス/
- コメを作る grow rice
- コメを主食にする live on rice

こめかみ a **temple** /テンプる/

コメディアン a **comedian** /コミーディアン/

コメディー a **comedy** /カメディ/

こめる 込める (弾などを) **load** /ろウド/, **charge** /チャーヂ/; (ふくめる) **include** /インクるード/
- 心を込めて with all *one's* heart
- ことばにもっと感情を込めなさい
Put more feeling into your words.

ごめん ごめんなさい (謝罪) **I'm sorry.** /サリ/; (依頼) **Excuse me.** /イクスキューズ/ → すみません
ごめんください (呼びかけ) **Hello.** /へろウ/
💬会話 遅れてごめんなさい. ―気にしなくていいよ
I'm sorry I'm late.—Never mind.
- ごめんなさい. 少し詰めてもらえますか Excuse me, but would you please move over a bit?
- あんなところへ行くのはごめんだ (→行くのはいやだ). I hate going there.

こもじ 小文字 a **small letter** /スモーる れタ/

こもり 子守 (留守番) **baby-sitting** /ベイビスィティング/; (人) a **baby-sitter** /ベイビスィタ/
子守をする baby-sit /ベイビスィト/
子守歌 a **lullaby** /ららバイ/

こもる (部屋・家に) **shut** *one***self** (**up**) /シャト/ (→とじこもる); (充満する) **be filled with** /ふぃるド/

こもん 顧問 (助言者) an **adviser** /アドヴァイザ/; (相談相手) a **consultant** /コンサるタント/

こや 小屋 (山小屋など) a **hut** /ハト/; (掘っ建て小屋) a **cabin** /キャビン/; (物置き) a **shed** /シェド/
- 丸太小屋 a log cabin

こやぎ 子ヤギ a **kid**

ごやく 誤訳 **mistranslation** /ミストランスれイション/
誤訳する mistranslate /ミストランスれイト/, **translate incorrectly** /トランスれイト インコレクトり/

こゆう 固有の (それ本来の) **proper** /プラパ/, (特有の) **peculiar** /ペキューリア/; (独特の) **characteristic** /キャラクタリスティク/
- 固有名詞 a proper noun
- 日本固有の花 flowers peculiar to Japan
- あらゆる動物にはそれぞれ固有の本能がある
Every animal has its characteristic instincts.

こゆび 小指 (手の) a **little finger** /りトる ふィンガ/; (足の) a **little toe** /トウ/

こよう 雇用 (雇用すること) **employment** /インプろイメント/; (人を雇う) **hire** /ハイア/; **employ** /インプろイ/
- 女性の雇用 the employment of women
- 雇用保険 unemployment benefits /アンインプろイメント ベネふぃッツ/; unemployment insurance program /インシュ(ア)ランス/

こよみ 暦 a **calendar** /キャれンダ/

こら Hey! /ヘイ/
- こら, やめなさい Hey, you! Stop that!

こらえる (押さえる) **keep back** /キープ/, **hold back** /ホウるド/; (我慢する) **endure** /インデュア/, **bear** /ベア/; (避(さ)ける) **help** → がまん (→我慢する)
- 彼女は涙をこらえることができなかった
She could not keep [hold] back her tears.
- 私は一生懸命に我慢しようとしたがその苦痛をこらえることができなかった I tried hard, but I could not bear [endure] the pain.
- 私は笑いをこらえきれなかった
I could not help laughing.

ごらく 娯楽 an **entertainment** /エンタテインメント/, (an) **amusement** /アミューズメント/
- 娯楽番組 an entertainment program
- 娯楽施設 amusement facilities

コラム a **column** /カらム/

ごらん ご覧 **Look!** /るク/
- ごらん, 太陽がのぼって来る
Look! The sun is rising.
- それごらん(言わないこっちゃない)
I told you so.

こりつ 孤立 **isolation** /アイサれイション/
孤立する be isolated (from ~) /アイソれイテド/

ゴリラ 《動物》a **gorilla** /ゴリら/

こりる 懲りる **learn a lesson** /ら~ン れスン/
- 私はもうこれに懲りた
I've learned a lesson from this experience.

こる 凝る
❶ (熱中する) **be crazy about** /クレイズィ アバウト/
凝った (手の込んだ) **elaborate** /いらボレト/, (装飾的な) **fancy** /ふァンスィ/; (気難しい) **particular** /パティキュら/
- 彼は釣(つ)りに凝っている
He is crazy about fishing.
- 彼女は服装に凝る
She is particular in [about] dress.
❷ (肩が) **have stiff shoulders** /スティふ ショウるダズ/

コルク 204 two hundred and four

コルク **cork** /コーク/
- コルクの栓(せん) a cork (stopper)
- コルク抜き a corkscrew

ゴルフ **golf** /ガるふ/
- ゴルフをする golf / play golf
- ゴルフをする人，ゴルファー a golfer
- ゴルフボール[クラブ] a golf ball [club]
- ゴルフ場 a golf course

これ

➤ **this** (複 these /ずィーズ/)
- これは私の妹です
This is my younger sister.
- これは金属ですかプラスチックですか
Is this metal or plastic?
- これは何ですか What is this?
- あなたはこれを買いますか
Are you going to buy this?
- これを彼女に送ってください
Please send this to her.

これから **from now on, in (the) future** /ふューチャ/**, after this**
- これからはもっと注意するようにいたします
I'll be more careful in future.

コレクション a **collection** /コれクション/
コレクトコール a **collect call** /コれクト/
- 彼にコレクトコールをかける call him collect

これほど ➔ こんな
これら **these** /ずィーズ/ ➔ これ

ころ (時) **time**; (…の時) **when** /(ホ)ウェン/ ➔ とき
…ごろ (ほぼ) **about** /アバウト/; (近く) **toward** /トード/; (時) **time**
- クリスマスのころに at Christmastime
- 午後6時ごろに at about six o'clock in the evening
- 夕方[今月の末]ごろ toward evening [the end of this month]
- 私の父が子供だったころ when my father was a boy
- 君がこの手紙を受け取るころは私は青森に着いているでしょう By the time you receive this letter, I will be in Aomori.
- 日本では今ごろは雨が多い We have a lot of rain in Japan about this time of the year.
- 新校舎は来年の今ごろまでには出来上がるでしょう
The new school building will be completed by this time next year.

ゴロ (野球の) a **grounder** /グラウンダ/
ころがす 転がす，転がる **roll** /ロウる/
- ごろごろ転がす[転がる] roll over and over

- 転がり込む roll in
- 彼らは二人とも小川の中に転がり落ちた
Both of them rolled into the stream.

ころころ (太った) **plump** /プランプ/; (転がる) **roll** /ロウる/ ➔ ころがす

ごろごろ (雷が鳴る) **roll** /ロウる/, **rumble** /ランブる/; (転がる) **roll** ➔ ころがす
- 雷がごろごろ鳴っている
Thunder is rolling [rumbling].

ころす 殺す **kill**; (殺人を犯す) **murder** /マ～ダ/

コロッケ *korokke*: a **croquette** /クロウケト/

ころぶ 転ぶ **fall (over)** /ふォーる/; (つまずいて) **trip** (over ~) /トリプ/, **stumble** (over ~) /スタンブる/
- 転ばないように気をつけなさい. 道はすべるよ
Take care not to fall. The road is slippery.
ことわざ 転ばぬ先の杖(つえ)
Look before you leap. (よく見てから跳(と)べ)

ころもがえ 衣替えをする **change to summer [winter] clothes** /チェインヂ サマ [ウィンタ] クろウズ/

コロン a **colon** ➔ 句読点の一つ(:)

こわい

❶ (人をこわがらせる) **fearful, scary**
❷ (厳格な) **strict**

❶ (人をこわがらせる) **fearful** /ふィアふる/, **scaring** /スケアリング/, **scary** /スケアリ/, **frightening** /ふライトニング/ ➔ おそろしい

(…を)こわがる，(…が)こわい **fear** (~), **be afraid** (**of** ~) /アふレイド/, **be frightened** (**of** ~) /ふライトンド/
- こわくて…できない be afraid to *do*
- あの映画はものすごくこわかった
That movie was very scary.
- あいつはこわがりだよ，自分の影にも驚くんだから
He is easily scared. He's even afraid of his own shadow.
- 彼女は小さいのでカエルがこわかった She was a small girl and was afraid of frogs.
- 私はこわくてそれにさわれない
I am afraid to touch it.

❷ (厳格な) **strict** /ストリクト/; **severe** /スィヴィア/; **stern** /スタ～ン/; (おこってものすごい) **fierce** /ふィアス/
- こわい顔つき a stern [fierce] look
- 私たちの先生は怠け者の生徒にはとてもこわい Our teacher is very strict [severe] with idle students.

こわごわ **timidly** /ティミドり/; (用心深く) **cau-**

こわす 壊す

❶ (破壊する) **break**; **smash**; **destroy**
❶ **break** /ブレイク/; (こなごなに) **smash** /スマシュ/; (破壊する) **destroy** /ディストロイ/

壊れる **break**, **smash**; (機械などが) **break down** /ダウン/, **get**[**be**] **out of order** /オーダ/
壊れた… **broken** /ブロウクン/; **smashed**

・…を壊して開ける break ~ open
・家を壊す pull[break] down a house
・壊れた窓[時計] a broken window[watch]
・ガラスは壊れやすい Glass breaks easily. / Glass is easy to break.
・その皿は床に落ちてこなごなに壊れた
The dish broke into pieces when it fell on the floor. / The dish smashed on the floor.
・彼は金庫を壊して開けた
He broke the safe open.
・このコップは壊れています。だれが壊したのかしら
This cup is broken. I wonder who broke it.
・私の自転車は壊れてしまった。→ 現在完了
My bike has broken down.

❷ (その他)
・からだをこわす damage[ruin] one's health
・胃をこわす have stomach trouble

使い分け

break: 「壊す」の一般的な語
smash: 暴力的にまたは大きな音を立てて粉々に「壊す」
destroy: 直すことまたは存在することができないほどに「壊す」こと. The storm destroyed the building. (その嵐は建物を壊した)
damage: 何かに「損傷を与える」こと The earthquake damaged our house. (その地震はわたしたちの家に損傷を与えた)
ruin: 何かを傷つけて「台無しにする」こと Eating too much sugar can ruin our health. (砂糖を食べすぎることはわたしたちの健康を台無しにしかねない)

こん 紺(の) **dark blue** /ダーク ブるー/
・私たちの学校の制服の色は紺です
Our school uniform is dark blue.

こんかい 今回 → こんど
こんがり こんがり焼く (パンを) **toast** /トウスト/; (肌(はだ)を) **tan** /タン/
・こんがり焼けた肌 brown tanned skin
こんき 根気 **patience** /ペイシェンス/, **perseverance** /パ〜セヴィアランス/

根気のある **patient** /ペイシェント/, **persevering** /パ〜セヴィアリング/
・根気よく patiently / perseveringly
・根気よく…する persevere in[with] ~
・君は根気がない You are lacking in patience[perseverance].

こんきょ 根拠 **evidence** /エヴィデンス/; **grounds** /グラウンヅ/
・根拠地 a base
・どんな根拠で君はそんなことを言うのか
On what grounds do you say so?
・それを信じる科学的根拠がない We have no scientific evidence to believe it.

コンクール a **contest** /カンテスト/ → コンテスト
→ 「コンクール」はフランス語の concours から

コンクリート **concrete** /カンクリート/
・コンクリートの歩道 a concrete sidewalk
・鉄筋コンクリートの建物 a reinforced concrete building

こんげつ 今月 **this month** /マンス/
・『月刊 SSD』の今月号 the current issue of *The SSD Monthly*
・今月の15日に on the 15th of this month
・今月の初めに early this month / at the beginning of this month
・今月の半(なか)ばに in the middle of this month
・今月の終わりごろに late this month / toward the end of this month
・今月末に at the end of this month
・今月中に during this month / before the end of this month
・私は今月15歳になります
I'll be fifteen (years old) this month.
・今月はたいへん忙(いそが)しかった
I have been very busy this month.

こんご 今後 **in (the) future** /ふューチャ/; (今からずっと) **from now on**
・今後何が起こるかわからない We cannot tell what will happen in the future.
・今後私は彼と仲良しになります
I will be friends with him from now on.
・彼は今後3年間ロンドンに滞在します
He will be in London for the next three years.

こんごう 混合 **mixture** /ミクスチャ/
混合する **mix** → まざる, まぜる
・混合物 a mixture
・混合ダブルス a mixed doubles

コンサート a **concert** /カンサト/
こんざつ 混雑する → こむ

コンサルタント 206 two hundred and six

コンサルタント a **consultant** /コンサるタント/

こんしゅう 今週 **this week** /ウィーク/
• 『ニューズウィーク』の今週号 the current issue of *Newsweek*
• 今週の水曜日に on Wednesday this week
• 今週中に during this week
• 今週の初めに early this week / at the beginning of this week
• 今週の半ばに in the middle of this week
• 今週の終わりに this weekend
• 私は今週は午後は暇(ひま)です
I am free in the afternoon this week.
• 今週いつかまた参ります
I'll come again some day this week.

こんじょう 根性 (気性) (a) **nature** /ネイチャ/; (頑張り) **guts** /ガツ/
• 根性が悪い be ill-natured
• 根性のない人 a person with no guts
• その山に登るには相当な根性がいる
Climbing that mountain takes a lot of guts.
• 彼女には根性がある. どんなにつらくても絶対にあきらめないんだから
She has guts. Whatever hardships she may go through, she never gives up.

こんせい 混声の **mixed** /ミクスト/
• 混声合唱 a mixed chorus

こんぜつ 根絶 **eradication** /イラディケイション/
根絶する **eradicate** /イラディケイト/

こんせん 混線する **get [be] crossed** /クロースト/

コンセンサス a **consensus** (**of opinion**) /(オピニョン)/

コンセント an (**electrical**) **outlet** /(イれクトリカる) アウトれト/

┌─────────────────────────────┐
│ カタカナ語！ コンセント │
│ 「電気の差し込み口」を日本語で「コンセント」とい │
│ うが, これでは通じない. 単に outlet だけでもいい │
│ が, お店の「アウトレット」と誤解されるおそれのあ │
│ る時は an electrical outlet という. 壁に取り付け │
│ てあるものは a wall outlet ともいう │
└─────────────────────────────┘
• トースターをコンセントにつなぐ plug in a toaster to an outlet

コンソメ (フランス語) **consommé** /カンソメイ/

コンダクター a **conductor** /コンダクタ/

コンタクトレンズ a **contact lens** /カンタクト れンズ/, **contacts**
• コンタクトレンズをはめている wear contact lenses

こんだて 献立 a **menu** /メニュー/

こんちゅう 昆虫 an **insect** /インセクト/
• 昆虫を採集する collect insects

コンディショナー **conditioner** → リンス

コンディション **condition** /コンディション/
• コンディションがいい[悪い] be in good [bad] condition

コンテスト a **contest** /カンテスト/
• スピーチコンテスト a speech contest
• コンテストで1位になる win first prize in a contest
• 来月の中ごろコンテストが行われます
The contest will be held about the middle of next month.
• 君はコンテストに参加しますか
Are you going to take part in the contest?

コンテナ a **container** /コンテイナ/

こんど 今度

➤ **this time**: (次に) **next time**

今度の **next** /ネクスト/, **coming** /カミング/; (新しい) **new**
• 今度の日曜日に next Sunday / on Sunday next
• 今度の試験 the coming examination
• 私たちの今度の先生 our new teacher
• 彼は今度は成功した This time he succeeded.
• 今度それについてもっとよく話し合いましょう
Let's discuss it more fully next time.
• 今度彼に会ったらそう言ってください When you see him next, please tell him so.
• 今度来る時は妹さんを連れていらっしゃい
Bring your sister with you next time you come.
• さて今度は第2の問題です
Now, let's take the second question.

こんどう 混同 **confusion** /コンふュージョン/
混同する (ごっちゃにする) **confuse** /コンふューズ/; (A を B と取りちがえる) **take A for B, mistake A for B** /ミステイク/
• この二つの事はよく混同される
These two things are often confused.

コントラスト **contrast** /カントラスト/
• コントラストを調整する adjust the contrast

コントロールキー the **control key** /コントロウる キー/

コントロール(する) **control** /コントロウる/

こんな

➤ **such** /サチ/, **like this** /らイク/
• こんなふうに in this way / like this
• それはちょっとこんなふうな物でした
It was something like this.

こんなすばらしい景色を私は見たことがない
I have never seen such a fine view.

•こんなに暖かい日は冬には珍しい
Such a warm day [A warm day like this] is rare in winter.

•こんなに早く来ても私は1番ではなかった
Though I came so early, I was not the first to come.

•こんなに説明しても君にはわからないの?
Though I try so hard to explain, you don't understand, do you?

こんなん 困難 (a) **difficulty** /ディふィカるティ/; (めんどう) (a) **trouble** /トラブる/

困難な difficult, hard /ハード/

•何の困難もなく without any difficulty [trouble]

•困難と戦う fight with [against] difficulties

•この仕事を1週間以内に完成することは困難だ It is difficult [hard] to finish this work within a week.

こんにち 今日 **today** /トゥデイ/; (近ごろ) **nowadays** /ナウアデイズ/; (現代) **the present** /プレズント/

今日の present-day /プレズント デイ/

•今日の日本 Japan of today / present-day Japan

•そのころの日本語は今日の日本語とはまるで違っておりました The Japanese language in those days was quite different from the one we speak today.

•今日ではそういうことを信じる人はだれもいません Nobody believes such things today.

•今日ではそれはめったに見られません One seldom sees it nowadays.

こんにちは (午前中) **Good morning!** /モーニング/ / (午後) **Good afternoon!** /アふタヌーン/

コンパ a **party** /パーティ/ →「コンパ」は company (仲間) という語からつくられたもの

コンパクト (化粧用) a **compact** /コンパクト/; (小さい) **compact** /コンパクト/

•コンパクトカー a compact car

•コンパクトデジタルカメラ a compact digital camera

コンパス (1丁) (a pair of) **compasses** /(ペア) カンパセズ/

•コンパスで円をかく draw a circle with compasses

こんばん 今晩 **this evening** /イーヴニング/, **tonight** /トゥナイト/

•彼は今晩ここへ来ます

He'll be here this evening.

•今晩は雨になるでしょう
We'll have rain tonight.

•雨は今晩中降るでしょう
It will rain all night tonight.

こんばんは Good evening! /イーヴニング/

コンビ a **combination** /カンビネイション/

•彼らは名コンビだ
They make a fine combination.

コンビーフ corned beef /コーンド ビーふ/

コンビニ(エンスストア) a **convenience store** /コンヴィーニエンス ストー/

コンピューター a **computer** /コンピュータ/

•ゲーム用コンピューター a gaming PC

コンプレックス (劣等(れっとう)感) an **inferiority complex** /インふィアリオーリティ/

•…にコンプレックスを持っている have an inferiority complex toward ～

こんぼう こん棒 a **club** /クらブ/

•(スポーツ) こん棒投げ club throw

こんぽん 根本 (基盤) a **foundation** /ふァウンデイション/; (基礎) a **basis** /ベイスィス/ (複 bases /ベイスィーズ/)

根本的な fundamental /ふァンダメントる/; **basic**
根本的に fundamentally; **basically**

コンマ a **comma** /カマ/

•コンマを打つ put a comma

こんもり (茂った) **thick** /すィック/; (盛り上がる) **rise** /ライズ/, (積み重ねる) **pile** /パイる/

こんや 今夜 **tonight** /トゥナイト/ →こんばん

こんやく 婚約 an **engagement** /インゲイヂメント/

婚約する be engaged /インゲイヂド/

•婚約者 (男性) one's fiancé; (女性) one's fiancée →fiancé, fiancée は共に /ふィーアーンセイ/ と発音する

•婚約指輪 an engagement ring

•彼らは先週正式に婚約した
They were formally engaged last week.

•彼女は私の兄と婚約しています
She is engaged to my brother. / She is my brother's fiancée.

こんらん 混乱 **confusion** /コンふュージョン/

混乱させる confuse /コンふューズ/

混乱する be confused, get into confusion

•混乱して in confusion

•その事故で交通が大混乱した The accident caused great confusion in the traffic.

こんろ a **portable cooking stove** /ポータブる クキング ストウヴ/

さ サ

さ 差 (a) **difference** /ディふァレンス/
- その二つには質において大きな差がある[ほとんど差がない] There is a big difference [is little difference] in quality between the two.
- われわれのチームは1点差で勝った Our team won by one point.

さあ **now** /ナウ/, **well**, **come**, **come now**
- さあ, ちょっとこれを見てごらん Come now, just have a look at this.
- さあ, みんな外へ出よう Now [Well], let's all go out.

サーカス a **circus** /サ〜カス/

サーキット a **circuit** /サ〜キト/

サークル (組織された団体) a **group** /グループ/; (同じ趣味を持つ人々の集まり) a **circle** /サ〜クる/
- サークル活動をする participate in group activities
- 読書サークルを作る form a reading circle

ざあざあ (降る) **pour** /ポー/
- 雨がざあざあ降っている It is pouring down with rain.

サード (野球の) → さんるい

サーバー[1] (IT) a **server** /サ〜ヴァ/
- ウェブサーバー a web server
- メールサーバー a mail server

サーバー[2] (食品などを取り分けるもの) a **server** /サ〜ヴァ/ → 通例以下のように他の語と組み合わせて用いる
- ケーキ[パイ]サーバー a cake [pie] server
- コーヒーサーバー a coffee server [pot, carafe]
- ウォーターサーバー (装置) a water dispenser; (冷やす機能のあるもの) a water cooler dispenser

サービス **service** /サ〜ヴィス/
- サービス料 a service charge
- そのホテルはサービスがよいので有名です The hotel is famous for its good service.
- これサービスしておきます You get this for free.

注意しよう
英語では「おまけ」「値引き」の意味での「サービス」に service は用いない。「値引きしてくれませんか?」は Can you give me a discount? などという

サーブ (テニスなどの) **service** /サ〜ヴィス/
サーブする **serve**
- 今度は君がサーブする番だ It's your turn to serve.

サーファー a **surfer** /サ〜ふァ〜/

サーフィン **surfing** /サ〜ふィンぐ/
- サーフィンをする surf

サーフボード a **surfboard** /サ〜ふボード/

サーベル (フェンシングなど) a **saber** /セイバ/ → 発音注意. Star Wars のライトセイバーは light saber

サーボ (自動制御) a **servo** /サ〜ヴォウ/
- サーボモーター a servomotor

サーモグラフィー (温度測定装置) **thermography** /さ〜モグラふぃ/

サーモスタット (温度調整器) a **thermostat** /さ〜モスタト/

サーモン 《魚》(a) **salmon** /サモン/
- サーモンピンク salmon pink

さい[1] 歳 a **year** /イア/
- 9歳の少年 a boy of nine years / a nine-year-old boy → × nine-years-old としない

君は何歳ですか
―私は15歳です
How old are you?
―I am fifteen **years old**.
彼は君より何歳年上ですか
―彼は私よりも3歳年上です
How many **years older** is he than you are?
―He is three **years older** than I am [《話》than me].

- 5歳以下の子供は入場無料です Admission is free for children five and under.
- 彼は70歳で死にました He died at (the age of) seventy.

さい[2] …祭
- 学園祭 a school festival
- (年ごとの)記念祭 the anniversary

サイ 犀 (動物) a **rhinoceros** /ライナセロス/, 《話》**rhino** /ライノウ/ (複 rhinos)

さいあい 最愛の **dearest** /ディアレスト/, **loving** /らヴィンぐ/

さいあく 最悪(の) the **worst** /ワ〜スト/
- 最悪の場合でも at (the) worst
- これはすべてのうちで最悪です This is the worst of all.

さいかい[1] 再開する **reopen** /リオウプン/, **re-**

sume /リジューム/

さいかい[2] 再会する **meet again** /ミート アゲン/

さいかい[3] 最下位の **last; the lowest**
•最下位になる come last

さいがい 災害 a **disaster** /ディザスタ/
•災害を受ける suffer (from a disaster)
•災害地 a stricken district
•災害を受けた人たちに何か送りましょう
Let us send something to the sufferers to relieve them.
•自然[火山]災害 a natural disaster
•災害支援 disaster relief

ざいがく 在学する **be in school**
•在学証明書 a school certificate
•私の兄は慶応大学に在学しています
My brother is studying at Keio University.

さいぎしん 猜疑心 a **suspicion** /サスピション/

さいきどう 再起動 a **restart** /リスタート/
再起動する restart; reboot /リブート/

さいきん[1] 最近

➤ **recently** /リースントリ/, **lately** /れイトリ/ →
このごろ, ちかごろ

最近の recent
•つい最近まで彼は私の近所に住んでいた
He was living in my neighborhood till quite recently.
•最近彼から便りがありません
I haven't heard from him lately.

さいきん[2] 細菌 **bacteria** (複数形) /バクティアリア/; (微生物) a **microbe** /マイクロウブ/

さいく 細工 (手工芸品) a **handiwork** /ハンディワ～ク/, a **handicraft** /ハンディクラふト/; (高度な技法) **artisanship** /アーティザンシプ/
細工する (作る) **work**; (不正に手を加える) **tamper with ～** /タンパ/

サイクリング cycling /サイクリンぐ/
•私たちは次の日曜日銚子へサイクリングに行くつもりです We are going on a cycling tour to Choshi next Sunday.

サイクル (周期) a **cycle** /サイクる/; (自転車) a **bicycle** /バイスィクる/

さいけつ[1] 採決する **take a vote** /ヴォウト/
•提案を採決する take a vote on a proposal

さいけつ[2] 採血する **take blood** /ブらド/

さいげつ 歳月 **years** /イアズ/; **time**
•それ以来10年の歳月が流れた
Ten years have passed since then.

さいけん[1] 再建する **reconstruct** /リーコンストラクト/

さいけん[2] 債権 **bond** /バンド/

ざいこ 在庫 a **stock** /スタク/; 《米》 an **inventory** /インヴァントーリ/
在庫品 stocks /スタクス/, **goods in stock** → しな
•在庫がある[ない] in [out of] stock
•在庫一掃セール a clearance sale

さいご 最後

➤ (順序) **the last**; (限度) **the limit** /リミト/
•最後に last / for the last time
•最初から最後まで from first to last
•最後まで頑張る hold on to the last
•最後の努力を試みる make one's last try
•最後に来たのはだれか Who came last? / Who was the last to come?
•あしたが最後だ. それ以上は待てない
Tomorrow is the limit. I can't wait any longer.

さいこう 最高の (最も高い) **the highest** /ハイエスト/; (最もよい) **the best**; (権力などが) **supreme** /スプリーム/
•最高限度 (the) maximum
•最高気温 the highest temperature
•最高裁判所 the Supreme Court
•走り高跳びの世界最高記録を持っている hold the world record for the high jump
•最高の気分だ I feel just great.

さいころ a **die** /ダイ/ (複 dice /ダイス/)
•さいころを振る cast a die

さいこん 再婚する **get married again** /マリド アゲン/

ざいさん 財産 a **fortune** /ふォーチュン/
•財産を作る make a fortune

さいじつ 祭日 → しゅくじつ

さいしゅう[1] 採集 **collection** /コれクション/
採集する collect /コれクト/

さいしゅう[2] 最終(の) **the last**
•(野球の)最終回 the last inning
•連続テレビドラマの最終回 the last episode of a TV drama serial
•私はもう少しで最終のバスに乗り遅れるところだった I almost missed the last bus.

さいしょ 最初(の)

➤ **the first** /ふァ～スト/
•最初に first; (初めて) for the first time
•最初は at first
•最初から from the first [the beginning, the start]
•最初から最後まで from first to last / from be-

ginning to end

•一番難しいのは最初の３ページです
The most difficult part (of the book) is the first three pages.

•最初に来たのはだれですか Who came first? / Who was the first to come?

•最初に来たのは消防隊で，その次に警察が来た The first to come was a fire crew, and next to come were the police.

•最初にここに来た時は私はほんの５歳の少年でした The first time I came here I was just a boy of five.

さいしょう 最小（の），最少（の）（大きさが）**the smallest** /スモーれスト/; （量が）**the least** /リースト/

•最小公倍数 the least common multiple

•世界最小の昆(こん)虫 the smallest insect in the world

さいじょう 最上（の）**the best**

さいじょうきゅう 最上級 《文法》**the superlative degree** /スパ～らティヴ ディグリー/

さいしょうげん 最小限（度）**the minimum** /ミニマム/

•最小限度の minimum

•最小限にする minimize

さいしょり 再処理 **reprocessing** /リプラセスィング/

さいしん¹ 最新の **the newest** /ニューイスト/; （最近の）**the latest** /れイテスト/

•最新型の車 the newest [latest] model of car

さいしん² 再診（２回目）**the second visit** (**to the doctor**) /セカンド ヴィズィット/; （２回目以降）**follow-up visits** /ふァーろウ アプ/

サイズ size

•いろいろなサイズの靴 shoes of all sizes / all sizes of shoes

•M［L］サイズ medium [large] size →×M size, ×L size としない; → エルサイズ

•サイズを測る take the size

•それらは同じサイズです They are the same size [the same in size].

•お望みのサイズは何番ですか What size do you want?

さいせい 再生（録音・録画の）**a replay** /リープれイ/, **a playback** /プれイバク/; （廃品の）**recycling** /リーサイクリング/

再生する（録音・録画を）**replay, play back**; （廃品を）**recycle**

•再生紙 recycled paper

•再生可能エネルギー renewable energy

ざいせい 財政 **finance** /ふァイナンス/

ざいせき 在籍している **be in school, be on the school register** /レヂスタ/

さいせん¹ 再選する **re-elect** /リー イれクト/

さいせん² 賽銭 **an offering** (**to the shrine**) /オーふぁリング (シュライン)/

•賽銭箱 an offertory box

さいぜん 最善（の）**the best**

•私は彼を助けるために最善の努力をした
I did my best to help him.

さいぜんせん 最前線 **the front line** /ふラント ライン/

•最前線で働く人々 front-line workers

さいそく 催促する **press** /プレス/, **urge** /ア～ヂ/

•彼らは私に借金の返済の催促をした
They pressed [urged] me to pay my debt.

サイダー（**soda**）**pop** /(ソウダ) パプ/ →英語の cider /サイダ/ は「リンゴ酒」の意味

さいだい 最大（の）**the greatest** /グレイテスト/; **the largest** /らーヂェスト/

•最大公約数 the greatest common divisor

•彼は日本が生んだ最大の作家の一人です
He is one of the greatest writers that Japan has ever produced.

•それは今までに日本で建造された最大のタンカーです It is the largest tanker ever built [that has ever been built] in Japan.

さいだいげん 最大限（度）**the maximum** /マクスィマム/

•最大限の maximum

•最大限に利用する make the most of ～

ざいたく 在宅の **in-home**

•在宅介護 home care, in-home care

•訪問介護士 an in-home caregiver

さいちゅう 最中に **in the middle** (of ～) /ミドる/; **during** /デュアリング/

•その嵐の最中に in the middle of [during] the storm

さいてい 最低の（最も低い）**the lowest** /ろウ エスト/; （最悪の）**the worst** /ワ～スト/

•最低限（度）(the) minimum

さいてき 最適な（**the**）**most suitable** /スータブる/, **ideal** /アイディーアる/, (**the**) **best**

•彼はその仕事に最適だ
He is most suitable for the work.

さいてん 採点 **marking** /マーキング/, **grading** /グレイディング/

採点する mark, grade

•先生はまだ私たちの答案を採点していない
The teacher has not yet graded our papers.

サイト（インターネット上の）**a website** /ウェブサイ

ト/
・その会社のサイトを見る visit［see］the company's website
サイド side /サイド/
・サイドテーブル a side table
・(サッカーなどの)サイドバック a side back
・サイドライン side lines
サイドスロー a **sidearm throw** /サイドアーム スロウ/ → アンダースロー
サイドブレーキ 《米》a **parking brake** /パーキング ブレイク/, 《英》a **handbrake** /ハンドブレイク/
・サイドブレーキをかける use the parking brake
→「サイドブレーキ」は和製英語
さいなん 災難 a **calamity** /カラミティ/; (災害) a **disaster** /ディザスタ/
ざいにち 在日韓国人 a **Korean living in Japan** /コリーアン リヴィング/
さいのう 才能 (力量) (an) **ability** /アビリティ/; (生来(せいらい)の) a **talent** /タレント/, a **flair** /ふれア/
才能のある **able** /エイブる/; **talented**
・音楽の才能がある少女 a girl with a talent for music
さいばい 栽培する **grow** /グロウ/
・バラを栽培する grow roses
さいばん 裁判 a **trial** /トライアる/
裁判する **judge** /ヂャヂ/
・…を裁判にかける put ~ on trial / bring ~ to trial
・裁判官 a judge
・裁判長 the presiding［chief］judge
・裁判員 a lay［citizen］judge
・裁判員制度 the lay［citizen］judge system
・裁判所 a court (of law)
・家庭［地方］裁判所 a family［district］court
・最高裁判所 the Supreme Court
さいふ 財布 a **purse** /パ～ス/; (折りたたみ式) a **wallet** /ワれト/ → wallet は主に男性用の札入れ
さいほう 裁縫 **sewing** /ソウイング/
さいぼう 細胞 a **cell** /セる/
・細胞分裂 cell division
さいほうそう 再放送 a **rerun** /リーラン/
再放送する **rerun**
さいまつ 歳末 **the end of the year** /イア/
・歳末大売り出し a year-end sale
さいみん 催眠術 **hypnotism** /ヒプノティズム/
催眠術をかける **hypnotize** /ヒプノタイズ/
ざいむ 財務省 **the Ministry of Finance** /ミニストリ ふィナンス/, 《米》**the Treasury (Department)** /トレジャリ (ディパートメント)/, 《英》(大蔵省) **the Treasury**

・財務大臣 the Minister of Finance /《米》(財務長官) the Secretary of the Treasury /《英》(大蔵大臣) the Chancellor of the Exchequer
ざいもく 材木 《米》**lumber** /らンバ/, 《英》**timber** /ティンバ/
さいよう 採用 **adoption** /アダプシャン/; (雇用(こよう)) **employment** /インプろイメント/
採用する **adopt** /アダプト/; **employ** /インプろイ/
さいりょう 最良(の) **the best**
・外国語を学ぶ最良の方法 the best way to learn a foreign language
ざいりょう 材料 (a) **material** /マティアリアる/
・建築材料 building materials
サイレン a **siren** /サイアレン/
・サイレンが鳴る A siren blows.
さいわい 幸い → こううん, → こうふく¹
サイン (合図) a **sign** /サイン/; (証書などの署名) (a) **signature** /スィグナチャ/; (著者・芸能人などの) **autograph** /オートグラふ/
サインする **sign**
・サインブック an autograph album
・サイン入りブロマイド an autographed photo
・この絵にはある有名な画家のサインがあります This picture bears the signature of a famous artist. / This picture is signed by a famous painter.
・この書類にサインしてください Please sign this paper.
・このボールにサインしてください Could I have your autograph on this ball, please?

signature　　　　　　　　autograph

サインペン a **felt-tip pen** /ふェるト ティプ/
サウスポー a **southpaw** /サウすポー/
サウナ a **sauna** /ソーナ/

さえ …さえ
➤ **even** /イーヴン/
…しさえすれば **if only ~**
…しさえすればよい **have only to** *do*
・それは子供にさえできる

さえぎる 212 two hundred and twelve

Even a child can do it.

•そこは8月でさえ寒かった

It was cold there even in August.

•君さえ来てくれればすべて大丈夫だ Everything will be all right if only you can come.

•君はただ私のあとについて来さえすればよい

You have only to come after me.

さえぎる (中断する) **interrupt** /インタラプト/; (妨(さまた)げる) **obstruct** /オブストラクト/

•倒れた木が道をさえぎった

Fallen trees obstructed the way.

さえずる **sing**; (ちいちいと) **chirp** /チャ～プ/

•鳥が楽しくちいちいさえずっている

Birds are chirping merrily.

さえる (光・色・音などが)(澄(す)んだ) **clear** /クリア/, (明るい) **bright** /ブライト/; (頭が) **clear-headed** /クリア ヘデド/, **clever** /クれヴァ/, **bright**; (目が) **awake** /アウェイク/

•真夜中まで目がさえている be awake until midnight

•なかなかさえてるね How clever you are!

•なんだか気がさえない

Somehow I feel depressed.

さお a **pole** /ポウる/; (釣(つ)りざお) a **rod** /ラド/

さか 坂 a **slope** /スろウプ/; (坂道) a **hill**

•坂の上へ uphill

•坂を下って downhill

•ゆるやかな[急な]坂 a gentle [steep] slope

•坂を上る[下る] go up [down] a slope

•道はそこから上り坂[下り坂]になっている

The road slopes up [down] from there.

さかあがり 逆上がり(をする) (do) **forward-upward circling on the bar** /ふォーワド アプワド サ～クリング バー/

さかい 境 a **border** /ボーダ/ ➔ きょうかい²

•多摩川は東京と川崎の境になっている The Tama River divides Tokyo from Kawasaki.

さかえる 栄える (物質的に) **prosper** /プラスパ/; (芸術などが) **flourish** /ふら～リシュ/

•それは芸術と文学が栄えた時代であった

It was an age in which art and literature flourished.

さかさまに 逆さまに **upside down** /アプサイド ダウン/; (頭から) **headlong** /へドローング/

さがす 探す，捜す

❶ (家の中などを) **search**; (人・物などを) **search for, look for**

❷ (書物などで) **look up**

❹ (見つける) **find**

基本形

A の中を探す
　　search A

A を探す
　　look for A / **search for** A

B (人・物)を求めて A (場所)を探す
　　search A **for** B / **look in** A **for** B

❶ (家の中・引き出しの中を) **search** /サ～チ/; (人・物を) **search for**; (人・物・仕事などを) **look for** /るク/

•カバン[引き出し]の中を探す search a bag [a drawer]

•カバンを探す search [look] for a bag

•仕事を探す look for a job

•かぎがないか引き出しの中を探す search [look in] a drawer for the key

🔲会話 君は何を探しているのですか．—めがねを探しているんだ ➔ 現在進行形

What are you looking for? —I'm looking for my glasses.

•警察はその行方不明の子供を捜している

The police are searching for the missing child.

❷ (書物・地図などで) **look up**

•その店の住所をインターネットで探す search the web for the address of the shop / look up the address of the shop on the web

•地図で博物館を探す look up the museum on a map

❸ (手さぐりで) **feel after** /ふィ～る/, **feel for**

•(手さぐりで)スイッチを探す feel after [for] a switch

•私はポケットに手を入れて切符を探した

I felt (around) in my pocket for the ticket.

❹ (見つける) **find (out)** /ふァインド/

•ぼくの帽子を探してくれ Find my cap for me. / Find me my cap, will you?

•君の家を探すのにずいぶん苦労した

I had a lot of difficulty in finding your house.

さかだち 逆立ち a **handstand** /ハンドスタンド/

•逆立ちをする do a handstand / stand on *one's* head [hands]

さかな 魚

➤ a **fish** /ふィシュ/ (圈 同形); (魚肉) **fish**

•魚釣(つ)り fishing

•魚屋 (人)《米》a fish dealer /《英》a fishmonger; (店)《米》a fish store /《英》a fishmonger's

・魚市場　a fish market
・魚を釣る　fish (with rod and line)
・私は子供のころその川によく魚をとりに行きました
I often went fishing in the river when I was a boy.
・この池ではよく魚が釣れますか
Is there good fishing in this pond?
・私は魚より肉のほうが好きだ
I like meat better than fish.

さかのぼる go up; (時代を) **trace back** /トレイス/
・川をさかのぼって行く　go up a river; (舟をこいで) row up a river
・その慣習の起源は中世にまでさかのぼることができる　The origin of the custom can be traced back to the Middle Ages.

さかみち 坂道 → さか

さからう 逆らう　(従わない) **disobey** /ディソベイ/; (反抗する) **resist** /リズィスト/
…に逆らって　**against** 〜 /アゲンスト/
・私は流れにそって泳いでいるが彼は流れに逆らって泳いでいる　I'm swimming with the stream, but he's swimming against the stream.

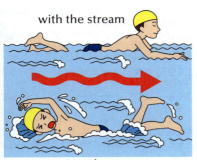

with the stream

against the stream

・彼は両親の意思に逆らって作家になった　He became a writer against his parents' will.
・君は両親に逆らってはいけない
You should not disobey your parents.

さかり 盛り　(花が) **be at their best** /ゼア ベスト/; (人生の) **be in** one's **prime** /プライム/; (食べ物が) **be in season** /スィーズン/
・盛りを過ぎる　be past their best / be past one's prime / be out of season

さがる 下がる

❶ (低くなる) **fall**, **go down**
❷ (ぶら下がる) **hang**
❹ (後ろへ) **step back**

❶ (低くなる) **fall** /フォーる/, **go down** /ダウン/
・物価が下がってきた　→現在進行形
Prices are falling [going down].
・温度は零下(れいか)5度に下がった
The temperature fell [went down] to five degrees below zero.
・彼の熱は下がった　→現在完了
His fever has fallen [has gone down].

❷ (ぶら下がる) **hang** /ハング/
・シャンデリアが天井から下がっていた　The chandelier was hanging from the ceiling.

❸ (成績が) **get a poor grade** /プア グレイド/, **get a poor mark** /マーク/, **have a poor record** /レコド/; (席次が) **go down**, **drop** /ドラプ/
・私は英語の成績が下がった
I got a poor grade [mark] in English.
・私は今度の試験で席次が10番下がった
I went down ten places in class standing [rank, rating] after the last exam.

❹ (後ろへ) **step back**, **move back** /ムーヴ/, **stand back**
・1歩下がれ　Take [Make] a step back.
・「下がって!」と警官が群衆に叫んだ
"Stand back!" called the police officer to the crowd.

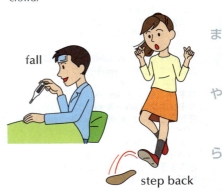

fall

step back

さかん¹ 盛んな　(栄えている) **prosperous** /プラスペラス/; (心からの) **warm** /ウォーム/
・盛んである　be in full swing
・彼は盛んな喝采(かっさい)を受けた
He was greeted with loud applause. / He was loudly applauded.

さかん　214　two hundred and fourteen

•われわれは盛んな歓迎を受けた
We received a warm welcome.
•ここは自動車産業の盛んな町です　The automobile industry is prosperous in this city.
さかん² 左官　a **plasterer** /プ**ラ**スタ〜ラ/

さき 先

➤ (とがった先) a **point** /**ポ**イント/; (端) an **end**
➤ (将来) the **future** /**ふュ**ーチャ/

先に, 先へ　(前) **before** /ビ**ふォ**ー/; (前方) **ahead** /ア**ヘ**ド/; (向こう) **beyond** /ビ**ヤ**ンド/; (順序) **before, first** /**ふァ**〜スト/
•鉛筆(えんぴつ)の先　the point of a pencil
•先のことはわからない
We cannot see the future.
•彼はわれわれみんなの先に立って歩いた
He walked ahead of us all.
•先に行ってください. 私はすぐあとから行きます
Please go ahead. I'll soon follow you.
•その店はその橋の200メートルぐらい先にあります
You will find the store about 200 meters beyond the bridge.
•それはついこの先の通りで起こった
It happened just down the street.
•もし君が電車で行くなら彼らより先にそこに着くでしょう　If you go by train, you will get there before them.
•どっちを先にやりましょうか. これですか, それですか　Which shall I do first, this or that?
•お先にどうぞ　After you!
•「女の方からどうぞお先に」とジョンはほほえみながら言った
"Ladies first," said John with a smile.
さぎ 詐欺(をする) **swindle** /ス**ウィ**ンドる/
•詐欺師　a swindler
サギ 鷺 《鳥》a **heron** /**ヘ**ロン/
サキソホン a **saxophone** /**サ**クソふォウン/
さきほど 先ほど　a (**little**) **while ago** /(り**トる**) (ホ)**ワ**イる/
•彼は先ほど学校へ出かけました
He left for school a while ago.
さきゅう 砂丘　a (**sand**) **dune** /(**サ**ンド) **デュ**ーン/
さぎょう 作業　**work** /**ワ**〜ク/ → しごと
•作業時間　(the) working hours
•作業服　(the) working clothes
•作業員　a worker
•彼は作業中です　He is at work now.
さく¹ 柵　a **fence** /**ふェ**ンス/
•柵をする　fence
•その土地は有刺鉄線で柵がしてある

The lot is fenced off with barbed wire.

さく² 咲く

➤ (草花が) **bloom** /ブ**る**ーム/, **flower** /**ふ**らウア/; (果樹の花が) **blossom** /ブ**ら**サム/; **come out, be out**

咲いている　**be in bloom, be in flower; be in blossom**
•ぱっと咲きだす　**burst into bloom** [**flower**]; burst into blossom
•スミレ[モモの木]は春に花が咲きます
Violets bloom [The peach trees blossom] in the spring.
•こちらでは花はたいてい5月に咲き始めます
Many flowers here begin to come out [to be out] in May.
•公園のサクラ[チューリップ]が今を盛りと咲いています　The cherry trees are in full blossom [The tulips are in full bloom] in the park.
さく³ (時間を) **spare** /ス**ペ**ア/
•私に2〜3分さいていただけませんか
Can you spare me a few minutes?
さく⁴ 裂く, 裂ける　**tear** /**テ**ア/, **split** /ス**プ**リト/, **rip** /**リ**プ/
•新聞紙を細かく裂く　tear a newspaper to pieces
さくいん 索引　an **index** /**イ**ンデクス/
さくさく さくさくした　(歯ざわりが) **crisp** /ク**リ**スプ/
•さくさくしたビスケット　a crisp biscuit
さくさん 酢酸　**acetic acid** /ア**シ**ーティク **ア**スィド/
さくし 作詞する　**write the words** (**for a song**) /**ラ**イト **ワ**〜ヅ/
•作詞家　a songwriter
さくじつ 昨日 → きのう¹
さくしゃ 作者　a **writer** /**ラ**イタ/; (著者) an **author** /**オ**ーさ/
•この本の作者はだれですか　Who is the author of this book? / Who wrote this book?
さくじょ 削除する　**cut, erase** /イ**レ**イス/, **delete** /ディ**リ**ート/
さくせん 作戦　(軍事行動) **operations** /アペ**レ**イションズ/; (全体的な) (a) **strategy** /スト**ラ**テヂ/; (個別的な) **tactics** /**タ**クティクス/
•作戦を立てる　work out a strategy
•作戦が見事に成功した
Our tactics were completely successful.
さくねん 昨年 → きょねん
さくひん 作品　a **work** /**ワ**〜ク/
•文学作品　a literary work

two hundred and fifteen 215 さしあげる

・彼の最近の作品 his latest work
・これはだれの作品ですか Whose work is this?

さくぶん 作文 (a) **composition** /カンポズィション/, an **essay** /エセイ/
・…について作文を書く write a composition [an essay] about 〜
・彼の英作文には誤りが少ない There are very few mistakes in his English composition.

さくもつ 作物 a **crop** /クラプ/
・作物は取り入れられた
The crops have been gathered.
・今年の作物はとても出来がよかった
The crops were very good this year. /
We had very good crops this year.

さくや 昨夜 **last night** /ナイト/

サクラ 桜 《植物》(木) a **cherry tree** /チェリ トリー/; (花) **cherry blossoms** /ブらサムズ/
・サクラの名所 a place famous [noted] for its cherry blossoms
・土手のサクラが満開です The cherry trees on the banks are in full bloom.

サクラソウ 桜草 《植物》a **primrose** /プリムロウズ/

サクランボ 《植物》a **cherry** /チェリ/

さくりゃく 策略 a **trick** /トリク/

さぐる 探る (調べる) **look into** /るク/, **investigate** /インヴェスティゲイト/; (捜す) **search** /サ〜チ/; (手でさわって) **feel** (for 〜) /ふィーる/; (人の意見などを) **sound out** /サウンド/
・その秘密を探る look into the secret
・この件に関して彼の心の中を探る sound him out on this matter

ザクロ 柘榴 《植物》a **pomegranate** /パムグラネト/

さけ 酒 **drink**, **liquor** /リカ/; (日本酒) *sake* /サーキ/
・酒屋 a liquor store
・酒に酔(よ)う get drunk
・大酒飲み a heavy drinker / a drunkard
・君のお父さんはお酒を召し上がりますか
Does your father drink?

サケ 鮭 《魚》a **salmon** /サモン/ (覆 同形)

さけぶ 叫ぶ
➤ **cry** /クライ/, **shout** /シャウト/
叫び a **cry**, a **shout**
・私は助けを求める叫び(声)を聞いた I heard a cry for help. / I heard someone cry for help.
・彼らは喜びの叫びを上げた
They cried for joy.

・彼らはその提案に反対の叫びを上げた
They raised a cry against the proposal.
・彼は彼らに引き返せと大声で叫んだ
He cried [shouted] to them to come back.
・「ノー」と彼らは一斉に叫んだ
"No," they cried in chorus.

さける¹ 避ける **avoid** /アヴォイド/
・避けられない unavoidable
・梅雨どきに旅行するのは避けたほうがよい
You should avoid traveling during the rainy season. ➙✕ avoid *to travel* としない
・私たちは納屋に入って嵐を避けた
We took shelter from the storm in a barn.

さける² 裂ける ➙さく⁴

さげる 下げる
❶ (掛ける) **hang** /ハング/
❷ (低くする) **lower** /ろウア/; (値段を) **reduce** /リデュース/; (賃金などを) **cut down** /ダウン/; (頭を) **bow** /バウ/

ざこう 座高 (胴部) **the length from the top of the head to the buttocks** /れんぐす バトクス/
・座高が高い[低い] have a long [short] body

ササ 笹 《植物》**bamboo grass** /バンブー/; (葉) **bamboo leaf** /リーふ/

サザエ 栄螺 (貝) a **top shell** /シェる/
・サザエのつぼ焼き a top shell cooked in its shell

ささえる 支える **support** /サポート/; (重さを) **bear** /ベア/
支え (a) **support**
・彼は年老いた母の唯一の支えです He is the only support of [for] his old mother.
・彼は家族を支えるために一生懸命働く
He works hard to support his family.

ささげる **devote** /ディヴォウト/
・彼はこの研究に生涯(しょうがい)をささげた
He devoted his life [himself] to this research.

さざなみ さざ波 a **ripple** /リプる/

ささやく **whisper** /(ホ)ウィスパ/
ささやき a **whisper**
・彼は彼女に[彼女の耳に]何かささやいた
He whispered something to her [in her ear].

ささる 刺さる (突き刺さる) **pierce** /ピアス/; (ひっかかる) **stick** /スティク/
・魚の骨がのどに刺さっている
There is a fish bone stuck in my throat.

さじ a **spoon** /スプーン/ ➙スプーン
・さじ1杯 a spoonful

さしあげる 差し上げる (与える) **give** ➙あげる

あ

か

さ

た

な

は

ま

や

ら

わ

❷, あたえる
・(店員が)何を差し上げましょうか
May [Can] I help you?

さしえ 挿絵 an **illustration** /イラ**ストレ**イション/
・この本は挿絵がいっぱい入っています
This book is full of illustrations [is fully illustrated].

さしかえる 差し替える **replace** /リプ**れ**イス/

さしこむ 差し込む
❶ (ことばなどを) **put in**, **insert** /イン**サ**〜ト/; (プラグを) **plug in** /プ**ら**グ/
・ポットのコードを電源に差し込んでくれませんか
Could you plug in the thermos bottle, please?
❷ (光が) **shine in** /**シャ**イン/, **come in**

さしず 指図 → めいれい

さしだす 差し出す (提供する) **offer** /**オ**ーふァ/; (手を伸ばす) **reach** /**リ**ーチ/
・差出人 a sender

さしみ 刺身 **sashimi**; **sliced raw fish** /ス**ら**イストロー ふィッシュ/

ざしょう 座礁する **run aground** /ア**グラ**ウンド/

さす¹ 刺す (蚊(か)が) **bite** /**バ**イト/; (ハチなどが) **sting**; (針などでちくりと) **prick** /プ**リ**ク/; (突き刺す) **stick** /ス**ティ**ク/, **thrust** /**ス**ラスト/; (刃物で) **stab**
・蚊に刺される be bitten by a mosquito
・針で指を刺す prick a finger with a needle
・地面に棒を突き刺す stick a pole in the ground

さす² 指す (指し示す) **point** /**ポ**イント/, **show** /**ショ**ウ/; (先生が生徒を) **call on** /**コ**ーる/; (将棋を) **play** /プ**れ**イ/
・時計の針は5時を指しています
The hands of the clock show five o'clock.
・この地図でローマを指しなさい
Point out Rome on this map.

さす³ 差す (日が) **shine** /**シャ**イン/; (傘を) **put up**
・日が差し始めた
The sun has begun to shine.
・私は傘も差さずに雨の中を歩いた I walked in the rain without putting up an umbrella. / (ぬれながら) I walked getting wet in the rain.

さすが (本当に) **indeed** /イン**ディ**ード/, **truly** /ト**ルー**リ/; (…さえ) **even** /**イ**ーヴン/
・さすがはプロだ He is indeed a professional.
・さすがの彼もついにあきらめなければならなかった
Even he finally had to give up.

さずかる 授かる **be blessed with 〜** /ブ**れ**スト/
・彼らは3人の子を授かった
They were blessed with three children.

さずける 授ける → あたえる

サステナビリティー (持続可能性) **sustainability** /サ**ス**ティナ**ビ**らティ/

サステナブル (持続可能な) **sustainable** /サス**テ**イナブる/
・持続可能な開発目標 Sustainable Development Goals → SDGs と略される

サスペンス **suspense** /サス**ペ**ンス/
・サスペンス小説 a novel of suspense

ざせき 座席 **a seat** /ス**ィ**ート/
・座席に着く take a [one's] seat
・私は窓のそばの[最前列の]座席に着いた
I took a seat near the window [in the first row].
・座席は全部ふさがっていた
All the seats were occupied.
・この座席はあいていますか (→ふさがっていますか)
Is this seat occupied [taken]?

させつ 左折する **turn** (**to the**) **left** /**れ**ふト/

させる …させる
❶ (相手の意志に関係なく) **make**
❷ (相手の望むように) **let**
❸ (頼んで) **have**, **get**

❶ (相手の意志に関係なく) **make**

基本形 A (人)に[を]…させる
　　　make A *do*

・彼を行かせる make him go

two hundred and seventeen 217 さっきん

・子供たちに自分の部屋をそうじさせる make the children clean their own rooms
・私はむりやり何かを飲まされた →受け身形
I was made to drink something. →受け身形の時は to drink のように to 不定詞になる
・どうしても彼の心を変えさせることはできませんでした Nothing could make him change his mind.
❷ (相手の望むように) **let** /れ├/

基本形	A (人)に[を]…させる **let** A *do*

・彼を行かせる let him go
・父は私をパーティーに行かせてくれた[くれないだろう] Father let [won't let] me go to the party.
・彼はそれをだれにも見せない[見せなかった]
He lets [let] nobody see it.
・それをもう一度させてください
Let me try it again.
❸ (頼んで) **have, get**

基本形	A (人)に…させる **have** A *do* / **get** A to *do* A (物)を…させる **get** A+過去分詞 **have** A+過去分詞

・彼にそれをさせる have him do it / get him to do it
・彼らに荷物を運ばせましょう I'll have them carry [get them to carry] the baggage.
・だれかを手伝いに来させましょう
I'll get someone to come to help.
・この時計を直させましょうか Shall I have [get] this watch mended [fixed]?

さそう 誘う (求める) **ask** /アスク/; (招く) **invite** /インヴァイト/
・私たちは彼も私たちのクラブに加わるように誘った
We asked him to join our club.
・彼は私を食事に誘ってくれた
He invited me to dinner.
・私は毎朝彼を誘って(→彼の家に寄って)いっしょに学校へ行きます I call at his house every morning and we go to school together.

さそりざ 蠍座 **Scorpio** /スコーピオウ/, **the Scorpion** /スコーピオン/
・蠍座生まれの人 a Scorpio / a Scorpion

さた …さた
・彼は(悪いことをして)警察ざたになっている
He is in trouble with the police.

さだめる 定める →きめる

ざだんかい 座談会 **a talk** /トーク/, a **discussion** (**meeting**) /ディスカション (ミーティング)/

さつ¹ 冊 a **book**, a **volume** /ヴァリュム/; (同じ本の) a **copy** /カピ/
・私たちの学校図書館には約3万冊の本がある
Our school library has about thirty thousand volumes [books].
・私はこの辞書を2冊持っているから1冊君にあげよう I have two copies of this dictionary, so I will give one to you.
・私は全部で辞書を3冊持っています
I have three dictionaries in all.

さつ² 札 《米》a **bill**, 《英》a **note** /ノウト/
・1万円札 a 10,000-yen bill
・彼は千円札を差し出しておつりをくれと言った He offered a 1,000-yen bill and asked for change.

ざつ 雑な (いいかげんな) **slovenly** /スらヴンリ/, **sloppy** /スらピ/; (おおざっぱな) **careless** /ケアれス/
・雑な仕事 slovenly [sloppy] work

さつえい 撮影する (写真を) **take a picture** /ピクチャ/; (映画を) **film** /ふぃるム/
・撮影所 a (movie) studio

ざつおん 雑音 a **noise** /ノイズ/

さっか 作家 a **writer** /ライタ/
・短編作家 a writer of short stories
・彼は日本における最も有名な作家の一人です
He is one of the most famous writers in Japan.

ざっか 雑貨 **general goods** /チェネラる グツ/
・雑貨屋 (店) a general [grocery] store; (人) a general dealer / a grocer

サッカー **soccer** /サカ/, 《英》**football** /ふ├ボーる/

さっかく 錯覚 an **illusion** /イるージョン/
・錯覚を起こす be under an illusion / have an illusion
・A を B と錯覚する mistake A for B →おもいちがい

さっき →さきほど

さっきょく 作曲 **composition** /カンポズィション/
・作曲する **compose** /コンポウズ/
・作曲家 a composer
・このソナタはだれが作曲したものですか
Who composed this sonata? /
Whose composition is this sonata?

さっきん 殺菌する **sterilize** /ステリらイズ/
・殺菌剤 a sterilizer

サックス a sax /サ*クス*/ → サキソホン

さっさと quickly /*ク*ウィ*ク*リ/; fast
- さっさと仕事をしなさい
Be quick about your work.
- さっさと言え Hurry up and say it.

サッシ (窓枠) a sash /サ*シュ*/, a **window frame**
/ウィンドウ ふ*レ*イム/
- アルミサッシ an aluminum sash

ざっし 雑誌 a magazine /マガ*ズィ*ーン/
- 月刊雑誌 a monthly (magazine)
- 週刊雑誌 a weekly
- 漫画雑誌 a comic (magazine)
- その雑誌の今月号[5月号] the current issue
[the May issue] of the magazine

ざっしゅ 雑種 a **mixed breed** /*ミクスト* ブリード/;
a **cross** /*ク*ロース/
雑種の mixed-breed
- 雑種のイヌ a mixed-breed dog

さつじん 殺人 **murder** /マ〜ダ/
- 殺人犯人 a murderer
- 殺人事件 a case of murder
- 殺人未遂(みすい) an attempted murder
- 殺人を犯す commit a murder

ざっそう 雑草 a **weed** /ウィード/ → くさ

さっそく at once /*ワ*ンス/, right away /*ラ*イト
ア*ウェ*イ/
- そのことはさっそく彼に知らせます
I will tell him about it at once.
- 彼はさっそく仕事にとりかかった
He wasted no time [did not waste any time]
in beginning his work.

ざつだん 雑談 a **chat** /チャ*ト*/, a **small talk** /ス
モー*る* トー*ク*/; (おしゃべり) a **chatter** /チャタ/
雑談する chat, have a chat, have a small
talk
- 私たちはお茶を飲んだりお菓子を食べたりしながら
楽しく雑談した
We had a pleasant chat over tea and cakes.

さっちゅうざい 殺虫剤 an **insecticide** /インセ*ク*
ティサイド/

さっと (急に) **suddenly** /サ*ド*ンり/; (すばやく)
quickly /*ク*ウィ*ク*り/
- さっと通り過ぎる flash by
- さっと立ち上がる spring to *one's* feet

ざっと roughly /*ラ*ふり/; (手短に) briefly /ブリー
ふり/; (目を通す) skim through /*ス*キム ス*ルー*/;
(およそ) about /ア*バ*ウト/ (→ やく3)
- ざっと説明する explain briefly
- 話はざっと次のとおりです
The story is roughly as follows.

- 父は毎朝出勤前に新聞にざっと目を通します
My father skims through the newspaper ev-
ery morning before he leaves for his office.

さっとう 殺到 a **rush** /ラ*シュ*/
殺到する rush, pour /*ポ*ー/
- 問い合わせが事務所に殺到した
Inquiries poured into the office. /
There was a rush of inquiries at the office.
- 買い物客が新しいスーパーマーケットに殺到した
Customers rushed to the new supermarket.

さっぱり さっぱりした (服装が) clean /*ク*リーン/,
neat /*ニ*ート/; (味が) refreshing /り*ふ*レ*シン*ぐ/,
plain /*プ*れイン/; (気性が) frank; (気分が) fresh
/ふ*レ*シュ/, refreshed /り*ふ*レ*シュト*/
さっぱり…ない not at all
- さっぱりした服装をする be neatly dressed
- さっぱりした気性の人 a person of frank dispo-
sition
- 一眠りしたらさっぱりした
I felt refreshed after a nap.
- どうして彼女がそんなに怒っているのかさっぱりわ
からない
I cannot understand at all why she is so an-
gry.
- だれがこれをしたか私はさっぱりわからない
I have no idea who did this.

ざっぴ 雑費 **expenses for sundries** /イク*ス*ペンセ
ズ サンド*リ*ズ/

さっぷうけい 殺風景な (ものさびしい) **dreary** /ド
リ*ア*リ/; (飾(かざ)り気のない) **bare** /ベア/

サツマイモ 薩摩芋 《植物》a **sweet potato** /*ス*ウ
ィー*ト* ポ*テ*イトウ/

ざつよう 雑用 (はんぱ仕事) **odd jobs** /ア*ド*/; (家
の内外の) **chores** /チョー*ズ*/

さて → さあ

さておき …はさておき

サトイモ 里芋 《植物》a **taro** /*タ*ーロウ/ (複
taros)

さとう 砂糖 **sugar** /*シュ*ガ/
- 角砂糖 a lump (of sugar)
- 砂糖一さじ a spoonful of sugar
- 砂糖入れ a sugar bowl
🔊**会話** お茶に砂糖をいくつ入れますか. 一二つ入れて
ください
How many lumps (will you have) in your
tea? —Two lumps, please.

さどう 茶道 *sado*, tea ceremony /*ティ*ー セレモ
ウ二/

さとる 悟る **realize** /*リ*(ー)ア*ら*イズ/

サドル a **saddle** /サ*ド*る/

サナギ a **pupa** /ピューパ/ (徹 **pupae** /ピューピー/)

サバ 鯖 《魚》a **mackerel** /マカレる/ (徹 同形)

サバイバルの **survival** /サヴァイヴァる/

さばく¹ 砂漠 a **desert** /デザト/

　砂漠化 **desertification** /ディザ〜ティふィケイション/

　•その地域では砂漠化が一層進むでしょう Desertification will be worsened in that region.

さばく² 裁く **judge** /チャヂ/

さび rust /ラスト/

　さびる，さびさせる **rust**

　さびた **rusty**

　•さびたナイフ a rusty knife

さびしい　寂しい

➤ **lonely** /ろウンリ/

寂しがる **feel lonely** /ふィーる/; (人がいなくって) **miss** /ミス/

•寂しい生活を送る lead a lonely life

•私はひとりぼっちだったけれど寂しくはなかった I was alone, but I was not lonely.

•彼は寂しがり屋だ He is no loner. → loner は「孤独を好む人」

•あなたがいなくて私はとても寂しい

I miss you very much.

•彼女がいないのでみんな寂しく思った

She was missed by everybody.

•君が行ったあと寂しくなります

We will miss you after you are gone.

サファイア a **sapphire** /サふアイア/

サファリパーク a **safari park** /サふァーリ/

サブスクリプション a **subscription** /サブスクリプション/

•音楽配信サービスへのサブスクリプション a subscription to a music streaming service

•サブスクリプションを更新[中止]する renew [cancel] a subscription

ざぶとん 座ぶとん a **cushion** /クション/

さべつ 差別(待遇(たいぐう)) **discrimination** /ディスクリミネイション/

　差別待遇する **discriminate** /ディスクリミネイト/

•人種差別 racial discrimination

さほう 作法 **manners** /マナズ/ → ぎょうぎ

•立派な[悪い]作法 good[bad] manners

•食事の作法 table manners

•彼は無作法だ (→作法を知らない)

He has[knows] no manners.

サポーター (応援者) a **supporter** /サポータ/; (男子スポーツ選手がトランクスの下にはく) an **athlet-**

ic supporter /アすれティク/, a **jockstrap** /チャストラプ/

サボテン 《植物》a **cactus** /キャクタス/ (徹 cactuses, cacti /キャクタイ/)

サボる (学校を) **play hooky** /ブれイ フキ/, **play truant** /トルーアント/; (授業を) **cut**

さま …様 (男性) **Mr. Mr. ～** /ミスタ/; (既婚女性) **Mrs, Mrs. ～** /ミセズ/; (未婚女性) **Miss ～**; (女性の既婚・未婚を区別しないで) **Ms. Ms. ～** /ミズ/

さまざま → いろいろな

さます¹ 冷ます，冷める **cool** /クーる/

•彼に対する彼女の熱は冷めてしまった

Her affection for his has cooled (down).

さます² 覚ます，覚める (目を，目が) **wake up** /ウェイク/

•その音で私は目が覚めた The noise woke me (up). / I was woken by the sound.

•私は朝7時ごろ目が覚める

I wake at about seven in the morning.

•寝ても覚めても私はそのことを考えます

Waking or sleeping, I think of it.

さまたげる 妨げる **hinder** /ヒンダ/; (乱す) **disturb** /ディスタ〜ブ/; (A が何かするのを) **prevent A from** *doing*

•進歩を妨げる hinder progress

•町の騒音(そうおん)が私の眠りを妨げます

Street noises disturb my sleep.

•ことばの違いはしばしば国家間の理解を妨げる (→理解にさからって作用する) Differences in languages often work against understanding between nations.

さまよう **wander** /ワンダ/

•私たちは道に迷って森の中をさまよった

We lost our way and wandered about in the woods.

サミット a **summit** /サミト/

さむい　寒い

➤ **cold** /コウるド/

寒さ (**the**) **cold**

•寒い冬の朝に on a cold winter morning

•寒さで震(ふる)える shiver with cold

•けさはとても寒い

It is very cold this morning.

•日ましにだんだん寒くなってきました

It is getting colder day by day.

•私は寒い．何か温かい飲み物をください

I feel cold. Give me something hot to drink.

•寒い所に立っていないで火のそばに来て暖まりなさい Don't stand in the cold. Come near the

fire and warm yourself.
- 冬は東京より長野のほうがずっと寒い
In winter it is much colder in Nagano than in Tokyo.

さむけ 寒け a **chill** /チる/
- 寒けがする have a chill

サメ 鮫《魚》a **shark** /シャーク/

さめる¹ (色が) **fade** /フェイド/

さめる² 冷める → さます¹

さめる³ 覚める → さます²

さもないと or (**else**) /(エ)ルス/, **otherwise** /アざワイズ/
- 急ぎなさい. さもないとバスに遅れますよ
Hurry up, or (else) you will miss the bus.
- 私たちはほとんどずっと走り通した. さもないと学校に遅刻するところだった
We ran nearly all the way; otherwise we would have been late for school.

さや¹ (豆類の) a **pod** /パド/, a **shell** /シェる/

さや² (刀の) a **sheath** /シーす/

さゆう 左右 **right and left** /ライト れふト/
- 左右を見る look right and left

さよう 作用 **action** /アクション/
作用する **act** (on ～)
- 化学作用 chemical action
- 酸の作用 the action of acids

さようなら **Good-bye! / So long! / See you! / Be seeing you!**
- 私にさようならを言いに彼女は部屋に入って来た
She came into the room to say good-bye to me.

さら 皿 (料理を盛った大皿) a **dish** /ディシュ/; (dish から料理を取り分ける平皿) a **plate** /プれイト/; (受け皿) a **saucer** /ソーサ/

plate　saucer　dish

- (食卓の)皿類 the dishes
- 皿を片付けて洗いなさい
Put away the dishes and wash them.

さらいげつ 再来月 **the month after next** /マンす/

さらいしゅう 再来週 **the week after next** /ウィーク/
- 再来週の日曜日 the Sunday after next

さらいねん 再来年 **the year after next** /イア/

さらさら (音をたてる) **rustle** /ラスる/; (かわいた) **dry** /ドライ/
- さらさらした粉雪 light powdery snow

ざらざら ざらざらの **rough** /ラふ/
- この布は手ざわりがざらざらする
This cloth feels rough.

さらす
❶ (雨・風に) **expose** /イクスポウズ/
- 危険に身をさらす expose *oneself* to danger
- 頭をじかに太陽にさらすのは時には危険である It is sometimes dangerous to expose the bare head to the sun.
❷ (白くする) **bleach** /ブリーチ/

サラダ (a) **salad** /サらド/

さらに **still** /スティる/, **more** /モー/
- 日はさらに短くなるでしょう
The days will grow still shorter.
- 彼らはさらに1キロ走った They ran one more kilometer. / They ran another kilometer.

サラブレッド a **thoroughbred** /さ～ロウブレド/

サラリー a **salary** /サらり/
- サラリーマン a salaried worker / an office worker ➡「サラリーマン」は和製英語
- 私の父はサラリーマンです
My father is an office worker.

さる 去る **leave** /リーヴ/, (終わる) **be over**
- 彼はきのう東京を去ってニューヨークへ向かった
He left Tokyo for New York yesterday.
- 冬は去って今は春だ
Winter is over and it is spring now. / Winter is gone and spring has come [is here].

サル 猿 《動物》a **monkey** /マンキ/; (尾のない高等な) an **ape** /エイプ/
- あれが有名な三匹のサルの彫刻で,「見ざる, 聞かざる, 言わざる」という格言を表しています That's a famous carving of three monkeys. They represent the saying *mizaru, kikazaru, iwazaru*—see no evil, hear no evil, speak no evil.

ことわざ 猿も木から落ちる Even Homer sometimes nods. (ホメロスでさえ時には居眠りをする)

two hundred and twenty-one 221 **ざんきょう**

ざる a (bamboo) **basket** /(バンブー) バスケト/

される → れる

さわぐ 騒ぐ

➤ be noisy /ノイズィ/, make a noise /ノイズ/

騒ぎ (騒音(そうおん)) (a) **noise**; (騒動) a **disturbance** /ディスタ～バンス/

騒がしい noisy
•騒がしく noisily
•騒ぎを起こす[静める] raise [suppress] a disturbance
•そんなに騒いではいけない Don't make so much noise. / Don't be so noisy.
•彼らは騒いでいたので私の声が聞こえなかった They were so noisy [were making so much noise] that they did not hear me.

さわやか さわやかな (新鮮な) **fresh** /ふレシュ/; (気分をさわやかにする) **refreshing** /リふレシング/
さわやかにする refresh
•さわやかな朝の空気 fresh morning air

さわる (触(ふ)れる) **touch** /タチ/; (さわって感じる) **feel** /ふィーる/
•展示物にさわってはいけません
Don't touch the exhibits.
•私は彼のひたいにさわってみて熱があることがわかった I felt his forehead and found that he was feverish.
ことわざ さわらぬ神にたたりなし
Let sleeping dogs lie. (眠っているイヌはそのまま寝かしておけ)

さん¹ 3(の) **three** /すリー/
•第3(の) the third (略 3rd)
•3分の1, 3分の2 one third, two thirds
•3倍, 3回, 3度 → かい⁴, ど ❶, ばい
•今はちょうど3時です
It is just three o'clock now.
•私の弟は来月で3歳になります
My brother will be three next month.
•彼はクラスで3番目に背が高い
He is the third tallest boy in the class.
•私はここへ来たのが今度で3度目です
I'm here for the third time. /
This is the third time I've been here.

さん² 酸 (an) **acid** /アスィド/

さん³ …さん → さま

さんか¹ 参加する **take part in**, **participate in** /パーティスィペイト/, **join** /ヂョイン/
•参加者 a person who takes part in ~ / a participant / an entry

•青梅マラソンに参加を申し込む enter for the Ome marathon race
•サマーキャンプの参加申し込みをする sign up for summer camp
•このコンテストにはだれが参加するだろうか
Who will take part in this contest?
•君も私たちの旅行に参加してほしい
I hope you will join our tour.

さんか² 酸化 **oxidation** /アクシデイション/, **oxidization** /アクシダイゼイション/

さんかく 三角形 a **triangle** /トライアングる/
•三角定規 a triangle
•正三角形 an equilateral triangle
•二等辺三角形 an isosceles triangle
•三角関数 a trigonometric function

さんがく 山岳部 a **mountaineering club** /マウンテニアリング/

さんかくすい 三角錐 a **triangular pyramid** /トライアンギュら ピラミド/, (四面体) a **tetrahedron** /テトラヒードラン/

さんがつ 3月 **March** /マーチ/ (略 Mar.) → くがつ

さんかん 参観する **visit** /ヴィズィト/
•参観者 a visitor
•参観日 《米》an open house / 《英》an open day
•来週の木曜日は参観日です
We'll have open house [open day] at our school next Thursday.
•年に1度親が授業を参観します
Our parents visit our class once a year.
•参観者は展示物に手を触(ふ)れないよう願います Visitors are requested not to touch the exhibits.

さんぎいん 参議院 (日本の国会) **the House of Councillors** /ハウス カウンスィらズ/
•参議院議員 a member of the House of Councillors

さんきゃく 三脚 (カメラの) a **tripod** /トライパド/; (いす) a **three-legged stool** /すリー れグド ストゥーる/

さんきゅう 産休 **maternity leave** /マタ～ナティ リーヴ/
•産休からの復帰 back from maternity leave
•彼女は産休を取得した She took maternity leave.

さんぎょう 産業 **industry** /インダストリ/
•産業の industrial
•産業革命 the Industrial Revolution
•産業廃棄物 industrial waste
•自動車産業 the automobile industry
•観光事業は私たちの市のおもな産業です
Tourism is the chief industry of our city.

ざんきょう 残響 (コンサート会場など) **reverbera-**

ざんぎょう 残業 **overtime work** /オウヴァタイムワ〜ク/
・残業する work overtime

サングラス sunglasses /サングらセズ/

ざんげ →こくはく

サンゴ 珊瑚 《動物》**coral** /コーラる/
・サンゴ島[礁(しょう)] a coral island [reef]

サンゴ礁の島(モルジブ)

さんこう 参考にする（参照する）**refer to** /リふぁ〜/, **consult** /コンサるト/; （考えに入れる）**take 〜 into account** /テイク アカウント/, **take 〜 into consideration** /コンシダレイション/
・…にとって参考になる be a help to 〜
・ご参考までに for your information
・参考書（辞書・地図・年鑑・百科事典など）
a reference book
・次の表を参考にして人口問題に関するあなたの意見を 800 字程度で述べなさい
Give your opinion on the population problem in about 800 words referring to the following table.
・ご意見はたいへん参考になりました
Your suggestion was a great help to us.
・ご意見は十分参考にさせていただきます
We'll take your opinion into full account [consideration].

ざんごう 塹壕 a **trench** /トレンチ/

ざんこく 残酷 **cruelty** /クルーエるティ/
残酷な **cruel** /クルーエる/
・残酷に cruelly
・動物に対して残酷なことをしてはいけません
Don't be cruel to animals.

さんじ 惨事 a **disaster** /ディザスタ/, a **tragedy** /トラヂェディ/
・惨事を引き起こす cause a disaster

さんじゅう¹ 30(の) **thirty** /さ〜ティ/
・第 30(の) the thirtieth (略 30th)
・31(の), 32(の), … thirty-one, thirty-two, …
・第 31(の), 第 32(の), … the thirty-first, the thirty-second, …
・私の一番上の兄は 30 歳です
My oldest brother is thirty years old.
・今月の 30 日は私の誕生日です
The 30th of this month is my birthday.

さんじゅう² 三重の **triple** /トリプる/

さんじゅうしょう 三重唱, 三重奏 a **trio** /トリーオウ/

さんしゅつ 産出する **produce** /プロデュース/
・産出物 a product
・石油産出国 an oil-producing country
・インドは多量の茶を産出する
India produces large quantities of tea.

ざんしょ 残暑 **the heat of late summer** /ヒートれイト/
・残暑お見舞い申し上げます
The heat is lingering this summer. Please take care of yourself. → is lingering は「いつまでもとどまっている」

さんしょう¹ 参照 **reference** /レふァレンス/
・…を参照する refer to 〜

さんしょう² 山椒（香辛料）**Japanese pepper** /ヂャパニーズ ペパ/; 《植物》**Japanese pepper tree** /トリー/; 《中国四川の花椒(かしょう)》**Sichuan pepper** /シチワン/

さんしん 三振 a **strike-out** /ストライカウト/
・三振する be struck out

さんすう 算数 **arithmetic** /アリすメティク/

さんせい¹ 賛成

➤（同意）**agreement** /アグリーメント/
➤（支持）**favor** /ふェイヴァ/

賛成する **agree** /アグリー/; （賛成している）**be in favor, be for**; （認める）**approve** /アプルーヴ/

基本形
A（提案・計画など）に賛成する
　agree to A
A（人・意見）に賛成する
　agree with A
…することに賛成する
　agree to do
…ということに賛成する
　agree that 〜

・私は君の考えに賛成します
I agree to your idea.
・私はこの点では君に賛成します
I agree with you on this point.
・子供たちはみんなその子犬を飼うことに賛成した
All the children agreed to keep the puppy.
・私たちは記念樹を植えることに賛成した

We agreed to plant a memorial tree. / We agreed that we should plant a memorial tree.
・父は姉が彼と結婚することに賛成していない Father doesn't approve of my sister marrying him.
・君はその案に賛成なのですか, 反対なのですか Are you for [in favor of] the plan or against it?
・その提案に賛成の人もいるが多くは反対している Some are for the proposal, but many are against it.
・この案に賛成の人は手を上げてください Those (who are) in favor of this plan, please raise your hands.
・私はその提案に対する賛成演説をした I made a speech in favor of the proposal.

さんせい[2] 酸性 **acidity** /アスィディティ/
酸性の acid /アスィド/
・酸性雨 acid rain

さんそ 酸素 **oxygen** /アクスィチェン/
ざんだか 残高 **the balance** /バランス/
サンタクロース Santa Claus /サンタ クろーズ/, 《英》 **Father Christmas** /クリスマス/
サンダル (1足) (a pair of) **sandals** /(ペアロぶ) サンドるズ/; 《英》 (鼻緒のついたゴム製の) **flip-flops** /ふりプ ふらプス/
さんだんとび 三段跳び **triple jump** /トリプる ヂャンプ/
さんち (…の)産地 **a producer** (of 〜) /プロデューサ/
・日本では山梨県がブドウの主な産地です Yamanashi Prefecture is the main producer of grapes in Japan.
さんちょう 山頂 **the top of the mountain** /マウンテン/
サンデー (食べ物) a **sundae** /サンデイ/
・フルーツサンデー (a) fruit sundae
サンドイッチ a **sandwich** /サン(ド)ウィッチ/
・私は昼食にサンドイッチを食べた I had some sandwiches for lunch.

ざんねん 残念に思う
➤ (くやしい) **It is too bad (that)** 〜 /トゥー/; (惜しい) **It is a pity (that)** 〜 /ピティ/, **regret** /リグレト/, **be sorry** /サリ/
残念なことに to *one's* **regret**
・彼が試験に落ちて残念だ It's too bad (that) he failed the exam.
・君がそのパーティーに出られないとは残念だ It's a pity (that) you can't come to the party.

・残念ながらいっしょに行けません I'm sorry (to say that) I can't go with you.
・それを聞いて残念です I'm sorry to hear that.
・コンサートに行けなかったのはとても残念です I greatly regret missing [that I missed] the concert.
・とても残念なことに私はその試合を見られませんでした Much to my regret I couldn't see the game.

サンバ samba /サンバ/
さんぱい 参拝 **a visit** /ヴィズィト/
参拝する visit, pay a visit /ペイ/
・神社に参拝する pay a visit to a shrine
さんばし 桟橋 **a pier** /ピア/
さんぱつ 散髪 **haircut** /ヘアカト/
散髪する cut *one's* **hair**
さんぴ 賛否 **the pros and cons** /プロウズ カンズ/
・…の賛否を問う put 〜 to vote
さんびか 賛美歌 **a hymn** /ヒム/
さんぷく 山腹 **a hillside** /ヒるサイド/
さんふじんか 産婦人科 **obstetrics and gynecology** /オブステトリクス ガイネカろヂ/
・産婦人科医 an obstetrician → ふじん[1] (→ 婦人科医)
さんぶつ 産物 **a product** /プラダクト/
・農[海]産物 farm [marine] products
・主要産物 a staple product
・その国は海産物に富んでいる[乏しい] The country is rich [poor] in marine products.
サンプル a **sample** /サンプる/
さんぶん 散文 **prose** /プロウズ/

さんぽ 散歩
➤ a **walk** /ウォーク/
散歩する walk, take a walk, have a walk
散歩に出かける go (out) for a walk
・公園[浜辺]を散歩する take a walk in the park [on the beach] / walk in the park [on the beach]
・森へ散歩に行く go for a walk in the woods
・散歩からの帰りに on *one's* way home from a walk
・私は彼女と公園を散歩した I took a walk with her in the park.
・彼はイヌを連れて散歩に出かけた He went (out) for a walk with his dog.
・彼は毎日イヌを散歩させる He takes his dog for a walk every day.
・いい天気だね. ちょっと散歩に行こうよ

サンマ 224 two hundred and twenty-four

It's a fine day. Let's go for a short walk.
• その公園には美しい散歩道がたくさんある
There are many beautiful walks in the park.

サンマ 秋刀魚 《魚》a (**Pacific**) **saury** /(パシふぃク) ソーリ/

さんみゃく 山脈 a **mountain range** /マウンテン レインヂ/, **mountains**

• ロッキー山脈 the Rocky Mountains
さんりゅう 三流の **third-rate** /さ〜ド レイト/
ざんりゅう 残留孤児 a **war-displaced child** /ウォー ディスプれイスト チャイるド/ → こじ
さんりんしゃ 3輪車 a **tricycle** /トライスィクる/
さんるい 3塁 **third base** /さ〜ド ベイス/
• 3塁手 a third-base player

し シ

し¹ 市 a **city** /スィティ/
• 市議会 a city assembly［council］
• 市役所 《米》the city hall /《英》the city office
• 市会議員 a member of the city assembly
• 市長 a mayor
• 市立図書館 a city library
• 名古屋市 Nagoya (City) / the city of Nagoya
→ 手紙のあて名では Nagoya-shi がふつう
し² 詩 (集合的に) **poetry** /ポウエトリ/; (個々の) a **poem** /ポウエム/ → しじん
• 詩的な **poetic**
• 詩を朗読する recite a poem
し³ 死 **death** /デす/
し⁴ 4(の) **four** /ふォー/
• 第4(の) the fourth (略 4th)
し⁵ 紙 (新聞) a **newspaper** /ニューズペイパ/
• 日刊紙 a daily newspaper
じ¹ 字 a **character** /キャラクタ/; (アルファベットの) a **letter** /れタ/; (筆跡(ひっせき)) (a) **hand**
• 彼は字がうまい［へただ］
He writes a good［poor］hand.

じ² …時
➤ **o'clock** /オクラク/ → 「1時, 2時」などと切りのよい時刻にだけ o'clock をつけ, 「…時…分」という時の「時」には o'clock をつけない
• 1時 one o'clock
• 1時半 half past［after］one
• 1時15分すぎ a quarter past［after］one
• 1時15分前 a quarter to one

会話
今何時ですか
—今はちょうど3時です
What time is it now?
—It is just three (**o'clock**) now.

➤ What time is it now? は友だちどうしか家族の間でいう; 見知らぬ人には Excuse me, but do you have the time? などという

じ³ …寺 a **temple** /テンプる/
• 法隆寺 (the) Horyuji Temple
しあい 試合 a **game**, a **match** /マチ/
• 日本対中国の卓球の試合 a table tennis match between Japan and China
• 試合に勝つ win a game［a match］
• 試合に負ける lose a game［a match］
• 試合に出る play in a game
• 私たちはよく彼らのチームと野球の試合をします
We often have a baseball game with their team.
• 6対4で私たちの学校が試合に勝った
The score was 6 to 4 in favor of our school. / Our school won the game by a score of 6 to 4.
しあげる 仕上げる **finish** /ふィニシュ/
仕上げ (a) **finish**
しあさって **two days from tomorrow** /トゥマ ロウ/
しあわせ → こうふく¹
シーアは シーア派 (イスラムの) **Shia** /シーア/; (シーア派の人) a **Shiite** /シーアイト/
シーエム (広告放送) a **commercial** /コマ〜シャる/
しいく 飼育する (家畜を) **breed** /ブリード/, **raise** /レイズ/; (飼う) **keep** /キープ/
シーザーサラダ (a) **Caesar salad** /スィーザ サらド/
シーズン a **season** /スィーズン/ → きせつ
• 野球［フットボール］のシーズン the baseball［football］season
シーソー a **seesaw** /スィーソー/
• シーソーをして遊ぶ play［ride］on a seesaw
• シーソーゲーム (接戦) a seesaw game

シイタケ 椎茸 *shiitake*, **a kind of mushroom cultivated on oak logs〔growing on oak trees〕** /マシュルーム カるティヴェイテド オウク〔グロウイング〕/ ➡栽培(さいばい)種の場合は cultivated 〜, 自然に生えたものをさす場合は growing 〜 という

シーツ a **sheet** /シート/

シーディー (a) **CD** ➡compact disc の略
•CD をコンピューターに取り込む rip a CD to〔onto〕a computer

シート¹ (座席) a **seat** /スィート/
•シートベルト a seat belt

シート² (切手などの) a **sheet** /シート/

シード シードする **seed** /スィード/
•シード選手 a seeded player

ジーパン ➡ジーンズ

シービーティー CBT (コンピューターを用いた試験) **computer-based testing** /コンピュータ ベイスト テスティング/

ジープ a **jeep**《商標》**Jeep** /ジープ/

シーフード **seafood** /スィーふード/

シール a **sticker** /スティカ/, a **seal**

シーン a **scene** /スィーン/

しいん¹ 子音 a **consonant** /カンソナント/

しいん² 死因 **the cause of** *one's* **death** /コーズ デす/

じいん 寺院 a **temple** /テンプる/

ジーンズ (1着) (a pair of) **jeans** /(ペア) チーンズ/

しうんてん 試運転 a **trial run** /トライアる/

シェア (a) **share** /シェア/
シェアする share

しえい 市営の **municipal** /ミューニスィプる/
•市営バス a city bus

じえい 自衛 **self-defense** /セるふ ディふェンス/
•自衛上 in self-defense
•自衛隊 the Self-Defense Forces

シェイプアップ
シェイプアップする (スタイルをよくすること) **get in shape**, **get** *oneself* **into shape** ➡ shape up はふつうこの意味では使われない

シェーバー (電気カミソリ) an **electric shaver** /イれクトリク シェイヴァ/

シェールオイル〔ガス〕 **shale oil〔gas〕** /シェイる/ ➡ shale は頁岩(けつがん)のこと。通常の油田と異なり頁岩層から取る原油〔天然ガス〕をこう呼ぶ

ジェスチャー a **gesture** /チェスチャ/
•ジェスチャーゲーム (a game of) charades
•承知したとジェスチャーで示す show *one's* consent by gesture

ジェットき ジェット機 a **jet** (**plane**) /チェト (プれイン)/

ジェットコースター a **roller coaster** /ロウら コウスタ/ ➡「ジェットコースター」は和製英語

シェパード a **German shepherd dog** /チャ〜マン シェパド/, an **Alsatian** /アるセイシャン/

シェフ (料理人) a **chef** /シェふ/ ➡ フランス語

シェルター (隠れ家, 避難所) a **shelter** /シェるタ/

しえん 支援 **support** /サポート/, **backing** /バキング/
支援する support, back up

ジェンダー **gender** /チェンダー/
•ジェンダーフリーの gender-neutral

しお¹ 潮 **the tide** /タイド/
潮が満ちる **flow** /ふろウ/
潮が引く **ebb** /エブ/
•満ち[引き]潮に at high〔low〕tide
•今潮が上げている
The tide is flowing now.
•潮は日に2回満ち引きする
The tide ebbs and flows twice a day.
•潮がどんどん引いている
The tide is ebbing fast.
•満ち潮になると海水がずっとこの岩の辺まで来ます
At high tide the sea comes right up to this rock.
•潮力発電 tidal power

しお² 塩 **salt** /ソーるト/
•塩づけにする salt
•塩辛い salty
•塩水 salt water
•(食卓用)塩入れ a saltcellar; (振り出し用) a salt shaker
•砂糖二さじと塩一つまみ入れなさい Put in two spoonfuls of sugar and a pinch of salt.

しおひがり 潮干狩り **shellfish gathering (at low tide)** /シェるふィシュ ギャざリング (ろウ タイド)/
•…へ潮干狩りに行く go gathering shellfish at 〜

しおり (本にはさむ) a **bookmark** /ブクマーク/; (案内書) a **guide** /ガイド/
•本の50ページにしおりをはさむ put a bookmark at page 50
•京都のしおり a guide to Kyoto

しおれる **wither** (**up**) /ウィざ/
•しおれた葉 withered leaves
•花びんの花がしおれてしまった
The flowers in the vase have withered up.

しか¹ 市価 **the market price** /プライス/

しか² 歯科 **dentistry** /デンティストリ/, **dental surgery** /デントる サ〜チェリ/ ➡は²

歯科医 a dentist /デンティスト/
• 歯科大学 a dental college

しか³ …しか

➤ (…だけ) only /オウンリ/, alone /アろウン/
➤ (数) few /ふュー/; (量) little /りトる/

• 私は100円しか持っていません
I have only a hundred yen.
• うちの父にしかそれはできません　Only my father [My father alone] can do it. / No one can do it except my father.
• 彼は君がいっしょにいる時しか楽しそうでない　He does not look happy except when you are with him. / He only looks happy when you are with him.
• 私は少ししかお金を持っていない
I have very little money.
• 冬にここへ来る人は少ししかいない
Few people come here in winter.

シカ 鹿〔動物〕a **deer** /ディア/（(複) 同形）

しかい 司会者（会議の）a **chair** /チェア/; （討論会などの）a **moderator** /マデレイタ/; （祝賀会・テレビなどの）a **master of ceremonies** /セレモウニズ/; an **MC** [**emcee**] /エムスィー/
　司会する **preside** (over ~) /プリザイド/; **act as** (a) **chairperson**, **act as** (a) **master of ceremonies**
• だれが会の司会をするのですか　Who will preside over the meeting? / Who will act as chairperson [master of ceremonies]?

しがい 市外 ➜ こうがい¹
• 市外局番 an area code

しがいせん 紫外線 **ultraviolet rays** /アるトラ ヴァイオれット レイズ/

しかえし 仕返しする **revenge** /リヴェンヂ/; **get even** (with ~) /イーヴン/
• 今度あいつに会ったら仕返しをしてやる
I'll get even with him when I see him again.

しかく¹ 四角形 a **square** /スクウェア/
• 四角な square

しかく² 資格 a **qualification** /クワりふィケイション/; （免許）a **license** /らイセンス/
• 資格を与える qualify / license
• 資格がある be qualified / be licensed
• 資格のあるホームヘルパー a licensed home help
• 彼はこの職務に必要な資格を持っていない
He has no qualifications for this position.
• 彼女は病院看護師の資格がある
She is qualified as a hospital nurse.

しかく³ 視覚 (**the sense of**) **sight** /(センス) サイト/

じかく 自覚する **be conscious** (of ~) /カンシャス/
• 彼らは自分たちの欠点を自覚していない
They are not conscious of their own faults.

しかくこうか 視覚効果 **visual effects** /ヴィジュある イふェクツ/, **VFX**

しかけ 仕掛け（装置）a **device** /ディヴァイス/; （手品などの）a **trick** /トリク/
• これには種も仕掛けもありません
There is no trick in this.

しかし but: however /ハウエヴァ/ ➜ however は文頭・文中・文尾どこに置いてもよい

じかせい 自家製の（食べ物など）**homemade** /ホウムメイド/; （家具など）**handmade** /ハンドメイド/
• このジャムは自家製です
This jam is homemade.

しかた 仕方 a **way** /ウェイ/ ➜ かた³, ほうほう
• こういう仕方で in this way
• そんな仕方ではそれはできない
You cannot do it (in) that way.
• 君はそれを自分の仕方でしてよい
You may do it (in) your own way.
• それをするにはいろいろな仕方がある
There are several ways (in which) to do it.

しかたない （ほかに方法がない）**have no choice** /チョイス/; （どうにもならない）**cannot help**; （やむをえない）**be unavoidable** /アナヴォイダブる/

しがち …しがち ➜ がち

しがつ 4月 **April** /エイプりる/（略 Apr.）
• 4月に in April
• 4月の初め[終わり]に at the beginning [the end] of April
• 4月の中ごろに in the middle of April
• 4月8日に on April 8（読み方: (the) eighth）

じかつ 自活する **support** oneself /サポート/, **earn** one's (**own**) **living** /ア〜ン (オウン) リヴィング/
• 彼はアルバイトで自活している
He supports himself [earns his (own) living] by a part-time job.

じかに ➜ ちょくせつ (➜ 直接(に))

ジカねつ ジカ熱（感染症）**Zika fever** /ズィーカ ふィーヴァ/, **the Zika virus disease** /ヴァイアラス ディズィーズ/

しがみつく **cling** /クリング/
• 子供は母親にしがみついた
The child clung to his mother.

しかめる 顔をしかめる（苦痛で）**twist** /トウィスト/

two hundred and twenty-seven　227　しき

(不機嫌で) **frown** /ふ**ラ**ウン/; (気に入らなくて)
make a **wry face** /**ラ**イ/
•しかめっつら　a grimace
•彼は痛みに顔をしかめていた
His face was twisted with pain. /
He made a grimace of pain.

しかも (その上) **besides** /ビ**サ**イヅ/, **moreover**
/モー**ロ**ウヴァ/; (それなのに) **and** (**yet**) /(**イェ**ト)/
•私は君にこの仕事をしてもらいたい, しかもすぐに　I
want you to do this work, and moreover at
once.
•このカメラは小さくて, しかも性能がいい
This camera is small [compact] and (yet)
has good quality.

じかようしゃ 自家用車　one's (**own**) **car** /(**オ**ウ
ン)/

しかる **scold** /ス**コ**ウるド/
•彼女はいつも子供をしかっている
She is always scolding her children.
•私は不注意だといってしかられた
I was scolded for being careless.
•そんなことをすると彼にしかられますよ
If you do that, he will scold you.

しがん 志願　(an) **application** /アプリ**ケ**イション/
志願する **apply** /ア**プ**らイ/
•志願者　an applicant
•M 高校入学志願者　an applicant for admission
to M Senior High School
•私はその学校を志願します
I will apply for admission to that school.

じかん　時間

❶ **time**: (60分) an **hour**
❷ (授業) a **lesson**

❶ **time**: (60分) an **hour** /**ア**ウア/
•何時間もの間　for hours
•1 時間 [2 時間] ごとに　every hour [two hours]
•時間ぎめで　by the hour
•時間を守る　be punctual
•時間どおりに　on time; (時間表どおりに) on
schedule
•時間に間に合って　in time
•われわれはちょうど時間に間に合った
We were just in time.
•列車は時間どおりに到着した
The train arrived on time [on schedule].
•私には読書する時間がない
I have no time for reading.
•私はもっと読書の時間がほしい
I wish to have more time for reading.

•もう時間です (→時間切れです) Time is up.
•時間のたつのは速いものだね
ひゆ Time flies. / Doesn't time fly?
•学校へ行く時間です
It is time to go to school.
•歩いてそこへ行くにはずいぶん時間がかかります　It
takes a long time to go there on foot. → かか
る ❸
•バスでそこへ行くにはどれくらい時間がかかります
か
How long will it take to go there by bus?
❷ (授業) a **lesson** /**れ**スン/, (a) **class**: (学校の時
限) a **period** /**ピ**アリオド/; (営業などの) **hours**
•営業時間　business hours
•私たちは午前中に授業が 4 時間あります
We have four lessons [classes] in the morn-
ing.
•きょうは英語が 2 時間ある
We have two periods of English today.
•2 時間目は理科です
Science is in the second period. /
We have science (in the) second period.
•地震があった時には私たちは授業時間中でした　The
earthquake occurred while we were in
class.

しかんブラシ 歯間ブラシ a **interdental brush**
/インタ〜デンタる ブ**ラ**シ/

じかんわり 時間割り　a (**class**) **schedule** /ス**ケ**ヂ
ュー**る**/, a **timetable** /**タ**イムテイブる/

しき¹ 式
❶ (儀式) a **ceremony** /**セ**レモウニ/
•式に参列する　attend a ceremony
❷ (化学・数学の公式・式) a **formula** /**ふ**ォーミュ
ら/; (方程式・等式) an **equation** /イ**ク**ウェイジョ
ン/
•化学式　a chemical formula
•方程式を解く　solve an equation
❸ (方法) a **way** /**ウェ**イ/, a **method** /**メ**ぞド/;
(様式) (a) **style** /ス**タ**イる/
•洋式の　Western-style
•純日本式の庭園　a garden in purely Japanese
style

しき² 四季　the (**four**) **seasons** /ス**ィ**ーズンズ/
•その風景は四季を通じて変化します
The scenery changes from season to season.
•ここでは四季を通じて花が咲きます
Flowers bloom here all the year round.
•四季のうちでどの季節が一番好きですか
Which season do you like best? / Which do
you like best of the four seasons?

あ

か

し

た

な

は

ま

や

ら

わ

しき³ 指揮する（軍隊などを）**command** /コマンド/; （楽団を）**conduct** /コンダクト/
• 指揮者　a commander; a conductor

じき¹ 時期　a **time**
• この時期になると雨がたくさん降ります　We have a lot of rain about this time of the year.
• もっとよい時期が来るまで待ったほうがいいよ　You should wait for a better time to come.

じき² 磁器　**china** /チャイナ/; **porcelain** /ポースれン/

じき³ 磁気　**magnetism** /マグネティズム/

しきいし 敷石　a **flagstone** /ふらグストウン/; **paving stone** /ペイヴィングストウン/

しきさい 色彩　a **color** /カら/
• 色彩豊かな　colorful

しきち 敷地　the **grounds** /グラウンヅ/; （用地）a **site** /サイト/
• 学校の敷地　the school grounds
• 工場用の敷地　the site for a factory
• あの家は敷地が広い
That house is on a large site.

しきふ 敷布　a **sheet** /シート/

しきゅう¹ 死球 → デッドボール

しきゅう² 至急の　**urgent** /ア～ヂェント/
　至急に　**urgently**, **immediately** /イミーディエトり/, **at once** /ワンス/
• 彼は至急の用事で大阪へ行きました　He went to Osaka on some urgent business.
• 至急連絡してください
Please contact me immediately.

じきゅう 時給　**payment by the hour** /ペイメント アウア/
• 時給で払う　pay hourly

じきゅうじそく 自給自足　**self-sufficiency** /セるふ サふィシェンスィ/
　自給自足の　**self-sufficient** /セるふ サふィシェント/
• 日本は食糧を自給自足できない
Japan cannot meet all its domestic demands in food on its own.

じきゅうりょく 持久力　**staying power** /ステイイング パウア/

じぎょう 事業　**business** /ビズネス/; a **business enterprise** /エンタプライズ/

しぎょうしき 始業式　the **opening ceremony** /セレモウニ/
• 新学年の始業式は4月6日に行われます　The opening ceremony of the new school year is to be held on April 6 (読み方: (the) sixth).

しきょうひん 試供品　a **free sample** /ふリー サンプる/

しきり 仕切り　a **partition** /パーティション/

しきる 仕切る　**divide** /ディヴァイド/

しきん 資金　a **fund** /ふァンド/; （資本金）a **capital** /キャピトる/
• 奨学(しょうがく)資金　a scholarship fund
• 救済資金　a relief fund
• 彼らは資金が欠乏している
They are short of funds.
• 資金集め, 資金を募ること　fundraising

しく 敷く　**lay** /れイ/; （広げる）**spread** /スプレド/
• 床にじゅうたんを敷く　lay a rug on the floor
• 地面にビニールシートを敷く　spread a plastic sheet on the ground
• 二つの町の間に鉄道を敷く　lay a railroad between the two towns

じく 軸　an **axis** /アクスィス/; （橙 axes /アクスィーズ/); （心棒）an **axle** /アクスる/

しぐさ （身振り）a **gesture** /ヂェスチャ/; （振る舞い）a **manner** /マナ/

ジグザグ a **zigzag** /ズィグザグ/
• ジグザグの小道　a zigzag path

しくしく しくしく泣く　**sob** /サブ/

ジグソーパズル a **jigsaw puzzle** /ヂグソー パズる/
• ジグソーパズルをする　put together [do, assemble, work on] the jigsaw puzzle

シグナル a **signal** /スィグヌる/ → しんごう

しくみ 仕組み　(a) **mechanism** /メカニズム/

シクラメン （植物）**cyclamen** /スィクらメン/

しけ 時化　（嵐）a **storm** /ストーム/
• 海がしけている　The sea is stormy [rough].

しけい 死刑　the **death penalty** /デす ペナるティ/
• 彼は死刑を宣告された
He was sentenced to death.

しげき 刺激（するもの）a **stimulus** /スティミュらス/
（橙 stimuli /スティミュライ/)
　刺激する　**stimulate** /スティミュれイト/
• 刺激的な　stimulative; （おもしろくてわくわくさせる）exciting; （感情をあおるような）sensational
• 彼の成功は他の学生たちによい刺激になるでしょう
His success will be a good stimulus to the other students.
• この話は私たちの好奇心を刺激した
This story stimulated our curiosity.

しげみ 茂み　a **thicket** /すィケト/, a **bush** /ブシュ/

しける 湿気る　**become** [**get**] **damp** /ダンプ/

しげる 茂る　**grow thick** /グロウ すィク/
　茂った　**thick**

しけん 試験

two hundred and twenty-nine 　　　**229**　　　しごと

➤ an **examination** /イグザミネイション/, 《話》
an **exam**, a **test**
➤ （実験）a **test**

試験をする examine /イグザミン/, **test**
・入学試験 an entrance examination
・筆記試験 a written examination
・口頭試験 an oral examination
・学期末試験 a final examination / an end-of-term examination
・試験科目 an examination subject
・試験問題 examination [test] questions
・試験監督 《米》a proctor / 《英》an invigilator
・試験監督をする 《米》proctor / 《英》invigilate
・試験勉強をする study [prepare] for an examination
・試験を受ける take [sit for] an examination
・私たちは来週英語の試験があります
We will have an English test next week.
・試験範囲は何ページ[課]から何ページ[課]までですか
From what page [lesson] to what page [lesson] does the exam cover?
・先週先生は私たちに歴史の試験をしました
The teacher gave us an examination [a test] in history last week.
・彼はその試験でよい点を取った He received a high score [mark] in the test.

しげん 資源 **resources** /リソーセズ/
・天然資源に乏しい[富んでいる] be poor [rich] in natural resources

じけん 事件 an **event** /イヴェント/; （訴訟(そしょう)）a **case** /ケイス/
・いろいろな事件が毎日起こる
Various events take place every day.

じげん 次元 （数学で）a **dimension** /ダメンション/; （水準）a **level** /れヴる/ （→ レベル）
・第4次元 the fourth dimension
・2[3]次元の two-[three-]dimensional

しけんかん 試験管 a **test tube** /テューブ/

じこ¹ 自己 one's **self** /セるふ/ （複 selves /セるヴズ/）, one**self**
・自己中心の self-centered
・自己本位の selfish
・自己満足の (self-)complacent
・自己流で…する do (in) one's own way
・自己を表現する express oneself
・自己紹介させていただきます May I introduce myself? / Let me introduce myself.

じこ² 事故
➤ an **accident** /アクスィデント/

・交通事故 a traffic accident
・鉄道事故 a railroad accident
・事故にあう have [meet with] an accident
・事故でけがする[死ぬ] be injured [be killed] in an accident
・その事故は昨日起こった
The accident happened yesterday.

しこう 思考 **thinking** /すィンキング/, **thought** /そート/

じごう 次号 **the next number** /ナンバ/

じごうじとく 自業自得
・彼は自業自得さ He is rightly served.
・自業自得だよ You only have yourself to blame. / You have nobody to blame but yourself.

じこく 時刻 → じかん❶

じごく 地獄 (a) **hell** /へる/
・その仕事を1日で終わらせようとするのは地獄の苦しみだった It was hell trying to finish the work in a day.

ことわざ 地獄のさたも金次第
Even in hell, money talks. （地獄でも金が物を言う）/ Money makes the mare to go. （金は(なかなか言うことをきかない)めす馬をも進ませる）

じこくひょう 時刻表 a **timetable** /タイムテイブる/, a **schedule** /スケデューる/
・列車時刻表 a train schedule
・その列車は時刻表どおりに到着した
The train arrived on schedule.

しごと 仕事

➤ （職務）**business** /ビズネス/; （作業）**work** /ワ～ク/; （責務）a **responsibility** /リスパンスィビリティ/
➤ （職）a **job**

・仕事で東京へ行く go to Tokyo on business
・お父さんのお仕事は何ですか What is your father's job? / What does your father do?
・私はそれを私の一生の仕事にします
I will make it my business in life.
・父は毎朝7時に仕事に出かける My father leaves for work at 7:00 every morning.
・私はなすべき仕事がたくさんある
I have a great deal [a lot] of work to do.
・私はきょうはあまり仕事をしなかった
I did not do much work today.
・行ってみたら彼は仕事中だった
I found him at work.
・ネコにえさをやるのは私の仕事です
Feeding the cat is my responsibility.

・私は CG のプログラマーの仕事をさがしています I am looking for a job as a CG programmer.

じさ 時差 **time difference** /ディふァレンス/
・時差ぼけ jet lag

じさつ 自殺 (a) **suicide** /スーイサイド/
自殺する commit suicide /コミｔ/, **kill** *oneself*

じさん 持参する → もっていく, もってくる

しじ¹ 支持 **support** /サポーｔ/; (賛成) **approval** /アプルーヴァる/
支持する support; (賛成する) **approve**
・支持者 a supporter
・支持率 an approval rating
・彼女の提案は教師たちにも支持されるだろう
Her proposal will be supported by the teachers, too.
・政府の支持率は 14 パーセントに下がった
The government's approval rating has fallen to 14 percent.

しじ² 指示 (さし示すこと) **indication** /インディケイション/; (さしず) **directions** /ディレクションズ/, **instructions** /インストラクションズ/
指示する indicate /インディケイｔ/; **direct** /ディレクｔ/, **instruct** /インストラクｔ/
・彼の指示に従う follow his instructions
・指示を与える give instructions

じじ 時事 **current events** /カ〜レント イヴェンツ/, **current affairs** /アふェアズ/
・時事問題 current topics
・時事英語 news English

シシケバブ (肉の串焼き) **shish kebab** /シュ カバーブ/ → 中東を中心に食べられている料理

シシケバブの一例

ししざ 獅子座 **Leo** /リーオウ/, **the Lion** /らイオン/
・獅子座生まれの人 a Leo

しじつ 史実 a **historical fact** /ヒストーリカるふァクｔ/; **historical evidence** /エヴィデンス/

じじつ 事実 (a) **fact** /ふァクｔ/; (真実) **truth** /トルーす/
・事実に基づいた話 a story founded on fact

・事実に反する be contrary to the fact(s)
・それは事実ですか作り事ですか
Is it a fact or (a) fiction?
ことわざ 事実は小説よりも奇なり
Truth is stranger than fiction.

ししゃ¹ 支社 a **branch (office)** /ブランチ (オーふィス)/
ししゃ² 使者 a **messenger** /メセンヂャ/
ししゃ³ 死者 **the dead** /デｄ/ → ししょうしゃ
ししゃかい 試写会 a **preview** /プリーヴューー/

じしゃく 磁石 a **magnet** /マグネｔ/; (方角を知る) a **compass** /カンパス/

ししゃごにゅう 四捨五入する (端数を切り上げる) **round up** /ラウンド アプ/; (端数を切り捨てる) **round down** /ダウン/
・48 を四捨五入すると 50 になる
Forty-eight will be rounded up to fifty.
・32 を四捨五入すると 30 になる
Thirty-two will be rounded down to thirty.

じしゅ 自主的な (他に左右されない) **independent** /インディペンデンｔ/; (自発的な) **voluntary** /ヴァらンテリ/
自主的に independently; voluntarily
・自主的な精神 an independent spirit
・自主トレ(ーニング) voluntary training
・彼は自主性に欠けている
He can't act on his own will or judgment. / He has no guiding principle of his own. / He lacks initiative.

ししゅう¹ 刺しゅう (手芸) **embroidery** /インブロイダリ/
ししゅうする embroider /インブロイダ/
・刺しゅう作品 an embroidery
・シャツに名前を刺しゅうする embroider a name on a shirt
・ハンカチに花の模様をししゅうする embroider a handkerchief with a flower pattern

ししゅう² 詩集 a **book of poems** /ポウエムズ/

しじゅう 40(の) **forty** /ふォーティ/
・第 40(の) the fortieth (略 40th)
・41(の), 42(の), … forty-one, forty-two, …
・第 41(の), 第 42(の), … the forty-first, the forty-second, …

じしゅう 自習する **study (for** *oneself*) /スタディ/
・自習時間 a study hour

しじゅうそう 四重奏, 四重唱 a **quartet** /クウォーテｔ/
・弦楽四重奏 a string quartet

ししゅうびょう 歯周病 **gum [periodontal]**

disease /ガム [ペリオウダーンタる] ディズィーズ/

ししゅつ 支出 **expenditure** /イクスペンディチャ/
支出する **spend**; (支払う) **pay** /ペイ/

ししゅんき 思春期 **adolescence** /アドれセンス/
•思春期の **adolescent**

ししょ 司書 a **librarian** /らイブレアリアン/

じしょ¹ 地所 a **lot (of land)**, a **plot** /ブらト/

じしょ² 辞書 a **dictionary** /ディクショネリ/
•英和辞書 an English-Japanese dictionary
•辞書を引く consult a dictionary
•そのことばを皆さんの辞書で調べなさい
Look up the word in your dictionaries.
•そのことばは私の辞書には見当たりません
I cannot find that word in my dictionary.
•新しい単語に出会ったらいつも辞書を引きなさい
Consult your dictionary whenever you meet with a new word.

じじょ 次女 the [one's] **second daughter** /ドータ/

ししょう 師匠 (先生) a **teacher** /ティーチャ/; (芸事の) a **master** /マスタ/

しじょう 市場 a **market** /マーケト/

じじょう¹ 事情 (状況) **circumstances** /サ~カムスタンセズ/; (事態) a **situation** /スィチュエイション/; (理由) a **reason** /リーズン/; (場合) a **case** /ケイス/
•どんな事情でも under any circumstances
•こういう事情のもとで under these circumstances
•事情の許す限り as far as circumstances allow
•私の場合も事情はまったく同じです
The case is exactly the same with me.

じじょう² 二乗 **square** /スクウェア/, **squared**
•3の二乗は9. The square of 3 is 9. / 3 squared is 9.

しじょうけいざい 市場経済 **market economy** /マーケト イカノミ/

ししょうしゃ 死傷者 the **dead and the wounded** /デド ウーンデド/; **casualties** /キャジュアるティズ/
•この交通事故で死傷者はなかった[多数あった]
There were no casualties [heavy casualties] in this traffic accident.

じしょく 辞職 **resignation** /レズィグネイション/
辞職する **resign** (one's post) /リザイン/, **quit** (one's job) /クウィト/
•辞職願を提出する send in one's resignation
•彼女は委員を辞職した
She resigned from the committee.
•彼は委員長を辞職した
He resigned his post as chairperson.

じじょでん 自叙伝 an **autobiography** /オートバイアグラふィ/

ししょばこ 私書箱 a **post-office box** → P.O. Box と略す

しじん 詩人 a **poet** /ポウエト/

じしん¹ 自信 **self-confidence** /セるふ カンふィデンス/
自信のある **confident** /カンふィデント/
•自信ありげに with a confident air
•自信を持って with confidence
•(…に対する)自信がつく gain confidence (in ~)
•私は試験に合格する自信がある
I am confident of passing [that I will pass] the examination.
•自信がなくなった I've lost my confidence.
•自分にもっと自信を持ちなさい
Have more confidence in yourself.

じしん² 自身 **oneself** /ワンセるふ/ → じぶん

じしん³ 地震 an **earthquake** /ア~すクウェイク/
•昨夜地震があった
We had [There was] an earthquake last night.
•今年は地震が多かった
We have had frequent earthquakes this year.
•昨夜小さな地震が三つあった
There were [We felt] three slight earth tremors last night.
•その地震で何軒(げん)かの家に多少の被害があった
Several houses suffered some damage from the earthquake.

じしん⁴ 時針 an **hour hand** /アウア/

じすい 自炊する **cook** one's **own meals** /クク オウン ミーるズ/, **cook for** oneself

しすう 指数 an **index** (number) /インデクス (ナンバ)/
•消費者物価指数 a consumer price index
•株価指数 a stock [share] index
•《数学》指数関数 an exponential function

しずか 静かな

➤ (音・声のない) **silent** /サイれント/; **quiet** /クワイエト/

➤ (海・心などおだやかな) **calm** /カーム/; (動かないでじっとしている) **still** /スティる/ → しずけさ

静かに **silently**; **quietly**; **calmly**
•静かな部屋 a quiet room
•静かな海 a calm sea
•皆さん,静かにしなさい
Be silent [Be quiet], all of you.

しずく 232 two hundred and thirty-two

・あたりは静かであった
It was still [quiet] all around.
・10時過ぎになるとすっかり静かになります
Everything is quiet after ten o'clock.
・食事のあとはしばらく静かにしていなさい
Don't move too much for a while after a meal.

しずく (1滴(てき)) a **drop** /ドラプ/
・しずくがたれる drip
・雨のしずく drops of rain / raindrops

しずけさ 静けさ **silence** /サイれンス/; **quiet** /クワイエト/; **calm** /カーム/; **stillness** /スティるネス/ →しずか
・嵐の前の静けさ the calm before the storm

システム a **system** /スィステム/
・システムエンジニア a systems engineer

じすべり 地滑り a **landslide** /らンドスらイド/

しずまる 静まる，静める **calm (down)** /カーム (ダウン)/
・気を静めなさい Calm yourself! / Be calm!

しずむ 沈む **sink** /スィンク/; (太陽などが) **set**; (気分が) **feel depressed** /ふィーる ディプレスト/
・太陽が西に沈もうとしている
The sun is setting in the west.
・彼女はこのところすごく沈んでいる
She's been deeply depressed these days.

しずめる¹ 沈める **sink**

しずめる² 静める →しずまる

しせい 姿勢 a **posture** /パスチャ/; (態度) an **attitude** /アティテュード/
・姿勢が良い[悪い] have a good [poor] posture
・姿勢を正す straighten oneself
・すわった姿勢で in a sitting posture

じせい¹ 自制 **self-control** /せるふコントロウる/

じせい² 時世，時勢 **(the) times** /タイムズ/ →じだい

じせい³ 時制 《文法》a **tense** /テンス/

しせき 史跡 a **historic spot** /ヒストーリク/
・京都の周辺にはたくさんの史跡があります
Kyoto has a number of historic spots all around. / Kyoto and its neighborhood are full of historic spots.
・私たちは奈良と京都の史跡巡(めぐ)りをしました We visited the historic spots in Nara and Kyoto one after another. / We made the rounds of the historic spots in Nara and Kyoto.

しせつ¹ 施設 **facilities** /ふァスィリティズ/
・公共施設 public facilities
・村には娯楽施設が少ない There are few amusement facilities in the village.

しせつ² 使節 (個人) an **envoy** /エンヴォイ/; (団体) a **mission** /ミション/

しせん¹ 視線 one's **eyes** /アイズ/, one's **look** /るク/; (ちらっと見ること) a **glance** /グらンス/
・彼は私から視線をそらした
He diverted his eyes (away) from me.
・私は背中に彼の視線を感じた
I felt his eyes on my back. /
I felt he was looking at me from behind.

しせん² 支線 a **branch line** /ブランチ らイン/

しぜん 自然

➤ **nature** /ネイチャ/

自然の natural /ナチュラる/

自然に naturally: (ひとりでに) **by itself** /イトセるふ/

・自然科学 natural science
・自然の法則 the laws of nature
・自然食品 natural food
・自然保護 the conservation [the preservation] of nature
・事を自然の成り行きに任せなさい
Leave (the) things to take their natural course.
・人が子を愛するのは自然です
It is natural for people to love [that people should love] their children.
・彼の英語はとても自然です
His English sounds very natural.

じぜん 慈善 **charity** /チャリティ/
慈善の charitable /チャリタブる/
・慈善事業 a charitable project
・慈善音楽会 a charity [benefit] concert

しそう 思想 (a) **thought** /そート/
思想家 a **thinker** /すィンカ/

じそく 時速 **speed per hour** /スピード パ～ アウア/
・列車は時速200キロで走っています
The train is running at (a speed of) 200 kilometers per hour.

じぞくかのうなしゃかい 持続可能な社会 a **sustainable society** /サステイナブる ソサイエティ/

じぞくする 持続する **continue** /コンティニュー/, (一定期間続く) **last** /らスト/, (一定の質を保つ) **maintain** /メインテイン/

しそん 子孫 a **descendant** /ディセンダント/, one's **children and children's children**

じそんしん 自尊心 **pride** /プライド/
自尊心の強い proud /プラウド/
・そんなことをすることは私の自尊心が許さない My

pride does not allow me to do such a thing.

した¹ 下

➤ (底) **the bottom** /バトム/
下の (位置・程度が) **lower** /ろウア/; (年が) **younger** /ヤンガ/
下に，下へ (真下) **under** /アンダ/; (下方) **below** /ビろウ/; (方向) **down** /ダウン/

・下から2行目　the second line from the bottom
・下の部屋に　in the room downstairs
・それは一番下の引き出しに入っています
It is in the bottom drawer.
・母は父より3つ下です　My mother is three years younger than my father.
・橋の下に白鳥がいる
There is a swan under the bridge.
・橋の下の方(下流)に白鳥がいる
There is a swan below the bridge.

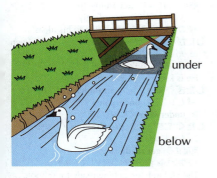

・太陽は地平線の下に沈(しず)んだ
The sun has sunk below the horizon.
・彼の家は坂の下にあります　His house is at the foot [the bottom] of the slope.
・彼はクラスで席次が下の方です
He is low in his class standings [ranking].
・下の方に海が見えた
We saw the sea below us.
・あの下の方に赤い屋根が見えるでしょう　You can see the red roof down there, can't you?

使い分け

under: あるものの真下や，覆われた場所の下を意味する
below: あるものより下の方を意味する

した² 舌　**a tongue** /タング/
・舌の先　the tip of *one's* tongue
・舌を出す　stick out *one's* tongue

した³ …した，…しました　過去の状態・動作は「動詞の過去形」で表現する．たとえばこの辞典で「行った」「遊んだ」の訳語を知りたい時はその現在形「行く」「遊ぶ」をひいて訳語 **go, play** を求め，それを過去形にする．

　動詞には，原形の語尾に -ed をつけて過去形を作る規則動詞と，この規則以外の変化をして過去形を作る不規則動詞とがある．**go** のような不規則変化をする動詞の場合は，巻末または後見返しの不規則動詞変化表で該当形を求めればよい．**play** は規則変化する動詞だから，語尾に -ed をつければ過去形になる．

シダ　羊歯　**a fern** /ふァ～ン/
したい¹ 死体　**a (dead) body** /(デド) バディ/

したい² …したい

❶ **want, would like, hope, wish**
❷ **feel like** *do*ing, **be anxious**

❶ **want** /ワント/, **would like** /ウド らイク/, **hope** /ホウプ/, **wish** /ウィシュ/ → **したがる**

使い分け

want: 「…したい」という希望を表す最もふつうのことば．ただし，相手に失礼な感じを与えることもあるので，その場合には **would like** を用いる
would like: **want** よりひかえ目で丁寧(ていねい)な表現．主語が一人称の場合には **would** の代わりに **should** を用いることもある
hope: 実現の可能性がある程度あることを希望する場合に用いるが，**want** よりも「…したい」気持ちは弱い
wish: 実現の可能性があまりないことを希望する場合に用いる

基本形

…したい
　want to *do* / **would like to** *do* / **hope to** *do* / **wish to** *do*
A に…してもらいたい
　want A **to** *do* / **would like** A **to** *do* / **wish** A **to** *do* → この場合には ✕ **hope** は使えない

・ぼくは野球部に入りたい
I want to join the baseball club.
・きょうは学校へ行きたくない
I don't want to go to school today.
・彼女は大学に行きたいと思っている
She wants to go to college. → 「…したいと思っている」を ✕ **think** to *do* としない

しだい 234 two hundred and thirty-four

・君はその映画を見たいですか
Do you want to see the movie?
・君はどの高校に行きたいのですか Which senior high school do you want to go to?
・君にいますぐ来てもらいたい
I want you to come at once.
・おふたりともパーティーに来ていただきたい
I would ［should］ like both of you to come to the party.
・近いうちにお目にかかりたいですね
I hope to see you soon.
・ぼくは子供にもどりたい
I wish to be a child again.
❷（…したい気持ちである） **feel like** do**ing** /ふぃーる らイク/, **be anxious** /アンクシャス/ → きぶん, きもち
・コーヒーを飲みたい気分だ
I feel like (having) a cup of coffee.
しだい
❶（…するとすぐに） **as soon as** /スーン/
・天気になりしだい on the first fine day ／ as soon as it clears up
・そこへ着きしだい君に電話をかけます
As soon as I get there, I'll give you a call.
❷（…による） **depend on** /ディペンド/
・その成功は君の努力しだいです
The success depends on your efforts.
🅒会話 いつ出かけましょうか。─状況しだいだね
When shall we start?—It depends.
じたい¹ 事態 a **situation** /スィチュエイション/
・（予想される）最高の事態では in the best-case scenario
じたい² 辞退する **decline** /ディクらイン/
・私はせっかくですがと言って彼の申し出を辞退した
I declined his offer with thanks.

じだい 時代
➤ a **period** /ピアリオド/, an **age** /エイヂ/, a **time**; (時世, 時勢)（**the**）**times**; (歴史の区切り) an **era** /イアラ/ → せい²
・時代劇 a period drama
・時代遅れの old-fashioned ／ out-of-date
・明治時代 the Meiji era
・私の学校時代に in ［during］ my school days
・あらゆる時代に in all ages ／ throughout the ages
・私たちはなんてすばらしい時代に生きているのでしょう What wonderful times we live in!
・ビクトリア時代はビクトリア女王が英国を統治していた時代です

The Victorian Age was the time when Queen Victoria reigned in England.
・SNS で遠い国の人々とすばやく通信を交わすことのできる時代がやって来ました
The time has come when we can communicate very quickly with people in faraway countries by SNS.
しだいに gradually /グラヂュアリ/ → だんだん
したう 慕う **adore** /アドー/; (尊敬する) **respect** /リスペクト/; (心を引かれる) **be attached to** /アタチト/
したがう 従う (あとについて) **follow** /ふァろウ/; (服従する) **obey** /オベイ/
・君は彼の忠告に従わないとだめだよ
You had better follow his advice.
したがき 下書き a **rough copy** /らふ カピ/, a **draft** /ドラふト/
したがって 従って
❶（だから）(**and**) **so**, **therefore** /ぜアふォー/, **accordingly** /アコーディングリ/
❷（…に従って）**according to ～** /アコーディング/; (それに応じて) **accordingly**
・彼の考えに従えば according to his ideas
したがる …したがる, …したがっている **be keen to** do /キーン/ → したい²
・彼はしきりに外国へ行きたがっている
He is keen to go abroad.
したぎ 下着 (シャツ) an **undershirt** /アンダシャ〜ト/; (パンツ) **underpants** /アンダパンツ/; (下着類) **underwear** /アンダウェア/
したく 支度 (準備) **preparations** /プレパレイションズ/ → じゅんび
支度する **get ready** /レディ/
・子供たちは学校へ行く支度をしています
The children are getting ready for school.
・母は食事の支度で忙しい(いそがしい)
Mother is busy getting dinner ready.
・朝食の支度ができました Breakfast is ready.
・君は支度ができましたか Are you ready?
じたく 自宅 one's **home**
・自宅から自転車で通学する
go to school by bicycle from home
したことがある → こと² ❹
したしい 親しい (仲の良い) **friendly** /ふレンドリ/, **good**, **close** /クろウス/; (よく知っている) **familiar** /ふァミリア/
親しみ **closeness** /クろウスネス/, **intimacy** /インティマスィ/; (心安さ) **familiarity** /ふァミリアリティ/
・親しい友達 a good ［close］ friend

・…と親しくなる become friends with ~
・彼女に親しみを感じる feel close to her
・読書に親しむ spend much time in reading
・A は B と親しい間柄だ
A is on friendly terms with *B*. / ひゆ *A* is on a first-name basis with *B*. (ファーストネームで呼び合う仲だ)
 ことわざ 親しき中にも礼儀あり A hedge between keeps friendship green. (友人間のかきねは友情を青々とさせておく(枯れさせない))
したじき 下敷き (ノートの) *shitajiki*, a **sheet of plastic** (**for using under writing paper**) /シートプラスティク(ユーズィング アンダ ライティング ペイパ)/ →英米にはこの意味の「下敷き」はない
・…の下敷きになる be held [caught] under ~
したたる drip
したところだ →ところ² ❸
したばき 下履き **outdoor shoes** /アウトドー シューズ/
したまち 下町 **the old area in East Tokyo** /エアリア/ →英語の downtown は都市の中心部で, デパート・銀行・商店などが集まっている商業地区をいう
・浅草や上野へ行くと下町情緒が味わえます
You can enjoy the atmosphere of the old Tokyo in Asakusa and Ueno.
じだん 示談 a **private settlement** /プライヴェト セトるメント/
しち 7(の) **seven**
・第7(の) the seventh (略 7th)
・7分の1, 7分の2 one seventh, two sevenths
・7倍 seven times
じち 自治 **self-government** /セるふ ガヴァンメント/
・自治体 a self-governing body
しちがつ 7月 **July** /ヂュらイ/ (略 Jul.) →くがつ
しちごさん 七五三 *Shichi-go-san*, **the Five-Three Festival** /ふェスティヴァる/

日本を紹介しよう

七五三は11月15日に行われます. この日には7歳の女の子, 5歳の男の子, それから3歳の男の子あるいは女の子たちが晴れ着に着飾(かざ)って神社に参拝します. 家族の人たちは子供たちが幸せで健康に成長しますようにとお祈りします
Shichi-go-san, the Seven-Five-Three Festival, is held on November 15. On this day girls of seven, boys of five, and three-year-old boys and girls are dressed in their best clothes and taken to visit local shrines. Families pray their children will grow up happy and healthy.

シチメンチョウ 七面鳥 《鳥》a **turkey** /タ~キ/
しちや 質屋 (人) a **pawnbroker** /ポーンブロウカ/; (店) a **pawnshop** /ポーンシャプ/
しちゃく 試着する **try on** /トライ/
・試着室 a fitting room
・サイズが合うかどうか上着を試着する try on a jacket for size
シチュー **stew** /ステュー/
しちょう 市長 a **mayor** /メイア/
しちょうかく 視聴覚の **audio-visual** /オーディオウ ヴィジュアる/
・視聴覚教材 audio-visual aids / audiovisuals
しちょうしゃ 視聴者 (テレビの) a (**television**) **viewer** /ヴューア/, a **televiewer** /テれヴューア/
しちょうりつ 視聴率 a **rating** /レイティング/
・視聴率の高い[低い]テレビ番組 a TV program with a high [low] rating
しつ 質 **quality** /クワリティ/
・質がよい[悪い] be of good [poor] quality
・それらは質がちがいます
They are different in quality.
・私は量より質を選びます
I prefer quality to quantity.
しっ hush! /ハシュ/, **ssh!** /シー/
・しっ, 音をたてないで
Ssh! Don't make any noise.
じつえん 実演 (a) **demonstration** /デモンストレイション/; (舞台の) a **stage show** /ステイヂ ショウ/, a (**stage**) **performance** /パふォーマンス/
しっかく 失格する **be disqualified** (from ~) /ディスクワリふァイド/
しっかり しっかりした (堅実(けんじつ)な) **sound** /サウンド/; (信頼できる) **reliable** /リらイアブる/; (確固とした) **firm** /ふァ~ム/
しっかりと (揺るぎなく) **firmly, sound**; (一生懸命) **hard** /ハード/; (注意深く) **carefully** /ケアふり/
・しっかり建てられている家 a house of sound construction
・それをしっかりつかんでいなさい
Hold it firmly.
・彼女は信念がしっかりしている
She is firm in her belief.
・しっかり働きなさい Work hard.
・しっかりしなさい(元気を出せ) Take heart!
・その老人の足取りはまだしっかりしている
The old man's step is still steady.
・彼はしっかりした人ですか
Is he a reliable man?

じっかんする 236 two hundred and thirty-six

・かぎがしっかりしまっていない
The lock is not secure.

じっかんする 実感する **realize** /リ(ー)アらイズ/

しっき¹ 湿気 → しっけ

しっき² 漆器 **lacquer ware** /らカ ウェア/

しつぎょう 失業 **unemployment** /アネンプろイメント/
・失業者 an unemployed person; (集合的に) the unemployed
・失業率 an unemployment rate
・失業中である be out of work［employment］

じっきょう 実況放送 (テレビの) a **live telecast** /らイヴ テれキャスト/; (ラジオの) a **live broadcast** /ブロードキャスト/
・…を実況放送する telecast［broadcast］～ live

しっくい (壁塗りの材料) **plaster** /プらスタ/

じっくり (注意深く) **carefully** /ケアふり/; (十分に) **well**
・じっくりそれを観察する observe it carefully
・じっくり考える think well
・その事はじっくり話し合いましょう
Let's have a good talk about it. / ひゆ Let's sit down and discuss it.

しっけ 湿気 (適度の) **moisture** /モイスチャ/; (不快な) **damp** /ダンプ/
湿気のある moist /モイスト/; **damp** /ダンプ/

しつける **train** /トレイン/, **discipline** /ディスィプリン/; (礼儀作法を教える) **teach manners** /ティーチ マナズ/

しつけ **training** /トレイニング/; (育ち) **breeding** /ブリーディング/; (規律) **discipline**; (礼儀作法) **manners**
・しつけがよい［悪い］be well-bred［ill-bred］
・彼らは子供に対する家庭のしつけがきびしい
They are strict with their children at home.

しつげん 失言 (口がすべること) a **slip of the tongue** /タング/; (間違った発言) a **verbal gaffe** /ヴァ～バる ギャふ/
・失言する make a slip of the tongue

じつげん 実現 **realization** /リアりゼイション/
実現する realize /リ(ー)アらイズ/, **come true** /トルー/
・夢を実現する realize one's ambition
・彼の夢が実現した His dream came true.

じっけん 実験 an **experiment** /イクスペリメント/
実験する experiment
・実験的 experimental
・実験室 a laboratory /《略》a lab
・化学の実験をする make［conduct］an experiment in chemistry［a chemical experiment］

しつこい
❶ **persistent** /パスィステント/; (せんさく好きの) **nosy** /ノウズィ/
・今度の風邪(かぜ)はしつこくてなかなか抜けない I haven't recovered completely from my cold yet. It's very persistent.
❷ (食べ物が) **heavy** /ヘヴィ/, (油っこい) **greasy** /グリースィ/, (甘すぎる) **too sweet** /トゥー スウィート/; (色が) **showy** /ショウイ/, **gaudy** /ゴーディ/

じっこう 実行 **practice** /プラクティス/
実行する (実際に行う) **practice**; (実現する) **carry out** /キャリ/
・実行上 in practice / practically
・実行可能な practicable
・言うことを実行する practice what one says
・計画［約束］を実行する carry out a plan［a promise］
・その計画はうまく実行できないかもしれない
I'm afraid the plan will not work in practice.

じつざい 実在する **exist** /イグズィスト/
・実在の人物 a real person

じっさい 実際 (現実) **reality** /リアリティ/; (事実) (a) **fact** /ふァクト/; (実地) **practice** /プラクティス/ → じつは
実際の actual /アクチュアる/, **practical** /プラクティカる/
実際に actually, **practically**
・その怪物を実際に見た人はいない
No one actually saw the monster.
・私は英語を3年間勉強していますがそれを実際に役だてる機会がありません I have been studying English for three years, but I have no chance to put it to practical use.

しつじ 執事 a **butler** /バトら/

じっし 実施する **bring to effect** /イフェクト/
・実施されている be in effect
・この規則は4月1日以降実施される
This rule will take effect from April 1 (読み方: (the) first).

じっしゃ 実写 a **live action** /らイヴ アクション/
・実写映画 a live-action movie［film］ → アニメ
や CG などを使わず撮影されるもの

じっしゅう 実習 **practical training** /プラクティカる トレイニング/
・学校で料理の実習をする have practical training in cooking at school

じっしゅきょうぎ 十種競技 **decathlon** /ディカすらン/

しっしん¹ 失神 a **faint** /ふェイント/

失神する faint
- 彼女はその恐ろしい光景を見て失神しそうになった
She almost fainted when she saw the terrible sight.

しっしん² 湿疹 a **rash** /ラシュ/; **eczema** /エグザマ/
- 湿疹ができる break out in a rash

じっしんほう 十進法 《数学》**the decimal system** /デサマる スィステム/

しっそ 質素な **plain** /プれイン/, **simple** /スィンプる/
質素に plainly, simply
- 質素な生活をする live a simple life
- 質素な服装をしている be plainly dressed

しっている 知っている → **しる**²

しつど 湿度 **humidity** /ヒューミディティ/
- 湿度の高い humid

しっと **jealousy** /ヂェらスィ/
しっと深い jealous
- …をしっとしている be jealous of ～
- 彼らはしっとからそんなことを言うのだ
They say so from jealousy.

じっと じっとしている **keep quiet** /キープ クワイエト/, **keep still** /スティる/
- じっと見つめる stare (at ～) / gaze (at ～)
- じっと我慢する be patient
- さあ言ってよ、じっと聞いているから
ひゆ Tell me, I'm all ears. (全身耳になっている)

しっとり しっとりした **moist** /モイスト/

しつない 室内の **indoor** /インドー/
室内で, 室内に **indoors** /インドーズ/, **in the room**
- 室内ゲーム an indoor game

じつは 実は **in fact** /ふァクト/, **The fact is that ～.**
- 実は彼らは二人とも正しいのです
In fact, they are both right.
- 実は彼はそこへ行きたくないのです
The fact is that he doesn't like to go there.

しっぱい 失敗

➤ (a) **failure** /ふエイりャ/
失敗する **fail** /ふエイる/, **fall flat** /ふォーる ふらト/
- その試みは失敗であった
The attempt was a failure. / The attempt ended in failure. / The attempt fell flat.
- 何回も失敗を重ねたあとで彼はやっと成功した After repeated failures he succeeded at last.
- 彼は入学試験に失敗した
He failed the entrance examination.
- 彼はまた失敗するんじゃないかしら
I'm afraid he will fail again.
ことわざ 失敗は成功のもと
Failure is the highroad to success.

しっぷ 湿布 a **compress** /カンプレス/
- 脚に湿布をする put a compress on the leg

じつぶつ 実物の **real** /リーアる/
- その絵は実物そっくりだ
The picture looks as natural as life.
- この肖像は実物大です This is a life-size portrait. / This portrait is as large as life.
- 実物を比べてみなければどっちがよいか私にはわかりません
I cannot tell which is better, if I don't compare the things themselves.

しっぺがえし しっぺ返し **tit for tat** /ティト ふォ タト/
- 私は彼にしっぺ返しをくらわせた
I gave him tit for tat. /
ひゆ I gave him a dose of his own medicine. (彼の調合した薬を彼に与えた)

しっぽ a **tail** /テイる/ → **お**

しつぼう 失望 **disappointment** /ディサポイントメント/
失望させる **disappoint** /ディサポイント/
失望する **be disappointed**
- 私はその結果に失望した
The result disappointed me. /
I was disappointed at the result.
- 彼はそれを聞いて失望するでしょう
He will be disappointed to hear it.
- 私は彼に失望した
I am disappointed in him.

しつめい 失明する **lose** *one's* **sight** /るーズ サイト/, **become blind** /ビカム ブらインド/

しつもん 質問

➤ a **question** /クウェスチョン/
- 質問をしてもよいですか
May I ask you a question?
- 私は彼にたくさん質問した
I asked him a lot of questions.
- 何かもっと質問がありますか
Do you have any more questions (to ask)?
- 私はおたずねしたい質問がいくつかあります
I have some questions to ask you.
- この質問にお答えください
Please answer me this question.
- ほかに質問がなければきょうはここまでにします

じつよう 238 two hundred and thirty-eight

This is all for today, if you have no other questions.

じつよう 実用の **practical** /プラクティカる/
- 実用英語 practical English
- これは実用向きではない

This is not intended for practical use.

じつりょく 実力（能力）(**real**) **ability** /(リーアる) アビリティ/
- 実力のある able / competent
- 君がこの本を読めば英語の実力がつくでしょう

This book will develop your ability in English.
- 彼は英語の実力がある

He has a good command of English.
- それは君の実力しだいだ

It depends on your ability.

しつれい 失礼な（粗野(そや)な）**rude** /ルード/; (無作法な) **impolite** /インポらイト/
- 先生に向かってそんな失礼なことばを使ってはいけません You shouldn't use such rude words to your teacher.
- 女性より先に部屋に入ることは失礼です

It is impolite to enter a room before a lady.
- これで失礼いたします

I think I must be going.
- 失礼ですがお名前はなんとおっしゃいますか

Excuse me, but may I ask［have］your name?
- 失礼ですが, それはいくらしました?

How much did it cost if I may ask?

じつれい 実例 an **example** /イグザンプる/
- 実例を2～3あげてください

Please give me a few examples.

しつれん 失恋 **disappointed love** /ディサポインテド/, **lost love** /ろースト/
失恋する **be disappointed in love**

してい 指定する **appoint** /アポイント/
- 指定席 a reserved seat
- 指定の時間までに必ず来なさい

Be sure to come by the appointed time.

している → いる⁴

しておく → おく⁴

してき¹ 指摘する **point out** /ポイント/
- 彼は私の作文の誤りをいくつか指摘した

He pointed out some mistakes in my composition.

してき² 私的な（内密の）**private** /プライヴェト/; (個人的な) **personal** /パ～ソナる/
- 他人の私的な事柄(ことがら)に干渉(かんしょう)してはいけない We should not interfere in other people's

private affairs.
- これは私の個人的な意見です

This is my personal opinion.

してしまう …してしまう, …してしまった → しまう❷

してつ 私鉄 a **private railroad** /プライヴェト レイるロウド/; (会社) a **private railroad company** /カンパニ/

してもらいたい → したい²

してもらう → もらう❷

してん¹ 支店 a **branch** (**office**) /ブランチ (オー ふィス)/
- 支店長 the manager of a branch (office) / a branch manager

してん² 視点 a **point of view** /ポイント ヴュー/, a **viewpoint** /ヴューポイント/; (物の見え方) **light** /らイト/

しでん 市電 《米》a **streetcar** /ストリートカー/, 《英》a **tram**(**car**) /トラム(カー)/

じてん 辞典 → じしょ²

じでん 自伝 an **autobiography** /オートバイアグラふィ/

じてんしゃ 自転車

➤ a **bicycle** /バイスィクる/, 《話》a **bike** /バイク/

- 君は自転車に乗れますか

Can you ride a bicycle?
- 私は自転車で通学しています

I go to school by bicycle.
- 自転車で学校へ行くのに30分かかります

It takes me half an hour to go to school by bicycle.

しどう 指導 **guidance** /ガイダンス/, **lead** /リード/; (教え) **instruction** /インストラクション/
指導する **guide** /ガイド/, **lead**; (教える) **instruct**
- 指導者 a leader
- 職業指導 vocational guidance
- 水泳の指導員 a swimming instructor
- 私たちは彼の指導力を頼りにしている

We count on him for leadership.

じどう¹ 児童 a **child** /チャイるド/ (働 children /チるドレン/)
児童向きの **juvenile** /ヂューヴェナイる/
- 児童向きの本 children's books / juvenile books
- 児童文学 juvenile literature

じどう² 自動的な **automatic** /オートマティク/
自動的に **automatically**
- 自動ドア an automatic door
- 自動販売機 a vending machine / a slot ma-

two hundred and thirty-nine　239　しぬ

chine
- このドアはしめると自動的に鍵(かぎ)がかかります
This door locks automatically when you close it.
- 自動運転自動車　a self-driving car, an autonomous vehicle［car］
- 自動操縦　an autopilot / an automated driving system

じどうし 自動詞 《文法》an **intransitive verb** /イントランスィティヴ ヴァ〜ブ/

じどうしゃ 自動車

➤《米》an **automobile** /オートモウビーる/, 《英》a **motorcar** /モウタカー/; (一般に) a **car** → くるま

- 自動車専用道路(高速)《米》an expressway / a superhighway /《英》a motorway
- 自動車事故　a motor［car］accident
- 自動車教習所　a driving school
- 自動車に乗せてやる［もらう］《米》give［get］a ride (in a car) /《英》give［get］a lift (in a car)
- 自動車から降りる　get out of a car
- 自動車を運転する　drive a car
- 彼は自動車の運転がうまい　He is a good driver. / He can drive a car very well.
- 彼は親切にも私を自動車で家まで送ってくれた　He was kind enough to drive me home［give me a ride home］.
- 自動運転自動車　a self-driving car, an autonomous vehicle［car］
- 電気自動車　an electric car［vehicle］
- 水素［燃料電池, ガソリン, ディーゼル, 太陽光］自動車　a hydrogen［fuel cell, gasoline, diesel, solar］vehicle

しとしと しとしと降る **drizzle** /ドリズる/
- 1日じゅうしとしと降っている
It has been drizzling all day.

じとじと (しめった) **damp** /ダンプ/, **wet**
- じとじとした天気　sticky［damp］weather

しとやか しとやかな **graceful** /グレイスふる/
しとやかに　gracefully

じどり 自撮り　a selfie /セるふィ/

しな 品 (品物) an **article** /アーティクる/; (品質) **quality** /クワリティ/
- 品切れである　be out of stock → うりきれる
- 最新の機種は品切れです
The latest model is out of stock. / We are out of stock of the latest model.
- このほうが品は上等です

This is better［superior］in quality.

しない¹ 竹刀　*shinai*. **a bamboo sword** /バンブー ソード/

しない² 市内
- 横浜市内に住む　live in the city of Yokohama

しない³ …しない, …しなかった → ない²

しなさい …しなさい (命令文) 動詞の原形を文頭に出す; 主語 (you) はふつう省略する

基本形	
入りなさい	
Come in.	
静かにしなさい	
Be quiet.	

- もっと勉強しなさい　Work［Study］harder.
- そこにすぐ行きなさい　Go there at once.
- 昼休みに職員室へ来なさい　Come to the teachers' room during the lunch break.
- 毎日少しずつ単語を覚えなさい
Memorize a few words every day.
- 親切に［おとなしく］しなさい
Be kind［Be a good boy］.

しなびる → しおれる

しなもの 品物 → しな

シナリオ (台本) a **script** /スクリプト/, a **screenplay** /スクリーンプれイ/; (筋書き) a **scenario** /スィナリオウ/
- シナリオライター　a script writer, a screenplay writer, a playwright

じなん 次男　the［one's］**second son**

しにせ 老舗　a **prestigious old store**［**hotel**］/プレスティージャス/

しにものぐるい 死にもの狂いの **desperate** /デスパレト/
死にもの狂いで　desperately

しぬ 死ぬ

➤ (病気・老衰などで) **die** /ダイ/
➤ (戦争・事故などで) **be killed** /キるド/
- 父は数年前がん［過労］で死にました
My father died of cancer［from overwork］several years ago. → 直接的な死因を表す場合に of を, 間接的な死因を表す場合に from を使うのが原則
- 父が死んでから5年たちます
It is five years since my father died. / My father has been dead for five years.
- 彼は年を取って［若いうちに］死んだ
He died an old man［died young］.
- 毎年多数の人が交通事故で死ぬ
A great number of people are killed in traffic

じぬし 地主 a landowner /らンドオウナ/
シネコン (複数のスクリーンのある映画館) a multiplex /マるティプれックス/
しのびこむ 忍び込む steal in /スティーる/
しば 芝 grass; (芝生(しばふ)) a lawn /ろーン/, the grass /グラス/ → しばふ
・芝刈(か)り機 a lawn mower
しはい 支配 rule /るーる/
 支配する rule
・支配者 a ruler
・支配人 (会社などの) a manager
・…の支配下にある be under the rule of ～
しばい 芝居 a play /プれイ/
・芝居を見に行く go to the play [the theater]
じはく 自白 confession /コンふェション/
 自白する confess /コンふェス/ → はくじょう
しばしば often /オーふン/ → often の位置は原則として be 動詞, 助動詞のあと, 一般動詞の前
・彼はしばしば学校を欠席する
He is often absent from school.
・私はしばしば川へ泳ぎに行きます
I often go to the river to swim.
しはつ 始発列車 the first train /ふァ〜スト トレイン/
・始発駅 the starting station
・私は始発列車に間に合うように4時に起きた
I got up at four in order to catch the first train.
じはつてき 自発的な voluntary /ヴァらンテリ/
 自発的に voluntarily
しばふ 芝生 a lawn /ろーン/, the grass /グラス/ → しば
・彼らは芝生に寝ころんでいた
They were lying on the grass.
 掲示 芝生に入らないでください
Keep off the grass.
しはらう 支払う pay /ペイ/ → はらう
 支払い payment /ペイメント/
・私は彼に10万円を現金で[小切手で]支払った
I paid him a hundred thousand yen in cash [by check].

しばらく
➤ (ある期間) for some time /サム/; (短い間) for a while /(ホ)ワイる/; (長い間) for a long time

・彼はしばらく学校を欠席しています He has been absent from school for some time.
・しばらくお待ちください
Please wait for a while.

・もうしばらく待ってください
Please wait a little longer.
・私はしばらく彼に会っておりません
I have not seen him for a long time.
・しばらくすると雨が降りだした
It began to rain after a while.
・しばらくですね It's a long time since we last met [since I saw you last].
しばる 縛る tie (up) /タイ/
・彼は靴ひもを縛っていた
He was tying his shoestrings [shoelaces].
・私はだれにも縛られて(束縛されて)いない
I'm not controlled by anyone.
 ひゆ I'm not in anybody's pocket.
じはんき 自販機 自動販売機 (→ じどう²)
じひ¹ 慈悲 mercy /マ〜スィ/
 慈悲深い merciful /マ〜スィふる/
じひ² 自費で at one's own expense /オウン イクスペンス/
じびいんこうか 耳鼻咽喉科 (病院) an ENT hospital /イーエンティー ハースピタる/; (医師) an ENT doctor → ENT は ear, nose, and throat の略
ジビエ (狩猟対象の野生動物の肉) game, game meat /ゲイム ミート/ → ジビエ (gibier) はフランス語

狩猟対象の野生動物の例
シカ (エゾジカ)
イノシシ

カモ (マガモ)

じひょう 辞表 a (letter of) resignation /(れ)タレズィグネイション/
じびょう 持病 a chronic disease /クラニク ディズィーズ/
しびれる しびれた numb /ナム/, asleep /アスリ

・足がしびれた My feet are asleep.

しぶい 渋い
❶ (味が) **bitter** /ビタ/; (こい) **strong**; (色などが) **subdued and elegant** /サブデュードエれガント/
・このカキは渋い This persimmon tastes bitter.
❷ (不機嫌な) **sour** /サウア/ → しかめる
・渋い顔をしている look sour

しぶき spray /スプレイ/

しぶとい tough /タふ/, **persistent** /パスィステント/, **unyielding** /アンイーるディンぐ/, **die-hard** /ダイ ハード/

シフトキー the shift key /シふト キー/

じぶん 自分
➤ *oneself* /ワンセるふ/ → 場合に応じて myself, yourself, himself, herself, ourselves, yourselves, themselves のように用いる

・自分の *one's* own
・自分で *oneself*; for *oneself*; by *oneself*; (自ら) in person
・自分勝手な selfish → かって
・彼女は自分の部屋で勉強をしています. →「自分の」は主語と同じ人をさすので, その所有格にする
She is studying in her room.
・自分の辞書を使えよ. これはぼくのだ
Use your own dictionary. This is mine.
・彼は自分で (→自分自身の) 食事をつくる
He cooks his own meal. → own はこのように「ほかの人の力を借りないで」の意味で使う
・自分の力ではできないことがある There are things one cannot do for [by] oneself.
・これは自分の物に取っておきなさい
Keep this for yourself.
・彼は自分でその話を君にするでしょう
He will tell it to you himself.
・彼は自分でやって来るでしょう
He will come in person.
・そんなことは他人の助けによらず自分でしなければいけない You must do such a thing by yourself, not with the help of others.
・彼は自分は自分という考えだ
ひゆ He is paddling his own canoe. (自分で自分のカヌーをこいでいる)

しへい 紙幣 **paper money** /ペイパ マニ/, (米) a **bill**, (英) a **note** /ノウト/ → さつ²

シベリア Siberia /サイビアリア/
・シベリアの Siberian

しほう¹ 司法 **the judiciary** /ヂュディシエリ/

しほう² 四方に (側) **on all sides** /サイヅ/, **on ev-ery side** /エヴリ/; (方角) **in all directions** /ディレクションズ/
・その湖は四方を山に囲まれている The lake is surrounded with mountains on all sides.
・彼らは四方八方に逃げた
They fled in all directions.

しぼう¹ 死亡 **death** /デす/
死亡する (病気・老衰などで) **die** /ダイ/; (事故・戦争などで) **be killed** /キるド/ → しぬ
・死亡率 death rate

しぼう² 脂肪 **fat**

しぼう³ 志望する **wish** /ウィシュ/
・(第1)志望校 the school of *one's* (first) choice
・私は小説家を志望している
I wish to be a novelist.
・君はどういう学校を志望しますか
What school do you wish to enter?

しぼむ (しおれる) **wither** (**up**) /ウィざ/; (閉じる) **close** /クろウズ/

しぼりこむ 絞り込む (選択などを) **whittle down** /(ホ)ウィトる ダウン/
・彼は志望大学を A と B に絞り込んだ He whittled down his college choice to A or B.

しぼる 絞る (ひねって) **wring** (**out**) /リンぐ/; (ぎゅっと押して) **squeeze** /スクウィーズ/
・レモンを絞る squeeze a lemon

しほん 資本 **capital** /キャピトる/
・資本家 a capitalist
・資本主義 capitalism
・資本主義国 a capitalist country

しま¹ 島 **an island** /アイランド/
・島の住民 an islander
・島国 an island country
・離れ島 a remote island
・島国根性 the insularity of island people

しま² (もよう) a **stripe** /ストライプ/
しまの striped /ストライプト/

しまい 姉妹 a **sister** /スィスタ/
・義理の姉妹 a sister-in-law (複 sisters-in-law)
・姉妹校[都市] a sister school [city]
・私には 2 人の兄弟と 3 人の姉妹があります
I have two brothers and three sisters.

しまう
❶ (置く, 入れる) **put**; (片付ける) **put away** /アウェイ/
しまっておく keep /キープ/
・彼はそれをカバンにしまった
He put it in his bag.
・彼は書類をこの箱にしまっておく

シマウマ 242 two hundred and forty-two

He keeps his papers in this box.
•本をしまいなさい Put away your books.
•この本を元の場所にしまいなさい (→返しなさい)
Return this book to its place.
❷(…してしまう，…してしまった)動詞の完了形
(have [had]＋過去分詞形)で表す
•雪は解(と)けてしまった
The snow has melted (away).
•彼は学校へ行ってしまった
He has gone to school.
•君は宿題をやってしまったの?
Have you finished your homework?
•私が彼の家に寄った時は彼は学校へ行ってしまって
いた When I called at his house, he had
gone to school.
•君が帰って来る時までにはこの仕事を終わらせてし
まっているでしょう I will have finished this
work by the time you come back.
シマウマ 縞馬 （動物）a **zebra** /ズィーブラ/
じまくスーパー 字幕スーパー **subtitles** /サブタイ
トるズ/ →スーパー
しましょう →しよう³
しません →ない²
しませんか →か³ ❺
しまつ 始末する （処理する）**deal with** /ディーゥ/，
take care of /ケア/; （処分する）**dispose of** /ディ
スポウズ/
しまった Oh, dear! /ディア/
しまり 締まりのない →ルーズな
しまる 締まる，閉まる **shut** /シャト/，**close** /クろ
ウズ/
•その店は夕方の6時に閉まってしまいます
That store closes at six in the evening.
じまん 自慢 **pride** /プライド/
自慢する **pride** *oneself* (on ～)，**be proud** (of
～) /プラウド/
•彼は金持ちであることを自慢している
He prides himself on being rich. /
He is proud that he is rich.
しみ a **blot** /ブらト/，a **spot** /スパト/，a **stain** /ス
テイン/; （皮膚(ひふ)の）a **blotch** /ブらチ/
•しみをつける blot / stain
じみ 地味な （色合いなど）**sober** /ソウバ/，**sub-
dued** /サブデュード/
•地味な色合い sober colors
•地味な服を着ている be dressed in sober clothes
•このブラウス，あたしに少し地味じゃない?
This blouse is a little too sober for me, isn't it?
しみこむ **soak** (into ～, through ～) /ソウク/
シミュレーション (a) **simulation** /スィミュれイ

ション/
•コンピューター・シミュレーション a computer
simulation
しみる （ひりひりする）**smart** /スマート/
しみん 市民 a **citizen** /スィティズン/
市民の **civic** /スィヴィク/
•市民グループ a civic group
じむ 事務 **business** /ビズネス/; （作業）**clerical
works** /クれリカる ワ～クス/
•事務所[室] an office
•事務員 a clerk
ジム a **gym** /ヂム/
しめい¹ 氏名 a **name**
•あなたの氏名と住所を教えてくれませんか
Will you give me your name and address?
しめい² 使命 a **mission** /ミション/
•使命を果たす carry out *one's* mission
しめい³ 指名する **nominate** /ナミネイト/
•彼は委員会の委員に指名された He was nomi-
nated a member of the committee.
しめきり 締め切り （日・時刻）**the deadline** /デド
らイン/; （期限）**the time limit** /リミト/
•締め切り日 the closing day
•レポートの締め切りは来週の火曜日です
Next Tuesday is the deadline for your pa-
per. / You must submit [hand in] your pa-
per by next Tuesday.
しめきる 締め切る，閉め切る
❶(受け付けなどを) **close** /クろウズ/
•申し込みはきのうで締め切りました
The applications closed yesterday.
❷(窓などを) **close**，**shut** /シャト/
じめじめ じめじめした （しめった）**damp** /ダンプ/;
（性格が）**sullen** /サるン/，**gloomy** /グるーミ/
しめす 示す **show** /ショウ/
•実力を示すよい機会 a good opportunity to
show *one's* ability
•彼は私に大いに好意を示した
He showed me great favor.
•このことは彼女がいかに親切であるかを示している
This shows how kind she is.
•彼は私たちによい模範を示してくれた
He set [gave] a good example to us.
•温度計はセ氏30度を示している The thermom-
eter registers 30℃ (読み方: thirty degrees cen-
tigrade).
しめる¹ 湿る **moisten** /モイスン/; **get damp**
湿った **moist** /モイスト/; （じめじめ）**damp**
•湿った風が吹き始めた A moist wind has be-
gun to blow.

しめる² 占める **occupy** /アキュパイ/
・ブラジルは南米のほぼ半分を占めている
Brazil occupies nearly half of South America.
・前の席は学生によって占められていた
The front seats were occupied by students.

しめる³ 締める, 閉める
❶ (閉じる) **shut**; **close**
❷ (しばる) **tie**

❶ (閉じる) **shut** /シャト/; **close** /クロウズ/
・窓を閉めてくださいませんか
Will you please shut [close] the window? / Would you mind shutting [closing] the window?
・窓を閉めておきなさい
Keep the windows shut [closed].
・後ろのドアを閉めなさい
Shut [Close] the door behind you.
❷ (しばる) **tie** /タイ/; (しっかりと) **fasten** /ふァスン/; (きつく) **tighten** /タイトン/
・綱を(引き)締める tighten a rope
・座席のシートベルトをお締めください
Fasten your seat belts.
❸ (その他)
・ねじを締める drive a screw
・ドアのかぎを閉める lock a door

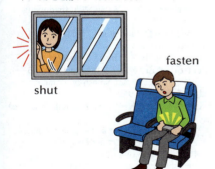

shut / fasten

使い分け
shut と close は同じ「閉める」を表すが, 特にshut は素早くきっちり「閉める」時に使う

じめん 地面 **the ground** /グラウンド/
・地面に寝ころぶ lie on the ground
・地面に穴を掘る dig a hole in the ground
しも 霜 (a) **frost** /ふロースト/
・昨夜はひどく霜が降った
There was a heavy frost last night.
じもと 地元の **local** /ろウカる/, **home**
・地元の人たち local people / locals
・地元チーム a home team
しもばしら 霜柱 **frost columns in soil** /カラムズ ソイる/
しもやけ 霜焼け **chilblains** /チるブレインズ/
しもん 指紋 a **fingerprint** /ふィンガプリント/
しや 視野 **view** /ヴュー/; (見解) an **outlook** /アウトるク/
・視野が広い[狭い]人 a person with a broad [narrow] outlook
・その島はだんだん私の視野から消えていった
The island gradually went out of my view.
じゃあ →では
・じゃあね, またあした. (あしたまでさようなら)
Good-bye until tomorrow. / (気楽にやれ) Take it easy. See you tomorrow.
ジャージ a **jersey** /チャ〜ズィ/
ジャーナリスト a **journalist** /チャ〜ナリスト/
ジャーナリズム **journalism** /チャ〜ナリズム/
シャープペンシル 《米》a **mechanical pencil** /メキャニカる/, 《英》a **propelling pencil** /プロペリング/ ➡「シャープペンシル」は和製英語
シャーベット **sherbet** /シャーバト/
しゃいん 社員 an **employee** /インプろイイー/
・新入社員 a new employee
しゃおんかい 謝恩会 a **thank-you party for teachers** /さンキュー パーティ ティーチャズ/

しゃかい 社会
➤ (a) **society** /ソサイエティ/; (地域社会・共同体) a **community** /コミューニティ/

社会の **social** /ソウシャる/
・社会的に socially
・社会生活[問題] social life [problems]
・農村社会 agricultural communities
・社会主義 socialism
・社会主義者 a socialist
・社会科(教科) social studies
・今春卒業すると皆さんはそれぞれ社会の新しい一員になります
After leaving school this spring, each of you will be a new member of society.
しゃかいほしょう 社会保障 **welfare** /ウェるふェア/; **welfare programs** /プロウグラムズ/
・社会保障改革 welfare reform
ジャガイモ じゃが芋 《植物》a **potato** /ポテイトウ/

しゃがむ **crouch** /クラウチ/

しゃがれる しゃがれた **hoarse** /ホース/, **husky** /ハスキ/
- しゃがれ声で話す　speak in a hoarse voice

しゃく しゃくにさわる **be annoyed** (with ~, at ~, about ~, by ~) /アノイド/

じゃくおんき 弱音器（弦楽器などの）a **mute** /ミュート/;（管楽器などの）a **damper** /ダンパ〜/

しやくしょ 市役所 《米》the **city hall**, 《英》the **city office**

じゃぐち 蛇口 《米》a **faucet** /ふォーセト/, 《英》a **tap**

じゃくてん 弱点 a **weak point** /ウィーク ポイント/

しゃくほう 釈放する **release** /リリース/, **set ~ free** /ふリー/

しゃくや 借家 a **rented house** /レンテド ハウス/

しゃげき 射撃 **shooting** /シューティンぐ/, **firing** /ふァイアリンぐ/
　射撃する　shoot /シュート/, **fire**

ジャケット a **jacket** /ヂャケト/

しゃこ 車庫 a **garage** /ガラージュ/

しゃこう 社交の **social** /ソウシャる/
- 社交的な　sociable

しゃざい 謝罪 an **apology** /アパろヂ/
　謝罪する　apologize /アパろヂャイズ/, → あやまる

しゃしょう 車掌 a **conductor** /コンダクタ/;《英》（列車の）a **guard** /ガード/

しゃしん 写真

➤ a **photograph** /ふォウトグラふ/, a **picture** /ピクチャ/, 《話》a **photo** /ふォウトウ/

➤（写真術）**photography** /ふォタグラふィ/

写真機 a **camera** /キャメラ/
- 写真家　a photographer
- 写真をとる　take a picture［a photograph］
- 写真をとってもらう［とらせる］　have *one's* picture［photograph］taken
- 私は写真をとってもらった
I had my picture taken.
- 私は彼に写真をとってもらった
I had him take my picture.
- きょうはクラス写真をとってもらう
The class will sit for a photo today.
- 写真が私の趣味(しゅみ)です
Photography is my hobby.

ジャズ jazz /ヂャズ/

しやすい → やすい²

しゃせい 写生画 a **sketch** /スケチ/
　写生する　sketch, **make a sketch** (of ~)

しゃせつ 社説（新聞の）an **editorial** /エディトーリアる/, 《英》a **leader** /リーダ/

しゃたく 宅宅 a **company house** /カンパニ ハウス/

しゃちょう 社長 **the president** (of a company) /プレズィデント（カンパニ）/

シャツ a **shirt** /シャ〜ト/;（肌(はだ)着）an **under-shirt** /アンダシャ〜ト/

しゃっきん 借金 a **debt** /デト/
　借金する　borrow money /バロウ マニ/
- 私は彼に千円借金しています
I owe him a thousand yen. /
I am in debt to him for a thousand yen.

ジャック（トランプの）a **jack** /ヂャク/

しゃっくり a **hiccup** /ヒカプ/
　しゃっくりをする　hiccup
- しゃっくりが出る　have the hiccups

シャッター a **shutter** /シャタ/
- （窓などの）シャッターを降ろす　pull down the shutters
- （カメラの）シャッターを切る　press the shutter

シャッターチャンス a **right moment**［**time**］**to take** a **picture**
- 決定的瞬間　a decisive moment → 「シャッターチャンス」は和製英語

しゃどう 車道（街路の）a **roadway** /ロウドウェイ/

シャドーイング（語学学習の方法）**shadowing** /シャドウインぐ/

じゃばら 蛇腹 (a) **bellows** /べろウズ/ → 単数とも複数とも扱われる
- じゃばらのホース　a pleated hose

じゃぶじゃぶ（水をはねさせる）**splash** /スプらシュ/
- じゃぶじゃぶ顔を洗う　splash *one's* face

しゃぶる **suck** /サク/

しゃべる **talk** /トーク/;（告げる）**tell**;（雑談する）**chat** /チャト/
- 彼はあまりしゃべりすぎる　He talks too much.
- それを人にしゃべってはいけませんよ
Don't tell it to others.
- 授業中はおたがいにしゃべってはいけません
You mustn't talk to each other in class.
- 私たちはコーヒーを飲みながらしばらくしゃべった
We chatted［had a chat］over a cup of coffee for some time.

シャベル a **shovel** /シャヴる/
- シャベルですくう　shovel
- シャベルで砂を袋の中に入れる　shovel sand into a bag

シャボンだま シャボン玉 a **soap bubble** /ソウプ

バブる/

じゃま じゃま物 an **obstacle** /アブスタクる/
じゃまする (乱す) **disturb** /ディスタ〜ブ/; (中断する) **interrupt** /インタラプト/; (行く手をふさぐ) **get in the way** /ウェイ/; (訪問する) **visit** /ヴィズィト/, **see** /スィー/
・人の話をじゃましてはいけない
Don't interrupt a person when he is speaking.
・じゃまをしないでくれ. 私は忙(いそが)しいんだ
Don't interrupt (me). I am busy.
・おじゃましました
I'm afraid I have been disturbing you.
・自転車をそこに置いておかないでください. じゃまになるから Don't leave your bicycle there; it will get in the way.
・帰りにおじゃましてよろしいでしょうか
May I come to see you on my way home?

ジャム **jam** /チャム/
・パンにジャムをつける spread jam on a slice of bread

しゃめん 斜面 a **slope** /スろウプ/
じゃり 砂利 **gravel** /グラヴェる/
しゃりょう 車両 (乗り物) a **vehicle** /ヴィーイクる/; (列車の) a **car**, 《英》a **carriage** /キャリヂ/
しゃりん 車輪 a **wheel** /(ホ)ウィーる/
しゃれ¹ (同音異義語を用いる) a **pun** /パン/ → じょうだん
　しゃれを言う **pun**, make a **pun**
しゃれ² しゃれた **smart** /スマート/
しゃれい 謝礼 (金銭・贈り物) a **reward** /リウォード/; (料金) a **fee** /フィー/
じゃれる **play with** /プれイ/
・子ネコは動いているものにじゃれるのが好きだ A kitten likes to play with something moving.

シャワー a **shower** /シャウア/
・シャワーを浴びる take a shower

シャワートイレ a **high-tech toilet**. (温水洗浄便座) **an electronic bidet toilet seat** /ビデイ/; 《商標》Washlet

ジャンク (ガラクタ) **junk** /チャンク/
　ジャンクフード junk food
　ジャンクメール junk mail

ジャングル a **jungle** /チャングる/
　ジャングルジム a jungle gym

じゃんけん *janken*

日本を紹介しよう
じゃんけんというのは指を使うゲームの一種で, 勝ち負けを決めるのに使われます. じゃんけんには三つの指の形があります. ぐー(石), ちょき(はさみ), ぱー(紙)です. じゃんけんをする人たちは「じゃん, けん, ぽん!」と言い, 「ぽん」ということばと同時に三つの指の形のどれかを示します. ぐーはちょきに勝ちます. はさみは石を切れませんから. ちょきはぱーに勝ちます. はさみは紙を切りますから. ぱーはぐーに勝ちます. 紙は石を包みますから.
Janken is a kind of finger game which is used as a way to decide who wins and who loses. There are three finger forms in *janken*: *Gu* (stone), *Choki* (scissors), *Pa* (paper). The players shout "*Jan Ken Pon!*" and on the word "*Pon*," each player shows any one of these three forms. *Gu* beats *Choki* because scissors can't cut stones. *Choki* beats *Pa* because scissors cut paper. *Pa* beats *Gu* because paper wraps stone.

じゃんじゃん
・じゃんじゃん売れる ひゆ sell [go] like hot cakes (ホットケーキのように売れる)

シャンソン a **chanson** /シャーンソーン/ フランス語
シャンデリア a **chandelier** /シャンデリア/
ジャンパー a **jacket** /ヂャケト/; a **windbreaker** /ウィンドブレイカ〜/
ジャンパースカート a **jumper** /チャンパ/
ジャンプ (a) **jump**
　ジャンプする **jump**, **take** a **jump**
・スキージャンプ ski jumping
シャンプー (a) **shampoo** /シャンプー/
　シャンプーする **shampoo**
シャンペン **champagne** /シャンペイン/ フランスの地名に由来する
ジャンボ **jumbo** /チャンボウ/
　ジャンボジェット a jumbo jet
ジャンル a **type** /タイプ/, a **genre** /ジャーンる/
しゅ¹ 朱 **vermilion** /ヴァ〜ミリョン/
しゅ² 種 (生物学上の) a **species** /スピーシーズ/
しゅい 首位 **the top**; (競技などの) **the lead** /リード/
・競走で首位に立つ take the lead in a race
じゅい 樹医 a **tree doctor**
しゅう 私有の **private** /プライヴェト/
　私有財産 private property
しゅう¹ 州
❶ (米国の) a **state** /ステイト/; (英国の) a **county** /カウンティ/; (…州) 〜**shire** /シア/
・カリフォルニア州 the State of California
❷ (大陸) a **continent** /カンティネント/
・五大州 the five continents

しゅう² 週

➤ a **week** /ウィーク/

・週末 a weekend → しゅうまつ
・1週間 for a week
・1週間で[もすれば] in a week
・1～2週間で in a week or two / in one or two weeks
・今[来, 先]週 this [next, last] week
・来々週 the week after next
・先々週 the week before last
・来週[先週]のきょう a week today / this day week
・来週の日曜日に next Sunday / on Sunday next (week)
・1週間前に a week ago; (前もって) a week before

しゅう³ …宗 a **sect of Buddhism** /セクト, ブディズム/

じゆう 自由

➤ **freedom** /ふリーダム/

➤ (束縛(そくばく)からの解放, または勝ち取ろうとする自由) **liberty** /リバティ/

自由な free; (自分の意志による) **voluntary** /ヴァランテリ/

自由に **freely; voluntarily**

・(縛(しば)られた者が)自由になる get loose [free] → のがれる
・言論の自由 freedom of speech [the press]
・自由主義 liberalism
・自由主義的 liberal
・自由席 an unreserved seat
・(水泳の)100メートル自由形 the 100-meter freestyle
・(ニューヨーク湾(わん)にある)自由の女神像 the Statue of Liberty
・君は行こうととどまろうと自由だ
You are free to go or stay.
・図書室の本は自由に使ってよろしい You are free to use the books in the library.

じゅう¹ 10(の) **ten** /テン/

・第10(の) the tenth (略 10th)
・10分の1[3] one tenth [three tenths]
・十中八九 ten to one / nine cases out of ten
・10代 → じゅうだい²

じゅう² 銃 a **gun** /ガン/; (ライフル銃) a **rifle** /ラいふる/

・空気銃 an air gun
・機関銃 a machine gun

・猟銃 a **hunting rifle** / (散弾銃) a shotgun

じゅう³ …中

➤ (時) **all through** /すルー/, **during** /デュアリング/
➤ (所) **all over**

・その間じゅう during all that time
・1年じゅう all the year round
・国[世界]じゅう all over the country [the world]
・ひと晩じゅう雨が激しく降り続いた It had been raining hard all (through the) night.
・私は日本じゅうを旅行したい
I'd like to travel all over Japan.
・彼の名は世界じゅうに知られている
His name is known all over the world.

しゅうあつ 重圧 **pressure** /プレシャ/

しゅうい 周囲 (円周) **circumference** /サカンふァレンス/; (環境) **surroundings** /サラウンディングズ/

・周囲を見回す look around
・周囲にはだれも見当たらなかった
I found nobody around.
・この湖は周囲12キロある This lake is 12 kilometers in circumference.

📞会話 この木は周囲がどのくらいですか. —それは周囲が7メートルあります How big around is this tree? / How big is this tree around? —It is seven meters around.
・私は周囲の人と握手(あくしゅ)した
I shook hands all around.

じゅうい 獣医 a **veterinarian** /ヴェテリネアリアン/, 《話》a **vet** /ヴェト/

・獣医学校 a veterinary school

じゅういち 11(の) **eleven** /イれヴン/

・第11(の) the eleventh (略 11th)

じゅういちがつ 11月 **November** /ノウヴェンバ/ (略 Nov.) → くがつ

しゅうかい 集会 (話し合いの) a **meeting** /ミーティング/; (全体の会合) an **assembly** /アセンブリ/

・集会室 a meeting room
・全校集会 a school assembly
・集会は来週土曜日の午後開かれます
The meeting will be held on Saturday afternoon next week.

しゅうかく 収穫(物) (集合的に) a **harvest** /ハーヴェスト/; (個々の農産物) a **crop**

収穫する **harvest, gather** /ギャざ/

・今年の収穫はよかった[悪かった]
We had a good [bad] harvest this year. / Crops were good [bad] this year.

・うちでは今年はリンゴの収穫(高)がよかった Our apple crop was very good this year. / We've had a good apple crop this year.
・農夫たちは収穫物の取り入れに忙しかった The farmers were busy gathering crops.

しゅうがくりょこう 修学旅行 a **school trip** /トリプ/, a **graduation trip** /グラヂュエイション/
・修学旅行に行く go on a school trip
・私は修学旅行で奈良へ行ったことがある I once went to Nara on a school trip.

じゅうがつ 10月 **October** /アクトウバ/ (略 Oct.) → くがつ

しゅうかん[1] 習慣 (個人の) a **habit** /ハビト/; (しきたり) a **custom** /カストム/ → くせ
・よい習慣を作る form a good habit
・悪い習慣がつく fall into a bad habit
ことわざ 習慣は第2の天性である Habit is a second nature.

使い分け

habit: 個人的な習慣や癖(くせ)
custom: 社会などの固定化した慣習や風習, しきたり

しゅうかん[2] 週間 a **week** /ウィーク/ → しゅう[2]
・交通安全週間 Traffic Safety Week

しゅうかん[3] 週刊の **weekly** /ウィークリ/
・週刊紙[誌] a weekly / (雑誌) a weekly magazine

しゅうき[1] 周忌 **the anniversary of** a person's **death** /アニヴァ～サリ デス/

しゅうき[2] 周期 (期間) a **period** /ピアリオド/; (一定の) a **cycle** /サイクる/
・周期的な periodic
・周期的に periodically
・選挙は4年周期で行われる The election is held every four years.

じゅうき 重機 (建設用大型機械) **heavy equipment** [**machinery**] /ヘヴィ イクウィプメント [マシーナリ]/
・重機1台 a piece of heavy equipment [machinery]

しゅうぎいん 衆議院 **the House of Representatives** /ハウス レプリゼンタティヴズ/
・衆議院議員 a member of the House of Representatives

しゅうきゅう 週休 a **weekly holiday** /ウィークリ ハリデイ/
・週休2日制 a five-day week

じゅうきょ 住居 a **house** /ハウス/, a **dwelling** /ドウェリング/, a **residence** /レズィデンス/

しゅうきょう 宗教 a **religion** /リリヂョン/

・宗教の[的な] religious
・宗教改革 the Reformation

じゅうぎょういん 従業員 an **employee** /インプろイイー/

しゅうぎょうしき 終業式 **the closing ceremony** /クろウズィング セレモウニ/
・1学期の終業式 the closing ceremony of the first term

しゅうきん 集金する **collect money** /コれクト マニ/, **collect bills** /ビるズ/

じゅうく 19(の) **nineteen** /ナインティーン/
・第19(の) the nineteenth (略 19th)

シュークリーム a **cream puff** /クリーム パふ/ → 「シュークリーム」はフランス語の chou à la crème から

しゅうげき 襲撃 an **attack** /アタク/ → こうげき
襲撃する **attack** → おそう

じゅうご 15(の) **fifteen** /ふぃふティーン/
・第15(の) the fifteenth (略 15th)

しゅうごう 集合 (a) **gathering** /ギャザリング/
集合する **gather, get together** /トゥゲざ, ミート/, **meet (together)**
・集合時間 the meeting time / the time when we will meet
・集合場所 the meeting place / the place where we will meet
・私たちは何時にどこへ集合するのですか Where and when shall we meet (together)?
・先生は私たちに1時に校庭に集合するように言われた The teacher told us to get together in the schoolyard at one.

じゅうごや 十五夜 (満月の夜) a **night of a full moon** /ナイト ムーン/; (仲秋) **the night of the harvest moon** /ハーヴェスト/
・十五夜の月 a full moon / the harvest moon

ジューサー a **juicer** /ヂューサ/

しゅうさい 秀才 a **bright person** /ブライト/

じゅうさん 13(の) **thirteen** /さ～ティーン/
・第13(の) the thirteenth (略 13th)

しゅうじ 習字 (書道) **calligraphy** /カリグラふぃ/; (書き方) **penmanship** /ペンマンシプ/

じゅうし[1] 14(の) **fourteen** /ふォーティーン/
・第14(の) the fourteenth (略 14th)

じゅうし[2] 重視する **put stress** (on ~) /ストレス/, **lay stress** (on ~) /れイ/
・あの高校は入学に際して内申書を重視する In accepting applicants that senior high school puts stress on their school reports.

じゅうじ 十字形 a **cross** /クろース/
・十字架 a cross

じゅうじぐん 248 two hundred and forty-eight

•十字路(で) (at) a crossroads

じゅうじぐん 十字軍 《歴史》(総体として) **Crusaders** /クルーセイダズ/

じゅうしち 17(の) **seventeen** /セヴンティーン/
•第17(の) the seventeenth (略 17th)

じゅうじつ 充実な (完備している) **complete** /コンプリート/; (中身のある) **substantial** /サブスタンシャル/, **full** /ふる/
•充実した生活を送る live a full life / live (life) to the full

しゅうしふ 終止符 《米》a **period** /ピアリオド/, 《英》a **full stop**
•(…に)終止符を打つ put a period (to ~)

しゅうしゅう 収集 (a) **collection** /コれクション/
収集する collect /コれクト/
•私の趣味(しゅみ)は切手収集です My hobby is collecting stamps [stamp collecting].

じゅうじゅん 従順 **obedience** /オビーディエンス/
従順な obedient /オビーディエント/
•従順に obediently

じゅうしょ 住所 one's **address** /アドレス/
•住所録 an address book
•彼に私の住所の変更を通知する notify him of my change of address
•私は彼の住所を知りません
I don't know his address [where he lives].
•ご住所はどちらですか What is your address? / (丁寧(ていねい)に) May I have your address?

じゅうしょう 重傷 (銃刀などによる) a **serious wound** /スィアリアス ウーンド/; (事故などによる) a **serious injury** /インヂャリ/
•重傷を負う be seriously wounded [injured]

しゅうしょく 就職する **get** a **job**
•就職試験 an examination for employment
•就職活動をする look [hunt] for a job
•私は学校を卒業したら就職するつもりです
I intend to find a job after leaving school [I leave school].
•先生が私に良い就職口を見つけてくれた
My teacher found me a good position.
•ケンは郵便局に就職した
Ken has got a position in a post office.

じゅうしょく 住職 a **chief priest** (**of the temple**) /チーふ プリースト テンプる/

しゅうじん 囚人 a **prison inmate** /プリズン インメイト/; a **prisoner** /プリズナ/

じゅうしん 重心 **the center of gravity** /グラヴィティ/

ジュース juice /ヂュース/; (炭酸飲料) **soda** /ソウダ/, **pop** /パプ/, **soda pop**

•オレンジジュース orange juice

カタカナ語！ ジュース

日本では清涼飲料をすべて「ジュース」と呼ぶことがあるが英語では果汁100パーセントのものだけを **juice** という．したがって orange **juice** は「果汁100パーセントのオレンジジュース」で，よく自販機などで売られている，100パーセントでない「ジュース」は orange **drink**. ふつうの炭酸飲料は **soda**, **pop** あるいは **soda pop** という

しゅうせい 修正する (案などを) **modify** /マディふァイ/; (誤りを) **correct** /コレクト/
•原案を修正する modify the original plan

しゅうぜん 修繕 (a) **repair** /リペア/
修繕する (破損物などを) **repair**, **fix** /ふィクス/; (つくろう) **mend** /メンド/ ➔ なおす❷

じゅうそう 重曹 **bicarb** /バイカーブ/, **(sodium) bicarbonate** /(ソウディアム) バイカーボネイト/

じゅうたい¹ 重態である be **seriously sick** /スィアリアスリ スィク/, be **seriously ill** /イる/, be **in serious condition** /コンディション/

じゅうたい² 渋滞 (交通の) a **traffic jam** /トラふィク ヂャム/
•私の車は交通渋滞に巻き込まれてしまった
My car was caught in a traffic jam.

じゅうだい¹ 重大な (重要な) **important** /イン ポータント/; (大変な) **serious** /スィアリアス/
•重大な事態 a serious situation
•重大な誤りをする make a serious mistake

じゅうだい² 10代 **teens** /ティーンズ/ ➔ 英語のteens は語尾に -teen の付く thirteen (13) からnineteen (19) までをさす
•10代の teenage
•10代の人たち teenagers
•私たちは皆10代です We are all in our teens.

じゅうたく 住宅 a (**dwelling**) **house** /(ドウェリング) ハウス/
•住宅問題 a housing problem
•住宅地区 a residential area [quarter]

しゅうだん 集団 a **group** /グループ/
•学生の集団 a group of students
•集団をなして in a group
•集団登校 [下校] going to school [leaving school] in groups

じゅうたん (床全体に敷(し)きつめる) a **carpet** /カーペト/; (床の一部をおおう) a **rug** /ラグ/
•床にじゅうたんを敷く lay the floor with carpet

しゅうちゅう 集中(力) **concentration** /カンセントレイション/
集中する concentrate /カンセントレイト/; (集ま

two hundred and forty-nine　249　じゅうぶん

---

center /センタ/
•集中的な　(1か所に集中した) concentrated; (短期間に詰め込む) intensive
•集中豪雨　concentrated heavy rain
•私はその仕事の完成に全精力を集中した
I concentrated all my energies on the completion of the task.
•人口は都市に集中する傾向(けいこう)がある
Population tends to concentrate in the cities.
•彼らの話はこの問題に集中した
Their talks centered on this question.

しゅうてん 終点 a **terminal** /タ～ミヌる/
•バス[鉄道]の終点　a bus [railroad] terminal
•この電車の終点は新宿です
This train service ends at Shinjuku Station.

しゅうでん 終電(車) the **last train** /トレイン/

じゅうてん 重点 (強調) **stress** /ストレス/, **emphasis** /エンふァスィス/ (復 emphases /エンふァスィーズ/)
•重点的に　intensively
•…に重点をおく　put stress [emphasis] on ～
→ じゅうし2

じゅうでん 充電する　**charge** /チャーヂ/; (再充電する) **recharge** /リチャーヂ/
•充電器　a (battery) charger
•充電式の　rechargeable
•スマートフォンを充電する　charge a smartphone
•電池を充電する　charge a battery

しゅうと a **father-in-law** /ふァーざリンろー/ (復 fathers-in-law) → しゅうとめ

シュート (サッカー・バスケットなどの) a **shot** /シャト/; (野球の) a **screwball** /スクルーボーる/
シュートする **shoot** /シュート/

じゅうどう 柔道 **judo**
•柔道をする　do judo
•ぼくの兄は柔道3段です
My brother is a third *dan* at judo.
•1964年の東京オリンピックで柔道がオリンピック種目に加えられてから柔道は世界中で盛んになりました　Judo has become popular all over the world since the Tokyo Olympics in 1964 when it first became part of the Olympic Games.

しゅうどういん 修道院 (男子の) a **monastery** /マナステリ/; (女子の) a **convent** /カンヴェント/, a **nunnery** /ナナリ/

しゅうとく 習得する　**master** /マスタ/
•英語を習得するのは容易でない
It is not easy to master English.

しゅうとくぶつ 拾得物 a **thing found** /すィンぐ

ふァウンド/ → おとしもの

しゅうとめ a **mother-in-law** /マざリンろー/ (復 mothers-in-law)

じゅうなん 柔軟な **flexible** /ふれクスィブる/
•柔軟体操　calisthenics

じゅうに 12(の) **twelve** /トウェるヴ/
•第12(の) the twelfth (略 12th)

じゅうにがつ 12月 **December** /ディセンバ/ (略 Dec.) → くがつ

じゅうにし 十二支 *junishi*

日本を紹介しよう

十二支は昔の日本で方角や時刻や年を表すのに使った12の動物の名前です．今でも自分の生まれた年をいうのに十二支がよく使われます．その12の動物は子(ね)，丑(うし)，寅(とら)，卯(う)，辰(たつ)，巳(み)，午(うま)，未(ひつじ)，申(さる)，酉(とり)，戌(いぬ)，亥(い)です

Junishi is the names of twelve animals that were used in Japan in olden times to indicate directions, hours, and years. Even today people often use *junishi* to refer to the year when they were born. The twelve animals are: *Ne* (rat), *Ushi* (ox), *Tora* (tiger), *U* (rabbit), *Tatsu* (dragon), *Mi* (snake), *Uma* (horse), *Hitsuji* (sheep), *Saru* (monkey), *Tori* (cock), *Inu* (dog), *I* (boar)

しゅうにゅう 収入 an **income** /インカム/
•収入が多い[少ない]　have a large [small] income

しゅうにん 就任する **take office** /オーふィス/

じゅうにん 住人 an **inhabitant** /インハビタント/

しゅうねん 周年　an **anniversary** /アニヴァ～サリ/
•10周年を祝う　celebrate the tenth anniversary

じゅうはち 18(の) **eighteen** /エイティーン/
•第18(の) the eighteenth (略 18th)

じゅうびょう 重病である → じゅうたい1

しゅうぶん 秋分　the **autumnal equinox** /オータムヌる イークウィナクス/
•秋分の日(祭日) Autumnal Equinox Day

じゅうぶん 十分な
➤ (何かをするのに足りるだけの) **enough** /イナふ/
➤ (ありあまるほどの) **plenty of ～** /ブれンティ/
十分に **enough**; **plentifully**; (完全に) **fully** /ふリ/
•十分なお金　enough money
•十分な食糧　plenty of food

- 私はそれを買うだけの十分な金を持っていない
I haven't got enough money to buy it.
- ガソリンはあと10キロは十分だ We have enough gasoline for another ten kilometers.
- (もう)十分いただきました
I have had enough, thank you. / No, thank you. I've had plenty.
- 列車が到着するまで時間は十分ある There is plenty of time before the train arrives.
- 私はそのことには十分気づいていました
I was fully aware of it.

しゅうまつ 週末 a **weekend** /ウィークエンド/
- 週末旅行 a weekend trip
- 私は週末にはよくそこへ行きます
I often go there on weekends.

じゅうまん 10万 a **hundred thousand** /ハンドレド サウザンド/
- 数十万の… hundreds of thousands of ~

じゅうみん 住民 an **inhabitant** /インハビタント/

じゅうもんじ 十文字 a **cross** /クロース/

しゅうや 終夜 **all-night** /オール ナイト/
- (交通機関の)終夜運転 all-night service

しゅうゆう 周遊する **make** a **circular tour** /サ〜キュラ トゥア/
- 周遊券 a circular ticket

しゅうよう 収容する **hold** /ホウるド/; **accommodate** /アコモデイト/
- 収容設備 accommodations
- この部屋は何人収容できるでしょうか
How many people will this room hold?
- その病院は千人の患者(かんじゃ)を収容できる
The hospital can accommodate [has accommodations for] a thousand patients.

じゅうよう 重要
➤ **importance** /インポータンス/
重要な important, of importance
- 非常に重要な事 a matter of great importance
- だれがそれをしようとそんなことは重要なことではない It is not important [is of no importance] who will do it. / It doesn't matter who will do it.

しゅうり 修理する **fix** /ふィクス/; (複雑な機械などを) **repair** /リペア/; (簡単な故障などを) **mend** /メンド/
- 修理中である be under repair
- このエアコンは修理が必要だ
This air conditioner needs repairing.
- このドアはちゃんとしまらない. 修理してくれませんか This door won't shut properly. Would you mend [fix] it?

しゅうりょう¹ 終了 an **end**, a **close** /クロウズ/ ➔ おわり
終了する end, close, finish /ふィニシュ/ ➔ おわる
- 終了式 the closing ceremony of the school year

しゅうりょう² 修了 **completion** /コンプリーション/
修了する complete /コンプリート/, **finish** /ふィニシュ/
- 私は第2学年の課程を修了しました
I finished the second-year course.
- 私たちは来年の3月までに中学校の課程を修了します We will complete the whole junior high school course by next March.

じゅうりょう 重量 **weight** /ウェイト/ ➔ おもい¹, おもさ
- 重量あげ weight lifting

じゅうりょく 重力 **gravity** /グラヴィティ/

じゅうろく 16(の) **sixteen** /スィクスティーン/
- 第16(の) the sixteenth (略 16th)

しゅえい 守衛 a **guard** /ガード/

しゅえん 主演する **star** /スター/
- 主演者 a star (player)
- この映画の主演はだれですか
Who stars in this film?

しゅかん 主観的 **subjective** /サブヂェクティヴ/
- 主観的に subjectively

しゅぎ 主義 a **principle** /プリンスィプる/
- 主義として as a principle
- 主義にこだわる stick to one's principles
- 私は間食しない主義です I make it a principle to eat nothing between meals.

じゅぎょう 授業
➤ (個人または集団で受ける) a **lesson** /れスン/; (教室などで受ける集団の) a **class**
- 授業参観日 《米》a class open house / 《英》a class open day ➔ さんかん
- 授業料 school fees; (大学の) college fees / university fees; (ピアノ・生け花などの) tuition fees
- 授業を受ける take [have] a lesson
- 数学の授業 a math lesson [class]

君たちは英語の授業は週に何時間ありますか
―私たちは週に5時間英語の授業があります
How many English **lessons** do you have a

week?
—We have five English **lessons** a week.

・授業は50分です
A lesson [A class] lasts fifty minutes.
・戸田先生の歴史の授業はとてもおもしろい
Mr. Toda's history class is very interesting.
・生徒は授業中でした
The students were in class.
・私はぎりで授業に間に合った
I was just in time for class.

じゅく 塾 *juku*, **a private after-school class** /プライヴェト/
じゅくご 熟語 **an idiom** /イディオム/, **an idiomatic phrase** /イディオマティク ふレイズ/
しゅくじ 祝辞 **a congratulatory address** /コングラチュらトーリ アドレス/
・祝辞を述べる make a congratulatory address
しゅくじつ 祝日 **a holiday** /ハリデイ/, **a festival** /ふェスティヴァる/
・国民の祝日 a national holiday
しゅくしょう 縮小 **reduction** /リダクション/
縮小する reduce /リデュース/
・軍備の縮小 the reduction of armaments
じゅくす 熟す **ripen** /ライプン/
熟した ripe
・ブドウはまだ熟していない
The grapes are not ripe yet.
じゅくすい 熟睡 **a sound sleep** /サウンド スリープ/
熟睡する sleep soundly, sleep well
・私はゆうべは熟睡しました
I slept soundly last night. / I had a sound [good] sleep last night.

しゅくだい 宿題
➤ **homework** /ホウムワ〜ク/, **an assignment** /アサインメント/
・宿題を出す assign homework / give an assignment
・宿題をする do *one's* homework
・先生は私たちに社会科の宿題を出した
The teacher assigned us homework in social studies. / The teacher gave an assignment to us in social studies.
・私はまだ宿題がすんでいません
I have not yet finished my homework.
しゅくでん 祝電 **a congratulatory telegram** /コングラチュらトーリ テれグラム/
・祝電を打つ send a congratulatory telegram

じゅくどく 熟読 **careful reading** /ケアふる リーディング/
熟読する read carefully /ケアふり/
しゅくはく 宿泊 →とまる²
しゅくふく 祝福する (幸運を祈る) **wish ～ good luck** /ウィシュ グド らク/; (祝う) **celebrate** /セれブレイト/; (神の恵みを祈る) **bless** /ブれス/
しゅくめい 宿命 →うんめい
じゅくれん 熟練 **skill** /スキる/
熟練した skilled
・熟練工 a skilled worker
・熟練のいる仕事 work that requires skill
しゅげい 手芸 **handicraft** /ハンディクラふト/, **manual arts** /マニュアる アーツ/
・手芸品 a handicraft; (非実用的な) a fancywork
しゅけん 主権 **sovereignty** /サヴリンティ/
・主権者 a sovereign

じゅけん 受験する
➤ **take an examination** /イグザミネイション/
・受験生 a candidate for examination
・受験科目 the subjects of examination
・受験番号 an examinee's (seat) number
・受験料 an examination fee
・受験テクニック test-taking skills
・私は高校の受験準備に忙(いそが)しい
I am busy preparing for the entrance examination of a senior high school.
・彼は受験して合格した He took the entrance examination and passed it.
しゅご 主語 《文法》 **the subject** /サブヂェクト/
じゅこう 受講する **attend a course** /アテンド コース/
・受講料 a tuition fee
・英語の夏期講座を受講する attend an English summer course
しゅさい 主催 **auspices** /オースピセズ/, **sponsorship** /スパンサシプ/
主催する sponsor
・主催者 a sponsor
・そのコンテストは教育委員会の主催で行われた The contest was held under the auspices [the sponsorship] of the Board of Education.
しゅし¹ 趣旨 (目的) **the purpose** /パ〜パス/, **the object** /アブヂェクト/; (意見) *one's* **opinion** /オピニョン/; (要旨) **the gist** /ヂスト/
しゅし² 種子 **a seed** /スィード/
じゅし 樹脂 **resin** /レズィン/
しゅじゅつ 手術 **an operation** /アペレイション/
・手術を受ける be operated on / undergo an

しゅしょう 252

operation
・外科手術 a surgical operation
・私は盲腸の手術を受けた I was operated on for appendicitis. / I underwent an operation for appendicitis.

しゅしょう¹ 首相 a **prime minister** /プライム ミニスタ/, a **premier** /プリミア/

しゅしょう² 主将 a **captain** /キャプテン/

じゅしょう 受賞する **win** a **prize** /プライズ/, **be awarded** a **prize** /アウォーデド/
・受賞者 a prize winner
・最優秀賞を受賞する win［be awarded］first prize
・大江健三郎氏は1994年度のノーベル文学賞を受賞した Mr. Kenzaburo Oe was awarded the 1994 Nobel Prize in Literature.

しゅしょく 主食 **the staple food** /スティプる ふード/ → コメ

しゅじん 主人（雇(やと)い主）an **employer** /インプろイア/, a **master** /マスタ/;（夫）one's **husband** /ハズバンド/

じゅしん 受信する **receive** /リスィーヴ/
・受信機 a receiver
・受信人(手紙の) an addressee
・受信料 license fee

しゅじんこう 主人公（男性）a **hero** /ヒーロウ/;（女性）a **heroine** /ヘロウイン/

じゅず a **rosary** /ロウザリ/

しゅぞく 種族 a **tribe** /トライブ/
・種族の tribal

しゅだい 主題（題目）the **subject** /サブヂェクト/;（テーマ）the **theme** /すィーム/

しゅだん 手段

➤ a **means** /ミーンズ/;（頼り）a **resort** /リゾート/
➤ (手続き) a **step**;（方策）a **measure** /メジャ/
・手段を選ばずに by every means
・ありとあらゆる手段を尽(つ)くす take every possible means
・必要な手段を取る take necessary steps［measures］
・最後の手段として as a last resort
・彼にそれをやめさせるためには何か手段を取らなければならない Some steps must be taken to stop him from doing it.

しゅちょう 主張 **insistence** /インスィステンス/
主張する insist /インスィスト/
・それをすると主張する insist on doing it

しゅつえん 出演 **appearance** /アピアランス/

出演する appear /アピア/; **play** /プれイ/
出演者（個人）a **performer** /パふォーマ/;（全体）**the cast** /キャスト/
・テレビに出演する appear［make one's appearance］on television
・劇に重要な役で出演する play an important part［role］in a play

しゅっか 出火（火事）a **fire** /ふァイア/
・出火する the fire starts / the fire breaks out
・その災害をもたらした火事はホテルの調理場から出火した The fire that caused the disaster broke out in the kitchen of the hotel.

しゅつがん 出願 → がんしょ

しゅっきん 出勤する **go to** one's **office** /オーふィス/, **go to work** /ワ～ク/

しゅっけつ¹ 出血 **bleeding** /ブリーディング/
出血する bleed /ブリード/

しゅっけつ² 出欠をとる **call the roll** /コール ロウる/

じゅつご 述語《文法》a **predicate** /プレディケト/

しゅっこう 出航する **set sail** /セイる/

しゅっこく 出国手続き **departure formalities** /ディパーチャ ふォーマリティズ/
・出国手続きをする go through departure formalities［passport control］

しゅっさん 出産する **give birth to** /バ～す/
・女の子を出産する give birth to a girl

しゅつじょう 出場する **participate** (in ～) /パーティスィペイト/, **take part** (in ～)
・出場者 a participant
・彼は弁論大会に出場して1位になった
He participated in the speech contest and won first prize.
・私は障害物競走に出場した
I took part in an obstacle race.

しゅっしょう 出生 → しゅっせい

しゅっしん …出身である（地方）**come from** ～, **be from** ～;（学校）**graduate from** ～ /グラヂュエイト/
・出身校 → ぼこう
・出身地 → こきょう
・あなたはどちらのご出身ですか
Where do you come from? /
Where are you from? /（出身校）What school did you graduate from?
・私は鹿児島の出身です
I come from Kagoshima.

じゅっしんほう 十進法 → じっしんほう

しゅっせ 出世 **success in life** /サクセス らィふ/
出世する succeed in life /サクスィード/, **rise in**

the world /ライズ ワ～るド/
・努力しなければ出世はできない
You cannot succeed in life without effort.

しゅっせい 出生 (a) **birth** /バ～す/
・出生率 the birthrate
・日本では近年, 出生率が落ちてきています
In Japan, the birthrate has been falling ［declining］ in recent years.

しゅっせき 出席

➤ **attendance**/アテンダンス/
出席する attend /アテンド/
出席している be present /プレズント/
・出席簿(ぼ) a (class) roll
・出席をとる call the roll
・会合に出席する attend ［be present at］ a meeting
・きょうは私たちのクラスは全員出席です
Our class has perfect attendance today. /
Our class are all present today.
・出席していた人々は彼のことばに深く感動した
Those present were deeply moved by his words.

じゅっちゅうはっく 十中八九 **ten to one. nine cases out of ten** /ケイセズ/

しゅっちょう (… へ)出張する **travel on business** (to ~) /トラヴる ビズネス/, **go to ~ on business**
・父は先週神戸へ出張しました My father went to Kobe on business last week.

しゅっぱつ 出発

➤ **departure**/ディパーチャ/
出発する start /スタート/, **leave** /リーヴ/
出発点 the starting point

基本形	
A を出発する	**start from** A / **leave** A
B へ向かって出発する	**start for** B / **leave for** B
A を出発して B へ向かう	**start from** A **for** B / **leave** A **for** B

・(空港の)出発ロビー a departure lounge ➜ この「ロビー」は和製英語
・早く［今晩, 8時に, 日曜日に, 時間どおりに］出発する start early ［tonight, at eight, on Sunday, on time］
・成田を出発する start from Narita / leave Narita
・ロンドンへ向かって出発する start ［leave］ for London

・飛行機の出発時間 the departure time of a plane
・羽田を午後5時に出発してシカゴへ向かう leave Haneda at 5:00 p.m. for Chicago
・私は来週ドバイへ出発します。 ➜ 現在進行形 I'm leaving for Dubai next week. ➜ come, go, leave, arrive などの現在進行形は「近い未来」を示すのに用いられる
・あなたの飛行機は何時に出発しますか
At what time does your plane leave?
・彼女はいつヨーロッパ旅行に出発しますか
When is she going to start on her trip to Europe?
・さあ, 出発だ Let's go.
・彼らはまだジャカルタへ出発していません ➜ 現在完了 They haven't left for Jakarta yet.

しゅっぱん[1] 出版 **publication** /パブリケイション/
出版する publish /パブリシュ/
・出版社 a publishing company
・その本は年末までには出版されるでしょう
The book will be published ［will come out］ before the end of this year.

しゅっぱん[2] 出帆する **sail** /セイる/, **set sail**

しゅっぴ 出費 **expense** /イクスペンス/

しゅっぴん 出品する **exhibit** /イグズィビト/
・出品物 an exhibit

しゅと 首都 **the capital** /キャピtrる/, **the metropolis** /メトラポリス/
・首都圏 the metropolitan area
・スペインの首都はどこですか
What is the capital of Spain?

しゅどう 手動の **manual** /マニュアる/

しゅとして 主として **chiefly** /チーふり/, **mainly** /メインリ/
・これらの彫刻(ちょうこく)は主として彼の作です
These sculptures are chiefly his work.

ジュニア (息子・二世) **junior** /チューニア/

しゅにく 朱肉 a **red** ［**cinnabar**］ **ink pad** /レド［シナバー］ インク パド/

しゅにん 主任 a **chief** /チーふ/
・英語科の主任教員 the head of the English Department

しゅび 守備 (防備) **defense** /ディふェンス/; (野球の) **fielding** /ふぃーるディングゃ/
守備する defend /ディふェンド/; **field** /ふぃーるド/
・(スポーツの)守備側 the defense / (野球など) the fielding side

しゅふ 254 two hundred and fifty-four

しゅふ¹ 主婦, 主夫 a **housewife** /ハウスワイふ/ (復 housewives /ハウスワイヴズ/), a **househusband** /ハウスハズバンド/, a **homemaker** /ホウムメイカ/

しゅふ² 首府 → しゅと

じゅふん 授粉 **pollination** /パリネイション/

しゅみ 趣味 (好み) (a) **taste** /テイスト/; (余暇の楽しみ) a **hobby** /ハビ/; (興味) an **interest** /インタレスト/

・音楽の趣味がある have a taste for music

会話

君のお父さんの趣味は何ですか
―バラ作りが父の趣味です
What are your father's **hobbies**?
―Growing roses is my father's **hobby**.
→たずねる時は複数形 (hobbies) を使うのがふつう

・この服は私の趣味に合わない
This dress is not to my taste.

じゅみょう 寿命 **the span of life** /スパン らいふ/, **the lifespan** /らいふスパン/, **the life**
・人間の寿命は80年ぐらいだ The span of human life is about eighty years.
・寿命を縮めるのは仕事ではなくて心配だ It is not work but worry that shortens your life.

しゅもく 種目 (競技の) an **event** /イヴェント/
・フィールド競技種目 field events
・次の種目はハードルです
The next event is a hurdle race.
・私は3種目に出場した
I took part in three events.

じゅもん 呪文 a **spell** /スペる/
・呪文を唱える recite a spell

しゅやく 主役 **the leading part** /リーディング/, **the leading role** /ロウる/ → しゅえん

じゅよ 授与する **give**, **award** /アウォード/ → しょう²
・彼は2015年度のノーベル物理学賞を授与された He was given [awarded] the 2015 Nobel Prize in Physics.

しゅよう 主要な **main** /メイン/; (産物など) **staple** /ステイプる/
・主要道路 a main road
・主要農産物 the staple farm products

じゅよう 需要 (a) **demand** /ディマンド/
・供給が需要を超える
The supply exceeds the demand.
・それに対する需要が増した
The demand for it has increased.

・雨の日にはタクシーの需要が多い
Taxis are in great demand on rainy days.

しゅりゅう 主流 **the mainstream** /メインストリーム/

しゅりょう 狩猟 **hunting** /ハンティング/, a **hunt** → りょう³
・狩猟家 a hunter

しゅるい 種類
➤ a **kind** /カインド/, a **sort** /ソート/; (品種) a **variety** /ヴァライエティ/
・あらゆる種類の物 all kinds of things / things of all kinds
・こういった種類の本 this kind of book / a book of this kind
・これらの種類の木は育てやすい
These kinds of trees are easy to grow.
・この果樹園にはいろいろな種類のリンゴが栽培(さいばい)されている Many kinds of apples are grown in this orchard. / We grow different varieties of apples in this orchard.
・君はどんな種類の果物が一番好きですか
What kind of fruit do you like best?
・これらの貝殻(がら)は同じ種類のものではない
These shells are not (of) the same kind.
・私は海辺で珍しい種類の貝殻を発見した
I found a rare kind of shell on the beach.

しゅわ 手話 **sign language** /サイン らングウェヂ/

じゅわき 受話器 a **receiver** /リスィーヴァ/
・受話器を取る[置く] pick up [put down] the receiver

しゅわん 手腕 **ability** /アビリティ/
手腕のある able /エイブる/

じゅん 順 (順番) a **turn** /ターン/; (順序) **order** /オーダ/ → じゅんじょ, じゅんばん, ばん²
・順に[を追って] in order
・アルファベット順に in alphabetical order
・大きさ[年齢]順に in order of size [age]

じゅんい 順位 **ranking** /ランキング/

じゅんえん 順延 → えんき
・試合は雨天順延です In case of rain, the game will be put off till the next fine day.

しゅんかん 瞬間 a **moment** /モウメント/
・次の瞬間には
the next moment / in another moment
・最後の瞬間に at the last moment
・彼は私を見た瞬間に立ち上がった
The moment he saw me, he stood up. →この場合の the moment は接続的な働きをして「…する瞬間に」の意味

じゅんかん 循環 **circulation** /サ〜キュれイショ
ン/

じゅんきゅう 準急 a **local express** /ろウカる イ
クスプレス/

じゅんきょうじゅ 准教授 an **associate profes-
sor** /アソウシエト プロふェサ/

じゅんきん 純金 **pure gold** /ピュア ゴウるド/

じゅんけつ 純潔な **pure** /ピュア/

じゅんけっしょう 準決勝 a **semifinal** /セミふぁ
イヌる/

・準決勝に進出する go on to the semifinals →一
般的に「準決勝戦」という時は2試合あるのでこのよ
うに the semifinals という
・私たちのチームは彼らのチームと準決勝で戦うこと
になっている Our team is to play against
theirs in the semifinal.

じゅんし 巡視 **patrol** /パトロウる/
巡視する patrol
・巡視艇(てい) a patrol boat

じゅんじょ 順序 **order** /オーダ/ → じゅん
・一定の順序に in regular order
・順序を逆にして in reverse order

じゅんしん 純真な **pure** /ピュア/; (むじゃきな)
innocent /イノセント/
・純真な子供 an innocent child

じゅんすい 純粋な **pure** /ピュア/
・純粋に purely

じゅんちょう 順調に **well**, **in a satisfactory
way** /サティスふぁクトリ/, **satisfactorily** /サティ
スふぁクトリリ/
・順調に行く go well
・私の仕事は順調です
My work is going well [satisfactorily].
・あなたにとってすべてが順調に行きますように I
hope everything will go well with you.

じゅんばん 順番 a **turn** /タ〜ン/; (順序) **order**
/オーダ/ → じゅん, じゅんじょ, ばん²
・順番に in turn
・順番を乱して out of turn
・順番を待つ wait one's turn
・各生徒は順番で顕微鏡(けんびきょう)を使う
Each student has a turn at using the micro-
scope. / Each student takes turns using the
microscope.
・数人の人が医院で順番を待っていた
Several people were waiting their turn in the
doctor's office.

じゅんび 準備 **preparations** /プレパレイションズ/
→ ようい
準備する prepare /プリペア/, **get ready** /レデ
ィ/
・準備体操 warm-up
・旅行の準備をする make preparations [ar-
rangements] for a trip
・私は期末試験の準備で忙(いそが)しい I am busy
preparing for the term examination.
・パーティーのために部屋の準備をしましょう
Let's prepare the room for the party.
・準備はよいか Are you ready?
・出かける準備が出来ています
I'm ready to go.
・その失敗が彼の次の実験の成功を準備することになっ
た ひゆ That failure was to pave the way
for his success in the next experiment. (成功
への道を敷(し)くことになった)

しゅんぶん 春分 **the vernal equinox** /ヴァ〜ヌ
る イークウィナクス/, **the spring equinox**
・春分の日(祭日) Vernal Equinox Day

じゅんもう 純毛 **pure wool** /ピュア ウる/

じゅんゆうしょう 準優勝 (人・チーム) a **runner-
up** /ラナ アプ/ (復 runners-up /ラナズ アプ/)

じゅんれい 巡礼 (旅) a **pilgrimage** /ピるグリメ
ヂ/; (人) a **pilgrim** /ピるグリム/

しよう¹ 私用 (用事) **private business** /プライヴェ
ト ビズネス/; (個人用) one's **private use** /ユース/

しよう² 使用 **use** /ユース/
使用する use /ユーズ/
使用者 a user /ユーザ/; (雇(やと)い主) an **employ-
er** /インプ°ロイア/
・使用法 use / usage / how to use; (使用上の注
意書き) directions (for use)
・このアプリは世界中で広く使われている This app
is used widely around the world.
・タイプライターは今使用されていません
Typewriters are now out of use.
・それはいろいろな目的に使用できます
It can be used for various purposes.
・このソフトは使用法をよく読んでから使ってくださ
い Read the instructions carefully before
you use this application.

しよう³ …しよう, …しましょう

➤ **let us** do; (略形) **let's** do /れ°ツ/
…**しようとする try to** do /トライ/ → こころみる,
やってみる
…**しようとして in an effort to** do /エふォト/
…**しましょうか Shall I** do? /シャる/
・野球[競走]をしよう
Let's play baseball [run a race].
・いっしょに歌いましょう Let's sing together.

しょう 256 two hundred and fifty-six

• そのことは彼に言わないでおきましょう
Let's not tell him about it.
会話 彼を助けてやりましょう. —うん, そうしよう
Let us help him. —Yes, let's.
• 彼はそれをもう一度しようとした
He tried to do it again.
• 彼は時間どおりにそれを終わらせようとして一生懸命頑張った He worked hard in an effort to finish it on time.
• あしたまた参りましょうか
Shall I come again tomorrow?
• これをどこに置きましょうか
Where shall I put it?

しょう¹ 章 a **chapter** /チャプタ/
• 第1章 the first chapter

しょう² 賞 a **prize** /プライズ/, an **award** /アウォード/
• 1等賞 the first prize
• 賞を与える award［give］a prize
• 賞を取る win［be awarded］a prize → じゅしょう

しょう³ 省 (日本・イギリスの) a **ministry** /ミニストリ/; (アメリカの) a **department** /ディパートメント/
• 文部科学省 the Ministry of Education, Culture, Sports, Science and Technology

じょう 滋養 → えいよう

じょう¹ 条 an **article** /アーティクる/
• 憲法第9条 the ninth article of the Constitution

じょう² 畳 a **mat**
• 8畳の部屋 an eight-mat room

じょういん 上院 (議会の) **the Upper House** /アパ ハウス/, 《米》**the Senate** /セネト/, 《英》**the House of Lords** /ろーヅ/
• 上院議員 a member of the Upper House / 《米》a senator / 《英》a member of the House of Lords

じょうえい 上映する **show** /ショウ/
• その映画はみゆき座で上映中だ
That movie is on at the *Miyuki-za*.

じょうえん 上演 a **performance** /パふォーマンス/
上演する perform /パふォーム/, **put on**
•「ハムレット」を上演する perform［put on］*Hamlet*

しょうか¹ 消化 **digestion** /ダイヂェスチョン/
消化する digest /ダイヂェスト/
• 消化器 digestive organs
• 消化不良を起こす［を起こしている］ get［have］

indigestion
• 消化しやすい［しにくい］ be easy［hard］to digest

しょうか² 消火する **put out the fire** /ふァイア/, **extinguish the fire** /イクスティングウィシュ/
• 消火器 a fire extinguisher
• 消火栓 a (fire) hydrant / 《米》a fireplug
• 消火に手間取った It took a lot of time to put out the fire. / It took a lot of time before the fire was extinguished.
• 火事はたちまち消火された The fire was quickly put out［extinguished］.

ショウガ 生姜 《植物》**ginger** /ヂンヂャ/

しょうかい¹ 紹介

➤ (an) **introduction** /イントロダクション/
紹介する introduce /イントロデュース/

基本形
A を紹介する
　introduce A
A を B に紹介する
　introduce A **to** B

• 自己紹介する introduce *oneself*
• 紹介状 a letter of introduction; (身元・人物などを保証する) a letter of reference
• 彼は客同士をおたがいに紹介した
He introduced the guests (to each other).
• 彼女は私を彼女の両親に紹介した
She introduced me to her parents.
• 私は彼の友人全部に紹介された → 受け身形
I was introduced to all his friends.
• みなさんに加藤さんをご紹介いたします
I'd like to introduce Mr. Kato to you. → I'd like to *do* は「…したい」
May I introduce Mr. Kato to you? / Let me introduce Mr. Kato to you.
• スミスさん, 私の友達の勝夫君を紹介します
Miss Smith, may I introduce my friend Katsuo? / Miss Smith, this is my friend Katsuo.
• 自己紹介いたします. 私は佐藤健です
May I introduce myself? I'm Ken Sato. / Let me introduce myself: my name is Ken Sato.
• 彼は私にいい医者を紹介してくれた He referred me to a good doctor. → refer A to B は「A を B のところへ行かせる」

しょうかい² 商会 a **firm** /ふァ〜ム/

しょうがい¹ 生涯 *one's* **life** /らイふ/ 《覆》lives /らイヴズ/)
• 一生涯 all *one's* life / all through *one's* life

257 two hundred and fifty-seven / じょうきょう

•生涯教育　lifelong education
•彼は生涯この村に住んだ
He lived in this village all his life.
•それは私の生涯で最も幸福な時期であった
It was the happiest period of my life.
•彼女は病人の看護に生涯をささげようと決心した
She made up her mind to devote her life to the care of the sick.

しょうがい² 障害　an **obstacle** /アブスタクる/; (身体・精神の) (a) **disability** /ディサビリティ/
•障害者　a disabled person / (遠回しに) a challenged person
•障害物競走　an obstacle race

しょうがく 少額　**a small amount (of money)** /スモーる アマウント (マニ)/

しょうがくきん 奨学金　a **scholarship** /スカらシプ/
•奨学生　a scholar
•彼は奨学金をもらってアメリカの大学へ行った　He went to an American university on a scholarship.

しょうがくせい 小学生　a **schoolchild** /スクーるチャイるド/ (複 schoolchildren /スクーるチるドレン/)

しょうがつ 正月　(新年) **the New Year** /イア/; (1月) **January** /チャニュアリ/ (略 Jan.)
•正月休み　the New Year holidays

日本を紹介しよう

お正月には日本ではたいてい雑煮やおせち料理を食べます。そして初詣(はつもうで)に出かける人もいます
On New Year's Day people in Japan commonly eat *ozoni* (soup containing rice cakes) and *osechi* (New Year special dishes). Some go out for *hatsumode* (going to a shrine or a temple to pray for their health and happiness in the New Year)

しょうがっこう 小学校　《米》an **elementary school** /エれメンタリ/, 《英》a **primary school** /プライメリ/
•私の弟は小学校の5年生です　My brother is in the fifth grade in elementary school.

しょうがない → やむをえない
•それはしょうがないことだ　Nothing can be done about it. / It cannot be helped.
•彼はしょうがない (→何の役にもたたない) 男だ　He is (a) good-for-nothing.

しょうき 正気　**senses** /センセズ/; (気が確かなこと) **sanity** /サニティ/; (意識) **consciousness** /カンシャスネス/

•正気の　(気が確かな) sane; (意識がある) conscious
•正気を失う[取り戻す]　lose [regain] one's senses [consciousness]
•正気である　be in one's (right) senses
•正気でない　be out of one's senses

しょうぎ 将棋　*shogi*, **Japanese chess** /チェス/
•将棋盤　a *shogi* board
•将棋をさす　play *shogi*
•将棋がうまい　be a good *shogi* player

じょうき 蒸気　**vapor** /ヴェイパ/; (水蒸気) **steam** /スティーム/
•蒸気機関車　a steam locomotive

じょうぎ 定規　a **ruler** /るーら/
•三角定規　a triangle

しょうきゃく 焼却する　**incinerate** /インスィネレイト/
•焼却炉　an incinerator

じょうきゃく 乗客　a **passenger** /パセンチャ/

しょうきゅう¹ 昇級　**promotion** /プロモウション/
昇級する be promoted /プロモウテド/

しょうきゅう² 昇給　《米》a **raise (in salary)** /レイズ (サらり)/, 《英》a **rise (in salary)** /ライズ/
•昇給する　get a raise [a rise] in salary

じょうきゅう 上級の　(レベルが) **advanced** /アドヴァンスト/; (学年が) **senior** /スィーニャ/
上級生 a **senior student** /ステューデント/
•英会話上級コース　an advanced course in English conversation
•彼は私より2年上級生です
He is my senior by two years [two years my senior] at school.

しょうぎょう 商業　**commerce** /カマ〜ス/; (商売) **trade** /トレイド/
•商業の　commercial
•商業高等学校　a commercial high school
•商業科　the commercial course
•商業英語　business English

じょうきょう¹ 状況　(事情) **circumstances** /サ〜カムスタンセズ/; (情勢) a **situation** /スィチュエイション/; (状態) a **state** /ステイト/
•状況しだいで　according to circumstances
•これが私たちの今の状況です
This is our present situation. / This is the situation in which we are now placed.
•現在の状況のもとではその計画はやめたほうがよい
Under present circumstances, you should give up the plan.

じょうきょう² 上京する　**go to Tokyo, come to Tokyo**

しょうきょくてき 258 two hundred and fifty-eight

•彼は3日前に上京して来ました
He came to Tokyo three days ago.
•彼は上京して約1週間になります
He has been in Tokyo for about a week.

しょうきょくてき 消極的な（反対の）**negative** /ネガティヴ/; （積極的でない）**passive** /パスィヴ/; （進歩的でない）**conservative** /コンサ～ヴァティヴ/

しょうきん 賞金 **prize money** /プライズ マニ/
•100万円の賞金を獲得する win a prize of a million yen

しょうぐん 将軍 a **general** /ヂェネラる/; （幕府の）a **shogun** /ショウガン/

じょうげ 上下に **up and down** /アパンダウン/

しょうけいもじ 象形文字（古代エジプトの文字）a **hieroglyph** /ハイラグりふ/, **hieroglyphics** /ハイラグりふィクス/

しょうげき 衝撃 a **shock** → ショック
•衝撃的な shocking

じょうけん 条件 a **condition** /コンディション/
•条件付きの conditional
•…という条件で on condition that ～
•条件反射 conditioned reflex
•私はこの条件でその提案に賛成します
I agree to the proposal on this condition.

しょうこ 証拠 (a) **proof** /プルーふ/, **evidence** /エヴィデンス/
•証拠は彼に不利だ
The proof is against him.
•彼が有罪だという証拠は何もなかった
There was no evidence for his guiltiness.
•彼がせきをするのはタバコを吸いすぎる証拠だ（→彼のせきは彼がタバコを吸いすぎることを示す）His cough shows that he smokes too much.

しょうご 正午 **noon** /ヌーン/
•正午に at noon
•正午ごろ about [around] noon
•正午までに by noon

しょうこう 将校 an **officer** /オーふィサ/

しょうごう 称号 a **title** /タイtrる/

しょうさい 詳細 **details** /ディーテイるズ/
　詳細な **detailed**
　詳細に **in detail**

じょうざい 錠剤 a **tablet** /タブれト/

しょうさん 称賛 **praise** /プレイズ/; （感心）**admiration** /アドミレイション/
　称賛する **praise**; **admire** /アドマイア/
•彼の勇気は大いに称賛された
His courage was greatly admired [praised].

しょうじ 障子 **shoji**, **a translucent paper screen door** /トランスるースント ペイパ スクリーン/

しょうしか 少子化（出生率の減少）**the falling birthrate** /ふォーリンぐ バ～ずレイト/
•少子高齢化社会 an aging society with a low birthrate
•いろいろな調査を見ても日本社会の少子高齢化は着実に進んでいる
Reports show the steady aging of Japanese society with its shrinking child population.

しょうじき 正直

➤ **honesty** /アネスティ/
正直な **honest**
正直に **honestly**
•正直な少年 an honest boy
•彼は正直そうだ He looks honest.
•私は彼を正直だと思います
I think he is honest. / I think him honest.
•そこで見たことを正直に話してください
Please tell me honestly what you saw there.
•正直に言ってきょうは外出したくないんだ
Honestly [To be honest], I don't want to go out today.
　ことわざ 正直は最上の策である
Honesty is the best policy.

じょうしき 常識 **common sense** /カモン センス/
•彼は常識を欠いている
He lacks [is lacking in] common sense.
•それは常識です It is a matter of common sense.

しょうしつ 焼失する **burn down** /バ～ン ダウン/, **be destroyed by fire** /ディストロイド ふァイア/
•その家は火事で焼失した（→火で破壊された）
The house was destroyed by fire.

しようしゃ 使用者 a **user** /ユーザ/

しょうしゃ 商社 a **business firm** /ビズネス ふァ～ム/; （貿易会社）a **trading company** /トレイディンぐ カンパニ/

じょうしゃ 乗車する（列車・バスに）**get on**, **take**; （小型車に）**get in** → のる¹ ❶
•乗車券 a ticket → きっぷ
•（スイカなどの）乗車カード an IC fare card ➜ IC ＝integrated circuit（集積回路）; fare /ふェア/ は「運賃」
•列車[バス]に乗車する get on a train [a bus] / take a train [a bus]
•タクシーに乗車する get in a taxi

しょうしゅう 招集する **call** /コーる/
•会を招集する call a meeting

じょうじゅん 上旬に **at the beginning of a month** /ビギニンぐ マンす/

・サクラは4月の上旬に咲(さ)くでしょう
Cherry blossoms will be out at the beginning of April [early in April].
しょうじょ 少女 a (**little**) **girl** /(リトる) ガ〜る/
・私の少女時代に in my girlhood / when I was a girl
しょうじょう¹ 賞状 a **certificate of merit** /サティふィケット メリト/, a **testimonial** /テスティモウニアる/
しょうじょう² 症状 a **symptom** /スィンプトム/
・アレルギーの[強い, 弱い]症状 an allergic [a serious, a mild] symptom
・無症状の asymptomatic /エイスィム(プ)タマティク/
じょうしょう 上昇する **rise** /ライズ/, **go up**
しょうしん 昇進する → しょうきゅう¹

じょうず 上手な

➤ (熟練した) **skillful** (in ~, at ~) /スキるふる/; (うまい) **good** (at ~, in ~)
上手に skillfully; well
・上手な大工さん a skillful carpenter
・教え方の上手な先生 a teacher (who is) skillful in teaching / a skillful teacher
・彼はテニスがかなり上手です
He is a pretty good tennis player. / He plays tennis pretty well.
・君らのうちテニスが一番上手なのはだれですか
Who is best at tennis among you? / Who can play tennis best of you all?
・彼は私よりもテニスが上手です
He can play tennis better than I can [《話》than me]. / He is a better tennis player than I am [《話》than me].
・彼は英語をなかなか上手にしゃべることができます
He can speak English pretty well.
・彼はクラスで一番上手に英語をしゃべります
He is the best English speaker in the class.
しょうすう¹ 少数 a **minority** /マイノーリティ/; (a) **few** /ふュー/
少数の (a) **few**
・私たちのうち少数の者はそれを知っていた
A few of us knew it.
しょうすう² 小数 a **decimal** /デスィマる/
・小数点 a decimal point
じょうせい 情勢 → じょうきょう¹
しょうせつ (長編)小説 a **novel** /ナヴる/
・小説家 a novelist
・短編小説 a short story
・推理小説 a detective story
しょうせん 商船 a **merchant ship** /マ〜チャント シプ/

じょうせん 乗船する **go on board** a ship /ボード/, **go aboard** a ship /アボード/
しょうせんきょく 小選挙区 (小さな選挙区) a **small constituency** /スモーる コンスティチュエンスィ/; (1区1議席の選挙区) a **single-member** [**single-seat**] **constituency** /スィングる メンバ [スィングる スィート]/
しょうぞう 肖像(画) a **portrait** /ポートレト/
じょうぞう 醸造 **brewing** /ブルーインぐ/
醸造する brew
・醸造所 a brewery
しょうたい¹ 招待 (an) **invitation** /インヴィテイション/
招待する invite /インヴァイト/, (日常語) **ask**
・招待状 an invitation / a letter of invitation / an invitation card
・パーティーへの招待に応じる[を断る] accept [decline] an invitation to a party
・来週いつか彼を夕食に招待しましょう
Let's invite [ask] him to dinner sometime next week. / Let's have him over to dinner sometime next week.
しょうたい² 正体 (生来の性格) **one's true character** /トルー キャラクタ/; (化け物などの) **one's natural shape** /ナチュラる シェイプ/
・正体を現す reveal one's true character [one's natural shape]
じょうたい 状態 a **state** /ステイト/; a **condition** /コンディション/
・お天気の状態がよくなるまで待とう Let us wait till the weather conditions improve.
しょうだく 承諾 **consent** /コンセント/
承諾する consent; (受諾する) **accept** /アクセプト/
・提案を承諾する consent to a proposal
・申し出を承諾する accept an offer
じょうたつ 上達 **progress** /プラグレス/
上達する progress /プラグレス/, **make progress** /プラグレス/ → しんぽ (→ 進歩する)
じょうだん 冗談 a **joke** /チョウク/
冗談を言う joke; (からかう) **kid**
・冗談として as a joke
・冗談のつもりで for a joke
・冗談はさておいて apart from joking
・それは皆冗談です It's all a joke.
・冗談でしょう
You must be joking. / You're kidding.
しょうち 承知する (知っている) **know** /ノウ/; (気づいている) **be aware** (of ~) /アウェア/

しょうちょう 260 two hundred and sixty

- ご承知のように as you know
- そのことはよく承知しています
I am well aware of it.
- 承知しました All right. / Very well.

しょうちょう 象徴 a **symbol** /スィンボる/
象徴的な symbolic /スィンバりク/
- …を象徴する be symbolic of ～
- ハトは平和を象徴する
A dove is a symbol [is symbolic] of peace.

しょうてん¹ 商店 a **store** /ストー/, a **shop**
- 商店街 a shopping street [area]
- 商店街へ行く go downtown

しょうてん² 焦点 a **focus** /ふォウカス/ (複 fo-cuses, foci /ふォウサイ/)
- 物体に焦点を合わせる bring an object into fo-cus
- 焦点が合っている[いない] be in [out of] focus

しょうとう 消灯する **turn off the light** /ターン オーふ らイト/, **switch off the light** /スウィチ/
- 消灯時間 lights-out

しょうどう 衝動 an **impulse** /インパるス/
- 衝動買いをする buy on impulse

じょうとう 上等な **good**, **fine** /ふァイン/

しょうどく 消毒 **disinfection** /ディスィンふェクション/, **sterilization** /ステリりゼイション/
消毒する disinfect /ディスィンふェクト/, **sterilize** /ステリらイズ/
- 消毒薬 antiseptic; disinfectant; (手に使うもの) hand sanitizer

しょうとつ 衝突 (a) **collision** /コリジョン/, a **crash** /クラシュ/
衝突する collide (with ～) /コらイド/, **come into collision** (with ～), **crash**, **bump** /バンプ/, **run** (into ～); (意見などが) **clash** /クらシュ/
- 正面衝突 a head-on collision [crash]
- 2台のタクシーが衝突した
Two taxis crashed [bumped].
- バスとタクシーの衝突事故があった
There was a collision [a crash] between a bus and a taxi.

しょうに 小児科 **pediatrics** /ピーディアトリクス/
- 小児科医 a children's doctor / a pediatrician
- 小児科病院 a children's hospital

しょうにゅうどう 鍾乳洞 a **limestone cave** /らイムストウン ケイヴ/

しょうにん¹ 承認 **approval** /アプルーヴァる/
承認する approve (of ～) /アプルーヴ/
- 君たちはこの計画について先生の承認をもらったのか Have you gotten your teacher's approval for this plan?

- 先生はこの計画を承認しなかった
Our teacher did not approve of this plan.

しょうにん² 商人 a **merchant** /マ～チャント/; (小売り商人), a **storekeeper** /ストーキーパ/; a **shopkeeper** /シャプキーパ/; (ある特定の商品の) a **dealer** /ディーら/

しょうにん³ 証人 a **witness** /ウィトネス/

じょうねつ 情熱 **passion** /パション/
情熱的な passionate /パショネト/
- 情熱的に passionately
- 情熱家 a person of a passionate nature
- 音楽に対する情熱 one's passion for music

しょうねん 少年 a (**little**) **boy** /(りトる)/
- 少年の, 少年らしい boyish
- 彼の少年時代に in his boyhood / when he was a boy
- 私は少年のころその川へよく釣りに行ったものです I often went fishing in the river when I was a boy.

じょうば 乗馬 (**horseback**) **riding** /(ホースバク) ライディング/

しょうはい 勝敗 (勝つか負けるか) **win or lose** /ウィン るーズ/
- 試合の勝敗を決する decide a match
- 勝敗は問題ではない
It doesn't matter whether you win or lose.
- 勝敗は時の運だ It's a matter of luck whether we will win or lose.

しょうばい 商売 **business** /ビズネス/
商売する deal (in ～) /ディーる/, **sell**
[会話] ご商売はどうですか. —まあまあというところです How is (your) business?—It's just so-so.
- 君のおじさんのご商売は何ですか
What is your uncle's business? /
What does your uncle deal in?
- 彼は金物の商売をしています He deals in [sells] hardware. / He is a hardware dealer.

じょうはつ 蒸発 **evaporation** /イヴァポレイション/
蒸発する, 蒸発させる evaporate /イヴァポレイト/

じょうはんしん 上半身 **the upper half of** one's **body** /アパ ハふ バディ/

しょうひ 消費 **consumption** /コンサンプション/
消費する consume /コンス(ュ)ーム/
- 消費者 a consumer
- 消費税 a consumption tax

しょうひょう 商標 a **trademark** /トレイドマーク/
- 商標名 a trade name

しょうひん¹ 商品 a **commodity** /コマディティ/;

(集合的に) **goods** /グッ/, **merchandise** /マ〜チャンダイズ/
- 商品券 a gift certificate

しょうひん[2] 賞品 a **prize** /プライズ/ → しょう[2]

じょうひん 上品 **elegance** /エれガンス/
上品な elegant /エれガント/; (洗練された) **refined** /リふァインド/
上品に elegantly
- 趣味(しゅみ)[ふるまい]が上品だ be elegant in taste [manners] / have elegant taste [manners]

しょうぶ 勝負 a **game**
- 勝負に勝つ[負ける] win [lose] a game
- この勝負は君の勝ちだ This game is yours.

ショウブ 菖蒲 《植物》an **iris** /アイアリス/

じょうぶ 丈夫な (強い) **strong**, (がんじょうな) **sturdy** /スタ〜ディ/; (健康な) **healthy** /へるすぃ/
→ けんこう (→ 健康な)
- 厚い丈夫な生地 thick strong cloth
- 丈夫な靴 sturdy shoes
- 彼はいかにも丈夫そうだ
He looks quite healthy.

しょうべん 小便 **urine** /ユアリン/;《話》(おしっこ) **pee** /ピー/
小便をする urinate /ユアリネイト/; **pee**

じょうほ 譲歩 (a) **concession** /コンセション/
譲歩する concede /コンスィード/, **make a concession** (to 〜)

しょうぼう 消防 **fire fighting** /ふァイア ふァイティンぐ/
- 消防署 a fire station
- 消防隊 a fire brigade
- 消防自動車 a fire engine / a fire truck
- 消防士 a firefighter
- 消防演習 a fire drill

じょうほう 情報 **information** /インふォメイション/
- 情報科学 information science
- 情報化社会 information-oriented society
- 情報を提供する[集める] give [gather] information
- この件についてはまだ何の情報も得ておりません I have gotten no information on this matter so far.

じょうほうかしゃかい 情報化社会 an **information society**

しょうみきげん 賞味期限 《米》**pull date** /プるデイト/, 《英》**sell-by date** /セる バイ/

じょうみゃく 静脈 a **vein** /ヴェイン/

じょうむいん 乗務員 (全体) a **crew** /クルー/; (一人) a **crew member** /メンバ/

しょうめい[1] 証明 **certification** /サ〜ティふィケイション/, **proof** /プルーふ/
証明する (保証する) **certify** /サ〜ティふァイ/; (立証する) **prove** /プルーヴ/
証明書 a certificate /サティふィケト/
- (今や)彼の無実は明白に証明された
His innocence is clearly proved.

しょうめい[2] 照明 **lighting** /らイティンぐ/
照明する light (**up**)
- 照明の悪い部屋 a poorly lit [lighted] room
- 街路は明るく照明されている[照明が悪い]
The streets are well lit up [poorly lit].

しょうめつ 消滅 **disappearance** /ディサピアランス/
消滅する disappear /ディサピア/
- これらの生物は自然消滅してしまった
These species died out in the course of time.
- その計画は議論されることもなく, 自然消滅した
 The scheme was not discussed and it withered on the vine. (つるになったままでしおれた)

しょうめん 正面 **the front** /ふラント/
正面の front
- その建物の正面 the front of the building
- 正面のドア the front door
- 彼は私の正面にすわっていた He was seated in front of me. / (テーブルなどをはさんで) He was seated across from me.

しょうもう 消耗 **consumption** /コンサンプション/
消耗する consume /コンス(ュ)ーム/; (使い果たす) **use up** /ユーズ/
- 消耗品 a consumable
- 体力を消耗する consume [use up] one's energies

じょうやく 条約 a **treaty** /トリーティ/
- 平和条約 a peace treaty
- 条約を結ぶ conclude a treaty

しょうゆ 醤油 *shoyu*, **soy sauce** /ソイ ソース/

じょうようしゃ 乗用車 a **car** → くるま

しょうらい 将来

➤ **the future** /ふューチャ/
将来の future
- 将来に[は] in future
- 近い[遠い]将来に in the near [distant] future
- 将来有望な若者たち young people of promise / promising young people
- 君は将来何になりたいですか
What do you wish to be in future?

しょうり 勝利 (a) **victory** /ヴィクトリ/
- 勝利者　a victor
- …に勝利をおさめる　win［gain］a victory over ~

じょうりく 上陸　**landing** /らンディンぐ/
　上陸する，上陸させる　land

しょうりゃく 省略　(本の内容などの一部省略)
abridgment /アブリヂメント/; (語の短縮) **abbreviation** /アブリーヴィエイション/; (そっくり省(はぶ)
く) **omission** /オウミション/
　省略する　abridge /アブリヂ/; **abbreviate** /アブリ
ーヴィエイト/; **omit** /オミト/
- Mt. は mount の省略形です
"Mt." is an abbreviation of "mount."
- この課は省略しよう　Let us omit this lesson.

じょうりゅう¹ 上流
❶ (川の上流に) **up the stream** /ストリーム/; (…の
上流に) **above** /アバヴ/
- 上流に向かってこぐ　row up the stream
- 橋の100メートルぐらい上流でよく魚が釣(つ)れる
There is good fishing about 100 meters
above the bridge.
❷ (上流階級) **the upper class(es)** /アパ クらス［ク
らセズ］/

じょうりゅう² 蒸留　**distillation** /ディスティれイ
ション/
　蒸留する　distill /ディスティる/

しょうりょう 少量の　**a little** /リトる/
- 少量のオリーブオイルを加える　add a little olive
oil

しょうれい¹ 奨励　**encouragement** /インカ～レヂ
メント/
　奨励する　encourage /インカ～レヂ/

しょうれい² 症例　**a case** /ケイス/

じょうろ **a watering pot** /ウォータリンぐ/

しょうわ 昭和　*Showa* → へいせい

ショー **a show** /ショウ/

じょおう 女王　**a queen** /クウィーン/
- 女王バチ［アリ］　a queen bee［ant］

ショーウィンドー (商店の) **a shop window**: (新
車展示などの) **a show window**

ジョーカー (トランプの) **a joker**

ジョーク **a joke** → じょうだん

ショート (遊撃手) **a shortstop** /ショートスタプ/

ショートカット (髪型の) **short haircut** /ヘアカ
ト/ ⤴ この意味での「ショートカット」は和製英
語; 英語の shortcut は「近道」という意味

ショートケーキ (a) **shortcake** /ショートケイク/

ショートパンツ **shorts** /ショーツ/ ⤴「ショートパ
ンツ」は和製英語

ショール **a shawl** /ショーる/

しょか 初夏　**early summer** /ア～リ サマ/
- 初夏に　in early summer / early in summer

しょき¹ 初期　**the beginning** /ビギニンぐ/
　初期の　early /ア～リ/
- 19世紀の初期に　at the beginning of the 19th
century
- 明治の初期にはこういう物はだれも知らなかった
No one knew of such things in the early pe-
riod of the *Meiji* era.

しょき² 書記　**a secretary** /セクレテリ/
- 書記長　a chief secretary /（政党の）a
secretary-general

しょきゅう 初級の　**elementary** /エれメンタリ/
→ しょほ
- 初級英語　elementary English
- 初級コース　an elementary［a beginners']
course

じょきょうじゅ 助教授　**an assistant professor**
/アスィスタント プロふェサ/

ジョギング **jogging** /ヂャギンぐ/
- ジョギングをする　jog

しょく 職　**a position** /ポズィション/; **employ-
ment** /インプろイメント/; a **job**
- 職を得る［失う］　get［lose］a job
- 職を求める　seek employment［a job］

しょくいん 職員　**a staff member** /スタふ メン
バ/; (全体) **the staff**
- (学校の)職員会議　a staff meeting
- (学校の)職員室　a teachers' room

しょくえん 食塩　**salt** /ソーるト/
　食塩水　a saline solution /セイらイン ソるーション
ン/

しょくぎょう　職業

- ➤ an **occupation** /アキュペイション/; (おもに
商業) **business** /ビズネス/; (商売または職人の)
a **trade** /トレイド/; (学問的) a **profession** /プ
ロふェション/; (長期にわたる専門職) a **career**
/カリア/
- ➤ (仕事) a **job**
- 職業指導　vocational guidance
- 彼の父親の職業は何ですか　What is his father's
job? / What does his father do?
- 彼の職業は靴屋［医者］です　He is a shoemaker
by trade［a doctor by profession］.
- 職業には上下の区別はない (→職業はすべて等しく尊
敬されるべきものである)
All occupations are equally honorable.

しょくご 食後に　**after** a meal /ミーる/
- 食後に少し休む　take some rest after a meal

しょくじ 食事

➤ a **meal** /ミーる/; (その日のおもな食事) a **dinner** /ディナ/

参考 1日の中でおもな食事を dinner というが、ふつうは夕食がおもな食事なので朝昼晩の食事をそれぞれ breakfast, lunch, dinner という。ただし昼に dinner を食べた日の夕食は supper という

- 軽い食事を取る　have [take] a light meal
- 食事に呼ばれる　be invited [asked] to dinner
- 食事中である　be at table
- 私たちは1日に3度食事をする
We eat [have, take] three meals a day.
- 食事をしながら友達と話をするのはとても楽しい　It is a great pleasure to chat with friends at table.

breakfast / lunch / dinner

しょくぜん 食前に　**before a meal** /ビふォー ミーる/
しょくたく 食卓　a (**dining**) **table** /(ダイニンぐ) ティブる/
- 食卓につく　sit at table
- 食卓の上を片付ける　clear the table

しょくちゅうしょくぶつ 食虫植物　an **insect-eating** [**carnivorous**] **plant** /インセクト イーティンぐ [カーニヴァラス] プらント/
しょくちゅうどく 食中毒　**food poisoning** /ふード ポイズニンぐ/
しょくどう 食堂 (家庭の) a **dining room** /ダイニンぐ ルーム/; (学校などの) a **dining hall**; (飲食店) an **eating house** /イーティンぐ ハウス/
- 食堂車　a dining car
- 食堂で軽い食事をしよう　Let's have a light meal [a snack] in the dining hall.

しょくにん 職人 (熟練した) a **craftsperson** /クらふツパ～スン/; an **artisan** /アータザン/; a **skilled worker** /スキるド ワ～カ/
- 職人芸　craft skills, an artisanship
- 腕(うで)のよい[へたな]職人　a good [poor] craftsperson

しょくば 職場　one's **workplace** /ワ～クプれイス/
- 職場へ車で通勤する (→車で仕事に行く)　go to work in one's car

しょくパン 食パン　**bread** /ブレド/ → パン
- 食パン1枚　a slice of bread

しょくひ 食費　**food expenses** /ふード イクスペンセズ/; (下宿の) **board** /ボード/
しょくひん 食品　**food** /ふード/

しょくぶつ 植物

➤ a **plant** /プらント/

- 植物学　botany
- 植物学者　a botanist
- 植物園　a botanical garden
- 高山植物　an alpine plant
- 熱帯植物　a tropical plant
- この種の植物は砂地でよく育つ　This kind of plant grows well in (a) sandy soil.

しょくみん 植民地 (政治的支配による) a **colony** /カろニ/; (入植地) a **settlement** /セトるメント/
植民する **settle** /セトる/
植民地にする **colonize** /カろナイズ/
- 植民者　a colonist / a settler

しょくむ 職務　**duties** /デューティズ/
- 職務に忠実である　be faithful to one's duties

しょくもつ 食物　**food** /ふード/
しょくよう 食用の　**edible** /エディブる/
- 食用油　cooking oil

しょくよく 食欲　(an) **appetite** /アペタイト/
- 食欲がある[ない]　have a good [poor] appetite
- 運動すれば食欲が出るでしょう (→運動は君によい食欲を与えるでしょう)
Exercise will give you a good appetite.

しょくりょう 食料, 食糧 (食物) **food** /ふード/; (貯蔵用) **provisions** /プロヴィジョンズ/
- 食料品　food / edibles / (食料品店で売っている) groceries
- 食料品店　a grocery
- 食料品商　a grocer
- 食糧問題　the food problem
- キャンプ旅行にたくさんの食糧を持って行く　take plenty of provisions on a camping trip
- 近い将来われわれは食糧危機に見舞(みま)われるだろう

しょくりん 264 two hundred and sixty-four

We are going to have a food shortage crisis in the near future.

しょくりん 植林する **afforest** /アふォーレスト/, **plant trees** /プラント トゥリーズ/
•山腹に植林する plant a hillside with trees

じょげん 助言（忠告）**advice** /アドヴァイス/; (ちょっとした) a **tip** /ティプ/
助言する **advise** /アドヴァイズ/, **give advice**, **give** a **tip**
•彼に助言を求める ask him for advice

じょこう 徐行する（車が）**drive slowly** /ドゥライヴ スろウり/; (速度をゆるめる) **slow down** /ダウン/
掲示 近くに学校があ る. 徐行せよ
School—Drive slowly.

しょさい 書斎 a **study** /スタディ/

じょさんし 助産師 a **midwife** /ミドワイふ/ (復 midwives /ミドワイヴズ/)

じょし 女子（少女）a **girl** /ガ〜る/; (女性) a **woman** /ウマン/ (復 women /ウィメン/)
•女子生徒 a schoolgirl / a girl student
•女子高校 a girls' senior high school
•女子大学 a women's college
•女子トイレ（学校の）a girls' restroom / (ホテルなどの) the ladies (room)
•クラスの半数は女子です
Half (of) the class are girls.

じょしゅ 助手 an **assistant** /アスィスタント/
助手席（自動車の）**the passenger seat** /パセンヂャ スィート/

しょしゅう 初秋 **early fall** /ア〜り ふォーる/, **early autumn** /オータム/
•初秋に in early fall [autumn] / early in fall [autumn]

しょしゅん 初春 **early spring** /ア〜り/ → はる

じょじょに 徐々に（だんだん）**gradually** /グラヂュアり/; (少しずつ) **little by little** /りトる/

しょしん 初診 **the first medical examination** /メディカる イグザミネイション/; **the first visit** (**to the doctor**)

しょしんしゃ 初心者 a **beginner** /ビギナ/
•初心者向きの本 a book for beginners
•初心者でもできる仕事 an entry-level job

じょせい 女性 a **woman** /ウマン/ (復 women /ウィメン/)
女性の… **woman** 〜
•女性らしい feminine
•女性ドライバー a woman driver (復 women drivers)
•女性作家 a woman writer /ウマン ライタ/ (復 women writers /ウィメン/)

•女性詩人 a woman poet

しょせき 書籍 → ほん

しょぞく 所属する **belong** (to 〜) /ビろーンヶ/ → ぞくする

しょたい¹ 所帯（家族）a **family** /ふァミり/ → かぞく
•彼のところは大所帯だ He has a large family. / His is a large family.

しょたい² 書体 a **font** /ふァーント/

しょち 処置（手段）a **step**; (処理) **disposal** /ディスポウザる/; (手当て) **treatment** /トゥリートメント/
•必要な処置をとる take necessary steps
•それは彼の処置に任せろ
Leave the matter at his disposal.
•それに対してどんな処置を取りましょうか
What steps shall I take against it?

しょちゅう 暑中見舞い **summer greetings** /サマ グリーティンヶズ/
•彼に暑中見舞いを出す send him summer greetings / send a card to inquire about his health in the hot season
•暑中お見舞い申し上げます How are you getting along during these hot days?

しょっかく 触覚 (**the sense of**) **touch** /(センス) タチ/

しょっき 食器 **tableware** /テイブるウェア/
食器棚 a **cupboard** /カボド/
•食卓から食器類をさげる clear the table
•(使った)食器類を洗う do the dishes

ジョッキ a **mug** /マグ/

ショック a **shock** /シャク/
•ショックを与える shock / give a shock
•事故のショックから立ち直る recover from the shock of an accident
•その事件は私たち皆にとって大きなショックだった
The event was [gave] a great shock to all of us.
•彼が失敗したと知って私はひどくショックを受けた
The news of his failure shocked me terribly. / I was terribly shocked to hear the news of his failure.

しょっちゅう (いつも) **always** /オーるウェイズ/; (たびたび) **often** /オーふン/
•うちの車はしょっちゅう故障する
Our car breaks down very [quite] often.

しょっぱい → しお² (→ 塩辛い)

ショッピング **shopping** → かいもの
•ショッピングセンター a shopping center

しょてん 書店 → ほん (→ 本屋)

しょとう¹ 初冬 **early winter** /ア〜り ウィンタ/
•初冬に in early winter / early in winter

しょとう² 初等の **elementary** /エれメンタリ/, **primary** /プライメリ/
・初等教育 elementary [primary] education

しょどう 書道 **calligraphy** /カりグラふィ/

じょどうし 助動詞 《文法》an **auxiliary verb** /オーグズィりアリ ヴァ～ブ/

しょとく 所得 (an) **income** /インカム/ → しゅうにゅう
・所得税 an income tax
・彼は月に20万円の所得がある
He has an income of two hundred thousand yen a month.

しょひょう 書評 a **book review** /リヴュー/

しょぶん 処分 (手放すこと) **disposal** /ディスポウザる/;(処罰) **punishment** /パニシュメント/
処分する dispose (of ～) /ディスポウズ/
・彼は不要の本をどう処分したらよいか考えている
He is thinking of how to dispose of his unwanted books.

じょぶん 序文 a **preface** /プれふェス/

しょほ 初歩 the **elements** /エれメンツ/; the **ABC** /エイビースィー/
初歩的な elementary /エれメンタリ/
・私たちは英文法の初歩を学んでいます
We are learning the elements of English grammar.

しょぼしょぼ (雨が降る) **drizzle** /ドリズる/; (目がかすんだり) **bleary** /ブりアリ/
・ゆうべは寝不足で目がしょぼしょぼする
My eyes are bleary because I didn't have enough sleep last night.

しょみん 庶民 the **common people** /カモン ピープる/

しょめい 署名 (書類などへの) a **signature** /スィグナチャ/; (自著などへのサイン) an **autograph** /オートグラふ/
署名する sign /サイン/; **autograph**
・署名運動 a signature-collecting campaign
・この線の上に署名してください
Please sign your name above this line.

じょめい 除名する **expel** /イクスペる/, **dismiss** /ディスミス/
・その人物をクラブから除名する expel a member from the club / dismiss a person from the membership of the club

しょもつ 書物 a **book** → ほん

じょや 除夜 **New Year's Eve** /イアズ イーヴ/ → おおみそか
・除夜の鐘(かね) the temple bells ringing on New Year's Eve

しょゆう 所有 **possession** /ポゼション/
所有する possess /ポゼス/; (所有権を持つ) **own** /オウン/
・所有者 a possessor; an owner
・所有物 (持ち物・財産) possessions / things (that) one has
・所有格 《文法》the possessive case
・この家はだれが所有しているのですか
Who owns this house? / Who is the owner of this house? / Whose house is this?
・彼はその火事ですべての所有物を失ってしまった
He lost everything he had in the fire.

じょゆう 女優 an **actress** /アクトレス/ → 性差のない表現として通常女優にも actor を使う

しょり 処理 (処分) **disposal** /ディスポウザる/; (コンピューターによる) **processing** /プラセスィング/
処理する deal with /ディーる/; (処分する) **dispose** (of ～) /ディスポウズ/; (コンピューターで) **process** /プラセス/
・データ処理 data processing

じょりょく 助力 **help** → えんじょ, → たすける (→ 助け)
助力する help
・助力者 a helper
・ご助力に感謝いたします
I thank you for your kind help.

しょるい 書類 **papers** /ペイパズ/

しょんぼり しょんぼりした **dejected** /ディチェクテド/; (悲しそうな) **sad**
しょんぼりと dejectedly; (悲しそうに) **sadly**
・彼女のしょんぼりした様子が今でも忘れられない I still remember her dejected look.

じらい 地雷 a **landmine** /らンドマイン/, a **mine**

しらが 白髪 (a) **gray hair** /グレイ ヘア/
・白髪頭の gray-headed
・彼の髪の毛は白髪になった
His hair has turned gray.

シラカバ 白樺 《植物》a **white birch** /(ホ)ワイト バ～チ/

しらける 白ける　be spoiled /スポイるド/, be chilled /チるド/
白けた（無感動の）apathetic /アパセティク/
・彼の自慢(じまん)話で集まりは白けてしまった
The gathering was spoiled by his bragging.

しらじらしい obvious /アブヴィアス/, transparent /トランスパレント/
・しらじらしいうそ　an obvious [a transparent] lie

じらす（いらいらさせる）irritate /イリテイト/;（気をもませる）keep ～ in suspense /サスペンス/ →
suspense は「未定の状態」
・もうこれ以上じらさないでよ
Don't keep me in suspense any more.

しらずに 知らずに　unconsciously /アンカンシャスり/
・われわれはしばしば知らずにそういうことをする
We often do such things unconsciously.

しらせ 知らせ　news /ニューズ/
・彼はその知らせを聞いて驚いた
He was surprised at [to hear] the news.

しらせる 知らせる　tell
・だれがそれを君に知らせたか
Who told you that?

しらべ 調べ（調査）(an) examination /イグザミネイション/, (an) investigation /インヴェスティゲイション/;（旋律）melody /メロディ/

しらべる 調べる
➤（正確に）examine /イグザミン/;（正しいかどうか）check /チェク/;（徹底的に）investigate /インヴェスティゲイト/
➤（場所を）search /サ～チ/
➤（辞書などを）look up /るク/
・スマホの故障を調べてもらう　have a smartphone checked
・辞書で単語を調べる　look up a word in the [a] dictionary
・地図を調べる　consult a map / check a map
・私たちは手荷物[ポケット]を調べられた
We had our baggage examined [our pockets searched].
・私はあらゆるところを調べたがそれを発見できなかった　I searched everywhere, but I could not find it.

シラミ 虱　〔虫〕a louse /らウス/（覆 lice /らイス/）

しらんかお 知らん顔をする（無視する）ignore /イグノー/;（無関心である）be indifferent (to ～) /インディふァレント/;（知らないふりをする）pretend not to notice /プリテンド ノウティス/

・私が手を振ったのに彼は知らん顔をした
He ignored me when I waved to him.

しり the rear /リア/, the buttocks /バトクス/;（ズボンなどの）the seat /スィート/;（動物の）the rump /ランプ/

しりあい 知り合い　an acquaintance /アクウェインタンス/
・私は彼とはたいした知り合いではありません
I have little acquaintance with him.
・彼は東京に知り合いが多い　He has a large circle of acquaintances in Tokyo.

しりあう 知り合う　make acquaintance (with ～) /アクウェインタンス/; be acquainted (with ～) /アクウェインテド/
・君はどこで彼と知り合ったのですか
Where did you make his acquaintance?
・私は君と知り合えてうれしい
I am glad to make your acquaintance.

シリアル cereals /スィアリアるズ/

シリーズ a series /スィアリーズ/（覆 同形）

じりじり（熱気が）fiercely /ふィアスり/;（いらいらして）impatiently /インペイシェントり/

しりぞく 退く（うしろへ下がる）draw back /ドロー/;（退職する）retire /リタイア/
・私は1歩も退きません
I will never give an inch. / ひゆ I will stay the course. → stay the course は「（競馬で）馬が走路を最後まで走り通す」

しりつ[1] 私立の　private /プライヴェト/
・私立学校　a private school

しりつ[2] 市立の　city, municipal /ミューニスィプる/ →し[1]

じりつ 自立する（独立する）become independent /ビカム インディペンデント/, stand on one's own legs /オウン/;（自活する）support oneself /サポート/

しりとり shiritori, a word-chain game /ワ～ド チェイン ゲイム/

しりもち しりもちをつく　fall on one's buttocks /ふォーる バトクス/, take a pratfall /プラトふォーる/

しりゅう 支流　a tributary /トリビュテリ/, a branch /ブランチ/

しりょ 思慮深い　thoughtful /そートふる/
・思慮のない　thoughtless

しりょう[1] 資料　information /インふォメイション/; data /デイタ/
・その報告書のための資料を集める　collect information [data] for the report

しりょう[2] 飼料 →えさ

267 シルバーシート

しりょく 視力 **eyesight** /アイサイト/, **sight** /サイト/
- 視力検査　an eyesight test
- 視力がよい[弱い]　have good [poor] sight
- 鳥はイヌよりも視力がよい
Birds have better sight than dogs.

しる¹ 汁　(果物などの) **juice** /ヂュース/
- 汁の多い　juicy

しる²　知る，知っている

➤ **know** /ノウ/; (経験・読書などから知る) **learn** /らーン/ ➔ おしえる，しらせる，つげる

基本形
A を知っている
　know A
A について知っている
　know about [**of**] A
…ということを知っている
　know (**that**) 〜
いつ…かを知っている
　know when 〜
どこ…かを知っている
　know where 〜
何…かを知っている
　know what 〜
なぜ…かを知っている
　know why 〜

- 彼[彼の名前]を知っている　know him [his name]
- そのことについて知っている　know about it
- 彼が正直であることを知っている[知っていた]
know that he is honest [knew that he was honest] ➔ 主節の動詞が過去 (knew) の時は，「時制の一致」で従節の動詞も過去 (was) になる
- 彼がいつ[どこから]来たか知っている　know when he came [where he came from]
- 私の知っている限りでは　as far as I know
- 君も知ってのとおり　as you know
- 私の知らないうちに　before I knew

会話 彼女病気で寝ているよ．―ああ知ってるよ
She is ill in bed. ―Yes, I know. ➔「知っている」を ×be knowing と進行形にしない
- 私は彼をとてもよく知っている
I know him very well.
- 私は彼は知っているけど妹さんは知らない
I know him, but I don't know his (younger) sister.
- 彼は車については何でも知っている[ほとんど知らない]　He knows all [very little] about cars.
- 私は彼女の名前[顔]は知っている

I know her by name [by sight].
- その事実はすべての人に知られている ➔ 受け身形
That fact is known to everyone. ➔ ×by everyone としない
- 彼は博学で[偉大(いだい)な音楽家として]知られている
He is known for his wide knowledge [as a great musician].
- 私は彼をずっと以前から[たがいに小さいころから]知っている ➔ 現在完了
I have known him for a long time [since we were little boys].
- チェスのやり方を知っていますか
Do you know how to play chess?
- 私たちはだれでも地球が丸いということを知っている　We all know (that) the earth is round.

会話 彼はどこ? ―どこにいるか私は知りません
Where is he? ―I don't know (where he is).
- 私の知らないうちに彼は部屋を出て行った
He had gone out of the room before I knew.
- その本のことは知っていますが，まだ読んだことがありません　I know of the book, but I haven't read it yet. ➔ know of 〜 は，うわさなどによって間接的に「知っている」
- そうじゃないよ，君だって知ってるくせに
That is not so, and you know it.
- 私はそれを経験で知った
I learned it from experience.
- 彼の手紙で彼がスペインにいるのを知った　I learned from his letter that he was in Spain.

ことわざ 知らぬが仏　Ignorance is bliss. (無知はこの上ない幸いである)

しるこ 汁粉　**shiruko**, **sweetened red-bean soup with a rice cake in it** /スウィートンド レド ビーン スープ ライス ケイク/

しるし (あることを伝える) a **sign** /サイン/; (跡(あと)・目じるし) a **mark** /マーク/; (証拠・記念) a **token** /トウクン/
しるしをつける　mark
- この暖かい風は春が近づいて来たしるしです
This warm wind is a sign that spring is near.
- 感謝のしるしにこれを差し上げます
I present this to you as a token of thanks.
- この地図ですべての国の首都にしるしをつけなさい
Mark the capitals of all the countries on this map.

シルバーシート a **priority seat** /プライオーリティ スィート/; a **seat for the elderly, pregnant, or disabled passenger** /エるダリ プレグナント ディスエイブるド パセンヂャ/ ➔「シルバーシート」は和製英語; ➔ ゆうせん¹ (➔ 優先席)

しれいかん 司令官 a **commander** /コマンダ/

じれったい (いらいらする) be **irritated** /イリテイテド/, be **impatient** /インペイシェント/
・要点を言えよ. じれったくなるよ
Get to the point. I'm growing impatient.

しれん 試練 (苦労) a **trial** /トライアる/; (試験) a **test**
・人生の試練に耐える stand the trials of life
・こういう試練でわれわれの力量が増すのです
By these trials our ability will increase.

ジレンマ a **dilemma** /ディれマ/
・ジレンマに陥っている be in a dilemma

しろ¹ 白(い)
➤ **white** /(ホ)ワイト/
・白くする whiten / make white
・白黒の写真 a black-and-white photo
・塀を白く塗る paint a fence white
・このユリの花は雪のように白い
This lily is as white as snow.

しろ² 城 a **castle** /キャスる/

しろうと an **amateur** /アマタ/; a **layperson** /れイパ〜スン/ (複 **-people**)
・しろうとくさい amateurish
・しろうと画家 an amateur painter

シロクマ 白熊 〈動物〉a **polar bear** /ポウら ベア/

じろじろ じろじろ見る **stare** (at 〜) /ステア/
・…の顔をじろじろ見る stare 〜 in the face

シロップ **syrup** /スィラプ/

しろバイ 白バイ a **police motorcycle** /ポリースモウタサイクる/

しろみ 白身 (卵の) the **white** of an **egg** /(ホ)ワイト エグ/; (魚の) **white flesh** /ふれシュ/

じろりと (鋭く) **piercingly** /ピアスィンぐリ/, **sharply** /シャープリ/
・彼はめがねを下げて私をじろりと見た
He lowered his glasses and looked at me piercingly.

しわ a **wrinkle** /リンクる/

・しわをよせる wrinkle
・しわがよる wrinkle / get [become] wrinkled
・しわのよった wrinkled
・彼は年を取って顔にしわがよってきた
He became wrinkled with age.

しん¹ (果物の) a **core** /コー/; (ろうそく・ランプの) a **wick** /ウィク/, (鉛筆の) **lead** /れド/

しん² 真 **truth** /トルーす/
真の true /トルー/
真に truly
・真の友ならわれわれを見捨てないだろう
A true friend would not forsake us.

しん³ 新… **new** /ニュー/
・新車 a new car
・新学期 a new term

しんあい 親愛なる **dear** /ディア/

じんい 人為的 **artificial** /アーティふィシャる/
人為的に artificially

しんか¹ 真価 (true) **worth** /(トルー) ワ〜す/, **real value** /リーアる ヴァリュー/ → かち²
・彼の真価を知っている者は少ない
There are not many people who know his true worth.
・私にはこの本の真価がわからない I don't understand the real value of this book.

しんか² 進化 **evolution** /エヴォるーション/
進化する, 進化させる evolve /イヴァるヴ/
・進化論 the theory of evolution
・人間はサルから進化したと昔は考えられた
In the past, people believed that humans evolved from apes.

シンガーソングライター a **singer-songwriter** /スィンが ソーングライタ/

しんがく 進学する (入学する) **enter** /エンタ/
・私はこの4月に高校へ進学します
I will enter (a) senior high school this April.
・私は大学に進学したいと思っています
I want to go on to college.

じんかく 人格 (性格) **character** /キャラクタ/; (個性・人柄) **personality** /パ〜ソナリティ/
・(高潔な)人格者 a person of (noble) character

しんがた 新型の **new model** /マドる/, **new style** /スタイる/, **new type** /タイプ/
・この車は最新型です
This car is the latest model.

しんかん 新刊の **newly-published** /ニューリ パブリシュト/
・新刊書 a new book

しんかんせん 新幹線 the **bullet train** /ブれとトレイン/; **the Shinkansen**

269　　しんこく

・東海道新幹線　the Tokaido Shinkansen

しんぎ　審議する　**deliberate** (on ～, over ～) /ディリバラト/, **discuss** /ディスカス/

しんきゅう　…に進級する　**be promoted to ～** /プロモウテド/, **be moved up to ～** /ムーヴド/

しんきろう　蜃気楼　a **mirage** /ミラージ/

しんきんかん　…に親近感を持つ　**feel close to ～** /ふぃーるクロウス/, **feel affinity for [with] ～** /アふぃニティ/

しんぐ　寝具　**bedclothes** /ベドクロウズ/, **bedding** /ベディング/

しんくう　真空　**vacuum** /ヴァキュアム/
・真空管　a vacuum tube

じんぐう　神宮　a (*Shinto*) **shrine** /(シントウ) シュライン/

ジンクス　a **jinx** /ヂンク(ク)ス/

シングル　(CD などのシングル盤) a **single** /スィングる/; (独身の) **single**
・シングルス　(テニスなどの) a singles

シンクロナイズドスイミング　**synchronized swimming** → アーティスティックスイミング

しんけい　神経　a **nerve** /ナ〜ヴ/
神経(質)の　**nervous** /ナ〜ヴァス/
・神経質に　nervously
・神経衰弱　nervous breakdown
・この仕事は私の神経を疲(つか)れさせます
This work is a strain on my nerves.
・君はその結果に神経質すぎます
You are too nervous about the result.

しんげつ　新月　a **new moon** /ムーン/

しんけん　真剣な　**serious** /スィアリアス/
真剣に　**seriously**
・真剣な顔つきをしている　look serious
・彼は真剣なのかそれとも単に冗談(じょうだん)を言っているのか私にはわからない
I cannot tell whether he is serious or simply [merely] joking.
・そのことは真剣に考えようよ
Let's consider the matter seriously.

じんけん　人権　**human rights** /ヒューマン ライツ/
・基本的人権　the fundamental human rights

しんげんち　震源地　(地震の) **the center of** an **earthquake** /ア〜すクウェイク/

しんこう[1]　信仰　(宗教的) **faith** /ふぇイす/; (一般的に) **belief** /ビリーふ/
信仰する　**believe** (in ～) /ビリーヴ/
・信仰深い　pious
・キリスト教を信仰する　believe in Christianity

しんこう[2]　進行　**progress** /プラグレス/
進行する　**progress** /プログレス/, **make progress**

/プラグレス/
・進行形　《文法》the progressive form
・その仕事は進行が速い[遅い]です
The work is making rapid [slow] progress.
・その家の建築は目下進行中です　The building of the house is now in progress.

しんごう　信号　a **signal** /スィグヌる/
信号を送る　**signal**, **give** a **signal**
・鉄道の信号　a railroad signal
・交通信号　a traffic signal
・信号機　a traffic light
・信号を無視する　ignore traffic lights

じんこう[1]　人口　**population** /パピュれイション/
・人口の多い　populous
・人口密度が高い[低い]地域　a thickly [thinly] populated area
・この市の人口はどれくらいありますか
What is the population of this city?
・この町の人口は約10万です　The population of this town is about a hundred thousand. / This town has a population of 100,000.
・郊外の人口の減り方は全く驚異的です
The decrease in the population of the suburbs [in suburban population] is simply amazing.

じんこう[2]　人工の　**artificial** /アーティふィシャる/; (合成の) **synthetic** /スィンセティク/
・人工的に　artificially
・人工衛星　an artificial satellite
・人工呼吸　artificial respiration
・人工芝　artificial turf

しんこうけい　進行形　**the progressive** /プログレスィヴ/, **the continuous** /コンティニュアス/
・現在進行形　the present progressive [continuous]
・現在完了進行形　the present perfect progressive [continuous]
・過去進行形　the past progressive [continuous]

じんこうこきゅうき　人工呼吸器　a **ventilator** /ヴェンティれイタ/

しんこきゅう　深呼吸　**deep breathing** /ディープ ブリーずィング/
深呼吸をする　**take** a **deep breath** /ブレす/

しんこく[1]　申告する　(報告する) **report** /リポート/; (税関などで) **declare** /ディクれア/
・申告書　a return
🈂️会話 (入国の際に税関で)何か申告するものはおありですか。―いいえ、何もありません
Do you have anything to declare? ―No, (I

しんこく 270 two hundred and seventy

have) nothing (to declare).

しんこく² 深刻な **serious** /スィアリアス/

深刻に seriously

•事態は深刻だ The situation is serious.

•君はそれをそんなに深刻に考える必要はない

You don't have to take it so seriously.

しんこん 新婚の **newly-married** /ニューリ マリド/

•新婚夫婦 a newly-married couple

•新婚旅行 (a) honeymoon

•北海道へ新婚旅行をする honeymoon in Hokkaido / go to Hokkaido on *one's* honeymoon

•新婚旅行にはどちらへお出かけになりますか

Where are you going to spend your honeymoon? / Where are you going on your honeymoon?

しんさ 審査 (審判) **judging** /チャヂング/; (検査) **examination** /イグザミネイション/

審査する judge /チャヂ/; **examine** /イグザミン/

•審査員 a judge

•彼はその弁論大会の審査員の一人でした

He was one of the judges at the speech contest.

しんさい 震災 an **earthquake disaster** /ア～すクウェイク ディザスタ/ →じしん³

しんさつ 診察 a **medical examination** /メディカる イグザミネイション/ →しんだん

診察する examine /イグザミン/

•診察してもらう get *one*self examined

•診察室 a consulting room

•君は医者に診察してもらいに行ったほうがいいよ

You had better go to see a doctor.

しんし 紳士 a **gentleman** /ヂェントるマン/ (複 -men)

•紳士的な gentlemanly

•紳士服 men's wear

しんしつ 寝室 a **bedroom** /ベドルーム/

しんじつ 真実(性) **truth** /トルーす/

真実の true /トルー/

真実に truly

•彼の言うことには真実がある

There is truth in what he says.

•そのうわさの真実性は疑わしい

The truth of the rumor is doubtful.

•それは社会生活におけると同様に学校においても真実だ That is [holds] true in school as well as in social life.

しんじゃ 信者 a **believer** /ビリーヴァ/

•キリスト教信者 a believer in Christianity / a

Christian

じんじゃ 神社 a (***Shinto***) **shrine** /(シントウ) シュライン/

•神社にお参りに行く visit a Shinto shrine to pray

しんじゅ 真珠 a **pearl** /パ～る/

•真珠のネックレス a pearl necklace

じんしゅ 人種 a **race** /レイス/

•人種的 racial

•人種的に racially

•人種的偏見(へんけん) racial prejudices

•人種差別 racial discrimination / racism

•有色人種 the colored races

しんしゅつ 進出する **move into** /ムーヴ/

•動画ストリーミング事業に進出する

move into the video-streaming business

しんじる 信じる

➤ **believe** /ビリーヴ/

基本形 A (人のことば・報道など)を信じる

believe A

B (存在・価値など)を信じる

believe in B

…ということを信じる

believe that ～

•彼の話[彼の言い訳, 自分の目, そのうわさ]を信じる believe his story [his excuse, *one's* eyes, the rumor]

•彼の言うことを信じる believe him / believe what he says

•彼の人柄(ひとがら)を信じる believe in him

•神(の存在)[民主制の正しいこと]を信じる

believe in God [in democracy]

•彼は私の言うことを信じなかった

He didn't believe me [what I said].

•彼はユーフォーを信じている

He believes in UFOs. →「信じている」を ×be believing と進行形にしない

•君は本当に幽霊(ゆうれい)を信じているのですか

Do you really believe in ghosts?

•彼らは地球が平らであると信じていた

They believed that the earth was flat. →主節の動詞が過去 (believed) なので,「時制の一致」で that 以下の動詞も過去 (was) になる

しんしん¹ 心身 **mind and body** /マインド バディ/

•私たちにとって心身の健康ほど大事なものはない

Nothing is more important for us than to be healthy in mind and body.

しんしん[2] 新進の **rising** /ライズィング/, **up and coming**, **promising** /プラミスィング/
・新進のピアニスト a rising pianist

しんじん 新人 **a newcomer** /ニューカマ/; (1年生) a **first-year pupil** /ふァ〜スト イア ピューピる/, a **first-year student** /ステューデント/; (野球の) a **rookie** /ルキ/; (テレビの) a **new TV star**; (歌手) a **new singing star** /スィンギング/

じんしんじこ 人身事故
・人身事故で列車が遅れた The train was delayed by an accident in which a person was injured[killed].

しんすい[1] 浸水する **be flooded** /ふらデド/ → はんらん[1] (→ はんらんする)
・その豪雨のため町じゅうが浸水した All the town was flooded by that heavy rain.

しんすい[2] 進水させる **launch** /ろーンチ/
・進水式 a launching ceremony

しんせい[1] 神聖な **holy** /ホウリ/; (清められた) **sacred** /セイクレド/

しんせい[2] 申請する **apply for** /アプらイ/, **make an application for** /アプリケイション/
・申請書 an application

じんせい 人生 **life** /らいふ/
・人生観 a view of life / (人生に対する態度) an attitude towards[to] life
・彼は人生経験が豊かだ
He has seen much of life.
・彼はいつも人生の明るい[暗い]面を見る
He always looks at the bright[gloomy] side of life.
・音楽がなければ人生は味気ないものになるだろう
Without music [If we had no music], life would be desolate.
[ことわざ] 芸術は長く人生は短い
Art is long and life is short.

しんせき 親戚 **a relative** /レラティヴ/, **a relation** /リれイション/
・…と親戚関係にある be related to 〜
・彼は君の親戚ですか
Is he any relation to you?
・彼は私の近い親戚です
He is a near relation of mine.

シンセサイザー **a synthesizer** /スィンせサイザ/

しんせつ[1] 親切
➤ **kindness** /カインドネス/
親切な kind, nice /ナイス/
親切に kindly
・おたがいに親切にしなさい

Be kind to each other.
・彼は小さな子供にとても親切です
He is very kind to small children.
・困っている人にはいつも親切にしてあげなければいけません You should always be kind to people in trouble.
[参考ことわざ] 情けは人のためならず Kindness brings its own reward. (親切はそれ自身のお返し(親切)を持って来てくれる)
・こんなに遠くまでいっしょに来ていただいて本当にご親切さまです It is very kind of you to come so far with me.
・私が東京にいる間彼は私にいろいろと親切にしてくれた He showed me much kindness while I was in Tokyo.
・彼は親切にも私をお宅まで連れて来てくれました
He was kind enough [was so kind as] to bring me to your house. / He kindly brought me to your house.
・もう少し親切にしてやればあの子はきっともっとよい子になります
If you show her a little more kindness, I'm sure she will become a better girl.

しんせつ[2] 新設の **newly established** /ニューリ イスタブリシュト/
新設する establish
・新設の学校 a newly established school
・私たちの学校は昨年の4月に新設されました
Our school was established in April last year.

しんせん 新鮮な **fresh** /ふレシュ/
・新鮮な野菜[空気] fresh vegetables [air]

しんぜん 親善 **friendship** /ふレンドシプ/, **goodwill** /グドウィる/
・国際親善 international friendship
・親善試合 a goodwill match
・このことは2国間の親善を増すのに大いに役だつだろう This will do much to promote the friendship between the two countries.

しんそう 真相 **the truth** /トルーす/, **the real fact** /リーアる/

しんぞう 心臓 **a heart** /ハート/
・心臓病 heart disease [trouble]
・心臓発作(ほっさ) heart attack
・心臓まひ heart failure
・心臓移植 a heart transplant
・私は心臓をどきどきさせて部屋に入った
My heart beat quickly as I entered the room.
・私は心臓が止まるんじゃないかと思った
I thought my heart would stop.

じんぞう¹ 腎臓 a **kidney** /キドニ/

じんぞう² 人造の **artificial** /アーティふィシャる/ → じんこう²

しんそうがくしゅう 深層学習 《IT》 **deep learning**

しんたい 身体 a **body** /バディ/ → からだ
- 身体検査 a physical examination
- 身体測定 the physical measurements
- 身体障害者 a physically disabled person; (集合的に) the physically disabled
- あした放課後身体検査があります
You will be given a physical examination tomorrow after class.

しんだい 寝台 a **bed**; (列車などの) a **berth** /バ～す/
- (列車の)寝台車 a sleeping car / a sleeper

じんたい 人体 a **human body** /ヒューマン バディ/

しんたいそう 新体操 **rhythmic gymnastics** /リずミク ヂムナスティクス/

しんだん 診断 (a) **diagnosis** /ダイアグノウスィス/ (複 diagnoses /ダイアグノウスィズ/)
診断する diagnose /ダイアグノウス/
- 診断書 a medical certificate
- 健康診断 a medical examination / a checkup
- 健康診断を受けに医者に行く visit a doctor for a checkup
- 医者は私の病気を肺炎と診断した The doctor diagnosed my illness as pneumonia.

しんちく 新築の **newly-built** /ニューリ ビるト/
- 新築の家 a newly-built house
- 私の家は新築中です My house is now being built. / I'm having a house built.

しんちゅう brass /ブラス/

しんちょう¹ 身長

➤ one's **height** /ハイト/ → せ
- 身長の高い[低い] tall [short]
- 身長を測る measure one's height

会話

君はどれくらい身長がありますか
—私は身長が160センチです
How **tall** are you?
—I am a hundred and sixty centimeters **tall**.

- 私は君と身長がほぼ同じです I am nearly as tall as you. / We are about the same height.

- 身長は私のほうが彼より2センチ高い
I am two centimeters taller than he is [《話》 than him]. / I am taller than he is [《話》 than him] by two centimeters.

しんちょう² 慎重な **careful** /ケアふる/ → ようじん

しんてん 親展 (手紙の上書き) **confidential** /カンふィデンシャる/

じんと (感動させる) **touch** /タチ/
- その悲しい曲が胸にじんときた
The sad tune touched me.
- その少女の話を聞いて私はじんときた I felt (deeply) touched by the girl's story.

しんどう¹ 震動 a **tremor** /トレマ/, (a) **vibration** /ヴァイブレイション/, a **shock** /シャク/
震動する shake /シェイク/, **vibrate** /ヴァイブレイト/
- かすかな震動が感じられた
A slight shock [tremor, vibration] was felt.

しんどう² 振動 (振り子などの) a **swing** /スウィング/; (弦などの) **vibration** /ヴァイブレイション/
振動する, 振動させる swing; vibrate /ヴァイブレイト/

しんどう³ 神童 a (**child**) **prodigy** /プラディヂ/

じんどう 人道 (人の道) **humanity** /ヒューマニティ/
人道的な humane /ヒューメイン/
- 人道主義 humanitarianism

シンナー (薄め液) **thinner** /スィナ/ → 発音に注意

しんにゅう 侵入 **invasion** /インヴェイジョン/
侵入する invade /インヴェイド/
- 侵入者 an invader
- 国を(外国の)侵入から守る protect the country against invasion

しんにゅうせい 新入生 a **new pupil** /ピューピる/, a **new student** /ステューデント/, a **first-year student** → しんにゅう

しんにん 新任の **newly appointed** /ニューリ アポインテド/, **new**
- 新任の先生は私たちに英語を教えてくれます
The new teacher teaches us English.

しんねん¹ 信念 (a) **conviction** /コンヴィクション/
- 信念を持っている be convinced
- 信念の強い人 a person of strong conviction
- 私はわれわれが正しいという信念を持っている I am convinced that we are right.

しんねん² 新年 **the New Year** /イア/
- 新年の贈(おく)り物 a New Year gift
- 新年会 a New Year's dinner party

会話

新年おめでとう
—おめでとう
I wish you a happy **New Year**.
—The same to you!

•みなさまお元気で新年をお迎えのことと思います I hope you are all celebrating the New Year in good health.

しんぱい 心配

➤ (思いわずらい) **worry** /ワ～リ/; (不安) **anxiety** /アンゲ**ザ**イエティ/
➤ (恐れ) **fear** /ふィア/

心配そうな worried
心配する worry (about ～), **be worried** (about ～); (不安を感じる) **be** [**feel**] **anxious** (about ～) /ふィー**る**アンク**シャ**ス/; (恐れる) **fear**, **be afraid** (of ～)

•君は心配そうな顔をしているね. 何か困ったことでもあるの You look worried. Is something wrong?
•私は病気の妹のことが心配です
I feel anxious about my sick sister.
•テストのことがとても心配だ
I feel very uneasy about the test.
•もう帰らないとお母さんが心配するだろう
If we don't go home now, Mother will be anxious about us.
•私の病気のことについては心配しないでください. お医者はなんでもないと言っていますから You don't have to be anxious about my illness. The doctor says it's a very slight case.
•数学で合格点がとれるか心配だ
I'm worried whether I'm going to get a passing mark in mathematics.
•あなたが来てくれないのではないかと心配しました
I was worried you would never come.
•母は心配して私たちを待っているだろう
Mother will be waiting for us anxiously.
•まちがいをしやしないかと心配するな
Don't be afraid of making mistakes.
•嵐の心配はまったくありません
There is not the slightest fear of a storm.

しんぱん 審判 **judgment** /ヂャヂメント/
審判する judge /ヂャヂ/
•審判官 a judge
•審判員 (フットボールなどの) a referee; (野球などの) an umpire

しんぴ 神秘 (a) **mystery** /ミステリ/
神秘的な mysterious /ミス**ティ**アリアス/
•神秘的に mysteriously
•自然の神秘 the mysteries of nature
しんぴん 新品の (**brand-)new** /(ブ**ラ**ンド) ニュー/
•この辞書は新品同様だ
This dictionary is as good as new.
しんぷ[1] 新婦 a **bride** /ブ**ラ**イド/
しんぷ[2] 神父 a **father** /ふァ～ざ/
シンフォニー a **symphony** /ス**ィ**ンふォニ/
じんぶつ 人物 a **person** /パ～スン/, a **character** /**キャ**ラクタ/, a **personality** /パ～ソ**ナ**リティ/
•重要人物 an important person
•歴史上の人物 a historical character [personality]

しんぶん 新聞

➤ a **newspaper** /ニューズペイパ/, a **paper** /ペイパ/

•きょう[きのう]の新聞 today's [yesterday's] paper
•朝日新聞 the *Asahi*
•新聞記事 a newspaper article
•新聞記者 a newspaper reporter
•新聞社 a newspaper office
•新聞取次店 《米》a newsdealer / 《英》a newsagent
•新聞配達(人) a newspaper delivery person
•新聞を配達する deliver newspapers
•君は何新聞を取っていますか
What paper do you take (in)?
•新聞によるとその2隻の船が霧(きり)の中で衝突(しょうとつ)したそうです The newspaper reports that the two ships collided in the fog.
しんぽ 進歩 **progress** /プ**ラ**グレス/
進歩する progress /プログ**レ**ス/, **make progress** /プ**ラ**グレス/
進歩的な progressive /プログ**レ**スィヴ/
•彼は英語がすばらしく進歩した[している]
He has made [is making] wonderful progress in English.
•彼女の英語はあまり進歩していないようだ
Her English seems to be making little progress. / She seems to be making little progress in her English.
しんぼう[1] 辛抱 **patience** /ペイシェンス/ ➔ がまん
•辛抱強い patient
しんぼう[2] 心棒 (車の) an **axle** /ア**ク**スる/
しんぼく 親睦 **friendship** /ふ**レ**ンドシプ/
•親睦会 (集まり) a social gathering; (団体) a

シンポジウム　274　two hundred and seventy-four

あ

friendship association

シンポジウム a **symposium** /スィンポウズィアム/

シンボル a **symbol** /スィンボる/

じんましん hives /ハイヴズ/, a rash /ラシュ/
- ・それを食べるとじんましんになるの
  I think it gives me hives.
- ・私はからだじゅうにじんましんが出た
  I've got a rash all over.

じんみん 人民 **the people** /ピープる/

じんめい 人命 (a) **(human) life** /(ヒューマン) らイふ/
- ・人命救助で表彰される
  be honored for saving a life

しんや 深夜 **midnight** /ミドナイト/
- ・深夜に at midnight
- ・深夜放送 midnight broadcasting / a midnight program
- ・深夜まで起きている sit up late at night

しんやくせいしょ 新約聖書 **the New Testament** /テスタメント/

しんゆう 親友 a **good friend** /ふレンド/, a **close friend** /クろウス/, a **great friend** /グレイト/, a **bosom friend** /ブザム/, one's **best friend**
- ・太郎と良夫は私の親友です
  Taro and Yoshio are great friends of mine.

しんよう 信用 **credit** /クレディト/; (信頼) **trust** /トラスト/
信用する **trust; put credit** (in ~), **place credit** (in ~) /プれイス/
- ・彼は信用できる男ではない
  He is not a man to be trusted.
- ・私は彼の言うことをあまり信用しない I do not place much credit in what he says.

しんらい 信頼 **trust** /トラスト/; (頼み) **reliance** /リらイアンス/
信頼する **trust; rely** (on ~) /リらイ/; **put reliance** (on ~), **place reliance** (on ~) /プれイス/
- ・信頼できる reliable

す　ス

す¹ 巣 (鳥の) a **nest** /ネスト/; (クモの) a **web** /ウェブ/; (ハチの) a **honeycomb** /ハニコウム/
- ・(ハチの)巣箱 a beehive
- ・巣をつくる (鳥が) build a nest; (クモが) spin a web; (ハチが) build a honeycomb

---

・彼は信頼できる男ではない
He is not a man to be relied on.

しんり¹ 真理 **truth** /トルーす/
- ・科学的真理 scientific truth

しんり² 心理(学) **psychology** /サイカろヂ/
- ・心理学的 psychological
- ・心理学者 a psychologist

じんりきしゃ 人力車 a **rickshaw** /リクショー/

しんりゃく 侵略 **aggression** /アグレション/, **invasion** /インヴェイジョン/
侵略する **invade** /インヴェイド/
- ・侵略的な aggressive
- ・侵略者 an aggressor / an invader

しんりょうじょ 診療所 a **clinic** /クリニク/

しんりょく 新緑 **fresh green leaves** /リーヴズ/
- ・新緑の季節になりました It's the season of fresh green leaves. / Fresh green leaves are now out on the trees.

じんりょく 人力 **human power** /ヒューマン パウア/
- ・それは人力では不可能です It is beyond human power. / It is humanly impossible.

しんりん 森林 a **wood** /ウド/; a **forest** /ふォーレスト/
- ・森林浴をする bask in the woods

しんるい 親類 a **relative** /れらティヴ/ → しんせき

じんるい 人類 **the human race** /ヒューマン レイス/, **humankind** /ヒューマンカインド/
- ・人類の幸福のために働く work for the happiness of the human race

しんろ 進路 a **course** /コース/
- ・進路を誤る take a wrong course
- ・私は卒業後の進路のことで悩んでいる I'm worrying about what to do after graduation.

しんろう 新郎 a **bridegroom** /ブライドグルーム/

しんわ 神話 (一つの) a **myth** /ミす/; (集合的に) **mythology** /ミさろヂ/
- ・神話の mythical
- ・ギリシャ神話 Greek mythology

・ツバメが家の軒下(のきした)に巣をつくった
Swallows built their nests under the eaves of (dwelling) houses.

す² 酢 **vinegar** /ヴィネガ/

ず 図 (絵) a **picture** /ピクチャ/; (さし絵) an **illus-**

tration /イらストレイション/ → ずひょう
・第1図 Fig. 1 → Fig. は figure の略; 本などで図1, 図2…というときは figure を使う
すあし 素足 **bare feet** /ベア ふィート/
・素足の barefoot(ed)
・素足で歩く walk barefoot
ずあん 図案 a **design** /ディザイン/
・図案をかく design
すいあげる 吸い上げる **pump up** /パンプ/, **suck up** /サク/
スイートピー 《植物》a **sweet pea** /スウィート ピー/
すいえい 水泳 **swimming** /スウィミンぐ/ → およぐ (→ 泳ぎ)
　水泳する swim
・水泳プール a swimming pool
・水泳パンツ swimming trunks
・水泳に行く go swimming / go for a swim
・彼は水泳がうまい He is a good swimmer. / He is good at swimming.
スイカ 西瓜 《植物》a **watermelon** /ウォータメロン/
すいがい 水害 a **flood disaster** /ふらド ディザスタ/
・水害地 a flooded district
・作物は大きな水害を受けた The crops suffered great damage from the flood.
すいがら 吸いがら a **cigarette butt** /スィガレト バト/, a **cigarette stub** /スタブ/
・吸いがらを捨てる throw away a cigarette butt
すいきゅう 水球 **water polo** /ウォータ ポウロウ/
スイギュウ 水牛 《動物》a **water buffalo** /ウォータ バふァロウ/

すいぎん 水銀 **mercury** /マ〜キュリ/
すいげん 水源地 **the source** (**of** a **river**) /ソース (リヴァ)/
・この川はあれらの山が水源地です This river has its source in those mountains.
すいこむ 吸い込む (気体を) **inhale** /インヘイる/; (液体を) **absorb** /アブソープ/
すいさい 水彩画 a **watercolor** /ウォータカら/
・水彩画をかく paint in watercolors
すいさん 水産物 **marine products** /マリーン プラダクツ/
・水産高等学校 a fisheries high school
すいじ 炊事 **cooking** /クキンぐ/ → りょうり
　炊事する cook /クク/
・炊事用具 cooking utensils
・私は時々母の炊事を手伝います I sometimes help my mother (to) cook meals.
すいしゃ 水車 a **waterwheel** /ウォータ(ホ)ウィーる/
すいじゅん 水準 a **level** /れヴる/; (標準) a **standard** /スタンダド/
・高い[低い]生活水準 a high [low] standard of living
・この点ではわれわれはヨーロッパ諸国と同じ水準です We are on the same level with European nations in this respect.
すいしょう 水晶 **crystal** /クリストる/
すいじょう 水上で **on the water** /ウォータ/
・水上スキー water-skiing
すいじょうき 水蒸気 (湯からたちのぼる) **steam** /スティーム/; (空気中に浮遊するもの) **vapor** /ヴェイパ/
スイス **Switzerland** /スウィツァランド/
・スイスの Swiss
・スイス人 a Swiss; (全体) the Swiss
すいすい (速く) **swiftly** /スウィふトり/
・エンゼルフィッシュが水槽(すいそう)の中をすいすい泳いでいる Angelfish are swimming swiftly in the aquarium.
すいせい¹ 水星 **Mercury** /マ〜キュリ/
すいせい² 彗星 (ほうき星) a **comet** /カメト/
すいせん¹ 垂線 a **perpendicular** /パ〜パンディキャら/
すいせん² 推薦 **recommendation** /レコメンデイション/
　推薦する **recommend** /レコメンド/
・推薦状 a (letter of) recommendation
・推薦入試 an entrance examination for recommended applicants
・推薦入試を受ける sit (for) an entrance examination as a recommended applicant
・今度はどんな本を推薦してくださいますか What book do you recommend me to read next?
スイセン 水仙 《植物》a **narcissus** /ナースィサス/; (ラッパズイセン) a **daffodil** /ダふォディる/
すいせんトイレ 水洗トイレ a (**flush**) **toilet** /(ふ

すいそ　　　　　276　　　　　two hundred and seventy-six

ら シュ） トイレト /

すいそ 水素 **hydrogen** /ハイドロヂェン/
・水素爆弾 a hydrogen bomb / an H-bomb

すいそう¹ 水槽; (魚などを飼う) an **aquarium** /アクウェアリアム/

すいそう² 吹奏する (鳴らす) **blow** /ブろウ/; (演奏する) **play** /プれイ/
・吹奏楽器 a wind instrument
・吹奏楽団 a brass band
・国歌を吹奏する play the national anthem

すいそく 推測 (a) **guess** /ゲス/
推測する guess, make a **guess, suppose** /サポウズ/
・それは単なる私の推測にすぎない
It's just my guess.
・私は彼を30歳ぐらいだと推測します
I guess him to be about thirty.

すいぞくかん 水族館 an **aquarium** /アクウェアリアム/

すいちゅう 水中の, 水中に **underwater** /アンダウォータ/
・水中カメラ an underwater camera
・水中めがね (水泳用) swimming goggles

すいちょく 垂直の **vertical** /ヴァ～ティカる/
・垂直に vertically
・垂直線 a vertical line

すいつける 吸い付ける **attract** /アトラクト/
・磁石は鉄を吸い付ける
A magnet attracts iron.

スイッチ a **switch** /スウィチ/
・スイッチを切る[入れる] switch off [on] / turn off [on]
・電灯[テレビ]のスイッチを入れてくれませんか Will you switch on the light [the television]?

すいてい 推定 an **estimation** /エスティメイション/
推定する estimate /エスティメイト/

すいでん 水田 a **paddy** (**field**) /パディ (ふィーるド)/, a **rice paddy** /ライス/

すいとう¹ 水筒 a **water bottle** /ウォータ バトる/, a **canteen** /キャンティーン/

すいとう² 出納係 a **teller** /テら/, a **cashier** /キャシア/
出納簿 an **account book** /アカウント/

すいどう 水道 (水) **tap water** /タプ ウォータ/, **running water** /ラニング/, **city water**; (設備) **waterworks** /ウォータワ～クス/, **water supply** /サプらイ/
・水道の蛇口 a faucet / a tap
・水道管 a water pipe

・水道料金 water rates [charges]
・水道を引く have water supplied
・この村にはまだ水道がありません
The village has no water service yet.
・すべての部屋に水道が来ています
Every room has running water.

すいとる 吸い取る (吸収して) **soak up** /ソウク/

すいはんき 炊飯器 a **rice cooker** /ライス クカ/

ずいひつ 随筆 an **essay** /エセイ/
・随筆家 an essayist

すいぶん 水分 **water** /ウォータ/, **moisture** /モイスチャ/; (果物などの) **juice** /ヂュース/
・水分の多い watery / juicy

ずいぶん (非常に) **very** /ヴェリ/; **much** /マチ/ → ひじょうに

すいへい¹ 水兵 a **sailor** /セイら/

すいへい² 水平 **level** /れヴる/
・水平な horizontal; (凹凸のない) level
・水平線 (地球上の) the horizon; (水平な線) a horizontal line
・太陽は水平線のかなたに沈(しず)んだ
The sun has set below [over] the horizon.
・はるか水平線に1隻の船が見えた
I saw a ship far on the horizon.

すいみん 睡眠 (a) **sleep** /スリープ/ → ねむり
・睡眠不足 lack of sleep
・睡眠薬 a sleeping pill
・ゆうべ夜ふかししたので睡眠不足だ I sat up late and didn't get enough sleep last night.

すいめん 水面 **the surface of the water** /サ～ふェス ウォータ/

すいもん 水門 a **sluice** /スるース/, a **floodgate** /ふらドゲイト/

すいようび 水曜日 **Wednesday** /ウェンズデイ/ (略 Wed.) → かようび

すいり 推理 **reasoning** /リーズニング/
推理する reason /リーズン/
・推理力 reasoning power
・推理小説 a mystery / a detective story

すいりょく 水力の **hydraulic** /ハイドローリク/
・水力発電所 a hydropower plant, a hydro-electric power station

スイレン 睡蓮 (植物) a **water lily** /ウォータ りリ/

スイング (バットなどの) a **swing** /スウィング/; (音楽の) **swing**

すう¹ 吸う (汁などを) **suck** /サク/; (空気を) **breathe** /ブリーず/; (すする) **sip** /スィプ/; (タバコを) **smoke** /スモウク/
・哺乳びんからミルクを吸う suck milk from a

nursing bottle
・外に出て新鮮な空気を吸いなさい
Go outdoors and breathe some fresh air.

suck / breathe

すう² 数 a **number** /ナンバ/ → すうじ
・彼らは数においては私たち以上です
They exceed us in number.
・私たちの学校の生徒数は600人です
The number of the students in our school is six hundred.

すう³ 数… (あまり多数でない数) **several** /セヴラる/; (ばく然と少数) **a few** /ふュー/; (不定数) **some** /サム/
・数回 several times
・数種類のバラ several kinds of roses
・君が出発する数日前に several days before you start
・数日のうちに in a few days
・数人の子供たち some children

スウェーデン Sweden /スウィードゥン/
・スウェーデン(人, 語)の Swedish
・スウェーデン人 a Swede; (全体) the Swedes
・スウェーデン語 Swedish

スウェット (上) **sweat shirts** /スウェト シャ〜ツ/, (下) **sweat pants** → トレーナー

スウェットスーツ a **sweatsuit** /スウェトスート/

すうがく 数学 **mathematics** /マせマティクス/, 《米話》 **math** /マす/, 《英話》 **maths** /マすス/
・数学の mathematical
・数学者 a mathematician

すうじ 数字 a **figure** /ふィギャ/; (記号) a **numeral** /ニューメラる/
・数字の8 the figure of 8
・アラビア[ローマ]数字 Arabic [Roman] numerals

すうしき 数式 a **formula** /ふォーミュら/; (等式) an **equation** /イクウェイジョン/

ずうずうしい impudent /インピュデント/, **cheeky** /チーキ/

スーツ a **suit** /スート/

スーツケース a **suitcase** /スートケイス/

スーパー (マーケット) a **supermarket** /スーパマーケト/; (映画などの字幕) **subtitles** /サブタイトるズ/

▼ カタカナ語！ スーパー
日本では「スーパーマーケット」や映画の「字幕」のことを「スーパー」というが, この意味で ✕ super といっても通じない. 英語で super というと superintendent /スーパリンテンデント/ を短くしたことばでアパートなどの「管理人」の意味. 「字幕つきの映画」は a film with subtitles, あるいは a subtitled film という

すうはい 崇拝 (拝まんばかりの) **worship** /ワ〜シプ/; (敬服) **admiration** /アドミレイション/
 崇拝する **worship**: **admire** /アドマイア/
・崇拝者 a worshipper; an admirer

スープ soup /スープ/
・スープ皿[さじ] a soup plate [spoon]
・スープを飲む (スプーンで) eat *one's* soup; (コップから) drink *one's* soup

すえ 末 **the end**; (あとで) **after**
・6月の末に at the end of June
・秋の末に late in fall [autumn]
・その年の末近くに near the end of the year
・よく考えた末私はその申し出を断った
I declined the offer after thinking it over.

スエズ スエズ運河 **the Suez Canal** /スーエズ カナる/

すえつける 据え付ける **put in**, **install** /インストーる/

すえっこ 末っ子 **the youngest child** /ヤンゲスト チャイるド/

ずが 図画 **drawing** /ドローイング/

スカート a **skirt** /スカ〜ト/
・タイトスカート a tight skirt
・プリーツスカート a pleated skirt

スカーフ a **scarf** /スカーふ/
→ 複 scarfs または scarves

ずかい 図解 an **illustration** /イらストレイション/
 図解する **illustrate** /イらストレイト/
・図解入りの本 an illustrated book

ずがいこつ 頭蓋骨 a **skull** /スカる/

スカイダイビング skydiving /スカイダイヴィング/

スカウト a **scout** /スカウト/
 スカウトする **scout**

すがお 素顔 a **face without makeup** /ふェイス ウィずアウト メイカプ/
・彼女はお化粧(けしょう)をした時より素顔のほうがよい
She looks better without makeup.

ずかずか 278 two hundred and seventy-eight

ずかずか ずかずか入る **barge** (into 〜) /バーヂ/
•彼は私の部屋にずかずか入って来た
He barged into my room.

すがすがしい refreshing /リふレシング/
•すがすがしい風 a refreshing breeze
•ぐっすり眠ったので気分がすがすがしい
I am refreshed from a good sleep. /
A good sleep has refreshed me.

すがた 姿 (人の) a **figure** /ふィギャ/; (形) a **form**
/ふォーム/; (鏡・水などに映った) a **reflection** /リふ
れクション/; (外観) an **appearance** /アピアランス/
•その鳥は姿が美しい
The bird has a beautiful form.
•私は水に映る自分の姿を見た
I saw my reflection in the water.
•彼はその会合に姿を見せなかった
He did not show [turn] up at the meeting.
•人をその姿で判断してはいけない You should
not judge people by their appearances.
•蒸気機関はほとんど姿を消した
Steam engines have almost disappeared.

すがる cling to /クリング/, **hold on** /ホウるド/;
(頼りにする) **depend on** /ディペンド/
•…にすがって歩く walk on 〜
•その子は母親の手にすがりついた
The child clung to his mother's hand.

ずかん 図鑑 an **illustrated reference book** /イ
らストレイテド レふァレンス/

スカンク 《動物》a **skunk** /スカンク/

スカンジナビア Scandinavia /スキャンディネイ
ヴィア/
**スカンジナビア半島 the Scandinavian Penin-
sula** /ペニンスら/

すき¹ (すきま) an **opening** /オウプニング/; (余地)
room; (機会) a **chance** /チャンス/
•彼は私に口をきくすきを与えなかった
He did not give me a chance to speak.

すき² (農具) a **plow** /プらウ/, a **spade** /スペイド/
•すきで耕す plow

すき³ 好きである

➤ **like** /らイク/; (やや強い意味) **be fond of** /ふ
ァンド/; (大好き) **love** /らヴ/

好きな favorite /ふェイヴァリト/
好きになる come to like, take to 〜; (ほれ込む)
fall for 〜
•私はジャズ[リンゴ]が好きだ
I like jazz [apples].
•彼女はとても音楽が好きだ She likes music very
much. / She is very fond of music.

•私は彼女がとても好きだけど愛してはいない
I like her very much but I don't love her.
•彼女はクラスのだれからも好かれています ➔ 受け身
形 She is liked by everybody in the class. ➔
不特定多数の人に好かれる場合だけ受け身形になる
•私はクラシックよりジャズのほうが好きだ
I like jazz better than classical music.
•君は野球とサッカーとどちらが好きか Which do
you like better, baseball or soccer?
•すべてのスポーツの中で私は野球が一番好きだ I
like baseball best of all sports.

会話

どの季節が君は一番好きですか
—春が一番好きです
Which season do you **like** best?
—I **like** spring best.

•私はギターをひくのが好きだ
I like playing the guitar.

文法・語法

like *doing* も like to *do* もほとんど同じ意味で
あるが, like to *do* は「…したい」と, その時
の気持ちを表すのに使い, like *doing* は好みな
どを一般的にいうのに使う傾向(けいこう)がある

•私の好きなスポーツは野球です
Baseball is my favorite sport.
•君の好きなようにしなさい Do as you like.
•どこにでも好きな所へ[いつでも好きな時に]行きなさ
い Go wherever [whenever] you like.
•私はコーヒーは濃いのが好きです
I like my coffee strong.
•子供たちは新しい先生がすぐに好きになった
The children soon came to like [took to]
their new teacher.
•それで私が彼を好きになったってわけ
That's why I fell for him.

ことわざ 好きこそものの上手なれ Nothing is hard
to a willing mind. (進んでやりたいと思う心にむず
かしいものはない)

すぎ …過ぎ
❶ (時間・年齢などが) **past, over**
•3時10分過ぎです
It is ten minutes past [after] three.
•彼は40過ぎです He is past [over] forty.
❷ (程度が) **too** /トゥー/ ➔ すぎる❹
•君は食べすぎだよ You eat too much.

スギ 杉 《植物》(セイヨウスギ) a **cedar** /スィーダ/;
(ニッポンスギ) a **Japanese cedar**

スキー (板一組) (a pair of) **skis** /(ペア) スキーズ/; (すべること) **skiing** /スキーインヶ/

　スキーをする ski /スキー/
- スキー場 a ski ground
- ゲレンデスキー skiing on a (ski) slope〔trail, piste〕
- スキーに行く go skiing
- (パラ)アルペンスキー (para-)alpine skiing /(パーラ) アるパイン/
- クロスカントリースキー cross-country skiing
- フリースタイルスキー freestyle skiing

すききらい 好き嫌い **likes and dislikes** /らイクス ディスらイクス/
- …の好き嫌いが激しい be particular about ～

すきずき 好き好き **a matter of taste** /マタ テイスト/
- それは好き好きです It's a matter of taste.
　ことわざ タデ食う虫も好き好き
　Tastes differ. (好みは異なるものだ) / There's no accounting for tastes. (人の好みを説明するのは不可能だ)

ずきずき ずきずき痛む **ache** /エイク/, **throb** /すラブ/
- 頭がずきずきする My head is throbbing.

スキット (教育用寸劇) a **skit** /スキット/ ➡ skit は「笑いを誘う寸劇」という意味でもよく使われる

スキップ a **skip** /スキプ/
- スキップする skip

すきとおる 透き通った **transparent** /トランスパレント/, **clear** /クリア/

すぎない …にすぎない (単に) **only** /オウンり/
- それは推測にすぎなかった
　It was only a guess.

すきま すき間 an **opening** /オウプニング/, a **gap** /ギャプ/; (余地) **room**
- すき間風 a draft
- スーツケースにはこのセーターを入れるすき間がないかしら Is there room for this sweater in the suitcase?

スキャンダル a **scandal** /スキャンドる/

スキューバダイビング scuba diving /スクーバ ダイヴィング/

スキル (技能) a **skill** /スキる/

すぎる 過ぎる
❶ (通り過ぎる) **pass**
❷ (時間がたつ) **pass, go by**
❸ (過ぎている) **be past, be over**
❹ (…しすぎる) **too**
❶ (場所を通り過ぎる) **pass**

- 郵便局を過ぎたら左へ曲がりなさい
　Pass the post office and turn left.
❷ (時間がたつ) **pass, go by**
- 時はなんて速く過ぎるのだろう
　How quickly time passes!
- 卒業してから10年が過ぎた Ten years have passed since we left school.
❸ (過ぎている, 終わっている) **be past, be over**
- 危険は過ぎました The danger is past. / We are out of danger now.
- 冬は過ぎて春が来ました
　Winter is over and spring has come.
❹ (…しすぎる) **too** /トゥー/
- 食べ〔飲み, 働き〕すぎる eat〔drink, work〕too much
- この靴は私には大きすぎる
　These shoes are too big for me.
- この本は難しすぎて私には読めない This book is too difficult for me to read. / This book is so difficult that I cannot read it.
- 彼は働きすぎて病気になった He worked so hard that he made himself sick.

スキンダイビング skin diving /スキン ダイヴィング/

スキンヘッド a **shaved head** /シェイヴド ヘド/ ➡ この意味の「スキンヘッド」は和製英語

すく (おながかが) **feel hungry** /ふィーる ハングリ/; (場所が) **become less crowded** /れス クラウデド/
- 私はずいぶん歩いておながかがすいた
　I felt hungry after a long walk.
- バスは昼ごろにはすいてきます The bus becomes less crowded about noon.

すぐ
❶ (直ちに) **at once, right away, now**; (まもなく) **soon**
❷ (ちょうど) **just**
❸ (簡単に) **easily**
❹ (近い) **near**
❶ (直ちに) **at once** /ワンス/, **right away** /ライト アウェイ/, **now**; (まもなく) **in no time, soon** /スーン/
- …するとすぐ as soon as ～ / on doing
- …するすぐ前[あと]に shortly before〔after〕～
- すぐここへ来なさい Come here now〔at once〕.
- すぐ帰ります I'll be back in no time.
- すぐ暗くなります It will soon be dark.
- 学校が終わったらすぐ帰りなさい
　Come back soon after school.

すくい 280 two hundred and eighty

・その薬を飲んだらすぐ気分がよくなりだした
As soon as I took the medicine, I began to feel better.
・その町に着くとすぐ私は母に電話した
On arriving at the town, I called my mother.
→ arriving は動名詞
・それはいい案だ. すぐ実行に移そう
It's a good plan. Let's put it into practice.
参考ことわざ 善は急げ Make hay while the sun shines. (日の照っているうちに干し草をつくれ)
❷ (ちょうど) **just** /ヂャスト/
・今すぐ just now / right away
・君のすぐ前に just in front of you
・すぐ頭の上に just overhead
・私の家はかどを曲がってすぐのところです
My house is just around the corner.
・クリスマスがすぐそこに来ている
ひゆ Christmas is just around the corner. (すぐそこのかどを曲がったところにいる)
❸ (簡単に) **easily** /イーズィリ/
・私はすぐ彼の家を見つけた
I easily found his house. /
I had no difficulty in finding his house.
・こんな晩には油断をするとすぐかぜをひきますよ If you are not careful on such a night, you will easily catch cold.
❹ (近い) **near** /ニア/
・バス停はすぐです. 歩いて行きましょう
The bus stop is quite near, so let's walk.
・丸ビルは東京駅から歩いてすぐです
The Marunouchi Building is a short walk from Tokyo Station.

すくい 救い **help** → きゅうじょ
・救いを求めて叫ぶ cry for help

スクイズ (野球で) a **squeeze play** /スクウィーズ プれイ/

すくう¹ 救う (助ける) **help**; (人命などを) **save** /セイヴ/
・彼らは彼がおぼれているのを救った
They saved him from drowning.

すくう² (水・砂などを) **scoop** (**up**) /スクープ/

スクーター a **scooter** /スクータ/; (モーター付き) a **motor scooter** /モウタ/

スクールゾーン a **no-car zone** /ゾウン/ **around** a **school** → 英米などでの a school (safety) zone は通常速度制限がよりきびしく設定された学校近隣の地域をさす
・この学校のまわりでは, 毎日数時間自動車の通行が禁止されている Cars can't enter the area around this school in certain hours of the day.

スクエアダンス a **square dance** /スクウェア/

すくない 少ない

➤ (数が) **few** /フュー/
➤ (量が) **little** /リトる/
➤ (入れ物の中の量が) **low** /ろウ/
より少ない **fewer**; **less**; **lower**
最も少ない **fewest**; **least** /リースト/; **lowest**
・少なくとも at least
・少なからず not a little
・冬にはここへ来る人は少ない
Few people come here in winter.
・そう言う人は少なくない
Not a few people say so.
・これは実用的価値は少ない
This is of little practical value.
・タンクの中のガソリンは残り少なかった
The gasoline in the tank was low.
・英語を学ぶ人よりフランス語を学ぶ人のほうが少ない Fewer people learn French than English.
・彼に会いに来る人はだんだん少なくなった
Fewer and fewer people came to see him.
・君は少なくとも毎日8時間眠るように努めなければならない
You must try to sleep at least eight hours every day.

すくめる (首を) **duck** /ダク/; (肩を) **shrug** /シュラグ/ (「肩をすくめる」は→ かた¹)
・ボールが頭上に飛んで来たとき私は首をすくめた I ducked as the ball shot over my head.

スクラップ (a) **scrap** /スクラプ/
・スクラップブック a scrapbook

スクラム a **scrum** /スクラム/
・スクラムを組む form a scrum

スクリーン a **screen** /スクリーン/

スクリュー a **screw** /スクルー/, a (**screw**) **propeller** /プロぺら/

すぐれる be **better** (than ~) /ベタ/, **excel** /イクセる/
・彼は指導力ではクラスの他のだれよりもすぐれている He is better than all his classmates in leadership. / No one in his class can excel him in leadership.

ずけい 図形 《数学》a (**geometric**) **shape** /(ジアメトリク) シェイプ/, a (**geometric**) **figure** /ふィギャ/
・基本的な図形を学ぶ learn basic geometric shapes

スケート (靴1足) (a pair of) **skates** /(ペア) スケイツ/; (すべること) **skating** /スケイティング/

スケートをする **skate**
- スケート場　a skating rink
- スケートに行く　go skating

スケートボード (板) a **skateboard** /スケイトボード/; (遊び) **skateboarding**
- スケートボードをする　skateboard

スケール (a) **scale** /スケイる/
- スケールの大きい[小さい]　large-[small-]scale
- スケールの大きい人　a person of high caliber

スケジュール a **schedule** /スケデューる/
- スケジュールを組む　schedule / make a schedule
- スケジュールに従って[どおり]　according to schedule

ずけずけ bluntly /ブらントり/
- 君はものをずけずけ言いすぎるよ
You speak too bluntly.
- 彼はずけずけものを言うけど根はやさしい人だ　He minces no words, but he is kind at heart. → mince は「遠回しに言う, 加減して言う」

スケッチ a **sketch** /スケチ/
スケッチする sketch
- スケッチブック　a sketchbook

〔会話〕君は何をスケッチしたの? ―私は農家をスケッチした　What did you sketch? —I sketched a farmhouse.

スコア a **score** /スコー/
- スコアブック　a scorebook
- スコアボード　a scoreboard
- …のスコアをつける　keep the score of ～

〔会話〕今スコアは何ですか. ―スコアは4対3で私たちが勝って[負けて]います
What is the score now? —It is 4 to 3 in our favor [against us].

すごい

❶ (恐ろしい) **terrible**; (激しい) **heavy**
❷ (すばらしい) **wonderful**

❶ (恐ろしい) **terrible** /テリぶる/; (激しい) **heavy** /ヘヴィ/
すごく terribly; heavily
- すごい顔つき　a terrible look
- すごい雨　heavy rain
- ゆうべはすごく雨が降った
It rained heavily last night. /
We had heavy rain last night.
- バスはすごいこみ方でした
The bus was terribly crowded.

❷ (すばらしい) **wonderful** /ワンダふる/, (話) **great** /グレイト/; (驚くべき) **amazing** /アメイズィング/

すごく wonderfully; amazingly
- すごいごちそう　a wonderful dinner
- それはすごいじゃないか
That sounds great!
- 彼は英語がすごく進歩した
He has made amazing progress in English.
- 彼はすごく利口な子です
He is an amazingly [a very] clever child.
- 若い人たちの間の彼の人気はすごいものです
His popularity among young people is simply amazing.

terrible

heavy

wonderful

ずこう 図工 (図画・工作) **arts and crafts** /アーツクラふツ/

すこし 少し

➤ (数が) (a) **few** /ふユー/
➤ (量・程度が) (a) **little** /りトる/ → ちょっと ❷
- 少しずつ　little by little
- 私はニューヨークに少し友人がいます
I have a few friends in New York.
- 私はお金を少し持ち合わせています
I have a little money with me.
- 私はこの町には友人が少ししかいない
I have few friends in this town.
- 私はほんの少ししかお金の持ち合わせがない
I have very little money with me.

> **文法・語法**
> 実際には同数・同量の「少し」でも, それを言う人が「少しはある[いる]」と肯定的に表現する時は a few ～, a little ～ のように a を付け,「少ししかない[いない]」と否定的に表現する時は a を付けない

すこしも 282

- 私はほんの少ししか英語がしゃべれません
I can speak English only a little.
- きょうは少し寒い It is a little cold today.
- 彼は6時少し過ぎに到着した
He arrived a little after six.
- そのお菓子をもう少しください
Give me a little more of that cake.
- 私はほんの少しのところでバスに乗り遅れた
I just missed the bus.

すこしも 少しも…ない **not at all, not in the least** /リースト/
- 私はタベは少しも眠れなかった
I could not sleep at all last night.
- 私は少しも疲(つか)れていません
I am not in the least tired.

すごす 過ごす
> **spend** /スペンド/, **pass** /パス/

基本形
A (時)を過ごす
　spend A / **pass** A
…をして A (時)を過ごす
　spend A *doing*
　pass A *doing*

- 楽しい時を過ごす have a good [pleasant] time / spend [pass] the time pleasantly
- 夏休みを海辺[田舎]で過ごす spend the summer vacation at the beach [in the country]
- 旅をして夏を過ごす spend the summer traveling / pass the summer traveling
- 夏休みはどうやって[どこで]過ごしましたか

How [Where] did you spend your summer vacation?
- いかがお過ごしですか How have you been these days? / How are you getting along?

スコットランド Scotland /スカトランド/
- スコットランド(人)の Scottish / Scots
- スコットランド人 (男性) a Scotsman (複 -men) / (女性) a Scotswoman (複 -women); (全体) the Scottish

スコップ → シャベル

すこやかな 健やかな **healthy** /ヘるすィ/

すごろく *sugoroku*, **a game like backgammon played during the New Year** /バクギャモン プれイド デュアリング イア/ → backgammon はふたりの競技者がさいころを振って、それぞれの持つ15の駒を進める西洋すごろく

すし 寿司 **sushi**
- すし屋 a sushi bar [restaurant]

すじ 筋 (しま) **a stripe** /ストライプ/; (話の) **a plot**; (論理) **logic** /らヂク/
- 筋の通った (論理的な) logical; (道理にかなった) reasonable
- 筋の通らない illogical; unreasonable
- この話の筋はとても簡単です
The plot of this story is very simple.
- 君の言うことは筋が通っていない
There is no logic in what you say.

すしづめ すし詰めの **overcrowded** /オウヴァクラウデド/, **jam-packed** /ヂャム パクト/
- われわれは小さな部屋にすし詰めになった
ひゆ We were packed like sardines in a small room. ((缶詰の)イワシのように)

すす soot /スト/
- すす(だらけ)の sooty

すず[1] 鈴 **a bell** /べる/

すず[2] (金属の) **tin** /ティン/

ススキ 芒 《植物》 **Japanese pampas grass** /パンパス グラス/

すすぐ rinse /リンス/
- 口をすすぐ rinse *one's* mouth

すずしい 涼しい **cool** /クーる/
- こっちへ入って。この部屋のほうが涼しいよ Come in here. It's cooler in this room.

すすむ 進む
> **go (forward)** /(ふォーワド)/; (歩く) **walk** /ウォーク/
> (進行する) **progress** /プログレス/, **make progress** /プラグレス/
> (時計が) **gain** /ゲイン/

- それ以上進むことは不可能であった
It was impossible to go further. / Further progress was impossible.
- 最初の交差点までこの道を(それないで)進みなさい
Stay on this road until you come to the first intersection.
- 仕事はいっこうに進まないようです
The work seems to make little progress.
- 私の時計は1日に2〜3秒進みます
My watch gains a few seconds a day.
- 君の時計は少し[2分]進んでいる
Your watch is a little [two minutes] fast.

make progress　　　gain

すずむ 涼む **get cool** /クーる/
- この木陰(こかげ)にすわって涼もう
Let's sit in the shade here and get cool.

すすめ 勧め (忠告) **advice** /アドヴァイス/; (推薦(すいせん)) **recommendation** /レコメンデイション/
- 彼の勧めに従う follow his advice

スズメ 雀 (鳥) a **sparrow** /スパロウ/

スズメバチ a **hornet** /ホーニト/, a **wasp** /ワスプ/

すすめる¹ 進める (前へ) **advance** /アドヴァンス/, **move forward** /ムーヴ ふォーウド/; (推進する) **further** /ふァ〜ざ/
- 計画を進める further a plan
- 時計を10分進める set the clock forward by ten minutes

すすめる² 勧める (忠告する) **advise** /アドヴァイズ/; (推薦(すいせん)する) **recommend** /レコメンド/
- 医者は私に運動しすぎないように勧めた
The doctor advised me not to take too much exercise.
- 私はこの本を君の年齢(ねんれい)の人みんなに勧めます
I recommend this book to all boys and girls of your age.

スズラン 鈴蘭 (植物) a **lily of the valley** /りりヴァり/

すずり 硯 an **inkstone** /インクストウン/

すすりなく すすり泣く **sob** /サブ/, **weep** /ウィープ/

すすり泣き a **sob**

すそ a **hem** /ヘム/
- すそを下ろす[上げる] take a hem down [up]

スター a **star**
- 映画スター a film star

スタート a **start** → しゅっぱつ
スタートする start
- スタートラインに並ぶ line up for the start

スタイリスト (衣装などの専門家) a **wardrobe stylist** /ウォードロウブ スタイリスト/; a **fashion coordinator[consultant]** /コウオーデネイタ/

スタイル a **style** /スタイる/; (特に女性の体つき) a **figure** /ふィギャ/
- スタイルブック a fashion catalog
- 最新流行のスタイル the latest style [fashion]
- スタイルがよい[悪い] have a good [poor] figure

スタジアム a **stadium** /ステイディアム/

スタジオ a **studio** /ステューディオウ/

スタッドレスタイヤ a **non-studded winter tire** /ノン スタディド ウィンタ タイア/

スタッフ the **staff** /スタふ/
- スタッフの一人 a member of the staff

スタミナ **stamina** /スタミナ/
- スタミナがある[ない] have [lack] stamina

スタメン (スターティング・メンバー) **the starting lineup** /スターティンぐ らイナプ/

スタント (離れわざ) a **stunt** /スタント/
- スタントマン (代役で離れわざをする人) a stunt double [person] / stunt man [woman]

スタンド
❶ (観覧席) a **stand**, 《米》**bleachers** /ブリーチャズ/
❷ (売店) a **stand**, a **booth** /ブーす/
❸ (電気スタンド) a **desk lamp** /デスク らンプ/

スタンドプレー a **grandstand play** /グランドスタンド/, a **public relations stunt** /パブりク リれイションズ スタント/
スタンドプレーをする **grandstand**, do a **public relations stunt**

スタンプ a **stamp** /スタンプ/
- ゴム印 a rubber stamp

スチーム **steam** /スティーム/
- スチームアイロン a steam iron

スチール¹ (鋼鉄) **steel** /スティーる/
スチール² (盗塁) a **steal** /スティーる/

スチュワーデス → キャビンアテンダント

ずつ (それぞれ) **each** /イーチ/
- ひとつ[ひとり]ずつ one by one
- 階段を2段ずつ上る go up the stairs two at a time
- かごいっぱいのバナナが出されてひとり2本ずつ食

ずつう 284 two hundred and eighty-four

べた We were served a basketful of bananas and we had two each.

ずつう 頭痛 a **headache** /ヘデイク/
• 私はひどく[少し]頭痛がする
I have a bad [slight] headache.

スツール a **stool** /ストゥーる/

すっかり all, quite /クワイト/, **completely** /コンプリートり/
• 私はそのことはすっかり忘れてしまった
I have all about it.
• 町の様子がすっかり変わってしまった
The appearance of the town has completely changed.
• 彼女はもうすっかりおとなだ
She is grown-up now.
• 私が彼の家を出た時はすっかり暗くなっていた It was quite dark when I left his house.
• 私はもうすっかり回復しました
I am completely recovered now.

ズッキーニ (a) **zucchini** /ズキーニ/; 《英》(a) **courgette** /コージェト/

すっきり すっきりした（ごてごてしていない）**neat** /ニート/; （はっきりした）**clear** /クリア/; （気分が）**refreshed** /リふレシュト/
• 深呼吸をしたら気分がすっきりしますよ
Take a deep breath and you will feel refreshed.
• ちょっと昼寝をするといつもすっきりします（→昼寝は私をすっきりさせる）
A short nap always refreshes me. /
🔵ひゆ A short nap always makes me feel as fresh as a daisy. （ヒナギクのようにすっきりした気分にしてくれる）

すっと
❶（すばやく）**swiftly** /スウィふトり/
❷（気分が軽くなる）**be relieved** /リリーヴド/
• 胸のうちをさらけ出したらすっとした
I felt relieved to have opened up my mind.

ずっと
❶（時間）**all the while**
❷（距離）**all the way**
❸（程度）**much**
❶（時間）**all the while** /(ホ)ワイる/, **all the time**
• 君は今までずっと何をしていたのですか
What have you been doing all this while?
• 私はそれ以来ずっとここに住んでいます
I have lived here ever since.
• 先週の日曜日からずっと雨が降ったりやんだりしています It has been raining on and off since

last Sunday.
❷（距離）**all the way** /ウェイ/
• 家に帰る道じゅうずっと私はそのことを考えていた
I was thinking of it all the way home.
• 列車がとてもこんでいたので私は名古屋からずっと立ち続けでした
The train was so crowded that I had to stand all the way from Nagoya.
❸（程度）**much** /マチ/, **far**
• ずっと夜おそくまで far into the night
• 君たちの学校は私たちの学校よりずっと大きい
Your school is much larger than ours.
• 君はぼくより英語がずっとじょうずにしゃべれる
You can speak English much better than I can [《話》than me].

すっぱい sour /サウア/
• すっぱくなる sour / turn sour

すで 素手で（武器を使わずに）**with** *one's* **bare hands** /ベア/

ステーキ (a) **steak** /ステイク/

ステージ a **stage** /ステイヂ/

すてき 素敵な **nice** /ナイス/; （すばらしい）**wonderful** /ワンダふる/; （魅力的な）**attractive** /アトラクティヴ/, **charming** /チャーミンぐ/

すてご 捨て子 a **deserted child** /ディザ〜テド チャイるド/, an **abandoned child** /アバンドンド/; （拾い子）a **foundling** /ふァウンドりンぐ/

ステッカー a **sticker** /スティカ/

ステッキ a (**walking**) **stick** /(ウォーキンぐ) スティク/

ステッチ a **stitch** /スティチ/
• クロス[チェイン]ステッチ cross [chain] stitch

すでに **already** /オーるレディ/ → もう ❶

すてる 捨てる **throw** /すロウ/, **dump** /ダンプ/
• ここにごみを捨ててはいけません
Don't throw [dump] rubbish here.
• 私はちょうどごみを捨てに行こうとしていたところです I'm just going out to throw away the rubbish.

ステレオ **stereo** /ステレオウ/

ステンレス **stainless steel** /ステインれス スティーる/

スト a **strike** /ストライク/
• ストを行う strike / go on strike
• 彼らは賃金値上げのストを決行中です They are on strike demanding higher wages.

ストーカー a **stalker** /ストーカ/

ストーブ a (**space**) **heater** /(スペイス) ヒータ/ ➡ stove という英語はふつう調理用の「レンジ」の意味で使うことが多い

two hundred and eighty-five 285 スピード

・石油[灯油, ガス, 電気]ストーブ an oil [a kerosene, a gas, an electric] heater

ストッキング (1足) (a pair of) **stockings** /(ペア)ス**タ**キングズ/ → くつした

ストップ stop
　ストップする stop, make a stop
　・ストップウォッチ a stopwatch

ストライキ → スト

ストライク (野球で) a **strike** /ス**ト**ライク/
　・スリーボールツーストライク three balls and two strikes

ストライプ a **stripe** /ス**ト**ライプ/

ストリーミング streaming (**service**) /ス**ト**リーミング/
　・ストリーミングの動画を見る watch a streaming movie
　・動画[音楽]配信 video [audio] streaming (service)

ストレートの straight /ス**ト**レイト/

ストレス (a) **stress** /ス**ト**レス/
　・現代生活のさまざまなストレス the stresses of modern life
　・ストレスを解消する get rid of (the) stress
　・ストレスを受けている be under stress
　・君の頭痛はストレスのせいかもしれない
　Your headaches may be caused by stress.
　・この仕事はストレスがたまる
　This job puts me under stress.

ストレッチ (体操) **stretching exercises** /ス**ト**レチング エ**ク**ササイゼズ/
　・ストレッチをする do stretching exercises

ストロー a **straw** /ス**ト**ロー/
　・ストローでレモネードを飲む suck [sip] lemonade through a straw

すな 砂 sand
　・砂の sandy
　・砂浜 a sandy beach
　・砂場 a sandpit / a sandbox
　・砂時計 a sandglass

すなおな (従順な) **obedient** /オ**ビ**ーディエント/

スナック (食事) a **snack**; (食堂) a **snack bar**; (ポップコーン・ポテトチップスなどの「スナック菓子」) **junk food** /**チャ**ンク ふード/

スナップ (写真) a **snap**, a **snapshot** /ス**ナ**プシャト/

すなわち that is (**to say**) /(セイ)/
　・彼は自分の長男, すなわち私の父にその全財産を残した He left all his fortune to his eldest son, that is (to say), to my father.

スニーカー sneakers /ス**ニ**ーカズ/

・私はスニーカーを10足持っている
I have ten pairs of sneakers.

すね a **leg**; (向こうずね) a **shin** /シン/
　・親のすねをかじる depend on *one's* parents / live on [off] *one's* parents

ずのう 頭脳 **brains** /ブレインズ/

スノーボード (板) a **snowboard** /ス**ノ**ウボード/; (競技) **snowboarding** /ス**ノ**ウボーディング/

スパイ a **spy** /ス**パ**イ/

スパイク a **spike** /ス**パ**イク/
　・スパイクシューズ (a pair of) spikes

スパイス (a) **spice** /ス**パ**イス/
　・スパイスのきいた spicy

スパゲッティ spaghetti /ス**パ**ゲティ/

すばこ 巣箱 (野鳥の) 《米》 a **birdhouse** /バ〜ドハウス/, 《英》 a **nest box**; (ミツバチの) a **beehive** /**ビ**ーハイヴ/

すばしこい quick /ク**ウィ**ク/, **nimble** /**ニ**ンブる/

スパッツ leggings /**れ**ギングズ/

ずばぬけた outstanding /アウト**スタ**ンディング/, **exceptional** /イク**セ**プショヌる/

スパム 《IT》 (迷惑メール) **spam** (**email**) /ス**パ**ム/
　・スパムメールを受け取る receive spam

すばやい quick /ク**ウィ**ク/
　すばやく quick, quickly
　・仕事をすばやくしなさい
　Be quick about your work.
　・彼は仕事がすばやい He is a quick worker.
　・彼はすばやく自分の誤りに気がついた
　He was quick to see his mistake.

すばらしい wonderful /**ワ**ンダふる/, 《話》 **great** /グレイト/, 《話》 **lovely** /**ら**ヴリ/
　・すばらしく wonderfully
　・なんてすばらしい朝でしょう
　What a lovely morning!

スピーカー (拡声機) a **speaker** /ス**ピ**ーカ/, a **loudspeaker** /**ら**ウドスピーカ/
　・スピーカーで over the loudspeaker

スピーチ (演説) a **speech** /ス**ピ**ーチ/ → えんぜつ
　・結婚披露宴(ひろうえん)でスピーチをする say a few words at a wedding party

スピード speed /ス**ピ**ード/
　・スピードを上げる speed up
　・スピードを落とす slow down
　・フルスピードで at full speed
　・普通の[むちゃな]スピードで at an ordinary [a reckless] speed
　・列車は時速200キロのスピードで走っています
　The train is running at (a speed of) 200 kilometers an hour.

あ
か
す
た
な
は
ま
や
ら
わ

- 彼はスピード違反で罰金を取られた
He was fined for speeding.
- 曲がりかどでは車のスピードをゆるめなさい
Slow down (the car) near a turning.

ずひょう 図表 (一般語) a **chart** /チャート/; (構造などの図解) a **diagram** /ダイアグラム/; (グラフ) a **graph** /グラふ/

スプーン a **spoon** /スプーン/
- スプーン1杯 a spoonful
- 砂糖スプーン2杯分 two spoonfuls of sugar

ずぶぬれ ずぶぬれになる **get thoroughly wet** /さ〜ロウリ/, **get wet to the skin**, **be drenched** (**to the skin**) /ドレンチト/
- 私はにわか雨にあってずぶぬれになって帰った I was caught in a shower and came back thoroughly wet [came back drenched to the skin].

スプレー (a) **spray** /スプレイ/
- スプレーする spray

スプレッド¹ ((IT)) a **pinch out** /ピンチ アウト/, a **spread** /スプレド/ → タッチスクリーン上で滑らせながら2本の指を広げる動作

スプレッド² (食) (パンなどに塗るもの) a **spread** /スプレド/

スプレッドシート → ひょうけいさんソフト

スペア a **spare** /スペア/
- スペアタイヤ a spare tire

スペイン **Spain** /スペイン/
- スペイン(人)の Spanish
- スペイン語(の) Spanish
- スペイン人 a Spaniard; (全体) the Spanish

スペース (a) **space** /スペイス/ → ばしょ
スペースキー a **space key**
スペースシャトル a **space shuttle** /スペイス シャトる/

スペード (トランプの) **spades** /スペイツ/
- スペードのエース the ace of spades

すべすべ すべすべした **smooth** /スムーず/
- 彼女の手はすべすべしている
Her hands are smooth.

すべて

➤ **all**; **everything** /エヴリすィング/ → みな

すべての **all**; **every** /エヴリ/
- 彼らはすべて私の友人です
They are all my friends.
- これがそのことについて私の知っているすべてです
This is all I know about the matter.
- これはすべて私が病気になったためです
This is all because I fell ill.

- すべての鳥が歌えるとは限らない
Not all birds can sing.
- お金ですべての物が買えるわけではない
You cannot buy everything with money.

使い分け

all: ひとまとまりでもばらばらでも「すべて」
every: all と同じ「すべて」を意味するが, ひとまとまりのうちのひとりひとりに焦点を当てているふんい気がある The teacher handed out the tests to every student. (先生はすべての生徒にテストを配布した)
whole: 全体をひとまとまりにみて「すべて」, 必ず単数名詞につく the whole class (クラス全体)

すべらせる **glide** /グらイド/
- スクリーンの上で指を滑らせる glide [slide, swipe] a finger on the screen

すべりだい 滑り台 a **slide** /スらイド/

すべる 滑る

➤ **slide** /スらイド/; (足が) **slip**

- 滑りやすい slippery
- うっかり口が滑って by a slip of the tongue → slip は名詞
- そりで坂を滑り降りるのは愉快(ゆかい)だ It is pleasant to slide down a slope on a sled.
- 私は凍った歩道で滑った
I slipped on the frozen sidewalk.
- 私は足を滑らせて階段から落ちた
My foot slipped and I fell down the stairs.
- 床がとても滑りやすいから注意しなさい
Be careful. The floor is very slippery.
- 彼は3塁に滑り込んでセーフになった
He slid safely into third base.

slide　　　　slip

スペル (つづり) **spelling** /スペリング/ → spell は「(文字を)つづる」

スポーツ a **sport** /スポート/
スポーツをする **do** a **sport**, **engage in** a **sport** /インゲイヂ/, **participate in** a **sport** /パーティス

ィペイト/ → participate は団体競技についていう
- スポーツ選手 an athlete
- スポーツ愛好家 a sports lover [fan]
- スポーツカー a sports car
- スポーツウェア sportswear
- スポーツ新聞 [欄(らん)] a sports newspaper [page]
- スポーツ用品店 a sporting goods store
- 君の好きなスポーツは何ですか
What is your favorite sport? /
What kind of sports do you like?

ズボン (1着)《米》(a pair of) **pants** /(ペア)/, 《英》(a pair of) **trousers** /トラウザズ/
スポンサー a **sponsor** /スパンサ/
スポンジ a **sponge** /スパンヂ/
スマート (しゃれた) **stylish** /スタイリッシュ/, **smart**; (ほっそりした) **slim** /スリム/, **slender** /スレンダ/
スマートフォン a **smartphone** /スマートふォウン/
すまい 住まい (家) one's **house** /ハウス/; (住所) one's **address** /アドレス/
すます[1] 済ます (終わらせる) **finish** /ふィニシュ/, **do**; (間に合わせる) **do**
- …なしで済ます do without ~
- 君は宿題を済ませましたか Have you finished [done] your homework?
- 私はまだ宿題を済ませていません I have not finished [done] my homework yet.
- 大きさが十分でないがそれで済ませよう
It isn't large enough, but I'll make it do.
すます[2] 澄ます (耳を) **listen carefully** /リスン ケアふり/; (気取る) **put on airs** /エアズ/
すまない be sorry /サリ/
- 私はそれをしたことをすまないと思っている
I'm sorry I did it.
スマホ → スマートフォン
すみ[1] 炭 **charcoal** /チャーコウる/
- 炭(火)をおこす make a charcoal fire
すみ[2] 隅 a **corner** /コーナ/
- 部屋の隅に in the corner of a room
- 隅から隅まで (至るところを) everywhere /
ひゆ from stem to stern (船首から船尾まで)
すみ[3] 墨 an **ink stick** /インク スティック/; (墨汁) **Indian ink** /インディアン/

すみません

❶ (謝罪) **I'm sorry.**
❷ (呼びかけ) **Excuse me.**
❸ (感謝) **Thank you.**

❶ (謝罪) **I'm sorry.** /サリ/

- 遅くなってすみません
I'm sorry I'm so late.

おじゃましてすみませんでした
―どういたしまして
I'm sorry to have disturbed you.
―That's all right.

❷ (知らない人に話しかけたりする時) **Excuse me.** /イクスキューズ/ → 複数名いるときは Excuse us
- すみませんが時間を教えてくださいませんか
Excuse me, but do you have the time?
❸ (感謝) **Thank you.** /(おねがい) **please** /プリーズ/

会話 かばんをお持ちしましょう．―すみません，助かります
Let me help you with your bag. ―Thank you for your help.
- すみませんが明日電話をください
Would you please call me tomorrow?
- すみませんが塩を取っていただけませんか
May I trouble you for [to pass] the salt? → 食卓で隣の人に言うことば

スミレ 菫《植物》a **violet** /ヴァイオれット/
- スミレ色(の) violet
- 三色スミレ a pansy

すむ[1] 住む, 住んでいる

すむ 288

➤ live /リヴ/

• 東京[この家，田舎，日本]に住む　live in Tokyo [this house, the country, Japan]

• スズラン通り[3階，農場]に住む　live on Suzuran Street [the third floor, a farm]

• スズラン通り10番地に住む　live at 10 Suzuran Street

• 通りの向こうに[駅の近くに，教会の隣に，友人と]住んでいる　live across the street [near the station, next to the church, with a friend]

• 彼は吉祥寺のマンションに住んでいる
He lives in an apartment in Kichijoji.

• 今私は祖母のところに住んでいる．➜ 現在進行形
Now I am living with my grandmother. ➜ 「一時的に住んでいる」または「住んでいる」ことを強調する時は進行形で表現する

• 彼はもうここには住んでいません
He doesn't live here any more.

• 彼はどこに住んでいるのですか
Where does he live?

• 彼女はパリに数年住んでいた
She lived in Paris for several years.

• 私たちはここに10年住んでいる ➜ 現在完了または現在完了進行形
We have lived here (for) 10 years. / We have been living here (for) 10 years.

• ここが彼が10年前に住んでいた家です
This is the house where [in which] he lived ten years ago.

すむ² 済む　**be finished** /ふィニシュト/

• 仕事が済んだらすぐ帰って来なさい　Come home as soon as the work is finished.

• その本が済んだら私に2～3日貸してくれませんか
Would you please lend me the book for a couple of days when you have done with it?

• 私は何回かやってみたが失敗した．でもそれで気が済んだ　I made several attempts and failed, but I got it out of my system. (それを自分の体外に出した) ➜ system は「身体組織，からだ」

すむ³ 澄む　**become clear** /クリア/, **clear**

• 澄んでいる　be clear

スムージー a **smoothie** /スムーずィ/

• 野菜入りスムージーを作る　make a green [vegetable] smoothie

• 季節のスムージー　a seasonal smoothie

スムーズな **smooth** /スムーず/ ➜ th の発音に注意

すもう 相撲　**sumo, Japanese traditional wrestling** /トラディショヌる レスリング/

• 彼と相撲を取る
do sumo wrestling with him

日本を紹介しよう

相撲は2千年の歴史を持っています．最近は外国人力士の数もふえてきました
Sumo, Japanese traditional wrestling, has a history of 2,000 years. The number of sumo wrestlers from foreign countries has been increasing in recent years.

スモッグ **smog** /スマグ/

すやすや すやすや眠る　**sleep soundly** /スリープ サウンドリ/

• すやすや眠っている　be sound asleep

すら …すら　**even** /イーヴン/ ➔ さえ

• 子供ですらそのくらいのことは知っている
Even a child knows that much.

スライス a **slice** /スらイス/

• スライスする　slice

• スライスされたパン　sliced bread

スライダー a **slider** /スらイダ/

スライド a **slide** /スらイド/

• プレゼンテーションのスライドを作る　make slides for a presentation

• 顕微鏡用スライド　a (microscope) slide

• トロンボーンのスライド　the slide of a trombone

ずらす (位置を) **move** /ムーヴ/; (出勤時間などを) **stagger** /スタガ/

• はしごをもう少し壁寄りにずらしてくれますか
Could you move the ladder a little closer to the wall?

• 彼らはラッシュをさけるために出社[退社]時間をずらした　They staggered their office hours to avoid the rush.

すらすら (たやすく) **easily** /イーズィリ/, **with ease** /イーズ/; (ことばを) **fluently** /ふルーエントリ/

• 彼はこの難しい問いにすらすら答えた　He answered these difficult questions with ease.

• 彼は英語をすらすらしゃべることができる
He can speak English fluently.

スラックス (1着) (a pair of) **slacks** /(ペア) スらックス/

スラム a **slum** /スらム/

すらり すらりとした　**slender** /スれンダ/

• すらりと長い足　long slender legs

• 彼女はすらりとしている
She has a slender figure.

スランプ a **slump** /スらンプ/

• スランプに陥る[を脱する]　fall into [get out of] a slump

すり a **pickpocket** /ピクパケット/ ➔ する³

• すりに用心しなさい　Beware of pickpockets.

two hundred and eighty-nine　289　　**する**

スリーディー 3D の　**3D，three-dimensional** /ディメンシャヌる/
・3D CG　three-dimensional computer graphics

ずりおちた ずり落ちた（ズボンが）**low-slung** /ろウスらンぐ/

すりガラス **frosted glass** /ふローステド/

すりきず すり傷　a **scrape** /スクレイプ/; (すりむけ) a **graze** /グレイズ/

すりきれる すり切れる　**wear** (**out**) /ウェア/
すり切れた **worn-out** /ウォーナウト/
・カーテンはひどくすり切れてしまった
The curtains have worn badly.

スリッパ (《米》) **scuffs** /スカふス/; (《米》) (a **pair of**) **scuff slippers** /(ペアロブ) スカふ スリパズ/; (《英》) (a **pair of**) **mule slippers** /ミューる/　→ slipper は靴ひものない室内履き一般をさす

スリップ
❶(車の) a **skid** /スキド/　→ slip (すべる)という英語もあるが，車の場合は使わない
・(車が)スリップする　skid / go into a skid
❷(女性用下着) a **slip** /スリプ/

すりつぶす (粉にする) **grind down** /グラインド ダウン/; (じゃがいもなどを) **mash** /マシュ/

すりばち すり鉢　an **earthenware mortar** /ア〜ずンウェア モータ/, a **mortar**
・すり鉢でする　grind in a mortar
・すりこぎ　a wooden pestle

スリムな **slim** /スリム/

スリル a **thrill** /すりる/
・その登山はスリル満点だった
The mountain climbing was full of thrills.

する¹

❶(仕事などを) **do**
❷(演説・約束などを) **make**
❸(ゲーム・スポーツなどを) **play**
❹(…を…にする) **make**

❶(仕事などを) **do** /ドゥ/
・仕事[宿題]をする　do one's work [homework]
・料理[洗たく]をする　do the cooking [the washing] / cook [wash]
・あしたの予習をする　do one's lessons for tomorrow
・悪い[ばかな，おかしな]ことをする　do bad [foolish, funny] things
・私は夕食前に宿題をしますが，彼は夕食を食べてから宿題をします
I do my homework before supper, but he does his (homework) after (it).

・私はきのうはたくさんの仕事をした
I did a lot of work yesterday.
・私はもう宿題をしてしまった　→ 現在完了
I have already done my homework.
・きょうの午後は買い物をしよう
I'll do some shopping this afternoon.
・自分でそれをしなさい　Do it yourself.
・そんなばかなことをするな
Don't do a foolish thing like that.
・きょうはしなければならないことがたくさんある[何もすることがない]　I have a lot of things [nothing] to do today.　→ 不定詞 to do は things, nothing を修飾する
・君はここで何をしているのですか　→ 現在進行形
What are you doing here?
・君は今までずっと何をしていたのですか　→ 現在完了進行形　What have you been doing (all this while)?
・君はその小鳥をどうするつもりですか
What are you going to do with the bird?　→ do with 〜は「…を(どう)する」
・ぼくの傘どうした?
What did you do with my umbrella?
❷(演説・約束・訪問などを) **make** /メイク/
・演説をする　make [give] a speech / speak
・約束をする　make a promise / promise
・A を訪問する　make [pay] a visit to A / make [pay] A a visit / visit A
・彼はすばらしい演説をした
He made [gave] a wonderful speech.
・彼女は9時に帰宅すると約束した
She made a promise [She promised] to be home at nine o'clock.
❸(ゲーム・スポーツなどを) **play** /ぷれイ/; (柔道などを) **do**, **practice** /ぷラクティス/; (参加して行う) **participate in** /パーティスィペイト/
・トランプをする　play cards
・テニスをする　play tennis　→ スポーツ名の前には ×a, ×the をつけない
・キャッチボールをする　play catch
・柔道[空手]をする　do [practice] judo [karate]
・私は団体競技はしたくありません
I don't like participating in team games.
❹(…を…にする) **make**

基本形
A (人・物)を B にする
　　make A B　→ B は形容詞または名詞

・彼を怒らせる　make him angry
・彼女を主将[会長]にする　make her captain [president]

あ
か
す
た
な
は
ま
や
ら
わ

make her captain

・われわれはユキを主将にした
We made Yuki our captain.
・彼らは彼女をリーダーにした. 彼女はとても嬉しかった They made her their leader. That made her very happy.

❺ (値段が) **cost** /コースト/
・この辞書は2千円する
This dictionary costs [is] 2,000 yen.
・その車は1万ドル以上しました[するでしょう] The car cost me [will cost you] more than 10,000 dollars. →「支払う人」は cost me [you] のように示す
・それはいくらしますか[しましたか]
How much does [did] it cost?

❻ (決める) **decide** /ディサイド/; (選ぶ) **choose** /チューズ/
・彼女は仕事をやめることにした
She decided to quit her job.
・お昼は何にしましょうか
What shall we have for lunch?
・私たちは山田君を学級委員長にした
We chose Yamada as our class president.

する² (こする) **rub** /ラブ/; (マッチを) **strike** /ストライク/ → こする

する³ (抜き取る) **pick** /ピク/; (ぬすむ) **steal** /スティール/
・私はポケットのものをすられた
I had my pocket picked.

ずる ずるをする **cheat** /チート/
・彼はトランプ[テスト]でずるをした
He cheated at cards [in the examination].

ずるい (悪賢い) **cunning** /カニング/; (不正な) **unfair** /アンフェア/
・彼はちょっとずるい
He is a bit too cunning.
・あと出しじゃんけんなんてそれはずるいよ
That's not fair, showing your *janken* finger sign late.

するする (すばやく) **nimbly** /ニンブリ/; (なめらかに) **smoothly** /スムーズリ/
・するすると木に登る climb nimbly up a tree

するどい 鋭い **sharp** /シャープ/, **keen** /キーン/
・鋭く sharply

するな …するな (否定の命令文) **Don't**＋動詞の原形, **Never**＋動詞の原形 → never のほうが don't よりも強い否定になる; → いけない
・この川で泳ぐな Don't swim in this river.
・今晩彼に電話をするのを忘れるなよ
Don't forget to give him a call tonight.
・気にするな Never mind.
・絶対にこのことを彼女に言うなよ
Never tell this to her.
・時間に遅れるなよ Don't be late.
・そんなに怒るなよ Don't be so angry.

ずるやすみ ずる休みをする (学校を) **play truant** (from school) /プレイトルーアント/, 《米話》**play hooky** (from school) /フキ/

ずれ (へだたり) a **gap** /ギャプ/; (時間の) a **lag**; (違い) (a) **difference** /ディふァレンス/
・時間のずれ a time lag
・数秒のずれ a lag of several seconds
・世代のずれを埋(う)める bridge the generation gap
・彼の考えと私の考えには大きなずれがある
There is a great gap between his idea and mine.

すれすれ
・すれすれで(…の)時間に間に合う be just in time (for 〜)
・鳥が湖面すれすれに飛んだ
The birds skimmed the surface of the lake.

すれちがう **pass each other** /イーチあざ/
・この通りは車がすれちがうことができないほど狭い
This street is so narrow that two cars can hardly pass each other.

ずれる (正しい位置から) **slip**; (ピントが) **be out of focus** /ふォウカス/; (タイミングが) **be off**
・この写真はピントがずれている
This picture is out of focus.
・彼はタイミングがずれているからいつもボールを打ちそこなう His timing is off and he always misses a ball.

スローイン a **throw-in** /すロウイン/
スローガン a **slogan** /スろウガン/

スローな slow /スろウ/
スワイプする swipe /スワイプ/
・右にスワイプする swipe right

すわる

➤ **sit, be seated** /スィーテド/; (腰を下ろす) **sit down** /ダウン/
すわらせる sit, seat

基本形
Aにすわる
　sit on [in] A
Aに向かってすわる
　sit at A
すわって…している
　sit *do*ing

・いすにすわる sit in [on] a chair ➔ ロッキングチェアのようにふかふかしたいすにすわる時は in、硬いいすにすわる時は on
・床[窓のそば]にすわる sit (down) on the floor [by the window]
・ベンチにすわる sit (down) on a bench
・ひじかけいすにすわる sit in an armchair
・机に向かってすわる sit (down) at a desk
・じっとすわっている sit still

・彼は大きないす[スツール]にすわっていた ➔ 過去進行形 He was sitting [was seated] in a big chair [on a stool].
・彼女はピアノに向かってすわりひきはじめた
She sat (down) at the piano and began to play.
・どうぞおすわりください Please sit down. / Please be seated. ➔ 後ろの文は改まった言い方
・学校では君の隣にはだれがすわってるの
Who sits next to you at school?
・彼は火のそばにすわって新聞を読んでいた
He sat reading a newspaper by the fire.
・私たちは公園のベンチにすわってしばらく話をした
We sat on the park bench talking for some time.
・彼は孫たちに囲まれてすわっていた
He sat surrounded by his grandchildren. ➔ surrounded は surround (囲む)の過去分詞(囲まれて)
・彼は子供を抱き上げて小さないすにすわらせた He lifted the child and sat [seated] him on a little chair.

スンニは スンニ派（イスラムの）**Sunni** /スニ/; (スンニ派の人) a **Sunni**

せ　セ

せ　背

❶ (背中) **the back**, *one's* **back**
❷ (身長) *one's* **height** ➔ しんちょう¹

❶ (背中) **the back** /バク/, *one's* **back** ➔ せなか
・いすの背 the back of a chair
・背伸びする stretch up on *one's* toes; (無理をする) do more than *one* can
・彼は窓の方に背を向けて立っていた
He stood with his back to the window.

❷ (身長) *one's* **height** /ハイト/
背の高い tall /トーる/
背の低い short /ショート/

会話
君は背の高さがどれくらいありますか
―私は背の高さが160センチです
How **tall** are you?
―I am a hundred and sixty centimeters **tall**.

君と彼とではどちらが背が高いですか
―彼は私より首だけ背が高い[低い]
Who is **taller**, you or he?
―He is **taller** [**shorter**] than I am [《話》than me] by a head.

・私は背の高さは君とほぼ同じぐらいだ
I am about as tall as you.
・彼はクラスで一番背の高い少年です
He is the tallest boy in the class.
・彼はその果実に手が届くには少し背が低かった He was a little too short [was not tall enough] to touch the fruit.

せい¹ 性(別) **sex** /セクス/
・性教育 sex education
・男[女]性 the male [female] sex
・性的いやがらせ
sexual harassment
・性別年齢に関係なく
regardless of age or sex

せい² 姓 a **family name** /ふァミリ/, a **last name**

せい³ 生 (a) **life** /らイふ/ → せいし¹
・生と死 life and death

せい⁴ …のせいで **due to ～** /デュー/, **because of ～** /ビコーズ/, **because ～** →から³ ❸, **ため** ❷
…のせいにする **blame** /ブれイム/
・その事故は運転手の不注意のせいでした The accident was due to the driver's carelessness.
・その実験が失敗したのは光がやや強すぎたせいです The experiment failed because the light was a little too strong.
・彼らは失敗を彼のせいにした
They blamed him for the failure.

せい⁵ …製 **～ make**
…製の **～-made**
・日本製の自動車 an automobile of Japanese make / an automobile made in Japan / a Japanese-made automobile
・スイス製[外国製]の時計 a Swiss-made [foreign-made] watch
・これは木製でなくプラスチック製です This is not made of wood. It is made of plastic.

ぜい 税 (a) **tax** /タクス/ → ぜいきん
・税をかける tax / impose a tax (on ～)
・…の税を納める pay a tax on ～

せいい 誠意 **sincerity** /スィンセリティ/
誠意のある **sincere** /スィンスィア/
・誠意をもって sincerely / with sincerity

せいいっぱい 精一杯やる **do** *one's* **best**, **try** *one's* **best** /トライ/
・彼は私を助けようと精一杯やってくれた
He did [tried] his best to help me.
・私はその仕事を精一杯やった
I did the work as best as I could.
・これだけで精一杯(→これが私ができる最大限)です This is the most I can do.

せいえん 声援 **cheering** /チアリング/, **rooting** /ルーティング/ → おうえん
声援する **cheer**, **root for**

せいおう 西欧（西ヨーロッパ）**Western Europe** /ウェスタン ユアロプ/; (西洋) **the West** /ウェスト/
・西欧諸国 the Western countries

せいか¹ 聖火 a **sacred torch** /セイクレド トーチ/
・オリンピック聖火 the Olympic torch

せいか² 成果 **the result** /リザるト/, **the fruit** /ふルート/
・成果をあげる[収める] produce good results
・この成功は彼の努力の成果である
This success is the fruit of his hard work.

せいかい¹ 正解 a **correct answer** /コレクト/
・正解を出す come up with [give] a correct answer
・これはその問題の正解です
This is the correct answer to the question.
・君の答えは正解です Your answer is correct.

せいかい² 政界 **the political world** /ポリティカる ワ～るド/

せいかく¹ 性格

➤ **character** /キャラクタ/, **personality** /パ～ソナりティ/
・性格がきつい[おとなしい] have a strong [weak] character [personality]
・あの兄弟はまったく性格がちがいます The brothers are entirely different in character.
・持って生まれた性格は直らないものだ
A person can't change their character. /
ひゆ A leopard can't change its spots. (ヒョウはその斑点を変えることができない)

せいかく² 正確な

➤ **exact** /イグザクト/
➤ (正しい) **correct** /コレクト/
正確に **exactly**; **correctly**
・君はこのことばの正確な意味を知っていますか
Do you know the exact meaning of this word?
・正確な時刻を教えてください
Tell me the correct time.
・正確に言うと, ここへ来るのに1時間23分かかりました To be exact, it took me an hour and twenty-three minutes to come here.
・これとそれは正確には同じでない
This and that are not exactly the same.

せいがく 声楽 **vocal music** /ヴォウカる ミューズィク/
・声楽家 a vocalist

せいかつ 生活

➤ (暮らし) (a) **life** /らイふ/
➤ (生計) a **living** /リヴィング/, a **livelihood** /らイヴリフド/
➤ (経歴) a **career** /カリア/
生活する **live** /リヴ/ → くらす
・学校[家庭]生活 school [home] life
・彼の長い舞台[教師]生活 his long stage [teaching] career
・生活状態 living conditions
・生活費 living expenses

293 / せいざ

- 生活水準 the standard of living
- 生活様式 a way of living / a life style
- 幸福な生活を送る lead a happy life
- 生活が楽だ[苦しい] be well off [badly off]
- こういうことは私たちの日常生活ではごく普通のことです Such matters are quite common in our daily life.
- 私は都会の生活よりも田舎の生活にもっと大きな魅力(みりょく)を感じる Country life is more attractive to me than city life.

ぜいかん 税関 **the customs** /カストムズ/; (事務所) a **custom(s) house** /ハウス/
- 税関吏 a custom-house officer
- 税関を通るのに時間がかかりますか Will it take me much time to pass through the customs?

せいき¹ 生気 **life** /らイふ/
- 生気に満ちた lively / energetic / full of life
- 生気のない lifeless

せいき² 世紀 a **century** /センチュリ/
- 21世紀に in the twenty-first century
- 半世紀以上もの間 for more than half a century

せいき³ 正規の **regular** /レギュら/

せいぎ 正義 (the) **right** /ライト/, **justice** /ヂャスティス/
- 正義の righteous / just
- 正義感が強い have a strong sense of justice

せいきゅう 請求 a **demand** /ディマンド/
請求する demand
- 請求書 a bill
- 借金の支払いを請求する demand payment of a debt

せいきょう 生協 (生活協同組合(の売店)) a **co-op** /コウ アプ/

ぜいきん 税金 (徴収される) (a) **tax** /タクス/; (徴収された) **tax-payers' money** → ぜい
- これらの橋の建造にはたくさんの税金が使われた A lot of tax-payers' money was used in building these bridges.

せいけい¹ 生計 **livelihood** /らイヴリフド/, **living** /リヴィング/
- 生計をたてる earn [make] a livelihood / earn [make] a living

せいけい² 西経 **the west longitude** /ウェスト らンヂテュード/ → longitude は long. と略す
- 西経120度 Long. 120°W. (読み方: longitude a hundred and twenty degrees west)

せいけつ 清潔な **clean** /クリーン/
清潔にする clean

- 清潔に cleanly
- 清潔なシャツを着る wear a clean shirt
- 自分の部屋をいつも清潔にしておきなさい Always keep your room clean.

せいげん 制限 (数・量の) a **limit** /リミト/; (行為(こうい)の) a **restriction** /リストリクション/
制限する limit; **restrict** /リストリクト/
- 制限のない limitless; free
- 制限速度 a speed limit
- 演説は一人10分に制限されている Speeches are limited to 10 minutes each.
- 戦前戦中は言論の自由が制限されていた Freedom of speech was restricted before and during the war.

せいご 正誤表 (a list of) **corrections** /コレクションズ/

せいこう 成功

> **success** /サクセス/

成功する succeed /サクスィード/, **be successful** /サクセスふる/, **have success**, **win success**

基本形
…に成功する
succeed in ～
be successful in ～

- 月面着陸に成功する succeed [be successful] in landing on the moon
- 彼[私たちの計画]はついに成功した He [Our plan] succeeded at last.
- 彼は歌手として成功した He succeeded [was a success] as a singer. / He was a successful singer.
- 彼らはその山の登頂に成功した They succeeded [were successful] in reaching the top of the mountain.
- パーティーは大成功だった The party was a great [big] success. / The party was very successful.

ことわざ 失敗は成功のもと
Every failure is a stepping stone [the highroad] to success. (一つ一つの失敗が成功への踏(ふ)み石[幹線道路]になる) / Failure teaches success. (失敗は成功を教えてくれる)

せいこん …に精魂を傾ける **throw** *oneself* **heart and soul into ～** /すロウ ハート ソウる/
- 彼は自分の仕事に精魂を傾けた He threw himself heart and soul into his work.

せいざ¹ 星座 a **constellation** /カンステれイション/; (星占いの) **the signs of the zodiac** /サインズ ゾウディアク/

せいざ 294 two hundred and ninety-four

・私は水瓶(みずがめ)座です．あなたの星座は何ですか
I'm an Aquarius. What's your sign?

せいざ² 正座する **sit on** *one's* **legs** /れグズ/
・私は正座するとすぐ足がしびれる When I sit on my legs, they soon go to sleep.

せいざい 製材所 《米》a **lumbermill** /らンバミる/, 《英》a **sawmill** /ソーミる/

せいさく¹ 政策 a **policy** /パリスィ/

せいさく² 製作 **production** /プロダクション/
製作する produce /プロデュース/, **make**
・製作者 a producer / a maker
・製作所 (工場) a factory / a plant; (手工業の) a workshop

せいさん¹ 生産 **production** /プロダクション/
生産する produce /プロデュース/, **turn out** /ターン/
・生産者 a producer
・生産物 a product; (集合的に) produce
・生産高 output
・大量生産 mass production
・国内総生産 gross domestic product (GDPと略される)
・この地方は織物の生産で有名です
This part of the country is famous for its production of textiles.

せいさん² 清算する (貸し借りなど) **settle** /セトる/
・君払っておいてくれる? あとで清算するから
Would you pay it now? I'll settle with you later.
・過去を清算して新しく出発しよう
ひゆ Let's draw a line under the past, and make a fresh start. (過去の下に線を引いて) /
ひゆ Let's turn the page and start with a clean sheet. (ページをめくって新しい紙面から始めよう)

せいさん³ 精算 (運賃などの) **adjustment** /アヂャストメント/
精算する adjust

せいし¹ 生死 **life and death** /らイふ デす/
・生死にかかわる問題 a matter of life and death
・彼の生死は不明だ It is not known whether he is alive or dead.

せいし² 制止する (群衆などを) **control** /コントロウる/, **hold in check** /ホウるド チェク/
・警察は群衆を制止してその地域に入らせなかった
The police held the crowd in check and didn't let them enter the area.

せいし³ 製紙工場 a **paper mill** /ペイパ/

せいじ 政治 (理論) **politics** /パリティクス/; (統治・政治形態) **government** /ガヴァンメント/

政治家 a **statesperson** /ステイツパ〜スン/ (複-people); a **politician** /パリティシャン/
・政治の political
・民主政治 democratic government
・政治を論じる talk politics

せいしき 正式の **formal** /ふォーマる/
・正式に formally / in due form
・彼は正式に承諾(しょうだく)した
He gave his formal consent.

せいしつ 性質 (a) **nature** /ネイチャ/
・性質のよい[悪い] good[ill]-natured
・あの二人の兄弟はまったくちがった性質を持っている The two brothers are entirely different in nature.

せいじつ 誠実 (誠意) **sincerity** /スィンセリティ/; (忠実) **faithfulness** /ふェイすふるネス/
誠実な sincere /スィンスィア/; **faithful**
誠実に sincerely; faithfully
・彼は誠実に約束を守る
He faithfully keeps his promise. /
He is always faithful to his promise.
・彼のこの申し出が誠実なものかどうか私は疑問だ
I am doubtful if this offer of his is really sincere.

せいじゅく 成熟 **maturity** /マチュラティ/
成熟する mature /マチュア/, **come to maturity**
・成熟した mature

せいしゅん 青春 **youth** /ユーす/
・青春時代 *one's* youth [youthful days]
・青春は二度と来ない
Youth comes but once.
・つまらないことに君の青春を浪費するな
Don't waste your youth on trifles.

せいしょ¹ 清書 a **fair copy** /ふェア カピ/
・…を清書する make a good copy of ～

せいしょ² 聖書 **the Bible** /バイブる/
・新[旧]約聖書 the New [Old] Testament

せいしょう 斉唱する **sing in unison** /ユーニスン/

せいじょう 正常 **normality** /ノーマりティ/
正常な normal /ノーマる/
・正常に戻る return to normal

せいじょうき 星条旗 **the Stars and Stripes** /スト ライプス/, ➡アメリカ合衆国の国旗

せいしょうねん 青少年 **the youth** /ユーす/

せいしん 精神
➤ (肉体に対しての) (a) **spirit** /スピリト/; (知的) (a) **mind** /マインド/

精神的な spiritual /スピリチュある/; **mental** /メントる/

• 精神的に spiritually; mentally
• 精神年齢(ねんれい) mental age
• 精神(心)の健康 mental health
• 精神障害 a mental disorder
• 精神医学 psychiatry
• 精神科医 a psychiatrist
• 精神病患者(かんじゃ) a psychiatric patient
• …に精神を集中する concentrate *one's* mind on ～
• われわれは憲法が書かれた精神を理解しなければいけない We must understand the spirit in which the Constitution was written.

ことわざ 健全な精神が健全な肉体に宿りますように A sound mind in a sound body. → けんぜん

せいじん¹ 成人 a **grown-up** /グロウナプ/, an **adult** /アダるト/
成人する grow up /グロウ/

• 成人の grown-up / adult
• 成人の日 Coming-of-Age Day
• 成人式 the coming-of-age ceremony
• 彼女は成人して立派な医師になった
She grew up to be a good doctor.

せいじん² 聖人 a **saint** /セイント/

せいず 製図 a **drawing** /ドローインぐ/
製図する draw

せいすう 整数 an **integer** /インティヂャ/

せいぜい (多くとも) **at most**; (よくても) **at best**; (長くとも) **at longest**; (できるだけ) **as ～ as possible** /パスィブる/

• それはせいぜい300円ぐらいでしょう It will be about three hundred yen at most.
• こんどのテストではせいぜい70点ぐらいと思っている I expect only about 70 on this test.
• 私はせいぜい三日しか待てません
I can only wait three days at longest.
• せいぜい頑張りなさい
Work as hard as possible.

せいせいどうどう 正々堂々の **fair (and square)** /ふェア (スクウェア)/

• 正々堂々と fair / fairly / in a fair manner
• 正々堂々と勝負する play fair [fairly]

せいせき 成績

➤ a (**school**) **record** /レコド/
➤ (点数) a **mark** /マーク/; (評点) a **grade** /グレイド/

• 成績表 a record card
• 彼は学校では成績がよかった

He had good grades at school.
• 私は英語ではたいていよい成績をとっています I usually get good marks in English.
• 彼は優秀な成績で中学校を卒業した
He graduated from junior high school with an excellent record.
• 私はクラスの成績は上[下]のほうです
I rank high [low] in my class.

せいせんしょくりょうひん 生鮮食料品 **perishable foods** /ペリシャブる ふーヅ/

せいそう 清掃 → そうじ²

せいぞう 製造する (つくる) **make**; (機械を使って大量に) **manufacture** /マニュふァクチャ/

• 製造所 → こうじょう¹
• 製造業 the manufacturing industry

せいぞん 生存 **existence** /イグズィステンス/; (生き残ること) **survival** /サヴァイヴァる/
生存する exist /イグズィスト/; (生き残る) **survive** /サヴァイヴ/

• 生存者 (生き残った人) a survivor
• 生存競争 the struggle for existence
• その船の難破で生存者はほとんどいなかった
Only a few people survived the shipwreck.

せいたい 生態(学) **ecology** /イカろヂ/

• 生態系 an ecosystem
• (環境汚染による)生態系破壊 ecocide

せいだい 盛大な **grand** /グランド/

• 盛大な宴会(えんかい)を催(もよお)す give a grand banquet
• …に盛大な拍手(はくしゅ)を送る give a big hand to ～

ぜいたく ぜいたく(品) (a) **luxury** /らクシャリ/

• ぜいたくな luxurious
• ぜいたくに暮らす live in luxury
• 私はそんなぜいたくはできません
I cannot afford such luxury.
• こうなったらぜいたくは言っていられない

ひゆ Any port in a storm. (嵐の時にはどんな港でも)

せいちょう 成長 **growth** /グロウす/
成長する grow /グロウ/

• 成長した grown-up
• 彼女は成長して立派な娘になった
She has grown into [to be] a fine girl.
• この種の木は砂地には成長しにくい This kind of tree does not grow well in a sandy soil.

せいてつ 製鉄所 an **iron works** /アイアン ワ～クス/, an **iron plant** /プラント/

せいと 生徒

せいど 296　two hundred and ninety-six

➤ a **pupil** /ピューピる/; a **student** /ステューデント/

文法・語法
《米》では「小学生」に pupil を，「中・高校生」に student を使う．《英》では「小・中・高校生」に pupil を使う

- 生徒会　a student council
- 生徒会選挙　a student council election
- 生徒総会　a general meeting of the student council
- 生徒手帳　a student pocketbook of the school regulations
- 男子生徒　a schoolboy
- 女子生徒　a schoolgirl

せいど 制度 a **system** /スィステム/
- 新しい教育［学校］制度　a new educational ［school］system

せいとう¹ 正当な（公正な）**just** /ヂャスト/;（まちがっていない）**right** /ライト/;（合法的な）**legal** /リーガる/

正当化する justify /ヂャスティふァイ/
- …する正当な理由がある　have good reason to *do*
- …を正当に評価する　do ～ justice
- 私は自分のしたことを正当化するつもりはありません　I'm not going to justify what I did.

せいとう² 政党 a **political party** /ポリティカるパーティ/
- 革新［保守］政党　a progressive［conservative］party

せいどう 青銅 **bronze** /ブランズ/

せいとうぼうえい 正当防衛 **legitimate self-defense** /リヂティメト せるふ ディふェンス/
- 正当防衛で　in self-defense

せいどく 精読 **careful reading** /ケアふる リーディング/
精読する read carefully
- たくさんの本をぼんやり読むよりは少数の本を精読したほうがよい
It is better to read a few books carefully than to read many books carelessly.

せいとん 整頓 **order** /オーダ/
整頓する put in order
- 部屋はいつもきちんと整頓しておかなければいけない　You must always keep your room in good order.

せいなん 西南 **the southwest** /サウすウェスト/
- 西南の　southwest / southwestern
- 西南に　southwest;（方向）to the southwest;（位置）in the southwest
- それは東京の西南約50キロのところにある
It is about 50 kilometers southwest of Tokyo.
- それは九州の西南(部)にあります
It is in the southwest of Kyushu.

せいねん¹ 青年（全体として）**young people** /ヤング ピープる/, **the youth** /ユーす/, **the young**;（男性）a **young man** （圏 men), a **youth**. （女性）a **young woman** /ウマン/ （圏 women /ウィメン/）
- 彼女の青年時代に　in her young days / in her youth
- 彼は青年時代をこの村で過ごした
He spent his young days in this village.

せいねん² 成年 **full age** /ふる エイヂ/
- 成年に達する　reach full age / come of age
- （まだ）成年に達していない　be under age

せいねんがっぴ 生年月日 **the date of** *one's* **birth** /デイト バ～す/
　📢会話 あなたの生年月日はいつですか．—2015年5月10日です
What is the date of your birth? —It is May 10, 2015. / When were you born? —I was born on May 10, 2015.

せいのう 性能（エンジンなどの）**performance** /パふォーマンス/;（能率）**efficiency** /イふィシェンスィ/
- 性能のよい　efficient

せいのかず 正の数 a **positive number** /パズィティヴ/ ➜ plus number とは言わない

せいひれい …に正比例する **be in direct proportion to ～** /ディレクト プロポーション/

せいひん 製品 a **product** /プラダクト/
- 新製品　a new product
- 国内製品の中には外国製品よりもまさっているものが少なくない
Not a few domestic［home］products are better than foreign-made things.

せいふ 政府 **the government** /ガヴァンメント/;（現在の）**the Government**
- 日本政府　the Japanese Government
- 政府高官　a high government official

せいぶ 西部 **the west**;（米国の）**the West**
- 西部　west / western
- その町は九州の西部にある
The town is in the west of Kyushu.

せいふく¹ 制服 a **uniform** /ユーニふォーム/
- 制服を着ている　be in uniform
- 制服の少女たち　girls in uniform

せいふく² 征服 **conquest** /カンクウェスト/

征服する conquer /カンカ/
- 征服者 a conqueror

せいぶつ[1] 生物 **a living thing** /リヴィング すィング/; (集合的に) **life** /らイふ/
- 生物学 biology
- 生物学者 a biologist
- 生物学的 biological
- 太陽がなければ地上の生物は生きることができない
Without the sun, no living thing could exist on earth. / Without the sun, life would be impossible on earth.
- 海には生物がうようよしている
Life swarms in the sea.

せいぶつ[2] 静物 (総称) **still life** /スティる らイふ/
- 静物画 a still life → (複) still lifes

せいぶん 成分 (構成要素) **an ingredient** /イングリーディエント/
- これはいくつかの成分から出来ている
This is made up of several ingredients.

せいべつ 性別 → せい[1]

せいぼ[1] 聖母マリア **the Virgin Mary** /ヴァ〜ヂン メアリ/

せいぼ[2] 歳暮 (贈(おく)り物) **a year-end gift** /イア エンド ギふト/

せいぼう 制帽 **a regulation cap** /レギュれイション/

せいほうけい 正方形 **a square** /スクウェア/
- 正方形の square

せいほく 西北 **the northwest** /ノーすウェスト/ → せいなん
- 西北の northwest / northwestern
- 西北へ[に] northwest / to the northwest

せいみつ 精密 **precision** /プリスィジョン/
精密な precise /プリサイス/
- 精密に precisely / with precision
- 精密機械 a precision instrument
- 心臓の精密検査を受ける have a thorough checkup of *one's* heart
- その機械は驚くほど精密に働く The machine works with surprising precision.

ぜいむしょ 税務署 **a tax office** /オーふィス/

せいめい[1] 生命 **life** /らイふ/ (複 lives /らイヴズ/)
- 生命保険 life insurance → ほけん[1]
- その事故で30人の生命が失われた
Thirty lives were lost in the accident.

せいめい[2] 姓名 *one's* **full name** /ふる/

せいめい[3] 声明 **a statement** /スティトメント/
声明を出す make a statement
- 公式[共同]声明を発表する issue an official [a joint] statement

せいもん 正門 **the front gate** /ふラント ゲイト/, **the main gate** /メイン/ → 扉が2枚あれば gates ということが多い

せいゆう 声優 (アニメなどの) **a voice artist** /ヴォイス アーティスト/, (男性) **a voice actor** [(女性) **actress**] /アクタ [アクトレス]/; (映像のナレーター) **a voice-over** /ヴォイス オウヴァ/

せいよう[1] 西洋 **the West** /ウェスト/
- 西洋の Western
- 西洋人 a Westerner / a European
- 西洋諸国 the Western countries
- 西洋文明 Western civilization

せいよう[2] 静養 (a) **rest** /レスト/
静養する rest, have a rest, take a rest

せいり[1] 整理 **arrangement** /アレインヂメント/ → せいとん
整理する arrange /アレインヂ/
- 整理券 a numbered ticket
- 整理番号 a reference number
- 図書室の本を整理する arrange the books in the library

せいり[2] 生理
❶ (体の働き) **physiology** /ふィズィアラヂ/
❷ (女性の) **a period** /ピアリオド/;
- 私は今生理です I'm having my period.
- 生理痛 period pain

せいりつ 成立する (協定などが) **be concluded** /コンクるーデド/, (組織が) **be formed** /ふォームド/, (国会で法案が) **be given the Diet's approval** /ダイエツ アプルーヴァる/

せいりょういんりょう 清涼飲料 **a soft drink** /ソーふト ドリンク/

せいりょく[1] 勢力 (人を動かす力) **influence** /インふるエンス/; (広い意味で) **power** /パウア/
- 勢力のある influential / powerful

せいりょく[2] 精力 **energy** /エナヂ/
- 精力的な energetic
- 精力的に energetically / with energy
- 彼はこの研究に全精力を集中している He concentrates all his energies on this study.

せいれき 西暦 **the Christian era** /クリスチャン イアラ/; (略) (年数と共に用いて) A.D.
- 西暦476年 A.D. 476

せいれつ 整列する, 整列させる **line up** /らイン/

セーター a sweater /スウェタ/

セーフ (野球で) **safe** /セイふ/

セーラーふく セーラー服 (女子学生の制服) **a sailor-style blouse** /セイら スタイる ブらウズ/

セーリング 《スポーツ》 **sailing** /セイリング/ → ヨットの競技名

セール 298 two hundred and ninety-eight

セール a **sale** /セイる/ → うりだし

セールスマン（男女の区別なく）a **salesperson** /セ
イるズパースン/ → 外で営業する人だけでなく店員をも
意味する

せおよぎ 背泳ぎ **backstroke** /バクストロウク/
・背泳ぎをする［で泳ぐ］ do (the) backstroke
・背泳ぎで優勝する win the backstroke (race)

せかい 世界

➤ **the world** /ワ～るド/
・世界的な world-wide
・世界じゅうで all over the world
・世界史 world history
・世界記録 a world record
・第一［二］次世界大戦 World War I [II]（読み方:
one［two］）
・世界最高峰 the highest mountain in the
world
・世界一周旅行をする
travel around the world
・彼の名は世界的に有名です
His name is known all over the world. /
His fame is world-wide.
・世界観（哲学）worldview → 「物語の設定」は
the setting of the world (in the story)

せかす（急がせる）**hurry** /ハ～リ/, **rush** /ラシュ/
・彼は食事中だからせかせてはいけない
He is eating, so don't hurry him.
・お願いだからせかさないで
Don't rush me, please.

セカンド（野球の）→ にるい

せき¹ 席 a **seat** /スィート/ → ざせき
・席に着く take one's seat
・席を取る get a seat
・…に席を譲（ゆず）る offer one's seat to ～
・…と席を取り換える change seats with ～
・指定席（予約が必要な席）reserved seating only,
seats for which a reservation is required
[mandatory] /（予約されている席）a reserved
seat
・自由席（予約が不要な席）free-seating, seats for
which a reservation is not necessary /（予約さ
れていない席）a non-reserved seat, a free seat
会話 この席にだれかきますか。—いいえ, あいてい
ます Is this seat taken? —No, it's vacant
[free].

せき² a **cough** /コーふ/
せきをする cough
・せきどめ（ドロップ）a cough drop /（シロップ）
cough syrup

・ひどくせきをする have a bad cough
・せきばらいをする clear one's throat

せきがいせん 赤外線 **infrared rays** /インふラレド
レイズ/

せきじ 席次 **class standing** /クらス スタンディン
ぐ/

せきじゅうじ 赤十字 **the Red Cross** /レド クロー
ス/
・赤十字病院 the Red Cross Hospital

せきしんげつ 赤新月 （イスラム教国の赤十字団体）
the Red Crescent /レド クレスント/

せきたん 石炭 **coal** /コウる/

せきどう 赤道 **the equator** /イクウェイタ/
・赤道の equatorial

せきにん 責任

➤ **responsibility** /リスパンスィビリティ/;（あや
まち）**fault** /ふォーるト/
・責任のある responsible
・責任感 a sense of responsibility
・責任者 a person in charge
・…に対して責任を取る take (the) responsibility
for ～
・…に対する責任をのがれる dodge [evade]
one's responsibility for ～
・責任を果たす fulfill one's responsibility
・自分のした事は自分で責任を取らなければならない
You must take responsibility for what you
have done. / ひゆ You've made your bed
and you must lie on it.（自分で寝床を用意したら,
そこに寝なければならない）
・この課の責任者はどなたですか
Who's in charge of this section?
・これは彼の責任ではない
This is not his fault.

せきゆ 石油 **oil** /オイる/, **petroleum** /ペトロウれ
アム/;（灯火用）（米）**kerosene** /ケロスィーン/,
（英）**paraffin** /パラふィン/
・石油ランプ a kerosene lamp
・石油タンク［ストーブ］an oil tank [heater]

せきり 赤痢 **dysentery** /ディスンテリ/

セクシーな sexy /セクスィ/

**セクシュアル・ハラスメント sexual harass-
ment** /セクシュアる ハラスメント/

せけん 世間 **the world** /ワ～るド/;（世間の人々）
people /ピープる/
・広く世間を見る see much of the world
・あまり世間を知らない know little of the world
・世間話をする make small talk / have a chat
・それは本当だという世間の評判です

two hundred and ninety-nine 299 せっしょく

People say that it is true.

せし セ氏 → せっし

せたい 世帯 a household /ハウスホウるド/

せだい 世代 a generation /ヂェネレイション/
- 次の世代 the next［coming］generation
- 若い世代 the younger generation
- 世代間のギャップ a generation gap

せつ¹ 説 (意見) an **opinion** /オピニオン/; (学説・理論) a **theory** /すィオリ/
- 自分の説を曲げない stick to *one's* opinion
- 私は君の説に賛成だ

I agree with your opinion.

せつ² 節 (文の一節) a **passage** /パセヂ/; (文の段落) a **paragraph** /パラグらふ/;《文法》a **clause** /クろーズ/
- 形容詞［副詞，名詞］節 an adjective［an adverb, a noun］clause
- これは聖書からの一節です

This is a passage from the Bible.
- この記事は三つの節から成り立っている

This article consists of three paragraphs.

せっかい 石灰 **lime** /らイム/
- 石灰水 limewater

せっかく せっかくの (親切な) **kind** /カインド/; (待望の) **long-awaited** /ろーンゲ アウェイテド/
- せっかくですがと言って彼はその招待を辞退した

He declined the invitation with thanks.
- せっかくのご忠告ですが残念ながら私の計画はもう変更できません

Thank you for your kind advice, but I'm afraid I can't change my plan now.
- せっかくの休日も雨でさんざんだった

The long-awaited holiday was spoiled by rainy weather.

せっかち せっかちな **impatient** /インペイシェント/
- せっかちに impatiently

せっきじだい 石器時代 **the Stone Age** /エイヂ/

せっきょう 説教 a **sermon** /サ〜モン/; (訓戒(くんかい)) a **lecture** /れクチャ/
説教する **preach** /プリーチ/; **lecture**
- 私は行儀(ぎょうぎ)が悪いといってよく父に説教されます

I am often lectured by my father for my poor manners.

せっきょくてき 積極的な **positive** /パズィティヴ/; (活動的な) **active** /アクティヴ/
積極的に **positively**; (活動的に) **actively**
- …に積極的に参加する take an active part in ～
- 彼女は積極的に自分の意見を述べたことがない She has never positively expressed her opinion.

せっきん 接近 **approach** /アプロウチ/
接近する **approach**, **draw near** /ドロー ニア/, **come near**, **go near** → ちかづく
- そのボートはだんだん接近してきた

The boat came nearer and nearer.

せっく 節句 (端午(たんご)の) **the Boys' Festival** /ふェスティヴァる/; (桃の) **the Girls' Festival**, **the Doll's Festival** → たんごのせっく，ひなまつり

セックス **sex**
- セックスする have sex (with ～) / make love (with ～, to ～)

せっけい 設計する **plan**; (庭園・都市を) **lay out** /れイ/
- 設計図 a plan
- 私たちの家はその建築家の設計したものです

Our house was planned by that architect.

せっけん **soap** /ソウプ/
- せっけんで洗う wash with soap and water
- せっけん1個 a cake［a bar］of soap
- 液体［固形］せっけん liquid［solid］soap
- 液体せっけんポンプ，ソープディスペンサー a soap dispenser /ソウプ ディスペンサ/
- このせっけんは落ちが悪い

This soap does not clean well.

ゼッケン (番号) a **player's number** /プれイアズ ナンバ/, an **athlete's number** /アすりーツ/; (布) a **number cloth** /クろーす/
- ゼッケン1番の選手 the player［the athlete］wearing number 1

せっこう 石膏 **plaster** /プらスタ/

ぜっこう 絶好の **very good**, **the best**
- 春は旅行に絶好の季節です

Spring is the best season for traveling.

せっこつ 接骨医 (柔道整復師) a **judo therapist** /セラピスト/
接骨院 a judo therapist's

ぜっさん 絶賛 **the highest praise** /ハイエスト プレイズ/
- 絶賛する praise highly

せっし 摂氏の **centigrade** /センティグレイド/, **Celsius** /セるスィアス/ (略 C)
- 摂氏温度計 a centigrade thermometer
- 摂氏4度の水 water at 4℃ (読み方: four degrees centigrade)

せっしゅ 接種 **inoculation** /イナキュれイション/
接種する **inoculate** /イナキュれイト/
- ジフテリアの予防接種を受ける be inoculated against diphtheria

せっしょく 接触(する) **touch** /タチ/
- マスメディアを通して私たちは世の中と接触してい

せっする 300 three hundred

We are in touch with the world through the mass media.

せっする 接する （境が）**border** (on ～) /**ボ**ーダ/；（接触する）**touch** /**タ**チ/
・この２州はたがいに接している
These two states border (on) each other.

せっせい 節制 **temperance** /**テ**ンパランス/
・節制する lead a temperate life

せっせと （懸命に）**hard** /**ハ**ード/；（忙(いそが)しく）**busily** /**ビ**ズィリ/
・彼は家族を養うためにせっせと働いた
He worked hard [**ひゆ** like a beaver] to support his family.（ビーバーのように働いた）
・クモがせっせと巣(す)をつくっている
A spider is busy making a cobweb.

せっせん 接戦 （競技などで）a **close game** /**ク**ろウス/
　接戦する have a **close game**

せつぞく 接続 **connection** /コ**ネ**クション/
　接続する connect /コ**ネ**クト/
・接続詞 《文法》a conjunction
・この列車は大阪で博多行きの特急と接続します
This train connects with a limited express for Hakata at Osaka.

ぜったい 絶対の **absolute** /**ア**ブソるート/
・絶対(的)に absolutely
・絶対に…(し)ない never
・彼らは君に絶対的信頼をおいている
They have absolute trust in you.
・彼は絶対にうそをつかない
He never tells a lie.

ぜったいぜつめい 絶体絶命だ **be in a hopeless situation** /**ホ**ウプれス スィチュ**エ**イション/
・私はいまや絶対絶命だ **ひゆ** I have my back to the wall now.（壁を背につけている）

ぜったいち 絶対値 《数学》an **absolute value** /**ア**ブソるート **ヴァ**リュー/

せっちゃく 接着性の **adhesive** /アド**ヒ**ースィヴ/
　接着剤 glue /**グ**るー/, **adhesive**

ぜっちょう 絶頂 **the height** /**ハ**イト/
・当時私たちは幸福の絶頂だった
In those days we lived in perfect happiness [were at the height of happiness]. / Those were our happiest days.

せってい 設定 **preferences** /**プ**れふァレンスィズ/, **settings** →通常複数形で用いる
・変数 chumon を１と設定する set (the variable) *chumon* to 1

せつでん 節電 （electric) **power saving** /(イれクトリク) **パ**ウア **セ**イヴィング/

節電する save electricity /**セ**イヴ イれクト**リ**スィティ/

セット
❶（組）a **set**
・紅茶[コーヒー]セット a tea [coffee] set
❷（髪の）a **set**
　セットする set
・髪をセットしてもらう have *one's* hair set
❸（テニスの）a **set**

せっとく 説得 **persuasion** /パス**ウェ**イジョン/
　説得する persuade /パス**ウェ**イド/；（納得させる）**convince** /コン**ヴィ**ンス/
・A を説得して…させる persuade [talk] A into *doing*
・説得力のある convincing
・われわれのクラブに参加するよう彼を説得してみようよ Let's persuade him to join our club.
・彼の議論はやや説得力が足りなかった
His argument was not very convincing.

ぜっぱん 絶版で **out of print** /**プ**リント/
・その本は絶版です The book is out of print.

せつび 設備 **equipment** /イ**ク**ウィプメント/, a **facility** /ふァ**シ**リティ/；（収容設備）**accommodation** /アカモ**デ**イション/
・…の設備がある have ～ / be equipped [provided] with ～
・貯蔵設備 a storage facility
・通信設備 communication equipment
・設備の立派な[貧弱な]ホテル a hotel with admirable [poor] accommodation

せつぶん 節分 *Setsubun*, **the Eve of the first day of spring**

日本を紹介しよう

節分には冬から春へ季節が移るのを記念して私たちは一つの行事を行います. それは豆まきです. その日の晩日本の多くの家では「福は内! 鬼は外!」と叫びながら家の内や外に豆をまきます
On *Setsubun*, the Eve of the first day of spring, we have a ceremony to mark the time when winter turns into spring. It's a bean-scattering ceremony. That evening in most houses in Japan people throw soybeans around their houses, shouting "Fortune in! Demons out!"

ぜっぺき 絶壁 a **cliff** /**ク**リふ/

ぜつぼう 絶望 **despair** /ディス**ペ**ア/
　絶望する despair (of ～)；**lose hope** /**る**ーズ/
　絶望的な desperate /**デ**スパレト/；**hopeless** /**ホ**

ウプれス/
- …を絶望に追いやる　drive ~ to despair
- 絶望して　in despair
- 絶望的な事態　a hopeless situation
- 私は彼に絶望した
I despaired of him.
- 私は決して絶望しない　I never lose hope.

せつめい　説明

➤ an **explanation** /エクスプらネイション/, an **account** /アカウント/

説明する explain /イクスプれイン/, **account for**; (述べる) **tell**
- 説明書（機械操作用の）an operating manual
- 説明として　by way of explanation
- この文章の意味の説明ができますか　Can you explain the meaning of this sentence?
- どうしてこういうことがそうちょくちょく起こるのか私たちにだれも説明できなかった
Nobody could explain to us why such things happen so frequently. ➤ ×*explain us why* ~ としない
- 君は欠席の理由を説明しなければならない
You have to account for your absence.
- こういうことは説明できない事です
This kind of thing is beyond explanation.

ぜつめつ 絶滅　**extinction** /イクスティンクション/
- 絶滅した　extinct
- 絶滅する　become extinct / die out
- 絶滅の危機にひんしている　endangered
- この鳥はほとんど絶滅に近い
This bird is almost extinct. /
This bird is nearing extinction. /
This bird is an endangered species.

せつやく 節約　**saving** /セイヴィング/, **economy** /イカノミ/
節約する save /セイヴ/, **economize** (on ~) /イカノマイズ/
- 私は費用を節約するために歩いて行きます
I go on foot to save expenses [money].
- 私たちは光熱費を節約しなければならない
We must economize on light and fuel.

せつりつ 設立　**establishment** /イスタブりシュメント/, **foundation** /ふァウンデイション/
設立する establish, **found**
- 私たちの学校は20年前に設立された
Our school was established [founded] twenty years ago.

せとぎわ 瀬戸際　**brink** /ブリンク/
- 彼はノイローゼになる瀬戸際まで追い込まれた　He was driven to the brink of a nervous breakdown.

せともの 瀬戸物　**china** /チャイナ/, **pottery** /パテリ/　➡ じき², とうき²

せなか　背中

➤ a **back** → ふつう, *one's* back, the back の形で使う
- 背中合わせに　back to back
- 彼は壁に背中を向けて立っていた
He stood with his back to the wall.
- この上着は背中のところがきつすぎる
This coat is too tight across the back.

せばんごう 背番号　a **uniform number** /ユーニふォーム ナンバ/
ぜひ ➡ かならず
- 君も私たちといっしょにいらっしゃいよ、ぜひとも！
You must come with us! I insist!

せびろ 背広　a **(business) suit** /(ビズネス) スート/, (英) a **lounge suit** /らウンヂ/
せぼね 背骨　**the spine** /スパイン/, **the backbone** /バクボウン/

せまい　狭い

➤ (幅(はば)が) **narrow** /ナロウ/
➤ (面積が) **small** /スモーる/

狭くする narrow; **make ~ small**
狭くなる narrow; **become small**
- 狭い通り　a narrow street
- 心の狭い　narrow-minded
- この部屋は私たちの会議には狭すぎる
This room is too small for our meeting.
- その道路はここで急に狭くなる
The road narrows suddenly at this point.

narrow

small

せまる 迫る　(要求する) **press**; (近づく) **approach** /アプロウチ/, **draw near** /ドロー ニア/; (攻め寄せる) **close in** (on ~) /クろウズ/
- …に返事を迫る　press ~ for an answer
- 時間が迫っている　Time is pressing.

セミ

•試験が2日後に迫っている　The examination is only two days away [off].

セミ 蝉 《虫》a **cicada** /スィカーダ/

ゼミ → セミナー

セミコロン a **semicolon** /セミコウロン/ →句読点のひとつ(;)

セミナー a **seminar** /セミナー/

せめて (少なくとも) **at least** /リースト/

せめる¹ 責める **blame** /ブれイム/
•彼の過失を責める　blame him for his mistake

せめる² 攻める → こうげき (→ 攻撃する)

セメント **cement** /セメント/

ゼリー **jelly** /ヂェり/

せりふ (俳優の) a **line** /らイン/
•せりふを言う　say [deliver] *one's* lines

セルフィー (自分のことを撮った写真) a **selfie** [**selfy**] /セるふィ/
•自分の写真を撮る　take a selfie

セルフサービス(の) **self-service** /セるふ サ〜ヴィス/

セルフタイマー a **self-timer** /セるふ タイマ/

セレブ a **celeb** /セれブ/

セレモニー a **ceremony** /セレモウニ/

ゼロ **zero** /ズィアロウ/

セロハンテープ 《商標》《米》**Scotch tape** /スカチ テイプ/, 《英》**Sellotape** /セロテイプ/

セロファン **cellophane** /セろうェイン/

セロリ 《植物》**celery** /セらリ/
•セロリ1本　a stick of celery

せろん 世論 **public opinion** /パブりク オピニョン/
•世論調査　a public opinion poll
•この問題についての世論はどうですか　What is the public opinion on this question?

せわ 世話 **care** /ケア/ (→ かいご); (めんどう) **trouble** /トラブる/ (→ てすう, めんどう)
　世話する **care. take care of ～**
•母は家事や子供の世話で忙(いそが)しい
Mother is busy with taking care of the house and children.
•だれがその子供たちの世話をするのですか
Who takes care of the children?
•子供らはおばの世話になっている
The children are under the care of their aunt.
•大きなお世話だ　Mind your own business!

せん¹ 千 a **thousand** /サウザンド/
•何千という…　thousands of ～
•何千となく　by thousands / in thousands
•何千という人がその戦争で死んだ

Thousands of people died in the war. / People died in the war by thousands [in thousands].

せん² 線 a **line** /らイン/; (鉄道の番線) a **track** /トラク/, a **platform** /プらトフォーム/; (車線) a **lane** /れイン/
•線を引く　draw a line
•山手線　the *Yamanote* Line
•4車線の高速道路　a four-lane expressway
•電車は2番線から発車[に到着]します

The train leaves from [arrives at] Track 2.

せん³ 栓 (びんなどの) a **stopper** /スタパ/; (コルクの) a **cork** /コーク/; (王冠) a **bottle cap** /バトる/, a **crown cap** /クラウン/; (水道などの) a **cock** /カク/, a **faucet** /フォーセト/, a **tap** /タプ/
•栓をする　put [fit] a stopper on / cork (a bottle)
•栓を抜く　draw a stopper / uncork (a bottle)
•栓抜き　(コルク抜き) a corkscrew; (王冠抜き) a bottle opener

ぜん¹ 善 **good**
•善を行う　do good
•善悪　good and evil

ことわざ 善 は 急 げ　Good things should be done sooner rather than later. (よい事はあとでよりももっと早く[すぐ]なされるべきだ) / (There is) No time like the present. (現在のような[にまさる]時はない)

ぜん² 全… **all. whole** /ホウる/ → ぜんこく
•全日本チーム　the all-Japan team
•全世界　all the world / the whole world

ぜん³ 前… **ex-. former** /ふォーマ/
•前大統領A氏　the ex-President Mr. A
•私たちの前校長　our former principal

せんい 繊維 a **fiber** /ふァイバ/
•化学[合成]繊維　chemical [synthetic] fiber

ぜんい 善意 **good intentions** /インテンションズ/
•…を善意からする　do out of good intentions
•…を善意に取る　take ～ in good part

せんいん 船員 a **sailor** /セイら/; (集合的に) **the crew** /クルー/
•すべての船員が救助された

All the crew were saved.

ぜんいん 全員 **all** (**the members**) /(メンバズ)/
•全員一致の　unanimous
•全員一致で　unanimously
•私たちのクラスはきょうは全員出席です

Our class members are all present today.
•その提案にはクラス全員が賛成した

The proposal received the unanimous sup-

three hundred and three 303 ぜんしん

port of the class. / The proposal was supported by the whole class.

ぜんかい¹ 前回 **the last time**

ぜんかい² 全快する **recover completely** /リカヴァ コンプリートり/, **be recovered completely**

せんかん 戦艦 a **battleship** /バトるシプ/

せんきょ 選挙 **election** /イれクション/
選挙する **elect** /イれクト/; (投票する) **vote** /ヴォウト/
•選挙人 an elector; (投票者) a voter
•選挙権 the right to vote
•総選挙 a general election
•補欠選挙 a by-election
•選挙運動 an election campaign
•選挙演説 a campaign speech

せんきょうし 宣教師 a **missionary** /ミショネリ/

せんげつ 先月 **last month** /マンす/
•先月の初めに at the beginning of last month
•先月の半ば[終わり]ごろに about the middle [toward the end] of last month
•この雑誌の先月号 last month's issue of the magazine
•先月はずいぶん雨が降った
We had a lot of rain last month.

せんけん 先見の明 **foresight** /ふォーサイト/

せんげん 宣言 **declaration** /デクらレイション/
宣言する **declare** /ディクれア/
•(米国の)独立宣言 the Declaration of Independence

せんご 戦後(に) **after the war** /ウォー/
•戦後の postwar
•戦後の世界 the postwar world
•女性が選挙権を得たのは戦後になってからです It was after the war that women had the right to vote.
•戦後すでに71年たった Already 71 years have passed since the end of the war.

ぜんご 前後に (方向を示して) **backward and forward** /バクワド ふォーワド/; (位置的に) **before and behind** /ビふォー ビハインド/; (時間的に) **before and after**; (およそ) **about** /アバウト/
•前後に動く move backward and forward
•彼は30歳前後です He is about thirty.

せんこう¹ 線香 an **incense stick** /インセンス スティク/

せんこう² 専攻する (大学で) **major** /メイヂャ/
•専攻科目 a major
•日本史を専攻する major in Japanese history

ぜんこう 全校 **the whole school** /ホウる/
•全校集会 a school assembly

•全校生徒 all the students of the school

ぜんこく 全国 **the whole country** /ホウる カント리/
•全国的[の] nationwide
•全国に all over the country

センサー a **sensor** /センサ/

せんさい 戦災 **war damage** /ウォー ダミヂ/
•戦災を受ける suffer war damage

せんざい 洗剤 (a) **detergent** /ディタ〜ヂェント/

せんし 戦死する **be killed in battle** /バトる/
•その戦争で何百万という人が戦死した
Millions of people were killed in the war.

せんしつ 船室 a **cabin** /キャビン/

せんじつ 先日 **the other day** /アざ デイ/

ぜんじつ (その)前日 **the day before** /デイ ビふォー/
•その前日に私はそこで彼に会った
I met him there the day before.
•君が来る前日まで彼はここに滞在(たいざい)していました
He was staying here until the day before your arrival.

せんしゃ 戦車 a **tank** /タンク/

ぜんしゃ 前者 **the former** /ふォーマ/

せんしゅ 選手 an **athlete** /アすリート/, a **player** /プれイア/
•野球選手 a baseball player

せんしゅう¹ 先週 **last week** /ウィーク/
•先週の日曜日に last Sunday / on Sunday last
•先週のきのう a week yesterday

せんしゅう² 選集 a **selection** /セれクション/
•詩の選集 a selection of poems

ぜんしゅう 全集 **the complete works** /コンプリート ワ〜クス/
•漱石全集 the complete works of Soseki

せんしゅけん 選手権 (a) **championship** /チャンピオンシプ/; a **title** /タイトる/
•選手権大会 a championship series
•選手権保持者 a champion / a titleholder

せんじゅつ 戦術 **tactics** /タクティクス/

せんじょう 戦場 a **battlefield** /バトるふぃーるド/

ぜんしょう¹ 全勝する **win all games**
•その競技会で私たちのチームは全勝した
Our team won all its games in the contest.

ぜんしょう² 全焼する **be burnt down** /バ〜ント ダウン/
•その火事で3軒の家が全焼した
Three houses were burnt down in the fire.

ぜんしん¹ 前進 **progress** /プラグレス/
前進する **progress** /プログレス/, **make progress** /プラグレス/, **move forward** /ムーヴ ふォーワド/

ぜんしん → すすむ

ぜんしん² 全身 **the whole body** /ホウる バディ/
・全身に(体じゅう) all over *one's* body
・彼は全身あざだらけだった
He had bruises all over his body.

せんしんこく 先進国 **a developed country** /ディヴェろプト カントリ/, **a developed nation** /ネイション/

せんす 扇子 **a folding fan** /ふォウるディング/ → おうぎ

センス (わかる心) **a sense**; (好み) **taste** /テイスト/
・ユーモアのセンス a sense of humor
・センスがいい[悪い] have good [bad] taste
・彼女は服のセンスがとてもいい
She has very good dress sense. /
She has very good taste in clothes.

せんすい 潜水 **diving** /ダイヴィング/
潜水する dive (**into the water**)
・潜水艦(かん) a submarine

せんせい¹ 先生
➤ (教師) a **teacher** /ティーチャ/
➤ (医者) a **doctor** /ダクタ/
➤ (呼びかけ) (男性の先生) **sir** /サ〜/, **Mr. 〜**;
(女性の先生) **Ms. (〜)** /ミズ/, **Miss 〜, Mrs. 〜**; (医者) **doctor, Dr. 〜**

・森先生, おはようございます
Good morning, Mr. [Ms.] Mori!
🔳会話 太田先生はなんの先生ですか. 一私たちの英語の先生です
What does Mr. Ota teach you? —He teaches us English.
・太田先生, 先生は何のスポーツがお好きですか Mr. Ota, what sport are you fond of?
・先生, 私はいつごろ退院できそうでしょうか
When will I be able to leave the hospital, doctor?

せんせい² 宣誓 **an oath** /オウす/
宣誓する make [**swear**] **an oath** /[スウェア]/

ぜんせい 全盛(期) **the peak of** *one's* **life** /ピークらいふ/, *one's* **best days** /デイズ/
・彼は今が全盛です
He is now in his best days.

せんせいじゅつ 占星術 **astrology** /アストろロヂ/

ぜんせかい 全世界(の人々) **all the world** /ワ〜るド/
・全世界に all over the world

せんぜん 戦前(に) **before the war** /ビふォー ウォー/

ぜんぜん 全然…ない **not at all** → まったく

・私は昨夜は全然眠れなかった
I could not sleep at all [a wink] last night.
・私は彼のことは全然知らない
I don't know anything about him. /
I know nothing about him.

せんぞ 先祖 **an ancestor** /アンセスタ/
・先祖(伝来)の ancestral

せんそう 戦争 (a) **war** /ウォー/
・核戦争 a nuclear war
・戦争中(である) (be) at war
・いつ戦争が起こるかもしれない
War may break out at any time.

ぜんそく asthma /アズマ/
・私はぜんそく(持ち)です
I suffer from asthma.

ぜんそくりょく 全速力で **at full speed** /ふる スピード/

センター a **center** /センタ/; (野球の外野) **the center field** /ふィ〜るド/; (外野手) a **center fielder** /ふィ〜るダ/

ぜんたい 全体 **the whole** /ホウる/
・全体の whole
・それは全体のほんの3分の1だ
It is only a third of the whole.
・全体としてその計画はそう悪くない
As a whole, the plan is not so bad.
・君は小さな事にこだわっていて, 全体が見えていない
You pay too much attention to details and don't see the big picture. /
ひゆ You can't see the forest for the trees.
(個々の木のために森が見えない)

せんたく¹ 洗濯 **washing** /ワシング/, a **wash** /ワシュ/
洗濯する wash
・洗濯物 the washing / the wash / the laundry
・たくさんの洗濯物 a large [big] wash →
×*many* washes としない
・洗濯屋[クリーニング屋] (人) a clothes-washer, a dry cleaner; (店) a laundry, a (dry) cleaner('s)
・洗濯機 a washing machine / a washer
・洗濯ばさみ a clothes pin [《英》peg]
・このシャツを洗濯してもらいたい
I want (to have) this shirt washed.
・あなたのシャツは洗濯中です
Your shirt is in the wash.
・セーターが洗濯で縮んだ
The sweater shrunk in the wash.
・母は洗濯物を外に干しています

Mother is hanging out the washing [the wash] to dry.
せんたく[2] 選択(権) **choice** /チョイス/
選択する choose /チューズ/ → えらぶ
- 選択科目 an elective

ぜんち 全治 a **complete cure** /コンプリート キュア/
- 全治する cure [heal] completely
- 全治1か月の傷 an injury which will take a month to heal completely

ぜんちし 前置詞《文法》a **preposition** /プレポズィション/

センチ(メートル) a **centimeter** /センティミータ/ (略 cm.)

センチメンタルな sentimental /センティメントる/

せんちゃく 先着順に **on a first come first served basis** /ベイスィス/
- 入場券は先着順に渡されます
Admission tickets will be given on a first come first served basis.

せんちょう 船長 a **captain** /キャプテン/
ぜんちょう[1] 全長 **the full length** /ふる れんぐす/, **the total length** /トウトる/
- この橋は全長500メートルです The total length of this bridge is five hundred meters. / This bridge is five hundred meters long.

ぜんちょう[2] 前兆 an **omen** /オウメン/
せんて 先手を打つ **preempt** /プリエンプト/, **forestall** /ふォーストーる/
せんでん 宣伝 **propaganda** /プラパギャンダ/; (広告) **advertisement** /アドヴァタイズメント/, **publicity** /パブリスィティ/
宣伝する propagandize /プラパギャンダイズ/; **advertise** /アドヴァタイズ/

せんと 遷都 **the transfer of the capital** /トランスふァ〜 キャピトる/

セント a **cent**

ぜんと 前途 a **future** /ふューチャ/
- 前途有望な若い男性 a promising young man / a young man of promise
- 私たちは前途多難だ
A lot of difficulties lie ahead of us.

せんとう[1] 先頭 **the head** /ヘド/; (競走などの) **the lead** /リード/
- …の先頭に立って歩く walk at the head of 〜
- レースで先頭に立つ take the lead in a race
- (レースで)彼は終始先頭を保った
He kept the lead from start to finish.

せんとう[2] 銭湯 a **public bath** /パブリク バす/

せんどう[1] 船頭 a **boat driver** [**operator**] /ボウト ドライヴァ [アペレイタ]/
ことわざ 船頭多くして船山に上る
Too many cooks spoil the broth. (料理人が多すぎるとだしをだめにする)

せんどう[2] 扇動 **agitation** /アヂテイション/
扇動する agitate (for 〜) /アヂテイト/
- 扇動者 an agitator

セントラルヒーティング central heating /セントラる ヒーティング/

せんにゅうかん 先入観 a **preconceived idea** /プリーコンスィーヴド アイディーア/; (偏見) **prejudice** /プレヂュディス/

ぜんにん[1] 前任者 a **predecessor** /プリーデセサ/
ぜんにん[2] 善人 a **good person** /パ〜スン/

せんぬき 栓抜き (コルクの) a **corkscrew** /コークスクルー/; (王冠の) a **bottle opener** /バトる オウプナ/

せんねん 専念する **devote** *oneself* /ディヴォウト/

ぜんねん 前年 **the year before** /イア ビふォー/
- 私の祖母は戦争の前年に生まれた
My grandmother was born in the year before the war started.

せんぱい 先輩 a **senior** /スィーニャ/
- 彼は学校で私より2年先輩です
He is two years my senior at school.

せんばつ 選抜する **select** /セれクト/, **pick up** /ピク/
- 選抜試験 a selective examination
- 全国選抜高校野球大会 the National Invitational High School Baseball Tournament

せんぱつ 先発する **start in advance** /アドヴァンス/
- 先発メンバー the starting lineup
- 先発投手 a starting pitcher

せんばづる 千羽鶴 a **string of paper cranes** /ストリング ペイパ クレインズ/

ぜんはん 前半 **the first half** /ふァ〜スト ハふ/
ぜんぶ 全部(の) **all** → すべて
- 全部で in all
- 子供は全部で50人いた
There were fifty children in all.

せんぷうき 扇風機 an **electric fan** /イれクトリク/
- 扇風機をつける[止める] turn on [off] an electric fan

せんべい *sembei*, a **Japanese cracker** /クラカ/
せんべつ 餞別 a **farewell gift** /ふェアウェる ギふト/

ぜんぽう 前方 (おもに方向) **forward** /ふォーワド/;

せんぼつ 306 three hundred and six

（おもに位置）**ahead** /アヘド/
・私たちの前方に　ahead of us
・1歩前方に進む　take a step forward
・前方には何も見えない　I see nothing ahead.

せんぼつ 戦没者 **soldiers who have died in** a **war** /ソウ^るヂャズ ダイド ウォー/, **the nation's fallen** /ネイションズ ふォー^るン/

ぜんまい a **spring**
・ぜんまい仕掛けのおもちゃ　a clockwork toy

せんまん 千万 **ten million** /ミリョン/
・1億2千万円　one hundred and twenty million yen

せんめい 鮮明な （はっきりした）**distinct** /ディスティンクト/; （生き生きした）**vivid** /ヴィヴィド/
・鮮明に　distinctly; vividly
・その印象はまだ私の記憶に鮮明です　The impression is still vivid in my memory.

ぜんめつ 全滅する **be completely destroyed** /コンプリー^とリ ディストロイド/

せんめん 洗面器 a **basin** /ベイスン/
・洗面台　a washstand; （水を張る部分）a washbasin / a washbowl / a (bathroom) sink
・洗面所　a lavatory / a toilet / a rest room / a bathroom

ぜんめん¹ 前面 **the front** /ふラント/ → しょうめん

ぜんめん² 全面 **the whole surface** /ホウる サ〜ふェス/
・全面的な　all-out; （完全な）complete; （徹底的な）sweeping
・全面的に　completely; （心から）wholeheartedly
・全面的なシステムの変更が行われた　Sweeping changes have been made to the system.

せんもん 専門 a **specialty** /スペシャるティ/
専門にする **specialize** (in 〜) /スペシャらイズ/
・専門の　special
・専門家　a specialist / an expert
・専門学校　a college / a professional school
・…を専門に研究する　make a special study of 〜
・兄は小児科が専門です　My brother specializes in children's diseases.
・この階は男子服の専門売場です　This floor specializes in men's clothes.

ぜんや 前夜 **the night before** /ナイト びふォー/; （祭祝日の）an **eve** /イーヴ/

・クリスマスの前夜　Christmas Eve

せんやく 先約 a **previous appointment** /プリーヴィアス アポイントメント/, a **previous engagement** /インゲイヂメント/
・…と先約がある　have a previous appointment 〔engagement〕with 〜

せんよう …専用である **be for 〜 only** /オウンリ/
・この座席はお年寄り専用です　These seats are for old people only.
・この運動場は子供専用だ　This playground is for the use of children only.
掲示 非常用専用　For emergency (use) only.

せんりつ 旋律 **melody** /メロディ/
・旋律の美しい　melodious

ぜんりゃく 前略

注意しよう

英文の手紙では，日本の手紙の場合のように，時候のあいさつから始める習慣がないので，「前略」にあたる表現もない．ふつう Dear 〜 で始まり，I hope this find you fine. （お元気のことと思います）とか Thank you for your letter. （お手紙ありがとう）などのあと，すぐ用件を述べる

せんりょう¹ 占領 **occupation** /アキュペイション/
占領する **occupy** /アキュパイ/
・占領軍　an occupation army

せんりょう² 染料 (a) **dye** /ダイ/; （実験用染色剤）(a) **stain** /ステイン/

ぜんりょう 善良な **good**

ぜんりょく 全力で **with all** one's **might** /マイト/
・全力を尽くす　do one's best

せんれい¹ 洗礼 **baptism** /バプティズム/
・洗礼名　a Christian name

せんれい² 先例 a **precedent** /プレセデント/
・先例に従う　follow a precedent

ぜんれつ 前列 **the front row** /ふラント ロウ/
・前列の席につく　take a seat in the front row

せんれん 洗練 **refinement** /リふァインメント/, **sophistication** /ソふィスティケイション/
・洗練された　refined / sophisticated
・現代の洗練された女性たち　today's sophisticated women
・ことばが洗練されている　be refined in speech

せんろ 線路 《米》a **railroad** 〔《英》**railway**〕**line** /レイ^るロウド〔レイ^るウェイ〕らイン/

そ ソ

そう¹ 僧 a (**Buddhist**) **priest** /(ブディスト) プリースト/

そう² 層 a **layer** /れイア/
・厚い岩の層 a thick layer of rock

そう³ 沿う, 添う
❶ (…に沿って) **along** ~ /アろーンぐ/ → そって
❷ (期待などに) **meet** /ミート/
・残念ですがあなたのご希望にそえません
I'm sorry, but I cannot meet your demands.

そう⁴
❶ (そのように) **so**; (**in**) **that way**, **like that**
❷ (同意) **yes**

❶ (そのように) **so**; (**in**) **that way** /ウェイ/, **like that** /らイク/ → そうすれば
・私はそう思う I think so.
会話 ぼくたち遅刻かな. —そうかもね Are we late? —I'm afraid so. (= I'm afraid we are late.)
・そうですか Is that so?
・そうだそうですね So I hear.
・それは音楽についてもそうです It is so [the same] with music. / So it is with music.
・そう言って彼は出て行った
So saying, he went out.
・もしそうなら君はうちの太郎を知っているにちがいない If so, you must know our Taro.
・父は農夫でしたが私もそうです
My father was a farmer, and so am I.
・そうやればもっとよくできます
You can do it better (in) that way.
・君はそのことばをそう発音してはいけません
You must not pronounce the word like that.
❷ (同意) **yes**, (否定の疑問に対して) **no** (→ そうです); (軽い疑い・驚きなど) **Is that so?** (→ あいづち)
会話 雨が降りだしましたよ. —そう
It has begun raining. —Has it?

ぞう 像 an **image** /イメヂ/; (彫刻(ちょうこく)) a **statue** /スタチュー/

ゾウ 象 (動物) an **elephant** /エれふァント/

そうい 創意 **originality** /オリヂナリティ/
・創意に富んだ original

そういう (そのような) **such** /サチ/ → そんな
・私はそういう本は好きじゃない
I don't like such books [such a book].
・私は紅茶とかコーヒーとかそういう飲み物はきらいです I don't like tea and coffee and such drinks.

ぞうえん 造園 **landscape gardening** /らンドスケイプ ガードニンぐ/
・造園家 a landscape gardener

そうおん 騒音 (a) **noise** /ノイズ/
・騒音公害 noise pollution
・町の騒音 street noises

ぞうか¹ 造花 an **artificial flower** /アーティふィシャる ふらウア/

ぞうか² 増加 **increase** /インクリース/
増加する **increase** /インクリース/
・この町の人口は増加しつつあります This town is increasing in population. / The population of this town is on the increase.
・この町の人口は昨年よりも5パーセント増加した
The population of this town shows an increase of 5 percent over that of last year.

そうかい 総会 a **general meeting** /ヂェネラる ミーティンぐ/

そうがく 総額 **the total** /トウトる/, **the sum total** /サム/
総額…になる **total** (**up**) **to** ~, **amount to** ~ /アマウント/
・その損失は総額5千万円に上るといわれる
The losses are said to total up to fifty million yen.

そうかん 創刊する **found** /ふァウンド/, **start** /スタート/
・創刊号 the first issue [number]

ぞうかん 増刊号 an **extra number** /エクストラ ナンバ/

そうがんきょう 双眼鏡 (1台) (**a pair of**) **binoculars** /(ペア) ビナキュらズ/, **field glasses** /ふィーるド ぐらセズ/
・双眼鏡で見る look through binoculars [field glasses]

そうき 早期 an **early stage** /アーリ ステイヂ/
・彼のガンは早期に摘出された His cancer was removed in its early stages. / ひゆ His cancer was nipped in the bud. (つぼみのうちに摘み取られた)

そうぎ 葬儀 a **funeral** /ふューネラる/ → そうしき
・葬儀屋 (人) an undertaker / a funeral direc-

そうきゅう 308 three hundred and eight

tor; (店) an undertaker's (office)

そうきゅう 送球する（ボールを投げる）**throw** a **ball** /すロウ/, **make** a **throw**

そうきん 送金 **remittance** /リミタンス/
　送金する **send money** /マニ/, **make** (a) **remittance**
・1万円の送金を受け取る　receive a remittance for ten thousand yen

ぞうきん (a) **floorcloth** /ふろークろーす/, a **cloth**

ぞうげ ivory /アイヴォリ/

そうげい 送迎
・(空港の)送迎デッキ　an observation deck
・送迎バス（学校の）a school bus / (ホテルの) a courtesy bus

そうげん 草原 **grasslands** /グラスらンヅ/

そうこ 倉庫 a **warehouse** /ウェアハウス/

そうごう 総合的な（一般的な）**general** /ヂェネラる/; (結び合わされた) **integrated** /インテグレイテド/
・総合的に　generally
・総合病院　a general hospital

そうごん 荘厳 **solemnity** /ソれムニティ/
　荘厳な **solemn** /サれム/
・荘厳に　solemnly / with solemnity

そうさ¹ 捜査 (a) **criminal investigation** /クリミヌる インヴェスティゲイション/; (捜索) (a) **search** /サ〜チ/
　捜査する **investigate** /インヴェスティゲイト/; **search**
・その事件は捜査中である
The case is under investigation.

そうさ² 操作 **operation** /アペレイション/
　操作する **operate** /アペレイト/
・私はこの新しい機械の操作の仕方を知りません　I don't know how to operate this new machine.

そうさい 総裁 a **president** /プレズィデント/
・日本銀行総裁　the President of the Bank of Japan

そうさく¹ 捜索 (a) **search** /サ〜チ/ → そうさ¹
　捜索する **search**
・捜索隊　a search party
・家宅捜索する　search a house

そうさく² 創作(品) (an) **original work** /オリヂヌる ワ〜ク/
　創作する **create** /クリエイト/; (小説を書く) **write** a **novel** /ライト ナヴる/

そうじ¹ 送辞 a **farewell speech** /ふェアウェるス ピーチ/
・彼女は在校生を代表して送辞を述べた

She made a farewell speech on behalf of the students.

そうじ² 掃除 **cleaning** /クリーニング/; (掃除機で の) **vacuuming** /ヴァキュアミング/
　掃除する **clean** /クリーン/; (掃除機で) **vacuum**
・掃除機　a (vacuum) cleaner
・(春の)大掃除　spring-cleaning
・きょうはどの班が教室の掃除ですか
Which group is on duty to clean the classroom today?
・次の日曜日は家の大掃除の予定です
We are going to do our housecleaning next Sunday.
・姉は台所の掃除で母を手伝っています
My sister is helping Mother (to) clean the kitchen.

そうじ³ 相似 《数学》**similarity** /スィమらリティ/
・相似の　similar

そうしき 葬式 a **funeral** /ふューネラる/
・葬式の　funeral
・葬式を行う　hold a funeral
・私たちはきのう彼の葬式に参列した
We attended his funeral yesterday.

そうしゃ 走者 a **runner** /ラナ/

そうじゅう 操縦する **operate** /アペレイト/; (飛行 機を) **fly** /ふらイ/, **pilot** /パイろト/
・操縦者（飛行機の）a pilot; (機械の) an operator
・(飛行機の)操縦席　a cockpit
・飛行機を操縦する　pilot an airplane

そうじゅく 早熟 **precocity** /プリカスィティ/
　早熟な **precocious** /プリコウシャス/

そうしゅん 早春 **early spring** /ア〜リ/
・早春に　in early spring / early in spring

ぞうしょ 蔵書 a **library** /らイブラリ/

そうしょく¹ 草食の **herbivorous** /ア[ハ]〜ビヴォ ラス/ →発音注意
　草食動物 a **herbivore** /ア[ハ]〜ビヴォー/

そうしょく² 装飾 → かざる（→ 飾り）
　装飾する → かざる

そうしん 送信する **transmit** /トランスミト/, **send**

そうしんぐ 装身具 **accessories** /アクセソリズ/

そうすれば (…しなさい, そうすれば) (命令文 +) **and**; (もしそうなら) **if so** → そう⁴
・急ぎなさい, そうすれば彼に追いつくでしょう
Hurry up, and you'll catch him up.
・彼は午前10時30分の列車に乗ると言っていました. そうすればお昼ごろにはここに着くはずです　He said he would take the 10:30 a.m. train. If so, he is sure to arrive here around noon.

ぞうせん 造船 **shipbuilding** /シプビるディング/

309　　そうちょう

- 造船技師　a naval architect
- 造船所　a shipyard
- 造船業　the shipbuilding industry

そうせんきょ 総選挙　a **general election** /ヂェネラ**る** イ**れ**クション/

そうそう 早々　**early** /**ア**～リ/; (…するとすぐ) **as soon as** /スーン/
- 来月早々　early next month

そうぞう¹ 創造　**creation** /クリ**エ**イション/
創造する **create** /クリ**エ**イト/

そうぞう² 想像(力)　**imagination** /イマヂ**ネ**イション/
想像する **imagine** /イ**マ**ヂン/
- 想像上の　imaginary
- 想像力に富んだ　imaginative
- 想像力を働かせる　use *one's* imagination

そうぞうしい 騒々しい　**noisy** /**ノ**イズィ/

そうぞく 相続 (財産を)　**inheritance** /イン**ヘ**リタンス/; (家業などを) **succession** /サク**セ**ション/
相続する **inherit** /イン**ヘ**リト/; **succeed to** /サクス**ィ**ード/
相続人 a **successor**; (男性) an **heir** /**エ**ア/, (女性) an **heiress** /**エ**アラス/ → 発音注意
- 彼には財産を相続する者がいない

He has no one to inherit his fortune.

そう(だ) → そうだ

そうだ

❶ **seem; sound; look; be likely to** *do*
❷ (聞くところによると) **I hear**

❶ (…のように思われる) **seem** /**ス**ィーム/; (…のように聞こえる) **sound** /**サ**ウンド/; (…のようにみえる) **look** /**る**ク/; (たぶん…するだろう) **be likely to** *do* /**ら**イクリ/; (もう少しで…するところだった) **nearly** /**ニ**アリ/, **almost** /**オ**ーる**モ**ウスト/
- 仕事はすごく難しそうだ

The work seems (to be) very difficult.
- 彼らはまったく満足そうだった

They seemed (to be) quite satisfied.
- 私は行かないほうがよさそうだ

It seems better for me not to go.
- それはおもしろそうだ

That sounds interesting.
- 彼らは幸せそうだ　They look happy.
- 彼女は今にも泣き出しそうだった　She looked as if she was going to cry at any moment.
- 夕立が来そうだ　It looks like a shower.
- 午後は雨になりそうだ

It is likely to rain in the afternoon.
- 彼よりも奥さんのほうが私たちに賛成しそうだ　His

wife is likelier [more likely] to agree with us than him.
- そこは彼が最も行きそうな所だ　It's the likeliest [the most likely] place for him to go to.
- 彼はうんと言いそうもない

He is not likely to say "Yes."
- 私はもう少しで車にひかれそうになった

I was nearly [almost] run over by a car.
❷ (聞くところによると) **I hear** /ヒア/, **they say** /**セ**イ/
- 彼は今夜は帰って来ないそうです

I hear that he will not come back tonight.
- 彼はとても金持ちだそうだ　They say that he is very rich. / He is said to be very rich.

そうたい 早退する (学校を)　**leave school before it is over** /**リ**ーヴ ビ**フ**ォー/; (会社を) **leave the office early** /**オ**ーふィス **ア**～リ/

そうだい 壮大さ　**grandeur** /**グラ**ンヂャ/
壮大な **grand**
- 私たちはその山の壮大なけしきに深く感動した　We were deeply impressed with the grandeur of the mountain scenery.

ぞうだい 増大　**enlargement** /イン**ら**ーヂメント/
増大する **enlarge** /イン**ら**ーヂ/, **grow** /**グ**ロウ/

そうだん 相談　a **talk** /**ト**ーク/, **consultation** /カンサ**る**テイション/
相談する **talk** (with ~), **have a talk** (with ~), **consult** /コン**サ**るト/
- 相談相手　a person to consult with / a person to turn to for advice
- そのことについて彼と相談する　talk [have a talk, consult] with him about the matter
- 彼には相談相手がない　He has no one to consult with [to turn to for advice].
- 何科にするかは私は父と相談してから決めます

I will decide which course to take after consulting with my father.

そうち 装置 (仕掛け)　a **device** /ディ**ヴァ**イス/
- 安全装置　a safety device

ぞうちく 増築　an **enlargement** /イン**ら**ーヂメント/, an **extension** /イクス**テ**ンション/
増築する **enlarge** /イン**ら**ーヂ **ハ**ウス/, **build an extension** /**ビ**るド/
- その家は昨年現在の大きさに増築された

The house was enlarged to the present size last year.

そうちょう¹ 早朝　**early morning** /**ア**～リ/
- 早朝に　early in the morning

そうちょう² 総長　a **president** /プ**レ**ズィデント/
- 東京大学総長　the President of the University

そうです 310 three hundred and ten

of Tokyo
•(国連などの)事務総長 a secretary-general

そうです Yes, 〜. /(否定の疑問に対して) **No, 〜.**
→答えの主語や(代)動詞は質問で用いられている主語
や述語動詞に合わせる

会話 これ君の辞書? —はい, そうです
Is this your dictionary? —Yes, it is.

会話 君たち出かけるの? —はい, そうです
Are you going out? —Yes, we are.

会話 これ君が作ったの? —はい, そうです
Did you make this? —Yes, I did.

会話 彼はそこへ行かなかったの? —はい, そうです
Didn't he go there? —No, he didn't. →否定の
質問に対して「はい, そうです」という時は, このよう
に否定文になる

そうでもない →それほど(→それほど…ない)

そうとう 相当な **considerable** /コンスィダラブ
る/, **good**
相当する(等しい) **be equal to** /イークワる/; (当た
る) **correspond to** /コーレスパンド/ →あたる❻
•相当(に) considerably / well / much / quite
•私は駅から相当離れた所に住んでいます
I live at a considerable [good] distance from
the station.
•きょうはきのうよりも相当寒い
It is much colder today than yesterday.
•1インチは2.54センチに相当する
One inch is equal to 2.54 centimeters.
•自動車のエンジンは人間の心臓に相当する
The engine of a car corresponds to the heart
of a human being.

そうどう 騒動 (騒(さわ)ぎ) a **disturbance** /ディス
タ〜バンス/; (暴動) a **riot** /ライオト/
•騒動を起こす make a disturbance / raise a
riot

そうなん 遭難する **meet with** a **disaster** /ディザ
スタ/, **meet with** an **accident** /アクスィデント/
•遭難者 a victim of a disaster [an accident]
•山で遭難する meet with a disaster on a
mountain

ぞうに 雑煮 *zoni*, **soup containing rice cakes**
/スープ コンテイニング ライス ケイクス/ →しょうが
つ

そうにゅう 挿入 **insertion** /インサ〜ション/
挿入する **insert** /インサ〜ト/, **put in**

そうび 装備 (an) **equipment** /イクウィプメント/
装備する **equip**

そうべつ 送別(の) **farewell** /ふェアウェる/
•送別のことば a farewell address
•送別会 a farewell party

•山田さんのために送別会を開こう Let us give a
farewell party for Mr. Yamada.

そうむ 総務省[大臣] **the Ministry** [**Minister**] **of
Internal Affairs and Communications** /ミニス
トリ [ミニスタ] インタ〜ヌる アふェアズ コミューニケ
イションズ/

ぞうり *zori*, **Japanese sandals** /サンダるズ/

そうりだいじん 総理大臣 **the Prime Minister**
/プライム ミニスタ/

そうりつ 創立 **foundation** /ふァウンデイション/,
establishment /イスタブリシュメント/ →せつりつ
創立する **found** /ふァウンド/, **establish**
•創立者 a founder
•きょうは私たちの学校の創立20周年の記念日です
Today is the 20th anniversary of the founda-
tion of our school.

そうりょ 僧侶 →そう¹

そうりょう 送料 (運賃) **carriage** /キャリヂ/; (郵
便料金) **postage** /ポウステヂ/
•これは送料を入れて[入れないで]2千円になります
This costs 2,000 yen including [not includ-
ing] postage.

ソウルフード **soul food** /ソウる ふード/; (伝統的
郷土料理) a **traditional food of the region** /ト
ラディショヌる リーヂョン/ →本来は主にアメリカ南
部の黒人の伝統料理

それれい 壮麗な **grand** /グランド/, **magnificent**
/マグニふィスント/

そえぎ 添え木 (医療用) a **splint** /スプリント/
•彼女の脚に添え木をあてる put a splint on her
leg / put her leg in a splint

そえる 添える (つけたす) **add** /アド/
•…に添えて together with 〜
•「そして君もまた」と彼はことばを添えた
"And you, too," he added.

ソーシャルディスタンス (他人との距離をとるこ
と) **social distancing** /ソウシャる ディスタンスィ
ング/

ソーシャル・ネットワーキング・サービス **so-
cial media** /ソウシャる ミーディア/, a **social
networking service** /ネトワ〜キング サ〜ヴィス/;
SNS
•SNSに投稿する create [write, make] a post
on an SNS
•SNSに写真をアップする post a photo on an
SNS
•SNSの投稿に「いいね」をする[をはずす] like
[unlike] a post on an SNS
•SNSの投稿に反応する react to a post on an
SNS

そしき

- SNS の投稿に返信［コメント］する post a reply [a comment] on the SNS

ソース sauce; 《IT》 source /ソース/
- …にソースをかける put sauce on ~
- (プログラミングの)ソースコード source code

ソーセージ (a) sausage /ソーセヂ/

ソーダ soda /ソウダ/
- ソーダ水 soda water

そく …1足 a pair of ~ /ペア/
- 靴[靴下]3足 three pairs of shoes [socks]

ぞくご 俗語 (単語・句を総称して) slang /スらンぐ/; (単語) a slang word /ワ~ド/

そくし 即死する be killed on the spot
- 彼は交通事故で即死した He was killed on the spot in a traffic accident.

そくしん 促進する promote /プロモウト/

ぞくする 属する belong (to ~) /ビろーンぐ/
- このクラブに属している生徒たち the students belonging [who belong] to this club

そくせき 即席の improvised /インプロヴァイズド/; (飲食物が) instant /インスタント/
- 即席料理 an instant food / a convenience food

ぞくぞく[1] 続々と in rapid succession /ラピド サクセション/; (次々と) one after another /アナざ/

ぞくぞく[2] ぞくぞくする (寒くて) feel a chill /ふィ~る チる/; (興奮で) thrill /すりる/
- 背中がぞくぞくする feel a chill in the back
- うれしくてぞくぞくする thrill with delight

そくたつ 速達 《米》special delivery /スペシャる ディりヴァリ/, 《英》express (delivery) /イクスプレス/

そくてい 測定する → はかる

そくど 速度 speed → スピード

そくとう 即答 a prompt answer /プラプト アンサ/
即答する answer promptly, give an immediate answer /イミーディエト/

そくどく 速読 rapid reading /ラピド リーディンぐ/
速読する read rapidly

そくばく 束縛 restraint /リストレイント/
束縛する restrain

そくほう 速報 a newsflash /ニュ~ズふらシュ/, a news bulletin /ブけティン/
- 私は飛行機の墜落(ついらく)事故があったことを速報で知った I learned by [from] a newsflash that there was a plane crash.

そくめん 側面 a side /サイド/; (一面) an aspect /アスペクト/

そくりょう 測量 a survey /サ~ヴェイ/

測量する survey /サ~ヴェイ/
- 測量技師 a surveyor

そくりょく 速力 speed → スピード

ソケット a socket /サケト/, an outlet /アウトれト/ → コンセント, でんげん

そこ[1] 底 the bottom /バトム/; (靴の) the sole /ソウる/
- 底知れない bottomless
- 川底 the bottom of a river
- 心の底から from the bottom of *one's* heart
- ゴム底の[底の厚い]靴 rubber-soled [thick-soled] shoes

そこ[2]
➤ (場所) the place /プれイス/, that place

そこに, そこへ, そこで there /ゼア/
- そこここに here and there
- そこまで(は) (範囲) so far; (程度) so much
- そこいら (場所) around [near] there; (程度) or so
- そこは危険です It is dangerous there.
- そこには昔大きなカシの木があった
There used to be a large oak tree there.
- そこから道路は急になって危険だった
From there the road became steep and dangerous.
- 彼女はどこかそこいらに住んでいます
She lives somewhere around there.
- 私は1週間かそこいらで帰って来ます
I will be back in a week or so.
- そこまでは仕事は簡単です
So far the work is easy (to do).
- そこまではそれでよい So far, so good.
- 彼にそこまでしてあげることはないと思います I don't think it necessary for us to do so much for him.

そこく 祖国 *one's* native land /ネイティヴ/

そこで (だから) (and) so; (それから) then /ゼン/, next /ネクスト/

そこなう …しそこなう fail to *do* /ふェイる/, miss
- ボールを受けそこなう miss [fail to catch] a ball
- 7時半のバスに乗りそこなう miss [fail to catch] the 7:30 bus

そし 阻止する (中止させる) stop; (妨害する) block /ブらク/

そしき 組織 (an) organization /オーガニゼイション/; (体系) a system /スィステム/
組織する organize /オーガナイズ/; systematize

そしつ 312 three hundred and twelve

/スィステマタイズ/
- 組織的な systematic
- 組織的に systematically
- 会を組織する organize a society
- 国連は組織が複雑です The United Nations [The U.N.] has a complex organization.

そしつ 素質(天性) **genius** /ヂーニアス/; (才能) (a) **talent** /タれント/
- 音楽の素質に富む少女 a girl with a rich genius [a great talent] for music

そして and

そしょう 訴訟 a **lawsuit** /ろースート/
- 訴訟を起こす start a lawsuit (against 〜) / go to law (against 〜) / sue 〜

そせん 祖先 an **ancestor** /アンセスタ/

そそぐ 注ぐ (水を) **pour** /ポー/; (川が) **flow** /ふろウ/ → しゅうちゅう (→ 集中する)
- ボウルに水を注ぐ pour water into a bowl
- この川は日本海に注ぎます
This river flows into the Sea of Japan.

そそっかしい careless /ケアれス/
- 彼はひどくそそっかしい少年だ
He is a very careless boy.

そそのかす put up to 〜; (誘惑する) **tempt** *a person to do* /テンプト/
- だれかが彼をそそのかして彼女に電話をかけさせた
Someone put him up to calling her up.
- 悪い仲間が彼をそそのかして金を盗ませようとした
Bad friends tempted him to steal money.

そだち 育ち **breeding** /ブリーディング/ → はついく
- 育ちのいい人 a person of good breeding
- 育ちざかりの子供 a growing child
- これで彼女の育ちのよくないのがわかる
This shows her lack of breeding.

そだつ 育つ

➤ (成長する) **grow** /グロウ/
➤ (養育される) **be bred** /ブレド/, **be brought up** /ブロート/, **be raised** /レイズド/

育てる (動植物を) **breed** /ブリード/; (養育する) **bring up**, **raise**; (植物を) **grow**
- この木は日本ではよく育たない
This tree does not grow well in Japan.
- 私は田舎で生まれて田舎で育ちました I was born and bred [raised] in the country.
- 彼女は子供をみんな丈夫で健康に育てた
She brought up all her children strong and healthy.
- 彼女は子供をきびしく育てた

She was strict in bringing up her children.

使い分け

breed: 動物や植物を特定の質を目指して「育てる」こと
bring up: 子供を「育てる」こと
raise: 動物や植物を販売目的で「育てる」こと
grow: 植物を「育てる」こと, 動物には用いない

そち 措置 a **measure** /メジャ/, a **step**
- …に対する措置をとる take measures [steps] against 〜

そちら (場所) **there** /ぜア/; (人・物) **that**
- そちらの赤いのを見せてください
Please show me the red one over there.
- こちらが私の姉でそちらがいとこです
This is my sister and that is my cousin.

ぞっか 俗化する(観光地が) **become vulgarized by tourism** /ヴァるガライズド トゥアリズム/, **become too popular with tourists** /パピュラ トゥ アリズツ/

そっき 速記 **shorthand** /ショートハンド/, **stenography** /ステナグラふィ/
速記する write in shorthand
- 速記者 a shorthand writer / a stenographer

そつぎょう 卒業

➤ **graduation** /グラヂュエイション/

卒業する graduate (from 〜) /グラヂュエイト/; **leave school** /リーヴ/; (課程を終える) **finish** /ふィニシュ/
- 卒業生 a graduate
- 卒業アルバム[文集] a graduation album [anthology]
- 卒業証書 a diploma
- 卒業式 a graduation (ceremony) / 《米》a commencement
- 彼はこの3月慶応大学を卒業します He will graduate from Keio University this March.
- 私は学校を卒業したらおじの店で働くつもりです
After graduating from [leaving] school, I intend to work in my uncle's store.
- あなたはどちらのご卒業ですか
Where did you graduate from?
- 私は中学を卒業したばかりです
I've just finished junior high (school).

そっきょう 即興 (an) **improvisation** /インプラヴァゼイション/
- 即興演奏する ad-lib, improvise
- 即興で話す speak without a script [notes] / improvise a speech

ソックス (1足) (a pair of) **socks** /(ペア) サクス/
そっくり
　❶ (似ている) **be [look] exactly like ~** /[るク] イグザクトリ ライク/, **be the exact image of ~** /イメヂ/
・彼はお父さんそっくりだ He looks exactly like his father. / He is the exact image of his father. / ひゆ He's a chip off the old block. (古い木塊から切りとんだ木っ端)
・ジェーンは姉[妹]とそっくりです
Jane is the double of her sister.
・彼らはそっくりな顔をしている
ひゆ They are as like as two peas. ((一つのさやの中の)二つのエンドウのようだ))
　❷ (全部) **all, whole** /ホウる/
・彼の財産はそっくりユニセフに寄付された
The whole of his property was donated to UNICEF.
そっせん 率先する **take the lead** /リード/, **be the first** /ふァ〜スト/
・彼はいつも率先して教室のそうじをした
He was always the first to start cleaning the classroom.
そっち → そちら
そっちょく 率直な **frank** /ふランク/
・率直に frankly
・率直に言えば frankly speaking / to be frank with you
・君の思うことを率直に話してください
Tell me frankly what you think.
・率直にお答えしましょう
I'll give you a straight answer.
・彼は私にはいつも率直にものを言う
He is always straight with me.
そって …に沿って **along ~** /アろーング/
・川に沿って along the river
・10分ばかりこの道に沿ってまっすぐ行きなさい
Go straight along this road for about ten minutes.
・街路に沿ってずっと木が植えてある
Trees are planted all along the street. /
The street is planted with trees all along.
そっと (静かに) **quietly** /クワイエトリ/; (やさしく) **gently** /ヂェントリ/, **softly** /ソーふトリ/; (ひそかに) **secretly** /スィークレトリ/
・そのネコはそっとスズメに近づいた
The cat approached a sparrow quietly.
・彼は彼女をそっと腕(うで)に抱いた
He held her gently in his arms.
・彼女はそっと涙をふいて私にほほえみかけた
She wiped her tears secretly and smiled at me.
・どうぞそっとしておいてください
Leave me alone, please.
ぞっと ぞっとする (身震(ぶる)いする) **shudder** /シャダ/; (恐怖などの) **be horrified** /ホーリふァイド/
・私はその話を聞いてぞっとした
I shuddered with horror to hear the story.
・私は背筋がぞっとした
I felt a thrill of terror down my back.
そっとう 卒倒 **a faint** /ふェイント/
卒倒する **faint, fall down in a faint** /ふォーる ダウン/, **go into a faint**
そっぽ (…に)そっぽを向く (無視する) **ignore** /イグノー/
そで **a sleeve** /スリーヴ/; (そで口) **a cuff** /カふ/
・そでをまくり上げる turn [roll] up one's sleeves
・だれかが私のそでを引っ張った
Someone pulled me by the sleeve.

そと 外

➤ (外側) **the outside** /アウトサイド/
➤ (戸外) **the outdoors** /アウトドーズ/

・外の outside / outdoor
・外で[へ] out / outside / outdoors
・外へ出る go out
・外で食事をする(外食する) eat out
・母犬は小屋の外にいますが子犬は小屋の中にいます
The mother dog is outside the doghouse and her puppy is inside (it).

outside

inside

会話 子供たちはどこにいますか．―外で遊んでいます
Where are the children? ― They are playing outdoors.
・外のよい空気の中でたくさん運動しなさい
Take plenty of exercise in the fresh [open] air.
・窓から外へ物をほうってはいけません

そとがわ 314

Don't throw things out of the window.

•彼は窓の外をながめながら立っていた

He stood looking out of the window.

•彼は家の外で君を待っている

He is waiting for you outside the house.

•外では盛んに雪が降っていた

It was snowing fast outside.

そとがわ 外側 **the outside** /アウトサイド/ →そと

そなえつける 備え付ける **provide** /プロヴァイド/, **furnish** /ふァ～ニシュ/

•各部屋にはテレビが備え付けられている

Each room is provided [furnished] with a television set. / Each room has a television set.

そなえもの 供え物 **an offering** /オーふァリング/

•供え物をする make an offering

そなえる 備える（将来に対して用意する）**provide for** /プロヴァイド/, **make provision for** /プロヴィジョン/

•老後に備える make provisions for old age

その

➤（はっきりさし示して）**that**（樹 **those** /ぞウズ/）

•その人物 the person / that person

•そのような such / like that

•そのように like that

•君のその帽子 that hat of yours

•私はこの本よりもその本のほうが好きです

I like that book better than this (book).

そのうえ その上 **besides** /ビサイヅ/

•出かけるには遅すぎるし，その上私は眠い

It's too late to go; besides, I'm sleepy.

•その上困ったことには雨が降りだした

To make matters worse [What was worse], it began to rain.

そのうち（いつか）**some day** /サム デイ/;（まもなく）**soon** /スーン/, **before long** /ビふォー ろーング/

•そのうちハイキングに行こうよ

Let's go on a hike some day.

•彼はそのうち戻って来ます

He will be back soon [before long].

そのかわり その代わり **instead** /インステド/;（だけど）**but** → かわる¹（→ 代わり）

•お父さんが来られなければ，その代わりに君が来てもよい If your father can't come, you may come instead.

•あそこのレストランはおいしいけれどその代わりとても高い That restaurant serves tasty dishes, but is very expensive.

そのくせ but, **(and) yet** /イェト/

そのご その 後 **after that**;（それ 以来）**since (then)** /スィンス（ぜン）/

•その後3日たって彼が会いに来た

He came to see me three days after that.

•私はその後彼から何の便りも聞いておりません I have heard nothing from him since (then).

•私は10年前この町に移って来てその後ずっとここにいます I moved to this town ten years ago and have been here ever since.

そのころ（その時代）**in those days** /ぞウズ デイズ/;（その時）**at that time**

•そのころは私の最も幸福な時代でした

Those were my happiest days.

•そのころはそれがどんなに価値のあるものか私は知らなかった

At that time I did not know how valuable [what a valuable thing] it was.

そのた その他 **the others** /アざズ/, **the rest** → た²

•その他の the other

•その他の点では私は君に賛成だ

Otherwise I agree with you. /

I agree with you on the other points.

•そのホテルは夏だけ開いてその他は閉じられる The hotel is open only in summer and closed (all) the rest of the year.

•彼女はその他の少女たちと意見が違う

She differs in opinion from the other girls.

そのために → ため ❷ ❸

そのとおり

•そのとおりだ You are right. / That's right.

•私はそのとおりに（→あなたが言ったとおりに）しました I did as you told me to.

そのとき その時 **then** /ぜン/, **at that time**

•その時は冬でした It was winter then.

•その時は私はそうは思わなかった

At that time I did not think so.

そのば その場で，その場に **on the spot**;（即座に）**there and then** /ぜア ぜン/

•その場しのぎの（臨時の）temporary;（間に合わせの）stopgap

•10分後に警察がその場に到着した Ten minutes later the police were on the spot.

•その場で彼は決心した

There and then he made up his mind.

そのへん その辺に **around there** /アラウンド ぜア/

🚌会話 きょうの新聞はどこだろう．—どこかその辺で見たような気がするわ

Where's today's paper? —I think I saw it somewhere around there.
そのほか → そのた
そのまま (あるがままに) **as it is**, **as they are**; (ひとりに) **alone** /アロウン/
・それ[それら]をそのままにしておきなさい
Leave it as it is [them as they are].
・彼をそのままにしておきなさい
Let [Leave] him alone.
・私はそのままのあなたが好きなの
I like you the way you are.
そのもの (それ自体) **itself** /イトセるふ/
・彼女は親切そのものだ
She is kindness itself.
そば[1] 蕎麦 (植物) **buckwheat** /バク(ホ)ウィート/; (食べ物) **soba**, **buckwheat noodles** /ヌードるズ/

そばはそば粉から作られる. うどんより細く, 熱くして食べてもよいし冷やして食べてもよい
Soba is made from buckwheat. It is thinner than *udon*. It can be either served in hot soup or served chilled.

そば[2] **the side** /サイド/
そばの (近くの) **nearby** /ニアバイ/
そばに **by**, **near** /ニア/; (わきに) **beside** /ビサイド/
・そばを通る pass by
・正門のそばのサクラの木 a cherry tree beside the main gate
・窓のそばにいすがあります
There is a chair by the window.
・そのホテルはその湖のそばにあります
The hotel stands by the side of the lake.
・私のそばにすわりなさい
Sit by my side [beside me].
・火のそばに来て温まりなさい
Come near the fire and warm yourself.
・彼はそばの木の陰にかくれた
He hid behind a nearby tree.
・井の頭公園はうちのすぐそばにあります
We live close to Inokashira Park. /
ひゆ Inokashira Park is on our doorstep. (戸口の階段に)
そばかす a **freckle** /ふレクる/
そびえる **rise** /ライズ/
そふ 祖父 a **grandfather** /グラン(ド)ふぁーざ/
ソファー a **sofa** /ソウふぁ/; (中型の) a **settee** /セティー/
ソフトウェア **software** /ソーふトウェア: ソふトウェア/
ソフトクリーム **soft serve** (**ice cream**) /ソーふト サ〜ヴ (アイス クリーム)/; **ice cream cone** /コウン/ →「ソフトクリーム」は和製英語
ソフトドリンク a **soft drink** /ソーふト ドリンク/
ソフトボール (競技) **softball** /ソーふトボーる/; (ボール) a **softball**
・ソフトボールをする play softball
ソプラノ **soprano** /ソプラノウ/
・ソプラノ歌手 a soprano (singer)
そぼ 祖母 a **grandmother** /グラン(ド)マざ/
そぼく 素朴な **simple** /スィンプる/, **plain** /プれイン/
そまつ 粗末な (貧弱な) **poor** /プア/; (質素な) **simple** /スィンプる/; (みすぼらしい) **shabby** /シャビ/; (粗野(そゃゃ)な) **rude** /ルード/
粗末にする (むだにする) **waste** /ウェイスト/
・粗末な食事 a simple meal
・粗末な身なりをしている be shabbily dressed
・時間を粗末にする waste *one's* time
そまる 染まる **dye** /ダイ/ →そめる
そむく **disobey** /ディソベイ/
・…にそむいて against 〜
・彼の命令にそむく disobey his order
・父の意志にそむいて彼は歌手になった
He became a singer against his father's will.
そむける (顔を) **turn away** *one's* **face** (from 〜) /タ〜ン アウェイ ふェイス/; (目を) **look away** (from 〜) /るク/
・彼は私を見ると顔をそむけた When he saw me, he turned his face away.
そめる 染める **dye** /ダイ/
・髪を薄茶色に染める dye *one's* hair light brown
そよかぜ そよ風 a **gentle breeze** /チェントる ブリーズ/, a **breath** (**of air**) /ブレす (エア)/
そよそよ **gently** /チェントリ/, **lightly** /らイトり/
・風がそよそよ吹いている
The wind is blowing gently [lightly].

そら 空
▶ **the sky** /スカイ/; (空中) **the air** /エア/
・青い[くもり]空 a blue [cloudy] sky
・空高く high up in the sky [the air]
・空は一面の青空だった
The sky was blue all over.
・空模様から判断すると午後は晴れるだろう
Judging from the look of the sky, it will clear up in the afternoon.
ソラマメ 空豆 《植物》 a **broad bean** /ブロード ビ

そり

ーン/
そり a sledge /スレヂ/, a sled /スレド/; (馬などに引かせる) a sleigh /スレイ/
・そりに乗って坂をすべり下りる slide down a slope on a sled
そる¹ (ひげなどを) shave /シェイヴ/
そる² (板など) warp /ウォープ/; (からだが後ろに) lean backward /リーン バクワド/
・胸をそらす throw out *one's* chest

それ
➤ (それは, それが, それを, それに) **it**
➤ (はっきりさし示して) **that**
それの its; that
それらは, それらが they; (はっきりさし示して) those /ゾウズ/
それらを, それらに them; those
それらの their; those
・それは何ですか What is that?
・それでよろしい That's right.
・それは私の靴です
They [Those] are my shoes.
それから then /ゼン/; (次に) next
・私は7時に朝ご飯を食べ, それから学校へ行く I eat my breakfast at seven and then go to school.
・それから君は何をしましたか
What did you do next?
それくらい so much /マチ/, that much → それだけ
・私の家族のことはそれくらいにして今度は私たちの学校のことをお話ししましょう
So much for my family. I'll now talk about our school.
・私は彼のことはそれくらいしか知りません
I know only that much about him.
それぞれ each /イーチ/
・少年たちはそれぞれ自分の辞書を持っている
Each boy has his own dictionary.
・私たちはそれぞれリンゴを2個ずつもらった
We were given two apples each.
それだけ all, so much /マチ/, no more than that /モー ザン/
・それだけです That's all.
・きょうはそれだけにしておきましょう
That's all for today.
・私はそれだけしか持っていません
I have no more than that.
・今出発すればそれだけ早く着くでしょう
If you start now, you will get there so much

the sooner.
それっきり (最後) the last; (それ以来) since /スィンス/
🗨会話 もう少しいただけますか. —すみません. それっきりなんです Can I have some more? —Sorry. That was the last.
・彼は10年前に故郷を出てそれっきり帰っていない
He left home ten years ago and he hasn't been there since.
それで → そして, それから, だから, ところで
それでは then /ゼン/
・それではこれは何ですか What is this, then?
・それでは君は彼を知っているはずです
Then you must know him.
それでも but, (and) yet /イェト/, still
・彼は貧しかったがそれでも満足していた
He was poor, and yet satisfied.
・勝ちめはないがそれでも全力をつくそう
I have no chance of winning, still I will do my best.
それどころか (それに反して) on the contrary /カントレリ/; (遠くかけ離れて) far from it
それとなく (間接的に) indirectly /インディレクトリ/
・それとなく言う hint
・それとなく探る 🔑ひゆ beat about the bush (やぶの周りをたたいて獲物を狩り出す)
・私は彼の職業についてそれとなくたずねてみた I asked him indirectly about his occupation.
それとも or
・紅茶にしますか, それともコーヒーにしますか
Would you like to have tea or coffee?
それなら then /ゼン/; (もしそうなら) if so
🗨会話 雨が降りそうだ. —それなら傘を持って行きなさい It looks like rain. —Then take an umbrella with you.
・お忙(いそがしいですか. それならご都合のよい時に電話をください Are you busy? If so, please call me at your convenience.
それに → そのうえ
それはそうと by the way /ウェイ/
それほど → そんな
それほど…ない not very, 《話》 not really
・それほど疲(つか)れていない I'm not very tired.
🗨会話 難しいですか. —それほどでもありません Is it difficult? —Not very [really].
それら → それ
それる (台風が) turn away (to ~) /ターン アウェイ/; (話が) digress (from the subject) /ダイグレス/; (弾が) miss

・彼は話がよくわき道にそれる
He often digresses from the subject.
ソロ a **solo** /ソウロウ/
そろい (一式) a **set**
・そろいの uniform
・茶道具一そろい a tea set
・そろいの柄(がら)の服 clothes of a uniform pattern
そろう (集まる) **get together** /トゥゲざ/; (来る) **come**, **be here** /ヒア/, **be there** /ぜア/
・お正月には家族がみんなそろいます On New Year's Day all the family get together.
・みんなそろったら出かけよう
When all are here [have come], let's go.
・(セットになっているものなど)あと一つで全部そろう
One more will make a complete set.
そろえる arrange /アレインヂ/
・(声を)そろえて in chorus [unison]
・名前をアルファベット順にそろえる arrange the names in alphabetical order
・声をそろえて読む read in chorus
そろそろ (ゆっくり) **slowly** /スろウリ/; (まもなく) **soon** /スーン/, **before long** /ビふォー ろーンぐ/
・そろそろ歩く walk slowly
・彼はもうそろそろ帰るでしょう
He will be back soon [before long].
・そろそろ暗くなります It will soon be dark.
・そろそろお昼です It's nearly noon.
・そろそろおいとましなければならない時間です It's about time I should be going. / I'm afraid I have to be leaving soon.
・そろそろ寝る時間ですよ
It's time you should go to bed.
ぞろぞろ (群をなして) **in droves** /ドロウヴズ/
そろばん an **abacus** /アバカス/
・君はそろばんができますか
Can you use an abacus?
そわそわ そわそわした **restless** /レストれス/
・そわそわして restlessly
・その知らせを聞いて彼はそわそわした
On hearing the news, he became restless. / The news made him restless.
そん 損 (a) **loss** /ろース/
損をする lose /るーズ/, **suffer** a **loss** /サふァ/
・損をして at a loss
・損をする[した]人 a loser
・損得 profit and loss
・私は損をしようと得をしようとかまわない
I don't care whether I gain or lose.
・だれが彼らのうちで一番損をしたのですか
Who was the heaviest loser of them?

そんがい 損害 **damage** /ダミヂ/
・町はその地震で大損害を受けた The town was heavily damaged by the earthquake.
・その季節はずれの霜(しも)で作物は大損害を受けた
The crops suffered great damage from the untimely frost.
そんけい 尊敬 **respect** /リスペクト/
尊敬する respect, **look up to** /るク/, **admire** /アドマイア/
・尊敬すべき respectable
・彼はすべての人に尊敬されている
He is respected by everyone.
・彼はリーダーとして尊敬されている
He is looked up to as a leader.
そんざい 存在 **existence** /イグズィステンス/
存在する exist /イグズィスト/
・幽霊(ゆうれい)というものは本当に存在するのかしら I wonder if ghosts really exist.
そんしつ 損失 (a) **loss** /ろース/
・彼の死は国家にとって大きな損失です
His death is a great loss to the nation.
そんちょう¹ 村長 a **village head** /ヴィれヂ ヘド/
そんちょう² 尊重 **respect** /リスペクト/
尊重する respect, **think much of** /すィンク マチ/
・他人のプライバシーを尊重する
respect other people's privacy

そんな そんな(に)
➤ (様子などが) **such** /サチ/, **like that** /らイク/
➤ (程度が) **so**
・先生に対してそんな口のきき方をしてはいけません You should not speak to your teacher like that.
・私はそんなに大きな魚を見たことがありません I have never seen such a big fish.
・君はなぜそんなに急いでいるのですか
Why are you in such a hurry?
・そんなに速く歩かないでもっとゆっくり歩いてください Don't walk so fast. Please walk more slowly.
・彼はそんなに具合が悪いのですか Is he so ill?
・私はそんなにたくさんのお金を持っていません I don't have so much money as that.
・あなた何をそんなに怒っているの
What are you so mad about? ➔ 意味のつながりの上では about what (何について)であるが, what は疑問詞なので文頭に出る
そんみん 村民 a **villager** /ヴィれヂャ/; (全体) **the people of the village** /ピープる/, **the villagers**

た タ

た¹ 田 a **rice field** /ライス ふィーるド/, a **paddy field** /パディ/, a **(rice) paddy**
- 田植えをする plant a rice field (with rice shoots) / plant rice (shoots) in a paddy

た² 他 (二つのうちのもう一方) **the other** /アざ/; (いくつかあるうちの一つ) **another** /アナざ/; (残り全部) **the others, the rest** → そのた, ほか
他の the other; another; other
- 他の人々 others / other people; (残り全部) the others / the other people
- 他の例をいくつかあげよう
I'll give some other examples.

た³ → した³
だ → です

ターゲット a **target** /ターゲト/
ダース a **dozen** /ダズン/ (略 doz.)
- 鉛筆(えんぴつ)2ダース two dozen pencils → 名詞の直前では複数でも ×dozens としない

ターミナル (空港や鉄道・バスなど) a **terminal** /タ〜ミヌる/ → 通例その路線が始発また終着するところをいう
- ヒースロー空港ターミナル5 Heathrow Airport Terminal 5
- バスターミナル a bus terminal

ターミナル(ヒースロー空港)

たい¹ 対 **to**; **against** /アゲンスト/
- スコアは3対1で私たちが勝っていた
The score was three to one in our favor. / We had three points against their one.
- われわれは5対2で試合に勝った
We won the game by a score of 5 to 2.
- あした早稲田対慶応の野球の試合があります
There will be a baseball game between Waseda and Keio universities tomorrow.

たい² 隊 a **party** /パーティ/
たい³ → したい²

タイ¹ タイ国 **Thailand** /タイらンド/
- タイ(人, 語)の Thai
- タイ語 Thai
- タイ人 a Thai

タイ² 鯛 《魚》a **sea bream** /ブリーム/ (複 同形)

だい¹ 代
❶ (世代) a **generation**
❷ (乗り物の料金) a **fare**; (手数料・使用料) a **charge**; (家賃) (a) **rent**

❶ (世代) a **generation** /ヂェネレイション/ → じゅうだい², せだい
- 代々 from generation to generation
- 何代もの間 for many generations
- 2000年代に in the 2000s
- 彼は10代[20代]です He is in his teens [his twenties]. → teens は13歳から19歳までをさす
- エイブラハム・リンカーンはアメリカ第何代の大統領ですか
How many presidents were there in the United States before Abraham Lincoln? / What number president of the United States is Abraham Lincoln?

❷ (料金)(乗り物の) a **fare** /ふェア/; (手数料・使用料) a **charge** /チャーヂ/; (家賃・部屋代) (a) **rent** /レント/
- バス[タクシー]代 a bus [taxi] fare
- (ホテルの)部屋代はいくらですか
How much is the charge [How much do you charge] for a room? → [ ]内の charge は動詞 ((料金を)請求する)
- このアパート代は月に5万円だ The rent for this apartment is 50,000 yen a month.

だい² 題 (主題) a **subject** /サブヂェクト/; (題名) a **title** /タイトる/
- 討論の題 the subject for discussion
- 宿題の作文の題 the subject of the composition assignment
- 彼は「文化交流」という題で講演した He spoke on the subject of "Cultural Exchange."
- その映画の題は何ですか
What is the title of the movie?

だい³ 台 a **stand** /スタンド/
- 譜面台 a music stand

だい⁴ 第… (番) **number** /ナンバ/ (略 No.)

- 第1, 第2, 第3, … the first, the second, the third, …
- 第1番[号] No.1 (読み方: number one)

だい[5] 大… (大きい) **big**, **great** /グレイト/, **vast** /ヴァスト/; (熱烈(ねつれつ)な) **ardent** /アーデント/; (深刻な) **serious** /スィアリアス/
- 大都市 a big city
- 大問題 a big [serious] problem
- 大企業 a large company [enterprise]
- 大ファン an ardent fan

ことわざ 大は小をかねる Wide will wear, but tight will tear. (大きい(服)は着られるがきつい(服)はやぶれる)

たいあたり 体当たりする **hurl** *oneself* /ハ〜る/
- 彼はドアに[仕事に]体当たりした He hurled himself at the door [into the work].

タイアップ (業務などの提携) **business partnership** /ビズネス パートナシプ/; (提携商品など) a **tie-in** /タイ イン/
タイアップする tie in
- 映画とタイアップしたおもちゃ[映画関連本] a movie tie-in toy [book]

たいい 大意 **the general idea** /ヂェネラる アイディーア/; (概略) an **outline** /アウトライン/

たいいく 体育 (教科名) **physical education** /ふィズィカる エヂュケイション/, 《略》**P.E.**,《話》**gym** /ヂム/
- 体育館 a gymnasium
- 体育の日 Health-Sports Day
- 体育祭 a field day / an athletic meet
- きょうの2時限目は体育です I have physical education [gym] (in the) second period today.

だいいち 第1(の) **the first** /ふァ〜スト/
- 第1に first; (何よりも) first of all
- そこの私の第一印象 my first impression of the place
- 第一人者 the leading figure

掲示 安全第一 Safety First.

だいいっぽ 第一歩 **the first step** /ふァ〜スト ステプ/
- 第一歩を踏み出す take the first step

たいいん 退院する **leave** (**the**) **hospital** /リーヴ ハスピトる/
- 退院している be out of (the) hospital →《米》では the をつけるのがふつう
- 彼は1週間ぐらいでよくなって退院できるでしょう He will get well enough to leave (the) hospital in a week or so.

たいいんれき 太陰暦 **the lunar calendar** /るーナ キャれンダ/

ダイエット (食事制限) a **diet** /ダイエト/
ダイエットする (食事制限する) **diet**, **go on a diet**; (体形を整える) **shape up** /シェイプ/
- ダイエットしている be on a diet
- ダイエットのために走る run to shape up

たいおう 対応する **correspond to** /コーレスパンド/

たいおん 体温 **temperature** /テンパラチャ/
- 体温計 a (clinical) thermometer
- 体温を計る take *one's* temperature
- 彼の体温は平熱よりも少し高い His temperature is slightly above normal.
- 彼の体温は39度まで上がったが午後には平熱になった His temperature rose to 39℃ (読み方: thirty-nine degrees), but it was normal in the afternoon.

たいか[1] 大火 a **big fire** /ふァイア/
たいか[2] 大家 (権威者) an **authority** /オソリティ/; (巨匠) a **great master** /グレイト マスタ/
- 天文学の大家 an authority on astronomy
- 絵の大家 a great master of painting / a great painter

たいかい 大会 a **rally** /ラリ/; (会議) a **convention** /コンヴェンション/; (競技) a **meet** /ミート/, a **tournament** /トゥアナメント/, a **competition** /カンペティション/; (総会) a **general meeting** /ヂェネラる/

たいがい **mostly** /モウストリ/; **generally** /ヂェネラリ/, **in general** → たいてい
たいがいの most

たいかく 体格 **physique** /ふィズィーク/, **build** /ビるド/
- 体格が立派だ[悪い] have a fine [poor] physique [build]
- 私たちは同じような体格をしている We are almost of the same build.

たいがく 退学する **quit school** /クウィト/, **drop out of school**, **leave school** /リーヴ/
- 中途(ちゅうと)退学者 a dropout
- 退学させられる be expelled from school
- その詩人は17歳のときに家庭の事情で退学した The poet quit school at 17 [when she was seventeen] for family reasons.

だいがく 大学

➤ (総合大学) a **university** /ユーニヴァ〜スィティ/; (単科大学) a **college** /カれヂ/

 厳密(げんみつ)には総合大学あるいは大学院のある大学が university で, 単科大学あるいは

たいかくせん 320 three hundred and twenty

総合大学の学部が college であるが, そういう区別を意識しないで単に「大学」という場合には university の代わりに college を用いることが多い

- 大学生 a college [university] student
- 大学院[院生] a graduate school [a graduate student]
- 大学入試 a college [university] entrance examination
- 4年制[短期]大学 a four-year [a junior] college
- 大学へ行く go to college [the university] →
「大学での授業」という意味では college に冠詞をつけない
- 大学に在学中である be in college [the university]
- 大学に入る enter college [the university]
- 大学を卒業する graduate from college [the university]
- 大学院に進む go on to (a) graduate school
- 私の兄は大学で経済学を専攻している
My brother majors in economics at college [the university].

たいかくせん 対角線 a **diagonal line** /ダイアガナ る らイン/
- 対角線を引く draw diagonal lines

たいき 大気 the **atmosphere** /アトモスふィア/
- 大気汚染(おせん) air pollution
- 大気圏 the (Earth's) atmosphere

たいぎご 対義語 an **antonym** /アントニム/

だいぎし 代議士 (日本の)a **member of the Diet** /メンバ ダイエト/

だいきらい …が大きらいだ **dislike ～ very much** /ディスらイク マチ/, **hate ～** /ヘイト/

たいきん 大金 a **large sum of money** /らーヂ サム マニ/, **a lot of money**

だいきん 代金 a **price** /プライス/
- (…の)代金を払う pay (for ～)
- …の代金を受け取る receive (the) money for ～
- 私はその本の代金として2千円払った
I paid two thousand yen for the book.

だいく 大工 a **carpenter** /カーペンタ/

たいぐう 待遇 **treatment** /トリートメント/
- よい[悪い]待遇を受ける receive good [bad] treatment / be well [badly] treated

たいくつ 退屈な **dull** /ダる/, **boring** /ボーリング/
退屈させる bore /ボー/
(…に)退屈する **get bored** (with ～, by ～), **get tired** (of ～)
- (おもしろ味のない)退屈な人 a bore

- 退屈な晩 a dull evening
- 昨夜のパーティーは退屈だった
The party last night was dull.
- 彼の話はいつも長くてとても退屈だ
His talk is always long and very boring.
- 私は毎日繰り返されるきまった仕事に退屈した
I was bored with the daily routine.

だいけい 台形 a **trapezoid** /トラピゾイド/

たいけん 体験 (an) **experience** /イクスピアリエンス/, (a) **personal experience** /パ～ソナる/ → けいけん
体験する experience

だいけん 大検 (大学入学資格検定) the **University Entrance Qualification Examination** /ユーニヴァ～スィティ エントランス クワリふィケイション イグザミネイション/

たいこ 太鼓 a **drum** /ドラム/
- 太鼓をたたく beat a drum

たいこう 対抗する **oppose** /オポウズ/; **rival** /ライヴァる/; (匹敵(ひってき)する) **match** /マチ/; (競争する) **compete** (with ～) /コンピート/
- クラス対抗リレー競走 an interclass relay race
- 学校対抗試合 an interscholastic match

ダイコン 大根 《植物》a **Japanese radish** /ラディシュ/; (ハツカダイコン) a **radish**

たいざい 滞在 a **stay** /ステイ/
滞在する stay
- 1[2]週間の滞在 a week's [two weeks'] stay
- 私のロンドン滞在中に during my stay in London
- パリ[このホテル]に滞在する stay in Paris [at this hotel]
【会話】ここにはどのくらい滞在される予定ですか.—1週間の予定です
How long will you stay [are you going to stay] here?—I'll stay [I'm going to stay] here for a week.
- 彼はうちに[そのホテルに]滞在しています → 現在進行形 He is staying with us [at the hotel].
- 私はここにもう1週間以上滞在しています → 現在完了進行形
I have been staying here for over a week.
- 彼は日本に数日滞在したあと, 香港に行きます
He'll go to Hong Kong after staying in Japan for several days.

だいざい 題材 (素材) **material** /マティリアる/; (テーマ) a **theme** /すィーム/; (話題) a **topic** /タピク/

たいさく 対策 (措置(そち)) **measures** /メジャズ/
- …の対策を立てる take [work out] measures against ～

だいさんしゃ 第三者 a **third party** /サ〜ド パーティ/

たいし 大使 an **ambassador** /アンバサダ/
- 大使館 an embassy
- 駐日アメリカ大使 the American Ambassador to Japan
- 東京のイギリス大使館 the British Embassy in Tokyo

たいじ 退治する **get rid of** /リド/, **rid**

だいじ 大事な（重要な）**important** /インポータント/ → じゅうよう, たいせつ

たいした （偉大(いだい)な）**great** /グレイト/；（非常に）**very**, **much** /マチ/；（重大な）**serious** /スィアリアス/
- 彼女はたいした人だ She is a great woman.
- 彼はたいした美男子だ He is very handsome.
- これはたいした問題じゃない
This is not a serious problem.
- 彼の病気はたいしたことはない
His illness is not serious. / He is not seriously ill.

たいしつ 体質 **constitution** /カンスティテューション/

たいして[1] たいして…ない **not (so) much ~** /マチ/, **not very ~**, **not so ~**
- その知らせを聞いても彼女はたいして驚かなかった
She was not much surprised to hear the news.
- この本はたいしておもしろくない
This book is not very [so] interesting.

たいして[2] （…に）対して → たいする

たいしゅう 大衆 **the (general) public** /チェネラる パブリク/
大衆の public；（大衆向きの）**popular** /パピュら/
- 大衆小説 a popular novel

たいじゅう 体重

➤ *one's* **weight** /ウェイト/
体重が…ある weigh /ウェイ/
- 体重計（家庭用の）a bathroom scale /（病院などの）a weighing machine
- 体重がふえる gain (in) weight / put on weight
- 体重が減る lose weight

会話 体重はいくらありますか. ―60キロあります
How much do you weigh? ―(I weigh) 60 kilos. ✗ How heavy are you? としない
- 私は体重がふえてきて今は約60キロだ
I've been being (in) weight and now weigh nearly sixty kilograms.

たいしょう[1] 対照 **contrast** /カントラスト/
対照する contrast /コントラスト/
- AとBとを対照する contrast *A* with *B*
- 彼は兄とは対照的におしゃべりだ
In contrast with his brother he is talkative.
- このデザインの色彩の対照はすごく効果的だ
The contrast of colors in this design is very effective. / The colors are very effectively contrasted in this design.

たいしょう[2] 対称 **symmetry** /スィメトリ/
対称的な symmetrical /スィメトリカる/

たいしょう[3] 対象 an **object** /アブチェクト/
- 研究の対象 the object of study
- この雑誌は中学生を対象にしている
This magazine is intended for junior high school students.

たいしょう[4] 大将 （陸・空軍）a **general** /チェネラる/；（海軍）an **admiral** /アドミラる/

たいしょう[5] 隊商 a **caravan** /キャラヴァン/

たいじょう 退場する（サッカー選手などが）**leave the field** /リーヴ ふぃーるド/；（舞台から）（一人が）**exit** /エグズィト/, （複数の人が）**exeunt** /エクスィアント/

だいじょうぶ 大丈夫（安全な）**safe** /セイふ/；（安全に）**safely**；（確かな）**sure** /シュア/；（確かに）**surely**
- もう大丈夫だ
Now we are safe [out of danger].
- 大丈夫. 彼は成功するよ
I am sure he will succeed.
- 大丈夫ですか, 顔色がよくありませんよ
Are you all right? You look pale.

たいしょく 退職 **retirement** /リタイアメント/
退職する retire /リタイア/
- 退職金 a retirement allowance /（途中(とちゅう)での）a severance allowance

たいしん 耐震の **earthquake resistant** /ア〜すクウェイク リズィスタント/；**quake-proof** /クウェイクプルーふ/

だいじん 大臣 a **minister** /ミニスタ/

ダイズ 大豆 《植物》a **soybean** /ソイビーン/

だいすき …が大好きだ **like ~ very much** /らイク マチ/, **be very fond of ~** → すき[3]
大好きな favorite /ふェイヴァリト/
- 私の大好きなテレビ番組は歌謡曲の番組です My favorite TV program is a popular song program.

文法・語法
favorite は「一番好きな」という意味なので ✗ **very** をつけたり, 比較級・最上級にしたりしない

たいする 322 three hundred and twenty-two

•私はあの先生が大好きです
I like the teacher very much.

•彼女は動物が大好きです
She is very fond of animals.

たいする 対する (…に対して) **to**; (…に関して) **for, with**; (…に反対して) **against** /アゲンスト/

•彼女の手紙に対する返事 an answer to her letter

•目上の人に対しては丁寧(ていねい)なことばを使いなさい
Use polite words to older people.

•彼女は私に対してぶあいそうだ
She is unfriendly to [toward] me.

•あなたのご親切に対して感謝します
Thank you for your kindness.

•彼は私に対して腹を立てている
He is angry with me.

•あの先生は生徒に対してきびしすぎる
That teacher is too strict with the students.

•これに対してわれわれは何らかの行動を起こさなければならない
We must take some action against this.

たいせいよう 大西洋 **the Atlantic (Ocean)** /アトらンティク (オウシャン)/

たいせき 体積 **volume** /ヴァりュム/

•この立方体の体積を求めよ
Find the volume of this cube.

たいせつ 大切な

➤ **important** /インポータント/; (価値のある) **valuable** /ヴァりュアブる/

•大切に思う value / think much of

•大切にする take (good) care of

•それはとても大切なことです
It is a very important matter. /
It is very important.

•時間はお金よりも大切なものです
Time is more precious than money.

•君は彼の忠告をもっと大切にすべきだ
You should think more of his advice.

•おからだを大切にしてください
Take good care of yourself.

たいそう 体操 **gymnastics** /ヂムナスティクス/; (運動) **physical exercise** /ふィズィカる エクササイズ/

•体操をする do physical exercise → 一般的に「体操」という時は ×an を付けたり複数形にしたりしない

•体操選手 a gymnast

•ラジオ体操をする do exercises to the radio

だいたい generally /ヂェネラり/; (ほとんど) **almost** /オーるモウスト/ (→ ほとんど); (約) **about**

/アバウト/ (→ やく³)

だいたいの general

•私の言うことがこれでだいたいおわかりと思います
I hope you've gotten the general idea of what I mean.

だいたすう 大多数 a **large majority** /らーヂ マチョーリティ/

たいだん 対談 a **talk** /トーク/; (会見) an **interview** /インタヴュー/

•…と対談する talk with ~ / have a talk with ~; have an interview with ~

だいたん 大胆 **boldness** /ボウるドネス/

大胆な bold

大胆に boldly

だいち¹ 台地 a **plateau** /プらトウ/

だいち² 大地 **the earth** /ア～す/, **the ground** /グラウンド/

たいちょう¹ 体調 (**physical**) **condition** /(ふィズィカる) コンディション/, **shape** /シェイプ/

•私はきょうは体調がいい
I'm in good condition [shape] today.

•私はここのところ体調をくずしている
I've been out of condition [shape] these days.

たいちょう² 隊長 a **captain** /キャプテン/, a **leader** /リーダ/

タイツ tights /タイツ/

たいてい

➤ (通常) **usually** /ユージュアり/

➤ (大部分) **mostly** /モウストり/

➤ (一般に) **generally** /ヂェネラり/

たいていの most

•たいていの人 most people / people in general

•たいていの場合 in most cases

•私は朝たいてい6時に起きます
I usually [generally] get up at six in the morning.

•日本ではたいていの寺は木造です
Most temples are built of wood in Japan.

•私たちたいていの者は歩いて通学します
Most of us walk to school. → この most は名詞(たいていの者)

たいど 態度

➤ an **attitude** /アティテュード/; (様子) a **manner** /マナ/

•態度がいい well-mannered

•態度が悪い ill-mannered; (無礼な) impolite;

（生意気な） impudent /《米話》sassy /《英話》cheeky

•気楽な[ぎこちない]態度で in an easy [awkward] manner

•この問題に対する彼の態度はどうでしたか
What was his attitude toward this problem?

たいとう 対等な **equal** /イークワる/

だいどうげい 大道芸 a **street performance** /スﾄﾘート パふォーマンス/

•大道芸人 a street performer

だいとうりょう 大統領 a **president** /プレズィデﾝト/

•大統領の presidential

•大統領選挙 a presidential election

•ケネディ大統領 President Kennedy

•だれが合衆国第50代大統領に選ばれるだろう
Who will be elected the 50th president of the United States?

だいどころ 台所 a **kitchen** /キチン/

•台所用品 kitchen utensils / kitchenware

タイトル （選手権）a **title** /タイトる/

•タイトルを奪う[失う] gain [lose] a title

だいなし だいなしにする **spoil** /スポイる/, **ruin** /ルーイン/

•大雨でうちの草花はすっかりだいなしだ
The heavy rain ruined our flowers.

ダイナマイト dynamite /ダイナマイト/

ダイナミック な dynamic /ダイナミク/

ダイニング ダイニングルーム a **dining room** /ダイニンぐ ルーム/

•ダイニングキッチン a kitchen-diner →「ダイニングキッチン」は和製英語

たいねつ 耐熱の **heatproof** /ヒートプルーふ/; **heat-resistant** /ヒート リズィスタント/

ダイバー a **diver** /ダイヴァ/

たいばつ 体罰 **corporal punishment** /コーポラる パニシュメント/

•…に体罰を加える inflict corporal punishment on ~

たいはん 大半 **the greater part** /グレイタ/

•彼は給料の大半を書物に費やす He spends the greater part of his salary on books.

たいひ 堆肥 **compost** /カーンポウスト/

たいびょう 大病 a **serious illness** /スィアリアス イるネス/, a **serious sickness** /スィクネス/

だいひょう 代表者 a **representative** /レプリゼンタティヴ/

代表する represent /レプリゼント/

•…を代表して on behalf of ~

•彼は私たちのクラスの代表です

He represents our class. /
He is a representative of our class.

•私はクラスを代表して彼に礼を述べた
I thanked him on behalf of the class.

ダイビング diving /ダイヴィンぐ/
ダイビングする dive

タイプ

❶（型）a **type** →かた²

•新しいタイプの洗剤 a new type of detergent

•君はどんなタイプの音楽が一番好き？
What type of music do you like best? /
What type of music is your favorite?

•ぼくの好きな音楽のタイプはボサノバだ. クールで楽しい The type of music I like is bossa nova—it's cool and exciting.

•彼は私のタイプじゃないわ He is not my type.

❷（タイプライター）a **typewriter** →タイプライター

だいぶ

❶（非常に）**very**; **much** /マチ/; （たくさん）**a great deal** /グレイト ディーる/

•私はきょうはだいぶ具合がいい
I feel much better today.

•だいぶ夜がふけてきた
It is getting very late.

•ゆうべはだいぶ雨が降りました
It rained a great deal last night.

❷（長い間）**(for) a long time**

•だいぶお待ちでしたか
Have you been waiting for a long time?

•彼が上京してからだいぶたちます
It is [has been] a long time since he came to Tokyo.

たいふう 台風 a **typhoon** /タイふーン/

•台風15号が東海地方を襲った
Typhoon No.15 struck [hit] the Tokai area.

•日本では夏の終わりによく台風が来る
Typhoons are frequent in late summer in Japan.

だいぶつ 大仏 a **huge statue of Buddha** /ヒューヂ スタチュー ブダ/

•奈良の大仏 the Great Buddha at Nara

だいぶぶん 大部分 （ほとんど）**most** /モウスト/; （大半）**the greater part** /グレイタ/ →たいてい, たいはん, ほとんど

タイプライター a **typewriter** /タイプライタ/

たいへいよう 太平洋 **the Pacific (Ocean)** /パスィふィク（オウシャン）/

たいへん 大変

だいべん 324 three hundred and twenty-four

➤(非常に) **very**; **much** /マ チ/ →ひじょうに

たいへん(難しい) **hard** /ハ ー ド/; (重大な) **serious** /スィアリアス/
•たいへんな誤りをする make a serious error
•こんな寒い朝に早く起きるのはたいへんだ
It is hard to get up early on a cold morning like this.

だいべん 大便 **feces** /ふィースィーズ/, **excrement** /エクスクレメント/; (検便用の) one's **stool(s)** /ストゥー る(ズ)/
大便をする **defecate** /デふィケイト/, **empty** one's **bowels** /エンプティ バウるズ/

たいほ 逮捕する **arrest** /アレスト/
•彼は逮捕されて警察に拘留された He was arrested and taken into police custody.

たいほう 大砲 a **gun** /ガン/
だいほん 台本 (放送用) a **script** /スクリプト/
たいまつ a **torch** /トー チ/
たいまん 怠慢 **neglect** /ニグれクト/
怠慢な **neglectful**

タイミング timing /タイミング/
•タイミングがよい[悪い] be timely [untimely] / be well [not well] timed

タイムアップ(掛け声) **Time is up!**[**Time's up!**] →「タイムアップ」は和製英語

タイムカプセル a **time capsule** /キャプスる/
タイムスリップ a **time slip** /タイム スリプ/, **accidental time travel** /アクスィデンタる タイム トラ ヴェる/, **unintentional time travel** /アニンテンショ ヌる/

タイムリーな **timely** /タイムり/
だいめい 題名 a **title** /タイトる/ →だい²
だいめいし 代名詞《文法》a **pronoun** /プロウナウン/

タイヤ a **tire** /タイア/
•タイヤに空気を入れる pump up a tire
•パンクしたタイヤを直す mend [fix] a flat tire →パンク

ダイヤ
❶(鉄道の) a **train schedule** /トレイン スケデュー る/
•大雪のためにダイヤが乱れている
The (railroad) schedule has been thrown into disorder by the heavy snowfall.
❷(宝石) a **diamond** /ダイアモンド/; (トランプ) **diamonds**
•ダイヤの指輪 a diamond ring
•ダイヤのキング the king of diamonds

ダイヤモンド →ダイヤ❷
ダイヤル a **dial** /ダイアる/

•ダイヤルを回す dial

たいよう¹ 太陽

➤ **the sun** /サン/
太陽の **solar** /ソウら/
•太陽系 the solar system
•太陽熱[エネルギー] solar heat [energy]
•太陽電池 a solar cell
•太陽光発電 solar power
•太陽光発電所 a solar power plant
•太陽暦 the solar calendar

たいよう² 大洋 an **ocean** /オウシャン/
たいら 平らな (平面的) **flat** /ふらト/; (水平な) **level** /れヴる/
•平らに(する) level

だいり 代理 a **substitute** /サブスティテュート/; an **agent** /エイヂェント/; (代表) a **representative** /レプリゼンタティヴ/
•彼女の代理として in her place
•代理店 an agency

たいりく 大陸 a **continent** /カンティネント/
大陸の **continental** /カンティネントる/
•アメリカ大陸(で) (on) the American Continent
•大陸性気候 continental climate

だいりせき 大理石 **marble** /マーブる/
たいりつ 対立 (a) **confrontation** /カンふランテイション/
対立する **confront** /コンふラント/; (対立している) **be opposed** /オポウズド/; (意見などが) **be quite different** (in ~) /クワイト ディふァレント/
•対立した opposite
•彼らはたがいに意見が対立している
They are quite different from each other in opinion.

たいりょう¹ 大量の a **large quantity of** /らーヂ クワンティティ/, a **good deal of** /ディーる/ →たいりょう
•大量に in (large) quantities
•大量生産 mass production

たいりょう² 大漁 a **good catch** (**of fish**) /キャチ (ふィシュ)/
たいりょく 体力 **physical strength** /ふィズィカる ストレングす/

タイル a **tile** /タイる/
•タイルを張る tile

ダイレクトメール **direct mail** /ディレクト メイる/
たいわ 対話 a **conversation** /カンヴァセイション/; (作品の中の) a **dialog(ue)** /ダイアローグ/
•…と対話する have a conversation [a talk] with ~ / talk with ~

たいわん 台湾 **Taiwan** /タイワーン/
- 台湾の Taiwanese
- 台湾人 a Taiwanese (複 同形)

たうえ 田植え **rice planting** /ライス プらンティング/
- 田植えをする plant a rice field

ダウン (羽毛) **down** /ダウン/

ダウンロード (a) **download** /ダウンろウド/
ダウンロードする download

だえき 唾液 **saliva** /サらイヴァ/

たえず 絶えず (絶え間なく) **continuously** /コンティニュアスり/, **ceaselessly** /スィースれスり/; (常に) **always** /オーるウェイズ/

たえまない 絶え間ない (連続した) **continuous** /コンティニュアス/; (休みない) **ceaseless** /スィースれス/
- 絶え間なく continuously; ceaselessly

たえる 耐える (我慢する) **endure** /インデュア/, **bear** /ベア/, **stand**, **put up with** → がまん (→ 我慢する)
- これらの植物は当地の冬に耐えられるほど強くない
These plants are not strong enough to stand the winter here.

だえん 楕円 an **ellipse** /イりプス/, an **oval** /オウヴる/

たおす 倒す **throw down** /すロウ ダウン/; **fell** /ふェる/
- 木を切り倒す fell a tree
- 突然の揺(ゆ)れで私は床の上に倒れた (→倒された) I was thrown down on the floor by the sudden jerk.
- 彼女は一撃でその男を倒した She felled the man (to the ground) with one blow.

タオル a **towel** /タウエる/
- (ぬれた)手をタオルでふく dry one's hands on a towel
- からだをタオルでよく摩擦(まさつ)しなさい
Rub yourself well with a towel.

たおれる 倒れる

❶ (立っているものが) **fall**

❶ (立っているものが) **fall** /ふォーる/; (倒壊する) **collapse** /コらプス/
- 地面[床]に倒れる fall down on the ground [the floor]
- …につまずいて倒れる fall [trip] over 〜
- 嵐で多くの木が倒れた
Many trees fell (down) in the storm.
- 地震になれば私の家は倒れるでしょう
My house will fall [collapse] if an earthquake occurs.

❷ (病気などで)《話》 **be laid up** /れイド/ (受け身形); **break down** /ブレイク ダウン/
- 心臓病で倒れる be laid up with a heart disease
- 彼はインフルで倒れてしまった → 現在完了
He has been laid up with (the) flu.
- 彼は過労で倒れた
His health broke down from overwork.

タカ 鷹 (鳥) a **hawk** /ホーク/

だが → が² ❸

たかい 高い

❶ (高さが) **high**, **tall**
❷ (値段が) **high**, **expensive**
❸ (理想・地位などが) **high**

❶ (高さが) **high** /ハイ/, **tall** /トーる/ → 一般的に high は「高い物, 高い位置にある物」, tall は「細長い物・動植物」について用いる

高く (位置が) **high**
- 高い山 a high mountain
- 高い窓 (上下が広い) a tall window / (高いところにある) a high window
- 高い天井 a high ceiling → 「位置」を示しているので ×a tall ceiling とはいわない
- あれは日本で一番高い山だ That mountain is higher than any other (mountain) in Japan. / That is the highest mountain in Japan.
- 彼は私より10センチ背が高い
He is taller than me by ten centimeters. / He is ten centimeters taller than me.
- 鳥は空高く舞(ま)い上がった
The bird flew high up in the sky.

❷ (値段が) **high**, **high-priced** /ハイ プライスト/, **expensive** /イクスペンスィヴ/
- 高くなる (上昇する) rise
- 高くつく(費用がかかる) be expensive / cost much
- この値段は高すぎる This price is too high.
- どうしてそんなに高い靴を買ったのですか
Why did you buy such expensive [high-priced] shoes?
- これは高くて買えない This is so expensive that I cannot afford (to buy) it.

使い分け

high は単に「高い」という意味なので「値段が高い」という場合は必ず price と共に用いる. **high-priced**, **expensive** はそれ自体で「値段が高い」という意味. expensive は「価値が高い」という意味

をふくんでいるが，high-priced は単に「値段が高い」ことだけを意味している

❸(理想・地位・程度などが) **high**

高く (評価・程度などが) **highly**

•彼は高い理想を抱(いだ)いている

He has high ideals.

•彼女は教養が高い　She is highly educated. / She is a highly educated person.

•彼は評判が高い　He has a high reputation. / He is highly reputed.

•クラスの友達の間では彼の指導力は高く評価されている　His leadership is highly evaluated among his classmates.

❹(声・温度・圧力などが) **high**

•高い声[熱，圧力]　a high voice [fever, pressure]

たがい 互い **each other** /イーチ **ア**ざ/, **one another** /アナざ/

文法・語法

each other と **one another** はほとんど同じように使われるが，特定の者同士には **each other** を，一般的にいう時は **one another** を使う傾向がある

互いの **mutual** /ミューチュア**る**/

互いに **mutually**

•互いに助け合う　help each other [one another]

•私たちは互いの心を知り合っている

We know each other's mind.

•彼らは互いに好き合っている

They are fond of each other.

•私たちはよくお互いに贈(おく)り物をやり取りする

We often give presents to one another.

•これは彼ら互いの理解を増すのに役だつでしょう

This will help [serve] to increase their mutual understanding.

たがく 多額 **a large amount** (**of money**) /**ら**ーヂ ア**マ**ウント (**マ**ニ)/

•多額の寄付　a large (sum of money for) donation

たかくけい 多角形 **a polygon** /**パ**りガン/

たかさ 高さ **height** /ハイト/

•その山は高さ約3千メートルです

The mountain is about three thousand meters high [in height].

🗣会話 君は背の高さがどのくらいありますか．—160センチです

How tall are you? —(I'm) 160 cm (tall).

•私は彼と背の高さがほぼ同じです

I am about as tall as him. /

He and I are about the same height.

だがし 駄菓子 **junk food** /ヂャンク ふード/

たかしお 高潮 **a storm** [**tidal**] **surge** /ストーム [**タ**イダる] **サ**～ヂ/

たかだい 高台 **heights** /ハイツ/; (丘) a **hill** /ヒる/

だがっき 打楽器 **a percussion instrument** /パ **カ**ション **イ**ンストルメント/; (オーケストラなどの打楽器パート) **the percussion**

たかとび 高跳び **the high jump** /ハイ ヂャンプ/

•走り高跳び　the (running) high jump

•棒高跳び　the pole vault

たかまる 高まる **rise** /ライズ/, **mount** /マウント/

•人気が高まる　rise in popularity

•その計画に対する反対の声が高まってきた

Opposition to the plan mounted.

たかめる 高める **raise** /レイズ/, **heighten** /ハイトン/; (増す) **gather** /**ギャ**ざ/

•声を高める　raise one's voice

•女性の社会的地位を高める　raise the social position of women

•教養を高める　cultivate oneself

•これはその効果をいっそう高めるでしょう

This will heighten the effect still more.

たがやす 耕す **cultivate** /**カ**るティヴェイト/, **till** /ティる/; (すきで) **plow** /プ**ら**ウ/

•土地を耕す　cultivate the soil

たから 宝 (a) **treasure** /ト**レ**ジャ/

宝さがし **a treasure hunt** /ハント/

宝くじ **a lottery** /**ら**テリ/

•宝さがしをする　have a treasure hunt

だから (結果を導いて) (**and**) **so**; (原因・理由を示して) (…だから) **as**, **because** /ビ**コ**ーズ/, **since** /ス**ィ**ンス/ ➡ から³ ❸

•だから君がまちがっていたことがわかるだろう

So you see you were wrong.

•彼はひどいかぜをひいていた．だからきのう学校を休んだのだ　He had a bad cold, and so he couldn't come to school yesterday.

たかる (せびる) **beg** /ベグ/, 《米俗》**bum** /バム/

•私は彼に金をたかられた

He begged me for money. /

I was begged for money by him.

たき 滝 **a waterfall** /ウォータふォーる/, **falls** /ふォーるズ/

•華厳(けごん)の滝　Kegon Falls

たきぎ (落ちている小枝) **sticks** /ス**ティ**クス/; (割り木) **firewood** /ふァイアウド/

•たきぎを集めて火をたこうよ

Let's gather sticks and make a fire.

•火にたきぎを少しくべてください

Please put some firewood on the fire.
だきしめる 抱き締める **hug** /ハグ/, **embrace** /インブレイス/; (ぎゅっと) **squeeze** /スクウィーズ/ → だく
たきび たき火 **a fire** /ふァイア/; (大がかりな) **a bonfire** /バンふァイア/
・落ち葉でたき火をする make a fire from fallen leaves
だきょう 妥協(案) **a compromise** /カンプロマイズ/
妥協する compromise, make a compromise
・…に関して彼と妥協する compromise [make a compromise] with him on ~
・それは有効な妥協案になるかもしれない
ひゆ It could be a useful halfway house. (二つの町の中間にある宿泊所)
たく (飯などを) **boil** /ボイる/, **cook** /クク/; (燃やす) **burn** /バ〜ン/; (火をおこす) **make a fire** /ふァイア/
・御飯をたく boil [cook] rice
だく 抱く **hold in** *one's* **arms** /ホウるド アームズ/; (抱き締める) **hug** /ハグ/, **embrace** /インブレイス/
・子供を抱いて彼女はそこに立っていた
She stood there with her child in her arms.
・母と娘は抱き合って泣いた Mother and daughter hugged [embraced] each other in tears.
・彼女は母の首に抱きついた
She hugged her mother around her neck.
たくあん pickled radish /ピクるド ラディシュ/

たくさん たくさん(の)
➤ **a lot** (of ~), **a great deal** (of ~) /グレイト ディーる/; (数) **many** /メニ/; (量) **much** /マチ/; (十分) **enough** /イナふ/

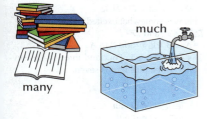

・たくさんの本[水] many books [much water]
・私にはする仕事がたくさんあります
I have a lot of [a great deal of] work to do.
・それを知っている人はたくさんいます

There are a lot of people who know it. / Many people know it.
・できるだけたくさんの本を読みなさい
Read as many books as you can [as possible].
・そのケーキをあまりたくさん食べてはいけません
Don't eat too much of that cake.
・せっかくですがもうたくさんいただきました
I've had enough, thank you.
・愚痴(ぐち)はもうたくさんだ
I've heard enough of your complaining. / I'm fed up with your complaining.
タクシー a taxi /タクスィ/, **a cab** /キャブ/, **a taxicab**
・タクシーの運転手 a taxi driver / a cabdriver
・タクシー乗り場 《米》a taxi stand / 《英》a taxi rank
・タクシー代 a taxi fare
・タクシーに乗る take a taxi [a cab]
・タクシーで行く go by taxi [cab]
・タクシーに乗り込む[から降りる] get into [out of] a taxi
・タクシーをつかまえる get [catch] a cab
・タクシーを呼んでください
Call me a taxi. / Call a taxi for me.
たくじしょ 託児所 **a nursery** /ナ〜スリ/
タクト a baton /バトン/
たくはい 宅配便 **home delivery service** /ホウム ディリヴァリ サ〜ヴィス/
・宅配便で小包を送る send a parcel by home delivery service
たくはいびん 宅配便 **a courier** /カーリアー/; (宅配会社) **a package delivery service** /パケヂ ディリヴァリ サ〜ヴィス/
・宅配便で荷物を送る send a package by courier → この場合 courier は無冠詞
たくはいボックス 宅配ボックス **a package delivery box** /パケヂ ディリヴァリ バクス/, **a parcel box** /パースる/
たくましい strong /ストローンぐ/, **robust** /ロウバスト/, **tough** /タふ/
たくわえる 蓄える **store** (**up**) /ストー/, **keep** /キープ/; (節約して) **save** (**up**) /セイヴ/
蓄え a store; (貯金) **savings** /セイヴィンぐズ/
・食糧の蓄え a store of food
・彼らは冬の用意に燃料を蓄えた
They stored up fuel for the winter.
たけ 丈 (長さ) **length** /れンぐす/
・丈が長い[短い] be long [short]
タケ 竹 《植物》a **bamboo** /バンブー/

あ
か
さ
た
な
は
ま
や
ら
わ

だけ　328　three hundred and twenty-eight

- たけのこ　a bamboo shoot
- 竹ざお　a bamboo pole
- 竹馬(に乗る)　(walk on) stilts
- 竹やぶ　a bamboo thicket
- 竹細工　bamboo work

だけ

❶(限定・程度) **only**
❷(差異) **by**

❶(限定・程度) **only** /オウンリ/, **alone** /アろウン/; **nothing more than** /ナすィング モー ざン/
- その秘密を知っているのは彼だけです
He is the only man that knows the secret. / Only he [He alone] knows the secret.
- われわれはただ自分たちの義務を果たしているだけです　We are only doing our duty. / We are doing nothing more than our duty.
- 3年生だけでなく1年生もこのゲームに参加することができます　Not only third-year students but also first-year students can take part in this game.
- 私が今持っているお金はこれだけです
This is all the money (that) I have now.
- 私が持っているのはこの小さなバッグだけです
All I have is this small bag.

❷(差異) **by**
- いすが3個だけ余分だ
There are too many chairs by three. / There are three chairs too many.

たけうま 竹馬 (一組) **stilts** /スティるツ/
だげき 打撃　a **blow** /ブろウ/; (野球などの) **batting** /バティング/
- 彼の死はその家族にとって大打撃であった
His death was a great blow to the family.
たこ¹ a **kite** /カイト/
- たこを揚げる　fly a kite
たこ² (手足に出来る) a **callus** /キャらス/
タコ 蛸 《動物》an **octopus** /アクトパス/
ださい → やぼ
だし だし汁　**stock** /スタク/
- 魚[カツオ]だし　fish [bonito] stock

たしか 確かな

➤ **sure** /シュア/, **certain** /サ～トン/
➤ (信用できる) **reliable** /リらイアブる/

確かに surely, certainly, to be sure → きっと
- 確かに…だ　I am sure [certain] 〜
- それは成功に至る最も確かな道です
That is the surest way to success.
- 確かに彼は来ます

I'm sure he will come. / He is sure to come. / He will certainly come. / It is certain that he will come. → 最後の文では sure は使わない
- 番号についてはあまり確かではありません
I'm not quite sure about the number.
- 彼がそれをしたかどうか確かでない
I'm not sure [certain] whether he did it or not.
- 彼は確かにここにいませんでした
He was not here, I'm sure.
- 君は確かにその音を聞いたのだね
Are you sure that you heard the sound?
- 彼は君が思うほど確かな人かしら　I wonder if he is so reliable as you think him to be.
- この時計は確かに高価ではあるがそれだけの値うちは十分ある　This watch is expensive, to be sure, but it is well worth its price.
たしかめる 確かめる　**make sure** /シュア/
- 君はその事実を確かめたほうがよい
You had better make sure of the fact.
たしざん 足し算　**addition** /アディション/
- 足し算をする　add
だしゃ 打者　a **batter** /バタ/
- 強打者　a slugger
だじゃれ 駄じゃれ(を言う) (へたな冗談) **(make)** a **poor joke** /プア ヂョウク/; (ごろ合わせ) **(make)** a **pun** /パン/
たしょう 多少　(いくらかの) **some** /サム/; (いくらか) **somewhat** /サム(ホ)ワト/; (少しは) **a little** /リトる/
- 彼は多少英語を知っています
He has some knowledge of English.
- 彼は多少は英語が話せます
He can speak some English. / He can speak English a little.
- 彼は多少興奮していました
He was somewhat excited.
たす 足す　**add** /アド/
- A に B を足す　add B to A
- 4足す3は7です　Four and three makes seven. / Three plus four is seven.

だす 出す

❶(取り出す) **take out**
❷(突き出す) **put out**
❸(提出する) **hand in; send in**
❹(送る) **send**; (郵便で) **mail, post**
❺(飲食物を) **serve**

❶(取り出す) **take out**; (放つ) **let out**

・(かばんから)辞書を出す take a dictionary out (of the bag)
・かばんの中のものを全部出しなさい
Take out everything in [from] your bag.
・先生はクラスの生徒に教科書を出しなさいと言った
The teacher told the class to get out their textbooks.
・彼女は小鳥をかごから外へ出してやった
She took the bird out of the cage.
・戸をあけてネコを出してやりなさい Open the door and let the cat out [let out the cat].
❷ (突き出す) **put out**, **stick out** /スティク/
・医者は私に「舌を出してごらん」と言った
The doctor said to me, "Put [Stick] out your tongue."
・あぶないから窓から顔を出してはいけない
Don't put [stick] your head out of the window. It's dangerous.
❸ (提出する)(手渡す) **hand [turn] in** /ハンド [タ〜ン]/; (送付する) **send in** /センド/
・作文の宿題をもう出しましたか → 現在完了 Have you handed [turned] in your composition assignment?
・私はまだ願書を出していない
I haven't yet sent in the application.
・あと5分で答案を出しなさい Hand in your examination papers in five minutes.
❹ (送る) **send**; (郵便で出す) **mail** /メイる/, **post** /ポウスト/; (手紙を書く) **write** /ライト/
・小包は書留で出してください
Please send the parcel by registered mail.
・この手紙を出してくれませんか
Will you mail [post] this letter for me?
・彼に手紙を出したが、返事がない
I wrote to him, but he hasn't answered.
❺ (提供する)(食事などを) **serve** /サ〜ヴ/; (資金などを) **supply** /サプらイ/
・お茶を出す serve tea
・彼にコーヒーを出す serve him with coffee
・団体に資金を出す supply an organization with funds
・この料理は熱いうちに出さなければいけない
This dish must be served hot.
❻ (…し始める) **begin** /ビギン/, **start**
・赤ちゃんが泣きだした
The baby began crying [to cry].
・雨が降りだしてきた
It has begun [has started] raining.
たすう 多数の **a lot of** /ア らトヴ/, **many** /メニ/ → おおく, たくさん

・多数決 decision by majority
・多数決によって決める settle by a majority vote

たすける 助ける
➤ (手伝う) **help**; (救う) **save** /セイヴ/
助かる (救われる) **be saved**
助け **help**
・助けになる be helpful / be of help
・「助けて! 助けて!」と叫ぶ声が聞こえた
I heard someone cry, "Help! Help!"
・この辞書はたいへん助けになります
This dictionary is very helpful [is of great help, is a great help] to me.
・私はいつも彼の仕事を助けます
I always help him (to) do his work. / I always help him with his work.
・彼はいつでも進んで他人を助ける
He is always willing to help others. /
ひゆ He is a Good Samaritan. (良きサマリア人だ) ◁《聖書》強盗にあって苦しんでいる人を見て助けたサマリア人の話から
・おぼれる少年を助けるために彼は川に飛び込んだ
He jumped into the river to save a drowning boy.
・ありがとう。たいへん助かりました
Thank you. You've been very helpful. / Thank you for your kind help.
ことわざ 天は自ら助ける者を助ける
Heaven helps those who help themselves.

たずねる¹ 訪ねる
➤ (訪問する) **visit** /ヴィズィト/; (人を) **call on** /コーる/; (場所を) **call at**
・神戸のおばを訪ねる visit *one's* aunt in Kobe
・多田さんを事務所に訪ねる call on Mr. Tada at his office
たずねる² 尋ねる (質問する) **ask** /アスク/ → きく¹ ❷
だせい 惰性 (慣性) **inertia** /イナ〜シャ/; (習慣) a **habit** /ハビト/
・惰性で out of [from] habit
ただ¹ ただの (無料の) **free** /ふリー/ → むりょう
・ただで for nothing / free / for free
・君にただでそれをあげます
You may have it for nothing.
・ただより高い物はない
Nothing is more expensive than something that is free. /
ひゆ There's no such thing as a free lunch. (ただの昼めしなんてものはない)

ただ² ただ(の)

➤ **only** /オウンリ/; **simply** /スィンプリ/

・ただ…しさえすればよい have only to *do*
・ただ…でさえあれば if only ~
・ただ…だけでなくまた… not only ~ but also ~
・彼女はその秘密を知っているただ一人の人です
She is the only person that knows the secret.
・彼のただ一つの楽しみは読書です
His only pleasure is reading.
・彼女はただ冗談(じょうだん)を言っていただけです
She was only [simply] joking.
・君は私といっしょに来さえすればよいのだ
You have only to come with me.
・ただ君が来られさえすればそれで万事よいのだ
Everything will be all right if only you can come.
・彼女はただ作家であるばかりでなく音楽家でもある
She is not only a writer but also a musician.
・喜んでそれをしたいのだがただあまりに忙しいのでね
I would do it with pleasure, only I am too busy.

だだ だだをこねる (無分別(ふんべつ)である) **be unreasonable** /アンリーズナブる/; (機嫌が悪い) **be in a bad mood** /ムード/
・そんなにだだをこねてはいけません
Don't be unreasonable.

ただいま (あいさつ) **hello** /へろウ/, **Hi** /ハイ/ ➜ いってきます
・お母さん, ただいま Hello, Mother. / Mother, I am back [I'm home].
・帰って来たら「ただいま」と言いなさい
Say "Hello," when you get home.

ただえる **praise** /プれイズ/ ➜ しょうさん (➜ 称賛する)

たたかう 戦う **fight** /ふァイト/; **battle** /バトる/
戦い a **fight**; a **battle**
・独立のために戦う fight for independence
・B に味方して A と戦う fight with *B* against *A*

たたく (打つ) **strike** /ストライク/; (とんとんと) **knock** /ナク/; (軽く) **pat** /パト/
・戸をたたく knock at [on] the door
・だれかが戸をたたくのが聞こえた
I heard someone knock at the door.
・だれかが私の肩をたたいた
Someone patted me on the shoulder.

ただし (しかし) **but**

ただしい 正しい

➤ (悪くない, 間違っていない) **right** /ライト/
➤ (誤りのない, 正確な) **correct** /コレクト/
➤ (正式の, 適切な) **proper** /プラパ/

・正しく right / rightly; correctly; properly
・君の言うことはまったく正しい
You are quite right.
・君の答えは皆正しい
Your answers are all correct.
・君がそう考えるのは正しい
It is right that you (should) think so.
・それは外国語を学ぶ正しい方法ではない
That is not the right way to learn a foreign language.
・私の記憶が正しければこの事件は彼の死後に起こったことです If I remember correctly [If my memory is correct], this event took place after his death.
・(図書館などで)本を元の正しい場所に返しなさい
Return the books to their proper places.
・私は正しい食卓の作法を知りません
I don't know proper table manners.

たたみ 畳 a ***tatami* mat**, a **straw mat** /ストロー/
・畳の部屋 a *tatami* room
・2 階の畳の部屋は 8 畳(じょう)です
The *tatami* room upstairs is an 8-mat room.
・畳というのはわらのマットレスの上にイグサのマットをかぶせたものです
Tatami is made of a thick rice straw mattress covered with woven rush grass.

たたむ **fold (up)** /ふォウるド/; (テント・帆(ほ) を) **strike** /ストライク/
・地図(かず)をたたむ fold (up) a map [an umbrella]

ただよう 漂う **float** /ふろウト/
・白い雲が空に漂っているのが見えた
I saw white clouds floating in the sky.

たち¹ (性質) (a) **nature** /ネイチャ/ ➜ せいしつ

たち² …たち **and others** /アざズ/ ➜ 同種・同類が 2 人以上いることを示す「…たち」には複数形を使えばよい. 例: 男の子たち boys / 子供たち children / おとなたち grown-ups / grown-up people
・太郎や花子たちと遊ぶ play with Taro, Hanako, and other children

たちあがる 立ち上がる **stand (up)** /スタンド (アプ)/; **rise** /ライズ/ ➜ たつ²

たちいりきんし 立入禁止 《掲示》 **Keep off.** /キープ/, **Keep out.**; (入場・進入禁止) **No Entry.** /エントリ/
掲示 芝生(しばふ)立入禁止 Keep off the grass.

たちいる 立ち入る (干渉(かんしょう)する) **interfere**

/インタフィア/
・彼の個人的な事には立ち入らないほうがいいよ
You'd better not interfere in his personal matter. / ひゆ You'd better not poke your nose into his personal matter. (鼻を突っ込まないほうがいい)

たちぎき 立ち聞きする （偶然に）**overhear** /オウヴァヒア/; （意図的に）**eavesdrop** /イーヴズドラプ/
・彼の話を立ち聞きする overhear him [his words]

たちさる 立ち去る **go away** /アウェイ/, **leave** /リーヴ/
・その場から立ち去る go away from [leave] the place

たちどまる 立ち止まる **stop** /スタプ/
・私たちは立ち止まって掲示を読んだ
We stopped and read the notice.

たちなおる 立ち直る **recover** /リカヴァ/, **get back on** *one's* **feet**
・彼は失恋の痛手から立ち直った
He recovered from an unhappy love experience.
・悲劇が何度もその都市を襲ったが，そのたびにその都市は立ち直った
Every time tragedy hit, the city got back on its feet.

たちのぼる 立ち上る **rise** /ライズ/
・煙突から煙が立ち上っている
Smoke is rising from the chimneys.

たちば 立場 **a position** /ポズィション/; （見解）**a standpoint** /スタンドポイント/
・自分の立場を説明する explain *one's* standpoint
・苦しい立場にある be in a difficult position / ひゆ be in the hot seat → hot seat は「（死刑用の）電気椅子」
・私がもし君の立場にあればそうはしないだろう
I would not do so if I were in your position.
・私はそんなふうに言える立場にない
I am not in a position to speak like that.
・これで彼の立場がいっそう苦しくなるだろう
This will make his position more difficult. / This will place him in a more difficult position.

たちまち （一瞬(いっしゅん)のうちに）**in an instant** /インスタント/; （急速に）**rapidly** /ラピドリ/
・インフルはたちまち全校に広がった
The flu spread rapidly in the school.

たちむかう 立ち向かう **confront** /カンフラント/

ダチョウ 駝鳥 《鳥》**an ostrich** /アストリチ/

たちよみ 立ち読みする **read a book on sale with no intention of buying it** /リード セイる インテンション バイインぐ/ → intention は「意図(いと), (…する)気持ち」

たちよる 立ち寄る **drop in** /ドラプ イン/; （途中でちょっと）**stop by** /**in**/

たつ¹ 竜, 辰 **a dragon** /ドラゴン/

たつ² 立つ
➤ **stand**; (立ち上がる) **stand up**

・席を立つ stand up [rise] from *one's* seat / (立ち去る) leave *one's* seat
・(人のために)席を立ってやる offer [give] *one's* seat (to ～)
・じっと(動かないで)立っている stand still
・立ったまま…する stand *doing* / *do* while standing
・そのホテルは丘の上に立っている The hotel stands on a hill. → 建物・木など永続的に立っているものについては進行形を使わない
・子供たちが先生の周りに立っている → 現在進行形
Some children are standing around the teacher.
・列車がとてもこんでいたので私はずっと立っていなければならなかった
The train was so crowded that I had to stand all the way.
・私は立ってそれについて意見を述べた
I stood (up) and gave my opinion on the matter.
・私たちはじっと立って彼の話に聞き入った
We stood still and listened to him.
・彼は立ったままコーヒーを飲んでいた
He stood drinking coffee.
・車のそばに立っている人はケンのお父さんです The man standing by the car is Ken's father.
・そのビルの屋上に大きなネオンサインが立っている
There is a large neon sign on the roof of the building.

たつ³ 経つ （過ぎる）**pass** /パス/
・時がたつにつれて as time passes [goes on]
・1週間もたてば in a week
・もう少したってから a little later [after]
・時がたつのは早い
Time passes quickly. / Time flies.
・あの事故が起きてから5年たちます
It is five years since that accident (happened). / Five years have passed since that accident (happened).

たつ⁴ 建つ **be built** /ビるト/ (受け身形), **go up**

•このあたりでは家がどんどん建っている
Houses are being built [are going up] one after another in this neighborhood. →are being built は現在進行形の受け身形

たつ⁵ (出発する) **leave** /リーヴ/, **start** → しゅっぱつ (→ 出発する)
•成田をたつ　start from Narita
•ハノイへたつ　leave for Hanoi
•日本をたってハノイへ向かう　leave Japan for Hanoi

たつ⁶ 断つ, 絶つ (遮断する) **cut off**; (供給などを) **cut off**; (関係を) **break off** /ブレイク/, **break with**

たっきゅう 卓球　**table tennis** /テイブる テニス/, **ping-pong** /ピン パンぐ/
•卓球をする　play table tennis [ping-pong]

ダッグアウト a **dugout** /ダガウト/
タックル a **tackle** /タクる/
ダッシュ a **dash** /ダシュ/
ダッシュする **dash, rush** /ラシュ/
だっしゅつ 脱出する　**escape** /イスケイプ/
たつじん 達人　an **expert** /エクスパ〜ト/
たっする 達する (達成する) **achieve** /アチーヴ/, **attain** /アテイン/; (到達する) **reach** /リーチ/, **come to**
•目的を達する　achieve one's purpose / attain one's goal
•寄付は相当な額に達した
The contributions reached [amounted] to a considerable sum.

たっせい 達成　**achievement** /アチーヴメント/, **attainment** /アテインメント/
達成する **achieve, attain**
•人生の目標を達成する　achieve one's goal in life
•何かを達成するには犠牲はつきものだ
You cannot get anything without losing something. / ひゆ You can't make an omelet without breaking a few eggs. (卵をいくつか割らなければオムレツはつくれない)

だつぜい 脱税する　**evade** a **tax** /イヴェイド タクス/
だっせん 脱線　**derailment** /ディレイるメント/; (話の) **digression** /ダイグレション/
脱線する **go off the track, be derailed** /ディレイるド/; (議論など) **digress** /ダイグレス/, **wander** /ワンダ/
たった (ほんの) **only** /オウンリ/, **just** /ヂャスト/
•たった今　just now
タッチ a **touch** /タチ/; (鬼ごっこ・野球で) a **tag**

/タグ/
タッチパッド **touchpad** /タチパド/; a **trackpad** /トラクパド/
だって → さえ, → なぜ (→ なぜなら), …もまた (→ また² ❷)
たづな 手綱　**reins** /レインズ/, a **bridle** /ブライドる/
タップ a **tap** /タプ/
•スクリーンをタップする　tap the screen
•シングル[ダブル]タップ　a single [double] tap
たっぷり **fully** /ふリ/
たつまき 竜巻　a **tornado** /トーネイドウ/, 《米話》a **twister** /トウィスタ/
•きのうこの地域で竜巻が起こった
A tornado occurred in this area yesterday.

たて¹ 縦

> **length** /れんぐす/

•縦の　lengthwise / (垂直の) vertical
•縦に　lengthwise / vertically
•それは縦が1メートルで横が50センチあります
It is a meter long [in length] and half a meter wide [in width].

たて² …したての　**fresh** /ふレシュ/
•出来たてのパン　fresh [freshly baked] bread
•生みたての卵　a fresh egg
•大学を出たての女性　a young woman fresh from [out of] college
•塗りたてのペンキ　fresh paint.
掲示 ペンキ塗りたて　Wet paint.
たてうり 建て売り住宅　a **ready-built house** /レディ ビるト ハウス/
たてかえる 立て替える (代わって払う) **pay for** /ペイ/
•ちょっと立て替えておいてください. あとで返しますから　Will you pay for me now? I'll repay you later.
たてもの 建物　a **building** /ビるディンぐ/
たてる¹ 建てる　**build** /ビるド/
•日本の寺のほとんどは木材で建てられます
Most Japanese temples are built of wood.
たてる² 立てる　**stand** /スタンド/; (計画などを) **make**
•かさを壁に立てかける　stand an umbrella against the wall
•計画を立てる　make a plan
だとう 打倒する　**overthrow** /オウヴァすロウ/
•打倒…　Down with ～!
たどうし 他動詞　《文法》a **transitive verb** /トランスィティヴ ヴァ〜ブ/

たとえ¹ （例）an **example** /イグ**ザ**ンプる/
•たとえとして　as an example

たとえ² たとえ…ても，たとえ…でも　**even if，even though** /**ゾ**ウ/
•たとえ忙(いそが)しくても彼は来るよ
Even if he is busy, he'll come.

たとえば　**for example** /イグ**ザ**ンプる/
•たとえば…のような　such as 〜
•円高でずいぶん困る人もいる．たとえば日本にいる外国人のことを考えてごらん
Strong yen will bring about a lot of trouble to some people. Take foreigners in Japan for example.
•秋にはいろいろな果物ができる．たとえばナシとかりンゴとかブドウとかミカンとか
In fall we have various fruits, such as pears, apples, grapes, and tangerines.

たとえる　**compare** /コン**ペ**ア/
•人生はしばしば航海にたとえられる
Life is often compared to a voyage.

たな　棚　a **shelf** /シェるふ/ （徶）shelves /シェるヴズ/； （電車の棚）a **rack** /ラク/，a **baggage**［**luggage**］**rack** /バゲチ［らゲチ］/

たなばた　七夕　*tanabata*，**the Star Festival** /ふェスティヴァる/

日本を紹介しよう

七夕祭りは七月七日の行事です．この日，人々は短冊に自分の願い事を書いて，竹の枝につるします．このお祭りは織姫と彦星の悲しい物語をしのぶ行事なのです．織姫と彦星は互いに愛し合っておりましたが，一年に一度，この七月七日にしか会うことができませんでした．ほかの日は天の川が二人を分けていたからです

Tanabata, the Star Festival, is held on July 7. On this day people write their wishes on small pieces of paper and hang them on bamboo trees. The festival is a reminiscence of the sorrowful tale of *Orihime* (Weaving Princess) and *Hikoboshi* (Cow Herder Star). They loved each other very much, but they were not allowed to meet except for only once a year, on July 7. For the rest of the year they remained separated by the *Amanogawa* (River of Heaven: The Milky Way) lying between them.

たに　谷　a **valley** /**ヴぁ**り/

たにん　他人　**another**（**person**）/ア**ナ**ざ（パ〜スン）/，**others** /**ア**ざズ/，**other people** /**ピ**ープる/
➡た²

タヌキ　狸　《動物》a **raccoon dog** /ラ**クー**ン/
•たぬき寝入り　a feigned sleep
ことわざ とらぬたぬきの皮算用(をするな)　Don't count your chickens before they are hatched.（かえらぬうちにひよこを数えるな）

たね　種

❶（種子）a **seed**

❶（穀類・野菜などの）a **seed** /**スィー**ド/；（梅などの）a **stone** /**ストウ**ン/；（リンゴなどの）a **pip** /**ピ**プ/
•種をまく　sow seed(s)
•畑に(麦の)種をまく　sow［plant］the field (with wheat)
•すいかの種を取る　remove the seeds from a watermelon
•種なしブドウ　seedless grapes
•農民たちは種まきで忙(いそが)しかった
The farmers were busy sowing the fields.
•私はこれらの植物を種から育てた
I raised these plants from seed.
ことわざ まかぬ種は生えぬ　No pains, no gains.（苦労がなければ利益もない）

❷（原因）a **cause** /**コー**ズ/
•彼のからだが弱いことは両親の大きな苦労の種だ
His delicate health is the cause of great trouble to his parents.

❸（手品の）a **trick** /**トリ**ク/
•手品の種を明かす　reveal the trick / show how the trick is done

たのしい　楽しい
➤（幸せな）**happy**；（ここちよい）**pleasant** /**プれ**ズント/

楽しく　**happily**；**pleasantly**
楽しいこと　a **pleasure** /**プれ**ジャ/，**fun**
•あしたは日曜日だから楽しいなあ
I'm happy because tomorrow is Sunday.
•このテレビゲームはとても楽しい
This video game is a lot of fun.
•人生は楽しいことばかりじゃない
ひゆ Life is not all sunny days.（人生は晴れの日ばかりじゃない）

たのしませる　楽しませる　**delight** /ディ**ら**イト/，**please** /**プり**ーズ/，**entertain** /エンタ**テ**イン/，**amuse** /ア**ミュー**ズ/
•音楽でお客を楽しませる　entertain *one's* guests with music

たのしみ　楽しみ　(a) **pleasure** /**プれ**ジャ/；（趣味(しゅみ)の）a **hobby** /**ハ**ビ/
•楽しみに絵をかく　draw［paint］pictures for

たのしむ 334 three hundred and thirty-four

あ

pleasure [as a hobby]
・近いうちにお目にかかるのを楽しみにしています
I look forward to seeing you in the near future.

か

たのしむ 楽しむ **enjoy** /インヂョイ/, **have a good time**, **have a pleasant time** /プレズント/, **have fun** /ふァン/
・ラジオで音楽を聞いて楽しむ enjoy listening to music on the radio
・きのうは友達とプールへ行って楽しんだ(楽しかった)
I had a good time swimming in a pool with my friends yesterday.
・父は余暇(ょか)の楽しみ方を知らない
Dad doesn't know how to enjoy his leisure time.

さ

たのみ 頼み
❶(お願い) a **request** /リクウェスト/; (親切でする行為(こうい)) a **favor** /ふェイヴァ/ → おねがい
・頼みをきいてやる grant a request
・君の頼みというのは何ですか
What is your request? /
What do you want me to do?
・私は君に一つ頼みがあります
I have a favor to ask of you. /
Will you do me a favor? /
May I ask you a favor [ask a favor of you]?
❷(頼り) a **resort** /リゾート/ → たより²
・彼は私たちの頼みの綱です
He is our last resort [only hope].

な

は

たのむ 頼む

ま

❶(お願いする) **ask**
❷(任せる) **leave**
❶(お願いする) **ask** /アスク/ → おねがい

や

基本形
A を頼む, A に頼む
ask A
(A に) B をくれと頼む
ask (A) **for** B
A に…してくれと頼む
ask A **to** *do*

・彼の助けを頼む ask (for) his help / ask him for help / ask him to help
・彼にスーパーへ行ってくれと頼む ask him to go to the supermarket
・スピーチをするように頼まれる be asked to make a speech
・頼んではみるけど, 彼がそれをしてくれるかな
I'll ask him, but I'm not sure he'll do it.
・ぼくは父にカメラを買ってほしいと頼んだ

ら

わ

I asked my father to buy me a camera.
・私はおばから北海道への家族旅行の間留守番をするように頼まれた
I was asked to house-sit by my aunt during her family trip to Hokkaido.
❷(任せる) **leave** /リーヴ/
・この金庫の保管は彼に頼もう
Let's leave this safe in his charge.
・私たちは料理はケンに頼んでパーティーのために部屋の準備をした
We left the cooking to Ken and prepared the room for the party.
❸(注文する) **order** /オーダ/ → ちゅうもん

たのもしい 頼もしい (信頼できる) **reliable** /リらイアブる/; (見込みのある) **promising** /プラミスィング/
・頼もしい人 a reliable person
・頼もしい若者たち promising young people

たば 束 a **bundle** /バンドる/; (同種類の物の小束) a **bunch** /バンチ/
束にする bundle (up), **make ～ up into a bundle; bunch**
・束にして[になって] in a bundle [a bunch]
・たきぎの束 a bundle of sticks
・花束 a bunch of flowers / a bouquet

タバコ (パイプ用) **tobacco** /タバコウ/; (紙巻き) a **cigarette** /スィガレト/; (葉巻き) a **cigar** /スィガー/
・タバコを吸う smoke
・タバコをやめる quit [give up] smoking
・タバコ屋 a tobacconist's (shop)
・タバコ1箱 《米》a pack [《英》a packet] of cigarettes
・タバコを吸ってもいいですか
May I smoke? / (ご迷惑でしょうか) Do you mind if I smoke?
・この部屋ではタバコはいけないことになっています
Smoking is not allowed in this room.

たはた 田畑 **fields** /ふィーるヅ/

たばねる → たば (→ 束にする)

たび¹ 旅 → りょこう
　ことわざ かわいい子には旅をさせよ
Spare the rod and spoil the child. (むちを控(ひか)えれば子供をだめにする)

たび² 足袋 *tabi*, **Japanese-style socks** /ヂャパニーズ スタイる サクス/
・足袋1足 a pair of Japanese-style socks

たび³ …たびに **every time ～** /エヴリ/, **whenever ～** /(ホ)ウェネヴァ/
・私が彼のうちへ行くたびに彼は留守でした

Every time I went to his house, he was out. / Whenever I went to his house, he was out.

•彼はやってみるたびに失敗した
He failed every time he tried.

たびたび often /オーふン/ → しばしば
•私は前よりもたびたび彼に会います
I see him more often than before.

たびびと 旅人 a **traveler** /トラヴら/

ダビング dubbing /ダビング/
ダビングする copy /カピ/, **dub** /ダブ/, **make a copy**

タブー a **taboo** /タブー/

だぶだぶ だぶだぶの (**very**) **loose** /るース/; (ふくらんだ) **baggy** /バギ/
•このセーターはだぶだぶだ
This sweater is too loose for me.
•そのズボンはひざの所がだぶだぶだ
The trousers are baggy at the knees.

タフな tough /タふ/

ダブる (日が重なる) **fall on** /ふォーる/; (かち合う) **clash** /クらシュ/
•今週の日曜日には会合が二つダブっている
Two meetings clash this Sunday.
•あいにくですが，その日はクラス会とダブっていてパーティーには出席できません
I'm sorry I can't attend the party because I have a class reunion that day.

ダブル double /ダブる/
•ダブルス(テニス・卓球試合) doubles
•ダブルプレー a double play

タブレット a **tablet** /タブれット/

タブレットピーシー タブレット PC a **tablet PC** /タブれット/
•タブレット PC に絵を描く draw on a tablet PC

たぶん

➤ (ばく然と) **perhaps** /パハプス/, **maybe** /メイビー/
➤ (強い可能性) **probably** /プラバブリ/
•それはたぶん本当かもしれない
Perhaps [Maybe] it is true. / It may be true.
•彼はたぶん今度は成功するだろう
He will probably succeed this time.

たべすぎる 食べすぎる **eat too much** /イート トゥー マチ/
•ケーキを食べすぎないようにしなさい
Don't eat too much cake.

たべもの 食べ物 **food** /ふード/; **something to eat** /サムすィング イート/; (軽い食べ物と飲み物) **refreshments** /リふレシュメンツ/
•何か食べ物がほしい
I want something to eat.
•列車の中で食べ物や飲み物が買えます
You can buy refreshments on the train.

たべる 食べる

➤ **eat** /イート/; **have**
•毎日リンゴを1個食べる eat an apple every day
•食べるのが速い[遅い] eat quickly [slowly]
•外で[家で]食べる eat out [at home]
•ゆっくりよくかんで食べなさい
Eat slowly and chew well.
•君は朝食を何時に食べますか
What time do you have [eat] breakfast?
•だれがケーキを食べたのですか
Who ate the cake?
•昼食に何を食べようか
What shall we have for lunch?
•母は私が昼食に食べるようにサンドイッチを作ってくれた Mother made some sandwiches for me to eat for lunch.
•私はクッキーを全部食べてしまいました → 現在完了
I have eaten all the cookies.
•私は朝から何も食べていません
I've had nothing since morning.
•この卵はもう食べられない
This egg is no longer edible.
•医者は私に甘い物はすべて食べない(→近づけない)ようにと言った The doctor told me to keep away from all sweets.

たま (まり) a **ball**; (鉄砲の) a **bullet** /ブれット/; (電球) a **bulb** /バるブ/
•(電気の)たまが切れた The bulb's gone. / The bulb's burnt out.
ことわざ 玉にきず There are spots even in the sun. (太陽にもしみがある)

たまご
❶ (卵・玉子) an **egg** /エグ/
•ゆで玉子[生卵] a boiled [raw] egg
•固ゆで[半熟]玉子 a hard-[soft-]boiled egg
•玉子焼き an egg roll
•いり玉子 scrambled egg
•卵の殻 an eggshell
•卵の黄味[白味] the yolk [the white] of an egg
•卵形の egg-shaped / oval
•卵を生む lay an egg
❷ (修行中の者)

たましい　336　three hundred and thirty-six

・彼は芸術家の卵だ
He is an artist in the making.

たましい 魂 a **soul** /ソウる/
・武士道は日本の魂だといわれた
Bushido was said to be the soul of Japan.

だます (偽(いつわ)って信じさせる) **deceive** /ディスィーヴ/; (ずるをする) **cheat** /チート/
・人をだまして金を奪う　cheat a person out of his［her］money
・彼はいつもの手でまたわれわれをだました
He deceived us again with his usual trick.
・私は彼の外見にだまされた
I was deceived by his appearance.
・こんなトリックで私をだまそうとしてもだめだ
You cannot deceive me by such tricks.

たまたま → ぐうぜん

たまつき 玉突き事故 (車の) a **pile-up** /パイらプ/

たまに (時々) **occasionally** /オケイジョナり/, **on occasion** /オケイジョン/, **once in a while** /ワンス (ホ)ワイる/; (めったに…しない) **seldom** /セるダム/
・ここではたまにしか雪が降りません
It seldom snows here. /
We seldom have snow here. /
We have snow here only occasionally.
・たまには遊びに来てください
Come and see us once in a while.

タマネギ 玉葱 《植物》 an **onion** /アニョン/

たまらない (耐えられない) **cannot stand** /キャナト スタンド/; (…したくて) **be dying to** *do* /ダイイング/, **be anxious to** *do* /アンクシャス/; (抑えきれない) **cannot help** (*do*ing)
・この暑さはたまらない
I cannot stand this heat.
・私はその映画が見たくてたまらない
I'm dying［anxious］to see the movie.
・私はおかしくてたまらなかった
I could not help laughing.

たまりば たまり場 a **haunt** /ホーント/
・このパブはかつて詩人たちのたまり場だった
This pub was once a haunt of poets.

たまる (ほこりなどが) **collect** /コれクト/ → ためる
・机の上にほこりがたまっている
There is a lot of dust on the desk. /
Dust has collected on the desk.
・夏休みの宿題がたくさんたまっています
I still have a lot of homework to do during (the) summer vacation.
・もう1万円たまりました (→ためて持っている)
I have already saved ten thousand yen.

だまる 黙る　be silent /サイレント/
・黙らせる　hush
・黙りなさい　Be silent!
・私たちはしばらく黙ったままでいた
We remained silent for some time.
・その光景を見ながらわれわれは黙って立っていた
We stood silently looking at the scene.
・あなたのイヌを黙らせなさい　Hush your dog.
・彼は私たちが困っているのをただ黙って見ていた
He did nothing to help us when we were in trouble. / **ひゆ** He sat on the sideline, just watching us struggle. ((試合に参加しないで)サイドラインに腰を下ろしていた)

ダム a **dam**
・川にダムを作る　build a dam across a river

ため

❶ (利益) **good**; **benefit**; (…のために) **for** 〜
❷ (…の理由で) **because** (**of** 〜)
❸ (…の目的で) **for the sake of** 〜

❶ (善・幸せ・利益) **good**; (利益) **benefit** /ベネふィト/; (…のために) **for** 〜
ためになる **benefit**; **do good**
・このことは君のためを思って言うことだ
I say this for your own good.
・そんなことを言って何のためになるのだ
What is the good of saying that?
・彼はいつも他人のためになることを考えている
He always has the good of others at heart.
・こういう運動は君にはたいへんためになるでしょう
This kind of exercise will do you a lot of good.
・このことは私にとって意外にためになった
This has done me more good than I expected.
・この本は私にたいへんためになったが君が読んでもきっとためになると思う　Reading this book has benefited me a great deal and I am sure it will benefit you too.
・私は君のためには何でもします
I will do anything for you.
・みんな少しずつ詰めてくれないか. この子のために席を作ろう　Sit closer, everybody. Let's make room for this boy.

❷ (…の理由で) **because** (**of** 〜) /ビコーズ/, **on account of** 〜 /アカウント/; (その結果) **in consequence** /カンセクウェンス/
・彼は病気のために会に出席できなかった
He could not attend the meeting because he was sick［because of sickness, on account

of sickness].

•そのために君はきのう学校を休んだのか

Is that the reason why you didn't come to school yesterday?

•それはすべて君が先生の忠告に従わなかったためだ

It was all because you did not follow your teacher's advice.

❸ (…の目的で) **for the sake of 〜** /セイク/; (その目的で) **for that purpose** /パ〜パス/

…するために (**in order**) **to** do /(オーダ)/, **so** (**that**) **〜 may** do /メイ/

•私は始発列車に乗るために早く起きた

I got up early in order to take the first train [so that I might take the first train].

•君はそのために私を訪ねて来たのですか

Have you come to see me for that purpose?

•わざわざ私のためにそんな事をしないでください

Don't trouble yourself like that for my sake.

•彼は世界平和のため努力している

He works for the cause of world peace.

•ブラウン氏のためにパーティーが開かれた

A party was given in honor of Mr. Brown.

だめ

❶ (役に立たない) **useless**

❷ (…してはいけない) **Don't** do, **must not** do

❶ (役に立たない) **useless** /ユースれス/; (望みのない) **hopeless** /ホウプれス/; (無能な) **good-for-nothing** /グド ふォ ナすィング/

だめにする spoil /スポイる/; (すっかり壊(こわ)す) **ruin** /ルーイン/

•その患者(かんじゃ)はもうだめだということです I hear that the patient is in a hopeless condition.

•私は戸をあけようとしたがだめだった

I tried to open the door, but I couldn't. / I tried in vain to open the door.

•彼はもうだめだ It was all over with him.

•子供に親切にするのはよいが親切すぎてだめにしてはいけない It is good to be kind to children, but you must be careful not to spoil them with too much (of your) kindness.

•雨が多すぎて作物がだめになった

Too much rain has spoiled the crops.

•箱の中身はすっかりだめになっていた

I found the contents of the box completely ruined [spoiled].

•私はだめです(何の役にもたちません)

I'm good for nothing.

❷ (…してはいけない) **Don't** do, **must not** do; (…しなくてはいけない) **must** do

•窓をあけちゃだめ Don't open the window.

•もっと勉強しなくちゃだめ

You must study harder.

ためいき ため息 a **sigh** /サイ/

ため息をつく sigh

•(ほっと)ため息をついて with a sigh (of relief)

ためす 試す **try** /トライ/, **give** a **trial** /トライアる/

試し a **trial**

•試しに on trial

•これを試しに1か月使ってみてください

Please use this for a month on trial. / Please give this a month's trial.

•そのロープは使う前に試してみなければいけないよ

You must try the rope [give the rope a try] before you use it.

ためらう hesitate /ヘズィテイト/

ためらい hesitation /ヘズィテイション/

•ためらって hesitatingly / with hesitation

•ためらわずに without hesitation

•私はひとりでそこへ行くのをためらった

I hesitated about going [to go] there alone.

•ためらわずに思っていることを言いなさい

Say what you think without hesitation. / Don't hesitate to say what you think.

ためる (金を) **save** /セイヴ/; (取っておく) **keep** /キープ/

•私はアルバイトをして3万円ためました

I saved thirty thousand yen by taking a part-time job.

•どうしてそんながらくたをためているんだい?

Why do you keep such junk?

ためんたい 多面体 a **polyhedron** /パーリヒードラン/

たもつ 保つ **keep** /キープ/; (維持(いじ)する) **maintain** /メインテイン/

•健康[からだの平均]を保つ keep one's health [one's balance]

•治安を保つ maintain peace and order

たようせい 多様性 **diversity** /ダヴァーサティ/

たより¹ 便り (手紙) a **letter** /れタ/; (知らせ) **news** /ニューズ/

•…に便りを書く write to 〜

•きょう彼から便りがありました

I received a letter from him today. / A letter came from him today.

•しばらく彼から便りがありません

I have not heard from him for some time.

•便りのないのはよい便りだとよくいわれる

It is often said that no news is good news.

たより

たより² 頼り

➤（信頼）**reliance** /リらイアンス/
➤（依存）**dependence** /ディペンデンス/

頼りになる reliable /リらイアブる/; **dependable** /ディペンダブる/

・彼の約束は頼りにならない
His promises are not reliable [dependable].

・彼は君が思うほど頼りになる男ではない
He is not so reliable [dependable] as you think.

・私たちが頼りにできるのは彼だけです
He is the only person we can rely on.

・私は地図を頼りに彼の家をさがし歩いた
I walked around looking for his house with the help of a map.

たよる 頼る **rely** (on 〜) /リらイ/; **depend** (on 〜) /ディペンド/

・そんなに兄に頼ってはいけない
You must not rely [depend] so much on your brother.

たら if → もし

タラ 鱈 《魚》 a **cod** /カド/ (複 同形)
タラコ cod roe /ロウ/

たらい a **tub** /タブ/

だらく 堕落 **degradation** /デグラデイション/, **corruption** /コラプション/

堕落する, 堕落させる degrade /ディグレイド/, **corrupt** /コラプト/

・堕落している　be degraded / be corrupt

だらけ（…でいっぱいの）**full of 〜** /ふる/;（…でおおわれた）**covered with 〜** /カヴァド/

・この作文はまちがいだらけです
This composition is full of mistakes.

・彼の靴は泥(どろ)だらけだった
His shoes were covered with [in] mud.

だらしない（ぞんざいな）**sloppy** /スらピ/, **careless** /ケアれス/

・だらしなく　loosely / sloppily / carelessly
・だらしない生活を送る　lead a sloppy life
・お金にだらしない　be careless about money matters
・彼はいつもだらしない服装をしている
He always wears sloppy clothes.

たらす 垂らす **hang down** /ダウン/ → だらっと
たらたら（したたる）**drip** /ドリプ/
だらだら
・だらだらした長話　a long and tedious talk
・だらだら仕事をする　work lazily [slowly]
・会議がだらだら続く　The meeting drags on.

・汗[血]がだらだら流れる
Sweat [Blood] drips down.

だらっと（垂(た)らす, 垂れる）**hang out** /ハング アウト/, **hang** (**down**) /(ダウン)/

タラップ（飛行機乗降用）a **ramp** /ランプ/
ダリア 《植物》 a **dahlia** /ダリャ/
だりつ 打率 a **batting average** /バティング アヴェれヂ/

たりょう 多量の a **lot of, a good deal of** /ディーる/, **a great deal of** /グレイト/, **a large quantity of** /らーヂ クワンティティ/, **much** /マチ/

・多量に　a good [great] deal / in (large) quantities

たりる 足りる

➤（十分である）**be enough** /イナふ/
・足りない　be short;（欠ける）lack / be lacking (in 〜) → ふそく
・（…が）足りなくなる　run short (of 〜)
・それを買うには金が足りない
I don't have enough money to buy it.
・それには千円あれば十分足りるでしょう
A thousand yen will be quite enough for that.
・私たちは資金が足りなくなってきた
We are running short of funds.
・重量が30グラム足りない
The weight is thirty grams short.
・この金を全部君にあげてしまうと私のほうがずいぶん足りなくなる　If I give you all this money, it will leave me rather short.
・彼は常識が足りない
He lacks [is lacking in] common sense.
・この鉢植えは水が足りなくて枯(か)れた
This potted plant died from lack of water.
・そのことについてはどんなにお礼を言っても言い足りません　I cannot thank you enough for that.

たる a **cask** /キャスク/
だるい feel tired /ふィーる タイアド/, **be dull** /ダる/
・少し熱があってからだがだるい
I have a slight fever and feel dull.

たるむ（綱などが）**slacken** /スらクン/;（筋肉・皮膚(ひふ)・精神などが）**become** [**get**] **soft** /ビカム/, **become** [**get**] **flabby** /ふらビ/

たれ（料理の）**sauce** /ソース/

だれ

➤（だれが）**who** /フー/;（だれの）**whose** /フーズ/;（だれに, だれを）**whom** /フーム/,《話》

who

だれが…でも whoever

【会話】

あの人はだれですか
—私のおじです
Who is that gentleman?
—He is my uncle.
(ドアのノックに対して)だれ?
—私です
Who is it?
—It's me.

・あれはだれかしら
I wonder who he [she] is.
・彼がだれだか知りません
I don't know who he is.
・これはだれがしたと君は思うか
Who do you think did this?
・これはだれがしたか君は知っていますか
Do you know who did this?
・だれがそう言おうとそれは本当ではない
Whoever may say so, it is not true.
・これはだれの本ですか　Whose book is this?
・君はだれに会いたいのですか
Who do you want to see?

だれか someone /サムワン/, **somebody** /サムバディ/, (疑問) **anyone** /エニワン/, **anybody** /エニバディ/

・戸口にだれかいます
There is someone at the door.
・だれかこれを知っていますか
Does anyone know this?

だれでも (どんな人) **anyone** /エニワン/, **anybody** /エニバディ/; (みんな) **everyone** /エヴリワン/, **everybody** /エヴリバディ/

・それはだれにでもできる
Anybody can it.
・これをする人にはだれにでもお礼を差し上げます
I will reward anyone who will do this.
・だれでも音楽は好きだ
Everybody loves music.

だれも だれも…ない **nobody** /ノウバディ/, **no one**, **none** /ナン/

・彼らのだれも君のようにはうまく歌えない
None of them can sing so well as you.
・私は彼らのうちのだれも知らない
I don't know any of them. /
I know none of them.

たれる 垂れる **hang** (down) /(ダウン)/, **dangle**

/ダングる/ → たらたら, だらだら, だらっと

タレント (テレビ・ラジオなどによく出演する有名人)
TV [**radio**] **personality** /ティーヴィー [レイディオウ] パ～ソナリティ/; (芸能人) an **entertainer** /エンタテイナ/

【カタカナ語！　タレント】

日本ではテレビやラジオで活躍している人や芸能人を「タレント」というが，英語の **talent** は「(生まれながらの)才能，あるいはそういう才能を持っている人」の意味．「有名人」の意味では **personality** とか **celebrity** /セれブリティ/ といい，「お笑いタレント」は **comic-chat entertainer** という

だろう → でしょう
だろうに → もし❸
タワー a **tower** /タウア/
・タワーマンション　a highrise condo(minium) [apartment] →「タワーマンション」は和製英語
たわし a **scrubbing brush** /スクラビング ブラシュ/
たん phlegm /ふれム/
だん¹ 段 a **step** /ステプ/; (はしごの) a **stair** /ステア/
・(はしごの)最上[下]段　the top [bottom] stair
・石段　stone steps
だん² 壇 a **platform** /ぷらっふォーム/, a **podium** /ポウディアム/
だんあつ 弾圧 (言論・デモなどに対する) **suppression** /サプレション/; (人に対する) **oppression** /オプレション/
弾圧する **suppress** /サプレス/; **oppress** /オプレス/
たんい 単位 a **unit** /ユーニト/; (教科の) a **credit** /クレディト/
・卒業するにはあと3単位必要だ
I need three credits more to graduate.
たんか¹ 短歌 a *tanka*, a thirty-one syllable **poem** /スィらブる ポウエム/
たんか² 担架 a **stretcher** /ストレチャ/
タンカー a **tanker** /タンカ/
だんかい 段階 a **stage** /ステイヂ/, a **phase** /ふェイズ/
段階的な **phased**
だんがん 弾丸 a **bullet** /ブれト/
たんき 短気な **short-tempered** /ショートテンパド/
・短気を起こす　lose *one's* temper
たんきだいがく 短期大学 a **junior college** /ヂューニア カれヂ/
・T短期大学　T Junior College
たんきょり 短距離競走 a **sprint** /スプリント/
・短距離走者　a sprinter

タンク

タンク
- ❶ (水そう) a **tank** /タンク/
- ❷ (戦車) a **tank**

タンクトップ a **tank top** /タンク タプ/

だんけつ 団結 **union** /ユーニョン/
団結する **unite** /ユーナイト/
- 団結している be united
- 彼らは団結してわれわれに反対している
They are united against us.
ことわざ 団結すれば立ち, 分かれれば倒れる
United we stand, divided we fall.

たんけん 探検 **exploration** /エクスプろレイション/
探検する **explore** /イクスプろー/
- 探検家 an explorer
- 探検隊 an expedition
- 南極探検隊 an antarctic expedition / an expedition to the South Pole
- 無人島を探検する explore a desert island

たんご 単語 a **word** /ワ〜ド/
- 英単語 an English word
- 英語の単語帳 a notebook for English words

タンゴ a **tango** /タンゴウ/
- タンゴを踊る dance the tango

だんご *dango*, a **dumpling made of rice flour** /ダンプリング メイド ライス ふラウア/

たんこう 炭坑 a **coal mine** /コウる マイン/
- 炭坑夫 a coal miner

たんごのせっく 端午の節句 *Tango-no-sekku*, **the Boys' Festival** /ふェスティヴァる/

日本を紹介しよう

端午の節句は5月5日です. 男の子のいるうちでは鯉のぼりや五月人形を飾(かざ)ります. このころになるとあちこちの家の庭で高い竿(さお)から大きな色あざやかな鯉のぼりが泳いでいるのが見られます
Tango-no-sekku, the Boys' Festival, is celebrated on May 5. Families with boys display *koinobori* (windsock carp) and *gogatsu-ningyo* (dolls dressed in *samurai* costume). Around this time you see huge, brightly colored windsock carp flying from high poles in many yards.

たんさん 炭酸 **carbonic acid** /カーバニク アスィド/
- 炭酸水 soda water

だんし 男子 (少年) a **boy**; (おとな) a **man** (覆 men)
- 男子校 a boys' school

たんしゅく 短縮 **reduction** /リダクション/

短縮する (縮小する) **reduce** /リデュース/; (短くする) **shorten** /ショートン/
- 夏休みを10日短縮する shorten (the) summer vacation by 10 days
- 今週は短縮授業です
We have shorter periods at school this week.

たんじゅん 単純 **simplicity** /スィンプりスィティ/
単純な **simple**
単純に **simply**

たんしょ 短所 a **fault** /ふぉーるト/ → けってん

だんじょ 男女 **man and woman** /ウマン/ (覆 men and women /ウィメン/)
- 男女にかかわらず regardless of sex
- 老若男女(ろうにゃくなんにょ)の別なく without distinction of age or sex
- 男女同権 equal rights for men and women
- 男女共学 coeducation
- 男女共学の学校 a coeducational school

たんじょう 誕生

➤ (a) **birth** /バ〜す/

誕生する be born
誕生日 one's **birthday** /バ〜すデイ/
- 誕生石 a birthstone
- きょうは私の15歳の (→第15回目の)誕生日です
Today is my fifteenth birthday.
- おじは私の誕生日のお祝いに時計をくれた
My uncle gave me a watch for my birthday [as a birthday present].
- 彼は今度の誕生日で15歳になります
He will be fifteen years old next birthday.
- 誕生日おめでとう Happy Birthday (to you)! / Many happy returns of the day! → これは少し硬い表現で, 誕生日カードに書くのによく使われる

たんしん[1] (時計の)短針 **the short hand** /ショート/, **the hour hand** /アウア/

たんしん[2] 単身で **alone** /アろウン/, **by** *oneself*; (家族と離れて) **leaving** one's **family behind** /リーヴィング ビハインド/
- おじは大阪に単身赴任(ふにん)しています
My uncle is working in Osaka, leaving his family behind.

たんす a **chest of drawers** /チェスト ドローズ/; (洋服だんす) a **wardrobe** /ウォードロウブ/

ダンス a **dance** /ダンス/
ダンスをする **dance**
- ダンスパーティー a dance
- ダンサー a dancer
- 社交ダンス a social dance

- フォークダンス a folk dance
- 彼女はダンスがうまい She is a good dancer. / She is good at dancing.

たんすい 淡水 **fresh water** /ふレシュ ウォータ/
- 淡水魚 a fresh-water fish

たんすいかぶつ 炭水化物 (a) **carbohydrate** /カーボウハイドレイト/

たんすう 単数 **the singular** /スィンギュら/
- 単数名詞 a singular noun

だんせい 男性 a **man** (複 men)
- 男性的な manly / masculine

だんぜん 断然 **decidedly** /ディサイデドリ/
- 彼の作品はみんなのうちで断然最高だ His work is decidedly the best of all.

たんそ 炭素 **carbon** /カーボン/

たんだい 短大 → たんきだいがく

だんたい 団体 (仲間) a **party** /パーティ/; (集団) a **group** /グループ/, a **body** /バディ/
- 団体で in a group / in groups
- 団体競技 a team sport
- 団体旅行 a group tour

だんだん gradually /グラデュアリ/
- だんだん暖かくなってきました It is getting gradually warmer and warmer.
- それはだんだん成長して大木になった It gradually grew to be a large tree.

だんち 団地 a **housing development** /ハウズィング ディヴェろプメント/, a **housing estate** /イステイト/

だんちがいへいこうぼう 段違い平行棒 《スポーツ》 **uneven bars** /アニーヴン バーズ/

たんちょう¹ 単調 **monotony** /モナトニ/
単調な monotonous /モナトナス/

たんちょう² 短調 a **minor key** /マイナ キー/
- ハ短調 C minor

たんてい 探偵 a **detective** /ディテクティヴ/
- 探偵小説 a detective story

たんとう¹ 担当(者) a **person in charge** /パ〜スン チャーヂ/
- この仕事の担当はだれですか Who's (the person) in charge of this task?

たんとう² 短刀 a **dagger** /ダガ/

たんどく 単独で **alone** /アろウン/

たんなる 単なる **mere** /ミア/
- 単なる偶然の出来事 a mere accident
- それは単なるうわさであればよいが I hope it is a mere rumor [only a rumor].

たんに 単に **only** /オウンリ/ → ただ² (→ただ…だけでなくまた…)
- それは単に冗談(じょうだん)にすぎない It's only a joke. / It's nothing but a joke.
- 彼は単に科学者であるだけではなくまたすぐれた音楽家でもあった He was not only a scientist but also a good musician.

たんにん 担任する (受け持つ) **take charge** (of 〜) /チャーヂ/; (受け持っている) **be in charge** (of 〜); (教える) **teach** /ティーチ/
- クラス担任の先生 a homeroom teacher
- 田島先生が私たちの担任です Mr. Tajima is our homeroom teacher. / Mr. Tajima takes charge of our class. / Mr. Tajima is (the teacher) in charge of our class.
- だれが君たちの英語の担任ですか Who teaches you English?

たんぱ 短波 **shortwave** /ショートウェイヴ/
- 短波放送 a shortwave broadcast

たんぱくしつ たんぱく質 **protein** /プロウティーン/

タンバリン a **tambourine** /タンバリーン/

たんパン 短パン **shorts** /ショーツ/

ダンプカー a **dump truck** /ダンプ トラク/ →「ダンプカー」は和製英語

たんぺん 短編小説 a **short story** /ショート ストーリ/
- 短編映画 a short film / 《米》 a short (movie)
- 短編小説作家 a short-story writer

だんぺん 断片 a **fragment** /ふラグメント/
- 断片的な fragmentary
- これらは彼の日記の断片です These are some fragments from his diary.

たんぼ a **rice field** /ライス ふぃーるド/ → た¹

だんぼう 暖房 (room) **heating** /ヒーティング/
暖房する heat (a room)
- 暖房器具 a heater
- 会話 お宅では暖房には何を使っていますか．—うちでは石油[ガス]ストーブを使っています How do you heat your rooms?—We use oil [gas] heaters.
- この部屋は暖房がよくきいている This room is well heated.

だんボール 段ボール **corrugated cardboard** /コールゲイテッド カードボード/
- 段ボール箱 a corrugated cardboard box

タンポポ 蒲公英 《植物》 a **dandelion** /ダンデらイオン/

だんめん 断面 a **section** /セクション/; (横断面) a **cross section**

だんらく 段落 (文章の) a **paragraph** /パラグラふ/

だんらん 団欒 (家庭の) **the comforts of home**

だんりゅう　342　three hundred and forty-two

life /カンフォーツ/; a warm family gathering /ウォーム ギャざリンぐ/
・私たちは一家団欒の楽しいひとときを持った
We enjoyed a warm family gathering.
だんりゅう 暖流 a **warm current** /ウォーム カ～レント/

だんりょく 弾力 **elasticity** /イーらスティスィティ/
弾力のある elastic /イらスティク/
だんろ 暖炉 a **stove** /ストゥヴ/; (作りつけの) a **fireplace** /ふァイアプれイス/; (炉火) **the fire**; (炉ばた) a **hearth** /ハ～す/

ち　チ

ち¹ 血 **blood** /ブらド/
・血が出る　bleed
・血を流す　shed blood
・血の気のない（青ざめた）pale
・血のように赤い　blood-red
・血まみれの　bloody
・鼻血が出る　bleed from the nose
ち² 地（大地）(**the**) **earth** /ア～す/;（地面）**the ground** /グラウンド/
・天地　heaven and earth
チアガール → チアリーダー　↝「チアガール」は和製英語
チアリーダー a **cheerleader** /チアリーダ/
ちあん 治安 **the peace** /ピース/; **public peace and order** /パブリク オーダ/
・治安を維持(いじ)する　keep the peace / maintain public peace and order
・治安を乱す　break the peace
ちい 地位 a **position** /ポズィション/
・社会的地位の高い人　a person in a high social position
ちいき 地域（広大な）a **region** /リージョン/;（小さな）an **area** /エアリア/
・地域的な　regional
・地域社会　a community

ちいさい　小さい
➤ (大きさが) **small** /スモーる/; (小さくてかわいい) **little** /リトる/
➤ (年が) **young** /ヤンぐ/
➤ (声が) **small**, **low** /ろウ/
・小さい子供たち（からだの小さい）small children / (幼くてかわいい) little children
・小さい（かわいい）子ねこ　a little kitten
・小さい家　a small house
・小さい声で話す　speak softly / speak in a low [quiet] voice
・彼は年のわりには小さい　He is small for his age.
・この靴下はぼくには小さすぎる
These socks are too small for me.
・地球は月よりも大きいが，太陽よりは小さい
The earth is bigger than the moon, but smaller than the sun.
・彼女の子供はまだみんな小さい
Her children are all still little.

small

little

チーズ (a) **cheese** /チーズ/
・チーズケーキ　(a) cheesecake
・チーズ4切れ　four slices of cheese
・粉チーズ　grated cheese
・チーズトースト(1枚)　(a piece of) cheese toast
・いろいろな国のチーズ　cheeses from many countries　↝ ばく然と「チーズ」という時は数えられない名詞として扱い ✗ a cheese, ✗ cheeses としないが，ある形に固められて包装されている場合や種類をいう時は，数えられる名詞として扱う
・(写真をとる時)はい，チーズ
Say cheese!　↝ /チーズ/ と発音すると口が笑った時の形になるから
チーター《動物》a **cheetah** /チータ/
チーフ a **chief** /チーふ/
チーム a **team** /ティーム/
・野球チーム　a baseball team
・チームワーク　teamwork
・彼は私たちのチームの一員です
He is a member of our team.

343　ちがい

•各チームには 11 人の選手がいます
There are eleven players on each team.
•サッカーは個人技よりもチームワークが大事です
Soccer requires good teamwork more than
the individual skill of the members.

ちえ 知恵 **wisdom** /ウィズダム/
•知恵の輪 a linked puzzle
•知恵を絞(し)る rack *one's* brain

チェーン a **chain** /チェイン/
•チェーン店 a chain store

チェス **chess** /チェス/
•チェスをする play chess

チェック¹ (点検) a **check** /チェク/
　チェックする **check**
•チェックインする check in
•チェックアウトする check out

チェック² (しま模様) (a) **check** /チェク/

チェロ a **cello** /チェロウ/
•チェロ演奏家[奏者] a cellist
•チェロを演奏する play the cello

ちか¹ 地下の **underground** /アンダグラウンド/
•地下で[に] underground
•地下道 an underground passage / 《英》a
subway
•地下室 a basement / (貯蔵所) a cellar
•地下街 an underground shopping mall
[center]
•地下鉄 → ちかてつ

ちか² 地価 (**the**) **price of land** /プライス ランド/

ちかい¹ 誓い → ちかう

ちかい² 地階 a **basement** /ベイスメント/

ちかい³ 近い

❶ (距離が) **near**, **close**
❷ (時間が) **near**

❶ (距離が) **near** /ニア/, **close** /クロウス/
　近くの **nearby** /ニアバイ/
•私の家は学校に近い
My house is near [close to] the school.
•私の家は彼の家より学校に近い
My house is nearer [closer] to the school
than his house.

文法・語法
near は原級では前置詞として用いられることが
多いので, near to ～ ということは少ないが, 比
較級・最上級では形容詞・副詞として用いられ,
nearer to ～, **nearest to ～** と to がつく
ことが多い

•彼は私たちを近くの遊園地につれて行った

He took us to a nearby amusement park.

🗣会話 一番近くの銀行はどこにありますか. —駅の前
にあります Where is the nearest bank?—It is
in front of the station.
•この[駅の]近くに郵便局はありませんか
Is there a post office near here [the station]?
•彼らはうちのすぐ近くに住んでいるからちょいちょ
い顔を合わせる
I see them very often. They live very close
to me. [ひゆ They live just around the cor-
ner. (すぐ角を曲がった所に)]
•学校に行くにはこれが一番近い道です
This is the shortest way to the school.

❷ (時間が) **near**
　近いうちに **before long** /ビフォー/, **shortly** /シ
ョートリ/, **soon** /スーン/; (近日中に) **one of
these days** /ずィーズ デイズ/
•近い将来に in the near future
•クリスマスが近い
Christmas is near (at hand).
•期末試験が近い We are going to have the
term examination soon.
•近いうちにお会いしたいと思います
I would like to see you one of these days.
•近くアメリカの大統領が日本を訪れます
The President of the United States will visit
Japan shortly.

❸ (ほとんど) **nearly** /ニアリ/, **almost** /オーるモ
ウスト/
•彼は 90 歳に近い
He is nearly [almost] 90 years old.
•もう 11 時近いのだから早く寝なさい
Go to bed at once—it is nearly [almost]
eleven o'clock.
•この宿題をするのに 3 時間近くかかった
It took me nearly [almost] three hours to do
this homework.

ちがい 違い (a) **difference** /ディふァレンス/ →
さ, ちがう
　違いを生む **make** a **difference**
•A と B の違い a difference between *A* and *B*
•値段の違い a difference in price
•その二つの場合に違いはない[いくらか違いがある]
There is no [some] difference between the
two cases.
•違いはおもに量です. 品質にはたいした違いはありま
せん
The difference is mainly in quantity. There is
not much difference in quality.
•それではたいへんな違いになる

That makes a great difference.
・バスで行っても地下鉄で行っても違いがない
It does not make any difference [It makes no difference] whether you go by bus or by subway.

ちがいない …に違いない **must**
…したに違いない must have *done*
・彼の言ったことは本当に違いない
What he said must be true.
・彼女は家のことを考えてさびしがっているに違いない She must be thinking of home and feeling lonely.
・これは宇野の帽子に違いない．ここに忘れていったに違いない
This must be Uno's cap. He must have left it here.

ちかう 誓う **swear** /スウェア/, **swear** an **oath** /オウす/; **vow** /ヴァウ/, **make a vow**
誓い an **oath**; a **vow**

ちがう 違う
❶ (異なる) **be different**
❷ (まちがっている) **be wrong**

❶ (異なる) **be different** (from ～) /ディふァレント/, **differ** (from ～) /ディふァ/ (→ ことなる，ちがい); (別の) **different**, **another** /アナざ/
…と違って unlike ～ /アンらイク/
・彼の意見は私たちの意見とずいぶん違う
His opinion is very [much] different from ours. → ours=our opinions
・私は君とこの点で意見が違う
I differ from you in opinion on this point.
・彼らは好み[性格]がまったく違う
They are quite different in their tastes [in character].
・彼女はクラスの他の少女たちとちょっと違っている
She is a little different from the other girls in the class.
・だれか違う意見をお持ちの方いませんか
Does anyone have a different opinion [another opinion]?
・ふつうの女の子と違って彼女は甘い物がきらいです
Unlike most girls, she doesn't like sweet things.
❷ (まちがっている) **be wrong** /ローング/; (思い違いをしている) **be mistaken** /ミステイクン/ → まちがう
・その答えは違う That answer is wrong.
会話 この事故の責任は君にある．—それは違います
You're responsible for the accident.—You're mistaken.
・それは違う (→事実ではない) That is not the case.

あなたは大学生ですか
—いいえ，違います
Are you a college student?
—No, I'm not.
この辞書は彼女のですか
—いいえ，違います
Is this dictionary hers?
—No, it isn't.

ちがく 地学 **geology** /ヂアろヂ/
ちかごろ 近ごろの **recent** /リースント/
近ごろ(は) **recently**, **lately** /れイトり/, **nowadays** /ナウアデイズ/, **these days** /ずィーズ デイズ/
・近ごろの出来事 a recent event
・近ごろよく彼にお会いになりますか
Do you see him often lately?
・近ごろは天気がたいへん変わりやすい
The weather is very changeable these days.
・近ごろ男の子たちは野球よりもサッカーを好む
Nowadays boys prefer soccer to baseball.

ちかづく 近づく **come near** /ニア/, **draw near** /ドロー/, **approach** /アプロウチ/; (近づいて行く) **go near**
近づける **bring** ～ **close** (to ～) /クろウス/, **put** ～ **close** (to ～)
・春が近づいている
Spring is coming [drawing] near.
・見なさい．ボートがだんだん近づいて来ます
Look! The boat is coming nearer and nearer.
・休暇が終わりに近づいてきた
The vacation is coming to an end.
・クリスマスが近づいている
Christmas is approaching [is near at hand]. /
ひゆ Christmas is just around the corner. (すぐそこの角を曲がった所に来ている)
・あの建物には近づくな
Don't go near the building.
・目をそんなに本に近づけてはいけません Don't bring [put] your eyes so close to the book.

ちかてつ 地下鉄 《米》 a **subway** /サブウェイ/, 《英》 an **underground** (**railway**) /アンダグラウンド (レイるウェイ)/; (ロンドンの) a **tube** /テューブ/
・地下鉄で行く go by subway

地下鉄の表示(ロンドン). Public Subwayは「公共地下道」

ちかみち 近道 a **shortcut** /ショートカト/
・駅へ行く近道はないでしょうか
Is there [Do you know of] a shortcut to the station?
・駅へ行く一番の近道はこの通りです
The shortest way to the station is this street.
ちかよる 近寄る → ちかづく

ちから 力

❶ (権力・影響力) **power**; (体力) **strength**; (武力・エネルギー) **force**
❷ (能力) **ability**

❶ (権力・影響力) **power** /パウア/; (体力) **strength** /ストレングす/; (武力・エネルギー) (a) **force** /ふォース/
・力のある powerful / strong
・力のない powerless / weak
・非常に力の強い人 a person of great strength / a very strong person
・力ずくで by force
・自分の力で for *oneself* / by *one's* own efforts
・それをすることは私の力ではできない It is beyond my power [not in my power] to do it.
・私の力でできることは何でもしてお助けいたします
I will do everything in my power to help you.
・私は力の限りそれをいたします
I will do it to the best of my power.
❷ (能力) **ability** /アビリティ/
・力のある able
・彼にはその仕事をちゃんとやる力がない
He doesn't have the ability to do the job properly. / He is not equal to the job.
❸ (助力) a **help**; (励はげまし) (an) **encouragement** /インカ～レヂメント/
・力づける encourage
・あなたの助言は私にとってたいへん力になりました
Your advice was a great help to me.
・ご親切なお手紙をいただき大いに力づけられました
I was greatly encouraged by your kind letter.
・彼は力なく地面に横たわっていた
He lay helpless on the ground.
ちかん¹ 置換 《IT》(**find and**) **replace** /(ふァインド) アンド リプれイス/
ちかん² 痴漢 a **molester** /モれスタ/

ちきゅう 地球

➤ **the earth** /ア～す/, **the globe** /グろウブ/
・地球の global
・地球儀(ぎ) a (terrestrial) globe
・地球の温暖化 global warming
・地球的規模で(全世界的に) on a global scale
ちきゅうかんきょう 地球環境 **the global environment** /グろウバる インヴァイ(ア)ロンメント/
・地球環境を守る protect the global environment
ちぎる **tear** /テア/
・紙を細かくちぎる tear paper to pieces
・ノートのページをちぎり取る tear off a leaf from a notebook
チキン (とり肉) **chicken** /チキン/
ちく 地区 (区域) a **district** /ディストリクト/; (都市内の特定の) a **quarter** /クウォータ/
・工場[商業]地区 an industrial [a business] district
ちくさん 畜産 **stock raising** /スタク れイズィングッ/
ちくしょう こん畜生! **Damn it!** /ダム/, **Gosh!** /ガシュ/
ちくちく (感じる) **feel prickly** /ふィーる プリクリ/; (痛む) **have a sticking pain** /スティキングッ ペイン/
ちぐはぐな (対でない) **odd** /アド/
・この靴下はちぐはぐだ
These socks do not match. / These are odd socks.
ちけい 地形 **the lay of the land** /れイ/, **the lie of the land** /らイ/
チケット a **ticket** /ティケト/ → きっぷ
・コンサートのチケット a ticket for a concert
ちこく 遅刻 **lateness** /れイトネス/
遅刻する **be late** (for ~) /れイト/
・遅刻者 a late comer
・私はけさ学校に5分遅刻した I was five minutes late for school this morning.
・急がないと学校に遅刻するぞ
Hurry up, or we will be late (for school).
ちじ 知事 a **governor** /ガヴァナ/
・神奈川県知事 the Governor of Kanagawa Prefecture
ちしき 知識 **knowledge** /ナれヂ/

•知識人 an intellectual
•彼は植物について驚くほどの[少しばかりの]知識を持っている He has a wonderful [a little] knowledge of plants.

ちしま 千島列島 the Kuril archipelago /クアリる アーキぺらゴウ/
•歯舞(はぼまい)と色丹(しこたん)は千島列島の南の端にあります The Habomai islets and Shikotan are at the southern end of the Kuril archipelago.

ちじょう 地上 (大地) (the) earth /ア～す/; (地面) the ground /グラウンド/
•地上に落下する fall to earth [to the ground]
•地上15階地下3階のビル a building with fifteen stories above the ground and three under the ground

ちじょうデジタルほうそう 地上デジタル放送 digital TV /ディヂトる ティーヴィー/; digital terrestrial television broadcasting /タレストリアる テれヴィジョン ブロードキャスティンぐ/

ちじん 知人 an acquaintance /アクウェインタンス/
•彼のお父さんは私の父の知人です
His father is an acquaintance of my father's.

ちず 地図 (1枚の) a map; (地図帳) an atlas /アトらス/
•日本[世界]地図 a map of Japan [the world]
•東京の道路地図 a road atlas of Tokyo

ちすじ 血筋 → いえがら

ちせい 知性 intellect /インテれクト/, intelligence /インテリヂェンス/
知性的な (教育があり，知的なものに関心のある) intellectual /インテれクチュアる/; (知能の高い) intelligent /インテリヂェント/

ちそう 地層 a stratum /ストレイタム/ (複 strata /ストレイタ/)

ちたい 地帯 a zone /ゾウン/; (地域) a region /リーヂョン/
•安全地帯 a safety zone
•森林[工業，農村]地帯 forest [industrial, farming] regions

ちち¹ 父
➤ a father /ふァーざ/
•父の日 Father's Day

ちち² 乳 milk /ミるク/; (乳房) the breast /ブレスト/
•赤ちゃんにお乳を与える breast-feed a baby / suckle a baby / give a baby the breast
•ウシの乳を絞る milk a cow

ちぢこまる 縮こまる be curled up /カ～るド/

•寒さでからだが縮こまる be curled up with the cold

ちぢむ 縮む shrink /シュリンク/; (短くなる) shorten /ショートン/
縮める shorten
•セーターが洗濯で縮んでしまった
The sweater has shrunk in the wash.

ちちゅうかい 地中海 the Mediterranean (Sea) /メディテレイニアン (スィー)/

ちぢれる 縮れる curl /カ～る/ → カール
縮れた curly

ちつじょ 秩序 order /オーダ/
•秩序正しい orderly
•秩序が乱れている be in disorder

ちっそ 窒素 nitrogen /ナイトロヂェン/

ちっそく 窒息 suffocation /サふォケイション/
窒息させる suffocate /サふォケイト/
•窒息して死ぬ die from suffocation / be suffocated to death

ちっとも → すこしも

チップ
❶ (心づけ) a tip /ティプ/
チップをやる tip
❷ (野球の) a tip

ちてき 知的な intellectual /インテれクチュアる/

ちなむ ちなんで after
•おじいさんにちなんで彼を善太郎と名付ける
name him Zentaro after his grandfather

ちねつ 地熱 geothermal energy /ヂーσさ～マる エナヂ/
•地熱発電 geothermal power

ちのう 知能 intelligence /インテリヂェンス/
知能の高い intelligent /インテリヂェント/
•知能検査 a mental test; (児童・生徒の) an intelligence test
•知能指数 an intelligence quotient (略 I.Q.)

ちのみご 乳飲み子 a suckling /サクリんぐ/

ちびちび (少しずつ) little by little; (飲む) sip /スィプ/

ちぶさ 乳房 (女性の) the breast /ブレスト/; (ウシなどの) an udder /アダ/

チフス typhoid fever /タイふォイド ふィーヴァ/

ちへいせん 地平線 the horizon /ホライズン/
•地平線の上に[下に] above [below] the horizon
•地平線のかなたに beyond the horizon

チベット Tibet /ティベト/

ちほう¹ 地方 a region /リーヂョン/, a district /ディストリクト/, an area /エアリア/; (都市に対する) the provinces /プラヴィンセズ/

347 three hundred and forty-seven

チャンス

・地方の local / regional / provincial
・地方なまり a regional accent
・関東地方 the Kanto district

ちほう² 痴呆 → にんちしょう

ちほうこうきょうだんたい 地方公共団体 a **local government** /ろウカる ガヴァンメント/; a **local administration** /アドミニストレイション/

ちめい¹ 地名 a **place name** /プれイス/
・地名辞典 a dictionary of place names

ちめい² 致命的な **fatal** /ふェイトる/
・致命的に fatally
・致命傷 a fatal wound

ちゃ 茶 **tea** /ティー/ → おちゃ → 日本では「緑茶」(green tea), 英米では「紅茶」(black tea) をいう
・茶の湯 tea ceremony
・茶筒 (ちゃづつ) a tea caddy
・茶を1杯 a cup of tea
・茶を入れる[出す] make [serve] tea
・茶は薄い (うすい)[濃い] ほうが好きです
I like my tea rather weak [strong].

チャージする
❶ (プリペイドカードなどへお金を入れる) **add money** /アド/, **load** /ろウド/, **reload** /リーろウド/, **charge** (**up**)
・プリペイドカードをチャージする add [load, reload] money onto a prepaid card
❷ (充電する) → じゅうでんする

チャーターする **charter** /チャータ/
・遠足にバスをチャーターする charter a bus for an excursion

チャーハン **fried rice** /ふライド ライス/

チャーミングな **charming**

チャイム a **chime**
・チャイムが鳴っている
The chimes are ringing.

チャイルドシート a **child-safety carseat** /セイふティ/; (主に座高を上げるもの) a **booster seat** /ブースタ/ → 「チャイルドシート」は和製英語

チャイルドロック a **child-safety lock** /セイふティ らク/ → 自動車以外の分野でも使われる。「チャイルドロック」は和製英語

ちゃいろ 茶色(の) **brown** /ブラウン/

ちゃかす **make fun of** /ふァン/
・人の話をちゃかしてはいけない
Don't make fun of what others say.

ちゃく 着
❶ (服の) a **suit** /スート/
・服1着 a suit of clothes
❷ (…着になる) **finish** /ふィニシュ/
・1着になる finish first

ちゃくじつ 着実な **steady** /ステディ/
・着実に steadily
・彼は英語が着実に進歩している
He is making steady progress in English.

ちゃくしょく 着色する **color** /カら/; (絵の具・ペンキで) **paint** /ペイント/

ちゃくしん 着信 (かかってくる電話) an **incoming call** /インカミンぐ コーる/; (メッセージ) **arrival of** a **message** /アライヴァる/
・着信音 a ringtone

ちゃくせき 着席する **take** *one's* **seat** /スィート/, **sit down** /ダウン/
・御着席ください Please be seated.

ちゃくりく 着陸 (a) **landing** /らンディンぐ/ 着陸する **land**
・不時着陸する make a forced landing / (水上に) ditch
・無着陸飛行 a nonstop flight
・飛行場に無事に着陸する make a safe landing on an airfield / land safely on an airfield

ちゃさじ 茶さじ a **teaspoon** /ティースプーン/
・茶さじ1杯 a teaspoon

ちゃっかり ちゃっかりした **clever** /クれヴァ/, **shrewd** /シュルード/
・ちゃっかりした子 a shrewd kid

チャック a **zipper** /ズィパ/, a **zip**
・チャックをしめる zip up
・チャックをあける undo a zip(per) / (バッグなどの) zip open

チャット (おしゃべり) **chat** /チャト/
・友人たちとチャットする
chat with *one's* friends / have a chat with *one's* friends

ちゃのま 茶の間 → いま²

ちやほや ちやほやする (おせじを言う) **flatter** /ふらタ/; (甘やかす) **pamper**

ちゃめ ちゃめな (陽気な) **playful** /プれイふる/; (いたずらな) **impish** /インピシュ/, **mischievous** /ミスチヴァス/

ちゃりん (音) a **plink** /プリンク/
ちゃりんと音が鳴る[を鳴らす] **plink**

チャレンジ a **challenge** /チゃれンヂ/
・チャレンジする challenge

ちゃわん 茶わん (茶飲み) a **teacup** /ティーカプ/; (御飯の) a **rice bowl** /ライス ボウる/

チャンス a **chance** /チャンス/
・チャンスを逃すな Don't miss a good chance.
参考ことわざ 善は急げ Make hay while the sun shines. (日の照っているうちに干し草をつくれ)
参考ことわざ 鉄は熱いうちに打て Strike while the

iron is hot.

ちゃんと → きちんと

チャンネル a **channel** /チャ^ヌる/
- 8チャンネルに変える　turn to Channel 8
- その番組は 3 チャンネルでやっている
The program is on Channel 3.

チャンピオン a **champion** /チャンピオン/

ちゅう¹ 注　a **note** /ノウト/

ちゅう² 中 （中間）the **middle** /ミ^ドる/; （平均）the **average** /アヴェレヂ/
- （大きさ・程度など）中くらいの　medium
- 中以上[以下]である　be above [below] average

ちゅう³　…中

❶ （時間的に…の間に）**during; in**
❷ （…の最中で）**in**; （…の状態の下に）**under**

❶ （時間的に…の間に）**during** /デュアリンぐ/; （時がたつうちに）**in**
- 休暇中に　during the vacation
- 2〜3 日中に　in a few days

❷ （…の最中で）**in**; （… の状態の下に）**under** /アンダ/
- その時私たちは授業中でした
At that time we were in class.
- その道路は修理中でした
The road was under repair.

❸ （…のうちで）**out of**
- 十中八九は　in nine cases out of ten

ちゅうい　注意

➤ （心を向けること）**attention** /アテンション/; （心づかい）**care**/ケア/
➤ （警告）**warning** /ウォーニンぐ/

注意する　**pay attention to** /ペイ/; （気をつける）**take care, be careful** /ケアふる/; （警告する）**warn** /ウォーン/
注意深い　**careful**
注意深く　**carefully**
- 注意が足りない　careless
- 注意をひく　draw [attract] *one's* attention
- 彼は私の言うことに注意を払わなかった
He paid no attention to [He did not pay any attention to] what I said.
- 歩道がすべるから注意しなさい　Take care [Be careful]. The sidewalk is slippery.
- 階段に（つまずかないように）注意しなさい
Watch your step!
- 彼はその川で泳ぐのは危険だと私たちに注意した
He warned us that the river was dangerous

to swim in.

チューインガム chewing gum /チューインぐ ガ ム/, 《話》**gum**

ちゅうおう 中央 （中心）the **center** /センタ/; （中間）the **middle** /ミ^ドる/
- 中央の　central
- 中央アメリカ　Central America
- 彼の事務所は市の中央にあります
His office is in the center of the city. /
His office is very central.
- 広場の中央に記念碑(ひ)が立っている
A monument stands in the middle of the square.

ちゅうか 中華料理　**Chinese food** /チャイニーズ ふード/, **Chinese dishes** /ディシズ/
- 中華料理店　a Chinese restaurant

ちゅうがえり 宙返り　a **somersault** /サマソーるト/

宙返りする　turn a somersault

ちゅうがく　中学

➤ （中学校）a **junior high school** /チューニア ハイ/
- 中学生　a junior high school boy [girl]
- 中学校の 1 年生[2 年生, 3 年生]　a first-year [second-year, third-year] student at junior high school

---

🐻**参考**　アメリカでは中学校が小学校から続いている場合が多いので, 中学生の学年を表すのに a seventh grader（7 年生）, an eighth grader（8 年生）, a ninth grader（9 年生）というように小学校の学年から通した表現を使うことが多い. また a tenth grader は日本の高校 1 年生にあたり, 通し表現を使うことがある

ちゅうかん 中間　the **middle** /ミ^ドる/
…の中間に　**in the middle of 〜**; （二つの間）**between 〜** /ビトウィーン/; （等距離）**halfway (between 〜)** /ハふウェイ/
- 橋の中間に　in the middle of a bridge
- その二つの川の中間に　between the two rivers
- 東京と大阪の中間に　halfway between Tokyo and Osaka

ちゅうかんしけん 中間試験　a **midterm examination** /ミ^ドタ〜ム イグザ^ミネイション/

ちゅうきゅう 中級 の　**middle-class** /ミ^ドる クらス/, **intermediate** /インタ^ミーディエト/
- 中級英会話コース　an intermediate course of conversational English [of conversation in

three hundred and forty-nine 349　　ちゅうふく

English]

ちゅうけい 中継(する) **relay** /リーれイ/; (ラジオ・テレビで) **broadcast** /ブロードキャスト/; (テレビで) **telecast** /テれキャスト/

ちゅうげん 中元 (贈(おく)り物) a **midyear gift** /ミドイア ギふト/, a **summer gift** /サマ/

ちゅうこ 中古の **secondhand** /セカンドハンド/, **used** /ユーズド/
・中古車　a used car

ちゅうこく 忠告 **advice** /アドヴァイス/
忠告する advise /アドヴァイズ/
・貴重な忠告　a valuable piece of advice
・彼の忠告に従う　follow his advice
・私は君にそこへひとりで行かないように忠告する
I advise you not to go there alone.

ちゅうごく 中国 **China** /チャイナ/
・中国(人, 語)の　Chinese
・中国語　Chinese
・中国人　a Chinese (複 同形); (全体) the Chinese

ちゅうし 中止する **stop**. **call off** /コーる/
・試合は雨のために中止された　The game was stopped [was called off] because of rain.
・大雪で会合は中止です　The meeting is off because of the heavy snow.

ちゅうじつ 忠実 **faithfulness** /ふェイすふるネス/
忠実な faithful (to ～)
忠実に faithfully

ちゅうしゃ¹ 注射 (an) **injection** /インチェクション/, 《話》a **shot** /シャト/
注射する inject /インチェクト/
・インフルエンザの予防注射を受ける　have a shot against influenza

ちゅうしゃ² 駐車 **parking** /パーキンぐ/
駐車する park
・駐車場 《米》a parking lot [area] / 《英》a car park
・駐車違反　illegal parking
掲示 駐車禁止　No Parking.

ちゅうじゅん 中旬に **about the middle of** a **month** /アバウト ミドる マンす/
・先月の中旬は雨が多かった　We had a lot of rain about the middle of last month.

ちゅうしょう 抽象的な **abstract** /アブストラクト/
・抽象的に　abstractly
・抽象画　abstract painting

ちゅうしょうきぎょう 中小企業 a **small business** /スモーる ビズネス/, **small and midsize companies** /ミドサイズ カンパニズ/

ちゅうしょく 昼食 **lunch** /らンチ/

・昼食時間　lunch time
・12時半に昼食を食べる　have [take] lunch at half past twelve
・昼食にサンドイッチを食べる　have some sandwiches for lunch

ちゅうしん 中心 **the center** /センタ/
中心の central /セントラる/
・円の中心　the center of a circle
・劇の中心人物　the central figure in a play
・その会社は東京の中心部にある
The company is in central Tokyo.
・彼の事務所はニューヨークの中心街にある
His office is in downtown New York.

ちゅうすい 虫垂炎 **appendicitis** /アペンディサイティス/

ちゅうせい¹ 中世 **the Middle Ages** /ミドる エイヂェズ/

ちゅうせい² 中性の **neutral** /ニュートラる/

ちゅうせいし 中性子 a **neutron** /ニュートラン/

ちゅうせん 抽選する **draw** (**lots**) /ドロー (らツ)/ →くじ
・抽選で決める　decide by lot

ちゅうたい 中退する **drop out** (of school) /ドラプ/, **quit school** /クウィト/

ちゅうだん 中断する **interrupt** /インタラプト/

ちゅうちゅう (ネズミが鳴く) **squeak** /スクウィーク/

ちゅうちょ hesitation /ヘズィテイション/
ちゅうちょする hesitate /ヘズィテイト/
・ちゅうちょしながら　hesitatingly
・ちゅうちょしないで　without hesitation

ちゅうと 中途の, 中途で **halfway** /ハふウェイ/ →ちゅうとはんぱ

ちゅうとう 中東 **the Middle East** /ミドる イースト/

ちゅうどく 中毒 **poisoning** /ポイズニンぐ/; (麻薬などの常用) **addiction** /アディクション/
中毒する be poisoned
・(麻薬などの)中毒患者(かんじゃ)　an addict
・食中毒にかかる　get food poisoning

ちゅうとはんぱ 中途半端な (不完全な) **halfway** /ハふウェイ/; (はっきりしない) **indecisive** /インディサイスィヴ/
・中途半端に　by halves

ちゅうねん 中年 **middle age** /ミドる エイヂ/

ちゅうぶ 中部 **the central part** /セントラる/

チューブ a **tube** /テューブ/
・チューブ入りの歯みがき　a tube of toothpaste

ちゅうふく 中腹に **halfway up** [**down**] (a mountain) /ハふウェイ [ダウン] (マウンテン)/ →

山を登る方向でいう場合は up, 下る方向でいう場合は down

ちゅうもく 注目 **attention** /アテンション/, **notice** /ノウティス/
…に注目する pay attention to ～
・…の注目をひく attract the attention of ～
・注目すべき remarkable / noteworthy

ちゅうもん 注文 an **order** /オーダ/
注文する order, give an order (for ～)
・食事を注文する order a dinner
・カタログを見て注文する order from a catalog(ue)
・服を注文で作らせる have a suit made to order
・私はその本をあの書店に注文した
I ordered the book from that bookstore. /
I placed an order for the book with that bookstore.

ちゅうりつ 中立 **neutrality** /ニュートラリティ/
中立の neutral /ニュートラる/
・(永世)中立国 a (permanently) neutral nation
・私たちは中立を守るべきだ
We should remain neutral.

チューリップ 《植物》a **tulip** /テューリプ/

ちゅうりゅう 中流階級 **the middle classes** /ミドる クらセズ/

ちゅうわ 中和する **neutralize** /ニュートラらイズ/

ちゅんちゅん (小鳥が鳴く) **twitter** /トウィタ/, **chirp** /チャ～プ/

ちょう¹ 腸 **the bowels** /バウるズ/, **the intestines** /インテスティンズ/
・大[小]腸 the large [small] intestine

ちょう² 兆 a **trillion** /トリリョン/

ちょう³ 超… **super-, ultra-** /アるトラ/
・超高層ビル a high-rise building
・超大国 a superpower

チョウ 蝶 《虫》a **butterfly** /バタふらイ/
蝶ネクタイ a **bow tie** /ボウ タイ/

ちょういん 調印 **signing** /サイニンぐ/
調印する sign /サイン/

ちょうおんそく 超音速の **supersonic** /スーパサニク/
・超音速で飛ぶ fly at supersonic speed

ちょうおんぱ 超音波 **ultrasound** /アるトラサウンド/
超音波の ultrasonic /アるトラサニク/

ちょうか 超過 **excess** /イクセス/
超過する exceed /イクスィード/ → こえる ❷
・輸入[輸出]超過 the excess of imports over exports [exports over imports]

ちょうかく 聴覚 (**the sense of**) **hearing** /(セン

ス) ヒアリンぐ/ → ちょうりょく²

ちょうかん 朝刊 (新聞の) a **morning edition** /モーニンぐ イディション/

ちょうき 長期の **long-term** /ろーンぐ タ～ム/

ちょうきょり 長距離 (a) **long distance** /ディスタンス/
・長距離走 long-distance running / (競技) a long-distance race

ちょうこう 兆候 (天候などの) a **sign** /サイン/; (病気の) a **symptom** /スィンプトム/

ちょうこく 彫刻(品) (a) **carving** /カーヴィンぐ/; (彫刻・塑像(そぞう)をふくむ) (a) **sculpture** /スカるプチャ/
彫刻する carve /カーヴ/; **sculpture**
・彫刻家 a carver / a sculptor
・仏像の彫刻 a carved image of Buddha
・木片でクマを彫刻する carve a block of wood into a bear / carve a bear out of a block of wood

ちょうこくとう 彫刻刀 a **carving chisel** /カーヴィンぐ チザる/, a **wood carving knife**

ちょうさ 調査 **investigation** /インヴェスティゲイション/
調査する look into /るク/, **investigate** /インヴェスティゲイト/
・調査書(=内申書) a school report
・調査してみると on investigation
・調査中である be under investigation

ちょうし 調子

❶ (音の) **tune**
❷ (体の) **condition**

❶ (音の) **tune** /テューーン/
・調子っぱずれに歌う sing out of tune
❷ (体の) **condition** /コンディション/, **shape** /シェイプ/
・からだの調子がよい[悪い] be in good condition [out of condition] / be in good [bad] shape
・君はこの調子では旅行はむりだ
You cannot travel in this condition.
・調子はどうですか How are you doing? / (すべての事はいかがですか) How's (=How is) everything?
❸ (やり方) a **way** /ウェイ/; (意気) the **spirit** /スピリト/; (こつ) the **knack** /ナク/; (速度) **rate** /レイト/
・その調子で仕事を続けなさい
Continue (with) your work that way.
・(選手に向かって)その調子だ!

That's the spirit! / Keep that up!
・調子をのみ込めば簡単だ
Once you get the hang [the knack] of it, it will be easy.
・この調子ではこの仕事はなかなか終わらない
At this rate, it will take a long time to finish this work.
❹(いきおい・のり)
・あいつは調子のいい奴だ He is too affable.
・彼はすぐ調子に乗せられる
He is easily carried away.
・彼は口で君に調子を合わせているだけで，本当は賛成していない
He is only paying lip service to you; he doesn't really agree.

ちょうしゅ 聴取者 a **listener** /リスナ/
ちょうしゅう 聴衆 an **audience** /オーディエンス/
・2千人の聴衆 an audience of 2,000 people
・ホールにはたくさんの[少数の]聴衆がいた
There was a large [small] audience in the hall.

ちょうしょ 長所 a **merit** /メリト/; (人の) a **good point** /ポイント/, a **strong point** /ストローンぐ/, a **virtue** /ヴァ～チュー/
・たいがいの子供には何か長所があるものだ
Most boys and girls have some good points.
・勤勉,正直などが彼の長所です
Diligence and honesty are two of his good points.

ちょうじょ 長女 one's **oldest** [《英》**eldest**] **daughter** /オゥるデスト[エるデスト] ドータ/
ちょうじょう 頂上 the **top**; (山頂) the **summit** /サミト/
・キリマンジャロの頂上は1年じゅう雪におおわれています
The top [The summit] of Mt. Kilimanjaro is covered with snow all (the) year round.

ちょうしょく 朝食 → あさごはん
ちょうしん 長針 (時計の) the **long hand**, the **minute hand** /ミニト/
ちょうしんき 聴診器 a **stethoscope** /ステセスコウプ/
ちょうせつ 調節 (抑制) **control** /コントロウる/; (調整) **adjustment** /アヂャストメント/
調節する **control**; **adjust** /アヂャスト/
・この装置によって水の流れが調節されます The flow of water is controlled by this device.
ちょうせん¹ 挑戦 a **challenge** /チャれンヂ/
挑戦する **challenge**

・挑戦者 a challenger
・挑戦に応じる take a challenge
・彼は私にチェスの挑戦をした
He challenged me to a game of chess.
ちょうせん² 朝鮮 **Korea** /コリーア/
・朝鮮の Korean
・朝鮮語 Korean
・朝鮮半島 the Korean Peninsula
・北朝鮮 North Korea
ちょうたんぱ 超短波 **ultrashort waves** /アるトラショート ウェイヴズ/
ちょうちょう¹ 町長 a **mayor** /メイア/
ちょうちょう² 長調 a **major key** /メイヂャ キー/
・イ長調 A major
ちょうちん a **paper lantern** /ペイパ らンタン/
ちょうてん 頂点 the **apex** /エイペクス/; the **peak** /ピーク/
・三角形の頂点 the apex of a triangle
・ラッシュは6時ごろ頂点に達する
The rush reaches its peak around six. / The peak of the rush hour comes at about six.

ちょうど

➤ **just** /ヂャスト/; (正確に) **exactly** /イグザクトり/
・ちょうど3時です It is just three o'clock.
・彼はちょうど今来たところです
He came just now. / He has just come.
・それはちょうどこのようなものです
It's just like this.
・それはちょうど私が予想したとおりでした
It was just as I had expected.
・その部屋はちょうど私たち3人が寝るだけの大きさです The room is just large enough for three of us to sleep in.
・それはちょうど3年前のことでした
It happened exactly three years ago.

ちょうどう 聴導犬 a **hearing dog** /ヒアリンぐ/
ちょうとっきゅう 超特急 a **superexpress** /スーパリクスプレス/
ちょうなん 長男 one's **oldest** [《英》**eldest**] **son** /オゥるデスト[エるデスト] サン/
ちょうのうりょく 超能力 **supernatural power** /スーパナチュラる パウア/
ちょうば 跳馬 (競技名) **vaulting** /ヴォーるティンぐ/; (体操用具) a **vault**, a **vaulting horse** /ホース/
ちょうはつ 長髪 **long hair** /ヘア/

ちょうほうけい 352

・長髪にする grow *one's* hair long
・長髪の青年 a young man with long hair

ちょうほうけい 長方形 a **rectangle** /レクタングる/

ちょうまんいん 超満員である be **overcrowded** /オウヴァクラウデド/, be **packed beyond capacity** /パクト ビヤンド カパスィティ/

ちょうみりょう 調味料 (a) **seasoning** /スィーズニング/

ちょうみん 町民 (人々) the **townspeople** /タウンズピープる/; a **resident of a town** /レズィデント/

ちょうやく 跳躍 a **jump** /チャンプ/
跳躍する jump

ちょうり 調理 **cooking** /クキング/
・調理師 a cook
・調理学校 a cooking school

ちょうりゅう 潮流 a **tidal current** /タイドる カ～レント/

ちょうりょく¹ 張力 **tension** /テンション/
・表面張力 surface tension

ちょうりょく² 聴力 the **sense of hearing** /センス ヒアリング/
・聴力検査 a hearing test

ちょうれい 朝礼 a **morning assembly** /モーニング アセンブり/

ちょうわ 調和 **harmony** /ハーモニ/
調和する, 調和させる harmonize /ハーモナイズ/
・調和のとれた harmonious
・調和して harmoniously
・その二つの色は(たがいに)よく調和している[いない]
The two colors are in good [are out of] harmony (with each other).

チョーク chalk /チョーク/
・チョーク1本 a piece of chalk
・黒板にチョークであなたの名前を書きなさい
Write your name in [with] chalk on the blackboard.

ちょきん¹ 貯金 **savings** /セイヴィングズ/
貯金する save /セイヴ/
・貯金通帳 a passbook / a bankbook
・貯金箱 a savings box / a (piggy) bank
・銀行に貯金しておく keep *one's* savings in a bank
・銀行から貯金をおろす draw [withdraw] *one's* savings from a bank
・私は自転車を買うために貯金しようと決めた
I made up my mind to save for a bicycle.

ちょきん² ちょきんと切る **snip** /スニプ/
ちょくせつ 直接の **direct** /ディレクト/

直接(に) directly; (人が じかに) **in person** /パ～スン/
・私は彼が直接やって来るとは思わなかった
I didn't expect he would come in person.

ちょくせん 直線 a **straight line** /ストレイト らイン/
・一直線に in a straight line
・直線コース a straight course
・一直線に彼の家へ向かう go straight to his house / ひゆ make a beeline for his house (巣に帰るミツバチのようにまっすぐ進む)
・そこまでは直線距離で約2キロだ
It's about 2 km in a straight line. / ひゆ As the crow flies, it's about 2 km. (カラスが飛ぶように(まっすぐ行けば))

ちょくつう 直通の **through** /すルー/
・直通列車 a through train
・この列車は鹿児島へ直通します
This train goes through to Kagoshima.

ちょくめん 直面する be **faced** /ふェイスト/
・私たちは重大な問題に直面した
We were faced with a serious problem.

ちょくやく 直訳 a **literal translation** /リテラるトランスれイション/, a **word-for-word translation** /ワード ふォ ワード/
直訳する translate literally, translate word for word

チョコレート chocolate /チャコれト/
・チョコレート色の chocolate-colored
・板チョコ a bar of chocolate
・チョコレート一箱 a box of chocolates

ちょしゃ 著者 an **author** /オーさ/, a **writer** /ライタ/

ちょしょ 著書 a **book**
・これは日本の歴史に関する彼の著書の一つです
This is one of his books (written) on Japanese history.

ちょすいち 貯水池 a **reservoir** /レザヴワー/
ちょぞう 貯蔵 → たくわえる (→ 蓄え)

ちょっかく 直角 a **right angle** /ライト アングる/
・直角に at right angles
・直角三角形 a right-angled triangle

ちょっかん 直感 **intuition** /インテュイション/
直感の intuitive /インテューイティヴ/
・直感的に intuitively / by intuition

チョッキ 《米》a **vest** /ヴェスト/, 《英》a **waistcoat** /ウェイストコウト/

ちょっきゅう 直球 a **straight pitch** /ストレイトピチ/; (速球) a **fastball** /ふぁストボーる/

ちょっけい 直径 a **diameter** /ダイアメタ/

three hundred and fifty-three 353 ちる

・直径が[は] in diameter
・その円の直径はどれくらいありますか
What is the diameter of the circle?
・それは直径が 35 センチです It measures thirty-five centimeters in diameter.

ちょっこう 直行する **go straight** /ストレイト/, **go direct** /ディレクト/ → **ちょくせん** (→ 一直線に)
・家へ[駅へ]直行する go straight home [to the station]

ちょっと

❶ (時間) **a minute**
❷ (程度) **a little**

❶ (時間) (**just**) **a minute** /(ヂャスト) ミニト/, (**just**) **a moment** /モウメント/; (しばらく) **for a while** /(ホ)ワイる/
・ちょっとお待ちください
Please wait a minute [a moment].
❷ (程度) **a little** /リトる/
・それはちょっと多すぎる
That's a little too much.
・彼はちょっと早口だ
He speaks a little too fast.
❸ (かなり) **pretty** /プリティ/, **rather** /ラざ/
・きょうはちょっと寒いね
It is rather cold today, isn't it?
❹ (その他)
・ちょっとここへ来て Just come here!
・ニューヨークからちょっと手紙をください
Drop me a line from New York.

ちょろちょろ (流れる) **trickle** /トリクる/

ちょんまげ _chonmage_, **a** _samurai_-**style top-knot** /タプナト/
・ちょんまげに結う wear _one's_ hair in a _samurai_-style topknot

ちらかす 散らかす (ごみなどを) **litter** (**up**) /リタ/; (部屋などだらしなく) **leave untidy** /リーヴ アンタイディ/ → **ごみ**
散らかる be littered; (だらしない) **be untidy**, **be in a mess**
・部屋に紙切れを散らかしてはいけない
Don't litter the room with bits of paper.
・道路にはごみが散らかっている
The street is littered with rubbish.
・彼は部屋をいつも散らかしている
He always leaves his room untidy [in a mess].
・彼の部屋はいつも散らかっている
His room is always untidy [in a mess].

ちらし 散らし (広告ビラ) **a handbill** /ハンドビる/,

(米) **a flier** /ふらイア/

ちらちら (雪・花びらなどが舞う) **flutter** /ふらタ/; (光が明滅する) **flicker** /ふりカ/
・雪がちらちら降りだした
Snow has begun fluttering down.
・テレビの画像がちらちらしている
The TV screen is flickering.

ちらばる 散らばる **be scattered** /スキャタド/
・窓ガラスの破片がその辺に散らばった
The fragments of the windowpanes were scattered about.
・川に沿って農家が散らばっている
There are farmhouses scattered along the river.

ちらほら (あちこちで) **here and there** /ヒア ぜア/; (まばらの) **scattering** /スキャタリンぐ/
・サクラがちらほら咲き始めました
Cherry blossoms are beginning to come out here and there.

ちり¹ → ごみ, ほこり¹
ことわざ ちりも積もれば山となる
Little drops of water make an ocean. (小さな水滴が(集まって)大海になる)

ちり² 地理 **geography** /ヂアグラふィ/
・地理上の geographical
・地理学者 a geographer
・彼はこの辺の地理に明るい
He knows this area very well.

チリ Chile /チリ/

ちりがみ ちり紙 (ティッシュペーパー) **a tissue** /ティシュー/ → tissue paper は(美術品などをくるむ)薄葉紙(うすようし)

ちりとり a dustpan /ダストパン/

ちりょう 治療(法) (a) (**medical**) **treatment** /(メディカ) トリートメント/
治療する treat /トリート/
・まだこの病気の治療法はない
There is still no treatment for this disease. / No treatment for this disease has yet been found.
・彼はまだ医者の治療を受けています
He is still under treatment by [from] the doctor.
・このけがは治療をしてもらわなければいけない
You must get treated for this injury.

ちりん → ちゃりん

ちる 散る (花が) **fall** /ふォーる/, **be gone** /ゴーン/
・サクラの花が風に散っている
Cherry blossoms are falling in the wind.

ちんぎん 354 three hundred and fifty-four

・花はみな散ってしまった
The flowers are all gone.
ちんぎん 賃金 **wages** /ウェイヂズ/ → きゅうりょう¹
ちんたい 賃貸契約 **a lease** /リース/
・賃貸の rental
・賃貸料 (a) rent / (a) rental
・彼は2年の賃貸契約で部屋を借りている
He has the room on a two-year lease.
ちんつうざい 鎮痛剤 **a painkiller** /ペインキラ/
ちんでん 沈殿 **sedimentation** /セディメンテイション/
沈殿する settle /セトる/
・沈殿物 sediment / dregs
チンパンジー 〔動物〕**a chimpanzee** /チンパンズィー/, **a chimp** /チンプ/

ちんぼつ 沈没する **sink** /スィンク/
・沈没船 a sunken ship
ちんもく 沈黙 **silence** /サイれンス/
・沈黙の silent
・沈黙を守る keep silent [silence] / remain silent
ことわざ 沈黙は金なり Silence is golden.
ちんれつ 陳列 **a show** /ショウ/, **an exhibition** /エクスィビション/
陳列する exhibit /イグズィビト/
・陳列品 an exhibit
・陳列棚 a showcase
・陳列室 a showroom
・いろいろな製品が会場に陳列されている
Various products are exhibited [on show] in the hall.

つ ツ

ツアー a tour /トゥア/; (パック旅行) **a package tour** /パケヂ/
つい¹
❶ (ほんの) **just** /ヂャスト/, **only** /オウンり/
・つい今しがた just now
・つい先週 only last week
❷ (うっかり) **carelessly** /ケアれスり/; (まちがって) **by mistake** /ミステイク/; (思わず) **in spite of** oneself /スパイト/
・私はついそのことを彼にしゃべってしまった
I carelessly let him know about it.
・私はつい笑ってしまった
I laughed in spite of myself.
つい² 対 **a pair** /ペア/
・対になる make a pair
ツイート a tweet /トウィート/
・ツイートする tweet; post a tweet
・彼女はよくツイートする She posts tweets often. / She often tweets.
ついか 追加 **an addition** /アディション/
追加する add /アド/ → くわえる¹
・追加の additional
ついきゅう¹ 追求 **pursuit** /パス(ュ)ート/
追求する pursue /パス(ュ)ー/, **seek after** /スィーク/
・…を追求して in pursuit of ～
ついきゅう² 追及する (きびしく要求する) **press ～ hard** /ハード/; (弁明を求める) **call ～ to account**

/アカウント/
・私たちは彼の失敗に対する責任を追及した
We pressed him hard to take the responsibility for his mistake.
・彼はその会議に欠席したことを追及された
He was called to account for his absence from the meeting.
ついし 追試(験) **a makeup exam [test]** /メイカプイグザム/
・理科の追試(験)を受ける take a makeup exam in science
ついしん 追伸 **a postscript** /ポウス(ト)スクリプト/
→ ふつう P.S. と略す
・その手紙の追伸の中で in a postscript to the letter
ついせき 追跡 **pursuit** /パス(ュ)ート/
追跡する pursue /パス(ュ)ー/, **run after**
・追跡者 a pursuer
・…を追跡して in pursuit of ～
ついたて a screen /スクリーン/

ついて …について
❶ (…に関して) **about, on, of**
❶ (…に関して) **about** /アバウト/, **on, of**; **as to ～**; (…に関して言えば) **as for ～**
・…について話す speak about ～
・…について考える think about ～
・…について聞く hear about ～

three hundred and fifty-five **355** **つうじる**

・…についての本　a book about [on] 〜
・彼はそれについて何でも知っている
He knows all about it.
・それは何についての話ですか
What is the story about?
・これは美術について書かれた最近の本の1冊です
This is one of the new books (written) on art.
・いつ来るかについては彼は何も言わなかった
He said nothing as to when he would come.
・私について言わせてもらえば，そんなことに興味はないんです　As for me, I'm not interested in such a thing at all.
❷（…ごとに）**a, per** /パ〜/
・1ダースについて500円　500 yen a [per] dozen

ついで a **chance** /チャンス/
・…するついでがある　have a chance to *do* / happen to *do*
・ついでに（…もまた）too;（それにかかわっている間に）while *one* is at it;（ところで）incidentally / by the way
・何かのついでに　by any chance
・この数字を合計して，ついでに平均値も出してくれませんか　Would you add up these figures, and take the average too?

ついていく ついて行く　**follow** /ふァろウ/, **go along** (with 〜);（遅れずに）**keep up** (with 〜) /キープ/
・英語の授業について行けない　cannot keep up with the English lesson

ついている （運がいい）**lucky** /らキ/
・なんてついてるんだろう　How lucky I am!
・ついてなくて残念でしたね
Bad [Hard, Tough] luck!

ついてくる ついて来る　**follow** /ふァろウ/, **come along** (with 〜)
・おれについて来い
Come along with me. / Follow me.

ついとう 追悼　**mourning** /モーニンぐ/
追悼する **mourn** /モーン/
・追悼会　a memorial service

ついとつ …に追突される　**be hit 〜 from behind** /ビハインド/

ついに **at last**
・彼はついにその仕事を完了した
He has finished the work at last.

ついばむ **pick** (at 〜) /ピク/
・（小鳥が）パンくずをついばむ　pick at crumbs

ついほう 追放（する）**exile** /エグザイる [エクサイる]/

・追放者　an exile

ついやす 費やす　**spend** /スペンド/;（要する）**take**
→ かかる ❷ ❸, かける³ ❹
・多くのお金を洋服に費やす　spend a lot of money on clothes
・私はそれを作るのに3時間費やした
I spent three hours making it. /
It took me three hours to make it.

ついらく 墜落　a **fall** /ふォーる/;（飛行機の）a **crash** /クラシュ/
墜落する **fall**; **crash**
・飛行機が海に墜落しやしないかと心配だった
I was afraid the airplane might crash into the sea.

ツインテール （髪型）**bunches** /バンチズ/, **pigtails** /ピグテイるズ/

つうか 通過する　**pass, go through** /すルー/
・列車はトンネル[駅]を通過した
The train went through the tunnel [passed the station].
・その議案が国会を通過した
The bill passed [went through] the Diet.

つうがく 通学する　**go to school, come to school**
・通学路（指定されているもの）a designated commute (route) to school /（児童・生徒の通り道）(commuting) routes to school, routes that students [pupils] take to school
・生徒の3分の1は自転車で通学します
A third of the students come to school by bicycle [use bicycles to come to school].

つうきん 通勤する　**go to work** /ワ〜ク/
・通勤者　a commuter
・通勤電車　a commuter train
・通勤時間（帯）commuting hours
・父はマイカーで通勤してます
My father goes to work in his car.

つうこう 通行　**passage** /パセヂ/
通行する **pass**
・通行できる　passable
・通行人　a passer-by（複passers-by）
掲示 一方通行　One Way Only.
掲示 通行禁止　No Thoroughfare.

つうしょう 通商（する）**trade** /トレイド/
・通商条約　a trade treaty

つうじる　通じる
❶（道が）**lead**
❷（わかる）**understand, get across**
❶（道が）**lead** /リード/

あ
か
さ
つ
な
は
ま
や
ら
わ

つうしん　356　three hundred and fifty-six

•この道は駅に通じている
This road leads to the station.
❷(わかる) **understand** /アンダスタンド/, (物事が主語) **get across** /アクロース/
•私にはあの外国人の言うことが通じない
I can't understand what that foreigner says.
•私の話は相手に通じなかった
I could not make myself understood.
•彼が本当に言いたかったことは聴衆に通じなかった
What he really meant didn't get across to the audience.
❸(精通している) **be familiar** (with ~) /ふぁミリア/
•彼は中国文学に通じている
He is familiar with Chinese literature.

つうしん 通信（文書での）**correspondence** /コーレスパンデンス/;（各種の手段での）**communication** /コミューニケイション/
通信する correspond /コーレスパンド/; **communicate** /コミューニケイト/
•通信機関　a means of communication
•通信教育　a correspondence course
•通信衛星　a communications satellite
•通信販売　mail order/ (tele)phone order / online shopping
•雪のためそれらの地方との通信は今のところ不可能だ
On account of the snowfall communication with those parts is now impossible.

つうち 通知（a) **notice** /ノウティス/
通知する notify /ノウティふぁイ/, **inform** /インふォーム/; **give notice**
•通知表　a school report / a report card
•私は友人たちに住居変更を通知した
I notified my friends of my change of address.
•そのことの通知を私は受けていません
I have gotten no notice of the matter.

つうちょう 通帳（銀行の）a **passbook** /パスブク/, a **bankbook** /バンクブク/

つうどく 通読する **read through** /リード すルー/

つうやく 通訳 **interpretation** /インタ～プリテイション/, **translation** /トランスれイション/;（人）an **interpreter** /インタ～プレタ/, a **translator** /トランスれイタ/
通訳する interpret /インタ～プレト/, **translate** /トランスれイト/
•英語を日本語に通訳する　interpret [translate] English into Japanese
•同時通訳　simultaneous interpretation [trans-

lation]
•私たちの通訳をしてくれませんか
Would you please interpret for us?

つうよう 通用する
❶(ことばが) **be spoken** /スポウクン/, **be understood** /アンダストゥド/
•英語は世界中で通用する
English is spoken all over the world.
❷(切符が) **be good**;（規則・説などが）**hold true** /トルー/;（お金が）**be current** /カ～レント/
•この切符は JR のどの線でも通用します
This ticket is good on any JR line.
•この規則はもう今日では通用しない
This rule does not hold true today.

つうろ 通路 a **passage** /パセヂ/;（座席の間の）an **aisle** /アイる/
•通路側の席　an aisle seat / a seat on the aisle

つうわ 通話 a (**telephone**) **call** /(テれふォウン) コーる/
•通話料金　the charge for a call

つえ a (**walking**) **stick** /(ウォーキンぐ) スティク/

つかい お使い（用事）an **errand** /エランド/;（人）a **messenger** /メセンヂャ/
•お使いに行ってくれませんか
Will you go on an errand for me?

つかいかた 使い方 **use** /ユース/, **how to use** /ハウ トゥ ユーズ/, **the way to use** /ウェイ ユーズ/
•それは辞書の正しい使い方ではない
That is not the right way to use a dictionary.
•この薬は使い方を誤ると害になります
This medicine will become harmful if you make wrong use of it [don't make proper use of it].

つかいすて 使い捨ての **disposable** /ディスポウザブる/
•使い捨ての（一時利用のための）メールアドレス　a throwaway [disposable] email address

つかう　使う

❶(使用する) **use**
❷(費やす) **spend**

❶(使用する) **use** /ユーズ/
•鉛筆(えんぴつ)をけずるのにナイフを使う　use a knife to sharpen pencils
•このボールペンを使ってもいいですか
May I use this ballpoint pen?
•この村ではまだ石油ランプが使われている　⤵受け身形　Oil lamps are still used in this village. / Oil lamps are still in use in this village. ⤵後ろの文の use は名詞で /ユース/ と読む

three hundred and fifty-seven 357 つぎ

・こんな旧式の携帯電話はもう使われていない
Such old-fashioned mobiles are no longer used today.

・私はこの辞書を3年間使っています. → 現在完了進行形 I have been using this dictionary for three years.

・国連ではどんなことばが使われていますか
What languages are used at the United Nations?

・この公式を使ってその問題を解きなさい
Use this formula to solve that problem.

・あなたはこの機械の使い方を知っていますか
Do you know how to use this machine?

・この計算機は使いやすい[にくい]
This calculator is easy [hard] to use.

❷ (費やす) **spend** → かける³ ❹

・お金を使いすぎる spend too much money

・彼女は毎月のお小遣(こづかい)を全部洋服に使ってしまう She spends all her monthly allowance on clothes.

・先生は時間を十分に使って辞書の使い方を説明してくれた The teacher spent a lot of time (in) explaining how to use the dictionary.

・いくら使ったの? → 現在完了 How much have you spent?

🗨会話 君はあの金をどう使ったの? ―全部本に使った How did you spend the money? ―I spent all of it on books.

❸ (人を雇う) **employ** /インプ**ロ**イ/

・その会社は人を何人くらい使っているのですか
How many people does the company employ?

・私は人に使われたくない I wouldn't like to work under someone. / ひゆ I'd rather be my own boss. (自分が自分の社長になりたい)

つかえる 仕える **serve** /**サ**～ヴ/; (世話をする) **wait on** /**ウェ**イト/

つかまえる catch /**キャ**チ/; **get hold of** /**ホ**ウるド/

・私は彼の腕(うで)をつかまえた
I got hold of his arm. /
I caught him by the arm.

・私は腕をつかまえられた → 受け身形
I was caught by the arm.

・彼女は忙(いそが)しいのでなかなかつかまりません
She is so busy that it's not easy to catch her.

つかまる hold on (to ～) /**ホ**ウるド/; (つかまえられる) **be caught** /**コ**ート/

・私はこの文の意味がつかめない

I cannot grasp the meaning of this sentence.

つかる 浸かる (洪水などで) **be flooded** /ふ**ラ**デド/

つかれ 疲れ **fatigue** /ふァ**ティ**ーグ/; (極度の) **exhaustion** /イグ**ゾー**スチョン/

つかれる 疲れる

➤ **be**［**get**］**tired** /**タ**イアド/

・へとへとに疲れる be tired out

・私は何時間も歩いてとても疲れた
I walked for hours and got very tired.

・私は買い物をして歩いて疲れた
I am tired from walking around shopping.

・彼はすごい勉強で疲れているようだ
He looks tired after studying hard.

・彼らは疲れ切って家に帰った
They returned home tired out.

つき¹ 月

❶ (天体) **the moon**
❷ (暦の) a **month**

❶ (天体) **the moon** /**ムー**ン/

・月夜 a moonlight［moonlit］night

・月が明るく空に輝いている
The moon is shining brightly in the sky.

・今夜は月がない
There is no moon tonight.

・月旅行はもう夢ではなく今は現実となった
A journey to the moon is no longer a dream. It is a fact now.

❷ (暦の) a **month** /**マ**ンす/

・月々の monthly

・月の初め[終わり]に at the beginning [the end] of the month

・月の半ばごろ about the middle of the month

・月に1度 once a month

つき² (幸運) **luck** /**ら**ク/

つき³ …付きの **with ～**

・バス・トイレ付きの部屋 a room with a private bathroom

つき⁴ …につき **a, per** /**パ**～/, **for**

・1ダースにつき500円 500 yen a［per］dozen

・40個につき千円 1,000 yen for 40 pieces

つぎ¹ 継ぎ a **patch** /**パ**チ/

継ぎをあてる **patch** (**up**)

つぎ² 次の

➤ **next, following** /ふァ**ろ**ウインぐ/

・次に next

・次々と one after another

・この次に (今度) next time

つきあう 358 three hundred and fifty-eight

•次の日曜日に next Sunday / on Sunday next
•次の文 the next [following] sentence
•次の事[物] the following
•次のかたどうぞ
Next, please.
•私は次に何をしましょうか
What shall I do next?
•この次ここへ来る時にそれを持って来ます
Next time I come here I will bring it.
•その次の日私はまた彼に会った
I met him again the next day [on the following day].
•当選者は次のとおりです
The winners are as follows.

つきあう 付き合う **be friends with** /ふレンズ/, **keep company with** /キープ カンパニ/; (恋人として) **date**; (いっしょに行く) **go** [**come**] **along with**
•付き合いのいい sociable
•彼はだれとでも付き合う
He is friends with everybody. / He gets on with everybody. / He is a good mixer.
•彼は彼女ともう2年間付き合っている
He has been going with her for two years.
•ちょっとコンビニまで付き合ってくれないか
Would you like to come along with me to the convenience store?

つきあたり 突き当たり **the end**
•廊下(ろうか)の突き当たりに[の] at the end of the corridor

つきあたる 突き当たる **run against** /アゲンスト/ → しょうとつ(→ 衝突する)
•その道を突き当たったら右に曲がりなさい
When you come to the end of the road, turn right.

つぎあわせる 継ぎ合わせる **stick together** /スティク トゥゲざ/

つきさす 突き刺す → さす¹

つきそう 付き添う **accompany** /アカンパニ/ 付き添い **attendance** /アテンダンス/
•付き添い人 an attendant
•付き添いの教師 a teacher who accompanies his [her] students
•受験生たちの多くは親に付き添われていた
Most of the candidates were accompanied by their parents.

つきだす 突き出す (舌・手足などを) **stick out** /スティク/; (押し出す) **push out** /プシュ/; (警察へ) **hand over** (to ~)

つぎつぎ 次々と **one after another** /アナざ/

•次々と困った事が起こった
There took place one trouble after another.
参考ことわざ 一難去ってまた一難 One misfortune comes on the neck of another. (一つの不幸がもう一つの不幸の首について来る)

つきでる 突き出る **project** /プロヂェクト/

つきとおす 突き通す **thrust through** /すラスト すルー/, **pierce** /ピアス/

つきひ 月日 **time**
•月日がたつにつれて as time passes
•月日は矢のように過ぎた
Time passed very quickly. / Time flew.

つきみ 月見をする **enjoy seeing a full moon** /インヂョイ スィーインぐ ふる ムーン/

つぎめ 継ぎ目 **a joint** /ヂョイント/, **a seam** /スィーム/

つきゆび 突き指する **sprain** *one's* **finger** /スプレイン ふィンガ/

つきる 尽きる **run out**

つく¹ 付く
❶ (くっつく) **stick** /スティク/ → くっつく
•そでにネコの毛が付いているよ
There are cat's hairs on your sleeve.
❷ (火が) **catch fire** /キャチ ふァイア/; (あかりが) **come on**
❸ (…が付いている) **with** ~ → つき³
•フードが付いているコート a coat with a hood

つく² 着く
➤ **arrive** /アライヴ/, **reach** /リーチ/, **get**

基本形	
	A に着く
	arrive at A → 狭(せま)い場所に着く
	arrive in A → 広い場所に着く
	reach A
	get to A

•駅に着く arrive at [reach, get to] the station
•日本に着く arrive in Japan
•家に着く arrive [reach, get] home → この home は副詞(家に)だから ×to [at] home としない
•私たちは夕方の6時に目的地に着きました
We arrived at [reached, got to] our destination at six in the evening.
•君は日暮れ前にそこに着くでしょう You will get [reach, arrive] there before dark. → 英語では「場所」を示す副詞は「時間」を示す副詞の前に来るのがふつう
•この飛行機は明朝オーストラリア[シドニー国際空港]に着きます This airplane will arrive in Aus-

tralia [at Sydney International Airport] tomorrow morning.

arrive in / arrive at

・私たちはロンドンに無事に着きました →現在完了
We have arrived in London safely.

使い分け

arrive と get はある場所に「着く」ことを意味し，reach は長い時間や労力をかけて「たどり着く」ことを意味する I arrived at the Narita International Airport at seven in the morning. (わたしは成田空港に朝の7時に着きました) After three hours driving, we finally reached our home. (3時間運転してやっと家に着きました)

つく³ 突く（急に，強く）**thrust** /すラスト/; (棒などで) **poke** /ポウク/

つぐ¹ 継ぐ（継承する）**succeed** /サクスィード/

・私は父のあと[父の事業]を継ぐことになっています I am to succeed my father [to succeed to my father's business].

・彼にはあとを継ぐ息子がいません
He has no son to succeed him.

つぐ² **pour** /ポー/

・お茶をつぐ pour (out) tea

・グラスにはなみなみと (→ふちまで) ビールがつがれた The glass was filled to the brim with beer.

つくえ 机 a **desk** /デスク/

・机に向かう sit at a desk

つくす 尽くす **do**

・最善を尽くす do one's best

・山田氏は町の発展のために大いに尽くした
Mr. Yamada has done a great deal for the development of the town.

つぐなう 償う **make up** (for 〜)

つくりなおす 作り直す **remake** /リーメイク/

つくりばなし 作り話 a **made-up story** /メイダプ/, a **myth** /ミす/; (作り事) an **invention** /インヴェンション/

つくる 作る, 造る

❶（製造する）**make**
❷（建てる）**build**

❶（製造する）**make**

基本形
A (物)を作る
　make A
B (人)に A (物)を作ってあげる[くれる]
　make B A / make A for B
C (材料)で[から] A (物)をつくる
　make A from C → 何が材料なのか見ただけでわからない場合
　make A (out) of C → 何が材料なのか見ただけでわかる場合

・ケーキを作る make a cake

・彼女にドレスを作ってあげる make her a dress / make a dress for her → 「B に A を作ってあげる」で A が「それ」(it), 「それら」(them) の場合は必ず make it [them] for B となる

・木で箱を造る make a box out of wood

・牛乳からチーズを作る make cheese from milk

・母はケーキを作っています → 現在進行形
Mother is making a cake.

・ぼくは弟にプラモデルを作ってやった I made my little brother a plastic model. / I made a plastic model for my little brother.

・日本の神社はたいてい木で造られています → 受け身形 Most Japanese *Shinto* shrines are made [built] of wood.

・日本酒は米から造る
Sake is made from rice. /
We make sake from rice.

・プラモデルを作ることが彼の趣味(しゅみ)です
Making plastic models is his hobby.

・この模型の船は兄さんが作った (→兄さんによって作られた)ものです This model ship was made by my older brother.

・そんなに小さな人形を作った人はいません → 現在完了
Nobody has ever made such a small doll.

❷（建てる）**build** /ビるド/; **construct** /コンストラクト/

・家をつくる build a house

・ビル[橋]をつくる construct a building [a bridge]

❸（組織する）**organize** /オーガナイズ/

・生徒会[クラブ]を作る organize a student council [a club]

つくろう 360 three hundred and sixty

❹ (栽培する) **grow** /グロウ/
・私たちは校庭のすみで野菜を作っている
We grow vegetables in the corner of our schoolyard.
❺ (創作する) **create** /クリエイト/ **write** /ライト/; **compose** /コンポウズ/
・詩を作る write [compose] a poem
・曲を作る compose a piece of music
❻ (食事を)(用意する) **prepare** /プリペア/; (熱を用いて調理する) **cook** /クク/
・夕食を作る make supper / (用意する) prepare supper

つくろう 繕う **mend**

づけ …付 **dated** /デイテド/, **of**
・7月30日付のイスタンブールからのお手紙きょう受け取りました
I received your letter dated [of] July 30 (読み方: (the) thirtieth) from Istanbul today.

つげぐち 告げ口 **tell on**
・だれかが私のことを告げ口したに違いない
Someone must have told on me.

つけくわえる 付け加える **add** /アド/
・彼の話に付け加えるものは何もありません
I have nothing to add to his story.

つけこむ つけ込む **take advantage of** /アドヴァンテヂ/
・彼は私の若さ[弱み]につけ込んだ
He took advantage of my youth [weakness].
・子供だと思ってつけ込もうとしてもだめです
You can't take advantage of me just because I am a child.

つけもの 漬物 **pickles** /ピクルズ/

つける¹ 付ける, 着ける

❶ **put**; (取り付ける) **fix**
❸ (身につける) **put on, wear**

❶ **put**; (取り付ける) **fix** /フィクス/
・壁に耳をつける put one's ear to the wall
・上着にバッジをつける fix a badge on one's coat
❷ (薬などを) **put, apply** /アプライ/; (しみを) **stain** /ステイン/
・その傷口に軟膏をつけておきなさい
Put some ointment on the cut.
❸ (身につける) **put on, wear** /ウェア/
・イヤリングをつける[つけている]
put on [wear] earrings
❹ (火を) **light** /ライト/; (電気・テレビ・ラジオなどを) **switch on** /スウィチ/, **turn on** /ターン/
・ろうそく[タバコ]に火をつける light a candle [a cigarette]
・テレビ[ガス]をつける
switch on the television [the gas]
❺ (日記などを) **keep** /キープ/, **write in** /ライト/
・日記をつける (毎日) keep a diary / (その日の) write in one's diary
❻ (あとを) **follow** /ふァろウ/
・私はつけられていることに気づかなかった
I didn't notice [I was unaware] that I was being followed.

put on

turn on

follow

keep

つける² 漬ける (水などにちょっとつける) **dip**; (浸す) **soak** /ソウク/; (漬物を) **pickle** /ピクル/
・野菜を漬ける pickle vegetables

つげる 告げる **tell, say** /セイ/
・別れを告げる say good-bye

つごう 都合

➤ (好都合) **convenience** /コンヴィーニエンス/

都合がよい **be convenient** /コンヴィーニエント/, **suit** /スート/

都合が悪い **be inconvenient** /インコンヴィーニエント/
・もし都合がよければ if it is convenient for you / if it suits you [your convenience]
・どの列車が君には都合がよいですか
Which train is convenient for you?
・それでご都合はよろしいですか
Will that suit you [your convenience]?
・3時ごろお伺いしたいのですがご都合はよろし

・いでしょうか
Will it suit you if I call at about three? / Will it be convenient for you if I come at about three?

ツタ 蔦〚植物〛**ivy** /アイヴィ/

つたえる 伝える

❶（知らせる）**tell**; （報道する）**report**
❷（伝承する）**hand down**

❶（知らせる）**tell**; （報告する, 報道する）**report** /リポート/; （意見・感情などを）**convey** /コンヴェイ/; （よろしくと）**remember** /リメンバ/ （→ よろしく）
伝えられるところによれば（報道によれば）**reportedly** /リポーテドリ/; （本当かどうかは確かでないが）**allegedly** /アれヂドリ/
・林から電話があったと彼女にお伝えください
Please tell her that Hayashi called.
・10時に行けないと彼に伝えてくださいませんか
Would you please tell him that I can't be there at ten?
・今あなたに話したことを彼に伝えてください
Please tell him what I've just told you.
・何か彼にお伝えすることがありますか
Shall I give him a message? / Would you like to leave him a message?
・すべての新聞が彼の死を伝えている
All the newspapers report his death.
・彼が会議でそう言ったと伝えられている → 受け身形
It is reported that he said that at the meeting.
・ことばでは私の今の気持ちを伝えることはできません Words cannot convey［express］my present feelings.
・どうぞご家族の皆様によろしくお伝えください
Please remember me to all your family.
❷（伝承する）**hand down** /ダウン/; （外国から風習などを）**introduce** /イントロデュース/
・われわれはこのよい校風を後輩に伝えなければならない We must hand down this good school tradition to our juniors.
❸（熱・電気などを）**conduct** /コンダクト/
・金属は電気［熱］を伝える
Metals conduct electricity［heat］.

つたわる 伝わる

❶（うわさなどが）**spread**; （意味などが）**be understood**, **get across**

❶（うわさなどが）**spread** /スプレド/; （意味などが）**be understood** /アンダスト゚ド/, **get across** /アクロース/
・その知らせはたちまち町に伝わった
The news spread quickly in the town.
・私の言いたいことが聴衆には伝わらなかったのじゃないか I'm afraid what I meant was not properly understood by the audience. / I'm afraid my intention didn't get across to the audience.
❷（伝承される）**be handed down** /ダウン/; （紹介される）**be introduced** /イントロデュースト/
・それは明治初年に英国から日本に伝わったものです
It was introduced from Britain into Japan in the early years of Meiji［in early Meiji］.
❸（光・音などが）**travel** /トラヴる/
・光は音よりも速く伝わる
Light travels faster than sound.

つち 土

➤ **earth** /ア〜す/; （耕土）**soil** /ソイる/; （地面）**the ground** /グラウンド/
・肥えた［やせた］土 rich［poor］soil
・球根に土をかぶせる cover a bulb with earth
・土を耕す cultivate the soil
・その宝は土に深く埋められた
The treasure was buried deep in the ground.

つつ 筒 **a case** /ケイス/

つづき 続き （連続）**(a) succession** /サクセション/, **a series** /スィアリーズ/; （小説などの）**a sequel** /スィークウェる/, （小説・テレビ番組などの）**serial** /スィアリアる/; （天候の）**a spell** /スペる/
・不幸続き a succession of misfortunes
・これは先月号の物語の続きです
This is the sequel to the last month's story. / This is a story continued from the last month.
・先月は晴天続きでした We had a long spell of fine weather last month.

つつく （指・棒などで）**poke** /ポウク/; （鳥が）**peck** /ペク/
・つついて穴をあける poke a hole

つづく 続く

➤ （継続する）**continue** /コンティニュー/, **last**
➤ （あとに）**follow** /ふァろウ/
・（次号に）続く To be continued.
・1日じゅう雨が降り続いた
The rain continued all day. / It continued raining［to rain］all day.
・（きょうで）1週間雨が降り続いています → 現在完了進行形 It has been raining for a week.
・あしたでまる1週間雨が降り続いていることになる

つづける 362 three hundred and sixty-two

➡未来完了進行形
It will have been raining for a whole week by tomorrow.
•この雨降りはいつまで続くのでしょう
How long is this wet weather going to last, I wonder?
•彼の演説は3時間も続いた
His speech lasted (for) three hours.
•パーティーは深夜まで続いた
The party went on until midnight.
•幸運が続いてやって来た
One good fortune followed another.
•私のあとに続いて読みなさい Read after me.

つづける 続ける

➤ **continue** /コンティニュー/, **go on**, **keep** /キープ/

•続けて（切れ目なく）on end / running; （次から次へと連続して）in succession
•5日間も続けて for five days on end ［running］
•仕事を続ける continue *one's* work / go on with *one's* work / go on working
•どうぞお話を続けてください
Please go on with the story.
•彼女は2時間泣き続けた
She went on ［kept］ crying for two hours.
•列車がこんでいたので私は東京から名古屋までずっと立ち続けた
The train was so crowded that I had to stand all the way from Tokyo to Nagoya. ➡自分の意志で立っていたのではないので keep standing としない; all the way (ずっと)に「続ける」という意味がふくまれている

使い分け
continue と go on は一般的な「続ける」を意味する語で, keep は長い間「続ける」ことや何度もし「続ける」ことを意味する語 He kept saying 'I love you'. (彼は何度も愛していると言った)

つっこむ 突っ込む （車が）**run into**; （口で）**poke** /ポウク/; （突き刺す）**thrust** /すラスト/; （水に）**plunge** /ブランヂ/
•ポケットに手を突っ込む with *one's* hands in *one's* pockets
•他人事に首を突っ込む poke *one's* nose into other people's affairs

ツツジ 躑躅 《植物》**an azalea** /アゼイリャ/

つつしみ 慎み （謙虚(けんきょ)さ）**modesty** /マデスティ/
•慎み深く modestly

つつしむ 慎む （慎重(しんちょう)にする）**be careful** /ケアふる/; （控(ひか)える）**abstain** (from ～) /アブステイン/
•ことばを慎みなさい Be careful about what you say ［your language］.
•激しい運動はしばらく慎むようにと医者に言われた
I was advised by the doctor not to take hard exercise for some time.

つっぱしる 突っ走る **dash** /ダシュ/
•その警官は群衆の中を突っ走って行った
The police officer dashed through the crowd.

つっぱり 突っ張り （すもうの）**arm thrusts** /アームすラスツ/; （強がり）**a bluff** /ブらふ/
突っ張る **thrust**; **bluff**

つつみ¹ 堤 （土手）**a bank** /バンク/; （堤防）**an embankment** /インバンクメント/

つつみ² 包み **a bundle** /バンドる/, **a package** /パケヂ/
•包み紙 wrapping paper
•包みをあける unwrap a bundle ［a package］

つつむ 包む **wrap** (up) /ラプ/
•これを紙に包んでください
Please wrap this (up) in paper.
•町は濃い霧(きり)に包まれていた
The town was wrapped in a thick mist.
•彼女は赤ちゃんをショールで包んだ
She wrapped her baby in a shawl. /
She wrapped a shawl around her baby.

つづる spell /スペる/
つづり spelling /スペリング/
🗣会話 その語はどうつづりますか。—b-i-r-d とつづります How do you spell the word?—We spell it "b-i-r-d."

つとめ¹ 勤め （仕事）**work** /ワ～ク/; （勤め口）**a job** ➡つとめる¹

つとめ² 務め **a duty** /デューティ/ ➡にんむ

つとめる¹ 勤める **work** /ワ～ク/
•私の姉は銀行に勤めている
My sister works for a bank.
🗣会話 お父さんはどこにお勤めですか。—父は自動車工場に勤めています
Where does your father work?—He works in an automobile factory.

つとめる² 務める （…として行動する）**act as ～**
•議長を務める act as chairperson

つとめる³ 努める **try** /トライ/
•私たちはその状態を改善しようと努めた
We tried to improve the condition.
•今後はそうするように努めます

I'll try to do so in future.
つな 綱 a **rope** /ロウプ/
・綱引きをする　play tug of war
・綱渡りをする　walk on a tightrope
つながり a **connection** /コネクション/, a **link** /リンク/; (親類関係) (a) **relation** /リれイション/
つながる **connect** /コネクト/, **join** /チョイン/
・この二つの文はつながらないようだ
These two sentences do not seem to connect.
・A 川と B 川はここでつながる
The A river joins the B river at this point.
・ウェブサイトにつながる[接続する]　connect to a website
・インターネットにつながらない　can't access [connect to] the Internet
つなぐ (結ぶ) **tie** /タイ/; (合わせる) **join** /チョイン/; (舟を) **moor** /ムア/; (イヌを) **leash** /リーシュ/; (接続する) **connect** /コネクト/
・イヌをつないでおく　keep a dog on a leash
・私たちは丸太をつないでいかだを作った
We tied logs together into a raft.
・私たちはみんな丸くなって手をつないだ
We all joined hands in a circle.
・われわれは堅い友情でつながれている
We are joined in firm friendship.
・この橋がその二つの市をつないでいます
This bridge connects the two cities.
つなみ 津波 *tsunami*, **tidal waves** /タイドるウェイヴズ/
つねに 常に **always** /オーるウェイズ/
・彼は常に不平を言っている
He is always complaining.
・彼は常に朝食前に散歩をしたものだ
He used to take a walk before breakfast.
・金持ちが常に幸福とは限らない
Rich people are not always happy.
つねる **pinch** /ピンチ/
・私はそれが夢ではないかと自分をつねってみた
I pinched myself to make sure that it was not a dream.
つの 角 (ウシなどの) a **horn** /ホーン/; (シカの) an **antler** /アントら/; → 右の写真
つば **spit** /スピト/
　つばを吐く　spit
ツバキ 椿 《植物》a **camellia** /カミーリア/
つばさ 翼 a **wing** /ウィング/
ツバメ 燕 《鳥》a **swallow** /スワろウ/
つぶ 粒 (穀粒など) a **grain** /グレイン/; (しずく) a **drop** /ドラプ/

・一粒の米　a grain of rice
・雨粒　a raindrop
つぶす (物を) **crush** /クラシュ/; (暇(ひま)を) **kill**; (だめにする) **ruin** /ルーイン/
つぶれる **be crushed**; (破産する) **go bankrupt** /バンクラプト/; **be ruined**
・大豆をつぶす　crush soybeans
・暇をつぶす　kill time
・缶(かん)はぺしゃんこにつぶれてしまった
The can was crushed flat.
・その箱はつぶれて変な形になってしまった
The box was crushed out of shape.
・あの店はとうとうつぶれてしまった
The store went bankrupt at last.
・雨で運動会がつぶれた (→雨が運動会をつぶした)
The rain ruined our athletic meet.
・私たちはコーヒーショップで1時間つぶした
We killed an hour at a coffee shop.
つぶやく **murmur** /マ〜マ/
・「それは変だ」と彼は私の耳もとでつぶやいた
"It's strange," he murmured in my ear.
つぼ a **jar** /ヂャー/, a **pot**
つぼみ a **bud** /バド/
・木々はつぼみをつけています
The trees are in bud.
つぼめる (狭くする) **make narrower** /ナロウア/; (かさなど) **close** /クろウズ/, **fold** (**up**) /ふォウるド/; (口を) **pucker** /パカ/, **purse** /パ〜ス/, **pout** /パウト/
・口をつぼめる　pucker [purse, pout] one's lips
つま 妻 one's **wife** /ワイふ/ (圏 **wives** /ワイヴズ/)
つまさき つま先 **tiptoe** /ティプトウ/, **toe**
・頭のてっぺんからつま先まで　from head to toe
・つま先で立つ[歩く]　stand [walk] on tiptoe
つまずく **stumble** /スタンブる/, **trip** /トリプ/
・石につまずく　stumble [trip] over a stone
つまむ **pinch** /ピンチ/
・塩一つまみ　a pinch of salt

horns　antlers

あ か さ つ な は ま や ら わ

•鼻をつまむ pinch *one's* nose
•私はそれを指でつまんだ
I pinched it between my fingers.

つまらない

❶ (取るに足らない) **trifling**
❷ (退屈な) **boring, dull**

❶ (取るに足らない) **trifling** /トライふりンぐ/
•つまらない物 a trifle
•お誕生日のお祝いにつまらない品を2, 3お送りいたしました
I'm sending you a few small things for your birthday.
•こんなつまらないことでけんかをするのはよせ
Stop quarreling about such a trifling matter.
❷ (退屈な) **boring** /ボーリンぐ/, **dull** /ダる/; (おもしろくない) **uninteresting** /アニンタレスティンぐ/
•この本はとてもつまらなかった This book was very boring [dull, uninteresting].

つまり (要するに) **in short** /ショート/; (すなわち) **that is** (**to say**) /(セイ)/ → すなわち
•つまり私は彼がきらいなのです
In short, I don't like him.
•彼は私のいとこの父, つまり私のおじです
He is my cousin's father, that is to say, my uncle.

つまる 詰まる → つめる

つみ 罪 (法律上の) a **crime** /クライム/; (とくに宗教の教えに反する) a **sin** /スィン/
•罪のある guilty / sinful
•罪のない innocent
•罪のないうそ a white lie
•罪を犯す commit a crime [a sin]

つみき 積み木 a (**building**) **block** /(ビるディンぐ) ブらク/

つむ[1] 積む **pile** /パイる/; (荷物を) **load** /ろウド/
積み重ねる pile up
•机に本を積む pile books on a desk / pile a desk with books
•そのトラックには材木が積んであった
The truck was loaded with lumber.

つむ[2] 摘む **pick** /ピク/
•野の花を摘む pick wild flowers

つむぐ 紡ぐ **spin** /スピン/

つめ a **nail** /ネイる/; (動物の) a **claw** /クろー/
•つめ切り(1丁) (a pair of) nail-scissors
•指のつめを切る cut [nip] *one's* nails on fingers

づめ …詰めにする (びん詰めに) **bottle** /バトる/; (箱詰めに) **pack ~ in** a **box** /パク/
•モモを箱詰めにする pack peaches in a box

つめあわせ 詰め合わせ an **assortment** /アソートメント/
詰め合わせの assorted /アソーテド/
•詰め合わせのクッキー assorted cookies

つめこむ 詰め込む → つめる

つめたい 冷たい

➤ (風・水・態度などが) **cold** /コウるド/; (態度が) **unfriendly** /アンふレンドり/

•冷たく coldly
•冷たくなる grow cold
•外は冷たい風が吹いていた
A cold wind was blowing outside.
•彼らは私を冷たく迎えた
They received me coldly. /
They gave me a cold reception.
•ぼくは仲よくしようとしたが, 彼は冷たかった
I tried to be friendly, but he remained unfriendly [ひゆ but he gave me the cold shoulder (冷たい肩を向けた)].

つめる 詰める

➤ (箱・かばんなどに) **pack** /パク/; (押し込む) **stuff** /スタふ/, **cram** /クラム/

詰まる be packed, be stuffed; (流通が止まる) **be choked** (**up**) /チョウクト/, **be clogged** /クらグド/
•いらない本を箱に詰める pack a box with unwanted books / pack unwanted books into a box
•袋には古い衣類がいっぱい詰まっている
The bag is stuffed with old clothes.
•かぜをひいて鼻が詰まっている
My nose is stuffed up because of a cold.
•もう少し詰めてすわってください
Sit closer, please.
•(バスの中で)後ろへ詰めてください
Move back, please.

つもり つもりである

➤ (予定である) **be going to** *do*, **plan** /プらン/; (意図する) **intend** /インテンド/, **mean** /ミーン/

•君は休みにどこへ行くつもりですか
Where are you going [are you planning to go] for the holidays?
•父は私を技師にするつもりです
My father intends me to be an engineer.

•彼は行くつもりだったが気が変わった
He meant to go, but he changed his mind.
•君は私をうそつきだと言うつもりか
Do you mean to say I am a liar?
•彼は詩人のつもりでいる
He thinks himself to be a poet.

つもる 積もる **lie** /ライ/
•雪は厚く積もった
Snow lay thick on the ground.
会話 雪はどれくらい積もっていますか. ―約30センチです How deep is the snow?―It is about thirty centimeters deep.

つや[1] **gloss** /グラース/, **luster** /らスタ/, **polish** /パリシュ/
•つやが出る[を出す] gloss / polish
•つやのない dim / dull
•つやのあるなめらかな髪 glossy [sleek] hair

つや[2] 通夜 **a wake** /ウェイク/
•…の通夜をする have a wake for 〜

つゆ[1] 露 **dew** /デュー/

つゆ[2] 梅雨 (雨期) **the rainy season** /レイニ スィーズン/
•梅雨に入りました
The rainy season has set in.
•梅雨はいつあけますか (→終わりますか)
When will the rainy season be over?

つゆ[3] (吸い物) **soup** /スープ/; (果物・肉の) **juice** /ヂュース/

つよい 強い

> **strong** /ストローンぐ/; (がんじょうな) **sturdy** /スタ〜ディ/; (程度が) **intense** /インテンス/

強く strongly; (激しく) **hard** /ハード/
強くする make 〜 strong, make 〜 stronger, strengthen /ストレンぐスン/
•強い光[憎しみ] intense light [hatred]
•彼は君と同じくらい強い
He is as strong as you are.
•彼は私よりずっと強い
He is much stronger than I [《話》than me].
•彼は私たちみんなのうちで一番強い
He is the strongest of us all.
•風[雨]が強く吹いて[降って]いる
It is blowing [raining] hard.

つよき 強気の **aggressive** /アグレスィヴ/
つよさ 強さ **strength** /ストレンぐす/, **power** /パウア/; (光・音・熱などの) **intensity** /インテンスィティ/
つよみ 強み (利点) **an advantage** /アドヴァンテヂ/

•ボクサーにとって腕(うで)が長いのは大きな強みだ
Long arms are a great advantage for a boxer.

つよめる 強める **strengthen** /ストレンぐスン/; (程度を) **intensify** /インテンスィふァイ/; (強調する) **emphasize** /エンふァサイズ/, **put emphasis on** /エンふァスィス/
•最後のことばをもっと強めて読みなさい
Put more emphasis on the last word.
•これらのことばはかえって彼の怒りを強めるだけだった These words served only to intensify his anger.

つらい hard /ハード/
•つらい生活を送る lead a hard life
•こんな寒い朝に早く起きるのはつらいことだ
It is hard to get up early on such a cold morning as this.

つらぬく 貫く **run through** /ラン スルー/
つらら **an icicle** /アイスィクる/

つり[1] 釣り **fishing** /ふィシンぐ/
釣りをする fish
•釣り道具 a fishing tackle
•釣りざお[糸] a fishing rod [line]
•釣り舟 a fishing boat
•釣り堀 a fishing pond
•私は釣りが好きです I like fishing.
•この池はよく釣れます
Fishing is good in this pond.
•川へマスを釣りに行こうよ
Let's go fishing for trout in the river.

つり[2] つり銭 **change** /チェインヂ/
•はい50円のおつりです
Here's fifty yen change.

つりあう 釣り合う, 釣り合わせる **balance** /バランス/; (似合う) **match** /マチ/
釣り合い balance
•不釣り合い imbalance
•釣り合いのとれた balanced; matched

つりかわ つり革 **a strap** /ストラプ/
•つり革につかまる hold on to a strap
つりばし つり橋 **a suspension bridge** /サスペンション ブリヂ/
つりわ つり輪 《スポーツ》 **rings** /リンぐズ/ → 体操の競技名

つる[1] (弦) **a string** /ストリンぐ/; (バケツなどの) **a bail** /ベイる/
つる[2] 釣る **fish** → つり[1]
つる[3] (首を) **hang** oneself /ハンぐ/
ツル[1] 鶴 (鳥) **a crane** /クレイン/
ツル[2] 蔓 《植物》 **a vine** /ヴァイン/
つるす hang /ハンぐ/ → かける[3] ❶

・天井からランプがつるしてあった
A lamp was hanging from the ceiling.
つるつる つるつるした (すべりやすい) **slippery** /スリパリ/; (なめらかな) **smooth** /スムーず/ → すべる
つるはし a pickax /ピカクス/

つれて¹ 連れて…

➤ (連れて行く) **take**
➤ (連れて来る) **bring**
➤ (連れて帰る) **bring back**

・どうか私もいっしょに連れて行ってください
Please take me (along) with you.
・私は毎朝イヌを散歩に連れて行きます
I take my dog for a walk every morning.
・この冬父は私たちをスキーに連れて行ってくれる
Father will take us skiing this winter.
・彼は私たちを連れて歩いて名所を見せてくれた
He took us around and showed us the sights.
・友だちをいっしょに連れて来ていいですか
Can I bring my friend along?

つれて² …につれて **as**
・時がたつにつれて彼はそのことをすっかり忘れた
He forgot all about it as time passed.
・日が高くなるにつれてだんだん暑くなってきた
As the day progressed, it became hotter.

take

bring

つわり morning sickness /モーニング スィックネス/
つんと
❶ (すました) **prim** /プリム/
・つんとすまして primly
❷ (鼻をつくような) **pungent** /パンヂェント/
・つんとくるにおい a pungent smell

て テ

て 手

❶ (手首から先) a **hand**; (腕) an **arm**
❷ (援助(えんじょ)の手) a **hand**; (助け) **help**

❶ (手首から先) a **hand**; (腕) an **arm** → うで
・てのひら[手の甲] the palm [the back] of the hand
・手をつないで hand in hand
・手を上げる raise *one's* hand
・手を握る (こぶしをつくる) close *one's* hand / (人の手を) grasp *a person's* hand / (握手(あくしゅ)する) shake hands (with ～)
・手をたたく clap *one's* hands
・右手ではしを持つ hold chopsticks with *one's* right hand
・彼は両手を前に差し出した
He put both [his] hands forward. /
He held out both [his] hands.
・彼は手にボールを持っている
He has a ball in his hand(s). → hand と単数にすれば「片手に」, hands なら「両手で」
・彼女は両手にいっぱい花をかかえていた
She was holding a lot of flowers in her arms.
・彼女は子供の手を引いて歩いていた
She was leading a child by the hand.
掲示 手を触(ふ)れるな Hands off.
・(イヌなどに)お手! Shake!
❷ (援助の手) a **hand**; (助け) **help**
・…に手を貸す give [lend] ～ a hand
・手を借りる ask for help
・手が足りない be short of hands
・手があいている be free / be available / have nothing to do
・おそれ入りますがスミスさんは今あなたにお会いで

きません．彼は今手が離せませんので
I'm afraid Mr. Smith can't see you; he is engaged just now.
❸(その他)
・(トランプの)手がよい[悪い] have a good [bad] hand
・手も足も出ない be helpless
・手に負えない be beyond *one's* control
・手を抜く save (a lot of) labor / ひゆ cut corners (道筋にそって曲がらずに斜めに突っ切る)
・…に手を出す (関係する) have a hand in ~ / (口出しする) poke *one's* nose into ~
・手を引く back out (of ~)
・それは2千円で手に入ります
It is available for ¥2,000.
・彼は自分の手に余るような事をしようとした
He made an attempt to do what was beyond his power. /
ひゆ He bit off more than he could chew. (自分が咀嚼(そしゃく)できる以上のものをかみ取った)

で¹ 出
・彼はW大学の出だ
He is a graduate of W University.
・水の出が悪い The water flow is poor.

で² …で
❶(場所) **at**, **in**
❷(手段・道具) **by**, **with**, **in**, **on**
❸(時間) **in**; **by**; **within**

❶(場所) **at**, **in**
・駅で…に会う meet ~ at the station
・デパートで…を買う buy ~ at a department store
・試験でよい点を取る get good marks in a test
・私は北海道で生まれた
I was born in Hokkaido.
・私はそれをニューヨークのデパートで買いました
I bought it at a department store in New York. → 地理的な場所の場合，in は「広い場所」，at は「せまい場所あるいは特定の場所」
・ここで[そこで]私を待っていなさい
Wait for me here [there]. → here, there は副詞(ここで，そこで)で，すでにその中に「…で」をふくんでいるから ×in [at] here [there] などとしない
・外で遊ぼうよ Let's play outside.
❷(手段・道具) **by**, **with**, **in**, **on**
・郵便[手紙]で by mail [letter]
・バス[自転車]で学校に行く go to school by bus [bicycle]
・鉛筆(えんぴつ)で書く write with a pencil
・水彩で描く paint in watercolors
・英語で話す speak in English
・電話で話す talk on the telephone
・テレビ[ラジオ]で on TV [the radio]
・ギターで…をひく play ~ on the guitar
❸(時間) **in**; (…までには) **by**; (…以内に) **within** /ウィずィン/
・1週間で帰って来る come back in a week
・午前で終わる be over by noon
・1時間で宿題をする do *one's* homework within an hour
❹(原因・理由) **of**, **from**, **with**, **because of**
・がん[老齢(ろうれい), 飢(う)え]で死ぬ
die of cancer [old age, hunger]
・過労で死ぬ die from hard work → 直接的な死因を示す時は of を，間接的な死因を示す時は from を使うとされるが実際にはそれほど厳密(げんみつ)に区別されていない
・かぜで学校を休む be absent from school with a cold
・試合は雨で延期された
The game was put off because of rain.
❺(材料) (**out**) **of**, **from** → つくる ❶
・材木で家を建てる build a house out of wood
・ブドウでワインを作る make wine from grapes
❻(年齢(ねんれい)・価格・速度・割合) **at**, **for**, **by**
・27歳で結婚する get married at twenty-seven
・それを千円で買う buy it for 1,000 yen
・1ダース300円で卵を売る sell eggs at 300 yen a dozen → 「…につき…円で」の時の「で」には at を使い，単に金額だけの時は sell eggs for 300 yen のように for を使う
・時速40キロで走る go (at) 40 km an hour
・重量で売る sell by weight

であい 出会い a **meeting** /ミーティング/
・旅行しているといろいろな人とのたくさんの楽しい出会いがある
We have a lot of happy meetings with various people while we are traveling.

であう 出会う **meet** /ミート/; (偶然に) **meet with**, **come across** /アクロース/, **run into**
・私は郵便局の近くで彼に出会った
I met him near the post office.
・私は空港で昔の友人に出会った
I came across [ran into] an old friend of mine at the airport.

てあし 手足 **hands and feet** /ハンヅ ふィート/, **hand and foot** /ふト/, **the limbs** /リムズ/

であし 出足 (スタート) a **start** /スタート/; (選挙などの) a **turnout** /ターナウト/

てあたりしだい 368 three hundred and sixty-eight

・そのサッカー選手は今シーズンの出足が好調だった The soccer player made a good start this season.
・選挙の出足はよかった[悪かった] There was a good [bad] turnout at the polls.

てあたりしだい 手当たり次第 **at random** /ランダム/
・手当たりしだいに本を読む read at random

てあて 手当て (治療(ちりょう)) (a) **treatment** /トリートメント/
手当をする treat, give treatment (to ～)
・…の手当てをしてもらう receive treatment for ～ / have [get] ～ treated
・その負傷者は病院で手当てを受けた The injured person was treated at the hospital.
・このけがはすぐ手当てをしてもらわなければいけない You should have this injury treated at once.

てあみ 手編み **hand knitting** /ハンド ニティング/
である → です

ていあん 提案 a **proposal** /プロポウザる/, a **suggestion** /サヂェスチョン/
提案する propose /プロポウズ/, **make a proposal, suggest** /サヂェスト/, **make a suggestion**
・新しい計画を提案する propose a new plan
・何か提案がありますか
Do you have any suggestions?

ティーシャツ a **T-shirt** /ティー シャ～ト/

ディーゼル ディーゼル機関 a **diesel engine** /ディーズる エンヂン/

ディーブイディー a **DVD** → digital versatile disk (デジタル多用途ディスク)の略

ディープラーニング 《IT》(深層学習) **deep learning** /ディープ らーニング/

ていいん 定員 (募集などの) **the limit** (for applicants) /リミト アプリカンツ/; (座席数) **the seating capacity** /スィーティング カパスィティ/; (乗り物の) **the passenger capacity** /パセンヂャ/
・定員に達する reach the limit
・定員を超過する exceed the limit [the seating capacity, the passenger capacity]; (乗り物が) be overloaded
・この会館の定員は何人でしょうか
What is the seating capacity of this hall?

ティーンエージャー a **teen-ager** /ティーネイヂャ/

ていえん 庭園 a **garden** /ガードン/; a **park** /パーク/

ていか 低下 a **fall** /ふォーる/, a **drop** /ドラプ/

低下する fall, drop
・気温の低下 a fall [a drop] in temperature
・生徒の学力が低下しているといわれている
It is said the scholastic aptitude of students has fallen [dropped].

ていか 定価 a (**fixed**) **price** /(ふィクスト) プライス/, a **list price** /リスト/, a **regular price** /レギュラ/
・定価表 a price list
・この値段は定価の40パーセント引きです
This price is 40% off the regular price.

ていき 定期の **regular** /レギュら/
・定期的に regularly
・定期考査 a regular examination
・定期検診 a regular checkup

ていぎ 定義 a **definition** /デふィニション/
定義する define /ディふァイン/

ていきあつ 低気圧 **low atmospheric pressure** /ろウ アトモスふェリク プレシャ/

ていきけん 定期券 《米》a **commutation ticket** /カミュテイション ティケト/, a **commuter's ticket** /コミュータズ/, 《英》a **season ticket** /スィーズン/
・電車[バス, 地下鉄]定期券 a train [a bus, a subway] pass
・定期券使用者 《米》a **commuter** / 《英》a **season-ticket holder**
・この定期券はもう切れている[8月20日まで使える] This commuter's [season] ticket is no longer valid [is valid until August 20].

ていきゅうび 定休日 a **regular holiday** /レギュら ハリデイ/
・この辺の商店は毎週火曜が定休日です
The stores in this neighborhood have a regular holiday on Tuesdays.

ていきょう 提供 an **offer** /オーふァ/
提供する offer

テイクアウト a **takeout** /テイカウト/

ディクテーション dictation → かきとり
・ディクテーションをする[がある] give [have] dictation

デイケア day care, daycare /デイ ケア/
・彼は息子をデイケアから引き取った He picked up his son from day care. → 日本語と異なり老人以外を預かるサービスもさす
・デイケアセンター(託児所; 介護施設) a day(-)care center

ていこう 抵抗 **resistance** /リズィスタンス/
抵抗する resist /リズィスト/, **make** (a) **resistance, put up** (a) **resistance**

•敵の攻撃に強く抵抗する make［put up］a strong resistance to the enemy attack
ていこく¹ 定刻 **the appointed time** /アポインテド/
•定刻に at the appointed time; (予定の時間どおりに) on schedule / on time
ていこく² 帝国 **an empire** /エンパイア/
•帝国主義 imperialism
ていさい 体裁 **appearance** /アピアランス/
•体裁を気にする keep up appearances
ていし 停止 **a stop** /スタプ/; (中止) **suspension** /サスペンション/
停止する stop; suspend /サスペンド/
•停止信号 a stop sign
•…の販売を停止する stop selling 〜
ていじ 定時 ＝**ていこく¹**
•定時制高校 a night high school
ていしゃ 停車 **a stop** /スタプ/
停車する stop
•停車場 a railroad［《英》railway］station
•各駅停車の列車 a local (train)
•その列車はこの駅には停車しません
The train does not stop at this station.
•次の停車は立川です
The next stop is Tachikawa.
ていしゅつ 提出する (正式に) **present** /プリゼント/, **submit** /サブミト/,《話》**hand［turn］in** /タ〜ン/ → だす❸
•みんなレポートを提出しましたか
Have you all handed［turned］in your papers?
ていしょく 定食 **a set meal［menu］**/セトミーる［メニュー］/, **a combo** /カームボウ/
•きょうの定食は何ですか
What's today's lunch set?
ディスカウント a discount /ディスカウント/
•ディスカウントショップ a discount store［shop］
ディスカッション (a) discussion /ディスカション/
•(…について)ディスカッションをする discuss 〜 / have a discussion about 〜
ディスクジョッキー a disk jockey /ディスク ヂャキ/
ディスコ a discotheque /ディスコテク/,《話》**a disco** /ディスコウ/
ディズニーランド Disneyland /ディズニらンド/
ディスプレー a (video, computer) display［monitor］/ディスプれイ/
ていせい 訂正 **correction** /コレクション/

訂正する correct /コレクト/
•誤りを訂正する correct errors
ていせん 停戦 **a cease-fire** /スィース ふァイア/; **a truce** /トルース/
ていたく 邸宅 **a residence** /レズィデンス/, **a mansion** /マンション/
ティッシュペーパー a tissue /ティシュー/ →鼻をかんだり手をふいたりするものには paper をつけない; tissue paper は美術品などを包む「薄葉紙(うすようし)」
ていでん 停電 **a power failure** /パウア ふェイリャ/, **a power cut** /カト/
•昨夜は台風で6時間停電した The electricity went off［There was a power failure］for six hours last night because of the typhoon.
ていど 程度
❶ (度合) **degree** /ディグリー/; (範囲) **extent** /イクステント/
•ある程度まで(は) to some extent
•それは程度問題です It's a matter of degree.
•どの程度君はこの件に関係しているのですか
To what degree are you involved in this matter?
•被害の程度は不明です
The extent of the damage is unknown.
❷ (標準) **standard** /スタンダド/; (等級) **a grade** /グレイド/
•この国の生活程度は高い［低い］
The standard of living is high［low］in this country.
ディナー a dinner /ディナ/
ていねい 丁寧な (礼儀(れいぎ)正しい) **polite** /ポらイト/; (念入りな) **careful** /ケアふる/
丁寧に politely; carefully, with care
•彼らは私にとても丁寧でした
They were very polite to me.
•この本は丁寧に扱ってください
Handle this book carefully［with care］.
ていねん 定年 **the age limit** /エイヂ リミト/
•定年で退職する retire (at the age limit)
ていはく 停泊する **come to anchor** /アンカ/
•数隻の船が沖に停泊している
Several ships are lying at anchor off the shore.
デイパック a daypack /デイパク/
ディベート a debate /ディベイト/
ていへん 底辺 **the base** /ベイス/
ていぼう 堤防 **an embankment** /インバンクメント/, **a bank** /バンク/
ていぼく 低木 **a shrub** /シュラブ/; (低木のしげみ)

ていり 370 three hundred and seventy

a **bush** /ブシュ/

ていり 定理 a **theorem** /**すィ**オレム/

でいり 出入りする **go in and out**
・出入り口 (戸口) a **doorway** / (門口) a **gateway**

ていりゅうじょ 停留所 a **stop** /スタプ/
・バスの停留所 a bus stop
・次の停留所 the next stop

ていれ 手入れをする (修繕(しゅうぜん)する) **repair** /リペア/, **mend** /メンド/; (木・花・髪などを) **trim** /トリム/

手入れのよい **well-kept** /ウェる ケプト/, **in good repair**
・手入れの行き届いた庭 a well-kept garden
・スキーはよく手入れをしておかなければなりません
Skis must be kept in good repair.

ディレクター a **director** /ディレクタ/

データ **data** /デイタ/

データベース a **database** /デイタベイス/

デート a **date** /デイト/
・…とデートする have a date with ～

テープ a **tape** /テイプ/; (投げる紙テープ) a (**paper**) **streamer** /(ペイパ) ストリーマ/

テーブル a **table** /テイブる/
・テーブルクロス a tablecloth
・テーブルにつく sit at the table

テープレコーダー a **tape recorder** /テイプ リコーダ/
・テープレコーダーで音楽を録音する tape [taperecord] music

テーマ a **theme** /すィーム/, a **subject** /サブヂェクト/ → theme は「テーマ」と発音しないこと
・私たちの作文のテーマは「私の夢」だ
The theme [The subject] for our composition is "My Dream."

テーマソング a **theme song** /すィーム/

テーマパーク a **theme park**, an **amusement park**

ておくれ 手遅れになる **be too late** /れイト/; (患者(かんじゃ)などが) **be beyond cure** /ビヤンド キュア/, **be beyond hope** /ホウプ/
・手遅れにならないうちに before it is too late
・彼はもう手遅れだ
He is already beyond cure [hope].

てがかり 手がかり (事件の) a **clue** /クるー/; (犯人などの) a **trail** /トレイる/, a **track** /トラク/

でかける 出かける (外へ) **go out**; (出発する) **leave** /リーヴ/, **start**
出かけている **be out**
・散歩に出かける go out for a walk
・旅行に出かける go on a journey

・父は用事で出かけています
Father is out on business.
・母は買い物に出かけています
Mother is out shopping.
・私はあす北海道へ出かける予定です
I am going to leave for Hokkaido tomorrow.

てかげん 手加減する
・彼は手加減しないでずばずば物を言う
ひゆ He pulls no punches and minces no words. (打つ手を引っ込めないで)

てかてか てかてかしている **shiny** /シャイニ/, **glistening** /グリスニング/

でかでか でかでかと (大きな文字で) **in huge letters** /ヒューヂ/; (大々的に) **in a big way** /ウェイ/; (目立つように) **conspicuously** /コンスピキュアスり/

てがみ 手紙

➤ a letter
・手紙で by letter
・…に手紙を書く write to ～ / write a letter to ～
・手紙を出す mail [《英》post] a letter
・6月2日付の彼の手紙を受け取る receive his letter dated [of] June 2
・彼女の手紙に返事を書く answer her letter
・彼は毎週家族に手紙を書いている
He writes (a letter) to his family every week.

てがら 手柄 (功績) **credit** /クレディト/; (偉業(いぎょう)) a **great achievement** /グレイト アチーヴメント/, a **feat** /ふィート/
・それは彼の手柄だ
The credit rests with him [goes to him].

てがる 手軽な (簡単な) **simple** /スィンプる/; (容易な) **easy** /イーズィ/
手軽に **simply**; **easily**
・手軽な食事 a simple meal

てき¹ 敵 an **enemy** /エネミ/; (競争相手) a **rival** /ライヴる/
・暴力は民主政治の敵である
Violence is the enemy of democracy.

てき² …滴 a **drop** /ドラプ/
・2～3滴の水 a few drops of water

できあがる 出来上がる → かんせい¹ (→ 完成する)

てきい 敵意 **hostility** /ハスティりティ/
敵意のある **hostile** /ハスタる/
・…に対して敵意を持つ have a hostile feeling against ～

てきおう 適応する **adapt** (*one*self) /アダプト/
・彼は新しい境遇に適応するのに少し時間がかかった

It took him some time to adapt (himself) to the new circumstances.

できごと 出来事 an **occurrence** /オカ〜レンス/; (偶然の) a **happening** /ハプニング/; (重大な) an **event** /イヴェント/
・本年のおもな出来事 the chief events of the year
・きのうの出来事を話してください
Tell me what happened yesterday.

てきざい 適材適所 **the right person in the right place** /ライト パ〜スン プれイス/

できし 溺死する **drown** /ドラウン/ → おぼれる

テキスト (教科書) a **textbook** /テクストブク/

てきする 適する (目的にかなう) **suit** /スート/; (ぴったり合う) **be fit** (for 〜) → てきとう
・適さない unsuitable / unfit
・彼はその地位に適さない
He is not fit [is unfit] for the post.

てきせい 適性 (an) **aptitude** /アプティテュード/
・…に対する適性がある have an aptitude for 〜
・適性検査 an aptitude test

てきせつ 適切な (ふさわしい) **fitting** /ふィティング/, **suitable** /スータブる/; (正しい) **proper** /プラパ/

できたて 出来たての (新しい) **new, fresh** /ふレシュ/; (料理などが) **hot from the oven** /アヴン/

てきど 適度の **moderate** /マデレト/

てきとう 適当な (ふさわしい) **suitable** /スータブる/; (適度の) **moderate** /マデレト/; (いいかげんな) **random** /ランダム/

てきぱき てきぱきと (さっさと) **promptly** /プランプトり/; (能率的に) **efficiently** /イふィシェントり/; (はっきりと要領よく) **clearly and to the point** /クリアり ポイント/

てきよう 適用 **application** /アプリケイション/ 適用する **apply** /アプらイ/
・適用できる applicable
・この規則はそういう場合には適用できない
You cannot apply this rule to such cases.

できる

❶ (…する能力がある) **can** do, **be able to** do; (可能である) **be possible**
❷ (上手である) **be good**
❸ (作物などが) **grow**

❶ (…する能力がある) **can** do, **be able to** do /エイブる/; (可能である) **be possible** /パスィブる/
・できるだけ… as 〜 as possible [as one can]
・できたら if possible
・彼は英語を読むことも書くこともできる
He can read and write English.
・君はこれ以上高く飛ぶことができないのか
Can't you jump higher than this?
・君は今年はあまりうまく泳ぐことができなかったが来年はもっとよくできます
You could not swim very well this year, but you will be able to do better next year.
・彼ならその仕事ができる
It is possible for him to do the job. → ×He is possible to do the job. としない
・あしたの朝はできるだけ早く起きなさい
Get up as early as possible [as you can] tomorrow morning.
・私はできるだけ速く走った
I ran as fast as I could.
・できたら明日うかがいたいのですが
I would like to visit you tomorrow, if possible.
・私にできる事は何でもします
I will do everything in my power.

❷ (上手である) **be good**
・陽子はスケートはできないけど数学はクラスで一番です Yoko is not good at skating, but she is best in math in our class.

❸ (作物などが) **grow** /グロウ/
・綿は日本ではよくできない
Cotton does not grow well in Japan.
・甘い物を食べすぎるとにきびができる
Too many sweets causes pimples.

❹ (その他)
・…することはとてもできない there is no doing
・仕事は半分しかできていない
The work is only half done.
・小さな赤ちゃんはひとりでは何もできない
A little baby is helpless.

てぎわ 手際のよい → じょうず

でぐち 出口 an **exit** /エグズィト/, a **way out** /ウェイ/

テクニック (a) **technique** /テクニーク/

てくび 手首 a **wrist** /リスト/

てこ a **lever** /れヴァ/

でこぼこ でこぼこの (平らでない) **uneven** /アニーヴン/; (でこぼこの多い) **rough** /ラふ/; (車ががたがたするような) **bumpy** /バンピ/

デコレーション (a) **decoration** /デコレイション/
・デコレーションケーキ a fancy cake → 「デコレーションケーキ」は和製英語

てごろ 手ごろな (便利な) **handy** /ハンディ/; (適している) **suitable** /スータブる/; (値段が) **reasona-**

てごわい 372 three hundred and seventy-two

ble /リーズナブる/
•手ごろな英語辞書 a handy English dictionary
てごわい 手ごわい **strong** /ストローング/, **tough** /タふ/
テコンドー taekwondo /タイクワンドゥ/
デザート (a) **dessert** /ディザ〜ト/
デザイナー a **designer** /ディザイナ/
デザイン a **design** /ディザイン/
　デザインする design
•デザイン学校 a school of design
てさぐり 手探りする **grope** /グロウプ/
•暗やみであちこち手探りする grope about in the dark
•手探りで…を捜す grope for 〜
てさげ 手さげ(袋) a **handbag** /ハンドバッグ/; (買い物袋) a **shopping bag** /シャピング/
てざわり 手ざわり **feel** /ふィーる/, **touch** /タチ/
•手ざわりがよい[悪い] feel good [bad]
でし 弟子 a **pupil** /ピューピる/, a **disciple** /ディサイプる/

でした …でした

➤(主語が一人称単数・三人称単数の場合) **was 〜**; (主語が一人称複数・二人称・三人称複数の場合) **were 〜** /ワ〜/ →です

基本形	
	彼は先生でした
	He was a teacher.
	彼は先生でしたか
	Was he a teacher?
	彼は先生ではありませんでした
	He was not [wasn't] a teacher.
	彼は先生ではなかったのですか
	Wasn't he a teacher?

•私は[君は, 彼は, 私たちは]幸せでした
I was [You were, He was, We were] happy.
•私は[私たちは]そのころは学生でした
I was a student [We were students] then.
　🔊会話 あなたは[あなたがたは]彼に親切でしたか. —いいえ, 親切ではありませんでした
Were you kind to him? —No, I was [we were] not.
デジタル digital /ディヂトる/
•デジタル時計 a digital watch
てじな 手品 **magic** /マヂク/, a (**conjuring**) **trick** /(カンヂャリング)トリク/
•手品をする conjure
•手品師 a magician / a conjurer
でしゃばり でしゃばりの **forward** /ふォーワド/, **brash** /ブラシュ/

•でしゃばり a busybody / a forward fellow
•そうでしゃばるな Don't be so forward.
てじゅん 手順 **procedure** /プラスィーヂャー/
•正しい手順に従う follow the correct procedure

でしょう …でしょう

❶(未来) **will**
❷(…だと思う) **I think 〜**
❶(未来のことをいう時) **will** ⬆ I will, you will, he will などはしばしば I'll, you'll, he'll, また will not は won't と略す
•彼はすぐよくなるでしょう
He will [He'll] soon get well.
　🔊会話 彼はあした来るでしょうか. —いや, 来ないでしょう Will he come tomorrow? —No, he will not [won't].
•私は決して君のことを忘れないでしょう
I will never forget you.
❷(…だと私は思う) **I think 〜** /すィンク/, **I believe 〜** /ビリーヴ/; (きっと) **I'm sure 〜** /シュア/
•彼ならそれができるでしょう
I think [believe] he can do it.
•きっと彼が君に電話したんでしょう
I'm sure he called you.
❸(念を押す意味で用いる時) →ね⁴

です …です

➤**be 〜** →でした

文法・語法
「A は B です」は "A be B" となる. be は A と B とを結ぶ働きをする動詞で, 主語 A の種類によって **am, are, is** と変化するがどの場合も「A=B」の意味になる. たとえば「空 (sky) は青い (blue)」のように「…です」に当たることばがない日本語の場合にも, 英語では The sky is blue. と be 動詞(この場合は is) を入れなくてはいけない. 逆に「君は何を注文したの?」「私はコーヒーです」のように,「…です」があっても「A=B」でない時は ✗*I am coffee*. としてはいけない (私はコーヒーを注文した」I ordered coffee. とする). be は主語の種類によって次のように変化する

主　語	単　数	複　数
一人称	**am**	
二人称	**are**	**are**
三人称	**is**	

three hundred and seventy-three　373　てつだう

基本形

彼女は幸せです
She is happy.
彼女は幸せですか
Is she happy?
彼女は幸せではありません
She is not〔isn't〕 happy.
彼女は幸せではありませんか
Isn't she happy?
彼女はそれ以来ずっと幸せです
She has been happy since then.

•私は〔君は，彼は，私たちは〕幸せです
I am〔You are, He is, We are〕happy.
•私は〔私たちは〕学生です
I am a student〔We are students〕.
会話 あなたは〔彼女は〕中学生ですか．—はい，そうです　Are you〔Is she〕a junior high school student?—Yes, I am〔she is〕.
•ビルはアメリカ人ではありません．カナダ人です
Bill is not〔isn't〕American. He is Canadian.
•彼はこの1週間ずっと病気です
He has been sick for a week.

てすう 手数(をかける) **trouble** /トラブる/
•お手数ですが帰りがけにこの手紙をポストに入れてくれませんか
May I trouble you to mail this letter on your way back?
•こんなに手数をおかけしてすみません
I am sorry to give〔cause〕you so much trouble〔to trouble you so much〕.

デスクトップパソコン a **desktop computer** /デスクタプ コンピュータ/

テスト a **test** /テスト/
•英語のテストを受ける〔する〕 take〔give〕a test in English
•テストでよい点を取る get a high〔good〕score on〔in〕a test
•テストに合格する pass a test

てすり 手すり (階段・エスカレーターなどの) a **handrail** /ハンドレイる/

てせい 手製の (家具など) **handmade** /ハンドメイド/; (食べ物など) **homemade** /ホウムメイド/
•私の手製の本箱
a bookcase which I made myself / a handmade bookcase

てそう 手相 **the lines of the palm** /らインズ パーム/
•手相を見る read a person's palm

でたらめ **nonsense** /ナンセンス/
•彼の言うことは皆でたらめだ

What he says is all nonsense.
•でたらめ言うな No nonsense!

てぢか 手近の **handy** /ハンディ/

てちょう 手帳 a **pocket notebook** /パケト ノウトブク/

てつ 鉄 **iron** /アイアン/
•鋼鉄 steel
•鋳鉄(ちゅうてつ) cast iron
•砂鉄 ironsand
•銑鉄(せんてつ) pig〔crude〕iron
•鉄鉱石 iron ore
•製鉄所 an iron foundry, a steel mill

てつがく 哲学 **philosophy** /ふぃらソふィ/
•哲学的な philosophical
•哲学者 a philosopher

てっき 鉄器 **ironware** /アイアンウェア/
•鉄器時代 the Iron Age

デッキ (船の) a **deck** /デク/

てっきょ 撤去する (取り除く) **remove** /リムーヴ/; (違法駐車の車を) **tow away〔off〕** /トウ アウェイ/
•駐車違反車撤去地区 a tow-away zone〔area〕

てっきょう 鉄橋 an **iron bridge** /アイアン ブリデ/; (鉄道の) a **railroad**〔(英)**railway**〕**bridge** /レイるロウド〔レイるウェイ〕/

てっきん 鉄筋コンクリート **reinforced concrete** /リーインふォースト カンクリート/

てづくり 手作りの → てせい

てっこう 鉄鋼 (**iron and**) **steel** /(アイアン) スティーる/

てっこうじょ 鉄工所 an **ironworks** /アイアンワ〜クス/ (働 同形)

デッサン a **drawing** /ドローインぐ/, a **sketch** /スケチ/ →「デッサン」はフランス語の dessin から

てつだい 手伝い **help**; (人) a **help** → てつだう
•お手伝いさん a housekeeper
•この仕事をするには何人かの手伝いがいる
I need some help from a few people to do this work.

てつだう 手伝う
➤ (手伝いをする) **help**

基本形

A (人・事)を手伝う
help A
A (人)の B (事)を手伝う
help A with B
A (人)が…するのを手伝う
help A (**to**) do → (米) では to がない形が多く，(英) では to がある形が多い

•母の手伝いをする help one's mother

てつづき 374

・彼女の勉強を手伝う help her with her study
・母が料理をするのを手伝う help one's mother (to) cook
・私を手伝ってくれませんか
Will you help me?
・彼は私の宿題を手伝ってくれました
He helped me with my homework.
・ちょっと来てこの机を動かすのを手伝ってくれ
(Just) Come and help me (to) move this desk.
・私はよく母の家事を手伝わされる
My mother often makes me help her with housework. →「手伝わされる」と受け身形であるが，英文では「母が私に手伝わせる」というのがふつう
・料理を手伝って（→手を貸して）くれませんか Can you lend me a hand with the cooking?
・何かお手伝いできることがありますか
Is there anything I can do for you?
・ぼくはこの模型飛行機を作るのを父に手伝ってもらった（→父は私が模型飛行機を作るのを手伝ってくれた）
Father helped me (to) build this model plane. →「…に手伝ってもらう」は英文では「…が手伝ってくれる」と能動態で表現するのがふつう

てつづき 手続き (a) **procedure** /プロスィーチャ/; (形式的な) **formalities** /ふォーマリティズ/
・入学の手続きをする follow the entrance procedure
・通関の手続きをする go through the customs formalities

てってい 徹底的(な) **thorough** /さ〜ロウ/
徹底的に **thoroughly**

てつどう 鉄 道 《米》a **railroad** /レイるロウド/, 《英》a **railway** /レイるウェイ/

デッドボール a **pitch which hits a batter** /ピチ (ホ)ウィチ バタ/ →pitch は「投球」; a dead ball は ラインの外に出た「ゲーム停止のボール」
・デッドボールを食う be hit by a pitch

てっぺん **the top**
・頭のてっぺんからつま先まで from head to foot

てつぼう 鉄棒 (体操の) a **horizontal bar** /ホーリザンdる バー/
・鉄棒をする exercise [perform] on a horizontal bar

てっぽう 鉄砲 a **gun** /ガン/; (ライフル銃) a **rifle** /ライふる/

てつや 徹夜する **stay up all night** /スティ ナイト/
・私は試験勉強でゆうべ徹夜しました
I stayed up all last night preparing for the examination.

テニス **tennis** /テニス/
・テニスをする play tennis
・彼はテニスがうまい
He is a good tennis player. /
He plays tennis very well.

てにもつ 手荷物 《おもに米》**baggage** /バゲ ヂ/, 《おもに英》**luggage** /らゲヂ/
・手荷物1個 a piece of baggage [luggage]
・手荷物預かり所 a cloakroom / 《米》a check-room
・(空港の)手荷物受け取り所 baggage claim (area)

てぬぐい a **towel** /タウエる/

テノール **tenor** /テナ/
・テノール歌手 a tenor

てのひら a **palm** /パーム/

では (さて) **well. now** /ナウ/; (それなら) **then** /ぜン/
・ではそろそろ失礼します
Well, I'll be going now.
・では私にどうしろというのですか
Well then, what do you want me to do?

デパート a **department store** /ディパートメント ストー/
・デパートで買い物をする shop at a department store

てばなす 手放す **part with 〜**; (処分する) **dispose** (of 〜) /ディスポウズ/

てびき 手引き(書) a **guide** /ガイド/, a **manual** /マニュアる/

デビュー a **debut** /デイビュー/
・デビューする make one's debut

てびょうし 手拍子を打つ **beat time with the hands** /ビート ハンツ/

でぶ (太った) **fat** /ふァト/

てぶくろ 手袋 (1組) (a pair of) **gloves** /(ペア) グらヴズ/
・手袋をはめる[はめている] pull on [wear] one's gloves
・手袋を脱(ぬ)ぐ take off one's gloves
・手袋をはめたままで with gloves on

てぶら 手ぶらで (何も手に持たないで) **with empty hands** /エンプティ ハンツ/; (みやげを持たないで) **without taking any present** /ウィざウト テイキンぐ プレズント/

デフレ(ーション) **deflation** /ディふれイション/

てほん 手本 an **example** /イグザンプる/
・彼は私たちによいお手本を示した
He gave us a good example.
・私は君を手本にしよう
I'll follow your example.

てま 手間 (時間) **time**; (労力) **labor** /レイバ/, **trouble** /トラブる/
・手間どる　take (much) time
・お手間はとらせません
I'll not take (up) much of your time.

デマ a **false rumor** /ふォーるス ルーマ/ →「デマ」はドイツ語の Demagogie から

でまかせ でまかせを言う　**talk at random** /トーク ランダム/
・でまかせの答えを言う　make a random answer

てまねき 手招きする　**beckon** /ベコン/
・彼は私に近くへ来いと手招きした
He beckoned me to come near.

でむかえる 出迎える　**meet** /ミート/
・彼は私を駅まで出迎えてくれた
He met me at the station.
・私たちは空港でスミス氏の出迎えを受けた. → 受け身形
We were met by Mr. Smith at the airport.

でも¹ (しかし) **but**

でも² …でも，…ても
❶ (さえ) **even** /イーヴン/; (どんな) **any** /エニ/
・それは(どんな)子供にでもできる
Even a child [Any child] can do it.
・だれにでもそのちがいはわかります
Anyone will notice the difference.
❷ (たとえ) **even if** /イふ/, **even though** /ぞウ/, **whether ～ or ～** /(ホ)ウェざ/
・たとえ彼が金持ちでもそれは買わないだろう
Even if he were rich, he would not buy it.
・好きでもきらいでも君はそれをしなければならない
You must do it whether you like it or not.
・雨が降っても君は行くの?
Are you going even if it rains?

デモ a **demonstration** /デモンストレイション/
・デモをする　hold a demonstration

デモクラシー **democracy** /ディマクラスィ/

てもと 手元に　**at hand**
・手元に現金がない　have no cash at hand

デュエット a **duet** /デューエト/
デュエットする　**duet** (with ～)

てら 寺　a (**Buddhist**) **temple** /(ブディスト) テンプる/

てらす 照らす　**light** (**up**) /ライト/; (輝く) **shine** /シャイン/
・街灯で通りが明るく照らされている
The streets are well lit (up) by street lamps.
・月が湖を一面に照らしていた
The moon was shining over the lake.

テラス a **terrace** /テラス/

デラックスな **deluxe** /ダらクス/ → ごうか

デリケートな **delicate** /デリケト/, **sensitive** /センスィティヴ/

てる 照る　**shine** /シャイン/

でる　出る
❶ (外へ出る) **go out**
❷ (出発する) **leave, start**
❸ (現れる) **appear**

❶ (外へ出る) **go out, get out**
・ベルが鳴ると同時にみんな教室から出た
Everybody went out of the classroom as soon as the bell rang.
・彼は散歩に出た
He went out for a walk.
・とっととここから出て行け!
Get out of here!
・私は彼に出て行けと言った
ひゆ I showed him the door. (戸口を示した)
ことわざ 出る杭(くい)は打たれる
Envy is the companion of honor. (嫉妬(しっと)は名誉に付き物だ)

❷ (出発する) **leave, start, set out**
・旅に出る　set out on a journey
・君は朝何時に家を出ますか　What time do you leave home in the morning?
・駅に着いたら列車はもう出たあとだった
The train had already left when I arrived at the station. → had left は過去完了

appear

go out

attend

テレビ　376　three hundred and seventy-six

❸(現れる) **appear** /アピア/, **come out**
・彼女はドアのうしろから出て来た
She appeared [came out] from behind the door.
・あの俳優はよくテレビに出る
That actor often appears on TV.
❹(出席する) **attend** /アテンド/, **be present at** /プレズント/
・4時間めの英語の授業に出る　attend English in the fourth period
・彼女はその会合に出ていたよ
She was present at the meeting.
❺(参加する) **take part** (in ～) /パート/, **participate** (in ～) /パーティスィペイト/
・100メートル競走に出る　take part [participate] in a hundred-meter dash
❻(卒業する) **graduate** /グラヂュエイト/
・私の父はA大学を出ました
My father graduated from A University.
・私の兄はC大学の法学部を出ました
My brother graduated in law at C University.
❼(その他)
・(人が訪ねて来たので)玄関へ出る　answer the door
・電話に出る　answer a telephone
・このことばはどんな辞書にも出ています
We can find this word in any dictionary.

テレビ

➤ **television** /テれヴィジョン/, 《略》**TV** /ティーヴィー/; (受信機) a **TV set**

・テレビ局　a TV station
・テレビタレント　a TV personality
・テレビゲーム　a video game
・テレビで放送する　televise
・テレビをつける[消す]　turn on [off] the television
・テレビを見る　watch television
・テレビでニュースを聞く　hear news over the TV
・テレビで野球の試合を見る　watch a baseball game on television
・私の姉はテレビでフランス語を勉強します
My sister studies French on television.

てれる (恥(は)ずかしがる) **be shy** (about ～) /シャイ/; (間の悪い思いをする) **feel awkward** /ふィーるオークワド/; (どぎまぎする) **be embarrassed** /インバラスト/
・てれや　the bashful type

・てれ隠しに　to hide one's embarrassment
・ぼくはとてもてれてしまった
I was very embarrassed.

テレワーク **work from home**, **telecommuting** /テれコミューティング/, **telework** /テれワ～ク/ ⤴
・仕事場に行かずに自宅などで働くこと

テロリスト a **terrorist** /テロリスト/

テロ(リズム) **terrorism** /テロリズム/

てわたす 手渡す　**hand**
・この手紙を彼に手渡してください
Hand this letter to him, please.

てん¹ 天　the **heavens** /ヘヴンズ/; (空) the **sky** /スカイ/
・天地　heaven and earth

てん² 点

❶(印) a **dot**; (場所・目盛りなど) a **point** → かんてん
❷(評点) a **grade**, a **mark**

❶(印) a **dot** /ダト/; (場所・目盛りなど) a **point** /ポイント/
・点を打つ　put a dot / dot ⤴ dot はふつう「数個の点を打つ」こと
・君はその点が間違っている
You are wrong about [on] that point.
❷(評点) a **grade** /グレイド/, a **mark**; (点数) **points** /ポインツ/
・点をつける(採点する)　grade / mark
・英語の試験で80点を取る　get [score] 80 points in the English test
・竹田がクラスで理科の最高点を取った
Takeda got [scored] the highest marks for science in the class.
❸(競技の) a **score** /スコー/; (野球の) a **run**

でんあつ 電圧　**voltage** /ヴォウるテヂ/

てんいん 店員　a **clerk** /クら～ク/, a **salesclerk** /セイるズクら～ク/, a **shop assistant** /アスィスタント/

でんえん 田園 (田舎) the **country** /カントリ/; (田園地方) the **countryside** /カントリサイド/
・田園の　rural
・田園都市　a rural [garden] city

でんか¹ 殿下　**His Highness** /ハイネス/ ⤴ 直接呼びかける時は Your Highness となる

でんか² 電化　**electrification** /イれクトリふィケイション/
電化する **electrify** /イれクトリふァイ/

てんかぶつ 添加物　an **additive** /アディティヴ/
・食品添加物　food additives
・添加物のない　additive-free

でんごん

てんかん 転換（変化）(a) **change** /チェインヂ/
- 転換点 a turning point / ひゆ a watershed
→ watershed は「分水嶺（ぶんすいれい）」；雨水の流れる方向を分ける山脈であることから、「転換点・分岐点」の意味

てんき 天気
➤ **weather** /ウェざ/
- よい天気 fine［good］weather
- 悪い天気 bad weather
- 天気予報 a weather forecast［report］
- 天気図 a weather map［chart］
- 天気さえよければ if it is fine / if (the) weather permits
- きょうはいい天気ですね
It's a lovely day today, isn't it?
- 午後はよい天気になってほしい
I hope it will turn out fine in the afternoon.
- パリでは天気はどうでしたか
How was the weather in Paris? /
What was the weather like in Paris?
- 午後から天気はくずれるでしょう
The weather will change for the worse in the afternoon.
- きょうの天気予報は「くもり、時々雨」です
The weather forecast for today is "Cloudy with occasional rain."
- 天気予報が当たった
The weather forecast was right［came true］.

でんき[1] 伝記 a **biography** /バイアグラふィ/, a **life** /らイふ/
- リンカーンの伝記 a life of Lincoln

でんき[2] 電気
➤ (エネルギーとしての) **electricity** /イれクトリスィティ/
➤ (電灯) an **electric lamp** /イれクトリク ランプ/, an **electric light** /らイト/
- 電気の electric
- 電気ストーブ an electric heater
- 電気毛布 an electric blanket
- 電気器具 electrical appliances
- 電気スタンド（机に置く）a desk lamp /（床の上に置く）a floor lamp
- 電気をつける[消す] turn on［off］the light
- 電気自動車 an electric car［vehicle］
- 電気分解《理科》electrolysis
- 電気を通す conductive

テンキー 《IT》 a **numeric keypad** /ニュメリク キーパド/, a **number pad**

テンキーパッド → テンキー

でんきさく 電気柵 an **electric fence** /イれクトリク ふェンス/

でんきゅう 電球 an **electric bulb** /イれクトリク バるブ/
- 電球が切れた
The (electric) bulb burned out.

てんきょ 転居 **removal** /リムーヴァる/, a **change of address** /チェインヂ アドレス/
転居する **move** /ムーヴ/, **remove** /リムーヴ/
- 転居の通知を出す give notice of *one's* change of address

てんきん 転勤 **transfer** /トランスふァ～/
転勤する **be transferred to another office** /トランスふァ～ド アナざ オーふィス/

てんぐ 天狗 *tengu*, a **long-nosed goblin** /ろーンヅ ノウズド ガブリン/

でんぐりがえる でんぐり返る（前転する）**do a somersault** /サマソーるト/; (ひっくり返る) **turn over** /ターン/, **go head over heels** /ヘド ヒーるズ/

てんけい 典型的な **typical** /ティピカる/
- 典型的な例 a typical example

てんけん 点検 a **check** /チェク/, (an) **inspection** /インスペクション/ → けんさ, ちょうさ
点検する **check**, **inspect** /インスペクト/

でんげん 電源（コンセント）an **outlet** /アウトれト/ → コンセント
- 電源を切る shut off the power

てんこ 点呼する **call the roll** /コーる ロウる/

てんこう[1] 天候 → てんき

てんこう[2] 転校する **change** *one's* **school** /チェインヂ/, **transfer (to another school)** /トランスふァ～/
- 彼は公立校から私立校へ転校した
He transferred from a public school to a private school.
- 彼らは転校生のトムに親切にしてあげている
They are kind to Tom, who has transferred to their school.

でんこう 電光 **electric light** /イれクトリク らイト/; (いなずま) **lightning** /らイトニング/
- 電光石火の速さで with lightning speed
- 電光掲示板 an electric sign board

てんごく 天国 **heaven** /ヘヴン/

でんごん 伝言 a **message** /メセヂ/
伝言する **give** a **message**
- 伝言を頼んで行く leave a message
- 何か（彼に）伝言がございますか
Would you like to leave (him) a message?

てんさい¹ 天才 (才能) **genius** /ヂーニアス/; (人) a **genius**, a **prodigy** /プラディヂ/
・音楽の天才 a musical genius [prodigy]

てんさい² 天災 a **natural disaster** /ナチュラ^る ディザスタ/
・天災は忘れたころにやって来る Natural disasters strike when we least expect them.

てんし 天使 an **angel** /エインヂェ^る/

てんじ¹ 点字 **braille** /ブレイる/
・点字の本 a book in braille
・点字を読む read braille

てんじ² 展示 **exhibition** /エクスィビション/ → ちんれつ
展示する exhibit /イグズィビト/
・展示会 an exhibition
・展示会を開く hold an exhibition

でんし 電子 an **electron** /イれクトラン/
・電子の electronic
・電子黒板 a digital (interactive) whiteboard
・教室には電子黒板がある There is a digital whiteboard in the classroom.
・電子ブック an electronic book, an e-book
・電子メール an email
・電子顕微(けんび)鏡 an electron microscope
・電子工学 electronics
・電子レンジ a microwave (oven)

カタカナ語！ 電子レンジ

日本では調理されている食品を温める器具を「電子レンジ」というが，英語の range は調理をするためのもので，温めるためのものではない。「電子レンジ」は **microwave oven** /マイクロウウェイヴ アヴン/，あるいは **microwave** だけでもよい。「電子レンジでチンする」という動詞も microwave. 「それは電子レンジでチンしただけよ」は I just microwaved them.

てんじブロック 点字ブロック **tactile paving** /タクタる ペイヴィング/ → 「触って分かる舗装」の意

点字ブロックの一例

でんしゃ 電車

➤ a **train** /トレイン/
➤ (市街・路面電車) a **streetcar** /ストリートカー/, 《英》a **tram** /トラム/

・電車に乗る[から降りる] get on [off] a train
・終電車に乗る[間に合う，乗りそこなう] take [catch, miss] the last train
・電車賃 a train fare / (市街電車の) a carfare
・午後7時発成田行きの電車 the 7:00 p.m. train for Narita
・次の停車駅で電車を降りよう
Let's get off the train at the next stop.

てんじょう 天井 a **ceiling** /スィーリング/
でんしん 電信 **telegraph** /テれグラふ/
でんせつ 伝説 a **legend** /れヂェンド/
伝説上の，伝説的な legendary /れヂェンデリ/, **in legend**
・伝説で有名な人物 a character famous in legend
・この古池に恐ろしい竜がすんでいたという伝説がある There is a legend that a terrible dragon lived in this old pond.

てんせん 点線 a **dotted line** /ダテド/
でんせん¹ 伝染 → かんせん²
伝染させる transmit /トランスミト/, **pass on**
・伝染病 an infectious [a contagious] disease

でんせん² 電線 (an) **electric wire** /イれクトリク ワイア/

でんせん³ 伝線 (靴下の) 《米》a **run**, 《英》a **ladder** /らダ/

てんたい 天体 a **heavenly body** /ヘヴンリ バディ/
・天体望遠鏡 an astronomical telescope

でんたく 電卓 an **electronic calculator** /イれクトラニク キャる^るキュれイタ/; (ポケット型) a **pocket calculator** /パケト/

でんち 電池 (ひとつの) **cell** /セる/; (組み合わせた) a **battery** /バテリ/
・この電池は切れている[いない]
This battery is dead [This is a live battery].

でんちゅう 電柱 a **utility pole** /ユーティリティ ポウる/; (電話線用の) a **telephone pole** /テれふォウン/

テント a **tent** /テント/
・テントを張る[たたむ] pitch [strike] a tent

でんとう¹ 電灯 an **electric lamp** /イれクトリク/, an **electric light** /らイト/
・電灯をつける[消す] turn on [off] the light

でんとう² 伝統 **tradition** /トラディション/

・伝統的な traditional
でんどう 伝道 **mission** /ミション/
でんどうアシストじてんしゃ 電動アシスト自転車 an **electric bike** /イれクトリク バイク/, an **electronically-assisted bicycle** /イれクトリカリ アスィテド/
テントウムシ 天道虫 《虫》《米》a **ladybug** /れイディバグ/, 《英》a **ladybird** /れイディバ〜ド/
てんにゅう 転入する → てんこう²
でんねつき 電熱器 an **electric hot plate** /イれクトリク ハトプれイト/
てんねん 天然 **nature** /ネイチャ/
・天然の natural
・天然記念物 a precious natural product
・天然資源 natural resources
てんのう 天皇 an **emperor** /エンペラ/
・天皇陛下 His Majesty the Emperor
・昭和天皇 (the) Emperor Showa
・天皇誕生日 the Emperor's Birthday
・天皇制 the Emperor system
・天皇杯 the Emperor's Trophy
てんのうせい 天王星 **Uranus** /ユアラナス/
でんぱ 電波 a **radio wave** /れイディオウ ウェイヴ/
でんぱじょうたい 電波状態 **signal strength** /スィグヌる ストレンぐす/
・スマートフォンの電波状態が悪い have bad reception [a bad connection]
てんびんざ 天秤座 **Libra** /リーブラ/, the **Scales** /スケイるズ/
・天秤座生まれの人 a Libra / a Libran
てんぷく 転覆する **be overturned** /オウヴァタ〜ンド/, **be upset** /アプセト/
てんぷら *tempura*, **deep-fried food** /ディープ ふライド ふード/
でんぷん starch /スターチ/
・でんぷん質の starchy
テンポ (a) **tempo** /テンポウ/
・速い[ゆっくりした]テンポで at a fast [slow] tempo
・テンポを速める up the tempo → up は動詞(高める)
てんぼう 展望 (ながめ) **view** /ヴュー/ (→ けしき); (見通し) an **outlook** /アウトるク/
・東京タワーの展望台 the observation floor of Tokyo Tower
・経済的展望は明るくない
The economic outlook is not bright.
でんぽう 電報 a **telegram** /テれグラム/, a **wire** /ワイア/

・電報で by telegram [wire]
・電報を打つ send a telegram / wire
・祝電 a telegram of congratulations
デンマーク Denmark /デンマーク/
・デンマーク(人, 語)の Danish
・デンマーク語 Danish
・デンマーク人 a Dane; (全体) the Danes
てんめつ 点滅する **go on and off**, **come on and off**
てんもん 天文(学) **astronomy** /アストラノミ/
・天文学の astronomical
・天文学者 an astronomer
・天文台 an astronomical observatory
てんらんかい 展覧会 an **exhibition** /エクスィビション/
・美術[写真]展覧会
an art [a photo] exhibition
・展覧会を開く
hold an exhibition
・彼の絵は展覧会に出品されている
His picture is (being) shown at the exhibition.
でんりゅう 電流 an **electric current** /イれクトリク カ〜レント/
・電流がきている[切れている]
The current is on [off].
でんりょく 電力 **electric power** /イれクトリク パウア/
・電力会社 an electric power company

でんわ 電話

➤ a **telephone** /テれふォウン/, a **phone** /ふォウン/, 《米》a **call** /コーる/, 《英》a **ring**

電話をかける **(tele)phone**, **call (up)**, **ring (up)**, **make** a **phone call**, 《話》**give** a **call**, **give** a **ring**
・電話番号 a telephone number
・公衆電話 a public [pay] telephone
・電話ボックス 《米》a telephone booth / 《英》a call box / a telephone box
・電話で彼と話す talk with him on [over] the telephone
・電話に出る answer the phone
・電話を切る end a call / hang up / ring off
・また午後に電話をします I'll call you [give you a call] again in the afternoon.
・君に電話ですよ
There's a call for you. /
You are wanted on the telephone.
・山田から電話があったと(彼に)お伝えください

Please tell him that Yamada called.
- うるさくしないで，お母さんが電話中よ
Don't make a noise—Mother's on the phone.
- 電話を切らずにお待ちください Hold (the line), please.
- 固定電話 a fixed phone; (家の電話) a home phone; (地上回線の電話) a landline telephone

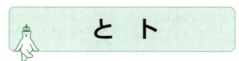

と¹ 戸 a **door** /ドー/
- 戸をあける open the door
- 戸をしめる close [shut] the door
- 戸をたたく knock at [on] the door

と² 都 a **metropolis** /メトラポリス/
- 都の，都立の metropolitan
- 都立高校 a Tokyo Metropolitan senior high school
- 東京都 Tokyo Metropolis →ふつうは Tokyo だけで使う
- 東京都知事 the Governor of Tokyo Metropolis
- 都庁 the Metropolitan Government Office
- 都議会 the metropolitan assembly
- 都電［バス］ a metropolitan streetcar [bus]

と³ …と

❶ (A と B) **and**
❷ (…といっしょに) **with ～**

❶ (A と B) **and**; (A か B) **or**
- 太郎と次郎 Taro and Jiro
- 私とあなたと彼 you, he, and I

文法・語法
英語では二人称，三人称，一人称の順に並べるのがふつう．3つ以上のものを「と」で結ぶ場合はコンマで区切り，最後の語句の前に and をつける．and の前のコンマはあってもなくてもよい

- トムとジャックとビルは親友です
Tom, Jack and Bill are good friends.
- あなたとあなたのご家族にお会いできるのを楽しみにしています I'm looking forward to seeing you and your family.
- あなたは夏と冬とではどちらが好きですか
Which do you like better, summer or winter?

❷ (…といっしょに) **with ～, along with ～, together with ～** /トゥゲざ/; (敵対して) **against** /アゲンスト/
- 彼と映画に行く go to the movies with him
- その国と戦う fight against [with] that country
- 私は去年彼女と同じクラスでした
I was in the same class with her last year.
- 私はそれを他の物といっしょに送った
I sent it along with the other things.

❸ (…する時) **when** /(ホ)ウェン/; (ちょうどその時) **just as** /チャスト/ →なると
- 君を見ると彼はびっくりするでしょう
When he sees you, he will be surprised.
- 部屋を出ようとすると電話が鳴った The telephone rang just as I was leaving the room.
- あの先生は怒ると本当にこわい That teacher is really frightening when he gets mad.
- そのニュースが伝わるとあたりはいっせいに静まり返った The news was met by complete silence. → met は meet (会う，出迎える)の過去分詞で受け身の文

❹ (もし…ならば) **if**; (…でなければ) **unless** /アンれス/
- 君が来ないと彼はがっかりするだろう
If you don't come, he will be disappointed.
- もっと一生懸命練習しないと，一軍に入れないよ
Unless you practice harder, you won't make the varsity team.
- もっと勉強しないと，いい高校に入れませんよ (→…しなさい，さもないと…)
Study harder, or you won't be able to get into a good (senior) high school.

ど 度

❶ (回数) a **time**
❷ (温度・角度) a **degree**

❶ (回数) a **time** /タイム/ →かい⁴
- 1度 once
- 2度 twice / two times
- 3度，4度，5度，… three times, four times, five times, …
- いく度も several times / (しばしば) often
- もう1度 once more [again]

three hundred and eighty-one　381　どう

・彼は3度試みたがそのたびに失敗した
He tried three times and each time he failed.
・ここへ来たのは今度が3度目です
This is the third time I have been here. /
I am here for the third time.

❷ (温度・角度) a **degree** /ディグリー/
・セ氏28度　twenty-eight degrees centigrade
➡ 28℃と略記する
・2本の線は45度の角度で交わっている
The two lines cross each other at an angle
of 45 degrees.

❸ (その他)
・度が過ぎた　excessive

ドア a **door** /ドー/ → と¹

とい¹ 樋 a **gutter** /ガタ/

とい² 問い a **question** /クウェスチョン/ → きく¹
❷, → しつもん
・次の問いに答えなさい
Answer the following questions.

といあわせる 問い合わせる　**inquire** /インクワイア/, **make an inquiry** /インクワイアリ/, **ask** /アスク/

　問い合わせ　an **inquiry**
・そのことについて佐藤さんに問い合わせてみます
I will make an inquiry about the matter to
Mr. Sato. / I will ask Mr. Sato about the
matter.

という (…という人) a (**certain**) ～ /(サ～トン)/;
(いわゆる) **so-called** /ソウ コールド/
・太郎という名の少年　a boy named Taro
・彼の友人だという連中　his so-called friends
・スミスさんという方があなたを訪ねて来ましたよ
A (certain) Mr. Smith came to see you.
・いいとも. それが友達というものじゃないか
No problem. That's what friends are for. (友
達はそのためにあるもの)

というのは **because** /ビコーズ/, **for** → なぜ (→
なぜなら)

といし 砥石 a **sharpening stone** /シャープニング/, a **whetstone** /(ホ)ウェトストウン/

ドイツ **Germany** /チャ～マニ/
・ドイツ(人, 語)の　German
・ドイツ語　German
・ドイツ人　a German; (全体) the Germans

トイレ 《米》a **bathroom** /バすルーム/, 《英》a **toilet** /トイれト/; (学校など公共の建物の) 《米》a **restroom**; (ホテル・公衆トイレの男性用) 《米》**men's room** (略 Men), 《英》**the Gentlemen('s** (略 the Gents); (ホテル・公衆トイレの女性用) 《米》**women's room** (略 Women), 《英》**the La-**dies(') **room** (略 the Ladies('))

トイレットペーパー **toilet paper** /ペイパ/; (一巻き) a **toilet roll** /ロウる/
・トイレはどこでしょうか　Where is the bathroom?
・彼はトイレに入っています
He is in the bathroom [the toilet].
・(授業中などに)トイレに行ってもいいですか
May I go to the restroom?

参考　欧米の家では浴室にトイレがあることが多いので「トイレ」の意味で bathroom (浴室) をよく使う. 学校・劇場など公共施設の場合は restroom を使う. また, 《米》では toilet は便器をイメージさせるので, トイレの場所を聞くときにはあまり使わない

とう¹ 等 (等級) a **class**, a **grade** /グレイド/; (…等賞) a **prize** /プライズ/
・1[2]等　the first [second] class
・コンクールで2等になる　take second place in
a contest / win second prize in a contest
・競走で3等になる　finish third in the race

とう² 党 a **party** /パーティ/ → せいとう²

とう³ 塔 a **tower** /タウア/

とう⁴ …頭 **head** /ヘド/ (複 同形)
・ウシ40頭　40 head of cattle ➡ ×heads とし
ない; 具体的な動物名なら, 50 horses (馬50
頭)などのようにすればよい

トウ 藤 《植物》a **cane** /ケイン/
・籐いす　a cane chair

どう¹ 胴 (人の) a **torso** /トーソウ/, a **trunk** /トランク/; (着物の) **the body** /バディ/

どう² 銅 (の) **copper** /カパ/; (青銅 (の)) **bronze** /ブランズ/
・銅メダル　a bronze medal

どう³

➤ **how** /ハウ/
・どういう → どんな
・どういうわけで, どうして → なぜ
・どうしても → とても ❸
・…はどうなるか　what becomes of ～
・どう…すべきか　how to do
・どうかして → どうか
・どうでもいい　be of no importance
・きょうは天気はどうでしょうか
How will the weather be today?
・この絵はどうですか(好きですか)
How do you like this picture?

あ
か
さ
と
な
は
ま
や
ら
わ

どう

- この絵はどう思いますか（ご意見は）
What do you think of this picture?
- 彼は近ごろどうしていますか
How is he getting along these days?

会話

きょうは（おげんきは）どうですか
—おかげさまで
How are you [do you feel] today?
—I'm fine, thank you.
ご旅行はどうでしたか（楽しかったですか）
—とても楽しかったですよ
How did you enjoy your trip?
—I enjoyed it very much.

- 君はこれをどうやって作りましたか
How did you make this?
- もし彼が留守だったらどうしよう
What shall I do, if I don't find him at home?
- 私はそれをどう教えてよいかわからなかった
I didn't know how to teach it.
- この計画はまだどうなるかわからない
I'm not sure how this plan will be in the end. /
ひゆ This plan is still in the air. (まだ空中にある)
- 君のイヌはどうなりましたか
What has become of your dog? → 現在完了の文; 現在どうなっているかをたずねている
- 鍵（かぎ）をどうした？
What did you do with the key?
- 赤ちゃんはどうかしましたか
Is anything the matter with the baby? /
What's the matter with the baby?
- このラジオはどうかしている
Something is wrong with this radio.
- だれが行こうとそんなことはどうでもいい
It's of no importance who goes. /
It doesn't matter who goes.
- 彼が泳ぐのはどうだと言いだして、われわれはみんな賛成した
He suggested a swim, and we all agreed.
- それがどうした（そんなことどうだっていいじゃないか、そんなこと知ったことか） So what?
- どうすることもできないものは我慢するしかない
ひゆ What cannot be cured must be endured. (治せないものは我慢しなければならない)
- いまさらどうしようもない
What's done is done. / What's done cannot be undone. (してしまった事は元には戻せない)

- 叫び声が聞こえたね。どうしたんだろう
I heard a shout—what's up?

どう[4] 同一 → おなじ

とうあん 答案（用紙）a **paper** /ペイパ/
- 答案を提出する hand in *one's* paper
- 答案を集める collect the papers
- 答案を採点する mark [grade] papers
- 先生たちは答案の採点で忙（いそが）しい
The teachers are busy marking papers.

とうい 同意する **agree** /アグリー/

どういう what /(ホ)ワト/, **how** /ハウ/
- 彼はどういう人ですか
What sort of man is he?
- この野菜はどういうふうに料理するのですか
How do you cook this vegetable?

どういたしまして

➤ （「ありがとう」に対して）**You are welcome.** /ウェるカム/ / **Not at all.** / **Don't mention it.** /メンション/ / **My pleasure.** /プれジャ/ / **Any time.**:（「すみません」に対して）**That's quite all right.** /クワイト ライト/

会話

いろいろとありがとうございます
—どういたしまして
Thank you for everything.
—**You are welcome.**
どうもありがとう
—どういたしまして
Thanks a lot.
—**Any time.**
ごめんどうをおかけしてすみません
—どういたしまして
I'm sorry to trouble you.
—**That's quite all right.**

とういつ 統一 **unity** /ユーニティ/
統一する unify /ユーニふァイ/

どういん 動員する **mobilize** /モウバらイズ/; **call out**
- 1万人の観客動員をする draw [attract] an audience of ten thousand

とうおう 東欧 **Eastern Europe** /イースタン ユロプ/

どうか → どうぞ
- どうかして（なんとか） by some means or other
- どうかこうか somehow

とうかいどう 東海道（街道）the Tokaido (high-three hundred and eighty-three 383 どうじ

way）/ハイウェイ/
- 東海道新幹線　the Tokaido Shinkansen
- 東海道五十三次　the old-time fifty-three stages on the Tokaido

トウガラシ 唐辛子《植物》**red pepper** /ペパ/

とうき[1] 冬期，冬季 **winter** /ウィンタ/, **wintertime** /ウィンタイム/
- 冬期休暇　the winter vacation
- 冬季オリンピック　the Winter Olympic Games

とうき[2] 陶器　**earthenware** /ア～ずンウェア/, **pottery** /パテリ/
- 陶器1個　a piece of pottery

とうぎ 討議 (a) **discussion** /ディスカション/
　…を討議する，…について討議する　discuss ～ /ディスカス/ ➡✕ discuss *about* ～ としない
- その問題は今討議中です

The question is under discussion.

どうき 動機 a **motive** /モウティヴ/;（動機づけ）(a) **motivation** /モウティヴェイション/

どうぎご 同義語 a **synonym** /スィノニム/

とうきゅう[1] 等級 a **grade** /グレイド/, a **class**
- 等級をつける　grade

とうきゅう[2] 投球 a **throw** /すロウ/;（ピッチャーの）a **pitch** /ピチ/

とうぎゅう 闘牛 a **bullfight** /ブるふァイト/
- 闘牛士　a bullfighter;（最後にとどめを刺す）a matador

どうきゅう 同級 **the same class** /セイム/
- 同級生　a classmate ➡ どうそう
- 私は彼と同級です

I am in the same class with him. /
He and I are in the same class. /
He and I are classmates.

どうきょ 同居する **live with** /リヴ/
- 同居人　a person living with *one* / a room-sharer
- 私はおじの家に同居しています

I live with my uncle［at my uncle's］.

とうきょく 当局 **the authorities** /オさリティズ/

どうぐ 道具 a **tool** /トゥーる/;（台所用など）a **utensil** /ユーテンスィる/;（装備品）**equipment** /イクウィプメント/
- 大工道具　a carpenter's tools
- 野球道具　（集合的に）baseball equipment

どうくつ 洞窟 a **cave** /ケイヴ/

とうげ 峠 a **pass** /パス/

とうけい[1] 東経 **the east longitude** /イースト らンヂテュード/
- 東経120度　Long. 120°E.（読み方: longitude a

hundred and twenty degrees east）

とうけい[2] 統計 **statistics** /スタティスティクス/
- 統計を取る　take statistics
- 統計表　a statistical table
- 最近の統計によれば　according to the latest statistics

どうけん 同権 **equal rights** /イークワる ライツ/
- 男女は同権である

Men and women have equal rights.

とうこう 登校する **go to school**
- 登校中の子供たち　children going to school / children on their way to school
- 登校拒否　school refusal / refusal to go to school
- 自転車で登校する生徒は50人以上おります

There are more than fifty students who come to school by bicycle. /
More than fifty students come to school by bicycle.

どうさ 動作（動き）**movements** /ムーヴメンツ/;（行動）**action** /アクション/
- 動作がのろい　be slow in movement
- 動作中の機械　a machine in action

とうざい 東西 **east and west** /イースト ウェスト/

とうさん 倒産 ➡ はさん

とうし[1] 投資 **investment** /インヴェストメント/
　投資する　invest /インヴェスト/
- 投資者　an investor
- 株に投資する　invest (money) in stocks

とうし[2] 凍死する **be frozen to death** /ふロウズン です/

とうし[3] 闘志 **fight** /ふァイト/
- 闘志が欠けている　be lacking in fight
- 闘志満々である　be full of fight

とうじ[1] 冬至 **the winter solstice** /ウィンタ サるスティス/

とうじ[2] 答辞 an **address in reply** /アドレス リプらイ/
- 彼は卒業生を代表して答辞を読んだ

He made an address on behalf of the graduates.

とうじ[3] 当時 **in those days** /ぞウズ デイズ/

どうし 動詞《文法》a **verb** /ヴァ～ブ/
- 自[他]動詞　an intransitive［a transitive］verb

どうじ 同時に **at the same time** /セイム/;（一時に）**at one time**;（…すると同時に）**as soon as ～** /スーン/, **the moment ～** /モウメント/
- 彼らは同時にゴールインした

They reached the goal at the same time.
- 同時にたくさんのことをやろうと思ってもできない

あ
か
さ
と
な
は
ま
や
ら
わ

You can't do many things at one time.
参考ことわざ 二兎(にと)を追う者は一兎(いっと)をも得ず He who hunts two hares catches neither.
・ベルが鳴ると同時に生徒たちは教室の外へ飛び出していった The students rushed out of the classroom as soon as [the moment] the bell rang.

とうじつ 当日(に), 当日は **on that day**
どうして →なぜ
どうしても →とても❸
とうしゅ 投手 a **pitcher** /ピチャ/
・先発投手 a starting pitcher
とうしょ 投書 a **letter from** a **reader** /れタリーダ/, a **letter to the editor** /エディタ/
・…に投書する write a letter to ~
・投書欄 the readers' column
とうじょう 登場する (舞台に) **come on** (**the**) **stage** /ステイヂ/, **appear on** (**the**) **stage** /アピア/
・登場人物 a character
どうじょう 同情 **sympathy** /スィンパすィ/
同情する sympathize (with ~) /スィンパさイズ/
・同情的な sympathetic
・水害の被災者に同情しないではいられない We cannot help sympathizing with the flood victims.
どうしようもない →やむをえない
とうしんだい 等身大の **life-size** /らイふ サイズ/
どうせ →どっちみち, とても❸
どうせい 同性 **the same sex** /セイム セクス/
とうせん 当選する **be elected** /イれクテド/
・当選者 (選挙の) a winner of an election / a successful candidate
・彼女は委員会の委員長に当選した She was elected chair of the committee.
とうぜん 当然の **natural** /ナチュラる/
・当然(のことながら) naturally
・当然のことである be a matter of course
・子供が遊びたがるのは当然です
It is natural that children (should) like to play. →《米》では should を省略して動詞の原形(仮定法現在)を用いるのがふつう
・当然彼はその結果を喜ぶでしょう
Naturally he will be pleased with the result.

どうぞ
➤ (頼む時) **please** /プリーズ/; (答える時, すすめる時) **please**, **with pleasure** /プれジャ/, **welcome** /ウェるカム/; (人に物を渡す時) **Here it is.** / **Here you are.**

・どうぞお入りください Please come in.
・お茶をどうぞ Have a cup of tea. → その人の利益になる事にはふつう please を付けない
・私の本をお使いになりたかったらどれでもどうぞ If you want to use any of my books, you are welcome. / You are welcome to any of my books.

あなたのペンを使わせてくれませんか
―どうぞ
Will you please let me use your pen?
―Yes, **with pleasure**. / Yes, **please** (use it). / Be my guest.

どうそう 同窓生 (学校友だち) a **schoolmate** /スクーるメイト/; (卒業生) a **graduate** /グラヂュエイト/, 《米》(男性) an **alumnus** /あらムナス/, (女性) an **alumna** /あらムナ/ (復)(男女共) alumni /あらムナイ/ →オービー
・同窓会 (組織) an alumni association; (会合) an alumni reunion
・私たちは小学校の同窓生です
We were schoolmates in elementary school.
・彼らは大学の同窓生です
They graduated from the same college.
どうぞう 銅像 a **bronze statue** /ブランズ スタチュー/
とうそつ 統率力 **leadership** /リーダシプ/
とうだい 灯台 a **lighthouse** /らイトハウス/
・灯台守 a lighthouse keeper
ことわざ 灯台下(もと)暗し It is always dark just under a lamp. (ランプの真下は暗いもの)
とうたつ 到達する **reach** /リーチ/
とうちゃく 到着 **arrival** /アライヴァる/
到着する arrive at [in], reach /リーチ/, **get to**
→つく²
・はやぶさ10号は11時4分に20番線に到着します Hayabusa No.10 will arrive at Track No.20 at 11:04 a.m.
どうてん 同点 a **tie** /タイ/
・同点になる tie (with ~)
・きのうの巨人阪神戦は4対4の同点でした
The game between the Giants and the Tigers yesterday was a 4-to-4 tie [draw].
・両チームは2対2で同点になった
The two teams were tied at 2 all.
とうとい 尊い **precious** /プレシャス/
・時間ほど尊いものはない Nothing is so precious as [more precious than] time.

とうとう at last → ついに

どうどう 堂々とした （壮大(そうだい)な）**grand**; （威厳(いげん)のある）**dignified** /ディグニふァイド/; （立派な）**stately** /ステイトり/
• (競技など)堂々と戦う play fair

どうどうめぐり 堂々めぐりをする **go**［**run**］**around in circles** /アラウンド サ〜クるズ/

どうとく 道徳 **morals** /モーラるズ/, **morality** /モラリティ/
• 道徳的な moral
• 社会[公衆]道徳 social［public］morality
• 道徳教育 moral education

とうなん¹ 東南 **the southeast** /サウすイースト/ → せいなん
• 東南の southeast／southeastern
• 東南に （方向・位置）southeast; （方向）to the southeast; （位置）in the southeast
• 東南アジア Southeast Asia

とうなん² 盗難 （盗まれること）(a) **theft** /せふト/; （強奪されること）(a) **robbery** /ラバリ/ → ぬすむ
• 盗難にあう （人を主語にして）have ～ stolen; （物を主語にして）be stolen

どうにか （なんとか）**somehow** /サムハウ/; （やっと）**barely** /ベアり/
どうにか…する manage to do /マネヂ/
• 私はどうにか授業に間に合った
I was barely in time for class.
• 箱を壊(こわ)さずにどうにかあけることができた
I managed to open the box without breaking it.
• どうにかしてそのネコを見つけなければならない
Somehow or other, we must find the cat.

とうばん 当番 （義務）**duty** /デューティ/; （順番）**turn** /ターン/
• きょうはだれが当番だ？ Who is on duty today?
• きょうの報告を書くのはぼくの当番だ
It is my turn to write the report today.

どうはん 同伴する **accompany** /アカンパニ/, **go with**, **come with**
• 子供たちは保護者同伴でやって来た
The children came accompanied by［came with］their parents.

とうひょう 投票 a **vote** /ヴォウト/, **voting** /ヴォウティング/
投票する vote
• 投票者 a voter
• 投票日 a voting day
• 投票所 a polling place［station］
• 投票用紙 a ballot
• 投票箱 a ballot box

• 記名[無記名]投票 an open［a secret］vote
• 高い[低い]投票率 a high［low］voter turnout
• 投票に行く go to the polls
• …に投票する vote for ～
• 投票で決める decide by vote(s)
• 電子投票 electronic voting
• 1回目の[決選]投票 the first［final］round of voting
• その提案に賛成[反対]の投票をする vote for［against］the proposal

とうふ 豆腐 *tofu*, **bean curd** /ビーン カ〜ド/

とうぶ 東部 **the east** /イースト/, **the eastern part** /イースタン/
• 私たちの町は千葉県の東部にあります
Our town is (situated) in the eastern part of Chiba Prefecture.

どうふう 同封する **enclose** /インクろウズ/
• 私の家族の写真を同封します
I'm enclosing a picture of my family with this letter.
• 千ドルの小切手を同封いたしましたからお受け取りください
Enclosed please find a check for $1,000.

どうぶつ 動物

➤ an **animal** /アニマる/
• 動物を愛護[虐待(ぎゃくたい)]する be kind［cruel］to animals

どうぶつえん 動物園 a **zoo** /ズー/
• 上野動物園 (the) Ueno Zoo

とうぶん¹ 当分 （今のところ）**for the time being** /ビーインぐ/; （少しの間）**for some time** /サム/

とうぶん² 糖分 **sugar** /シュガ/

とうほく 東北 **the northeast** /ノーすイースト/ → せいなん
• 東北地方 the Tohoku district

どうみゃく 動脈 an **artery** /アーテリ/

とうみん 冬眠 **winter sleep** /ウィンタ スリープ/, **hibernation** /ハイバネイション/
冬眠する hibernate /ハイバネイト/

とうめい 透明な **transparent** /トランスパレント/, **clear** /クリア/
• 透明なビニール袋 a clear plastic bag

どうめい 同盟 an **alliance** /あらイアンス/
• 同盟国 an ally／an allied country
• (…と)同盟する ally *one*self［be allied］(with ～)

どうめいし 動名詞 a **gerund** /ヂェランド/

どうも
❶ (とても) **very**, **very much** /マチ/

どうもう 386 three hundred and eighty-six

・お手紙どうもありがとうございました
Thank you very much for your letter.
❷ (どういうものか) **somehow** /サムハウ/; (やや, かなり) **rather** /ラざ/
・私はどうもそれが好きでない
Somehow I don't like it.
・私はどうも数学が苦手だ
I am rather weak in math.
どうもう どう猛な **savage** /サヴェヂ/, **fierce** /ふィアス/
トウモロコシ 玉蜀黍 《植物》《米》**corn** /コーン/, 《英》**maize** /メイズ/
どうやら →たぶん, やっと ❶
とうよう 東洋 **the Orient** /オーリエント/, **the East** /イースト/
・東洋の Oriental / Eastern
・東洋人 an Oriental
・東洋文明 Oriental [Eastern] civilization
どうよう¹ 童謡 a **children's song** /チるドレンズ/, a **nursery rhyme** /ナ〜スリ ライム/
どうよう² …同様 **like 〜** /らイク/ →おなじ
・同様に equally / alike
・私も君同様この提案に不賛成だ
I am against the proposal like you.
どうよう³ 動揺する (心が) **be [feel] shocked** /[ふィーる] シャクト/, **be shaken up** /シェイクン/
どうり 道理 **reason** /リーズン/
・道理にかなった reasonable
・君の言うことには道理がある
There is reason in what you say.
・道理で彼がおこったわけだ (→その事が彼がおこった理由を説明する)
That explains why he got angry.
どうりつ (北海)道立の **Hokkaido prefectural** /プリふェクチュラる/
・道立高校 a Hokkaido prefectural high school
どうりょく 動力 (**motive**) **power** /(モウティヴ) パウア/
とうるい 盗塁 (**base**) **steal** /(ベイス) スティーる/
・盗塁する steal a base
どうろ 道路 a **road** /ロウド/
・高速(自動車)道路 《米》an expressway / a superhighway / a freeway / 《英》a motorway
・有料(高速)道路 a turnpike (road)
・道路標識 a road sign
・道路地図 a road map
・道路工事 (修理) road repairing / (建設) road construction
とうろく 登録する **register** /レヂスタ/

とうろん 討論 a **discussion** /ディスカション/; (賛成・反対に分かれた) a **debate** /ディベイト/ →とうぎ
…を討論する, …について討論する discuss 〜 /ディスカス/; **debate 〜, debate about [on] 〜**
・討論会 a debate; (ラジオ・テレビなどでの公開の) a forum
どうわ 童話 a **nursery tale** /ナ〜スリ テイる/, a **story for children** /ストーリ チるドレン/; (おとぎ話) a **fairy tale** /ふェアリ/
とえい 都営の (**Tokyo**) **Metropolitan** /メトロパリタン/

とおい 遠い

❶ (距離的に) **far, distant**
❷ (時間的に) **far, distant**
❶ (距離的に) **far, distant** /ディスタント/
遠くに, 遠くの far away /アウェイ/, **far off, a long way off, in the distance** /ディスタンス/
・遠い町 a distant town →×a far town とはふつういわない
・遠くの森 a wood in the distance
・遠い親戚 a distant relative
・遠くから from far away / from a great distance
・学校は私の家から遠い The school is a long way (off) [far away] from my house.
・学校は私の家から遠くない
The school is not far from my house.
・ここから次のバス停まではかなり遠い
It is quite a long way from here to the next bus stop.
・道のりはまだ遠い
We still have a long way to go.
・彼の家は私の家よりも駅から遠い
His house is farther away from the station than my house.
・けさは遠くまで散歩した
I took a long walk this morning.
・これは遠くから見た富士山の景色です
This is a distant view of Mt. Fuji.
❷ (時間的に) **far, distant**; (昔の) **olden** /オウるダン/
・遠い昔に in olden times / far back in the past / in the distant past
・遠い将来に in the far [distant] future
・世界の人口が2倍になるのもそう遠いことではない
It will not be long before the population in the world doubles.
❸ (その他)

・祖母は耳が遠い
My grandmother is hard of hearing.

とおざかる 遠ざかる **get[go] away** /アウェイ/; (親しくしない) **keep away** /キープ/
・…を遠ざける **keep ～ away**

とおし 通しの **through** /すルー/; (番号が) **serial** /スィアリアる/
・通しの切符 a through ticket
・通し番号 serial numbers

どおし …通し **all through** /すルー/; (ずっと…する) **keep** *doing* /キープ/, **remain** *doing* /リメイン/
・夜通し all through the night
・私はそのおかしな映画の間じゅう笑い通しだった
I laughed all through the funny movie.
・1週間雨が降り通しだ
It has been raining for a week.
・列車がとてもこんでいたので東京から名古屋まで私はずっと立ち通しだった The train was so crowded that I had to remain standing all the way from Tokyo to Nagoya.

とおして …を通して **through** /すルー/; (道具・機械などで) **on, over**
・テレビを通して on TV
・私はトムを通して彼女と友だちになった
I became friends with her through Tom.

とおす 通す

❶(通過させる) **pass**; (部屋に) **show in[into]**
❷(目を) **look over**

❶(通過させる) **pass**; (部屋に) **show in[into]** /ショウ/
・穴にひもを通す pass[put] a string through a hole
・そこをどいて私を通してちょうだい
Step aside and let me pass.
・彼を私の部屋に通してください
Please show him into my room.

❷(目を) **look over** /るク/
・先生は私の英作文に目を通してくれた
My teacher looked over my English composition.

トースター a **toaster** /トウスタ/
トースト **toast** /トウスト/
・トースト1枚 a piece[slice] of toast
トーテムポール a **totem pole** /ポウる/
ドーナツ a **doughnut** /ドウナト/
トーナメント a **tournament** /トゥアナメント/
とおまわし 遠回しの **indirect** /インディレクト/, **roundabout** /ラウンダバウト/

・遠回しに **indirectly / in a roundabout way**
・遠回しに言う **say indirectly / hint (at ～)**

とおまわり 遠回り → まわりみち

ドーム a **dome** /ドウム/
・大聖堂のドーム型屋根 the dome of the cathedral
・ドーム(屋根付き)球場 a roofed stadium[ballpark]

教会のドーム型屋根

とおり 通り a **street** /ストリート/, an **avenue** /アヴェニュー/
・大通り a main street
・通りを歩く walk (along) the street
・私は太郎が通りをやって来るのを見た
I saw Taro coming down the street.
・通りで君はだれに会ったの?
Who did you meet on[in] the street?

どおり …どおり, …とおり (そのように) **as**
・いつもどおりに as usual
・言われたとおりにしなさい
Do as you are told.
・予想どおりに彼が優勝した
He won first prize as we had expected.
・それは今までどおりがいい
I like it just the way it is. → the way it is は「それがそうであるふうに」

とおりすぎる (…のそばを)通り過ぎる **go past** (～), **go by** (～), **pass by** (～)
・彼は私のそばを通り過ぎたが私に気づかなかった
He passed by me, but he didn't notice me.

とおる 通る

❶(通過する) **pass**
❷(合格する) **pass**

❶(通過する) **pass**
…を通って **by way of ～** /ウェイ/ → けいゆ
・森を通る pass through the woods
・公園を通り抜ける go through a park
・…のそばを通る pass by ～
・君は学校へ行く途中郵便局(の前)を通りますか Do you pass the post office on your way to

とかい 388

school?

・私は必ずその道を通って学校へ行きます

I always take that road when I go to school.

・この道を行って通り抜けられますか

Can I get through by this road?

・道には人も車も通っていない

The road is clear of traffic.

❷ (合格する) **pass**

・彼は面接試験に通った He passed the interview.

・60点以上とらないと試験に通らない

You need 60 points or more to pass the test.

❸ (声が) **carry** /**キャリ**/

・君の声はよく通る Your voice carries very well.

とかい 都会 a **city** /**スィティ**/, a **town** /**タウン**/ → **とし**²

・都会的な (洗練された) refined / sophisticated

トカゲ 蜥蜴 (動物) a **lizard** /**リザド**/

とかす¹ 溶かす (液体に入れて) **dissolve** /**ディザ**゚るヴ/; (熱で) **melt** /**メるト**/

とかす² (髪を) **comb** /**コウム**/

・髪をとかす comb *one's* hair

とがらせる sharpen /**シャープン**/, **point** /**ポイント**/; (口を) **pout** /**パウト**/

とがった sharp. pointed /**ポインテド**/

どかん (音) a **bang** /**バング**/; (音をたてる) **bang**

とき 時

❶ (時間・時点) **time**

❷ (…する時) **when**; (…の間) **while**

❶ (時間・時点) **time** → **じかん** ❶

・時がたつにつれて as time passes [goes by]

・時々, 時には, 時おり sometimes / at times / now and then → **ときどき**

・その時 at the time / then

・子供の時 in *one's* childhood / as a boy [a girl] / when *one* was a boy [a girl]

・私が小学校の時から since my elementary school days / from the time I was in elementary school

・楽しく時を過ごす have a good time

・君はちょうどよい時に来た

You have arrived [come] just at the right time.

・万一の時にはここに電話してください

Please call this number in time [case] of emergency.

ことわざ 時は金なり Time is money.

❷ (…する時) **when** /(ホ)**ウェン**/; (…の間) **while** /(ホ)**ワイる**/

・外へ行く時は帽子をかぶって行きなさい

Wear your cap when you go out.

・ケンはテレビを見ている時は一言もしゃべりません

Ken does not say a word while he watches TV.

トキ 朱鷺 (鳥) an **ibis** /**アイビス**/

どき 土器 an **earthen vessel** /**ア～スン ヴェス**゚る/; (集合的に) **earthenware** /**ア～スンウェア**/

どきっと どきっとさせる **startle** /**スタート**る/, **give** *a person* **a start**

・彼が急に現れたのでどきっとした

His sudden appearance gave me a start.

・その知らせを聞いて私はどきっとした

I was startled at the news.

ときどき 時々

➤ **sometimes** /**サムタイムズ**/, **at times. now and then** /**ゼン**/ → **しばしば**

・私は時々落ち込んでしまう

I sometimes feel depressed.

・彼女は時々私に意地悪をする

She is sometimes nasty to me.

・ぼくは時々彼に E メールを送る

I e-mail him sometimes [at times, now and then].

文法・語法
頻度(ひんど)を表す副詞(句)はふつう一般動詞の前, be 動詞のあと, あるいは文の最後または最初に置かれる

どきどき どきどきする (心臓が) **beat** /**ビート**/, **pound** /**パウンド**/, **throb** /**スラブ**/

・心臓をどきどきさせて with a throbbing heart

・私は心臓がどきどきしていた

My heart was pounding.

・私はテストのことでどきどきしている

I'm nervous about the test. /

ひゆ I have butterflies in my stomach about the test. (胃袋の中でチョウがばたばたしている)

ドキュメンタリー a **documentary** /**ダキュメンタリ**/

どきょう 度胸 **boldness** /**ボウるドネス**/

度胸のある bold

・度胸のない timid

・彼にはそれをするだけの度胸があるだろうか

I wonder if he is bold enough [has the boldness] to do it.

とぎれる 途切れる **pause** /**ポーズ**/

途切れ (中断) a **break** /**ブレイク**/; (休止) a **pause**

・途切れなく without a pause [a break]

・会話がちょっと途切れた There was a momentary pause in the conversation.
とく¹ 得 (利益) (a) **profit** /プラふィト/
得な **profitable** /プラふィタブる/
得をする **gain** /ゲイン/, **profit**
・それが私にとってどんな得になるのか
How will it profit me? /
What can I gain by doing it?
とく² 解く (問題などを) **solve** /サるヴ/, **work out** /ワ~ク/; (しばったものを) **untie** /アンタイ/, **undo** /アンドゥー/
解ける **be solved**; **get untied**, **get undone** /アンダン/
・クロスワードパズルを解く work out a crossword (puzzle)
・その問題は難しくて私には解けない
The problem is too difficult for me to solve.
・この結び目はすぐ解けます
This knot is easily undone [untied].
とぐ (刃物を) **sharpen** /シャープン/
どく¹ 毒 (a) **poison** /ポイズン/
・毒のある **poisonous**
どく² (場所をあける) **make room**; (じゃまをしないように) **get out of** *a person's* **way** /ウェイ/; (わきへ) **step aside** /アサイド/
・子供たち, そこをどいてちょうだい
Boys and girls, make room, please.
・彼のじゃまにならないようにどいていなさい
Keep out of his way.

とくい 得意
❶ (すぐれた点) *one's* **forte**
❷ (自慢(じまん)) **pride**
❶ (すぐれた点) *one's* **forte** /ふォート/
…が得意である **be good at** ~
・彼は英語が得意です
He is good at English. / English is his forte.
・私は料理が得意でない
I am not good [am poor] at cooking.
❷ (自慢) **pride** /プライド/
…を得意がる, …で得意になる **be proud of** ~ /プラウド/, **be proud that** ~, **take pride in** ~
得意になって, 得意げに **proudly**
・彼は試験で100点を取ったので得意になっている
He is proud of having got(ten) a hundred in the test. / He is proud that he got a hundred in the test.
とくぎ 特技 *one's* **special ability** /スペシャる アビリティ/, *one's* **specialty** /スペシャるティ/
どくさい 独裁 **dictatorship** /ディクテイタシプ/

独裁者 a **dictator** /ディクテイタ/
どくじ 独自性 (個性) **individuality** /インディヴィデュアリティ/; (独創性) **originality** /オリヂナリティ/
独自の *one's* **own** /オウン/, **of** *one's* **own** → どくとく
・彼独自のやり方で in his own way
とくしつ 特質 a **characteristic** /キャラクタリスティク/
どくしゃ 読者 a **reader** /リーダ/; (読者数・読者層) **readership** /リーダシプ/
・この雑誌は10万人の読者を持っている
This magazine has a readership of 100,000 (読み方: one hundred thousand).
とくしゅ 特殊な **special** /スペシャる/
・特殊な方法で in a special way
とくしゅう 特集する **feature** /ふィーチャ/
・(…の)特集号 a special issue (on ~)
・今週号の『タイム』は大統領選挙を特集している
This week's *Time* features the presidential election.
どくしょ 読書 **reading** /リーディング/
読書する **read**
・読書感想文 a book report
・彼は部屋で読書している
He is reading in his room.
・彼はとても読書家だ He is a great reader.
・私は忙(いそが)しくてあまり読書の時間がない
I am so busy that I don't have much time for reading.
どくしょう 独唱 a **solo** /ソウロウ/
独唱する **sing** a solo
とくしょく 特色 a **characteristic** /キャラクタリスティク/
どくしん 独身の **single** /スィングる/, **unmarried** /アンマリド/
・独身の男性 a bachelor
 彼女は独身ですか結婚しているのですか. ―彼女は独身です
Is she single or married?—She is single.
・彼は生涯(しょうがい)独身であった[を続けた]
He remained single all his life.
どくせん 独占 (企業による) **monopoly** /モナポリ/
独占する (企業が) **monopolize** /モナポらイズ/; (ほかの人に使わせない) **have** ~ **to** *oneself*
・兄がこのパソコンを独占している
My brother has this computer to himself.
どくそう¹ 独創性 **originality** /オリヂナリティ/
独創的な **original** /オリヂヌる/
どくそう² 独奏 a **solo** /ソウロウ/

独奏する play a solo
•独奏家 a soloist
•牧洋子のピアノ独奏会 Miss Maki Yoko's piano recital

とくだね 特種（新聞などの）a **scoop** /スクープ/

とぐち 戸口 a **doorway** /ドーウェイ/
•戸口に立たないで
Don't stand in the doorway.

とくちょう 特徴 a **characteristic** /キャラクタリスティック/, a **feature** /ふィーチャ/;（人柄の）a **personality trait** /パ〜ソナリティ トレイト/
特徴的な characteristic
•彼の身体的な特徴を説明してくれますか
Can you describe his physical characteristics?
•ケンは特徴のない顔をしています
Ken has ordinary looks.
•控(ひか)え目なのは日本人の特徴の一つです
Modesty is one of the characteristics of Japanese people.

とくてい 特定の **specific** /スペスィふィク/

とくてん¹ 得点 a **point** /ポイント/;（競技のスコア）a **score** /スコー/;（サッカーの）a **goal** /ゴウる/;（野球の）a **run**;（試験の）**marks** /マークス/
得点する score
•前半に5点得点する score five points in the first half
•9回の裏にケンのタイムリーヒットで2点得点する score two runs on Ken's well-timed hit in the bottom of the ninth inning

とくてん² 特典 a **privilege** /プリヴィれヂ/

どくとく 独特の（独自の）**own** /オウン/
•彼はそれを彼独特の方法で行った
He did it (in) his own way.
•彼女には彼女独特の魅力(みりょく)がある
She has a charm of her own.

とくに 特に **especially** /イスペシャリ/, **specially** /スペシャリ/, **particularly** /パティキュらり/
•彼は特に音楽に興味がある
He is particularly interested in music.
•私は特に言うことはない
I have nothing particular to say.

とくばい 特売 **sales** /セイるズ/ → バーゲンセール
•特売品 a bargain
•特売で…を買う buy ~ at sales

とくはいん 特派員 a **correspondent** /コーレスパンデント/

とくべつ 特別の **special** /スペシャる/
特別に especially /イスペシャリ/
•特別な理由もなく for no special reason

•特別急行 a limited express → とっきゅう

とくべつきょういく 特別教育活動 **extracurricular activities** /エクストラカリキュら アクティヴィティズ/

とくべつしえんがっこう 特別支援学校 a **special support school** /スペシャる サポート スクーる/; **a school for the mentally-[physically-]challenged** /メンタリ[ふィズィカリ] チャレンヂド/

とくめい 匿名の **anonymous** /アナニマス/
匿名で anonymously;（匿名という条件で）**on condition of anonymity** /コンディション アノニミティ/

どくやく 毒薬 a **poison** /ポイズン/

とくゆう 特有の **peculiar** /ペキューリア/;（独自の）one's **own** /オウン/ → どくとく
•この慣習はこの地方特有のものです
This custom is peculiar to this district. /
This is a custom peculiar to this district.

どくりつ 独立 **independence** /インディペンデンス/
独立した, 独立している independent /インディペンデント/
•独立心 the spirit of independence
•独立国 an independent nation［state］
•…から独立する become independent of ~
•兄は今はまったく父のもとを離れて独立しています
My brother is now quite independent of my father.

どくりょく 独力で **for** one**self**（複）one**selves**）→ ひとり（→ ひとりで）

とげ（破片）a **splinter** /スプリンタ/;（いばらの）a **thorn** /そーン/;（動植物の表皮の）a **prickle** /プリクる/, a **spine** /スパイン/
•指にとげを刺す get a splinter in one's finger
•サボテンのとげ cactus spines

とけい 時計

➤（置き時計・掛け時計）a **clock** /クらク/
➤（身につける）a **watch** /ワチ/
•時計屋 （人）a watchmaker;（店）a watch store / a jeweler's (shop)

🎤会話 君の時計で今何時ですか. —ちょうど2時です
What time is it now by your watch? —It is just two o'clock.
•私の時計は2分進んで[遅れて]います
My watch is two minutes fast［slow］.

とける¹ 解ける → とく²

とける² 溶ける（液体の中で）**dissolve** /ディザるヴ/;（熱で）**melt** /メるト/
•雪は溶けてしまった

The snow has melted (away).
とげる 遂げる **attain** /アテイン/, **achieve** /アチーヴ/, **accomplish** /アカンプリシュ/
・目的を遂げる attain one's end
どける **remove** /リムーヴ/, **get**[**take**, **put**]~ **out of** ~
・すみませんがその自転車をどけてくれませんか
Sorry, but would you get the bicycle out of the way?
とこ 床 a **bed** → ふとん
・床に入る(寝る) go to bed
・病気で床についている be sick in bed

どこ

➤ (どこに, どこへ, どこで) **where** /(ホ)ウェア/
・どこかで[に] somewhere; (疑問) anywhere
・どこ(に, へ)でも everywhere; (疑問) anywhere
・どこにも…ない not anywhere / nowhere
・どこへお出かけですか
Where are you going?
・あすどこでお会いできますか
Where can I see you tomorrow?
・このにおいはどこから来るのか
Where does this smell come from?
・きのうどこかで彼を見かけた
I saw him somewhere yesterday.

あなたはどこにお住まいですか
—八王子市に住んでおります
Where do you live?
—I live in Hachioji City.
お母さんどこかへ行った?
—どこへも行ってないよ. 居間にいるよ
Has Mother gone anywhere?
—No, she hasn't gone anywhere. She is in the living room.

会話 どこの州から来られたのですか. —ニューヨーク州からです What state are you from? —I'm from New York.
・私は彼女がどこの国の人か知りません
I don't know what country she is from.
・こういうことはどこの学校にでもあることです
This sort of thing happens in any school.
・君はどこへでも好きな所へ行ってよい
You may go anywhere you like.
・どこへ行ってもここは忘れません
Wherever I may go, I will never forget this place.

とこのま 床の間 *toko-no-ma*, the traditional alcove in a guest room of a Japanese-style house /トラディショヌる アるコウヴ/
どこまで **how far** /ハウ/
・英語はどこまで進みましたか
How far did you[we] go in English? → 同じクラスの場合は we となる
どこまでも (果てしなく) **endlessly** /エンドれスリ/; (最後まで) **to the end**; (徹底的に) **thoroughly** /さ~ロウリ/
とこや 床屋 (店) a **barbershop** /バーバシャプ/, a **barber's** (**shop**); (人) a **barber** /バーバ/
ところ¹ 所 a **place** /プれイス/; (住所) an **address** /アドレス/

ことわざ 所変われば品(しな)変わる
So many countries so many customs. (国の数だけならわしの数がある)

ところ²

❶ (…するところだ) **be going to** *do*
❷ (…しているところだ) **be** *doing*
❸ (…したところだ) **have just** *done*

❶ (…するところだ) **be going to** *do*
・私はちょうど手紙を書こうとしているところです[でした]
I am[was] just going to write a letter.
・私はこれから学校へ行くところです
I am going (to go) to school. / (途中で) I'm on the way to school.
❷ (…しているところだ) **be** *doing*
・私は今手紙を書いているところです
I'm now writing a letter.
・佐藤さんは何をしているところでしたか
What was Mr. Sato doing?
❸ (…したところだ) **have just** *done* /チャスト/ → 《米》では just+過去形 または 過去形+just now でも表現する
・私はちょうど宿題が終わったところです
I have just finished my homework. /
I just finished my homework. /
I finished my homework just now.
・私は郵便局へ行ってきたところです
I have been to the post office. → have gone はふつう「行ってしまった(ので今ここにはいない)」の意味になる
❹ (あぶなく…するところだった) → あぶなく
どころか …どころか **far from** ~
・彼は正直どころか大うそつきだ
He is far from (being) honest. He is a big liar.

ところで (さて) **well**; (それはそうと) **by the way** /ウェイ/
・ところでキャッチボールはどうだ
Well, how about playing catch?
・ところで君はそれをどこで手に入れたのか
By the way, where did you get it?

ところどころ **here and there** /ヒア ゼア/
どさっと (音をたてて) **with a thud** /サド/
とざん 登山 **mountain climbing** /マウンテン クらイミング/
登山する **climb** a **mountain**; **go mountain climbing**
・登山家 a mountaineer
・この夏は富士登山をするつもりです
I am going to climb Mt. Fuji this summer.

とし¹ 年
➤ (暦の) a **year** /イア/
➤ (年齢(ねんれい)) an **age** /エイヂ/
年を取る **grow old** /グロウ/
・年取った old／aged
・私が君の年のころに when I was (of) your age
・年がたつにつれて as years go [pass] by
・彼女は年のわりには若くみえる
She looks young for her age.
・私たちは同い年です
We are (of) the same age.
・彼は私より二つ年上[年下]です
He is two years older [younger] than I am [《話》than me].／
He is two years my senior [junior].
・君もそういう事がわかっていい年だと思うよ
I think you are old enough to understand it.
・君も年を取れば親の今の気持ちがわかるようになるだろう You'll come to understand the present state of your parents' mind as you grow older.

とし² 都市 a **city** /スィティ/, a **town** /タウン/
・都市居住者 a city [town] dweller
・都市計画 city planning

としうえ 年上(の人) a **senior** /スィーニャ/ ➜ としした
とじこめる 閉じ込める **shut up** /シャト/
・彼は暗い部屋に閉じ込められた
He was shut up in a dark room.

とじこもる 閉じこもる **shut** oneself **(up)** /シャト/
・部屋に閉じこもる shut oneself in a room
・家に閉じこもっている stay indoors

としごろ 年ごろ (年齢(ねんれい)) an **age** /エイヂ/

・私が君の年ごろには
when I was (of) your age／when I was as old [young] as you
・彼はもっと分別(ふんべつ)があってもいい年ごろだ
He should be old enough to know better.

としした 年下(の人) a **junior** /ヂューニア/ ➜ としうえ
として¹ …として **as**
・その結果として as a result
・指導者として as a leader

としては …としては **as for**
・私としては as for me

どしどし (急速に) **rapidly** /ラピドり/; (矢つぎばやに) **in (rapid) succession** /サクセション/; (遠慮(えんりょ)なく) **without hesitation** /ウィずウト ヘズィテイション/ ➜ どんどん
・どしどし質問してよい
You needn't hesitate to ask questions.

とじまり 戸締まりをする **lock** a **door** /らク ドー/
・寝る前に必ず戸締まりを確かめなさい
Make sure that the doors are locked before you go to bed.

どしゃぶり どしゃ降り **heavy rain** /ヘヴィ レイン/, a **downpour** /ダウンポー/
・ゆうべはどしゃ降りだった
It rained heavily last night.／We had heavy rain [a downpour] last night.

としょ 図書 **books**
・新刊図書 new books
・(5千円の)図書券 a book coupon [《英》token] (for 5,000 yen)
・図書館[室] a library
・学校図書館 a school library
・図書館から本を借りる borrow a book from the library
・図書館に本を返す return a book to the library

ドジョウ 泥鰌 《魚》a **loach** /ろウチ/
ことわざ 柳の下にいつもどじょうはいない
Good luck does not repeat itself. (幸運は繰り返さない)

としより 年寄り **an old person** /パ〜スン/; (集合的に) **the aged** /エイヂド/, **the old**, **the elderly** /エるダり/

とじる¹ 閉じる **shut** /シャト/, **close** /クろウズ/ ➜ しめる³
・本を閉じる shut [close] a book
・目を閉じて with one's eyes shut [closed]

とじる² 綴じる **file** /ふァイる/
としん 都心 (大都市の) **the center of** a **city** /センタ スィティ/, **the central part of the city** /せ

ントラる **パート**/

どしんと (音をたてて) **with a thud** /さド/
- どしんどしんという音　a crashing sound

トス a **toss** /トース/
- **トスする** toss

どせい 土星　**Saturn** /サタン/

とそう 塗装する　**paint** /ペイント/

どそく 土足で　**with** *one's* **shoes on** /シューズ/
- 掲示 土足厳禁　No shoes allowed.

どだい 土台　a **foundation** /ふァウンデイション/

とだな 戸棚　a **cupboard** /カボド/

どたばた (さわがしく) **noisily** /ノイズィり/
- (子供が)どたばたはね回る　romp about

とたん …したとたんに　**the moment 〜** /モウメント/, **just as 〜** /ヂャスト/
- そのとたんに　just then / just at that moment
- 部屋に入ったとたんに　the moment [just as] I entered a room

トタン **galvanized iron** /ギャるヴァナイズド アイアン/
- トタン屋根　a galvanized iron roof

どたんば 土壇場で　**at the last moment** /モウメント/

とち 土地
❶ (地所) **land** /らンド/; (区画された) a **lot (of land)**, a **plot** /ブらト/; (耕土) **soil** /ソイる/
- 土地の人　a local
- 土地所有者　a landowner
- 土地付きの家　a house with a lot
- 彼は郊外に小さな土地を買った　He bought a small piece of land in the suburbs.
❷ (地域) a **locality** /ろウキャりティ/
- 土地の新聞　a local paper

とちゅう 途中(で)　**on the way** /ウェイ/, **on** *one's* **way**; (中途) **halfway** /ハふウェイ/
- 私が学校からうちへ帰る途中
on my way home from school / when I was coming back from school
- …で途中下車する　stop over at 〜
- それを途中でやめるな
Don't give it up halfway. /
Don't leave it half-done.
- 私たちは途中までいっしょに行った
We went together part of the way.

どちら

❶ (選択) **which**
❷ (場所) **where**

❶ (選択) **which** /(ホ)ウィチ/
- (二つのうち)どちらか[も]　either; (否定) neither

- どちらも (両方とも) both
- どちらでも　whichever
- 君のペンはどちらですか　Which is your pen?
- どちらが私のペンかわかりません
I can't tell which is my pen.
- コーヒーとお茶とどちらが好きですか
Which do you like better, coffee or tea?
- 私はどちらも同じように好きです
I like both of them equally well.
- 私はどちらも(両方とも)好きでない
I like neither of them.
- どちらでもよろしい　Either will do.
- どちらの道を行ってもそこへ行けます
You can get there by either way. /
Either way will take you there.
- どちらでも君の好きなほうの本を取りなさい
Take whichever book you like.
- 彼は酒もタバコもどちらもやりません(きらいです)
He neither drinks nor smokes. /
He likes neither drinking nor smoking.
- 彼らはどちらも自分の案のほうがいいと言っているけど, ぼくはどちらもそんなにいいと思わない。どっちもどっちだ　They both argue that their plan is better than the other's. But I don't think either is so good. There's little to choose between them.
参考ことわざ 五十歩百歩　The pot calls the kettle black. (なべがやかんを黒いと言う)
❷ (場所) **where** /(ホ)ウェア/
- どちらへお出かけですか
Where are you going?
- ご住所はどちらですか　What's your address? ⤴
- ✕*Where* is your address? といわない
❸ (その他)
- どちらさまですか (→だれが電話をかけているのですか)　Who's calling, please?

どちらか → か³ ❻

とちる **fluff** /ふらふ/
- せりふをとちる　fluff *one's* lines

とっか 特価　a **bargain price** /バーゲン プライス/
- 特価で　at a bargain price

とっかつ 特活 (特別教育活動) → とくべつきょういく

とっきゅう 特急　a **limited express** /リミテド イクスプレス/
- 特急で大阪へ行く　go to Osaka by limited express
- 博多行きの寝台特急に乗る　take a limited express sleeper for Hakata

とっきょ 特許　a **patent** /パテント/
- 特許庁　the Patent Office

ドック 394 three hundred and ninety-four

•…の特許を受ける get a patent on ~

ドック a **dock** /ダク/
•船はドック入りしている The ship is in dock.
•人間ドック a full [comprehensive] medical check up

とっくに (ずっと前に) **long ago**; (すでに) **already** /オーるレディ/
•私はとっくに宿題をすませました
I finished my homework long ago.

とっくん 特訓 (集中的な) **intensive training** /インテンスィヴ トレイニング/
•英会話の特訓を受ける go through intensive instruction in conversational English

とっけん 特権 a **privilege** /プリヴィれヂ/

とっさ 咄嗟に **quickly** /クウィクり/

ドッジボール **dodge ball** /ダヂ ボーる/
•ドッジボールをする play dodge ball

どっしり (堂々とした) **imposing** /インポウズィング/; (大きくて重い) **massive** /マスィヴ/

とっしん 突進 a **rush** /ラシュ/, a **dash** /ダシュ/
突進する **rush, dash**

とつぜん 突然(に) **suddenly** /サドンり/, **all of a sudden** /サドン/; (予告なしに) **without notice** /ウィざウト ノウティス/; (直前の予告で) **at short notice**; (思いがけずに) **unexpectedly** /アネクスペクテドり/ →きゅう⁴ ❶ (→急に)
突然の **sudden; unexpected**
•彼の突然の死 his sudden death
•それはあまりに突然でどうしてよいかわからない
That's too sudden. I don't know what to do.

どっち →どちら

どっちみち **at any rate** /レイト/, **one way or the other** /ウェイ アざ/; (結局) **after all**

とって¹ 取っ手 (柄え) a **handle** /ハンドる/; (ドアの) a **knob** /ナブ/

とって² …にとって **for, to**
•このゲームは子供にとっては難しすぎる
This game is too difficult for children.
•しつけは子供にとってたいへん重要です Discipline is very important to [for] children.

とっておく 取っておく (保存する) **keep** /キープ/; (座席などを) **reserve** /リザ〜ヴ/; (別にしておく) **put aside** /アサイド/
•そのお金を緊急の時のために取っておく
put the money aside for emergencies [**ひゆ** for rainy days (雨の日のために)]
•明日のコンサートの席を2つ取っておきました I've reserved two seats for tomorrow's concert.

とってかわる 取って代わる **replace** /リプれイス/

とってくる 取って来る **fetch** /ふェチ/, **go and**

get →「行って…する, …しに行って来る」の go and do は命令文や現在[未来]形の文に使い, 過去の文には使わない

どっと
•人々が劇場からどっと出てきた
The people poured out of the theater.

ドット (点) a **dot** /ダト/

とっぱ 突破 a **breakthrough** /ブレイクすルー/
突破する **break through**

トップ the **top** /タプ/

とつめん 凸面の **convex** /カンヴェクス/

とつレンズ 凸レンズ a **convex lens** /コンヴェクス れンズ/

どて 土手 a **bank** /バンク/

とても

❶ (非常に) **very, quite**
❷ (とても…なので…) **so ~ that ~; such ~ that ~**
❸ (どうしても…ない) **never**

❶ (非常に) **very, quite** /クワイト/
•きょうはとても忙(いそが)しい日だった
I've been very busy today. /
This was quite a busy [a very busy] day.
•そのパーティーはとても楽しかった
I had a terrific time at the party.
•きょうはとても暖かい[涼しい]
It's nice and warm [cool] today. →nice and A (A は形容詞)は「とても(気持ちよく) A」という意味で, A を強める言い方; nice and は縮めて /ナイスン/ と発音する

❷ (とても…なので…) **so ~ that ~; such ~ that ~**

基本形	
とても A なので…	
so A that ~ → A は形容詞または副詞	
とても B なので…	
such B that ~ → B は(形容詞＋)名詞	
とても A なので…できない	
too A to do → A は形容詞または副詞	

•彼はとてもいい人なのでみんなから好かれる
He is so nice that everybody likes him. /
He is such a nice boy that everybody likes him.
•私はとても急いでいたのでドアにかぎをかけるのを忘れた I was in such a hurry that I forgot to lock the door.
•この本はとても難しいので私には読めない
This book is so difficult that I can't read it. /
This book is very difficult, so I can't read

three hundred and ninety-five　395　どのくらい

it. / This book is too difficult for me to read.

❸ (どうしても…ない) **never** /ネヴァ/, **not nearly** /ニアリ/

・私はとても君には勝てない

I will never be able to beat you.

・私はとても君のように賢(かしこ)くはない

I am not nearly so clever as you.

・私は彼女にこれ以上待ってくれとはとても頼めない

I dare not ask her to wait any longer.

とどうふけん 都道府県 ➡ 日本には現在1都1道2府43県があるが，英語ではすべて **prefecture** /プリーふェクチャ/

・47都道府県　47 prefectures

とどく 届く **reach** /リーチ/; (到着する) **arrive** /アライヴ/

・手紙はその翌日彼に届いた

The letter reached him the next day.

・私はいつも辞書を(手の)届く所に置く

I always keep my dictionary where I can easily reach it.

・この小包がたった今届きました

This parcel arrived just now.

とどけ 届け　a **report** /リポート/, a **notice** /ノウティス/

・欠席届を出す　hand in a notice of absence

とどける 届ける

❶ (配達する) **deliver** /ディリヴァ/

・この包みを1個ずつこのあて名に届けてもらいたい

I want you to deliver each of these parcels to these addresses.

❷ (報告する) **report** /リポート/

・君は住所の変更を先生に届けたか

Have you reported your change of address to your teacher?

ととのえる 整える　(整とんする) **put in order** /オーダ/; (用意する) **prepare** /プリペア/, **get ready** /レディ/

・旅行の準備を整える　prepare [make preparations] for a journey

・家の中はすべてきちんと整えられていた

Everything in the house was (put) in order.

とどまる **stay** /ステイ/; (残る) **remain** /リメイン/

・いつまで君はここにとどまるつもりですか

How long are you going to stay here?

・みんな去ったあとまで彼はしばらくその部屋にとどまっていた

He remained in the room for some time after all the others had left.

とどろく **roar** /ロー/
とどろき a **roar**

・波のとどろき　the roar of waves

ドナー a **donor** /ドウナ/

トナカイ 馴鹿 《動物》a **reindeer** /レインディア/ (複) 同形)

となり 隣

➤ (隣の) **next**, **next-door** /ネクスト ドー/

・隣に　next / next door

・隣の人たち　next-door neighbors / people next door

・隣の家　the next-door [next] house

・彼らは私たちの隣に[2軒おいて隣に]住んでいる

They live next door [next door but two] to us.

・隣のお嬢(じょう)さんたちは皆さんピアノがじょうずです

The girls next door are all good pianists.

会話 お母さんどこ。—お隣よ

Where's Mother?—She's next door.

・授業の時ボブは私の隣にすわります

Bob sits next to me in class.

どなる **roar** /ロー/; (叫ぶ) **shout** /シャウト/

・どなって声をからす　shout *one*self hoarse

・私にどなるのはよせ　Don't yell at me!

とにかく **anyway** /エニウェイ/, **anyhow** /エニハウ/

どの

➤ (どちらの) **which** /(ホ)ウィチ/ → どちら

➤ (どんな) **any** /エニ/

・どの家が君の家ですか

Which house is yours?

・どの家に彼女は住んでいるのですか

Which house does she live in?

・どの家に彼女が住んでいるか私は知りません

I don't know which house she lives in.

・その本はどの本屋にでもあります

You can get the book at any bookstore.

どのくらい

➤ (量) **how much** /ハウ マチ/

➤ (数) **how many** /メニ/

➤ (長さ) **how long**

➤ (高さ) **how tall** /トーる/, **how high** /ハイ/

➤ (深さ) **how deep** /ディープ/

・どのくらいお金が必要なのですか

How much money do you need?

・夏休みにどのくらい映画を見ましたか

How many movies did you see during (the) summer vacation?

・どのくらいアメリカにいらっしゃいましたか
How long were you in America?
・この山はどのくらい高いのですか
How high is this mountain?
・あなたは背の高さがどのくらいありますか
How tall are you?
・この湖はどのくらい深いか私は知りません
I don't know how deep this lake is.

とのさま 殿様 a **lord** /ロード/
ドバイ Dubai /ドゥーバイ/
とばく 賭博 a **gamble** /ギャンブる/
とばす 飛ばす
❶(模型飛行機などを) **fly** /ふらイ/; (吹き飛ばす) **blow off** /ブろウ/
・子供たちが模型飛行機を飛ばしていた
There were [I saw] some children flying model planes.
・彼は風に帽子を飛ばされた
He had his hat blown off by the wind.
❷(飛ばして読む) **skip** /スキプ/; (省略する) **omit** /オミト/
・この課は飛ばそう
Let's skip [omit] this lesson.
トビ 鳶 《鳥》a **kite** /カイト/

トビ

とびあがる 飛び上がる（空に）**fly up** (in the air) /ふらイ (エア)/; (うれしくて跳び上がる) **jump up** (for joy) /チャンプ (チョイ)/
とびおきる 飛び起きる（ベッドから）**jump out of bed** /チャンプ/
とびおりる 飛び降りる **jump down** /チャンプ ダウン/
とびこえる 飛び越える **jump over** /チャンプ/
・みぞを飛び越える jump over a ditch
とびこみ 飛び込み（競技の）**diving** /ダイヴィング/
とびこむ 飛び込む（水中へ）**jump into** /チャンプ/; (頭から) **dive into** /ダイヴ/
・川に飛び込む jump into the river; dive into the river
とびだす 飛び出す（走り出る）**run out**; (勢いよく出る) **rush out** /ラシュ/

・(部屋から)飛び出す run out (of a room)
・通りに飛び出す run into the street
・どっと教室から飛び出す rush out of the classroom
とびつく 飛びつく **jump at** /チャンプ/
・その提案に飛びつく jump at the proposal
トピック a **topic** /タピク/
とびとびに（読む）**skim**（**through**）/スキム (スルー)/
とびのる 飛び乗る **jump on [into]** ～ /チャンプ/
・バイクに飛び乗る jump on one's motorbike
・電車に飛び乗る jump into a train
とびばこ 跳び箱 a (**vaulting**) **horse** /(ヴォーるティング) ホース/
・跳び箱を跳ぶ vault a horse
とびら 扉 a **door** /ドー/; (本の) a **title page** /タイトる ペイヂ/

とぶ 飛ぶ, 跳ぶ
❶(鳥・飛行機などが) fly
❷(跳(と)び越える) jump

❶(鳥・飛行機などが) **fly** /ふらイ/; (チョウなどがひらひらと) **flutter** /ふらタ/
・高く[低く]飛ぶ fly high [low]
・空を飛ぶ fly in the sky
・(飛行機で)ロンドンに飛ぶ fly to London
・飛行機が空高く飛んでいる → 現在進行形
An airplane is flying high up in the sky.
・白鳥は南へ飛んでいってしまった → 現在完了 The swans have flown south.
❷(はねる, 跳び越える) **jump** (**over**) /チャンプ/; (手・棒を使って跳び越える) **vault** (**over**) /ヴォーるト/
・みぞを跳び越える jump [vault] a ditch
・私は1メートルちょっとしか跳べません
I can jump only a little over a meter.

fly　　　　　　jump

どぶ（道路わきの排水用）a **ditch** /ディチ/; (どぶ川) a **narrow river with dirty stagnant water** /～ティ スタグナント/

とほ 徒歩で **on foot** /ふト/
- 徒歩で通学する walk to school
- そこまで徒歩でどれくらいかかりますか How long does it take to go there on foot?
- 駅は私の家から徒歩で10分のところにあります The station is ten minutes' walk from my house.

とほう 途方にくれる **be at a loss** /ろース/
- どうしてよいか私は途方にくれた I was at a loss (as to) what to do.

どぼく 土木 **civil engineering** /スィヴる エンヂニアリンぐ/
- 土木工事 civil engineering works
- 土木技師 a civil engineer

とぼける (知らないふりをする) **pretend ignorance** /プリテンド イグノランス/, **pretend not to know** /ノウ/, **play dumb** /プれイ ダム/
- とぼけたことを言う say funny things

とぼしい えしい **scanty** /スキャンティ/, **poor** /プア/; (不足している) **short** /ショート/
- 乏しくなる run short
- 乏しい収入 a scanty income
- この国は天然資源に乏しい This country is poor in natural resources.
- 私たちは資金がだんだん乏しくなってきた We are running short of funds.

とぼとぼ とぼとぼ歩く **plod** /プらド/, **trudge** /トラヂ/
- とぼとぼ歩いて行く plod along [on]
- 坂道をとぼとぼ登って行く trudge up a hill

どま 土間 *doma*, **an earthen-floored hallway** /ア~すン ふろード ホーるウェイ/

トマト 《植物》a **tomato** /トメイトウ/

とまどう 戸惑う → こまる, まごつく

とまりがけ 泊まりがけの (1泊の) **overnight** /オウヴァナイト/
- 泊まりがけの旅行 an overnight trip
- 1週間ぐらい泊まりがけで遊びにいらっしゃい Come and stay with us for about a week.

とまる¹ 止まる

❶ **stop**
❷ (鳥などが) **settle**

❶ **stop, come to a stop**; (自動車・電車などが) **pull up** /プる/
- 壁の時計が止まった The clock on the wall stopped.
- 自動車が彼の家の前で止まった A car stopped [pulled up] in front of his house.
- この列車は各駅に止まりますか Does this train stop at each station?
- 傷の出血が止まった The wound stopped bleeding. →× stop *to bleed* としない
- 大雪のために電車が止まった The railroad service has stopped on account of [has been interrupted by] the heavy snowfall.

❷ (鳥などが) **settle** /セトる/; (止まっている) **sit, be**
- スズメが私の手に止まった A sparrow settled on my hand.
- 2羽のカラスが木の枝に止まっている Two crows are (sitting) on a tree branch.

❸ (その他) (装置が) **go off**; (痛みが) **go, leave** /リーヴ/
- 冷房が止まった The air conditioning went off.
- 痛みが止まらない [止まった] The pain won't leave [is gone]. → *is gone* は一種の完了形

とまる² 泊まる **stay** /ステイ/ → たいざい (→ 滞在する)
- ホテル [北海道] に泊まる stay at a hotel [in Hokkaido]
- 友達の所へ行って泊まる visit with a friend
- 私たちは泊まる所がなかった There was no place for us to stay.
- 彼は私の家に泊まっています He is staying with us [staying at my house]. → stay with ~ は「(人のところ)に泊まる」; stay at [in] ~ は「(場所)に泊まる」

とみ 富 **wealth** /ウェるす/, **riches** /リチェズ/

とむ …に富む **be rich in** ~ /リチ/
富んだ rich
- 天然資源に富んだ国 a country rich in natural resources

とめる¹ 止める, 留める

❶ **stop**; (交通などを) **hold up**
❷ (栓(せん)などをひねって) **turn off, switch off**
❸ (固定する) **fasten**

❶ **stop**; (交通などを) **hold up** /ホウるド/
- A が…するのを止める stop A from *doing* / stop A [A's] *doing*
- けんかを止める stop [break up] a quarrel [a fight]
- 彼がおこって部屋を出て行こうとするのを止める stop him (from) going out of the room in anger
- どんなことをしても彼を止めることはできません

とめる 398 three hundred and ninety-eight

Nothing can stop him.
❷ (栓などをひねって) **turn off** /タ～ン/, **switch off** /スウィチ/
・水道[ガス]を止める turn off the water [the gas]
・エンジンを止める switch [turn] off the engine
・そのラジオを止めてくれませんか
Turn [Switch] off the radio, will you?
❸ (固定する) **fasten** /ふァスン/; (びょうで) **tack** /タク/,《英》**pin**
・掲示を掲示板にびょうで留める tack [pin] a notice on the bulletin [《英》notice] board

stop

tack

とめる² 泊める **lodge** /らヂ/, **put up**
・今夜泊めてくれませんか
Would you put me up for the night?
とも 友 → ともだち
ともかせぎ 共稼ぎする → ともばたらき

ともだち 友達
➤ **a friend** /ふレンド/
・男[女]の友達 one's male [female] friend
・私の昔からの友達 my old friend / an old friend of mine
・クラスの友達 one's classmate
・学校の友達 one's schoolmate / one's schoolfellow
・…と友達になる[である] make [be] friends with ～
・たくさんの友達を作る make a lot of friends
・きのう私の友達から電話がかかってきた
I got a call from a friend of mine yesterday.
→「友達」がだれをさしているかが相手にわかっていない場合は my friend と言わずにこのように言う
・これは私の友達の亜紀子さんです
This is my friend Akiko.
・正男と私は親しい友達です
Masao and I are good friends.
・友達になってくれませんか
Will you be friends with me? /

Let's be friends.
・ぼくは彼女と友達になりたい
I want to make friends with her.
・いいとも. 友達じゃないか No problem. You and I are friends [That's what friends are for].

ともなう 伴う **accompany** /アカンパニ/, **go with**, **come with** → どうはん
・雷鳴にはしばしば大雨が伴う
Heavy rain often accompanies thunder.
・ことばには実行が伴わなければならない
Words have to be supported by actions.
ともに → いっしょに
ともばたらき 共働きする **work together to make a living** /ワ～ク トゥゲざ リヴィング/
・共働きの家庭 a two-income family
・私の家は両親が共働きです
Both my parents have jobs.
どもる stammer /スタマ/, **stutter** /スタタ/
どもり (口の) a stammer
どようび 土曜日 **Saturday** /サタデイ/ (略 Sat.) → かようび
トラ 虎《動物》a **tiger** /タイガ/
トライ a **try** /トライ/
ドライアイス dry ice /ドライ アイス/
トライアスロン triathlon /トライアすらン/
トライアングル a **triangle** /トライアングる/
ドライバー (運転者) a **driver** /ドライヴァ/; (ねじ回し) a **screwdriver** /スクルードライヴァ/
ドライブ a **drive** /ドライヴ/
・ドライブに行く go for a drive
・父は時々私たちをドライブに連れて行ってくれる
Father sometimes takes us for a drive.
ドライブイン (道路沿いで駐車場のあるレストラン) a **roadside restaurant** /ロウドサイド レストラント/; (車に乗ったまま利用できる施設) a **drive-in** /ドライヴィン/
・ドライブインレストラン[映画館] a drive-in restaurant [theater]
ドライブウェー (観光のための) a **scenic highway** /スィーニク ハイウェイ/ → 英語の driveway は道路から家・ガレージまでの私設道路
ドライヤー a **dryer** → drier ともつづる
とらえる 捕らえる **catch** /キャチ/, **grasp** /グラスプ/; (逮捕する) **arrest** /アレスト/; (機会を) **seize (on)** /スィーズ/
・殺人犯を捕らえる arrest a murderer
・機会を捕らえる seize on a chance / grasp an opportunity
トラクター a **tractor** /トラクタ/

トラック¹ (貨物自動車)《米》a **truck** /トラク/, 《英》a **lorry** /ろリ/
トラック² (競走路) a **track** /トラク/
- トラック競技 track events

ドラッグストア a **drugstore** /ドゥラグストー/
ドラッグする **drag** /ドラグ/
- アイコンを別のアイコンの上にドラッグする drag an icon onto another one
- アイコンをゴミ箱へドラッグする drag an icon into the trash

トラックパッド a **trackpad** /トラクパド/; **touchpad** /タチパド/
トラブル a **trouble** /トラブる/
ドラマ a **drama** /ドラーマ/, a **play** /プれイ/
- テレビドラマ a television play

ドラム a **drum** /ドラム/
トランク
❶ (旅行用かばん) a **trunk** /トランク/; (小型の) a **suitcase** /スートケイス/
❷ (自動車の)《米》a **trunk**, 《英》a **boot** /ブート/

トランシーバー a **walkie-talkie** /ウォーキ トーキ/; **two-way radios** /トゥーウェイ レイディオウズ/
トランジスター a **transistor** /トランズィスタ/
トランスジェンダー **trans(gender)** /トランス (ヂェンダ)/; (〜の) **transgendered**
- トランスジェンダーの人々 transgender(ed) people

トランプ **(playing) cards** /(プれインぐ) カーヅ/ ➡ trump は「切り札」の意
- トランプ一組 a pack of cards
- トランプをして遊ぶ play cards / have a game of cards

トランペット a **trumpet** /トランペト/
- トランペットを吹く blow a trumpet / (演奏する) play the trumpet
- トランペット奏者 a trumpet player

トランポリン a **trampoline** /トランポリーン/
とり 鳥 a **bird** /バ〜ド/
- 鳥かご a (bird) cage
- 鳥小屋 (動物園の) a birdhouse / an aviary
- 鳥肉 chicken

とりあえず (いまのところ) **for the time being** /ビーインぐ/; (まず) **first of all** /ふァ〜スト/; (急いで) **in haste** /ヘイスト/
- とりあえず私が議長をつとめます
I'll be the chair for the time being.
- とりあえず日時を決めよう. ほかのことはあと回しだ
Let's fix the time and date first of all. Other things can wait.
- とりあえずご返事申し上げます
I hasten to answer your letter.

とりあげる 取り上げる (手で) **pick up**, **take up**; (奪う) **take away** /アウェイ/; (問題などを) **take up**; (聞き入れる) **listen to** /リスン/
- 受話器を取り上げる pick up the receiver
- この問題をホームルームで取り上げてみてはどうでしょう How about taking this problem up in the homeroom meeting?
- 先生は私の要求を取り上げてくれなかった
The teacher wouldn't listen to my demand.

とりあつかう 取り扱う **treat** /トリート/; (処理する) **deal with** /ディーる/
取り扱い **treatment** /トリートメント/
- 私は彼らから親切な取り扱いを受けた
I received kind treatment from them. / I was kindly treated by them.

とりいれる 取り入れる **take in**
とりえ → ちょうしょ
トリオ a **trio** /トリーオウ/
- ピアノトリオ (演奏者) a piano trio
- ジャズトリオ a jazz trio

とりかえす 取り返す **get back**, **take back**; (埋め合わせる) **make up** (**for**)
- 取り返しのつかない irreparable
- 機会は一度のがせばどうしてそれを取り返すことができよう
Once you have lost an opportunity, how can you take it back?
- 学校を長く休んでしまったので, 遅れた分を取り返すのは大変だ
As I stayed away from school for a long time, I have to work hard to make up (for) the work I missed.
- やってしまったことは取り返しがつかない
What is done cannot be undone.
- 間違えたら, 取り返しがつかない
ひゆ If you make a mistake, you can't turn back the clock. (時計の針を元にもどすことはできない)

とりかえる 取り替える **change** /チェインヂ/; (交換する) **exchange** /イクスチェインヂ/, **replace** /リプれイス/
- パンクしたタイヤを取り替える change a flat tire
- 古いカレンダーを新しいのと取り替える replace an old calendar with a new one
- 靴下を新しいのと取り替えなさい
Change your socks for clean ones.
- 座席を取り替えよう
Let's exchange our seats.

とりかかる 400 four hundred

とりかかる 取りかかる **begin** /ビギン/, **set about** /アバウト/
• 仕事に取りかかる begin to work / set about doing one's work

とりかこむ 取り囲む → かこむ

とりきめ 取り決め (an) **arrangement** /アレインヂメント/

とりくみ 取組 (試合の) a **match** /マチ/
• 好取組 a well-matched bout

とりくむ 取り組む **work on** /ワ〜ク/, **tackle** /タクる/
• 模型飛行機の製作に取り組む work on a model airplane
• 難問に取り組む tackle a difficult problem

とりけす 取り消す **cancel** /キャンセる/, **call off** /コーる/; (ことばを) **take back**
取り消し **cancellation** /キャンセれイション/
• 注文[予約]を取り消す cancel an order [a reservation]
• 会合を取り消す call off a meeting
• 前言を取り消す take back one's words

とりこ a **prisoner** /プリズナ/, a **captive** /キャプティヴ/
• 人をとりこにする take a person prisoner [captive]; (魅了する) fascinate a person

とりこわす 取り壊す (家を) **pull down** /プる ダウン/, **demolish** /デマりシュ/
• その小屋は取り壊された
The cottage was pulled down [demolished].

とりさげる 取り下げる (撤回する) **withdraw** /ウィずドロー/

とりざら 取り皿 a **plate** /プれイト/

とりしきる 取り仕切る **manage** /マネヂ/
• この計画を取り仕切っているのはだれですか
Who's managing this project?

とりしまる 取り締まる (管理する) **manage** /マネヂ/; (規制する) **regulate** /レギュれイト/

とりしらべる 取り調べる (調査する) **investigate** /インヴェスティゲイト/, **make an investigation into 〜** /インヴェスティゲイション/; (尋問(じんもん)する) **question** /クウェスチョン/
取り調べ (an) **investigation**; **questioning**
• 警察はその動機について容疑者を取り調べ中だ The police are questioning the suspect on his [her] motive.

とりだす 取り出す **take out**
• ポケットからハンカチを取り出す take a handkerchief out of one's pocket

とりたて 取りたての **fresh** /ふレシュ/
• これらの魚は海からの取りたてです
These fish are fresh from the sea.

とりちがえる 取り違える **mistake** /ミステイク/, **misunderstand** /ミスアンダスタンド/
• A と B を取り違える mistake A for B
• その意味を取り違える misunderstand [mistake] its meaning
• それをほかの物と取り違えるはずはない
You cannot mistake that for anything else. / There is no mistaking that for anything else.

とりつ 都立の **metropolitan** /メトロパりタン/
• 都立高校 a metropolitan high school

とりつぎ 取次店 an **agency** /エイヂェンスィ/
トリック a **trick** /トリク/

とりつける 取り付ける **fix** /ふィクス/; (装置などを) **install** /インストーる/
• 壁に鏡を取り付ける fix a mirror to the wall
• 新しいエアコンを取り付ける install a new air conditioner

とりにいく 取りに行く **go to get, go for** →「取りに来る」は go の代わりに come を使う
• 人を…を取りに行かせる send a person for 〜
• ケン, 物置きへハンマーを取りに行ってくれ
Go and get a hammer from the storeroom, Ken.

とりのぞく 取り除く **remove** /リムーヴ/, **take away** /アウェイ/, **clear away** /クリア/; (やっかいなものを) **get rid of** /リド/
• やっかい事を取り除く get rid of a trouble

とりはずす 取り外す **remove** /リムーヴ/

とりはだ 鳥肌 **gooseflesh** /グースふレシュ/, **goosebumps** /グース バンプス/
• 鳥肌が立つ get gooseflesh

とりひき 取引 **business** /ビズネス/
取引する **do business, have business relations** /リれイションズ/
• うちではあの店とは取引がありません
We have no business relations with that store. / We don't do business with that store.

ドリブルする **dribble** /ドリブる/
トリプルプレー a **triple play** /トリプる プれイ/
トリマー a **groomer** /グルーマ/
とりもどす 取り戻す → とりかえす
とりやめる 取りやめる **cancel** /キャンセる/, **call off** /コーる/
• 会合を取りやめる call off a meeting
• コンサートがなぜ取りやめになったのかわかりません I don't know why the concert was canceled.

どりょく 努力

➤ (an) **effort** /エふォト/
努力する **make** an **effort**, **make efforts**, **try** (to *do*) /トライ/
・努力家　a hard worker
・努力して[しないで]　with [without] effort
・彼は努力しているんですが、もう一息ですね
He is trying hard, but not enough.
・彼らは交通状態を改善しようと努力している
They are making efforts [are trying] to improve the traffic condition.
・私はいろいろ努力したが失敗した
I failed in spite of [I failed after] every effort. / All my efforts were in vain.
とりよせる 取り寄せる → ちゅうもん (→ 注文する)
ドリル (工具) a **drill** /ドリる/; (反復学習) (a) **drill**

とる　取る, 採る, 捕る, 撮る

❶ (手で持つ) **take**
❷ (手渡す) **hand**
❸ (得る) **get**
❺ (取っておく) **put aside**
❼ (除く) **take off**
❿ (写真を) **take**

❶ (手で持つ) **take**
・りんごを手に取る　take an apple in *one's* hand(s) → 両手でなら hands, 片手でなら hand
・彼女は私の手を取った
She took me by the hand. → She took my hand. ともいえるが、英語では動作 (take) の対象 (me) をまず出して、そのあとに動作がおよぶ部分 (hand) を示すことが多い

❷ (手渡す) **hand**; (テーブルの上にあるものなどを取って回す) **pass**; (手を伸ばして取って渡す) **reach** /リーチ/

基本形
A (物)を B (人)に取ってやる
hand B A / **hand** A to B
pass B A / **pass** A to B
reach B A / **reach** A for B

・彼は私にそのコートを取ってくれた
He handed me the coat [handed the coat to me].
・(食卓で)食塩を取ってください
Pass me the salt [Pass the salt to me], please.
・あの棚の上の本を取ってくれませんか
Reach me (down) that book on the shelf, will you?
・それを取ってください　Please hand it to me. / Please pass it to me. / Please reach it for me. → 目的語 A が「それ」(it) や「それら」(them) の場合は必ず hand [pass] A to B, reach A for B となる

❸ (得る) **get**; (賞などを) **win**; (受け取る) **receive** /リスィーヴ/; (休暇を) **take**
・彼女は試験でいつもいい点を取る
She always gets good marks in the tests.
・彼はスピーチコンテストで1等賞を取った
He won first prize in the speech contest.
・あなたは運転免許(めんきょ)をいつ取りましたか
When did you get your driver's license?
・彼女は夏に10日の休暇を取った　She took ten days' vacation [holiday] in summer.

pass

❹ (捕らえる) **catch** /キャチ/
・彼は朝早く起きてカブト虫を捕りに行った
He got up early and went out to catch beetles.
ことわざ 捕らぬたぬきの皮算用　Don't count your chickens before they are hatched. (ひながかえらないうちに数えるな)

❺ (取っておく)(たくわえておく) **put aside** /アサイド/; (保存する) **keep** /キープ/, **save** /セイヴ/; (予約する) **reserve** /リザ〜ヴ/, **book**
・このお金は夏の旅行に取っておこうよ
Let's put this money aside for our summer trip.
・これらの手紙は全部取っておいてください
Please keep [save] all these letters.
・ホテルは取ったのですが、列車の座席指定が取れません → 現在完了
I've reserved [booked] a room at the hotel, but not a train seat.

❻ (食べる) **have**, **eat** /イート/; (摂取(せっしゅ)する) **take**

ドル 402 four hundred and two

・食事はきちんと取らなければいけません
You should have meals regularly.
・あなたは夕食を何時に取りますか
What time do you have supper?
・日本人は脂肪を取りすぎる
The Japanese take too much fat.
❼(除く) **take off**, **remove** /リムーヴ/
・じゅうたんのしみを取る remove a stain from the carpet
・彼はびんのふたを取ろうとしたが, 取れなかった
He tried to take the cap off the bottle [remove the cap from the bottle], but it didn't come off.
❽(取り上げる) **take** (**away**) /(アウェイ)/ (→とりあげる); (奪う) **rob** /ラブ/; (盗む) **steal** /スティール/
・彼の手からナイフを取る take a knife out of his hand
❾(時間・場所を) **take** (**up**), **occupy** /アキュパイ/
・この仕事はあまり時間を取らないと思う
I don't think this job will take a lot of time.
・このベッドは場所を取りすぎる
This bed takes (up) too much room [occupies too much space].
❿(写真を) **take**
・このカメラで私たちの写真を撮ってください
Please take a picture of us with this camera.
・私は学校の正門の前で写真を撮ってもらった
I had my picture taken in front of the school gate.
⓫(その他)
・あなたはどんな新聞や雑誌を取っていますか
What newspapers and magazines do you take?
ドル a **dollar** /ダら/ (記号 $)
トルコ Turkey /ターキ/
・トルコ(人, 語)の Turkish
・トルコ語 Turkish
・トルコ人 a Turk; (全体) the Turks
どれ which /(ホ)ウィチ/ → どちら❶
・どれでも whichever
・君のペンはどれですか Which is your pen?
・どれでも君の好きなほう[本]を取ってよい
You may take whichever [whichever book] you like.
どれい 奴隷 a **slave** /スれイヴ/
・奴隷制度 slavery
トレードする trade /トレイド/
トレードマーク a **trademark** /トレイドマーク/
トレーナー (服) a **sweat shirt** /スウェト シャ〜ト/

(→ スウェット); (人) a **trainer** /トレイナ/

カタカナ語！ トレーナー

日本では, training (トレーニング)用の厚手の運動着のことを「トレーナー」などというが, 英語では **sweat shirts** という. 同様に, トレーニング用のパンツは, **sweat pants** という. また日本では, 「スウェット」などと呼ぶこともあるが, sweat はたんに「汗」という意味. ちなみに, trainer は運動選手などの「指導者」を意味し, training pants というと, おしめが取れるころの「幼児用パンツ」をさす

トレーニング training /トレイニング/, a **workout** /ワ〜カウト/
どれくらい → どのくらい
ドレス a **dress** /ドレス/
ドレスメーカー a **dressmaker** /ドレスメイカ/
ドレッシング dressing /ドレスィング/
とれる 取れる, 採れる
❶(産出する) (鉱物などが) **be found** /ふァウンド/; (植物などが) **grow** /グロウ/
・この地方では金が採れる
Gold is found in this area.
・沖縄ではリンゴは採れない
Apples don't grow in Okinawa.
❷(造られる) **be made from** /メイド/
・コーン油はとうもろこしから取れる
Corn oil is made from corn.
❸(はずれる, はなれる) **come off**
・ボタンを引っ張らないで. 取れちゃうよ
Don't pull my button. It will come off.
❹(痛みなどが) **be gone** /ゴーン/
・痛みはとれました The pain is gone.
・この頭痛がとれない
I can't get rid of this headache.
トレンド the trend /トレンド/
どろ 泥 **mud** /マド/
泥だらけの muddy /マディ/
・泥水 muddy water
・はねでズボンが泥だらけになった
My trousers were splashed with mud.
ドローン (無人飛行機) a **drone** /ドロウン/
・ドローンで撮影された動画 a video shot from a drone
ドロップ (あめ玉) a **drop** /ドラプ/
どろどろ (野菜などがやわらかすぎる) **mushy** /マシ/; (泥などの)んこの) **muddy** /マディ/; (スープなどが濃い) **thick** /すィク/
トロフィー a **trophy** /トロウふィ/
どろぼう a **thief** /すィーふ/ (複 thieves /すィーヴズ/); (強盗) a **burglar** /バ〜グら/

トロンボーン a **trombone** /トランボウン/
どわすれ 度忘れする **slip** *one's* **memory** /スリプ メモリ/, **slip**（**from**）*one's* **mind** /マインド/
・彼の名前を度忘れした
His name slipped (from) my mind. /
I forgot his name for the moment.
・私はよく度忘れする
My memory often fails me.
トン（重さの単位）a **ton**
トンカツ a **pork cutlet** /ポーク カトれト/
どんかん 鈍感な **dull** /ダる/, **insensitive**（to ～）/インセンスィティヴ/
ドングリ 団栗《植物》an **acorn** /エイコーン/
とんち（**ready**）**wit** /(レディ) ウィト/
どんちゃん どんちゃん騒(さわ)ぎをする **have a spree**［**an uproarious time**］/スプリー［アプローリアス］/
とんでもない（相手のいうことを強く否定して）**Certainly not!** /サ〜トンり/;（…どころか）**Far from it!**
・彼らが親友同士だなんてとんでもない。敵同士さ
Far from being best friends, they are enemies.
とんとん（たたく）**knock** /ナク/, **tap** /タプ/
・ドアをとんとんたたく
knock on［at］the door / tap on［at］the door
・先生はチョークで黒板をとんとんたたいた
The teacher tapped the blackboard with the chalk. / The teacher tapped the chalk on the blackboard.
どんどん（速く）**rapidly** /ラピドり/;（継続して）**on and on**;（矢つぎばやに）**in**（**rapid**）**succession** /サクセション/ → どしどし
・どんどん流れる rush
・車がどんどん走って来た
Cars came in rapid succession.
・私たちはどんどん走ってついに彼らに追いついた
We ran on and on till we overtook them.

どんな

❶ **what, what kind of ～**
❷（あらゆる）**any**
❸（どんな…が…しようとも）**whatever**;（どんなに…しようとも）**however**

❶ **what** /(ホ)ワト/, **what kind of ～** /カインド/, **what sort of ～** /ソート/
・あなたが見た物はどんな形をしていましたか
What shape was the object you saw?
・その人はどんなかたですか
What kind［sort］of man is he?
❷（あらゆる）**any** /エニ/
・それはどんな子供にもできる
Any child can do it.
・どんな質問をしてもよい
You may ask me any question.
・その金で君はどんな物でも好きなものを買っていい
You may buy anything you like with the money.
・私はあなたを助けるためにはどんなことでもします
I'll do anything to help you.
・どんな人でもこの記録は破れないでしょう
Nobody will be able to break this record. → 否定文では any のつく語句を主語にすることはできないので，この文を ×*Anybody* will *not* ～としない
❸（どんな…が…しようとも）**whatever** /(ホ)ワトエヴァ/;（どんなに…しようとも）**however** /ハウエヴァ/
・どんな事が起こっても whatever happens［whatever may happen］
・どんな本をあなたが読むにしても whatever book you (may) read
・あなたがどんなに一生懸命勉強しても however hard you (may) study
・どんな事があっても私はそこへ行きます
Whatever［No matter what］happens, I will go there.
・どんなにやってみてもその戸は開かなかった
The door would not open, however hard I tried.
トンネル a **tunnel** /タヌる/
・トンネルを通り抜ける go through a tunnel
どんぶり a **deep bowl** /ディープ ボウる/
・親子丼 *oyakodon*, a bowl of rice topped with chicken and egg
・かつ丼 *katsudon*, a bowl of rice topped with a pork cutlet
・鉄火丼 *tekkadon*, a bowl of rice topped with tuna sashimi
トンボ 蜻蛉《虫》a **dragonfly** /ドラゴンふライ/
とんぼがえり とんぼ返り a **somersault** /サマソーると/
とんや 問屋（店）a **wholesale store** /ホウるセイる ストー/;（人）a **wholesaler** /ホウるセイら/, a **wholesale dealer** /ディーら/
どんより どんよりした **dull** /ダる/
・どんよりした空 a dull sky
・天気は寒くてどんよりしていた
It［The weather］was cold and dull.

な ナ

な¹ 名

➤ (名前) a **name** → みょうじ
➤ (名声) **fame** /フェイム/
名づける name; call /コーる/
・名のない nameless
・そのネコに「タマ」と名をつける name the cat "Tama"
・太郎という名の少年 a boy named Taro / a boy whose name is Taro
・少年の名を呼ぶ call a boy by name
・赤ちゃんにはもう名前をお付けになりましたか
Have you named your baby?
・(訪問客に対して)お名前は
May I ask your name, please?

な² (…する)な → するな

なあ …なあ

❶ (願い) **I wish ～**
❷ (強調・感嘆) **very, much, really** などを使うか,感嘆文で表現する

❶ (かなえられない願い) **I wish ～** /ウィシュ/

基本形
(今)…であればいいのになあ
　I wish+主語+過去形
(あの時)…であったらよかったのになあ
　I wish+主語+**had**+過去分詞

・私が鳥だったらいいのになあ.彼女の所に飛んでいけるのに
I wish I was [were] a bird. I could fly to her. →口語では I, he など1・3人称単数主語の時の be 動詞には was を用いる
・ぼくにお兄さんがいればいいのになあ
I wish I had a brother.
・君くらい英語がうまく話せればいいのになあ
I wish I could speak English as well as you.
・夏休みがもっと続けばいいのになあ
I wish the summer vacation would last longer.
・それを買わなければよかったなあ
I wish I had not bought it.

❷ (強調・感嘆) 形容詞・副詞に **very, much** /マチ/, **really** /リ(ー)アリ/ などをつけて強調するか,感嘆文で表現する. → なんと²
・彼女ってほんとに頭がいいなあ

She is really bright.
・びっくりしたなあ I was really surprised.
・彼は走るのが速いなあ
He runs very [really] fast.
・きれいだなあ How beautiful!
・きれいなバラだなあ
What beautiful roses!

ない¹

❶ (存在しない) **be not, there is [are] not ～, there is [are] no ～**
❷ (持っていない) **do not have, have no ～**

❶ (存在しない) **be not, there is [are] not ～** /ぜア/, **there is [are] no ～** → ある¹ ❶, いる³
❶ の「基本形」参照.
・彼はここにはいない He is not [isn't] here.
・私たちはきのうは家にいなかった
We were not [weren't] at home yesterday.
・彼はなぜそこにいなかったのですか
Why wasn't he there?
・月には人はいない
There are no men on the moon.
・そこにはだれもいなかった[何もなかった]
There was nobody [nothing] there.
・その木には葉がなかった
There were no leaves on the tree. /
The tree had no leaves.
・時間がないだろう There won't be time. /
There will be no time.

❷ (持っていない) **do not have, have no ～**
・うちのイヌはしっぽがない Our dog has no tail.
→「しっぽ」のようにあるとしても一つしかない物の場合は no+単数名詞になる
・私のおじいさんは歯がない My grandfather has no teeth. →「歯」のようにあるとしたら二つ以上ある物の場合は no+複数名詞
・私には兄弟がない
I don't have any brothers. /
I have no brother(s). →「兄弟」のようにあるとしたら単数・複数いずれも考えられる場合はどちらでもよいが,ふつう複数形が多く使われる

ない² …ない

❷ (…しない) **do not**
❺ (だれも…しない) **nobody**

405 four hundred and five

❶(…ではない)➡ でした，です
❷(…しない)**do not，don't**
・私は彼を知らない I do not［don't］know him.
・彼は英語を話さない
He does not［doesn't］speak English.
・私［彼］はきのう学校へ行かなかった I［He］did not［didn't］go to school yesterday.
・君はなぜきのう来なかったのですか
Why didn't you come yesterday?
❸(決して…しない)➡ けっして，ぜんぜん，めったに
❹(…しないでしょう)➡ でしょう
❺(だれも…しない)**nobody** /**ノ**ウバディ/，**no one**; (何も…しない)**nothing** /**ナ**すィンぐ/
・だれもそれを知らない
Nobody［No one］knows it.
・私はそれについては何も知らない
I know nothing about it.

ないか 内科(学) **internal medicine** /インタ～ヌる メディスン/
内科医 **a physician** /ふィズィシャン/

ないかい 内海 **an inland sea** /**イ**ンらンド **スィ**ー/
・瀬戸内海 the Seto Inland Sea / the Inland Sea of Japan

ないがい 内外に **inside and outside** /イン**サ**イド アウト**サ**イド/; (国の)(**both**)**at home and abroad** /(ボウす)アブ**ロ**ード/
・家の内外に inside and outside the house
・彼は国の内外に知られています
He is famous both at home and abroad.

ないかく 内閣 **a Cabinet** /**キャ**ビネト/
・内閣総理大臣 the Prime Minister
・内閣官房長官 the Chief Cabinet Secretary

ないこうてき 内向的な **shy and reticent** /**シャ**イ **レ**ティセント/，**introvert** /**イ**ントロヴァ～ト/
・彼女は内向的だ
She is shy and reticent. / She is introvert.

ないしきょう 内視鏡 **an endoscope** /**エ**ンドスコウプ/

ないしゅっけつ 内出血 (体内の出血)**internal bleeding** /インタ～ヌる ブ**リ**ーディンぐ/; (青あざ)**a bruise** /ブ**ル**ーズ/

ないしょ 内緒 (a)**secret** /**スィ**ークレト/ ➡ ひみつ
内緒の **secret**
内緒で **secretly，in secret**
・これは内緒です This is a secret. / This is between you and me.
・内緒で君に話したいことがある I have something to talk about with you in secret. / I want to have a secret［private］talk with you.

ないしん 内心では **at heart** /**ハ**ート/

ないしんしょ 内申書 **a school report** /リ**ポ**ート/

ないせん 内戦 **a civil war** /スィヴる **ウォ**ー/

ないぞう¹ 内臓 **internal organs** /インタ～ヌる **オ**ーガンズ/

ないぞう² 内蔵の (器具の)**built-in** /ビるト **イ**ン/

ないで …しないで **without** /ウィ**ざ**ウト/; **not ～ but**
・考えないでしゃべる speak without thinking
・私は行かないで家にいました
I didn't go, but stayed at home.

ナイフ **a knife** /**ナ**イふ/ (複 knives /**ナ**イヴズ/)

ないぶ 内部 **the inside** /**イ**ンサイド/
・内部の inner / inside

ないや 内野 **the infield** /**イ**ンふィールド/
・内野手 an infielder

ないよう 内容 **content(s)** /**カ**ンテント[ツ]/
・本の内容 the contents of a book

ないらん 内乱 **revolt** /リ**ヴォ**ウるト/ ➡ ないせん

ナイロン **nylon** /**ナ**イらン/
・ナイロンの靴下(1足) (a pair of) nylon stockings

なえ 苗 **a seedling** /**スィ**ードリンぐ/

なお **still** /ス**ティ**る/，**still more** /**モ**ー/; (最後に)**last of all**
・そのほうがなお悪い That's still worse.
・私にはそんなことはなおさらできない
I can still［much］less do it.
・なお必ずノートは持って来ること
Last of all, don't forget to bring your notebooks.

なおさら 尚更 **all the more** /**モ**ー/

なおす 治す，直す

❶(病気などを)**cure; heal**
❷(修理する)**repair，mend**
❸(訂正する)**correct**

❶(病気を)**cure** /**キュ**ア/; (傷を)**heal** /**ヒ**ーる/; (治療(ちりょう)する)**treat** /ト**リ**ート/

基本形
A (人・病気)を治す
　cure A
A (人)の B (病気)を治す
　cure A of B

・病気[かぜ，頭痛]を治す cure an illness［a cold，*one's* headache］
・傷を治す heal a wound
・病気の子供を治す cure a sick child
・子供のかぜを治す cure a child of a cold

なおる

- 彼[その薬]が私の病気を治してくれた
He [That medicine] cured me of my illness.
- かぜを治すには床(とこ)に入って休まなければいけない
To cure a cold you have to stay in bed and rest.
- どんな悩みでも時間が治してくれる
Time is a (great) healer. (時間は(偉大な)医者である) → 英語のことわざ

cure / mend

❷ (修理する) **repair** /リペア/, **mend** /メンド/; **fix** /ふィクス/ → しゅうぜん, しゅうり

使い分け
repair はふつう複雑な直し、**mend** は簡単な直しに用いる. **fix** はそのいずれにも用いる

- 車[壊(にわ)れた時計]を直す repair [fix] a car [a broken watch]
- いす[壊れた人形]を直す mend [fix] a chair [a broken doll]
- このテレビを直してもらいたい. →「Aを…してもらう」は have [get] A＋過去分詞;「Aを…してもらいたい」は want A＋過去分詞
I want to have [get] this TV set repaired. / I want this TV set repaired.

❸ (訂正する) **correct** /コレクト/
- 誤りを直す correct mistakes [errors]
- 彼の発音[つづり, 作文]を直す correct his pronunciation [spelling, composition]
- 先生は私たちの答案を直してくれた
The teacher corrected our papers.
- まちがいがあれば直せ
Correct mistakes, if any.

❹ (癖(くせ)を) **break** /ブレイク/, **get out of**, **get rid of**, **cure**
- 悪い癖を直す break [cure] a bad habit / get out [rid] of a bad habit
- 子供の悪い癖を直す cure a child of bad habits
- つめをかむ(自分の)悪い癖を直す break [cure] the bad habit of biting one's nails / get out of the bad habit of biting one's nails

- 君は怠(なま)け癖を直さなければいけない
You have to get out [rid] of your lazy habits.

❺ (訳す) **translate** /トランスれイト/
- 英語を日本語に直す translate [put] English into Japanese

なおる 治る, 直る

❶ (病気などが) **get well, recover**
❷ (修理される) **bet repaired**

❶ (病気・傷が) **get well, recover** (from ～) /リカヴァ/, **be cured** (of ～) /キュアド/ (受け身形); (傷が) **heal** /ヒーる/ → なおす ❶
- 彼の病気はまもなく治った
He soon got well. / He was soon cured of his illness. / He soon got over his illness.
- 彼女はだんだん治ってきています → 現在進行形
She is getting better.
- 彼はすっかり病気が治った → 現在完了
He has completely recovered from his illness. / He has completely got(ten) well [got(ten) over his illness].
- 次の朝起きてみたらかぜが治っていた
The cold was gone when I woke up the next morning.
- この薬を飲めばせきが治るでしょう (→この薬が君のせきを治すでしょう)
This medicine will cure your cough.
- 指の切り傷は2, 3日で治った The cut on my finger healed (up) in a few days.

❷ (修理される) **be repaired** /リペアド/, **be mended** /メンデド/; **be fixed** /ふィクスト/ → すべて受け身形; → なおす ❷
- テレビはすっかり直りました → 現在完了の受け身形
The TV set has been completely repaired [fixed].
- パンクは私が待っているうちに直った
The flat tire was fixed while I waited.
- この自転車はあしたまでに直りますか
Can you repair this bicycle by tomorrow?

❸ (癖(くせ)が) **break** oneself **of** ～ /ブレイク/, **break away from** ～ /アウェイ/, **be cured of** ～ /キュアド/ → なおす ❹
- 彼はその悪い癖が直らない (→悪い癖を直すことができない)
He can't break [cure] himself of his bad habit. / He can't break away from his bad habit. / He can't get rid of his bad habit. / He is not cured of his bad habit.
- 昔からの習慣はなかなか直らない (→死なない)

Old habits die hard.

なか¹ 中

➤ **the inside** /インサイド/

…の中に, …の中で **in ~, inside ~**; (間に, 間で) **among ~** /アマンヶ/
…の中へ **into ~, in ~**
…の中から **out of ~**
…の中を **through ~** /スルー/
…の中へ入る **enter ~** /エンタ/

・そのびんの中に何が見えますか
What do you see in the bottle?
・中へお入りなさい. そこでは寒いですよ
Come in [inside]. It's cold out there.
・彼はカバンの中から1冊の本を取り出した
He took a book out of the bag.
・日本では家の中へは靴をはいて入りません
We don't enter a house with shoes on in Japan.
・私たちの中では戸田が一番背が高い
Toda is the tallest among us.

in the box

into the box

out of the box

なか² 仲が良い **be good friends** /ふレンヅ/

・彼らはたいへん仲が良い
They are good friends.
・私はだれとも仲良くやっていくつもりだ
I intend to be friends with everybody.
・彼らはおたがいにたいへん仲良くやっています
They are getting along very well with each other.
・彼らは前ほど仲が良くなさそうです
I'm afraid they are not such good friends as they used to (be).

ながい 長い, 長く

➤ **long**

長さ length /れンぐス/
・長い間 for a long time
・10年という長い間 for ten long years
・(それを)長い目で見る take a long-range view (of it)
・利根川の長さはどれくらいですか
How long is the Tone River? /
What is the length of the Tone River?
・この川は長さが100キロあります
This river is a hundred kilometers long [in length].
・これとそれとではどちらが長いですか
Which is longer, this or that?
・それをもう少し長くすることはできませんか
Can't you make it a little longer?

ながいき 長生きする **live long** /リヴ/
・皆さんはいつまでもご健康で長生きしてください
I hope you will all remain healthy and live long.

ながいす 長椅子 (木製・金属製の) a **bench** /ベンチ/; (布・革張りの) a **couch** /カウチ/ → いす

ながおしする 長押しする **press and hold** /プレス アンド ホウるド/

ながぐつ 長靴 (1足) (a **pair of**) **boots** /(ペア) ブーツ/

なかごろ 中ごろ **about the middle** /アバウト ミドる/
・8月の中ごろ about the middle of August

ながさ 長さ → ながい

ながし 流し (台所の) a **sink**

なかす 泣かす → なかせる

ながす 流す **wash away** /ワシュ アウェイ/; (涙を) **shed** /シェド/ (→ なみだ)
・大水で橋が流された
The bridge was washed away by the flood.
・さあ, 握手(あくしゅ)してみんな水に流そう (→忘れよう)
Now, let's shake hands and forget it.

なかせる 泣かせる (いじめたりして) **make ~ cry** /クライ/; (感動させて) **move ~ to tears** /ムーヴ ティアズ/
・彼を泣かせる make him cry
・その話はそこにいたすべての人を泣かせた
The story moved everyone there to tears.

ながそで 長袖の **with long sleeves** /スリーヴズ/
・長袖のシャツ a shirt with long sleeves

なかなおり 仲直りする **be friends again** /ふレンヅ アゲン/, **make up with**
・握手(あくしゅ)して仲直りしようじゃないか
Let's shake hands and be friends again.

なかなか

•彼らはすぐ仲直りした
They soon made up with each other.
•彼らは私たちに仲直りしようと申し出た
ひゆ They held out the olive branch to us.
➡ olive branch (オリーブの枝)は「平和と和解」の象徴

なかなか (そんなに) **so**; (かなり) **quite** /クワイト/, **pretty** /プリティ/
•こういうことはなかなか簡単にはできないものです
Such things cannot be done so easily.
•彼はなかなかよくやった
He did pretty well.
•バスはなかなか来ないですね
The bus is so long coming, isn't it?
•彼はなかなか来なかった He was a long time in coming. / (彼が来る前が長かった) It was a long time before he came.
•ジャガイモはなかなか煮えない[焼けない]
Potatoes cook slowly.

なかにわ 中庭 **a courtyard** /コートヤード/
ながねん 長年 **for years** /イアズ/
なかば 半ば (半分) **half** /ハふ/; (いくぶん) **partly** /パートり/; (中旬) **the middle** /ミドる/ (➡ なかごろ)
•その仕事は半ば出来上がっている
The work is half done.
•彼は3月の半ばに[ごろ]上京して来るでしょう
He'll come up to Tokyo in [about] the middle of March.
•彼は30代の半ばです He is in his mid-thirties.

ながびく 長引く **be prolonged** /プロろーングド/
•彼の滞在(たいざい)は1週間ほど長引くでしょう
His stay will be prolonged for a week or so. / He will stay another week or so.

なかま 仲間 (一人) **a companion** /コンパニョン/; (団体) **a party** /パーティ/
•君も仲間に入りませんか
Would you like to join us?
•ゲームの仲間に入ってもいいですか
May I join in the game?
•彼も仲間に入ってもらってはどうか
How about asking him to join the party?
•私はだれか旅行の仲間がほしい
I want a good companion [someone to go with me] on my trip.

なかまはずれ 仲間はずれ **an outcast** /アウトキャスト/
なかみ 中身 ➡ ないよう
ながめる 眺める **see** /スィー/; **look at** /るク/
眺め **a view** /ヴュー/ ➡ みはらし

•山の眺めのすばらしい部屋 a room with a splendid view of the mountains
•われわれはすばらしい夕焼けを眺めながらしばらくそこにすわっていた We sat there for some time looking at the glorious sunset.

ながもち 長持ちする (続く) **last long**; (使用に耐(た)える) **wear** (**well**) /ウェア/; (機械などが) **stand long use** /ユース/
•この生地は長持ちしないんじゃないかしら
I'm afraid this material won't wear well.

なかゆび 中指 **the middle finger** /ミドる ふィンガ/
なかよし 仲良し **a good friend** /ふレンド/
•…と仲良しになる become good friends with ～
•ぼくたちはけんかしたあとで前よりも仲良しになった We've become better friends since the quarrel.

参考ことわざ 雨降って地固まる After rain comes fair weather. (雨のあとには晴天がやって来る)
ことわざ 二人なら仲良し, 三人になると仲間割れ
Two's company, three's a crowd. (三人はただの群れ)

ながら …ながら

❶ (…の間に) **while**
❷ (それなのに) (**and**) **yet**

❶ (…の間に) **while** /(ホ)ワイる/ ➡ 同時に起こっていることを示すには doing 形を用いても表現できる
•彼らは合唱しながらやって来た
They came along, singing in chorus.
•私は本を読みながら眠ってしまった
While I was reading, I fell asleep. /
I fell asleep reading [over my book].
•彼女は編み物をしながら居眠りをしていた
She was nodding over her knitting.
•コーヒーでも飲みながら話そう
Let's talk over a cup of coffee.
❷ (それなのに) (**and**) **yet** /イェト/
•彼は約束しておきながら来なかった
He promised to come, and yet he didn't.

ながれ 流れ
❶ (小川) **a stream** /ストリーム/
❷ (流出) **a flow** /ふろウ/
•絶え間ない水の流れ a constant flow of water
•交通の流れを妨(さまた)げる interfere with the flow of traffic
❸ (その他)
•時の流れ(経過) the lapse of time
•歴史の流れ(推移) the course of history

ながれぼし 流れ星 a **shooting star** /シューティン グ/

ながれる 流れる **flow** /ふろウ/, **run** /ラン/
- この川は南に流れて海に注ぎます
This river flows south into the sea.
- 彼女のほおには涙が流れていた
Tears were running down her cheeks.

なぎ (海の) a **calm** /カーム/ → なぐ

なきごえ 泣き声 (声を上げての) a **cry** /クライ/; (すすり泣きの) a **sob** /サブ/

なきごと 泣き言 → ふへい

なきむし 泣き虫 a **crybaby** /クライベイビ/
- 彼女は泣き虫だ (→すぐ泣く) She cries easily.

なく¹ 泣く

➤ (声を上げて) **cry** /クライ/
➤ (涙を流して) **weep** /ウィープ/
➤ (すすり泣く) **sob** /サブ/

- 彼の死をいたんで泣く cry [weep] over his death
- うれしくて泣く cry [weep] for joy
- わっと泣きだす burst out crying / burst into tears
- 泣きながら答える reply between *one's* sobs

ことわざ 泣きっつらにハチ One misfortune comes on the neck of another. (不幸は続いてやってくる) → on the neck of ~ は「…にすぐ続い」

なく² 鳴く (イヌが) **bark** /バーク/; (ネコが) **mew** /ミュー/; (小鳥が) **sing, chirp** /チャ～プ/; (おんどりが) **crow** /クロウ/; (カラスが) **caw** /コー/; (ウシが) **moo** /ムー/; (ウマが) **neigh** /ネイ/; (ブタが) **grunt** /グラント/; (ヒツジ・ヤギが) **bleat** /ブリート/; (ネズミが) **squeak** /スクウィーク/

なぐ (海が) **become calm** /カーム/; (風が) **stop, die down** /ダイ ダウン/

なぐさめる 慰める **console** /コンソウる/, **comfort** /カンふォト/

慰め **consolation** /カンソれイション/, **comfort**
- …に二言三言慰めのことばをかける
say a few words of comfort to ~
- 悲しみに沈んでいる彼にとって彼女の存在は大きな慰めであった
Her presence was a great consolation [comfort] to him in his grief.
- 彼はだれかが慰めてあげなければならない
He needs to be consoled [comforted].

なくす **lose** /るーズ/ → うしなう
- 時計が見つからない. どこでなくしたのかしら
My watch is missing. Where have I lost it, I

wonder?

なくてはならない (本質的に欠かせない) **essential** /イセンシャる/, (生死にかかわるほど大切な) **vital** /ヴァイトる/
- 水は生命にとってなくてはならないものだ
Water is essential to life.
- あの選手はわがチームにとってなくてはならない存在だ That player is vital to our team.

なくなる **be lost**; (見当たらない) **be missing** /ミスィング/
- 簡単に手に入るものは(大事にしないから)いつの間にかなくなってしまう
Easy come, easy go. → 英語のことわざ

なぐる **hit, strike** (a **blow**) /ストライク (ブろウ)/
- 彼は私の顔をなぐった
He struck me a blow on the face.
- 私はなぐり返した I returned the blow.

なげく 嘆く (声を出して) **lament** /らメント/; (悲しむ) **grieve** /グリーヴ/
- 友の死を嘆く lament a friend's death
- 試験の失敗を嘆く grieve over *one's* failure in the examination
- いまさら嘆いてみても始まらない
It's no use crying over spilt milk. (こぼれたミルクのことを嘆いてもしかたがない(もとのコップに戻るはずがない)) → 英語のことわざ
- そんな事をしたら君の死んだお父さんが嘆くぞ
Your dead father would have been very shocked if you did such a thing. /
ひゆ If you did such a thing, your father would roll over in his grave. (お墓の中で寝返りを打つだろう)

なげだす 投げ出す **throw out** /ずロウ/; (あきらめる) **give up** /ギヴ/

なげる 投げる

➤ **throw** /ずロウ/; (ぽいと軽く) **toss** /トース/

基本形
A を投げる
　throw A
B を目がけて A を投げる
　throw A **at** B
B に A を投げる
　throw B A / **throw** A **to** B

- 石を投げる throw a stone
- 木に石を投げる throw a stone at a tree
- 彼にぽいとリンゴを投げてやる toss him an apple
- ごみを投げ捨てる throw away rubbish
- ピッチャーはキャッチャーに速球を投げた

The pitcher threw a fastball to the catcher.

•窓から紙くずを投げてはいけません

Don't throw paper out of the windows.

なければ …がなければ **without ～** /ウィずウト/, **but for ～; if it were not for ～** /ワ～/; **if it had not been for ～**

•太陽の熱がなければ何物も生きることができない

Without［But for, If it were not for］the heat of the sun, nothing could live.

•君の援助(えんじょ)がなかったら私は成功しなかったでしょう

Without［But for, If it had not been for］your help, I would not have succeeded.

なこうど 仲人 a **go-between** /ゴウ ビトウィーン/

なごやか 和やかな **friendly** /ふレンドリ/

•和やかなふんいきで in a friendly atmosphere

なさけ 情け (慈悲(じひ)) **mercy** /マ～スィ/; (あわれみ) **pity** /ピティ/; (同情) **sympathy** /スィンパすィ/; (親切) **kindness** /カインドネス/

　情け深い kind; merciful /マ～スィふる/

　情けない (哀れな) **pitiful** /ピティふる/; (悲惨(ひさん)な) **miserable** /ミぜラブる/

•情けない(気持になる) feel miserable

　ことわざ 情けは他人(ひと)のためならず

Charitable men lose nothing. (慈悲を行う人は何物も失わない) / He that pities another remembers himself. (他人をあわれむ人は自分のことを思う人である)

ナシ 梨 《植物》a **pear** /ペア/

なしで …なしで **without ～** /ウィざウト/ → なければ

•私は君の助けなしではやって行けない

I cannot do without your help.

なしとげる 成し遂げる **accomplish** /アカンプリシュ/

なじむ → あう², なれる

ナス 茄子 《植物》an **eggplant** /エグプらント/, 《英》 **aubergine** /オウバヂーン/

なすりつける (よごす) **smear** /スミア/; (…のせいにする) → せい⁴

なぜ

➤ **why** /(ホ)ワイ/

なぜなら because /ビコーズ/

　会話 なぜ彼は欠席しているのですか. —なぜなら彼はひどいかぜをひいているからです

Why is he absent?—Because he has caught a bad cold.

•なぜ彼は欠席しているのか教えてください

Tell me why he is absent.

　会話 私これから出かけます. —なぜ(→何のために)? I am going out. —What for?

•なぜ君はそんなに悲しいの(→何が君をそんなに悲しくするのか) What makes you so sad?

なぜか somehow (or other) /サムハウ (アざ)/

•なぜかぼくはそれがきらいなんだ

Somehow I don't like it.

なぞ 謎 (なぞなぞ) a **riddle** /リドる/; (不可解なこと) a **mystery** /ミステリ/, a **puzzle** /パズる/

•なぞをかける ask a riddle

•なぞを解く solve a riddle

なた (手斧(おの)) a **hatchet** /ハチェト/

なだめる soothe /スーず/; (やさしく言い聞かせる) **coax** /コウクス/

•泣く子をなだめる soothe a crying child

•母親は子供をなだめて一人でそこへ行かせた[行くのをやめさせた]

The mother coaxed her child into［out of］going there alone.

なだらかな gentle /ヂェントる/

•なだらかな坂 a gentle slope

なだれ a **snowslide** /スノウスらイド/, an **avalanche** /アヴァらンチ/

なつ 夏

➤ **summer** /サマ/

•夏には in summer

•夏休み 《米》the summer vacation / 《英》the summer holidays → なつやすみ

•夏祭り a summer festival

•夏まけする be weak from the summer heat

•夏には長い休暇があります

In summer we have a long vacation.

なつかしい dear /ディア/

•私のなつかしいふるさと my dear old home

なつく (人が) **take to**

•うちのイヌはほとんどどんな人にもなつきます

Our dog is friendly with almost everyone.

なづける 名づける → な¹

ナッツ a **nut** /ナト/

なっている …することになっている (約束・予定で) **be to** do; (予定・規則などで) **be supposed to** do /サポウズド/

•私たちはあすピクニックに行くことになっています

We are to go on a picnic tomorrow.

•だれがそれをすることになっていたのですか

Who was to do that?

•彼は7時にここに来ることになっている

He is supposed to be here at seven.

•君たち, ここでは野球をしてはいけないことになって

411 four hundred and eleven なま

いるんだ
You are supposed not to play baseball here.

なっとう 納豆 *natto*, **fermented soybeans** /ふァメンテド ソイビーンズ/

なっとく 納得させる **convince** /コンヴィンス/
•彼のことばでは私は納得できない
His words do not convince me.

なつばて 夏ばて →なつ(→夏まけする)

なつやすみ 夏休み 《米》**the summer vacation** /サマ ヴェイケイション/, 《英》**the summer holidays** /ハリデイズ/
•夏休みに北海道へ行く go to Hokkaido for the summer vacation

ナデシコ 撫子 《植物》a **fringed pink** /ふリンヂド ピンク/

なでる stroke /スストロウク/

など …など **and other things** /アざ すィングズ/, **and so forth** /ふォーす/, **and so on**, **and the like** /らイク/; (人の場合) **and others** → 簡略な記述法としてラテン語の etc. /エトセトラ/ を用いることもできる;, *etc*. のように前にコンマを付け斜体にする; 英文中ではふつう and so forth, and so on などと読む
•ペン, ナイフ, ノートなどを買う buy a pen, a knife, a notebook, and some other things
•私は田中, 矢田などといっしょに行った
I went with Tanaka, Yada, and some others [some other friends].

なな 7(の) **seven** /セヴン/
•第7(の) the seventh (略 7th)
•7分の1, 7分の2 one seventh, two sevenths
•7倍 seven times

ななじゅう 70(の) **seventy** /セヴンティ/
•第70(の) the seventieth (略 70th)
•71(の), 72(の), … seventy-one, seventy-two, …
•第71(の), 第72(の), … the seventy-first, the seventy-second, …
•70歳の老人 an old man [woman] of seventy
•70以上の老人たち old people over seventy

ななしゅきょうぎ 七種競技 **heptathlon** /ヘプタすらン/

ななめ 斜めの **slanting** /スらンティング/
斜めに **aslant** /アスらント/, **at [on] a slant**

なに 何
➤ **what** /(ホ)ワト/

何か something /サムすィング/; (疑問文で) **anything** /エニすィング/

何も…ない nothing /ナすィング/
•…して何になる What's the use of *do*ing?
🈁会話 これは何ですか. ―パソコンです
What is this?―It is a personal computer.
•テーブルの上に何がありますか
What is there on the table? / What do you see on the table?
•テーブルの上に何かありますか
Is there anything on the table? / Do you see anything on the table?
•君は何がほしいの? What do you want?
•(職業をたずねて)あなたは何をなさっているのですか? What do you do?
•君は私に何をしてほしいの?
What do you want me to do?
•この花は何という花ですか What is this flower called? / What do you call this flower?
•何か食べ物をください. ゆうべから何も食べていません Give me something to eat. I have eaten nothing since last night.
•彼は私を助けるために何もしてくれなかった
He did nothing to help me.
•運転もできないのに車なんか持ってて何になるのですか What's the use of having a car if you can't drive?

なにげなく 何気なく (特別な意図もなく) **casually** /キャジュアリ/; (偶然) **by chance** /バイ チャンス/

なにしろ →とにかく

なにもかも 何もかも **everything** /エヴリすィング/, **every**, **all**

なにより 何より
•私にはカレーライスが何よりのごちそうです
Curry and rice is my favorite.
•お元気だそうで何よりです (→元気だと聞いて私はうれしい) I'm glad to hear that you are well.
•彼は強くて, 勇敢(ゆうかん)で, そして何よりも正直です
He is strong, brave, and above all, honest.

ナプキン (食卓用の) a **napkin** /ナプキン/; (生理用) a **sanitary napkin** [**pad**] /サニテリ ナプキン [パド]/

なふだ 名札 (胸につける) a **name card** /カード/

なべ (浅い) a **pan** /パン/; (深い) a **pot** /パト/
•なべもの(料理) a dish cooked in a pot

なま 生の (肉などが) **raw** /ロー/; (放送・演奏などが) **live** /らイヴ/; (クリームなど) **fresh** /ふレシュ/
•生肉 raw meat
•生クリーム fresh cream
•生もの raw food
•生ごみ 《米》garbage / 《英》rubbish
•さかなを生で食べる eat fish raw

あ
か
さ
た
な
は
ま
や
ら
わ

なまいき 412 four hundred and twelve

・そのバンドの生演奏を (→バンドが生で演奏するの
を)見る　see the band play live

なまいき 生意気　**cheek** /チーク/, **impudence**
/インピュデンス/

　生意気な **sassy** /サスィ/, **cheeky** /チーキ/, **sau-
cy** /ソースィ/, **impudent** /インピュデント/

　・生意気な若い男　a saucy young man

　・彼は生意気にも私にそれをしないように忠告した
He had the impudence [the cheek] to ad-
vise me not to do it. / He was impudent
enough to advise me not to do it.

なまえ 名前　a **name** →な¹

なまぐさい 生臭い　**fishy** /ふィシ/

なまける 怠ける　(のらくらと) **idle** /アイドる/; (ほ
ったらかす) **neglect** /ニグれクト/

　・怠けて時を過ごす　idle away *one's* time

　・私は勉強を怠けていてしかられた
I was scolded for neglecting my studies.

ナマズ 鯰　《魚》a **catfish** /キャトふィシュ/ (**複** 同
形)

なまなましい 生々しい　**vivid** /ヴィヴィド/

なまにえ 生煮えの　**half-boiled** /ハふ ボイるド/,
half-done /ハふ ダン/, **half-cooked** /ハふ ククト/

なまぬるい 生ぬるい　**lukewarm** /るークウォーム/

なまやけ 生焼けの　**undercooked** /アンダクック
ト/; **underdone** /アンダダン/

　・生焼けの豚肉を食べるのは安全ではない
Undercooked pork is not safe to eat.

なまり¹ (ことばの) a **provincial accent** /プロヴィ
ンシャる アクセント/

　・きついアイルランドなまりで話す　speak with a
strong Irish accent

なまり² 鉛　**lead** /れド/ →発音注意

なみ¹ 並み (平均) **the average** /アヴェレヂ/

　並みの **average**, **common** /カモン/, **usual** /ユ
ージュアる/

　・並みでない　uncommon / unusual

なみ² 波　a **wave** /ウェイヴ/; (さざ波) a **ripple** /リ
プる/

　・波が高かった　The waves were high.

なみき 並木　a **row of trees** /ロウ トリーズ/

　並木道 an **avenue** /アヴェニュー/, a **tree-lined
street** /トリー らインド ストリート/

なみだ 涙　**tears** /ティアズ/

　・涙を流す　shed tears

　・涙を流して　in tears

　・涙を浮(う)かべて　with tears in *one's* eyes

　・彼女は涙もろい　She is easily moved to tears.

ナメクジ 蛞蝓　《動物》a **slug** /スらグ/

なめらか なめらかな　**smooth** /スムーず/

なめらかに **smoothly**; (流暢(りゅうちょう)に) **fluently**
/ふるーエントリ/

なめる **lick** /リク/; (ネコ・イヌなどが水などをぴちゃ
ぴちゃ) **lap** /らプ/

なや 納屋　a **barn** /バーン/

なやみ 悩み (強い) **distress** /ディストレス/; (くよ
くよ)**worry** /ワーリ/

　・悩みの種　a worry / ひゆ a pain in the neck
(首の痛み) / ひゆ a thorn in the side (わき腹に
ささったとげ)

なやむ　悩む

➤ **be distressed**/ディストレスト/

➤ (くよくよ) **be worried**/ワーリド/

➤ (病気で) **suffer from** /サふァ/

悩ます **distress**; **worry**; (困らせる) **bother** /バ
ざ/; (いらいらさせる) **annoy** /アノイ/

　・彼は母親の健康のことで悩んでいる
He is distressed by his mother's illness.

　・そんなつまらないことでそう悩むな
Don't be worried about trifles like that.

　・私は頭痛に悩まされている
I'm suffering from headaches.

　・そんなつまらないことで私を悩ませないでくれ
Don't bother me with such a silly thing.

　・農家の人々は今年の米の不作で頭を悩ませている
Farmers are worrying about the poor rice
crop this year. / ひゆ Farmers are wringing
their hands over the poor rice crop this year.

→ wring *one's* hands (手をもみ合わせる)は苦悩を
表すしぐさ

なよなよ なよなよした (弱々しい) **feeble** /ふィーブ
る/; (からだつきがきゃしゃな) **slim and delicate**
/スリム デリケト/

なら …なら →もし

ならう　習う

➤ (学ぶ) **learn** /らーン/; (1回習う) **take
[have] a lesson** /れスン/, (連続して習う)
take [have] lessons

　・英語を習う　learn English

　・週に3回ピアノを習う　take [have] three piano
lessons a week

　・水泳を習う　learn (how) to swim / take
swimming lessons

　・私たちは田島先生に英語を習う
We learn English from Mr. Tajima.

　・君は週に何時間英語を習いますか
How many English lessons do you have in a
week?

four hundred and thirteen　413　なる

- 私は毎週森本先生にピアノを習います
I take piano lessons from Ms. Morimoto every week.
- 私たちは学校で英語を習っています →現在進行形
We are learning English at school.
- 私は英語を3年間習っています →現在完了進行形
I have been learning English for three years.
ことわざ 習うより慣れよ Practice makes perfect. (練習すれば完全になる)

ならす¹ 鳴らす **ring** /リング/; **sound** /サウンド/ →なる²
- ベルを鳴らす ring a bell
- 警笛(けいてき)を鳴らす sound a horn

ならす² 慣らす （習慣づける）**accustom** /アカスタム/; （鳥獣を）**tame** /テイム/ →なれる
- 子供たちを新しい環境に慣らす
accustom the children to the new conditions
- ある種の動物はとても慣らしにくい
Some animals are hard to tame. /
Some animals are not easily tamed.

ならす³ （平らに）**level** /れヴる/
- 運動場をならす level the playground

ならない …ならない

❶ (…しなければならない) **must, have to**
❷ (…してはならない) **must not**

❶ (…しなければならない) **must** /マスト/, **have to** /ハ(ぶ)トゥ/
- 君は約束を守らなければならない
You must keep your promise.
- 君はそれをやり直さなければならないでしょう
You will have to do it over again. →×will must とは言えないので have to を使う
- 私はそれをやり直さなければならなかった
I had to do it over again. →must には過去形がないので have to の過去形 had to を使う
- 彼は私にそれを自分でしなければならないと言った
He told me that I must do it myself. →主節の動詞が過去時制 (told) でも従属節の中では must をそのまま使ってよい
- 法律によって子供はすべて学校へ通わなければならない (→法律がすべての子供に学校へ通うことを要求する) The law requires all children to attend school.
❷ (…してはならない) **must not**
- 君はうそをついてはならない
You must not tell a lie.

ならぶ 並ぶ （1列に）**stand in a line** /スタンド らイン/, 《米》**line up**, 《英》**queue (up)** /キュー/; （肩を並べて）**stand side by side** /サイド/; （競走

で）**be neck and neck** /ネク/
- 子供たちは1列に並ばせられた
The children were made to stand in a line.
- 私たちは競技場に入るのに2時間並んで待った We lined up [queued (up)] for two hours to get into the stadium.
- 私たちは並んですわった We sat side by side.

ならべる 並べる （1列に）**put in a line** /らイン/; （配列する）**arrange** /アレインヂ/
- ABC 順に名前を並べる arrange the names in alphabetical order

なりすまし **identity theft** /アイデンティティ せふト/ →theft は「盗(ぬす)み」. 他人の個人情報を盗んでその人のふりをすること
- なりすましを通報する report identity theft

なりたつ →なる¹

なりゆき 成り行き **the course (of things)** /コース (すィングズ)/
- 自然の成り行きで in the course of nature
- 事 の 成 り 行 き し だ い で は according to the course of events
- 事をその自然の成り行きにまかせる leave a thing to take [run] its natural course

なる¹ 成る （構成されている）**consist (of ～)** /コンスィスト/, **be composed (of ～)** /コンポウズド/
- 委員会は6人の委員で成っている
The committee consists [is composed] of six members.

なる² 鳴る （ベルなど）**ring** /リング/; （サイレンなど）**blow** /ブろウ/; （響く）**sound** /サウンド/ →ならす¹
- ベルが鳴っている The bell is ringing. →There goes the bell. という言い方もある

なる³ （実が）**bear** /ベア/, **have a crop** /クラプ/

なる⁴ …になる

❶ (だんだん) **become, grow**; (すぐに) **get**
❷ (必然的に) **make**
❸ (結果が) **come to ～**; (結局) **turn out**
❻ (変化して) **turn**

❶ (だんだん…になる) **become, be, grow** /グロウ/; (すぐに, 一時的に…になる) **get** →become, be の次には名詞または形容詞が, grow, get の次には形容詞が続く; →なると
- 看護師[俳優]になる become a nurse [an actor]
- 寒く[暗く]なる get cold [dark]
- 友 達 に な る become friends / get to be friends
- 大人になる grow up / become a man [a

なると 414 four hundred and fourteen

woman]
・オタマジャクシは数週間でカエルになる
Tadpoles become frogs in a few weeks.
・私は来月で15歳になります →未来表現
I'll be fifteen years old next month.
・彼女の願いは歌手になることです
Her wish is to be [become] a singer.
・私は大きくなったら医者になりたい I want to be
[become] a doctor when I grow up.
・君は何になるつもりですか →「…するつもりである」
は be going to *do*
What are you going to be?
・冬にはすぐに暗くなる →主語はばく然と「天候」を
示す代名詞 it を使う
It gets [becomes] dark early in winter.
・日ごとにだんだん暖かくなってきた →現在進行形
It is getting [becoming] warmer and warmer
every day. / The days are getting warmer.
・彼女は有名人になった →現在完了
She has become a famous woman.
・女の子たちは森の中で迷子になった
The girls got lost in the woods.
・ぼくは今年10センチ背が高くなった
I've grown 10 centimeters taller this year.
・その村は大きくなって市になった
The village grew into a city.
・彼女は大きくなって数学者になった
She has grown up to be a mathematician.
・お宅のイヌはどうなりましたか →現在完了
What has become of your dog?
・父親が亡くなったら子供たちはどうなるんだろう
What will become of the children when
their father dies?
❷(必然的に…になる) **make**
・16＋14は30になる
Sixteen and fourteen make(s) thirty.
・その箱は妹のいい貯金箱になります
The box will make a good (piggy) bank for
my little sister.
❸(結果が…になる) **come to ～, amount to ～**
/アマウント/; (…ということがわかる，結局…になる)
turn out /タ～ン/
・こういうことになる come to this
・ほとんど[全然]ものにならない come [amount]
to little [nothing]
・お勘定(かんじょう)は千円になります
Your bill comes [amounts] to a thousand
yen.
・彼はいつかものになるよ，よく働くもの
He will amount to something someday. He's

a hard worker.
・どうしてこういうことになったのですか →現在完了
How has it come to this?
・それは忘れられない日になった
It turned out to be a memorable day.
・その犯人は最後は刑務所行きとなった
The criminal ended up in prison.
・ゲームはどうなりましたか
How did the game go?
❹(…するようになる) **come to** *do*, **get to** *do*
・やがて私は彼女を愛するようになった
In time I came to love her.
・その試合は「FAカップ」と呼ばれるようになった
The competition came to be called the "FA
Cup."
・どうして君は彼を知るようになったのですか
How did you come [get] to know him?
❺(経験・練習によって…できるようになる) **learn to**
do /ら～ン/
・泳げるようになる learn to swim
・彼女はピアノがひけるようになった
She learned to play the piano.
❻(変化して…になる) **turn** /タ～ン/, **change** /チ
ェインヂ/

基本形	
A になる	
turn A →A は形容詞	
B になる	
turn into [**to**] B	
change into [**to**] B →B は名詞; 根本的な	
変化には into，表面的な変化には to を用いる	

・赤く[真っ青に]なる turn red [pale]
・氷になる turn [change] into ice
・毛虫はチョウになる
Caterpillars turn [change] into butterflies.
・午後になって雨が雪になった The rain turned
into [to] snow in the afternoon.
・交通信号は赤から青になった
The traffic lights turned [changed] from red
to green.
なると …になると **when ～** /(ホ)ウェン/, **in ～**
・春[朝]に な る と when spring [morning]
comes / in spring [the morning]
・秋になると葉が黄色くなる
In autumn leaves turn yellow.
なるべく (できるだけ) **as ～ as possible** /パスィブ
る/; (できることなら) **if possible**
・なるべく急いでそれをしてください
Do it as quickly as possible [as you can].
・なるべく君自身にそれをやってもらいたい

I want you to do it yourself if possible.

なるほど

❶ (あいづち) **I see.**
❷ (本当に) **really, indeed**

❶ (あいづち) **I see.** /スィー/ → あいづち

すみませんがあしたは1日じゅう忙(いそが)しくてあなたにお会いできません
—なるほど. じゃまたいつか
Sorry, but I can't see you tomorrow. I'm busy all day.
—**I see.** Then some other time.

❷ (本当に) **really** /リ(ー)アリ/, **indeed** /インディード/, **quite** /クワイト/
・なるほどこの本はおもしろい
This book is really interesting. /
This book is very interesting indeed.
・なるほど君の言うとおりだ
You are quite right.
・彼の案はなるほど理論的にはけっこうだが実際的ではない His plan is theoretically very good indeed, but it's not practical. → ~ indeed, but ~ の使い方に注意

ナレーション narration /ナレイション/
ナレーター a narrator /ナレイタ/
なれなれしい too familiar /ファミリア/, too friendly /ふレンドリ/
なれる 慣れる get [become] used (to ~) /ユースト/, get [become] accustomed (to ~) /アカスタムド/ → ならす²
・慣れている be used [accustomed] (to ~) / be at home (on ~, in ~)
・彼女はこういうつらい仕事に慣れていない
She is not used [accustomed] to this sort of hard work.
・新しい学校に慣れるまで時間がかかりましたか
Did it take you long until you got accustomed to your new school? / ひゆ Did it take you long to find your feet in your new school?
・彼女は表計算ソフトには慣れたものです
She is quite at home in [with, doing] a spreadsheet.
なわ 縄 a rope /ロウプ/
なわとび 縄跳び rope skipping /ロウプ スキピング/, rope jumping /ヂャンピング/
・縄跳びをする skip [jump] rope

・縄跳びの縄 skipping rope / jump(ing) rope

なん 何…
➤ **what ~** /(ホ)ワト/
➤ (数) **how many ~** /ハウ メニ/
➤ (年齢(ねんれい)) **how old**
・何時 what time
・何日 what date
・何曜日 what day (of the week)
・何月 what month
・何人(の) how many (~)
・何回 how many times / how often
・何歳 how old
・何百[千]という… hundreds [thousands] of ~
・あれは何だ What's (=What is) that?

会話 今何時ですか. —2時半です
Do you have the time?—It is half past two. / It is two thirty. → What time is it? は家族や親しい友人間の言い方

会話 きょうは何曜日ですか. —水曜日です
What day (of the week) is it today?—It is Wednesday.
・何月に新学年が始まりますか
In what month does the school year begin?
・君の学校には先生が何人いますか
How many teachers are there [do you have] in your school?

会話 あなたは何歳ですか. —15歳です
How old are you?—I am fifteen (years old).
なんおう 南欧 Southern Europe /サざン ユロプ/
なんかん 難関 → こんなん, しょうがい²
なんきゅう 軟球 a rubber ball /ラバ/
なんきょく 南極 the South Pole /サウす ポウる/
南極の Antarctic /アンターゥティク/
・南極大陸[海] the Antarctic Continent [Ocean]
・南極地方 the Antarctic (regions)
・南極探検(隊) an Antarctic expedition
なんきんじょう 南京錠 a padlock /パドらク/
なんこう 軟膏 an ointment /オイントメント/
なんせい 南西 the southwest /サウすウェスト/ → せいなん
・南西の southwest / southwestern
・南西に(方向・位置) southwest; (方向) to the southwest; (位置) in the southwest
ナンセンス nonsense /ナンセンス/
なんだか (どういうものか) somehow (or other) /サムハウ (アざ)/
・なんだかきまりが悪い
Somehow I feel awkward.

なんて → なんと²

なんで → なぜ

なんでも　何でも

➤ (無選択) **anything** /エニスィング/

➤ (あらゆること) **everything** /エヴリスィング/

•そのお金で君の好きな物は何でも買ってよい
You can buy anything [whatever] you like with the money.

•君を助けるためには何でもするよ
I will do anything to help you.

•何か食べ物をください. 何でもいいです
Give me something to eat. Anything will do.

•そのことについて彼は何でも知っている
He knows everything about the matter.

•私たちの社会は自由だけど, なんでもありというわけではない　Our society is a free society, but it doesn't follow that you are allowed to do whatever you want to [, but it can't be a free-wheeling one].

•くよくよするな. そんなのなんでもないよ
Don't worry. That's nothing. /

ひゆ Don't worry—it's just one of those things. (それらの中の一つ, よくある事の一つ)

なんと¹　何と

➤ (どのように) **how** /ハウ/

•「はじめまして」は英語で何といいますか
How do you say "hajimemashite" in English?

なんと², なんて

➤ (感嘆) **what** /(ホ)ワト/, **how** /ハウ/

基本形 **What** (＋形容詞)＋名詞 (＋主語＋動詞)!
How ＋形容詞[副詞] (＋主語＋動詞)!

•なんて馬鹿なんだ! What a fool! / How foolish!

•なんという天気だ! What weather!

•なんていい考えだ! What a good idea!

•なんてすてきなんだろう! How nice!

•彼女はなんて美しい(人な)んだろう!
How beautiful she is! /
What a beautiful woman she is!

•ぼくたちはなんて馬鹿だったんだろう!
What fools we have been!

•彼女はなんて速く走るんだろう!
How fast she runs! / What a fast runner she is!

なんど 何度 → なん (→ 何回)

•何度も **often** / **many times**

•私は何度も何度も呼んだがだれも答えなかった
I called and called, but no one answered.

なんとう 南東 **the southeast** /サウすイースト/ →
せいなん

•南東の **southeast** / **southeastern**

•南東に (方向・位置) southeast; (方向) to the southeast; (位置) in the southeast

なんとか

❶ (どうにか…する) **manage to** *do* /マネヂ/

•駅まで急いだのでなんとか最終列車に間に合った
I hurried to the station and managed to catch the last train.

•それはなんとかなるでしょう
Somehow it will come out all right. /

ひゆ You will cross that bridge when you come to it. (橋のところに来れば橋を渡る)

❷ (なんとかいう人) **Mr.** [**Ms.. Mrs.**] **So-and-so** /ミスタ [ミズ, /ミセズ/ ソウ アンド ソウ/

•きょうなんとかいう人が銀行から見えました
Mr. So-and-so from the bank called today.

なんとなく **somehow** /サムハウ/ → なんだか

•私は彼がなんとなくきらいなんだ
Somehow I don't like him.

•なんとなくあなたが来るような気がした

ひゆ I felt [knew] in my bones you were coming.

なんとも

•父は1時間も歩いて会社に通うのをなんとも思っていない　My father thinks nothing of walking one hour to work.

なんぱ 難破 (a) **shipwreck** /シプレク/
　難破する **be shipwrecked**

ナンバー **number** /ナンバ/ → ばん²

なんぶ 南部 **the southern part** /サザン/; (米国の) **the South** /サウす/

•メキシコは北アメリカの南部にある
Mexico is in the south of North America.

なんべい 南米 **South America** /サウす アメリカ/

なんぽう 南方 → みなみ

なんぼく 南北 **north and south** /ノーす サウす/

なんみん 難民 a **refugee** /レふュヂー/, a **displaced person** /ディスプれイスト パースン/; (小舟で脱出する人々) **boat people** /ボウト ピープる/

•難民キャンプ a refugee camp

なんもん 難問 (むずかしい) a **difficult question** [**problem**] /ディふィカるト クウェスチョン [プラブれム]/; (微妙な) a **delicate problem** /デリケト/

なんよう 南洋 **the South Seas** /サウす スィーズ/

•南洋諸島 the South Sea Islands

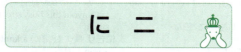

に　ニ

に¹ 2(の) **two** /トゥー/
- 第2(の)　the second (略 2nd)
- 2分の1　a half

に² 荷　**a load** /ろウド/
- 荷を積む　load
- 荷を降ろす　unload
- この仕事は私には荷が重すぎる
This task is too heavy [much] for me.

に³　…に

❶ (時) **at**; (日) **on**; (月・年) **in**
❷ (小さい場所) **at**; (大きい場所) **in**; (中に) **in**; (上に) **on**, **above**
❸ (方向) **to**, **for**
❹ (対象) **to**, **for**
❺ (…にする)

❶ (時) **at**; (日) **on**; (月・年) **in**
- 5時に　at five (o'clock)
- 金曜日の午後に　on Friday afternoon
- 2月そうそうに　early in February
- 彼女は2015年5月5日の夕方6時に生まれました
She was born at six in the evening on May fifth in 2015.

❷ (小さい場所) **at**; (大きい場所) **in**; (中に) **in**; (上に) **on**, **above** /アバヴ/
- それを箱の中[棚の上, 戸口]に置く　put it in the box [on the shelf, at the door]
- 東京に住む　live in Tokyo
- 駅[ニューヨーク]に着く　arrive at the station [in New York]

❸ (方向) **to**, **for**
- 駅に行く道を教えてください
Can you tell me the way to the station?
- 私は明日アメリカにたちます
I am leaving for America tomorrow.

❹ (対象) **to**, **for** →「ケンに辞書をあげる」の「…に」は英語では動詞の目的語として表される; 他動詞のすぐあとに名詞を続けると, その名詞は目的語になる; 人称代名詞の場合は目的格 (me, you, him, her, it, us, them) を用いる;「…に」という意味を前置詞で表す時は動詞の種類によって to または for を用いる
- ぼくはケンに辞書をあげた. ケンはぼくに帽子をくれた
I gave Ken a dictionary and he gave me a cap. / I gave a dictionary to Ken and he gave a cap to me.
- 彼女は毎週家族に手紙を書いている
She writes her family a letter every week. / She writes (a letter) to her family every week.
- 父は私にカメラを買ってくれた
Father bought me a camera. / Father bought a camera for me.

❺ (…にする)「彼女をスターにする」「彼女を幸福にする」などの「…に」は英語では動詞の補語(名詞または形容詞)として表される.

> **基本形**
> 私は彼女をスターにする
> **I make her a star.** → star は名詞
> 私は彼女を幸福にする
> **I make her happy.** → happy は形容詞

- 私たちはケンを私たちのキャプテンにした
We made Ken our captain.
- 部屋をいつもきれいにしておきなさい
Always keep your room clean.

にあう 似合う (釣(っ)り合う) **suit** /スート/; (適切である) **be suitable** /スータブる/
- 彼女によく似合う服　a dress that suits her
- そのパーティーに似合う服　clothes (that are) suitable for the party
- そのピンクのドレスは彼女によく似合う
That pink dress suits her very well.
- この赤い帽子は君によく似合う
This red cap looks fine on you.

にえる 煮える **boil** /ボイる/
- 煮立つ湯　boiling water
- よく煮えている　be cooked well / be well-done
- ジャガイモが煮えている
The potatoes are boiling.

におい

➤ **a smell** /スメる/
においがする, においをかぐ smell
- …のにおいがする　smell of 〜
- いい[いやな]においがする　smell sweet [bad]
- 私はひどいかぜをひいているからにおいがわからない
I've got a bad cold and can't smell well. /

におう 418 four hundred and eighteen

I cannot smell things, for I've got a bad cold.

・ちょっとこの花のにおいをかいでごらん
Just smell this flower.

・この家はペンキのにおいがする
This house smells of fresh paint.

・何か焦げるにおいがする
I smell something burning.

におう smell /スメる/ → におい

にかい 2階 《米》the second floor /セカンド ふろー/,《英》the first floor /ふァ〜スト/ → かい⁵

・2階建ての家 a two-story［two-storied］house
・2階の［で, へ］ upstairs
・2階の部屋 an upstairs room
・2階に上がる go upstairs
・どうぞ2階の私の勉強部屋に上がってください
Please come to my study upstairs. /
Please come up to my study.

にがい 苦い bitter /ビタ/

・苦い経験 a bitter experience
・この果物は苦い(味がする)
This fruit tastes bitter.

にがおえ 似顔絵 a portrait /ポートレト/

にがす 逃がす (放す) set free /ふリー/; (取りそこなう) fail to catch /ふェイる キャチ/; (機会などを) miss /ミス/

・小鳥を逃がしてやる set a bird free / let a bird fly away
・魚を取り逃がす fail to catch a fish
・いいチャンスを逃がす miss a good chance

にがつ 2月 February /ふェビュエリ, ふェブルアリ/ (略 Feb.) → 発音注意 → くがつ

にがて 苦手 (弱点) a weak point /ウィーク ポイント/

・英文法が苦手だ be weak in English grammar
・理科は私の最も苦手な教科です
Science is my weakest subject.

ニカブ a niqab /ニカブ/

・ニカブを着る wear a niqab → 一部の女性イスラム教徒が使う顔のおおい

にかわ 膠 animal［hide, gelatinous］glue; /アニマる［ハイド チェらティナス］グるー/

にがわらい 苦笑い a bitter smile /ビタ スマイる/

・苦笑いする smile bitterly; (作り笑いする) force a smile

にきび a pimple /ピンプる/, acne /アクニ/

・にきびだらけの pimpled

にぎやかな busy /ビズィ/; (人込みの) crowded /クラウデド/; (活気ある) lively /らイヴリ/ → にぎわう

・このにぎやかな通りを避(さ)けて裏通りを行こう
Let's avoid this busy street and take the back street.

にぎり 握り (ドアの) a knob /ナブ/; (ハンドルの) a grip /グリプ/

にぎる 握る hold /ホウるド/; (ぎゅっと) grip /グリプ/

・彼女の手を握る hold her hand
・両手でロープを握れ
Grip the rope with both hands.

にぎわう become busy /ビズィ/; (人で込みあう) become crowded /クラウデド/; (活気づく) become lively /らイヴリ/

にく 肉 (動物・果物の) flesh /ふれシュ/; (食肉) meat /ミート/

・肉屋 (店) a butcher's; (人) a butcher
・肉牛 beef cattle

にくい¹ 憎い hateful /ヘイトふる/

にくい² …しにくい → むずかしい

にくがん 肉眼 the naked eye /ネイキド アイ/

・肉眼で with the naked eye

にくしみ 憎しみ hatred /ヘイトレド/

にくじゃが 肉じゃが (料理) potato and meat stew /ポテイトウ ミート ステュー/

にくしょく 肉食の (人間が) meat-eating /ミート イーティング/; (動物が) flesh-eating /ふれシュ イーティング/, carnivorous /カーニヴォラス/

・肉食動物 a carnivore

にくたい 肉体 the body /バディ/

肉体的な bodily /バディり/, physical /ふィズィカる/

肉体的に physically

にくばなれ 肉離れ(を起こす) (have) a torn muscle /トーン マスる/

にくまれぐち 憎まれ口をきく say spiteful things /セイ スパイトふる すィングズ/

にくむ 憎む hate /ヘイト/

ことわざ 憎まれっ子世にはばかる
The devil's child has the devil's luck. (悪魔の子には悪魔の運がついている) / An ill weed grows fast. (雑草は早くのびる)

にくらしい 憎らしい hateful /ヘイトふる/

にぐるま 荷車 (小型の) a cart /カート/; (荷馬車) a wagon /ワゴン/

にぐん 二軍 a minor team /マイナ ティーム/, a training team /トレイニング/; (プロ野球の) a farm /ふァーム/; (高校・大学のスポーツチームの) a junior varsity /チューニア ヴァースィティ/

にげる 逃げる

four hundred and nineteen 419 にちや

➤ **run away** /アウェイ/; (脱出する) **escape** /イスケイプ/, **make** *one's* **escape**
➤ (鳥が) **fly away** /ふらイ/
•逃げ道 an escape
•彼はくるりと背を向けて逃げた
He turned around and ran away.
•鳥が逃げてしまった
The bird has flown away.
•彼らは窓から逃げた
They escaped [made their escape] through the window.

にこにこ にこにこする **smile** /スマイる/
•にこにこして with a smile
•彼女はにこにこして私にあいさつした
She greeted me with a smile.
•君は何をにこにこしているのですか
What are you smiling at?

にごる 濁る **become muddy** /マディ/ 濁った **muddy**

にさん 2, 3の **a few** /ふュー/, **a couple of** /カプる/
•2, 3日前に a few [a couple of] days ago
•2, 3分で in a few minutes

にさんかたんそ 二酸化炭素 **carbon dioxide** /カーボン ダイアクサイド/

にし 西
➤ **the west** → きた
•西日本 West Japan
•西の west / western
•西に (方向・位置) west; (方向) to the west; (位置) in the west

にじ¹ 虹 **a rainbow** /レインボウ/
•にじが空にかかった
A rainbow appeared in the sky.

にじ² 二次の **second** /セカンド/
•二次入試 the second entrance exam
•二次面接 the second interview
•第二次世界大戦 World War II (読み方: two) / the Second World War

にしては …にしては **for**
•彼は10歳の少年にしては実に利口だ
He is very clever for a boy of ten.
•安物のカメラにしてはこれはそう悪くない
For a cheap camera, this isn't so bad.

にじむ (ぼやける) **blur** /ブら〜/; (汗・血などで) **become** [**be**] **stained with** /ステインド/
•窓の雨で外の景色がにじんで見えた
Rain on the window blurred the view outside.

•彼のシャツは汗がにじんでいる
His shirt is stained with sweat.

にじゅう¹ 20(の) **twenty** /トウェンティ/
•第20(の) the twentieth (略 20th)
•21(の), 22(の), … twenty-one, twenty-two, …
•第21(の), 第22(の), … the twenty-first, the twenty-second, …
•20代の青年たち young people in their twenties

にじゅう² 二重の **double** /ダブる/
•二重にする double
•二重に doubly
•二重奏[唱] a duet

ニシン 鰊 (魚)a **herring** /ヘリンぐ/

にしんほう 二進法 **the binary system** /バイナリ システム/

ニス ニス(を塗る) **varnish** /ヴァーニシュ/

にせ 偽の (本物でない) **false** /ふォーるス/; (偽造の) **fake** /ふェイク/, **counterfeit** /カウンタふェト/
•にせ物 (模造品) an imitation; (偽造(ぎぞう)物) a counterfeit
•にせ金[コイン, 札] counterfeit money [coin, bill]
•にせダイヤモンド a fake diamond
•にせの報告 a false report

にせい 2世 a *nisei*. a **second generation** /チェネレイション/

にせる …に似せる **model after** 〜 /マドる/
•この庭は竜安寺の庭に似せてある
This garden is modeled after the garden in the Ryoanji Temple.

にたにた にたにた笑う **smirk** /スマ〜ク/

にちえい 日英の **Anglo-Japanese** /アングろウ/
•日英関係 Anglo-Japanese relations

にちじ 日時 **the time and date** /デイト/
•試合の日時を決める fix the time and date for the game

にちじょう 日常(の) **daily** /デイリ/, **everyday** /エヴリデイ/
•日常の出来事 a daily [everyday] occurrence
•日常生活 daily [everyday] life
•日常会話 everyday conversation

にちべい 日米の **Japanese-American**, **Japan-U.S.**
•日米安全保障条約 the Japan-U. S. Security Treaty

にちぼつ 日没 **the sunset** /サンセト/
•日没に[後に] at [after] sunset

にちや 日夜 **day and night** /デイ ナイト/

にちよう 日用の **for daily use** /デイリ ユース/, **for everyday use** /エヴリデイ/
•日用品 articles for daily [everyday] use / daily necessities

にちようだいく 日曜大工（仕事）**do-it-yourself** /ドゥー イト ユアセるふ/, （略）**DIY** /ディーアイワイ/; （人）a **do-it-yourselfer**, a **do-it-yourself carpenter** /カーペンタ/

にちようび 日曜日 **Sunday** /サンデイ/ （略 Sun.） ➔ かようび

にっか 日課 *one's* **daily work** /デイリ ワ～ク/; （勉強の）**daily lessons** /れスンズ/

にっかん 日刊の **daily** /デイリ/
•日刊新聞 a daily paper

にっき 日記(帳)

➤ a **diary** /ダイアリ/

•英文で日記をつける（習慣として）keep a diary in English
•私は毎晩寝る前に日記をつける
I write a diary [write in my diary] every night before I go to bed.

にっけい 日系の **Japanese** /ヂャパニーズ/, **of Japanese origin** /オーリヂン/
•日系ブラジル人 a Japanese Brazilian / a Brazilian of Japanese origin

にっこう 日光 **sunlight** /サンらイト/; （直射）**sunshine** /サンシャイン/, **the sun**
•日光の入らない部屋 a room without sunlight
•ぬれたシャツを日光でかわかすため外につるす
hang out a wet shirt to dry in the sun

にっこうよく 日光浴 a **sun bath** /サン バす/
•日光浴をする sunbathe / bathe in the sun

にっこり にっこり笑う **smile** /スマイる/, **grin** /グリン/ ➔ にこにこ
•にっこり笑って with a smile [a grin]

にっしゃびょう 日射病 **sunstroke** /サンストロウク/

にっしょく 日食 a **solar eclipse** /ソウら イクリプス/
•皆既(かいき)[部分]日食 a total [partial] eclipse of the sun

にっすう 日数 （**the number of**) **days** /(ナンバ) デイズ/

🗣会話 それを仕上げるのにどれくらい日数がかかりますか。—たいして日数はかからないでしょう。おそらく1週間ぐらいでしょう
How many days will it take you to finish it? —It won't take so long—perhaps one week or so.

にっちもさっちも
•にっちもさっちもいかない
ひゆ be in a deadlock / be between a rock and a hard place

にっちゅう 日中 **the daytime** /デイタイム/
•日中に[は] in the daytime / by day

にっちょく 日直 （**day**) **duty** /(デイ) デューティ/
•私はきょうは(クラスの)日直だ
I am on duty today.

にってい 日程（1日の仕事）a **day's program** /デイズ プロウグラム/, a **day's schedule** /スケヂュール/; （旅行の）an **itinerary** /アイティネレリ/; （議事の）**the agenda** /アヂェンダ/

にっぽん 日本 **Japan** /ヂャパン/
•日本の Japanese
•日本語 Japanese
•日本人 a Japanese （複）同形); （全体）the Japanese
•日本製の Japanese-made
•日本の人口 the population of Japan
•彼は日本初の水泳金メダリストです
He is Japan's first gold medal swimmer.

にとうへんさんかっけい 二等辺三角形 an **isosceles triangle** /アイサーサリーズ トライアングる/

には …には（日）**on**; （時間・場所）**at**, **in**; （…に対して）**to**; （…するためには）(**in order**) **to** *do* /(オーダ)/ ➔ に3
•おじは土曜日の午後にはたいてい釣(つ)りに行きます
My uncle generally goes fishing on Saturday afternoon.
•上田にはこのことは言わずにおいてください
Don't tell this to Ueda.
•そこへ行くにはこれが一番の近道です
This is the shortest way there.
•そうするにはだいぶお金がかかる
It requires a lot of money to do so.

にばい 2倍 **twice** /トワイス/, **double** /ダブる/ ➔ ばい

にばん 2番 （**the**) **second** /セカンド/ ➔ ばん2
•私は競走で2番だった
I was second in the race.
•彼は2番目にやって来た
He was the second to come.

にぶい 鈍い **dull** /ダる/ ➔ にぶる

にふだ 荷札 a **tag** /タグ/, a **label** /れイブる/
•荷札を付ける put a tag [a label] on / tag

にぶる 鈍る （切れ味・頭などが）**become** [**get**] **dull** /ダる/; （感覚が）**lose** *one's* **touch** /るーズ タチ/
•しばらく運転しなかったので腕が鈍った

four hundred and twenty-one　421　にゅうもん

I have lost my touch after a long period of not driving.

にほん 日本 **Japan** /ヂャパン/ → にっぽん
- 日本料理 Japanese food［dishes］

にほんかい 日本海 **the Sea of Japan** /スィー ヂ ャパン/

にもつ 荷物 a **load** /ろウド/; (手荷物)《おもに米》 **baggage** /バゲヂ/, 《おもに英》**luggage** /らゲヂ/
- 手荷物3個 three pieces of baggage［luggage］

にゃあにゃあ にゃあにゃあ鳴く（ネコが）**mew** /ミュー/, **miaow** /ミアウ/

にやにや にやにや笑う **smirk** /スマ〜ク/

にやり にやりと笑う **grin** /グリン/

ニュアンス a **nuance** /ヌーアンス/

にゅういん 入院する **enter** a **hospital** /エンタ ハスピトる/; *be* **hospitalized** /ハスピタらイズド/
- 入院している be in (a) hospital
- 今私は入院している友人の見舞(みま)いに行くところです

I am going to visit a friend in (the) hospital. /
I am going to the hospital to see a friend.

にゅうかい 入会する **enter** /エンタ/, **join** /ヂョ イン/, **become** a **member** (of ～) /メンバ/
- 入会金 an admission fee
- クラブに入会を許可される be admitted into a club

にゅうがく　入学

➤ **entrance to**［**into**］a **school** /エントラン ス/, **admission to**［**into**］a **school** /アドミ ション/

入学する enter a **school**
- 入学を許可される be admitted to a school
- 入学案内 a course brochure
- 入学試験 an entrance examination; a (university［high school, vocational school］) admission test, a test for (high school) admission
- 入学金 an entrance fee
- 入学式 an entrance ceremony
- 入学願書［願書用紙］an application［an application form］for admission
- 高校入学志願者 applicants for admission to a senior high school

にゅうがん 乳がん **breast cancer** /ブレスト キャ ンサ/

にゅうこう 入港 **arrival of** a ship **at port** /アラ イヴァる ポート/

入港する come into port

にゅうこく 入国 (an) **entry** /エントリ/
- 入国カード a landing［an entry］card
- 入国手続き entry formalities

ニュージーランド New Zealand /ニュー ズィー らンド/

にゅうしゃ 入社する **enter** a **company** /カンパ ニ/, **enter** a **firm** /ふァ〜ム/
- その会社の入社試験を受ける take the company entrance examination

にゅうしょう 入賞する **win** a **prize** /ウィン プラ イズ/

にゅうじょう 入場 **entrance** /エントランス/; (許可) **admission** /アドミション/
入場する enter /エンタ/
- 入場料 an entrance［admission］fee
- 入場券 (会場の) an admission ticket /(駅の) a platform ticket
- そのショーの入場料はいくらですか

How much is the admission (fee) to the show?

掲示 入場無料 Admission Free.
掲示 入場お断り No Entrance.

ニュース

➤ **news** /ニューズ/
- いくつかのニュース several items［pieces］of news
- 海外[国内]ニュース world［home］news
- ニュース放送 newscast
- ニュースキャスター an anchor, an anchorperson → 英語の a newscaster はラジオ・テレビでニュースを読む人
- ニュース速報 《米》a news bulletin / 《英》a newsflash
- 最新のニュースによれば according to the latest news
- それは私にはまったく新しいニュースだ

It is indeed news to me.
- 私たちは毎晩テレビでニュースを見ます

We watch the news programs［We see the news］on TV every evening.
- その事件は世界中の大ニュースになった

ひゆ The event made headlines across the world. (世界中で新聞の見出しになった)

にゅうせん 入選する **be accepted** (for ～) /アク セプテド/, **be selected** (for ～) /セれクテド/
- 私の絵が展覧会に入選した My painting was accepted［selected］for the exhibition.

にゅうもん 入門する (…の弟子(でし)になる) **be** a **pupil of ～** /ピューピる/

あ
か
さ
た
に
は
ま
や
ら
わ

ニューヨーク 422 four hundred and twenty-two

・入門書 a beginner's book

ニューヨーク (州) **New York** (**State**) /(ステイト)/; (市) **New York** (**City**)

にゅうよく 入浴 a **bath** /バす/
入浴する take a bath
・入浴剤 bath oil［salts］

によれば …によれば **according to ～** /アコーディンぐ/
・その報道によれば according to the report
・米田の話によれば according to Yoneda

にょろにょろ にょろにょろする (ヘビなどが) **wriggle** (about) /リぐる/

にらむ (じろりと) **glare** (at ～) /ぐれア/; (見つめる) **stare** (at ～) /ステア/
・にらみつけて with a glare
・彼女はその小さな男の子をにらみつけた
She glared at the little boy.

にらめっこ にらめっこをする **play a staring game** /プれイ ステアリンぐ ゲイム/

にりゅう 二流の **second-rate** /セカンド レイト/

にる¹ 似る **resemble** /リゼンブる/; (…のようにみえる) **look like** /るク らイク/
・いろいろな点で彼は父親に似ている
He resembles his father in many respects.
・それはちょっと魚に似ています
It looks somewhat like a fish.
・兄[弟]に似て彼はやさしい
Unlike his brother, he is kind.
・彼らは似た者同士だ
They think and act alike. / They are the same sort of person. / ひゆ They are birds of a feather. (同じ羽の鳥だ)

にる² 煮る **boil** /ボイる/; (料理する) **cook** /クク/; (ゆっくり煮込む) **stew** /ステュー/ → にえる
・煮つめる boil down

にるい 2塁 **second base** /セカンド ベイス/
・2塁手 a second-base player
・2塁打 a two-base hit
・2塁打を打つ double / hit a double
・2塁を守る play second base

にわ 庭 (庭園) a **garden** /ガードン/; (家屋の周囲の空き地) a **yard** /ヤード/
・庭師 a gardener
・庭にチューリップの球根を植える plant tulip bulbs in the garden

にわかあめ にわか雨 a **shower** /シャウア/
・にわか雨にあう be caught in a shower
・今日はときどきにわか雨があるでしょう
There will be occasional showers today.

ニワトリ 鶏 《鳥》a **chicken** /チキン/; (おんどり)

a **cock** /カク/, a **rooster** /ルースタ/; (めんどり) a **hen** /ヘン/
・ニワトリを飼う keep hens
・ニワトリはこけこっこーと鳴く
Cocks crow, "Cock-a-doodle-do."

にんき 人気

➤ **popularity** /パピュラリティ/
人気のある popular /パピュら/
・人気のない unpopular
・人気歌手 a popular singer
・人気投票 a popularity contest
・彼は歌手として若い人にとても人気がある
He is very popular among young people as a singer.

にんぎょ 人魚 a **mermaid** /マ～メイド/

にんぎょう 人形 a **doll** /ダる/
・あやつり人形 a puppet
・指人形 a hand［glove］puppet
・着せ替え人形 a "Dress-Up" doll
・人形劇 a puppet show

にんげん 人間

➤ a **human being** /ヒューマン ビーインぐ/
人間の human
人間らしく humanly /ヒューマンり/
・人間性 humanity / human nature; (人柄(ひとがら)) personality
・人間関係 human relations
・彼は人間味がある (→心の温かい人だ)
He is a warm-hearted person.

にんしき 認識 **recognition** /レコグニション/

にんじょう 人情 (人間本来の感情) **human nature** /ヒューマン ネイチャ/; (思いやり) **thoughtfulness** /そートふるネス/ → おもいやり, (親切) **kindness** /カインドネス/
・それは人情に反する
That's against human nature.

にんしん 妊娠する **get**［**become**］**pregnant** /プレグナント/

ニンジン 人参 《植物》a **carrot** /キャロト/

にんずう 人数 **the number of people** /ナンバ ピープる/
🗨会話 クラスの生徒の人数は何人ですか. —約30人です How many students are there in a class?—There are about thirty.

にんそう 人相 **looks** /るクス/
・人相のよくない男 an evil-looking man / a man with a sinister look

にんたい 忍耐 → がまん

にんちしょう 認知症 **dementia** /ディメンシャ/ → ぼける ❶

ニンニク 大蒜 〔植物〕a **garlic** /ガーリク/

にんむ 任務 〔務め〕a **duty** /デューティ/; 〔役目〕a **part**, a **role** /ロウる/
・それをするのは私の任務だ
It is my duty to do that.
・われわれ一人一人には社会生活において果たすべき重要な任務がある
Each of us has an important part [role] to play in social life.

にんめい 任命 (an) **appointment** /アポイントメント/

任命する appoint /アポイント/
・彼はクラス会長に任命された
He was appointed homeroom president. → 役職を示す語が補語として使われる時は ×a [the] homeroom president としない

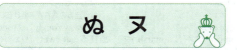

ぬいぐるみ a **stuffed toy** /スタふト トイ/
・ぬいぐるみの人形 a stuffed doll
・ぬいぐるみのクマ a teddy (bear)

ぬいめ 縫い目
❶ 〔縫い合わせた個所〕a **seam** /スィーム/
・縫い目のない seamless
・縫い目のところがほころびる fall [come] apart at the seams
❷ 〔縫った一針〕a **stitch** /スティチ/
ことわざ 今日の一針明日の十針 A stitch in time (saves nine).

ぬいもの 縫い物 **sewing** /ソウインぐ/
・私は少し縫い物がある
I have some sewing to do.
・彼は窓辺で縫い物をしている
He is sewing by the window.

ぬう 縫う **sew** /ソウ/
・コートにボタンを縫い付ける sew a button on a coat
・彼は文子のドレスを縫っている
He is sewing Fumiko's dress. /
He is sewing a dress for Fumiko.

ヌード ヌードの **nude** /ヌード/
・ヌード写真[絵画, 彫刻] a nude

ヌードル 〔麺類〕**noodles** /ヌードるズ/

ぬか **rice bran** /ライス ブラン/
ことわざ ぬかに釘(くぎ)
All is lost that is given to a fool.（愚か者に与えられるものはすべて失われる）

ぬかす 抜かす 〔省く〕**omit** /オミト/

ぬかる 〔道が〕**be muddy** /マディ/
・道のぬかるみを避(さ)けて歩く avoid muddy places in the road

ぬきうち 抜き打ちの **surprise; without notice** /ノウティス/

ぬく 抜く 〔引き抜く〕**pull out** /プる/; 〔力を入れて〕**draw out** /ドロー/
・虫歯を抜いてもらう have [get] a bad tooth pulled out
・（びんの）コルクを抜く draw out a cork

ぬぐ 脱ぐ
➤ **take off, remove** /リムーヴ/; 〔引っ張って〕**pull off** /プる/
・コート[帽子]を脱ぐ take off *one's* coat [hat]
・靴下[手袋]を脱ぐ pull off *one's* socks [gloves]
・日本の家に入る時は靴を脱がなければならない You must remove [take off] your shoes when you enter a Japanese house.

ぬぐう **wipe** /ワイプ/; **dry** /ドライ/ → ふく³
・涙をぬぐう dry *one's* tears
・彼はハンカチでひたいをぬぐった
He wiped his forehead with a handkerchief.
・よく靴をぬぐってうちへ入りなさい Wipe your shoes well before you enter the house.

ぬけめ 抜け目のない **shrewd** /シュルード/
抜け目なく shrewdly

ぬける 抜ける **come out**
・抜けている be missing
・この本は数ページ抜けている
Some pages are missing in this book.
・この（テントの）くいはなかなか抜けない
This peg won't come out.
・体の力が抜けた
All my strength has gone.

ぬげる 脱げる **come off**
・靴がなかなか脱げないんだ
My shoes won't come off.

ぬし 主 〔持ち主〕an **owner** /オウナ/; 〔池・沼など

ぬすみ

(の) a **guardian spirit** /ガーディアン スピリト/
・その沼の主は大蛇だといううわさだ
The guardian spirit of the swamp is rumored to be a big snake.

ぬすみ 盗み (a) **theft** /セフト/, **stealing** /スティーリンぐ/
・盗み見する steal a glance (at ～)
・盗み聞きする eavesdrop (on ～)

ぬすむ 盗む **steal** /スティーる/
・私は時計を盗まれた
I had my watch stolen.

ぬの 布 **cloth** /クローす/
・布切れ1枚 a piece of cloth

ぬま 沼 (沼地) a **swamp** /スワンプ/, a **marsh** /マーシュ/; a **lake** /れイク/

ぬらす 濡らす **wet** /ウェト/ → ぬれる

ぬりえ 塗り絵 **coloring** /カらリンぐ/
・塗り絵をする color a picture

ぬる 塗る (絵の具・ペンキなどを) **paint** /ペイント/; (油や墨などを) **smear** /スミア/; (色を) **color** /カら/
・壁を白く塗る paint a wall white → white は形容詞で補語
・顔に泥(どろ)を塗る smear *one's* face with mud; (面目をつぶす) disgrace
・パンにバターを塗る spread butter on bread
・これを赤く塗りなさい Color this red.
掲示 ペンキ塗りたて Fresh Paint. / Wet Paint.

ぬるい **lukewarm** /るークウォーム/, **tepid** /テピド/
・ぬるい湯(ぬるま湯) lukewarm water

ぬるぬる ぬるぬるした **slimy** /スらイミ/

ぬれぎぬ 濡れ衣 a **false accusation** /ふォールス アキューゼイション/
・彼は盗みの濡れ衣を着せられた
He was wrongly accused of stealing.

ぬれる **get wet** /ウェト/; (ぐっしょり) **be drenched** /ドレンチト/, **be soaked** /ソウクト/ → ぬらす
ぬれた wet
・ぬれた布切れでそのしみをぬぐいなさい
Wipe off the stain with a wet rag.
・彼のひたいは汗でぬれていた
His forehead was wet with sweat.
・われわれはにわか雨にあってびしょぬれになった
We were caught in a shower and got thoroughly wet [drenched].

ね ネ

ね¹ 音 a **sound** /サウンド/; (虫の) a **chirp** /チャ～プ/
音をあげる (泣き言を言う) **whine** /(ホ)ワイン/; (不平を言う) **complain** /コンプれイン/; (投げ出す) **give up** /ギヴ/
・ついに彼も音をあげ始めた
Finally he began to whine [complain].

ね² 根 a **root** /ルート/
・根がつく take root
・彼は根っからの芸術家だ
He is an artist in every way. / ひゆ (英) He is an artist to his fingertips. (指先まで)

ね³ 値 a **price** /プライス/
・値上げ (米)a raise /(英)a rise
・値下げ a cut
・値上げ[下げ]する raise [lower] the price
・賃金の値上げを要求する demand a raise [a rise] in wages
・私はそれを高い[安い]値で買った
I bought it at a high [low] price.
・値が上がる[下がる]
The price goes up [comes down].
・バス代が20パーセント値上げになった
The bus fares have been raised by 20 percent.

ね⁴ …ね
❶ (念を押して, …ですね)
❷ (念を押して, …ではないですね)
❸ (説明などのことばに軽くつける場合) **you know**

❶ (…ですね)「君は音楽が好きですね」は「君は音楽が好きです. ちがいますか(好きではありませんか)(You like music, don't you?)」のようにいう.
・いい天気ですね
It's a nice [beautiful] day, isn't it?
・きのうはとても寒かったね
It was very cold yesterday, wasn't it?
・君は彼を知ってますね
You know him, don't you?

•君は泳げますね
You can swim, can't you?
•君はあしたそこへ行きますね
You'll go there tomorrow, won't you?
❷ (…ではないですね)「君は音楽が好きではありませんね」は「君は音楽が好きではありません. ちがいますか (好き で す か) (You don't like music, do you?)」のようにいう.
•君はスパイじゃないでしょうね
You aren't a spy, are you?
•彼はそこにいなかったのですね
He wasn't there, was he?
•彼はそのことを知らないでしょうね
He doesn't know about it, does he?
•君はそうは言わなかったよね
You didn't say so, did you?
•その箱の中には何もありませんでしたね
There was nothing in the box, was there?
❸ (説明などのことばに軽くつける場合) **you know** /ノウ/
•このへんはあまり雪が降らないでしょ, ね, だからスパイクタイヤはいらないんです
We have very little snow here, you know. So we don't need studded tires.

ネイティブアメリカン a **Native American** /ネイティヴ アメリカン/ → アメリカ先住民をさす

ネイティブスピーカー (母語話者) a **native speaker** /ネイティヴ スピーカ/
•アラビア語のネイティブスピーカー a native speaker of Arabic / an native Arabic speaker

ねいろ 音色 **timbre** /タンバ/
•フルートの音色 the timbre of the flute

ねうち 値打ち → かち²

ねえ (相手の注意をひく時) **look** (**here**) /るク (ヒア)/, **you know** /ユ ノウ/, **listen** /リスン/; (お願いする時) **please** /プリーズ/
•ねえ, ケン, 本気でそんなこと言ってるんじゃないでしょうね
Look here, Ken, you don't really mean it.
•ねえ, みんな! Listen, everybody!
•ねえ, 戸をあけてくれる?
Open the door, please.

ネーブル a **navel orange** /ネイヴる オーレンヂ/

ネオン **neon** /ニーオン/
•ネオンサイン a neon sign

ネガ a **negative** /ネガティヴ/

ねがう 願う

➤ (望む) **wish** /ウィシュ/, **desire** /ディザイア/, **hope** /ホウプ/ → たのむ❶

願い (望み) a **wish**, a **desire**
•平和を願う wish [hope] for peace
•幸福になることを願う want [wish, hope, desire] to be happy
•彼女が幸せになることを願う want [wish] her to be happy / hope (that) she will be happy / wish (that) she would be happy
•彼の願いは医者になることです
His desire [wish] is to be a doctor.
•私たちはみんな平和と幸福を願う
We all wish for peace and happiness.
•流れ星を見た時に願い事をすると, 君の願いはかなえられるよ
If you make a wish when you see a shooting star, your wish will come true.
•私たちは君の成功を心から願っている
We are rooting for your success. → root は「応援する」

ねかせる 寝かせる **put to bed**; (眠らせる) **put to sleep** /スリープ/; (横にする) **lay** /れイ/
•子供たちを寝かせる put the children to bed
•赤ちゃんを寝かせる put a baby to sleep

ネギ 葱 《植物》a **green onion** /アニョン/

ねぎる 値切る **haggle** (over 〜) /ハグる/, **bargain** (with 〜) /バーゲン/, **make a bargain** (with 〜)
•私は値切ってそのハンドバッグを1万円にまけさせた
I haggled over the price of the handbag and was able to bring the price down to 10,000 yen (読み方: ten thousand yen). /
I bargained [made a bargain] with the dealer over the price of the handbag and succeeded in lowering the price to 10,000 yen.

ネクタイ a **necktie** /ネクタイ/, a **tie** /タイ/
•ネクタイをする wear a necktie
•彼はネクタイをしていなかった
He wore no necktie.

ネグリジェ a **negligee** /ネグリジェイ/

ネコ 猫

➤ a **cat**
•ネコはニャーと鳴く Cats mew.

ことわざ 猫に鰹節(かつおぶし)
Give not the wolf the sheep to keep. (オオカミにヒツジの番をさせるな)

ことわざ 猫に小判(こばん)
Cast not pearls before swine. (ブタに真珠を投げ与えるな) → 「価値のわからない者に価値のあるものを与えるな」の意味

ねごと

ねごと 寝言 **sleep talking** /スリープ トーキング/
寝言を言う **talk while asleep** /トーク (ホ)ワイる アスリープ/, **talk in** *one's* **sleep**
• 彼はよく寝言を言う
He often talks in his sleep.

ねこむ 寝込む （ぐっすりと）**be fast asleep** /アスリープ/; （病気で）**be ill in bed**, **be down** (with ~), **be laid up** (with ~) /れイド/
• うちの家族はみんなインフルで寝込んでいます
All my family are down with the flu.

ねころぶ 寝ころぶ **lie** (**down**) /らイ (ダウン)/
• 私たちは草の上に寝ころんだ
We lay down on the grass.
• 私は寝ころんでテレビを見ていた
I lay watching television.

ねじ a **screw** /スクルー/
• ねじを締(し)める[ゆるめる] drive [loosen] a screw

ねじる （ねじを）**screw** /スクルー/; （ひねる）**twist** /トウィスト/, **turn** /ターン/

ねじれ （綱・糸などの）a **kink** /キンク/
• ヘッドホンのコードのねじれを直す take kinks out of a headphone cord

ねすごす 寝過ごす **oversleep** /オウヴァスリープ/
• 私は寝過ごして列車に乗り遅れてしまった
I overslept and missed the train.

ネズミ 鼠 《動物》a **rat**; （ハツカネズミ）a **mouse** /マウス/ （檄 mice /マイス/）

ねたむ （うらやましいと思う）**envy** /エンヴィ/, **be envious** (of ~) /エンヴィアス/; （しっとする）**be jealous** (of ~) /チェらス/
ねたみ **envy**; **jealousy** /チェらスィ/
• ねたんで out of envy [jealousy]
• 人の幸運をねたむなんてけちな根性(こんじょう)だ
It is mean to envy the good fortune of others.

ねだる **ask** /アスク/

ねだん 値段 a **price** /プライス/ → ね³
値段が…する **cost** ~ /コースト/
• 高い[安い]値段で at a high [low] price
• これを作るのに値段はどれくらいですか
How much does it cost to make this?

ねつ 熱

➤ **heat** /ヒート/
➤ （病気の）a **fever** /ふィーヴァ/
➤ （体温）*one's* **temperature** /テンパラチャ/
• 太陽の熱 the heat of the sun
• 熱がある have a fever / be feverish
• （からだの）熱を計る take *one's* temperature

• ちょっとおでこにさわらせてみて. 少し熱があるよ
Just let me feel your forehead. You have a slight fever [are a little feverish].
• 彼は熱が（平熱に）下がった
His temperature came down.

ねつい 熱意 **eagerness** /イーガネス/
• 非常な熱意をもって with great eagerness

ネッカチーフ a **neckerchief** /ネカチふ/

ねっき 熱気 （熱心）**enthusiasm** /インすューズィアズム/; （興奮）**excitement** /イクサイトメント/
• 会場は異様な熱気に包まれていた The hall was filled with unusual enthusiasm [excitement].

ねっきょう 熱狂 **enthusiasm** /インすューズィアズム/
熱狂する **get excited** /イクサイテド/
熱狂的な **enthusiastic** /インすューズィアスティク/
• 熱狂的に enthusiastically / with enthusiasm

ねつく 寝つく **fall asleep** /ふぉーる アスリープ/

ネックレス a **necklace** /ネクれス/
• 真珠(しんじゅ)のネックレスをしている wear a pearl necklace

ねつじょう 熱情 **passion** /パション/
熱情的な **passionate** /パショネト/
• 熱情的に passionately

ねっしん 熱心 **eagerness** /イーガネス/
熱心な **eager**
熱心に **eagerly**, **with eagerness**
• 彼はその計画に熱心である
He is eager about the plan.

ねっする 熱する **heat** /ヒート/; （興奮する）**get excited** /イクサイテド/

ねったい 熱帯 **the torrid zone** /タリド ゾウン/; （地方）**the tropics** /トラピクス/
熱帯の **tropical** /トラピカる/
• 熱帯植物[魚] a tropical plant [fish]
• 熱帯雨林 a rainforest

ねっちゅう 熱中する **be absorbed** (in ~) /アブソーブド/, **be crazy** (about ~) /クレイズィ/, **be mad** (about ~)
• 彼は英語の勉強に熱中している
He is absorbed in the study of English.
• 彼はプラモデルに熱中している
He's crazy about making plastic models.

ねっちゅうしょう 熱中症 （熱射病）**heat-stroke** /ヒート ストロウク/

ネット （網）a **net** /ネト/; （インターネット）**the Net**, **the Internet** [**internet**] /インタネト/
• ネットを張る put up a net

four hundred and twenty-seven 427 ねる

•ネットで情報を得る　find information on the Net

ねっとう 熱湯　**boiling water** /ボイリング ウォータ/

ネットワーク a **network** /ネトワ〜ク/

ねつぼう 熱望　an **eager desire** /イーガ ディザイア/

熱望する **desire** (**eagerly**), **be eager** (to *do*, for 〜), **be anxious** (to *do*, for 〜) /アンクシャス/

•彼はその地位を熱望しています
He is eager for [to get] the post.

•彼女はアメリカへ行くことを熱望している
She is eager [anxious] to go to America.

ねどこ 寝床 → とこ

•寝床で　in bed

•寝床で本を読むのはよくない習慣だ
It is a bad habit to read in bed.

ねばならない → ならない ❶

ねばねば ねばねばした　**sticky** /スティキ/

ねばり 粘り　(粘着(ねんちゃく)性) **stickiness** /スティキネス/; (粘り強さ) **tenacity** /テナスィティ/, **strenuousness** /ストレニュアスネス/

粘りのある (粘着性のある) **sticky** /スティキ/; (根気のある) **tenacious** /テネイシャス/, **strenuous**

•粘り強く　tenaciously / strenuously

ねびき 値引き　a **discount** /ディスカウント/, a **reduction** /リダクション/

ねぶそく 寝不足　**lack of sleep** /らク スリープ/

•寝不足で気分が悪い　be sick from lack of sleep

•寝不足で頭がふらふらする
I feel dizzy because I didn't have enough sleep [didn't sleep enough] last night.

ねぼう 寝坊　(人) a **late riser** /れイト ライザ/

寝坊する **get up late**; (寝過ごす) **oversleep** /オウヴァスリープ/

•けさは寝坊して学校に遅刻した　I overslept this morning and was late for school.

ねぼける 寝ぼける　**be dazed with sleep** /ディズド スリープ/

•寝ぼけてしゃべる　talk in *one's* sleep

•寝ぼけまなこで　with sleepy [half-sleeping] eyes

•寝ぼけたことを言うな
Don't talk such nonsense!

ねまき 寝巻き　**night clothes** /ナイト クろウズ/; **pajamas** /パチャーマズ/

ねむい 眠い　**sleepy** /スリーピ/

•眠い目をこする　rub *one's* sleepy eyes

•眠くなる　feel drowsy

•私はとても眠い　I'm very sleepy.

ねむけ 眠気　**sleepiness** /スリーピネス/, a **sleepy spell** → spell は「魔力」

•眠気をさますために　to shake off sleepiness / to get over *one's* sleepy spell

ねむたい 眠たい → ねむい

ねむり 眠り　(a) **sleep** /スリープ/

•深い眠りに落ちる　fall into a deep sleep

•眠り薬　a sleeping pill

•眠りの浅い[深い]人　a light [heavy] sleeper

ねむる 眠る

➤ **sleep** /スリープ/; (うとうと) **doze** /ドウズ/; (昼間軽く) **take a nap** /ナプ/

➤ (眠り込む) **go** [**get**] **to sleep**, **fall asleep** /ふォーる アスリープ/, **drop off** (**to sleep**) /ドラプ/

眠っている **be sleeping**, **be asleep**

•ベッドで[パジャマを着て、横向きに]眠る
sleep in *one's* bed [in *one's* pajamas, on *one's* side]

•私は毎日8時間眠る
I sleep (for) eight hours every day.

•私はゆうべはよく眠った
I slept well last night. /
I had a good sleep last night.

•赤ちゃんはすぐ眠ってしまった
The baby fell asleep [went to sleep, dropped off to sleep] quickly. → sleep は名詞(眠り)

•私はテレビを見ているうちに眠ってしまった
I fell asleep [went to sleep] while I was watching television.

•彼は本を読みながらうとうと眠っている
He is dozing [taking a nap] over his book.

•彼はまだ眠っています
He is still sleeping [asleep].

•(見ると)彼は眠っていた　(→彼が眠っているのがわかった) I found him asleep.

ねらう 狙う　**aim** (at 〜) /エイム/

ねらい (an) **aim**

•ねらいがはずれる　miss *one's* aim

•彼は的(まと)をねらった
He aimed at the target.

•彼は何をねらって (→求めて)いるのですか
What is he after?

ねる¹ 寝る

❶ (床(とこ)に入る) **go to bed**; (眠る) **sleep**

❷ (横になる) **lie**

❶ (床に入る) **go to bed**; (眠る) **sleep** /スリープ/

あ
か
さ
た
ね
は
ま
や
ら
わ

ねる

→ ねかせる, ねこむ, ねむる

寝ている （眠っている）**be sleeping, be asleep** /アスリープ/; （床についている）**be in bed, lie in bed** /ライ/; （病気で）**be sick in bed, be ill in bed, be laid up** (with ～) /レイド/, **be down** (with ～)

寝ないでいる sit up, stay up /ステイ/

•私は毎晩たいてい11時に寝る

I usually go to bed at 11 o'clock every night.

•私はゆうべはいつもより早く寝た

I went to bed earlier than usual last night.

•日曜の朝は私は遅くまで寝ています

I sleep late [I get up late] on Sunday mornings.

•彼はまだ寝ています

He is still sleeping [in bed].

•彼女はかぜをひいて寝ている

She is laid up with a cold. /

She is down with a cold.

•彼女は病気でここ2, 3日寝ています →現在完了

She has been sick in bed for the past few days.

•寝ながら本を読むのは目に悪い

Reading in bed is bad for the eyes.

•ぼくは一晩中寝ないでレポートを書いた

I sat up all night writing the paper.

❷ （横になる）**lie** (**down**) /（ダウン）/ → ねころぶ

lie on one's back
lie on one's face

•あお向け[うつぶせ, 横向き]に寝る lie on *one's* back [face, side]

ねる² （粉を）**knead** /ニード/

ねん¹ 年

❶ （暦(こよみ)の）**a year**

❷ （学校の…年）**grade, year**

❶ （暦の）**a year** /イア/

•年に1度 once a year

•年内に before the year is out

•2020年に in 2020 （読み方: twenty twenty）

•令和10年に in the 10th year of Reiwa

•君は平成何年生まれですか

In what year of Heisei were you born?

•この前お会いしてから何年にもなりますね

It is years since I saw you last.

•君は英国に何年いたのですか

How many years have you been in Britain?

❷ （学校の…年）**grade** /グレイド/, **year**

•小学校の3年 the third grade [year] in elementary school

•中学校の2年 the second grade [year] in junior high (school)

•小学校の6年生 a sixth-grade [sixth-year] schoolboy [schoolgirl] / a sixth grader

•中学校の3年生 a third-grade [third-year] junior high student

•(4年制)大学の1[2, 3, 4]年生

a first-[second-, third-, fourth-]year student

ねん² 念入りな **careful** /ケアふる/

念入りに carefully

•念のため （確かめるために）to make sure / （万一の場合を考えて）just in case

•念を入れる pay special attention

•念のために私はセーターをもう1着持って来た

I've brought another sweater just in case.

•この仕事には特に念を入れてください I hope you will pay special attention to this work.

ねんが 年賀 **New Year's greetings** /イアズ グリーティンぐズ/

•年賀状 a New Year's card

ねんかん 年鑑 a **yearbook** /イアブク/

ねんきん 年金 a **pension** /ペンション/

•年金で暮らす live on a pension

•国民年金保険料を払う pay a mandatory state pension premium

ねんげつ 年月 **years** /イアズ/; （時）**time**

ねんざ 捻挫する → くじく

ねんじゅう 年じゅう **throughout the year** /すルーアウト イア/; （いつも）**always** /オーるウェイズ/

ねんしょう 燃焼 **combustion** /コンバスチョン/

•完全[不完全]燃焼 perfect [imperfect] combustion

ねんだい 年代 an **age** /エイヂ/

•1990年代に in the 1990s （読み方: nineteen nineties）

- 年代順の chronological
- 年代順に chronologically / in chronological order

ねんちゅうぎょうじ 年中行事 an **annual event** /アニュアる イヴェント/

ねんど 粘土 **clay** /クれイ/
- 粘土で人形を造る make a doll from clay

ねんぱい 年配の **elderly** /エるダリ/
- 年配の女性 an elderly lady

ねんぴょう 年表 a **chronological table** /クラノらヂカる テイブる/

ねんまつ 年末 **the end of the year** /イア/
- 年末売り出し a year-end sale

ねんりょう 燃料 **fuel** /フューエる/
- 燃料電池 a fuel cell
- 化石燃料 fossil fuel

ねんりん 年輪 an **annual ring** /アニュアる/

ねんれい 年齢 → とし¹

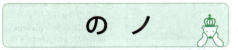

の¹ 野 (畑地) a **field** /ふィーるド/; (集合的に) **the fields**
- 野の花 wild flowers
- 野道 a field path

の² …の

❶ (無生物の場合) **of** 〜; (人・動物の場合) 〜**'s**

❶ (所有) (無生物の場合) **of** 〜; (人・動物の場合) 〜**'s**; (人称代名詞の場合) **my, your, his, her, its, our, their**
- 私[私たち]の車 my [our] car(s)
- 私の靴 my shoes
- 佐藤の靴 Sato's shoes
- 私の母のエプロン my mother's apron
- 私の友達 (特定の友達をさして) my friend / (友達の中の一人) a friend of mine
- 君のその車 that car of yours
- 私の父のこの時計 this watch of my father's
- 女性用の靴 ladies' shoes ➔ -s で終わる複数名詞には ' だけをつける
- 机のあし the legs of a desk
- きょう[きのう]の新聞 today's [yesterday's] paper ➔ 時間・距離などを示す名詞は無生物ではあるが 's をつけて「…の」を表す
- 三日間の旅 three days' trip / a three-day trip
- 歩いて15分の距離 fifteen minutes' walk / a fifteen-minute walk
- 太郎と次郎の(共有の)部屋 Taro and Jiro's room ➔ 太郎と次郎がそれぞれ別の部屋を持っている時は Taro's and Jiro's rooms

💬会話 これはだれのコートですか. —私のです Whose coat is this?—It's mine.

❷ 形容詞・名詞の形容詞用法で表す.
- アメリカの少年 an American boy
- 雨の日 a rainy day
- 歴史(上)の事実 a historical fact
- リンゴの木 an apple tree
- 誕生日のプレゼント a birthday present

❸ (…に関する) **in, on, of**
- 歴史の試験 an examination in history / a history examination
- 歴史の本 a book on history / a history book
- 歴史の先生 a teacher of history / a history teacher

❹ (…で出来ている, …で書いてある) **of, in**
- 木の箱 a box made of wood / a wooden box
- 英語の手紙 a letter in English / an English letter

❺ (…にいる[ある]など場所を表す場合) **in, at, on, by, from**
- 神戸のおじ one's uncle in Kobe
- 丘のふもとの家 a house at the foot of a hill
- 海辺のホテル a hotel by the sea
- 棚の本 books on a shelf
- 壁の地図 a map on the wall
- 井戸の水 water from the well

❻ (主格・目的関係を示す場合) **of**
- 彼の母の死 the death of his mother
- アメリカの歴史の研究 the study of American history

❼ (…による) **by**
- ピカソの絵 a picture (painted) by Picasso / Picasso's picture
- 太宰の小説 a novel (written) by Dazai / Dazai's novel

❽ (その他) **of**
- 10歳の少女 a girl of ten / a ten-year-old girl
- あわれみの目つき a look of pity
- 1杯のコーヒー a cup of coffee

ノイローゼ (a) **nervous breakdown** /ナ〜ヴァス ブレイクダウン/

のう¹ 脳 **the brain** /ブレイン/
- 脳波 brain waves
- 脳死 brain death

のう² 能 **talent** /タレント/, **ability** /アビリティ/
- 彼は働くことしか能がない
All he can do is work.

ことわざ 能あるタカはつめを隠(かく)す
A talented person knows to be modest. (才能のある人はけんきょであることを知っている)

のう³ 能 (能楽) *No, Noh*

日本を紹介しよう

能は四百年もの歴史を持つ日本の古典演劇です．それは面をつけた主役と面をつけない脇役，そして歌い手と，鼓を打つ人と，笛を吹く人から成り立っています．それは三方が観客に開かれている簡素な木の舞台の上で演じられます

Noh is a Japanese classical dramatic art which has a history of some 400 years. It is composed of a main actor with a mask and a second actor without a mask, a chorus, drummers, and a flute player. It is performed on a very simple wooden stage open to the audience on three sides.

のうえん 農園 → のうじょう

のうか 農家 (家) a **farmhouse** /ふァームハウス/; (家族) a **farming family** /ふァーミンぐ ふァミリ/

のうきょう 農協 an **agricultural cooperative society** /アグリカるチュラる コウアペラティヴ ソサイエティ/

のうぎょう 農業 **agriculture** /アグリカるチャ/
- 農業の agricultural
- 農業高校 an agricultural high school

のうぐ 農具 a **farming tool** /ふァーミンぐ トゥーる/

のうさくぶつ 農作物 **crops** /クラプス/

のうさんぶつ 農産物 **farm produce** /ふァーム プラデュース/, **agricultural produce** /アグリカるチュラる/

のうしゅく 濃縮する **concentrate** /カンセントレイト/

のうじょう 農場 a **farm** /ふァーム/
- 農場で働く work on a farm

のうそん 農村 a **farming village** /ふァーミンぐ ヴィれヂ/, a **country village** /カントリ/
- 農村地方 a rural district / a countryside

のうち 農地 **farmland** /ふァームらンド/

のうてんき 能天気

- 彼らは能天気だ They are too easygoing. / ひゆ They are fiddling while Rome is burning. (大帝国の首都ローマが燃えているのにバイオリンを弾いている)

ノウハウ know-how /ノウ ハウ/
- 園芸のノウハウを持っている人 a person with gardening know-how

のうみん 農民 a **farmer** /ふァーマ/; (小作人) a **peasant** /ペザント/

のうむ 濃霧 a **thick fog** /すィク ふァグ/

のうやく 農薬 **agricultural chemicals** /アグリカるチュラる ケミカるズ/

のうりつ 能率 **efficiency** /イふィシェンスィ/
能率的な efficient /イふィシェント/
- 能率の悪い inefficient

のうりょく 能力

➤ **ability** /アビリティ/

能力のある able /エイブる/, **of ability**
- 能力のある(有能な)人 a person of ability
- 能力別クラス編成 ability grouping
- …する能力がある be able to *do* / can *do*
- 彼にはその差を見分ける能力がなかった
He was not able to [could not] see the distinction.
- 自分の能力をこえることはしないほうがいい
You'd better not try to do what is beyond your ability. / ひゆ You'd better not bite off more than you can chew. (かむことのできる以上のもの(かめない分量)をかみ取ろうとするな)

のうりんすいさん 農林水産省[大臣] the **Ministry** [the **Minister**] **of Agriculture, Forestry and Fisheries** /ミニストリ[ミニスタ] アグリカるチャ ふォーレストリ ふィシャリズ/

ノーコメント No comment. /ノウ カメント/

ノースリーブ (そでのない) **sleeveless** /スリーヴれス/ →「ノースリーブ」は和製英語
- ノースリーブのワンピースを着ている wear a sleeveless dress

ノート (帳面) a **notebook** /ノウトブク/; (メモ) a **note** /ノウト/
- 英語の授業のノートをとる take notes of the English lesson

ノートパソコン a **laptop (PC)** /らプタプ/, a **notebook (PC)** → laptop は「ひざの上で使うコンピューター」;「ノートパソコン」は和製英語

ノーベルしょう ノーベル賞 a **Nobel prize** /ノウベる プライズ/
- ノーベル文学[平和]賞 the Nobel Prize in Literature [the Nobel Peace Prize]

・ノーベル賞受賞者 a Nobel prize winner
・ノーベル賞を受賞する be awarded a Nobel prize

のがす 逃す miss /ミス/
のがれる（逃にげる）escape /イスケイプ/; (自由になる) free *oneself* (from ～) /フリー/
のき 軒 eaves /イーヴズ/
のこぎり a saw /ソー/
・のこぎりで木をひく saw wood

のこす 残す

❶（残して去る）leave
❷（とっておく）save

❶（残して去る）leave /リーヴ/ → のこる

基本形
A を残す
　leave A
A を B に残す
　leave B A
　leave A to B

・大きな財産を残す leave a large fortune (behind)
・歴史に名を残す leave a name in history
・彼をひとりだけ後に残す leave him (all) alone
・彼は妻と３人の子供を残して死んだ
He left (behind) a wife and three children.
・私は彼の机の上にメモを残しておいた
I left a note on his desk.
・おなかがいっぱいだから，ジャガイモを残していい?
I'm full. May I leave these potatoes?
・おじは全財産を私たちに残した
Our uncle left us his entire fortune. /
Our uncle left his entire fortune to us.

❷（とっておく）save /セイヴ/
・チョコレート残しておいてよ
Save me some chocolate. /
Save some chocolate for me.

leave

save

❸（生徒を）make ～ stay in [behind] /メイクス ティ [ビハインド]/
・彼は放課後残された
He was made to stay in [behind] after school.

のこり 残り what is left /(ホ)ワト れフト/; (余り) the remainder /リメインダア/; (その他) the rest
・これが今月の小遣(こづかい)の残りです
This is the remainder of my pocket money for this month.
・船員のうち５人は救われたが残りは皆溺死(できし)した
Five of the crew were saved, but the rest drowned.

のこる 残る

➤ remain /リメイン/, stay /ステイ/
➤（残されている）be left /れフト/ (受け身形)

・５から３を引けば２が残る
If you take 3 from 5, 2 remains [you're left with 2].
・その地震ではほんの数軒の家しか残らなかった After the earthquake only a few houses remained. / Only a few houses survived the earthquake. → survive は「生きのびる」
・その火事のあと私の家は何も[ほとんど]残らなかった
Nothing [Very little] remained of my house after the fire.
・ぼくはここに残ります
I will stay [remain] here.
・パーティーのあと残ってそうじを手伝ってくれますか Will you remain after the party and help clean up?
・金庫にはお金が少し残っている[全然残っていない]
There is some [no] money left in the safe.
・まだずいぶん仕事が残っているんだ
I still have a lot of job to do.
・彼は独立戦争の英雄として歴史に残るだろう
He will go down in history for a hero of the war of independence.

のせる¹ 乗せる （車に）《米》give a ride /ライド/, 《英》give a lift /リフト/
・父は毎朝私を学校まで車に乗せて行ってくれます
Father gives me a ride to school every morning. / Father takes me to school in his car every morning.
・乗せてくれてありがとう
Thank you for the ride.

のせる² 載せる （置く）put
・花びんを棚の上に載せる put a vase on the shelf

のぞく¹ 除く （取り除く）take off; (はぶく) omit /オミト/

のぞく

…を除いて　except ～ /イクセプト/ → いがい²

・最後の問題は除いてもよい

You can omit the last question. /

The last question may be omitted. /

You don't need to answer the last question.

のぞく²　peep /ピープ/, **look** /るク/

・部屋の中をのぞく　peep into a room

・窓から外をのぞく　look out of the window

・窓から中をのぞく　look in at the window

のそのそ　sluggishly /スらギシュリ/; (だるそうに) **languidly** /らングウィドり/

のぞみ　望み

➤ (希望) (a) **hope** /ホウプ/; (願い) a **wish** /ウィシュ/; (願望) (a) **desire** /ディザイア/

・望みのある　hopeful → ゆうぼう (→ 有望な)

・望みのない　hopeless

・最後の瞬間まで彼は望みを失わなかった

He did not lose hope even to the last moment.

・彼が生きている望みはほとんどない

There is little hope that he is alive. /

It is almost hopeless that he is alive.

・君の望みをかなえてやろう

I will grant you your wish.

・望みは高く持ちなさい

ひゆ　Set your sights high. →sights は「銃の照準器」; 遠くの的をねらうには銃の照準器を上に向けることから

のぞむ　望む　hope /ホウプ/, **wish** /ウィシュ/, **desire** /ディザイア/

・望ましい　desirable

・われわれはあなたからの援助を望んでおります

We hope for some help from you.

のち　後に　later /れイタ/, **after, afterwards** /アふタワヅ/

・(それから) 3 日ののちに　three days later [after]

・(日記に)曇りのち晴れ　Cloudy, later fine.

ノック　a knock /ナク/

ノックする　knock

・ドアをノックする　knock at [on] the door

掲示　ノックしないでください　Do Not Disturb. (じゃまをしないでください) →睡眠中などじゃまされたくない時にホテルの部屋のドアにかける札(ふだ)の文句

ノックアウト　a knockout /ナカウト/

・ノックアウトする　knock out

のっとる　乗っ取る　(飛行機などを) **hijack** /ハイヂャク/; (会社などを) **take over**

ので　…ので

➤ **as, since** /スィンス/, **because** /ビコーズ/ → から³ ❸

・彼は注意深いのであまりまちがいをしない

As he is careful, he makes few mistakes.

・ロンドンに 10 年以上もいるので, 彼は英語をすらすら話す

As he has been in London for more than ten years, he speaks English very fluently.

・彼がそう言うので私はそれを本当だと思った

Since he said so, I believed it was true.

・彼は病気なので欠席しています

He is absent because he is sick [because of sickness].

・雨だったので私たちはずっと家の中にいた (→雨が私たちをずっと家の中にいさせた)

Rain kept us indoors.

のど

➤ a **throat** /すロウト/

のどのかわいた　thirsty /さ～スティ/

・のどぼとけ　the Adam's apple

・(素人の)のど自慢(じまん)大会　an amateur singing contest

・のどが痛い　have a sore throat

・水を 1 杯ください。のどがかわいた

Give me a drink of water. I am thirsty.

のどかな　(平和な) **peaceful** /ピースふる/; (天気がおだやかな) **mild** /マイるド/

のに　…のに

➤ (…の時に) **when** /(ホ)ウェン/; (…である一方) **while** /(ホ)ワイる/; (…だけれど) **though** /ぞウ/ → かかわらず

・君は車があるのにどうして歩いて行くの?

Why do you walk when you have a car?

・兄は村で大金持ちの一人なのに, 弟の彼はとても貧乏です

He is very poor, while his brother is one of the richest men in the village.

・彼は家ですることがたくさんあるのに私の手伝いに来てくれた

He came to help me (even) though he has a lot to do at home.

ののしる　call ～ names /コーる/, **swear** (at ～) /スウェア/

・彼は私をののしった

He called me names. / He swore at me.

のばす　伸ばす, 延ばす

➤ (もっと長く) **lengthen** /れングすン/; (なお遠く

に) **extend** /イクステンド/; (力を入れて) **stretch** /ストレチ/
➤ (予定以上に) **prolong** /プロローンぐ/; (ぐずぐずして) **delay** /ディレイ/
➤ (延期する) **put off**, **postpone** /ポウス(ト)ポウン/
➤ (成績・能力などを) **improve** /インプルーヴ/

・ズボンのすそを伸ばす　lengthen *one's* pants
・腕(うで)を前方に伸ばす　stretch *one's* arms forward
・からだを伸ばして草の上に横になる　lie stretched on the grass
・滞在(たいざい)を三日間延ばす　prolong *one's* stay for three days
・返事を出すのを延ばす　delay sending an answer
・会を金曜日まで延ばす　put off [postpone] the meeting till Friday
・英語の力を伸ばす　improve *one's* ability in English

improve

put off

・私たちはこれ以上決定を延ばすわけにはいかない
We can't delay our decision any longer. /
ひゆ We can't sit on the fence any longer. (境の塀の上に腰掛けた様子を見ていることはできない)

のはら 野原　**the fields** /ふィーるヅ/ → **の¹**
のばら 野バラ　**a wild rose** /ワイるド ロウズ/
のび 伸びをする　**stretch** (*oneself*) /ストレチ/
・彼はあくびをして伸びをした
He yawned and stretched.
のびのび 伸び伸び(と) (自由に) **freely** /ふリーリ/; (自然に) **naturally** /ナチュラリ/
伸び伸びする (気持ちが) **feel relaxed** /ふィーるリらクスト/, **feel at ease** /イーズ/

のびる　伸びる，延びる

➤ (長くなる) **lengthen** /れンぐスン/, **extend** /イクステンド/, **grow** (**long**) /グロウ/
➤ (時間が) **be prolonged** /プロローンぐド/, **be delayed** /ディれイド/
➤ (延期される) **be put off**, **be postponed** /ポウス(ト)ポウンド/
➤ (成績・能力などが) **improve** /インプルーヴ/

・髪が伸びたね。床屋へ行ったほうがいいよ
Your hair has grown. You'd better go to the barber's.
・日がだんだん伸びてきた
The days have begun to grow longer.
・会合は来週の月曜日まで延びたよ
The meeting has been put off [postponed] till next Monday.
・私の英語の成績は今学期ずいぶん伸びた
My English grade has much improved this term.

のぼせる (温かくて) **become** [**be**] (**too**) **warm** /ウォーム/; (夢中になる) **become** [**be**] **infatuated** (with 〜) /インふァチュエイテド/
・ストーブのそばにいるのでのぼせてきた (→顔が熱い)　My face is too warm because I'm near the heater.
のぼり 上り　**a rise** /ライズ/
上りの　**up**; (上り坂の) **uphill** /アプヒる/
・上り列車　an up train
・上り坂　an uphill (road)
・道はずっと上りだ
The road is uphill all the way.

のぼる　上る，登る

➤ **rise** /ライズ/, **go up**, **go on**; (木・山に) **climb** /クらイム/

・山に登る　climb a mountain
・石段を登る　go up the stone steps
・太陽は東からのぼる
The sun rises in the east.
のみ (道具) **a chisel** /チズる/
ノミ 蚤 《虫》**a flea** /ふリー/
のみこむ 飲み込む　**swallow** /スワろウ/
・すっかり飲み込んでしまう　swallow up
のみもの 飲み物　**a drink** /ドリンク/, **something to drink** /サムすィンぐ/
・私の一番好きな飲み物はレモネードです
Lemonade is my favorite drink.
のみや 飲み屋　**a bar** /バー/

のむ　飲む

❶ (水などを) **drink**; **have**
❷ (薬を) **take**
❶ (水などを) **drink** /ドリンク/; **have**
・水を(1杯)飲む　drink (a glass of) water

- スープを飲む（スプーンで）eat (*one's*) soup /（カップから直接に）drink (*one's*) soup
- 私は牛乳を1杯飲んだ I drank a glass of milk.
- 彼はワインをすっかり飲んでしまった ➔現在完了
He has drunk all the wine.
- お茶をお飲みになりますか
Will [Won't] you have tea?
- この水は飲めますか
Is this water good to drink?
- お茶でも飲みながら話をしましょう
Let's talk over a cup of tea.

🗣会話 君のお父さんは(お酒を)飲みますか．―いいえ，全然飲みません[ええ，すごく飲みますよ]
Does your father drink? —No, he never drinks [Yes, he drinks a lot]. ➔「酒を飲む」は drink だけでよい

❷（薬を）take
- 毎食前にこの薬[錠剤]を飲みなさい
Take this medicine [pill] before each meal.
- 私は食後に薬を1服飲んだ
I took a dose of medicine after the meal.
- この薬を飲めばかぜがよくなりますよ（→この薬があなたのかぜを治すでしょう）
This medicine will cure you of your cold.

❸ ➔ のみこむ

drink

take

のらいぬ 野良犬 a **stray dog** /ストレイ/
のらねこ 野良猫 a **stray cat** /ストレイ/
のり¹（物を貼る）**paste** /ペイスト/;（接着剤）**glue** /グるー/
- のりで貼る paste; glue
のり² 海苔 **dried seaweed** /ドゥライド スィーウィード/
のり³ のりのいい（曲・歌など）**catchy** /キャチ/
- のりのいい曲 a catchy tune
のり⁴ …乗り
- 4人乗りの車 a four-seater (car)
- このエレベーターは20人乗りです
This elevator holds 20 people.
のりあげる 乗り上げる（浅瀬に）**run aground** /アグラウンド/

のりおくれる 乗り遅れる（列車などに）**miss**
- 急がないと列車に乗り遅れるよ
Hurry up, or you'll miss the train.
のりかえ 乗り換え (a) **transfer** /トゥランスファ〜/
のりかえる 乗り換える **change trains** /チェインヂトゥレインズ/, **change cars**, **transfer** /トゥランスふァ〜/
- 奈良へ行くにはここで乗り換えなければなりません
You must change trains here to go to Nara.
- 私は次の駅でバスに乗り換えます
I transfer to a bus at the next station.
のりくみいん 乗組員 a **member of the crew** /メンバ クルー/;（集合的に）**the crew**
のりこす 乗り越す **ride past** /ライド パスト/, **go beyond** /ビヤンド/
- 私はよく駅を乗り越す
I often forget and ride past my station.
のりば 乗り場（バス停）a **bus stop** /スタプ/,（バス発着所）a **bus station** /ステイション/;（タクシーの）《米》a **taxi stand** /スタンド/,《英》a **taxi rank** /ランク/;（船の）a **landing** /ランディング/, a **wharf** /(ホ)ウォーふ/, a **pier** /ピア/
のりもの 乗り物 a **vehicle** /ヴィーイクる/

のる¹ 乗る
❶（乗り物に）**get on** [**in**, **into**], **ride**
❷（物の上に）**get on**

❶（乗り物に乗り込む）**get on** [**in**, **into**] 〜;（乗り物にまたがって）**ride**;（乗って行く）**go by** [**on**] 〜;（間に合う）**catch** /キャチ/

get on / ride / get on

- 電車[バス, 地下鉄]に乗る get on a train [a bus, a subway]
- 飛行機[船]に乗る go on board a plane [a

・電車[バス, 地下鉄, 飛行機, 船]に乗って行く
go by train [bus, subway, plane, ship] / take a train [a bus, a subway, a plane, a ship]
・タクシーに乗る take a taxi; (動作) get into a taxi
・馬[バイク, ブランコ]に乗る ride (on) a horse [a motorcycle, a swing]
・…を(車に)乗せてやる give ~ a ride [(英) a lift]
→ この ride, lift は名詞(乗ること, 乗せてもらう[あげる]こと); → のせる¹
・(車に)乗せてもらう get [have] a ride [a lift]
・君は馬に乗ったことがありますか → 現在完了 Have you ever ridden a horse?
・私は東京発午後6時30分の青森行きに乗った
I took the 6:30 p.m. train for Aomori from Tokyo Station.
・2番のバスに乗りなさい
Take a Number 2 bus.
・私は自転車[バス]に乗って学校へ行きます
I go to school by bicycle [bus]. / I ride a bicycle [take a bus] to school.
・私たちは上野でバス[地下鉄]に乗った
We got on a bus [a subway] at Ueno.
・父は私を学校まで車に乗せてくれた
My father gave me a ride to school.
・バスに1時間も乗ればそこへ行けます (→1時間バスに乗ることが君をそこへ連れて行くでしょう)
An hour's ride on a bus will take you there.
・私たちの(乗った)飛行機には約200人乗っていた
There were about two hundred people on board our plane.
・私は最終バスに乗れなかった
I couldn't catch the last bus.
・私たちは3時の列車に乗るためには急がなくては
We must hurry to catch the 3 o'clock train.
・生徒たちの乗ったバスがそばを通り過ぎた
A bus carrying schoolchildren passed by.
❷ (物の上に) **get on**
・彼はいすの上に乗って棚の本を取った
He got on a chair and took the book from the shelf.
❸ (調子・気分など)
・彼はすぐ調子にのる
He is [gets] easily carried away.
会話 カラオケ行かない? —気がのらないなあ
Why don't we go *karaoke*-singing? —No, I don't feel like it.

のる² 載る

❶ (上に載っている) **be on**
・その書類は彼女の机の上に載っている
That paper is on her desk.
❷ (新聞などに) **appear** /アピア/, **be reported** /リポーテド/ (受け身形); (辞書などに) **be found** /ふァウンド/ (受け身形)
・その事件はきのうの新聞の一面に載っていた
That event appeared [was reported] on the front page of yesterday's paper. / (きのうの新聞は一面でその事件を報じた) Yesterday's paper reported that event on the front page.
・この単語はどの辞書にも載っている
This word is found [given] in any dictionary.
・私たちの学校の記事がきょうの新聞の地方版に載っている
There is an article on our school in the local page of today's newspaper.
・彼の名前はこの名簿(めいぼ)には載っていない
His name is not on [in] this list.

ノルウェー Norway /ノーウェイ/
・ノルウェーの Norwegian
・ノルウェー語 Norwegian
・ノルウェー人 a Norwegian; (全体) the Norwegians

ノルディックふくごう ノルディック複合《スポーツ》**Nordic combined** /ノーディク カムバインド/

ノルマ a **work quota** /ワーク クウォウタ/ → 「ノルマ」はロシア語から

のろい (おそい) **slow** /スろウ/
・仕事がのろい be slow in *one's* work

のろう 呪う **curse** /カ〜ス/

のろし 狼煙 a **signal fire**; a **beacon** /ビーコン/

のろのろ slowly /スろウリ/ → ゆっくり ❶
・道路がすごく込んでいたので, 2時間ものろのろ運転だった
ひゆ The roads were full of traffic and we had to drive at a snail's pace for two hours. (カタツムリのペースで)

のんきな (気楽な) **easy** /イーズィ/, **easygoing** /イーズィゴウイング/; (心配のない) **carefree** /ケアふリー/; (楽天的な) **optimistic** /アプティミスティク/; (ぼんやりの) **careless** /ケアれス/
・のんきに暮らす live [lead] an easy life

のんびりした relaxed /リらクスト/; **peaceful** /ピースふる/ → のんきな

ノンフィクション nonfiction /ナンふィクション/

ノンプロ a **nonprofessional** /ナンプロふェショヌる/

は ハ

は¹ 葉 （落葉樹の）a **leaf** /リーふ/ (復 leaves /リーヴズ/); （草・麦などの長い葉）a **blade** /ブれイド/; （松などの針状の葉）a **needle** /ニードる/
- 葉の茂った　leafy
- 葉が出かかっている
The leaves are coming out.

は² 歯
➤ a **tooth** /トゥーす/ (復 teeth /ティーす/)
➤ （歯の）**dental** /デンタる/
- 歯が痛い　have a toothache
- 歯が生える　cut one's teeth
- 歯が抜ける　a tooth comes out
- 歯をみがく　brush one's teeth
- 歯をくいしばる　clench one's teeth
- 歯を抜いてもらう　have a tooth pulled out
- 歯ブラシ　a toothbrush
- 歯みがき（チューブ入りの）toothpaste
- 入れ歯　a false tooth; （一そろいの）dentures
- 虫歯　a bad [decayed] tooth
- 前歯[奥歯]　a front [back] tooth
- のこぎりの歯　teeth of a saw

は³ 刃　（刃物の）an **edge** /エヂ/; （刀身）a **blade** /ブれイド/
- 安全かみそりの替え刃　a razor blade

は⁴ 派　（流派）a **school**; （党派）a **faction** /ふァクション/
- 派閥の　factional

は⁵ …は
❶（主語の場合）
❷（目的語の場合）

❶（主語の場合）名詞を文頭に置いて次に動詞を続けると，その名詞は文の主語になって，「…は」の意味になる；人称代名詞の場合は主格 (I, you, he, she, it, we, they) を用いる．→ が² ❶
- 私は花びんをテーブルの上に置きました
I put the vase on the table.
- 花びんはテーブルの上にあります
The vase is on the table.

❷（目的語の場合）「鉛筆(えんぴつ)は持っているが万年筆は持っていない（→鉛筆を持っているが万年筆を持っていない）」の「…は」は英語では動詞の目的語として表される；動詞のすぐあとに名詞を続けると，その名詞は目的語になる；人称代名詞の場合は目的格 (me, you, him, her, it, us, them) を用いる．
- 私はバナナは好きじゃありません
I don't like bananas.
- 私は彼は知らないけど彼の兄さんは知っている
I don't know him, but I know his brother.

ば 場　（場所）a **place** /プれイス/; （地点・現場）a **spot** /スパト/; （空間）**space** /スペイス/ → ばしょ
- その場で　on the spot
- その時その場で　then and there
- 公の場で　in public

バー a **bar**

ばあい 場合　（実情）a **case** /ケイス/; （事情）**circumstances** /サ〜カムスタンセズ/; （機会）an **occasion** /オケイジョン/
- 多くの場合に　in most cases
- どんな場合にも　in any case
- 場合によっては　according to circumstances
- それは場合によります　It depends.
- 雨の場合には遠足は次の土曜日に延ばします
In case of rain [If it rains], the excursion will be put off till next Saturday.
- 君のその服装はこういう場合にはあまり適当とは言えない　Your clothes don't exactly suit the occasion.

はあく 把握する　**grasp** /グラスプ/

バーゲンセール **sales** (at bargain prices) /セイるズ (バーゲン プライセズ)/

> カタカナ語！　バーゲンセール
>
> 英語の **bargain** には「お買い得品」という意味があるから，そのまま ×*bargain sale* でもよさそうだが，**sales** だけでその意味になる．そのあとに at bargain prices（特別価格での）をつけてもよいが少しくどくなる．「あの店では今冬物のバーゲン中だ」は The winter sales are now on at that store.

バージョン a **version** /ヴァ〜ジョン/
- そのソフトウェアの最新版　the latest version of the software
- 最新版にバージョンアップする　update to the latest version → バージョンアップは和製英語

パーセンテージ (a) **percentage** /パセンテヂ/

パーセント **percent** /パセント/ → 記号は %
- 人口の7パーセント　seven percent [7%] of the population
- うちの学校では40パーセントの生徒が自転車通学だ

In our school forty percent of the students come to school by bicycle. → percent of の次の名詞が複数なら複数，単数なら単数として扱う

バーチャル (仮想的) **virtual** /ヴァ〜チュアる/
- 仮想現実　virtual reality
- 仮想現実で恐竜を見せる　use virtual reality to show dinosaurs

パーティー a **party** /パーティ/
- パーティーを開く　have [give] a party
- 友達をティーパーティーに招く　invite [ask] *one's* friends to a tea party

ハート a **heart** /ハート/
- ハート形の　heart-shaped
- (トランプの)ハートのクイーン　the queen of hearts

パート パート(タイム)の[で] **part-time** /パートタイム/
- パートで働く人　a part-timer / a person who works part-time
- 彼女はその店でパートとして働いている　She is working part-time [as a part-timer] at the store.

ハードウェア **hardware** /ハードウェア/

バードウォッチング **bird-watching** /バ〜ドワチング/

ハードカバー (堅い表紙の本) a **hardcover** /ハードカヴァ/
- ハードカバーの本　a hardcover book

ハードディスク(ドライブ) a **hard drive** /ハードドライヴ/, a **hard disk drive** /ディスクドライヴ/
- 外付けハードディスク　an external hard drive /エクスタ〜ヌる/
- 内蔵ハードディスク　an internal hard drive /インタ〜ヌる/

パートナー a **partner** /パートナ/

ハードル a **hurdle** /ハ〜ドる/
- ハードル競走　the hurdles / the hurdle race
- ハードルを飛び越える　clear a hurdle

はあはあ はあはあ言う **pant** /パント/, **gasp** /ギャスプ/

ハーブ a **herb** /ハ〜ブ/

パーフェクト **perfect** /パ〜ふェクト/

ハーフタイム **the half time** /ハふタイム/

バーベキュー (器具・料理) a **barbecue** /バーベキュー/
- バーベキューをする　have a barbecue

バーベル a **barbell** /バーベる/

パーマ a **perm** /パ〜ム/
- パーマをかけている　have a perm

ハーモニカ a **harmonica** /ハーマニカ/, a **mouth organ** /マウすオーガン/

- ハーモニカを吹く　play the harmonica

はい¹ 肺　**the lungs** /らングズ/ → 左右両方にあるのでふつうは複数形；「片方の肺」をいう場合は the right [left] lung のように単数形

はい² 灰　**ashes** /アシズ/
- 焼けて灰になる　be burnt [reduced] to ashes

はい³

➤ (問いに対する答え) **yes**；(否定の答えを導く時) **no**

➤ (出席点呼の返事) **Present.** /プレズント/, **Here.** /ヒア/, **Yes.**

➤ (物を渡す時) **Here you are. / Here it is.**

> 参考　学校での出席点呼の返事には Present [Here, *etc*.] のあとに，男の先生に対しては sir, Mr. ~, 女の先生に対しては Ms., Miss, ma'am, あるいは Ms. ~, Miss ~ などを付けてもよい

会話　君はリンゴが好きですか．—はい，好きです
Do you like apples?—Yes, I do.
会話　君は行かないのですか．—はい，行きません
Aren't you going?—No, I'm not.

> 注意しよう
英語では質問のしかたにかかわらず，答えが肯定であれば Yes, 否定であれば No となる．「…しないのですか」という否定の疑問文に対して「します」と答えるとき，日本語では「いいえ」だが英語では "Yes" となり，「しません」と答えるときは「はい」と "No" になるので，Yes, No の使い方は日本語の「はい」「いいえ」の使い方とは逆になる

Don't you love me?—Yes, I do love you. (あなた私のこと愛していないの？—いや，愛しているよ)
会話　本田，その辞書を取ってくれ．—はい，どうぞ
Reach me that dictionary, Honda.—Here you are.
- はい，おつりです　Here's your change. → Here's ~. は物を渡す時の言い方で，その場合 ×*Here is* ~. と2語にしない
- 第1問はこれくらいにして，はい次は第2問
So much for the first question. Now for the second.

はい⁴ …杯
- 1杯の水　a glass of water → 冷たい飲み物の場合にはふつう a glass of ~ を用いる
- 1杯のココア　a cup of cocoa → 温かい飲み物の場合にはふつう a cup of ~ を用いる
- スプーン3杯の砂糖　three spoonfuls of sugar
- バケツ2杯の砂　two bucketfuls of sand

ばい 倍
> (2倍) **twice** /トワイス/, **double** /ダブル/
> (…倍) **times**
- 3[4, 5, …]倍 three [four, five, …] times
- A の B 倍多い B times as many [much] as A → 「数」をいう時は many, 「量」をいう時は much を使う
- 彼は私の倍[3倍]の仕事をする
He does twice [three times] as much work as I do [《話》as me].
- 彼は私の倍の給料を取る
He gets double my wages [what I get].
- その川はこの川の5倍の長さがある
That river is five times as long as this one.
- 彼の学校にはぼくらの学校の3倍以上の生徒がいる
His school has more than three times as many students as ours.

パイ (a) **pie** /パイ/
- アップルパイ1切れ a piece of apple pie

バイアスロン **biathlon** /バイアスらん/
はいいろ 灰色(の) **gray** /グレイ/
ハイウェー 《米》a **freeway** /ふリーウェイ/, an **expressway** /イクスプレスウェイ/, 《英》a **motorway** /モウタウェイ/ → 英語で highway は「幹線道路」の意味で, 日本語の「国道・県道」にあたる

英国のモーターウェイ

はいえい 背泳 **backstroke** /バクストロウク/
- 背泳をする do [swim] a backstroke / swim on one's back

はいえん 肺炎 **pneumonia** /ニューモウニャ/
- 肺炎にかかる catch pneumonia

パイオニア a **pioneer** /パイオニア/
バイオマス **biomass** /バイオウマス/
バイオリン a **violin** /ヴァイオリン/
- バイオリンをひく play the violin
- バイオリン奏者 a violinist

ハイカー a **hiker** /ハイカ/
はいがん 肺がん **lung cancer** /らんぐ キャンサ/
はいき 排気ガス **exhaust (gas)** /イグゾースト/
はいきぶつ 廃棄物 **waste** /ウェイスト/
- 産業[放射性]廃棄物 industrial [radioactive] waste

はいきょ 廃墟 **ruins** /ルーインズ/
- その城は今は廃墟になっている
The castle is now in ruins.

ばいきん ばい菌 a **germ** /チャ〜ム/, **bacteria** /バクティアリア/ (複数形) → バクテリア

ハイキング a **hike** /ハイク/, **hiking** /ハイキング/
- ハイキングに行く go on a hike / go hiking
- 私は友達と高尾山へハイキングに行った
I went on a hike [went hiking] on Mt. Takao with my friends.

バイキング
❶ (昔の北欧海賊(かいぞく)) (一人) a **Viking** /ヴァイキング/; (全体) the **Vikings**
❷ (料理) **smorgasbord** /スモーガスボード/; (立食式の食事) a **buffet** /ブフェイ/ → この意味での「バイキング」は和製英語

はいく 俳句 a ***haiku***, a **seventeen-syllable poem** /スイらブる ポウエム/

バイク a **motorcycle** /モウタサイクる/, a **bike** /バイク/ → bike はふつう自転車 (bicycle) の意味であるが, 特に《米》では motorcycle の意味でも使われる

はいけい¹ 背景 a **background** /バクグラウンド/; (舞台の) **scenery** /スィーナリ/
- そのお寺を背景にして私は彼の写真をとった
I took a picture of him with the temple as a background.

はいけい² 拝啓 (手紙の文句) **Dear ～** /ディア/
はいこう 廃校
- ぼくたちの出た小学校は10年前に廃校になった
Our old elementary school was closed ten years ago.

はいざら 灰皿 an **ashtray** /アシュトレイ/
はいし 廃止 **abolition** /アボリション/,
廃止する abolish /アバリシュ/, **do away with** /アウェイ/
- 死刑を廃止する abolish the death penalty
- 消費税を廃止する do away with consumption tax
- あの学校では何年も前に制服を廃止した
They did away with uniforms at that school years ago.

はいしゃ 歯医者 a **dentist** /デンティスト/; (歯科医院) a **dentist's** (**office**) /(オーふィス)/

ハイジャックする hijack → のっとる
ばいしょう 賠償 **compensation** /カンペンセイション/, **redress** /リドレス/
- 損害賠償 compensation [redress] for damage [loss]

four hundred and thirty-nine　439　はいる

はいすい 排水 **drainage** /ドレイネヂ/
・排水管 a drain pipe
はいせん[1] 敗戦 (a) **defeat** /ディふィート/ → はいぼく
はいせん[2] 配線 **wiring** /ワイアリンぐ/
配線する wire (up)

はいたつ 配達
➤ **delivery** /ディリヴァリ/
配達する deliver /ディリヴァ/
・配達人 a delivery person [worker]; (運転もする人) a delivery driver
・新聞配達人 a newspaper carrier
・郵便配達人 a mail [letter] carrier
・新聞を配達する deliver newspapers
・買った物を配達してもらう have *one's* purchase delivered
・これらの包みをこの場所へ配達してくれませんか
Will you please deliver these parcels to this address?

バイタリティー vitality /ヴァイタリティ/
はいち 配置 **arrangement** /アレインヂメント/
配置する arrange /アレインヂ/
ハイツ heights /ハイツ/
ハイテク high-tech /ハイ テク/, **high technology** /テクナ ロヂ/
ばいてん 売店 (屋台) a **stand**; (駅・公園などにある) a **kiosk** /キーアスク/
・駅の売店 a station kiosk
バイト → アルバイト
パイナップル 《植物》a **pineapple** /パイナプる/
バイバイ Bye-bye! /バイ バイ/ / **Bye now!** /バイ ナウ/
バイパス a **bypass** /パイパス/
ハイヒール (1足) (a pair of) **high heels** /(ペア) ハイ ヒーるズ/, (a pair of) **high-heeled shoes** /ハイ ヒーるド シューズ/
ハイビジョンテレビ a **high-definition television** /ハイ デふィニション テれヴィジョン/
パイプ a **pipe** /パイプ/; (巻きタバコの) a **cigarette holder** /スィガレト ホウるダ/
パイプオルガン a (**pipe**) **organ** /(パイプ) オーガン/
はいぶつ 廃物 **waste material** /ウェイスト マティアリアる/; (不用品) **junk** /ヂャンク/
ハイブリッドカー a **hybrid car** [**vehicle**] /ハイブリド カー [ヴィークる]/
バイブル the **Bible** /バイブる/
はいぼく 敗北 (a) **defeat** /ディふィート/
・敗北をきっする suffer (a) defeat / be defeated

はいる　👑

ハイヤー a **limousine** /リムズィーン/, 《話》**limo** /リーモウ/
はいやく 配役 **the cast** /キャスト/
はいゆう 俳優 (男優) an **actor** /アクタ/, (女優) an **actress** /アクトレス/ → an actor は女優に対しても使われる
ハイライト a **highlight** /ハイライト/
ばいりつ 倍率 **magnification** /マグニふィケイション/ (→けんびきょう); (入試の) **the acceptance rate** /アクセプタンス レイト/
・あの高校の入試の倍率は5倍だ
The acceptance rate to that senior high school is 1 in 5.

はいる 入る
❶ (中へ) **enter, get in**
❷ (加入する) **join**
❸ (収容する) **hold, contain**

❶ (中へ) **enter** /エンタ/, **get in**; (入って行く) **go in**, (入って来る) **come in**; (侵入(しんにゅう)する) **break in** /ブレイク/
・A に入る enter [get into, go into, come into] A → ×enter *into* A としない
・玄関から家に入る enter the house through [by] the front door
・窓から家に入る get [break] into the house through the window
・どうぞお入りください Please come in.
・入ってもいいですか May I come in? → 「入って行く」であるが, 相手側の視点に立っていうので go ではなく come を用いる
・小鳥が窓から私の部屋に入って来た A bird came into my room through the window.
・戸がしまっているので中に入れない
I can't get in because the door is locked.
・彼の家は昨夜どろぼうに入られた → 過去の受け身形
His house was broken into (by a burglar) last night.
❷ (加入する) **join** /ヂョイン/; (加入している) **be a member of ～** /メンバ/, **belong to ～** /ビろーンぐ/; (学校に) **enter**; (会社などに) **get a job with ～**, **be employed by ～** /インプ ろイド/
・私はサッカー部に入った
I joined the soccer club.
・彼女は放送クラブに入っている
She is a member of [She belongs to] the broadcasting club.
・彼は第一志望の高校に入った He entered the senior high school of his first choice.
・私の兄はこの春大学を卒業して, 商社に入りました

My brother graduated from college this spring and got a job with〔was employed by〕a trading company.

❸（収容する）**hold** /ホウるド/, **contain** /コンテイン/;（定員として）**have a seating capacity of ～** /スィーティング カパスィティ/, **seat** /スィート/

いずれも「入れる物」が主語,「入る人・物」が目的語になる

・この箱には何が入っていますか（→何がこの箱の中にあるか）What's in this box?

・この引き出しには私のシャツが全部入っています（→この引き出しは私のシャツ全部を入れている）

This drawer holds all my shirts.

・このびんにはどれくらいの水が入りますか

How much water can this bottle hold〔contain〕?

・私たちの学校の講堂には約400人入ります

Our school auditorium has a seating capacity of〔Our school auditorium can seat〕about 400 people.

❹（その他）（ふろに）（→ ふろ）;（病院に）（→ にゅういん）;（得点が）（→ とくてん¹）

・彼は世界のテニスプレーヤーの中のベストテンに入っている He ranks among the top ten tennis players in the world.

パイロット a **pilot** /パイろト/

はう creep /クリープ/

・四つんばいになってはう creep on *one's* hands and knees

バウンド a **bounce** /バウンス/, a **bound** /バウンド/ bounce のほうがふつう

バウンドする bounce, bound

・ワンバウンドでボールをとる catch a ball on the (first) bounce

ハエ 蝿《虫》a **fly** /ふらイ/

はえる 生える **grow** /グロウ/

はおり 羽織 *haori*, a short *kimono*-style jacket /ヂャケト/

はか 墓 a **grave** /グレイヴ/, a **tomb** /トゥーム/

・彼の墓参りをする visit his grave

・墓を建てる erect a tomb

・墓場 a graveyard;（教会の）a churchyard;（共同の）a cemetery

ばか（人）a **fool** /ふーる/

ばかな foolish /ふーリシュ/;（知力のない）**stupid** /ステューピド/;（単純な）**simple** /スィンプる/;（ばかげた）**silly** /スィり/;（馬鹿げてこっけいな）**ridiculous** /リディキュらス/

ばかなこと nonsense /ナンセンス/

・…をばかにする make a fool of ～ / ひゆ

thumb *one's* nose at ～（親指を鼻に当てて他の指を動かす）

・ばかなまねをする make a fool of *one*self

・ばかな! そんなことがあってたまるか

Nonsense! I can't believe it.

・そんなことを知らないなんて私はなんてばかなんだろう What a fool I am not to know that!

・あんな男を信用するなんて君はばかだなあ

It is foolish of you to trust a fellow like him.

・そんなことを信じるほど私はばかじゃない

I am not so simple as to believe it. / I know better than to believe it.

・ばかなことを言うのはやめろ

Don't talk nonsense.

はかい 破壊 **destruction** /ディストラクション/
破壊する destroy /ディストロイ/
破壊的な destructive /ディストラクティヴ/

はがき（官製・私製）a **postcard** /ポウストカード/,（官製）a **postal card** /ポウストる/, a **stamped card** /スタンプト/ 米国には官製・私製の2種類があるが,英国には「官製はがき」はない。「絵はがき」は a postcard または a picture postcard という

・往復はがき a return〔reply〕postcard

・はがきを出す send a postcard

はがす（丁寧(ていねい)に）**peel off** /ピーる/;（引き裂くように）**tear off** /テア/

・木の皮をはがす peel the bark off a tree

ばかす 化かす **bewitch** /ビウィチ/

はかせ → はくし²

はかどる make good progress /プラグレス/, **get along with**

はかない（つかのまの）**transient** /トランシェント/;（空虚(くうきょ)な）**vain** /ヴェイン/, **empty** /エンプティ/

はがね 鋼 **steel** /スティーる/

ぱかぱか ぱかぱか歩く（馬が）**clip-clop** /クリプクらプ/

はかま 袴 *hakama*, **pleated skirt-like trousers** /プリーテド スカ～ト らイク トラウザズ/

はかり a **balance** /バらンス/, a **scale** /スケイる/, **scales**

ばかり …ばかり

❶（約）**about, some**
❷（…だけ）**only**
❸（ついさっき）**just**

❶（約）**about** /アバウト/, **some** /サム/

・10年ばかり前に about〔some〕ten years ago

❷（…だけ）**only** /オウンり/, **nothing but** /ナすィング/

・私ばかり責めるな
Don't blame only me [me alone].
・彼女は泣いてばかりいた
She did nothing but cry.
❸ (ついさっき) **just** /チャスト/
・私は今もどったばかりです
I've just come back. / I came back just now.
❹ (ほとんど) **almost** /オーるモウスト/; (いつも) **always** /オーるウェイズ/
・彼女は泣かんばかりだった　She almost cried.
・不平ばかり言っているんじゃない
Don't be always complaining.

はかる 計る, 測る, 量る (長さ・広さ・容積などを) **measure** /メジャ/; (重さを) **weigh** /ウェイ/; (温度を) **take**
・コートのたけを測る　measure the length of a coat
・荷物の重さ[自分の体重]を量る　weigh a parcel [*oneself*]
・彼の体温を計る　take his temperature
・こういう楽しみは金では計れないものだ
Such pleasure cannot be measured in money.

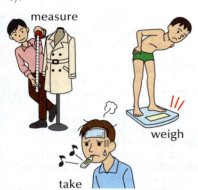
measure / weigh / take

はがれる (ペンキなどが) **peel** (**off**) /ピーる/; (張った物が) **come off**, (引きちぎられて) **be torn off** /トーン/
・化けの皮がはがれる　expose *one's* true color
・ペンキがはがれだした
The paint is beginning to peel (off).

バカンス 《おもに米》**a vacation** /ヴェイケイション/, 《おもに英》**holidays** /ハリデイズ/　➡「バカンス」はフランス語の vacance から

はきけ 吐き気がする　**be** [**feel**] **sick** (**to** *one's* **stomach**) /[ふぃーる] スィク (スタマク)/, **feel like throwing up** /らイク すロウインぐ/, **feel like vomiting** /ヴァミティンぐ/

パキスタン Pakistan /パキスターン/
・パキスタンの　Pakistani
・パキスタン人　a Pakistani; (全体) the Pakistanis

はきはき はきはきした (はっきりした) **clear** /クリア/; (あいまいでない) **decisive** /ディサイスィヴ/
・はきはきと　clearly; decisively

はく¹ 掃く　**sweep** /スウィープ/
・床を掃く　sweep the floor

はく² 吐く　(つばを) **spit** /スピト/, (食べた物を) **throw up** /すロウ/, **vomit** /ヴァミト/

はく³ (靴・靴下・ズボン・スカートなどを) **put on**; (靴下などを引っ張ってはく) **pull on** /プる/; (ふだん身につけている) **wear** /ウェア/; (一時的に身につけている) **have ~ on, be wearing** ➡きる²
・靴をはく[はいている]　put on [wear] *one's* shoes
・靴下をはく　pull [put] on stockings
・ジーンズをはいた男の子　a boy in [wearing] jeans
・彼女はいつもジーンズをはいているのに, きょうはスカートをはいている
She usually wears jeans but she is wearing a skirt [has a skirt on] today.

はぐ (取り除く) **take off**; (もぎ取る) **tear off** /テア/　➡はがす, はがれる

はくい 白衣　**a white overall** /(ホ)ワイト オウヴァろーる/

はくがい 迫害　**persecution** /パ〜セキューション/; 迫害する　**persecute** /パ〜セキュート/
・迫害者　a persecutor

はくがく 博学の　**learned** /ら〜ネド/

はぐき 歯ぐき　**the gums** /ガムズ/

ばくげき 爆撃　**bombing** /バーミンぐ/; 爆撃する　**bomb** /バム/
・爆撃機　a bomber

ハクサイ 白菜　《植物》(a) **Chinese cabbage** /チャイニーズ キャベヂ/

はくし¹ 白紙　**a blank sheet of paper** /ブランク シート ペイパ/; (答案) **a blank paper**
・答案を白紙で出す　hand in a blank paper

はくし² 博士　**a doctor** /ダクタ/ (略 Dr. ~)
・博士号　a doctorate / a doctor's degree
・大場博士　Dr. Oba

はくしゃ 拍車　**a spur** /スパ〜/
・拍車をかける　spur

はくしゅ 拍手　**clapping** /クらピンぐ/, **applause** /アプろーズ/
拍手する　**clap** (*one's* **hands**)

はくじょう 442 four hundred and forty-two

・…に拍手を送る give 〜 a hand / applaud 〜
・彼女が舞台に現れるとみんな拍手した
When she appeared on the stage, they all clapped.
・聴衆は彼を嵐のような拍手で迎えた The audience greeted him with a storm of clapping.
・彼女に盛大な拍手をどうぞ
Give her a big hand.

はくじょう 白状する **own up** (to 〜) /**オ**ウン/, **confess** (to 〜) /カン**ふェ**ス/

はくしょく 白色(の) **white** /(ホ)**ワ**イト/
・白色人種 the white race

はくしょん 《米》**ahchoo** /アチュー/, 《英》**atishoo** /アティシュー/ ➡ くしゃみ (sneeze) をした人に対して Bless you! (お大事に), それに対して Thank you. (ありがとう)などと言う

はくじん 白人 a **white** /(ホ)**ワ**イト/; (白色人種) **the white race** /**レ**イス/

ばくぜん 漠然とした **vague** /**ヴェ**イグ/
　漠然と
・彼の陳述(ちんじゅつ)はこの点がかなり漠然としている
His statement is rather vague on this point.

ばくだい 莫大な **vast** /**ヴァ**スト/
・莫大な金額 a vast sum of money

ばくだん 爆弾 a **bomb** /**バ**ム/
・爆弾を投下する bomb
・原子爆弾 an atomic bomb
・水素爆弾 a hydrogen bomb

ばくち gambling /**ギャ**ンブリング/

ハクチョウ 白鳥 《鳥》 a **swan** /**ス**ワン/

バクテリア bacteria /バク**ティ**アリア/ ➡ bacterium /バク**ティ**アリアム/ の複数形; 単数で用いられることはまれ

ばくは 爆破する **blast** /**ブ**らスト/, **blow up** /**ブ**ろウ/

ぱくぱく ぱくぱく食べる **gobble** /**ガ**ブる/, **gobble down** [**up**] /**ダ**ウン/

はくはつ 白髪 **white hair** /(ホ)**ワ**イト ヘア/, **gray hair** /**グ**レイ/
　白髪の **white-haired**, **gray-haired**

ばくはつ 爆発 (an) **explosion** /イクスプ**ろ**ウジョン/; (火山の) (an) **eruption** /イ**ラ**プション/
　爆発する **explode** /イクスプ**ろ**ウド/; (火山が) **erupt** /イ**ラ**プト/
　爆発物 an **explosive**

ばくふ 幕府 **shogunate** /**ショ**ウグネト/
・徳川幕府 the Tokugawa shogunate

はくぶつかん 博物館 a **museum** /ミューズィーアム/

ばくやく 爆薬 an **explosive** /イクスプ**ろ**ウスィヴ/

はくらんかい 博覧会 an **exhibition** /エクスィ**ビ**ション/, 《米》 an **exposition** /エクスポ**ズィ**ション/
・万国博覧会 a world exposition

はくりょく 迫力 **power** /**パ**ウア/, **punch** /**パ**ンチ/
・彼の話には迫力がない
His speech has no punch.

はぐるま 歯車 a **cogwheel** /**カ**グ(ホ)ウィーる/

はぐれる **wander off** /**ワ**ンダ/

ばくろ 暴露する (秘密を) **expose** /イクス**ポ**ウズ/, **disclose** /ディス**ク**ろウズ/

はけ a **brush** /**ブ**ラシュ/

はげ baldness /**ボ**ーるドネス/; (はげた箇所) a **bald spot** /**ス**パト/ ➡ はげる²

はげしい 激しい

➤ (猛烈(もうれつ)な) **violent** /**ヴァ**イオれント/; (気候など) **severe** /スィ**ヴィ**ア/
➤ (感情が) **furious** /**ふュ**アリアス/
➤ (雨・雪・交通など) **heavy** /**ヘ**ヴィ/

　激しく **violently**; **severely**; **furiously**; **heavily**
・激しい嵐[地震] a violent storm [earthquake]
・激しい寒さ severe cold
・激しい怒り furious anger
・激しい交通 heavy traffic
・午後遅くなって雨は時々激しくなるでしょう
Late afternoon rain will become heavy at times.

バケツ a **bucket** /**バ**ケト/
・バケツ 1 杯の水 a bucket(ful) of water

はげます 励ます **encourage** /イン**カ**〜レ**ヂ** / ➡ げきれい (➡ 激励する)
・彼を励ましてもう一度それをやらせます
I'll encourage him to try it again.

はげむ 励む **work hard** /**ワ**〜ク **ハ**ード/
・勉強に励む work hard at *one's* lessons

ばけもの 化け物 (幽霊(ゆうれい)) a **ghost** /**ゴ**ウスト/; (怪物) a **monster** /**マ**ンスタ/
・化け物屋敷(やしき) a haunted house

はげる¹ (ペンキ・張った物などが) ➡ はがれる

はげる² はげた (頭が) **bald** /**ボ**ーるド/; (山などが) **bare** /**ベ**ア/
・はげ頭 a bald head
・はげ頭の人 a bald man / a bald-headed man
・うちの父はだんだんはげてきた
My dad is going bald.

ばける (…に)化ける **transform** *oneself* (into 〜) /トランス**ふォ**ーム/
・その魔女は若い女性に化けた
The witch transformed herself into a young

four hundred and forty-three 443 はじまる

woman.

はけん 派遣する **send** /センド/, **dispatch** /ディスパチ/
• 派遣会社 a temporary employment agency / a staffing agency
• 派遣社員 a temp / a temp staff worker

はこ 箱 a **box** /バクス/; (荷造り用・特別に作った容器) a **case** /ケイス/; (中型の紙製容器) a **carton** /カートン/
• マッチ箱 a matchbox
• 荷箱 a packing case

はごいた 羽子板 a **battledore** /バトゥルドー/ → はね (→ 羽根つきをして遊ぶ)

はこぶ 運ぶ

➤ (運搬する) **carry** /キャリ/
• その箱を肩にかついで運ぶ carry the box on *one's* shoulder
• 私は彼女のカバンを2階へ運んでやった
I carried her bag upstairs for her.
• 私たちはマイクロバスで空港まで運ばれた (→マイクロバスが私たちを空港まで運んだ)
A minibus carried us to the airport.
• この机は重くて私には運べない
This desk is too heavy for me to carry.
• こんな重いベッドをどうやって2階へ運ぶんだい?
How are you going to carry such a heavy bed upstairs?

バザー a **bazaar** /バザー/
• 慈善バザーを行う hold a charity bazaar

ぱさぱさ
• 古くなってぱさぱさのパン old and crumbly dry bread → crumbly は「もろい」

はさまる (人・物の間に) **be sandwiched** /サン(ド)ウィチト/; (ドアなどに) **get caught** (in ～) /コート/ → はさむ
• 私のスカートが車のドアにはさまってしまった
My skirt got caught in the car door.

はさみ (1丁) (a pair of) **scissors** /(ペア) スィザズ/; (カニ・エビなどの) a **claw** /クろー/
• このはさみでその紙を切ってください
Please cut the paper with these scissors.

はさみうち はさみ打ちにする **attack ～ from both sides** /アタク ボウす サイヅ/

はさむ (…の間に) **put** (between ～); **hold** /ホウるド/, **catch** /キャチ/ → はさまる
• 2枚のボール紙の間に写真をはさむ
put a photograph between two pieces of cardboard
• 箸(はし)で物をはさむ hold a thing with chop-

sticks
• コートをドアにはさむ catch *one's* coat in a door

はさん 破産 **bankruptcy** /バンクラプトスィ/
破産する go bankrupt /バンクラプト/

はし¹ 箸 **chopsticks** /チャプスティクス/
• 箸一ぜん a pair of chopsticks

はし² 橋 a **bridge** /ブリヂ/
• 橋を渡る[造る] cross [build] a bridge
• 川に橋をかける build a bridge over a river
• 橋の下に[下流に] under [below] the bridge
• 4月から新しい橋が開通します A new bridge will be open to traffic in April.

はし³ 端 an **end**; (縁) an **edge** /エヂ/; (わき) a **side** /サイド/; (すみ) a **corner** /コーナ/
• 端から端まで from end to end / from one end to the other
• 道路の端を歩く keep to the side of the road

はじ 恥 (a) **shame** /シェイム/ → はずかしい
恥をかく (きまり悪い思いをする) **embarrass** *one-self* /インバラス/, **be** [**feel**] **embarrassed**
• 恥知らずの shameless
• 間違いを訂正することを恥と思ってはいけない No one should think it shameful to correct errors. / No one should feel ashamed to correct errors.

ことわざ 聞くは一時(いっとき)の恥聞かぬは一生の恥
Better to ask the way than go astray. (道に迷うよりは道をたずねたほうがいい)

はしか the **measles** /ミーズるズ/
• はしかにかかる have the measles

はじく (指で) **flip** /ふりプ/; (水などを) **repel** /リペる/

はしご a **ladder** /らダ/ → かいだん¹
• 壁にはしごを掛ける set a ladder against the wall
• はしごを登る[下りる] go up [come down] a ladder
• はしごで屋根に上がる get on the roof by means of a ladder

はじまる 始まる

➤ **begin** /ビギン/, **start**; (戦争が) **break out** /ブレイク/; (悪天候・病気・望ましくない事が) **set in**
始まり a **beginning** /ビギニンぐ/, a **start**
• 8時[月曜, 9月]から始まる begin at eight [on Monday, in September] → 「…から」を ×from ～ としないこと
• パーティーは4時から始まった

はじめ 444

The party began [started] at 4 o'clock.
・私たちの学校では１時間目は８時半に始まる.
The first period begins [starts] at 8:30 at our school.
・学校は何時に始まりますか
What time does your school begin?

🈞会話 日本では学校はいつから始まりますか. ―4月からです
When does school begin [start] in Japan?—It begins [starts] in April.
・コンサートはもう始まっている ➡ 現在完了
The concert has already begun [started].
・たいていのおとぎ話は「昔々」で始まる
Most fairy tales begin with "Once upon a time."
・第二次世界大戦は1939年に始まった
World War II (読み方: two) [The Second World War] broke out in 1939.
・日本では梅雨は６月に始まります
In Japan the rainy season sets in in June.

ことわざ うそつきは泥棒(どろぼう)の始まり
He that will lie will steal. (うそをつく人は盗みをする)

はじめ 初め, 始め

➤ **beginning** /ビギニング/; (し始め) **start**
・初めは at first
・始めから終わりまで from beginning to end
・来週の初めに at the beginning of next week
・初めからやり直そう
Let's begin again from the start.
・このバラは５月の初めに咲(さ)き始めます
These roses begin to bloom early in May.
・何事も始めが肝心だ
It is important to make a good start in everything. /

ひゆ Well begun is half done. (うまく始められたことは半分終わったことだ)

はじめて 初めて **for the first time** /ふァ～スト/, **first**
・初めての first
・私は彼とは初めて大阪で会った
I met him in Osaka for the first time. / I first met him in Osaka.
・私が初めてここに来た時は６歳だった
The first time I came here I was six.
・あなたがここに来たのはこれが初めてですか
Is this the first time (that) you have been here?
・私がパリへ来たのはこれが初めてです (→これはパリ

への私の最初の訪問です)
This is my first visit to Paris.
・私はここは初めてです
I'm new here. / I'm a stranger here.
はじめまして (初対面のあいさつ) **How do you do?** /ハウ/

はじめる 始める

➤ **begin** /ビギン/, **start**

基本形 A を始める
  begin A / **start** A
  …し始める
  begin to *do* / **start to** *do*
  begin *doing* / **start** *doing*

・おとぎ話を始める begin a fairy tale
・新しい商売を始める start a new business
・この仕事から始める begin with this job
・今すぐ宿題を始めなさい
Begin your homework now.
・3時[第3課]から始めましょう
Let's begin [start] at three o'clock [with Lesson 3]. ➡「…から」を✕*from* ～ としない
・野球の試合を何時から始めますか
What time are we going to begin [start] the baseball game?
・雨が降り始めた
It began [started] to rain. / It began [started] raining.
・彼は空腹を感じ始めた
He began [started] to feel hungry. ➡ 主語が人で, begin のあとに来る目的語が運動を表す動詞でない場合, あるいは, 主語の意志にかかわりなく起こることである場合には, ふつう began *doing* ではなくbegin [start] to *do* の形で用いる
・彼の話はうそだと思い始めているんだ ➡ 現在進行形
I'm beginning to feel that his story is a lie. ➡ begin が進行形になると, *doing* が重なるのをさけるためにふつう begin to *do* の形をとる
・もう始める時刻です It's time to begin.
ばしゃ 馬車 a **carriage** /キャリヂ/
はしゃぐ **be in good cheer** /チア/
ばしゃばしゃ (水などをはねかける) **splash** /スプらシュ/
・子供たちは楽しそうにプールでばしゃばしゃやっている The children are happily splashing in the pool.
パジャマ 《米》 **pajamas** /パヂャーマズ/, 《英》 **pyjamas**
ばしゃん ばしゃんと **with a splash** /スプらシュ/

ばじゅつ 馬術 **equestrian** /イクウェストリアン/

ばしょ 場所

➤ a **place** /プレイス/
➤ (空間) **space** /スペイス/; (余地) **room** /ルーム/

・会合の場所を決める fix a place for the meeting
・本を元の場所に返す return a book to its place
・(すもうの)春場所 the spring *sumo* tournament
・私たちは水車小屋のある場所へやって来た
We came to (a place) where there was a mill.
・それは場所を取りすぎます
That takes up too much space [room].

はしら 柱 a **pillar** /ピら/
・柱を立てる set up a pillar

はしりたかとび 走り高跳び **the high jump** /ハイ チャンプ/

はしりはばとび 走り幅跳び **the long jump** /ろーンぐ チャンプ/

はしる 走る

➤ **run**

走らせる run; (自動車などを) **drive** /ドライヴ/; (船を) **sail** /セイる/

・学校へ走って行く run to school
・走り去る, 走って逃(に)げる run off [away]
・階段を走って上がる[下りる] run up [down] the steps
・走ってもどる run back
・走って家へ帰る run (back) home
・走り回る run around
・走り続ける run on / keep running
・2 キロ走る run two kilometers
・彼は走るのが速い[遅い]
He is a fast [slow] runner.
・新幹線ののぞみは時速 300 キロで走ります
The Shinkansen Nozomi runs [goes] (at) 300 kilometers an hour.
・彼は 100 メートルを 11 秒で走れる
He can run 100 meters in 11 seconds.
・そのバスに乗ろうとして私はフルスピードで走った
I ran at full speed to catch the bus.
・その自動車[船]はゆっくりと走っていた ⬅ 過去進行形 The car was going [The ship was sailing] slowly.
・あの曲がり角までできるだけ速く走れ
Run to that corner as fast as you can.
・彼は家から駅までずっと走って来た

He came running all the way from home to the station.
・私たちは体育の時間に 2 千メートル走らされた
The teacher made us run 2,000 meters during the gym class [during gym].

はじる 恥じる **be** [**feel**] **ashamed** (of ～) /[ふィーる]アシェイムド/ ➔ はじ

ハス 蓮 《植物》a **lotus** /ろウタス/

はず …はずである

➤ **be to** *do*; **ought to** *do* /オート/ ➔ なっている

…はずがない can't /キャント/

・彼は 2 時には来るはずです
He is to come by two o'clock.
・君はぼくの兄を知っているはずだ
You ought to know my brother.
・手紙は今ごろはもう彼の所へ届いているはずだ
The letter ought to [must] have reached him by now.
・こんなはずではなかった
It was not meant to be this way.
・彼はそんな年であるはずがない
He can't be so old [young] as that.
・私はそれを途中で落としたはずがない
I can't have lost it on the way.

バス¹

➤ a **bus**

・バス停 a bus stop / a bus station
・バス代 a bus fare
・バスに乗る[から降りる] get on [off] a bus
・バスで行く take a bus / go by bus
・私はバスの中に傘を忘れてきた
I left my umbrella on the bus.

バス² (浴そう) a **bath** /バす/
バス³ (低音) **bass** /ベイス/
パス a **pass** /パス/
パスする pass
・ボールを…へパスする pass the ball to ～

はずかしい 恥ずかしい

➤ **be ashamed** (of ～) /アシェイムド/ ➔ はじ

恥ずかしがる be bashful /バシュふる/, **be shy** /シャイ/

・だれでも自分の仕事を恥ずかしいと思うような人は私はきらいだ I don't like anyone who is ashamed of his own work.
・恥ずかしがらないで先生に話してごらん
Don't be shy of speaking to your teacher.

バスケット 446 four hundred and forty-six

バスケット a **basket** /バスケット/ → かご
バスケットボール 〈競技〉**basketball** /バスケトボ
ール/; 〈ボール〉a **basketball**
・バスケットボールをする play basketball
はずす 外す 〈取る〉**take off**
・めがねをはずす take off *one's* glasses
・シャツのボタンをはずす unbutton a shirt
・席をはずす leave *one's* seat
パスタ pasta /パースタ/
バスタオル a **bath towel** /タウエる/
パステル 〈画材〉**a pastel stick** /パステる スティク/
・パステル画 a pastel drawing
・パステルカラー pastels
バスト a **bust** /バスト/
はずべき 恥ずべき **shameful** /シェイムふる/
パスポート a **passport** /パスポート/

会話
パスポートを拝見します
—はい，これです
Your **passport**, please.
—Here you are.

はずむ 〈ボールなどが〉**bounce** /バウンス/; 〈胸が〉
pound /パウンド/, **leap** /リープ/
・このボールはよくはずまない
This ball does not bounce well.
・うれしくて胸がはずむ
My heart is pounding with joy.
パズル a **puzzle** /パズる/
・パズルを解く solve ［work out］a puzzle
はずれ 外れ
❶ 〈端〉**the outskirts** /アウトスカ〜ツ/
・町はずれに on the outskirts of the town
❷ 〈くじの〉a **blank** /ブランク/; 〈期待はずれ〉a **dis-
appointment** /ディサポイントメント/
はずれる 外れる
❶ 〈はめた物が〉**come off**
・ふたはすぐはずれます
The lid comes off easily.
❷ 〈的などに〉**miss**; 〈期待などに〉**be contrary to**
/カントレリ/; 〈予想などが〉**prove wrong** /プルーヴ
ローング/
・弾丸は的をはずれた
The shot missed the mark.
・その結果は私の期待をはずれた
The result was contrary to my expectation.
・天気予報がはずれた
The weather forecast has proved wrong.
パスワード a **password** /パスワ〜ド/

・パスワードを入力する enter a password
・ワンタイムパスワード a one-time password
/ワン タイム/, a dynamic password /ダイナミク/
パセリ 〈植物〉**parsley** /パースり/
パソコン a **personal computer** /パ〜ソヌる コン
ピュータ/
はた 旗 a **flag** /ふらグ/
・旗ざお a flagpole ／ a flagstaff
・旗を揚（ぁ）げる［降ろす］hoist ［take down］a flag
・彼を歓迎して旗を振る wave a flag to welcome
him
はだ 肌 **the skin** /スキン/
・肌着 an undershirt; 〈肌着類〉underwear
・肌が白い［黒い］have a fair ［dark］skin
バター **butter** /バタ/
・パンにバターを塗る spread butter on bread
パターン a **pattern** /パタン/
はだか 裸の **naked** /ネイキド/
・裸になる undress ／ become naked
はたき a **duster** /ダスタ/
はたけ 畑 a **field** /ふぃ〜るド/
・畑を耕す plow the field
はだし **bare feet** /ベア ふぃ〜ト/
・はだしの［で］barefoot
はたす 果たす 〈実行する〉**carry out** /キャリ/; 〈成
しとげる〉**accomplish** /アカンプりシュ/
・目的を果たす carry out *one's* aim
・使命を果たす accomplish *one's* mission
はたち 二十歳 **twenty** 〈years old〉/トウェンティ/
ぱたぱた
❶ 〈動く，動かす〉**flap** /ふらプ/
・強風に旗がぱたぱたはためいていた
The flags were flapping in the strong wind.
❷ 〈走る（音）〉**patter** /パタ/
・子供たちが階段をぱたぱた下りるのが聞こえた
I heard the children pattering down the
stairs.
バタフライ 〈泳法〉**the butterfly** 〈stroke〉/バタふ
らイ 〈ストロウク〉/
はたらき 働き 〈仕事〉**work** /ワ〜ク/; 〈機能〉**func-
tion** /ふァンクション/
・働き者 a hard worker
・一家の働き手 a breadwinner
・神経の働き the functions of the nerves

はたらく 働く
➤ 〈労働する〉**work** /ワ〜ク/; 〈機能する〉**func-
tion** /ふァンクション/
・会社［工場，畑，農場］で働く work in an office
［in a factory, in a field, on a farm］

447 はっきり

・彼女はよく働く
She works hard. / She is a hard worker.
・君は働きすぎるよ You work too hard.
・私の母は会社で9時から5時まで働きます
My mother works from nine to five in the office.
・私の弟はいま台所で忙(いそ)しく働いている →現在進行形 My brother is working busily〔busy working〕in the kitchen.
・彼女のお兄さんはスーパーマーケットでパートタイムで働いている Her brother works at a supermarket as a part-timer.
・彼は5時間働きづめだ(→休みなく働いている) →現在完了進行形 He's been working five hours without a rest.
・この装置はうまく働かない
This device does not work〔function〕properly.
・頭を働かせなさい Use your head〔brains〕.

ばたん (音) a **slam** /スらム/
ばたんと…する slam
・ばたんとふたをしめる slam down the lid
・ばたんと本を下に置く slam a book down / put a book down with a slam
・戸がばたんとしまった
The door slammed shut.

はち¹ 鉢 (植木用) a **flowerpot** /ふらウアパト/
・鉢植え a potted plant

はち² 8(の) **eight** /エイト/
・第8(の) the eighth (略 8th)
・8分の1, 8分の2 one eighth, two eighths

ハチ 蜂 《虫》(ミツバチ) a **bee** /ビー/; (スズメバチ・ジガバチ) a **wasp** /ワスプ/
・ハチの巣(す) a honeycomb
・はちみつ honey
・ハチに刺される be stung by a bee〔a wasp〕

はちがつ 8月 **August** /オーガスト/ (略 Aug.) → くがつ

はちじゅう 80(の) **eighty** /エイティ/
・第80(の) the eightieth (略 80th)
・81(の), 82(の), … eighty-one, eighty-two, …
・第81(の), 第82(の), … the eighty-first, the eighty-second, …

ぱちぱち
❶ (音をたてる) **crackle** /クラクる/
❷ (まばたきする) **blink** /ブりンク/
・ぱちぱちまばたきする blink one's eyes

はちまき 鉢巻き a **headband** /ヘドバンド/
・鉢巻きをする[している] put on〔wear〕a head-

band

はちゅうるい 爬虫類 **the reptiles** /レプタイるズ/
・ヘビは爬虫類だ Snakes are reptiles.

はちょう 波長 **wave length** /ウェイヴ れンぐす/

ぱちん (音) a **snap** /スナプ/

ぱちんこ *pachinko*, **a Japanese vertical pinball** /ヴァ～ティカる ピンボーる/
・ぱちんこをする play *pachinko*

はつ …発
・午前10時30分の東京発博多行き新幹線のぞみ the 10:30 a.m. Shinkansen Nozomi from Tokyo to Hakata

ばつ¹ 罰 **punishment** /パニシュメント/
罰する punish /パニシュ/
・罰として as a punishment
・彼はこの愚(おろ)かな行いで罰を受けた
He was punished for this foolish act.

ばつ² ×印 a **cross** /クロース/
・彼は自分の家の場所を示すために地図に×印をつけた He put a cross on the map to show where his house was.

はついく 発育 **growth** /グロウす/
発育する grow /グロウ/
・発育の速い[遅い]植物 a fast-[slow-]growing plant
・この植物は発育が悪い[よい]
This plant is stunted〔well developed〕.

はつおん 発音 **pronunciation** /プロナンスィエイション/; (明瞭度) **articulation** /アーティキュれイション/
発音する pronounce /プロナウンス/; (はっきりと) **articulate** /アーティキュれイト/
・発音記号 a phonetic sign〔symbol〕
・この単語はどう発音しますか
How do you pronounce this word?
・彼女の発音はきれいだ Her pronunciation is clear. / She has good articulation.

ハッカ 薄荷 《植物》**peppermint** /ペパミント/

ハツカネズミ 二十日鼠 《動物》a **mouse** /マウス/ (複 mice /マイス/)

はっきり はっきりした (明瞭な) **clear** /クリア/; (区別がはっきりした) **distinct** /ディスティンクト/
はっきりと clearly; distinctly
・私には今でも彼女の姿がはっきりと思い出せる
I still have a clear image of her.
・この点について彼の言うことははっきりしていない
He is not clear on this point.
・彼がそれをしたことははっきりしている
It is clear〔ひゆ as clear as day〕that he has done it. →as clear as day は「昼間と同じくらい

ばっきん 448 four hundred and forty-eight

明瞭な」
•2つの指紋にははっきりした違いがある
There are distinct differences between the
two fingerprints.

ばっきん 罰金 a fine /ふァイン/
•罰金千円を科せられる be fined a thousand
yen
•この規則を破ると重い罰金になります
If you break this regulation, you will be
heavily fined.

バック (後ろ) the back /バク/; (背景) the back-
ground /バクグラウンド/
バックする go back; (後ろ向きに) go backward
/バクワド/
•(車を)バックさせる back (a car) / reverse (a
car)

バッグ → かばん

パック (包み) a pack /パク/; (牛乳・ジュースなどの)
a carton /カートン/

はっくつ 発掘 (an) excavation /エクスカヴェイシ
ョン/
発掘する excavate /エクスカヴェイト/

バックナンバー a back number /バク ナンバ/,
a back issue /イシュー/, a back copy /カピ/

バックネット a backstop /バクスタプ/ →「バック
ネット」は和製英語

ばつぐん 抜群の outstanding /アウトスタンディン
グ/, excellent /エクセレント/
•短距離選手としては彼は抜群です
He is outstanding as a sprinter. /
He is an outstanding sprinter.

パッケージ a package /パケヂ/

はつげん 発言する speak /スピーク/, say /セイ/
•発言者 a speaker
•発言権 a voice / the right to speak
•彼は会議でよく発言する
He speaks [says] a lot at meetings.
•私はこの件に関しては発言権がない[ある]
I have no [a] voice in this matter.

はっけん 発見 (a) discovery /ディスカヴァリ/
発見する discover /ディスカヴァ/, make a dis-
covery
•発見者 a discoverer
•夜の火事は発見が遅れがちだ
Fires that break out at night are often discov-
ered too late.

はつこい 初恋 one's first love /ふァ〜スト ラヴ/

はっこう 発行 publication /パブリケイション/;

(銀行券などの) issue /イシュー/
発行する publish /パブリシュ/; issue
•発行人 a publisher
•発行部数が多い[少ない] have a large [small]
circulation
•学級新聞を発行する publish a class newspa-
per

バッジ a badge /バヂ/
•バッジをつける wear a badge

はっしゃ¹ 発車 departure /ディパーチャ/
発車する depart /ディパート/, start, leave /リ
ーヴ/
•発車時刻 the hour of departure
🗨会話 この急行は何時に発車しますか. ―午後6時
30分に発車します
What time does the express depart?—It de-
parts at 6:30 p.m. (読み方: six thirty p.m.)
•その列車は2番線から発車します The train will
leave from Track [Platform] No.2.
•私が駅に着いた時には列車はちょうど発車したとこ
ろだった When I arrived at the station, the
train had just left.

はっしゃ² 発射する (ロケットを) launch /ローン
チ/; (銃を) fire /ふァイア/
•発射台 a launching pad

ハッシュタグ 〈IT〉a hashtag /ハシュタグ/ →ツイ
ッターなどで検索用に使われる#(ハッシュマーク)に続
く文字列

ハッシュマーク a hash (mark, sign) /ハシュ (マ
ーク, サイン/); a number sign →「#」記号.
"number"と発音されることもある. 音楽のシャープ
記号♯と混同しないこと

はっしょうち 発祥地 the birthplace /バ〜すプれ
イス/

ばっすい 抜粋 a selection /セれクション/
抜粋する select /セれクト/
•これらのエッセイは近代作家の作品から抜粋したも
のです These essays are selected from the
works of modern writers.

ばっする 罰する → ばつ¹

はっせい 発生する (起こる) occur /オカ〜/, hap-
pen /ハプン/; (火事・戦争などが) break out /ブレ
イク/; (生物などが) grow /グロウ/, breed /ブリー
ド/; (電気・熱などが) be generated /ヂェネレイテ
ド/ → おこる¹

はっそう 発送する send out /センド/
•発送人 a sender
•招待状を発送する send out invitations

バッタ 〈虫〉a grasshopper /グラスハパ/; a lo-
cust /ろウカスト/

four hundred and forty-nine　449　はつゆき

・サバクトビバッタ　a desert locust → 大発生し農業などに被害をもたらすバッタの一種 → イナゴ

バッター （野球の）a **batter** /バタ/
・バッターボックス　a batter's box

はったつ 発達（発展）**development** /ディヴェろプメント/, **progress** /プラグレス/;（成長）**growth** /グろウす/
発達する develop /ディヴェろプ/, **make development** [**progress**]; **grow** /グロウ/
・IT 産業は近年著しい発達を遂(と)げた
The IT industry has made remarkable progress in recent years.

ばったり （音をたてて）**with a thud** /さド/;（偶然）**unexpectedly** /アネクスペクテドり/
・ばったり会う　come across / bump [run] into
・町かどでばったり戸田に出会った
I came across Toda at the street corner.
・私たちは渋谷でばったり会った
We bumped [ran] into each other in Shibuya.

バッティング batting /バティング/
・バッティングの練習をする　practice batting

バッテリー （野球・電池の）a **battery** /バテり/

はつでん 発電する **generate electricity** /ヂェネレイト いれクトりスィティ/
・発電機　a generator
・発電所　a power plant [station]

はってん 発展 **development** /ディヴェろプメント/, **growth** /グろウす/ → はったつ
発展する develop /ディヴェろプ/, **grow** /グロウ/
・発展途上(とじょう)国　a developing country [nation]
・この事件は政治問題に発展するかもしれない
I am afraid this event will develop into a political issue.

はっと はっと驚く **start** /スタート/
はっと驚かす startle /スタートる/
・突然の物音に私ははっとした
I started at the sudden noise. /
The sudden noise made me start. /
The sudden noise startled me.
・私ははっと目を覚ました　I awoke with a start.
→ start は名詞で「びっくりした時の動作」

バット （野球の）a **bat** /バト/

ぱっと
・彼はぱっと立ち上がった
He jumped to his feet.
・このボタンを押すと箱のふたがぱっと開く
Push this button and the lid of the box springs open. → open は形容詞

・ドアがぱっとあいてボブが部屋にとび込んできた
The door flew open and Bob rushed into the room. → open は形容詞

ハットトリック a **hat trick** /ハト トりク/
・彼は 3 点目を決めてついにハットトリックを達成した　He scored his third goal and made it a hat trick.

はつばい 発売 **sale** /セイる/
・…を発売する　put ～ on sale / sell ～
・発売中である　be on sale
・この雑誌は毎月いつ発売されますか　When is this magazine put on sale each month?

ハッピーエンド a **happy ending** /ハピ エンディング/ → ✕ a happy end とはいわない

はっぴょう 発表（通告）**announcement** /アナウンスメント/;（文書で）**publication** /パブりケイション/;（説明）a **presentation** /プレゼンテイション/
発表する announce /アナウンス/; **publish** /パブりッシ/; **give** a **presentation**
・試験の日程はいつ発表されるのですか
When will the test schedule be announced?
・私の発表はオーストラリアの学校生活についてです
My presentation is about school life in Australia.

はっぽうスチロール 発泡スチロール **polystyrene foam** /パりスタイリーン ふォウム/, 《商標》**Styrofoam** /スタイロふォウム/

はっぽうびじん 八方美人 **everybody's friend** /エヴリバディズ ふレンド/
・彼は八方美人だ　He's everybody's friend. / He tries to please everybody.

はつめい 発明 **invention** /インヴェンション/
発明する invent /インヴェント/
・発明者　an inventor
・発明品　an invention
・発明の才を持った少年　a boy with an inventive mind
📞会話 だれが電話を発明したのですか. ―ベルです（→それはベルによって発明された）
Who invented the telephone? ―It was invented by Bell.
ことわざ 必要は発明の母である
Necessity is the mother of invention.

はつもうで 初詣で(をする) (**pay**) a **visit to** a **shrine on New Year's Day** /ヴィズィット シュライン/

はつゆき 初雪 **the first snowfall of the season** /ふァ〜スト スノウふォーる スィーズン/
・きのう北海道に初雪が降った
Hokkaido had its first snowfall of the season

はで 450 four hundred and fifty

yesterday.

はで 派手な **fancy** /ふァンスィ/, **showy** /ショウイ/; (柄(がら)などが) **loud** /らウド/; (けばけばしい) **glitzy** /グリツィ/
•はでな服装をする　wear fancy clothes

ばてる **be tired out** /タイアド/

ハト 鳩 (鳥) a **pigeon** /ピヂョン/; (小形の) a **dove** /ダヴ/

パトカー a **patrol car** /パトロウる カー/, 《米》a **squad car** /スクワド/

はとば 波止場　a **wharf** /(ホ)ウォーふ/ (複 wharves /(ホ)ウォーヴズ/)

バドミントン **badminton** /バドミントン/
•バドミントンをする　play badminton

パトロール(する) **patrol** /パトロウる/
•警察官たちがパトロールしていた
The policemen were patrolling [on patrol].

バトン a **baton** /バタン/
•バトントワラー　a baton twirler
•バトンタッチ　a baton pass ➡「バトンタッチ」は和製英語

はな¹ 花

➤ (一般に) a **flower** /ふラウア/
➤ (果樹の) a **blossom** /ブらサム/
•花が咲(さ)く　bloom
•花が盛りだ　be in full bloom / be at their best
•花を作る　grow flowers
•花を生ける　arrange flowers
•これらの植物は初夏に花が咲く
These plants bloom in early summer.
ことわざ 花よりだんご　Better a good dinner than a fine coat. (すてきな上着よりもおいしい食事のほうがいい)

はな² 鼻

➤ a **nose** /ノウズ/
➤ (象の) a **trunk** /トランク/
鼻の, 鼻声の nasal /ネイザる/
•鼻の穴　a nostril
•鼻が高い[低い]　have a high-bridged [flat] nose

注意しよう
英語では鼻の高さよりも鼻の長さを強く意識するので, a long nose, a short nose という表現はあるが, a high nose, a low nose という表現は一般的ではない

•鼻をほじくる　pick one's nose
•ハンカチで鼻をかむ　blow one's nose into a handkerchief
•鼻声でしゃべる　speak in a nasal tone
•彼は鼻歌を歌いながら仕事をしていた
He was humming a song over his work.
•鼻をかみなさい. はながたれているよ
Blow your nose. It's running.
•彼は鼻血を出している
He has a nosebleed. /
He is bleeding at the nose.

はなし 話

➤ (物語) a **story** /ストーリ/, a **tale** /テイる/
➤ (おしゃべり) (a) **talk** /トーク/, a **chat** /チャト/; (対話) (a) **conversation** /カンヴァセイション/
➤ (演説) a **speech** /スピーチ/; (講義) a **lecture** /れクチャ/; (うわさ) a **rumor** /ルーマ/; (言うこと) what one says /(ホ)ワト セズ/

話をする talk, chat; speak /スピーク/; tell ➡ はなす¹

…という話だ They say 〜, I hear 〜 /ヒア/, It is said 〜 /セド/ (受け身形)
•話好きの　talkative
•彼は話がうまい　He is a good speaker.
•彼は話がへただ　He is a poor [bad] speaker.
•午後には太田博士の話があります
There will be a lecture by Dr. Ota in the afternoon.
•話をやめなさい. この教室にはおたがい同士の話が多すぎます　Stop talking. There is too much talking among yourselves in this class.
•それでは話が違う
That's not my understanding.
•何かおもしろいお話をしてください
Tell us an interesting story.
•そんな話を君はどこで聞いて来たの?
Where have you heard that rumor?
•私は彼らの話に耳を傾(かたむ)けた
I listened to their conversation.
•彼の話はまったく信用できない
What he says cannot be relied upon at all.
•隣の部屋でだれかの話し声が聞こえる
I hear someone talking in the next room.
•彼女は結婚しているという話だ　They say [I hear, It is said] (that) she is married.
•(電話が) 話し中です　《米》The line's busy. / 《英》The line's [The number's] engaged.
•彼に電話をかけたら話し中だった
I called him but got the busy signal.
•みんなで話し合ってみようよ. いい解決策が見つかる

かもしれない

Let's talk it over. We may find a good solution to the problem.

参考ことわざ 三人寄れば文殊(もんじゅ)の知恵

Two heads are better than one.

はなしことば 話しことば（「書きことば」に対して）
spoken language /スポウクン ランゲッヂ/;（「文語」に対して）**colloquial language** /コロウクウィアる/

話しことばの spoken: colloquial

はなす¹ 話す

➤ **speak** /スピーク/; **talk** /トーク/; **tell** → いう，しゃべる

基本形
A（人）に話す
　speak to A / **talk to** A / **tell** A
B（事）を話す
　speak B / **tell** B
A（人）に B（事）のことを[について]話す
　speak to A **about**［**of, on**］B
　talk to A **about**［**on**］B
　tell A **about**［**of**］B
A（人）に B（事）を話す
　speak B **to** A
　tell A B / **tell** B **to** A
A（人）に…だと話す
　tell A **that** ～

•…に話しかける　speak to ～
•…について話し合う　talk about ～
•彼に私の家族のことを話す　talk to him about my family
•全校生徒に日本の歴史について話す　speak［talk］to the whole school about［on］Japanese history →speak のほうが talk に比べてやや硬い
•彼らに童話を話してやる　tell them a fairy story / tell a fairy story to them
•もっとゆっくり話してください
Please speak more slowly.
•何が起こったのか私に話してくれ
Tell me what happened.
•彼はアメリカ旅行のことを私に話してくれた
He told me about his trip to America. / He told me about his trip to America.
•彼女は英語とフランス語が話せる
She can speak English and French.
•その男の子たちは手話で話していた
The boys were talking in sign language.
会話 彼らは何を話しているのですか。―ユーフォーの話をしています →現在進行形

What are they talking about?―They are talking about a UFO.
•彼は私たちに本当のことを話さなかった
He didn't tell us the truth.
•君に話したいことがある
（君に伝えたいことがある）I have something to tell you. /（君と相談したいことがある）I have something to talk over［about］with you.
•あなたが話していた人はだれだったんですか →「話していた」は過去進行形
Who was that man you were speaking to?
•これが先日私がお話しした島の写真です
This is the picture of the island (which) I spoke about the other day.
•私は通りで外国人に話しかけられた
I was spoken to by a foreigner on the street.

使い分け
speak は「意味と関係なく音を出す」ことから「演説する」まで広い意味を持つが，内容というよりは「しゃべる」という行為(こうい)に重点がある
talk は「（個人的な，あるいは軽い内容のことがらを）相手と話し合う」という意味が強い
tell は「話の内容を伝える」ことを意味する

はなす² 放す let go
•…をつかんでいる手を放す　let go of ～ / loosen one's hold on［of］～ / let go one's hold on［of］～
•私を放して　Let go of me.
•ロープを放すんじゃないぞ
Don't let go your hold on the rope!

はなす³ 離す separate /セパレイト/, **part** /パート/
•A を B から離す　separate［part］A from B
•それらを離しておく　keep them apart［away］
•その鳥たちは離しておいたほうがいいよ。しょっちゅうけんかをしているから　You had better keep the birds apart. They are always fighting.

はなたば 花束　a **bunch of flowers** /バンチ ふらウアズ/, a **bouquet** /ブーケイ/

はなぢ 鼻血　**nosebleed** /ノウズブリード/

バナナ 〔植物〕a **banana** /バナナ/
•バナナの皮　a banana peel
•バナナ一房(ふさ)　a bunch of bananas
•バナナの皮をむく　peel a banana

はなび 花火　**fireworks** /ふァイアワ～クス/
•花火をする　（打ち上げ花火を）shoot off fireworks;（爆竹・ねずみ花火などを）set off firecrackers
•花火大会　a fireworks show［display］

はなびら 花びら a **petal** /ペトる/

はなみ 花見に行く **go to see cherry blossoms** /チェリ ブらサムズ/
- お花見(会) a cherry-blossom-viewing party

ハナミズキ 花水木 《植物》a **dogwood** /ドーグウド/

はなむこ 花婿 a **bridegroom** /ブライドグルーム/

はなや 花屋 (人) a **florist** /ふろーリスト/; (店) a **flower shop** /ふらウア/, a **florist's**

はなよめ 花嫁 a **bride** /ブライド/
- 花嫁衣装 a wedding dress

はなれじま 離れ島 a **solitary island** /サリテリ アイらンド/, an **isolated island** /アイソいテド/

はなればなれ 離れ離れになる **become [get] separated** /セパレイテド/

はなれる 離れる (去る) **leave** /リーヴ/
　離れた, 離れて distant /ディスタント/; (遠く) **far away** /ふアウェイ/, **a long way off** /ウェイ/; (少し) **a little way off** /リトる/, **some way off** /サム/
- 彼の家はちょっと離れています
His house is [He lives] some way off.

はなわ 花輪 a **wreath** /リーす/; (頭にいただく) a **garland** /ガーらンド/; (ハワイの) a **lei** /れイ/

はにかむ be shy /シャイ/; (子供など) be bashful /バシュふる/
　はにかんで shyly

パニック (a) **panic** /パニク/
- 彼らはパニック状態だった
They were in a panic.

バニラ vanilla /ヴァニら/
- バニラアイスクリーム vanilla ice cream

はね 羽, 羽根 a **feather** /ふェざ/; (翼(つばさ)) a **wing**; (羽根つきの) a **shuttlecock** /シャトるカク/
- 羽根つきをして遊ぶ play battledore and shuttlecock → battledore は「羽子板」

はねかける splash /スプらシュ/

ハネムーン honeymoon /ハニムーン/ → しんこん (→ 新婚旅行)

はねる[1] 跳ねる **jump** /チャンプ/, **spring** /スプリング/; (水などが) **splash** /スプらシュ/, **spatter** /スパタ ー/
- 跳ね回る jump about / (子供などがはしゃいで) romp about
- 跳ね返る spring back / rebound
- ベッドから跳ね起きる jump [spring] out of bed

はねる[2] (自動車などが) **hit**
- 自動車にはねられる be hit by a car

パネル a **panel** /パヌる/

- パネルディスカッション a panel discussion

はは 母
➤ a **mother** /マざ/
- 母のいない motherless
- 母の日 Mother's Day

はば 幅
➤ **width** /ウィドす/

幅の広い wide /ワイド/; (特に面積が) **broad** /ブ ロード/
- 幅の狭い narrow
- 幅跳び the long jump
- この川は幅が150メートルあります This river is a hundred and fifty meters wide [in width].

パパ a **dad** /ダド/, a **daddy** /ダディ/
- 君のパパはどこだい Where is your dad?
- パパ何してるの What are you doing, Daddy?
→ 家族の間では固有名詞のように扱い, 無冠詞大文字で始める

はぶく 省く (省略する) **omit** /オミト/; (節約する) **save** /セイヴ/
- 最初の2章は省きましょう
Let's omit the first two chapters.
- 洗たく機はわれわれから多くの時間と手間を省いてくれる The washing machine saves us a lot of time and trouble.

ハプニング an **unexpected happening** /アネクスペクテド ハプニング/, a **happening**

はブラシ 歯ブラシ a **toothbrush** /トゥーすブラシュ/

バブル a **bubble** /バブる/
- バブル(経済)の崩壊 the collapse of the bubble economy

はへん 破片 a **fragment** /ふラグメント/; (とがった) a **splinter** /スプリンタ/
- 破片になって散らばっている lie in fragments
- 破片を継ぎ合わせる stick the fragments together

はま 浜(辺) the **beach** /ビーチ/
- 浜(辺)で遊ぶ play on the beach

はまき 葉巻 a **cigar** /スィガー/

ハマグリ 蛤 (貝) a **clam** /クらム/

はまる fit; (落ちる) **fall into** /ふォーる/, **get into**
- ふたがうまくはまらない
The lid does not fit well.

はみがき 歯磨き (練り) **toothpaste** /トゥーすペイスト/

ハミング humming /ハミング/
- ハミングする hum

ハム (食用) **ham** /ハム/
・ハムエッグ　ham and eggs
ハムスター 《動物》a **hamster** /ハムスタ/
はめつ 破滅　**ruin** /ルーイン/
　破滅する　**be ruined**
はめる (指輪などを) **put on**; (引っ張ってはめる) **pull on** /プる/; (はめている) **wear** /ウェア/; (窓などをはめ込む) **fit in** /ふィト/
・指輪をはめる　put on a ring
・網戸をはめる　fit in a window screen
ばめん 場面 (舞台の) a **scene** /スィーン/

はやい　早い，速い
➤ (時間・時期が) **early** /ア～リ/ → そうき
➤ (速度が) **fast**, **rapid** /ラピド/, **swift** /スウィふト/
➤ (動作が) **quick** /クウィク/

早く，速く　early; (じき) **soon** /スーン/; **fast**, **rapidly**, **swiftly**; **quickly**; **with (great) speed** /(グレイト) スピード/

early　　　　　　　fast

・早くても　at the earliest
・速く！　Be quick!
・時が速く過ぎる　Time passes quickly.
・ツバメほど速く飛べる鳥がいますか
　Can any bird fly as swiftly as a swallow?
・君は足が速くて私はついて行けない
　You walk too fast. I can't follow you.
・寝るにはまだ早い
　It is too early to go to bed.
・早く帰って来なさい　Come back soon.
・早ければ早いほどよい　The sooner, the better.
ことわざ 早い者勝ち
First come, first served. (最初に来た者が最初に食べ物を出してもらえる)

使い分け

early: いつもより早いこと，時期や時間のはじめの方を表す　The train arrived at the station three minutes early. (その電車は駅に3分早く着いた)

fast: 動くスピードの速さを表す　a fast train (速い電車)
rapid: 変化の速さを表す　a rapid economic growth (急速な経済的成長)
quick: 短い時間で行われる動作の機敏さを表す　She is quick to understand. (彼女は理解するのが速い)

はやおき 早起きする　**get up early** /ア～リ/, **rise early** /ライズ/
・早起きの人　an early riser
ことわざ 早起きは三文の徳
The early bird catches the worm. (早起きの鳥は虫を捕らえる)
はやがてん 早合点　→ はやまる
はやくち 早口で言う　**speak fast** /スピーク/, **talk fast** /トーク/
・早口ことば　a tongue twister → 英語の例: She sells seashells on the seashore
はやさ 早さ，速さ　**quickness** /クウィクネス/, **rapidity** /ラピディティ/, **swiftness** /スウィふトネス/; (速度) **speed** /スピード/, **velocity** /ヴェラスィティ/ → スピード
はやし 林 (木立ち) **trees** /トリーズ/, a **grove** /グロウヴ/; (森) a **wood** /ウド/
はやね 早寝する　**go to bed early** /ア～リ/
・早寝早起きをする　go to bed early and get up early / keep early hours
・早寝早起きは健康によい
It is good for the health to keep early hours.
ハヤブサ 隼 (鳥) a **peregrine falcon** /ペレグリン ふォーるコン/
はやまる 早まる (適切なタイミングより早く動く) **be hasty** /ヘイスティ/
　早まった　**overhasty** /オウヴァヘイスティ/
・早まって喜ぶな
He laughs last laughs longest. (最後に笑う者が一番長く笑う) → 英語のことわざ
はやめる 速める　**quicken** /クウィクン/
・歩調を速める　quicken one's steps
はやり，はやる　→ りゅうこう

はら¹ 腹
➤ (腹部) **the** [one's] **belly** /ベリ/, (胃) **the stomach** /スタマク/ → 「腹部」の意味でも stomach が好まれる

・腹が痛い　have a stomachache
・腹がたつ　get angry
・腹がへる [へっている]　get [be] hungry
・腹ばいになる　lie on one's stomach
・彼は私にすごく腹をたてた

はら 454 four hundred and fifty-four

He got furiously angry with me.

はら² 原〔野原〕**a field** /ふぃーるド/ → はらっぱ

バラ 薔薇《植物》**a rose** /ロウズ/
• バラ色の　rosy

はらいもどす 払い戻す　**refund** /リふァンド/
払い戻し　**a refund** /リーふァンド/

はらう 払う

❶（お金を）**pay**

❶（お金を）**pay** /ペイ/
• 勘定(かんじょう)〔借金〕を払う　pay one's bill〔debt〕
• 彼にそのお金を払う　pay him the money
• 本の代金として2千円払う　pay two thousand yen for a book

❷（ほこりを）**dust** /ダスト/;（ブラシで）**brush**（**off**）/ブラシュ/
• テーブルのちりを払う　dust a table / brush the dust off the table

はらぐろい 腹黒い　**crafty** /クラふティ/, **scheming** /スキーミング/
• 彼は見かけは優しそうだが腹黒い男だ
He looks kind but really is crafty. /
ひゆ He is a wolf in sheep's clothing. (ヒツジの皮を着たオオカミ)

パラシュート a **parachute** /パラシュート/

パラソル a **parasol** /パラソーる/
• ビーチパラソル　a beach umbrella → ×a beach parasol とはいわない

バラック（掘っ建て小屋）a **shack** /シャク/;（大きくて粗末な集合住宅）**barracks** /バラクス/

はらっぱ 原っぱ　a **field** /ふぃーるド/

はらはら はらはらする　（不安で）**feel uneasy** /ふィーる アニーズィ/;（興奮・恐怖で）**be thrilled** /すリるド/

ばらばら ばらばらに　**to pieces** /ピーセズ/;（別々に）**separately** /セパラトリ/
• ばらばらになる　fall〔be broken〕to pieces
• 彼の一家はばらばらになってしまった
His family was broken up and scattered.

ぱらぱら

❶（雨が降る(音)）**patter** /パタ/
• 雨がぱらぱら降りだした
The rain began to patter down.
• きのうの雨がぱらぱら降った
We had a sprinkling of rain yesterday.

❷（本をめくる）**thumb through** /さム すルー/
• 辞書をぱらぱらめくる　thumb through a dictionary

❸（振りかける）**sprinkle** /スプリンクる/
• ゆで玉子に塩をぱらぱら振りかける　sprinkle salt

on a boiled egg / sprinkle a boiled egg with salt

パラリンピック the **Paralympic Games** /パラリンピク/, **the Paralympics**

ハラル，ハラール **halal** /ハらーる/
• ハラルミート　halal meat → イスラムの決まりに則して処理した肉
• ハラルフード　halal food

バランス **balance** /バらンス/
• バランスがとれる　balance / be balanced / be in balance
• からだのバランスを保つ〔失う〕 keep〔lose〕one's balance

はり 針（縫(ぬ)い針）a **needle** /ニードる/;（釣(つ)り針）a **hook** /フク/;（ハチなどの）a **sting** /スティング/;（時計の針）a **hand**
• 針の穴　the eye of a needle
• 針に糸を通す　thread a needle
• 針仕事　needlework
ことわざ 今日の一針明日の十針　A stitch in time saves nine.
• 指を2針縫ってもらう　have two stitches in one's finger

パリ **Paris** /パリス/
• パリ(人)の　Parisian
• パリっ子　a Parisian

はりがね 針金　(a) **wire** /ワイア/

ばりき 馬力　**horsepower** /ホースパウア/
• 5馬力のモーター　a five-horsepower motor

はりきる 張り切る　**be in high spirits** /ハイ スピリツ/, **be full of pep**;（試合などを前にして）**be all fired up** (for ～, about ～) /ふァイアド/

バリケード a **barricade** /バリケイド/
• バリケードを築く　barricade

はりつける 張り付ける　**paste** /ペイスト/ → はる²❶

はる¹ 春

➤ **spring**
• 春らしい　springlike
• 春に　in (the) spring
• 春早く　in early spring / early in spring
• 日の輝く春の朝に　on a bright spring morning
• 春休み　《米》the spring vacation〔《英》holidays〕
• 春一番　the first gale of the spring

はる² 張る

❶（くっつける）**put** /プト/, **stick** /スティク/;（のりで）**paste** /ペイスト/
• 封筒に切手を張る　put a stamp on an enve-

lope

•(のりで) A を B に張る　paste *A* to *B*

❷(ロープなどを) **stretch** /ストレチ/，(ぴんと) **strain** /ストレイン/；(テントを) **pitch** /ピチ/

❸(根が) **take root** /ルート/，**root** → root は「根を張らせる」という他動詞にも使う

•この精神は彼らの心に堅く根を張っている

This spirit is firmly rooted in their minds.

❹(その他)

•池に氷が張った

Ice has formed over the pond.

はるか　はるか(に)　**far, far away** /アウェイ/

•彼の家族ははるか遠い南米におります

His family is far away in South America.

•はるか遠くに飛行機が飛んでいるのが見えた

Far in the distance I saw an airplane flying.

バルコニー　a **balcony** /バるコニ/

はるばる　**all the way** /ウェイ/

•彼ははるばる鹿児島からやって来た

He came all the way from Kagoshima.

バルブ　(弁) a **valve** /ヴァるヴ/

パルプ　**pulp** /パるプ/

はれ　晴れ　**fine weather** /ふァイン ウェざ/ → はれる¹ ❶

•(日記で)晴れ，のちくもり　Fine, cloudy later.

バレエ　a **ballet** /バれイ/

パレード　a **parade** /パレイド/

バレーボール　(競技) **volleyball** /ヴァりボーる/；(ボール) a **volleyball**

•バレーボールをする　play volleyball

•ビーチバレー　beach volleyball

はれぎ　晴れ着　one's **best clothes** /クろウズ/

•晴れ着を着てパーティーに出る　attend a party in one's best clothes

はれつ　破裂する　**burst** /バ〜スト/，**explode** /イクスプろウド/

パレット　a **palette** /パれト/

バレリーナ　a **ballerina** /バらリーナ/，a **ballet dancer** /バれイ ダンサ/

はれる¹　晴れる

❶(天気が) **clear**

❶(天気が) **clear** /クリア/，**turn out fine** /ターン ふァイン/

•晴れ上がる　clear up; (霧など) lift

•午後から晴れてほしい

I hope it will turn out fine in the afternoon.

•昼には晴れてきた

It began to clear up at noon.

•霧(きり)は昼ごろまで晴れなかった

The fog did not lift till about noon.

❷(気分が) (すっきりする) **be refreshed** /リふレシュト/；(元気づく) **be cheered up** /チアド/

•その知らせを聞いて彼は気分が晴れた

He was cheered up by the news. / The news cheered him up.

❸(疑いなど) **be dispelled** /ディスぺるド/

•彼女からの手紙でそれについての彼の疑いは晴れた

His doubts about it were dispelled by her letter. / Her letter dispelled his doubts about it.

はれる²　(ふくれる) **swell** /スウェる/

•はれた足　a swollen foot

ばれる　**be revealed** /リヴィーるド/，**be brought to light** /ブロート らイト/

•秘密は全部ばれてしまった　All the secrets have been revealed [brought to light].

バレンタインデー　St. **Valentine's Day** /セイン(ト) ヴァれンタインズ デイ/

ハロウィーン　**Halloween** /ハろウイーン/

パワーハラスメント　**workplace bullying** /ワークプれイス ブりイング/，**abuse of power in the workplace** /アビュース/

ハワイ　**Hawaii** /ハワイイー/

•ハワイの　Hawaiian

•ハワイ人　a Hawaiian

•ハワイ諸島　the Hawaiian Islands

はん¹　半　a **half** /ハふ/

•7時半　half past seven

•1時間半　an hour and a half

はん²　判　(文書の真正を示す) a **seal** /スィーる/；(事務用に用いる) a **stamp** /スタンプ/

•書類に判を押す　put one's seal to [on] a document

はん³　班　a **group** /グループ/

•班長　a group leader

ばん¹　晩　an **evening** /イーヴニング/；a **night** /ナイト/

参考　evening は日の入りから寝るころまでの時間帯に使い，日本語の「夕方」よりも長い時間帯を表す．日没から夜明けまでの時間帯には night を使うが，国・地域や年齢などによって使い方に幅がある．また Good evening! は「こんばんは」で，Good night! は「おやすみなさい」である

•晩に　in the evening; at night

•一晩じゅう　all night (long) / all through the night

•一晩泊まる　stay for the night / stay overnight

ばん 456 four hundred and fifty-six

・あしたの晩(に) tomorrow evening / tomorrow night
・嵐の晩に on a stormy night
・8月15日の晩に on the evening of August 15th (読み方: (the) fifteenth)
・こんばんは Good evening!

ばん² 番

➤ (番号) a **number** /ナンバ/, (…番) **No. ～** (読み方: number ～)
➤ (順番) one's **turn** /タ～ン/
番をする watch /ワチ/, **look after** /る²/
・1番, 2番, 3番, … No.1, No.2, No.3, …
・1番目, 2番目, 3番目, 4番目, … the first, the second, the third, the fourth, …
・子供の番をする look after the children
【会話】君は何番ですか. —12番です
What number are you? —I'm number twelve.
【会話】お宅の今度の電話は何番ですか. —202の1234です
What's your new telephone number? —It's two-O-two one-two-three-four.
・今度は君の番だ It's your turn. / 〔ひゆ〕It's your move. ((チェスの試合で)君が駒を動かす番だ) / 〔ひゆ〕The ball is in your court. ((こちらが打ったボールは今君側のコートにある)
・切符を買って来るから手荷物の番をしてて
Watch (over) the baggage while I go and buy the tickets.

パン (自動車) a **van** /ヴァン/
パン bread /ブレド/; (菓子パン) a **bun** /バン/ ➚「パン」はポルトガル語の pão から
・パンくず crumbs
・パン一切れ a slice of bread
・パン1斤 a loaf of bread
・パンにバターをつける spread butter on bread
・パン屋 (人) a baker; (店) a bakery / a baker's (shop)

はんい 範囲 a limit /リミト/, a **range** /レインヂ/
・100メートルの範囲で within a range of 100m
・…の範囲を限る set limits to ～
・試験の範囲は1課から10課までです
The examination covers from Lesson 1 to Lesson 10.

はんえい 繁栄 prosperity /プラスペリティ/
繁栄する prosper /プラスパ/
はんが 版画 (木版画) a woodcut /ウドカト/
ハンガー a hanger /ハンが/

ハンカチ a handkerchief /ハンカチふ/
ハンガリー Hungary /ハンガリ/
・ハンガリー(人, 語)の Hungarian
・ハンガリー語 Hungarian
・ハンガリー人 a Hungarian; (全体) the Hungarians

バンガロー a cabin /キャビン/ ➚英語の bungalow は「ベランダのある1階建ての山荘」

はんかん 反感 ill feeling /イる ふぃーりンぐ/, **antipathy** /アンティパすィ/
・彼のふるまいは現地の人々の反感を買った
His behavior caused ill feeling among the people there.

はんきゅう 半球 a hemisphere /ヘミスふぃア/
・北[南]半球 the Northern [Southern] Hemisphere
・半球の表面積 the area of a hemisphere

パンク a puncture /パンクチャ/, (a) **blowout** /ブろウアウト/
パンクする 《米》**have** a **flat tire** /ふらト タイア/, 《英》**have** a **puncture**
・パンクしたタイヤを直してもらう have a flat tire [a puncture] fixed

ハンググライダー a hang glider /ハンぐ グらイダ/
ハングする 《IT》(コンピューターなどが応答しなくなる) **hang** /ハンぐ/, **freeze** /ふリーズ/
ばんぐみ 番組 a program /プロウグラム/
・今夜のテレビ番組にはどんなものがありますか
What's [What programs are] on the TV tonight?

はんけい 半径 a radius /レイディアス/ (徳 radii /レイディアイ/)
・半径3センチの円 a circle with a radius of three centimeters
・…から半径3メートル以内に within a radius of three meters from ～

ばんけん 番犬 a watchdog /ワチドーグ/
はんこう 反抗 → ていこう
ばんごう 番号 a number /ナンバ/
・部屋の番号 a room number
・受験番号 an examination number
・電話番号 a telephone number
・番号順に in numerical order
・番号をつける number
【会話】そちらは92-0280ですか. —いいえ, 番号違いです
Is this 92-0280 (読み方: nine-two O /オウ/ -two-eight-O)? —I'm afraid you have the wrong number.

ばんこく 万国 **all nations** /ネイションズ/; (世界) **the world** /ワ〜ルド/
- 万国博覧会 a world exposition
- 万国旗 the flags of all nations

ばんごはん 晩御飯 (a) **supper** /サパ/; (a) **dinner** /ディナ/ → dinner は1日のうちで一番ごちそうの出る食事をいうが，ふつうそれが夕食にあたるのでこの語を使う

はんざい 犯罪 a **crime** /クライム/ → つみ
- 犯罪者 a criminal

ばんざい 万歳 **cheers** /チアズ/; (a) **hurrah** /フラー/
- 優勝チームのために万歳を三唱する give three cheers for the winning team
- 万歳! Hurrah!

ハンサムな **handsome** /ハンサム/
はんじ 判事 a **judge** /ヂャヂ/
パンジー (植物) a **pansy** /パンズィ/
はんしゃ 反射 **reflection** /リふれクション/
反射する **reflect** /リふれクト/
- 白い砂は太陽の熱を反射する
The white sand reflects the sun's heat.

ばんしゅう 晩秋 (米) **late fall** /れイト ふォ〜る/, (英) **late autumn** /オータム/
- 晩秋に in late fall / late in autumn

ばんしゅん 晩春 **late spring** /れイト スプリング/
- 晩春に in late spring / late in spring

はんじょう 繁盛 **prosperity** /プラスペリティ/
繁盛する **prosper** /プラスパ/; (繁盛している) **be prosperous** /プラスペラス/
- 彼は商売が繁盛しているそうです
I hear that his business is very prosperous [he is doing prosperous business].

はんしょく 繁殖 **breeding** /ブリーディング/
繁殖する **breed** /ブリード/
- 繁殖期 a breeding season

はんする 反する **be contrary** (to 〜) /カントレリ/; **be against** /アゲンスト/
- 自分の意志に反して against *one's* will
- 結果はわれわれの予想に反した
The result was contrary to our expectation.

はんせい 反省 (後悔こうかい) **regret** /リグレト/
反省する (後悔する) **regret**; (振り返ってよく考える) **think over** /すィンク/
- 私は彼にあんな事を言ってしまって反省している
I regret having said such a thing to him.
- 自分がやった[言った]ことを反省しなさい
Think over what you did [said].

はんせん 反戦の **antiwar** /アンティウォー/
- 反戦運動 an antiwar movement
- 反戦主義者 a pacifist

ばんそう 伴奏 **accompaniment** /アカンパニメント/
伴奏する **accompany** /アカンパニ/
- 伴奏者 an accompanist
- 私はピアノで彼女の歌の伴奏をした
I accompanied her song on the piano.
- 彼女は私のピアノの伴奏で歌った
She sang to my piano accompaniment.

ばんそうこう a **plaster** /プらスタ/
- 切り傷にばんそうこうを張る apply a plaster to a cut

はんそく 反則 a **foul** (play) /ふァウる (プれイ)/
反則をする **foul, play foul**

パンダ (動物) a (**giant**) **panda** /(ヂャイアント) パンダ/

はんたい 反対

➤ (正反対の人・もの) **the opposite** /アポズィト/; (異議) **objection** /オブヂェクション/

反対の **opposite; contrary** /カントレリ/
反対する **be against** (〜) /アゲンスト/, **object** (to 〜) /オブヂェクト/, **make an objection** (to 〜)
- 通りの反対側に on the opposite side of the street / (向こう側に) across the street
- われわれとは反対の意見 an opinion contrary to ours
- この提案に反対の人がおりますか
Does anyone object to this plan?
- あした放課後会を開くことに反対はありませんか
Is there any objection to having our meeting tomorrow after school?
- 君が彼らと一緒に行くことに私は反対しない
I have no objection to your going with them.

はんだん 判断

➤ **judgment** /ヂャヂメント/
判断する **judge** /ヂャヂ/
- 結果[外見]で…を判断する judge 〜 by the results [*a person's* looks]
- 彼の言うことから判断すると judging from [by] what he says
- うわさから判断すると彼の病気は軽くなさそうだ
Judging from the rumor, his illness may not be so slight.
- 判断を急いではいけない Don't judge in haste.

参考ことわざ ツバメが1羽来ても夏にはならない
One swallow does not make a summer. → イギリスではアフリカで越冬したツバメたちが(1羽では

ばんち 458 four hundred and fifty-eight

なくて)群れをなして帰って来てやっと夏になる

ばんち 番地 a house number /ハウス ナンバ/

パンチ a punch /パンチ/

パンツ (ズボン)《米》pants /パンツ/, 《英》trousers /トラウザズ/; (男子用下着) underpants /アンダパンツ/; (女子用下着) panties /パンティズ/

パンティー → パンツ

パンティーストッキング 《米》panty hose /パンティ ホウズ/, 《英》tights /タイツ/ →「パンティーストッキング」は和製英語

ハンディキャップ a handicap /ハンディキャプ/

パンデミック (感染症の大流行) a pandemic /パンデミク/

はんてん 斑点 a speckle /スペクる/, a spot /スパット/

バント (野球) a bunt /バント/
　バントする bunt

バンド¹ (楽団) a band /バンド/

バンド² (ベルト) a belt /べるト/

はんとう 半島 a peninsula /ペニンスら/
　•半島の peninsular
　•伊豆半島 the Izu Peninsula

ハンドバッグ 《米》a purse /パ〜ス/, 《英》a handbag

ハンドボール (競技) handball /ハンドボーる/; (ボール) a handball
　•ハンドボールをする play handball

ハンドル (取っ手) a handle /ハンドる/; (自動車の) a steering wheel /スティアリング (ホ)ウィーる/; (自転車の) handlebars /ハンドるバーズ/
　•ハンドルを握っている人に話しかけてはいけない
　You shouldn't talk to the person at the wheel.

はんにん 犯人 a criminal /クリミヌる/; (容疑者) a suspect /サスペクト/

ばんにん 番人 a guard /ガード/

ばんねん 晩年 one's later life /れイタ らいふ/
　•彼は晩年幸福でなかった
　He was not happy in his later life. /
　His later life was not a happy one.

はんのう 反応 (a) reaction /リアクション/
　反応する react (to 〜) /リアクト/
　•連鎖反応 a chain reaction
　•君の意見に対する彼の反応はどうでしたか
　What was his reaction to your remarks? /
　How did he react to your remarks?

ばんのう 万能の all-around /オーる アラウンド/
　•万能選手 an all-around athlete
　•万能薬 a cure-all

ハンバーガー a hamburger /ハンバ〜ガ/

ハンバーグ(ステーキ) a hamburger /ハンバ〜ガ/, a hamburg steak /ハンバーグ ステイク/

はんばい 販売 a sale /セイる/
　販売する sell /セる/
　•現金販売 a cash sale

ばんぱく 万博 → ばんこく (→ 万国博覧会)

はんぴれい 反比例する be in inverse proportion (to 〜) /インヴァ〜ス プロポーション/

パンフレット a pamphlet /パンふれト/, a brochure /ブロウシュア/ →brochure のほうがふつう

はんぶん 半分 (a) half /ハふ/ (複 halves /ハヴズ/)
　•彼はリンゴを半分に切って大きいほうの半分を私にくれた He cut the apple into halves and gave me the bigger half.
　•もうほぼ半分道を歩いた
　We have walked about half (of) the way.

ハンマー a hammer /ハマ/
　•ハンマー投げ the hammer throw

ばんめし 晩飯 (a) supper /サパ/; (a) dinner /ディナ/ → ばんごはん
　•晩飯にカレーライスを食べる have curry and rice for supper

はんらん¹ a flood /ふらド/ → こうずい, しんすい¹
　はんらんする flood, overflow /オウヴァふろウ/
　•はんらん地域 the flooded area
　•豪雨のため河川がはんらんした
　Rivers were flooded by the heavy rain.

はんらん² 反乱 (大規模の) a rebellion /リベリョン/; (小さな) a revolt /リヴォウるト/
　•反乱を起こす rise in revolt

ひ ヒ

ひ¹ 日
　❶ (太陽) the sun
　❷ (1日) a day
　❸ (日取り) a date
　❶ (太陽) the sun; (日の光) (the) sun
　•日の当たる, 日当たりのよい sunny
　•日の出[日の入り] sunrise [sunset]

四百五十九 **459** ビール

- 日暮れに （日没時に） at sunset; （夕方ごろに） toward evening
- 日の当たる[当たらない]場所に　in the sun [the shade]
- 日に焼ける　be tanned / be suntanned
- 日が昇る[沈(しず)む]　The sun rises [sets].
- 日がさんさんと輝いている
The sun is shining bright(ly).
- 居間には日がいっぱい差している
There is a lot of sun in the living room.
- 私たちの教室は日があまり当たらない[よく当たる]
We get little [a lot of] sun in our classroom. / Our classroom gets little [a lot of] sun.
- 海岸で日に当たりすぎてはだめよ
Don't get too much sun at the beach.
- このごろは日が暮れるのが早い
It gets dark early these days.
❷ （1日） a **day**; （時間） **time**
- 母の日　Mother's Day
- 寒い日　a cold day
- いつの日か　one day / some day
- ある日　one day
- 日に日に　day by day
- 来る日も来る日も　day after day
- 私の祖母が死んだ日　the day (when) my grandmother died
- 私たちは同じ日に生まれました
We were born on the same day.
- その日は私の誕生日でした
That day was my birthday.
- その日は私は家にいませんでした
I was not (at) home that day.
- 日はだんだん長く[短く]なってきた
The days are getting longer [shorter].
- 卒業までもうあまり日がない
We have only a few days before graduation.
- 日がたつにつれてその記憶も薄(うす)れてゆくでしょう
The memory will fade [go away] as time passes.
❸ （日取り） a **date** /デイト/; （期限） a **deadline** /デドライン/
- 次の会合の日を決める　fix the date for the next meeting
- 約束の日までにこの仕事を終わらせる　finish this work before the deadline

ひ² 火
➤ **fire** /ふァイア/; （炉(ろ)の） a **fire**
- 火がつく　catch fire

- 火をつける （燃やす） set fire (to ～); （点火する） light
- 火を消す　put out the fire
- 火をおこす　make a fire
- 火にやかんをかける　put a kettle on the fire
- 手を火にかざす　warm *one's* hands over the fire
ことわざ 火のない所に煙は立たない
There is no smoke without fire.

び 美 **beauty** /ビューティ/
ピアス （肌に密着したもの） **studs** /スタッ/; （下げるもの） **pierced earrings** /ピアスト イアリングズ/
ピアニスト a **pianist** /ピアニスト/
ピアノ a **piano** /ピアノウ/
- ピアノをひく　play the piano
- ピアノを習う[教える]　take [give] piano lessons
ヒアリング → ヒヤリング
ピーアール （広報活動） **public relations** /パブリク リれイションズ/ （単数扱い; 略 PR）; （宣伝） **publicity** /パブリスィティ/
ひいおじいさん a **great-grandfather** /グレイト グラン(ド)ふァーざ/
ひいおばあさん a **great-grandmother** /グレイト グラン(ド)マざ/
ビーカー a **beaker** /ビーカー/
ヒーター a **heater** /ヒータ/
- ガス[電気]ヒーター　a gas [an electric] heater
ビーだま ビー玉 a **marble** /マーブる/
- ビー玉遊びをする　play marbles
ビーチパラソル a **beach umbrella** /ビーチ アンブレら/　➤×a beach *parasol* とはいわない; parasol は「日がさ」
ピーティーエー a **P. T. A.**, a **PTA**, a **Parent-Teacher Association** /ペアレント ティーチァ アソウシエイション/
- 母はうちの学校の PTA 役員をしています
My mother is a member of the PTA executive of our school.
ピーナッツ 《植物》a **peanut** /ピーナト/
ぴいぴい ぴいぴい鳴く **peep** /ピープ/, **chirp** /チャープ/
ピーマン 《植物》a **green pepper** /グリーン ペパ/
　➤「ピーマン」はフランス語の piment から
ヒイラギ 柊 《植物》**holly** /ハリ/
ビール **beer** /ビア/
- 缶ビール　canned [bottled] beer
- ビールびん[缶]　a beer bottle [can]
- ビール1杯[1本]　a glass [a bottle] of beer
- 生ビール　draft beer

ビールス a virus /ヴァイアラス/ → ウイルス
ヒーロー a hero /ヒーロウ/
ひえる 冷える（冷たくなる）**get cold** /コウるド/;（冷たい）**cold**
ピエロ a clown /クラウン/
びいん 美化委員 （学校の）a **boy [a girl] in charge of keeping the school clean** /チャーヂ キーピング クリーン/ → in charge of ～ は「…を担当する」; keep ～ clean は「…をきれいにしておく」
ひがい 被害 **damage** /ダメヂ/
・被害地 a stricken district [area]
・被害者 a victim;（負傷者）an injured person /（集合的に）the injured
・台風は作物に大きな被害を与えた
The typhoon did great damage to the crops.
・この地方は洪水(こうずい)のために大きな被害を受けた
This district suffered great damage from the flood.
ひかえめ 控え目な（謙虚(けんきょ)な）**modest** /マデスト/;（適度な）**moderate** /マデレト/
ひがえり 日帰り旅行 **a day's trip** /デイズ トリプ/
・…に日帰り旅行をする make a day's trip to ～
ひかがくてき 非科学的 **unscientific** /アンサイエンティふィク/
ひかく 比較 **comparison** /コンパリスン/
比較する **compare** /コンペア/
比較的(に) **comparatively** /コンパラティヴり/
・比較級《文法》the comparative (degree)
・これと比較すると in comparison with this / compared with this
・A と B を比較する compare A with B
・比較にならないほど beyond comparison
・これはそれとは比較にならない（劣(おと)っている）
This is not to be compared with that.
ひかげ 日陰 **the shade** /シェイド/
日陰の **shady** /シェイディ/
・日陰の小道を歩いて行く walk along a shady path
ひがさ 日傘 **a parasol** /パラソーる/

ひがし 東
> the east /イースト/ → きた
・東日本 East Japan
・東の east / eastern
・東に（方向・位置）east;（方向）to the east;（位置）in the east
・東日本大震災 Great East Japan Earthquake
・その島の東海岸 the eastern coast of the island
・太陽は東から昇る

The sun rises in the east.
・日本は東は太平洋に面している
Japan faces the Pacific on the east.
ひがた 干潟 **tideland(s)** /タイドランド[ツ]/
ぴかぴか ぴかぴか光る **glitter** /グりタ/;（星など）**twinkle** /トウィンクる/
ぴかぴかの （まばゆい）**dazzling** /ダズりングぐ/;（真新しい）**brand-new** /ブラン(ド) ニュー[ヌー]/

ひかり 光
> light /らイト/
・太陽は私たちに光と熱を与える
The sun gives us light and heat.
・ヘレン・ケラーはすべての人の心に光を与えた Helen Keller gave light to all hearts.
ひかる 光る **shine** /シャイン/;（きらきら）**sparkle** /スパークる/, **glitter** /グりタ/,（星が）**twinkle** /トウィンクる/;（稲妻が）**flash** /ふらシュ/
ことわざ きらきら光る物がみな金とは限らない
All is not gold that glitters.

shine　　　　　　twinkle

flash

ひかん 悲観 **pessimism** /ペスィミズム/
悲観的な **pessimistic** /ペスィミスティク/
・悲観論者 a pessimist
ひきあげ 引き上げ（賃金の）《米》a **raise** /レイズ/,《英》a **rise** /ライズ/
・賃金の引き上げを要求する demand a raise [a rise] in wages
ひきあげる 引き上げる **pull up** /プる/;（賃金などを）**raise** /レイズ/
ひきいる 率いる **lead** /リード/
ひきうける 引き受ける **undertake** /アンダテイク/
・彼はその仕事を喜んで引き受けた
He undertook the task willingly.
・彼は気に入らないことはいっさい引き受けません

He does not undertake to do anything that he does not like.
ひきおこす 引き起こす **cause** /コーズ/; (望ましくない事を) **give rise to** /ライズ/; (誘発(ゆうはつ)する) **touch off** /タチ/
・これが私にたいへん面倒な事を引き起こした
This caused me a great deal of trouble.
・この事件は人々の怒りを引き起こした
This incident touched off the anger of people. / ひゆ This incident operated as a lightning rod for the anger of people. (避雷針の働きをした)
ヒキガエル 蟇蟾 《動物》 a **toad** /トウド/
ひきがね 引き金 a **trigger** /トリガ/
・引き金を引く trigger / pull the trigger
ひきこもる 引きこもる **stay indoors** /ステイ インドーズ/
・引きこもり (人) a young shut-in
ひきさがる 引き下がる (退く) **withdraw** /ウィずドロー/
ひきざん 引き算 **subtraction** /サブトラクション/
引き算をする **subtract** /サブトラクト/
ひきしめる 引き締める **tighten** /タイトン/; (気持ちを) **brace** *one*self (for ～) /ブレイス/
・試験が近いから気を引き締めなさい
Brace yourself for the approaching exam.
ひきずる 引きずる **drag** /ドラグ/
・引きずり出す[込む] drag out [in]
・足を引きずる drag *one*'s feet
・足を引きずって歩く drag *one*self along
ひきだし 引き出し (机などの) a **drawer** /ドロー/
ひきだす 引き出す **pull out** /プる/; (預金を) **draw** /ドロー/, **withdraw** /ウィずドロー/
・銀行から預金を引き出す draw [withdraw] money from a bank
ひきつぐ 引き継ぐ **take over** → そうぞく, → うけつぐ
ひきつける 引き付ける **attract** /アトラクト/
ビキニ (水着) a **bikini** /ビキーニ/
ひきにく ひき肉 **minced meat** /ミンスト ミート/
ひきにげ ひき逃げする **hit and run**
・ひき逃げ運転手 a hit-and-run driver
ひきぬく 引き抜く **pull out** /プる アウト/, (草を) **pull up**; (人材を) **poach** /ポウチ/
ひきのばす 引き伸ばす **enlarge** /インらーヂ/ → のばす
・写真を引き伸ばす enlarge a photograph
ひきはなす 引き離す **outdistance** /アウトディスタンス/
・競走で他を引き離す outdistance the others in a race
ひきょう ひきょうな (こそこそした) **sneaky** /スニーキ/; (卑劣(ひれつ)な) **mean** /ミーン/; (臆病(おくびょう)な) **cowardly** /カウアドリ/; (不正な) **unfair** /アンふェア/ → ずるい
ひきょう者 (こそこそして卑劣な人間) a **sneak** /スニーク/; (臆病者) a **coward** /カウアド/
ひきわけ 引き分け a **draw** /ドロー/, a **tie** /タイ/, a **drawn game** /ドローン/
引き分けになる draw, end in a draw, end in a tie
・(けんかをやめて)引き分けにする call it quits → quits は「おあいこで」(形容詞)

ひく¹ 引く

❶ (引っ張る) **pull**
❷ (線を) **draw**
❸ (辞書を) **consult**
❻ (値段を) **give** a **discount**

❶ (引っ張る) **pull** /プる/, **draw** /ドロー/
・ひもを引く pull a string
・くじを引く draw lots
・ブラインドを引き上げる[下ろす] pull up [down] the blinds
・いすをテーブルのほうに引き寄せる draw [pull up] a chair to the table
・ドアを引いてあける pull a door open → open は形容詞(あいている)
・押してはだめです. 引きなさい
Don't push. Pull it.
・カーテンを引いてください
Draw the curtains, please. → カーテンを「しめる」場合にも「あける」場合にも使う
・そりは2頭の馬に引かれていた
The sled was drawn by two horses.
・彼は私の耳を引っ張った
He pulled my ears. /
He pulled me by the ears.

❷ (線を) **draw**

ひく

・直線を引く　draw a straight line
❸ (辞書を) **consult** /コンサるト/; (単語を調べる) **look up** /るプ/; (使う) **use** /ユーズ/
・辞書でこの単語を引きなさい
Look this word up [Look up this word] in your dictionary.
・単語の意味がわからない時は辞書を引きなさい
Consult your dictionary when you don't know the meaning of a word. / When you don't know the meaning of a word, look it up in your dictionary.
・私はこの英語辞典の引き方がわかりません
I don't know how to use this English dictionary.
❹ (引き算をする) → ひきざん
❺ (ガス・電話などを) **install** /インストーる/, **lay on** /れイ/
・ガスを引く　install [lay on] gas
・光ファイバー回線を引く　have fiber optic internet [cable] installed [laid (in)]
❻ (値段を) **give** [**make**] **a discount** /ディスカウント/, **discount**
・15パーセント値段を引きましょう
I'll give [make] you a 15% discount.
・これ以上値段は引けません
We can't discount more than this.
❼ (その他)
・かぜをひく　catch (a) cold
・彼の注意を引く　attract [draw] his attention
・彼の手を引く　lead him by the hand
・潮が引いた　The tide ebbed.
・熱が引いた　The fever is gone.

ひく² (車で) **run over**; (車が当たる) **hit**
・トラックが彼のイヌをひいた
A truck ran over his dog. / His dog was run over by a truck.
・車にひかれないように気をつけなさい
Take care not to be run over by a car. / (車にぶつけられないように) Take care not to be hit by a car.

ひく³ 弾く (楽器を) **play** /プれイ/
・ピアノを弾く　play the piano → 「特定の楽器を弾く」という場合は楽器名に the をつける
・ギターでこの曲を弾いてくれませんか
Will you play this tune on the guitar?
・君は何か楽器が弾けますか
Can you play any musical instrument?

ひく⁴ (うすで) **grind** /グラインド/; (のこぎりで) **saw** /ソー/
・材木をひいて板にする　saw timber into boards

・彼女はトウモロコシをひいて粉にしています
She is grinding the corn into flour.

ひくい 低い

➤ (位置・段階が) **low** /ろウ/
➤ (身長が) **short**

低く **low**
低くする **lower** /ろウア/
・低い声で　in a low voice
・声を低くする　lower one's voice
・低いほうの棚　the lower shelf → この lower は low (低い) の比較級
・私はそんなに低い調子では歌えません
I cannot sing so low as that.
・高い棚に辞書があり, 低い棚には花びんがあります
There are dictionaries on the higher shelf and there is a vase on the lower one.
・私は彼より3センチ低い
I am shorter than he is [《話》than him] by three centimeters. / I am three centimeters shorter than he is [《話》than him].

short　　　　low

ピクニック a **picnic** /ピクニク/
・ピクニック客　a picnicker
・…にピクニックに行く　picnic in ~ / go on a picnic in ~ / go picnicking in ~ → picnic に -ed や -ing を付ける時は picnicked, picnicking となる; 上の例の picnicker も同じ

びくびく びくびくする **be jumpy** /チャンピ/, **be nervous** /ナーヴァス/, **have the jitters** /ヂタズ/
・彼はうそがばれるのではないかとびくびくしていた
He was jumpy for fear that his lie might be revealed.

ぴくぴく (動く, 動かす) **twitch** /トゥィチ/
・君は耳をぴくぴく動かすことができるかい?
Can you twitch your ears?
・魚がまだぴくぴく動いている
The fish is still twitching.

ひぐれ 日暮れ (日没) **sunset** /サンセト/; (夕方) an **evening** /イーヴニング/; (たそがれ) **dusk** /ダスク/

dark /ダーク/
•日暮れ前に　before dark [dusk] / before it gets dark → 後ろの文の dark は形容詞(暗い)

ひげ (口ひげ) a **mustache** /マスタシュ/; (あごひげ) a **beard** /ビアド/; (ほおひげ) **whiskers** /(ホ)ウィスカズ/; (猫などの) a **whisker**
•ひげをはやす　grow a mustache
•ひげをはやしている　have [wear] a mustache

ひげき 悲劇 a **tragedy** /トラヂェディ/
　悲劇的な　**tragic** /トラヂク/

ひけつ¹ 否決 **rejection** /リヂェクション/
　否決する　**reject** /リヂェクト/
•提案はすべて否決された
All proposals were rejected.

ひけつ² 秘けつ the **secret** /スィークレト/
•彼の成功の秘けつは何だったと君は思いますか
What do you think the secret of his success was?

ひこう¹ 飛行 **flying** /ふらイイング/, a **flight** /ふらイト/
　飛行場 (空港) an **airport** /エアポート/
　飛行船 an **airship** /エアシプ/

ひこう² 非行 **delinquency** /ディリンクウェンスィ/
•非行少年 a juvenile delinquent → 少女をふくむ

ひこうき 飛行機 an **airplane** /エアプれイン/, a **plane** /プれイン/
•飛行機に乗る　take a plane; (動作) go on board a plane
•飛行機で福岡へ行く
go to Osaka by plane / fly to Fukuoka

ひこうしき 非公式の **informal** /インふォーマる/, **unofficial** /アノふィシャる/; (個人的な) **private** /プライヴェト/
　非公式に　**informally**, **unofficially**; **privately**

ひざ

➤ a **knee** /ニー/; (すわった時の) a **lap** /らプ/

ひざ掛け 《米》a **lap robe** /ロウブ/, 《英》a **rug** /ラグ/
•ひざを組む　cross one's legs
•ひざに…を乗せる　hold ~ on [in] one's lap → ✕ laps としない

ビザ a **visa** /ヴィーザ/
•…へのビザを申請する　apply for a visa for ~

ピザ pizza /ピーツァ/
•ピザをもう一切れいかがですか
Do you want another piece of pizza?

ひざし 日差し **sunlight** /サンらイト/

ひさしぶり 久しぶりに　**after a long time, after a long interval** /インタヴァる/, **after a long absence** /アブセンス/
•久しぶりに兄が京都から帰って来ました
My brother returned home from Kyoto after a long absence.
•久しぶりですね　It's a long time since I saw you last. / It's been long since I saw you (last). / I haven't seen you for a long time.

ひざまずく **go** [**fall**] **on** one's **knees, kneel** /ニーる/

ひさん 悲惨 (a) **misery** /ミゼリ/
　悲惨な　**miserable** /ミゼラブる/

ひじ an **elbow** /エるボウ/
　ひじ掛けいす　an **arm chair** /アーム チェア/
•…にひじをつく　rest one's elbow(s) on ~ → 片方のひじなら elbow, 両ひじなら elbows

ひしがた ひし形 a **diamond** (**shape**) /ダイアモンド (シェイプ)/
•ひし形の　diamond-shaped

ビジネス business /ビズネス/
•ビジネスマン　an office worker → 英語の business person は社長・重役などの高い地位の人をさす
•ビジネススクール　a business school
•ビジネスホテル　a budget hotel for business travelers / a no-frills hotel → budget は「安価な」. no-frills は「余分なサービスなしの」.「ビジネスホテル」は和製英語

ひしゃく a **dipper** /ディパ/, a **ladle** /れイドる/

ヒジャブ a **hijab** /ヒジャーブ/
•ヒジャブをつける　wear a hijab → 一部の女性イスラム教徒が使うスカーフ

ビジュアル (視覚の) **visual** /ヴィジュアる/

ひじゅう 比重 **specific gravity** /スペスィふィク グラヴィティ/

びじゅつ 美術 **art** /アート/
•美術室 (学校の) the art room
•美術館　an art gallery
•美術品　a work of art
•美術展覧会　an art exhibition
•美術的な　artistic

ひしょ¹ 秘書 a **secretary** /セクレテリ/

ひしょ² 避暑に行く　**go** (to ~) **for the summer** /サマ/
•避暑地　a summer resort

ひじょう 非常 (事態) (an) **emergency** /イマ～ヂェンスィ/
•非常事態に備える　prepare for emergencies
•非常の場合には　in case of emergency
•非常口　an emergency exit

びしょう

464　　four hundred and sixty-four

・非常階段　emergency stairs / a fire escape

びしょう 微笑 a **smile** /スマイ₃/
　微笑する smile
・微笑して　with a smile

ひじょうしき 非常識 **lack of common sense** /ら^ク カモン センス/
　非常識な （分別(ふんべつ)のない）**thoughtless** /そート れス/
・非常識である　lack common sense / be thoughtless

ひじょうに 非常に

➤ （形容詞・副詞・形容詞化した過去分詞を強調する場合）**very** /ヴェリ/; （動詞を強調する場合）**(very) much** /マ^チ/; （過去分詞を強調する場合）**much**: 《話》**awfully** /オーふり/, **terribly** /テリブり/

非常に…なので… ➔ とても ❷
・非常に美しい女性[おもしろい映画] a very beautiful woman [interesting movie]
・非常に美しい[おもしろい]　be very beautiful [interesting]
・非常に速く[熱心に, 注意深く]　very fast [hard, carefully]
・彼は非常に頭がいい
He is awfully [terribly] smart.

びしょぬれ びしょぬれになる **be wet through** /ウェト ^ぁルー/, **be wet to the skin** /スキン/ ➔ びしょびしょ
・私は夕立にあってびしょぬれになってしまった
I was caught in a shower and was wet to the skin.

びしょびしょ びしょびしょにする **soak** /ソウ^ク/, **drench** /^ドレンチ/
・私の背中は汗でびしょびしょだ
My back is soaked with sweat.
・雨で服がびしょびしょだ
My clothes are soaked [drenched] by the rain.

ビスケット 《米》a **cracker** /^クラカ/, a **cookie** /ク^キ/, 《英》a **biscuit** /ビスケト/

ヒステリー hysterics /ヒステリク^ス/
・ヒステリーを起こす　go into hysterics

ピストル a **pistol** /ピスト₃/, a **gun** /ガン/, a **revolver** /リヴァ^るヴァ/

びせいぶつ 微生物 a **microbe** /マイク^{ロウ}ブ/

ひそかに secretly /スィークレトリ/, **in secret**

ひそひそ in a whisper /^(ホ)ウィスパ/, **in a low voice** /^ろウ ヴォイス/, **in a hushed voice** /ハシュト/

ひだ a **pleat** /プリート/

ひたい 額 a **forehead** /ふォーヘ^ド/, a **brow** /ブ ラウ/

ひたす 浸す **soak** /ソウ^ク/

ビタミン vitamin /ヴァイタミン/
・ビタミン剤 （丸薬）vitamin pills

ひたむきな earnest /ア〜ネスト/

ひだり 左

➤ **the left** /れ^{ふト}/ ➔ みぎ
・左の　left
・左利きの　left-handed
・左巻き[左回り]の[に]　counterclockwise
・左の方に　to the left / left
・道路の左側に　on the left side of the road
・左側を通行する　keep to the left
・左に曲がる　turn left [to the left]
・私の左にすわりなさい　Sit on my left.

ぴちゃぴちゃ （なめる, 音をたてる）**lap** /ら^プ/
・子ネコがミルクをぴちゃぴちゃと全部飲んだ
The kitten lapped up her [his, its] milk.

ひっかかる catch (in 〜, on 〜) /キャ^チ/ ➔ ひっ かける
・たこが木にひっかかった
The kite caught in a tree.

ひっかく scratch /スク^ラチ/
・ひっかき傷　a scratch

ひっかける （つるす）**hang** /ハング/; （からませる）**catch** /キャチ/
・上着をかぎにひっかける(つるす)　hang a jacket on a hook
・針金に足をひっかける　catch *one's* foot on wire
・私はスカートをくぎにひっかけた （→スカートがくぎ にひっかかった）My skirt caught on a nail. ➔ ひっかかる

ひっき 筆記する **take notes** (of 〜) /ノウ^ツ/
・筆記試験　a written examination
・筆記用具　writing materials

びっくり びっくりする **be surprised** /サプ^{ライ}ズ^ド/ ➔ おどろく
　びっくりして in surprise, in alarm /ア^らーム/
・びっくりさせる物[事]　a surprise
・びっくり箱　a jack-in-the-box
・その知らせを聞いて私はびっくりした
I was surprised at [to hear] the news.
・びっくりしたことにはそのお金が全部なくなってい た　To my surprise, I found the money all gone.
・鳥はネコを見るとびっくりして飛び去った　The

bird flew away in alarm when it saw a cat.

ひっくりかえす ひっくり返す（上下に）**turn up-side down** /タ〜ン アプサイド ダウン/;（裏返しに）**turn inside out** /タ〜ン インサイド アウト/;（倒す）**upset** /アプセト/;（転覆〈てんぷく〉させる）**turn over**
ひっくり返る get upset
• 箱をひっくり返す　turn a box upside down
• 立ち上がってはだめだ. ボートがひっくり返るよ
Don't stand up—you'll upset the boat.

ひづけ 日付　**a date** /デイト/
• 日付変更線　the (International) Date Line
• 日付を書く　date
• サンフランシスコからの10月10日の日付のある手紙を受け取る　get a letter from San Francisco dated October 10（読み方: (the) tenth）

ピッケル **an ice ax** /アイス アクス/

ひっこす 引っ越す　**move** /ムーヴ/
引っ越し moving /ムーヴィング/
• 引っ越し業者　a moving company
• 新築の家に引っ越す　move into a new house
• 私たちは来月北海道に引っ越すことになりました. 引っ越し先の住所は次のとおりです …
We will move to Hokkaido next month. Our new address is as follows: 〜.

ひっこみじあん 引っ込み思案な（内気な）**shy** /シャイ/;（消極的な）**timid** /ティミド/
• 彼女はふだん引っ込み思案なほうではない
She is not usually shy. /
[ひゆ] She is not usually backward in coming forward.（前へ出るべき時に後ろにさがる）

ひっこむ 引っ込む（退く）**retire** /リタイア/;（家の中に）**stay indoors** /ステイ インドーズ/
• 田舎に引っ込む　retire to the country
• 1日じゅう家の中に引っ込んでいるのは健康によくない　It is bad for the health to stay indoors all day.

ひっこめる 引っ込める　**pull in** /プる/, **draw in** /ドロー/;（取り消す）**take back**

ヒツジ 羊　〘動物〙 **a sheep** /シープ/（複 同形）
• 子ヒツジ　a lamb
• ヒツジ飼い　a shepherd
• ヒツジの群れ　a flock of sheep
• ヒツジの肉　mutton;（子ヒツジの）lamb

ひっし 必死の　**desperate** /デスパレト/
必死に desperately
• 彼は自由になろうと必死にもがいた
He struggled desperately to get free.

ひっしゅう 必修科目　**a required subject** /リクワイアド サブヂェクト/, **a compulsory subject** /コンパるソリ/

ひつじゅひん 必需品（生活の）**everyday needs** /エヴリデイ ニーズ/, **daily needs** /デイリ/, **the necessities (of life)** /ネセスィティズ (らいふ)/

びっしょりの **all in a sweat** /スウェト/

ひったくり （行為〈こうい〉）**a snatch** /スナチ/;（犯人）**a snatcher**

ひったくる **snatch** /スナチ/

ぴったり
❶（正確に）**exactly** /イグザクトリ/;（申しぶんなく）**perfectly** /パ〜ふェクトリ/
• それらはぴったり同じではない
They are not exactly the same.
• この靴は私にぴったりだ
The shoes fit (me) perfectly.
❷（きつく）**tightly** /タイトリ/;（密着して）**closely** /クろウスリ/
• ぴったり彼について行く　follow him closely

ピッチ （速度）**pace** /ペイス/　➡ 英語の pitch は「（音の高低の）調子」の意味
• 仕事のピッチを上げる［落とす］speed up [slow down] the pace of *one's* work

ピッチャー **a pitcher** /ピチャ/

ひってき 匹敵する　➡ かなう¹

ヒット **a hit**
• ヒットを打つ　hit
• シングルヒット［ツーベースヒット］を打つ
hit a single [a double]

ひっぱる 引っ張る　**pull** /プる/
• 彼女のそでを引っ張る　pull her by the sleeve

ヒップ **a hip** ➡ 左右あるからふつう複数形 hips で用いる

ひつよう 必要

➤（欠かすことができない）**necessity** /ネセスィティ/;（入用）**need** /ニード/
必要な necessary /ネセセリ/
必要である be necessary; need /ニード/, **be in need of 〜**
必要とする need, want
• 不必要な　unnecessary; needless
• 必要の場合は　in case of need
• 必要なら私はここにいましょう
I will stay here if (it is) necessary.
• 君はここにいる必要はない
You need not stay here. /
There is no need for you to stay here. /
It is needless for you to stay here.
• この植物は水を必要としている
This plant wants water.
[ことわざ] 必要は発明の母である

Necessity is the mother of invention.

ひてい 否定 (拒否) **denial** /ディナイア^る/; (打ち消し) **negation** /ニゲイション/

否定する deny /ディナイ/
- 否定の negative
- 否定文 a negative sentence
- 否定的な (No という)返事をする answer in the negative

ビデオ (a) **video** /ヴィディオウ/
- ビデオカメラ a video camcorder
- テレビ番組をビデオにとる video a television program

ひでり 日照り **dry weather** /ドライ ウェざ/; (長期間の) (a) **drought** /ドラウト/
- 日照り続き a long spell of dry weather

ひと¹ 人
➤ (人間) a **human being** /ヒューマン ビーインぐ/
➤ (一人の人) a **person** /パ〜スン/; (男性) a **man** (國 men), (女性) a **woman** /ウマン/ (國 women /ウィメン/); (他の人) **another** /アナざ/ ➡ person は男性にも女性にも使う

人々 people /ピープ^る/; **others** /アざ^ず/
- 人のよい[悪い] good[ill]-natured
- 彼はうそを言うような人ではない
He is not a man to tell a lie.
- 彼女はとてもいい人だ
She is a very nice person.
- 人によってはそのにおいをいやがります
Some people do not like the smell.
- 外見によって人を判断してはいけません
You should not judge others by their appearances.
- 人の自転車をだまって使ってはいけない
You shouldn't use another boy's [girl's] bike without asking his [her] permission.
- 居合わせた人々はそのことを聞いて皆びっくりした
Those (who were) present were all surprised to hear it.
- その考えが気に入った人もいたし気に入らない人もいた Some (people) liked the idea, and some [others] didn't.

ひと² 一… **a 〜, one 〜**
- 一足(1歩) a step
- 一切れの肉 a piece of meat
- 一口に食べる eat at a mouthful
- 一言(ひとこと)で言えば in a word
- 一晩じゅう all night (long)
- 一とおり ➡ ざっと

- 一握(にぎ)りの砂 a handful of sand
- 一回りする make a round (of 〜)
- 一目見る have a look (at 〜)
- 一目で at a glance
- 一休みする have a rest

ひどい
➤ (激しい) **severe** /スィヴィア/
➤ (残酷(ざんこく)な) **cruel** /クルーエ^る/
➤ (風雨が) **heavy** /ヘヴィ/
➤ (病気などが) **bad**

ひどく severely; **cruelly**; **heavily**; **badly**
- ひどい地震 a severe earthquake
- ひどい寒さ severe cold
- ひどい雨 heavy rain
- ひどい扱い a cruel treatment
- ひどい頭痛[かぜ] a bad headache [cold]
- ひどいけがをする be badly injured
- ひどくしかられる be severely scolded

ひとがら 人柄 **personality** /パ〜ソナリティ/
ひとくち 人口 (一口分) a **mouthful** /マウずふ^る/, (食べ物一口) a **bite** /バイト/
- あなたのアイスを一口食べさせてくれる?
Can I have a bite of your ice cream?
ひどけい 日時計 a **sundial** /サンダイア^る/
ひとごみ 人込み a **crowd (of people)** /クラウド (ピープ^る)/
- 動物園は子供連れの人たちでたいへんな人込みでした There were large crowds of people with their children in the zoo. / The zoo was crowded with people with their children.
- 私たちは人込みを避(さ)けて裏通りを行った
We avoided the crowd by taking a back street.
ひとごろし 人殺し (行為(こうい)) **murder** /マ〜ダ/; (人) a **murderer** /マ〜ダラ/
- 人殺しをする commit murder
ひとさしゆび 人さし指 a **forefinger** /ふォーふィンガ/
ひとしい 等しい **equal** /イークワ^る/, **be equal to**
等しく equally
- この三つの箱を合わせるとあの大きな箱の重さに等しい These three boxes equal [are equal to] that large one in weight.
- X が Y と等しいとしよう Let X be the equal of Y. ➡ この equal は名詞(等しいもの)
ひとじち 人質 a **hostage** /ハステヂ/
- …を人質に取る take [hold] 〜 (as a) hostage
ひとつ 一つ **one**; (各) **each** /イーチ/
一つの one

- …の一つ one of ~
- 一つずつ one by one
- 一組に一つずつ one in each class
- リンゴは一つ100円です
The apples are one hundred yen each.
- たくさんの問題があるけど、一つ一つ片づけよう
There are a lot of problems to solve, but let's take one at a time.

ひとで 人手 a **hand**; (助け) **help**
- 人手が足りない be short of hands

ヒトデ 海星 (動物) a **starfish** /スターふィシュ/ (複同形)

ひとどおり 人通り **traffic** /トラふィク/
- 人通りのない通り an empty street
- この通りは人通りが多い[少ない]
There is a lot of [little] traffic on this street.

ひとなつっこい 人なつっこい **friendly** /ふレンドり/, **affable** /アふァブる/

ひとなみ 人並みの (ふつうの) **ordinary** /オーディネリ/, (平均的な) **average** /アヴェレヂ/; (まあまあの) **decent** /ディースント/
- 人並みの生活をする make a decent living

ひとびと 人々 **people** /ピープる/ → ひと¹

ひとまえ 人前で **in company** /カンパニ/, **in public** /パブりク/
- 人前で行儀(ぎょうぎ)よくふるまう behave well in company
- 人前で大声を出すな Don't shout in public.

ひとみ (瞳孔(どうこう)) **the pupil (of the eye)** /ピューピる (アイ)/; (目) an **eye**

ひとめ¹ 人目 **others' eyes** /アざズ アイズ/; (注目) **notice** /ノウティス/, **attention** /アテンション/
- 人目をひく attract [come into] notice / attract [come into] attention
- 人目につかない場所 a secret place
- 人目につかずに without being noticed
- 人目を忍んで secretly / in secret
- あなたは人目を気にしすぎるのよ
You are too conscious of others' eyes.
- 彼女は真っ赤なドレスを着ていて人目を引いた
She attracted notice in her red dress. / She cut a fine figure in her red dress. → cut a ~ figure は「…の姿で目立つ」

ひとめ² 一目 (見ること) **sight** /サイト/; (ちらっと見ること) a **glance** /グらンス/
- 私は一目で彼女に恋をした
I fell in love with her at first sight.
- 私は彼が何かよい知らせを持ってきたことが一目でわかった I could tell at a glance that he had some good news.

ひとり

➤ **one person** /パ〜スン/, **one**

ひとりで alone /アろウン/, **by** *one***self**; (独力で) **by** *one***self**, **for** *one***self**

ひとりでに by *one***self**
- ひとりずつ one by one
- われわれのひとり one of us
- 私はひとりでそこへ行くのはいやだ
I don't like to go there alone.
- この本箱は君がひとりで作ったのですか
Did you make this bookcase by yourself?
- 戸はひとりでにしまった
The door shut by itself.
- 彼の言うことを信じる人はひとりもいなかった
There was no one who believed him. / No one believed him.
- この村にはひとり暮らしのお年寄りがたくさんいる
There are quite a few elderly people who live alone in this village. → quite a few は「かなりたくさんの」

ひとりごと 独り言を言う **talk to** *one***self** /トーク/; (考えていることを無意識に口にする) **think aloud** /すィンク アらウド/

ひとりっこ 一人っ子 an **only child** /オウンり チャイるド/, (一人息子) an **only son** /サン/, (一人娘) an **only daughter** /ドータ/

ひとりぼっち 独りぼっちの **lonely** /ろウンり/

ひな (鳥の) a **chick** /チク/

ひなぎく ひな菊 a **daisy** /デイズィ/

ひなた ひなたで **in the sun** /サン/
- ひなたぼっこをする bask [sit] in the sun

ひなまつり 雛祭り *Hinamatsuri*, the **Doll's Festival** /ダるズ ふェスティヴァる/, the **Girls' Festival**

日本を紹介しよう

雛祭りは女の子のお祭りで3月3日に行われます。女の子のいる家庭ではお人形を飾(かざ)り白酒やひし餅(もち)や桃の花をそなえます。家族の人たちは女の子たちが幸せに健康でそして美しく成長しますようにと願います

Hinamatsuri, the Doll's Festival, is a festival for girls and is celebrated on March 3. People with girls set up a display of dolls in their homes, with *shiro-zake* (white *sake*), *hishimochi* (a kind of rice cake) and peach blossoms. Families pray their girls will grow up happy, healthy and beautiful.

ひなん¹ 非難 **blame** /ブれイム/

非難する blame

会話 このことに対して非難されなければならないのはだれだ。—私だ Who is to blame for this? —I am.

•人を非難すれば自分も非難される
The biter is bit. (かみつく人はかみつかれる) → bit は bite (かむ)の古い形の過去分詞；英語のことわざ

•この事故の責任は彼にあるとして彼は非難されている ひゆ Fingers are being pointed at him as being responsible for the accident. (彼に指がさされている)

ひなん² 避難 refuge /レふューヂ/

避難する take refuge

•…に避難する find refuge in ～
•避難所 a refuge
•避難者[民] a refugee

ビニール plastic /プらスティク/, vinyl /ヴァイヌる/
→ vinyl は専門用語で，日常語としては plastic を使う

•ビニール袋 a plastic bag
•ビニールシート a plastic sheet
•ビニールハウス a plastic greenhouse

ひにく 皮肉 (ユーモア・機知をふくむ) irony /アイアロニ/; (非難・軽蔑(けいべつ)をふくむ) (a) sarcasm /サーキャズム/

•皮肉な ironical; sarcastic
•皮肉屋 an ironical [a sarcastic] person

ひにち 日にち → ひ¹ ❸

ひねくれる be [get] cross /クロース/ → ふくれる

•彼女はひとりで留守番させられてひねくれていた
She was cross that she was left alone at home. /
She was cross at being left alone at home.

ひねる twist /トウィスト/; (栓(せん)などを) turn /タ～ン/, switch /スウィチ/

•スイッチをひねってガスをつける[消す] turn on [off] the gas

ひのいり 日の入り sunset /サンセト/

ひので 日の出 sunrise /サンライズ/

ひのまる 日の丸の旗 the Rising-Sun Flag /ライズィンヶ サン ふらグ/

ひばし 火ばし (1丁) (a pair of) tongs /(ペア) トーンヶズ/

ひばち 火鉢 hibachi, a charcoal brazier /チャーコウる ブレイジャ/

ひばな 火花 a spark /スパーク/

•火花が散る spark

ヒバリ 雲雀 《鳥》a skylark /スカイらーク/

ひはん 批判 criticism /クリティスィズム/

批判する criticize /クリティサイズ/

ひび a crack /クラク/; (皮膚(ひふ)の) chaps /チャプス/

•ひびが入る crack / be cracked

ひびく 響く sound /サウンド/; (反響する) echo /エコウ/

響き a sound; an echo

ひひょう 批評 criticism /クリティスィズム/

批評する criticize /クリティサイズ/

•批評の critical
•批評家 a critic

ひふ 皮膚 skin /スキン/

•皮膚が弱い have delicate skin
•私は発疹(はっしん)が出たので皮膚科の医者へ行った
I went to a skin specialist about my rash.

びふう 微風 a breeze /ブリーズ/

ビフテキ (a) beefsteak /ビーふステイク/

ピペット a pipette /パイペト/

びぼう 美貌 good looks /るクス/

•美貌の good-looking

ひま 暇

➤ (余暇(よか)) leisure /リージャ/, spare time /スペア タイム/
➤ (時間) time

•暇な時に at one's leisure / in one's spare time
•暇がある have time to spare; (手があいている) be free / be available
•暇をつぶす kill time
•午後ちょっとお暇でしょうか
Do you have any time to spare this afternoon?
•今お暇でしょうか Are you available now?
•午後はまったく暇です
I will be free all afternoon.
•あなたの一番お暇な時を教えてくれませんか
Will you let me know when you are least busy?

ヒマワリ 向日葵 《植物》a sunflower /サンふらウア/

ひまん 肥満 overweight /オウヴァウェイト/, obesity /オウビースィティ/

肥満の overweight, obese /オウビース/

•肥満児 an overweight [obese] child

ひみつ 秘密 a secret /スィークレト/

秘密の secret

秘密に in secret, secretly

•公然の秘密 an open secret
•秘密を守る keep a secret
•秘密をばらす reveal a secret

469 four hundred and sixty-nine / びょういん

- 彼に秘密を明かす tell him a secret / let him into a secret
- それを秘密にする[しない] make a [no] secret of it
- それを秘密にしておく keep it secret
- うっかり秘密をもらす **ひゆ** let the cat out of the bag（ネコを袋から出す）→ ブタの代わりにネコを入れて売ろうとしたが, 売る前にうっかりネコが飛び出してしまった, の意味

びみょう 微妙な **delicate** /デリケト/
微妙に delicately
- 青の微妙な色合い a delicate shade of blue
- 微妙な問題 a delicate problem

ひめい 悲鳴 a **shriek** /シュリーク/, a **scream** /スクリーム/
悲鳴をあげる shriek, scream

ひも (a) **string** /ストリング/; (string よりも太い) (a) **cord** /コード/; (イヌなどをつなぐ) a **leash** /リーシュ/
- ひもで包みをゆわえる tie up a parcel with a string [a cord]

ひもの 干物 **dried fish** /ドライド ふィシュ/

ひやかす (からかう) **make fun of** /ふァン/, **tease** /ティーズ/

ひゃく 百 **one [a] hundred** /ハンドレド/
- 第百(の) the hundredth (略 100th)
- 385 three hundred and eighty-five
- 試験で百点(満点)をとる get full marks in the exam
- ことわざ 百聞は一見にしかず Seeing is believing. （見ることは信じることである—実際に自分の目で見れば本当かどうかわかる）

ひゃくまん 百万 a **million** /ミリョン/
- 2千3百万円 twenty-three million yen (¥23,000,000)

ひゃくようばこ 百葉箱 (気象観測機器を入れて屋外に置く箱) a **Stevenson screen** /スティーヴァンサン スクリーン/; a **weather instrument shelter** /ウェざ インストルメント シェるタ/ → Stevenson は発明者の名

ひやけ 日焼け **tan** /タン/, **suntan** /サンタン/
日焼けする be [get] tanned, get a suntan
- 彼女はきれいに日焼けしている She is beautifully tanned. / She has gotten a nice suntan.

ひやしちゅうか 冷やし中華そば **Chinese cold noodles** /チャイニーズ コうるド ヌードるズ/

ヒヤシンス 風信子 《植物》a **hyacinth** /ハイアスィンす/

ひやす 冷やす **cool** /クーる/

ひゃっかじてん 百科事典 an **encyclopedia** /イ

ンサイクろピーディア/

ひゃっかてん 百貨店 a **department store** /ディパートメント ストー/

ヒヤリング (聴き取り) **listening** /リスニング/ → リスニング

ひゆ 比喩 a **figure of speech** /ふィギャ スピーチ/; (隠喩) a **metaphor** /メタふォ/ → metaphor は「冷酷な心」を「石の心」というような表現法
比喩的な figurative /ふィギュラティヴ/; **metaphorical** /メタふォりカる/
- 比喩的に figuratively; metaphorically

ヒューズ a **fuse** /ふューズ/
- ヒューズが飛んだ The fuse has blown.

ひゅうひゅう ひゅうひゅう吹く (風が) **howl** /ハウる/, **whistle** /(ホ)ウィスる/
- 外では冷たい風がひゅうひゅう吹いていた The cold wind was howling outside.

ビュッフェ a **buffet** /ブふェイ/

ひよう 費用 **expenses** /イクスペンセズ/
費用がかかる cost /コースト/
- 費用のかかる (高価な) expensive
- 学校[旅行]の費用 school [traveling] expenses
- 費用を切り詰める cut down expenses
- 費用を負担する bear the expenses
- それはどのくらいの費用がかかりますか How much will it cost?
- その建築には3千万円ぐらい費用がかかるだろう The building will cost (you) about thirty million yen.

ひょう[1] 表 a **list** /リスト/; (いろいろな内容を示す数字を並べた) a **table** /ティブる/
- …を表にする make a list of 〜; make 〜 into a table
- 表に載(の)っている be on the list
- 時刻表 a timetable / a schedule

ひょう[2] 票 a **vote** /ヴォウト/

ひょう[3] 雹 **hail** /ヘイる/; (粒) a **hailstone** /ヘイるストウン/
- 雹が降る It hails.

ヒョウ 豹 《動物》a **leopard** /れパド/

びよう 美容 **beauty** /ビューティ/
- 美容院 a beauty parlor [salon]
- 美容師 a beautician / a hairdresser

びょう[1] 秒 a **second** /セカンド/
- (時計の)秒針 the second hand
- 秒読み (a) countdown → びょうよみ

びょう[2] (物を留める) a **tack** /タク/; (画びょう) 《米》a **thumbtack** /さムタク/, 《英》a **drawing pin** /ドローインぐ/

びょういん 病院 a **hospital** /ハスピトる/ → にゅう

ひょうか 評価　an **estimate** /エスティメイト/, **evaluation** /イヴァリュエイション/

評価する　**estimate** /エスティメイト/, **evaluate** /イヴァリュエイト/

•5段階評価で4をとる
get four on the five-point scale

•彼は君を高く評価している
He thinks highly [has a high opinion] of you.

ひょうが 氷河　a **glacier** /グレイシャ/

•氷河期　the ice age / the glacial epoch

びょうき 病気

➤ **sickness** /スィクネス/, **illness** /イるネス/; (長期にわたる重い) (a) **disease** /ディズィーズ/

•病気で[の]　《米》sick / 《英》ill ➥この意味での ill は名詞の前には付けない

•病気になる　fall sick [ill]

•病気の人々　sick people / the sick

•病気で寝ている　be sick [ill] in bed

•私は2週間病気でした
I have been sick [ill] for two weeks.

•彼は病気のために学校を欠席しています
He is absent from school on account of his sickness [illness].

•彼女は腎臓の病気にかかっている
She's suffering from a disease of the kidneys.

ひょうきんな **funny** /ふァニ/

•ひょうきん者　a funny fellow

ひょうけいさんソフト 表計算ソフト　a **spreadsheet** /スプレドシート/

•表計算ソフトに入力する　enter the data into a spreadsheet

•表計算ソフトで合計と平均を計算する　use a spreadsheet to calculate sums and averages

ひょうげん 表現　**expression** /イクスプレション/

表現する　**express** /イクスプレス/

•表現力　one's expressive power

•表現の自由　freedom of expression

•音楽で感情を表現する　express one's feelings in music

びょうげんきん 病原菌　a (**disease**) **germ** /(ディズィーズ) チャ〜ム/

びょうげんたい 病原体 (菌)　**germs** /チャ〜ムズ/, a **pathogen** /パさヂェン/

ひょうご 標語　a **motto** /マトウ/; a **slogan** /スろウガン/

ひょうさつ 表札　a **doorplate** /ドープれイト/

ひょうざん 氷山　an **iceberg** /アイスバ〜グ/

•これは氷山の一角にすぎません
This is only the tip of the iceberg.

ひょうし¹ 拍子　**time** /タイム/

•手で拍子をとる　keep [beat] time with the hands

•2[3, 4]拍子で　in double [triple, quadruple] time

ひょうし² 表紙 (本の)　a **cover** /カヴァ/

ひょうしき 標識　a **sign** /サイン/

•道路[交通]標識　a road [traffic] sign

びょうしつ 病室　a **sickroom** /スィクルーム/; (病院の共同病室) a **ward** /ウォード/

びょうしゃ 描写　**description** /ディスクリプション/

描写する　**describe** /ディスクライブ/, **give a description of**

•…を簡単に[くわしく]描写する　give a brief [full] description of ～

•この教室の中のことを100語以内で描写しなさい
Describe what you see in this classroom in less than one hundred words.

ひょうじゅん 標準　a **standard** /スタンダド/

•標準に達する[達しない]　come up to [fall short of] the standard

ひょうしょう 表彰　a **commendation** /カメンデイション/

表彰する　**commend** /コメンド/, **honor** /アナ/

•表彰状　a citation / a testimonial

•表彰式　a commendation ceremony

•(競技の)表彰台(にのぼる) (mount) a winners' podium

•彼は善行に対して表彰された　He was commended for his good conduct. / He received a commendation for his good conduct.

ひょうじょう 表情　(an) **expression** /イクスプレション/

•表情に富んだ　expressive

•表情に乏しい　expressionless

びょうじょう 病状　**the condition** (of a patient) /コンディション (ペイシェント)/

•病状が悪い　be in a serious condition

びょうてき 病的な　**morbid** /モービド/

ひょうてん¹ 評点　a **grade** /グレイド/

ひょうてん² 氷点　**the freezing point** /ふリーズィング ポイント/

•氷点下10度　ten degrees below the freezing point [below zero]

びょうどう 平等　**equality** /イクワリティ/

平等の　**equal** /イークワる/

平等に　**equally**

•すべての人を平等に取り扱う　treat all people

equally
・人は皆平等に造られている
All men are created equal.
びょうにん 病人 a **sick person** /スィク パ〜スン/; (病気の人々) **the sick, sick people** /ピープる/
ひょうばん 評判 **reputation** /レピュテイション/
・評判がよい[悪い] have a good [poor] reputation / be well [ill] reputed
・彼はピアノの天才だという評判です
He is reputed to be a born pianist. / They say that he is a born pianist.
ひょうほん 標本 a **specimen** /スペスィメン/
・珍しいチョウの標本 a specimen of a rare butterfly
ひょうめん 表面 **the surface** /サ〜ふェス/
・表面(上)は on the surface
・表面張力 surface tension
・彼の親切は表面だけだ
His kindness is only on the surface.
びょうよみ 秒読み (a) **countdown** /カウンタダウン/
秒読みする **count down**
・秒読み5分前です
It's five minutes to countdown.
・学園祭への秒読みが始まった
The countdown to the school festival has started.
ひょうりゅう 漂流する **drift about** /ドリふト アバウト/
ひょうろん 評論 (a) **criticism** /クリティスィズム/; (書評など) (a) **review** /リヴュー/
・評論家 a critic
ひよけ 日よけ an **awning** /オーニング/
ヒヨコ 雛 a **chick** /チク/
ひょっこり → ぐうぜん, とつぜん
ひょっと ひょっとしたら, ひょっとして **possibly** /パスィブり/
・ひょっとしたらわれわれは勝つかもしれない
We might possibly win.
ひょろながい ひょろ長い **tall and thin** /トーるスィン/, **lanky** /らンキ/
ひょろひょろ ひょろひょろした (不安定な) **unsteady** /アンステディ/; (やせて弱々しい) **thin and weak** /すィン ウィーク/, **feeble** /ふィーブる/
・ひょろひょろと unsteadily; feebly
ビラ (散らし) a **handbill** /ハンドビる/, (米) a **flier** /ふらイア/; (ポスター) a **poster** /ポウスタ/, a **bill** /ビる/
・ビラを張る post (up) a bill
・ビラをまく distribute handbills
ひらいしん 避雷針 a **lightning rod** /らイトニング/
ひらおよぎ 平泳ぎ **the breaststroke** /ブレストストロウク/
・女子200メートル平泳ぎで優勝する win the women's 200-meter breaststroke

ひらく 開く
❶ (あける, あく) **open**
❷ (会合などを) **give, hold**
❸ (花が) **bloom**

❶ (あける, あく) **open** → あける¹ ❶, → あく² ❶
・教科書の45ページを開きなさい
Open your textbooks to [at] page 45.
・その戸を開くとさらに大きい部屋に通じる
The door opens into a larger room.
❷ (会合などを) **give, hold** /ホウるド/, **have**
・パーティーを開く give [hold, have] a party
・会を開く hold [have] a meeting
・きょう放課後体育館で全校集会が開かれる → 未来の受け身形
A school assembly will be held at [in] the school gym after school today.

open / hold / bloom

❸ (花が) **bloom** /ブるーム/, **open, come out**
・この植物は初夏に花が開く
This plant blooms in early summer.
・つぼみが日の光を受けて開いてきた → 現在進行形
The buds are opening in the sun.
ひらしゃいん 平社員 **one of the rank and file** /ランク アン(ド) ふァイる/, **one of the ranks**; (総称して) **the rank and file, the ranks**
ひらたい 平たい **flat** /ふらト/
平たく flatly

ひらひら ひらひらする **flutter** /ふらタ/
- チョウが花の間をひらひら飛んでいる
Butterflies are fluttering among flowers.
- 花びらがひらひらと舞(ま)い落ちた
Some petals fluttered to the ground.

ピラミッド a **pyramid** /ピラミド/

ヒラメ 鮃 《魚》a **flatfish** /ふらトふィシュ/ (覆同形)

ひらめく flash /ふらシュ/
　ひらめき a **flash**
- 一つの考えが私の(胸)にひらめいた
An idea flashed upon me.

びり (最後) **the last**; (下位) **the bottom** /バトム/
- びりはだれでしたか Who was the last?
- 私は数学ではいつもクラスのびりのほうでした
I was always near the bottom of the class in math.

ピリオド 《おもに米》a **period** /ピアリオド/,《おもに英》a **full stop**

ひりつ 比率 (a) **ratio** /レイショウ/, (a) **proportion** /プロポーション/ → わりあい

ぴりっと ぴりっとした (味が) **piquant** /ピーカント/

ひりひり ひりひりする **smart** /スマート/, **be sore** /ソー/
- 大きな声を出したのでのどがひりひりする
My throat is sore with shouting.

ビリヤード billiards /ビリャブ/
- ビリヤードをする play billiards

ひりょう 肥料 **fertilizer** /ふァ〜ティらイザ/; (動物由来) **manure** /マニュア/
- 肥料をやる spread [apply] manure / manure; (化学肥料を) spread [apply] fertilizer / fertilize

ひる 昼
- ➤ **day, the daytime** /デイタイム/
- ➤ (正午) **noon** /ヌーン/
- 昼の間 by day / in the daytime / during the day
- 昼までに by noon; (前に) before noon
- 昼に (正午に) at noon
- 昼寝(する) (take) an afternoon nap
- 昼ご飯 lunch
- 昼休み a noon recess / a noon [lunch] break / a lunch hour / lunch time
- 私たちの学校は昼休みが40分です
Our school has forty minutes' recess [break] at noon.
- その事については昼休みに話し合いましょう
Let's talk about it at lunch time.

ヒル 蛭 《動物》a **leech** /リーチ/

ビル a **building** /ビるディング/

ひれ (魚の) a **fin** /ふィン/

ヒレ (肉) a **fillet** /ふィれイ, ふィれト/

ひれい 比例 **proportion** /プロポーション/
- …に比例して in proportion to 〜
- 人は必ずしも努力に比例して成功するわけではない
People will not always succeed in proportion to their exertions.

ひれつ 卑劣な **mean** /ミーン/

ひろい 広い
- ➤ (幅(はば)が) **wide** /ワイド/; (広々と) **broad** /ブロード/
- ➤ (大きい) **large** /らーヂ/, **big**
- 広く wide(ly)
- 広い道路[川] a broad road [river]
- 広い部屋 a large room
- 教養の広い人 a person of broad culture
- 戸を広くあける open a door wide
- 会話 その道路はどれくらい広いですか. —約10メートルです
How wide is that road?—It is about ten meters wide.
- 門が広くあいている The gate is wide open.
- 彼の名は広く知られている
His name is known far and wide.

ひろいもの 拾い物 a **found article** /ふァウンドアーティクる/; (思いがけないもうけ物) a **windfall** /ウィンドふォーる/

ヒロイン a **heroine** /ヘロウイン/

ひろう¹ 疲労 **fatigue** /ふァティーグ/
　疲労する → つかれる

ひろう² 拾う (拾い上げる) **pick up** /ピク/; (見つける) **find** /ふァインド/; (集める) **gather** /ギャざ/
- 石を拾う pick up a stone
- 道で財布を拾う find a purse on the road
- ここでタクシーを拾いましょう
Let's get [catch] a taxi here.

ビロード velvet /ヴェるヴェト/

ひろがる, ひろげる 広がる, 広げる (周囲に) **spread** /スプレド/; (長く) **extend** /イクステンド/; (横に) **widen** /ワイドン/; (本・地図など) **open** /オウプン/ → ひろまる, ひろめる
- 木は枝を四方に広げている
The tree spreads its branches all around.
- うちの近くでは道路を広げています
They are widening the streets near my place.
- その鳥の翼(つばさ)はいっぱいに広げると端から端まで

約2メートルある　When they are fully extended, the wings of the bird measure about two meters from tip to tip.

extend　　open

ひろさ　広さ　(幅(はば)) **width** /ウィドす/; **breadth** /ブレドす/ → ひろい
ひろば　広場　(都市内の) a **square** /スクウェア/, a **plaza** /プらーザ/
・皇居前広場　the (Imperial) Palace Plaza
ひろま　広間　(ホテルなどの) a **saloon** /サるーン/
ひろまる　広まる　(普及する) **spread** /スプレド/; (流行する) **become popular** /パピュらー/; (うわさなど) **get abroad** /アブロード/, **become known** /ノウン/
・そのうわさはたちまち広まった
The rumor spread quickly.
・こういううわさはすぐ広まるものだ
This kind of rumor is quick to get abroad.
参考ことわざ　悪事千里を走る
Bad news travels fast.
参考ことわざ　人の口に戸は立てられぬ
Who can hold men's tongues? (だれが人の舌をおさえておけるか)
・この歌はたちまち若い人達の間に広まった
This song soon became popular among young people.
ひろめる　広める　**spread** /スプレド/
・悪いうわさを広める　spread a bad rumor
ピロリ　ピロリ菌　(胃の中の微生物) (helicobacter) **pylori** /ヘリカバクタ パイローライ/
ビワ　枇杷　《植物》a **loquat** /ろウクワート/
ひん　品のいい　**refined** /リふァインド/, **elegant** /エれガント/, **graceful** /グレイスふる/
・品の悪い　vulgar / coarse
びん¹　(液体を入れる) a **bottle** /バトる/; (食料品を詰める) a **jar** /ヂャー/
・ワインのびん　a bottle of wine
・ジャム二びん　two jars of jam
びん²　便
❶(郵便)《米》**mail** /メイる/,《英》**post** /ポウスト/

・航空便で　by airmail
・次の便で　by the next mail [post]
❷(乗り物の) a **service** /サ〜ヴィス/; (飛行機の) a **flight** /ふらイト/
・彼女は102便の飛行機でパリへたった
She left for Paris on Flight 102 (読み方: one-O /オウ/ -two).
She took Flight 102 to Paris.
ピン　a **pin**; (ヘアピン) a **hairpin** /ヘアピン/
・ピンで留める　pin (up)
びんかん　敏感な　**sensitive** /センスィティヴ/
・君は人の批判に対して敏感すぎる
You are too sensitive to criticism.
ピンク(の)　**pink** /ピンク/
ひんけつ　貧血(症) **anemia** /アニーミア/
・貧血(症)の　anemic
ひんこん　貧困　**poverty** /パヴァティ/
ひんし　品詞　a **part of speech** /パート スピーチ/
ひんしつ　品質　**quality** /クワリティ/ → しつ
・品質がよい[悪い]　be good [poor] in quality
ひんじゃく　貧弱な　**poor** /プア/
ひんしゅく　顰蹙 (顔をしかめること) **frowning** /ふラウニング/
　顰蹙を買う　be frowned on [upon]
びんしょう　敏捷な　**quick** /クウィク/
ヒンズー　ヒンズー教　**Hinduism** /ヒンドゥーイズム/
ピンセット　(1丁) (a pair of) **tweezers** /(ペア) トウィーザズ/
びんせん　(小型の) **note paper** /ノウト ペイパ/; (大型の) **letter paper** /れタ/; (はぎ取り用) a **pad** /パド/, a **tablet** /タブれト/
ピンチ¹　a **pinch** /ピンチ/
・ピンチにおちいる　be thrown into a pinch
・ピンチを切り抜ける　get out of a pinch
・彼はいまピンチだ　He's in a pinch now. / He's in serious trouble. / ひゆ He's on the rope. (ボクシングの試合でロープに追い詰められている)
ピンチ²
❶(洗たくばさみ) a **clothespin** /クろウズピン/,《英》a **clothes peg** /クろウズ ペグ/ → この意味での「ピンチ」は和製英語
❷(つまむ動作) a **pinch** /ピンチ/; 《IT》(タッチスクリーン上で2本の指ではさむような動作) **pinch in** → 通例画面を縮小する動作. 逆の動作を pinch out または spread という
ヒンディー　ヒンディー語　**Hindi** /ヒンディ/
ヒント　a **hint** /ヒント/
ぴんと　(直線的に)
・背筋をぴんと伸ばして　with one's back straight

ピント 474 four hundred and seventy-four

- ロープをぴんと張る stretch a rope tight
- ぴんとこない I don't quite get it.
- ぴんときた I had a hunch.

ピント (焦点) (a) **focus** /ふォウカス/; (要点) a **point** /ポイント/
- …にピントを合わせる bring ~ into focus
- 彼の答えはピントがはずれている
His answer is not to [is off] the point.

ひんぱん 頻繁な **frequent** /ふリークウェント/

頻繁に **frequently, often** /オーふン/

びんぼう 貧乏 **poverty** /パヴァティ/
貧乏な **poor** /プア/
- 貧乏な人々 poor people / the poor
- その画家はとても貧乏で絵の具が買えなかった
The painter was so poor that he could not afford (to buy) paints. / The painter was too poor to buy paints.

ピンポン table tennis /テイブる テニス/

ふ フ

ふ 府 (行政区) a **prefecture** /プリーふェクチャ/
府(立)の **prefectural** /プリふェクチュラる/
- 大阪府 Osaka Prefecture

ぶ 部 (部分) a **part** /パート/; (部門) a **department** /ディパートメント/; (学校のクラブ) a **club** /クらブ/ (→ クラブ❶); (冊) a **copy** /カピ/
- 第1部 Part I (読み方: one)
- この本は3部から成っている
This book is composed of three parts.
- この本を3部ください
I want three copies of this book.

ファースト (野球の) → いちるい

ファーストネーム one's **first name** /ふァ〜スト ネイム/
- 彼をファーストネームで呼ぶ call him by his first name

ぶあいそうな (ことばづかいが) **blunt** /ブらント/; (態度が) **unfriendly** /アンふレンドり/; (社交的でない) **unsociable** /アンソウシャブる/

ファイト (戦い) (a) **fight** /ふァイト/; (頑張れ!) **Come on! / Stick to it!** /スティク/ **/ Go. team go!** /ティーム/ **/ Go for it!:** (みんなで頑張ろう!) **Let's go!**

ファイル a **file** /ふァイる/

ファインプレイ a **fine play** /ふァイン プれイ/

ファウル a **foul** /ふァウる/
- ファウルする foul
- ファウルボール a foul ball

ファクトチェック fact-checking /ふァクト チェキング/

ファストフード fast food
- ファストフード店 a fast-food restaurant / a quick service restaurant

ファスナー a **fastener** /ふァスナ/, a **zipper** /ズィパ/

ファックス (a) **fax** /ふァクス/

ファッション a **fashion** /ふァション/
- ファッションモデル a fashion model

ふあん 不安 **uneasiness** /アニーズィネス/, **anxiety** /アングザイェティ/
不安な **uneasy** /アニーズィ/, **anxious** /アンクシャス/
- 不安を感じる feel uneasy
- 両親は息子の将来のことが不安であった
The parents were uneasy [anxious] about their son's future.
- 家の中にひとりでいると私は不安だ I don't feel secure when I'm alone in the house.

ファン a **fan** /ふァン/
- 野球[映画]ファン a baseball [movie] fan
- ファンレター a fan letter; (集合的に) fan mail

ファンクションキー a **function key** /ふァンクション キー/

ふい 不意の **unexpected** /アネクスペクテド/
不意に **unexpectedly**

ブイ a **buoy** /ボイ/

フィート a **foot** /ふト/ (働 feet /ふィート/) → 略 ft.: 1フィートは約30センチ
- 5フィート5インチ five feet five inches

フィギュア (人形) a **figure** /ふィギャ/

フィギュアスケート figure skating /ふィギャス ケイティング/

フィクション (a) **fiction** /ふィクション/

フィナーレ a **finale** /ふィナリ/

フィリピン the **Philippines** /ふィりピーンズ/
- フィリピンの Philippine
- フィリピン人の Philippine / Filipino
- フィリピン人 a Filipino; (全体) the Filipinos

フィルター a **filter** /ふィるタ/

フィルム film /ふィるム/

475　four hundred and seventy-five　　フォアボール

ぶいん 部員　a **member** (of a club) /メンバ/
・私はテニス部の部員です
I am a member of the tennis club. / (テニス部に所属している) I belong to the tennis club.

フィンランド **Finland** /ふィンらンド/
・フィンランド(人，語)の　Finnish
・フィンランド語　Finnish
・フィンランド人　a Finn; (全体) the Finns

ふう¹ 封　a **seal** /スィーる/
封をする　(手紙の) seal (a letter)
・手紙の封を切る　open a letter

ふう² (方法) a **way** /ウェイ/; (様式) (a) **style** /スタイる/
・こんなふうに　in this way
・米国ふうの生活　an American way of life
・彼は私が感じるふうには感じない
He doesn't feel the way I do.
・その町はヨーロッパふうのところがある
The town has a European air.

ふうき 風紀　**discipline** /ディスィプりン/

ふうきり 封切り　**release** /リリース/
・封切り映画　a newly released movie

ふうけい 風景 (ながめ) a **view** /ヴュー/; (景色) a **landscape** /らンドスケイプ/
・風景画家　a landscape painter
・この丘からは湖の美しい風景が見られます
From this hill you can have a fine view of the lake.

ふうし 風刺　a **satire** /サタイア/

ふうしゃ 風車　a **windmill** /ウィンドミる/

ふうしゅう 風習 → ふうぞく (→ 風俗習慣)

ふうせん 風船　a **balloon** /バるーン/
・風船ガム　bubble gum

ふうそく 風速　**wind speed** /ウィンド スピード/
風速計 → ふうりょく (→ 風力計)
・風速5メートルの風が吹いている
The wind is blowing at 5 meters per second.

ふうぞく 風俗　**manners** /マナ^ず/
・風俗習慣　manners and customs

ブーツ (1足) (a pair of) **boots** /(ペア) ブーツ/

ふうとう 封筒　an **envelope** /エンヴェろウプ/

ふうふ 夫婦　a **couple** /カプる/, **husband and wife** /ハ^ずバンド ワイふ/
・新婚夫婦　a newly-married couple

ぶうぶう ぶうぶう言う
❶ (不平を) **grumble** (at ～, about ～, over ～) /グランブる/, **complain** (about ～, of ～) /コンプれイン/
❷ (ブタが) **grunt** /グラント/

ブーム (にわか景気) a **boom** /ブーム/; (一時的な流行) a **fad** /ふァード/, a **craze** /クレイズ/
・推理小説がブームを呼んでいる
Detective novels are all the craze.

> **カタカナ語！** ブーム
> 英語の boom は「にわか景気」という意味で，経済現象のことば．社会現象としての「一時的流行」は **fad** あるいは **craze** という．「それはティーンエージャーの間でブームだ」は It's a fad [a craze] among teenagers.

ふうりょく 風力　**wind force** /ウィンド ふォース/
風力計　a **wind gauge** /ゲイヂ/

ふうりょくはつでん 風力発電　**wind power** /ウィンド パウア/

ふうりん 風鈴　a **wind-bell** /ウィンド べる/

プール a (**swimming**) **pool** /(スウィミング) プーる/

ふうん 不運　(a) **misfortune** /ミスふォーチュン/
不運な　**unfortunate** /アンふォーチュネト/
不運にも　**unfortunately**

ふえ 笛 (横笛) a **flute** /ふるート/; (縦笛) a **pipe** /パイプ/; (合図・警告の) a **whistle** /(ホ)ウィスる/

フェア **fair** /ふェア/
・フェアプレー　a fair play
・それはフェアじゃない　It's not fair. / **ひゆ** It's not cricket. (それはクリケットのルールに反している)

フェイクニュース **fake news** /ふェイク/; **disinformation** /ディスィンふォメイション/

フェイスシールド a **face shield** /ふェイス シーるド/

ふえいせい 不衛生な　**insanitary** /インサニテリ/ → えいせい¹ (→ 衛生的な)

フェイント (a) **feint** /ふェイント/
・フェイントをかける　feint

フェミニスト a **feminist** /ふェマニスト/

フェリー(ボート) a **ferry** /ふェリ/, a **ferryboat** /ふェリボウト/

ふえる　増える
➤ (数量が) **increase** /インクリース/ → ふやす
➤ (体重など) **gain** /ゲイン/
・この市の人口は昨年1万人ふえて20万人になった
The population of this city increased by 10,000 to 200,000 last year.
・私は体重がふえてきた
I am gaining in weight.

フェンシング **fencing** /ふェンスィング/

フェンス a **fence** /ふェンス/

フォアボール a **base on balls** /ベイス ボーるズ/
↱「フォアボール」は和製英語

フォーク 476 four hundred and seventy-six

•フォアボールで出塁する walk to first base on balls

フォーク a fork /ふォーク/

•ナイフとフォークで食べる eat with (a) knife and fork

フォークソング a folk song /ふォウク ソーング/

フォークダンス a folk dance /ふォウク ダンス/

フォークボール a forkball /ふォーク ボール/

フォースアウト a force-out /ふォース アウト/

フォーム (形) a form /ふォーム/

フカ 鱶 《魚》a shark /シャーク/ (複 同形)

ぶか 部下 one's **subordinate** /サブオーディネト/; an **assistant** /アスィスタント/; a **staff member** /スタふ メンバ/

•…の部下として働く work under ~

ふかい¹ 深い

➤ **deep** /ディープ/

深く deep; (心などに) **deeply**

深さ, 深み depth /デプす/

深くする deepen /ディープン/

【会話】この井戸の深さはどれくらいありますか. —15メートルくらいです

How deep is this well? / What is the depth of this well?—It is about 15 meters deep.

•この湖の最大の深さは中央部で100メートルです

The greatest depth of this lake is a hundred meters near the middle.

•雪の深さは3メートルあります

Snow lies 3 meters deep on the ground.

•タイムカプセルは地中深く埋(う)められてあった

The time capsule was buried deep in the ground.

•ご親切に対し深く感謝いたします

I am deeply grateful for your kindness.

ふかい² 不快な **unpleasant** /アンプれズント/

•不快指数 the discomfort index

ふかくじつ 不確実な **uncertain** /アンサ～トン/

ふかし 不可視の **invisible** /インヴィズィブる/

ふかす steam /スティーム/

•ふかしいも a steamed sweet potato

ぶかつ 部活 **club activities** /クらブ アクティヴィティズ/

ぶかっこう 不格好な **ill-shaped** /いる シェイプト/

ふかのう 不可能 **impossibility** /インパスィビリティ/

不可能な impossible /インパスィブる/

•彼がそれをするのは不可能だ

It is impossible for him to do that. ➤✕He is impossible to do that. としない

ふかんぜん 不完全な **imperfect** /インパ～ふェクト/

•私の日本史の知識はとても不完全なものだ

My knowledge of Japanese history is very imperfect [is far from perfect].

ぶき 武器 **arms** /アームズ/; a **weapon** /ウェポン/

ふきかえる 吹き替える (映画などを) **dub** /ダブ/

吹き替え dubbing /ダビング/

•この映画は日本語に吹き替えられている

This film is dubbed into Japanese.

ふきけす 吹き消す (ろうそくなどを) **blow out** /ブろウ/

ふきげん 不機嫌 **ill humor** /いる ヒューマ/, a **bad mood** /ムード/

不機嫌な cross, moody /ムーディ/, **sulky** /さるキ/, **sullen** /サるン/

•不機嫌である be in a bad mood

ふきこむ 吹き込む (風が) **blow in** /ブろウ/; (録音する) **record** /リコード/

ふきそく 不規則な **irregular** /イレギュら/

•不規則動詞 an irregular verb

•不規則な生活をする work irregular hours; (だらしない) live a slovenly life

•学校の出席が不規則である be irregular in attendance at school

ふきたおす 吹き倒す **blow down** /ブろウ ダウン/

ふきだす 吹き出す (笑い出す) **burst out laughing** /バ～スト らふィング/

ふきつ 不吉な **unlucky** /アンらキ/, **sinister** /スィニスタ/, **ominous** /アミナス/

•私は不吉な予感がした

I felt something bad would happen. / I had an ominous presentiment.

ふきとばす 吹き飛ばす **blow off** /ブろウ/, **blow away** /アウェイ/

ふきながし 吹き流し a **streamer** /ストリーマ/, a **windsock** /ウィンドサク/

ぶきみ 不気味な **eerie** /イアリ/, **weird** /ウィアド/

ふきょう 不況 → ふけいき

ぶきよう 不器用な **clumsy** /クらムズィ/

ふきん 布巾 a **dishtowel** /ディシュタウエる/

ふく¹ 服

➤ (衣服) **clothes** /クろウズ/; (上下組になった) a **suit** /スート/; (ワンピース) a **dress** /ドレス/

•たくさんの服 a lot of clothes

•夏物[冬物]の服 summer [winter] clothes

•服を着る put on one's clothes / dress

ふく² 吹く **blow** /ブろウ/

•らっぱ[笛]を吹く blow a trumpet [a whistle]

・風が強く吹いている
The wind is blowing hard.
・スープを冷ますために吹くのは無作法です．スプーンでかき回しなさい
It is bad manners to blow on your soup to cool it. Stir it with your spoon.
・風に吹かれて木の葉が飛んでいく（→風が空中を通して木の葉を運ぶ）
The wind carries leaves through the air.

ふく[3] wipe /ワイプ/; (水分をふき取る) dry /ドライ/
・(こぼれた)ジュースをふき取る wipe off the juice
・(ぬれた)手をタオルでふく dry *one's* (wet) hands on a towel
・ぼろぎれで自転車をふく clean a bicycle with a rag

ふく[4] 副… vice /ヴァイス/, assistant /アスィスタント/, deputy /デピュティ/
・副大統領[社長, 会長] a vice-president
・副総理 a deputy prime minister
・副会長[委員長, 議長] a vice-chairperson
・副知事 a vice-governor / a deputy governor

フグ 河豚 《魚》a globefish /グろウブふぃシュ/ (複同形)

ふくざつ 複雑な complicated /カンプリケイテド/; (矛盾する) conflicting /カンふリクティング/
複雑にする complicate
・そうすると事が複雑になる
That complicates matters.
・その光景を見て彼らは複雑な気持ちになった（→その光景は彼らに複雑な感情を起こさせた）
The sight has aroused conflicting emotions in them.

ふくさよう 副作用 a side effect /サイド イふェクト/
・副作用がある have a side effect

ふくさんぶつ 副産物 a by-product /バイ プラダクト/

ふくし[1] 副詞 《文法》an adverb /アドヴァ〜ブ/

ふくし[2] 福祉 welfare /ウェるふェア/
・社会福祉 social welfare
・福祉事業 welfare work
・福祉国家 a welfare state

ふくしゅう[1] 復習(する) review /リヴュー/
・私は1課終わるごとに復習します
After I learn a lesson, I review [make a review of] it.

ふくしゅう[2] 復讐（かたき討ち）revenge /リヴェンヂ/
復讐する revenge *one*self (on ～)

ふくじゅう 服従 obedience /オビーディエンス/
服従する obey /オベイ/

ふくすう 複数 plural /プるアラる/

ふくせい 複製(物) a reproduction /リープロダクション/, a replica /レプリカ/

ふくせん 複線 a double track /ダブる トラク/

ふくそう 服装 dress /ドレス/; clothes /クろウズ/
・彼女は立派な[みすぼらしい]服装をしている
She is finely [poorly] dressed.
・服装で人を判断してはいけません
You shouldn't judge people by the way they dress.
・服装には気をつけなさい You should be careful about the way you dress.

参考ことわざ 馬子（まご）にも衣装 Fine feathers make fine birds. (立派な羽は立派な鳥をつくる)

ふくつう 腹痛 a stomachache /スタマクエイク/
・腹痛がする have a stomachache

ふくはんのう 副反応 （ワクチンの） a side effect after vaccination /サイド イふェクト ヴァクシネイション/, an adverse reaction to vaccination /アドヴァ〜ス リアクション/

ふくびき 福引き a lottery /らテリ/

ぶくぶく (あわだつ) bubble /バブる/
・ぶくぶくわき出る[上がる] bubble out [up]

ふくむ 含む (含有（がんゆう）する) contain /コンテイン/; (数に入れる) include /インクるード/
・海水は無機物を含んでいる
Sea water contains minerals.
・この値段には送料が含まれていますか
Does this price include postage?
・主催者も含めて10人のパーティーでした
It was a party of ten, including the hosts.

ふくらはぎ a calf /キャふ/ (複 calves /キャヴズ/)
ふくらます swell /スウェる/; (タイヤ・風船などを) inflate /インふレイト/

ふくらむ swell /スウェる/, be swollen /スウォウるン/

ふくれる (ふくらむ) swell /スウェる/; (ふくれっつらをする) pout /パウト/; (すねる) sulk /サるク/, be [get] cross /クろース/

ふくろ 袋 a bag /バぁグ/; (麻袋など) a sack /サク/
袋小路 a blind alley /ブらインド アリ/

フクロウ 梟 《鳥》an owl /アウる/

ふくわじゅつ 腹話術 ventriloquism /ヴェントリろクウィズム/
・腹話術師 a ventriloquist

ふけいき 不景気 (a period of) depression /(ピアリオド) ディプレション/
・この不景気を切り抜ける tide over the present

服装と髪型(Clothing and Hairstyle)

depression

ふけいざい 不経済な **uneconomical** /アニーコナミカ^る/

ふけつ 不潔な **dirty** /ダ～ティ/

ふける¹ (熱中する) **be absorbed** /アブソーブド/
• 私は取り留めもない空想にふけった
I was absorbed in a fanciful dream.

ふける² (夜が) **be advanced** /アドヴァンスト/
• 夜がだいぶふけた
The night is far advanced.

ふける³ 老ける (年を取る) **grow old** /グロウ/

ふけんこう 不健康な **unhealthy** /アンへるすィ/

ふけんぜん 不健全な **unwholesome** /アンホウるサム/

ふこう 不幸 **unhappiness** /アンハピネス/; (不運) (a) **misfortune** /ミスふォーチュン/; (死別) **bereavement** /ビリーヴメント/
不幸な **unhappy** /アンハピ/; (不運な) **unfortunate** /アンふォーチュネト/
不幸なことに **unhappily; unfortunately**
• 不幸な出来事 an unfortunate event
• ご不幸を心からご同情申し上げます
I deeply sympathize with you in your bereavement.

ふごう 符号 a **sign** /サイン/
• プラス[マイナス]の符号 the plus [minus] sign

ふごうかく 不合格 (試験の) one's **failure in** an **examination** /ふエイりャ イグザミネイション/
• 試験に不合格になる fail [flunk] an examination

ふこうへい 不公平 **injustice** /インヂャスティス/; **unfairness** /アンふエアネス/
不公平な **unfair** /アンふエア/

ふごうり 不合理な **unreasonable** /アンリーズ ナブる/

ふさ 房 a **bunch** /バンチ/; (下げ飾り(かざり)) a **tassel** /タ^する/
• ブドウ一房 a bunch of grapes

ブザー a **buzzer** /バザ/
• ブザーを押す press a buzzer
• ブザーが鳴った There's the buzzer.

ふさい 夫妻 **husband and wife** /ハズバンド ワイふ/
• 佐藤夫妻 Mr. and Mrs. Sato

ふさく 不作 a **poor crop** /プア/
• 今年はリンゴが不作だった
We had a poor crop of apples this year.

ふさぐ (穴などを) **stop** (**up**) /スタ^プ (ア^プ)/; (道路などを) **block** (**up**) /ブら^ク/
• 漏(も)れ口をふさぐ stop (up) a leak

• 耳をふさぐ stop one's ears
• 大雪で通りがふさがっている
The streets are blocked by the heavy snowfall.

ふざける (冗談(じょうだん)をいう) **joke** /ヂョウ^ク/; (人と) **have a joke with ～**; (はね回る) **romp about** /ランプ アバウト/
• ふざけて for fun / for a joke

ふさふさ
• ふさふさしたしっぽ a bushy tail

ぶさほう 無作法 **bad manners** /マナ^ズ/ → さほう
無作法な **ill-mannered** /イる マナド/, **rude** /るード/
• 食卓にひじをついて食べるのはとても無作法だ
It is extremely bad manners to eat with your elbows on the table.

ふさわしい **suitable** /スータブる/, **becoming** /ビカミン^ぐ/
• この服はこういう場合にはふさわしくない
These clothes are not suitable for such an occasion.
• このような行為(こうい)は学生にふさわしくない
Such conduct is not becoming to a student.

ふさんせい 不賛成 **disapproval** /ディサプルーヴァる/
不賛成である **disapprove** /ディサプルーヴ/
• 私はその提案に不賛成だ I disapprove (of) [I am against] the proposal.

ふし 節 (木の) a **knot** /ナ^ト/; (歌の) a **tune** /テューン/

フジ 藤 (植物) a **wisteria** /ウィスティアリア/

ぶじ 無事 (安全) **safety** /セイふティ/; (平穏(へいおん)) **peace** /ピース/; (健康) **good health** /へるす/
無事な (帰るの) **safe** (**and sound**) /(サウンド)/, **safely, in safety**
• 無事に暮らしている be living in peace [in good health]
• うちへ帰ってみると家族がみんな無事だったので安心した I was glad to find all my family in good health.
• 地震ではみんな無事でしたからご安心ください I am glad to tell you that we are all safe after the earthquake.
• 船は嵐の中を無事に入港した The ship entered port safely in [through] the storm.

ふしぎ 不思議
➤ (驚異) (a) **wonder** /ワンダ/; (神秘) (a) **mystery** /ミsteり/

ふしぜん

不思議な wonderful /ワンダふる/; **mysterious** /ミスティァリアス/; (変な) **strange** /ストレインヂ/

不思議に思う wonder

•彼がまだもどらないのは不思議だ
It is strange that he has not returned yet.

•どうして君がその点を見落としたのか不思議だ
I wonder why you missed that point.

•5歳の子供にこんな事ができるとは不思議だ
It is wonderful [a wonder] that a child of five can do such a thing.

•なぜこういう現象が時々起きるのか不思議です
It is a mystery why such phenomena happen now and then.

•彼が試験にパスしたからといって何の不思議もない
It is no wonder [It is quite natural] that he passed the examination.

•彼がこの案に反対しても不思議ではない (→驚くことではない) It comes as no surprise that he disagreed to this plan.

ふしぜん 不自然な unnatural /アンナチュラる/

ぶしつ 部室 a clubroom /くらブルーム/

ふじゆう 不自由 (不便) inconvenience /インコンヴィーニエンス/

•体が不自由な physically disabled
•体が不自由な人々 the physically disabled (people)
•彼は右足が不自由だ His right leg is disabled.
•子供のころは彼は何不自由なく暮らした
As a child he did not want for anything. / He lived in comfort when he was a child.

ふじゅうぶん 不十分な insufficient /インサふィシェント/

ふじゅん¹ 不順な (天候など) **unseasonable** /アンスィーズナブる/

ふじゅん² 不純な impure /インピュア/

ふしょう 負傷 (事故などによる) **an injury** /インヂャリ/; (弾丸・刃物などによる) **a wound** /ウーンド/

負傷する (事故で) **be injured** /インヂャド/; (銃・剣で) **be wounded** /ウーンデド/

•負傷者 an injured [a wounded] person; (集合的に) the injured [wounded]

ふしょうじき 不正直 dishonesty /ディスアネスティ/

不正直な dishonest /ディスアネスト/

ぶじょく 侮辱 an insult /インサるト/

侮辱する insult /インサるト/

•侮辱を受ける be insulted / suffer an insult

ふしょくふ 不織布 nonwoven fabric /ノンウォウヴン ふぁブリク/

•不織布マスク (外科用マスク) a surgical mask

ふしん 不審な (疑わしい) **suspicious** /サスピシャス/; (見なれない) **strange** /ストレインヂ/

•不審物を見つけたら, すぐに知らせてください
Please notify us if you find anything suspicious.

ふじん¹ 婦人 a woman /ウマン/ (複 women /ウィメン/)

•婦人科 gynecology
•婦人科医 a gynecologist

ふじん² …夫人 Mrs. ~ /ミセズ/

•本田夫人 Mrs. Honda
•本田さんとそのご夫人 Mr. and Mrs. Honda

ふしんせつ 不親切 unkindness /アンカインドネス/ → しんせつ¹

不親切な unkind

不親切に unkindly

ぶすっと

❶ (ふくれる) **sulk** /サるク/
•ぶすっとしている be sulking [in the sulks]

❷ (刺す) **stab** /スタブ/; **stick** /スティク/
•フォークでリンゴをぶすっと刺す stick a fork into an apple

ふすま 襖 *fusuma*, a paper-covered sliding door /ペイパ カヴァド スらイディンぐ ドー/

ふせい 不正 (不正直) **dishonesty** /ディスアネスティ/; (悪事) (a) **wrong** /ローンぐ/; (試験の) **cheating** /チーティンぐ/

•不正な手段で by dishonest means
•不正をする do wrong; (試験で) cheat

ふせいかく 不正確 inaccuracy /イナキュラスィ/

不正確な inaccurate /イナキュレト/

ふせいこう 不成功 (a) **failure** /ふェイりャ/

ふせぐ 防ぐ prevent /プリヴェント/; (近づけない) **keep off** /キープ/

•インフルの広がるのを防ぐ prevent the spread of the flu / prevent the flu from spreading

ふせる 伏せる

❶ (身を) **lie down** /らイ ダウン/ → うつぶせに
❷ (表を下にして) **put ~ face down** /ふェイス/; (さかさまにして) **put ~ upside down** /アプサイド/

ふせんし 付箋紙 a sticky note /スティキ ノウト/, 《商標》 a **Post-it** /ポウスティト/

ふせんしょう 不戦勝 a default victory /ディふォーるト ヴィクトリ/, a **default win**

•不戦勝する win by default

ぶそう 武装 armament /アーマメント/

武装する arm /アーム/

•…で武装する arm *one*self with ~
•武装中立 armed neutrality

ふそく 不足

➤ **want** /ワント/; **lack** /らク/

不足する **lack**; (足りなくなる) **run short** (of ～) → たりる (→足りない)

不足している **be short**, **be lacking**, **be insufficient** /インサふィシェント/

•睡眠不足　lack of sleep

•運動不足が君の太りすぎの原因だ

Lack of exercise is the cause of your overweight.

•時間とお金が不足なので私はその計画をあきらめた

I gave up the plan for lack of time and money.

•私は何も不足がない　I lack nothing.

•彼は経験が不足している

He lacks [is lacking in] experience.

•私たちは資金がだんだん不足してきた

We are running short of funds.

•重量が30グラム不足だ

The weight is thirty grams short.

•野菜の品不足が心配されている

It is feared that the supply of vegetables will not be sufficient.

ふぞく 付属する **be attached** /アタチト/, **be affiliated** /アふィリエイテド/

•付属品　an attachment

•大阪大学附属病院　Osaka University Medical School Hospital

•T大学付属M高校　M Senior High School affiliated to T University

ふぞろい 不ぞろいの **uneven** /アニーヴン/

ふた a **lid** /リド/; (おおい) a **cover** /カヴァ/

ふだ 札 a **card** /カード/; (下げ札) a **tag** /タグ/

ブタ 豚 《動物》a **pig** /ピグ/, a **swine** /スワイン/ (穐同形)

•豚肉　pork

•豚小屋　《米》a pigpen / 《英》a pigsty

ことわざ ブタに真珠(を投げ与えるな)

Cast not pearls before swine. →「価値のわからない者に価値のあるものを与えるな」の意味

ぶたい 舞台 the **stage** /ステイヂ/; (映画・小説など の) the **scene** /スィーン/

•舞台に立つ　appear on the stage

ふたご (ふたごのうちの一人) a **twin** /トウィン/

•ふたごの兄弟[姉妹]　twin brothers [sisters]

ふたござ 双子座 **Gemini** /ヂェミナイ/, **the Twins** /トウィンズ/

双子座生まれの人　a Gemini / a Geminian

ふたたび 再び **again** /アゲン/

ふたつ 二つ(の) **two** /トゥー/

•二つの質問　two questions

•二つに切る　cut in two

•彼女は私たちにリンゴを二つずつくれた

She gave us two apples to each of us.

ふたり **two people** /ピープる/; (ふたり組) a **pair** /ペア/; (男女など) a **couple** /カプる/

•ふたりずつ　two by two

•ふたり一組で　in pairs

•ふたり部屋　a double room

ふだん **usually** /ユージュアり/

ふだんの **usual** /ユージュアる/; (毎日の) **everyday** /エヴリデイ/

•ふだん着　everyday clothes / casual clothes

•けさはふだんより1時間早く起きた　I got up an hour earlier than usual this morning.

•彼はふだんどおり8時には仕事をしていた

He was at his work at eight as usual.

ふち 縁 (端) an **edge** /エヂ/; (茶わんなどの) a **brim** /ブリム/; (めがねなどの) a **rim** /リム/; (がけ などの) a **brink** /ブリンク/

•縁までいっぱいである　be full to the brim

ぶち ぶちのある **spotted** /スパテド/

•ぶち犬　a spotted dog

ふちゅうい 不注意 **carelessness** /ケアれスネス/

不注意な **careless**

不注意に **carelessly**

•不注意のために　through carelessness

ぶちょう 部長 the **head of** a **division** [a **department**] /ヘド ディヴィジョン [ディパートメント]/, the **chief of** a **division** [a **department**] /チーふ/

ぶつ **strike** /ストライク/; (ねらって強く) **hit**; (続け て) **beat** /ビート/ → なぐる

•彼の頭をぶつ　strike him on the head

ふつう¹ 普通の

➤ (通例の) **usual** /ユージュアる/; (一般的な) **common** /カモン/; (平均の) **average** /アヴェレヂ/

普通は **usually**; **commonly**

•そういう行いはそれくらいの年の子供にはとても普 通なことだ　Such behavior is quite usual with children of that age.

•こういうならわしはこの地方ではまだ普通です

This sort of custom is still common in this part of the country.

•彼はとびぬけて優秀というわけではない. 普通です

He is not outstanding. He is average.

ふつう² 不通である **be interrupted** /インタラプテ

ふつうか 普通科 a **general course** /チェネラる コース/
• T 高校の普通科に進学する go on to the general course of T Senior High School

ぶっか 物価 **prices** /プライセズ/
• 物価が上がってきた[下がってきた]
Prices are going up [falling].
• こちらは東京より物価が安い[高い]
Prices are lower [higher] here than in Tokyo.

ふっかつさい 復活祭 **Easter** /イースタ/

ぶつかる **run** (against 〜) /コらイド/, **collide** (with 〜) /コらイド/, **bump** (with 〜, into 〜) /バンプ/; (行事が) **clash** (with 〜) /クらシュ/
• 壁にぶつかる run against a wall
• 2台の車がぶつかった The two cars collided with [bumped into] each other.
• 夏期学校と合宿とがぶつかる The summer school schedule clashes with the training camp's. → camp's は camp's schedule のこと

ふっきゅう 復旧 (修復) **restoration** /レストレイション/
復旧する (修復する) **restore** /リストー/; (再開する) **resume** /リズーム/
• 中央線はまだ復旧の見通しが立っていない
It is still uncertain when the Chuo Line can resume normal service.

ぶっきょう 仏教 **Buddhism** /ブディズム/
• 仏教の Buddhist
• 仏教徒 a Buddhist

ぶっきらぼうな **blunt** /ブらント/

ふっきん 腹筋運動(をする) (do) **sit-ups** /スィタプス/

ぶつける (投げる) **throw** (at 〜) /すロウ/; (打ち当てる) **knock** (against 〜, on 〜) /ナク/, **bump** (against 〜) /バンプ/
• 柱に頭をぶつける bump one's head against [on] a post
• 二人の少年は頭をこつんとぶつけた
The two boys knocked [bumped] their heads together.

ぶっしつ 物質 **matter** /マタ/; (物を構成する) (a) **substance** /サブスタンス/
• 物質の, 物質的 material
• 物質文明 material civilization
• 宇宙はいろいろな種類の物質から出来ている
The universe is made up of different kinds of matter.
• 氷と水は違った形をしているが同じ物質である

Ice and water are the same substance in different forms.

プッシュホン a **push-button** (**tele**)**phone** /プシュ バトン (てれ)ふォウン/ → 「プッシュホン」は和製英語

ぶつぞう 仏像 an **image of Buddha** /イメヂ ブダ/

ぶったい 物体 a **body** /バディ/, an **object** /アブヂェクト/, (a) **substance** /サブスタンス/

ぶつだん 仏壇 a **household Buddhist altar** /ハウスホウるド ブディスト オーるタ/

ふっとう 沸騰する **boil** /ボイる/
• 沸騰点 the boiling point

ぶっとおし ぶっ通しに **all through** /すルー/; (立て続けに) **on end, running** /ラニンぐ/
• 一晩じゅうぶっ通しに all through the night
• 五日間ぶっ通しに for five days on end [running]

フットボール (競技) **football** /ふトボーる/; (ボール) a **football**
• フットボールをする play football

ぶつぶつ ぶつぶつ言う (不平を言う) **grumble** /グランブる/; (つぶやく) **murmur** /マ〜マ/, **mutter** /マタ/

ぶつり 物理学 **physics** /ふィズィクス/
• 物理学者 a physicist

ふつりあい 不釣り合いの **ill-matched** /イる マチト/

ふで 筆 a **writing brush** /ライティンぐ ブラシュ/
• 筆まめである be a letter writer
• 筆無精(ぶしょう)である be a poor letter writer / be not much of a letter writer

ことわざ 弘法筆を選ばず
Bad workers always blame their tools. (へたな職人は道具に難癖(なんくせ)をつける)

ことわざ 弘法にも筆の誤り
Even Homer sometimes nods. (あの大詩人のホメロスでさえ時には居眠りを(してミスを)する)

ふてい 不定期の **irregular** /イレギュら/, (前もって予定されていない) **non-scheduled** /ナン スケヂューるド/, (ときどき) **occasional** /オケイジョヌる/

ふていし 不定詞 《文法》an **infinitive** /インふィニティヴ/

ブティック (フランス語) a **boutique** /ブーティーク/

ふてきとう 不適当な **unsuitable** /アンスータブる/, **unfit** /アンふィト/

ふと (偶然) **by chance** /チャンス/; (突然) **suddenly** /サドンリ/

483
four hundred and eighty-three

ふぼ

•ふと彼は立ち上がって部屋を出て行った
He stood up suddenly and went out of the room.

•ふとある考えが浮かんだ
An idea flashed upon me.

ふとい 太い
➤ **big**, **thick** /スィ*ク*/
➤ (文字・線などが) **bold** /ボウ*る*ド/
➤ (声が) **deep** /ディープ/

•太さ　thickness
•太い指　a thick finger
•太い縞(しま)　a bold stripe
•彼は首が太く, 腕が太く, 声も太い　He has a thick neck and big arms and a deep voice.

ブドウ 葡萄〔植物〕**a grape** /グレイプ/
•ブドウ一房(ふさ)　a bunch of grapes
•ブドウ畑　a vineyard
•ブドウの木[つる]　a grapevine

ふどうさん 不動産 **real estate** /リーア*る* イステイト/
•不動産屋　a real estate agent

ふどうとく 不道徳 **immorality** /イモラリティ/
　不道徳な **immoral** /イモー*ら*ド/

ふとうめい 不透明な **opaque** /オウペイ*ク*/; (半透明な) **translucent** /トランス*る*ースント/

ふとくい 不得意な **weak** /ウィー*ク*/, **poor** /プア/
•不得意教科　one's weak subject
•不得意である　be weak [poor, not good] (at ～)

ふところ 懐 **the bosom** /ブ*ザ*ム/; (経済状態＝財布) a **purse** /パ〜ス/
•懐が暖かい[寒い]　have a heavy [light] purse

ふともも 太もも **a thigh** /サイ/

ふとる 太る
➤ **grow fat** /グロウ ふァ*ト*/, **put on weight** /ウェイト/

太った **fat**; (太めの) **plump** /プランプ/ → fat は時として差別的な意味を持つので注意
•太りすぎた　overweight
•私はどうも太ってきたらしい
I'm afraid I am getting fat [putting on weight].
•彼女はちょっと太りぎみだ
She is a bit on the plump side.

ふとん 布団 **futon**, **a mattress-quilt set** /マ*ト*レス*ク*ウィるト/
•私たちは夜になると畳(たたみ)に布団を敷(し)き昼間はたたんで押し入れにしまいます

We spread our *futon*, a mattress-quilt set, on the *tatami* at night, and fold and store them away in the closet during the day.

フナ 鮒〔魚〕**a roach** /ロウ*チ*/ (復 同形)

ふなのり 船乗り **a sailor** /セイら/
•船乗りになる　go to sea / become a sailor

ふなびん 船便で **by sea mail** /スィー メイる/

ふなよい 船酔い **seasickness** /スィースィ*ク*ネス/
　船酔いする **get seasick**
•船酔いしやすい[しない]人　a poor [good] sailor

ふね 船, 舟 (総称) a **vessel** /ヴェ*する*/; (小型) a **boat** /ボウ*ト*/; (大型) a **ship** /シプ/
•船[舟]で　by ship [boat]
•船[舟]に乗る　go on board a ship [get on a boat]

ふのかず 負の数　a **negative number** /ネガティ*ヴ*/ → minus number とは言わない

ふはい 腐敗する → くさる

ふひつよう 不必要な **unnecessary** /アンネセセり/

ふびょうどう 不平等 **inequality** /イニ*ク*ワリティ/
　不平等な **unequal** /アニー*ク*ワる/

ぶひん 部品 **parts** /パーツ/

ふぶき 吹雪 **a snowstorm** /スノウストーム/
•大ふぶき　a blizzard

ぶぶん 部分 (a) **part** /パート/
•部分的な　partial
•部分的に　partially
•大部分は　for the most part
•彼らの大部分は学生です
Most of them are students.
•彼の話は一部分は本当だが一部分はうそだ
Part of his story is true and part of it untrue.

ふへい 不平 (a) **complaint** /コンプ*れ*イント/
　不平を言う **complain** (of ～) /コンプ*れ*イン/
•彼はいつも賃金のことで不平を言っている
He is always complaining of his wages.

ふべん 不便 **inconvenience** /インコンヴィーニエンス/
　不便な **inconvenient** /インコンヴィーニエント/
•不便な思いをする　suffer inconvenience
•他人に不便をかける　cause inconvenience to others / put others to inconvenience

ふべんきょう 不勉強な (なまけている) **lazy** /れイズィ/, **idle** /アイ*ド*る/
•落第点を取ったのは私の不勉強のせいです
I flunked all because I didn't study hard.

ふぼ 父母 **one's father and mother** /ふァーざ マざ/, **one's parents** /ペアレンツ/

あ

か

さ

た

な

ふ

ま

や

ら

わ

ふほう 不法な **illegal** /イリーガる/
• 不法行為(こうい) an illegal act
• 不法入国 illegal entry; (居住するための) illegal immigration

ふまじめな frivolous /ふリヴォらス/

ふまん 不満 (a) **dissatisfaction** /ディスサティスふァクション/, (a) **discontent** /ディスコンテント/; (不平) (a) **complaint** /コンプれイント/ → まんぞく
不満な dissatisfied /ディスサティスふァイド/, **discontented** /ディスコンテンテド/
• 私は…について不満である
I'm not satisfied with ~.

ふみきり 踏切 a (**railroad**) **crossing** /(レイるロウド) クロースィング/

ふむ 踏む (軽く) **step** (on ~) /ステプ/; (重く) **tread** (on ~) /トレド/
• 彼の足を踏む step on his foot
• 踏みつぶす tread down
• 踏みにじる tread [trample] ~ under foot; (善意などを傷つける) hurt; (無視する) ignore
• 踏みはずす miss one's step
• ガラスの破片を踏んで(→ガラスの破片の上で)彼は足を切った He cut his foot on a piece of glass.

ふめいよ 不名誉 **dishonor** /ディスアナ/
不名誉な dishonorable /ディスアナラブる/

ふめつ 不滅の **immortal** /イモートる/
• 文豪たちの不滅の作品 immortal works of great writers

ふもう 不毛の (土地が) **barren** /バレン/

ふもと the foot /ふト/
• あの山のふもとの小村 a small village at the foot of the mountain

ふやす 増やす **increase** /インクリース/ → ふえる
• 数を30に[だけ]ふやす increase the number to [by] thirty

ふゆ 冬
➤ **winter** /ウィンタ/
• 冬に in (the) winter
• 今年[去年]の冬(に) this [last] winter
• 寒い冬の朝に on a cold winter morning
• 冬のスポーツ[服] winter sports [clothes]
• 冬の行楽地(こうらくち) a winter resort

ふゆかい 不愉快な **unpleasant** /アンプれズント/

ふゆやすみ 冬休み 《米》 the winter vacation /ウィンタ ヴェイケイション/, 《英》 the winter holidays /ハリデイズ/

ふよう 不用の (役に立たない) **useless** /ユースれス/
• これらの本は今はもう私には不用です
These books are now useless to me.

ぶよう 舞踊 **dancing** /ダンスィング/; a dance
• 日本舞踊 Japanese dancing
• 舞踊家 a dancer

ぶようじん 不用心な (安全でない) **unsafe** /アンセイふ/; (不注意な) **careless** /ケアれス/

フライ¹ (野球の) a **fly** /ふライ/
フライ² フライにする (料理で) **fry** /ふライ/
• 魚のフライ fried fish

プライド one's **pride** /プライド/

フライドチキン fried chicken /ふライド チキン/
• フライドチキンひとつ a piece of fried chicken

フライドポテト 《米》 **French fries** /ふレンチ ふライ/, 《英》 **chips** /チプス/

━━━━━━━━━━━━━━━
カタカナ語！ フライドポテト

英語で fried potato というと「油で揚げたか炒(いた)めたじゃがいも」を指す．「細長く切って揚げたもの」は **French fries**，あるいはイギリスでは単に **chips** という
━━━━━━━━━━━━━━━

プライバシー privacy /プライヴァスィ/
• プライバシーの権利を守る protect one's right to privacy

フライパン a **frying pan** /ふライイング パン/ ➤ 発音注意. a frypan という語もあるが, a frying pan のほうがふつう

フライング フライングをする **jump the gun** /チャンプ ガン/ ➤ a flying start は「助走スタート」の意味

ブラインド a **blind** /ブらインド/, 《米》 a **shade** /シェイド/

ブラインドタッチ touch typing /タチ タイピング/

ブラウス a **blouse** /ブらウズ/

プラカード a **placard** /プらカード/

ぶらさがる ぶら下がる **hang** (down) /ハング (ダウン)/
ぶら下げる hang

ブラシ a **brush** /ブラシュ/
ブラシをかける brush

ブラジャー a **brassiere** /ブラズィア/, 《話》 a **bra** /ブラー/ ➤ 現在では bra を使うのがふつう
• ブラジャーをしている[していない] wear a bra [have no bra on]

ブラジル Brazil /ブラズィる/
• ブラジル(人)の Brazilian
• ブラジル人 a Brazilian; (全体) the Brazilians

プラス plus /プらス/
• プラス記号 a plus sign
• 1プラス3は4である
One plus three is four.
• それでプラスマイナスゼロだ

It evens out advantages and disadvantages. /

ひゆ It's just swings and roundabouts. (振り回して，それがぐるっと回ってくる)

フラスコ a **flask** /ふらスク/

プラスチック(の) plastic /プらスティク/
- このカップはプラスチックです
This cup is (made of) plastic.

ブラスバンド a **brass band** /ブラス バンド/; (吹奏楽団) a **wind ensemble** [**orchestra**] /ウィンド アーンサーンブる [オーケストラ]/

プラタナス 《植物》a **plane** (**tree**) /プれイン (トリー)/

フラダンス hula /フーら/

ぶらつく **ramble** /ランブる/; (散歩する) **take a walk** /ウォーク/; (目的もなくある場所を)《話》**hang around** [《英》**about**] /アラウンド [アバウト]/
- 町をぶらつく ramble about the streets
- 午後はショッピングモールをぶらついて過ごした
We spent the afternoon hanging around [about] a shopping mall. / We spent the afternoon hanging out at [in] a shopping mall.

フラッシュ (a) **flash** /ふらシュ/
- フラッシュを使って写真を撮る take a picture using flash

プラットホーム a **platform** /ぷらトふォーム/

プラネタリウム a **planetarium** /ぷらネテアリアム/

ふらふら (不安定に) **unsteadily** /アンステディり/
ふらふらする (めまいがする) **feel dizzy** /ふぃーるディズィ/; (よろよろする) **stagger** /スタガ/

ぶらぶら
❶ (あてもなく) **aimlessly** /エイムれスり/; (仕事をしないで) **idly** /アイドり/ → ぶらつく
- ぶらぶらと時を過ごす spend *one's* time idly / idle *one's* time away → idle は「何もしないで過ごす」
- (1箇所に何もしないで)ぶらぶらしている《話》hang around [《英》about]
❷ (ぶらぶらさせる，ぶらぶらする) **dangle** /ダングる/ → ぶらさがる
- 足をぶらぶらさせる dangle *one's* legs

プラモデル a **plastic model** /ぷらスティク マドる/

プラン a **plan** /プらン/
- …のプランを立てる make a plan for ~

ふらんき 孵卵器 an **incubator** /インキャベイタ/

ぶらんこ a **swing** /スウィング/
- ぶらんこに乗る sit on [ride in] a swing

フランス **France** /ふらンス/

- フランス(人，語)の **French**
- フランス語 **French**
- フランス人 (男性) a **Frenchman** (複 -men) / (女性) **Frenchwoman** (複 -women); (全体) the **French**
- フランス料理 (食べ物) **French food**; (料理法) **French cuisine**
- 彼女のおばはフランスの方です
Her aunt is French. → Her aunt is a Frenchwoman. というよりふつうの言い方

ブランデー **brandy** /ブらンディ/

ブランド a **brand** /ブらンド/
- ブランド品 a brand name product

ふり¹ ふりをする **pretend** /プリテンド/
- 病気のふりをする pretend to be sick [ill]
- 私を見ないふりをする
pretend not to see me
- 私は目をつぶって眠っているふりをした
I closed my eyes in a pretense of sleep.
- 私は彼の兄さんの友人であるふりをした
I pretended that I was his brother's friend.
- 彼女は本当に彼が大きらいなわけではないのです．そんなふりをしているだけです She doesn't really hate him. She is only acting.

ふり² 不利 **disadvantage** /ディサドヴァンテヂ/
不利な **disadvantageous** /ディサドヴァンテイヂャス/

フリー フリーの (自由な・手のあいている) **free** /ふリー/; (スポーツで敵にマークされていない) **unmarked** /アンマークト/, **open** /オウプン/
- 10番がフリーだ! 10番にパスしろ!
Number 10 is unmarked [open]! Pass him the ball!

フリーター a **casual part-time worker** /キャジュアる パートタイム ワーカ/

フリーダイヤル フリーダイヤルの[で] **toll-free** /トゥる ふリー/
- フリーダイヤルの電話番号 a toll-free phone number
- フリーダイヤルで…に電話する call toll-free to ~

カタカナ語! フリーダイヤル
「無料通話」を日本で「フリーダイヤル」といっているが，英語では **toll-free** という．toll はもともと道路や橋の「通行料」のことだが，「通話料」の意味でも使われる．free は「無料の[で]」の意味

プリーツ (スカート) a **pleated skirt** /プリーテド/

フリーマーケット (ノミの市) (a) **flea market** /ふリー マーケト/

ふりかえ 振り替え

・振り替え休日 a substitute holiday
ふりかえる 振り返る **look back** /るク/
ふりこ 振り子 a **pendulum** /ペンデュラム/
ふりこみ 振り込み (**bank**) **transfer** /(バンク) トランスふァ〜/
フリスビー (a) **Frisbee** /ふリズビー/
プリズム a **prism** /プリズム/
ふりそで 振り袖 *furisode*, **a long-sleeved *kimono*** /ろーンぐ スリーヴド/
フリックにゅうりょく フリック入力 **flick input** /ふリク インプト/
・フリック入力する use flick input
ふりむく 振り向く **turn around** /ターン アラウンド/, **look back** /るク/
ふりょう 不良 **bad, poor** /プア/
・天候不良 bad weather
・成績不良 one's poor grades
ぶりょく 武力 **military power** /ミリテリ パウア/; (武器) **arms** /アームズ/
・武力に訴える appeal to arms
プリン (a) **custard pudding** /カスタド プディンぐ/
プリント (配布物) a **handout** /ハンダウト/ → 英語の print は「印刷(された文字)」の意味
プリントする print /プリント/
・プリントを配る give out the handouts

ふる¹ 降る
➤ **fall** /ふォーる/ → あめ², ゆき¹
・雨が降っても降らなくても rain or shine
・雨[雪]が降る It rains[snows]. → Rain[Snow] falls. というより, 天候を表す it を主語にするほうがふつう
・私はきのう雨に降られた
I got caught in the rain yesterday.

ふる² 振る
➤ (波形に) **wave** /ウェイヴ/
➤ (横に) **shake** /シェイク/
➤ (振り子のように) **swing** /スウィンぐ/
➤ (尾を) **wag** /ワグ/
・旗を振る wave a flag
・別れのあいさつに手を振る wave (a hand in) farewell
・頭を(左右に)振る shake one's head
・彼は私たちに手を振っている
He is waving to us.
・腕を左右に6回振りなさい
Swing your arms right and left six times.
・ほら, ポチがしっぽを振っているよ
Look! Pochi is wagging his tail.

ふる³ (捨てる) **dump** /ダンプ/
・ぼくは彼女にふられた She dumped me.

ふるい 古い
➤ **old** /オウるド/
➤ (もう使っていない) **disused** /ディスユーズド/; (使って古くなった) **secondhand** /セカンドハンド/, **used** /ユーズド/ (→ ちゅうこ); (時代遅れで) **out of date** /デイト/

・古いスーツ an old suit
・古着 secondhand clothes
・古い電気ストーブ a disused electric heater
・この表現は今はもう古い
The expression is out of date now.
・それはもう古いよ(過去のものだ)
They are no longer popular. /
ひゆ They are already yesterday's news.
ふるいたつ 奮い立つ → ふんき (→ 奮起する)
ブルース blues /ブるーズ/
フルーツ fruit /ふるート/
フルート a **flute** /ふるート/
・フルートを吹く play the flute
・フルート奏者 a flute player
ふるえる 震える **tremble** /トレンブる/; (寒さで) **shiver** /シヴァ/
・怒りで[こわくて]震える tremble with anger [for fear]
・寒くて震える shiver with cold
ブルカ a **burqa** /バ〜カ/ → 一部の女性イスラム教

four hundred and eighty-seven 487 ぶん

徒が着る服

ブルガリア **Bulgaria** /バるゲアリア/
- ブルガリア(人, 語)の **Bulgarian**
- ブルガリア語 **Bulgarian**
- ブルガリア人 a **Bulgarian**

ふるさと → こきょう

ブルドーザー a **bulldozer** /ブるドウザ/

ブルドッグ a **bulldog** /ブるドーグ/

ブルペン a **bullpen** /ブるペン/

ふるほん 古本 a **secondhand book** /セカンドハンド/
- 古本屋 a secondhand bookstore

フレー フレーフレー **hurrah** /フラー/
- フレーフレー赤組!
Hurrah for the Reds! / Up the Reds!

ブレーキ a **brake** /ブレイク/
- ブレーキをかける put on the brake

ブレザー(コート) a **blazer** /ブれイザ/

ブレスレット (a) **bracelet** /ブれイスれト/

プレゼン → プレゼンテーション

プレゼンテーション a **presentation** /プレゼンテイション/
- 私は英語の授業でプレゼをした
I made [gave] a presentation to the English class.
- プレゼンソフト presentation software

プレゼント a **present** /プレズント/

プレッシャー **pressure** /プレシャ/

プレハブ (住宅) a **prefabricated house** /プリーファブリケイテド ハウス/, 《話》a **prefab** /プリふァブ/

ふれる 触れる **touch** /タチ/ → さわる

ふろ

➤ a **bath** /バす/

ふろに入る take a bath
- ふろ場 a bathroom
- ふろを沸(ゎ)かす prepare a bath / heat the bath
- ふろに湯を入れる run a bath
- おふろが沸きましたよ Your bath is ready.

プロ a **professional** /プロふェショヌる/
- プロ野球の選手 a professional baseball player

ブローチ a **brooch** /ブロウチ/

ふろく 付録 a **supplement** /サプるメント/

プログラミング 《IT》 **programming**, **programing** /プロウグラミング/
- プログラミングを勉強する study programming
- プログラミング言語 programming language

プログラム a **program** /プロウグラム/
- われわれの合唱はプログラムの6番目です
Our chorus is the sixth item on the program.

プロジェクター a **projector** /プロヂェクタ/

ふろしき a ***furoshiki***, **a wrapping cloth** /ラピング クろーす/
- ふろしき包み a parcel wrapped in a cloth

ブロック a **block** /ブらク/

ブロッコリー 《植物》 **broccoli** /ブラコリ/

フロッピー a **floppy** (**disk**) /ふらピ (ディスク)/

プロパンガス **propane** /プロウペイン/, **bottle gas** /バトる/

プロペラ a **propeller** /プロぺら/; (ヘリコプターの) a **rotor** /ロウタ/

プロポーズ **proposal** /プロポウザる/
プロポーズする **propose**

ブロマイド a **star's picture** /スターズ ピクチャ/
→ 「ブロマイド」は印画紙 (bromide paper) が由来

プロレス **professional wrestling** /プロふェショヌる レスリング/

ブロンズ **bronze** /ブランズ/ → せいどう

フロント (ホテル・病院・会社などの受付) (**the**) **reception** /リセプション/

カタカナ語! フロント

「受付」という英語は **the front desk** ともいう. 日本でいう「フロント」はその desk を省略したものだが, the front とだけいうと「前面, 正面」という意味になる. 英語では **the reception** あるいは **the reception desk** がふつうで, しばしば the をつけないで **reception** という.「受付はどこですか」は Where is reception?

フロントガラス 《米》 **windshield** /ウィンドシーるド/, 《英》 **windscreen** /ウィンドスクリーン/「フロントガラス」は和製英語

ふわふわ ふわふわした **fluffy** /ふらふィ/
- ふわふわしたセーター a fluffy sweater

ふん¹ 分 (時間) a **minute** /ミニト/
- 15分 fifteen minutes / a quarter (of an hour)
- 30分 thirty minutes / half an hour
- (時計の)分針 the minute [long] hand

ふん² 糞 (鳥・イヌなどの) **droppings** /ドラピングズ/

ぶん¹ 分 (部分) a **part** /パート/; (分け前) a **share** /シェア/
- 2分の1 a half / one half
- 3分の1 a [one] third
- 3分の2 two thirds

ぶん² 文 (文法上の) a **sentence** /センテンス/; (書き物) **writing** /ライティング/; (一節) a **passage** /パセヂ/

あ
か
さ
た
な
ふ
ま
や
ら
わ

ふんいき 488 four hundred and eighty-eight

• 文がうまい be a good writer

ふんいき an **atmosphere** /アトモスфィア/

ふんか 噴火 (an) **eruption** /イラプション/
　噴火する　erupt /イラプト/
• 噴火口　a crater
• 噴火している　be in eruption

ぶんか 文化　**culture** /カるチャ/
• 文化的　cultural
• 文化の日(祭日)　Culture Day
• 日本の古代文化　ancient Japanese culture
• (学校の)文化祭　a school festival
• 文化遺産　cultural heritage

ぶんかい 分解　**dissolution** /ディソるーション/;
　(分析) **analysis** /アナリシス/
　分解する　dissolve /ディザるヴ/; **analyze** /アナらイズ/

ぶんがく 文学　**literature** /リテラチャ/
　文学の　literary /リテラリ/
• 文学者 (男性) a man of letters / (女性) a woman of letters
• 文学作品　a literary work
• 日本文学　Japanese literature

ぶんかつ 分割　(a) **division** /ディヴィジョン/
　分割する　divide /ディヴァイド/

ふんき 奮起させる　**rouse** /ラウズ/, **stir up** /スタ〜/
　奮起する　rouse *oneself*, **be roused**, **be stirred up**

ぶんきてん 分岐点　a **turning point** /タ〜ニング/; (分水嶺(ぶんすいれい)) a **watershed** /ウォータシェド/

ぶんげい 文芸　**arts and literature** /アーツ リテラチャ/

ぶんこう 分校　a **branch school** /ブランチ/

ぶんごう 文豪　a **great writer** /グレイト ライタ/

ぶんこぼん 文庫本　a **pocket-sized paperback** /パケト サイズド ペイパバク/

ぶんし¹ 分子 (分数の) a **numerator** /ニューメレイタ/; (化学の) a **molecule** /マリキューる/

ぶんし² 分詞　a **participle** /パーティシプる/
• 現在分詞　the present participle
• 過去分詞　the past participle

ふんしつ 紛失　**loss** /ろース/
　紛失する　(物を) lose /るーズ/; (物が) **be missing** /ミスィング/
• 紛失物　a lost [missing] article

ぶんしゅう 文集　an **anthology of writings** /アンさろヂ ライティングズ/
• 卒業記念文集をつくる　compile an anthology of writings in commemoration of *one's* graduation

ぶんしょ 文書　a **document** /ダキュメント/

ぶんしょう 文章　→ ぶん²

ふんすい 噴水　a **fountain** /ふァウンテン/

ぶんすいれい 分水嶺　a **watershed** /ウォータシェド/

ぶんすう 分数　a **fraction** /ふラクション/

ぶんせき 分析　**analysis** /アナリシス/
　分析する　analyze /アナらイズ/

ふんそう¹ 扮装　**makeup** /メイカプ/

ふんそう² 紛争 (論争) a **dispute** /ディスピュート/; (もめ事) a **trouble** /トラブる/
• 国境紛争　a border dispute [trouble]

ぶんたい 文体　a **style (of writing)** /スタイる (ライティング)/
• やさしい文体で書いてある　be written in a plain style

ぶんたん 分担 (仕事の) *one's* **share (of work)** /シェア (ワ〜ク)/
• 私は自分の仕事の分担を終えてから戸田の仕事を手伝った
After I did my share of work I helped Toda to do his.

ぶんつう 文通　**correspondence** /コーレスパンデンス/
• たがいに文通する　write to [correspond with] each other / exchange letters

ふんとう 奮闘　a **struggle** /ストラグる/
　奮闘する　struggle

ぶんどき 分度器　a **protractor** /プロウトラクタ/

ぶんぱい 分配　**distribution** /ディストリビューション/
　分配する　distribute /ディストリビュート/ → くばる

ぶんぷ 分布　**distribution** /ディストリビューション/
　分布する　be distributed /ディストリビューテド/

ぶんぶん ぶんぶん音をたてる　**buzz** /バズ/, **hum** /ハム/
• ぶんぶん飛び回るハチたち　buzzing [humming] bees

ふんべつ 分別　**prudence** /プルーデンス/, **good sense** /センス/
　分別のある　prudent /プルーデント/
• このことで彼がいかに分別のある男であるかがわかる　This shows how prudent he is.
• 君くらいの年ならもっと分別があるべきだ
You should know better at your age. → know better は「もっと分別がある」

ぶんぼ 分母　a **denominator** /デナミネイタ/

ぶんぽう 文法 **grammar** /グラマ/
文法(上)の grammatical /グラマティカる/
・君の作文には文法上の誤りは一つもない
There are no grammatical mistakes in your composition.

ぶんぼうぐ 文房具 **stationery** /ステイショネリ/
・文房具屋 (人) a stationer; (店) a stationer's

ふんまつ 粉末 (a) **powder** /パウダ/

ぶんめい 文明 **civilization** /スィヴィりゼイション/
・文明国 a civilized country
・文明発祥(はっしょう)の地 the cradle of civilization
・明治の文明開化 the civilization and enlightenment in the Meiji era

ぶんや 分野 a **field** /ふィーるド/
・自然科学の分野 the field of natural science

ぶんり 分離 **separation** /セパレイション/
分離する separate /セパレイト/
・A と B を分離する separate *A* from *B*

ぶんりょう 分量 **quantity** /クワンティティ/ → りょう¹

ぶんるい 分類 **classification** /クらスィふィケイション/
分類する classify /クらスィふァイ/

ぶんれつ 分裂する (グループなどが) **split** /スプリト/; (意見が) **be divided** /ディヴァイデド/

へ …へ

❶ (方向) **to**, **for**, **toward**
❷ (…の上へ) **on**, **onto**
❸ (…の中へ) **in**, **into**

❶ **to**, (…に向かって) **for**, (…の方へ) **toward** /トード/
・学校[教会]へ行く go to school [church]
・アメリカへたつ leave for America
・彼の方へ走って行く run toward him

❷ (…の上へ) **on**, **onto**
・それらの本を棚へのせる put the books on the shelf
・舞台へ上がる get on the stage

❸ (…の中へ) **in**, **into**
・ポケットへ手を入れる put *one's* hand in *one's* pocket
・川へ飛び込む jump into a river

使い分け
to はある地点への到着・到達, **for** は行き先, **toward** は方向を示す.

ヘア hair /ヘア/
・ヘアブラシ a hairbrush
・ヘアスタイル a hairstyle, a hairdo
・ヘアドライヤー a (hair) dryer, a blow-dryer
・ヘアバンド a hairband; (特に長い髪用は) a hair tie, a ponytail holder
・ヘアメイク (hair and) makeup artist

ペア a **pair** /ペア/
・ペアで仕事をする work in pairs
・私はテニスの試合で彼女とペアを組んだ
I was paired with her in the tennis match. → この paired は pair (ペアにする)という動詞の過去分詞

へい 塀 (壁状の) a **wall** /ウォーる/; (板・針金などの) a **fence** /ふェンス/

へいか 陛下 (天皇) **His Majesty (the Emperor)** /マヂェスティ (エンペラ)/; (皇后) **Her Majesty (the Empress)** /(エンプレス)/ → 直接呼びかける時は Your Majesty となる

へいかい 閉会 **the closing** (of a meeting) /クろウズィンぐ (ミーティンぐ)/
閉会する close a meeting /クろウズ/
・閉会のあいさつ a closing address
・閉会式 a closing ceremony

へいき¹ 兵器 a **weapon** /ウェポン/
・核兵器 nuclear weapons

へいき² 平気である (いやがらない) **don't mind** /マインド/; (気にかけない) **don't care** /ケア/
・私は雪の中を歩くのは平気だ
I don't mind walking in the snow.
・私はどんなに寒くても平気だ
I don't mind how cold it is.
・彼が何と言おうと私は平気だ
I don't care what he says.

へいきん 平均

➤ an **average** /アヴェレヂ/
➤ (釣(つ)り合い) **balance** /バランス/

平均する take an **average**, **average**
・平均して on (the) average
・平均以上[以下]で above [below] average

べいぐん

•平均点 the average (mark); (通知表などで段階評価の) grade point average
•平均気温[身長] the average temperature [height]
•平均寿命 the average length of life
•(からだなどの)平均をとる[失う] keep [lose] *one's* balance
•この試験の平均点は62点です
The average for this test is 62.
•私は毎日平均8時間の睡眠をとります
I sleep eight hours on (the) average every day. / I have an average of eight hours' sleep every day.
•平均台 a balance beam /ビーム/

べいぐん 米軍 **the American**[**U.S.**] **forces** /アメリカン ふォーセズ/
•米軍基地 an American [a U. S.] military base
•沖縄は，在日米軍の占める土地の75パーセントを提供している
Okinawa provides 75 percent of the land occupied by the U.S. forces in Japan.

へいこう 平行の，平行する **parallel** /パられる/
•…と平行して in parallel with ～
•平行線 parallel lines
•平行四辺形 a parallelogram
•(段違い)平行棒 (uneven) parallel bars
•…に平行な線を引く draw a line parallel to ～
•その道路は電車の線路と平行して走っている
The road runs parallel to the railroad.

へいさ 閉鎖（工場・店などの）a **close-down** /クろウズ ダウン/
　閉鎖する close down

べいさく 米作（栽培）**the cultivation of rice** /カるティヴェイション/; (収穫) **the rice crop** /クラプ/
•米作地帯 a rice-producing district

へいし 兵士 a **soldier** /ソウるヂャ/

へいじつ 平日(土曜日・日曜日以外の) a **weekday** /ウィークデイ/
•平日には on weekdays

へいじょう 平常の **usual** /ユージュアる/
•平常どおり as usual
•平常点で生徒の成績をつける grade [rate] students according to their class participation

へいじょぶん 平叙文 a **declarative sentence** /ディクらラティヴ センテンス/

へいせい 平成 *Heisei*
•ぼくの弟は平成25年に生まれた My little brother was born in 2013 [in the 25th year of *Heisei*]. → 英語では西暦に直していうほうがよい.

2013 は twenty thirteen と読む

へいたい 兵隊 a **soldier** /ソウるヂャ/

へいてん 閉店する **close** /クろウズ/
•閉店時間 the closing time
•店は午後6時閉店です
Our store closes at 6 p.m.

へいねつ 平熱 **the normal temperature** /ノーマる テンパラチャ/

へいほう 平方 a **square** /スクウェア/
•2メートル平方 two meters square
•2平方メートル two square meters
•平方根 a square root

へいぼん 平凡な **ordinary** /オーディネリ/, **commonplace** /カモンプれイス/, **common** /カモン/
•平凡な人間 an ordinary person
•平凡な出来事 a common occurrence

へいめん 平面 a **plane** /プれイン/

へいや 平野 a **plain** /プれイン/, **plains**
•関東平野 the Kanto plains

へいわ　平和

➤ **peace** /ピース/

平和な **peaceful**
•平和に peacefully / in peace
•平和を保つ keep peace
•世界平和のために働く work for world peace
•原子力の平和利用 peaceful uses of nuclear energy

ベーコン bacon /ベイコン/

ページ a **page** /ペイヂ/
•ページをめくる turn (over) the pages
•5ページをあける open a book to [《英》at] page five
•5ページから始める begin at page five

ベージュ ベージュ色(の) **beige** /ベイジュ/ → フランス語より

ベース a **base** /ベイス/ → るい²

ペース (a) **pace** /ペイス/
•マイペースで at *one's* own pace
•(…と)ペースをそろえる keep pace (with ～)

ペースト (a) **paste** /ペイスト/

ペーパーテスト (筆記試験) a **written test** /リトン/ → 英語で a paper test というと「紙質検査」の意味になる

ベール a **veil** /ヴェイる/

べき

❶ (…べき…)
❷ (…するべきである)(必要・義務) **must** *do*; (当然・義務) **should** *do*, **ought to** *do*

❶ (…べき…)「名詞＋to 不定詞」で表す.
・なすべき事 something to do
・われわれは学ぶべき事がたくさんある
We have a lot of things to learn.
・私は何をすべきかわからない
I don't know what to do.
❷ (…するべきである)(必要・義務) **must** *do* /マスト/; (当然・義務) **should** *do* /シュド/, **ought to** *do* /オート/
・君はすぐそこへ行くべきだ
You must go there at once.
・君は両親の言うことに従うべきだ
You should [ought to] obey your parents.
・人の感情を傷つけるべきでない
You should not hurt the feelings of others.
・君は彼にそのことを言うべきではなかった →「…すべきだった」は ought to have *done* You ought not to have told him about it.

へきが 壁画 a **wall painting** /ウォーる ペインティンぐ/
ペキン 北京 **Beijing** /ベイヂンぐ/
ヘクタール a **hectare** /ヘクテア/
ぺこぺこ
❶ (おなかが)
・私はおなかがぺこぺこだ
I'm very hungry. / I'm starving.
❷ (頭をさげる) **bow** *one's* **head repeatedly in a slavish manner** /バウ ヘド リピーテドリ スれイヴィシュ マナ/; (へつらう) **flatter** /ふラタ/
へこむ cave in /ケイヴ/
ベジタリアン (菜食主義者) **vegetarian** /ヴェジェテアリアン/
ベスト¹ (最善) **the best** /ベスト/
・ベストをつくす do *one's* best
・この本の売り上げはベスト10にランクされている
The sales of this book ranks among the top ten.

> カタカナ語！　ベストテン
> 日本ではよく「ベスト…」というが, best は本来「質」についていう. そのまま英語で best を使うのは best seller (ベストセラー)くらいのもの.「上位…位以内」という時は best のかわりに **top** ～ という. 上位からの順位そのものをいう時は **number** ～ という.「それはベスト1 [2, 3]だ」は It ranks number one [two, three]

ベスト² (チョッキ) a **vest** /ヴェスト/
ベストセラー a **best seller** /ベスト セら/
へそ a **navel** /ネイヴる/
へた へたな **poor** /プア/
・彼は話しべたです He is a poor speaker.
・彼は歌がへただ He is a poor singer. / He doesn't sing well.
ペダル a **pedal** /ペドる/
・自転車のペダルを踏む pedal a bicycle
ヘチマ 糸瓜《植物》a **loofah** /るーふァ/
ぺちゃぺちゃ
❶ (しゃべる) **chatter** /チャタ/
❷ (なめる) **lap** /らプ/
ぺちゃんこ ぺちゃんこの[に] **flat** /ふらト/
・ぺちゃんこのタイヤ a flat tire
・箱をぺちゃんこに押しつぶす crush a box flat

べつ　別

➤ (区別) **distinction** /ディスティンクション/; (別のこと) **another** /アナざ/

別の (違う) **different** /ディふァレント/; (もう一つの) **another**; (ほかの) **other** /アざ/
…とは別に (余分に) **in addition** (to ～) /アディション/
…は別として **apart from** ～ /アパート/, **aside from** ～ /アサイド/
・年齢(ねんれい)男女の別なく regardless [without distinction] of age and sex
・それを他の物と別にしておく set it apart from the rest
・基本料金とは別に毎月500円ぐらい払う
pay about 500 yen every month in addition to the basic charge
・この問題は別として apart from this question
・費用は別として, それはとても時間がかかるだろう
Apart from the cost, it will take a lot of time.
・私はこの色はいやだ. 別の色のを見せてください
I don't like this color. Show me some in different colors.
・別のを試してみよう Let's try another one.
・彼は一方の道を行き私は別の道を行ってどっちが近道か試してみた
He took one way and I took another and we tried to see which was the shorter (way).
・いつかまた別の日においでください
Come again some other day.
・知っていることと教えることは別だ
To know is one thing, to teach (is) another.
べっきょ 別居する **be separated** /セパレイテド/, **live separately** /リヴ セパラトリ/; (離れて住んでいる) **live away** (from ～) /アウェイ/, **live apart** (from ～) /アパート/
べっこう 鼈甲 **tortoise shell** /トータス シェる/
べっそう 別荘 (豪壮(ごうそう)な) a **villa** /ヴィら/; (ふつうの) a **vacation house** /ヴェイケイション ハウ

ベッド 492 four hundred and ninety-two

ス/; (簡素な) a **cottage** /カテヂ/

ベッド a **bed** /ベド/; (小児用)《米》a **crib** /クリブ/,《英》a **cot**

•2段ベッド　a **bunk (bed)**

•ベッドタウン　a **dormitory [bedroom] town**

ペット a **pet** /ペト/

ペットボトル a **plastic bottle** /プらスティク バtrる/

ヘッドホン **headphones** /ヘドふォウンズ/

ヘッドライト a **headlight** /ヘドらイト/

べつに 別に (特別に) **particularly** /パティキュらり/, **in particular**, **especially** /イスペシャり/, **specially** /スペシャり/

•あすは別にすることがない
I have nothing particular to do tomorrow.

•あの本は別におもしろくない
That book is not particularly interesting.

🐭会話 何か彼に伝えることがありますか. 一別に
Do you have anything to tell him?—No, (I have) nothing particular (to tell him).

べつべつ 別々の **separate** /セパラト/

別々にする **keep ～ separate**

•別々の家に住む　live in separate houses

•雄(おす)のカマキリと雌(めす)のカマキリは別々にしておきなさい　Keep male mantises separate from female ones.

へ **へつらう** **flatter** /ふらタ/, **play up to ～** /プれイ/, **fawn upon ～** /ふォーン/, **curry favor with ～** /カ～リ ふェイヴァ/ → おせじ

ヘディング **header** /ヘダ/

ヘディングする **head**

カタカナ語！ ヘディング

heading という英語もあるが, これはふつう「(新聞の)見出し」や「(書物の章の)表題」の意味で使う. 日本語でいう「ヘディング」は英語では **header** という. **head** には「ヘディングする」という動詞の意味もあるが, header を「ヘディングする人」という意味で使うことはない

•ヘディングで点を入れる　head the ball into the goal / score a goal with a header → 後ろの文の goal は「得点」

ベテラン a **veteran** /ヴェテラン/ → a veteran は《米》では退役軍人をさすことが多い.「経験豊富な」は experienced を使う

•ベテランの　(経験を積んだ) experienced; (熟練した) expert

•ベテラン教師　an experienced teacher

ベトナム **Vietnam** /ヴィエトナーム/

•ベトナム(人, 語)の　Vietnamese

•ベトナム語　Vietnamese

•ベトナム人　a Vietnamese (複 同形); (全体) the

Vietnamese

へとへと へとへとに疲(つか)れる **be tired out** /タイアド/, **be exhausted** /イグゾーステド/

•5時間も歩いたからへとへとだ
I'm tired out after a five-hour walk.

•ぼくはへとへとに (→死ぬほど)疲れている
I'm dead tired.

べとべと (ねばねばする) **sticky** /スティキ/; (ぬれている) **wet** /ウェト/

ペナルティーキック[エリア] a **penalty kick [area]** /ペナるティ キク[エリア]/

ペナント a **pennant** /ペナント/

•ペナントレース　a pennant race

べに 紅(をつける) **rouge** /ルージュ/ → くちべに

ベニヤ ベニヤ板 (合板) **plywood** /プらイウド/ → veneer /ヴィニア/ は合板を構成している「単板」のこと

ベネチア **Venice** /ヴェニス/

ヘビ 蛇 《動物》a **snake** /スネイク/

ベビー a **baby** /ベイビ/

•ベビーベッド　《米》a crib / 《英》a cot → 「ベビーベッド」は和製英語

•ベビーシッター　a babysitter

へや 部屋 a **room** /ルーム/

へらす 減らす **lessen** /れスン/, **decrease** /ディクリース/ → へる

ぺらぺら

❶(流暢(りゅうちょう)に) **fluently** /ふるーエントり/

•ジョンは日本語がぺらぺらだ　John speaks Japanese fluently [fluent Japanese].

•彼は3か国語がぺらぺらだ
He is fluent in three languages.

❷(ぺらぺらめくる)→ ぱらぱら❷

ベランダ a **veranda** /ヴェランダ/

へり an **edge** /エヂ/, a **border** /ボーダ/; (衣類の) a **hem** /ヘム/ → ふち

ヘリウム **helium** /ヒー리アム/

ペリカン 《鳥》a **pelican** /ペリカン/

ヘリコプター a **helicopter** /ヘリカプタ/

ヘリポート a **heliport** /ヘリポート/

へる 減る

➤ **lessen** /れスン/; (特に数量が) **decrease** /ディクリース/ → げんしょう²

•学生の数が減ってきた
The number of students is decreasing.

•その危険はだいぶ減った
The danger has lessened considerably.

ベル a **bell** /べる/

•ベルを鳴らす　ring [sound] a bell

ペルー Peru /ペルー/
- •ペルー(人)の Peruvian
- •ペルー人 a Peruvian; (全体) the Peruvians

ベルギー Belgium /べるヂャム/
- •ベルギー(人)の Belgian
- •ベルギー人 a Belgian; (全体) the Belgians

ヘルスメーター a bathroom scale /バすルーム スケイる/ → 「ヘルスメーター」は和製英語

ベルト a belt /べるト/
- •シートベルトを締(し)める fasten *one's* seat belt

ヘルメット a helmet /へるメト/

ベルリン Berlin /バ〜リン/

ベレー ベレー帽 (フランス語) a beret /ベレイ/

へん¹ 辺
❶ (多角形の) a **side** /サイド/
❷ (あたり)→ あたり², きんじょ
- •このへんに around here / near here
- •あのへんに (over) there

へん² 変な
➤ **strange** /ストレインヂ/; (ふつうでない) **odd** /アド/; (意外な) **funny** /ふァニ/; (変な身なり・容ぼうの) **odd-looking** /アド るキング/
- •変なことを言うようだが strange to say
- •それには何も変なところはない
There is nothing strange [odd] about that.
- •メイが来なかったのは変だ
It's funny that May didn't come.
- •変顔をする make a funny [comical] face

べん¹ 便 (便利) **convenience** /コンヴィーニエンス/; (設備) **facilities** /ふァスィリティズ/; (交通の) **service** /サ〜ヴィス/ (→ びん² ❷)
- •この2つの町の間にはよいバスの便がある
There is good bus service between the two towns.

べん² …弁 (なまり) an **accent** /アクセント/
- •関西弁で話す speak with a Kansai accent

ペン a pen /ペン/
- •ペンで書く write with a pen / write in pen
- •ペン習字 penmanship
- •ペンフレンド a pen pal / (英) a pen friend

へんか 変化 (a) change /チェインヂ/
変化する, 変化させる change

べんかい 弁解 an excuse /イクスキュース/
弁解する excuse /イクスキューズ/
- •彼は遅刻したことについていろいろ弁解した
He made many excuses for coming late.
- •彼の行動には弁解の余地がない
He has no excuse for his conduct.

へんかきゅう 変化球 a breaking ball /ブレイキ

ング/

へんかん 返還 (a) return /リタ〜ン/
返還する return

へんかんする 変換する 《IT》(かな漢字変換で) convert /コンヴァ〜ト/

ペンキ ペンキ(を塗る) paint /ペイント/
- •壁に白くペンキを塗る paint a wall white
- •ペンキ屋 a (house) painter
掲示 ペンキ塗りたて! Fresh [Wet] Paint!

べんきょう 勉強(する)

➤ **study** /スタディ/, **work** /ワ〜ク/
- •学校の勉強 schoolwork
- •勉強家 a hard worker
- •勉強部屋 a study
- •試験勉強する study for a test [an exam]
- •数学を勉強する study mathematics
- •一生懸命勉強する study [work] hard
- •毎日2時間勉強する study two hours every day
- •彼は夕食の前に勉強します
He studies before supper.
- •もっと一生懸命勉強しなさい
Work [Study] harder. → work には「仕事をする」という意味があるので，前後関係がはっきりしないと，「仕事をする」か「勉強する」か不明のこともある

会話 君は1日に何時間勉強しますか. —私は1日に3時間勉強します
How many hours do you study a day? —I study (for) three hours a day.
- •私は3年間英語を勉強している → 現在完了進行形 I have been studying English for three years.

ペンギン 《鳥》a penguin /ペングウィン/

へんけん 偏見 prejudice /プレヂュディス/
- •彼はジャズ音楽に対して偏見を持っている
He has a prejudice against jazz music.

べんご 弁護 pleading /プリーディング/
弁護する plead (for ~)
- •弁護士 a lawyer
- •弁護士に相談する consult with a lawyer

へんこう 変更 (a) change /チェインヂ/
変更する change, make a change
- •時間表に変更はありませんか
Isn't there any change in the schedule?
- •途中で方針を変更するのは賢明ではない
It isn't wise to change your course halfway. /
ひゆ It isn't wise to change your horse in midstream. (中流で馬を乗り換えるのは)

へんさい 返済 repayment /リペイメント/
返済する pay back, repay
へんさち 偏差値 (数学) deviation value /ディーヴィエイション ヴァリュー/; (試験の点数) test scores /スコーズ/
・あの学校は偏差値が高い
That school requires high test scores to enter. → require は「要求する」

へんじ 返事

➤ an **answer** /アンサ/, a **reply** /リプらイ/
返事をする answer, reply (to ~)
・手紙に対する返事 an answer [a reply] to a letter
・さっそくご返事いただきお礼申し上げます
Thank you for your prompt answer [reply].
へんしゅう 編集する edit /エディト/
・編集者 an editor
・編集長 a chief editor
・編集部[委員会] an editorial staff [committee]
べんじょ 便所 a **lavatory** /らヴァトーリ/, a **toilet** /トイれト/
べんしょう 弁償 compensation /カンペンセイション/
弁償する compensate (for ~) /カンペンセイト/, make up (for ~)
ペンション (西洋風民宿) a **guest house** /ゲスト ハウス/, a **small hotel** /スモーる ホウテる/
へんしん 変身する change (into ~) /チェインヂ/, turn (into ~) /ターン/, transform (into ~) /トランスふォーム/
へんすう 変数 a variable /ヴァリアブる/
・変数をAと設定する set the variable to A

へんそう 変装 disguise /ディスガイズ/
変装する disguise *oneself* (as ~)
ペンダント a pendant /ペンダント/
・ペンダントをしている wear a pendant
ベンチ a bench; (野球) a dugout /ダガウト/
ペンチ (a pair of) pliers /(ペア) プらイアズ/
べんとう 弁当 *bento*; a box [packed] lunch /バクス [パクト] らンチ/
・弁当箱 a lunch box
へんとうせん 扁桃腺 tonsils /タンスるズ/ → 2つあるので複数形でいう
扁桃腺炎 tonsillitis /タンスィらイティス/
べんぴ 便秘 constipation /カンスティペイション/
・私は便秘している I am constipated.
へんぴな out-of-the-way /アウトヴ ざ ウェイ/
・へんぴな場所 an out-of-the-way place

べんり 便利な

➤ **convenient** /コンヴィーニエント/; (手ごろで便利な) **handy** /ハンディ/
・便利な道具 a convenient [handy] tool
・バスと地下鉄ではどちらが行くのに便利ですか
Which is more convenient to go by bus or by subway?
・郵便局はうちから便利な所にあります
The post office is at a convenient distance from our house. / Our house is conveniently near the post office.
・このキッチンはなにからなにまで便利に出来ている
Everything is convenient in this kitchen.
べんろん 弁論 public speaking /パブリク スピーキング/
・弁論大会 a speech [an oratory] contest

ほ ホ

ほ¹ 穂 an ear /イア/
ほ² 帆 a sail /セイる/
ほ³ 歩 a step /ステプ/
・一歩一歩 step by step
・彼女は一歩も動けなかった
She could not move an inch.
ほあんかん 保安官 a sheriff /シェリふ/
ほあんけんさ 保安検査 a security check [screening] /スィキュアリティ チェク [スクリーニング]/
ほいく 保育する nurse /ナ〜ス/

・保育園 《米》a day care center / 《英》a day nursery / a crèche /クリーシェイ/
・保育士 a nursery school teacher / a child carer
ボイコット a boycott /ボイカト/
ボイコットする boycott
ボイラー a boiler /ボイら/
ホイル foil /ふォイる/
・アルミホイル aluminum foil
ぼいん 母音 a vowel /ヴァウエる/
ポインター a cursor /カ〜サー/, a mouse

pointer /マウス ポインタ/ → PC の画面上で入力位置を示すもの. マウスなどで動かす
ポイント（点）a **point** /ポイント/;（要点）**the point**
ポイントカード《米》a **discount**［**club**, **rewards**］**card** /ディスカウント［リウォーヅ］/,《英》a **loyalty card** /ろイアるティ/ →「ポイントカード」は和製英語

ほう[1] 法 → ほうほう, → ほうりつ

ほう[2] 方

❶（方向）a **direction**, a **way**
❷（側）a **side**
❸（比較）比較級を使って表す

❶（方向）a **direction** /ディレクション/, a **way** /ウェイ/
…の方へ, …の方に to, toward(s) /トード［ツ］/
・ドアの方へ行く go to the door / go toward(s) the door
・こちらの方［私の方］を向きなさい
Look this way［toward(s) me］.
・橋の方へ 5 分間ほど歩いて行けば十字路に出ます
Walk about five minutes toward(s)［in the direction of］the bridge, and you will come to a crossing.
・風はどちらの方へ吹いていましたか
Which way［In which direction］was the wind blowing?
・彼は背を私の方に向けてすわった
He sat with his back toward(s) me.

❷（側）a **side** /サイド/
・彼の店はその通りの左の方にある
His shop is on the left side of the street.
・私の方は大丈夫だが君の方はどうだ
We are all right (on our side). How are things going on on your side［with you］?

❸（比較）比較級を使って表す.
…したほうがよい had better *do* → 2 人称に対して用いるとかなり強い命令口調になる場合もあるので注意すること; 丁寧な表現としては (I think) It might be better for you to *do* などがある
・君のほうが彼より背が高い
You are taller than he is［《話》than him］.
・（私たちは）医者を呼んだほうがよい
We had better call the doctor.
・君はうちに残っていたほうがよい (いなさい)
You had better stay at home.
・君はそこへ行かないほうがよい
You had better not go there.
・私は疲れたので, 寝るほうがいいだろう
I'm tired. I may as well go to bed.

ぼう 棒 a **stick** /スティク/;（こん棒）a **club** /クらブ/;（指揮棒）a **baton** /バトン/

ぼういんぼうしょく 暴飲暴食する **eat and drink too much** /イート ドリンク マチ/
ぼうえい 防衛 **defense** /ディフェンス/
　防衛する defend /ディフェンド/ → まもる
・防衛省 the Ministry of Defense
・防衛大臣 the Minister of Defense
ぼうえき 貿易 **foreign trade** /ふォーリン トレイド/
・…と貿易する trade with ~
ぼうえんきょう 望遠鏡 a **telescope** /テれスコウプ/;（双眼鏡）**binoculars** /ビナキュらズ/
・望遠鏡でみる look through a telescope
ほうおう 法王 (ローマ法王) **the Pope** /ポウプ/ → きょうこう
ぼうおん 防音の **soundproof** /サウンドプルーふ/
・防音室 a soundproof room
ほうか 放火 **arson** /アースン/
・放火する set fire (to ~)
ぼうか 防火 **fire prevention** /ふァイア プリヴェンション/
・防火建築 a fireproof building
・防火訓練 a fire drill
・生徒たちは防火訓練をしていた
The pupils were having a fire drill.
ぼうがい 妨害 **obstruction** /オブストラクション/, **interruption** /インタラプション/
　妨害する → さまたげる
ほうがく 方角 → ほうこう
ほうかご 放課後 **after school**
・君は放課後何をするつもりですか
What are you going to do after school?

ほうがん 砲丸投げ **the shot put** /シャト プト/
- 砲丸投げ選手 a shot-putter

ほうかん 傍観する **look on** /る ク/
- 傍観者 a looker-on (圈 lookers-on)
- 彼はただ傍観していて私たちを助けるために何もしてくれなかった ひゆ He just sat [stood, watched] on the sidelines and did nothing to help us. (競技に参加しないでサイドラインに腰を下ろしていた[立っていた, で見ていた])

ほうがんし 方眼紙 **graph paper** /グラ ふ ペイパ/

ほうき¹ a **broom** /ブルーム/
ほうきで掃(は)く sweep /スウィープ/

ほうき² 放棄 **abandonment** /アバンドンメント/, (権利・主張の) **renunciation** /リナンスィエイション/
放棄する abandon /アバンドン/, **give up**; (権利・義務などを) **renounce** /リナウンス/
- 戦争放棄 the renunciation of war
- 選挙権を放棄する renounce one's right to vote

ぼうぎょ 防御 **defense** /ディふェンス/
防御する defend /ディふェンド/

ぼうグラフ 棒グラフ a **bar graph** /バー グラふ/

ほうけん 封建的 **feudalistic** /ふューダリスティク/
- 封建制度 feudalism / the feudal system

ほうげん 方言 a **dialect** /ダイアれクト/

ぼうけん 冒険 (an) **adventure** /アドヴェンチャ/
冒険する risk /リスク/
- 冒険的な adventurous
- 冒険家 an adventurer
- 冒険心 a spirit of adventure

ほうこう 方向 a **direction** /ディレクション/, a **way** /ウェイ/ → ほう² ❶
- この方向に in this direction
- 方向がわからなくなる lose one's sense of direction / cannot find one's way
- うちの母は方向音痴だ
My mother has no sense of direction.
- 郵便局はどちらの方向ですか
Which way is the post office?

ぼうこう 暴行 **violence** /ヴァイオれンス/, (an) **outrage** /アウトレイヂ/, (an) **assault** /アソーるト/
- …に暴力を加える do violence to ~ / commit an outrage on ~ / make an assault on ~

ほうこく 報告(書) a **report** /リポート/
報告する report
- 報告者 a reporter
- 中間報告 an interim report
- …に事故の[事故についての]報告をする report the accident [on the accident] to ~

- コロンブスはアメリカを発見したことを女王に報告した Columbus reported to the queen that he had discovered America.

ぼうごふく 防護服 **personal protective equipment** /パ〜ソヌる プロテクティヴ イクウィプメント/
↳ しばしば PPE と略される

ぼうさい 防災 **disaster prevention** /ディザスタ プリヴェンション/
- 防災の日 Disaster Prevention Day
- 防災訓練 a disaster drill

ほうさく 豊作 a **rich harvest** /リチ ハーヴェスト/, (大豊作) a **bumper crop** /バンパ/
- 今年は米の大豊作が予想される The prospects for the rice harvest are very good this year. / A bumper crop of rice is expected this year.
- うちのリンゴは今年は豊作でした
We had a fine crop of apples this year. / Our apple crop was very good this year.

ほうさん ホウ酸 **boric acid** /ボーリク アスィド/

ぼうさん 坊さん a **Buddhist priest** /ブディスト プリースト/

ほうし¹ 奉仕 **service** /サ〜ヴィス/
奉仕する serve /サ〜ヴ/
- 社会に奉仕する serve the public
- 社会奉仕 social service

ほうし² 胞子 a **spore** /スポー/

ほうじ 法事 a **Buddhist service** /ブディスト サ〜ヴィス/
- 祖父の法事 a Buddhist service for one's late grandfather

ぼうし¹ 帽子 a **hat** /ハト/; (学生帽・野球帽・水泳帽などのような縁なし) a **cap** /キャプ/
- 帽子をかぶる[脱(ぬ)ぐ] put on [take off] a cap
- 帽子をかぶったままで with one's cap on

ぼうし² 防止 **prevention** /プリヴェンション/
防止する prevent /プリヴェント/ → ふせぐ

ほうじちゃ 焙じ茶 **roasted tea** /ロウステド ティー/

ほうしゃ 放射 **radiation** /レイディエイション/
放射する radiate /レイディエイト/
- 放射状の radial
- 放射能 radioactivity
- 放射能のある radioactive
- 放射線 radioactive rays
- 放射性物質 (a) radioactive material
- 放射能汚染(おせん) radioactive pollution
- 放射性廃棄(はいき)物 radioactive waste

ほうしゅう 報酬 a **reward** /リウォード/
報酬を与える reward
- 彼の協力に対する報酬 a reward for his ser-

vices
・彼の協力に報酬を与える　reward him for his services
ほうしん　方針　(主義) a **principle** /プリンスィプる/; (やり方) a **policy** /パリスィ/
・本校の教育方針　the educational principles of this school
・外交方針　a foreign policy
ぼうず　坊主　→ぼうさん; (坊主頭)(つるつるの) a **shaven head** /シェイヴン ヘド/, (短く刈(か)った) a **close-cropped head** /クろウス クラプト/
・坊主にする　have one's head shaved [cropped short]
ぼうすい　防水の　**waterproof** /ウォータプるーふ/
ほうせき　宝石 (宝玉) a **gem** /ヂェム/; (装身具) a **jewel** /ヂューエる/
・宝石商　(米) a jeweler / (英) a jeweller
・宝石類　(米) jewelry / (英) jewellery
・宝石箱　a jewel case
ぼうせん　傍線　a **sideline** /サイドらイン/

ほうそう¹　放送
➤ **broadcasting** /ブろードキャスティング/
放送する　(ラジオで) **broadcast** /ブろードキャスト/; (テレビで) **telecast** /テれキャスト/, **televise** /テれヴァイズ/
・(ラジオ・テレビで)放送される　be on the air
・放送[海外放送]番組　a broadcast [an overseas broadcast] program
・放送局　a broadcasting station
・放送クラブ　a broadcasting club
・学校放送　school broadcast
・校内放送　→こうない
・深夜放送　a midnight radio [TV] program
・テレビで実況生放送される　be telecast [televised] live
・再放送する　rebroadcast
・8時からおもしろいショーが放送されます
An amusing show will be on the air at eight.
ほうそう²　包装　**packing** /パキング/
包装する　(荷造りする) **pack**; (包む) **wrap** /ラプ/
・包装紙　wrapping paper
ぼうそうぞく　暴走族　(集団) a **motorcycle gang** /モウタサイクる ギャング/; (個人) a **motorcycle gang member**
ほうそく　法則　a **law** /ろー/, a **rule** /るーる/
ほうたい　包帯　a **bandage** /バンデヂ/
包帯をする　**bandage**
・彼の腕(うで)に包帯をする　bandage his arm
・彼の腕の包帯を取る　remove a bandage from his arm
ぼうたかとび　棒高跳び　**the pole vault** /ポウる ヴォーると/
ぼうちゅうざい　防虫剤　an **insecticide** /インセクティサイド/; (玉の) a **mothball** /モーすボーる/
ほうちょう　包丁　a **kitchen knife** /キチン ナイふ/ (㋾ **knives** /ナイヴズ/)
ぼうちょう　膨張　**expansion** /イクスパンション/
膨張する　**expand** /イクスパンド/
ほうっておく　**let alone** /アろウン/, **leave alone** /リーヴ/
・イヌをほうっておきなさい　Leave the dog alone.
・そのヘビはほうっておけば (→何もしなければ)何も害をしない　The snake will do no harm to you if you do nothing to it.
ぼうっと　ぼうっとした
❶ (暗くて) **dim** /ディム/; (かすんで) **hazy** /ヘイズィ/
・ぼうっとかすんだ空　a hazy sky
・明かりがぼうっと光っていた
The light was shining dimly.
❷ (頭が) **fuzzy** /ふァズィ/
・ぼうっとして　fuzzily / in a daze / dazedly
・ぼくは頭がすっかりぼうっとしている
My head is all fuzzy.
ぽうっと　(顔が赤くなる) **blush** /ブらシュ/; (心を奪(うば)われる) **be carried away** /キャりド アウェイ/
・はずかしくてぽうっとなる　blush for [with] shame
ほうてい　法廷　a **court** /コート/
ほうていしき　方程式　an **equation** /イクウェイション/
・方程式を解く　solve an equation
・一次方程式　a linear equation /リニア/
・二次方程式を解く　solve a quadratic equation /クワドラティク/
・連立方程式　simultaneous equations /サイマるテイニアス/
ほうどう　報道　**news** /ニューズ/, a **report** /リポート/
報道する　**report**
・報道機関　a news medium
・報道陣　news reporters
・最近の報道によれば　according to the latest news
・ハイチの大地震についてテレビで特別ニュース報道があった
There was a special news report on TV about a huge earthquake in Haiti.

ぼうどう 498

ぼうどう 暴動 a **riot** /ライオト/
• 暴動を起こす raise［get up］a riot

ほうにん 放任する **leave alone** /リーヴ アろウン/, **let alone**

ぼうねんかい 忘年会 a **year-end party** /イア エンド パーティ/

ぼうはてい 防波堤 a **breakwater** /ブレイクウォータ/

ぼうはん 防犯 **crime prevention** /クライム プリヴェンション/
• 防犯カメラ a security camera / a CCTV camera → CCTV は closed-circuit television（有線テレビ）の略 /（監視カメラ）a surveillance camera
• 防犯ベル a burglar alarm

ほうび (報酬(ほうしゅう)) a **reward** /リウォード/;（賞）a **prize** /プライズ/

ほうふ 豊富 **abundance** /アバンダンス/ **豊富な abundant** /アバンダント/
• 豊富に abundantly / in abundance
• その国は天然資源が豊富だ
The country is abundant in natural resources.

ぼうふう 暴風 a **stormy wind** /ストーミ ウィンド/;（強風）a **gale** /ゲイル/
• 暴風雨 a storm

ぼうふざい 防腐剤 an **antiseptic** /アンティセプティク/, a **preservative** /プリザ〜ヴァティヴ/

ほうほう 方法

➤ （方式）a **method** /メそド/;（やり方）a **way** /ウェイ/;（手段）a **means** /ミーンズ/（復 同形）
• 英語を教える新しい方法 a new method of teaching English
• それを作る方法を教えてくれませんか
Will you please tell me the way［how］to make it?

ほうぼう (あちこち) **here and there** /ヒア ゼア/

ほうむ 法務省[大臣] the **Ministry**［**Minister**］**of Justice** /ミニストリ[ミニスタ] ヂャスティス/

ほうむる 葬る **bury** /ベリ/

ほうめん 方面 (方角) a **direction** /ディレクション/;（地区）a **quarter** /クウォータ/

ほうもん 訪問 a **visit** /ヴィズィト/; a **call** /コール/
訪問する visit; call on, pay a **call on** /ペイ/
• 訪問客 a visitor
• 彼を訪問する call on him / pay a call on him
• 彼はよく友人たちの訪問を受ける
He is often visited by his friends.

ぼうや 坊や（男の子）a (**little**) **boy** /（りトる）ボイ/,（息子）a **son** /サン/;（呼びかけ）(**my**) **boy, son**

ほうりだす ほうり出す **throw out** /すロウ/;（見捨てる）**abandon** /アバンドン/, **desert** /ディザ〜ト/;（あきらめる）**give up**

ほうりつ 法律 a **law** /ろー/;（総称）the **law**
• 法律を守る[破る] observe［break］the law

ほうりなげる ほうり投げる **throw** /すロウ/;（ひょいと）**chuck** /チャク/, **toss** /トース/

ぼうりょく 暴力 **force** /ふォース/, **violence** /ヴァイオれンス/
• 暴力行為(こうい) an act of violence
• 暴力団 a gang / gangsters
• 暴力団員 a gangster
• 暴力に訴(うった)える resort to force［violence］
• …に暴力をふるう do violence to 〜
• 暴力で by force

ボウリング (ゲーム) **bowling** /ボウリング/
• ボウリング場 a bowling alley
• ボウリングをする bowl

ほうる → なげる

ホウレンソウ 菠薐草 《植物》**spinach** /スピナチ/

ほうろう 放浪する **wander** (**about**) /ワンダ（アバウト）/

ほえる bark /バーク/
• イヌが彼にほえついた A dog barked at him.

ほお a **cheek** /チーク/
• ほおを赤らめる blush

ボーイ (レストランの給仕係) a **server** /サ〜ヴァ/, a **waitperson** /ウェイトパ〜スン/

ボーイスカウト a **boy scout** /スカウト/

ボーイフレンド a **boyfriend** /ボイふレンド/ → 英語では「恋人」というニュアンスが強い

ボーク (野球で) a **balk** /ボーク/

ホース a **hose** /ホウズ/ → 英語の発音に注意

ポーズ a **pose** /ポウズ/
• ポーズをとる pose
• 彼女は写真家のためにいろいろなポーズをとった
She posed in various positions for the photographer.

ポータブル(ラジオ) a **portable** (**radio**) /ポータブる（レイディオウ）/

ボート a **boat** /ボウト/
• ボートをこぐ row a boat
• ボートこぎに行く go for a row
• 私たちはボートをこいで流れを下った
We rowed (our boat) down the stream.

ボーナス a **bonus** /ボウナス/

ほおばる
• 口にものをほおばったまましゃべってはいけない

four hundred and ninety-nine 499 ぼくじょう

Don't speak with your mouth full.

ホーム a **platform** /プらトふォーム/, a **track** /トラク/
•3番ホームから発車する start from Track No.3

ホームシック **homesickness** /ホウムスィクネス/
•ホームシックにかかる get homesick

ホームドア a **platform door** /プらトふォーム ドー/; (低いもの) an **automatic platform gate** /オートマティク プらトふォーム ゲイト/

ホームドラマ a **situation comedy** /スィチュエイション カメディ/, (話) a **sitcom** /スィトカム/ → 「ホームドラマ」は和製英語

ホームプレート the **home plate** /ホウム プれイト/

ホームページ a **home page** /ホウム ペイヂ/; a **website** /ウェブサイト/
•ホームページを開設する have [set up] a website

参考 日本語の「ホームページ」はインターネットのあるサイト全体をさすのに使われているが、英語の home page はふつう最初のページのみをさす。全体は website という

ホームベース the **home (base)** /ホウム (ベイス)/, the **home plate** /ホウム プれイト/

ホームヘルパー (老人や病人の世話をする人) a **home health aide** /ホウム へるす エイド/, (英) **home help** /へるプ/

ホームラン a **home run** /ホウム/, a **homer** /ホウマ/
•満塁[ツーラン]ホームラン a grand slam [a two-run homer]

ホームルーム (教室) a **homeroom** /ホウムルーム/; (会合) a **homeroom meeting** /ミーティング/

ホームレス a **homeless person** /ホウムれス パースン/; (人々) **homeless people** /ピープる/

ポーランド **Poland** /ポウらンド/
•ポーランド(人, 語)の Polish
•ポーランド語 Polish
•ポーランド人 a Pole; (全体) the Poles

ボーリング → ボウリング

ホール a **hall** /ホーる/

ボール¹ a **ball** /ボーる/

ボール² ボール紙 **cardboard** /カードボード/
　ボール箱 a **carton** /カートン/; a **cardboard box**
•段ボール紙 corrugated cardboard

ボールペン a **ballpoint (pen)** /ボーるポイント/ → ball pen ともいうがあまりふつうではない

ほか

➤ (ほかの) **another** /アナざ/; **other** /アざ/
➤ (ほかのもの) the **others**, the **rest** → べつ
➤ (…を除いて) **except** ~ /イクセプト/; (さらに) **besides** ~ /ビサイヅ/

•何かほかの本 some other book(s); (疑問・否定) any other book(s)
•多田のほかみんな all except Tada
•多田のほか2~3人 a few besides Tada
•ある者たちは矢田に投票したけれどもほかの者たちはみな多田に投票した
Some voted for Yada, but all the others [all the rest] voted for Tada.
•どこかもっとサービスのよいほかの店へ行こうよ
Let's go to some other store where the service is better.

ぽかぽか¹ (暖かい) (**nice and**) **warm** /(ナイスン) ウォーム/, **pleasantly warm** /プれズントり/
•だいぶ運動したのでぽかぽかしてきた
I feel nice and warm after a good exercise.
•きょうはぽかぽか陽気ですね
It is pleasantly warm today, isn't it?

ぽかぽか² ぽかぽかなぐる **pummel** /パメる/

ほがらか 朗らかな **cheerful** /チアふる/

ほかん 保管する **keep** /キープ/
•ダイヤを金庫に保管しておく keep the diamond in the safe

ぼき 簿記 **bookkeeping** /ブッキーピング/

ほきゅう 補給 a **supply** /サプらイ/
　補給する **supply**
•燃料の補給 a supply of fuel

ぼきん 募金 **fund-raising** /ふァンド レイズィング/
•募金活動 a fund-raising campaign

ぼく わたし

ほくい 北緯 **the north latitude** /ノーす らティテュード/ → latitude は Lat. と略す
•北緯35度10分 Lat. 35°10′N. (読み方: latitude thirty-five degrees ten minutes north)

ほくおう 北欧の **Scandinavian** /スキャンディネイヴィアン/
•北欧諸国 Scandinavian countries

ボクサー a **boxer** /バクサ/

ぼくし 牧師 a **minister** /ミニスタ/; a **clergyman** /クら~ヂマン/ (複 -men), a **clergywoman** /クら~ヂウマン/ (複 -women)

ぼくじゅう 墨汁 **India(n) ink** /インディア(ン) インク/, **Chinese ink** /チャイニーズ インク/

ぼくじょう 牧場 a **ranch** /らンチ/; (家畜飼育場) a **stock farm** /スタク ふァーム/; (酪(らく)農場) a

ボクシング 500 five hundred

dairy farm /デアリ/; (放牧場) a **pasture** /パスチャ/; (牧草地) a **meadow** /メドウ/

ボクシング boxing /バクスィング/
・…とボクシングをする box with ～

ほくせい 北西 **the northwest** /ノーすウェスト/ → せいなん
・北西の northwest / northwestern
・北西に (方向・位置) northwest; (方向) to the northwest; (位置) in the northwest

ぼくそう 牧草 **grass** /グラス/

ぼくちく 牧畜 **stock farming** /スタク ふァーミング/
・牧畜業者 a stock farmer

ほくとう 北東 **the northeast** /ノーすイースト/ → せいなん
・北東の northeast / northeastern
・北東に (方向・位置) northeast; (方向) to the northeast; (位置) in the northeast

ぼくとう 木刀 a **wooden sword** /ウドン ソード/

ほくとしちせい 北斗七星 《米》**the (Big) Dipper** /ディパ/, 《英》**the Plough** /プらウ/

ほくぶ 北部 **the north** /ノーす/, **the northern part** /ノーざン パート/
・北部の north / northern
・…の北部に in the north [the northern part] of ～

ほくべい 北米 **North America** /ノーす アメリカ/

ほくろ a **mole** /モウる/

ほげい 捕鯨 **whaling** /(ホ)ウェイリング/
・捕鯨船 a whaling ship / a whaler

ほけつ 補欠選手 a **substitute (player)** /サブスティテュート (プれイア)/
・補欠募集 an invitation for filling vacancies
・補欠選挙 《米》a special election / 《英》a by-election
・彼はその学校に補欠入学した He was admitted into the school to fill up a vacancy.

ポケット a **pocket** /パケト/
・手をポケットに入れる put one's hand in one's pocket

ぼける
❶ (頭の働きが) **get dull** /ダる/; (年を取って) **get senile** /スィーナイる/, (年を取ってぼけている) **be in** one's **dotage** /ドウテヂ/
・うちのおじいちゃんはぼけてしまっている My grandpa is in his dotage.
❷ (写真のピントが) **be out of focus** /ふォウカス/
❸ (色が) **fade** /ふェイド/, **shade off** /シェイド/

ほけん¹ 保険(金) **insurance** /インシュアランス/
保険をつける **insure** /インシュア/

・保険料 a premium
・生命[火災]保険 life [fire] insurance
・失業保険 unemployment insurance
・傷害[自動車]保険 accident [car] insurance
・保険会社 an insurance company
・生命保険にはいる insure oneself [one's life]
・家に火災保険をつける insure one's house against fire / get an insurance on [for] one's house
・労働者には失業保険がついている The workers are insured against unemployment.

ほけん² 保健 **health** /へるす/
・保健所 a health center
・(学校の)保健室 《米》an infirmary / 《英》a sick room
・保健の先生 a nurse / a matron
・保健体育 health and physical education

ほご 保護 **protection** /プロテクション/, **preservation** /プレザヴェイション/
保護する protect /プロテクト/
・保護者 a guardian; (親) one's parent(s)
・A を B から保護する protect A from B

ぼご 母語 one's **native language** /ネイティヴ らングウェヂ/, one's **mother tongue** /マざ タング/
・英語を母語としている人 a native speaker of English
・彼は中国語を母語のように話します He speaks Chinese as if it were his mother tongue.

ぼこう 母校 one's **old school**, 《米》one's **alma mater** /アるマ マータ/

ほこうしゃ 歩行者 a **pedestrian** /ペデストリアン/
・日曜歩行者天国 a Sunday mall

ぼこく 母国 one's **mother country** /マざ カントリ/

ほこり¹ ほこり(を払う) **dust** /ダスト/
・ほこりっぽい dusty
・砂ぼこり a cloud of dust
・ほこりを立てる[静める] raise [lay] (the) dust
・テーブルのほこりを払う dust a table

ほこり² 誇り **pride** /プライド/
・この図書館は私たちの村の大きな誇りです This library is a great pride of our village.

ほこる 誇る **be proud** (of ～) /プラウド/
・誇らしげに proudly

ほころび a **tear** /テア/, a **rip** /リプ/; (大きな) a **rent** /レント/
・ほころびをつくろう mend a tear

ぼさぼさ (髪など伸びほうだいの) **ragged** /ラゲド/; (くしゃくしゃの) **disheveled** /ディシェヴェるド/; (くしを入れてない) **unkempt** /アンケンプト/

five hundred and one　501　ほそい

ほし　星

> a star

- 星の（いっぱい出ている）starry
- 星明かり（の）starlight
- 星月夜　a starlight night

ぼし 母子家庭 a **fatherless family** /ふァーざれスふァミリ/

ほしい

> **want** /ワント/

…してほしい → したい²

- ぼくは新しい自転車がほしい
I want a new bike.
- ぼくの妹はもっと大きな部屋をほしがっています
My sister wants a bigger room.
- 君は誕生日のプレゼントに何がほしいですか
What do you want for your birthday present?
- 何が一番ほしいか言ってごらん
Tell me what you want most.
- 君のほしいものは何でもあげますよ
I will give you anything you want [like].
- 持てば持つほどほしくなるものだ
The appetite grows with eating.（食べるほど食欲は増す）→ 英語のことわざ

ほしうらない 星占いをする **read** one's **horoscope** /リード ホーロスコウプ/, **cast** one's **horoscope** /キャスト/, **read** one's **fortune by the stars** /ふォーチュン/

ほしがる → ほしい

ほしくさ 干し草 **hay** /ヘイ/

ほしぶどう 干しブドウ **raisins** /レイズンズ/

ほしゅ 保守（主義）**conservatism** /コンサ～ヴァティズム/

保守的な **conservative** /コンサ～ヴァティヴ/

- 保守主義者 a conservative
- 保守党 a conservative party

ほしゅう¹ 補習の **supplementary** /サプるメンタリ/

- 補習授業　supplementary lessons
- 私たちは毎週土曜日の午後に2時間補習授業があります　We have supplementary lessons for two hours every Saturday afternoon.

ほしゅう² 補修（する）**repair** /リペァ/

ほじゅう 補充 **supplement** /サプるメント/

補充する **supplement**

- 補充の　supplementary

ぼしゅう 募集する（軍隊・会社などが）**recruit** /リクルート/;（学校が）accept applications /アクセプト

アプリケイションズ/;（寄付金などを）**ask for** /アスク/, **appeal for** /アピーる/

- 入学志願者を募集する　accept applications for entrance
- 困っている人たちを救うための寄付金を募集する
ask [appeal] for contributions to help needy people

ほじょ 補助 (an) **assistance** /アスィスタンス/

補助する **assist** /アスィスト/, **help** /へるプ/

- 補助員　a helper
- 補助犬　an assistance dog
- 補助いす　a spare chair
- おじが私の学費を補助してくれます
My uncle helps me with my school expenses.

ほしょう¹ 保証 **assurance** /アシュランス/;（商品などの）**guarantee** /ギャランティー/

保証する **guarantee**;（日常語）**assure** /アシュア/

- 保証人　a guarantor
- 保証金（手付金）a deposit
- この時計は1年間の保証付きです
This watch is guaranteed for one year.
- 危険のないことを保証します
I assure you that there is no danger.

ほしょう² 補償 **compensation** /カンペンセイション/

補償する **compensate** (for ～) /カンペンセイト/, **make compensation** (for ～)

- …の補償として　in [by way of] compensation for ～

ほす 干す **dry** /ドライ/;（外気にあてる）**air** /エア/

- 衣類を干す　air clothes
- 彼女は日に干すために洗たく物を外につるす
She hangs out the washing to dry in the sun.

ボス a **boss** /ボース/

ポスター a **poster** /ポウスタ/

ポスト 《米》a **mailbox** /メイるバクス/,《英》a **postbox** /ポウストバクス/;（街路にある）《米》a **mailbox**,《英》a **pillar-box** /ぴら バクス/

ポストに入れる 《米》**mail**.《英》**post**

- 学校へ行く途中忘れずにこの手紙をポストに入れてください　Remember to mail this letter on your way to school.

ホストファミリー a **host family** /ホウスト/

ぼせい 母性 **motherhood** /マざフド/

- 母性愛　maternal love

ほそい　細い

> **thin** /すィン/

> （狭い）**narrow** /ナロウ/

あ
か
さ
た
な
ほ
ま
や
ら
わ

ほそう 502 five hundred and two

・細い針金 (a) thin wire
・細い道 a narrow way

ほそう 舗装 **pavement** /ペイヴメント/, **paving** /ペイヴィング/
舗装する **pave** /ペイヴ/, **surface** /サ〜ふェス/
・舗装道路 a paved road

ほそく 補足する （付け足す） **add** /アド/; （補う）
supplement /サプるメント/

ほそながい 細長い **long and narrow** /ナロウ/;
（ほっそりした） **slender** /スれンダ/

ほぞん 保存 **preservation** /プレザヴェイション/
保存する **preserve** /プリザ〜ヴ/; （取っておく）
keep /キープ/
・(食べ物が)保存のきく[きかない] long-lasting,
non-perishable [perishable]
・この国ではいくつかの古代建築物がよく保存されて
いる Some of the ancient buildings are care-
fully preserved in this country.
・この食べ物は保存がきかない
This food spoils fast [easily]. / This food is
perishable.
・ファイルをクラウドに保存する
save files on cloud [online] storage / save
files on the cloud
・データをサーバーに保存する
store data on a server

ほ

ポタージュ potage /ポウタージュ/; （濃いスープ）
thick soup /すィク スープ/ → potage は元はフラ
ンス語

ホタル 蛍 《虫》a **firefly** /ふァイアふらイ/

ボタン¹ a **button** /バトン/
・ボタンをかける button / fasten a button
・ボタンをはずす unbutton
・ボタン穴 a buttonhole

ボタン² 《植物》a **peony** /ピーオニ/

ぼち 墓地 a **graveyard** /グレイヴャード/; （共同墓
地）a **cemetery** /セメテリ/

ホチキス a **stapler** /ステイプら/
・ホチキスでとじる staple
・ホチキスの針 a staple
・その書類をホチキスでとじて
Staple the papers. /
Fasten the papers with the stapler.

ほちゅうあみ 捕虫網 an **insect net** /インセクト/

ほちょう 歩調 (a) **pace** /ペイス/
・歩調を速める[ゆるめる]
quicken [slacken] *one's* pace
・(…と)歩調を合わせて歩く
walk in step (with 〜)
・ゆっくりした[しっかりした]歩調で at a slow

[steady] pace

ほちょうき 補聴器 a **hearing aid** /ヒアリング エ
イド/

ほっきょく 北極 **the North Pole** /ノーす ポウル/
・北極の arctic
・北極地方 the arctic regions
・北極海 the Arctic Ocean
・北極星 the North Star / the polestar

ホック a **hook** /フク/
・ホックをかける hook
・ホックをはずす unhook

ホッケー **hockey** /ハキ/

ほっさ 発作 a **fit** /ふィト/
・発作を起こす have a fit
・せきの発作 a fit of coughing

ほっそり ほっそりした **slender** /スれンダ/, **slim**
/スリム/

ボッチャ 《スポーツ》**boccia** /バチャ/ → パラリン
ピックの種目名

ほっと ほっとする **be relieved** /リリーヴド/, **feel**
relieved /ふィーる/
・ほっとため息をつく sigh with relief / give a
sigh of relief
・私はその知らせを聞いてほっとした
I was relieved to hear the news. /
The news relieved my mind.

ポット （お茶の）a **teapot** /ティーパト/; （コーヒー
の）a **coffeepot** /コーふィパト/; （魔法びん）《商標》
a **thermos** /さ〜モス/ → pot だけでは「つぼ, な
べ」の意味

ホットケーキ a **hot cake** /ケイク/, a **pancake**
/パンケイク/, a **flapjack** /ふらプチャク/

ほっとする （安心する）**feel relieved** /リリーヴド/

ホットドッグ a **hot dog** /ハト ドーグ/ → 日本の
「アメリカンドッグ」は corn dog

ポップコーン **popcorn** /パプコーン/

ポップス **pop music** /ミューズィク/
・ポップシンガー[ソング] a pop singer [song]

ほっぽう 北方 → きた

ほつれる （糸などが）**fray** /ふレイ/; （髪が）**become**
loose /るース/

ボディー a **body**

ボディーガード a **bodyguard** /バーディガード/

ポテトチップス 《米》**potato chips** /ポテイトウ
チプス/, **chips**, 《英》**potato crisps** /クリスプス/ →
《英》ではフレンチフライのことを chips という

ほてる **feel** [**be**] **warm** /ふィーる ウォーム/; （顔
が）**flush** /ふらシュ/

ホテル a **hotel** /ホウテる/
・ホテルに滞在(たいざい)する stay at a hotel

503 ぼやけた

- ホテルに部屋を予約する reserve a room in a hotel
- ホテルでチェックインする check in at a hotel
- チェックアウトしてホテルを出る check out of a hotel

ほど

❶（およそ）**about ～** /アバウト/, **around ～** /アラウンド/, **some ～** /サム/, **～ or so**

- 1週間ほど about a week / a week or so
- 川までは1キロ半ほどです

It is about［around］one kilometer and a half to the river.

- 30人ほどの人がその職に応募(おうぼ)した

Some thirty people applied for the post.

- スーパーへ行って卵を10個ほど買って来て

Go to the supermarket and get ten eggs for me. → こういう「ほど」は日本語特有のぼかした言い方だから ✗ about ten などと言わない

❷（…ほど…ではない）**not so ～ as ～**

- それは君が思うほど楽な仕事ではない

The work is not so easy as you might think.

❸（…すればするほど）「the＋比較級, the＋比較級」で表現する.

- 多く持てば持つほど欲しくなるものだ

The more you have, the more you want.

📢会話 この仕事はいつまでにすればよいのですか. ―早ければ早いほどいい

When do you want this work done? —The sooner, the better.

ほどう¹ 歩道 《米》a **sidewalk** /サイドウォーク/, 《英》a **pavement** /ペイヴメント/

ほどう² 補導 **guidance** /ガイダンス/
補導する guide /ガイド/

ほどうきょう 歩道橋 a **pedestrian（crossing）bridge** /ペデストリアン（クロースィング）ブリヂ/

ほどく untie /アンタイ/, **undo** /アンドゥー/

- 小包をほどく undo a parcel

ほとけ 仏 **the Buddha** /ブダ/; （仏像）a **Buddhist image** /ブディスト イメヂ/

ほどける come loose /る―ス/, **come undone** /アンダン/

ほとりに on, near /ニア/, **by**

- その川のほとりに住む live on the river

ほとんど

➤ **almost** /オ―るモウスト/, **nearly** /ニアり/, **next to** /ネクスト/

ほとんどの most /モウスト/
ほとんど…ない → めったに

- ほとんど毎日 almost［nearly］every day

- 生徒のほとんど全部 almost［nearly］all the students
- 生徒のほとんどは自宅通学です

Most（of the）students come to school from their own homes.

- 彼は自分の時間をほとんど図書館ですごします

He spends most of his time in the library.

- 習慣は身についてしまうとそれを破ることはほとんど不可能だ If a habit is formed, it is next to impossible to break it.
- その仕事はほとんど終わった（終わったも同然だ）

The job is as good as done.

ポニーテール a **ponytail** /ポウニテイる/

- ポニーテールにする tie one's hair in a ponytail / do a ponytail

ほにゅう 哺乳動物 a **mammal** /ママる/
哺乳びん a **nursing bottle** /ナ～スィング バトる/

ぼにゅう 母乳 **mother's milk** /マざズ/

ほね 骨

➤ a **bone** /ボウン/

- 足の骨を折る break one's leg
- 折れた骨を接(つ)ぐ set a broken bone

ほねおり 骨折り （苦心）**pains** /ペインズ/, **hard work** /ハード ワ～ク/; （努力）(an) **effort** /エふォト/

（…するのに）骨を折る **take pains** (to do); （困る）**have difficulty** (to do) /ディふィカるティ/; （努力する）**make an effort**

- あの坂道を自転車で上るのはひどく骨が折れた

It was hard work pedaling up the hill.

ほのお 炎 a **flame** /ふれイム/

ほのめかす hint /ヒント/, **drop a hint**

ポピュラー（ソング） a **popular（song）** /パピュら（ソーング）/

- ポピュラーミュージック popular music

ボブスレー 《米》a **bobsled** /バブスれド/, 《英》a **bobsleigh** /バブスれイ/

ポプラ 《植物》a **poplar** /パプら/

ほぼ 保母 → ほいく（→ 保育士）

ほほえましい pleasant /プれズント/

ほほえむ smile /スマイる/
ほほえみ a smile

- …にほほえみかける smile on ～
- ほほえみを浮かべて with a smile

ほめる （称賛する）**praise** /プれイズ/; （これはすばらしいと）**admire** /アドマイア/

- 勉強家ですねと少年をほめる praise a child for his diligence［for being diligent］

ぼやけた （写真などが）**not clear** /クリア/, （ピント

ほら 504 five hundred and four

が合っていない) **out of focus** /ふォウカス/

ほら Look! /るク/
- ほら，バスが来た Look! Here comes a bus.

ほらあな ほら穴 **a cave** /ケイヴ/, **a den** /デン/

ほらふき ほら吹き **a boaster** /ボウスタ/, **a braggart** /ブラガト/
- ほらを吹く boast / brag

ボランティア a volunteer（**worker**）/ヴァらンティア（ワ〜カ）/
- ボランティア活動をする do volunteer work

ほり 堀 **a moat** /モウト/
- 釣(つ)り堀 a fishing pond

ポリ ポリ… **plastic** /プらスティク/
- ポリ袋[バケツ] a plastic bag [bucket] →「ポリ袋」「ポリバケツ」は和製英語

ほりだしもの 掘り出し物 **a find** /ふァインド/; (お買い得品) **a bargain** /バーゲン/
- ぼくの新しい自転車は掘り出し物だった
My new bike was a great bargain.

ほりだす 掘り出す **dig out** /ディグ/

ぽりぽり
❶ (かく) **scratch** /スクラチ/
- ぽりぽり頭をかく scratch *one's* head →英語では疑問にぶち当たった時のしぐさ; 日本語の「首をひねる」にあたる
❷ (かむ) **crunch** /クランチ/

ぽりぽり → ぽりぽり

ほりゅう 保留する **reserve** /リザ〜ヴ/
- …を保留にする(未定にしておく) keep 〜 pending / put 〜 on hold

ボリューム volume /ヴァリュム/
- ボリュームを下げる[上げる] turn down [up] the volume

ほりょ 捕虜 **a prisoner**（**of war**）/プリズナ（ウォー）/, **a POW**
- 人を捕虜にする take *a person* prisoner

ほる¹ 掘る **dig** /ディグ/
- 穴[トンネル]を掘る dig a hole [a tunnel]
- ジャガイモを掘る dig potatoes

ほる² 彫る **carve** /カーヴ/ → ちょうこく(→ 彫刻する)

ボルト¹ (電圧の単位) **a volt** /ヴォウるト/ (略 V.)

ボルト² (金具) **a bolt** /ボウるト/

ポルトガル Portugal /ポーチュガる/
- ポルトガル(人, 語)の Portuguese
- ポルトガル語 Portuguese
- ポルトガル人 a Portuguese (複 同形); (全体) the Portuguese

ポルノ pornography /ポーナグラふィ/, 《話》**porno** /ポーノウ/

ホルモン hormone /ホーモウン/

ぼろ rags /ラグズ/
ぼろぼろの (服・布などが) **ragged** /ラゲド/; (靴などがすり減った) **worn-out** /ウォーナウト/
- ぼろを着ている be in rags
- ぼろぼろに裂(さ)ける be torn to rags

ポロシャツ a polo shirt /ポウロウ シャ〜ト/

ほろびる 滅びる → めつぼう(→ 滅亡する)

ほろぼす 滅ぼす **ruin** /ルーイン/
- 身を滅ぼす ruin *one*self

ほん 本

➤ **a book** /ブク/
- 本箱 a bookcase
- 本立て bookends
- 本棚 a bookshelf (複 -shelves)
- 本屋 (店)《米》a bookstore /《英》a bookshop; (人) a bookseller
- 私の父の愛読書は東洋史の本です
My father's favorite books are those on Oriental history.
- 本棚に本を入れる put a book on the bookshelf → bookshelf には通例 on を使う
- 彼は本を読みながらこっくりこっくりしていた
He was nodding over his book.

ぼん¹ 盆 (容器) **a tray** /トレイ/

ぼん² 盆 → おぼん

ほんき 本気の **serious** /スィアリアス/, **earnest** /ア〜ネスト/
本気で seriously, in earnest, earnestly
本気で言う mean /ミーン/
- 君は本気なのかそれともただ冗談(じょうだん)を言っているのか Are you in earnest or simply joking?
- 私は(冗談でなく)本気で言っているんです
I mean what I say. / I mean it.

ほんごく 本国 *one's* **own country** /オウン カントリ/

ホンコン Hong Kong /ハング カング/

ぼんさい 盆栽 **a potted plant** /パテド プらント/

ほんしつ 本質 **essence** /エセンス/, **essential qualities** /イセンシャる クワリティズ/
本質的な essential, basic
本質的に essentially, basically

ほんしゃ 本社 **the head office** /ヘド オーふィス/, **the main office** /メイン/
- 大阪に本社のある映像制作会社 an Osaka-based video-production company

ほんしゅう 本州 *Honshu*, **the Main Island of Japan** /メイン アイらンド/

ほんしん 本心 *one's* **true mind** /トルー マイン**

ド/, one's **real intention** /リーアる インテンション/ → ほんき
ぼんじん 凡人 an **ordinary person** /オーディネリ パ〜スン/
ほんせき 本籍 one's **legal residence** /リーガる レズィデンス/, one's (**permanent**) **domicile** /(パ〜マネント) ダミサイる/
ほんせん 本線 **the trunk line** /トランク ライン/
ほんち 盆地 a **basin** /ベイスン/
• 甲府盆地 the Kofu basin
ほんてん 本店 **the head store** /ヘド ストー/, **the main store** /メイン/ → ほんしゃ
ほんど 本土 **the mainland** /メインらンド/
ぽんと ぽんと鳴る、ぽんと…する **pop** /パプ/
• ぽんと音をたてて with a pop ← この pop は「ぽんと鳴る音」
• ぽんとびんの栓(せん)[コルク]を抜く pop the cap off [the cork out of] a bottle
ポンド a **pound** /パウンド/ ← 記号: £ (貨幣(かへい)単位), lb. (重量単位; 約454グラム)
• 5ポンド10ペンス five pounds ten (pence) / £5.10

ほんとう 本当の

➤ (真実の) **true** /トルー/
➤ (実際の) **real** /リーアる/
本当に truly; really
• 本当の話 a true story
• 本当のことを言えば to tell the truth
• そのうわさは本当のはずがない
The rumor can't be true.
• ご援助(えんじょ)に対して本当に感謝しております
I am truly thankful to you for your assistance.
• 私は本当は眠っていなかった
I was not really asleep.
• 本当は彼がだれであるかだれも知らなかった
No one knew who he really was.
ほんにん 本人 → じぶん
ほんの only /オウンリ/
• ほんの子供 only a child
• ほんの2〜3日前 only a few days ago
• 私はほんのちょっと遅刻した
I was a little too late.
ほんのう 本能 **instinct** /インスティンクト/
本能的な instinctive /インスティンクティヴ/
• 本能的に **instinctively** / from instinct
ほんば 本場 (原産地・発祥地) **the home**, **the birthplace** /バ〜すプれイス/
ほんぶ 本部 **the headquarters** /ヘドクウォータズ/

ポンプ a **pump** /パンプ/
• ポンプで水をくみ上げる pump up water
ほんぶり 本降りになる **rain steadily** /レイン ステディり/
ほんぶん¹ 本分 **duty** /デューティ/
ほんぶん² 本文 **the (original) text** /(オリヂヌる) テクスト/
ボンベ a **cylinder** /スィりンダ/
• 酸素ボンベカート an oxygen cylinder cart
ぽんぽん (おなか)《小児語》**tummy** /タミ/
ほんみょう 本名 one's **real name** /リーアる ネイム/
ほんもの 本物の **genuine** /ヂェニュイン/
• 本物のダイヤ a genuine diamond
ほんや 本屋 → ほん
ほんやく 翻訳 **translation** /トランスれイション/
翻訳する translate /トランスれイト/
• 翻訳家 a translator
• 英語の小説を日本語に翻訳する translate an English novel into Japanese
• シェイクスピアを翻訳で読む read Shakespeare in translation
ぼんやり ぼんやりした
❶ (あいまいな) **vague** /ヴェイグ/ → ぼうっと ❶
• ぼんやりと vaguely
• ぼんやりした輪郭(りんかく) a vague outline
• 彼の言うことはこの点がかなりぼんやりしている
His statement is rather vague on this point.
❷ (放心状態の) be **absent-minded** /アブセント マインデド/, **vacant** /ヴェイカント/ (何もしていない) **idle** /アイドる/ → ぼうっと ❷
• ぼんやりしている being absent-minded, vacant
• ぼんやりした顔つき a vacant look
• 彼はきょうはぼんやりしているようだ
He seems absent-minded today.
• 彼女はドアの前でぼんやりと立っていた She was standing idle at the door.
ぼんやりと vacantly /ヴェイカントり/, **absent-mindedly** /アブセント マインデドり/
• 彼はぼんやりまわりを見まわした He looked around vacantly.
ほんらい 本来 (もともとは) **originally** /オリヂナり/; (本質的には) **essentially** /イセンシャり/; (生まれつき) **by nature** /ネイチャ/
本来の original; essential; natural /ナチュラる/
ほんるい 本塁 **the home base** /ホウム ベイス/, **the home plate** /プれイト/
• 本塁打 a home run / a homer → ホームラン

ま マ

ま¹ 間 (部屋) a **room** /ルーム/; (時間) **time**
- …する間もない have no time to *do*
- 知らない間に before *one* is aware [*one* knows]
- あっという間に in an instant

ま² 真… (ちょうど) **right** /ライト/; → まなつ, まふゆ
- 頭の真上に right overhead
- 橋の真下に right under the bridge

まあ Oh! /オウ/ / **My!** / **Oh, dear!** /ディア/
- まあ, 花子じゃない!
My! You're Hanako, aren't you?

マーカー → けいこうペン

マーガリン margarine /マーヂャリン/

マーク a **mark** /マーク/
- …にマークする put a mark on 〜

マークシート an **optical answer sheet** /アープティカる アンサ シート/, an **OMR sheet**
- マークシート方式のテスト an OMR(-based) exam [test] → OMR は optical mark reader (光学式マーク読み取り機) の略

マーケット a **market** /マーケト/

マージャン mahjong /マージャーンヂ/

マーチ a **march** /マーチ/

まあまあ so-so /ソウ ソウ/
　会話 調子はどう?—まあまあだ
How are you doing?—(It's) Just so-so.
- 彼女の英語はまあまあだ —じょうずではないが, へたでもない Her English is just fair—not good but not bad either.
- 彼はトップではないが, まあまあの成績をとっている He is not the top student, but gets decent grades.

a piece of paper

a sheet of paper

a slice of bread

まい¹ …枚 (紙・ガラスなどの) a **piece of 〜** /ピース/, a **sheet of 〜** /シート/; (パンなどの) a **slice of 〜** /スライス/
- 紙1枚 (形・大きさに関係なく) a piece of paper
- 用紙1枚 a sheet of paper
- (薄く切った)パン1枚 a slice of bread

まい² 毎… **every 〜** /エヴリ/; (…につき) **a, per** /パー/
- 毎朝[週, 月, 日] every morning [week, month, day]
- 毎秒10メートルの速さで at the speed of 10 meters per [a] second

マイクロバス a **minibus** /ミニバス/, a **microbus** /マイクロバス/

マイク(ロホン) a **microphone** /マイクロふォウン/
- マイクでしゃべる speak over the microphone

まいご 迷子 a **lost child** /ろースト チャイるド/, (複 children)
迷子になる be lost, get lost → みち¹
- 彼は人込みの中で迷子になった
He was lost in the crowd.

まいそう 埋葬 **burial** /ベリアる/
埋葬する bury /ベリ/
- 彼は青山墓地に埋葬されている
He is buried in the Aoyama Cemetery.

マイナス minus /マイナス/; (マイナス面) (a) **downside** /ダウンサイド/
- マイナス記号 a minus sign
- 10−12=−2
Ten minus twelve is [equals] minus two.

マイペース (速度) *one's* **own pace** /ペイス/; (やり方) *one's* **own way**

マイホーム *one's* **home**

まいる 参る
❶ (神社などへ行く) **visit** /ヴィズィト/, **pay a visit to 〜** → さんぱい
❷ (我慢できない) **can't stand** /スタンド/, **can't bear** /ベア/; (負ける) **be defeated** /ディふィーテド/; (あきらめる) **give up** /ギヴ/
- ジョンは日本の夏のむし暑さに参っている
John can't stand the sticky summer heat in Japan.
❸ (疲れ果てる) **be tired out** /タイアド アウト/, **be exhausted** /イグゾーステド/

マイル a **mile** /マイる/ →約1.6km
・時速100マイルで走る run at (the speed of) a hundred miles an [per] hour
まう 舞う **dance** /ダンス/; (空を飛ぶ) **fly** /ふらイ/; (旋回(せんかい)する) **circle** /サ〜クる/
・舞い上がる (鳥が) fly up, (木の葉が) whirl up
・舞い降りる[落ちる] fly [whirl] down
マウス (コンピューターの) a **mouse** /マウス/
マウンテンバイク a **mountain bike** /マウンテン バイク/
マウンド (野球の) a **mound** /マウンド/

まえ 前に
❶ (時間的に) **before**; **ago**
❷ (場所が) **in front** (of 〜)

❶ (時間的に) (以前, …する前に) **before** /ビふォー/; (今から…前に) **ago** /アゴウ/
…の前に **before 〜**
前の **last**, **previous** /プリーヴィアス/
・前もって beforehand
・前にはどこにお住まいでしたか
Where did you live before?
・(行ってみたら)公園は前とはだいぶ違っていた
I found the park quite different from what it was before [from what it used to be].
・私はここに三日前に着きました
I arrived here three days ago.
・彼は私が着く三日前にここをたちました
He left here three days before I arrived.
・授業を始める前に先生は私たちに今度来た転入生を紹介した The teacher introduced a newcomer to us before he began the lesson.
・この前の火曜日の午後君はどこへ行きましたか
Where did you go last Tuesday afternoon?
・私たちは前の日に学んだことを復習した
We reviewed what we had learned on the previous day.

❷ (場所が) **in front** (of 〜) /ふラント/, **before**
前の **front**
前へ, 前を **forward** /ふォーワド/, **ahead** /アヘド/ → ぜんぽう
・彼女は門の前に車を止めた
She stopped her car in front of the gate.
・私は運よく前の席を見つけた
I was lucky enough to find a front seat [a seat in the front row].
・ぼくはイヌの像の前で彼女を待っていたが彼女はイヌの像のうしろでぼくを待っていた I was waiting for her in front of the dog's statue, while she was waiting for me behind it.

・田中君, 前へ出て君の手品を少し見せてくれ
Come forward, Tanaka, and show us some of your (magic) tricks.
まえあし 前足 (四足動物の) a **forefoot** /ふォーふト/, (四足動物・昆虫の) a **foreleg** /ふォーれグ/
まえうり 前売り an **advance sale** /アドヴァンス セイる/
・前売り券を買う buy a ticket in advance
まえむき 前向きな (位置が) **facing the front** /ふェイスィングふラント/; (考え方など) **positive** /パズィティヴ/, **forward-looking** /ふォーワド るキング/
・前向きにすわる sit facing the front
・前向きに考える think positively
・彼はいつも明るくて前向きだ
He is always cheerful and forward-looking.
まかす 負かす **defeat** /ディふィート/, **beat** /ビート/ → まける ❶
まかせる 任せる **leave** /リーヴ/
・そのことは私に任せておいて
Leave the matter to me.
・こういうことは運命に任せるのが一番だ
Such matters are best left to fate.
・その件については成り行きに任せよう Let's leave the matter to take its natural course. / We'll wait and see how the matter goes.

まがる 曲がる
➤ **bend** /ベンド/; (湾曲(わんきょく)する) **curve** /カ〜ヴ/
➤ (道を) **turn** /タ〜ン/
➤ (曲がりくねる) **wind** /ワインド/

・(通りの)曲がりかど a (street) corner
・曲がりくねって流れる川 a winding river
・橋を渡ると道は左へ曲がる The road bends [curves] to the left beyond the bridge.
・曲がりかどまでまっすぐに行ってそこから左へ曲がりなさい Go right ahead to the corner and then turn (to the) left.
・気をつけろよ! この先に急な曲がりがある

Look out! There's a sharp bend ahead.

マカロニ **macaroni** /マカロウニ/

まき[1] (たきぎ) **firewood** /ふァイアウド/, **wood**; (小枝) a **stick** /スティク/

まき[2] 巻き a **roll** /ロウる/
•フィルム一巻き a roll of film

まきこむ 巻き込む **involve** /インヴァるヴ/; ((…に巻き込まれる) **be involved**, **be caught** (in 〜) /コート/
•私たちはその事件に巻き込まれてしまった
We were involved in the incident.
•私たちの車は交通渋滞に巻き込まれてしまった
Our car was caught in a traffic jam.

まきじゃく 巻き尺 a **tape measure** /テイプ メジャ/

まきちらす まき散らす **scatter** /スキャタ/; (水など) **sprinkle** /スプリンクる/

まきつく 巻き付く **twine** (around 〜) /トワイン/

まきば 牧場 (放牧地) a **pasture** /パスチャ/; (牧草地) a **meadow** /メドウ/

まぎらわしい 紛らわしい **confusing** /コンフューズィング/
•その区別はすごく紛らわしい
The distinction is very confusing.

まぎれる (気持ちが) **be diverted** (with 〜) /ディヴァ〜テド/; (見えなくなる) **be lost** /ろースト/
•闇(やみ)にまぎれて under cover of darkness
•その男は地震のどさくさにまぎれて裁判所から脱走した The man escaped from the court house, using the chaos of the quake as cover.

まぎわ …の際に **just when 〜** /チャスト (ホ)ウェン/, **just before 〜** /ビフォー/
•私が学校に出かけようとする間際に彼から電話がかかってきた There was a call from him just when I was leaving for school.
•閉店間際に私たちはその店に入った
We went into the store just before it closed.

まく[1] 巻く (くるくる) **wind** /ワインド/; (転がすように) **roll** (**up**) /ロウる/; (くるむ) **wrap** /ラプ/; (くくる) **bind** /バインド/
•紙をくるくると巻く wind paper into a roll
•カーペットを巻く roll up a carpet
•彼の腕に包帯を巻く bandage his arm / cover his arm with a bandage / put a bandage on his arm

まく[2] (種を) **sow** /ソウ/
•春に種をまく sow seed in spring
•畑に麦をまく sow a field with wheat
ことわざ まかぬ種は生えぬ Nothing comes from nothing. (無からは何も生まれない)

まく[3] (まき散らす) **scatter** /スキャタ/; (水など) **sprinkle** /スプリンクる/ → まきちらす

まく[4] 幕 a **curtain** /カ〜トン/; (演劇の) an **act** /アクト/
•幕を引く draw a curtain
•一幕劇 a one-act play
•3幕6場の劇 a play in three acts and six scenes
•幕が上がる[下りる] The curtain rises [falls].

マグニチュード (地震の強さ) **magnitude** /マグニトゥード/
•マグニチュード7の地震が東海地方を襲った
A 7.0 magnitude quake hit the Tokai district. / A quake with a magnitude of 7.0 shook the Tokai district.
•その地震はマグニチュード9.0を記録した
The earthquake measured (a magnitude of) 9.0 on the Richter scale. → the Richter scale は米国の地震学者 Richter /リクタ/ が考案した尺度法で, 地震の規模を10段階で示すもの

まくら a **pillow** /ピろウ/
•水まくら a water pillow
•まくらカバー a pillowcase

まくる **roll up** /ロウる/
•そでをまくる roll up [roll back] one's sleeves

まぐれ a **fluke** /ふるーク/
•ぼくらはまぐれで勝ったんだ We won by a fluke. / Our victory was a fluke.

マグロ 鮪 《魚》a **tuna** /テューナ/ (復 同形)

まけ 負け (a) **defeat** /ディふィート/; (試合などの) a **loss** /ろース/

まけおしみ 負け惜しみ **sour grapes** /サウア グレイプス/ → sour grapes は文字どおりには「すっぱいブドウ」の意味;『イソップ物語』でブドウのふさに届かなかったキツネが「あのブドウはどうせすっぱいだろ」と言ったことから「負け惜しみ」の意味で使われる
•負け惜しみを言う[言わない] be a bad [good] loser
•彼がそう言うのは負け惜しみだと思うよ
I think his saying so is just sour grapes.

まける 負ける
❶ (敗れる) **be defeated** /ディふィーテド/; **lose** /るーズ/
•試合に負ける lose a game
•テニスの試合で負ける lose a tennis match
ことわざ 負けるが勝ち Stoop to conquer. (征服するために腰をかがめよ)
❷ (値を) **bring the price down** /ブリング プライ

509 まずい

ス ダウン/, **make a discount** /ディスカウント/
•いくらかまけてくれませんか
Can't you bring the price down a little?
•多少おまけしましょう
I'll make a discount for you.

まげる 曲げる **bend** /ベンド/
•(前かがみに)腰を曲げる　bend over
•それを直角に曲げる　bend it into a right angle
•彼は頑(がん)として自分の意見を曲げようとしなかった
He never changed his opinion. / **ひ ゆ** He dug his heels in and would not change his opinion. → dig one's heels in は「頑として踏みとどまる」

まご 孫 a **grandchild** /グラン(ド)チャイルド/ (複)-children), (男の) a **grandson** /グラン(ド)サン/, (女の) a **granddaughter** /グランドータ/

まごころ 真心 (誠実) **sincerity** /スィンセリティ/
•真心をこめて　with all one's heart

まごつく (混乱する) **be confused** /コンフューズド/; (どぎまぎする) **be embarrassed** /インバラスト/

まこと → しんじつ

マザーコンプレックス (母親に執着する男の子) a **mama's boy** /マーマズ/ → 「マザーコンプレックス」は和製英語

まさか (本当に) **really** /リ(ー)アリ/
•まさか彼がそんなことを言うはずがない
He cannot really say such a thing.
•まさか. そんなはずはない
Really? It can't be true.

まさつ 摩擦 **friction** /ふリクション/
摩擦する **rub** /ラブ/

まさに (正確に) **exactly** /イグザクトリ/; (まったく) **quite** /クワイト/
•まさに君の言うとおりだ　You're quite right.
•まさにそのとおりだ
Exactly. / That's quite right.

まさる **be better** /ベタ/, **excel** /イクセる/
•健康は富にまさる
Health is better than [is above] wealth.

まざる 混ざる, 交ざる **mix** /ミクス/; (中に) **mingle** /ミングる/; (ごっちゃに) **get mixed** /ミクスト/; (中に入る) **join** /ヂョイン/ → まじわる
•油と水は混ざらない　Oil doesn't mix with water. / Oil and water don't mix.

まし …よりました **be better than ～**
•少しでもあれば何もないよりましだ
Something is better than nothing.
•どちらもよいとは思わないが, どちらかと言えばこっちのほうがましだ　I don't think either is good,

but this is the lesser of two evils. (二つのうち悪い程度の少ないほう)

マジック
❶ (手品) **magic** /マヂク/
❷ (マジックペン) a **felt-tip pen** /ふェるト ティプ/

マジックテープ 《商標》 **Velcro** /ヴェるクロウ/ → 「マジックテープ」は和製英語

まして **much more** /マチ モー/, **still more** /スティる/; (まして…ない) **much less** /れス/, **still less**
•私たちは財産に対する権利がある. まして生命に対する権利はなおさらだ　We have a right to our property, and still more to our life.
•彼は英語が読めない. ましてドイツ語は読めない
He cannot read English, much less German.

まじない (呪文(じゅもん)) a **spell** /スぺる/

まじめ まじめな (本気な) **serious** /スィアリアス/; (熱心な) **earnest** /ア～ネスト/ → ほんき
まじめに **seriously**; **earnestly**, **in earnest**
•まじめな討論　a serious discussion
•まじめな学生　an earnest student
•彼はまじめに勉強しない
He does not study earnestly.

まじゅつ 魔術 **magic** /マヂク/ → まほう
•魔術師　a magician

まじょ 魔女 a **witch** /ウィチ/

まじる 混じる, 交じる → まざる

まじわる 交わる **mix** /ミクス/, **associate** /アソウシエイト/, **mingle** /ミングる/, **keep company** (with ～) /キープ カンパニ/; (交差する) **cross** /クロース/
•あの少年のグループとは交わるな
Don't mix [associate, keep company] with that group of boys.
•この二つの線は直角に交わる　These two lines cross each other at right angles.

ます 増す **increase** /インクリース/, **add to ～** /アド/ → ぞうか²
•数[人口, 大きさ]が増す　increase in number [population, size]
•この町の人口は急激に増した　The population of this town has increased rapidly.

マス 鱒 《魚》a **trout** /トラウト/ (複) 同形)

まず (第1に) **first** /ふァ～スト/, **first of all**, **in the first place** /プれイス/

ますい 麻酔 **anesthesia** /アネスすィーズィア/; (薬) an **anesthetic** /アネスせティク/
•麻酔からさめる　recover from the anesthesia

まずい (味が) **taste bad** /テイスト/, **do not taste good**
•このリンゴはまずい

あ
か
さ
た
な
は
ま
や
ら
わ

マスク 510 five hundred and ten

This apple does not taste good.
マスク a **mask** /マスク/, a **respirator** /レスピレイタ/; (顔の覆い) **face covering** /カヴァリング/
・マスクをする wear a mask [a respirator]
・マスクをするのを忘れないで Don't forget to wear your mask.
マスコット a **mascot** /マスコト/
マスコミ (大衆伝達機関) **the (mass) media** /(マス)ミーディア/; (大衆伝達) **mass communications** /コミューニケイションズ/
・その事件は大いにマスコミの注意を引いた
The incident drew [got] a lot of attention from the media.

カタカナ語！ マスコミ
日本では新聞やテレビなど報道機関のことを「マスコミ」というが，これは mass communication を日本流に短くしたことばで，英語では「多くの人々への情報伝達」という意味．伝達する「機関」は **the mass media**, あるいは単に **the media** という．**media** は単に「媒体(ばいたい)，手段」の意味

まずしい 貧しい **poor** /プア/; (社会的・経済的に) **deprived** /ディプライヴド/
・貧しい人々 poor people / the poor
・ハリーの家庭はそれほど貧しくなかった Harry's family was not very poor.
マスターする master /マスタ/
マスタード mustard /マスタド/
マスト (帆柱) a **mast** /マスト/
ますます 「比較級＋and＋比較級」で表現する →ほど ❸
・ますます大きく[小さく]なる grow bigger and bigger [smaller and smaller]
まぜる 混ぜる **mix** /ミクス/; (そっとかき混ぜる) **stir** /スタ～/ →まざる
・A と B を混ぜる mix A with B
・コーヒーに砂糖を混ぜる stir sugar into *one's* coffee

また¹ (人体・木の) a **crotch** /クラチ/; (もも) a **thigh** /サイ/; (ももの付け根) a **groin** /グロイン/
・ふたまた道 a forked road
・道はここでふたまたに分かれる
Here the road forks.

また²

❶ (再び) **again**
❷ (…もまた) **also, too**; (…と同様に) **as well as ～**; (…もまた…ない) **not either**

❶ (再び) **again** /アゲン/
・多田も佐田もまたかぜをひいて欠席だ
Tada and Sada are absent again with colds.
❷ (…もまた) **also** /オーるソウ/, **too** /トゥー/; (…と同様に) **as well as ～**, (二つとも) **both** /ボウす/; (…もまた…ない) **not either** /イーざ/, **neither** /ニーざ/
・女子もまた男子と同じにその提案に反対です
The girls as well as the boys are against the proposal.
・彼は政治家でもあるし，また詩人でもある
He is both a politician and a poet.
・私にはそのための時間もまた金もない
I have neither time nor money for that.
・私もまたそう思います
I think so, too. / I also think so.
・私もまたそう思わない
I don't think so, either.
❸ (その他)
・またあしたね See you tomorrow. / (あしたまでさようなら) Good-bye until tomorrow.

まだ

❶ (いまだに) **yet**; (ずっといまだに) **still**
❷ (ほんの) **only**

❶ (いまだに) **yet** /イェト/; (ずっといまだに) **still** /スティる/
・彼はまだ来ていませんか
Hasn't he come yet?
会話 これ食べてもいいですか．―まだまだ
Can I eat this?—Not yet.
・まだ雨が降っている It's still raining.
❷ (ほんの) **only** /オウンリ/
・そのころは私はまだ子供でした
At that time I was only a child.
またがる straddle /ストラドる/; (馬などに) **ride** /ライド/; (広がる) **spread** /スプレド/, **stretch** /ストレチ/
・エベレストはネパールとチベットにまたがっている
Mount Everest straddles Nepal and Tibet.

mix　　stir

・この山脈は二つの県にまたがっている
These mountains spread [stretch] over two prefectures.

またぐ step over /ステプ オウヴァ/
・水たまりをまたぐ step over a puddle

または or
・君かまたはぼくがそこへ行かなければならない
(Either) You or I must go there.

まち 町 a **town** /タウン/; (商店の多い繁華街) **downtown** /ダウンタウン/
・町へ行く (田園地区から) go to town; (買い物に) go downtown
・町並み (家の並び) a row of houses in the streets; (通り・建物の様子) the streets and buildings
・町役場 a town hall [office]

まちあいしつ 待合室 a **waiting room** /ウェイティング ルーム/

まちあわせる 待ち合わせる (会う) **meet** /ミート/
・図書館の前で3時に待ち合わせましょう
Let's meet in front of the library at 3 o'clock.

まちうけがめん 待ち受け画面 (スマートフォンなどの) a **lock** [**standby**] **screen** /らク [スタンドバイ] スクリーン/

まぢか 間近に **near** (**at hand**) /ニア/
・試験が間近に迫った The examination is near at hand [is drawing near].

まちがい 間違い

➤ (思い違い) a **mistake** /ミステイク/; (知的・道徳的間違い) an **error** /エラ/ → あやまり

間違いの **mistaken** /ミステイクン/; **wrong** /ローング/ → まちがう (→ 間違った)
・間違い電話 the wrong number
・間違いなく without fail
・間違いなく…する be sure to *do* / do not fail to *do*
・私はよくこういうばからしい間違いをする
I often make such foolish mistakes.
・君の作文にはいくつか文法上の間違いがある
I see some grammatical mistakes [errors] in your composition.
・こういう間違いはよくあることです
This kind of mistake is quite common. / Mistakes of this kind are quite common.
・だれでも間違いはするものです
Nobody is so perfect as to make no mistakes.

参考ことわざ 弘法にも筆の誤り Even Homer sometimes nods. (ホメロスも時にはいねむりを(し

てミスを)する)

参考ことわざ あやまつは人の常，許すは神のわざ To err is human, to forgive is divine. (間違えるのは人間の性質であり，許すのは神の性質(を示す行為)である)
・間違いなく7時までに来てください
Be sure [Don't fail] to come by seven.
・彼は間違いなくパーティーに来ます
He's sure to come to the party. / I'm sure he will come to the party.

まちがう 間違う，間違える

➤ **mistake** /ミステイク/, **make a mistake**
間違った **mistaken** /ミステイクン/; **wrong** /ローング/
間違っている **be mistaken**; **be wrong**
間違って **by mistake**

基本形
A を間違う
mistake A
A を B と間違う
mistake A **for** B

・道[時間，日にち]を間違える mistake the road [the time, the date]
・間違った意見[答え] a mistaken opinion [a wrong answer]
・間違った電車に乗る take [get on] the wrong train
・間違ってダイヤルする dial the wrong number
・間違って彼のタオルを使う[彼のかさを持って行く] use his towel [take his umbrella] by mistake
・私はテスト[英作文]で2か所つづりを間違えた
I made two spelling mistakes on the test [in my English composition].
・私は所番地を間違えて，違う家に行ってしまった
I mistook the address and went to the wrong house.
・彼女は答えを間違った (→間違った答えをした)
She gave the wrong answer.
・ぼくは君のノートと自分のノートを間違えてしまった I mistook your notebook for mine.
・彼女はふたごのきょうだいとよく間違えられる．なにしろよく似ているから →「間違えられる」は受け身形
She is often mistaken for her twin sister because they look exactly alike.
・彼をだれかほかの人と間違えるはずはないよ
There is no mistaking [You can't mistake] him for anybody else. → there is no *doing* は「…することは不可能だ」
・君は間違っているよ

まちどおしい 512 five hundred and twelve

You are mistaken. / You are wrong.
• その答えは間違っている
That answer is wrong.
• 君はここが間違っている. この 3 が 5 にならなくちゃ
You are mistaken [You have made a mistake] here. This 3 should be 5.
• 君は彼が正直だと考えたのが間違っていたのだ
You were mistaken in thinking that he was honest.

まちどおしい 待ちどおしい → **まつ** ❷

まつ 待つ

❶ (人・順番などを) **wait**
❷ (期待する) **expect**; (楽しみにして) **look forward to 〜**

❶ (人・乗り物・順番などを) **wait** /ウェイト/

基本形	A を待つ
	wait for A
	A が…するのを待つ
	wait for A **to** *do*

• 彼 [バス, 順番] を待つ wait for him [a bus, *one's* turn]
• …を寝ないで待つ wait up for 〜
• 彼が来るのを待つ wait for him to come
• 彼女を待たせる keep her waiting
• ちょっと待って Wait a minute.
• 彼はバス停でバスを待っている → 現在進行形
He is waiting for a bus at the bus stop.
📢会話 君はだれを待っているの?—ケン(が来るの)を待っているのです
Who are you waiting for? —I'm waiting for Ken (to come).
• かどのところで君を待ってるよ → 未来進行形
I'll be waiting for you at the street corner.
• 私は父の帰宅を待った
I waited for my father to come home.
• もうどれくらいバスを待っているの? → 現在完了進行形
How long have you been waiting for a bus?
• バスを待っている人は並ばなければいけない People waiting for a bus have to stand in line.
• 彼が帰るまで食事を待ちましょう
Let's wait for him before eating (dinner). / Let's wait until he returns before we eat dinner.
• 友達をそんなに待たせてはいけない
Don't keep your friends waiting so long.
• お待たせしてすみませんでした
I'm sorry to have kept you waiting.

ことわざ 歳月人を待たず
Time and tide wait for none. → tide は昔 time と同じ意味に用いられた
• この病院では 1 時間以上待つのはふつうです
A wait of more than an hour is common at this hospital. → wait は名詞(待ち時間)
❷ (期待する) **expect** /イクスペクト/; (楽しみにして) **look forward to 〜** /るク ふォーワド/
• きのう君のことを待っていたんだ
I expected you yesterday.
• 君(が来るの)を待っているよ → 未来進行形
I'll be expecting you.
• 農家の人たちは雨を待っている
The farmers are looking forward to rain.
• 私は夏休み [再会] を待ちこがれています
I'm looking forward to the summer vacation [to seeing you again]. →✕ look forward *to see* 〜 としない
• 待ってましたとばかり彼はその機会をとらえた
He seized the chance with eagerness. /
ひゆ He seized the chance with both hands.
❸ (電話で) **hold on** /ホウるド/
• ちょっとお待ちください
Please hold on a minute.
マツ 松 《植物》 a **pine** (**tree**) /パイン (トリー)/
• 松かさ a pinecone
• 松 た け *matsutake*, a fragrant Japanese mushroom
• 松林 a pine grove
まっか 真っ赤(な)
❶ **red** /レド/; (あざやかな赤) **bright red** /ブライト/; (燃えるような赤) **flaming** [**fiery**] **red** /ふれイミング [ふァイアリ]/
• 顔が真っ赤になる become red in the face
• 真っ赤になっておこる be red with anger
❷ (まったくの) **sheer** /シア/, **downright** /ダウンライト/ → まったく
• 真っ赤なうそ a downright [sheer] lie
まっくら 真っ暗な **quite dark** /クワイト ダーク/, **pitch-dark** /ピチ ダーク/
• 部屋の中は真っ暗だった
It was quite dark in the room.
まっくろ 真っ黒(な) **black** /ブらク/
まつげ an **eyelash** /アイらシュ/
マッサージ(する) **massage** /マサージ/
マッサージ師 a **massager** /マサーヂャ/, a **massage therapist** /せラピスト/; (男性) a **masseur** /マスア/, (女性) a **masseuse** /マス〜ズ/
まっさいちゅう 真っ最中に **in the middle of**

five hundred and thirteen　513　まで

〜) /ミ**ド**る/，**in the midst** (of 〜) /ミ**ド**スト/
・社会科の授業の真っ最中に地震があった
There was an earthquake in the middle of social studies class.

まっさお 真っ青な **deep blue** /ディープ ブるー/；(顔の色が) (**deadly**) **pale** /(デドり) ペイる/
・その報道を聞いて彼は真っ青になった
He turned pale at the news.

まっさかさま 真っ逆さまに **headfirst** /ヘ**ド**ふぁ〜スト/，**headlong** /ヘドローング/

まっさかり 真っ盛りで (花が) **at its**［**their**］**best** /[ゼア] ベスト/

まっさき 真っ先に (最初に) **first of all** /ふぁ〜スト/

まっしろ 真っ白な **snow-white** /スノウ (ホ)ワイト/，**as white as snow**

まっすぐ まっすぐ(な) **straight** /ストレイト/
　まっすぐにする straighten /ストレイトン/，**make 〜 straight**
・まっすぐな線 a straight line
・まっすぐ立つ stand straight
・まっすぐうちへ帰る go straight home /
　ひゆ make a beeline for home →beeline は「(ミツバチが巣箱に飛び帰る時のような)一直線」
・四つ角までまっすぐに行ってそこを左に曲がりなさい　Go straight on till you come to a crossroads and then turn (to the) left.

まったく 全く
➤ **quite** /クワイト/；(よくよくの) **downright** /ダウンライト/，**sheer** /シア/，**mere** /ミア/
➤ (まったく…ない) (**not**) **at all**
・まったく君の言うとおりだ
You are quite right.
・私は君とまったく同じ意見だ
I quite agree with you.
・あそこで彼に会ったのはまったくの偶然だった
It was a mere accident that I met him there.
・そんな男を信用するなんて君はまったくばかげている　It is downright foolish of you to trust such a fellow.
・そんなことをやろうなんてまったくどうかしている　It is sheer madness to attempt such a thing.
・私は彼をまったく知らない
I don't know him at all.

マッチ¹ a **match** /マチ/
・マッチをつける strike a match
・マッチ箱 a matchbox

マッチ² (試合) a **match** /マチ/

マット a **mat** /マト/

・ヨガ[運動用]マット a yoga [exercise, workout] mat
・ドアマット a doormat
・ランチョンマット a place [table] mat
・カッターマット a cutting mat

マットレス a **mattress** /マトレス/

まつばづえ 松葉杖 (2本1組) (a pair of) **crutches** /(ペア) クラ**チェ**ズ/
・松葉杖をついて歩く walk on crutches

まつり 祭り a **festival** /ふぇスティヴァる/
・毎年の秋祭り the annual fall [autumn] festival
・もうあとの祭りだ It is too late now.

まで …まで
❶ (場所) **to 〜；as far as 〜**
❷ (時間) (…までずっと) **till；**(…までに) **by 〜**
❶ (場所) **to 〜；as far as 〜** /ふぁー/
・ここから中学校までどれくらいありますか
How far is it from here to the Junior High School?
・渋谷までは電車で行ってそれからバスに乗りなさい
Go as far as Shibuya by train, and then take a bus.
❷ (時間) (…までずっと) **till** /ティる/，**until** /アンティる/；(…までに) **by 〜**，**by the time；**(…する前に) **before** /ビふォー/
・いつまで(どれくらい長く) how long
・彼は朝から晩まで忙(いそが)しい
He is busy from morning till night.
・彼は日が暮れるまで畑で働く He works in the field till it gets dark [until dark].
会話 (店などにたずねて)何時まであいていますか．—午後10時までです How late are you open? —Until 10 p.m.
・正午までにここに来てください
Please come here by [before] noon.
・彼らが来るまでにはすべて用意しておかねばならない　All must be ready before [by the time] they come.
・いつまで君はここに滞在する予定ですか
How long are you going to stay here?
・彼女がいつまで待っても彼は帰って来なかった
She waited and waited, but he did not return home.
❸ (程度) **to 〜；so** [**as**] **far as to** *do*
・腹がたつ時は10まで数えなさい
When (you get) angry, count to ten.
・彼女は彼のことをうそつきだとまで言った
She has gone so far as to say that he is a liar.

まと 514 five hundred and fourteen

使い分け

until: 継続している動作が終わる時点を示し，ある時まで動作や状態が続くことを言う

till: until と同じ

by: 期限・締め切りが示され，ある時までに動作や状態が完了することを言う

before: ある物事や誰かより前に行うことを言う

まと 的 a **mark** /マーク/; (的・対象) a **target** /ターゲト/; (対象) an **object** /アブヂェクト/; (論点) **the point** /ポイント/

•的を射る[はずす] hit [miss] the mark
•的はずれである be beside the point / be off the mark
•称賛の的 the object of admiration
•非難の的 the target of criticism
•ダーツの的 a dartboard
•(議論などで)的を射ている on point, to the point
•それは時間の浪費にすぎない，と彼は言ったが，それはまことに的を射た表現だ He was right when he called it only a waste of time. / **ひゆ** He really hit the nail on the head when he said it was only a waste of time. (くぎの頭をたたいた)

まど 窓 a **window** /ウィンドウ/

•窓ガラス a windowpane
•窓口 (切符を売る) a ticket window; (銀行の係) a teller
•窓際の席 a seat by the window; (乗り物の) a window seat
•窓から外を見る look out of the window
•決して窓から物を投げてはいけません You must never throw things out of the window.

まとまる (考えなどが) **take shape** /シェイプ/; (話し合いがつく) **be settled** /セトルド/, **agree** /アグリー/, **reach** an **agreement** /リーチ アグリーメント/, **come to** an **agreement**: (団結している) **be in unity** /ユーニティ/

•それについて何か考えがまとまりましたか
Has any idea taken shape concerning it?
•よし，これですべてまとまった
Good, that's all settled.
•うちのクラスはよくまとまっている
Our class members are in unity with one another. / Our class has a friendly atmosphere. / Our class members are all friendly to one another.

まとめ (要約) a **summary** /サマリ/ (→まとめる❷); (結論) a **conclusion** /コンクるージョン/ (→けつろん)

まとめる

❶ (一つにする) **put ～ together** /トゥゲざ/; (統一する) **unite** /ユーナイト/; (解決する) **settle** /セトる/

•彼は荷物をまとめて部屋から出て行った He put his things together and went out of the room.
❷ (要約する) **summarize** /サマライズ/, **sum up** /サム/

•この物語を800字以内にまとめなさい
Summarize the story within 800 words.
•まとめると，私の言いたいことはこうだ
To sum up, my basic message is this. →this は「これから述べること」

マナー **manners** /マナズ/

•テーブルマナー table manners
•彼はマナーがよい[悪い]
He has good [bad] manners.
•(携帯電話などの)マナーモード the silent mode →「マナーモード」は和製英語

まないた まな板 a **cutting board** /カティンぐ ボード/

まなつ 真夏 **midsummer** /ミドサマ/

•暑い真夏のある日に on a hot midsummer day

まなぶ 学ぶ (勉強する) **study** /スタディ/; (勉強したり体験したりして身につける) **learn** /ら～ン/

•私の父は若いころドイツ語を学びました
My father studied German when he was young.
•われわれは幼いころに学んだ事はなかなか忘れないものだ We seldom forget what we have learned in our early days.
•君は彼らの経験から教訓を学ぶべきだ
You should learn a lesson from their experience. / **ひゆ** You should take a leaf out of their book. →leaf は「本のページ」

使い分け

study: ある知識を得るために勉強や研究をする過程を指す

learn: 勉強や練習をして知識，技術を身につけることを指す

マニア a **mania** /メイニア/, a (**great**) **love** /(グレイト) らヴ/; (人) a **maniac** /メイニアク/, a (**great**) **lover** /らヴァ/

カタカナ語！ マニア

日本ではよく「…マニア」というが，英語の mania は「病的なほどの好み」だから日常的には a **love**, a **great love** といい，人をさす時は a **lover**, a **great lover** を使うほうがいい。「彼はたいへんなパソコンマニアだ」は He has a great love of computers. / He is a great computer lover.

まにあう 間に合う

❶ **be in time**
❷ (役に立つ) **do**; (十分である) **be enough**

❶ **be in time** (for ～)
・今出発すれば列車に間に合うでしょう
If you start now, you will be in time for the train.
・私はちょうど[やっと]授業に間に合った
I was just [barely] in time for class.
・急がないと列車に間に合わないぞ
Hurry up, or you'll miss the train.

❷ (役に立つ) **do**; (十分である) **be enough** /イナふ/

これで間に合いますか
—うん, それで間に合うだろう
Will this **do**?
—Yes, that'll **do**.

・それには千円あれば間に合うでしょう
One thousand yen will be enough for that.

まにあわせる 間に合わせる **make shift** (with ～) /シふト/, **make do** (with ～); (準備する) **make ～ ready** /レディ/
・古い靴で間に合わせる make do with old shoes
・父が帰って来るまでに夕食を間に合わせましょう
We'll make dinner ready by the time Father comes back home.

マニキュア (ツメに塗る液) **nail polish** /ネイる パりシュ/, **nail varnish** /ヴァーニシュ/ → (a) manicure /マニキュア/ はマニキュアを塗ることを含む手やツメのケア全体をさす

マニュアル a **manual** /マニュアる/
まね **imitation** /イミテイション/ → まねる
マネージャー a **manager** /マネヂャ/
まねき 招き (an) **invitation** /インヴィテイション/ → しょうたい¹, まねく
まねきねこ 招きねこ a *maneki-neko*, a welcoming cat /ウェるカミング/
マネキン a **manikin** /マニキン/
まねく 招く **invite** /インヴァイト/, **ask** /アスク/
・彼を夕食に招く invite [ask] him to dinner
・母はきょう吉田さんの所へお茶に招かれている
Mother is invited [asked] to tea today by the Yoshidas.
まねる **imitate** /イミテイト/, **copy** /カピ/, 《話》 **copycat** /カピキャト/
まばたき a **wink** /ウィンク/

まばたく **wink**
まばら まばらな **thin** /スィン/, **sparse** /スパース/
まばらに **thinly**, **sparsely**
まひ **paralysis** /パラリスィス/
まひさせる **paralyze** /パラライズ/
・交通まひ a traffic jam
・心臓まひ heart failure
まひる 真昼 **broad daylight** /ブロード デイライト/
・真昼に in broad daylight
まぶしい **dazzling** /ダズリング/
まぶた an **eyelid** /アイリド/
まふゆ 真冬 **midwinter** /ミドウィンタ/
・寒い真冬のある日に on a cold midwinter day
マフラー (首に巻く) a **scarf** /スカーふ/ → 《米》 では muffler といえば車の「消音器」をさすことが多い
・厚いマフラーをして行ったほうがいいよ. 外は寒いぞ
You had better wear a thick scarf. It's cold outside.
まほう 魔法 **magic** /マヂク/
・魔法使い a magician; (魔女) a witch / (男の魔法使い) a wizard
まぼろし 幻 a **vision** /ヴィジョン/
ママ 《米》 a **mom** /マム/, 《米小児語》 a **mommy** /マミ/; 《英》 a **mum** /マム/, 《英小児語》 a **mummy** /マミ/
ままごと ままごとをする **play house** /プれイ ハウス/
マムシ 蝮 《動物》 a **viper** /ヴァイパ/
まめ¹ 豆 (いんげん) a **bean** /ビーン/; (えんどう) a **pea** /ピー/; (大豆) a **soybean** /ソイビーン/
まめ² (水ぶくれ) a **blister** /ブリスタ/; (固い) a **corn** /コーン/
まめまき 豆まき *mamemaki*, a bean-scattering ceremony /ビーン スキャタリング セレモウニ/ → せつぶん
まもなく **soon** /スーン/, **before long** /ビふォー/
・君が出て行ってまもなく彼が来ました
He came soon after you had left.
・彼はまもなく自分のまちがいに気がつくでしょう
He will see his mistake before long. / It will not be long before he sees his mistake.
まもり 守り (a) **defense** /ディふェンス/

まもる 守る

➤ (防衛する) **defend** /ディふェンド/
➤ (保護する) **protect** /プロテクト/
➤ (約束を) **keep** /キープ/
➤ (規則を) **observe** /オブザ〜ヴ/

・自分の国を守る defend *one's* country

まゆ 516 five hundred and sixteen

・自分の利益を守る protect *one's* interests
・約束を守る keep *one's* promise
・彼女は身を守るために空手を習っている
She is learning *karate* to defend herself.
・今ではこういう慣習を守る人は少ない
Few people observe these customs nowadays.

まゆ¹ 眉 an **eyebrow** /アイブラウ/
・まゆをひそめる knit *one's* eyebrows
まゆ² 繭 a (**silk**) **cocoon** /(スィるク) コクーン/

まよう 迷う

➤ (道に) **lose** /るーズ/
➤ (途方(とほう)に暮れる) **be at a loss** /ろース/
➤ (決心がつかない) **be undecided** /アンディサイデド/

・道に迷う lose *one's* way / be [get] lost
・私はどうしてよいか迷っている
I am at a loss (as to) what to do.
・私はどっちの案を採用してよいか迷っている
I am undecided as to which plan to adopt.
・通りがひどく込み入っているので初めての人はすぐ道に迷います
The streets are so complicated that a stranger will easily get lost.

まよなか 真夜中 **midnight** /ミドナイト/
・真夜中に[ごろ] at [about] midnight
マヨネーズ **mayonnaise** /メイオネイズ/
マラソン (競走) a **marathon race** /マラそン レイス/
まり a **ball** /ボーる/
まる¹ 丸 a **circle** /サ～クる/; (輪) a **ring** /リング/
丸い **round** /ラウンド/
・丸テーブル a round table
・丸をかく draw a circle
・…を丸で囲む circle ～ / put a circle around ～
・丸くなってすわる sit in a circle [a ring]
・正しいと思う語を丸で囲みなさい
Circle the word which you think is right.
まる² まる… **full** /ふる/, **whole** /ホウる/
・まる1時間 a full hour
・まる1週間 a whole week
・あれからまる1年になる
It is a whole year since then. /
A whole year has passed since then.
まるあんき 丸暗記 **rote learning** /ロウト ら～ニング/
・丸暗記する learn ～ by rote
まるた 丸太 a **log** /ろーグ/

・丸太小屋 a log cabin
まるで
❶ (ちょうど) **just** /ヂャスト/; (あたかも) **as if ～**
・それはまるで雪のようです
It is just like snow.
・私はまるで夢を見ているような気持ちだった
I felt as if I were dreaming.
❷ (まったく) **quite** /クワイト/, **entirely** /インタイアリ/
・この二つの物はまるでちがいます
These two things are entirely different from each other.
・その結果はまるでだめでした The result was quite a failure [a complete failure].
まるばつ ○×式の **true-or-false** /トゥルー オー ふォーるス/; (選択肢が複数ある) **multiple-choice** /マるティプる チョイス/
・○×式問題[テスト] a true-or-false question [test]; a multiple-choice question [test]
まれ まれな **rare** /レア/
まれに **rarely** → めったに
まわす 回す **turn** /タ～ン/; (こまを) **spin** /スピン/; (次々と渡す) **pass** (**around**) /パス (アラウンド)/
・取っ手を回す turn a handle
・こまを回す spin a top
・クッキーを(みんなに)回す pass around the cookies

まわり 回り, 周り

➤ (外周) **circumference** /サカンふァレンス/ → かんきょう, きんじょ

・…の周りを, …の周りに **around ～** /アラウンド/
・…を一回りする make a round of ～
・その写真の周りを花で飾(かざ)る frame the photograph with flowers
・周りがこんなにうるさくては本が読めない
I can't read with all this noise around.
・湖の周りは約10キロです
The lake is about ten kilometers around.
・われわれはたき火の周りで踊ったり歌ったりした
We danced and sang around the bonfire.
まわりくどい 回りくどい **roundabout** /ラウンダバウト/
・回りくどいことを言っていないで, 要するに何なのよ
Don't talk in a roundabout way. What is it you want to say? / ひゆ Don't beat around the bush—get to the point. (やぶの周りをたたかないで)
まわりみち 回り道 a **roundabout way** /ラウンダバウト ウェイ/, a **long way around** /アラウン

ド/; (道路修理中臨時に設けられた回り道) a **detour** /ディートゥア/
・道路が修理中で私は回り道をさせられた
The road was under repair and I had to make a detour [to take a roundabout way, to go a long way around, to go out of my way].

まわる 回る (回転する) **turn** /ターン/; (くるくる) **spin**; (巡(めぐ)る) **go around** /アラウンド/; (目が) **feel giddy** /ふィーるギディ/

まん[1] 万 **ten thousand** /テン サウザンド/
・5万 fifty thousand
・5万5千 fifty-five thousand
・5万分の1の地図 a map to the scale of 1: 50,000 (読み方: one to fifty thousand)

まん[2] 満… → **まる**[2]

まんいち 万一 (危急) (an) **emergency** /イマ~ヂェンスィ/; (万一 A が…ならば) **if** A **should** *do* /シュド/, **in case ~** /ケイス/
・万一の場合には in case of emergency / in an emergency
・ひょっとして万一失敗でもしたらどうしよう If I should fail by any chance, what shall I do?

まんいん 満員である **be full** /ふる/; **be crowded** (**to capacity**) /クラウデド (カパスィティ)/; (超満員である)《米話》**be jampacked** /ヂャムパクト/
・満員電車 a jampacked train
・講演の始まる前に会場は満員になった
The hall was full before the lecture began.
・バスは満員だった
The bus was crowded to capacity.

まんが 漫画 a **cartoon** /カートゥーン/; (こま続き) a **comic strip** /カミク ストリプ/; (漫画本) a **comic** (**book**)
・漫画家 a cartoonist

まんかい 満開 **full bloom** /ふる ブるーム/
・サクラの花が満開だ
The cherry trees are in full bloom. /
The cherry blossoms are at their best.

まんげきょう 万華鏡 a **kaleidoscope** /カらイドスコウプ/

まんげつ 満月 a **full moon** /ふる ムーン/

まんじゅう (あんまん) a **bun with bean-jam in** /バン ビーン ヂャム/; (肉まん) a **bun with minced meat in** /ミンスト ミート/

マンション (分譲(ぶんじょう)アパート)《米》(一家族分または建物全体) a **condominium** /カンドミニアム/,《話》a **condo** /カンドウ/; (賃貸)《米》(一家族分) an **apartment** /アパートメント/, (建物全体) an **apartment house** /ハウス/,《英》(一家族分) a **flat** /ふらト/, (建物全体) a **block of flats** /ブらク/

カタカナ語！ マンション

英語でいう mansion は部屋が数十もある大邸宅のこと．どんなに高級でも分譲マンションは condominium あるいは condo，そして賃貸マンションは《米》**apartment**，《英》**flat** という．だから「ワンルームマンション」を×one-room mansion といったらびっくりされる．英語では《米》studio apartment，《英》studio flat, bedsitter あるいは英米ともに単に studio という

まんせい 慢性の **chronic** /クラニク/

まんせき 満席 (掲示) **Full House** /ふる ハウス/, **No Vacant Seat** /ヴェイカント スィート/; (立ち見席だけ) **Standing Only** /スタンディング オウンリ/
・会場は満席だ The hall is full. / All the seats are occupied in the hall.
・パリ行きの(航空機の)便は満席だった
All flights for Paris were fully booked.

まんぞく 満足

➤ **satisfaction** /サティスふァクション/
満足させる **satisfy** /サティスふァイ/
・満足な satisfactory
・満足して with satisfaction
・…に満足する be satisfied with ~
・彼はほかの物では満足しないでしょう
He will not be satisfied with anything else.
・彼はすっかり満足してにこにこしながら帰って行った He went away with a smile, quite satisfied.

まんちょう 満潮 **the high tide** /ハイ タイド/
・満潮に at high tide

マンツーマン (1対1の) **one-to-one** /ワン トゥ ワン/; (スポーツで) **person to person** /パ~スン トゥ パ~スン/
・マンツーマン指導 one-to-one instruction
・マンツーマン守備 person-to-person defense

まんてん 満点 **full marks** /ふる マークス/
・理科のテストで満点を取る get full marks in [on] a science test
・彼は500点満点で420点取った
He received 420 out of a possible 500. /
He got a score of 420 out of 500.

マント a **cape** /ケイプ/, a **mantle** /マントる/

マンドリン a **mandolin** /マンドリン/

まんなか 真ん中 (両端からの) **the middle** /ミドる/; (中心) **the center** /センタ/
・真ん中の middle; central
・池の真ん中に in the middle [the center] of a

まんねんひつ　518　five hundred and eighteen

pond
まんねんひつ 万年筆　a **fountain pen** /ふァウンテン/
まんびき 万引き（人）a **shoplifter** /シャプりふタァ/；（行為(こうい)）**shoplifting** /シャプりふティンぐ/
・万引きして捕まる　be caught shoplifting
マンホール a **manhole** /マンホウる/
まんぽけい 万歩計　a **pedometer** /ピダメタ/

まんまえ 真ん前
・ジャックはゴールの真ん前に立った
Jack stood right in front of the goal.
マンモス〈動物〉a **mammoth** /マモす/
まんるい 満塁
・満塁ホームラン　a grand slam
・ツーアウト満塁だ　The bases are full［loaded］ with two outs.

み　ミ

み 実（果実）(a) **fruit** /ふルート/；（堅果）a **nut** /ナト/；（イチゴのようなやわらかい）a **berry** /ベリ/
・実がなる　bear fruit
みあいけっこん 見合い結婚　an **arranged marriage** /アレインヂド マリヂ/
みあげる 見上げる
❶（上を見る）**look up**（at 〜）/るク/
・月を見上げる　look up at the moon
❷（感心する）**admire** /アドマイア/
・君の寛大さは見上げたものだ
I admire you for your generosity.
みいだす 見いだす　**find**（**out**）/ふァインド/；（発見する）**discover** /ディスカヴァ/
ミイラ a **mummy** /マミ/
　ことわざ　ミイラ取りがミイラになる
Many go out for wool and come home shorn.（羊毛を刈り取りに出かけ、毛を刈られて帰って来る者が多い）
みうしなう 見失う　**lose sight of** 〜 /るーズ サイト/, **miss** /ミス/
・人込みの中で彼を見失った
I missed him in the crowd.
みうち 身内（親戚(しんせき)）*one's* **relatives** /レらティヴズ/
みえ 見えを張る　**show off** /ショウ/
・見えのために　for show / for appearance' sake

みえる　見える
❶（目に入る）**see**
❷（見ることができる）**can see**
❸（外見が）**look**
❹（現れる）**show**
❺（来る）**come**

❶（目に入る）**see** /スィー/；（物が主語）**be seen** /スィーン/（受け身形）

|基本形| A が見える
　　 see A / A **is seen**.
A が…するのが見える
　　 see A *do*
A が…しているのが見える
　　 see A *do*ing / A **is seen** *do*ing.

・見えてくる　come into sight
・見えなくなる　go out of sight / disappear
・向こうに高い塔(とう)が見える　→主語は「私」
I see a tall tower over there.
・空を見ると無数の星が見えた
I looked at the sky and saw countless stars.
・向こうに見える建物がぼくらの学校です
The building you see over there is our school.
・彼女は目があまりよく見えません
She doesn't see very well.
・彼がその家に入るのが見えた
I saw him go into the house.
・池の中で1ぴきの大きな魚が泳いでいるのが見えた
I saw a big fish swimming in the pond. /
A big fish was seen swimming in the pond.
❷（見ることができる）**can see**；（物が主語）**can be seen**（受け身形）
・ネコは暗い所でも目が見えます
Cats can see in the dark.
・ここからは富士山は見えません
We can't see Mt. Fuji from here. /
Mt. Fuji cannot be seen from here.
・電車から海が見えますか
Can I see the sea from the train?
・窓から湖のすばらしい景色が見えますよ
You can get［have］a wonderful view of the lake from the window.
❸（外見が）**look** /るク/; **look like** /らイク/

- 若く[ふけて]みえる look young [old]
- 幸福そうに[本物みたいに]みえる look happy [real]
- 君はとても元気そうに[疲(つか)れているように]みえる You look very well [tired].
- 彼は年のわりには[60にしては]若くみえる He looks young for his age [for sixty].
- 彼はその年にはみえない He doesn't look his age.
- 彼は営業職のようにみえる He looks like a salesperson.
- 他人の物はよくみえるものだ ひゆ The grass is greener on the other side of the fence. (フェンスの反対側の芝生は(自分の庭の芝生より)青くみえる)

❹ (現れる) show /ショウ/, appear /アピア/
- 空に星が見えだした Stars began to appear [to show] in the sky.

❺ (来る) come
- あなたの留守中に佐藤さんとかいう方がみえました A Mr. Sato came to see you during your absence.
- 玄関にどなたかみえてますよ There is someone at the door.

みおくる 見送る **see off** /スィー オーふ/
- 彼女を見送りに成田へ行って来た I've been to Narita to see her off.

みおとす 見落とす **overlook** /オウヴァるク/, **miss**

みおぼえ 見覚えがある **remember seeing ~ (before)** /リメンバ スィーインぐ (ビふォー)/ →きおぼえ
- 彼の顔には見覚えがある I remember seeing his face somewhere before.
- あの男の人の顔には見覚えがない That man's face is unfamiliar to me.

みおろす 見下ろす **look down** (at ~) /るク ダウン/

みかい 未開の **uncivilized** /アンスィヴィらイズド/; (原始的な) **primitive** /プリミティヴ/

みかいけつ 未解決の **unsolved** /アンサるヴド/
- 問題は未解決です The problem is yet unsolved.

みかく 味覚 **the (sense of) taste** /(センソブ) テイスト/

みがく 磨く
❶ (ぴかぴかに) **polish** /パりシュ/; (きれいに) **clean** /クリーン/; (ブラシで) **brush** /ブラシュ/
- 靴をみがく polish [shine] one's shoes
- 歯をみがく brush one's teeth

polish

brush

❷ (よくする) **improve** /インプルーヴ/; (文章などを) **refine** /リふァイン/
- 腕(うで)をみがく improve one's skill

みかけ 見かけ (様子) **appearance** /アピアランス/; (顔つき) **looks** /るクス/
- 見かけで人を判断する judge a person by his appearances [looks]
- それは見かけ倒しだった It was not so good as it looked. / ひゆ It was just window dressing. (ショーウィンドーの飾りつけのようなもので実物とは違った)

みかげいし みかげ石 **granite** /グラニト/

みかた¹ 味方 **a friend** /ふレンド/; (支持者) **a supporter** /サポータ/
味方する **support** /サポート/, **back up**, **side with** /サイド/, **take sides**
- 彼女は彼に味方してぼくらに敵対した She sided with him against us.

みかた² 見方 →かんてん

みかづき 三日月 **a crescent (moon)** /クレスント (ムーン)/; (新月) **a new moon**

ミカン 蜜柑 (植物)**an orange** /オーレンヂ/; (日本ミカン) **a tangerine (orange)** /タンヂェリーン/

みかんせい 未完成の **unfinished** /アンふィニシュト/

みき 幹 **a (tree) trunk** /(トリー) トランク/, **a stem** /ステム/

みぎ 右

➤ **the right** /ライト/ →ひだり
右の **right**
右回りに[の] **clockwise** /クらクワイズ/ →「時計の針のように[な]」の意味
- 右へ[に] right / to the right
- 右ききの right-handed
- 右手 the right hand
- 右側に on the right side / on one's right
- 右に曲がる turn right [to the right]
- かぎを右に回す turn the key clockwise

ミキサー　520　five hundred and twenty

ミキサー a **blender** /ブれンダ/

ミキサー車 a **concrete** [**cement**] **mixer**
(**truck**) /カンクリート [セメント] ミクサ〜 (トラク)/

みぐるしい 見苦しい (体裁(ていさい)の悪い) **ugly** /ア
グり/, **indecent** /インディースント/; (みすぼらしい)
shabby /シャビ/; (不名誉(めいよ)な) **dishonorable**
/ディスアナラブる/

みけねこ 三毛猫 a **tortoise-shell cat** /トータス
シェる/

みこし *mikoshi*, a **portable shrine** /ポータブる シ
ュライン/ → おみこし
•100台ほどのみこしが浅草を練り歩いた
Around 100 *mikoshi* were paraded through
the Asakusa district. → 複数形も *mikoshi*

みごと 見事な **fine** /ふァイン/, **beautiful** /ビュー
ティふる/; (すばらしい) **splendid** /スプれンディド/
見事に **finely**, **beautifully**; **splendid**

みこみ 見込み (望み) **hope** /ホウプ/; (可能性) **pos-
sibility** /パスィビリティ/
見込みのある **hopeful**, **promising** /プラミスィン
ぐ/ → ゆうぼう
•見込みのない **hopeless**
•見込みのある青年たち **promising youths**
•彼が治る[勝つ]見込みがありますか
Is there any hope of his recovery [winning]?
•彼が治る[勝つ]見込みはまずない
There is little hope of his recovery [win-
ning]. / His recovery [winning] is almost
hopeless. / He is past hope of recovery
[winning].

みこん 未婚の **unmarried** /アンマリド/; (独身の)
single /スィングる/

ミサ **Mass** /マス/
•ミサに出席する go to Mass

ミサイル a **missile** /ミスィる/

みさき 岬 a **cape** /ケイプ/; (断崖(だんがい)になってい
る) a **promontory** /プラモントーリ/

みじかい 短い

➤ **short** /ショート/

短くする **shorten** /ショートン/
•スカートのたけを短くしてもらう have *one's*
skirt shortened
•髪を短くしてもらう have *one's* hair cut short
•日がだんだん短くなってきた
The days are getting [growing] shorter.

みじめな **miserable** /ミゼラブる/
•みじめな生活を送る lead a miserable life
•みじめな思いをする feel miserable
•私はみじめな気持ちでだれにも会う気がしなかった

I was so miserable that I did not feel like
seeing anybody.

みじゅく 未熟な (未発達の) **immature** /イマチュ
ア/; (時期が早すぎる) **premature** /プリーマチュ
ア/; (経験を積んでいない) **inexperienced** /イネク
スピアリエンスト/, **green** /グリーン/; (技術的に未熟
な) **unskilled** /アンスキるド/

みしらぬ 見知らぬ **strange** /ストレインヂ/
•見知らぬ人 a stranger
•彼は私のまったく見知らぬ人だ
He is a perfect stranger to me. /
I've never seen him before.

ミシン a **sewing machine** /ソウインぐ マシーン/
•彼女はミシンで娘の服を縫(ぬ)っていた
She was sewing her daughter's dress on the
(sewing) machine.

ミス¹ (当たりそこない) a **miss** /ミス/; (間違い) a
mistake /ミステイク/; (過失) a **fault** /ふォーると/,
an **error** /エラ/, a **slip** /スリプ/
•ミスをする make a mistake [an error]

ミス² ミス… **Miss** /ミス/ ＋地名など
•2022年度ミス日本 Miss Japan 2022 (読み方:
twenty twenty-two)

みず 水

➤ **water** /ウォータ/

水をまく **water**
•芝生(しばふ)に水をまく water the lawn
•栓(せん)をひねって水を出す[止める] turn on [off]
the water
•水にもぐって泳ぐ swim under water
•水を1杯飲む drink a glass of water
•畑が水につかっている
The fields are under water.

みずいろ 水色(の) **light blue** /らイト ブるー/,
pale blue /ペイる/

みずうみ 湖 a **lake** /れイク/

みずがめざ 水瓶座 **Aquarius** /アクウェアリアス/,
the Water Bearer /ウォータ ベアラ/
•水瓶座生まれの人 an Aquarius / an Aquarian

みずぎ 水着 (女性用) a **swimsuit** /スウィムスート/;
(男性用) **swimming trunks** /スウィミンぐ トランク
ス/; (水着一般) **swimwear** /スウィムウェア/

みずくさ 水草 a **water plant** /ウォータ プらント/

ミスター ミスター… **Mr.** /ミスタ/ ＋地名・団体名・
職業など

みずたま 水玉模様 **polka dots** /ポウるカ ダツ/
•水玉の dotted / spotted

みずたまり 水たまり a **puddle** (**of water**) /パド
る (ウォータ)/

ミステリー (謎) **mystery** /ミステリ/; (推理小説) a **mystery**, a **detective story** /ディテクティヴ ストーリ/

みすてる 見捨てる **give up**, **abandon** /アバンドン/; (砂漠) **desert** /ディザ〜ト/

みずとり 水鳥 a **water bird** /ウォータ バ〜ド/

みずぶくれ 水ぶくれ a **blister** /ブリスタ/

みずぼうそう 水疱瘡 **chicken pox** /チキン パクス/

みすぼらしい **shabby** /シャビ/

みせ 店 a **store** /ストー/, a **shop** /シャプ/
- あの店では洋書を売っています
They sell foreign books at that store. / Foreign books are sold at that store. / That store sells foreign books.

みせいねん 未成年 **minority** /マイノーリティ/
- 未成年である be under age
- 未成年者 a minor

みせかける 見せ掛ける **pretend** /プリテンド/

みせびらかす 見せびらかす **show off** /ショウ オフ/

みせもの 見せ物 a **show** /ショウ/

みせる 見せる

❶ **show**, **produce**

❶ (物を) **show** /ショウ/; (提示する) **produce** /プロデュース/; (見たがっているものを) **let 〜 see** /スィー/

基本形
A (物)を見せる
　　show A
B (人)に A (物)を見せる
　　show B A / **show** A to B

- 切符を見せる **show** [**produce**] *one's* ticket
- 彼にその手紙を見せる **show** him the letter / show the letter to him / let him see the letter
- 君は球場の入り口で券を見せなければいけません
You must show [produce] your ticket at the ball park gate.
- 彼は私に切手のコレクションを見せてくれた
He showed me his stamp collection. / He showed his stamp collection to me. / He let me see his stamp collection.
- (店で)靴を見せてください Please show me some shoes. / I want to see some shoes, please.
- 彼女の(写っている)写真を何枚か見せてもらった ← 過去の受け身形
I was shown some of her photos.
- 私があした町をあちこち見せてあげましょう
I'll show you around the town tomorrow.

❷ (医者に) **see**, **consult** /コンサルト/

- 医者にみせたほうがいいよ
You should see a doctor.
- その子を医者にみせたほうがいいよ
You had better take the child to a doctor.

みそ 味噌 *miso*, **soybean paste** /ソイビーン ペイスト/
- 味噌汁 *miso* soup

みぞ (掘り割り) a **ditch** /ディチ/; (歩道と車道の間の) a **gutter** /ガタ/

みぞれ **sleet** /スリート/
- みぞれが降る It sleets.

みたいな → ような

みだし 見出し (標題) a **title** /タイトる/; (新聞記事などの) a **headline** /ヘドライン/, a **heading** /ヘディング/

みたす 満たす **fill** /ふぃる/; (→ みちる ❶); (要求・条件などを) **meet** /ミート/
- びんに水を満たす fill a bottle with water
- 条件を満たす meet the requirements

みだす 乱す (妨さまたげる) **disturb** /ディスタ〜ブ/; (順序など) **put 〜 out of order** /オーダ/
乱れる **get out of order**, **be thrown into disorder** /すロウン ディスオーダ/
- 突然の大雪で鉄道のダイヤが乱れた
By the sudden heavy snowfall the railroad schedule was thrown into disorder.

みち¹ 道

➤ a **way** /ウェイ/; (道路) a **road** /ロウド/; (通り) a **street** /ストリート/
- 道しるべ a signpost
- 道端に by the roadside
- 道案内 a direction /ディレクション/
- 道案内する give directions; tell *one* the way
- 道に迷う lose *one's* way / be [get] lost
- 図書館へ行く道を教えてください
Will you please show me the way [direct me] to the library?

私は図書館へ行きたいのですが道はこれでよろしいでしょうか
―いいえ, 道をまちがえています. 今来た道を交差点までもどりパン屋のところを左へ曲がってください
I want to go to the library. Is this the right **way**?
―No, you took the wrong **road**. Go back the **way** you came to the crossroad, and turn left at the bakery.

みち

・道でだれか知っている人に会いませんでしたか
Didn't you meet anyone (who) you know on the way?
・この辺は道が込み入っているので初めての人はよく迷います　The streets are so complicated in this part that strangers often get lost.
・道端には野花が美しく咲(さ)いていた　The roadsides were beautiful with wild flowers.

みち² 未知の　**unknown** /アンノウン/
・未知の世界　the unknown world

みぢか 身近な　（近い）**close** /クろウス/; （よく知っている）**familiar** /ふァミリア/; （差し迫った）**imminent** /イミネント/
・私の身近な人々　people close to me

みちくさ 道草を食う　**fool around on the way** /ふーる アラウンド ウェイ/

みちびく 導く　（案内する）**guide** /ガイド/; （先導する）**lead** /リード/

みちる 満ちる
❶（いっぱいになる）**be filled** (with ～) /ふィるド/
・私の胸は希望に満ちていた
My heart was filled with [was full of] hope.
❷（潮が）**flow** /ふろウ/, **rise** /ライズ/, **come in**

みつ honey /ハニ/; （花の）**nectar** /ネクター/

みつあみ 三つ編み　《米》a **braid** /ブレイド/, 《英》a **plait** /プれイト/
・彼女は髪を三つ編みにしている
She wears her hair in braids [plaits].

みつかる　見つかる

❶（見つけることができる）**can find**
❷（発見される）**be found**

❶（見つけることができる）**can find** /ふァインド/
・それが見つからない　I can't find it.
・私たちは入り口が見つからなかった
We couldn't find the entrance.
❷（発見される）**be found** /ふァウンド/　→受け身形
・こういう植物は日本では見つからない
Such plants are not found in Japan.
・そのボートは先週の金曜からまだ見つかっていない
The boat has not been found yet [has been missing] since last Friday.
❸（見られる）**be seen** /スィーン/; （気づかれる）**be noticed** /ノウティスト/　→受け身形
・私はゲームセンターに入るのを先生に見つかった
I was seen entering an amusement arcade by my teacher.
・私はだれにも見つからずに近づいた
I got near without being noticed by anybody.

みつける　見つける

➤ **find** /ふァインド/
➤（隠(かく)されているものを）**discover** /ディスカヴァ/　→はっけん

基本形
　A を見つける
　　find A
　B（人）に A（物）を見つけてやる
　　find B A / **find** A for B

・私は歩道で財布を見つけた
I found a wallet on the sidewalk.
・彼らはついに問題を解決する方法を見つけた
They discovered [found out] a way to solve the problem at last.
・その四つ葉のクローバーどこで見つけたの?
Where did you find that four-leaf clover?
・彼は私によい席を見つけてくれた　He found me a good seat. / He found a good seat for me.
・ぼくの傘見つけてよ
Please find my umbrella for me.

使い分け
find は探しているものや人を「見つける」時に，discover は新しい場所や方法を「見つける」時に使う

みっしゅう 密集する　（家などが）**stand close together** /クろウス トゥゲざ/; （人口が）**be densely populated** /デンスリ パピュれイテド/

ミッションスクール a **mission school** /ミションン/

みっせつ 密接な　**close** /クろウス/
　密接に　**closely**

みつど 密度　**density** /デンスィティ/
・人口密度　population density

ミット a **mitt** /ミト/

みっともない （不名誉(めいよ)な）**dishonorable** /ディスアナラブる/; （恥(は)ずべき）**shameful** /シェイムふる/; （みすぼらしい）**shabby** /シャビ/
・そんな事をするなんてみっともないと思わないか
Aren't you ashamed of yourself to do such a thing? / Aren't you ashamed of doing such a thing?

みつばち a **honeybee** /ハニビー/, a **bee** /ビー/

みつめる 見つめる　（じっと）**gaze** (at ～) /ゲイズ/; （目を見張って）**stare** (at ～) /ステア/
・少年は彼を取り巻く見知らぬ人たちの顔を見つめた
The boy stared at the strange faces that surrounded him.

みつもる 見積もる　**estimate** /エスティメイト/
　見積もり　an **estimate** /エスティメイト/

みはらし

・ざっと見積もって at a rough estimate
みつゆ 密輸する **smuggle** /スマグる/
みつりん 密林 **a thick forest** /すィク フォーレスト/; (熱帯地方の) **a jungle** /ヂャングる/
みてい 未定の **undecided** /アンディサイデド/, **pending** /ペンディング/
・未定である be undecided / be pending
みとおし 見通し
❶ (視界) **visibility** /ヴィズィビリティ/
・濃い霧(きり)の中で見通しがきかなかった
The visibility was very poor in a thick fog.
❷ (将来の展望) an **outlook** /アウトるク/
・経済的見通しは明るくない
The economic outlook is not bright.
みとめる 認める (承認する) **admit** /アドミト/; (だれ・何であるとわかる) **recognize** /レコグナイズ/; (…を高く評価する) **think highly of 〜** /すィンク ハイリ/
・自分の過失を[自分が間違っていたと]認める
admit *one's* fault [that *one* was wrong]
・彼の作品を認めない think little of his work
・彼はその車を自分の物だと認めた
He recognized the car as his own.
みどり 緑(の) **green** /グリーン/
・みどりの日 Greenery Day
みとれる 見とれる **look [gaze] at 〜 admiringly** /るク [ゲイズ] アドマイアリングリ/

みな 皆

➤ **all**; (人) **everyone** /エヴリワン/, **everybody** /エヴリバディ/; (物事) **everything** /エヴリすィング/

・皆いっしょに all together
・彼らは皆よい少年です
They are all good boys.
・うちでは皆元気です
All are well at home.
・われわれはこのことについては皆知っています
We know everything about it.
・皆さんどうぞこちらへ
Everybody, please come this way.
・彼は他の少年が皆持っているものを自分もほしいと思った
He wanted to have what every other boy had.
・これというのも皆彼がつまらないうそを言ったからだ This is all because he told a little lie.
みなおす 見直す
❶ (もう一度調べる) **check 〜 again** /チェク/
・答案を提出する前にもう一度見直しなさい Check

your paper again before you hand it in.
❷ (今までよりよく思う) **have a better opinion of 〜** /オピニョン/
・これで私は彼を見直した
This made me have a better opinion of him.
みなしご an **orphan** /オーふァン/
みなす think of /すィンク/, **regard** /リガード/; (考える) **consider** /コンスィダ/
・彼らは彼を自分たちのリーダーとみなした
They thought of [regarded] him as their leader.
みなと 港 (港湾(こうわん)) a **harbor** /ハーバ/; (港町) a **port** /ポート/

みなみ 南

➤ **the south** /サウす/ → きた

・南の south / southern
・南に (方向・位置) south; (方向) to the south; (位置) in the south
・南半球 the Southern Hemisphere
・鹿児島は九州の南にある
Kagoshima is in the south of Kyushu.
・メキシコはアメリカ合衆国の南にある
Mexico lies south of the United States.
みなもと 源 **the source** /ソース/
・その川はこれらの山にその源を発している
The river rises [takes its source] in these mountains.
・金銭欲は諸悪の源だ
The love of money is the source of all evils.
みならう 見習う **follow** /ふァロウ/
・彼に見習う follow his example
みなり 身なり → ふくそう
みなれた 見慣れた **familiar** /ふァミリア/
・見慣れない unfamiliar
・見慣れた顔 a familiar face
みにくい 醜い **ugly** /アグリ/
ミニスカート a **miniskirt** /ミニスカート/
ミニチュア a **miniature** /ミニアチャ/
みぬく 見抜く (たくらみ・性格などを) **see through** /スィー すルー/; (心を) **see into**
・彼のたくらみを見抜く see through his plot
みね 峰 a **peak** /ピーク/, a **summit** /サミト/
ミネラル a **mineral** /ミネラる/
・ミネラルウォーター mineral water
みのがす 見逃す **overlook** /オウヴァるク/
・これらの事実は見逃されがちだ
These facts are apt to be overlooked.
みのる 実る (熟する) **ripen** /ライプン/
みはらし 見晴らし a **(fine) view** /(ふァイン) ヴュ

みはり

みはり 見張り **watch** /ワチ/, **guard** /ガード/; (人) a **watcher** /ワチャ/, a **guard**

みはる 見張る **watch** /ワチ/, **keep watch** (on ～) /キープ/; (守る) **guard** /ガード/

みぶり 身ぶり a **gesture** /チェスチャ/

みぶん 身分 (社会的地位) a **social position** /ソウシャる ポズィション/, a **social status** /ステイタス/; (だれであるということ) **identity** /アイデンティティ/; (実力) **means** /ミーンズ/
•身分証明書 an identification card / an ID card
•身分相応[不相応]に暮らす live within [beyond] *one's* means

みぼうじん 未亡人 a **widow** /ウィドウ/

みほん 見本 a **sample** /サンプる/
•見本市 a trade fair

みまい 見舞い
•見舞いの手紙を出す (病人へ) send a get-well card / (被災者) send a letter of sympathy
•病院へ友人の見舞いに行く
visit a friend at the hospital / go to the hospital to see a sick friend
•彼は私の病気中毎日見舞いに来てくれた
He came to see me every day while I was sick.
•台風のお見舞い (救援物資) typhoon relief

みまもる 見守る **watch** /ワチ/

みまわす 見回す **look around** /るク アラウンド/

みまわる 見回る **patrol** /パトロうる/

みまん …未満 **under ～** /アンダ/
•18歳未満の方は入場できません
Young people under eighteen years old are not admitted.

みみ 耳

➤ an **ear** /イア/
•耳たぶ an earlobe
•耳あか earwax
•耳かき an ear pick / an earwax remover
•耳が聞こえない deaf
•あの老人は少し耳が遠いようだ The old man seems to be hard of hearing [a little deaf].

ミミズ 《動物》an **earthworm** /ア～すワ～ム/

みもと 身元 *one's* **identity** /アイデンティティ/
•身元を明らかにする identify
•身元保証人 a guarantor; (照会先) a reference
•水死人の身元はまだ判明していない The

drowned man has not been identified yet.
•彼は自分の身元を明かさなかった
He refused to identify himself.

みや 宮 a (**Shinto**) **shrine** /(シントウ) シュライン/
•赤ちゃんのお宮参りをする take *one's* newborn baby to a shrine for blessing

みゃく 脈 a **pulse** /パるス/
•脈をみる feel *one's* pulse

みやげ (記念品) a **souvenir** /スーヴェニア/; (贈り物) a **gift** /ギふト/, a **present** /プレズント/
•みやげ店 a souvenir shop
•日本からのおみやげです
Here's a souvenir from Japan.

みやこ 都 a **capital** /キャピたる/
ことわざ 住めば都 There is no place like home. (わが家のような(よい)所はない)

みやぶる 見破る → みぬく

ミュージカル a **musical** /ミューズィかる/

みょうあん 妙案 (よい考え) a **good** [**bright**] **idea** /[ブライト] アイディア/; (解決策) a **fine solution** /ふァイン ソるーション/
•成功するための妙案なんてないよ ひゆ There is no magic formula for success. → magic formula は「魔法の呪文(じゅもん)」

みょうごにち 明後日 **the day after tomorrow** /トゥマロウ/

みょうじ 名字 *one's* **family** [**last**] **name** /ふァミリ [らスト] ネイム/; 《英》**surname** /サ～ネイム/
•太郎の名字は山田です
Taro's family name is Yamada.

みょうな 妙な → へん²

みょうばん 明晩 **tomorrow night** /トゥマロウ ナイト/, **tomorrow evening** /イーヴニング/

みらい 未来(の) **future** /ふューチャ/
•未来に in (the) future
•未来表現 《言語》(未来を表す表現) expressions to refer to [to talk about] the future, (未来時制) the future → will, be going to など未来を表す語句

ミリ ミリメートル a **millimeter** /ミリミータ/ (略 mm)
•ミリグラム a milligram (略 mg)

みりょく 魅力 **attraction** /アトらクション/, (a) **charm** /チャーム/
魅力のある, 魅力的な **attractive**, **charming**

みる 見る

❶ **see**; (注意して) **look at**; (動くものをじっと) **watch**

❷ (調べる) (目を通す) **look over**; (検査する) **ex-**

amine, check
❸ (世話をする) **look after**
❹ (ためしに…する) **try**

❶ **see** /スィー/; (注意して) **look** /るク/; (動くものをじっと) **watch** /ワチ/ → みえる ❶

基本形
A を見る
　see A / **look at** A / **watch** A
A が…するのを見る
　see A *do* / **look at** A *do* / **watch** A *do*
A が…しているのを見る
　see A *do*ing / **look at** A *do*ing / **watch** A *do*ing

・映画を見る see a movie [a film]
・黒板を見る look at the blackboard
・テレビを見る watch television
・テレビで西部劇を見る
watch [see] a Western on TV
・彼が泳ぐのを見る see him swim → see *A do* は「A が…するのを(全部)見る」で事実の伝達に力点がある
・彼が泳いでいるのを見る see him swimming → see *A do*ing は「A が…している動作(の途中)を見る」で行為こういの描写に力点がある
・窓から外を見る look out (of) the window
・…を一目[よく]見る have a look [a good look] at ～
・…をちらっと見る glance at ～
・…をざっと見る run *one's* eyes through ～ / scan ～
・ちょっと見ると at first sight / at a glance
・見たところ by [to] all appearances / apparently
・外国人が見た日本 Japan as a foreigner sees it / Japan as seen by [through the eyes of] a foreigner
・十国峠から見た富士 Mt. Fuji as seen from the Jikkoku Pass
・10ページを見なさい See page 10.
・道を横切る前に左右を見なさい
Look both ways before you cross [before crossing] the street.
・この地図を見てごらん Look at this map.
・彼は雲をじっと見ているのが好きだ
He likes to watch the clouds.
・私はその映画を先週見ました
I saw that movie last week.
・私はゆうべ彼女の夢を見た (→私は夢の中で彼女を見た) I saw her in a dream last night.
・これらの花は日本ではふつうに見られます → 受け身形 These flowers are commonly seen in Japan.
・この絵はどこかで見たことがある → 現在完了
I have seen this picture somewhere.
・私はパンダを一度も見たことがない
I have never seen a panda.
・これは私が今まで見たうちで最もよい車です(こんないい車は見たことがない)
This is the best car (that) I have ever seen.
・私たちは太陽が沈しずんでいくのをじっと見ていた
We watched the sun going down.
・ぼくたちは草の上にすわってサッカーの試合を見ていた → 「すわって…している」は sit *do*ing
We sat on the grass watching the soccer game.
・私は彼がその部屋に入るのを見た I saw him enter the room. / (彼はその部屋に入るのを見られた)
He was seen to enter the room.
・私は子供たちが砂場で遊んでいるのを見た
I saw some children playing in the sandbox. / (子供たちは砂場で遊んでいるのを見られた)
Some children were seen playing in the sandbox.
・彼は私を見て見ないふりをした → 「…するふりをする」は pretend to *do*.
He pretended not to see me.
・ぼくの宿題をちょっと見てくれない?
Will you have a look at my homework?
・だれだか見ていらっしゃい

ミルク　526　five hundred and twenty-six

Go and see who it is.
・私がするのをよく見てそれをまねしなさい
Watch what I do, and copy it.

使い分け
see: 見ようと意識しなくても「見える」こと
look at: 見ようと意識して「見る」こと
watch: 動くものを注意してじっと「見る」こと
stare: 驚きや怒りから、あるものや人を視線を外さずにじろじろと「見る」こと

❷ (調べる)(目を通す) **look over**; (検査する) **examine** /イグ**ザ**ミン/, **check** /チェク/; (辞書などを) **consult** /コン**サ**るト/
・脈をみる　examine [feel] one's pulse
・辞書を見る　consult a dictionary
・私の英作文を見てください
Please look over my English composition.
・私は歯をみてもらわなければならない →「A を…してもらう」は have A＋過去分詞
I must have my teeth examined.
❸ (世話をする) **look after**
・母が留守の間私は赤ちゃんをみていた
I looked after the baby while Mother was out.
❹ (ためしに…する) **try** /トライ/, **give a try** → ためす

会話 スカイダイビング、やってみたことあるの?—いいや、でもやってみようかな　Have you ever tried skydiving?—No, but I'll give it a try.

ミルク milk /ミク/; (コーヒーに入れる) **cream** /クリーム/
・粉ミルク　powdered milk
・私はいつもコーヒーにはミルクを入れます
I always take cream in my coffee.

みわける 見分ける **distinguish** /ディス**ティ**ングウィシュ/, **tell**
・その2つの物を見分ける　distinguish the two things / tell the two things apart

会話 君はヒツジとヤギが見分けられるかね. —さあ、わからないな　Can you distinguish [tell] a sheep from a goat?—Well, I'm not sure.

みわたす 見渡す **look out** (over ～) /る/; (見晴らす) **have a command** /コマンド/
・見渡す限り　as far as the eye can see
・この丘からは全市を見渡すことができる
You can look out over [You can see] the whole city from this hill. / This hill has the command of the whole city.

みんげい 民芸(品) **traditional crafts (from the region)** /トラディショヌる クラふツ リージョン/; **folkcraft (articles)** /ふォウククラふト (アーティクるズ)/

みんしゅ 民主的 **democratic** /デモクラティク/
民主制, 民主主義 democracy /ディ**マ**クラスィ/
・民主国　a democracy
・民主党 (米国の) the Democratic Party

みんしゅう 民衆 **the people** /ピープる/

みんしゅく 民宿 **a tourist home** /トゥアリスト ホウム/, 《英》**a guesthouse** /ゲストハウス/, **a bed and breakfast** /ブレクファスト/ (B & B /ビーアンビー/ と略称する)

みんぞく¹ 民族 **a nation** /ネイション/; (人種) **a race** /レイス/; (多民族国家内の) **an ethnic group** /エすニク グループ/
・民族衣装[音楽, 料理]　ethnic clothes [music, food]
・ユダヤ民族　the Jewish nation
・多民族国家　a multiracial nation
・(一国内の)少数民族　ethnic minorities

みんぞく² 民俗 **folklore** /ふォウクろー/
・民俗音楽　folk music

みんな → みな

みんぱく 民泊 **home sharing** /シェアリング/; (家主が不在の時に貸し出すもの) **a vacation rental** /ヴェイケイション レンタる/
・民泊に宿泊する　staying (in a private room) in a shared home

みんぽう 民放 (民間放送) **commercial broadcasting** /コマ〜シャる ブロードキャスティング/

みんよう 民謡 **a folk song** /ふォウク/

みんわ 民話 **a folk tale** /ふォウク テイる/

む　ム

む 無 **nothing** /ナすィング/
・無から有は生じない
Nothing comes out of nothing.

むいしき 無意識 **unconsciousness** /アンカンシャスネス/
無意識の unconscious /アンカンシャス/
・無意識に　unconsciously

むいみ 無意味な **meaningless** /ミーニングれス/

ムード (気分) (a) **mood** /ムード/; (雰囲気) (an) **atmosphere** /アˋトモスフィア/

ムールがい ムール貝 a (**blue**) **mussel** /マスる/

むえき 無益な **useless** /ユースれス/ → むだ

むかい 向かいの, 向かいに **opposite** /アポズィト/
- 向かいの家 the opposite house
- 私の家の向かいの家 the house opposite to mine
- 向かい風 a head wind
- 向かい合ってすわる sit face to face
- 私の家はちょうど郵便局の向かいです
My house is just opposite the post office.

むがい 無害な **harmless** /ハームれス/

むかう 向かう (進む) **go** (toward 〜), **leave** (for 〜) /リーヴ/; (面する) **face** /フェイス/
- ロンドンをたってニューヨークへ向かう leave London for New York
- 救援(きゅうえん)隊がこちらに向かっているから, もう大丈夫だ The rescue party is coming, and so we will be out of danger soon.

むかえる 迎える
➤ (出迎える) **meet** /ミート/; (歓迎する) **welcome** /ウェるカム/; (あいさつする) **greet** /グリート/; (車で迎えに行く) **pick up** /ピク/
- 友人を迎えに成田へ行く go to Narita to meet a friend
- 彼らは私を温かく迎えてくれた
They welcomed me warmly. /
They gave me a warm welcome.
- 私は門の所で子供たちの元気な「おはようございます」という声に迎えられた
I was greeted at the gate by the children with their cheerful "Good morning, sir!"
- 家まで車で迎えに行くよ
I'll pick you up at your house.

むかし 昔
➤ **in the past** /パスト/; **in the old days** /オウるド デイズ/, **long ago**
➤ (以前) **formerly** /ふォーマリ/, **in former times** /ふォーマ/, **in former days, in days gone by**
昔の old, former, of former days
- 昔…があった there used to be 〜
- こういうばからしい昔の慣習は捨てなければならない Such foolish customs of former days should be abandoned.
- 昔この橋の下手(しもて)に水車小屋があった
There used to be a mill below this bridge.

- 昔々おじいさんとおばあさんが住んでいました
Long, long ago there lived an old man and his wife.

むかつく (胃が) **be** [**feel**] **sick to** one's **stomach** /[ふィーˋる] スィクˋ スタマクˋ/; (いやで) **be disgusted** /ディスガステド/
- あいつにはむかつく
I'm disgusted with him.

むかって 向かって (…の方へ) **toward** /トード/, **for**; (逆(さか)らって) **against** /アゲンスト/
- 公園に向かって歩く walk toward the park
- 風に向かって走る run against the wind

ムカデ 百足 《虫》 a **centipede** /センティピード/

むかむか むかむかする (吐(は)き気がする) **be** [**feel**] **queasy** /グウィーズィ/ → はきけ, むかつく
- 私は胃がむかむかした
My stomach was queasy.

むかんかく 無感覚な **insensitive** /インセンスィティˋヴ/; (まひしている) **numb** /ナム/
- 彼は美に対して無感覚だ
He is insensitive to beauty.
- 寒くて指が無感覚になってしまった
My fingers are numb with cold.

むかんけい 無関係 **no connection** /コネクˋションˋ/, **nothing to do** (with 〜) /ナˋすィˋンˋグˋ/
- これとそれとは無関係だ There is no connection between this and that. / This has nothing to do with that.

むかんしん 無関心 **indifference** /インディふァレˋンス/
無関心である be indifferent (to 〜) /インディふァレントˋ/
- 彼女は他人の苦しみにはまったく無関心である
She is quite indifferent to other people's suffering.

むき 向き (方角) a **direction** /ディレクˋションˋ/ → むき¹
- …向きである (適している) be fit [suitable] for 〜; (方向が) face 〜
- たがいに向きあう face each other
🗨会話 お宅はどっち向きですか. 一東向きです
Which way [In what direction] does your house face?—It faces east.

ムギ 麦 《植物》(小麦) **wheat** /(ホ)ウィートˋ/; (大麦) **barley** /バーリ/
- 麦茶 barley tea
- 麦畑 a wheat field
- 麦わら帽子 a straw hat

むく¹ 向く (見る) **look** /るクˋ/; (向きを変える) **turn** /ターˋンˋ/; (面する) **face** /フェイス/; (適する) **be**

むく　528　five hundred and twenty-eight

suited /スーテド/
•後ろを向く（振り返る）look back; （背中を向ける）turn *one's* back
•こっちを向きなさい　Look this way.
🗣会話 君の部屋はどっちに向いていますか． ―西に向いています　Which way [In what direction] does your room face?—It faces west.
•彼は先生に向いていない
He is not suited for [to be] a teacher.

むく² （手・ナイフで）peel /ピーる/
•ミカン[リンゴ]の皮をむく　peel a tangerine [an apple]

むくいる 報いる reward /リウォード/

むくち 無口な reticent /レティスント/, taciturn /タスィター～ン/, silent /サイレント/
•彼は無口だ　He doesn't talk much. ／ He is a man of few words.

むけ …向けの for ～
•子供向けの本　books for children

むけいぶんかいさん 無形文化遺産 intangible cultural heritage /インタンジブる カるチャラる ヘりテヂ/

むける 向ける turn /ターン/, direct /ディレクト/; （ねらいをつけて）point /ポイント/
•この点にもっと注意を向けなければいけません
You must turn more attention to this point.
•彼は私たちの方へカメラを向けた
He directed his camera toward us [pointed his camera at us].

むげん 無限 infinity /インふィニティ/
無限の infinite /インふィニト/, limitless /リミトれス/, unlimited /アンリミテド/
無限に infinitely, without limitation /リミテイション/

むこ 婿 （娘の夫）a son-in-law /サニンろー/ (⮒ sons-in-law); （花婿）a bridegroom /ブライドグるーム/

むこう¹ 向こうに
➤ over there /オウヴァ ゼア/
➤ （…のかなたに）beyond /ビヤンド/
➤ （横断した所に）across /アクロース/
➤ （…を越えた所に）over
向こうの over there; （反対側の）opposite /アポズィト/
•はるか向こうに　far in the distance
•山の向こうに　beyond the mountains
•向こう岸[側]　the opposite bank [side]
•彼は川の向こうの村に住んでいる
He lives in a village across [over] the river.

むこう² 無効の invalid /インヴァりド/, null (and void) /ナる (ヴォイド)/
•この定期券は期限が切れているから無効だ
This season pass is invalid [no good], because it has expired.

むごん 無言 silence /サイれンス/
無言の silent /サイれント/

むざい 無罪 innocence /イノセンス/
無罪の innocent /イノセント/, not guilty /ギるティ/

むし¹ 虫 （昆虫）an insect /インセクト/; （甲虫(こうちゅう)）a beetle /ビートる/; （毛虫）a caterpillar /キャタピら/; （うじ虫）a worm /ワ～ム/; （くだけて）a bug
•虫よけ（皮膚に塗るもの）an insect [bug] repellent, a bug spray; （衣類用）a moth ball, a moth repellent

むし² 無視する ignore /イグノー/, disregard /ディスリガード/, defy /ディふァイ/
•規則を無視する　defy the rules
•それはみんな君がお父さんの忠告を無視したためです　It is all because you ignored [disregarded] your father's advice.

むしあつい 蒸し暑い （じとじとと）sticky /スティキ/, （むしむしと）sultry /サるトリ/
•それは蒸し暑い8月の夕方でした
It was a sultry August evening.

むじつ 無実 innocence /イノセンス/
無実の innocent /イノセント/; （いつわりの）false /ふォーるス/
•無実の罪で　on [under] a false charge

むしば 虫歯 a bad tooth /トゥーす/ (⮒ teeth /ティーす/)
•虫歯を抜いてもらう　have [get] a bad tooth pulled out

むしめがね 虫めがね a magnifying glass /マグニふァイイング グらス/
•虫めがねで…を見る　look at ～ through a magnifying glass

むじゃき 無邪気 innocence /イノセンス/
無邪気な innocent /イノセント/
•無邪気に　innocently

むじゅうりょく 無重力 zero gravity /ズィアロウ グラヴィティ/

むじゅん 矛盾する be inconsistent /インコンスィステント/
•彼の言うことと行うこととは矛盾している　What he says is inconsistent with what he does.

むじょうけん 無条件の unconditional /アンコンディショヌる/

five hundred and twenty-nine 529 むだづかい

・無条件に **unconditionally**

むしょく¹ 無職である **have no occupation** /アキュペイション/; (失業している) **be out of a job** /チャブ/, **be jobless** /チャブれス/

むしょく² 無色の **colorless** /カられス/

むしる tear /テア/; (羽など) **pluck** /プらク/
・髪の毛をかきむしる tear one's hair

むしろ **rather** /らざ/; (A よりむしろ B) B **rather than** A. **not so much** A **as** B /マチ/
・そんな所へ行くよりはむしろここにいる I would rather stay here than go to such a place.
・その色は緑というよりはむしろ青です
The color is blue rather than green.
・彼は学者というよりはむしろテレビタレントだ
He is a TV personality rather than a scholar. / He is not so much a scholar as a TV personality.

むじん 無人の **uninhabited** /アニンハビテド/; (航空機) **pilotless** /パイろトれス/; (乗り物など) **crewless** /クルーれス/; (人が立ち会わない) **unattended** /アンアテンディド/
・無人島 an uninhabited [a desert] island
・無人航空機 a drone
・無人駅 an unstaffed station

むしんけい 無神経な **insensitive** (to ～) /インセンスィティヴ/

むす 蒸す **steam** /スティーム/

むすう 無数の **numberless** /ナンバれス/, **countless** /カウントれス/

むずかしい 難しい

➤ **difficult** /ディフィカるト/, **hard** /ハード/; (やりがいのある) **challenging** /チャれンチンヅ/; (扱いにくい) **delicate** /デリケト/, **touchy** /タチ/

・解くのが難しい問題 a difficult [hard] problem to solve / a problem difficult [hard] to solve
・難しい仕事 a challenging job
・この問題は難しすぎて私には解けない This problem is too difficult for me to solve. / This problem is so difficult that I can't solve it.
・英語とフランス語では学ぶのにどっちが難しいでしょうか Which is more difficult to learn, English or French?
・それはかなり難しい問題だ
It's a rather delicate [touchy] issue.

むすこ 息子 one's **son** /サン/

むすびつき 結び付き (関係) (a) **connection** /コネクション/; (連想) (an) **association** /アソウシエイション/

むすびつく 結び付く **connect** /コネクト/, **be connected** (with ～), **have** (a) **connection** (with ～) /コネクション/
・この二つの文は結び付かない
These two sentences don't connect.

むすびつける 結び付ける (しばる) **tie** /タイ/, (しっかり) **fasten** /ふァスン/; (関係づける) **connect** /コネクト/
・A を B に結び付ける fasten A to B
・A と B を結び付ける connect A with B

むすびめ 結び目 a **knot** /ナト/

むすぶ 結ぶ **tie** /タイ/; (締結(ていけつ)する) **conclude** /コンクるード/
・靴のひもを結ぶ tie a shoelace
・結ばれない運命にある恋人たち **ひゆ** star-crossed lovers (星回りの悪い恋人たち)

むずむず むずむずする (かゆい) **have an itch** /イチ/, **feel itchy** /ふィーる イチ/; (くすぐったい) **tickle** /ティクる/
・背中がむずむずする
I have an itch [feel itchy] on my back.
・鼻がむずむずする My nose tickles.

むすめ 娘 one's **daughter** /ドータ/; (少女) a **girl**
・母が娘だった(小さかった)ころに when Mother was a girl

むぜい 無税の **tax-free** /タクス ふリー/

むせきにん 無責任な **irresponsible** /イリスパンスィブる/
・彼は無責任だ He is irresponsible. / He has no sense of responsibility.

むせん 無線の **wireless** /ワイアれス/; **radio** /レイディオウ/
・無線 LAN a wireless LAN ➜ LAN は local area network の略
・無線接続 a wireless connection
・無線による交信 radio communication
・航空管制官との無線連絡 radio contact with air traffic controllers

むだ むだな, むだに **no use** /ユース/, **useless** /ユーれス/; (不成功に) **without success** /ウィザウト サクセス/
・彼に来なさいと言ってもそれはむだだ(どうせ来ない)
It's no use [good] asking him to come. / It's useless to ask him to come.
・われわれの努力はすべてむだだった All our efforts were of no use [came to nothing].
・私はそれをしようとしたがむだだった
I tried to do it but without success.

むだづかい a **waste** /ウェイスト/
・そんな事をするのは時間のむだづかいだ

あ

か

さ

た

な

は

む

や

ら

わ

むだん 530 five hundred and thirty

It is a waste of time to do it.
•お金のむだづかいはやめなさい
Don't waste money.
参考ことわざ ばかとお金はすぐ別れる
A fool and his money are soon parted.
参考ことわざ 金のなる木はない
Money does not grow on trees.

むだん 無断で（届けないで）**without notice** /ウィ
ざウト ノウティス/; （許可なしで）**without permis-
sion** /パミション/
•無断欠席する absent *oneself* without notice
•無断で図書室の本を持ち出してはいけません
You must not take out books from the li-
brary without permission.

むち¹ a whip /⁽ホ⁾ウィプ/
むちで打つ whip

むち² 無知 ignorance /イグノランス/
無知な ignorant /イグノラント/

むちゃ むちゃな（不当な）**unreasonable** /アンリ
ーズナブる/; （無鉄砲な）**reckless** /レクれス/, **wild**
/ワイるド/; （度を越した）**excessive** /イクセスィヴ/
むちゃに **unreasonably**; **recklessly**, **wildly**;
excessively

むちゃくりく 無着陸の［で］**nonstop** /ナンスタプ/
•大西洋無着陸横断飛行 a non-stop flight across
the Atlantic

むちゅう 夢中になっている（没頭(ぼっとう)して）**be
absorbed** (in ～) /アブソーブド/; （熱狂して）**be
crazy** (about ～) /クレイズィ/
•読書に夢中になっている be absorbed in reading
•ジャズに夢中になっている be crazy about jazz
music

むっと むっとする
❶（おこって）**turn sullen** /ターン サるン/, **be of-
fended** /オふェンデド/
•むっとした顔をしている look sullen / wear a
sullen expression
•彼女は彼のことばにむっとした
She was offended at［by］his words.
❷（暑いうえに風通しが悪くて）**be stuffy** /スタふ
ィ/, **be stifling** /スタイふりンぐ/
•ホールの中はむっとしている
It is stuffy in the hall.

むてっぽう 無鉄砲 recklessness /レクれスネス/
無鉄砲な **reckless**
•あいつの無鉄砲にはあきれたよ I am amazed at
his recklessness.
参考ことわざ ばか者怖いもの知らず
Fools rush in where angels fear to tread. (愚
かな人は天使が踏み込むのを恐れるような場所に飛び

込んでいく）

むでん 無電 → むせん

むてんか 無添加の **additive-free** /アディティヴふ
リー/

むとんちゃく 無頓着な（関心のない）**indifferent**
/インディふァレント/; （興味・感情などを示さない）
nonchalant /ナンシャらーント/
•身なりに無頓着である be indifferent to ap-
pearances

むなしい （実現しない）**vain** /ヴェイン/; （むだな）
useless /ユースれス/
•むなしい希望 (a) vain hope
•むなしい努力 a useless［vain］effort

むね 胸

➤ the chest /チェスト/; （前面だけ）the breast
/ブレスト/
➤ （心臓・心）one's heart /ハート/
•胸のポケット a breast pocket; （内ポケット）an
inside pocket
•胸の回りを測る take *one's* chest measurement
•ぼくは彼女を見るたびに胸がどきどきする
My heart beats fast whenever I see her.
•被害者のことを思うと胸が痛む
My heart aches for the victims.
•前かがみになるな，胸を張れ
Don't stoop. Throw your shoulders back.

むのう 無能な **incompetent** /インカンペテント/

むのうやく 無農薬の **organic** /オーギャニク/
•無農薬野菜 organic vegetables

むひょうじょう 無表情（である）（have）a **poker
face** /ポウカ ふェイス/ → ポーカー(トランプを使う
ゲーム)をする人は相手に自分の手の内を読まれないた
めに無表情をよそおうことから

むふんべつ 無分別（an）**indiscretion** /インディス
クレション/
無分別な **indiscreet** /インディスクリート/
•無分別なことをする commit an indiscretion
•無分別にも…と言う have the indiscretion to
say ～

むめんきょ 無免許の **unlicensed** /アンらイセンス
ト/
•無免許運転 driving without a license

むよう 無用の（役に立たない）**useless** /ユースれス/;
（不要の）**unnecessary** /アンネセセリ/

むら 村 a **village** /ヴィれヂ/
•村人 a villager

むらがる 群がる **crowd** /クラウド/; （集まる）
gather /ギャざ/; （鳥などが）**flock** /ふらク/; （昆虫・
子供・観光客などが）**swarm** /スウォーム/

めいげつ

むらさき 紫(の) **purple** /パ〜プる/

むり 無理な

➤ **unreasonable** /アンリーズナブる/
無理に **by force** /ふォース/
- 無理にさせる force
- 無理をする（働きすぎる）work too much [hard]
- 私たちは無理な要求をしているのではありません
We are not making an unreasonable demand.
- 彼らは私に無理に承諾(しょうだく)させようとした
They tried to make me consent by force.
- 彼がその要求を拒絶したのは無理もない
It is not unreasonable that he refused the demand.
- 彼は無理をして病気になった　He has fallen sick because he worked too much.

むりすう 無理数 **an irrational number** /イラシャヌる ナンバ/

むりょう 無料の **free** /ふリー/
掲示 入場無料 Admission Free.
- ここの座席は皆無料です　All the seats here are free. / All these are free seats.

むりょく 無力な **powerless** /パウアれス/

むれ 群れ （人の）a **crowd** /クラウド/; （昆虫・人などの）a **swarm** /スウォーム/; （ヒツジ・鳥・人などの）a **flock** /ふろク/; （牛馬などの）a **herd** /ハ〜ド/; （魚の）a **school**, a **shoal** /ショウる/
- 群れをなして　in crowds / in a swarm / in flocks / in shoals
- 人々の群れ　a crowd of people
- ヒツジの群れ　a flock of sheep
- イルカの群れ　a shoal of dolphins

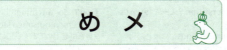

め¹ 目

➤ an **eye** /アイ/; （視力）**eyesight** /アイサイト/
- 目医者　an eye doctor / an oculist
- 目が見えない　be blind / cannot see
- 目がよい　have good eyesight
- 目が悪い　have poor [bad] eyesight
- 目をさます[がさめる]　wake (up)
- 目につく　catch *one's* eye
- 青い目をしたお人形　a doll with blue eyes
- …で目がくらむ　*be dazzled by* 〜
- …に目を通す　pass [run] *one's* eye over 〜 / look over 〜
- …に(ざっと)目を通す　skim [look] over 〜
- 彼は絵を見る目が肥えている
He has a keen eye for art.
- 私はたいてい朝7時に目がさめます
I usually wake (up) at seven in the morning.
- 君のほうがぼくよりずっと目がいい　You can see far better than I can [《話》than me].
- この私のレポートにざっと目を通していただきたいんですが　I hope you will please look [skim] over this paper of mine.

ことわざ 目は口ほどに物を言う
The eyes have a language everywhere. (目はどこの国へ行ってもことばを持っている)

ことわざ 目くそ鼻くそを笑う
The pot calls the kettle black. (なべがやかんを黒いと言う)

め² 芽　a **bud** /バド/
芽が出る **bud**
うちのバラに芽が出てきた
Our roses have begun to bud.

めあて 目当て （ねらい）an **aim** /エイム/; （意図(いと)）a **purpose** /パ〜パス/; （道しるべ）a **guide** /ガイド/
- 彼がそうするのは何の目当てがあるのですか
What is his purpose in doing so?

めい 姪　a **niece** /ニース/

めいあん 名案　a **good idea** /アイディーア/
- それは名案だ　That's a good idea.
- 私にふと名案が浮かんだ
A good idea struck me [occurred to me, flashed upon me].

めいおうせい 冥王星　**Pluto** /プるートウ/

めいが 名画 （絵画）a **famous picture** /ふェイマス ピクチャ/; （映画）an **excellent film** /エクセレント/

めいかく 明確な （確かな）**definite** /デふィニト/; （明白な）**clear** /クリア/
明確に　**definitely**; **clearly**

めいきゅう 迷宮　a **labyrinth** /らビリンす/

めいきょく 名曲 （有名な）a **famous piece of music** /ふェイマス ピース ミューズィク/

めいげつ 明月，名月 ➔ まんげつ

めいげん 名言 a **wise saying** /ワイズ セイインぐ/

めいさく 名作 → けっさく

めいさん 名産 a **famous product** (of a **locality**) /ふェイマス プラダクト (ろウキャリティ)/; (特産品) a **specialty** /スペシャるティ/
•当地の名産 a special [famous] product of this locality / a product for which this locality is famous

めいし¹ 名詞 《文法》a **noun** /ナウン/

めいし² 名刺 a (**visiting**) **card** /(ヴィズィティンぐ) カード/, 《米》a (**calling**) **card** /(コーリンぐ)/

めいしゃ 目医者 → め¹

めいしょ 名所 the **sights** /サイツ/; a **famous place** /ふェイマス プれイス/
•京都の名所を見物する see [do] the sights of Kyoto
•この公園はサクラの名所です
This park is famous for its cherry blossoms.

めいじる 命じる → めいれい (→ 命令する)

めいしん 迷信 (a) **superstition** /スーパスティション/
•迷信的な, 迷信深い superstitious

めいじん 名人 a **master** /マスタ/, a **master hand**; (熟練者) an **expert** /エクスパ〜ト/
•名人の作 the work of a master hand
•スキーの名人 an expert skier

めいせい 名声 **fame** /ふェイム/
•彼は 20 歳前にピアニストとして名声を博した
He won fame as a pianist before he was twenty years old.

めいちゅう 命中する **hit** /ヒト/
•的に命中する hit the mark

めいぶつ 名物 → めいさん

めいぼ 名簿 a **roll** /ロウる/; (表) a **list** /リスト/
•会員名簿 a list of members
•名簿に載⑩っている be on the list
•名簿を読む (点呼する) call the roll

めいめい(の) each /イーチ/ → それぞれ

めいよ 名誉 **honor** /アナ/
•名誉会員[市民] an honorary member [citizen]
•名誉ある honorable
•名誉にかけて on one's honor
•名誉にかけて…しなければならない be bound in honor to do
•われわれは名誉にかけて彼らの援助⑽んじょに行かなければならない
We are bound in honor to go to their aid.

めいりょう 明瞭な → はっきり, めいかく

めいる feel [be] depressed /ふィーる ディプレス

ト/
•雨が降ると私はいつも気持ちがめいってしまう
I am always depressed by rainy weather.

めいれい 命令 an **order** /オーダ/
命令する order

めいれいぶん 命令文 an **imperative sentence** /インペラティヴ センテンス/

めいろ 迷路 a **maze** /メイズ/, a **labyrinth** /らビリンす/

めいろう 明朗な **cheerful** /チアふる/

めいわく 迷惑

➤ (an) **annoyance** /アノイアンス/, a **nuisance** /ニュースンス/

➤ (不便) **inconvenience** /インコンヴィーニエンス/

➤ (面倒) (a) **trouble** /トラブる/

•迷惑メール spam
•他人の迷惑になるようなことはするな
Don't do anything that will cause annoyance [be a nuisance] to others.
•自転車をとめておく時には他人に迷惑をかけないように注意しなさい
When you park your bike, be careful not to cause inconvenience to others.
•ご迷惑でしょうが, 駅までいっしょに行ってくださいませんか
I'm sorry to trouble you, but would you please go to the station with me?

🗨会話 こんなにご迷惑をおかけしてすみません. —どういたしまして I'm sorry to give you so much trouble.—No trouble at all.

めうえ 目上の人 one's **senior** /スィーニャ/, one's **superior** /スピアリア/

メーカー a **maker** /メイカ/, a **manufacturer** /マニュふァクチャラ/

メーキャップ makeup /メイカプ/

メーデー May Day /メイ デイ/

メートル a **meter** /ミータ/ (略 m)

メール (パソコンでの) **e-mail** /イー メイる/; (携帯電話での) **text messaging** /メセヂンぐ/
メールを送る e-mail: text (message)
•彼は私に毎日メールをくれる
He sends me a text message every day. / He texts me every day.
•メールをチェックする check one's (text) messages
•メールに返信する reply to a message
•メールを転送する forward a message

めかくし 目隠しする **blindfold** /ブらインドふォウ

めかた 目方 **weight** /ウェイト/

目方を量る, 目方がある weigh /ウェイ/
- 目方がふえる[減る] gain [lose] weight
- それは目方が重い[軽い]
It is heavy [light].

めがね (a pair of) **glasses** /(ペア) グらセズ/
- めがねをかける[はずす] put on [take off] glasses
- めがねをかけている wear glasses
- めがねをかけて読む read with glasses
- めがね屋 (人) an optician; (店) an optician's (shop)

メガホン a **megaphone** /メガふォウン/

めがみ 女神 a **goddess** /ガデス/

メキシコ Mexico /メクシコウ/
- メキシコの Mexican
- メキシコ人 a Mexican; (全体) the Mexicans
- メキシコ湾(わん) the Gulf of Mexico

めきめき remarkable /リマーカブり/
- 彼は英語がめきめき上達している
He is making remarkable progress in English.

めぐすり 目薬 **eye drops** /アイ ドラプス/
- (右眼に)目薬をさす apply eye drops (to the right eye)

めぐむ 恵む (神が) **bless** /ブれス/; (人が) **give charity** /チャリティ/

恵み (神の) (a) **blessing** /ブれスィング/; (あわれみ) **mercy** /マ〜スィ/; (慈善) **charity**

恵み深い merciful /マ〜スィふる/; **charitable** /チャリタブる/
- その女性は恵み深い人で常に周囲の貧しい人々を助けた
The woman was very charitable and always helped the poor people around her.
- お恵みください Have mercy on me!
- 私は健康に恵まれている
I am blessed with good health. ➤ この意味での blessed の発音は /ブれスド/

めくる (ページなどを) **turn** /タ〜ン/; (トランプなどを) **turn up**; (はがす) **tear off** /テア/ ➔ はがす, ぱらぱら ❷
- 本のページをめくる turn the pages of a book

めぐる 巡る **go around** /アラウンド/, **make the round** (of 〜)
- 巡り会う meet by chance
- 巡って来る come around
- 春はまたすぐ巡って来ます Spring will soon come around [be here] again.

めざす 目指す **aim** (at 〜) /エイム/
- …することを目指す aim at *doing* [to *do*]

めざまし 目覚まし時計 an **alarm** (**clock**) /アらーム (クらック)/
- 目覚まし時計を5時にかけておく set the alarm clock for five

めざましい remarkable /リマーカブる/; (すばらしい) **wonderful** /ワンダふる/ ➔ めきめき

めざめる 目覚める **wake** (**up**) /ウェイク/

めし 飯 (たいた) **boiled rice** /ボイるド ライス/, **cooked rice** /ククト/; (食事) a **meal** /ミーる/
- 飯をたく boil [cook] rice
- さあ, 昼飯にしようか
Well, let's have lunch.

めした 目下の人 *one's* **junior** /チューニア/

めしつかい 召し使い a **servant** /サ〜ヴァント/

めじるし 目印 (ある場所へたどり着くための) a **landmark** /らンドマーク/; (他と区別するための) an **identification** /アイデンティふィケイション/
- 目印にリボンをつける wear a ribbon as an identification

めす 雌 a **female** /ふィーメイる/
- 雌の female / she-
- 雌ネコ a female cat / a she-cat

めずらしい 珍しい **rare** /レア/, **unusual** /アニュージュアる/
- 珍しく unusually
- 冬にしてはきょうは珍しく暖かい
Today is unusually warm for a winter day.

使い分け

rare: めったにない, まれなこと That animal is rare within this area. (あの動物はこの辺りでは珍しい)

unusual: ふつうではない, 風変わりなこと Snow is unusual in Okinawa. (沖縄で雪が降ることは珍しい)

strange: ふつうとは違うこと, 恐ろしさや驚きのニュアンスがふくまれる A strange man was staring at me. (おかしな男がわたしをじろじろと見ていた)

めそめそ めそめそ泣く **sob** /サブ/
- めそめそと sobbingly
- めそめそした声で in a sobbing voice

メダカ 目高 (魚) *medaka.* a **Japanese rice fish**; (観賞用に) a **killifish** /キリふィシュ/ (複 同形)

めだつ 目立つ (他と違って) **conspicuous** /コンスピキュアス/; (魅力的な) **striking** /ストライキング/; (際立って) **outstanding** /アウトスタンディング/
- 目立たない inconspicuous

めだま 534 five hundred and thirty-four

•彼女は赤いセーターを着ていてとても目立った
She was very conspicuous [striking] in her red sweater. / She made a striking figure in her red sweater.

めだま 目玉 an **eyeball** /アイボーる/
•目玉焼き a fried egg
•目玉商品（客寄せの特売品）a loss leader
•卵は(片面焼きの)目玉焼きがいいです
I like my eggs sunny-side up.

メダル a **medal** /メだる/

めちゃめちゃ
❶めちゃめちゃにする **mess up** /メス/, **make a mess** (of ～); **ruin** /ルーイン/; (器物などを) **shatter** /シャタ/, **smash** /スマシュ/
•めちゃめちゃになる get into a mess; be ruined; be shattered [smashed]
❷(筋が通らない) **be unreasonable** /アンリーズナぶる/; (ばかげている) **be ridiculous** /リディキュらス/

めつき 目つき a **look** /るク/
•疑うような目つきで with a questioning look

メッキ plating /ぷれイティンぐ/
•金メッキ gilding
•それは銀メッキがしてあった It was plated with silver.

メッセージ a **message** /メセヂ/ → でんごん; 《IT》a **text message** /テクスト/
メッセージアプリ a **messaging app** /メセヂンぐアプ/, a **messenger** /メセンヂャ/, a **texting app** /テクスティンぐ/

めったに (たまに) **seldom** /セるダム/, **rarely** /レアリ/
•彼はめったにうちへ遊びに来ません
He seldom [rarely] comes to see us.
•彼はめったに病気をしない
He is seldom [rarely] sick.

めつぼう 滅亡 (a) **fall** /ふォーる/, **downfall** /ダウンふォーる/
滅亡する fall, be overthrown /オウヴァずロウン/
•国家の滅亡 the fall of a nation
•ローマ帝国の滅亡 the fall of the Roman Empire

メディア → マスコミ

めでたい happy /ハピ/ → おめでとう
•めでたく happily
•芝居はめでたい結末で幕になった
The play closed with a happy ending.

メドレー a **medley** /メどリ/
•メドレーリレー a medley relay

メニュー a **menu** /メニュー/

•メニューを見て昼食を注文する order lunch from the menu

めまい めまいのする **dizzy** /ディズィ/, **giddy** /ギディ/
めまいがする feel dizzy, feel giddy
•塔(とう)から下を見るとめまいがした
I felt dizzy [giddy] looking down from the tower.
•暑くてめまいがする
My head is swimming from the heat.

メモ a **note** /ノウト/; a **memo** /メモウ/
•(はぎ取り式)メモ帳 a notepad
•メモ用紙 memo paper
•メモを見ながらスピーチをする make a speech from notes
•このことをメモしておきなさい
Take a note of this. / Note this down.

めもり 目盛り a **scale** /スケイる/
•温度計の目盛り the scale on a thermometer

メリーゴーラウンド a **merry-go-round** /メリゴウ ラウンド/

メリット a **merit** /メリト/

メロディー a **melody** /メろディ/

メロン 〔植物〕a **melon** /メろン/

めん¹ 面 (お面) a **mask** /マスク/; (顔) a **face** /ふェイス/; (表面) a **surface** /サ～ふェス/; (側) a **side** /サイド/; (局面) an **aspect** /アスペクト/
•(…と)面と向かって face to face (with ～)
•物事の明るい[暗い]面を見る look on the bright [dark] side of things
•この面を上にしてください (天地無用)
This Side Up.
•この問題にはいろいろな面がある
There are many aspects to this problem.

めん² 綿 **cotton** /カトン/
•綿布[製品] cotton cloth [goods]

めん³ 麺類 **noodles** /ヌードるズ/

めんえき 免疫 **immunity** /イミューニティ/
•免疫の immune
•彼女はその病気に免疫がある She is immunized against that disease.
•集団免疫 herd immunity
•免疫療法 immunotherapy

めんかい 面会 an **interview** /インタヴュー/
面会する have an **interview** (with ～), **meet** /ミート/, **see** /スィー/
•面会人 a visitor / a person who wants to see ～
•面会時間 (病院などの) visiting hours
掲示 面会謝絶 No Visitors.

・彼に面会を申し込む ask for an interview with him
・ご面会したいという方がお見えです There's someone wanting [who wants] to see you.
めんきょ 免許(証) a **license** /らイセンス/
・免許を与える license
・自動車運転免許証 《米》a driver's license / 《英》a driving licence
・彼は自動車の運転免許を持っている He is licensed to drive a car.
めんじょう 免状 a **diploma** /ディプろウマ/
めんする 面する **face** /ふェイス/
・通りに面した部屋 a room facing [that faces] the street
めんぜい 免税の[で] **tax-free** /タクスふリー/; **duty-free** /デューティふリー/
・免税店 a duty-free shop
・免税品 a duty-free article / duty-free goods
めんせき 面積 an **area** /エアリア/
・校庭の面積は約2万平方メートルです The schoolyard is about 20,000 (読み方: twenty thousand) square meters (in area).
めんせつ 面接 an **interview** /インタヴュー/
面接する interview, have an **interview** (with ~)
・面接試験 an interview; (口頭試問) an oral examination

めんだん 面談 an **interview** /インタヴュー/
面談する have an **interview** (with ~)
・あしたは第一志望の高校を決めるための三者面談があります Tomorrow my parent and I will have an interview with my teacher to decide which senior high school I should choose as my first choice.
メンチカツ a **minced-meat cutlet** /ミンストミート カトれト/ → minced は「ひき肉にした, 挽(ひ)かれた」
めんどう trouble /トラぶる/
めんどうな troublesome /トラぶるサム/
・君にずいぶんめんどうをかける give you much trouble / put you to much trouble
・めんどうをみる → せわ (→ 世話する)

こんなにごめんどうをおかけしてすみません
—どういたしまして
I'm sorry to give you [to put you to] so much **trouble**.
—No **trouble** at all.

めんどり a **hen** /ヘン/ → ニワトリ
メンバー a **member** /メンバ/
めんぼう 綿棒 a **swab** /スワブ/
めんみつ 綿密な → しょうさい (→ 詳細な)

も モ

も¹ 藻 an **alga** /アるガ/ (複 algae /アるヂー/); (海藻(かいそう)) **seaweed** /スィーウィード/

も² …も
❶ **as ~ as ~**
❷ (…さえも) **even**
❶ as ~ as ~ → また² ❷ (→ …もまた)
・5時間も as long as five hours
・50人も as many as fifty people
・歩いてそこへ行くには5時間もかかります It will take as long as five hours to go there on foot.
・それは5千円もしました It cost me as much as five thousand yen.
❷ (…さえも) **even** /イーヴン/ → でも² ❶
・私は彼の名を聞いたこともない I never even heard his name.

もう

❶ (すでに) **already**; (疑問文で) **yet**
❷ (今ごろは) **by now**
❸ (まもなく) **soon**
❹ (さらに) **more, another**
❶ (すでに) **already** /オーるレディ/; (疑問文で) **yet** /イェト/
・太郎はもう寝ました Taro has (already) gone to bed.
・君はもう宿題をやってしまった? Have you done your homework yet?
❷ (今ごろは) **by now** /ナウ/, **by this time**
・彼はもう空港についたころです He may have reached the airport by this time.
❸ (まもなく) **soon** /スーン/, **before long** /ビふォー/ → まもなく

もうかる 536 five hundred and thirty-six

・彼はもう帰って来ます
He will be back soon.
❹(さらに) **more** /モー/, **another** /アナザ/;(もう
(これ以上)…ない) **no longer** /ろーンガ/, **no more**
・もう1度 once more / over again
・お茶をもう1杯 another cup of tea
・もう少し (量) a little more; (数) a few more;
(時間) a little longer
・私はもう1週間ここに滞在(たいざい)します
I'll stay here another week.
・水をもう1杯ください
Please give me another glass of water.
・この仕事は完成するのにもう三日かかります
It will take three days more to finish this work.
・私はもう(これ以上)ここには滞在しません
I'll not stay here any longer. /
I'll stay here no longer.
・もう少しお待ちくださいませんか
Won't you please wait a little longer?
・そのお菓子をもう少しください
Please give me a little more of that cake.
もうかる **be profitable** /プらふィタブる/, **be lucrative** /るークラティヴ/
・この仕事はもうかる
There's a lot of money in this job. /
This job is very lucrative.
もうける **make a profit** /プらフィット/
もうけ a **profit** → りえき
・大もうけをする make a great profit (from ～)
もうしあげる 申し上げる (言う) **say, tell**
・みなさまに申し上げます Attention, please! →
空港・駅・デパートなどの場内アナウンスのことば
もうしこむ 申し込む **apply** /アプらイ/
申込(書) an **application** /アプりケイション/
・…を手紙で申し込む write in for ～
・申込書は今月20日までに事務室へお出しください
Applications should be sent to the office by the 20th of this month.
・彼らは私たちに野球の試合を申し込んだ
They challenged us to a game of baseball.
もうしでる 申し出る **offer** /オーふァ/;(報告する) **report** /リポート/
・お手伝いしましょうと申し出る offer to help
・事故を警察に申し出る report an accident to the police
もうしぶん 申し分ない (完全な) **perfect** /パ～ふェクト/;(理想的な) **ideal** /アイディーアる/
もうじゅう 猛獣 a **beast of prey** /ビースト プレ

イ/;(野獣) a **wild beast** /ワイるド/
もうしわけ 申し訳 → いいわけ
・申し訳ありません
I am sorry. / I beg your pardon.
もうじん 盲人 a **blind person** /ブらインド パ～スン/;(集合的に) **the blind**
もうすぐ → もう❸
もうすこし → もう❹
もうすこしで もう少しで **almost** /オーるモウスト/, **nearly** /ニアり/ → あぶなく
・私はもう少しでその魚をつかまえるところだった
I almost caught the fish.
・学校へ来る途中でつまずいてもう少しで転ぶところ
だった I tripped and nearly fell on my way to school.
もうちょう 盲腸 → ちゅうすい
もうてん 盲点 a **blind spot** /ブらインド/
もうどうけん 盲導犬 a **guide dog** /ガイド/
もうふ 毛布 a **blanket** /ブらンケト/
もうもう
・もうもうたる湯気(ゆげ) clouds of steam →×a steam, ×steams としない
もうもく 盲目 **blindness** /ブらインドネス/
盲目の blind
もうれつ 猛烈な **violent** /ヴァイオれント/, **terrible** /テリブる/
猛烈に violently, terribly,《話》**like mad** /マド/
・私は試験に備えて猛烈に勉強した
I studied like mad for an exam.
もうれんしゅう 猛練習する **train hard** (in ～) /トレイン ハード/

もえる 燃える

➤ **burn** /バ～ン/
・この木はよく燃えない. よくかわいていないから
This wood does not burn well. It is not dry enough.
・小枝はかわいていないからなかなか燃えつかない
The sticks are not dry enough to catch fire easily.
・高い建物が燃えている
The tall building is on fire.
もー もーと鳴く (ウシが) **moo** /ムー/
モーター a **motor** /モウタ/
・モーターボート a motorboat; (高速の) a speedboat
モーテル a **motel** /モウテる/
もがく **struggle** /ストラグる/
もがき a **struggle**

・雪の中をもがきながら進む struggle through the snow
・自由になろうともがく struggle to get free [to make *oneself* free]
もぎ 模擬の **mock** /マク/
・模擬試験 a mock examination
・模擬店（食べ物の）a snack stand
もくげき 目撃する **witness** /ウィトネス/
・目撃者 a witness
もくざい 木材 → ざいもく
もくじ 目次 **contents** /カンテンツ/
もくせい¹ 木星 **Jupiter** /ヂューピタ/
もくせい² 木製の **wooden** /ウドン/, → もくぞう
・木製のいす a wooden chair
もくぞう 木造の **wooden** /ウドン/, **(built) of wood** /(ビるト) ウド/
・木造の橋 a wooden bridge / a bridge built of wood
・日本ではたいていの家が木造です
Most houses in Japan are built of wood.
もくたん 木炭 **charcoal** /チャーコウる/

もくてき 目的

➤ (意図(いと)) a **purpose** /パ〜パス/
➤ (ねらい) an **aim** /エイム/, an **object** /アブヂェクト/, an **objective** /オブヂェクティヴ/

目的地 one's **destination** /デスティネイション/
・私の人生の目的はだれからも信頼される人間になることです My aim in life is to be a person who is relied upon by everyone.
・君がこの島を訪ねる目的は何ですか
What is your object [purpose] in visiting this island?
・あなたの目的地はどこですか
What is your destination? →× *Where* 〜? としない

使い分け

purpose: 行動の理由や意図を指す The purpose of my life is to help people. (わたしの人生の目的は人助けをすることです)
aim: 実現，達成をしようとしていることを指す carry out *one's* aim (目的を果たす)
objective: 仕事上で成し遂げようとしていることを指す The main objective is to satisfy our customers. (主要な目標はお客様を満足させることだ)
goal: どんなに時間がかかったとしても成し遂げたい重要な「目的(目標)」My goal in life is to be an astronaut. (わたしの人生の目標は宇宙飛行士になることです)

もくてきご 目的語《文法》an **object** /アブヂェクト/
もくとう 黙祷 a **silent prayer** /サイレント プレア/
・1分間の黙祷を捧げる observe a minute of silence
もくどく 黙読する **read silently** /リード サイレントり/
もくねじ 木ねじ a **wood screw** /ウド スクルー/
もくはん 木版(画) a **wood block (print)** /ウド ブらク (プリント)/, a **woodcut** /ウドカト/
もくひょう 目標（的）a **mark** /マーク/; (目的) an **object** /アブヂェクト/, an **objective** /オブヂェクティヴ/, an **aim** /エイム/
もくもく
・(煙突・火山などが)もくもくと煙をはく belch out smoke
・大空に入道雲がもくもくとわき上がった
A towering mass of clouds billowed up into the sky.
もぐもぐ（言う）**mumble** /マンブる/;（食べる）**munch** /マンチ/
もくようび 木曜日 **Thursday** /さ〜ズデイ/ (略 Thurs.) → かようび
モグラ 土竜（動物）a **mole** /モウる/
もぐる 潜る **dive** /ダイヴ/
・水にもぐる dive into the water
モクレン 木蓮（植物）a **magnolia** /マグノウリャ/
もけい 模型 a **model** /マドる/
・模型ヨット[飛行機] a model yacht [airplane]
モザイク mosaic /モウゼイイク/

もし もし…なら

❶❷❸ if

❶（現在・未来のことを仮定・想像する場合）

基本形
もし…すれば…だろう
If＋主語＋動詞の現在形, 主語＋**will** *do* (または動詞の現在形).
もし万一…すれば…だろう
If＋主語＋**should** *do*, 主語＋**will** [**would**] *do*.

・もしあした雨が降れば，ぼくは家にいます
If it rains tomorrow, I'll stay home. →× *If it will rain* としない
・もし必要なら私は早く来られます
If (it is) necessary, I can come early.
・もしきょうの午後ひまなら，ぼくと映画に行きませんか If you are free this afternoon, would you like to go to the movies with me?

もじ 538 five hundred and thirty-eight

あ

・もし万一あした雨が降れば試合は延期されるだろう
If it should rain tomorrow, the game would be put off.
❷(現在の事実とちがうことを仮定する場合)

か

> 【基本形】もし…なら[だとすれば]，…するのだが
> **If** ＋ 主語 ＋ 動詞の過去形，主語 ＋ **would** [**should**, **could**, **might**] *do*.

・もしぼくが君なら，それを買うのだが
If I were [was] you, I would buy it. →主語が一人称・三人称単数の場合 be 動詞は were を用いるが口語では was も用いられる
・もしぼくに翼(つばさ)があれば，君のところに飛んでいくのだが
If I had wings, I would fly to you.

た

・もし2万円あれば，テレビゲームが買えるんだけどなあ If I had twenty thousand yen, I could buy a video game.
・もし水がなければ，私たちは生きられないだろう
If it were not for water, we could not live. / Without water, we could not live.
❸(過去の事実とちがうことを仮定する場合)

な

> 【基本形】もしも…だったなら…しただろうに
> **If** ＋ 主語 ＋ **had** ＋ 過去分詞，主語 ＋ **would** [**should**, **could**, **might**] **have** ＋ 過去分詞.

・もしもう一度やったら，彼は成功したかもしれないのに If he had tried again, he might have succeeded.

は

・もし雨が降らなかったなら，ぼくたちは野球をしたのだが If it had not rained, we would have played baseball.
・もし君の助けがなかったら私は失敗していたでしょう If it had not been for your help, I would have failed. / Without your help, I would have failed.
もじ 文字 a **letter** /れタ/, a **character** /キャラクタ/ → じ¹

も

もしかしたら → ひょっと
もしもし (電話で) **Hello.** /へろウ/
もじもじ (はにかんで) **shyly** /シャイリ/; (間が悪そうにぎこちなく) **awkwardly** /オークワドリ/
もしゃ 模写する **copy** /カピ/
もす 燃す → もやす
モスク (イスラム教の礼拝所) a **mosque** /マスク/

や

モスクワ Moscow /マスコウ/
もぞう 模造(の) **imitation** /イミテイシュン/
・模造品 an imitation
もたもた もたもたする (のろい) **be tardy** /ターディ/; (ぐずぐずしている) **dillydally** /ディリダリ/

ら

わ

・彼はもたもたしていてなかなかその手紙の返事を書かない He is tardy in answering the letter.
もたれる
❶(寄りかかる) **lean** (against ～, on ～) /リーン/
・壁にもたれる lean against a wall
・机にもたれる lean on a desk
❷(食べ物が) **sit heavily** /ヘヴィリ/
モダンな modern /マダン/
もち (a) **rice cake** /ライス ケイク/
・ぺったんぺったんもちをつく pound steamed rice into cake
もちあげる 持ち上げる **lift** (**up**) /リふト/
・この石は重くて持ち上げられない
This stone is too heavy to lift [to be lifted].
もちあるく 持ち歩く **carry** /キャリ/
もちいる 用いる **use** /ユーズ/ → しよう² (→ 使用する), つかう
もちかえる 持ち帰る **bring back** /ブリンぐ/; (家へ) **bring home**; (店内で食べないで) 《米》 **take out**. 《英》 **take away** /アウェイ/
持ち帰りの 《米》 **to go**, **takeout** /テイカウト/, 《英》 **takeaway** /テイカウェイ/
・うちの父はよく会社の仕事を家に持ち帰ります
My father often brings back (his) work from the office and does it at home.
・持ち帰りのピザを2枚ください
Give me two takeout pizzas. /
Two pizzas to go [to take out], please.
・これを持ち帰り袋に入れてもらえますか
Will you make a doggy bag for this?
もちこむ 持ち込む **bring in** /ブリンぐ/
・試験には辞書を持ち込んでもよい
You may bring in [may use] your dictionary in the exam.
もちだす 持ち出す **take out**
もちつもたれつ 持ちつ持たれつ **give-and-take** /ギヴァンド テイク/
・持ちつ持たれつでいこうよ
I suggest there be some give-and-take. /
ひゆ You scratch my back and I'll scratch yours. (君がぼくの背中をかいてくれれば，ぼくも君の背中をかいてやる)
もちぬし 持ち主 an **owner** /オウナ/
・この土地の持ち主はだれですか
Who is the owner of this land? /
Who owns this land?
もちはこぶ 持ち運ぶ **carry** (**about**) /キャリ (アバウト)/
・持ち運びのできる portable
・この辞書は大きくて持ち運びできない

This dictionary is too big to carry about.

もちもの 持ち物 *one's* **things** /すィングズ/, *one's* **belongings** /ビローンギングズ/; (私の, 君の, 彼の, …) **mine**, **yours**, **his**, …

これはだれの持ち物ですか．—私の(持ち物)です Whose is this?—It's mine.

もちろん of course /コース/ → いうまでもなく
- もちろんの事 a matter of course
- もちろん私ひとりで行きます
Of course I'll go alone.

もつ 持つ, 持っている

❶ have; hold; carry

❶ (所持している) **have**; (手にしっかり) **hold** /ホウド/; (身につけている, 持ち運ぶ) **carry** /キャリ/ → 口語では have と同じ意味でしばしば **have got** を用いる
- 彼は手にカメラを持っている
He has a camera in his hand.
- 彼女は両手で花びんを持っていた → 過去進行形
She was holding a vase in her hands.
- 警官はいつも拳銃(けんじゅう)を持っている
A police officer always carries a gun.
- 私は妹のかばんを持ってやった
I carried my sister's bag for her.

ペンをお持ちですか．—すみません, 持っておりません Do you have a pen?—No, I'm sorry I don't.
- かさを持っていますか Do you have an umbrella with you? / Have you got an umbrella with you? → with you をつけると「持ち合わせている」の意味がはっきりする
- ポケットに何を持っているの What do you have [have you got] in your pocket?
- 登るからはしごを持ってて
Hold the ladder while I climb.
- (手に)ラケットを持っているあの女の子はだれ?
Who is that girl with a racket (in her hand)?

❷ (所有している) **have**, **own** /オウン/
- 私は自分の自転車を持っている
I have my own bicycle. → この own は「自分自身の」の意味
- 彼のおじさんは大きな農場を持っている
His uncle owns a big farm.

❸ (続く) **last** /ラスト/; (使用に耐(た)える) **wear** /ウェア/; (腐(く)らない) **keep** /キープ/
- 長くもつ last long; (服・靴など) wear well
- この自転車は 10 年もちました
This bike has lasted for ten years.
- このシャツはとても長もちした

This shirt wore very well.
- この上天気が次の日曜日までもつといいのだが
I hope this good weather will last till next Sunday.
- この肉は一晩[あしたまで]もつでしょうか
Will this meat keep overnight [till tomorrow]?

❹ (先生がクラスを) **have charge of ～** /チャーヂ/, **be in charge of ～**; **take**
- 田島先生がぼくたちのクラスを持っている
Mr. Tajima has [is in] charge of our class. / Mr. Tajima is our homeroom teacher.
- ぼくたちのクラスの英語は何先生が持つの
Who takes (charge of) our English class? / Who teaches us English?

❺ (支払う) **pay** /ペイ/
- これは私がもちます I'll pay for this. / (私のおごりです) This is my treat [on me].

もっきん 木琴 a **xylophone** /ザイろふォウン/
もっこう 木工 《米》 **woodworking** /ウドワーキング/, 《英》 **woodwork**

もったいない

❶ (むだづかいだ) **be a waste** /ウェイスト/
- なんてもったいないことを! What a waste!
- こんな雑誌を買うのはお金がもったいない It is a waste of money to buy a magazine like this.
- その事のためにだけそこへ行くのは時間がもったいない It is a waste of time to go there only for that.

❷ (よすぎる) **be too good** /トゥー/
- 彼女は彼にはもったいない
She is too good for him.

もっていく 持って行く

➤ **take; carry** /キャリ/ → take は持って行く「場所・目的」を念頭に置いて用いるが, carry は持って行く「行為(こうい)」そのものに力点がある

- 私はそのカバンを 2 階へ持って行った
I took [carried] the bag upstairs.
- 私は小包を郵便局へ持って行った
I took the parcel to the post office.
- お母さん, そのトランクぼくが持って行くよ
I'll carry that trunk for you, Mother.
- かさを持って行きなさい
Take your umbrella along. /
Take an umbrella with you.

もってくる 持って来る

➤ **bring** /ブリング/; (行って持って来る) **fetch** /ふェチ/

もってこい　540

あ
か
さ
た
な
は
も
や
ら
わ

基本形
A を持って来る
　　bring A
A を B（人）に持って来る
　　bring B A / bring A to［for］B
A を B（場所）に持って来る
　　bring A to B

•ぼくはお菓子を持って来るから，君は果物を持って来てよ　I'll bring some candy, and you bring some fruit.
•忘れずにお昼のお弁当を持って来なさい
Don't forget to bring your lunch.
•お昼のお弁当持って来ましたか　→現在完了
Have you brought your lunch?
•私に水を1杯持って来てください
Please bring me a glass of water. /
Please bring a glass of water to［for］me.
•ここへそのいすを持って来なさい
Bring that chair here.
🅰会話 新聞どこ？―ここ．―お願い，持って来て
Where is the newspaper? —Here. —Please bring it to me. →×bring *me it* とはいわない
•ハンマーを持って来て
Fetch me the hammer. /
Fetch the hammer for me. /
Go and get the hammer for me.

もってこい もってこいの（最適の）**right** /ライト/
•彼はその仕事にもってこいの人だ
He is the right man for the job.

もっと

➤ 形容詞・副詞の比較級を用いて表す
•もっとたくさん（数）many［a lot］more;（量）much［a lot］more
•もっと気をつけなさい　Be more careful.
•もっと勉強しなさい　Study harder.
•君の学校のことをもっと話してください
Tell me more about your school.
•この植物にはもっと水をやらなければいけない
This plant needs more water.
•もっとしてほしいことありませんか
Is there anything more（that）I can do for you［you want me to do］?

モットー a **motto** /マトウ/

もっとも 最も

➤ ふつうは形容詞・副詞の最上級を用いて表す
•健康は私たちにとって最も大切です
Health is the most valuable thing to us. /
Health is more valuable than anything

else. / Nothing is more valuable than health.
•これは私が今まで見たうちで最も美しい花です
This is the most beautiful flower（that）I have ever seen.
•彼はその仕事に最も適していると私は思います
I think he is the best man for the job.

もっともな reasonable /リーズナブ*ル*/
•もっともな言い訳　a reasonable excuse
•彼が息子を自慢（じまん）するのももっともなことだ
It is reasonable that he should be proud of his son. / He may well be proud of his son.

モップ a **mop** /マプ/

もつれる tangle /タング*ル*/, **get tangled**
もつれ a **tangle** →ねじれ
•ひものもつれをほぐす　straighten out tangles in a string
•あなたの髪もつれてるわ
Your hair is tangled［in a tangle］.

もてなす（歓待する）**entertain** /エンタテイン/, **show ～ hospitality** /ショウ ハスピタリティ/
もてなし（飲食物などを出して）(a) **hospitality**;（応待）a **reception** /リセプション/;（歓迎）a **welcome** /ウェ*ル*カム/
•夕食会で彼らをもてなす　entertain them at［to］dinner
•心のこもったもてなしを受ける　receive hearty hospitality［a hearty reception, a hearty welcome］

もてる be popular（with ～, among ～）/パピュ*ら*/
•彼女は男子生徒にもてる
She is popular with［among］boy students.

モデル a **model** /マド*る*/
•ファッションモデル　a fashion model
•モデルチェンジ　model changeover

もと¹ 元（原因）a **cause** /コーズ/;（起源）an **origin** /オーリヂン/;（源）a **source** /ソース/
•その結果，彼は元も子もなくしてしまった
As a result he was cleaned out. /
ひゆ As a result he has killed the goose that lays the golden egg.（金の卵を産むガチョウを殺してしまった）

もと² 元の（以前の）**former** /ふォーマ/;（それ本来の）*one's* →人称代名詞の所有格で表す
元は（以前は）**formerly**
•私たちの元の校長先生　our former principal
•それを元通りにする　make it as it was before
•その本を元の所に返しなさい
Return the book to its place.

モトクロス a **motocross** /モウトウクロース/

もどす 戻す **return** /リタ～ン/, **put back** → かえす

もとづく 基づく **be based** /ベイスト/
•彼の議論は自分自身の経験に基づくものだ
His argument is based on his own experience.
•君は事実に基づいて議論をするべきだ
You ought to base your argument on fact.

もとめる 求める

➤ (探し求める) **seek** /スィーク/
➤ (要求する) **request** /リクウェスト/; (願う) **ask** (for ～)
•幸福[彼の忠告]を求める seek happiness [his advice]
•職を求める seek a job
•返事を求める request an answer

もともと (初めから) **from the first** /ふァ～スト/, **from the start** /スタート/; (元来) **originally** /オリヂナリ/; (生まれつき) **by nature** /ネイチャ/

もどる 戻る **go back, come back, return** /リタ～ン/ → かえる¹
•彼は今もどって来たところです
He has just come back [returned].
•彼は旅行からもどって来ています
He is back from his journey.
•さてまた本題にもどりますが, 最も重要なことはどうしてその基金を集めるかということです
Now to return to the subject, the most important point is how to raise the funds.

モニター
❶ (装置) a **monitor** /マニタ/
•…をモニター画面で見る watch ～ on a monitor screen
❷ (テレビ番組の) a **test viewer** /テスト ヴューア/; (商品の) a **tester** /テスタ/

もの 物

➤ a **thing** /すィング/
•何か食べる[読む]物 something to eat [to read]
•そのお金で学校の物を買う buy school things with that money
•自分の物は持って行きなさい
Take your things with you.
•世の中には金で買えない物がたくさんある
There are many things in the world that you cannot buy [that cannot be bought] with money.

ものおき 物置 a **shed** /シェド/; (部屋) a **store-**

room /ストールーム/

ものおと 物音 → おと

ものおぼえ 物覚えがよい **have a good memory** /メモリ/
•物覚えが悪い have a bad [poor] memory

ものがたり 物語 a **story** /ストーリ/, a **tale** /テイる/; (寓話(ぐうわ)) a **fable** /ふェイブる/ → tale は story よりも形式張ったことば
•冒険物語 a story of adventure
•『源氏物語』 The Tale of Genji
•『イソップ物語』 Aesop's Fables

ものごと 物事 **things** /すィングズ/; **matter** /マタ/

ものさし a **rule** /ルーる/, a **ruler** /ルーら/

ものずき 物好きな **curious** /キュアリアス/; (何でも知りたがる) **nosy** /ノウズィ/, **inquisitive** /インクウィズィティヴ/
•物好きに out of curiosity
•君は物好きすぎる(何でも聞きたがる)
You are too inquisitive.

ものすごい dreadful /ドレドふる/, **terrible** /テリブる/, **tremendous** /トレメンダス/
ものすごく → ひじょうに

ものともしない (なんとも思わない) **make [think] nothing of** /[すィンク] ナすィング/
•彼女は突然の腹痛をものともせず, マラソンを完走した She made nothing of a sudden stomachache and completed the marathon race.
•彼は大きな危険をものともしなかった (→危険に対して勇敢(ゆうかん)であった)
He was brave in the face of great danger.

ものほし 物干し(場) a **balcony for drying clothes** /バるコニ ドライイング クろウズ/
•物干し用ロープ a clothesline

ものまね mimicry /ミミクリ/
ものまねする mimic /ミミク/ → -ed や -ing を付ける時は mimicked, mimicking
•彼は佐藤先生のしゃべり方のものまねをした
He mimicked Mr. Sato's way of speaking.
•彼は人のものまねがうまい He is a good mimic. / He is good at mimicry. → 前の文の mimic は「ものまねをする人」

モノレール a **monorail** /マノレイる/

モバイルバッテリー a **portable charger** /ポータブる チャーヂャー/, a **powerbank** /パウア バンク/ → 「モバイルバッテリー」は和製英語

もはん 模範 a **model** /マドる/; (例) an **example** /イグザンプる/
模範的な model; exemplary /イグゼンプらリ/
•模範解答 a model answer

もほう 542 five hundred and forty-two

・模範試合 an exhibition game [match]
・彼は私たちに立派な模範を示してくれた. みんなそれにならいましょう
He gave us a good example. Let us follow it.
もほう 模倣 **imitation** /イミテイション/
　模倣する imitate /イミテイト/
・模倣品 an imitation
もみ 籾 (殻付きの米) **paddy** /パディ/; (籾殻) **husks** /ハスクス/
モミ 樅 《植物》a fir (tree) /ふァ〜 (トリー)/
モミジ 紅葉 《植物》(かえで) a maple /メイプる/
もむ (こする) **rub** /ラブ/; (こねるように) **knead** /ニード/; (マッサージをする) **massage** /マサージ/
もめごと もめ事 (a) **trouble** /トラブる/
・家庭のもめ事 a family trouble
もめる …ともめる (ごたごたする) **have** (a) **trouble with 〜** /トラブる/; (口論する) **quarrel with 〜** /クウォーレる/
もめん 木綿 **cotton (cloth)** /カトン (クろ〜す)/
もも (太もも) a **thigh** /さイ/
モモ 桃 (の木) 《植物》a **peach (tree)** /ピーチ (トリー)/
　桃色 (の) pink /ピンク/
もものせっく 桃の節句 *Momo-no-sekku* → ひなまつり
もや (a) **haze** /ヘイズ/
・もやのかかった hazy
・もやがはれた The haze has lifted.
モヤシ 《植物》**bean sprouts** /ビーン スプラウツ/
もやす 燃やす **burn** /バ〜ン/
・ごみを燃やす burn rubbish
・彼はサッカーに情熱を燃やしている
He is ardent in playing soccer.
もよう 模様
❶ (柄から) a **pattern** /パタン/
・ハンカチに花模様をししゅうする embroider a handkerchief with a flower pattern
❷ (様子) a **look** /るク/
・空模様から判断すると午後は雨になりそうだ
From the look of the sky we may have rain in the afternoon.
もよおす 催す **give, hold** /ホウるド/
　催し (行事) an **event** /イヴェント/; (パーティー) a **party** /パーティ/; (余興) an **entertainment** /エンタテインメント/
・吉田君の歓迎の催しをする hold [give] a welcome party for Yoshida
・青年たちが村の老人たちの慰安 (いあん) の催しを計画している The young people are planning an entertainment for the elderly of the village.

もらう

❶ (受け取る) **get; have; receive;** (与えられる) **be given**
❷ (説得・依頼して…してもらう) **get; have**

❶ (受け取る) **get; have; receive** /リスィーヴ/; (与えられる) **be given** /ギヴン/ (受け身形); (勝ち取る) **win** /ウィン/
・手紙をもらう get [receive] a letter
・賞をもらう win [get] a prize
・…する許しをもらう get permission [leave] to *do*
・…から電話をもらう get a call from 〜
・私は毎月母から小遣 (こづかい) いをもらう
I get [receive] my allowance from Mother every month.
・私はきのう彼から手紙をもらった
I received [got, had] a letter from him yesterday.
・私は先日彼から電話をもらった
I got a call from him the other day. /
He called me up the other day.
・姉にこの時計をもらった
I got this watch from my sister. / (姉が私にこの時計をくれた) My sister gave me this watch.
・クリスマスにはすてきなプレゼントがもらえるでしょう You will receive [get, be given] nice presents at Christmas. → will be given は未来の受け身形
・100万円もらったらどうする?
If you were given a million yen, what would you do with it?
・これもらってもいいの? May I have [keep] this?
・10分ほどお時間をもらえますか Can you spare me about ten minutes [spare about ten minutes for me]? → spare は「(時間を) さく」
❷ (説得・依頼して…してもらう) **get; have**
(…して) もらいたい **want** /ワント/; (軽く) **like** /らイク/; (丁寧に) **would like** /ウド/, **should like** /シュド/ → したい²

基本形
A (人) に…してもらう
get A to *do* / **have** A *do*
A (人) に…してもらいたい
want [**would like**] A to *do*
A (物・事) を…してもらう
get [**have**] A+過去分詞
A (物・事) を…してもらいたい
want A+過去分詞

・彼に行ってもらう get him to go / have him

five hundred and forty-three　543　もんぶかがくしょう

go
・写真をとってもらう　get [have] *one's* picture taken
・彼女に行ってもらいたい　want her to go
・写真をとってもらいたい　want *one's* picture taken
・彼女に早く来てもらってくれ　Get her to come early. / Have her come early.
・だれかに手伝ってもらわなければならない
We must get someone to help us. /
We must have someone help us.
・ケンにその会合に行ってもらうように話してみます
I'll try to get Ken to go to the meeting.
・彼にわかってもらうなんてできっこありませんよ
You'll never get him to understand.
・私は虫歯を抜いてもらった
I got [had] a bad tooth pulled [taken] out.
・この時計を直してもらいたい
I want this watch repaired.
❸ 特に頼んでではなく、ある行為(こうい)を受ける時は「…が…する」と能動態で表現することが多い
・私は母にその話をしてもらった　(→母が私にその話をした)　My mother told me the story.
・私は母にしてもらった話を覚えている
I remember the story my mother told me.
・この時計は父に買ってもらったものです
My father bought this watch for me. /
My father bought me this watch.

もらす 漏らす　(ひそかに) **leak** (**out**) /リーク/; (ばらす) **reveal** /リヴィーる/; (告げる) **tell**
・敵に秘密を漏らす　leak a secret to the enemy

モラル **morals** /モーラるズ/

もり 森　(人が日常生活の中でしばしば中に入る) a **wood** /ウド/; (神社の森のような小さな) a **grove** /グロウヴ/; (大森林) a **forest** /ふォーレスト/
・森の中でキャンプする　camp in the wood(s)

もりあがる 盛り上がる
❶ (ふくれ上がる) **swell** /スウェる/
❷ (盛んになる) **warm up** /ウォーム/
・パーティー[議論]が盛り上がってきた
The party [The arguments] began to warm up.

もる 漏る　**leak** /リーク/; **escape** /イスケイプ/

モルタル **mortar** /モータ/

モルモット 《動物》a **guinea pig** /ギニ/ → 英語のmarmot /マーモト/ は小犬ぐらいの大きさのリス科の動物で、日本でいう「モルモット」とは別種

もれる 漏れる　(ガス・液体・秘密などが) **leak** (**out**) /リーク/; (ガス・液体などが) **escape** /イスケイプ/
・秘密は漏れてしまった

The secret has leaked out.
・パイプの穴からガスが漏れた
The gas escaped from the hole in the pipe.
・叫び声が(思わず)彼女のくちびるから漏れた
A cry escaped her lips.

もろい **brittle** /ブリトる/

もん 門　a **gate** /ゲイト/ → 扉が二つある時は gates とすることが多い
・門番　a doorkeeper / a gatekeeper / a porter
・門のところで[に]　at the gate(s)
・門をあける　open the gate(s)
・門をしめる　close [shut] the gate(s)

もんく 文句　(ことば) **words** /ワ〜ヅ/; (語句) a **phrase** /ふレイズ/; (不平) a **complaint** /コンプれイント/
・文句を言う → ふへい (→ 不平を言う)

もんげん 門限
・あなたの家では門限は何時ですか　(→何時までに家に帰っていなければならないか)
What time do you have to be in by?

もんだい　問題

➤ a **question** /クウェスチョン/, a **problem** /プラブれム/
➤ (論争) an **issue** /イシュー/
➤ (題目) a **subject** /サブヂェクト/

・問題集　a collection of questions [problems]
・問題用紙　a question sheet
・問題児　a problem child
・それは単に時間の問題だ
It is only [simply] a question of time.
・それは政治問題に発展しそうだ　I am afraid it will develop into a political issue.
・問題はだれがネコの首に鈴を付けに行くかだった
The question was who would go to hang a bell on the cat's neck.
・この問題は難しくて私には解けない
This problem is so difficult that I cannot solve it. / This problem is too difficult for me to solve.
・この本はこの問題について書かれた最良の本です
This is one of the best books (which are) written on this subject.

もんどう 問答　**questions and answers** /クウェスチョンズ アンサズ/

もんぶかがくしょう 文部科学省[大臣]　the **Ministry** [**Minister**] **of Education, Culture, Sports, Science and Technology** /ミニストリ [ミニスタ] エヂュケイション カるチャ スポーツ サイエンス テクナろヂ/

や ヤ

や¹ 矢 an **arrow** /アロウ/
- 矢を射る shoot an arrow

ことわざ 光陰(こういん)矢のごとし
Time flies. (時は飛んで行く) / Time has wings. (時には羽が生えている) → arrow は英語ではふつう「速い」ことではなく, as straight as an arrow のように「まっすぐな」の比喩に使う

や² …や… 〜 **and** 〜 →と³ ❶
- 彼の机はいつも本やノートで散らかっている
His desk is always messy with books and notebooks.

やあ (呼びかけ) **Hello!** /ヘロウ/, **Hi!** /ハイ/; (驚き) **Oh!** /オウ/

やあ, ジョン, 元気かい
―うん, 君は?
ぼくも元気だ
Hello[**Hi**], John. How are you?
―I'm fine, thank you. And you?
Very well, thank you.

ヤード a **yard** /ヤード/ → 1 ヤードは0.9144メートル

やいば 刃 a **blade** /ブレイド/, a **knife** /ナイフ/, a **sword** /ソード/

やえ 八重の **double** /ダブる/
- 八重桜 double cherry blossoms

やおちょう 八百長 a **fix** /ふィクス/
八百長をする **fix**

やおや 八百屋 (人) a **vegetable grocer** /ヴェヂタブる グロウサ/, a **greengrocer** /グリーングロウサ/; (店) a **vegetable store** /ストー/, a **greengrocer's**

やがい 野外の **outdoor** /アウトドー/
野外で **outdoors** /アウトドーズ/, **in the open air** /オウプン エア/
- 野外劇場 an outdoor [open-air] theater
- 野外演奏会 an outdoor concert
- 野外研究 field studies
- 野外スポーツ an outdoor sport
- 野外音楽堂 an amphitheater; an outdoor music venue

やがく 夜学(校) a **night school** /ナイト/, **evening classes** /イーヴニング クらセズ/

やかた 館 a **mansion** /マンション/, a **palace** /パれス/; a **castle** /キャスる/
- 屋形船 a Japanese pleasure boat

やかましい
❶ (さわがしい) **noisy** /ノイズィ/; (音が大きい) **loud** /らウド/
- ああ, やかましい What a noise!
- やかましい!(静かにしろ) Don't be so noisy! / Don't make so much noise! / Be quiet!
- あなたの声が聞こえません。音楽の音がやかましいものですから
I can't hear you—the music is too loud.
❷ (きびしい) **strict** /ストリクト/; (気難しい) **particular** /パティキュラ/
- 母はわたしたちの行儀(ぎょうぎ)にとてもやかましい
Our mother is very strict with us about our manners.
- 父は食べ物[金銭]にとてもやかましい
My father is very particular about his food [about money matters].

やかん¹ a **kettle** /ケトる/
- やかんを火にかける put a kettle on the fire
- やかんが沸(わ)いている The kettle is boiling.

やかん² 夜間に **at [in the] night; in the evening**
- 夜間外出禁止令 a curfew

やき¹ 焼き… (オーブンなどで焼いた) **baked** /ベイクト/; (油でいためた) **fried** /ふライド/; (直火(じかび)で焼いた) **grilled** /グリるド/
- 焼きいも a baked sweet potato
- 焼きそば fried noodles
- 焼き鳥 grilled chicken on a bamboo skewer
- 焼き肉[魚] grilled meat [fish]
- 焼きめし fried rice
- 焼き栗 roast chestnuts
- 焼き豚 braised [roast] pork
- 焼き串 a skewer
- 焼き網 a grill, a grid(iron)
- 鉄板焼き teppanyaki, meat and vegetables cooked on a hot plate [an iron griddle]
- 焼き印 (木や革など) branding iron
- 焼き切る burn off

やき² …焼 (陶磁器) **pottery** /パテリ/; (磁器) **porcelain** /ポーセリン/
- 伊万里焼 Imari ware [porcelain]
- 信楽焼 Shigaraki ware

ヤギ 山羊 《動物》a **goat** /ゴウト/
- 子ヤギ a kid
- ヤギがめーめー鳴いている A goat is bleating.

やきいれ 焼き入れ **quench hardening** /クウェンチ ハーデニング/

やぎざ 山羊座 **Capricorn** /キャプリコーン/, **the Goat** /ゴウト/
- 山羊座生まれの人 a Capricorn / a Capricornian

やきたて 焼きたて
- これらのロールパンは焼きたてです
These rolls are fresh from the oven.

やきなおし 焼き直し (単なる改作) a **rehash** /リーハシュ/

やきもち (しっと) **jealousy** /チェらスィ/, **envy** /エンヴィ/
- …にやきもちを焼く be jealous of ~

やきもの 焼き物 (陶磁器) **porcelain** /ポーセリン/, **pottery** /パテリ/; (料理) **grilled [roast] fish [meat]** /グリるド [ロウスト] ふぃシュ [ミート]/

やきゅう 野球 **baseball** /ベイスボーる/
- 野球をする play baseball
- 野球選手 a baseball player
- 野球帽 a baseball cap / a ball cap
- 野球場 a baseball ground / a ball park
- テレビで野球の試合を見る watch a baseball game on television

やぎゅう 野牛 a **buffalo** /バふぁロウ/, a **bison** /バイスン/

バイソン

やきん 夜勤 **night duty** /ナイト デューティ/; (昼夜交代の) a **night shift** /シふト/
- 夜勤である be on night duty [shift]

やく¹ 役
➤ (役割) a **part** /パート/, a **role** /ロウる/
➤ (務め) **duty** /デューティ/

- 役に立つ be useful [helpful] / be of use [help, service] / do much / go a long way
- 役立つ道具 a useful tool
- …の役を演じる play [act] the part [the role] of ~

- それをすることは私の役です
To do that is my duty. / It is my duty to do that.
- レクリエーションは社会生活において重要な役を持っている
Recreation has an important role in social life.
- あなたのご忠告はたいへん役に立ちました
Your advice helped me a great deal. /
Your advice proved to be very helpful to me.
- 少しでもお役に立てばうれしいです
I'll be happy to be of any service [of any help] to you.
- そんな言い訳は何の役にも立ちません
Such excuses are of no use.
- そんな大きな辞書をあげたって彼には何の役にも立たない
Such a big dictionary will be of no use to him. / ひゆ Giving him such a big dictionary is casting pearls before swine. (ブタに真珠を投げ与えるようなものだ)
- この取り決めは両国の親善を促進(そくしん)するのに必ず大いに役立つであろう
This arrangement is sure to do much [to go a long way] toward promoting friendship between the two nations.

やく² 訳 **translation** /トランスれイション/ → やくす
- 訳者 a translator
- 訳本 a translation
- 訳詞 translated lyrics / lyric translation

やく³ 約 (およそ) **about** /アバウト/; (ほぼ) **nearly** /ニアリ/, **almost** /オーるモウスト/
- 約1か月でその仕事は完成するでしょう
The work will be completed in about a month.
- 私は全作業の約3分の2を終わった
I've finished nearly two thirds of the whole task.

やく⁴ 焼く **burn** /バ〜ン/; (肉をあぶる) **roast** /ロウスト/; (肉や魚を焼き網で) **grill** /グリる/; (フライパンで) **fry** /ふライ/; (トーストを作る) **toast** /トウスト/; (パンを作る) **bake** /ベイク/
- 鶏[クリ]を焼く
roast a chicken [chestnuts]
- トウモロコシを(網で)焼く
grill corn
- フライパンで卵を焼く
fry eggs in a pan

やくがく　　　　　　　　　　　546　　　　　　　　　　　five hundred and forty-six

・パンを焼く　toast [bake] bread
・CDを焼く(データを書き込む)　burn a CD
・彼は火事で蔵書を全部焼いてしまった
His entire library was burnt in the fire.

burn　　　　roast

grill　　　　toast

やくがく 薬学　**pharmacy** /ファーマスィ/
・(大学の)薬学部　the pharmacy department

やくざいし 薬剤師　a **pharmacist** /ファーマスィスト/; 《米》a **druggist** /ドラギスト/, 《英》a **chemist** /ケミスト/

やくしゃ 役者 (男優) an **actor** /アクタ/, (女優) an **actress** /アクトレス/ → an actor は女優に対しても使われる

やくしょ 役所　a **public office** /パブリク オーふィス/, a **government office** /ガヴァンメント/
・市役所　a city hall [office]
・区役所　a ward office

やくす 訳す　**translate** /トランスれイト/
・和文を英語に訳す　translate [put] Japanese sentences into English
・この本は英語からフランス語に訳されました
This book was translated from English into French.
・太宰治の名作のいくつかは外国語に訳されています
Some of Dazai Osamu's best works are translated into foreign languages.
・次の文を英語に訳しなさい
Put the following sentence into English.

やくそう 薬草　a **medicinal plant** [**herb**] /メディスィヌる プらーント [ハ～ブ]/

やくそく　約束

➤ a **promise** /プラミス/
➤ (人に会う約束) an **appointment** /アポイントメント/, an **engagement** /インゲイヂメント/

約束する **promise**, **make** [**give**] a **promise**, **make** [**give**] an **appointment**

基本形
　A を(あげると)約束する
　　promise A
　B (人)に A を(あげると)約束する
　　promise B A / promise A to B
　…すると約束する
　　promise to *do* **/ promise (that) ～**
　B (人)に…すると約束する
　　promise B (that) ～

・約束を守る[破る]　keep [break] *one's* promise
・…するという約束を果たす　make good on the promise to *do*
・その子におもちゃをあげると約束する　promise (to give) a toy to the child
・彼に手伝うことを約束する　promise him *one's* help / promise *one's* help to him / promise to help him
・彼を(車で)迎えに行くと約束する　promise [make a promise] to pick him up
・約束の時間[場所]に　at the appointed time [place]
・約束の日に　on the appointed day
・約束どおりに　as promised
🔊会話 私の誕生パーティーに来てくれる?―うん約束するよ　Will you come to my birthday party? —Yes, I promise.
・もう二度としません，約束します
I promise (that) I won't do it again. /
I won't do it again, I promise (you).
・父は私にカメラを買ってくれると約束した
Father promised me a camera. /
Father promised a camera to me. /
Father promised me [gave me his promise] (that) he would buy me a camera.
・彼はここに6時に来ると約束した
He promised to be here at six o'clock. /
He promised that he would be here at six o'clock.
・約束をしたらそれを破ってはいけません
If you make a promise, you mustn't break it [you must keep it].
・それでは約束がちがいませんか
That's against our promise, isn't it?
🔊会話 ハワイへ行ったらおみやげを買ってくるよ。―約束よ　I'll bring a souvenir from Hawaii for you.—That's a promise.
・申しわけありません，その日は別の約束があるんです
I'm sorry, but I have another appointment

[engagement] on that day.

使い分け

promise: 何かをするという「約束」
appointment: 人と会う「約束」
engagement: 特に仕事関連の公式な「約束(取り決め)」

やくだつ 役立つ → やく¹ (→ 役に立つ)

やくにん 役人 a **public official** /パブリク オフィシャる/

やくば 役場 a **public office** /パブリク オーふィス/
・町役場 a town hall [office]
・村役場 a village hall [office]

やくひん 薬品 (薬剤) a **medicine** /メディスン/, a **drug** /ドラグ/; (化学薬品) a **chemical** /ケミカる/

やくぶつ 薬物 a **drug** /ドラグ/

やくみ 薬味 → スパイス

やくめ 役目 → やく¹

やくよう 薬用 **medicated** /メディケイティド/; **medicinal** /メディスィヌる/
・薬用せっけん (a) medicated soap

やくよけ 厄除け (災いから守る) an **amulet** /アミャらト/, (お守り) a **charm** /チャーム/

やくわり 役割 a **part** /パート/, a **role** /ロウる/
→ やく¹
・役割を演じる play a part [a role]
・インターネットは現代生活において重要な役割をする The Internet plays an important role in modern life.

やけ **desperation** /デスパレイション/
・やけになる become [be] desperate

やけど (火の) a **burn** /バ〜ン/; (熱湯の) a **scald** /スコーるド/
やけどをする **burn**; **scald**
・指にやけどをする burn [scald] one's finger

やける 焼ける **burn** /バ〜ン/, **be burnt** /バ〜ント/; (火事で) **be burnt down** /ダウン/; (日に) **be tanned** /タンド/ (→ ひやけ)
・焼け死ぬ be burnt to death
・焼け跡 (建物) a burnt-down building / (地域) a burnt-down area / (がれきなど) fire debris
・焼け焦げ a burn
・何か焼けるにおいがする
I smell something burning.
・火事で丸太小屋が5つ焼けた
Five log houses were burnt down in the fire.
・最も小さな丸太小屋だけが焼け残りました
Only the smallest log house was untouched by the fire.
・彼女は1週間海岸に行っていて美しく日に焼けても

どって来た She stayed at the seaside for a week and returned home beautifully tanned.

やこう 夜行(列車) a **night train** /ナイト トレイン/
・夜行で行く take [go by] a night train

やこうとりょう 夜光塗料 **glow-in-dark paint** /グろウ イン ダーク ペイント/, **luminous paint** /るーミナス/

やさい 野菜

➤ (a) **vegetable** /ヴェヂタブる/
・野菜畑 a vegetable field; (家庭菜園) a kitchen garden
・あなたは肉よりも野菜を多く食べなければいけない You should eat more vegetable than meat. / (肉を食べるのをへらしてもっと野菜を) You should eat less meat and more vegetable.
・うちでは市場に出すために野菜を作っています
We grow vegetables for the market.

やさしい¹

➤ (容易な) **easy** /イーズィ/; (簡単な) **simple** /スィンプる/
・このお話はやさしい英語で書いてある
This story is written in easy [plain] English.
・問題はとてもやさしかった
The questions were very easy [simple].
・フランス語とスペイン語とでは学ぶのにどちらがやさしいでしょうか Which is easier to learn, French or Spanish?
・この課は前の課よりやさしい
This lesson is easier than the former one.
・これは思ったほどやさしくない
This is not so simple as I expected.
・この問題から始めよう. やさしそうだ
Let's begin with this problem. It looks easy.
・君は(読んでみれば)その本がやさしいのがわかるでしょう You will find the book easy.

やさしい² 優しい

➤ **gentle** /ヂェントる/; (親切な) **kind** /カインド/
優しく gently; **kindly**
・優しい声で in a gentle voice
・彼女は優しい目で私を見た
She looked at me with gentle eyes.
・そのおばあさんは私にとても優しくしてくれた
The old lady was very kind to me.
・動物に優しくしなさい Be kind to animals.

ヤシ 椰子 《植物》a **palm** /パーム/; (ココヤシ) a **coconut palm** /コウコナト/
・ココナツ a coconut

やじ (嘲笑・罵(ば)声) **hooting** /フーティング/, **jeering** /ヂアリング/, **booing** /ブーイング/; (選挙演説者などに対するまぜかえし) **heckling** /ヘクリング/

やじる **hoot** (at ~), **jeer** (at ~), **boo**; **heckle**

やじうま やじ馬 an **onlooker** /アンルカ/

やしき 屋敷 (邸宅) a **residence** /レズィデンス/, a **mansion** /マンション/; (家と敷地(しきち)) **the premises** /プレミセズ/

やしなう 養う (家族を) **support** /サポート/, **provide for** /プロヴァイド/; (育てる) **bring up** /ブリング/, **foster** /フォースタ/
・独立心を養う foster independence
・彼は家族を養うために働かなければならない
He must work (in order) to support his family.
・彼は家族をたくさん養っている
He has a large family to provide for.
・彼はおじとおばに養われた
He was brought up by his uncle and aunt.

やじゅう 野獣 a **wild beast** /ワイルド ビースト/

やしょく 夜食 (深夜の) a **late-night snack** /レイト ナイト スナク/

やじるし 矢印 an **arrow** /アロウ/
・迷わないはず. 矢印に従って行きなさい
You can't get lost—just follow the arrows.

やしん 野心 (an) **ambition** /アンビション/
・野心のある ambitious
・野心作 an ambitious piece of work
・彼は野心家だ He is an ambitious man. / He is ambitious.

やすい¹ 安い, 安く

➤ **cheap** /チープ/; (費用など安く) **at little cost**
・安物 a cheap thing; (集合的に) cheap goods
・安いホテル a low-budget hotel
・物を安く買う[売る] buy [sell] things cheap
・これを安く直してもらえますか
Can you repair this at little cost?
・私は時計を安く直してもらった
They repaired my watch at little cost.
・この靴下は安いわりには持ちがよい
These socks are quite cheap, but they wear well.
　ことわざ 安物買いの銭(ぜに)失い Ill ware is never cheap. (粗悪品は安くない)

やすい² (…しやすい) **be apt to** *do* /アプト/; (…にかかりやすい) **be subject to ~** /サブヂェクト/
・こういう単語はつづりをまちがえやすい
We are apt to misspell these words. / These words are apt to be misspelled.
・私はかぜをひきやすい
I easily catch cold. / I am subject to colds.
・この川ははんらんしやすい
This river easily overflows.

やすうり 安売り → バーゲンセール

やすむ 休む

➤ (休息する) **rest** /レスト/, **take a rest**; (欠席する) **be absent** /アブセント/; (横になる) **lie (down)** /ライ (ダウン)/; (寝る) **go to bed**; (眠る) **sleep** /スリープ/; (休業する) **close** /クロウズ/

休み (休息) (a) **rest**; (休日・休暇) a **holiday** /ハリデイ/; (長期の) 《米》 a **vacation** /ヴェイケイション/, 《英》 **holidays**; (休み時間) a **break** /ブレイク/, a **recess** /リセス/

be absent

go to bed

have a break

・仕事を休む (会社などを休む) be absent from work; (ひと休みする) rest from work
・学校を休む be absent from school / stay away from school
・きょうは学校が休みです
We have no school today.
・授業と授業の間には10分間の休みがあります
We have a ten-minute recess [break] between periods.
・そのことは昼休みに相談しよう
Let's talk about that during (the) lunch break.

・休みには君はどこへ行くつもりですか
Where are you going for the holiday?
・疲(つか)れた. この木陰(こかげ)でしばらく休もう
We are tired. Let's rest [take a rest] in the shade of this tree for a while.
・私は忙(いそが)しくて休む暇なんてありません
I'm so busy that I have little time to rest.
・ちょっと休んでお茶にしよう
Let's have a break for tea.
・君は疲れたようだ. 早く休んだほうがいい
You look tired. You'd better go to bed early.
・彼を２階へ連れて行って静かに休ませなさい
Take him upstairs and let him lie quietly.
・そのデパートは火曜日が休みです
The department store is closed on Tuesdays.

やすらか 安らかな **peaceful** /ピースふる/
安らかに peacefully

やすらぎ 安らぎ **peace** (**of mind**) /ピース (マインド)/

やすり (鋼鉄製のもの) a (**steel**) **file** /スティーる ふァイる/
・やすりをかける file
・紙やすり sandpaper
・紙やすりをかける sand (down)

やせい 野生の **wild** /ワイるド/
・野生動物 wild animals

やせる get [**become**] **thinner** /すィナ/
やせた **thin** /すィン/; (すらりとした) **slender** /スれンダ/, **slim** /スりム/; (がりがりにやせた) **skinny** /スキニ/
・背の高いやせた青年 a tall, thin young man
・やせがたの少女 a slim girl
・やせた土地 poor [barren] land

やたい 屋台 a (**food**) **stand** [**stall**] /(ふード) スタンド [ストーる]/; (キッチンカー) a **food truck** /トラク/
・屋台のラーメン屋 a ramen stand

やたら (過度に) **too much** /トゥー マチ/; (無差別に) **indiscriminately** /インディスクリミネトリ/, **at random** /ランダム/
・やたらに甘い物ばかり食べちゃだめだよ
Don't eat too many sweet things.

やちょう 野鳥 a **wild bird** /ワイるド バ〜ド/
・野鳥観察 bird-watching
・野鳥観察者 a bird-watcher

やちん 家賃 a **house rent** /ハウス レント/

やつ a **fellow** /ふェろウ/, a **guy** /ガイ/ → ふつう good, nice, poor (かわいそうな)などの形容詞と共に使う;「やつは…だ」などの「やつ」は he (彼)を使えばよい

やつあたり 八つ当たりする → あたりちらす
やっか 薬科大学 a **college of pharmacy** /ふァーマスィ/

やっかい 厄介 **trouble** /トラブる/,《話》a **bind** /バインド/ → めんどう
厄介な troublesome /トラブるサム/

やっきょく 薬局 a **pharmacy** /ふァーマスィ/,《米》a **drugstore** /ドラグストー/,《英》a **chemist's shop** /ケミスツ シャプ/; (病院などの) a **dispensary** /ディスペンサリ/

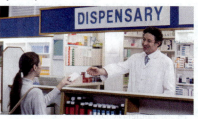

やった (うまくいく) **make it**; (すばらしい) **great** /グレイト/; (喜びの声) **hurrah** /フラー/
・やった! I did it! / I made it! → 自分以外の時, たとえば「君やったね」は You made it!
🗨会話 あしたは箱根へドライブに行こう. —やった!
Let's go for a drive to Hakone tomorrow.
—That sounds great!
🗨会話 (先生)来週はテストをしません. —(生徒)やった! I'm not going to give you a test next week.—Hurrah!

やっつける → まかす
やっていく do, **get along**, **get on**
・…なしでやっていく do without ～ → なしで
・彼らはおたがいかなりうまくやっています They are getting along pretty well with each other.

やってくる やって 来る **come along**, **come down** /ダウン/; (姿を見せる) **turn up** /タ〜ン/, **show up** /ショウ/; (時期が近づく) **come**, **draw near** /ドロー ニア/
・もうすぐ期末試験がやって来ます
The term exam is coming soon.

やってみる try /トライ/ → こころみる
・どれくらい跳べるかやってごらん
Try and see how far you can jump.
・それはやってみればできるよ
You can do it if you try.
・私の言うようにやってみなさい
Try to do as I tell you.
・私はいろいろやってみたが成功しなかった
I tried and tried, but did not succeed.

やっと

❶ (かろうじて) **just** /チャスト/, **barely** /ベアリ/
・私はやっと授業に間に合った
I was just in time for class.
・彼の収入はやっと家族を養える程度のものです
His earnings are barely enough to support his family.

❷ (苦労して) **with difficulty** /ディふィカるティ/
・私はやっとのことで彼の家を見つけました
I found his house with some difficulty.
・日の暮れないうちにキャンプ場にたどり着くのがやっとのことだった It was with difficulty that we reached the camp site before dark.

❸ (ついに) **at last**
・やっとその日が来た The day has come at last.

やっぱり → やはり

ヤッホー (遠くにいる人への呼びかけ) **yoo-hoo** /ユーフー/

やど 宿 (宿泊) **lodging** /らヂング/; (宿屋) an **inn** /イン/; a **hotel** /ホウテる/
・ホテルに宿をとる (泊まる) stay at a hotel; (予約する) make reservations at a hotel / book a room at a hotel

やとい 雇い主 an **employer** /インプろイア/
雇い人 an **employee** /インプろイイー/

やとう¹ 雇う (一時的に) **hire** /ハイア/; (職務として) **employ** /インプろイ/

やとう² 野党 an **opposition party** /アポズィションパーティ/

ヤドカリ a **hermit crab** /ハ〜ミトクラブ/

やどや 宿屋 an **inn** /イン/; a **hotel** /ホウテる/
・宿屋に泊まる stay [put up] at an inn

ヤナギ 柳 《植物》a **willow** /ウィろウ/
[ことわざ] 柳に風 → 逆らわずおだやかに対応すること
No reply is best. (答えないのが一番いい)

やに (木の) **resin** /レズィン/; (目の) **eye discharges** /アイディスチャーチェズ/

やぬし 家主 the **owner of the house** /オウナハウス/; (男性) a **landlord** /らンドろード/, (女性) a **landlady** /らンドれイディ/

やね 屋根 a **roof** /ルーふ/
・かやぶきの roofed with Japanese torreya
・かわらぶきの tile-roofed
・スレート[アスファルトシングル]ぶきの roofed with cement boards [asphalt shingles]

やはり

❶ (同様に) **also** /オーるソウ/, **too** /トゥー/; (not) **either** /イーざ/; (それでも) **still** /スティる/
・私もやはりそう思います
I think so, too. / I also think so.
・私もやはり行きません I won't go, either.

❷ (A (人)が思ったとおり) **as A (have) expected** /イクスペクテド/, (実際に) **sure enough** /シュアイナふ/; (結局) **after all**
・彼はやはり成功した
He succeeded as I had expected. / And sure enough, he succeeded.
・君はやはりその集会に出たほうがいいよ
You had better attend the meeting after all.

やばん 野蛮な (文明的でない) **barbarous** /バーバラス/; (原始的で殺伐(さつばつ)な) **savage** /サヴェヂ/

やぶ a **bush** /ブシュ/
[ことわざ] やぶをつついて蛇(へび)を出す
Let sleeping dogs lie. (眠っているイヌは寝かせておけ) / Let well alone. (よい事はそのままにしておけ)

やぶる 破る (壊(こわ)す) **break** /ブレイク/; (ちぎる) **tear** /テア/; (負かす) **defeat** /ディふィート/, **beat** /ビート/; (違反する) **violate** /ヴァイオれイト/
・約束[記録]を破る break one's promise [the record]
・紙[シャツ]を破る tear paper [one's shirt]

break   tear

・社会の規則を破る violate the rules of the society

やぶれる 破れる **be torn** /トーン/
破れた **torn**
・破れたズボン torn trousers

やぼ やぼな, やぼったい (流行遅れの) **unfashionable** /アンふァショナブる/, (洗練されていない) **unrefined** /アンリふァインド/, 《話》**uncool** /アンクーる/

やま 山

❶ a **mountain**
❷ (積み重なったもの) a **pile**

❶ (高山) a **mountain** /マウンテン/; (低い) a **hill** /ヒる/; (…山) **Mt. 〜** /マウント/
・浅間山 Mt. Asama
・山に登る go up [climb] a mountain

five hundred and fifty-one　551　やめる

- 山を下りる go down［climb down］a mountain
- 山の多い地方 a mountainous［hilly］district
- 山登り mountain climbing
- 山道 a mountain path
- 山小屋 a mountain hut
- 山くずれ a landslide／(土石流) debris flow
- 山小屋 a mountain hut
- 山火事 a forest（✕mountain）fire
- (折り紙の) 山折り a mountain fold
- 彼は山奥の小さな村で育った

He grew up in a little village in the heart of the mountains.

❷ (積み重なったもの) a **pile** /パイる/, a **heap** /ヒープ/

- 本の山 a pile of books
- このキュウリ一山いくらですか

How much is this pile［heap］of cucumbers?

❸ (推測) a **guess** /ゲス/

- 試験の山をかける gamble on exam questions
→ gamble on ～ は「(どうだかわからないが) ～にかける」

やまい 病 → びょうき

ことわざ 病は気から Fancy may kill or cure. (気の持ちようが殺したり治したりする)

やましい やましいと感じる **feel guilty** /ふィーるギるティ/

- 私にはやましいところは何もない

I have nothing to feel guilty about.

やまびこ an **echo** /エコウ/

やまぶし 山伏 a **mountain ascetic** /マウンテンアセティク/ → ascetic は「苦行者」

やみ 闇 (the) **darkness** /ダークネス/, **the dark** → くらやみ

- 闇夜 a dark night
- 闇の中でも目の見える動物がいる

Some animals can see in the dark.

やむ (止まる) **stop** /スタプ/; (終わる) **be over**

- 夕方までには雨はやむでしょう The rain will stop［will be over］before evening. / It will stop raining before evening.

やむをえない (避(さ)けられない) **unavoidable** /アナヴォイダブる/

やむをえず…する **be compelled to** *do* /コンペるド/, **be forced to** *do* /ふォースト/

- やむをえない事情で学校を休む stay away from school through unavoidable circumstances
- インフルのため私たちはやむをえず家の中にいた

We were compelled to stay indoors because of the flu. / The flu compelled us to stay in-

doors.

- ぼくはその計画をあきらめたくないけれどやむをえないのだ

I don't want to give up the plan, but I can't help it［it can't be helped］.

やめる

❶ (中止する) **stop**
❷ (辞職する) **resign**

❶ (中止する) **stop** /スタプ/, 《米》**quit** /クウィト/; (習慣などを) **give up**

基本形
A をやめる
　　stop A
…するのをやめる
　　stop *doing*

- ゲーム［口論］をやめる stop a game［a quarrel］
- タバコをやめる give up smoking
- 口答えをやめなさい

Stop［Quit］talking back.

- やめろよ Stop it. / Cut it out.
- 先生が教室へ入って来ても彼らはおしゃべりをやめなかった

They didn't stop talking even after the teacher entered the classroom.

❷ (辞職する) **resign** /リザイン/, **quit**; (定年で) **retire** /リタイア/

- 65歳で会社をやめる retire from the company at the age of sixty-five
- 彼は学校をやめて，ガソリンスタンドで働いています

He quit school and is working at a gas station.

- 私はクラブをやめたいんです

I want to quit the club.

- (ゲームなどで)ぼくやめた. 君はずるばかりするんだもの

I quit, because you're always cheating.

使い分け

quit: 理由を問わず仕事をやめる時に使い，学校を中退したりクラブをやめる時にも使える He quit his job because of a health problem. (彼は健康上の理由で仕事をやめた)

retire 定年や高齢のために仕事をやめる時に使う My grandmother quit her job when she was sixty. (わたしの祖母は60歳の時に定年退職した)

resign: 公式に発表をしてみずから職をやめる時に使う He resigned a member of the Diet. (彼は国会議員を辞職した)

ヤモリ a gecko /ゲコウ/
やや a little /リトる/; a bit /ビト/
ややこしい (複雑な) complicated /カンプリケイテド/; (めんどうな) troublesome /トラブるサム/
やり 槍 a spear /スピア/; (競技用) a javelin /チャヴリン/
・やり投げ the javelin throw
やりがい やりがいのある worth *doing* /ワ〜す/, worth *one's* efforts /エふォツ/
・やりがいのある仕事 a job worth doing
・この仕事はやりがいがある
This work is worth doing.
やりかた やり方 → しかた, → かた³
やりとげる やり遂げる accomplish /アカンプリシュ/, finish /ふィニシュ/
やりなおす やり直す do 〜 over again /アゲン/; (学年を) repeat /リピート/

やる
❶ (する) do
❷ (与える) give
❶ (する) do → する¹ ❶
・私の言うようにやってみなさい
Try to do as I tell you.
・この手品はたいへんやさしいのでだれにでもやれます This magic trick is so easy that anyone can do it.
・それは決定されたのだ. もうやるしかない
It is decided. We must do it by all means. / ひゆ The die is cast. (賽(さい)は投げられた)
・私はやれるだけのことは全部やった
I did everything (that) I could (do). /
I did everything in my power.
参考ことわざ 人事を尽くして天命を待つ Use the means and God will give the blessing. (手段を尽くせ, そうすれば神は祝福を与えてくださるだろう)
❷ (与える) give → あげる ❷
・この本は君にやろう
I'll give this book to you.
❸ (行かせる) send /センド/
・彼を使いにやる send him on an errand
・子供を学校へやる send *one's* child to school
やるき やる気 motivation /モウティヴェイション/
・やる気のある motivated
・やる気満々の新人 a highly motivated recruit
・やる気が起きない feel a lack of motivation
やわらかい 柔らかい, 軟らかい soft /ソーふト/; (肉など) tender /テンダ/
・やわらかくする soften
・やわらかに softly
やわらぐ 和らぐ soften /ソーふン/; (風などが) calm down /カーム ダウン/
和らげる (ことばなどを) soften; (怒りなどを) calm; (痛みを) ease /イーズ/
・この軟膏(なんこう)をつけると痛みが和らぐでしょう
This ointment will ease the pain.
・彼の冗談でその場の堅苦しい雰囲気が和らいだ
His joke helped us to relax. / ひゆ His joke broke the ice. (張り詰めた氷を砕いた)
やんわり
・その申し出をやんわり断る decline the offer with thanks

ゆ ユ

ゆ 湯 hot water /ウォータ/; (ふろ) a bath /バす/
・湯を沸(わ)かす boil water
・湯に入る take a bath
・瞬間湯沸かし器 a tankless water heater
・湯沸かしポット an electric kettle
・(風呂などの) 湯あか scale
ゆあつ 油圧の hydraulic /ハイドローリク/
ゆいいつ 唯一の only /オウンリ/
・私の唯一の願い my only wish
・これがそこへ行く唯一の道です
This is the only way to go there.
ゆいごん 遺言 a will /ウィる/
・遺言をつくる make *one's* will
・彼は遺言で少しばかりの遺産をもらった
He was left a small legacy in a will.
ゆう¹ 言う → いう
ゆう² 結う (髪を) do
・髪を結ってもらう have *one's* hair done
・彼女は日本髪に結っていた
She had her hair done (in a) Japanese style.
ゆうぎ 有意義な significant /スィグニふィカント/ → ゆうえき
ゆううつ depression /ディプレション/
ゆううつな depressed /ディプレスト/, gloomy

/グるーミ/
•彼はこのごろゆううつな顔をしている
He looks depressed these days.
•私はその知らせを聞いて[将来のことを思って]ゆううつになった I felt gloomy at the news [about the future].
•雨が降ると私はいつもゆううつだ
I am always depressed by rainy weather. /
Rainy weather always depresses me. /
Rainy weather always makes me depressed.

ゆうえき 有益な **useful** /ユースふる/, **helpful** /へるプふる/; (教訓的な) **instructive** /インストラクティヴ/
•…を有益に使う make good use of ~
•お話はたいへん有益でした
Your talk has been very instructive [helpful].

ユーエスビーメモリー USB メモリー a **USB flash drive** /ユーエスビー ふらシュ ドライヴ/, a **thumb drive** /さム/ ➜ 「USB メモリー」は和製英語

ゆうえつかん 優越感 a **sense of superiority** /センス スピアリオーリティ/
•…に対して優越感を抱く feel superior to ~

ゆうえんち 遊園地 an **amusement park** /アミューズメント パーク/; (児童公園) a **children's playground** /チるドレンズ プれイグラウンド/

ゆうかい 誘拐する **kidnap** /キドナプ/
•誘拐者 a kidnapper
•3 人の日本人がテロリストたちによって誘拐された
Three Japanese were kidnapped by terrorists.

ゆうがい 有害な **bad, harmful** /ハームふる/; **injurious** /インヂュアリアス/ ➜ がい (➜ 害のある)
•タバコはからだに有害です
Smoking is bad to the health.

ゆうがた 夕方

➤ (an) **evening** /イーヴニング/
•夕方に[は] toward evening / in the evening
•夕方早めに early in the evening
•夕方には雪になるでしょう
We'll have snow in the evening.
•夕方になって雪がやんだ It stopped snowing [The snow stopped] toward evening.
•夕方は寒くなりますから早くうちへ帰りなさい
It gets colder toward evening, so be back home early.

ゆうがとう 誘蛾灯 an **insect** [a **moth**] **light trap** /インセクト [モーす] らイト トラプ/

ゆうかん¹ 夕刊 (朝刊紙もある新聞社の) an **evening edition** /イーヴニング イディション/; (夕刊新聞) an **evening paper** /ペイパ/
•この事故は朝日の夕刊に出ている
This accident is reported in the evening edition of the *Asahi*.

ゆうかん² 勇敢 **bravery** /ブレイヴァリ/
勇敢な **brave** /ブレイヴ/
勇敢に **bravely**
•勇敢な行為(こうい) a brave deed
•彼は実に勇敢だった He was very brave.

ゆうき 勇気

➤ **courage** /カ~レヂ/
勇気のある **courageous** /カレイヂャス/; **brave** /ブレイヴ/
•勇気のない (臆病(おくびょう)な) timid / cowardly
•勇気が欠けている be lacking in courage
•勇気を出す pluck up courage
•勇気づける encourage ➜ げきれい (➜ 激励する)
•こういうことをするのは勇気がいる
It needs [requires] courage to do this kind of work.
•私はそれを両親に打ち明ける勇気がない
I don't have the courage to confess it to my parents.

ゆうぎ 遊戯 (a) **play** /プれイ/

ゆうぐれ 夕暮れ (an) **evening** /イーヴニング/, **dusk** /ダスク/ ➜ ゆうがた
•夕暮れに toward evening / at dusk

ゆうげん 有限の **limited** /リミテド/

ゆうこう¹ 有効な **good, valid** /ヴァリド/
•…を有効に使う make good use of ~
•この定期券は今月いっぱい有効です
This season pass will be good [valid] until the end of this month.
•君は時間をもっと有効に使わなければだめだ
You should make better use of your time.

ゆうこう² 友好 **friendship** /ふレンドシプ/
•友好的な friendly
•友好関係を深める promote friendly relations (between ~)
•われわれは友好的な雰囲気(ふんいき)の中で話し合いを持った
We had a talk in a friendly atmosphere.

ゆうざい 有罪の **guilty** /ギるティ/
•有罪の宣告を受ける be declared guilty

ゆうし 有志 a **volunteer** /ヴァランティア/

ゆうしゅう 優秀 **excellence** /エクセれンス/
優秀な **excellent** /エクセれント/, **good**

・彼はクラスで最優秀の学生の一人です
He is one of the best students in the class.
ゆうしょう 優勝 (a) **victory** /ヴィクトリ/, **championship** /チャンピオンシプ/
優勝する **win a victory, win the championship**; (プロ野球などで) **win the pennant** /ペナント/
・優勝者 a champion / a winner
・優勝候補 a favorite
・優勝カップ a championship cup / a trophy
・優勝旗 a championship flag; (プロ野球などの) a pennant
・優勝チーム the winning team
・優勝決定戦 the final(s)
・セントラルリーグでは今シーズンはどのチームが優勝すると思いますか Which team do you think will win the pennant in the Central League this season?
ゆうじょう 友情 **friendship** /ふレンドシプ/
・友情に厚い friendly
・友情のしるしに as a mark of friendship
ゆうしょく 夕食 (簡単な) **supper** /サパ/; (1日の主要な食事としての) **dinner** /ディナ/
・お宅では夕食は何時ですか
What time do you have supper?
・私は夕食にカキフライを食べました
I had fried oysters for supper.
・私はジョーンズさんのうちに夕食に呼ばれている
I am asked to dinner by the Joneses.
・夕食後に私はしばらくテレビを見る
I watch television for some time after supper.
ゆうじん 友人 → ともだち
ゆうせい 優勢な **stronger** /ストローンガ/, **dominant** /ダミナント/
・前半はぼくらのチームが優勢だった Our team was dominant [Our team pressed its opponent] in the first half of the game.
ゆうせん[1] 優先させる **give priority** (to ～) /プライオーリティ/, **do ～ first** /ふァ～スト/
・優先席 a priority seat
・(討議などで)人種差別問題を優先させる give priority to the racial problem
・この仕事を優先させる do this work first
ゆうせん[2] 有線
・有線放送 wire broadcast
ゆうそう 郵送する 《米》**mail** /メイる/, 《英》**post** /ポウスト/; **send by mail, send by post**
・郵送料 postage
・小包を郵送する send a parcel by mail [post]

ゆうだい 雄大さ **grandeur** /グランヂャ/
雄大な **grand**
・私はその山々の雄大さに打たれた I was struck by the grandeur of the mountains.
ゆうだち 夕立 **a shower** /シャウア/
・私は学校からの帰り道に夕立にあった
I was caught in a shower on my way back from school.
ゆうとう 優等 **excellence** /エクセれンス/, **honors** /アナズ/
・優等生 an honor student
ゆうどく 有毒な **poisonous** /ポイズナス/
・有毒ガス poisonous gases
ユートピア (a) **Utopia** /ユートウピア/
・ユートピアの(ような) Utopian
ゆうのう 有能な **able** /エイブる/, **competent** /カンペテント/; (才能のある) **talented** /タれンテド/
・有能な人 an able [a talented] person / a person of ability
ゆうはん 夕飯 → ゆうしょく
ゆうひ 夕日 **the evening sun** /イーヴニング サン/, **the setting sun** /セティング/
ゆうび 優美 **elegance** /エれガンス/
優美な **elegant** /エれガント/

ゆうびん 郵便
➤ 《米》**mail** /メイる/, 《英》**post** /ポウスト/
・たくさんの郵便物 a lot of [much] mail → ✕ mail*s* としない
・郵便で by mail [post]
・郵便切手 a postage stamp
・郵便局 a post office
・郵便配達人 a mail carrier
・郵便はがき a postcard → はがき
・郵便ポスト 《米》a mailbox / 《英》a postbox
・郵便受け 《米》a mailbox / 《英》a letterbox
・郵便番号 《米》a zip code / 《英》a postcode
・郵便料金 postage
・けさは郵便が来るのが遅い
The mail is late this morning.

アメリカの郵便ポスト

ユーフォー a **UFO** /ユーエふォウ, ユーふォウ/

ゆうふく 裕福な **well-to-do** /ウェ^る トゥ ドゥー/, **rich** /リチ/
• 裕福である be well-to-do / be rich / be well off

ゆうべ **last night** /ナイト/; **last evening** /イーヴニンぐ/
• 兄はゆうべ遅く羽田に着いた
My brother arrived at Haneda late last night.

ゆうべん 雄弁 **eloquence** /エロクウェンス/
雄弁な **eloquent** /エロクウェント/
• 雄弁家 an orator / an eloquent speaker

ゆうぼう 有望 a **promise** /プラミス/
有望な **hopeful** /ホウプふる/, **promising**, **full of promise**
• 有望な青年たち promising young people
• ピアニストとしての彼の前途(ぜんと)は有望だ
He shows great promise as a pianist. / His future as a pianist seems to be full of promise [hope].

ゆうぼくみん 遊牧民 a **nomad** /ノウマド/

ゆうほどう 遊歩道 a **promenade** /プラームネイド/

ゆうめい 有名な

➤ **famous** /ふェイマス/, **well-known** /ウェ^るノウン/; (一流の) **prestigious** /プレスティーヂャス/

• 有名になる become famous [well-known]
• …で有名である be famous [well-known] for ～
• 有名人 a famous [well-known] person / a celebrity
• 有名私立高校 a prestigious private high school
• 彼女は現代の日本における最も有名な作家の一人です She is one of the most famous [the best-known] writers in Japan today.
• 日光は景色の美しさと壮麗(そうれい)な神社で有名です
Nikko is famous for its natural beauty and its magnificent shrines.
• 彼女は芸術家としては父親よりも有名になった
As an artist she became more famous than her father.
• 彼の本はこの静かな小さな村を有名にした
His book has made this quiet little village famous. / **ひゆ** His book has put this sleepy little village on the map. (地図に載せた)

ユーモア **humor** /ヒューマ/
• 彼にはユーモアがわからない
He has no sense of humor.

• 田島先生の話はユーモアがあっておもしろい
Mr. Tajima's talk is full of humor and is very interesting.

ゆうやく 釉薬 **glaze** /グれイズ/

ゆうやけ 夕焼け an **evening glow** /イーヴニンぐ グろウ/

ゆうよ 猶予 (期間) **grace** /グレイス/
• 2週間の猶予 two weeks's grace
• AEDを使うのに一刻の猶予も許されなかった We had to use the AED without delay.
• 一刻の猶予もなかった We had no time to lose.

ゆうよう 有用な **useful** /ユースふる/ → ゆうえき

ゆうらん 遊覧 **sightseeing** /サイトスィーインぐ/ → かんこう
• 遊覧船 a sightseeing boat

ゆうり 有利な (好都合な) **advantageous** /アドヴァンテイヂャス/; (有益な) **profitable** /プラふィタブる/
• 有利に advantageously; profitably

ゆうりすう 有理数 a **rational number** /ラシャナる ナンバ/

ゆうりょう 有料の (道路・橋など) **toll** /トウる/; (駐車場など) **pay** /ペイ/
• 有料道路 a toll road
• 有料駐車場 a pay parking lot

ゆうりょく 有力な (影響力のある) **influential** /インふるエンシャる/
• 有力者 an influential person / a person of influence
• 有力な新聞 an influential newspaper

ゆうれい 幽霊 a **ghost** /ゴウスト/
• 幽霊が出る be haunted
• 幽霊屋敷(やしき) a haunted house
• その家には幽霊が出るといううわさだった
It was rumored that the house was haunted. / The house was rumored to be haunted.

ユーロ **euro** /ユロウ/ → 複数形は euros; the EUの統一通貨単位; 記号は€

ゆうわく 誘惑 (a) **temptation** /テンプテイション/; (性的な) **seduction** /スィダクション/
誘惑する **tempt** /テンプト/; **seduce** /スィデュース/
• 誘惑と戦う resist temptation
• 誘惑に打ち勝つ[負ける] overcome [yield to] temptation

ゆか 床 a **floor** /ふろー/
• 居間の床にじゅうたんを敷(し)く put a carpet on the living room floor
• 床運動 (体操競技) floor exercise
• 床板 a floorboard
• 床上浸水 flooding above floor level

ゆかい

ゆかい 愉快な **merry** /メリ/, **pleasant** /プれズント/
愉快に merrily, pleasantly
愉快な事[人] fun
- 愉快な連中 a merry group
- その流れをボートで下ったらさぞ愉快でしょうね
How pleasant it would be to row down the stream!
- 彼は愉快なやつだ He is full of fun. / He is a lot of fun to be with.

ゆかた 浴衣 *yukata*, **a light cotton** *kimono* /らイト カトン/

ゆがむ **be distorted** /ディストーテド/; (曲がる) **be bent**; (そる) **be warped** /ウォープト/, **warp** /ウォープ/

ゆがめる **distort** /ディストート/; **bend**; **warp**
- 彼の顔は苦痛でゆがんだ
His face was distorted with pain.
- 彼の判断は利己心のためにゆがんでいる
His judgment is warped by self-interest.

ゆき¹ 雪

➤ **snow** /スノウ/; (雪降り) **a fall of snow** /ふォーる/, **a snowfall** /スノウふォーる/

- 大雪 heavy snow / a heavy snowfall
- 初雪 the first snowfall of the season →はつゆき
- 雪のように白い be as white as snow
- 雪の中を歩く walk in the snow
- 雪に閉ざされた snow-bound
- 雪の多い地方 a snowy district
- 雪国 a snowy country
- 雪合戦(をする) (play) snowballing / (have) a snowball fight
- 雪だるま a snow figure → a snowman もよく使われる
- 雪が降る It snows.
- その山の頂上は1年じゅう雪におおわれている
The top of that mountain is covered with snow all (the) year round.
- 午後から雪になるでしょう It will snow [We'll have snow] in the afternoon.
- いつのまにか雨が雪に変わっていた The rain had turned into snow before we knew.
- 雪がしきりに降っている
It is snowing thick and fast.
- 雪はすっかり解(と)けてしまった
The snow has melted away.

ゆき² 行き
❶ →いき² ❶

❷ (…行き) **for ~**, **bound for ~** /バウンド/
- 奈良行きの特急 a limited express (bound) for Nara
- 私は上野から午後6時半の成田行きの急行に乗った
I took the 6:30 p.m. express for Narita from Ueno Station.
- この船はどこ行きですか
Where is this ship bound (for)?

ゆきおろし 雪下ろし **roof snow removal** /リムーヴァる/
- 屋根の雪下ろしをする remove snow from the roof

ゆきかき 雪かき **snow clearing** /クリアリング/; **snow shoveling** /シャヴェリング/
- 歩道の雪かきをする clear snow from the sidewalk

ゆきさき 行き先 **one's destination** /デスティネイション/, **where** *one* **goes** /(ホ)ウェア/
- 彼は行き先を言わずに出て行った He went out without telling me where he was going.

ゆきすぎる 行き過ぎる (通り過ぎる) **go past**, **go beyond** /ビヤンド/; (極端になる) **go too far** /トゥー ふァー/, **go to extremes** /イクストリームズ/
- 彼の校則改革案は少し行き過ぎだった
He went a little too far in his proposal for revising the school regulations.

ゆきちがい 行き違いになる (手紙が) **cross** /クロース/; (人が道で) **pass without noticing** /ウィざウト ノウティスィング/
- 私たちは途中で行き違いになった
We passed each other on the way without noticing.

ゆきづまり 行き詰まり **a standstill** /スタンドスティる/

ゆきづまる 行き詰まる **come to a standstill** /スタンドスティる/; **be at a standstill**, **be stuck** /スタク/
- …を行き詰まらせる bring ~ to a standstill

ゆきどまり 行き止まり **a dead end** /デド エンド/

ゆきわたる 行き渡る **go around** /アラウンド/

five hundred and fifty-seven 557 ゆっくり

・全員に行き渡るだけのクッキーがない
There are not enough cookies to go around.

ゆく 行く → いく

ゆくえ 行方 **where** *one* **went** /(ホ)ウェア ウェン
ト/, *one's* **whereabouts** /(ホ)ウェアラバウツ/
・彼の行方はまだわからない
It is not yet known where he has gone. /
His whereabouts is still unknown.
・その船はまだ行方不明です
The ship is still missing.

ゆげ 湯気 **steam** /スティーム/
・湯気を出す steam
・温泉から湯気が出ている
The hot spring is steaming.

ゆけつ 輸血 **blood transfusion** /ブらッド トランスふ
ュージョン/
輸血する transfuse blood /トランスふューズ/
・患者(かんじゃ)に輸血する transfuse blood into a
patient
・私は輸血を受けた
I was given a blood transfusion.

ゆしゅつ 輸出 **export** /エクスポート/ → ゆにゅう
輸出する export /イクスポート/
・輸出品 an export
・日本は世界中に車を輸出している
Japan exports cars all over the world.
・これらのカメラはおもに輸出用に作られる
These cameras are manufactured mainly
[chiefly] for export.

ゆすぐ **rinse** /リンス/; (中を) **wash out** /ワシュ/
・シャツを洗ったらよくゆすぎなさい
After washing the shirt, rinse it out.

ゆすり (恐 喝) **blackmail** /ブらックメイる/; (人) a
blackmailer /ブらックメイら/
ゆする¹ (恐喝する) **blackmail** /ブらックメイる/
ゆする² 揺する **shake** /シェイク/; (前後または左右
に) **rock** /ラック/; (ぶらんこで) **swing** /スウィング/
・少年を揺すって起こす shake a boy awake
・赤んぼうを揺すって寝かす rock a baby to sleep
・母親は子供をぶらんこに乗せて静かに揺すった
The mother gently swung a child on a
swing.

ゆずる 譲る (渡す) **hand over**, **give**; (席などを)
offer /オーふァ/; (道を) **give way to ~**
・彼はその辞書を弟に譲って自分用にもっと大きいの
を買った He gave the dictionary to his broth-
er and bought a bigger one for himself.
・彼は席を立ってお年寄りに譲った He stood up
and offered his seat to an old man.
・彼は戸口のところでおばあさんに道を譲った

He gave way to an old lady at the door.

ゆせい 油性の (インクなど) **oil-based** /オイる ベイ
スト/
・油性塗料 oil-based paint
・油性ペン an oil-based marker

ゆそう 輸送 **transportation** /トランスポティション/, **transport** /トランスポート/
輸送する transport /トランスポート/
・輸送機関 means of transport

ゆたか 豊かな (富んでいる) **rich** /リチ/; (十分な)
plenty of /プれンティ/
・経験の豊かな先生 a teacher rich in experi-
ence / an experienced teacher

ユダヤ Judea /ヂューディーア/
・ユダヤの Jewish
・ユダヤ人 a Jew; (全体) the Jews
・ユダヤ教 Judaism

ゆだん 油断をする **be careless** /ケアれス/ → よう
じん
・こんな寒い日には油断をするとかぜをひきますよ
If you are not careful on such a cold day,
you will catch cold.
・決して油断をするな
ひゆ Never be off your guard. → フェンシン
グやボクシングで「ガードを下げるな」の意味
ことわざ 油断大敵
The way to be safe is never to be secure. (安
全である方法は大丈夫だと思って安心しないことだ) /
The tortoise wins the race while the hare is
sleeping. (ウサギが眠っている間にカメが競走に勝
つ) / There's many a slip between cup and
lip. (茶碗とくちびるの間(のように近い距離)でも間違
ってお茶をこぼすことが多い)

ゆたんぽ 湯たんぽ a **hot water bottle** /ハット ウォ
ータ バトる/

ゆっくり

❶ (速度が) **slowly**
❷ (十分に, よく) **well**, **good**
❸ (くつろいで) **at home**

❶ (速度が) **slowly** /スろウリ/
・ゆっくりやりなさい Take your time.
・もっとゆっくり歩いてください
Please walk more slowly.
・彼の読み方はゆっくりすぎだ
He reads too slowly.

❷ (十分に, よく) **well**, **good**
・ゆっくり休む[眠る] have a good rest [sleep]
・時間をかけてゆっくり考えなさい
Take your time and think well.

ゆったり 558 five hundred and fifty-eight

❸ (くつろいで) **at home** /ホウﾑ/
•ゆっくりして何でも好きな物を召し上がってください Make yourself at home and help yourself to anything you like.
•ぼくはおじさんの家ではどうもゆっくりできない I never feel quite relaxed [at home] at my uncle's.

ゆったり ゆったりした (ゆるい) **loose** /るース/; (広い) **spacious** /スペイシャス/; (くつろいで) **relaxed** /リらクスト/
•ゆったりした上着 a loose jacket
•ゆったりした部屋 a spacious room
•いすにゆったりすわる sit relaxed in a chair

ゆでる **boil** /ボイる/
•ゆで玉子 a boiled egg

ゆでん 油田 an **oil field** /オイる ふィーるド/

ゆとり → よゆう
•ゆとりのある教育 education with latitude

ユニークな (唯一の) **unique** /ユーニーク/; (風変わりな) **odd** /アド/, (おかしな) **eccentric** /イクセントリク/

ユニバーサルデザイン **universal design** /ユーニヴァ～さる ディザイン/

ユニホーム a **uniform** /ユーニふォーム/
•ユニホームを着た選手たち players in uniform

ゆにゅう 輸入 **import** /インポート/ → ゆしゅつ
輸入する **import** /インポート/
•輸入品 an import
•輸入業 import business
•米国産牛肉の輸入を制限する limit the import of American beef
•われわれはフランスからワインを輸入している We import wine from France.

ユネスコ **UNESCO** → the United Nations Educational, Scientific and Cultural Organization の略

ゆば 湯葉 a **tofu skin** /トウフ スキン/, a **bean curd sheet** /ビーン カ～ド シート/

ゆび 指

➤ (手の) a **finger** /ふィンガ/
➤ (足の) **toe** /トウ/
•親[人さし, 中, 薬, 小]指 a thumb [a forefinger, a middle finger, a ring finger, a little finger]
•指先 a fingertip
•指人形 a glove doll [puppet]
•指さす point to [at] ~
•指切りで約束する make a promise by locking each other's little fingers
•彼は指先がとても器用だ

He is very deft with his fingers.

ゆびぬき 指貫 a (**sewing**) **thimble** /(ソウインぐ) すィンブる/

ゆびわ 指輪 a **ring** /リンぐ/
•指輪をはめている wear a ring

ゆみ 弓 a **bow** /ボウ/
•弓を引く draw a bow
•弓を射る shoot an arrow

ゆめ 夢

➤ a **dream** /ドリーム/
夢を見る **dream, have a dream**
•楽しい[不思議な]夢を見る dream a pleasant [strange] dream
•母の夢を見る dream of one's mother
•夢からさめる wake from a dream
•死んだ兄がよく夢に出てくる (→夢でよく死んだ兄を見る) I often see my dead brother in my dreams.
•私はゆうべ彼に会った夢を見た
I dreamed of seeing him last night.
•海外旅行が私の長い間の夢でした
It has long been my dream to travel abroad.
•君に再び会うなんて夢にも思わなかった
I never dreamed of meeting you again.
•自分がこんなことをするなんて夢にも思わなかったけど, 今私はそうしているのだ I never pictured myself doing it, but now I am (doing it).
•都心の大邸宅に住みたいなんて彼はいつも夢みたいなことを言っている **ひゆ** He is always building castles in the air about having a big house in central Tokyo. → 「空中に城を建てる」とは「不可能なことを願う」の意味

ユリ 百合 《植物》a **lily** /リり/
•オニユリ a tiger lily

ゆりかご a **cradle** /クレイドる/
•ゆりかごから墓場まで from the cradle to the grave

ゆるい (衣服・ねじなど) **loose** /るース/; (坂など) **gentle** /ヂェントる/
•ゆるい坂道をゆっくり歩いて上がる walk up a gentle slope with slow steps
•このねじはゆるい. もっときつく締(し)めなさい
This screw is loose [is not tight enough]. Fasten it tighter.

ゆるし 許し → きょか

ゆるす 許す

➤ (許可する) **permit** /パミト/
➤ (勘弁(かんべん)する) **excuse** /イクスキューズ/, **forgive** /ふォギヴ/

・彼の失敗を許す excuse [forgive] his mistake
・子供たちが夜遅くまで起きているのを許す
permit *one's* children to stay up late
・天気が許せば if the weather permits / weather permitting
・時間が許せば if time permits
・お願い, 私のこと許して Please forgive me.
・遅刻したことをお許しください
Please excuse [forgive] me for being late. / Please excuse my being late.
・劇場の中ではタバコは許されていません
Smoking is not permitted in the theater.
・ちょっと気を許すとつけあがる Give them an inch and they'll take a mile. (1インチ譲れば1マイル取られてしまう) ➔英語のことわざ

ゆるむ loosen /ルースン/, **become loose** /ルース/; (張りが) **slacken** /スラクン/
ゆるめる loosen; **slacken**; (速力を) **slow down** /スロウ ダウン/
ゆるんでいる be loose ➔ゆるい
・彼の洋服をゆるめて楽にしてあげなさい
Loosen his clothes and let him relax.
・車は急に速力をゆるめて止まりかけた The car suddenly slowed down and began to stop.
ゆるやかな ➔ゆるい
ゆれる 揺れる shake /シェイク/; (つり下がっているものが) **swing** /スウィング/; (車ががたんがたんと) **jolt** /ヂョウるト/; (震(ふる)える) **quiver** /クウィヴァ/; (船が縦に) **pitch** /ピチ/, (横に) **roll** /ロウる/

揺れ a **shake**; a **swing**; a **jolt**; a **quiver**, a **tremor** /トレマ/; a **pitch**, a **roll**
・私は突然家が揺れるのを感じた
I felt the house suddenly shake.
・風が強く吹いたので枝が激しく揺れた
The wind blew so hard that the branches shook violently.
・バスが激しく揺れたので私はあやうく倒れるところだった The bus jolted so hard that I nearly fell down.
・(地震の)かすかな揺れが1日に20回以上も感じられた A slight tremor was felt more than 20 times in a day.
ゆわかし 湯沸かし器 (ガスの) **water heater** /ウォータ ヒータ/, 《英》a **geyser** /ギーザ/

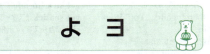

よ¹ 夜 a night /ナイト/ ➔**よる¹**
・夜ふかしする stay up (late at night)
・夜通し all through the night
・夜がふけてきた It's getting late (at night).
・夜が明ける Day dawns [breaks].
・夜が明けるとすぐ彼はうちを出た
He left home as soon as day dawned.
よ² 世(の中) the world /ワ～るド/
・この世 this world
・あの世 the other world / the world to come
・世を去る die
・こういうよい人が世の中にはたくさんいます
There are a great number of such good people in the world.
・ことしも世の中が平和であってほしい

I hope the world will continue (to be) peaceful this year.
・それが世の中ってものだよ
That's the way of the world. /
That's the way things are.
よあけ 夜明け dawn /ドーン/, **daybreak** /デイブレイク/
・夜明けに[前に] at [before] dawn

よい

❶ **good, fine**; (正しい) **correct**
❷ (…してもよい) **can** *do*

❶ **good, fine** /ふァイン/; (正しい) **correct** /コレクト/; (正しい, 適している) **right** /ライト/
・よい人たち good people

よいのみょうじょう 560 five hundred and sixty

・よい景色 a fine view
・何か私の読むよい本はありませんか Don't you have any good books for me to read?
・歩くことは健康によい
Walking is good for the health.
・これは確かによい機会だが私はもっとよい機会を待とう This is certainly a good chance, but I will wait for a better one.
・君の答えでよい
Your answer is correct [right].
・この靴はサイズはちょうど[ほぼ]よいが色がいやだ
The size of these shoes is just [about] right, but I don't like the color.
・彼が酒を飲んで車を運転したのはよくなかった
He was wrong to drink and drive.
❷ (…してもよい) **can** *do*, **may** *do*
…**するほうがよい, …したほうがよい should** *do*;
had better *do* ➡ You had better *do*. は「忠告・命令」のニュアンスがあるので, 目上の人などには言わないほうがよい
…**しないほうがよい had better not** *do*
…**しなくてもよい don't have to** *do*, **don't need to** *do*
…**だとよい hope** /ホウプ/
・英語は国際語と呼ばれてもいい English can be called an international language.
🗨️**会話** あなたの自転車をお借りしてもよいですか. —ええ, どうぞ Can I borrow your bicycle? —Yes, you can [Yes, certainly].
・君はすわってもよい You may sit down.
・君はもう二度とそこへ行かないほうがいいよ
You should not go there again. / You'd better not go there again.
・それはいい映画だから君も見るといいよ
It's a good movie. You should see it.
・ぼくはどうしたらよいのだろう
What should I do?
・医者を呼んだほうがいいね
We had better call the doctor.
・私たちはもう行ったほうがよくはないですか
Hadn't we [Had we not] better go now?
・君はもうこれ以上ここにいなくてもよい
You don't have [need] to stay here any longer.
・あした天気だとよいが
I hope it will be fine tomorrow.
よいのみょうじょう 宵 の 明 星 **the Evening Star** /イーヴニング/

よう¹ 用

➤ (用事) **business** /ビズネス/
➤ (仕事) **work** /ワ～ク/
・用があって on business
・(私に)ご用があったら if you want me
・ちょっと用があって午後奈良へ行きます I'll go to Nara on some business this afternoon.
・きょうは用があって1日家にいます
I have some work [something] to do, so I'll stay at home all day.
・ちょっと用があるのですぐ来てくれませんか
I want to speak to you, so would you come over right now?
・先生が君に用があるって
The teacher wants you.
・ご用があったらベルを鳴らしてください
Please ring the bell if you want me.
・あすは何か用がありますか
Do you have anything to do tomorrow? / Are you free tomorrow?
・ご用は何ですか What do you want me to do? / What can I do for you?
・このほかに何かご用がありませんか
Is there anything else I can do for you?
・私に会いたいのは何のご用でしょうか
What do you want to see me about?
🗨️**会話** (店員が)ご用をうけたまわっておりますでしょうか. —いいえ, いいんです. 見ているだけですから
Are you being served? —No, thank you. I'm just looking.

よう² 酔う (酒に) **get drunk** /ドランク/; (乗り物に) **get sick** (**to** *one's* **stomach**) /スタマク/; (船に) **get seasick** /スィースィク/, (車・電車に) **get carsick** /カースィク/, (飛行機に) **get airsick** /エアスィク/
・酔った男 a drunk man
・彼は酔っている He is drunk. ➡「酔っていない(しらふ)」は sober
・彼女はワインに酔った
She got drunk on wine.
・(バス[列車]での)乗り物酔い motion [travel] sickness (on the bus [train])
・飛行機酔い airsickness
・私は車[船]に乗って酔ってしまった
I got sick in the car [on the boat]. / I got carsick [seasick].
・彼はバスに乗ると必ず酔う
He always gets sick on the bus. / Bus rides always make him sick.
・君は船[飛行機]に酔うたちですか
Do you get seasick [airsick]?

ようい 用意

> **preparation(s)** /プレパレイション(ズ)/

用意する **prepare** /プリペア/, **make preparations, get ready** /レディ/
•用意が出来ている　be ready
•旅行の用意をする　prepare [make preparations, get ready] for *one's* journey
•出発の用意はいいか　Are you ready to start?
•朝ごはんの用意が出来ました
Breakfast is ready.
•母は早く起きて私たちのためにごはんの用意をしてくれる　Mother gets up early to get breakfast ready for us.

ようが 洋画
❶(絵画) **Western paintings** /ウェスタン ペインティングズ/
❷(映画) a **foreign film** /ふォーリン/, a **foreign movie** /ムーヴィ/

ようかい¹ 妖怪　a **monster** /マンスタ/
ようかい² 溶解する → とける²
ようかん 羊かん　*yokan*, **sweet bean jelly** /スウィート ビーン ヂェリ/
ようがん 溶岩　**lava** /らーヴァ/
ようき¹ 容器　a **container** /コンテイナ/; a **vessel** /ヴェスる/ → いれもの
ようき² 陽気な (明るい) **cheerful** /チアふる/; (はしゃいだ) **merry** /メリ/
陽気に **cheerfully**; **merrily**
•彼はいつも陽気だ
He is always cheerful.
ようぎ 容疑　**suspicion** /サスピシャン/
容疑者 a **suspect** /サスペクト/
•容疑をかけられている　be under suspicion
ようきゅう 要求　a **demand** /ディマンド/; (権利としての) a **claim** /クれイム/
要求する **demand**; **claim**
•賃上げを要求する　demand a raise in wages
•賠償(ばいしょう)を要求する　claim compensation
ようぎょう 窯業　**the ceramics industry** /セラミクス インダストリ/
ようけい 養鶏　**poultry farming** /ポウるトリ ふァーミング/
ようけん 用件 (用事) **business** /ビズネス/ → よう¹
•どんなご用件でしょうか
May I ask what this is about?
ようご¹ 用語 (専門) a **term** /ターム/; (語彙(ごい)) a **vocabulary** /ヴォキャビュらリ/
•科学[医学]用語　scientific [medical] terms
•語彙の豊富な作家　a writer with a rich vocabulary

ようご² 養護　**nursing** /ナ～スィング/
•養護教諭　a school nurse
•養護学校[学級]　a school [a class] for disabled children
ようこうろ 溶鉱炉 (製鉄) a **blast furnace** /ブラスト ふァ～ネス/
ようこそ **Welcome to ～.** /ウェるカム/
•日本[パーティー]にようこそ
Welcome to Japan [the party].
ようさい¹ 洋裁　**dressmaking** /ドレスメイキング/
ようさい² 要塞　a **fort** /ふォート/; (大規模なもの) a **fortress** /ふォートレス/
ようさん 養蚕　**silk farming** /スィるク ふァーミング/; **sericulture** /セリカるチャ/
ようし¹ 養子　an **adopted child** /アダプテド チャイるド/ (圈 children /チるドレン/)
•養子にする　adopt (a child)
•養子になる　be adopted
ようし² 要旨 (要点) the **gist** /ヂスト/; (→ ようてん); (大意) a **summary** /サマリ/
ようし³ 用紙　a **form** /ふォーム/
•申し込み用紙　an application form
ようし⁴ 陽子　a **proton** /プロウターン/
ようし⁵ 容姿 → すがた
ようじ¹ 幼児 (乳幼児) a **baby** /ベイビ/, an **infant** /インふァント/; (歩ける幼児) a **toddler** /タドら/
ようじ² (つまようじ) a **toothpick** /トゥーすピク/
ようじ³ 用事 → よう¹, → ようけん
ようしき 様式　a **mode** /モウド/
•新しい生活様式　a new mode of life
ようしょ 洋書 (西洋の本) a **Western book** /ウェスタン/; (外国の本) a **foreign book** /ふォーリン/
ようしょく¹ 洋食　**Western dishes** /ウェスタン ディシズ/
ようしょく² 養殖　**culture** /カるチャ/, **farming** /ふァーミング/
•養殖の　cultured
•カキの養殖　culture of oysters / oyster farming
ようじん 用心する　**beware** (of ～) /ビウェア/, **take care** /ケア/, **be careful** /ケアふる/
用心深い **careful**, **cautious** /コーシャス/
用心深く **carefully**, **cautiously**
•火に用心しなさい　Be careful about fire.
•かぜをひかないように用心しなさい
Take care not to catch cold.
掲示 すりにご用心　Beware of pickpockets!
•転(ころ)ばないように用心して歩きなさい
Walk carefully so you won't fall.

ようす 様子

➤ (外見) an **outward appearance** /アウトワド アピアランス/, **looks** /るクス/
➤ (態度) **manner** /マナ/

- 彼の様子から判断する judge from his appearances [looks, manner]
- ちょっと様子をのぞいて来よう I'll just look in and see how things are going on.
- 私たちは(どちらにも決めないで)ずっと様子を見ていた
  【ひゆ】 We have long been sitting on the fence. (境の塀の上に腰を下ろしていた)

ようする 要する (時間を) **take**; (必要とする) **need** /ニード/ → かかる ❸, ひつよう

- こういう仕事は忍耐(にんたい)を要する
  Endurance is needed for this kind of work.

ようするに 要するに (結局) **after all**; (簡単に言うと) **in short** /ショート/

- 要するに彼が悪いのです He is to blame after all.
- 要するに彼は私たちの仲間に入りたいのです
  In short, he wants to join us.

ようせい¹ 養成 (訓練) **training** /トレイニング/
養成する train /トレイン/

- 看護師[俳優]養成所 a training school for nurses [actors]

ようせい² 陽性 **positive** /パズィティヴ/

- 彼の検査結果は陽性だった He tested positive.

ようせい³ 妖精 a **fairy** /ふェアリ/

ようせき 容積 (体積) (a) **volume** /ヴァリュム/; (容量) (a) **capacity** /カパスィティ/

- 400立方メートルの容積 a volume of 400 cubic meters

ようそ 要素 an **element** /エれメント/, a **factor** /ふァクタ/

ようだ (…の)ようだ → ような ❻

ようだい 容体 (患者の) **the condition** (**of a patient**) /コンディション (ペイシェント)/

おばあさんのご容体はどうですか
―どうも思わしくありません
それはいけませんね
How is your grandmother?
―I'm afraid she is not as good as we wish.
That's too bad.

ようち 幼稚な **childish** /チャイるディシュ/

- 幼稚な意見 a childish remark
- 幼稚なまねはよしなさい Stop being childish!

ようちえん 幼稚園 a **kindergarten** /キンダガートン/

- 幼稚園の先生 a kindergarten teacher
- 幼稚園児 a kindergarten student [《英》pupil]

ようちゅう 幼虫 a **larva** /らーヴァ/ (複 larvae /らーヴィー/)

ようつう 腰痛 **backache** /バクエイク/, **lumbago** /らンベイゴウ/

- 腰痛をわずらう suffer from backache [lumbago]

ようてん 要点 **the point** /ポイント/; (要旨(ようし)) **the gist** /ヂスト/

- 彼の話の要点がはっきりしない
  The point of his talk is not clear.
- 彼の主張は要点をついている
  His argument is to the point.
- 彼の言ったことの要点をちょっと教えてくれ
  Just give me the gist of what he said.

ようと 用途 a **use** /ユース/; (目的) a **purpose** /パ〜パス/

- この缶は何か用途がありますか
  Is there any use for this can?
- それはいろんな用途に使われます
  It can be used for various purposes.

ようとん 養豚 **pig farming** /ピグ ふァーミング/

ような (…の)ような[に]

❶ (…に似た) **like** 〜
❷ (…のとおりに) **as** 〜
❸ (…と同じ程度に) **as** 〜 **as** 〜
❹ (目的) **so that** 〜
❺ (まるで…のように) **as if** 〜
❻ (…のように思える) **seem**; (…のようにみえる) **look**

❶ (…に似た) **like** 〜 /らイク/

- 空飛ぶ円盤(ばん)のようなもの something like a flying saucer
- このように like this / in this way
- あつ子さんは私にとっては姉のような存在だ
  Atsuko is like a sister to me.
- 彼は女の子のようなしゃべり方をする
  He talks like a girl.

❷ (…のとおりに) **as** 〜

- 彼の言うようにすればまちがいないよ Everything will be all right if you do as he says.

❸ (…と同じ程度に) **as** 〜 **as** 〜, **such** 〜 **as** 〜 /サチ/

- 彼のように一生懸命勉強しなさい
  Study as hard as he does [《話》as hard as him].

five hundred and sixty-three　563　ようりょくたい

・私は彼女のように簡単に友達が作れない

I can't make friends as easily as she can
[《話》as easily as her].

・私は彼女のように美しい人に会ったことがない

I've never seen such a beautiful woman as
her.

❹(目的) **so that ～**, **in order to** *do* /オーダ/ →
ため❸(→ …するために)

・彼は試験にパスするように一生懸命勉強した

He studied hard so that he might pass the
examination. / He studied hard in order to
pass the examination.

・彼は彼女に好かれようと努力した

He tried hard so she might like him.

❺(まるで…のように) **as if ～**

・彼女はフランス人のようにフランス語がしゃべれる

She can speak French as if she were French.

・すべてが夢のような気がする

I feel as if everything were [was] a dream.

❻(…のように思える) **seem** /スィーム/; (…のよう
にみえる) **look** /るク/, **appear** /アピア/ → らしい
❶

> | 基本形 |
> |---|
> | A は B のようだ[ようにみえる, 思える] |
> | A **seem** (**to be**) B. |
> | A **look** (**to be**) B. / A **look like** B. |
> | A **appear** (**to be**) B. → B は形容詞または名詞 |
> | A は…するようだ |
> | A **seem to** *do*. |
> | **It seems** (**that**) A＋動詞の現在形. |
> | A は…したようだ |
> | A **seem to have**＋過去分詞. |
> | **It seems** (**that**) A＋動詞の過去形(または **have**＋過去分詞). |

・彼女はとても疲れているようだ

She looks [appears] very tired.

・彼女はどうも病気のようだ. 見たところ顔色が悪いも
の　She seems (to be) ill because she appears
[looks] pale.

・あの大きな木はサクラのようだよ

That big tree looks like a cherry tree.

・彼はすべてを知っているようだった

He seemed to know everything. /
It seemed (that) he knew everything.

・彼は私のことを忘れてしまったようだった

He seemed to have forgotten me. /
It seemed that he had forgotten me.

ようび 曜日 a **day of the week** /デイ ウィークク/
→ かようび

【会話】

きょうは何曜日ですか

―きょうは火曜日です

What **day of the week** is it today?

―It is Tuesday today. / Today is Tuesday.

ようひん 用品 an **article** /アーティクる/, a **thing**
/すィング/; (必要品) a **necessity** /ネセスィティ/,
necessaries /ネセセリズ/

・学用品　school things

・家庭用品　domestic articles

・台所用品　kitchenware / kitchen utensils

・日用品　daily necessities

ようふく 洋服 **clothes** /クろウズ/; (男女用上下そろ
い) a **suit** /スート/; (ワンピース) a **dress** /ドレス/;
(和服に対して) **Western clothes** /ウェスタン/

・洋服だんす　a wardrobe

・母が私に新しい洋服を買ってくれました

Mother bought me a new dress. /
Mother bought a new dress for me.

ようぶん 養分 **nourishment** /ナ～リシュメント/

ようほう¹ 用法 (ことばなどの) **usage** /ユーセヂ/;
how to use ～ /ユーズ/ → しよう²(→ 使用法)

・この句の用法を説明してくれますか

Would you explain the usage of this phrase?

ようほう² 養蜂 **beekeeping** /ビーキーピング/

ようぼう 容貌 **looks** /るクス/ → びぼう

ようむいん 用務員 a **janitor** /ヂャニタ/; 《英》a
caretaker /ケアテイカー/

ようもう 羊毛 **wool** /ウる/

・羊毛(製)の　woolen

・羊毛製品　woolen goods

ようやく¹ → やっと

ようやく² 要約 a **summary** /サマリ/

要約する **summarize** /サマライズ/, **sum up** /サ
ム/

・この物語を400語程度で要約しなさい　Summa-
rize [Sum up] this story in about 400 words.

ようりょう¹ 要領

❶(要領がいい) (賢い) **smart** /スマート/; (抜け目がな
い) **shrewd** /シュルード/

・彼はすべてのことに要領がいい[悪い]

He is smart [clumsy] in everything.

❷(要点) **the point** /ポイント/

・彼の答えは要領を得ていない　His answer is not
to the point. / His answer is off the point.

ようりょう² 容量 (a) **capacity** /カパスィティ/

ようりょくたい 葉緑体 a **chloroplast** /クろーラ
プラスト/

あ

か

さ

た

な

は

ま

よ

ら

わ

ヨーグルト 564 five hundred and sixty-four

ヨーグルト yogurt /ヨウガト/

ヨーヨー a yo-yo /ヨウヨウ/

ヨーロッパ Europe /ユアロプ/
- ヨーロッパの European
- ヨーロッパ人 a European
- ヨーロッパ諸国 European countries
- ヨーロッパ連合 the European Union →the EU と略す

よか 余暇 *one's* **leisure time** /リージャ/, *one's* **spare time** /スペア/

ヨガ yoga /ヨウガ/
- ヨガをやる practice yoga

よかん 予感 a **hunch** /ハンチ/
- 君がここへ来るような予感がしたんだ
I had a hunch that you'd be here.

よき 予期 **expectation** /エクスペクテイション/
予期する expect /イクスペクト/
- 予期に反して contrary to expectation
- 船は私たちが予期していたよりも早く着いた The ship arrived earlier than we had expected.
- その村でこんな親切な扱いを受けるとはわれわれは少しも予期していなかった
We did not expect in the least to receive such kind treatment in the village.

よきょう 余興 (an) **entertainment** /エンタテインメント/
- 余興に by way of entertainment
🗨会話 ほかにどんな余興が用意されているんですか. ―たくさんあるよ. ダンス, 物まね, 手品, 腹話術, 人形芝居, その他いろいろ What other entertainments are in store?—There are lots: dancing, mimicry, jugglery, ventriloquism, a puppet show, and many others.

よきん 預金 a **deposit** /ディパズィト/
預金する deposit
- 預金通帳 a passbook / a bankbook
- 定期預金 a time deposit
- 普通預金 an ordinary deposit / a demand deposit
- 銀行に預金する deposit [put] money in a bank
- 銀行に預金がある have a bank account
- 預金をおろす withdraw money from the bank

よく¹ 欲 (欲望) (a) **desire** /ディザイア/; (欲張り) **greed** /グリード/
- 欲深い, 欲張りの greedy
- 欲のない (利己心のない) unselfish; (気まえのよい) generous
- 彼は欲張りすぎる He is too greedy.
- 君は欲がなさすぎる

You are too generous [unselfish].

よく²

❶ (十分に; うまく) **well**, **good**; (きれいに) **clean**

❷ (大いに) **much**; (しばしば) **often**

❸ (注意して) **carefully**

❶ (十分に; うまく; 健康に) **well**, **good**; (きれいに) **clean** /クリーン/ → よい ❶
- よく眠る sleep well / have a good sleep
- よく英語を話す speak English well
- (病気が)よくなる get well [better]
- (天気が)よくなる improve; (晴れる) clear up
- 彼は英語がよくできる
He is very good at English.
- 彼のことをそんなふうに言うのはよくない
It is not good to speak of him like that.
- 彼は英語よりもフランス語のほうをよく話す
He speaks French better than English.
- 私はあの人のことはよく知らない
I don't know him well. /
I don't know much about him. /
I know little of him.
- この手紙の返事はよく考えてからにしなさい
Think well before you answer this letter.
- 早くよくなってください
I hope you will soon get well.
- 彼は一日一日とよくなっています
He is getting better day by day.
- 天気がじきよくなるといいな
I hope the weather will soon clear up.
- 教室の窓をよくふきなさい Wipe clean the windowpanes of the classroom.

❷ (大いに) **much** /マチ/; (しばしば) **often** /オーふン/; (時々) **now and then** /ナウ ゼン/
- 彼によく会う see much of him / often see him
- よくそこへ行く often go there
- 私はよく人の名を忘れる
I often forget people's names.
- こんなけんかはぼくたち2人の間ではよくあることです Such a quarrel is quite common [often happens, happens now and then] between us.
- 子供はよくそんなことをするものだ
Children are apt to do such a thing.
- ぼくにはよくある話さ. 前々から楽しみにしていたハイキングの前日に足首を捻挫(ねんざ)してさ
It's the story of my life — I sprained my ankle just one day before my long-awaited

hiking trip.

❸ (注意して) **carefully** /ケアふり/
•よくそれを調べてみる examine it carefully
•道路を横断する時は左右をよく見なさい Look carefully both ways before you cross a street.

❹ (驚き・感嘆を表す場合)
•よくこんなに早く来られたね
I am surprised that you could come so early.
•よくまた来てくれたねえ
I am glad you came again.

よく³ 翌… **next ～** /ネクスト/
•(その) 翌日[週，朝] (the) next day [week, morning]
•翌々日[週] two days [weeks] after

よくしつ 浴室 a **bathroom** /バすルーム/

よくじょう 浴場 (公衆浴場) (a) **public bath** /パブリク バす/

よくそう 浴槽 a **bathtub** /バすタブ/

よくばり 欲張り → よく¹

よくぼう 欲望 (a) **desire** /ディザイア/
•欲望を抑える control one's desire

よけい 余計な (不必要な) **unnecessary** /アンネセセリ/, **needless** /ニードれス/; (多すぎる) **too much** /マチ/; (定められているもの以外の) **extra** /エクストラ/

余計に too much
•余計な議論 unnecessary [needless] arguing
•100円余計に払う pay one hundred yen too much
•余計な心配をするな
Don't worry too much about it.
•余計なお世話だ (→自分の仕事をやりなさい)
Mind your own business.

よける (道をあける) **get out of the way** /ウェイ/, **make way**; (離れる) **keep off** /キープ/; (わきへ) **step aside** /アサイド/; (避(さ)ける) **avoid** /アヴォイド/; (ひらりと身をかわす) **dodge** /ダヂ/
•車をよける get out of the way of a car
•なぐってくるのをよける dodge the blow
•道の穴ぼこをよけるために彼は注意深く運転した
He drove carefully to avoid the holes in the road.

よげん 予言 **prophecy** /プラふェスィ/
予言する prophesy /プラふェサイ/
•予言者 a prophet

よこ 横
➤ (側) **the side** /サイド/
➤ (幅(はば)) **width** /ウィドす/
•横の(水平の) horizontal

•横に horizontally
•横道 a side street
•横を向く look aside
•横を見る look sideways
•頭を横に振る shake one's head
•横になる → よこたえる (→ 横たわる)
•ここへ来て私の横にすわりなさい
Come here and sit by my side.

top (上)

height (高さ)   side (側面)

width (幅)   depth (奥行)

よこう 予行演習 a **rehearsal** /リハーサる/
•卒業式の予行演習をする have a rehearsal for the graduation ceremony

よこがお 横顔 a **profile** /プロウふァイる/

よこぎる 横切る **cross**, **go across** /アクロース/ **横切って across**
•道を横切って走って来る come running across the road
•道路を横切る時にはよく左右を見なさい Look carefully both ways when you cross a street.

よこく 予告 a **notice** /ノウティス/
予告する announce beforehand /アナウンス ビふォーハンド/
•予告なしに without notice
•予告編 a trailer

よごす 汚す (しみをつける) **stain** /ステイン/; (きたなく) **soil** /ソイる/, **make ～ dirty** /ダ～ティ/
•インクで指を汚す stain one's fingers with ink
•泥(どろ)遊びをして手や靴を汚す soil one's hands and shoes (by) playing with mud
•どうして手や顔をそんなに汚したの?
How have you made your hands and face so dirty?

よこたえる 横たえる **lay (down)** /れイ (ダウン)/
横たわる lie (down) /らイ/, **lay oneself down**
•彼は床の上に横たわった
He lay [laid himself] down on the floor.

よこどり 横取りする **snatch ～ away** /スナチ ア

よこめ 566 five hundred and sixty-six

ウェイ/, **take ～ away**
• 妹のおもちゃを横取りしてはいけません
Don't snatch [take] your sister's toys away.

よこめ 横目 a **sidelong [sideways] glance** /サイドろーんぐ [サイドウェイズ] グらンス/
• 彼女は横目使いに私を見た
She gave me a sidelong glance. / She looked at me from the corner of her eye.

よごれ 汚れ **dirt** /ダ〜ト/; (しみ) a **stain** /ステイン/
• 汚れ物(洗たく物) the washing
• コートの汚れを落とす remove a stain from a coat

よごれる 汚れる **get [become] dirty** /ダ〜ティ/; (しみになる) **be stained** /ステインド/
汚れた (きたない) **dirty**

よさ 良さ → ちょうしょ

よさん 予算 a **budget** /バヂェト/
• …の予算を組む a budget for ～
• われわれはきびしい予算でやっている
We are on a tight budget.

ヨシ 葦 《植物》→ アシ

よじのぼる よじ登る **climb (up)** /クらイム/

よしゅう 予習する **prepare** (*one's* **lessons**) /プリペア (れスンズ)/
• ゆうべは映画へ行って予習する時間がなかった
I went to the movies last night and had no time to prepare my lessons.

よじれ → ねじれ

よしん 余震 an **aftershock** /アふタシャク/
• 大きな地震のあとでいくつかの余震があった
The big earthquake was followed by a series of aftershocks.

よす → やめる

よせあつめ 寄せ集め (がらくた) **odds and ends** /アッ エンヅ/ → あつめる

よせい 余生 **the rest of** *one's* **life** /らイふ/
• 田舎で余生を送る spend the rest of *one's* life in the country

よせがき 寄せ書き (寄せ書きされたもの) (a) **group (greeting) card** /グるープ (グリーティンぐ) カード/

よせぎざいく 寄木細工 **parquetry** /パーキトリ/
• 寄木の床 a parquet floor

よせる 寄せる (引き寄せる) **draw near** /ドロー ニア/; (わきへ) **put aside** /アサイド/
• 車をわきへ寄せる pull over
• 彼はいすを窓の方へ(引き)寄せた
He drew his chair toward the window.
• 荷物をわきへ寄せなさい
Put aside your baggage.

よせん 予選 (競技の) a **preliminary** /プリりミネリ/
• 第1[2]次予選 the first [second] preliminary
• 予選を通過する get through the preliminaries
• 予選ではずされる be eliminated in the preliminaries

よそ よその **another** /アナざ/; **other** /アざ/
• よその人 a stranger
• どこかよその場所で at some other place
• よそ行きの服を着て in *one's* best clothes

よそう¹ 予想 **expectation** /エクスペクテイション/ → よき
予想する **expect** /イクスペクト/
• 予想に反して contrary to expectation
• 夕方には天気がよくなると予想されます
Fine weather is expected toward evening.
• 予想外に準備に時間がかかった The preparation took more time than we had expected.

よそう² (器に盛る) **dish up** /ディシュ/

よそく 予測 (予言) a **prediction** /プレディクション/
• 予測する predict
• 彼の予測も当たりはずれがあった His predictions were often wrong. / ひゆ His crystal ball was often cracked. (彼の水晶球もよくひびが入ることがあった) → crystal ball は占い用の水晶球

よそみ よそ見する **look away** /るク アウェイ/, **look at something else** /サムすィんぐ エるス/, **take** *one's* **eyes off ～** /アイズ/
• 授業中よそ見してはいけません
You shouldn't take your eyes off your textbook or your teacher in class.

よそよそしい **unfriendly** /アンふレンドり/, **standoffish** /スタンドオーふィシュ/

よたか → よろよろ

よだれ **slaver** /スらヴァ/; (唾液(だえき)) **saliva** /サらイヴァ/
よだれを流す **slaver, water** /ウォータ/
• よだれをたらして with *one's* mouth watering

よち¹ 余地 **room, space** /スペイス/ → よゆう
• 車にはもう一人乗る余地がありますか
Is there room [space] for another person in the car?
• 君は選択の余地を残しておいたほうがいい
You'd better keep your options open. → option は「選択の自由」; keep ～ open は「…を開けたままにしておく」

よち² 予知する **predict** /プリディクト/

よちよち よちよち歩く (赤ちゃんが) **toddle** /タドる/; (アヒルなどが) **waddle** /ワドる/

よつかど 四つ角 a **crossing** /クロースィング/, a **crossroads** /クロースロウヅ/
よっきゅう 欲求 (a) **desire** /ディザイア/
欲求不満 **frustration** /フラストレイション/
よって …によって（人）**by** ～;（道具・器具など）**with** ～ (→ で² ❷)
ヨット a **yacht** /ヤト/;（帆船）a **sailboat** /セイルボウト/ ➔ yachtは通例エンジン付きの大型のもの
よっぱらう 酔っ払う **get drunk** /ドランク/
酔っ払い a **drunk**, a **drunken man** (複 men) [**woman** (複 women)] /ドランクン [ウマン]/
・ひどく酔っ払っている be heavily drunk
・彼は酔っ払い運転でつかまった
He was arrested for drunk driving.

よてい 予定

> a **plan**, a **schedule** /スケヂュール/
予定の **appointed** /アポインテド/, **scheduled**
・夏休みの予定をたてる make a plan [a schedule] for the summer vacation
・予定に従って according to plan [schedule]
・私は予定の時間に少し遅れてそこに着いた
I got there a little behind the appointed time.
・船は予定の時間に着いた
The ship arrived on time [on schedule].
よとう 与党 **the ruling party** /ルーリング パーティ/, **the government party** /ガヴァンメント/
よなか 夜中 **midnight** /ミドナイト/
・夜中に at midnight / in the middle of the night
よねつ 予熱 **preheating** /プリヒーティング/
よのなか 世の中 → よ²
よはく 余白（本などの欄外(らんがい)）a **margin** /マーヂン/,（空白）a **blank** /ブランク/
・余白に君の意見を書いておきなさい
Write your comments in the margin.
よび 予備の **spare** /スペア/
よびかける 呼びかける（声をかける）**call to** /コール/;（訴える）**appeal to** /アピール/
・彼に呼びかける call to him
よびこう 予備校 a **prep(aratory) school for entrance examinations** /プリパラトーリ エントランス イグザミネイションズ/, a **cram school** /クラム/
よびだす 呼び出す **call** /コール/,（駅・デパートなどで）**page** /ペイヂ/
・駅で友人を呼び出してもらった
I had my friend paged at the station.
・お呼び出しを申し上げます。山田様、受付までおいでください Paging Mr. Yamada. Would you go to reception, please?
よびりん 呼び鈴 a **bell**;（玄関の）a **doorbell** /ドーベル/

よぶ 呼ぶ

❶（言う，声をかける）**call**
❷（招待する）**ask**, **invite**

❶（言う，声をかける）**call** /コール/

基本形
Aを呼ぶ
call A
AをBと呼ぶ
call A B ➔ Bは名詞

・彼女の名前を呼ぶ call her name
・給仕係を呼ぶ call a waitperson [a server]
・彼をジョンと呼ぶ call him John
・「デューク」と呼ばれる男 a man called "Duke"
・助けを(求めて)呼ぶ call for help
・子供たちを呼び集める call children together
・何度呼んでも返事がなかった
I called and called, but no one answered.
・ケン，おかあさんが君を呼んでいるよ Mother is calling you, Ken.
・先生は彼の名前を何回も呼んだ
The teacher called his name many times.
・これからはファーストネームで呼んでください
Please call me by my first name from now on. ➔ 親しい間柄ではファーストネームで呼び合う
・この子犬をデイジーと呼ぶことにしよう
Let's call this puppy Daisy.
・彼は友達にジャンボと呼ばれている ➔ 受け身形 He is called Jumbo by his friends.
・これは英語で何と呼びますか
What do they call this in English? /
(これは英語で何と呼ばれますか) What is this called in English?
❷（電話・口頭で来てくれるように言う）**call**;（呼びにやる）**send for** /センド/;（用がある）**want** /ワント/
・医者を呼ぶ call (for) a doctor / call in a doctor / call a doctor in; send for a doctor ➔ call in は「家(など)に来てくれるように言う」の意味
・(電話で)タクシーを呼ぶ call a taxi
・(電話で)救急車を呼ぶ call (for) an ambulance
・警察を呼ぶ call the police / send for the police
・校長先生は私を校長室に呼んだ
The principal called me to his office.
・タクシーを呼んでください
Call a taxi for me. / Call me a taxi.

・ケン，下[事務室]で呼んでいるよ
Ken, you are wanted downstairs [in the office].

❸ (招待する) **ask** /ｱｽｸ/, **invite** /ｲﾝｳﾞｧｲﾄ/
・彼を家に呼ぶ ask[invite] him to *one's* house
・私は彼女を夕食に呼ぶつもりです
I'm going to ask her to dinner.
・パーティーにだれを呼ぶつもりですか
Who are you going to invite to the party?
・私は彼女の誕生日のパーティーに呼ばれている →現在完了の受け身形 I have been invited to her birthday party.

よふかし 夜更かしする **sit up late at night** /ﾚｲﾄ ﾅｲﾄ/, **stay up (late at night)** /ｽﾃｲ/
よふけ 夜更けに **late at night** /ﾚｲﾄ ﾅｲﾄ/
・夜更けまで働く work late into night
よぶん 余分の →よけい
よほう 予報 (a) **forecast** /ﾌｫｰｷｬｽﾄ/
 予報する **forecast**
・天気予報 a weather forecast
・きょうの天気予報はどうですか
What is the weather forecast for today?
よぼう 予防 **prevention** /ﾌﾟﾘｳﾞｪﾝｼｮﾝ/
 予防する **prevent** /ﾌﾟﾘｳﾞｪﾝﾄ/
・予防(法)として by way of prevention
・予防注射 (a) preventive injection; (接種) an inoculation / a vaccination
・予防接種をする inoculate / vaccinate
・インフルエンザの予防接種を受ける get vaccinated for flu / be inoculated against influenza
 ことわざ 予防は治療(ちりょう)にまさる
Prevention is better than cure.
よぼよぼ よぼよぼの (弱っている) **weak** /ｳｨｰｸ/;(足元がふらつく) **doddery** /ﾀﾞﾀﾞﾘ/
・うちのおじいちゃんは年を取ってよぼよぼだ
My grandfather is old and weak.
・よろよろ歩く老人 a doddery old man
よみがえる 蘇る **come back to life again**
よみもの 読み物 **reading** /ﾘｰﾃﾞｨﾝｸﾞ/

よむ 読む
➤ **read** /ﾘｰﾄﾞ/

基本形
A を読む
 read A
B (人)に A を読んでやる
 read B A / **read** A **to** B

・本[新聞, 手紙]を読む read a book [a newspaper, a letter] → read だけでも「本を読む」の意味になる
・彼の心[顔色]を読む read his mind [face]
・彼らにおもしろい話を読んでやる read them an interesting story / read an interesting story to them
・…のことを読む read about [of] ～
・小説を読み通す read a novel through
・…を読み終える finish reading ～
・本を読んでやって子供を寝かしつける read a child to sleep
・彼はまだ字が読めない He cannot read yet.
・私は1週間に1冊本を読む
I read one book a week.
・私の父はいつも食事をしながら新聞を読みます My father always reads a newspaper at meals.
・彼女は自分の部屋で本を読んでいます →現在進行形 She is reading in her room.
・君は本を読むことが好きですか
Do you like reading?
・彼女は漫画を読むのが好きだ
She likes to read comics.
・君はこの本を読んだことがありますか →現在完了
Have you ever read this book?
・この童話は子供だけでなくおとなにも読まれている →受け身形 This nursery tale is read not only by children but also by adults. → not only A but (also) B は「A だけでなく B も」
・母は毎晩私たちにお話を読んでくれた
My mother read us a story every night. / My mother read a story to us every night.
・私は彼の死を新聞で読んで知りました
I read about his death in the newspaper.
・こんなに厚い本を読み終えるには1か月ぐらいかかる It will take about a month to finish reading such a thick book.
・この本は1週間かそこらで読んでしまえますよ
You'll be able to read this book through in a week or so.
・彼はベッドに寝て本を読んでいた He lay in bed reading a book. / He was reading in bed.

five hundred and sixty-nine　569　よる

- 彼は本を読みながら(→本の上に)こっくりこっくりしていた　He was nodding over his book.

よめ 嫁（花嫁）**a bride** /ブライド/; （夫に対して）*one's* **wife** /ワイふ/（⑧ **wives** /ワイヴズ/）; （息子の妻）*one's* **daughter-in-law** /ドータリン ろー/（⑧ **daughters-in-law**）

よやく 予約 **reservations** /レザヴェイションズ/; （出版物の）**subscription** /サブスクリプション/; （診察などの）an **appointment** /アポイントメント/

予約する **book**, **reserve** /リザ〜ヴ/, **make reservations**; **subscribe for** /サブスクライブ/

- 予約席　a reserved seat
- ホテルの部屋を予約する　book a room [make a reservation for a room] at a hotel
- 診察の予約をとる　make an appointment to see the doctor

よゆう 余裕（余地）**room**; （時間）**time** (**to spare**) /(スペア)/
- （金・時間の）余裕がある　afford
- そんな大勢の入る余裕はありません
There is not enough room for so many.
- 私にはそういう仕事をする時間の余裕がない
I have no time (to spare) for such work.

より …より(も)

▶ (比較) **than** /ザン/, **to**

- 彼は私より背が高い　He is taller than I am [《話》than me]. → 口語では意味を取りちがえられるおそれのない限り，than の次にはしばしば人称代名詞の目的格を使う
- 彼よりも私のほうがそのことについてはよく知っている　I know about it better than he does [《話》than him].
- 私は彼よりも君のほうをよく知っている
I know you better than him.
- 君のお父さんは私の父より2つ年上です
Your father is two years older than my father.
- 降参するより死んだほうがましだと彼は考えた
He thought it would be better to die than surrender. / He thought he would rather die than surrender.
- ことわざ 遊びよりまず仕事　Business before pleasure.

よりかかる 寄りかかる **lean** (against 〜, on 〜) /リーン/
- 壁に寄りかかる　lean against a wall
- 私の肩に寄りかかる　lean on my shoulder

よりきる 寄り切る **muscle out** (**of the ring**) /マスる/

- 大関を寄り切る　muscle the *ozeki* wrestler out

よりぬく より抜く（よく比較して）**choose** /チューズ/; （あっさりと）**pick** (**out**) /ピク/; （多数の中から）**select** /セれクト/
- より抜きの　choice

よりみち 寄り道をする（人のところへ）**call on 〜 on the way** /コーる ウェイ/, **drop in on 〜 on the way** /ドラプ/; （本屋などに）**stop at 〜 on the way** /スタプ/
- 彼は学校からの帰り道よく友達の家[本屋]に寄り道します
He often drops in on his friend [stops at a bookstore] on his way from school.

よる¹ 夜

▶ **a night** /ナイト/ → よ¹

- 夜に　at night
- 夜昼　day and night
- 8月15日の夜に　on the night of the 15th of August
- 火曜日の夜から水曜日にかけて　overnight Tuesday to Wednesday
- その夜はキャンプしてよく休んだ
We camped for the night and had a good rest.

よる² 寄る（近寄る）**come near** /ニア/, **go near**; （立ち寄る）**drop in** /ドラプ/, **call** (at 〜, on 〜) /コーる/; **stop** (at 〜) → よりみち

- もっとストーブのそばへ寄りなさい
Come nearer to the heater.
- もっとそばに寄ってよく見てください
Please move closer and take a better look.
- こちらへおいでの折はお寄りください
If you happen to come this way, please drop in to see us.
- 私は帰りに彼の家に寄るつもりです　I'm going to call at his house on my way back.

よる³ …による

❶ （…しだいである）**depend**
❷ （…が原因である）**be due to**, **be caused by**
❸ （…に基づいている）**be based on**

❶ （…しだいである）**depend** (on 〜) /ディペンド/
- それは時と場合による　That depends.
- 報酬(ほうしゅう)は君の仕事の進み具合による　The reward depends on the amount of work you get through. / I'll pay you according to the amount of work you get through.

❷ （…が原因である）**be due to** /デュー/, **be caused by** /コーズド/

よれば

•その事故は彼の不注意によるものだ
The accident was due to ［was caused by］ his carelessness.

❸(…に基づいている) **be based on** /ベイスト/

•彼の主張は経験によるものだ
His argument is based on experience. / He argues from his experience.

よれば …によれば **according to ～** /アコーディング/

•その報道によれば according to the report
•米田の話によれば according to Yoneda

よれよれ よれよれの **worn-out** /ウォーナウト/

•よれよれのセーター a worn-out sweater

よろい an **armor** /アーマ/

よろこぶ 喜ぶ

➤ **be glad** /グらド/, **be pleased** /プリーズド/, **be delighted** /ディらイテド/

喜ばす **please**, **delight**

喜び **joy** /ヂョイ/, **pleasure** /プれジャ/

•喜んで叫ぶ cry for joy

•喜んでお供いたします
I will be delighted to accompany you.

•彼らはそれを聞いたら喜ぶでしょう
They will be glad to hear that.

•みんなその知らせを聞いて喜んだ
Everybody was delighted at the news.

•彼はその贈(おく)り物をたいへん喜びました
He was very much pleased with the present.

•お母さんがすっかり健康そうな顔をして田舎から帰って来たのでみんなとても喜んだ
To their great joy, their mother came back from the country looking perfectly well.

•彼の喜びようといったら(たいへんなものでした)
How pleased he was!

よろしい **all right** /ライト/ ➜ よい❷(➜ …してもよい)

•よろしいですか Are you all right?
•それでよろしい That's all right.

よろしく

❶(よろしく伝える) **remember** /リメンバ/, **give** one's **regards** /リガーツ/, 《話》**say hello to** /セイ へろウ/

•ご家族の皆様によろしくお伝えください
Remember me ［Give my best regards］ to all your family.

•ビルによろしく伝えてくれ
Please say hello to Bill (for me).

•母からもよろしくとのことです My mother wishes to be remembered to you. / Mother

sends her regards to you.

❷(あいさつ・お願い) あいさつの「よろしく」、お願いする時の「よろしく」などに対応する特定の英語表現はない.

🖳会話 はじめまして, ケン. —よろしく, メイ
How do you do, Ken? —How do you do, May?

•(新しい友人に対して)よろしくお願いします
I'm happy we can become good friends. (仲良しになれてうれしい)

•留守の間うちのネコをよろしくお願いしたいのですが Would you mind taking care of our cat while we're away?

🖳会話 君のかわりにぼくから彼に電話しておこうか. —うん, よろしく
Shall I call him for you? —Yes, please.

よろよろ よろよろする **stagger** /スタガ/ ➜ よちよち

•よろよろしながら立ち上がる stagger to one's feet

よろん 世論 **public opinion** /パブリク オピニョォン/

•世論調査 a public opinion poll

よわい 弱い

➤ **weak** /ウィーク/ ➜ にがて
➤ (かすかな) **faint** /ふェイント/

弱く, 弱々しく **weakly**; **faintly**

•からだの弱い人 a sickly person / a person of delicate health

•気が弱い be timid / be faint-hearted

•意志が弱い weak-willed

•弱い風 a gentle wind

•弱い音[光] a faint sound ［light］

•弱々しそうな delicate-looking

•弱くなる grow weaker ［fainter］ / weaken

•弱くする make weaker ［fainter］ / weaken

•彼女は数学には強いが英語は弱い
She is strong in math but weak in English.

よわみ 弱み **weakness** /ウィークネス/, a **weak point** /ポイント/

•弱みにつけ込む take advantage of the weakness

よわむし 弱虫 a **coward** /カウアド/

よわる 弱る ➜ よわい(➜ 弱くなる)

よん 4(の) **four** /ふォー/ ➜ し⁴

•4分の1 a quarter / one ［a］ fourth

よんじゅう 40(の) **forty** /ふォーティ/ ➜ しじゅう

よんりんくどう 四輪駆動 (自動車) **four-wheel drive** /ふォー (ホ)ウィーるドライヴ/

ら ラ

ら …ら and others /アざズ/
・田中ら Tanaka and others
ラーメン *ramen*, Chinese noodle soup /チャイニーズ ヌードる スープ/
らい¹ 来… next /ネクスト/
・来月[週, 年] next month [week, year]
・この雨は来週まで降り続きそうだ
It seems that the rain will continue into next week.
・私は来月そうそう帰って来ます
I will be back early next month.
らい² …来 since /スィンス/ → いらい²
・先週来 since last week
らいう 雷雨 a thunderstorm /さンダストーム/
ライオン 《動物》a lion /らイオン/, 《雌(めす)》a lioness /らイオネス/
らいきゃく 来客 a guest /ゲスト/, a visitor /ヴィズィタ/
らいげつ 来月 → らい¹
らいしゅう 来週 → らい¹
ライスカレー curry and rice /カ~リ ライス/
ライセンス a license → めんきょ
ライター a (cigarette) lighter /(スィガレト) らイタ/
ライチョウ 雷鳥 a (snow) grouse /グラウス/
ライト (野球の) the right field /ライト フィーるド/; (右翼手) a right fielder
ライトバン 《米》a station wagon /ステイション ワゴン/, 《英》an estate (car) /イステイト (カー)/
→ 英語の van は「箱型の大きなトラック」;「ライトバン」は和製英語
ライナー (打球; 定期船) a liner /らイナ/
らいねん 来年 → らい¹
ライバル a rival /ライヴァる/
らいひん 来賓 a guest /ゲスト/
ライブ live
・ブルーノ・マーズのライブを聴きに行く go to a live performance by Bruno Mars
ライフル a rifle /ライふる/
らいむぎ ライ麦 rye /ライ/
らいめい 雷鳴 (a roll of) thunder /(ロウる) さンダ/
らがん 裸眼 the naked eye /ネイキド アイ/

らく 楽な

❶ (やさしい) easy
❷ (快適な) comfortable
❶ (やさしい) easy /イーズィ/
楽に, 楽々と easily /イーズィり/, with ease /イーズ/
・これは使うのが楽です It is easy to use.
・その本は簡単な英語で書いてあるから皆さんはだれでも楽に読めます The book is written in plain English. So any of you can read it with ease.
・自転車であの坂を上るのは楽ではなかった
It was hard [was not easy] to climb the hill by bicycle. / It was hard work pedaling (the bicycle) up the hill.
❷ (快適な) comfortable /カンふォタブる/
・楽に暮らす live in comfort / (裕福である) be well off → あんらく, ゆうふく
・どうぞお楽にしてください Please make yourself comfortable [at home].
らくえん 楽園 a paradise /パラダイス/
らくがき 落書き (乱雑な文字・絵など) a scribble /スクリブる/, scribbling; (特別な意図もなくぼんやりと書かれたもの・書くこと) a doodle /ドゥードる/, doodling; (公共の建物の壁などの) graffiti /グラふィーティー/ (複数形)
落書きする scribble; doodle; mark ~ with graffiti
・壁に落書きするな
Don't scribble on the wall.
・ノートに落書きをしてはいけません
Don't make doodles in your notebooks.
らくご 落語 *rakugo*, comic storytelling /カミク ストーリテりング/
・落語家 a *rakugo-ka*, a professional comic storyteller
らくしょう 楽勝 a walkover /ウォークオウヴァ/, a walkaway /ウォーカウェイ/
楽勝する walk (all) over, walk away (from ~)
らくせい 落成 completion (of a building) /コンプりーション/ (ビるディング/)
落成する be completed /コンプりーテド/
・落成式 the completion ceremony
らくせん 落選する (選挙で) lose an election /るーズ イれクション/, fail to be elected /ふェイる イれクテド/; (審査(しんさ)などで) be rejected /リヂェクテド/, be turned down /ターンド ダウン/

ラクダ　572　five hundred and seventy-two

・落選者　an unsuccessful candidate
ラクダ 駱駝 《動物》a **camel** /キャメる/
らくだい 落第 **failure** (**in** an **examination**) /ふェイリャ (イグザミネイション)/
　落第する fail an **examination** /ふェイる/, 《米話》**flunk** an **examination** /ふらンク/
・落第点　a failing mark
・なまけていると落第してしまいますよ
　If you are idle, you will fail the examination.
らくてん 楽天的な **optimistic** /アプティミスティク/　→ らっかん
らくのう 酪農(業) **dairy farming** /デアリ ふァーミンぐ/
・酪農場　a dairy farm
・酪農製品　dairy products
ラグビー Rugby (**football**) /ラグビ (ふトボーる)/, **rugger** /ラガ/
らくらい 落雷　a **thunderbolt** /さンダボウるト/
らくらく 楽々と　→ らく
ラケット (テニス・バドミントンの) a **racket** /ラケット/; (卓球の) 《米》a **paddle** /パドる/, 《英》a **bat** /バト/

らしい …らしい

❶ (…のようにみえる, 思える) **look**, **seem**, **appear**
❷ (…にふさわしい) **be like 〜**

❶ (…のようにみえる, 思える) **look** /るク/, **seem** /スィーム/, **appear** /アピア/　→ みえる ❸, ような ❻

使い分け

上の3語はたがいに混同されて用いられることが多いが, 用法上の傾向(けいこう)を言えば, **look** は「見た目には…のようにみえる」, **seem** は「自分の心には…のように思われる」. **appear** は look と seem を合わせたような語で, 「外観からは…のようにみえる(が実はそうでないかもしれない)」

A は B らしい
　A **seem** (**to be**) B.
　A **look** (**to be**) B. / A **look like** B.
　A **appear** (**to be**) B.　→ B は形容詞または名詞
A は…するらしい
　A **seem to** *do*.
　It **seems** (**that**) A ＋動詞の現在形.
A は…したらしい
　A **seem to have** ＋過去分詞.
　It **seems** (**that**) A ＋動詞の過去形 (または **have** ＋過去分詞).

・彼はどうも病気らしい. 見たところ顔色が悪いもの
　He seems (to be) ill because he appears [looks] pale.
・彼は正直な人らしい　He seems (to be) honest.
・彼は疲(つか)れているらしい
　He looks [appears, seems] tired. /
　It seems [appears] that he is tired.
・彼はそれについて何も知らないらしい
　He seems to know nothing about it. /
　It seems that he knows nothing about it.
・彼はそれについて何も知らなかったらしい
　He seems to have known nothing about it. /
　It seems that he knew nothing about it.
・ぼくはどうもかぜをひいたらしい
　I seem to have caught (a) cold. /
　It seems that I have caught (a) cold.
・どうも中央線で事故があったらしい
　There seems to have been an accident on the Chuo Line.
❷ (…にふさわしい) **be** (**just**) **like 〜** /(チャスト) らイク/; (典型的な) **typical** /ティピカる/
・アメリカ人らしいアメリカ人　a typical American
・それはいかにも彼らしいことだ
　That's (just) like him!
・1時間も前に来ていたなんていかにも彼らしい　It was just like him to be there an hour early.
・こんなに遅れるなんて彼らしくないね
　It's unlike him to be so late.
・学生らしく行動せよ　Behave like a student.
・きょうはいかにも春らしいね, ぽかぽかと暖かくて
　Today is a typical spring day, nice and warm.
ラジエーター a **radiator** /レイディエイター/

ラジオ

➤ (放送) the **radio** /レイディオウ/; (受信機) a **radio** (**set**)

・ラジオをつける[消す]　turn on [off] the radio
・ラジオの音を大きく[小さく]する　turn up [down] the radio
・ラジオを聞く　listen to the radio
・ラジオ放送[番組]　a radio broadcast [program]
・ラジオ英語講座　a radio English course
・ラジオ放送局　a radio station
・AM[FM]ラジオ放送　AM[FM] broadcasting
・インターネットラジオ放送　Internet radio
・ラジオで音楽を聞く　listen to music on the radio

・私はそのニュースをラジオで聞いた
I heard the news on the radio.
・ラジオがついている　The radio is on.
ラジオボタン《IT》**a radio button** /レイディオウ バトン/
ラジカセ　a cassette recorder with a radio /カセトリコーダ レイディオウ/
ラジコン　radio control /レイディオウ コントロウる/
・ラジコンの飛行機　a radio-controlled plane
らしんばん　羅針盤　**a (mariner's) compass** /(マリナズ) カンパス/

アンティークの船舶用羅針盤

らせん　a spiral /スパイアラる/
・らせん階段　a spiral staircase
ラッカー　lacquer /らカ/
ラッカセイ　落花生《植物》**(a) peanut** /ピーナト/
らっかん　楽観　**optimism** /アプティミズム/
・楽観的な　optimistic → あまい ❸
・楽観論者　an optimist
ラッコ《動物》**a sea otter** /スィー アタ/
ラッシュアワー　the rush hour /ラシュ アウア/
・朝夕のラッシュアワー　the morning and evening rush hours
・私はラッシュアワーを避(さ)けるために朝早めにうちを出ます　I leave home rather early to avoid the rush hour.
らっぱ《軍隊用》**a bugle** /ビューグる/ → トランペット
ラテン　ラテン語(の), ラテン系の　**Latin** /らティン/
・ラテンアメリカ　Latin America
・ラテン音楽　Latin music
ラベル　a label /れイブる/
ラベルをはる　label (on ～), **put a label** (on ～)
→ 動詞 label に -ed や -ing を付ける時,《英》では labelled, labelling となる
ラム(子羊肉) **lamb** /らム/
ラムネ(レモン味の炭酸飲料) **lemon soda** /れモンソウダ/　→「ラムネ」は lemonade /れモネイド/ (レモネード)がなまったものといわれる
られる → れる

らん　欄　**a column** /カらム/; (ページ) **a page** /ペイヂ/
・(新聞の)スポーツ欄　sports columns [pages]
・投書欄　the letters-to-the-editor page
ラン¹　蘭《植物》**an orchid** /オーキド/
ラン² LAN /らン/ → **local area network** の略. 限定された場所などでのコンピューターネットワーク
・LAN ケーブル　an Ethernet cable /イーサネト/
→ Ethernet は最も多く使われている有線ネットワークの規格の名
らんかん　欄干　**a handrail** /ハンドレイる/
ランキング　ranking /ランキンぐ/ → ランク
・彼は現在のところランキング第 2 位だ
He currently holds the number two ranking. / He currently ranks second.
ランク　**(a) rank** /ランク/ → ランキング
　ランクされている　rank
・順位表で彼は 1 位にランクされている
He ranks first in the chart.
ランダムな　random /ランダム/
ランチ(昼食) **lunch** /らンチ/
・あのレストランでランチを食べよう
Let's have lunch in that restaurant.
らんとう　乱闘　**a scuffle** /スカふる/
　乱闘する　scuffle (with ～)
らんどく　乱読する　**read at random** /リード ランダム/
ランドセル　a school backpack /スクーる バクパク/
ランドリー　a laundry /ろーンドリ/
ランナー　a runner /ラナ/
らんにゅう　乱入する　**break in** /ブレイク/, **break into**
ランニング　running /ラニンぐ/
・ランニングホームラン　an inside-the-park home run → 「ランニングホームラン」は和製英語
ランプ　a lamp /らンプ/
・石油ランプ　a kerosene lamp
らんぼう　乱暴 (暴力) **violence** /ヴァイオれンス/; (粗暴(そぼう)) **rudeness** /ルードネス/; (向こう見ず) **recklessness** /レクれスネス/
　乱暴な (荒っぽい) **violent** /ヴァイオれント/; (無礼な) **rude**; (向こう見ずの) **reckless**
　乱暴に　violently; **rudely**; **recklessly**
らんよう　乱用　**(an) abuse** /アビュース/
　乱用する　abuse /アビューズ/
・ことばの乱用　an abuse of language
・権力の乱用　an abuse of power
・君の特権を乱用してはいけない
Don't abuse your privileges.

り リ

リアクション a reaction /リアクション/
リアルな real /リ(ー)アる/
リーグ a league /リーグ/
- リーグ戦 a league game
- セントラル[パシフィック]リーグ the Central [Pacific] League
- (米国プロ野球の)大リーグ the major league

リーダー (指導者) a leader /リーダ/
リーダーシップ leadership /リーダシプ/
- その問題を解決するのに彼は強いリーダーシップを発揮した He showed his strong leadership to settle the trouble.

リード¹ (優勢) a lead /リード/
リード² (イヌなどをつなぐひも) a leash /リーシュ, lead
リード³ (管楽器など) a reed /リード/
リール (巻き枠) a spool /スプーる/, reel /リーる/
りえき 利益 good; (おもに金銭的) a profit /プラふィト/; (効用) use /ユース/
- 利益のある profitable / lucrative; of use
- 利益のない unprofitable; of no use
- 大きな利益をあげる make a big profit
- こんなことをして何の利益になるのか What is the use [the good] of doing this?

りか 理科 science /サイエンス/
- 私たちの理科の先生 our science teacher

りかい 理解

➤ **understanding** /アンダスタンディング/
理解する understand /アンダスタンド/
- 私は彼の言うことが理解できない I cannot understand him [what he says].
- この1節は難しくて私には理解できない This passage is too difficult for me to understand.
- このことでわれわれはたがいの理解を深めるようになった This made us know each other better.

りがい 利害 an interest /インタレスト/
- …に利害関係がある have an interest in 〜

りきし 力士 sumo wrestler /スーモウ レスら/
りく 陸 land /らンド/
リクエスト (a) request /リクウェスト/
リクエストする request
- 歌をリクエストする request a song / make a request for a song

りくぐん 陸軍 the army /アーミ/

りくじょう 陸上競技 《米》track and field /トラク ふぃーるド/, 《英》athletics /アすれティクス/
りくつ 理屈 (道理) reason /リーズン/; (論理) logic /らヂク/
- 理屈に合った reasonable; logical
- 理屈っぽい argumentative / fond of arguing
- 君の言うことは理屈に合っていない What you say is not reasonable.

リクライニング reclining /リクらイニング/
- リクライニングチェア a reclining chair[seat]

りこ 利己的な selfish /セるふィシュ/
- 利己的に selfishly
- 利己主義 egoism
- 利己主義者 an egoist

りこう 利口な clever /クれヴァ/, bright /ブライト/, smart /スマート/
- 彼は利口な少年です He is a clever [bright, smart] boy.
- そんなふうに言うとは彼は利口だ It is clever of him to say so.

リコーダー (たて笛) a recorder /リコーダ/
リコールする recall /リコーる/
りこん 離婚 (a) divorce /ディヴォース/
離婚する be divorced (from 〜), divorce
- 彼らは2年前に離婚した They were divorced two years ago.

リサイクル recycling /リーサイクリング/
リサイクルする recycle /リーサイクる/
- リサイクルショップ a secondhand shop

> **カタカナ語！** リサイクルショップ
>
> 英語では ×*recycle shop* といわずに **secondhand shop** という. アメリカでは特に慈善目的のものがあって, それは thrift shop (thrift は「節約」) という. イギリスにも同様なものがあって charity shop と呼ばれる

リサイタル a recital /リサイトる/
- ピアノのリサイタルを開く give a piano recital

りし 利子 interest /インタレスト/
- 利子をつけて with interest
- 低い利子で金を借りる borrow money at low interest

リス 栗鼠 《動物》 a squirrel /スクワ〜れる/
リスト a list /リスト/
- リストアップする list ➤「リストアップ」は和製英

五百七十五 575 リプライ

語
•これがコンテストに参加を希望する人の名前のリストです Here is a list of names of people who want to take part in the contest.

リストラ (company) **restructuring** /(カンパニ) リストラクチャリングﾞ/
リストラされる lose one's job /るーズ/

リスニング listening /リスニングﾞ/
•リスニングテスト a listening comprehension test → comprehension は「理解力」

リズム rhythm /リズム/
•リズムのある rhythmical

りせい 理性 **reason** /リーズン/
理性的な rational /ラショヌる/
•理性を失う lose one's reason

りそう 理想 an **ideal** /アイディーアる/
•理想的な ideal
•理想主義 idealism
•理想主義者 an idealist
•理想を実現する realize one's ideal
•風のない暖かい日は魚釣(つ)りには理想的だ
A warm windless day is ideal for fishing.

リゾート リゾート地 a **resort** /リゾート/
•夏[冬]のリゾート地 a summer [winter] resort

りそく 利息 → りし

リターンキー the return key /リタ～ン キー/, **the enter key** /エンタ/

リチウム lithium /リすィアム/

りつ 率 a **rate** /レイト/
•出生[死亡]率 the birthrate [the death rate]
•3対5の率で at the rate of 3 to 5

リツイート 《IT》**retweet** /リトウィート/

りっきょう 陸橋 (車・電車用の) an **overpass** /オウヴァパス/; (歩道橋の) a **pedestrian overpass** /ペデストリアン/, an **overhead crossing** /オウヴァヘド クロースィングﾞ/

りっけん 立憲の **constitutional** /カンスティテューーショヌる/
•立憲制 constitutionalism
•立憲政治 constitutional government

りっこうほ 立候補する **run** (for ～) /ラン/
立候補者 a candidate /キャンディデイト/
•生徒会長に立候補する run for the president of the student council

りっしょう 立証する **prove** /プルーヴ/

りったい 立体 a **solid** (**body**) /サりド (バディ)/
•立体交差 grade separation
•立体交差路 (上) an overpass; (下) an underpass; (四つ葉のクローバー形の) a cloverleaf

リットル a **liter** /リータ/ (略 l.)

りっぱ 立派な
➤ (見事な) **fine** /ふァイン/, **good**; (目を見張るほどすばらしい) **splendid** /スプれンディド/
➤ (尊敬すべき) **respectable** /リスペクタブる/, **honorable** /アナラブる/; (高尚(こうしょう)な) **noble** /ノウブる/
➤ (感心すべき) **admirable** /アドミラブる/

立派に (とてもよく) **very well**; (目を見張るほどすばらしく) **splendidly**; (申し分なく) **perfectly** /パ～ふェクトり/
•立派な作品 an admirable piece of work
•どんな職業でもみんな立派な職業だ
All occupations are equally honorable.
•それは立派な理由だ
That's a good reason.
•彼は自分の責任を立派に果たした
He did his duty perfectly.

りっぽう¹ 立方 **cube** /キューブ/
•立方の cubic
•10立方センチの水 ten cubic centimeters of water

りっぽう² 立法 **legislation** /れヂスれイション/
立法府, 立法機関 a legislature /れヂスれイチャ/

りっぽうたい 立方体 a **cube** /キューブ/

リトマス リトマス試験紙 **litmus paper** /リトマス/

リナックス 《IT》**Linux** /リナクス, らイナクス/

リニアモーターカー a **maglev train** /マグれヴ トレイン/ → maglev は magnetic levitation (磁気浮上)からの造語。「リニアモーターカー」は英語ではふつうこう呼ばれる
•リニアモーター a linear motor /リニア モウタ/

リハーサル (a) **rehearsal** /リハ～さる/

りはつ 理髪 a **haircut** /ヘアカト/
•理髪師 a barber
•理髪店 a barbershop / a barber's (shop)

リハビリ rehabilitation /リーア[ハ]ビりテイションﾞン/
リハビリをほどこす rehabilitate /リーア[ハ]ビりテイト/

リフォーム (へやなどの改装) **renovation** /レノヴェイション/ → 英語の reform は「(制度などの)改良」の意味
リフォームする redo /リードゥー/, **make a renovation**
•うちはキッチンをリフォームした
We've redone the kitchen.

リフト a **lift** /リふト/

リプライ 《IT》(メッセージなどへの返信) a **reply** /リプらイ/

あ
か
さ
た
な
は
ま
や
り
わ

リベート (不法な礼金) a **kickback** /キクバク/; (適法な割戻し金) a **rebate** /リーベイト/

リボン a **ribbon** /リボン/
- 髪にリボンを付けた女の子 a girl with a ribbon in her hair

リムジン a **limousine** /リムズィーン/

リモコン remote control /リモウト コントロウる/; (テレビなどの) a **remote**
- リモコンの模型飛行機 a remote-control model plane
- リモコンで…を操作する operate ～ by remote control
- テレビのリモコン a TV remote

リヤカー a **bicycle cart** /バイスィクる カート/ ➡
「リヤカー」(rear (後ろの)＋car (車)) は和製英語

りゃく 略す ➡ しょうりゃく (➡ 省略する)
- 略字 an abbreviation
- 略式の informal
- 略図 a rough sketch
- 略歴 one's brief personal history

りゆう 理由

➤ (a) **reason** /リーズン/ ➡ わけ
- こういう理由で for this reason
- だれか彼の欠席の理由を知っていますか
Does any one of you know (the reason) why he is absent?
- 私がそう思うにはそれだけの理由があるのです
I have good reason for thinking so.
- それを信じる十分な理由があります
There is [I have] every reason to believe it.
- そんなことをすればどんな理由があっても君は罰せられるでしょう
If you do such a thing, you will be punished whatever the reason may be.

りゅう 竜 a **dragon** /ドラゴン/

りゅういき 流域 a **basin** /ベイスン/, a **valley** /ヴァリ/
- 隅田川の流域 the Sumida basin

りゅうがく 留学する **study abroad** /スタディア ブロード/, **go abroad for study**
- 留学生 (日本に来ている) a foreign student in Japan / (外国に行っている) a student studying abroad
- 交換留学生 an exchange student

りゅうかん 流感 ➡ インフルエンザ

りゅうこう 流行

➤ (はやり) **fashion** /ふァション/, **vogue** /ヴォウグ/

➤ (病気の) **prevalence** /プレヴァれンス/

流行する come into fashion; (病気が) **prevail** /プリヴェイる/
- 流行がすたれる go out of fashion [style]
- 流行の fashionable; (人気のある) popular
- 流行遅れの old-fashioned
- 流行語 a word [an expression] in vogue / a trendy word [expression]
- 若者たちに流行している歌 a song (which is) popular among young people
- インフルエンザが今この地方で流行している
The flu is prevailing [is prevalent] in this district.

リュージュ 《スポーツ》**luge** /るージュ/

りゅうせい 流星 a **falling star** /ふォーリンぐ/, a **shooting star** /シューティンぐ/, a **meteor** /ミーティア/

りゅうちょう 流暢な **fluent** /ふるーエント/
流暢に fluently, with fluency /ふるーエンスィ/
- 流暢に英語を話す speak English fluently

リューマチ rheumatism /ルーマティズム/

リュック(サック) a **rucksack** /ラクサク/, a **backpack** /バクパク/
- リュックサックを背負って歩く walk [go walking] with a rucksack on one's back / backpack ➡ この backpack は動詞(リュックを背負って旅行する)
- 私はリュックを背負って北海道を旅行した
I backpacked [went backpacking] around Hokkaido.

りよう 利用 **use** /ユース/
利用する use /ユース/; **make good use of** /ユース/
利用できる available /アヴェイらブる/
- きょうの午後, この部屋は利用できますか
Is this room available this afternoon?

りょう¹ 量 **quantity** /クワンティティ/
- 多量に in quantities
- 多[少]量の塩 a large [small] quantity of salt

りょう² 寮 a **dormitory** /ドーミトーリ/, 《話》a **dorm** /ドーム/
- 寮生 a boarding student

りょう³ 猟 (狩猟) a **hunt** /ハント/, **hunting**; (銃猟) **shooting** /シューティンぐ/
- 猟に行く go on a hunt / go hunting
- 猟師 a hunter
- 猟犬 a hound
- 猟銃 a hunting gun

りょう⁴ 漁 **fishing** /ふィシンぐ/
- 海へ漁に出る go out fishing in the sea

漁師 a fisherman (㋾ -men) / a fisherwoman (㋾ -women) / (漁業従事者) a fishery worker

りょう[5] 両… **both** /ボウす/
- 両側 both sides
- 両手 both (one's) hands

りょうかい[1] 了解 **understanding** /アンダスタンディング/
了解する understand /アンダスタンド/
- 暗黙の了解 a tacit understanding

りょうかい[2] 領海 **territorial waters** /テリトーリアる ウォータズ/

りょうがえ 両替 **exchange** /イクスチェインヂ/
両替する exchange, change
- 両替機 a money-changing machine
- この札を小銭に両替してくれませんか Can you change me this bill into small money?
- 空港でも両替できますよ
You can change money at the airport, too.

すみませんが円をドルに両替してもらえませんか
―かしこまりました. 何ドル札がよろしいですか
10 ドル札にしてください
Sorry, but can you **change** yen into dollars?
―Sure. What kinds of bills would you like?
Ten-dollar bills, please.

りょうきん 料金 （サービスなどに対する）**a charge** /チャーヂ/; （手数料・入場料など）**a fee** /ふィー/; （乗り物の）**a fare** /ふェア/; （通行料金）**a toll** /トウる/; （電気・ガス・水道・電話・ホテルなどの）**a rate** /レイト/
- (高速道路などの)料金所 a tollgate / a tollbooth; (料金所全体)《米》a toll plaza
- 公共料金 public utility charges
- 手ごろな料金で at a moderate charge

会話 新幹線で東京から新大阪までの料金はいくらぐらいですか. ―１万４千円ぐらいでしょう
How much is the fare from Tokyo to Shin-Osaka by (the) Shinkansen?―It's about fourteen thousand yen.

りょうくう 領空 **territorial air** /テリトーリアる エア/

りょうじ 領事 **a consul** /カンスる/
領事館 a consulate /カンスュれト/

りょうしき 良識 **good sense** /センス/

りょうしゅう 領収する **receive** /リスィーヴ/
領収書 a receipt /リスィート/

りょうしん[1] 両親 **one's parents** /ペアレンツ/
- 彼はチベット人を両親としてインドで生まれた
He was born in India to Tibetan parents.

りょうしん[2] 良心 **conscience** /カンシェンス/
良心的な conscientious /カンシエンシャス/

りょうど 領土 **a territory** /テリトーリ/
領土の territorial /テリトーリアる/
- 領土問題 a territorial issue

りょうほう 両方

➤ **both** /ボウす/
- 両方の手でそれを持っていなさい
Hold it with both your hands.
- それは両方とも私のです They are both mine. / Both of them are mine.
- 私はその両方とも好きでない
I don't like either of them. /
I like neither of them.
- 私はその両方とも好きでない(片方は好きだが)
I don't like either of them.

りょうようじょ 療養所 **a sanatorium** /サナトーリアム/

りょうり 料理

➤ (作ること) **cooking** /クキング/; (出来上がった) **a dish** /ディシュ/
料理する cook /クク/
- 料理人 a cook
- 料理店 a restaurant
- 料理学校 a cooking school
- 料理の本 a cookbook
- 彼は料理がなかなかじょうずです
He is a very good cook. /
He can cook very well.
- 彼女は料理がへたです
She is a poor cook. (まったくだめ) ひゆ She can't boil an egg. (卵もゆでられない)

りょうりつ 両立する **go together** /トゥゲざ/, **be compatible** /コンパティブる/
- 仕事と遊びは両立しない Business and pleasure do not go together. / Business and pleasure are not compatible ［are incompatible］.
- 勉強とスポーツを両立させるのは難しい
It's hard to do well both in studies and sports.

りょかく 旅客 **a traveler** /トラヴら/; (観光客) **a tourist** /トゥアリスト/; (乗客) **a passenger** /パセンヂャ/
- 旅客機［列車］ a passenger plane［train］

りょかん 旅館 **a hotel** /ホウテる/; (小規模の) an

りょけん 578 five hundred and seventy-eight

inn /イン/ → ホテル
・旅館に泊まる put up at an inn / stay at an inn
・旅館を予約する make reservations at a hotel
りょけん 旅券 a **passport** /パスポート/

りょこう 旅行

➤ **travel** /トラヴる/, **traveling**; (やや長期の) a **journey** /ヂャ～ニ/; (短い) a **trip** /トリプ/; (周遊) a **tour** /トウア/; (海の) a **voyage** /ヴォイエヂ/

旅行する **travel**; **tour**; **make a journey** [a **trip**, a **tour**], **go on a journey** [a **trip**, a **tour**]
・旅行かばん a travel(ing) bag
・旅行者 a traveler; (観光客) a tourist
・旅行案内 a guidebook
・旅行案内所 a tourist (information) office
・旅行代理店 a travel agency
・旅行が好きだ be fond of traveling
・ヨーロッパ[日本じゅう]を旅行する travel in Europe [all over Japan]
・世界一周旅行をする travel around the world
・伊豆へバス[自転車]旅行する make a bus [cycling] trip to Izu
・1泊旅行をする take an overnight trip
・南米旅行に出かける go on a tour of South America
・私のヨーロッパ旅行中 during my travel in [through] Europe
・彼は中国旅行中で留守です
He is away on a journey to China.

使い分け

travel:「旅行」を指す一般的な語 air travel (飛行機旅行)
journey: 長期の旅行を指し,「旅程, 行程」も意味する a three-day journey (3日の旅程)
trip:「短い旅行」を指す語 a school trip (修学旅行)
tour: いくつかの場所を見て回る「周遊旅行」を意味する語 a tour of Tokyo (東京周遊旅行)
voyage:「(船や宇宙船での)旅行」を意味する語 a voyage around the world (世界一周の航海)

りょひ 旅費 (費用) **traveling expenses** /トラヴりング イクスペンセズ/; (手当) a **traveling allowance** /アらウアンス/
リラックスする relax /リらクス/
リリーフ (交替) **relief** /リリーふ/
リリーフする **relieve** /リリーヴ/
りりく 離陸 **take-off** /テイク オーふ/

離陸する take off
リレー a **relay race** /リーれイ レイス/
・(オリンピックの)聖火リレー the torch relay
りれき 履歴 one's **personal history** /パ～ソヌる ヒストリ/
履歴書 a **personal history**, (求職用の職務経歴書) 《米》a **résumé** /レズメイ/, 《英》a **curriculum vitae** /カリキュらム ヴィータエ/ → résuméは元はフランス語. e の上のアクセント記号に注意
・通話履歴 a call history
りろん 理論 a **theory** /すィオリ/
理論的な **theoretical** /すィオレティカる/
理論的に **theoretically**
りん 燐 **phosphorus** /ふァースふぉラス/
りんかいがっこう 臨海(夏期)学校 a **seaside summer school** /スィーサイド サマ スクーる/
りんかく 輪郭 an **outline** /アウトライン/
輪郭を描く **outline**
りんかんがっこう 林間学校 a **summer school in the woods** /サマ スクーる ウヅ/
りんきおうへん 臨機応変にやる
・何が起こるか予想もつかないから臨機応変にやるしかないよ
I can't imagine what will happen, so I'll have to play it by ear. → play it by ear はもともとは「(楽譜を見ないで)聞きおぼえで演奏する」の意
りんぎょう 林業 **forestry** /ふォーレストリ/
リンク (スケートの) a **rink** /リンク/
リング (ボクシングなどの) a **ring** /リング/
リングサイド a **ringside** /リングサイド/; (席) a **ringside seat** /スィート/
リンゴ 林檎 《植物》an **apple** /アプる/
・リンゴの木 an apple tree
りんじ 臨時の (一時的) **temporary** /テンポレリ/, (特別の) **special** /スペシャる/
・臨時列車 a special train
りんしょう 輪唱 a **round** /ラウンド/
・輪唱する sing a round
りんじん 隣人 a **neighbor** /ネイバ/
リンス conditioner /コンディショナ/ → コンディショナー

カタカナ語！ リンス

髪をシャンプーしたあとにつける「リンス」は英語で **conditioner** (仕上げ液)という。「リンスする」は condition. rinse という英語は「すすぎ; すすぐ」という意味で, そのほかにも「染毛剤」という意味がある

リンチ (私刑) a **lynch** /リンチ/; (集団暴行) **group bullying** /グループ ブリィング/

・リンチを加える lynch / bully *a person* in a group

りんり 倫理(学) **ethics** /エθィクス/
倫理的 **ethical** /エθィカる/

る ル

るい¹ 類 (種類) a **kind** /カインド/ → しゅるい
・類のない unique
ことわざ 類は友を呼ぶ Birds of a feather flock together. (同じ羽の鳥はいっしょに集まる)
るい² 塁 (野球の) a **base** /ベイス/
・1 [2, 3] 塁を守る play first [second, third] base
・1 [2, 3] 塁手 a first- [second-, third-] base player
・2 [3] 塁打 a double [a triple] / a two-base [three-base] hit
るいご 類語 a **synonym** /スィノニム/
るいじ 類似 **resemblance** /リゼンブらンス/; (類似点) a **similarity** /スィミらリティ/
るいじんえん 類人猿 an **ape** /エイプ/
ルーキー a **rookie** /ルキ/
ルーズな (だらしのない) **slovenly** /スらヴンリ/; (不注意な) **careless** /ケアれス/ → **loose** /るース/ (発音に注意)はふつう「物」について「締まりのない、たるんでいる」の意味で使い、「人」について使うと「性的にふしだらな」の意味になる
・ルーズな生活をする lead a slovenly life
・彼女はお金にルーズだ
She is careless with money.
・彼は時間にルーズだ He is not punctual.
ルーズリーフ (ノート) a **loose-leaf notebook** /るース りーふ ノウトブク/; (用紙) **loose-leaf paper** /ペイパ/
ルート (道筋) a **route** /ルート/
ルール a **rule** /るーる/
・ゲームのルール the rules of the game
・ルールを守る [に従う] keep [follow] a rule

るす 留守
➤ **absence** /アブセンス/
・留守にする be away [gone]
・留守番をする house-sit / be a house-sitter
・留守番電話 (固定電話) an answering machine / (音声メッセージ) voice mail (service)
・留守中に in [during] *one's* absence
・母は買い物に行っていて留守です
Mother is out shopping.
・私は 2〜3 日家を留守にします
I'll be away [gone] for a few days.
・いつまでお留守になりますか
How long will you be gone [away]?
・家の者は皆動物園に行って私ひとり留守番でした
My family went to the zoo and I was alone at home.
ルネサンス the **Renaissance** /レネサーンス/
ルビー a **ruby** /ルービ/
ルポ a **report** /リポート/; a **documentary** /ダキュメンタリ/

れ レ

れい¹ 礼
❶ (おじぎ) a **bow** /バウ/
礼をする **bow** (to 〜)
❷ (感謝) **thanks** /サンクス/
礼を言う **thank**
・その本(をもらったこと)に対して私は彼に礼を言った
I thanked him for the book.
れい² 例 (見本) an **example** /イグザンプる/; (事例) an **instance** /インスタンス/, a **case** /ケイス/
・例をあげる give an example

・例をあげると for example [instance]
・例のごとく as usual
・こういう例は珍しい
Such cases are rare [unusual].
・例として先生は吉田松陰の話をしてくれました
Our teacher told us about Yoshida Shoin as an example.
れい³ 零 **zero** /ズィアロウ/ → れいてん
・零下 30 度 thirty degrees below zero
・午前零時 twelve o'clock midnight

れい

れい⁴ 霊 **the soul** /ソウる/
• 犠牲者の霊に１分間の黙禱(もくとう)を捧げる **observe a minute of silence for (the souls of) the victims**

レイアウト (a) **layout** /れイアウト/
レイアウトする lay out

れいえん 霊園 **a cemetery** /セメテリ/

れいか 冷夏 a **cool summer** /クーる サマ/
• 今年の夏は冷夏だった
It was cool this summer.

れいがい 例外 an **exception** /イクセプション/
• 例外なく **without exception**
• どんな規則にも例外はある
There are exceptions to every rule. / There are no rules without exceptions.
• 私も例外ではなかった
I was no exception.

れいかん 霊感 (an) **inspiration** /インスピレイション/
• 霊感がわく **have an inspiration**

れいぎ 礼儀 **courtesy** /カ〜テスィ/; (丁寧(ていねい)さ) **politeness** /ポらイトネス/; (作法) (**good**) **manners** /マナズ/; (礼法) **etiquette** /エティケト/
• 礼儀正しい **courteous / polite**
• 彼は礼儀を知らない
He has no manners[no etiquette].

れいこく 冷酷 な **cruel** /クルーエる/, **cold-hearted** /コウるド ハーテド/

れいしょう 冷笑 a **sneer** /スニア/
冷笑する sneer (at 〜)

れいじょう 礼状 a **letter of thanks** /れタ サンクス/, a **thank-you letter** /サンキュー/

れいせい 冷静 **calmness** /カームネス/, **presence of mind** /プレズンス マインド/
冷静な calm /カーム/
冷静に calmly, with calmness
• 冷静さを保つ **keep calm**
• 冷静さを失う **lose** *one's* **presence of mind**

れいせん 冷戦 **the Cold War** /コウるド ウォー/
→ 武力衝突を伴わない戦争. 通例第二次大戦後の東西対立をさす

れいぞう 冷蔵庫 a **refrigerator** /リふリヂェレイタ/, 《話》a **fridge** /ふリヂ/
• 冷蔵する **refrigerate**

れいだい 例題 an **exercise** /エクササイズ/
• 例題をいくつか出す **give exercises**

れいたん 冷淡 な **cold** /コウるド/, **cool** /クーる/; (無関心な) **indifferent** /インディふァレント/
冷淡に coldly, coolly

れいてん 零点 **zero** /ズィアロウ/, a **zero mark**

• (競技で)零点の[に] **scoreless**
• 理科で零点を取る **get zero in science**

れいとう 冷凍 **freezing** /ふリーズィング/
冷凍する freeze
• 冷凍食品[肉] **frozen food[meat]**

れいねん 例年のように[よりも] **as[more than] usual** /ユージュアる/, **as[more than] in other years**
• 今年は例年よりも雪が多いでしょう
We will have more snowfall this year than in other years[than we have each year].

れいはい 礼拝 **worship** /ワ〜シプ/; (礼拝式) (a) **service** /サ〜ヴィス/
礼拝する worship
• 礼拝堂 a **chapel**

れいぶん 例文 an **example sentence** /イグザンプる センテンス/
• 例文をあげる **give an example sentence**

れいぼう 冷房 **air conditioning** /エア コンディショニング/
冷房する air-condition /エア コンディション/

レイヤー (層, 階層) a **layer** /れイア/

れいわ 令和→へいせい

レインコート a **raincoat** /レインコウト/

レーサー a **racing car driver** /レイスィング カードライヴァ/

レーザー (光線) a **laser** (**beam**) /れイザ (ビーム)/

レース¹ (編み物) **lace** /れイス/

レース² (競走) a **race** /レイス/

レーズン raisin /レイズン/

レーダー a **radar** /レイダー/

レール a **rail** /レイる/

レーンコート a **raincoat** /レインコウト/

レーンシューズ rain boots /レイン ブーツ/ →
「レーンシューズ」は和製英語

れきし 歴史

➤ **history** /ヒストリ/
• 歴史(上)の **historical**
• 歴史的(に有名)な **historic**
• 歴史的に **historically**
• 歴史家 a **historian**
• 歴史的事実 a **historical fact**
• 歴史上の人物 a **historical personage**
• 歴史小説 a **historical novel**
• 日本の歴史 **Japanese history**
• 彼女はおそらく祖国を救った女性として歴史に名を残すだろう
She will likely go down in history as the woman who saved the country.

ことわざ 歴史は繰り返す History repeats itself.
レギュラーの regular /レギュら/
- レギュラー選手 a regular (player)

レギンス a pair of leggings /れギンベズ/

レクリエーション recreation /レクリエイション/
- レクリエーションとして for recreation
- レクリエーション施設(しせつ) recreational facilities

レゲエ reggae /レゲイ/

レコード (記録) a record /レコド/ (→ きろく); (音盤) a record, a disk /ディスク/
- レコードをかける play a record
- レコードプレーヤー a record player

レジ (勘定(かんじょう)台) a checkout (counter) /チェカウト (カウンタ)/; (レジ係) a cashier /キャシア/

カタカナ語！ レジ
日本でいう「レジ」は cash register (金銭登録器) を日本語流に短くしたもの. スーパーなどの「会計場」は checkout あるいは checkout counter という. また「レジ係」を示す cashier ということばも使われる.「レジで支払う」は pay at the checkout (counter) とか pay at the cashier という

レシート (領収書) a receipt /リスィート/ (発音注意. p は発音しない); (レジで印字されるもの) 《米》 a sales slip /セイるズ スリプ/

レシーバー a receiver /リスィーヴァ/

レジェンド (伝説的人物) a legend /れヂェンド/

レシピ (調理法) a recipe /レスィピ/

レジャー (余暇) leisure /リージャ/; (娯楽) recreation /レクリエイション/

レストラン a restaurant /レストラント/

レスラー a wrestler /レスら/

レスリング wrestling /レスリンぐ/

レタス 《植物》 lettuce /れタス/

れつ 列

➤ (横の) a row /ロウ/; (縦の) a line /らイン/; (順番を待つ) 《米》 a line. 《英》 a queue /キュー/
- 一番前の列にすわる sit in the front row
- 列を作る form a line [a queue]
- 列に並ぶ stand in a line [a queue]
- 入場券売り場の前には開場のずっと前から長い列が出来た

A long line [queue] was formed in front of the ticket office long before the theater opened.

a row

a line

レッカー レッカー車 a wrecker /レカ/

れっしゃ 列車 a train /トレイン/
- 列車で by train
- 上り[下り]列車 an up [a down] train
- 博多駅午後5時30分発広島行きの列車に乗る take the 5:30 p.m. train for Hiroshima from Hakata Station

レッスン a lesson /れスン/
- レッスンを受ける take lessons

レッテル a label /れイブる/ → ラベル

れっとう 列島 a chain of islands /チェイン アイらンヅ/, an archipelago /アーキペらゴウ/
- 日本列島 the Japanese Archipelago / the Japan Islands

れっとうかん 劣等感 an inferiority complex /インフィアリオーリティ コンプれクス/

レバー[1] (肝臓) liver /リヴァ/

レバー[2] (取っ手) a lever /れヴァ/

レパートリー a repertoire /レパトワー/

レフェリー a referee /レふェリー/

レフト (野球の) left field /れふト ふィーるド/; (左翼手) a left fielder /ふィーるダ/

レベル (a) level /れヴる/
- レベルが高い[低い] be on a high [low] level
- レベルが同じである be on the same level
- より高いレベルに達する rise to a higher level

レポーター a reporter /リポータ/

レポート (報告書) a report /リポート/; (研究論文) a paper /ペイパ/ → 学校でいう「レポート」は，ふつう何かについて調べて報告するものだから paper という語を使う
- レポートを提出する hand in a report [a paper]

レモネード lemonade /れモネイド/

レモン 檸檬 《植物》 a lemon /れモン/
- レモンジュース lemon juice

れる …(さ)れる, …られる
❶ 受け身形（**be**＋**過去分詞**）で表現する
❷（可能）**can** do
❶（…は[が]…される）「受け身形（**be**＋**過去分詞**）」で表現する；（…は…を…される）「主語＋**have**＋目的語＋過去分詞」の形で表現する
- 彼はクラスメートに好かれています
He is liked by his classmates.
- この番組は毎週金曜日に放送されます
This program is broadcast every Friday.
- この絵は有名な画家によってかかれたものです
This picture was painted by a famous artist.
- その試合は8チャンネルで今晩放送されるでしょう
The game will be televised on Channel 8 this evening.
- 私は映画館で財布を盗まれた
I had my purse stolen in the theater.
❷（可能）**can** do
- 彼はピアノがひける
He can play the piano.

れんあい 恋愛 love /らヴ/
- 恋愛小説 a love story

れんが (a) brick /ブリク/
- れんが造りの家 a brick house / a house built of brick(s)

れんきゅう 連休 straight holidays /ストレイト ハリデイズ/
- 今月は4日の連休がある
We have four straight holidays this month.
- 5月の連休にはどこへ出かけるつもりですか
Where are you planning to go in May during the long holidays ['Golden Week' holidays]?

れんけい 連携 cooperation /コウアペレイション/
- …と連携する work in cooperation with ～

れんごう 連合 a union /ユーニョン/
連合軍 the allied forces /アらイド フォーセズ/

れんさい 連載される appear serially /アピア スィアリアリ/
- 連載小説 a serial story

れんさはんのう 連鎖反応 a chain reaction /チェイン リアクション/
- 連鎖反応を引き起こす start a chain reaction

レンジ（電子レンジ）a microwave (oven) /マイクロウウェイヴ (アヴン)/ (→ でんし)；（ガスレンジ）a gas stove /ギャス ストウヴ/

れんしゅう 練習
➤ **practice** /プラクティス/; (an) **exercise** /エクササイズ/

練習する practice
- 練習問題(集) an exercise (book)
- 練習試合 a practice game ［match］
- 彼女は毎日ピアノを2時間練習する She practices the piano for two hours every day.
- 彼らはバッティングの練習をしていた
They were practicing (at) batting.
- 英語をしゃべるということは非常に練習のいることです
Speaking English requires a lot of practice.

レンズ a lens /れンズ/

れんそう 連想 association /アソウシエイション/
連想する associate /アソウシエイト/
- 私は夏というといつも海辺での休日を連想する
I always associate summer with holidays by the sea.
- その絵は私にあの当時を連想させる
The picture reminds me ［puts me in mind］ of those days.

れんぞく 連続 (a) succession /サクセション/
- 連続的な successive; serial
- 連続して in succession / successively
- 連続殺人犯 a serial killer
- 連続五日間 for five successive days / for five days on end / for five days running
- それらの事故はその日に連続して起こった
Those accidents happened in succession on that day.

レンタカー a rent-a-car /レンタカー/
- レンタカーを借りる rent a car

レンタルの rental → かし⁴
- レンタル自転車(店) a rental bike (shop)

レントゲン X-ray /エクス レイ/
- レントゲン写真 an X-ray photograph

れんぽう 連邦 a federation /ふェダレイシャン/; union /ユーニョン/
- ロシア連邦 the Russian federation

れんめい 連盟 a league /リーグ/

れんらく 連絡 connection /コネクション/
連絡する connect /コネクト/, get in touch with /タチ/
- 連絡船 a ferryboat
- 一斉メールでの学校からの連絡 emails from the school mailing list / mailing list messages from the school
- このバスは名古屋駅午前9時10分発ののぞみ11号

five hundred and eighty-three　583　ローン

に連絡します This bus connects with the superexpress Nozomi No.11 leaving at 9:10 a.m. from Nagoya Station.

・電話で彼と連絡できるでしょうか
Can I get in touch with him over the telephone?

ろ ロ

ろ¹ 炉 (暖炉) a **fireplace** /ふァイアプれイス/; (溶鉱(ようこう)炉) a **furnace** /ふァ〜ネス/
・炉ばたで by the fireside

ろ² (船の) an **oar** /オー/

ろう wax /ワクス/
・ろう人形 a wax doll

ろうか 廊下 a **hallway** /ホーるウェイ/, a **corridor** /コーリダ/

ろうしゃ 聾者 the **deaf people** /デふ ピープる/; **the people with hearing loss** /ウィ**ず** ヒアリング ろース/

聾唖者(ろうあしゃ) the **deaf and speech-impaired people** /デふ アンド スピーチ インペアド/
・聾学校 a school for the deaf people

ろうじん 老人 (男性) an **old man** (⑧ men), (女性) an **old woman** /ウマン/ (⑧ women /ウィメン/); (集合的に) **old people** /ピープる/, **the aged** /エイヂド/, **the old**
・老人ホーム a nursing home
・老人は尊敬しなければなりません
You must respect old people. /
The aged must be respected.

ろうすい 老衰 **senility** /スィニリティ/
・老衰で死ぬ die of old age

ろうそく a **candle** /キャンドる/
・ろうそく立て a candlestick
・ろうそくをともす[吹き消す] light [blow out] a candle

ろうどう 労働

➤ **labor** /れイバ/

労働する work /ワ〜ク/
・労働者 a worker; (雇われている人) an employee; (肉体労働者) a laborer
・熟練労働者 a skilled worker
・農場労働者 a farm worker
・季節労働者 a seasonal worker
・労働組合 《米》a labor union / 《英》a trade union
・労働時間 working hours
・労働条件 working conditions

・労働者階級 the working class

ろうどく 朗読する **read aloud** /リード アらウド/

ろうにん 浪人
❶ (主君のない武士) **ronin**. a **samurai without a lord** /ろード/, a (召しかかえられていない武士) a **warrior without retainment** /ウォーリア ウィずァウト リテインメント/
❷ (大学受験のための)
・私の兄は高校を卒業して今浪人中です
My brother graduated from high school and is now studying for college examinations for next year.

ろうねん 老年 **old age** /オウるド エイヂ/

ろうひ 浪費 (a) **waste** /ウェイスト/ → むだづかい
浪費する **waste**

ろうりょく 労力 **labor** /れイバ/

ろうれい 老齢化社会 an **aging society** /エイヂング ソサイエティ/

ローカルな (地元の) **local** /ろウカる/; (田舎の) **rural** /るラる/

ロータリー 《米》a **traffic circle** /トラふィック サ〜クる/, 《英》a **roundabout** /ラウンダバウト/

ロードショー (映画の封切公開) (**general**) **release** /(ヂェネラる) リリース/; (初演・初公開) a **premiere** /プリミア/ ➜ 英語の a road show はふつう「巡回興行(こうぎょう)」の意味

ロープ a **rope** /ろウプ/

ロープウェー (ケーブルカー) a **cable car** /ケイブる カー/ ➜ 日本でいう「ロープウェイ」は英語ではこう呼ばれる. ropeway は「ロープを渡して荷物を運ぶ空中ケーブル」の意味

ローマ **Rome** /ろウム/
・ローマの Roman
・ローマ人 a Roman
・ローマ字 Roman letters
・ローマ数字 Roman numerals
・ローマ教皇(きょうこう) the Pope

ローラー a **roller** /ろウら/
・ローラースケート roller skating; (靴) (a pair of) roller skates

ローン a **loan** /ろウン/, (特に家を買うための) a

あ
か
さ
た
な
は
ま
や
ろ
わ

ろか 584 five hundred and eighty-four

mortgage /モーギチ/ → t は発音しない
・彼女はローンを組んで家を買った
She took out a mortgage [a loan] to buy a house.
・彼女は住宅ローンを返し終えている.
She has paid off the mortgage.

ろか 濾過 **filtration** /ふぃるトレイション/

ろく 6(の) **six** /スィクス/
・第6(の) the sixth (略 6th)

ろくおん 録音 **recording** /リコーディンぐ/
録音する record /リコード/, (特にテープに) **tape** /テイプ/

ろくが 録画 **recording** /リコーディンぐ/
録画する record /リコード/, (特に磁気テープに) **videotape** /ヴィデオウテイプ/, **tape**
・テレビ番組を録画する record a TV program [show]

ろくがつ 6月 **June** /デューン/ (略 Jun.) → くがつ

ろくじゅう 60(の) **sixty** /スィクスティ/
・第60(の) the sixtieth (略 60th)
・61(の), 62(の), … sixty-one, sixty-two,…
・第61(の), 第62(の), … the sixty-first, the sixty-second, …

ろくでなし (役に立たない人) a **good-for-nothing** /グド フォ ナスィンぐ/

ロケ(ーション) location /ロウケイション/
・ロケ(ーション)に行く go on location

ロケット a **rocket** /ラケト/
・ロケット砲[弾] a rocket gun [bomb]
・ロケット発射台 a rocket launcher
・ロケットを発射する launch a rocket

ろじ 路地 an **alley** /アリ/

ロシア Russia /ラシャ/
・ロシア(人・語)の Russian
・ロシア語 Russian
・ロシア人 a Russian; (全体) the Russians
・ロシア連邦 the Russian Federation

ろしゅつ 露出 **exposure** /イクスポウジャ/
露出する expose /イクスポウズ/

ろせん 路線 a **route** /ルート/
・バス路線 a bus route
・路線バス a route bus

ロッカー a **locker** /ラカ/
・ロッカールーム a locker room

ロックダウン (外出・営業禁止令) **lockdown** /らクダウン/, a **stay-at-home order** /ステイ アト ホウム オーダ/

ロック(ンロール) rock /ラク/, **rock-and-roll** /ラク アンド ロウる/, **rock-'n'-roll** /ラクン ロウる/

ろっこつ 肋骨 a **rib** /リブ/

ろてん 露店 a **roadside stand** /ロウドサイド/

ろてんぶろ 露天風呂 *rotenburo*, an **open-air hot spring** /オウプン エア ハト スプリンぐ/

ロバ 驢馬 (動物) a **donkey** /ダンキ/

ロビー a **lobby** /らビ/

ロボット a **robot** /ロウバト/
・ロボット工学 robotics

ロマンス a **romance** /ロウマンス/

ロマンチックな romantic

ろん 論 → ぎろん
ことわざ 論より証拠
Proof is better than argument. (証拠は議論にまさる) / The proof of the pudding is in the eating. (プディングのうまいまずいは食べてみなければわからない)

ろんじる 論じる (主張する) **argue** /アーギュー/; (意見を出し合う) **discuss** /ディスカス/
・このことについてはいつかまた十分に論じましょう
Let us discuss this matter more fully some other time. → ✕discuss *about* ~ としない

ろんせつ 論説 → しゃせつ

ろんそう 論争 a **dispute** /ディスピュート/
論争する dispute
・論争点 a point in dispute
・その件について彼と論争する dispute with him on the matter

ロンドン London /らンドン/
・ロンドンっ子 a Londoner

ろんぶん 論文 (小論文) a **paper** /ペイパ/, an **essay** /エセイ/; (学位論文) a **thesis** /すィースィス/ (複 theses /すィースィーズ/)

ろんり 論理(学) **logic** /らヂク/
論理的 logical /らヂカる/
・論理的に logically

わ ワ

わ¹ 輪 a **ring** /リンぐ/; (円) a **circle** /サ〜クる/
・輪になってすわる sit in a ring [a circle]

わ² 和 (協調) **harmony** /ハーモニ/
・日本人は仲間の和を大切にする

The Japanese think much of harmony among the members of their group.

わ³, わっ (驚き・喜びの叫び) boy, wow /ワウ/ → あ, あっ

ワークブック a workbook /ワ〜クブク/

ワープロソフト a word processor /ワ〜ド プラセサ/, word-processing software /ワ〜ド プラセスィング ソーふトウェア/

ワールドカップ the World Cup /ワ〜るド カプ/

ワイシャツ a shirt /シャ〜ト/ ➔「ワイシャツ」は「ホワイトシャツ」(white shirt) からつくられた語
•ワイシャツ姿で in *one's* shirt sleeves

わいせつな lewd /るード/, dirty /ダ〜ティ/, obscene /オブスィーン/

ワイパー (自動車の) a windscreen wiper /ウィンドスクリーン ワイパ/

ワイファイ (無線 LAN の規格) Wi-Fi /ワイ ふァイ/

ワイヤレス ➔ むせん

わいろ a bribe /ブライブ/
•わいろをやる[取る] offer [take] a bribe

ワイン wine /ワイン/
•ワイン1杯[1本] a glass [a bottle] of wine

わえい 和英辞典 a Japanese-English dictionary /ヂャパニーズ イングリシュ ディクショネリ/

わかい 若い
➤ young /ヤング/

若さ *one's* youth /ユーす/
•君が若いうちに while you are young / in your youthful days
•若いうちに死ぬ die young
•彼女は年の割には若い
She looks young for her age.

ワカサギ 公魚 (魚) a (**pond**) smelt /(パンド) スメるト/
•ワカサギ釣りをする fish for pond smelt

わかす 沸かす boil /ボイる/ ➔ わく²
•湯を沸かす boil water
•彼女はお茶を入れようとしてお湯を沸かしていた
She was boiling water to make tea [for tea].

わかば 若葉 new [fresh] leaves /リーヴズ/

わがまま わがままな selfish /セるふィシュ/, willful /ウィるふる/
•わがままを通す have *one's* own way
•彼は何事にもわがままを通そうとする
He will have his own way in everything.

わかもの 若者 (男性) a young man /ヤング/ (複 men), a youth /ユーす/, (女性) a young woman /ウマン/ (複 women /ウィメン/); (全体として)

young people /ピープる/

わからずや (頑固者) an obstinate person /アブスティネト パ〜スン/; (聞きわけのない人) an unreasonable person /アンリーズナブる/

わかりにくい be hard to understand /ハード アンダスタンド/

わかりやすい be easy to understand /イーズィ アンダスタンド/

わかる
➤ (理解する) understand /アンダスタンド/, see /スィー/, make out; (知る) know /ノウ/; (芸術作品などを鑑賞する) appreciate /アプリーシエイト/; (見分ける) identify /アイデンティふァイ/

•わかりました I see.
•君の言うことはぼくにはわからない I cannot understand what you say [your meaning]. / ひゆ I can't make heads or tails of your story. (コインの表 (heads) と裏 (tails) の区別がつかない)
•先生は私たちによくわかるようにやさしくゆっくり話してくださいます
Our teacher speaks so simply and slowly that we can understand her [him] easily.
会話 あなたはパーティーに参加しますか. ―まだわかりません Will you join the party?—I don't know.
•彼は太郎がきらいだということが君にどうしてわかるの? How do you know [can you tell] that he does not like Taro?
•私はどうしてよいかわからなかった
I was at a loss what to do. (途方 (とほう) に暮れた) / ひゆ I was all at sea. (陸地のめじるしがまったくない公海上にいた)
•彼をどうしてよいか私にはわからない
I don't know what to do with him.
•多くの外国人は歌舞伎のよさがわかります
Many foreigners can appreciate *kabuki*.
•君の傘がどれだかわかりますか
Can you identify your umbrella?
•もし道がわからなかったらだれかに聞きなさい
Ask somebody if you cannot find the way.
•彼女は帰り道がわからなかった
She could not find her way back.
•これからはこういう態度は許しません. わかりましたか I will not tolerate this behavior any longer. Is that clear?
•彼にはユーモアがわからない

わかれ 586 five hundred and eighty-six

He has no sense of humor.
- それが何についてのことだかわかりますか
Do you have any idea what it is about?
- 私のおじさんはワインのよしあしがよくわかる人です My uncle is a good judge of wine.
- 彼の話しぶりから彼が関西の人だということがわかる His speech shows that he comes from the Kansai area.
- どちら側が勝つかはわからない（→言うことができない） There is no telling which side will win.
- そのカメラは見たところとてもよさそうだけど, 実際は使ってみないとわからない

ひゆ The camera looks very good, but the proof of the pudding is in the eating. (プディングのおいしいまずいは食べてみないとわからない)

使い分け

understand: 誰かの言っていることや意味するところを「理解・了解する」こと The students understood what the teacher explained. (生徒たちは先生が説明したことを理解した)

see: 誰かが言っていることの趣旨や理由が「わかる」こと I can see why she loves her dog because he is very cute. (どうして彼女が犬を好きなのかわかった, とてもかわいいからだ)

know: あるものについての知識や情報を「知っている」こと She knew the answer of the exam question. (彼女はテスト問題の答えがわかった)

わかれ 別れ (a) **parting** /パーティング/; (さようなら) (a) **good-bye** /グド バイ/, (a) **farewell** /ふェアウェる/
- 別れを告げる say good-bye [farewell]
- 別れのに手を振る wave a hand in farewell / wave a farewell

わかれみち 別れ道 a **branch road** /ブランチ ロウド/; (十字路) a **crossroads** /クロースロウヅ/

わかれる 別れる, 分かれる

➤ **part** /パート/; (分離される) **be divided** /ディヴァイデド/; (枝状に) **branch** /ブランチ/, (ふたまたに) **fork** /ふォーク/
- 君たち二人はどこで別れたの
Where did you two part?
- 私は門のところで彼と別れた
I parted from him at the gate.
- 私たちは駅で別れた（→別々の方へ行った）
We went our separate ways from the station.
- 3年生は三組に分かれている The 3rd year students are divided into three classes.
- ここで道は二つに分かれる

Here the road branches (into two). / Here the road forks.

わき the side /サイド/
- わきに[を] aside
- …のわきに beside ～ / by～ / by the side of ～ → そば²
- それをわきに置く put it aside
- わきを見ないでまっすぐ前を見なさい
Don't look aside. Look straight ahead.

わきのした わきの下 **the armpit** /アームピト/

わきばら わき腹 one's side /サイド/
- わき腹が痛む have a pain in one's side

わく¹ 枠 a **frame** /ふレイム/; (範囲) a **limit** /リミト/

わく² 沸く (湯が) **boil** /ボイる/ → わかす
- やかんの湯が沸いている The kettle is boiling.
- おふろが沸きました The bath is ready.

わく³ 湧く (泉などが) **gush out** /ガシュ/; (あふれ出る) **well out** /ウェる/

わくせい 惑星 a **planet** /プラネト/

ワクチン (a) **vaccine** /ヴァクスィーン/
- ワクチン接種 vaccination
- ワクチンを接種する vaccinate, inoculate
- 彼女はインフルエンザのワクチンを接種してもらった She was inoculated [vaccinated] against the flu.

わくわく わくわくする **be [get] excited** /イクサイテド/, **be thrilled** /すりるド/
- わくわくして excitedly
- 飛行機からロッキー山脈が見えると思ってわれわれはわくわくしていた
We were excited in expectation of seeing the Rocky Mountains from the plane.
- 私はうれしくて胸がわくわくした
I was thrilled with delight.

わけ

➤ (理由) (a) **reason** /リーズン/ → りゆう
- こういうわけで for this reason
- どういうわけで for what reason / why
- わけなく(容易に) easily / without difficulty
- 君がなぜそうしたかそのわけを聞かせてくれ
Let me know the reason why you did so. / Tell me why you did so.
- だから彼が好きなわけ
That's why I fell for him. → fall for ～ は「…に夢中になる」

わけがない …するわけがない → はず (→ …はずがない)

わけまえ 分け前 a **share** /シェア/

わけめ 分け目 （髪の）《米》a **part** /パート/, 《英》a **parting** /パーティンぐ/

わける 分ける （分割する） **divide** /ディヴァイド/; （分配する） **share** /シェア/; （分け目をつける） **part** /パート/

・子供たちを性別で二組に分ける　divide the children by sex into two classes

・髪を真ん中[横]で分ける　part *one's* hair in the middle ［at the side］

・その利益は君とぼくで分けよう

Let us share the profit (between you and me).

・君たちで分けなさいと言って彼は私たちに本を何冊かくれた　He gave us some books to be divided among us.

わゴム 輪ゴム　a **rubber band** /ラバ バンド/

ワゴン （キャスター付きの）a **wagon** /ワガン/; （自動車）a **station wagon** /ステイション/

わざ （技量） **skill** /スキる/; （妙技） a **feat** /ふィート/ → げい

・彼女のアクロバットのわざは実にすばらしかった

It was wonderful to see her acrobatic feats.

わざと **intentionally** /インテンショナリ/, **on purpose** /パ～パス/

・彼はわざとそうしたのです　He intentionally did so. / He did so on purpose.

わさび わさび　**wasabi**, **Japanese horseradish** /ホースラディシュ/

わざわい 災い → さいなん, ふこう

わざわざ **for the special purpose** /スペシャる パ～パス/ → げい

・わざわざ…する　take the trouble to *do*

・彼はわざわざ君に会うためにここへ来たのだ

He took the trouble to come here to see you. / He came here for the special purpose of seeing you.

・私のためにわざわざそんなことをしないでください

You need not take so much trouble for my sake. / Please don't trouble yourself like that on my account.

・君が忙(いそが)しければわざわざ来なくてもいいよ

Don't trouble to come if you are busy.

わし 和紙　*washi*: **traditional Japanese paper** /トラディショヌる/

ワシ 鷲 （鳥）an **eagle** /イーぐる/

わしょく 和食 （食べ物）**Japanese food** /ヂャパニーズ ふード/; （料理）a **Japanese dish** /ディシュ/; （料理法）**Japanese cuisine** /クウィズィーン/

ワシントン （州） **Washington** /ワシントン/; （市） **Washington, D.C.**

わすれる 忘れる

➤ **forget** /ふォゲット/

➤ （置き忘れる）**leave (behind)** /リーヴ （ビハインド）/

・忘れっぽい　forgetful

・忘れ物　a thing left behind

・この手紙を出すのを忘れないでくれ

Don't forget to mail this letter.

・私はその時母が私に言ったことばを決して忘れない

I will never forget the words that my mother said to me then ［on that occasion］.

・だれがこのカメラをここに忘れて行ったのだろう

I wonder who left this camera behind here.

・私は毎日英語の単語を10語覚えるけど, すぐ忘れてしまう

ひゆ I learn 10 English words every day, but they go in one ear and out the other. （一方の耳から入って別の方の耳から出ていく）

わた 綿　**cotton** /カトン/; （脱脂綿） **absorbent cotton** /アブソーベント/

わだい 話題　a **topic** /タピク/

・きょうの話題　current topics

・このことに関しては彼は話題が豊富だ　He has a good stock of topics on this subject.

・私たちには共通の話題がたくさんあった　We had a lot of common interests to talk about.

わたがし 綿菓子　a **cotton candy** /カトン キャンディ/

わたし 私は, 私が

➤ **I** （複 we）

私の　**my** （複 our）

私を, 私に　**me** （複 us）

私のもの　**mine** /マイン/ （複 ours）

私自身　**myself** /マイセるふ/ （複 ourselves /アウアセるヴズ/）

会話 だれですか. 一私です　Who is it?—It's me. ➡「人間」であっても, それがだれであるかわからない時は it を使う

・私の家族は3人一父, 母, そして私です　There are three people in my family—Father, Mother, and myself.

わたしたち 私たちは[が] **we** → わたし

わたす 渡す （手渡す）**hand**; （引き渡す）**deliver** /ディリヴァ/

わたぼこり 綿ぼこり　**lint** /リント/

わたりどり 渡り鳥　a **bird of passage** /バ～ド パセヂ/, a **migratory bird** /マイグラトーリ/

わたりろうか 渡り廊下　a **passage(way)** /パセヂ

わたる 渡る **cross, get across** /アクロース/; (水の中を歩いて) **wade** /ウェイド/
- 橋を渡る cross a bridge
- 舟も橋もなかったので私たちはその川を渡ることができなかった As there was neither a boat nor a bridge, we could not get across the river.
- これらの鳥は秋になると海の向こうから渡って来る These birds come from across the sea every fall.

ワックス ワックス(をぬる) **wax** /ワクス/

わっと わっと泣きだす **burst into tears** /バ〜スト ティアズ/; **burst out crying** /クライインぐ/

ワット (電力の単位) a **watt** /ワト/

ワッペン (紋章) an **emblem** /エンブレム/ →「ワッペン」はドイツ語の Wappen から

わな a **snare** /スネア/, a **trap** /トラプ/
- わなをしかける set a snare [a trap]
- わなにかかる be caught in a snare [a trap]

わなげ 輪投げ(をする) (**play**) **quoits** /クウォイツ/

ワニ 鰐 (動物)(アフリカ・アジア産) a **crocodile** /クラコダイる/; (アメリカ産) an **alligator** /アリゲイタ/

わびる **apologize** /アパろヂャイズ/ → あやまる
- 私はあなたにおわびしなければなりません I must apologize to you.

わふく 和服 → きもの

わぶん 和文 **Japanese, a Japanese sentence** /センテンス/
- 和文を英訳する translate [put] Japanese sentences into English

わへい 和平 **peace** /ピース/
- 和平交渉 peace negotiations

わめく **shout** /シャウト/
- 痛いといってわめく shout with pain

わやく …を和訳する **translate** [**put**] ~ **into Japanese** /トランスれイト/
- 英文を和訳する translate [put] English sentences into Japanese

わら (a) **straw** /ストロー/
- わらぶき屋根 a thatched roof
- わら人形 a straw figure

わらう 笑う
➤ (声を出して) **laugh** /らふ/; (ほほえむ) **smile** /スマイる/ → ほほえむ

笑い a **laugh**; (ほほえみ) a **smile**
- 笑い声 laughter
- 笑い話 a funny story / a joke
- どっと笑いだす burst out laughing / burst into laughter
- 大声を出して笑う give a loud laugh
- それは笑い事じゃない It is no laughing matter. / It is not a matter to laugh about.
- このばからしい間違いでぼくたちは大笑いした We had a good laugh over this foolish mistake.
- 隣の部屋から笑い声が聞こえてきた I heard laughter from the next room. / I heard someone laughing in the next room. / Laughter came from the next room.

ことわざ 笑う門(かど)には福来る Laugh and grow fat. (笑えば肥(こ)える)

laugh　　smile

わり 割 (割合) **rate** /レイト/; (百分率) **percent** /パセント/

わりあい 割合 **proportion** /プロポーション/, **ratio** /レイショウ/
- 15パーセントの割合で at the rate of 15% (読み方: fifteen percent)
- AとBを3対1の割合で混ぜる mix *A* and *B* in the proportion [the ratio] of 3 to 1

わりあてる 割り当てる **assign** /アサイン/
割り当て **assignment** /アサインメント/
- 先生はその仕事をわれわれに割り当てた The teacher assigned the task to us.
- 先生は3人の生徒をその仕事に割り当てた The teacher assigned three students to the task.
- われわれは教室そうじを割り当てられた We were assigned to the task of cleaning the classroom.

わりかん 割り勘にする **share the cost** /シェア コースト/, **split the cost**
- 割り勘にしよう Let's share [split] the cost.

わりこむ 割り込む **break in** /ブレイク/, **cut in**
- 列に割り込む 《米》 jump the line / 《英》 jump the queue
- 彼女はいつも人の話に割り込んでばかりいる She is always breaking in on other people's conversation.

わりざん 割り算 **division** /ディヴィジョン/

わりと 割と (比較的) **comparatively** /コンパラティヴリ/, **relatively** /レラティヴリ/; (かなり) **fairly** /フェアリ/, **rather** /ラざ/
・きょうは割と寒い It is rather cold today.
・このカメラは割と安かった
This camera was comparatively cheap.

わりに …の割に **for**
・値段が安い割にこれはなかなかいいカメラだ
This camera is very good for its price.
・彼は年の割には若くみえる
He looks young for his age.

わりばし 割箸 *waribashi*, **jointed-together disposable wooden chopsticks which are split for use** /ヂョインテド トゥゲざ ディスポウザブる チャプスティクス/

わりびき 割引 a **discount** /ディスカウント/, a **reduction** /リダクション/
　割引する discount → まける ❷
・団体割引 a group reduction
・割引券 a discount ticket [coupon]
・割引して売る sell at a discount [a reduction]
🗨会話 現金だったら割引してもらえますか. —はい. 5パーセント割引になります
Do you allow any discount for cash?—Yes. You can get five percent off.
・彼は20パーセント割引してくれた
He gave me a discount of 20%.

わる 割る
➤ (壊(こわ)す) **break** /ブレイク/
➤ (分ける) **divide** /ディヴァイド/
・花びんを割る break a vase
・ガラスが割れている The glass is broken.
・10割る2は5である
Ten divided by two is five.

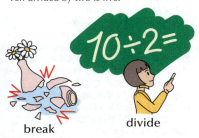
break　　divide

わるい 悪い
➤ **bad**; (間違っている, 故障している) **wrong** /ロ—ンぐ/

・1日じゅう家の中にいるのは健康に悪いですよ It is bad for your health to stay indoors all day.
・彼はきのうよりも具合が悪いようだ
He looks worse than yesterday.
・さらに悪いことには雪が降りだした
To make matters worse, it began to snow.
・悪い事のあとにはよい事が来るものだ
🔸ひゆ After rain comes sunshine. (雨のあとには日が射す) → ことわざとして使われる
🔸参考ことわざ どの雲も裏側は(太陽に照らされて)銀色に輝いている Every cloud has a silver lining. (銀色の裏地を持っている) → どんな悪い事にもよい面があるということ
・このラジオにはどこか悪い所がある
There is something wrong with this radio.
・そんなことを言うなんて君が悪かったのだ
It was wrong of you to say so.
・私が悪いのです I am to blame.

　使い分け
bad:「悪い」ということを広く指す a bad habit (悪習慣)
wrong:「間違っている」という意味で用いる a wrong answer (間違った答え)
awful:「とても悪い」という意味で用いる an awful weather (とても悪い天気)

わるがしこい 悪賢い (ずるい) **cunning** /カニンぐ/; (抜け目がない) **shrewd** /シュルード/

わるぎ 悪気 **harm** /ハーム/
・驚かせてすみませんでした. 悪気はなかったのです
I'm sorry I frightened you; I meant no harm.

わるくち 悪口を言う **speak ill of** /スピーク イる/; (ことばで A (人)を傷つける) **call** A **names** /コーる/
・陰(かげ)で人の悪口を言ってはいけない
Don't speak ill of others behind their backs.
・君がなんて悪口を言おうとぼくは考えを変えないよ
You can call me names, but I won't change my mind.
・悪口なんていくら言われたって平気さ
🔸ひゆ Words can never hurt me. (ことばはけっして私を傷つけることができない) → この前に Sticks and stones may break my bones, but (棒や石なら骨が折れるかもしれないけど)を付けて言うことが多い

ワルツ (a) **waltz** /ウォーるツ/

わるふざけ 悪ふざけ a **practical joke** /プラクティカる ヂョウク/
・…に悪ふざけをする play a practical joke on ～

わるもの 悪者 (人々) the **wicked** /ウィキド/ a **wicked person** (複 **people**); (悪漢) a **villain** /ヴィらン/

われ 我（私）**I**;（自分自身）**one**self
- 我思うゆえに我あり I think, therefore I am.
- 彼はうれしくて我を忘れた
He was beside himself with joy.
- その時私ははっと我に返った
At that time I suddenly came to myself.

われめ 割れ目 **a crack** /クラク/

われる 割れる **break** /ブレイク/ → こわす（→壊れる）
- 割れやすい breakable
- それはすぐ割れます It breaks easily.
- 氷が割れて私は水に落ちた
The ice gave way and I fell into the water.
- 私は頭が割れるように痛い
I've got a splitting headache. → splitting は「裂くような，割れるような」

われわれ → わたし

わん 湾 **a gulf** /ガるふ/;（gulf より小さい）**a bay** /ベイ/;（入り江）**an inlet** /インれト/
- メキシコ［カリフォルニア］湾 the Gulf of Mexico [California]
- 東京湾 the Bay of Tokyo

ワンサイドゲーム **a one-sided game** /ワン サイデド ゲイム/

わんぱく 腕白な **naughty** /ノーティ/
- 腕白坊主 a naughty boy

ワンパターンの（同じことばかり）**repetitious** /レペティシャス/
- 祖父の話すことはワンパターンだ Grandpa's stories always follow the same pattern.

ワンピース **a (one-piece) dress** /(ワン ピース) ドレス/
- ワンピースにしようかしら，それともブラウスとスカートにしようかしら Shall I wear a dress or a blouse and skirt?

> **カタカナ語！ ワンピース**
> 「ワンピース」は one-piece dress ともいうが，一般的には **dress** 1語で使う．dress には「正装」という意味もあるが，使われる状況から二つの意味が混同されることはまずない

ワンマン
❶（独裁者）**a dictator** /ディクテイタ/
- ワンマン社長 an authoritarian company president / a corporate dictator

❷（一人の）**a one-person operation**
- ワンマン運転 a one-person operation / a driver-only operation
- ワンマンショー a one-person show / a solo performance

わんりょく 腕力（暴力）**force** /ふォース/
- 腕力で by force

ワンルームマンション《米》**a studio (apartment)** /ステューディオウ/,《英》**a studio (flat)** →
ワンルームマンションは和製英語 → マンション

わんわん（イヌの鳴き声）**bowwow** /バウワウ/
わんわんほえる bowwow, bark /バーク/

を ヲ

を …を
❶「**他動詞＋名詞**」で表現する
❷「**自動詞＋前置詞＋名詞**」で表現する

❶（他動詞＋名詞で表現する場合）「プレゼントをあげる」の「…を」は英語では他動詞の目的語として表される；他動詞のすぐ次に名詞を続けると，その名詞は他動詞の目的語になって，「…を」の意味になる；「彼女にプレゼントをあげる」の場合には，動詞＋「…に」の名詞＋「…を」の名詞の形もある；「私を」「彼を」のような人称代名詞の時は，それぞれの目的格（me, you, him, her, it, us, them）を用いる；→ が² ❷，は⁵ ❷
- 私は父をとても愛しています
I love my father very much.
- 父は私にプレゼントをくれた
Father gave a present to me. /
Father gave me a present.
- 私はそれをとても気に入っています
I like it very much.
- 君は何をしているのですか What are you doing?

❷（自動詞＋前置詞＋名詞で表現する場合）❶の他動詞のように目的語をすぐ次に続けることができない動詞（＝自動詞）の場合には，自動詞＋前置詞＋「…を」の名詞の形になる；この場合自動詞によっていろいろな前置詞が使われる；人称代名詞の場合は，❶と同じく目的格の人称代名詞を前置詞の次に続ける
- 彼を見る look at him
- 空を飛ぶ fly in the air
- 走って道を渡る run across a road
- 部屋を見回す look around a room
- 通りを歩く walk along the street

Appendix
付録

科目のことば	592
英会話ミニ辞典	595
不規則動詞変化表	608
アメリカ・イギリスほかでよく使われる重さや長さなどの単位	前見返し
主な不規則動詞変化表／主な形容詞・副詞変化表	後見返し

科目のことば

JUNIOR CROWN

各科目に関連する代表的な単語とその英訳をまとめました.

国語　Japanese

随筆	an essay
小説	a novel
詩	a poem; poetry
古文	Japanese classics
漢文	Chinese classics
外来語	a loanword
漢字	a Chinese character; (a) kanji
作文	(a) composition, essay writing
読書感想文	a book report
レポート	a paper
スピーチ	a speech
読解	reading comprehension
文法	grammar

書写　calligraphy

毛筆	a (writing) brush
墨	an ink stick
墨汁	liquid *sumi* ink
すずり	an inkstone
半紙	Japanese calligraphy paper
文鎮	a paperweight

英語　English

リスニング	listening comprehension
会話	(a) conversation
スピーチ	a speech
ディベート	a debate
ディスカッション	(a) discussion
発表	(a) presentation
発音	(a) pronunciation
イントネーション	(an) intonation
品詞	a part of speech
名詞	a noun
代名詞	a pronoun
動詞	a verb
助動詞	an auxiliary (verb)
形容詞	an adjective
副詞	an adverb
冠詞	an article
前置詞	a preposition
接続詞	a conjunction

平叙文	a declarative sentence
疑問文	an interrogative sentence
命令文	an imperative sentence
肯定文	an affirmative sentence
否定文	a negative sentence
一人称	the first person
二人称	the second person
三人称	the third person
現在形	the present (tense)
過去形	the past (tense)
未来表現	the future
受け身	the passive (voice)
能動態	the active (voice)
仮定法	the subjunctive mood
現在進行形	the present progressive
現在完了	the present perfect
不定詞	an infinitive
動名詞	a gerund

数学　math / mathematics

代数	algebra
幾何	geometry
整数	an integer
分数	a fraction
小数	a decimal
小数点	a decimal point
正の数	a positive number
負の数	a negative number
有理数	a rational number
無理数	an irrational number
素数	a prime number
分母	a denominator
分子	a numerator
式	an expression
不等式	an (expression of) inequality
一次方程式	a linear equation
二次方程式	a quadratic equation
連立方程式	simultaneous equations
平方根	a square root
(最小)公倍数	(the lowest) common multiple
(最大)公約数	(the greatest) common divisor

five hundred and ninety-three 593

正比例	direct proportion
反比例	inverse proportion
(素)因数分解	factorization (in prime numbers)
一次関数	a linear function
二次関数	a quadratic function
直線	a straight line
面積	(an) area
体積	volume
辺	a side
対角線	a diagonal
円周	(a) circumference
円周率	the ratio of the circumference of a circle to its diameter
合同	congruence
相似	similarity
三平方の定理	the Pythagorean theorem

社会　social studies

地理	geography
日本史	Japanese history
世界史	world history
公民	civics
地図	a map
地形	topography
気候	(a) climate
熱帯	the tropical zone
温帯	the temperate zone
寒帯	the frigid zone
人口	(a) population
文化	(a) culture
交通	transportation
産業	(an) industry
農業	agriculture
水産業	the marine products industry
林業	forestry
工業	industry
商業	commerce
石器時代	the Stone Age
古代	ancient times
中世	medieval times, the Middle Ages
近世	early modern period
近代	late modern period
現代	the present days
政治	politics
経済	economy
民主主義	democracy
国会	(日本などの)the Diet; (アメリカなどの)(the) Congress; (イギリスなどの)Parliament
内閣	the cabinet
裁判所	a court (of justice)
選挙	(an) election
選挙権	the right to vote; suffrage
需要	demand
供給	supply
消費	consumption
雇用	employment
社会保障	social security
持続可能性	sustainability
人権	human rights

理科　science

化学	chemistry
物理	physics
生物	biology
地学	earth science
実験	(an) experiment
試験管	a test tube
ビーカー	a beaker
フラスコ	a flask
アルコールランプ	an alcohol burner
ガスバーナー	a gas burner
顕微鏡	a microscope
分子	a molecule
原子	an atom
電子	an electron
イオン	an ion
元素	an element
周期表	the periodic table
酸	acid
アルカリ	alkali
中和	neutralization
気体	gas
液体	liquid
固体	a solid
水溶液	solution
電流	an electric current
電圧	voltage
細胞	a cell
遺伝	heredity
地形	a configuration

地質	the nature of the soil
天体	heavenly bodies
日食	a solar eclipse
月食	a lunar eclipse
太陽系	the solar system
銀河系	the galactic system

音楽　music

合唱	a chorus
合奏	an ensemble
伴奏	(an) accompaniment
指揮	conducting
メロディ	a melody
ハーモニー	(a) harmony
リズム	(a) rhythm
音色	a tone, timbre
曲	music
歌詞	words; lyrics
楽器	a musical instrument
ピアノ	a piano
リコーダー	a recorder

美術　art

色彩	color
形	shape
モチーフ	a motif
水彩画	a watercolor (painting)
油絵	an oil painting
木版画	a woodcut
スケッチ	a sketch
工芸	a craft
絵の具	colors, paints
彫刻刀	a carving chisel
粘土	clay

技術　technology

木工	woodworking
のこぎり	a saw
のみ	a chisel
やすり	a file; (紙やすり)sandpaper
釘	a nail
研磨	grinding
はんだ	solder
製図	drafting, drawing
回路図	a circuit diagram
プログラミング	programming
情報セキュリティ	information security

家庭　home economics

裁縫	sewing
針	a needle
まち針	a marking pin
糸	a thread
運針	the handling of a needle
アイロン	an iron
調理実習	cooking practice
栄養素	nutrients
食材	an ingredient; foodstuffs
調味料	(a) seasoning; condiments
ゆでる	boil
いためる	fry; stir-fry
煮る	boil
焼く	(直火で)roast; (網で)grill; (オーブンで)bake
蒸す	steam
揚げる	deep-fry

保健　health

発育	growth; development
健康	(good) health
休養	(a) rest
睡眠	(a) sleep
ストレス	(a) stress
衛生	sanitation
感染症	an infectious disease; a contagious disease
がん	(a) cancer
生活習慣病	a lifestyle-related disease
医薬品	(a) medicine
応急手当	first aid
心肺蘇生法	cardiopulmonary resuscitation
自然災害	a natural disaster
避難	evacuation

体育　P.E. / physical education

柔軟体操	calisthenics
器械運動	apparatus gymnastics
陸上競技	track and field
短距離走	a short-distance race
長距離走	a (long-)distance race
ダンス	a dance; dancing
球技	a ball game
水泳	swimming
武道	the martial arts

JUNIOR CROWN

英会話ミニ辞典

Contents

1 Talking with your friends
友だちに会った時

2 Words of congratulations
お祝いを言う

3 Conversations in school
学校生活

4 Introductions and meeting
紹介と初対面のあいさつ

5 Talking over the phone
電話をかける

6 Talking with someone you don't know
見知らぬ人に話す

7 Asking for and giving directions
道をたずねる・道を教える

8 Making appointments
会う約束をする

9 At a restaurant
レストランで

10 Talking about the weather and natural phenomena
天候・自然現象

11 An informal thank-you e-mail
くだけたお礼のメール

♛ この「英会話ミニ辞典」は、みなさんが英語を使う状況を想定してできるだけ身近な
話題を取り上げました.

♛ それぞれのページは、比較的長い会話、 **TALKING POINT** , **RESPONSE** で構
成されています.

♛ **TALKING POINT** では異なる表現の手引き、 **RESPONSE** では違う展開の短い
受け答えなどが示されています.

♛ ここで紹介されている会話例を何度も音読、暗唱し、ぜひ実際に使ってみてください.

❶ Talking with your friends
友だちに会った時

◆久しぶりに会って

Ken: Hi, Martin!
Martin: Hi, Ken! How are you doing?
Ken: Fine, thanks. How about you?
Martin: Thanks, not bad.

ケン：やあ，マーティン．
マーティン：やあ，ケン．元気？
ケン：うん，ありがとう．君は？
マーティン：ありがとう．まずまずだよ．

◆偶然に会って

Ken: Hey, Bob. What are you doing here?
Bob: Oh, hi, Ken. I'm just on my way to the library. What about you?
Ken: I'm waiting for Martin. We're going to play tennis.
Bob: Okay, have a good time! See you tomorrow.
Ken: Yes, see you tomorrow.

ケン：やあ，ボブ．こんなところで何してるの．
ボブ：やあ，ケン．図書館へ行くところなんだ．君は？
ケン：マーティンを待ってるとこ．一緒にテニスをしに行くんだ．
ボブ：そうか，楽しんで来いよ．またあした．
ケン：うん，あした．

🐻 TALKING POINT

自分が「何かをするつもりの時」、「ことわる時・何かをしなければならない時」の表現もここでは覚えましょう．

🐻 RESPONSE

◆何かをするつもりの時

Mayu: I'm thinking of going to the pool this Saturday. Do you want to come?
Meiling: Thanks. That would be great!

マユ：今度の土曜日，プールへ行こうと思ってるの．一緒に来る？
メイリン：ありがとう．いいわね！

◆ことわる時・何かをしなければならない時

Bob: Let's do our homework together after school.
Martin: Sorry, I have to go to the dentist.

ボブ：放課後，一緒に宿題をしようよ．
マーティン：ごめん，歯医者に行かなくちゃいけないんだ．

❷ Words of congratulations
お祝いを言う

Meiling: Hi, Mayu! I hear you passed the Eiken second grade. Good for you!
Mayu: Oh, hi, Meiling. Yes, thanks, but I think I was lucky.
Meiling: Oh, no, I don't think so. Your English is getting much better.
Mayu: Thanks! By the way, Ken told me that you won first prize in the Japanese Speech Contest. Is it true?
Meiling: Yes, believe it or not!
Mayu: Wow, congratulations to you!
Meiling: Thanks. You know, Ms. Ito helped me with my Japanese pronunciation, and that was really helpful.

メイリン：あら，マユ．英検2級に合格したって聞いたわよ．良かったね！
マユ：こんにちは，メイリン．ありがとう．きっとラッキーだったのよ．
メイリン：うぅん，そうじゃないと思う．マユは英語がずいぶんうまくなってきてるもの．
マユ：ありがとう．ところで，ケンから聞いたけど，日本語弁論大会で優勝したって本当？
メイリン：うん，うそみたいだけど．
マユ：わあ，おめでとう！
メイリン：ありがとう．伊藤先生が日本語の発音をみてくださって，とても助かったの．

🐾 TALKING POINT
「おめでとう！」は "Congratulations!" や "Congratulations to you!" と表現します．

🦁 RESPONSE
◆ うれしい時

Meiling: Hi, Ken. You look happy.
Ken: Yes, I got full marks in yesterday's exam.

メイリン：こんにちは，ケン．うれしそうね．
ケン：うん，昨日のテストで満点だったんだ．

❸ Conversations in school
学校生活

Ken: Hi, Bob! How are you enjoying school life in Japan?
Bob: Well, it's certainly different! It seems all the kids wear uniforms in Japanese junior-high schools.
Ken: Well, most of them do. There are a few schools that don't have uniforms, thongh.
Bob: How about homework? It's a lot, right?

ケン：やあ，ボブ．日本での学校生活はどう？
ボブ：そうだなあ，やっぱり（アメリカとは）違うね．日本の中学の子どもたちはみんな制服を着てるみたいだ．
ケン：うん，だいたいはね．でも制服のない学校も少しあるよ．
ボブ：宿題はどう？たくさん出るんだろう？

Ken: Hmm, it depends on the teacher. Our English teacher gives us homework every day. By the way, I hear school doesn't start in April in the U.S., right?
Bob: That's right. It starts in September.

ケン：うーん，先生によるね．僕たちの英語の先生は毎日宿題を出すよ．
ところで，アメリカは4月に学校が始まるんじゃないよね．
ボブ：そうだよ．9月に始まるんだ．

TALKING POINT

ここでは相手の「意見を聞く時」と「ためらう時」の表現も学習しましょう．

RESPONSE

◆ 意見を聞く時

Ms. Ito: What's your opinion, Ken?
Ken: I think Martin is right.
Ms. Ito: How do you feel about it, Meiling?
Meiling: I agree with Ken.

伊藤先生：ケン，あなたの意見は？
ケン：マーティンが正しいと思います．
伊藤先生：メイリンはどう思う？
メイリン：ケンに賛成です．

◆ ためらう時

Mr. Sato: What do you think, Martin?
Martin: Er, twenty-three?
Mr. Sato: Wrong! Bob?
Bob: Um, twenty-two!

佐藤先生：マーティン，答えは？
マーティン：ええと，23？
佐藤先生：違うなあ．ボブは？
ボブ：うーん，22！

❹ Introductions and meeting
紹介と初対面のあいさつ

◆ 自己紹介する

Naomi: May I introduce myself? My name is Naomi Jones. I'm a student at Ginza International School.
Emma: Hi, Naomi. Nice to meet you. My name is Emma Miller. I'm in Japan on vacation.
Naomi: How do you do, Emma? Glad to meet you, too.

ナオミ：自己紹介させてください．ナオミ・ジョーンズといいます．銀座インターナショナルスクールの生徒です．
エマ：はじめまして，ナオミ．どうぞよろしく．私はエマ・ミラーといいます．休暇で日本に来ています．
ナオミ：はじめまして，エマ．こちらこそよろしくお願いします．

◆ 人を紹介する

Ken: Ms. Brown, may I introduce my tutor to you? This is Mr. Williams. He gives me

ケン：ブラウン先生，私の家庭教師を紹介させてください．こちらはウィリアムズ先生，英語の個人レッ

	private English lessons. Mr. Williams, this is Ms. Brown. She's the principal of Ginza International School.	スンをお願いしている先生です. ウィリアムズ先生, こちらはブラウン先生. 銀座インターナショナルスクールの校長先生です.
Ms. Brown:	How do you do, Mr. Williams? I'm glad to meet you.	ブラウン先生：はじめまして, ウィリアムズ先生. どうぞよろしく.
Mr. Williams:	I'm happy to meet you, too, Ms. Brown.	ウィリアムズ先生：こちらこそよろしくお願いします, ブラウン先生.

◆くだけた調子で人を紹介する

Bob:	Sam, this is Ken. Ken, this is my cousin, Sam.	ボブ：サム, こちらはケン. ケン, こちらは僕のいとこのサム.
Sam:	Hi, Ken. Nice to meet you.	サム：やあ, ケン. よろしく.
Ken:	Hi, Sam.	ケン：やあ, サム.

🐻 TALKING POINT

決まった言い方やくだけた調子の言い方など, 状況に応じて使い分けましょう. 「話に割り込む時」の表現もあわせて覚えましょう.

🐻 RESPONSE

「割り込んでごめんなさい」という表現には "Sorry to interrupt." や "May I say something?" があります.

Bob:	We have to finish the homework today. It's due tomorrow.	ボブ：この宿題は今日中にやらなくちゃ. 明日提出だから.
Martin:	Yes, we need to hurry!	マーティン：そうだね, 急がなくちゃ！
Ken:	Sorry to interrupt, but Mr. Sato said we could hand it in the next week.	ケン：割り込んで悪いけど, 佐藤先生が来週の提出でいいって言ってたよ.

❺ Talking over the phone
電話をかける

◆友人への電話

Mayu:	Hi, Meiling. What's up?	マユ：こんにちは, メイリン. 変わりない？
Meiling:	Oh, hi, Mayu. Not much.	メイリン：あらマユ, 変わりないわよ.
Mayu:	You know, my friend from New Zealand is coming to my house next month. He is such a nice guy. Do you want to join us?	マユ：あのね, ニュージーランドの友だちが来月うちに遊びに来るの. すごくすてきな人なのよ. あなたも来ない？
Meiling:	Wow, that sounds great! Absolutely!	メイリン：わあ, いいわね. 絶対行くね！

◆友人宅への電話

Mr. Smith: Hello, this is Smith speaking.
Ken: Hi, is that you, Bob?
Mr. Smith: No, it's his father. Is that Ken?
Ken: Oh, hello, Mr. Smith.
　　　Yes, it's me.
Mr. Smith: Hold on, Ken. I'll call Bob.
　　　── Bob!! Ken's on the phone!!
　　　── He's just coming, Ken.
Ken: Thanks, Mr. Smith.

スミス氏：〔受話器を取って〕はい、スミスです。
ケン：やあ、ボブかい？
スミス氏：いや、ボブの父です。ケンだね？
ケン：あ、こんにちは、スミスさん。はい、ケンです。
スミス氏：ちょっと待って、ボブを呼ぶから。
　　　── ボブ！！ケンから電話だよ！！
　　　── ケン、ボブは今来るよ。
ケン：ありがとうございます。

◆留守番電話

Machine: You've reached the Ota family. We can't get to the phone right now. Please leave your name and message when you hear the tone and we'll get back to you.
Meiling: Hello, Ken. This is Meiling. Can you give me a call when you get home, please? Bye!

応答メッセージ：はい、太田です。ただいま電話に出ることができません。発信音のあとにお名前とメッセージをお話しください。こちらからお電話いたします。
メイリン：こんにちは、ケン。メイリンです。帰ったらお電話ください。じゃあね。

🐻 TALKING POINT

🔔 電話をかける	call / call up / give a call to someone / give someone a call / telephone / phone / ring / ring up / give someone a ring
🔔 電話を切る	hang up / put down the phone / end a call
🔔 電話を切らないでおく	hold on / hold the line / be put on hold
🔔 あとで電話をかけ直す	call back / call again / telephone back / phone back / ring back / ring again

RESPONSE

「誰かに許可をもらう時」の表現もあわせて覚えましょう。
🔔 …してもいいですか. May I …? / Can I …? / Could I …? / Do you mind if I …? / Would it be all right if I …?

Meiling: Would it be all right if Mayu sleeps over tonight, Mom?
Meiling's mom: Sure. But, make sure if it's okay with her mother.

メイリン：ママ、今夜、マユに泊まってもらってもいい？
メイリンのお母さん：いいわよ。でもマユのお母さんに確かめてね。

❻ Talking with someone you don't know
見知らぬ人に話す

◆不案内の人を助ける

Ken: Can I help you with something?
Stranger: Oh, thank you. I'm looking for a post office around here.
Ken: Post office? Well, go along this street and turn left at the next corner. Walk one block, and you'll find it on your left.
Stranger: Thank you so much.
Ken: It's my pleasure.

ケン：何かお困りですか.
見知らぬ人：あ,すみません.このあたりで郵便局を探しているのですが.
ケン：郵便局ですか.ええと,この道をまっすぐ行って次の角を左に曲がります.1ブロック行くと,左手にあります.
見知らぬ人：ありがとうございました.
ケン：どういたしまして.

◆くだけた調子で

Ken: Need some help?
Stranger: Oh, thanks. I'm looking for a post office near here.
Ken: Okay. Well, carry on this street and turn left at the next corner. Then just walk one block, and you'll find it on your left.
Stranger: Thanks a lot.
Ken: No problem.

ケン：どうかしましたか.
見知らぬ人：あ,どうも.近くの郵便局を探しているのですが.
ケン：ああ,だったら,この道をずっと行って次の角を左に曲がって,1ブロック行くと左手にありますよ.
見知らぬ人：ありがとう.
ケン：どういたしまして.

🐻 TALKING POINT

自分が「手助けを申し出る時」の表現をさらに覚えましょう.

🐻 RESPONSE

Mayu: Would you like some help with the math homework?
Mayu's sister: Thanks, Mayu. but I want to try to do it by myself.

マユ：数学の宿題を少し手伝おうか？
マユの妹：ありがと,お姉ちゃん.でも自分でやってみるね.

♛　♛　♛

Bob: You look busy, Mom. Is there anything I can do?
Bob's mom: Thanks, Bob. Could you clean up the kitchen a little?

ボブ：忙しそうだね,母さん.何かできることある？
ボブのお母さん：ありがとう,ボブ.台所を少し片付けてもらえる？

❼ Asking for and giving directions
道をたずねる・道を教える

◆見知らぬ通行人に

Ken: Excuse me, but could you tell me the way to East Park Station?
Stranger: Yes. Go straight along this street for two blocks and turn right at the convenience store. You'll see the station ahead of you.
Ken: Thank you very much.
Stranger: You're welcome.

ケン：すみませんが，イーストパーク駅へはどう行ったらいいでしょうか？
見知らぬ人：ええ，この道をまっすぐに2ブロック行って，コンビニの角を右へ曲がります．そうすると正面に駅が見えますよ．
ケン：ありがとうございました．
見知らぬ人：どういたしまして．

◆くだけた調子で

Ken: Excuse me, but can you tell me how to get to East Park Station?
Stranger: Sure. Just go straight along this street for two blocks, then turn right at the convenience store. You'll see the station right in front of you.
Ken: Thanks a lot.
Stranger: Not at all!

ケン：すみませんが，イーストパーク駅へはどう行きますか．
見知らぬ人：ああ．この道をまっすぐに2ブロック行って，コンビニの角を右へ曲がります．そうすると駅は目の前ですよ．
ケン：どうもありがとう．
見知らぬ人：どういたしまして．

🐻 TALKING POINT

"Can you show me the way to ...?"のように"show"を使うと「実際に連れて行っていただけますか」という意味になるので注意が必要です．ここではさらに「ものをたずねる時」や「わからない時」の表現も覚えましょう．

🐾 RESPONSE

◆ものをたずねる時

Meiling: Excuse me, but is there a supermarket around here?
Stranger: Sorry. I'm not from here, either.

メイリン：すみませんが，このへんにスーパーはありませんか．
見知らぬ人：ごめんなさい．私もこのあたりの住民ではないので．

👑 👑 👑

Martin: Excuse me, but does this bus go to the museum?
Stranger: No, it doesn't. You need to take bus number 3.

マーティン：すみませんが，このバスは博物館へ行きますか？
見知らぬ人：いえ，違いますよ．3番のバスです．

◆ わからない時

Meiling: What's the time, Bob?
Bob: Sorry, Meiling. I don't have a watch with me.

メイリン：ボブ，いま何時？
ボブ：ごめん，メイリン．時計を持ってないんだ．

❽ Making appointments
会う約束をする

Ken: What are you doing next Sunday, Martin?
Martin: Nothing special.
Ken: How about coming over to my house?
Martin: Thanks. That would be great!
Ken: Do you know the way?
Martin: No, not really.
Ken: Well, just take the Yamanote Line to Ebisu. I'll meet you at the station, east exit. How does one-thirty sound? It should take you about 40 minutes from your place.
Martin: One-thirty sounds fine. Thanks a lot, Ken.
Ken: See you Sunday.

ケン：マーティン，今度の日曜日は何か予定ある？
マーティン：特に何もないよ．
ケン：じゃあ，うちに来ない？
マーティン：ありがとう，いいね！
ケン：道順，わかる？
マーティン：ううん，よくわからない．
ケン：そしたら，山手線で恵比寿まで来て．駅の東口に迎えに行くから．1時30分でどう？君のうちから40分くらいかかると思うよ．
マーティン：1時半で大丈夫だよ．ケン，ありがとう．
ケン：じゃあ，日曜にね．

🐻 TALKING POINT

予定をたずねたり提案をする時の表現には次のようなものがあります．

♕ **What are you doing tomorrow [next Monday]?**
あした [来週の月曜日] は何をしていますか．

♕ **Do you have any plans for tomorrow [next Monday]?**
あした [来週の月曜日] は何か予定がありますか．

🐻 RESPONSE

「約束をする時」「都合をたずねる時」「提案をする時」の表現を覚えましょう．

◆ 約束をする時

Meiling's mom: Meiling! Promise me you'll never do that again!
Meiling: I'm sorry, Mom. I promise.

メイリンのお母さん：メイリン．二度とそんなことをしないと約束しなさい．
メイリン：ごめんなさい，ママ．約束します．

◆ 都合をたずねる時

Ken: When would you prefer to go?
Mr. William: Let's go on Saturday morning.

ケン：行くのはいつがいいでしょうか？
ウィリアムズ先生：土曜日の朝にしましょう．

◆ 提案をする時

Bob: Let's go to karaoke tomorrow, Martin.
Martin: Good idea!

ボブ：マーティン，あしたカラオケに行こうよ．
マーティン：いいね！

❾ At a restaurant
レストランで

Waiter: Good evening. A table for three?
Mr. Smith: Yes, please.
Waiter: Right this way.
Mr. Smith: Thank you.
Waiter: Here are your menus. Can I get you some drinks while you're deciding?
Bob: Apple juice, please.
Ken: The same for me.
Mr. Smith: Ginger ale for me, please.
Waiter: Okay, I'll be right back.
Mr. Smith: What would you like, Ken?
Ken: I don't know. There's so much on the menu!
Mr. Smith: Yes. Let's ask what today's special is.

ウェイター：いらっしゃいませ．3名様ですか．
スミス氏：そうです．
ウェイター：こちらへどうぞ．
スミス氏：どうも．
ウェイター：メニューでございます．先にお飲み物をお持ちしましょうか．
ボブ：リンゴジュースをお願いします．
ケン：僕も．
スミス氏：私にはジンジャーエールをお願いします．
ウェイター：かしこまりました．ただいまお持ちします．
スミス氏：ケン，何がいい？
ケン：何にしよう．あんまりたくさんあるものですから．
スミス氏：そうだね．じゃあ，今日のおすすめは何か聞いてみよう．

🐻 TALKING POINT

- …にします． I'd like the … / I'll take the …
- おすすめは何ですか？ What do you recommend? / What's good?

🐸 RESPONSE

ここではさらに「好みをたずねる時」の表現を覚えましょう．

◆ 好みをたずねる時

- …と…とどちらが好きですか． Which do you prefer, … or … ?

	Which do you like better, ... or ... ?
どちらがいいですか.	Do you prefer ... or ... ?
	Which do you prefer?

Bob: Which do you prefer, Ken, chicken or white fish?
Ken: I prefer chicken.

ボブ：ケン，鶏肉と白身魚とどっちがいい？

ケン：鶏肉がいいな．

❿ Talking about the weather and natural phenomena
天候・自然現象

Mayu: It's a lovely day, isn't it?
Martin: Yes, it's beautiful. It's so warm for late November!
Mayu: Really? What's the weather like at this time of year in your hometown in America?
Martin: Well, we have a lot of sunny day, but it's a bit colder than Tokyo.

マユ：いい天気ね．
マーティン：うん，ほんとに．11月末にしては暖かいね．
マユ：そう？ アメリカのマーティンの故郷では，今ごろはどんな天気なの．
マーティン：そうだなあ，晴れの日が多いけど，東京より少し寒いかな．

♛ ♛ ♛

Meiling: Phew! I can't stand this weather. It's so hot and humid!
Ken: Yeah, this is the worst time of year in Tokyo. But don't worry, the rainy season doesn't last long.
Meiling: Well, that's good news.

メイリン：ふう！ この天気には我慢できない．すごく蒸し暑いんだもん．
ケン：ほんと．東京では今ごろが一年で一番ひどいよ．でも安心して，梅雨はそう長くは続かないから．
メイリン：そうなの，ほっとしたわ．

♛ ♛ ♛

Martin: What's happening?
Ken: Don't worry, Martin. It's just a small earthquake.
Martin: Wow! That was scary!
Ken: They often happen here. Usually they're no big deal. That one felt like a two.
Martin: A two?
Ken: Yes. An earthquake's strength is given a number. Anything over five is pretty strong.

マーティン：何，これ？！
ケン：大丈夫だよ，マーティン．小さい地震だよ．
マーティン：ああ，こわかった．
ケン：地震はよくあるんだ．普通はそんなにたいしたことないよ．さっきのは2ぐらいかな．
マーティン：2？
ケン：うん．地震の強さは数で表すんだ．5以上だとかなり大きいよ．

TALKING POINT

◆ 基本的な表現

- It's sunny / bright.　晴れている.
- It's rainy / raining / drizzling（霧雨が）/ spitting.（パラパラと）　雨が降っている.
- It's cloudy.　くもっている.
- It's stormy.　暴風雨だ.
- It's thundering / thundery.（雷が来そうだ）　雷が鳴っている.
- It's humid.　むしむしする.
- It's hot.　暑い.
- It's warm / mild.（おだやかな）　暖かい.
- It's cool.　涼しい.
- It's chilly / cold.　寒い.
- It's sleeting.　みぞれが降っている.
- It's snowy / snowing.　雪が降っている.
- It's hailing.　ひょうが降っている.
- It's windy（強く）/ breezy.（そよそよと）　風が吹いている.

◆ 強調表現

- It's pouring down.　土砂降りだ.
- It's blowing a gale.　強風が吹いている.
- It's bitterly cold（刺すように）/ freezing cold.（凍るように）　ひどく寒い.

◆ その他

- There was a snowstorm / a blizzard.　ふぶきだった.
- There was a hurricane.　ハリケーンが来た.
- There was a typhoon.　台風が来た.
- There was a whirlwind.　つむじ風が吹いた.
- There was a gale.　強風だった.
- There was a storm.　暴風雨だった.
- There was an avalanche.　なだれがあった.
- There was an earthquake.　地震があった.
- There was a flood.　洪水があった.
- There was a volcanic eruption.　火山が噴火した.

◆ 自然現象

- The rainy season has started.　梅雨に入った.
- The rainy season has ended.　梅雨が明けた.
- It looks like rain.　雨が降っているようだ.
- There's a typhoon heading this way.　台風が来そうだ.
- I'm afraid we're going to have a storm tonight.　今夜は暴風雨になりそうだ.
- The lightning flashed and the thunder rolled.　稲妻が光り, 雷が鳴った.
- It's nice and cool today.　今日は涼しくて気持ちがいい.
- According to the weather forecast, it's going to snow tomorrow.
　予報ではあしたは雪になるそうだ.

RESPONSE

"I don't care."など「関心がない時」の表現をさらに覚えましょう.

◆ 関心がない時

- 気にしていません. / どうでもいい.　I don't care. / Who cares? / I couldn't care less.
- それで?　So what?
- たいしたことないよ.　It's not such a big deal. / Big deal!（「重大なこと」という意味を反語的に皮肉に言う言い方）

Bob: I heard you bought a brand-new smartphone.

Ken: It's not such a big deal. It was just ten thousand yen.

ボブ：新しいスマホを買ったんだって?

ケン：たいしたことないよ. たった1万円だよ.

⓫ An informal thank-you e-mail
くだけたお礼のメール

Subject: Thank you for everything

Dear Jenny,

Thank you for everything you did to make my stay so pleasant and comfortable. I had a really great time with you and your family! I'll never forget the wonderful things we did and all the interesting people I met. I'm trying to tell my friends and family about all of it. They will be happy to hear the story.

Be sure to let me know well in advance when you come to Japan. I'm looking forward to seeing you again and showing you around Tokyo.

Please say "hi" and "thank you" to your family.

Yours,
Mayu

件名：いろいろと本当にありがとう

ジェニー,

いろいろと本当にありがとう. おかげでとても楽しく快適な旅になりました. ジェニーやご家族とすばらしい時を過ごすことができました. 私たちが経験した楽しいこと, 私が出会ったすてきな人たちのこと, 決して忘れません. 友だちや家族にこの体験を全部話そうと思っています. 喜んでくれるでしょう.

日本に来る時は, きっと前もって知らせてね. また会えるのを楽しみに, そしてジェニーに東京を案内するのを楽しみにしています.

ご家族によろしくお伝えください.

マユ

◎ 不規則動詞変化表 (一部助動詞を含む. 赤色の語は特に重要なもの)

現在形(原形)	三単現	過去形	過去分詞	現在分詞
am (**be**) (〜である)	──	**was**	**been**	being
are (**be**) (〜である)	──	**were**	**been**	being
arise (起こる)	arises	arose	arisen	arising
awake (起こす)	awakes	**awoke, awaked**	**awoken, awoke, awaked**	awaking
babysit (子守をする)	babysits	**babysat**	**babysat**	babysitting
bear (産む, 耐える)	bears	**bore**	**born(e)**	bearing
beat (打つ)	beats	**beat**	**beat(en)**	beating
become (〜になる)	becomes	**became**	**become**	becoming
begin (始まる)	begins	**began**	**begun**	beginning
bend (曲げる)	bends	**bent**	**bent**	bending
bet (かける)	bets	**bet(ted)**	**bet(ted)**	betting
bind (しばる)	binds	**bound**	**bound**	binding
bite (かむ)	bites	**bit**	**bitten, bit**	biting
bleed (出血する)	bleeds	**bled**	**bled**	bleeding
blow ((風が)吹く)	blows	**blew**	**blown**	blowing
break (壊す)	breaks	**broke**	**broken**	breaking
breed (育てる)	breeds	**bred**	**bred**	breeding
bring (持って来る)	brings	**brought**	**brought**	bringing
broadcast (放送する)	broadcasts	**broadcast(ed)**	**broadcast(ed)**	broadcasting
build (建てる)	builds	**built**	**built**	building
burn (燃やす)	burns	**burned, burnt**	**burned, burnt**	burning
burst (破裂する)	bursts	**burst**	**burst**	bursting
bust (壊す, 壊れる)	busts	**busted, bust**	**busted, bust**	busting
buy (買う)	buys	**bought**	**bought**	buying
can (〜することができる)	──	**could**	──	──
cast (投げる)	casts	**cast**	**cast**	casting
catch (つかまえる)	catches	**caught**	**caught**	catching
choose (選ぶ)	chooses	**chose**	**chosen**	choosing
cling (しがみつく)	clings	**clung**	**clung**	clinging
come (来る)	comes	**came**	**come**	coming
cost ((金が)かかる)	costs	**cost**	**cost**	costing
creep (はう)	creeps	**crept**	**crept**	creeping
cut (切る)	cuts	**cut**	**cut**	cutting
deal (あつかう)	deals	**dealt**	**dealt**	dealing
die (死ぬ)	dies	**died**	**died**	dying
dig (掘る)	digs	**dug**	**dug**	digging
dive (飛び込む)	dives	**dived, dove**	**dived**	diving
do (する)	does	**did**	**done**	doing

現在形(原形)	三単現	過去形	過去分詞	現在分詞
draw(線を)引く)	draws	**drew**	**drawn**	drawing
dream(夢をみる)	dreams	**dreamed, dreamt**	**dreamed, dreamt**	dreaming
drink(飲む)	drinks	**drank**	**drunk**	drinking
drive((車を)運転する)	drives	**drove**	**driven**	driving
eat(食べる)	eats	**ate**	**eaten**	eating
fall(落ちる)	falls	**fell**	**fallen**	falling
feed(えさをやる)	feeds	**fed**	**fed**	feeding
feel((体・心に)感じる)	feels	**felt**	**felt**	feeling
fight(戦う)	fights	**fought**	**fought**	fighting
find(見つける)	finds	**found**	**found**	finding
fit(合う)	fits	**fitted, fit**	**fitted, fit**	fitting
flee(逃げる)	flees	**fled**	**fled**	fleeing
fling(投げつける)	flings	**flung**	**flung**	flinging
fly(飛ぶ)	flies	**flew**	**flown**	flying
forbid(禁じる)	forbids	**forbad(e)**	**forbidden, forbid**	forbidding
forecast((天気などを)予報する)	forecasts	**forecast(ed)**	**forecast(ed)**	forecasting
forget(忘れる)	forgets	**forgot**	**forgotten, forgot**	forgetting
forgive((心から)許す)	forgives	**forgave**	**forgiven**	forgiving
freeze(凍る)	freezes	**froze**	**frozen**	freezing
get(手に入れる)	gets	**got**	**got(ten)**	getting
give(あたえる)	gives	**gave**	**given**	giving
go(行く)	goes	**went**	**gone**	going
grind((粉に)ひく)	grinds	**ground**	**ground**	grinding
grow(成長する)	grows	**grew**	**grown**	growing
hang(かける)	hangs	**hung, hanged**	**hung, hanged**	hanging
have(持っている)	has	**had**	**had**	having
hear(聞こえる)	hears	**heard**	**heard**	hearing
hide(かくれる)	hides	**hid**	**hid(den)**	hiding
hit(打つ)	hits	**hit**	**hit**	hitting
hold(持つ)	holds	**held**	**held**	holding
hurt(傷つける)	hurts	**hurt**	**hurt**	hurting
input(入力する)	inputs	**input, inputted**	**input, inputted**	inputting
is (be)(〜である)	——	**was**	**been**	being
keep(保存する)	keeps	**kept**	**kept**	keeping
kneel(ひざをつく)	kneels	**knelt, kneeled**	**knelt, kneeled**	kneeling
knit(編む)	knits	**knit(ted)**	**knit(ted)**	knitting
know(知っている)	knows	**knew**	**known**	knowing
lay(置く)	lays	**laid**	**laid**	laying
lead(案内する)	leads	**led**	**led**	leading

現在形（原形）	三単現	過去形	過去分詞	現在分詞
leap（跳ぶ）	leaps	leaped, leapt	leaped, leapt	leaping
learn（学ぶ）	learns	learned, learnt	learned, learnt	learning
leave（去る）	leaves	left	left	leaving
lend（貸す）	lends	lent	lent	lending
let（させる）	lets	let	let	letting
lie（うそを言う）	lies	lied	lied	lying
lie（横たわる）	lies	lay	lain	lying
light（明かりをつける）	lights	lighted, lit	lighted, lit	lighting
lose（失う）	loses	lost	lost	losing
make（つくる）	makes	made	made	making
may（～してもよい）	——	might	——	——
mean（意味する）	means	meant	meant	meaning
meet（会う）	meets	met	met	meeting
mistake（思い違いをする）	mistakes	mistook	mistaken	mistaking
misunderstand（誤解する）	misunderstands	misunderstood	misunderstood	misunderstanding
mow（刈り取る）	mows	mowed	mowed, mown	mowing
output（出力する）	outputs	outputted, output	outputted, output	outputting
overcome（打ち勝つ）	overcomes	overcame	overcome	overcoming
overhear（もれ聞く）	overhears	overheard	overheard	overhearing
oversleep（寝過ごす）	oversleeps	overslept	overslept	oversleeping
overtake（追いつく）	overtakes	overtook	overtaken	overtaking
pay（支払う）	pays	paid	paid	paying
picnic（ピクニックに行く）	picnics	picnicked	picnicked	picnicking
put（置く）	puts	put	put	putting
quit（やめる）	quits	quit(ted)	quit(ted)	quitting
read（読む）	reads	read	read	reading
rebuild（再建する）	rebuilds	rebuilt	rebuilt	rebuilding
rewrite（再び書く）	rewrites	rewrote	rewritten	rewriting
rid（取り除く）	rids	rid(ded)	rid(ded)	ridding
ride（乗る）	rides	rode	ridden	riding
ring（(ベルなどが)鳴る）	rings	rang	rung	ringing
rise（昇る）	rises	rose	risen	rising
run（走る）	runs	ran	run	running
saw（のこぎりで切る）	saws	sawed	sawed, sawn	sawing
say（言う）	says	said	said	saying
see（見る）	sees	saw	seen	seeing
seek（さがす）	seeks	sought	sought	seeking
sell（売る）	sells	sold	sold	selling
send（送る）	sends	sent	sent	sending
set（置く）	sets	set	set	setting

現在形(原形)	三単現	過去形	過去分詞	現在分詞
sew (ぬう)	sews	**sewed**	**sewed, sewn**	sewing
shake (振る)	shakes	**shook**	**shaken**	shaking
shall (〜するでしょう)	——	**should**	——	——
shave (そる)	shaves	**shaved**	**shaved, shaven**	shaving
shed ((涙などを)流す)	sheds	**shed**	**shed**	shedding
shine (光る, 磨く)	shines	**shone, shined**	**shone, shined**	shining
shoot (撃つ)	shoots	**shot**	**shot**	shooting
show (見せる)	shows	**showed**	**shown, showed**	showing
shrink (縮む)	shrinks	**shrank, shrunk**	**shrunk, shrunken**	shrinking
shut (閉める)	shuts	**shut**	**shut**	shutting
sing (歌う)	sings	**sang**	**sung**	singing
sink (沈む)	sinks	**sank, sunk**	**sunk**	sinking
sit (座る)	sits	**sat**	**sat**	sitting
sleep (眠る)	sleeps	**slept**	**slept**	sleeping
slide (すべる)	slides	**slid**	**slid**	sliding
smell (においがする)	smells	**smelled, smelt**	**smelled, smelt**	smelling
sow ((種などを)まく)	sows	**sowed**	**sown, sowed**	sowing
speak (話す)	speaks	**spoke**	**spoken**	speaking
speed (急ぐ)	speeds	**sped, speeded**	**sped, speeded**	speeding
spell ((文字を)つづる)	spells	**spelled, spelt**	**spelled, spelt**	spelling
spend ((お金を)使う)	spends	**spent**	**spent**	spending
spill (こぼす)	spills	**spilled, spilt**	**spilled, spilt**	spilling
spin (回す)	spins	**spun**	**spun**	spinning
spit (つばをはく)	spits	**spat, spit**	**spat, spit**	spitting
split (裂く)	splits	**split**	**split**	splitting
spoil (だめにする)	spoils	**spoiled, spoilt**	**spoiled, spoilt**	spoiling
spread (広げる)	spreads	**spread**	**spread**	spreading
spring (跳ぶ)	springs	**sprang, sprung**	**sprung**	springing
stand (立つ)	stands	**stood**	**stood**	standing
steal (盗む)	steals	**stole**	**stolen**	stealing
stick (つきさす)	sticks	**stuck**	**stuck**	sticking
sting ((針で)さす)	stings	**stung**	**stung**	stinging
stride (大またに歩く)	strides	**strode**	**stridden**	striding
strike (打つ)	strikes	**struck**	**struck**	striking
strive (努力する)	strives	**strove, strived**	**striven, strived**	striving
swear (ちかう)	swears	**swore**	**sworn**	swearing
sweep (掃く)	sweeps	**swept**	**swept**	sweeping
swell (ふくらむ)	swells	**swelled**	**swelled, swollen**	swelling
swim (泳ぐ)	swims	**swam**	**swum**	swimming
swing (ゆり動かす)	swings	**swung**	**swung**	swinging

現在形（原形）	三単現	過去形	過去分詞	現在分詞
take（取る）	takes	**took**	**taken**	taking
teach（教える）	teaches	**taught**	**taught**	teaching
tear（裂く）	tears	**tore**	**torn**	tearing
tell（言う）	tells	**told**	**told**	telling
think（考える）	thinks	**thought**	**thought**	thinking
throw（投げる）	throws	**threw**	**thrown**	throwing
thrust（つっこむ）	thrusts	**thrust**	**thrust**	thrusting
tie（結ぶ）	ties	**tied**	**tied**	tying
tread（踏む）	treads	**trod**	**trod(den)**	treading
undergo（経験する）	undergoes	**underwent**	**undergone**	undergoing
understand（理解する）	understands	**understood**	**understood**	understanding
undo（外す）	undoes	**undid**	**undone**	undoing
untie（ほどく, 解く）	unties	**untied**	**untied**	untying
upset（ひっくり返す）	upsets	**upset**	**upset**	upsetting
wake（目が覚める）	wakes	**woke, waked**	**woken, woke, waked**	waking
wear（身に着けている）	wears	**wore**	**worn**	wearing
weave（織る）	weaves	**wove, weaved**	**woven, weaved**	weaving
weep（泣く）	weeps	**wept**	**wept**	weeping
wet（ぬらす）	wets	**wet(ted)**	**wet(ted)**	wetting
will（～するでしょう）	——	**would**	——	——
win（勝つ）	wins	**won**	**won**	winning
wind（巻く）	winds	**wound**	**wound**	winding
withdraw（引っこめる）	withdraws	**withdrew**	**withdrawn**	withdrawing
wring（しぼる）	wrings	**wrung**	**wrung**	wringing
write（書く）	writes	**wrote**	**written**	writing

◎ 形容詞・副詞変化表

原級	比較級	最上級
bad（悪い）	**worse**	**worst**
far（遠い; 遠くに）	**farther** / **further**	**farthest** / **furthest**
good（よい）	**better**	**best**
ill（病気で; 悪く）	**worse**	**worst**
little（小さい; 少し）	**less**	**least**
many（多くの）	**more**	**most**
much（多くの; 大いに）	**more**	**most**
old（古い, 年とった）	**older** / **elder**	**oldest** / **eldest**
well（健康で; うまく）	**better**	**best**

1970年 1月10日	初 版 発 行	2002年 1月10日	第 8 版 発 行
1972年 3月 1日	第 2 版 発 行	2006年 1月10日	第 9 版 発 行
1978年 2月 1日	第 3 版 発 行	2012年 1月10日	第 10 版 発 行
1981年 2月 1日	第 4 版 発 行	2017年 1月10日	第 11 版 発 行
1988年 2月20日	第 5 版 発 行	2022年 1月10日	第 12 版 発 行
1992年12月 1日	第 6 版 発 行	2025年 1月10日	第 13 版 発 行
1996年12月 1日	第 7 版 発 行		

ジュニアクラウン中学英和和英辞典 第13版

2025年 1月10日 第 1 刷発行

編 者　田 島 伸 悟（たじま・しんご）
　　　　三省堂編修所

発 行 者　株式会社 三省堂　代表者 瀧本多加志

印 刷 者　三省堂印刷株式会社

発 行 所　株式会社 三省堂
　　　　　〒102-8371
　　　　　東京都千代田区麹町五丁目7番地2
　　　　　　電 話　（03）3230-9411
　　　　　　https://www.sanseido.co.jp/
　　　　　商標登録番号　692809

〈13版クラウン中学合本・1472 pp.〉

落丁本・乱丁本はお取り替えいたします。

ISBN978-4-385-10854-4

本書の内容に関するお問い合わせは，弊社ホームページの「お問い合わせ」フォーム（https://www.sanseido.co.jp/support/）にて承ります。

> 本書を無断で複写複製することは，著作権法上の例外を除き，禁じられています。また，本書を請負業者等の第三者に依頼してスキャン等によってデジタル化することは，たとえ個人や家庭内での利用であっても一切認められておりません。